NOUVELLE COLLECTION

DES

MÉMOIRES

POUR SERVIR

A L'HISTOIRE DE FRANCE.

—

TROISIÈME SÉRIE.

IX.

NOUVELLE COLLECTION

DES

MÉMOIRES

POUR SERVIR

A L'HISTOIRE DE FRANCE,

DEPUIS LE XIII° SIÈCLE JUSQU'A LA FIN DU XVIII°;

précédés

DE NOTICES POUR CARACTÉRISER CHAQUE AUTEUR DES MÉMOIRES ET SON ÉPOQUE;

Suivis de l'analyse des documents historiques qui s'y rapportent;

PAR MM. MICHAUD DE L'ACADÉMIE FRANÇAISE ET POUJOULAT.

TOME NEUVIÈME.

VILLARS, FORBIN, DUGUAY-TROUIN.

A PARIS,

CHEZ L'ÉDITEUR DU COMMENTAIRE ANALYTIQUE DU CODE CIVIL,

RUE DES PETITS-AUGUSTINS, N° 24.

IMPRIMERIE D'ADOLPHE EVERAT ET COMPAGNIE, RUE DU CADRAN, 14 et 16.

1839.

8.5403(9)

MÉMOIRES
DU
MARÉCHAL DE VILLARS,
ÉCRITS PAR LUI-MÊME.

NOTICE SUR VILLARS

ET

SUR SES MÉMOIRES.

Entre tous les grands hommes de guerre que la France a produits, le maréchal de Villars se distingue par le rare avantage d'avoir attaché son nom au salut du royaume et de la monarchie. Quand Louis XIV expiait dans des revers inouïs une prospérité de quarante années, Villars remplaça Turenne, Condé, Luxembourg, qui n'existaient plus : il fit ce que Catinat lui-même n'avait pu faire, et rejeta loin des frontières les ennemis, qui se croyaient déjà sur le chemin de Paris. Si la victoire de Denain n'eût été dans sa vie qu'un accident unique, la jalousie contemporaine, dont Saint-Simon fut l'organe le plus amer, aurait pu la lui contester avec quelque apparence de justice ; mais ses insinuations échouent contre une carrière dans laquelle tous les actes s'enchaînent et se confirment l'un l'autre. Quand les talents et le courage sont certains, la gloire ne saurait être douteuse.

Louis-Hector de Villars naquit en 1653, à Moulins, et non pas à Turin, comme l'ont supposé quelques biographes, qui le font naître dans la même chambre où il mourut. On a révoqué en doute l'ancienneté de sa race, et allégué que son père était petit-fils d'un greffier de Condrieux ; pour preuve, on a cité ces vers :

> Et Villars a ses aïeux
> Dans le greffe de Condrieux.

Villars assure, au contraire, que, dès le commencement du quatorzième siècle, sa maison était illustre et puissante, que plusieurs de ses membres avaient été revêtus des premières dignités de l'église. Son père était Pierre, marquis de Villars, lieutenant-général et ambassadeur de France en Espagne, en Piémont, en Danemarck, et sa mère, Marie Gigault de Bellefonds, sœur du père du maréchal de ce nom. Le marquis de Villars avait figuré au nombre des plus beaux hommes de son temps ; la richesse de sa taille lui avait valu le surnom d'*Orondate*, l'un des héros de roman alors en vogue. Doué d'une adresse égale à sa bravoure, il avait servi de second au duc de Nemours dans le combat où ce dernier fut tué, tandis que Villars mettait à mort le comte d'Héricourt, son adversaire. Un jour, il se plaignait devant son fils de ce que son sort ne répondait pas à ses espérances. « Pour moi, s'écria le jeune homme, » je suis sûr, si je vis, de faire une grande fortune. » Je chercherai tellement les occasions de me dis- » tinguer, qu'il faudra bien que l'on fasse attention » à moi. »

Le jeune Villars ne tarda guère à prouver que ces paroles n'étaient pas vaines. Après avoir étudié quelque temps au collège de Juilly, il entra dans les pages de la grande écurie. Attaché ensuite comme aide de camp au maréchal de Bellefonds, son cousin, il se vit tout à coup privé d'emploi par suite de la disgrâce qui frappa le maréchal. Ce fut en qualité de volontaire qu'il fit la campagne de 1672, et qu'il assista au fameux passage du Rhin. En 1673, au siége de Maëstricht, il s'élança dans la tranchée avec les grenadiers, quoiqu'il fût alors cornette de chevau-légers. Louis XIV, témoin du danger qu'il avait couru, et croyant devoir modérer une ardeur si fougueuse, lui rappela d'un ton sévère qu'il avait défendu aux volontaires, et surtout aux officiers de cavalerie, d'aller aux attaques sans permission. « J'ai cru, sire, répondit Villars sans se troubler, » que votre majesté me pardonneroit d'apprendre le » métier de l'infanterie, surtout quand la cavalerie » n'avoit rien à faire. » Au même siége, quelques gendarmes repoussaient les ennemis avec une étonnante intrépidité : « Qui donc commande ces gen- » darmes ? » demanda le roi. On lui répondit que c'était Villars. « Il semble, ajouta-t-il, que dès » qu'on tire en quelque endroit, ce petit garçon sorte » de terre pour s'y trouver. »

Villars avait reçu de la nature le coup d'œil stratégique. A la bataille de Senef, *où il vit la chose du monde qu'il avoit le plus désiré de voir, le grand Condé l'épée à la main*, il en donna une preuve remarquable. Quelques moments avant d'engager l'action, le prince, apercevant du mouvement dans les troupes ennemies, les officiers de son état-major prétendirent qu'elles se disposaient à une retraite. « Non, s'écria Villars, elles veulent seulement faire » un changement de front. — Jeune homme, lui » dit Condé, qui vous en a tant appris ? » Puis, se retournant vers ses officiers : « Il voit clair ! » dit il, et aussitôt il ordonna l'attaque. Dès la première charge, Villars fut blessé : le titre de colonel, obtenu à vingt et un ans, le paya de son héroïsme. Dans les campagnes suivantes, il ne se montra pas avec moins d'éclat. En 1678, le maréchal de Créqui, l'ayant vu monter le premier sur la brèche du fort de Kehl, lui dit publiquement : « Jeune » homme, si Dieu te laisse vivre, tu auras ma » place plutôt que personne. »

La paix de Nimègue rendit à Villars un repos, dont il profita pour se jeter dans des intrigues galantes. Rappelé à son régiment, il se croyait en disgrâce, lorsqu'on lui confia l'ambassade de Vienne. Le guerrier se fit diplomate avec d'autant plus d'empressement, que sa mission le rapprochait du théâtre de la guerre, qui venait d'éclater entre l'Autriche et la Turquie. A son retour, le roi l'accueillit de la manière la plus flatteuse, et lui dit : « Je vous avois tou- » jours connu pour un très-brave homme, mais je ne » vous avois pas cru si grand négociateur. » Après la paix de Riswick, une nouvelle mission le ramena en Autriche, et il s'y trouvait au moment où Louis XIV, en acceptant le testament de Charles II, roi d'Espagne, ralluma la guerre dans toute l'Europe. Dans cette circonstance difficile, Villars déploya du caractère et du talent : on ne lui en tint pas compte à Versailles. « Sans moi, mandait-il à Cha- » millard, l'Autriche s'emparoit de l'Italie ; mais » quel gré m'en sait-on ? Je trouvai à mon retour » que j'avois battu les buissons, et que c'étoient mes » camarades qui avoient pris les oiseaux. »

Enfin commença cette campagne de douze années, que la France eut à soutenir contre l'Europe coalisée. Pour la première fois, Villars commanda en chef. Envoyé d'abord en Italie, il y signala son arrivée par la défaite d'un corps de troupes qui vouloit l'enlever. De là il passa en Allemagne, où il remporta deux victoires d'autant plus précieuses, que l'honneur des armes françaises commençait à être compromis, l'une à Friedlingen, l'autre à Hoschtet, dans ce même lieu où, l'année suivante, les Français devaient essuyer un revers si cruel. Après la victoire de Friedlingen, les soldats, dans leur enthousiasme pour Villars, le proclamèrent maréchal sur le champ de bataille. Le roi sanctionna le vote de l'armée et lui envoya le bâton de maréchal, qui manquait encore à son ambition.

L'électeur de Bavière s'étant plaint du ton altier de Villars, Louis XIV le chargea, en 1704, d'aller combattre les protestants réfugiés dans les Cévennes. Mais bientôt sa présence devint indispensable en Allemagne pour résister à Marlborough triomphant. Il se trouva en face de lui sur la Moselle, et le contraignit à se retirer devant ses lignes formidables. Partout il déconcerta les plans des ennemis. Après les avoir obligés à lever le blocus de Fort-Louis (1707), il les battit à Stollhoffen, et leur prit cent soixante-six pièces de canon. Ensuite il traversa les gorges des montagnes et tira de l'Empire des taxes pour plus de dix-huit millions. En 1708, le Dauphiné fut le théâtre de ses exploits : il y fit échouer tous les projets du duc de Savoie. Après la campagne, le roi lui dit : « Vous m'aviez promis de défendre Lyon et » le Dauphiné ; vous êtes homme de parole, et je » vous en sais bon gré. — Sire, répondit le maréchal, » j'aurois pu mieux faire si j'avois été plus fort. » Rappelé en Flandre, Villars livra la bataille de Malplaquet, que, s'il faut l'en croire, un coup de feu l'empêcha de gagner. Sa blessure était assez dangereuse pour qu'on lui administrât le viatique, et comme on lui proposait de faire cette cérémonie en secret : « Non, dit le maréchal, puisque l'ar- » mée n'a pu voir mourir Villars en brave, il est » bon qu'elle le voie mourir en chrétien ! »

Cependant les calamités s'amoncelaient sur la France, et déjà Louis XIV avait confié à Villars son héroïque résolution d'aller tenter un dernier effort avec ses troupes, et de mourir plutôt que de voir approcher l'ennemi de la capitale. Déjà le Quesnoy avait cédé honteusement ; le siège était devant Landrecies. « Il y avoit trois partis à prendre pour » secourir cette place, dit Villars dans ses Mé- » moires : d'empêcher la circonvallation ou de la » détruire si elle étoit faite ; de battre l'armée d'ob- » servation, ou enfin de forcer le camp retranché » de Denain sur l'Escaut, qui servoit aux ennemis » de communication avec Marchiennes, d'où ils » tiroient les munitions de guerre et de bou- » che nécessaires à la continuation du siége. « Villars alla reconnaître l'armée, et trouva qu'étant placée entre la Sambre et l'Escaut, couverte en front par la Seille, on ne pouvait l'attaquer qu'avec un très-grand désavantage ; il vit que les travaux de circonvallation étaient trop avancés et poussés avec trop d'activité pour qu'on se flattât de les troubler avec succès. « Je me déterminai donc, ajoute-t-il, à » l'attaque de Denain, que le maréchal de Montes- » quiou m'avoit proposée, et dont nous concertâmes » ensemble les opérations. » Cette attaque demeura un mystère pour toute l'armée jusqu'au moment de l'exécution. Le prince Eugène, trompé complétement, arriva trop tard pour franchir l'Escaut et pour secourir Marchiennes, qui capitula après avoir été bombardée pendant quatre jours. La journée de Denain, qu'on ne crut pas d'abord aussi importante qu'elle l'était réellement, fut suivie de la capitulation de tous les postes occupés par les ennemis, depuis la Scarpe jusqu'à Douai. En peu de temps, la supériorité revint à Villars, et tous les obstacles tombèrent devant lui. Telle fut la victoire mémorable dont Saint-Simon cherche à lui enlever l'honneur pour le reporter sur le maréchal de Montesquiou. « Si le maréchal de Villars, dit Voltaire dans le » *Siècle de Louis XIV*, avait eu cette faveur popu- » laire qu'ont eue quelques généraux, on l'eût ap- » pelé à haute voix le restaurateur de la France ; » mais on avouait à peine les obligations qu'on lui » avait, et, dans la joie publique d'un succès ines- » péré, l'envie prédominait encore. »

De nouveaux succès amenèrent les traités d'Utrecht et de Rastadt ; Villars fut le négociateur du dernier de ces traités, et, comme lui dit Louis XIV en le revoyant, *le rameau d'olivier qu'il apporta couronna tous ses lauriers*. Après la bataille de Malplaquet, il avait été logé au palais de Versailles par ordre du roi ; son duché de Vaux-le-Villars avait été érigé en duché-pairie. Après la paix de Rastadt, il crut pouvoir aspirer à la dignité de connétable ; mais Louis XIV avait résolu de ne pas la rétablir. Il espéra qu'on lui accorderait comme dédommagement un ministère, mais il ne l'obtint pas davantage. L'Académie française voulut le compter parmi ses membres. Dans son discours de réception, Villars désirait rappeler les belles paroles que le roi lui avait dites, alors qu'il ne croyait plus devoir invoquer qu'un beau désespoir ; mais Louis XIV ne le lui permit pas, dans la crainte qu'on ne supposât l'éloge commandé par celui qui en était l'objet.

Louis XIV étant mort, le vainqueur de Denain conserva d'abord son crédit à la cour, qui ne pouvait se passer de lui. En 1715, il fut fait président du conseil de guerre, et, en 1718, admis au conseil de régence. Au milieu des intrigues qui agitèrent cette époque, il voulut rester neutre et perdit en faveur ce qu'il gagna en considération. Mais lorsque le système de Law eut bouleversé la France, il contribua par d'énergiques remontrances au renvoi de son auteur. Sous le ministère du duc de Bourbon, il entra dans tous les conseils. Maréchal de France, duc et pair, gouverneur de Provence, grand d'Espagne, chevalier de la Toison-d'Or, académicien, il réunissait toutes les distinctions qui peuvent satisfaire un juste orgueil. Il eut part aux négociations qui s'établirent entre la cour de France et la cour d'Espagne, et que nécessitaient les défiances causées par les liaisons de celle-ci avec la cour d'Autriche. De tous ces mouvements, il résulta un traité d'alliance entre l'Empire, l'Angleterre et l'Espagne (1731) ; la France fut réduite à ses propres forces, et le roi lui-même désigna Villars pour aller combattre en Italie, avec le titre de maréchal général de France, titre que personne n'avait porté depuis Turenne.

A quatre-vingt-un ans, Villars partit pour le Milanais ; il arriva au camp de Pizzighitone le 11 novembre 1733, et se rendit maître de cette place par capitulation, après douze jours de tranchée ouverte. Un officier général lui représentant, pendant ce siège, qu'il s'exposait trop : « Vous auriez raison si j'étois à votre âge, répondit le maréchal ; mais à l'âge où je suis, j'ai si peu de jours à vivre, que je ne dois pas les ménager, ni négliger une occasion qui pourroit me procurer une mort glorieuse. » Cette mort, qu'il cherchait sur le champ de bataille, l'atteignit à Turin l'année suivante. En apprenant que le maréchal de Berwick venait d'être tué d'un coup de canon en parcourant les lignes de Philisbourg : « J'avois toujours dit, s'écria-t-il, qu'il étoit plus heureux que moi ! » Tout en avouant que le mot est bien dans le caractère de Villars, Duclos le croit supposé, par la raison que Villars n'a pu savoir à Turin, le 17 juin, que Berwick était mort le 12 du même mois à Philisbourg. M. Lacretelle a comparé ainsi les deux maréchaux : « Villars et Berwick étaient les deux plus illustres débris du siècle de Louis XIV ; l'un avait peut-» être à l'excès la modestie qui manquait à l'autre. » En paraissant dédaigner l'art du courtisan, tous » deux l'employaient quelquefois ; mais ils ne surent » pas s'élever au rôle politique auquel ils semblaient » appelés. Berwick connaissait avec plus d'exacti-» tude toutes les parties de l'art militaire ; Villars » avait plus de vivacité dans ses conceptions et plus » de cette fougue qui entraîne une armée. »

Dans sa longue et brillante carrière, Villars n'avait pas manqué d'ennemis, et il les devait pour la plupart à son excessive jactance. Voltaire l'a peint d'un trait dans ce vers :

L'heureux Villars, fanfaron plein de cœur.

Mais il avait consacré sa double gloire de général et de négociateur dans d'autres vers, qui le représentent avec plus d'avantage.

Regardez dans Denain l'audacieux Villars
Disputant le tonnerre à l'aigle des Césars,
Arbitre de la paix que la victoire amène,
Digne appui de son roi, digne rival d'Eugène.

Saint-Simon l'appelle un *enfant de la fortune*, et ne craint pas de dire : « Le nom qu'un infatigable » bonheur lui a acquis pour des temps à venir m'a » souvent dégoûté de l'histoire. » Est-il possible de porter plus loin le ressentiment contre une illustration nationale ? Voici du reste le portrait physique et moral qu'il a tracé de Villars, avec son audace ordinaire de pensée et de style : « C'étoit un assez » grand homme, brun, bien fait, devenu gros en » vieillissant, sans en être appesanti, avec une phy-» sionomie vive, ouverte, sortante et véritablement » un peu folle, à quoi la contenance et les gestes ré-» pondirent. Une ambition démesurée, qui ne s'ar-» rêtoit pas pour les moyens ; une grande opinion » de soi, qu'il n'a jamais guère communiquée qu'au » roi ; une galanterie dont l'écorce étoit toujours » romanesque, grande bassesse et grande souplesse » auprès de qui pouvoit le servir, étant lui-même » incapable d'aimer ni de servir personne, ni d'au-» cune sorte de reconnoissance. Une valeur bril-» lante, une grande activité, une audace sans pa-» reille, une effronterie qui soutenoit tout et ne » s'arrêtoit pour rien, avec une fanfaronnerie poussée » aux derniers excès et qui ne le quittoit jamais. As-» sez d'esprit pour imposer aux sots par sa propre » confiance ; de la facilité à parler, mais avec une » abondance, une continuité d'autant plus rebu-» tante, que c'étoit toujours avec l'art de revenir à » soi, de se vanter, de se louer, d'avoir tout prévu, » tout conseillé, tout fait, sans jamais, tant qu'il » put, en laisser la part à personne. Sous une magni-» ficence de gascon, une avarice extrême, une avi-» dité de harpie, qui lui a valu des monts d'or pillés » à la guerre, et quand il vint à la tête des armées, » pillés haut la main et en faisant lui-même des plai-» santeries, sans pudeur d'y employer des détache-» mens exprès, et de diriger à cette fin les mouve-» mens de son armée. Incapable d'aucun détail de » subsistances, de convoi, de fourrage, de marche,

» qu'il abandonnoit à qui de ses officiers généraux en vouloit prendre la peine, mais s'en donnant toujours l'honneur. Son adresse consistoit à faire valoir les moindres choses et tous les hasards. Les complimens suppléoient chez lui à tout. Mais il n'en falloit rien attendre de plus solide. Lui-même n'étoit rien moins. Toujours occupé de futilités, quand il n'en étoit pas arraché par la nécessité imminente des affaires, c'étoit un répertoire de romans, de comédies et d'opéras, dont il citoit à tout propos des bribes, même aux conférences les plus sérieuses. Il ne bougea tant qu'il put des spectacles avec une indécence de filles de ces lieux et du commerce de leur vie et de leurs galans qu'il poussa publiquement jusqu'à sa dernière vieillesse, déshonorée publiquement par ses honteux propos.

» Son ignorance, et s'il en faut dire le mot, son ineptie en affaires étoit inconcevable dans un homme, qui y fut si grandement et si longtemps employé : il s'égaroit et ne se retrouvoit plus ; la conception manquoit, il y disoit tout le contraire de ce qu'on voyoit qu'il vouloit dire. J'en suis demeuré souvent dans le plus profond étonnement et obligé à le remettre ou parler pour lui plusieurs fois, depuis que je fus avec lui dans les affaires pendant la régence ; aucune, tant qu'il lui étoit possible, ne le détournoit du jeu qu'il aimoit, parce qu'il y avoit toujours été heureux et y avoit gagné très-gros, ni des spectacles. Il n'étoit occupé que de se maintenir en autorité et laisser faire tout ce qu'il auroit dû faire ou voir lui-même. Un tel homme n'étoit guère aimable, aussi n'eut-il jamais ni amis, ni créatures, et jamais homme ne séjourna dans de si grands emplois avec moins de considération. »

Saint-Simon prétend que les Mémoires de Villars ne se recommandent nullement par l'exactitude, et il ajoute à ce sujet : « Telle a été la vanité de Villars d'avoir voulu être un héros en tout genre dans la postérité, aux dépens des mensonges et calomnies qui font le tissu du roman de ses Mémoires, et la folie de ceux qui se sont hâtés de les donner avant la mort des témoins des choses et des spectateurs d'un homme si merveilleux, qui, avec tout son art, tout son bonheur sans exemple, les plus grandes dignités et les premières places de l'État, n'y a jamais été qu'un comédien de campagne et plus ordinairement encore qu'un bateleur monté sur des tréteaux. » Malgré son évidente animosité contre Villars, Saint-Simon ne laisse pas de convenir qu'il avait des qualités de grand capitaine. « Ses projets, dit-il, étoient hardis, vastes, presque toujours bons, nul autre plus propre à l'exécution et aux divers maniemens des troupes, de loin pour cacher son dessein et les faire arriver juste, et de près pour se porter et attaquer. Le coup d'œil, quoique bon, n'avoit pas toujours une égale justesse, et dans l'action la tête étoit nette, mais sujette à trop d'ardeur, et par là même à s'embarrasser. L'inconvénient de ses ordres étoit extrême, presque jamais par écrit, presque toujours vagues, généraux, et sous prétexte d'estime et de confiance, avec des propos ampoulés, se réservant toujours les moyens d'en rejeter le non succès sur les exécuteurs. Depuis qu'il fut arrivé à la tête des armées, son audace ne fut plus qu'en paroles. Toujours le même en valeur personnelle, mais tout différent en courage d'esprit. Étant particulier, rien de trop chaud pour briller et pour percer. Ses projets étoient quelquefois plus pour soi que pour la chose, et par là même suspects ; ce qui ne fut pas depuis pour ceux dont il devoit être chargé de l'exécution, qu'il n'étoit pas fâché de rendre douteuse aux autres, quand c'étoit sur eux qu'elle devoit rouler. A Friedlingen, il y alloit de tout pour lui, peu à perdre, ou même à différer si le succès ne répondoit pas à son audace, dans une exécution refusée par Catinat ; le bâton à espérer, s'il réussissoit ; mais quand il l'eut obtenu, le matamore fut plus réservé dans la crainte des revers de fortune, laquelle il se promettoit de pousser au plus haut, et il lui a été reproché depuis, plus d'une fois, d'avoir manqué des occasions uniques et sûres, qui se présentoient d'elles-mêmes. Il se sentoit alors d'autres ressources.

» Parvenu au suprême honneur militaire, il craignoit d'en abuser à son malheur ; il en voyoit des exemples. Il voulut conserver la verdeur des lauriers qu'il avoit dérobés par la main de la fortune, et se réserver ainsi l'opinion de faire la ressource des malheurs ou des fautes des autres généraux. Les intrigues ne lui étoient pas inconnues : il savoit prendre le roi par l'adoration et se conserver madame de Maintenon par un abandon à ses volontés, sans réserve et sans répugnance : il sut se servir du cabinet dont elle lui avoit ouvert la porte ; il ménagea les valets les plus accrédités ; hardiesse auprès du roi, souplesse et bassesse avec cet intérieur, adresse avec les ministres ; et porté par Chamillard, dévoué à madame de Maintenon, cette conduite suivie en présence et suppléée par lettres, il se la crut plus utile que les hasards des événemens de la guerre, comme aussi plus sûre. Il osa dès lors prétendre aux plus grands honneurs où les souterrains conduisent mieux qu'un autre chemin, quand on est arrivé à persuader les distributeurs qu'on en est susceptible. Je ne peux mieux finir ce long portrait, que par cet apophthegme de la mère de Villars, qui dans l'éclat de sa nouvelle fortune lui disoit toujours : *Mon fils, parlez toujours de vous au roi et n'en parlez jamais à d'autres.* Il profita utilement de la première partie de cette grande leçon, mais non pas de l'autre, et il ne cessa jamais d'étourdir et de fatiguer le monde de soi. » L'exagération en tout genre, soit louangeuse, soit satirique, portant avec elle son antidote, nous croyons inutile de réfuter minutieusement la diatribe de Saint-Simon, dont quelques parties se détruisent l'une l'autre, et dans laquelle tout lecteur éclairé distinguera facilement la vérité de l'illusion.

Le maréchal de Villars était beau et grand comme son père : il avait beaucoup d'imagination et d'esprit, ainsi que l'atteste une immense quantité de lettres, dans lesquelles il traite sans effort et quelquefois même sur le ton de la plaisanterie les questions les plus difficiles. Les *Mémoires de Villars*, en trois volumes, publiés à La Haye et à Amsterdam en 1734, 1735 et 1738, sont attribués à l'abbé La Pause de Margon; mais Voltaire pensait que le premier volume était du maréchal lui-même. Plus tard, Anquetil fut chargé par le maréchal de Castries de rédiger la *Vie du maréchal de Villars écrite par lui-même*; on lui remit cent quarante-deux cahiers de mémoires in-folio, deux cent treize feuilles volantes, quatorze volumes de lettres du même format, et le livre parut en 1785. De ces divers éléments se compose l'ouvrage que nous réimprimons aujourd'hui. La première partie, qui embrasse un espace de cinquante ans, est empruntée aux mémoires primitifs; la seconde partie, qui s'étend depuis 1704 jusqu'en 1723, au travail d'Anquetil. Quant à la troisième, intitulée *Journal de Villars*, on la regarde généralement comme ayant été dictée mot pour mot par le maréchal.

Les notes signées (A.) sont d'Anquetil.

ÉDOUARD MONNAIS.

MÉMOIRES
DU
MARÉCHAL DE VILLARS.

PREMIÈRE PARTIE.

Louis-Hector, duc de Villars, pair et maréchal de France, prince de Martigues, vicomte de Melun, marquis de La Nocle, comte de La Rochemillet, commandeur des ordres du Roi, grand d'Espagne de la première classe, chevalier de la Toison d'or, gouverneur des villes, forts et château de Fribourg et du Brisgau, des villes, citadelle et pays de Metz et de Verdun, gouverneur général de Provence, Marseille, Arles et terres adjacentes, généralissime des armées du Roi, son plénipotentiaire et ambassadeur extraordinaire pour les traités de paix à Radstadt, et chef de l'ambassade pour la signature de la paix générale à Baden, ensuite président du conseil de guerre et du conseil de régence, ministre d'État après la mort du duc d'Orléans, et depuis peu maréchal général, est celui dont on donne ici les Mémoires. Il eut pour père Pierre de Villars, baron de Maclas et de Sara, lieutenant général des armées du Roi, commandeur de ses ordres, gouverneur de Damvilliers et de Besançon, conseiller d'État d'épée, et ambassadeur extraordinaire en Espagne, en Piémont et en Danemarck. Il avoit épousé Marie de Bellefond.

La maison de Villars est très-ancienne, et l'on voit qu'en 1320 elle étoit plus puissante qu'elle ne l'a été depuis. Les titres et contrats de mariage font foi que, du moins depuis cette époque, elle n'a point eu de mésalliance; on a même des conjectures qu'avant ce temps elle a eu des alliances illustres : mais on n'avance que ce qui peut être prouvé.

Dans les derniers siècles, cette maison a produit cinq archevêques de Vienne, des évêques de Mirepoix et d'Agen. Elle n'a eu que des biens médiocres; mais on y compte plusieurs services de guerre, quoique peu continués, et celui qui s'attacha le plus à suivre sa fortune fut Pierre de Villars, père du duc. Il avoit une de ces physionomies nobles et élevées qui s'attirent naturellement le respect, et qui annoncent de la vertu. Personne de son temps ne porta la valeur à un plus haut point. Il reçut à la guerre de grandes blessures, et eut le malheur, alors presque inévitable, de se trouver engagé dans plusieurs combats particuliers, et enfin dans le fameux combat des ducs de Nemours et de Beaufort. Il tua le second duc de Beaufort, et fut obligé de s'éloigner. Cet événement, et les troubles que les guerres civiles apportèrent dans le royaume, dérangèrent les commencemens de sa fortune.

Lorsque le prince de Conti eut le commandement des armées, Pierre, marquis de Villars, servit en qualité de lieutenant général dans celle d'Italie et de Catalogne. Il eut le gouvernement de Damvilliers, l'une des places de sûreté que l'on avoit données aux princes du sang pendant la guerre civile.

La paix des Pyrénées lui ôta ce gouvernement, et le laissoit sans établissement et sans fortune, lorsqu'au commencement de la guerre de Flandre, Louis XIV, voulant avoir auprès de sa personne des officiers expérimentés, prit pour ses aides de camp des lieutenans généraux, et entre autres le marquis de Villars. Son air de héros, qui, soutenu de ses actions lui avoit fait donner le nom d'Orondate, plut au Roi, et de ce moment sa fortune paroissoit devoir prendre une face plus brillante; mais son alliance avec le maréchal de Bellefond, ennemi déclaré de tous les ministres de son temps, lui attira leur haine, et surtout celle de M. de Louvois.

Le Roi, qui connoissoit par lui-même quels services il en pouvoit attendre, lui avoit destiné les mêmes commandemens que le maréchal de Schomberg avoit eus en Portugal, et lui avoit donné ordre de s'y rendre. C'étoit une commission qui sembloit lui promettre la dignité de maréchal de France; mais il fut traversé dans ses espérances par M. de Louvois. Le Roi lui donna ensuite le gouvernement de Besançon, qu'il fut obligé de quitter pour un démêlé qu'il eut avec le marquis de Gadagne, gouverneur de Dôle, et protégé par le même ministre. Le gouvernement de Douay lui avoit été donné, et l'inimitié du secrétaire d'État de la guerre le lui fit perdre encore. Cependant, après la paix d'Aix-la-Chapelle, le Roi voulant faire un traité avec l'Espagne, y envoya le marquis de Villars, et lui déclara, en le faisant partir, qu'il lui destinoit à son retour le commandement de l'Alsace. Le marquis de Villars réussit en Espagne, et même il empêcha, malgré les vives sollicitations des Hollandais et de l'Empereur, que l'Espagne ne se joignît aux Hollandais pendant les deux premières années de la guerre de 1672; mais à son retour il trouva le marquis de Vaubrun établi en Alsace.

Enfin l'obstacle invincible qui se présentoit toujours à lui de la part de M. de Louvois l'obligea à changer de route, et à suivre celle des ambassades que lui ouvrit l'amitié de M. de Lyonne, ministre des affaires étrangères. Il alla donc ambassadeur extraordinaire en Piémont, en Danemarck, et deux fois en Espagne, servit très-utilement; et, après avoir vendu et consommé les baronnies de Maclas et de Sara, qu'il avoit héritées de ses pères, il ne recueillit, pour tout fruit de ses longs et importans services, que d'être commandeur des ordres du Roi et conseiller d'État d'épée, sans pouvoir laisser d'autre héritage à Louis-Hector, marquis de Villars, son fils, que l'exemple, décourageant pour tout autre, de beaucoup de mérite peu récompensé.

Louis XIV fit alors un établissement pour l'éducation de la première noblesse de son royaume, sous le nom de pages à la grande écurie. Le duc de Noailles, assez en faveur, y mit un de ses enfans. Louis-Hector de Villars y entra; et, avec une figure avantageuse, une physionomie noble, et de la vivacité qui relevoit encore un extérieur prévenant par lui-même, il se fit bientôt connoître et distinguer du Roi parmi ses camarades.

Un jour, dans sa plus tendre jeunesse, entendant son père et sa mère se plaindre de leur mauvaise fortune, il leur dit : « Pour moi, j'en ferai une grande. » Surpris de ce discours, ils lui demandèrent sur quoi il fondoit ses espérances, et comment il s'y prendroit. « C'est déjà, » leur dit-il, un avantage pour moi que d'être » sorti de vous; et d'ailleurs je suis résolu à » chercher tellement les occasions, qu'assuré- » ment je périrai, ou je parviendrai. » A l'instant même il leur exposa toutes ses vues, et le fit si bien que le père et la mère crurent dès-lors pouvoir se flatter d'une prédiction que garantissoient presque les dispositions naturelles du jeune homme.

[1670] Dans un voyage que la cour fit en Flandre, le marquis de Villars, page encore, demanda permission de la quitter, et d'aller faire un tour en Hollande. Il devoit ensuite se rendre à Calais, et faire le voyage d'Angleterre avec le maréchal de Bellefond, qui y fut envoyé pour calmer l'esprit du Roi et celui de la nation, que des bruits de poison sur la mort de Madame, sœur du roi d'Angleterre, avoient fort irrités; mais il manqua le maréchal. A son retour de Hollande, il sortit de page, et accompagna le comte de Saint-Géran son cousin, envoyé auprès de l'électeur de Brandebourg pour tâcher de l'engager dans la guerre qu'on méditoit contre la Hollande. Il en fut rappelé par une lettre du maréchal de Bellefond, pour se rendre auprès du duc de Luxembourg, qui commandoit les troupes de Cologne et de Munster, et qui paroît tout préparer pour l'ouverture de la campagne sur les bords du Rhin. Ce duc voulut lui donner une compagnie de cavalerie dans les troupes de Cologne qu'il commandoit; mais le maréchal de Bellefond, qui sentoit d'avance le mérite de son jeune parent, envia aux autres son éducation dans la guerre, et le fit revenir du pays de Cologne.

[1672] Le marquis de Villars arriva à Versailles peu de jours avant le départ du Roi, et se préparoit à suivre le maréchal de Bellefond; mais, comme il se mettoit en chemin, toutes ses mesures furent rompues par la disgrâce de ce maréchal, que M. de Louvois sacrifia à sa réconciliation avec le vicomte de Turenne, qui n'aimoit pas non plus le maréchal de Bellefond, et qui devoit commander sous le Roi la principale armée. Voici quel fut le sujet de cette disgrâce.

C'étoit l'usage alors, dans toutes les dignités de la guerre, de rouler, c'est-à-dire de commander alternativement un jour l'un, et le lendemain l'autre : les maréchaux de France l'observoient même entre eux. Le vicomte de Turenne déclara qu'il ne pouvoit rouler avec trois maréchaux de France qu'il avoit vus dans les plus petites charges de la guerre, pendant qu'il commandoit des armées : il parloit des maréchaux de Bellefond, de Créqui et d'Humières. Le Roi, qui ne vouloit pas le faire connétable, créa pour lui la charge de maréchal de camp général, et voulut attacher à cette dignité le commandement sur les maréchaux de France. Ceux que nous venons de nommer refusèrent de se soumettre : ils devoient commander une armée sous le prince de Condé, et ils furent exilés tous trois deux jours avant celui qui étoit marqué pour leur départ. Le marquis de Villars, déjà parti, se trouva donc seul, car son père, ambassadeur en Espagne, y étoit alors ; c'est-à-dire qu'il se vit sans aucun secours étranger, et sans autres ressources pour sa fortune que celles qu'il avoit en lui-même : ressources auxquelles il fut toujours réduit, et que la suite entière de sa vie a fait voir qui lui suffisoient. Il se détermina bientôt à ne point aller dans l'armée où le maréchal de Bellefond avoit dû servir, et à se tenir le plus près du Roi qu'il lui seroit possible.

Il suivit Sa Majesté, qui passoit avec son armée assez près de Maëstricht. Brissac, alors lieutenant des gardes du corps, fut détaché avec trois cents chevaux. Le marquis de Villars y alla, et poussa un parti des ennemis jusque dans les barrières de Maëstricht, où le marquis de Sauvebœuf tomba dangereusement blessé.

Ensuite le Roi rejoignit à son armée celle que menoit le prince de Condé auprès d'Orsoy. Il partagea ses troupes, pour faire attaquer en même temps quatre places des Hollandais. L'armée du Roi s'attacha à Orsoy, celle du prince de Condé à Wesel, celle du vicomte de Turenne à Burich. Orsoy fut pris en deux jours. Il y eut une fausse attaque dont le comte de Saint-Géran fut chargé, et le marquis de Villars y alla.

Au siége de Doësbourg, se trouvant à la tête de la tranchée dans le temps que les assiégés vouloient faire une sortie, il se jeta hors du boyau, et marcha le premier aux ennemis.

Au commencement des conquêtes du Roi, les États-Généraux lui envoyèrent quatre députés près d'Utrecht pour lui demander la paix, en lui offrant Maëstricht, avec une somme de dix millions pour le rachat des places qu'il avoit prises. L'offre ne fut point acceptée, Sa Majesté voulant avoir le Brabant hollandais avec Orsoy, Wesel, Emmerick, Rées et Rhinberg. Ainsi la négociation fut rompue, et la guerre continuée.

Peu de temps après, Monsieur, frère du Roi, fit le siége de Doësbourg. L'armée du Roi étant alors oisive, elle ne put être plus long-temps le séjour d'un homme aussi avide d'occasions, et que rien d'ailleurs n'y retenoit. Le marquis de Villars la quitta, et courut à ce siége, où, étant à la tête de la tranchée lorsque les ennemis firent une sortie, il parut à la tête de ceux qui les repoussèrent. Aussi Monsieur crut ne pouvoir se dispenser de se souvenir de lui dans les lettres qu'il écrivoit à Sa Majesté.

Il se trouva au fameux passage du Rhin, action unique par son audace, et presque téméraire. Le détail en est su de tout le monde. Le marquis de Villars se jeta des premiers dans le fleuve. Ensuite [car le péril l'attiroit toujours] il se rendit auprès du vicomte de Turenne, qui faisoit le siége de Crèvecœur.

Nous avons tant de choses à dire dans ces Mémoires, que nous sommes obligés de passer légèrement sur ces premiers événemens de la jeunesse du marquis de Villars.

Le chevalier de La Rochefoucauld, qui avoit la charge de cornette des chevau-légers de Bourgogne, ayant été tué, le marquis de Villars pria le comte de Saint-Géran de la demander pour lui au Roi. Ce comte, le seul parent qu'il eût à portée de parler pour lui, refusa de le faire, sur ce qu'il savoit, disoit-il, que cette charge étoit destinée à des gens distingués par de longs services, et aidés de puissantes protections. Le marquis de Villars, qui, malgré ces raisons et les conseils de son parent, se sentoit digne de l'obtenir, la demanda lui-même au Roi, qui la lui accorda dans le moment. Le lendemain, la gendarmerie, dans laquelle il venoit d'entrer, fut détachée pour aller joindre sur le Rhin l'armée du vicomte de Turenne. On attaqua plusieurs petits postes sur la Moselle, et il y eut divers partis, un entre autres où La Fitte, un des meilleurs partisans, attaqua trois cents chevaux des troupes de Brandebourg. Le marquis de Villars s'y trouva : il tâchoit tous les jours à mériter de plus en plus les grâces mêmes qu'il avoit reçues.

La campagne finie, il alla voir établir les quartiers d'hiver de la gendarmerie sur la Sarre, et revint à la cour. En ce temps-là le roi d'Espagne ayant été à l'extrémité de la petite vérole, le Roi envoya le marquis de Villars lui faire compliment sur sa convalescence. Cette commission ne pouvoit que lui être très-agréable, d'autant plus que son père étoit ambassadeur auprès de ce prince, et fort considéré de la Reine mère. Il y alla, fut très-bien reçu, et le présent dont l'honora le roi d'Espagne à son départ fut magnifique.

Dans ce temps-là le duc de Lauzun fut arrêté; et comme c'étoit un caractère assez extraordinaire, on croit devoir le faire connoître. Il étoit homme de courage, et avoit une sorte d'esprit plus propre pour la cour que pour les affaires. Il étoit petit, et n'avoit rien dans sa figure qui dût lui attirer autant de bonnes fortunes en galanterie que l'on vouloit lui en croire.

Il étoit parent du maréchal de Gramont, et logeoit chez lui. Il fut des premiers amans de la princesse de Monaco. Le feu Roi, outre ses deux grandes passions, qui furent mademoiselle de La Vallière et madame de Montespan, avoit accordé ses bonnes grâces à plusieurs des dames qui les recherchoient, entre autres à madame de Monaco. Celle-ci, dans le temps que M. de Lauzun étoit en commerce avec elle, regardoit le Roi avec grande attention, étant assise à terre sur des carreaux : Lauzun, dont cette attention excitoit la jalousie, recula sans paroître regarder derrière lui, et mit le talon sur la main de madame de Monaco, dans le temps qu'elle étoit le plus occupée à regarder le Roi. La douleur et les cris furent violens. Le Roi vit bien que Lauzun l'avoit fait exprès; et ce courtisan tint des discours assez insolens pour obliger Sa Majesté à l'envoyer à la Bastille, où il parla avec une liberté au Roi même si surprenante, qu'elle devoit le perdre. Elle fit un effet tout contraire; et le Roi, se piquant de générosité, non-seulement lui pardonna, mais, touché de la fierté et de la grandeur d'ame que montroit Lauzun, il lui fit dans la suite des grâces considérables.

Il reprit l'air de faveur, fit l'amour à mademoiselle de Montpensier, fille aînée de M. le duc d'Orléans, le plus grand parti de l'Europe. Elle avoit espéré d'épouser le Roi, et avoit refusé M. le prince, même le roi d'Angleterre. Quoiqu'elle fût âgée, l'amour d'un favori la toucha; et elle prit une si violente passion pour Lauzun, qu'elle résolut de l'épouser. Le petit homme, de son côté, irritoit sa passion pour lui par des froideurs qu'il fondoit sur la crainte de voir la princesse, qu'il feignoit d'adorer, faire une aussi grande folie que celle de l'épouser.

Plus il apportoit d'obstacles à ce mariage, plus Mademoiselle faisoit d'efforts pour les surmonter. Enfin il fit confidence au Roi de cette

La vanité de Lauzun le porta à vouloir épouser Mademoiselle avec toutes les cérémonies : il eut trois jours libres pour cela. Tous ses ennemis, mais surtout Monsieur, frère du Roi, et le prince de Condé, profitèrent de ce retardement, et firent agir madame de Montespan: on obligea même la Reine à en dire un mot, et le consentement que le Roi avoit donné fut révoqué. On offrit à Lauzun, comme pour le dédommager, les dignités de pair et de maréchal de France, avec les grandes entrées. De toutes les grâces qui lui étoient offertes, il n'accepta que la dernière. Se conduisant en courtisan, il préféra ce qui l'approchoit du Roi à toute autre chose, dans l'espoir de regagner le consentement de Sa Majesté, Mademoiselle persistant d'ailleurs dans la plus violente passion. Mais Lauzun ne pardonna pas à madame de Montespan; et, après avoir tenté de la perdre auprès du Roi, il la traita si mal, qu'elle porta le Roi à le faire arrêter par le marquis de Rochefort, capitaine des gardes. Il fut conduit dans le château de Pignerol, où il fut en prison dix ans; il n'en sortit que par la cession que Mademoiselle fit de la principauté de Dombes et du comté d'Eu au duc du Maine, l'aîné des enfans du Roi et de madame de Montespan. Le mariage de cette princesse avec Lauzun ne fut pas déclaré : elle lui donna le duché de Saint-Fargeau, et d'autres terres. La reconnoissance fut médiocre dans le duc de Lauzun, qui ne lui cachoit pas la très-parfaite aversion qu'il avoit pour elle : de sorte qu'étant grande et forte, et lui petit, elle l'auroit souvent battu, s'il n'avoit évité les coups de main. Il se trouva en Angleterre dans le temps que le roi Jacques en sortit : il avoit gagné la confiance de ce prince, en sorte qu'il fut chargé d'amener le prince de Galles à Paris.

L'année d'après il alla commander l'armée du roi Jacques, où la conduite de l'un et de l'autre fut si mauvaise, qu'ils perdirent l'Irlande en peu de mois.

Le reste de sa vie en France se passa en petites intrigues de cour, dont il ne tira aucune utilité. Il épousa la fille du maréchal de Lorges, de laquelle n'ayant point d'enfans, ses biens allèrent à sa femme et au marquis de Biron. On a cru devoir mettre ici de suite tout ce qui regarde la vie et le caractère d'un homme aussi extraordinaire que l'a été M. de Lauzun.

[1673] La crainte de perdre un jour de la

Cette place étoit défendue par le rhingrave, un des meilleurs généraux des Hollandois, avec neuf mille hommes de troupes choisies.

Le Roi, par bonté pour la noblesse, qui sous ses yeux s'empressoit à s'exposer, défendit aux volontaires d'aller aux attaques sans sa permission, et les distribua pour monter les gardes de tranchée les uns après les autres. Le marquis de Villars, qui n'eût demandé la permission d'y aller qu'à dessein de l'obtenir, voyant bien qu'étant officier dans la gendarmerie on la lui refuseroit, prit le parti d'attendre que les dispositions fussent faites pour attaquer en même temps le chemin couvert et une demi lune, et la nuit il entra dans la tranchée deux heures avant l'attaque. Il mena avec lui six gendarmes de sa compagnie, volontaires aussi, se plaça avec le premier détachement de grenadiers qui devoit sortir; et au signal, qui fut de six bombes, il marcha à la tête de l'attaque. On lui avoit donné une cuirasse, dont la pesanteur ne lui laissant pas la liberté d'agir, il la jeta en sortant, et entra des premiers dans la demi-lune. Il y fut à peine, qu'un fourneau joua sur lui, et l'enterra à demi. Dès qu'il fut dégagé de la terre qui le couvroit, il marcha à la gorge de la demi-lune pour s'opposer aux ennemis qui vouloient y rentrer. Il perdit la plupart de ses gendarmes, et le feu des ennemis fut si grand, que tous les officiers furent tués, ou mis hors de combat : lui seul, avec un nommé Vignory, ancien officier, mais volontaire dans cette action, demeura en état de soutenir un mauvais logement. Il reçut plusieurs blessures, mais légères, la plupart causées par des éclats de grenades.

Le Roi voyoit l'attaque, et envoyoit souvent demander ce qui se passoit dans la demi-lune. On lui rapportoit toujours que Villars tenoit la tête. Enfin à la pointe du jour il quitta la demi-lune; et le Roi voyant sortir de la tranchée deux ou trois hommes qui paroissoient des officiers, envoya Lignery, exempt de ses gardes, savoir qui c'étoit. Lignery ayant reconnu le marquis de Villars, lui apprit qu'on avoit parlé de lui au Roi plusieurs fois pendant la nuit, et alla dire au Roi qu'il étoit là. Le marquis de Rochefort, qui fut depuis maréchal de France, vint lui ordonner de la part du Roi d'approcher, et lui dit en riant : « Vous allez être bien grondé. » Dès que Sa Majesté l'aperçut, elle prit un air un peu sévère, et lui dit : « Mais ne savez-vous pas
» que j'ai défendu même aux volontaires d'aller
» aux attaques sans ma permission? à plus forte
» raison à des officiers qui ne doivent pas quit-
» ter leurs troupes, et moins encore des troupes
» de cavalerie. — J'ai cru, lui répondit le mar-
» quis de Villars, que Votre Majesté me pardon-
» neroit de vouloir apprendre le métier de l'in-
» fanterie, surtout quand la cavalerie n'a rien à
» faire. » Cette excuse ne pouvoit manquer d'avoir son effet : elle réussit, et la réprimande se termina de la part du Roi par des louanges très-flatteuses pour le marquis de Villars, que la fortune servit à son gré quelques jours après, par une nouvelle occasion de s'exposer qu'elle lui fournit. Il se promenoit aux gardes du camp, lorsque Croisilles, capitaine aux gardes, et frère de Catinat qui depuis fut maréchal de France, vint le prier de faire marcher une garde de la gendarmerie commandée par un maréchal de logis, pour soutenir un poste du régiment des gardes. Celui qui commandoit une garde de la maison du Roi ayant refusé de quitter son poste, le marquis de Villars courut à celle de gendarmerie, et pria le commandant de lui donner vingt gendarmes, à la tête desquels il se mit, et poussa les ennemis jusque dans les barrières de la contre-escarpe.

L'escarmouche devenoit vive : le Roi y arriva, et demanda ce que c'étoit. Croisilles lui en rendit compte, et lui en apprit le détail. « Il
» semble, dit le Roi en parlant du marquis de
» Villars, dès que l'on tire en quelque endroit,
» que ce petit garçon sorte de terre pour s'y
» trouver. »

Maëstricht se rendit après treize jours de tranchée ouverte, et la gendarmerie eut ordre d'aller sur le Rhin fortifier l'armée du vicomte de Turenne, et s'opposer à celle de l'Empereur et de l'Empire, qui s'assembloit en Bohême sous les ordres du général Montecuculli. L'armée de l'Empereur pouvoit avoir pour objet ou de marcher vers Philisbourg, ou de tomber sur Bonn ; et le vicomte de Turenne, dans l'impossibilité où il étoit de défendre l'une et l'autre, n'avoit d'autre parti à prendre que de chercher une action, et pour cela d'aller le plus loin qu'il pourroit au devant de l'armée de l'Empereur. Il s'avança avec celle du Roi dans la Franconie.

Dans ces entrefaites, le maréchal de Bellefond, ne pouvant servir par son crédit le marquis de Villars, voulut du moins l'aider de ses conseils : il lui écrivit une longue lettre pleine d'instructions sur la guerre, où il lui recommandoit entre autres choses d'apprendre le métier de partisan, et d'aller souvent volontaire avec ceux qui passoient pour l'entendre le mieux, lui représentant que les officiers généraux qui ne s'en étoient pas instruits, quelque courage qu'ils eussent, se trouvoient souvent fort embarrassés quand ils commandoient des corps détachés dans le voisinage d'une armée ennemie.

Le marquis de Villars comprit si bien l'importance de ce conseil, que ce qu'il n'avoit fait jusque-là que par le seul intérêt de trouver des occasions, il continua à le pratiquer avec une nouvelle ardeur par le motif de s'instruire. Il passoit souvent trois et quatre jours de suite dans les partis, avec les plus estimés dans cet art: c'étoient alors les deux frères de Saint-Clars, dont l'un, qui étoit brigadier, fut une fois six jours hors de l'armée, toujours à la portée du canon de celle des ennemis, poussant leurs gardes à tout moment à la faveur d'un grand bois dans lequel il se retiroit, faisant des prisonniers, et donnant à toute heure au vicomte de Turenne des nouvelles des mouvemens des ennemis. Et certainement rien n'est plus propre à former un véritable homme de guerre qu'un métier qui apprend à attaquer hardiment, à se retirer avec ordre et avec sagesse, et enfin qui accoutume à voir souvent l'ennemi de fort près.

Le vicomte de Turenne marcha à la tête du Tauber, au-delà de Wurzbourg. Montecuculli s'avança, paroissant vouloir combattre; et il y eut des escarmouches très-vives, une entre autres où le comte de Guiche, lieutenant général de l'armée du Roi, fit avancer son aile, et risquoit d'engager la bataille avec un grand désavantage. Mais le vicomte de Turenne, qui s'en aperçut, vint à toutes jambes faire retirer les drapeaux de bataillons, et n'exposa que les volontaires, parmi lesquels, ou plutôt à la tête desquels on voit bien qu'on doit trouver le marquis de Villars. Il y étoit en effet, avec un de ses parens nommé Sebeville, qui y reçut une blessure considérable. Le vicomte de Turenne, quoique ennemi du maréchal de Bellefond, voulut bien remarquer ce qu'il voyoit: il caressa fort le marquis de Villars, et en parla dans ses dépêches au Roi comme d'un jeune homme qu'il falloit avancer.

L'armée du Roi, comme nous l'avons dit, occupoit les plaines qui sont à la tête du Tauber, comptant sur une bataille; et l'on voyoit déjà les troupes de l'Empereur s'approcher, lorsque l'évêché de Wurzbourg, gagné par les Impériaux, leur facilite le passage du Mein. Ils passent cette rivière, coupent nos convois par les places de l'évêché de Wurzbourg qui étoient derrière nous, et nous obligent à nous retirer, et à laisser l'armée impériale marcher en liberté à la hauteur de Francfort et de Mayence, et à portée de descendre sur Bonn, sans qu'il fût possible au vicomte de Turenne de l'empêcher. Il ne lui resta rien de mieux à faire qu'à s'établir dans les terres de l'électeur de Mayence et dans le Bas-Palatinat, pour donner des quartiers de rafraîchissement à l'armée du Roi, et pour marquer en même temps un juste ressentiment aux princes de l'Empire, qui, malgré les espérances qu'ils nous avoient données d'une neutralité parfaite, s'étoient déclarés contre nous.

L'armée impériale fit le siège de Bonn, prit en peu de jours cette mauvaise place, et s'étendit ensuite le long du Rhin et de la Mozelle. Le vicomte de Turenne voulut occuper des postes le long de cette rivière, et marcha à Bern-Castel, petite ville dont le château étoit assez bon: mais les Impériaux, favorisés par les princes de l'Empire, le prévinrent, et la marche fut inutile. Il n'y eut plus moyen de faire autre chose que de mettre l'armée en quartiers d'hiver le long de la Sarre et dans la Basse-Alsace; et pendant ce temps-là Bonn prise coupant tout notre commerce avec la Hollande, on fut obligé d'abandonner les grandes conquêtes, à la réserve de Grave.

Il y eut cette année trois batailles navales entre la flotte d'Angleterre et de France, sous le prince Robert et le comte d'Estrées, et celle de Hollande sous Tromp et Ruyter. Le dessein des deux couronnes étoit de débarquer dans la province de Zélande, que le prince d'Orange avoit été contraint de dégarnir absolument pour renforcer son armée. Mais ces divers combats, quoique vifs et opiniâtres, furent de part et d'autre sans succès marqué.

Le maréchal de Bellefond, qui, aussi bien que ses confrères les maréchaux d'Humières et de Créqui, s'étoit aussi soumis à ce qu'on exigeoit d'eux par rapport au vicomte de Turenne, et qui avoit été remis avec lui dans le service, vouloit conserver Nimègue, et s'opiniâtra dans ce dessein malgré les ordres de la cour. M. de Louvois, qui le haïssoit toujours, ne manqua pas cette occasion de le perdre, et le fit exiler pour la seconde fois en moins de deux ans. C'est ainsi que se passa la campagne de 1673.

[1674] Celle de 1674 s'ouvrit par la conquête de la Franche-Comté, que le Roi fit en personne dans le plus fort de l'hiver, pendant lequel le vicomte de Turenne réussit à empêcher que le vieux duc de Lorraine ne passât le Rhin, son dessein étant de soutenir la Comté avec un corps de troupes assez considérable, composé des siennes et de celles de l'Empereur. Les places de la Comté prises, le Roi revint à Versailles, et l'on fit une nouvelle disposition pour former les armées, et pour s'opposer aux forces de la plus grande partie de l'Europe. L'Espagne s'étoit déclarée contre nous à la fin de l'année précédente; presque tout l'Empire en fit autant. L'Angleterre fut forcée à retirer les troupes qu'elle nous avoit données.

Ce fut au commencement de cette année que l'Empereur fit enlever à Cologne le prince Guillaume de Furstemberg, ministre et plénipotentiaire de l'électeur de Cologne aux conférences qui s'y tenoient pour la paix dès le milieu de l'année 1673. Cet attentat, qui violoit le droit des gens, obligea le Roi à faire rompre l'assemblée, et à rappeler ses ambassadeurs, qui sortirent de Cologne le 15 d'avril. Cette affaire eut de grandes suites, et ne se termina qu'à la paix de Nimègue.

Dans ces circonstances, on se prépara à défendre les frontières de la Flandre et de l'Empire. Le vicomte de Turenne fut chargé de la guerre du Rhin, mais avec des forces si médiocres, qu'il paroissoit bien que l'on comptoit uniquement sur sa grande capacité. En effet, on étoit si convaincu qu'il pouvoit tout, que souvent on le réduisoit presque à ne pouvoir rien, et que réellement il n'auroit rien pu, s'il n'avoit eu en lui-même des ressources encore supérieures à celles qu'on lui connoissoit. La haine du marquis de Louvois pour ce général ne contribuoit pas peu aux médiocres moyens que l'on lui donnoit de soutenir une guerre difficile.

La gendarmerie, qui avoit commencé la campagne en Allemagne, fut envoyée en Flandre. Le marquis de Beringhen, colonel du régiment Dauphin, fut tué au siége de Besançon ; et le marquis de Villars eut cette obligation au vicomte de Turenne que ce général, persistant dans sa bonne volonté pour lui, dit hautement qu'il falloit le faire colonel le plus tôt qu'il se pourroit, et lui donner ce régiment.

L'armée s'assembla aux environs de Charleroy, sous les ordres du prince de Condé ; et celle des alliés, qui marchoit sous ceux du prince d'Orange, fut fortifiée d'une partie considérable des troupes de l'Empereur, commandées par le général Souches, qui s'étoit acquis de l'estime à la tête des mêmes troupes contre les Turcs. Ce général, d'un âge fort avancé, passoit pour le meilleur homme de guerre qu'il y eût dans l'armée du prince d'Orange, dont les malheurs dans la guerre lui sont venus en partie de n'avoir jamais eu dans ce métier d'assez bons maitres pour cultiver les dispositions que beaucoup d'esprit et une très-grande valeur naturelle avoient mises en lui : c'est pour cela que, malgré ses divers mérites, il n'a peut-être jamais rien fait qui ait pu lui donner la réputation de général.

Les environs de Maëstricht et de Liége furent le rendez-vous de l'armée confédérée, forte de plus de soixante mille hommes. Celle du Roi n'en avoit tout au plus que quarante mille, mais c'étoit des Français, et le prince de Condé les commandoit.

Ce prince se posta de manière que, voyant arriver l'ennemi, il pouvoit juger de ses desseins et profiter de ses mouvemens. Les confédérés s'avançoient lentement, et pendant leur approche il y eut divers partis, dans plusieurs desquels se trouva le marquis de Villars. Il y en eut un entre autres où cent vingt fantassins des ennemis qui s'étoient fortifiés dans un cimetière furent attaqués par La Fitte, lieutenant des gardes du corps. On fit mettre pied à terre aux dragons. Le marquis de Villars, à leur tête, entra dans ce cimetière ; tout y fut tué ou pris, et il rejoignit l'armée la veille du jour que celle des ennemis se campa à la vue de celle du Roi.

Le prince de Condé l'avoit placée dans la plaine de Tresignies, enfermée du petit ruisseau du Piéton. Ce poste, excellent par lui-même, nous donnoit le moyen d'attendre tranquillement le parti que prendroient les confédérés, dont l'armée nombreuse, qui ne cherchoit qu'une action, croyant pouvoir faire ses marches sans craindre nos mouvemens, en fit une pour s'approcher de nous qui donna lieu au prince de Condé d'attaquer l'arrière-garde dans le temps qu'elle passoit le petit ruisseau de Senef. Dès le point du jour, ce prince observoit l'ennemi : il avoit fait marcher la maison du Roi, la gendarmerie, et quelques bataillons. Dès qu'il vit les derniers escadrons des ennemis un peu séparés du gros de leur armée, il passa le ruisseau du Piéton, et marcha à eux. Le marquis de Villars étoit volontaire auprès de lui.

Au moment qu'on étoit prêt à charger, la plupart des officiers généraux, voyant un grand mouvement dans les ennemis, crurent qu'ils fuyoient. Le marquis de Villars dit tout haut: « Ils ne fuient pas, ils changent seulement leur » ordre. — Et à quoi le connoissez-vous ? lui dit » le prince de Condé en se retournant vers lui. » — C'est, reprit le marquis de Villars, à ce » que, dans le même temps que plusieurs escadrons paroissent se retirer, plusieurs autres » s'avancent dans les intervalles, et appuient » leur droite au ruisseau dont ils voient que vous » prenez la tête, afin que vous les trouviez en » bataille. » Le prince de Condé lui dit : « Jeune » homme, qui vous en a tant appris ? » Et regardant ceux qui étoient auprès de lui : « Ce jeune » homme-là voit clair, leur dit-il. » Dans le moment il ordonna à Montal d'attaquer le village de Senef avec l'infanterie, pendant qu'avec les gardes du corps il prit la tête du ruisseau, et trouva qu'une partie des ennemis le bordoit, et que l'autre se mettoit en bataille pour recevoir les troupes du Roi, qui prenoient au-dessus de la source.

Alors le prince de Condé se mit à la tête des premiers escadrons, et tira son épée. Le marquis de Villars, frappé d'un spectacle si propre à animer, dit tout haut: « Voilà la chose du monde » que j'avois le plus désiré de voir, le grand » Condé l'épée à la main. » Ce discours parut ne point déplaire au prince de Condé, et l'on marcha aux ennemis.

Le marquis de Villars se mit à la tête de l'escadron de Buscas, des gardes du corps. Il reconnut le prince de Vaudemont, qui commandoit cette arrière-garde des ennemis et l'appela. On chargea en même temps; et, se jetant dans l'escadron ennemi qui lui étoit opposé, le marquis de Villars reçut un coup d'épée qui s'arrêta au gros os de la cuisse. Cette arrière-garde fut bientôt défaite ; et le prince de Condé voyant bien que l'affaire seroit plus considérable, envoya des ordres pour faire marcher toute l'armée. Montal emporta le village de Senef, où l'on prit quatre bataillons qui s'étoient retranchés dans le cimetière, et il eut la jambe cassée d'un coup de mousquet. Le prince de Condé reforma les troupes qui avoient déjà chargé, et l'on se prépara à attaquer la hauteur du Fay, sur laquelle s'étoient placés les ennemis, qui de leur côté rappelèrent la tête de leur armée, déjà avancée dans les plaines de Mons ; et tout s'apprêta pour une affaire générale.

Les dispositions étant faites pour attaquer la hauteur du Fay, Fourilles, lieutenant général des armées du Roi, et général de la cavalerie, se mit à la tête des premiers escadrons des gardes du corps. Le marquis de Villars, après avoir fait mettre un appareil à sa blessure et bander sa cuisse, marcha à côté de Fourilles.

Les haies des deux côtés de la hauteur étoient bordées de cinq bataillons, qui, sans tirer un coup, laissèrent former les deux premiers escadrons qui étoient obligés de défiler au bas de la hauteur ; mais à peine furent-ils formés, et à la portée du pistolet des ennemis, qu'il en partit un feu si vif que les escadrons furent renversés. Fourilles reçut un coup mortel, et de ses escadrons il n'y eut presque ni homme ni cheval qui ne fût blessé : celui du marquis de Villars fut percé de plusieurs coups. Mais les ennemis, voyant les préparatifs d'une seconde attaque, se retirèrent avec le gros de leurs troupes dans le village du Fay; toute leur armée se plaça à la droite et à la gauche du village, et se mit en bataille derrière. Il y avoit déjà trois heures que le marquis de Villars avoit été blessé, et que, par le mouvement et la chaleur de l'action, il n'avoit presque pas senti de douleurs ; mais enfin elles devinrent si vives, qu'il en tomba évanoui : il ne fit que prendre un verre d'eau-de-vie, et suivit partout le prince de Condé, qui avoit eu un cheval tué sous lui dans les premières charges. Le marquis de Rochefort y avoit été blessé.

Jusque-là les troupes du Roi avoient remporté un avantage considérable. Le prince de Condé, dont le corps, accablé de goutte, sembloit n'être animé que par son courage, voulut poursuivre une action si heureusement commencée, et attaquer le village du Fay. Pour cela il fallut s'étendre ; et peut-être que, malgré la supériorité du nombre, l'armée confédérée eût été battue, si l'on eût attendu que toute celle du Roi fût arrivée. Mais la confiance qu'inspirent les premiers succès, la crainte de laisser à l'ennemi le temps de se reconnoître, peut-être aussi l'impétuosité naturelle du chef irritée encore par les difficultés, tout cela l'emporta. On se hâta d'attaquer ; mais les attaques, quoique vives en plusieurs endroits, ne réussirent qu'imparfaitement : les avantages ne furent point décisifs, et l'on combattit jusqu'à l'entrée de la nuit, sans que l'armée du Roi pût y gagner beaucoup de terrain. Le marquis de Villars, ne pouvant plus se tenir à cheval, quitta à onze heures de nuit. Peu après il se fit une grande décharge, et l'armée ennemie se retira. Celle du Roi, qui avoit perdu beaucoup de monde, en fit autant au point du jour. Il y eut grand nombre d'officiers principaux et subalternes de tués. Le marquis d'Assentar, général de la cavalerie d'Espagne, fut trouvé parmi les morts. Le prince d'Orange, le marquis de Monterey, gouverneur des Pays-Bas, et Souches, général de l'Empereur, placèrent l'armée confédérée dans les plaines de Mons. Le prince de Condé rentra dans son camp du Piéton ; les ennemis cherchèrent à former une entreprise, et le prince de Condé à la traverser.

Ce prince, dans ses dépêches à la cour, et Fourilles, dans une lettre qu'il écrivit au Roi en mourant, parlèrent avec distinction du marquis de Villars, à qui Sa Majesté donna le régiment de cavalerie de Courcelles, tué dans la dernière action.

Les deux armées furent près de quinze jours sans faire de mouvement ; après quoi celle des alliés alla investir Oudenarde, et celle du Roi marcha pour faire lever le siége.

Le prince de Condé s'approcha de l'ennemi à la portée du canon ; et, voyant qu'il n'occupoit pas une hauteur très-importante, il s'en saisit. Le jour d'après, l'armée ennemie leva ses quartiers; et le général Souches ayant placé avantageusement celle de l'Empereur, le prince de Condé, qui avoit fait lever un siége, ne voulut pas engager une action.

Ainsi finit la campagne de 1674, pendant laquelle le vicomte de Turenne soutint glorieusement la guerre d'Allemagne. Par l'heureux succès du combat de Zintzheim, et par une conduite également sage et audacieuse, il fit repasser le Rhin à plus de soixante mille hommes qui s'étoient établis en Alsace. Il est certain que l'électeur de Brandebourg, le vieux duc de Lorraine, et tous les princes et les généraux qui menoient cette grande armée, firent des fautes grossières. Le Roi n'avoit aucune place en Alsace, et le vicomte de Turenne, qui avoit été obligé de l'abandonner à ses ennemis, ne pouvoit y rentrer que par Béfort, petit château dénué alors des fortifications que le Roi y a fait ajouter depuis.

Strasbourg étoit aux ennemis; et leur armée, qui pouvoit s'établir en deçà du Rhin, et y prendre des quartiers d'hiver, faisoit perdre au Roi Brisach et Philisbourg, si elle eût été conduite avec plus d'intelligence, et si le vicomte de Turenne n'eût bien su tirer avantage contre ses ennemis de toutes leurs fautes.

Vers la fin de cette année, le chevalier de Rohan eut la tête tranchée devant la Bastille. Il avoit promis aux Hollandais de leur livrer Quillebœuf, et de faire soulever la Normandie. La Truaumont étoit chef de la conspiration, et c'étoit sur ces deux hommes que les ennemis fondoient le succès de leur armée navale. L'un étoit cadet d'une des plus grandes et des plus anciennes maisons du royaume; l'autre gentilhomme de Normandie, ancien officier, homme de courage, et qui avoit autant d'esprit que l'autre en avoit peu. La débauche les avoit unis tous deux, et la misère les avoit jetés dans cette malheureuse intrigue. Le Roi, qui en fut instruit, envoya arrêter La Truaumont, qui fut tué en se défendant contre Brissac, major des gardes du corps, lequel mal à propos ordonna qu'on tirât.

Le chevalier de Rohan fut arrêté dans le même temps. Il n'y avoit aucune preuve contre lui, point de témoins, point d'écrit signé de sa main; les commissaires ne savoient quel parti prendre, lorsqu'un de ceux qui l'interrogèrent laissa entendre au chevalier de Rohan qu'il feroit mieux de recourir à la clémence du Roi, que de persister à nier un fait dont il y avoit mille preuves. Le chevalier se rendit à ce conseil, et donna contre lui plus de lumières qu'il n'en falloit pour le condamner, sans entendre que Pommereux lui dit plusieurs fois : « Feu La Truaumont. »

Le Roi auroit été disposé à lui donner sa grâce. La veille même de son supplice, le duc de Créqui avoit fait représenter la tragédie de *Cinna*, persuadé que l'exemple de la clémence d'Auguste toucheroit le Roi.

[1675] La prise de Limbourg en Flandre ouvrit la campagne de 1675. Après cette conquête, le Roi ramena l'armée, et la laissa sous les ordres du prince de Condé dans les plaines d'Ath, où il étoit campé, lorsqu'on apprit par un courrier la mort du vicomte de Turenne, le retour de l'armée du Roi en-deçà du Rhin après un grand combat, et l'entrée de celle de l'Empereur en Alsace.

Cette malheureuse conjoncture obligea le Roi à faire passer le prince de Condé en Allemagne, avec un détachement de l'armée de Flandre qui demeura sous les ordres du duc de Luxembourg, qu'on fit maréchal de France avec messieurs de Navailles, de Duras, de Rochefort, de Schomberg et La Feuillade.

Le maréchal de Luxembourg, ne songeant qu'à éviter une affaire générale, et cependant à empêcher les entreprises de l'ennemi, se tenoit le plus près qu'il étoit possible du prince d'Orange, et choisissoit si bien ses postes, qu'il couvroit toujours les places du Roi sans se commettre. Il y eut divers partis, et le marquis de Villars fut commandé avec quatre cents chevaux pour aller sur les ennemis, tomber sur leurs fourrageurs, enlever leurs gardes, enfin pour ce qu'il voudroit entreprendre.

Il choisit ses capitaines; et, suivi de beaucoup d'officiers volontaires, la nuit il trouva tête pour tête un parti de cavalerie des ennemis, qui fut chargé, et renversé d'abord. Quelques-uns furent tués ou pris, et presque tout se sauva à la faveur de l'obscurité. Le marquis de Villars avança vers l'armée ennemie, qui étoit campée à l'abbaye de Waure, et couverte par des bois. Il s'approcha à la pointe du jour de leurs gardes, qu'il trouva très-faciles à enlever. Il se préparoit à les attaquer, lorsqu'il vit qu'un fort gros corps de cavalerie des ennemis marchoit de la gauche, et gagnoit du côté du ruisseau de Genap pour s'opposer à sa retraite. Il ne douta point que ce parti, qu'il avoit rencontré et battu la nuit, n'eût donné avis de sa marche : ainsi, au lieu de se retirer à l'armée de France, il marcha diligemment au travers des bois vers le côté de Nivelle. Après avoir fait deux lieues, voyant qu'il n'étoit pas suivi, il s'arrêta, et, fâché d'avoir manqué ces gardes, il pensa que les ennemis ayant écarté un parti, la tranquillité seroit plus grande à la tête de leur camp : de sorte qu'après avoir fait repaître il retourna par les mêmes bois, s'approcha des mêmes gardes qu'il avoit aperçues le matin, et les trouva placées à peu près de même, si ce n'est que celles où il y avoit des étendards s'étoient un peu rapprochés du camp. Il disposa ses troupes pour attaquer, et se mit seul à la tête de la première, derrière laquelle il plaça trente officiers volontaires, ou cavaliers des mieux montés, avec ordre, dès que le premier coup de pistolet seroit tiré, de pousser à la première ligne des ennemis, d'enlever des étendards s'il étoit possible, enfin de prendre ou tuer ce qu'ils trouveroient en suivant la ligne environ deux cents pas, et de s'en retourner au grand galop à la tête du bois d'où l'on débusquoit. Pour lui, marchant le premier, il alla droit à la vedette des ennemis, qui lui cria *qui vive?* Il répondit *vive Espagne!* et que c'étoit un parti de Hollande qui revenoit de la guerre. Il avança facilement, ne mit le pistolet à la main qu'à deux pas de la vedette, et enleva sans peine les gardes de cavalerie. Les volontaires exécutèrent fort bien leurs ordres, et tuèrent ou prirent des capitaines de cavalerie qui se promenoient le long du camp. Cette expédition faite, le marquis de Villars rentra dans le bois; et comme il vit toute l'aile gauche des ennemis monter à cheval, il regagna en diligence le ruisseau de Genap, le passa, et ensuite forma ses troupes. La tête de la cavalerie des ennemis parut incontinent après sur le bord du ruisseau; mais le marquis de Villars, jugeant bien qu'étant obligés de suivre à la file ils n'oseroient passer devant lui ce ruisseau, qui n'étoit éloigné de l'armée de France que d'une demi-lieue, il demeura en bataille, et puis se retira tranquillement avec les prisonniers.

Lorsque, de retour à l'armée, il alla rendre compte de son parti au maréchal de Luxembourg, les dépêches de ce général étoient déjà faites; mais il voulut écrire de sa main cette aventure au Roi, qui eut la bonté de la donner à lire à son lever au père du marquis de Villars.

Pendant le reste de cette campagne, on ne fit en Flandre que se tenir sur la défensive : il ne fut question que de quelques partis, dont le plus remarquable fut celui du marquis de Villars, que nous venons de détailler. Une compagnie de cavalerie ayant vaqué dans son régiment, il la fit donner au frère de M. l'abbé Fleury, lequel, dès les commencemens de sa vie, étoit fort lié avec toute la maison de Villars.

En Allemagne, la mort du vicomte de Turenne donna la supériorité aux ennemis. Nous avons dit que notre armée fut obligée de repasser le Rhin après un combat assez sanglant, où le marquis de Vaubrun, l'un de nos lieutenans généraux, fut tué. Les difficultés qui survinrent pour le commandement entre le comte de Lorges et lui firent alors cesser l'usage établi parmi les officiers généraux de rouler entre eux, sans égard à l'ancienneté. Le roi décida que le plus ancien commanderoit toujours, ce qui est certainement plus conforme au bien du service.

Montecuculli ayant Strasbourg pour lui, passa le Rhin; et le maréchal de Duras, à qui le commandement de l'armée fut donné après la mort du vicomte de Turenne, se retrancha entre Schelestadt et Châtenoy, poste très-bon, et dans lequel Montecuculli n'osa l'attaquer.

Dans le même temps, une armée commandée par le duc de Zell et quelques généraux de l'Empereur forma le siége de Trèves, grande ville mal fortifiée, qui ne pouvoit faire une longue résistance. Vignory y commandoit; mais il se tua la nuit par une chute.

Le maréchal de Créqui avoit composé une armée de douze à quinze mille hommes. Un désir de gloire le détermina à chercher les moyens de secourir cette place, quoique avec des forces très-inférieures à celles des ennemis. Il s'approcha de la Sarre, sans cependant avoir pris la résolution de passer cette rivière, et seulement pour être à portée de profiter ou d'une mauvaise disposition des ennemis, ou des fautes qu'ils pourroient faire en s'approchant de lui; mais ils la passèrent eux-mêmes si promptement, que le maréchal n'eut que le temps de se mettre en bataille. Il fut attaqué et battu, en partie par la faute des généraux, qui ne se placèrent pas assez diligemment pour défendre le passage de la Sarre. Les ennemis y perdirent assez de gens.

Dans son malheur il prit le parti le plus glorieux. Il savoit que le gouverneur de Trèves étoit mort : il se jeta dans la place, releva le courage de la garnison, et soutint le siège pendant plusieurs jours avec beaucoup de fermeté. Il se flattoit même que, soit par l'opiniâtreté et la vigueur de sa défense, soit par les grandes pertes que les ennemis avoient faites dans la bataille, ou dans plusieurs attaques de la place que son courage leur avoit rendues très-sanglantes, il viendroit à bout de la sauver; mais la garnison, persuadée qu'il vouloit la sacrifier à son désespoir, et excitée par les discours séditieux d'un capitaine nommé Beaujourdan, livra la brèche et le général aux ennemis, et tout fut prisonnier de guerre. Ce capitaine paya de sa tête sa perfide lâcheté : il fut exécuté six semaines après. Ainsi cette campagne fut malheureuse sur la Moselle aussi bien qu'en Allemagne, par la prise de Hagueneau et par le blocus de Philisbourg, mais plus fatale encore par la mort du maréchal de Turenne, dont le génie supérieur, la fermeté et les rares talens pour la guerre avoient non-seulement soutenu nos frontières, mais poussé la guerre bien avant dans l'Empire, et avec une armée médiocre et dépourvue de tout, un peu par la mauvaise volonté de M. de Louvois son ennemi déclaré, lequel n'avoit point pardonné à ce général la manière dont il en avoit été traité l'hiver qui précéda sa mort.

Nous reprendrons ce trait d'histoire en rappelant ce qui se passa à la cour l'hiver de 1674 à 1675. Nous avons vu que M. de Turenne avoit marché pour combattre Montecuculli dans les plaines de Franconie, après avoir mandé plusieurs fois à la cour qu'il ne pouvoit en même temps couvrir le haut et le bas Rhin. Les projets qu'il envoya à la cour étoient beaux et solides; mais au lieu d'y être suivis, il en reçut des ordres peu convenables et au service du Roi et au mérite d'un tel général. Le ministre, déclaré contre lui, lui suscitoit même des ennemis dans l'armée. Un des premiers lieutenans généraux osa lui reprocher tout haut des fautes dont ce grand homme n'étoit pas capable : M. de Turenne lui répondit, avec plus de sagesse qu'un autre n'en auroit peut-être eu en sa place : « Ecrivez à la cour, monsieur; vos raisons, » quoique mauvaises, ne laisseront pas d'être » écoutées. » Le maréchal de Turenne revenu à Versailles convint, à ce que l'on prétend, avec le prince de Condé de perdre un ministre de la guerre qui ne les ménageoit guère tous deux. On crut que M. le prince avoit promis de seconder M. de Turenne, mais que l'évêque d'Autun, dévoué à Louvois et à Tellier son père, regagna M. le prince, sur lequel il avoit grand crédit, lui faisant voir que M. de Turenne éloigné par deux ministres habiles et fort accrédités, lui prince de Condé seroit seul le maître de la guerre, et que ces deux hommes, lui devant leur conservation, lui seroient éternellement dévoués.

Il est certain que M. de Turenne suivit sa résolution et son juste ressentiment; qu'à son retour il fit voir au Roi les fautes de M. de Louvois, et le peu de solidité des ordres qu'il en avoit reçus. Il convenoit qu'à la vérité ce ministre avoit beaucoup d'esprit, et qu'il étoit excellent pour les détails, mais il soutenoit que la connoissance et l'expérience nécessaire pour gouverner la guerre de campagne lui manquoient entièrement, et qu'au fond il n'avoit jamais été à portée de l'apprendre. Le Roi écouta avec son discernement ordinaire les solides raisons de M. de Turenne; et s'il avoit été secondé par M. le prince, Louvois étoit en péril. Mais ce dernier ne le poussant pas avec la même ardeur, certaines fautes ne parurent pas capitales, et le Roi lui-même étoit bien aise de ne les pas trouver telles.

Louvois eut seulement ordre d'aller demander pardon à M. de Turenne. Ce général le reçut avec la hauteur convenable à sa dignité, et au sujet qu'il avoit de se plaindre. Il lui reprocha sa conduite par rapport à celle de la guerre; et lui dit, que pour son amitié, quand il auroit fait autant de choses pour la mériter qu'il en avoit fait pour la perdre, il verroit ce qu'il auroit à faire. C'est ainsi que se passa cette scène de cour. Louvois continua dans son crédit, et dans son dessein de nuire à M. de Turenne, dessein qu'il suivit si soigneusement, que la campagne qui nous coûta ce grand homme pouvoit nous attirer d'autres malheurs, si le grand âge de Montecuculli et sa prudence outrée ne l'avoient porté à se contenter de médiocres avantages après la mort de M. de Turenne.

[1676] Avant que de parler de ce qui se passa dans les armées de terre, il convient de dire un mot de deux grandes expéditions navales qui se firent au commencement de cette année.

Les Espagnols, qui vouloient délivrer Messine et sauver la Sicile, avoient sollicité les Etats-Généraux de leur envoyer un secours commandé par leur amiral Ruyter, pour obliger les Français à lever le blocus de la ville assiégée. Les Etats leur accordèrent une flotte de trente voiles; et Ruyter, qui la commandoit, vint mouiller vers la fin de décembre 1675 à la rade de Melazzo, vis-à-vis de Messine. Quinze jours après, il alla chercher les Français, auxquels il présenta le combat, qui se donna le 8 de janvier entre les îles de Salines et de Stromboli, et qui dura depuis dix heures du matin jusqu'à la nuit.

La flotte française étoit commandée par Du Quesne, aussi expérimenté et aussi brave que Ruyter. Du Quesne ayant gagné le vent, fondit sur les Hollandais avec tant de violence, que Ruyter avoua que de sa vie il n'avoit vu un combat si furieux. On se canonna, on vint à l'abordage, et on se battit corps à corps de vaisseaux avec le plus grand courage. Le marquis de Preuilly, qui commandoit l'avant-garde des Français, fit plier celle des Hollandais. Le corps de bataille où étoit Du Quesne fit reculer Ruyter, et l'arrière-garde des Hollandais en vint aux mains avec celle des Français, qui avoit Gabaret à sa tête. Toute la manœuvre des Hollandais n'eût pu empêcher la victoire des Français, si le calme qui survint ne les eût arrêtés.

Trois mois après, il y eut un second combat, au nord-est du mont Gibel, entre Du Quesne et Ruyter. Celui-ci, qui assiégeoit Agosta par mer, ayant appris que la flotte française venoit le chercher, alla aussitôt au devant d'elle. L'action commença sur les quatre heures après midi. Après une demi-heure de combat, un boulet de canon frappa Ruyter, lui emporta la moitié du pied gauche, et lui brisa la jambe droite. Cependant les ordres de son premier capitaine furent si bien exécutés, qu'on ne s'aperçut pas du malheur arrivé au général, et qui, tout blessé à mort qu'il étoit, ne laissoit pas de donner les ordres de son lit sur les rapports qu'on venoit lui faire. Ainsi le combat se soutint tout le jour avec la même chaleur, sans que la victoire voulût se déclarer. A la fin les Hollandais cédèrent; et les Français contents d'avoir fait lever le siége d'Agosta, les flottes se retirèrent à Syracuse, où les Hollandais conduisirent leur amiral, qui y mourut de ses blessures.

Cependant les Hollandais, ne se trouvant pas en sûreté à Syracuse, en partirent pour aller à Palerme. Ils furent poursuivis par le duc de Vivonne, qui étoit venu sur la flotte française, composée de vingt-huit vaisseaux et de vingt-cinq galères. Le 3 de juin, commença le combat. Le marquis de Preuilly s'approcha des Hollandais, dont il essuya le feu sans tirer un seul coup: quand il fut à portée d'eux, il lâcha ses bordées, et en même temps fit avancer ses brûlots, que l'avant-garde des ennemis ne put éviter qu'en coupant ses câbles, pour aller échouer sur les terres les plus proches, laissant néanmoins derrière trois vaisseaux espagnols, qui furent brûlés. Aussitôt le reste de l'armée française fondit sur l'arrière-garde et sur le corps de bataille, qui la reçut courageusement; mais l'amiral espagnol ayant pris feu avec quelques galères et trois vaisseaux hollandais, le contre-amiral de Hollande et ses capitaines achevèrent de couper les câbles, et prirent la fuite. De tout ce qui resta des deux flottes espagnole et hollandaise, une partie échoua sous Palerme, et l'autre entra dans le port, après que le vice-amiral d'Espagne et le contre-amiral de Hollande eurent sauté en l'air.

Cette journée fut l'une des plus malheureuses que les ennemis aient éprouvées sur mer, et des plus glorieuses à la France, dont la marine prenoit tous les jours de nouvelles forces.

La campagne de 1676 commença par le siége de Condé, que le Roi fit en personne; et le marquis de Villars continua de servir à sa manière, c'est-à-dire, quoique colonel de cavalerie, de chercher aux siéges les actions de l'infanterie. Le Roi même lui tint sur ce sujet des discours très-obligeans. Sa Majesté fit faire ensuite le siége de Bouchain par Monsieur, et elle se plaça avec l'armée d'observation pour assurer cette entreprise.

Le prince d'Orange s'étant avancé au secours de Bouchain passa l'Escaut à Valenciennes, et parut vouloir attaquer l'armée du Roi, qui fut mise en bataille derrière la cense d'Urtebise. Sa Majesté donna au marquis de Villars le commandement d'une réserve de cavalerie entre les deux lignes d'infanterie. On proposa d'attaquer le prince d'Orange, et le Roi le vouloit; mais il déféra à l'avis du maréchal de Schomberg, qui, à l'instigation des ministres et de quelques courtisans, répondit, lorsqu'on le consulta, que quand on faisoit un siége, la gloire étoit uniquement d'assurer l'entreprise. Par ce conseil d'une prudence adroite et politique, il sauva le prince d'Orange, dont l'armée mal placée, et trop resserrée pour faire ses mouvemens, étoit perdue sans ressource, ou du moins en grand péril, si elle eût été attaquée. Bouchain fut pris. Le prince d'Orange mena son armée vers Mons, et projeta le siége de Maëstricht. Le Roi, s'en retournant à Versailles, ordonna les dispositions pour le siége d'Aire, que son armée investit sous les ordres du maréchal d'Humières, le maréchal de Schomberg commandant l'armée d'observation.

M. de Louvois, qui voulut être présent à ce siége, vint en Flandre. C'étoit proprement en lui qu'étoit toute l'autorité, puisque, interprète des volontés et des ordres du Roi, il régloit les marches et les dispositions des armées, écrivant souvent aux généraux : *L'intention du Roi est que son armée, commandée par un* tel, *fasse* tel *mouvement*. L'artillerie, étant plus à ses ordres qu'à ceux du grand-maître, fut servie avec une grande vivacité.

Le marquis de Villars eut le commandement d'une brigade de onze escadrons à l'armée du siége, qui finit bien plus tôt qu'on ne l'avoit espéré, par la grande vivacité avec laquelle l'artillerie fut servie par Du Metz, qui la commandoit. La fortune même favorisa les assiégeans; car une bombe étant tombée dans un magasin de poudre, l'effet en fut si violent, qu'un bastion fut entièrement ouvert, et que le gouverneur capitula.

Cependant l'entreprise du prince d'Orange sur Maëstricht tiroit fort en longueur, par le peu de succès de ses attaques. Cette lenteur nous engagea insensiblement non à secourir cette place, mais du moins à nous en approcher, en rassemblant cependant toutes les forces qui pouvoient donner de la terreur aux ennemis. L'ordre qu'avoit reçu le maréchal d'Humières, après la prise d'Aire, de s'emparer du fort de Linck, qui pouvoit très-aisément se défendre dix ou douze jours, étoit une marque bien visible du peu d'ardeur que l'on avoit pour conserver Maëstricht, tout considérable qu'il est; mais la raison de cette indifférence étoit la nécessité plus pressante où l'on se trouvoit de secourir Philisbourg, place d'une bien plus grande importance pour nous, et dont la perte nous ôtoit les moyens non-seulement de soutenir aucun des Etats ou des princes de l'Empire qui étoient dans les intérêts de la France, et donnoit lieu à l'Empereur de les réunir aux siens, mais nous privoit du secours de l'électeur de Bavière, qui s'étant maintenu neutre avoit sur pied douze à quinze mille hommes que la France payoit.

Après des efforts inutiles du maréchal de Rochefort pour jeter du secours dans cette place qui avoit été bloquée dès l'hiver, le maréchal de Luxembourg, avec une puissante armée, eut des ordres précis de tout tenter pour la secourir. Dans ce dessein général il s'en approcha, mais il trouva une entière impossibilité d'y réussir; et le Roi, ne voulant pas perdre encore Maëstricht, que Calvau défendoit toujours avec beaucoup de courage, ordonna enfin au maréchal de Schomberg de marcher à l'armée du prince d'Orange, qui avoit déjà perdu beaucoup de monde dans plusieurs assauts à des bastions détachés, nouvelle manière de fortifier inventée par Vauban, et très-bonne pour de grandes places qui peuvent contenir une nombreuse garnison. Dans le dernier des assauts qu'eut à soutenir le bastion nommé Dauphin, ouvrage bien revêtu, placé derrière un avant-chemin couvert, et dont la prise coûta si cher au prince d'Orange, le rhingrave avoit été blessé à mort.

L'armée du Roi étoit campée à Boneff; et le comte de Montal, ancien lieutenant général, fut détaché avec quatre mille chevaux pour aller reconnoître quels mouvemens feroient les ennemis à l'approche de notre armée. Le marquis de Villeroy, qui fut depuis maréchal de France, y alla comme maréchal de camp, et le marquis de Villars eut le commandement de mille chevaux.

A peine découvroit-on les tentes des ennemis, qu'on vit venir un trompette du prince d'Orange, qui demandoit passeport pour le rhingrave, mortellement blessé; ce qui fit juger que l'intention de ce prince n'étoit pas de nous attendre, car il n'eût pas eu besoin de passeport s'il n'eût pas songé à marcher.

Le détachement de Montal étant fort près de l'armée des ennemis, on envoya au maréchal de Schomberg pour le presser de faire avancer l'armée, et l'on s'approcha toujours dans les plaines le long de la grande chaussée. L'ardeur du marquis de Villars, et le désir de connoître des premiers les dispositions des ennemis pour découvrir s'il y auroit quelque chose à entreprendre, le portèrent à s'avancer de hauteur en hauteur avec huit ou dix officiers fort bien montés; et voyant parmi les ennemis un mouvement qui avoit tout l'air d'une retraite, il revint trouver le comte de Montal, qui envoya encore au maréchal de Schomberg pour presser la marche. Mais ce général, qui sans doute avoit ses raisons, et peut-être même des ordres précis de ne donner qu'un simple secours sans action, n'arriva que sur le soir à la vue des ennemis, lorsqu'on ne pouvoit plus douter de leur retraite. Le jour d'après, de grand matin, comme on étoit assez près de leur arrière-garde pour engager une action, le comte d'Auvergne, colonel général de la cavalerie, pressa le maréchal de l'entreprendre. Le marquis de Villars, s'approchant de divers escadrons des ennemis, eut son chapeau percé d'un coup de pistolet, et voyant du désordre dans leurs dispositions, il alla au maréchal de Schomberg, et lui représenta avec respect, mais pourtant par de bonnes raisons, qu'il y auroit de l'avantage à les attaquer. Ce général, qui n'avoit pas ce dessein, ne put s'empêcher, malgré l'amitié qu'il avoit d'ailleurs pour lui, de lui répondre avec une certaine aigreur qu'excitent assez naturellement les bonnes raisons quand on ne veut pas s'y rendre. Le marquis de Villars, n'ayant pu obtenir qu'on attaquât l'arrière-garde entière, auroit du moins bien souhaité qu'on fût tombé sur les dernières troupes des ennemis : il s'en approcha, et eut son cheval tué sous lui. Il revint auprès du maréchal de Schomberg, qui l'appela, et lui dit avec amitié : « Quand une place comme Maës-
» tricht est secourue sans bataille, le général
» doit être content; et pour satisfaire un jeune
» colonel avide d'actions, il faut lui donner un
» parti de cinq cents chevaux. Faites-les com-
» mander, prenez les officiers que vous vou-
» drez; et, en suivant l'armée ennemie pendant
» trois ou quatre jours, vous verrez ce qu'elle
» deviendra, et ce que vous pourrez faire sans
» vous commettre. »

Le marquis de Villars suivit son ordre; et le lendemain, sur le soir, ayant trouvé à une demi-lieue de l'armée ennemie des escortes médiocres qui couvroient des fourrageurs, il les attaqua, et ramena près de cent cinquante prisonniers à l'armée du maréchal de Schomberg, qu'il trouva en marche.

Il rendit compte de sa commission au maréchal, qui, oubliant la vivacité avec laquelle le marquis avoit osé le presser la veille d'attaquer l'ennemi, lui dit : « Nous aurions été brouillés ensemble si je ne vous avois pas donné un détachement pour suivre vos amis, que vous ne sauriez perdre de vue. »

Le marquis de Villars avoit passé cinq ou six nuits sans dormir. Accablé de sommeil et de lassitude, il se coucha sur le revers d'un fossé, et ordonna à ses gens de l'éveiller quand l'arrière-garde passeroit. Pendant son sommeil, il y eut un grand orage ; en sorte que le fossé sur le revers duquel il étoit couché fut rempli d'eau. Ses gens, aussi endormis que lui, ne l'éveillèrent qu'après qu'il eut été dans l'eau un quart-d'heure : il monta à cheval saisi de froid, et dès la nuit il fut attaqué d'une dysenterie si violente, qu'on le porta très-dangereusement malade à Charleroi ; mais sa jeunesse et la bonté de son tempérament le sauvèrent.

A peine sa santé fut-elle rétablie que son régiment eut ordre d'aller joindre le maréchal de Créqui. Ce général rassembloit une armée sur la Sarre, pour faire lever le siège de Deux-Ponts, petite ville mal fortifiée, et attaquée par le duc de Zell, dont les troupes se retirèrent à l'arrivée de celles du Roi. Ainsi finit en Flandre la campagne, glorieuse pour la France par la prise de Condé, de Bouchain, d'Aire, et par le secours de Maëstricht. Elle ne fut pas à beaucoup près si heureuse en Allemagne, où nous perdîmes Philisbourg. Le régiment du marquis de Villars fut envoyé en garnison à Calais.

[1677] La campagne de 1677 fut remarquable entre les autres par l'importance des conquêtes. Le Roi prit des mesures pour attaquer les trois plus grandes et plus considérables places des Pays-Bas, Valenciennes, Cambray et Saint-Omer, dont la prise d'une seule pouvoit illustrer une campagne.

Dès la fin de février, toutes les troupes se mirent en mouvement. M. de Louvois, qui possédoit éminemment l'esprit d'ordre, de prévoyance et de détail, fit si bien que les subsistances, les vivres, les fourrages, et toutes les commodités nécessaires, se trouvèrent en abondance. Le Roi commença par Valenciennes, et en même temps commanda au maréchal de Luxembourg de faire investir Saint-Omer. Le régiment du marquis de Villars partit de Calais le 26 février, et occupa l'abbaye de Watte. On resserra cette place, dont la garnison étoit médiocre ; le vieux prince de Robecq, de la maison de Montmorency, en étoit gouverneur.

La fortune servit le Roi dans le siège de Valenciennes, qu'on attaquoit certainement par l'endroit le plus fort ; mais les difficultés des chemins dans une saison fort rude avoient obligé à se servir de la chaussée de Valenciennes à Saint-Amand, par conséquent à faire les dépôts du siège du côté de Saint-Amand, et à commencer l'attaque par l'ouvrage couronné. L'Escaut faisoit le fossé de la place, et les ennemis par leurs écluses pouvoient en faire un torrent ; mais dès que l'ouvrage couronné eut été attaqué et emporté, le désordre se mit dans toutes les troupes qui le défendoient, et l'ardeur de celles du Roi les porta à suivre celles des ennemis avec tant de vitesse, qu'elles entrèrent pêle-mêle avec elles dans le pâté ; et de là, par une poterne qui se trouva ouverte, nos premiers grenadiers parurent sur le bastion. La terreur des ennemis fut si grande, que douze cents chevaux qui étoient en bataille dans les places de la ville n'osèrent jamais monter sur les remparts pour en chasser des gens qui n'alloient qu'un à un, et par un petit degré fort étroit. On contint les troupes sur les remparts, leur petit nombre fit leur sagesse dans les commencemens : la ville ne fut pas pillée, et tout fut fait prisonnier de guerre. Après un aussi heureux événement, le Roi envoya Monsieur avec le maréchal d'Humières, et avec une augmentation de troupes assez considérable, pour faire le siège de Saint-Omer. On resserra les quartiers, qui jusque-là n'avoient été disposés par le maréchal de Luxembourg que pour empêcher qu'on ne jetât des troupes dans la place.

On fit deux attaques : l'une, qu'on croyoit d'abord n'être qu'une fausse attaque par le fort des Vaches, pays bas et très-marécageux ; et l'autre par les terres les plus élevées.

Dès le premier jour, les ennemis firent une sortie sur l'attaque du fort des Vaches. Le marquis de Villars, auquel il sembloit que, par une destinée particulière, aucune occasion ne dût échapper, avoit son quartier de ce côté-là, et se promenoit à pied du côté de l'attaque. Dès qu'il vit l'ennemi, il y courut avec presque tous les officiers de son régiment qui se trouvèrent auprès de lui, et le rechassa dans le chemin couvert. Le marquis de Languetot, qui étoit capitaine dans son régiment, y fut blessé.

Cependant le prince d'Orange se disposoit à secourir Saint-Omer, et assembloit toutes ses forces derrière Ypres.

Il marcha avec son armée, et campa au-dessous de Mont-Cassel. Monsieur ne balança pas à lever ses quartiers ; il laissa au marquis de La Trousse le commandement de la tranchée, et marcha à l'armée du prince d'Orange, qui avoit devant elle le petit ruisseau de l'abbaye de Piennes. Les ennemis le passèrent en divers endroits, et il y eut dans le centre un assez rude combat d'infanterie, où le régiment des gardes du Roi perdit beaucoup de monde. Alors le maréchal d'Humières poussa la gauche des ennemis, et dans le même temps le maréchal de Luxembourg attaqua l'abbaye de Piennes. Il avoit donné au marquis de Villars une réserve de cinq escadrons, qui avoient la gauche de tout, et qui par conséquent débordoient la droite des ennemis.

Le marquis de Villars fit réparer un pont sur le ruisseau de Piennes, et commençoit à le passer pour prendre en flanc la droite des ennemis, occupée des troupes qu'elle avoit devant elle, lorsque Chamlay vint de la part de Monsieur lui donner ordre de marcher au centre, où les troupes avoient perdu quelque terrain. « S'il est arrivé quelque désordre dans le centre, lui dit » le marquis de Villars, j'arriverai trop tard » pour le réparer; mais je vois la droite des en- » nemis ébranlée, et je crois qu'il vaut mieux » achever de mettre le désordre dans cette aile. » Si la bataille est en danger où vous dites, » nous allons infailliblement la gagner de ce » côté-ci: ainsi je marche. » Chamlay voyant que le marquis de Villars suivoit toujours son premier dessein, alla parler à M. de Soubise, qui commandoit la gauche de la cavalerie, et qui vint empêcher le marquis de Villars de passer. Voyant bien cependant qu'il avoit raison, il lui dit que si c'étoit un autre aide-de-camp que Chamlay, il se dispenseroit de suivre l'ordre qu'il apportoit; mais que celui-là étoit l'homme de confiance du Roi. Le marquis de Villars obéit; et quelque temps après le maréchal de Luxembourg ayant emporté l'abbaye de Piennes, et voyant la droite des ennemis se retirer sans perte, dit au marquis de Villars: « Je » voudrois que le cheval de Chamlay eût eu les » jambes cassées quand il vous a porté ce mau- » dit ordre. » Il est certain que l'armée ennemie pouvoit être entièrement défaite; mais elle perdit seulement le champ de bataille et son canon, et fut en état six semaines après de tenir la campagne. Cependant cette victoire assura le siége de Saint-Omer. Le marquis de Villars s'étant trouvé à la tranchée dans le temps que la chamade battit, fut envoyé dans la place pour régler la capitulation. Le prince de Robecq convint de tout, et demandoit avec empressement deux pièces de canon: on ne voulut pas les mettre dans les articles, mais Monsieur les accorda à la prière du marquis de Villars, qui les lui demanda en lui rendant compte de la capitulation.

Cambray fut pris après une assez foible résistance. Ainsi, avant la fin de mai, Valenciennes, Saint-Omer et Cambray furent soumis à la puissance du Roi.

Après quelques semaines de rafraîchissement nécessaire à des troupes qui avoient passé presque tout l'hiver en campagne, le régiment du marquis de Villars fut envoyé sur la Meuse, où étoit le maréchal de Schomberg avec un médiocre corps destiné à fortifier l'armée de Flandre ou celle d'Allemagne, suivant les mouvemens des ennemis.

Le duc de Lorraine, qui commandoit les armées de l'Empereur et de l'Empire, vint d'abord sur la Meuse avec des forces très-considérables, et y attira le maréchal de Créqui avec toutes les siennes. Il cherchoit une action, et ce maréchal ne l'évitoit qu'en prenant les postes les plus avantageux, et se tenant toujours du même côté de la Meuse que les ennemis. Enfin les armées se trouvèrent en présence près de l'abbaye de Châtillon. La droite et la gauche du maréchal de Créqui étoient bien couvertes; mais il avoit si peu de fond pour ses deux lignes, serrées par les bois, que les ennemis auroient assurément trouvé quelque avantage pour combattre.

Pendant qu'il se mettoit en bataille, il chargea le marquis de Villars d'observer l'armée ennemie qui s'approchoit, et le pria ensuite de se tenir auprès de lui, une ancienne blessure qui s'étoit rouverte ne lui permettant d'être à cheval qu'avec beaucoup de peine et de douleur. Les armées furent deux jours en présence, et ensuite celle de l'Empereur alla passer la Moselle près de Thionville, et marcha sous Metz, sans autre exploit que la prise du château de Sarrebourg. Le maréchal de Créqui la côtoyant toujours, les deux armées rentrèrent en Alsace, celle de l'Empereur par le bas du pays, et celle du Roi par le côté de Saverne.

Il arriva alors au marquis de Villars un petit désagrément qui pourtant servit dans la suite à le persuader tout-à-fait de sa bonne fortune, et qui le guérit pour toujours de demander, ni même, à ce qu'il a dit depuis, de désirer d'être plutôt dans un corps ou dans une armée que dans un autre. Il se trouvoit dans la brigade de La Valette, avec qui il n'étoit pas bien, et il pria instamment le maréchal de Créqui de l'en ôter. Ce maréchal, quoiqu'il lui marquât beaucoup d'amitié et même de confiance, ne fit pourtant point ce qu'il désiroit; et cela fut heureux pour le marquis de Villars, car d'être demeuré dans cette brigade lui valut d'avoir la meilleure part à quatre actions considérables qui se passèrent dans le reste de cette campagne.

Le maréchal de Créqui, suivant toujours son

même dessein, qui étoit de disputer le terrain à l'armée impériale près de Strasbourg, vint camper à Marlé : sa droite touchoit cette petite ville, et sa gauche le château de Cokersberg. La brigade de La Vallette ne campoit pas dans la ligne, elle servoit de réserve, et fut placée au pied du château de Cokersberg.

Le duc de Lorraine marcha à Gugenheim avec l'armée impériale, et fit avancer le général Schultus avec deux mille chevaux sur les gardes de cavalerie de l'armée du Roi, à la tête desquelles se trouvèrent le comte de Schomberg, maréchal de camp de jour, et le marquis de Villars : deux cents chevaux de piquet les soutenoient, et, étant trop avancés, on jugea à propos de les rapprocher du château de Cokersberg. Les ennemis firent pousser par cinq cents chevaux de leurs troupes ce petit corps de cavalerie, qui s'étoit mis en bataille. Le comte de Schomberg et le marquis de Villars, voyant ces cinq cents chevaux un peu éloignés de deux mille qui les avoient détachés, marchèrent à eux, les renversèrent, et puis se rapprochèrent du château de Cokersberg.

Le maréchal de Créqui ayant vu le commencement de l'action, avoit fait fait monter à cheval la brigade de La Valette et la maison du Roi ; et trouvant que les ennemis n'étoient pas soutenus de leur armée, il ordonna qu'on marchât à eux. Le comte de Schomberg et le marquis de Villars à la tête, chargèrent une seconde fois avec le même succès les premiers corps qui les avoient suivis, et qui s'étoient encore trop éloignés de leurs gros. Le marquis de Villars eut deux chevaux tués sous lui. Dès le commencement de l'action, on l'avoit pressé de prendre une cuirasse ; mais il dit tout haut, en présence des officiers et des cavaliers, qu'il ne tenoit pas sa vie plus précieuse que celle de ces braves gens à la tête desquels il combattoit.

Après cette seconde charge, la brigade de La Valette étant arrivée, elle fut mise en bataille derrière les premières troupes qui avoient déjà chargé, et les deux cents chevaux qui les soutenoient, mais qui étoient affoiblis par les deux charges qu'ils avoient faites, lesquels rentrèrent dans les escadrons de cette brigade.

Le marquis de Villars se mit à la tête de son régiment avec près de quarante officiers volontaires de l'armée, qui dès le commencement de l'action avoient combattu avec lui. Cette brigade, composée de sept escadrons et de près de trois cents chevaux qui restoient de toutes les gardes et du détachement, étoit en bataille devant les ennemis, qui s'étoient encore approchés à la portée du mousqueton, mais bien en ligne, et présentant un front d'environ douze escadrons. Alors l'armée impériale tout entière se mit en marche pour soutenir les deux mille chevaux, et engager une affaire générale ; mais le maréchal de Créqui, ne voulant pas en venir là dans le poste où il étoit, donna ordre aux neuf escadrons de nos troupes qui étoient devant les ennemis de se retirer au travers des intervalles de la maison du Roi, qui se formoit derrière cette première ligne.

Une pareille retraite étoit fort dangereuse, car on étoit si près des ennemis que l'on ne pouvoit faire la caracole d'un escadron sans approcher à cinquante pas de leur ligne. Le marquis de Villars en connut bien le péril, et dit aux volontaires qui étoient avec lui hors de l'escadron qu'ils pouvoient s'attendre qu'au moindre mouvement qu'ils feroient pour se retirer ils seroient chargés aussitôt ; il les pria de demeurer derrière ces deux escadrons, et par quelques coups de pistolet d'éloigner les ennemis autant qu'il seroit possible. Son intention fut très-bien exécutée, et cela donna lieu à un très beau mouvement de cavalerie qu'il fit le moment d'après.

Dès que notre ligne commença à tourner, celle des ennemis tout entière s'ébranla, et la suivit ; mais comme il y avoit quarante volontaires qui faisoient incessamment feu sur les troupes des ennemis, qui naturellement auroient dû tomber sur les escadrons du régiment de Villars, ces escadrons étant moins pressés, il vit sur la droite cinq escadrons des ennemis qui suivoient ceux des nôtres, qui se retiroient dans les intervalles. Alors voyant qu'en prenant en flanc cette ligne des ennemis il pouvoit la charger avec avantage, au lieu de rentrer dans l'intervalle, il fit marcher la gauche de ses deux escadrons, renversa sans peine la ligne des ennemis, et la mena battant jusqu'à la tête de leur armée : en sorte qu'avec la tête de ses officiers il se trouva près du canon des ennemis, dont la colonne d'artillerie marchoit au milieu de toutes les autres, suivant l'ordre d'une armée qui veut se mettre en bataille. Il fut tenté d'emmener trois ou quatre petites pièces de canon, et proposa la chose à ceux qui l'avoient suivi. Elle n'étoit pas impossible ; mais venant à regarder derrière lui, il se vit avec ses deux seuls escadrons qui se reformoient, et connut bien qu'il seroit encore trop heureux de se retirer ; ce que même il n'auroit pu faire sans être vivement poussé, si par bonheur il ne se fût trouvé sur les colonnes d'infanterie et de canon des ennemis, et par conséquent un peu éloigné de celles de leur cavalerie. Il se retira donc sans accident, si ce n'est que le canon des ennemis s'arrêta, et tira sur lui ; le nôtre même, par une méprise honorable pour le marquis de Villars, en fit autant : car comment s'imaginer que deux escadrons qu'on voyoit sortir du centre des ennemis ne fussent pas de leurs troupes? Il essuya sept ou huit volées de canon, mais il n'y eut que quelques chevaux de son régiment de tués; et à son retour le maréchal de Créqui vit un cavalier du régiment de Villars qui, ayant reçu un coup d'épée au travers du corps, se retiroit mourant. Il demandoit son colonel, et l'ayant trouvé : « Êtes-vous content de nous, » mon colonel, lui dit-il? Je ne voulois que la » consolation de vous voir avant que de mourir. » Le maréchal de Créqui lui-même, charmé de l'action du marquis de Villars, lui dit qu'il avoit eu quelque peine que le commandement de l'armée l'eût privé de la gloire d'avoir part à de si belles charges.

On a cru que des gens de guerre ne seroient pas ennuyés du récit d'une action particulière, et d'un mouvement de cavalerie assez singulier pour mériter d'être rapporté avec quelque détail, puisqu'il ne seroit pas inutile d'être instruit par de pareilles manœuvres des partis qu'on a pris avec succès, et que l'on pourroit prendre dans de pareilles occasions.

Pendant que les armées de France et de l'Empereur se disputoient ainsi le terrain aux environs de Strasbourg, le prince de Saxe-Eisenach, qui commandoit un corps sur le Haut-Rhin, avoit fait faire un pont près du village d'Huningue, et s'étoit emparé d'une redoute qui étoit plutôt une borne de nos terres et de celles de Bâle, qu'une fortification que l'on eût dessein de soutenir. Cependant le baron de Montclar, lieutenant général des armées du Roi, fut détaché avec un petit corps pour s'opposer au prince de Saxe, qui, ne pouvant s'y établir, repassa le Rhin. Le duc de Lorraine s'étant éloigné, l'armée du Roi alla passer le Rhin à Brisach, à peu près dans le même temps que le prince de Saxe-Eisenach s'approchoit du fort de Kelh, sous lequel il se plaça avec ses troupes.

Le maréchal de Créqui résolut de l'attaquer : on fit une marche forcée, la brigade de La Valette ayant la tête de la marche ; et à l'entrée de la nuit on arriva sur le bord de la Kintze. Le marquis de Villars fut détaché avec trois cents chevaux pour la passer le premier, et voir ce que l'on pourroit entreprendre. Après avoir passé, et s'être mis en bataille avec le peu de troupes qu'il avoit, il s'approcha des ennemis, trouva une barrière gardée par de l'infanterie qui fit feu, et suivit une espèce de digue bordée d'un fossé qui alloit de la Kintze au Rhin. La nuit étoit fort noire, et au bruit que faisoient les ennemis il jugea qu'ils étoient en bataille derrière cette digue. Il crut qu'en attendant qu'il eût assez de troupes pour les attaquer, il ne pouvoit mieux faire que de les obliger à s'étendre, en les inquiétant de plusieurs côtés. Pour cela il envoya six ou sept détachemens de sept ou huit maîtres chacun, avec ordre de tirer en divers endroits, et de faire un grand bruit le long de la digue; puis il retourna à cette barrière, qu'il trouva abandonnée. En même temps il y fit entrer un lieutenant de son régiment, très-hardi, avec vingt maîtres. Ce lieutenant trouva la cavalerie des ennemis en bataille à deux cents pas de la digue, et vint en rendre compte au marquis de Villars.

Celui-ci envoya une seconde fois son lieutenant, qui à l'heure même lui rapporta que les ennemis s'ébranloient pour se retirer, et que quelques escadrons avoient déjà commencé à tourner. Le marquis de Villars ayant plus de quinze trompettes, tant de son détachement que des trompettes qui avoient suivi les capitaines qui étoient volontaires avec lui, il les partagea, fit sonner la charge à tous, et avec ses quatre troupes se jeta sur les ennemis, dont le corps étoit de plus de deux mille chevaux, mais déjà ébranlés pour se retirer. Ils tirèrent en tournant, et tout fut renversé.

On les pressoit vivement, lorsque les gardes du maréchal de Créqui, faisant un escadron qui marchoit à la tête de l'armée, chargèrent par derrière la troupe du marquis de Villars, qu'ils ne reconnoissoient pas, et tuèrent son maréchal des logis, et quelques cavaliers du dernier rang. Le marquis de Villars, qui pouvoit se croire enveloppé des ennemis par le grand nombre où ils étoient, et par le peu de gens qu'il avoit, retourna sur ceux qui le pressoient par derrière : plusieurs des gardes du maréchal de Créqui furent tués, et l'on ne se reconnut qu'au feu des armes, et au mot de ralliement, qui étoit *Villars*. Cet accident empêcha qu'on ne suivît les ennemis aussi vivement qu'on l'eût fait, et dont cependant la plupart se jetèrent dans le Rhin, et abandonnèrent tous leurs équipages.

Le maréchal de Créqui voyant le duc de Lorraine éloigné, et le prince de Saxe-Eisenach retiré sous Strasbourg, fit toutes les dispositions nécessaires pour persuader qu'il alloit repasser le Rhin, et prendre des quartiers d'hiver. On envoya les ordres pour les routes de l'armée; et le mois de novembre étant même avancé, le duc de Lorraine ne pouvoit guère s'attendre que le maréchal de Créqui songeât à faire le siége de Fribourg. Cette ville n'étoit fortifiée que d'une double enceinte d'assez bonnes murailles avec de vieilles tours, et d'un château sur la croupe d'une montagne, assez bon, mais fort petit.

Pour ôter les fourrages aux ennemis, qu'on jugeoit bien qui viendroient au secours de Fribourg dès qu'ils seroient informés du dessein qu'on avoit de l'attaquer, le maréchal de Créqui fit brûler tout le pays qui est entre les montagnes et le Rhin en remontant vers Brisach. Mais le marquis de Villars, qui avoit l'arrière-garde de l'armée avec trois cents chevaux, et qui, naturellement humain, eut toujours en horreur tout ce qui n'est que cruauté, sauva, malgré les ordres du général, une partie des petites villes où l'on mettoit le feu en passant.

On prit des quartiers autour de Fribourg, et la brigade de La Valette fut logée dans l'abbaye de Kenderstadt.

Le duc de Lorraine n'eut pas plus tôt appris que le maréchal de Créqui, au lieu de repasser le Rhin, formoit le siége de Fribourg, qu'il rassembla ses forces pour marcher au secours, envoya d'abord par la gorge de Walkirck un corps de cavalerie, de dragons, et de mille hommes de pied choisis, pour se jeter par les montagnes dans la place.

On avoit ordonné un fourrage dans la vallée de Walkirck. Le marquis de Villars, qui commandoit trois cents chevaux d'escorte, ayant été averti de la marche du secours, s'avança dans la vallée; et les ennemis, voyant qu'on leur avoit coupé le chemin, ne songèrent qu'à se retirer. Le marquis de Villars connut bientôt à leurs mouvemens qu'ils étoient plus occupés du soin d'assurer leur retraite que de celui d'attaquer. Il pressa le général Genlis, qui commandoit ce fourrage, de lui donner des troupes, et de le laisser agir. Aussitôt il attaqua et renversa les premières troupes des ennemis, aussi bien que trois cents dragons des leurs, qui avoient mis pied à terre pour faire ferme à un passage étroit; mais à peine les eut-il forcés, qu'il se trouva sans troupes, le général Genlis ne voulant rien engager. Ainsi ce corps des ennemis, qui pouvoit être entièrement défait, ne perdit que deux cents cavaliers ou dragons. Le maréchal de Créqui vint en diligence; et ayant appris qu'on n'avoit pas suivi le dessein ni secondé les premiers succès du marquis de Villars, il en fut très-irrité, et le marqua très-vivement à ceux qui s'y étoient opposés.

Le siége de Fribourg avançoit. On donna l'assaut à la première enveloppe de murailles, et le marquis de Villars y monta à la tête des grenadiers. Dès le lendemain, le gouverneur capitula pour la ville et pour le château, qui certainement ne devoit pas être pris dans une saison si avancée.

Le duc de Lorraine avoit envoyé des ordres de tous côtés pour jeter du secours dans Fribourg. Les gouverneurs de Constance, de Rhinfeld et des villes forestières avoient rassemblé toutes les garnisons, et trois ou quatre mille schenapans [c'est ainsi qu'on nommoit les paysans des montagnes, gens assez aguerris]. Tout ce corps marchoit par le haut des montagnes, et n'avoit aucun avis de la capitulation du gouverneur de Fribourg; de sorte qu'il attaqua l'abbaye de Kenderstadt, quartier de la brigade de La Valette, dans le même temps qu'on voyoit sortir de Fribourg la garnison.

Le marquis de Villars étoit auprès du maréchal de Créqui, et entendant vers son quartier un grand bruit de mousqueterie, il s'y rendit à toutes jambes, et trouva l'abbaye investie et vivement attaquée par les ennemis, qui en avoient barré les avenues. Un capitaine de son régiment défendoit une brèche avec vingt cavaliers à pied : tout étoit en désordre, plusieurs même se tenoient cachés, et ne songeoient plus à se défendre. A son arrivée, tout reprit courage; et comme il vit qu'on ne pouvoit sauver cette brigade qu'en forçant l'ennemi, il se mit à la tête de cinquante maîtres, et passa au travers de tout le feu de l'infanterie ennemie, qui, voyant arriver de secours du côté des autres quartiers, ne songea qu'à se retirer. C'est ainsi que d'être demeuré de la brigade de La Valette valut au marquis de Villars d'avoir eu la première part au combat de Cokersberg, à la défaite du prince de Saxe-Eisenach, et aux deux affaires de Walkirk et de Kenderstadt.

A l'égard des autres actions qu'il vit comme volontaire dans le cours de cette campagne, ce ne fut qu'en les cherchant avec ardeur, et avec une véritable envie de les trouver, qu'il y parvint; et ce n'est en effet que par là qu'on peut parvenir à en avoir plus qu'un autre. Il y a tel officier qui à la rigueur a fait son devoir, et qui en plusieurs années de service ne s'est pas trouvé à une seule action.

Le marquis de Villars revint passer l'hiver à la cour. Le Roi avoit quelques bontés pour lui; mais une passion violente, qui pourtant ne déroba jamais un seul de ses jours aux occupations de la guerre, en enlevoit un très-grand nombre aux soins de sa fortune.

L'inimitié de M. de Louvois pour lui se déclaroit en tout. Le régiment de Villars n'avoit jamais que de mauvais quartiers; ainsi il ne pouvoit guère briller par la magnificence : mais en récompense la valeur du chef, et de ceux dont il étoit composé, répandoit sur lui une autre sorte d'éclat que la magnificence ne donne ni ne supplée point, et qui même se passe fièrement de tout celui par lequel elle voudroit en imposer. Cependant le marquis de Villars, peu attentif à faire sa cour, et mal avec le ministre de la guerre par la haine qu'il avoit pour le père du marquis de Villars et pour le maréchal de Bellefond, essuya encore cet hiver le sensible dégoût de voir de ses cadets faits brigadiers, tandis qu'il n'avançoit pas. A la campagne précédente, il avoit déjà vu passer devant lui le marquis Du Bordage, neveu du vicomte de Turenne; mais il sembloit que cette dernière campagne, si heureuse pour lui en actions, devoit le garantir d'un semblable malheur. Il prit la liberté d'en marquer sa vive douleur au Roi, et de le presser dans des termes respectueux, mais assez forts. Sa Majesté y répondit deux fois avec bonté, et même avec des éloges de ses actions; mais à la troisième ce fut avec quelque aigreur, et le marquis de Villars se retira. Réduit à la nécessité de se faire un mérite qui forçât la fortune en sa faveur, et d'être pour ainsi dire lui-même sa créature, son cœur lui suggéra le seul parti que la raison elle-même lui laissoit à prendre, de servir, et de surmonter les obstacles, ou de périr.

Sur la fin de cette année, le prince d'Orange épousa la princesse Marie, l'aînée des filles du duc d'Yorck. Elle étoit regardée comme l'héritière présomptive des trois royaumes de la Grande-Bretagne, le roi Charles n'ayant point d'enfans légitimes, ni le duc d'Yorck d'enfans mâles.

[1678] Pendant la campagne de 1678, le régiment du marquis de Villars fut destiné à l'armée du maréchal de Créqui, où il se rendit dans la fin de mai.

Il joignit l'armée, campée dans la plaine de Neubourg. Celle du duc de Lorraine s'en approcha, et le prince Louis de Bade vint à la tête de mille chevaux pour attaquer nos gardes. Dans ce temps-là, les grand'gardes étoient d'escadrons à étendards, et l'on appeloit gardes ordinaires des détachemens de cinquante maitres que l'on distribuoit dans le front de l'armée. Depuis on a supprimé les gardes d'escadrons, et l'on ne s'est servi que de gardes ordinaires. Le marquis de Villars, qui avoit la grand'garde de la gauche de l'armée, voyant un corps considérable de cavalerie des ennemis marcher à nos gardes de la droite, qui étoient placés dans des lieux couverts d'arbres, au lieu que le côté qu'il gardoit étoit une plaine d'une grande étendue, laissa à la gauche, pour laquelle il n'y avoit rien à craindre, deux petites gardes de dix maîtres, et marcha au grand trot, avec son escadron et trois gardes ordinaires, au secours de trois cents chevaux commandés par Olier, colonel de cavalerie, que le prince Louis de Bade pressoit extrêmement. Il arriva assez à temps sur le bord du petit ruisseau de Neubourg, qui couvroit la tête du camp, pour sauver ces trois cents chevaux qui se retiroient au galop. Olier fut tué, mais le marquis de Villars rallia le reste de ce détachement, et arrêta le prince de Bade.

Dans le même temps que le marquis de Villars avoit quitté son poste pour s'opposer aux ennemis, l'escadron des gardes du corps qui étoit à la droite avoit pris un parti fort différent : il se retiroit à mesure que les ennemis approchoient. Le maréchal de Créqui arriva dans le moment : le marquis de Villars, qui savoit que plusieurs officiers généraux l'avoient blâmé sur ce que les gardes du camp, disoient-ils, n'étoient destinées qu'à avertir et point du tout à combattre, et qu'elles ne devoient jamais quitter leur poste, dit au maréchal, en présence de ceux qui l'avoient désapprouvé : « Je suis jeune » et par conséquent j'ai encore beaucoup à apprendre; c'est pourquoi je prends la liberté » de demander à mon général si, étant de garde » dans un pays fort découvert, et dès-là fort en » sûreté, j'ai bien ou mal fait de laisser à ce » poste deux petites gardes seulement, et d'a» voir marché à un ennemi qui poussoit nos » troupes, et vouloit entrer dans le camp. » La réponse du maréchal de Créqui fut dure pour ces officiers généraux. Il ne les connoissoit point, mais il ne ménagea point les termes, et dit nettement qu'il n'y avoit que des poltrons et des pédans qui pussent ne pas approuver la conduite du marquis de Villars; qu'il l'en remercioit, et le prioit d'aller se reposer quelques heures, et ensuite de se mettre à la tête d'un parti de cinq mille chevaux qu'il lui destinoit.

Le marquis de Villars marcha avec ce parti sur l'armée ennemie, poussa des gardes, et ramena quelques prisonniers. Le maréchal de Créqui, informé que les ennemis avoient un corps sous Rhinfeld, petite place sur le Rhin à trois lieues au-dessus de Bâle, marcha la nuit, et surprit ces troupes, dont la plus grande partie se retira par le pont de Rhinfeld. Le marquis de Tessé, colonel de dragons, les suivit avec beaucoup de vivacité à la tête de son régiment : il y fut blessé, et les poussa jusque sur le pont. Nos dragons en tuèrent un très-grand nombre; mais le marquis de Ranes, lieutenant général des armées du Roi, et colonel général des dragons, y fut tué.

2.

Le maréchal de Créqui, ayant par cette action jeté la plus grande partie de l'armée impériale vers Rhinfeld, crut que par une marche forcée il pouvoit arriver sur Offenbourg, petite ville sur la Kintze à hauteur de Strasbourg, avant que le duc de Lorraine pût y faire entrer du secours, et qu'en peu de jours il s'en rendroit maître, d'autant plus qu'elle étoit mal fortifiée, et n'avoit qu'une foible garnison. Il fit vingt-sept lieues en quatre jours avec cavalerie, infanterie et canon, les gros bagages suivant plus lentement.

Le duc de Lorraine voyant Rhinfeld en sûreté, pénétra les desseins du maréchal de Créqui; et dans le même temps que l'armée de France s'ébranloit pour marcher sur Offenbourg, celle de l'Empereur se mit en mouvement derrière les montagnes pour sauver cette place; en sorte que les deux têtes d'armées se trouvèrent comme à un rendez-vous marqué au pied du château d'Artembourg sur la Kintze, à la sortie des montagnes. Le marquis de Villars étoit à la tête des premières troupes: on attaqua la tête de celle de l'Empereur, dont les cinq ou six premiers escadrons furent renversés. Le marquis de Villars prit le colonel Renfin, lorrain, et l'on poussa les ennemis jusque sous les murailles de la petite ville de Gegenbach, qu'ils occupoient. Leur diligence sauva Offenbourg; mais le maréchal de Créqui songea à attaquer le fort de Kelh, alors très-mauvaise petite fortification de terre qui couvroit la tête du pont de Strasbourg.

On ouvrit une tranchée pour se placer de manière qu'on pût le lendemain donner un assaut à ce mauvais ouvrage, sans partir de trop loin. Dix compagnies de grenadiers et trois cents dragons, soutenus de quatre bataillons, furent commandés, et l'on y marcha en plein jour. Le marquis de Villars s'étant trouvé dans ce moment à la tranchée, se mit à la tête du premier détachement. Il avoit un habit en broderie d'or; et le maréchal de Créqui le voyant le premier sur la brèche, défendue pendant quelque temps à coups de pique, prédit son élévation infaillible à ceux qui étoient auprès de lui, et lui dit à son retour: « Jeune homme, si Dieu te laisse vivre, tu auras ma place plutôt que personne. »

Le fort de Kelh emporté, le maréchal de Créqui en fit raser les fortifications et brûler les habitations, puis repassa le Rhin pour descendre vers Landau. Le duc de Lorraine alla passer ce fleuve au-dessus de Philisbourg, au village de Limersin.

Il n'y eut plus d'actions considérables dans le reste de cette campagne, si ce n'est pour le marquis de Villars, qui les cherchoit avec trop d'ardeur pour n'en pas faire naître. Ayant donc suivi le marquis de Boufflers à un fourrage dont il étoit chargé, il gagna avec lui la tête des escortes. Après qu'on eut assis les fourrageurs, il en trouva un grand nombre qui avoient percé dans une vallée, où ils n'étoient couverts que par cent dragons séparés en deux troupes. A peine avoit-on reconnu le péril, que quatre cents chevaux des ennemis débusquèrent sur les cent dragons. Le marquis de Boufflers courut aux fourrageurs pour rassembler ceux qui avoient des armes; et le marquis de Villars, à la tête de quelques dragons de la Reine, fit ferme à un défilé fort étroit. Comme il voulut arrêter un dragon qui fuyoit, il saisit la bride du cheval, qui se cabra; l'homme et le cheval furent tués, et le marquis de Villars, derrière ce cheval tué, fit ferme dans le chemin. Cinq ou six officiers volontaires, entre autres un capitaine du régiment, colonel-général de la cavalerie, nommé Virmon, s'arrêtèrent auprès de lui; et le peu de momens qu'ils donnèrent au marquis de Boufflers pour rassembler des troupes suffit pour empêcher l'ennemi de dissiper nos fourrageurs, et de nous en prendre un fort grand nombre. Cette action du marquis de Villars lui attira du grand prince de Condé, juge né de la valeur, une lettre pleine de louanges.

[1679] Ainsi finit la campagne de 1678. Toute l'Europe, lassée de la guerre, souhaitoit ardemment la paix. Les traités, interrompus à Cologne et renoués à Nimègue, avançoient. Celui d'Espagne, d'Angleterre, de la Hollande et de l'Empereur étoit conclu; mais l'électeur de Brandebourg ne pouvoit se résoudre à rendre beaucoup de pays et de places prises sur la Suède. Cependant comme le Roi sacrifioit une partie de ses conquêtes en Flandre à l'intérêt du roi de Suède son allié, ceux de l'électeur de Brandebourg l'abandonnèrent. Le maréchal de Créqui, à la tête de l'armée du Roi, passa le Weser, défit quelques troupes de l'électeur, et ce prince se soumit aux conditions du traité de Nimègue.

Dans le même temps le maréchal d'Humières marcha pour prendre Hombourg, petite place au-delà de la Sarre, qui appartenoit au vieux duc de Lorraine, et que l'électeur de Mayence gardoit depuis plusieurs années. Le marquis de Villars étoit de cette armée. Le gouverneur de la place la rendit après quelques volées de canon, et dans le milieu de l'année 1679 la paix fut rétablie dans toute l'Europe. Le marquis de Villars, malgré tous ses services, se trouva sans aucun avancement: mais une grande passion dont il étoit rempli ne lui laissoit pas de sensibilité pour les rigueurs de la fortune : une autre affaire de dames lui attira quelques disgrâces de la cour, dont il eut ordre de s'éloigner pour quelque temps.

Le mariage de la princesse Marie-Louise d'Orléans, fille aînée de Monsieur, se fit avec le roi d'Espagne, auprès de qui le père du marquis de Villars étoit ambassadeur; et l'année d'après, celui de la princesse de Bavière se fit avec monseigneur le Dauphin.

[1681-1682] L'année 1681 et celle de 1682 ne sont, comme on le sait, marquées d'aucun événement considérable, si ce n'est qu'en 1681 Strasbourg se soumit à la France. La capitulation fut signée d'un côté par le marquis de Louvois et le baron de Montclar, commandant en Alsace; de l'autre, par huit députés de la ville, de laquelle on conserva tous les priviléges.

Théodore Alexeïovitch, grand duc de Moscovie, mourut en 1682, et sa mort causa beaucoup de désordre. Il ne laissa que deux frères et une sœur, tous fort jeunes. Le prince Galitzin fut chargé de leur tutèle. Jean, qui étoit l'aîné, s'associa au gouvernement Pierre, son frère puîné; mais le prince Galitzin et la princesse Sophie conspirèrent contre ce dernier. On a prétendu que le dessein de cette princesse étoit d'épouser le fils de Galitzin, et de mettre son mari sur le trône. Pierre découvrit la conjuration, fit enfermer Sophie dans un monastère, exila Galitzin, et fit périr la plupart des créatures de Jean, qui garda néanmoins le titre de czar, mais avec si peu d'autorité, qu'on n'a presque jamais entendu parler de lui. Pour Pierre Alexeïovitch, il a eu tant de part à un grand nombre d'événemens considérables dans les derniers temps, qu'il a rendu son nom plus célèbre qu'aucun de ses prédécesseurs.

[1683] Après quelques années de paix, la guerre recommença en 1683 par la prise de Courtray et de Luxembourg, et finit par la prise de cette dernière place; mais ce peu de guerre pensa être fatal au marquis de Villars. Il fut détaché avec le comte de Montal, qui avec un corps de cavalerie s'approcha de Charleroi. Le marquis de Villars voyant ceux de la ville braquer quelques pièces de canon sur douze ou quinze officiers qui étoient auprès de lui, leur dit, en leur en montrant une : « Celle-là nous « approchera fort. » Et dans le même temps, comme il voulut donner son manteau à un valet de chambre, le mouvement qu'il fit lui sauva le coup, dont le valet de chambre fut emporté.

La guerre commençant alors entre l'Empereur et le Turc, le marquis de Villars ne put se refuser cette occasion de sortir d'un repos qui n'en étoit pas un pour lui. Il chercha avec empressement toutes sortes de voies pour aller servir dans les armées de l'Empereur; mais il n'osoit en demander la permission, que le Roi avoit refusée au prince de Conti, une sage prévoyance ayant fait craindre à Sa Majesté que, si elle la lui accordoit, une très-nombreuse noblesse n'allât se sacrifier dans ces guerres étrangères.

Il falloit donc trouver un moyen de sortir du royaume avec l'agrément du Roi : pour cela le marquis de Villars demanda plusieurs commissions dans les cours étrangères. Enfin celle d'aller faire un compliment de condoléance à l'Empereur sur la mort de l'Impératrice sa mère lui fut donnée. Il étoit entièrement brouillé avec M. de Louvois, et vivement touché de toutes les injustices que ce ministre lui avoit faites. Cependant il alla prendre congé de lui, et les seules paroles qu'il en tira furent des assurances de ne s'opposer pas aux grâces que le Roi voudroit lui faire. Un discours si sec obligea le marquis de Villars à lui répondre : « Avec de tels engage-
» mens, je puis m'attendre à la continuation de
» vos sentimens; » et il sortit de la chambre sans le saluer.

La réputation du marquis de Villars l'avoit devancé à la cour de l'Empereur. Plusieurs généraux l'avoient entendu nommer dans les actions qui s'étoient passées pendant les dernières guerres, et on voulut bien être mécontent pour lui en ce pays-là du peu de récompense qu'il avoit eu en France. Il fut reçu très-agréablement dans cette cour; le comte de Stratman, ministre, et qui avoit le plus de part à la confiance de l'Empereur, lui marquoit beaucoup d'amitié, et essaya même de le retenir, sur l'espoir qu'on lui rendroit là plus de justice.

Les premières lettres que le marquis de Villars écrivit de Vienne au Roi sur la cour de l'Empereur, sur les intrigues qui divisoient les ministres et les généraux, surtout le duc de Lorraine et le prince Hermann de Bade, attirèrent l'attention de Sa Majesté. Elle ne connoissoit le marquis de Villars que par le courage : elle vit qu'elle ne l'avoit pas connu tout entier, que l'esprit et le talent de la négociation lui appartenoient encore; et elle sentit dès lors que, quoique né pour la guerre, il pouvoit être utile pendant la paix.

L'électeur de Bavière vint à Vienne, et marqua beaucoup de bonté au marquis de Villars; il l'admit même dans sa confidence : et le Roi, qui vouloit regagner un prince absolument dévoué au service de l'Empereur, malgré les anciennes liaisons de son père avec la France, et l'alliance de sa sœur la Dauphine, ordonna au marquis de Villars de suivre l'électeur à Munich, sans affectation cependant, et sans qu'il y parût d'autre dessein que celui de faire sa cour à un prince qui lui avoit fait beaucoup d'amitié.

Nous allons voir commencer une négociation qui fut assez vive, et qui engagea le marquis de Villars à voir les guerres de Hongrie; ce qu'il avoit toujours très-ardemment désiré.

L'électeur étoit amoureux depuis long-temps de la comtesse de Kaunitz, femme de beaucoup d'esprit. Son mari, homme très-habile, et qui fut depuis un des premiers ministres de l'Empereur, souffroit volontiers une galanterie qui contribuoit à l'accroissement de sa fortune et par les biens qu'il recevoit de l'électeur, et par la considération que lui donnoit auprès de l'Empereur le sacrifice entier que l'électeur faisoit de ses troupes et de son argent à la cour de Vienne. La passion de ce prince pour la comtesse de Kaunitz le portoit à faire tout ce qu'elle désiroit; de plus, il voulut faire toutes les campagnes de Hongrie : ainsi en très-peu d'années il avoit consommé tous les trésors qu'avoit amassés l'électeur son père. Le marquis de Villars connut bientôt que, pour le retirer de la dépendance de l'Empereur, il falloit commencer par l'affranchir de celle de la comtesse de Kaunitz.

Cette première passion étoit sur ses fins, aussi bien que la beauté de la dame; mais le mari et la femme s'étoient emparés de la cour de l'électeur, et tout leur étoit dévoué.

Le marquis de Villars commença par inspirer à l'électeur l'envie d'attirer à Munich une jeune comtesse de Velen, dame de l'Impératrice, avec laquelle l'électeur étoit entré en commerce avant son dernier voyage à Vienne. Cette jeune personne arriva en grand secret : on lui avoit préparé un petit appartement caché dans le palais. Mais elle avoit si peu d'esprit, que le marquis de Villars vit bientôt qu'elle lui seroit inutile, si ce n'est qu'elle avoit servi à tirer l'électeur de ses premières chaînes.

[1684] Une jeune Italienne, nommée Canossa, prit sa place. Cette fille étoit parfaitement belle, et même beaucoup plus qu'elle n'avoit besoin de l'être avec autant d'esprit qu'elle en avoit. Comme elle avoit étudié en galanterie à Venise, elle en donna des leçons très-habilement à Munich. Tout le reste de l'hiver se passa en plaisirs. L'électeur étoit fort tenté d'aller à Venise passer encore un carnaval; mais le marquis de Villars vint à bout de le retenir, en lui représentant qu'il y avoit plus de dignité et même de plaisir à demeurer dans sa cour qu'à courir le monde, et qu'il n'y avoit que des raisons de gloire qui dussent arracher un grand prince de ses états. Enfin on partit pour la Hongrie.

Lorsque le marquis de Villars vit que l'électeur, dégoûté de sa première maîtresse, commençoit à sentir la tyrannie des ministres de Vienne, il lui conseilla fort de dissimuler, surtout devant repasser par Vienne, et commander, conjointement avec le duc de Lorraine, les armées de l'Empereur. Il lui dit seulement qu'il pouvoit songer à paroître un peu plus lié avec le duc de Lorraine, et plus occupé de sa dignité, et du désir de sortir d'une espèce de tutèle où jusque là il avoit été très-sévèrement retenu.

Le marquis de Villars manda au Roi qu'assuré comme il l'étoit que toutes ses lettres seroient ouvertes, il n'écriroit plus de Vienne ni de l'armée que ce qu'il voudroit bien qui fût connu des ministres de l'Empereur ; et que du reste il serviroit dans l'armée impériale comme s'il étoit né Autrichien.

Il remplit en effet les devoirs du plus fidèle serviteur de l'Empereur, et fut assez heureux pour rendre d'importans services, dont nous verrons dans la suite que l'Empereur le fit remercier hautement par le comte Stramann, alors son premier ministre.

L'électeur partit pour la campagne avec un équipage des plus magnifiques. Il y avoit plus de cent cinquante grands bateaux, que l'on trouva prêts à Alten-Œlting, dévotion fameuse en Bavière. On arriva en quatre jours à Vienne, où l'électeur fit peu de séjour. Il étoit exprès parti fort tard de Munich.

La campagne étoit déjà ouverte en Hongrie. Le duc de Lorraine, dont le véritable dessein étoit de marcher à Esseck comme à la plus importante conquête que l'on pût faire, et parce qu'il est d'ailleurs très-difficile à une armée considérable de faire la guerre loin du Danube, qui apporte toutes les provisions et les munitions de guerre et de bouche, essaya de partager les forces des Turcs en les inquiétant pour la droite et pour la gauche du Danube, et prit d'abord sa route vers Segedin avec une partie de l'armée, comme s'il eût voulu entrer en Transylvanie, ou attaquer le Grand-Waradein. Mais les Turcs ne prirent pas le change : ils demeurèrent retranchés sous Esseck, dont le poste leur parut assez bon pour leur faire négliger de s'opposer au passage de la Drave, si difficile par lui-même, que dans l'endroit où passa l'armée de l'Empereur, il fallut faire vingt-cinq ponts sur des bateaux. Il y avoit plusieurs bras de cette rivière plus larges que la Marne.

Lorsque l'armée fut passée, il fut question de marcher à celle des Turcs. On laissa sur la gauche le château de Walpo, gardé par quatre à cinq cents Turcs, et l'on traversa trois ou quatre lieues de bois pour arriver à Esseck. La marche se fit avec toutes les précautions nécessaires, l'infanterie mêlée avec la cavalerie, c'est-à-dire une tête de mille chevaux qui poussoient environ deux mille spahis, qui se retiroient trois cents pas devant eux, et ramenoient les coureurs de l'armée impériale jusque dans les premiers escadrons, à la tête desquels étoit le duc de Lorraine. Le marquis de Villars, pour ne rien perdre ni de l'action ni des ordres des généraux, se tenoit aussi près de lui que la discrétion le pouvoit permettre à un volontaire. Ce prince marchoit seul. Après lui suivoit Caprara, le comte Taff, et deux autres des premiers généraux, les autres étant distribués dans les divisions; car le duc de Lorraine avoit pour maxime de tenir toujours auprès de lui trois ou quatre des principaux généraux qui n'avoient pas de poste dans l'armée, mais qui, dans des conjonctures importantes, alloient porter et faire exécuter ses ordres plus décisivement que n'auroient pu faire des aide-de-camp; ce que le marquis de Villars a pratiqué depuis dans les grandes armées qu'il a commandées.

La marche étoit lente : selon que les bois se trouvoient plus clairs ou plus fourrés; on étendoit cinq ou six bataillons, autant d'escadrons, et on ne perdoit pas l'occasion de se former, autant que le terrain le pouvoit permettre.

Enfin, après une marche d'une journée entière et d'une partie de la nuit, on sortit des bois au point du jour, et on découvrit l'armée des Turcs retranchée sur la crête d'une hauteur, ayant sa droite à la Drave, sa gauche au Danube, et la ville d'Esseck derrière elle et dans son centre.

Tout le front de la ligne paroissoit bordé de drapeaux et d'étendards, et plus de cent cinquante pièces de canon étoient disposées dans les intervalles des troupes. Deux mille spahis ou environ se montroient hors des retranchemens; une partie se détachoit de temps en temps pour escarmoucher avec ceux des Impériaux qui s'éloignoient de quelques pas de leur ligne; ce que les généraux empêchoient avec beaucoup de soin.

Le duc de Lorraine s'étendoit avec de grandes précautions, et formoit sa ligne peu à peu, l'infanterie couverte de ses chevaux de frise gagnant terrain et s'étendant le long des bois, quelques escadrons marchant au milieu des bataillons, parmi lesquels étoient mêlées des brigades d'artillerie, pendant que celle des ennemis tiroit continuellement. Enfin une journée entière, depuis trois heures du matin jusques à dix heures du soir, fut employé à se mettre en bataille : on rectifia pendant la nuit tout ce qui pouvoit être défectueux dans l'ordre de bataille, et il étoit neuf heures du matin avant que l'armée fût en état de marcher aux ennemis.

L'ordre de bataille bien disposé, les généraux s'approchèrent jusqu'à la portée du mousquet des retranchemens pour les reconnoître. On y fit entrer à coups de canon tout ce qu'il y avoit de Turcs au dehors; et après avoir examiné pendant six ou sept heures, ils furent trouvés inattaquables. Sur-le-champ la résolution fut prise de se retirer dans le même ordre et avec les mêmes précautions avec lesquelles on avoit marché. Comme la droite avoit eu l'avant-garde, la gauche fit la retraite; et le prince Louis de Bade, qui la commandoit sous l'électeur de Bavière, la régla avec beaucoup d'ordre, et disposa pour cela vingt bataillons. D'abord ils étoient sur deux lignes; ensuite la seconde, partagée en deux, fit une manière de bataillon carré dont les deux branches touchoient les bois et fermoient le milieu, dans lequel on mit six escadrons des plus anciens régimens. Ainsi, à mesure que les deux branches s'enfonçoient dans le bois, la première ligne s'en approchoit en bataille, et le front de cette ligne se rétrécissoit insensiblement : de sorte que tout rentra sans que les flancs fussent découverts.

Les Turcs, contens de la retraite, ne songèrent point à la troubler; on ne songea point non plus à attaquer le château de Walpo, qu'on avoit laissé investi pendant la marche à Esseck; et l'armée de l'Empereur repassa la Drave avec la même facilité qu'elle l'avoit passée, sans que les Turcs fissent aucun mouvement vers la tête des ponts, soit pour l'en empêcher, soit pour attaquer l'arrière-garde; ce qui leur étoit également aisé.

Le marquis de Villars, fort attentif à s'instruire des détails d'une guerre si différente des nôtres, étoit perpétuellement occupé de tout ce qui y avoit rapport, tantôt interrogeant les principaux prisonniers des Turcs, tantôt ceux de l'armée de l'Empereur qui avoient été esclaves parmi eux, entre autres le chevalier Sentini, qui avoit servi trois ans un visir. Rien de tout ce qui concerne la guerre ne lui pouvoit être indifférent; et il y a des Mémoires de lui très-instructifs sur tous les ordres et les différences de troupes des Orientaux.

L'armée de l'Empereur ayant repassé la Drave croyoit la campagne perdue; et elle l'étoit effectivement, si l'ignorance et la témérité des Turcs ne les eussent portés à des mouvemens dépourvus de toute raison politique : car la paix se traitoit en secret, et le Sultan, aussi bien que l'Empereur, pressé par tous les avantages que la France avoit pris depuis le commencement de la guerre des Turcs, la désiroient également. Le Roi s'étoit emparé de Strasbourg, le duc de Mantoue nous avoit vendu Casal par un traité commencé en Flandre et continué sur les lieux, ainsi que nous le voyons par les lettres du marquis de Louvois et par celles de l'abbé Morel, ensuite rompu et puis renoué. On avoit assiégé et pris Luxembourg, la plus importante place des Espagnols, pour assurer le commerce de l'Empire avec la Flandre; et les Espagnols, hors d'état de se défendre, avoient consenti à tout ce qu'on avoit exigé d'eux. Le Roi faisoit fortifier Mont-Royal, Trarbach, Landau, Longwy, Sarre-Louis, et toutes les places qui nous ouvroient les terres de l'Empire qui sont au-deçà du Rhin. Ainsi l'Empire menacé, l'Italie ébranlée par la perte de Casal, et tous les États voisins de la France intimidés par sa puissance, ne permettoient plus à l'Empereur de différer sa paix avec le Turc : le duc de Lorraine même, pour excuser les difficultés qu'il avoit apportées à la bataille que l'on gagna quelques jours après, n'hésita pas à dire ensuite au marquis de Villars, qui avoit contribué plus qu'un autre à la faire donner, que quand une paix aussi importante étoit prête à se conclure, on ne donnoit pas une bataille pour divertir les volontaires. Les sentimens de ce volontaire pouvoient être comptés pour quelque chose, par le crédit qu'on lui connoissoit sur l'esprit de l'électeur de Bavière.

L'armée impériale demeura quelques jours campée auprès de Baranivar, et pendant ce temps-là un visir qui avoit été pris la campagne précédente, et qui étoit au général Duneval, fut retiré par les Turcs moyennant quarante mille écus, et pour environ dix mille de fourrures et de pierreries.

Les Turcs envoyèrent un aga et douze ou quinze spahis pour apporter l'argent; et pendant qu'on le comptoit, le marquis de Villars, qui montoit un cheval d'Espagne fort adroit, caracoloit avec cet aga, très-bien monté, et fort adroit aussi. La fin de leur manége finit par des honnêtetés; et cet aga voyant des pistolets fort beaux qu'avoit le marquis de Villars, celui-ci les lui offrit; ce que le général Duneval désapprouva et empêcha, disant qu'il ne falloit pas donner des armes à ses ennemis.

Cependant l'armée turque avoit passé la Drave sur le pont d'Esseck, ouvrage très-magnifique, qui sur une infinité de pilots traversoit la Drave, et tous les bras et marais qui l'environnent, depuis Esseck jusqu'à la terre ferme du côté de Baranivar. Il étoit si large, qu'un bataillon pouvoit y marcher de front; et les Turcs s'en servoient pour mener leurs armées vers Bude, Albe-Royale, et toutes les places qu'ils avoient en avant.

L'armée impériale avoit été obligé d'envoyer le long de la Haute-Drave, pour en défendre le passage, tout ce qu'on appelle les nationaux, qui sont les hussards, les Cravates, et autres troupes légères dont les Impériaux ne faisoient pas grand cas, mais dont l'éloignement donnoit un tel air de supériorité à celles des Turcs, que leur cavalerie insultoit tous les jours l'armée impériale, prenant un très-grand nombre de fourrageurs, et obligeant leurs gardes de cavalerie de se tenir si près du front de bandière, que pour peu qu'elles s'en éloignassent elles y étoient ramenées par la cavalerie turque.

La légèreté de leurs chevaux donnoit encore à leurs gens, assez hardis d'ailleurs, un si grand avantage sur les cuirassiers de l'Empereur, que ceux-ci n'osoient s'éloigner de la ligne.

La sagesse de nos troupes et l'imprudence des Turcs attira enfin la bataille; et le grand visir, qui s'étoit étendu en deçà des terrains couverts en deçà de la Drave, se contentant de nous resserrer, et de nous prendre un grand nombre de fourrageurs, fut enfin forcé, par l'esprit téméraire et mutin de ses troupes, à se mettre en plaine devant nous.

L'armée ottomane étoit formée en-deçà d'Esseck dans des bois et des prairies qui s'étendent depuis la tête du pont d'Esseck jusqu'à une demi-lieue du pied de la montagne d'Ersans. On ne découvroit de leur armée que quelques têtes de cavalerie, qui se montroient souvent dans les plaines qui vont à la Drave vers Siclos et Cinq-Eglises, et jamais sans prendre un grand nombre de fourrageurs. L'armée impériale avoit sa gauche appuyée au petit ruisseau du côté de Baranivar, et sa droite s'étendoit vers Siclos. Le duc de Lorraine, n'ayant pu attaquer l'armée ottomane, n'avoit plus d'autre objet que de tomber sur Erla, petite forteresse au-delà du Danube, entre Segedin et Neuhausel.

Avant de s'éloigner, il vouloit tirer de Siclos et de Cinq-Eglises les garnisons que l'on y avoit établies, et ensuite les raser. C'étoit pour cela que le 11 d'août l'armée impériale s'avança dans la plaine de Siclos, lorsque les Turcs, qui devoient être plus que satisfaits d'avoir rendu vains pendant cette campagne tous les projets et tous les efforts de leurs ennemis, forcèrent le grand visir à sortir des bois qu'il avoit occupés en-deçà de la Drave, toujours couvert, et se contentant de prendre beaucoup de fourrageurs, et de resserrer l'armée des Allemands; et non-seulement ils le forcèrent à se mettre en plaine devant l'armée impériale, mais même à l'attaquer dans sa marche.

A peine l'aile gauche de cette armée, appuyée à un petit ruisseau, s'en éloignoit-elle pour suivre la droite, qu'on vit sortir de toutes les trouées des bois de grands corps de spahis. Le duc de Lorraine étoit à la tête de la droite, et l'électeur de Bavière, avec le prince Louis de Bade, commandoit l'aile gauche.

L'électeur de Bavière dit au marquis de Villars de monter le plus diligemment qu'il pourroit sur la montagne d'Ersans, pour découvrir les mouvemens des Turcs; mais il n'étoit pas à la moitié, qu'il vit tous ces divers corps de spahis s'étendre dans la plaine, soutenus de gros bataillons de janissaires, et ayant leur artillerie disposée dans les intervalles, et enfin tous les apprêts d'une bataille certaine: la droite des Turcs s'avançoit même pour envelopper la gauche des Impériaux. Le marquis de Villars revint à toutes jambes, et dit au général Piccolomini, qu'il rencontra, et qui commandoit la seconde ligne de cavalerie, de faire au plus tôt une potence de sa ligne à la montagne, pour se barrer de ce côté-là; et après cet avis, dont Piccolomini profita sur-le-champ, il poussa à l'électeur et au prince de Bade, et leur annonça qu'ils n'avoient que le temps de former leurs bataillons et leurs escadrons, et qu'ils alloient être attaqués. Tout ce qui étoit en colonne se mit en bataille: l'infanterie plaça ses chevaux de frise, et le prince de Bade, suivi du marquis de Villars, courut à la seconde ligne de cavalerie. Ils trouvèrent cette potence formée, et faisant tête aux Turcs, qui avoient déjà passé le petit ruisseau où l'aile gauche de l'armée impériale étoit appuyée d'abord, et qui, avec un corps de sept à huit mille spahis, vouloient prendre le derrière de l'armée entre la seconde ligne et la montagne. Le prince de Bade fit entrer tous les officiers dans les escadrons, se mit à la tête de cette ligne, et hors de la ligne de quatre ou cinq pas, et voulut que le marquis de Villars demeurât seul à côté de lui.

A peine les Turcs firent-ils quelque léger mouvement comme pour s'approcher des escadrons impériaux, qu'ils s'arrêtèrent. Un bataillon de janissaires se mit à la gauche de leur cavalerie sur le bord d'un rideau, tira quelques coups de mousquet; et ce grand corps, qui n'avoit qu'une simple ligne de cavalerie à enfoncer pour prendre le derrière de l'armée impériale, ne fit pas un pas en avant.

Leur incertitude détermina le prince de Bade à faire avancer quelques pas; et dans le moment, comme s'ils n'eussent attendu pour se retirer que ce premier mouvement, on vit les spahis et les janissaires se replier. On avançoit à mesure qu'ils s'éloignoient, et insensiblement la gauche des Impériaux se remit à ce même ruisseau où elle étoit appuyée le matin, et l'armée, après avoir chassé tout ce qui avoit gagné ses derrières et la débordoit, se forma en bataille sur une ligne droite devant l'armée des Turcs.

Nous avons cru devoir rapporter ces mouvemens, parce qu'ils ne se pratiquent pas dans nos guerres, et qu'on n'est pas accoutumé à voir huit ou dix mille chevaux partir ensemble à toutes jambes comme des fourrageurs, et prendre le derrière d'une armée: mouvement qui, exécuté vivement et avec vigueur, pourroit parfaitement réussir; sa singularité seule seroit presque un avantage. Revenons à la suite de la bataille. Toute l'armée de l'Empereur marcha en avant, et celle des Turcs ne fit autre chose que se retirer.

Il étoit difficile que le désordre ne se mît bientôt dans cette retraite: aussi vit-on tout d'un coup les spahis, sans être chargés, s'ébranler, et abandonner tous les janissaires. Il est vrai qu'il y eut dans la ligne quelques corps qui les pressèrent plus vivement; mais celui à la tête duquel marchoient le prince de Bade, les princes Eugène et de Commercy, le marquis de Villars, le marquis de Créqui, et les autres volontaires, ne s'ébranla que quand on vit fuir la cavalerie turque; et en un moment ils se trouvèrent au milieu de ce prodigieux corps de janissaires, qui fuyoit sans terreur. En effet s'ils eussent eu parmi eux quelque général, il leur eût été très-aisé de tenir ferme dans les bois. Il est vraisemblable que le grand visir n'avoit pas un dessein formé de combattre, car il avoit commencé à la tête des bois quelques retranchemens qui n'étoient qu'en ligne droite; encore parut-il qu'ils jetoient la terre devant eux comme quand on ouvre une tranchée, et que le fossé étoit de leur côté. La cavalerie impériale franchit sans peine ces retranchemens, et tua presque tous les janissaires, dont les derniers se défendoient avec beaucoup de valeur. Le marquis de Villars eut son buffle coupé de deux coups de sabre; le prince de Commercy y fut blessé d'un coup de lance, que les Turcs appellent *copie*; le comte de Sinzendorff y fut tué, et Ligneville blessé, aussi bien que l'écuyer du marquis de Villars. Il y eut peu d'officiers de tués; et cette victoire, la plus complète que les Impériaux aient remportée dans toutes ces guerres, leur coûta à peine quatre à cinq cents hommes.

Le général Duneval eut ordre de marcher en diligence du côté de Darda, pour couper entre le pont d'Esseck et le gros de l'armée des Turcs; mais il se perdit dans les bois.

Les marquis de Villars et de Créqui, et le prince de Courlande, à la tête de huit ou dix escadrons seulement, suivirent assez vivement toute cette cavalerie turque, qui s'éloignoit avec autant de vitesse que le terrain étroit le lui pouvoit permettre; mais ils ne les suivirent pourtant que d'aussi près qu'il le falloit pour empêcher des troupes épouvantées de regarder derrière elles, et de démêler le peu de gens devant qui ils fuyoient. Ils entrèrent les premiers dans les tentes du grand visir. Le marquis de Villars et le marquis de Créqui ayant passé la nuit sur le champ de bataille, et revenant au point du jour aux équipages chercher de quoi manger, rencontrèrent le duc de Mantoue à pied, qui les reconnut, et vint leur demander des nouvelles.

Le butin fut immense, par la quantité d'or et d'argent qui y resta, par la magnificence des armes et celle des tentes; et peut-être ne sera-t-on pas fâché de trouver ici une description de celles du grand visir. La voici, copiée d'après une lettre du marquis de Villars.

Il dit que devant la grande avenue de ces tentes étoit une espèce d'allée de cinquante pas de longueur, formée des deux côtés par deux rangs de coffres assez beaux et en une quantité prodigieuse, posés les uns sur les autres avec beaucoup d'ordre. Les prisonniers lui dirent que c'étoit là le trésor de l'armée. Outre l'argent, il y avoit dans ces coffres les robes de distinction qui se donnent après quelque action remarquable, soit aux janissaires, soit aux autres que l'on juge les avoir méritées. Tout le gros des tentes du grand visir étoit entouré de deux enceintes de murailles: dans la première, faite d'une toile rouge d'environ huit pieds de haut, et séparée par des colonnes vertes de même toile, étoient un grand nombre de tentes fort belles pour les principaux officiers du grand visir.

Une autre enceinte de murailles de toile verte, de même hauteur que la première, et séparée par des colonnes de toile rouge, enfermoit les tentes destinées pour la personne du grand visir. D'abord on voyoit la grande tente d'audience du grand visir, qui présentoit un frontispice tel que celui d'une église, soutenu par huit gros piliers brisés par le milieu, et les brisures étoient de bronze doré. Ces huit piliers soutenoient une avance de tente, par laquelle on arrivoit à la grande tente d'audience, soutenue par un seul mât gros comme celui d'un médiocre navire.

A l'entrée de la tente s'offroient comme deux troncs d'arbre avec cinq ou six branches, sur lesquels étoient perchés les oiseaux de chasse du grand visir. Elle étoit séparée par deux grands rideaux de brocart d'or et cramoisi, relevés par les côtés. Une estrade d'environ trois toises en carré et d'un demi-pied de haut, couverte d'un drap de couleur de feu, étoit appuyé au grand mât, auprès duquel sur cette estrade étoit un carreau de brocart d'or et cramoisi, accompagné de deux autres semblables, posés à quatre pieds de distance de celui-là. Enfin la tente dans laquelle couchoit le grand visir étoit soutenue par des piliers de trois en trois pieds de distance enfermés dans les murailles de la tente, dont le dessus avoit la forme d'un parasol: ainsi il n'y avoit point de mât dans le milieu. Cette tente et celle des audiences étoient toutes brodées en dedans d'une broderie très-fine: le haut étoit d'étoffes d'or et d'argent, découpées et brodées de manière que de l'endroit le plus élevé il sortoit un éclat qui s'affoiblissoit à mesure que la broderie descendoit, parce qu'elle n'étoit que de soie.

Presque toutes les tentes des Turcs ont ce que nous appelons des marquises, c'est-à-dire une double tente pour garantir de la pluie et de la chaleur. Tout avoit été tendu le matin même, ce qui marque le prodigieux nombre d'esclaves qui servent à leurs équipages. Le marquis de Villars rapporte encore dans la même lettre que rien n'étoit dérangé dans leur camp, et qu'à cette occasion le duc de Lorraine lui avoit dit qu'il avoit remarqué dans les guerres contre les Turcs qu'après le gain d'une bataille on trouvoit toujours leur camp tout tendu, ce qui n'arrive pas dans les guerres entre les chrétiens; qu'au lieu encore que dans nos batailles on discerne souvent les généraux qui sont suivis d'un certain nombre de gens qui vont à la tête des troupes et paroissent donner des ordres, chez les Turcs au contraire personne ne se montre hors de leurs lignes, et qu'il est impossible d'y démêler un officier général; ce qui marque, ainsi que toute leur conduite, une parfaite ignorance dans l'art de la guerre.

Le prince de Savoie fut envoyé à l'Empereur lui porter cette grande nouvelle, et recevoir ses ordres pour des projets tout différens de ceux que l'on avoit formés d'abord. Avant la bataille on ne songeoit qu'à retirer les garnisons de Siclos et de Cinq-Eglises, à raser ces petites villes, et tous les postes que l'on avoit le long de la Drave; et l'on laissoit aux Turcs la liberté de ravitailler Canise et Sigeth, places très-importantes.

Mais le gain de la bataille donna bien d'autres vues. L'électeur de Bavière, conformément à celles du prince de Bade, qui désiroit la séparation des armées, en avoit de très-opposées à celles du duc de Lorraine : il vouloit aller avec une armée séparée faire le siége d'Erla. Pour le duc de Lorraine, il avoit des desseins plus grands, et même plus convenables. Il ne doutoit pas qu'après de tels succès on ne dût marcher en Transylvanie faire prendre Esseck, persuadé qu'ensuite Erla aussi bien que Canise et Sigeth tomberoient d'elles-mêmes.

Le prince de Bade, ennemi déclaré du duc de Lorraine, entroit dans les sentimens du prince Hermann de Bade son oncle, président du conseil de guerre, que le parti du duc de Lorraine accusoit d'avoir fait manquer le premier siége de Bude.

L'Empereur se remettoit de tout au duc de Lorraine, et il étoit bien aisé de juger qu'après le gain d'une bataille dont on donnoit toute la gloire à l'électeur, il le prieroit d'aller se reposer le reste de la campagne à l'ombre de ses lauriers, et de laisser à la conduite du duc de Lorraine le peu qui restoit à faire ; car c'est ainsi que l'Empereur s'expliquoit dans les lettres qu'il écrivoit à l'électeur : il marquoit même que le prince de Bade commanderoit un corps d'armée vers la Drave. Comme le marquis de Villars paroissoit avoir assez de pouvoir sur l'esprit de l'électeur, le duc de Lorraine voulut l'engager à combattre ce désir d'aller faire le siége d'Erla ; le prince de Bade lui confia aussi ses chagrins contre le duc de Lorraine, qui ne voulut le ménager en rien, et qui, muni d'ordres secrets, refusa de donner à ce prince aucun commandement séparé, et chargea même le général Duneval, qui n'étoit pas feld-maréchal, du commandement qui paroissoit destiné au prince de Bade, revêtu de cette dignité. L'électeur pressa vivement sur ce sujet, mais inutilement, le duc de Lorraine, et partit, assez content de retourner à Vienne et dans ses États jouir de sa gloire au milieu des plaisirs, et plus touché du désir de faire parler de lui que soigneux d'acquérir un savoir bien profond dans la guerre.

Le prince de Bade quitta l'armée sans vouloir prendre congé du duc de Lorraine, et ramena dans sa calèche de poste les marquis de Villars et de Créqui. Le duc de Lorraine, seul maître de l'armée, alla soumettre la Transylvanie, et fit prendre Esseck par le général Duneval.

Si l'on rassemble les lettres du marquis de Villars, on y trouvera des Mémoires sur la guerre des Turcs, et sur les divers caractères des officiers généraux de l'Empereur, qui méritent de l'attention.

Le marquis de Villars arriva à Vienne avec le prince de Bade ; et, à la première audience qu'il eut de l'Empereur, ce prince voulut bien lui dire que ses généraux l'avoient informé de son ardeur, de son zèle, et des services qu'il lui avoit rendus.

Le comte de Stratmann, à proprement parler premier ministre de l'Empereur par la grande confiance que ce prince avoit en lui, quoiqu'il n'en eût pas le titre, étoit un homme de beaucoup d'esprit, élevé dans la cour de l'électeur palatin, ci-devant duc de Neubourg, père de l'impératrice Éléonore. Cette princesse, dont le crédit étoit fort grand, l'avoit établi auprès de l'Empereur. Le marquis de Villars l'avoit connu à Berlin dans un voyage qu'il y fit étant encore fort jeune, et nous avons parlé des tentatives inutiles de ce ministre pour l'attacher, et pour ainsi dire de le gagner à l'Empereur son maître. Au retour de la campagne de Hongrie, comme on buvoit, à un dîner chez lui, les santés des généraux et des ministres de l'Empereur, il en porta une fort haut au marquis de Villars en ces termes : *A la santé des généraux et des bons ministres de l'Empereur, et de M. le marquis de Villars, qui, n'étant ni l'un ni l'autre, n'a pas laissé de le servir très-utilement et du bras et de la tête cette dernière campagne ! L'Empereur le sait, il vous en tient compte, et m'a commandé d'en rendre un témoignage public.* Attention glorieuse pour le marquis de Villars, et plus encore pour le prince.

L'électeur partit bientôt de Vienne, il assura le marquis de Villars que, dans l'intention où il étoit de prendre avec le Roi des engagemens solides, il avoit abrégé son séjour, pour éviter les vives sollicitations que l'Empereur lui faisoit de renouveler les siens avec lui. Le marquis de Villars reçut à Vienne des ordres pour suivre l'électeur, et prendre auprès de ce prince la qualité d'envoyé extraordinaire de la cour de France. L'envoyé de l'Empereur étoit le comte de Thaun, frère de l'archevêque de Salsbourg, un des plus puissans princes de l'Empire.

[1685] L'électeur continua à traiter le marquis de Villars avec beaucoup de distinction, et à lui donner tous les agrémens possibles : il le mettoit de toutes ses parties, et de tous les soupers particuliers avec les dames. Ce prince, porté à tous les plaisirs, aimoit la musique et la chasse, étoit galant, adroit à tous les exercices ; et ce n'étoit tous les jours que carrousels, opéra, comédies de dames de sa cour, comédies italiennes, courses de traîneaux pendant l'hiver. Il s'attacha à une des filles d'honneur de l'électrice, nommée mademoiselle de Sinzendorff, d'une beauté et d'un esprit médiocre, mais retenue par assez de vertu pour ne pas accorder les dernières faveurs; ce qui piqua l'électeur, et le rendit plus amoureux. Cet engagement n'excluoit pas néanmoins quelques commerces passagers et plus vifs, quoique moins touchans, avec les camarera ou femmes de chambre de la cour. Le marquis de Villars, et par son goût et pour l'intérêt même du service du Roi, se maintenoit dans la plus étroite liaison qu'il lui étoit possible avec l'électeur, et savoit mettre à profit jusqu'à ses plaisirs pour le succès des négociations. Il étoit donc de tout, et menoit une vie fort agréable.

La cour de Vienne, informée de ses progrès, et du peu de crédit qu'avoit en comparaison de lui le comte de Thaun, envoya à Munich le comte de Kaunitz, homme très-habile, et qui depuis a été un des premiers ministres de l'Empereur. Comme il avoit vécu autrefois dans la plus grande familiarité avec l'électeur, il fut de tous les soupers. Il y en eut un où ce prince, animé par quelques lettres qu'il avoit reçues de son ministre à Rome, s'emporta un peu contre le Pape, qui, au lieu de lui accorder quelque grâce légère qu'il demandoit, avoit chargé son ministre de lui parler sur ses galanteries, qui mettoient l'électrice au désespoir, et sur les dépenses excessives qu'il faisoit pour ses plaisirs; enfin de lui faire de sa part une espèce de réprimande. Sur cela l'électeur dit : « De quoi se mêle le Saint-Père? Il offre des chapeaux de cardinal aux enfans du duc de Lorraine, et il s'avise de me faire des reproches sur ma conduite, pendant que de ma personne et de mon bien je sers l'Église et l'Empire contre les Turcs. » Le comte de Kaunitz répliqua que, s'il le désiroit, le Saint-Père offriroit de même un chapeau pour son frère; mais que devant être un électeur de Cologne, il seroit au-dessus de cette dignité. Le marquis de Villars, qui n'étoit pas fâché de piquer un peu l'électeur contre le comte de Kaunitz, prit la parole, et dit que c'étoit faire tort à l'électeur de penser qu'il ne pût désirer cette dignité que pour le prince Clément son frère, et qu'il n'eût pas des amis et des serviteurs auxquels il seroit bien aise de la procurer; que l'Empereur venoit d'en faire honorer le chevalier de Walstein, son capitaine des gardes; et que puisque le pape l'offroit au duc de Lorraine, il étoit bien juste qu'il en usât de même avec l'électeur, et qu'il lui laissât le choix du sujet. Le comte de Kaunitz, pour ne pas adresser la parole à l'électeur qui s'échauffoit, et dont les reparties commençoient à s'aigrir, dit au marquis de Villars : « A qui voulez-vous donc, monsieur, que Son » Altesse Électorale donne ce chapeau? — A » moi, dit le marquis de Villars, qui le servi- » rois très-bien dans le sacré collége. » La vivacité s'augmentoit de la part de l'électeur; le comte de Kaunitz se tourna vers le marquis de Villars, et lui dit en riant : « Voilà, monsieur, » où votre ambition d'être cardinal mène les » choses. » Le marquis de Villars lui répondit, en souriant aussi : « Commencez par me faire » cardinal, et tout cela s'accommodera. »

Cependant il suivoit toujours le dessein qu'il avoit d'abréger le séjour du comte de Kaunitz auprès de l'électeur, et il y réussit si bien qu'au bout de quinze jours ce ministre fut obligé de retourner à Vienne, où il rapporta qu'il y avoit beaucoup d'apparence que l'électeur vouloit reprendre les anciennes liaisons de sa maison avec la France, et que le marquis de Villars y travailloit vivement.

Il y avoit encore deux autres négociations dont le marquis de Villars étoit chargé : l'une étoit le mariage de la princesse de Bavière avec le prince fils aîné du duc de Toscane, mariage traversé par l'offre du roi de Hongrie, qui étoit un parti tellement au-dessus de l'autre, qu'il n'étoit pas aisé d'obtenir la préférence en faveur de son concurrent. Le marquis de Villars en vint pourtant à bout, comme on le verra dans la suite.

La seconde négociation regardoit les desseins du cardinal de Furstemberg sur l'électorat de Cologne, et il s'agissoit d'y faire consentir l'électeur de Bavière, qui vouloit l'électorat pour son frère le prince Clément. Le Roi n'avoit pas encore de traité avec l'électeur; il étoit engagé au cardinal de Furstemberg qui vouloit être élu coadjuteur, mais qui n'étoit pas encore assuré des voix, dont il lui falloit les deux tiers, attendu qu'il ne pouvoit être élu que par postulation.

Le marquis de Villars employoit auprès de l'électeur toutes les meilleures raisons dont il pût s'aviser, mais les meilleures étoient foibles. Ainsi il suffisoit de faire entendre au cardinal de Furstemberg, qui n'avoit qu'à se ménager le nombre de voix nécessaire pour son élection. Le cardinal, étant donc assuré du chapitre, fut élu coadjuteur canoniquement.

Peu de mois après, l'électeur de Cologne mourut : la coadjutorerie du cardinal de Furstemberg le faisoit électeur sans difficulté; mais le Pape, peu favorable alors à ce que le Roi désiroit, refusa un bref à ce cardinal, qui crut pouvoir se soumettre sans crainte à une nouvelle élection malgré les avis du marquis Villars, qui étoit bien averti que plusieurs des chanoines qui lui avoient donné leur voix pour le faire coadjuteur, étant mécontens de la comtesse de Furstemberg, qui ne leur avoit pas tenu les paroles qu'elle leur avoit données, manqueroient absolument au cardinal, s'il vouloit procéder à une nouvelle élection. En effet, plusieurs de ceux sur lesquels il comptoit le plus l'abandonnèrent, et le prince Clément fut élu.

Cependant ce qui regardoit la réunion de l'électeur et du Roi avançoit toujours. L'électeur écrivit au Roi plusieurs lettres de sa main, lui promettant de se liguer avec lui par un traité; et à la diète de Ratisbonne il fit toutes les démarches que Sa Majesté pouvoit désirer.

Le marquis de Villars remit dans la confidence secrète de l'électeur le chancelier Schmitz, que les ministres de la maison d'Autriche avoient chassé. Ce prince alloit souvent la nuit travailler avec lui : ce n'étoit que la nuit que le marquis de Villars voyoit ce ministre, et toutes les mesures se prenoient assez conformément aux intentions du Roi.

La cour de Vienne envoya à Munich la vieille comtesse de Paar, femme de beaucoup d'esprit, très-intrigante, et qui avoit été fort avant dans la confiance de l'électeur. Elle savoit la galanterie que ce prince avoit eue, mais qui ne dura pas longtemps, avec mademoiselle de Welen, qui étoit encore cachée dans le palais, d'où elle sortit aussi secrètement qu'elle y étoit entrée. Cette comtesse la maria avec un gentilhomme de Bohême, moyennant cent mille écus argent comptant que l'électeur donna, et qui furent partagés également entre la vieille, la maîtresse, et le mari ; en sorte qu'il ne fut plus question que de mademoiselle de Sinzendorff, et quelques-unes de ces camarera dont nous avons parlé, et pour lesquelles on n'avoit pas une grande considération.

[1686] L'hiver se passa; la paix avec le Turc ne se conclut point, et la cour de Vienne commença ses menées pour engager l'électeur à retourner en Hongrie ; mais il le refusa hautement, et dit qu'il avoit fait déjà assez de campagnes pour ne pouvoir plus y aller avec honneur s'il ne commandoit l'armée en chef; et même ajoutoit-il, par le conseil du marquis de Villars, qui n'y mettoit pas sans dessein une condition presque impossible : *Sans que le duc de Lorraine fût à l'armée.* Or, il n'étoit pas vraisemblable que l'Empereur se privât des services d'un général si respectable, qui avoit eu de si grands succès, et qui d'ailleurs étoit son beau-frère.

Le prince Hermann de Bade et le prince Louis son neveu appuyoient la demande de l'électeur; mais leur cabale à la cour de Vienne étoit détruite par celle du duc de Lorraine, et dès l'hiver, pour éloigner le prince Hermann, on l'envoya à la diète de Ratisbonne en qualité de principal commissaire de l'Empereur. Carafa, qui commandoit en Transylvanie et dans la Haute-Hongrie, lui suscita des dénonciateurs qui n'alloient pas moins qu'à rendre sa fidélité suspecte.

Cependant la cour de Vienne, qui craignoit avec raison les mesures que l'électeur pouvoit prendre avec le marquis de Villars, n'oublioit rien pour le retenir par des avantages considérables : elle lui offroit, conjointement avec le roi d'Espagne, la Flandre en souveraineté, comme dot de l'électrice sa femme, héritière présomptive de la monarchie d'Espagne, et s'engageoit de l'en mettre actuellement en possession. Le marquis de Villars, informé de ces offres par l'électeur lui-même, tâcha de les lui faire regarder comme funestes, et de lui faire entendre que puisque toute la monarchie d'Espagne ne pouvoit soutenir la Flandre contre les moindres forces du Roi, toutes les siennes l'entreprendroient en vain, et qu'il seroit obligé de laisser ses provinces à la merci de l'Empereur, qui, après l'avoir ruiné dans les guerres de Hongrie, ne demandoit pas mieux que de le voir s'abîmer pour des États qui sont bien éloignés de pouvoir se défendre d'eux-mêmes.

A cela l'électeur répondit : « Mais le Roi ne m'assure rien de présent et de réel. — Jusqu'à
» présent, lui répliquoit le marquis de Villars,
» vous n'avez demandé au Roi que de vous soutenir dans vos légitimes prétentions sur Aus-
» bourg, Ratisbonne, Nuremberg, et autres
» États de Souabe : il vous l'a promis dès que
» vous trouveriez vous-même le temps propre à
» faire valoir vos droits. A l'égard des États de
» la monarchie d'Espagne, le Roi n'est pas à
» présent le maître de vous mettre en possession
» d'aucun. »

Cependant le marquis de Villars écrivit à Sa Majesté, et elle lui donna ordre de déclarer à l'électeur qu'en cas de mort du roi d'Espagne, elle et monseigneur le Dauphin s'engageoient à lui céder les royaumes de Naples et de Sicile. Il demanda encore des éclaircissemens, et voulut savoir si ce seroit sans retour, au cas qu'il n'eût pas d'enfans de l'électrice ; ce qui paroissoit fort à craindre, tant par la mauvaise conformation de cette princesse, qu'à cause du peu de commerce qu'il avoit avec elle. Le Roi y consentit, et par là les engagemens de l'électeur augmentèrent encore.

Le mariage de la princesse de Bavière avec le fils aîné du grand duc étoit traversé, comme nous l'avons dit, par l'offre du roi de Hongrie, le plus grand parti de l'Europe. Mais le marquis de Villars, fort lié d'inclination avec une très-belle personne qui avoit le plus de part à la confiance de la princesse de Bavière, engagea cette princesse à déclarer qu'elle ne vouloit pas du roi de Hongrie.

Le grand duc avoit envoyé l'auditeur Sinetti, un de ses premiers ministres, et le père Benfati, son intime confident, pour traiter ce mariage. Il leur étoit prescrit surtout de se conduire par les conseils du marquis de Villars. Le moine avoit de l'esprit, mais étoit glorieux et impudent; et, sur quelques contestations qu'il eut avec l'auditeur, qui étoit le représentant, il disoit qu'à son retour à Florence il le feroit envoyer aux galères. Enfin toutes les conditions de ce mariage furent remplies, et le marquis Corsini, un des premiers de Florence, et parent du grand duc, fut nommé ambassadeur extraordinaire pour venir épouser. On fit la cérémonie, et la princesse partit.

Le refus que l'électeur avoit fait du roi de Hongrie pour la princesse de Bavière marquoit en lui un dessein formé de se détacher de la maison d'Autriche. En vain s'excusa-t-il sur la répugnance qu'il avoit trouvée dans l'esprit de la princesse sa sœur : un si foible obstacle pour les mariages, surtout pour ceux des souverains, ne fut regardé par la cour de Vienne que comme un prétexte. Elle ne douta plus qu'elle ne fût sur le point de perdre tout-à-fait l'électeur, et elle fit les derniers efforts pour tirer ce prince de Munich. Le comte de Kaunitz y avoit déjà fait cinq voyages, soit pour proposer à l'électeur des avantages de la part de l'Empereur et du roi d'Espagne, soit pour empêcher le mariage de la princesse avec le fils aîné du grand duc, soit pour les diverses élections qui se faisoient à Cologne, soit pour engager l'électeur à faire la campagne de Hongrie. Le marquis de Villars avoit été assez heureux pour rompre toutes les mesures du comte de Kaunitz, et pour traverser tous ses desseins; mais enfin l'Empereur se crut obligé d'y envoyer le comte de Stratmann.

Le lendemain de son arrivée à Munich, il vint dîner chez le marquis de Villars, et lui dit : « Il n'est plus question de vous offrir l'amitié ni » les grâces de l'Empereur; aussi n'ai-je plus à » vous assurer que de son estime. Mon attache- » ment vous est connu; mais il ne m'empêchera » pas de vous déclarer que quoique l'Empereur » se soit fort bien trouvé de vos services en Hon- » grie, s'il en est le maître et si j'y puis réussir, » nous ne vous y verrons pas cette campagne, » si l'électeur veut bien la faire. »

Le marquis de Villars avoit cru y mettre un obstacle invincible par les conditions qu'il avoit obligé l'électeur d'exiger. La cour de Vienne accorda tout, et les armées furent assemblées sous les ordres de l'électeur de Bavière, avec tout l'appareil nécessaire pour faire le siège de Bellegrade. Sur cela l'électeur dit au marquis de Villars : « Non-seulement c'est me déshonorer » que de refuser un tel emploi, c'est presque » déclarer la guerre à l'Empereur; et vous savez » que je ne suis pas encore en état de rompre » avec lui; il me faut plus de temps : mais j'é- » cris au Roi que mes sentiments sont toujours » les mêmes. »

Ce fut à peu près en ce temps-là que M. de Louvois, las apparemment de haïr le marquis de Villars, qui n'avoit contre soi que d'être d'une famille qu'il n'aimoit pas; ou peut-être [car on peut le présumer d'un grand homme] ce ministre, amené à force d'estime jusqu'à des sentiments d'amitié, écrivit au marquis de Villars une lettre assez polie, à quoi le marquis de Villars répondit avec une froideur respectueuse. M. de Louvois lui en écrivit une seconde pour le prier de lui apprendre ce que c'étoit que les chevaux de frise dont l'infanterie impériale se servoit, au lieu de piques qu'elle avoit abandonnées. Il vint enfin jusqu'à une quatrième lettre, qui contenoit en trois lignes : « Je ne sais pourquoi nous » avons été mal ensemble, je désire que cela » finisse : mettez-moi à quelque épreuve, et je » vous ferai connoître que je suis votre servi- » teur. » Le marquis de Villars lui répondit qu'il étoit également surpris et touché de sa dernière lettre, et d'autant plus persuadé que ses bontés étoient sincères, que c'étoit pour la première fois qu'il lui permettoit de s'en flatter; qu'il commençât donc par leur donner lieu d'agir en sa faveur; que le moyen de lui faire regagner dans l'état de la guerre des rangs qu'il osoit dire avoir mérités par ses services, étoit de lui faire obtenir du Roi la charge de commissaire général de la cavalerie, qui pouvoit le remettre devant bien des gens qui n'avoient pas dû passer devant lui; mais que, pour faire voir à M. de Louvois qu'il vouloit lui en avoir toute l'obligation, sa seule démarche pour y parvenir seroit ce qu'il avoit l'honneur de lui en dire. Ce ministre, pour savoir si le marquis de Villars n'en avoit rien mandé à sa famille, sonda sur cela le père du marquis de Villars et le maréchal de Bellefond : il les trouva également peu instruits, et dès lors il prit des mesures pour lui faire avoir cette charge, comme nous le verrons dans la suite. Retournons à ce qui se passoit en Bavière.

Le comte de Stratmann pressoit extrêmement l'électeur de faire la campagne de Hongrie, et le marquis de Villars ne crut pas s'y devoir opposer. Il le lui conseilla même, pourvu, lui dit-il, qu'il la fît avec dignité ; ajoutant que le Roi ne lui feroit jamais donner des conseils qui ne fussent conformes à sa gloire, et que d'ailleurs Sa Majesté ne doutoit point que l'électeur ne connût assez ses véritables intérêts pour désirer sincèrement de s'attacher à elle.

Divers bruits s'étant répandus de la mauvaise santé du duc de Lorraine, l'électeur envoya exprès pour en être informé. Le marquis de Villars lui disoit qu'il ne devoit nullement se fier à ces bruits ; qu'on publieroit que le duc de Lorraine seroit à l'extrémité jusqu'à ce que l'électeur fût à l'armée, et qu'alors ce prince s'y rendroit en poste, et que l'électeur s'y trouveroit au même état qu'à toutes les campagnes précédentes, c'est-à-dire avec une apparence de commandement, et subalterne en effet. Mais le comte de Stratmann, pour ôter tout prétexte de défiance à l'électeur, lui déclara qu'en quelque état que fût la santé du duc de Lorraine, et lui permît-elle de faire la campagne, il ne mettroit pas le pied à l'armée, et que l'électeur seroit l'unique général.

Il ne fut plus possible à ce prince de ne pas accepter un emploi aussi grand et aussi important. La gloire de faire le siége de Bellegrade, et de terminer la guerre par une aussi brillante conquête, étoit trop flatteuse pour la refuser. Il consentit donc à partir ; mais le lendemain, dans une seconde audience que prit le comte de Stratmann, après avoir fait valoir à l'électeur la confiance avec laquelle l'Empereur se remettoit à lui du soin de son propre salut et de celui de l'Empereur, il lui représenta qu'il n'étoit pas possible que l'Empereur consentît à voir auprès de ce prince un ministre de France ; que l'éloignement que marquoit l'électeur pour un beau-père qui l'avoit toujours aimé si tendrement ne lui pouvoit être inspiré que par les ennemis de la maison d'Autriche ; qu'enfin il pouvoit sentir l'impossibilité de garder dans les armées impériales le marquis de Villars, dont le crédit auprès de lui le rendoit très-redoutable aux intérêts de l'Empereur, qui le feroit prier de ne pas mettre le pied dans ses États. « C'est pourtant à ce » même marquis de Villars, répliqua l'électeur, » que l'on doit en partie non-seulement d'avoir » porté à donner cette bataille, dont le succès a » été si important et si glorieux, mais encore » dans l'action même d'avoir conseillé des mou- » vemens de troupes qui se sont trouvés très- » utiles. — J'en conviens, reprit le comte de » Stratmann ; et moi-même j'ai eu ordre, à son » retour à Vienne, de lui en marquer la recon- » noissance de l'Empereur : mais depuis tout a » bien changé. »

[1687] Enfin l'électeur partit. Le marquis de Villars le suivit jusqu'à Passaw, où ce prince lui dit d'attendre, qu'il feroit toutes les tentatives possibles auprès de l'Empereur pour le faire venir, et que si elles étoient inutiles, il lui enverroit un courrier. Elles ne pouvoient guère réussir : le courrier arriva, et le marquis de Villars profita de la permission que le Roi lui avoit donnée de revenir en France pour le temps que dureroit la campagne de Hongrie, s'il ne lui étoit pas possible de la faire. Il passa par Ratisbonne, où il vit le prince Hermann de Bade, proprement disgracié, mais revêtu du titre de principal commissaire de l'Empereur à la diète. Il trouva ce prince rebuté par tous les dégoûts qu'il recevoit continuellement de la cour de Vienne, résolu à quitter tout service ; et il mourut peu de temps après.

Le marquis de Villars arriva à la cour, où le Roi le reçut avec beaucoup de bonté, et lui fit l'honneur de lui dire qu'il l'avoit toujours connu pour un très-brave homme, mais qu'il ne l'avoit pas cru si grand négociateur. Madame de Maintenon lui fit aussi un accueil très-obligeant ; et le jour même de son arrivée elle le mena à une comédie que l'on représentoit à Saint-Cyr devant le Roi, et où très-peu de gens furent admis.

C'étoit alors une faveur très-particulière que d'être nommé pour les voyages de Marly. Le Roi, dans les commencemens, y menoit fort peu de monde, et le marquis de Villars n'avoit pas encore osé demander d'en être. Il étoit établi que tous ceux qui pouvoient espérer d'être nommés le demanderoient, même tous les grands officiers de la maison du Roi, et ceux qui, par leurs charges, étoient presque indispensablement obligés de s'y trouver. Bontemps, premier valet de chambre et homme de confiance de Sa Majesté, vint trouver le marquis de Villars dans la galerie de Versailles, et lui dit : « Vous avez de- » mandé d'aller à Marly ? » Le marquis de Villars lui répondit qu'il étoit bien éloigné d'oser prendre cette liberté. « Et moi qui soutiens » que vous l'avez demandé, lui répliqua Bon- » temps. — Puisque vous m'en assurez, reprit » le marquis de Villars, qui connut bien, au ton » dont parloit Bontemps, que c'étoit une grâce » que le Roi vouloit lui faire ; j'ai demandé. » Aussitôt Bontemps rentra dans le cabinet du

Roi, et le moment d'après parut la liste, où le marquis de Villars étoit nommé.

Depuis que M. de Louvois avoit pris pour lui des dispositions favorables, ce ministre avoit toujours conduit en secret tout ce qui regardoit l'acquisition de la charge de commissaire général de la cavalerie. On donna au régiment de cavalerie qu'avoit le marquis de Villars le nom d'Anjou, au moyen de quoi le marquis de Blanchefort l'acheta quatre-vingt-dix mille livres. La charge de commissaire général de la cavalerie fut taxée à cinquante mille écus, et le marquis de Villars y fut établi.

Peu de jours après deux grandes nouvelles agitèrent toute la cour : l'une étoit le dessein du prince d'Orange sur l'Angleterre, mené avec beaucoup d'adresse et de secret, mais cependant pénétré par quelques-uns des ministres du Roi dans les cours étrangères. Barillon, ambassadeur en Angleterre, y fut trompé, aussi bien que le roi Jacques lui-même ; mais ce pauvre prince le fut en tout. Le comte d'Avaux, ambassadeur à La Haye, eut de meilleurs avis.

L'autre nouvelle étoit celle de l'ambassade turque pour conclure la paix avec l'Empereur. Cette ambassade arriva à Bellegrade le jour d'après que ce fameux rempart des Turcs contre les Chrétiens eut été emporté d'assaut. Maurocordato, un des plus habiles ministres que pût employer la cour ottomane, étoit chef de l'ambassade. On le fit entrer par la brèche, encore toute couverte de corps de janissaires qui l'avoient vaillamment défendue ; car les Turcs, très-ignorans en tout ce qui regarde la science de la guerre, ne défendoient leurs places que par leur seule valeur : ils ne faisoient aucun cas des chemins couverts, ni de tous ces dehors qu'a fournis à nos ingénieurs un art qui en revanche semble parmi nous avoir voulu se charger presque seul de la défense des places, jusque-là même que le courage a paru quelquefois s'en abattre, et que quelques-uns de nos gouverneurs n'ont pas eu honte de tâcher d'établir que le chemin couvert pris, il n'y avoit qu'à se rendre prisonnier de guerre. Les Turcs, dans ces premières guerres, ne comptoient que sur le rempart, et le défendoient le sabre à la main et à coups de pierres jusqu'à la dernière extrémité, accablant les assaillans de sacs de poudre et de grenades. C'est ainsi qu'ils soutinrent plusieurs assauts aux deux siéges de Bude, qu'ils firent lever le premier, et qu'ils auroient peut-être eu le même bonheur au second, si le visir qui y commandoit n'eût été tué sur la brèche. La cour étoit donc fort incertaine du parti qu'il y avoit à prendre, ou de soutenir le roi Jacques prêt à être attaqué, ou d'empêcher la paix des Turcs qu'on voyoit sur le point d'être conclue, et qui le moment d'après nous attiroit sur les bras toutes les forces de l'Empereur et de l'Empire.

M. de Louvois, à son retour de Forges, où il avoit été quelques jours pour prendre des eaux, décida pour le dernier parti. En effet, rien n'étoit plus important pour nous que de nous ménager une aussi puissante diversion que celle du Turc : et d'ailleurs quelle apparence qu'une aussi grande révolution pût arriver en Angleterre sans beaucoup de troubles et de divisions ? ce qui nous convenoit bien mieux qu'une forme de gouvernement paisible sous l'autorité même du roi Jacques, d'autant plus que nous avions déjà vu cette même Angleterre, tranquille, et réunie sous l'autorité du roi Charles II, qui nous étoit fort attaché, forcer ce prince à nous déclarer la guerre. Le siége de Philisbourg fut donc résolu, et l'on fit tous les préparatifs de la plus rude guerre dans l'Empire. On envoya des vettes et des bâtimens légers à Constantinople informer la Porte de notre résolution ; on mit tout en usage pour la faire savoir à Maurocordato ; enfin on réussit au point que la paix bien avancée se rompit, et que la guerre des Turcs a duré encore onze ans depuis, et plus que celle que nous avons soutenue contre l'Empire.

[1688] Le général Montclar, qui commandoit en Alsace, eut ordre d'entrer dans l'Empire, et de pousser des partis tout le plus avant qu'il pourroit. Le Roi confia au marquis de Villars le dessein qu'il avoit de faire attaquer Philisbourg par monseigneur le Dauphin, et d'occuper toutes les places du Haut-Rhin depuis Bâle jusques à Mayence ; et en même temps Sa Majesté lui ordonna de se rendre à Munich pour continuer la négociation commencée avec l'électeur, qui avoit promis de rentrer dans les mêmes liaisons de l'électeur son père avec la France. Comme le marquis de Villars ne pouvoit plus aller à Munich par la route ordinaire, il fut obligé de prendre celle d'Italie, et de se déguiser en sortant de France. Il traversa l'Italie et l'Allemagne avec de très-grandes difficultés, et fut arrêté trois heures la nuit à Inspruck, où le duc de Lorraine étoit alors, bien résolu à s'en aller seul si ses gens étoient retenus. Il sortit de la maison de la poste menant son cheval par la bride, pendant qu'un valet allemand qui passoit pour le maître disputoit pour avoir la liberté de sortir. Enfin à deux heures après minuit ses gens rejoignirent à la dernière maison du faubourg, où il leur avoit dit qu'il les attendroit ; et, après avoir fait tout le chemin depuis Bogoforte sur le Pô jusqu'au premier village de Bavière, sans s'arrêter que pour manger, il se rendit à Munich.

Le marquis de Villars s'attendoit bien à trouver de grands changemens dans l'esprit et dans la cour de l'électeur. Ce prince avoit été cinq mois, soit à la tête des armées de l'Empereur et de l'Empire, soit à Vienne; il avoit eu le commandement général des armées de l'Empire pour le siége de Bellegrade, quoiqu'il soit certain que le duc de Lorraine, sans coucher dans l'armée comme il en étoit convenu, n'en étoit pourtant qu'à cinq ou six lieues. Son dévouement aux intérêts de l'Empereur l'avoit fait consentir à tout ce qui pouvoit flatter l'électeur; ainsi ce prince devoit la gloire de la conquête de Bellegrade au choix que l'Empereur avoit fait de lui. Voilà bien des motifs de reconnoissance et de réunion. De plus, le prince Clément son frère avoit été élu électeur de Cologne, malgré toutes les brigues du cardinal de Furstemberg; quoique maître de Bonn, et protégé du Roi.

Mais d'un autre côté les armées du Roi étoient au milieu de l'Empire, et les troupes de l'électeur étoient en Hongrie au milieu de celles de l'Empereur; les électeurs de Saxe et de Brandebourg, les ducs d'Hanovre et de Wurtemberg venoient de faire un traité pour prendre des quartiers en Franconie et en Souabe, et enfermer les États de l'électeur. Ainsi ce prince se voyoit forcé à prendre un parti, sans avoir eu le temps de se préparer à aucun. Agité de toutes les craintes que sa situation lui devoit causer, il disoit au marquis de Villars: « J'ai les » mêmes sentimens dont j'ai assuré le Roi à » votre départ; mais quel moyen de les suivre? » Le Roi m'offense directement dans la personne » de mon frère, reconnu électeur par le Pape, » par l'Empereur et par l'Empire; il attaque » tous les États de l'Empire: je suis électeur. » Le marquis de Villars lui répondit: « Le Roi » fait la guerre, il est vrai, mais c'est uniquement » pour assurer la paix, puisqu'à cette condition » il offre de rendre tout ce qu'il aura pris; après » quoi Sa Majesté laisse l'Empereur en pleine li» berté de continuer une guerre qui peut le ren» dre maître de tous les États du Turc en Eu» rope. Soyez le médiateur de cette paix, » sauvez l'Empire, et ajoutez à la gloire que » vous venez d'acquérir contre l'Empire ottoman » celle d'avoir pacifié l'Europe. »

Malgré ces raisons, l'électeur balançoit encore. Ses États, enclavés dans ceux des princes unis contre la France, ne lui permettoient pas de rien hasarder, lorsqu'il apprit la prise de Philisbourg, et que notre armée s'avançoit vers le Danube. Alors une autre crainte le saisit; il dit même au marquis de Villars: « Si j'avois mes troupes, et » que nous pussions les joindre aux vôtres, peut» être ferions-nous peur à ceux qui nous en font. » Sur cela le marquis de Villars pressa le Roi de faire marcher les siennes vers Ulm, et en attendant il entretint toujours l'incertitude de l'électeur, qu'il empêcha le plus long-temps qu'il put de se déclarer. Il fit même plus, car sur le bruit qui s'étoit répandu à Munich que l'armée du Roi s'approchoit d'Ulm, l'électeur ébranlé dit au marquis de Villars: « Si mes troupes n'étoient » pas en Hongrie, où l'Empereur me les retient » encore, nous occuperions la Souabe, et nous » empêcherions bien celles de Saxe, de Brande» bourg et des cercles de nous donner la loi. »

Le marquis de Villars, qui connut bien que ce sentiment venoit de la crainte que donnoit à l'électeur l'armée du Roi, comme avoit déjà fait celle de l'Empereur, dépêcha un courrier à Sa Majesté pour déterminer la marche des troupes vers Ulm; mais le parti étoit déjà pris de s'emparer du Rhin, et monseigneur s'étoit rendu maître de Manheim, Frakendal, Worms, Spire, Mayence, et de toutes les petites places qui sont en-deçà de ce fleuve. Ainsi l'électeur, en repos de ce côté, ne craignant plus les troupes de France, se lia avec l'Empereur, et les troupes bavaroises revinrent vers Donawerth précisément dans le temps que le marquis de Feuquières, avec un parti de sept à huit cents chevaux, faisoit trembler toute la Franconie, et envoyoit des détachemens jusqu'aux portes de Nuremberg.

L'électeur, pressé par le comte de Kaunitz, donna ordre à ses troupes de tâcher de couper celles du marquis de Feuquières; et croyant étonner le marquis de Villars et lui donner de l'inquiétude, il lui dit quelques heures après, alléguant les plaintes et les murmures de tous les peuples de voir sept à huit cents chevaux mettre à contribution tout l'Empire, pendant que trois mille Bavarois les regardoient faire sans s'y opposer. Le marquis de Villars, sans donner nulle marque d'émotion, répondit en souriant à l'électeur: « Les Impériaux ne se mettent pas fort en peine » de votre cavalerie; ils ne demandent qu'à vous » faire déclarer. — Mais, dit l'électeur, je ne » suis pas non plus en peine du péril que huit » cents chevaux peuvent faire courir à ma cava» lerie. — Mais ces messieurs, répliqua hardi» ment le marquis de Villars, ne vous ont-ils » rien dit de trois mille chevaux des troupes du » Roi, et d'un détachement de grenadiers, qui » sont trois lieues derrière? Et croyez-vous nos » généraux assez malhabiles pour pousser en » avant huit cents chevaux, sans les faire sou» tenir par quatre fois autant de troupes? —

» Voilà bien ce que j'ai représenté au comte de » Kaunitz, dit aussitôt l'électeur. — Le comte » de Kaunitz, reprit le marquis de Villars, se » soucie fort peu de vos trois mille chevaux; il » ne veut que vous embarquer. » Ce discours du marquis de Villars, qu'il avoit fait au hasard, et sans avoir de nouvelles que le marquis de Feuquières fût soutenu, comme en effet il ne l'étoit pas, produisit ce qu'il en avoit attendu : le contre-ordre fut envoyé aux troupes bavaroises, ce qui sauva celles du Roi, et retarda la déclaration de l'électeur, que les Impériaux pressoient vivement.

Le marquis de Villars avertit Feuquières et le baron de Montclar, qui commandoit les troupes du Roi dans le Wurtemberg, de prendre mieux leurs précautions, et qu'il ne répondoit plus de retenir les Bavarois; qu'il l'avoit fait une fois par adresse, mais qu'il ne se flattoit pas de réussir de même une seconde.

Cependant l'électeur, quoique engagé avec l'Empereur, avoit peine à rompre tout-à-fait avec le Roi, et le prince Louis de Bade fut obligé de venir lui-même à Munich; mais il ne laissa pas d'avouer au marquis de Villars qu'il n'y étoit venu que pour l'en faire sortir. Le jour de son arrivée, il y eut une fête à Schleisheim, et une course de traîneaux. Le marquis de Villars avoit coutume d'être de toutes ces parties; mais il ne fut point invité à celle-là, et au retour il trouva l'électeur un peu embarrassé. Le lendemain, l'un des ses principaux ministres, nommé Ledel, vint trouver le marquis de Villars, et lui dit que les Français mettant l'Empire à feu et à sang, il n'étoit plus permis à un électeur de ne s'y pas opposer, ni même de garder à sa cour un ministre de France; que l'électeur le prioit donc de se retirer, et même dans trois jours. « Vous » venez plutôt, lui répliqua le marquis de Vil- » lars, de la part du prince de Bade et des mi- » nistres de l'Empereur, auxquels vous avez » toujours été dévoué, que de celle votre maître. » J'aurai l'honneur de le voir, et j'ai peine à » croire qu'il vous avoue de votre commission. » Jusque-là les ministres de Bavière, par l'amitié que leur maître avoit pour le marquis de Villars, lui marquoient une grande considération, et celui-ci même trembloit en lui parlant. Il retourna promptement vers l'électeur; le marquis de Villars y alla en même temps, et fit si bien qu'il arriva le premier.

L'électeur, étonné de le voir, et craignant une conversation assez embarrassante, passa sur-le-champ dans un cabinet; mais le marquis de Villars l'y suivit, en ferma la porte sur lui, et demeura seul avec l'électeur.

Ce prince ne savoit presque où se mettre; car il y a une sorte de timidité qui n'a rien à démêler avec le courage, et contre laquelle toute la valeur possible se trouve en défaut. Le marquis de Villars la remarqua, et lui dit : « Hé bien, » monseigneur, vous voilà donc entièrement » subjugué par les Impériaux, et lié plus que » jamais par des chaînes que vous m'avez fait » l'honneur de me dire fort souvent être bien » pesantes. L'électeur votre père vous avoit » laissé quinze à seize millions d'argent comp- » tant : vous les avez consommés, et vous en » devez presque autant; mais l'Empereur va » vous donner moyen d'acquitter vos dettes. Il » est inutile de vous retracer tous les avantages » que Votre Altesse avoit si bien reconnus elle- » même, et qui l'avoient porté à donner au Roi, » et par ses lettres à Sa Majesté, et par celles à » madame la Dauphine, des paroles bien posi- » tives de ne se détacher jamais de ses intérêts. » Je ne vous ai pas demandé de vous déclarer » contre l'Empereur; mais cette neutralité qui » avoit été si utile à la maison de Bavière, com- » ment ne la gardez-vous pas, du moins jusqu'à » ce que vous ayez parfaitement reconnu qu'elle » vous seroit onéreuse? »

Les réponses de l'électeur étoient très-embarrassées et très-obscures; mais comme il ne révoquoit point le départ du marquis de Villars, celui-ci partit de Munich en traîneaux sur la neige, et joignit à huit lieues de là le comte de Lusignan, qui revenoit de Vienne, où il avoit été envoyé du Roi auprès de l'Empereur. Il avoit un garde de l'Empereur, outre tous les passe-ports nécessaires; le marquis de Villars, avec les mêmes passe-ports, avoit un trompette de l'électeur : un très-grand nombre de Français les suivoient, et en comptant leurs domestiques ils avoient avec eux plus de trois cents personnes.

Les troupes que le Roi avoit envoyées dans la Souabe se retiroient aussi alors : plusieurs partis avoient tiré des contributions militaires, et brûlé des villages bien avant dans les terres de l'Empire, et la fureur étoit dans les esprits de tous les peuples au travers desquels il falloit passer. Le marquis de Villars fut d'avis d'éviter les grandes villes, où personne ne peut répondre d'une populace en furie, et même assez autorisée à des violences par les désordres que les Français y avoient commis, et que le bruit public grossissoit encore. Il crut qu'il valoit mieux ne loger que dans des villages, où ils seroient toujours les plus forts, et où on ne pourroit leur faire d'insulte, à moins qu'on n'envoyât des troupes ou qu'on n'ameutât les peuples. Mais les passe-ports, le garde et le trompette que lui et le comte de Lusignan avoient de l'Empereur et de l'électeur ne leur permettoient pas d'appréhender que les commandans des ennemis osassent violer envers eux le droit des gens. Ils marchèrent ainsi jusques à Bregentz, où ils arrivèrent à deux heures après midi. Le marquis de Villars vouloit absolument passer le Rhin le même jour, et gagner la Suisse ; ils étoient même avertis qu'un officier du duc de Wurtemberg, qui les avoit joints en poste, étoit allé parler au commandant de Bregentz, et tout les engageoit à se mettre au plus tôt en sûreté. D'ailleurs rien ne les empêchoit : le gouverneur de Bregentz ne pouvoit faire sortir de son château que vingt hommes ; il n'y avoit pas dans ce village quinze habitans qui eussent des armes, et le comte de Lusignan et le marquis de Villars avoient plus de trois cents hommes : mais le comte de Lusignan s'obstina tellement à rester, que le marquis de Villars, après une assez forte opposition de sa part, y consentit.

Sur les quatre heures du soir, le marquis de Villars regardant par les fenêtres vit venir des villages voisins des gens armés, entendit battre dans la campagne de méchans tambours de paysans : c'étoient six ou sept cents paysans armés, qui s'étoient rassemblés dans le village de Bregentz en moins de deux heures. Alors le commandant du château, qui se vit le plus fort, envoya demander les passe-ports pour les examiner. Ils étoient très-bons, et le soir il chercha querelle : ses officiers dirent qu'il vouloit contrôler toute la troupe, et savoir les noms de tous ceux qui se retiroient.

On étoit à table, lorsque des soldats armés entrèrent d'un air insolent dans le lieu où l'on mangeoit : le marquis de Villars dit alors en riant au comte de Lusignan : « Nous commen- » çons à voir la dignité des ambassadeurs un peu » attaquée ; Dieu nous garde de pis ! » Au point du jour, comme on préparoit les chevaux pour partir, ces soldats les firent rentrer dans l'écurie. Le marquis de Villars, se voyant arrêté, envoya avec son secrétaire le marquis de Chassonville, jeune Français qui avoit été page de l'électeur de Bavière, au commandant de Bregentz, lui représenter que c'étoit marquer un mépris visible pour l'électeur de Bavière que d'arrêter un ministre qui se retiroit de sa cour avec un trompette et de bons passe-ports de ce prince. En même temps il ordonna de ne pas épargner l'argent au secrétaire du commandant et à ses domestiques, moyennant quoi ceux qu'il avoit envoyés rapportèrent à neuf heures du matin un ordre du commandant de laisser partir le marquis de Villars avec toute sa suite. Mais le comte de Lusignan et tous ses gens furent arrêtés, et il fut retenu huit mois prisonnier dans un château en Tyrol.

Le marquis de Villars, pour ainsi dire échappé des prisons de l'Empereur, et dans un commencement de guerre [quelle circonstance pour lui !], se trouvoit trop heureux. Il passa dans le moment sur les terres des Suisses, arriva à Saint-Gall sur les cinq heures du soir, et se préparoit à réparer par une bonne nuit toutes les mauvaises qu'il avoit passées depuis son départ de Munich, lorsque les magistrats arrivèrent pour le complimenter. La harangue reçue sembloit lui répondre de son sommeil ; mais ces messieurs s'assirent, et lièrent conversation. Quelque temps après, on vint lui dire qu'il venoit de tous côtés des provisions pour le plus magnifique repas. Il eut beau leur représenter sa lassitude extrême, l'accablement où le mettoit un très-grand besoin de dormir, et les supplier de le dispenser du repas qu'ils faisoient préparer, tout fut inutile ; sa prière ne fut pas seulement écoutée, et le plus grand repas qu'on puisse imaginer fut servi à minuit. On y voyoit une quantité prodigieuse de faisans, de chapons de Milan aux becs dorés, toutes les confitures de Gênes ; car ces messieurs étoient en train de ne rien épargner. Une multitude de peuple entra, et les magistrats distribuèrent à leurs parens et amis tout ce qui étoit sur la table. Enfin à trois heures après minuit ils se retirèrent, et le marquis de Villars n'entendit plus parler que de l'hôte, qui lui présenta une grande feuille, et lui fit payer excessivement cher le repas que les magistrats venoient de donner à leur famille et à leurs amis.

Il partit de Saint-Gall fort peu content de sa nuit, et traversa la Suisse à grands frais ; car tout demande dans ce pays-là : de plus, la licence des peuples y est sans bornes, et souvent on est accosté de paysans qui viennent demander pour boire d'un air à ne laisser guère aux gens le mérite de leur libéralité. Le marquis de Villars, qui vouloit aller coucher à Huningue chez le marquis de Puysieux, fit toute la diligence possible, et malgré cela ne put arriver aux portes de Bâle que précisément dans l'instant qu'on les fermoit.

Le marquis de Villars avoit envoyé devant pour trouver les portes de Bâle ouvertes ; mais, ou la mal-habileté de celui qui étoit chargé de cette commission, ou l'esprit difficile des Suisses, pensa coûter la vie au marquis de Villars. La nuit étoit noire, il faisoit un temps horrible [c'étoit le 6 de janvier] : ses gens, s'impatientant de ce qu'on n'ouvroit pas les portes, se pri-

3.

rent de paroles avec les sentinelles suisses qui étoient sur le rempart; le marquis de Villars, voulant s'avancer pour les faire taire, se trouva tout d'un coup en l'air, et tomba dans le fossé de la place, revêtu, et fort profond. La chute fut très-dangereuse. Il voulut répondre à ceux de ses gens qui crioient; il lui fut impossible de proférer une parole: ils le crurent mort, et lui-même craignit d'avoir l'estomac crevé. Une demi-heure après il parla, et répondit à ceux qui n'espéroient plus qu'il fût encore en vie.

Heureusement pour lui il avoit changé de bottes à la dînée, et au lieu de celles de Hongrie qu'il portoit ordinairement, le grand froid l'avoit obligé à prendre de grosses bottes de chasse avec plusieurs paires de bas: il avoit outre cela une robe fourrée, et un manteau par dessus. Comme il tomba droit sur ses pieds, les bottes l'empêchèrent de se rompre les jambes: il vouloit se relever dans le fossé, mais il sentit de si violentes douleurs qu'il retomba; enfin on prit la corde avec laquelle on fait passer les lettres, et deux hommes s'étant laissés couler dans le fossé, l'attachèrent par dessous les bras pour l'en tirer; mais en le tirant, la corde, où l'on n'avoit fait qu'un nœud coulant, l'étouffoit si bien, qu'il cria que l'on le laissât retomber, lorsque ceux qui étoient au haut du fossé se baissant le prirent par un bras et achevèrent de le tirer. On le mit à couvert dans une guérite, où à force d'eau-de-vie on l'empêchoit de s'évanouir de douleur; et après avoir été six heures dans cet état sans pouvoir faire ouvrir les portes, on l'étendit sur deux ais, et on le porta dans un cabaret nommé le Sauvage, dans la ville.

Les médecins et chirurgiens s'y trouvèrent en grand nombre. On l'étendit sur une table pour voir s'il n'y avoit rien de rompu: les meurtrissures étoient fort grandes, mais il ne se trouva pas de fraction. On le porta dans un bateau à Huningue, chez le marquis de Puysieux, gouverneur, où la fièvre le retint huit jours; et étant encore très-foible, on le mit sur deux vedelins joints ensemble, pour descendre le Rhin à Strasbourg. Il fut obligé de s'y reposer trois ou quatre jours; et s'en alla en poste à Metz, où le marquis de Boufflers, qui commandoit sur ces frontières, le retint encore. Il fut obligé d'y faire quelques remèdes, ayant toujours ses ressentimens de fièvre. Enfin il se rendit auprès du Roi, qui lui fit l'honneur de lui dire qu'il avoit trop bonne opinion de l'étoile du marquis de Villars pour croire qu'il eût pu périr d'une chute dans les fossés de Bâle. Il fut destiné à commander la cavalerie dans l'armée de Flandre, dont le maréchal d'Humières étoit nommé général, le maréchal de Luxembourg n'étant pas encore bien revenu des mauvaises impressions qui étoient demeurées dans l'esprit du Roi par l'affaire qu'il avoit fait mettre à la Bastille. Ce général, dont le caractère et l'esprit a brillé à la tête des armées, et qui a gagné plusieurs batailles, avoit été arrêté par des cabales de cour, mis à la Bastille, gardé très-étroitement, et interrogé comme criminel sur plusieurs faits.

Ce qui y avoit donné le premier lieu étoit un écrit signé de lui, par lequel il donnoit pouvoir à des misérables qui promettoient de faire voir le diable, de faire des conjurations en son nom. On a dit que cette signature avoit été surprise au maréchal de Luxembourg; et à la vérité on a peine à comprendre qu'un homme à la tête des armées pût s'amuser à de si vaines superstitions, capables seulement de surprendre des esprits foibles de femmes: mais cependant l'on ne peut nier que le maréchal de Luxembourg n'eût donné quelque lieu à lui croire ces foiblesses. Il étoit ennemi déclaré du marquis de Louvois, lequel l'avoit mêlé dans les affaires qui firent sortir la comtesse de Soissons du royaume, aussi bien que la duchesse de Bouillon, la marquise d'Alluye, et plusieurs autres. On vouloit les soupçonner de poison et de sortiléges. Une femme nommée la Voisin, fameuse par plusieurs sortiléges, fut arrêtée. M. de Luxembourg et toutes ces dames avoient été chez elle: on prétend même que le duc de Nevers avoit fait voir quelques années auparavant à sa sœur le comte de Soissons mourant. Enfin on créa une chambre de justice; et sur ces bruits de poison l'on ne pouvoit qu'approuver la plus grande sévérité, pour ne laisser pas établir en France des crimes qui n'y étoient guère connus. On fit arrêter à Liége cette cruelle Brinvilliers, qui avoit fait périr une partie de sa famille. Enfin quelques vérités et beaucoup de mensonges enveloppèrent plusieurs innocens, avec un très-petit nombre de coupables.

Après cette digression sur les raisons qui avoient éloigné le maréchal de Luxembourg [sans difficulté le plus capable du commandement des armées], nous dirons que celle de Flandre fut destinée au maréchal d'Humières, homme certainement d'un grand courage, de beaucoup d'esprit dans la conversation, d'un commerce agréable, mais qui avoit été plus occupé du métier de courtisan que des soins d'apprendre la guerre. Aussi n'étoit-il pas de la force des premiers généraux, et quelques fautes qu'il fit pendant la campagne furent beaucoup relevées par ses ennemis. Sous les ordres du général Waldeck, l'armée ennemie s'assembla derrière

Mons, et les divers mouvemens regardoient plutôt les subsistances qu'aucun dessein d'action : cependant les ennemis passèrent la Sambre, et le marquis d'Humières s'approcha d'eux, ce qui donna occasion à l'affaire de Valcourt. Nous reprendrons la suite de cette campagne, après avoir dit un mot des caractères des généraux de ce temps-là.

Nous avons parlé des raisons qui avoient éloigné le maréchal de Luxembourg du commandement des armées. Le maréchal de Schomberg, estimé capable de les commander, étoit sorti du royaume par les raisons de la religion réformée, dont le Roi ne vouloit plus souffrir aucun exercice dans ses Etats. On avoit fait plus : à la destruction des temples des protestans, à la révocation de l'édit de Nantes, on avoit joint des persécutions qui firent sortir un très-grand nombre de familles : plaie qui saignera long-temps dans l'Etat, pour l'avoir affoibli d'une infinité de sujets, parmi lesquels plusieurs étoient recommandables par leur fidélité, leurs richesses et leur industrie, qu'ils ont portées dans les pays étrangers, au grand préjudice de la France. Le maréchal de Schomberg alla d'abord en Portugal, ensuite en Brandebourg; de là il se donna au service du roi Guillaume, et fut tué au passage de la Boine en Irlande.

Le maréchal de Luxembourg, brouillé à la cour, mais surtout avec le marquis de Louvois, qui avoit le plus contribué à sa disgrâce, ne fut pas employé.

L'armée de Flandre fut destinée au maréchal d'Humières, et celle d'Allemagne au maréchal de Duras. Le maréchal de Bellefond, plus capable, mais de tout temps ennemi de M. de Louvois, voyant les principales armées destinées, alla trouver ce ministre, et lui déclara qu'il désiroit de ne pas servir. Il fut écouté avec plaisir : on envoya le maréchal de Navailles en Roussillon, et le maréchal de Lorges, sans grande nécessité et sans troupes, en Guyenne.

Pour donc dire quelque chose des divers caractères de ces généraux, le maréchal de Luxembourg, sans contredit le plus capable, et distingué par un grand nombre d'actions très-heureuses, avec beaucoup d'esprit et de courage, n'avoit pas toute l'application indispensablement nécessaire à la conduite d'affaires aussi importantes que celle de mener des armées. Il avoit le coup d'œil excellent ; dans une action il jugeoit parfaitement des mouvemens d'un ennemi, et ordonnoit avec justesse, précision et promptitude ceux que devoient faire ses troupes. Ces qualités excellentes en lui ont brillé dans plusieurs actions ; mais comme les projets de guerre l'occupoient médiocrement, on prétendoit que l'utilité qu'on pouvoit retirer d'un grand succès ne lui donnoit pas une assez vive attention. Ces grandes qualités et ce défaut ont paru presque dans toutes les occasions où il a commandé.

Le maréchal de Schomberg s'étoit fort distingué dans les guerres de Portugal : nous ne l'avons vu dans celles de France que dans un âge fort avancé : ainsi il peut être que les années avoient ajouté à une lenteur qui lui paroissoit naturelle. Il étoit homme de bon sens, ferme, opiniâtre dans ses résolutions, sévère dans le commandement. Sa prudence parut outrée dans les conseils qu'il donna de ne pas attaquer le prince d'Orange près de Valenciennes, et dans son inaction lorsque le prince d'Orange se retiroit devant lui, abandonnant le siège de Maestricht.

Le maréchal de Bellefond a si peu servi, que l'on ne peut parler de ses talens pour la guerre. Il avoit été distingué dans les emplois de lieutenant général : on ne pouvoit lui disputer beaucoup d'esprit ; il avoit du courage, parloit fort bien de guerre ; mais, présumant de la faveur et des bontés de son maître, il méprisa les ministres, qui le perdirent de concert, et il leur en donna plusieurs occasions, dont ils profitèrent avidement.

Le marquis de Villars n'a jamais vu servir ni commander le maréchal de Duras. Lui et le maréchal de Lorges son frère étoient neveux de M. de Turenne, qui avoit toujours été fort occupé des avantages de sa famille : il n'oublia rien pour leur procurer tous ceux qu'ils pouvoient espérer ; et ces deux frères furent revêtus d'honneurs, de dignités, et des plus grandes charges, sans avoir rendu des services qui parussent exiger de si grandes récompenses. Le maréchal de Lorges, étant subalterne, avoit grande réputation de courage. Après la mort de M. de Turenne, il se trouva commandant de l'armée avec le marquis de Vaubrun, homme très-hardi, et qui avoit de l'esprit. Il étoit l'homme du ministre dans une armée fort dévouée à M. de Turenne, qui en étoit ennemi déclaré. Ainsi Vaubrun étoit haï, et le maréchal de Lorges aimé ; et l'on donna à ce dernier tout l'honneur du combat d'Altenheim. Le marquis de Vaubrun avoit reçu quelques jours auparavant une fort grande blessure, qui ne l'empêcha pas de se trouver dans l'action, et d'y demeurer jusqu'à ce qu'il fût tué.

L'armée du Roi ayant repassé le Rhin, tout parloit pour le comte de Lorges. La cour, qui ne vouloit pas le faire maréchal de France, envoya le maréchal de Duras, qui étoit en Franche-Comté, prendre le commandement de l'armée.

et le comte de Lorges ne fut élevé à la dignité de maréchal de France que l'hiver d'après.

Mais à peine fut-il à la tête des armées, que le mérite qu'il avoit acquis subalterne fut étouffé par le poids du commandement en chef, véritablement au-dessus de son génie. Tous ces nouveaux généraux avoient le malheur de succéder aux deux plus grands hommes de leur siècle, le grand Condé et le vicomte de Turenne; et ceux qui les avoient vus servir y trouvoient une si grande différence, que l'esprit se soumettoit avec peine à la considération qu'exigeoient leurs commandemens et leur dignité. On doit cependant distinguer le maréchal de Luxembourg, dont les grandes qualités ne pouvoient être obscurcies par le peu d'application que l'on vouloit lui croire, par sa foiblesse pour ses favoris, et par une espèce de légèreté peu convenable à un grand homme.

Ce peu que nous disons des généraux qui ont commandé dans la guerre qui commença en 1688 et ne finit qu'en 1697 suffit pour les faire connoître; et certainement la France devoit retirer de plus grands avantages, surtout en Allemagne par l'heureuse disposition de nos frontières, ayant cinq ponts sur le Rhin, autant de places qui nous ouvroient l'Empire, uniquement couvert d'une très-mauvaise armée, et souvent mal commandée; la guerre des Turcs occupant d'ailleurs les meilleures troupes et les plus habiles généraux de l'Empereur.

[1689] Revenons à la campagne de 1689, et ce qui regarde le marquis de Villars, dont principalement on a dessein d'écrire la vie et les Mémoires.

Le maréchal d'Humières n'avoit d'autre vue que de couvrir la frontière, et il parut que les desseins de la cour étoient uniquement de laisser consommer nos ennemis par les efforts qu'ils faisoient au siège de Mayence. Pendant ce temps-là le maréchal de Duras achevoit un ouvrage que l'on pouvoit dire opposé à la gloire de la nation, et même à celle d'un très-bon et très-grand roi.

On avoit persuadé au Roi, dont certainement la bonté n'a jamais été assez connue, que le salut de l'Etat consistoit à mettre des déserts entre notre frontière et les armées de nos ennemis. Pour cela, contre nos propres intérêts, et même contre les raisons de guerre, on avoit brûlé les grandes villes de Trèves, de Worms, de Spire, d'Heidelberg, une infinité d'autres moins considérables, et les plus riches et les meilleurs pays du monde. On avoit poussé cette vue pernicieuse jusqu'à défendre de semer à quatre lieues en deçà et en delà du cours de la Meuse.

On n'a jamais pu imaginer par quelle fatalité ces horribles conseils ont pu être donnés. Le marquis de Louvois, homme de beaucoup d'esprit, ne s'y opposa pas, et les persuada au Roi malgré sa bonté, laquelle, pour le répéter, étoit au plus haut point. Ces ordres furent donnés, suivis et exécutés avec une rigueur qui sera toujours reprochée à la plus valeureuse nation de l'univers.

Le maréchal de Duras étoit occupé à tout brûler et rebrûler; car on détruisoit même les caves, on ne pardonnoit à aucune église. La justice et la piété du Roi en firent depuis rebâtir quelques-unes; mais le mal étoit irréparable.

La campagne se passa donc en Allemagne à voir prendre Mayence, et en Flandre à de très-médiocres mouvemens. Le marquis de Villars, peiné de commander une si brillante cavalerie sans action, proposa plusieurs partis: ils n'étoient pas du goût du maréchal d'Humières; on chercha même à le brouiller avec ce général, et sa bonne volonté fut inutile. Les ennemis firent un fourrage hasardé: le marquis de Villars alloit en attaquer les escortes, lorsque le chevalier de Tilladet, lieutenant général du jour, l'en empêcha d'autorité. Dans un autre que faisoient nos troupes, un parti se jeta sur nos fourrageurs; le marquis de Villars l'attaqua et le prit, et un coup de fusil blessa le jeune prince de Rohan qui le suivoit, jeune homme d'une très-grande valeur, qui mourut quelque temps après de sa blessure. Enfin les ennemis étant venus camper près de Valcourt, petite ville dont les murailles étoient bonnes, un peu éloignée de la tête de leur camp, le maréchal d'Humières crut pouvoir leur emporter ce poste, et le fit attaquer sans l'avoir bien reconnu. Nous y perdimes le chevalier Colbert, brigadier et colonel de Champagne, trois capitaines aux gardes. Le marquis de Saint-Gelais y fut tué aussi d'un coup de canon, et cette mauvaise aventure fit tort au maréchal d'Humières.

Quelques jours après on crut pouvoir canonner le camp des ennemis: on en montra le dessein; et à la pointe du jour notre canon placé, on trouva que celui des ennemis l'étoit beaucoup plus avantageusement; que la partie de leur camp, qui étoit exposée la veille, avoit été retirée la nuit; et ils nous firent une salve de trente pièces de canon avant que le nôtre eût commencé à tirer.

Cette campagne, comme l'on voit, ne fut pas bien glorieuse. Le duc du Maine n'en rendit pas un compte avantageux au Roi, et l'armée fut destinée pour la campagne suivante au maréchal de Luxembourg.

Le marquis de Villars fut occupé l'hiver à visiter la cavalerie, et avec une grande confiance du Roi et du ministre, les inspecteurs ayant ordre de le suivre chacun dans l'étendue de son inspection. Il étoit chargé de changer les majors qu'il trouveroit n'être pas propres à ces emplois, de proposer des capitaines en leur place, d'examiner dans tous les corps les méchans officiers, et d'en purger la cavalerie.

Le Roi le fit maréchal de camp à la fin de 1689, et il fut destiné à servir dans l'armée que devoit commander le marquis de Boufflers avec le comte de Tallard, et les marquis d'Harcourt et de Tessé, aussi maréchaux de camp.

Cette campagne se passa sans événement; et le corps d'armée du marquis de Boufflers, destiné à tenir le milieu des frontières entre les armées d'Allemagne sous les ordres de monseigneur le Dauphin, et celle de Flandre commandée par le maréchal de Luxembourg, ne vit aucune action. Cette inutilité affligeoit le marquis de Villars, au point qu'il voulut partir pour aller volontaire pendant quelques jours, et dans un temps où il paroissoit, par les mouvemens des armées d'Allemagne, que l'on y verroit une bataille. Le marquis de Boufflers l'en empêcha, lui représentant à quelles réprimandes il s'exposeroit du côté de la cour, s'il quittoit sans permission le poste où il étoit pour aller dans une autre armée. Enfin, soit par chagrin, soit par un effet naturel, il tomba malade dans les Ardennes, et si dangereusement que l'on désespéroit de sa vie. Le marquis de Boufflers même, étant obligé de quitter le camp d'Obersdorff dans le temps que le marquis de Villars étoit à la dernière extrémité, laissa deux régimens de dragons pour le garder. L'émétique et la bonté de son tempérament le sauvèrent, et on le porta à Arlon, de là à Sedan, où il reçut des ordres de la cour pour aller commander en Flandre pendant l'hiver, sous les ordres du marquis de Boufflers. Le bruit de l'extrémité où il étoit porta le marquis de La Valette à demander son commandement, et il l'obtint; mais sa santé rétablie lui ayant permis de servir, le marquis de La Valette fut envoyé sur la frontière de Picardie.

[1690] Dans le commencement de l'année 1690, la cour envoya des ordres au marquis de Boufflers de marcher avec un corps d'armée derrière Bruxelles, le laissant sur la gauche. Le marquis de Villars eut ordre de passer la Dender avec sept à huit mille hommes, et de marcher droit à Bruxelles. Il rassembla toutes ses troupes avec grand secret sous Tournay, et partit par un temps fort rude, ayant même une assez grosse fièvre dont il ne parla point, de peur que les gens qui lui étoient liés d'amitié ne s'opposassent à la résolution qu'il avoit prise de ne pas confier ce commandement à un autre. Bien qu'il y eût véritablement du péril pour lui à faire cette course par un temps très-fâcheux et avec la fièvre, il alla camper à Gramont. Cette fièvre, causée par un rhume violent, cessa avec le rhume, qui fut dissipé par beaucoup d'eau-de-vie brûlée, et par un sommeil de trois heures.

Le marquis de Villars eut avis que le comte de Versassine avoit rassemblé deux mille cinq cents chevaux à deux lieues de Gramont : il marcha à lui, et le joignit à trois lieues de Bruxelles. Le comte de Versassine se mit en bataille derrière un ruisseau; et le marquis de Villars ayant ordonné aux sieurs de Vendeuil, maréchal de camp, et d'Acby, brigadier, de faire sonder le passage pendant qu'il remontoit le ruisseau pour prendre le flanc des ennemis, son ordre fut mal exécuté; et Versassine voyant qu'il alloit être coupé par le marquis de Villars, laissa trois troupes sur le bord du ruisseau, et se retira, sans que ceux qui avoient ordre de le serrer de près fissent un pas pour le suivre. Ainsi ce corps, qui pouvoit être défait, ne perdit que les trois troupes qu'il avoit sacrifiées pour sa retraite. Quelques jours après, la gelée étant très-forte, on résolut d'aller passer les canaux au-dessus de Gand, et d'entrer dans le pays de Vaas. On marcha avec dix-huit à vingt mille hommes par deux endroits. Le marquis de Villars, avec les troupes qui partoient de Tournay, de Valenciennes, de Douay et de Lille, laissa la Lys sur sa gauche, qu'il alla passer à Deinse; et le marquis de Boufflers, avec toutes les troupes qui venoient de Dunkerque, d'Ypres et d'autres places, alla droit sur le canal de Gand à Bruges. Les places étant fortes, on passa le canal, et le marquis de Villars entra dans le pays de Vaas. Cette marche valut au Roi quatre millions de contributions, et l'on ne perdit personne. Les troupes rentrèrent dans leurs garnisons, et il ne fut question que de les laisser reposer jusqu'à l'entrée de la campagne.

On ne doit pas oublier ici la bataille de Staffarde, qui se donna le 18 d'août. Après un sanglant combat, et qui dura six heures, le duc de Savoie fut obligé de céder le champ de bataille couvert de trois mille morts, outre un grand nombre de prisonniers. Peu après M. de Catinat se présenta devant Saluces, qui ne fit qu'une foible résistance. Les autres petites places, à son exemple, ouvrirent leurs portes au vainqueur, qui bientôt après vint faire le siège de Suse, dont la conquête ne lui coûta pas plus que celle de Saluces.

Dans le même temps que le Piémont se soumettoit à l'armée de M. de Catinat, la Savoie étoit ravagée par celle que commandoit Saint-Ruth, plus odieux par ses sévérités que célèbre par ses victoires. Ainsi le duc de Savoie se voyoit dépouillé de ses États, sans autre ressource que quelques citadelles qui tenoient ferme, et sous les ruines desquelles ce prince étoit résolu de s'ensevelir plutôt que de se soumettre.

Un des grands événemens de cette année est la bataille de la Boine. On y vit deux rois aux prises, dont l'un étoit le beau-père, l'autre le gendre; comme on vit autrefois Pompée et César dans les plaines de Pharsale. Le prince d'Orange battit entièrement l'armée du Roi de la Grande-Bretagne. Le maréchal de Schomberg, qui étoit sorti de France après la révocation de l'édit de Nantes, et qui commandoit sous le prince Guillaume, fut tué dans cette occasion. Dublin ouvrit peu après ses portes au vainqueur.

[1691] Dans les commencemens de 1691, le Roi prit toutes les mesures, et avec un grand secret, pour faire le siége de Mons. Cette place étoit très-forte, très-importante et défendue par une garnison nombreuse. Le prince de Grimberg en étoit gouverneur, et Fagel, lieutenant général, y commandoit les troupes hollandaises. Le maréchal de Boufflers et le marquis de Villars furent seuls chargés de l'investiture, et du secret. Il falloit cacher ce dessein aux ennemis, et leur donner de l'inquiétude pour tant de places différentes, afin qu'il leur fût difficile de démêler le véritable objet.

Les troupes commençoient à s'ébranler dès le premier d'avril sur la Meuse, dans le Hainault, dans la Flandre et du côté de la mer; et les ennemis incertains laissèrent dans toutes les places menacées les garnisons ordinaires. Le marquis de Villars fut chargé d'investir Mons du côté le plus dangereux, qui étoit celui de Bruxelles et d'Ath, le seul par lequel il fût possible à l'enuemi d'y jeter du secours. Il partit de Condé, laissant la rivière d'Aisne sur la droite. Le marquis de Créqui commandoit sous ses ordres les troupes qui devoient former cette investiture, mais il se perdit; de manière qu'à l'entrée de la nuit le marquis de Villars ne se trouva que cinq escadrons, et n'eut pas d'autre parti à prendre que de se mettre avec ce peu de troupes à cent cinquante pas de la porte de Mons à Bruxelles, pour empêcher, du moins autant qu'il seroit en son pouvoir, qu'il n'entrât personne la nuit dans Mons. A la pointe du jour, le marquis de Créqui arriva avec les troupes, et le marquis de Villars occupa le village de Nimy, l'abbaye de Saint-Denis, et toutes les principales avenues de la place, fit couper et barrer tous les chemins, et commencer à tracer la ligne de circonvallation. Les pionniers arrivèrent le troisième jour. Il parut auparavant des partis considérables de cavalerie, des détachemens de grenadiers des ennemis; mais aucun n'osa tenter de forcer les avenues occupées, et avant le quatrième jour les postes étoient pris, et retranchés de manière qu'il falloit une armée entière pour pouvoir les attaquer.

Le prince d'Orange se rendit en diligence à Bruxelles, où il donna rendez-vous à toutes les forces de la ligue. Le Roi arriva au siége; et toutes les dispositions étant bien faites par les soins du marquis de Louvois, très-capable de n'en oublier aucune, soit pour assembler une armée nombreuse, soit pour assurer toutes les subsistances, et tous les convois de vivres et de munitions de guerre, l'on ouvrit la tranchée le neuvième jour de l'investiture. Le prince d'Orange s'approcha avec une armée considérable; et le Roi raisonnant avec plusieurs officiers généraux et le marquis de Louvois sur le parti que pourroit prendre le prince d'Orange, le sentiment de plusieurs fut qu'il tenteroit une action générale. Le marquis de Villars dit : « Je crois » qu'il n'en fera rien. » Le Roi lui demanda pourquoi. Villars répondit : « Parce qu'il vaut » mieux ne rien faire que de faire mal, et que » les mesures de Votre Majesté sont si bien pri- » ses, les postes si bien occupés et si bien re- » tranchés, le nombre de ses troupes si supé- » rieur à celui des ennemis, qu'il n'y a qu'à » désirer que le prince d'Orange veuille les atta- » quer. »

Le marquis de Louvois fut bien aise de voir avancer et soutenir cette opinion, car le courtisan vouloit porter le Roi à penser que ce ministre avoit hasardé sa gloire et sa personne; et la vérité est que jamais entreprise n'avoit été formée avec plus de raison, et de moyens d'en rendre le succès infaillible.

La défense des ennemis fut très-molle : une seule attaque ne réussit point. L'ouvrage à corne fut attaqué en effet; mais, soit que les matériaux pour s'y retrancher n'eussent pas été assez promptement apportés, ou par quelque négligence d'un détachement des gardes duquel on se plaignit, les ennemis y entrèrent. Mais il fut repris quelques heures après très-facilement; et le marquis de Villars y étant entré des premiers, trouva Constant, capitaine des grenadiers du régiment des Vaisseaux, encore en vie avec une blessure très-dangereuse, les ennemis l'ayant laissé comme mort. Cette action fut la seule de tout le siége de Mons. Il en coûta peu au Roi, qui retourna à Versailles, et qui eut la bonté de marquer au marquis de Villars beaucoup de satisfaction de ses services.

Les troupes furent renvoyées dans les garnisons, et en quartiers de fourrage dans toutes les places de Flandre, de la Meuse, de la Picardie, de la Champagne, des Évêchés, et assez de proche en proche pour rassembler l'armée et entrer en campagne aussitôt que les mouvemens des ennemis y obligeroient.

Ils renvoyèrent leurs troupes aussi dans des quartiers assez éloignés, et l'on résolut de bombarder la ville de Liége, et d'y tirer des boulets rouges. Le marquis de Boufflers fut chargé de cette expédition, et le marquis de Villars destiné à servir dans cette armée, qui fut placée sur les hauteurs du côté de la Chartreuse. On tira quantité de boulets rouges, qui firent un médiocre effet. Le fort de Chenay, éloigné de la ville de près d'une demi-lieue, étant gardé par cinq cents hommes, le marquis de Villars, qui se promenoit aux gardes les plus avancées, remarqua quelque mouvement dans les troupes qui étoient dans ce fort; et ayant jugé que cette garnison vouloit l'abandonner, et sortoit avec précipitation, il prit les premiers piquets de cavalerie et d'infanterie qui se trouvèrent à la tête du camp; et ayant couru très-diligemment sur leur route, les cinq cents hommes furent tous pris ou tués. C'est ce qu'il y eut de plus considérable dans cette expédition.

L'on ordonna de brûler les faubourgs en se retirant : cependant le marquis de Villars étant chargé de l'arrière-garde, suivit son humanité naturelle, les sauva, et empêcha leur destruction, à la réserve de quatorze ou quinze maisons qu'il ne put garantir. Le marquis de Boufflers eut ordre de ramener son armée près de Dinant; ce qu'il fit en quatre jours de marche. On repassa assez près de Huy, qui étoit occupé par les ennemis; et comme l'armée entroit dans son camp marqué, il arriva quelques avis au marquis de Boufflers que les ennemis, que l'on prétendoit forts de l'autre côté de la Meuse, vouloient la passer à Huy, et l'attaquer dans sa marche; ce qui étoit presque impossible, à cause du long chemin que le prince d'Orange, que l'on disoit près de Louvain, auroit eu à faire, outre qu'une armée ne passe pas une rivière comme la Meuse sur un seul pont, ni en si peu de temps. Cependant sur cet avis le marquis de Boufflers voulut empêcher les troupes d'entrer dans le camp, et les faire marcher.

La réputation du marquis de Boufflers étoit bien établie sur la valeur, il étoit attaqué sur l'inquiétude; et l'on voit assez souvent des hommes d'une intrépidité personnelle être timides quand ils sont chargés du généralat.

Le marquis de Villars représenta au marquis de Boufflers que cette marche, forcée et sans nécessité, ne seroit point approuvée. Il se rendit à ses raisons. Il fut résolu que l'armée camperoit, et le marquis de Villars garantit son ami d'une précipitation qui auroit été blâmée.

On ordonna que l'on se mettroit en marche avant le jour, et l'on fit une journée plus grande. Comme on avoit des partis sur Huy, on régla ses mouvemens sur des avis certains, sans montrer une crainte inutile. Le marquis de Boufflers fut obligé au marquis de Villars du bon conseil qu'il lui avoit donné.

On arriva à Dinant, où l'armée se reposa pendant trois ou quatre jours. La campagne précédente, le marquis de Calvo, ancien lieutenant général, qui mourut pendant l'hiver, avoit commandé la seconde armée de Flandre, laquelle auparavant étoit sous les ordres du maréchal d'Humières. Le Roi la donna au marquis de Villars : il reçut les ordres et les instructions pour la commander au camp près de Dinant. Ainsi il avoit le commandement de toutes les troupes qui étoient dans les places depuis Tournay jusqu'à la mer, et outre cela quinze bataillons et trente escadrons, avec un équipage d'artillerie. Il étoit chargé de la défense des lignes qui couvroient tout le pays depuis l'Escaut jusqu'à Dunkerque. En général, il étoit aux ordres du maréchal du Luxembourg; mais dans certains cas, il avoit ceux du Roi pour agir indépendamment.

Il se rendit à Tournay, et rassembla sa petite armée entre Cambrin et le Pont-des-Pierres. Il écrivit alors au maréchal du Luxembourg, et lui expliqua, par plusieurs bonnes raisons de guerre, que l'unique moyen de pouvoir se flatter de défendre les lignes, c'est de prendre, si l'on peut, un bon poste et retranché en avant de la ligue, pour obliger l'ennemi qui songe à attaquer des lignes à déterminer son attaque sur la droite ou sur la gauche, puisque le désavantage, en tenant une grande étendue de pays, est de ne savoir jamais quelle peut être la véritable attaque, et que l'ennemi, en donnant des inquiétudes en divers lieux, oblige celui qui se défend à s'étendre, et par conséquent l'affoiblit partout. La disposition du marquis de Villars fut approuvée par M. de Luxembourg, et empêcha le marquis de Castanaga de rien entreprendre, quoiqu'il marchât à lui avec des forces supérieures.

Le marquis de Villars retira même de grands avantages de sa disposition; car son pays étant couvert, et par conséquent ne payant aucunes contributions, il obligea celui des ennemis de lui fournir toutes ses subsistances : en sorte que le marquis de Castanaga avoit la douleur de voir tous les jours les chariots des terres d'Espagne traverser son camp, pour apporter des foins et des avoines dans celui du marquis de Villars.

L'armée du Roi, commandée par M. de Luxembourg, ne fit qu'observer celle du prince d'Orange.

Vers les premiers jours de septembre, le maréchal de Luxembourg crut pouvoir aller prendre des quartiers de fourrage du côté de Nivone, et plaça son armée dans un pays très-abondant.

Pour y assurer sa subsistance et ses convois, il manda au marquis de Villars de se placer avec la plus grande partie de ses troupes du côté de Renay ; afin que tout ce qui venoit de Tournay pût passer en sûreté à l'armée de M. de Luxembourg. Les ennemis jetèrent deux mille cinq cents chevaux dans Oudenarde ; et un jour qu'il passoit un convoi de près de quatre mille charrettes, le marquis de Villars se posta le mieux qu'il fut possible pour le couvrir ; mais la file étoit si longue, et tenoit une si grande étendue de pays, qu'il étoit bien difficile de mettre tout en sûreté.

Les ennemis sortirent d'Oudenarde, attaquèrent le convoi en deux endroits, et dételèrent quelques caissons ; mais le marquis de Villars y accourut avec une telle diligence, que les ennemis furent repoussés partout, et que le convoi passa heureusement.

Le maréchal du Luxembourg manda au marquis de Villars de se rendre auprès de lui, pour prendre les mesures les plus justes pour assurer ses subsistances.

L'armée du maréchal du Luxembourg étoit, comme on dit, bien campée : grains et fourrages en abondance, toutes les troupes barraquées, le général placé pour faire la meilleure chère du monde, les poulardes de Campine, veaux de Gand, petites huîtres d'Angleterre, rien ne lui manquoit. L'on parle de ces bagatelles, parce que les ennemis du maréchal de Luxembourg vouloient quelquefois dire qu'elles ne laissoient pas d'influer sur ses résolutions.

Le marquis de Villars, le trouvant très-content de sa situation, prit la liberté de lui dire : « Mais le prince d'Orange ne pourroit-il pas venir camper près d'Ath et de Ligne, et par conséquent vous faire sortir dans le moment de ce camp délicieux ? » Le maréchal de Luxembourg soutenoit ce parti impossible par bien des raisons, quand Tracy, qui étoit à la guerre avec trois cents chevaux, manda qu'il croyoit voir paroître la tête des colonnes de l'armée des ennemis. L'on voulut se flatter que c'étoit un fourrage : cependant, sur une seconde nouvelle de Tracy qui fortifioit les premières, l'on monta à cheval, et des premières hauteurs on découvrit que réellement l'armée ennemie marchoit du côté d'Ath, et avant deux heures après midi on la vit s'étendre le long du petit ruisseau de Ligne. Le marquis de Villars s'en retourna très-diligemment à son camp, qu'il tint fort alerte toute la nuit, et à la pointe du jour il se rapprocha de l'Escaut. Le maréchal de Luxembourg fut obligé à faire la même chose, et à quitter un camp où l'on n'avoit été occupé pendant cinq ou six jours qu'à se mettre dans une abondance générale, et l'on fut obligé de mener l'armée du Roi sous Tournay.

Le maréchal de Luxembourg fut piqué de s'être trompé dans ses mesures, et ce petit chagrin donna lieu à une très-grande action qui se passa deux jours après. Le maréchal de Luxembourg fut informé que le prince d'Orange avoit laissé l'armée sous les ordres du comte de Waldeck, et qu'elle devoit marcher le 20 de septembre, pour aller camper dans la plaine de Cambron. Il crut pouvoir attaquer l'arrière-garde, et envoya ordre au marquis de Villars de marcher dans l'instant avec quatre bataillons, les régimens de Merinville et les dragons de Tessé, pour le joindre sous Tournay. Le marquis de Villars le trouva dans une abbaye près de Tournay, passant la nuit sur la paille, et faisant monter à cheval soixante escadrons. Il conta au marquis de Villars qu'il avoit autrefois battu une arrière-garde que tout le monde assuroit qu'il ne joindroit jamais ; mais que, sachant bien que les ennemis ne prenoient pas toujours toutes les précautions, et qu'en faisant la diligence possible l'on joignoit ceux qui se croyoient hors de toute portée, il chargea le marquis de Villars de prendre la tête de tout avec les six escadrons et les quatre bataillons. Il lui ajouta qu'il trouveroit sur le chemin de Leuze Marcilly, enseigne des gardes du corps, avec quatre cents chevaux, et lui dit de se servir de lui pour tenir les ennemis le plus près qu'il pourroit, le chargeant surtout de lui mander dès qu'il les découvriroit tout ce qu'il remarqueroit de leurs dispositions.

Le marquis de Villars donna ordre au brigadier Boisselot de mener les quatre bataillons aussi diligemment que l'infanterie le peut faire, et il s'avança avec six escadrons sur le chemin que tenoit Marcilly. A huit heures du matin il aperçut Marcilly à une lieue de lui, et chargea le marquis d'Aubijoux, brigadier, de suivre avec les six escadrons ; et de sa personne il poussa à toutes jambes à Marcilly, qu'il trouva en bataille avec ses quatre cents chevaux, observant la marche de l'armée ennemie, dont la plus grande partie avoit déjà passé le ruisseau de Leuze. Il dit à Marcilly le dessein de M. de Luxembourg, et que pour cela il falloit tâcher d'amuser les ennemis. Marcilly en étoit à une demi-lieue; et, ne sachant rien du dessein du maréchal du Luxembourg, il se tenoit à portée de les observer sans se commettre.

Le marquis de Villars le fit avancer, et ordonna aux six escadrons qu'il menoit de suivre à une distance de mille pas. Il mena les quatre cents chevaux de Marcilly à cinq cents pas des ennemis, qui s'arrêtèrent en voyant un si petit corps de cavalerie s'approcher. Le marquis de Villars les voyant arrêtés redoubla ces petits escadrons, et fit paroître huit troupes. Sur cela les ennemis crurent que ce qui alloit les approcher étoit partie d'un corps de deux mille chevaux que M. de Bezons commandoit du côté de Saint-Guilhain, et s'étendirent comme pour l'attaquer avec avantage.

Le marquis de Villars envoya ordre au marquis de Toiras, qui commandoit ces six escadrons, d'approcher, et de les mettre sur une ligne. Les ennemis continuèrent à se former, et dans ce temps-là M. de Luxembourg arriva à toutes jambes, ayant ordonné à la brigade de la maison du Roi de suivre au grand trot, et joignit le marquis de Villars, qui lui dit : « Vous voulez » une arrière-garde à combattre, je vous ai pré- » paré celle-ci ; il y a trois quarts d'heure que » je les arrête, et vous pouvez à présent choisir » ce qui vous conviendra le mieux. » M. de Luxembourg répondit : « Je suis venu pour » combattre. — Pendant que votre première » ligne se forme, répliqua le marquis de Villars, » je vais un peu reconnoître la droite des enne- » mis. » D'Oger parla le premier au maréchal, et lui dit : « Les ennemis grossissent : si vous » voulez attaquer, que ce soit dans le moment. » Villars parla de même, et M. de Luxembourg dit seulement : « Attaquons, attaquons ! » et envoya d'Oger à la droite. Le marquis de Villars retourna à toutes jambes à la gauche, et en passant devant les chevau-légers de la garde, il dit à Vatteville, qui étoit à leur tête : « Je suis » débordé par trois ou quatre escadrons des en- » nemis; ne pourriez-vous pas vous étendre ? » On étoit déjà si près des ennemis, qu'il n'y avoit plus qu'à attaquer ce qui étoit devant soi. Le marquis de Villars dit aux escadrons de Merinville, en peu de paroles : « Mes amis, vous les » avez bien battus l'année dernière; vous les » battrez bien encore. » Tous les cavaliers répondirent avec fierté : Nous les battrons. » Le marquis de Villars se mit à la tête du premier escadron, le marquis de Toiras à la tête du second, et le comte de Merinville au troisième. L'on marcha aux ennemis, et la charge fut peut-être la plus violente que l'on ait vue à la guerre. Il est rare que des escadrons soient aussi long-temps mêlés sans se faire plier : il fallut presque, pour les renverser, tuer le premier rang à coups d'épée, et le second. Cette ligne fut emportée, et celle qui la soutenoit se renversa d'elle-même; mais les trois escadrons de Merinville, qui ne faisoient tout au plus que trois cent soixante maîtres, en eurent cent quatre-vingt dix hors de combat, et de trente-deux officiers vingt-six. Le marquis de Toiras fut tué de plusieurs coups. Le marquis de Villars avoit pour toutes armes défensives un double buffle, et son mouchoir dans son chapeau ; ce qui lui sauva la vie, car son buffle, ou son chapeau, et ses habits reçurent dix-sept coups sans blessures. Son cheval le tira de cette charge, et tomba après.

Pour revenir à l'affaire générale, les escadrons de la maison du Roi, renversant aussi ce qui étoit devant eux, souffrirent beaucoup. D'Oger, lieutenant-général, Neuchelles qui commandoit la maison du Roi, La Troche, le marquis de Rothelin, et une infinité de bas officiers, furent tués. Le marquis d'Alègre fut blessé, et grand nombre d'autres avec lui.

Le marquis de Villars ramenant son aile la fit rentrer dans les intervalles d'une seconde ligne qui arrivoit au grand galop, car on avoit attaqué deux lignes avec une seule. Les premiers escadrons que Villars rencontra furent ceux de Quadt. Le colonel vouloit en arrivant charger ceux des ennemis qui étoient le plus près de lui ; le marquis de Villars le fit attendre.

Peu après arrivèrent les escadrons du Maine, de Rohan, de Praslin, avec plusieurs autres, et l'on forma une ligne qui alors débordoit celle des ennemis : aussi soutinrent-ils très-foiblement la charge, et on les poussa jusqu'au ruisseau. On revint sur ses pas ; et le maréchal de Luxembourg, qui se vit sur l'armée des ennemis, laquelle revenoit très-diligemment, et à trois grandes lieues de la sienne, avec soixante-dix escadrons seulement, n'eut d'autre parti à prendre que celui de la retraite. Tel fut le combat de Leuze, fort glorieux pour les troupes du Roi, puisque dix-huit escadrons en battirent près de cinquante des ennemis. La perte y fut pourtant assez égale, et la gloire fut la seule utilité qu'en retira le vainqueur.

On arriva à Tournay sur les six heures du

soir, et le maréchal de Luxembourg avec les principaux officiers alla descendre à la Comédie. Jamais général n'a été d'une humeur si agréable : il aimoit la bonne chère, le jeu et tous les plaisirs, mais il souffroit que ses favoris prissent sur lui un empire despotique, et l'abus qu'ils en faisoient lui attiroit souvent des ennemis, quoiqu'il fût d'un caractère officieux et bienfaisant. L'on n'a pas parlé de M. le duc de Chartres, qui étoit volontaire dans cette action et que sa valeur naturelle faisoit beaucoup souffrir de n'être pas dans le plus grand péril; mais il ne fut pas maître alors de s'abandonner à toute son ardeur, et il se distingua avec beaucoup de gloire les campagnes suivantes à Steinkerque, à Nerwinde, et dans les autres occasions où son courage a pu paroître. Le marquis de Villars lui eut l'obligation d'avoir beaucoup parlé de lui sur ce qui s'étoit passé à Leuze; et en effet ce fut lui qui avec adresse arrêta l'arrière-garde des ennemis, et qui mena toujours l'aile gauche à la cherge avec grand avantage sur la droite des ennemis, qui la débordoit de quatre ou cinq escadrons. De son côté, M. de Luxembourg donna de grandes louanges à cette conduite : mais comme le marquis de Villars n'étoit pas bien avec les favoris de ce général, qui avoient beaucoup de part aux relations, celles du maréchal de Luxembourg n'avoient pas expliqué qu'il lui devoit l'occasion du combat, et la principale part au bon succès.

L'armée fut placée pour prendre des fourrrges jusqu'au 20 d'octobre, temps ordinaire des séparations quand on n'est pas retenu par quelque projet.

Les armes du Roi ne furent pas si heureuses en Irlande, où Jacques II avoit encore un parti considérable et des places importantes, entre autres celle de Limerick. Le Roi, qui appuyoit les efforts de ce prince pour rentrer dans ses États, lui accorda douze vaisseaux de guerre et trois mille soldats, avec toutes les provisions nécessaires tant à ces troupes qu'à celles d'Irlande. Le débarquement se fit à Limerick, sous la conduite du chevalier de Nesmond : cependant le prince d'Orange résolut d'en faire le siège. La tranchée fut ouverte le 5 de septembre. Après une vigoureuse défense, les assiégés demandèrent le 3 d'octobre une cessation d'armes qui leur fut accordée pour trois jours, afin de conférer de la capitulation, dont les articles ne furent arrêtés que le 13 et 14; et le 14, la ville, défendue par Boisselot, fut livrée aux Anglais.

Le comte de Château-Regnauld ramena sur les vaisseaux de France tous les Français, avec les quinze mille Irlandais de la garnison de Limerick, conformément à la capitulation, dont les articles sont si singuliers qu'il n'y en a peut-être point d'exemple dans l'histoire. Ils paroissent moins des conditions accordées par le vainqueur à une ville qui se rend, que celles qu'elle se prescrit à elle-même, et qu'elle force l'ennemi d'accepter.

Le marquis de Villars, qui depuis quelques années étoit éloigné de la cour, demanda la permission d'y aller passer quinze jours. Le Roi le reçut avec bonté, et lui donna de grandes marques de la satisfaction qu'il avoit de ses services.

Un de ses premiers soins fut de s'assurer l'amitié du marquis de Barbezieux, qui, quoique très-jeune, étoit seul ministre de la guerre, et par conséquent pouvoit beaucoup servir ou nuire. Le marquis de Villars se trouva d'abord dans une intelligence parfaite avec lui; mais peu de mois après, par l'inspiration de deux ou trois de ses favoris, jaloux du marquis de Villars, cette amitié se changea en une haine si violente, qu'il s'en fallut peu que ce jeune ministre ne le perdît.

Durant le peu de séjour que le marquis de Villars fit à la cour, il apprit la mort de l'abbé de Villars son frère, qui sortoit de l'agence générale du clergé. Il mourut à Florence : jeune homme d'un mérite distingué dans sa profession, et qui par ses talens y eût bientôt mérité les premières places. L'amitié étoit très-vive entre ces deux frères, et cette perte n'a jamais cessé d'être sensible au marquis de Villars.

Il retourna en Flandre, d'où le marquis de Boufflers partit peu de jours après, et lui laissa en son absence le commandement général de la frontière, que le marquis de Villars alla visiter. Il reçut à Tournay le prince royal de Danemarck, qui fut roi dans la suite : il voyageoit en ce temps-là, et le marquis de Villars le traita magnifiquement.

Le marquis de Villars s'établit à Ypres, où le marquis de Boufflers à son retour de la cour vint le joindre, et y reçut un courrier dont les lettres lui causèrent de vives inquiétudes. On le chargeoit de surprendre Ostende : c'étoit un projet formé par quelques ingénieurs, et remis au maréchal de Luxembourg, qui ne fut pas fâché de donner une commission très-hasardeuse au marquis de Boufflers, qu'il n'aimoit pas. Il le jetoit par là dans la fâcheuse incertitude ou de refuser une commission que le Roi lui donnoit, ou de faire une entreprise du succès le plus douteux et le plus difficile. Dans cet embarras, il consulta le marquis de Villars. On examina tous les plans et projets de ce dessein, et on n'oublia aucun des expédiens qui pouvoient le rendre praticable. Il y avoit deux bras de mer à passer, et il falloit que l'heure des basses marées se trouvât cadrer d'abord avec l'obscurité de la nuit, indispensablement nécessaire pour arriver sans être aperçu, et encore avec l'heure à laquelle on devoit traverser une dune fort étroite qui arrivoit au pied du bastion sur lequel il falloit grimper, et que les donneurs d'avis soutenoient très-mal gardé. Ce double obstacle s'opposoit trop à la réussite de l'entreprise, et elle fut estimée impossible par la longueur du chemin, et par la difficulté des passages. Le marquis de Boufflers en fit voir bien nettement toutes les raisons, et le Roi les approuva.

Les contributions avoient été bien établies l'hiver précédent : ainsi il n'y eut qu'à se reposer celui-ci. Le maréchal de Luxembourg, qui après la mort du marquis de Louvois son ennemi reprit crédit auprès du Roi, composa l'armée de Flandre pour les officiers généraux. Il avoit tenté, la campagne précédente, d'ôter au marquis de Villars le commandement qu'il avoit en Flandre ; mais le Roi n'avoit point voulu agréer ce changement. Le maréchal chercha donc une autre voie pour réussir, et saisit le prétexte du commandement de la cavalerie de l'armée d'Allemagne.

Le comte d'Auvergne, colonel général de la cavalerie, ayant demandé à venir commander celle de Flandre [étant d'ailleurs ami du maréchal de Luxembourg, réuni avec tous ceux qui étoient ennemis du marquis de Louvois], dès le mois d'avril le marquis de Villars eut ordre de se disposer à aller servir en Allemagne. Il passa trois semaines à Paris ou à la cour, puis il se rendit au camp de Flonheim près de Mayence, où le maréchal de Lorges avoit assemblé son armée.

Cette même année, mourut le marquis de Louvois, dont nous avons remis à parler ici. Depuis assez long-temps il étoit très-mal avec madame de Maintenon, qui avoit la confiance entière du Roi. M. de Louvois étoit très-mauvais courtisan, et combattoit souvent sans ménagement les sentimens et les protections qu'accordoit madame de Maintenon ; en sorte qu'il s'apercevoit dans son travail avec le Roi, qui se faisoit toujours dans la chambre de madame de Maintenon, de beaucoup d'aigreur de la part de Sa Majesté : ce qui lui étoit d'autant plus insupportable qu'il croyoit rendre de grands services.

Un jour le Roi lui parla si durement, que Louvois se leva avec précipitation, et jeta quelques papiers en disant : « L'on ne sauroit vous » servir. » Le Roi se leva aussi, et s'approcha de la cheminée, où d'ordinaire il mettoit son chapeau et sa canne. Madame de Maintenon, qui crut qu'en s'approchant de sa canne il pourroit s'en servir, courut à lui. Cette précaution n'étoit pas nécessaire auprès d'un prince dont la modération et la sagesse étoient bien connues. Louvois sortit, résolu à se retirer. Madame de Maintenon lui écrivit le matin, et lui manda de revenir le soir à la même heure qu'il avoit accoutumé de travailler, de ne faire au Roi ni plaintes ni excuses, et en un mot de ne rien laisser paroitre dans sa conduite qui pût rappeler ce qui s'étoit passé. Cependant Louvois étoit outré de la plus vive douleur. Il prenoit des eaux de Forges ; et étant allé travailler à trois heures après midi chez le Roi, il se trouva mal, revint dans le moment chez lui, s'assit en arrivant, dit : « Je me trouve mal, » et mourut. Fagon, qui fut depuis premier médecin du Roi, voulut croire que Louvois avoit été empoisonné : cependant cette opinion ne fut point établie. Le Roi laissa le jeune Barbezieux, qui n'avoit que dix-sept à dix-huit ans, ministre de la guerre, M. de Torcy, qui n'étoit guère plus âgé, l'étoit en même temps des affaires étrangères ; ce qui fit dire au prince d'Orange qu'il étoit étonné que le Roi eût de vieilles amies, et de si jeunes ministres. On ne dit rien ici du caractère ni des talens de M. de Louvois, parce que dans le cours de ces Mémoires on en a beaucoup parlé.

[1692] Dans les premiers jours de la campagne suivante en Allemagne, il arriva une aventure de déserteurs assez particulière. Un brigadier du régiment de Souternon déserta, et avertit les ennemis qu'un convoi assez considérable partoit d'Alsey pour venir à l'armée. Sur l'avis d'un déserteur, les ennemis firent sortir mille chevaux de Mayence pour attaquer le convoi. Dans le même temps un hussard des ennemis déserta, et nous avertit de leur dessein sur notre convoi. On fit aussitôt un détachement pour en assurer la marche : la tête de notre détachement rencontra celle des ennemis, et renversa la première troupe, où se trouva le brigadier de Souternon. Il fut pris avec un petit nombre de cavaliers ennemis, et fut roué vif le lendemain. Ainsi cette double désertion avoit exposé et sauvé notre convoi.

Quelques jours après, sur les avis qu'une partie considérable de l'armée ennemie qui étoit de l'autre côté du Rhin l'avoit passé à Mayence, le maréchal de Lorges, qui avoit grande confiance en Melac, maréchal de camp, l'envoya avec cinq cents chevaux pour s'informer exactement si l'ennemi avoit passé à Mayence, comme on le disoit. Rien n'étoit plus aisé à savoir, puisqu'un corps d'armée, infanterie, cavalerie et canon, ne peut se cacher après avoir passé le Rhin. Cependant Melac s'en étant rapporté à un bailli du pays qui le trompa, revint assurer le maréchal de Lorges que la nouvelle étoit fausse. Un quart d'heure après on sut non-seulement qu'elle étoit véritable; mais que ce corps d'armée marchoit à Worms en grande diligence. Melac fut honteux, et sa fureur s'exhala par ces horribles sermens dont il avoit coutume d'effrayer les gens du commun.

Le caractère de cet officier général mérite, par sa singularité, qu'on s'y arrête un moment. Il avoit de l'esprit, de la valeur, et avoit très-bien fait le métier de partisan jusqu'à la dignité de colonel : mais ces qualités étoient obscurcies par d'extrêmes défauts, entre autres il avoit celui de vouloir passer pour un athée, et il soutenoit qu'il n'y avoit point de diable, parce qu'il avoit, disoit-il, fait toutes choses au monde pour avoir commerce avec lui sans y avoir pu réussir. Le maréchal de Duras l'avoit principalement employé dans ces horribles incendies qui durèrent pendant deux ans; il avoit exécuté ces cruelles commissions avec la plus inflexible rigueur : tous les paysans allemands le croyoient sorcier, et son nom étoit devenu l'effroi des peuples. Satisfait de cette mauvaise réputation, il avoit un peu négligé sur les fins celle d'être terrible aux troupes ennemies. Sa fantaisie étoit de vouloir intimider nos intendans, de paroître toujours furieux, et de coucher avec deux grands loups, pour se mieux donner l'air de férocité. Enfin c'étoit un caractère bizarre, duquel ordinairement le maitre et le général ne tirent pas grande utilité.

Le faux avis qu'il nous donna sur la marche des ennemis les sauva; car ce corps d'armée, de huit à dix mille hommes, prêta le flanc par une marche de dix lieues à l'armée du Roi entière, qui pouvant aller aux ennemis par les plus belles plaines, étoit en état d'accabler ces troupes, et de les faire périr dans leur marche. Il étoit même facile de les défaire après qu'elles furent arrivées à Worms, où leur objet étoit d'assurer une tête de pont, lequel ne fut achevé que le jour d'après; et par conséquent ils furent un jour sans communiquer avec le gros de leur armée, qui marchoit de l'autre côté du Rhin à même hauteur. Leur objet étoit de nous tirer du Bas-Palatinat, et de nous faire rapprocher de Philisbourg et de Landau.

Nous avions un poste avancé à Worms dans une église ruinée, où Lescossois, lieutenant colonel de Normandie, commandoit avec trois cents hommes. Les ennemis l'attaquèrent : Lescossois se défendit courageusement, tua cinq à six cents hommes des ennemis; mais à la fin le poste fut emporté.

L'armée du Roi partit de Floheim, et marcha au travers des plaines. Si elle eût cherché les ennemis, elle pouvoit les attaquer avec grand avantage, car leur pont n'étoit pas fait, ni par conséquent leur jonction avec le gros de leur armée, qui étoit de l'autre côté du Rhin. Mais nous ne voulions pas d'action; et le jour d'après, sans la vivacité et l'application du marquis de Villars, trois mille chevaux commandés par le comte de Lippe n'auroient pas payé si cher la faute qu'il fit d'approcher assez inconsidérément de l'armée du Roi. Le comte de Lippe, croyant apparemment qu'elle s'étoit éloignée, passa avant le jour le ruisseau de Phedersheim, qui nous séparoit des ennemis; et le marquis de Villars allant aux gardes de cavalerie les trouva à trois cents pas de ce corps des ennemis. Nos dragons avoient monté à cheval sans ordre, et nos gardes étoient soutenues de trois escadrons de cavalerie. Ainsi le marquis de Villars trouva quinze escadrons tous prêts, dans le temps même que les ennemis ayant reconnu que l'armée du Roi étoit dans son camp, et par conséquent qu'ils avoient fait une faute capitale de passer le ruisseau, ne songeoient qu'à le repasser diligemment.

Le marquis de Villars profita de l'occasion, et, sans perdre un moment, il ordonna aux deux escadrons de dragons de s'étendre sur la gauche, et de sortir d'un fond qui les couvroit, pour faire croire aux ennemis qu'il venoit des troupes de plusieurs endroits, et que l'armée du Roi s'ébranloit. Il marcha aux ennemis avec le reste, les prit à moitié passés, en tua un fort grand nombre, et fit plus de trois cents prisonniers, parmi lesquels étoient deux colonels.

Deux jours après, le maréchal de Lorges alla se promener sur les hauteurs de Phedersheim, suivi de la plupart des officiers généraux. Il voit que l'on avoit murmuré assez dans l'armée de ce qu'il n'avoit pas attaqué les ennemis : il voulut faire voir que cela n'étoit pas facile, et on se contenta de lui répondre avec le respect dû à un général. Mais presque dans le même temps les ennemis surprirent un de nos courriers; ils virent nos lettres, et renvoyèrent au maréchal de Lorges celle de l'intendant Lafont, qui expliquoit assez naturellement ce que presque toute l'armée avoit pensé sur la possibilité de défaire ce corps d'ennemis, qui repassa le Rhin, et qui peu de jours après le passa encore à Spire avec le reste de l'armée.

Celle du Roi fut jointe par un corps assez

considérable de nos Irlandais, que le marquis d'Huxelles ramena de Brisach ; et il y eut des escarmouches autour des ruines de Spire, que les ennemis occupoient : mais comme je l'ai déjà dit, nous ne cherchions pas d'action. L'armée impériale, commandée par le landgrave de Hesse et le marquis de Bareith, auxquels elle avoit peu de confiance, et dont tous les généraux, surtout quelques autres princes de l'Empire, étoient assez mécontens, ne vouloit pas non plus combattre, et tout se passoit en mouvement, sans aucun objet principal : les seuls hussards approchoient l'armée du Roi, inquiétant nos gardes et nos fourrages. Le marquis de Villars, ayant servi dans les armées de l'Empereur, connoissoit mieux qu'un autre l'esprit de guerre patriculier à ces sortes de troupes, qui est de n'attaquer presque jamais celles qui se tiennent ensemble, mais de pousser vivement ce qui se débande. Cette connoissance lui fut utile dans la conjoncture présente. Un jour ayant trouvé nos fourrageurs pressés par les hussards, il fit avancer deux troupes de gendarmerie au milieu d'eux. Charron, sous-lieutenant des Écossais, accourut lui dire qu'il alloit perdre leurs gendarmes. « Mon» sieur, lui répondit le marquis de Villars, quand » je ne sais que faire le matin, je suis bien aise » de m'amuser en faisant tuer douze ou quinze » gendarmes. Apprenez, continua-t-il, comment » il faut se conduire avec les hussards. » En même temps il se mit à la tête de ces deux troupes de gendarmerie, leur fit mettre le mousquet haut, et leur dit : « Que personne ne tire, excepté ceux » que je marquerai moi-même. » Ensuite il donna ordre à quelques-uns de ceux qui étoient des plus sûrs de leurs coup d'ajuster autant qu'ils pouvoient, avec un feu médiocre, ceux des hussards qui les approcheroient le plus. Par ce moyen il écarta les plus empressés des hussards ; après quoi il envoya une des deux troupes de gendarmerie se placer deux cents pas derrière lui, et se retira lui-même avec la première, faisant toujours tirer quelques coups, mais sans que personne sortit des rangs. Ainsi il regagna le gros de l'escorte, sauva les fourrageurs, et donna une leçon à la cavalerie sur la conduite nécessaire devant un ennemi qu'on sait aussi éloigné d'attaquer des troupes ensemble, que dangereux et prompt à suivre ce qui se sépare devant lui.

L'armée du Roi passa le Rhin peu de jours après, celle des ennemis étant séparée par quartiers derrière Phorzeim. Le seul duc de Wurtemberg se tint avec trois mille chevaux deux lieues en deçà de cette petite ville, se croyant assez bien posté pour soutenir, ou du moins pour avoir le temps de se retirer. Le premier lui étoit impossible, le second dépendoit de lui, puisque nous marchâmes en plein jour l'armée entière. Le marquis de Villars, persuadé que les ennemis n'attendroient pas, demanda pour les amuser deux mille chevaux au maréchal de Lorges. On les lui refusa, pour ne point user de surprise avec un ennemi plein de franchise, ou pour mieux dire d'imbécillité dans la guerre. Celle de M. l'administrateur fut poussée au plus haut point, puisqu'il ne songea à se retirer que quand l'armée du Roi, qui avoit marché très-gravement sur six colonnes, fut sur le bord du ruisseau qui la séparoit de nous. Alors sa retraite fut précipitée : le marquis de Villars, les comtes de Tallard et de Coigny se mirent à la tête des premières troupes ; on passa le ruisseau en divers endroits, et cette action ne fut pas un combat, mais une chasse de lévriers. Plus de cinq cents des ennemis restèrent sur la place ; on en prit un plus grand nombre ; le duc de Wurtemberg tomba entre les mains du marquis de Villars, qui au retour des armées de Hongrie avoit passé deux ans auparavant chez lui, et le connoissoit fort. Ce fut une consolation pour ce prince de se voir d'abord en sûreté, entre les mains de personnes de connoissance.

Il demeura sept à huit jours dans l'armée du Roi, après quoi on reçut ordre de l'envoyer à la cour. Durant ce court intervalle, il entretenoit le marquis de Villars de toutes les fautes qu'avoient faites les généraux des ennemis. Entre autres circonstances, il lui raconta que leur armée ayant passé le Rhin à Spire, il y eut un grand débat entre le landgrave de Hesse et le marquis de Bareith. Tous deux ayant le premier commandement sur l'aile droite et l'aile gauche, l'un et l'autre se disputoient d'avoir la droite. Pour les accommoder, on trouva enfin l'expédient de dire deux corps, sans jamais proférer ni le mot de *droite* ni le mot de *gauche*. Le duc de Wurtemberge assura le marquis de Villars qu'étant allé complimenter les deux généraux sur ce bel expédient qui finissoit la querelle, il leur avoit dit : « Messieurs, vous avez fait deux corps ; ne pour» riez-vous pas trouver une tête ? »

Après la défaite du duc de Wurtemberg, l'armée des ennemis s'approcha du Bas-Necker, et nous laissa la liberté de pousser les contributions aussi loin que l'on voulut. On envoya des partis fort avant dans le pays ; et comme ils rejoignoient l'armée, on apprit que le landgrave de Hesse avoit investi Eberburg. Le maréchal de Lorges marcha au secours, et le marquis de Villars lui demanda deux mille chevaux pour approcher diligemment d'un ennemi qui, selon toute apparence, leveroit le siége à l'arrivée de l'armée du Roi, et qui, n'étant point troublé ni arrêté dans ses mouvemens par l'approche d'une tête d'armée, auroit assez de loisir pour se retirer tranquillement. Le maréchal refusa la proposition, et l'on marcha avec toute l'armée, la cavalerie ayant l'avant-garde, et marchant sur deux colonnes.

Dans cette marche de la cavalerie, il arriva une chose assez surprenante, et assez singulière pour être racontée. La nuit étoit fort obscure : après avoir passé le ruisseau de Phedersheim, on trouvoit une plaine de plus de quatre lieues, et les colonnes étoient de près de cinquante escadrons chacune, marchant à même hauteur. Il arriva que celle de la droite se trouva tout entière sur la gauche, et celle de la gauche sur la droite, sans qu'aucun escadron se fût coupé; en sorte que la colonne de la droite entendant la marche d'un fort gros corps où il ne devoit y avoir rien, crut que les ennemis avoient passé à Mayence, et nous approchoient. On reconnut bientôt que tout étoit ami, mais on ne pouvoit imaginer un mouvement si extraordinaire, ni comment cinquante escadrons avoient passé de la droite à la gauche sans le remarquer eux-mêmes. Il arriva sans doute qu'une des colonnes fit halte, et que l'autre, prenant à droite imperceptiblement, se trouva déplacée.

A la pointe du jour, nous apprîmes que le siège d'Éberburg étoit levé, et que le landgrave de Hesse se retiroit avec précipitation et en désordre vers Benguen, où étoit son pont sur le Rhin.

La campagne finit par ce dernier mouvement; et le marquis de Villars, destiné à aller commander en Flandre, passa par la cour. Durant les trois semaines qu'il y demeura, le Roi eut la bonté de lui marquer combien il étoit satisfait de ses services.

[1693] L'année 1693 commença par le siège de Furnes, que le marquis de Boufflers entreprit dans les premiers jours de l'année, et par un temps très-fâcheux. Le marquis de Villars fut chargé d'observer les mouvemens des ennemis, pour couvrir les pays du Roi qui n'étoient pas soumis aux contributions, et pour assurer en même temps l'entreprise de Furnes. Pour cela il marcha vers Courtray, se tenant entre l'Escaut et la Lys, jusqu'à ce qu'il vît le parti que les ennemis prendroient sur les nouvelles de l'investiture de Furnes.

M. l'électeur de Bavière parut d'abord, par quelques mouvemens des garnisons de Bruxelles, de Namur et de Gand, vouloir marcher à Courtray; ce qui obligea le marquis de Villars à se tenir près de cette place. Mais, sur la résolution que prit l'électeur de marcher à Nieuport pour tenter le secours de Furnes, le marquis de Villars s'avança très-diligemment vers Dunkerque. Dans la marche, on lui confirma que l'électeur de Bavière rassembloit toutes ses forces sur Nieuport. Le marquis de Villars se hâta d'arriver avec la tête de ses troupes à Dunkerque, et alla de sa personne à Furnes, dont il trouva les avenues si bien fermées aux ennemis, qu'il ne douta pas du succès prompt et assuré de l'entreprise. Aussi la place se rendit-elle le 7 de janvier. Le temps étoit horrible, et la garnison hollandaise avoit même peine à traverser le camp, tout étant inondé, les tranchées pleines d'eau; ce qui devoit rendre les ennemis un peu honteux de leur mauvaise défense.

Pendant toute cette expédition, le Roi avoit donné au marquis de Villars le commandement général de toutes les troupes que l'on pourroit tirer de la Meuse et de toutes les places de Flandre, pour s'en servir, suivant les besoins, pour assurer ses lignes, Courtray et les frontières, et pour en fortifier aussi l'armée du marquis de Boufflers, aux ordres duquel il étoit.

Les ennemis ayant abandonné Dixmude, le marquis de Villars le fit occuper d'abord par cinq cents hommes, et ensuite il y mit un assez grand nombre de troupes pour être en état de le soutenir. Après le siège de Furnes, le marquis de Boufflers eut ordre de se rendre à la cour, et le commandement de Flandre fut continué en son absence au marquis de Villars.

Il apprit alors que Sa Majesté l'avoit fait lieutenant général, et peu de jours après qu'il étoit destiné à servir en cette qualité dans l'armée d'Allemagne, et y commander la cavalerie.

Le Roi fit dans le même temps une promotion de sept maréchaux de France, qui étoient messieurs de Choiseul, de Joyeuse, de Villeroy, de Tourville, de Noailles, de Boufflers et de Catinat, tous gens de mérite, mais dont aucun n'avoit gagné de bataille, ni même commandé à aucune grande action, si ce n'est messieurs de Tourville et de Catinat. L'un étoit vice-amiral, et estimé un des meilleurs hommes de mer qu'il y eût en son temps, l'autre avoit gagné la bataille de Staffarde : homme simple, modeste, se renfermant dans une humilité qui avoit contribué de beaucoup à son élévation. Il refusa même, étant maréchal de France, d'être chevalier de l'ordre, avec bien moins de raisons que n'en auroient eu plusieurs qui pourtant n'en avoient pas fait difficulté dans la dernière promotion.

Les maréchaux de Joyeuse et de Choiseul, gens de naissance illustre et d'un grand courage, avoient passé jusqu'à l'âge de soixante-cinq à soixante-six ans dans les emplois de subalternes, où il est difficile, quand on y reste si long-temps, d'acquérir l'élévation, le génie de commandement et le courage d'esprit si nécessaires pour tenir le timon avec dignité et avec succès : il arrive même très-souvent que ceux qu'on a vus briller dans les secondes places se trouvent accablés du poids de la décision à laquelle celui qui commande est obligé, et quelquefois contre les conseils de la plupart des gens qui l'environnent.

Le maréchal de Villeroy étoit né avec du courage, avec un air de hauteur qui imposoit, et avec les talens d'un homme de cour ; mais il a eu peu de fortune dans la guerre, dont le chevalier de Lorraine son allié l'avoit fort pressé de se retirer. Le Roi avoit un grand goût pour lui, et d'autant plus fort qu'il avoit été élevé auprès de Sa Majesté comme fils de son gouverneur. Cette amitié, conçue dès la première jeunesse, étoit devenue comme naturelle ; peut-être même auroit-elle effacé l'inclination du Roi pour M. le duc de La Rochefoucauld, si la grande assiduité de celui-ci et les galanteries de l'autre, qui ne lui permettoient pas la même exactitude, n'avoient donné au duc de La Rochefoucauld un air de supériorité dans la faveur.

Le maréchal de Boufflers étoit homme d'un très-grand courage, et d'une application infinie. Son zèle pour le service, son attachement pour les généraux sous lesquels il avoit servi, et son mérite reconnu dans un grand nombre d'occasions particulières, lui avoient attiré leur estime. Il ne se fioit pas à ses lumières, et vouloit surmonter, par un travail de corps et d'esprit au-dessus de l'homme, ce qu'il croyoit que la vivacité et un génie supérieur pouvoient donner de préférence sur lui à ses confrères.

Le maréchal de Noailles, élevé par son père à une extrême assiduité auprès du Roi, avoit cependant voulu servir, et arriver au commandement des armées : mais ses infirmités le lui firent quitter d'assez bonne heure, et ne lui permirent pas de continuer les fonctions de la dignité qu'il avoit obtenue.

Pour revenir au marquis de Villars, dès qu'il se vit destiné à servir dans l'armée d'Allemagne, il quitta la Flandre, et alla passer trois semaines à la cour. Il eut ordre de se rendre sur le Rhin dans le 15 de mai.

La campagne fut ouverte par le siége d'Heidelberg, dont il n'y eut que le château qui pût faire quelque résistance ; elle fut même assez légère : le gouverneur, commandeur de l'ordre Teutonique, se rendit le septième jour. En punition de s'être défendu si mal, il fut mis au conseil de guerre par les ennemis, et condamné à être dégradé des armes : espèce d'infamie plus affreuse que la mort même à un homme d'honneur. Nos troupes pillèrent et brûlèrent la ville d'Heidelberg, malgré tout ce que les officiers purent faire pour la conserver : mais, il le faut avouer, la licence étoit extrême dans cette armée. Le marquis de Villars parla à tous les régimens de cavalerie, et leur déclara que s'ils n'étoient plus sages à l'avenir, les punitions seroient rigoureuses.

L'armée passa le Necker, et avoit ordre de chercher les ennemis. On s'avança jusqu'à Suengemberg : et deux mille chevaux des ennemis, qui étoient en bataille derrière le ruisseau qui porte ce nom, et paroissoient une arrière-garde ou un gros parti pour reconnoître notre armée, pouvoient être fort maltraités : il n'y avoit qu'à saisir le moment de l'arrivée de la tête de l'armée du Roi ; car dès qu'ils eurent reconnu le péril, leur retraite fut prompte.

Dans ce temps-là, le Roi envoya Monseigneur avec un détachement considérable de l'armée de Flandre, pour venir commander l'armée d'Allemagne, et pour la mettre en état, par une si grande augmentation de forces, de pousser celles de l'Empereur ; et de donner des lois à l'Empire. On pouvoit espérer ces avantages de l'armée du Roi, supérieure en nombre et en valeur à celle du prince de Bade ; mais il eût fallu l'attaquer immédiatement après la jonction, et ne pas perdre huit à dix jours que ce général employa très-utilement à fortifier son camp près de Heilbronn, et qui même donnèrent à quelques troupes, qui étoient fort éloignées, le loisir et la liberté de joindre.

Enfin à la pointe du jour l'armée du Roi marcha à celle des ennemis, et se plaça de tous côtés à la portée du mousquet de leurs lignes, cependant dans des fonds où elle souffroit peu du canon. Nous trouvâmes que leur droite étoit au village de Southaim, près de Heilbronn, le centre à Thallaim, et leur gauche retournant vers Heilbronn ; de manière qu'ils étoient campés presque en rond. Leurs retranchemens, qu'ils n'avoient commencés que depuis trois jours, étoient en fort bon état. Ils avoient ajouté à la bonté naturelle de leur poste tout l'art possible, et manié leur terrain en gens de guerre ; en sorte que personne ne crut praticable de les forcer, et l'armée rentra dans son camp sur les huit heures du soir.

On apprit par diverses personnes que le plus grand nombre de leurs troupes ne les avoit joints que depuis quatre jours, et qu'ils n'avoient commencé à se retrancher que deux jours seulement avant l'arrivée de l'armée du Roi : preuve infaillible qu'ils n'auroient pas attendu, si l'on avoit marché à eux aussitôt qu'on le pouvoit.

Le maréchal de Lorges, craignant qu'on ne

lui imputât les cinq ou six jours que l'on avoit perdus, et qui, employés à une marche plus vive, n'auroient pas permis au prince de Bade de nous attendre, proposa plusieurs expédiens pour resserrer les ennemis, et pour leur ôter les communications. Ces desseins, assez difficiles par eux-mêmes, étonnèrent la cour de Monseigneur : le maréchal de Choiseul fut le premier à dire tout haut qu'ils n'étoient pas praticables; le marquis d'Huxelles fut du même sentiment; les autres lieutenans généraux ne furent pas consultés, et l'avis de presque tout ce qui approchoit Monseigneur fut une décision où le désir d'un prompt retour à Versailles eut la principale part. Le marquis de Boufflers indécis ne voulut pas s'opposer à ce torrent, et l'on ne fut plus occupé que du soin de regagner le Rhin.

Cependant on apprit la nouvelle de la bataille de Nerwinde, et que l'armée du prince d'Orange avoit été forcée dans ses retranchemens par celle du Roi, qui pourtant n'étoit pas destinée à de si grands desseins que celle d'Allemagne, fortifiée de l'élite des troupes de Flandre, et qui devoit être animée par la présence de Monseigneur. Une action si glorieuse aux troupes de Sa Majesté et au général étoit bien propre à nous donner quelques regrets sur notre inaction ; mais on étoit déterminé à ne rien faire, et de tels regrets ne la changèrent point.

On vit, sous l'autorité de monseigneur le Dauphin, et sous les yeux de trois maréchaux de France, le plus grand désordre et le plus licencieux libertinage qui ait jamais été. Toute l'armée étoit en maraude, brûlant les villages et les petites villes : un nombre considérable de soldats restoient enterrés dans les ruines de l'incendie, et les autres dans des caves remplies de vin. Les punitions étoient cependant fréquentes, et il arrivoit quelquefois de faire pendre jusqu'à vingt soldats dans un jour. Mais lorsque le général n'établit pas une sévère discipline dès les premiers jours, les plus grands exemples deviennent inutiles dans la suite.

La gendarmerie suivit Monseigneur, et eut ordre de marcher en toute diligence en Italie pour fortifier l'armée du maréchal de Catinat, qu'elle joignit deux jours avant la bataille de la Marsaille.

Cependant l'armée du Roi se plaça dans les environs de Brisach, en attendant les ordres pour la séparation. Le marquis de Villars demanda une permission d'aller pour quinze jours en Dauphiné remercier un de ses parens qui lui avoit fait une donation de tout son bien. Cette permission demandée au ministre de la guerre, en exposant que c'étoit afin de se rendre plus tôt au commandement qu'il plairoit à Sa Majesté de destiner au marquis de Villars pendant l'hiver, marquoit en lui une espérance, un désir, une certitude même d'être employé durant l'hiver, comme les années précédentes.

Le marquis de Barbezieux haïssoit le marquis de Villars, et vouloit servir le comte de Montrevel, fort ami d'une maison où ce ministre de la guerre étoit fort amoureux. Il forma donc le dessein de perdre le marquis de Villars ; et, pour cela, s'adressant à son père à Fontainebleau, où étoit la cour, deux jours avant que le Roi fît les destinations pour l'hiver, il lui dit : « Comment peut faire votre fils ? On le promène » tous les ans de Flandre en Allemagne avec » tout son équipage : a-t-il de quoi le nourrir » dans les cabarets ? Il n'a point de gouverne- » ment ; il lui est impossible de servir de cette » manière-là. » Le père du marquis de Villars ne fit que convenir de ce discours, que M. de Barbezieux rapporta sur-le-champ très-malicieusement au Roi, comme si dans le fond le marquis de Villars eût refusé de servir, à moins qu'on ne lui donnât un gouvernement. L'on ne gagnoit pas le Roi par de telles manières ; le commandement de Flandre fut ôté au marquis de Villars, et donné au comte de Montrevel. La liste des généraux employés pendant l'hiver parut le jour d'après. Le père du marquis de Villars, qui n'y vit point le nom de son fils, reconnut aussitôt la perfidie du ministre, et alla parler au Roi, qui lui répondit très-sèchement qu'il avoit plus d'officiers généraux qu'il n'en pouvoit employer.

Heureusement pour le marquis de Villars, son père reçut une lettre de lui le jour même, par laquelle il lui mandoit qu'espérant bien que le Roi lui feroit l'honneur de l'employer comme les hivers précédens, il avoit demandé un congé au marquis de Barbezieux pour prendre le temps des quartiers de fourrage, et pouvoir se rendre en Flandre, où il comptoit servir dans les premiers jours de novembre. Le père du marquis de Villars pria Niel, premier valet de chambre du Roi, de faire en sorte que Sa Majesté jetât les yeux sur cette lettre : en même temps il lui rapporta le discours que lui avoit tenu le marquis de Barbezieux, la réponse qu'il lui avoit faite, et dont ce ministre s'étoit servi comme si le père de Villars l'avoit tenue de son fils même. Le sieur Niel, très-homme d'honneur, et qui vit clairement le manége du marquis de Barbezieux, suivit les sentimens de vertu qui lui étoient naturels, et fit lire la lettre du marquis de Villars à sa Majesté. Le Roi la vit avec satisfaction, et dès le jour d'après déclara au marquis de Barbezieux qu'il donnoit le gouvernement de Fribourg et du Brisgaw au marquis de Villars. Il est aisé de s'imaginer combien le ministre fut surpris de voir tomber une grâce considérable sur un homme qu'il se réjouissoit d'avoir perdu. Le jour suivant, le Roi dit encore à Barbezieux : « Je ne veux pas que Villars soit » inutile : envoyez-lui un courrier en Dauphiné, » où je sais qu'il est, et mandez-lui qu'il se rende » dans mon armée d'Italie. »

Il faut raconter de suite tout ce qui se passa sur le sujet du marquis de Villars. Jamais le ministre ne put consentir à lui mander, même par le courrier qu'il lui dépêchoit pour le faire passer en Italie, que le Roi lui avoit donné un gouvernement. Ainsi le marquis de Villars n'en apprenant point la nouvelle par le ministre de la guerre, organe naturel des volontés du Roi, il doutoit encore de ce que son père lui avoit mandé, et n'osoit remercier Sa Majesté. Cependant toute la cour lui faisant des compliments, il adressa à son père une lettre pour le Roi, mais il n'en reçut jamais un mot par le marquis de Barbezieux.

La campagne finit en Italie plus tôt que le Roi ne l'avoit espéré; et pensant toujours avec bonté à Villars, qu'il ne vouloit pas laisser inutile pendant l'hiver, il ordonna à Barbezieux de lui mander d'aller visiter toute la cavalerie depuis la Savoie jusqu'en Flandre, suivant par la Comté, par l'Alsace, et par la Lorraine.

Barbezieux ne lui envoya pas cet ordre : ainsi le marquis de Villars revint à la cour, où son père, informé des ordres qu'il devoit avoir reçus, ne s'attendoit pas de le voir arriver. « Que » venez-vous faire ici, lui dit-il ? Le Roi vous a » destiné pour aller voir la cavalerie. » Le marquis de Villars lui répondit tout naturellement que, n'ayant ouï parler de rien, il revenoit avec plaisir passer l'hiver à Paris. Son père reconnut à ce discours une suite de la malignité du ministre, qui, après avoir gardé le silence sur le gouvernement accordé à son fils, lui avoit encore caché l'ordre de visiter la cavalerie. Il conseilla donc au marquis de Villars de commencer par s'en expliquer au Roi. Il lui parla en effet, et dit à Sa Majesté que, quelque impatience qu'il eût de venir la remercier lui-même des grâces dont elle l'avoit comblé, surtout des deux ordres différens pour ne le pas laisser inutile à son service, bonheur qu'il préféroit à tout, l'impatience auroit cédé à son devoir en suivant les ordres de voir la cavalerie, s'il les avoit reçus. Le Roi lui répondit avec bonté qu'un petit voyage ne dérangeroit rien. « Non, sire, lui répondit Villars, » je n'ai point reçu l'ordre ; il m'arrivera, et je » ne l'ouvrirai qu'en présence de témoins. » Le jour d'après, Villars étant dans la salle des gardes du corps avec le vieux duc d'Aumont et M. de Vauban, un de ses gens apporta une lettre de M. de Barbezieux. Dans le moment il prit ces messieurs à témoin, les pria de bien examiner si la lettre avoit été ouverte, ils en trouvèrent les cachets bien entiers; ensuite il l'ouvrit devant eux, et y trouva l'ordre du Roi pour aller voir la cavalerie pendant l'hiver. Villars entra dans le cabinet du Roi, prit la liberté de lui montrer la lettre, et lui dire en présence de qui il l'avoit ouverte. Le Roi lui dit : « Mais croyez-vous que » ces gens-là [en parlant du marquis de Barbe-» zieux] puissent perdre un homme que je con-» nois comme vous ? — Sire, répondit Villars, » ces gens-là avoient bien avancé ce dessein, » puisqu'ils m'avoient ôté du service : et je pren-» drai la liberté de dire à Votre Majesté qu'un » lieutenant général de ses armées, quelque zèle » et quelque ardeur qu'il ait pour son service, » n'ayant l'honneur de lui parler qu'une fois ou » deux par an, est en grand péril quand ce mi-» nistre qui parle tous les jours a entrepris » de le perdre. »

Il est temps de revenir à ce qui se passa durant le peu de jours que le marquis de Villars fut en Italie. Nous avons voulu conter de suite l'aventure de cour, qui n'a pas été la seule de cette nature que Villars ait eue à essuyer pendant sa vie.

Après l'heureux succès de la bataille de la Marsaille, le Roi vouloit le siège de Coni, et que son armée hivernât au-delà des monts. Le maréchal de Catinat trouvoit ce projet impossible, et envoya Larrey, lieutenant général, à la cour, pour en faire connoître les obstacles. Le Roi persista néanmoins, et fit partir Chamlay, homme de confiance, pour examiner lui-même si toutes les difficultés qu'apportoit le maréchal de Catinat étoient bien fondées. Chamlay pensa comme le maréchal; et le marquis de Villars trouva en arrivant la résolution prise de repasser les monts. Cependant, pour sa propre satisfaction, et pour occuper utilement son loisir, il alla se promener dans le pays, et voir les villes de Fossano, Savilan, Raconigi, Saluces, et autres lieux. Le pays étoit plein de fourrage et de grains ; l'armée des ennemis étoit dissipée; on avoit ravitaillé Pignerol d'un côté, grosse place d'armes au-delà des monts, très-propre à soutenir des têtes avancées de quartiers d'hiver ; Suse d'une autre part, et toute la vallée. Le sentiment du marquis de Villars étoit de pousser des contributions bien avant dans les pays ouverts; mais le général pensoit autrement. Le parti étoit déjà pris, et les repré-

4.

sentations de Villars, qui n'auroient pu qu'aigrir et très-inutilement le général, furent très-modérées.

Il y eut de grands désordres commis encore par les troupes : plusieurs petites villes furent brûlées. Celles de Revel, dans laquelle il y avoit une abbaye de cinquante filles des meilleures maisons du Piémont, essuya toutes les horreurs du libertinage et de l'insolence du soldat. Après ces honteuses expéditions, et après avoir ruiné un pays dont on pouvoit faire un meilleur usage, l'armée repassa les monts, et le marquis de Villars revint à la cour.

En repassant par Vienne, il trouva son oncle l'archevêque assez mal : cependant les médecins l'ayant assuré que la maladie étoit sans péril, il continua sa route. Ce bon oncle aimoit uniquement Villars; mais dans les derniers momens, pressé de faire son testament, on ne put tirer de lui que ces paroles : « Je donne tout à mon » neveu. » Villars n'étoit pas le seul : ainsi la succession lui échappa tout entière, et il étoit dit qu'il se devroit sa fortune à lui seul.

Le séjour du marquis de Villars à la cour ne fut que de quinze jours, et il lui fallut éprouver de la part du marquis de Barbezieux de nouvelles marques d'aversion. Sur le prétexte que le Roi avoit destiné trop de provinces au marquis de Villars pour y pouvoir visiter durant l'hiver la cavalerie qui y étoit répandue, il proposa le comte de Marsin pour partager l'ouvrage. Le ministre ne pouvoit donner à Villars que de certains petits désagrémens pareils à celui-là ; car ayant un gros gouvernement, des pensions, et une charge considérable à la guerre, les esprits les plus indisposés contre lui ne pouvoient guère lui nuire qu'en diminuant le mérite de ses services.

Cette année finit par le bombardement de Saint-Malo. L'Angleterre se disposoit depuis longtemps à cette expédition, et les préparatifs en étoient terribles. Le seul nom de *machine infernale*, qu'on donna à un bâtiment qui devoit tout embraser, fit concevoir une idée affreuse de cet armement : mais le succès ne répondit pas à l'espérance des ennemis ; et tout ce grand appareil, qui coûta des sommes prodigieuses à l'Angleterre, ne causa presque aucun dommage à la France.

[1694] La campagne de 1694 s'ouvrit les premiers jours de juin. L'armée passa le Rhin à Philisbourg, et M. le maréchal de Lorges dit que les intentions du Roi étoient que l'on poussât celle des ennemis. Il est vrai qu'elle étoit commandée par un grand général, qui étoit le prince de Bade ; mais elle étoit fort inférieure en nombre et en qualité à l'armée du Roi. Cependant le prince de Bade nous attendit près Wiesloch, dans un poste qu'il crut assez bon pour ne pas craindre d'y être forcé.

M. le maréchal de Lorges marcha le 25 de juin, dès la pointe du jour, à Saint-Leen et Roth. Le marquis de Villars étoit lieutenant général de jour, et s'avança aux gardes que postoit Saint-Fremont, maréchal de camp. Les hussards des ennemis poussèrent vivement la plus avancée ; mais, soutenue par trois autres, et par les régimens de cavalerie du Châtelet et du Bordage, on rechassa les ennemis à leur tour. Cependant nos cavaliers s'étant débandés malgré les ordres, revinrent avec quelque confusion ; les escadrons du Châtelet et du Bordage se placèrent dans une petite plaine, et les ennemis repassèrent le ruisseau de Wiesloch. Le maréchal de Lorges étant arrivé dans ce temps-là, voulut que l'on essayât de passer ce ruisseau. Le marquis de Villars, messieurs de Saint-Fremont et Barbesière marchèrent à la tête des troupes. On trouva le ruisseau assez difficile ; et les ennemis faisant un fort gros feu, le marquis de Villars vit bien qu'il falloit forcer le passage dans le moment, ou se retirer.

Le prince de Bade étoit lui-même à la tête de ses troupes ; et quoiqu'il n'eût pas résolu d'engager une bataille, son armée étoit bien postée à un quart de lieue de là, il étoit pourtant fort aise de nous arrêter.

Le marquis de Villars ordonna à un des escadrons de Mérinville, commandé par La Valette, dont il connoissoit la valeur, de forcer le passage du pont, et à quelques dragons de tâcher de passer le ruisseau plus bas. Lui-même, à la tête d'un autre escadron de Mérinville, suivi de Saint-Fremont et du marquis d'Avernes, qui commandoit les dragons de l'armée, il se jeta dans le ruisseau, assez fâcheux par sa hauteur et par des fonds marécageux : il enfonça les ennemis, dont on tua un fort grand nombre, et les poussa jusque près de leur camp. Le marquis d'Avernes fut tué dans le ruisseau même ; Mercy, général des ennemis, fut pris, et se trouva sous les pieds du cheval du marquis de Villars. Il étoit légèrement blessé.

Cette action ne laissa pas d'être glorieuse aux troupes du Roi, celles des ennemis étant animées par la présence du prince Louis de Bade. D'ailleurs c'étoit le commencement de la campagne, et il est avantageux de bien débuter.

Cependant après ce petit succès on résolut de repasser le Rhin, sans aucun objet principal ; et une des plus belles armées du Roi ne fit, le reste de la campagne, que consommer des fourrages, au lieu que, se tenant au-delà du Rhin, elle y étoit plus glorieusement, et poussant au moins des contributions au-delà des montagnes Noires. On pouvoit même tenter de faire prendre Philingen, qui nous eût donné la tête du Danube.

Le marquis de Villars, très-occupé de l'intérêt du Roi et de la gloire de ses armes, plus vif peut-être qu'un autre sur l'inutilité, ne craignoit point de représenter que celle où il voyoit les troupes étoit très-préjudiciable. Ses remontrances ne plurent pas, et une opposition de sentimens lui suicitoit souvent des ennemis. Enfin la campagne entière se passa, comme on l'a dit, à consommer des fourrages, et les dernières semaines furent même extrêmement dures pour la cavalerie, par les longs séjours que l'on faisoit d'ordinaire dans les mêmes camps.

Notre tranquillité fut troublée, les derniers jours de septembre, par des avis qui nous furent donnés que le prince Louis de Bade avoit passé le Rhin à Hagenbach, et qu'il s'étoit saisi de cette petite ville. L'inquiétude ne fut pas légère, et il n'y eut d'autre parti à prendre que de marcher avec la plus grande diligence pour arrêter les progrès des ennemis, et les empêcher de s'étendre dans le plat pays. Ils n'en avoient pourtant pas l'intention; et le prince Louis, nous voyant occupés à rien, voulut s'amuser à un peu plus que rien : c'est ainsi que je nomme un passage dont il pouvoit faire un meilleur usage. A la vérité ses forces n'étoient pas assez considérables pour tenir la Lutter devant nous, et nous fermer l'Alsace : c'eût été un trop grand objet. Mais du moins, après avoir passé le Rhin, il pouvoit détacher trois ou quatre mille chevaux, qui pouvoient remonter toute l'Alsace, mettre tout à contribution, enlever une grande quantité de baillis et de gens considérables; après cela s'en retourner par Rhinfeld. Les louables cantons n'auroient pas murmuré de voir passer ce corps une lieue et demie sur leurs terres : nous les avons accoutumés, et nous et les Impériaux, à de plus grandes libertés.

On arriva à Hagenbach précisément dans le temps que l'arrière-garde des ennemis repassoit les derniers ponts, et on leur prit quelques cavaliers, et un assez grand nombre de maraudeurs qui n'avoient pu rejoindre. Dans cette occasion on vit une chose assez ordinaire sur les crues du Rhin, mais cependant assez surprenante : c'est qu'il baissa de six pieds en quatre heures de temps.

Cette petite aventure terminée, il ne restoit plus qu'à séparer l'armée. On étendit quelques bataillons le long du Rhin : le maréchal de Joyeuse marcha vers la Moselle avec la plupart de la cavalerie, le comte de Tallard sur la Sarre. Le marquis de Villars, en attendant la dernière séparation de l'armée, et le congé que l'on donne aux généraux, alla voir son gouvernement de Fribourg, où il examina par lui-même si les avis qu'on avoit eus pendant la campagne, qu'un partisan des ennemis, nommé Pessemann, avoit eu intention de surprendre le château, pouvoient donner quelque juste inquiétude. Ce voyage lui donna occasion d'aller visiter les entrées des montagnes Noires : il ne les trouva pas d'un accès si difficile que l'on le publioit, et dès ce temps-là il prit des connaissances qui lui furent utiles dans la suite.

Les ordres pour la dernière séparation étant arrivés, le marquis de Villars alla passer l'hiver à la cour. Le Roi, qui connoissoit son zèle, et qui avoit quelque bonne opinion de ses vues, voulut lui faire l'honneur de l'entretenir dans son cabinet. La première fois il lui ordonna de faire quelques mémoires sur les projets de guerre que l'on pouvoit former, et dans la seconde audience le marquis de Villars lui présenta ceux qu'il avoit faits. Le Roi eut la bonté de l'assurer qu'il les voyoit avec plaisir, qu'il en comprenoit les conséquences et l'utilité. Mais comme celui qui pensoit n'étoit pas à portée d'être chargé de l'exécution, qu'il y avoit trois maréchaux de France destinés au commandement de l'armée d'Allemagne, et que d'ailleurs le ministre de la guerre étoit ennemi déclaré du marquis de Villars, ses idées ne furent point suivies. Elles lui furent cependant très-utiles; elles avoient frappé le Roi, et le confirmoient dans le dessein de l'élever; ce qui arriva quelques années après, et lorsque le Roi, voyant les affaires de la guerre dans le plus grand désordre en Flandre et en Allemagne, voulut donner le commandement de l'armée d'Allemagne au marquis de Villars, bien qu'il y eût un maréchal de France à la tête, et six lieutenans généraux plus anciens que lui.

[1695] Cet hiver n'eut donc rien de particulier pour le marquis de Villars que ces deux audiences particulières du Roi. Mais on lui fit alors plusieurs propositions de mariage : sa famille désiroit avec passion qu'il y donnât les mains, et cette raison balançoit l'éloignement qu'il avoit pour cet engagement. Il s'y trouva des difficultés qu'il chercha foiblement à surmonter, et partit pour la campagne de 1695, qu'il fit en Allemagne.

Elle s'ouvrit à l'ordinaire par le passage du Rhin, et l'on alla camper entre Heidelberg et Philisbourg. Le maréchal de Lorges tomba dangereusement malade : il fut porté à Landau, et le commandement demeura au maréchal de Joyeuse.

L'on s'étendit d'abord, occupant divers postes vers Seinsheim, et sur la route que les ennemis pouvoient prendre pour s'approcher de nous. Cependant on ne fut pas bien informé de leurs premiers mouvemens; et le maréchal de Joyeuse ayant eu avis sur le midi que le prince de Bade marchoit à nous, dit au marquis de Villars de prendre sur-le-champ deux mille chevaux et d'aller retirer sept à huit cents hommes de pied que nous avions répandus dans plusieurs petites villes, châteaux ou églises, toutes à deux heures de l'armée, et sur le chemin des ennemis.

Le marquis de Villars trouva la tête de leur armée conduite par le prince de Bade. Il fit retirer les postes d'infanterie; mais comme pour assurer leur retraite il avoit fallu s'avancer avec les deux mille chevaux, elle étoit difficile, les hussards des ennemis commençant à pousser nos dernières troupes, le marquis de Villars fit ferme avec deux troupes de gendarmerie à la tête d'un défilé, et arrêta sans peine les premiers hussards : en même temps il ordonna au marquis de Mariveaux de s'éloigner de ce défilé, qui étoit un petit ruisseau aisé à passer, et d'aller au grand trot se mettre en bataille à l'extrémité d'une plaine qui avoit près d'une demi-lieue d'étendue; en sorte que les ennemis, après avoir passé ce petit ruisseau, découvrirent un corps de cavalerie considérable qui les obligeoit à traverser cette plaine avec ordre pour s'en approcher.

Après cette disposition, les hussards serrant nos deux troupes, le marquis de Villars ordonna à celle-ci de pousser deux cents pas les hussards, et de revenir à toutes jambes. Le marquis de Villars les attendit avec une troisième troupe, les reçut, et traversa la plaine tranquillement. A peine étoit-il dans le milieu, que les ennemis passèrent en foule le premier ruisseau, et l'on vit bientôt une première ligne se former. Mais comme elle voyoit un gros corps dans l'extrémité de la plaine, la première ligne voulut en attendre une seconde. Le marquis de Villars fit repasser diligemment le ruisseau qui étoit derrière lui à sa seconde ligne, et sans que l'ennemi pût s'en apercevoir. Ce ruisseau étoit plus aisé à soutenir que le premier ; et la première ligne, à la réserve de trois troupes, repassa aussi, pendant que le prince de Bade se mettoit en bataille dans la plaine. En même temps Villars ordonna que tout ce qu'il y avoit de tambours de dragons battissent la marche de l'infanterie, et que par un grand bruit on fît tout ce qui pouvoit persuader aux ennemis que la tête de l'armée de France arrivoit pour le soutenir.

Le prince de Bade traversa la plaine le plus diligemment qu'il lui fut possible, et s'étendit le long du ruisseau, qui lui parut défendu par tout ce corps de deux mille chevaux. Les escarmouches furent très-vives : cependant il n'en coûta que dix hommes au marquis de Villars pour faire une assez longue retraite devant une armée ennemie, conduite par un général vif et entreprenant. La nuit arriva, et le maréchal de Joyeuse vint au devant de Villars, qu'il croyoit perdu.

Le jour d'après, le prince de Bade s'approcha de l'armée du Roi, paroissant vouloir combattre. S'il l'avoit bien désiré, il n'étoit pas impossible d'engager une action : notre gauche étoit soumise au canon, et l'on pouvoit ou la déposter, ou l'incommoder fort. On se retrancha au plus tôt avec quelques épaulemens pour la cavalerie : la canonnade fut médiocre; on demeura assez long-temps en présence, après quoi, faisant divers retranchemens pour assurer notre retraite, elle se fit sans être troublée. L'armée du Roi repassa le Rhin, et alla se placer dans le camp favori des généraux près d'Alsey, où l'abondance et la tranquillité régnoient également. Le maréchal de Lorges étoit toujours considérablement malade à Laudau; ses forces furent même long-temps à revenir, et il prit la résolution de ne plus retourner à la guerre. Le reste de la campagne se passa sans aucune apparence d'action.

Le maréchal de Joyeuse envoya le marquis de Villars plus bas que Mayence avec un gros corps de cavalerie, pour obliger tous ces pays à payer plus promptement les contributions en grains et en argent. Comme il se retiroit à la vue de Mayence, le général Palfy s'avança avec un gros corps de hussards, qui attirèrent d'assez vives escarmouches. On poussa les hussards jusque dans les contre-escarpes : il y en eut une trentaine de tués ou de pris, et le général Palfy lui-même fut blessé. Cette petite aventure finit la campagne, et le marquis de Villars retourna passer l'hiver à la cour, où sa famille le pressa encore de se marier : il y eut même sur cela des propositions assez avancées ; mais son peu de penchant pour le mariage étoit toujours un obstacle à la conclusion.

Il fut destiné à servir dans l'armée d'Italie, où l'on rassembla des forces bien plus considérables que les campagnes précédentes, pour déterminer le duc de Savoie à un traité particulier, et le disculper auprès de ses alliés s'il cédoit à la force, ou pour faire des conquêtes si le traité ne se concluoit pas.

[1696] La campagne s'ouvrit dès les premiers

jours de juin. L'armée du Roi se plaça sur le Sangon; et dans le commencement les ennemis, qui s'avançoient souvent avec des corps de cavalerie et de dragons, tentoient d'enlever nos gardes, ou de tomber sur nos fourrageurs. Tous leurs partis réussirent mal, et ces petites tentatives leur coûtèrent toujours du monde, sans nul succès.

Cependant diverses incommodités du comte, de Tessé, qui l'empêchèrent de paroître pendant quatre ou cinq jours, commencèrent à faire penser qu'elles pourroient bien n'être pas réelles, et qu'il ne passoit pas le jour et la nuit dans son lit : on vint même jusqu'à ne plus douter dans l'armée qu'il n'eût des conférences secrètes avec quelques ministres de Son Altesse Royale. Tout cela nous mena jusqu'au 10 de juillet, temps auquel une suspension d'armes avec M. le duc de Savoie nous assura le traité conclu, ou du moins fort avancé.

La suspension d'armes n'avoit été accordée par le Roi que pour vingt jours : cependant Son Altesse Royale, qui demandoit sans cesse de nouveaux délais, la poussa jusqu'au premier de septembre.

L'Empereur, inquiet sur cette négociation, envoya à Turin le comte de Mansfeld, l'un de ses premiers ministres, pour dissuader le duc de s'allier avec la France. L'abbé Grimani, qui fut depuis cardinal, y étoit aussi chargé de la confiance de l'Empereur.

Dans le même temps, le prince Eugène étoit à Turin, et le marquis de Léganès, gouverneur du Milanais, y faisoit de fréquens voyages. Tous ces généraux et ministres avoient grand intérêt, s'ils n'empêchoient pas le traité, d'en retarder la conclusion et de nous faire perdre notre campagne. Son Altesse Royale étoit bien fortement déterminée à conclure, car elle trouvoit de trop grands avantages dans tout ce qui lui étoit offert pour ne le pas accepter; mais elle avoit peine à rompre ouvertement avec ses anciens alliés, et surtout à quitter la tête de l'armée impériale pour se mettre d'un moment à l'autre à la tête de celle de France, ainsi que son traité l'y obligeoit. De son côté le Roi achetoit cette paix trop cher pour laisser une continuation de guerre en Italie, et il falloit que l'Empereur et l'Espagne signassent la neutralité, ou attaquer le Milanais. Tout se préparoit pour cela, et nous avions abondamment ce qui étoit nécessaire pour y réussir.

L'armée du Roi, composée de soixante-deux bataillons et de quatre-vingts escadrons, s'ébranla le 28 d'août, et prit sa marche sur Turin, pour passer la Doria près de cette ville.

Nous fûmes joints par dix bataillons et par dix-sept escadrons des troupes de M. de Savoie. La plupart des généraux allèrent saluer Leurs Altesses Royales ; le marquis de Villars reçut de grandes marques d'estime de M. le duc de Savoie, qui eut la bonté de lui parler comme informé de ses services. Le marquis de Villars observoit ce prince avec une grande attention ; et dès les premières conversations, publiques ou particulières, il reconnut en lui un discernement profond et une grande justesse dans les idées, quelque lenteur dans la parole, mais jointe à une extrême précision ; et il étoit difficile de ne pas démêler d'abord que c'étoit un génie supérieur.

Les troupes de l'Empereur et les Espagnols, bien foibles en comparaison de celles du Roi, parurent vouloir prendre quelques postes près de Casal ; mais nous savions que ni l'art ni la nature ne pouvoient leur en donner d'assez avantageux pour tenir devant des forces si supérieures.

L'armée passa la Doria-Baltea, très-difficile par sa rapidité, et par la quantité de rochers qui embarrassent le passage, et le rendent très-difficile pour les chevaux : il y avoit même des endroits où il falloit nager, si peu qu'on s'écartât du gué. Le marquis de Villars, chargé du passage de la cavalerie, fit mettre au-dessous de l'endroit où l'on traversoit une ligne de cavalerie dans les lieux où les chevaux pouvoient se tenir, afin de sauver par ce moyen ceux qui tomboient en passant, et qui étoient emportés par le courant de l'eau. Malgré ces précautions, nous perdîmes dix ou douze cavaliers, et un maréchal des logis que le courant entraîna, et que les cavaliers placés au-dessous ne purent sauver.

La marche de l'armée fut lente, et Son Altesse Royale obtint encore que l'on n'entreroit en action que le 15, jour où elle étoit engagée de venir se mettre à la tête de l'armée du Roi.

Notre guerre ne pouvoit regarder que le siége de Valence, par la nécessité indispensable où nous étions de nous servir du Pô pour le transport de toutes nos munitions. Cette rivière, étant même assez basse dans cette saison, ne permettoit que la demi-charge aux bateaux.

M. le duc de Savoie ne joignit l'armée que le 17, et on lui rendit les mêmes honneurs qu'on auroit fait au Roi.

Nous investîmes Valence le 20. Le comte de Tessé demeura de l'autre côté du Pô ; M. de Larré et M. le grand prieur furent dans le quartier de Son Altesse Royale, lequel commençoit au Pô au-dessus de Valence, et s'étendoit jusqu'à celui du maréchal de Catinat, qui finissoit à une ravine où étoit à peu près le centre de la ligne. Le quartier du marquis de Villars occupoit les montagnes qui regardent Alexandrie; ensuite M. le marquis de Vins tenoit la plaine depuis le pied des montagnes jusques au Pô, au-dessous de la place, dont les dehors paroissoient en bon état. La garnison qui la défendoit étoit composée de deux bataillons de Lorraine, de deux de Wurtemberg [troupes de l'Empereur], de deux de Steinau [troupes de Bavière], et de six bataillons des troupes de l'État de Milan. On jouissoit d'un temps très-favorable : le canon et les munitions, quoique le Pô fut très-bas, arrivèrent aussi diligemment que l'on pouvoit le désirer. Cependant, M. de Mansfeld et M. le marquis de Léganès envoyoient souvent des courriers, et faisoient savoir qu'ils étoient prêts à accepter la neutralité; mais il étoit vraisemblable qu'ils ne parloient ainsi que pour nous amuser, puisqu'ils ne finissoient pas.

Ces négociations continuoient toujours; et outre les courriers du marquis de Léganès et du comte de Mansfeld, les voyages du marquis de Saint-Thomas à Pavie marquoient également et le désir de Son Altesse royale de finir sans action, et la crainte où étoient les ennemis de nous en voir commencer une.

Cependant on ouvrit la tranchée la nuit du 24. M. le duc de Savoie, comptant devoir finir bientôt l'opiniâtreté des ennemis, ne laissoit pas de s'exposer, et vouloit faire voir aux Français, souvent sans nécessité, que les coups de mousquet ne l'embarrassoient pas : il marchoit à découvert sur le revers de la tranchée, et faisoit enfin ce que l'on pardonneroit à peine à un volontaire qui fait sa première campagne.

La ville de Valence nous parut une assez bonne place, tout se réduisant presque à une attaque. Le gouverneur étoit ce même Colmenero dont on a tant parlé depuis, et qui a changé souvent de maître, demeurant toujours gouverneur du château de Milan.

Le siége avançoit : le marquis de Villars commandoit la tranchée le 30 de septembre. Les ennemis firent une sortie considérable. Il marcha à eux avec la tête de la tranchée; le marquis du Châtelet, colonel de cavalerie, les poussa avec son escadron jusque dans le chemin couvert; Besbre, son lieutenant colonel, y reçut une blessure très-dangereuse.

Durant ce siége, la garnison d'Alexandrie, qui étoit très-forte en cavalerie, cherchoit tous les jours nos fourrageurs; et leurs partis de cavalerie, soutenus d'infanterie, très-aisée à poster dans un pays de ravines et fort coupé, réussissoient assez souvent. Ils en défirent un de trois cents chevaux, commandés par le chevalier de La Feronnaye, très-brave homme qui fut pris en faisant tous les efforts imaginables pour retenir les cavaliers ébranlés. Deux capitaines de cavalerie furent tués dans la même rencontre.

Quelques jours après, le sieur de Mauroy, faisant la charge de maréchal des logis de la cavalerie, fut battu. Une seconde fois il marcha avec trois cents chevaux et trois cents hommes de pied, pour couvrir un fourrage du côté d'Alexandrie. Mille chevaux des ennemis sortirent de cette place, et poussèrent encore M. de Mauroy. Le hasard fit que le marquis de Villars se promenant aux gardes de cavalerie, aperçut ce désordre : aussitôt il fit avancer deux gardes de cavalerie sur deux petites hauteurs dont les ennemis ne pouvoient découvrir les derrières. Ces deux troupes arrêtèrent leurs premières; et les cavaliers poussés, mêlés d'un grand nombre de fourrageurs, reconnoissant le marquis de Villars, firent un grand cri. D'eux-mêmes ils tournèrent tête aux ennemis; et ceux-ci ne doutant pas que ces cavaliers n'eussent aperçu un corps considérable dans les vallons qui étoient derrière ces deux petites troupes, commencèrent à se replier. Le marquis de Villars, profitant de ce mouvement, fit marcher ces deux troupes deux cents pas en avant, et en fit former derrière lui des fourrageurs qui s'étoient rassemblés, et les ennemis repassèrent promptement un ruisseau. Dans ce moment la tête des régimens de dragons de Wartigny et de Morsan arriva. Le marquis de Wartigny, très-brave soldat, s'y rendit, quoiqu'il eût une grosse fièvre; et le marquis de Villars voyant la compagnie se fortifier, marcha aux ennemis couvert d'un petit ruisseau, et cherchoit à le passer.

Le maréchal de Catinat parut alors; mais tandis qu'il vouloit rassembler un plus grand nombre de troupes pour attaquer sûrement, les ennemis, qui n'avoient qu'une grande plaine à traverser pour regagner Alexandrie, ne perdirent pas un moment à s'y rendre.

Cependant notre siége avançoit; mais l'on trouva plus de difficultés qu'on n'en avoit prévu. La garnison qui étoit forte, comme on l'a dit, nous arrêtoit par de fréquentes sorties; et le terrain souvent très-marécageux rendoit nos batteries plus difficiles à établir et à changer.

Le 7, on tenta le logement du chemin couvert, et en même temps on attaqua une demi-lune, dans laquelle nos grenadiers entrèrent d'abord par la gorge; mais les travailleurs ne suivant pas assez promptement, et les mesures ayant été mal prises, nous abandonnâmes la demi-lune, et nous manquâmes le chemin couvert. Cette mauvaise aventure pouvoit retarder de quelques jours la prise de la place ; mais le marquis de Saint-Thomas étant revenu le 8 avec la neutralité acceptée comme nous le désirions, il finit tout ensemble le siége et la guerre.

Par ce traité, avantageux dans la circonstance présente, la France chassoit d'Italie les Autrichiens, en les forçant d'en rappeler leurs troupes; et elle s'ouvroit une porte pour y entrer avec les siennes par le moyen du duc de Savoie, qu'elle avoit détaché de leur alliance et mis dans la sienne. C'est pour cela que l'Empereur et le roi Catholique eurent tant de peine à y consentir, et que pour les y contraindre il fallut les menacer de faire la conquête du Milanais.

La neutralité acceptée, M. le duc de Savoie quitta l'armée dès le lendemain matin pour se rendre à Turin, où M. de Mansfeld arriva le jour d'après. Par le traité, les troupes de l'Empereur devoient commencer à marcher le 20 d'octobre; mais les généraux promirent verbalement qu'elles s'ébranleroient dès le 15. Elles passèrent mille hommes à mille hommes par les Grisons, et les troupes du Roi devoient se retirer de même à proportion de leur nombre ; de manière que quand les derniers mille hommes des Impériaux sortiroient du Milanais, le dernier corps des troupes du Roi en sortiroit aussi. On supputa pour cela le nombre de nos escadrons et de nos bataillons, et le nombre des leurs. On devoit en attendant fournir du foin dans le Milanais, et point de grain. Les Espagnols donnèrent pour otages messieurs de Trivulce et de Borgomaneiro ; le Roi donna messieurs de Tessé et de Bachevilliers. Tout cela devoit se rendre à Turin.

Comme les troupes de part et d'autre étoient plus long-temps à quitter l'Italie que l'on ne l'avoit prévu, le marquis de Villars fut bien aise d'aller voir Milan, et mena avec lui le comte de Coigny et le marquis de Montperoux.

M. de Léganès fit parfaitement bien les honneurs de la capitale, donna de grands repas, et chargea le comte de Colmenero de conduire le marquis de Villars à la Chartreuse de Pavie, qui est la plus grande curiosité de tout le Milanais.

Le marquis de Villars voulut aller visiter le champ de bataille où François I fut pris et défait. Ensuite il retourna à Milan, où il trouva le prince Eugène de Savoie, avec lequel il avoit renouvelé connoissance dans les guerres de Hongrie. Ce prince le revit avec joie, et lui a toujours donné des marques singulières d'amitié, que les affaires de guerre qu'ils ont eues dans la suite n'ont jamais altérée.

Le voyage de Milan fut court, mais fort rempli de plaisirs, et l'on alla, selon la coutume du pays, entendre une très-belle musique, chantée dans les couvens par des religieuses également belles et galantes.

Le marquis de Villars retourna à Turin; le marquis de Montperoux resta malade à Arona, et se remit cependant en peu de jours. En passant à Turin, Son Altesse Royale marqua beaucoup de bonté et d'estime au marquis de Villars, qui peu après reprit la route de la cour.

Cette année fut remarquable par la mort de trois souverains : ce furent le czar Jean, Marie-Anne d'Autriche, reine douairière d'Espagne, et Jean III, roi de Pologne.

[1697] Le marquis de Villars fut destiné en 1697 à servir dans l'armée d'Allemagne, sous les ordres du maréchal de Choiseul. Ce général, qui lui donnoit des marques de la plus grande confiance, l'assura qu'il ne vouloit pas faire de campagnes aussi peu remplies d'événemens que toutes celles qui s'étoient passées, et qu'il s'en ouvroit à lui, afin que de concert ils travaillassent un peu pour la gloire : et tout cela fut mêlé de complimens qu'il est facile d'imaginer. Le marquis de Villars, en le remerciant de sa confiance, lui dit qu'il avoit toujours pour premier objet le bien du service, et qu'avant que de chercher les actions il falloit être instruit des intentions de la cour, qui quelquefois avoit intérêt de ne rien hasarder. Le maréchal assura Villars que le Roi paroissoit désirer une action, et Villars lui répondit : « Sur ce fondement, je » ne prendrai la liberté de vous la conseiller » qu'avec toutes les précautions possibles. »

Il faut savoir que le maréchal de Choiseul avoit un défaut terrible pour un général : c'est que réellement il ne voyoit point. Une petite lunette lui aidoit à distinguer tant bien que mal un clocher, une tour, ou quelque autre objet pareil, mais il lui étoit totalement impossible de discerner les mouvemens d'une armée dans une plaine. Il étoit donc dans la nécessité de se livrer au conseil de quelqu'un ; et le marquis de Villars avoit les meilleures intentions pour le bien du service, et pour un général qui vouloit bien lui donner une confiance sans réserve.

L'armée du Roi passa le Rhin, et alla camper dans les premiers jours de l'ouverture de la campagne, à gauche à Radstadt, et à droite à Kuppenheim. C'est le plus beau poste que l'on puisse occuper, soit pour voir arriver un ennemi et l'attendre sans inquiétude, soit pour l'attaquer soi-même, si on croit pouvoir le faire avec avantage par la supériorité et par la bonté des troupes ; et c'est précisément le cas où nous étions. L'armée du Roi, qui avoit devant elle le ruisseau de Radstadt, et ses ailes aussi heureusement placées, ne pouvoit craindre une armée qui lui étoit inférieure d'un tiers.

Quelques jours après nous apprîmes que l'ennemi étoit venu camper derrière Dourlach. Alors le marquis de Villars dit au maréchal de Choiseul : « C'est à vous à prendre votre parti. L'ennemi ne peut s'approcher de vous qu'en traversant une plaine de trois à quatre lieues d'étendue : si vous avez dessein de combattre, il n'y a qu'à tenir de fréquens partis sur lui pour être informé quand il passera le ruisseau d'Etlingen. Celui que vous avez devant vous, dont le fond est très-bon, se passe aisément, et vous serez en état de joindre l'ennemi dans la plaine. »

La résolution suivit de près le discours du marquis de Villars : on prépara la marche sans en parler, et l'on fit les dispositions sans que personne pût pénétrer le dessein qu'on avoit. Quelques jours après, Coqfontaine, lieutenant colonel de cavalerie, et bon officier, nous envoya avertir dès la pointe du jour que le prince de Bade commençoit à passer le ruisseau d'Etlingen. Dans le moment, le marquis de Villars, qui étoit déjà à cheval, courut chez le maréchal de Choiseul, et lui dit : « Voilà les ennemis où vous les voulez. Je vais joindre Coqfontaine à toutes jambes ; je prendrai cinq cents chevaux de la droite pour être en état de le soutenir, et pour démêler cependant si l'ennemi se contente de passer le ruisseau d'Etlingen, ou s'il veut marcher jusqu'à nous. Vos dispositions sont faites ; vous pouvez en attendant faire passer le ruisseau de Radstadt à toute l'armée, car il vous est égal d'aller attaquer l'ennemi un peu plus ou un peu moins loin dans la plaine. » Le marquis de Villars ne trouva pas au maréchal de Choiseul toute la vivacité d'un général qui, après avoir désiré une action, la voit se présenter : il fut surpris au contraire de voir que le maréchal vouloit le retenir auprès de lui. « Non, lui répondit Villars ; je vous suis absolument inutile ici, et très-nécessaire à la tête de vos premiers partis, afin que vous soyez informé des mouvemens de l'ennemi, et que vous ayez tout le temps de vous étendre. Nous savons où nous appuierons nos ailes : ainsi je vais joindre Coqfontaine à toutes jambes. » Il trouva que l'ennemi avoit à peine passé le ruisseau d'Etlingen, mais qu'il se livroit à une bataille. Il renvoya officiers sur officiers au maréchal, pour l'informer de ce qu'il voyoit, et pour le presser.

Cependant les hussards des ennemis commencèrent à pousser Coqfontaine ; mais Villars ayant fait paroître les cinq cents chevaux mille pas derrière pour rapprocher le petit corps de Coqfontaine, et ne se commettre point, il regardoit toujours du côté de Radstadt, comptant que la tête de l'armée du Roi paroîtroit bientôt en-deçà du ruisseau. Au lieu de cela, le maréchal de Choiseul vint à lui, suivi seulement de quatre escadrons de gendarmerie. « Mais, lui dit Villars, nous ne battrons pas les ennemis avec ce que vous amenez. Et votre armée passe-t-elle le ruisseau ? » Le maréchal fut un peu honteux d'avouer que l'on attendoit ses ordres. « Cependant l'armée ennemie est en marche, lui répliqua Villars ; si elle arrive à une demi-lieue de notre ruisseau avant que toute votre armée soit passée et bien postée, vous ne pourrez faire un seul pas en avant, et vous me permettrez de ne plus compter sur la bataille. »

Réellement le maréchal ne fit autre chose que prendre sa lunette, lorgner les ennemis tant bien que mal, et à une heure après midi nous retournâmes dans notre camp. De cette ardeur de combattre on passa d'abord au soin de se retrancher sur les hauteurs de Kuppenheim, à la tête du village de Radstadt, et le long du ruisseau.

Les ennemis se placèrent à une portée du canon de nous ; et après nous avoir présenté durant quatre ou cinq jours une bataille qu'ils voyoient clairement que nous ne voulions pas, ils se retranchèrent aussi.

Un jour le maréchal de Choiseul, étant sur les hauteurs de Kuppenheim, et ne voyant pas le marquis de Villars, dit fort haut : « J'avois grande envie d'attaquer ces gens-là quand ils ont traversé la plaine. » Le marquis de Villars s'avança, et dit : « Vous auriez très-bien fait, monsieur le maréchal, et cette envie étoit très-aisée à passer. » Le maréchal fut fort embarrassé à cette réponse ; car il vouloit au moins partager l'inaction avec le marquis de Villars, qui n'avoit garde de s'en charger dans le public, et qui fut bien aise que l'on sût qu'il ne l'avoit pas conseillée.

Les armées demeurèrent en présence pendant six semaines ; après quoi celle du Roi, qui avoit plusieurs ponts sur les bras du Rhin qui forme la grande île du Fort-Louis, s'y retira, et alla attendre la fin de la campagne dans les camps ordinaires de l'autre côté du Rhin.

Nous apprîmes alors la conclusion de la paix générale signée à Riswick, et il ne fut plus question que de retourner à la cour.

Le marquis de Villars retrouva sa famille plus empressée que jamais à le marier. On lui fit diverses propositions : il demanda des conditions très-raisonnables ; mais les difficultés qui s'y rencontrèrent, plus encore son indifférence pour le mariage, le portèrent à n'y plus penser, et il ne s'occupa plus que des vues de négociation qu'on lui ouvroit à la cour.

Le roi Catholique étoit dans un état à ne permettre pas de compter qu'il pût vivre encore un an ou deux, et par sa mort le retour de la guerre que l'on venoit de finir paroissoit inévitable. Comment accorder des prétendans si puissans et si difficiles?

Un intérêt de cette importance agitoit toute l'Europe. Le Roi choisit les comtes d'Harcourt, de Tallard et le marquis de Villars pour les envoyer en Espagne, en Angleterre, et auprès de l'Empereur, où se devoit traiter ce qu'il y avoit de plus important pour la négociation.

Peu de jours après que le marquis de Villars eut été destiné à se rendre auprès de l'Empereur, il eut le malheur de perdre son père. Cette perte lui fut très-sensible : il aimoit et honoroit un père très-respectable, auquel la fortune seule avoit manqué pour parvenir à la plus grande élévation. Le marquis de Villars abandonna à sa mère, à son frère et à ses sœurs le peu que lui laissoit la succession, et paya de son bien les légitimes, afin de pouvoir retirer quelque chose du patrimoine, dont il laissa la jouissance entière à sa mère, dame d'un mérite distingué par son esprit, par sa vertu et par sa fermeté.

Il fut question cette année de donner un successeur au roi de Pologne, mort l'année précédente. Don Livio Odescalchi, neveu d'Innocent XI, se mit sur les rangs, et offroit des sommes immenses à la République pour obtenir la couronne; mais la médiocrité de son génie et de ses talens le fit échoir. On parla du prince Alexandre, second fils du feu Roi; mais il n'avoit pas l'âge prescrit par les lois, et sa faction étoit si peu accréditée, qu'on obligea la Reine sa mère à s'éloigner de Varsovie pendant la diète. Tout sembloit disposé en faveur du prince de Conti, lorsque le nonce du Pape et l'ambassadeur de l'Empereur agirent pour le duc de Saxe. Cependant le prince de Conti fut proclamé par le cardinal Radzicyouski primat du royaume, et deux heures après Frédéric-Auguste, duc de Saxe, le fut par l'évêque de Cujavie. Les deux factions dépêchèrent chacune un courrier aux princes élus. L'électeur arriva le premier, se rendit maître de Cracovie, et s'y fit sacrer par l'évêque de Cujavie. Le prince de Conti arriva peu après, mais inutilement. La plupart des chefs de l'armée de la République avoient été gagnés, et s'étoient attachés à celui qui leur avoit donné ou plus promis d'argent. Ainsi le prince de Conti, jugeant qu'il n'étoit pas de sa dignité de s'opiniâtrer plus long-temps, prit le parti de se rembarquer, et de repasser en France.

[1698] Pour revenir au marquis de Villars, destiné pour négocier à Vienne, il y mena un équipage d'ambassadeur, quoique les ministres du Roi auprès de l'Empereur ne pussent avoir que la qualité d'envoyés extraordinaires, parce que le titre d'ambassadeur les mettroit en droit de passer devant l'ambassadeur d'Espagne, qui fait à Vienne une figure éclatante; l'union des deux branches donnant presque toujours à un ambassadeur d'Espagne la considération et le crédit d'un des principaux ministres de l'Empereur. Enfin l'on a toujours compris en France qu'il ne falloit pas avoir auprès de l'Empereur un ministre qui, par sa qualité d'ambassadeur, fût dans des démêlés continuels avec l'ambassadeur d'Espagne.

Le marquis de Villars fit partir de Paris trois carrosses à huit chevaux, et quatre chariots attelés de même, et cinq ou six charrettes pour transporter les meubles qu'il envoyoit à Vienne, six pages, quatre gentilshommes, avec un grand nombre de domestiques. Cependant, comme il s'est toujours piqué d'un grand ordre et d'une sage économie au milieu des dépenses convenables aux états dans lesquels il s'est trouvé, il prit la liberté de raconter au Roi la manière dont il en avoit usé dans cette occasion. Il demanda à Sa Majesté ce qu'elle pensoit que pouvoit coûter la conduite d'un tel équipage de Paris à Vienne. Ceux qui étoient auprès du Roi, ou pour faire plaisir au marquis de Villars, ou pour approcher de la vérité, estimoient que cette dépense pouvoit monter à quarante ou cinquante mille livres : « Messieurs, leur dit-il, il ne m'en a » pas coûté une pistole. » Le Roi, surpris de la réponse, lui en demanda l'explication. « Sire, » répondit Villars, pour être magnifique il faut » être économe, et se servir de son esprit. » Le courtisan ne savoit à quoi ce préliminaire alloit conduire, lorsque Villars ajouta : « Sire, lors- » que mon équipage est parti, la réforme de votre » cavalerie se faisoit. Votre Majesté sait que l'on » donnoit les chevaux de cavaliers à vingt-cinq » livres; j'en fis acheter cent à Verdun, Mou- » zon, Châlons et autres lieux : ils ne me reve- » noient, rendus à Paris, qu'à trente-et-une ou » trente-deux livres. Ils n'y furent que quatre » jours, et de Paris à Ulm vingt jours : ainsi » aucun de ces chevaux, avec la nourriture, ne » revenoit qu'à soixante livres. On les vendit » l'un portant l'autre à Ulm cent cinquante li- » vres : par conséquent le gain sur les chevaux » défraya le reste du voyage. » Le Roi loua fort le bon esprit et le bon ordre de Villars, et dit sur cela que bien des gens soutenoient qu'ils se ruinoient à son service, quoiqu'il donnât dix fois plus que ses prédécesseurs n'avoient donné. Cette digression ne sera pas inutile pour faire comprendre l'esprit d'économie du marquis de Villars, qu'il a toujours su mettre en usage pour le service du Roi dans le commandement des grandes armées qui ont été à ses ordres. En effet, il est constant, comme on le verra dans la suite, qu'il épargna au Roi, dans la campagne de Landau et de Fribourg, plus de vingt-cinq millions.

Nous allons traiter d'une des plus importantes circonstances de l'histoire du marquis de Villars. Il va commencer une négociation considérable, dont voici l'occasion.

Le roi Louis XIV et la reine Marie-Thérèse avoient renoncé authentiquement à la succession d'Espagne. L'empereur Léopold avoit épousé la cadette de la Reine, et elle n'avoit pas renoncé : elle n'eut qu'une fille, mariée à l'électeur de Bavière ; et quoique cette princesse fût assez mal conformée, elle eut un fils après dix ans de mariage.

Le roi d'Espagne et l'Empereur convinrent dans la suite de laisser à ce fils les Espagnes et les Indes ; mais le Roi d'un côté, et l'Empereur de l'autre, ne prétendoient pas qu'il ne leur revînt aucune portion de cette grande monarchie. Le Roi ne vouloit pas s'en tenir aux renonciations ; et milord Portland, dans son ambassade en France, fut informé en partie des desseins de Sa Majesté.

Le marquis d'Harcourt, qui partit le premier pour l'Espagne, fit craindre à cette monarchie une guerre dangereuse, si monseigneur le Dauphin ou ses enfans n'étoient pas reconnus les principaux héritiers.

On peut juger par là de la grande agitation où étoit cette cour. La Reine mère du Roi lui avoit fait faire un testament, et dans la suite la Reine sa femme, de la maison palatine, voulut lui en faire faire un autre. Tout rouloit entre l'archiduc Charles, fils de l'Empereur, et le prince électoral de Bavière. Les Espagnols, partagés, partageoient aussi l'esprit foible de leur roi. La Reine n'étoit point aimée ; et sa confidente, nommée la Berleps, avec un religieux son confesseur, qui la gouvernoit, lui attiroient beaucoup d'ennemis. Le roi d'Espagne, pressé et tourmenté pour nommer un successeur, déclara enfin, pour se soustraire à tant d'importunités, qu'il ne prendroit cette résolution qu'en recevant le viatique à l'approche de la mort. Le marquis d'Harcourt crut que dans cette conjoncture il falloit fortifier le parti qu'il formoit à Madrid, étonner la brigue opposée, et conseiller de faire marcher des troupes. Effectivement l'on en fit avancer sur les frontières.

Le comte de Tallard de son côté négocioit avec le roi Guillaume, qui traitoit pour la Hollande comme pour ses royaumes. Le sieur Hoop fut envoyé auprès de l'Empereur, chargé en même temps de tout ce qui concernoit les intérêts de l'Angleterre et de la Hollande.

Jusque-là on n'entroit de la part de la France en aucune négociation avec l'Empereur, qui, de son côté, voulant persuader à tous ses alliés qu'il étoit étroitement lié avec eux, ne se hâtoit pas d'envoyer de ministre auprès du Roi. Ce fut ce qui retarda le départ du marquis de Villars, qui ne se mit en route que vers la fin de juin.

Comme il avoit connu particulièrement le prince Louis de Bade dans les armées de l'Empereur en Hongrie, et que ce prince lui avoit marqué beaucoup d'amitié, il se détourna pour aller le voir à Wilbade, où il prenoit des eaux et des bains, à cinq lieues de Bade. Dans l'entretien qu'ils eurent ensemble, ce prince lui parla assez librement sur l'état de la cour de Vienne. Il étoit lieutenant de l'Empereur, charge qui égale en quelque manière celle de connétable en France, puisqu'elle donne le droit de commander tous les maréchaux ; mais son caractère de hauteur ne lui permettoit pas une grande liaison avec les ministres : il étoit même très-brouillé avec le comte de Kinski, regardé pour lors comme le premier en crédit auprès de l'Empereur ; et cette inimitié, jointe au peu d'intelligence où il étoit avec les autres, lui attiroit des dégoûts dont il devoit être à couvert par son mérite et par sa naissance, si ces titres pouvoient être un rempart contre la malignité des courtisans.

Le marquis de Villars passa une journée entière avec lui et avec la princesse de Bade, femme de beaucoup de vertu et de mérite, joint à une grande beauté : ensuite il joignit ses gens près d'Ulm, où il avoit envoyé d'avance préparer trois grands bateaux pour le porter avec tous ses carrosses et ses équipages à Vienne.

Toutes les négociations étoient commencées à Londres et à Madrid : les premières regardoient le partage de la monarchie d'Espagne, dont monseigneur le Dauphin, le prince électoral et l'archiduc étoient regardés comme les principaux. Le Roi soutenoit les raisons du Dauphin comme les meilleures ; l'Empereur, celles de l'archiduc ; et l'Angleterre, avec la Hollande, inclinoit pour le prince électoral. Dans cette situation, le Roi et l'Empereur, voulant gagner les prétendus arbitres, ne laissoient paroître aucune apparence qu'ils voulussent s'entendre sans la participation des autres puissances.

L'Empereur nomma le comte de Walstein pour son envoyé en France. Ces deux princes étoient cependant fort attentifs à ne faire aucune démarche trop marquée, de peur que l'un ou l'autre ne rendît ses avances dangereuses en les découvrant en Angleterre. C'est dans cette disposition des esprits que le marquis de Villars arriva à Vienne : le comte de Walstein, fils unique du grand chambellan, et nommé à l'emploi de France, le vint visiter d'abord, et dès le premier jour voulut le mener à une fête dans les jardins de l'Empereur. Le marquis de Villars s'en défendit, sur ce que n'ayant pas encore eu l'honneur de voir Sa Majesté Impériale, il étoit contre la bienséance de paroître devant elle. Le comte de Walstein lui dit : « Vous avez des » places préparées, où vous verrez tout sans » être vu. » Il lui fit même entendre que, loin de déplaire par là, il feroit sa cour.

Villars se rendit à ces instances : il trouva la femme et la sœur du comte de Walstein, accompagnées de trois autres dames, qui le placèrent au milieu d'elles. L'Empereur tourna la tête pour le voir, et le roi des Romains fit la même chose plusieurs fois. De là on le conduisit à l'assemblée, où se trouve en dames et en hommes tout ce qu'il y a de plus considérable à la cour : les ministres, les ambassadeurs y sont toujours, et l'on y parle quelquefois des affaires les plus importantes. C'est un usage dans cette cour qu'on ne pouvoit être établi dans celle du Roi à Versailles, et dont la privation est cependant un assez grand inconvénient pour ce qu'il y a d'étrangers considérables, et même pour les Français, puisqu'à Paris même on ne se rassemble dans aucune maison. A Vienne, au contraire, tous les jours l'assemblée est dans quelque maison principale, où tout est fort éclairé ; on trouve six à sept chambres remplies de tout ce qu'il y a de plus illustre par la naissance et par les emplois : ce qui est au-dessous de cet état ne s'y mêle pas, et les personnes du second étage auxquelles il est arrivé de tenter d'y être admises y ont été si mal reçues, qu'elles ne se sont plus exposées aux mêmes désagrémens.

Pour entendre mieux ce qui va suivre, il importe de donner une idée exacte de la cour de Vienne. Commençons d'abord par l'empereur Léopold. Ce prince, avec un extérieur très-désagréable, avoit de très-grandes qualités, beaucoup d'esprit, un sens droit, de la probité, de la religion, et une continuelle application aux affaires. On ne pouvoit lui reprocher que de n'être pas assez décidé ; car, quoiqu'il pensât assez souvent plus juste que ses ministres, il se défioit un peu trop de ses lumières, et ne manquoit jamais par cette raison de déférer à la pluralité des suffrages. Quoique ce prince ait été chassé de sa capitale, et souvent réduit aux dernières extrémités, son règne a été des plus glorieux, et il a plus étendu les pays héréditaires, plus fait de conquêtes, que la plupart de ses prédécesseurs.

L'impératrice Éléonore, fille de l'électeur palatin, étoit une princesse très-vertueuse, uniquement occupée à servir Dieu, à plaire à l'Empereur, à donner aux archiduchesses une éducation digne de leur naissance, et à prendre soin des pauvres. Cependant elle vouloit avoir part aux affaires ; elle avoit de la hauteur, et protégeoit avec fermeté ceux qui lui étoient attachés. Il falloit même que les ministres comptassent avec elle ; ce qui causoit quelquefois des changemens dans le ministère.

Le roi des Romains étoit un jeune prince violent et emporté dans ses plaisirs. Il avoit de l'esprit, mais il n'étoit pas encore fixé, et pouvoit être également porté au bien ou au mal. Il lui arriva à une chasse, et en présence du marquis de Villars, de montrer un trait d'impatience qui fit de la peine à l'Empereur. Lorsque l'on fit entrer les ours dans les toiles, il sortit de la tente où étoit l'Empereur et ce qu'il y avoit de plus considérable, pour aller les attaquer. Le page qui tenoit son épieu ne se trouvant pas assez près, en fut corrigé par un soufflet. L'Empereur en fit quelques reproches à ce prince après être rentré sous la tente : « Et ce qui me fait le » plus de peine, ajouta-t-il, c'est que les étran- » gers vous ont vu. »

L'archiduc Charles, qui n'avoit alors que dix-sept ans, paroissoit d'un naturel bien différent. Il étoit extrêmement doux ; et sur cela l'on disoit à la cour que le roi des Romains avoit la fierté de sa mère, et que l'archiduc avoit la douceur et la bonté de la maison d'Autriche.

Pour venir aux ministres, le prince de Dietrichstein étoit le premier par sa charge de grand-maître ; mais son âge avancé et son esprit un peu affoibli l'empêchoient de faire aucune fonction du ministère. Il rendit presque mourant une visite au marquis de Villars, et ce fut la dernière qu'il fit.

Le comte de Kinski, chancelier de Bohême, et le plus ancien conseiller d'État, forma un conseil nommé *la députation*, composé du comte Staremberg, président de la guerre ; du comte de Kaunitz, vice-chancelier de l'Empire et chargé des affaires étrangères ; du comte Gondaker Staremberg, vice-président de la chambre, et par conséquent à la tête des finances, parce que la charge de président n'étoit pas remplie. Le comte de Kinski étant le plus ancien conseiller d'Etat, cette députation s'assembloit chez lui : il rendoit compte à l'Empereur des délibérations, et dès-là il étoit regardé comme premier ministre, sans en avoir le titre. Il étoit certainement très-digne d'un pareil poste, et par sa grande expérience, ayant été premier ambassadeur aux traités de Nimègue et de Cologne, et par son parfait désintéressement, puisqu'à sa mort il se trouva moins riche de cinq cent mille livres qu'il ne l'étoit en entrant dans les emplois.

Le comte de Staremberg, le plus ancien des felds-maréchaux, et président du conseil de guerre, étoit déjà fort âgé. C'étoit un essentiellement honnête homme, mais ses vues étoient fort bornées. Il avoit été chargé autrefois de la défense de Vienne, qu'il sauva, moins par la fermeté des troupes de l'Empereur que par la mauvaise conduite des Turcs.

Le comte de Kaunitz, auquel le marquis de Villars avoit eu affaire dans les négociations de Bavière, où ils avoient été opposés pour gagner ou retenir l'électeur, étoit homme de beaucoup d'esprit, et capable de grands projets. Ce fut lui aussi qui après la mort de Kinski succéda à sa faveur.

Le comte Gondaker Staremberg n'avoit pas encore une réputation formée, à cause de son peu d'expérience; mais on comptoit beaucoup sur ses talens, et il est toujours demeuré dans le ministère.

Tous ces ministres de l'Empereur donnoient des marques d'une grande politesse au marquis de Villars; mais, suivant l'esprit actuel de la cour, et conformément aux ordres du maître, ils ne vouloient pas que le sieur Hoop, chargé en même temps des affaires d'Angleterre et de Hollande, pût soupçonner qu'on voulût traiter avec le marquis de Villars; et, pour lui en ôter toute pensée, ils évitoient de le prier à manger chez eux, quoique tout le reste de la cour, dames et hommes, vinssent chez lui.

Après les premières audiences de l'Empereur, le marquis de Villars, suivant ses ordres, offrit la médiation du Roi pour accélérer la paix avec le Turc, et en parla au comte de Kinski. Ce ministre, après avoir reçu les ordres de son maître, marqua de sa part beaucoup de sensibilité et de reconnoissance pour la bonne volonté du Roi : il ajouta que les offres de Sa Majesté seroient acceptées avec joie, si l'on commençoit un traité; mais que celui de la paix avec le Turc étant comme terminé, ce seroit plutôt en retarder la conclusion que de l'avancer, s'il falloit attendre des réponses sur l'offre de cette médiation. Il y avoit peu d'apparence qu'elle pût être acceptée, puisque l'Empereur n'ayant pris encore aucune mesure avec le Roi sur la succession d'Espagne, il étoit naturel que, le roi d'Espagne mourant, la France souhaitât l'Empereur plutôt occupé que libre.

Cependant les ministres de l'Empereur et des autres puissances, qui devoient assister au traité de la paix négocié avec le Turc, ne paroissoient pas près de partir. La cour pressoit depuis long-temps le prince Eugène de faire une entreprise, et on n'en pouvoit faire que sur Bellegrade ou sur Témeswar. La première devint bientôt impossible par l'arrivée de l'armée turque sous cette place; l'autre étoit remplie d'obstacles, par l'éloignement et la difficulté des convois. D'ailleurs il auroit fallu traverser différentes rivières, souvent augmentées dans cette saison par la fonte des neiges; et l'on pouvoit juger ce dessein impraticable, puisque le prince Eugène n'en tentoit pas l'exécution. Cependant les ministres, persuadés que l'armée impériale agissant rendroit les Turcs plus traitables pour la paix, et, comme il arrive d'ordinaire, peu embarrassés des commissions difficiles qu'ils donnent à un général, vouloient qu'il fût dit avant le congrès que les Turcs pouvoient craindre de nouvelles pertes.

Enfin les ambassadeurs partirent fort tard. Le comte Doëting fut nommé chef de l'ambassade, et il fut réglé que la paix se traiteroit sous des tentes à Carlowitz.

Durant ce temps-là il arrivoit divers avis de Madrid que la santé du roi d'Espagne s'affoiblissoit de plus en plus, et à tel point qu'on pouvoit craindre qu'il ne mourût d'un moment à l'autre. Le comte d'Harrach, ambassadeur de l'Empereur à Madrid, espéra enfin, après diverses alarmes, que le roi Catholique pouvoit languir encore près d'un an. Cet ambassadeur avoit son congé; son fils aîné étoit nommé son successeur : il le laissa en Espagne, et partit dès le commencement de septembre.

Le prince de Schwartzemberg, grand maître de l'Impératrice, fit au marquis de Villars quelques ouvertures de liaison plus particulières avec le Roi sur la succession de l'Espagne : l'évêque de Passaw, peu de temps après cardinal, en usa de même. Mais les ordres du marquis de Villars étoient d'entendre, et de se charger seulement de rendre compte au Roi de ce qui lui étoit confié.

Quelque temps après, le comte de Kinski, véritablement premier ministre, lui dit tout bas dans la chambre de l'Empereur : « Nous de-vrions être meilleurs amis. » Le marquis de Villars répondit en deux mots : « Il ne tiendra pas à moi; » et le comte de Kinski ajouta seulement « Attendez. » Ce mot, de la part du ministre, étoit plus important que les longs discours des princes de Schwartzemberg et de Passaw.

Cependant le mariage du roi des Romains s'avançoit, et la princesse d'Hanovre étoit préférée. Le prince de Salm, grand-maître du roi des Romains, dont il avoit été gouverneur, et par sa femme parent très-proche de cette princesse, n'avoit rien oublié pour faire réussir cette alliance. Quelques ministres avoient parlé au marquis de Villars de Mademoiselle, fille de Monsieur, et dont le mariage avec le duc de Lorraine étoit déjà déclaré. Mais ces vues n'étoient pas celles de l'Empereur, et pour les faire réussir il n'y avoit pas assez de liaison entre les deux souverains.

Le roi des Romains avoit une maîtresse qui lui écrivoit assez vivement, et il montra une de ses lettres à un confident, qui en rendit compte au marquis de Villars. La lettre étoit hardie, et tout-à-fait dans le caractère de la demoiselle, avec laquelle le marquis de Villars soupoit quelquefois. Elle s'appeloit Dorothée de Thaun : c'étoit une grande personne assez bien faite, qui avoit passé sa première jeunesse, et qui n'en avoit plus les charmes; mais en récompense elle avoit du courage et de l'expérience, qualités plus nécessaires que la beauté pour être la première maîtresse d'un jeune prince. Mais celui-ci n'ayant pas grande part au gouvernement, le marquis de Villars ne regardoit pas ce commerce comme important pour le service de son maître.

Les principales occupations des ministres étoient de conclure promptement la paix du Turc, et de prendre des mesures sur la succession d'Espagne. Leur première ressource étoit dans les dispositions de la Reine, toute dévouée à la maison d'Autriche; mais ils eurent quelque inquiétude sur ce qu'on leur manda de Madrid que le marquis d'Harcourt, pour gagner cette princesse, lui offroit le mariage de monseigneur le Dauphin. Eux, pour faire une contre-batterie, parlèrent de la marier avec le roi des Romains. La différence d'âge étoit grande : mais ceux qui vouloit que l'on tentât cette voie de retenir la Reine dans ses bonnes dispositions pour l'Empereur disoient, sur la disproportion d'âge, que la Reine n'avoit que trois ans plus que la princesse d'Hanovre, dont le mariage avec le roi des Romains paroissoit résolu. Cependant, par cette raison et par quelques autres, le départ de la princesse d'Hanovre fut différé.

Quant à la paix du Turc, la Pologne et la république de Venise, peu ménagées par les Impériaux, portoient les ambassadeurs des deux puissances à y former des obstacles; mais l'Empereur, déterminé à la paix aussi bien que le Turc, comptoit en voir bientôt la conclusion, malgré les difficultés. Les ennemis du comte de Kinski, qui étoient en grand nombre à Vienne, ne laissoient pas de publier, au hasard de déplaire, qu'elle n'étoit pas si assurée.

Quelques ministres de l'Empereur, raisonnant avec le marquis de Villars, vouloient toujours que leur maître s'accommodât directement avec le Roi. Ils n'étoient pas dans le secret; et les espérances d'une plus longue vie du roi d'Espagne engagèrent Kinski, dans le fond porté à l'accommodement, à vouloir du moins attendre la paix du Turc pour être plus favorablement écouté. La raison le vouloit ainsi, puisque, cette paix faite, l'Empereur pouvoit se trouver en état de soutenir ses engagemens.

Cependant les ministres de l'Empereur pressoient vivement la restitution de Brisach. La démolition du pont sur le Rhin étoit une condition préalable, et le Roi en étoit chargé. Il se pouvoit bien que ses ordres pour l'accélérer n'étoient pas exécutés aussi promptement qu'ils auroient pu l'être; et l'on disoit à Vienne qu'il y avoit une grande combinaison entre la destruction du pont et la mort du roi d'Espagne. L'événement fit voir le contraire : le pont fut démoli, et Brisach rendu aux Impériaux longtemps avant la mort de ce prince. Comme on ne doutoit pas alors qu'elle n'arrivât bientôt, plusieurs de ses sujets du royaume de Naples voulurent se donner à la France. Le prince d'Aquaviva, qui étoit à Vienne, fit diverses propositions au marquis de Villars pour les principaux seigneurs, ne demandant ni grâces ni récompenses qu'après les services qu'ils auroient rendus.

[1699] La reine de Pologne arriva à Vienne en ce temps-là avec toute sa famille, c'est-à-dire avec les princes Alexandre et Constantin. Le prince Jacques arriva de son côté avec la princesse sa femme, sœur de l'Impératrice.

Dans une longue conversation que la reine de Pologne eut avec le marquis de Villars, elle n'oublia rien pour le persuader de son attachement solide pour le Roi : elle lui dit qu'elle n'avoit jamais oublié qu'elle étoit née Française; qu'elle étoit toujours vivement pénétrée des extrêmes obligations que le feu Roi son mari et elle en particulier avoient à Sa Majesté; qu'elle n'ignoroit pas qu'on avoit voulu lui rendre de mauvais offices en France, mais qu'il lui étoit facile de se justifier de ce qu'on lui imputoit.

Dans le même temps elle assuroit l'Empereur des mêmes sentimens. L'abbé Scarlaty, son ministre de confiance, demanda un rendez-vous au marquis de Villars dans un couvent, afin de pouvoir cacher leur entretien aux ministres de l'Empereur. Cet abbé ne négligea rien pour donner plus de force à tout ce que la Reine avoit dit, ajoutant que l'on devoit s'attendre à un prompt changement en Pologne, dont le Roi, disoit-il, tenoit une conduite si odieuse aux Polonais, qu'ils ne le laisseroient pas un an sur le trône.

La reine de Pologne désiroit, en cas de changement, ménager la protection du Roi pour le prince Alexandre son second fils; et ce fut cette prédilection du cadet sur l'aîné qui fit sortir la couronne de Pologne de la maison de Sobieski. En effet, si les partisans de la Reine et ceux du prince Jacques s'étoient réunis, ils l'auroient emporté en faveur du prince Jacques sur les autres prétendans.

Il est certain qu'il s'élevoit de grands troubles en Pologne : l'affaire d'Elbing les augmentoit, et le nouveau roi n'étoit pas encore bien affermi sur le trône. L'évêque de Kiev, envoyé de Pologne à Vienne, demanda dans le même temps une conférence au marquis de Villars. Elle fut de trois heures, mais d'un esprit tout opposé à celui de la reine de Pologne et de l'abbé Scarlaty : à entendre ce prélat, tous les Polonais étoient inviolablement attachés à leur nouveau roi, et l'opinion de sa valeur, jointe à ses manières affables, lui avoit gagné tous les cœurs. Il ajoutoit que le Roi et la république n'avoient pas de plus grands ennemis que la cour de Vienne, qui n'oublioit rien pour exciter des troubles en Pologne, dans la crainte que cette couronne ne prît des liaisons avec la France. Enfin il se dit fort autorisé pour commencer une alliance avec le Roi; il croyoit même que lui et le marquis de Villars pouvoient la conclure plus aisément à Vienne, puisqu'il n'y avoit aucun ministre de France en Pologne, ni de Pologne en France.

Les bonnes intentions de l'évêque de Kiev furent suivies de plusieurs avances du prince de Saxe-Zeitz, qui espéroit un chapeau de cardinal pour avoir contribué à rendre catholique le roi de Pologne, qui ne pouvoit parvenir à la couronne sans cette condition. Il convenoit à ce prince de s'attirer la protection du Roi à Rome, et il paroissoit, pour y mieux réussir, vouloir travailler à former une liaison entre la France et la Pologne.

L'envoyé de Brandebourg s'expliquoit aussi de manière à faire entendre que son maître pensoit sur cette liaison comme la Pologne, et qu'il y entreroit volontiers.

Cependant la paix avec le Turc s'avançoit, et l'on apprit enfin qu'il se relâchoit sur la Transylvanie, seul article qui eût pu rendre la négociation longue et difficile, si les Turcs s'étoient opiniâtrés; car les intérêts de l'Empereur une fois réglés, les médiateurs n'étoient pas pressés de faire obtenir une satisfaction entière à la Pologne, aux Moscovites et aux Vénitiens.

Le mariage du roi des Romains fut déclaré en même temps, et l'on prit les mesures pour en faire la cérémonie quinze jours avant la fin du carnaval, afin que tout ce temps se passât, comme il fit, en fêtes continuelles.

Le comte d'Harrach arriva à la cour, et fut déclaré grand-maître. Comme cette charge lui donnoit la première place dans les conseils, le comte de Kinski, regardé jusque là comme premier ministre, ne croyoit pas que personne pût lui être préféré; mais une puissante cabale, que l'Impératrice favorisoit secrètement, travailloit à l'éloigner des bonnes grâces de l'Empereur. Le comte témoigna respectueusement à ce prince qu'ayant été plus que tout autre honoré de sa confiance, et pouvant se flatter de l'avoir servi heureusement, il n'avoit pas dû craindre la mortification qu'il recevoit. L'Empereur, qui avoit besoin de Kinski, et qui dans le fond l'estimoit beaucoup, lui fit espérer que le comte d'Harrach n'exerceroit la charge de grand-maître que comme faisoit le feu prince de Dietrichstein; que du reste c'étoit un engagement pris depuis plusieurs années avec un homme élevé avec lui, et qu'il aimoit dès son enfance. Il est certain en effet que l'Empereur fit entendre au comte d'Harrach qu'il ne pouvoit déplacer le comte de Kinski de la présidence du conseil nommé la députation, établi depuis plusieurs années; et il n'est pas moins constant que le comte d'Harrach, très-bon homme, se seroit rendu au désir de l'Empereur, si la cabale, et surtout sa femme, très-hautaine, ne l'en avoient dissuadé. Elles lui représentèrent qu'il n'avoit qu'à tenir bon, et à refuser constamment la charge de grand-maître, si elle ne lui étoit donnée avec toutes ses prérogatives. Il suivit ce conseil, et il ne voulut pas même recevoir les complimens des ambassadeurs lorsqu'ils allèrent pour les lui faire. Pendant près de six semaines l'incertitude continua sur cet événement. A la fin l'Empereur se rendit, et donna au comte de Kinski le dégoût tout entier : seulement il en diminua l'amertume par de belles paroles, et l'assura qu'il seroit toujours le premier dans sa confiance.

Kinski travailloit seul avec l'Empereur, il dépêchoit et recevoit les courriers; et le comte de Marcilly lui apporta la nouvelle de la paix de la Hongrie, la plus magnifique et la plus heureuse que la maison d'Autriche ait jamais faite avec les sultans. Dans l'instant même Kinski en porta la nouvelle à l'Empereur qui, transporté de joie, lui dit en latin : *Est opus manuum tuarum*. Kinski répliqua sur-le-champ : *Nunc dimitte servum tuum, Domine*. Cette réponse, à laquelle l'Empereur ne s'attendoit pas, le surprit et l'embarrassa. Kinski pressa pour se retirer; l'Empereur renouvela ses marques d'amitié, et le retint. Effectivement il étoit difficile, dans les conjonctures importantes où il se trouvoit, qu'il passât d'un ministre aussi habile et aussi expérimenté.

Le roi d'Espagne s'affoiblissoit de plus en plus, et ceux qui lui donnoient encore une année de vie convenoient qu'elle pouvoit lui manquer d'un moment à l'autre.

Nous avons dit plus haut que Kinski avoit dit un mot au marquis de Villars qui marquoit un dessein d'entrer en négociation avec lui. La raison vouloit que pour l'entamer il attendit que la paix fût faite avec les Turcs, parce qu'elle donnoit une nouvelle force à l'Empereur, et le mettoit en état de soutenir ses engagemens.

Stratmann, ministre fort accrédité auprès de l'Empereur, et qui avoit été pensionnaire du Roi lorsqu'il servoit l'électeur palatin de Neubourg, avoit formé le dessein de réunir les forces et les maisons de France et d'Autriche. Kinski suivoit cette vue, et dans le fond il étoit irrité contre l'Angleterre et la Hollande, que l'on savoit travailler à un traité de partage de tous les États du roi d'Espagne avant sa mort, sans même en consulter l'Empereur.

Kinski parla donc un jour dans les antichambres de l'Empereur au marquis de Villars, et lui dit : « Est-ce que l'Empereur et le Roi ne
» sont point assez puissans pour se passer de tu-
» teurs? Le roi d'Espagne se porte bien ; mais
» si Dieu nous l'enlève, de si grands princes et
» si proches parens ne sauroient-ils s'entendre?
» — Voilà, répondit Villars, les premières ou-
» vertures que vous me faites : je n'ai pas fait
» grand fond sur celles de quelques-uns de vos
» ministres, lorsque celui que nous savons être
» le premier de tous ne me disoit rien. Votre si-
» lence a porté le Roi à m'ordonner de le garder
» aussi. » Kinski répondit : « L'Empereur con-
» serve toutes ses troupes; il a cent trente mille
» hommes; ses généraux et ses armées ont de
» la réputation : quelles puissances dans l'Eu-
» rope peuvent inquiéter nos maîtres bien unis?
» Qu'ils songent donc eux-mêmes à leurs pro-
» pres intérêts, et qu'ils ne partagent pas la mo-
» narchie d'Espagne conformément à ceux de
» l'Angleterre et de la Hollande. »

Peu de jours après cette conversation, arriva une grande nouvelle de Madrid : elle portoit que le roi d'Espagne avoit fait un testament, signé de tous les conseillers d'État, en faveur du prince électoral de Bavière. Ainsi toutes les puissances intéressées formèrent de nouveaux projets, les principales pour leurs intérêts particuliers, et les autres pour assurer une paix générale, qui paroissoit pouvoir être plus solide dans l'Europe, la monarchie d'Espagne demeurant sur une tête seule, que par un partage entre le Roi et l'Empereur.

Le prince de Saxe, évêque de Raab, et l'évêque de Kiev, incertains du parti que prendroient le Roi et l'Empereur sur la succession d'Espagne, employèrent tout pour engager le Roi à former quelques liaisons avec leur maître, et firent toutes les avances possibles pour y réussir. Le marquis de Villars y répondit par ordre du Roi, avec toutes les expressions qui, sans engager Sa Majesté, prouvoient seulement sa reconnoissance, et les dispositions favorables où elle étoit pour cette alliance. Quelques entretiens du comte de Kinski avec le marquis de Villars portèrent le sieur Hoop à penser que la cour de Vienne songeroit enfin à traiter directement avec le Roi ; ce que l'Angleterre et la Hollande regardoient comme un grand malheur pour leurs États. Le sieur Hoop vivoit très-librement avec le marquis de Villars ; mais, ministre des puissances maritimes, le séjour de celui-ci à Vienne lui paroissoit très-dangereux pour ses maîtres, et les apparences sont qu'il eut grande part à susciter une affaire qui non-seulement jeta le marquis de Villars dans divers embarras, mais qui alloit même par la suite à faire rompre tout commerce entre les cours de France et de Vienne. Comme cette affaire devint très-difficile à terminer, il n'est pas inutile d'entrer un peu dans le détail de ce qui la causa.

Il y eut dans le palais une sérénade, suivie d'un bal. Dans tout le palais de l'Empereur, le seul endroit propre à ce divertissement, et où d'ordinaire on le donne, est une très-grande salle fort élevée dans l'appartement de l'Impératrice douairière, et une partie de cet appartement est occupée par M. l'archiduc.

L'usage est que dans ces bals de la cour de Vienne personne n'y entre que ceux qui les composent. Cependant, pour faire voir celui-ci aux ambassadeurs et aux ministres étrangers, on avoit pratiqué sept ou huit loges séparées de la salle par une espèce de balustrade, et vis-à-vis une manière de trône élevé pour l'Empereur et pour l'Impératrice. Dans ces loges furent placés le nonce, l'ambassadeur d'Espagne, celui de Venise, qui n'avoient pas vu M. l'archiduc, celui de Savoie, et plusieurs étrangers sans nom. Le marquis de Villars y alla avec M. Hoop, envoyé de Hollande. Un moment avant que le bal commençât, le marquis de Villars s'approcha de l'évêque de Raab, qui soupoit de la desserte de l'Empereur dans une de ces petites loges, ce qui marquoit que ce lieu-là n'étoit pas fort réservé. Le prince de Lichtenstein, gouverneur de l'archiduc, n'eut pas plus tôt aperçu le marquis de Villars, qu'il vint à lui. M. Hoop étoit précisément entre le prince de Lichtenstein et le marquis de Villars. Ce prince dit au dernier, d'un air très-échauffé, qu'il étoit bien extraordinaire que, n'ayant point vu l'archiduc, il voulût voir la fête; et qu'il le prioit de se retirer. Le marquis de Villars lui répondit que toutes les apparences étoient qu'il étoit chez l'Empereur, et dans un lieu de peu de cérémonie, puisqu'on y faisoit des petits soupers; que d'ailleurs plusieurs de ceux qui étoient placés pour voir le bal n'avoient pas pris audience de M. l'archiduc, même M. l'envoyé de Hollande, auquel il auroit pu adresser la parole, étant, comme on l'a dit, entre M. de Lichtenstein et le marquis de Villars. Celui-ci après sa réponse sortit, mais l'envoyé de Hollande demeura.

Cette aventure mit toute la cour en mouvement, et surprit tous ceux qui l'apprirent. Premièrement, on ne pouvoit s'imaginer que la salle préparée pour le bal pût s'appeler l'appartement de l'archiduc dans le temps que l'Empereur y étoit; en second lieu, il paroissoit étrange que le prince de Lichtenstein n'eût pas porté la parole à l'envoyé de Hollande, qui n'avoit pas vu l'archiduc, non plus que ceux de Suède et de Danemarck, qui étoient à Vienne avant le marquis de Villars. Celui-ci fit de très-sérieuses plaintes au comte de Kaunitz, qui lui promit seulement d'en rendre compte à l'Empereur.

Cependant le marquis de Villars évita dans les antichambres de l'Empereur les discours auxquels l'ambassadeur d'Espagne, qui blâmoit un peu plus haut que les autres l'imprudence de prince de Lichtenstein, vouloit l'engager, aussi bien que les autres ministres étrangers. Le moment d'après, le bruit se répandit que le prince de Lichtenstein étoit très-chagrin de son procédé, et d'avoir suivi très-imprudemment les mauvais conseils que l'on lui avoit donnés.

Le lendemain, le marquis de Villars trouva dans l'antichambre de l'Empereur le comte de Kinski, qui lui dit : « Je suis très-fâché de l'aventure qui est survenue; mais elle n'empêchera pas notre commerce sur ce que vous savez. » Au fond, l'on pouvoit tirer un grand avantage de ce qui venoit de se passer; et ce démêlé donna lieu à diverses conférences avec le premier ministre, et à envoyer plusieurs courriers. C'étoit un prétexte fort naturel pour cacher une négociation que le Roi et l'Empereur vouloient tenir secrète, parce que les puissances maritimes avoient un grand intérêt de la troubler.

Le marquis de Villars observa donc un profond silence sur l'affaire du prince de Lichtenstein. Après avoir porté ses plaintes au comte de Kaunitz, comme il ne pouvoit se dispenser de le faire, il attendit les ordres du Roi, auquel il avoit dépêché un courrier, se conduisant de manière qu'il dépendît entièrement de son maître de paroître plus ou moins irrité, selon qu'il conviendroit à ses intérêts.

Dans ce temps-là on reçut à Vienne une nouvelle bien importante pour l'Europe entière, mais surtout pour les cours de France et de Vienne : c'étoit la nouvelle de la mort du prince électoral, regardé comme l'héritier de la monarchie d'Espagne. Ainsi cette couronne n'avoit plus que deux concurrens fondés en droits, mais animés par tout ce qui est le plus propre à exciter la gloire et l'ambition dans l'ame de deux grands princes.

Sur cette nouvelle le comte de Kinski dit un mot au marquis de Villars propre à faire connoître qu'il n'étoit pas persuadé qu'elle dût causer une aussi cruelle guerre que celle qui commença peu de temps après.

Le comte d'Harrach fut enfin déclaré grand-maître, cérémonie qui se fait dans l'antichambre de l'Empereur par une harangue du grand chambellan, à laquelle le grand-maître répond ensuite.

Quoique le comte d'Harrach eût la première part dans l'amitié de l'Empereur, et que d'ailleurs il fût soutenu par une cabale puissante, Kinski étoit, à proprement parler, le premier ministre à la tête du petit conseil nommé *la députation*, et il étoit le seul qui en rapportât les délibérations à l'Empereur. Il fut même dit que ce conseil subsisteroit ; qu'il présideroit à tous les autres conseils, bien peu considérables en comparaison de celui-là; et qu'il auroit d'ailleurs tous les honneurs et prérogatives de grand-maître.

Cet expédient, le seul que l'Empereur pût trouver, n'ôta pas du cœur de Kinski la noire impression que le refus de la charge de grand-maître y avoit formée. Il avala la pilule mal dorée, mais il ne la digéra pas; il tomba malade, et fut emporté en peu de jours. Durant sa maladie, l'Empereur l'envoya visiter tous les jours par des personnes considérables, et souvent par le père Menegati, jésuite, son confesseur. Kinski lui dit : « L'Empereur honore trop un ver de » terre tel que je le suis ; mais, tout empereur » qu'il est, il est ver de terre comme moi. » Il est certain que le comte de Kinski mourut de chagrin, maladie dangereuse, assez ordinaire aux premiers ministres; et l'on peut rapporter à cette occasion ce que le comte d'Harrach conta au marquis de Villars d'un autre principal ministre que l'Empereur tua, mais en moins de temps.

Lorsque Vienne étant à la veille d'être prise par les Ottomans, l'armée impériale marcha à son secours, ayant à sa tête le roi de Pologne, le duc de Lorraine, plusieurs électeurs et princes considérable de l'Empire, l'Empereur voulut y marcher aussi ; mais la foiblesse naturelle de ce prince le fit délibérer avec ses ministres. Le comte de Sinzendorff, l'un des plus accrédités auprès de l'Empereur, s'opposa avec quelques autres ministres au dessein de son maître, peut-être dans le désir de lui faire sa cour. L'Empereur avoit au fond plus de fermeté qu'il n'en montroit dans les conseils, et il en fit voir dans plusieurs occasions. Dans celle-ci il s'abandonna au conseil de mollesse que lui donnèrent ses ministres, et suivit son armée dans un bateau sur le Danube. Il comptoit bien que si ses armes avoient un succès heureux, il entreroit le premier dans sa capitale.

Il navigua toute la nuit, et le jour d'après la bataille il arriva à six heures du matin aux portes de Vienne. Dans le temps qu'il sortoit de son bateau, il entendit les salves d'artillerie et de mousqueterie des remparts. Le roi de Pologne étoit allé dès la pointe du jour faire chanter le *Te Deum* à la cathédrale, honneur auquel aspiroit l'Empereur. Ce prince demanda ce que signifioient ces salves ; on lui répondit : « C'est le roi de Po- » logne qui a fait chanter le *Te Deum*. » Sur-le-champ l'Empereur se tourna vers le comte de Sinzendorff, qui étoit dans le bateau, et lui dit avec colère : « La foiblesse des conseils où vous » avez eu part cause la honte que je reçois au- » jourd'hui. » Le comte d'Harrach dit que ces paroles donnèrent un tremblement subit au comte de Sinzendorff, et un saisissement tel qu'il en mourut le lendemain. On a cru pouvoir rapporter en passant ce trait d'histoire, raconté par le comte d'Harrach au marquis de Villars.

La mort du comte de Kinski, seul ministre qui eût entamé avec le marquis de Villars un projet d'union entre les maisons de France et d'Autriche, suspendit pour un temps assez considérable cette importante négociation. Elle fut reprise dans la suite par les comtes d'Harrach et de Kaunitz.

La Reine des Romains fit son entrée le 24 de février 1699. Ce que l'on y vit de magnifique roula sur la noblesse et sur les peuples. De la part de l'Empereur, il n'y eut d'extraordinaire qu'un carrosse neuf pour la Reine, et ce fut le seul neuf qui parut à l'entrée. Les dames de la Reine étoient dans trois autres des plus anciens. La comtesse de Caraffa, sa dame d'honneur, étoit seule avec elle ; et dans cette cérémonie ce ne furent point des princesses qui portèrent la queue, la dame d'honneur ne leur cédant pas. Les princes ne parurent pas non plus à l'entrée, n'ayant aucune sorte de rang. Les princes de Savoie, de Commery et de Vaudemont furent avertis la veille : ils demandèrent si c'étoit par ordre de l'Empereur ; le fourrier de la chambre, dont la fonction est d'avertir de toutes les fêtes et cérémonies, leur dit qu'il avoit eu ordre de les avertir comme tous les autres cavaliers. Ils allèrent à l'explication, et il leur fut permis de ne se pas trouver à la cérémonie. Le marquis de Villars vit passer le cortège, qui ne lui parut rien moins que superbe. Les arcs de triomphe étoient beaux, la disposition du feu d'artifice étoit bien entendue, mais le reste étoit médiocre. Les cardinaux et les ambassadeurs soupèrent avec l'Empereur.

L'entrée de la Reine fut précédée la veille d'un voyage que le roi des Romains fit en poste pour aller voir cette princesse à deux lieues de Vienne, où elle avoit séjourné. Ce voyage est réglé par les étiquettes. Ce prince partit de Vienne à cheval, précédé de quarante postillons sonnant tous de leurs cornets, le grand-maître des postes à leur tête. A la suite du Roi étoient les grands officiers, et les cavaliers qu'il voulut bien nommer par honneur. Tout le monde étoit aux balcons et aux fenêtres, ornées de tapis pour le retour du prince; et il le fit par la rue où étoit sa maitresse, quoique ce ne fût pas le plus court chemin. En passant devant sa porte, les postillons redoublèrent le bruit des cornets et des coups de fouet; le roi des Romains lui-même, encore plus que les autres, faisoit claquer le sien. Le marquis de Villars étoit alors dans la même maison que mademoiselle de Thaun, qui parut fort sensible à cette galanterie; mais l'Impératrice ne l'approuva pas.

Pour revenir aux affaires, le prince de Saxe-

Zeitz, évêque de Raab, et l'évêque de Kiev, envoyé de Pologne, pressoient tous les jours le marquis de Villars pour établir une intelligence parfaite entre le Roi et le roi de Pologne leur maître. Le Roi répondit favorablement à leurs instances; mais la mauvaise conduite que la ville de Dantzick avoit tenue par rapport à l'ambassadeur de France et à quelques-uns de nos vaisseaux porta Sa Majesté à exiger des satisfactions convenables avant que d'entrer dans aucun traité, ni d'envoyer aucun ministre de sa part. Les difficultés sur cela traînèrent quelques mois.

Cependant le courrier que le marquis de Villars avoit envoyé au Roi, pour l'informer de l'affaire du prince de Lichtenstein, revint à Vienne. Sa Majesté regarda comme une insulte la conduite de ce prince, et prescrivit au marquis de Villars celle qu'il devoit tenir. Il eut donc ordre de ne demander aucune audience à l'Empereur pour se plaindre, mais de parler une seule fois au comte de Kinski, et de lui dire qu'il avoit ordre de ne pas solliciter de réparation, le Roi étant persuadé qu'elle auroit été faite dans le moment, et qu'il n'étoit pas de sa dignité d'attendre qu'elle se fît sur ses représentations, puisque l'insulte avoit été faite en présence de l'Empereur, et dans le même temps que son premier ministre faisoit des ouvertures considérables pour réunir les deux maisons : qu'au reste ses pouvoirs étoient suspendus jusques après une satisfaction entière, et qu'il avoit ordre de ne plus mettre le pied dans le palais de l'Empereur, ni chez aucun ministre.

La satisfaction que l'on demandoit étoit que l'Empereur ordonnât au prince de Lichtenstein d'aller chez le marquis de Villars l'assurer du sensible déplaisir qu'il avoit de ce qui s'étoit passé, et d'avoir manqué au respect dû à son caractère.

Le marquis de Villars eut ordre aussi de s'expliquer au comte de Kinski sur les ouvertures qu'il lui avoit faites, et de lui dire les justes raisons que le Roi avoit de ne pas croire l'Empereur aussi bien intentionné que l'assuroit son premier ministre; que l'on étoit informé de toutes les démarches que la cour de Vienne avoit faites immédiatement après la paix de Riswick pour renouveler une ligne contre la France, et pour donner de la défiance aux États protestans; qu'à la vérité ces démarches pourroient être désavouées, mais qu'il n'en étoit pas de même de ce qui se passoit sous les yeux de l'Empereur, par exemple de la harangue du chancelier d'Autriche, qui demandoit de nouveaux secours aux Etats, et qui par là les préparoit à une nouvelle guerre contre la France. Le marquis de Villars devoit finir par l'affaire du prince de Lichtenstein, et faire voir au comte de Kinski qu'il paroissoit au Roi qu'on se préparoit moins à une union sincère qu'à une nouvelle rupture.

Le comte de Kinski étoit mort lorsque ces ordres arrivèrent de la cour. Ce ministre avoit bien assuré que les derniers incidens n'interromproient pas la négociation : il n'avoit rien oublié pour persuader au marquis de Villars qu'il étoit véritablement affligé de ce qui étoit arrivé, et que ces aventures, tout embarrassantes qu'elles étoient, ne pouvoient interrompre ce qu'ils auroient à traiter.

Il est certain que les cours de Vienne et de France, élevées dans cette ancienne jalousie qui excitoit entre elles des guerres presque continuelles depuis Charles-Quint et François I, n'avoient pas eu pour premier objet de se réunir sincèrement dans la circonstance de la mort prochaine du roi d'Espagne : chacun de son côté avoit cherché à se faire des alliances après la paix de Riswick, et l'Angleterre et la Hollande étoient les premières auxquelles on s'étoit adressé. Ces puissances avoient un si grand intérêt à ne souffrir jamais la réunion des deux maisons, qu'elles les flattoient également d'entrer dans leur parti. La cour de Vienne, qui venoit de soutenir une longue guerre de concert et liguée avec elle, n'avoit pas obtenu dans la paix les conditions qu'elle désiroit. Elle continua la guerre encore un an. Le sujet qu'elle en avoit étoit que ces deux puissances avoient conclu une paix particulière; ce qui avoit déterminé le comte de Kinski au dessein de réunir les maisons de France et d'Autriche, projet déjà formé par le comte de Stratmann, et qui auroit été aussi glorieux qu'utile à ces deux grandes maisons s'il avoit pu réussir. Mais elles avoient de si fortes raisons de cacher ce dessein, et le sieur Hoop, ministre d'Angleterre et de Hollande, étoit si attentif à le pénétrer, que l'on ne pouvoit tenir trop secrètes les plus légères démarches. C'est aussi ce qui fit traîner si long-temps l'accommodement de l'affaire, qui éloignoit le marquis de Villars du palais de l'Empereur.

Le Roi, pour faire voir à l'Angleterre et à la Hollande qu'il ne ménageoit pas l'Empereur, demanda les plus fortes satisfactions. Il faut expliquer ce qui rendoit celle du prince de Lichtenstein si difficile.

Il étoit gouverneur de l'archiduc, ce que l'on appelle, à la cour de Vienne comme à celle de Madrid, *hayo* : or les *hayos* ne quittent jamais le prince qu'ils élèvent; ils ne rendent aucune visite, et ne sortent du palais qu'avec leur prince. On demandoit que le prince de Lichtenstein vînt dans la maison du marquis de Villars, et ce prince publioit hautement qu'il perdroit la tête plutôt que de souffrir qu'il fût dit qu'un prince de Lichtenstein eût été le premier hayo qui eût violé les étiquettes, c'est-à-dire les lois du palais : et à la vérité l'Empereur fit offrir au marquis de Villars que le comte de Kaunitz, vice-chancelier de l'Empire et ministre des affaires étrangères, vînt chez lui, de la part de l'Empereur, témoigner le déplaisir qu'avoit Sa Majesté Impériale de ce qui s'étoit passé. Cette satisfaction paroissoit plus grande au marquis de Villars que la première; mais ses ordres étoient précis, et il ne dépendoit pas de lui de les changer. Le sieur Hoop voulut s'entremettre de l'accommodement, mais avec de si foibles conditions, qu'il étoit aisé de juger que ce ministre ne désiroit pas que sa négociation eût un heureux succès.

Le nonce et tous les autres ambassadeurs voulurent s'employer de même, et firent des offres. Leur entremise étoit inutile : le marquis de Villars étoit fixé à un point, et il falloit qu'il passât sans aucune modification.

Durant tous ces mouvemens, la cour de Vienne étoit fort embarrassée, et sa crainte étoit surtout de laisser penser aux puissances maritimes que, pour ne pas s'éloigner de la France, elle accordoit tout ce qu'elle demandoit. Ces diverses raisons firent différer la satisfaction demandée.

Cependant, comme nous l'avons dit, le prince électoral de Bavière mourut à Bruxelles le 6 de février. La nouvelle de sa mort changeoit toutes les mesures déjà prises par les puissances qui vouloient empêcher la guerre, ou pour mieux dire que toute la monarchie d'Espagne ne tombât sur une ou sur deux têtes; car l'Angleterre et la Hollande craignoient encore plus un partage entre le Roi et l'Empereur, que de voir la monarchie d'Espagne passer sur la tête de l'Empereur; ce qui ne pouvoit jamais être, ces deux puissances se joignant au Roi pour l'empêcher.

Le comte de Soissons arriva à Vienne dans ce temps-là, sans être attendu de personne, pas même du prince de Savoie son frère, chez lequel étoit le marquis de Villars quand on lui apprit que le comte de Soissons arrivoit à pied.

A peu près dans le même temps, le marquis de Villars reçut du Roi des ordres de partir de Vienne, si avant quinze jours le prince de Lichtenstein ne faisoit pas la satisfaction entière, et telle que le Roi l'avoit demandée. Il expliqua très-simplement ses ordres au comte d'Harrach, le comte de Kaunitz étant parti trois jours auparavant pour un voyage de quelques semaines.

Sur cette déclaration du marquis de Villars, on tint le jour d'après une conférence en présence de l'Empereur, où furent appelés non-seulement les plus privés ministres, mais encore la plupart des grands officiers. Les opinions furent partagées; les plus sensés n'hésitèrent pas à ordonner la satisfaction telle que le Roi la désiroit; mais le plus grand nombre, regardant l'étiquette comme une loi inviolable, auroit préféré de manquer plutôt à la religion.

Cependant tous les ministres étrangers étoient jour et nuit chez le marquis de Villars, et jamais l'on n'a employé tant d'artifice, tant de manège, tant de raison spécieuse, pour ébranler un homme. Pour tout dire, on fit tant qu'on laissa couler jusqu'au dernier moment. Le marquis de Villars, prêt à exécuter ses ordres, envoya chercher des chevaux de poste et fit atteler sa berline.

Sur les trois heures après midi, l'ambassadeur de Savoie vint encore, disant qu'il n'espéroit plus; et le marquis de Villars, ne voyant rien finir, fit sortir de la ville de Vienne sa berline, et les gens qui devoient le suivre dans son voyage. Dans ces dernières extrémités, l'ambassadeur de Savoie revint lui demander d'attendre encore un moment; et quoiqu'il n'eût aucune espérance, il le pria de lui accorder cette grâce seulement jusqu'à son retour du palais. Enfin l'ambassadeur arriva, en lui donnant sa parole d'honneur que tout ce qu'il avoit demandé seroit exécuté dans le moment. Sur cette parole, on fit revenir la berline et tous les domestiques. Un assez grand peuple étoit assemblé devant la porte, et le prince de Lichtenstein attendoit, pendant que l'ambassadeur de Savoie faisoit encore quelques tentatives pour que ce prince n'entrât pas dans la chambre où étoit le portrait du Roi; mais ces petites difficultés ne servirent qu'à rendre la conclusion plus éclatante. Les gentilshommes, les principaux domestiques du marquis de Villars, et quelques étrangers, étoient dans sa chambre. Les pages et les laquais allumèrent leurs flambeaux dès que le prince de Lichtenstein sortit, après avoir fait sur sa conduite des excuses au marquis de Villars. Ainsi la satisfaction, telle que le Roi l'avoit demandée, fut remplie et publique dans le même moment.

Comme cette affaire avoit paru à Vienne très-importante depuis les commencemens, et que le Roi avoit exigé des choses qui violoient les lois de l'étiquette, la conclusion fit honneur au marquis de Villars.

Dès que ce différend fut terminé, le comte de Kaunitz reprit avec le marquis de Villars les ouvertures du comte de Kinski. Celui-ci, dans les derniers jours de sa maladie, avoit parlé au comte de Kaunitz, et lui avoit paru affligé de ce que l'imprudence du prince de Lichtenstein suspendoit des matières aussi importantes que celles dont il s'agissoit.

Le marquis de Villars reçut des lettres du Roi, qui lui marquoit une entière satisfaction de sa conduite dans les affaires épineuses qu'il venoit de terminer. Il eut ordre en même temps de dire au comte de Kaunitz que Sa Majesté désiroit véritablement prendre des mesures solides avec l'Empereur pour éviter la guerre en cas de mort du roi d'Espagne, et qu'elle verroit avec plaisir tous les projets que les ministres de l'Empereur feroient sur cela, en commandant au marquis de Villars de les envoyer par un courrier avec la plus grande diligence.

Comme le marquis de Villars n'avoit pu aller depuis trois mois à la cour de l'Empereur, il n'avoit pu aussi faire les complimens du Roi à Sa Majesté Impériale, au roi et à la reine des Romains sur leur mariage; mais sitôt que la fin du différend lui en redonna la liberté, il alla à Laxembourg. Il y fut très-bien reçu de l'Empereur, et prit toutes ses audiences dès le premier jour. L'Empereur, qui désiroit sincèrement une réunion avec le Roi, parla à Villars dans ces sentimens, et avec des manières assez éloignées du sérieux des audiences.

Le Roi écrivit alors au marquis de Villars qu'il avoit fait arrêter le comte de Boselly, sur des avis qu'il avoit voulu attenter à la vie du prince d'Orange, roi d'Angleterre. Ce Boselly, qui étoit véritablement un des plus méchans hommes du monde, et qui fut exécuté depuis pour une infinité de crimes, pouvoit raisonnablement être soupçonné des plus grands, et se sauva de la Bastille.

Cependant le prince de Lichtenstein voulut affoiblir la satisfaction qu'il avoit faite : on prétendoit même que l'ambassadeur de Savoie, en écrivant à son maître, n'avoit pas rendu un compte bien fidèle de ce qui s'étoit passé. Le marquis de Villars en étant informé, alla trouver cet ambassadeur, lui demandant une déclaration signée de lui, et conforme à la vérité qui avoit été mandée au Roi.

Jusque là les comtes d'Harrach et de Kaunitz avoient marqué un désir assez sincère de traiter avec le marquis de Villars sur la succession d'Espagne; mais il est vraisemblable qu'amusés par le sieur Hoop, qui leur donnoit des espérances flatteuses de la part de ses deux maîtres, ils auroient souhaité que le Roi se fût expliqué davantage.

Le comte de Kaunitz rompit enfin le silence, et dit au marquis de Villars : « Vous devez être » surpris de ce que depuis douze jours je ne vous » ai pas entretenu de notre grande affaire. Je » vous dirai ce qui s'est passé la première fois » que j'ai traité cette matière avec Sa Majesté » Impériale : elle me parut, et par la joie que je » vis dans ses yeux, et par ses discours, très-» satisfaite de pouvoir s'entendre avec le Roi, et » me dit : *Songez à cela, et dites-m'en votre* » *pensée le plus tôt que vous pourrez.* Quand je » lui en parlai la seconde fois, il me dit : *Je me* » *suis ouvert au comte d'Harrach; ainsi déli-* » *bérez ensemble.* C'est ce que nous faisons, » et l'Empereur nous a déclaré que nous aurions » tous deux seuls sa confiance dans cette impor-» tante négociation. » Le comte de Kaunitz ajouta : « Voilà ce que je dois vous dire comme » ministre; mais, comme comte de Kaunitz, je » vous conjure que les lenteurs ne vous fassent » pas de peine, car je n'ai pas la présomption » de pouvoir espérer de les faire cesser. » Après quoi il demanda non-seulement un profond secret, mais encore une extrême attention sur les moindres démarches, parce qu'ils seroient épiés par les propres ministres de l'Empereur.

Le Roi écrivit alors au marquis de Villars qu'il étoit enfin convenu avec le roi d'Angleterre d'un traité de partage sur la succession d'Espagne; que la Hollande y devoit entrer, et que le sieur Hoop, ministre de ces deux puissances, devoit le déclarer à l'Empereur. Le Roi lui en demanda les conditions, et lui ordonnoit en même temps de laisser agir le sieur Hoop seul. Ce ministre trouva l'Empereur très-opposé au partage qu'il lui proposoit.

La cour de Madrid étoit dans la plus vive agitation; et son ambassadeur à Vienne, qui ne laissoit rien ignorer à Villars, lui dit souvent que tous les Espagnols ne demandoient pas mieux que de se donner à un des petits-fils du Roi; qu'ils auroient peut-être été plus disposés en faveur de l'archiduc; mais que comme ils savoient bien que l'Empereur n'avoit pas la force de les soutenir, le bruit d'un partage qui démembroit leur monarchie les mettoit tous au désespoir.

Le marquis de Villars avoit ordre en général d'écouter tout sans répondre, et de dire seulement ce qui pouvoit exciter les autres à parler. Le Roi lui ordonna, sur les discours de l'ambassadeur d'Espagne, de lui demander quels seroient les Espagnols qui, pour éviter un partage de leur monarchie, auroient la résolution de prendre un parti assez ferme pour s'en garantir. Effectivement dire que la nation se donneroit plutôt à un petit-fils du Roi qu'à tout autre prince, c'étoit prononcer des termes vagues, qui ne donnoient aucune connoissance sur laquelle on pût faire fond : par conséquent, pour se laisser aller à quelque pensée sur cela, il importoit d'être plus informé des noms et des forces des bien intentionnés pour la nation. C'est aussi ce que Villars représenta à l'ambassadeur, qui peu de jours après parla du partage assez publiquement, et d'une manière conforme à ce qu'il avoit dit. Il soutint que le roi d'Espagne n'y consentiroit jamais, et que son maître écriroit dans toutes les cours de l'Europe sur l'indignité avec laquelle il étoit traité par l'Angleterre et par la Hollande.

Ce même ambassadeur prit audience de l'Empereur, pour lui faire des plaintes très-vives sur cette négociation de Loo [c'est le lieu où le roi d'Angleterre et la Hollande faisoient le traité de partage]. La réponse de l'Empereur fut qu'il n'entroit en rien dans tout ce qui se traitoit à Loo; qu'il pouvoit protester cette vérité, et qu'il ne consentiroit jamais au démembrement de la monarchie d'Espagne.

L'ambassadeur ne faisoit aucun mystère au marquis de Villars de ce qui se passoit entre l'Empereur et lui, ni même de ce qu'il apprenoit d'Espagne. En lui parlant des divers talens des ministres du Roi son maître, il lui dit que le comte d'Aguilar avoit plus de hardiesse, mais aussi moins de crédit que les autres, que pour lui, il étoit rebuté d'écrire à des ministres sans intention et sans pouvoir; que l'on ne connoissoit plus l'autorité du Roi qu'à voir partir de temps en temps un petit billet qui chassoit tantôt l'un, tantôt l'autre, souvent sans raison, et jamais sans espérance de voir un meilleur ministre succéder à un autre; qu'enfin il étoit sur le point de demander son congé. Au milieu de son dépit, il poussa très-vivement le sieur Hoop sur une entreprise, disoit-il, aussi injuste et aussi surprenante que celle de partager la monarchie d'un roi d'Espagne vivant.

L'Empereur protestoit qu'il n'entroit en rien avec ces puissances : cependant, après toutes les ouvertures faites par les comtes d'Harrach, de Kinski et de Kaunitz, on gardoit le silence avec le marquis de Villars ; ce qui persuadoit, ou que la cour de Vienne attendoit des traitemens plus favorables des puissances qui avoient traité le partage, ou que le Roi approuvoit ce qui se passoit en Hollande.

L'ambassadeur d'Espagne, pressé enfin par la continuation d'une négociation qu'il ne pouvoit plus soutenir, dit au marquis de Villars qu'il avoit mandé au Roi son maître que s'il lui étoit indifférent de conserver l'intégrité de sa monarchie, il étoit plus noble pour lui de la partager d'une manière convenable entre l'Empereur et la France ; mais que s'il vouloit la conserver entière, l'unique moyen étoit, pour y réussir, de déclarer pour son seul héritier un des petits-fils du Roi, s'engageant à n'en pas permettre le moindre démembrement.

Cet ambassadeur dit encore au marquis de Villars : « Conduisez-vous bien, ménagez sans » éclat la cour de Madrid ; elle se conduit si mal, » aussi bien que celle de Vienne, que tout con- » courra à mettre la monarchie entière sur la » tête d'un de vos princes, même sans que vous » fassiez aucun mouvement. »

Il ne sera pas inutile de rapporter un trait qui fera sentir combien cet ambassadeur étoit vif sur la gloire de sa nation. Un jour, entendant l'envoyé d'Angleterre et de Hollande [c'étoit le sieur Hoop] blâmer la conduite du marquis de Canalèdes, ambassadeur d'Espagne à Londres, sur ce qu'il avoit donné un mémoire de plaintes à la régence de Londres contre les bruits du partage ; et dire qu'il étoit bien surprenant que l'on osât donner des mémoires à des sujets sur la conduite de leur roi, l'ambassadeur répliqua : « Des sujets » qui détrônent leur roi et s'en donnent un au- » tre, qui même en punissent un du dernier sup- » plice par leurs prétendues lois, et qui tout ré- » cemment font une guerre contre la volonté de » leur roi, qui, pour toute réponse sur ce qui se » passe à Darien, est réduit à dire qu'il ne peut » s'opposer à ce que le parlement d'Écosse a or- » donné ; de tels sujets ne sont point du tout re- » gardés comme ceux du roi Très-Chrétien. » Ce discours de l'ambassadeur d'Espagne, très-offensant pour un ministre d'Angleterre, le porta à de grands emportemens, que l'ambassadeur méprisa par un sourire moqueur. Cette conversation étoit assez amusante pour un tiers.

Cependant on fut informé bien positivement que l'Empereur avoit refusé les propositions de partage faites par l'Angleterre et par la Hollande ; mais ce prince, étant persuadé que le Roi agissoit de concert avec ces deux puissances, tourna ses vues du côté de Madrid. Le roi d'Espagne et la Reine étoient entièrement pour l'Empereur ; mais divers ministres de cette cour, persuadés que l'Empereur et le roi d'Espagne ne pouvoient rien seuls contre les forces unies de la France, de l'Angleterre et de la Hollande, jointes à toutes les autres alliances que l'on avoit ménagées dans le Nord, penchoient à se jeter entre les mains du Roi, en se donnant tout entiers à un de ses petits-fils : unique moyen d'éviter le traité de partage, qu'ils regardoient comme le plus grand malheur.

Le comte de Soissons, arrivé à Vienne, et ne

sachant plus à quoi se prendre, vint trouver le marquis de Villars, auquel il conta ses peines et ses malheurs, surtout le chagrin qu'il avoit d'avoir déplu au Roi. Il dit que, pour toute grâce, il demandoit d'expier ses fautes; et que pour cela il supplioit Sa Majesté d'ordonner qu'il fût reçu dans celle des prisons de France qui lui plairoit, pour y demeurer tout le temps que la pitié ou la punition l'exigeroit. Le Roi lui fit dire de continuer ses services aux princes qu'il voudroit choisir, ne voulant pas qu'il revînt en France.

La guerre très-imprévue commencée par le roi de Pologne contre la Suède surprit alors presque toutes les cours de l'Europe. Ce prince attaquoit la Livonie : il paroissoit que toute la Pologne concourroit à cette entreprise, et certainement l'Empereur ne pouvoit trouver convenable à ses intérêts l'agrandissement de tels voisins. Le début de la guerre fut heureux pour le général Flemming, qui surprit un fort très-bon et très-important placé vis-à-vis Riga, et dont la perte facilitoit extrêmement celle de cette importante place, d'où dépend toute la Livonie, l'une des meilleures et des plus riches provinces de la domination de Suède.

La cour de Vienne ne prit aucun parti; mais on vit le Danemarck ligué avec le roi de Pologne se préparer à attaquer la Suède, et ce fut le commencement d'une guerre à peine terminée en 1716.

Le marquis de Villars eut ordre de déclarer que le Roi avoit commandé de remettre Brisach à l'Empereur le premier d'avril 1700. Depuis long-temps cette cour étoit tranquille sur la restitution de cette place, ayant bien reconnu qu'elle n'avoit été différée que pour se conformer exactement au traité de Riswick.

L'audience que le marquis de Villars n'avoit encore pu prendre de l'archiduc, à cause d'une infinité de difficultés faites même par la plupart des ministres de l'Europe, fut enfin réglée suivant les intentions du Roi.

Le marquis de Villars vit ce prince, qui se découvrit toutes les fois que le marquis de Villars prononçoit le nom du Roi, ou que le prince lui-même le nommoit. Cette affaire finie, le comte d'Harrach parla au marquis de Villars sur la même matière, qui avoit été déjà agitée par les comtes de Kinski et de Kaunitz. Il falloit, disoit-il, établir une véritable et sincère union entre le Roi et l'Empereur, et mépriser les vues de ces puissances, qui, sous le prétexte d'établir le repos de l'Europe, ne vouloient qu'en procurer la ruine par des guerres éternelles. Comme le marquis de Villars avoit ordre de n'entrer en rien, il observa un silence qui fit taire le comte d'Harrach, et ce ministre finit l'entretien par ces paroles : « Monsieur, vous savez plus que vous ne » voulez dire, et il seroit inutile de parler davan- » tage d'une matière qui cependant mériteroit » un peu plus les sérieuses réflexions du Roi » votre maître. »

Le marquis de Villars rendit un compte exact de cette conversation, et prit la liberté de représenter au Roi, par des raisons fortes et convaincantes, que le parti le plus sûr, le plus avantageux et le plus convenable aux deux grands chefs des deux plus redoutables maisons étoit de s'unir; que le partage n'établiroit pas la paix; que l'Empereur hasardant tout pour l'empêcher, les commencemens de la rupture pouvoient ne lui être pas favorables, mais que les suites seroient longues et difficiles : au lieu que si le Roi s'entendoit avec Sa Majesté Impériale, les forces que ces deux puissances avoient actuellement sur pied les mettroient en état de soutenir le partage le plus glorieux et le plus utile au Roi et à l'Empereur.

Le comte d'Harrach, dans un autre entretien, n'oublia rien pour prouver au marquis de Villars que l'Angleterre et la Hollande ne songeoient qu'à leurs intérêts particuliers; que le partage proposé ne convenoit qu'à ces deux puissances, et que le seul glorieux et utile étoit celui qui réunissoit pour toujours, et sans ombre de défiance pour l'avenir, les deux plus puissans princes de l'Europe. Il a bien paru que le marquis de Villars étoit fortement convaincu de cette vérité; car il n'omit rien pour en persuader son maître, sacrifiant souvent à son zèle la conduite et la politique du courtisan : il étoit même obligé souvent de supplier le Roi de lui pardonner s'il s'expliquoit à lui avec trop de liberté. Mais les ordres qu'il recevoit étoient précis, et tels qu'il ne pouvoit faire entrevoir aux ministres de l'Empereur aucune espérance de changer des mesures qu'il soupçonnoit être déjà prises entre le Roi, l'Angleterre et la Hollande.

Comme il arrive néanmoins que dans des affaires si importantes les puissances mêmes qui comptent avoir tout réglé ne laissent pas de craindre ou d'entrevoir quelque révolution, le marquis de Villars croyoit pénétrer, par les discours des ministres de l'Empereur, qu'ils se flattoient de voir arriver quelques changemens dans le projet de partage, qui passoit pour constant, bien qu'il ne fût pas public; et le Roi de son côté laissoit entendre à Villars qu'il lui enverroit des ordres incessamment.

La guerre commencée par le roi de Pologne faisoit de la peine à toutes les puissances qui cherchoient la paix; mais ces mêmes puissances, qui dans un autre temps auroient imposé un prompt silence à l'aggresseur, étoient retenues par de plus grands intérêts ; et l'incertitude des mouvemens que produiroit la mort apparente du roi d'Espagne laissa une entière liberté à la Pologne, au Danemarck, à la Prusse et au Czar de s'unir pour détruire la Suède, ou du moins pour envahir les États de cette couronne, qui étoient fort à la bienséance de ces avides voisins.

La ligue formée entre tant de puissances donna bientôt lieu à l'intrépide valeur du roi de Suède de se faire une gloire qui auroit effacé celle des plus grands conquérans, si le mépris des périls, naturel en lui, et qui éclata dans ce jeune héros au-delà de tout exemple, avoit été accompagné de cette réflexion si nécessaire à tous les grands hommes, mais surtout à un roi, qu'il faut démêler les dangers convenables à ces premières têtes d'avec ceux qu'elles doivent éviter, et mépriser comme au-dessous d'elles.

Cette guerre commença donc dans le Nord, malgré la répugnance de presque toute l'Europe, répugnance qui ne paroissoit que par des offices même assez légers : et ce que l'on avoit cru un feu facile à éteindre est encore allumé dans le temps qu'on écrit ces Mémoires ; et cette guerre d'une partie de l'Europe a laissé un champ libre à toutes celles qui depuis ont si fort ébranlé les autres monarchies, qu'il n'y en a pas eu une seule dont les rois n'aient été chassés de leurs capitales, ou dont les couronnes n'aient été en quelque péril.

[1700] Revenons à ce qui se passoit à Vienne, où la négociation se trouva des plus importantes par les dépêches du Roi, qu'un courrier apporta au marquis de Villars, datées du 6 de mai 1700.

Par ces lettres, le Roi expliquoit au marquis de Villars les raisons qu'il avoit eues de ne lui permettre pas d'écouter les propositions que lui avoient faites les ministres de l'Empereur sur un partage de la monarchie d'Espagne. Ces raisons étoient fondées sur la juste défiance que Sa Majesté avoit dû prendre des vastes desseins de l'Empereur, établis sur la confiance qu'il prenoit dans les alliés, qui l'avoient aidé à soutenir la dernière guerre, et sur les espérances que lui donnoient ses ambassadeurs à Madrid. Enfin le Roi, persuadé que l'Empereur comptoit recueillir la monarchie d'Espagne tout entière, ne crut pas devoir montrer aucune facilité à traiter avec ce prince : tout au contraire, il regarda comme infiniment plus solides pour conserver la tranquillité de l'Europe les mesures qu'il prendroit avec l'Angleterre et la Hollande, ces deux puissances craignant également et le renouvellement de la guerre, et que la monarchie d'Espagne ne tombât entière sur la tête du Roi ou de l'Empereur.

Il parut donc nécessaire de laisser à l'Empereur le temps de reconnoître le peu de solidité de ses projets, avant que d'entrer de la part du Roi dans aucune négociation avec ce prince.

Après que la mort du prince électoral de Bavière eut changé tout le système des négociations, le sieur Hoop eut ordre de déclarer, de la part du roi d'Angleterre et des États-Généraux, que ces deux puissances ne trouvoient pas convenable au bien de l'Europe, ni à leurs propres intérêts, de s'engager dans une nouvelle guerre pour ceux de l'Empereur ; et qu'enfin, pour établir la tranquillité générale, il ne convenoit pas qu'on laissât tous les États de la couronne d'Espagne réunis, ou dans la maison d'Autriche, ou dans celle de France.

Toutes ces diverses représentations ne purent cependant ébranler l'Empereur, non plus que le peu de fondement qu'il pouvoit faire sur les négociations de son ambassadeur à Madrid, qui ne lui permettoit plus d'espérer que le crédit de la reine d'Espagne fût assez considérable pour engager les Espagnols à se donner entiers à la maison d'Autriche, au péril d'une nouvelle et dangereuse guerre.

Le Roi, ne croyant pas pouvoir prendre une confiance entière dans l'Empereur, se crut enfin dans l'obligation de conclure un traité au mois de mars de la présente année avec l'Angleterre et la Hollande, pour le partage de la monarchie d'Espagne. Ce traité étant connu, on n'en insère pas ici les articles.

Le marquis de Villars eut donc ordre de parler à l'Empereur, et lui fit le discours suivant, par lequel il tâcha d'adoucir autant qu'il se pouvoit la dure nouvelle qu'il venoit lui apprendre.

« Sire, en m'acquittant des ordres dont le Roi mon maître me fait l'honneur de me charger par ses dernières lettres, je prendrai la liberté d'assurer Votre Majesté Impériale que j'en ai toujours eu de très-précis de lui faire connoître, encore plus par ma conduite que par mes discours, combien sincèrement il désire d'entretenir toujours avec elle une parfaite intelligence. Le Roi mon maître a été bien aise de lui en donner des marques, aussi bien dans les occasions moins importantes que dans celles où il a été question de faciliter un traité entre Vos Majestés.

» Cette union a paru toujours essentielle au bien de la chrétienté : ainsi le Roi ne peut regarder sans peine les événemens capables d'en troubler le repos.

» Votre Majesté a su que le Roi, souhaitant prévenir tant de malheurs, acceptoit les propositions faites l'année dernière par le roi d'Angleterre et par les États-Généraux pour empêcher, si Dieu disposoit du roi d'Espagne, que la mort de ce prince, dont la santé fait tout craindre depuis quelques années, ne produisit de nouvelles guerres.

» Le Roi auroit appris avec un plaisir sensible que Votre Majesté Impériale, également touchée et des avantages offerts à monseigneur l'archiduc par ce projet, et du nouveau trouble où tous les États se verroient exposés si elle refuse d'y souscrire, eût accepté des conditions si raisonnables.

» Elles ont paru au Roi mon maître si propres à maintenir la tranquillité générale, qu'il a pris enfin la résolution de conclure avec le roi de la Grande-Bretagne et avec messieurs les États un traité conforme à ces mêmes propositions. Le Roi m'a ordonné d'en faire part à Votre Majesté Impériale. Si elle veut y entrer, rien ne manquera plus aux mesures prises pour la conservation de la paix.

» L'ouverture à la succession d'Espagne est justement regardée comme la source d'une longue guerre : mais il n'y aura point de sang versé, si cette querelle est terminée par un juste partage; il n'y aura plus de dispute, et les peuples soumis présentement à la domination d'Espagne reconnoîtront de nouveaux souverains, sans que ce changement attire des suites funestes, qu'il seroit impossible d'éviter si les armes décident de la succession de tant d'États.

» Le Roi ne peut croire que la prudence et la piété de Votre Majesté Impériale permettent qu'elle préfère les événemens incertains d'une guerre, et les malheurs qui en sont inséparables, à des propositions si justes, surtout lorsqu'elle voit que, pour épargner ces malheurs à la chrétienté, le Roi veut bien se désister de soutenir ses droits justes et légitimes, et ne pas employer pour cet effet des forces qu'il peut faire agir toutes les fois que la nécessité le demandera.

» Enfin, Sire, je prendrai la liberté de représenter à Votre Majesté Impériale que de pareilles résolutions n'admettent point de grands délais, qu'elles doivent être prises promptement, et qu'il est nécessaire de faire voir que l'on tenteroit vainement de s'y opposer. Le Roi attend incessamment une réponse, et m'ordonne de renvoyer le courrier qu'il m'a dépêché peu de jours après que j'aurai eu l'honneur d'informer Votre Majesté Impériale des ordres qu'il m'a apportés.

» Voilà, sire, la copie du traité que j'aurai l'honneur de remettre à Votre Majesté Impériale, ou à celui de ses ministres qu'elle aura pour agréable de me nommer. »

L'Empereur parut surpris de ce discours, et répondit seulement que personne ne désiroit plus que lui le repos de l'Europe, et que lui marquis de Villars pouvoit remettre le traité qu'il lui présentoit au comte de Kaunitz.

En sortant de chez l'Empereur, le marquis de Villars porta le traité à ce ministre, qui lui dit simplement en le recevant, et en regardant le ciel : « Il y aura encore quelqu'un là-haut qui » se mêlera de partager les monarchies du » monde. »

La dépêche de Sa Majesté informoit très-au long le marquis de Villars de tout ce qui s'étoit passé en Angleterre entre milord Portland et les ministres de l'Empereur, à La Haye entre M. Heinsius et les mêmes ministres, en France entre le marquis de Torcy et le comte de Sinzendorff. Ce dernier, en lisant le traité avec M. de Torcy, fit diverses remarques sur les changemens que l'on pouvoit y faire, surtout par rapport au Milanais. M. de Torcy lui fit réponse que si lui comte de Sinzendorff faisoit quelques propositions de la part de l'Empereur, le Roi les feroit examiner avec les ministres d'Angleterre et de Hollande.

Parmi les circonstances dont le Roi informoit le marquis de Villars, il lui manda que la reine d'Espagne étoit entièrement brouillée avec le comte de Harrach, ambassadeur de l'Empereur à Madrid, et dès-là que ce prince ne pouvoit plus attendre, comme il l'avoit toujours espéré, que l'Espagne se livrât à lui. En effet, il y avoit à Madrid une puissante cabale disposée à se donner à un des fils du Dauphin, et les plus sensés conseilloient l'Empereur de s'accommoder avec le Roi.

La plus grande difficulté de l'Empereur sur le traité de partage regardoit le Milanais, qui devoit être remis au duc de Lorraine en échange des duchés de Lorraine et de Bar; et il y avoit tout lieu d'espérer que l'Empereur seroit satisfait de voir l'État de Milan remis entre les mains d'un neveu qu'il avoit élevé, et qui avoit tant de part à sa tendresse.

Nonobstant les déclarations authentiques que le marquis de Villars devoit faire que le Roi n'admettroit aucune sorte de changement au traité, il avoit ordre d'écouter les propositions que les ministres de l'Empereur pourroient faire. Si elles consistoient à offrir au Roi quelque partie des Indes ou quelques provinces dans les Pays-Bas, le marquis de Villars étoit chargé de rejeter ces offres. Si pourtant l'une de ces provinces des Pays-Bas étoit celle de Luxembourg et qu'on voulût y joindre le royaume de Navarre, le Roi se réservoit d'examiner si ce partage lui convenoit, en laissant le Milanais uni à la couronne d'Espagne. Enfin si l'Empereur, abandonnant ses prétentions sur le Milanais, demandoit que les royaumes de Naples et de Sicile ne fussent point séparés de la monarchie d'Espagne, le marquis de Villars avoit ordre d'écouter les propositions qui seroient faites pour conserver ces royaumes à l'archiduc, devenu roi d'Espagne.

Il étoit prescrit au marquis de Villars d'informer diligemment le Roi sur ces diverses propositions de changemens, et de garder le secret à l'égard du sieur Hoop, Sa Majesté se réservant d'en communiquer directement avec l'Angleterre et la Hollande.

Après que le marquis de Villars eut remis le traité à l'Empereur, il écrivit au Roi ; et l'on croit devoir insérer ici cette première dépêche, qui prépare à une importante négociation.

« Sire, j'ai eu l'honneur d'informer Votre Majesté, par ma dernière dépêche, que j'avois pris audience de l'Empereur le 18 au soir. Elle trouvera dans celle-ci un compte exact et fidèle de tout ce que j'ai fait depuis, en exécution de ses ordres : je les ai étudiés avec l'attention qu'ils méritent. Elle me permettra d'abord d'admirer, dans les motifs qui ont réglé la conduite de Votre Majesté, et dont elle daigne m'instruire, ce génie sublime et cette profonde sagesse dont le discernement démêle par des règles infaillibles la vérité d'avec l'apparence, et montre la droite voie aux ministres qui ont l'honneur de la servir, à tel point, sire, que leur premier et presque unique objet doit être d'exposer le plus nettement qu'il leur est possible tout ce qu'ils voient et tout ce qu'ils entendent, bien persuadés que s'ils s'égarent dans leurs préjugés, Votre Majesté ne se trompera pas dans ses décisions. Ainsi, dans la matière importante qu'elle daigne me confier, j'aurai l'honneur de lui rendre compte non-seulement des paroles de l'Empereur et de ses ministres, mais même, autant que je le pourrai, de l'air dont ils les ont prononcées.

» Je me suis servi des mêmes expressions que Votre Majesté m'a fait l'honneur de me prescrire lorsque j'ai parlé en son nom à l'Empereur. Sa réponse a été, en termes généraux, qu'il avoit intention d'entretenir toujours une parfaite intelligence avec Votre Majesté ; qu'il se souvenoit de tout ce qui avoit été proposé et agité depuis un an entre le ministre de Hollande et les siens ; qu'il avoit cru montrer sa modération dans ce qui s'étoit passé, et qu'il examineroit le traité que Votre Majesté m'ordonnoit de lui communiquer. Sur la conclusion de mon discours, qui tendoit à presser une résolution, l'Empereur dit qu'une matière si importante exigeoit de longues délibérations ; qu'il verroit cependant ce qu'on pourroit me dire avant le départ de mon courrier ; et m'ordonna de remettre le traité au comte de Kaunitz.

» Je trouvai ce ministre dans l'antichambre de l'Empereur, et lui demandai quand je pourrois l'entretenir, après lui avoir dit en deux mots que j'avois à lui remettre la copie d'un traité dont je venois de rendre compte à l'Empereur.

» On en avoit des nouvelles avant l'arrivée de vos courriers, et le comte de Kaunitz me dit qu'il en savoit la signature du 25 de mars. L'ambassadeur de Venise m'en avoit parlé de même, et m'avoit expliqué la plupart des articles du traité.

» Après cette première diligence pour informer le comte de Kaunitz, je parlai à M. le comte d'Harrach, qui me parut assez ému, et qui se plaignit fort des alliés de son maître. « Voilà, » me dit-il, vos bons amis ; mais est-ce que l'on » donne le bien des gens ? » Il me parla ensuite sur diverses particularités du traité, en me disant : « Je vous l'avois déjà bien fait observer, » monsieur, que l'Angleterre et la Hollande ne » songeoient qu'à leurs intérêts. Ces puissances » nous donnent une portion de la monarchie » d'Espagne qui ne peut se soutenir. Que faire » de la Flandre ? comment conserver les Indes » sans armée navale ? Il faudra donc que M. l'ar» chiduc soit toujours à la merci du Roi pour » l'Espagne, et dans la dépendance de l'Angle» terre et de la Hollande pour les Indes ? — » Monsieur, lui répondis-je, si vous considérez » la portion de la monarchie d'Espagne qui est » destinée à M. l'archiduc par l'usage qu'en font » les Espagnols, et que nous jugions de même de » celle qui nous regarde, vous m'avouerez que » la nôtre n'est la plus médiocre. Vous savez, » monsieur, que les royaumes de Naples et de » Sicile sont engagés de manière que le roi d'Es» pagne n'en retire presque rien : mais lorsqu'un » prince aussi bien élevé que l'est M. l'archiduc, » et qui dans un âge peu avancé donne déjà de » si grandes espérances, sera le maître absolu, » vous trouverez alors, monsieur, que l'empire » des Indes et les Espagnes bien gouvernées » font un État puissant. Je sais ce que l'on tire » actuellement des deux Castilles ; et si la mi» sère du gouvernement actuel d'Espagne fait » pour ainsi dire fondre tout l'or des Indes entre » les mains des Espagnols, il ne faut qu'un prince » un peu éclairé pour relever une puissance plus » accablée de son propre poids, et par l'igno» rance de ses ministres, que de sa foiblesse na-

» turelle. » Enfin, sire, après quelques soupirs, et des plaintes d'avoir été abandonné par des alliés que l'Empire avoit seul soutenus à la veille de leur ruine totale, M. le comte d'Harrach est venu aux regrets de n'avoir pas traité directement avec moi. « N'étoit-il pas plus raisonna» ble, m'a-t-il dit, que des princes si proches » parens, et si remplis de religion et d'équité, » convinssent entre eux ? — Il est aisé de vous » répondre sur cela, lui ai-je dit, et vous trou» verez bon que je vous explique la conduite de » Sa Majesté.

» A peine la paix de Riswich fut-elle conclue, » que le Roi nomma messieurs de Tallard, » d'Harcourt et moi pour aller auprès de l'Em» pereur, du roi d'Espagne et du roi d'Angle» terre. Je serois parti en même temps que les » deux premiers, si la mort de mon père, qui » survint alors, ne m'eût fait supplier le Roi de » m'accorder quelques mois. » [J'ai cru, sire, pouvoir employer cette raison, quoiqu'elle ne m'ait pas retenu, comme Votre Majesté le sait.] « J'arrivai ici il y a deux ans; et vous savez, mon» sieur le comte, que l'Empereur n'a eu personne » auprès du Roi que plus de quinze mois après. » Je trouvai en arrivant une si grande froideur » à Vienne, et si différente des manières que » l'on avoit eues pour moi à mon premier voyage, » que je ne pus m'empêcher d'en marquer mon » étonnement à M. le comte de Kaunitz ; et de » lui en porter mes justes plaintes. En effet, je » demeurai un mois entier sans que personne » mit les pieds chez moi ; quelques-uns même de » mes anciens amis, qui avoient envoyé me de» mander heure pour y venir, s'en excusèrent. » Vous savez vous-même, monsieur, que les » principales personnes d'entre vous ne m'ont » invité chez eux qu'après m'avoir fait l'hon» neur de venir manger chez moi, et honteux » pour ainsi dire de ne pas faire les honneurs » de leur cour à un étranger : de sorte que si » j'ai reçu des honnêtetés dans la suite, j'ose » dire que ce n'a été qu'après me les être atti» rées. Le feu comte de Kinski et plusieurs au» tres ne sont jamais venus chez moi. Des trai» temens si différens de ceux que l'on faisoit » autrefois aux envoyés du Roi, et dont je ne » pouvois me dispenser d'informer Sa Majesté, » commencèrent à la persuader combien elle » avoit peu à compter sur la bonne volonté de » cette cour : l'affaire qui m'arriva chez M. l'ar» chiduc acheva d'en convaincre. Rappelez-vous, » monsieur, par quelles lenteurs et par quelles » difficultés je passai avant que d'obtenir les » justes satisfactions demandées par le Roi : en» core ne furent-elles accordées que par la crainte » de rompre un commerce qui vous mettoit à la » merci de l'Angleterre et de la Hollande, n'ayant » plus aucune voie de traiter directement avec » Sa Majesté. A toute cette conduite, pouvoit» on croire que l'Empereur eût un désir bien » sincère de se lier d'intérêt avec le Roi ? Je crois » même pouvoir vous dire que l'on n'en a fait les » premières propositions que lorsqu'on me vit » sur le point de quitter votre cour, par le re» fus de la satisfaction que le Roi demandoit. »

« Le comte d'Harrach m'interrompit là-dessus, et me dit : « Monsieur, si d'abord on n'a » point eu de conférence avec vous, c'est pre» mièrement parce que l'Empereur a toujours » cru être le seul et véritable héritier de la » monarchie d'Espagne ; en second lieu, c'est » qu'avant votre arrivée ici le Roi étoit déjà » convenu avec le roi d'Angleterre et avec les » Hollandais sur le prince électoral de Bavière.— » Non, monsieur, lui répondis-je ; je crois pou» voir vous assurer qu'il n'y avoit rien de réglé » avant mon arrivée. Que si depuis le Roi a con» senti à quelque chose en faveur du prince » électoral, sa même modération paroissoit tou» jours ; et ce prince étant mort, vous deviez » montrer plus d'ardeur que d'éloignement à » traiter avec Sa Majesté. — Mais quoi ! n'y a-t» il donc plus rien à négocier, reprit le comte » d'Harrach, et tout est-il fini ? » Je lui dis : » Vous avez un traité conclu. — Pour ce traité, » nous ne pouvons y consentir, répliqua le » comte. » Je répondis : « Le Roi m'ordonne de » renvoyer mon courrier dans huit jours au plus » tard. Il souhaite passionnément que ces con» ditions, où sa modération paroit tout entière, » soient au gré de l'Empereur. Pour moi, mon» sieur, je verrai dans l'intervalle qui m'est fixé » ce que vous me ferez l'honneur de me dire, et » j'en rendrai un compte fidèle à Sa Majesté. » Voilà, sire, le précis de la première conversation entre le comte d'Harrach et moi.

« J'allai de là chez le comte de Kaunitz, que je trouvai très-réservé, très-silencieux et étonné. Comme il ne me répondoit qu'en peu de paroles, je m'étendis moins avec lui qu'avec le comte d'Harrach. Cependant, après m'avoir écouté quelque temps, il me dit : « Voilà ce que mes» sieurs de Boufflers et de Portland avoient négo» cié avant la paix. » Je l'assurai du contraire, et il me répliqua : « Il y a quelqu'un là-haut [en » montrant le ciel] qui travaillera à ces parta» ges. » Je lui répondis : « Ce quelqu'un en ap» prouvera la justice. — Cela est pourtant nou» veau, me dit-il, que le roi d'Angleterre et la » Hollande partagent la monarchie d'Espagne. » Et ce tiers dont vous nous menacez, où est-il?

» je ne le connois pas. Quoi! les Hollandais don-
» neront des royaumes? » Comme il s'en prenoit
vivement au roi d'Angleterre et aux États-Généraux, je lui dis : « Monsieur le comte, trouvez
» bon que je les excuse auprès de vous. Ces deux
» puissances viennent tout récemment de soute-
» nir une guerre qui leur a coûté beaucoup, et
» rien à l'Empereur; car enfin vous n'avez fait
» de dépense que contre les Turcs : vous aviez
» quelques troupes en Italie, et deux seuls régi-
» mens de hussards dans l'Empire, qui n'étoient
» point à sa solde. L'Angleterre et la Hollande
» ont donc soutenu seules tout le fardeau. Croyez-
» vous ces deux nations bien empressées à s'en-
» gager dans une nouvelle guerre pour vos seuls
» intérêts, quand le Roi marque par sa modé-
» ration qu'il ne désire que le bien et la tran-
» quillité de l'Europe? » Je lui remis le traité,
et ainsi finit notre entretien, dont j'ai rapporté
l'essentiel.

« Le jour suivant, le comte d'Harrach me
pria à dîner; il but à la bonne union de Votre
Majesté et de l'Empereur. Il est naturellement
très-poli, et il me le parut encore plus ce jour-là.
Après le repas, il me dit : « Voilà le traité que
» M. Hoop a remis à l'Empereur. Vous voulez
» bien que je vous fasse voir qu'entre autres cho-
» ses il y en a deux insoutenables sur les arti-
» cles IV et IX. Quoi! obliger l'Empereur de pri-
» ver ses successeurs de la réversion légitime de
» leur bien! Et si le malheur vouloit, continua-
» t-il, qu'il ne restât qu'un seul prince de toute
» la maison d'Autriche, l'Empereur pourroit-il
» consentir à le priver de toute la succession
» d'Espagne? Il faut donc faire la guerre, et
» tout risquer. D'ailleurs le Milanais est un fief
» de l'Empire. Depuis quand le roi d'Angleterre
» et les Hollandais veulent-ils être empereurs?
» car c'est à l'Empereur à disposer de ce fief,
» comme Charles-Quint en avoit disposé pour
» son fils. — Si la seule difficulté étoit de le don-
» ner, lui répliquai-je, pourvu que l'Empereur
» ne le donnât pas à son fils, ou que, pour
» mieux dire, il le donnât conformément aux
» articles du traité, cela n'arrêteroit peut-être
» pas. Mais je ne suis point surpris que des puis-
» sances occupées à conserver l'égalité, seul
» fondement du repos public, ne consentent pas
» qu'un Empereur dont les dernières conquêtes
» augmentent considérablement la puissance y
» puisse joindre les Indes, les Espagnes et la
» Flandre. — Monsieur, répliqua le comte d'Har-
» rach, tout cela n'est rien, car nous ne pou-
» vons pas le soutenir. Nous parlons ici comme
» honnêtes gens; et pour moi, je déclare que je
» le fais sans aucun ordre de l'Empereur. Mais

» prenez la portion que vous offrez à M. l'archi-
» duc, et laissez-nous le reste. » A cela je répondis : « Je ne me charge, monsieur, que de
» mander ce que vous me direz; après la con-
» clusion d'un traité, vous jugez bien que mon
» pouvoir se borne-là. » Le comte d'Harrach
finit en me disant une seconde fois : « Mon-
» sieur, je parle de moi-même. « Voilà le récit
fidèle de cette seconde conversation. »

Le reste de la dépêche du marquis de Villars
rouloit sur d'autres points indifférens à la négociation.

Cependant l'Empereur, ayant véritablement
dessein de se lier d'intérêt avec le Roi, travailloit vivement avec ses ministres à en trouver
les moyens. Une matière de cette importance
méritoit de sérieuses délibérations, et les comtes
d'Harrach et de Kaunitz n'oublièrent rien pour
convaincre le marquis de Villars que l'on ne
vouloit rien moins que l'amuser, et qu'il seroit
content des propositions qu'ils avoient à lui
faire.

Dans la dernière conversation qu'il eut avec
le comte d'Harrach, ce ministre lui dit que le
mémoire de ce qu'il devoit lui dire étoit fait,
mais qu'une maladie du comte de Kaunitz l'empêchoit de pouvoir assister de deux jours à la
lecture que ces deux ministres devoient lui en
faire; que lui comte d'Harrach ne vouloit point
la faire seul, parce qu'en matière si grave il ne
risqueroit pas d'en prendre sur lui seul les interprétations ni les réponses. Le marquis de Villars
lui répondit que puisque deux ministres si habiles prenoient la précaution de ne vouloir pas
négocier séparément, il les assuroit d'avance
qu'il n'en prendroit pas moins; qu'il enverroit
le mémoire, et qu'il écriroit en leur présence ce
qu'il croiroit pouvoir y être ajouté.

La maladie du comte de Kaunitz à Laxembourg différa de quelques jours la lecture du
mémoire par le comte d'Harrach : mais enfin ces
deux ministres s'étant rejoints à Vienne, ils donnèrent rendez-vous au marquis de Villars, et lui
lurent deux mémoires, l'un dont il pouvoit faire
part à M. Hoop, et l'autre dont ils demandèrent
que Sa Majesté seule eût connoissance.

Le premier contenoit des plaintes de l'Empereur, premièrement de ce que, le Roi Catholique encore vivant, on avoit fait un traité de
partage de la monarchie d'Espagne, malgré tous
les égards qui se devoient à un si grand Roi, et
aux héritiers respectables de cette grande monarchie; en second lieu, de ce qu'on n'observoit
dans ce traité ni égalité ni décence, puisqu'on
y lisoit cette condition injurieuse à l'Empereur,
que s'il n'acceptoit le présent traité dans l'espace

de trois mois, lui Empereur, premier héritier, n'auroit aucune portion de cette monarchie quand la succession en seroit ouverte; qu'au surplus il étoit bien juste que l'Empereur concertât avec le Roi sur ces matières, mais qu'il ne feroit rien qu'après le retour d'un courrier qu'il envoyoit en Espagne, la religion, la probité et la bienséance exigeant que l'on sût au moins ce que pensoit le roi d'Espagne sur le partage de ses biens.

A l'égard du second mémoire, les ministres de l'Empereur déclarèrent au marquis de Villars qu'il étoit pour lui seul, et qu'il ne devoit pas être communiqué au sieur Hoop. Il contenoit premièrement la surprise où étoit l'Empereur que le Roi eût voulu traiter de la succession d'Espagne avec des puissances étrangères, quoiqu'elles n'eussent nul droit sur aucune portion de cette monarchie, dont le Roi et l'Empereur pouvoient seuls être héritiers. Il portoit en second lieu que l'union étant entièrement rétablie entre ces deux princes, seuls intéressés dans la succession, l'Empereur ne souhaitoit rien tant que de s'entendre directement avec le Roi, sans participation des médiateurs qui s'étoient introduits eux mêmes; enfin que l'Empereur ayant trois mois pour se déterminer, il seroit facile de les employer à traiter avec le Roi, remettant à Sa Majesté ou de donner les pleins pouvoirs au marquis de Villars, ou d'agréer que l'Empereur les envoyât au comte de Sinzendorff.

Ce dernier mémoire ajoutoit que si le Roi vouloit faire un traité avec l'Empereur, on pouvoit laisser celui de partage tel qu'il étoit, et en faire un autre pour le garder secret jusqu'au temps de l'exécution; que cependant l'Empereur accepteroit dans les formes le traité déjà fait, tandis que l'on feroit sous main une négociation particulière pour un nouvel arrangement.

Le marquis de Villars écrivoit; et ces premiers discours ne paroissant suivis d'aucun autre, il en marqua son étonnement aux ministres de l'Empereur, et leur dit qu'ayant déjà mandé au Roi les premières paroles du comte d'Harrach, Sa Majesté seroit très-surprise si ces mémoires si attendus ne contenoient que des propositions si générales.

A cela les ministres répondirent : « Avez-vous » des pouvoirs pour traiter? Dans les préli» minaires on ne s'explique pas fort amplement, » et même ce seroit en vain. — Mais, répliqua » le marquis de Villars, vous ne dites rien sur » le traité. » Le comte d'Harrach reprit : « Quand » le Roi donne trois mois, c'est pour traiter : » autrement il n'y auroit qu'à dire oui ou non » à la fin du temps marqué. Voulez-vous, » ajouta-t-il, que l'on vous en dise davantage? » L'Empereur n'admettra jamais le point de la » succession, puisque si Dieu lui enlevoit l'un » de ces deux princes, jamais Sa Majesté Impé» riale ne pourroit consentir à voir sortir de sa » maison la monarchie entière. Elle hasardera » tout plutôt que de se relâcher sur ce point, et » elle ne désespère pas de trouver des amis. En» fin elle ne pourra se résoudre à abandonner le » Milanais, mais elle cédera volontiers toutes » les Indes. — Quelle proposition ! répondit le » marquis de Villars. Les premières de M. le » comte d'Harrach étoient de donner la portion » entière de M. l'archiduc. Vos dernières paroles » sont si éloignées des premières, que je ne me » chargerai jamais d'en informer le Roi, et l'on » peut les lui faire savoir par le comte de Zin» zendorff. »

Le comte de Kaunitz prit la parole, et dit : « Mais, monsieur, dites-nous quelque chose. Je » n'ai jamais pensé que l'empire des Indes, of» fert d'abord, fût un petit objet en échange des » royaumes de Naples et de Sicile. Si d'ailleurs » le Roi a tant d'envie de la Lorraine, l'Empe» reur se chargera d'accommoder M. le duc de » Lorraine. »

Le marquis de Villars fit voir sur cela que le Roi ne pouvoit désirer la Lorraine que pour finir un procès, la situation de ce petit État ne pouvant jamais donner aucune inquiétude; que le revenu en étoit médiocre pendant la paix et pendant la guerre; qu'enfin, soit que le souverain fût dans les intérêts du Roi ou qu'il s'en éloignât, son pays ne pouvoit se dispenser de loger des troupes, et de donner des quartiers d'hiver.

Les ministres de l'Empereur ne concluant rien de positif, le marquis de Villars les pria de le faire; et ils lui répondirent que si le Roi vouloit traiter à Vienne, il n'y avoit qu'à envoyer des pouvoirs au marquis de Villars : que si Sa Majesté au contraire vouloit traiter avec le comte de Zinzendorff, ils lui en enverroient dès qu'elle leur auroit fait savoir sa volonté; qu'enfin le plus sûr pour abréger étoit de traiter à Vienne, parce que nos courriers font plus de diligence que ceux de l'Empereur.

Le marquis de Villars répliqua que pour accourcir une négociation, il falloit que les deux partis le voulussent; qu'il y avoit vingt-trois jours qu'il attendoit une réponse dont il étoit forcé d'avouer qu'il n'étoit pas satisfait, ce qui lui faisoit désirer de n'être pas chargé de cette grande négociation, premièrement parce que le Roi seroit mieux servi par les ministres qui étoient auprès de Sa Majesté que par lui; et en second lieu, parce qu'ayant espéré plus d'ouverture, il en trouveroit beaucoup moins qu'il n'avoit lieu d'en attendre : qu'ainsi l'intérêt du Roi le portoit à lui représenter celui que Sa Majesté avoit en toute façon de voir décider sous ses yeux une matière si grave. Cette réponse fut accompagnée de toute la froideur imaginable.

« Mais ne voit-on pas chez vous, dirent les » ministres, que l'intérêt de Dieu et celui de nos » maîtres veut qu'ils soient unis? Et quel fond la » France peut-elle faire sur des puissances qui, » après avoir été liées à l'Empereur par des trai- » tés, lui manquent néanmoins si ouvertement? » Attendez-vous à la même conduite de leur » part à la première occasion. Quelque foible » que soit la santé du roi d'Espagne, on peut » espérer encore qu'elle ira plus loin que celle » du roi Guillaume : en ce cas, le Roi auroit la » gloire de rétablir la religion et le roi d'Angle- » terre dans ses royaumes. On peut traiter se- » crètement, et paroître entrer dans le traité de » partage; et le roi d'Espagne mort, chacun » pourroit prendre les portions qui convien- » droient le mieux au Roi et à l'Empereur. On » ne peut convenir que nous ne soyons les maî- » tres de l'exécution. »

Les deux ministres ajoutèrent que l'Italie entière s'opposeroit à voir le Roi maître d'États qui lui ouvriroient la conquête aisée de tout le reste.

Le marquis de Villars fit sur cela la réponse qui se présentoit naturellement, savoir que l'Italie craindroit encore plus l'Empereur, dont les droits certains ou supposés la soumettroient tout entière.

Le comte de Kaunitz reprit : « Les droits de » Charlemagne, quoique très-anciens, seront » mieux soutenus par la France que les nôtres, » sans contredit meilleurs et plus modernes; et » l'on verroit bientôt le Pape à Avignon, si les » royaumes de Naples et de Sicile appartenoient » à un de vos princes. »

Le marquis de Villars répondit que le Pape, Rome et toute l'Italie se croiroient plus tranquilles, le Milanais étant possédé par un prince particulier, que quand ils verroient l'Empereur les environner de toutes parts, que c'étoit le sentiment de Rome entière que la république de Venise aimeroit mieux M. de Lorraine à Milan que tout autre.

« Mais quand vous aurez Naples et la Sicile, » répondirent les deux ministres, quelle sera » leur ressource pour se défendre d'être entière- » ment dans votre dépendance, avec toutes vos » forces maritimes capables d'asservir ou d'in- » timider toute la Méditerranée? » La confé-rence finit à ces paroles, qui n'allèrent à rien plus.

Pendant cette négociation, le marquis de Villars avoit ordre de veiller toujours à ce qui regardoit la guerre commencée dans le Nord. Les royaumes de Suède et de Danemarck, la Prusse, la Pologne, le Czar, faisoient des propositions pour s'unir à la France ou à l'Empereur, et promettoient également à ces deux puissances d'embrasser leurs intérêts sur la division que causeroit apparemment la mort prochaine du roi d'Espagne. Enfin toute l'Europe étoit ébranlée, et tout préparoit un embrasement général, qui ne pouvoit être étouffé que par une sincère union du Roi avec l'Empereur.

M. le duc de Savoie de son côté prenoit des mesures; et son ambassadeur, qui étoit dans la plus vive agitation, avoit de fréquentes conférences avec les ministres de l'Empereur, fort souvent aussi avec le marquis de Villars, et avec les ministres des puissances maritimes. Mais, à travers tous ses discours, il étoit aisé d'apercevoir que son maître cherchoit à se donner à qui lui seroit le meilleur parti.

Cependant le marquis de Villars reçut une dépêche du Roi, datée du 16 de juin. Elle marquoit une opinion formée que l'Empereur n'agissoit pas de bonne foi avec Sa Majesté; que les propositions de traiter directement étoient plutôt causées par une secrète vue d'éloigner le Roi des mesures prises avec l'Angleterre et la Hollande, que par le désir sincère de partager la monarchie d'Espagne avec le Roi, que l'intention de l'Empereur étoit de profiter de la résolution qu'il croyoit prise par le roi d'Espagne de déclarer l'archiduc son unique héritier, et qu'il songeoit à s'attacher le duc de Savoie, dont les forces étoient nécessaires pour faciliter l'exécution de ce dessein.

Les retardemens des ministres de l'Empereur, qui différoient toujours à s'expliquer, augmentoient encore les soupçons du Roi, et le fortifioient dans l'intention de s'en tenir au traité de partage.

Au fond, le Roi n'avoit jamais compté que l'Empereur voulût de bonne foi partager avec lui la monarchie d'Espagne; et l'Empereur pensant la même chose de Sa Majesté, chacun avoit commencé à prendre des mesures tout opposées à ce dessein apparent. L'Empereur étoit persuadé que ses anciens alliés entreroient plus vivement dans ses intérêts, et le Roi croyoit beaucoup faire de diviser une ligue qui avoit causé une guerre si longue et si cruelle.

Sa Majesté avoit eu cette vue en traitant la paix de Riswick; et les premières instructions qui furent données au marquis de Villars lui prescrivoient d'inspirer aux diverses cours de l'Empire dont les ministres étoient à Vienne, que leur intérêt devoit être uniquement de craindre la trop grande puissance de l'Empereur, la mort prochaine du roi d'Espagne pouvant réunir de si grands États.

Il y avoit plusieurs siècles que les maisons de France et d'Autriche étoient ennemies irréconciliables. La guerre finie n'avoit pas dissipé les défiances; et ce furent ces inquiétudes mutuelles qui empêchèrent la véritable union, qui pourtant, selon la pensée du marquis de Villars, étoit plus sincèrement désirée par l'Empereur que l'on ne vouloit se le persuader en France.

Le sieur Hoop, ministre d'Angleterre et de Hollande, confia au marquis de Villars le peu de satisfaction qu'il avoit du silence et des froideurs des ministres de l'Empereur, sans que ses plaintes sur cela pussent faire penser qu'il eût aucun soupçon d'une intelligence plus vive de leur part avec le marquis de Villars.

Effectivement les ministres de l'Empereur paroissoient fort piqués contre l'Angleterre et la Hollande, et le marquis de Villars étoit extrêmement attentif à ne pas donner au ministre de ces puissances le moindre soupçon des desseins que l'Empereur pouvoit avoir de se lier avec le Roi. Il étoit trop important dans la conjoncture présente, et vu les mesures du traité de partage, que le ministre du Roi parût n'avoir rien de réservé pour le sieur Hoop. Celui-ci ayant voulu, sur le retour d'un courrier de Madrid, presser le comte d'Harrach de s'expliquer plus clairement que la cour de Madrid n'avoit encore fait, ce ministre lui répondit froidement, et même avec hauteur : « Dans la fin des trois » mois, l'Empereur fera déclarer ses inten» tions. »

La cour de Vienne n'oublioit rien cependant pour se faire de puissans amis dans l'Empire. Le plus considérable étoit l'électeur de Brandebourg, qui, voulant obtenir le titre de roi, promettoit à tout événement des secours à l'Empereur, auquel le duc de Savoie paroissoit encore vouloir se lier.

L'ambassadeur de ce prince à Vienne se donnoit un grand mouvement, qu'il prétextoit [parlant au marquis de Villars] des difficultés qu'il trouvoit auprès des ministres de l'Empereur pour l'acquisition de divers fiefs que son maître vouloit avoir. Mais tous les soins que cet ambassadeur prenoit pour se cacher ne découvroient que mieux ses véritables desseins au marquis de Villars.

Il revint alors un courrier de Madrid à Vienne, envoyé sur la nouvelle du traité de partage. Les ministres de l'Empereur dirent seulement au marquis de Villars que le roi d'Espagne avoit appris une si dure nouvelle avec une grande fermeté; que ce prince en écrivit quatre lignes de sa main à l'Empereur, par lesquelles il lui mandoit que tous les grands de son royaume lui avoient témoigné leur indignation d'un pareil traité, et qu'ils l'avoient tous assuré que pour en empêcher l'exécution ils étoient prêts à sacrifier leurs biens et leur vie.

Le prince de Schwartzemberg n'étoit pas des conférences; mais il étoit très-bien avec l'Impératrice, et par conséquent informé de ce qui s'y traitoit. Il dit au marquis de Villars : « Souve» nez-vous, monsieur, des premiers discours que » je vous ai tenus : gens plus considérables que » moi ont parlé; mais je vous répète que rien » ne sera si avantageux à nos maîtres qu'une » bonne intelligence, et un partage concerté » entre eux; car pour celui qui est réglé par le » traité, jamais il n'aura lieu. »

M. de Torcy envoya au marquis de Villars une relation exacte de tout ce qui s'étoit passé entre lui et le comte de Zinzendorff sur les ordres que celui-ci avoit reçus de l'Empereur, et tout aboutissoit à dire que ce prince ne consentiroit jamais à envoyer l'archiduc son fils en Espagne. Toutes les conditions que proposoit le comte de Zinzendorff étoient inférieures à celles que les ministres de l'Empereur avoient faites au marquis de Villars, et sur lesquelles ils avoient demandé un profond secret. Ainsi le fort de la négociation étoit à Vienne.

On fut porté à croire à la cour de France que le roi d'Espagne demandoit l'archiduc auprès de lui. En effet, la raison vouloit assez, vu l'infirmité du Roi, que ce jeune prince fût à portée de recevoir la succession de la monarchie dès qu'elle seroit ouverte. Ainsi le marquis de Villars avoit grande attention à observer toutes les démarches de l'archiduc, afin de pouvoir en informer le Roi avec une extrême diligence : il auroit même pris la précaution de dépêcher un courrier en droiture à Toulon, où il savoit qu'on armoit un grand nombre de vaisseaux pour avertir les commandans de la marine en cas que l'archiduc eût pris la route d'Italie, afin qu'à tout événement si nos généraux de mer avoient ordre de traverser le passage de ce prince en Espagne, ils fussent promptement informés de ce dessein.

Durant ce temps, la guerre de Livonie commencée partageoit l'Empire. Les princes opposés au neuvième électorat soutenoient le parti qu'ils croyoient le moins attaché à la cour de

Vienne. D'une autre part, l'Empereur, mal satisfait de l'Angleterre et de la Hollande, s'attachoit tous ceux qui étoient le moins liés avec ces deux puissances; et, comme on l'a déjà dit, jamais l'on n'avoit vu tant de dispositions à un embrasement universel dans l'Europe.

La négociation à Vienne étoit d'autant plus délicate, que le Roi et l'Empereur avoient le même intérêt de la cacher aux puissance maritimes.

L'Empereur observoit cependant moins d'égards, et se plaignoit assez vivement de leur conduite, tandis que ses ministres n'oublioient rien pour persuader le marquis de Villars, et pour prouver que l'unique intérêt de leurs maîtres étoit une liaison étroite entre eux. Ils alléguoient pour raisons que le crédit du roi Guillaume étoit perdu en Angleterre; que ce prince étoit brouillé avec les parlemens d'Angleterre et d'Écosse; que sa santé n'étoit pas moins dangereusement attaquée que celle du roi d'Espagne; qu'enfin l'Europe n'étoit pas en état de s'opposer au partage légitime et convenable que le Roi et l'Empereur pourroient faire. Ils ajoutoient à ces raisons les troubles commencés par la guerre du Nord, où se trouvoient intéressés la Suède, la Pologne, le Czar, et l'électeur de Brandebourg; que l'électeur de Bavière étoit dévoué au Roi; que l'Italie ne pouvoit se dispenser de souscrire aux décisions de Sa Majesté et de l'Empereur. Pour tout dire, il ne fut omis par les Impériaux aucune des raisons spécieuses et solides qui pouvoient nous ébranler.

D'un autre côté, le marquis de Villars donnoit peu d'espérance que le Roi ne s'en tînt pas au traité de partage. Les difficultés paroissoient rouler principalement sur le Milanais, que l'Empereur vouloit absolument conserver. Le point de la succession étoit tel aussi, que l'Empereur ne l'abandonneroit jamais.

Le marquis de Villars mandoit au Roi que si le comte de Sinzendorff laissoit entendre que l'Empereur pouvoit enfin céder le Milanais, il étoit persuadé que l'on trompoit ce ministre, suivant la maxime assez établie dans le ministère que quand une cour en veut tromper une autre, elle commence par tromper son ambassadeur même. Enfin le marquis de Villars assuroit le Roi qu'il ne devoit jamais attendre de l'Empereur une véritable et formelle renonciation au Milanais.

Il étoit bien vraisemblable que les principaux États de l'Italie craignoient le voisinage du Roi. Aussi Loredano, ambassadeur de Venise à Vienne, et l'une des meilleures têtes du sénat, dit au marquis de Villars : « L'Angleterre et la Hollande » ne peuvent donner au Roi une plus grande » marque de leur estime et de leur respect pour » lui qu'en désirant qu'il n'ait pas la Flandre; » et je crois toute l'Italie bien disposée à don- » ner au Roi votre maître la preuve des mêmes » sentimens, en ne lui souhaitant pas le Mila- » nais. »

Le sieur Hoop étoit persuadé que les Vénitiens s'unissoient avec l'Empereur, et que le duc de Savoie étoit dans les mêmes intentions. Le marquis de Villars jugeoit de même, par les démarches de cet ambassadeur, qu'il travailloit à un traité secret avec l'Empereur.

Dans ces entrefaites, on vint à croire que le prince de Vaudemont, gouverneur du Milanais, étoit dévoué à la France, et le bruit courut que le roi d'Espagne l'avoit fait arrêter. Mais cette nouvelle fut bientôt détruite, aussi bien que les soupçons que l'on vouloit prendre contre le prince de Vaudemont le fils, homme de beaucoup de mérite.

Cependant le sieur Hoop reçut des ordres d'Angleterre et de Hollande de presser la cour de Vienne. Il représenta que le temps étoit précieux, et que si l'Empereur vouloit le perdre, ses maîtres étoient déterminés à n'en pas user de même. Toutes ces instances n'attirèrent des ministres de l'Empereur que des réponses froides et ambiguës : ils se contentèrent de dire au sieur Hoop qu'ils attendoient des nouvelles d'Espagne, sans lesquelles l'Empereur ne pouvoit prendre aucun parti ; et d'une autre part ils assuroient le marquis de Villars que leur maître vouloit traiter avec lui. Cependant le comte de Sinzendorff étoit persuadé que la négociation se feroit en France, par conséquent qu'il en seroit chargé ; et le marquis de Villars faisoit ce qui étoit en son pouvoir pour que cela fût ainsi, persuadé qu'il étoit de la dignité et de l'intérêt du Roi qu'un traité si important se fît sous ses yeux.

Le comte de Sinzendorff ayant fait de grandes instances pour changer dans le traité de partage l'article IX, qui régloit la succession et qui portoit le choix d'un tiers, le Roi, après avoir communiqué ces projets de changement au roi d'Angleterre et au pensionnaire Heinsius, manda au marquis de Villars que si l'Empereur déclaroit n'exiger d'autre changement que celui de l'article en question, on pouvoit y travailler, et lui donner satisfaction; mais qu'avant tout il falloit être sûr que cette difficulté seroit l'unique.

Le Roi apprenoit encore une grande nouvelle au marquis de Villars : c'est que tous les conseillers d'État à Madrid, à l'exception d'un seul,avoient été d'avis de lui demander un de ses petit-fils pour successeur du roi d'Espagne, regardant ce moyen comme le seul qui pût empêcher la division de leur monarchie.

Rien n'étoit plus propre que ces nouvelles à faire expliquer les ministres de l'Empereur. Cependant, comme le marquis de Villars ne laissoit presque point d'espérance que le Roi pût se désister du traité de partage, le comte d'Harrach lui dit que son silence les engageoit à le garder aussi, et que c'étoit à eux à chercher leurs convenances dès que le Roi ne voudroit pas suivre ses véritables intérêts, qui étoient certainement de s'entendre avec leur maître.

Le duc de Molès, ambassadeur d'Espagne, arriva à Vienne le 10 juillet, et eut d'abord audience de l'Empereur. Il apporta l'ordre de la Toison d'or pour le prince de Vaudemont le fils, et apprit au père qu'il étoit confirmé pour trois ans encore dans ses gouvernemens de Milan. On dit aussi que cet ambassadeur apportoit un testament du roi d'Espagne en faveur de l'archiduc. Enfin l'on répandoit quelquefois le bruit d'une ligue des princes d'Italie avec l'Empereur; ce que le marquis de Villars avoit grande attention de démêler. Cependant il crut toujours que ces bruits de ligues n'avoient aucun fondement réel, et l'événement fit bien voir qu'il ne s'étoit pas trompé.

La cour impériale prit la résolution d'aller passer le mois d'août à Neustadt. L'électeur palatin et l'électrice furent du voyage, et le marquis de Villars suivit. Les ministres de l'Empereur y apprirent la résolution que les conseillers d'État à Madrid avoient prise de donner la monarchie entière à un des fils de monseigneur le Dauphin, et dirent au marquis de Villars que cette nouvelle ne leur causoit point d'inquiétude, parce que si le Roi refusoit les offres qu'on lui faisoit, c'étoit suivre le traité de partage, beaucoup moins avantageux pour Sa Majesté que ceux que l'on pouvoit faire avec l'Empereur, qu'au contraire si elle acceptoit, les mêmes puissances qui vouloient le partage s'uniroient plus fortement que jamais avec l'Empereur.

Le marquis de Villars leur répondit : « Si le » Roi refuse les offres de l'Espagne, vous n'a- » vez rien de meilleur à faire que de souscrire » au traité de partage ; et si le Roi accepte la » monarchie entière pour un des fils de Monsei- » gneur, nous n'aurons pas beaucoup de mal à » craindre de toutes les puissances qui n'ont pu » nous nuire lorsqu'elles faisoient agir tant d'É- » tats qui seront pour nous, et assurément mieux » gouvernés quand ils voudront faire usage de » la sagesse et des conseils d'un roi qui ne leur » en donnera que pour les conserver tranquilles » et unis sous un même maître. Aussi, mes- » sieurs, après un mûr examen, vous trouverez » que rien ne vous convient mieux que d'entrer » dans le traité, puisque vous voyez quelque » espérance de changement dans l'article qui » vous faisoit le plus de peine. »

Les nouvelles d'Espagne pressoient fort la cour de Vienne de se déterminer. Mais le testament que le duc de Molès faisoit espérer en faveur de l'archiduc retenoit les ministres, qui dirent au marquis de Villars qu'ils attendoient le retour d'un courrier d'Espagne, et que dès qu'il seroit arrivé ils lui parleroient plus positivement.

Cependant, comme ils prévoyoient que de certains partis leur pourroient attirer la guerre, ils prirent la résolution de remonter la cavalerie et de recruter toutes leurs troupes, qu'ils avoient conservées entières après la paix du Turc.

Le courrier de Madrid si attendu arriva enfin. On voulut croire que les ministres de l'Empereur avoient caché son retour pendant trois jours; mais le comte d'Harrach, pour en dissuader le marquis de Villars, lui montra une lettre du comte d'Harrach son fils, ambassadeur à Madrid, dont la date faisoit voir qu'il n'y avoit pas eu de mystère sur l'arrivée de ce courrier. Les conférences chez l'Empereur étoient fréquentes, et l'on vit sensiblement diminuer les apparences que l'Empereur pût souscrire au traité de partage. Les trois mois donnés pour se déterminer finissoient au 18 d'août : ainsi il ne restoit peu de jours pour déclarer la dernière résolution.

Le Roi s'attendoit bien, comme il le marquoit au marquis de Villars par sa dépêche du 5 d'août, que celles qui arriveroient de Madrid à Vienne, et les assurances que donnoit le duc de Molès des dispositions favorables du roi et de la reine d'Espagne pour l'Empereur, empêcheroient ce prince de souscrire au traité de partage, malgré les instances réitérées de l'Angleterre et de la Hollande. Ainsi l'on attendoit avec impatience à la cour de France la résolution de celle de Vienne, qui partit le 6 d'août pour Laxembourg, et le 7 pour Neustadt.

Le marquis de Villars demanda aux comtes d'Harrach et de Kaunitz s'ils vouloient attendre jusqu'au 18 à déclarer les intentions de l'Empereur. Ces ministres répondirent qu'ils n'avoient pas d'ordre encore de le faire connoître : cependant ils s'expliquèrent plus clairement à quelques ministres étrangers, et ne firent aucune difficulté de leur déclarer que l'Empereur ne souscriroit jamais au traité.

Le marquis de Villars étoit informé qu'ils ménageoient les puissances d'Italie autant qu'il leur étoit possible, comptant assez sur le duc de Savoie, entièrement sur celui de Modène, et sur le grand duc. Il n'y avoit pas lieu d'espérer que les Vénitiens se déclarassent, et l'Empereur ne se flattoit pas non plus de faire déclarer les Génois ni le duc de Mantoue pour ses intérêts.

Quant aux États de l'Empire, la cour de Vienne se croyoit assurée de l'électeur de Brandebourg, de l'électeur de Saxe, roi de Pologne, de la maison de Hanovre, dévouée à l'Empereur par le neuvième électorat, et par l'alliance du roi des Romains avec une princesse de cette maison; car il faut savoir que le neuvième électorat étant toujours attaqué par la plupart des princes de l'Empire, il ne pouvoit être solidement établi que par la protection et par l'autorité de l'Empereur.

Les comtes d'Harrach et de Kaunitz, en partant pour Neustadt, dirent au marquis de Villars qu'ils ne savoient pas si l'Empereur attendroit le dernier jour à faire connoître ses intentions; mais que, quoi qu'ils eussent à lui déclarer, le meilleur parti pour eux et pour nous seroit toujours une parfaite union entre nos maîtres.

On prétendoit que le roi d'Espagne avoit envoyé des ordres aux vice-rois et gouverneurs de tous ses États en Italie d'y recevoir des troupes de l'Empereur; auquel cas le Roi mandoit au marquis de Villars qu'il feroit dire au roi d'Espagne que si cet ordre n'étoit révoqué, il feroit entrer en Espagne les troupes qui étoient sur nos frontières de la Catalogne et de la Biscaye. Cependant comme le marquis de Villars s'étoit rendu à Neustadt, le comte d'Harrach lui donna le 18 la réponse de l'Empereur sur la proposition qui avoit été faite à ce prince d'entrer dans le traité de partage.

Cette réponse portoit que l'Empereur voyant le roi d'Espagne éloigné des périls prochains que l'on publioit sans fondement, étant d'ailleurs son oncle et son plus prochain héritier, il croiroit manquer à toutes les règles de la bienséance si durant la vie de ce prince, et tandis qu'il pouvoit avoir des enfans, il entendoit à un partage de la succession; qu'il espéroit que le Roi ne prendroit pas cette résolution en mauvaise part; que cependant, en cas d'ouverture à la succession, il entreroit avec joie dans les expédiens qui pourroient maintenir la bonne intelligence qu'il vouloit toujours conserver avec Sa Majesté; que quant à la nomination d'un tiers, il ne croyoit pas qu'elle se pût faire, ni que le Roi la voulût, puisqu'on ne pouvoit disposer des États du roi d'Espagne pendant sa vie; que si néanmoins on vouloit avant sa mort établir ce tiers, on étoit disposé à tout pour l'empêcher d'entrer en possession. Telle fut la réponse de l'Empereur.

Le comte d'Harrach ajouta dans la conversation que la menace de donner à un seul la succession de la monarchie étoit la plus surprenante qu'on pût imaginer; que la liberté de donner des monarchies seroit d'un terrible exemple dans le monde, et que le prétendu tiers ne pourroit être que le duc de Savoie. Mais le marquis de Villars crut démêler que les ministres de la cour de Vienne ne craignoient rien de la part de ce prince, et il crut reconnoître, à leur tranquillité sur cela, que le duc de Savoie étoit en quelque commerce avec l'Empereur. « Enfin, dit le comte d'Har- » rach, laissons dormir cette affaire et ce traité » prématuré, puisque le roi d'Espagne jouit de » la santé. Nos maîtres trouveront dans la suite » que rien ne leur peut tant convenir que de » s'entendre. »

Le comte de Kaunitz, dans une conversation assez longue qu'il eut avec le marquis de Villars, lui rappela toutes les ouvertures que le comte de Kinski lui avoit faites dans les temps mêmes où l'on savoit que la France vouloit prendre des mesures avec l'Angleterre et avec la Hollande. Il ajouta que le comte de Portland avoit jeté les premiers fondemens de cette négociation, que ces deux puissances les avoient trompés, et qu'ils étoient bien sûrs qu'elles nous tromperoient de même.

Le marquis de Villars, convaincu par la réponse de l'Empereur que le refus qu'il faisoit d'entrer dans le partage obligeroit les puissances qui l'avoient fait à suivre des mesures violentes, représenta encore au Roi combien il lui seroit avantageux d'entrer dans la première proposition du comte d'Harrach. Il ne balança pas à s'étendre sur toutes les raisons qui pouvoient porter à prendre ce parti, sans difficulté le plus glorieux et le plus utile. Enfin il supplioit Sa Majesté de vouloir bien y faire de nouvelles réflexions, puisque le refus de l'Empereur exigeoit de nouvelles délibérations.

L'on tint à Neustadt diverses conférences avec l'ambassadeur d'Espagne, auxquelles le président de guerre fut appelé; et l'on pouvoit juger par les dispositions de la cour impériale, aussi bien que par sa vivacité à traiter avec les ministres étrangers, qu'elle se préparoit à la guerre, et à tout hasarder, plutôt que de ne pas suivre les prétentions qu'elle estimoit les plus légitimes et les plus justes à la succession, d'autant plus que le roi d'Espagne joignoit, disoit-on, aux offres qu'il faisoit à l'Empereur, tous les secours qui étoient en son pouvoir pour le soutenir.

Il vint alors un courrier du comte d'Harrach,

ambassadeur de l'Empereur à Madrid, dont les lettres confirmoient la nouvelle déjà reçue d'une meilleure santé du roi d'Espagne : elles portoient aussi que le roi et la reine d'Espagne avoient ramené à leur sentiment la plupart des conseillers d'Etat, qui avoient été d'avis d'offrir la monarchie d'Espagne à un des fils de monseigneur le Dauphin.

Toutes ces nouvelles fortifioient l'Empereur dans la résolution prise de ne pas entrer dans le traité de partage. Il est vrai que le nombre de ses troupes étoit assez considérable; mais le désordre dans ses finances étoit au plus haut point, et la foiblesse de l'Espagne se pouvoit comparer à l'état de la santé de son roi. Les ressources n'étoient pas proportionnées à de tels inconvéniens. La principale étoit le miracle de la maison d'Autriche : c'étoit un proverbe de la cour de Vienne, et l'on y citoit une infinité d'exemples où cette puissante maison, prête à tomber, s'étoit relevée, contre toute espérance. On attendoit le reste du bénéfice du temps et du chapitre des accidens, si souvent cité dans les Mémoires du cardinal de Retz.

Le Roi donna ordre alors au marquis de Villars de déclarer à l'Empereur que s'il faisoit entrer des troupes dans l'Italie pour s'assurer des Etats du roi d'Espagne de son vivant, on seroit obligé de s'y opposer. Le sieur Hoop fit une semblable déclaration de la part du roi d'Angleterre et de la Hollande.

Les mêmes ordres furent envoyés au sieur de Blécourt à Madrid, et on le chargea de déclarer au roi d'Espagne que s'il donnoit entrée dans ses Etats aux troupes de l'Empereur, le Roi aussi bien que les puissances maritimes s'y opposeroient; et que, pour conserver la tranquillité de l'Europe, il étoit nécessaire que l'Empereur s'engageât à ne faire aucun mouvement de troupes qui pût la troubler.

Pour dire la vérité, il n'y avoit aucun fondement réel au dessein qu'on donnoit à l'Empereur de faire marcher des troupes en Italie. Il est bien certain qu'en plusieurs conférences où assistoient l'ambassadeur d'Espagne et le président de guerre, il avoit été agité quelles mesures on pouvoit prendre si la France faisoit marcher des troupes vers l'Italie ; et dans ce cas l'Empereur prétendoit en faire entrer aussi par le Tyrol et par les Grisons. Mais il n'y avoit aucune apparence que la cour de Vienne voulût prévenir par aucun mouvement.

Par toutes les nouvelles de Madrid, la santé du roi d'Espagne paroissoit meilleure, et le cardinal Porto-Carrero avoit réuni la plupart des grands, des ministres et des conseillers d'Etat, pour empêcher la division de la monarchie. Tous ces différens particuliers offroient les appointemens de leurs charges, et de taxer eux-mêmes leurs propres biens, pour un dessein si convenable à leur gloire et à leur utilité.

On prétendit même que le roi d'Espagne achetoit des troupes des princes de l'Empire pour fortifier les garnisons du Milanais, et que l'électeur de Brandebourg offroit huit mille hommes des siennes. Tout cela cependant ne paroissoit qu'à titre de précaution de la part du roi d'Espagne, et l'Empereur ne sembloit pas y prendre part.

La réponse du roi d'Espagne au mémoire du sieur de Blécourt, pour empêcher ce prince d'envoyer des troupes en Italie, fut qu'il ne songeoit point à y faire entrer celles de l'Empereur; mais qu'il ne croyoit pas, quand les siennes propres avoient besoin de recrues, qu'aucune puissance pût désapprouver qu'il leur en donnât, comme il ne se mêloit pas de l'entretien des troupes des autres souverains.

Cependant le marquis de Villars s'acquitta des ordres qu'il avoit reçus, et prit audience de l'Empereur pour lui déclarer que le Roi désiroit toujours également la continuation de la tranquillité générale, et d'une parfaite intelligence avec Sa Majesté Impériale; mais que si elle faisoit passer de ses troupes en Italie, comme le bruit en étoit répandu, cette union seroit bientôt altérée.

L'Empereur fit réponse qu'il avoit toujours souhaité la paix, et une bonne intelligence avec le Roi; que ces bruits répandus sur la marche de ses troupes étoient sans fondement, et qu'il croyoit bien que le Roi n'entreprendroit rien sur les Etats de Sa Majesté Catholique.

Il est certain que l'Empereur désiroit que rien ne troublât la tranquillité présente. Comme il espéroit que le roi d'Espagne vivroit quelques années au-delà de ce qu'on avoit cru, il se flattoit que la vie de ce prince lui donneroit des occasions plus favorables de dissiper les mesures que les puissances maritimes avoient prises pour leur seul intérêt, et contre les siens. Effectivement le leur étoit de voir l'Espagne très-foible, et sous l'autorité d'un prince obligé à dépendre d'eux, supposant avec raison qu'un fils de l'Empereur seroit plus disposé à s'unir à l'Angleterre et à la Hollande qu'au roi de France.

L'esprit de tranquillité établi par les mutuelles promesses que s'étoient faites le Roi et l'Empereur de ne la pas troubler par aucun mouvement de troupes durant la vie du roi d'Espagne n'empêchoit pas l'Empereur de vouloir que l'on s'expliquât sur ce prince, auquel on prétendoit faire tomber les portions de la monarchie d'Espagne, si l'Empereur, auquel on les avoit offertes, n'entroit pas dans le traité de partage.

Le comte de Sinzendorff eut ordre de presser le Roi sur cela ; et la réponse fut que le choix et la déclaration ne dépendoient ni du Roi ni des puissances maritimes, et que les contractans étoient convenus de le nommer à la première réquisition qui en seroit faite par la France ou par l'Angleterre, si l'Empereur refusoit d'entrer dans le traité. Le marquis de Villars eut ordre de faire la même réponse aux ministres de la cour de Vienne lorsqu'ils lui parleroient sur ce sujet.

Le Roi fit part au marquis de Villars d'une lettre du sieur de Blécourt, écrite de Madrid le 24 de septembre ; et elle portoit que le roi d'Espagne étoit à l'extrémité. Une seconde lettre du sieur de Blécourt, datée du 28, marquoit que ce prince avoit reçu le viatique, et le bruit de sa mort commençoit à se répandre.

Cependant un courrier du comte d'Harrach, parti de Madrid le premier d'octobre, apprit que le roi d'Espagne se portoit un peu mieux, mais qu'à la vérité il y avoit peu d'espérance qu'il pût aller bien loin.

Le marquis de Villars reçut un courrier du Roi avec des dépêches du 6 d'octobre, et des ordres de presser l'Empereur plus fortement que jamais de se déclarer sur le traité de partage, l'état de la santé du roi d'Espagne étant tel que l'on ne pouvoit espérer de vie à ce prince que pour très-peu de jours.

Il étoit public à Madrid que la plupart des grands d'Espagne, voulant éviter le partage de la monarchie d'Espagne, et ne pouvant se flatter de la conserver entière qu'en demandant un des petits-fils du Roi, avoient résolu de se mettre entre ses mains. Les troupes de Sa Majesté étoient disposées sur la frontière d'Espagne de manière à pouvoir soutenir sans peine et sans péril le parti qui se déclaroit pour un de nos princes ; les Etats de l'Empire étoient fort divisés, le Roi y avoit plusieurs princes dans ses intérêts ; et, en un mot, il paroissoit dangereux pour l'Empereur de n'entrer pas dans le traité de partage, qui, au refus de l'Empereur, nommoit un tiers pour la portion destinée à l'archiduc.

Le marquis de Villars prit donc audience de l'Empereur, et pressa ce prince de s'expliquer, en lui exposant toutes les raisons marquées ci-dessus. Toute la réponse de Sa Majesté Impériale fut que ses ministres feroient savoir ses intentions au marquis de Villars.

Deux courriers qui arrivèrent de Madrid donnèrent alors quelques espérances de voir durer un peu plus que l'on ne l'avoit cru la vie du roi d'Espagne, pour retarder les réponses qu'on demandoit, ou pour les rendre moins favorables aux instances des puissances liguées. Elles vouloient premièrement que l'Empereur entrât dans le traité, du moins qu'il s'engageât à n'envoyer aucunes troupes dans les Etats d'Espagne ni dans l'Italie ; en second lieu, qu'il ne se mît en possession, sous quelque prétexte ni de quelque manière que ce fût, d'aucune partie de la monarchie d'Espagne.

L'Empereur consentit à n'envoyer aucunes troupes, hors les recrues qui seroient nécessaires aux régimens allemands qu'il avoit au service du roi d'Espagne ; mais en même temps il déclara qu'il se réservoit tous les droits sur cette monarchie, et qu'il n'entreroit en façon du monde dans le traité de partage ; que d'ailleurs il ne pouvoit regarder qu'avec peine le tiers dont on le menaçoit ; et qu'enfin il pouvoit se plaindre encore avec justice de toutes les voies que l'on mettoit en usage pour faire entrer dans ce traité toutes les puissances de l'Europe. Cette réponse n'expliquoit pas néanmoins bien clairement que l'Empereur, du vivant du roi d'Espagne, ne se mettroit en possession d'aucun des Etats de ce prince. Ainsi le marquis de Villars en fit ses représentations aux comtes d'Harrach et de Kaunitz, et ils lui répondirent que cet article étoit compris dans l'engagement de n'envoyer aucunes troupes en Italie.

Le marquis de Villars répliqua que cet envoi de troupes n'étoit pas indispensablement nécessaire pour se mettre en possession ; que les vice-rois et gouverneurs du roi d'Espagne pouvoient, sur des ordres de leur maître, reconnoître l'Empereur ou l'archiduc pour souverain. Ces remontrances ne firent rien changer à la réponse, et elle fut envoyée sans modification.

On reçut à Vienne deux courriers, dont l'un apprenoit l'extrémité et l'autre la mort du Pape, arrivée la nuit du 27 au 28 de septembre. La cour de Vienne se flattoit que le nouveau pontife qu'on éliroit lui seroit favorable, et que la crainte qu'auroit toute l'Italie de se voir entre les mains du Roi donneroit des amis et des alliés à la maison d'Autriche.

Un second courrier de la part du Roi vint apprendre au marquis de Villars qu'il en avoit passé un à Paris dépêché de Madrid, qui portoit à l'électeur palatin la nouvelle de la mort du roi d'Espagne, arrivée le 2 d'octobre. Le roi mandoit au marquis de Villars que, bien qu'il n'eût pas encore reçu de lettre de son ministre à Madrid, il ne pouvoit douter de la certitude de la nouvelle ; qu'il lui donnoit ordre de prendre audience de l'Empereur, et de lui déclarer une dernière fois que s'il vouloit éviter la guerre, il falloit souscrire au traité de partage ; qu'il envoyoit le marquis d'Harcourt à Bayonne commander les troupes de France dispersées le long de la frontière d'Espagne ; que le choix de ce tiers auquel les puissances liguées destinoient la portion de la monarchie d'Espagne qui regardoit l'archiduc seroit fait incessamment, et que la cour de Vienne n'avoit plus de temps à perdre pour prendre un parti.

Ces deux courriers furent suivis d'un troisième, qui détruisoit la nouvelle de la mort du roi d'Espagne. Ainsi le marquis de Villars suspendit l'audience qu'il avoit eu ordre de prendre.

La cour de Vienne n'oublioit rien cependant pour se ménager des amis. Le duc d'Hanovre lui étoit déjà engagé par son neuvième électorat, et l'électeur de Brandebourg ne l'étoit pas moins par l'espoir de la dignité royale, que l'Empereur vouloit tenir secrète. Mais il ne fut plus permis d'en douter quand on sut que l'électeur avoit déjà fait faire une couronne et tous les ornemens royaux : son traité avec l'Empereur ne fut pas même ignoré, quelque envie que l'on eût de le tenir caché ; et l'on sut qu'un des premiers articles étoit d'entretenir huit mille hommes payés, en cas de guerre pour la sucession d'Espagne ; de renoncer aux anciennes dettes de la maison d'Autriche, à celles de Brandebourg, et au prêt de quelques milions de florins. Tout cela étoit caché avec le plus grand secret qu'il étoit possible.

Au reste, l'Empereur ne faisoit point approcher ses troupes du Tyrol. Il savoit bien que celles de France arriveroient les premières dans le Milanais, étant placées sur les frontières de Piémont, et qu'elles seroient en état de prévenir les siennes, dont les recrues se faisoient lentement.

Ce prince avoit un moyen sûr de s'acquitter de tout ce qu'il devoit à ses troupes. Il n'y avoit pas un seul régiment auquel il ne fût dû des sommes considérables ; et tous les officiers, craignant une réforme, consentoient à renoncer à ce qui leur étoit dû, pourvu qu'on les assurât qu'ils seroient conservés. L'Empereur étoit déterminé à ne rien casser ; ainsi le profit étoit certain : mais l'irrésolution ordinaire de la cour, et l'avidité de ceux qui profitoient des paiemens, empêchèrent cette épargne considérable à l'Empereur, qui paya tout. Cependant les régimens n'en reçurent pas le tiers, et les deux autres allèrent au profit de ceux qui, se chargeant des assignations, trouvèrent le moyen de se faire payer par leur crédit, et par les manéges si ordinaires dans les cours.

De toutes parts les nouvelles de Madrid arrivoient à Vienne, et toutes faisoient entrevoir la mort du roi d'Espagne si prochaine, que les ministres de l'Empereur ne pouvoient être surpris que le marquis de Villars les pressât de s'expliquer. La nomination d'un tiers les irritoit toujours ; et, malgré le péril de leurs retardemens à prendre un parti, il leur étoit impossible de digérer une pareille menace. Ils s'assemblèrent plusieurs fois, sur les dernières instances du marquis de Villars. Ceux qui étoient chargés d'examiner une matière si importante étoient les comtes d'Harrach, de Kaunitz et de Mansfeld, le comte de Walstein, grand chambellan, et le chancelier de la cour ; mais les deux premiers avoient la principale confiance de l'Empereur, et avoient même traité avec le marquis de Villars sur des points dont les autres n'avoient aucune connoissance.

Le comte de Kaunitz dit au marquis de Villars : « On vous feroit des propositions que vous » ne devriez sans doute jamais refuser ; mais si » vous dépendez de l'Angleterre et de la Hollande, on ne sait plus que vous dire. » Après ces mots, il assura le marquis de Villars qu'il auroit une réponse dans peu ; et effectivement il l'auroit reçue le jour même, s'il n'étoit arrivé un courrier parti de Madrid le 3 d'octobre, et dont les lettres redonnoient quelque espérance sur la vie du roi d'Espagne.

Sur ces lenteurs de la cour de Vienne, il ne sera pas inutile de dire un mot de l'ordre des délibérations, et des conseils qui s'y tenoient.

Les cinq ministres qui avoient la commission d'examiner tout ce qui avoit rapport à l'affaire de la succession et du traité s'assembloient chez le plus ancien, avec un référendaire ou secrétaire qui écrivoit les diverses opinions de ces ministres, qui les mettoit au net, et qui ensuite en rapportoit l'extrait au comte d'Harrach : celui-ci en rendoit compte à l'Empereur, et recevoit son ordre décisif, à moins que l'Empereur n'ordonnât que cette matière, dirigée par les cinq ministres, fût traitée encore devant lui avec tous les ministres de la conférence. Ainsi, outre leur penchant à la lenteur, leur façon particulière de traiter en causoit encore de nouvelles.

Il se passoit peu de jours qu'il n'arrivât divers courriers à la cour, ou en droiture de Madrid, ou par Barcelone et par Gênes, dont les uns confirmoient les apparences de la mort prochaine du roi d'Espagne, et les autres redonnoient quelque espérance de voir ce prince traîner encore.

Sur ces nouvelles opposées, le comte d'Harrach, qui avoit promis une réponse positive au marquis de Villars pour le 25 d'octobre, lui dit qu'il ne pouvoit la lui donner encore, ni même lui marquer le jour qu'il pouvoit la recevoir.

Il y eut une conférence le même jour 25, où assista le roi des Romains avec les chefs des conseils, qui pour l'ordinaire n'étoient pas appelés à celles qui concernoient la matière présente. Elle dura plus de cinq heures, composée du cardinal Collonits, du prince de Salm, des comtes d'Harrach, Walstein, Mansfeld, des chanceliers de Bohême et d'Autriche, du président de guerre, des comtes Kierquer, Kaunitz, du vice-président de la chambre, et de tous les référendaires des conseils. Cette conférence fut une manière de dernier conseil, où l'on vouloit apparemment le consentement de tous les Etats pour se fixer à une dernière résolution.

Cette conférence chez l'Empereur fut suivie d'une autre le même jour chez le comte d'Harrach. Elle étoit composée des mêmes ministres, et dura jusqu'à minuit. Le jour d'après, le président de guerre et le chancelier de la cour s'assemblèrent chez le comte de Kaunitz. Ils y furent plus de cinq heures avec un seul secrétaire, et l'on jugea que c'étoit pour régler des marches de troupes : on crut même que la résolution étoit prise d'en faire avancer un corps considérable vers le Tyrol et la frontière de Frioul.

Il est certain que la cour de Vienne, étonnée d'abord par la nouvelle qui arriva de la mort du roi d'Espagne, et qui se trouva fausse, ne savoit à quel parti se déterminer. Son horreur pour le traité de partage auroit peut-être cédé à la nécessité forcée de s'y soumettre ; mais la nouvelle s'étant trouvée fausse, on s'ouvrit à l'espérance de quelque conjoncture plus heureuse dans la suite. La naissance d'un archiduc releva les courages, et l'on ne douta plus de ce qui s'appelle le miracle de la maison d'Autriche, c'est-à-dire de l'expérience de ses ressources imprévues dans les périls divers où elle se trouve exposée.

Le comte de Kaunitz dit là-dessus au marquis de Villars, qui le pressoit toujours pour sa réponse : « Pourquoi voulez-vous troubler par des » instances fâcheuses la joie où nous sommes de » la naissance de l'archiduc ? » Le marquis de Villars lui répondit : « C'est pour rendre votre » joie solide que je voudrois que, par une bonne » et sage résolution, vous voulussiez bien vous » ôter toute inquiétude pour l'avenir. »

Les discours des comtes d'Harrach et de Kaunitz marquoient toujours que leur parti seroit bientôt pris si le Roi vouloit suivre ses véritables intérêts, qui n'étoient point du tout de s'unir à l'Angleterre et à la Hollande ; qu'il ne falloit point s'étonner de leurs difficultés à donner une réponse décisive sur la proposition de souscrire au traité du partage ; qu'ils en avoient eu horreur dès les premières ouvertures qu'on leur en avoit faites ; et qu'ils n'avoient pu revenir de cet éloignement pendant les trois mois qu'ils avoient pour délibérer. Cette réponse fut enfin donnée par le comte d'Harrach telle qu'on la rapporte ici, aussi bien que celle qui regardoit les princes opposans au neuvième électorat. Le Roi avoit intérêt de les soutenir tant que dureroit l'incertitude de la paix ou de la guerre, et cette incertitude ne pouvoit finir que par un traité direct avec le Roi. L'Empereur le souhaitoit fort, ne voulant point absolument consentir au traité de partage, où il refusa d'entrer pour la seconde fois : la première, quand le marquis de Villars donna les premières nouvelles de ce traité ; et la seconde, après que les trois mois que l'on avoit donnés furent écoulés.

Réponse de l'Empereur, donnée le 5 de novembre 1700, à la dernière instance faite sur l'extrémité du roi d'Espagne.

« Sa Majesté Impériale nous a commandé de vous dire qu'elle a déjà fait déclarer une fois qu'elle croyoit indécent et injuste de traiter ou de convenir de la succession ou partage de la monarchie d'Espagne pendant la vie du roi Catholique. Et après les contradictions et protestations qu'il a faites dans tous les endroits de l'Europe, notre très-auguste maître est confirmé dans son opinion par l'espérance qu'il n'a pas encore perdue que le bon Dieu, après la dangereuse maladie de Sadite Majesté, la remettra en pleine santé.

» Du reste, Sa Majesté Impériale réitère les assurances données qu'elle est toujours dans la même intention et dans le même désir d'entretenir avec le roi Très-Chrétien une paix constante et une amitié sincère, comme aussi d'observer religieusement du vivant du roi Catholique, pourvu que la France fasse la même chose, les déclarations faites en dernier lieu. »

Réponse de l'Empereur sur ce qui regarde les princes correspondans.

« Sa Majesté Impériale m'a ordonné de dire à M. le marquis de Villars que quand il a été question d'ériger le neuvième électorat, ç'a été avec connoissance du collége des électeurs ; que quand les princes ont fait leurs premières plaintes, ou leur a déclaré et réitéré la même déclaration lorsque les députés de Nuremberg ont été à

Vienne, savoir que l'introduction de l'électeur ne se feroit point que l'on ne se fût entendu avec les princes : et on a donné pour cela la commission à l'électeur de Mayence. En même temps on s'est offert que si les expédiens proposés par ledit électeur de Mayence ne les satisfaisoient pas, ces princes n'avoient qu'à proposer eux-mêmes les autres expédiens qui seroient praticables, et que l'Empereur y apporteroit toute facilité. De sorte que Sa Majesté Impériale ne croit pas qu'ils aient aucun sujet d'appeler des garanties étrangères, d'autant moins qu'il n'est pas dit un mot, ni dans les traités de Westphalie, ni dans la bulle d'or, ni dans les traités suivans, qui défende l'érection d'aucun électorat.

» De plus, l'Empereur croit que l'explication de l'instrument de la paix n'appartient pas à ce nombre de princes seuls, et que cela regarderoit les autres princes compacissans (1), et l'Empire en général. De sorte que l'Empereur se promet de Sa Majesté Très-Chrétienne qu'elle voudra bien insinuer à ces princes de ne pas troubler le repos de l'Empire, puisque le Roi sans doute sera persuadé qu'il n'y a personne qui puisse ni qui doive avoir plus de soin de leurs droits que l'Empereur même, puisqu'il est de son intérêt que l'Empire demeure tranquille, et qu'il croit bien que le Roi ne se servira jamais de cette occasion pour y causer quelque trouble. »

Cependant le marquis de Villars désiroit, pour ses affaires particulières, pouvoir revenir en France pour quelques jours. Il écrivit même au marquis de Torcy qu'il lui enverroit une copie de la route qu'il suivroit poste par poste, afin que si le roi d'Espagne venoit à mourir pendant son voyage, on sût où le prendre, et qu'il pût retourner à Vienne des portes mêmes de Paris, sans y entrer, si le service du Roi l'exigeoit.

Les comtes d'Harrach et de Kaunitz, instruits de ce projet de départ, dirent au marquis de Villars : « Si vous retournez en France, et que » cependant le roi d'Espagne vienne à mourir, » revenez ici : on termine quelquefois les plus » grandes affaires en peu de momens. » Mais le marquis de Villars avoit assez connu et fait connaître les intentions de l'Empereur, pour que le Roi fût certain que ce prince désiroit véritablement un traité direct avec Sa Majesté. Elle persistoit néanmoins à s'en tenir au traité de partage ; et le marquis de Villars eut ordre, par une lettre du Roi, du 7 de novembre, de déclarer à l'Empereur que ses troupes s'étendoient le long des frontières d'Espagne ; qu'elles occupoient le Dauphiné pour être en état de soutenir ses projets, et le prince que les contractans substituoient à l'archiduc, si l'Empereur demeuroit ferme dans le refus de souscrire au traité de partage.

Au milieu de ces conjonctures, le conseil de l'Empereur étoit extrêmement partagé ; et le comte de Jerguer, homme franc et sincère, sortant d'une très-longue conférence, où la matière présente avoit été agitée, dit ces paroles au marquis de Villars : « Quand on me vient dire que » le roi d'Espagne se porte bien, et que l'on veut » même se flatter qu'il pourroit encore avoir des » enfans, j'éclate de rire au nez des gens, et je » leur réponds que j'ai grande foi aux miracles » passés, mais que pour les présens je suis moins » disposé à y croire ; que pour moi je regarde le » roi d'Espagne comme mort, et que l'on devroit » agir comme si l'on en devoit recevoir la nou-» velle demain. » Le marquis de Villars lui demanda, ce cas supposé, quelle étoit son opinion. Il lui répondit : « Je ne vous dirai ni les senti-» mens des autres, ni les desseins du maître ; » mais pour les miens, je ne vous en ferai aucun » mystère. Je ne parle pas des droits de l'Em-» pereur ni de ceux de votre maître ; il n'est pas » question d'en disputer. Mais ceux de votre » grand roi, le plus grand qui ait jamais été, » sont soutenus de sa bonne conduite et de sa » sage prévoyance : ils sont véritablement les » plus forts, puisqu'il les accompagne de la force » de ses armes et de ses alliances. Mais enfin » l'Empereur en a que nous devons croire les » meilleurs ; et vous ne voulez pas que ce prince » n'ait rien, lorsque vous joignez des royaumes » si importans à votre couronne. Vous nous of-» frez un partage pour l'archiduc ; et sur ce par-» tage tel qu'il est, j'ai dit à l'Empereur que » M. l'archiduc seroit plus heureux duc de Car-» niole que roi en cage. Ma pensée est donc qu'il » faut se préparer à la guerre, et arracher de la » succession ce que nous pourrons. »

Sur cela le marquis de Villars lui demanda ce qu'il espéroit gagner par la guerre, puisqu'il convenoit lui-même que l'on ne pouvoit résister à un roi qui joignoit aux grandes forces qu'il avoit de ses propres États celles qu'il tiroit encore de ses alliés. Le comte de Jerguer répondit à cela : « Votre partie est fort bien faite, mais » nous ne sommes pas sans ressource. J'ai fait » voir à l'Empereur qu'il peut entretenir cent

---

(1) Il est à regretter que ce mot ne soit pas français ; aucun autre ne rend la même idée avec autant de précision. Il vient des mots latins *cum et pacisci*, et signifie qui font un accord, qui traitent ensemble.

» mille hommes de bonnes troupes, sans comp-
» ter ce qu'il tirera des Hongrois à fort bas prix.
» Nous ne commencerons pas la guerre assuré-
» ment avec des espérances si bien fondées que
» les vôtres ; mais quand une fois la guerre est
» commencée, les événemens sont incertains :
» et, en un mot, dans la partie que je soutiens,
» il y a tout ensemble de la dignité et de la res-
» source, au lieu qu'en acceptant le traité, la
» honte, la perte et la ruine de l'Empereur sont
» certaines. Enfin je suis pour la guerre.

Le comte de Mansfeld suivoit cette opinion, et le comte de Kaunitz ne s'en éloignoit pas ; le comte de Walstein se reposoit sur le miracle de la maison d'Autriche; le président de guerre n'étoit plus un homme, par l'affoiblissement de sa santé, qui lui permettoit à peine de se faire porter au conseil ; les autres ministres inclinoient moins à la guerre, et, dans cette diversité d'opinions, on n'arrivoit à aucucune résolution décidée.

Les princes de Savoie, de Commercy et de Vaudemont, dont le premier auroit dû entrer dans les conseils, voyoient avec plaisir que la guerre devenoit comme inévitable, et paroissoient très-surpris que l'on ne s'y préparoit pas davantage. Sur tout cela le marquis de Villars pensoit et mandoit au Roi qu'il ne s'agissoit plus de presser la cour de Vienne, mais d'attendre le moment critique ; qu'alors elle seroit forcée de prendre un parti, et qu'en son particulier il étoit convaincu que ce seroit le moment le plus favorable pour conclure sur-le-champ avec elle, et pour le faire avantageusement.

Dans une conjoncture où l'Empereur avoit si grand besoin de bons serviteurs, les ennemis du prince de Bade n'oublièrent rien pour le perdre; tant il est vrai que les cabales de cour, peu occupées des intérêts du maitre, prévalent toujours sur ce qui est le plus important. Personne ne l'a tant éprouvé que le marquis de Villars, comme on le verra dans la suite de ces Mémoires, puisqu'il lui est arrivé quatre ou cinq fois, dans la dernière guerre, qu'à peine il avoit tiré l'État des plus extrêmes périls, que l'on affoiblissoit son armée, et que même on donnoit à d'autres les plus importans emplois.

Le prince de Salm soutenoit le prince de Bade, et même le comte de Kaunitz faisoit avertir celui-ci qu'il devoit un peu diminuer certaine hauteur qui ôtoit à ses amis tout moyen de le servir, et qui donnoit aux ministres résolus à sa perte de fréquentes occasions de l'avancer.

Cependant on commença à songer plus vivement aux moyens de faire des fonds ; et, par la levée du centième denier accordé par tous les États de l'Empereur, et par un secours de l'électeur palatin, on trouva que l'on pouvoit compter sur sept millions de florins d'Allemagne, faisant quatorze millions de France.

Tandis que les courtisans murmuroient de l'indolence de l'Empereur et de ses ministres dans une conjoncture si importante, il arriva que l'on fit la représentation d'un opéra où l'auteur blâmoit cette mollesse avec assez de liberté. Les personnages du poëme étoient la Vertu, l'Honneur, la Vivacité, l'Inquiétude, la Paresse, le Vice, l'Indolence, la Confiance. A la fin, la Vertu, abandonnée de la Vivacité et de l'Inquiétude, ayant pour compagnes la Confiance et l'Indolence, se trouvoit enchaînée ; et sur cela la Vivacité et l'Inquiétude tenoient des discours très-forts sur les ministres, et dont le maître même pouvoit s'appliquer quelque chose. Comme le Roi avoit fait l'honneur autrefois au marquis de Villars de lui parler avec bonté sur ce qui lui revenoit de son esprit inquiet, celui-ci ne fut pas fâché de voir dans ce petit opéra combien l'inquiétude est nécessaire à la vertu. Il prit la liberté de parler au Roi de cette tragédie dans les lettres qu'il lui écrivoit, et il osa représenter qu'une certaine inquiétude ne devoit pas toujours être regardée comme un défaut ; ajoutant que si Sa Majesté entendoit raisonner les généraux allemands sur les périls qu'ils avoient courus dans les dernières guerres, elle trouveroit que l'inquiétude d'un lieutenant général qui vouloit que l'on profitât de certaines occasions méritoit moins d'être blâmée de présomption, que louée d'un zèle ardent fondé en raisonnemens solides, mais toujours soumis et respectueux pour son général.

Le 18 de novembre, le marquis de Villars reçut une lettre du Roi, qui lui apprenoit la mort du roi d'Espagne. Cette nouvelle fut aussi apportée à l'Empereur par un courrier du comte de Sinzendorff; un autre, arrivé deux jours auparavant, y préparoit. L'Empereur ne vit personne pendant deux jours ; mais il écrivit un mot au président de guerre, qui rassembla sur-le-champ les felds-maréchaux qui se trouvoient alors à la cour, savoir Caprara, les princes Eugène et de Commercy.

Il y eut le 19 un conseil chez l'Empereur, qui dura plus de quatre heures. Le prince de Lichtenstein, hayo de l'archiduc, y fut admis ; ce qui fit penser qu'apparemment il étoit question de quelque voyage pour ce prince.

Le jour d'après on délivra l'argent pour les remontes et recrues de toutes les troupes. L'Empereur donnoit quarante-deux livres pour l'homme de cavalerie ou d'infanterie, et cent trente-cinq livres pour un cheval. Cependant on n'envoya aucun ordre pour ébranler les troupes.

Dans ce dernier conseil, l'Empereur parla avec une fermeté et avec une décision qui ne lui étoient pas ordinaires, taxant même ses ministres d'une irrésolution dont cependant, s'il falloit les en croire, il devoit être plus soupçonné qu'eux.

Ils passèrent ces deux jours, et la plus grande partie de la nuit, en conférences. Le marquis de Villars dit en deux mots aux comtes d'Harrach et de Kaunitz : « Voilà le moment fatal arrivé : voulez-vous prévenir les malheurs qui menacent l'Empire? » Le comte d'Harrach répondit seulement : « On vous parlera, mais il n'est pas encore temps. »

Le jour d'après, la nouvelle arriva que le roi d'Espagne avoit fait un testament en faveur du duc d'Anjou, qu'il instituoit son héritier universel. Le marquis de Villars fut informé en même temps que le Roi avoit fait part à l'Angleterre et à la Hollande de l'acceptation qu'il faisoit du testament, et il eut ordre de le déclarer à la cour de Vienne, même que M. le duc d'Anjou avoit déjà été traité comme roi d'Espagne, et qu'il devoit partir le premier décembre pour aller prendre possession de ses royaumes.

Dans ces premiers momens on prit à Vienne la résolution d'envoyer trente mille hommes des meilleures troupes en Italie, et vingt mille hommes sur le Rhin ; et pour rendre complets les régimens qui devoient marcher, on tira de ceux d'infanterie qui ne marchoient pas quatre compagnies, pour mettre ce qui étoit détaché à seize compagnies de cent cinquante hommes chacune, et un capitaine de grenadiers ; ce qui faisoit deux mille cinq cent quarante hommes sur le pied complet.

On parla d'envoyer l'archiduc à Inspruck, et même il y a lieu de croire que la résolution en étoit prise, le prince de Lichtenstein, son gouverneur, ayant assisté aux dernières conférences. Ce qu'il y a de constant, c'est que l'Empereur, ne voulant pas consentir au traité de partage, n'avoit pas de meilleur parti à prendre que d'envoyer d'abord un corps d'armée dans le Milanais, où sans doute le roi d'Espagne auroit donné des ordres nécessaires pour l'y recevoir. Mais les menaces que fit le Roi d'agir sur-le-champ, d'entrer en Espagne et en Italie dès que l'on feroit la première démarche du côté de l'Empereur, rompirent un dessein que plusieurs conseilloient vivement.

Le prince Eugène fut déclaré général de l'armée destinée à entrer en Italie ; et les princes de Commercy, de Vaudemont, et le comte Guido Staremberg, furent les premiers officiers généraux destinés à servir dans cette armée.

Le 24 de novembre, le marquis de Villars envoya demander un ordre au comte de Kaunitz pour faire partir un courrier. Celui qui alla chez le comte de Kaunitz vit bien qu'il étoit chez lui, mais on lui dit qu'il étoit sorti par une porte de derrière pour aller chez l'Empereur. Le soir, le comte de Kaunitz fit dire au marquis de Villars qu'il voudroit bien lui dire un mot le lendemain à la cour ; et lui apprit que l'Empereur ayant résolu de faire parler au marquis de Villars, il croyoit qu'il aimeroit autant suspendre encore un jour le départ de son courrier.

Les comtes d'Harrach et de Kaunitz parlèrent en effet au marquis de Villars dans le palais, et lui dirent qu'il étoit arrivé tant de courriers, qu'il n'avoit pas été en leur pouvoir de disposer d'une heure dans la journée pour l'entretenir ; que d'ailleurs il pouvoit bien comprendre lui-même que quoique les diverses nouvelles qu'ils recevoient ne pussent pas apporter de grands changemens dans ce qu'ils avoient à lui dire, l'Empereur étoit bien aise pourtant d'être informé de ce qu'elles portoient ; qu'un de ces courriers étoit dépêché de Madrid à l'ambassadeur d'Espagne à Vienne, et que c'étoit le premier qu'on eût reçu depuis la mort du roi d'Espagne.

Le marquis de Villars leur répondit qu'il n'avoit rien de fort important à mander au Roi ; mais qu'en trois jours il étoit arrivé quatre de leurs courriers à Vienne, et que le moins étoit qu'il en pût dépêcher un pour apprendre seulement que l'on ne lui disoit rien.

Le 27 de novembre se passa sans que les ministres de l'Empereur parlassent au marquis de Villars ; et le bruit qui commença à se répandre que le Roi avoit accepté la monarchie d'Espagne, destinée au duc d'Anjou son petit-fils, ne lui permettoit pas de s'attendre à de grandes ouvertures de la part de l'Empereur.

On choisit alors le comte de Vratisau pour aller en Angleterre. C'étoit l'homme de la cour le plus capable des grandes négociations ; et ce choix de l'Empereur fit juger que l'on songeoit à porter le roi Guillaume et la Hollande à des mesures bien différentes de celles qui avoient occupé ces deux puissances depuis la paix de Riswick.

Le marquis de Villars reçut une lettre du Roi qui lui apprit que le prince de Vaudemont, gouverneur du Milanais, avoit déjà fait assurer le nouveau roi de son obéissance ; que les gouverneurs des Pays-Bas avoient fait la même chose ; et qu'ainsi les apparences étoient que tout le reste de la monarchie se soumettroit également aux dernières volontés du feu Roi.

L'abattement de la cour de Vienne fut conforme à l'événement ; et les généraux qui, dès la nouvelle du traité de partage, avoient été d'avis d'envoyer une armée en Italie, disoient, avec beaucoup d'apparence de raison, que si les ministres du feu roi d'Espagne qui l'avoient déterminé à priver de sa succession entière les princes de sa maison avoient vu une partie de la monarchie entre les mains de l'Empereur, ils auroient peut-être eu de la peine à faire donner l'autre à un prince de France ; et que même l'espérance de conserver la monarchie sur une seule tête étant perdue, jamais le roi d'Espagne n'auroit fait un pareil testament. Tel étoit leur raisonnement, et il paroissoit solide : mais le prince Eugène n'étoit consulté en rien, et l'Empereur prit la résolution d'envoyer un courrier au prince de Bade, pour le faire venir à Vienne en toute diligence.

Le 4 de décembre, on apprit par un courrier du cardinal de Lambert l'exaltation du cardinal Albani à la papauté. Depuis long-temps les cardinaux n'avoient fait d'élection dans des circonstances où l'Église eût un plus grand besoin de chercher dans des qualités bien différentes de celles qui élèvent pour l'ordinaire à cette haute dignité. Le cardinal Albani n'avoit pas cinquante ans, et paroissoit jouir d'une forte santé : ses larmes, répandues à la première nouvelle de son exaltation, marquoient ou le caractère d'un comédien, assez naturel à sa nation, ou une foiblesse bien éloignée du courage de Sixte-Quint. Celui-ci, appuyé sur un bâton et la tête courbée avant le scrutin, surprit tout le conclave quand le scrutin se trouva favorable : il leva la tête, et entonna le *Te Deum* avec une voix ferme. On lui demanda par quel miracle il étoit devenu si droit ; et il répondit qu'auparavant il se baissoit pour chercher les clefs de saint Pierre, mais qu'après les avoir trouvées il pouvoit marcher la tête haute.

Le marquis de Villars fit alors de nouvelles instances pour son congé, piqué, et avec raison, de voir messieurs d'Harcourt et de Tallard magnifiquement récompensés, tandis qu'on ne faisoit rien pour lui. Il pouvoit se flatter que si le Roi avoit été satisfait du traité de partage, ce traité étoit dû à la crainte qu'avoient l'Angleterre et la Hollande des offres magnifiques que l'Empereur avoit fait faire au Roi par le marquis de Villars ; et quant au testament qui donnoit la monarchie entière à un des fils de monseigneur le Dauphin, il pouvoit penser aussi que l'adresse avec laquelle il avoit empêché que l'Empereur ne fît occuper le Milanais lorsque le roi d'Espagne avoit bien voulu y recevoir ses troupes avoit déterminé les ministres d'Espagne, qui craignoient surtout le partage de la monarchie, à la faire destiner entière à un des petits-fils du Roi.

Il se plaignit fortement à M. de Torcy d'un oubli auquel il ne devoit pas s'attendre. Mais enfin le Roi voulut qu'il demeurât auprès de l'Empereur jusqu'à ce que l'on vît quel parti prendroit ce prince. Sa résolution dépendoit des ressources qu'il pouvoit attendre des puissances maritimes et des princes de l'Empire, dont les plus puissans, tels qu'étoient les électeurs de Brandebourg et d'Hanovre, vouloient embrasser sa querelle.

Les premières pensées avoient été de faire marcher une armée en Italie, et nous avons vu que les généraux avoient déjà été nommés. Mais quand l'Empereur fut informé que le prince de Vaudemont, gouverneur du Milanais, s'étoit soumis aux ordres de la régence d'Espagne avec les vice-rois de Naples, de Sicile et de Sardaigne, et que généralement tout ce qui dépendoit de cette monarchie reconnoissoit le testament, il prit le parti de se préparer solidement à la guerre, guerre funeste qui ébranla les deux grandes maisons de France et d'Autriche, et qui pouvoit être pour l'une ou pour l'autre la source des plus grands malheurs.

SECONDE PARTIE.

SUITE DES MÉMOIRES,

RÉDIGÉE PAR ANQUETIL.

L'avénement du duc d'Anjou au trône d'Espagne changea le système politique de l'Europe. De confédérés avec la France, l'Angleterre et la Hollande devinrent ses ennemis, mais ennemis secrets, pendant quelque temps. Le roi Guillaume publia que Louis XIV l'avoit trompé, quoique dans le fond il n'eût à reprocher à ce monarque que d'avoir profité des circonstances que la lenteur et l'incertitude de l'Empereur avoient fait naître; ce que tout autre auroit fait à sa place. Pour Léopold, il tomba dans un état de perplexité d'autant plus fâcheux qu'il ne pouvoit s'en prendre qu'à lui-même d'avoir laissé échapper une si belle occasion d'établir l'archiduc Charles, et peut-être quatre archiduchesses ses filles, à l'aide de quelques petits démembremens qu'on auroit pu faire. Il aimoit ce fils, qui étoit doux et tranquille; au lieu que le roi des Romains, son aîné, chagrinoit quelquefois le père par sa vivacité et sa pétulance. Quant aux princesses, l'avénement de Philippe V au trône d'Espagne auroit pu en placer une, puisque ce prince, conformément aux volontés du testateur, offroit d'épouser une des quatre, apparemment la plus proportionnée à son âge (1).

[1701] Mais la cour de Vienne étoit bien éloignée de ces dispositions pacifiques : elle ne s'occupoit que de vengeance, et tâchoit de faire entrer dans ses projets tous ceux qui étoient capables de seconder son ressentiment contre la France, qu'elle haïssoit en rivale, et en rivale malheureuse. Les Anglais étoient sa première ressource : elle pouvoit compter sur eux sitôt qu'il seroit question de rupture avec les Français. Quant à la Hollande, on espéroit qu'elle ne seroit pas indifférente au danger qui pouvoit la menacer, dès que l'union des deux monarchies cesseroit de rendre la Flandre barrière entre elle et la France. Au défaut d'intérêts aussi pressans, l'Empereur avoit pour les autres puissances des amorces auxquelles elles s'étoient déjà laissées prendre : une couronne pour l'électeur de Brandebourg, qui, en reconnoissance, lui entretenoit huit mille hommes; un neuvième électorat pour le duc de Hanovre, qui en donnoit six mille; l'électeur palatin promettoit un fort contingent, acheté par d'autres grâces. On se flattoit aussi de la jonction des cercles de Souabe et de Franconie, très-dépendans du prince Louis de Bade, qu'on espéroit gagner par l'appât du commandement qu'on lui déféroit. Quant à l'électeur de Bavière, on n'étoit pas fâché, selon la maxime attribuée au grand Gustave, qu'il restât neutre, afin d'avoir quelqu'un à piller; c'est pourquoi on ne lui fit pas de grandes avances : au contraire, on mit tout en œuvre pour gagner le duc de Savoie, parce qu'il pouvoit empêcher les Français de défendre Naples, la Sicile, le Milanais, et les autres États d'Italie dépendans de la monarchie d'Espagne, que Léopold avoit dessein d'entamer par ce côté. Il y

---

(1) L'ambassadeur en envoya au Roi, dans une lettre du 15 décembre, le portrait qu'on lui avoit demandé. Il paroît qu'elles avoient les grâces de la jeunesse, sans grande beauté. « L'Impératrice, dit-il, fait un de ses prin-
» cipaux devoirs de l'éducation de ces princesses. L'aînée
» sait parfaitement le français, l'espagnol, le latin et l'i-
» talien, et a l'esprit orné de sciences plus qu'il n'est né- cessaire à une femme : les autres ont les mêmes con-
» noissances selon leur âge, et l'on dit des merveilles de
» leur esprit, de leur humeur douce et honnête. Cela, je
» ne puis juger que sur le rapport d'autrui; car, ou-
» tre que l'on n'entre jamais en conversation avec les
» princes de la maison d'Autriche, ces princesses-là sont
» encore plus retirées, et hors de commerce. » (A.)

envoya des émissaires, dont les efforts ne furent pas heureux. Le prince de Vaudemont, gouverneur du Milanais, refusa d'écouter autrement qu'en présence de témoins le comte de Castel-Barco, qui venoit lui proposer de se donner à l'Empereur, et lui répondit qu'en conséquence des ordres de la régence d'Espagne il étoit obligé de reconnoître Philippe V, auquel la couronne avoit été déférée. Les comtes de Sangro et Caraffo, napolitains, envoyés dans leur patrie, réussirent encore moins; et le premier, ayant voulu joindre la séduction à la négociation, fut arrêté et décapité.

On pense bien que pendant ces mouvemens contre la France le rôle de son ambassadeur à Vienne n'étoit pas fort agréable. Les personnes qu'il avoit vues jusqu'alors le plus familièrement se retiroient insensiblement de son commerce, dans la crainte de passer pour gagnées ou corrompues : il ne lui resta que le prince Eugène de Savoie, le prince de Bade, et quelques autres seigneurs trop au-dessus des soupçons pour s'embarrasser de l'opinion des courtisans. Le marquis de Villars profita de cette espèce de solitude pour étudier le caractère de ces généraux, qu'il alloit peut-être avoir à combattre. Il le jugeoit par leurs discours, dont il fait ainsi le récit au ministre (1) :

« Vous ne serez pas fâché de connoître quel-
» que chose du caractère de messieurs les prin-
» ces de Bade et de Savoie, et vous en jugerez
» sur ce que je leur ai ouï dire de celui des gé-
» néraux. Les uns, disent-ils, parvenus aux di-
» gnités à force d'années et de patience, se
» trouvant un commandement inespéré, et qu'ils
» doivent plutôt à leur bonne constitution qu'à
» leur génie ou à leurs actions, sont plus que
» contens de ne rien faire de mal; d'autres, plus
» heureux par des succès qu'ils doivent unique-
» ment à la valeur des troupes, aux fautes de
» leurs ennemis, enfin à la seule fortune, ne
» veulent plus la commettre, quelque avantage
» qu'on leur fasse voir dans des mouvemens qui
» pourroient détruire un ennemi déjà en dés-
» ordre, sans les trop engager. Mais une troi-
» sième espèce d'hommes, assez rare à la vérité,
» compte de n'avoir rien fait tant qu'il reste
» quelque chose à faire, profitant de la terreur
» qui aveugle presque toujours le vaincu, à tel
» point que les plus grosses rivières, les meil-
» leurs bastions ne lui paroissent plus un ram-
» part.

» Ceux-là, à la vérité, ajoute Villars de lui-
» même, ne sont pas communs : mais comment
» ne s'en trouveroit-il pas sous le règne du plus
» grand roi du monde, et dans des armées tou-
» jours victorieuses? Vous avez trop bonne opi-
» nion de la nation pour ne pas croire qu'elle
» puisse produire des gens qui, soutenus uni-
» quement par leur zèle, osent penser noble-
» ment, et sans être retenus par tous les foibles
» et misérables égards qui font taire tout ce qui
» n'est pas animé par la force de la vérité, et
» par une ardeur pour le service du Roi que tout
» autre intérêt ne peut suspendre; trop heureux
» s'ils peuvent en être bien connus, et si des
» ministres éclairés, attentifs, justes, sans hu-
» meur et sans passions, les démêlent à travers
» tous les mauvais offices dont de tels gens sont
» d'ordinaire accablés (2). »

Dans ces réflexions, Villars se peignoit lui-même, et peignoit aussi les envieux et les ennemis qui le tourmentèrent toute sa vie. Déterminé à servir sa patrie dans les armées, et à quitter la cour, il étoit naturel qu'il se précautionnât contre ceux qui y restoient. Comme eux, il eut aussi la tentation de présenter des plans d'opérations, mais du moins fondés sur la connoissance des lieux et des intérêts des princes. Il proposoit une guerre défensive sur le Rhin, de s'y procurer un passage, et de tenir de notre côté une petite armée d'observation, afin d'ôter aux ennemis la liberté de se promener tranquillement à l'abri de cette rivière, et de menacer perpétuellement de là l'Alsace et nos autres provinces. « Il ne faut pas craindre, disoit-il (3), » de s'attirer sur les bras, par cette expédition, » les princes de l'Empire; car ou ils sont déter- » minés à soutenir leur opposition au neuvième » électorat, ou ils ne le sont pas. S'ils le sont, il » est plus de leur intérêt que de celui du Roi » que Sa Majesté ait un passage sur le Rhin » pour leur donner la main : s'ils ne le sont » pas, le Roi les aura contre lui trois mois après » le commencement de la guerre. » Si on ne vouloit pas attaquer le fort de Kelh, dans la crainte d'alarmer tout l'Empire, il proposoit de fortifier Huningue, et d'en faire une espèce de place d'armes qui donneroit en même temps le moyen et d'ouvrir un passage sur le fleuve, et de retenir les Suisses.

Ces mesures prises, il étoit d'avis qu'on portât la guerre offensive vers les Pays-Bas, parce qu'à l'abri des places espagnoles on pourroit pénétrer partout dans la Hollande, dans les États de l'électeur de Brandebourg, ceux de Cologne, et le Palatinat; que la prise de la seule ville de Maëstricht rendroit le Roi maître de tout le cours

(1) Lettre de M. de Chamillard, du 15 mars 1701. (A.)
(2) Lettre au Roi, du 25 janvier 1701. (A.)
(3) Lettre à M. de Chamillard, du 15 mars. (A.)

de la Meuse, et qu'à l'aide de ce point d'appui on pousseroit jusqu'à Utrecht et Aix-la-Chapelle les contributions, qu'on pourroit faire monter dès la première campagne peut-être à neuf et dix millions, outre l'avantage de vivre et d'hiverner sur les terres ennemies. Il recommandoit surtout de mettre les possessions d'Italie dans un état de défense respectable.

Les places frontières des Pays-Bas ne furent pas une conquête difficile : le Roi n'eut qu'à se présenter devant, comme étant aux droits du roi d'Espagne son petit-fils; et les Hollandais, qui les gardoient pour leur servir de barrière, en retirèrent leurs garnisons. Louis XIV en cette occasion fit trop et trop peu, ainsi que le jugea le prince de Bade : « Nous savons, dit-il au » marquis de Villars, que vous avez non-seule- » ment approuvé mais conseillé le dessein de se » servir des places et des troupes ; mais approu- » vez-vous qu'on n'ait gardé que les places? » Pour moi, comme vous ne raccommoderez » point par ce ménagement votre réputation au- » près de nous, j'aurois profité de l'occasion, et » gardé les troupes. — Vous avez raison, répon- » dit l'ambassadeur ; mais le Roi a préféré la » générosité à son intérêt, qui ne permettoit as- » surément pas qu'on rendit une armée de quinze » à vingt mille hommes, destinée à nous faire » la guerre. »

Mais Louis XIV avoit beau être généreux, il ne pouvoit empêcher que, sur d'anciennes prétentions, on ne le crût toujours disposé à envahir les États de ses voisins. L'Empereur fortifioit cette crainte dans l'esprit des princes italiens, afin de les trouver favorables pendant la guerre qu'il étoit disposé à commencer dans leur pays. Le nonce du Pape, de concert avec les Vénitiens, se donna beaucoup de mouvemens pour empêcher les hostilités : Léopold répondit qu'il accepteroit volontiers la médiation de Sa Sainteté, à condition qu'on laisseroit en séquestre entre les mains du Pape les royaumes de Naples et de Sicile, qui, étant fiefs de l'Empire, ne pouvoient tomber sous la disposition d'un testament; que, par la même raison, les États de Milan et quelques parties des États de Flandre, qui étoient aussi fiefs ou arrière-fiefs de l'Empire, seroient aussi donnés en dépôt à des princes dont on conviendroit.

A ces propositions, le marquis de Villars répliqua qu'il ne voyoit pas pourquoi le Roi livreroit à d'autres des États qu'il possédoit déjà et par le testament, et par l'acquiescement des peuples; que si le Pape craignoit la guerre, le seul moyen de l'éviter étoit de faire connoître à l'Empereur qu'en vain il tâcheroit de troubler l'Italie, parce que tous ses princes étoient déterminées à laisser les choses sous Philippe V comme elles étoient sous Charles IV. « Mais, » disoit le prince de Bade, il faut bien que vous » soyez déterminés à ne pas tout garder, puis- » que vous souffrez que le Pape entame une né- » gociation ; car quiconque offre sa médiation à » quiconque a tout perdu doit être assuré de lui » faire rendre quelque chose. — Quiconque, ré- » pliqua Villars, offre sa médiation à qui ne » peut rien reprendre veut l'empêcher de perdre » encore. »

Ainsi le marquis de Villars, pendant que d'autres assembloient les armées, se trouvoit réduit à combattre de paroles : espèce de lutte qui lui réussissoit assez, mais à laquelle il auroit préféré la guerre avec tous ses périls. Ne pouvant la faire sur le terrain, il la faisoit pour ainsi dire de son cabinet, en étudiant les mouvemens des généraux de l'Empereur qui marchoient en Italie, et en mandant à ceux du Roi de s'avancer (1), d'occuper le Tyrol, de garnir les gorges des montagnes, de répandre leurs troupes le long des rivières afin d'en défendre le passage, de contenir les ennemis sur les hauteurs où les subsistances étoient difficiles, et les empêcher de descendre dans les plaines fertiles du Mantouan et du Milanais : conseils qui furent mal suivis par faute ou par impossibilité, puisque le prince Eugène passa l'Adige et s'établit sur le Pô, d'où il pouvoit se porter où il voudroit.

L'ambassadeur de France eut le désagrément d'apprendre ces succès chez l'Empereur même, où ils lui furent racontés avec affectation, et exagérés. Son poste à cette cour étoit fort embarrassant : il marchoit toujours entre la crainte de laisser manquer à son caractère, et celle de paroître trop susceptible. Le peuple le regardoit de fort mauvais œil : il courut plusieurs fois risque d'être insulté, et ce ne fut qu'en usant de la plus grande prudence qu'il prévint des affronts dont la réparation auroit été difficile. Cette haine populaire étoit produite par le bruit qu'on répandit que l'ambassadeur de France étoit impliqué dans une conjuration du prince Ragotski, qui n'alloit pas à moins, disoit-on, qu'à se défaire de l'Empereur. Cette calomnie s'accrédita si fort, que le marquis se crut obligé d'en demander justice. Elle lui fut rendue par les ministres, qui reconnurent publiquement qu'il n'avoit aucune part à la conspiration des Hongrois mécontens.

Le peuple n'étoit pas seul à lui marquer de la

---

(1) Lettres au marquis de Tessé, depuis mai jusqu'en juin 1701. (A.)

mauvaise volonté. « Un jeune homme, dit-il (1), s'avisa, il y a quelques jours, de me demander, avec quelque apparence d'intention, s'il étoit impossible d'avoir affaire avec un ministre étranger. Je répondis : Comme on leur doit beaucoup de respect et d'égards, surtout à ceux du plus grand roi du monde, ils doivent aussi avoir une extrême attention à ne donner aucun sujet de plainte à personne; mais ma pensée est que si malgré cela il y avoit quelque curieux indiscret, il n'auroit qu'à se trouver sur le chemin de Laxembourg, le prier civilement de sortir de son carrosse : et comme ces ministres étrangers sont la politesse même, et surtout ceux de France, selon les apparences ils sortiroient volontiers. A la vérité, le curieux pourroit s'exposer à quelque réprimande de l'Empereur, et à quelque chose de plus fâcheux de la civilité du ministre. Voilà tout ce que pourroit faire celui de France, qui, devant montrer en tous lieux une crainte respectueuse des défenses de son maître, ne peut accepter un duel, mais peut se défendre quand on l'attaque. »

On peut croire que les ministres cherchoient aussi à l'inquiéter, s'ils furent les auteurs d'une aventure qu'il raconta au ministre en ces termes (2) : « Un homme est venu me trouver avec beaucoup de mystère. Il s'est dit enflammé d'un grand désir de vengeance contre l'Empereur, qui l'a ruiné par une injustice; qu'il avoit des habitudes sûres dans les bureaux, et qu'il y a découvert deux choses : la première, qu'on doit m'arrêter sous prétexte que j'ai tramé avec les Hongrois une conspiration contre la vie de l'Empereur et celle de ses deux fils; qu'on me transportera dans un château éloigné, et qu'après quelques formalités on me fera mourir. La seconde, qu'un nommé don Juan de Salis, espagnol de qualité, a été envoyé, par le duc de Medina-Sidonia, proposer à l'Empereur d'empoisonner le roi d'Espagne; que pendant que cela s'exécuteroit on n'avoit qu'à envoyer l'archiduc, et qu'il feroit déclarer tout le royaume en sa faveur. Le dénonciateur n'a voulu dire ni son nom ni sa demeure; il m'a seulement indiqué une heure et un lieu où je pourrois le trouver. »

L'ambassadeur écrivit que pour ce qui le concernoit il ne s'en embarrassoit pas beaucoup; mais qu'il n'avoit pas cru devoir laisser ignorer le rapport qui regardoit la vie du roi d'Espagne, quoiqu'il n'y ajoutât pas grande foi. On répondit de Versailles (3) qu'il y avoit, dans les particularités que cet homme avoit ajoutées à ses dépositions, des choses vraies, et qu'il n'avoit pu savoir que par une liaison intime avec les ministres de Vienne; qu'il falloit tâcher de retrouver cet homme, et le faire parler. L'ambassadeur le chercha inutilement, et conclut, comme il l'avoit déjà fait sentir, et comme le Roi le conjecturoit lui-même à la fin de sa lettre, que c'étoit un homme aposté pour effrayer l'ambassadeur et lui faire quitter la partie. Peut-être aussi, dans le dessein de lui causer de l'épouvante, les ministres de l'Empereur firent semblant d'en avoir eux-mêmes, et ils lui offrirent une garde; mais il les en remercia, craignant que ce ne fût moins une précaution contre la violence qu'un moyen plus sûr d'attenter à sa liberté.

C'étoit ce qu'il redoutoit le plus au commencement d'une guerre qui faisoit espérer de la gloire et de l'avancement à ceux qui y seroient employés. Aussi écrivoit-il souvent à Paris qu'on eût l'œil ouvert sur le comte de Sinzendorff, ambassadeur de l'Empereur, qui devoit lui servir d'otage, et qu'on ne le laissât pas évader. En même temps il ne cessoit de demander son rappel. Enfin il l'obtint; et le 26 juillet il prit congé de l'Empereur, en l'assurant, par ordre du Roi, que l'intention de Sa Majesté avoit toujours été d'observer ponctuellement les derniers traités, et d'entretenir avec Sa Majesté Impériale la bonne intelligence nécessaire au repos de l'Europe et à l'avantage de la religion. Les réponses de l'Empereur, de l'Impératrice, du roi, de la Reine des Romains et de l'archiduc furent très-polies, et marquoient une considération personnelle pour l'ambassadeur. A son départ, il reçut mille témoignages d'amitié de toute la cour.

Il avoit déjà eu le plaisir d'éprouver qu'entre personnes qui jugent sainement des choses, les querelles et l'animosité des souverains, s'ils en ont, n'influent pas sur les sentiments des particuliers : car, en partant pour l'Italie, le prince Eugène se plut à lui donner publiquement des marques d'estime et de cordialité (4). Quelques courtisans paroissoient étonnés de voir tant d'amitié entre des personnes qui alloient peut-être se trouver vis-à-vis l'un de l'autre le pistolet à la main. L'ambassadeur leur dit : « Messieurs, je compte sur les bontés de M. le prince Eugène, et je suis bien persuadé qu'il me souhaite toute sorte de bonheur, comme de mon côté je lui désire toutes les prospérités qu'il mérite, excepté celles qui peuvent être contraires aux

---

(1) Lettre au marquis de Torcy, du 18 mai. (A.)
(2) Lettre au Roi, du 4 juillet. (A.)
(3) Lettre du marquis de Torcy, du 18 juin. (A.)
(4) Lettre à M. de Torcy, du 3 mars. (A.)

» intérêts du Roi mon maître. Mais voulez-vous
» que je vous dise où sont les vrais ennemis du
» prince Eugène? c'est à Vienne, et les miens sont
» à Versailles (1). »

Ainsi finit l'ambassade du marquis de Villars, qui dura près de trois ans. Elle eut tout le succès que permettoient les circonstances; mais comme ses services furent moins brillans que réels, on n'en prit pas l'idée qu'on auroit dû en avoir, et ils furent peu récompensés. En rappelant cette injustice au ministre deux ans après (2), il prouve ainsi l'importance de sa négociation : « Il faut,
» je crois, représenter ses services, surtout quand
» on n'est pas assez habile ou assez heureux pour
» se ménager de puissantes protections. Personne
» n'est plus convaincu que moi du mérite de
» M. le duc d'Harcourt, et ne trouve plus justes
» les grâces qu'il a reçues de la bonté de Sa Ma-
» jesté : quant à la part qu'il a eue à mettre la
» couronne d'Espagne sur la tête du roi régnant,
» je serois bien fâché de diminuer le mérite des
» négociations heureuses par lesquelles il peut
» avoir favorablement disposé les esprits; mais,
» monsieur, on ne peut me refuser d'avoir autant
» contribué que personne à ce grand événement,
» puisque, pendant que M. le duc d'Harcourt
» étoit encore à Paris, le cardinal Porto-Carrero,
» et ceux qui ont le plus contribué ensuite au
» testament, portèrent le feu roi d'Espagne à en-
» voyer à l'Empereur le pouvoir de s'emparer de
» tous ses États d'Italie, et firent donner ordre à
» tous les vice-rois et gouverneurs de recevoir
» les ordres et les troupes de l'Empereur dans
» toutes leurs places.

» J'ai vu les princes Eugène et de Vaudemont
» prêts à partir, et les ordres déjà expédiés pour
» les régimens qui devoient aller dans les États
» de Milan et de Naples. Le Roi me fit l'honneur
» de m'avertir de cette résolution des Espagnols
» par un courrier, m'ordonnant de ne rien omet-
» tre pour traverser un dessein qui mettoit l'Ita-
» lie entre les mains de l'Empereur. Après vingt-
» sept jours d'une négociation très-vive, j'eus le
» bonheur d'obtenir de l'Empereur un engage-
» ment par écrit, qui me fut remis par messieurs
» les comtes d'Harrach et de Kaunitz, par lequel
» l'Empereur promettoit de n'envoyer aucunes
» troupes en Italie, où étoient celles de Sa Ma-
» jesté : ce fut cette résolution du conseil de
» l'Empereur qui porta le roi des Romains à de
» si grandes fureurs contre le ministère, qui

» l'obligea à dire qu'il falloit faire pendre les
» ministres; que j'avois reçu et distribué à pro-
» pos cinq cent mille écus pour cela.

» Le refus de l'Empereur à profiter de la bonne
» volonté du roi d'Espagne arriva à Madrid peu
» de semaines avant la mort de ce prince, et
» marqua si bien la foiblesse de la cour de Vienne,
» que ces mêmes ministres, qui vouloient se don-
» ner à l'archiduc, conclurent à un parti con-
» traire. Ne pouvois-je pas me flatter d'avoir
» rendu dans cette occasion un service assez im-
» portant? et la crainte qu'avoit l'Angleterre
» avec la Hollande d'un accommodement du
» Roi avec l'Empereur, dont je paroissois tou-
» jours ne pas désespérer pour tenir ces puis-
» sances en inquiétude, n'a-t-elle pas pu contri-
» buer à faire trouver à M. de Tallard, auprès du
» roi Guillaume, des facilités pour le traité de
» partage? Cependant à mon retour je trouvai
» que j'avois battu les buissons, et mes camara-
» des pris les oiseaux. »

En effet, il ne reçut que des remerciemens de Louis XIV : il est vrai qu'ils furent vifs et tendres. « Il faut donc, dit-il au Roi, que je porte
» écrit sur ma poitrine tout ce que Votre Majesté
» me fait l'honneur de me dire; car qui pourra
» penser que je l'ai bien et fidèlement servie,
» lorsqu'elle ne fait rien pour moi? — Soyez
» tranquille, répondit affectueusement le monar-
» que : vous apercevrez, aux premières occasions,
» à quel point je suis content de vous. »

C'étoit à la guerre désormais à faire naître ces occasions : le marquis de Villars alla les chercher en Italie. Ce fut cependant avec quelque répugnance, parce que les affaires y avoient été mal commencées, et qu'il savoit d'ailleurs que le duc de Savoie, qui s'étoit déclaré pour nous, étoit en mésintelligence avec nos généraux. Avant que d'arriver à l'armée, il eut une rencontre qui lui fit honneur. Le général Mercy, instruit de son voyage, l'attendoit sur la route avec un corps de cavalerie et d'infanterie beaucoup plus fort que son escorte. Quand le marquis de Villars aperçut l'ennemi, il se mit à la tête des troupes qui l'accompagnoient, sans savoir qui elles conduisoient. Sitôt qu'il en fut reconnu, elles s'écrièrent : « C'est notre général, que Dieu nous a envoyé! » Et elles chargèrent avec tant de furie, qu'en un instant les Allemands furent dispersés. Le maréchal de Villeroy vint le recevoir à la tête du camp, et lui fit compliment sur la con-

---

(1) Cette manière de s'exprimer est bien différente de celles que les compositeurs de Mémoires imprimés de Villars lui prêtent, tome II, page 24 : « Le prince Eugène
» aura bientôt de mes nouvelles, car dès que je serai à
» l'armée, je chercherai l'occasion de me trouver aux pri-
» ses avec les ennemis, que je veux étriller, pour y rétablir
» la confiance. » (A.)

(2) Lettre à M. de Chamillard, du 17 juin 1703. (A.)

fiance que le soldat lui montroit. Ils étoient accoutumés, ainsi que toute la cour de Louis XIV de ce temps, à citer des vers dans les conversations. Villars répondit au compliment par ceux-ci de Racine, dans *Bajazet* :

Comptez qu'ils me verront encore avec plaisir,
Et qu'ils reconnoîtront la voix de leur visir.

Dans une armée dont les chefs étoient divisés, il ne pouvoit point se passer de grands événemens. Les Français avoient été sinon battus, du moins repoussés à Chiari, et le prince Eugène, maître des rivières, s'étendoit librement dans la plaine. Nous soupçonnions toujours une intelligence secrète entre ce prince de la maison de Savoie et le duc : la défiance alla si loin, qu'on cachoit à celui-ci l'ordre des marches et des campemens, et les opérations même indifférentes. Il se trouva même un jour investi de fossés et de redoutes qu'il n'avoit pas commandées, et dont au contraire on lui avoit déguisé le but en les faisant. Cette conduite lui causoit une vive indignation : il en porta ses plaintes au marquis de Villars. Le marquis, sentant que ces plaintes dévoient attaquer le maréchal de Villeroy et le prince de Vaudemont, ses amis, auroit bien voulu éviter les confidences du duc; mais il fut obligé de les entendre.

« J'ai besoin lui dit ce prince, de vous ouvrir
» mon cœur sur la manière dont on en agit à
» mon égard. Vous en avez été témoin en partie.
» Rien de si offensant pour un prince comme
» moi que les défiances qu'on me marque : je ne
» m'en suis pas rebuté, et je n'en ai pas moins
» montré de zèle pour les intérêts des deux cou-
» ronnes. On sait que dans l'affaire de Chiari
» les troupes du Roi étant rebutées, j'ai offert
» les miennes, et de recommencer le combat à
» leur tête : enfin je suis outré, et j'aurois de-
» mandé justice, si je n'étois convaincu que je
» ne dois pas en attendre beaucoup des deux
» rois contre les généraux qui commandent
» leur armée. » Le marquis supplia Son Altesse qu'elle voulût bien qu'il ne fût pas chargé de ses plaintes. Le duc lui répondit, avec l'attendrissement d'un homme sincère : « Vous en ferez
» comme il vous plaira; mais j'ai voulu vous
» parler comme à un honnête homme dont je
» connois le mérite, que j'estime et que j'aime,
» et qui me doit aussi quelque amitié. » Si Villars parla à Louis XIV, les soupçons contre le duc ne furent pas effacés par son rapport, ou du moins on continua à se conduire comme s'ils ne l'étoient pas.

[1702] Le quartier d'hiver qu'il passa à Paris fut plus long qu'à l'ordinaire. Il s'y maria avec demoiselle Rocque de Varangeville, et lorsqu'après quelques jours donnés à l'hymen il comptoit retourner en Italie, Louis XIV, qui avoit sur lui des desseins secrets, le retint pour l'Allemagne; on y avoit besoin d'un général actif, afin de seconder le duc de Bavière, qui s'étoit allié aux deux couronnes. Ce prince commença les hostilités par la prise d'Ulm, place dont la possession le mettoit au milieu des États de l'Empereur.

Mais il avoit mal pris son temps pour se déclarer. Le roi des Romains, ayant sous lui le prince de Bade, venoit de prendre Landau : notre armée, commandée par le maréchal de Catinat, retirée sous Strasbourg, montroit trop qu'elle vouloit se tenir sur la défensive (1); et il étoit impossible dans cette circonstance, aux Allemands, de détacher une partie de leur armée, de lui faire passer les montagnes Noires dont ils étoient maîtres, et de tomber sur le duc de Bavière avant qu'on pût le secourir.

Villars, arrivé à notre armée vers la fin de mai, remontra qu'on n'auroit pas dû laisser étendre si librement les ennemis en Alsace, qu'il auroit été aisé de les inquiéter pendant leur siége; mais il eut la douleur de ne trouver ni dans le général ni dans les troupes l'ardeur qu'il auroit désirée. « Elles ont oublié la guerre, écrivoit-il cette
» année même au ministre (2); elles ont oublié
» la guerre pendant la guerre même. La valeur y
» est toujours; mais l'application, la discipline,
» savoir se roidir contre les peines et les diffi-
» cultés, une attention pour les marches, se bien
» poster dans les quartiers, en un mot tout ce
» qui s'appelle esprit de gens de guerre, leur
» manque, hors le courage. »

C'étoit donc une raison de profiter du moins de ce qui s'y trouvoit, c'est-à-dire du courage. Ainsi pensoit un des amis du marquis de Villars, piqué comme lui de notre inaction (3). « Il sem-

---

(1) Les Mémoires qui m'ont été fournis disent que *le maréchal de Catinat avoit montré dans sa campagne d'Italie beaucoup de foiblesse, et que la force ne lui étoit pas revenue*; que le marquis de Villars parlant devant ce général des gens de guerre, dit, sans avoir intention de le noter, qu'*il arrivoit quelquefois que les mêmes hommes ne pensoient pas toujours de même*. « Vous avez rai-
» son, repondit Catinat l'œil humide, et en lui serrant » la main ; vous avez raison, monsieur, les mêmes hom-
» mes ne pensent pas toujours de même. » Je ne trouve pas cette anecdote dans les lettres qui sont correspondantes aux Mémoires. (A.)

(2) Lettre à M. de Chamillard, du 15 novembre. (A.)

(3) Lettre de M. de Desaleurs au marquis de Villars, de Bonn, le 30 juillet. (A.)

» ble, lui écrivoit-il, qu'on ne veuille se servir
» que du bouclier; mais je crois qu'il faudroit
» se servir de l'épée. Il y a des temps où les Fa-
» bius sont de bon usage, et des temps où les
» Marcellus sont nécessaires. » Louis XIV pensa
de même dans un moment où il étoit très-important de montrer au duc de Bavière qu'il n'y avoit rien qu'on ne fût disposé à tenter pour le secourir. La meilleure manière d'y réussir étoit de le joindre: une grande rivière, une armée, des montagnes entrecoupées de précipices, mettoient obstacle à cette jonction. Néanmoins Villars consulté avoit démontré dans ses lettres qu'elle étoit possible (1), quoique très-difficile; et le Roi, se souvenant de la parole qu'il lui avoit donnée de lui monter un jour combien il l'estimoit, le chargea de l'exécution.

Sitôt qu'il eut reçu les ordres, il écrivit à l'électeur de Bavière (2) : « Je mène à Votre Altesse Electorale trente des meilleurs bataillons
» de France, quarante très-bons escadrons, avec
» un équipage d'artillerie de trente pièces, et
» outre cela quarante charrettes haut le pied,
» pour servir aux divers besoins imprévus. J'ai
» cent mille écus pour les premières dépenses;
» car après cela j'espère en vérité que les troupes de Votre Altesse Électorale, aussi bien que
» celles de Sa Majesté, pourront vivre aux dépens de ses ennemis, et que, par les divers
» passages que l'on peut avoir sur le Danube,
» l'on pourra porter une guerre bien avantageuse de tous côtés. » Tel est le plan de cette expédition, dont les détails nous ont été transmis par le général lui-même. Villars savoit aussi bien dire que bien faire. Voici comme il s'exprime :

Je me rendis en poste à Huningue le 28 septembre. J'avois pour lieutenans généraux le comte Du Bourg, les messieurs Desbordes et de Laubanie; pour maréchaux de camp, les marquis de Biron, de Chamarante, Saint-Maurice et Magnac. Mon armée arriva en même temps, et je trouvai que celle du prince de Bade étoit déjà placée dans son camp de Friedlingen. L'ouvrage à corne d'Huningue, placé dans une île du Rhin, avoit été rasé à la paix de Riswick, et les ouvrages au-delà du Rhin qui couvroient le pont absolument détruits. On avoit commencé, depuis quelques semaines seulement, à relever dans l'île la face gauche d'une partie de cet ouvrage, et quelque chose de la courtine.

Ce fut de ce morceau de terre élevé dans l'île que je conçus la première espérance d'effectuer un passage. Le bras du Rhin qu'il falloit traverser étoit de dix toises de large, et les ennemis avoient une ligne sur le bord opposé. J'établis un pont de bateaux sur ce grand bras, couvert par l'île; et dès qu'il fut achevé je fis placer douze pièces de vingt-quatre dans la face de ce demi-bastion, et garnir d'artillerie tous les cavaliers, les bastions de la ville et les petites hauteurs, d'où on pouvoit battre les postes avancés.

Cette première disposition faite, je fis amener, la nuit du premier au 2 octobre, le nombre de bateaux nécessaire pour faire un pont sur le petit bras au-delà de l'île; mais le feu des ennemis fut si violent, qu'on ne put l'achever. Cependant, comme le nôtre portoit sur leurs retranchemens, il leur fut impossible d'y tenir, et le pont s'acheva le lendemain. Aussitôt on commença un petit ouvrage pour en couvrir la tête. Cinquante grenadiers protégeoient les travailleurs: ils furent assaillis par des bataillons entiers, dont ils soutinrent long-temps la charge hors de l'ouvrage. Ils y rentrèrent ensuite, et le défendirent si bien, aidés de notre artillerie, que les ennemis n'osèrent plus l'attaquer.

J'avois passé le Rhin; mais ce qui restoit à faire pour me joindre à l'électeur de Bavière étoit très-difficile. Avant que de pouvoir même m'approcher des montagnes Noires, qui étoient mon seul chemin, il falloit éloigner le prince de Bade. Il occupoit une hauteur qui domine à demi-portée de canon la petite plaine où je devois commencer à me former. Au pied de cette hauteur est un ruisseau, sur ses bords un château bien percé, avec un bon fossé; sur la crête de la hauteur, le fort de Friedlingen; enfin à droite et à gauche, et à mi-côte, des redoutes fraisées et palissadées. Les Impériaux n'ayant pu tenir sur les bords du Rhin, s'avançoient par tranchées de ce château qu'ils avoient dans la plaine, pour nous empêcher de nous étendre. De mon côté, je faisois tous les jours des ouvrages pour gagner du terrain. S'ils étoient protégés par le canon des hauteurs de leur camp, nous l'étions par celui de notre île et d'Huningue : ainsi en fait de poste nous étions à peu près égaux, mais ils étoient beaucoup plus forts en hommes. J'appris très à propos qu'on me destinoit, sous la conduite du comte de Guiscard, un renfort de dix bataillons et vingt escadrons, qui me mettroit en état d'attaquer les ennemis avec avantage, si l'électeur faisoit pour me joindre les démarches promises. Mais en vain je levois les yeux vers les hauteurs, je n'y voyois point se drapeaux : j'appris même qu'au lieu de s'approcher des montagnes Noires pour faciliter la jonction, comme

---

(1) Lettre au Roi et au ministre, dans les mois de juillet et août. (A.)

(2) Lettre du 28 septembre.

il l'avoit fait espérer, il tournoit du côté opposé.

Cependant j'avois ordre de donner bataille, tant pour montrer à ce prince qu'on n'omettoit rien de ce qui pouvoit procurer la jonction, qu'afin d'empêcher l'ennemi de prendre des quartiers d'hiver en Alsace, comme il se le promettoit. Mon parti étoit donc pris d'attaquer, la nuit du 13 au 14 octobre, les retranchemens ennemis les plus proches des miens; de passer, après les avoir emportés, la petite rivière de Weill; de me former dans la plaine du petit Huningue, appartenant aux Suisses, et de prendre par là l'armée impériale à revers. Les nobles cantons, qui prévoyoient cette marche, m'envoyèrent, à l'instigation du prince de Bade, toute leur députation pour m'en détourner. Je les amusai, partie de complimens, partie de reproches, de ce qu'ils avoyent eux-mêmes porté atteinte à la neutralité, en permettant que de gros bateaux chargés de pierre et d'artifice, destinés à rompre et à brûler notre pont d'Huningue, passassent, pour y parvenir, sous leur pont de Bâle. Heureusement on les avoit détournés avant qu'ils arrivassent à notre pont : mais je ne m'en plaignis pas moins aux Suisses, qui s'en retournèrent assez mécontens, et je continuai mes dispositions.

Pendant que je m'en occupois, je reçus la nouvelle de la prise de Neubourg, petite ville sur le Rhin, à quatre lieues d'Huningue. Sa position étoit propre à protéger un second pont, et à partager l'attention de l'ennemi : c'est ce qui me fit tenter de m'en saisir. J'avois chargé de cette entreprise M. de Laubanie, à qui je donnai mille hommes choisis, commandés par le marquis de Biron et les sieurs de Jossand et d'Ammigny, brigadiers d'infanterie. Un capitaine de grenadiers, nommé La Petithière, marcha au pied de la muraille; un cadet du régiment de Lorraine grimpa sur les épaules de quelques soldats, et entra le premier dans la place : les grenadiers suivirent, et quatre cents Suisses qui en composoient la garnison furent pris ou tués.

Cet événement étoit bien important, puisqu'il me donnoit la facilité de passer le Rhin où je voudrois, et c'étoit à Neubourg, de livrer bataille dans un terrain moins rétréci, et à peu près égal à celui du prince de Bade. Aussi, dès que je sus cette conquête, je fis descendre des bateaux pour y construire un pont; j'envoyai ordre au comte de Guiscard, qui ne m'avoit pas encore joint, de s'y rendre avec son détachement, et j'y ajoutai deux régimens de dragons.

Le prince de Bade voyant filer ces troupes vers Neubourg, y voyant descendre des bateaux, et apprenant la prise de cette place, fit marcher, deux heures avant la nuit du 13, presque toute sa droite sur cette ville, pour tâcher de l'emporter avant que j'eusse eu le temps de m'y bien établir. Moi, je mis toute mon armée en mouvement; je remplis d'infanterie notre île, et de cavalerie tout le grand bras du Rhin, qui étoit presque à sec depuis quatre jours; de sorte que je pouvois le forcer de combattre avec désavantage. Voyant mes dispositions, il renonça à son entreprise sur Neubourg, et fit rentrer sa droite dans son camp.

Je l'observois de près : cependant il pensa m'échapper. Je tenois sur lui les sieurs Tressemanes, major général d'infanterie, Desbordes, lieutenant général, et Chamarante. Ils m'envoyèrent avertir le 14, au point du jour, que les ennemis se retiroient. Je donnai les derniers ordres, montai à cheval, traversai le pont à toutes jambes, et les troupes qui étoient préparées dès la veille remplirent en un instant cette petite plaine sur la Weill, qu'on se disputoit depuis les premiers jours d'octobre.

Le prince de Bade étoit sur la hauteur au fort de Friedlingen. Me voyant déterminé à le suivre, il s'arrêta, persuadé qu'il me combattroit plus avantageusement dans le terrain même qu'il vouloit abandonner, que dans sa marche. Il destina son infanterie à gagner les hauteurs de Tulik, sur la gauche de Friedlingen, et plaça sa cavalerie, supérieure à la mienne de vingt escadrons, la droite appuyée au fort, la gauche à cette montagne qu'il falloit occuper.

Le succès dépendoit de la diligence à s'emparer de la hauteur. J'y fis marcher l'infanterie; et quoique la pente fut très escarpée, et embarrassée de vignes, elle se mit à monter avec ardeur, et plus d'ordre que le lieu ne permettoit. Pendant ce temps je mis la cavalerie en bataille dans la plaine, et j'y fortifiai la gauche de seize compagnies de grenadiers qui me restoient, les autres étant à Neubourg. Je regagnai ensuite à toute bride la tête de l'infanterie. Pour arriver sur la hauteur, elle fut obligée de traverser un bois si épais, que l'on ne put juger de l'approche de l'infanterie impériale que par le bruit des tambours : enfin on se joignit. L'infanterie ennemie tira; la nôtre essuya le feu, chargea la baïonnette au bout du fusil, et, après une forte résistance, défit entièrement celle des ennemis, quoiqu'elle eût du canon. Les deux infanteries perdirent un grand nombre d'excellens officiers; la nôtre chassa les Impériaux des bois, les mena battant jusque sur le bord de la descente, d'où ils se précipitèrent dans la vallée.

Quelques-uns de nos soldats ayant poursuivi indiscrètement les fuyards furent repoussés par le gros, revinrent à la hâte, se rejetèrent sur nos

7.

propres troupes, et les entraînèrent en désordre dans le bois. Étonné de ce mouvement rétrograde, je courus à eux, et leur criai : « A qui en » avez-vous, soldats? la bataille est gagnée : » Vive le Roi! » Ils répondirent : *Vive le Roi!* mais avec une foiblesse à laquelle je ne m'attendois point de la part d'une armée victorieuse ; et la terreur continuant toujours, je pris un drapeau, et les ramenai à la tête du bois sur le bord de la pente.

De là je jetai les yeux sur la plaine, et je vis que notre cavalerie, ayant battu celle des ennemis, revenoit tranquillement sur ses pas. Je craignis que la cavalerie allemande, sentant qu'elle n'étoit pas poursuivie, ne se ralliât, et que l'étonnement de l'infanterie continuant, il n'arrivât qu'une bataille gagnée ne se perdît. Je pris donc le parti de revenir à la cavalerie. Comme je descendois précipitamment à travers les vignes, ma bonne fortune m'envoya un soldat qui me dit : « Où allez-vous? vous vous je- » tez dans trois bataillons ennemis qui sont à » vingt pas d'ici. » Je pris sur la gauche, et je les évitai. Dodeval, mon secrétaire, qui m'accompagnoit, et me servoit souvent d'aide-de-camp, tomba entre leurs mains, et fut le seul prisonnier qu'ils firent.

Je joignis ma cavalerie, qui me reçut avec des cris de joie : j'entendis, non sans émotion, que plusieurs me proclamoient maréchal de France. Mais tout n'étoit pas fait : quelques escadrons ennemis, suivis mollement, commencèrent à se rallier. J'envoyai contre eux mille chevaux, et ils disparurent. A peine avois-je chassé le peu de cavalerie qui restoit dans la plaine, que notre infanterie y descendit, toujours saisie de la même terreur, quoiqu'elle n'eût aucun ennemi autour d'elle. Elle fut bientôt rassurée ; mais ce contre-temps fit perdre des momens qu'on auroit pu employer à faire un grand nombre de prisonniers. On voit par cet événement que le désordre peut se mettre dans les plus braves troupes quand elles ont perdu beaucoup d'officiers, et qu'elles ont peu de grenadiers, qui sont l'âme de l'infanterie. Les ennemis eurent environ quatre mille hommes tués sur le champ de bataille, et on en prit à peu près autant. Ils perdirent trente cinq drapeaux ou étendards, trois paires de timbales, et onze pièces de canon. Le fort Friedlingen, qu'on appeloit *le fort de l'Étoile*, se rendit le lendemain à discrétion.

Je fis, en écrivant au Roi, l'éloge des corps et des officiers qui s'étoient distingués. « Nous » avons perdu, lui mandois-je, le lieutenant-géné-» ral Desbordes, de Chamilly et Chavannes, bri-» gadiers d'infanterie, et le chevalier de Sèvres, » colonel de cavalerie. Chamarante a été blessé » dangereusement. Les brigades de Champagne, » Bourbonnais, Poitou et la Reine ont soutenu » intrépidement le premier feu. La cavalerie, » commandée par messieurs de Magnac et de » Saint-Maurice, n'a pas tiré un seul coup, se-» lon ses ordres, ni mis l'épée à la main, qu'à » cent pas des ennemis. Elle ne s'est débandée » ni pour faire des prisonniers ni pour piller ; » les nouveaux ont été aussi sages que les an-» ciens. Messieurs d'Auriac, de Marbach, Du » Bourg, le prince de Tarente, messieurs de » Saint-Pouange, Fourquevaux, Conflans, ont » fait des merveilles. Messieurs de Skelleberg et » de Camilly, tous les jeunes colonels d'infan-» terie : Seignelay, Nangis, Coatquin, le jeune » Chamarante, le comte de Choiseul, M. de Ra-» vestein, ont montré la plus grande bravoure. » Le chevalier Tressemanes, major général, et » M. de Beaujeu, maréchal des logis de la cava-» lerie, ont très-bien servi. Enfin il est rare que » dans une affaire aussi rude on n'ait perdu ni » drapaux, ni étendards (1). »

Le fruit de la victoire auroit dû être la jonction avec l'électeur de Bavière. D'une heure à l'autre, j'espérois apprendre qu'il paroissoit. J'envoyai des partis jusqu'à dix lieues, pour en avoir des nouvelles. N'en recevant pas, j'assemblai les officiers généraux. Il n'y en eut pas un qui ne déclarât que ce seroit vouloir perdre l'armée que de penser à traverser les montagnes sans être assuré des vivres ni de rencontrer l'électeur, quand le soldat auroit consommé la provision de quatre ou cinq jours qu'il pouvoit porter. Ainsi, quelque désir que j'eusse de remplir le principal objet de ma mission, je fus obligé de m'en tenir à l'avis du conseil de guerre. Après avoir fait raser le fort de l'Étoile, rétabli les for-

---

(1) Lettre au Roi, du 16 octobre. Il n'y est pas parlé de la terreur panique, sans doute parce que les choses déplaisantes ne se disent pas si clairement aux rois. Mais ce fait doit passer pour très-vrai, tant parce que le maréchal de Villars l'a raconté souvent, que parce qu'il se trouve dans les Mémoires manuscrits. On n'y voit pas non plus ce qui se dit dans les Mémoires imprimés, tome 2, page 48, que les officiers s'empressant autour de lui après la victoire, et le félicitant de ce qu'il avoit battu un aussi grand général que le prince de Bade, il leur répondit : « Je m'y attendois ; je le lui avois promis. Je l'ai » toujours gagné au piquet, et j'aurai toujours l'avan-» tage, à quelque jeu que je joue contre lui. » Ses lettres ne présentent non plus rien qui approche de ce ton plus qu'avantageux. (A.)

tifications de l'île et du pont d'Huningue, je me mis à observer le prince de Bade.

Pendant cette marche je reçus le bâton de maréchal de France, avec une lettre du Roi très-flatteuse, en ce qu'elle me marquoit beaucoup de confiance. J'en reçus d'aussi agréables de M. le Dauphin, de M. le duc d'Orléans, de toute la cour en un mot; une surtout de madame la princesse de Conti, qui me disoit : « Je vous » ferois mon compliment sur la récompense que » le Roi vient de vous donner, si vous pouviez » sentir d'autre plaisir que celui de l'avoir mé- » ritée. Réjouissez-vous de ce que tout le monde » ait souhaité de s'en réjouir. » Et elle ajoutoit, dans le langage à la mode :

.... Vous n'avez pas déçu
Le généreux espoir que nous avions conçu.
Vos pareils à deux fois ne se font pas connoître,
Et pour leurs coups d'essai veulent des coups de maître.

Le prince de Bade avoit été battu ; mais son armée n'ayant souffert que dans le choc, et n'ayant pas été poursuivie, se trouvoit toujours réunie, et encore plus forte que la mienne (1). Il tenta de couvrir sa défaite par une action éclatante, comme auroit été celle d'emporter Neubourg sous mes yeux. Il s'y présenta avec toute son armée, la fit approcher en bataille à la portée du canon, y vint de sa personne à la portée du mousquet. Je fis border de troupes les remparts, et j'y fis planter plus de trente drapeaux, pour faire voir aux ennemis que nous étions en état de les recevoir. Après avoir passé une partie de la journée dans cette situation, leur armée se retira, et marcha diligemment vers le Bas-Rhin.

Je ne voyois aucun motif à cette marche précipitée, et j'ai toujours été persuadé que le prince ne l'avoit faite que pour me laisser la liberté de me jeter dans les montagnes, afin de tâcher de joindre l'électeur. Par mes lettres, qu'il avoit interceptées, il savoit que c'étoit là mon premier dessein, et il pouvoit croire que j'ignorois de mon côté que le duc de Bavière, mal conseillé, s'éloignoit du Rhin au lieu de s'en approcher. Le prince de Bade se flattoit sans doute que, dans l'incertitude où j'étois des mouvemens de l'électeur, je pourrois m'enfoncer dans les montagnes, où l'armée du Roi, arrêtée à chaque pas par les difficultés naturelles, et par les forteresses qui se trouvoient sur la route, harcelée par les gens du pays, et pressée en queue par son armée entière, périroit infailliblement : c'est pourquoi il m'offroit une entrée si facile.

Mais je me refusai à cette espèce d'invitation ; je me contentai de détacher le comte Du Bourg avec un corps de troupes vers le Fort-Louis, et lui recommandai d'empêcher surtout les ennemis de jeter un pont sur le Rhin. Moi-même je repassai ce fleuve avec le reste de l'armée : je l'employai à nettoyer l'Alsace, à chasser l'ennemi de tous les postes qu'il avoit sur la Sarre et sur la Moutre, jusqu'à Haguenau. Je passai par Strasbourg, que je rassurai contre les contributions, et j'y fus reçu comme en triomphe.

J'écrivis au Roi que, pour empêcher les ennemis de faire des incursions en France, je croyois important de s'assurer de Nancy. Il approuva cette entreprise. J'en chargeai le comte de Tallard, qui venoit de prendre Tarbach. Nous étions dans le mois de décembre : ses troupes étoient fatiguées, et n'avoient même pas de tentes. Il me représenta ces difficultés, et entre autres que pendant la gelée on ne pouvoit ouvrir la terre ni se servir des rivières, et que pendant les pluies on ne pouvoit faire les charrois. Je lui répondis : « Pendant les pluies on se » sert des rivières et on ouvre la terre, et pen- » dant la gelée on fait les charrois. » Qu'il barraqueroit ses troupes dans les villages voisins ; que d'ailleurs cela ne pouvoit pas être long, parce que le duc de Lorraine, se voyant sans espérance d'être secouru, aimeroit mieux livrer sa ville que de l'exposer à être ruinée ; et la chose arriva comme je l'avois prévu : il ne fallut que se montrer, et les portes de Nancy s'ouvrirent.

Dans le même temps, je reçus enfin une lettre de l'électeur de Bavière, qui m'exhortoit à m'approcher de lui, et m'indiquoit plusieurs chemins. Je lui répondis (1) : « Après la bataille » gagnée, j'aurois eu huit jours pour tenter le » passage, si Votre Altesse Électorale m'avoit » secondé, et vraisemblablement j'y aurois réussi ; » à présent cela n'est plus possible. Cette vallée » de Neustadt, que Votre Altesse me propose, » c'est ce chemin que l'on appelle le *Val d'En- » fer*. Hé bien ! que Votre Altesse me pardonne » l'expression, je ne suis pas diable pour y pas- » ser. Il faut donc remettre à l'année prochaine, » et se mieux concerter. »

[1703] Mes quartiers bien assurés, je partis pour Paris, où j'arrivai le premier janvier. Je trouvai ma femme accouchée d'un fils, dont la

---

(1) « En faveur du peuple crédule, on fit à Vienne et « chez les principaux alliés les frais d'un *Te Deum* et de « quelques feux d'artifice. Cette ruse étoit nécessaire « dans un commencement de guerre. » Journal de Verdun, supplément, tome II, page 377. (A.)

(2) Lettre du 12 décembre. (A.)

naissance ajouta au bonheur de l'année qui venoit de finir. Je me rendis ensuite promptement à Versailles. Le Roi me reçut avec une bonté, une affabilité qui ne sortira jamais de ma mémoire : il m'apprit que c'étoit de lui-même, sans en conférer avec ses ministres, qu'il m'avoit donné la préférence sur un maréchal de France et cinq lieutenans généraux plus anciens que moi, pour le commandement de l'armée chargée de l'expédition dont le succès lui tenoit le plus à cœur. « Je » suis autant Français que roi, ajouta-t-il ; ce » qui ternit la gloire de la nation m'est plus sen» sible que tout autre intérêt. C'est d'ordinaire » sur les six heures du soir que Chamillard vient » travailler avec moi, et pendant plus de trois » mois il ne m'apprenoit que des choses désa» gréables. L'heure à laquelle il arrivoit étoit » marquée par des mouvemens dans mon sang. » Vous m'avez tiré de cet état ; comptez sur ma » reconnaissance. »

Après cette première conférence, il fut question de projets pour la campagne prochaine. Celui qui occupoit le plus le Roi étoit la jonction avec le duc de Bavière ; elle n'avoit manqué que par les irrésolutions de ce prince, et il faut avouer qu'elles étoient fondées ; car, après la prise de Landau par les ennemis, il se trouva dans un péril extrême. Notre armée restoit cantonné sous Strasbourg, sans oser rien entreprendre ; celle de l'Empire, sous le prince de Bade, nous fermoit le passage du Rhin : ainsi l'électeur se trouvoit au milieu de l'Empire sans défense. Dans ces circonstances, sa femme, ses ministres, toute sa cour, dévoués à l'Empereur, n'oublioient rien pour lui persuader qu'il n'avoit d'autre parti à prendre que de s'accommoder.

On a su depuis qu'il avoit prêté l'oreille à ces représentations ; et je m'en doutai quand après la victoire de Friedlingen, au lieu de venir au devant de moi, je sus qu'il s'obstinoit à rester près d'Ulm. Heureusement l'Empereur fit le difficile sur quelques articles préliminaires du traité qui s'entamoit. L'électeur, dont nous relevâmes les espérances, fit le difficile à son tour ; et nous l'assurâmes, en lui promettant qu'on lui feroit parvenir un secours tel qu'il voudroit, sitôt que le passage des montagnes deviendroit praticable par la fonte des neiges.

C'étoit, à la vérité, principalement cette promesse qu'il falloit songer à remplir : mais je représentai au Roi qu'à la guerre, comme dans toute autre matière importante, il étoit dangereux de n'avoir qu'un objet, parce que si on le manquoit, on se trouvoit sans vues et sans desseins, et par conséquent dans une inaction ruineuse. Je proposai donc le siége du fort de Kelh, comme indépendant de la jonction en la facilitant ; « car, disois-je, si le prince de Bade » veut s'y opposer, il ne le pourra qu'en ras» semblant ses forces, et plaçant son armée der» rière la Quinche. Alors on pourra le masquer » dans ses lignes avec un corps d'armée ; et » l'électeur marchant vers le Haut-Danube, » moi vers Walkirck et la vallée de Saint» Pierre, on ne trouvera aucun obstacle à percer » les montagnes, et la jonction s'exécutera de » bonne heure. Si le prince de Bade ne s'oppose » point au siége de Kelh, on le prendra, et ce » sera un chemin de plus pour aller à l'électeur. » Le Roi approuva ce projet, et me laissa liberté entière pour toutes les entreprises que je croirois convenables à son service.

Je ne tardai pas à mettre la main à l'œuvre, puisqu'étant arrivé à Paris le premier de janvier, j'en repartis dès le 13. Les chemins étoient si rompus, qu'en prenant même sur la nuit, on ne pouvoit faire que quinze à dix-huit lieues de poste. Aussi ne trouvai-je presque point d'officiers à l'armée. Cette espèce de désertion ne me donnoit pas grande espérance pour mes premières entreprises. « On est sûr du succès, mandois» je au ministre (1), quand les troupes sont » dans l'état où elles devroient être ; mais point » de colonels ni de brigadiers, peu de capitaines. » Quelle confiance voulez-vous que l'on prenne » dans des bras sans tête ? Pour moi, je me sou» viens, en pareilles occasions d'ouverture de » campagne prématurée, d'être parti de Paris » en poste ; ne trouvant plus de chevaux de poste » à Châlons, m'être mis dans une charrette, et » la charrette ne pouvant plus aller, avoir gagné » Sainte-Menehould à pied, mon valet portant » le porte-manteau, et des paysans nos bottes » et nos selles. »

Tout en faisant mes dispositions, je m'occupois de quelques réformes utiles au soldat et à la discipline. Pour le soldat, je proposai de rendre à la cavalerie l'usage des cuirasses, ou du moins des plastrons. « Comme nous ne compte» rons pas les escadrons ennemis dans une ac» tion, disois-je à M. de Chamillard (2), soyons » du moins en état de les pouvoir forcer à con» tinuer de tirer, de peur qu'enfin leurs expé» riences fâcheuses ne les déterminent à aban» donner leur feu pour ne se servir que de l'épée, » auquel cas l'homme habillé de fer a grand » avantage sur celui qui n'a nulle bonne défense : » et si le Roi croit qu'on ait peine à forcer les

---

(1) Lettre à M. de Chamillard, du 12 février. (A.)
(2) Lettre à M. de Chamillard, du 18 janvier. (A.)

» officiers à porter des cuirasses, je serai le pre-
» mier à en donner l'exemple. »

Quant à la discipline, c'étoient quelques réformes concernant les officiers supérieurs. Je retirai de Metz M. de Cheyladet, maréchal de camp, et le comte de Lille, brigadier d'infanterie, et les plaçai dans des forts sur la Sarre. J'en donnai cette raison au ministre (1) : « Les
» commodités et les délices d'une grande ville,
» si l'on n'y prend garde, amollissent insensible-
» ment, et font paroître ces séjours préférables
» à ceux qui sont plus voisins des ennemis. Je
» sais bien qu'un peu de complaisance, en pa-
» reille occasion, pour le goût des officiers cap-
» tive leur bienveillance ; mais vous ne me trou-
» verez jamais de ces foiblesses-là. Je prendrai
» la liberté de représenter fortement à Sa Ma-
» jesté leur application et leur zèle. Ils me trou-
» veront juste, et attentif à faire connoître leur
» mérite, mais peu complaisant sur ce qui peut
» ne pas convenir au bien du service. Les offi-
» ciers généraux me connoissent sur ce pied-là,
» et je ne les ménagerai pas plus que les autres
» au détriment du service. »

Je parlai aussi, par occasion, des inspecteurs de cavalerie et d'infanterie. « Autrefois, disois-
» je (2), ils passoient les hivers entiers sur les
» frontières, et ils sont bien payés pour cela :
» maintenant ils ne sont bons qu'à toiser et me-
» surer leurs hommes, et à envoyer à la cour de
» beaux états. Ce n'est point de leurs deux revues
» dont il est question, mais d'exercer les troupes
» très-souvent, de les connoître, de leur parler,
» de leur inspirer l'esprit de guerre. C'est à quoi
» je donnerai mes heures libres sur la frontière,
» ne croyant rien de si capital que d'entretenir
» les soldats, leur faire entendre ce qu'ils doi-
» vent faire dans le combat, et leur parler comme
» à gens qui doivent se préparer à voir plusieurs
» actions pendant la campagne. Je me souviens,
» monsieur, de ce que vous m'avez dit que dans
» votre jeunesse vous alliez deux et trois fois
» la semaine voir les vieux régimens manœu-
» vrer, et que tous les capitaines y assistoient
» bien sérieusement. Cela est bon, il faut le
» rétablir. »

Le Roi fit dans ce temps dix maréchaux de France : il n'y en avoit pas beaucoup dans ce nombre qui eussent mon estime. J'en écrivis ainsi au ministre (3) : « J'apprends que Sa Ma-
» jesté vient de faire dix maréchaux de France.
» Je prendrai la liberté de dire que je souhaite-
» rois, comme je crois bien, monsieur, que vous
» le souhaitez aussi, qu'elle eût fait autant de
» bons généraux d'armée. » M. de Chamillard me fit valoir dans sa réponse (4) la distinction que le Roi m'avoit accordée en me nommant seul. « Mais, ajouta-t-il, ce n'est pas assez pour
» vous d'avoir fini glorieusement la dernière
» campagne ; il faut mériter pendant celle-ci
» d'être connétable. » Si cette cajolerie me fit monter à la tête quelques fumées de vanité, on ne fut pas deux mois sans les rabattre.

Je me donnois tous les mouvemens possibles pour l'exécution de mon entreprise ; mais j'étois désolé de me trouver si peu d'officiers généraux. Prêt à passer le Rhin, je ne m'en voyois que deux : le chevalier de La Feronnaye pour commander la cavalerie, et le chevalier de La Vrillière les dragons. Dans mon dépit, j'écrivis cette lettre à un officier dont j'avois eu d'ailleurs plus d'une fois occasion de me louer (5) : « J'ai ap-
» pris, par votre dernière lettre, que vous avez
» pris le parti de suivre les journées de votre ré-
» giment. J'avois cru écrire à un brigadier de
» dragons quand je vous ai prié, par ma lettre
» du 3 de ce mois, de vous rendre auprès de moi
» aussitôt que vous l'auriez reçue. J'avois compté
» vous faire commander les dragons ; mais puis-
» que je vois que vous vous en êtes tenu aux
» fonctions de colonel, je vous prie de suivre
» votre régiment conformément à la route ci-
» jointe. Je vous dirai de plus que, sans l'estime
» que j'ai pour vous, vous connoissant un bon
» et brave officier, je vous aurois envoyé passer
» trois mois dans le château de Béfort, pour
» vous apprendre à obéir plus régulièrement à
» mes ordres. »

Mais si ces lenteurs me chagrinoient, je fus un peu consolé par la nouvelle que l'électeur de Bavière avoit pris Neubourg sur le Danube. Je l'en félicitai en ces termes (6) : « Monseigneur,
» vous venez de prendre Neubourg, deux mille
» hommes tués ou prisonniers. Je l'apprends par
» une petite lettre du sieur de Montigny, que je
» paierois dix mille écus. Je reconnois le vain-
» queur de Belgrade, celui qui a passé la Sarre
» devant des armées formidables. Vous en pas-
» serez bien d'autres ; et de cette affaire-ci, mon-
» seigneur, il faut que vous partagiez l'Empire,
» et que je sois connétable. Par ma foi, je suis
» transporté, et Votre Altesse Électorale me
» trouvera le même que j'étois en Hongrie et à
» Munich : bonnes batailles, beaux opéras ; bien

(1) Lettre au même, du 19 janvier. (A.)
(2) Lettre à M. de Chamillard, du 19 janvier. (A.)
(3) *Ibid.* C'est sans doute cette *liberté*, peut-être trop grande dans un homme de place, qui lui a fait tant d'ennemis à la cour. (A.)
(4) Lettre de M. de Chamillard, du 24 janvier. (A.)
(5) Lettre du 11 février. (A.)
(6) Lettre du 12 février, du camp sous Neubourg. (A.)

» se battre, bien se réjouir. Voici une lettre bien
» extraordinaire ; mais j'avoue que je suis trans-
» porté du succès de Neubourg. J'ai l'honneur
» d'écrire à Votre Altesse Sérénissime d'un au-
» tre Neubourg, en passant le Rhin. Je marche
» avec cinquante bataillons et quatre-vingts es-
» cadrons, et je vais chercher les ennemis par-
» tout où j'en pourrai trouver entre les monta-
» gnes et le Rhin. »

Ils étoient cantonnés dans la plaine le long de la Quinche, couverts de bonnes redoutes et de retranchemens. Il falloit les forcer pour arriver à Kelh, et les disperser si bien, que le siége fût fini avant que le prince de Bade pût les rassembler. Je traversai le Rhin le 12 février à Neubourg. Tous les heureux hasards semblèrent se réunir pour favoriser mon entreprise. D'abord obligé de rester une nuit entière à voir défiler les troupes, je laissai sur les bords du Rhin, où j'étois, un rhume violent qui me tourmentoit depuis long-temps. Quand il me fallut ensuite passer entre les montagnes et Brisach, sous le canon de la basse ville, un brouillard épais couvrit l'armée ; et sitôt que je fus au-delà de ce dangereux passage, il se dissipa, et au brouillard succéda la gelée, qui prit fortement, et rendit praticables des chemins noyés et des marais assez fâcheux que j'avois à traverser. Ravis de ce beau temps, les soldats, qui marchoient gaiement, sans tentes et sans équipage, l'appeloient *le temps de Villars*, et je n'étois pas fâché qu'ils s'accoutumassent à me croire heureux.

Cependant j'avoue que je ne l'étois guère. « Mes tribulations sont grandes, écrivois-je au
» ministre (1), quand je considère que je mène
» une armée au milieu des places ennemies, avec
» une foible artillerie, et des vivres conduits
» comme on peut, sans routes et à travers
» champs, sans secours pour les détails, regar-
» dant deux heures de pluie comme un péril
» certain, forcé de me roidir seul contre les ob-
» stacles, et d'imposer silence à tout ce qui veut
» croire certains projets impossibles. Vous con-
» viendrez qu'une pareille commission est assez
» épineuse. » Dieu merci, je m'en tirai par ma diligence.

Après avoir passé Brisach, qui donna l'alarme au pays par quelques volées de canon, je me mis à la tête de quatre mille cavaliers et dragons, poussant deux cents hussards devant moi ; et, suivis de toute l'armée, nous nous étendîmes sur le front de la ligne des quartiers ennemis. Leurs corps avancés n'eurent que le temps d'en sortir. Je ne leur donnai pas celui de se rassembler ; et

(1) Lettre à M. de Chamillard, du 19 février. (A.)

pour les empêcher de se mettre derrière la Quinche, où étoit leur rendez-vous, j'y marchai moi-même. Je la trouvai assez haute. Cependant j'y découvris un gué, et me jetai le premier dans l'eau. Quelques escadrons ennemis qui arrivoient se présentèrent sur le bord. Je les chargeai et renversai : c'étoit le prince de Bade lui-même, qui avoit cru comme moi avoir besoin de la plus grande diligence. Quelques momens plus tôt, il défendoit le passage et renversoit mes desseins. Se voyant prévenu, il envoya ordre à l'infanterie la plus prochaine de se jeter dans Kelh, et il se retira vers Stollhofen.

Sans songer à le poursuivre, je m'appliquai, après avoir rassemblé l'armée, à m'emparer des postes entre le Rhin et les montagnes. Le général Pibrak y commandoit les troupes impériales, au nombre de quatorze bataillons et quelques escadrons de dragons. Il ne put jamais les contenir ensemble, tant l'épouvante avoit gagné. Il abandonna son canon, que l'on m'amena, et fit prendre les drapeaux aux officiers, criant aux soldats de se jeter dans les montagnes. Le prince de Bade n'eut pas non plus le temps de retirer les troupes de plus de cinquante forts et redoutes qu'il avoit le long de la Quinche et du Rhin : il y avoit dans quelques-unes du canon, et beaucoup de munitions de guerre. Tout ce qui les gardoit fut fait prisonnier. Les villes d'Offenbourg, Zell, Wilstadt et Radstadt furent abandonnées. On trouva dans la première vingt-huit pièces de canon, quantité de munitions de guerre et de bouche, et tout l'équipage d'artillerie de l'armée.

J'envoyai le chevalier de La Vrillière, jeune et brave officier, porter au Roi la nouvelle de ces succès ; et après avoir donné les ordres pour commencer la circonvallation du fort de Kelh et préparer l'ouverture de la tranchée, j'employai le temps nécessaire à ces travaux à parcourir la vallée de la Quinche. J'avançai, à la tête de cinq mille chevaux et de quelques détachemens de grenadiers, jusqu'à Honbach. Je m'emparai des petites villes de Harlach, Gegenbach et Hosen, dans lesquelles je trouvai assez de fourrages pour fournir à la cavalerie une subsistance qu'elle ne trouvoit plus en Alsace. Par ce moyen, les magasins ennemis et les contributions nourrirent l'armée du Roi, à qui j'épargnai des dépenses considérables. Cette marche eut encore l'avantage de répandre l'épouvante dans la Souabe, et fit revenir diverses troupes impériales qui marchoient vers la Bavière.

Arrivé devant Kelh, je trouvai les ordres que j'avois donnés bien exécutés. La tranchée fut ouverte la nuit du 25 au 26, et menée jusqu'à la première digue, à la faveur des maisons du village. Dès les premières attaques, je m'aperçus que la contenance des assiégés n'étoit pas ferme, et je résolus de les presser, sans trop m'assujettir aux règles. Ce fut donc contre l'opinion du plus grand nombre des ingénieurs que je conduisis le siége, mais sur les avis du sieur Terrade, qui avoit lui-même construit le fort sous les ordres de M. de Vauban, et qui en connoissoit mieux qu'un autre les endroits foibles. J'évitai, d'après ses conseils, de m'engager dans l'attaque régulière et successive de plusieurs ouvrages, qui m'auroit mené loin. Ce fut par cette méthode que je pris une redoute importante établie dans une des îles du Rhin, qui ne seroit venue qu'après d'autres, et dont la prise rendoit celles-ci inutiles aux assiégés. M'apercevant, par les précautions de ceux qui la gardoient, qu'ils craignoient, j'y fis passer en bateaux un détachement de grenadiers, qui l'emportèrent d'emblée; et on y plaça une batterie qui fit un grand effet. La nuit du 4 au 5 mars, je me logeai dans l'avant-chemin couvert. L'ardeur des grenadiers fut telle, que les attaques de droite et de gauche se rencontrèrent, et tirèrent l'une sur l'autre. Mauroy, brave officier du régiment de la Reine, y fut blessé dangereusement (1).

Ces succès ne s'obtenoient pas sans peine. Je ne quittois presque pas la tranchée. « Il n'est » pas nécessaire, me disoient les ingénieurs, » qu'un maréchal de France y soit si souvent. » — Non, répondois-je ; mais avouez que cela » ne fait pas mal. » Ma présence encourageoit le soldat, ma familiarité lui faisoit supporter gaiement les fatigues du siège. « Je passe avec eux » une partie de la nuit, écrivois-je au ministre (2). » Nous buvons un peu de brandevin ensemble : » je leur fais des contes, je leur dis qu'il n'y a » que les Français qui sachent prendre les villes » l'hiver. Je n'en ai pas fait pendre un seul. Je » leur garde deux grenadiers qui l'ont bien mé-» rité, pour leur donner leur grâce en faveur de » la première bonne action que leurs camarades » feront : enfin j'y fais tout de mon mieux. Tout » ira bien, s'il plaît à Dieu ; mais si quelqu'un » vous dit que tout ceci est bien aisé, ayez la » bonté de ne le pas croire. Encore hier, peu s'en » est fallu que tout notre camp n'ait été inondé » par une irruption subite de la Quinche. Il a » fallu faire des saignées, rompre des digues , » travailler de ma personne par un temps af-» freux, pour donner l'exemple. Des entreprises » comme ce siége donnent de mauvais quarts-» d'heure à ceux qui les exécutent. Les fortunes » de cour sont sujettes à moins de tribulations. »

Je fis donner le 6 l'assaut à l'ouvrage à corne, qui fut emporté. Je me souviens qu'en dictant l'ordre de l'attaque dans la tranchée, je trouvai que le capitaine de grenadiers qui avoit la tête de l'attaque s'appeloit La Retournade ; je lui dis en plaisantant : « Au moins vous ne retournerez » pas. — Non, monseigneur, répondit-il ; je ne » retournerai qu'après y être entré, à moins que » je ne sois tué en montant. » La valeur des troupes imprimoit la plus grande terreur aux assiégés, et je me servis de cette terreur pour les pousser sans relâche, *persuadé*, comme je le mandois au Roi (3), *qu'à la guerre tout dépend d'en imposer à son ennemi ; et dès qu'on a gagné ce point, ne lui plus donner le temps de reprendre cœur*. Cette action, la plus importante du siége, fut vigoureusement conduite. Les assiégés ne firent plus après qu'une médiocre défense : ils laissèrent prendre assez mollement le chemin couvert le 9, et capitulèrent le 10. Il m'auroit peut-être été possible, en attendant encore quelques jours, de les avoir prisonniers ; mais je crus inutile de démanteler davantage un fort qu'on vouloit garder. Il me parut assez beau d'avoir pris, en treize jours de tranchée ouverte, une des meilleures places de l'Europe : enfin j'appréhendai, en différant, de voir naître des difficultés qui me rejetteroient peut-être bien loin. J'accordai donc des conditions honorables, et je fis bien ; car, le jour même que je signai la capitulation, il tomba deux pieds de neige qui nous auroient fort embarrassés.

Je ne manquai pas, selon mon ordinaire, de nommer au Roi et au ministre ceux qui s'étoient distingués dans la durée du siége et aux principales attaques (4) : « Le sieur Makfis, capi-» taine réformé dans les Irlandais, ingénieur » volontaire ; le comte Du Bourg, commandant » l'assaut de l'ouvrage à corne. J'aurai l'hon-» neur de dire à Votre Majesté qu'elle peut » compter de trouver en lui un bon officier gé-» néral, beaucoup d'application et d'ardeur pour » le bien du service. Le marquis Du Bourg » son fils, qu'il a demandé pour être auprès de » lui, s'est fort distingué. M. de Marivault, » maréchal de camp de tranchée, a été blessé » par un éclat de nos bombes, et a servi utile-» ment dans la fausse attaque de l'ouvrage à » corne, qui a fait une grande diversion : elle a » été commencée par le sieur Moreau, lieute-» nant de Provence, le même que Votre Majesté

(1) Lettre à M. de Chamillard, du 5 mars. (A.)
(2) *Ibid.*, du 28 février. (A.)
(3) Lettre au Roi, du 6 mars. (A.)
(4) Lettre au Roi, du 6, et à M. de Chamillard, du 10 mars (A.)

» vient d'honorer d'une gratification pour la fer-
» meté qu'il a marquée à la défense de la re-
» doute de Taslandt. M. le marquis de Maule-
» vrier, qui doit être premièrement très-loué
» d'être parti d'auprès de Votre Majesté avec
» une santé fort attaquée, a marché des pre-
» miers. M. de Bligny, brigadier de jour à la
» même attaque. M. Colambert commandoit les
» trois compagnies de grenadiers de Navarre ;
» M. de Liret, celles de Champagne ; le sieur
» Dubignon, les trente grenadiers qui ont eu la
» tête. Le sieur de Blanzy, chef des ingénieurs.
» Le sieur de La Retournade, nom qui m'a fait
» de la peine quand il a monté à l'assaut, com-
» mandoit les premières compagnies des grena-
» diers de Vermandois ; le sieur de Beauvisé,
» celles de Provence. On ne peut trop louer le
» sieur Dumarcé, le sieur de La Bastie, com-
» mandant à Strasbourg, messieurs de Chama-
» rante, de Saint-Hermine, de Tressemanes,
» major général, de Vezelles, maréchal des lo-
» gis, lesquels ne s'en tinrent pas aux fonctions
» de leurs emplois ; le sieur d'Ouville, comman-
» dant l'artillerie ; les sieurs Portail, Fiert, et
» principalement Terrade, ingénieurs. » J'indi-
quai le sieur de Saint-Georges, lieutenant de
roi au Fort-Louis, pour gouverneur du fort de
Kelh, et je n'oubliai pas de faire mention d'un
cornette de Listenois, nommé d'Arche (1), qui,
allant en parti avec douze dragons, fut poussé
par cent cinquante hommes, se barricada dans
une maison, et les força de se retirer.

Ce siége, brusqué contre l'avis des ingénieurs,
de M. de Vauban lui-même qui offrit d'y venir
servir, du Roi enfin qui m'écrivit qu'il verroit
avec peine que je m'écartasse du plan d'attaque
que M. de Vauban m'avoit envoyé, donna beau
jeu à mes envieux. Des courtisans, des officiers
généraux, des maréchaux de France, qui rai-
sonnoient de loin, décidèrent d'abord que je ne
réussirois pas ; et quand j'eus réussi, ils dirent
que c'étoit un heureux hasard, mais que j'étois
un téméraire, un homme qui se croyoit des lumières supérieures à celles de tous les autres,
que, n'ayant jamais été que dans la cavalerie, je
prétendois savoir mieux le service de l'infanterie
que ceux qui y avoient vieilli ; que j'aimois à me
mettre au-dessus des règles ; que cela réussissoit quelquefois ; mais que si on me donnoit des
commandemens importans, il pourroit arriver
que mon caractère indépendant causât en une
fois des pertes plus grandes, plus irréparables,
que mes bonnes qualités n'auroient procuré d'a-
vantages. Je sus ces discours, et je me crus obligé
de faire mon apologie, que j'envoyai au ministre. Sans doute elle imposa silence pour le moment ; mais les traits lancés contre moi ne manquèrent pas tout-à-fait leur but. Il m'en resta la
réputation d'homme difficultueux avec les autres, et trop entreprenant ; ce qui rendit le Roi
circonspect dans sa confiance, et moi timide
dans les grandes occasions, de peur qu'on ne me
rendît responsable de l'événement.

Après ce succès, sans que je parlasse de récompense, M. de Chamillard me manda qu'il
avoit songé à demander pour moi la dignité de
duc ; mais que le moment n'étoit pas encore arrivé. Puisqu'on faisoit tant que de me prévenir
de cette bonne envie, je crus qu'il m'étoit permis de marquer que je trouvois le délai assez mal
fondé. Je ne cachai donc pas mon sentiment au
ministre, et je lui fis ce raisonnement (1) : « Si,
» le 30 septembre de l'année dernière, lorsque
» les courtisans déploroient le malheur de l'Etat ;
» que l'armée du Roi, retirée sous Strasbourg,
» se couvroit des mêmes barrières qui ont servi
» à la circonvallation de Kelh ; que le prince de
» Bade, campé à Bitchevilliers, pouvoit mar-
» cher jusqu'à Saverne ; que Marsal étoit tout
» ouvert, Nancy neutre, et par conséquent li-
» bre, sans qu'on osât y trouver à redire, de
» fournir des vivres à l'armée impériale, qui
» auroit pu pénétrer par la Champagne jusqu'au
» cœur du royaume ; lorsqu'enfin on étoit obligé
» d'aller joindre le duc de Bavière sans savoir
» comment ; si, dis-je, dans ce temps quelques
» gens d'affaires fussent venus vous dire à l'o-
» reille : Monsieur, faites un maréchal de France
» et un duc ; moyennant cela nous nous enga-
» geons qu'avant qu'il soit quatre mois et vingt
» jours vous aurez passé le Rhin, battu M. le
» prince de Bade, pris le fort de Friedlingen,
» détruit les retranchemens qui fermoient Hu-
» ningue, rétabli cette place, fortifié Neubourg,
» traversé les quartiers d'hiver de l'armée impé-
» riale, passé la Quinche malgré tant de retran-
» chemens, pris Kelh en douze jours sans qu'il
» en coûte même de la poudre au Roi, pris tous
» les magasins d'Offenbourg, ôté les quartiers
» d'hiver à vingt mille hommes, poussé les con-
» tributions plus loin qu'elles n'alloient la der-
» nière guerre, chassé les ennemis de cinquante
» lieues de pays bordé de forts et de retranche-
» mens ; si on avoit ajouté : L'on vous mettra
» en état de donner à M. l'électeur de Bavière
» l'espérance d'être soutenu, de lui relever le
» courage, et de le joindre, sans hasarder l'ar-
» mée du Roi ; n'est-il pas vrai que les courti-

(1) Lettre à M. de Chamillard, du 9 mars. (A.)

(2) Lettre à M. de Chamillard, du 22 mars. (A.)

» sans, qui font les choses si faciles après l'exé-
» cution, et qui me croient assez récompensé
» d'avoir été fait maréchal de France sans qu'on
» y ajoute la dignité de duc, auroient été les
» premiers à vous conseiller d'accepter le mar-
» ché? Patientons donc : mais j'espère en faire
» tant par la suite, que je vous inspirerai plus de
» courage pour m'obliger.
» M. de Sainte-Hermine, ajoutois-je, vous
» dira que le siège de Kelh n'a été si vite que
» parce que je n'ai pas perdu les travailleurs de
» vue, et que j'ai été souvent huit et neuf heu-
» res de suite derrière eux, montrant aux ingé-
» nieurs, non sur le papier, mais sur le terrain,
» ce qu'il falloit faire. Je vois bien que, pour
» avancer sa fortune, il faudroit s'en tenir,
» comme nos généraux d'été, à la maxime du
» courtisan, qu'il vaut mieux plaire que servir.
» Mais, permettez que je vous le demande,
» peut-on plaire sans servir? On n'en voit que
» trop d'exemples. Et peut-on servir sans plaire?
» Hélas! oui. »

J'aurois bien désiré rester au-delà du Rhin, où j'étois, afin de profiter de la première occasion de passer les montagnes, et de joindre l'électeur; mais je me trouvois une armée délabrée, harassée d'avoir fait la guerre pendant onze mois sans relâche, sans tentes, sans équipages, de mauvaises armes; qui enfin avoit besoin de tentes, de chariots, de recrues de toute espèce, et de son air natal pour se refaire. Je savois d'ailleurs que dans cette saison les rivières débordent quelquefois, tellement qu'on ne peut aller qu'en bateau depuis le Rhin jusqu'aux montagnes. Pour toutes raisons, je résolus de rentrer en France, afin d'y laisser reposer l'armée pendant un mois ou six semaines; et comme j'avois plein pouvoir, j'exécutai ce projet, en me réservant cinq ponts sur le Rhin, et en mettant les troupes les plus éloignées à quinze lieues au plus afin qu'elles fussent toutes prêtes à repasser au premier ordre.

Pendant que l'armée se retiroit tranquillement, je pris mille chevaux et neuf cents hommes d'infanterie, avec lesquels j'avançai du côté des montagnes; seulement pour me remettre l'idée du pays, que j'avois parcouru autrefois. Je ne m'attendois pas que ma promenade seroit si heureuse. « En approchant de Keutsingen (1),
» j'appris par les gens du pays que les Impériaux
» occupoient cette petite ville, et qu'il y avoit
» huit cents hommes des régimens de Sall et de
» Marilly, qui est la vieille infanterie de l'Empe-
» reur. Je crus que l'on pouvoit intimider ces
» troupes; et à mon arrivée quelques religieux
» étant sortis pour m'apporter les contributions,
» je les renvoyai durement, avec ordre de dire
» aux Impériaux qu'ils missent les armes bas;
» que je consentois à les recevoir prisonniers de
» guerre : mais que s'ils me faisoient tirer un
» seul coup, il n'y auroit de grâce ni pour la ville
» ni pour la garnison. Tout cela se disoit en mau-
» vais latin, que nous ne parlions pas plus aisé-
» ment l'un que l'autre.

» Les religieux furent si saisis de frayeur,
» qu'ils la communiquèrent à la ville; et, vou-
» lant leur imposer encore davantage par un air
» d'audace, je fis placer toute mon infanterie à
» cent cinquante pas des murailles, comme prête
» à monter à l'assaut. Les religieux revinrent,
» et dirent que si j'envoyois un officier, on pour-
» roit s'accommoder. Le chevalier de Tressema-
» manes s'avança, et n'oublia rien pour les éton-
» ner. Le commandant et les officiers s'ébranlè-
» rent, et répondirent que pour prisonniers de
» guerre, ils n'y consentiroient jamais; mais
» qu'ils vouloient bien me remettre la place.

» Tressemanes retourna, et dit que je consen-
» tois à laisser la liberté aux officiers, mais que
» je voulois avoir les soldats. Tous les religieux
» et les principaux bourgeois revinrent intercé-
» der pour la garnison. Je redoublai de fureur et
» de menaces, et les renvoyai. Cette comédie dura
» deux heures. Je faisois devant eux travailler
» aux fascines, et apprêter les échelles. J'envoyai
» ordre à M. Du Rozel, qui faisoit un fourrage
» de l'autre côté de l'Eltz, d'approcher. Enfin
» jamais gens n'ont eu tant de peur que les en-
» nemis et moi, car je n'avois pas de quoi leur
» faire grand mal. M. de Tressemanes étant une
» dernière fois retourné leur dire que je consen-
» tois à les laisser sortir, mais sans armes, les
» soldats, qui étoient de vieilles troupes, moins
» effrayés que leurs officiers, prirent la parole,
» dirent qu'ils ne se laisseroient jamais désar-
» mer, et qu'il n'y avoit qu'à tirer.

» Conclusion : moyennant la seule liberté de
» se retirer, ils m'abandonnèrent ce poste très-
» important. C'est une place isolée par l'Eltz,
» qui forme un torrent tout autour dans le fossé,
» qui a d'ailleurs une muraille terrassée pres-
» que partout, et qu'ils fortifioient depuis quel-
» que temps jour et nuit. J'y trouvai quatre piè-
» ces de canon de fonte, pièces de rempart; plus
» de quarante milliers de poudre, quantité de
» boulets, de mèches, de grenades chargées,
» d'outils, de farine, enfin le dépôt des muni-
» tions de l'armée du prince de Bade, qui s'é-
» toit retirée de ce côté après la bataille de Fried-
» lingen.

---

(1) Lettre à M. de Chamillard, du 19 mars. (A.)

» Je dus ce succès au terrible latin que je par-
» lai aux religieux, latin qui les effraya si fort,
» qu'après avoir porté mes dernières fureurs à la
» garnison, ils ne voulurent plus rentrer dans
» cette malheureuse ville, dont je déplorois la
» ruine, bien incertain de pouvoir la procurer.
» Je commençai à faire raser les murailles de-
» vant moi, et j'ordonnai aux habitans de con-
» tinuer, sous peine d'exécution militaire : de
» manière que, dans un temps limité que je leur
» donnai, il n'en resta pas trace. » Cette ville
nous fermoit la vallée à droite et à gauche de
l'Eltz, et n'auroit cessé de nous donner de l'inquiétude pour la tête du pont que je faisois fortifier à Cappel. Après cette heureuse expédition,
je suivis l'armée, qui rentroit en France, et
j'eus le plaisir de voir dans cette marche les ennemis, troublés, abandonner précipitamment
tous les postes et petits châteaux qu'ils avoient
autour de Brissach et de Fribourg, et jeter leur
canon et leurs munitions dans le Rhin.

Cependant ce retour en France, si bien mo-
tivé, essuya beaucoup de critiques à Versailles.
On ne concevoit pas, dans les appartemens bien
échauffés du château, et dans les allées bien unies
du parc, comment une armée qui venoit de prendre Kehl ne pouvoit pas, à la fin de février,
franchir les montagnes Noires, et joindre l'électeur de Bavière. C'étoit le comte de Monasterol,
envoyé du prince, et chargé de hâter notre marche en avant, qui excitoit les murmures, et les
fortifioit par des plaintes. Il ne cessoit de demander du secours, et il avoit raison, car tous les
cercles de l'Empire rassembloient leurs forces
contre son maître, et il se voyoit à la veille d'être
assailli par ces troupes réunies, qui pouvoient
entrer de plain-pied chez lui, pendant qu'il me
falloit forcer nature pour y arriver. Il sentoit si
bien mes difficultés, que, dans un plan de jonction qu'il m'envoya dès le mois de février, il me
donnoit jusqu'à la fin d'avril pour l'exécution.

Il faut observer que la correspondance entre
lui et moi étoit presque impraticable : on ne
pouvoit en avoir de directe, parce que les vallées
et les montagnes étoient perpétuellement battues par des patrouilles qui arrêtoient également
courriers, messagers et voyageurs. Nous ne pouvions nous servir des Suisses qui commercent
en Allemagne, parce qu'ils avoient été tellement
menacés, qu'ils n'osoient se charger d'aucune
lettre ; et nos maîtres de poste de la frontière,
si féconds d'ordinaire en expédiens, étoient à
bout de leur adresse : de sorte que nous étions,
pour ainsi dire, aussi séparés de la Bavière que
des antipodes. Malgré ces difficultés, le duc me
donna le moyen de lui faire savoir le jour auquel je pourrois le joindre, moyen d'autant plus
sûr, que l'électeur se servoit du canal des ennemis mêmes.

« J'enverrai, m'écrivit-il (1), un courrier au
» prince Louis de Bade, et je lui manderai que
» j'attends une eau d'un fameux oculiste de Pa-
» ris pour les yeux de ma fille, et que ce sera
» un trompette du gouverneur de Strasbourg
» qui apportera les fioles dans lesquelles on me
» fera tenir cette eau. Je le prierai de les vouloir
» faire consigner à mon trompette, pour que je
» puisse les recevoir sûrement et sans perte de
» temps. Par le nombre des fioles, j'entendrai le
» jour du mois que vous serez à Wollingen ;
» par exemple, dix fioles signifieront le 10 du
» mois : ainsi autant de fioles, autant de jours du
» mois. Si c'est du mois de mars, elles seront
» couvertes d'un taffetas blanc, d'un rouge, si
» c'est du mois d'avril. » Je mandai à l'électeur,
par une voie sûre, qu'il ne s'étonnât pas si, au
lieu de blanc ou de rouge, il trouvoit du taffetas
vert, qui voudroit dire le mois de mai.

En effet, malgré les plans qu'on m'envoyoit de
tous côtés, je ne voyois pas que je pusse exécuter cette opération plus tôt, à moins d'un beau
temps extraordinaire qui m'engageât à me risquer vers le 20 ou le 25 avril. Mais les propos
qui se tenoient à la cour sur les hasards de cette
expédition me désoloient, en ce qu'ils me décré-
ditoient, et faisoient tort à mon armée. Aussi ne
cachois-je pas mon mécontentement au ministre :
« Il paroît, lui disois-je : (2), que les officiers
» généraux, entre autres messieurs les comtes
» de ***; n'ont pas brigué avec ardeur le voyage
» d'outre-mer : c'est qu'à commencer par le gé-
» néral la faveur ne s'y trouvera guère. Il n'y a
» que le pauvre marquis de Chamarante que
» vous m'abandonnez. Je ne vois pas que les
» autres lieutenans généraux, maréchaux de
» camp, brigadiers, soient fort empressés à ser-
» vir dans une armée qui doit se battre souvent.
» Je vois bien que les armées de cour sont les
» meilleures ; et, à cette occasion, je me rappelle
» d'avoir vu un vieux lieutenant général nommé
» La Motte, que le Roi connoissoit bien, dire à
» un général qui lui donnoit un poste difficile :
» *Envoyez-y vos généraux de cour ; vous en
» avez tant !* »

Dans l'embarras où je me trouvois, balancé
entre le désir de marcher à l'électeur, et la crainte
qu'on ne m'accusât ensuite de l'avoir fait inconsidérément, je voulus du moins qu'on ne pût

---

(1) Lettre de l'électeur de Bavière au maréchal de Villars, de Munich, le 28 février. (A.)
(2) Lettres à M. de Chamillard, des 23 et 25 mars. (A.)

me prêter des intérêts particuliers, comme on en avoit supposé à mon retour en France, car on avoit débité que je n'y étois revenu que pour voir madame la maréchale de Villars à Strasbourg. « Je sais, écrivois-je au prince de Conti (1), que, » sur les terrasses de Versailles et de Marly, » moi pauvre diable, on me traite d'extravagant, » ou par l'amour, ou par l'avarice, ou par la va- » nité : j'ai ouï dire qu'il n'y a que ces trois pe- » tits points dans mon procès ; or c'est bien assez » pour faire juger un homme pendable. » Je voulois donc et je demandai qu'on m'envoyât le comte de Monasterol, afin qu'un homme attaché à l'électeur vît par lui-même les obstacles qui m'arrêtoient, du moins les obstacles apparens, car je ne trouvois pas prudent de montrer tout ; par exemple, ce que je mandois à M. de Chamillard (2) que le tiers de nos bataillons étoit sans fusils, et qu'au siège de Kelh ceux qui descendoient la tranchée étoient obligés d'en laisser la plus grande partie pour ceux qui la montoient.

« Voudriez-vous, ajoutois-je, que je donnasse » une bataille dans cet état ? Depuis long-temps » nos arsenaux sont en désordre, à un tel point » qu'au lieu de l'abondance que j'y ai vue, » on n'y a pas même le nécessaire. Dans les né- » cessités pressantes, on auroit trouvé dans ce- » lui de Strasbourg pour armer vingt mille » hommes ; et, à notre siège de Kelh, nous n'y » avons trouvé que de mauvais fusils de rem- » part, qui ne portoient pas à moitié de l'ordi- » naire. » Il étoit important de ne pas laisser connoître à nos alliés l'état de délabrement où nous nous trouvions ; c'est pourquoi je désirois seulement que le sieur de Monasterol vît que les chemins étoient réellement impraticables. Pour tous les autres obstacles, j'écrivis au ministre que je passerois par dessus quand celui-ci seroit levé (3). « Dès que M. l'électeur me pressera, » lui disois-je, et que la fonte des neiges nous » laissera quelque passage, je ne sais plus autre » chose qu'enfoncer mon chapeau, et *vogue la* » *galère!* Mais si vous voulez que j'aie le cou- » rage nécessaire, par ma foi, monsieur, ne » tremblez pas quand vous parlerez au Roi pour » moi, et dites, je vous prie, à Sa Majesté que » quand elle l'aura bien voulu, personne ne fe- » ra mieux tuer ses troupes que moi. »

Armé de cette résolution ; j'attendois l'ordre positif du Roi : il vint en des termes qui tenoient le milieu entre l'approbation et l'improbation de ce qui s'étoit passé (4). « La conjoncture de Ba- » vière, m'écrivoit Sa Majesté, est si singulière, » l'importance de conserver cet allié si grande, » que tout ce qu'un général pense de plus sage » est détruit par l'impossibilité de pouvoir s'as- » surer de conserver l'électeur de Bavière s'il » n'est promptement secouru, soit par une diver- » sion ou par une jonction. » Ainsi, diversion ou jonction, c'étoit là à quoi je devois m'attacher. J'en conférai avec le maréchal de Tallard, qui commandoit une armée destinée à tenir les ennemis en échec près du Rhin, et à soutenir la mienne par échelons à mesure que je m'enfoncerois dans les gorges. Nous cherchâmes ensemble les moyens de donner de la jalousie au prince de Bade de plusieurs côtés, afin de l'empêcher d'inquiéter notre passage, de l'obliger au contraire à partager ses forces ; ce qui me fourniroit l'occasion ou de l'attaquer, ou de me glisser dans les montagnes.

En conséquence, toutes les troupes placées dans les Évêchés, l'Alsace, la Comté et le long de la Sarre, s'ébranlèrent en même temps, pour être sur le Rhin vers le 8 ou 10 avril. Le maréchal de Tallard marcha sur Passove pour menacer la Lutter, et le marquis de Lauzun sur le Fort-Louis. Je fis passer le marquis de Rozel à Huningue, et moi-même je me portai sur la petite rivière de Benken, pour examiner le poste de Bihel, où le prince de Bade étoit retranché. « Je pense, écrivis-je au prince de Conti (5), que » le parti le plus sage, quand une armée menée » par un bon général peut traverser nos des- » seins, c'est d'aller chercher cet ennemi, et de » ne rien oublier pour le forcer au combat. Si, » dans l'exécution de ce dessein auquel je mar- » che actuellement, je fais quelque faute, en- » voyez-moi les grands raisonneurs : nous les » mènerons aux retranchemens de M. de Bade, » et là nous tâcherons de nous justifier devant » eux. Ils y seront plus traitables que sur les ter- » rasses de Versailles et de Marly. »

Mais si je marchois à l'ennemi avec assez de confiance, parce que l'armée, pendant trois semaines qu'elle avoit passées en France, s'étoit recrutée, fournie d'armes, de bagages et de munitions, j'avois un fond de tristesse de voir la langueur qui régnoit dans les officiers. « L'an- » née passée, disois-je au ministre (6), on parloit » avec la plus grande joie du monde pour cette » jonction ; et cela vient de ce qu'on voyoit l'ar- » mée remplie de gens de faveur et du grand » air. Vous connoissez le Français. Cette der- » nière fois on voit bien peu de ces messieurs-là, » et le découragement s'est emparé des officiers

---

(1) Lettre à M. le prince de Conti, du 14 avril. (A.)
(2) Lettre à M. de Chamillard, du 25 mars. (A.)
(3) Lettre au même, du 27 mars. (A.)

(4) Lettre du Roi, du 27 mars. (A.)
(5) Lettre à M. le prince de Conti, du 14 avril. (A.)
(6) Lettre à M. de Chamillard, du 6 avril. (A.)

» généraux et autres; ce qui vient des lettres
» écrites de Versailles et de Paris. On ne doute
» pas que cette armée ne puisse voir une grande
» action dans peu de jours : cependant cette ar-
» deur, qui faisoit autrefois partir tous les vo-
» lontaires en poste, à la moindre apparence de
» bataille, n'est plus si vive. J'ai vu M. de Les-
» diguières, après avoir quitté le service, se ren-
» dre jour et nuit à l'armée de M. de Luxem-
» bourg, qui n'étoit pas du tout de ses amis, sur
» les bruits d'un combat pour le secours de
» Charleroy. Présentement la plupart de ces
» messieurs-là ont l'oreille basse; il faut les ré-
» veiller. J'y ferai bien de mon mieux; mais vous
» savez bien, monsieur, que la moindre parole de
» la part du Roi feroit tout un autre effet. Pour
» une guerre comme celle que je vais entrepren-
» dre, je n'ai qu'un seul bon partisan, qui est le
» sieur Yveau, colonel de Béarn. Vous sentez
» que j'en ai besoin d'un plus grand nombre; et
» vous m'obligeriez beaucoup si vous pouviez
» me détacher messieurs de La Croix frères,
» dont le mérite est connu. »

Malgré tous ces inconvéniens dont je me plaignois, après avoir bien examiné le poste du
prince de Bade à Bihel, je résolus d'attaquer la
nuit du 21 au 22 avril, et j'en donnai les ordres;
mais, des deux lieutenans généraux qui devoient
commander, l'un m'envoya dire à minuit qu'une
inondation lui barroit le passage; l'autre, qu'il
étoit retenu par des ravins qu'on n'avoit pas reconnus, et qu'on ne pouvoit franchir. Ma première résolution fut de faire marcher malgré ces
remontrances; ma seconde, d'assembler le conseil de guerre, et je m'y tins. J'en dis au ministre
les raisons en ces termes (1) : « La prudence,
» monsieur, est très à la mode dans les armées.
» Les bontés de Sa Majesté, l'honneur de sa con-
» fiance me donnent du courage, mais permettez-
» moi de vous parler avec liberté. Ce qui est arrivé
» après Kelh, lorsqu'on m'a blâmé d'avoir ramené
» l'armée en France, a fait une impression sur
» mon esprit, laquelle se détruira; mais on est
» homme, et une certaine activité qui m'a fait
» agir jusqu'à présent sans trop consulter, une
» fois désapprouvée, ne se rétablit pas tout d'un
» coup. Elle reviendra; mais j'ai vu clairement
» que si je n'emportois pas le poste de M. le
» prince de Bade, on me regarderoit comme un
» fou.

» Si après Kelh on m'avoit honoré de quelque
» élévation, on se dit à soi-même : Suivons no-
» tre génie et la véritable raison de guerre;
» ne soyons pas retenus par des craintes basses.

» Au pis aller, que me feront ces misérables?
» je me trouve toujours une dignité qui établit
» ma famille. Mais une malheureuse petite for-
» tune à peine commencée, chancelante, ébran-
» lée dans les occasions qui devroient l'affermir,
» l'on se dit : Ne faisons rien qu'à la pluralité
» des voix; et l'on ne fait rien qui vaille. » C'est
ce qui arriva. Le conseil de guerre décida, contre mon opinion, qu'il ne falloit pas attaquer; et
je manquai une occasion que je regretterai toute
ma vie.

Je fis sentir mon mécontentement à ceux qui
en étoient cause. Ne les ménageant pas dans mes
discours, je pensai qu'ils ne me ménageroient
pas auprès du ministre, et je pris les devans (2).
« Je ne doute pas, lui dis-je, que plusieurs of-
» ficiers généraux se plaignent de moi, car je
» n'ai pu leur cacher mon indignation sur leur
» mollesse. Je vous supplie, monsieur, ne me
» faites pas d'ennemis. Je vous ouvre mon cœur
» par l'amitié dont vous m'honorez. On a, pour
» ainsi dire, cabalé, pour faire croire impossi-
» ble ce qui n'étoit tout au plus que difficile.
» L'armée ennemie n'a jamais osé faire venir
» son canon : elle étoit plus foible de moitié que
» celle du Roi; et quelle différence pour la qua-
» lité! Vous me direz : Mais, avec tant de rai-
» sons, que ne preniez-vous sur vous? Je vous
» ai déjà dit les miennes : cinq lieutenans géné-
» raux, de huit, s'opposoient. Ceux qui com-
» mandoient l'infanterie firent toujours des dif-
» ficultés, même quand l'ordre étoit donné; et
» enfin on avoit totalement découragé mon in-
» fanterie, laquelle la première fois avoit une
» ardeur à laquelle rien au monde n'auroit pu
» résister. »

Ce premier découragement me faisoit beaucoup appréhender pour la suite. Je ne pus m'en
taire dans la même lettre au ministre. « Je crains,
» lui disois-je, ces mêmes esprits sur ce que
» nous avons à faire encore. Bien que je tienne
» les discours les plus propres à animer tout le
» monde, croiriez-vous que les discours contrai-
» res de plusieurs sur la crainte de passer en Ba-
» vière font impression jusque sur le soldat? Que
» le Roi compte que je marche à la jonction avec
» une ardeur infinie. Elle est infaillible, si
» M. l'électeur veut envoyer au-devant de moi
» un corps un peu considérable. Ceux qui m'ont
» fait tant de difficultés pour attaquer une hau-
» teur, que me diront-ils quand ils trouveront
» celles où nous marchons défendues? Ils diront,
» ma foi, ce qu'il leur plaira; mais ils les atta-
» queront bon gré mal gré, car pour cette fois je

---

(1) Lettre à M. de Chamillard, du 25 avril. (A.)

(2) Lettre à M. de Chamillard, du 2 mai. (A.)

» ne les consulterai pas, si Dieu me donne force
» et santé.

» Quand la dernière me manqueroit cela ne
» seroit pas fort étonnant; car tout ce que j'ai
» eu de peines de corps et d'esprit depuis huit
» jours n'est pas concevable. Croiriez-vous bien,
» monsieur, que hors M. Du Bourg, dont je dois
» me louer, personne ne m'a parlé pour m'ou-
» vrir un moyen de réussir? mais tous ont voulu
» croire la chose impossible, sans l'avoir même
» examinée. C'est moi qui ai fait placer les bat-
» teries. Personne qui aille chercher à droite, à
» gauche, des hauteurs, pour voir un flanc de
» leur camp, pour l'incommoder, lui faire quit-
» ter un terrain, en gagner sur lui; car voilà
» comme se font ces sortes de guerres de campa-
» gne. Mais point : dès le premier jour, vouloir
» toujours tout croire impossible. Monsieur, je
» ne vous le cèle pas : si la guerre dure, et cette
» léthargie dans les esprits, je ne reconnois plus
» la nation que dans le soldat, dont l'ardeur est
» infinie. »

Ce coup manqué, je ne songeai plus qu'à la jonction. De l'avis de M. de Monasterol et de tous les officiers généraux, je choisis pour y parvenir la vallée de La Quinche. Ce chemin étoit défendu par le comte de Staremberg à la tête de plusieurs bataillons de vieilles troupes, et de toutes les milices de Wurtemberg, commandées par le général Mercy. Je fis marcher en avant le marquis de Blainville, avec dix-huit bataillons et vingt escadrons, et ordre de faire la plus grande diligence, je le suivis avec la même promptitude. Il n'y avoit que ce moyen qui pût prévenir les entreprises du prince de Bade contre nous. A la vérité, le maréchal de Tallard tenoit son armée en échec; mais le prince pouvoit, par le circuit des montagnes, envoyer de gros détachemens qui nous auroient pris en tête, en queue et en flanc.

Heureusement notre marche ne fut pas troublée par le prince; mais nous trouvâmes partout des postes fortifiés, et bien garnis de troupes. Nous les emportâmes avec une rapidité qui ne laissa pas à l'ennemi le temps de se reconnaître. Je m'exposai beaucoup dans ce commencement; ce qui m'attira une lettre très-obligeante du ministre, à laquelle je répondis (1) : « Vous me di-
» tes que je dois me conserver, et vous savez
» qu'il ne marcheroit peut-être pas quatre com-
» pagnies de grenadiers si je ne me mettois à la
» tête. Je veux espérer que, le trajet fait, je re-
» trouverai des hommes; mais jusqu'à présent
» je n'en ai reconnu que dans le soldat, tant
» l'horreur de se dépayser étonne tout le monde.
» Cependant, pour tâcher d'encourager par des
» récompenses, j'ai rempli les brevets de briga-
» diers que le Roi m'a envoyés des noms de mi-
» lord Clare, du marquis de Touroure, du comte
» d'Aulezy, et de M. de Fourqueux, homme
» sage, et de beaucoup de valeur. J'en réserve
» un pour M. de Mailly, bon et brave officier; et
» je n'ai pas manqué de rendre à M. de Mari-
» vault et au chevalier de Denac ce que le Roi
» m'a ordonné de leur dire, que Sa Majesté se
» souviendra d'eux quand il se présentera quel-
» que occasion de leur faire du bien. »

Mais j'avois beau tenter tous les moyens de ranimer la vertu guerrière, apanage ordinaire de la nation, je ne trouvois dans la plupart des officiers généraux qu'indifférence pour le succès. Ils me secondèrent assez bien à l'attaque d'Haslach, des retranchemens de Pibrak, et de plusieurs redoutes tant sur la crête des montagnes que dans les vallons; mais ils pensèrent me faire échouer devant Hornberg. Cette ville, entourée d'une bonne muraille, avec un fort château sur une hauteur escarpée, renfermoit quatre mille hommes de troupes réglées, avec des vivres et du canon. Comme elle tenoit le milieu de la vallée, et fermoit absolument le passage, je n'avois d'autre parti à prendre que de la brusquer : je fis donc escalader la ville et le château. M'apercevant du haut de celui-ci, dont je conduisois l'attaque, que celle de la ville alloit mollement, j'y cours à travers les roches, je mets pied à terre, et m'avance à la tête des grenadiers. » Hé quoi! messieurs, dis-je aux offi-
» ciers, il faut donc que moi, maréchal de
» France et votre général, je monte le premier,
» si je veux qu'on attaque? » Ce peu de mots remit tout dans l'ordre : soldats et officiers se pressèrent à l'envi. La ville et le château, tout fut pris en même temps. Nous n'y perdîmes qu'une cinquantaine d'hommes, et on fit un grand nombre de prisonniers, parmi lesquels il s'en trouva de marque.

Si les ennemis eussent eu seulement l'idée de se rassembler sur les hauteurs, il y a nombre d'endroits où il ne leur auroit fallu que des pierres pour nous détruire, entre autres les deux lieues depuis Hornberg jusqu'au haut de la montagne (2). « Le chemin est toujours dans le fond
» d'un précipice, où cinquante arbres abattus
» arrêteroient une armée, ou bien il rampe le
» long du penchant d'une montagne escarpée :
» il n'en faudroit qu'égratigner les terres, pour
» qu'on ne pût plus passer qu'en faisant des

(1) Lettre au Roi et à M. de Chamillard, depuis le 28 avril jusqu'au 8 mai. (A.)

(2) Lettre à M. de Chamillard, du 8 mai. (A.)

» échafauds. Je ne puis m'empêcher de le dire :
» il n'y a que l'opinion de l'impossible qui a ren-
» du possible ce que nous avons fait. »

Après ces actions de vigueur, les Impériaux n'osèrent nous attendre nulle part, et nous arrivâmes bien entiers à Wollingen, le débouché des montagnes où je comptois trouver l'électeur. Il m'auroit été très-important de prendre cette ville, pour en faire une communication avec les forts où je tenois des garnisons dans les montagnes, et de là avec la France. C'est à quoi je dirigeai toujours mes vues, sans pouvoir y réussir, n'ayant jamais été maître de lever les obstacles qui s'opposèrent à mon désir. Dans cette circonstance, par exemple, je ne pus m'arrêter à Wollingen (1), parce que le pain que l'électeur nous y avoit promis manqua. Je me contentai d'y envoyer quelques boulets rouges ; mais, voyant qu'on faisoit bonne contenance, je passai outre, entraîné par les vives instances de l'électeur, qui m'envoyoit courriers sur courriers, et ne me permettoit point de relâche que je ne l'eusse joint. Je dis au comte Du Bourg (2) : « Voici une précipitation qui vient
» de M. le comte Monasterol. Elle nous dérange ;
» mais il ne faut pas que M. l'électeur trouve le
» moindre retardement à ses premiers ordres :
» ainsi marchons. » Et je m'approchai de Dutlingen.

L'armée étoit en bon état, malgré les fatigues que nous avions essuyées depuis le 28 avril jusqu'au 8 mai, onze jours de marche continuelle, dont aucun ne s'étoit passé sans combat. Se trouvant en pays ennemi, le soldat se crut en droit de piller, et j'eus d'abord de la peine à empêcher la maraude. « Pour y réussir (3), j'o-
» bligeai les colonels à faire arrêter eux-mêmes
» leurs soldats, parce qu'il arrive quelquefois
» que les vieux envoient les nouveaux marau-
» der malgré eux, et les battent quand ils ne
» rapportent rien à la chambrée : de sorte que
» ces malheureux, tombant entre les mains du
» prévôt, sont punis, pendant que les vrais cou-
» pables échappent. Or, comme il est à présu-
» mer que les colonels connoissent leurs sujets,
» en les chargeant de cette police, qui ne leur
» plut pas beaucoup d'abord, je me flattai d'ar-
» rêter le mal dans sa source, et je réussis.

» Ma grande application étoit de rassurer les
» peuples, sans quoi nous n'aurions eu ni pain ni
» argent. Les désordres et les cruautés de la der-
» nière entrée des Français dans le Wurtemberg

(1) Lettre à M. de Chamillard, du 8 mai. (A.)
(2) Lettre au même, du 6 mai. (A.)

avoient été si terribles, quoique monseigneur le Dauphin commandât l'armée, que les peuples, s'attendant aux mêmes fureurs, fuyoient à dix lieues à la ronde. « Dieu merci, disois-je
» au ministre, je regagne tous les jours quelque
» chose sur le soldat ; et, bien qu'il ne soit pas
» encore aussi sage qu'il seroit à souhaiter, ce-
» pendant il ne brûle plus. Aussi n'oublie-t-on
» rien auprès de lui, discours, remontrances,
» exemples ; et j'espère qu'à la fin nous en vien-
» drons à bout. » Il étoit bien nécessaire de regagner les gens du pays, pour nous faire trouver de quoi suppléer au peu de provisions que nous portions, et au défaut de celles que nous avions inutilement attendues de la prévoyance de l'électeur.

Ce prince, qui étoit si intéressé à la jonction, ne fit rien pour la procurer : il se contenta de se trouver sur la lisière de ses États. Je me doutai, même avant que de le voir, qu'avec les conseillers dont il étoit environné nous ne serions pas toujours d'accord. Je savois l'empire qu'il laissoit prendre sur lui à ceux qui l'approchoient ; que c'étoit ainsi que la maison d'Autriche l'avoit toujours captivé, plus en le maîtrisant qu'en le persuadant. C'est pourquoi je jugeai à propos de demander au Roi d'abord le traité d'alliance fait avec ce prince, afin de m'y conformer ; ensuite un plan de conduite tant pour le cabinet que pour l'armée, les contributions, et d'autres objets qui pouvoient causer diversité d'avis. Ce plan étoit d'autant plus nécessaire, qu'on avoit fait entendre à Sa Majesté que j'aurois bien de la peine à me prêter aux ménagemens que ma position exigeoit. Je me permis une lettre au Roi, assez ferme, sur tous ces points. Je lui écrivois en propres termes (4) : « Je ne suis pas trop en
» peine de l'impression que fera sur Votre Ma-
» jesté l'opinion que plusieurs de ses courtisans
» veulent avoir que je ne me conduirai pas bien
» avec M. l'électeur de Bavière. Cependant Vo-
» tre Majesté me permettra de lui dire que je ne
» suis pas encore bien armé contre la malignité
» de ces gens-là : je ne commence qu'à connoî-
» tre leur injustice et leur noirceur. Mais ne vou-
» droit-elle point leur donner la mortification de
» voir qu'un homme sans appui, sans cabale,
» uniquement occupé de l'envie de la bien ser-
» vir, s'élève malgré eux ? Je ne songe au monde
» qu'à mortifier les ennemis de Votre Majesté :
» qu'elle ait la bonté de mortifier un peu les
» miens. » Je tâchai aussi de bien pénétrer le ministre de la nécessité de soutenir mon crédit

(3) Lettre au Roi, du 16 mai. (A.)
(4) Lettre au Roi, du 8 mai. (A.)

« L'intérêt de Sa Majesté, lui disois-je (1), est qu'on me croie si solidement établi dans son esprit, que l'on n'entreprenne pas même de donner la moindre atteinte à la confiance dont elle daigne m'honorer. » On me fit sur tous ces articles des réponses obligeantes, flatteuses, mais générales, s'en rapportant entièrement à ma prudence; ce qui ne me mettoit pas fort à mon aise.

Je comptois ne me rendre auprès de l'électeur qu'à la tête de l'armée; mais, pour le contenter, je fus obligé de prendre les devants. « Son impatience de me voir étoit telle (2), que quoiqu'il ne m'attendît qu'à midi, et qu'il fît un temps horrible, il monta à cheval à sept heures du matin, gagnant les hauteurs d'où il pouvoit découvrir ma marche, envoyant courriers sur courriers au devant moi; et enfin dès qu'il sut que j'approchois, il vint lui-même au galop, et dès qu'il put m'apercevoir poussa à toutes jambes. Je parus vouloir descendre de cheval : il courut à moi, m'embrassant avec des larmes de joie, et fut prêt à me jeter à terre, et à y tomber aussi. Tous ses transports étoient violens et sincères, ses expressions pleines de reconnoissance; que j'avois sauvé sa personne, son honneur, sa famille; enfin tout ce que le changement de la situation terrible dans laquelle il s'étoit vu, à l'état triomphant où une armée puissante l'alloit mettre, peut inspirer. »

Je le félicitai sur le bonheur de la jonction, et sur quelques avantages qu'il avoit eus, lui répétant ce que je lui avois écrit la veille (3) : « L'étoile heureuse de Votre Altesse Électorale nous a donné des secours miraculeux; et où cette étoile ne nous mènera-t-elle point, après ce que vous avez fait cet hiver? Votre armée a volé et triomphé partout. J'ai l'honneur de vous en donner une qui meurt d'envie de combattre sous vos ordres, et Dieu m'a accordé enfin la grâce que je lui demandois depuis si long-temps. Votre Altesse aura lieu de se souvenir que je la conjurai il y a trois ans, à Munich, de vouloir bien se mettre à la tête d'une armée de François au milieu de l'Empire. Je suis transporté d'avoir pu rendre à Sa Majesté le service qui lui tenoit le plus à cœur, et à Votre Altesse celui de le mettre en état d'imposer la loi à nos ennemis. »

» (4) J'ai trouvé l'armée de M. l'électeur en bataille. J'ai été content de l'ordre, de la discipline et du bon état des troupes. Il m'a souvent dit qu'il n'étoit pas comme autrefois, qu'il songeoit à ses affaires, et n'a rien oublié pour me persuader son application. Le temps nous apprendra ce qu'il faut croire de ce changement. Après avoir vu les troupes, il a ordonné de me saluer par trois salves avec son canon, et à chaque fois il a crié *Vive le Roi!* jetant son chapeau en l'air, et en vérité pleurant de joie. Je suis obligé d'avertir Votre Majesté qu'à table je n'ai trouvé nulle différence pour moi d'avec tout ce qui y étoit; nulle chaise distinguée, ni pour laver, ni gens pour me servir : c'étoit de simples valets de pied, comme pour tout le reste. Je dois exposer toutes choses à Votre Majesté : c'est à elle à examiner ce qui est de sa dignité, par rapport à celle dont il lui a plu de m'honorer, commandant une des plus grosses armées qu'elle ait jamais eues au milieu de l'Empire. J'ai vu M. de Saint-Géran chez le feu électeur de Brandebourg : les mêmes chambellans de l'électeur, c'est-à-dire gens égaux en charge, servoient l'électeur et M. de Saint-Géran. Un chambellan apportoit à laver à l'électeur; un autre, de même qualité, apportoit à laver à M. de Saint-Géran. Une chaise distinguée. Je crois, sire, qu'après le caractère d'ambassadeur de Votre Majesté, il n'y en a pas de plus important que celui de maréchal de France qui commande ses armées, puisque, dans cette qualité, il ne donne la main à personne. A tout cela, sire, ma pensée est qu'il n'y a rien de pressé; il faut songer à la guerre et aux projets. Le cérémonial sera réglé quand Votre Majesté le trouvera à propos : je dois seulement lui conter les faits. » Le Roi ne trouva pas cet objet indigne de son attention, et m'ordonna de demander un autre traitement (5); mais l'importance des autres affaires fit perdre celle-ci de vue.

Avec ces détails, qui seroient minutieux s'ils ne tenoient pas à la dignité de la couronne, la même lettre (6) contenoit les petits intérêts qui partageoient la cour de Bavière, et qui influoient trop sur les grands. J'en fus instruit dans une longue conversation que j'eus avec M. de Ricous, envoyé de France auprès de l'électeur, et que je trouvai chez moi en quittant la table. Je lui parlai de l'envie extrême que me montroit l'électeur de faire marcher sur-le-champ l'armée contre le général de Styrum, qui commandoit celle des cercles : que ce seroit un faux

---

(1) Lettre à M. de Chamillard, du 8 mai. (A.)
(2) Lettre au Roi, du 16 mai. (A.)
(3) Lettre à l'électeur, du 7 mai. (A.)

(4) Lettre au Roi, du 16 mai. (A.)
(5) Lettre au même, du 5 juin. (A.)
(6) Lettre au même, du 16 mai. (A.)

mouvement, parce qu'il n'y avoit pas de certitude que ce général fût où on l'assuroit; et que quand même il y seroit, sur les premiers avis de notre marche il se retireroit, et que nous n'aurions que le foible avantage de le pousser plus loin: ce qu'il faudroit peut-être acheter par mettre notre cavalerie hors d'état de servir de trois mois; que quand elle seroit outrée une fois, il ne seroit pas bien aisé de la rétablir, nos chevaux étant très-abattus de vingt-quatre camps que j'avois faits depuis le 12 avril, et plus encore des mauvaises nourritures.

« Ce n'est point du tout pour attaquer Sty» rum, me dit M. de Ricous, que M. l'électeur » veut que vous marchiez; c'est que la première » contribution qu'il a imposée est de deux cent » mille écus sur le pays où vous êtes présente» ment, et qu'elle ne lui sera pas payée si vous » y restez, mais à vous; et, en suivant la même » idée, Monasterol lui a mandé, deux jours après » que vous avez passé les montagnes, qu'il fal» loit qu'il vous fît rejoindre incessamment, » parce que vous aviez demandé de grandes » sommes au pays de Wurtemberg, et que quand » l'armée du Roi sera tout-à-fait jointe, c'est à » l'électeur à imposer et à toucher, et à vous » quand elle est séparée.

» Je m'en suis douté, ai-je répondu; et même » j'ai dit à M. Du Bourg que cette marche pré» cipitée que l'électeur désiroit venoit apparem» ment de Monasterol. Mais vous, comment le » savez-vous? — C'est, m'a-t-il répondu, que » comme il arrive souvent à M. l'électeur qu'en » me lisant les lettres qu'il reçoit, pour avoir un » air de confiance, il me lit faux, ou ne me lit » pas ce qu'il y a, je jette les yeux sur ce qu'il » ne lit pas. Or, au bas de la première lettre que » Monasterol lui a écrite après avoir passé les » montagnes, j'ai vu qu'il y avoit ce que je viens » de vous dire. Quand l'électeur m'a eu lu ce » qu'il lui plaisoit, il a levé tout à coup les yeux, a » surpris les miens sur sa lettre: il l'a refermée » avec précipitation. Pour moi, me voyant pris » sur le fait, j'ai cru ne devoir rien ménager, et » je lui ai dit: *Hé quoi! monseigneur, c'est déjà* » *l'envie d'empêcher que l'armée du Roi ne fasse* » *des impositions qui vous oblige de la faire* » *marcher, malgré l'état où vous savez qu'elle* » *est? Au nom de Dieu, monseigneur, que ces* » *petites vues n'en empêchent pas de plus gran*» *des.* Voyez auparavant M. le maréchal de » Villars, et concertez-vous avec lui. Il a été » bien fâché de ce que j'avois lu, et l'a mandé » à Monasterol. Celui-ci en a été au désespoir; » il n'a pas pu s'empêcher de dire, à gens qui

» me l'ont rapporté, que j'étois bien hardi d'a» voir lu ce qu'on ne me montroit pas.

» Il est bon que vous sachiez, a ajouté M. de » Ricous, que l'électeur doit à Monasterol, d'ar» gent du jeu, plus de sept cent mille francs; » trois cent mille écus au général d'Arcos, au» tant à Bombarde; et qu'il n'y a pas un de ces » gens qui ne compte se faire payer sur les con» tributions. »

Outre ces vues mesquines j'ai trouvé dans l'électeur une grande indécision sur les opérations militaires. Le duc d'Arcos, son général, ne m'a pas caché qu'il l'avoit toujours connu tel. « Dans » l'affaire des Saxons, m'a-t-il dit, près de Pas» saw, j'ai attaqué malgré lui; et dans la der» nière plus importante encore, près de Ratis» bonne, lui ayant représenté qu'il falloit sans » balancer attaquer les premières troupes de Sty» rum qui paroîtroient, il m'a dit: *Mais si on ne* » *peut les battre, je suis perdu, moi, ma femme,* » *mes enfans; je n'ai plus de ressource.* Sur » cela je me suis tu. Il est rentré dans sa mai» son; et moi, continuant à observer les enne» mis, je ne cessois de lui mander qu'il falloit » marcher sans perdre de temps. Il m'a envoyé » chercher, et m'a demandé ma pensée, comme » si je ne la lui avois pas déclarée. Je n'ai encore » rien répondu. Enfin, comme il me pressoit, » je lui ai dit: *Mais, monseigneur, vous me par*» *lez de votre femme, de vos enfans: que vou*» *lez-vous que je vous dise? Il falloit y songer* » *avant la guerre; et vous me demanderiez* » *mon sentiment cent fois, que cent fois je vous* » *dirois que si vous n'éloignez pas Styrum, il* » *va se rendre maître de Ratisbonne, et vous* » *êtes perdu.* — *Faites donc ce que vous vou*» *drez,* me dit-il. J'engageai l'action, et je réus» sis. »

« Ce comte d'Arcos, ajoutois-je au Roi, a plus » d'esprit de guerre que l'on ne dit: on lui con» noît beaucoup de courage; il a toujours con» seillé la guerre. Peut-être les trois cent mille » écus que l'électeur lui doit n'ont-ils pas nui à lui » faire désirer le moyen par lequel il pourroit » s'en procurer le paiement, c'est-à-dire la » guerre. Il se conduit d'ailleurs avec l'électeur » comme sont obligés de faire ceux qui veulent le » gouverner, c'est-à-dire avec fermeté et roideur. » C'est ce que j'avois toujours pensé, et M. Ri» cous me l'a confirmé. Tant de respects qu'il » vous plaira, m'a-t-il dit, *mais toujours la* » *dernière hauteur;* et moi, qui ne suis pas » maréchal de France, et à la tête d'une ar» mée, je n'ai trouvé que cette voie. »

Mais je ne crus pas devoir le mener si durement: je m'imaginai que l'insinuation réussiroit mieux dans les circonstances, et je m'appliquai à lui faire abandonner les projets qu'on lui avoit inspirés, et à lui faire adopter les miens. On lui avoit persuadé qu'il falloit commencer par combattre le comte de Styrum, qui, à la tête des contingens de l'Empire, menaçoit d'entrer en Bavière ; et que si on le battoit, les cercles retireroient leurs troupes, et accepteroient la neutralité ; qu'enfin, libres de ce côté, nous porterions nos armes où nous voudrions.

Le Roi lui-même avoit conçu ces espérances (1). Je lui en fis voir l'illusion dans des lettres qui contenoient les raisons dont je me servis auprès de l'électeur (2). « Ce seroit, leur » disois-je, une entreprise téméraire et inutile » d'attaquer le comte de Styrum. M. le comte » Du Bourg et tous les officiers généraux n'ont » pas balancé à me dire ce que je vois par moi- » même, que l'on pourroit perdre deux cents » chevaux par jour, en ne leur donnant pas le » temps de se remettre : mais quand même cet » obstacle invincible ne nous arrêteroit pas, je » supplie Votre Majesté de vouloir bien consi- » dérer que le comte de Styrum est derrière le » Necker ; qu'avant que d'y arriver il faut pas- » ser ce qu'on appelle les *petites Alpes*, qui » sont de très-grandes montagnes, et assez dif- » ficiles à traverser ; que le comte trouve, der- » rière le Necker et ces montagnes, des postes » où il seroit impossible de le forcer.

» D'ailleurs Votre Majesté sait que les États » de Souabe sont gouvernés par des princes en- » tièrement dévoués à l'Empereur. Des deux » directeurs, l'un est l'évêque de Constance, en- » tièrement dépendant, sa capitale gardée par » des troupes impériales ; le duc de Wurtem- » berg est un jeune étourdi que le prince de Bade » tient sous sa férule, avec les secours d'un mi- » nistre dévoué à la cour de Vienne. Le reste est » la maison de Bade, que le chef gouverne. Le » marquis de Dourlach le père ne voudroit que » le repos et la paix ; le fils est d'un esprit bien » différent. On peut regarder la Franconie à peu » près de même : les directeurs dépendent tous » de l'Empereur. » J'en concluois qu'il ne falloit pas se flatter qu'un échec reçu par les troupes des cercles les détermineroit à la neutralité ; mais que pendant que nous serions occupés de cette expédition, que la disposition des princes rendroit inutile, nous donnerions à toutes les forces de l'Empire le temps de se rassembler sur le Danube, et que nous serions obligés de tout quitter pour revenir défendre la Bavière.

(1) Lettre du Roi, du 8 juin. (A.)
(2) Lettres au même, du 7 et du 17 juin. (A.)

« J'ose dire à Votre Majesté, ajoutois-je, qu'il » y a une chose plus grande, et en même temps » plus sage et plus solide : c'est d'aller entre » Passaw et Lintz attaquer l'une de ces deux » villes qu'on saura la plus dégarnie ; et, avant » que l'Empereur ait pu rapprocher auprès de lui » un nombre suffisant de troupes, nous nous » présenterons devant Vienne. Je dois connoître » cette place, par le séjour que j'y ai fait. Sans » nulle difficulté on se loge, dès le premier jour, » sur la contre-escarpe ; l'on occupe en arrivant » Léopoldstadt ; et si nous n'y trouvions que ce » régiment de la parade ordinaire que j'ai vu » battre par les écoliers de Vienne, ce ne seroit » peut-être pas un siége de huit jours. On ob- » jecte que, pendant que nous serons occupés du » côté de Vienne, les troupes des cercles tombe- » ront sur la Bavière. Je réponds que ce sera » l'affaire du maréchal de Tallard, avec l'armée » qu'il a sur le Rhin, d'empêcher que celle des » cercles ne se grossisse de celle du prince de » Bade, et de nous faire passer des secours con- » tre Styrum par le même chemin qui m'a con- » duit sur les frontières de la Bavière. »

On pouvoit encore prendre un autre parti : c'étoit d'entrer dans le Tyrol et l'Autriche, où il ne se trouvoit pas huit cents hommes de troupes : pays qui n'avoit pas éprouvé de guerre depuis Charles-Quint, d'où on pouvoit se flatter de tirer de bonnes contributions, et de donner la main à nos armées d'Italie, avec lesquelles on seroit revenu dans le centre de l'Empire. Ces deux projets furent discutés avec attention, et l'électeur s'arrêta à celui qui devoit mener le plus tôt à Vienne, comme le plus propre à finir la guerre peut-être en une campagne, et nous concertâmes les moyens de l'exécuter.

Il fut résolu que j'étendrois les troupes françaises par quartiers jusqu'à Ulm, comme si je n'avois d'autres intentions que de rétablir la cavalerie, qui en avoit besoin ; que l'électeur retourneroit à Munich sous prétexte de revoir sa famille, pendant que les armées se reposeroient ; que toutes les troupes bavaroises se cantonneroient sur le Danube, depuis Ulm jusqu'à Ratisbonne ; et qu'à jour dit, vers le milieu de juin, toute l'infanterie de l'électeur, avec un détachement considérable de la mienne, s'embarqueroit sur des bateaux qu'on tiendroit prêts dans toutes les villes riveraines ; qu'elle descendroit vers Passaw avec toutes les troupes que l'électeur avoit sur l'Inn, et l'équipage d'artillerie nécessaire, qui étoit dans Braunau, place fortifiée sur cette rivière. Je regardois comme infaillible que l'on prendroit Passaw en trois jours, en pareil temps Lintz, qui n'étoit pas plus fort, d'où on descendroit en vingt-quatre heures à Vienne. L'Empereur en étoit si persuadé, que j'ai su depuis qu'il avoit délibéré s'il quitteroit cette ville, et qu'il n'en fut détourné que par les conseils du prince Eugène, qui lui remontra que peut-être nous n'avions pas ce projet, et que fuir de sa capitale ce seroit nous en donner l'idée.

Les obstacles qui pouvoient traverser l'entreprise avoient été prévus. Pendant les mouvemens des troupes sur le Danube, je devois me tenir entre Dillingen et Donawerth ; de ce poste, observer une armée qui se formoit sous les ordres du prince de Bade des troupes qu'il tiroit des bords du Rhin, où l'armée de Tallard l'inquiétoit peu. N'ayant ni places ni bateaux sur le Danube, ce prince ne pouvoit marcher au secours de Vienne que lentement, et toujours en front de bandière, parce que, s'il avoit séparé ses troupes pour la commodité ou la diligence de la marche, étant maître des ponts, j'aurois pu passer le Danube, et les attaquer éloignées les unes des autres. De plus, nos soldats se trouvant transportés par bateaux auroient été plus frais à l'arrivée ; et l'Empereur en ce moment n'étoit pas en état de nous opposer grand monde, parce qu'il étoit obligé d'en tenir beaucoup en Hongrie, où la révolte du prince Ragotski étoit alors dans toute sa force, et aussi en Bohême, où il y avoit de la fermentation.

Toutes nos mesures prises, je recommandai le plus grand secret à l'électeur, et au comte d'Arcos son général, le seul qui eût connoissance du projet. Quant à moi, je n'en parlai à personne, pas même au comte Du Bourg, pour qui je n'avois guère de secrets : mais quelques jours s'étoient à peine écoulés, que j'appris qu'il étoit publié à Ulm qu'on alloit embarquer l'infanterie de France et de Bavière pour attaquer Passaw. Ce dessein une fois divulgué, le reste n'étoit pas difficile à deviner, ni d'où venoit l'indiscrétion. Il n'y avoit que peu de jours que, m'étant plaint à l'électeur d'un chiffre que je tenois de lui, et que cependant tout le monde devinoit (1), il m'avoit avoué tout bonnement que ce chiffre étoit connu des ennemis un peu mieux que de lui-même. Je ne fus donc pas étonné de ce que mon secret étoit devenu public : je n'en fus pas non plus découragé, et je ne m'appliquai qu'avec plus d'ardeur à tâcher de regagner par la diligence les avantages que l'indiscrétion nous faisoit perdre.

Tout étoit prêt pour l'exécution, fixée au 2 juin, lorsque, trois jours auparavant, l'électeur me manda qu'il ne pouvoit plus marcher vers Passaw, parce qu'il étoit obligé d'aller secourir le château de Rotenberg, que le général Styrum menaçoit. Une si belle entreprise manquée par la prétendue nécessité de secourir un château me mit au désespoir. « Hé quoi ! monseigneur, » lui écrivis-je dans ma douleur (2), la perte de » deux cents hommes, de trois canons, et d'un » château qui n'est pas encore attaqué, vous fait » manquer le grand, le solide projet d'attaquer » l'Autriche dépourvue de toutes ses forces, et » donne à l'Empereur le temps de se reconnoî- » tre ! Votre Altesse Électorale veut-elle donc » qu'il soit dit que la première expédition d'une » armée florissante que je lui ai amenée de » France soit d'aller secourir un château, pen- » dant qu'il dépend d'elle de faire trembler toute » l'Autriche ? Elle dit que le comte de Styrum » va être renforcé d'un grand nombre de trou- » pes, et qu'il n'est pas à propos dans cette cir- » constance qu'elle s'éloigne de moi. Je la conjure » de n'avoir nulle inquiétude pour tout ce que » peut faire le comte de Styrum : s'il approche » trop, je le combattrai. Je supplie votre Votre » Altesse de ne rien changer à sa résolution, et » de suivre son premier projet. » J'écrivis à peu près les mêmes choses au comte d'Arcos et à M. de Ricous, et j'envoyai le comte Du Bourg pour appuyer mes lettres.

Ce fut en vain qu'il fit tous ses efforts. L'électeur étoit environné de gens gagnés par l'Empereur ; ils l'intimidoient, le harceloient, ne lui montroient que des difficultés et des suites fâcheuses dans une entreprise qui pouvoit au contraire avoir l'issue la plus avantageuse et la plus brillante : de sorte que tout ce que le comte Du Bourg put obtenir, ce fut de se rabattre sur l'expédition du Tyrol.

Elle pouvoit avoir son utilité, et mener au même but, si on avoit été bien secondé. J'en traçai la manière et les moyens dans deux lettres au Roi, qui étoient une espèce d'effusion de cœur que ce grand prince vouloit bien me permettre (3). Après avoir marqué mon regret de ce qu'on avoit abandonné le projet de Vienne, dont je faisois encore voir les avantages en homme bien fâché de ce qu'on ne l'avoit pas laissé le maître, j'ajoutois : « Nous avons regagné d'aller » au Tyrol. Votre Majesté, à cet égard, ne me » montre d'inquiétude que sur savoir si M. de » Vendôme pourra empêcher l'armée de l'Em- » pereur de marcher au secours de ce pays-là et » de ses autres États ; et l'inquiétude de Votre

---

(1) Lettre à M. Chamillard, du 22 mai. (A.)
(2) Lettre à l'électeur, du 30 mai. (A.)

(3) Lettres au Roi et au ministre, des 17, 21 et 30 juin. (A.)

» Majesté sur cet objet ne diminue pas, quoique
» M. de Vendôme lui ait mandé qu'il fera l'im-
» possible pour suivre cette armée, et qu'il es-
» père y réussir. Ah ! sire, ne seroit-ce pas un
» grand avantage de la diversion du Tyrol d'en
» être à l'inquiétude de savoir si on pourra join-
» dre les Impériaux quittant l'Italie ? Ils la quit-
» teroient donc cette Italie qui est notre coupe-
» gorge, et laisseroient Votre Majesté soulagée
» d'une guerre que tout le monde a jusqu'à pré-
» sent regardée comme ruineuse en hommes et
» en argent.

» J'avoue, sire, que, dès que je saurai M. de
» Vendôme maître paisible de l'Italie par la re-
» traite des Impériaux, je commencerai à respi-
» rer. Ce sera toujours un rafraîchissement, en
» attendant que j'aie imaginé de quelle manière
» ses troupes nous joindront. Je suis bien per-
» suadé que le premier mouvement de M. l'é-
» lecteur vers Lintz nous auroit procuré cet
» avantage. Je l'espère de sa marche en Tyrol ;
» mais l'autre étoit plus sûr, et point du tout té-
» méraire ni chimérique, comme on a voulu le
» faire croire.

» Car enfin, sire, j'y reviens encore, j'aurois
» bordé le Danube depuis Lintz jusqu'à sa sour-
» ce, tirant des contributions de l'autre côté de
» cette rivière dont j'ai tous les ponts, faisant
» vivre vos troupes pour rien, et nous préparant
» des quartiers d'hiver tranquilles : cela, sire,
» sans nous commettre au hasard d'une bataille ;
» car, quoiqu'on m'accuse d'être trop hardi, je
» suis ferme dans la maxime qu'il ne faut jamais
» risquer de ces grandes actions où le hasard a
» tant de part, à moins que la foiblesse ou la
» mauvaise situation d'un ennemi ne promette
» un avantage presque certain.

» Jusqu'à présent, sire, je n'ai été malheu-
» reux ni à la guerre ni dans les négociations.
» Si j'osois parler du bonheur que j'ai eu depuis
» trente-deux ans que je vais à la guerre, peut-
» être Votre Majesté auroit-elle peine à le croire,
» en petites et en grandes occasions. Il ne me
» convient pas de les citer : je dirai seulement
» que, des diverses compagnies que j'ai eues,
» ou de mon équipage, je n'ai pas eu six chevaux
» pris au fourrage, et jamais en désertion ; et,
» grâces à Dieu, jusqu'à présent j'ai toujours vu
» fuir les ennemis, même quand je me suis
» trouvé dans les armées de l'Empereur. Dieu
» me conserve, sire, une fortune qui peut être
» utile au service de Votre Majesté, qui m'est
» plus chère que la vie ! »

Dans cette même lettre, que j'envoyai par mon secrétaire, afin qu'il suppléât ce qui manquoit aux détails, j'expliquai les moyens que j'avois pris pour établir les hôpitaux aux dépens des villes ennemies circonvoisines, en exigeant d'elles, draps, lits, linges ; ce qui étoit une grande épargne pour notre caisse. J'y faisois aussi une comparaison de ce qu'il en coûtoit au Roi dans les autres armées pour les mêmes objets ; ce qui devoit donner bonne idée de mon économie, comme l'emploi des contributions prouvoient mon désintéressement.

Si éloigné, si délaissé, pour ainsi dire, et si étranger à la cour, je croyois devoir toujours prévenir le Roi et ses ministres tant sur mes actions que sur mes désirs. On m'accusoit d'avidité et de présomption : « Mais, disois-je à M. de
» Chamillard (1), en demandant une grâce écla-
» tante à Sa Majesté, j'ai eu principalement
» pour motif un désir vif de la voir mortifier ses
» ennemis ; car je nomme ainsi ceux qui ne se
» déclarent les miens que parce que j'ai le bon-
» heur de la servir plus heureusement qu'un au-
» tre, et qu'une grâce aussi grande que la dignité
» de duc puniroit ceux qui veulent ternir les
» meilleures actions, et attaquer une conduite
» jusqu'à présent, j'ose le dire, aussi sage
» qu'heureuse.

» Je n'ai pas l'honneur d'être encore bien
» connu de Sa Majesté. J'espère, de celui qu'elle
» m'a fait de me mettre à la tête de ses armées,
» les plus sensibles récompenses pour moi ; c'est
» la gloire de lui rendre de grands services.
» Qu'elle ne craigne jamais que mon intérêt
» particulier ait la moindre part à mes actions.
» J'ose dire que je suis né véritable et vertueux.
» Peut-être qu'avec de certains généraux il fau-
» droit songer quelquefois : A-t-il intérêt que la
» guerre finisse ? profite-t-il des plus heureuses
» conjonctures pour accabler ce qui est ébranlé ?
» Pour moi, j'irai toujours au bien avec la même
» ardeur, et suivant la droite raison, autant que
» je le pourrai connoître. Grâces à Dieu, jus-
» qu'à présent je ne me suis pas trompé dans les
» projets, et j'espère le même bonheur, puisque
» j'aurai toujours le même zèle et la même ar-
» deur, et pour vous, monsieur, toute la consi-
» dération que mérite le plus honnête homme
» qui ait jamais été ministre. »

Je savois qu'il y avoit des murmures sourds contre ma fermeté ; c'est pourquoi j'ajoutai : « Si quelqu'un de messieurs les officiers géné-
» raux qui servent dans cette armée se plaint
» de moi, il est d'une profonde dissimulation.
» Je n'en vois aucun qui ne me montre et beau-
» coup d'estime et beaucoup d'amitié. Mon ca-
» ractère naturellement n'est pas bien caressant,

---

(1) Lettre à M. de Chamillard, du 17 juin. (A.)

» mais il ne m'est jamais arrivé de dire aucune
» parole dure. Comme rien ne convient mieux
» à ceux qui ont l'honneur de commander qu'une
» politesse infinie, et toujours des termes qui
» adoucissent ce qu'il y a de dur dans l'obéis-
» sance, il y a aussi de la foiblesse à être trop oc-
» cupé de plaire et de caresser. Celui qui en fait
» son premier soin se défie de son génie et de sa
» vertu. Les qualités les plus nécessaires à ceux
» qui commandent, c'est justice et fermeté : el-
» les attirent le cœur des honnêtes gens, et mè-
» nent les autres par la crainte. N'ayez aucune
» inquiétude sur les manières dont je vivrai avec
» tout le monde : hors les paresseux et méchants
» officiers, vous verrez que l'on sera content de
» moi.

» Vous me demandez en finissant de vous dire
» librement ma pensée sur nos principaux offi-
» ciers. Il y a de l'esprit, de la capacité. Je ne
» vous dirai rien d'aucun; mais quand ils auront
» bien fait, je ne manquerai pas de vous en
» rendre un compte fidèle. Ce que je reconnois
» tous les jours dans la pratique des hommes,
» c'est que l'on ne les connoît point. Je suis quel-
» quefois forcé de me rendre à cette opinion des
» Espagnols, laquelle j'ai toujours combattue,
» qui veulent que l'on dise : *Cet homme étoit*
» *brave ce jour-là*. Ce qu'il y a de bien certain,
» c'est que la vertu ferme, solide, constante, est
» bien rare. Si par hasard vous la trouvez sou-
» tenue de quelque génie, ne la rebutez pas,
» pour les défauts dont elle peut être accompa-
» gnée. Vous qui êtes un grand ministre, chargé
» des plus importantes affaires du plus beau
» royaume de l'univers, vous avez une tâche
» plus difficile que de régler les finances et l'état
» de la guerre : c'est d'étudier et de connoître
» les hommes qui n'approchent jamais du Roi et
» de vous qu'avec un masque sur le visage. »

Mais, quoique je songeasse à moi, comme il paroît par ces lettres, je songeois encore plus à faire réussir notre expédition du Tyrol, qui commençoit d'une manière satisfaisante, et d'en tirer toute l'utilité possible. Je m'en expliquai ainsi au Roi (1) : « Si Votre Majesté veut me
» croire, j'ose me flatter qu'elle sera maîtresse
» de l'empire cette année. Nous voilà comme as-
» surés du Tyrol, et j'ose dire que j'ai donné un
» bon conseil : celui d'aller au comte de Sty-
» rum, et de là à Nuremberg, étoit certaine-
» ment dangereux. Qu'à présent Votre Majesté
» ait la bonté d'ordonner [et cela sans écouter
» les représentations] à M. de Vendôme d'en-
» voyer vingt mille hommes par le Tyrol; qu'elle
» veuille bien suivre son projet à l'égard de
» monseigneur le duc de Bourgogne, c'est-à-
» dire que cette armée, composée de soixante
» bataillons et quatre-vingts escadrons, ou mar-
» che au Necker, comme Votre Majesté m'a fait
» l'honneur de me le mander [pour cela il faut
» emporter les retranchemens de Bihel, qui
» étoient mal gardés il y a huit jours, et ne le
» sont peut-être pas mieux encore]; ou, si on
» le trouve difficile, faire le siège de Fribourg,
» et marcher droit à Willingen.

» Je ne sais, sire, quels avantages Votre Ma-
» jesté ne pourroit pas attendre d'une telle réso-
» lution. L'Allemagne est ouverte, il n'y a qu'à
» suivre : mais si Votre Majesté se rend aux di-
» verses représentations, M. le maréchal de Tal-
» lard voudra attaquer Landau, qui ne donne
» qu'une place à Votre Majesté, car elle ne
» poussera pas ses conquêtes de ce côté du Rhin ;
» M. de Vendôme se flattera d'emporter le camp
» des impériaux peut-être aussi inutilement que
» l'année passée, et perdra encore vingt mille
» hommes de maladie, et vingt-cinq millions
» que coûte la solde des Espagnols et des Sa-
» voyards : au lieu que faisant ce que je propose,
» il est impossible que l'Empereur ne rappelle
» pas son armée d'Italie, voyant tous ses pays
» héréditaires prêts à être envahis ; et celles de
» Votre Majesté, sans donner aucun combat,
» tiendroient depuis Huningue jusqu'à Vienne,
» ayant tous les ponts du Danube, et les enne-
» mis aucun. »

J'insistois aussi fortement auprès du ministre (2), et, comme il convient, plus librement
qu'avec le Roi. « Au nom de Dieu, lui disois-je,
» faites-vous un petit plan sur moi, et dites :
» Nous avons affaire à un homme qui entend
» moins la cour que l'armée, et qui mène assez
» heureusement la guerre : ne le lanternons
» pas ; croyons-le, puisqu'il n'a pas fait de fau-
» tes, et qu'il est heureux dans ses conseils et
» dans ses entreprises. Permettez-moi de vous
» citer un petit exemple du cardinal Mazarin.
» On vouloit le porter à employer un homme
» dont on vantoit l'esprit et le mérite : *J'en con-*
» *viens*, disoit-il, *mais il est malheureux*. A la
» guerre comme au jeu pariez pour les gens
» heureux. Si le Roi veut en croire mon conseil,
» nous sommes maîtres de l'Empire. S'il ne le
» croit pas, vous aurez Landau, et ce sera à
» recommencer l'année prochaine. Je vous ai
» ouvert l'Empire, suivez-moi : j'en ai présente-
» ment toutes les forces sur les bras, je tiendrai
» bon, et ne me commettrai pas, jusqu'à ce que
» je sache ce que vous voulez faire ; mais, au
» nom de Dieu, écrivez-moi. »

(1) Lettre au Roi, du 21 juin. (A.)
(2) Lettre à M. de Chamillard, des 21 et 30 juin. (A.)

Je parlois ainsi, parce que je ne recevois des lettres que très-rarement, faute de communication. Après avoir manqué Willingen, j'envoyai plusieurs officiers, et des meilleurs, tâter à droite et à gauche plusieurs places tenant aux montagnes, dont la possession m'auroit assuré des passages du moins pour les courriers : mais les unes avoient été trouvées inattaquables, les autres insuffisantes pour mon objet; et les lettres que je recevois ne m'arrivant que par la Suisse, ou par des voies qui les exposoient à être interceptées, ne s'expliquoient jamais clairement. Sous prétexte de s'en rapporter uniquement à ma prudence et à mes talens, il sembloit qu'on voulût me charger de l'événement, moi qui n'avois passé les montagnes que par des ordres exprès, qui n'étois pas cause si on les laissoit refermer derrière moi, et si on m'exposoit dans un pays serré, tel que le Wurtemberg, à des armées entières qu'on laissoit revenir sur moi, pendant qu'on auroit pu les retenir sur le Rhin.

Le Roi, à la vérité, me rassuroit avec bonté sur la crainte que je marquois d'être sacrifié, et encore blâmé : « J'ai lieu d'espérer, me disoit-il(1), par les soins que vous vous donnez et
» votre application continuelle, que vous réus-
» sirez heureusement dans tout ce que vous en-
» treprendrez. Je vous ai mandé plusieurs fois
» qu'il ne se pouvoit rien ajouter à la satisfaction
» que j'ai de vos services; que les discours que
» l'on tient, et dont on vous informe avec tant
» de soin, ne doivent faire aucune impression
» sur vous; que rien ne peut à mon égard dimi-
» nuer le mérite de ce que vous avez fait depuis
» l'année dernière, et que vous devez continuer
» avec le même zèle. »

Ces paroles certainement étoient satisfaisantes et consolantes; mais elles ne me promettoient pas positivement les secours et les diversions que je demandois : au contraire, le Roi paroissoit, dans cette même lettre, tenir toujours à l'opinion que j'aurois dû combattre d'abord le comte de Styrum, pour tâcher d'amener les cercles à la neutralité; mais il y tenoit sans me blâmer d'en avoir suivi une autre.

Pendant que j'étois dans cette position, ni abandonné, ni sûr d'être secouru, couvrant la Bavière contre l'armée de Styrum et celle du prince de Bade, à laquelle on permettoit de revenir sur moi des bords du Rhin où je l'avois laissée, l'expédition de l'électeur contre le Tyrol avançoit d'une manière brillante. « Il prit en
» deux heures (2), par une espèce de miracle,
» Cowestein, ville très-forte qui est la clef du
» pays, et qui auroit pu tenir long-temps. Le
» gouverneur, à l'approche des troupes, voulut
» faire brûler quelques maisons qui avoisinoient
» la ville. Le feu de ces maisons, poussé par un
» grand vent, se communiqua à la ville, qui fut
» consumée en un moment. Le feu de la ville passa
» au château. Un ingénieur français, nommé Des-
» ventes, que j'avois donné à M. l'électeur, de-
» manda cinquante grenadiers pour approcher
» d'une tour qu'on croyoit accessible, et que le
» grand feu empêchoit les ennemis de défendre.
» Nos grenadiers grimpèrent les uns sur les
» autres, ayant à leur tête, après Desventes,
» le sieur Chambeau, lieutenant au régiment
» de Guyenne, et emportèrent la ville et le châ-
» teau. *Je vais*, disoit M. l'électeur en me man-
» dant cette nouvelle, *expédier le reste.* » Ce reste consistoit en trois ou quatre forts qu'il prit d'emblée en marchant à Inspruck, qui se rendit sans coup férir.

Je lui écrivis, sur ce succès, d'un style que je savois convenir à son goût : « Il me semble,
» lui disois-je(3), qu'il y a un trésor à Inspruck :
» que Votre Altesse Electorale m'en donne quel-
» que chose, mais de bon. Je ne veux point de
» curiosités, comme quelques peaux de bêtes
» extraordinaires, de ces épées qui ont coupé
» cinq cents têtes : je voudrois quelques beaux
» rubis des anciens ducs d'Autriche; on dit qu'ils
» en étoient curieux. Par exemple, le chevalier
» de Tressemanes m'apprend qu'il y a je ne sais
» combien de belles statues d'argent des empe-
» reurs. Je supplie très-humblement Votre Al-
» tesse que, dans la part qu'elle voudra bien me
» faire du trésor, il y ait plutôt de ces statues
» que quelque gros lézards ou crocodiles. Enfin,
» de tout ceci, qu'il me revienne quelque chose de
» bon. Par ma foi, je suis bien aise : j'espère que
» M. le général Wolfremdorf ne refusera pas une
» rasade à la santé de Votre Altesse Electorale.
» Enfin, monseigneur, c'est à vous à faire.
» Que Dieu vous bénisse! mais ne vous exposez
» pas trop; songez qu'il faut commencer par
» vivre, pour jouir du bonheur et de la gloire.
» Vous êtes heureux; et moi, qui ai l'honneur
» de vous servir, je ne suis pas malheureux non
» plus. C'est ce que me disoit le baron de Si-
» meoni, et qui lui donnoit bonne idée de nos
» affaires. » J'affirmois à l'électeur, comme je le croyois fermement, que le Roi avoit donné des ordres positifs au duc de Vendôme de le joindre, et au maréchal de Tallard de se rapprocher de moi. « Ainsi, lui disois-je, avant

---

(1) Lettre du Roi, du 8 juin. (A.)
(2) Lettre au Roi, du 21 juin; lettre du comte d'Arcos, du 16 août. (A.)
(3) Deux lettres à l'électeur, du 20 juin. (A.)

» deux mois Votre Altesse Electorale sera à la
» tête de quatre-vingt mille hommes. Après cela,
» ma foi, je vous demande un duché en Bo-
» hême, ou bien où il vous plaira. Mais comme
» vous pourrez disposer des couronnes, il fau-
» dra bien que votre petit serviteur ait un
» duché. »

Hélas! mon duché, ces couronnes, ce fut vraiment la fable du pot au lait. Les paysans du Tyrol et de l'Autriche, qui sont presque tous chasseurs, revenus de leur première surprise, et aidés de quelques troupes réglées, se mirent à harceler le duc de Bavière, qui avançoit vers l'Italie au devant du duc de Vendôme. Il fut obligé de rétrograder vers Inspruck, dont la bourgeoisie s'étoit mutiné. A son exemple, celle de toutes les petites villes dont la reddition de la capitale avoit entraîné la soumission se révolta aussi. Bientôt il se trouva entouré d'ennemis, souvent coupé et arrêté dans des défilés très-dangereux, dont les habitants tenoient les hauteurs. Il fallut livrer des combats de postes fort périlleux. Dans une de ces rencontres, il eut obligation de son salut à un bataillon du régiment de Noailles que je lui avois donné. « Je
» ne peux, m'écrivoit-il (1), assez me louer de
» la valeur de cette troupe, et du lieutenant
» colonel qui commandoit, aussi bien que du
» major et de tous les autres officiers. » Il se trouva réduit à affoiblir son armée, en laissant derrière lui des troupes dans les endroits suspects, à mesure qu'il se portoit en avant : trop heureux de pouvoir se soutenir dans ces lieux difficiles, en attendant la jonction du renfort d'Italie qu'il espéroit!

Pendant que de mon côté j'attendois les secours du maréchal de Tallard, je voyois grossir l'orage autour de moi par la réunion de presque toutes les forces de l'Empire. J'appris, le 26 juin, que le prince de Bade, à la tête d'une armée plus forte que la mienne, et qui s'augmentoit encore tous les jours, étoit venu camper dans la plaine de Languenau. Je pris toutes mes précautions pour l'empêcher de pouvoir me dérober un passage sur le Danube. J'envoyai pour cela un corps à la hauteur d'Ulm, et des partis continuels le long de ce fleuve. J'avertis en même temps l'électeur de l'inquiétude où j'étois pour Ausbourg et Ratisbonne. De ces deux grandes villes, la dernière étoit gardée par les Bavarois, mais en petit nombre; et pour la sûreté de la première l'électeur n'avoit pris que deux conseillers, comme otages de la fidélité des habitants. Connoissant l'importance de cette place, située sur le Leck; sachant qu'elle pouvoit devenir un point d'appui pour le prince de Bade, si, passant le Danube vers sa source, il vouloit retomber sur la Bavière, je fis tous mes efforts pour engager l'électeur à y mettre au moins cinq cents hommes de pied, qui fussent maîtres d'une porte de la ville, et en état de la garder contre le dedans et le dehors. « Cette précaution suffit, lui disois-je,
» parce que tant que la bourgeoisie aura à crain-
» dre que les Français n'entrent par une porte
» tandis qu'elle en livreroit une aux Impériaux,
» elle ne voudra pas s'exposer à voir une bataille
» dans la rue des Orfévres, où elle a d'immenses
» richesses. » Mes remontrances furent inutiles : quelques ministres de l'électeur, vendus à ceux de l'Empereur, l'empêchèrent de suivre mon conseil.

Le dernier jour de juin, le prince de Bade avança, avec toutes ses forces, sur la petite rivière de Brentz. J'étois très-avantageusement campé, ma gauche à Lauwengen, petite ville sur le Danube, fermée de très-bonnes murailles de cinq pieds d'épaisseur, avec un double fossé; la droite à Dillingen, autre ville plus considérable sur la même rivière, et dont les murs étoient meilleurs encore que ceux de Lauwengen. Un petit ruisseau couvroit le front de mon camp presque entier.

Les ennemis publioient qu'ils venoient m'attaquer; et je le désirois, étant bien assuré de la bonté de mon poste. Pour leur en donner l'envie, j'occupai en leur présence un petit village qui étoit au-delà du ruisseau qui couvroit mon camp. Quoique séparé de moi par le ruisseau, il étoit flanqué à droite et à gauche par mes retranchemens; de sorte que pour l'attaquer il falloit que les ennemis marchassent en bataille sous le feu même de ma mousqueterie. Comme ils se vantoient de me forcer de reculer, je ne fus pas fâché de leur faire cette espèce de défi.

Tandis que les ennemis tâchoient d'en imposer par des bravades, je voyois avec plaisir que nos officiers se distinguoient à l'envi par des actes d'une valeur réfléchie. J'en fis l'éloge dans mes lettres au Roi et au ministre. La Tour, lieutenant colonel de Fourqueux (2), dont j'avois déjà éprouvé la valeur dans plus d'une occasion, se signala à Donawert. Je l'avois envoyé dans cette ville pour étendre les contributions. Il y fut averti que les hussards ennemis enlevoient les bestiaux dans les villages voisins, et il sortit avec cent trente chevaux et cent cinquante hommes du régiment de Champagne pour les reprendre. A peine étoit-il à une demi-lieue,

---

(1) Lettre de l'électeur, du 4 juillet. (A.)
(2) Lettres à M. de Chamillard, du 10 mai et du 4 juillet. (A.)

qu'il se trouva investi par plus de deux mille hommes. Sans se déconcerter, il se jeta dans un cimetière. A la faveur de mauvaises murailles, il soutint plusieurs attaques avec tant d'avantage, que les ennemis se retirèrent en désordre. M. de Marivault (1), à la tête de cent hommes de pied et de cinquante chevaux, battit trois cents cavaliers en plaine (2). M. de La Billarderie, outre beaucoup d'intelligence et d'intégrité dans la répartition et la levée des contributions, montroit dans cet emploi, souvent périlleux, une fermeté peu commune (3). Le chevalier de Denac, capitaine réformé à la suite du régiment de Montmorin, obtint, sur mon rapport, des louanges du Roi lui-même pour un coup de main bien ménagé.

Je ne puis mieux terminer ces témoignages rendus au mérite que par une lettre que j'écrivis à Sa Majesté (4), en lui annonçant que, selon ses ordres, j'avois donné un brevet de brigadier au prince d'Isenghien. « C'est, lui disois-je, un très» digne sujet, fort appliqué. Je dois de plus me » louer de presque tous vos colonels : outre le » courage, je vois une application parmi les jeu» nes gens, qui promet à Votre Majesté de bons » officiers généraux. M. le marquis de Nangis » a eu une petite vérole très-maligne, qui ne l'a » pas empêché de suivre. S'il fût mort, c'eût été » une perte ; et ce sera un jour un bon officier » général, mêlant à beaucoup de courage bien » de l'esprit, et plus de sagesse que l'on n'en » trouve d'ordinaire à son âge. J'en dis autant » de M. de Seignelay. Je crois aussi devoir vous » nommer M. de Nettancourt, et le sieur de Rott, » irlandais, qui a un talent singulier à contenir » le soldat, et qui, plus que tout autre, contri» bue à soutenir la discipline. » Je me louois aussi beaucoup du comte de Santini, auquel j'avois confié Ratisbonne, gouvernement très-important (5).

Mais si je parlois ainsi au Roi et à ses ministres, il y avoit des choses que je ne disois qu'à mes amis, celles surtout qui pouvoient ne pas cadrer avec la manière de penser à la mode à la cour. On trouvoit mauvais, par exemple, qu'ayant devant moi une armée bien plus nombreuse que la mienne, je souffrisse des escarmouches qui me coûtoient toujours des hommes. « J'ai essuyé, disois-je au comte de Marsan (6), » plusieurs représentations sur cela ; mais j'ai » des raisons pour laisser quelque liberté. Pre» mièrement, pourquoi ne pas rembarrer les en» nemis quand ils osent sortir de leur camp? Il » est vrai que nos officiers les provoquent sou» vent ; mais nos escarmouches sont toujours » heureuses. Nous n'avons encore eu aucun offi» cier de pris, et nous avons beaucoup des leurs. » D'ailleurs, il n'est pas mauvais que de jeunes » subalternes, qui n'ont pas encore vu l'ennemi, » s'accoutument à leur tirer des coups de pistolet » de bien près.

» Nous étions assez accoutumés aux escar» mouches de notre jeunesse : non-seulement » elles étoient permises aux cornettes, mais les » colonels, les généraux quelquefois s'en mê» loient, et j'ai été témoin d'un grand prince qui » appuya le pistolet sur le menton au comman» dant d'un escadron ennemi, et tourna entre » le commandant et l'escadron. A présent, quel» ques-uns de nos généraux devroient lire, après » le repas, un petit chapitre des guerres de Gus» tave-Adolphe, dont les généraux, aussi bien » que ce grand prince, étoient très-imprudens. » Pour moi, j'ai déclaré que je prétendois être » le plus prudent de l'armée. J'ai tâché de ne » pas oublier entièrement ce que j'ai appris des » guerres de campagne sous M. le prince, M. de » Turenne, messieurs de Luxembourg, Schom» berg et de Créqui. Nous pratiquions alors ; et » je me souviens que le duc d'Harcourt, Feu» quières et moi disions souvent, quand nous » étions quelque temps sans sortir : Nous ou» blierons la guerre pendant la guerre, si nous » n'y prenons garde.

» Mais, à propos, pourquoi ne s'en sert-on pas » de ce Feuquières ? Je vous le donne pour offi» cier général très-entendu, et des meilleurs. Je » sais qu'il auroit ardemment désiré de servir, » même depuis qu'on a fait des maréchaux de » France. On dit qu'il est méchant : et qu'im» porte au Roi que l'on soit méchant ? Vous trou» verez les qualités du plus grand général du » monde dans un homme cruel, avare, perfide, » impie. Qu'est-ce que tout cela fait ? J'aimerois » mieux, pour le Roi, un bon général qui au» roit toutes ces pernicieuses qualités, qu'un fat » que l'on trouveroit dévot, libéral, honnête, » chaste, pieux. Il faut des hommes dans les » guerres importantes ; et je vous assure que ce » qui s'appelle des hommes sont très-rares. Vous » trouverez de très-bonnes gens de leur personne; » si on leur ordonne de se jeter dans le plus » grand péril, ils ne balanceront pas ; s'ils sont » seuls, ils n'attaqueront pas une chaumière.

---

(1) Lettre à M. de Chamillard, du 4 juillet. (A.)
(2) Lettre au Roi, du 24 mai. (A.)
(3) Lettre au même, du 4 juin. (A.)

(4) Lettre au Roi, du 17 juin. (A.)
(5) Lettre à l'électeur, du 6 juillet. (A.)
(6) Lettre à M. le comte de Marsan, du 6 avril. (A.)

» Pour ôter ces sortes de craintes, j'ai déclaré
» de bouche et par écrit que, ne pouvant ordon-
» ner positivement à un officier général que je
» détache d'attaquer ce que je ne connois pas,
» cependant, toutes les fois qu'ils attaqueront,
» je prendrai sur moi le manque de succès. Je
» veux bien leur donner tout l'honneur de ce
» qui réussira, et me charger du blâme de ce qui
» ne réussira point. »

À l'aide des escarmouches, qui m'apprenoient ce qui se passoit, je restois tranquille dans mon camp. Le prince de Bade sortit du sien le 2 de juillet avec toute son armée. Il se présenta à la portée du canon de la mienne, et rentra après avoir resté près de trois heures en bataille. Les prisonniers et déserteurs rapportèrent qu'il avoit réellement dessein de livrer bataille, mais que, pour le faire plus sûrement, il attendoit un corps de dix mille hommes qui approchoit, sous les ordres du marquis de Bareith. Sur cet avis, quelques officiers généraux me pressèrent de mettre le Danube entre moi et une armée si formidable; mais je connoissois trop bien l'importance et la bonté de mon poste pour ma déterminer à un parti si foible. Outre que, par ma position, j'occupois plusieurs villes qui me donnoient de grandes subsistances, je ne pouvois me persuader qu'il eût vraiment dessein de m'attaquer; et je fus confirmé dans l'opinion contraire quand je le vis commencer des retranchemens. J'en conclus qu'il alloit laisser devant moi un corps d'armée pour me garder pour ainsi dire à vue, pendant qu'il chercheroit un passage sur le Haut-Danube, afin de retomber sur moi par les derrières, et me mettre entre deux feux.

C'étoit une nouvelle raison de s'assurer d'Ausbourg autrement que par les deux otages; car il étoit clair que quand le prince de Bade, après avoir passé le Haut-Danube, se trouveroit entre ce fleuve et l'Isler, il pouvoit, s'il étoit maître d'Ausbourg et s'il ne m'attaquoit pas, se jeter sur la Bavière, la ravager et y prendre ses quartiers d'hiver. C'est pourquoi je renouvelai à plusieurs reprises mes instances auprès de l'électeur, afin qu'il retînt cette ville par un bon corps de troupes; mais ce fut toujours inutilement (1). Je lui conseillai aussi de bien fortifier les postes qu'il tenoit dans le Tyrol et l'Autriche, de mener sévèrement les habitans, qui, malgré les ménagemens qu'on avoit pour eux, puisqu'on n'en exigeoit pas même de contributions, traitoient leurs prisonniers avec une cruauté atroce. S'il m'en avoit voulu croire, il auroit fait un exemple de la ville de Hall, qui s'étoit distinguée par les marques de son aversion contre les Français et les Bavarois. Enfin je l'exhortai à tenir bon dans le Tyrol comme je faisois sur le Danube, afin qu'il ne pût pas nous être reproché par messieurs de Vendôme et de Tallard que nous ne les avions pas attendus, et que c'étoit nous qui avions fait manquer la jonction, dont je me flattois toujours.

Les ennemis publioient dans toutes les gazettes qu'ils me tenoient bloqué, que je n'osois sortir de mon camp, et qu'ils alloient m'accabler avec une armée de cinquante mille hommes, et délivrer l'Empire. J'eus occasion de leur donner un démenti public, et je ne le manquai pas. Toujours persuadé que le prince de Bade ne cherchoit qu'à se mettre au-delà du Danube, j'envoyois continuellement des partis le long de ce fleuve en le remontant, tant pour éclairer ses mouvemens que pour tâcher, si le passage s'effectuoit, qu'il se fît du moins le plus loin qu'il seroit possible, afin que j'eusse le temps de prendre mes mesures. A ces courses, qui demandoient autant d'activité que d'intelligence, j'employois ordinairement de préférence deux officiers que j'estimois beaucoup, le sieur de Legal, maréchal de camp, et le sieur Du Héron, brigadier de dragons.

« Le premier, disois-je à l'électeur, en lui ren-
» dant compte de leur principale expédition (2),
» est un très-sage et vaillant officier, auquel j'ai
» toujours connu beaucoup de sens, d'audace,
» et, dans toutes les affaires, pensant noblement,
» et voulant se faire du mérite et se distinguer,
» qualités que je cherche dans les officiers gé-
» néraux, et qui me feront toujours préférer ceux
» en qui je les trouve, à toutes les recommanda-
» tions que la naissance ou la protection pour-
» roient donner. Dans le conseil de guerre qui
» fut tenu pour attaquer les lignes de Bihel,
» M. de Legal opina conformément à la dignité
» de la nation et au bien des affaires, et je l'ai
» toujours trouvé capable de toutes les commis-
» sions que je lui ai données. » M. Du Héron, élevé pour être conseiller en parlement de Rouen, s'étoit jeté dans le service par un goût dominant. Il y avoit montré tant d'activité, de prudence jointe à la bravoure, que je n'avois pu m'empêcher de le distinguer; ce qui avoit quelquefois causé de la jalousie, et m'avoit forcé, pour lui obtenir de France des grâces qu'il méritoit, d'employer la protection de l'électeur de Bavière, dans la crainte que ma recommandation ne fût suspecte de prévention (3).

« Avec ces deux hommes, je pouvois com-

(1) Lettre à l'électeur, du 2 août. (A.)
(2) Lettre au même, du 2 août. (A.)
(3) Lettre au même, du 30 juin. (A.)

» mander de loin (1) J'avois été informé par mes
» espions que le comte de La Tour rassembloit
» un corps composé du régiment de Bareith, de
» hussards, de quelque infanterie tirée des pla-
» ces frontières, du régiment des cuirassiers, du
» Vieux-Hanovre et d'Anstadt, et d'un déta-
» chement de cavalerie fourni par le prince de
» Bade. Enfin c'étoit une tête d'armée d'à peu
» près six mille hommes, des meilleures troupes
» de l'Empire. Je sus en même temps que ce
» corps devoit passer le Danube au-dessus
» d'Ulm, à peu près à quinze lieues de moi, et
» marcher droit à l'Isler du côté d'Ausbourg,
» pour ouvrir le chemin au prince de Bade. Il
» ne m'étoit pas possible d'empêcher de si loin
» le passage du Danube, qui se fit à Munderkin-
» gen; mais je mis aux trousses du comte de La
» Tour le sieur de Legal, qui, avec deux mille
» hommes, soutenu du sieur Du Héron, qui le
» suivoit avec neuf escadrons de dragons, s'a-
» vança jusqu'à Offenhausen près d'Ulm. Il m'é-
» crivit de là, m'expliqua la situation du camp
» des ennemis, et me demanda la permission de
» les attaquer. Je la donnai, lui recommandant
» seulement d'observer si le camp des ennemis
» n'étoit pas soutenu par le voisinage de quelque
» autre corps d'armée, soit des troupes hollan-
» daises, que l'on disoit devoir les joindre in-
» cessamment, soit de celles de Brandebourg,
» que je savois n'être depuis quatre jours qu'à
» quatre ou cinq lieues de l'armée impériale.
» Moyennant que ces obstacles ne rendissent
» pas son entreprise trop difficile, je lui donnai
» carte blanche: je lui dis de se servir de la bri-
» gade de Poitou, que j'avois fait avancer jus-
» qu'à Goualsbourg, et des détachemens que
» nous avions tant dans Ulm qu'ailleurs, sous
» les ordres du sieur de Fontboissard, briga-
» dier. Tout cela composoit un corps d'environ
» quatre mille cinq cents hommes. »

Les commandans se concertèrent si bien, que, partis le 30 juillet de différens points, ils arrivèrent ensemble à demi-lieue de l'armée ennemie, sans qu'elle s'en doutât; mais le jour les ayant surpris, les ennemis eurent le temps de se mettre en bataille, leur droite à Munderkingen, leur gauche au Danube, et devant eux un ruisseau, dont ils commencèrent à rompre le pont; mais un lieutenant colonel de cavalerie, nommé Bozot, très-vaillant homme, qui avoit la tête de tout, empêcha qu'il ne fût rompu entièrement, fit rétablir ce qui étoit défait, et chassa ceux qui le défendoient. Du Héron se mit en bataille sur la gauche du pont, L'Isle du Vigier sur la droite, et M. de Legal forma le centre avec l'infanterie, commandée par le marquis de Montgaillard, brigadier.

Les ennemis se défendirent vaillamment. Le combat fut très-rude, mais enfin la fermeté des troupes du Roi l'emporta. Après plusieurs charges, ils furent entièrement renversés dans le Danube. Rodemack, lieutenant colonel, le passa pêle-mêle avec eux, à la tête d'un détachement du régiment de Choiseul; onze étendards et deux paires de timbales furent les trophées de la victoire. Les ennemis perdirent beaucoup d'officiers d'une naissance distinguée, entre autres le prince Maximilien d'Hanovre, frère de l'électeur depuis roi d'Angleterre, dont on ne put retrouver le corps. Nous eûmes M. d'Aubusson et deux lieutenans colonels tués. Le pauvre Du Héron, blessé d'un coup de fusil à travers le corps, ne voulut jamais se retirer: il mena deux fois son aile à la charge, et mourut dix-huit jours après de sa blessure. Sa mort et celle de plusieurs autres braves gens diminua la joie de ce succès. Il en coûta davantage aux ennemis. On ne fit sur eux que huit cents prisonniers, parce que la plus grande partie se noya dans le Danube. Le bruit qui se répandit de cet avantage fit connoître, malgré les gazetiers de Hollande, que si j'étois renfermé dans mon camp comme ils le publioient, du moins je faisois d'assez belles sorties. J'envoyai cette nouvelle au Roi par Roideau, un de mes aides de camp, homme très-sensé, qui étoit en-même temps chargé d'obtenir des ordres positifs et pressans au maréchal de Tallard de marcher à Willingen, et d'ouvrir une communication.

Elle étoit devenue d'une nécessité indispensable par l'état où se trouvoit le duc de Bavière. « Il lui est arrivé, écrivois-je au duc de Bour-
» gogne (2) des malheurs que l'on n'a jamais dû
» craindre. Les châteaux de Hornberg et de Ro-
» tenbourg, places excellentes et bien munies,
» sont tombés, sans se défendre, au pouvoir de
» l'ennemi. Il y avoit dans la première, impre-
» nable par elle-même, trois cents hommes de
» bonnes et vieilles troupes, quarante pièces de
» canon de fonte, vingt mille sacs de farine, et
» vingt mille de grains. Elle s'est rendue à deux
» mille paysans qui l'attaquoient avec deux ar-
» quebuses à croc: l'artillerie est médiocre pour
» un tel siége. La seconde place, aussi bonne,
» n'a pas fait plus de résistance. Je tiens les com-
» mandans pendus présentement, et la garnison
» décimée. Au moins M. l'électeur m'a promis
» que la punition égaleroit le crime. »

(1) Lettre au Roi, du 2 août. (A.)
(2) Lettres à M. le duc de Bourgogne, des 6 et 19 août. (A.)

Mais il auroit eu bien des exécutions pareilles à ordonner, s'il avoit voulu punir tous les traîtres. Sa cour en étoit pleine, et chacun le trompoit à sa manière. Les uns demandoient grâce pour les pauvres habitans du Tyrol, dont le prince auroit pu tirer plus de cinq cent mille écus de contributions, et dont il n'exigea rien ; et ces courtisans compatissans recevoient en secret des sommes considérables, pour récompense des sauve-gardes qu'ils procuroient. D'autres, payés par la cour de Vienne, me blâmoient, blâmoient le conseil de France, se désoloient au moindre revers, diminuoient les succès, et élevoient dans l'âme du prince des craintes et des soupçons qui rendoient sa conduite incertaine. Il n'y avoit de sincère que sa famille ; sa femme surtout, dont l'attachement à la cour impériale étoit connu, qui souffroit de voir son mari lié avec la maison de Bourbon, et qui profitoit de toutes les circonstances pour le ramener à la maison d'Autriche : de sorte que comme les affaires commencèrent à mal tourner, je vis aussi l'électeur commencer à chanceler dans son attachement pour nous.

Comme il ne demandoit qu'un prétexte pour revenir dans ses États, dont il auroit voulu ne pas sortir, à la première nouvelle qu'un corps de ses troupes, commandé par le général Tattembach, avoit été battu par les Impériaux près de Scharding, il rompit son armée, en envoya une partie sur le Danube pour couvrir la Bavière, se rendit avec l'autre à Munich, et me manda que la nécessité de pourvoir à la sûreté de ses États, menacés de tous côtés le forçoit de quitter le Tyrol. Mais il ne faisoit pas attention qu'en revenant dans ses États il y attireroit la guerre, dont ils alloient être le centre sans que je pusse l'empêcher ; car le prince de Bade, que j'avois toujours en présence, continuoit de marquer, par toutes les mesures qu'il prenoit, qu'il avoit vraiment dessein de pénétrer en Bavière. Il fit augmenter les fortifications du camp du général Styrum, placé devant le mien. Je sus qu'il rassembloit tous les chevaux du pays, et qu'il avoit ses ponts sur les haquets prêts à marcher. Je mandai ces circonstances à l'électeur, qui étoit à Munich. Je lui écrivis que ces mouvemens ne pouvoient regarder qu'Ausbourg, dont il falloit absolument s'assurer avant le prince de Bade ; sans quoi nous allions avoir derrière nous une grosse ville malintentionnée, qui donneroit à nos ennemis la liberté de nous enfermer entre deux armées (1).

Je fus confirmé dans mon opinion par la patience du comte de Styrum. Le prince de Bade s'ébranla le 23 août, et marcha, comme je l'avois prévu, vers le haut de l'Isler, pour approcher d'Ausbourg. Je fis alors toutes les tentatives imaginables pour attirer Styrum à un combat : je sortis de mon camp, je poussai ses grand'gardes, j'avançai jusques entre ses redoutes, je fis toutes les dispositions d'une attaque. Il me regarda avec flegme et tranquillité, retira ses troupes, me laissa la plaine libre ; et quand il se vit un peu serré, il mit son armée en bataille derrière ses retranchemens, qui étoient inattaquables.

Ne pouvant engager une action avec l'armée campée, je résolus de ne la pas manquer avec le prince de Bade lorsqu'il se trouveroit entre le Danube et l'Isler. « Car enfin, sire, disois-je au
» Roi, nous en sommes au point d'être forcés à
» chercher un combat. » Je lui en expliquois les raisons dans une lettre qui peignoit l'état pénible de mon ame (2) : « Pendant qu'embarrassé par
» deux armées, lui disois-je, je cherche à me
» débarrasser de l'une ou de l'autre, les enne-
» mis, avec plusieurs corps de troupes, dont
» l'un est entré jusqu'au milieu de la Bavière, et
» l'autre marche vers Ratisbonne, ont obligé
» M. l'électeur à retenir toutes ses troupes sous
» Munich, d'où j'ai cru que le service de Votre
» Majesté obligeoit indispensablement de se re-
» tirer. Ce prince, dont je crois les intentions
» droites, auroit peut-être de la peine à les con-
» server fidèles aux intérêts de Votre Majesté,
» au milieu des larmes et des cris de sa famille
» et de tous ses peuples. Son état est violent, et
» Votre Majesté en jugera. Il voit, sire, mais
» trop tard, quelle faute capitale il a faite de ne
» pas marcher à Passaw, suivant le premier
» projet réglé. Il ne peut s'empêcher de s'aper-
» cevoir qu'il est ou trahi, ou du moins très-
» mal servi. La conduite du comte d'Arcos, son
» général dans le Tyrol, a été misérable. La for-
» tune lui avoit donné plus qu'on ne pouvoit es-
» pérer ; car je laisse à juger à Votre Majesté si
» mille hommes de pied, avec douze pièces de
» canon, pouvoient se flatter de prendre Horn-
» bach, place excellente. Il est encore plus éton-
» nant que cent hommes de troupes réglées, avec
» deux cents paysans, l'aient reprise sur trois
» cents hommes des meilleures troupes de l'élec-
» teur, et qu'enfin, sans être menacés que par
» des paysans, dix-huit bataillons aient cru de-
» voir quitter le Tyrol, abandonner Inspruck la
» nuit, avec un tel désordre que l'on n'a pas

(1) Lettres au Roi, au duc de Bavière, à M. le duc de Bourgogne, à M. de Chamillard, au maréchal de Tallard, à M. de Ricous, depuis le 27 août jusqu'au 24 septembre. (A.)

(2) Lettre au Roi, du 30 août. (A.)

» même songé à prendre des otages pour les con-
» tributions ; et l'électeur en est revenu avec des
» porcelaines prises dans le cabinet de l'Empe-
» reur, et un cheval de bronze. Ses généraux
» et son ministre n'en sont pas sortis de même.
» Dieu veuille les récompenser selon leur mé-
» rite ! (1)

» Enfin j'ai gagné que M. l'électeur se rendra
» incessamment à l'armée. Nous prendrons en-
» semble un parti sur le poste de Dillingen, dans
» lequel on ne pourra peut-être pas laisser assez
» de troupes pour le soutenir, voulant marcher
» à M. de Bade avec des forces qui approchent
» des siennes. J'avoue, sire, que je ne vois pas
» sans une mortelle douleur que, de la plus heu-
» reuse situation du monde, et qui pouvoit ren-
» dre Votre Majesté maîtresse de l'Empire, nous
» soyons venus dans une dangereuse ; car, sans
» une bataille qui ouvre la communication avec
» la France, nous ne sommes assurés ni de pain
» ni d'argent. Nos Français commencent à être
» inquiets sur le manque de commerce ; mais je
» suis sûr du soldat et du cavalier, et je réponds
» à l'excès de leur valeur. »

Cette disposition des troupes me rassuroit,
mais il falloit la mettre en œuvre. Les momens
devenoient précieux. Le prince de Bade, ayant
passé le Danube au-dessus d'Ulm, avançoit diligemment vers Ausbourg ; j'envoyai sur son chemin le corps de M. de Legal, et le fis soutenir
par le comte Du Bourg avec trente escadrons,
trois brigades d'infanterie, et une d'artillerie. Je
priai l'électeur et le conjurai de s'emparer d'Ausbourg pendant qu'il en étoit encore temps ; de
m'envoyer une partie de ses troupes pour remplacer celles que je devois laisser dans le camp
de Dillingen, et de venir avec le reste se mettre
à la tête de l'armée du Roi, afin d'aller ensemble
à la rencontre du prince de Bade.

Il se rendit à mes instances, mais de mauvaise
grâce, puisqu'il fut huit jours à se rendre de
Munich à mon camp. Quand il arriva, je le priai
de me laisser partir pour aller joindre le comte
Du Bourg, et de me suivre au plus vite avec
toute l'armée. Il consentit à ce qui me regardoit ; mais, pour lui, il ne voulut partir que le
lendemain : encore ne fit-il que trois lieues. Je
m'approchai du comte Du Bourg avec vingt escadrons, et toute la nuit j'envoyai divers messagers
à l'électeur [Verseilles, maréchal des logis
de l'armée, le colonel Oxford, et d'autres] pour
le presser d'avancer, lui faisant dire qu'avec
mes cinquante escadrons je répondois bien d'arrêter le prince de Bade, et de donner à l'électeur
assez de temps pour le joindre et le combattre,
parce qu'embarrassé d'un grand attirail de bagage, d'artillerie et de pontons, il ne pouvoit
marcher que lentement.

Voici le résultat de tant de remontrances et
de sollicitations, tel que je l'écrivis au Roi le 8
septembre (2). Après avoir détaillé les moyens
qu'on pouvoit prendre pour rompre les mesures
du prince de Bade, je disois : « M. l'électeur, par
» une opiniâtreté que notre armée entière croit
» une perfidie, m'a empêché d'autorité de pren-
» dre ce parti-là, et enfin n'a marché vers Aus-
» bourg que si lentement, que l'ennemi y est ar-
» rivé une journée entière avant nous. A peine
» ce prince a-t-il vu l'armée ennemie occuper
» cette ville, que son abattement et sa conster-
» nation ont paru conformes au péril de ses
» États. Tout le monde a cru sa douleur feinte,
» et qu'ayant été aussi vivement sollicité par
» moi sur une entreprise indispensablement né-
» cessaire, ce prince, raccommodé secrètement
» avec l'Empereur, avoit voulu une raison qui
» parût le forcer à changer de parti.

» Je ne dis pas, sire, que moi-même je n'aie
» eu la même pensée ; mais enfin, voyant que
» l'armée de Votre Majesté étoit perdue sans res-
» source s'il vouloit se livrer aux Impériaux, et
» voyant qu'il n'y avoit de parti à prendre, pour
» voir s'il étoit véritablement changé, que de
» tâcher de relever son courage par quelques
» grands desseins, je lui ai demandé : *Voulez-
» vous vous livrer à nos ennemis, ou persévérer
» dans le parti du Roi ?* Il m'a répondu qu'il sa-
» crifieroit sa vie pour me le prouver. Prenons
» donc, lui ai-je dit, une grande résolution ;
» mais je vous demande qu'elle ne soit connue
» de personne au monde.

» Vous avez trente-trois bataillons, le Roi en
» a cinquante. Vous avez quarante-cinq esca-
» drons, le Roi soixante. Faisons deux armées :
» que l'une défende le Leck et couvre la Bavière ;
» que l'autre marche en Autriche. Des deux ar-
» mées ennemies, l'une sera forcée de courir au
» secours de l'Empereur ; et puisque nous avons
» les rivières, l'autre pourra être contenue par
» celle que vous laisserez sur le Leck, et qui
» gardera la ligne. Rien n'empêchera qu'elle ne
» soit jointe par le secours qu'enverra monsei-
» gneur le duc de Bourgogne. En un mot, fai-
» sons trembler l'Empereur pour le cœur de ses
» États, relevons le courage abattu de vos su-
» jets, et vous verrez que tout ira mieux que
» jamais.

(1) Je trouve dans les Mémoires manuscrits que, l'année suivante, le comte de Monasterol se voyant prêt à
être recherché pour intelligence avec la maison d'Autriche, et menacé de la prison, s'empoisonna. (A.)

(2) Lettre au Roi, du 8 septembre. (A.)

» Ce prince m'a embrassé avec des larmes que
» je crois véritables, et m'a dit que c'étoit le
» Saint-Esprit qui m'inspiroit. Enfin, sire, c'est
» un grand parti, mais c'est le seul qui puisse
» sauver votre armée, laquelle à présent se croit
» perdue sans ressource, du moins les officiers;
» mais le soldat est ferme. Car, sire, quel autre
» parti pour notre salut? Quand je donnerois à
» ce prince des troupes pour mettre sous Ulm,
» dont les ennemis ont déjà consommé les four-
» rages et les subsistances, je ne m'en trouve-
» rois pas moins entre l'armée du prince de
» Bade et celle du comte de Styrum, sans pou-
» voir avancer ni reculer qu'avec un grand pé-
» ril d'être défait, dans plusieurs marches qu'il
» faut faire à travers un pays difficile pour s'ap-
» procher des montagnes Noires.

» J'espère, sire, pouvoir ainsi rétablir les af-
» faires et l'esprit chancelant de l'électeur; mais,
» après cela, j'ai une grâce à demander à Votre
» Majesté, c'est la permission de quitter un com-
» mandement qui expose ma réputation, laquelle
» m'est plus chère que la vie. Je ne saurois ser-
» vir sous un prince environné de traitres, qui
» font manquer les plus sages et les plus grands
» projets; et je conjure Votre Majesté de m'ac-
» corder cette permission, laquelle je préfère
» aux plus grandes grâces dont elle pourroit
» m'honorer. Ma santé est si altérée de ces der-
» nières agitations, que mon corps ni mon esprit
» ne peuvent plus les soutenir. Je me trouve as-
» sez de forces encore pour ce que j'entreprends;
» mais, sire, si Votre Majesté ne veut pas per-
» dre un serviteur dont la première qualité est le
» zèle, qu'elle me permette un peu de repos, et
» de n'être plus exposé à la mortelle douleur de
» me voir chargé d'une honte que je n'ai pas mé-
» ritée. »

Je finissois cette longue lettre par une récapi-
tulation de ma conduite, qui pouvoit servir à
préserver le Roi des préventions qu'on auroit
peut-être voulu lui inspirer contre mon caractère et mes projets. « Quand je prends la liberté,
» disois-je, de supplier très-humblement Votre
» Majesté de m'accorder mon congé, ce n'est
» point du tout que je sois mal avec M. l'élec-
» teur : il me marque beaucoup d'amitié, et je
» sais qu'il a donné des ordres réitérés au baron
» Simeoni pour obtenir des grâces de Votre Ma-
» jesté pour moi; mais ce n'est point du tout ce-
» lui qu'il aime et qu'il estime le plus dont il suit

» aveuglément les conseils, c'est de celui qui
» l'obsède, et le mène par opiniâtreté à son but.
» Cela, sire, est si contraire à mon naturel, que
» pour ma vie, je n'y tiendrois pas. D'ailleurs,
» qui est l'homme sage qui, étant soumis à un
» prince, veut prendre sur soi, dans des occa-
» sions difficiles, d'agir contre sa volonté, et
» s'exposer par là à répondre de tous les événe-
» mens?

» Votre Majesté n'a pas un sujet dans ses ar-
» mées qui ne soit plus propre que moi à com-
» mander sous l'électeur. Ce prince n'a jamais
» pu me dire d'autre raison, pour n'avoir pas
» suivi le projet concerté de marcher à Passaw
» et Lintz, si ce n'est qu'il a cru que M. de Bade
» m'accableroit. J'en ai été bien embarrassé de
» M. de Bade! Cependant j'ai conservé, avec
» quarante-cinq bataillons assez foibles et
» soixante-six escadrons, malgré toute sa supé-
» riorité, tout le Danube depuis Ratisbonne,
» c'est-à-dire les postes suivans, Ratisbonne,
» Kellheim, Ingolstadt, Donawert, Hochstedt,
» Dillingen, Lauvengen, Lephein, Ulm, As-
» chein et Memmingen. Dès que l'ennemi a passé
» le Danube, il a été attaqué et battu ; et je l'au-
» rois fait même en dernier lieu, si M. l'électeur
» ne fût venu pour m'en empêcher. Votre Ma-
» jesté saura un jour que l'Empereur étoit perdu
» si on avoit marché à Passaw (1), et il n'y a
» que des gens gagnés par l'Empereur, ou des
» ignorans, qui aient pu s'opposer à ce dessein. »

Mais ces regrets ne faisoient qu'ajouter au
tourment que me causoit la situation périlleuse
où je me trouvois. Mon cœur étoit si plein d'a-
mertume, qu'en écrivant au Roi lui-même je ne
pus m'empêcher de laisser éclater le chagrin qui
me dévoroit. C'est ainsi que je commençai brusquement ma lettre du 10 septembre (2) : « Sire,
» quand on veut absolument prendre de fausses
» mesures, on a le malheur et la honte de les
» voir toutes manquer. M. l'électeur a aban-
» donné presque aussitôt qu'approuvé le projet
» inspiré, disoit-il, par le Saint-Esprit d'aller at-
» taquer l'Empereur dans ses foyers. Il a voulu
» se rapprocher d'Ausbourg avec vingt-six ba-
» taillons de Votre Majesté et douze des siens,
» et quarante-huit escadrons : le reste étoit avec
» M. d'Usson dans le camp de Dillingen, ou
» dans Ulm avec M. de Blainville. Nous avons
» marché, par une plaine de cinq lieues, jus-
» qu'aux portes d'Ausbourg. Ne pouvant plus

---

(1) Cette prophétie s'est accomplie à Radstadt. Le prince Eugène, qui traitoit la paix avec le maréchal de Villars, lui dit, en présence des sieurs de Saint-Fremont, Broglie, Coutades et autres, que si on avoit suivi ce parti, la paix qui se traitoit en 1714 auroit été faite en 1703 bien à l'avantage de la France. (Tiré des Mémoires manuscrits.) (A.)

(2) Lettre au Roi, du 10 septembre. (A.)

» passer par cette ville, M. l'électeur m'avoit
» dit que son général Arcos seroit de l'autre côté
» du Leck, avec tous les matériaux nécessaires
» pour faire un pont de radeaux sur cette ri-
» vière. Et admirez, sire! nous avons trouvé
« que le général l'avoit abandonné par les or-
» dres de l'électeur lui-même, dont je n'ai eu
» aucune connoissance; que, toujours par les
» mêmes ordres, ce général avoit séparé ses
» troupes, et envoyé une partie à Munich, le
» reste à Friberg, qui seront prisonniers de
» guerre demain si elles ne se retirent pas cette
» nuit. Ainsi nous n'avons eu dans cette marche
» que l'avantage de présenter la bataille au
» prince de Bade, lequel ayant déjà deux ponts
» sur le Leck, et fait entrer un corps de troupes
» en Bavière, n'a pas seulement laissé sortir un
» escadron de son camp pour nous reconnoître.

» L'armée de Votre Majesté est si consternée
» de toutes ces fausses démarches qu'on lui fait
» faire depuis huit jours, qu'elle croit l'électeur
» dans une intelligence secrète avec les enne-
» mis : et certainement, sire, si on agissoit de
» concert avec eux pour faire réussir tous leurs
» desseins, l'on n'auroit pas une autre conduite.
» Plusieurs des officiers généraux de Votre Ma-
» jesté m'ont prié de sonder l'électeur sur les
» sentimens dans lesquels il peut être : je l'ai
» fait, lui demandant même s'il seroit possible
» qu'il eût pris quelques mesures avec l'Empe-
» pereur. Je dois dire, sire, qu'il m'a paru dans
» une fermeté entière pour les intérêts de Votre
» Majesté; mais il n'en fait pas moins tout ce
» qui leur est contraire, et quand je l'ai conjuré
» de se rendre maître d'Ausbourg, il m'a écrit,
» pour toute réponse, de n'y pas songer, et qu'il
» avoit des raisons insurmontables. C'est tout
» ce que j'en sais. Je garde l'original de sa let-
» tre, comme une justification des bons conseils
» que je lui ai donnés, dont il n'a voulu suivre
» aucun.

» Dans cette dernière circonstance, sire, tou-
» tes mes mesures étoient prise pour combattre
» le prince de Bade avant qu'il se fût procuré
» des ponts sur le Leck. J'avoue que je suis ou-
» tré de douleur que, hors l'armée de Votre
» Majesté, informée de ma conduite et de mes
» projets, toute l'Europe puisse me croire ca-
» pable des fautes puériles que nous faisons de-
» puis huit jours. Ce qu'il y a de pire, c'est que
» nous sommes sans une pistole et un sac de
» grain assuré pour le mois de septembre. Je
» suis obligé de nourrir et payer le peu de trou-
» pes que M. l'électeur m'a laissées. Ses com-
» mandans de place volent tout pour eux, et ne
» trouvent rien pour leur maître. Ses domesti-
» ques sont les premiers à dire qu'il est trahi,
» ou qu'il s'accommode.

» Je le répète : si j'en avois été cru, le prince
» de Bade n'auroit pas gagné Ausbourg sans un
» combat, dans lequel je n'aurois pas craint la
» supériorité en nombre des ennemis ; car jamais
» armée n'a montré une si grande fermeté que
» celle de Votre Majesté, et je suis sûr de ren-
» verser tout ce qui ne sera pas couvert de ri-
» vières ou de murailles. Il est vrai que l'in-
» quiétude leur prend : le soldat et presque tous
» les officiers se croient trahis. Pour moi, je suis
» dans la plus terrible agitation que puisse res-
» sentir un fidèle serviteur ; car enfin, sire,
» M. le prince de Bade, maître d'Ulm, et y
» laissant trois ou quatre mille hommes avec des
» milices, peut, à jour nommé, donner un
» rendez-vous à l'armée du comte de Styrum,
» le joindre dans le confluent de l'Isler et du
» Danube, au-dessus d'Ulm : alors je ne puis
» plus aider en rien le secours que monseigneur
» le duc de Bourgogne voudroit m'envoyer, et
» l'armée de Votre Majesté n'ayant plus d'ar-
» gent ni de vivres que pour un mois, court
» risque d'être perdue. »

De toutes ces agitations, celle qui me travailloit le plus étoit l'incertitude des dispositions de
l'électeur, que je soupçonnois toujours d'intelligence avec les ennemis. Voici les motifs de mon
opinion, tels que je les présentai au ministre (1) :
« Le prince de Bade, qui a des ponts faits sur
» le Leck, n'a pas envoyé le moindre détache-
» ment en Bavière, ni fait demander des con-
» tributions : je sais même qu'un lieutenant co-
» lonel de hussards ayant fait quelque désordre
» dans un village de Bavière, le prince de Bade
» l'a fait mettre en prison. Voilà une conduite
» bien honnête pour des ennemis aussi irrités
» que le doivent être les Impériaux contre M. l'é-
» lecteur. Il est vrai qu'il n'a demandé aussi
» aucune contribution dans le Tyrol. Ce prince
» passa hier la journée entière en musique, à la-
» quelle il me fit appeler par une porte de der-
» rière. J'avoue que lorsqu'on le devoit croire
» accablé du péril de ses États, il est étonnant
» de le voir de la meilleure humeur du monde.
» Il ne parle plus de faire sortir madame l'élec-
» trice de Munich, et l'on peut compter que les
» prétendus ordres qu'il a donnés pour cela ne
» sont que dissimulation.

» Il est du bien du service que Sa Majesté
» m'accorde mon congé, puisque parmi le très-
» petit nombre de talens que Dieu m'a donnés,
» celui de conduire un prince comme l'électeur

(1) Lettre à M. de Chamillard, du 15 septembre. (A.)

» ne s'y trouve pas assurément. Il n'y a pas de malheur comparable à celui de commander une armée sous lui : il est tel pour un honnête homme, que je préférerois l'exil, la perte de tout mon bien, à celui de faire une campagne comme les dix jours que je viens de passer. Dieu me fasse la grâce de résister aux cruelles agitations que je souffre ! Au nom de Dieu, tirez-moi de cette galère : j'y suis absolument inutile au service du Roi, et d'ailleurs je n'y vivrois pas. »

Pendant que j'épiois l'occasion de me tirer avec honneur du pas difficile où je me trouvois, je reçus le 18 septembre un courrier du sieur Depery, qui me mandoit que l'armée du général Styrum avoit quitté le camp qu'elle occupoit devant celui de l'armée du Roi à Dillingen, et qu'elle marchoit vers Donawert. Déterminé, comme je l'étois, à combattre celle des deux armées ennemies qui m'en présenteroit l'occasion, j'espérai pouvoir joindre celle de Styrum avant qu'elle arrivât à Donawert. (1). Je donnai d'abord ordre à toute l'aile gauche de monter à cheval, et j'allai trouver l'électeur, lui faire part de la nouvelle que je venois d'apprendre, et de ma résolution de marcher sur-le-champ à Donawert.

Il voulut entrer dans de grands raisonnemens. « Monseigneur, lui dis-je, vous devez regarder l'occasion de combattre comme l'unique espérance de salut. Vous savez ce que je pense depuis la malheureuse situation où nous sommes. Si j'ai manqué le prince de Bade dans sa marche, ce n'est point ma faute : je ne manquerai pas le maréchal de Styrum. Je supplie Votre Altesse Électorale de faire mettre l'armée en marche dès qu'elle aura pris du pain, et de vouloir bien me suivre à Donawert. » Après ces mots, je sortis de la chambre de l'électeur, et trouvai ma cavalerie prête à marcher. Comme elle s'ébranloit, l'électeur étant monté à cheval courut à moi pour m'arrêter. « Non, monseigneur, lui dis-je pour la dernière fois ; je ne puis sauver l'armée du Roi que par une bataille, et je n'en manquerai pas l'occasion. » En même temps, comme l'électeur ne donnoit point d'ordres, je dis au marquis de Lanion de faire distribuer le pain, et de me suivre. Pour moi, avec un corps de cavalerie, je me rendis le plus diligemment que je pus à Donawert.

« (2) En partant, j'envoyai ordre au colonel » La Tour, qui y commandoit, de faire sortir » un parti de cavalerie au devant des ennemis, » afin qu'en arrivant dans cette ville je pusse » être informé précisément de l'endroit où ils » auroient campé. Je trouvai le parti revenu avec » les prisonniers qu'il avoit faits. J'en appris » qu'ils avoient laissé l'armée campée au-dessous » d'Hochstedt, leur camp s'étendant du bord du » Danube au pied des montagnes. Les lettres de » M. d'Usson, qui commandoit les troupes que » j'avois laissées à Dillingen me le confirmèrent, » et j'écrivis à Son Altesse Électorale, à deux » heures après minuit du 18, que je croyois absolument nécessaire qu'elle suivît notre première » résolution, et s'approchât de Donawert. Pendant le 19, les avis furent un peu incertains. » La plupart cependant confirmoient que l'armée de M. de Styrum étoit toujours dans le » même camp. On défendit de laisser sortir personne de Donawert, de peur qu'on ne découvrit nos mouvemens ; et j'allai trouver Son » Altesse Électorale, que je rencontrai comme » elle arrivoit dans son quartier d'Oberndorf, à » près de deux lieues de Donawert. M. de Cheyladet, qui avoit ordre d'observer les mouvemens » des ennemis avec la cavalerie de M. d'Usson, » m'envoya son frère me dire que très-assurément ils étoient campés à la hauteur de Gremingen. Sur cela, je mandai à M. d'Usson de » prendre ses mesures pour arriver à la pointe » du jour près des ennemis ; que dès qu'il verroit » leur armée, il tirât trois coups de canon ; que » l'on feroit la même chose de notre côté ; et il » fut résolu qu'on marcheroit dès dix heures du » soir, laissant tous les bagages entre le Danube » et la Wernilts.

» Son Altesse Électorale partit d'Oberndorf à » minuit. Cependant, quelque diligence que l'on » pût faire, les marches de nuit étant toujours » embarrassantes, et l'armée ayant la Wernilts » et le Danube à passer sur un seul pont, et près » de quatre lieues à faire, on n'arriva à vue des » des ennemis que sur les huit heures du matin. » Cependant M. d'Usson se trompa sur le signal » de trois coups de canon, parce que les ennemis le voyant approcher, en tirèrent autant » pour rappeler leurs fourrageurs. Il crut que » c'étoit nous, passa le ruisseau d'Hochstedt, et » se mit en bataille devant eux, commençant » même un gros feu d'artillerie que nous n'entendions pas, parce que le vent étoit contraire. » Les ennemis, qui n'étoient pas attaqués de » notre côté, marchèrent tous à lui ; et se trouvant toute leur armée sur les bras, il rentra » dans les lignes de Dillingen. Sa cavalerie, » dans cette retraite, fit plusieurs charges heureuses. Messieurs de Vivans, Saint-Contest,

---

(1) Lettre à M. le marquis d'Usson, du 18 septembre.
(2) Lettres au Roi, à M. le duc de Bourgogne, et à M. de Chamillard, des 21 et 24 septembre.

» d'Aubusson, Montmain s'y distinguèrent. Les
» régimens de ces derniers prirent quelques éten-
» dards et des timbales.

» Cependant notre armée, que commandoit
» Son Altesse Électorale, approchoit : elle se
» mit en bataille, la droite au pied des monta-
» gnes, la gauche au château de Schuening,
» dans lequel les ennemis avoient cent hommes,
» que l'on somma, et qui répondirent fièrement.
» On les fit garder par un escadron de dragons.
» En approchant de l'ennemi, on trouva qu'il
» avoit quitté son camp, et qu'il s'étoit mis en
» bataille sur deux lignes bien formées derrière
» le ruisseau de Clanthein. La plupart des tentes
» étoient tendues, et l'on aperçut d'abord que
» leur bagage commençoit à s'ébranler pour
» prendre le pied des montagnes. L'armée mar-
» cha aux ennemis, et poussa quinze à seize
» pelotons de cavalerie qui se retiroient à me-
» sure que nous avancions, laissant toujours
» deux cents pas d'intervalle.

» Quand on se trouva sur le bord du ruisseau
» derrière lequel étoient les ennemis, l'on son-
» gea à gagner le pied des montagnes pour les
» tourner. La brigade de Dauphin eut ordre de
» border les bois, et l'on passa plusieurs petits
» ruisseaux et marais très-difficiles, mais que
» l'ardeur de la cavalerie lui fit franchir prompt-
» tement ; M. le comte de Lanion commandant
» l'aile droite, lequel dans tout le cours de cette
» action a marqué sa valeur ordinaire. En ap-
» prochant d'un petit village au bas des monta-
» gnes, l'on fut fort étonné d'y trouver la bri-
» gade de Bourbonnais du corps de M. d'Usson,
» laquelle n'avoit pu se retirer avec le reste de
» ses troupes. Cette brigade, qui étoit fort in-
» quiète, ne fut pas fâchée de nous voir arriver.
» L'on appuya diligemment la droite à ce village ;
» la brigade de Dauphin eut ordre de s'en ap-
» procher, et l'on attendit que l'infanterie eût
» gagné un autre village qui étoit dans le centre,
» pour marcher de front aux ennemis. Les Ir-
» landais l'occupèrent avec une ardeur de com-
» battre qu'on ne peut assez louer, et alors on
» marcha de tous côtés aux ennemis.

» M. de Lanion, à la tête des brigades de Con-
» flans et de Bouzoles, composées des escadrons
» des gardes de Son Altesse, des régimens de
» Royal, Royal-Piémont, prince Charles, Livry,
» d'Heudicourt et Conflans, chargea la gauche
» des ennemis avec une extrême vigueur. L'on
» ne peut trop louer tant ces deux brigades que
» leurs colonels. L'on trouva devant soi plusieurs
» bataillons qui se retiroient avec beaucoup de
» fermeté ; et comme le gros de l'infanterie de
» Votre Majesté, qui avoit fait près de huit lieues
» sans repos, n'arriva pas assez vite, l'on or-
» donna aux escadrons de Dauphin et de Baren-
» tin de charger cette infanterie. Ils le firent
» avec une extrême valeur. Le marquis de Ker-
» cado s'y jeta malgré un très-gros feu, rompit
» deux bataillons, et prit un drapeau ; mais
» comme il n'avoit pas d'infanterie, celle des
» ennemis reprit sa marche.

» Dans le même temps, l'on vit divers batail-
» lons des ennemis qui appuyoient leur gauche
» à un bois près des montagnes. M. de Lée mar-
» cha pour les attaquer à la tête de la brigade
» de Dauphin, que celle de Bourbonnais suivoit.
» Les ennemis firent un assez gros feu, qui
» ébranla un peu nos brigades de Dauphin et de
» Guyenne. Les escadrons de Dauphin furent
» commandés pour soutenir cette infanterie,
» mais elle n'en eut pas besoin ; elle se rétablit
» d'elle-même, et fit de très-belles attaques, et
» très-hardies. Le régiment de La Feronnaye
» attaqua aussi les bataillons de l'arrière-garde,
» et rompit les derniers rangs, mais le reste fit
» un feu prodigieux ; et quoique notre cavalerie,
» que M. Damville faisoit suivre et servir le plus
» promptement qu'il étoit possible, leur fit di-
» verses charges, cette infanterie fit plus de deux
» lieues et demie depuis le premier champ de
» bataille, sans être en façon du monde rompue.
» Cependant la cavalerie la côtoyoit toujours,
» gagnoit même les devants ; et la brigade des
» Irlandais et quelques compagnies de grenadiers
» ayant joint les derniers rangs, le désordre s'y
» mit : elle fut entièrement rompue. Nos troupes
» en tuèrent beaucoup dans les bois, où le mas-
» sacre fut fort grand, lequel même a duré toute
» la nuit.

» Il est certain que les ennemis ont eu plus de
» cinq mille hommes tués sur le champ de ba-
» taille. Le nombre des prisonniers passe sept
» mille, et à tous momens nos partis qui sont
» dans les bois nous en amènent ; et il en arrive
» quantité d'eux-mêmes, espérant plus de quar-
» tier de l'armée que de ceux qui les poursuivent.
» L'ennemi a perdu son artillerie entière, con-
» sistant en trente pièces de fonte, dont plusieurs
» de vingt-quatre, un pont de bateaux sur des
» chariots, qu'ils avoient dessein de jeter sur le
» Danube au-dessous d'Hochstedt, pour séparer
» l'armée du corps de M. d'Usson ; généralement
» tout leur bagage, quantité d'étendards, dra-
» peaux, timbales, dont on ne sait pas encore le
» nombre. Jamais armée n'a fait un plus grand
» butin : mais l'on doit cette louange aux troupes,
» qu'elles ont traversé les bagages sans qu'aucun
» homme ait quitté les rangs ; et hors les hus-
» sards, qui n'ont fait que piller, aucun cavalier

» ni soldat n'a eu part au butin qu'après l'affaire
» entièrement consommée.

» La cavalerie de Votre Majesté y a fait tout
» ce que l'on peut attendre de sa réputation si
» établie. Quant à l'infanterie, commandée par
» messieurs de Magnac et de Chamarante, c'est
» un bonheur qu'elle n'ait pu joindre dès le com-
» mencement celle des ennemis, qu'elle auroit
» bien battue; mais ce n'eût pas été sans perte,
» et nous l'avons défaite plus tard; mais plus
» sûrement, sans qu'il nous en ait rien coûté.
» M. de Lée, qui se trouva à la tête de ces ba-
» taillons Dauphin ébranlés, paya dignement de
» sa personne, et a été percé de cinq ou six coups.
» Il en reviendra, comme je l'espère. Messieurs
» Durozet et de Druy, qui menoient les secondes
» lignes, l'ont fait avec tout l'ordre et la capacité
» que leur expérience leur donne. Messieurs de
» Marivaux et Legal ont parfaitement bien fait.
» Je dois nommer singulièrement M. le marquis
» de Levy, commandant la cavalerie; messieurs
» les marquis de Conflans, Bouzoles, Massem-
» bach, de Kercado, jeune Du Bourg, d'Heu-
» dicourt. Enfin, sire, tout ce qui s'est trouvé
» à portée d'attaquer les ennemis les a parfaite-
» ment battus. M. le comte de Tressemanes,
» major général, et M. de Beaujeu, maréchal des
» logis de la cavalerie, ont très-utilement servi.
» J'oubliois M. de Beaufremont, et M. de Liste-
» nois son frère, dont le régiment a pris deux
» étendards (1). »

Je finissois ma lettre par un éloge de l'électeur, qui en effet fît très-bien de sa personne; mais comme elle devoit passer sous ses yeux, je n'eus garde de mander combien j'avois été mécontent des troupes bavaroises qui se trouvoient dans l'aile gauche que je commandois. J'avois fait dire aux comtes d'Arcos et de Monasterol, qui étoient à la tête, de charger plus vivement. Ils s'approchèrent. Les ennemis tirèrent, et se replièrent. La cavalerie bavaroise tira, et se replia de même; de sorte que je me trouvai un moment sur le champ de bataille entre les deux troupes, seul avec messieurs de Tressemanes, de Barrière, de Verseilles, et mes aides de camp.

Je ne parlai pas non plus de la précipitation de M. le comte d'Usson, qui se retira trop tôt, après avoir très-bien fait dans son attaque. A la vérité, il fut trompé par la confusion des signaux; mais il auroit dû attendre, et entretenir quelque temps le combat, puisque l'officier qui commandoit à Hochstedt l'avertit que, du haut du clocher, il voyoit arriver l'armée du Roi. Cette retraite trop prompte sauva une partie de l'armée ennemie, qui se seroit trouvée entre deux feux, et empêcha que la défaite ne fût entière. Je fus obligé de faire au Roi dans la suite un récit plus fidèle (2), parce que je sus qu'on donnoit à Versailles tout l'honneur de l'action à celui dont la manœuvre peu réfléchie avoit empêché que la victoire ne fût complète. Le zèle de ses amis lui fut nuisible, parce que l'élevant trop, ils m'obligèrent de dire pour ma justification des vérités peu agréables que j'aurois tues.

Enfin je ne nommai pas non plus un officier général de l'armée du Roi, qui, voyant la quantité de prisonniers qu'on amenoit dans les cours et les jardins du château d'Hochstedt, au nombre de plus de sept mille, me proposa de les faire passer au fil de l'épée, pour s'exempter de l'embarras de les garder et de la dépense de les nourrir : une pareille proposition me fît horreur. « Si » dans l'action, lui dis-je, j'ai ordonné qu'on ne » se chargeât pas de prisonniers, je trouverois » inhumain et barbare de faire périr par ordre » du général ce qui a échappé à la fureur du sol- » dat. » Du nombre de ces prisonniers étoit le lieutenant général Nasmar, beaucoup de généraux, de colonels et de capitaines.

L'électeur m'embrassa sur le champ de bataille, me dit une troisième fois que je lui sauvois l'honneur et la vie, et celle de sa femme et de ses enfans. J'envoyai une parti des drapeaux et étendards à madame l'électrice, qui auroit peut-être mieux aimé voir un traité avec l'Empereur, que les trophées d'une victoire remportée sur ses troupes. En effet, tout ce qui avoit quelque crédit sur l'électeur, au loin comme auprès, l'exhortoit à entrer en négociation. Il me dit, deux jours après la bataille, que son ministre à la diète de Ratisbonne lui mandoit (3) que ceux de l'électeur de Brandebourg et du duc de Hanovre, et de plusieurs autres princes, l'avoient pressé d'entendre enfin à un accommodement; que bien que ses affaires fussent dans une dangereuse situation par la supériorité des forces du prince de Bade, lequel étant maître d'Ausbourg l'étoit aussi de toute la Bavière, il ne différoit de la mettre à feu et à sang que pour lui donner le temps de se reconnoître; que cependant tous les États de l'Empire, considérant qu'il étoit de leur intérêt d'en soutenir un membre aussi considérable, emploieroient leurs offices auprès de l'Empereur pour que, malgré les justes raisons qu'il avoit d'être fort irrité, il consentît à un accommodement.

« M. l'électeur m'a dit, ajoutois-je au Roi, » qu'il ordonnoit à son ministre de Ratisbonne

---

(1) Lettre au Roi, du 18 octobre. (A.)
(2) Lettre au même, du 21 octobre, et à M. de Chamillard, de même date. (A.)
(3) Lettre au Roi, du 24 septembre. (A.)

» de répondre conformément au changement qui
» vient d'arriver dans les affaires. Votre Ma-
» jesté peut être assurée que nous n'étions pas à
» deux jours près de voir l'accommodement ter-
» miné, et Dieu sait quelles en auroient été les
» conditions pour l'armée de Votre Majesté!
» L'électeur avoit déjà dit, et par deux fois, à
» l'intendant que l'armée de Votre Majesté ne
» devoit avoir nulle inquiétude, et qu'il feroit
» en sorte que l'armée et le général se retiras-
» sent contens de lui. » Ces promesses n'étoient
pas fort capables de me rassurer de la part d'un
prince que je connoissois très-inconstant, bon et
honnête homme à la vérité, mais foible, et peut-
être capable de s'abandonner à des gens qui pourroient sacrifier notre armée à l'espérance d'obtenir
dans un traité des conditions plus avantageuses
pour l'électeur.

D'ailleurs il paroissoit lui-même se lasser de la
guerre, et il regardoit comme importuns tous les
avis qui ne tendoient pas à ses plaisirs. « Quand
» je le presse, écrivois-je au Roi (1), de faire un
» peu raccommoder Munich, il me parle des
» ouvrages de son château de Scheleiskemb ;
» qu'ils ont été interrompus pendant trois ou
» quatre jours, par la peur qui a pris aux ou-
» vrier ; mais que tout y est revenu. Quand j'in-
» siste, et lui représente la nécessité de ces for-
» tifications, il me parle de celle de profiter du
» mois d'octobre pour incruster les marbres de
» son orangerie. Il tient plus que jamais à ces
» bagatelles : mais en quoi je ne peux le blâmer,
» c'est de préférer ses États à la Flandre, et aux
» pensions que Votre Majesté lui offre en cas
» de malheur (2) ; car, dit-il, quand même je ti-
» rerois plus d'argent des Pays-Bas que de la
» Bavière, je serois réellement moins riche, parce
» qu'il me faudroit employer presque tous les
» revenus à payer les garnisons. Quant aux pen-
» sions, croyez-moi, mon cher maréchal, un
» prince dont on a reçu des services, et qui n'est
» plus utile, ressemble à une vieille maîtresse,
» qu'on voit avec peine et qu'on paie à regret. »

Le Roi, bien instruit des dispositions de l'électeur et de sa cour, ne voulut point s'obstiner à
conserver un allié qui, ou n'agissoit point du
tout, ou n'agissoit qu'à contre-cœur. Il m'écrivit,
avant que d'avoir reçu la nouvelle de la bataille (3) : « S'il n'est pas possible de préserver
» les États du duc de Bavière, je lui mande, par
» la lettre que vous trouverez dans votre paquet,
» que, dans l'extrémité où il se trouve réduit,
» ses intérêts m'étant aussi chers que les miens,
» il doit travailler à faire son accommodement
» avec l'Empereur, plutôt que de perdre ses États,
» et dans cet accommodement procurer une en-

» tière sûreté pour que mon armée puisse rentrer
» en Alsace. Je mande au maréchal de Tallard
» de se tenir prêt à marcher vers Villingen, pour
» se rendre à jour nommé, aussitôt que vous lui
» aurez donné de vos nouvelles ; et en les atten-
» dant, de se tenir de l'autre côté du Rhin, afin
» d'être plus à portée de vous secourir, si vous
» êtes forcé de prendre le parti de vous retirer. »

Je ne donnai pas cette lettre au prince, espérant que le gain de la bataille changeroit peut-
être la face des affaires ; mais ce fut une espèce
de malheur que notre victoire, puisque le maréchal de Tallard en étant informé, crut que je
n'avois plus besoin de lui : il s'attacha au siége
de Landau, au lieu qu'il auroit établi par Villingen la communication, dont j'étois malheureusement le seul à sentir le besoin. L'électeur
n'avoit d'autre désir que de se renfermer dans
ses États avec notre armée, persuadé qu'elle suffiroit pour les garantir de toute insulte. Je lui
remontrai qu'en se concentrant dans la Bavière,
on seroit infailliblement assailli d'un côté par
les débris de l'armée de Styrum, qui alloit incessamment être remise en état par les renforts
que lui enverroient les cercles de l'Empire, de
l'autre par le prince de Bade, qui ne cesseroit
de nous resserrer ; qu'insensiblement notre terrain se rétréciroit, et que nous nous trouverions
pris comme dans des toiles. Je concluois de ces
raisons que si on vouloit se mettre dans la Bavière, il falloit du moins écarter auparavant le
prince de Bade par un action. On me refusa. Je
me rabattis à proposer d'étendre l'armée depuis
le Danube jusqu'à Villingen, de manière que
nous eussions un pied dans la Bavière, et un autre dans les montagnes, afin d'avoir toujours au
besoin la communication libre avec la France. A
cette proposition, tout le conseil de l'électeur
s'éleva contre moi, et même le sieur de Ricous.
Il avoit toujours sur le cœur le refus du grade de
maréchal de camp, qu'il me demanda en revenant du Tyrol. Il s'y étoit à la vérité bien comporté ; mais je ne crus pas devoir le faire passer
par dessus d'autres officiers plus anciens, et qui
le méritoient autant que lui : de sorte que, tant
par pique que pour regagner les bonnes grâces
de l'électeur, qu'il avoit perdues en s'opposant
aux avis des mauvais conseillers qui l'entouroient,
il ne montroit plus depuis quelque temps qu'une
complaisance aveugle à ses bontés. « Je le fis
» venir en présence de messieurs de Lanion (4),

---

(1) Lettre au Roi, du 17 octobre. (A.)
(2) Lettre au même, du 21 octobre. (A.)
(3) Lettre du Roi, du 21 octobre. (A.)
(4) Lettre au Roi, du 1er octobre. (A.)

» Du Bourg, Du Rozet et de Dury lieutenans
» généraux, et lui dis qu'il s'éloignoit du service
» de Votre Majesté de soutenir toujours des par-
» tis opposés aux miens, et surtout celui de vou-
» loir faire entrer l'armée de Votre Majesté en
» Bavière. Il me dit devant ces messieurs que je
» voulois abandonner l'électeur, et me retirer
» aux montagnes Noires. Je dis mon alphabet,
» pour ne pas me laisser aller à la colère qu'un
» tel discours pouvoit me causer, et je lui dis
» qu'il imposoit, avançant un discours contre
» la vérité; et ces messieurs indignés lui ont dit
» qu'il n'avoit jamais été question que de ne pas
» abandonner la communication d'Ulm, et au
» plus d'envoyer un corps pour faciliter le dé-
» bouché des montagnes. »

Pendant cette indécision nous restions oisifs; l'ennemi se renforçoit, et notre armée souffroit. Je ne cessois de demander au Roi des ordres précis sur le parti qu'il faudroit prendre; « après » quoi, lui disois-je (1), Votre Majesté sera satis- » faite de ma fermeté à les suivre, quelque péril- » leux qu'ils puissent être. Elle peut compter que » le soldat français ne trouvera rien de difficile » pour le combat; mais je ne puis répondre qu'il » méprise autant la peine, la misère et le man- » que de pain, que l'ennemi. L'officier d'ailleurs, » qui ne tire aucun secours de chez lui, est déjà » réduit à de dures extrémités, surtout le subal- » terne, bien que je l'assiste autant que je puis. » Je me désespérois de voir une armée composée de si braves gens, après une bataille gagnée, se fondre dans l'inaction. A la veille de l'hiver, je ne me voyois point de quartiers assurés : j'étois dans des transes mortelles, tant de la crainte de ne point recevoir de lettres du Roi, que de l'inquiétude de ce qu'elles contiendroient. « Si Votre » Majesté, lui écrivois-je (2), m'ordonne de m'en- » fermer en Bavière, et si elle veut voir périr » son armée, je me ferai tuer à la première ren- » contre, plutôt que de voir vivant un tel mal- » heur. » Aussi n'envoyai-je pas une lettre qui ne réitérât la demande de mon congé.

En l'attendant, je m'armai de fermeté, pour ne pas me laisser entraîner par lassitude ou par impatience aux mauvais projets de l'électeur et de ses conseillers. Je lui avois déjà résisté efficacement, lorsqu'après la bataille il me pressa d'entreprendre le siége d'Ausbourg. « Et com- » ment, lui dis-je (3), prendre une ville sous la- » quelle il y a une armée retranchée de plus de » vingt mille hommes? et commencer ce siége à » l'entrée de l'hiver, c'est vouloir faire périr tout » ce qu'on vous enverroit de troupes. Une ville » dans laquelle il y a plus d'artillerie et de pou- » dre que nous n'en pouvons rassembler, une » circonvallation dans des lieux épuisés de four- » rage à tel point que nous serions obligés de » nous en éloigner dans cinq ou six jours, per- » mettent-elles de concevoir un pareil dessein ? » Je le conjurai d'y renoncer, et il se laissa flé- » chir; mais il n'adopta pas le projet que je lui » proposai de faire de Munich la tête de ses quar- » tiers d'hiver; couvert de cette grosse ville et » de la rivière d'Isler, pousser ses troupes par » Braunau vers l'Autriche, s'emparer de Passaw » s'il étoit possible, et obliger les ennemis de par- » tager leurs forces, pendant que l'armée de » Votre Majesté donneroit de la jalousie à tout » le Wurtemberg, et obligeroit les troupes de » Souabe à aller garder leurs propres États. Loin » d'entrer dans mes vues, il me pressa, peut- » être pour la centième fois, de m'enfermer dans » la Bavière. »

Je demeurai ferme à n'y pas consentir. Au contraire, jugeant qu'il étoit d'une extrême nécessité de me mettre à portée de Villingen si le maréchal de Tallard en approchoit, je résolus de marcher à Memmingen, tant pour faciliter mon projet favori de la jonction, que pour empêcher les débris de l'armée de Styrum de revenir vers l'Isler, pour s'unir au prince de Bade (4). Après avoir plusieurs fois représenté à l'électeur la nécessité de prendre ce poste, et toujours inutilement, je me déterminai à faire de moi-même ce qu'exigeoit la raison de guerre. J'allai chez lui à l'heure de l'ordre, et commençai par lui dire : « Est-il possible, monseigneur, » que tout ce que j'ai eu l'honneur de représen- » ter à Votre Altesse Électorale ne lui fasse au- » cune impression, et que je sois assez malheu- » reux pour ne pouvoir lui persuader les seuls » bons partis qui puissent nous rendre maîtres » de la guerre ? » Il me répondit froidement qu'il croyoit son dessein de s'enfermer dans la Bavière plus raisonnable que le mien. « Je dois » donc, répliquai-je vivement, déclarer le » mien à Votre Altesse : c'est que l'armée du » Roi marchera demain matin à Memmingen. » A cette parole, le rouge lui monta au visage; il jeta de dépit sur la table son chapeau et sa perruque. « J'ai commandé, dit-il, l'armée de l'Em- » pereur avec le duc de Lorraine, assez grand » général, et jamais il ne m'a traité ainsi. — Feu » M. de Lorraine, lui répondis-je, étoit un grand » prince et un grand général; mais moi je ré- » ponds au Roi de son armée, et je ne l'expose-

(1) Lettre au Roi, du 1er octobre. (A.)
(2) Ibid. (A.)
(3) Lettre au Roi, du 5 octobre, dans les Mémoires. (A.)
(4) Ce récit est tiré des Mémoires manuscrits. (A.)

» rai pas à périr par les mauvais conseils qu'on » s'obstine à suivre. » Là-dessus je sortis de la chambre.

Deux heures après, il m'envoya prier de venir chez lui, et chargea de cette commission le comte Sangfré, un de ses lieutenans généraux, brave homme, et fidèle à son maître, quoique marié richement dans les États de l'Empereur. « Votre Altesse, lui dis-je en entrant, a-t-elle » quelques ordres à me donner? — C'est vous, » répondit-il, qui me les donnez, et c'est à moi » de les suivre. » Le voyant à peu près subjugué, je lui exposai mes raisons avec tranquillité et respect, accompagnant mes remontrances d'expressions flatteuses sur sa science militaire et sa valeur, qui le rendoient capable de tout quand rien ne l'empêchoit d'en suivre les impressions. « Hé bien, me dit-il, je marcherai avec » vous, puisque vous le voulez, et j'irai où il » vous plaira. — Votre Altesse Électorale, lui » répondis-je, verra dans cette occasion, comme » dans plusieurs autres, que je prends le seul » bon parti. »

En effet, l'armée du Roi n'avoit pas fait deux marches sur Memmingen, que le prince de Bade abandonna les environs d'Ausbourg pour gagner le haut de Leck, et assurer s'il pouvoit les débris de Styrum qu'il attendoit. Je fis attaquer plusieurs postes que les ennemis avoient sur l'Isler, et je pris deux bataillons des troupes de Styrum dans la ville de Kempten.

L'électeur, ravi de ces heureux succès, en parloit au comte Du Bourg et au marquis de Druy, sans savoir que j'étois derrière lui. « Il » faut bien remercier Dieu, leur disoit-il, du » bon parti que nous avons pris, et sans lequel » nous étions perdus. — Sans doute, lui dis-je » en me montrant, sans doute, monseigneur, il » faut toujours rendre grâces à Dieu, la première » cause de nos bonheurs; mais ne ferez-vous ja- » mais aucune réflexion favorable sur les causes » secondes? Vous me faites périr de tristesse ; » jamais je ne puis prendre un bon parti que » par force, témoin la bataille d'Hochstedt et » celui-ci. Comme les plus sages dans la guerre » ont encore besoin de fortune, le général d'ar- » mée qui a un supérieur s'expose trop quand » il est obligé de combattre et les sentimens du » supérieur et l'ennemi. Votre Altesse Électorale » devroit un peu mieux me connoître, et se sou- » venir de ce qu'elle a eu la bonté de me dire » après mon entrée dans l'Empire, et sur le » champ de bataille d'Hochstedt. »

(1) Lettre à M. de Chamillard, du 21 octobre. (A.)
(2) Lettre à madame de Maintenon, du 21 octobre (A).
(3) Lettres au Roi, des 12 et 21 octobre. (A.)

Pendant ce mélange de trouble et de calme, occasionné par les contradictions et les succès, je suivois toujours mon projet de retraite, et j'insistois sur mon congé. Il arriva enfin ce congé si désiré, signé du 14 octobre, mais précédé de lettres auxquelles je fus très-sensible. « Je vou- » drois l'être moins, écrivois-je au ministre (1) ; » mais avez-vous pu croire que je ne serois pas » outré de douleur que dans la première lettre » dont Sa Majesté daigne m'honorer après la » bataille, sans qu'il paroisse la moindre atten- » tion sur un tel service, elle ne soit occupée » que de ce qu'on lui écrit faussement de ma » conduite avec M. l'électeur et ses généraux? » Je vous avoue, monsieur, que je sens vivement » un tel malheur, étant aussi occupé que je le » suis de la gloire de plaire au Roi. Peut-être » n'est-il jamais arrivé qu'à moi que la première » lettre que reçoive un homme qui vient de ga- » gner une grande bataille donnée malgré l'élec- » teur et son petit ministre, le général qui sauve » l'électeur et l'armée pour la quatrième fois ne » reçoive aucune marque de la satisfaction que » l'on a de sa conduite. » Je m'en plaignis vivement à madame de Maintenon (2) et au Roi lui-même (3), auquel je ne dissimulai point que mon plus grand chagrin étoit de ce qu'il ajoutoit trop de foi aux jaloux de mes succès et aux détracteurs de ma conduite.

« Je n'écris point ces lignes, sire, lui di- » sois-je, sans avoir les larmes aux yeux ; » et je connois trop la grande bonté de Votre » Majesté pour n'être pas persuadé qu'elle est » sensible à ma juste douleur, laquelle certaine- » ment ne rétablira pas ma santé. Je n'y aurois » pas de regret, et même à ma vie, si la perte » en pouvoit être utile à votre gloire et à votre » service ; mais je souffre assurément, et depuis » long-temps, plus que je ne puis dire, car cette » vivacité que Votre Majesté a quelquefois dés- » approuvée, et qui l'a pourtant heureusement » servie, me coûte cher. Heureux, sire, heu- » reux les indolens! »

Au milieu de mes peines, j'eus du moins la consolation de voir que le Roi choisit pour commander l'armée que je laissois, non quelqu'un des officiers généraux qui avoient cabalé contre moi, mais celui précisément que j'avois indiqué en demandant ma retraite (4) ; d'ailleurs la lettre du Roi qui me l'accordoit étoit écrite de manière à me contenter. Il me disoit (5) : « Après avoir » pesé toutes vos raisons, j'ai pris le parti de » vous accorder la permission que vous me de-

(4) Lettre du Roi, du 5 octobre, qui se trouve dans les Mémoires manuscrits. (A.)
(5) Lettre du Roi, du 14 octobre. (A.)

» mandez de revenir en France, et d'envoyer le
» comte de Marsin auprès de l'électeur. Vous
» lui connoissez les talens propres à gouverner
» une cour difficile : vous en voyez la nécessité.
» Vous m'assurez que vous ne pouvez plus y de-
» meurer. La conjoncture est si délicate, et les
» conséquences du retardement sont si grandes,
» que j'ai jugé plus convenable à mes intérêts
» de vous employer ailleurs, que de vous lais-
» ser dans une situation à ne pouvoir me rendre
» tous les services que vous pourriez faire, si
» vous n'aviez pas à combattre la mauvaise vo-
» lonté des uns et le peu de capacité des autres.
» Prenez donc vos mesures pour passer le plus
» promptement et le plus sûrement que vous
» pourrez à Schaffhouse, où vous trouverez le
» comte de Marsin le 9 ou 10 du mois prochain ;
» et prenez telle escorte que vous jugerez néces-
» saire. Je me réserve, lorsque vous serez de
» moi à vous, de vous faire connoître toute la
» satisfaction que j'ai des services importans
» que vous m'avez rendus. »

J'étois donc sûr que le Roi, de lui à moi, étoit content ; et s'il ne me témoignoit pas publiquement sa satisfaction, j'avois droit de présumer que c'étoit par des ménagemens auxquels les princes les plus absolus sont quelquefois forcés de s'assujettir comme les autres. Dans cette persuasion, je crus devoir, avant que de quitter, tâcher de rendre au Roi un dernier service qui le mettroit en liberté d'avouer les premiers.

Campé à Memmingen (1), après avoir pris Kempten et plusieurs postes sur l'Isler, je tenois le prince de Bade dans une situation assez embarrassante. Les débris de l'armée de Styrum, fortifiés par divers secours tirés du Rhin, restoient sur le Haut-Danube sans oser approcher. Le prince de Bade étoit avec son armée auprès de Reichelrod, couvert d'un ruisseau, comptant toujours que l'électeur reviendroit sur le Leck, et le craignant, parce que son armée, privée de ses renforts, n'étoit plus comparable à la nôtre. Le voyant dans cette position, si j'avois marché avec diligence, je pouvois le forcer à une action, ou à une retraite désavantageuse. J'allai donc trouver l'électeur, et lui dis : « Le prince
» de Bade, informé de tout ce qui se passe chez
» vous, a marché pour réunir toutes ses forces.
» Il sait le malheur que j'ai de vous déplaire,
» que je veux m'en retourner ; et j'ose, sans
» vanité, assurer Votre Altesse qu'il en a grande
» envie. Voulez-vous me donner une marque de
» confiance qui vous sera pour le moins aussi

(1) Ce récit est tiré des Mémoires manuscrits.

» utile que tout ce que j'ai fait jusqu'à présent
» pour votre service ? Marchons cette nuit au
» prince de Bade : nous le détruirons à coup
» sûr, ou nous le forcerons de se retirer dans le
» Tyrol, ou chez les Suisses. Nos forces sont
» unies, l'armée du Roi désire une action, et
» voici la plus éclatante qui ait jamais été en-
» treprise. Au nom de Dieu, faites-moi la grâce
» de me croire. » Mes prières furent inutiles : l'électeur refusa opiniâtrément, et je finis par lui dire : « Hé bien ! je prends congé de Votre
» Altesse Électorale, car j'ai mon congé dans
» ma poche. » Il marqua une grande surprise, et assura qu'il ne consentiroit jamais que je me retirasse. Sans disputer, je me contentai de lui dire : « Je viendrai demain saluer Votre Al-
» tesse à la pointe du jour, et lui dire adieu. » Toute la nuit se passa en voyages du comte de Sangfré pour tâcher de me retenir. Il y employa tous ses efforts, et jusques aux larmes, aussi bien que plusieurs officiers généraux. L'électeur me fit dire qu'il ne me donneroit pas d'escorte. Je répondis que j'en prendrois d'autorité, puisque l'armée étoit à mes ordres ; et en effet j'en commandai une de deux mille chevaux, et j'allai dès la pointe du jour chez l'électeur, selon ma promesse.

Il n'oublia rien pour me faire changer de résolution ; mais je demeurai ferme dans celle que j'avois prise ou d'aller attaquer le prince de Bade, ou de me retirer. Il persista aussi dans celle de ne point risquer d'action ; ainsi il fallut se séparer. En prenant congé, je lui dis : « Je
» souhaite que Votre Altesse Électorale se trouve,
» après mon départ, dans des situations aussi
» heureuses que celle où je la laisse. J'ose vous
» dire que vous êtes environné de gens qui vous
» vendent à l'Empereur. Vous avez pu marcher
» à Vienne, et donner la loi à l'Empire ; ils
» vous en ont empêché. Vous êtes encore maître
» du Danube : prenez Passaw, fortifiez vos
» villes, surtout Sternberg, ce fort sur Dona-
» wert, dont le grand Gustave nous a appris
» l'importance. Voilà, monseigneur, les conseils
» que je dois au zèle que j'ai pour le service du
» Roi et le vôtre, et au caractère de vérité et de
» probité que Dieu me fera la grâce de conser-
» ver toute ma vie. » Le prince m'embrassa affectueusement, et honora mon départ de quelques larmes. En retournant au camp, je trouvai les soldats et les officiers en pleurs hors de leurs tentes, entre autres milord Clare et le comte de Nettancourt, dont les marques de douleur étoient violentes. Je ne pus à mon tour m'empêcher de m'attendrir sur le sort de tant de braves gens, que je laissois exposés à des pé-

rils qui me paroissoient inévitables. J'arrivai sans accident à Schaffhouse le 19 novembre. J'y trouvai le comte de Marsin, auquel je remis l'escorte. Je l'instruisis de ce qui étoit le plus pressé, et je lui laissai d'Hauteval, mon premier secrétaire, pour le mettre au fait des choses courantes qu'il lui étoit important de savoir.

Je trouvai aussi à Schaffhouse un courrier du cabinet, chargé d'une dépêche du Roi, qui me proposoit le commandement de l'armée d'Italie, opposée à celle du feld-maréchal comte de Guido de Staremberg. Le duc de Vendôme en commandoit une autre, composée en partie des troupes du duc de Savoie. Ce prince étoit soupçonné par la cour de France d'une intelligence cachée avec l'Empereur, et j'en eus indice par un hasard assez singulier, qui prouve qu'en fait de secret un ministre doit se défier de tout ce qui l'environne. Je fis part au Roi de ma découverte par celui même qui l'avait faite : c'étoit un courrier que le comte de Kaunitz avoit congédié de mon service parce qu'il étoit François. En entrant auprès de moi, il me fit ce récit (1) : « Le comte de Staremberg a une petite » fille de dix à douze ans, très-éveillée, qui va » souvent chez le comte de Kaunitz son grand-» père, qui l'aime beaucoup. Se trouvant un » jour dans sa chambre, et faisant semblant de » badiner, elle écoutoit le comte de Kaunitz, » qui entretenoit M. d'Aursberg. La petite fille » a dit, à l'homme qui porte ma dépêche à » Votre Majesté, avoir entendu le comte de » Kaunitz dire à M. d'Ausberg : *Déguisez-vous* » *tant que vous pourrez, et ne soyez que peu* » *de jours à Turin.* »

Il paroît par là qu'il y avoit une relation entre le duc et l'Empereur, ou du moins qu'on vouloit l'établir. M. Phelipeaux, ambassadeur de France en Savoie, étoit persuadé que le premier tort venoit de Versailles. Il me découvrit un jour, en présence de M. le chancelier de Pontchartrain son parent, la marche de toute cette mésintelligence, qui vint d'une offre faite mal à propos. Il s'agissoit de s'assurer l'alliance de ce prince, et la France et l'Espagne ne crurent pas trop l'acheter en proposant de lui céder le Milanais pour la Savoie. Il accepta de grand cœur, et se contenta de dire : « Vous me donne-» rez bien Final; car encore faut-il que je puisse » voir la mer. » Phelipeaux répondit qu'il n'en étoit point parlé dans ses instructions. Cette affaire ainsi entamée, on ne sait par quelle fatalité le Roi changea de sentimens. Le ministre dépê-

(1) Lettre au Roi, du 12 octobre. (A.)

cha un courrier, qu'on supposa apparemment devoir atteindre le premier, pour retirer la proposition; mais elle étoit faite de la veille.

Le duc de Savoie, informé que l'ambassadeur avoit reçu un second courrier, et voyant qu'il ne se pressoit pas de renouer la conversation entamée sur le Milanais, eut quelques inquiétudes, surtout remarquant que l'ambassadeur s'abstenoit de venir à la cour comme à son ordinaire. Il n'y parut que le troisième jour, et au premier abord le duc lui dit : « Reprenons la conversa-» tion ; vous avez bien vu que j'ai été content » de la première proposition. » Phelipeaux répondit avec un air gourmé, qui lui étoit assez naturel : « Votre Altesse Royale ne l'a pas ap-» prouvée, puisqu'elle a demandé le marquisat » de Final. — Il est vrai, je vous l'ai demandé, » répondit le prince ; mais je n'ai pas dit que je » n'écouterois rien sans cet article. Reprenons » la matière. — Qui demande plus, répliqua Phe-» lipeaux, n'accepte pas le moins. — Monsieur, » reprit le duc de Savoie, vous avez reçu un » courrier avant-hier. Vous n'êtes pas venu ici » depuis trois jours : y a-t-il du changement? » Philipeaux parut embarrassé. Le duc lui dit : « Les bonnes volontés ne sont pas longues » chez vous, » et se tut. Depuis ce temps les défiances augmentèrent, et elles allèrent au point que l'on arrêta les troupes de Savoie qui servoient dans l'armée du Roi en Italie, et les autres qu'il avoit en France. Le duc de Vendôme le traita en ennemi, et marcha contre ses États.

Ce fut dans ces circonstances que le Roi me proposa le commandement de l'autre armée. Les peines que j'avois eues en Bavière sous un prince auquel il falloit déférer furent pour moi un avertissement de ne me pas exposer aux mêmes embarras avec un collègue plus ancien que moi, et qui avoit en chef la direction de cette guerre. C'est pourquoi je suppliai Sa Majesté de me dispenser d'accepter ce commandement, ce qu'il m'accorda; et je pris à petites journées le chemin de la cour, où j'arrivai à la fin de décembre.

Les courtisans étoient bien empressés de voir si le mécontentement qu'ils supposoient qu'on avoit eu de ma mésintelligence avec l'électeur prévaudroit sur mes services, et plusieurs le désiroient. Mais le Roi trompa leur attente; il me marqua beaucoup de bonté. Quoiqu'il n'y eût pas de logement destiné pour moi à Marly, où étoit la cour quand je me présentai, il m'en fit marquer un : et comme, depuis cinq ou six ans que je n'y avois été, il s'y étoit fait beaucoup d'embellissemens ; le Roi eut la complaisance de me les montrer lui-même, et de faire jouer les eaux pour moi. Il m'entretint avec une confiance qui dut mortifier les jaloux. « Sa Majesté me parla (1) » d'un officier qui, dans le dessein de se donner » les honneurs de la victoire d'Hochstedt, lui » avoit dépêché un courrier avant le mien pour » lui en annoncer la nouvelle. Je le jugeai in- » digne de ma colère, et répondis seulement à » Sa Majesté que l'on pouvoit lui pardonner d'a- » voir manqué à son général, puisque le bon- » heur d'être le premier à annoncer une bonne » nouvelle tourne quelquefois la tête; mais que » cette action, qui pouvoit être blâmée, étoit ce- » pendant une des plus raisonnables qu'il eût » faites. M. de Chamillard ne me dit rien sur ce » qui s'étoit passé : je ne lui en parlai pas non » plus. C'étoit lui qui avoit fait les fautes, et les » ministres ne les avouent jamais. Le Roi trouva » bon que j'allasse me reposer dans mes terres, » et y rétablir ma santé. »

[1704] Les commandemens se distribuoient pour la campagne de 1704, sans qu'il parût être question de moi. Le maréchal de Villeroy étoit destiné pour la Flandre, M. de Vendôme pour l'Italie, le maréchal de Tallard pour le Rhin. « Quand vous vous reposeriez après deux aussi » belles campagnes, me dit le maréchal de Vil- » leroy, c'est demeurer sur la bonne bouche. » Que ce fût ironie ou compliment, je lui répondis sur le même ton : « Je ne sais si le Roi me laissera » sans commandement. Si cela arrive, j'aurai » quelque ennemi à la cour qui s'en réjouira ; » mais les ennemis du Roi s'en réjouiront encore » davantage. »

Cependant le Roi ne me perdoit pas de vue : il me destinoit le commandement du Bas-Languedoc, qui étoit depuis plusieurs années le centre d'une révolte opiniâtre. Sa Majesté m'apprit elle-même, sur la fin d'avril, sa résolution en ces termes pleins de bonté : « Des guerres plus » considérables à conduire vous conviendroient » mieux ; mais vous me rendrez un service bien » important si vous pouvez arrêter une révolte » qui peut devenir très-dangereuse, surtout » dans une conjoncture où, faisant la guerre à » toute l'Europe, il est assez embarrassant d'en » avoir une dans le cœur du royaume. »

Je pris peu de jours pour me préparer à mon départ, et pendant ce court intervalle je tâchai de me former une idée de l'état des choses, autant qu'il se pouvoit d'après les relations contradictoires qui venoient de ce pays. Ce que je démêlai le plus clairement, c'est qu'on employoit contre les coupables les supplices les plus cruels, sans grâce aucune ; et je jugeai que c'étoit peut-être cette rigueur inflexible qui les portoit aux actions barbares qu'on leur reprochoit, et à exposer sans ménagement dans les combats une vie qu'ils étoient infailliblement destinés à perdre par une mort ignominieuse et cruelle. Je me proposai d'essayer une autre conduite ; et en prenant congé du Roi et ses derniers ordres, je lui dis : « Si Votre Majesté me le permet, j'agirai » par des manières toutes différentes de celles » que l'on emploie, et je tâcherai de terminer » par la douceur des malheurs où la sévérité » me paroît non-seulement inutile, mais tota- » lement contraire. » Il me répondit : Je m'en » rapporte à vous ; et vous croyez bien que je » préfère la conservation de mes peuples à leur » perte, que je crois certaine si cette malheureuse » révolte continue. »

Le ministre me dit en partant que si j'apaisois la révolte, je rendrois au Roi un service plus grand que de gagner trois batailles sur la frontière, et que j'en serois bien récompensé. J'étois accoutumé à ces douceurs, à les voir sans effet, et ne m'en pas moins sacrifier à tout ce que je croyois utile. « Je me mis dans la tête de » tout tenter (2), d'employer toutes sortes de » voies, hors celle de ruiner une des meilleures » provinces du royaume ; et même que si je pou- » vois ramener les coupables sans les punir, je » conserverois les meilleurs hommes de guerre » qu'il y ait dans le royaume. Ce sont, me di- » sois-je, des Français, très-braves et très-forts, » trois qualités à considérer. »

Plein de ce projet, je me mis en route avec confiance (3). On me fit de grands honneurs à Lyon, et dans les principales villes où je passai. L'empressement des peuples me dédommagea bien de la froideur des courtisans. Le vice-légat d'Avignon vint me recevoir à mon bateau hors de la ville, avec sa cavalerie, consistant en une compagnie. Le frère du cardinal Malaquini, qui la commandoit, à titre de général, et le privilége de ne jamais monter à cheval (4). J'allai de là descendre à Beaucaire, où M. de Lamoignon de Baville, intendant, et les premiers de la province, m'attendoient. Ils me montrèrent une prophétie de Nostradamus, qui marquoit que le commandant qui arriveroit dans le Languedoc par Beaucaire dissiperoit les révoltés, et rétabliroit entièrement le calme. J'aurois pu dire de la

---

(1) Lettre à M. le comte Du Bourg, du 2 septembre 1704. (A.)

(2) Lettre à M. le cardinal Janson, du 6 août. (A.)

(3) Lettre à M. de Chamillard et à madame de Maintenon, du 13 mars. (A.)

(4) Tiré des Mémoires, 61e cahier. (A.)

prophétie comme le cardinal Mazarin de la comète dont on voulut lui appliquer les influences : « Elle me fait trop d'honneur. » Mais je laissai croire, cela ne pouvant nuire à mes opérations.

Je trouvai une grande ressource dans M. de Baville, et je n'hésitai pas à lui rendre dès les premiers jours un témoignage que je confirmai quand je l'eus mieux connu. « Il voit, écrivis-je au ministre (1), plus clair que personne dans » les sentimens de cette province : vingt années » qu'il y a passées, la solidité de son esprit, et » son extrême application au bien du service, » le mettent plus en état que personne du monde » de ne se pas tromper. Aussi n'ai-je pas hésité » à suivre ses sentimens, qui m'ont paru aussi » zélés que remplis de vérité et de bons sens. » Ces mêmes qualités lui ont fait beaucoup d'en- » nemis dans la province : cependant le général » qui y commanderoit sans son secours seroit » embarrassé. »

Il fut d'abord question de connoître les gens à qui j'avois affaire, et M. de Baville m'y servit beaucoup. J'en instruisis le Roi. « Le mérite » de M. de Baville, lui dis-je (2), est si connu de » Votre Majesté, qu'il ne me convient pas d'en » parler. Mais quand je pense qu'une infinité de » gens me pressoient de commencer par sup- » plier Votre Majesté de vouloir bien nommer » un autre intendant, ils connoissoient bien peu » ce qui convient au service de Votre Majesté; » et pour moi, sire, j'étois bien persuadé que ses » lumières me seroient d'un grand secours, et je » dois me louer infiniment de la manière dont il » a bien voulu me les donner. » Aussi pris-je dès lors avec lui un plan de conduite qui ne se démentit point. « Nous étions entourés d'esprits » légers (3), présomptueux et mutins, gens qui » croyoient en savoir bien plus que ceux qui les » gouvernoient. Je reçus une infinité de lettres » anonymes contre lui ; il n'y a rien qu'on ne fît » pour nous brouiller : mais je lui montrai tout » ce qu'on m'écrivoit, et je lui dois cette justice » que personne dans ces troubles n'a servi le Roi » plus utilement. »

Il m'apprit donc [ce que j'eus lieu de vérifier ensuite par moi-même] qu'en général nous avions affaire à des têtes bien extraordinaires (4), à un peuple qui ne ressemble en rien à tout ce que j'ai connu, vif, turbulent, emporté, susceptible d'impressions légères comme profondes,

tenace dans ses opinions. « Joignez à cela le » zèle de la religion, aussi ardent chez le catho- » lique que chez l'hérétique, et vous ne serez » pas surpris, disois-je au ministre, que nous » soyons souvent très-embarrassés.

» Il y a trois sortes de camisards (5) : les pre- » miers, avec lesquels on pourroit entrer en ac- » commodement, pour être las des misères de » la guerre, et connoissant qu'elle causera tôt » ou tard leur perte : les seconds, d'une folie » outrée sur le fait de la religion, absolument » intraitables sur cet article. Le premier petit » garçon ou petite fille qui se met à trembler (6), » et assure que le Saint-Esprit lui parle, tout le » peuple le croit ; et si Dieu, avec tous ses an- » ges, venoit leur parler, il ne les croiroit pas » mieux. Gens d'ailleurs sur lesquels la peine de » mort ne fait pas la moindre impression : ils » remercient dans le combat ceux qui la leur » donnent ; ils marchent au supplice en chantant » les louanges de Dieu, et exhortent les assistans : » de manière qu'on a été souvent obligé de d'en- » tourer les criminels de tambours, pour empê- » cher le pernicieux effet de leurs discours. Les » troisièmes enfin (7), gens sans religion, accou- » tumés au libertinage, au meurtre, à se faire » nourrir par les paysans, et à ne plus faire que » voler, et même beaucoup de débauches ; ca- » naille furieuse, fanatique, et remplie de pro- » phétesses. »

Beaucoup des catholiques n'étoient guère plus raisonnables, et pouvoient aussi se partager en plusieurs classes. « Entre les anciens, les uns (8), » aveuglés par leur zèle, trouvoient du danger » pour la religion dans tous les adoucissemens » qu'on croyoit devoir accorder aux hérétiques ; » par l'espérance de les ramener ; d'autres, en- » traînés par leur cupidité (9), se voyant les plus » nombreux et les plus forts, regardoient le » bien des hérétiques, et même des nouveaux » convertis, comme une proie qui leur étoit due. » Il n'y avoit pas en eux la moindre ombre de » charité chrétienne : à les entendre, il n'y avoit » d'autre parti à prendre que de tuer tous ces » gens-là, du moins de les chasser du pays sans » distinction (10) ; ils tenoient à cet égard des » propos mêlés de menaces qui revenoient aux » révoltés, et les aigrissoient. Enfin le plus petit » nombre étoit de ceux qui plaignoient l'aveu- » glement des hérétiques, sans leur faire de mal,

---

(1) Lettres à M. de Chamillard, des 30 mai et 2 août. (A.)
(2) Lettre au Roi, du 2 août. (A.)
(3) Lettre à M. de Chamillard, du 30 mai. (A.)
(4) Lettre au même, du 9 mai. (A.)
(5) Lettre au même, du 25 juin. (A.)

(6) Lettre à M. de La Feuillade, du 10 juin. (A.)
(7) Lettre à M. de Chamillard, du 30 mai.
(8) Ibid. (A.)
(9) Lettre au même, du 12 mai. (A.)
(10) Lettre au même, du 30 mai. (A.)

» ni désirer qu'on leur en fît. » Quant aux nouveaux convertis, j'ai su de gens sensés, ecclésiastiques, grands vicaires et autres, que , sur mille, il n'y en avoit peut-être pas deux qui le fussent véritablement : ceux des villes qui avoient quelque chose à perdre (1) n'osoient rien dire; mais ils gémissoient en secret d'être obligés de se faire violence, et aidoient d'argent et de conseil ceux de leurs frères qui exposoient leur vie pour la cause commune. Nous découvrîmes même (2) que , malgré les précautions prises pour empêcher toute correspondance, il y avoit un consistoire secret qui dirigeoit les mouvemens des troupes. On crut bien faire d'opposer aux camisards armés des compagnies de cadets, formées de nouveaux convertis qu'on nomma *camisards blancs*. Ils réussirent quelque temps à arrêter l'extrême brigandage des *camisards noirs* (3) ; mais bientôt ils eurent les vices de ceux qui , ayant perdu la religion qu'ils professoient, ne connoissoient plus ni celle-là ni celle qu'on veut leur donner, et devinrent capables des plus grands crimes : ils nous firent même craindre quelque temps de les voir se réunir aux camisards noirs, sous le prétexte toujours flatteur pour le peuple de s'opposer à l'augmentation des impôts. Il me fallut beaucoup d'adresse et de circonspection pour manier ces esprits mal disposés (4). Je prévis qu'il n'en faudroit pas moins pour conduire nos propres troupes. Le soldat n'aimoit pas cette guerre (5), et même la craignoit, parce qu'il falloit se battre contre des gens déterminés , parens et amis de leurs hôtes ordinaires. L'officier la détestoit et redoutoit encore davantage, parce qu'il n'y avoit ni honneur ni sûreté, étant réduit à faire le métier de prévôt et d'archer, dans la crainte perpétuelle des représailles (6). Nous découvrîmes aussi que parmi nos commandans [ceux surtout qui étoient du pays] il y en avoit qui craignoient la fin de la guerre, qui leur auroit fait perdre leur petite domination; qu'ils écrivoient aux révoltés (7) des lettres dures, qui leur faisoient croire que les offres de grâces dont ils accompagnoient leurs menaces n'étoient qu'un leurre pour les surprendre. Nous eûmes lieu de croire que quelques massacres qu'on vouloit faire passer pour fortuits avoient été ménagés pour intimider et éloigner plus que jamais des rebelles qui étoient prêts à se rendre. Ce conflit d'intérêt étoit cause qu'à la moindre alarme nous étions assaillis de donneurs d'avis qui prétendoient que leurs conseils fussent préférés, qui se fâchoient quand on ne les suivoit pas, et dont il falloit pourtant se défier, parce que la plupart n'étoient guidés que par la haine, la jalousie, la vengeance, l'avarice, et très-peu par le vrai désir du bien. Tel est le tableau que je me fis de l'état des choses, et le labyrinthe dans lequel je m'enfonçai.

Pour m'y conduire (8), et en sortir avec honneur, je pris la résolution, de concert avec M. de Baville, de joindre persévéramment la douceur et la fermeté, de poursuivre les rebelles à outrance , de ne leur point donner de relâche, ni grâce à ceux qui seroient pris les armes à la main ; mais d'accorder à ceux qui se rendroient tout ce que les circonstances pourroient permettre : c'est-à-dire aux uns de se retirer en pays étranger, en emportant le prix de leur bien, qu'on leur laisseroit vendre; aux autres, de rester dans leur patrie sous le cautionnement de quelques catholiques connus, qui répondroient de leur conduite; mais en aucun, ni dans aucun cas, l'espérance d'exercer leur religion. Je fis connoître ces intentions dans les évêchés de Nîmes, d'Alais, de Mende, et partie de celui de Montpellier, par des placards, et je les expliquai moi-même à ceux qui purent m'entendre. « L'on me
» flattoit (9) que mes discours au peuple fai-
» soient quelque impression. Je les faisois devant
» messieurs les évêques même, afin qu'ils vissent
» que je ne sortois pas de mon caractère ; et
» messieurs de Nîmes et d'Alais m'ont assuré
» que je disois précisément ce qui étoit le plus
» propre à remener les esprits. »

Mais je dois avouer que je réussis mieux à les forcer qu'à les persuader. Quand j'eus un peu étudié le pays, je distribuai et plaçai en différents endroits mes troupes, qui consistoient environ en deux mille cinq cents hommes, avec des ordres de partir toutes ensemble, comme pour une chasse générale. Afin que les officiers supérieurs n'eussent point de répugnance en se voyant réduits à commander de petits corps, moi, maréchal de France (10), je me mis à la tête d'un parti de quatre cents hommes. Je parcourus la plaine, je m'enfonçai dans les montagnes. « Nous avons fait, mandai-je au ministre (11) ,

---

(1) Lettre à M. de Chamillard , du 1ᵉʳ novembre ; et à M. le chancelier, du 8. (A.)
(2) Lettre à M. de Chamillard, du 28 juin. (A.)
(3) Lettre au même, du 5 juin. (A.)
(4) Lettre au même, du 22 septembre. (A.)
(5) Lettre au même, du 18 juin. (A.)
(6) Lettre au même, du 1ᵉʳ mai. (A.)

(7) Lettre de M. d'Aigaliers, du 2 juin ; à M. de Bombelles, du 12 juin; d'autres, de diverses dates, à MM. de Planque et de La Lande, dont il loue les services. (A.)
(8) Lettre à M. de Chamillard , du 1ᵉʳ mai. (A.)
(9) Lettre au même, du 9 mai. (A.)
(10) Lettre au même, du 4 mai. (A.)
(11) Lettre au même, du 9 mai. (A.)

» une course très-rude par des pays horribles.
» M. de Baville en a été : j'ai voulu aller dans
» les retraites les plus secrètes de ces gens, où
» on n'avoit pas encore pénétré. En même temps
» que cinq détachemens, dont je commandois
» un, fouilloient les fermes, les hameaux, les
» villages, les garnisons des petites villes s'éten-
» doient comme un filet le long des rivières, gar-
» doient les ponts et les défilés, battoient l'es-
» trade, et se donnoient la main par des vedet-
» tes de correspondance.

» Les rebelles, ainsi pressés, se sont séparés
» par petites troupes, dont les unes se cachent
» dans les cavernes, d'autres rôdent dans les fo-
» rêts, favorisés par les gens du pays, qui les
» soutiennent ; de sorte qu'il est impossible, ni
» par argent ni par menaces, de savoir où ils
» sont retirés. Une recherche si exacte les dé-
» sole, et les met sur les dents ; les provisions
» leur manquent. J'ai su que Cavalier, leur
» principal chef, a envoyé à minuit demander
» du pain dans un village voisin où j'étois.

» *Vous allez vous perdre*, a-t-on répondu à ces
» pourvoyeurs ; *M. le maréchal est ici près avec*
» *toute sa troupe.* — *N'importe où il soit*, ont-
» ils dit ; *il vaut autant être tué que de mourir*
» *de faim. Il y a deux jours que nous n'avons*
» *mangé.* Ils se sont informés curieusement de
» ce que je dis aux communautés à mon pas-
» sage, et il paroît que les promesses de grâce et
» de bons traitemens, dont on leur a fait part,
» les ont touchés, puisque, sur leur rapport, la
» troupe de Cavalier, qui est d'environ quatre
» cents hommes, s'est émue au point que ce
» chef, qui a grande autorité sur eux, a éclaté
» en reproches. *Ceux de vous autres*, leur a-t-il
» dit, *qui veulent abandonner Dieu, je les*
» *abandonne au démon. Partez, mais au moins*
» *laissez-moi vos armes. J'en trouverai d'au-*
» *tres qui défendront avec moi la cause de*
» *Dieu, ou je mourrai à leur tête.* Par ses dis-
» cours, il les a retenus encore un jour ; mais
» ensuite ils se sont séparés par petits pelotons
» de quinze ou vingt, et moins encore, dont la
» plupart, n'étant plus encouragés par leur nom-
» bre, viennent se rendre successivement. »

Cette désertion fit connoître à Cavalier que de la manière dont je m'y prenois, offrant la grâce à ceux qui se soumettoient, ne faisant point de quartier à ceux qui résistoient, et surtout ne leur manquant jamais de parole, il étoit impossible que sa troupe ne défilât, et qu'il ne se vît bientôt lui-même réduit aux dernières extrémités. Pour les prévenir, il résolut de traiter. Je le sus, et je lui détachai des gens qui lui donnèrent des espérances. Il m'écrivit, je répondis ;

il demanda une entrevue, je l'accordai (1). Voici ce qui me parut de cet homme, et le portrait que j'en fis au ministre (2) : « C'est un paysan du
» plus bas étage, qui n'a pas vingt-deux ans, et
» n'en paraît pas dix-huit ; petit, et aucune mine
» qui impose, qualités nécessaires pour les peu-
» ples ; mais une fermeté et un bon sens surpre-
» nant. Je vous en conterai ce trait. Il est cer-
» tain que, pour contenir ses gens, il en faisoit
» souvent mourir ; et je lui demandois hier :
» *Est-il possible qu'à votre âge, et n'ayant pas*
» *un long usage du commandement, vous n'eus-*
» *siez aucune peine à ordonner souvent la mort*
» *de vos propres gens?* — *Non, monsieur*, me dit-
» il, *quand elle me paroissoit juste.* — *Mais de*
» *qui vous serviez-vous pour la donner?* — *Du*
» *premier à qui je l'ordonnois, sans qu'aucun*
» *ait jamais hésité à suivre mes ordres.* Je
» crois, monsieur, que vous trouverez cela sur-
» prenant : d'ailleurs il a beaucoup d'arrange-
» ment pour ses subsistances, et dispose aussi
» bien ses troupes pour une action que des offi-
» ciers bien entendus le pourroient faire. C'est
» un bonheur si je leur ôte un pareil homme. »

Du moment que Cavalier eut commencé à traiter jusqu'à la fin, il agit toujours de bonne foi. Il y eut plusieurs conditions agréées et rejetées, avant qu'on tombât d'accord. Il se flattoit de ramener à la soumission environ trois mille hommes, et il proposoit de tirer de ce nombre de quoi former un beau régiment qu'il commanderoit sous mon nom, et consentoit d'aller servir en Alsace, en Portugal, et partout où on l'enverroit. Il demandoit, pour ceux que des raisons de famille, d'intérêt ou autres, retiendroient dans le pays, permission de professer leur religion publiquement dans des endroits dénommés. Je répondis que jamais ce dernier article ne passeroit : qu'à la bonne heure, comme je l'avois déjà promis de vive voix et par des placards, on accorderoit à ceux qui voudroient s'expatrier permission de vendre leurs biens ; que ceux qui ne vendroient pas pourroient rester dans leurs maisons, sous le cautionnement de personnes connues, qui répondroient de leur conduite ; que les prisonniers seroient délivrés, ou pour s'en aller ou pour rester, à ces conditions : qu'à l'égard de Cavalier, plus il ramèneroit de monde, plus il seroit récompensé ; que si on formoit un régiment, il en seroit le colonel ; mais qu'en attendant il en auroit toujours le titre, avec une pension.

(1) Lettres à M. de Chamillard, depuis le 15 mai jusqu'au 30 juin. (A.)
(2) Lettre au même, du 5 juin. (A.)

J'assignai la petite ville de Calvisson pour tous ceux qui voudroient imiter la troupe de Cavalier, que j'y établis avec des vivres, des habits, et les autres choses nécessaires à ces malheureux, qui y vinrent manquant de tout. Pour Cavalier lui-même, à la tête d'un petit détachement composé des plus sages de ses gens, il se mit en route pour aller chercher ses lieutenans, et leur faire entendre raison s'il pouvoit. Je le suivis, pour être à portée de traiter ou de combattre, selon les circonstances. Les plus considérables d'entre eux, qui jusqu'alors s'étoient dits lieutenans de Cavalier, mais qui par sa retraite devenoient chacun chef indépendant, étoient Roland, Ravanel et Catinat, ce dernier ainsi nommé parce qu'il avoit servi sous ce général.

Pendant que nous les cherchions, comme on croyoit que ceux de Calvisson ne demeureroient pas longtemps dans cette ville, on leur permit de faire leurs prières publiques, et de chanter leurs psaumes. Cela ne fut pas plus tôt connu des environs, que voilà mes fous qui accourent des bourgs et châteaux voisins (1), non pour se rendre, mais pour chanter avec les autres. On ferme les portes; ils sautent les murailles et forcent les gardes. Les curés et autres ecclésiastiques murmurent de ce concours occasionné par une tolérance momentanée, dont ils craignent la continuité. On publie que j'ai accordé indéfiniment le libre exercice de la religion, et que je ne dois qu'à cette condition le retour de ceux qui se soumettent. Ce bruit se répandit jusqu'à la cour, où je fus obligé d'écrire pour me justifier (2). Les plus sensés, loin de me faire un crime de ma condescendance, la regardoient comme un mal nécessaire. « Bouchons-nous les » oreilles, disoit l'archevêque de Narbonne, et » finissons. »

Cavalier réunit avec peine les deux troupes de Ravanel et de Roland : pour Catinat, il s'étoit sauvé dans les Hautes-Cévennes. « Il leur fit un » discours qui les ébranla (3); de sorte que Mal» plet et Mialet, deux jeunes hommes très-bien » faits, des premiers officiers de Roland, et au» dessus du paysan, vinrent me trouver de sa » part, et m'assurer que sous deux jours lui » Roland, et tout ce qu'il pourroit rassembler, » viendroient se mettre entre mes mains. » J'ajoutois au ministre : « Les nouveaux convertis » font des merveilles. La crainte des maux qu'ils » prévoient, l'espérance de voir la tranquillité » rétablie, un zèle de bons Français et bons ser» viteurs du Roi, les animent. J'ai tellement » exhorté tous les paysans, que les mères même » vont arracher leurs enfans du milieu des ca» misards; et l'on m'a assuré que celle de Roland

» a été le trouver et lui a dit : *Tu ne me tueras* » *pas, car je suis ta mère; et je ne te quitterai* » *pas que tu n'aies donné le repos à ton pays.* » Enfin j'ose à présent espérer la fin entière de » tous ces désordres. Cependant, quand on a à » ramener un peuple qui a la tête renversée, on » ne peut répondre de rien que tout ne soit con» sommé. »

En effet, pendant que Cavalier, aidé du sieur d'Aigaliers, gentilhomme du canton, traitoit avec ses troupes, qu'il voyoit prêtes à se rendre, « Ravanel, qui n'avoit jamais été bien disposé, » se laisse tomber de cheval (4), est un quart» d'heure à trembler, et puis il dit de la part de » Dieu que Cavalier et Roland les trahissent; » qu'il faut les arrêter. La discorde se met aus» sitôt entre les deux troupes de Roland et de Ra» vanel ; elles se battent. Celui-ci ne se trouvant » pas le plus fort, se rend aux inspirations de » Ravanel. Cavalier, qui heureusement montoit » un de mes chevaux, se sauve de vitesse. Le » sieur d'Aigaliers demeure au milieu d'eux, of» fre de se battre pour la vérité contre Ravanel » et ceux qui osent soutenir que Dieu ne préfère » pas la paix à la guerre.

» Ayant appris que la négociation étoit rom» pue, je fais marcher dès la nuit toutes les trou» pes par différens endroits. De ma personne, je » me porte avec huit cents hommes dans les plus » périlleux. M. de Menou investit Roland dans » le château de La Prade. Il se sauva tout nu ; » on prit ses habits, ses chevaux, et tout ce » qu'il avoit (5). J'envoyai de tous côtés des or» dres de pousser les rebelles à outrance, de ne » se point laisser amuser par leurs offres ; que, » dans les promesses qu'ils faisoient quelquefois » de se soumettre, ils n'avoient pour but que de » gagner la récolte, après quoi ils deviendroient » plus insolens. Je commandai de les chercher, » de les attaquer, de leur faire une guerre si » vive dans la plaine et dans les montagnes, qu'on » ne leur laissât pas le temps de respirer. »

Je songeai en même temps à me débarrasser de ceux de Calvisson. J'en trouvai, au retour de ma course, le nombre bien diminué, par des événemens que je n'avois pu prévoir. Il s'étoit répandu un bruit que les ennemis étoient déterminés à soutenir cette année efficacement les rebelles; que les Anglais devoient jeter sur la côte du Languedoc des armes, de l'argent, des provisions, pendant que le duc de Savoie feroit filer

---

(1) Lettre à M. de Chamillard, du 30 mai. (A.)
(2) Lettre au Roi, du 14 juin. (A.)
(3) Lettre à M. de Chamillard, du 6 juin. (A.)
(4) Lettre au même, du 11 juin. (A.)
(5) Lettre à M. de Lalande, du 15 juin. (A.)

du côté de Nice des officiers, la plupart du pays, et réfugiés dans le sien, capables de discipliner les camisards, et de les former à une guerre régulière. Ce bruit, qui n'étoit pas destitué de fondement, parvenu à Calvisson, y causa bien du changement. Comme s'ils touchoient déjà tous les secours qu'on leur promettoit, ils désertèrent par bandes; et Cavalier, qui resta fidèle à ses engagemens, se vit réduit à cent vingt hommes. Je les fis partir pour la frontière. Ils étoient précédés et suivis d'un détachement de dragons commandé par le sieur de Bassignac, capitaine et aide-major de Firmaçon, homme prudent et ferme, qui s'acquitta très bien de sa commission. Sur la route, ils prirent tous les prisonniers qui voulurent bien s'incorporer à eux, et qui ne laissèrent pas de grossir la troupe. Cavalier écrivit plusieurs fois pendant sa marche à ses anciens camarades qu'il étoit bien traité, et les exhorta à suivre son exemple. Arrivé en Alsace, on leur permit de se retirer chez l'étranger ou d'entrer dans nos troupes, à volonté. Je fis donner à Cavalier une pension de deux mille livres, mais il n'en fut pas long-temps payé, parce qu'il passa dans les troupes de Hollande, où on lui donna le grade de colonel; et j'ai su depuis qu'il y a servi avec honneur.

Les rebelles eurent ensuite quelque relâche, parce que je fus obligé de me rendre sur la côte, qui sembloit menacée par une escadre de quarante-cinq vaisseaux de ligne que les Anglais avoient fait entrer dans la Méditerranée. Je fus averti à temps (1); et je pris si bien mes mesures, que ni les officiers qu'ils débarquèrent, ni ceux que le duc de Savoie envoya par Villefranche, ne purent pénétrer dans le pays. Il ne me fut cependant pas possible d'empêcher quelques émissaires de s'y glisser avec de l'argent, qui rehaussa les espérances des plus entêtés. Ils se flattèrent que la crainte de voir perpétuer la guerre par ces secours pourroit leur faire obtenir dans ces circonstances des conditions plus avantageuses, comme la permission des exercices de religion moins gênés, si on ne pouvoit les avoir publics. Les consistoires secrets, qui subsistoient toujours dans les villes, malgré les recherches de M. de Baville, firent dire aux camisards qu'il y auroit de la folie à eux de quitter les armes dans le temps que les embarras qui m'environnoient alloient me forcer de tout accorder. On répandit aussi avec profusion les libelles d'un certain abbé de La Bourlie, qui faisoit une peinture affreuse des tourmens qu'il supposoit qu'on faisoit souffrir aux religionnaires, et dont il assuroit que leur soumission ne les exempteroit pas. « Ils étoient écrits avec esprit (2), mais follement, et avec assez de malignité et de noirceur pour faire impression sur des têtes sèches et fanatiques. »

Ce moment fut celui des intrigans de toute espèce (3); les uns me présentoient des projets de guerre, d'autres d'accommodement; et le refrain étoit toujours des grâces ou des pensions qu'ils demandoient. Ne se voyant pas trop écoutés, ils envoyoient leurs imaginations à la cour; quelques-uns y allèrent eux-mêmes malgré moi pour les faire valoir. Je fus obligé d'écrire qu'on ne leur laissât pas entrevoir les moindres espérances, de peur qu'elles ne rendissent plus difficiles ceux avec lesquels je traitois sur les lieux. Il en revenoit toujours quelques-uns à récipiscence : pour les hâter, je fis enlever tout ce que je pus trouver de pères et mères de ceux qui continuoient à porter les armes. Ces espèces d'otages, renfermés dans des lieux sûrs, mais sans mauvais traitemens, en rappelèrent un grand nombre. J'interdis le transport des blés aux endroits les plus suspects. Dans ces lieux mêmes on arrêta tous les jeunes gens indistinctement, sauf à faire ensuite le triage. On renvoyoit ceux qui donnoient des espérances, et on gardoit les autres jusqu'à ce qu'ils laissassent apercevoir quelques signes de soumission.

Mais ces signes étoient rares et très-équivoques. Jusque dans les prisons, lorsqu'ils croyoient n'être pas vus, ils se livroient à leur fanatisme. Le subdélégué de Lunel y entrant un jour brusquement, trouva tous les camisards prisonniers à genoux, dans le plus grand silence, autour d'un de leurs prophètes, qui, couché à terre, trembloit, et faisoit des contorsions effroyables. « J'ai vu dans ce genre des choses que je n'au-
» rois jamais crues si elles ne s'étoient passées
» sous mes yeux (4) : une ville entière, dont
» toutes les femmes et les filles, sans exception,
» paroissoient possédées du diable. Elles trem-
» bloient et prophétisoient publiquement dans
» dans les rues. J'en fis arrêter vingt des plus
» méchantes, dont une eut la hardiesse de trem-
» bler et prophétiser pendant une heure devant
» moi. Je la fis pendre pour l'exemple, et ren-
» fermer les autres dans des hôpitaux. »

Mais, de toutes ces folies, la plus surprenante fut celle que me raconta M. l'évêque d'Alais, et

---

(1) Lettre de M. de Quinson à M. de Villars, du 27 mai; et du prince de Monaco au même, du 2 juin. (A.)
(2) Lettre à M. de Chamillard, du 26 juillet. (A.)

(3) Lettres à M. de Chamillard, des 22 juillet et 14 septembre. (A.)
(4) Lettre au même, du 25 septembre. (A.)

que je mandai à M. de Chamillard en ces termes (1) : « Un M. de Mandagors, seigneur de
» la terre de ce nom, maire d'Alais, possédant
» les premières charges dans la ville et dans
» le comté, ayant d'ailleurs été quelque temps
» subdélégué de M. Baville, vient de faire une
» chose extraordinaire. C'est un homme de
» soixante ans, sage par ses mœurs, de beau-
» coup d'esprit, ayant composé et fait imprimer
» plusieurs ouvrages. J'en ai lu quelques-uns,
» mais dans lesquels, avant que de savoir ce
» que je viens d'apprendre de lui, j'ai trouvé
» une imagination bien vive. Voilà le caractère
» de cet homme.

» Une prophétesse âgée de vingt-sept à vingt-
» huit ans fut arrêtée il y a environ dix-huit
» mois, et menée devant M. d'Alais. Il l'inter-
» rogea en présence de plusieurs ecclésiastiques.
» Cette créature, après l'avoir écouté, lui ré-
» pond d'un air grave et modeste, et l'exhorte
» à ne plus tourmenter les vrais enfans de Dieu;
» et puis lui parle pendant une heure de suite
» une langue étrangère, à laquelle il ne comprit
» pas un mot, comme nous avons vu le duc de
» La Ferté autrefois, quand il avoit un peu bu,
» parler anglais devant les Anglais. J'en ai vu
» dire : *J'entends bien qu'il parle anglais, mais
» je ne comprends pas un mot de ce qu'il dit.*
» Cela eût été difficile aussi à comprendre, car
» jamais il n'avoit su un mot d'anglais. Cette fille
» parloit grec et hébreu de même.

» Vous croyez bien que M. d'Alais fit enfer-
» mer la prophétesse. Après plusieurs mois, cette
» fille, paroissant revenue de ses égaremens,
» par les soins et avis du sieur de Mandagors
» qui la fréquentoit, on la laissa en liberté ; et de
» cette liberté, et de celle que le sieur de Man-
» dagors prenoit avec elle, il en est arrivé que
» cette prophétesse est grosse.

» Mais le fait présent est que depuis deux
» jours le sieur de Mandagors s'est défait de tou-
» tes ses charges, les a remises à son fils, a
» dit à quelques particuliers, et à M. l'évêque
» lui-même, que c'étoit par le commandement
» de Dieu qu'il avoit connu cette prophétesse,
» et que l'enfant qui en naîtra sera le vrai sau-
» veur du monde. De tout cela, et en un autre
» pays que celui-ci, l'on ne feroit autre chose
» que d'envoyer M. le maire et la prophétesse
» aux Petites-Maisons. M. l'évêque m'a proposé
» de le faire arrêter. J'ai voulu auparavant en
» conférer avec M. de Baville, ordonnant ce-
» pendant de l'observer, et la prophétesse aussi,
» de manière qu'il ne puisse s'échapper, ma
» pensée étant qu'au milieu des fous ce qui re-
» garde un fou de cette importance doit faire le
» moins de bruit qu'il est possible ; qu'il falloit
» par conséquent tâcher de le dépayser tout dou-
» cement, et s'en assurer ensuite. Car vous ju-
» gez bien, monsieur, que de déclarer publi-
» quement pour prophète un maire d'Alais,
» seigneur de terres assez considérables, ancien
» subdélégué de l'intendant, auteur, et jusques
» alors réputé sage, au milieu de gens qui sont
» accoutumés à l'estimer et le respecter, tout
» cela pourroit en pervertir plus qu'en corriger ;
» d'autant plus que, hors la folie de croire que
» Dieu lui a ordonné de connoître cette fille, il
» est très-sage dans ses discours, comme étoit
» don Quichotte, très-sage, hors quand il étoit
» question de chevalerie errante. » L'avis de
M. de Baville fut, comme le mien, de ne pas
brusquer. Ses enfans le menèrent sans éclat dans
un de ses châteaux, où on le retint, et la prophétesse fut renfermée.

On commençoit à remarquer un grand libertinage entre eux ; ce qui en détachoit les honnêtes gens, et nous servit à en surprendre quelques-uns (2). La plupart des chefs avoient leurs
demoiselles. Je fus un jour informé que deux
filles de condition, nommées mesdemoiselles
Cornely, très-bien faites, honoroient de leurs
bonnes grâces Roland, et Maillé son lieutenant.
Des lettres de Roland interceptées m'apprirent
qu'elles l'attendoient dans le château de Castel-
nau, et qu'il devoit les y joindre le plus tôt qu'il
pourroit. Je le fis guetter, et je sus la nuit même
qu'il s'y rendit. Il étoit accompagné de six de
ses principaux officiers, et deux valets. J'y envoyai en diligence le sieur de Castelladi, commandant le premier bataillon du régiment de
Charolais, avec tous les officiers de son bataillon, et trente dragons choisis. Ils s'avancèrent
à toute bride. Mais Roland, averti par une sentinelle qu'il avoit posée au haut du château, sortit du lit, et eut encore le temps de descendre
dans la cour, de monter à cheval à poil, et de
sortir avec ses gens par une porte de derrière,
pendant que les officiers entroient par devant ;
mais la troupe de dragons, qui avoit fait le tour,
les coupa dans la plaine, et les arrêta dans un
chemin creux. J'avois fort recommandé que l'on
prît Roland vif ; mais un dragon le tua ; et cinq
de ses officiers, dont Maillé étoit un, furent arrêtés.

« On les destina à servir d'exemple (3) : mais
» la manière dont Maillé reçut la mort étoit bien
» plus propre à établir leur esprit de religion

(1) Lettre à M. de Chamillard, du 14 novembre. (A.)
(2) Lettres au même, des 8, 9 et 18 août. (A.)
(3) Lettre au même, du 18 août. (A.)

» dans ces têtes déjà gâtées, qu'à le détruire.
» C'étoit un beau jeune homme, d'un esprit au-
» dessus du commun. Il écouta son arrêt en sou-
» riant, traversa la ville de Nismes avec le même
» air, priant le prêtre de ne pas le tourmenter ;
» et les coups qu'on lui donna ne changèrent point
» cet air, et ne lui arrachèrent pas un cri. Les os
» des bras rompus, il eut encore la force de faire
» signe au prêtre de s'éloigner ; et tant qu'il put
» parler, il encouragea les autres. Cela m'a fait
» penser, ajoutois-je au ministre, que la mort
» la plus prompte à ces gens-là est toujours la
» plus convenable ; qu'il est surtout convenable
» de ne pas donner à un peuple gâté le spectacle
» d'un prêtre qui crie, et d'un patient qui le mé-
» prise ; et qu'il faut surtout faire porter leur
» sentence plutôt sur leur opiniâtreté dans la
» révolte que dans la religion. » D'après ce principe, on supprima tout-à-fait les supplices, dont
l'usage avoit été bien ralenti depuis que j'étois
en Languedoc.

Mais je suppléai à ce moyen par d'autres plus
efficaces. Outre les camisards épars et isolés, il
en restoit encore trois ou quatre troupes erran-
tes. Je m'appliquai à les priver d'asile, de subsistance, enfin de toute espèce de correspondance. Je faisois raser les maisons de ceux qui
entretenoient commerce avec eux, ou qui les
recevoient. J'usai quelquefois de la même rigueur
à l'égard de ceux qui disparaissoient, sans qu'on
sût ce qu'ils étoient devenus. Je supposois qu'ils
étoient allés se joindre à des troupes, et ordinairement je ne me trompois pas. Ainsi tour-
mentés et poursuivis, ils ne savoient où se réfugier. Comme on leur refusoit retraite de peur
d'en être punis, ils la prenoient de force, enlevoient les vivres de leurs propres partisans, pilloient, tuoient, ravageoient à la fin sans distinction. Par là ils se firent détester de tout le
pays : ceux mêmes qui les avoient soufferts jusqu'alors se tournèrent contre eux. La désertion
s'y mit, parce que ceux qui se soumettoient
étoient bien traités. Ils commencèrent à se vendre et à se trahir ; ce qu'ils n'avoient pas encore
fait. Enfin les chefs vinrent se rendre successivement avec leurs prophètes. L'exemple de ceux-
ci fit la plus grande impression, surtout la soumission d'un nommé Castanet, le plus suivi
d'entre eux (1) : Ravanel mourut de ses blessures
dans une caverne (2) ; La Rose, Salomon, La
Valette, Masson, Brue, Joannni, Fidel, de La
Salle, noms dont je ne devrois pas me souvenir,
se soumirent, et je leur fis grâce, quoiqu'il y
eût parmi eux des scélérats qui n'en méritoient
aucune, et que j'aurois bien voulu punir. Ils demandèrent tous à quitter le pays, moins par le
désir d'aller professer ailleurs leur religion, que
par la crainte d'éprouver, lorsqu'ils seroient
désarmés, la vengeance de ceux dont ils avoient
massacré les parens et les amis, et ruiné les
possessions.

Je les fis conduire par petites bandes comme
celle de Cavalier, jusque sur les frontières du
royaume. On les nourrit bien en route ; on leur
donna des habits, et même quelque argent,
dont ils parurent très-contens. Ainsi l'expulsion
d'environ trois cents bandits rendit la tranquillité à la province. J'en reçus de grands remerciemens des États de Languedoc, que je
tins pour le Roi à Montpellier. J'eus lieu de me
louer des égards qu'on me marqua dans cette
assemblée, et de la manière prompte et généreuse dont le don gratuit fut accordé. On me fit
entendre que c'étoit en reconnoissance des grands
et importans services que je venois de rendre à
la province. Il ne resta plus que quelques bri-
gands dans les Hautes-Cévennes, pays qu'il est
peut-être impossible de purger de cette en-
geance.

Mes occupations en Languedoc, quoique pénibles et attachantes, ne m'empêchoient pas de
suivre ce qui se passoit en Bavière. J'en avois
souvent la carte sous les yeux (3) ; je suivois les
mouvemens de nos généraux, et je tremblois en
voyant les fausses démarches que l'électeur leur
faisoit faire, parce qu'ils n'avoient pas la force
de lui résister. Je fus donc moins surpris
qu'affligé de la perte de la bataille d'Hochstedt. Au premier bruit qui s'en répandit
j'écrivis au comte Du Bourg une lettre qui expri-
moit ma profonde douleur. « Je serai, lui disois-
» je (4), dans une bien vive inquiétude jusqu'à
» ce que j'apprenne que vous revenez en bonne
» santé, vous et tous les amis que je compte
» avoir dans ma chère armée. Nous n'avons
» encore aucun détail : on dit seulement que
» M. l'électeur prend le parti d'abandonner ses
» États. Voilà, monsieur, une grande résolu-
» tion. Comment peut-on être forcé d'abandon-
» ner tant d'États à l'Empereur, la révolte de
» Hongrie étant surtout dans sa force, et par
» conséquent M. l'électeur toujours en état de
» faire un accommodement, moins avantageux
» à la vérité qu'avant la bataille, mais moins
» fatal à la cause commune ? N'est-il pas tou-
» jours temps de se dépouiller ? Faut-il tant se
» presser quand il est question de livrer ses vil-

(1) Lettre à M. de Chamillard, du 15 septembre. (A.)
(2) Lettres au même, du 5 novembre et du 2 janvier 1705 ; et à M. de La Vrillière, du 4. (A.)
(3) Lettre à M. de Chamillard, du 16 août. (A.)
(4) Lettre au comte Du Bourg, du 2 septembre. (A.)

» les, ses troupes, ses arsenaux? Et puis vingt
» mille hommes se rendre sans tirer un coup de
» fusil! Ah, mon cher comte, quel revers : j'en
» ai le cœur serré. Je vous écris sans savoir si
» vous n'avez pas péri dans cette malheureuse
» affaire, et je vous assure que je fais une vive
» expérience de mes sentiments pour vous et pour
» mes autres amis par toutes les inquiétudes
» que je ressens. Je suis touché de tout ce qui
» regarde mon armée comme je le serois de mon
» frère. J'espère qu'elle me pardonnera de la
» nommer ainsi : elle n'a pas été assez malheu-
» reuse avec moi pour me désavouer. Je songe à
» tous ceux qui avoient employé tant de sollici-
» tations pour n'en être pas quand je passois en
» Bavière, les uns tués, les autres prisonniers.
» Hélas! ils avoient bien raison : mais pouvois-
» je prévoir que je les quitterois?

» Mille amitiés, je vous prie, à mon cher La-
» nion, à M. de Legal qui est celui dont j'ai reçu
» plus de marques de souvenir. Je vous demande
» mille complimens pour M. de Lée, le major
» général de Verseilles, Beaujeu, le pauvre in-
» tendant : n'oubliez pas le comte de Druy. Mais,
» mon Dieu, tout cela se porte-t-il bien? Ils
» peuvent compter que j'ai parlé avec chaleur
» de leurs services au Roi. Que j'aurois de plai-
» sir de mes succès ici, si je n'étois pénétré de la
» juste douleur de la perte que nous avons faite,
» et encore de ne savoir si je parle et si j'écris à
» des gens morts ou en vie! Mille amitiés à
» M. de Levy, M. de Bouzoles, messieurs Mari-
» vault, Chamarante. Enfin je vous donne la
» dispensation de mes complimens. Le pauvre
» milord Clare, ne l'oubliez pas : je lui suis
» obligé de ses larmes quand je lui ai dit adieu.
» Ce pauvre Nettancourt, je le regrette bien. Et
» mon cher Nangis? je suis en peine de ce petit
» garçon. Mon Dieu, que je suis inquiet! »

Je ne tardai pas à apprendre que ce cruel échec avoit délié la langue de mes amis à la cour; qu'on regrettoit assez publiquement de m'avoir retiré de la Bavière, et qu'on parloit de me donner l'année prochaine le commandement d'une des principales armées. Comme l'occasion s'en présentoit assez naturellement, en répondant au ministre sur quelques observations critiques qu'on m'attribuoit touchant la bataille d'Hochstedt, je jugeai à propos de le prémunir contre les préventions qui m'avoient fait tort. « Je
» vois dans vos lettres, lui disois-je (1), des
» bontés infinies pour moi, et qui me permettent
» d'espérer qu'à la fin je serai un peu mieux
» connu de vous. J'aurai l'honneur de vous dire
» que je ne me flatte point du bonheur de l'être
» entièrement de Sa Majesté. On m'a donné à
» elle pour un homme dur aux officiers, assez
» incompatible; j'ai consenti même de passer
» pour peu docile. Je vous supplie d'avoir la
» bonté de vous informer si on me trouve ces
» qualités en ce pays. Et ce n'est point pour
» m'être corrigé, je vous assure : mais je vous
» prie de vouloir bien vous rappeler que je me
» suis trouvé nouveau général à la tête d'une
» armée qu'il falloit soumettre à une sévère dis-
» cipline, selon les ordres mêmes du Roi. Quel-
» ques exemples sur peu d'officiers et de soldats
» ont rétabli l'ordre. M. l'électeur de Bavière
» vient, et me gâte tellement l'armée, qu'un seul
» fourrage sous Neubourg nous a coûté plus de
» soldats que ma bataille d'Hochstedt.

» D'ailleurs, si on me reproche d'être trop
» ferme, on me connoît aussi incapable de m'é-
» carter de la vérité par aucune considération
» humaine. Vous avez vu avec quelle liberté je
» vous ai mandé que certains régimens ne de-
» voient pas être donnés aux neveux de gens
» qui ont le premier crédit, préférablement à
» des services plus anciens et plus distingués.
» Un homme connu de cette humeur-là ne con-
» vient qu'au Roi, et à un ministre comme
» vous.

» Je vous dirai encore que les principaux of-
» ficiers d'une armée aimeroient tout autant un
» général qui laisse piller, que celui qui, se
» trouvant au milieu de l'Allemagne, dira : *Monsieur, je comprends que vos quartiers*
» d'hiver doivent vous donner les moyens de
» servir avec commodité; mais quand M. le
» lieutenant général en aura douze mille écus,
» et le maréchal de camp six, je ne veux pas
» que cela aille plus loin, et toucher le reste au
» profit du Roi. Pensez-vous, monsieur, que le
» général qui est occupé de plaire au particulier
» aux dépens du maître ne se fasse pas un plus
» grand nombre d'amis? »

» Falloit-il, de peur de déplaire à M. l'élec-
» teur (2), me soumettre à suivre les avis des
» mauvais conseillers qui le conduisoient, et
» m'exposer par là à perdre l'armée de Sa Ma-
» jesté, comme cela vient d'arriver? Il n'auroit
» pas fait avec moi ce qu'il vient de faire; car,
» après bien des respects, quand la raison ne
» pouvoit rien sur lui, je lui disois, avec une
» grande soumission : *Je n'en ferai rien;* et
» c'est par là que je l'ai sauvé quatre fois malgré
» lui. Voilà ce qu'on appelle mon incompati-
» bilité. »

» Je vous demande pardon, monsieur (3), de

(1) Lettre à M. de Chamillard, du 16 décembre. (A.)
(2) Lettre au prince de Conti, du 4 août. (A.)
(3) Lettre à M. de Chamillard, du 16 août. (A.)

« vous parler encore de tout cela, mais ne dois-je point souhaiter que le Roi et vous connoissiez qu'il n'y a point d'humeur dans ma conduite, mais assez de droiture et de fermeté pour vouloir le bien du service, et ne m'en laisser détourner par aucune considération? Je ne songe à faire de cour à personne, pas même à vous, monsieur, ne voulant, quand je vous écris, que vous mander la vérité, et vous rendre un compte exact et fidèle. Ceux qui dans les armées songent à s'élever par leur courage, leur zèle, et leur application au service, disent de moi : *Voilà notre homme*. Ceux qui comptent sur leurs cousins, leurs cousines et leurs tantes, et, au lieu d'être occupés de la guerre, ne le sont que de leur commerce de cour, me craignent; non que j'aie des manières hautes, car jamais il ne m'est arrivé de dire une parole dure à personne, mais je ne suis pas leur fait. Enfin Sa Majesté a trouvé ses principales armées mieux en d'autres mains que dans les miennes : je dois être persuadé, par les paroles pleines de bonté dont elle m'a honoré, que ce n'est pas manque d'estime. Cependant je vous avoue que l'amour-propre voudroit quelquefois qu'on ne trouvât pas tous les hommes égaux. »

Il paroit au reste que les libertés que je prenois ne déplaisoient pas, puisqu'elles n'empêchèrent pas d'accomplir les vues qu'on avoit sur moi (1). M. de Chamillard m'en donna avis en ces termes : « Le Roi m'ordonne de vous mander de vous rendre incessamment auprès de lui. Vous avez si heureusement rétabli le calme dans la province de Languedoc, et vous contribuez avec tant de succès à tout ce qui peut assurer son repos, que Sa Majesté est déterminée à vous envoyer ailleurs, où vous aurez matière à vous employer encore plus utilement à l'avenir. Rien ne doit retarder l'empressement que vous devez avoir de vous rendre auprès de Sa Majesté, qui n'a point oublié ce qu'elle vous a dit lorsqu'elle vous a envoyé dans ce pays-là. »

[1705] Je n'avois rien demandé; mais comme demander fréquemment c'est souvent importunité, ne point demander du tout est quelquefois nonchalance répréhensible. J'écrivis donc à M. de Chamillard, pour me défendre de ces deux excès. « J'ai supplié, lui disois-je (2), Sa Majesté, l'hiver dernier, de vouloir bien que mon inaction sur briguer des emplois ne fût pas mal interprétée. Je désire en général, plus qu'aucun autre de ses sujets, de ne lui être pas inutile : mais je tiens que nous devons attendre tranquillement ce qu'un grand maître veut faire de nous, ne rechercher aucun emploi, faire de son mieux dans ceux que nous avons, et les attendre uniquement de sa volonté. Pour moi, naturellement je suis porté à bien augurer de mon étoile. Si elle me met en place, je crois que c'est pour mon bonheur; si elle m'en ôte, je pense la même chose : ainsi sur les destinations, dont je suis toujours content. »

J'appris alors (3) que, sans avoir sollicité de grâces, Sa Majesté s'étoit souvenue de moi dans la promotion qu'elle venoit de faire des chevaliers de ses ordres. En réfléchissant à ces bontés du Roi et à l'état du royaume, calculant aussi mes revenus, et comptant avec moi-même, je crus pouvoir faire une proposition dont l'acceptation m'auroit comblé de joie. J'en expliquai les motifs et les moyens au ministre dans une lettre que je fis longue, parce que mon désir de réussir étoit sincère, et même violent (4). « Je ne doute pas, lui disois-je, que par vos soins vous ne soyez tranquille sur les fonds de cette année; mais, monsieur, il faut ôter aux ennemis toute espérance qu'ils puissent manquer, si la guerre alloit plus loin.

» Ils se flattent que les affaires nouvelles sont épuisées : voici les occasions où les bons et fidèles sujets doivent donner des marques solides de leur zèle pour le plus grand roi et le meilleur maître du monde. Comme je suis pénétré des grâces dont il m'a honoré, je voudrois bien, monsieur, être des premiers à donner les plus fortes marques de reconnoissance. Quelque pénétré que j'en sois pour les dignités qu'il a plu à Sa Majesté de m'accorder, ce ne sont point ses plus sensibles grâces : celle de sa confiance, marquée par les plus importans emplois; celle qu'elle a eue, il y a deux ans et demi, de me donner son armée d'Allemagne, n'étant que le sixième lieutenant général de ses armées, ont imprimé dans mon cœur des désirs, ou plutôt un tourment de satisfaire à mes devoirs et à mes obligations, qui ne se peut dissiper que par les services que je pourrai rendre à Sa Majesté.

» En attendant ceux de la guerre, je vous prie, monsieur, de m'attirer une grâce de Sa Majesté d'une nature différente de celle dont elle m'a honoré; mais auparavant je dois, monsieur, vous expliquer l'état de mes affaires. En

---

(1) Lettre à M. de Chamillard, du 29 décembre. (A.)
(2) Lettre au même, du 2 janvier. (A.)

(3) Lettre de remercîment au Roi, du 6 janvier. (A.)
(4) Lettre à M. de Chamillard, du 14 février. (A.)

» me mariant, je pris la liberté de dire à Sa Ma-
» jesté que, parmi tant de sujets qui se ruinoient
» à son service, elle ne seroit peut-être pas fâchée
» d'en trouver un qui, en soutenant une dépense
» au-dessus de son état, s'étoit enrichi. Je lui
» montrai que j'avois pour lors sept cent trente-
» sept mille livres; les sauve-gardes dans l'Em-
» pire m'ont valu depuis deux cent dix mille
» livres; ce qui fait neuf cent quarante-sept mille
» livres, outre des terres en Dauphiné et en Lyon-
» nais qui me viennent de ma famille. Le revenu
» de celles-ci est employé à ma mère, mon frère,
» à qui je donne une pension, outre sa légitime,
» et à deux sœurs auxquelles mon secours est
» nécessaire. Je ne comprends pas les biens de
» madame la maréchale de Villars; ce que j'en
» retire n'a pas fait jusqu'à présent sa dépense:
» mais comme je veux retrancher les miennes,
» elle en fera de même.

» Ces neuf cent quarante-sept mille livres ne
» me produisent présentement que trente-cinq
» mille livres de rente, parce qu'il y a là-dedans
» de l'argent qui ne porte aucun intérêt, le vou-
» lant employer à une terre. Je laisse donc ce
» qui reste du revenu de mes terres, ma mère,
» mes frères et sœurs payés avec les biens de
» madame la maréchale, pour l'entretien de ma
» famille. Je puis ensuite compter sur trente-
» cinq mille livres bien venant du reste de mon
» bien. J'ai en outre, des bontés du Roi, quinze
» mille francs comme gouverneur de Fribourg,
» huit mille livres de pension, et treize mille
» comme maréchal de France. Cela fait soixante-
» et-onze mille livres, dont je prie Sa Majesté
» de se servir tous les ans jusqu'à la paix générale.

» Ce qu'elle me fait l'honneur de me donner
» comme commandant de ses armées suffira pour
» ma dépense, laquelle je modérerai. Mais assu-
» rément, monsieur, ni l'officier ni le soldat n'en
» auront moins d'estime et d'amitié pour moi,
» connoissant l'usage que je fais de mon bien.
» D'ailleurs je n'ai point entendu ni lu que les
» généraux les plus fameux l'aient été par le
» nombre de leurs chevaux de main, ou par la
» délicatesse de leur table. Je conjure Sa Majesté
» que je sois le premier à donner un exemple
» qui sera ardemment suivi. Au reste, il n'y a
» pas tant de mérite à le donner. Nous nous as-
» surons les bienfaits du Roi en lui fournissant
» les moyens de soutenir sa gloire et celle de la
» nation dans une si juste guerre; et rien n'éton-
» nera tant les ennemis que d'apprendre que le
» Roi, par ce qui lui reste de libre de ses anciens
» revenus, par la capitulation et les efforts de ses
» sujets, soutiendra la guerre, quelque longue
» qu'elle puisse être. Enfin, monsieur, je vous
» demande votre protection pour m'obtenir cette
» grâce, et je vous la demande par tout l'atta-
» chement que je vous ai voué. »

M. de Chamillard me répondit (1) « J'ai lu
» votre lettre tout entière au Roi; vous en aurez
» tout le mérite, et il ne vous en coûtera pas
» beaucoup, Sa Majesté est bien convaincue de
» votre bonne volonté, et espère qu'elle en aura
» des preuves en tout genre; mais elle ne veut
» pas accepter celle-ci. Cependant, comme il ne
» seroit pas juste que vous eussiez fait voir de
» l'argent au contrôleur général des finances
» sans qu'il vous en coûtât quelque chose, c'est
» un peu de temps que je vous demande, et de
» ne me pas tenir rigueur sur la régularité des
» paiemens. Je serois bien content s'il se trou-
» voit un grand nombre de gens dans les mêmes
» dispositions que vous; je ne leur en demande-
» rois pas davantage. Cela ne laisseroit pas de
» me soulager. »

Je fus très-fâché de ce que mes offres n'étoient
point acceptées. Je les faisois de bon cœur, et
par un véritable attachement pour le Roi, « le
» meilleur maître du monde (2), et qui méritoit
» le mieux d'être bien servi. Avant d'avoir la
» gloire d'être admis à certaines conversations
» dans lesquelles Sa Majesté s'épanchoit avec ses
» serviteurs, je ne pouvois moi-même penser que,
» parmi tout ce que nous avons vu de grand en
» lui, il y eût autant de bonté, d'affabilité, de
» raison et d'humanité que j'en ai connu par
» moi-même. »

Par une suite fâcheuse des mauvaises dispositions faites après la malheureuse bataille d'Hochstedt, nos frontières étoient bien rapprochées du
centre du royaume. On auroit pu avec les débris
de l'armée, qui étoient encore assez considérables, empêcher les ennemis de passer le Rhin à
Philisbourg et les forcer de descendre jusqu'à
Mayence. La saison étoit si avancée, qu'en apportant ainsi quelque délai au passage du Rhin,
on auroit pu avoir le temps de se placer derrière
Landau, la Kreith devant soi, et par ce moyen
empêcher très-aisément que le siége de cette
place ne se fît (3). Mais, au lieu de prendre quelque parti, on laissa les ennemis entièrement maîtres de la campagne, et ils placèrent leur armée
commodément sur la Lutter. Le roi des Romains,
qui vint voir prendre Landau pour la seconde
fois, mit son quartier dans Weissembourg. Pendant que les généraux de l'Empereur pressoient
le siége, milord Marlborough occupoit Trèves,

---

(1) Lettre de M. de Chamillard, du 28 février. (A.)
(2) Lettre à madame de Maintenon, du 11 avril. (A.)
(3) Tiré des Mémoires, 64ᵉ cahier. (A.)

et s'étendoit le long de la Basse-Sarre ; de sorte que quand Landau eut capitulé, les ennemis se trouvèrent avantageusement postés pour fondre, après l'hiver, sur la partie de la frontière qu'ils voudroient percer. Le Roi me donna la plus exposée à défendre, depuis le Fort-Louis jusqu'à Luxembourg, par où les alliés pouvoient facilement pénétrer en Champagne ; ce qui leur auroit aussi donné la Lorraine, dont le duc leur étoit fort dévoué.

Je commençai par aller visiter la frontière, et les troupes qui m'étoient confiées. « C'étoit le » moyen de faire connoître à chacun ses de- » voirs (1), et de hâter un peu tout ce qui alloit » trop lentement. Je trouvai le soldat en bon » état, mais point d'officiers. Il y avoit des régi- » mens entiers qui n'étoient commandés que par » un lieutenant (2). Cet abus, toujours très-dan- » gereux, le devenoit davantage sur une frontière » perpétuellement menacée. Je m'en plaignis à » la cour ; mais en même temps je fis l'éloge de » ceux dont l'assiduité et le zèle méritoient d'être » distingués (3).

» Presque au moment de mon arrivée (4), le » général Bulter, qui commandoit dans les Deux- » Ponts, avoit voulu attaquer le château de Blies- » castel, où le sieur Duvernon, qui y comman- » doit, lui tua beaucoup de gens, et le força de » se retirer, et ayant envoyé un parti après eux, » leur fit plusieurs prisonniers. Ce n'est pas, di- » sois-je au ministre, un grand événement ; mais » j'espère que c'est un commencement. Je suis » bien aise de commencer à porter bonheur à » cette frontière : les troupes et les peuples me » marquent avoir cette opinion. » Le Roi fut aussi fort content de ce petit succès, et il dit publiquement que ma présence avoit déjà relevé le courage de ses troupes (5).

Je parcourus le pays, autant que les neiges et les frimas me le permirent. Je ne négligeai pas un ravin, un bouquet de bois, un ruisseau, un monticule, une fondrière. J'examinai avec grande attention les fortifications des places qui pouvoient nous servir de ressource, surtout celle de Thionville. On me l'avoit faite mauvaise. « Je » viens, disois-je au ministre (6), de la visiter » par dedans et par dehors. Avec quelques ou- » vrages que l'on peut faire, je la trouve très- » bonne, et vous pouvez compter qu'elle peut » tenir les ennemis très-long-temps. J'en ai fait » convenir les ingénieurs. Je ne me pique pas » d'un profond savoir dans leur art, mais j'en » sais assez pour qu'on ne me puisse pas faire » prendre le blanc pour le noir. » Je fis dans ma course de bonnes observations, et je revins assez content à la cour, où j'étois appelé pour conférer avec les maréchaux de Villeroy et de Marsin (7) : le premier devoit commander en Flandre, le second sur le Rhin, moi dans centre, sur la Sarre et la Moselle. Dans l'incertitude où on étoit de l'endroit vers lequel les ennemis dirigeroient leurs plus grands efforts, il fut convenu que les trois armées, occupant des points principaux chacune dans le district qui leur étoit assigné, tiendroient entre elles des communications libres depuis Liége jusqu'à Huningue, pour s'envoyer réciproquement du secours.

Revenu de ce voyage, qui ne dura que quatorze jours, je ne tardai pas à m'assurer que c'étoit à moi que les ennemis en vouloient. Ils faisoient à Trèves d'immenses provisions de guerre et de bouche, des amas considérables de farine, d'avoine, paille, foin, poudre, boulets, mortiers, canons, qui leur arrivoient journellement par le Rhin et la Moselle. Il n'étoit pas vraisemblable que de pareilles dépenses se fissent pour épouvanter seulement: elles marquoient nécessairement l'approche d'une grosse armée ; et en attendant qu'elle pût par elle-même protéger son dépôt, les ennemis avoient, pour sa sûreté, couvert toutes les avenues de Trèves de fortifications.

Mon dessein étoit d'aller les visiter, pour rompre, s'il étoit possible, leurs projets. « Et voici, » écrivois-je au ministre (8), ce que je me pro- » posois : d'emporter Hombourg, les Deux-Ponts » et Hornbach, qui ne pouvoient nous arrêter » que peu d'heures, moyennant des pièces de » seize que j'aurois fait suivre ; me rabattre après » cela sur ma gauche ; et déjà informé, à la hau- » teur de Sarre-Louis, des forces que les enne- » mis auroient pour lors dans Trèves, m'en ap- » procher, faisant attaquer Sarrebourg par un » petit corps que j'aurois fait marcher de Thion- » ville à Sirck ; tout cela prisonnier de guerre :

---

(1) Lettre à M. de Chamillard, de 16 février. (A.)
(2) Lettre au même, du 18 février. (A.)
(3) Lettre au même, du 17 février. Il loue les sieurs de Boiseau, de Rodemat, de Rott, et demande qu'on lui conserve son ancien état-major, le sieur de Tressemanes pour major général, le sieur de Beaujeu pour maréchal des logis, le sieur de Verseilles pour reconnoître les camps. Le 25 février, au même, il loue les sieurs de Sommery, Flaisches et Despeaux, le vieux La Feronnaye, et surtout le jeune duc de Mortemart, qui donne le meilleur exemple. (A.)

(4) Lettre à M. de Chamillard, du 11 février. (A.)
(5) Lettre de M. Le Pelletier au maréchal de Villars, du 21 février. (A.)
(6) Lettre à M. de Chamillard, du 16 février. (A.)
(7) Lettre au même, du 6 mars. (A.)
(8) Lettre au même, du 8 avril. (A.)

» et ensuite reconnoître par mes yeux si, dans
» la haute opinion que les ennemis avoient de
» leurs forces, et s'imaginant que les nôtres ne
» pouvoient être sitôt en état, ils n'auroient pas
» négligé quelques points par où je pourrois les
» attaquer. »

Mais il fit un temps horrible : la pluie tomboit avec une abondance effrayante; les moindres ruisseaux étoient devenus des fleuves. A chaque moment je me mettois à ma fenêtre, et j'avois la douleur de voir tout inondé. Je profitai cependant de quelques jours moins fâcheux pour inquiéter les ennemis, et mon succès me fit regretter de n'avoir pas pu faire davantage. « Nous
» avons trouvé, écrivois-je au ministre (1), le
» seul pont dont on pouvoit se servir sur la Blise
» soutenu par une redoute et quelques retran-
» chemens. On a fait passer cent cinquante gre-
» nadiers dans de petites nacelles, qui ont pris les
» ennemis par les derrières, tandis qu'on les
» amusoit par devant. On a emporté la redoute ;
» le commandant a été pris, et trente hommes
» des troupes de M. l'électeur palatin. En même
» temps M. de Streff a marché avec les dragons
» de Despeaux sur quelques quartiers de cava-
» lerie que les ennemis avoient auprès des Deux-
» Ponts, lesquels avertis par le feu, et leurs
» chevaux plus frais que les nôtres, il a été im-
» possible à M. de Streff de joindre le gros. On
» a pris quelques traîneurs. M. de Druy arrivé
» sur Hombourg, et ne pouvant raccommoder
» assez promptement le pont que les ennemis
» avoient rompu, les a vus se sauver dans la
» campagne, après avoir jeté une bonne garnison
» dans le château. On voulut l'attaquer ; mais
» il auroit fallu monter du canon sur la monta-
» gne, ce qui demandoit du temps. Le fourrage
» nous manquoit absolument, le pain même avoit
» suivi avec peine; et la maudite pluie revenant
» plus horrible que jamais, il a fallu se contenter
» de quelques chariots de bagages, et de cent
» cinquante hommes que M. Du Pozet a pris.
» C'est la moindre partie de ce que nous espé-
» rions. Cependant il faut avouer que nous ne
» devons pas être tout-à-fait mécontens : c'est
» toujours avoir fait voir l'armée du Roi aux en-
» nemis, qui s'imaginoient que nous n'osions
» nous montrer, et les avoir chassés de leurs
» quartiers d'hiver. Comptez que tout fuit ac-
» tuellement vers Mayence et Landau, et cela
» ne nous a pas donné beaucoup de peine. »

J'ajoutai cette observation, parce que M. de Chamillard me marquoit la plus grande appré-hension que les troupes, fatiguées dans ce commencement de campagne, ne pussent la soutenir entière. Cette crainte étoit d'autant plus naturelle, que notre cavalerie, sur laquelle devoit rouler le fort de cette expédition, étoit presque toute remontée en jeunes chevaux, à cause d'une mortalité affreuse qui l'avoit dépeuplée l'année dernière. Je rassurai le ministre, en lui marquant les précautions que j'avois prises. « J'ai
» eu attention, lui dis-je (2), que l'on ne menât
» que les chevaux les mieux en état. L'on n'a
» passé qu'une seule nuit dehors, ayant eu le
» couvert toutes les autres. On a séjourné un jour
» sur sept de marche ; on a toujours eu pain et
» avoine. Enfin, monsieur, cela ne s'appelle pas
» une bien rude corvée, et celle que j'ai faite une
» fois en ma vie, où nos soldats disoient qu'ils
» changeoient de draps blancs tous les jours,
» parce qu'ils couchèrent douze jours de suite
» sur la neige, étoit bien différente. »

Mais le plus difficile avec les Français n'est pas de lui faire supporter la fatigue ; c'est de le retenir dans son penchant pour les plaisirs, le goût du luxe, le jeu et la bonne chère, qui rend négligent et peu appliqué. Je tâchai, au commencement de la campagne, de bannir ces défauts de mon armée, et j'appelai pour cela à mon secours la fermeté du ministre. « Je ne crois pas,
» lui disois-je (3), qu'il y ait beaucoup d'officiers
» dont on ait lieu de se plaindre ; mais s'il s'en
» rencontre qui, emportés par le plaisir, ne font
» pas leur devoir, je prendrai la liberté de vous
» recommander à leur égard la sévérité : car l'es-
» prit de l'homme est tel, que celui qui a bien
» rempli son devoir reçoit une certaine satisfac-
» tion quand on punit le fainéant. Cette justice
» instruit pour l'avenir. Pour moi, monsieur, je
» ne connois, pour mener les hommes, que la
» justice : il ne la faut pas accompagnée de du-
» retés personnelles ; il faut que l'on paroisse
» récompenser avec plaisir et punir avec peine,
» et que ces deux moyens-là marchent toujours
» également. »

J'entrepris de me faire autoriser par le Roi lui-même, et j'en écrivis à madame de Maintenon en ces termes (4) : « Je prends la liberté,
» madame, de vous exhorter à faire que le Roi
» fasse des défenses résolues pour les dépenses
» de table et des équipages. Je voudrois que Sa
» Majesté daignât s'expliquer à peu près en ces
» termes : *Je fais ce qui m'est possible pour
» empêcher la noblesse de se ruiner, en l'exhor-
» tant à plus d'ordre dans ses dépenses, et ja-*

(1) Lettre à M. de Chamillard, du 21 avril. (A.)
(2) Lettre au même, du 26 avril. (A.)

(3) Lettre à M. de Chamillard, du 10 avril. (A.)
(4) Lettre à madame de Maintenon, du 11 avril. (A.)

» mais prince n'a tant fait pour l'enrichir, ni
» si prodigieusement donné, que moi; mais je
» ne puis empêcher que les dissipateurs, gens
» sans ordres, ne se ruinent, malgré toutes mes
» peines. Que n'ai-je pas donné à messieurs
» d'H...., de B...., et d'autres? Est-ce ma faute
» si ces gens-là n'ont pas laissé de très-grands
» biens à leurs familles? Enfin quand je re-
» garde ceux de mes sujets à qui je donne le
» moins, je trouve que c'est encore assez pour
» soutenir une sorte de dépense convenable à
» leur état. Je prends pour exemple un lieute-
» nant général : il tire de moi pendant la cam-
» pagne, en appointemens ou en fournitures,
» plus de douze mille francs. On ne me persua-
» dera pas qu'avec cela il ne puisse pas donner
» à dîner à une douzaine d'officiers, qui ne lui
» demandent ni entrées, ni entremets, ni des
» fruits si délicats, mais un peu meilleure chère
» qu'ils ne la font chez eux.

» Enfin, madame, quand ces discours ne
» réussiroient pas, au moins qu'ils servent à faire
» dire que le Roi persiste à vouloir établir un
» ordre dans ses sujets, et qu'il ne puisse pas
» être justement importuné par tout ce qui vient
» crier qu'il se ruine. Et pourquoi se ruinent-ils?
» Je désire donc que le Roi fasse renouveler ses
» pragmatiques contre le luxe des tables, n'en
» tirât-il d'autre utilité que d'avoir fait ce qui
» dépend de lui pour rendre ses sujets plus sages
» et plus réglés. »

Ces règlemens me paroissoient nécessaires dans l'oisiveté des camps, que cette campagne sembloit m'annoncer, puisqu'il paroissoit que je serois obligé de me tenir sur la défensive. Je m'arrangeai, pour les hommes, les munitions et l'argent, avec les gouverneurs des villes les plus menacées. Celui de Sarre-Louis demandoit qu'outre le prêt des troupes, il fût fait un dépôt de deux cent cinquante mille livres pour les besoins qui pourroient survenir. Je lui remontrai que cinquante mille écus étoient plus que suffisans : « car, lui disois-je (1), quand tout l'argent
» comptant de la garnison seroit épuisé, comme
» rien ne sort d'une place assiégée, le gouver-
» neur pourroit le retrouver dans la bourse des
» cabaretiers, aubergistes, marchands et autres
» bourgeois, chez qui le soldat l'a dépensé; et
» en s'obligeant pour le Roi à payer les em-
» prunts, il est maître de les forcer à prendre
» ses billets, et à lui remettre l'argent, qui leur
» retourne ensuite, et qu'on reprend encore
» après. Ainsi il est inutile d'avoir une si grosse
» somme en dépôt : il n'en faut que ce qui est
» nécessaire pour suppléer à ce que cachent or-
» dinairement ceux à qui on demande leur ar-
» gent pour des billets, et avoir attention qu'ou-
» tre l'argent circulant, il y en ait toujours une
» bonne masse en caisse pour parer aux événe-
» mens imprévus. » M. de Marcy, major de la place, m'aida à faire entendre raison sur ce point au gouverneur. Ce M. de Marcy étoit une bonne tête, un esprit net et facile, qui alloit bien aux expédiens.

Un autre abus beaucoup plus dangereux que je tentai de réformer fut le droit que prétendoient les gouverneurs de se rendre sitôt que les dehors étoient pris, et que le corps de la place étoit attaqué. J'obtins à ce sujet une lettre du Roi à eux adressée, et conçue en ces termes (2) : « Quel-
» que satisfaction que j'aie de la belle et vigou-
» reuse défense qui a été faite dans les dernières
» places qui ont été assiégées, et que les com-
» mandans se soient distingués en soutenant
» plus de deux mois leurs dehors [ce qui n'a
» jamais été vu parmi nos ennemis], cependant
» j'estime qu'on peut défendre aussi long-temps
» et plus les corps de place; et enfin je m'en
» tiens aux anciens ordres, contenus dans toutes
» les patentes des gouverneurs, de ne jamais
» rendre une place que l'on n'ait du moins sou-
» tenu plusieurs assauts au corps de la place. »

J'envoyai cet ordre à tous les gouverneurs; je l'appuyai de vive voix, et j'exhortai le ministre à ne pas mollir sur cet article. « Que l'on ne vous
» donne jamais pour raison, lui écrivois-je (3),
» que l'on veut conserver les troupes du Roi.
» Toute garnison qui marquera de la fermeté
» ne sera pas faite prisonnière de guerre; et il
» n'y a point de général qui, assuré d'emporter
» une place, n'aime mieux donner capitulation
» que de hasarder de perdre mille hommes pour
» forcer des gens obstinés. »

Ces soins de détail ne me faisoient pas perdre de vue l'objet principal : c'étoit l'attention sur l'armée des alliés, qui se grossissoit de mon côté. On fut quelque temps en doute de l'endroit vers lequel ils porteroient leurs efforts : le maréchal de Villeroy crut qu'ils tomberoient sur lui d'abord, et le Roi m'ordonna de lui envoyer des renforts. Je les disposai de manière qu'ils pussent continuer leur route vers la Flandre, ou revenir à moi, selon l'exigence des circonstances, et j'écrivis en même temps au Roi (4) : « Je
» ne sais si messieurs les maréchaux de France
» sont aussi délicats pour servir les uns sous les

---

(1) Lettre à M. de Chamillard, des 25 et 26 avril. (A.)
(2) Lettre au même, du 24 mars. (A.)

(3) Lettre à M. de Chamillard, du 24 mars. (A.)
(4) Lettre au Roi, du 17 mai. (A.)

» autres que lors de la dernière guerre; mais je
» supplie très-humblement Votre Majesté de ne
» point me ménager sur cela. J'irai sous M. le
» maréchal de Villeroy tant qu'il plaira à Votre
» Majesté. »

Mais, dans le temps même que j'écrivois cela, les incertitudes où nous étions sur le plan de campagne des ennemis cessèrent par les nouvelles arrivées de toutes parts que les forces de Flandre et d'Allemagne marchoient pour se réunir sur la Moselle. Prévoyant cet événement, j'avois d'avance supplié le Roi de me faire connoître clairement ses intentions au sujet d'une bataille. « Je n'attendrai pas, disois-je au mi-
» nistre (1), les ordres de Sa Majesté pour pro-
» fiter d'une fausse démarche, ni pour empê-
» cher autant que je pourrai l'investiture d'une
» place; mais si je ne le puis qu'en donnant une
» franche bataille, je crois, monsieur, qu'il est
» de la sagesse de demander ce que veut Sa Ma-
» jesté. Ce n'est point pour avoir des ordres qui
» puissent me disculper en cas d'événement : la
» bonté du Roi est trop connue, et j'ose me flat-
» ter que mon ardeur pour son service l'est aussi.
» Je n'ai aucune timidité d'esprit, et, avec l'aide
» de Dieu, je prendrai hardiment le bon parti ;
» mais si je dois chercher une bataille à terrain
» et à avantage égaux, c'est sur quoi Sa Majesté
» doit voir ce qui lui convient. »

J'avois trois villes également importantes à soutenir, Luxembourg, Thionville et Sarre-Louis : la première, fort éloignée de mon centre, les deux autres séparées par des pays ingrats et difficiles. L'essentiel étoit de bien assurer les rivières qui couvroient ces dernières, la Moselle, la Sarre, et la Nice. « Je travaillai, comme je le
» mandois au maréchal de Villeroy (2), à mettre
» quelque bonne intelligence entre elles; mais
» ces trois diablesses, lui disois-je, s'il est per-
» mis de parler ainsi des rivières, ne se laissent
» pas approcher : non pas la Moselle, elle n'est
» que trop honnête, car on la passe partout;
» mais pour la Sarre, depuis son embouchure
» jusqu'à Sarre-Louis, on n'en approche pas.
» Enfin je l'ai cultivée tout l'hiver avec mes-
» sieurs nos généraux, je ne l'ai pas trouvée plus
» gracieuse; et les pays qui sont entre la Mo-
» selle, la Sarre et la Nice, très-peu gracieux
» aussi. J'espère qu'ils n'auront pas plus de
» charmes pour nos ennemis qu'ils ne nous en
» ont fait paroître. »

Cependant, quelque disgraciés que fussent ces pays, je ne crus pas devoir en abandonner la possession. Je me plaçai à Fronisberg et sur les hauteurs voisines, d'où je pouvois envoyer du secours à Luxembourg par les bois de Sirck, que j'avois fait ouvrir en tournant les abattis du côté des ennemis. Je couvrois aussi Thionville, et pouvois tirer mes subsistances de Metz. Quant à Sarre-Louis, je fis pratiquer des routes, et fortifier des postes tels que Bouzonville et Bourgaiche, pour être instruit des mouvemens des ennemis, et arriver en même temps qu'eux sur cette ville, ou même les prévenir s'ils la menaçoient.

Je me trouvois dans des circonstances assez singulières. M. de Chamillard m'écrivoit que j'avois autant d'infanterie que les ennemis, et très-peu moins de cavalerie; et il m'insinuoit que s'ils approchoient, je devois leur disputer le terrain, et ne point songer à reculer. On pensoit tout le contraire dans mon armée. « D'avoir
» voulu seulement demeurer dans ce camp,
» écrivois-je au ministre (3), me fait passer pour
» téméraire parmi nos généraux. Je n'entends
» que discours de sagesse ; que j'ai le sort de
» l'État entre les mains; qu'il vaut mieux que
» Sarre-Louis, s'ils l'attaquent, tombe, que de
» donner une bataille avec une si grande inéga-
» lité de forces. Vous me croyez peut-être trop
» prudent lorsque je suis presque seul de mon
» avis dans les partis je ne dis pas hasardeux,
» mais qui n'ont que l'apparence d'audace. Si
» j'allois aux opinions, je suis sûr que je repas-
» serois la Moselle, ou du moins la petite rivière
» de Konismaker. Jugez de quelle conséquence
» seroit une pareille démarche sur les premiers
» mouvemens des ennemis pour s'approcher de
» moi ! »

Le vrai étoit que les ennemis, qui se donnoient cent dix mille hommes, en avoient au moins quatre-vingt-dix mille effectifs, pendant que, tous les renforts qu'on m'envoya de Flandre et d'Allemagne réunis, je ne m'en voyois au plus que cinquante-cinq mille, excellentes troupes à la vérité, pleines d'ardeur et de courage ; mais le nombre y fait. Tout ce que je pouvois étoit donc d'attendre les ennemis dans mon camp, bien situé, fort par lui-même : je n'y fis point faire de retranchemens, ils inquiètent les Français. « Je voudrois, écrivois-je au ministre (4),
» que les ennemis voulussent m'attaquer. Je ne
» vous dirai pas que je désire une affaire géné-
» rale : elles sont si décisives, et il y entre tant
» de hasards, quelque précaution que puisse
» prendre un général, que tout homme sage doit

---

(1) Lettre à M. de Chamillard, du 5 mai. (A.)
(2) Lettre au maréchal de Villeroy, du 18 mai. (A.)
(3) Lettre à M. de Chamillard, du 7 juin. (A.)
(4) Ibid. (A.)

» regarder ces grands événemens-là avec res-
» pect ; mais j'en chercherai de petites, per-
» suadé de la supériorité de mes troupes. »

Enfin le 11 juin cette grande armée, composée d'Anglais, de Hollandais, d'Allemands de toutes les provinces de l'Empire, commandée par leurs princes, et en chef par milord Marlborough et le prince de Bade, s'ébranla. Des environs de Trèves, où elle s'étoit assemblée, elle se déploya sur les rives de la Sarre, qu'elle passa, reçut poudre et plomb pour combattre ; et, par une marche forcée, elle vint camper le 13 au matin devant moi. « Ils croyoient m'avaler » comme un grain de sel (1). » Milord Marlborough avoit publié partout qu'il me feroit reculer, ou qu'il me battroit. Toute l'Europe avoit les yeux sur nous, et attendoit ce grand événement, qui pouvoit décider du sort de la guerre. Les généraux vinrent examiner mon camp, tinrent plusieurs conseils ; et, la nuit du 16 au 17, ils délogèrent sans tambours ni trompettes, dans le plus grand silence. On vint me dire au point du jour qu'ils étoient partis. Je pris quinze cents dragons pour tâcher de joindre les traîneurs ; mais ils étoient trop loin.

Leur départ fut si prompt et si secret, qu'un envoyé du duc de Lorraine, qui n'étoit qu'à deux lieues des tentes de Marlborough, venant le matin conférer avec lui, fut arrêté par des hussards. Il leur montra son passe-port, signé *Marlborough* ; mais c'étoient nos hussards, qui s'étoient déjà établis dans le camp ennemi. Ils dépouillèrent complétement M. l'envoyé de Lorraine, et me l'amenèrent. J'avois précisément dans ce moment à mon côté un autre envoyé que ce même prince entretenoit auprès de moi. Il ne put s'empêcher de rire en voyant son confrère dans cet état. « Rapportez, leur dis-je (2), à vo-
» tre prince que ce qui vous arrive est le sort qui
» l'attend lui-même, selon le choix qu'il fera,
» dans ses alliances, de la France et de l'Em-
» pire. »

En félicitant le Roi sur ce grand événement, je lui dis (3) : « Il semble que Dieu, protecteur
» des armes de Votre Majesté, avoit marqué à
» ce grand nombre d'ennemis les termes qu'ils
» devoient respecter. On les a empêchés de met-
» tre le pied sur vos terres. Le poste que votre
» armée a occupé étoit précisément sur la fron-
» tière de ses États ; et outre les raisons de
» guerre plus solides, j'aurois été bien fâché
» d'avoir à me reprocher qu'étant honoré du
» commandement de ses armées, j'eusse laissé
» entrer celle des ennemis dans son royaume. »

C'est en effet tout ce qu'on pouvoit me demander. Le duc de Marlborough le sentit si bien, que lui, les princes de l'Empire et tous leurs généraux, s'excusèrent de leur retraite comme d'une défaite. Il me fit dire qu'il me prioit de croire que ce n'étoit pas sa faute s'il ne m'avoit pas attaqué ; que le prince de Bade lui avoit manqué de parole, et qu'il se retiroit pénétré de douleur de n'avoir pu se mesurer avec moi (4). Ils se vengèrent du prince Louis de Bade par des sarcasmes, et l'appelèrent le prince *des Louis* (5). Le vrai est qu'il avoit trouvé mon poste trop fort, et qu'il n'avoit pas jugé à propos qu'on exposât toutes les forces des alliés ou à un échec, ou au blâme de n'avoir remporté qu'une victoire peu utile, puisqu'en supposant que ma déroute n'auroit pas été complète, je pouvois me porter derrière des rivières ou des villes d'où on n'auroit pu me chasser qu'en risquant d'autres batailles. Le duc de Marlborough, piqué, retourna en Flandre ; l'armée du prince de Bade regagna le Rhin, et je me trouvai sans ennemis.

Selon ma maxime que sitôt qu'on cesse d'être sur la défensive il faut se mettre sur l'offensive, « voyant un corps d'ennemis retiré sous Trè-
» ves (6), je cherchai à l'ébranler. Pour cela, je
» chargeai M. le comte de Druy de marcher sur
» cette ville avec un petit corps, qui fut soutenu
» par le comte Du Bourg. Celui-ci passa la Sarre
» à Marsick, et poussa devant lui un gros parti
» qui paroissoit marcher vers Sarrebourg et
» Trèves. Ce parti, commandé par Massembach,
» en trouva un des ennemis, qui fut bien battu,
» et dont les fuyards donnèrent à Sarrebourg
» et à Trèves toutes les plus chaudes alarmes
» que l'on pouvoit souhaiter ; de manière que
» ces deux villes furent abandonnées avec plus
» de terreur qu'on ne peut imaginer, laissant
» beaucoup de poudre, grenades, et onze pièces
» de canon, ayant brûlé les magasins, ou jeté
» dans la Moselle, surtout une quantité d'avoine
» prodigieuse. »

Ce mouvement s'étoit fait à double fin, d'abord pour éloigner les ennemis de notre frontière, ensuite pour les retenir à la défense de leurs propres pays, qu'ils devoient croire menacé. Mon stratagème réussit. Pendant que je les tenois en échec avec peu de troupes, je m'avançai rapidement en Alsace, où j'étois appelé par

---

(1) Lettre à M. de Desaleurs, du 17 juin. (A.)
(2) Lettre à M. de Chamillard, du 19 juin. (A.)
(3) Lettre au Roi, du 17 juin. (A.)

(4) Lettre au Roi, du 18 juin. (A.)
(5) Lettre à M. d'Alègre, du 19 juin. (A.)
(6) Lettre à M. le prince de Conti, du 4 juillet. (A.)

les ordres du Roi. J'arrivai ainsi sur la Lutter avant les alliés, qui avoient été retenus sur la Moselle par l'attaque de Trèves. L'armée du maréchal de Marsin et la mienne se réunirent le 3 juillet, et, dès le lendemain, nous marchâmes aux lignes de Weissembourg, qui étoient plutôt soutenues que défendues par un corps de cinq ou six mille hommes, qui fut très-maltraité. Le général Thungen, qui commandoit en attendant le prince de Bade, recueillit les débris de ce corps dans un camp qu'il avoit fortifié sous les murs de Lauterbourg, où nous résolûmes de l'attaquer.

Le temps pressoit : son armée étoit journellement grossie par des détachemens qui lui venoient de la Moselle par derrière le Rhin, où il avoit un pont communiquant aux lignes de Stollhofen. Nous fîmes ce que nous pûmes pour le déposter : attaques réelles, retraites feintes, rien ne fut oublié pour tâcher de l'attirer hors de son camp; mais il y resta inébranlable, et si bien couvert, que nous ne jugeâmes pas à propos de risquer une action.

Elle devenoit de jour en jour moins possible, parce que l'armée ennemie, outre les renforts tirés de la Moselle, augmentoit encore par les contingens de l'Empire qui commençoient à arriver, et que la mienne, au contraire, diminuoit par les détachemens qu'on m'ordonnoit de faire passer en Flandre et en Italie : de sorte que je crus devoir m'estimer très-heureux si je pouvois réussir à protéger les lignes d'Haguenau, empêcher la prise du Fort-Louis, et aller vivre un peu sur le pays ennemi au-delà du Rhin (1). C'est tout le but que je me proposai pour le reste de cette campagne, dont le fardeau alloit tomber tout entier sur moi, parce que le maréchal de Marsin fut appelé en Flandre, où nos lignes avoient été forcées par le duc de Marlborough.

Je m'appliquai d'abord à réunir toutes mes forces, n'ignorant pas que j'allois avoir affaire à une armée bien plus nombreuse que la mienne quand tous les contingens auroient rejoint; ce qui arrive ordinairement dans le mois d'août. Je rappelai donc presque toutes les troupes que j'avois laissées sur la Moselle; mais j'ordonnai au marquis de Conflans, avant que de quitter ce pays, de s'assurer de Bliescastel; et au marquis de Refuge, après avoir rasé les fortifications qui couvroient Trèves, de prendre la ville et le château de Hombourg. Par cette double expédition, nous nous trouvions en état de pénétrer chez l'ennemi, et je le privai des contributions qu'il tiroit auparavant des Trois-Evêchés.

Quant au siége du Fort-Louis, on avoit écrit au ministre que les seules inondations pouvoient empêcher les ennemis de l'investir. « Il n'y a » rien, lui répondis-je (2), de si joli sur une carte, » où avec un peu de vert et de bleu on met en » eau tout ce qu'on veut. Mais le général qui va » visiter cela, comme je l'ai fait, trouve en divers endroits des distances de mille pas où ces » petites rivières, qu'on prétend inonder la campagne, sont bien sagement dans leur lit naturel, plus grosses qu'à l'ordinaire, mais n'empêchant en façon du monde que l'armée ennemie ne fasse des ponts, et ne se place au pied » du Fort-Louis, d'où après cela on ne peut plus » la chasser, parce que les inondations mêmes » lui servent de rempart. Je vais donc au contraire examiner, ajoutois-je, s'il ne faudra pas » plutôt se défaire de ses prétendues inondations, » pour nous conserver une avenue la plus praticable qu'il sera possible pour secourir le Fort-» Louis par un combat, au cas que les ennemis » veuillent y marcher. »

Ma position étoit assez embarrassante. « Je ne » sais, écrivois-je à M. de Chamillard (3), quels » avis vous avez du nombre de troupes dont est » composée l'armée ennemie. Ce que nous savons positivement, c'est qu'il y a le pied de » quatorze mille hommes de troupes de l'Empereur, toutes les troupes des cercles de Souabe » et de Franconie, celles du duc de Wurtemberg » et de Westphalie, les troupes palatines et de » Prusse, plusieurs troupes particulières de Saxe-» Gotha, Wolfenbuttel, d'Amstel; enfin tous les » contingens de l'Empire sur le pied complet, » commandés par le prince de Bade, qui est » venu les rejoindre. Le bruit des prisonniers et » de leurs déserteurs leur donne soixante-dix » mille hommes. Otez-en vingt. Pour moi, je » n'en puis compter que trente-cinq mille. »

Après cela il falloit défendre douze lieues de lignes depuis les montagnes jusqu'au Fort-Louis. Instruit de ce qui venoit de se passer en Flandre, où on avoit été battu parce qu'on s'étoit trop étendu, j'écrivis au ministre (4) : « Je ne » me séparerai pas derrière les lignes; je me » tiendrai ensemble. Le plus difficile, ce sont les » extrémités. Je ne m'embarrasse pas que les » ennemis percent la ligne : je songerai capitalement à marcher ensemble sur ce qui voudroit » investir le Fort-Louis, ou pénétrer dans le » pays. C'est la conduite la plus sûre derrière » des lignes. »

Je fis plus : sachant que les ennemis, sûrs de

---

(1) Lettre à M. de Chamillard, du 5 août. (A.)
(2) Ibid. (A.)

(3) Lettre à M. de Chamillard, du 21 août. (A.)
(4) Ibid. (A.)

leurs forces, publioient qu'ils alloient m'attaquer, « je crus qu'il étoit plus avantageux de les » aller chercher que de les attendre (1). Je mar-» chai donc avec l'armée en bataille le 29 août : » je me portai sur leur armée, et je cherchai » pendant toute la journée à me tenir si près, » qu'ils ne pussent sortir de leur camp sans me » donner quelque avantage sur leur arrière-» garde ; mais ils se tinrent dans leur camp, d'où » ils avoient dit qu'ils devoient sortir, et les of-» ficiers que nous fîmes prisonniers dans les es-» carmouches nous assurèrent que certainement » le prince de Bade avoit résolu de nous atta-» quer, et qu'ils ne voyoient pas d'autre raison » de son changement de résolution que de ce » que nous avons marché à eux. Nos manœu-» vres, ajoutois-je au ministre, vous paroîtront » hardies. Je les ai faites, tant pour imposer à » l'ennemi que pour conserver l'ardeur de nos » troupes : car, en vérité, comptez qu'il est » très-dangereux pour les Français d'être atta-» qués. »

Le Roi m'envoya vers ce temps un lieutenant général que je ne lui demandois pas ; sur quoi je lui écrivis (2) : « Mon zèle pour le service de Vo-» tre Majesté me fait prendre la liberté de lui » dire qu'elle ne peut être trop difficile sur le su-» jet de ceux qui tiennent les premiers postes » dans les armées : le trop grand nombre même » ne convient pas. Par exemple, je vois, dans » l'ordre de bataille de l'armée de Flandre, » quinze lieutenans généraux à une première » ligne, cinq à chaque aile : il est vrai que le plus » ancien commande l'aile ; mais, sire, le hasard » ne permet pas toujours que le plus ancien soit » le plus capable. D'ailleurs, gens égaux en di-» gnités ne sont point naturellement portés à » s'estimer, ni à s'obéir assez promptement. La » guerre veut une autorité trop décidée pour » que la parité puisse s'en accommoder. Il y a » des gens plus occupés de la manière dont ils » ordonnent que de la force qui doit être dans le » commandement. Il est bon de se faire aimer » des troupes ; mais leur confiance ne s'acquiert » que par la fermeté et la justice. »

Le mois de septembre se passa en marches et contre-marches. Voyant que les ennemis se renforçoient sous Lauterbourg, je passai le Rhin, l'infanterie sur un pont entre le Fort-Louis et Strasbourg, la cavalerie sur celui de cette dernière ville. Je poussai alors des partis jusque dans les montagnes Noires ; et ces pays, qui se croyoient à l'abri des exécutions militaires,
étant protégés par toutes les forces de l'Empire, furent très-étonnés de se voir attaqués. Par cette diversion, j'inquiétai si bien les alliés pour leurs lignes de Stollhofen, qu'ils y rappelèrent la plus grande partie de leurs troupes de Lauterbourg, et me menacèrent d'une bataille. Je repassai le Rhin à propos, et regagnai de nouveau les lignes d'Haguenau. Ils revinrent en force. Alors il fut question de décider si on abandonneroit cette place, qui étoit fort mauvaise. Je tins un conseil de guerre. La pluralité des voix alloit à l'abandonner. M. de Pery, officier étranger, offrit de la défendre, et promit sur son honneur de sauver la garnison. Je louai sa résolution, et lui donnai de quoi la soutenir.

« Il se défendit parfaitement bien par un très-» gros feu (3), faisant perdre beaucoup de monde » aux ennemis : ils en avouèrent eux-mêmes » plus de mille tués et blessés. Enfin, voyant » deux brèches ouvertes, il demanda à capituler. » Le prince de Bade ne voulut le recevoir que » prisonnier de guerre : sur quoi M. de La Chaux, » qui étoit allé porter les articles, revint, disant » seulement que toute la garnison étoit résolue à » se défendre jusqu'au dernier homme, et à pé-» rir plutôt que de se rendre prisonnier de guerre. » M. de Pery exécuta alors la résolution qu'il » avoit prise depuis quelques jours.

» Après avoir laissé M. d'Herling avec qua-» tre cents hommes pour tenir les derniers pos-» tes et faire feu sur les ennemis avec le reste » des troupes, il sortit, entre huit et neuf heures » du soir, par la porte de Saverne ; et ayant ren-» versé une garde de cavalerie qui fermoit cette » avenue, il arriva avec toutes ses troupes au » point du jour à Saverne. M. d'Herling le joi-» gnit avec le reste quelques heures après, » n'ayant laissé dans Haguenau qu'environ cent » malades ou blessés, et n'ayant eu dans sa » route qu'un seul officier tué, et sept à huit » soldats. » En remerciant le ministre des grâces que Sa Majesté accorda à tous les officiers de cette garnison, je ne pus m'empêcher de lui dire (4) : « J'ai vu un temps que nos Français » auroient été vivement touchés de voir un » étranger se distinguer parmi eux autrement » qu'en les imitant. »

Je me permis d'autant plus librement ce reproche, que j'étois piqué de ce que je venois de manquer la plus belle occasion de molester les ennemis, et cela par la faute d'un officier en qui j'avois la plus grande confiance. Je l'avois envoyé par les derrières du camp ennemi pour sur-

---

(1) Lettre à M. de Chamillard, du 31 août. (A.)
(2) Lettre au Roi, du 25 août. (A.)

(3) Lettre à M. de Chamillard, du 7 octobre. (A.)
(4) Lettre au même, du 27 octobre. (A).

prendre un convoi, ne pouvant y aller moi-même, parce que j'étois tourmenté de la goutte. Il trouva l'escorte du convoi trop forte pour son détachement, et s'en revint demander du secours : pendant ce temps le convoi passa. Je ne sais comment cet officier, brave et expérimenté d'ailleurs, ne songea pas, avec ce qu'il avoit de troupes, à tenir le convoi en échec, en attendant le renfort que je lui aurois certainement envoyé. C'est là une de ces occasions où la maladie est un double mal.

Ce convoi, dont les ennemis avoient le plus grand besoin, les mit en état de rester en présence. Mais nous touchions à la fin d'octobre, la saison devenoit fâcheuse, et je voyois avec plaisir arriver le temps où je savois que les cercles et les autres contribuables de l'Empire, qui craignent toujours que leurs troupes ne se ruinent, ont coutume de les rappeler.

Cependant, avant que de les voir défiler, le prince de Bade n'auroit pas été fâché de m'entamer, ou du moins il en montra l'envie. De mon côté, je n'étois pas curieux de compromettre, dans l'incertitude d'une action, l'avantage d'une campagne que je pouvois dire m'avoir été glorieuse. Ma partie foible étoit la cavalerie : nous avions essuyé une mortalité affreuse, qui avoit dépeuplé des régimens entiers. Il est vrai que les ennemis n'avoient pas été mieux traités ; mais, comme ils étoient plus nombreux, ils se ressentoient moins de leurs pertes. Toute mon inquiétude tournée de ce côté en cas d'action me fit imaginer de prendre les chevaux d'artillerie, ceux des officiers, des bagages et autres, ne m'en réservant à moi-même que deux de main. J'ordonnai une revue générale, dans laquelle ces chevaux, au nombre de quatre mille, parurent prêts à être équipés et montés (1). Le prince de Bade apprit avec surprise que je pouvois ajouter un renfort si considérable à ma cavalerie, et me laissa tranquille.

Il ne fut plus question entre nous deux que de voir qui céderoit le terrain le premier. Notre campagne avoit été très-fatigante, quoique renfermée dans le cercle d'une douzaine de lieues depuis Lauterbourg jusqu'à Strasbourg, tant en deçà qu'au-delà du Rhin. Les officiers, grands et petits, s'étoient trouvés forcés, par la mortalité des chevaux, de faire presque toutes nos marches et contre-marches à pied. Le temps étoit affreux : nous campions dans la neige et dans la boue. Presque plus de fourrage ; les vivres arrivoient difficilement, et nous étions réduits au pur nécessaire : chacun désiroit impatiemment que l'armée se séparât. Mais les ennemis n'étoient pas mieux ; il leur mouroit même beaucoup plus de soldats qu'à nous, parce qu'ils n'en avoient pas tant de soin. J'ai toujours remarqué qu'il semble que les Allemands comptent pour rien les hommes et les chevaux (2). Pour moi, dans la nécessité où je me trouvois de tenir les troupes en campagne, je prenois du moins toutes les précautions propres à adoucir leur état : aussi eûmes-nous peu de déserteurs, pendant que ceux des ennemis nous venoient en foule. D'ailleurs je donnois l'exemple, vivant sous la toile ou dans les barraques comme les autres : cela me donnoit le droit d'être ferme. J'envoyai en prison jusqu'à des colonels qui s'éloignoient du camp pour être plus à l'aise, et je ne fis partir de troupes pour les quartiers d'hiver qu'à mesure et à proportion que les ennemis en faisoient partir eux-mêmes. Enfin ces deux grandes armées disparurent de la campagne, et se retirèrent dans les abris qui leur étoient destinés.

Pendant que nous nous regardions le prince de Bade et moi, il avoit envoyé par ses derrières un gros détachement pour tâcher d'enlever Hombourg, qui gênoit fort l'électeur palatin, et l'empêchoit de lever des contributions dans les Trois-Evêchés, comme il s'en étoit flatté. Mais cette place se trouva trop bien munie, et le détachement revint sans rien faire. J'allai, quand les troupes furent séparées, la visiter moi-même, pour être sûr par mes propres yeux qu'elle étoit à l'abri de toute insulte. Je la regardois comme très-essentielle. « Il est certain, écrivois-je au » ministre (2), que je suis plus attaché au châ- » teau de Hombourg qu'à mon château de Vaux. » Cependant le Roi venoit de le décorer du titre de duché, qui me rendoit d'autant plus précieux que c'étoit un témoignage permanent de la satisfaction que Sa Majesté avoit de mes services.

J'eus le malheur, pendant toute cette campagne, de n'obtenir du secours qu'au moment qu'on s'apercevoit que j'allois être écrasé par le nombre; et sitôt que l'égalité commençoit à s'établir, on me retiroit ce qu'on m'avoit donné : de sorte que je ne pus faire aucune entreprise considérable. Je me rabattis sur les petites, qui furent fréquentes et assez heureuses. C'est ce que je fis sentir au Roi, en lui récapitulant ce qui s'étoit passé. « Votre Majesté, lui disois- » je (4), m'aura trouvé assez affligé sur la fin de » la campagne; et j'avoue, sire, que j'ai senti

---

(1) Lettre à M. de Chamillard, du 5 novembre. (A.)
(2) Lettre au Roi, du 2 décembre. (A.)

(3) Lettre à M. de Chamillard, du 25 novembre. (A.)
(4) Lettre au Roi, du 2 décembre. (A.)

» vivement les petits avantages que la supério-
» rité des ennemis leur a donné lieu de prendre,
» et ne suis consolé que par voir la frontière des
» États de Votre Majesté la plus importante
» dans une situation bien différente de celle du
» printemps; et l'on peut dire une campagne
» heureuse quand les vastes projets des ennemis
» sont détruits.
» Cette armée nombreuse, qui n'avoit laissé
» dans les lignes de Maëstricht que vingt-huit
» escadrons et trente bataillons, et qui s'étoit
» fait soutenir de toutes les forces de l'Empire,
» s'est retirée honteusement. Celle du prince de
» Bade, depuis le 14 septembre, a été aussi
» beaucoup plus nombreuse que celle de Votre
» Majesté. Cependant ses succès se sont bornés
» à la conquête des mauvaises murailles d'Ha-
» guenau. Il est vrai que le Fort-Louis est blo-
» qué, mais il a de quoi se soutenir au moins
» pendant l'hiver. Votre Majesté, au contraire,
» a chassé les ennemis de Sarrebourg, de Trèves,
» de Hombourg; dans diverses petites occasions
» on leur a fait un assez grand nombre de pri-
» sonniers pour retirer les trois meilleurs batail-
» lons des troupes de Votre Majesté, pris à Ho-
» chstedt. » Je finissois par lui dire que j'allois,
avant que de partir pour la cour, visiter les postes le long de la Sarre et de la Moselle.

Ils avoient grand besoin de l'œil du général
pour y établir l'ordre et surtout l'économie. « La
» plupart des officiers, écrivois-je au minis-
» tre (1), ne songent, quand ils entrent en quar-
» tier d'hiver, qu'à prendre leurs aises, et bien
» établir leur ustensile. Leur esprit, en général,
» est que tout ce qu'on gagne sur le Roi est bien
» acquis. Pour moi, je suis assurément bon éco-
» nome de l'argent du Roi; et quand vous vou-
» drez examiner les dépenses des autres géné-
» raux et les miennes, je me flatte que vous
» trouverez quelque différence. » Je pris donc
connoissance de l'état des lieux, du prix des denrées, afin que le soldat fût bien, et que le Roi ne
fût pas trompé. Je plaçai les officiers généraux,
non pas toujours dans les endroits les plus com-
modes et les plus agréables, mais les plus importans. Je traçai moi-même les voies de communication et de prompte réunion en cas de besoin,
et je partis.

Arrivé à la cour, ce fut toujours même réception agréable de la part du Roi, bonté, affabilité,
expressions touchantes de satisfaction, et même
de reconnoissance; applaudissemens vrais et
naïfs de tout ce qui n'étoit pas purement courtisan; froids complimens de ceux-ci, et louanges
contraintes, auxquelles ils avoient le plaisir de
mêler un peu de critique, parce qu'ils savoient

que toutes les opérations de ma campagne n'a-
voient pas été également approuvées. Mais si on
me blâmoit, je me donnois la satisfaction de ne
point cacher l'opinion que j'avois de ceux qui
faisoient prendre des idées désavantageuses à
ma réputation. Je m'en expliquai assez librement à madame de Maintenon l'année suivante.
« J'ai vu le Roi, lui disois-je (2), vous, madame,
» et M. de Chamillard, entièrement persuadés
» que j'avois eu grand tort de ne pas défendre
» les lignes d'Haguenau. Je vous envoyai pour
» lors l'ordre de bataille des troupes que le prince
» de Bade avoit à ses ordres. Le Roi et M. de
» Chamillard sont bien convaincus du nombre
» de ces troupes, et ces mémoires viennent de
» gens auxquels on a confiance. Les ignorans
» dans la guerre, et les mêmes gens qui mour-
» roient de peur à toutes les apparences d'une
» action, ont persuadé que je devois m'opposer
» à l'entrée des lignes. Il est vrai que je l'aurois
» empêchée pour quatre jours : mais ces igno-
» rans peuvent-ils disconvenir, devant tout
» homme qui raisonne juste sur la guerre, que, dès
» que je m'éloignois du Rhin, le prince de Bade
» rassembloit toutes ses forces sur moi, et qu'il
» n'étoit plus à mon pouvoir d'éviter une ba-
» taille, que je donnois avec sept mille chevaux
» et vingt-six bataillons moins que les ennemis?
» Et d'ailleurs quel grand intérêt de donner ba-
» taille pour soutenir Haguenau, place mal for-
» tifiée, et qui tombera toujours, sans grands
» efforts, au pouvoir de celui qui sera maître du
» pays? »

[1706] Je fus destiné encore cette année pour
le Rhin. Le Roi désiroit surtout que les ennemis
fussent chassés de leurs lignes sur la Mottern,
et de leur camp retranché sous Haguenau. Je devois être aidé dans cette opération par le maréchal de Marsin, qui avoit à ses ordres une armée
chargée de défendre la Moselle. Je concertai mes
mouvemens dès Paris; et, pour cacher aux ennemis notre véritable dessein, le maréchal de
Marsin disposa ses troupes comme si elles eussent dû attaquer Trarbach, et moi celles d'Alsace, comme pour marcher à Fribourg. Le dernier avril, celles de la Moselle, après divers
mouvemens, devoient se rendre à Saverne, et
les miennes à Strasbourg, où je me rendis le
29 avril.

Le premier mai, je marchai aux ennemis,
comme nous l'avions résolu. En approchant de
leurs lignes de la Mottern, je trouvai douze cents

---

(1) Lettre à M. de Chamillard, du 29 novembre. (A.)
(2) Lettre à madame de Maintenon, du 19 juin 1706,
dans les Mémoires 69e cahier. (A.)

chevaux, qui furent entièrement défaits par le comte Du Bourg; peu rentrèrent dans leurs retranchemens, qui furent emportés après une médiocre résistance. Le maréchal de Marsin n'en trouva aucune; et le prince de Bade, craignant d'être pris en flanc par le maréchal de Marsin pendant que je l'attaquerois en front, abandonna son camp retranché de Bitchevilliers, et retira ses troupes derrière les inondations qui couvroient Drusenheim et la plaine du Fort-Louis.

La nuit du premier au 2 mai (1), j'envoyai La Billarderie, maréchal général des logis de l'armée, prier le maréchal de Marsin d'attaquer de son côté les postes ennemis, pendant que j'attaquerois du mien. Il me manda que les inondations étoient trop hautes, et qu'il ne pouvoit pas. Je lui renvoyai encore Ragemorte, très-habile ingénieur, et qui avoit une connoissance parfaite des eaux, qui paroissoient très-étendues. Le maréchal de Marsin lui fit les mêmes difficultés. Enfin j'y allai moi-même; et comme en passant j'avois vu toutes ses troupes en bataille, je lui dis en le joignant : « Monsieur, je viens » de voir une belle armée, et qui paroît bien » disposée à combattre. » Il me répondit tout haut : « Elle est trop belle pour que je la fasse » noyer dans cinquante-six inondations qui me » séparent des ennemis. » Cette réponse, entendue des troupes, pouvoit les intimider; je le pris par la main, et le menant dans une maison, je lui dis : « Il faut que nous ayons ensemble une » petite conversation, s'il vous plaît. Vous voyez, » lui représentai-je, que les ennemis montrent » peu de vigueur, puisqu'ils n'ont pas défendu » les lignes d'Haguenau : il faut profiter de leur » terreur. J'ai cru que vous voudriez bien atta- » quer; car nous sommes sûrs de réussir en fai- » sant agir tout ce que nous avons. » Il me proposa un conseil de guerre. « Un conseil de guerre! » lui dis-je; ils ne sont bons que quand on veut » une excuse pour ne rien faire. Vous savez, » ajoutai-je, que depuis la jonction les deux ar- » mées sont également sous mes ordres; mais la » déférence que je dois à un confrère m'a porté » à rester à mon aile. » Il me répondit honnêtement, mais en homme persuadé que je demeurois à l'attaque de la droite parce que celle de la gauche, où nous étions alors, étoit la plus difficile. « Puisque vous le croyez ainsi, lui répli- » quai-je, trouvez bon que j'attaque tout-à- » l'heure. » Je commandai mille grenadiers; et quand ils furent arrivés, je leur criai : *Marchons!* J'en jetai vingt devant moi, qui entrèrent dans l'inondation, et avoient de l'eau au-dessus des reins. J'y entrai le premier après eux, et ordonnai à l'armée de Marsin de suivre. Ses officiers généraux murmuroient. Un d'eux dit tout haut : « Où nous mène-t-on ? » Je lui imposai silence de manière à me faire obéir.

Nous avions un demi-quart de lieue d'eau à passer, et très-haute. Les chevaux perdoient pied en quelques endroits, mais à peine eûmes-nous traversé les deux tiers, que les escadrons des ennemis, qui paroissoient à l'autre bord, s'ébranlèrent, firent une mauvaise décharge, et s'enfuirent. « Vous voyez, dis-je au maréchal de » Marsin, que ce que l'on veut croire quelque- » fois impossible n'est même pas bien difficile. » Il fut un peu honteux. J'appelai dans le moment le comte de Broglie, très-bon officier, et lui dis : « Marchez à Lauterbourg. » En effet, la terreur des ennemis les avoit portés à abandonner ce poste, qui étoit très-fort; mais, revenus de cette consternation, ils y rentrèrent par une porte, en même temps que le comte de Broglie par la porte opposée. Un moment plus tard, nous ne tenions rien, et il auroit fallu un siège en règle pour s'emparer de cette ville, dont quelques coups de fusil nous rendirent maîtres.

Je fis en même temps attaquer un fort que les ennemis avoient à la tête de leur pont sur le Rhin, près de Stratmatt : il étoit défendu par six cents hommes. Après quelques coups de canon pour rompre les palissades, le marquis de Nangis, à la tête des grenadiers, monta le premier à l'assaut, et tout fut pris ou tué. La garnison du château d'Allen se rendit à discrétion : ainsi la plaine du Fort-Louis fut nettoyée, et je mis sur-le-champ le siège devant Drusenheim et Haguenau.

La première ville fit peu de résistance au marquis de Vieux-Pont, chargé de l'attaque; la seconde se trouva plus fournie qu'on ne l'avoit cru : les ennemis y avoient mis un train d'artillerie, une grande quantité de poudre, et des provisions de guerre de toute espèce, dans l'intention de s'en servir à attaquer quelques-unes de nos villes. J'en donnai le siège à faire au comte de Pery, qui l'avoit si bien défendue. Les ennemis, après huit jours d'attaque, demandèrent à capituler; mais il ne voulut pas leur accorder d'autres conditions que celles qu'on lui avoit faites à lui-même, c'est-à-dire d'être prisonniers de guerre, et ils furent obligés d'y passer. Il s'y trouva deux mille hommes, cinquante pièces de canon [dont trente de vingt-quatre], tout l'attirail nécessaire, et trente mille sacs d'avoine. Les rivières étoient blanches des farines qu'ils jetèrent avant que de se retirer de toutes les petites villes qu'ils abandonnèrent. On ras-

---

(1) Tiré des Mémoires manuscrits, 68e cahier. (A.)

sembla dans ces expéditions plus de quatre mille prisonniers, qui servirent à échanger presque tout ce qui restoit aux ennemis de la défaite d'Hochstedt.

Il entroit, dans les arrangemens pris pour la campagne, que sitôt que le Fort-Louis seroit délivré, et les ennemis au-delà du Rhin, le maréchal de Marsin rétrograderoit sur la Moselle, pour se rendre de là en Flandre : mais voyant que nous n'étions qu'au commencement de mai, et que tout nous réussissoit à souhait, je lui proposai de suspendre sa marche quelques jours, pendant lesquels nous proposerions à la cour d'attaquer Landau ou Philisbourg ; et je lui laissai le choix de faire le siége, ou de commander l'armée qui le couvriroit. Mais, malgré toutes mes instances, il ne voulut point attendre le retour d'un courrier que j'avois dépêché de concert avec lui : je sus même qu'il en avoit envoyé un qui précéda le mien, et qui apparemment empêcha le Roi d'entendre à mes propositions.

Cependant je ne me rebutai pas : j'offris de tenter, avec les seules forces qui me restoient, ce que j'avois voulu faire avec celles du maréchal de Marsin réunies ; et j'envoyai à la cour le sieur de Laurières, aide-major général, pour représenter toutes les raisons qu'il y avoit de tourner le sort de la guerre vers l'Allemagne, et de demeurer sur la défensive en Flandre : mais je ne fus point écouté, et la bataille de Ramillies se donna, la plus honteuse, la plus humiliante, la plus funeste des défaites. « Que de malheurs » n'auroit-on pas évités, écrivois-je à madame » de Maintenon (1), si, en me laissant agir, on » avoit ordonné à M. le maréchal de Villeroy la » sûreté et l'inaction ? Je serois bien fâché que » cette manière de plainte que je prends la li- » berté de vous faire de n'être pas cru vous por- » tât à penser que je ne suis pas très-content » de M. de Chamillard. Je dois compter et » je compte sur son amitié. J'ai reçu les plus » grandes grâces sous son ministère, et per- » sonne ne lui sera jamais plus dévoué que je » le suis ; mais d'autres ont beaucoup plus de » part à sa confiance. Ne faudroit-il pas quelque- » fois du moins croire les gens heureux, si on ne » veut pas les estimer habiles ? »

J'appris que, nonobstant cette triste expérience du danger des fausses mesures qu'on avoit prises, on rassembloit encore toutes les forces du Roi en Flandre ; et je le sus parce qu'on me demanda mes meilleures troupes. « Mais sous » quel chef? ajoutois-je à madame de Mainte- » non, sous M. l'électeur de Bavière? Au nom » de Dieu, madame, c'est mon zèle seul qui me » fait parler : que l'on évite de mettre, pour la » troisième fois, le destin de la France entre » les mains d'un prince aussi malhabile que mal- » heureux. Sa vie entière est une suite de fautes » capitales pour sa conduite et celle de ses États. » Vous me direz : *A qui donc confier les armées* » *du Roi en Flandre ? à M. le maréchal de Vil-* » *leroy et à M. le maréchal de Marsin seuls ?* » Oui, madame, et que du moins ils ne joignent » pas leurs trois étoiles pour décider de la guerre : » je vous le demande à genoux. Que le Roi » prenne bien garde aux officiers généraux qui » commanderont les ailes : si M. le maréchal de » Villeroy a l'une, et M. le maréchal de Marsin » l'autre, je les tiens bien menées. Que l'on » songe à l'infanterie. Je m'offrirois, madame, » et mon zèle me feroit servir sous tout le » monde : mais j'aurai l'honneur de vous dire, » avec la même liberté, que je ne suis pas un » trop bon subalterne. Vous croirez que c'est » par indocilité : non, madame ; mais je ne suis » ni mes vues ni mon génie sous d'autres. Ainsi » je ne puis me flatter que je fusse d'une grande » utilité sous le duc de Bavière et le maréchal » de Villeroy. »

Malgré un aveu si net de mon inaptitude à servir sous d'autres, on me proposa d'aller commander sous M. le duc d'Orléans l'armée de Lombardie, à la place du duc de Vendôme, qui venoit prendre en Flandre celle que le maréchal de Villeroy laissoit vacante en se retirant. Je reçus cette offre avec respect. « Mais je crois, » répondis-je au ministre (2), que je manquerois » à la confiance dont Sa Majesté m'honore, et » je sortirois de mon caractère, si je ne repré- » sentois sur cela tout ce qui me paroît être du » bien du service. Il faut observer d'abord, » monsieur, que M. de Vendôme a fait toutes » ses dispositions ; mais, quelque respect que » j'aie pour ses projets, chacun a sa manière de » faire la guerre, et j'avoue que la mienne n'a » jamais été de tenir par des lignes vingt lieues » de pays ; et si j'avois observé sur les siéges la » méthode de M. de Vauban, beaucoup plus ha- » bile homme que moi en pareille matière, je » n'aurois pas pris Kelh en douze jours.

» En second lieu, monsieur, si parmi tous les » généraux il y en a un moins propre qu'un » autre à suivre le projet d'un prédécesseur » sous l'autorité d'un prince qui a déjà de gran- » des connoissances de guerre, et dont il faut » d'ailleurs ménager la cour en gouvernant l'ar- » mée ; si, dis-je, monsieur, vous voulez jeter

(1) Lettre à madame de Maintenon, du 19 juin. (A.)
(2) Lettre à M. de Chamillard, du 27 juin, dans les Mémoires manuscrits, 70e cahier. (A.)

» les yeux sur le moins propre à un pareil em-
» ploi, je vous avoue naturellement que c'est
» sur moi. Vous me retirez de celui que j'ai
» étudié pour le reste de la campagne, et j'ose
» vous dire que je ne crois pas ce changement
» convenable à l'utilité du service. Si la cam-
» pagne d'Italie commençoit, ou s'il y avoit en
» ce pays-là quelque désordre, je ne vous repré-
» senterois pas tout ce que j'ai l'honneur de
» vous dire : mais, monsieur, n'est-ce pas bien
» servir le Roi que de se donner pour ce qu'on
» est? Encore une fois, si quelque chose al-
» loit mal en Italie, j'y volerois; mais il n'y a
» qu'à conserver : et si Sa Majesté, qui m'a dit
» autrefois elle-même et avec bonté les défauts
» qu'elle me connoissoit, a bien voulu les oublier
» dans cette rencontre, il est de ma fidélité de
» les représenter. Permettez-moi donc d'achever
» ici ma campagne. M. le maréchal de Marsin,
» outre ses grands talens pour la guerre, a tous
» ceux encore qui sont nécessaires pourména-
» ger l'esprit d'un prince et celui de sa cour. De
» ces derniers talens-là, monsieur, je n'en ai
» aucun. » Soit sur mon avis, soit par un choix
indépendant de mon indication, le maréchal de
Marsin fut envoyé en Lombardie, et paya de sa
vie, à la bataille de Turin, sa complaisance pour
des ordres qu'il n'approuvoit pas.

On continua de me retirer des troupes pour
la Flandre, quoique je représentasse que celles
de Westphalie, qui repassoient sur le Rhin au
lieu d'aller en Italie, jointes à toutes celles que
le prince de Bade attendoit des autres cercles,
rendroient incessamment ma position bien critique. Le moins qui pût m'arriver étoit d'être
réduit à l'inaction, pendant que je voyois qu'avec
un peu d'aide j'aurois pu forcer un passage sur
le Rhin en prenant à revers les lignes de Stolhofen, et rentrer ainsi dans l'Empire dans la conjoncture la plus favorable; car on savoit que le
duc de Wurtemberg étoit mécontent, la Bavière prête à se révolter, et la Hongrie sur le
point de s'accommoder, si on ne faisoit une
diversion en sa faveur. Tant de motifs ne purent
déterminer la cour à cesser de m'affoiblir. Je
me traçai donc un plan rétréci, conforme à ma
situation : ce fut de consommer tous les grains
et fourrages jusqu'à Landau et au-delà, et de
fortifier de redoutes des lignes que je fis faire
depuis les montagnes jusqu'au fort-Louis, pour
couvrir ce qui nous restoit de l'Alsace et de la
Lorraine; non que je ne voulusse me renfermer
dans ces lignes, mais afin de me procurer quelque tranquillité d'esprit de ce côté, pendant que
je verrois s'il n'y auroit rien à faire du côté du
Rhin.

Le premier juillet, j'appris que le prince de
Bade remontoit ce fleuve. Comme il avoit une
grande quantité de bateaux sur des haquets,
dont il pouvoit faire un pont et dérober un passage, je fortifiai de plusieurs bataillons le comte
Du Bourg, que j'avois laissé entre le Fort-Louis
et Strasbourg; et avec le reste des troupes je
continuai tranquillement à consommer les vivres
autour de Landau, comme si je n'avois pas
songé à autre chose. Cependant je m'y occupois
très-sérieusement du dessein de me procurer
une entrée sur les lignes de Stollhofen, que je
ne perdois pas de vue.

Du 10 au 19 juillet, je me donnai tous les
mouvemens imaginables pour disposer les bateaux, et autres choses nécessaires à l'entre-
treprise que je méditois. J'allai en poste au voisinage de Landau à Strasbourg; je retournai de
même à l'endroit d'où j'étois parti. Le 20 juillet, je revins toute la nuit au Fort-Louis. On
tourna l'artillerie de la place sur les bastions
qui commandoient l'île du Marquisat, et, à la
pointe du jour, Streiff, maréchal de camp, dé-
marra avec trente bateaux pour faire la descente
dans une petite île qui n'étoit séparée de celle
du Marquisat que par un petit bras de Rhin.
Streiff fut tué des premiers coups, habile et
brave officier, que je regrettai beaucoup. J'envoyai à sa place le comte de Broglie, et la petite
île fut prise.

Les ennemis firent marcher deux mille hommes, soutenus de six bataillons, pour s'opposer
à la descente dans l'île du Marquisat : le comte
de Broglie avoit un bras de Rhin si fâcheux à
passer, que dans les endroits les plus favorables
les soldats avoient de l'eau jusqu'aux épaules.
Les grenadiers de Navarre et de Champagne
marchant à l'envi les uns des autres, Barberay
à la tête de ceux de Navarre, et Pecomme à la
tête de ceux de Champagne, abordèrent l'île.
Les ennemis y firent une opiniâtre résistance;
mais le feu du canon les ayant un peu ébranlés,
nos grenadiers, commandés par le marquis de
Nangis, les renversèrent. Ils furent entièrement
défaits, et eurent plus de cinq cents hommes
tués sur la place. Je m'emparai de quelques
autres petites îles qui avoisinoient celle d'Alunde,
où les ennemis avoient un pont. J'aurois bien
voulu le détruire; mais il s'y trouva des obstacles
insurmontables. Je me contentai de m'assurer,
par quelques fortifications, la possession de ces
petites îles, qui pouvoient me servir dans la
suite. J'établis une redoute vis-à-vis l'embouchure de la rivière de Stollhofen, et je fis rétablir tous les ouvrages à corne du Fort-Louis :
par là je rendis à cette place une considération

qu'elle avoit perdue depuis la paix de Riswick. Les ennemis employèrent diligemment leurs troupes à faire de nouveaux retranchemens le long de la rivière de Stollhofen, qui est souvent guéable, et par où ils avoient lieu de craindre qu'on attaquât leurs lignes.

Mais je n'avois garde d'y penser, puisqu'on cessoit de me demander des troupes pour la Flandre; et en même temps, par une contradiction singulière, on me proposoit de faire le siége de Landau. Cette entreprise auroit été convenable lorsque je le demandois, ayant encore avec moi l'armée de Marsin, ou même peu après; mais, affoibli comme je l'étois, il n'y avoit pas de raison à risquer le siége d'une ville dont la garnison pouvoit être presque aussi nombreuse que l'armée des assiégeans, sans une autre armée pour tenir tête à celle que les ennemis auroient amenée au secours. C'est ce que je représentai au ministre avec le plus de ménagement qu'il me fut possible, de peur de le choquer en lui faisant trop sentir l'absurdité de la proposition. Au contraire, je demandai permission de combattre si les ennemis exposoient un corps d'armée devant moi en deçà du Rhin, parce que j'étois bien sûr qu'obligés comme ils l'étoient de laisser leurs lignes de Stollhofen garnies, ils ne pourroient se présenter qu'avec une armée à peu près égale à la mienne, qui étoit bien supérieure par la qualité des troupes. « Si je suis » heureux, disois-je, j'emporterai sans peine les » lignes de Stollhofen, j'entrerai dans l'Empire, » et je peux faire le siége de Philisbourg. Si je » perds la bataille, il n'en coûtera tout au plus » que les lignes de la Lauter et Lauterbourg, les » ennemis n'ayant pas assez de munitions ni » d'artillerie pour de plus grands desseins. » On me manda de me borner à la défense de mes lignes, et de ne me pas commettre au sort incertain d'une bataille.

Il fallut donc me résoudre à voir le général Thaugen, qui avoit remplacé le prince de Bade malade à Radstadt, passer le Rhin, se promener devant mes lignes, sans autres actions de part et d'autre que quelques escarmouches, des petites villes ou châteaux pris et repris; enfin rien de décisif. Cela dura jusqu'à la fin de la campagne. Les ennemis la terminèrent en repassant le Rhin le 17 novembre. Ils nous laissèrent Louisbourg dégagé, Lauterbourg, Drusenheim, nos lignes qu'ils n'avoient pas pu percer, et l'île du Marquisat. Dans ces petites expéditions, je ne laissai pas de faire des prisonniers, ce qui me donna lieu d'échanger encore quelques soldats d'Hochstedt; et je fis dire secrètement au petit nombre qui restoit de prendre du service dans les troupes de l'Empereur, persuadé qu'à la première occasion je les aurois par la désertion.

[1707] Avant que de quitter la frontière, j'ordonnai au comte de Broglie, que je laissai commandant de la Basse-Alsace, d'examiner ce qui pourroit être tenté avec succès pour attaquer les lignes de Stolhofen dont la prise m'ouvroit nécessairement le chemin de l'Empire. Ces lignes, regardées comme imprenables, s'étendoient depuis Philisbourg jusqu'à Stollhofen, et retournoient en équerre depuis Stollhofen jusqu'aux montagnes. Elles étoient formées le long du Rhin de doubles retranchemens élevés en amphithéâtre, soutenus de temps en temps par de bonnes redoutes, avec un pont bien fortifié, qui joignoit aux lignes l'île d'Alunde, d'où les ennemis pouvoient facilement jeter un autre pont pour pénétrer en Alsace. Depuis que je m'étois emparé de l'île du Marquisat, ils avoient considérablement renforcé leurs retranchemens de Stollhofen. De ce dernier endroit à Bihel, on mettoit en peu d'heures tout le pays sous l'eau, par le moyen d'écluses et de digues revêtues partie en maçonnerie, partie en gazon, défendues par des fortins correspondant l'un à l'autre. L'espace depuis Bihel jusqu'à la montagne n'étant plus propre aux inondations, parce qu'il s'élevoit insensiblement, étoit retranché avec le plus grand soin, et on n'avoit même pas négligé l'escarpement de la montagne. Tout cela étoit garni d'une nombreuse artillerie, et renfermoit une armée de plus de quarante mille hommes, commandée par le prince de Bareith, qui succédoit au prince de Bade, mort pendant l'hiver.

Le comte de Broglie avoit fait, pour l'attaque des lignes, un projet qui me parut très-soilde. Il me l'expliqua quand je le vis à Saverne, où il me joignit à la fin d'avril avec le marquis de Vivans et le marquis de Pery, les trois seuls auxquels je me fusse ouvert de mon dessein. Je renvoyai le premier à Lauterbourg, pour étudier encore mieux les mesures qu'il convenoit de prendre, et cela avec le plus grand secret. Les ennemis étoient campés derrière leurs lignes dès le premier mai. Je fis passer le 16, par Strasbourg, cinquante escadrons au-delà du Rhin, sous prétexte de besoin de fourrage; mais en effet parce que cette disposition convenoit à mon projet. Le même jour, j'allai rejoindre le comte de Broglie à Lauterbourg, et visiter les bords du Rhin avec lui et d'autres officiers généraux qui devoient être employés en cette occasion.

Il avoit reconnu entre Lauterbourg et Hagenbach la petite île de Neubourg, que les ennemis avoient négligée, et qui pouvoit servir à leur cacher les bateaux qu'on mettoit dans le fleuve. Au-delà de l'île se trouvoit un bras facile à traverser, et ensuite une belle plage assez étendue, sans être couverte de bois; de manière que la descente étoit aisée. Le plus difficile étoit d'en cacher le dessein aux ennemis, étendus sur tous les bords du Rhin de leur côté, et ayant un pont à l'île d'Alunde; de manière qu'aucun bateau ne pouvoit passer de Strasbourg au Fort-Louis sans être découvert. Le comte de Broglie, prévoyant cet inconvénient, en avoit fait construire à Strasbourg, qu'on devoit faire arriver par terre; et afin qu'ils pussent approcher sans être aperçus, je fis couvrir par des broussailles certains endroits que les ennemis pouvoient voir, et j'y fis camper quelques troupes, qui paroissoient se mettre à couvert par des feuillées. Les charretiers eurent ordre, en certains endroits, de ne pas même donner un coup de fouet, et de ne pas dire un seul mot. L'on fit défense d'allumer les pipes, et l'on nomma des officiers sages et attentifs pour faire observer ces ordres avec la dernière exactitude. Toute la journée qui précéda cette marche, il y eut des ordres, le long de la ligne de la Lauter, de laisser entrer dans les barrières tout ce qui viendroit du pays ennemi, mais de ne laisser sortir personne. On observa de même, le long du Rhin, qu'aucun petit bateau ni vedelin n'allât aux ennemis.

Pendant que ceci se passoit, je donnai, le 19 et 20 mai, grand bal, festin et comédie aux dames de Strasbourg. J'y invitai les officiers généraux, et beaucoup d'autres qui ne paroissoient, comme moi, occupés que des fêtes : mais je les prenois en particulier les uns après les autres, et je leur donnai ainsi, sans qu'on s'en doutât les ordres qu'ils devoient exécuter. M. de Lée et le marquis de Vieux-Pont furent chargés d'agir du côté de l'île d'Alunde avec quatre bataillons seulement et dix pièces de canon, mais sans pontons, parce qu'ils ne devoient faire qu'une fausse attaque. Celle de l'île du Marquisat, qui n'étoit pas encore la véritable, mais qui pouvoit le devenir selon les circonstances, fut confiée à M. de Pery et au comte de Chamillard. Je leur fis prendre neuf bataillons, quatorze pièces de canon, quelques mortiers, et douze pontons de cuir, avec lesquels ils devoient tenter de passer le bras du Rhin qui séparoit l'île des ennemis, ne fût-ce que pour les inquiéter. Enfin le comte de Broglie et le marquis de Vivans eurent la principale attaque par l'île de Neubourg, derrière laquelle on plaça les bateaux, avec vingt bataillons, quarante-cinq escadrons, et trente-quatre pièces de canon, dont quatre de vingt-quatre. Pour moi, le 21 mai, à cinq heures du matin, en sortant du bal, je passai le Rhin sur le pont de Kelh avec tout l'état major de l'armée, et je m'avançai du côté de Bihel, pour favoriser par une diversion l'attaque qui devoit se faire le 22 à cinq heures du soir. J'affectai de me montrer, et de parler même à des gens qui pouvoient le rapporter aux ennemis, dans l'opinion que ma présence leur persuaderoit que la principale attaque se feroit de mon côté, et qu'ils y jetteroient le fort de leurs troupes.

A l'heure dite, dix-huit cents hommes choisis, conduits par les comtes de Broglie et de Vivans, s'embarquèrent derrière l'île de Neubourg sur soixante bateaux, et abordèrent de front de l'autre côté du Rhin, la baïonnette au bout du fusil. Cent hommes qui gardoient ce bord s'enfuirent en faisant leur décharge, qui avertit les généraux ennemis. Ils envoyèrent deux mille hommes; mais nos gens, après leur descente, s'étoient retranchés si diligemment, qu'ils ne crurent pas pouvoir les emporter, et se retirèrent. Des batteaux qui étoient arrivés les premiers, on forma un pont. Les troupes passèrent partie sur ce pont, partie à la nage. On établit des batteries tant dans l'île que sur le bord du Rhin, et en peu d'heures ce poste fut assuré. Pendant ce temps messieurs de Lée et de Vieux-Pont faisoient grand feu sur l'île d'Alunde, et montroient quelques mauvais bateaux pleins de troupes du côté de Drusenheim, pour attirer l'attention. Les comtes de Pery et de Chamillard, de l'île du Marquisat où ils étoient, battoient vivement le village de Selinghen, en délogèrent les ennemis, et passèrent sur leurs pontons.

De Bihel où j'étois, j'entendois ces attaques; mais je ne pouvois en savoir le succès, parce qu'il falloit venir par le pont de Strasbourg, et faire vingt lieues pour m'apporter des nouvelles. Mais quoiqu'un grand brouillard me cachât, le 23 au matin, les mouvements des ennemis dans leurs lignes, au ralentissement de leur feu je jugeai qu'ils étoient embarrassés; et lorsque je m'apprêtois à les attaquer, j'appris qu'ils se retiroient. Les troupes qui m'étoient opposées, sous les ordres du prince de Dourlach, gagnèrent les montagnes; les autres se replièrent sur Mulberg, où étoit le marquis de Bareith. Nous nous rejoignîmes de nos différentes attaques dans le centre des lignes, où le camp étoit tendu presque partout. Nous y trouvâmes une quantité prodigieuse d'artillerie, quarante milliers de poudre, des boulets et grenades à proportion; des habillemens complets pour plusieurs régimens, un pont portatif avec tous ses haquets, des magasins immenses de farine et d'avoine : et ce qu'il y eut de plus heureux, c'est que ce grand et prodigieux succès ne coûta pas un seul homme.

Je détachai le marquis de Verseilles avec cinq cents chevaux, qui trouva l'armée ennemie se retirant en désordre, tua beaucoup de soldats et cavaliers, et fit un grand nombre de prisonniers. Le reste du jour fut employé à donner des ordres pour la destruction des levées, digues et écluses, et la construction d'une redoute qui devoit couvrir le pont que j'avois dessein d'entretenir à Selinghen, afin de communiquer à Lauterbourg et au Fort-Louis, sans être obligé de faire le détour par Strasbourg. J'allai coucher à Radstadt, magnifique palais du prince de Bade, que je trouvai tout meublé, et que je conservai soigneusement. La princesse s'étoit retirée à Estingen : je lui envoyai ses équipages, ceux de ses enfans, ses domestiques, et tout ce qui pouvoit lui être utile.

Je restai trois jours dans ce château avec l'armée, qui s'étoit réunie autour dès le 23 au matin. Pendant ce temps, j'envoyai des ordres aux villes de Stuttgard, d'Heidelberg, et à leurs régences, de préparer dix mille sacs de farine, et de les faire voiturer dans les lieux indiqués, sous peine des plus dures exécutions militaires. Je fus exactement obéi ; et l'on voyoit passer les chariots au milieu des troupes ennemies, sans qu'elles osassent s'y opposer, pour ne pas exposer leur propre pays à une ruine et à une dévastation certaine. J'envoyai des mandemens pour les contributions en Franconie et en Souabe, à plus de quarante lieues à la ronde ; et comme j'en avois imposé à ces divers Etats lorsque j'étois entré dans l'Empire en 1703, j'exigeai ce qui n'avoit pas été payé depuis que les armées du Roi en avoient été chassées après la seconde bataille d'Hochstedt.

Ce qui me parut le plus important et le plus nécessaire fut d'établir une sévère discipline dans l'armée, parce qu'il n'y a que l'ordre qui fasse subsister dans le pays ennemi lorsqu'on ne peut rien tirer de ses propres magasins. Or j'allois être dans ce cas. Je fis donc assembler les bataillons, et je parlai aux soldats de manière que la plupart me pussent entendre. « Mes amis, » leur dis-je (1), j'ai traversé l'Empire il y a trois » ans ; votre sagesse et votre bonne discipline » permettoient aux paysans d'apporter tout ce » qui vous étoit nécessaire. Nous rentrons dans » ce même Empire : nous ne pouvons plus comp-

(1) Tiré des Mémoires manuscrits, 72e cahier.

III. C, D. M. T. IX.

» ter sur nos magasins : si vous brûlez, si vous » faites fuir les peuples, vous mourrez de faim. » je vous ordonne donc, pour votre propre in- » térêt et pour celui du Roi, d'être sages : et » vous voyez bien vous-mêmes l'importance » qu'il y a que vous le soyez. J'espère aussi que » vous comprendrez les bonnes raisons que je » vous dis. Je dois commencer par vous instruire ; » mais si ces raisons ne vous contiennent pas, » la plus grande sévérité sera employée, et je » ne me lasserai pas de punir ceux qui s'écarte- » ront de leur devoir. » Ce discours fit impression, et l'armée demeura dans une discipline si exacte, que l'on ne fut obligé à aucun exemple.

J'appris, le 27 mai, que les ennemis étoient derrière Pforzheim : je me mis à leur suite, laissant M. de Quadt avec un petit corps de cavalerie dans nos lignes de la Lauter, pour couvrir l'Alsace. En passant par Etlingen, j'allai saluer la princesse de Bade, que je trouvai encore dans la vive douleur de la perte d'un mari très-estimable, et qui me faisoit l'honneur de m'aimer, quoique j'eusse souvent remporté sur lui des avantages assez remarquables. Elle me dit à ce sujet des choses fort obligeantes. Nous prîmes dans cette ville et dans celle de Kuppenheim des magasins de farine considérables.

Je me fis précéder sur la route de Pforzheim par le marquis de Vivans, avec quinze cents chevaux. Il eut avis que cinq cents des ennemis étoient près de Dourlach, et il marcha à eux avec une partie de son détachement. Cette cavalerie avoit un défilé devant elle, quelque infanterie, et du canon. Par une marche très-pénible dans des pays montueux et difficiles, M. de Vivans prit ce corps à revers, le défit entièrement, et s'empara des canons. L'action fut chaude ; les ennemis y perdirent leurs généraux et beaucoup d'officiers, et nous le marquis d'Audezy, mestre de camp, et le marquis de Lagny, capitaine de cavalerie, qui furent tués.

J'avançois toujours sur les traces des ennemis, sans être bien sûr de leur route. Enfin le dernier mai, étant campé à Kretsingen, j'appris qu'ils l'étoient à Malnker, sur la rivière d'Ems, et que les opinions de leurs généraux étoient partagées. Les ducs de Wurtemberg et de Dourlach vouloient m'attendre à Pforzheim, et combattre ; et le marquis de Bareith, général, vouloit absolument se retirer. Je forçai la marche, mais mon infanterie ne put me suivre. J'arrivai à Pforzheim avec la cavalerie à midi : ils avoient quitté leur camp à la pointe du jour, et s'étoient éloignés de près de six lieues. Notre infanterie ne joignit qu'à l'entrée de la nuit, et je fus obligé de lui donner deux jours de repos, pendant lesquels je marchai encore en avant avec la cavalerie et les dragons : l'infanterie suivoit toujours de loin, et difficilement. J'avois trouvé un gros dépôt de poudre et de bombes à Pforzheim ; je trouvai aussi des munitions à Schweibertingen, à Wahigen, et dans les autres petites villes sur ma route. Il n'y avoit que le pain qui quelquefois ne se trouvoit pas prêt ; ce qui nous retardoit.

Etant près d'arriver à Stuttgard, je me fis précéder par des officiers qui allèrent de ma part rassurer les princesses de Wurtemberg ; mais ces égards personnels ne m'empêchèrent pas de tirer des Etats voisins tout ce que le droit de la guerre me permettoit. Le Wurtemberg s'abonna, pour sa part, à deux millions cinq cent mille livres ; et ceux des électeurs palatin, de Mayence, de Dourlach, à proportion. J'écrivis aussi le 5 juin une lettre très-forte aux magistrats d'Ulm, qui avoient exercé quelques duretés contre M. Dargelot, brigadier, et d'autres prisonniers. « Vous » mériteriez, leur disois-je (1), des punitions sé- » vères, si je me laissois aller à celles qu'exige » la justice, puisque, contre toute sorte d'équité, » vous avez retenu cet officier et plusieurs au- » tres malgré une capitulation faite avec M. Thau- » gen, feld-maréchal général de l'Empire. Si vous » n'obéissez pas dans le moment à l'ordre que » je vous donne de me les renvoyer, je laisserai » dans vos terres des exemples nécessaires à » gens qui, aveuglés de quelque prospérité, ou- » blient les sacrés devoirs des capitulations : ce » sera de mettre à feu et à sang les villes, bourgs » et villages qui vous appartiennent. Faites- » vous justice à vous-même, et par là évitez la » mienne. » Ils obéirent et firent bien ; car réellement j'étois en état de les faire repentir de leur résistance.

Mes partis couroient toute la Franconie, et ne laissoient aucun lieu sans y lever des contributions. Le sieur d'Amicourt étoit avec quinze cents chevaux au-delà du Danube, qu'il passa au-dessus d'Ulm ; et le comte de Broglie, avec un pareil nombre, au-delà du Tauber. J'ordonnai à celui-ci d'envoyer des détachemens de cavalerie et de hussards dans la plaine d'Hochstedt. Comme le bruit s'étoit répandu, et qu'on avoit même lu dans les gazettes de Hollande, qu'après la seconde bataille d'Hochstedt les ennemis avoient fait élever une pyramide avec des inscriptions à la honte des Français, je ne voulus point laisser subsister ce monument de déshonneur, et les détachemens avoient ordre de le chercher et de le détruire ; mais ils ne trouvèrent rien qui ait pu donner lieu aux bruits publics, ni aux nouvelles de Hollande.

Le 16 juin, toujours sur la piste des ennemis, que je ne pouvois atteindre, j'arrivai devant Schorendorff, place appartenant au duc de Wurtemberg : elle est entourée de six bastions bien revêtus, d'un fossé revêtu de même, et soutenue d'un très-bon château. Le siége d'une pareille place étoit un peu difficile à une armée qui n'avoit que quatre pièces de batterie, et fort peu de boulets : aussi la plupart des officiers généraux s'opposoient-ils à l'attaque. Bien résolu de ne me pas opiniâtrer à ce siége si les ennemis étoient déterminés à une bonne défense, je voulus essayer ce que la terreur pourroit leur inspirer. Je fis donc ouvrir la tranchée, et dire à la duchesse de Wurtemberg que si cette place attendoit le premier coup de canon, elle serviroit d'un exemple terrible à celles qui oseroient arrêter l'armée du Roi. Malgré cette menace, les assiégés firent un assez gros feu pendant deux jours : au troisième, les magistrats sortirent pour dire que le commandant ne vouloit pas se rendre. Ils me trouvèrent à la tête de la tranchée, où l'on portoit quantité de fascines. Je leur répondis que j'allois faire combler le fossé, et que, s'en m'embarrasser à qui il tenoit qu'on ne se rendît, je ferois tout passer au fil de l'épée. La terreur qui les saisit se communiqua au commandant, et deux heures après il rendit la place. En ayant fait le tour, elle me parut si bonne, que je regardai comme un bonheur de ne l'avoir pas connue, parce que la prudence ne m'auroit pas permis de l'attaquer. J'y trouvai une très-grosse artillerie, beaucoup de vivres et de munitions de guerre.

Avançant toujours, j'appris, le 20 juin, que le lieutenant général James campoit avec un corps de cinq mille hommes à l'abbaye de Lorch, où il étoit retranché derrière une rivière. Quoique sa position fût très-avantageuse, je résolus de l'attaquer : mais comme il falloit surprendre les ennemis de manière qu'ils ne pussent être soutenus de leur armée, ni se retirer, je donnai ordre que personne ne sortît du camp, et, sans parler de mon dessein qu'à l'instant de l'exécution, je commandai quinze bataillons, les dragons du Colonel-général et de La Vrillière, les brigades de cavalerie de Lisle et de Saint-Pouange, avec messieurs de Fremont et de La Châtre pour lieutenans généraux, messieurs Vieux-Pont et Nangis pour maréchaux de camp.

J'envoyai d'abord Verseilles avec les hussards, trois cents chevaux et deux cents grenadiers, qui avoient ordre de se placer en approchant de l'ennemi, comme si c'étoit une

---

(1) Tiré des Mémoires manuscrits, 74e cahier.

escorte de fourrage. Il rencontra deux cents chevaux et quelques hussards, qu'il poussa jusqu'aux retranchemens. Je le suivois de près à la tête des dragons, qui portoient des faux et marchoient comme des fourrageurs, cachant leurs étendards, et courant dans la plaine, les uns seuls, d'autres par petites bandes. Le général James, qui avoit été lui-même le matin à la découverte, et qui avoit vu notre armée campée et tranquille, compta toujours que c'étoit un fourrage. Il laissa approcher les premiers détachemens, sans prendre d'autre précaution que de faire monter à cheval. Voyant qu'il restoit dans sa sécurité, et qu'il ne songeoit pas à s'éloigner, je fis approcher les dragons du détachement de Versailles sans former d'escadrons, et je postai ainsi mes troupes assez près de l'ennemi pour qu'il ne lui fût plus possible de se retirer.

Alors j'envoyai ordre à tout ce qui étoit répandu dans la plaine de se former. Je fis sonner les trompettes, lever les étendards, et on se mit en bataille sur le bord du ruisseau. Les ennemis se présentèrent précipitamment. Le passage n'étoit pas difficile; on les renversa à la première charge: l'infanterie courut à l'abbaye de Lorch, qu'elle investit; et, après une légère résistance, le général fut pris, blessé, et son corps entièrement défait. Je me louai beaucoup de messieurs de Saint-Fremont, de Broglie, Nangis, Puzieux, de tous les officiers, et surtout des dragons du Colonel-général, qui avoient la tête de l'attaque.

Ma marche étoit toujours tracée par la fuite des ennemis. Le 23 juin, je fus informé qu'ils étoient trois lieues en avant. Je marchai avec la cavalerie, et j'envoyai ordre au marquis d'Hautefort de marcher avec le reste de l'armée pour me joindre: elle n'arriva à Gemont que le soir, à deux heures après minuit. Je fus averti que les ennemis marchoient: je partis dans le moment avec la plus grande partie de la cavalerie, pour joindre leur arrière-garde. Elle fut attaquée, et l'on défit leurs dernières troupes. Un lieutenant colonel fut pris avec cinq capitaines, et on ramena cent cinquante prisonniers et plus de trois cents chevaux.

Il arriva alors une chose qui paroîtra singulière, si on songe qu'elle se passa dans la chaleur de la poursuite. Le marquis de Nangis, entrant dans un village avec huit cents grenadiers, trouva le curé et les habitans faisant la procession de la Fête-Dieu. Le curé s'arrêta pour donner la bénédiction. Les grenadiers se mirent à genoux; et, la bénédiction reçue, on marcha aux ennemis sans que le curé ni la procession parussent alarmés. Il est vrai qu'on avoit établi une discipline si exacte, que les paysans ne prenoient plus la fuite.

Je ne sais jusqu'où j'aurois mené les ennemis si un projet qui me rouloit dans la tête eût réussi, et si on n'eût pas diminué mon armée, déjà affoiblie par les garnisons que j'étois obligé de laisser dans quelques places derrière moi, pour assurer la communication avec mes ponts du Rhin. Ce projet étoit de me joindre avec Charles XII, roi de Suède. Après avoir fait élire Stanislas roi de Pologne, il s'arrêta en Saxe, incertain, à ce qu'il paroissoit, de quel côté il tourneroit ses armes, de l'Empire ou de la Russie. Je lui fis proposer secrètement de nous joindre à Nuremberg; et s'il l'eût fait, jamais prince ne pouvoit se flatter plus vraisemblablement d'une grandeur sans bornes. Il répondit très-poliment à ma proposition, m'envoya son portrait, avec des complimens très-gracieux et très-flatteurs; mais il ne donna aucune espérance de jonction, ni de concert pour la guerre. J'ai su depuis que son principal ministre [le comte Piper] avoit été gagné par Marlborough, et qu'il porta ce prince intrépide, et jaloux de la gloire d'Alexandre, à entreprendre de traverser autant de terres que ce fameux conquérant, comptant, à son exemple, attaquer des barbares. Mais les barbares que faisoit fuir Alexandre occupoient les plus riches contrées de la terre, et ceux que chassoit le roi de Suède ne lui abandonnoient que des déserts. De sorte que son armée, à demi défaite par la famine et par les rigueurs de l'hiver dans des pays affreux, périt enfin à Pultawa.

Déchu de mes espérances de ce côté, je reçus en même temps des ordres affligeans du Roi, qui me demandoit mes meilleures troupes, entre autres le régiment de Navarre, pour opposer aux ennemis, qui venoient de faire une irruption en Provence. En vain je représentai que j'allois avoir en tête une armée beaucoup plus nombreuse que la mienne, parce que les Saxons, délivrés du roi de Suède, alloient grossir celle de l'Empereur; que d'ailleurs ce qui marchoit du milieu de l'Empire n'arriveroit pas à temps pour sauver Toulon: mes remontrances furent inutiles. La fatalité vouloit que dès que j'avois commencé à rétablir les affaires d'un côté, on me mit hors d'état d'achever. Il n'y eut donc plus à penser de pénétrer plus avant dans l'Empire: le Roi lui-même me marqua qu'il ne le désiroit pas; et quand il l'auroit voulu, à moins qu'il n'eût eu une autre armée pour garder ses frontières, la marche des ennemis m'auroit forcé de rétrograder.

Ils firent avec une extrême diligence un grand

détour par derrière les montagnes, et se rapprochèrent de Mayence. Leur dessein pouvoit être ou d'entrer dans le royaume par les Trois-Évêchés, qui étoient mal gardés, ou, en passant le Rhin à Philisbourg, attaquer les lignes de Lauterbourg, que j'avois laissées peu garnies, et mettre l'Alsace à contribution jusqu'à Strasbourg, et pénétrer en Lorraine. Quel que fût leur projet, j'appris le 5 juillet qu'ils marchoient si précipitamment vers le Rhin, qu'ils avoient fait près de cinquante lieues en six jours. Je n'avois pas attendu cette nouvelle pour tâcher d'interrompre leur marche. Le comte de Broglie s'étoit porté vers Lauffen, où il avoit trouvé un parti considérable des ennemis, qu'il défit, et s'empara de ce poste important. Je marchai à Heidelberg, et j'envoyai le comte Du Bourg avec deux mille chevaux à Manheim. S'il eût fait un peu plus de diligence, il seroit tombé sur quinze cents chevaux, avec lesquels le général Mercy se jeta dans Philisbourg; et s'il avoit saisi, selon ses ordres, l'ouvrage à corne que les ennemis avoient de l'autre côté du Rhin vis-à-vis de Manheim, je faisois venir un pont portatif, je l'établissois à Manheim : je campois ainsi à Philisbourg, et demeurois le maître des deux bords du Rhin jusqu'à Mayence.

J'allai moi-même camper à Manheim le 18 juillet. Par la jonction prochaine des troupes de Saxe et de Hanovre, dont j'eus nouvelle, il me fut aisé de voir que le dessein des ennemis étoit de me forcer à une bataille avec une armée bien inférieure à la leur. Ce fut à moi à me conduire sagement, et à prendre des postes où je me trouvât la sûreté avec la commodité des subsistances. Le temps qui me restoit jusqu'au moment où les ennemis se placeroient en présence, je l'employai à réunir les troupes que j'avois envoyées de divers côtés assez loin, où pour lever de nouvelles contributions, ou pour ramasser ce qui restoit à payer des premières. Personne ne me manqua, quoique les ennemis fussent alors en état de protéger les refusans. Je tirai de très-grosses sommes, dont je continuai à faire l'usage que j'avois fait de toutes les autres. Je les avois divisées en trois parts : la première servoit à payer l'armée, qui ne coûta rien au Roi cette année; avec la seconde, je retirai les billets de subsistance qu'on avoit donnés l'année dernière aux officiers, faute d'argent, et j'en envoyai une grosse liasse au ministre des finances. Je destinai la troisième à *engraisser mon veau* : c'est ainsi que je l'écrivis au Roi, qui eut la bonté de me répondre qu'il approuvoit cette destination, et qu'il y auroit pourvu lui-même si je l'avois oublié. On me manda aussi qu'un courtisan ayant dit au Roi : « Le maréchal de Villars fait bien » ses affaires, » Sa Majesté lui répondit : « Oui; » mais il fait bien aussi les miennes. » Elle donna dans le même temps à ma sœur, abbesse de Saint-André de Vienne, l'abbaye de Chelles, une des plus considérables du royaume, et me manda qu'elle se faisoit un plaisir de rapprocher de moi une sœur que j'aimois.

Après divers campemens à Valdorf, à Gotzan, le 14 juillet l'armée du Roi campa à Mulberg, la droite vers Dourlach, que l'on occupa avec douze cents fantassins sous les ordres du marquis de Nangis. Les ennemis marchèrent en même temps en force pour s'en saisir. J'en fus averti, et même que leur tête en étoit fort près. Cette nouvelle m'obligea à faire prendre le galop aux dragons de Firmacon, qui étoient à la tête de tout, et à les faire suivre par la brigade de Saint-Micault : j'y courus moi-même au galop, et fis faire un grand bruit de timbales, de trompettes et de tambours, qui persuada aux ennemis que l'armée entière arrivoit; et que les bois dont les environs de Dourlach sont couverts ne leur permettoient pas de démêler. Aussi s'arrêtèrent-ils sur les hauteurs en deçà de Kretseing.

Au milieu de la nuit, autre alarme : que les ennemis, qui s'étoient arrêtés, s'ébranloient, et se plaçoient sur Dourlach. J'y envoie dans le moment un détachement de grenadiers, pour fortifier les premières troupes. J'y arrive moi-même à la pointe du jour, et je trouve que les colonnes d'infanterie des ennemis s'étendoient pour embrasser la ville. Comme celle du Roi étoit un peu éloignée, les officiers généraux que j'avois près de moi me pressèrent si fort d'abandonner cette place, que malgré moi j'en donne l'ordre au marquis de Nangis; puis, faisant réflexion que si je l'abandonnois j'allois me trouver peu d'heures après dans une situation embarrassante, sans boulevard contre une armée bien plus nombreuse, qu'il faudroit combattre à terrain égal, je dis à ces messieurs : « Vous voulez me forcer à quitter Dourlach » pour éviter l'action présente, et vous ne pré- » voyez pas que vous aurez une autre action » dans quatre heures, avec grand désavantage; » ainsi ne m'en parlez plus, et laissez-moi faire. » Sur-le-champ j'envoie Maupeou porter ordre à Nangis de se défendre; je fais partir à toutes jambes des aides de camp pour presser la marche des troupes. Les dragons arrivent au galop; des officiers de Champagne apportent à cheval des drapeaux, et les font paroître dans le bord du bois. Cela, joint au bruit des timbales et des tambours, suspend la marche des ennemis. Un capitaine des grenadiers de Champagne, nommé

Châtillon, qui étoit posté dans des jardins au-delà de Dourlach, et qu'on étoit prêt à retirer, reçoit ordre de se défendre. Sa fermeté, la fière contenance des autres troupes du Roi, arrêtent les ennemis presque à une portée de fusil de la ville, et ils se mettent à la canonner.

L'armée arrivoit, et je trouvai à la placer assez avantageusement pour souhaiter que les ennemis prissent le parti de l'attaquer. Je les trouvai aussi postés assez bien pour la sûreté, mais fort mal d'ailleurs, parce qu'ils étoient totalement sous notre canon, et très-découverts; au lieu que la droite de l'armée du Roi étoit couverte par la ville de Dourlach, et par les bois qui en sont proches. Pour profiter de cette position, j'établis une batterie de quatre pièces de vingt-quatre et de dix-huit, dont je fis masquer les embrasures. Sur le midi, lorsque les troupes reviennent du fourrage et de la pâture, j'ordonnai que l'on fît feu. A la première décharge, il parut seulement quelque surprise; à la seconde, les soldats abandonnèrent le camp sans ordre. La cavalerie monta à cheval, et se retira hors de la portée. Ils perdirent quatre capitaines, plus de trois cents hommes, et grand nombre de chevaux.

Le prince de Hohenzollern, général de la cavalerie de l'Empereur, avec qui j'avois fait connoissance à Vienne et dans les guerres de Hongrie, et qui étoit fort de mes amis, me proposa une entrevue entre les gardes. J'y allai avec le prince Charles de Lorraine, les comtes Du Bourg et Hautefort. Il s'y rendit de son côté avec le prince héréditaire de Bareith, le comte de Wakerbarl, général des Saxons, le comte d'Erlach, et plusieurs autres officiers. La conversation fut gaie, et il ne fut question que d'assurances réciproques d'estime et d'amitié. La princesse de Dourlach demanda aussi que je permisse aux princes ses enfans, qui étoient dans l'armée de l'Empereur, de la venir voir : je le lui accordai. Cette princesse ne voulut point quitter son palais, sur lequel les boulets des ennemis et les nôtres passoient souvent.

Le mois d'août s'écoula aussi en s'observant réciproquement, sans se faire grand mal, et comme si nous eussions été dans des camps de plaisir; mais j'appréhendois de cette tranquillité quelque retour fâcheux, parce que je savois que l'armée ennemie grossissoit, qu'il y arrivoit journellement des corps de Saxons et d'Hanovriens, bonnes troupes qui alloient être commandées par l'électeur d'Hanovre, plus entreprenant que le prince de Bareith, dont on étoit mécontent, et qui se retiroit. Je songeai donc à m'éloigner : mais comme j'avois à passer l'Albe, petite rivière assez difficile, et que notre armée étoit à demi-portée du canon de celle de l'Empereur, il me falloit prendre des précautions pour n'être pas attaqué avec désavantage dans ce mouvement. Pour cela, huit jours avant que de marcher, j'envoyai mes gros bagages du côté de Radstadt, sous prétexte de manque de fourrage; et ayant disposé les troupes de manière que la retraite ne pût être troublée, je repassai la rivière sur neuf ponts. Je me mis en bataille de l'autre côté; et, marchant dans le même ordre à travers les plaines de Mulberg, j'allai camper le 30 août à Radstadt.

A l'inaction des ennemis, je jugeai que nous n'aurions pas de grands événements le reste de la campagne. Ils se contentèrent de se mettre à l'aise en s'étendant le long de l'Albe. J'occupai la petite ville de Kuppenheim, qui étoit à la droite de mon camp. Je fis faire quelques retranchemens sur la hauteur, et pris mon quartier général à Radstadt, dont la rivière couvroit le front de mon camp. Sur mon flanc gauche étoit le petit village de Selinghen, au confluent du Rhin et de la rivière de Stollhofen. En pénétrant dans l'Empire, j'avois ordonné de le fortifier, pour m'assurer un passage sur le Rhin, et rester toujours maître de secourir les lignes de Lauterbourg si on les attaquoit. Les ennemis en firent le semblant : ils cherchèrent aussi à m'inquiéter par les vallées des montagnes Noires. Il y eut, à l'occasion de ces tentatives, de petits combats mêlés de revers et de succès qui ne décidoient rien. En général, nous eûmes plus souvent l'avantage, et je gardai à la vue de leur armée, plus nombreuse, celui de rester sur le pays ennemi. Je me flattois que les ennemis étant chassés de Provence comme on me le mandoit, on me renverroit des troupes, et que je pourrois du moins prendre des quartiers d'hiver chez eux.

Rien n'étoit si aisé. Je pouvois mettre en état de défense Radstadt, que le prince de Bade avoit fortifié; et comme tout ce pays-là, jusqu'à la hauteur de Brisach, est rempli de petites villes toutes fermées d'assez bonnes murailles, je pouvois soutenir nos troupes et leurs quartiers par cinq ponts sur le Rhin, à Huningue, à Neubourg, à Brisach, à Strasbourg, et à Selinghen ou Radstadt. Ainsi je forçois l'ennemi de mettre des armées entières de l'autre côté des montagnes Noires, pour couvrir l'Empire. On sent que de tels quartiers d'hiver pris sur l'ennemi exigent une attention vive du général : aussi me proposois-je de demander au Roi des officiers généraux qui ne craignissent pas la peine, et de rester moi-même sur les lieux, du moins jusqu'à ce que les neiges eussent fermé les passages des montagnes. Dans cette vue, je m'appliquai à pourvoir de bons commandans les petites villes et châteaux que nous occupions : mais j'y fus le premier trompé, car celui du château de Hornberg, qui étoit de mon choix, se rendit lâchement à un parti qui avoit à peine du canon. Je le fis mettre au conseil de guerre. Les exemples devenoient nécessaires ; car à la vérité les défenses de nos places étoient indignes à la nation. Je procurai au contraire au sieur Bergeret le gouvernement de la citadelle de Strasbourg, et l'aide-majorité au sieur Gayet, lieutenant de grenadiers, deux officiers que j'estimois, et dont la bonne conduite méritoit récompense.

Je m'amusai, pendant le mois de septembre et une partie d'octobre, de l'idée de ces quartiers d'hiver, que je me flattois de prendre, écrivant néanmoins toujours au Roi qu'on eût soin de m'envoyer des troupes, parce que l'armée ennemie étoit bientôt du double plus forte que la mienne, et qu'elle me forceroit de repasser le Rhin ; mais on ne voulut pas donner ce plaisir aux ennemis, ni à moi le désagrément de me voir contraint ; et le Roi m'ordonna à la fin d'octobre de le repasser de moi-même. J'évacuai, non sans regret, ces places où je m'étois si bien établi ; mais je remportai du moins la satisfaction d'avoir fait respecter les armes du Roi depuis le lac de Constance jusqu'à Mayence, et depuis Nuremberg jusqu'à Francfort et Philisbourg, dans une étendue de plus de trois cents lieues de pays qui avoit assez bien payé les frais de la guerre (1).

Quoique l'armée du Roi fût en deçà du Rhin, je comptois passer l'hiver à Strasbourg, pour profiter des occasions qui pouvoient survenir ; mais des ordres pressans m'appelèrent à la cour. On y vouloit conférer avec moi sur les moyens de s'emparer de la principauté de Neuchâtel, et on vouloit me charger de cette entreprise. A la mort du souverain de ce petit état, qui arriva au commencement de l'année, plusieurs prétendans à la succession au défaut d'héritiers directs s'étoient présentés, entre autres le prince de Conti et le comte de Matigon. Ils montroient des droits assez bien fondés ; mais pendant qu'ils les faisoient valoir en particulier, l'électeur de Brandebourg, qui n'en avoit que d'imaginaires, fit valoir les siens en prince. Il distribua de grosses pensions dans tout le canton de Berne, promit aux principaux habitans de Neuchâtel de leur donner de l'emploi chez lui et à Berlin, traita avec l'Angleterre et la Hollande, qui, charmés d'ôter cet établissement à des Français, s'engagèrent à soutenir l'électeur, moyennant un corps de Prussiens qu'il promit d'envoyer en Italie. Avec ces précautions, il gagna les suffrages, fit trouver ses raisons excellentes, et son droit incontestable.

Quand j'eus examiné l'entreprise qu'on me proposoit, je dis au Roi que si Sa Majesté avoit bien voulu me donner cette commission dans le temps que les divers concurrens disputoient leurs droits, j'aurois fait tomber la principauté à qui elle auroit voulu, et à moi-même si elle l'avoit agréé, quoique je n'y eusse pas le moindre droit. Et en effet, la cour m'ayant ordonné d'envoyer des troupes fortifier celles de Provence dans le temps que j'étois bien avant dans l'Empire, ces troupes, qui pour aller en Dauphiné passoient fort près de Neuchâtel, n'avoient qu'à paroître y marcher pour déterminer les peuples de ce petit pays à se donner à M. le prince de Conti, pour lequel ils avoient de l'inclination ; mais il étoit un peu tard pour revenir sur ce qui avoit été fait en faveur de l'électeur de Brandebourg.

[1708] Cependant, après avoir bien écouté ce qu'on jugea à propos de me dire à ce sujet, je me rendis au commencement de l'année à Besançon, afin d'examiner l'affaire de plus près. Je la trouvai dans une disposition bien différente de ce que le Roi pensoit. Les cantons de Berne et de Zurich, qui ne vouloient pas les Français si voisins d'eux, avoient pris toutes les mesures possibles pour assurer ce petit État à l'électeur de Brandebourg. Ils avoient fait marcher beaucoup de troupes pour fermer les passages déjà bouchés par les neiges, et fait avancer du canon. Enfin il n'étoit plus question de surprendre le pays, et de s'en emparer : il falloit attaquer le corps helvétique, ou du moins les partisans déclarés pour l'électeur, déjà en possession. Il est vrai que les cantons catholiques nous étoient favorables ; mais on sait bien que leurs forces sont si inférieures à celles des protestans, qu'en les obligeant à se déclarer c'étoit les exposer à leur

---

(1) On lit dans le président Hénault : « L'électeur d'Hanovre, après avoir surpris le marquis de Vivans près » d'Offembourg, contraignit le maréchal de Villars a re» passer le Rhin. » 1° Ce ne fut pas l'électeur d'Hanovre qui surprit le marquis de Vivans : il étoit dans son camp sous Dourlach, comme Villars dans le sien sous Radstadt. Ce fut le comte de Marcy et le prince de Lobkorik, avec deux mille hommes, qui surprirent le marquis de Vivans, qui en avoit quinze cents. 2° Ce petit échec fut promptement réparé, et n'affecta pas la grande armée. 3° Il arriva le 24 septembre, et les Français ne repassèrent le Rhin qu'à la fin d'octobre, sans être le moins du monde inquiétés. Ce ne fut donc pas la surprise du marquis de Vivans près d'Offembourg qui contraignit le maréchal de Villars à repasser le Rhin. (A.)

perte. Cependant la cour, prévenue par de mauvais avis, se seroit peut-être engagée dans cette guerre, si je n'avois écrit au Roi et à madame de Maintenon pour représenter le péril qu'il y avoit à allumer une nouvelle guerre qui nous donnoit une frontière à garder depuis Huningue jusqu'à Lyon, frontière tranquille par la parfaite neutralité des Suisses; et encore dans quel temps! lorsque les forces des ennemis paroissoient supérieures presque partout. Mon sentiment étoit appuyé de si bonnes raisons, qu'il prévalut sur l'inclination du ministre à servir la maison de Matignon, qu'il favorisoit beaucoup.

Comme les desseins de la cour sur Neuchâtel avoient fait avancer plusieurs corps de troupes vers les frontières de Suisse, cette disposition facilitoit un projet que les avances de deux officiers en garnison dans Fribourg me firent former sur cette place. L'un se nommoit Tiller, et étoit lieutenant colonel d'un régiment suisse au service de l'Empereur; l'autre Hunster, capitaine dans le même régiment. Ils me demandèrent une conférence de nuit, que je leur assignai dans la barrière d'Huningue, et à laquelle je me trouvai avec M. de La Houssaye, conseiller d'Etat, et intendant d'Alsace.

Ils promirent de livrer la porte du château de Fribourg moyennant six cent mille livres que l'on ne leur donneroit qu'après l'exécution, et même quand le Roi seroit maître de la place. On convint de tous les moyens, et l'entreprise fut fixée à la nuit du 21 au 22 janvier. Je me tins auprès de Brisach avec les troupes destinées à cette surprise, qui ne devoient donner aucun ombrage aux commandans de Fribourg, parce qu'elles étoient censées postées en ce lieu pour l'entreprise de Neuchâtel.

Au commencement de la nuit convenue, lorsque j'étois prêt à faire marcher les troupes, on m'amena un jeune homme de Berne, étudiant dans l'université de Fribourg, qui demandoit à me parler. Il me dit que son inclination pour la France, et l'horreur de voir beaucoup d'honnêtes gens courir à une mort certaine, l'avoient porté, quelque péril qu'il eût pour lui, à venir m'avertir que, soit repentir, soit qu'ils eussent agi par les ordres du général Thungen, les officiers lui avoient tout découvert. Il m'expliqua de quelle manière il avoit été informé de cette double trahison; qu'il étoit fort aimé de la femme d'un capitaine à laquelle son mari avoit tout révélé; que c'étoit d'elle qu'il tenoit ce qu'il venoit me dire. Il étoit si bien informé des circonstances de notre entrevue, et en outre des troupes que les ennemis devoient placer dans la montagne et sur les murailles, que je ne pus douter que l'avis ne fût aussi sûr qu'il étoit donné à propos. Je fis présent au jeune étudiant de mille écus, et d'une lieutenance dans les Suisses : il eut par la suite une compagnie. Nous sûmes, quelques jours après, que Tiller et Hunster avoient été bien récompensés de leurs trahisons ou de leurs commissions, quoiqu'ils n'eussent pas réussi à leur désir. Mais, malgré le risque que je courus, je suis d'avis qu'on ne doit pas toujours rejeter de pareilles ouvertures; on a des exemples qu'elles sont souvent suivies du succès : mais je conseillerai de n'avoir pas une si grande confiance que j'en eus, et de prendre contre la trahison plus de mesures que je n'en avois pris.

Ce coup manqué, je retournai à Strasbourg, où je me formois un plan de campagne qui pût répondre à la précédente. Mais la cour avoit d'autres vues : on y étoit fort mécontent de ce qu'il ne s'étoit rien fait en Flandre pendant la campagne dernière, malgré les forces considérables qu'on y avoit employées, et surtout de ce que l'honneur du duc de Bourgogne, qu'on y avoit envoyé dans l'espérance de succès brillans, se trouvoit compromis par cette inaction. Le duc de Vendôme parut propre à venger le prince de l'atteinte donnée à sa réputation : il fut rappelé d'Italie, et destiné à commander l'armée de Flandre sous le duc de Bourgogne. Comme il n'étoit pas convenable que le duc de Bavière servît sous ce prince, on donna à l'électeur l'armée d'Allemagne; et comme on savoit que je m'accommodois difficilement avec les courtisans qui suivent les princes, on lui donna le maréchal de Berwick : pour moi, on m'envoya seul en Italie.

En même temps que j'appris ces dispositions, je sus qu'il venoit un grand nombre de troupes de Flandre, destinées à renforcer l'armée d'Allemagne, ordinairement si foible quand je devois la commander. Je mandai au ministre qu'après avoir deux fois sauvé l'Alsace, je laissois en partant cette frontière avec Trèves, Bitche et Hombourg, dont les deux dernières places étoient très-fortes, le pays fermé par les lignes excellentes de Lauterbourg, l'Allemagne ouverte par le fort de Kelh et celui de Selinghen, les lignes formidables que les ennemis avoient à Stollhofen rasées. « Avec l'armée qu'on donne à l'électeur
» de Bavière, ajoutois-je (1), je me serois promis
» d'aller bien avant dans l'Empire. Je ne peux
» me dispenser de représenter qu'il est bien cruel
» pour moi qu'après avoir mis les affaires du
» Roi dans le meilleur état, on m'ôte le com-
» mandement lorsque je peux espérer plus que

(1) Lettre à M. de Chamillard, du 6 mai, tirée des Mémoires manuscrits, 77e cahier.

» jamais de grands avantages pour Sa Majesté.
» J'oublie de bon cœur mes mortifications personnelles ; mais ma peine la plus sensible vient
» de la crainte que le Roi ne se trouve mal d'un
» pareil changement. »

Je quittai l'Alsace le 10 mai. Les généraux, les troupes, les peuples me montrèrent la plus vive douleur. Le cardinal de Rohan, l'intendant et tous les généraux m'accompagnèrent jusqu'à Saverne.

J'arrivai à la cour le 17, et j'y restai peu de jours. Le Roi me marqua beaucoup de bonté, et me dit, en m'expliquant ses raisons, que c'étoit malgré lui qu'il cédoit aux circonstances, et me retiroit d'Allemagne. « Permettez-moi, sire, lui
» répondis-je, de représenter à Votre Majesté
» que ses complaisances pour l'électeur de Ba-
» vière ont fait perdre à ce prince tous ses États
» dans l'Empire. Son retour en Flandre a fait
» perdre au roi d'Espagne toute la Flandre es-
» pagnole. Dieu veuille que ces derniers chan-
» gemens ne coûtent pas à Votre Majesté la plus
» grande partie de la Flandre française! Vous
» me donnez toujours les frontières les plus dé-
» labrées ; et quand je les ai rétablies, vous m'en
» retirez dans le temps où je pourrois y avoir des
» avantages décisifs. Je supplie Votre Majesté
» d'être bien persuadée que j'oublie mes intérêts;
» mais les siens me donnent les plus vives in-
» quiétudes. »

Je reçus des lettres du comte de Medavy, qui portoient que le duc de Savoie avoit à ses ordres vingt-cinq bataillons de l'Empereur, onze de Brandebourg, et vingt de ses propres troupes [en tout cinquante-six], et au moins six mille chevaux. Je n'en avois pas la moitié, et il me falloit garder une frontière de près de cent lieues, depuis Genève jusqu'à la mer.

J'arrivai à Grenoble le 17 juin. Je trouvai tous les commandans, auxquels j'y avois donné rendez-vous, assez ébranlés. Le marquis de Thouy vouloit abandonner la Tarentaise; le comte de Medavy étoit persuadé que le duc de Savoie pouvoit prendre Embrun sans difficulté ; et tout le monde comptoit que les ennemis n'en trouveroient aucune à marcher à Lyon. Je leur ordonnai en général de tenir leurs postes, et de s'y laisser plutôt emporter, que de marquer une foiblesse dangereuse en se retirant.

Je me mis ensuite à étudier les mouvemens du duc de Savoie, pour tâcher de deviner de quel côté il comptoit porter ses coups ; car M. de Thouy dans la Tarentaise, M. de Medavy vers le mont Cenis, M. de Muret à La Pérouse, M. de Guerchois à la vallée de Barcelonette, M. d'Artagnan vers Nice, et M. de Langeron à Toulon,
tous assuroient dans le même temps qu'ils alloient être attaqués. Et en effet le duc de Savoie faisoit de grands amas de grains et de farine vers Genève, ce qui marquoit un dessein pour le Haut-Rhône, en intention de retomber sur Lyon; en même temps il faisoit marcher un corps vers Yvrée, qui paroissoit menacer Grenoble et le Dauphiné, et un autre vers Coni, peut-être en vue d'attaquer Toulon et la Provence. Je restai quelque temps en balance sur le dessein des ennemis; mais ce qui me fixa fut que j'appris que les troupes des Impériaux qui étoient dans le Ferrarois, et les palatines qui avoient paru s'approcher de la mer, arrivoient sous Turin. Alors je ne doutai plus que la résolution du duc de Savoie ne fût d'attaquer le Dauphiné. Je m'appliquai donc à cette partie : je visitai nos petites places, Fenestrelle, Briançon, et d'autres qui me parurent très-défectueuses, et propres à être emportées en quatre jours si on n'en empêchoit pas la circonvallation. Pour Exilles, j'en jugeai autrement, et j'ordonnai au commandant, en présence de plusieurs officiers généraux, de s'y faire emporter d'assaut, et de n'admettre aucune capitulation, quelle qu'elle pût être. Je parcourus aussi les montagnes qui se trouvoient entre nos postes. Quoiqu'elles paroissent inaccessibles, elles se traversent partout lorsque les neiges sont fondues. J'ouvris des chemins, je fixai des lieux de ralliement en cas d'attaque, des rochers, des plateaux, des escarpemens, espèces de fortifications naturelles, où on pouvoit attendre les secours que je ne manquerois pas de mener à la première alarme.

J'attendis dans ces dispositions ce qu'il plairoit au duc de Savoie d'entreprendre. De ma petite armée, qui étoit déjà trop foible, le Roi en retira onze bataillons pour Toulon, sous le comte de Chamarante ; ce qui la réduisoit à seize mille hommes à peu près. En même temps il me marqua de l'inquiétude si je venois à être attaqué, étant si inférieur. Je lui répondis que j'avois ouï dire au feu prince de Condé qu'*il falloit craindre les ennemis éloignés, et les mépriser quand il n'étoit plus question que de combattre*. J'avois heureusement de bons seconds, entre autres le comte de Villars, mon frère, que le Roi fit lieutenant général, et envoya servir dans mon armée.

Le 20 juillet au matin, j'appris que le duc de Savoie avoit descendu le mont Cenis, et qu'il marchoit au comte de Medavy avec quarante bataillons, le gros de sa cavalerie, et une assez nombreuse artillerie de campagne, portée sur des mulets. Sur le soir du même jour, je fus informé qu'il attaquoit nos postes du petit Saint-Bernard, et qu'il se présentoit en même temps par cinq ou six vallées différentes. Le bataillon de Durfort fut forcé après une vigoureuse résistance, et le comte de Medavy obligé de quitter son poste sitôt que l'armée de Savoie parut. Il suivit l'orque je lui avois donné en ce cas-là, qui étoit de se retirer à Barreaux. Même chose fut exécutée par le marquis de Thouy, à qui j'avois ordonné que s'il voyoit le comte de Medavy se retirer vers Barreaux, il prît la même route. J'y courus moi-même avec la plupart des troupes que j'avois à Briançon, dans le dessein d'attaquer le duc de Savoie s'il vouloit marcher vers Chambéry.

J'arrivai à Barreaux le 27 juillet : je me trouvai peu de troupes d'abord, mais j'espérois que le duc de Savoie, ignorant ma foiblesse, et me voyant faire bonne contenance, n'oseroit m'attaquer, et me donneroit le temps de rassembler mon monde et de me poster. Mon espérance ne fut point trompée : il n'osa ni m'attaquer, ni marcher en avant, et me laissa six jours dans ce poste. Pendant ce temps, il partagea ses troupes, de manière qu'il menaçoit Chambéry et Embrun. L'ennemi arrivant sur Aiguebelle, le comte de Medavy alla couvrir Montmélian; et le comte de Muret, qui étoit vers La Pérouse avec onze bataillons, ayant été attaqué, se retira vers Cézane.

M. d'Artagnan, qui me ramenoit les bataillons désormais inutiles en Provence, força la marche, et se posta dans les passages qui composent la petite Maurienne, route de Briançon. Le duc de Savoie, arrêté du côté de Montmélian, prit le 3 août la route de Saint-Jean-de-Maurienne. Je le suivis, et j'y arrivai le lendemain de son départ. Partant de Saint-Sicaire-de-Maurienne, il attaqua par plusieurs endroits les postes qui l'empêchoient d'entrer dans la vallée. Ils furent soutenus avec fermeté par le chevalier Durfort, lieutenant colonel de Vexin, et par le sieur de Bessan, commandant de Castelas. Cependant cette entreprise, qui pouvoit être très-funeste au Dauphiné si elle avoit réussi, auroit eu un plein succès si le duc de Savoie eût pris la route de Gatibier.

Il est étonnant que ce prince fût assez peu informé de la nature de son propre pays pour croire ce chemin entièrement impraticable. On me l'avoit assuré tel, mais j'en jugeai bien différemment. Je traversai des montagnes où, selon la tradition du pays, nulle troupe n'avoit passé depuis les Romains. Il est vrai que ces chemins étoient très-difficiles, et à tel point que plusieurs mulets tombèrent dans les précipices ; mais enfin l'infanterie pénétra. « J'arrivai le 10 août au

» mont Genèvre (1), ayant fait occuper les pre-
» miers postes par douze cents hommes, soutenus
» de douze bataillons commandés par M. d'Ar-
» tagnan. Je reconnus en arrivant la plus grande
» partie de l'armée des ennemis, placée derrière
» les deux villes de Cézane, avec de gros postes
» au pied du mont Genèvre, leurs lignes s'éten-
» dant depuis Morlière, Saint-Sicaire et Chan-
» las, jusqu'au col de Sestrières.

» Je jugeai que l'on pouvoit attaquer les deux
» villes de Cézane, le gros des forces ennemies
» entre Chanlas et Sestrières me paroissant trop
» éloigné pour les soutenir, et les huit bataillons
» qui étoient à Saint-Sicaire n'étant pas un corps
» assez considérable pour m'empêcher d'engager
» un combat. Je détachai donc deux mille six
» cents hommes, partagés en deux corps com-
» mandés par nos deux plus anciens brigadiers
» d'infanterie, messieurs Du Montel et de Guer-
» chois ; les colonels étoient messieurs d'Autrée
» et Paist, et ce détachement étoit suivi de douze
» bataillons commandés par M. d'Artagnan. M. le
» marquis de Thouy, lieutenant général de jour,
» se mit à la tête du détachement qui avoit la
» droite. Celui de la gauche, descendant par le
» grand chemin du mont Genèvre, fut mené par
» M. de Guerchois.

» Nous trouvâmes d'abord sept à huit cents
» hommes des ennemis, presque tous grena-
» diers, retranchés sur des plateaux, et assez à
» couvert, quoique nos troupes eussent la hau-
» teur. Ils soutinrent nos premières attaques avec
» beaucoup de fermeté, et le feu fut fort vif et
» assez long. M. de Guerchois trouva la grande
» route du mont Genèvre tellement rompue,
» qu'il arriva une demi-heure plus tard que nous
» ne l'attendions. Cependant on poussa toujours
» les ennemis, qui se jetèrent dans les deux villes
» de Cézane, et nous vîmes alors les bataillons
» campés à Saint-Sicaire baisser pour soutenir le
» poste : trois étoient même venus sur le bord
» de la rivière. Cependant M. de Guerchois ar-
» rivant dans ce temps-là on força d'abord la
» première ville de Cézane, et la seconde le mo-
» ment d'après, par une brèche mal raccom-
» modée. Rencontre heureuse, car ces deux
» villes sont fermées d'une muraille bien cré-
» nelée.

» Je ne puis, écrivois-je au Roi, assez me louer
» de l'intrépidité des troupes ; et M. le maréchal
» de Catinat, qui connoît ces postes, trouvera
» que c'est une belle et vigoureuse action à l'in-
» fanterie de les avoir emportés à la vue d'une

(1) Lettre au Roi, du 12 août, dans les Mémoires manuscrits, 78e cahier. (A.)

» armée ennemie. M. le duc de Savoie y étoit
» en personne, et les troupes campées à Chanlas
» et à Sestrières y descendirent. M. de Touy a
» mené cette tête avec beaucoup de valeur. Mes-
» sieurs Du Montel et de Guerchois, deux bra-
» ves et dignes officiers d'infanterie, M. d'Au-
» trée, colonel, se sont principalement distingués
» dans cette occasion : et enfin, Sire, je ne puis
» assez dire de bien de tout ce qui s'y est trouvé.
» Nos grenadiers ont si peu fait de quartier,
» que le nombre des prisonniers est médiocre
» jusqu'à présent : on n'y compte que trois ca-
» pitaines, avec quelques subalternes ; et je ne
» sais point au juste à combien se monte le nom-
» bre des soldats, parce qu'on n'a pas encore pu
» les rassembler. Un escadron de cent dragons
» Dauphin a chargé avec beaucoup de fermeté
» à cheval, et cela dans la descente du mont
» Genèvre, qui est droite. Les ennemis ont
» quitté non-seulement le camp de Saint-Sicaire,
» mais ceux même de Chanlas. Toute l'armée
» s'est retirée vers les cols les plus près d'Exilles :
» je marche pour les chercher, profitant de l'ar-
» deur de nos troupes, dont je suis très-content,
» quoique le pain ait bien de la peine à suivre.
» Votre Majesté peut compter que l'on fera,
» pour la gloire de ses armes et pour le bien de
» son service, tout ce qui sera humainement
» possible. »

De si bons succès m'enhardirent à tâcher d'en donner à la cour l'opinion qu'on en devoit avoir : je m'adressai pour cela à madame de Maintenon. « La dernière lettre dont il vous a plu
» m'honorer, madame, lui écrivois-je (1), m'a
» rempli de courage et de confiance. Vous avez
» la bonté de me dire que Sa Majesté est con-
» tente de moi. Je sais, madame, que je la sers
» non-seulement avec le zèle le plus vif, mais
» encore avec quelque bonheur. Cependant, ni
» dans la dépêche dont Sa Majesté m'honore sur
» la première retraite de M. de Savoie, ni dans
» celle de M. de Chamillard, je ne vois pas la
» moindre apparence que Sa Majesté soit satis-
» faite de mes services. Le second coup de M. le
» duc de Savoie, que nous avons paré, pouvoit
» coûter au Roi la moitié du Dauphiné ; et néan-
» moins, parce que M. de Chamillard a toujours
» voulu croire qu'il n'y avoit rien à craindre de
» ce côté-là, ces services ne lui paroîtront peut-
» être d'aucun mérite. L'action qui se passa
» hier est la plus brillante, la plus vive et la
» plus glorieuse pour la nation ; car, à la vue de
» M. le duc de Savoie, sous son armée en ba-

(1) Lettre à madame de Maintenon, du 12 août, dans les Mémoires manuscrits, 79e cahier. (A.)

» taille, dominant toutes les hauteurs, nous
» avons emporté deux petites villes bien fermées
» de murailles, passé une rivière défendue par
» plusieurs bataillons des ennemis, et forcé leur
» armée à se retirer. Je marche à eux, et je ferai
» tout ce qui sera possible ; mais je ne balance-
» rai point du tout à vous dire, madame, que les
» lettres et la conduite défiante de M. de Cha-
» millard sont très-pénibles à un homme comme
» moi. S'il ne croit pas que je sache la guerre,
» il me fera plaisir d'en trouver quelque autre
» dans le royaume qui en soit plus instruit. Il
» me seroit très-aisé, si on en doutoit, de faire
» voir clairement que l'État a été en grand péril
» de ce côté-ci. Grâces à Dieu, tout va bien. On ne
» peut être plus content que je le suis des trou-
» pes : officiers et soldats, tout a fait des mer-
» veilles ; et pour moi, madame, je relis la der-
» nière dont vous m'avez honoré, pour n'avoir
» besoin d'aucune autre sorte de consolation. »

Après la prise de Cézane, le duc de Savoie, qui étoit en bataille derrière ces deux villes, se retira très-diligemment. Je le suivis de même, marchant par la crête des montagnes, route jusqu'alors inconnue, et je gagnai les hauteurs d'Exilles. Par ce moyen, je dominois tous les postes qu'occupoit l'armée ennemie : je craignois seulement que le duc de Savoie n'eût le temps de se retirer, et de sauver son artillerie. Je me voyois au-dessus de tous ses quartiers, et il n'avoit pour s'échapper que le passage d'Exilles, dont je me croyois sûr. Pendant que j'étois dans cette confiance, j'appris que le commandant de ce fort, situé sur un roc très-escarpé, à qui j'avois commandé devant tous les officiers généraux de se laisser emporter d'assaut plutôt que d'entendre à aucune capitulation, s'étoit rendu prisonnier de guerre, sans avoir vu la moindre apparence de brèche.

Ce misérable, troublé d'une peur sans fondement, résolut de se rendre. On lui représenta que le bruit du canon que l'on avoit entendu la veille vers le mont Genèvre étoit une action entre les deux armées ; que, selon les apparences, elle n'avoit pas été heureuse pour les ennemis, puisque leur armée se retiroit : il dit que c'étoit une réjouissance qu'ils faisoient de la bataille d'Oudenarde, gagnée en Flandre, et que leur marche étoit pour le resserrer davantage. « Mais,
» lui répliqua-t-on, si c'étoit pour vous resserrer,
» on ne verroit pas leurs troupes marcher vers
» Suse, et même en désordre. » Toutes ces raisons ne purent le rassurer, et enfin le traître ou le lâche se rendit la nuit.

On le crut gagné par de l'argent, car il est surprenant que la tête tourne à ce point-là ; il est plus surprenant encore que, dans une garnison composée de troupes choisies, et presque tous grenadiers, il ne se trouva pas un seul officier (1) qui eût le courage de s'opposer à une pareille infamie. Je le fis échanger, et mettre au conseil de guerre. Il fut condamné à être dégradé des armes par le bourreau, à une prison perpétuelle, et à la confiscation de tous ses biens. Cette sentence fut exécutée publiquement, pour l'exemple; il auroit même perdu la vie, si l'on avoit trouvé des lois qui punissent de mort une lâcheté pareille à la sienne. J'eus encore la bonté de me prêter à demander au Roi la confiscation des biens de cet infâme pour sa malheureuse famille, et je l'obtins. Sa reddition me priva d'un avantage certain sur l'armée de M. le duc de Savoie, sur lequel j'avois gagné les hauteurs, et dont toute l'artillerie, et l'arrière-garde au moins, étoit perdue.

Sorti si heureusement de cette espèce de défilé où je l'avois conduit, le duc de Savoie attaqua le fort de La Pérouse, qui se rendit le 16 août. Ce n'étoit pas une excellente place; mais elle ne fut pas assez défendue, non plus qu'une redoute qui rendoit le secours de Fenestrelle assez possible quand elle seroit assiégée; ce qui ne tarda pas. Sitôt que je l'appris, je fis plusieurs détachemens pour gagner les hauteurs par lesquelles je pouvois espérer de la secourir; mais les ennemis les avoient toutes occupées, et étoient bien couverts. Ayant cependant avancé sur quelques postes auxquels on pouvoit marcher, je les fis attaquer, et on leur tua ou prit autour de trois cents hommes.

Après ce petit succès, je voulus encore voir s'il y auroit moyen de gagner les hauteurs. J'y envoyai le 23 août le comte de Muret et le chevalier de Givry, avec des grenadiers; mais ils ne purent ni ouvrir le chemin à un puissant secours, ni même y faire glisser des renforts, pour faire durer le siège plus long-temps. Voyant donc l'inutilité de mes tentatives, j'écrivis au sieur de Barrière, qui y commandoit : « Quand vous se-
» rez à vingt-quatre heures près d'être emporté,
» ayant une quantité considérable de poudre,
» faites tout ce qui sera en votre pouvoir pour
» en remplir les souterrains; mettez toutes les
» pièces de canon en état d'être crevées, en les
» enterrant à demi; laissez les mèches en état
» de durer deux heures, et marchez ensuite
» vers la redoute du Lot. De mon côté, je mar-
» cherai avec un gros corps d'infanterie pour
» vous recevoir, et pour attaquer les postes des
» ennemis pendant que vous attaquerez de l'au-
» tre, pour favoriser votre retraite. Ce parti est
» le seul glorieux pour vous et votre garnison,
» bien différent de la honte de vous rendre pri-
» sonnier de guerre. Souvenez-vous de Perry,
» qui a sauvé la garnison d'Haguenau. »

Mes exhortations, si elles parvinrent à la garnison, furent perdues : j'appris le 2 septembre qu'après avoir été battue deux jours, elle s'étoit rendue prisonnière de guerre. Je ne sus que quatre jours après que cela s'étoit fait malgré le sieur de Barrière, gouverneur, qui m'informa de la violence employée contre lui. Je lui répondis (2) : « C'est une consolation pour moi, mon-
» sieur, par l'estime que j'ai pour vous, de trou-
» ver dans votre lettre que vous avez été forcé à
» rendre votre place par l'indignité de quelques
» officiers, dont vous auriez pu justement punir
» l'insolence en leur passant votre épée au tra-
» vers du corps. La peur seule leur a donné le
» courage de vous parler avec hauteur, et ces
» misérables n'ont pas voulu se souvenir de ce
» que j'ai dit si souvent fort haut en visitant
» votre place, *c'est que la timidité fait rendre
» une garnison prisonnière de guerre.* Quand
» même la place seroit ouverte, quand les demi-
» lunes seroient prises, la descente du fossé faite;
» quand on n'auroit enfin qu'une simple palis-
» sade devant soi, si on a la fermeté de dire
» qu'on ne veut pas être prisonnier de guerre, et
» si l'ennemi est bien persuadé qu'on veut at-
» tendre l'assaut, tout général, quoique bien sûr
» de vous emporter, aimera mieux laisser aller
» quatre ou cinq cents hommes, que de les
» forcer en hasardant de perdre cent braves
» gens.

» Que peut-il en effet arriver de plus indigne
» que d'être prisonnier de guerre? Et quand vo-
» tre garnison auroit été forcée, un ennemi la
» fait-il massacrer pour avoir fait son devoir?
» On est au contraire toujours porté à bien trai-
» ter de braves gens; et les vôtres déshonorent
» la nation. Ils trouveront en moi un ennemi
» plus dur, plus sévère que celui qu'ils avoient
» en tête; et, pour commencer à leur faire sen-
» tir l'indignité de leur conduite, j'ai défendu
» au commissaire du Roi de donner aucune sorte
» de subsistance aux officiers prisonniers. J'en
» excepte ceux qui n'ont pas voulu signer de
» capitulation. Que les autres soient entière-
» ment à la merci de l'ennemi; qu'ils subissent
» toute la honte et toute l'indignité qu'ils ont si
» justement méritées. Quiconque peut devoir sa

(1) *Il ne se trouva pas un seul officier*, etc. Il y a ici une irrégularité grammaticale. On peut la corriger en écrivant : *il ne se soit pas trouvé un seul officier qui ait eu le courage*, etc.

(2) Lettre à M. de Barrière, du 8 septembre, tirée des Mémoires manuscrits, 80e cahier. (A.)

» gloire et son salut à sa fermeté ne mérite au-
» cun égard quand elle l'abandonne. »

Ces foiblesses [pour ne pas dire lâchetés] de nos défenseurs de places, qui se multiplioient, me mettoient au désespoir. J'employai le reste de septembre et le mois d'octobre à visiter tout ce que je pus de villes, châteaux, forts, et même simples redoutes, pour tâcher d'inspirer de la confiance et de la fermeté aux commandans et à leurs soldats. Je fis avancer huit pièces de vingt-quatre, et les munitions nécessaires, à Briançon, afin de pouvoir prendre Exilles et Fenestrelle si les ennemis s'éloignoient, avant que les neiges rendissent tous les mouvemens impossibles. Malheureusement elles commencèrent à tomber au commencement de novembre en si grande quantité, qu'elles ne laissoient plus aucun moyen d'agir. Je séparai donc les troupes, et les renvoyai dans leurs quartiers d'hiver. J'attendis encore au pied des montagnes que la rigueur de la saison rendît les surprises impossibles, et je partis à la fin de décembre par Lyon, où je reçus les ordres du Roi pour me rendre à la cour.

J'y trouvai tout le monde occupé des malheurs de la campagne de Flandre. Je ne les ignorois pas : outre ce que j'en savois par mes amis, et par les nouvelles que publioient les ennemis eux-mêmes, madame de Maintenon, qui ressentoit vivement le contre-coup de tout ce qui frappoit M. le duc de Bourgogne, m'avoit écrit pour savoir mon sentiment sur la possibilité et les moyens de secourir Lille. Je lui répondis le 23 août(1) : « Depuis que j'ai su Lille investi,
» je n'ai cessé de penser à ce qu'on pouvoit at-
» taquer qui nous pût dédommager de sa perte,
» et même dans l'espérance que la défense de
» M. de Boufflers seroit assez longue pour re-
» venir encore au secours de Lille après avoir
» pris ce qu'on attaqueroit, et je ne trouve qu'Ou-
» denarde. Consultez la carte, madame ; vous
» verrez qu'Oudenarde une fois pris, l'ennemi
» n'a plus de retraite, et que pour la soutenir il
» viendroit sans doute nous combattre avec le
» même désavantage que nous trouverions en
» l'allant chercher à Lille, car on le trouveroit
» plus foible, puisque ses forces seroient par-
» tagées par celles qu'il laisseroit dans la cir-
» convallation de Lille, au lieu que toutes cel-
» les du Roi seroient réunies. De plus, l'armée
» de monseigneur le duc de Bourgogne, faisant
» la diligence possible, auroit au moins vingt-
» quatre heures d'avance sur les ennemis pour

» se placer sous Oudenarde, avantage qu'ont
» déjà les ennemis sous Lille, et qu'il faut bien
» considérer à la guerre.

» Mais si ce projet rencontroit quelques dif-
» ficultés que je ne prévois pas, je ne balan-
» cerai point à vous dire, madame, qu'il faut
» donner une bataille pour sauver Lille. C'est
» ici qu'a lieu la grande maxime de M. de
» Turenne, qu'*il faut combattre pour sauver
» les places importantes, parce que si vous ne
» combattez pas pour les premières, il faut,
» malgré que l'on en ait, combattre pour les
» secondes.* Sur cela, madame, j'aurai l'hon-
» neur de vous dire que, prenant congé de Sa
» Majesté, je pris la liberté de lui dire, lors-
» qu'elle se promenoit dans les jardins de Ver-
» sailles, que s'il y avoit une grande action en
» Flandre, j'osois me flatter que ses troupes
» m'y verroient avec joie arriver le matin de la
» bataille. Le Roi eut l'extrême bonté de me ré-
» pondre que ce plaisir ne seroit pas pour les
» troupes seulement, mais pour d'autres aussi,
» et pour lui tout le premier. Enfin, madame,
» je me flatte toujours que lorsque le Roi verra
» la campagne finie en ce pays, je recevrai un
» courrier de Sa Majesté, qui m'ordonnera de
» me rendre en Flandre. Qu'elle ait la bonté de
» voir à quoi je puis lui être utile. J'ai, grâces à
» Dieu, la meilleure santé du monde; les enne-
» mis du Roi ont quelque sorte d'opinion de
» moi, et je puis dire avec vérité que jusqu'à
» présent peut-être suis-je le seul général de
» l'Europe dont le bonheur à la guerre n'ait
» jamais été altéré. Peut-être aucun n'a vu tant
» de petites ni tant de grandes actions ; et, soit
» subalterne, soit général, grâces à la bonté de
» Dieu, j'ai toujours vu fuir les ennemis devant
» moi. J'ai toujours eu, depuis que je suis ici,
» M. le duc de Savoie lui-même en présence, et
» jamais il ne m'a pu entamer. On m'a rap-
» porté que dans la dernière occasion il avoit
» dit qu'il ne savoit comment je faisois pour
» deviner tout ce qu'il projetoit. S'il y a quel-
» que vanité, madame, dans ce que j'ai l'hon-
» neur de vous dire, il y a du moins de la vérité,
» et je mets la vérité avant tout.

» Enfin je supplie Sa Majesté de compter sur
» mon zèle, et sur une application vive et en-
» tière à tous ses intérêts. Si elle pouvoit jeter
» les yeux sur les dépenses de ses armées, elle
» y verroit mon économie, et mon attention
» continuelle à ménager ses finances. » Je finissois cette longue lettre par ces mots, que j'é-
crivis de ma main : « Permettez-moi de vous
» dire, madame, que l'on croit quelquefois bon
» de faire tenir les cartes à celui qui joue heu-

(1) Lettre à madame de Maintenon, du 25 août, dans les Mémoires manuscrits, 79e cahier. (A.)

» reusement, surtout si on a remarqué que la » confiance que donne la fortune n'empêche pas » une extrême précaution. »

A juger par l'événement, j'aurois été bien embarrassé si on m'eût accordé ma demande : je me serois trouvé dans des circonstances bien peu assorties à mon caractère. Le ministre de la guerre fut obligé d'aller deux fois en Flandre pour tâcher de mettre d'accord les généraux, opposés de sentimens entre eux, et les personnes de la cour du duc de Bourgogne, également en mésintelligence. Chacun persista dans son opinion, et rien ne se fit. Madame de Maintenon me le manda dans les termes ménagés qui lui étoient ordinaires. « J'ai été, me disoit-elle (1), » dans un si grand abattement depuis que notre » armée s'est mise en marche pour le secours » de Lille, que je vous avoue que je n'ai point » eu le courage de vous écrire, et que je remet- » tois toujours à me réjouir ou à m'affliger avec » vous quand nous verrions cette grande affaire » terminée. Elle tire si fort en longueur, que je » ne puis plus attendre; et je pense trop sou- » vent à vous pour ne vous le pas dire. Ce n'est » pas à moi à raisonner sur ce qui se passe en » Flandre : je vous en crois instruit, quoique » vous en soyez loin. Il paroît que l'on a perdu » un temps qui ne peut se recouvrer. La diver- » sité des sentimens a tout gâté, et la pluralité » des généraux n'est pas bonne. Il faudroit un » miracle pour que Lille fût secourue.

» Cette grande affaire, monsieur, qui fixe » toute notre attention, ne peut faire oublier au » Roi ni aux honnêtes gens que vous avez sauvé » le Dauphiné. Sans vous, toutes nos inquié- » tudes n'auroient pas été pour la Flandre seu- » lement. Vous m'avez écrit il y a long-temps » que le Roi en seroit quitte avec M. de Savoie » pour deux châteaux, et vous auriez encore » mieux fait que vous ne promettiez, sans la » trahison du commandant d'Exilles. Je suis » bien en peine de votre conscience par rapport » à cet homme-là, car je doute que vous lui par- » donniez jamais. Vous m'avez attiré un remer- » ciement de M. d'Artagan. Je voudrois que les » officiers qui servent avec vous sussent les té- » moignages que vous leur rendez auprès du » Roi, pendant que les autres généraux se plai- » gnent souvent de ceux qui sont avec eux. Si » on vous connoissoit autant que moi, on vous » aimeroit beaucoup. »

La ville de Lille, assiégée contre toutes les règles de la guerre, fut prise; la citadelle ensuite. Les vivres et munitions qui arrivoient aux assiégeans par la mer, et qui pouvoient être interceptés, ne le furent pas, et leur armée se retira sans échec, quoiqu'on eût toutes les facilités possibles pour inquiéter le retour dans son pays.

[1709] L'année 1709, cette année dont l'époque rappelle encore des temps si fâcheux, commença par un revers bien honteux. Vingt-neuf bataillons et trente-trois escadrons rendirent la ville et le château de Gand, qu'ils ne défendirent que six jours. Ils en sortirent le jour des Rois, le même jour commença cette horrible gelée qui fut si fatale à tous les fruits de la terre. Elle n'auroit pas été moins funeste au prince Eugène et au duc de Marlborough, si la garnison avoit voulu se défendre deux jours de plus. On publia qu'elle s'étoit rendue faute de plomb; et je soutenois, moi, qu'il y en avoit pour jusqu'à la fin du monde, puisque toutes les églises en étoient couvertes.

J'étois, sans le savoir, destiné à commander dans ce pays, où nos armes avoient été si malheureuses depuis plusieurs années. Je ne pus former avant que de partir un plan de campagne, parce que j'ignorois si j'y trouverois une armée. Les ennemis publioient et assuroient hardiment dans tous leurs papiers qu'il seroit impossible d'en former une, ou du moins de l'entretenir. En effet, je trouvai les troupes dans un état déplorable : point d'habits, point d'armes, point de pain. On commençoit à être sûr du mal qu'avoit fait l'affreux hiver que nous venions d'essuyer. Chacun resserroit son blé, parce qu'il avoit été gelé en terre, et qu'on n'espéroit pas en récolter : l'orge et l'avoine qu'on semoit à la place des blés manqués étoient d'une cherté excessive.

Cet état malheureux fut dès le commencement la matière de mes lettres. « Aujourd'hui 15 mars, » écrivois-je à M. de Chamillard (2), il n'y a » aucune mesure solide prise pour les magasins. » Il s'en faut plus de vingt-cinq mille sacs de » farine que la subsistance ne soit assurée jus- » qu'au premier mai. Il faut un temps considé- » rable pour moudre : il n'est donc guère vrai- » semblable que nos vivres puissent être arrivés » avant le 20 avril dans les divers lieux où il » faut les placer, puisque si vous n'aviez pas de » doubles magasins, et s'il falloit faire tout tirer » d'un même endroit, les ennemis pourroient » se placer entre deux, sans compter que toutes » celles de vos places qui pourroient être mena- » cées doivent être bien munies. Or rien de tout » cela n'est commencé. Je ne parle pas des avan-

(1) Lettre de madame de Maintenon, du 13 septembre, tirée des Mémoires manuscrits, 80e cahier. (A.)
(2) Lettre à M. de Chamillard, du 15 mars. (A.)

» ces nécessaires d'argent, bien que, selon les
» apparences, il soit difficile de se promettre
» même le courant ; mais enfin pour l'argent, il
» peut se trouver d'un moment à l'autre, et dès
» qu'il est trouvé il est bientôt voituré ; mais
» pour les farines, et pour moudre, il faut un
» temps convenable. Pour les fourrages secs, il
» faudroit que, dès à présent ils fussent dans
» les villes les plus voisines, si nous ne vou-
» lons pas perdre toute notre cavalerie : or s'il
» y en a d'amassés, ils sont encore bien éloi-
» gnés. »

Malgré mes soins, cet état de détresse dura toute la campagne ; et ce ne fut pas une des moindres peines de la situation où je me trouvois de voir ces maux sans pouvoir y remédier. « Je suis obligé de vous représenter, écrivois-je
» au ministre (1), ce que vous ne savez déjà que
» trop : c'est l'extrême misère des officiers sub-
» alternes. Le prêt suffit à peine, puisque ces
» pauvres malheureux n'ont presque rien eu de-
» puis long-temps : ils ont vendu jusqu'à leur
» dernière chemise pour vivre. Enfin le cheva-
» lier de Luxembourg me marque ce que je ne
» vois que trop sous mes yeux, que plusieurs
» des soldats qu'il a rassemblés à Tournay ont
» vendu leurs armes et leurs justaucorps pour
» avoir du pain. Je parle à ceux que je trouve
» dans les endroits que je visite ; j'écoute leurs
» plaintes, j'y compatis ; je les encourage, je
» tâche de les piquer d'honneur, je leur donne
» des espérances : mais enfin il faut autre chose
» pour les mettre en état d'entrer en campa-
» gne. »

Selon les listes les plus fidèles (2), en comptant leurs nouvelles levées, les troupes achetées de Saxe et de Prusse, les régiments impériaux que les ennemis faisoient venir d'augmentation, et qui étoient déjà en marche, ils comptoient mettre en campagne cent quatre-vingt-deux bataillons et deux cent quatre-vingt-dix escadrons ; ce qui faisoit au moins cent trente mille hommes, pendant que je ne me voyois pas le fonds de soixante. Les subsistances pour cette énorme multitude étoient bien assurées par les immenses magasins en tout genre qu'ils avoient formés de tous côtés ; et quand ma petite armée fut rassemblée, un orage, une sécheresse me faisoient trembler (3), parce que j'étois obligé de faire moudre la nuit pour le lendemain matin, le matin pour l'après-midi, et cuire tout de suite : or trop d'eau noyoit les moulins, trop peu les ralentissoit. « Imaginez-vous, écrivois-je
» au ministre (4), l'horreur de voir une armée
» manquer de pain ! Il n'a été délivré aujour-
» d'hui que le soir, et encore fort tard. Hier,
» pour donner du pain aux brigades que je fai-
» sois marcher, j'ai fait jeûner celles qui res-
» toient. Dans ces occasions je passe dans les
» rangs, je caresse le soldat, je lui parle de ma-
» nière à lui faire prendre patience, et j'ai eu la
» consolation d'en entendre plusieurs dire : *M. le*
» *maréchal a raison, il faut souffrir quelque-*
» *fois.* »

Cette bonne disposition des soldats me donnoit du courage : je les trouvois maigres comme gens qui avoient souffert et qui souffroient encore, mais fermes et résolus. Les recrues qui nous venoient étoient des hommes nerveux, accoutumés à la fatigue, que la misère des campagnes forçoit à s'enrôler ; de sorte qu'on pouvoit dire que le malheur des peuples fut le salut du royaume. Il sembloit que l'on fût surtout inquiet à la cour de me voir en tête le prince Eugène et milord Marlborough. « J'estime fort
» ces deux grands généraux, écrivois-je au mi-
» nistre (5) ; mais comme nos Français les élè-
» vent aux nues, peut-être qu'il y a quelques
» Allemands qui m'honorent aussi d'un peu
» d'attention, et j'espère que le courage de la
» nation se trouvera tel que nous l'avons vu au-
» trefois. Tous les officiers de la garnison de
» Saint-Venant m'ont demandé en grâce de leur
» faire donner du pain, et cela avec modestie,
» disant : *Nous vous demandons du pain, parce*
» *qu'il en faut pour vivre : du reste, nous nous*
» *passerons d'habits et de chemises.* »

Voilà les objets qui s'offroient à mes yeux dans les villes que j'étois obligé de visiter pour m'assurer de leur état, et dans les postes de campagne que je m'imposai la loi de parcourir tous en avril et en mai, tant pour connoître leur force et foiblesse, que pour me rappeler un pays que j'avois pratiqué autrefois, dont il m'étoit plus nécessaire que jamais de me représenter les moindres détails. Entre les spectacles fâcheux que m'offrirent mes courses, un des plus affligeans fut celui de l'électeur de Bavière, réfugié à Mons avec une très-petite cour. « Il avoit prié,
» avant mon arrivée sur la frontière (6), M. l'é-
» lecteur de Cologne, son frère, de me dire
» qu'il avoit une extrême impatience de me

---

(1) Lettres à M. de Chamillard, des 50 mars et premier mai. (A.)

(2) Lettre au même, du 16 avril. (A.)

(3) Lettres à messieurs de Chamillard, de Voisin et Boufflers, en mai, juin et juillet. (A.)

(4) Lettre à M. de Chamillard. (A.)

(5) Lettres au même, des 15 mars et 29 avril. (A.)

(6) Lettre au même, du 24 mars. (A).

» voir. Je le trouvai bien différent de l'état
» brillant où je l'avois vu à Munich : il n'avoit
» perdu aucun de ses goûts, et il s'occupoit
» comme autrefois de son tour, de ses maîtres-
» ses, de sa musique, de petits bâtimens, au
» défaut des grands. Il me parut cependant as-
» sez affecté de son état, et il me dit des choses
» très-touchantes sur le malheur [il se servit de
» ce terme-là] de l'éloignement que l'on lui avoit
» donné pour moi. » Je l'écrivis au Roi, et j'eus
la satisfaction d'en recevoir cette réponse, témoignage précieux de son sentiment sur ma
conduite : « L'électeur a bien raison de vous té-
» moigner de grands regrets de ce qui s'est
» passé en Bavière depuis votre départ (1). Si
» vous y étiez resté, j'ai lieu de croire que les
» affaires n'auroient pas tourné comme elles ont
» fait. »

Je reçus presque dans le même temps une lettre aussi satisfaisante de madame de Mainte-non, que je pouvois regarder comme la fidèle interprète des pensées du Roi; elle me disoit (2) : « Voulez-vous m'écrire toujours en cérémonie ?
» Si vous continuez, je saurai bien vous rendre
» le respect qui vous est dû. La communication
» que nous vous faisons de nos peines doit ban-
» nir toute gêne. Nous joignons au malheur de
» la guerre la crainte de la famine, et d'un scor-
» but à l'Hôtel-Dieu et aux Invalides, qui nous
» annonce la peste. Il faudroit votre courage
» pour supporter de tels maux : il n'y a que de
» vous, monsieur, que l'on tire quelque conso-
» lation. Vous nous faites envisager que nous
» aurons une armée ; elle sera conduite par vous;
» et peut-être est-ce le point où Dieu a voulu
» nous conduire pour montrer les révolutions
» qu'il fait faire quand il lui plait. »

C'est en effet le point où j'avois amené les choses, malgré les pronostics des ennemis, in-sérés dans leurs feuilles hebdomadaires. Je leur rendois en propos ce qu'ils nous prêtoient en écrits. « J'ai fait grand bruit, disois-je au mi-
» nistre (3), de nos trésors de la mer du Sud ar-
» rivés au Port-Louis, et je vous assure que
» tout le monde regarde cela comme un secours
» envoyé de Dieu. Cela est passé en Hollande,
» aussi bien que ce que j'ai publié de neuf mil-
» lions que M. Desmarets m'a remis argent
» comptant avant mon départ, lui ayant déclaré
» que je ne sortirois pas de Paris sans cela. Cette
» nouvelle, que j'ai publiée sans fondement

» comme vous le savez, a passé chez les enne-
» mis, et j'ai lu cet article dans toutes les ga-
» zettes de Hollande. » Ces nouvelles, répan-
dues à propos, relevoient la confiance de nos troupes, et rabattoient un peu le ton avantageux des ennemis, qui commençoient à nous croire hors de la grande détresse, pendant que nous étions chaque jour à la veille de mourir de faim.

Cette triste perspective, qui se représentoit presque à chaque instant, me faisoit désirer bien ardemment que la négociation entamée en Hol-lande pût réussir; mais M. de Chamillard, qui étoit pressé d'un désir au moins aussi vif que le mien, n'avoit pas grande espérance. « Le long
» temps, me disoit-il (4), qu'il y a que l'on
» soutient une guerre qui n'a nulle proportion
» avec les finances du Roi nous a mis dans la
» dure nécessité de recevoir la loi de nos enne-
» mis. J'appréhende bien que l'approche de la
» campagne et l'arrivée du prince Eugène ne
» déterminent les Hollandais à suspendre le dé-
» sir qu'ils sembloient avoir de faire la paix. Ce-
» pendant elle devient plus nécessaire chaque
» jour, et les moyens de faire la paix plus rares.
» Je la crois de la plus grande nécessité, écri-
» vais-je à M. de Torcy (5) : qu'elle ne soit qu'un
» peu chère, elle sera bonne. Ne me faites lan-
» guir sur les conclusions le moins long-
» temps que vous pourrez; mais en attendant,
» pressez pour les préparatifs de guerre. Solli-ci-
» citez bien fortement M. Desmarets de mettre
» la main sur tant de millions arrivés de la mer
» du Sud, que Dieu nous envoie dans nos plus
» pressans besoins; recommandez que l'on n'ait
» pas le mauvais scrupule de ne pas s'emparer
» des blés dont la Lorraine regorge, et que nos
» ennemis sauroient bien trouver. Surtout de
» l'argent, mais encore plutôt du pain. Ou vous
» aurez la paix assurée avant la fin de ce mois,
» ou vous ne l'aurez qu'après la campagne, et
» même très-incertainement.

» Il seroit bien étonnant (6) que les sacrifices
» que le Roi veut bien faire pour la paix ne ser-
» vissent qu'à faire connoître à nos ennemis
» l'envie et le besoin que nous en avons. La
» qualité de ces sacrifices, je ne la sais ni ne
» veux la savoir. S'ils réussissent, il faudra les
» oublier le plus tôt qu'il sera possible; s'ils sont
» inutiles, ils ne doivent servir qu'à nous aigrir,
» et nous faire battre comme des enragés contre
» ces dogues-là. J'espère que Dieu nous fera la

---

(1) Lettre du Roi, du 29 mars. (A.)
(2) Lettre de madame de Maintenon, du 8 avril, dans les Mémoires manuscrits, 81e cahier. (A.)
(3) Lettre à M. de Chamillard, du 15 avril. (A.)

(4) Lettre de M. de Chamillard, du 29 mars. (A.)
(5) Lettre à M. de Torcy, du 12 avril. (A.)
(6) Lettre au même, du 21 avril. (A.)

» grâce de les bien battre : tâchons cependant
» de ne leur pas opposer des forces trop inégales.
» Ils ne promettent pas moins de deux cent
» quatre-vingt-dix escadrons, et cent quatre-
» vingt-deux bataillons : c'est un peu trop pour
» ce que nous avons, quoique ce que nous avons
» soit encore trop pour nos subsistances. Je
» parle à un ministre ; car aux autres je me fais
» tout blanc de mon épée et de mes farines. Je
» plaisante, monsieur, mais sans en avoir grande
» envie ; car ceci devient bien sérieux de toute
» manière, et nous sommes bien près de nos piè-
» ces. Il n'y a certainement qu'une bonne et
» prompte bataille dont l'heureux succès puisse
» nous relever. Je la donnerai, ma foi, de bon
» cœur, d'autant plus que c'est notre unique
» ressource, et j'espère que Dieu nous aidera. »

M. de Torcy alla lui-même à La Haye presser la paix : je la crus certaine quand j'appris cette nouvelle, ne pouvant m'imaginer que le ministre, si on n'étoit pas à peu près d'accord sur les conditions, s'exposât ainsi au risque de recevoir un affront. Il partit sur l'espérance que les Hollandais, fatigués de la guerre, accepteroient les propositions que faisoit le Roi d'abandonner aux alliés Ypres et Tournay ; mais le prince Eugène et Marlborough leur donnèrent des espérances beaucoup plus vastes : ils firent entendre que leurs premiers soins alloient être de chercher une bataille à quelque prix que ce fût ; que le moins qu'ils pouvoient se promettre avec des forces si supérieures étoit d'obliger l'armée du Roi à reculer, et qu'ils pénétreroient dans le royaume ; qu'il leur seroit aisé d'obtenir alors ce que le Roi refusoit maintenant, savoir de cesser de soutenir son petit-fils le roi d'Espagne.

Ce fut donc à moi à tâcher de faire échouer ces projets. Avec le peu de troupes que je pus mettre ensemble jusqu'au mois de mai, je ne laissai pas d'inquiéter les ennemis. J'enlevai les travailleurs qu'ils employoient à réparer la chaussée de Menin ; je mis des troupes dans la petite ville de Launoy ; je fis occuper les châteaux de Templeuve et de Boufflers, et par ce moyen je coupai entièrement la communication entre les villes de Lille, Oudenarde et Menin. Je mis aussi toute mon attention à reconnoître les postes que les ennemis pouvoient occuper, s'ils faisoient le siège de Tournay ou de Douay. J'aurois assiégé Courtray s'il avoit été en mon pouvoir d'assembler des farines ; mais je ne voyois pas de subsistances assurées pour deux jours. Je me réduisis donc à faire attaquer quand je pouvois les convois de Gand à Menin, et de Menin à Lille ; mais les ennemis, au lieu de grands convois, ne faisoient passer tous les jours que quelques bateaux : en sorte qu'il étoit impossible de troubler ce commerce comme j'aurois voulu, sans accabler les troupes de fatigue.

Mais cette petite guerre ne pouvoit avoir que son temps : il falloit songer aux grandes opérations, et à placer l'armée du Roi de manière qu'elle pût soutenir le choc de l'armée énorme qui alloit tomber sur elle ; en même temps assurer les subsistances de façon qu'elles ne vinssent pas de jour en jour, mais qu'on eût des magasins formés sur lesquels on pût compter. Ces deux points me parurent si importans, que je jugeai indispensablement nécessaire d'aller en conférer avec le Roi. J'en demandai et obtins la permission, et je pris mes mesures pour que les ennemis ignorassent mon voyage, où je ne voulois être et ne fus en effet que cinq jours.

Je partis le 9 mai, et arrivai le même jour à Paris. J'allai le lendemain à Marly avec M. de Chamillard : j'y eus deux conférences avec le Roi, auxquelles furent appelés les maréchaux de Boufflers et d'Harcourt, messieurs de Chamillard et Desmarets, gendre du premier, qui s'étoit déchargé sur lui des finances. Tous deux étoient de fort honnêtes gens, puisqu'à leur retraite à peine se trouvèrent-ils avoir ce qu'ils possédoient en entrant en charge ; mais ce n'étoient point des gens de génie et d'expédiens, tels qu'il en auroit fallu dans les circonstances critiques où on se trouvoit. Ils montrèrent de l'incertitude, de l'embarras, et s'excusèrent très-mal de la faute horrible d'avoir exposé l'armée du Roi à périr de faim. Ainsi ce que je gagnai à mon voyage fut de connoître que la cour étoit sans ressource. Je n'obtins pas plus de soulagement d'esprit pour les opérations militaires ; on examina, on discuta, et on ne se fixa à rien ; ainsi le Roi me dit en m'embrassant (1) : « Je mets ma confiance
» en Dieu et en vous, et ne puis rien vous or-
» donner, puisque je ne puis vous donner aucun
» secours. »

Madame de Maintenon me tira à part, me pria de lui parler confidemment sur M. de Chamillard, et de lui dire s'il falloit conserver ce ministre, ou l'ôter de place. Je répondis que tout le mal étoit fait ; qu'un nouveau ministre ne pourroit guère y remédier sur-le-champ, et que je ne croyois pas un changement bien convenable aux circonstances. Au reste, comme cela m'étoit assez indifférent, je n'insistai ni pour ni contre, et je partis de Marly le 13, avec la foible espérance de pouvoir compter pour le moment sur dix-huit mille sacs de farine. J'avois ordonné à tous les intendans des frontières de se

(1) Tiré des Mémoires manuscrits, 82e cahier.

trouver ce même jour à Arras : en y arrivant, je reconnus que les dix-huit mille sacs de farine qu'on m'avoit promis étoient imaginaires; mais ce secours, quand même il auroit été assuré, quelle ressource étoit-ce pour une armée qui consommoit douze cents sacs par jour !

Les ennemis connoissoient si parfaitement notre état, que leur orgueil en augmentoit. M. de Torcy étoit allé négocier lui-même avec eux en Hollande; et, dans la crainte que ce ministre, trop persuadé de notre triste situation, ne se laissât aller à accorder des conditions humiliantes, je jugeai à propos de lui relever le courage par une lettre un peu consolante : « J'apprends, » lui disois-je (1), que les ennemis sont bien » fiers, sur la très-fausse opinion que les armées » du Roi ne sont pas en état de se mettre en » campagne. J'ai cru vous devoir mander la » très-exacte vérité, et je ne m'en écarte pas du » tout en vous assurant que les troupes sont plus » complètes qu'elles ne l'ont encore été. L'on » vous dira peut-être que c'est un bon effet d'une » mauvaise cause, et que les recrues ne sont si » fortes que par la misère des provinces. Je n'en- » trerai point dans ce détail; mais enfin le fait » est que nos troupes sont très-complètes, et ont » une grande envie de faire voir aux ennemis » qu'elles savent combattre quand les disposi- » tions sont bonnes. Si les succès n'ont pas ré- » pondu à l'attente dans les dernières campa- » gnes, j'en attribue le malheur aux aides de » camp, qui entendent ou portent mal les ordres » des généraux; et je suis persuadé que les nô- » tres en avoient donné de bons. Enfin, mon- » sieur, je vous assure que les aides de camp de » Monseigneur, qui, je l'espère toujours, viendra » commander l'armée, et les miens, seront bien » choisis.

» Quant aux grains, je ne suis pas surpris » que nos ennemis croient que nous en man- » quons, puisque cela est si bien établi à la cour » et à Paris, d'où ils ont des nouvelles très-régu- » lièrement. A peine ai-je pu remettre les es- » prits sur cela. Je vous assure que les mois de » juin et de juillet pour l'armée sont très-assurés; » que la première crainte de manquer étant un » peu calmée, on a trouvé suffisamment dans » les provinces : ainsi ne croyez pas un si grand » mal si la paix ne se fait pas. Je vous dirai » très-sincèrement que toutes les fois que je re- » garde nos troupes, je désire ardemment qu'elles » puissent encore voir les ennemis. Quand je » songe à nos peuples, je comprends qu'ils sou- » haitent la paix; mais la gloire et les intérêts de » la nation seroient peut-être de l'avoir plus » tard, pourvu qu'elle fût meilleure. »

Ce que je donnois au ministre négociateur comme certain touchant la sûreté des subsistances n'étoit cependant qu'en espérances, à la vérité assez bien fondées, parce que tout le monde s'y employoit avec le plus grand zèle. J'avois pour conseil en cette partie Fargès et les Paris, hommes excellens, dont les talens me furent très-utiles. Les intendans de Normandie, de Picardie, de Soissonnais, de Champagne, auxquels j'avois envoyé des courriers avec ordre de mettre tout en usage pour nous faire voiturer des grains, se donnèrent tant de mouvement, qu'il nous en vint de plusieurs côtés. La crainte des exécutions militaires, dont je menaçois nos villes les plus prochaines, les engagea à tirer de leurs réserves. Il nous vint aussi du trésor royal quelque argent : argent, *étoile de gaieté*, comme l'appeloit le pauvre feu La Couture. Enfin on força tout : on fit moudre jour et nuit, et on espéra d'avoir pour la fin du mois sept mille sacs de farine, et assez de pain pour donner une bataille, si les ennemis en avoient l'intention; et de la donner quand même ils ne voudroient pas, puisqu'il n'y avoit pas de parti plus déplorable que de leur laisser la liberté d'entrer dans le royaume.

Ils paroissoient s'y préparer, parce que toutes les troupes qu'ils avoient sous Maëstricht et Liége marchoient vers Bruxelles, d'où il étoit probable qu'elles se rassembleroient à Lille, que je croyois être le rendez-vous général. Ces mouvemens me déterminèrent à réunir toutes mes troupes, que j'avois laissées séparées pour la facilité des subsistances. J'appelai donc celles d'Espagne, de Bavière et de Cologne; je mandai au Roi de faire avancer sa maison, mais avec mesure, de peur qu'un trop grand nombre tout à la fois n'affamât notre cavalerie, qui étoit réduite à l'herbe naissante : de sorte qu'on la fit partir pour la Somme, à portée d'être mandée et d'arriver au moment précis. Pour moi, j'allai camper à Lens le 27 mai avec quarante bataillons, et je fis approcher le reste des troupes à une journée de là, étant forcé de régler leurs mouvemens sur le pain et le peu de fourrage qu'elles pouvoient tirer de leurs derrières. Ainsi il étoit également dangereux d'avancer les troupes trop tôt ou trop tard. On ne peut, au reste, assez louer leur fermeté. En entrant en campagne sans pain, presque tous les capitaines d'infanterie à pied, et ne comptant, aussi bien que les subalternes et le soldat, que sur le seul pain de munition, il sembloit que l'extrémité où nous nous trouvions réduits enflammât le courage des

(1) Lettre à M. Torcy, du 15 mai. (A.)

troupes, et je ne les ai jamais trouvées si animées.

On me faisoit à la cour quelque honneur de cette disposition; et madame de Maintenon m'écrivoit (1) qu'en me voyant faire ces miracles, on me regardoit à Saint-Cyr comme un saint. Je lui répondis (2) : « Je suis très-redevable aux » dames de Saint-Cyr de l'opinion qu'elles veu- » lent bien avoir de ma sainteté : je voudrois » bien qu'elle fût fondée, parce que j'aurois, » pour mon salut et celui de l'État, toutes les » qualités nécessaires. Permettez-moi de me » compter avant l'État quand je parle de mon » salut : quand il ne sera question que de ma vie, » je la mettrai à sa place. »

J'étois toujours inquiet de ce que faisoit M. de Torcy à La Haye, et s'il nous donneroit enfin la paix ou la guerre, lorsqu'en passant à Douay, où je lui avois donné rendez-vous, il m'apprit les conditions que vouloient nous imposer les ennemis. Je ne pus les entendre sans indignation (3) : ils vouloient non-seulement que le Roi promît de retirer ses troupes, et de ne plus soutenir le roi d'Espagne son petit-fils; non-seulement qu'il l'engageât à abdiquer sa couronne, mais encore qu'il donnât ses meilleures places en otage, pour sûreté de sa fidélité à remplir cette promesse : et si le Roi ne réussissoit pas à persuader son petit-fils, et ne vouloit pas se joindre à eux pour le détrôner, ils se réservoient le droit de retenir ses places, et de recommencer contre lui la guerre, qu'ils ne vouloient suspendre que deux mois. « J'ai su, » me manda le Roi (4), par le marquis de Tor- » cy, qu'il vous avoit informé à son passage de » tout ce qui s'est passé à La Haye dans les con- » férences qui se sont tenues entre lui, le prince » Eugène, le duc de Marlborough et le Pension- » naire. Vous avez bien prévu qu'il me seroit » impossible d'accepter des conditions qui don- » neroient seulement lieu à une suspension » d'armes pour deux mois, et qui me mettroient » dans la nécessité de me joindre à mes enne- » mis pour détrôner le roi d'Espagne, ou de re- » commencer la guerre contre eux après les » avoir mis en possession des places les plus im- » portantes de ma frontière, et dont ils auroient » bien de la peine à se rendre les maîtres si je » pouvois trouver les moyens de faire payer » mes troupes et de les faire vivre. J'ai mandé » au sieur Roullié de déclarer que je ne pouvois » accepter les propositions qui avoient été faites, » et que je révoquois toutes les offres que le » marquis de Torcy avoit eu pouvoir de leur » faire de ma part. »

Je lui répondis (5) : « J'apprends avec la plus » grande satisfaction, par la dépêche de Votre » Majesté, qu'elle a pris la noble, sage et juste » résolution non-seulement de refuser les con- » ditions de paix proposées par les ennemis, » mais même de révoquer toutes les offres que » M. le marquis de Torcy avoit faites de sa » part. J'ai l'honneur d'assurer Votre Majesté » que tout ce que je vois ici de Français sont » charmés de cette résolution, et indignés de » l'orgueil de nos ennemis. J'étois à la tête de » votre infanterie lorsque le courrier m'a rendu » la dépêche de Votre Majesté. Sur les premières » lignes qui marquoient votre résolution, j'en » marquai la satisfaction à vos troupes, qui » toutes répondirent par un cri de joie et d'ar- » deur d'en venir aux mains avec les ennemis. » J'ose espérer qu'elle sera pareille à celle que » Dieu m'a fait la grâce de leur trouver dans » toutes les occasions. »

« (6) La nuit qui précéda le départ de mon » courrier, je me réveillai de la peur de n'avoir » pas écrit assez fortement au Roi sur la nécessité » de la guerre. Le sieur d'Hauteval, que j'en- » voyai réveiller à deux heures après minuit » pour m'apporter mes minutes, trouva mes in- » quiétudes mal placées. Je craignois d'avoir » trop insisté sur les périls que nous avions à » craindre faute de pain, et de n'avoir pas assez » porté à la guerre. Je communiquai le lende- » main ma crainte à M. de Bernières, qui trouva » que ma lettre étoit sage, et qu'il ne falloit pas » promettre plus de beurre que de pain : c'est » pourtant bien, ma foi, ce qui auroit été très- » facile dans le pays où nous étions. »

Ce n'étoit pas là ma seule inquiétude. A mesure que les ennemis approchoient, je souffrois des réflexions pusillanimes de plusieurs officiers, et de la liberté qu'ils prenoient de les répandre; ce qui pouvoit inspirer de la méfiance au soldat, comme si j'eusse voulu le sacrifier. Ils me blâmoient de me porter en avant sur un ennemi formidable avec des forces si inférieures. A leur avis, j'aurois dû me retrancher derrière la Scarpe. « Sur cela, disois-je au ministre (7), je » demande si l'armée doit défendre le royaume, » ou le royaume couvrir l'armée. D'ailleurs j'ai » pour principe ce mot si répété de M. de Tu- » renne, et qui n'a peut-être jamais été si juste » qu'aujourd'hui : c'est que *celui qui veut abso-*

---

(1) Lettre de madame de Maintenon, du 26 mai. (A.)
(2) Réponse, du 29. (A.)
(3) Lettre au Roi, du 1er juin. (A.)
(4) Lettre du Roi, du 5 juin. (A.)
(5) Lettre au Roi, du 6 juin. (A.)
(6) Lettre de M. de Chamillard, du 6 juin. (A.)
(7) Lettres au ministre, des 14 et 16 juin. (A.)

» lument éviter une bataille donne son pays à
» celui qui paroît la chercher. Je vous assure,
» monsieur, que ces contradictions rendent le
» fardeau que j'ai bien pesant. On ne vous man-
» dera pas que par ma contenance je donne
» lieu de croire que je le trouve tel : mais on
» passe de mauvaises nuits. »

Je ne cachai pas mes peines au Roi, et j'a-
joutai à mon aveu un moyen que je croyois
propre à les faire cesser. « Je ne puis m'empê-
» cher, lui écrivois-je (1), de dire une vérité à
» Votre Majesté ; et quel temps attendrois-je
» pour la dire qui soit plus important que celui
» où il s'agit du salut de l'État ? Sire, les officiers
» généraux les plus zélés m'ont averti que le
» plus grand nombre tenoit d'assez mauvais dis-
» cours, et fort propres à détruire l'audace qui
» est dans le soldat, et que je fais tout mon pos-
» sible pour réveiller dans l'esprit de l'officier.

» Ne seroit-il pas bien glorieux à M. le comte
» de Toulouse, dont la valeur est connue, de
» partir sans qu'il parût que Votre Majesté en
» sût rien, pour venir servir de volontaire dans
» une occasion qui doit décider du salut du
» royaume ? Il pourroit mener votre maison à la
» charge, et par sa présence, sa bonne mine,
» son courage, redonner une nouvelle audace à
» certaines gens qui en manquent. M. le duc,
» dont l'intrépidité est connue, seroit peut-être
» tenté de mener une de vos ailes. Je sais, Sire,
» que je suis fait pour servir sous ces messieurs,
» mais une plus longue expérience fait qu'on ne
» sera pas surpris que Votre Majesté me fasse
» l'honneur de me confier la conduite de la
» guerre : d'ailleurs, quand je me crois heureux,
» il est bon que je tienne les cartes. Mais quand
» on verra ces deux princes, les mauvais dis-
» cours qui me reviennent ne se tiendront plus :
» ces visages qui s'allongent se raccourciront,
» et enfin je serai aidé dans cette occupation si
» nécessaire de ranimer des gens qui ont besoin
» de l'être. »

J'ajoutois au ministre (2) : « Les armées des
» ennemis sont remplies de princes qui se
» font tuer de tout leur cœur : on y voit pour
» volontaires deux princes destinés à porter
» la couronne, et trente princes officiers géné-
» raux ou subalternes ; et tout cela sous milord
» Marlborough. Croyez, monsieur, que quand
» un général voit l'ardeur diminuer dans plu-
» sieurs, il ne regarde pas comme peu essentiel
» de voir arriver des gens d'une naissance dis-
» tinguée, qui ne parlent que d'actions de gloire
» et de valeur, et dont la contenance fière et dé-
» cidée en impose à l'officier craintif, et à l'en-
» nemi. » Ce ministre, à qui j'écrivois ainsi,
étoit M. de Voisin, qui venoit de succéder à
M. de Chamillard, et qui me fit, au moment de
sa nomination, des promesses et des offres de
services très-honnêtes (3). Je l'en remerciai, et
j'écrivis à madame de Maintenon, qui me recommandoit de bien vivre avec lui (4) : « J'ai
» pour principe, madame, de rechercher toujours
» l'amitié de ceux que le Roi honore de sa con-
» fiance, et qui sont placés pour faire connoître
» les services que nous nous efforçons de rendre.
» J'étois déjà des amis de M. de Voisin, et je
» suis persuadé que c'est un bon choix : qu'il
» prenne seulement garde de ne pas se laisser
» subjuguer aux courtisans. M. de Chamillard
» écoutoit trop de monde : cette complaisance
» est un dangereux écueil pour quiconque veut
» bien servir son maître. »

J'eus beau remontrer, il ne me vint personne ;
je ne vis pas non plus qu'on se disposât, malgré
mes instances, à me faire passer des renforts de
l'armée du Rhin, que je trouvois trop forte pour
celle qu'elle avoit en tête. Je me vis donc réduit à payer de hardiesse, je dirois presque d'effronterie, avec cinquante mille hommes de
moins que les ennemis, une petite artillerie de
campagne mal traitée, mal approvisionnée,
contre deux cents bouches à feu bien servies,
et la frayeur perpétuelle de manquer de pain
chaque jour. *Panem nostrum quotidianum da
nobis hodiè*, me disoient quelquefois les soldats
quand je parcourois les rangs, après qu'ils n'a-
voient eu que le quart et que demi-ration. Je les
encourageois, je leur faisois des promesses. Ils
se contentoient de plier les épaules, et me regardoient d'un air de résignation qui m'attendris-
soit, mais sans plaintes ni murmures.

Sûr du courage de mes troupes, je me plaçai
fièrement le 14 juin dans la plaine qui est entre
Lens et les marais de Hulluch : point de fortifications, qu'un fossé devant moi, tant pour en-
hardir le soldat que pour déterminer les ennemis
à m'attaquer de front. Ils étoient tous alors ramassés entre la Lys et l'Escaut, à la hauteur de
Courtray. Le 23, ils marchèrent avec toutes
leurs forces à Lille ; je les voyois à cinq lieues de
moi, et trouvois dans la route qu'ils tenoient
une apparente résolution de venir m'attaquer. Je
fis alors couvrir la tête de mon camp, qui tenoit
à peu près une lieue, d'un avant-fossé dont on
jeta la terre au long à droite et à gauche, de ma-

---

(1) Lettre au Roi, du 16 juin. (A.)
(2) Lettres à M. de Voisin, des 10 et 19 juin. (A.)

(3) Lettres à M. de Voisin, des 10 et 19 juin. (A.)
(4) Lettre à madame de Maintenon, du 16 juin. (A.)

nière que le feu du retranchement fût rasant. Rien n'est si dangereux pour un ennemi qui vient avec ses fascines que d'avoir à combler un avant-fossé à trente pas du retranchement, d'où il part un feu redoublé qui éclaircit bien les rangs avant que l'on ait passé ce premier fossé.

Le 23, toutes les forces de l'ennemi s'approchèrent, M. le prince Eugène à la droite, et milord Marlborough à la gauche. Le 24, ils firent une revue générale de leur armée, et donnèrent ordre de travailler aux chemins qui les menoient à la nôtre. Le même jour, le général Top, qui faisoit la fonction de maréchal des logis général, vint reconnoître toutes les marches, et s'approcha même assez du camp pour en bien reconnoître la situation. Il fut encore mieux reconnu par le général Cadogan, homme en qui ils avoient la plus grande confiance, et qui, déguisé en paysan, risqua d'entrer jusque dans le camp.

Apparemment que son rapport ne fut pas comme ils le désiroient; car cette armée immense, qui auroit dû m'écraser, se sépara. Le 27, toute l'artillerie de campagne marcha vers Aubenton: celle de siége resta sur la Lys. La nuit, un corps considérable d'infanterie s'approcha de La Bassée, et un autre parut aller vers Tournay. Je jugeai que ces divers mouvemens étoient destinés à m'obliger d'en faire, et je restai ferme dans mon poste.

Le prince Eugène marcha avec un corps d'armée vers Eter. Je m'en approchai, et poussai devant moi cinq cents chevaux, qui eurent ordre d'allumer de grands feux pour faire croire que l'armée entière suivoit. Je n'ose croire que ce fut cette ruse, assez commune, qui obligea le prince de s'arrêter et de rétrograder (1); mais enfin j'appris le 29 que toutes leurs forces se réunissoient de nouveau, et marchoient vers Tournay. Alors leur artillerie, qui remontoit la Lys, la descendit pour être plus à portée de Tournay, et on vit clairement que leur dessein avoit été, après m'avoir battu, de foudroyer Aire et Saint-Venant avec leur grosse artillerie, de pénétrer par là jusqu'à Boulogne, d'où il leur auroit été aisé de mettre toute la Picardie à contribution, et d'envoyer des partis jusqu'à Paris : en quoi ils auroient certainement réussi, si, écoutant les timides conseils de plusieurs officiers généraux, je m'étois blotti derrière la Scarpe.

Ce fut un grand soulagement de savoir que les ennemis se fixoient au siége de Tournay, qui naturellement devoit les occuper toute la campagne. Madame de Maintenon me fit part des inquiétudes qui agitoient la cour en des termes bien propres à me faire oublier mes peines. Elle s'exprima ainsi (2) : « C'est par discrétion, mon-
» sieur, que je n'ai pas l'honneur de vous écrire
» plus souvent : vous ne croiriez pas aisément
» que ce fût par oubli. Si l'Europe entière a les
» yeux ouverts sur vous, jugez ce que sont les
» nôtres. Je serois remplie de confiance, si vous
» n'aviez qu'une armée opposée : quand on dit
» que vous en avez deux, et que l'une entrera en
» France pendant que l'autre vous occupera, je
» vous assure que je suis dans des transes conti-
» nuelles. On commence à dire que vous ne se-
» rez pas attaqué : ce sera donc pour la seconde
» fois que vous aurez arrêté les projets de M. de
» Marlborough.

» Il me paroît, ajoutoit-elle, que notre nou-
» veau ministre de la guerre est très-occupé de
» votre subsistance; je lui dirai de votre part de
» ne se pas laisser subjuguer par les courtisans:
» c'est encore pis par les dames, qui se mêlent à
» présent de toutes sortes d'affaires. » Elle finis-
soit par me recommander le roi d'Angleterre, le seul prince qui fût venu encourager mon armée. Il logeoit chez moi, et étoit témoin de toutes mes actions. « Il est étonné, me disoit-elle, de ce
» qu'il voit, et des mouvemens que vous vous
» donnez. Il nous revient bien des louanges sur
» tout ce que vous faites et ce que vous dites,
» et cela d'une manière très-naturelle, et par des
» voies souterraines. Je voudrois que vous con-
» tinuassiez votre prodigieux travail, et que
» votre santé n'en souffrît pas; ce qui n'est pas
» aisé. Je vais demander à Dieu, avec les dames
» de Saint-Cyr, de vous protéger, et de vous
» rendre tel qu'elles croient que vous êtes. »

J'appris le 2 juillet que les ennemis commençoient à travailler à leurs lignes de circonvallation autour de Tournay, s'étant tenus jusque-là ensemble pour marcher à notre armée, et j'avois songé à m'approcher. J'allai visiter tous les postes qu'on pouvoit prendre, pour les resserrer pendant le siége; mais je n'en trouvai aucun assez avantageux pour y réussir : d'ailleurs il n'y avoit point de fourrage. Je tentai aussi inutilement d'y jeter quelques secours. Cependant j'étois tranquille sur le sort de cette place : il y avoit onze cent milliers de poudre, toutes les munitions de guerre imaginables, le pied de neuf mille hommes de garnison, et au moins sept; plus de vivres qu'il n'en falloit pour six mois, s'ils étoient bien ménagés; des fortifications en bon état, et une citadelle estimée par le feu prince de Condé la meilleure de l'Europe. J'espérois donc qu'elle tiendroit au moins quatre à cinq

(1) Lettre au Roi, du 29 juin. (A.)
(2) Lettre de madame de Maintenon, du 30 juin. (A.)

mois, ce qui nous mèneroit à la fin de l'automne; qu'alors les ennemis ayant perdu beaucoup d'hommes, et usé leurs provisions, se trouveroient hors d'état de rien entreprendre, et que toute leur campagne se passeroit à prendre une ville qu'ils pouvoient avoir sans coup férir par une paix avantageuse.

Ne trouvant rien à faire du côté de Tournay, j'essayai d'un autre. Je sus que les ennemis avoient mis un corps de troupes assez considérable dans Varneton, et qu'ils travailloient à s'y fortifier. C'étoit un poste d'où ils auroient pu inquiéter Ypres, Aire, Saint-Venant ou Béthune, à volonté (1). « Je détachai le comte d'Artagnan » avec quinze bataillons, ayant pour maréchaux » de camp messieurs de Conflans et de Vieux-» Pont; un détachement de la garnison d'Ypres, » commandé par le chevalier de Puzieux, avoit » ordre de se trouver à Menin avec six pièces de » canon. Tout cela s'est joint le 4 juillet au ma-» tin, a marché à Varneton, et l'a emporté en » arrivant. Tout a été tué, écrivois-je au Roi, ou » pris à discrétion. M. de Rian, lieutenant colo-» nel irlandais, qui commande à Marville, et » qui commandoit l'année dernière à Varneton, » a utilement servi. M. d'Artagnan, qui s'est » conduit dans cette occasion avec toute l'acti-» vité et tout l'ordre d'un bon officier général, » s'en loue fort. Il y a sept cents prisonniers, » tous très-beaux hommes, un colonel que l'on » dit brigadier, un lieutenant colonel, six capi-» taines, huit lieutenans, beaucoup de bas offi-» ciers. M. d'Artagnan se loue fort de l'ardeur » des troupes. Nous n'y avons perdu que deux » soldats. » M. le prince Eugène marcha avec trente mille hommes pour conserver cette place, et la tête de ses troupes commençoit à paroître quand elle fut emportée. « L'affaire n'est pas » bien importante, ajoutois-je; je crois cepen-» dant qu'elle ne sera pas fort agréable aux deux » grands généraux qui sont devant nous, et » qu'elle leur fera voir du moins que s'ils se né-» gligent, nous ne nous endormons pas. »

Je fis encore plusieurs autres petites entreprises, au défaut des grandes, et toutes heureuses; et j'en aurois fait davantage si nous avions pu compter sur le pain. « Mais le sieur de Paris » vous dira, écrivois-je à M. de Voisin (2), » que plusieurs fois nous avons cru que le pain » manqueroit absolument; et puis par des ef-» forts on en fait arriver pour un demi-jour. On » gagne le lendemain en jeûnant. Quand M. d'Ar-» tagnan a marché, il a fallu que des brigades » qui ne marchoient pas jeunâssent. Je fais ici » la plus surprenante campagne qui ait jamais » été (3) : c'est un miracle que nos subsistances,

» et une merveille que la vertu et la fermeté du » soldat à souffrir la faim. On s'accoutume à » tout : je crois cependant que l'habitude de ne » pas manger n'est pas bien facile à prendre.

» En arrivant ici, mandois-je à M. de Voi-» sin (4) des environs de Béthune, je trouve le » péril de manquer de pain plus urgent qu'il n'a » été encore. Il en est dû aujourd'hui quatre jours » à ce détachement : le prêt est dû de même. Le » soldat est abattu, mais il ne déserte pas. L'of-» ficier ne trouve point à acheter dans les villes, » dont les boulangers ont ordre des magistrats » de n'en pas vendre, par la crainte qu'ont les » bourgeois d'en manquer. Vous croyez bien, » monsieur, que dans une pareille situation je » voudrois fort que l'ennemi vînt nous attaquer. » Il ne me seroit pas possible de l'aller cher-» cher à trois lieues de nos places, d'où je ne » puis tirer le pain que pour un jour; et par con-» séquent nul éloignement n'est praticable. » J'avois cependant sur toute ma frontière des intendans très-capables, très-intelligens, dont je fis au Roi un éloge bien mérité (5) : « Messieurs » de la Houssaye, Bernières, Saint-Contest, » d'Angervilliers, Bernard et Doujat, tous gens » actifs, vigilans, sensés; et assurément, à peu » de différence près entre eux, on ne pourroit » guère voir de meilleurs sujets. » Mais que peuvent les plus habiles ouvriers sans matière? Or le grain manquoit par toute la France, et il y avoit des cantons réduits à une famine encore plus affreuse que la nôtre.

Les ennemis s'en sauvoient, grâces à l'argent des Hollandais que le grand pensionnaire Heinsius faisoit prodiguer à l'ambition des alliés, et à leur étrange animosité contre la France. Un officier de leurs troupes me proposa de l'enlever à La Haye. Je rejetai cette offre, et j'ai toujours refusé de me prêter à de pareilles entreprises, qui vont ordinairement à tuer ceux que l'on ne peut prendre. On me fit une autre proposition plus acceptable, c'étoit de surprendre Ostende; mais je ne jugeai pas les moyens qu'on me présenta suffisans. Las de rester oisif à considérer l'armée qui assiégeoit Tournay, je fis attaquer l'abbaye d'Hannon, où les ennemis avoient trois cents hommes. Le marquis de Nangis se mit à la tête des premiers détachemens de grenadiers, et ayant trouvé une brèche, elle fut forcée, et tout fut pris ou tué. Le chevalier d'Albergotti, brigadier d'infanterie, reçut une blessure dont il

(1) Lettre au Roi, du 5 juillet. (A.)
(2) Lettre à M. de Voisin, du 9 juillet. (A.)
(3) Lettre au même, du 27 juillet. (A.)
(4) Lettre au même, du 30 juillet. (A.)
(5) Lettre au Roi, du 29 juillet. (A.)

mourut. Le marquis de Nangis fut toujours à la tête avec Montaran, capitaine aux gardes, et l'ardeur des troupes se montra au plus haut point.

Le 28 juillet, nous eûmes un violent orage qui me fit espérer que la pluie excessive auroit séparé quelques quartiers des ennemis, et que je pourrois jeter quelques secours dans Tournay. Je marchai donc le 29 avec un corps de grenadiers et quatre mille chevaux; mais j'appris à deux lieues du camp que la ville avoit capitulé la veille. Je reçus mal le chevalier de Rais, chargé de m'apporter cette nouvelle, et de la porter ensuite au Roi. Je n'étois pas content de la défense, moins encore des discours qui lui échappèrent que *la citadelle étoit une mauvaise place*, que *les troupes étoient bien fatiguées*, qu'*elles manquoient de plusieurs choses*, et d'autres propos qui me firent craindre qu'elle ne tint pas longtemps; c'est pourquoi j'écrivois à M. de Voisin (1) : « Si le Roi ou vous, monsieur, ne parlez
» ferme sur la défense de la citadelle, elle ira
» fort mal. Pour moi, monsieur, je veux que l'on
» loue et blâme vivement, et point par rapport
» aux recommandations de cour, lesquelles ont
» tout perdu dans la guerre. » Outre ce que le ministre dit au chevalier de Rais, il écrivit de la part du Roi au gouverneur une lettre dans laquelle, après lui avoir mis sous les yeux les moyens qu'on lui connoissoit de prolonger la défense, entre autres les mines et contre-mines, il lui disoit (2) : « La durée du siége est très-im-
» portante pour le service du Roi. Vous en con-
» noissez assez les raisons, et Sa Majesté compte
» que vous la porterez aussi loin qu'elle peut
» aller, soutenant pied à pied tous les ouvrages,
» jusqu'à ce que les ennemis vous aient réduit
» à votre dernier retranchement. » Je ne manquai pas d'écrire de mon côté, par toutes les voies possibles, tout ce qui pouvoit encourager la garnison et son chef.

Il paroît que les ennemis eux-mêmes n'étoient pas assurés d'un prompt succès, puisqu'ils proposoient de cesser toute attaque, à condition qu'on leur rendroit la citadelle le premier septembre, si elle n'étoit pas secourue : mais ils vouloient qu'il leur fût libre pendant cet intervalle de tenter d'autres entreprises. J'étois assez d'avis qu'on la leur promit pour la fin d'octobre, à condition d'une trève qui suspendroit toute tentative. A la même condition, le Roi vouloit bien s'engager pour le 10 septembre, parce qu'il espéroit que pendant ce temps on pourroit entamer quelque négociation qui se continueroit ensuite, et que la campagne finiroit ainsi. Mais ils s'en tinrent toujours à rejeter la trève, et moi je conseillai de laisser battre la citadelle,
persuadé qu'elle soutiendroit jusqu'en octobre, qu'elle useroit les munitions des ennemis, et les mettroit hors d'état de rien entreprendre avant l'hiver.

Ces propositions, qui n'étoient peut-être faites que pour nous amuser, n'eurent aucune suite. En attendant la fin du siége, quelle qu'en pût être l'issue, je m'appliquai, comme j'avois fait au commencement de la campagne, à couvrir le pays par lequel on pouvoit le plus aisément pénétrer en France. Je m'étendis depuis Lens jusqu'à La Bassée, espace immense pour une armée comme la mienne, en comparaison de celle qui m'étoit opposée. Elle marcha le 6 août, et campa la gauche à l'abbaye de Marchiennes, et la droite à Pont-à-Marcq. Sur ce mouvement, je fortifiai de quelques bataillons ma gauche, commandée vers Lens par le comte d'Artagnan. Les ennemis paroissoient vouloir attaquer Marchiennes, et en firent tous les préparatifs. J'y fis entrer la brigade de Bretagne, et ils se retirèrent après y avoir perdu quelques gens. Ils firent aussi mine de m'attaquer par Denain; mais mes dispositions pour défendre un poste si important leur en firent perdre l'idée. Mon but principal étoit de me soutenir sur l'Escaut, tant pour ne me pas éloigner de mes subsistances, qu'afin d'être toujours en état d'arriver dans les plaines de Lens, ou de me porter avec rapidité sur la Trouille, selon le besoin.

Rien ne fut épargné pour opposer des obstacles aux ennemis, inondations, lignes avec des avant-fossés, abattis : j'employai enfin tout ce que l'art de la guerre peut fournir de moyens d'embarrasser des marches, de les retarder, d'obliger un ennemi à faire un tour assez grand pour ne pas nous inquiéter par de fausses attaques. J'eus de plus soin de donner des ordres positifs à messieurs d'Artagnan et le comte d'Albergotti, qui commandoient les extrémités de la droite et de la gauche, de défendre leurs postes avec la plus grande vigueur, et de s'y faire emporter plutôt que de s'en retirer.

C'étoient aussi les ordres que je n'avois cessé de donner au gouverneur de Tournay, et que je lui réitérai par ma dernière lettre, qui montre ce qu'il auroit dû faire. « Je vois, monsieur (3),
» lui disois-je, dans la lettre que vous me faites
» l'honneur de m'écrire du 27, que vous donnez
» encore deux livres de pain à votre garnison.
» La fin de cette lettre est surprenante : vous y

---

(1) Lettre à M. de Voisin, du 31 juillet. (A.)
(2) Lettre de M. de Voisin à M. de Surville, du premier août. (A.)
(3) Lettres à M. de Surville, des 23 et 30 août. (A.)

» dites que, par les retranchemens que vous avez faits, vous avez trouvé moyen de gagner un jour; que vos mesures étoient prises pour faire battre la chamade le 30, et que ce ne sera que le 31. C'est la plus honteuse chose du monde. Si cette lettre arrive à temps, je vous ordonne de la part du Roi de vous défendre jusqu'au dernier morceau de pain. Quand il ne vous en restera que pour vingt-quatre heures, demandez à capituler; et faites sauter vos bastions l'un après l'autre, si on ne veut pas vous donner capitulation. Puisque votre garnison vouloit se révolter pour n'avoir pas trois livres de pain par jour, il falloit en laisser déserter tout ce qui eût voulu sortir. Je ne connois rien de si honteux que de n'avoir pas su se mettre pour deux mois de vivres dans votre citadelle, d'avoir attendu pour cela les derniers momens du siége de la ville. Avez-vous oublié l'ordre que je vous avois donné de faire sortir le peuple, si cela vous étoit nécessaire pour assurer du pain? Que n'avez-vous transporté dans la citadelle tous les fourrages qui vous restoient, et gardé les chevaux qui vous auroient servi à vivre, au lieu de les renvoyer en rendant la ville? Enfin quelle nécessité de donner deux livres de pain, pendant que la ration ordinaire n'est que d'une livre et demie, surtout quand vous vous êtes aperçu que l'ennemi ne vous pressoit pas, et qu'il sembloit vouloir tirer en longueur, pour vous avoir sans coup de main? » Je concluois par lui dire qu'il n'avoit d'autre moyen de réparer tous ces torts que de se défendre jusqu'à l'extrémité.

Mes exhortations et mes remontrances ne servirent à rien. Ce gouverneur capitula le 2 septembre, si c'est capituler que de se rendre prisonnier de guerre. J'en fus indigné; j'en écrivis au Roi, j'en écrivis au ministre; j'en parlai à tout le monde, en public, en particulier, tant et si fort que madame de Maintenon m'écrivit (1): « Souffrez, monsieur, que, par l'intérêt que je prends à ce qui vous regarde, je vous prie de ne vous point déchaîner sur M. de Surville: vous vous faites des ennemis de tous ses amis et de tous ses proches. Si par là vous aviez pu sauver Tournay le reste de la campagne, il seroit beau de sacrifier votre intérêt particulier à celui du Roi et de l'État; mais ce qui est fait est fait. Comptez, monsieur, que je vous parle uniquement pour vous. » M. de Voisin me répondit (2): « J'ai lu au Roi toutes les lettres que vous m'avez fait l'honneur de m'écrire: elles marquent à quel point vous êtes fâché et piqué, principalement par le péril auquel la reddition trop prompte de cette place expose toute la France pour le reste de cette campagne. Sa Majesté en ressent bien la conséquence; mais vous connoissez sa bonté et sa modération. Elle m'a toujours fait l'honneur de me dire qu'il falloit voir ce que diroit M. de Surville. Il nous est revenu que pendant le siége de la ville il y avoit eu une émotion du peuple lorsqu'on lui avoit voulu prendre des grains pour la subsistance des troupes, et c'est apparemment une des raisons qui a empêché qu'on ne remît dans la citadelle la quantité de grains et de farines suffisans. Il est encore vrai que n'y ayant point de magasins de farines, les moulins, pendant le siége de la ville, étoient occupés à moudre pour la consommation journalière; et on ne pouvoit remettre dans la citadelle que de la farine, n'y ayant point de moulins pour moudre le blé si on y en avoit mis. » M. de Surville m'écrivoit, en m'annonçant sa capitulation (3), que quand il avoit battu la chamade il n'y avoit plus de médicamens pour les blessés, et seulement trois chevaux pour faire du bouillon aux malades. Mais pourquoi n'y en avoit-il pas davantage? pourquoi ne s'étoit-on pas pourvu de moulins à bras? Au reste, M. de Surville fit trouver ses raisons bonnes, et il fit bien.

Sitôt que les ennemis furent débarrassés de Tournay, ils s'approchèrent de mes lignes, et tout parut tendre à une bataille. Il venoit de m'arriver un secours qui fut bien utile dans la circonstance: c'étoit le maréchal de Boufflers, mon ancien ami, homme brave, d'excellent conseil, très-attaché au Roi, bon patriote, et qui m'avoit toujours défendu contre les censures des courtisans. Voici comme M. de Voisin me l'annonça (4): « Nous croyons vraisemblable ici, monsieur, que le prince Eugène et milord Marlborough se détermineront à vous attaquer, dans la pensée de pouvoir percer par quelque endroit une ligne aussi étendue que celle que vous gardez. Nous pensons donc qu'ils hasarderont une affaire générale, à laquelle s'ils ne réussissent pas, ils croiront qu'il ne leur en peut arriver rien de bien désavantageux; et si au contraire ils y pouvoient réussir, et que l'armée du Roi fût battue, ils porteroient leurs idées beaucoup plus loin. En supposant qu'ils prennent ce dernier parti de chercher à

---

(1) Lettre de madame de Maintenon, du 7 septembre. (A.)

(2) Lettre de M. de Voisin, du 5 septembre. Cette justification de M. de Surville paroît répondre assez bien aux inculpations du maréchal. (A.)

(3) Lettre de M. de Surville, du 5 septembre. (A.)

(4) Lettre de M. de Voisin, du 1er septembre. (A.)

» vous combattre, Sa Majesté a fait réflexion que
» le sort du royaume est presque entièrement
» sur votre tête, et que s'il arrivoit un malheur,
» en sorte que dans l'action vous fussiez blessé
» et mis hors d'état d'agir, l'armée, quoique
» remplie de bons lieutenans généraux, ne lais-
» seroit pas de se trouver dans un fort grand
» désordre; et c'est le moment où on a le plus be-
» soin d'un chef qui soit capable de prendre un
» parti, et d'arrêter les progrès des ennemis.
» Pourvu que Sa Majesté fût bien assurée qu'il
» ne vous arrivât pas d'accident, elle seroit hors
» de cette inquiétude dans tous les événemens;
» mais elle a cru devoir porter sa prévoyance à
» un cas qui n'est que trop possible; et dans cette
» vue elle souhaite que M. le maréchal de Bouf-
» flers aille sur la frontière pour se tenir à portée
» de l'armée, et il doit se rendre incessamment à
» Arras. S'il s'agissoit d'aller à l'armée, il a été
» le premier à dire au Roi qu'il y serviroit sous
» vos ordres comme volontaire, et sans carac-
» tère. » M. de Boufflers me confirma cette résolution en m'apprenant son arrivée à Arras. Il
m'envoya un gentilhomme, et me manda (1):
« Je vous supplie de me faire savoir par son re-
» tour si vous approuvez que j'aie l'honneur de
» me rendre demain près de vous. Vous satisfe-
» rez mon impatience d'avoir l'honneur de vous
» embrasser, et de recevoir moi-même vos or-
» dres : je puis vous assurer qu'aucun de vos
» aides de camp ne les exécutera avec plus d'em-
» pressement ni de plaisir que moi. Ne regardez
» pas cela, je vous prie, comme un compliment
» ni une manière de parler, mais comme une vé-
» rité très-constante. »

Après de pareilles prévenances, je ne crus
pas qu'il convînt de laisser M. de Boufflers à Arras. Je l'engageai à venir au camp. Je lui offris
le commandement, comme à mon ancien; ce
qu'il rejeta avec une espèce d'indignation. Je le
pressai du moins de le partager, et il ne l'accepta pas encore; mais tout, depuis ce moment,
se passa entre nous avec le plus grand concert.
J'en écrivis ainsi au Roi (2) : « M. le maréchal
» de Boufflers est arrivé ce matin. J'avoue, sire,
» que j'ai été ravi de voir un homme de son âge,
» avec toutes les dignités et les bontés de Votre
» Majesté, qui honorent bien plus que les digni-
» tés, venir volontaire. La marque qu'il donne
» de son zèle dans une occasion aussi impor-
» tante est la chose du monde la plus capable de
» réveiller l'ardeur dans tous ceux qui paroissent
» en manquer. Je suis pénétré de joie de l'en-
» tendre tenir les discours les plus propres pour
» cela. Je suis comblé de ses honnêtetés, et je suis
» persuadé que rien ne pouvoit faire un meilleur
» effet : c'est montrer aux Français ce qu'ils doi-
» vent à Votre Majesté, à l'État, et à eux-mêmes. »

Le Roi me répondit (3) : « J'ai vu avec plaisir
» ce que vous marquez sur l'arrivée du maréchal
» de Boufflers. Il m'a mandé lui-même les ma-
» nières gracieuses et pleines d'amitié avec les-
» quelles vous l'avez prévenu : je vous en sais
» bon gré. » Et madame de Maintenon, en me
» répondant à l'éloge que je faisois de la généro-
» sité de M. de Boufflers, me répondit (4) : « Rien
» n'est si beau que ce que fait M. le maréchal
» de Boufflers; mais on ne peut en être touché
» au point que vous l'êtes que par être capable
» d'une pareille conduite si vous vous trouviez
» en cas pareil. »

De la bonne intelligence des chefs naissoit la
confiance du soldat, qui ne demandoit qu'à combattre; mais nous n'étions pas sûrs que le désir
des ennemis fût le même, ni de quel côté ils
vouloient nous attaquer. « Ils ont, écrivois-je au
» Roi le 6 septembre (5), fait plusieurs marches
» et contre-marches pour nous cacher leur véri-
» table dessein; enfin, à l'entrée de la nuit der-
» nière, ils ont passé l'Escaut. Dès qu'on a pu
» être averti, M. d'Albergotti a fait avancer le
» chevalier de Luxembourg avec trente esca-
» drons et la brigade de Picardie, pour suivre
» l'Escaut. M. d'Artagnan en même temps a eu
» avis qu'ils faisoient marcher un gros corps vers
» la Deule; ce qui l'a retenu sur le champ de
» Hulluch assez long-temps. Pour moi, voyant
» qu'ils passoient l'Escaut, je suis venu toute la
» nuit au camp de M. d'Albergotti. Nous avons
» été assez long-temps incertains de leur mar-
» che : cependant, la voyant déterminée sur
» Mons, je ne doutai pas qu'ils n'en voulussent
» faire le siége ou celui de Charleroy.

» M. le chevalier de Luxembourg est arrivé
» à l'entrée de la nuit sur les lignes de la Trouille.
» Je l'ai fait soutenir par M. de Legal, et je me
» suis rendu à Kurin avec la maison de Votre
» Majesté, la gendarmerie et les carabiniers. La
» tête des ennemis et celle de M. de Luxembourg
» sont arrivées en même temps sur la Trouille.
» Je lui ai mandé de démêler, autant qu'il lui se-
» roit possible, si cette tête étoit soutenue par
» le gros de l'armée. Tous les avis ont été que
» l'armée entière arrivoit. Il m'auroit été bien
» aisé de soutenir M. de Luxembourg avec ce
» que j'avois de troupes et quarante bataillons

(1) Lettre de M. de Boufflers, du 3 septembre. (A.)
(2) Lettre au Roi du 4 septembre. (A.)
(3) Lettre du Roi, du 6 septembre. (A.)
(4) Lettre de madame de Maintenon, du 7 septembre. (A).
(5) Lettre au Roi, du 6 septembre. (A.)

» de M. d'Albergotti, et de défendre ce poste tout aujourd'hui : mais comme l'infanterie de M. d'Artagnan, qui est au moins des deux tiers de celle de Votre Majesté, ne pourroit me rejoindre que demain, même dans la nuit, j'ai cru, sire, que la journée de demain auroit pu être dangereuse à tenir toutes les lignes de la Trouille avec des forces si disproportionnés : ainsi j'ai approuvé le parti que M. le chevalier de Luxembourg a pris de se retirer. L'on assemblera aujourd'hui, cette nuit et demain, toute l'armée de Votre Majesté derrière l'Oneau. Demain nous passerons cette rivière pour approcher l'ennemi et tâcher de l'engager à une action, se conduisant avec la fermeté, l'ordre et en même temps la sagesse qu'exige le bien du service de Votre Majesté. »

Le motif que j'avois de chercher à combattre étoit d'empêcher d'assiéger Mons, où je n'avois pu jeter qu'une garnison assez délabrée, pour ainsi dire l'hôpital de mon armée, et fort peu de vivres. Le motif des ennemis étoit de n'être pas troublés dans leur siége ; et peut-être ne seroient-ils pas venus me chercher s'ils ne m'avoient pas vu m'avancer sur eux, en me couvrant cependant toujours de retranchemens (1). La nuit du 8 au 9, nous marchâmes pour gagner la chaussée de Bavay, et occuper la trouée d'Aulnoy et de Malplaquet ; endroit assez ouvert pour donner envie à l'ennemi de s'y enfoncer, mais assez bien garni de bois par les côtés pour n'être pas accablés par le nombre.

Le 10 septembre, à onze heures du matin, j'écrivis au Roi (2) : « Sire, l'armée de Votre Majesté se mit en bataille hier à dix heures du matin, et nos grenadiers commencèrent à occuper les têtes des bois qui sont entre la chaussée de Bavay et le village d'Aulnoy. Les ennemis, qui en étoient fort près, y marchèrent avec toutes leurs forces, et l'on s'approcha à la portée du fusil. Les uns et les autres se saisissoient des postes qui paroissoient les plus convenables. La canonnade a durée depuis onze heures du matin jusqu'à l'entrée de la nuit, que nous sommes restés à la portée du fusil les uns des autres. Ce qui doit faire un très-grand plaisir à Votre Majesté [et j'ose la supplier d'être persuadée que, pour avoir l'honneur de lui dire des choses agréables, je n'ajoute pas à la vérité], c'est que jamais armée entière n'a marqué tant de valeur, jamais les troupes n'ont marché si fort, ni avec tant d'ordre. Je dois me louer de tous : messieurs d'Albergotti, d'Artagnan, Chemerault, La Frezelière et Puységur, enfin tout le monde a marqué une vivacité et une ardeur qui redoublent mon envie de pouvoir joindre les ennemis en terrain égal, et me donnent une entière confiance, avec l'aide de Dieu, de les bien battre. Dans le moment que part ce courrier, vos drapeaux et ceux de l'ennemi sont à la demi-portée du pistolet (2). Je ne passe pas devant les soldats qu'ils ne me parlent avec une fierté bien agréable pour celui qui a l'honneur de les commander. »

La nuit du 10 au 11, toutes les troupes couchèrent en bataille, le maréchal de Boufflers et moi à la tête de la ligne. Le matin du 11, il s'éleva un grand brouillard qui empêchoit de découvrir les mouvemens des ennemis. Il tomba sur les sept heures, et l'on vit des dispositions d'une attaque générale. Voyant leurs principales forces marcher à la gauche de l'armée du Roi, j'y allai, et priai le maréchal de Boufflers de donner ses ordres à la droite, où étoit la maison du Roi ; et j'étois bien aise qu'il la menât lui-même.

Les ennemis tombèrent avec cinq lignes d'infanterie sur cette gauche, qui soutint longtemps le feu des ennemis sans en être ébranlée, commandée sous moi par le marquis de Guébriant. J'étois à la tête du bois que les ennemis attaquoient, et je voyois devant moi de fort près leurs principaux généraux à la tête de leur cavalerie. Le marquis de Chemerault, très-brave lieutenant général, faisoit avancer douze bataillons dans une plaine, pour soutenir le bois : encore quelques pas, il tomboit dans ce gros corps de cavalerie, qui lui étoit caché par quelques bouquets, et qui l'auroit écrasé. Je courus à lui, et l'arrêtai : notre infanterie, privée de ce secours, perdit du terrain dans le bois. Je plaçai ces douze bataillons pour la recevoir, et l'infanterie du bois s'y retira en bon ordre, tous les bataillons sous les drapeaux.

Je formai une ligne de ces douze bataillons à cinquante pas du bois, y joignant dix-huit que le marquis d'Albergotti m'amena, dont je formai un corps de bataille. Les ennemis sortirent du bois avec beaucoup de fierté. J'ébranlai toute ma ligne, et les renversai par la charge la plus rude et la plus sanglante qu'on ait jamais faite. Comme je poussois les ennemis, revenu déjà à la tête du bois, et disposé à courir ensuite au centre, un premier coup de fusil fit tomber mon cheval : je me relevai. Un second me cassa le genou : je me fis panser sur-le-champ, et mettre sur

(1) Lettre au Roi, du 8 septembre. (A)
(2) Lettre au même, du 10 septembre. (A.)
(3) Billet à M. de Voisin, du 10 septembre. (A.)

une chaise, pour continuer à donner mes ordres; mais la douleur me causa une défaillance, ce qui dura assez long-temps pour qu'on m'emportât sans connoissance au Quesnoy. Voilà tout ce que je sais par moi-même de la bataille.

La droite soutint avec la plus grande fermeté trois ou quatre attaques. L'infanterie des ennemis, non-seulement rebutée, mais défaite dans son propre terrain, étant prête à tourner le dos, on vit le jeune prince d'Orange porter lui-même les drapeaux sur nos retranchemens, pour y ramener son infanterie; mais ce fut en vain. Cinq de leurs lieutenans généraux furent tués à leur tête; et, après un massacre qu'ils nommèrent eux-mêmes une *boucherie*, ils furent obligés de se retirer. Ils y laissèrent environ vingt mille hommes. Les brigades de Picardie, de Navarre et Piémont s'y distinguèrent, menées par le comte d'Artagnan et le marquis d'Hautefort. Ainsi, sur le midi, la droite et la gauche étoient dans la plus heureuse position.

Il n'en alla pas de même du centre. J'avois mis à la tête d'un petit bois quatre bataillons d'Alsace et deux de Laonnais, commandés par Sterkemberg, vaillant brigadier. Il fut tué, et ces bataillons plièrent. Ils tombèrent sur les gardes françaises et suisses, qui plièrent à leur tour, et le centre fut enfoncé. Le maréchal de Boufflers y accourut; et, à la tête de la gendarmerie et de la maison du Roi, il renversa la cavalerie ennemie. Si dans ce moment l'officier général qui commandoit à la droite eût osé prendre sur lui, comme le lui conseilloient ses collègues, de sortir de ses retranchemens, et de prendre en flanc le corps de bataille des ennemis, qui ouvroit notre centre, la bataille étoit gagné. « C'a été
» un grand malheur, comme je le mandois au
» Roi (1), que messieurs de Chemerault et de
» Palavicini aient été tués dans le temps
» que M. d'Albergotti et moi avons été mis hors
» de combat; car nous aurions exécuté sur le
» centre des ennemis ce que notre droite n'osa
» tenter.

» Les ennemis ayant percé le centre de l'ar-
» mée, m'écrivit le lendemain M. de Legal, qui
» commandoit notre gauche après ma blessu-
» re (2), et ayant obligé par là notre droite à se
» retirer, j'ai été obligé de le faire de mon côté
» avec la gauche, ne pouvant plus communiquer
» avec la droite. Les ennemis nous ont suivis as-
» sez vivement pendant deux lieues, sans pou-
» voir jamais nous entamer. Enfin nous avons
» passé l'Oneau, et fait une halte en deçà de
» trois heures, tant pour assembler les troupes
» qui avoient passé à différens ponts, que pour
» les rompre; et nous sommes arrivés à Valen-
» ciennes avec toute la cavalerie de la gauche,
» et environ cinquante bataillons. »

Voici l'idée que je donnai au Roi de cette bataille (3) : « Il est certain, sire, que la perte des
» ennemis est quatre fois plus grande que la nô-
» tre; qu'ils ne nous ont fait aucun prisonnier,
» ou très-peu; qu'ils ont été repoussés jusqu'à
» cinq ou six fois. Il n'y a personne qui ne con-
» vienne que s'ils ont gagné le terrain que nous
» occupions, nous n'ayons remporté la victoire,
» par le très-grand nombre d'hommes tués et bles-
» sés de leur part. Jusqu'à présent je ne sache pas
» qu'ils nous aient pris plus de trois ou quatre
» drapeaux; et j'en vois déjà dans ma chambre
» plus de trente des leurs, et on m'en apporte en-
» core à tout moment. Ce seroit mal juger de
» leur perte que de l'estimer par ce nombre de
» drapeaux : elle est beaucoup plus grande qu'ils
» ne l'indiquent, parce que le nombre infini de
» gens qu'on leur a tués en attaquant inutile-
» ment nos retranchemens pendant plus de deux
» heures ne nous a donné aucun drapeau, et ceux
» qu'on a pris sont des gens qui avoient péné-
» tré, et qu'on a chassés. Enfin, sire, tout s'est
» retiré en très-bon ordre; et les ennemis, qui
» ont été toujours repoussés, bien battus, n'ont
» pénétré, après plus de cinq heures d'un feu
» continuel, que par leur grande supériorité en
» infanterie. »

Le maréchal de Boufflers entra dans ma chambre sur les huit heures du soir, et me demanda mon sentiment sur le parti qu'il y avoit à prendre. Comme nous vîmes que la gauche qui étoit à Valenciennes pouvoit être à l'instant rappelée, et qu'ainsi dès cette nuit toute l'armée pourroit être ensemble, mon avis fut de remarcher aux ennemis à la pointe du jour. M. de Boufflers me répondit que c'étoit aussi le sien, et se retira dans le dessein de l'exécuter. Je le mandai au Roi (4); mais les conseils timides de la nuit firent changer de sentiment. On prit le mauvais parti de faire un retranchement depuis Valenciennes jusqu'au Quesnoy. Ce fut à quoi on employa les troupes, pendant qu'on laissa aux ennemis la liberté entière de faire le siége de Mons à leur aise. Cependant on a su depuis (5) « que,
» se trouvant trente-cinq mille hommes hors de
» combat, les généraux n'avoient entrepris ce

---

(1) Lettre au Roi, du 12 septembre. (A.)
(2) Lettre de M. de Legal, du 12 septembre. (A.)
(3) Lettre au Roi, du 12 septembre. (A.)

(4) Lettre au Roi, du 12 septembre. (A.)
(5) Lettre écrite de Bruxelles, du 21 septembre, et envoyée au Roi. (A.)

» siége que pour en imposer aux peuples d'Angleterre et de Hollande, et les animer à contribuer à la continuation de la guerre; que la tête de leur infanterie étant détruite, et la terreur étant dans le reste de leurs troupes, ils n'auroient pas tenu contre une attaque un peu vive. » Leur état se trouvoit bien différent de celui où ils étoient lorsqu'ils venoient à nous avec cent quatre-vingt bataillons contre six vingts; aussi dis-je au Roi, en lui envoyant les drapeaux par le marquis de Nangis (1) : « Si » Dieu nous fait la grâce de perdre encore une » pareille bataille, Votre Majesté peut compter » que ses ennemis sont détruits. » Enfin, comme me le manda M. de Voisin (2), « ce qui avoit » paru une bataille perdue devint une victoire » glorieuse après qu'on en eut connu les cir- » constances, puisque nous ne perdîmes pas six » mille hommes. »

Les premiers jours de ma blessures furent marqués par des accidens assez fâcheux. La fièvre vint, avec des redoublemens et l'insomnie : on parla de me couper la cuisse. Je ne m'aveuglai pas sur ma situation; et quoiqu'on voulût me rassurer, je me préparai à la mort. Les chirurgiens n'étoient pas d'accord sur l'état de ma blessure, si l'os étoit percé d'outre en outre, s'il étoit fêlé dans sa longueur, ou simplement éclaté. Pour éclaircir ces circonstances, qui devoient varier le traitement, on me découvrit tout l'os de la jambe, que l'on racla : opération fort douloureuse, qui fut faite très-habilement sous les yeux des chirurgiens du Roi, que Sa Majesté m'avoit envoyés.

Leurs bons soins, joints à la satisfaction que je ressentois des lettres consolantes et affectueuses que je reçus du Roi, des princes, de presque toute la France, mirent ma guérison en bon train. Sa Majesté m'éleva à la dignité de pair de France (3), y joignit le gouvernement de Gravelines, que j'avois demandé pour mon frère, et m'annonça en même temps qu'il créoit maréchal de France M. d'Artagnan, qui prit le nom de maréchal de Montesquiou. « Vous m'avez rendu » de si bons témoignages de sa personne, ajou- » toit-il obligeamment, que je suis sûr de ne me » pas tromper dans mon choix. »

Au bout de quarante jours, on me jugea en état d'être transporté à Paris. Mon passage par les villes que je traversai, couché sur un brancard, fut une espèce de triomphe. Arrivé à Paris, le Roi m'envoya visiter, et me pressa de me rendre à Versailles : il me fit dire qu'il me destinoit l'appartement du feu prince de Conti; qu'il désiroit que je fusse près de lui, parce qu'il désiroit me voir, tant pour me marquer la satisfaction qu'il avoit de mes services, que pour me consulter sur quelques affaires.

En effet, quelques jours après que je fus établi à Versailles, le Roi me manda par Plouyn, son premier valet de chambre, qu'il me feroit visite. Il vint l'après-midi avec un grand cortége, et entra seul dans ma chambre. Ce prince, qui dans ses grâces savoit mettre toute la bonté et la dignité qui pouvoient les rendre plus précieuses, n'oublia rien de ce qui étoit propre à augmenter le prix de celle-ci : il m'aborda avec une affabilité qui m'attendrit; il m'exprima en termes touchans le chagrin qu'il avoit ressenti de ma blessure, me fit compliment sur ma campagne, dont il rappela avec un air de complaisance les circonstances les plus honorables, me parla de l'état du royaume, de ses généraux, de ses ministres, et me demanda sur tous ces objets mon avis en homme qui les estimoit et vouloit les suivre. Il finit cette conversation de plus de deux heures, en me priant de songer à ce qu'on pourroit faire la campagne prochaine, et en m'exhortant à avoir soin de ma santé, autant pour lui que pour moi. Il ne faut pas demander si, après cette démarche du maître, les courtisans furent empressés à l'imiter. Les princes, les ministres, les plus grands seigneurs, les envieux comme mes partisans, vinrent aussi me visiter : madame de Maintenon n'y manqua presque aucun jour; et comme on me croyoit l'objet privilégié de la faveur, je fus pendant tout mon séjour l'idole de la cour.

Selon le désir du Roi, je m'occupai d'un système d'opération pour l'année 1710, et je m'en formai une idée générale, que j'exposai au ministre de la guerre en ces termes (4) : « Vous » savez, monsieur, la grande supériorité des » ennemis, surtout en infanterie : je n'ai jamais » pu mettre en campagne que cent vingt-cinq » bataillons, quoique l'état de campagne fût de » cent cinquante, parce que les garnisons des » places menacées étoient trop foibles, et qu'il » falloit les renforcer aux dépens de l'armée. » Les ennemis avoient donc soixante bataillons » plus que moi. Vous aurez la bonté d'observer » d'ailleurs que quelques-uns de leurs bataillons » sont à huit cents hommes, plusieurs à sept » cents, et aucun au-dessous de six cents.

» Le sort du royaume se décide en Flandre; » les deux généraux ennemis sont maîtres des

---

(1) Lettre au Roi, du 14 septembre. (A.)
(2) Lettre de M. de Voisin, du 12 septembre. (A.)

(3) Lettre du Roi, du 20 septembre. (A.)
(4) Lettre à M. de Voisin, du 10 décembre. (A.)

» alliés et des dispositions de guerre : ils ne
» s'embarrasseront jamais de nous voir supé-
» rieurs en Dauphiné et en Allemagne. Notre in-
» fanterie en Flandre doit donc être augmentée
» de presque toute l'infanterie que nous tirons
» d'Espagne, si nous voulons éviter une infé-
» riorité dangereuse. Pour lors l'offensive sera
» plus aisée, et n'exigera pas plus de troupes ;
» au lieu que la défensive l'est devenue beau-
» coup par la perte de Lille, de Tournay et de
» Mons, qui ne laissent plus à l'ennemi que de
» très-médiocres places à prendre pour pénétrer
» dans le royaume.

» Enfin, monsieur, je ne trouve de bon parti
» que celui de se mettre en état de marcher sur
» eux dès le premier pas qu'ils feront en avant;
» car des camps retranchés sous les places, qui
» amollissent tellement les armées qu'on n'ose
» plus se montrer, je ne les approuve point.
» Nous avons un grand intérêt à être tout au
» moins aussi près d'entrer en campagne que
» les ennemis, et les engager à une action gé-
» nérale, et dans les pays les plus ouverts qu'il
» se pourra, pour plusieurs raisons. Il faut leur
» compter deux généraux très-estimables : ces
» gens-là peuvent prendre des avantages dans
» une guerre de chicane, qu'ils ne trouveront
» pas quand il ne sera question que d'appuyer
» bien la droite et la gauche, et marcher ensuite
» à eux de front dans un pays ouvert. Je ne serai
» pas embarrassé de choisir mon terrain aussi
» bien que ces messieurs. L'avantage d'attaquer
» et de marcher en avant est si considérable,
» que, bien que l'on hasarde une décision plus
» entière par de tels mouvemens, ma pensée est
» de les suivre, plutôt que d'attendre dans les
» meilleurs postes. Je sais que l'on joue gros
» jeu; mais nous pourrions risquer davantage
» par la défensive. Si on avoit l'espérance de la
» paix, on pourroit éviter les premières occa-
» sions d'une bataille en perdant quelques pla-
» ces ; mais à la fin il faudroit en venir à une ac-
» tion, qui seroit plus dangereuse à proportion
» de ce qu'elle auroit été différée, parce que
» nous la livrerions plus dans l'intérieur de nos
» frontières. »

[1710] Mon plan fut loué, mais je me doutois
bien qu'on ne l'exécuteroit pas. Le Roi, accablé
par le poids des années et de ses malheurs, ne
soupiroit qu'après la paix ; et comme si on eût
pu mieux l'obtenir en inspirant de la pitié, le
conseil se soumit aux démarches les plus humiliantes, et il n'en sortoit que des résolutions timides. Cette paix en effet étoit très-nécessaire
dans les circonstances où se trouvoit le royaume,
assailli sur toutes ses fontières, sans autre allié
que l'Espagne, plus à charge qu'utile ; point de
marine, un commerce anéanti, des finances
épuisées, des troupes découragées, nues, mal
payées, mourant de faim ; des arsenaux vides;
enfin une disette générale, causée par le rigoureux hiver de 1709, dont les affreux ravages ne
pouvoient être compensés par les ressources
encore éloignées que faisoit espérer l'année 1710.

J'en allai passer les premiers mois tant à Paris
qu'à Villars, où je m'exerçois à monter à cheval, usant pour cela d'une machine de fer artis-
tement faite, qui m'emboîtoit et assujétissoit le
genou, dans lequel le moindre mouvement un
peu forcé me causoit des douleurs à me faire
tomber en foiblesse. Pendant ce temps les généraux de Catalogne, du Dauphiné, de l'Allemagne, faisoient leurs armées, qu'ils fortifioient
tant qu'ils pouvoient ; et celle de Flandre, qui
m'étoit destinée si je me trouvois en état de
commander, resta, comme à l'ordinaire, bien
inférieure à celle des ennemis. M. le maréchal
de Montesquiou, qui y étoit resté, me manda(1)
que nos bataillons étoient réduits à deux cent cinquante hommes, foibles et mal nourris. « Toutes
» les lettres que je reçois, écrivois-je au minis-
» tre (2), ne parlent que d'un abattement et
» d'une consternation générale. Cela ne m'em-
» barrasse pas, et j'espère qu'ils reprendront
» courage ; mais j'aurois moi-même peu d'espé-
» rance de gagner une bataille dans les plaines
» d'Arras avec une armée de moitié inférieure.
» Or cette bataille, monsieur, est indispensa-
» blement nécessaire; elle décidera du royaume :
» et ne comptons pas, si nous avons un mauvais
» succès, sur la modération, sagesse ou com-
» passion des Hollandais. Peut-être en manque-
» ront-ils absolument : mais quand ils en au-
» roient, ils ne seroient pas les maîtres d'arrêter
» deux généraux qui trouveroient dans la vic-
» toire de quoi pousser la guerre sans le se-
» cours et malgré les Hollandais. »

Je demandois donc qu'on renforçât l'armée,
et qu'on joignît à M. de Montesquiou et à moi
M. de Berwick. « Il ne faut plus, disois-je (3),
» de ménagement pour le préparer à prendre le
» poste que le Roi ne peut s'empêcher de lui
» donner : il n'y a qu'à lui dire très-naturelle-
» ment, plutôt aujourd'hui que demain, que
» M. le maréchal de Villars marche, parce que
» son devoir et son honneur ne lui permettent
» pas d'examiner s'il peut soutenir le galop du
» cheval, et si, la première fois qu'il y sera

(1) Lettre à M. de Voisin, du 29 janvier. (A.)
(2) Ibid.
(3) Ibid.

» forcé, il ne sera pas obligé de demeurer un
» mois dans le lit. Mais, sans s'arrêter à cette
» raison, la suivante est plus forte; c'est que le
» Roi ne peut sauver le royaume que par une
» bataille : elle est résolue cette bataille. Le Roi
» a fait réflexion que les ailes des ennemis sont
» menées par milord Marlborough et le prince
» Eugène. Il veut donc opposer à ces deux
» généraux ce qu'il y a de meilleur ; et con-
» vient-il à M. le maréchal de Berwick de re-
» fuser? »

Comme je l'avois bien prévu, il se rendit à la volonté du Roi, et à mon désir. Nous vécûmes très-bien ensemble, comme je l'avois promis à Sa Majesté (1), quoique nous fussions quelquefois d'avis différents. Je me doutois qu'il étoit chargé de tempérer ce qu'on appeloit ma trop grande ardeur : c'est pourquoi je n'hésitois pas à proposer les projets les plus hardis, persuadé qu'on en rabattroit toujours assez. D'ailleurs je n'avois pas trouvé, en arrivant à l'armée, les choses si désespérées qu'on les avoit faites de loin. « Je me trouve, écrivis-je au ministre (2),
» plus brave que je ne l'étois il y a trois jours.
» Tout le monde mandoit des frontières que tout
» étoit en désordre ; qu'il n'y avoit pas un subal-
» terne dans l'infanterie; que le peu qui y restoit
» mouroit de faim. Les bataillons m'ont paru
» forts en officiers, véritablement foibles en sol-
» dats ; car nous ne pouvons les compter à plus
» de trois cent cinquante hommes l'un portant
» l'autre. J'aurois pourtant bien envie d'y en
» trouver davantage. »

Je crus qu'il falloit suppléer au nombre par l'audace, et surtout rappeler dans l'armée la gaieté, qui est l'âme de la nation. J'agis donc, et je parlai en homme qui ne craint rien. La veille du jour que je me mis en marche comme pour aller secourir Douay, dont je croyois pourtant bien ne pas pouvoir faire lever le siége, je donnai un bal. J'eus attention, dans mes campemens, de ne pas trop me couvrir de fortifications, pour qu'il parût aux soldats que je n'appréhendois pas l'ennemi. J'écrivis à M. de Voisin une lettre qui développoit mes idées à ce sujet, en ces termes (3) : Je dois écrire aux géné-
» raux ennemis. Sa Majesté trouveroit-elle à
» propos que, ne disant rien qui sente la fanfa-
» ronnade, et choisissant des termes polis, je
» leur fisse savoir que, l'armée du Roi marchant
» à eux, je ne doute pas qu'ils ne profitent de
» l'occasion de décider cette longue et ennuyeuse
» guerre par une bonne bataille, et que, vu la
» supériorité des troupes que l'on leur donne,
» je suis persuadé qu'ils voudront bien faire la
» moitié du chemin? Je ne me flatte pas que,
» piqués de ma lettre, ils prennent le parti de
» venir au devant de moi dans les plaines ; ce
» que je voudrois pourtant bien. Enfin je ne
» crois pas que cette proposition les dérange ;
» mais un défi donne toujours de l'audace au
» parti qui le fait. »

Nous avions deux plénipotentiaires à Gertruydemberg, le maréchal d'Uxelles et l'abbé de Polignac : il sembloit que le conseil les eût envoyés pour souffrir toutes les hauteurs et les caprices des alliés. Ceux-ci ne vouloient pas les recevoir à La Haye. S'ils daignoient leur faire quelques réponses dans le château où ils les avoient confinés, c'étoit de loin en loin, par des lettres sèches, ou par des envoyés bien inférieurs à eux. Les nôtres avoient ordre de tout supporter pour amener la paix. Dans une situation si contrainte, il ne se pouvoit que leur courage ne s'abattît. Je crus devoir relever leur confiance par la mienne. « L'armée du Roi, leur mandois-je (4),
» a marché trois ou quatre jours plus tard que
» je ne l'avois compté, premièrement parce
» que M. d'Albergotti m'a mandé que sa place
» n'est pas encore bien pressée ; et d'ailleurs on
» est bien aise, pour la fête qui se prépare, d'a-
» voir tous ses ajustemens. Je commencerai par
» vous parler de ce qui regarde le siége de Douay.
» Je suis bien persuadé que messieurs les géné-
» raux ennemis ne mandent que la vérité à La
» Haye ; mais si leurs secrétaires ou d'autres
» gens, pour flatter leurs amis, écrivoient que
» leur siége va bien, vous pourrez répondre,
» et très-conformément à la vérité, que jusqu'à
» présent ils ne sont pas maîtres d'un seul pouce
» de terrain. Quant à l'armée du Roi, elle mar-
» cha hier de son camp près Cambray, et poussa
» sa gauche à Vis-en-Artois, et sa droite est dé-
» meurée à Marquise : la journée fut assez
» grande. Aujourd'hui nous avons poussé notre
» gauche sur la Scarpe. Je fais travailler à nos
» ponts, et j'espère qu'après-demain il n'y aura
» entre les ennemis et moi que les belles plaines
» qui sont entre Douay et Arras. Comme toutes
» leurs gazettes leur donnent quarante mille
» hommes plus que nous, je m'attends qu'ils
» feront la moitié du chemin : s'ils ne me font
» pas cet honneur, j'irai les chercher, et les
» attaquerai, je vous assure, à moins qu'ils ne
» soient bien retranchés. Enfin je ne tenterai rien
» contre les règles du bon sens ; mais où je trou-

(1) Au Roi, le 22 mai. (A.)
(2) Lettre à M. de Voisin, du 24 mai. (A.)
(3) Lettre à M. de Voisin, du 25 mai. (A.)
(4) Lettre à M. l'abbé de Polignac, du 25 mai. (A.)

» verai à *mettre la grippe* sur eux [c'est le terme
» du soldat], je ne les manquerai pas. »

Je sentois bien la conséquence de cette démarche, et je ne m'en cachai pas les risques ; car j'écrivis à M. le duc du Maine (1) : « Je vais
» jouer gros jeu. J'espère le trouver beau dans
» le talon : je ne l'ai pas dans la main. » Réellement il s'en falloit bien que j'eusse tout ce qui m'étoit nécessaire. Outre cette grande infériorité de près de quarante mille hommes, je n'avois pas de chevaux pour traîner l'artillerie. Je donnai ceux de mes équipages ; messieurs les maréchaux et les autres officiers en firent autant. Les vivres ne suivoient qu'avec peine : n'importe, je marchai. Mais quand il fut question de passer la Scarpe, messieurs les maréchaux de Berwick et de Montesquiou, qui jusqu'alors s'étoient laissés entraîner à mon avis, me dirent qu'ils croyoient convenable de ne me point commettre dans les plaines au-delà de la rivière, sans avoir auparavant reconnu l'armée des ennemis.

« On ne reconnoît pas, monsieur, leur disois-
» je (2), une armée avec trois ou quatre mille
» chevaux d'escorte ; et on ne peut juger si elle
» est attaquable dans ses retranchemens qu'en
» l'approchant à la portée du fusil. D'ailleurs,
» celle du Roi cherchant une bataille, on ne hasarde rien de marcher à la portée du canon des ennemis. Ils prendront la résolution
» de venir à nous, ce que nous désirons ; ou
» ils resteront dans leur camp, ce qui fera
» voir qu'un ennemi supérieur de cinquante
» mille hommes, qui veut obstinément la guerre,
» n'ose pas se mettre en plaine en présence de
» l'armée du Roi. En un mot, si on n'attaque pas
» les ennemis à cause de la bonté de leur poste,
» c'est toujours un air d'audace de leur présenter la bataille en pays ouverts. » Nous passâmes donc les ponts le 30 mai, et nous examinâmes les retranchemens ennemis, dont j'envoyai au Roi la description en ces termes (3) :

« Sire, nous avons parfaitement reconnu la
» situation des ennemis hier et ce matin. Tout
» le front de leur camp est couvert de redans,
» dont plusieurs sont liés par des courtines, et
» les autres séparés ; leur cavalerie est à cheval
» entre les redans, et les bataillons avec leurs
» drapeaux dans les redans. Toute l'armée s'y
» est placée dès hier au matin, et cette nuit ils
» ont fait venir toutes les troupes qui étoient entre La Bassée, la Scarpe et le ruisseau de Sanzaye. Enfin, Sire, après avoir examiné tout ce
» qui pouvoit être entrepris, M. le maréchal de
» Berwick, M. le maréchal de Montesquiou, et
» tout ce qu'il y a d'officiers généraux auxquels
» on peut croire plus de fermeté et d'ardeur pour
» le service de Votre Majesté, sont persuadés
» que l'on ne peut attaquer l'armée ennemie
» sans mettre celle de Votre Majesté dans un péril
» très-apparent de recevoir un grand échec. Pour
» moi, je ne désavouerai point que je ne craigne
» quelque péril. Vos troupes sont dans une bonne
» disposition ; mais de marcher à une ligne où
» le canon est placé, et dont il faut essuyer quinze
» coups de chaque pièce avant que d'entrer ;
» trouver ensuite de l'infanterie qui vous reçoit
» avec un gros feu, et une cavalerie qui vient
» vous chercher entre les redans, ce n'est point
» là du tout combattre à avantage à peu près
» égal. Cependant, si je trouvois bien des gens
» qui voulussent attaquer malgré le péril que j'y
» vois, je le ferois peut-être, parce qu'on ne se
» retire de certains états violens que par se livrer
» à de grands périls : mais en vérité, Sire, les
» suites étonnent un bon Français, et bien fidèlement dévoué à la personne de Votre Majesté. Si elle me veut plus de courage, qu'elle ait
» la bonté de me le donner.

» Quoique nous souffrions un peu ici pour
» l'eau, je crois cependant qu'il convient que
» nous y tenions le plus qu'il se pourra, par plusieurs raisons. D'abord nous consommons les
» fourrages, qui seroient très-utiles aux ennemis ;
» ensuite nous épargnons les nôtres ; enfin nous
» sommes dans une situation plus décente pour
» l'armée de Votre Majesté que si nous étions
» plus éloignés des ennemis. Il est certain qu'ils
» voient une armée bien disposée à les combattre, et qui ne diffère à les attaquer que parce
» que la raison ne veut pas que l'on entreprenne
» des actions trop périlleuses. C'est beaucoup
» que d'être où nous sommes. Le prince Eugène
» a dit et soutenu que l'armée de Votre Majesté
» ne se mettroit point à portée d'avoir une action ;
» et nous savons, par un de leurs officiers prisonniers, qu'il a parié mille guinées, contre milord Marlborough, que nous ne passerions pas
» la Scarpe. »

C'est apparemment dans cette persuasion que les alliés faisoient à nos plénipotentiaires de Gertruydemberg des propositions si absurdes et si révoltantes. L'abbé de Polignac m'en fit part en ces termes (4) : « Ils veulent que le Roi s'unisse à eux pour faire la guerre au roi d'Espagne et le chasser de toute la monarchie, si ce
» prince n'accepte pas dans un terme fort court
» un très-petit partage qui pourra lui être offert,

---

(1) Lettre à M. le duc du Maine, du 22 mai. (A.)
(2) Lettre à M. de Voisin, du 28 mai. (A.)
(3) Lettre au Roi, du 31 mai. (A.)
(4) Lettre de M. l'abbé de Polignac, du 1ᵉʳ juin. (A.)

» formé des royaumes de Sicile et de Sardaigne,
» en excluant les places de Toscane; bien en-
» tendu qu'après cela fait et parfait, et tous les
» autres préliminaires, savoir la reddition des
» places de Flandre, exécutés, la France n'aura
» pas la paix, mais seulement la permission de
» la traiter; et cependant une trêve sans garan-
» tie, c'est-à-dire qui pourra être rompue si Sa
» Majesté n'accorde pas les demandes ultérieu-
» res qu'on lui voudra faire, et dont ils ne veu-
» lent pas donner l'explication. Quelque chose
» qu'on puisse leur dire contre l'injustice
» criante de cette prétention, ils répondent froi-
» dement que la supériorité de leurs forces, et la
» misère où nous sommes réduits, ne nous per-
» mettent pas de disputer; qu'il leur faut les sû-
» retés qu'ils demandent pour ne pas douter que
» la couronne d'Espagne sortira des mains de
» Philippe V, et que notre sûreté à nous n'est
» que dans leur bonne volonté. »

« Quand on leur a demandé, m'écrivit M. de
» Torcy (1), quelles voies ils entendoient que
» Sa Majesté dût prendre pour faire abdiquer
» son petit-fils, ils ont répondu qu'il n'y en avoit
» que deux pour faire agir les hommes, celle de
» la persuasion, et celle de la contrainte; que les
» alliés seroient bien aises que le Roi pût se ser-
» vir utilement de la première; mais que cette
» voie ne réussissant pas, il falloit nécessaire-
» ment user de la seconde, unir les forces de la
» France à celles de ses ennemis, pour forcer le
» roi Catholique à renoncer à la couronne d'Es-
» pagne, et même au partage qui lui auroit été
» offert, s'il ne l'avoit pas accepté dans l'espace
» de deux mois. »

L'abbé de Polignac m'ajoutoit · « Nous ne sous-
» crirons jamais à ces conditions, puisque lors-
» qu'ils nous découvriroient, après l'exécution
» des préliminaires, les prétentions qu'ils nous
» cachent au lieu de paix, nous n'aurions peut-
» être qu'une nouvelle guerre encore plus mal-
» heureuse que la première. L'armée que vous
» commandez, et votre résolution, ne laissent
» pas de leur donner beaucoup à penser. Ils ne
» s'attendoient point du tout à une si longue ré-
» sistance que celle qu'ils trouvent à Douay; ils
» comptoient d'avoir cette place, et Arras même,
» avant que vous eussiez pu assembler les forces
» du Roi sur la Somme. Ils ont été trois jours
» dans une inquiétude continuelle dès que vous
» vous êtes mis en mouvement; mais jusqu'à
» présent ils n'ont pas changé pour cela de ton.
» Il faut espérer que la suite leur imposera plus
» encore que les commencemens. Je me repose
» bien sur vous de toute la conduite de l'affaire;
» et quand vous ne les batterez pas, je serai bien

» persuadé que la chose n'aura pas été possi-
» ble. »

J'y fis en effet tout ce qui étoit en mon pouvoir. Les ennemis avoient deux redoutes à Bia-
che sur la Scarpe : je les fis attaquer par le comte
de Broglie et le marquis de Nangis, qui s'y portèrent avec leur ardeur ordinaire, et les prirent.
Quelques bataillons s'avancèrent au secours,
mais évitèrent prudemment d'engager une action. J'avois d'excellens officiers pour ces sortes
d'opérations, et je demandois pour eux à la cour
des récompenses que j'obtins; des commissions
de colonels pour les sieurs de Coucy, de Bongard, de Saint-Laurent, et de Fontenay; et une
lieutenance colonelle pour le sieur Marquis dans
les Suisses. C'étoient tous gens d'une bravoure
éprouvée. « C'est la première qualité que je de-
» mande à la guerre, écrivois-je à M. de Voi-
» sin (2) : on dit toujours que tout le monde est
» brave; et vous ne sauriez imaginer, quand ce
» vient au fait et au prendre, le peu que l'on
» trouve de certains courages qui veulent bien
» marcher à la tête de tout. Autre chose est d'en-
» voyer les troupes à l'ennemi, ou de les mener
» soi-même bien fièrement, et le premier. »

Le voisinage des deux armées occasionna une
conversation entre plusieurs généraux et les nôtres sur le bord de la Scarpe : j'y étois à regarder
des travaux que j'avois ordonnés pour détourner
cette rivière. Le prince de Hesse, qui a été depuis roi de Suède, y vint, et commença par un
compliment très-honnête sur le petit succès de
ces deux redoutes emportées. « Je ne puis, me
» dit-il, regarder comme un malheur la perte
» que nous venons de faire, puisqu'elle me pro-
» cure l'avantage de voir un général dont j'estime
» si fort le mérite. » Il me parla de l'inquiétude
que lui et les plus honnêtes gens de leur armée
avoient eue de ma blessure. « Cet accident, ajou-
» ta-t-il, est arrivé dans un moment bien heu-
» reux pour nous, et où le sort de la bataille pa-
» roissoit dangereux. » Mes réponses furent
telles qu'elles devoient être. J'y allai encore
quelques autres fois, parce que j'espérois y voir
le prince Eugène, qui y venoit aussi; mais nous
ne nous rencontrâmes pas.

Ce travail que je dirigeois moi-même sur la
Scarpe étoit une saignée par laquelle je voulois
faire sortir cette rivière, dans l'espérance que la
force de l'eau romproit un pont de communication
qui réunissoit au gros de l'armée un quartier que
les ennemis avoient entre la Scarpe et la Sanzaye. Je savois la position de ce quartier par le

(1) Lettre de M. de Torcy, du 1ᵉʳ juin. (A.)
(2) Lettre à M. de Voisin, du 7 juin. (A.)

comte de Broglie, que j'avois envoyé pour l'examiner ; et ses rapports étoient toujours tels, qu'on pouvoit s'y fier. Quand l'eau eut un peu coulé, nous allâmes, le maréchal de Berwick, le maréchal de Montesquiou et moi, seuls, pour ne point faire voir aux ennemis une apparence de généralité, reconnoître les postes derrière Vitry, et si les eaux avoient produit l'effet que nous désirions : mais nous trouvâmes que les ennemis avoient fait des coupures de leur côté, et que les eaux que nous leur avions envoyées, ils les avoient jetées dans les marais ; de sorte que ce quartier étoit plus fort qu'auparavant, étant couvert par une inondation, outre ses retranchemens. Aussi toute attaque fut estimée impossible ; et le maréchal de Berwick, qui n'étoit venu que pour une bataille, alla joindre l'armée de Dauphiné, qui lui avoit toujours été destinée.

Il ne fut plus question que de choisir un poste d'où on pouvoit, après la reddition de Douay, qui ne devoit pas tarder, agir selon les circonstances. Je plaçai dans cette intention, le 17 juin, l'armée du Roi à la droite d'Oisy, et la gauche à Mauchy-le-Preux. Dans cette position, j'étois en état d'empêcher le siège de Valenciennes, de Condé et de Bouchain. Pour celui de Béthune, je ne le pouvois que par une bataille, et je mandai au Roi que mon sentiment étoit de la donner. « Pour cela, disois-je (1), il » faut marcher aux ennemis dans le temps qu'ils » marcheront pour s'approcher de Béthune, » parce que si on leur laisse seulement deux » jours, on trouvera leur armée d'observation » placée et retranchée de manière qu'il y auroit » grand péril à l'attaquer. »

En établissant mon camp, j'envoyai le comte de Coigny avec un corps de dragons entre Valenciennes et Bouchain, pour disputer aux ennemis le passage de l'Escaut, et je fis préparer des ponts pour le soutenir. Ils voulurent s'approcher de ces dernières troupes, qui étoient des hussards. Le colonel Ratsky, qui les commandoit, plia, et parut se retirer en désordre pour les attirer. Ils le suivirent en effet, en s'éloignant de leur gros : Ratsky retourna sur eux, les battit, et ramena un assez grand nombre de prisonniers.

Ce camp ne fut pas pour moi un camp de repos, quelque besoin que j'en eusse. Voici ce que je mandai au maréchal d'Harcourt (2) : « Vous » croyez bien qu'avec les fatigues que j'essuie » tous les jours, mon état n'a pas amendé. Je » suis plus incommodé que je ne l'étois en par- » tant de Paris : une assez grosse esquille com- » mence à percer. Cependant vous pensez bien » que je ne puis demeurer dans ma cham- » bre. Je fis avant-hier treize ou quatorze lieues, » tant à cheval qu'en chaise : j'en ferai demain » autant. Vous savez que l'on ne peut trop connoî- » tre le pays par où on peut aller à un l'ennemi, » et par où il peut venir nous chercher, surtout » quand l'affaire approche, et que, de la manière » dont elle se tourne, dépend le sort du royaume. » Je n'aime pas jouer si gros jeu ; mais je me » dois au Roi et à ma patrie, et me compte, je » vous assure, pour rien.

» La défense de Douay va par merveille, et » cela ira peut-être encore plus loin qu'on ne » pense ; mais il arrive perpétuellement de nou- » velles troupes aux ennemis. Pour moi, il m'en » part tous les jours une quantité assez raisonna- » ble par la désertion, surtout de cavalerie, dra- » gons, et même de gendarmerie. Tout ce qui a » passé l'hiver sur cette frontière n'a pas été payé : » l'écu de campagne est encore dû. Les usuriers » prennent quatre-vingts pour cent (3). C'est ce » qui fait déserter, parce que les cavaliers ou » gendarmes, voyant que de cinq écus il ne leur » en revient qu'un, s'imaginent que ce sont leurs » officiers qui les volent. J'ai fait arrêter un » nommé Beaupommier, chef de ces usuriers » établis à Arras, et je verrai ce que M. Desma- » rest en fera.

» Voilà, mon cher maréchal, notre état ; et » pour celui de ma santé, il est comme je vous » l'ai dit. Mes béquilles ne me mènent que dans » ma chambre : pour monter ou descendre, il » faut me porter. Quand on m'a grimpé sur mon » cheval, je m'y tiens, et je mènerois bien mon » aile à la charge ; mais si elle m'obligeoit à une » retraite au trot, alors je me rendrois de bonne » grâce : mais j'espère bien que nous n'aurons qu'à » pousser. C'est ce que j'estime qu'il faut faire » très-doucement, et je dirai bien à nos gens : » *Ne nous emportons pas.* Pour moi, si je m'em- » porte, je serai bien trompé. »

La ville de Douay se rendit le 25 juin, après cinquante-deux jours de tranchée ouverte. « De » telles défenses, écrivois-je au ministre (4), à » peu près à la moitié du siège, ne permettent » pas de craindre que la garnison puisse être » prisonnière de guerre ; et certainement les » ennemis verront bien qu'il leur en coûteroit » bien du temps et bien des hommes s'ils vou- » loient les réduire à cette extrémité. » Ma prophétie fut accomplie : on lui accorda liberté, et les honneurs de la guerre, ainsi qu'à la garni-

(1) Lettre au Roi, du 18 juin. (A.)
(2) Lettre au maréchal d'Harcourt, du 21 juin. (A.)

(3) Lettre à M. Desmarets, du 25 juillet. (A.)
(4) Lettre à M. de Voisin, du 1er juin. (A.)

son du fort de Scarpe, qui fut compris dans la capitulation. Je louai fort cette belle défense dans ma lettre au Roi, et le suppliai de vouloir bien honorer du collier de l'ordre du Saint-Esprit M. d'Albergotti qui commandoit dans cette place, et de lui donner le gouvernement de Sarre-Louis, qui étoit vacant; que M. le marquis de Dreux fût fait lieutenant général, M. le duc de Mortemart maréchal de camp, et M. de Brendelay, suisse, lieutenant général; des pensions et des grades à messieurs de Fervaques, de Villenouet, de Lisle, de Chastenay; que d'ailleurs Sa Majesté daignât avancer les officiers que M. d'Albergotti lui nommeroit. Tout cela fut accordé, et au-delà même de ce que je demandois, puisque le Roi me donna le gouvernement des Trois-Évêchés, sans retirer celui que je possédois auparavant (1).

Pendant le siége de Douay et après, la morgue des alliés se soutint plus à La Haye que dans leurs armées. Ici ils se retranchoient devant moi comme s'ils avoient été les plus foibles, et là ils parloient en despotes qui ne connoissoient de droit que la force. J'étois instruit journellement, par les plénipotentiaires et le ministre, de ce qui se traitoit, afin de pouvoir régler mes mouvemens sur les progrès de la négociation : mais ces progrès, quand les alliés en laissoient faire, n'étoient qu'un leurre qu'ils retiroient ensuite. « Nous avons mis les alliés au pied du » mur, m'écrivoit l'abbé de Polignac (2), et » bien prouvé la sincérité du Roi dans la pro- » messe qu'il fait d'abandonner le roi d'Espagne » à ses propres forces; mais de leur part ils ne » prétendent pas du tout nous tenir quittes des » demandes ultérieures. Toute la grâce qu'ils » voudront peut-être bien nous faire sera de » les discuter avant la signature des préli- » minaires; ce que jusqu'à présent ils avoient tou- » jours refusé. Nous savons que leurs préten- » tions là-dessus sont hautes, quoiqu'ils n'aient » jamais voulu les expliquer nettement. Les » Hollandais veulent que le Roi les dédommage » de la dernière campagne et de celle-ci, et » qu'il leur rende autant de places qu'ils ont eu » la peine d'en prendre depuis que leurs préli- » minaires ont été dressés, sans compter ce qu'il » en coûtera pour le rétablissement des élec- » teurs de Bavière et de Cologne. Il y a aussi » bien de l'apparence que leur dessein est d'ar- » racher encore, s'ils peuvent, le reste de l'Al- » sace, pour la donner au duc de Lorraine en » échange du Montferrat. » Et voilà comme tous les princes de l'Europe cherchoient à s'accommoder entre eux aux dépens de la France.

Au moment que ces articles alloient être accordés en grande partie, l'abbé de Polignac m'écrivit (3) : « Si la paix n'est pas signée après » tout ce que nous avons offert sur l'abandon » de l'Espagne et des Indes, c'est que ceux qui » gouvernent la Hollande, et qui s'entendent » avec les généraux ennemis pour tromper les » peuples, trouvent leur intérêt particulier dans » la continuation de la guerre. Savez-vous ce » qu'ils demandent à présent? c'est qu'en cas » que le roi d'Espagne refuse le petit partage » qu'on lui fait, Sa Majesté leur consigne elle- » même toute la monarchie en Europe et aux » Indes, à la réserve de Sicile et de Sardaigne, » sans qu'ils soient obligés de leur part à tirer » un coup de mousquet, ni à dépenser un écu, » pour détrôner Philippe V. »

Sur ces articles, qu'il falloit rejeter hautement, on eut la patience de négocier encore, et même de faire des offres. M. de Torcy m'en instruisoit en ces termes (4) : « J'espérois, il y a » quelques jours, vous mander des nouvelles un » peu plus favorables de la négociation de la » paix. Messieurs les plénipotentiaires avoient » proposé comme d'eux-mêmes que le Roi pour- » roit s'engager à donner de l'argent aux alliés, » supposé qu'ils fussent obligés de faire la guerre » au roi d'Espagne, si ce prince refusoit le par- » tage qu'on lui destinoit; que, moyennant les » sommes que Sa Majesté conviendroit de payer » par mois pendant que la guerre d'Espagne » dureroit, elle ne seroit point obligée de faire » agir ses troupes contre le Roi son petit-fils.

» Les députés de Hollande ont paru goûter » cette proposition, qui leur étoit nouvelle, et » ont fait seulement quelques objections sur la » sûreté des paiemens. Ils demandoient pour » otages les places que Sa Majesté a déjà bien » voulu leur promettre pour sûreté de son inac- » tion pendant la guerre d'Espagne. Ils ont em- » porté ces propositions à La Haye, et ont pro- » mis réponse. Elle est venue, non par eux, » mais par un secrétaire que le Pensionnaire » leur a dépêché avec un papier de l'écriture de » ce même secrétaire, et non signé ; il portoit » que leur dernière proposition n'est pas accep- » table; qu'il faut que le Roi se charge seul de » faire la guerre au roi d'Espagne, et de remet- » tre aux alliés l'Espagne et les Indes, ainsi » qu'il est porté par les préliminaires : c'est-à- » dire, monsieur, que les alliés veulent demeu-

---

(1) Lettre de remerciement au Roi, du 2 juillet. (A.)
(2) Lettre de l'abbé de Polignac, du 18 juin. (A.)

(3) Lettre de l'abbé de Polignac, du 28 juin. (A.)
(4) Lettre de M. de Torcy, du 30 juin. (A.)

» rer en repos pendant que la France feroit la
» guerre au roi d'Espagne pour le chasser de
» son royaume, et que, suivant les préliminai-
» res, le Roi n'auroit qu'un terme de deux mois
» pour achever ce grand ouvrage ; que Sa Ma-
» jesté sera cependant obligée de céder aux al-
» liés, et de raser les places exprimées par les
» mêmes préliminaires; et que le terme de deux
» mois étant fini, ils recommenceront la guerre
» avec tous les avantages qu'on leur aura cédés.
» Ainsi la France se trouveroit engagée à soute-
» nir deux guerres différentes, sans retirer
» d'autre fruit que celui d'une trêve de deux
» mois, pour laquelle le Roi céderoit ou raseroit
» toutes les places qu'on lui demande. *Nous con-*
» *seilleriez-vous*, me demandoient les plénipo-
» tentiaires et le ministre, *nous conseilleriez-*
» *vous de signer de pareils préliminaires?*

» Non, leur répondis-je (1) ; et il n'y a pas un
» homme dans cette armée, et peut-être dans
» tout le royaume, qui ne soit résolu à verser
» jusqu'à la dernière goutte de son sang pour
» n'être jamais à la merci de ses ennemis. Ils
» ont déjà vu dans la dernière bataille ce qu'il
» leur a coûté pour une demi-lieue de terrain,
» que j'aurois regagnée sans ma blessure ; et
» peut-être dans peu de jours Dieu nous fera la
» grâce de confondre l'orgueil de ceux qui ne
» veulent pas une paix que le Roi veut acheter si
» cher. Nous avons cent quatre-vingts bataillons
» et deux cent soixante escadrons en présence
» des ennemis. A la vérité, ils en ont davantage;
» et, avec un plus grand nombre de bataillons
» et d'escadrons que l'année dernière, nous
» avons moins d'hommes, puisque nous don-
» nons huit mille rations de moins, sans que
» personne se plaigne : mais tous nos officiers y
» sont, principaux et subalternes, et tous nos
» soldats brûlent du désir de combattre. Il ne
» faut qu'un moment pour changer la face des
» affaires peut-être du noir au blanc.

» Apparemment après la prise de Douay ces
» messieurs vont chercher une bataille : je vous
» assure que je marcherai au devant d'eux. On
» m'a fait si mal en France de ma blessure, que
» je crois devoir vous en dire des nouvelles.
» Il est vrai qu'il faut me guinder sur mon che-
» val, et que je n'ai aucune sorte de mouvement
» dans la cuisse ni au genou; mais quand je
» suis à cheval, je m'y tiens fort bien cinq à six
» heures : il n'en faut pas tant pour voir plaider
» un grand procès, et aider aux avocats. »

C'est ce qu'on craignoit à la cour ; et le Roi,
sans me le défendre absolument, m'insinuoit
qu'il aimeroit mieux des retranchemens qu'une
bataille, paroissant content si je lui sauvois Arras et Cambray. On ne faisoit pas attention
« qu'une bataille (2) convenoit mieux pour le
» génie de la nation, qui porte à chercher l'en-
» nemi à l'arme blanche, plutôt que de se re-
» trancher et réduire l'affaire à une attaque de
» poste, où la force des ennemis et le feu de
» leurs bataillons avoit plus d'avantage contre
» les nôtres, sans comparaison plus foibles en
» soldats, mais plus forts en officiers, qui ne ti-
» rent point. »

C'est pourquoi, après la prise de Douay, je ne
jugeai pas à propos de m'entourer de fortifications, tant pour ne pas ôter à l'ennemi l'envie
de me joindre, qu'il affectoit et que je lui désirois, quoiqu'il fût plus fort que nous de trente-
cinq à quarante mille hommes, que pour entretenir l'audace dans nos troupes, lorsqu'elles
voyoient que je ne me cachois pas. Je ne cherchois qu'à me placer de manière à avoir toujours le temps d'élever un peu de terre devant
moi, et je n'oubliois rien pour prendre les meilleurs postes. « Ils ne sont pas faciles à trouver
» dans les plaines d'Arras (3), écrivois-je au
» ministre. Avec mon détestable genou, je fais
» mes quatorze ou quinze lieues par jour, hier
» seize, pour qu'il n'y ait pas, s'il est possible,
» un buisson à six lieues à la ronde que je ne
» connoisse. Quand on doit jouer une furieuse
» partie de paume, il faut au moins connoître
» le tripot. »

Pendant que je me donnois ces peines, j'aurois voulu que chacun dans sa partie eût contribué à entretenir dans notre armée l'ardeur
que j'y mettois. « Mais le prêt est dû depuis plu-
» sieurs jours, disois-je à M. de Voisin (4). Je
» voudrois bien qu'on pût le payer avant l'ac-
» tion ; car La Couture appeloit l'argent qu'on
» lui donnoit *étoile de gaieté*, et ces étoiles ne
» brillent pas autrement dans notre armée. Le
» pain d'ailleurs est excessivement mauvais.
» Enfin, monsieur, l'armée de Flandre n'est pas
» désirée par le soldat, et l'on en peut juger par
» la grande désertion des troupes qui ont eu
» ordre de s'y rendre. Une cause pour cela,
» c'est qu'on y meurt de faim l'hiver, et qu'on y
» est tué l'été. L'on peut n'être pas de ce goût-là
» sans passer pour extraordinaire. »

Les ennemis me tinrent une vingtaine de
jours alerte, me menaçant toujours d'une bataille, tantôt s'éloignant, tantôt refluant préci-

---

(1) Lettre à M. de Polignac, du 28 juin. (A.)
(2) Lettre à M. l'abbé de Polignac, du 28 juin. (A.)
(3) Lettre à M. de Voisin, du 2 juillet. (A.)
(4) *Ibid.* (A.)

pitamment sur moi. Ils campèrent le 9 juillet, la droite au Sanzaye, et la gauche à la Scarpe. Je fis avancer la mienne, pour être à peu près à la hauteur de leur droite. Le 12, ils marchèrent dans la plaine d'Aubigny, et poussèrent leur droite jusqu'à Gouy, laissant toujours la Scarpe devant eux. Je les côtoyai, en réglant sur eux mes mouvemens. Le 14, ils mirent leur gauche à l'abbaye Saint-Éloy, et leur droite s'étendoit au-delà de Cheler, assez près de Saint-Paul. Je m'étendis de même, et fis attaquer un convoi qui leur venoit de Douay. L'escorte fut battue et le convoi pillé. Le colonel d'Aremberg, commandant le Royal-Allemand, et d'autres partisans, firent pendant ces marches un grand nombre de prisonniers, et un seul en emmena plus de deux cents.

Enfin j'appris le 16 juillet qu'ils avoient investi Béthune, où ils m'avoient laissé le temps de mettre les munitions nécessaires, et une bonne garnison sous les ordres du sieur Dupuis-Vauban, bon officier. Quoiqu'ils fussent très-bien postés, je ne pouvois renoncer au désir d'une bataille. J'écrivis au Roi (1) : « Je supplie » Votre Majesté de bien examiner ce qui est de » ses intérêts à cet égard. Pour moi, je suis si » outré de l'insolence des ennemis et de leurs » conquêtes, que j'avoue que je la désire; mais » il y a une infinité de gens qui ne sont pas si » en colère que moi. »

Cette insolence des ennemis, dont je me plaignois, n'étoit pas à mon égard, puisqu'au contraire ils étoient si circonspects devant moi; c'étoit à l'égard de nos plénipotentiaires, qui demeuroient toujours à Gertruydemberg. Si on avoit voulu m'en croire, ils n'y seroient pas restés si long-temps. Je leur avois mandé (2) : « J'estime votre séjour en Hollande désormais » beaucoup plus nuisible qu'utile au service du » Roi. Comment ne veut-on pas être convaincu » de ce qu'on voit si parfaitement : que Heinsius » est livré aux généraux ennemis; qu'ils ne » veulent pas de paix; et que s'ils ne vous renvoient pas, c'est pour ne pas avoir l'odieux de » la rupture? Ainsi, monsieur, il n'y a plus à » différer : votre retraite, et un bon manifeste. »

Malgré mes remontrances, on avoit tenu bon, parce qu'on espéroit toujours à force de condescendance les amener à quelque conciliation. Mais enfin ils se démasquèrent absolument le 12 juillet. « La résolution des alliés (3), dirent » nettement les députés qui vinrent de La Haye » à Gertruydemberg, est de rejeter la proposi- » tion que vous leur avez faite de les aider à » soutenir la guerre d'Espagne par une somme » d'argent, quelle qu'elle puisse être, et quelque » sûreté que l'on donne pour le paiement.

» Nous ne voulons pas de l'union de vos forces » avec les nôtres pour obliger le roi d'Espagne » à céder sa couronne, mais que vous vous char- » giez seul d'y faire consentir ce prince, ou de » le déposséder dans le terme de deux mois, au » bout desquels, si cela n'est pas fait, la guerre » recommencera, quoique votre roi ait exécuté » tous les autres préliminaires. Toute la grâce » que nous pouvons faire, c'est de permettre » aux troupes que nous avons en Portugal et en » Catalogne d'aider pendant ces deux mois à » conquérir l'Espagne, pour la remettre avec les » Indes à l'archiduc. Mais ces deux mois expi- » rés, nos troupes n'agiront plus, et vous serez » obligés de finir seuls l'entreprise ; bien en- » tendu qu'alors la trêve n'aura pas lieu.

» Nos plénipotentiaires ont attaqué ces pro- » positions par des raisons qui sont demeurées » sans réplique : ils ont rappelé tout ce qui s'est » passé dans les conférences précédentes, et l'es- » prit même des articles préliminaires, dans les- » quels il n'avoit jamais été question que le Roi » dût faire seul la guerre à son petit-fils. Les dé- » putés ont répondu que si les alliés et eux » avoient traité jusqu'à présent sur le pied de » prendre de concert des mesures, et d'unir leurs » forces avec celles du Roi pour mettre l'archi- » duc en possession de l'Espagne et des Indes, » ils n'avoient pas dû le faire, et qu'ils ne le fe- » roient plus; que toute la modération qu'ils » pourroient apporter présentement étoit de » donner un partage à Philippe V; mais que, » pour l'obligation d'opérer dans l'espace de » deux mois la restitution totale de la monarchie » à nos risques, périls et fortunes, sans qu'ils » doivent se mêler d'autre chose que de la re- » cevoir de nos mains, ils ne s'en relâcheroient » jamais, persuadés que rien n'étoit plus juste » ni plus facile.

» *Facile!* ont repris nos plénipotentiaires. » *Mais observez donc que la conquête d'un* » *grand royaume comme l'Espagne n'est pas* » *une entreprise de deux mois ; et si le Roi, ré-* » *duit à l'extrémité, alloit se retirer aux Indes,* » *cela rendroit l'exécution encore plus impos-* » *sible.* — *Si elle est impossible,* ont-ils répondu » d'un ton moqueur, *la continuation de la guerre* » *contre la France ne l'est pas.* » Voilà tout ce

(1) Lettre au Roi, du 20 juillet. (A.)
(2) Lettre à l'abbé de Polignac, du 2 juillet. (A.)

(3) Lettre de M. de Torcy, du 15 juillet, contenant celles des plénipotentiaires, du 13 (A.)

qu'on en put tirer; et nos plénipotentiaires, ne pouvant plus douter qu'ils étoient joués, partirent enfin, à mon grand contentement (1).

Les mouvemens que j'étois obligé de me donner continuellement, étant si près des ennemis, m'avoient tellement fatigué, que mon genou étoit beaucoup plus mal au milieu de la campagne qu'au commencement. Après m'être bien examiné, je crus devoir exposer ma situation au ministre. Je lui rappelai (2) que c'étoit par ordre exprès du Roi que je m'étois exposé à servir cette année, et même sans grande espérance de pouvoir aller jusqu'au bout. Je lui exposai l'état de mon genou; qu'il en sortoit encore quelquefois des esquilles; que j'étois menacé d'un abcès; que le moindre mouvement extraordinaire, comme de monter une butte d'un pied, me causoit des douleurs insupportables; que cela alloit quelquefois jusqu'à m'évanouir. « Dans cet état, » ajoutai-je, ne dois-je pas, comme je l'ai déjà » fait, vous montrer la nécessité d'avoir un » homme qui puisse prendre ma place? Je n'ai » rien à me reprocher, après la lettre que j'ai » pris la liberté d'écrire à Sa Majesté lors du dé- » part de M. le maréchal de Berwick. J'offris » de servir sous lui, je l'offre encore. Quand » nous serions trois ici de la meilleure santé » du monde, nous ne serions pas encore trop : » donc la mienne, dans l'état que je vous re- » présente, ne peut suffire. Ayez donc la bonté » de mander au maréchal de Berwick qu'étant » forcé d'aller aux eaux dans la fin du mois » d'août, le Roi ne peut confier sa principale » armée qu'à lui, et véritablement je le pense » ainsi. »

Les généraux firent le siège de Béthune comme ils avoient fait celui de Douay, fort à leur aise. J'avois les bras liés. Je leur présentai cependant belle, en me plaçant, le 30 juillet, ma droite à Montenancourt, et ma gauche à Bretancourt; de sorte qu'il n'y avoit rien qui me séparât d'eux. Je pouvois provoquer; mais il ne m'étoit pas permis d'attaquer, pour peu que leur poste fût tenable. J'allai les reconnoître avec trois mille grenadiers et soixante escadrons, et je fis pousser leur garde jusqu'à la portée du fusil. Leur centre étoit à Berle, défendu par des ravines difficiles à passer jusqu'à une partie de leur droite, située sur une hauteur dominante, et opposée à une ravine très-profonde qui aboutissoit à la petite rivière de Lane, et leur gauche bien défendue par la Scarpe. Une armée foible n'auroit pas été mieux retranchée. Je me réduisis à couvrir, selon mes ordres, les places importantes de Hesdin et d'Arras. Le Roi trouva très-bon que j'eusse placé son armée entre la source de la Scarpe et la rivière de Cauche (3). Quelques-uns de nos officiers n'en furent pas si contens : ils écrivirent à la cour, me firent passer des lettres anonymes, et me parlèrent assez fortement, protestant du péril où je mettois le royaume en m'exposant à une bataille. Cependant, si je n'avois point pris ce poste précisément lorsque je l'occupai, j'ai su depuis que l'ennemi s'y plaçoit, et par là pouvoit faire le siége de Hesdin : son armée navale, avec les troupes de débarquement qu'elle portoit, prenoit Montreuil, et se trouvoit dans le royaume. Ce poste étoit si important, que réellement le prince Eugène résolut de donner une bataille pour me débusquer. La poudre et les balles auroient été distribuées aux soldats, si le sieur Singlen, député des Etats, et le comte de Tolly, général des Hollandais, qui avoient défense de rien risquer, ne s'y étoient opposés; et ils empêchèrent d'autorité même la jonction de vingt mille hommes qui étoient vers Lens, et que le prince Eugène vouloit appeler pour se renforcer.

La proximité des armées donna lieu à plusieurs escarmouches, dans lesquelles nous fûmes presque toujours heureux. Peu s'en fallut cependant un jour que le comte d'Arcos, feld-maréchal de Bavière, qui de droit commandoit une aile, et étoit tombé avec un gros détachement sur les fourrageurs, ne fût enveloppé par toute la cavalerie de la droite des ennemis. J'y étois, et je me donnai beaucoup de peine pour retirer ce détachement, qui essuya quelque perte. Je remarquai que c'étoit la faute du général, qui s'étoit laissé emporter par trop d'ardeur; et je tremblai en songeant que de pareilles occasions pouvoient renaître; que je ne pouvois me flatter que le hasard m'y amèneroit toujours, et que je serois en état d'y courir. Ces réflexions, et le besoin que j'avois de ne point laisser passer la saison des eaux, me firent réitérer mes instances pour avoir un successeur, du moins par *interim*; car j'offrois de revenir à la fin d'octobre pour un coup de main, s'il étoit nécessaire. J'inclinois toujours pour le maréchal de Berwick, et je m'en expliquai au ministre en ces termes (4) : « Si Sa Majesté veut être tranquille pour son ar- » mée pendant que je serai aux eaux, c'est d'y » envoyer M. le maréchal de Berwick. Et per- » mettez-moi de vous dire que le moyen de le faire » venir sans aucune répugnance de sa part, c'est

---

(1) Lettres à M. l'abbé de Polignac, du 25 juillet (A.).
(2) Lettre à M. de Voisin, du 17 juillet. (A.).

(3) Lettre au Roi, du 8 août. (A.).
(4) Lettre à M. de Voisin, du 25 avril. (A.).

» de lui en mander la situation ; que le Roi ne
» veut point que l'on cherche une action ; et que
» comme, parmi ses autres talens pour la guerre,
» Sa Majesté a remarqué qu'il entendoit parfai-
» tement la science de bien fermer un pays, elle
» sera bien aise qu'il donne le reste de la cam-
» pagne à mettre en bon état la nouvelle fron-
» tière qu'il s'est faite, qui tient de la mer à Va-
» lenciennes. M. le maréchal de Berwick est
» assurément très-brave homme ; et une marque
» que je le pense ainsi, c'est l'envie que j'ai de
» le voir à une aile pendant que je commanderai
» l'autre. Mais je suis persuadé qu'il est encore
» plus propre à une défensive qu'à une offen-
» sive ; car pour marcher en avant et prendre
» ses postes sur un ennemi, j'ai reconnu cette
» campagne par ses sentimens, fortement sou-
» tenus par lui, qu'il ne se commettra pas vo-
» lontiers à une action ; mais il la soutiendra à
» merveille. C'est tout ce que le Roi demande
» dans le moment actuel. »

Béthune se rendit le 29 août, après trente-sept jours de tranchée ouverte. Je fis pour sa garnison ce que j'avois fait pour celle de Douay, c'est-à-dire que j'engageai le ministre à avoir égard à ce que lui diroit le gouverneur pour les récompenses des officiers à ses ordres. « Je crois,
« ajoutois-je (1), que si Sa Majesté honoroit
» M. de Vauban de la grande croix de l'ordre
» de Saint-Louis, et que son cordon rouge fût
» donné à M. de Roth, et M. de Miroménil,
» brigadier, qui a bien voulu servir sous son
» cadet, fait maréchal de camp, ces grâces-là
» sont bien méritées. » Je m'étendis un peu plus sur M. de Saint-Sernin, dont tout le monde n'étoit pas content : « Je connois, dis-je (2), ses
» bonnes qualités et ses défauts. Il a eu un dé-
» mêlé assez fort avec les ingénieurs : il n'a pas
» voulu signer la capitulation. Tous ces senti-
» mens-là ne sont pas blâmables. Je n'ai pas
» voulu le louer de n'avoir pas signé ; mais dans
» le fond, quoique la défense soit belle, je ne
» l'ai pas blâmé aussi : car enfin il y avoit en-
» core le fossé des demi-lunes à passer ; et,
» le temps où il étoit à la mode de soutenir les
» assauts au corps de la place, ainsi que les pa-
» tentes des gouverneurs en portent l'obligation,
» M. de Saint-Sernin auroit été loué publique-
» ment, et auroit mérité récompense de n'avoir
» pas voulu signer la capitulation. M. de Saint-
» Sernin est un bon sujet assurément, d'un
» grandissime courage, pensant hautement.
» J'aime sa réponse en dernier lieu aux députés
» des Etats, qui lui disoient que les troupes du
» Roi n'étoient point payées, et manquoient de
» pain ; il leur répondit : *Si ce que vous dites*

» *étoit vrai, vous devriez trembler de faire la*
» *guerre contre des armées qui ne s'embarras-*
» *sent pas de manquer de pain ni de solde*. Je
» ne demande pas de grâce pour lui, mais les
» gens de ce caractère-là ne laissent pas d'en mé-
» riter. » On l'avança quelque temps après.

Selon leur coutume, les ennemis, sitôt qu'ils eurent pris Béthune, publièrent qu'ils alloient m'attaquer. Ils s'ébranlèrent le 2 septembre, et vinrent camper vers Lille. Je sortis de mon camp avec cinquante escadrons, pour voir s'il seroit possible d'entamer l'arrière-garde ; mais leur marche étoit tellement serrée et suivie, qu'on ne pouvoit les attaquer sans engager une affaire générale : ce qui étoit trop contraire aux ordres que j'avois.

Selon ma coutume aussi, je tentai de petites actions, au défaut de grandes, qui m'étoient interdites. Je fis attaquer leur fourrage le 5 septembre par le sieur de Mortagny, qui ramena plus de sept cents chevaux. J'appris le 14 qu'ils avoient ouvert la tranchée devant Aire, qui étoit muni, et où j'avois mis le comte de Guébriant pour commander sur le gouverneur. Le 20, j'envoyai le marquis de Ravignan, maréchal de camp, attaquer sur la Lys un convoi des ennemis, composé de près de cinquante gros bateaux chargés de munitions de guerre, de bouche, canons, bombes, grenades, plus de deux cents milliers de poudre, escortés par deux mille hommes qui furent entièrement défaits, le comte d'Athlone, maréchal de camp anglais, fait prisonnier. On prit, brûla ou submergea tout ce qu'on ne put pas emporter, et le marquis de Ravignan se retira habilement à travers les gros détachemens que les ennemis avoient faits pour l'intercepter.

Ce fut la dernière action de la campagne sous mes ordres. J'attendois de jour à autre le maréchal d'Harcourt, qui vint me remplacer, et à qui je remis le commandement le 25, en partant pour les eaux de Bourbonne. Je ne voulus pas quitter l'armée sans faire connoître au ministre mon état-major, dont j'avois beaucoup à me louer (3) : « le sieur de Bongard et le baron
» d'Hinges, de Contades, de Beaujeu et Des-
» touches, gens de grande peine, et qui ont fait
» avec applaudissement le détail de l'armée. Si
» à des emplois aussi pénibles l'espérance d'aller
» plus vite n'est pas attachée, je ne crois pas
» que l'on puisse trouver gens qui voulussent
» les exercer. Il y a aussi des sujets excellens

(1) Lettre à M. de Voisin, du 31 août. (A.)
(2) Lettre au même, du 7 septembre. (A.)
(3) Lettre au même, du 25 septembre. (A.)

» dans tous les états, colonels, brigadiers, ma-
» réchaux de camp et lieutenans généraux,
» messieurs de Geoffreville, d'Estaing, Puysé-
» gur, Broglie, d'Avaray, et d'autres. M. d'Har-
» court les connoîtra aisément : il a aussi bon
» esprit qu'homme de France, et je remarque
» que tous les gens d'un esprit net jugent à peu
» près de même sur les hommes. Cependant, de
» connoître les hommes, j'avoue que ce n'est pas
» l'affaire d'un jour. Moi qui vous parle, quoi-
» que je les étudie assez, il y en a que je
» n'ai pas connus dans les premiers commerces
» que j'ai eus avec eux : d'ailleurs les hommes
» changent ; et tel qui a été fort bon devient mé-
» diocre, et quelquefois misérable. »

M. de Voisin me pria, en partant pour les eaux, de m'occuper de ce qu'on pourroit faire la campagne prochaine. Je n'avois pas attendu cette invitation pour y réfléchir, et même pour lui faire part de mes idées. Je fis remarquer d'abord que la guerre d'Espagne étoit extrêmement à charge aux ennemis : « C'est, disois-je (1), la
» plus favorable diversion que nous puissions
» avoir, et à tel point que je regarderois comme
» un très-grand malheur pour la France que les
» ennemis fussent chassés de la Catalogne et des
» frontières de Portugal, puisque toutes les for-
» ces seroient tournées contre nous, et que cin-
» quante mille hommes de plus en Artois coûte-
» roient moins à la ligue que vingt-cinq dans les
» lieux que je viens de nommer. Il ne faut pas
» s'imaginer que si l'Espagne n'étoit plus chargée
» de ces guerres, elle nous enverroit de puissans
» secours : vous n'en auriez pas une pistole ni un
» homme de plus, et les Espagnols verroient
» sans inquiétude les ennemis aux portes de
» Paris.
» Puisque la guerre est résolue, ajoutois-je,
» tâchons de la faire sur de meilleurs principes
» qu'elle n'a été faite depuis long-temps. Faisons
» quelques projets d'offensive ; car de parer tou-
» jours à la muraille, c'est le moyen de ne jamais
» rien gagner, et de perdre tous les jours peu ou
» beaucoup. Je vous avoue que s'il faut que je
» dispose mes projets avec messieurs les géné-
» raux de Dauphiné, d'Allemagne et de Catalo-
» gne, j'aime tout autant me tenir dans le si-
» lence : il faut qu'un seul et même esprit
» gouverne toute la guerre, et que le Roi et vous
» s'en rapportiez à un seul général, comme font
» les alliés à l'égard de leurs deux généraux, qui
» ne sont censés qu'un par leur liaison intime.
» Eux seuls ont le secret de leurs résolutions :
» ils dispersent les troupes, les rassemblent, les
» éloignent, les rappellent, les placent sur un
» point, les en retirent, sans que les autres
» généraux s'y opposent : aussi voyez leurs suc-
» cès !
» Si l'on croit que l'ambition et un désir de
» considération et de crédit me fassent parler
» ainsi, on me fait grand tort. Je vous assure
» que mon premier désir seroit de commencer à
» vivre pour moi, et demeurer en repos à la
» campagne ou à Paris, allant à la cour pour
» montrer au Roi ma très-sincère et très-respec-
» tueuse reconnoissance, laquelle est certaine-
» ment gravée dans mon cœur. Je ne cherche
» pas à être ministre ; et si je propose une espèce
» de surintendance dans la guerre, c'est que je
» vois qu'elle réussit aux généraux ennemis, et
» que je crois que c'est le seul moyen de les dé-
» concerter.
» Il faut donc songer, si la guerre dure, à
» agir dès le mois de mars ; mais pour cela il
» faut faire ses projets dès le mois d'octobre, et
» qu'ils soient déterminés, sous le bon plaisir
» du Roi, de vous à moi, sans que personne au
» monde puisse en avoir connoissance ; c'est-à-
» dire n'en communiquer aux subalternes, in-
» tendans et munitionnaires, que ce que l'on est
» forcé de déclarer, et tromper tout le reste du
» monde, pour pouvoir tromper les ennemis. Il
» faut étudier où il conviendra de se mettre en
» front, où les ennemis seront le moins en état
» de parer. Leurs troupes de Flandre sont en
» campagne depuis le 18 avril ; elles auront
» perdu beaucoup et par les désertions et par les
» siéges. Celles d'Allemagne et de Savoie ne s'at-
» tendent pas à un grand effort, parce qu'il
» semble que nous portons tout en Flandre.
» Mettons-nous en état de tomber eux eux, n'im-
» porte où, dès le premier mars, ou plus tard. Je
» vous supplie que je concerte cela avec vous,
» sans qu'il y ait que le Roi, vous et moi qui le
» sachions ; et j'espère que nous trouverons le
» moyen de frapper un bon coup. Enfin, ajou-
» tois-je au ministre (2), s'il faut désespérer de
» la paix, espérons tout d'une guerre hardie ;
» aussi bien on périt à la fin par la défensive. »

J'avois d'autant plus de raison de faire cette observation, qu'en effet nous nous ruinions en détail. Saint-Venant, que les ennemis avoient attaqué en même temps qu'Aire, fut pris le 29 septembre, et Aire se rendit le 9 novembre, après cinquante-deux jours de tranchée ouverte : belle défense qui mérita le cordon bleu à M. de Guébriant, et des récompenses aux officiers qui avoient si bien servi sous ses ordres. Ces pertes m'étoient d'autant plus sensibles, que j'écrivis

(1) Lettre à M. de Voisin, du 18 août. (A.)
(2) Lettre au même, du 2 octobre. (A.)

qu'on auroit pu les prévenir par une bonne bataille.

Outre le chagrin que me causoit l'état du royaume, celui de l'armée ne m'affligeoit pas moins. Je savois que depuis mon départ l'argent y venoit moins que jamais ; que le pauvre soldat étoit à peine nourri, qu'il étoit presque nu, qu'ils désertoient en foule, et que les officiers se retiroient par bandes. Un désordre autorisé par le besoin est bien terrible. J'écrivis au ministre ce qu'on me mandoit de l'armée (1), que des officiers du régiment de Cambrésis, gens de mérite, se trouvant absolument sans ressource, et n'en pouvant trouver dans la bourse de leurs camarades, ont été obligés de mettre leurs habits en gage chez des usuriers, pour faire vingt écus, et tâcher de gagner leur chaumière sans demander l'aumône en chemin. Et moi-même cette campagne m'avoit fort altéré, obligé de tenir une table non pas somptueuse, mais du moins suffisante, et d'y admettre beaucoup plus d'ofciers qu'à l'ordinaire, sans compter l'argent prêté et donné. « Je ris, écrivois-je à un de mes » amis (2), quand je songe au contraste de ce qui » se passe avec l'opinion que l'on a de ma ri- » chesse : c'est qu'actuellement on me saisit à » Paris ; que j'y dois plus de quarante mille » france de dettes criardes, et que je ne suis pas » autrement assuré de mes vivres pour cet » hiver. Cela est fort plaisant, très-difficile à » croire, mais vrai pourtant. »

Les bains et les douches me firent grand bien, et j'espérai sinon d'être guéri, du moins de rester estropié sans douleurs. Je me rendis à Villars le 20 novembre, et au commencement de décembre auprès du Roi, qui me reçut avec une bonté, une affabilité capable de me faire oublier toutes mes peines (3).

[1711] Quand il fut question de travailler pour les arrangements de la campagne, chaque général tira à soi, et tâcha de se faire l'armée la plus nombreuse et la mieux fournie qu'il lui fut possible. Pour moi, à quelques remontrances près, je me reposai sur l'importance de la frontière que j'allois défendre, et qui devoit attirer toute l'attention du ministre ; mais, soit qu'il me fît l'honneur de trop compter sur moi, soit que les autres sollicitations l'emportassent, je ne fus pas mieux traité que les années précédentes.

Dès les premiers jours de celle-ci, le comte de Villars mon frère, et le comte de Broglie, qui y commandoient, me pressèrent d'y faire un tour pour hâter les préparatifs, et n'être pas prévenu par une entreprise sur Arras. Je ne pus partir qu'au commencement de février. Je pris mon chemin d'Amiens par Montreuil et Calais, afin de reconnoître les postes que les ennemis depuis la prise d'Aire pouvoient prendre vers Saint-Omer, et en même temps ceux que l'armée du Roi pouvoit occuper, pour troubler leurs desseins s'ils en avoient de ce côté-là. Je me rendis ensuite à Arras ; j'y établis les magasins de farine, d'avoine, de fourrages, de poudre, et autres munitions nécessaires en cas de siége, et je revins à la cour dans les premiers jours de mars.

Le 25 de ce mois, le général Cadogan vint s'établir à Bengen avec un corps de vingt mille hommes, la plupart détachemens, et peu de bataillons sous des drapeaux. L'objet de sa marche étoit d'assurer les approvisionnemens, dans les places les plus avancées, afin que les alliés pussent entrer en campagne le 20 avril avec toutes leurs forces. Ils tiroient leurs convois de Lille à Douay, par la rivière de Deule. Comme nous tenions les bords de cette rivière de notre côté, je crus que l'on pourroit faire courir quelques risques à leurs bateaux ; j'en écrivis au maréchal de Montesquiou, qui dérangea un peu leur navigation. Il étoit resté sur la frontière, tant pour maintenir les troupes que pour préparer l'exécution d'un grand dessein que nous avions concerté dans le plus grand secret : on ne l'avoit confié qu'au comte de Broglie, aux marquis d'Albergotti et de Puységur, qui se rendirent au devant de moi avec le maréchal le 23 avril à Péronne, où je leur avois donné rendez-vous. Ils m'y apprirent, à ma grande satisfaction, que tout étoit disposé pour investir Douay sur-le-champ.

Cette diligence à exécuter un pareil dessein fut d'une grande utilité pour en traverser un non moins important que les ennemis avoient contre nous. Presque dans le même temps que tous les ordres étoient donnés pour arriver sur Douay, les ennemis, avec le même secret et la même promptitude, songeoient à investir Arras ; et leur projet auroit infailliblement réussi, si nous n'avions formé celui d'attaquer Douay. Ce fut le 25 que j'appris que toutes leurs forces marchoient sur Douay, derrière la Deule ; le 26, je marchai sur la Sausée, et, par une diligence assez rare, dont l'envie de se procurer réciproquement l'avantage dans l'attaque chacun d'une ville étoit le motif, les deux armées se trouvèrent totalement rassemblées avant la fin d'avril, et séparées seulement par la Scarpe et la Sausée, deux rivières peu considérables dans cet endroit.

---

(1) Lettre à M. de Voisin, du 12 octobre. (A.)
(2) Lettre à M. Maréchal, du 25 octobre. (A.)

(3) Ici finit le recueil des lettres du maréchal de Villars et tout ce qui suit est tiré des Mémoires manuscrits. (A.)

Un événement imprévu exerça pour lors les politiques. L'empereur Joseph mourut le 17; monseigneur le Dauphin étoit mort le 14 : ainsi ces deux princes, dont les espérances et les intérêts armoient l'Europe entière, faisoient répandre tant de sang et consommoient tant de trésors, virent leurs destinées et leurs vies terminées presque dans le même jour. Je crus devoir dans cette circonstance rappeler au Roi les propositions qui m'avoient été faites pendant mon ambassade à Vienne par les comtes d'Harrach et de Kaunitz, insinuées par les comtes de Kinski et de Stratmann, principaux ministres. L'Empereur consentoit alors, pour éviter le traité de partage, qui lui faisoit une espèce d'horreur, que le Roi personnellement eût l'Espagne et les Indes, et lui personnellement aussi la Flandre et les États d'Italie, sans parler de leurs enfans. Ces conditions n'étoient plus proposables, puisque Philippe V étoit à Madrid, et reconnu aux Indes; mais on pouvoit établir la paix sur l'état actuel des choses, procurer la couronne impériale à l'archiduc, qui se démettroit de ses prétentions sur l'Espagne, qui resteroit avec les Indes à Philippe V, tirer des États d'Italie et de la Flandre de quoi dédommager ou arranger les Anglais, les Hollandais, et les petits princes qui avoient pris part à la grande querelle, tels que l'électeur de Bavière et autres. Cette mort, et quelques nuages qui s'élevoient en Angleterre sur la faveur de milord Marlborough, commencèrent à faire espérer une paix moins désavantageuse.

Le premier mai, l'armée des ennemis passa la Scarpe, et ne se trouva plus séparée de celle du Roi que par la Sausée. Comme leurs postes et les nôtres bordoient la rivière, après les premières escarmouches, les deux partis préférèrent de ne pas tirer, et l'on se promenoit librement sur les deux rives. Un jour le roi d'Angleterre étant avec moi, les Anglais vinrent de divers postes, et regardoient ce prince avec une attention marquée. Il étoit grand, bien fait, avoit très-bon air à cheval, et je ne puis pas fâché de le faire voir à ses sujets. Le comte d'Atholne et plusieurs milords s'approchèrent pour le regarder. Le jour suivant, milord Marlborough me fit prier de ne plus hasarder de ces promenades : mon intention n'étoit pas non plus de les rendre fréquentes ; mais je croyois avantageux au jeune prince de le faire connoître à ses principaux sujets. Il recevoit quelquefois des lettres de Marlborough, qui l'assuroient de son attachement Peut-être le but de ce commerce secret de la part du milord étoit de faire sa cour à la reine Anne, qu'on savoit conserver toujours dans le cœur pour son neveu des dispositions favorables, qu'elle n'avoit pas la force de laisser paroître.

Les armées s'observoient sans s'ébranler, mais leur inaction n'empêchoit pas les entreprises particulières. Je sus par mes espions que les ennemis devoient faire passer de Tournay à Saint-Amand un convoi de cinquante bateaux : je le fis observer par le sieur de Parmangle, qui commandoit à Condé. Il marcha avec huit cents hommes de pied, et attaqua ce convoi entre Mortagne et Saint-Amand. Un brigadier d'infanterie l'escortoit avec deux bataillons : il fut blessé et pris. Toute la partie de l'escorte qui étoit en deçà de la Scarpe fut défaite; le reste se retira sous le poste que les ennemis avoient à Mortagne, et on brûla tous leurs bateaux. Nous n'eûmes que le sieur de La Tour, colonel d'infanterie, dangereusement blessé. Je tenois les ennemis alertes le plus qu'il m'étoit possible. Les hussards m'étoient d'une grande utilité pour ce service. Le colonel Ratsky osa attaquer les grand'gardes des ennemis, et il en enleva une de quatre-vingts maîtres, et une de trente. Mais une action plus importante fut celle du comte de Villars mon frère, qui le 30 mai attaqua et emporta d'assaut le fort qui couvroit les écluses de Harlebec.

Par les bons postes que j'avois choisis, je tenois seize lieues de pays en présence d'une armée plus nombreuse que la mienne, et sans la craindre; et j'étois assuré d'une grande subsistance pour ma cavalerie. L'armée entière observoit la plus exacte discipline : aucun soldat ne s'écartoit, et en trois mois de temps je ne fus pas obligé à faire un seul exemple. C'est un bonheur que j'ai presque toujours eu, et je me le procurois en suivant la même méthode de parler moi-même aux troupes, de n'oublier rien pour leur faire entendre ce qui étoit de l'intérêt général et particulier. S'ils s'oublioient après cela, j'étois d'une sévérité inflexible, surtout au commencement de la campagne.

Les lettres de la cour, du 2 juin, m'apprirent qu'on avoit dessein d'envoyer un grand détachement de mon armée en Allemagne, pour traverser l'élection de l'archiduc à l'Empire. « Si on
» étoit assuré, écrivois-je au Roi (1), de quel-
» ques électeurs ou princes qui ne demandassent
» qu'une armée nombreuse pour se déclarer con-
» tre l'archiduc, ce seroit bien fait de fortifier
» celle du maréchal d'Harcourt : si on ne pou-

---

(1) Il y a dans les Mémoires manuscrits des endroits qui paroissent tirés littéralement des dépêches originales que le rédacteur avoit sous les yeux : quand il s'en rencontrera de cette espèce, je les guillemetterai. (A.)

» voit compter sur aucun prince, il ne faudroit
» pas pour cela renoncer au projet d'entamer
» l'Empire ; il ne s'agiroit que de tirer de cette
» armée un fort détachement, comme de vingt
» à trente bataillons, trente ou quarante esca-
» drons. Pendant qu'il s'achemineroit, j'accom-
» moderois en Flandre les postes de la défensive ;
» je prendrois mes mesures, afin que ces troupes
» étant arrivées à la hauteur de Strasbourg, je
» fusse en état de m'y rendre seul avec deux ou
» trois officiers généraux, dont le départ et le
» voyage seroient tenus secrets aussi long-temps
» qu'il seroit possible. Je me flatterois de prendre
» Friedlingen avant que les ennemis s'en dou-
» tassent seulement, et d'établir aussi une tête
» d'armée dans l'Empire dont on pourroit profi-
» ter : mais d'affoiblir en Flandre sans aucun
» projet vers l'Allemagne, cela ne me paroît pas
» sage. » Mes raisons ne firent point changer les
résolutions de la cour, et l'armée de Flandre
fut affoiblie seulement par le plaisir de répandre
le bruit que l'on fortifioit celle d'Allemagne.

Le 12 juin, j'eus divers avis que les ennemis
devoient se mettre en marche la nuit ; mais il
n'y eut que leurs bagages qui s'ébranlèrent, et
l'armée, le 14, se campa la droite à Lens, la
gauche à Douay. Je plaçai l'armée du Roi la
droite à Etrun, et la gauche derrière Arras ; et
voyant les ennemis me présenter la bataille, j'é-
crivis au Roi que mon sentiment étoit de la donner ; que le terrain y étoit convenable ; qu'on
pouvoit, quoiqu'en plaine, appuyer la droite et
la gauche de manière à n'être pas tournées ; et
que je préférois une bataille dans de belles
plaines fort ouvertes, et l'arme blanche, aux
combats de postes auxquels on sembloit vouloir
me réduire. J'avois encore une autre raison :
c'est que je savois que les ennemis venoient de
faire un gros détachement pour l'Allemagne, et
je voulois combattre avant qu'on me demandât
le mien.

J'écrivis donc le 14, j'écrivis le 15, j'écrivis
le 16, et je fis jeter douze ponts sur la Scarpe,
pour attaquer aussitôt que mes courriers seroient
revenus ; mais le Roi m'écrivit le 17 qu'il ne jugeoit pas à propos qu'on hasardât une bataille,
parce qu'il voyoit jour à espérer parmi les puissances ennemies des divisions qui diminueroient
leurs forces, et qu'il falloit en attendant se borner à soutenir les lignes qu'on occupoit. Madame de Maintenon m'écrivit la même chose,
en des termes propres à adoucir l'amertume du
refus.

C'étoit ma confidente, avec laquelle je m'é-
panchois librement sur les désagrémens que je
pouvois avoir. « Vous me faites l'honneur de me

» dire, lui écrivois-je un jour (1), que vous vou-
» driez bien ne me plus voir gronder ; mais per-
» mettez-moi la liberté de vous dire que les bons et
» fidèles serviteurs grondent souvent ; que les
» mauvais, et ceux qui ne songent qu'à plaire
» pour leurs propres intérêts, approuvent tou-
» jours. Je devrois, madame, être, ce me sem-
» ble, un peu mieux connu du Roi et de vous.
» Quelle intrigue me voyez-vous à la cour ? je
» n'écris au monde qu'au Roi, à vous, madame,
» très-rarement, et au ministre, par lequel le
» Roi veut être informé des affaires dont il me
» fait l'honneur de me charger. Je suis comblé
» des bontés de Sa Majesté, et je n'ai d'autre
» souci au monde que de l'avoir aussi bien ser-
» vie qu'elle mérite de l'être.

» On passe tout l'hiver à vous dire que je suis
» haï : les courtisans répandent qu'il règne une
» discorde affreuse dans cette armée, et que
» tous les officiers généraux sont brouillés avec
» moi. Rien n'est plus faux ; mais ils le disent,
» et de ces discours répandus sans fondement il
» en reste une impression, et même dans votre
» esprit, malgré la justesse de votre pénétration.
» J'aurai l'honneur de vous dire que je ne suis
» brouillé avec personne dans l'armée : je pour-
» rois apporter en preuve la bonne discipline
» qui y règne. On sait qu'elle ne se soutient que
» par le concours des officiers, et que ce con-
» cours est bien difficile à obtenir quand ils
» n'aiment point leur général. Si vous étiez ici,
» vous verriez avec édification les soldats et les
» cavaliers éviter avec le plus grand soin de
» marcher dans un beau champ de blé qui est à
» la tête de notre camp, sans qu'il soit besoin
» pour les retenir d'autre chose que de l'ordre
» et de l'exemple des officiers.

» Je puis vous assurer, madame, que les
» gens de bien et de courage, ceux qui comp-
» tent plus sur leurs actions que sur la cabale,
» me regardent comme leur unique ressource ;
» mais ce nombre diminue tous les jours. Nous
» voyons depuis plusieurs années l'esprit de
» cour régner dans les armées : et comment
» cela ne seroit-il pas, si les protections de cour
» l'emportent sur les bonnes actions ? Si je parois
» quelquefois désirer plus de crédit, n'imagi-
» nez pas, madame, que c'est par ambition, et
» pour m'attirer plus de considération. Dans
» qui, j'ose le dire, le Roi a-t-il trouvé plus de
» vérité lorsque j'ai pris la liberté de lui parler
» des hommes ? et en qui Sa Majesté peut-
» elle trouver une connoissance plus fidèle et

(1) Il se trouve dans les Mémoires manuscrits quelques
lettres que je recueillerai : celle-ci est du 29 juillet. (A.)

» plus sûre des gens de guerre que dans celui » qui depuis dix ans les a toujours eus sous son » commandement, et qui les voit agir tous les » jours?

» Vous aurez bientôt la paix, j'ose l'espérer, » madame ; et vous verrez pour lors si je suis un » homme de cour et d'intrigue. Je ne désirerai » de crédit que pour n'être pas inutile au Roi, » et si la guerre dure, je ne veux être cru que » pour son service; et plût à Dieu que je l'eusse » été depuis dix ans ! il y a long-temps que le » Roi auroit donné la paix à ses ennemis : et si » j'avois été honoré de la confiance de Sa Majesté [j'ose dire que je l'avois méritée] les trois » fois que je suis entré dans l'Empire, la première lorsque j'entrai en Bavière, la seconde » lorsque l'on prit en dix jours Haguenau, Drusenheim, Lauterbourg, et tous les postes des » ennemis, avec près de cinq mille prisonniers » de guerre, et que j'envoyai courriers sur courriers pour demander qu'on ne fît rien en Flandre, et qu'on me laissât agir dans l'Empire » [on préféra à mes conseils la malheureuse » bataille de Ramillies]; la troisième quand, » avec quarante bataillons, on força les lignes » de Stollhofen; quelques troupes d'augmentation, au lieu de celles qu'on m'ordonna de détacher, nous soutenoient au milieu de l'Empire. Je désire, madame, que ces souvenirs » me justifient auprès de vous sur mes gronderies, et que vous ne trouviez pas mauvais » qu'ils me soulagent d'autres gronderies que je » pourrois faire encore. »

Je fus en effet toute cette campagne assez mécontent de ce que qu'on morceloit, pour ainsi dire, mon armée sous les yeux des ennemis, devant lesquels on me tenoit les bras croisés, et qui paroissoient me narguer. Ils attaquèrent le 26 juin le château d'Arleux, poste important que je tenois en avant, et qui les gênoit fort. M. de Creny, qui veilloit de dehors à sa sûreté, y entra en bateaux, et le sauva pour une fois. Ils y revinrent le 6 juillet avec vingt mille hommes : j'y courus avec les premières troupes que je trouvai prêtes; mais il étoit emporté quand j'arrivai. Il leur coûta beaucoup de monde. Je pris le 11 une revanche assez importante. Voici le détail que j'en fis au Roi (1) :

« Votre Majesté a été informée que je trouvois » le camp que les ennemis ont formé près de » Douay assez mal placé pour croire que l'on » pourroit l'attaquer avec avantage. Après l'avoir reconnu, j'envoyai le baron de Ratsky » voir si rien n'empêchoit d'arriver sur eux avec » un corps de cavalerie : il alla la nuit jusqu'à » deux cents pas des étendards. M. de Coigny » s'y porta aussi par mes ordres. Enfin j'allai » avant-hier au soir examiner tout par moi-» même ; et hier de grand matin j'ai fait marcher M. le comte de Gassion avec vingt escadrons, dont il y en avoit quatre de la maison » de Votre Majesté, pour joindre les quinze de » dragons qu'avoit M. de Coigny auprès de Bouchain. On me proposoit de l'infanterie ; mais » comme la seule diligence pouvoit faire réussir, » et que la cavalerie avoit près de douze lieues » à faire partant de l'armée et allant repasser » par Bouchain, j'ai cru impossible d'y faire » arriver des gens de pied, quelque précaution » que l'on prît pour cela. M. le prince Charles et » M. le marquis d'Hautefort furent détachés » comme maréchaux de camp. M. d'Albergotti » et M. le prince d'Isenghien furent chargés d'aller avec deux mille grenadiers pour rétablir la » nuit le bac à Bengen, et assurer une retraite » plus courte à M. de Gassion.

» Le plus important étoit de surprendre les ennemis, puisque leur armée avertie n'avoit » qu'une lieue à faire de sa gauche pour les soutenir, et que les troupes de ce camp elles-» mêmes n'avoient que cinq cents pas à faire » pour se retirer dans les glacis de Douay. Il » étoit aussi très-difficile de tirer des troupes de » l'armée sans que l'ennemi, qui découvre tout » le front de notre camp, s'en aperçût. Pour dérober ce mouvement, on a fait sortir la cavalerie comme si elle alloit en pâture. Les cavaliers alloient les uns à cheval ; les autres suivoient à pied ceux qui menoient leurs chevaux » en main. Les pontons marchèrent la nuit, et » demeurèrent cachés le jour dans les arbres. » Nos grenadiers ont marché pareillement par » troupes de cinquante, sous prétexte de faire » des patrouilles pour arrêter des espions. On » avoit aussi donné des ordres à tous les postes » de la Scarpe et de l'Escaut de ne laisser passer personne. On a fait l'exercice de la cavalerie à l'ordinaire, et une revue générale de » l'armée aux yeux des ennemis a peut-être contribué à leur ôter toute défiance.

» Enfin, Sire, toutes ces petites ruses ont » réussi, de manière que M. le comte de Gassion est tombé avant la pointe du jour sur le » camp des ennemis : ils n'ont pas eu seulement » le temps de prendre les armes, et tout a été » tué ou pris. On a fait peu de quartier. Nos hussards disent avoir bien tué chacun cinq ou six » hommes ; et, à voir l'agilité avec laquelle ces » messieurs manient le sabre, je n'aurois pas de » peine à les croire. On compte que l'on a pris

(1) Lettre au Roi, du 12 juillet. (A.)

» plus de douze cents chevaux. Il y a plusieurs
» étendards, dont je ne sais pas encore le nom-
» bre, et que j'aurai l'honneur d'envoyer à Vo-
» tre Majesté.

» Messieurs de Gassion et de Coigny se sont
» conduits avec beaucoup d'ordre et de bravoure,
» M. le prince Charles avec la valeur qui lui est
» naturelle, et M. le marquis d'Hautefort pareil-
» lement. Il y avoit pour brigadiers messieurs le
» duc de La Trémouille, de Goyon, le comte
» de Saumery, le marquis de Choiseul, mes-
» sieurs de Saint-Sernin et de Bellefond, mes-
» sieurs de Cheyladet et des Fourneaux, de la
» maison de Votre Majesté. M. de Villemur étoit
» à la tête de grenadiers à cheval. Les colonels
» étoient messieurs les princes de Marsillac, le
» duc de Saint-Aignan, M. le prince de Lam-
» besc, messieurs de Manicamp, de Châlons,
» d'Aremberg, de Rotembourg et d'Evelmont.
» Comme ces sortes d'événemens n'arrivent pas
» sans quelque perte, je regrette infiniment
» M. de Coëtmène, colonel de dragons, tué; et
» je crains beaucoup pour M. de Ratsky, qui a
» reçu une balle à travers le corps. Je viens de
» le voir panser : on me flatte que sa blessure,
» quoique très-considérable, n'est pas mortelle.

» M. de Broglie avoit ordre, pour attirer l'at-
» tention des ennemis sur la droite de leur armée
» pendant que nous étions sur leur gauche, de
» faire attaquer et pousser leurs gardes vers
» Liévins; ce qu'il a exécuté avec beaucoup d'ac-
» tivité, et ses hussards ont ramené plus de qua-
» tre-vingts chevaux. Le succès a été entière-
» ment complet.

» Je sais, Sire, que c'est avec peine que Vo-
» tre Majesté a refusé la permission que son ar-
» mée entière lui demandoit d'attaquer celle de
» l'ennemi. La bonne volonté de vos troupes
» dans cette occasion fera peut-être regretter à
» Votre Majesté de ne les avoir pas employées
» plus tôt. Ce petit succès les console un peu ;
» mais nous aurions fort désiré tous de pouvoir
» rendre au plus grand et au meilleur des rois un
» service digne de ses bontés. »

Je suppliai le Roi d'honorer le comte de Gassion de l'ordre du Saint-Esprit, et demandai
plusieurs grâces pour les sieurs de Fontenay, colonel de dragons, Ratsky, colonel de hussards,
Lesbalot, ancien capitaine de dragons, le chevalier Du Thil, très-brave colonel d'infanterie,
et quelques autres ; et tout me fut accordé.

Malgré ces succès, je n'étois pas entièrement
maître de mes mouvemens. Il y avoit dans l'armée des officiers qui s'occupoient à faire des
projets, pour l'ordinaire petits moyens que je
n'approuvois pas : ils les envoyoient à la cour,
où on les goûtoit. De cette espèce étoit une feinte
sur Namur, feinte qu'on prétendoit devoir y attirer les ennemis, et partager leurs forces. Je
n'en croyois rien. Néanmoins, après me l'être
fait ordonner par le ministre, je me déterminai
à envoyer seize bataillons et seize escadrons au
comte d'Estaing, qui commandoit de ce côté-là ;
mais je songeai en même temps à profiter de la
marche de ces troupes par Bouchain, pour faire
attaquer le poste d'Arleux.

Je fus favorisé dans cette entreprise par une
marche rétrograde des ennemis. Le 20 juillet,
ils se portèrent au-delà du ruisseau de Lens, et
campèrent la droite à Brouay, et la gauche à
Mazingarbe. Le 21, ils s'approchèrent de la
source de la Lys, ayant le village d'Anchin dans
le centre, la droite à Estreblanche sur la Guelle,
et la gauche à Bouvrière sur la Clarence. Le 23,
je fis attaquer le château d'Arleux, qui fut emporté avec la plus grande valeur. Il étoit gardé
par six cents hommes, qui furent tous pris ou
tués. Nous y perdîmes le pauvre Du Thil, qui
mourut avant que d'avoir reçu les récompenses
que la cour lui destinoit pour sa bravoure à l'attaque du camp de Douay. Cadogan marcha avec
quarante escadrons et un corps d'infanterie au
secours du château d'Arleux ; mais à son tour il
arriva trop tard. Après avoir bien examiné ce
qui convenoit le mieux de garder ou de ruiner ce
fort, je pris le parti de le détruire, et j'envoyai
à Cambray l'artillerie et les munitions de guerre
qu'on y avoit trouvées.

Ce dernier avantage fut le quatrième de la
campagne. En l'annonçant à madame de Maintenon, je lui mis sous les yeux un contraste qui
dut lui faire plaisir : « Permettez-moi, lui di-
» je (1), madame, de vous parler des frayeurs que
» l'on vous donne depuis quatre ans ; et je puis
» en prendre la liberté, puisque, grâces à Dieu,
» vous devez en être délivrée présentement.
» Quel est le général, hors moi, qui ne vous ait
» pas fait envisager une subversion de l'Etat,
» une fuite presque infaillible de Versailles ? et
» vous savez, madame, avec quelle fermeté le
» Roi me fit l'honneur de me parler sur des dan-
» gers évidens, et sur les partis auxquels Sa
» Majesté se préparoit. Je ne pus retenir mes
» larmes quand ce grand roi me fit entrevoir à
» quels périls il pouvoit être exposé, et les réso-
» lutions aussi fortes que sages qu'il vouloit
» prendre dans ce cas-là. De cet état affreux,
» nous en sommes à voir nos armées imposer
» aux ennemis, les leurs dans l'inaction, nos

(1) Lettre à madame de Maintenon, du 30 juillet, dans les Mémoires. (A.)

» soldats demander une bataille avec ardeur ;
» enfin nous ne voyons plus d'obstacles à une
» bonne paix que de l'avoir peut-être trop dé-
» sirée. »

Le premier août, toute l'armée des ennemis marcha, comme si elle avoit eu dessein d'attaquer celle du Roi. Ils retirèrent toutes les garnisons de Tournay, Douay et Lille, pour les joindre à eux. Moi je tirai d'Arras quelque artillerie légère, propre à la campagne. Ils marchèrent encore en avant le 3, et occupèrent un plus grand terrain. Je proposai au ministre de faire rapprocher le corps du comte d'Estaing, avec d'autant plus de raison qu'il n'avoit porté aux ennemis aucun ombrage qui les eût obligés à faire un détachement : je ne voulus pas le rappeler de moi-même, de peur qu'on ne crût qu'il y avoit de la pique de ma part. Le 4, ils s'approchèrent de notre droite avec quarante escadrons : j'y courus, et ils se retirèrent sitôt qu'ils aperçurent le renfort que je menois.

Le maréchal de Montesquiou me manda la nuit qu'ils marchoient à la gauche qu'il commandoit, et qu'il comptoit être attaqué à la pointe du jour. Mais ce mouvement n'étoit fait que pour cacher celui de douze à quinze mille hommes qui, marchant par derrière Douay, passèrent la Sausée, et se placèrent derrière les marais de Marquion. Ce passage ne leur auroit pas été si facile, si j'avois eu les troupes que le comte d'Estaing me retenoit. Je lui envoyai ordre de se rapprocher de l'Escaut.

Il n'y a personne qui n'eût cru que nous allions avoir une bataille, et je m'y disposai. Un lieutenant général de grande réputation, et qui la méritoit, le marquis de Geoffreville, me conseilla de me retirer vers Arras, parce qu'il y avoit à craindre que les ennemis ne vinssent m'attaquer en tournant le petit ruisseau de Marquion. « Je leur épargnerai cette marche, lui
» répondis-je, puisque dès demain j'irai les
» chercher dans la plaine de Cambray. D'ailleurs
» si je faisois un pas en arrière, au lieu de l'ar-
» deur que je connois dans l'armée, j'y jetterois
» de la terreur, et c'est un mauvais parti. »

En effet, le 6 je fis marcher l'armée sur cinq colonnes, et lui mis la droite à l'Escaut, la gauche au village de Sains, sur le ruisseau de Marquion. L'ennemi avoit sa droite à Oisy, et sa gauche à l'Escaut. Il ne se trouvoit entre nous qu'une plaine de deux lieues, sans qu'aucun ruisseau ni rivière pût empêcher une action générale ; et l'ennemi avoit d'autant plus de raison de la désirer que j'étois affoibli par plusieurs détachemens et notamment par celui du comte d'Estaing, qui ne pouvoit me rejoindre de deux jours. Je me plaçai de manière que je pouvois marcher mille pas en avant sans perdre l'avantage de mon poste, qui étoit uniquement d'avoir mes flancs appuyés. L'ennemi étant plus fort n'avoit pas besoin de ces précautions, et on ne doutoit ni dans leur armée ni dans la nôtre qu'il n'y eût une bataille : aussi a-t-on su depuis que Cadogan et Quesboga, celui des députés des Etats qui les représentoit à l'armée, avoient fort pressé Marlborough de la donner, et qu'ils furent très-étonnés de lui trouver une sagesse qu'ils désapprouvoient. Ils avoient même marqué un camp près de Cambray.

Il y eut le 7 une pluie très-forte, et l'on attribua leur inaction à cette pluie, aussi bien qu'au dessein de se faire joindre par des corps de troupes qui étoient restés vers Douay ; mais la nuit leur armée passa l'Escaut, sans qu'on en eût le moindre avis. Dans le moment je fis travailler à des ponts sur la Sausée, qui ne purent être achevés que le 8 au soir. Je fis passer une tête et occuper une hauteur, puis travailler à établir une communication avec Bouchain au travers des marais : on en pratiqua même deux, et je fis entrer en cette place huit cents grenadiers, deux régimens de dragons, dont on ôta les chevaux, commandés par d'excellens officiers. J'y mis aussi de l'argent, des munitions, et tout ce qui étoit nécessaire pour une longue résistance.

Le premier soin des ennemis fut d'établir des ponts sur l'Escaut, et le mien de m'opposer à leur passage. Je fis marcher pour cela sur Denain le comte de Broglie avec un corps considérable : mais les ponts qu'il avoit fallu faire sur la Sausée pour passer ce corps nous avoient pris trop de temps, et le comte trouva une partie de leur armée en deçà de l'Escaut, et déjà couverte ; de sorte que je n'eus d'autre parti à prendre que de retrancher diligemment la hauteur qui est sur le village de Marquette, et dont le canon pouvoit croiser celui de Bouchain.

A la pointe du jour du 10, le comte d'Albergotti, qui commandoit sur cette hauteur, me manda que les ennemis marchoient à ses retranchemens. Je priai le maréchal de Montesquiou de courir à son secours avec soixante bataillons ; et moi, avec le reste de l'armée, je passai l'Escaut sur quatre ponts déjà faits : je marchai à l'armée ennemie, qui étoit entre Bouchain et moi, avec une si prodigieuse diligence, que j'arrivai sur la ravine de Nou, et commençai à m'étendre sur celle de Huy au moment que les troupes ennemies, ayant fait la prière, se disposoient à l'assaut, et que les grenadiers marchoient déjà aux retranchemens. A cet instant, le général qui commandoit la circonvallation de Bouchain fit tirer trois coups de canon, et aussitôt Marlborough retira ses troupes, et reprit à toutes jambes le chemin de sa circonvallation. Comme les ravines que j'avois à passer étoient très-difficiles, je vis bien qu'il se mettroit en sûreté plus de deux heures avant que je pusse l'attaquer : c'est pourquoi je me retirai, assez content d'avoir rompu le dessein qu'il avoit contre la hauteur retranchée, et je repris avec vivacité le travail pour la communication par les marais.

Elles étoient bien longues à faire, et difficiles. Les ennemis les troubloient le plus qu'il leur étoit possible par un très-grand feu de canon qui nous emporta plusieurs officiers. Je courus aussi quelques risques en allant reconnoître les travaux que les ennemis faisoient en deçà de l'Escaut. Les carabiniers qui m'escortoient furent poussés par un corps de cavalerie : ils retournèrent, et battirent les premières troupes ; mais les ayant poursuivies trop loin, ils furent ramenés, et firent un assez grosse perte.

Ce ne fut pas là mon seul malheur. J'allai le 18 visiter la communication : je la trouvai bien établie à travers les marais couverts d'eau, défendue dans toute sa longueur par un large fossé aussi plein d'eau, surmontée d'un parapet de fascines, derrière lequel on pouvoit mettre trois rangs de fusiliers. Bien content de cette disposition, j'y fis entrer des détachemens, et plaçai sur le bord du marais un gros corps pour le soutenir, et deux officiers généraux pour y veiller.

A peine les avois-je quittés, qu'on vint me dire que la chaussée étoit perdue : cinquante hommes envoyés pour reconnaître s'approchèrent, partie en marchant, partie en nageant. Ils tirèrent quelques coups de fusil. Les officiers généraux crurent qu'ils étoient en bien plus grand nombre. Ils rappelèrent nos troupes sans m'avertir, et les autres s'y établirent sur-le-champ sous la protection de leur feu, de manière à n'en pouvoir être chassés. J'en fus outré de douleur : cette communication m'auroit donné moyen de soutenir Bouchain par des secours continuels, et en auroit empêché le prise. On vit depuis, dans les gazettes de Hollande, qu'ils étoient persuadés que cinquante hommes pouvoient soutenir cette chaussée contre quatre mille, et quatre mille la cédèrent à cinquante.

Je tâchai de remédier à ce malheur en faisant travailler à cinq ou six redans qui, protégés par le feu de la hauteur retranchée, et par celui de Bouchain, auroient pu se soutenir si on avoit eu le temps de les achever : mais sitôt que l'ennemi s'en aperçut, il fit avancer une partie de son armée, qui détruisit ce qui étoit commencé ; et je ne pus l'empêcher, parce qu'elle étoit couverte par le marais de Marquette. Cette position me mettoit aussi dans l'impossibilité de chercher une bataille sans de trop gros risques, parce qu'il auroit fallu pour les attaquer passer sous le feu de leur canon, qui étoit au-delà des marais. C'est ce que j'envoyai expliquer au Roi par Contades, major général de l'armée, esprit net, qui s'expliquoit très-clairement et très-facilement.

Je n'avois donc plus d'espérance que dans la défense de la garnison de Bouchain, qui étoit bien composée, mais aussi qui fut attaquée vigoureusement le 30 août avec cinquante pièces de canon et trente mortiers. Le 31, je fis les dispositions nécessaires pour attaquer un camp que l'ennemi avoit à Hourdain, sur le bord du marais, fort près de Bouchain. Il falloit passer l'Escaut sur des ponts qu'on ne put jeter qu'au-dessus d'Etrun ; et encore pendant la nuit, afin de cacher ce dessein aux ennemis avec une extrême précaution, parce que la moindre démonstration le rendoit impossible. Je menai de jour les officiers généraux et les brigadiers d'infanterie qui devoient commander les quatre détachemens, pour leur marquer sur place ce qu'ils devoient faire la nuit. Les commandans étoient le comte de Château-Morand, les marquis de Montgon, de Soyecourt et de Fénelon, qui avoient chacun cinq cents hommes sous leurs ordres. Le silence fut si bien gardé pendant la marche, qu'ils arrivèrent sur les faisceaux des ennemis dans le moment que les sentinelles crioient : *Qui vive ?* Quatre bataillons qui étoient dans ce camp furent entièrement défaits. Entre les prisonniers se trouva celui qui les commandoit, nommé Boorch, qu'on a vu depuis l'un des principaux ministres du roi de Prusse. D'Aubigny et Livry, brigadiers d'infanterie, destinés à l'attaque des ponts d'Etrun, réussirent de même, et l'affaire finit à la pointe du jour, qui fit voir l'armée entière des ennemis marchant sur Hourdain ; mais nos troupes repassèrent l'Escaut avant qu'on pût les atteindre. J'avois ordonné que les premiers détachemens qui perceroient se rabatissent sur la communication dont j'ai parlé, qui aboutissoit à Hourdain, et tâchassent de la prendre à revers ; mais je l'avois ordonné plutôt pour ne rien négliger, que dans l'espérance de réussir : les troupes étoient trop fatiguées, trop harassées, pour tenter encore cette expédition, et je trouvai que c'étoit avoir assez fait que d'enlever un camp sous le mousquet des retranchemens des ennemis, ayant à passer l'Escaut sous le feu de leur camp. Le même jour, je fis attaquer un fourrage par M. de Coigny, qui prit un grand nombre de cavaliers, de chevaux, et, outre plusieurs officiers, deux généraux qui commandoient. Dans ces deux actions, on prit douze drapeaux et étendards : mais je ne voulus point envoyer d'officiers porter ces nouvelles, ne trouvant pas qu'il convint de faire parade de quelque avantage lorsqu'on alloit prendre Bouchain sous mes yeux.

Je perdis dans ce temps le maréchal de Boufflers, mon ami, celui qui me défendoit à la cour contre les critiques et la jalousie. Il laissoit vacante une charge de capitaine des gardes du corps. Le Roi destinoit ordinairement ces sortes de places aux maréchaux de France qui étoient à la tête de ses armées : à ce titre, j'y avois autant de droit qu'un autre. Madame la maréchale me pressa de la demander, et madame de Maintenon me fit entendre que je l'obtiendrois. Mais l'assiduité qu'exige cette charge m'effrayoit : je savois bien que le privilége qu'elle donne de suivre le Roi partout, même quand on n'est pas de quartier, donne de grands avantages ; que ne pas rechercher cet honneur, c'étoit peut-être s'exposer à ne lui être pas agréable : mais aussi en profiter c'est n'être plus à soi-même, état fâcheux pour un homme ennemi de toute contrainte. Ainsi, après y avoir sérieusement réfléchi, je me donnai l'exclusion, sous prétexte que l'incommodité de ma blessure m'empêcheroit de suivre le Roi ; et Sa Majesté ne m'en sut pas mauvais gré.

Pendant que toute l'attention des ennemis se tournoit sur Bouchain, divers ingénieurs et officiers, qui connoissoient parfaitement la ville de Douay, me présentèrent un moyen de la surprendre ; et le marquis d'Albergotti lui-même, qui l'avoit défendue, y trouva de la possibilité. Le nommé Dulimon, bon partisan, devoit, avec plusieurs petits bateaux, s'approcher d'une muraille assez basse, mon frère le soutenoit avec des détachemens de grenadiers, et je m'étois avancé avec un corps de cavalerie pour fondre dans la place sitôt que Dumilon m'en auroit ouvert une porte. Mais ses bateaux furent découverts, et l'entreprise manqua.

Elle m'auroit dédommagé de la perte de Bouchain, qui arriva le 12 septembre ; et non-seulement nous perdîmes la ville, mais la garnison fut faite prisonnière de guerre par un malentendu qui ne fait pas honneur à la bonne foi des ennemis, et qui, à la vérité, étoit une faute du commandant de la place. Il livra une porte sur la simple parole de l'officier ennemi qui commandoit à la tranchée, et sans avoir de capitulation signée. On prétendit que la garnison étoit prisonnière de guerre. Le gouverneur en appela au témoignage de l'officier, qui avoit promis capitulation : celui-ci en convint, et le déclara publiquement en présence de ses propres troupes et de la garnison lorsqu'elle sortit, et qu'il l'avoit fait par ordre du général Fagel, qui commandoit le siége. J'en écrivis vertement à milord Marlborough, qui me renvoya au général Fagel, et le général désavoua l'officier. Il n'en fut que cela, et nos troupes restèrent prisonnières.

Il faut avouer que la fin de cette campagne fut misérable : l'indolence, la lassitude, le dégoût avoient pris la place de la fermeté et du courage. Je ne trouvois plus le caractère national. Il n'y eut que le comte de Saillant qui me proposa de faire par derrière les ennemis, avec le colonel Dumoulin, une course dans des pays qui n'avoient pas encore été soumis à contribution. Ils les y établirent heureusement, et leur firent connoître que les Français existoient encore. L'activité n'étoit guère plus grande chez les alliés. La prise de Bouchain fut le terme de leurs exploits : ils finirent la campagne au commencement d'octobre, lorsque le beau temps permettoit encore quelques expéditions à une armée si nombreuse. Peut-être cet engourdissement presque général venoit-il des bruits de paix qui se répandoient, et que les Anglais et les Hollandais, fatigués d'une guerre ruineuse qui ne leur produisoit rien, désiroient autant que nous. Elle se traitoit réellement à Londres, où les préliminaires furent signés dans la fin de ce même mois d'octobre. Les armées étoient séparées. Quand j'arrivai à Versailles, le Roi me dit : « Vous » nous avez bien pressés pour avoir la liberté de » combattre au commencement de la campagne. » Les négociations nous faisoient espérer la paix ; » mais si on vous avoit cru, nous ne nous serions » pas exposés à perdre Bouchain. » Ce mot me consola un peu (1).

[1712] L'année 1712 commença sous les auspices les plus fâcheux : le père, la mère, un enfant enlevés en huit jours par une rougeole très-maligne, et enfermés dans le même cercueil. Le duc d'Anjou, qui est actuellement notre roi, ne

---

(1) On lit dans le journal de Verdun, au mois de décembre 1711, page 418, ces paroles : « Le Roi a parfai- » tement bien reçu le maréchal de Villars... On écrit de » Paris que ce monarque lui dit, en présence de tous les » courtisans qui étoient dans sa chambre : *Je suis très-* » *content de vous, puisque pendant tout le cours de la* » *campagne vous n'avez fait qu'exécuter mes ordres. Il y* » *a ici bien des clabaudeurs, dont je ne fais nul cas. Mé-* » *prisez tout ce qu'ils disent, et jouissez de ses propres tranquillité* » *parfaite. Vous n'êtes comptable qu'à moi de vos ac-* » *tions.* » (A.)

fut sauvé que parce qu'on lui fît moins de remède qu'aux autres. Le Roi supporta ces malheurs avec un courage héroïque, donnant lui-même les ordres, et réglant le cérémonial, qui dans les cours, et surtout en France, est une affaire d'État; mais la première fois que j'eus l'honneur de le voir à Marly après ces fâcheux événemens, la fermeté du monarque fit place à la sensibilité de l'homme : il laissa échapper des larmes, et me dit, d'un ton pénétré qui m'attendrit : « Vous voyez mon état, monsieur le maré» chal. Il y a peu d'exemples de ce qui m'arrive, » et que l'on perde dans la même semaine son » petit-fils, sa petite-belle-fille et leur fils, tous de » très-grande espérance, et très-tendrement ai» més. Dieu me punit : je l'ai bien mérité. J'en » souffrirai moins dans l'autre monde. Mais sus» pendons mes douleurs sur les malheurs do» mestiques, et voyons ce qui peut se faire pour » prévenir ceux du royaume.

» La confiance que j'ai en vous est bien mar» quée, puisque je vous remets les forces et le »"salut de l'État. Je connois votre zèle, et la » valeur de mes troupes; mais enfin la fortune » peut vous être contraire. S'il arrivoit ce mal» heur à l'armée que vous commandez, quel se» roit votre sentiment sur le parti que j'aurois à » prendre pour ma personne? » A une question aussi grave et aussi importante, je demeurai quelques momens dans le silence; sur quoi le Roi reprit la parole, et dit : « Je ne suis pas » étonné que vous ne répondiez pas bien promp» tement; mais, en attendant que vous me disiez » votre pensée, je vous apprendrai la mienne.
» — Votre Majesté, répondis-je, me soulagera » beaucoup. La matière mérite de la délibéra» tion, et il n'est pas étonnant que l'on demande » permission d'y rêver. — Hé bien, reprit le » Roi, voici ce que je pense; vous me direz après » cela votre sentiment.

» Je sais les raisonnemens des courtisans : » presque tous veulent que je me retire à Blois, » et que je n'attende pas que l'armée ennemie » s'approche de Paris; ce qui lui seroit possible » si la mienne étoit battue. Pour moi, je sais » que des armées aussi considérables ne sont ja» mais assez défaites pour que la plus grande » partie de la mienne ne pût se retirer sur la » Somme. Je connois cette rivière : elle est très» difficile à passer; il y a des places qu'on peut » rendre bonnes. Je compterois aller à Péronne » ou à Saint-Quentin y ramasser tout ce que » j'aurois de troupes, faire un dernier effort » avec vous, et périr ensemble, ou sauver l'État; » car je ne consentirai jamais à laisser approcher » l'ennemi de ma capitale. Voilà comme je rai-

» sonne : dites-moi présentement votre avis.
» Certainement, répondis-je, Votre Majesté » m'a bien soulagé; car un bon serviteur a quel» que peine à conseiller au plus grand roi du » monde de venir exposer sa personne. Cepen» dant j'avoue, Sire, que, connoissant l'ardeur » de Votre Majesté pour la gloire, et ayant déjà » été dépositaire de ses résolutions héroïques » dans des momens moins critiques, j'aurois pris » le parti de lui dire que les partis les plus glo» rieux sont aussi souvent les plus sages, et que » je n'en vois pas de plus noble pour un roi, » aussi grand homme que grand roi, que celui » auquel Votre Majesté est disposée : mais j'es» père que Dieu nous fera la grâce de n'avoir » pas à craindre de telles extrémités, et qu'il bé» nira enfin la justice, la piété, et les autres ver» tus qui règnent dans vos actions. » Sans doute ce qui faisoit prendre d'avance au Roi cette résolution pour ainsi dire désespérée, c'étoit l'incertitude du succès des négociations entamées au congrès d'Utrecht.

On avoit tout lieu d'appréhender qu'elles ne réussissent pas, parce que, des puissances liguées, il n'y avoit guère que l'Angleterre qui se portât de bonne foi à la paix. On attribua le changement dans le système politique de ce royaume à la disgrâce de milord Marlborough, qui, par intrigue de cour, fut privé du commandement des armées, et de tous ses emplois. Cette disgrâce peut avoir contribué à avancer la paix; mais je crois que ce qui en inspira le désir aux Anglais, c'est qu'ils avoient tiré de la guerre de la succession tous les avantages qu'ils pouvoient désirer : ils se trouvoient, par la prise de Minorque et de Gibraltar, maîtres du commerce du Levant, de beaux établissemens dans les Antilles, des forteresses et des comptoirs en grand nombre dans l'Inde. Ils songèrent sans doute qu'il étoit temps de s'assurer par un bon traité des dépouilles qu'ils avoient arrachées à la succession dont rien ne leur appartenoit, et de laquelle ils n'auroient rien séparé s'ils n'avoient trouvé moyen de brouiller les héritiers, et de leur enlever, sous prétexte de secours, des établissemens utiles, qu'ils gardèrent; et quand ils eurent ce qu'ils prétendoient, ils abandonnèrent les autres.

Mais pendant qu'on discutoit ces intérêts à Utrecht, les armées de Flandre s'ébranlèrent. Sur un mouvement que les ennemis firent en avant, le maréchal de Montesquiou plaça le 10 avril l'armée du Roi derrière la Scarpe et la Sausée. Le 19, la maison du Roi partit pour se rendre sur la Somme, et le 20 j'arrivai à Péronne. J'y appris que les alliés mettoient cent quatre-vingts bataillons en campagne, pendant que j'en avois tout au plus cent quarante. Ils faisoient marcher avec eux cent trente pièces de canon, et je ne m'en trouvois que trente, que j'aurois même été obligé de laisser en arrière, si je ne m'étois servi des chevaux des vivres : d'ailleurs mes subsistances n'étoient rien moins qu'assurées; elles ne me venoient que journellement, et petit à petit. J'étois obligé de tenir la cavalerie séparée et éloignée, de peur qu'elle ne s'affamât. Au contraire, les ennemis avoient tout sous la main et autour d'eux : leurs provisions étoient immenses, et ils se faisoient suivre par tous les chariots du pays, outre leurs caissons. Il est clair qu'avec ces précautions ils pouvoient tout entreprendre, et que j'étois réduit à une défensive très-inégale.

C'est apparemment cette position critique qui faisoit enfanter tant de projets qu'on envoyoit à la cour, souvent à mon insu. M. le maréchal de Montesquiou m'en communiqua un qui n'entroit guère dans mes vues, mais que je fis passer au Roi, par déférence pour l'avis d'un confrère (1) : c'étoit de faire une ligne depuis la tête de l'Escaut jusqu'à la Somme, vers Saint-Quentin. Je n'avois garde d'adopter un projet qui alloit à marquer aux ennemis que, content de sauver la Picardie, on leur abandonnoit la Champagne; d'ailleurs, outre que ce parti étoit dangereux pour l'État, il me paroissoit honteux pour la gloire de nos armes, dans un temps surtout où la négociation avec l'Angleterre avançoit, et donnoit des espérances. Aussi, par le même courrier qui portoit le projet au Roi, je lui écrivois qu'après avoir étudié avec une grande application les différens partis, je n'en trouvois pas de meilleur que de défendre l'Escaut jusqu'à sa source, et de donner bataille si l'ennemi, tournant la tête de cette rivière, marchoit dans les plaines qui sont entre le Catelet et Saint-Quentin.

Le prince Eugène paroissoit chercher une action, et il devoit la désirer, parce qu'il ne pouvoit ignorer les termes dans lesquels nous en étions avec les Anglais, et que peut-être bientôt leurs troupes lui manqueroient : elles étoient commandées, depuis la disgrâce de Marlborough, par le duc d'Ormond, général vif et avide de gloire, dont le prince tâchoit encore d'enflammer l'ardeur; mais il étoit retenu par les ordres de sa cour, qui ne vouloit pas qu'on hasardât rien à la veille d'un traité prêt à conclure.

En effet, le 25 mai je reçus un courrier du Roi, qui me mandoit, en m'ordonnant le plus grand secret, que la reine d'Angleterre défendoit au duc d'Ormond d'agir contre nous. Sous prétexte d'échanger le marquis d'Alègre, prisonnier en Angleterre, j'écrivis sur-le-champ au duc, pour savoir si les seuls Anglais nationaux resteroient dans l'inaction, ou bien toutes les troupes étrangères à la solde d'Angleterre : ce qui faisoit une grande différence, puisqu'il n'y avoit que dix-huit bataillons et seize escadrons anglais, et que les troupes que l'Angleterre soudoyoit faisoient plus de cinquante mille hommes. Le duc d'Ormond ne me répondit pas clairement, parce qu'apparemment il n'étoit pas encore sûr de l'état des choses.

Toute l'armée ennemie étoit alors en deçà de l'Escaut, sa droite à Bouchain, et sa gauche vers le Cateau-Cambresis, occupant cinq lieues d'étendue en front de bandière, les Anglais avec eux, sans qu'ils montrassent encore dessein de s'en séparer. Je portai mon centre à Cambray, et j'avançai le comte de Coigny avec un corps de dragons à Honnecourt. J'eus le 28 des avis des mouvemens des ennemis, bien différens entre eux : les uns portoient qu'un corps considérable étoit déjà campé dans la trouée des bois de Bohain; les autres, qu'ils avoient fait marcher des troupes pour investir le Quesnoy. Je mandai au Roi, sans hésiter, que s'ils marchoient vers les plaines de Saint-Quentin, je suivrois ma première résolution de les combattre; que s'ils faisoient le siége du Quesnoy en gardant la position où ils étoient, je les combattrois encore; mais qu'il y avoit apparence qu'ils se placeroient derrière l'Escaillon, poste très-assuré, pour faire le siége du Quesnoy sans être inquiétés.

Je fus informé le 29 que les généraux Cadogan et Top avoient été la veille au-delà des bois de Bohain visiter les lieux où on pouvoit combattre, comme j'y avois été moi-même quelques jours auparavant. Tous les ordres furent donnés à leur armée, et elle demeura sous les armes, et prête à marcher, jusqu'à quatre heures après midi. Huit mille grenadiers avoient déjà occupé la tête des bois. Le prince Eugène, comme on l'apprit depuis, étoit persuadé qu'en faisant ses dispositions comme pour un parti pris, il entraîneroit le duc d'Ormond; mais celui-ci avoit reçu la veille, de sa cour, défense expresse de combattre. Il fut obligé de montrer ses ordres au prince; et afin que celui-ci ne fût

---

(1) Il est singulier que le maréchal de Villars, qui faisoit si volontiers l'éloge du comte d'Artagnan avant qu'il fût maréchal de France sous le nom de Montesquiou, n'en parle plus depuis ce temps que rarement et froidement, tant dans ses lettres que dans ses Mémoires, quoiqu'ils aient presque toujours commandé ensemble. (A.)

pas tenté de les contredire, le général anglais fit desseller la cavalerie de la gauche qu'il commandoit, et l'envoya au fourrage. Ce dessein rompu, les ennemis se déterminèrent au siége du Quesnoy, passèrent la Scille, et mirent l'Escaillon devant eux, pour assurer leur siége.

Je ne savois si les troupes d'Angleterre y étoient employées : je le demandai au duc d'Ormond, qui me répondit qu'il n'en avoit fourni aucune. « Mais, lui répliquai-je (1), je dois vous
» demander encore un éclaircissement qui est de
» savoir si toutes les troupes qui sont à vos or-
» dres ne s'opposeroient pas aux entreprises que
» l'armée du Roi tentera certainement sur celles
» du prince Eugène, s'il veut continuer le siége
» du Quesnoy. Je n'attends que la réponse, que
» je vous supplie ; monsieur, de vouloir bien me
» donner positivement sur cela, pour me mettre
» en mouvement. Vous comprendrez aisément,
» monsieur, que le Roi voyant l'armée du prince
» Eugène entreprendre un siége, et sachant que
» celle qui est à vos ordres ne doit agir directe-
» ment ni indirectement contre celle que j'ai
» l'honneur de commander, il me sauroit très-
» mauvais gré de me tenir dans l'inaction. Je
» vous supplie, monsieur, que la réponse que
» vous me ferez sur cela ne me laisse aucun
» doute. »

En conséquence de ma demande, le duc d'Ormond parla aux officiers généraux qui commandoient les troupes à la solde de l'Angleterre, pour les engager à la suspension d'armes que la Reine sa maîtresse avoit résolue ; mais ils répondirent tous qu'ils étoient aux ordres de M. le prince Eugène, jusqu'à ce qu'ils en reçussent de contraires de leurs maîtres. C'étoit moins l'obéissance qui les retenoit que l'intérêt ; et par ce principe il étoit naturel que, voyant la fin de leurs subsistances dans la fin de la guerre, elles fussent plus disposées à suivre les ordres de ceux qui leur faisoient espérer une continuation de solde. Or c'est ce que leur assuroient les députés de Hollande, qui promettoient que, malgré ce qu'ils appeloient la défection des Anglais, ils ne laisseroient pas de soutenir la guerre. Le duc d'Ormond envoya un courrier à la reine d'Angleterre pour lui faire part de la résolution de ses troupes, et en même temps de l'embarras où elles le mettoient pour la conduite qu'il devoit tenir avec moi, parce que s'il ne devoit pas souffrir que j'attaquasse les alliés tant qu'il resteroit avec eux, c'étoit leur assurer le Quesnoy, sans que je pusse y mettre obstacle.

Mais cet inconvénient ne l'embarrassa pas

(1) Lettre au duc d'Ormond, du 11 juin. (A.)

long-temps : la place se rendit honteusement le 3 juillet, la garnison prisonnière de guerre, quoiqu'elle eût encore deux fossés et une demi-lune très-entiers. J'y avois pourtant mis douze bataillons, deux régiments de dragons, des provisions pour long-temps de toute espèce, et un maréchal de camp auquel j'avois cru devoir prendre confiance par une grande réputation de valeur. Je lui dis même que la conduite du gouverneur dans la défense d'une autre place m'en faisant craindre une très-foible, je le priois de prendre l'autorité et de s'opposer à une reddition trop prompte, s'il en croyoit le gouverneur capable. Je recommandai la même chose à un brigadier d'infanterie connu jusqu'alors pour un homme très-ferme, que j'y mis exprès ; et ces deux officiers généraux ne firent pas plus de difficulté que les autres de signer une capitulation si honteuse.

J'eus encore un autre chagrin : c'est que, malgré les mesures que j'avois prises pour couvrir la frontière avec des corps de troupes considérables, commandés par deux lieutenans généraux, un corps ennemi de douze cents chevaux perça leurs lignes, traversa la Champagne et les Évêchés, et se retira en passant la Moselle et la Sarre sans nul obstacle. Tout le monde courut après, et ne put le couper ni le joindre : rien n'étoit cependant plus facile ; mais il ne fut pas jugé tel par ceux qui commandoient, et ils laissèrent maladroitement porter l'alarme jusqu'à Paris. Alors aussi commmencèrent nos sacrifices pour la paix. Je reçus ordre le 5 juillet de faire remettre la ville et citadelle de Dunkerque aux Anglais, qui le 17 se mirent en marche pour s'éloigner de l'armée de la ligue ; mais le duc d'Ormond ne put emmener avec lui d'étrangers que le régiment liégeois de Walef dragons. Ainsi les confédérés ne se trouvèrent affoiblis que de dix-huit bataillons, et de deux mille chevaux anglais nationaux.

Le même jour, l'armée ennemie passa l'Escaillon, et se plaça le long de la rivière de Seille. Le prince Eugène avoit promis aux États-Généraux de combattre. Il sembloit par cette marche qu'il en cherchoit l'occasion : je la désirois peut-être plus que lui. Le 18, à la pointe du jour, je fis battre la générale, et mis l'armée au-delà de l'Escaut, laissant la plaine libre entre lui et moi ; mais, au lieu de profiter tant de cette liberté que de la supériorité de ses forces pour m'attaquer, le prince s'étendit dans son terrain, et sa gauche investit Landrecies.

Il y avoit trois partis à prendre pour secourir cette ville : d'empêcher la circonvallation, ou de la détruire si elle étoit faite ; de battre l'armée d'observation; ou enfin de forcer le camp retranché de Denain, sur l'Escaut, qui servoit aux ennemis de communication avec Marchiennes, d'où ils tiroient les provisions de guerre et de bouche nécessaires à la continuation du siége. Le 20, j'allai reconnoître l'armée et trouvai qu'étant placée entre la Sambre et l'Escaut, couverte en front par la Seille, on ne pouvoit l'attaquer qu'avec un très-grand désavantage. J'allai le 21 examiner les lignes de circonvallation : je vis qu'on y travailloit avec la plus grande vivacité, et qu'elles étoient déjà trop avancées pour qu'on pût les troubler avec succès. Je me déterminai donc à l'attaque de Denain, que le maréchal de Montesquiou m'avoit proposée, et dont nous concertâmes ensemble les opérations. Nous n'appelâmes à notre conseil que les officiers de détail qui nous étoient absolument nécessaires : Contades, Puysegur, Beaujeu, Monteveil et Bongard. Le succès dépendoit de tromper si bien le prince Eugène, qu'il crût que nous en voulions à la circonvallation, et qu'il rapprochât ses principales forces de Landrecies, pendant que nous porterions toutes les nôtres sur Denain; et non-seulement de tromper le prince Eugène et son armée, mais encore la nôtre, et même les officiers généraux, qui ne seroient désabusés qu'au moment de l'exécution.

Tout se fit comme nous l'avions réglé. Je me contentai d'étendre nos hussards sur les avenues de Bouchain et sur les bords de la Seille, afin qu'aucun déserteur ne pût passer du côté des ennemis, et nul d'entre eux du nôtre; et je fis en sorte qu'il parût que toute mon attention se portoit sur Landrecies. J'envoyai le comte de Coigny préparer les ponts sur la Sambre; je lui dis de se pourvoir d'un grand nombre de fascines, et de les faire porter le plus près de la circonvallation qu'il seroit possible, afin qu'on les trouvât sous sa main quand on voudroit attaquer. « Partez, lui dis-je, allez à toutes jambes, afin » que ces préparatifs ne souffrent aucun retard. » Moyennant ces soins, et d'autres rendus très-publics, l'opinion s'établit dans l'armée que nous devions certainement attaquer le siége, ou l'armée d'observation ; et j'eus le plaisir de voir que le prince Eugène rapprochoit la plus grande partie de son infanterie sur ces points, et affoiblissoit d'autant sa communication avec Marchiennes.

Le 23, sur les cinq heures du soir, les marquis d'Albergotti et de Bouzoles, lieutenans généraux, se rendirent chez moi; et le premier me dit que l'honneur qu'il avoit de commander l'infanterie l'obligeoit de me représenter que j'allois tenter une entreprise trop dangereuse; que s'il en croyoit le succès possible, le bonheur qu'il auroit d'avoir une grande part à cette action le porteroit à la désirer ardemment; mais qu'il ne pouvoit croire qu'elle pût réussir. Je lui répondis seulement : « Allez vous reposer quelques » heures, monsieur d'Albergotti. Demain, à trois » heures du matin, vous saurez si les retran- » chemens des ennemis sont aussi bons que vous » les croyez. » Je lui donnai, ainsi qu'à tous les autres officiers, ordre de se trouver avant la fin de la nuit à la tête de leurs lignes, et pour unique commandement de faire ce qui leur seroit dit par les officiers de détail que je leur enverrois.

Au jour tombant, le marquis de Vieux-Pont marcha sur l'Escaut avec trente bataillons, et les pontons qu'il devoit jeter en arrivant, à quelque heure que ce fût. Le comte de Broglie, avec trente escadrons, marcha le long de la Seille, en s'approchant de l'Escaut : en même temps je sortis de mon quartier, et les officiers de détail allèrent porter les ordres aux première et seconde lignes de cavalerie de la droite et de la gauche, et de l'infanterie. La persuasion de la marche sur Landrecies étoit si forte par toute l'armée, que lorsqu'ils dirent aux lieutenans généraux qui commandoient les ailes de faire marcher la droite pour retourner en arrière, plusieurs hésitèrent quelques momens : à la fin tout s'ébranla. A la pointe du jour, comme j'étois à deux lieues de l'Escaut, le marquis de Vieux-Pont me manda qu'il étoit découvert, et me pria de lui faire savoir ce qu'il falloit faire. Puysegur proposa de marquer le camp dans l'endroit où l'on étoit. « A quoi diable songez-vous? lui ré- » pondis-je; avançons ! » Et en même temps j'envoyai des officiers au grand galop dire à Vieux-Pont de jeter ses ponts, et moi-même je me mis dans ma chaise de poste pour aller plus vite.

Quand j'arrivai à l'Escaut, je trouvai plusieurs bateaux déjà posés, et nulle opposition de la part de l'ennemi. « Puisque j'en ai le temps, » dis-je, buvons deux coups. » Je me fis attacher un buffle, la seule arme défensive dont je me servois quelquefois, et je passai l'Escaut, faisant avancer un maréchal des logis et dix cavaliers devant moi. Je trouvai au-delà un marais fâcheux; ce qui me fit craindre que le peu d'obstacles que j'avois trouvés de la part des ennemis à mes ponts ne vînt de la confiance qu'ils avoient à ce marais. J'ordonnai à la colonne qui passoit sur les ponts de la droite de suivre une chaussée qui menoit à une cense à deux cents pas de là, et qui, selon les apparences, tenoit à la terre ferme. Je me mis en même temps à la tête de la brigade de Navarre ; et, quoique bien monté sur un très-grand cheval, j'eus de la peine à passer. Les soldats de Navarre, dans l'eau et la boue jusqu'à la ceinture, me suivirent avec leur ardeur ordinaire.

La colonne de la droite suivant la chaussée ne trouva aucune difficulté, et l'on arriva ensemble à ces lignes que les ennemis appeloient *le chemin de Paris*. C'étoit une double ligne au milieu de laquelle passoient les convois qui venoient de Marchiennes, et elles aboutissoient au camp retranché de Denain. Cette double ligne étoit défendue par plusieurs redoutes, qui furent emportées sans peine; et je fis mettre mon infanterie en bataille dans le terrain qui étoit entre ces deux lignes.

Mais ne voyant pas arriver l'armée ennemie, que nos mouvemens auroient dû attirer sur l'Escaut, je craignis que le prince Eugène ne prît le parti de tomber sur mon arrière-garde. Je retournai donc à toutes jambes à mes ponts, et j'envoyai ordre à tous les officiers généraux qui commandoient les troupes qui n'avoient pas encore passé l'Escaut, au lieu de suivre en colonnes, de marcher en bataille, et d'entrer dans les anciennes lignes que les ennemis avoient faites autour de Bouchain, afin que si le prince Eugène vouloit marcher à cette partie de l'armée, il la trouvât placée et retranchée.

Je retournai aussitôt à mon infanterie, qui s'étoit mise en bataille : mais, au moment que je la joignois, je vis l'armée ennemie qui couroit sur l'Escaut en plusieurs colonnes. Le marquis d'Albergotti vint me proposer de faire des fascines pour combler les retranchemens de Denain : « Croyez-vous, répondis-je en lui montrant l'ar-
» mée ennemie, que ces messieurs nous en don-
» nent le temps? Nos fascines seront les corps
» des premiers de nos gens qui tomberont dans
» le fossé. »

Il n'y avoit pas un instant, pas une minute à perdre. Je fis marcher mon infanterie sur quatre lignes, dans le plus bel ordre. Mon canon tiroit de temps en temps, mais avec le peu d'effet d'une artillerie qui tire en marchant : celle des ennemis faisoit de fréquentes salves. Quand notre première ligne fut à cinquante pas des retranchemens, il en partit un très-grand feu, qui ne causa pas le moindre désordre dans nos troupes. Lorsqu'elles furent à vingt pas, le feu redoubla. Deux seuls bataillons firent un coude ; le reste marcha avec le même ordre, descendit dans le fossé, et emporta le retranchement avec une grande valeur. Il n'y eut de colonel tué que le marquis de Tourville, jeune homme d'une très-grande espérance.

J'entrai dans le retranchement à la tête des troupes ; et je n'avois pas fait vingt pas, que le duc d'Albermale et six ou sept lieutenans généraux de l'Empereur se trouvèrent aux pieds de mon cheval. Je les priai d'excuser si les affaires présentes ne me permettoient pas toute la politesse que je leur devois ; mais que la première étoit de pourvoir à la sûreté de leurs personnes. J'en chargeai des officiers de considération ; et appelant le comte de Broglie : « Comte,
» lui dis-je, marchez à Marchiennes. » Je poursuivis ensuite les ennemis, qui ne songeoient qu'à fuir. Malheureusement pour eux, leurs ponts sur l'Escaut se rompirent par la multitude des chariots et la précipitation des fuyards, et les vingt-quatre bataillons qui défendoient les retranchemens furent entièrement pris ou tués.

La tête de l'armée du prince de Savoie arrivoit déjà sur l'Escaut, près d'un pont qui n'étoit pas rompu. Il fit quelques tentatives pour passer, et fit tuer sept à huit cents hommes assez inutilement ; car les troupes du Roi bordant cette rivière, il n'étoit pas possible aux ennemis de la repasser devant elles. Le comte de Dhona et plusieurs officiers principaux s'y noyèrent, et trois lieutenans généraux furent tués. Cette action si avantageuse ne nous coûta aucun officier de marque, et seulement à peu près cinq cents hommes, tant tués que blessés. La Scarpe étoit couverte d'un nombre infini de tartanes, balandres, et autres bâtimens chargés de provisions de toute espèce, entre autres de beaucoup de poudre. Les ennemis la firent jeter dans la rivière, qui en devint noire, et tous les poissons périrent : on les voyoit emporter morts par le courant.

J'envoyai, le jour même, le marquis de Nangis porter cette agréable nouvelle au Roi, dont l'inquiétude n'étoit pas médiocre, surtout augmentée par la terreur des courtisans. Le jour d'après, je lui envoyai plus de soixante drapeaux ; et ce fut Villars, mon parent, aide-major du régiment des gardes, qui les porta (1).

Je m'emparai le 26 de Saint-Amand, Morta-

---

(1) Sur le chemin de Paris à Valenciennes, à l'endroit où aboutit le chemin de Denain, est élevée une pyramide de trente pieds. Sur sa base on lit : *Denain*, 24 *juillet* 1712; et ces deux vers de Voltaire :

Regardez dans Denain l'audacieux Villars
Disputant le tonnerre à l'aigle des Césars.

Ce monument a été placé en 1781, par les soins de M. Senac de Meilhan, intendant de la province de Haynaut. (*Voyez* Journal de Paris, mercredi 26 décembre 1781.) Il seroit à souhaiter que messieurs les intendans eussent l'attention de perpétuer ainsi, chacun dans leurs départemens, par quelque monument public, la mémoire des événemens fameux. (A.)

gne, Hannon, et de tous les autres postes que les ennemis avoient sur la Scarpe jusqu'à Douay. On y fit autour de quinze cents prisonniers de guerre. Je réunis à mon armée la forte garnison que j'avois mise dans Valenciennes, et j'y appelai toutes celles qui étoient derrière moi, à Ypres et dans les villes maritimes, qui n'avoient plus rien à craindre des Anglais nationaux, et très-peu des mercenaires hollandais. Moyennant ces jonctions, je me trouvai pour la première fois une armée plus forte que celle des alliés.

Il me restoit Marchiennes à prendre, que j'avois envoyé, pendant l'action de Denain, masquer par le comte de Broglie. Les ennemis l'avoient fortifiée avec d'autant plus de soin, que c'étoit le dépôt de toutes les munitions de guerre et de bouche, le magasin de réserve d'où l'on tiroit les subsistances nécessaires pour les villes voisines, et une espèce de place d'armes où abordoient tous les grands bâteaux par l'Escaut, et entroient par la Scarpe. Je priai le maréchal de Montesquiou de se charger du siége, et j'y allois deux fois par jour. Il n'en dura que quatre. Cette ville se rendit le 30 : il s'y trouva quatre mille hommes d'infanterie et trois escadrons, qui furent faits prisonniers ; un nombre prodigieux de matelots anglais et hollandais, deux cents pièces de canon dans les bateaux, dont trente de vingt-quatre, avec leurs affûts tout neufs. J'envoyai le neveu du maréchal de Montesquiou en porter la nouvelle au Roi, et le sieur de Squiddy, mon capitaine des gardes, porter les drapeaux.

La rapidité et l'importance de ces conquêtes fit un grand effet à Utrecht. La morgue des ennemis baissa, et nos plénipotentiaires reprirent courage. J'allai, le premier août, reconnoître l'armée des ennemis, résolu de l'attaquer si elle vouloit continuer le siége de Landrecies. Je trouvai qu'elle commençoit à s'ébranler pour se rapprocher du Quesnoy, et que ses bagages tiroient vers Bavay, qui étoit le chemin de Mons. Je jugeai qu'elle pourroit me laisser faire tranquillement le siége de Douay si je le jugeois à propos, et je pris toujours, à tout événement, la précaution d'envoyer d'avance le comte de Broglie avec un gros corps de cavalerie devant cette place, pour empêcher le prince Eugène d'y jeter des troupes en se retirant.

Mais son dessein n'étoit pas de m'en tenir quitte à si bon marché. En abandonnant Landrecies, il approcha de Douay, que j'investissois. Comme il mettoit beaucoup de diligence dans sa marche, je n'en mis pas moins pour mettre en bon état les postes qui pouvoient assurer ma conquête. Le plus dangereux étoit celui de Belle-Fourrière, que le comte de Broglie, officier très-intelligent, avoit déjà reconnu, et sur lequel il m'avoit donné ses idées. C'étoit un terrain de près d'une demi-lieue, qui étoit au-delà de la rivière de Scarpe, et que l'armée ennemie pouvoit attaquer. J'y fis faire une bonne ligne, avec un avant-fossé perdu. Je coupai la rivière à Pont-à-Vache ; et faisant regonfler les eaux devant cette ligne, dès le premier jour elles remplirent l'avant-fossé. L'endroit le plus embarrassant après celui-là étoit le terrain entre Pont-à-Vache et le château de Lalain, parce qu'il y avoit si peu de terre entre la rivière et les marais, que les troupes pouvoient à peine y tenir : mais en y élevant un bon retranchement le long de la Scarpe, ce quartier pouvoit être mis en sûreté.

Je donnai ordre au marquis d'Albergotti, qui y commandoit, d'y faire travailler jour et nuit : j'allai moi-même visiter les bords de la Deule, et ensuite le ruisseau de Lens jusqu'au mont Saint-Éloy ; car l'ennemi n'attaquant pas les postes de Belle-Fourrière ou de Pont-à-Vache, n'avoit d'autre parti à prendre que d'aller passer la Deule au Pont-à-Vendin, et ensuite de revenir attaquer entre le mont Saint-Éloy et Lens : mais pour cela il falloit qu'il fît un grand tour, et j'aurois eu pour lors le temps de porter mon armée de ce côté-là, sans être inquiet pour mes autres quartiers. Pour assurer l'investiture, nous occupions près de vingt lieues d'étendue, c'est-à-dire depuis Marchiennes jusqu'à Saint-Éloy : mais la nature des lieux étoit très-favorable ; il n'y avoit réellement de dangereux que les deux quartiers dont j'ai parlé, et en les accommodant on pouvoit être tranquille.

Revenu de Saint-Éloy, et visitant les ouvrages que j'avois ordonnés la veille, je fus très-surpris que M. d'Albergotti eût employé les travailleurs dans les endroits peu importans, et qu'il eût négligé ceux qui lui avoient été le plus recommandés. Je le trouvai près du château de Lalain, avec le maréchal de Montesquiou et quelques autres officiers généraux, qui soutenoient que l'entreprise de Douay ne pouvoit réussir. Cette affectation de contrecarrer mes desseins, et surtout de ne pas faire ce que j'avois commandé, m'irrita. « Je n'y serai plus
» trompé, leur dis-je vivement ; car mon frère,
» Nangis et Contades se releveront, et ne quitteront pas l'ouvrage qu'il ne soit parfait ;
» quand je donne des ordres, je veux qu'on les
» suive. »

Je marchois seul ; et voyant derrière moi le

prince de Rohan qui venoit de quitter ces messieurs, je lui parlai de ma juste peine sur la négligence de ces officiers généraux. Il avoit été quelque temps en conversation avec eux; et, imbu de leurs mauvais discours, il me répondit : « La peine la plus grande est l'inutilité de toutes » celles que nous nous donnons; car on ne sau- » roit prendre Douay — Est-ce là, monsieur, » lui répondis-je en colère, ce que vous venez » d'apprendre de ces docteurs? Ils vous ont » inspiré une très-fausse doctrine. » En même temps je retournai sur mes pas, et poussai mon cheval vers eux. Me voyant revenir avec un geste animé, ils s'écartèrent, et rentrèrent dans les rues du camp. Je n'en fus pas fâché, et que leur retraite m'épargnât ce que j'aurois pu mettre de trop vif dans cette rencontre. Il paroit que le Roi fut aussi fatigué que moi des mauvais raisonnemens qu'on faisoit sur la possibilité de la prise de Douay, car il dit publiquement à son lever : « J'ai reçu une lettre du maréchal de » Villars. J'approuve fort les mesures qu'il a » prises pour assurer le siége de Douay, et je » lui mande de mépriser les discours que l'on » tient à l'armée, comme je méprise ceux que » l'on tient ici. »

L'armée ennemie s'approcha de celle du Roi le 12 août : elle mit sa droite à Carvin-Épinoy, et sa gauche vis-à-vis l'abbaye de Flines. Le quartier du prince de Savoie étoit au château de Liesse : il fit venir de Tournay une grande quantité de canons, et tout ce qui pouvoit lui être nécessaire pour forcer un quartier. On ouvrit la tranchée le 14, et on résolut deux attaques, la première par le régiment des gardes, la seconde par le régiment de Picardie; mais celle-ci ne fut pas formée en même temps que l'autre.

Le prince de Savoie espéroit que par un gros feu de canon il pourroit forcer le quartier de Belle-Fourrière, qui étoit même sous le canon du fort de Scarpe. Il fit faire une quantité prodigieuse de fascines, où on voyoit élever des montagnes à la tête du camp; et Albergotti eut encore l'imprudence de me dire que son quartier seroit forcé, et que Douay seroit sûrement secouru. Ma repartie fut vive, et telle qu'elle devoit être; je fus même tenté de lui ôter le commandement de ce quartier. Mais, pour éviter un déshonneur aussi marqué à un ancien lieutenant général qui prenoit un travers, mais qui étoit très-brave d'ailleurs, et que j'estimois, je me contentai d'y ajouter des officiers généraux de confiance, et je priai le comte de Broglie, dont le quartier joignoit celui-là, d'y donner une principale attention.

A ces petites peines, qu'on peut nommer tracasseries, s'en joignit une véritable : ce fut la mort du comte de Villars mon frère, lieutenant général dans mon armée, homme d'une très-grande valeur et d'un rare mérite, qui me manquoit au moment où j'avois le plus besoin des ressources de la confiance. Si quelque chose pouvoit apporter de l'adoucissement à mon chagrin, c'étoit la tournure avantageuse que prenoient les travaux du siége. J'eus aussi la satisfaction de voir que, l'ennemi trouvant des difficultés trop grandes à attaquer notre armée, se retira le 27, après avoir mis le feu à ses fascines, et alla camper à Seclin. Le même jour, la garnison du fort de la Scarpe battit la chamade.

J'étois à la tranchée : les officiers qui sortirent demandèrent quatre jours pour avoir le temps de recevoir les ordres du prince de Savoie. « Vous voudrez bien, leur répondis-je, que sur » votre proposition j'assemble mon conseil. — » Cela est trop juste, » répondirent-ils. J'appelai les grenadiers. « Approchez, messieurs; c'est » votre conseil que je veux prendre. — Com- » ment, répliquèrent les officiers, un conseil de » grenadiers? — Sans doute; en pareilles occa- » sions je n'en prends pas d'autre. » Je dis donc aux grenadiers : « Mes amis, ces capitaines de- » mandent quatre jours pour avoir le temps de » recevoir les ordres de leur général : qu'en » pensez-vous? » Leur réponse fut : « Laissez- » nous faire : dans un quart d'heure nous leur » couperons..... — Messieurs, leur dis-je, ils » le feront comme ils le disent : ainsi prenez » votre parti. » La délibération ne fut pas longue : ils se rendirent à discrétion, et il sortit du fort treize cent cinquante hommes, quatre capitaines et un colonel, qu'on envoya à Amiens.

J'allai loger près de la queue de la tranchée, parce que l'éloignement de l'armée ennemie ne me donnoit plus d'autres soins que celui de presser le siége. Valory, lieutenant général et chef des ingénieurs, avoit écrit à M. Pelletier, qui avoit le département des fortifications, que Douay tiendroit cinquante jours de tranchée ouverte. Ce n'étoit pas mon compte : et j'étois accoutumé à mener les ingénieurs un peu plus vite que leur règle. Je passai le 30 la nuit entière à la tranchée, pour faire attaquer le chemin couvert, et en assurer le logement. L'action fut très-vive : elle commença un quart d'heure avant la nuit, étant nécessaire que les troupes sortissent de la tranchée, et arrivassent de jour sur l'endroit attaqué. Les troupes y marchèrent avec leur ardeur ordinaire. Les grenadiers disoient gaiement devant moi : « Nous allons relever les

» Hollandais. » Le logement fut établi avant minuit. Les ennemis voulurent le troubler par une sortie, qui fut repoussée sur-le-champ. On n'y perdit que vingt-cinq à trente hommes, et il y en eut près de cinquante blessés, entre lesquels étoient deux capitaines de grenadiers. Je leur avois fait prendre des cuirasses, et cette précaution en sauva plusieurs. J'ai toujours eu pour principe de conserver les troupes, et surtout les officiers, parce qu'il ne faut souvent que la perte d'un bon officier pour faire manquer une action. A celle-ci, Clisson, capitaine aux gardes, reçut une très-grande blessure : c'étoit un très-bon officier, et qui cherchoit avec ardeur toutes les occasions. La prise du chemin couvert entraîna, la même nuit, celle d'un ouvrage qu'on appeloit *la redoute de Piémont*. Le marquis de Saint-Sernin, quoique brigadier de dragons, s'y trouva volontaire.

L'armée ennemie marcha le 2 septembre pour s'approcher de Tournay. Sur ce mouvement, je fortifiai le corps du comte de Coigny, qui étoit entre Saint-Amand et Valenciennes; j'ordonnai aussi au comte de Saillant d'envoyer Pasteur, brigadier des troupes d'Espagne, et très-bon partisan, pour pénétrer dans la Hollande, où il n'y avoit point de troupes. Il s'acquitta fort bien de sa commission : il alla tout près de Rotterdam, et brûla les petites villes de Tortolles et de Sleimbourg. Cette expédition étonna les Hollandais, qui étoient déshabitués de nous voir si près d'eux.

Je passai la nuit du 5 au 6 à la tranchée, pour faire préparer les ponts qu'on devoit jeter sur l'avant-fossé, pour attaquer le dernier chemin couvert, et accélérer tous les travaux. Mais malgré ma vivacité on ne put être prêt, et on ne le fut que le lendemain 7 septembre. Je fis marcher en plein jour, à trois heures après midi, trente compagnies de grenadiers, qui passèrent l'avant-fossé sur six ponts de fascines. Comme ils avoient été brûlés deux fois par les feux d'artifice des ennemis, et qu'on n'avoit pu les raccommoder bien solidement, ils plièrent sous les premiers qui passèrent. Si cela étoit arrivé de nuit, le désordre se seroit mis dans les troupes, et l'entreprise auroit manqué : mais les grenadiers, sentant que ces fascines ne s'enfonçoient pas assez pour leur faire perdre pied, traversèrent hardiment, quoiqu'ils eussent de l'eau jusqu'aux épaules.

J'étois au centre de l'attaque avec le marquis de Vieux-Pont, le prince d'Isenghien à la gauche, le marquis d'Albergotti avec le comte de Lespare à la droite. Tout fut emporté avec la plus grande valeur, et perte d'environ cinq cents hommes, tant tués que blessés : la plupart des officiers et soldats qui défendoient ces postes furent tués ou pris. Le lendemain, Douay rentra sous l'obéissance du Roi. Le comte de Hompech, un des principaux généraux hollandais, gouverneur de la place, se rendit prisonnier de guerre, et toute sa garnison. J'envoyai le marquis d'Aubigné en porter la nouvelle au Roi, et le marquis de Soyecourt fut chargé le lendemain de lui porter cinquante-deux drapeaux. On y trouva plus de deux cents milliers de poudre, et une très-grosse artillerie : elle fut mise avec celle qui avoit été trouvée à Marchiennes.

Sans attendre la reddition de Douay, voyant dès les premiers jours de septembre qu'elle ne pouvoit pas tarder, je fis marcher à Valenciennes soixante bataillons et autant d'escadrons, pour occuper les postes que j'avois déjà reconnus, dans le dessein d'entreprendre le siége du Quesnoy. Les ennemis menacèrent encore de ne me le pas laisser faire tranquillement. Le 9, ils passèrent la rivière d'Aisne, et campèrent leur droite vers Mons, et leur gauche vers Brugny. Le 10, ils marchèrent vers Ferrières, et je me plaçai derrière l'Osneau, la gauche à Keuvrain, la droite à l'abbaye de Mortral.

Ils publièrent qu'ils venoient donner une bataille; et en effet il étoit vraisemblable que le prince de Savoie, s'ébranlant avant que l'investissement du Quesnoy fût formé, chercheroit à combattre au plus tôt; mais, outre que notre situation étoit bonne, j'y fis promptement des retranchemens qui la rendirent encore meilleure. Cependant ils marchèrent diligemment jusqu'à deux lieues de nos postes; mais ils s'arrêtèrent deux jours. J'en profitai pour rendre mes dispositions plus parfaites; de sorte que ces momens précieux perdus pour eux, j'eus lieu de croire qu'ils ne hasarderoient pas une action.

Quoiqu'ils eussent perdu à Marchiennes une grande partie de leurs canons, et qu'ils n'eussent pas eu le temps de retirer celui qu'ils avoient été obligés de laisser dans le Quesnoy, lorsqu'en levant le siége de Landrecies ils marchèrent pour me faire lever celui de Douay, il leur en restoit encore assez pour faire des entreprises sur des places dont la garnison étoit foible. Je ne voulus pas leur en laisser la tentation, et j'envoyai cinq bataillons et deux régiments de dragons à Maubeuge, trois bataillons avec un régiment de dragons à Charleroy. Je songeai ensuite à mon siége. Après avoir examiné quelle étoit l'attaque la plus facile, on se détermina à celle de la porte de Valenciennes, que l'on crut plus aisée que le côté par lequel nos gens s'étoient ; trois mois auparavant, rendus en douze jours prisonniers de guerre.

Cependant les subsistances pour la cavalerie devenoient difficiles : je n'oubliai rien pour la soulager, et je fis une découverte qui m'aida, au défaut de l'argent de la cour, qu'on ne tiroit pas aisément. J'appris que les ennemis avoient dans Douay, lors de la prise, un gros magasin d'avoine. Quelques particuliers de la ville qui étoient protégés voulurent en profiter, et dirent que cette avoine leur appartenoit. Je crus l'affaire assez importante pour l'éclaircir par moi-même : il n'étoit question que d'un voyage de quelques heures. J'allai à Douay, et fis venir devant moi ces prétendus propriétaires. « Le » Roi, leur dis-je, ne prend le bien de personne. » Il est juste que l'avoine vous soit payée, si » elle vous appartient réellement ; mais aussi si » vous avancez sur cela quelque chose contre la » vérité, je vous ferai pendre au moment que la » fausseté sera reconnue. » Ils se troublèrent à ce discours, et le Roi profita de ce magasin, qui se trouva appartenir aux ennemis.

La tranchée fut ouverte au Quesnoy la nuit du 17 au 18 septembre, entre les portes de Saint-Martin et de Valenciennes, et l'on fit une fausse attaque à la porte de Forest. Il faisoit un temps horrible, qui contribuoit à la vérité à rendre le feu des ennemis très-médiocre, mais qui rendoit aussi les travaux fort difficiles. On en fit cependant d'immenses, et sans grande perte d'abord. Les ennemis, qui avoient une artillerie très-nombreuse, et toute la poudre qu'ils avoient destinée au siége de Landrecies, firent un feu prodigieux et continuel dès qu'ils nous virent à portée. La nuit du 20 au 21, ils firent une sortie. Le bataillon des gardes françaises, qui étoit de tranchée, marcha à eux, et les chassa dans le chemin couvert, et revint dans ses postes sans être troublé par le feu, qui fut terrible la journée du 21. Ils nous tuèrent plus de cent cinquante hommes dans le boyau, plus par les bombes que par le canon, qui rasoit les tranchées et les parapets de nos batteries. J'aurois pu riposter de quelques-unes des nôtres, et ralentir leur feu ; mais j'aimai mieux qu'elles tirassent deux jours plus tard, et qu'elles fussent servies en même temps.

Elles commencèrent le 25, à la pointe du jour : il y avoit soixante pièces de vingt-quatre, trente mortiers, et plusieurs pièces de moindre calibre, qui tiroient à ricochet. Les ennemis avoient plus de cent pièces de vingt-quatre et de trente-six sur les remparts ; mais comme les assiégeans ont tout le terrain qu'ils désirent pour placer eur canon, et qu'au contraire les assiégés sont obligés de resserrer le leur dans un petit espace, dès la première journée nous en imposâmes à celui des ennemis, et le 26, à midi, les deux tiers des batteries de la place étoient démolies. J'en avois entre autres une de vingt-quatre pièces, servie par les canonniers de la marine, et commandée par le chevalier Ricouart, qui se distingua fort.

Tout étant prêt le 29 pour l'attaque des deux chemins couverts, on la fit une demi-heure avant la nuit avec les troupes de la tranchée montante, commandées par M. de Coigny, qui mena la droite, M. de Maillebois la gauche, et milord Galloway le centre, huit compagnies de grenadiers à la tête de chaque attaque. Le signal étoit quatre bombes et deux fourneaux, qui devoient sauter à la droite et à la gauche. Je me mis entre la gauche et le centre, ayant près de moi Valory, chef des ingénieurs, Valière qui commandoit l'artillerie, messieurs d'Aligre, d'Albergotti, le comte de Broglie, et plusieurs officiers généraux volontaires, avec une foule de brigadiers et colonels, qui tous s'empressoient de porter les ordres. Aussi tout fut emporté avec une extrême rapidité, et la perte seule de deux capitaines de grenadiers, douze ou quinze subalternes, et environ cent cinquante soldats.

Ce succès nous mit en état de travailler le 30 septembre à placer deux batteries, que l'on compta faire tirer au corps de la place le 2 octobre. Comme on avoit perdu depuis long-temps l'habitude des siéges, mon activité étoit nécessaire pour les mener vivement : aussi ne sortois-je guère de la tranchée. Je fis sonder le 3 le fossé de la place, et on n'y trouva que trois pieds d'eau. Nous avions une bonne brèche, et je me déterminai à donner l'assaut. Pendant qu'on s'y préparoit, le 4, les ennemis battirent la chamade. Je ne voulus rien entendre de leur part, que les bataillons des gardes ne fussent maîtres des portes. Ainsi le sieur d'Ivoy, maréchal de camp, gouverneur de la place, se rendit à discrétion avec sa garnison. J'envoyai le marquis de Châtillon en porter la nouvelle au Roi, et le sieur de La Fond, colonel d'infanterie, les drapeaux. Je me louai beaucoup en général de l'ardeur que nos succès ranimoient dans tous les cœurs, et je demandai des grâces et des récompenses pour plusieurs, entre autres pour les sieurs d'Herbain, de Valcroissant et Cadrolles, capitaines des grenadiers, qui s'étoient fort distingués ; le gouvernement du Quesnoy pour M. de Valory ; celui de Charlemont pour M. de Vieux-Pont ; le grade de brigadier pour M. de Châtillon ; et tout fut accordé. Le Roi me fit en outre présent de six pièces de gros canon, pour mettre dans mon château de Villars.

Nous n'étions pas à la moitié du siége du Quesnoy, que je voulus entreprendre et mener en même temps celui de Bouchain. Il y eut une réclamation générale contre mon sentiment. Les ingénieurs et artilleurs disoient qu'il leur seroit impossible de placer leurs batteries dans un terrain que l'abondance des eaux de l'arrière-saison rendoit mou et impraticable. On avoit des avis certains, représentoient quelques officiers généraux, que le pain manquoit dans la place; qu'il n'y avoit qu'à en faire le blocus, et que ce ne seroit qu'un mois de plus à attendre. Tout ce que ces remontrances gagnèrent sur moi, ce fut de ne pas faire les deux siéges ensemble; mais je disposai tout pour commencer sitôt que celui du Quesnoy seroit achevé. Je fis partir le plus de fascines qu'on put, travailler aux dépôts d'artillerie; et enfin l'investissement et l'établissement complet des troupes se fit le jour même que le Quesnoy se rendit, et on ouvrit la tranchée devant Bouchain la nuit du 9 au 10 octobre. Comme on étoit obligé d'aller chercher très-loin les fascines qu'il falloit encore, j'y employa tous les chevaux d'équipages des officiers généraux, en commençant par les miens.

Le maréchal de Montesquiou commandoit l'armée d'observation. On lui persuada qu'elle n'étoit pas en sûreté derrière l'Osneau, et il fit même rétrograder quelques troupes : parti foible, comme il en convint lui-même; et après que nous en eûmes conféré, on renvoya les troupes, avec ordre de rester où elles étoient, c'est-à-dire bien barraquées, et ayant du fourrage pour quinze jours. Ce n'est pas la seule résolution timide que m'auroient fait prendre les donneurs d'avis, si j'avois voulu les en croire.

Ces quinze jours étoient à peu près le terme que je fixois à la défense de Bouchain, et elle n'en dura que neuf. Le 12, on se logea sur le fossé des deux lunettes, et les ennemis firent une sortie qui fut repoussée. Le 14, commencèrent à tirer quarante pièces de canon très-bien servies; le 15, celui des ennemis ne tiroit plus. J'étois à la tranchée, et pendant trois heures je ne vis point partir une volée de canon : les coups de fusil même étoient peu fréquens. Je fis travailler à découvert à une batterie qui voyoit le pied d'un bastion. Tous les soldats se tenoient hors de la tranchée, et cela étoit d'autant plus heureux qu'elle étoit pleine d'eau. Le 17, sur les sept heures du soir, le chemin couvert fut emporté : nous n'y perdîmes pas cent soldats. Enfin le 18, le général Grovestein, gouverneur de la place, celui même qui avoit fait une course en France, se rendit à discrétion avec toute sa garnison, ayant déclaré aux officiers qui vinrent pour capituler que je ne les écouterois pas que les troupes du Roi ne fussent maîtresses des portes. J'envoyai porter la nouvelle au Roi par le comte de Choiseul, et les drapeaux par le chevalier de Casan, colonel d'infanterie. Je fis l'éloge de mon état-major, à la tête duquel étoient Contades et Beaujeu; et je nommai, en attendant l'agrément du Roi, au commandement de Bouchain, le sieur de Mouy, brigadier d'infanterie.

Ce fut la cinquième place emportée sur les ennemis en deux mois et cinq jours, avec cinquante-trois bataillons prisonniers de guerre ou rendus à discrétion, et quinze lieutenans généraux ou maréchaux de camp, tant à l'affaire de Denain que dans ces cinq places, sans compter plus de cent pièces de gros canons, cinquante mortiers, tant de provisions de toute espèce, et surtout de poudre, qu'après ces cinq siéges, où on ne l'avoit pas épargnée, j'en envoyai encore quatre cents milliers dans nos arsenaux.

J'eus la satisfaction de recevoir une lettre de l'abbé de Polignac, un de nos plénipotentaires à Utrecht, qui me mandoit que les conquêtes de l'armée du Roi portoient des coups mortels aux Hollandois; que les intrigues du comte de Sinzendorff, ambassadeur de l'Empereur, pour la continuation de la guerre faisoient moins de progrès; qu'enfin les meilleures têtes de la République commençoient à prévaloir sur l'opiniâtreté du pensionnaire Heinsius, par les pertes immenses de troupes, d'artillerie et de munitions que faisoient les confédérés depuis l'affaire de Denain. Le Roi daigna me récompenser de ces succès par le gouvernement de Provence; que la mort du duc de Vendôme laissoit vacant; et Sa Majesté joignit à ce présent une lettre qui lui donnoit un nouveau prix.

Les armées se séparèrent avant la fin d'octobre. Les ennemis tirèrent les premiers sur Bruxelles; et moi, après avoir pourvu à la sûreté des villes prises par les réparations des brèches et de fortes garnisons, j'étendis les troupes le long de la frontière dans de bons cantonnemens, et je partis pour la cour. Le jour que je m'y présentai, le Roi s'étoit trouvé mal le matin, et il avoit encore de grandes vapeurs qui ne lui permettoient guère de paroître; mais la force de son courage, et la nécessité où il croyoit être de se montrer, le firent souper en public. Il faisoit des efforts pour m'entretenir, et tâchoit de surmonter son mal, mais inutilement. J'aurois voulu ne m'être pas présenté dans ce moment, touché que j'étois tant de la peine que je voyois dans le Roi de ne pouvoir me parler, que du malin plaisir que je remarquois dans les courtisans des distractions du Roi, comme si ma présence lui eût été à charge. Mais je fus bien dédommagé le lendemain : le Roi me fit un accueil libre et ouvert, qui sembloit vouloir excuser l'air embarrassé de la veille, et il me parla tout haut de mes services, avec un ton affectueux dont je fus pénétré. Je partageai l'hiver entre Paris, Villars et la cour. Je ne restois pas long-temps à Versailles, perce que le métier de courtisan n'étoit pas de mon goût; mais le Roi avoit la bonté de me distinguer toujours.

[1713] La paix se conclut avec la Hollande, qui y apporta tous les obstacles possibles ; mais enfin les bonnes têtes l'emportèrent sur les plus passionnés. L'obligation, s'ils vouloient soutenir la guerre en Flandre, de payer seuls désormais toutes les troupes qui étoient auparavant à la solde d'Angleterre fut ce qui détermina les Hollandais. Au reste, on leur fit une assez bonne part, puisqu'en gardant la Flandre espagnole pour la maison d'Autriche, ils en devinrent comme les maîtres. Les Anglais se traitèrent aussi assez bien, en nous obligeant de raser les fortifications et de combler le port de Dunkerque; de leur céder à perpétuité l'île de Terre-Neuve, et les autres adjacentes, avec quelques restrictions seulement pour la pêche. Nous nous engageâmes en outre à reconnoître la succession à la couronne de la Grande-Bretagne dans la ligne protestante. On laissa le duc de Bavière en possession du duché de Luxembourg et du comté de Namur, jusqu'à ce qu'il eût été rétabli dans ses États d'Allemagne et dans son rang d'électeur, et qu'il eût été mis en possession du royaume de Sardaigne, qu'on lui cédoit en dédommagement des pertes qu'il avoit essuyées. Le roi de Prusse gagna la Haute-Gueldre, et le duc de Savoie le royaume de Sicile, avec des échanges qui lui convenoient sur les frontières de Savoie. Toutes ces puissances reconnurent Philippe V pour roi d'Espagne, et on rendit à la France Lille, Aire, le fort Saint-François, et Saint-Venant. Ces traités, et d'autres moins importans, ne furent clos et signés que le 11 avril.

L'Empereur n'en fut pas content, et se disposa à continuer la guerre. Le Roi me destina le commandement d'Allemagne, et me fit dire d'y envoyer de Flandre mes équipages. Comme ils étoient déjà à Verdun, M. de Voisin vint me trouver, et me dit : « Le Roi compte la paix faite » avec l'Empire, et il a quelque peine à ôter au » maréchal d'Harcourt le commandement de » l'armée d'Allemagne, qui lui avoit été promis. » Ainsi Sa Majesté croit que vous serez content » d'avoir forcé ses ennemis à la paix, et que vous » ne vous souciez pas beaucoup de faire un » voyage en Alsace. — Puisque la paix est faite, » répondis-je, il n'y a qu'à louer Dieu. Je vais » donc me défaire de mon équipage. » Et en même temps j'envoyai ordre de vendre près de cent cinquante chevaux de charrettes, chevaux de valets, mulets, fourgons, et mêmes de mes chevaux de main.

Quelques jours après, le Roi apprit que l'Empereur et l'Empire étoient plus que jamais résolus à la guerre, et que le prince Eugène rassembloit une armée qui, selon tous les avis, devoit être de cent dix mille hommes. Apparemment ces nouvelles firent penser que mal à propos on avoit changé le dessein de mettre les armées sous mes ordres. M. de Voisin parut désirer de rentrer en conversation avec moi. Comme je venois peu à la cour, il prit un prétexte, et m'écrivit plusieurs fois que je négligeois trop mon appartement de Marly : je lui répondis autant de fois que ma santé n'étant pas bonne, je me tenois à Paris, où je me trouvois plus à mon aise.

Enfin il m'envoya un courrier du cabinet, qui me trouva jouant chez madame de Bouillon. Il étoit porteur d'une lettre que je ne me pressois pas d'ouvrir, parce que je me doutois du contenu, et que je ne vouloir pas montrer trop de désir. Elle renfermoit un ordre de me rendre le lendemain à Marly. M. de Voisin, à qui je parlai d'abord, auroit bien voulu que je lui fisse des questions qui le missent à l'aise, et lui donnassent lieu de me faire valoir le changement résolu en ma faveur : mais je ne me laissai point prendre à ses cajoleries ; je ne montrai pas de curiosité ; j'affectai au contraire beaucoup d'indifférence. De sorte qu'il fut obligé de me dire nettement : « Nous refuserez-vous d'aller reprendre le com- » mandement de l'armée en Allemagne? — Je » n'ai pas refusé, lui répondis-je, des emplois » très-difficiles et très-dangereux, que personne » ne vouloit : ainsi je ne refuserai pas ceux que » la dernière campagne rend moins embarras- » sans. » Sa Majesté, ce même jour, me parla avec une espèce de honte des variations auxquelles on l'avoit engagée, et me témoigna sa satisfaction de ce que j'acceptois.

Le lendemain, elle entra en matière avec moi sur les projets de la campagne, et me montra l'état des forces qu'elle me destinoit. « Sire, lui » dis-je, Votre Majesté n'a donc plus d'ennemis » en Flandre? Hé bien! il faut en transporter » toute la cavalerie en Allemagne. Vous avez » des marchés faits à vingt-cinq sous la ration : » je les nourrirai à bien meilleur compte. — Mais, » dit le Roi, les maréchaux d'Harcourt et de » Bezons m'ont dit que s'ils avoient plus de deux » cents escadrons, ils ne pourroient les faire

» subsister. — Je dois connoître, répondis-je,
» ces frontières, et tous les pays où l'on peut
» porter la guerre; et j'ai l'honneur d'assurer
» Votre Majesté que plus j'aurai de troupes, et
» plus je trouverai de pays à les nourrir. Il n'est
» question que de cacher nos desseins, et de faire
» en sorte que nos premiers mouvemens persua-
» dent que nous ne songeons qu'à une guerre
» défensive, comme vous l'aviez résolu. — Faites
» comme vous l'entendrez, me dit le Roi. — La
» plus importante attention, répliquai-je, est le
» secret : ainsi Votre Majesté seule et le ministre
» de la guerre seront informés de mes pro-
» jets. »

Le maréchal d'Harcourt avoit compté de laisser les lignes de la Lutter bien gardées, et d'aller camper à Radstadt avec l'armée la plus considérable, tandis que le maréchal de Bezons, avec quarante bataillons et cinquante escadrons, s'avanceroit au-delà de la Sarre. Le marquis d'Alègre étoit déjà à Trèves avec la tête de cette armée. Je me rendis le 24 mai à Metz, où j'avois donné rendez-vous au maréchal de Bezons. Il me marqua un vif désir d'avoir toujours une armée séparée. Je l'assurai d'une grande attention à tout ce qui pourroit lui être agréable ; j'ajoutai que jusqu'à ce que les premiers mouvemens pussent faire voir clair sur le succès des entreprises, je ne pouvois moi-même juger si la campagne s'ouvriroit par une action générale, ou s'il seroit possible de faire un siége : que dans le premier cas il choisiroit lui-même l'aile qu'il voudroit commander ; que dans le second il seroit chargé du siége, ou de l'armée d'observation. Je lui dis qu'il pouvoit toujours s'avancer vers la Sarre. Moi, j'arrivai le 26 à Strasbourg, après avoir publié que je n'y serois que dans les premiers jours de juin. Le comte Du Bourg avoit déjà mis plusieurs corps au-delà du Rhin ; et je mandai le 29 au maréchal de Bezons, qui avoit rejoint le marquis d'Alègre à Trèves avec toute son armée, de marcher vers Hombourg, et de s'approcher des montagnes du côté de la petite ville de Verff ; mais les inondations l'empêchèrent de passer la Sarre.

Je reçus le même jour par le marquis de Torcy un état des troupes qui s'assembloient sous les ordres du prince Eugène : elles devoient monter à cent dix mille hommes. Il en avoit déjà soixante, et il envoyoit courriers sur courriers pour hâter la marche de ceux qui ne l'avoient pas encore joint. Je n'en avois avec moi que quarante-cinq mille ; mais, pour l'expédition que je méditois, je comptois plus sur la diligence que sur l'avantage de marcher avec des troupes considérables.

Le prince Eugène, voyant une bonne partie de mon armée au-delà du Rhin, m'attendoit aux lignes d'Etlingen. Pour le confirmer encore davantage dans cette opinion, le 4 juin, à la pointe du jour, je fis avancer le marquis d'Asfeld avec un corps de cavalerie considérable vers Radstadt ; et afin qu'il ne pût être informé que je me renforçois en deçà, depuis plusieurs jours il y avoit ordre, sur nos lignes de Lauterbourg, que les barrières fussent ouvertes à ceux qui viendroient de notre côté, et fermées à tous ceux qui voudroient aller vers l'ennemi.

Ce même jour 4 juin, je partis de Strasbourg à l'entrée de la nuit, pour le Fort-Louis. J'y passai le Rhin, et m'avançai une lieue sur le chemin de Radstadt, publiant que le lendemain toute l'armée me suivroit. Je repassai le soir même, et me rendis à Lauterbourg, où je trouvai toutes les troupes, qui s'y étoient réunies des différens quartiers qu'elles occupoient, tant sur la ligne de la Lutter que dans les petites villes et villages entre Saverne, Strasbourg et Haguenau.

Alors je commençai ma véritable marche. Je fis prendre la tête au comte de Broglie, avec quinze bataillons, mille grenadiers commandés par Châtenay, bon brigadier d'infanterie, et dix-huit escadrons ayant Maupeou pour maréchal de camp. Je suivis avec quarante bataillons. Le comte de Broglie occupa à dix heures du soir la Petite-Hollande, et fut en état d'empêcher les ennemis de nous nuire, s'ils vouloient passer le Rhin à Philisbourg. Pour marcher plus facilement, je mis notre infanterie en brigade. Elle fit seize lieues en vingt heures, la plus grande partie la nuit. Je fus presque toujours à pied à leur tête. Quelques-uns succomboient à la fatigue. « Mes amis, leur dis-je, ce n'est que par la dili-
» gence et de telles peines que l'on attrape les en-
» nemis. — Pourvu, me répondirent-ils, que vous
» soyez content, et que nous les attrapions, ne
» vous embarrassez pas de notre peine : nous
» avons bon pied et bon courage. »

Tout le pays fut également trompé ; en sorte que l'avant-garde trouva l'évêque de Spire dans sa ville, et que les magistrats demandèrent aux premiers de nos gens si le prince de Savoie vouloit loger à l'évêché, comptant que c'étoit l'armée de l'Empereur qui avoit passé le Rhin à Philisbourg. Étant sûr alors que toute communication de Landau avec le Rhin étoit coupée pour consoler l'infanterie de sa peine, je lui abandonnai pendant deux jours les caves du pays remplies de vin, et je fis donner des vaches : mais ces deux jours passés, je rétablis la plus sévère discipline, et elle fut exactement observée. Comme j'avois coutume de parler moi-même aux bataillons, je leur fis voir la nécessité dans l'occasion présente de conserver le pays ennemi, pour nous y assurer des subsistances. Après ces sortes d'avertissemens, les exemples, comme je l'ai déjà dit, étoient sévères; et dans toutes les guerres que j'ai faites, quelquefois à la tête de cent mille hommes, j'ai toujours été assez heureux pour les contenir avec très-peu de punitions. J'appris le 6 juin que la marche que j'avois faite vers Radstadt, pour persuader aux ennemis que je voulois attaquer Etlingen, avoit produit tout l'effet que je désirois, et que, la même nuit que j'étois arrivé près de Philisbourg, le prince Eugène en avoit retiré la plus grande partie de ses troupes, et les avoit fait marcher pour soutenir les lignes, qu'il croyoit menacées.

Après avoir surpris les ennemis, je n'oubliai rien pour ne l'être pas à mon tour. Ce qu'ils pouvoient imaginer de plus dangereux pour moi étoit, voyant les forces du Roi répandues dans le Palatinat le long du Rhin, et ayant eux-mêmes un pont de bateaux sur des haquets, de me dérober un passage sur ce fleuve. Pour n'avoir point un pareil inconvénient à craindre, je plaçai des officiers généraux très-capables depuis Lauterbourg jusqu'au Fort-Louis; je chargeai des patrouilles le sieur de Guerchois, très-bon maréchal de camp, et Perrin, bon brigadier d'infanterie, sous les ordres du comte Du Bourg, qui connoissoit mieux que personne tout ce pays-là, et dont les talens pour la défensive étoient au-dessus de tout autre. Ma grande attention étoit de bien connoître mes officiers généraux subalternes. Tel, par un esprit audacieux, est propre à mener une tête, qui doit attaquer; tel autre, par un génie porté naturellement aux précautions, sans d'ailleurs manquer de courage, répondra plus exactement de la défense d'un pays: et ce n'est qu'en appliquant à propos ces différentes qualités personnelles, que l'on peut se préparer et presque s'assurer de grands succès.

J'étois assez tranquille au sujet de la grande armée des ennemis, parce qu'elle ne pouvoit passer le Rhin qu'à Mayence, et que je l'aurois vue venir d'assez loin pour prendre mes mesures; mais il me restoit encore quelques postes à occuper, pour avoir tant mes sûretés que mes subsistances. Je fis marcher, sous les ordres du comte de Broglie et du marquis d'Alègre, quatre-vingts escadrons à la hauteur de Worms. Leur destination étoit de conserver autant qu'il seroit possible le pays qui est aux environs de Landau, et qui devoit fournir la subsistance à l'armée qui en feroit le siége : c'étoit aussi afin d'avoir toujours des partis sur Mayence, et d'obliger les bailliages du Palatinat, d'Altzey, de Creutznach et d'Oppenheim, jusqu'à Coblentz, pays très-riche, fort abondant en grains, de nous fournir notre subsistance.

Le 9 juin, j'envoyai des ordres au comte de Dillon, lieutenant général, qui partoit des environs de Metz avec un corps de troupes, d'attaquer Kayserslautern, où il y avoit deux bataillons impériaux, et de n'accorder d'autre capitulation à la garnison que de se rendre à discrétion. Je mandai au sieur de Saint-Contest, intendant des Évêchés, de se tenir à Sarre-Louis, pour faciliter au comte de Dillon son entreprise. Il trouva sur place le canon, les provisions et les ingénieurs; et au bout de treize jours la garnison, composée de huit cents hommes commandés par un colonel, se rendit prisonnière de guerre. Je l'envoyai à Châlons en Champagne. Saint-Pierre, brigadier d'infanterie, fut blessé dangereusement. J'en donnai le commandement au sieur de Vassy, lieutenant colonel très-entendu, bon partisan, et plus propre qu'aucun autre à écarter les partis ennemis qui voudroient pénétrer par les montagnes. M. de Dillon prit aussi le château de Verastein, qui achevoit d'ôter aux ennemis tout poste entre Coblentz et Mayence. Il s'y trouva quatre-vingts hommes.

Par abondance de précautions, je fis retrancher un camp devant l'ouvrage que les ennemis avoient à la tête de leur pont à Philisbourg. J'ordonnai aux troupes qui venoient de la Franche-Comté de former un camp sous Brisach, et je leur faisois fournir des fourrages du pays ennemi, de l'autre côté du Rhin: et étant bien aise, à tout événement, d'être le maître de tenter quelques entreprises au-delà du fleuve, je fis venir un pont de bateaux portatifs à Seltz.

Il ne me restoit d'inquiétude que de la part d'un fort qui étoit vis-à-vis de Manhein, dont les ennemis pouvoient à toute heure fortifier la garnison par le secours des bateaux, et ensuite établir un pont en une nuit, d'autant plus facilement que le Rhin en cet endroit n'avoit qu'un seul canal. Le sieur d'Albergotti, chargé de cette attaque, s'étoit mis dans la tête qu'il suffiroit de masquer et de bloquer ce fort, dont il vouloit croire les ouvrages beaucoup meilleurs qu'ils n'étoient. « Dès que vous en serez » maître, lui écrivois-je, vous en serez étonné » et peut-être honteux de l'avoir cru si bon. » J'y allai moi-même, et j'ordonnai que l'on disposât tout pour l'emporter, dès que le canon auroit rasé quelques fraises et palissades; mais nous n'en eûmes point la peine. Un nommé Villiers, très-bon ingénieur, piqué de ce que M. d'Albergotti en avoit demandé un autre pour conduire l'attaque, entra dans le chemin couvert, que l'on trouva abandonné; et une demi-heure après dans la ville, que l'on trouva abandonnée de même. J'y entrai aussi avec M. d'Albergotti et ses officiers, qui avoient été comme lui de l'avis du blocus; et en leur montrant les vices de la place, je leur dis assez sèchement : « Je vous prie, messieurs, de régler une autre » fois vos idées avec plus de soumission sur celles » de votre général. »

Quand nous fûmes bien établis devant Landau, j'examinai, avec le sieur de Valory et les ingénieurs qu'il avoit amenés, les attaques les plus favorables. Après les avoir étudiées avec soin, nous nous déterminâmes au côté par lequel la place avoit toujours été attaquée, quoique les ennemis l'eussent fortifiée de nouveaux ouvrages. Les ingénieurs demandèrent quatre jours pour les préparatifs nécessaires à l'ouverture de la tranchée. Je les employai à aller visiter tout le pays en deçà du Rhin, jusqu'au-delà de Mayence. Je le trouvai rempli d'une si prodigieuse quantité de grains, que j'ordonnai aux baillis et aux magistrats de toutes les petites villes d'en préparer cinquante mille sacs pour les armées du Roi; j'ordonnai aussi aux baillages de Lorraine de fournir tous les chevaux et les grains qui leur seroient demandés. Le Roi m'avoit prescrit d'y envoyer des troupes, si M. de Lorraine faisoit quelques difficultés : je chargeai en conséquence le sieur de Saillant, lieutenant général, commandant dans les évêchés de Metz, Toul et Verdun, de faire exécuter les ordres de Sa Majesté. Notre poste pour les lettres, passant par la Lorraine, étoit souvent arrêtée par des voleurs, qui ne pouvoient être protégés que par les Lorrains : j'ordonnai que les villages voisins de la route répondroient des courriers, et paieroient chèrement le mal qui leur seroit fait. Ainsi j'établis encore la sûreté de ce côté.

L'électeur palatin voyant ses États exposés à de fortes contributions, m'envoya un de ses ministres, chargé de demander quelques ménagemens : il s'expliquoit en même temps du désir qu'avoit son maître de pouvoir contribuer à la paix. Le prince de Dourlach fit plus : il quitta le service de l'Empereur, pour garantir ses propres États, autant qu'il seroit possible, des malheurs de la guerre. Il me manda qu'il n'oublieroit rien pour porter ses voisins à prendre la même résolution. Je lui répondis : « Je ne négli- » gerai rien pour procurer des amis au Roi, et » pour faire aux princes qui rechercheront sa » royale protection tous les plaisirs qui dépen- » dront de moi; mais comme vos États fournis- » sent des troupes à l'Empereur comme contin- » gent, vous ne devez pas vous étonner s'ils de- » meurent toujours soumis aux contributions. »

J'entrai en arrangemens avec les députés de Dourlach et de Bade : ils s'engagèrent à fournir cinquante mille sacs, moitié froment, moitié seigle. Pour faciliter les livraisons aux munitionnaires, et pour donner en même temps de l'inquiétude aux ennemis, depuis Huningue jusqu'à Mayence je plaçai un corps très-considérable au-delà du Fort-Louis, dans l'île du Marquisat. Ce corps menaçoit les lignes d'Etlingen, et le grain nous descendoit librement par Strasbourg, où je mis trente escadrons qui fourrageoient au delà.

L'armée du siége fut composée de soixante bataillons et cinquante escadrons, sous les ordres du maréchal de Bezons. Il y avoit dans la place environ douze mille hommes commandés par le prince Alexandre de Wurtemberg, lieutenant général de l'Empereur très-estimé. La tranchée fut ouverte la nuit du 24 au 25 juin, et avancée jusqu'à demi-portée de fusil des premiers ouvrages des ennemis avec tant de précautions et si peu de bruit, qu'ils ne s'en aperçurent pas. Ils voulurent pousser une garde de dragons que l'on avoit fait avancer, afin de les empêcher de découvrir les travaux; mais les marquis de Livry et de Belle-Ile prirent les piquets de la cavalerie la plus voisine, et rechassèrent les ennemis jusque dans la contre-escarpe. Les deux premières nuits coûtèrent peu d'hommes, et on passa assez facilement un ruisseau qui étoit devant la lunette la plus éloignée de la place. La nuit du 27 au 28, on acheva une batterie de six pièces de vingt-quatre, pour battre le petit fort détaché qui étoit dans les dehors.

Les ennemis firent le 2 juillet une sortie assez considérable. Le marquis de Biron, lieutenant général de tranchée, sortit du boyau à la tête de trois bataillons de Navarre, et eut le bras emporté d'un coup de canon. Bressac, capitaine de ce régiment, fut tué, et Barberay, lieutenant colonel, blessé. Les ennemis furent chassés dans leur contre-escarpe, et je fis poster le marquis de Biron à la tête de la tranchée, où on lui coupa ce qui lui restoit du bras, quatre doigts au-dessus du coude.

J'écrivis au maréchal de Bezons sur la lenteur du siége. Les termes en étoient très-mesurés, et tels qu'il convient de les employer avec un homme de pareille dignité, et avec lequel on n'oublie aucun égard : mais comme la conduite de la guerre rouloit entièrement sur moi, je ne pouvois m'empêcher de marquer mon étonnement de voir employer dix jours à prendre des ouvrages qui étoient à près d'un quart de lieue de la place. Je sais que la garnison étoit excellente, composée des meilleures troupes de l'Empereur : ainsi les gens qui aiment les précautions avoient de bonnes raisons pour combattre ma vivacité ; mais j'ai pour principe que cette vivacité est toujours convenable quand elle n'est pas imprudente, et je fis sentir que je n'admettrois pas les précautions qui ne seroient pas indispensablement nécessaires. C'est pourquoi, quoiqu'on me remontrât que les préparatifs n'étoient pas encore bien faits, j'ordonnai que, la nuit du 11 au 12, on attaquât tous les ouvrages extérieurs en deçà du chemin couvert. Le marquis de Coigny, lieutenant général de tranchée, et le marquis de Silly, en furent chargés. Le principal ouvrage, défendu par trois cents hommes des ennemis, fut emporté par les grenadiers avec leur valeur ordinaire ; et ces trois cents hommes firent même une médiocre résistance. Il étoit revêtu de front, et la gorge aussi, et il y avoit jusqu'au premier chemin couvert une communication sous terre, par où les ennemis pouvoient le secourir ; mais on ne leur en donna pas le temps. J'avois autour de moi plusieurs officiers généraux volontaires, entre autres les ducs de Luynes et de Richelieu, qui marquoient une grande ardeur dans toutes les occasions.

De ce jour, je me fixai au siége, comme dans le centre et le but principal de mes opérations. J'ordonnai que tous les officiers des divers corps, même éloignés, montassent à leur tour à la tranchée, pour partager tant la peine et le risque que les dépenses, qui étoient assez considérables. Les assiégés avoient beaucoup de mines : nous tâchâmes de les éventer méthodiquement en attachant aussi le mineur, parce que leurs ouvrages étoient revêtus. Cela prenoit beaucoup de temps. Je dis au maréchal de Bezons et à Valory qu'il ne falloit ni trop mépriser l'ennemi, ni trop respecter ; et qu'à en juger par sa défense, on ne lui voyoit ni assez de fermeté, ni assez d'habileté pour ne pas croire qu'on pouvoit aller plus vite. J'avois dès les premiers jours conseillé d'attaquer le chemin couvert d'un peu plus près qu'on ne le fit : ma raison étoit que ce chemin étant tout entier miné, et le terrain fort humide, les ennemis ne chargeroient leurs mines au plus tôt que trois jours avant qu'ils s'attendroient d'être attaqués, et que, les surprenant par une attaque plus prompte, ils n'auroient pas le temps de les charger. Les ingénieurs ne goûtèrent point mon avis, qu'ils trouvèrent téméraire et trop périlleux : cependant l'expérience fit voir qu'outre la perte du temps, qui est très-précieux à la guerre, la perte des hommes fut plus considérable, puisque nous essuyâmes le feu de seize mines toutes en terrain mou, qu'ils n'auroient pas eu le temps de charger, comme ils en convinrent.

Du 12 juillet au 4 août, on prit en détail plusieurs ouvrages qui couvroient le corps de la place. Après s'être emparés, la nuit du 15 au 16, d'un pâté défendu par la rivière de Queiche, qu'il fallut passer sur des ponts à chevalets, on emporta le 18 les contre-gardes. J'étois à l'attaque, commandée par le comte de Cezanne, lieutenant général, et le marquis de Gonzague, maréchal de camp.

Le jour d'après, les ennemis mirent le drapeau blanc, et demandèrent à capituler. Il y eut suspension d'armes d'une heure. Je dis aux officiers qui vinrent : « Vous serez prisonniers de » guerre ; n'espérez pas d'autre traitement. » Ils ne voulurent point y consentir, et on recommença à tirer. Une demi-heure après, un colonel des ennemis vint apporter la capitulation. « Avant que de lire les articles, lui dis-je, celui » des prisonniers de guerre y est-il ? » Il me répondit que le prince de Wurtemberg n'y consentiroit jamais. « Reportez votre capitulation, » répliquai-je. Bien des compliments à M. le prince » de Wurtemberg : vous lui direz que je consi- » dère trop son mérite pour ne pas priver quel- » que temps l'Empereur de ses services, et de » ceux des braves gens qui défendent Landau. » Et on recommença pour la troisième fois à tirer.

Les officiers principaux de l'armée me pressèrent de consentir que la garnison se retirât. Ils alléguoient pour raison que la saison avançoit, qu'on ne pourroit former d'autre entreprise, et qu'enfin il falloit conserver les troupes. Je restai ferme dans ma résolution ; et le lendemain 20 août, le prince de Wurtemberg se rendit prisonnier de guerre avec sa garnison, sans restriction. Il en sortit plus de huit mille hommes. Le Roi n'en perdit que mille, et deux mille blessés dans les hôpitaux. J'envoyai le sieur des Luteaux, colonel d'infanterie, neveu du maréchal Du Bourg, porter cette bonne nouvelle au Roi ; et le chevalier de Valory, fils du lieutenant général, porter quarante-deux drapeaux, et deux étendards de la garnison. Je la répartis à Saverne et à Haguenau, en attendant les ordres du Roi. Je me louai beaucoup de toutes les troupes, surtout des ingénieurs et des grenadiers, officiers et soldats. Ce corps servoit avec une intrépidité qui méritoit des louanges infinies. Je donnai aussi de grands éloges à Vallière, chef des mineurs : il avoit commandé l'artillerie dans tous les siéges de la campagne précédente, et il ne fit pas difficulté à celui-ci de servir sous le sieur Duperrier, moins ancien, qu'il trouva en fonction. Je fis distribuer pendant ce siége plus de dix mille francs de ma bourse aux officiers blessés, leur faisant dire, pour ménager leur délicatesse, que je reprendrois cet argent sur le prêt, bien éloigné cependant de cette volonté. Ils reçurent, et presque tous voulurent rendre.

Il est à observer qu'avant l'ouverture de la compagne on avoit soutenu, pour faire plaisir au maréchal de Bezons, qu'il falloit deux armées; que la sienne marcheroit sur la rivière de Glane, pendant que celle du marchal d'Harcourt passeroit le Rhin au Fort-Louis. Le prince Eugène, placé derrière les lignes d'Etlingen, pouvoit les couper, et les battre l'une après l'autre; mais le moins qui pût arriver, c'est que deux belles armées très-bien entretenues auroient tenu la campagne sans but et sans succès. Et voilà ce que produisent les cabales de cour, uniquement occupées des intérêts des particuliers, et jamais de ceux du Roi.

J'eus la satisfaction de faire subsister pendant trois mois deux cents bataillons et plus de trois cents escadrons dans la longueur de vingt lieues de pays sur cinq de large, entre les montagnes et le Rhin, sans qu'aucun paysan quittât son habitation. Cela n'avoit sans doute été possible que par la plus sévère discipline et la plus exacte économie, parties de la guerre auxquelles je m'étois singulièrement appliqué. Dans une lettre au Roi, je pris la liberté de lui faire cette remarque : « Votre Majesté n'auroit pas été ser» vie si heureusement par ceux qui soutenoient » qu'une armée composée de plus de cent batail» lons et deux cents escadrons ne pouvoit sub» sister sur le Rhin, et qui sur ce fondement se » préparoient à la seule défensive en Allemagne. » Il est certain que les peuples de ce pays, qui jusque-là n'avoient vu nos soldats que le flambeau à la main, surpris qu'on ne fît aucun dégât chez eux, venoient d'eux-mêmes nous apporter nos besoins. Je reçus un témoignage non suspect de cette bonne conduite par un corps respectable, le chapitre de Spire, qui, au hasard de déplaire à l'Empereur, chanta le *Te Deum* pour la prise de Landau. Je ne l'y forçai point; mais le doyen s'y offrit de lui-même, disant que la bonté que le Roi avoit eue de faire rebâtir leur église les obligeoit à ce respect; qu'ils y étoient portés de plus par le bonheur actuel de leur ville, qui s'enrichissoit au milieu de la guerre par la liberté de vendre aussi cher ses marchandises, et par l'exacte discipline des troupes françaises.

Avant que Landau fût rendu, je m'étois occupé de ce qu'il y auroit à faire après. Mes vues tournèrent sur Fribourg. Il semble que le prince Eugène me devina; car il s'appliqua à fortifier puissamment les gorges et les montagnes que je devois occuper par derrière la ville, pour empêcher de la secourir, et les postes en avant, qu'il me falloit emporter avant que d'y arriver. De mon côté, je mis tout en œuvre afin de donner le change à l'ennemi, et d'écarter toute idée que je dusse attaquer Fribourg. Je fis des mouvemens de troupes depuis Huningue jusqu'à Mayence; je couvris le Rhin de bateaux; je plaçai en différens endroits des ponts portatifs, qui pouvoient persuader que j'avois dessein d'insulter les lignes d'Etlingen par Radstadt. J'eus grand soin surtout de faire réparer les fortifications de Landau, afin que si le prince Eugène s'y portoit pendant que je serois occupé à Fribourg, je pusse le laisser morfondre devant cette place, et pénétrer moi-même dans le cœur de l'Empire par Phillingen, mauvaise place qu'il me seroit facile d'emporter. J'envoyai au Roi un Mémoire que j'avois fait moi-même étant sous Landau, où étoient expliqués les divers mouvemens des troupes, aussi bien que les dispositions pour les vivres, l'artillerie, le partage des généraux, et les moyens de cacher les véritables desseins jusqu'au dernier moment.

Le Roi, qui voyoit d'assez grandes difficultés dans l'entreprise de Fribourg, me dépêcha un courrier pour m'engager à faire de nouvelles réflexions, et prendre garde de trop hasarder; mais je ne fus pas ébranlé par ses observations. J'aurois seulement voulu commencer le 5 septembre, persuadé qu'il est plus avantageux d'attaquer avec moins de préparatifs, que de laisser à l'ennemi le temps et le moyen de prévenir les coups qu'on peut lui porter; mais on me demanda jusqu'au 10. Il survint encore des difficultés qui occasionèrent du retardement, surtout au sujet des vivres, que nous devions tirer presque tous des contributions prises sur l'ennemi, et qu'il falloit assurer. M. de Lorraine refusa le plus long-temps qu'il put les chariots qu'on vouloit avoir de chez lui, et on fut obligé de forcer ses sujets. Il survint aussi une difficulté à l'égard des Suisses, qui, fondés sur des conventions qu'ils citoient, prétendoient ne devoir jamais être employés au-delà du Rhin. Le Roi avoit ordonné qu'on les y forçât, même le régiment des gardes. On se souvenoit d'un discours que M. de Turenne avoit tenu en circonstance semblable aux commandans de ce corps : « Mes» sieurs, leur dit-il, naturellement je ne parle » durement à personne; mais je vous ferai cou» per la tête dans le moment, si vous refusez » d'obéir. » Cette douceur *naturelle* que se donnoit M. de Turenne est assez plaisante. Touché de la douleur mortelle des officiers suisses, qui se trouvoient dans la cruelle alternative de manquer à leurs supérieurs ou au Roi, je les laissai en deçà du Rhin, avec d'autant plus de raison qu'ayant à former un siége sur les frontières de cette nation, je crus convenable au service du Roi de la ménager.

Enfin tout fut prêt le 16. Le comte Du Bourg marcha avec quarante bataillons droit sur Fribourg. Un gros corps auquel on donna le plus d'étendue possible parada et manœuvra en deçà du Rhin vis-à-vis les ennemis, qui étoient dans leurs lignes d'Etlingen, comme s'il eût voulu les attaquer; un autre masqua ces mêmes lignes du côté de Radstadt, avec la même démonstration de vouloir les insulter; et j'envoyai un fort détachement de dragons, qui s'avancèrent dans la vallée d'Hornberg, comme si l'armée qui suivoit le comte Du Bourg eût dû attaquer non Fribourg, mais Phillingen. La nuit de ce même jour, je donnai un grand bal à Strasbourg, ainsi que j'avois fait deux ans auparavant lorsque j'entrai dans l'Empire. Le bal me servit encore cette fois à cacher quelques ordres de détail. J'en sortis à la pointe du jour, montai dans ma chaise de poste, et passai le Rhin. A mesure que je trouvois les troupes en marche, je les exhortois d'avancer, et je joignis le comte Du Bourg le 20, à trois heures après midi, au moment qu'il arrivoit au pied du Roscoph.

C'est une montagne qui couvroit Fribourg par rapport à moi, célèbre par son escarpement. Le général Vaubonne avoit employé le temps du siége de Landau à perfectionner les retranchemens qui étoient sur la hauteur : il occupoit la crête avec dix-huit bataillons impériaux. Les redoutes étoient fraisées et palissadées, et la gauche de ce retranchement tenoit au fort Saint-Pierre, qu'on peut dire imprenable par sa situation. Il étoit très-facile aux ennemis d'y envoyer beaucoup plus de troupes, quand ils reconnoîtroient qu'on en vouloit à ce poste : c'est pourquoi j'avois recommandé au comte Du Bourg d'attaquer à quelque moment qu'il arrivât.

Il vouloit des pioches, des outils, des fascines, et plusieurs autres préparatifs. « Rien de tout » cela, lui répondis-je; des hommes ! » Et en même temps je fis marcher toutes les troupes. J'envoyai le chevalier d'Asfeld, lieutenant général, attaquer une demi-lune sur la droite, le comte d'Estrades faire une diversion sur la gauche de l'attaque du chevalier d'Asfeld, et marchai moi-même à la tête de tout, mettant seulement cinq cents grenadiers devant moi. La montagne étoit si escarpée et le rocher si roide, que je sentis mon cheval, quoique très-fort, plier des quatre jambes, et prêt à me faire rouler dans le précipice. Je me jetai brusquement à bas avec grand risque, puisque depuis ma blessure il me falloit toujours deux hommes pour me mettre à cheval. Ma chute fut heureuse : je grimpai des pieds et des mains, aidé par des grenadiers, accompagné de M. le duc, du prince de Conti, de M. de Richelieu, du prince d'Épinoy, et de beaucoup d'autres jeunes gens de qualité, vifs et ardens. Nous fîmes tous ensemble un si violent effort, que les ennemis ne purent tenir. On en tua beaucoup; on prit deux colonels avec plusieurs drapeaux : je les envoyai porter au Roi par le comte de Boissieux, mon neveu. Le reste de l'infanterie se jeta dans Fribourg, et leur cavalerie s'enfonça dans les gorges.

Je la suivis, avec l'intention d'avancer dans le pays autant qu'il seroit possible. On trouva le fort d'Halgrabe abandonné. J'aurois voulu pénétrer plus avant ; mais comme les vivres n'avoient pu marcher aussi vite que l'armée, je me trouvai sans pain, parce qu'on n'avoit pas osé en faire avancer, de peur de découvrir notre dessein. J'en fis ramasser tout ce que je pus dans l'armée, et le donnai à un détachement de mille chevaux, la plupart dragons et hussards, auxquels j'ordonnai de pénétrer aussi loin qu'ils pourroient. Moi-même j'allai quatre lieues au-delà de l'abbaye de Saint-Pierre, voulant qu'il se répandit chez les ennemis que l'armée du Roi rentroit dans l'Empire. Il étoit en effet important que ces peuples, las de la guerre, fussent confirmés dans leur mécontentement par notre retour dans un pays si couvert de lignes et de retranchemens, qu'ils le croyoient inaccessible. C'est pourquoi je ne m'embarrassai pas de faire un peu jeûner la compagnie pendant deux jours : j'allai toujours en avant, quoique nous n'eussions d'espérance que sur le pain que nous pourrions trouver dans les villages et les chaumières éparses. On dînoit comme on pouvoit. M. le duc me donna deux soupers, qui furent gaillards, et sans crainte d'indigestion. Nos troupes, à leur retour dans le camp, trouvèrent du pain sec, pas trop abondamment : mais quand le soldat est victorieux, on le contente de peu. Les mille chevaux dont j'ai parlé allèrent au-delà de Rotweil, et poussèrent des partis fort loin au-delà du Danube.

Revenu devant Fribourg, je réglai les quartiers, et pris les postes qui pouvoient rendre le secours difficile; et même faire perdre l'envie de le tenter. Ce siége étoit une entreprise très-hardie, surtout commencé dans la fin de septembre. Trois forts qui occupoient les montagnes rendoient la ville comme inattaquable ; et, entre les trois, celui de Saint-Pierre passoit pour imprenable. Mais mon espérance étoit fondée sur ce qui auroit peut-être fait perdre à d'autres, savoir sur ce que la ville renfermoit une garnison de dix-neuf bataillons, sans compter les détachemens, et toute la noblesse du pays, qui s'y étoit réfugiée. Les officiers du corps de Vaubonne y avoient aussi leurs femmes et la meilleure partie de leurs équipages, qu'ils n'avoient pas eu le temps de mettre ailleurs. D'après ces connoissances, voici comme je raisonnai : Le siége de la ville peut être long ; mais n'étant pas secourue, on la prendra quinze jours plus tôt ou plus tard. Je ne donnerai aucune capitulation à la garnison, et sa détresse me servira à prendre les forts de Saint-Pierre et de l'Étoile, sans les attaquer. Je m'embarquai sur cette espérance.

Le 27, je réglai les attaques avec le sieur de Valory et les deux principaux ingénieurs : celle de la ville, près de la porte Saint-Martin ; et celle qui pouvoit mener au fort de Saint-Pierre, par la vallée de Saint-Pierre. Le sieur de La Batue, qui avoit commandé dans le château de Fribourg, vouloit que l'on attaquât par la porte de la ville, qui étoit au pied de ce château ; et sa raison étoit qu'on pouvoit par cette attaque saigner la rivière qui passe dans les fossés, et La Batue avoit raison : mais je me laissai aller au désir de Valory et des ingénieurs, parce que quand on fait faire aux gens ce qui n'est pas de leur goût, souvent les choses n'en vont pas mieux. La tranchée fut ouverte la nuit du dernier septembre au premier octobre. On se servit d'un redan le long de la rivière, qui mène presque au pied du glacis de la porte Saint-Martin. Le travail fut poussé à deux cents toises de la palissade. On n'y fit pas grande perte : il y eut seulement entre les travailleurs une petite alarme, que je dissipai par ma présence.

Le soir du premier octobre, les ennemis firent une grosse sortie ; mais les bataillons de la Reine, qui étoient à la tête de la tranchée, les repoussèrent. Le sieur de Beaujeu eut la jambe emportée d'un boulet de canon à côté de moi. Il étoit brigadier, et faisoit la charge de maréchal des logis général de la cavalerie. Ce succès nous donna la facilité d'arranger notre terrain ; de sorte que, la nuit du 4 au 5, nous plaçâmes vingt-quatre pièces en batterie contre la ville et le château. Notre canon commença à en imposer à celui des ennemis : cela ne les empêcha pas de faire deux grandes sorties, l'une le 7, qui fut soutenue par le marquis de Nangis, qui les reconduisit jusqu'au chemin couvert, avec assez de perte de leur côté. Le sieur de Squiddy, capitaine d mes gardes, fut blessé près de moi. L'autre sortie, du 9, se fit sur l'attaque du château, où le terrain étoit très-avantageux aux assiégés, parce qu'ils descendoient sur nos gens : cependant nous n'eûmes que trois capitaines de grenadiers tués, l'un desquels étoit le fils de milord Melford, et environ quatre-vingts soldats tués ou blessés. Les ennemis laissèrent dans nos tranchées beaucoup plus des leurs, et ne firent pas grand dommage à nos logemens, qui furent bientôt rétablis.

J'appris alors que le prince Eugène étoit parti de son camp près d'Etlingen, pour s'approcher de nous. Comme il pouvoit marcher par derrière les montagnes ou par la plaine, je n'oubliai rien pour empêcher qu'il ne m'obligeât de partager mes forces, en me menaçant de deux côtés : je travaillai à le contraindre de se déterminer, de sorte que j'eus toujours le temps de lui opposer mon armée entière. Pour cela, je fortifiai si bien les montagnes, qu'il ne lui restoit de pays accessible que par la plaine. J'allai moi-même visiter les vallées de Staussen, Totnan et d'Obrelet, parce qu'on m'avoit dit que les ennemis, après s'être présentés à la vallée de Saint-Pierre, pouvoient très-aisément retourner par ces vallées, et m'attaquer. Je profitai de l'avis, et mis sur la crête de ces montagnes un gros corps commandé par le sieur Dillon, lieutenant général, ce qui m'assura absolument de ce côté : il pouvoit, à la vérité, m'approcher par la plaine ; mais par cette marche il prêtoit le flanc aux troupes que j'avois mises dans Strasbourg et le fort de Kelh. Je les avois chargées de le harceler, et j'étois sûr que cela me donneroit le temps de rappeler le gros de mes forces, et de les placer dans des retranchemens que j'avois préparés. Ainsi, après cette visite des lieux, je continuai mon siége assez tranquillement.

L'attaque du chemin couvert et d'une lunette qui le défendoit ayant été résolue pour la nuit du 13 au 14, je commandai quarante compagnies de grenadiers, soutenues de plusieurs bataillons. Le hasard fit que les assiégés avoient résolu de leur côté une sortie de douze cents hommes, commandés par le général Vetveseim. Ils se mettoient en bataille sur le glacis, lorsque nos grenadiers sortirent de la tranchée. C'étoient tous gens choisis : l'action fut chaude, et la mêlée meurtrière. Peu de ces douze cents hommes rentrèrent dans la place. Le général ennemi me fut amené à la tête de l'attaque.

La lunette étoit gardée par deux cents hommes, qui se défendirent avec la plus grande fermeté. Les marquis de Vivans et de Puzieux marchèrent avec quatre bataillons, pour soutenir les grenadiers. La résistance des ennemis ne se ralentit pas. Je ne voulois pas manquer le logement, parce que la saison s'avançant plus que de coutume, et la neige couvrant déjà la terre, la prise de cette lunette étoit une circonstance décisive pour le succès du siége. Je fis soutenir mes deux mille grenadiers par trente bataillons. Le combat dura deux heures avec un acharnement égal. Les comtes de Broglie, de Nangis, de Silly, le sieur de Contades, le duc de Richelieu, le duc de Guiche, et plusieurs autres officiers généraux, ne quittèrent pas l'attaque, non plus que moi. Nos grenadiers, qui d'abord étoient entrés dans la lunette, en furent chassés; mais les officiers généraux que je viens de nommer, secondant M. de Vivans, y rentrèrent à la tête des régiments de Poitou et de Royal-Roussillon. Les deux cents hommes qui la défendoient ne voulurent point de quartier, et furent tués jusqu'au dernier. Presque tous nos capitaines de grenadiers restèrent morts, tant dans la lunette que dans le chemin couvert. Le duc de Richelieu, qui faisoit auprès de moi les fonctions d'aide de camp, fut blessé à la tête; et je reçus à la hanche un coup de pierre si violent, que mes habits en furent percés. Les ennemis perdirent beaucoup à cette action ; mais elle nous coûta deux mille hommes. La valeur du soldat y fut portée au plus haut point ; tous ceux qui retiroient leurs officiers blessés retournoient avec empressement au combat sitôt qu'ils les avoient mis hors de la portée des coups. Le gouverneur demanda le lendemain une suspension d'armes pour enterrer les morts. Je l'accordai, et j'en profitai pour soustraire aux yeux des soldats des objets qu'il est quelquefois bon d'éloigner de leur vue.

Cependant l'attaque du château n'avançoit pas. Je n'en avois jamais espéré un grand succès, et n'avois compté sur la prise du château que par celle de la ville. Les ennemis firent le 16 un signal du fort de Saint-Pierre, et on eut lieu de croire que c'étoit pour avertir le prince Eugène qu'ils étoient pressés. Il étoit alors sur les hauteurs de Holgraph : il y demeura un jour, et se retira. J'établis le 18 six batteries sur le chemin couvert. Les princes du sang même me prièrent alors de laisser sortir des dames de Fribourg : « Permettez, leur répondis-je, que » je ne diminue en rien l'inquiétude des enne- » mis, surtout des plus galans de leurs géné- » raux; » et je persistai malgré eux dans une dureté qui nous fut très-utile.

Je comptois que les nouvelles batteries commenceroient à tirer du 19 au 20, et je ne fus pas trompé : elles furent servies à souhait. On renversa la contre-escarpe dans le fossé, on commença à le saigner, et à y jeter des fascines et des sacs à terre ; mais il restoit aux ennemis deux batteries dans les flancs bas, couvertes par les oreillons des bastions. Elles rasoient le fossé, et étoient trop basses pour que notre canon pût bien les voir. Malgré cela, les ponts furent achevés le 27, ou plutôt les fossés furent comblés, et on se trouva en état de monter à l'assaut le 30 ; mais à huit heures du matin il parut un drapeau blanc sur la brèche, et le marquis de Villeroy m'amena deux magistrats qui m'apprirent que le gouverneur les avoit abandonnés, et s'étoit retiré dans les châteaux. Mon premier soin fut de courir à la brèche, pour garantir la ville du pillage. Il étoit temps. Je trouvai le duc de Tallard, colonel de tranchée, qui avoit beaucoup de peine à empêcher les soldats : cependant j'en vins à bout avec quelque peine aussi, et je garnis du régiment des gardes tous les endroits par où on pouvoit entrer. Je fis enfermer dans le couvent et le jardin des capucins plus de cinq mille prisonniers que le gouverneur avoit abandonnés à ma discrétion, aussi bien que toutes les femmes des généraux et officiers, qu'ils avoient laissées dans la ville avec leurs équipages ; et j'envoyai Contades, major général, porter à la cour cette heureuse nouvelle.

Moyennant un million que la ville donna, elle se racheta du pillage et de l'incendie, à condition cependant qu'on ne tireroit pas des forts et du château où la garnison s'étoit retirée ; et je fis dire au gouverneur que s'il en partoit un seul coup, je ferois tout passer au fil de l'épée. Une autre chose à laquelle il ne s'attendoit pas, c'est que j'ajoutai que comme il avoit jugé à propos d'abandonner à ma discrétion plus de cinq mille hommes de sa garnison, blessés et autres, je ne tromperois pas sa confiance, et qu'il ne leur seroit fait aucun mal ; mais qu'ils n'auroient d'autre subsistance que celle qui leur seroit envoyée du château. Sur cette déclaration, le gouverneur demanda permission d'envoyer des officiers au prince de Savoie pour lui apprendre sa situation, et voir s'il voudroit changer quelque chose à l'ordre précis qu'il lui avoit donné de se défendre jusqu'à la dernière extrémité, avec promesse de le secourir.

Pendant cette espèce d'armistice, je remis quelque ordre dans la ville, où régnoit une horrible confusion. On trouva vingt-quatre pièces de canon en état de servir, qui, jointes à celles que j'avois déjà, me firent soixante pièces de vingt-quatre, et quarante mortiers prêts à foudroyer le château, si la réponse qu'on attendoit du prince Eugène n'étoit pas conforme à ma demande. Je les mis en batterie sans essuyer un seul coup de fusil. Pour les vivres à fournir aux prisonniers, le gouverneur m'écrivit une lettre très-pathétique, dans laquelle il me mandoit que son honneur ni celui de la garnison ne lui permettoient pas de se défaire des vivres qui lui étoient nécessaires, pour suivre les ordres de son maître et de son général ; et qu'il ne croyoit pas que ma religion me permît de faire mourir de faim des chrétiens dont j'étois le maître.

Je lui répondis : « Mon honneur, ma religion » et ce que je dois à mon maître et aux Fran- » çais, ne me permettent pas de laisser du pain » à un ennemi qui n'en veut que pour tuer les » Français : ainsi vous enverrez du pain aux » soldats que vous avez abandonnés, ou vous » répondrez à Dieu de ceux qui périront à vos » yeux. » Et, pour rendre ma réponse plus efficace, deux jours après je fis porter aux barrières du château une vingtaine de soldats épuisés de faim. La garnison voyant ses camarades prêts à périr obligea le gouverneur de donner du pain et de la viande aux prisonniers, et retira dans le château ces vingt malheureux. Comme je savois que les troupes des forts n'avoient pas des vivres pour deux mois, et qu'elles étoient forcées de les partager avec plus de cinq mille hommes abandonnés dans la ville, je comptois dès lors bien sûrement qu'elles ne soutiendroient pas trois semaines, et que je les aurois peut-être plus tôt.

Ma fermeté fut blâmée par les dames de la cour de France, et même par quelques officiers généraux de mon armée. Le sieur de Guerchois, qui en fut informé, m'envoya plusieurs exemples tirés de l'histoire qui justifioient ma conduite, et il m'exhorta à tenir bon : mais je n'avois pas besoin d'encouragemens, et je n'avois garde de négliger le seul moyen qui me restoit pour me rendre maître de cette importante et forte place, dont il y avoit des parties imprenables.

J'allai loger dans la ville même, pour être derrière les batteries que je destinois à foudroyer le château. Le gouverneur, impatient de voir tout préparer sous ses yeux pour sa ruine, fit quelques difficultés de laisser faire nos travailleurs sans obstacles de sa part. Je lui réitérai mes premières menaces, et il nous laissa mettre tout en état de tirer le 12 novembre.

Le 10, le général Vactendonne vint me dire de la part du gouverneur que la réponse du prince Eugène ne lui donnoit pas une liberté entière, et il demandoit la permission de retourner. « Je ne puis le faire, répondis-je, qu'à condition » que le fort de Saint-Pierre me sera remis sur- » le-champ. » La proposition fut refusée. Comme j'avois besoin de cinq ou six jours encore pour recevoir l'augmentation d'artillerie que j'attendois, je permis au général Vactendonne d'aller trouver le prince Eugène, à condition qu'il seroit de retour le cinquième jour. Cependant je fis les dispositions nécessaires pour attaquer Kirn et Trarbach immédiatement après la prise de Fribourg. Je ne m'en serois pas tenu à cela, si j'avois pu m'assurer des vivres ; j'aurois voulu marcher avec une partie de l'armée à la tête du Danube, et pousser des partis considérables dans l'Empire. Mais quelque diligence que fît le sieur Paris, munitionnaire général, il lui fut impossible de donner du pain d'avance aux troupes pour huit jours.

Enfin, le 13 au soir, le gouverneur reçut du prince Eugène la permission de rendre les forts. J'envoyai le duc de Richelieu porter au Roi cette grande et importante nouvelle. La garnison sortit le 20, au nombre de six mille hommes. Elle en avoit perdu plus de quatre, sans compter ce qui avoit été laissé dans la ville à ma discrétion. On trouva dans les forts et châteaux une quantité prodigieuse de munitions de guerre et d'artillerie. Ce même jour, je séparai l'armée. Comme elle étoit composée de deux cents bataillons et de trois cent soixante escadrons, il n'auroit pas été possible que les routes et les étapes ordinaires fussent suffisantes. Je fis prendre du pain pour cinq jours, et fis suivre les divers corps par toutes les charrettes que j'avois de l'Alsace et de la Lorraine, jointes à celles des vivres, qui serviront aussi à transporter les soldats malades et fatigués. Il fallut partout ouvrir les chemins à force de bras, parce qu'il y avoit deux pieds de neige sur la terre ; faire partir les divisions les unes après les autres, à mesure que les fourrages se consommoient et avec le plus grand ordre, pour prévenir la confusion, si facile à mettre entre tant de gens.

Pendant que les subalternes s'occupoient de ces détails, une affaire pour le moins aussi importante fixoit mon attention : c'étoit la paix. On m'en avoit fait quelques ouvertures dès le temps que les princes palatin et de Dourlach avoient entretenu auprès de moi des envoyés sous prétexte de leurs intérêts pendant le siége de Landau. J'en avertis le Roi, qui daigna me charger de cette grande affaire, et m'envoya le premier septembre les pouvoirs pour la traiter. La négociation s'échauffa à mesure que nos armées devenoient plus heureuses. Lorsque nos troupes entrèrent dans l'Empire, au commencement du siége de Fribourg, je sus que les États de Souabe avoient demandé l'assemblée des cercles voisins, afin de pourvoir à leur commune sûreté, et que, malgré la cour de Vienne, l'assemblée avoit eu lieu. Les sieurs baron de Honteim et Becker, ministres de l'électeur palatin, et qui parloient aussi pour l'Empereur, me dirent que le prince Eugène étoit comme moi chargé de traiter la paix ; et en effet, sitôt que Fribourg fut rendu, ce prince m'écrivit qu'il avoit reçu les pleins pouvoirs de l'Empereur, et me proposoit le château de Radstad pour nos conférences. Je l'acceptai, et nous fîmes aussi par lettres plusieurs arrangemens concernant notre séjour. Nous réglâmes que nous aurions chacun pour notre garde seulement cent maîtres et cent hommes de pied. Il ne fut pas question du cérémonial ; il étoit inutile entre nous. Comme ce qu'il y avoit de plus grand dans les deux armées désiroit se trouver à l'ouverture des conférences, le prince Eugène me manda que, crainte de confusion et d'accident, il ne le permettroit qu'à cinq ou six, savoir le prince de Dourlach, le duc d'Aremberg, les généraux Flackestein et Kœnigseck. Je ne donnai de mon côté la permission qu'au duc de Rohan, au comte Du Bourg, messieurs de Châtillon, Contades, Belle-Ile, et Saint-Fremont.

J'arrivai à Radstadt le 26 novembre à quatre heures après midi, et le prince de Savoie une demi-heure après moi. Sitôt que je le sus dans la cour, j'allai au-devant de lui au haut du degré, lui faisant des excuses de ce qu'un estropié ne pouvoit descendre. Nous nous embrassâmes avec les sentiments d'une ancienne et véritable amitié, que les longues guerres et les différentes actions n'avoient pas altérée. Je le menai dans son appartement, qu'il avoit choisi du côté droit, parce que tout ce qui venoit de l'Empire pouvoit lui arriver sans passer sous nos yeux ; et le côté gauche avoit la même commodité pour moi. Un quart d'heure après, le prince vint me rendre visite : il demeura une demi-heure, retourna chez lui, où il ne resta que peu de temps, et revint. « Les visites de cérémonie rendues, » me dit-il, j'avois impatience de rendre celles » d'amitié, et j'aurois été bien fâché que vous » eussiez pu me prévenir dans celles-là. Nous » sommes trop voisins pour que je ne cherche » pas souvent à en profiter. » Je répondis comme je devois à des avances si flatteuses. Nous réglâmes notre journée. Il fut convenu que nous dînerions alternativement l'un chez l'autre avec les principaux chacun de notre parti, et qu'il y auroit le soir un jeu dans mon appartement, qui étoit le plus commode. Ce fut d'abord au piquet, auquel nous substituâmes ensuite un brelan très-médiocre qui se faisoit sur les six heures du soir, et quelquefois on soupoit ensemble.

Dans la première conférence, le prince Eugène me dit que l'Empereur vouloit sincèrement la paix, mais qu'il étoit obligé aux égards convenables avec les princes de l'Empire ; qu'il étoit persuadé que si on n'avoit eu d'autre objet que d'amuser, on ne l'auroit pas chargé de la commission. Je lui en dis autant, et sur cela nous étions d'accord ; mais nous ne le fûmes pas sur ce qu'il me soutint que nous avions les premiers demandé la paix. Il en vouloit inférer que c'étoit à nous à recevoir les conditions, et non à les faire, et que nous ne devions pas nous flatter de les obtenir bien avantageuses pour nos alliés de l'Empire. Les conversations à ce sujet furent très-vives et très-sérieuses, toujours cependant de part et d'autre avec la politesse, les termes de respect et de vénération dus aux deux souverains : mais qui nous auroit entendus auroit cru que nous n'avions pas deux jours à rester ensemble.

» Les ministres de l'électeur palatin, me dit le » prince Eugène, ont toujours fait entendre que » les premières avances pour la paix venoient » du côté de la France. — Ils ont apparemment, » lui répondis-je, joué le rôle ordinaire des mé- » diateurs, qui, pour rapprocher les deux par- » ties, ne se font pas scrupule de prêter à l'une » vis-à-vis de l'autre l'empressement qu'elle n'a » souvent pas. Mais je m'en rapporte à la pro- » bité du baron de Honteim et du sieur de Bec- » ker : qu'ils disent si ce ne sont pas eux qui » ont désiré de venir près de moi, et si dès la » première entrevue je ne leur ai pas déclaré » hautement que jamais le Roi n'abandonneroit » les intérêts des électeurs de Bavière ni de Co- » logne, et qu'il ne feroit point de paix que les » dernières conquêtes ne lui demeurassent. Sans » doute mes discours ont passé à la cour de » Vienne ; et si elle avoit trouvé mes proposi- » tions inadmissibles, nous ne serions pas ici. »

On passa d'abord en revue tous les objets, grands et petits, avec assez de chaleur. Je remarquai que c'étoient les médiocres qui donnoient le plus d'humeur. Le prince Eugène ne pouvoit digérer que, sur la pressante recommandation du roi d'Espagne, le nôtre demandât une principauté en Flandre pour la princesse des Ursins. « Encore, disoit-il, si c'étoit pour » un général auquel il eût d'aussi grandes obli- » gations qu'à vous, je n'en serois pas surpris : » mais pour cette dame, vous me permettrez de » vous en marquer mon étonnement. » Comme j'insistois, il arriva deux ou trois fois qu'il me dit : « Nous n'avons qu'à nous séparer. — C'est » au moins, lui répondis-je, une grande satis- » faction pour moi d'avoir passé deux jours avec » l'homme du monde pour lequel j'ai l'attache- » ment le plus vif. Mais si nous recommençons » la guerre, lui dis-je, où prendrez-vous de l'ar-

15.

» gent? — Il est vrai que nous n'en avons pas, » me répondit-il; mais il y en a encore dans » l'Empire. — Pauvres États de l'Empire, m'é- » criai-je, on ne vous demande pas votre avis » pour entrer en danse : il faut bien que vous » suiviez ensuite. » Mon exclamation le fit sourire.

Enfin on commença à s'entendre, et je pus le 5 décembre présenter au Roi le plan d'une négociation qui prenoit de la consistance. Je lui mandai que depuis dix jours je bataillois avec le prince Eugène sur Landau. Je voulois qu'il fût laissé fortifié à la France, et le prince déclara que ses instructions portoient une exclusion entière de cet article. « Cependant, ajoutois-je, » dans la journée d'hier le baron de Honteim » ayant souvent parlé à l'un et à l'autre, il fut » dit que sans Landau il n'y avoit de ma part » aucun consentement à la paix; mais qu'en at- » tendant les résolutions de la cour de Vienne » sur cet article, on pouvoit traiter les autres; » pour ne pas perdre un temps précieux et né- » cessaire à l'entière consommation de l'ouvrage. » Ainsi donc nous avons traité sur la base de la » paix, et la cour de Vienne consent que cette » base soit le traité de Ryswick, comme j'en ai » l'ordre de Votre Majesté. »

Ainsi, après une guerre de quatorze ans, pendant laquelle l'Empereur et le roi de France avoient été près de quitter leurs capitales, l'Espagne avoit vu deux rois rivaux dans Madrid, presque tous les petits États d'Italie avoient changé de souverains, une guerre dont toute l'Europe, excepté la Suisse et quelques lieux dans les autres parties du monde, avoient ressenti les horreurs, nous nous remettions précisément au point d'où on étoit parti en commençant.

J'écrivis en même temps au Roi ce que je croyois qui pouvoit s'obtenir sur les autres articles, et je lui demandai ses dernières résolutions. « M. le prince Eugène, lui disois-je, passe la res- » titution totale de l'électeur de Cologne : je la » demande pareille pour l'électeur de Bavière, » et cet article passera sans difficulté. Il n'est ce- » pendant pas entièrement accordé, parce que » je demande un dédommagement. Le prince Eu- » gène soutient qu'il prouvera que les hostilités » ont commencé par les Bavarois, et qu'au pis » aller on ne devroit qu'une année, puisque l'é- » lecteur a été mis au ban de l'Empire, et que » ce ban confisque tous ses biens. Il m'a ajouté » que ses meubles sont encore dans ses châteaux; » qu'on n'en a rien enlevé, comme il a fait à » Inspruck; qu'on les lui donnera, mais qu'on » ne consentira à aucune espèce de dédommage- » ment.

» Il paroît que le prince de Savoie deman- » dera que les affaires de l'Italie en général, sur- » tout celle de Mantoue et celle du marquisat de » Burgaw, soient renvoyées à la chambre de » Weslar et au conseil aulique, ces tribunaux » étant les juges naturels et les seuls compétens » des fiefs de l'Empire. Il m'a aussi parlé des » fortifications d'Orbitello et de Porto-Longone, » de la possession de Sabionetta. Je lui ai ré- » pondu que ce seroient des objets à discuter » quand je serois mieux instruit; mais que ces » articles n'empêcheroient point la paix quand » on seroit d'accord sur les autres.

» Je n'obtiendrai rien pour madame des Ur- » sins et le prince Ragotzky. La maison d'Au- » triche compte donner des dédommagemens » à l'électeur palatin. Comme elle les prendra » sur elle, ce n'est point à moi à les restreindre : » il faut seulement que je sache si je dois m'op- » poser jusqu'à rompre, en cas que ce prince » prétende la dignité royale avec l'île de Sar- » daigne. Il est certain que la justice veut abso- » lument qu'il ne soit pas dégradé pour avoir été » fidèle à l'Empereur, et en général je supplie » de nouveau Votre Majesté de me donner ses » ordres précis sur les articles qui doivent me » faire rompre, supposé qu'on ne les passe point.

» Le prince de Savoie déclare positivement » que l'Empereur demande la confirmation des » privilèges des Barcelonais, qui lui ont montré » tant d'attachement pendant qu'il étoit en Es- » pagne, et qu'il a ordre de ne rien conclure » sans cela. J'ai répondu que j'ignorois si Votre » Majesté voudroit faire des offices sur ce sujet » auprès du Roi son petit-fils; mais que, selon » moi, on ne pouvoit lui demander rien de plus. » Quant à la paix d'Espagne, lorsque j'en parle, » le prince de Savoie me répond que Votre Ma- » jesté en sera l'arbitre. Je voudrois, en atten- » dant, qu'il fût renoncé de part et d'autre, par » le roi d'Espagne et par l'Empereur, aux titres » des États qu'on ne possède pas. Le prince de » Savoie paroît tenir à ces titres, et j'y ai con- » senti, à condition que cela ne pourra causer » aucun sujet ni prétexte de nouvelle guerre. » J'ai déclaré aussi que M. le duc de Hanovre » sera reconnu en qualité d'électeur; mais que » pour la Flandre, je ne crois pas que Votre » Majesté veuille rien changer à ce qui a été ré- » glé à Utrecht. Enfin j'ai l'honneur d'assurer » Votre Majesté que je crois la paix faite moyen- » nant la paix de Riswick en entier, la restitu- » tion des électorats, mais sans dédommagement, » et Landau fortifié, avec le Fort-Louis, pour » Fribourg qui sera rendu. »

Regardant la paix comme à peu près faite, je

jugeai à propos de rappeler à madame de Maintenon les espérances brillantes que m'avoit données M. de Chamillard quand je fus envoyé en Flandre en 1709. « Jamais, lui disois-je (1), il
» n'y a eu de connétable ni peut-être de géné-
» ral, à remonter dans les siècles les plus recu-
» lés, qui ait été honoré de commandemens
» d'armées si considérables pendant tant d'an-
» nées, dans des circonstances plus dangereuses,
» et qui s'en soit tiré plus heureusement. » J'en concluois que ce ne seroit pas présomption à moi de demander l'épée de connétable, que le ministre lui-même m'avoit exhorté de regarder comme le prix légitime de mes services, surtout si j'y ajoutois la paix.

Mais nous en étions encore éloignés. On s'en tenoit à la cour à des bagatelles qui faisoient craindre au prince Eugène qu'on ne procédât pas franchement, et que, par des démonstrations de désir de paix auxquelles on ne donneroit aucun effet, on ne cherchât à brouiller l'Empereur avec l'Empire. Il menaça de se retirer. J'en écrivis assez vivement à M. de Voisin : « Vous ne
» voulez donc pas la paix ? lui dis-je (2). A la
» bonne heure. Je ne puis rien ajouter aux con-
» ditions que j'ai envoyées. Le prince Eugène
» est persuadé qu'il y a une cabale de cour qui
» veut principalement m'empêcher de signer
» cette paix, et il ne sauroit comprendre qu'on
» ne se contente pas des conditions proposées : il
» ne se relâchera assurément pas. Mais, en vé-
» rité, qu'est-ce que le Roi veut de plus pour sa
» gloire que le rétablissement entier d'un prince
» qui a mis l'Empire à deux doigts de sa perte,
» et qui même le pouvoit renverser s'il avoit
» suivi mes conseils ? Il nous a bien porté mal-
» heur depuis : Dieu veuille qu'il ne nous en
» porte pas davantage !
» Le prince Eugène m'a dit que l'Angleterre,
» ou plutôt un de ses ministres, trouble la paix ;
» qu'il sait que l'électeur de Bavière a fait offrir
» quatre cent mille écus à milord Strafford s'il
» peut être maître de la négociation et lui faire
» avoir les Pays-Bas, et il m'a assuré que mi-
» lord Strafford feroit tous les efforts imaginables
» pour troubler : ainsi tenez-vous en garde con-
» tre ces menées sourdes. M. le prince Eugène
» vient de me dire que, par estime et par ami-
» tié pour moi, et persuadé que je veux sincère-
» ment contribuer à la paix, il demeurera en-
» core sept jours ; qu'après cela il partira, si nous
» ne finissons sur les conditions proposées ; et

(1) Lettre à madame de Maintenon, du 12 décembre. (A.)
(2) Lettre à M. de Voisin, du 16 décembre. (A.)

» que, les conférences rompues, il n'y aura que
» la destruction d'un des deux partis qui puisse
» donner la paix.
» Pour moi, monsieur, je ne crois pas que les
» négociateurs mentent toujours : ce n'est ni mon
» caractère, ni celui de l'homme avec lequel je
» traite ; et il n'y a, après ce qu'il a dit, qu'à
» rompre ou conclure. Si les principaux points
» sont passés, les autres ne doivent pas empê-
» cher la paix générale. On aura beau les repré-
» senter jusqu'à l'importunité, je prévois que
» j'y gagnerai peu. Je m'attendois à des remer-
» ciemens de conditions aussi glorieuses et avan-
» tageuses, et tout au contraire je vois que des
» bagatelles perpétuent la guerre. Comptez que
» la paix sera faite ici, ou rompue pour toujours.
» Renvoyez-moi donc le plus vite un de vos
» courriers, car sept jours sont bientôt passés ;
» et s'ils nous trouvent séparés, je crois que je
» n'aurai d'autre parti à prendre que de retour-
» ner à la cour. Je suivrai la route de Metz ; et
» je vous assure, monsieur, que je voudrois bien
» y être retourné droit de Fribourg. »

Il faut savoir et dire ici qu'il y avoit en effet une petite cabale à la cour qui désapprouvoit la paix, toute glorieuse qu'elle étoit, parce que je la traitois. Le marquis de Torcy, ministre des affaires étrangères, étoit peiné de ce que ma correspondance s'adressoit à M. de Voisin, ministre de la guerre ; mais le Roi l'avoit ordonné ainsi. J'écrivis très-fortement à M. de Torcy que je n'avois pas désiré d'être chargé de la négociation, et que si on la croyoit mal conduite, il n'y avoit qu'à en envoyer un autre. Je n'écrivis pas moins vivement à M. de Voisin et à madame de Maintenon sur cette mésintelligence, qui occasionnoit des retards, et apparemment mes lettres firent impression, puisque je reçus à jour dit le courrier du Roi, qui me marqua être très-content des principaux points sur lesquels on convenoit de la paix. Il se contentoit de la cession de Landau fortifié, et du rétablissement des électeurs sans dédommagement. Mais le prince Eugène insista à demander le rétablissement de tous les priviléges des Catalans, que l'Empereur désiroit comme un point auquel son honneur étoit intéressé, parce qu'il ne pouvoit consentir que des peuples qui s'étoient sacrifiés pour lui pussent lui reprocher de les avoir abandonnés.

Nous eûmes à cette occasion des conversations très-vives, mais qui n'altéroient point notre amitié réciproque. Je puis dire que nous traitions franchement et noblement ; et comme, malgré l'attention que nous avions l'un et l'autre à ne mettre ni aigreur ni même trop de chaleur dans les disputes que nous étions obligés d'avoir ensemble, quand cela arrivoit, nous nous étions avisés de nous servir du comte Kœnigseck et de Contades pour nous faire des excuses de nous être un peu échappés, et on n'en parloit plus.

Cette conservation des priviléges des Catalans, réclamée si opiniâtrément par l'Empereur, mit un air de pique dans notre conversation du 29 décembre. Nous nous quittâmes sans rien nous relâcher, et fort sérieusement. Le lendemain, le prince Eugène me trouvant plus gai, me demanda d'où venoit cette meilleure humeur. « De quelques réflexions, lui répondis-je ; et les » voici : Je vous avoue que j'étois pressé de voir » une paix que nous avions lieu de croire faite » après la cession de Landau et le rétablis» sement des électeurs, sur le point cependant » d'être rompue parce que le Roi demandoit pour » ces princes des dédommagemens, ou la Flan» dre. J'ai obtenu de Sa Majesté qu'elle se désistât » de ces prétentions : c'est à vous, monsieur le » prince, à être sérieux quand vous songerez que » l'Empire pourra reprocher à l'Empereur d'avoir » sacrifié ses intérêts et son repos aux priviléges » des peuples révoltés de Catalogne. Ainsi, mon» sieur, la paix manquant par l'Empereur, je suis » très-aise de la continuation d'une guerre que » nous ferons sur le pays ennemi, et très-flatté » de la gloire que l'on peut espérer contre le plus » respectable général de l'Europe. »

Il me répondit d'un air touché : « Monsieur le » maréchal, vous avez écrit très-fortement pour » renouer la paix. Vous avez raison, et j'en ai » de bonnes pour écrire présentement avec la » même force. » Et après avoir rêvé un moment, il ajouta : « Monsieur le maréchal, vous voulez » bien que je juge de vous par moi, et je vous sup» plie de juger de moi par vous-même. On veut » croire dans le monde entier que nous voulons » tous deux la continuation de la guerre, et je » vous assure que la paix ne seroit jamais faite » si d'autres que nous la négocioient : c'est que » nous traitons en gens d'honneur, et d'une » manière bien éloignée de toutes les finesses » que plusieurs estiment nécessaires dans les » négociations. Pour moi, j'ai toujours pensé, » et je sais que vous pensez de même, qu'il n'y » a pas de meilleure finesse que de n'en pas » avoir. »

[1714] Après cette ouverture sur les raisons que le prince Eugène disoit lui-même avoir d'écrire fortement pour la paix, je ne doutai pas que les Catalans ne fussent abandonnés, ou qu'on ne trouvât quelque biais pour sauver l'honneur de l'Empereur sans les aider : restoit à écarter les prétentions chimériques de l'électeur de Bavière sur la Flandre. Persuadé que les ministres de l'Empereur, qui s'étoient fait donner des terres considérables en Bavière et dans le Haut-Palatinat quand il avoit été mis au ban de l'Empire, seroient ébranlés par leurs propres intérêts, il leur faisoit offrir de leur abandonner ces terres pour toujours, et d'autres même plus considérables, s'ils portoient l'Empereur à lui céder la Flandre. Je mandai au Roi que de telles visions retardoient tout ; que l'Empereur ne paroissoit aucunement disposé à céder la Flandre ; et que quand même ses ministres pourroient être séduits par leurs intérêts particuliers, le prince de Savoie n'étoit pas de caractère à se laisser corrompre de même.

Nous avions aussi, outre madame des Ursins, à contenter encore plusieurs autres parties qui se prétendoient lésées par la guerre, et sollicitoient des restitutions. Sur les ordres du Roi, je demandai le marquisat de Viadana pour le marquis de Sainte-Croix. « Savez-vous bien, me dit » le prince Eugène, que ce petit présent que » vous demandez de l'Empereur pour le mar» quis de Sainte-Croix vaut près de quarante » mille écus de revenu ? — Si cela est répon» dis-je, je ne le demande plus : je vous conseille » de le prendre pour vous. Je sais que vous avez » pu en avoir de plus considérables, et que ce» lui qui a donné à l'Empereur le Milanais, Na» ples, la Sicile, la Sardaigne, et qui a rétabli » le duc de Savoie, pouvoit espérer beaucoup » mieux sans comparaison. Mais je ne vous con» nois aucune retraite : vos palais de Vienne » n'en sont pas une, ni votre île du Danube, » avec votre comté de Baranivar. Quoiqu'il soit » très-constant que vos importans services ren» dus à la maison d'Autriche vous donneroient » toujours le premier rang dans la cour de l'Em» pereur, la sagesse veut que l'on ait une re» traite, et il me semble en effet que vous m'a» vez dit qu'il y a eu des temps où vous avez » songé à vous retirer. — Vous avez une famille, » me répliqua le prince, et je ne suis pas surpris » que vous pensiez ainsi : pour moi qui n'en ai » pas, je vous assure que si je me retirois, un » million de revenu ou douze mille livres de » rente me seroient la même chose. » Il me proposa de nouveau de demander pour moi le duché de Limbourg, que la princesse des Ursins sollicitoit. « Je suis sûr, me dit-il, que l'Empereur se » fera un plaisir de vous l'accorder. » Les sieurs de Saint-Fremont et Contades, qui étoient auprès de moi, le duc d'Aremberg et Kœnigseck, qui étoient auprès du prince Eugène, étoient étonnés de nous voir tous les jours disputer avec la dernière vivacité pour des principautés et des États demandés par le Roi, l'Empereur et le roi d'Espagne pour des particuliers, et que nous ne fissions rien pour nous-mêmes.

Le 3 janvier le Roi m'écrivit une lettre qui ôtoit au prince Eugène toute espérance d'obtenir les priviléges des Catalans, et qui m'ordonnoit de partir si on insistoit. Il me répondit : « Je suis persuadé que si nos maîtres n'avoient » pas voulu sincèrement la paix, ils ne se se- » roient pas servis de gens comme nous, qui ne » sommes point faits pour plaider : ainsi nous » ne romprons pas, parce que vous et moi sau- » rons écarter ce qui nous paroît véritablement » injuste. On m'a cru parti de Radstadt quand » vous n'avez pas paru content de la restitution » totale des électorats sans dédommagement, » avec la cession de Landau fortifié ; peut-être » croira-t-on chez vous que vous voudrez partir » aussi parce que je ne me relâche pas sur les » priviléges : mais je vous ai donné le bon » exemple de demeurer ; vous le suivrez, et il » faut espérer que nous finirons. »

Je commençois à douter du succès, parce que je savois que plusieurs personnes éloignoient le Roi de la paix. Il me répondit que le roi de Prusse, celui de Pologne, et l'électeur d'Hanovre tâchoient aussi d'en éloigner l'Empereur. « Vous ne vous attendez pas, lui dis-je, quoi- » que premier ministre de l'Empereur, vu les » cabales de votre cour, à être entièrement ap- » prouvé. Pour moi, je sais qu'étant sans crédit » dans la mienne, ce qu'il y a de plus considé- » rable sera au désespoir si la paix se fait par » mon ministère. Mais armons-nous de courage, » ne songeons qu'aux véritables intérêts de nos » maîtres, et finissons. » C'étoit toujours là notre refrain.

Le 14 janvier, nous dressâmes un modèle de traité, que nous envoyâmes à nos cours respectives. Nous y remettions l'article de la princesse des Ursins et celui des Catalans à l'assemblée qui devoit se tenir pendant l'été dans quelque ville de Suisse ou d'Allemagne, pour la signature de la paix générale. Mais le 21, nous reçûmes presque au même moment des courriers de Versailles et de Vienne, qui portoient des ordres absolument opposés sur les Catalans. Le prince Eugène déclara qu'il lui étoit enjoint de partir, si le Roi ne retiroit pas les troupes qu'il prêtoit au roi d'Espagne pour soumettre Barcelone : je le refusai. Il insista qu'il fût du moins libre à l'Empereur d'envoyer, sans rompre la paix, des secours d'hommes, de vivres et d'argent : je refusai encore. Mais dans le cours de la conversation il m'expliqua bien clairement que l'Empereur n'avoit aucun moyen de faire la guerre au roi d'Espagne, aucune force maritime ; et même que la vente de Final, qu'il venoit de faire aux Génois, marquoit bien qu'il n'étoit pas occupé des entreprises de mer. Par cette explication, je compris qu'il n'étoit question que de laisser à l'Empereur la faculté de dire à des peuples qui s'étoient sacrifiés pour lui qu'il faisoit tout ce qui étoit en son pouvoir. Je ne fis donc plus difficulté d'accorder une liberté qui devoit servir si peu.

Nos projets de traité revinrent apostillés. Le prince Eugène, trouvant dans les articles envoyés de Versailles plusieurs points qu'il ne pouvoit passer, me dit : « J'ai ordre de rompre si » on fait de nouvelles difficultés. Mais faisons » de nouveaux efforts : peut-être viendrons-nous » à bout de tout concilier. » Il n'y avoit à la vérité que de petites difficultés, qui regardoient les princes d'Italie ; des titres, les villes à choisir pour le congrès futur, une obstination à vouloir que l'Empereur traitât pour lui seul, et non pour les autres princes d'Allemagne. « Êtes- » vous donc absolument résolu, me disoit le » prince Eugène, de brouiller l'Empereur avec » l'Empire, comme je m'en doutois d'abord ? » Je le rassurai ; nous convînmes que nous ne suspendrions pas la conclusion de la paix générale pour ces petites difficultés, mais qu'il falloit cependant les lever.

J'en écrivis assez vivement le 28 janvier à M. de Voisin et au marquis de Torcy ; et, par le conseil de messieurs Contades et de La Houssaye, je mêlai aux raisons politiques des plaintes de la conduite que l'on tenoit dans cette affaire. Je ne leur cachai pas que je m'apercevois de quelque jalousie ; qu'on s'efforçoit de faire prévaloir de petits intérêts sur les grands objets dont nous étions occupés : que si on vouloit continuer la guerre, il n'y avoit qu'à me le mander, à moins qu'à la résolution déjà prise de n'avoir pas la paix, on ne voulût joindre celle de me charger de la rupture. « Je ne puis, ajoutois-je, » souffrir davantage les discours que l'on tient » à la cour, où l'on répand que j'ai consenti à » des conditions plus dures que celles de Gertruy- » demberg. La paix la plus glorieuse est au pou- » voir du Roi : il y joint, à l'avantage de réta- » blir tous ses alliés, d'en récompenser même » plusieurs, celui de désunir l'Empire, que le » cardinal de Richelieu, le prince de Condé et » M. de Turenne regardoient comme le seul en- » nemi qui pût par terre porter un grand dom- » mage à la France. Peut-être ce moment passé, » n'aura-t-on de long-temps une paix si néces- » saire. » [Les ministres de l'Empereur, forcés d'abandonner des terres magnifiques qu'il leur a données dans la Bavière et le Haut-Palatinat, s'y opposèrent, de même que les électeurs de Prusse et d'Hanovre, qui comptoient partager les États de Suisse dans l'Empire.] « La reine » Anne est à l'extrémité : sa mort peut rendre » aux wighs toute leur autorité en Angleterre. » Ainsi deux campagnes très-glorieuses, qui » forcent l'Empereur à la paix, vont être per- » dues par les difficultés très-mal fondées qu'on » fait, et qui sans doute seront relevées par » ceux de nos ennemis auxquels la continuation » de la guerre seroit très-utile. » A l'appui de mes lettres, j'envoyai Contades, qui partit chargé de réponses à toutes les objections; et, pour perdre un peu de vues les négociations, qui commençoient à nous fatiguer, le prince Eugène s'en alla à Stuttgard, et moi à Strasbourg.

Pendant ces retardemens, on proposa au Roi de m'ordonner d'attaquer les lignes d'Etlingen, sans songer que les ennemis avoient plus de force derrière, et à portée de s'y placer, que je n'en pourrois de long-temps rassembler. Il semble qu'un démon, ennemi de la tranquillité générale, avoit fait oublier aux ministres de France l'horreur des propositions de Gertruydemberg et de La Haye et de quelles extrémités ils étoient délivrés. Heureusement ces funestes dispositions ne prévalurent pas : Contades revint avec des réponses conformes à mes désirs. Ce n'étoit pas sans peine qu'il les avoit obtenues; et peut-être auroient-elles été encore louches et indécises, si je n'avois écrit que j'avois donné ma parole d'honneur que les réponses de la cour de France seroient positives, sans quoi le prince Eugène ne se seroit pas arrêté à Stuttgard. M. de Voisin m'écrivit à cette occasion qu'il ne pouvoit s'empêcher de me dire en confidence que souvent je pressois le Roi avec trop de vivacité. Je lui répondis : « Je sais bien que les maximes des bons » courtisans sont de préférer le bonheur de » plaire au maître à la gloire de le bien servir; » mais comme j'ai toujours été très-éloigné de » ces principes, je ne changerai pas. Au reste, » lorsque j'ose disputer au Roi certaines choses, » je les refuse fortement au prince Eugène, et » par cette conduite je parviens au bonheur de » conclure une paix que les bons serviteurs du » Roi trouveront plus glorieuse et plus utile » qu'ils ne l'avoient jamais espérée. »

J'envoyai Contades rendre compte au prince Eugène de ce qu'il avoit fait à Versailles. Il me répondit par le même que puisqu'on étoit d'accord, il se rendroit à Radstadt le 27 février. Il eut la politesse d'y arriver trois heures avant moi, pour m'en faire les honneurs. Ses premières expressions marquèrent le désir sincère qu'il avoit de pouvoir contribuer au rétablissement d'une intelligence parfaite entre l'Empereur et le Roi; il dit même que l'intention de son maître étoit de choisir dans sa cour ce qu'il y avoit de plus considérable, pour l'envoyer ambassadeur extraordinaire auprès du Roi.

Je le pressai fort de terminer le peu de différend qui restoient pour conclure la paix avec le roi d'Espagne. Il me répéta ce qu'il m'avoit déjà dit, que le Roi en seroit le médiateur. « Mais, dit-il, l'Empereur et l'Impératrice ne » pouvant rien obtenir pour les Catalans, dont ils » causent la ruine, veulent au moins, pour leur » honneur, pouvoir dire : *Nous ne vous avons* » *point abandonnés, puisque nous n'avons* » *pas voulu conclure avec le roi d'Espagne*. Si » je vous montrois, ajouta-t-il, les lettres de la » main de l'Empereur et de l'Impératrice sur » ce sujet, vous comprendriez que c'est un malheur pour moi d'avoir traité une paix dans laquelle je n'ai pu obtenir ce qui étoit le plus » précieux à l'un et à l'autre. Moi-même, quand » je songe qu'avec l'abandon des Catalans et de » Porto-Longone vous avez obtenu le rétablis- » sement total des électorats, la paix entière de » Ryswick, et Landau fortifié, je trouve mon- » sieur le maréchal, que depuis deux ans vous » m'avez assez mal traité. L'amitié qui est entre » nous ne m'empêche pas de le sentir vivement, » et je vous assure que je ne serai pas bien traité » à Vienne. — Je puis vous répondre, lui répli- » quai-je, que je le suis plus mal à Versailles. » — Hé bien! reprit-il, je vous répète, monsieur le » maréchal, que si j'avois pu imaginer que l'on » eût porté si loin les intérêts de votre maître, » j'aurois mieux aimé avoir les bras cassés que » de me charger de la négociation. »

On se mit à rédiger le traité. M. de La Houssaye et le baron de Honteim, les sieurs Penterrieder et d'Hauteval, y travaillèrent deux jours sans relâche : on commença à le lire le 6 mars à six heures du soir, comptant avoir fait avant minuit; mais, quelque soin qu'on apportât à ne point faire de mauvaises difficultés, la lecture ne finit que le 7 à sept heures du matin; et un moment après, ne nous étant donné que le temps de nous faire quelques complimens, nous partîmes (1).

(1) On frappa à Nuremberg une médaille qui portoit les têtes des deux généraux en regard, comme se parlant, et très-reconnoissables, marqués sur leur cuirasse l'un d'un aigle, l'autre d'une fleur de lis. Pour légende : *Olim duo fulmina belli*. Au revers, sur une table, deux épées entourées de branches d'olivier; un casque renversé qui sert d'encrier; et un petit Amour, une plume à la main, qui semble écrire, avec ces mots : *Nunc instrumenta quietis*. — Radstadt, 1714 (Journal de Verdun, avril 1715, page 504.) (A.)

Je n'arrivai à Versailles que le 14, parce que le duc de Lorraine m'arrêta en passant, pour me charger de ses intérêts auprès du Roi. En me voyant, le Roi me dit : « Voilà donc, monsieur le » maréchal, le rameau d'olivier que vous m'ap- » portez? Il couronne tous vos lauriers. » Après lui avoir rendu compte tant des opérations de ma dernière campagne que de ce qui s'étoit passé à l'occasion de la paix, j'ajoutai : « Permettez- » moi, Sire, d'embrasser les genoux de Votre » Majesté de la part du prince Eugène : il m'a » fait promettre d'assurer Votre Majesté de son » regret sincère de tout ce qu'il a été forcé de » faire pendant la guerre. A l'occasion de la » paix, qui est un temps de clémence, il prend » la liberté de supplier Votre Majesté de rece- » voir favorablement les assurances de son pro- » fond respect. » Le Roi répondit : « Il y a long- » temps que je ne regarde le prince Eugène que » comme sujet de l'Empereur : en cette qualité, » il a fait son devoir. Je lui sais gré de ce que » vous me dites de sa part, et vous pouvez l'en » assurer. » Le Roi m'accorda les grandes en- trées, faveur que je prisai beaucoup, par la li- berté qu'elle me donnoit d'approcher en tout temps de sa personne. Sa Majesté joignit à cette grâce celle de la survivance de mes gouverne- mens au marquis de Villars mon fils, comme elle venoit de l'accorder, pour le gouvernement de Languedoc, au prince de Dombes son petit- fils. Je pouvois m'attendre encore à d'autres grâces. Le Roi avoit sondé à ce sujet Contades, que j'envoyai de Radstadt porter le traité de paix. Celui-ci répondit qu'il ignoroit mes désirs. « Mais, dit le Roi, il a voulu être connétable, et » il sait que je suis résolu depuis que je règne » à ne point faire de connétable. — M. le ma- » réchal, répliqua Contades, ne s'est jamais ou- » vert sur cette pensée ; mais Votre Majesté me » permettra de lui dire que je la crois persuadée » qu'aucun connétable n'a eu plus lieu d'espérer » cette dignité. — Je le crois bien, reprit le » Roi, puisqu'il y en eu qui n'avoient presque » jamais vu de guerre. Mais laissons cela. J'aime » véritablement le maréchal, et hors cela il » peut compter sur tout ce qui sera en mon » pouvoir. »

Il avoit été résolu à Radstadt que, pour ci- menter la paix et la rendre générale, les ambas- sadeurs du Roi et de l'Empereur, et ceux de la plupart des princes de l'Europe, se trouveroient dans l'été à Bade. Le comte Du Luc et M. de Saint-Contest de la part du Roi, les comtes de Gois et de Seilern de celle de l'Empereur, y arri- vèrent dans le mois de juillet. Ils étoient char- gés de régler toutes les prétentions des parties contractantes, de manière que nous n'eussions plus qu'à signer le prince Eugène et moi quand nous arriverions ; et nous ne devions arriver que quand on nous manderoit que tout seroit prêt.

J'arrivai le 7 septembre. Il y eut pendant mon voyage une contestation sur le titre d'*altissi- mus* : les ambassadeurs de l'Empereur ne vou- loient le donner qu'au prince Eugène, alléguant que le duc de Longueville, quoiqu'il jouît en France de la qualité de prince, n'avoit pu l'ob- tenir en signant la paix de Munster. Sur cet exemple, les ambassadeurs du Roi s'étoient ren- dus ; mais je mandai que, comme pair de France, j'avois droit aux mêmes titres que les princes étrangers, et que je n'irois pas à Bade si on met- toit quelque différence. Les impériaux dépêchè- rent un courrier au prince Eugène, qui fit cesser la difficulté en ordonnant qu'on me donnât dans le traité le même titre qu'à lui.

Le prince de Savoie arriva le même jour. Il fut moins question entre nous des conditions de la paix générale, qui étoient à peu près fixées, que de quelques affaires particulières, affaires de confiance que nous traitâmes tête à tête, sans la participation des autres ambassadeurs. Je fis connoître la nécessité de rétablir la tranquillité dans le Nord entre la Moscovie, la Suède et la Pologne, si on vouloit que l'ouvrage de la paix fût durable. Le prince m'assura que l'Empereur y pensoit, et il me fit observer qu'il avoit même déjà procuré le retour du roi de Suède de Ben- der dans ses Etats. Nous convînmes des précau- tions à prendre pour contenir quelques princes d'Italie remuans, et un peu mécontens de leur partage. Je sondai aussi les dispositions de l'Em- pereur à l'égard de l'électeur d'Hanovre, qui ve- noit de monter sur le trône d'Angleterre par la mort de la reine Anne, savoir si on trouveroit mauvais que le Roi favorisât les entreprises que le prince Edouard pourroit tenter. Le prince Eugène dit qu'il ne savoit pas les intentions de sa cour sur un sujet qui n'avoit pas été prévu ; mais que son avis à lui étoit qu'on ne songeât pas sitôt à des tentatives qui pourroient rallumer la guerre dans l'Europe.

Mais le but principal de nos conférences se- crètes fut de cimenter l'union de nos deux cours en prévoyant ce qui pourroit la troubler, et y pourvoyant d'avance. Le prince Eugène me dit, avec le ton de la vérité, qu'il pouvoit m'assurer du désir sincère qu'avoit l'Empereur de s'unir pour toujours avec le Roi, et qu'il vouloit dé- truire ce préjugé que les maisons de France et d'Autriche seroient à jamais irréconciliables. Il ajouta qu'on désiroit un ambassadeur du Roi à

Vienne, et que le comte de Kaunitz étoit destiné pour venir en cette qualité de la part de l'Empereur auprès du Roi. Il auroit désiré surtout que nous prissions dès-lors des mesures sur un objet qui intéressoit singulièrement l'Empereur, prince très-religieux. Il n'avoit pas d'enfans mâles, et il craignoit que, sa mort arrivant, les princes protestans ne vinssent à bout de placer un prince de leur religion sur le trône impérial, et de rendre ainsi l'Empire alternatif entre eux et les catholiques, objet qu'ils avoient en vue depuis long-temps. « Nous savons, me dit-il, » que le Roi a fait un testament. Cette précau- » tion, prise par un prince si sage, ne sauroit » avoir pour objet que la conservation de la re- » ligion et l'affermissement de la paix dans toute » l'Europe. Comme l'Empereur a le même des- » sein, le moyen certain de le faire réussir ne » seroit-il pas de faire entrer Sa Majesté Impé- » riale dans les mesures que le testament règle » selon les apparences? » Je répondis : « Le Roi » a déclaré que personne n'avoit connoissance » de ce testament, et il a paru à tout ce qui l'ap- » proche le plus qu'il vouloit que le secret en fût » gardé jusqu'après sa mort. Toutes les précau- » tions qu'il a prises pour cela marquent assez » qu'il n'en fera part à personne. Vous savez » que l'on a fait dans la grand'chambre du Pa- » lais une place où le coffre est enfermé sous » trois clefs, dont l'une est entre les mains du » Roi, l'autre est gardée par le premier prési- » dent, et la troisième par le procureur général. » Ce que le Roi ne dit pas à ses confidens les » plus intimes, il n'y a pas d'apparence qu'il le » dise à un prince étranger, quelque convaincu » qu'il soit de ses bonnes intentions. »

Du reste, comme il ne me parut point de réserve du côté du prince Eugène, il n'y en eut aucune du mien sur tout ce qui devoit être su pour la solidité des engagemens: nous nous donnâmes réciproquement un chiffre, afin de pouvoir traiter de loin si l'occasion s'en présentoit. Le traité de paix générale fut lu le 10 septembre dans la grande salle de Bade, toutes les portes ouvertes. Le prince Eugène et moi avions chacun une place distinguée à la tête des ambassadeurs. Il n'y eut d'omis dans le traité que l'Empereur et le roi d'Espagne, qui se qualifioient toujours de duc d'Anjou et d'archiduc; mais l'accord étoit presque fait, et ne tenoit plus en grande partie qu'aux priviléges de Barcelone, dont la paix aplanit bientôt le reste des difficultés. Nous nous séparâmes le 11, le prince Eugène et moi, avec les protestations d'une amitié d'autant plus solide qu'elle étoit fondée sur l'estime.

Je fis part à madame de Maintenon de cette bonne nouvelle, et je lui parlai dans ma lettre fort naïvement d'une autre chose qui ne devoit pas lui être si agréable. Puisqu'on ne me rendoit pas justice, je crus pouvoir me la faire moi-même. Je lui disois donc (1): « Nous avons su par un » courrier de Genève la grâce que le Roi a faite » à M. le maréchal de Villeroy de le nommer » chef du conseil des finances. Le prince Eugène » m'avoit fait sur cette place des complimens » que je n'ai pas reçus, et le grand nombre des » ministres étrangers qui sont ici, et qui trou- » vent l'empereur si heureux d'avoir un ministre » tel que le prince Eugène, s'imaginoient que ce- » lui des généraux du Roi qui a le plus vu de » grandes et heureuses guerres finies par la plus » importante des négociations auroit infaillible- » ment l'honneur d'entrer dans son conseil. » Pour moi, madame, je me trouve toujours trop » heureux quand je songe qu'ayant le bonheur » d'approcher le plus grand et le meilleur maître » du monde, je ne lui rappelle pas de fâcheuses » idées; qu'il peut penser : *Celui-là m'a plu-* » *sieurs fois mis en péril, et cet autre m'en a* » *tiré.* Que me faut-il de plus? Les autres avoient » besoin de consolation pour les malheurs qu'ils » ont eus; et moi je suis trop bien payé de mes » services, et véritablement très-content, pourvu » que vous me promettiez de compter toujours » sur vos bontés. »

Je ne m'en tins pas à cette lettre : je parlai à madame de Maintenon de mon mécontentement, et ne m'en cachai pas au Roi. Il me donna audience deux jours après mon arrivée dans le cabinet ovale, et me tint les discours les plus flatteurs sur les grands services que je lui avois rendus, jusqu'à me dire qu'il n'étoit pas en son pouvoir de les récompenser dignement. Il me parla ensuite de son testament, et me dit qu'il savoit bien que les ordres d'un roi mort ne ressembloient guère aux ordres d'un roi vivant; mais qu'il avoit fait néanmoins ce qu'il avoit cru devoir faire, et que personne au monde n'avoit connoissance de ce qui y étoit contenu. Je ne pus m'empêcher de lui répondre qu'il étoit peut-être dangereux de ne l'avoir consulté avec personne.

Il laissa après cela finir la conversation; mais je la repris en ces termes: « Avant mon départ » pour Bade, j'ai supplié Votre Majesté de vou- » loir bien se souvenir de moi lorsque la charge » de chef du conseil des finances viendroit à va- » quer. Vous en avez honoré le maréchal de » Villeroy. Je ne suis pas étonné, sire, qu'une » amitié de la première jeunesse ait prévalu;

---

(1) Lettre à madame de Maintenon, du 10 septembre. (A.)

» mais enfin, sire, après avoir été honoré des
» plus importantes marques de votre confiance,
» il ne me restera donc plus que d'aller cher-
» cher une partie de piquet chez Livry avec les
» autres fainéans de la cour, si Votre Majesté ne
» daigne pas me donner entrée dans ses con-
» seils? » Le Roi me répondit que le duc du
Maine, son fils, le maréchal d'Harcourt et
quelques autres aspiroient à la même faveur, et
qu'il me demandoit quelque temps pour s'arranger sur ce qu'il vouloit faire pour moi. « Ah!
» sire, repartis-je, si une pareille conjoncture ne
» détermine pas Votre Majesté, puis-je jamais en
» espérer de plus favorable? » Le Roi ne répondit à mes instances qu'en m'embrassant, et me
répéta qu'il ne me demandoit que quelque temps.
Je me retirai avec un air assez triste. Il me suivit ; et comme j'étois prêt à ouvrir la porte du cabinet, ce grand prince, qui étoit naturellement
bon et sensible, me dit : « Monsieur le maréchal,
» vous me paroissez peiné. — Il est vrai, sire,
» que je le suis, répondis-je. — Et moi aussi,
» répliqua-t-il. — Il est bien aisé à Votre Ma-
» jesté, continuai-je, de faire cesser ces petites
» peines. La mienne est véritablement bien sen-
» sible. » Je sortis après ces paroles, et passai
dans la chambre du lit, où il n'y a jamais personne quand le Roi travaille dans son cabinet.
Il me suivit encore. Je crois qu'il étoit ébranlé;
je fus près d'insister. Il m'embrassa une seconde
fois. Un courtisan habile, qui sait qu'on réussit
quelquefois en payant de hardiesse, n'auroit pas
abandonné la partie. Mais je vis le Roi fâché :
mon cœur se gonfla; je sentis que quelques larmes vouloient s'échapper, et je m'enfuis. J'ai
toujours cru que les autres ministres lui avoient
fait peur de ma franchise, et qu'il craignit, en
m'introduisant dans son conseil, d'y voir naître
des altercations désagréables.

Depuis ce temps je surpris souvent le Roi à
me regarder d'un air embarrassé. Il faut avouer
qu'il chercha et prit tous les moyens de me dédommager de ce refus : distinctions, prévenances, soins, attentions, il ne négligeoit rien. Il
me dit un jour que ma blessure me rendant les
appartemens hauts difficiles, il m'en avoit destiné
un qu'occupoit autrefois M. le Dauphin, et que
je le partagerois avec madame la duchesse de
Berri. Il s'en fit apporter les plans, marqua lui-
même les changemens qu'il croyoit nécessaires,
et en les ordonnant il dit : « Les gens de guerre
» seront bien aises de voir leur général bien logé,
» et d'avoir de grandes pièces pour se retirer
» chez lui. » Je l'approchois rarement sans
qu'il me dît quelque chose de flatteur. Je le joignis à la chasse un jour que, contre sa coutume,
il avoit manqué plusieurs coups ; et quand je fus
arrivé il en tira quatre tout de suite fort justes.
Il me dit d'un air riant : « Monsieur le maréchal,
» vous m'avez porté bonheur ; car jusqu'à votre
» arrivée j'avois mal tiré. Vous êtes accoutumé
» à rendre mes armes heureuses. »

Je ne doutai pas que je ne dusse à sa recommandation l'ordre de la Toison d'or, dont le roi
d'Espagne m'avoit honoré après la prise de Landau sans que je le demandasse. Toutes les dépense, informations et autres formalités nécessaires se firent à Madrid à mon insu. Je n'en fus
informé que par M. le duc de Berri, qui me reçut de la part du roi d'Espagne dans son appartement, en présence de M. le duc d'Orléans, du
comte de Toulouse, du maréchal de Boufflers,
des ducs de Gramont et de Noailles, et des autres chevaliers de l'ordre qui se trouvèrent à la
cour.

Je fus aussi reçu membre de l'Académie française, et je fis un discours qui me parut avoir été
assez goûté. J'avois demandé au Roi permission
d'y insérer ce que Sa Majesté m'avoit dit, avant
le combat de Denain, du parti par elle pris, en
cas de malheur, de se mettre à la tête de son
armée, et d'y périr plutôt que de laisser les
ennemis pénétrer dans son royaume. Le Roi,
sur ma proposition, rêva un moment, et me dit :
« On ne croira jamais que, sans m'en avoir de-
» mandé permission, vous parliez de ce qui s'est
» passé entre vous et moi. Vous le permettre et
» vous l'ordonner seroit la même chose, et je ne
» veux pas que l'on puisse penser ni l'un ni l'au-
» tre. »

[1715] Me trouvant délivré des affaires générales, je m'appliquai à celles de mon gouvernement. Les finances de la ville de Marseille étoient
dans un grand désordre ; et la Provence entière
étant aussi accablée de dettes, le Roi avoit été
déterminé à former un tribunal d'attribution,
composé de conseillers d'État présidés par M. de
Harlay, pour chercher du remède aux maux de
la province. Le Roi me nomma son commissaire
à la direction de ces affaires, qualité qui en pareille circonstance avoit été donnée autrefois au
prince de Conti pour le Languedoc, son gouvernement. Je jugeai que ces affaires se termine-
roient mieux par une cour de justice sur les
lieux. Le Roi me laissa maître de la former, et
je la composai de M. Le Bret, premier président
du parlement d'Aix, de l'intendant de Provence,
de M. de Bolban, président à mortier, M. de
Bellièvre, président, M. de La Garde, procureur
général, et M. le marquis de Muy, conseiller.

A la chaleur que je mettois à cette affaire, le
Roi craignit que je ne songeasse à me retirer de

la cour. Il marqua son inquiétude à M. Desmarets, ministre des finances. Celui-ci m'en parla comme d'une résolution qui feroit une véritable peine au Roi. Je le priai d'assurer Sa Majesté que je n'avois jamais eu une pareille intention. « Mais, lui dis-je, me voyant absolument inutile, » j'ai cru de mon devoir de ne pas perdre une » occasion de servir le Roi, et de tirer la ville » de Marseille et toute la province qui m'a été » confiée de l'état fâcheux où ses prodigieuses » dettes l'ont plongée. » J'ajoutai que puisqu'il plaisoit à Sa Majesté de me faire connoître que ma présence lui étoit agréable, je m'éloignerois de sa personne le moins qu'il me seroit possible; et que comme on m'ordonnoit un voyage aux eaux de Baréges à la fin de l'été pour ma blessure, je remettrois à ce même temps celui de Provence, et que je le rendrois le plus court qu'il se pourroit.

Mais les choses changèrent bien de face à la cour. Le Roi jouissoit d'une assez bonne santé pour son âge : on le purgeoit tous les mois. La médecine, après son effet, le resserroit ordinairement quelques jours. M. Fagon, son premier médecin, voulut obvier à cet inconvenient par des potions douces ou des remèdes. Le Roi refusa de s'y prêter, et la dispute finit par lui conseiller de commencer ses repas par manger des figues et boire un verre d'eau. Il en mangeoit quelquefois jusqu'à quinze ; et comme j'assistois presque toujours à son dîner parce qu'il me parloit volontiers, je lui dis plusieurs fois que par ce régime il assujétissoit son estomac à une épreuve à laquelle peu de gens voudroient s'exposer ; et je lui répétai si souvent cette observation, qu'il en parut un peu peiné.

J'étois aussi extrêmement surpris de voir que le Roi, qui étoit accoutumé à une nourriture solide, perdoit l'appétit pour toutes les viandes qu'il aimoit le plus : qu'il ne mangeoit qu'un peu de potage, avec un dégoût pour tout le reste ; et qu'il ne reprenoit un désir de manger que pour les fruits. Je m'informai de madame la maréchale de Villars, qui soupoit presque tous les jours avec lui, ainsi que d'autres dames, s'il mangeoit bien : elle me dit qu'il soupoit moins qu'à l'ordinaire. Ainsi, voyant qu'il diminuoit ses alimens en volume et en qualité, mon inquiétude augmenta.

Il continuoit cependant toujours ses exercices. Quoiqu'il se sentît affoibli, il alloit à la chasse, et cherchoit à suer. Son médecin avoit pour principe que les maladies des vieillards venoient du défaut de transpiration, plus difficile à exciter en eux que dans les jeunes gens, à cause de la dureté de la peau : ainsi on frottoit le Roi trois fois par jour avec des linges chauds, le soir, le matin, et au retour de la chasse. Outre cela, on le couvroit la nuit de manière qu'il se réveilloit toujours en sueur. Néanmoins, malgré ces précautions, ou peut-être par ces précautions, le Roi dépérissoit sensiblement ; mais comme on ne lui voyoit pas de maladie caractérisée, il n'y avoit personne qui ne crût qu'il avoit encore du temps à vivre, et je me déterminai à faire mon voyage de Baréges et de Provence. J'hésitai cependant à partir, parce que M. de Maisons, président à mortier, mon beau-frère, tomba malade d'une colique très-douloureuse ; et je ne me mis en route que quand les médecins m'eurent assuré qu'il n'y avoit pas de danger.

Je saluai, en passant par Blois, la reine de Pologne, qui y demeuroit. Elle me reçut d'une manière distinguée, et me fît asseoir. Elle étoit dans un âge fort avancé, et cependant mise avec beaucoup de rouge et de mouches, ayant pour sa personne les soins que les reines qui ont été galantes conservent plus long-temps que les autres femmes. A peine l'avois-je quittée, que je fus atteint par un courrier, qui m'annonça que M. de Maisons étoit à l'extrémité. Ma sœur me prioit de revenir demander pour son fils la place du père. On me mandoit en même temps que le Roi étoit très-mal, qu'on avoit appelé quatre médecins de Paris ; d'où je conjecturai qu'il étoit encore en plus grand danger qu'on ne le disoit. Je retournai sur mes pas. Étant à Étampes, je trouvai un autre courrier qui m'apprit la mort de M. de Maisons, et que la famille me prioit d'aller droit à Versailles. J'appris en y arrivant que M. le chancelier Voisin avoit demandé en mon nom la place pour le fils et l'avoit obtenue.

Comme la maladie du Roi étoit très-dangereuse, je ne voulus pas qu'il pût croire qu'elle fût la cause de mon retour. Je priai le duc de Tresme de le prévenir, et de lui dire que la famille de M. de Maisons m'avoit envoyé un courrier. Quand je parus, il me dit : « J'ai donné la » charge de président à mortier, ainsi que vous » l'avez désiré. » Puis il me parla de sa maladie, qui étoit une douleur de jambe très-aiguë. Il avoit la fièvre depuis plusieurs jours. Son médecin avoit soutenu jusqu'à l'extrémité qu'il n'en avoit pas ; on le disoit même encore : mais il ne dormoit pas, et buvoit vingt verres d'eau par nuit. Le premier médecin, et Maréchal, premier chirurgien, eurent sur son état une grande dispute devant madame de Maintenon, et le dernier pensa être renvoyé.

Après les premières paroles sur la charge conservée dans la famille de M. de Maisons, le Roi ajouta en me tendant la main : « Vous me

» voyez bien mal, monsieur le maréchal. — Il
» n'est pas étonnant, lui répondis-je, que Votre
» Majesté, accoutumée à beaucoup d'exercice, se
» croie mal par une incommodité qui l'empêche
» d'en faire. — Non, répliqua-t-il, je sens dans
» ma jambe de très-grandes douleurs. » Il me
parla ensuite de la reine de Pologne, que j'avois
visitée à Blois; des hôtelleries de la route, qui
étoient en effet les plus belles de France ; des
lits, des miroirs, des meubles, et jusqu'à la vaisselle d'argent qu'il avoit vue dans ces maisons,
qui étoient encore presque les mêmes partout.

La maladie du Roi empira très-rapidement,
et samedi au soir 24 août, veille de Saint-Louis,
on commença à désespérer. Après avoir entendu
la messe le jour de sa fête, il ordonna aux médecins de lui parler nettement sur son état. Ils
le firent, et commencèrent pour ainsi dire son
agonie huit jours avant sa mort. Il les employa
à donner des ordres sur différens objets [le transport de son corps à Saint-Denis, ses obsèques,
la séance du jeune Roi au parlement] avec une
présence d'esprit et une fermeté étonnante. Il
brûla beaucoup de papiers en présence de madame de Maintenon et de M. le chancelier, demandant sans se tromper les différentes cassettes
où ils étoient renfermés.

Deux jours avant sa mort, il fit appeler les
premiers de sa cour avec le Dauphin ; et, nous
voyant tous assemblés, il nous dit avec ce ton
de dignité et de bonté qui lui étoit naturel : « Je
» vous recommande le jeune Roi. Il n'a pas cinq
» ans : quel besoin n'aura-t-il pas de votre zèle
» et de votre fidélité? Je vous demande pour
» lui les mêmes sentimens que vous m'avez
» montrés en tant d'occasions. Je vous recom-
» mande d'éviter les guerres : j'en ai trop fait ;
» elles m'ont forcé de charger mon peuple, et
» j'en demande pardon à Dieu. » En nous congédiant après cette scène attendrissante, il
retint les cardinaux de Rohan et de Bissy, et
leur dit que c'étoit une véritable douleur pour lui de
n'avoir pu terminer les affaires de la religion ;
que si Dieu lui eût donné quelques jours de plus,
il auroit espéré faire cesser les divisions. Le cardinal de Noailles demanda à le voir : il répondit
qu'il en seroit très-aise, pourvu qu'il revînt de
l'opiniâtreté qui causoit les troubles de l'Église
en France. Le Roi mourut le premier septembre,
après avoir marqué tous les jours de son agonie
par quelques traits de bonté, de force, et surtout de piété.

On peut croire que les intrigues furent vives
dans ces derniers temps. Le duc d'Orléans se défioit de la part que le Roi lui donnoit à la régence, et ménageoit tout le monde. Il n'oublia
rien pour s'attirer les principaux de la cour, et
m'assura que son intention étoit de former un
conseil de guerre, dont il avoit résolu de me
nommer président. Il me fit entendre, ainsi qu'à
plusieurs autres pairs, pendant la vie du Roi,
qu'il étoit disposé à nous faire jouir dans le premier lit de justice d'un droit que nous réclamions, savoir, que le chancelier ou premier
président, en demandant aux pairs leur avis,
fût obligé de se découvrir. Ordinairement en
prenant les voix il n'ôtoit pas son bonnet aux
conseillers ni aux pairs de France, et l'ôtoit aux
princes légitimés en les nommant, et aux princes
sans les nommer, en leur faisant une révérence.

Les pairs prétendoient le bonnet. Les princes
légitimés s'y opposèrent, parce que ce droit auroit trop rapproché les pairs d'eux ; mais ils n'y
mirent plus d'obstacles quand, par l'édit qui leur
donnoit la faculté de parvenir à la couronne après
les princes du sang, ils furent gratifiés des mêmes honneurs et priviléges qu'eux. Il n'y avoit
donc plus d'empêchement que de la part des
conseillers. J'en parlai au Roi avant que de partir pour Bade, de la part de mes collègues, qui
m'en avoient prié. « Il est surprenant, Sire, lui
» dis-je, que ceux qui ont l'honneur de repré-
» senter Votre Majesté dans son parlement refu-
» sent aux pairs de France un honneur que Vo-
» tre Majesté veut bien leur faire en toute
» occasion. Nous remarquons tous les jours,
» lorsque Votre Majesté a son chapeau sur la
» tête et que nous approchons d'elle, qu'elle
» veut bien l'ôter. Y a-t-il quelque apparence de
» raisons que le premier président le refuse, et
» que le représentant veuille plus d'honneurs que
» le représenté n'en exige? » Le Roi me répondit : « A la vérité je n'en trouve aucune ; mais il
» sera plus agréable pour les pairs que le parle-
» ment se rende de lui-même, que si c'étoit par
» mon ordre. »

Certainement l'intention du duc d'Orléans
étoit de nous contenter comme il l'avoit promis,
et de nous gagner par cette attention : il me permit même d'aller avec le duc de Berwick déclarer au chancelier que nous ne nous rendrions
pas au lit de justice, si on ne nous accordoit
notre demande. Mais voyant de la répugnance
dans le parlement ; et craignant que le lit de
justice, où il avoit besoin que ses desseins ne
fussent pas retardés, ne devînt tumultueux, il
nous fit proposer de ne pas insister le premier
jour sur nos prétentions, et qu'il nous donnoit
parole de décider en notre faveur dans la séance
qui suivroit. Je remontrai que si les pairs s'abandonnoient dans cette première occasion, surtout après la démarche faite auprès du chancelier,

nous n'y reviendrions plus, parce que le prince auroit plus d'intérêt à ménager tout le corps du parlement que les pairs seuls ; d'où je concluois qu'il falloit persister. Le cardinal de Noailles, qui avoit promis au duc d'Orléans de me convertir, se mit à me prier, à me presser ; et enfin il me dit que j'étois bien opiniâtre. A quoi je répondis qu'il avoit bonne grâce à reprocher aux autres l'opiniâtreté. Cependant, voyant que ceux mêmes qui m'avoient fait agir mollissoient, je me laissai entraîner par le nombre, et j'allai au parlement.

La lecture du testament fut faite par M. Le Dreux, conseiller de grand'chambre. Il parut dès le premier moment que le parlement étoit préparé à ne pas faire grand cas des dispositions du feu Roi. Ce prince s'étoit appliqué à circonscrire l'autorité du duc d'Orléans, en établissant un conseil de régence sans régent ; et le parlement créa un régent sans conseil de régence, puisqu'il laissa au duc d'Orléans la liberté de le composer comme il voudroit, d'en retrancher ceux qui étoient nommés dans le testament, d'y en mettre de nouveaux ; en un mot, une autorité sans bornes. Le Régent reconnut cette complaisance en rendant au parlement, comme il l'avoit promis, le droit de faire des remontrances, droit qui charma tout ce corps, jeunes et vieux.

M. d'Aguesseau, procureur général, proposa, de la part du duc d'Orléans, la création de conseils chargés chacun de différentes parties de l'administration. Le Régent vouloit faire croire par ces établissemens que son désir étoit d'appeler au gouvernement du royaume les principaux de l'État et du parlement, mais il n'avoit réellement envie que de leur en donner l'espérance. Cependant tous y furent pris, et on applaudit avec enthousiasme à ce système de gouvernement. Il n'y eut que moi qui en sentis l'inconvénient : j'entrai deux fois dans le parquet pour le représenter au procureur général. « Ce que je
» fais, lui dis-je, est contre mon intérêt parti-
» culier, puisque je suis assuré, par la parole
» du duc d'Orléans, d'avoir une part des plus
» honorables dans les changemens qu'on médite;
» mais mon intérêt personnel ne m'empêchera
» jamais de représenter avec force que, dans les
» premiers momens d'une nouvelle administra-
» tion, il y a du danger à renverser tout l'ordre
» anciennement établi. S'il y a des changemens
» nécessaires, il est important de ne les faire
» qu'avec mesure : qu'on se borne à ôter ce qui
» est reconnu certainement mauvais, et à y sub-
» stituer petit à petit ce qui sera estimé meilleur,
» sans tout bouleverser à la fois. » M. d'Agues-
seau me répondit que le prince étoit absolument déterminé à l'établissement de ces conseils, et qu'il croyoit en cela ne suivre que les idées du dernier Dauphin, dont on connoissoit la prudence et les bonnes intentions. Ainsi l'établissement des conseils passa tout d'une voix. Leur composition cependant ne fut fixée qu'un mois après, afin de contenir pendant cet intervalle tous les aspirans par la crainte et l'espérance.

A la tête étoit le conseil de régence, composé, comme il étoit porté par le testament, du Régent, du duc de Bourbon quand il auroit vingt-quatre ans, du duc du Maine, du comte de Toulouse, du chancelier de France, des maréchaux de Villeroy, d'Uxelles, d'Harcourt, le surintendant des finances, et moi. Le Régent y ajouta le maréchal de Bezons, le duc de Saint-Simon, et l'ancien évêque de Troyes ; il en exclut le maréchal de Tallard et les quatre secrétaires d'État. Les autres conseils furent : un conseil de guerre, dont je fus nommé président ; un conseil de finances, le duc de Noailles président ; un conseil des affaires étrangères, le maréchal d'Uxelles président ; un conseil de conscience, le cardinal de Noailles président ; un conseil de marine, le maréchal d'Estrées président, et le comte de Toulouse à la tête en qualité d'amiral ; enfin un conseil du dedans du royaume, le duc d'Antin président.

Les quatre secrétaires d'État furent bien récompensés de leurs charges. Outre le prix que tira M. de Torcy de la sienne, on érigea pour lui, en charge de surintendant, l'administration des postes qu'il avoit ; et l'inspection des bâtimens fut aussi rétablie en surintendance en faveur du duc d'Antin. Dans cette première occasion, le parlement s'opposa par de vives remontrances aux vues du Régent sur le rétablissement de ces deux surintendances ; mais il envoya le marquis d'Effiat prier la cour d'avoir pour lui cette complaisance. Cependant le parlement s'opiniâtroit ; il tenoit à son nouveau droit de remontrances, et il lui en coûtoit de le voir enfreindre dès la première fois : mais tous les pairs furent pour contenter le Régent ; et comme nous étions assez grand nombre, nous l'emportâmes. Je dis en opinant : « Il faut louer la cour
» de sa fermeté à s'opposer à ce qu'elle ne croit
» pas de l'intérêt de l'État ; mais mon avis est
» qu'on doit conserver ces sentimens pour des
» occasions plus importantes, et donner dans
» celle-ci au Régent une marque de complaisance
» qui dans le fond ne peut jamais être d'un grand
» préjudice. »

Dès le premier conseil de régence qui se tint, je m'aperçus que la faveur auroit grande part aux décisions, même contre les intérêts du Roi. Il y fut question des prétentions du grand et du premier écuyer au sujet des dépouilles qu'ils prétendoient être dues à leurs charges à la mort des rois, savoir tout ce qui appartenoit à la grande et à la petite écurie. On remonta au temps de Henri IV, et on trouva que le duc de Bellegarde avoit eu vingt-cinq mille écus comme grand écuyer, et le premier écuyer vingt mille francs. Quand mon tour d'opiner arriva, je dis : « Comme le feu Roi a surpassé en magnificence » tous les rois ses prédécesseurs, il est juste que » les grands officiers dont il s'agit aient le double » de ce que l'on voit dans les exemples passés; » mais le reste doit rester au Roi, dans un temps » surtout où la plus grande économie est néces» saire. » Mais mon avis ne fut pas suivi : les sollicitations de messieurs d'Armagnac et de Beringhen prévalurent. On leur adjugea toutes leurs demandes, et le jeune Roi, en arrivant au trône, se trouva privé de tous ses chevaux, carrosses et équipages.

Le Régent voulut les premiers jours que l'on délibérât dans le conseil de régence, même sur les grâces. Mais bientôt ce conseil n'en eut plus que l'apparence : il n'y fut plus question que de quelques procès rapportés par des maîtres des requêtes. Le Régent décidoit tout sans nous en parler, et nous n'en avions connoissance que par la gazette : il n'y fut question qu'une seule fois de la distribution des charges et des emplois. Il en arriva de même des autres conseils : les présidens tirèrent à eux toutes les affaires de leur département. Ils en référoient au Régent, qui trouvoit bien plus commode de trancher sur leur rapport, que de faire dépendre sa décision d'assemblées où il se trouve souvent des gens peu complaisans, qu'on n'ose pas toujours brusquer.

[1716] Cette conduite donnoit lieu à des jalousies, à des intrigues, à des cabales qui me fatiguèrent, et me firent prendre le parti d'aller en Provence remplir les commissions que m'avoit données le feu Roi pour remédier aux désordres de la ville de Marseille et de toute la province. Je laissai donc mes fonctions de président de la guerre au duc de Guiche, vice-président, et je partis dans le mois de mars.

Le Régent ne tint pas pendant mon absence la parole qu'il avoit donnée aux ducs et pairs de les favoriser ; il les traita même assez durement en quelques circonstances : et j'ai tout lieu de croire que ma présence l'auroit un peu retenu, car, dans un de ces soupers où il s'expliquoit librement, parlant de ce qu'il venoit de faire, il dit : « Qu'auroit dit le maréchal de Villars s'il » avoit été ici? Il auroit bien dit: *Mes confrères,* » *sursùm corda !* » C'est qu'il se souvenoit, que, dans une assemblée de pairs chez l'évêque de Laon, où il étoit question de marquer de la fermeté, je m'étois servi de cette expression.

J'entrai en Provence par Avignon. Le vice-légat vint m'attendre à la descente de mon bateau avec ses carrosses et la compagnie des gardes du Pape ; ensuite il me mena à son palais, et me conduisit dans l'appartement qui m'étoit destiné. Une demi-heure après, selon le cérémonial usité, le vice-légat m'envoya demander audience, et vint me voir en cérémonie. Je lui rendis aussitôt une pareille visite. Ensuite vinrent une infinité de harangueurs, suivis d'un repas magnifique.

Je partis vers les trois heures après midi, et trouvai sur les bords de la Durance les procureurs de la province, la plus grande partie de la plus illustre noblesse, et des députés des cours souveraines, qui m'attendoient. Les gardes du vice-légat m'accompagnèrent jusque-là. La compagnie de mes gardes me prit de l'autre côté de la rivière, et j'allai coucher à Orgon, d'où je partis le jour d'après pour me rendre à Lambesc, où j'avois indiqué l'assemblée des États. L'archevêque d'Aix, qui y présidoit, vint au devant de moi à une lieue de la ville avec les évêques de Riez et de Vence, et M. le Bret, premier président du parlement et intendant, à qui j'avois même fait donner dès le commencement de la régence une commission pour commander en Provence en mon absence. J'arrivai le 10 mars, et dès le 11 je fis l'ouverture des États, ou autrement de l'assemblée des communautés.

Depuis les comtes de Provence, les États de la province s'étoient assemblés tous les ans, composés de l'archevêque qui y présidoit, des autres évêques de Provence, de toute la noblesse, et du tiers-état en bloc.

Pour éviter la dépense, il fut établi par ordre du Roi qu'au lieu des États précédens il y auroit chaque année une assemblée dite des *communautés*, dans le lieu indiqué par le gouverneur ; que le gouverneur y assisteroit, que cette assemblée seroit composée de l'archevêque président et des procureurs du pays, savoir, de deux évêques et des consuls d'Aix, deux pour la noblesse, qui étoient pour lors le marquis de Buoux avec le baron de Saberan de Baudinar, et d'un député de chaque viguerie, pour délibérer sur le don gratuit, et sur toutes les autres affaires de la province. Cette assemblée fut convoquée à Lambesc. Comme c'étoit la première fois que je faisois fonction de gouverneur de Provence, et que je n'avois pas encore paru dans la province, le concours fut grand.

Tout ce qu'il y avoit de gens connus parmi la noblesse se trouva à Lambesc; tout ce qui compose le parlement et la chambre des comptes d'Aix y vint plus d'une fois. Ma table étoit de quarante couverts, et outre celle-là il y en avoit d'autres pour tout ce qui se présentoit.

L'ouverture de l'assemblée se fit par une grand'messe chantée en musique, et célébrée par l'archevêque d'Aix dans l'église des Dominicains. Ensuite on se rendit dans une salle de leur maison, et j'ouvris l'assemblée par une harangue. L'archevêque d'Aix répondit par une autre; et l'assesseur, qui est aussi procureur du pays, en fit une. Après cette première cérémonie, l'archevêque d'Aix tint les conférences, dont la première rouloit sur le don gratuit, qui fut accordé par acclamation. Les impositions se faisoient séparément : celles de Marseille et d'Arles étoient de soixante-dix mille livres chacune, et l'usage étoit que le gouverneur, de son autorité, en diminuât la moitié. Je trouvai que c'étoit pousser trop loin le pouvoir des gouverneurs que diminuer l'imposition ordonnée par le Roi; qu'à la vérité le gouverneur pouvoit bien représenter que l'imposition étoit trop forte, mais que la diminution devoit se tenir de la grâce du maitre, et non de celle du gouverneur. Je mandai mon sentiment au Régent, qui approuva ma modération. Les autres impositions sont pour les différens intérêts de la province, et pour les diverses dépenses qu'elle est obligée de faire. D'ordinaire tout est fini en quinze jours; et s'il reste quelque chose à discuter, les procureurs du pays suivent à Aix, où l'on achève de régler les petites affaires qui n'ont pas pu l'être dans le lieu de la convocation.

Le gouverneur faisant sa première entrée à Aix, l'usage est que deux présidens du parlement et quatre conseillers viennent en robe à cheval avec leurs huissiers au devant de lui, à une demi-lieue de la ville. Lorsque je fis la mienne, toute la noblesse vint jusqu'à une lieue.

Les harangues faites par le plus ancien des présidens, et répondues, je marchai au milieu des deux présidens. La ville d'Aix n'avoit rien oublié pour célébrer cette entrée par des arcs de triomphe, et par des fontaines de vin distribuées dans tout le passage. Les consuls d'Aix m'attendirent à la porte de la ville avec le dais, et l'on alla descendre à la cathédrale, à la porte de laquelle l'archevêque m'attendoit avec tout son clergé, et me fit une harangue suivi d'un *Te Deum*. Après cette première cérémonie, j'allai descendre dans la maison qui m'étoit préparée, et où le parlement en corps, la chambre des comptes et toutes les cours souveraines vinrent me complimenter.

Je logeois dans la maison de M. Boyer-Desguilles, la plus belle qui soit à Aix. J'y tenois une table de quarante couverts, où toutes les dames mangeoient à dîner et à souper : les rigodons, qui sont très-agréables, commençoient par des femmes de la bourgeoisie qui venoient voir dîner, et puis continuoient par les dames qui avoient dîné ou soupé. Les dames, à Aix, ne vivent pas avec la même liberté que celles du Languedoc, ni même que toutes celles de France. Le voisinage d'Italie leur donne des manières plus réservées, du moins en apparence : elles s'assemblent rarement, et dans tout l'hiver précédent il n'y avoit eu aucun bal dans cette ville; de sorte qu'elles se familiarisèrent un peu plus par ceux que je donnai tous les jours chez moi.

Après avoir séjourné quinze jours à Aix, je me rendis à Marseille, où les affaires de ma commission m'appeloient. On m'y fit une entrée avec autant de magnificence qu'à Aix, et plus encore, parce que la ville est plus puissante. J'allai droit à la cathédrale, où l'évêque m'attendoit : la foule y étoit si grande, que comme il faut descendre dix ou douze marches pour entrer dans cette église, mes gardes ne purent soutenir l'effort de la multitude; en sorte que le peuple, qui se pressoit, auroit inévitablement accablé les premiers, dont j'étois. Prêt à descendre, je me retournai avec un air qui imposa de la crainte et du respect, et qui obligea tout ce qui étoit le plus près de moi à faire en se reculant un effort qui sauva la vie à ces premiers, et peut-être à moi-même : car il étoit impossible que cette foule, se culbutant sur les premiers, n'en étouffât plusieurs. Dès les premiers jours que je passai à Marseille, on travailla aux affaires qui avoient mis une si grande division parmi les habitans. Les négocians y étoient très-puissans, et les cabales pour les charges municipales y avoient excité la haine entre eux.

Un nommé Glessé, homme très-habile, avoit usurpé la principale autorité; et, par les intelligences qu'il ménageoit avec des commis de la cour, il régloit les différens commerces que cette puissante ville a dans toute la Méditerranée. Il avoit des ordres de la cour pour faire partir les vaisseaux quand il vouloit, et l'on se plaignoit qu'il troubloit la liberté du commerce, laquelle seule peut le faire fleurir.

Les assemblées des commissaires commencèrent le 15 avril, et ne finirent que le 4 juillet. On y arrangea toutes les affaires de la ville, et l'on fit un nouveau réglement sur les différentes parties du gouvernement et de la police de Marseille. Ce règlement contenoit soixante-dix articles, en partie pour la manière de procéder aux élections des échevins. Je déclarai que je ne donnerois ma protection à personne; que je voulois laisser une liberté entière, et que je ne me mêlerois de ces sortes d'affaires, absent ou présent, que pour empêcher le mal.

La ville de Marseille étoit tombée dans un grand désordre par une mauvaise administration : les changemens des monnoies y avoient beaucoup contribué. Les négocians, pour ne point perdre dans les diminutions des espèces, s'étoient chargés d'une quantité prodigieuse de toutes sortes de marchandises, dont ils ne trouvèrent pas le débit qu'ils avoient espéré; et de là une infinité de banqueroutes considérables. D'ailleurs, les fermes de la ville se donnant par cabale et à vil prix, il en avoit résulté une grande diminution de revenus, et de grandes pertes. Mais enfin, par la sagesse des nouveaux règlemens, on remédia à la plupart de ces abus, et cette ville puissante et magnifique fut en état de reprendre sa première splendeur.

J'employai les jours que j'avois de libres à aller voir Toulon, la principauté de Martigues, que j'avois achetée de madame de Vendôme, et quelques villes de Provence, où le besoin de ma présence et la curiosité me conduisoient. Je vis avec douleur la destruction de cette redoutable marine qui avoit triomphé des puissances maritimes unies, c'est-à-dire de l'Angleterre et de la Hollande. En effet, je trouvai à Toulon près de trente vaisseaux entièrement abandonnés, citadelles flottantes, dont quelques-unes avoient cent vingt pièces de canon, et qui auparavant alloient porter la gloire du Roi, celle de la nation, et la terreur de nos armes, jusqu'aux extrémités de la terre.

L'état des galères à Marseille étoit également déplorable : il y en avoit quarante dans ce port, dont aucune ne pouvoit mettre à la mer, quoiqu'elles eussent le même nombre de troupes et de forçats. Je fus sensiblement touché de ce spectacle; et l'on ne pouvoit guère s'intéresser à la gloire du nom français sans ressentir le malheur de voir la nation forcée pour long-temps de renoncer à triompher sur la mer comme sur la terre.

J'apaisai quelques divisions causées par la haine que la constitution avoit allumée entre les partis de sentimens opposés, dont les chefs étoient les jésuites et les pères de l'Oratoire. Il y eut à cette occasion un violent désordre à Grasse. L'évêque, soutenu par la plus grande partie du peuple, avoit un grand démêlé avec les pères de l'Oratoire sur l'établissement d'un collège : on en vint aux coups, et la maison de ville fut attaquée.

L'évêque, qui étoit le plus fort, fit cesser ce tumulte, et j'accommodai les contestations autant qu'il étoit possible; mais il ne l'étoit guère d'étouffer la haine entre les partis aigris. Il y en avoit un à Marseille que la sainteté de l'évêque ne pouvoit calmer. Un janséniste outré fut convaincu d'avoir fait quelques vers dans lesquels il s'écartoit du respect dû à la mémoire du feu Roi : je fis mettre au cachot cet écrivain téméraire.

Comme une de mes maximes a toujours été de mêler les affaires avec les plaisirs, il y en eut beaucoup à Marseille pendant le séjour que j'y fis. Ma table étoit toujours de quarante couverts, le matin et le soir. Toutes les dames y venoient; on dansoit beaucoup : le soir, il y avoit des bals même dans les rues et les places publiques; car en ce pays il ne faut qu'une flûte et un tambourin pour faire danser tout le peuple, et les dames se mêlent souvent à ces danses populaires. Il y avoit alors à Marseille un assez bon opéra, une comédie, et en un mot le séjour que je fis en cette ville y fut tout à la fois agréable et utile.

J'en partis le 4 juillet, et allai visiter un canal qu'on projetoit de tirer du Rhône au-dessus d'Arles jusqu'à la mer.

Pour comprendre l'utilité, ou, pour mieux dire, la nécessité de ce canal, il faut savoir que depuis un très-grand nombre d'années le Rhône est devenu très-difficile. Son embouchure se remplit de sable que charie cette rivière très-rapide, et de celui que la mer y jette; en sorte qu'il est fort difficile d'abord d'entrer dans l'embouchure du Rhône, et ensuite d'arriver à Arles, d'autant que, par les sinuosités de ce fleuve, il faut des vents entièrement contraires pour y naviguer. Ainsi les bâtimens sont quelquefois deux mois à faire treize à quatorze lieues du pays. Pour éviter ces inconvéniens, on proposoit de se servir d'une ouverture que l'on avoit faite autrefois au Rhône pour inonder des étangs qui produisoient le plus beau sel que l'on pût désirer, mais qui faisoient un très-grand tort aux gabelles du Roi.

J'allai visiter cette ouverture depuis le Rhône jusqu'à la mer. Je la trouvai si favorable, qu'en tirant un canal en droite ligne du Rhône à la mer, ou, pour mieux dire, réparant celui que la pente des eaux avoit déjà tracé, on faisoit en deux lieues de chemin le trajet, qui étoit de douze en suivant le cours ancien du Rhône. Je ne balançai donc point à faire entreprendre un ouvrage si utile, et fis donner mon nom à ce canal, qui fut appelé *le canal de Villars*. Je passai deux jours sur les lieux avec les ingénieurs, qui avoient déjà reconnu la pente des eaux. A mon retour à la cour, je fis déterminer ce dessein et les médiocres dépenses nécessaires, qui consistoient à border le canal de digues à droite et à gauche, afin que les eaux suivissent la pente naturelle qui les menoit à la mer, et qu'elles ne se répandissent pas dans les terres.

J'allai coucher à Arles, où l'archevêque, qui est un saint homme, et fort attaché aux sentimens opposés de ceux qu'on appelle jansénistes au sujet de la constitution, me fit une harangue qui ne rouloit que sur la nécessité de la soutenir.

D'Arles j'allai à Nismes, où le duc de Roquelaure s'étoit rendu de Montpellier avec M. de Basville, intendant du Languedoc, et les plus honnêtes gens d'une province qui avoit conservé une grande reconnoissance du service que je lui avois rendu quelques années auparavant en dissipant les fanatiques et rétablissant le calme, sans dépense pour le Roi ni pour la province, et même sans effusion de sang.

La princesse d'Auvergne vint aussi à Montpellier pour me voir. Cette belle et malheureuse princesse, sœur du duc d'Aremberg, avoit épousé un écuyer de son mari; et quoiqu'une faute si capitale n'attire pas la pitié, cependant la beauté de cette dame et son esprit rendoient tout ce qui la voyoit sensible à son malheur : elle étoit venue pour voir si je ne pourrois pas donner quelque emploi à son mari. Personne ne doutoit qu'il ne le fût; mais cependant il n'étoit point reconnu, et vivoit avec elle avec les mêmes respects que s'il eût été son domestique.

M. de Basville, depuis un grand nombre d'années intendant de la province, et homme de beaucoup d'esprit, étoit lié d'une amitié particulière avec moi. Je donnai deux jours à cette bonne compagnie, et puis retournai à Avignon, où étoit le roi d'Angleterre, que le Régent avoit obligé à sortir du royaume, suivant en cela des vues bien différentes de celles du feu Roi.

Un bon courtisan, instruit des mauvaises dispositions du duc d'Orléans pour ce malheureux prince, ne se seroit pas détourné de sa route pour l'aller voir. Mais j'avois toujours été trop éloigné de ces maximes pour ne pas chercher l'occasion de consoler un prince qui avoit fait plusieurs campagnes dans les armées que je commandois, que le feu Roi m'avoit recommandé, et qui m'avoit toujours honoré de beaucoup d'amitié. Ce prince m'attendoit sur le port une heure avant que j'y arrivasse, et me montra avec une vive tendresse une grande consolation de retrouver un ami dans une conjoncture où ils étoient devenus si rares pour lui. Le duc d'Ormond l'accompagnoit, de même que milord Marr, qui s'étoit sauvé de l'Ecosse avec ce prince. L'intention du feu Roi avoit été de lui donner les moyens de remonter sur le trône : c'étoit aussi le dessein de la reine Anne sa sœur, et il y avoit diverses mesures déjà prises pour le rétablir dans ses Etats.

Il m'apprit là-dessus bien des particularités que j'ignorois, surtout par rapport au maréchal de Berwick, duquel il ne balança pas à se plaindre ouvertement à moi. Il me dit donc qu'il l'avoit trompé, en lui faisant perdre un temps très-précieux pour son passage en Angleterre; qu'ensuite il avoit refusé nettement de l'y accompagner, prenant pour excuse qu'étant maréchal de France, il ne pouvoit entrer dans une guerre sans l'ordre précis du Roi son maître. Le roi d'Angleterre ne put me cacher le vif ressentiment qu'il avoit de ce procédé, et la reine d'Angleterre sa mère s'en expliqua de même après mon retour.

Ce prince malheureux avoit auprès de lui plusieurs de ces seigneurs d'Ecosse qui s'étoient sauvés avec lui; et non-seulement les secours de France lui manquoient, mais les liaisons que le Régent commençoit à prendre avec le roi Georges lui rendoient la France aussi contraire qu'elle lui avoit été favorable auparavant. Lorsqu'il voulut s'embarquer, il fut suivi par un traître, nommé Douglas. Sa tête étoit mise à prix en Angleterre, et toutes les apparences sont que ce misérable cherchoit à mériter l'horrible récompense promise au parricide. Toujours est-il certain que cet homme fut arrêté à une poste près de Dreux en Normandie, sur la route que tenoit le roi d'Angleterre : qu'il avoit un mousqueton brisé dont il pouvoit sortir huit ou dix balles en même temps; et que ce même homme fut relâché à la réquisition de milord Stairs, ambassadeur d'Angleterre.

Le roi d'Angleterre, que désormais nous devons nommer le Prétendant, par les nouvelles liaisons de la France avec ses ennemis, me conta les diverses perfidies qu'il avoit essuyées. Ce qu'il y a de constant, c'est que ce prince, lorsqu'il étoit dans les armées de Flandre, recevoit des lettres des principaux d'Angleterre, et que j'en ai eu plusieurs de milord Marlborough même.

Le Prétendant me demanda conseil sur son mariage, et je lui dis que rien n'étoit plus important que d'avoir des enfans, puisque ceux qui étoient attachés à ses intérêts n'auroient pas, s'il restoit dans le célibat, la même confiance que s'ils lui voyoient une postérité assurée; que d'ailleurs la sûreté de sa propre vie le demandoit, parce que ses ennemis ne voyant qu'une tête à faire tomber, seroient plus entreprenans que lorsque cette tête sacrée feroit craindre des vengeurs. Le prince n'avoit alors aucune vue d'alliance déterminée, mais il parut trouver mon conseil solide. La reine d'Angleterre pensoit de même, et elle me le témoigna lorsque je fus de retour.

Cette princesse mourut quelque temps après, et finit une vie malheureuse, dont les trente dernières années avoient été très-amères. Sa seule consolation étoit une véritable et sincère dévotion.

Arrivé à la cour vers la fin de juillet, on voulut me persuader que pendant mon absence il m'avoit été rendu plusieurs mauvais offices auprès du Régent, et que le duc de Noailles avoit travaillé à me faire ôter la présidence de guerre, pour la faire tomber au duc de Guiche son beau-frère : ils s'excusèrent tous deux auprès de moi ; je les crus sur leur parole, plutôt que ceux qui cherchoient à nous brouiller. Pendant que j'étois en Provence, on avoit fait une nouvelle réforme dans toutes les troupes. Je l'avois empêchée dans le temps que les premières propositions s'en étoient faites, travaillant autant qu'il m'étoit possible à une extrême économie pendant mon ministère, mais pensant aussi qu'il falloit demeurer assez armé pour ne pas recevoir la loi de ses voisins.

On fit une réforme considérable dans les gardes du corps : elle tomboit presque entière sur des cavaliers et maréchaux des logis, que l'on avoit choisis par distinction dans la cavalerie et les dragons. Je trouvai cruel que trois cents hommes que l'on avoit tirés des troupes pour être auprès de la personne du Roi, et que j'avois eu ordre d'examiner et de choisir moi-même, fussent les plus malheureux de tout ce qu'il y avoit de gens de guerre, puisqu'il ne leur restoit d'autre ressource que de sortir du royaume pour avoir de l'emploi, ne pouvant plus se remettre à labourer la terre, occupation que peut-être encore ils n'auroient pas trouvée. Il étoit bien plus raisonnable d'ôter un mauvais cavalier par compagnie, et de conserver des gens choisis, en leur donnant, outre les sept sous de la paie du cavalier, trois sous de plus. Je les fis rentrer dans la cavalerie et les dragons, les faisant premiers cavaliers, avec une petite distinction dans leurs habits. Ainsi, pour trois sous de plus, qui pour le tout ne montoient qu'à quarante-cinq livres par jour, le Roi conserva trois cents hommes qui méritoient assurément de n'être pas abandonnés.

Les vues du gouvernement avoient bien changé depuis mon départ. L'abbé Dubois, uniquement occupé de plaire au Régent, se mit en tête de renverser les principes que le feu Roi avoit établis, et qui étoient certainement les plus glorieux comme les plus utiles pour la nation.

Ce prince vouloit conserver entre la France et l'Espagne l'union si honorable à l'auguste maison de Bourbon ; et il se proposoit d'appuyer les desseins du roi d'Angleterre, et de le faire remonter sur le trône. Le maréchal d'Uxelles, chef du conseil des affaires étrangères, le maréchal de Villeroy, le duc de Noailles, le chancelier et moi pensions uniformément sur la nécessité de suivre les vues du feu Roi. Aussi ne fut-ce qu'un an après qu'on vit éclater les mesures secrètes que l'abbé Dubois, fait conseiller d'État, avoit persuadé à son maître de commencer à prendre avec l'Angleterre.

Le chancelier Voisin mourut subitement, et sa place fut donnée au procureur général d'Aguesseau, homme de beaucoup d'esprit et de mérite, fort lié avec le duc de Noailles. Alors un homme dont j'aurai lieu de parler beaucoup dans la suite s'introduisoit fortement dans la confiance du Régent, qui le connoissoit déjà ; car dès le temps du feu Roi il avoit pris grande créance dans son esprit : le duc d'Orléans avoit même obligé M. Desmarets à l'écouter sur divers projets pour l'administration des finances. M. Desmarets m'en parla, et me dit que cet homme avoit de l'esprit, mais qu'il cachoit certaines vues particulières, et que ses principes étoient totalement faux, et même pernicieux.

C'étoit un Écossais, nommé Jean Law, fils d'un orfèvre d'Édimbourg, bien fait de sa personne, né avec de l'esprit, et plein de principes séduisans pour ceux qui croient voir plus clair que les autres dans les matières abstraites, et qui, se confiant dans une certaine vivacité d'esprit, abandonnent souvent les règles solides du bon sens. Cet homme avoit pris crédit auprès du duc de Noailles, sans que celui-ci s'aperçût qu'il en prenoit encore davantage dans l'esprit du Régent, personne ne pouvant imaginer qu'on eût rien à craindre d'un tel personnage.

Il vint me voir dans mon château de Villars, n'oublia rien pour gagner ma confiance, et me dit : « Il nous faut un homme comme vous. » Je lui répondis que je n'entendois pas ce discours-là ; que, pour être assuré de moi, il ne falloit qu'être utile à l'État ; comme aussi qu'on pourroit me regarder comme ennemi dès qu'on proposeroit quelque chose de contraire à l'utilité du royaume.

TROISIÈME PARTIE.

[1717-18] Le duc de Noailles voulut alors faire de grands changemens dans les finances. Il établit d'abord une chambre de justice, qui fit des taxes considérables, et assez sagement ordonnées : on en pouvoit tirer une grande utilité ; mais les protections, les favoris, les favorites, dissipèrent la plus grande partie des fonds.

Il proposa aussi de changer la forme des impositions, surtout celle des tailles, et lut au conseil un mémoire très-beau et fort éloquent sur les établissemens et les progrès de diverses impositions. Il conclut que l'on pourroit établir une taille personnelle. Plusieurs personnes, pour faire leur cour, s'offrirent à aller dans les provinces faire l'essai de ce nouveau dessein.

Le petit Renaud, homme qui s'étoit mêlé de divers métiers dans la marine et autres affaires, fut envoyé en Poitou. Il manda des merveilles de ses opérations, et fut près d'être assommé.

Le marquis de Silly, que j'avois fait rentrer dans le service, en ayant été ôté après la seconde bataille d'Hochstedt, rechercha de ces commissions pour la province de Normandie, et on nomma des gens au-dessous de cet état pour aller travailler dans diverses intendances. Le goût connu du Régent pour toutes ces vues nouvelles porta les commissaires à donner des espérances qui ne furent pas suivies de succès. Elles perdirent toutes leur forces quand le duc de Noailles, qui avoit imaginé ces projets, fut ôté des finances par le crédit que Law avoit pris sur l'esprit du Régent. Le chancelier, ami du duc, fut renvoyé à Fresnes, et on donna les sceaux à M. d'Argenson, conseiller d'État, et lieutenant général de police. Il avoit montré beaucoup de capacité dans ce dernier emploi, qui lui procuroit un grand accès auprès du Régent, par la facilité qu'il lui donnoit de satisfaire la curiosité du prince sur tout ce qui se passoit dans Paris. M. d'Argenson étoit un homme d'un esprit juste, laborieux, actif, d'un grand détail, et fort désintéressé.

L'Europe étoit alors très-occupée du grand armement que faisoit l'Espagne sous la direction du cardinal Alberoni, et dont on ignoroit le but. J'étois très-persuadé qu'il ne pouvoit regarder que les États que l'Empereur possédoit en Italie et que l'Espagne revendiquoit. J'expliquai mes idées à cet égard dans un mémoire que je lus au conseil ; et quoique je m'y trompasse dans quelques conjectures, il me semble que je rencontrois assez juste touchant nos intérêts avec l'Empereur, l'Angleterre et l'Espagne.

J'y disois donc : « Un aussi grand appareil de
» forces de mer et de terre, le profond secret dans
» les préparatifs et l'assemblée de ces forces que
» l'on auroit eu peine à se promettre de l'indo-
» lence et ignorance des Espagnols ; ce premier
» bonheur dans le ministère de celui qui a dirigé
» l'entreprise, tout cela doit en faire espérer un
» heureux succès. Elle ne peut regarder que le
» royaume de Naples, n'a pu être formée que
» sur des intelligences considérables dans ce
» royaume. Toutes les apparences veulent que
» le duc de Savoie, roi de Sicile, soit d'intelli-
» gence. La cour de Vienne a montré beaucoup
» de mécontentement de ce prince, à cause de ses
» liaisons avec nous : elle a chassé ses ministres,
» et certainement il ne doit attendre de l'Empe-
» reur que la perte de sa nouvelle couronne, et
» ne peut éviter de plus grands malheurs que
» par voir l'Empereur chassé de l'Italie, à moins
» qu'il ne se dévoue à tous ses desseins contre
» la France en lui cédant la Sicile, par la pro-
» messe du Dauphiné.

» Si le roi d'Espagne se rend maître du royaume
» de Naples, et que le roi de Sicile soit ligué avec
» lui, l'on ne doit pas croire impossible de fer-
» mer l'entrée de l'Italie à l'Empereur. On me
» dira : *Mais il tient Mantoue*. Cette place, très-
» considérable quand on est descendu des Al-
» pes, ne la couvre pas. Ceux qui voudront en
» défendre les passages laisseront Mantoue et le
» Milanais derrière eux, et marcheront sur les
» frontières du Trentin ou du Vicentin. Les mi-
» nistres du Vicentin, gens très-habiles, et qui
» étoient avec moi à Vienne quand le prince
» Eugène entra en Italie, m'assuroient pour lors
» ce que de plus grandes connoissances nous ont
» confirmé depuis, que deux mille hommes der-
» rière les défilés du Vicentin pouvoient arrêter
» toutes les forces de l'Empereur. Ainsi, supposé

» que le roi d'Espagne se rende maître de Naples,
» il n'a qu'à joindre ses forces à celles du roi de
» Sicile, bloquer très-facilement la garnison de
» Mantoue, et prendre Pizzighitone, très-mau-
» vaise place à l'extrémité de l'État de Milan du
» côté du Mantouan ; on ne peut douter qu'alors
» l'Italie entière ne se ligue pour sa liberté.

» Le Pape sait ce qu'il doit craindre d'un em-
» pereur maître de l'Italie. Les Impériaux n'ont
» rien oublié pour lui inspirer de la terreur.
» L'entrée de leurs cuirassiers l'épée à la main
» dans Rome, Comachio tenu par leurs troupes,
» la hauteur des ministres et généraux de l'Em-
» pereur, tout doit persuader le Pape qu'il sera
» le premier esclave de la puissance impériale.
» Les Génois et autres feudataires, qui ont res-
» senti plus d'une fois par les effets la pesanteur
» des droits que l'Empereur prétend sur eux,
» doivent en craindre le rétablissement. L'Italie
» n'a que ce moment où l'Empereur est occupé
» du siége de Belgrade pour briser ses fers : donc
» si l'entreprise du roi d'Espagne réussit, il est
» hors de doute qu'elle concourra unanimement
» à chasser les Allemands de son sein.

» Examinons maintenant ce qui convient à
» Votre Altesse Royale, et voyons la conduite
» que nous avons à tenir dans la suite. Pour cela,
» ne nous trompons point sur les vues de l'Em-
» pereur. Je crois que ce prince ne veut aucune
» véritable et solide alliance avec nous. Les pre-
» mières ouvertures que le prince Eugène de
» Savoie m'avoit faites à Bade du temps du feu
» Roi ; le peu qui en a été fait au comte du Luc
» à Vienne ; les lettres que le prince Eugène m'a
» écrites depuis ; l'assurance que je lui ai donnée
» que Votre Altesse Royale prêteroit volontiers
» l'oreille à des propositions ultérieures ; l'assu-
» rance aussi que le maréchal d'Uxelles et moi,
» sous Votre altesse Royale, en aurions seuls
» connoissance, et que le plus profond secret
» seroit gardé ; tout cela n'a abouti qu'à des ou-
» vertures indifférentes, que le baron d'Honhen-
» dorf, qui paroissoit confident du prince Eu-
» gène, a faites à Votre Altesse, et qui n'ont eu
» aucune suite ; et comptez que Penterrieder,
» ministre habile, n'a été envoyé en France que
» pour en connoître l'état le plus parfaitement
» qu'il seroit possible. Les discours qu'il a tenus
» à M. le maréchal d'Uxelles et à moi n'ont été
» que des propos vagues, dans lesquels il ne pa-
» roissoit aucune bonne intention de former une
» sincère union. Nous avons vu depuis l'inquié-
» tude et la douleur de la cour de Vienne lors-
» qu'elle a su notre bonne intelligence avec l'An-
» gleterre et la Hollande ; et même Penterrieder,
» le plus habile de tous les ministres que l'Empe-
» reur emploie dans les cours étrangères, n'a pas
» quitté le roi d'Angleterre tant qu'il a été à Ha-
» novre. Qui sait même les mesures secrètes qu'il
» peut avoir prises avec ce prince ?

» Car enfin je crois les Hollandais solides dans
» les derniers engagemens qu'ils ont pris avec
» nous ; mais pour l'Angleterre, la nécessité
» présente de nous empêcher de donner des se-
» cours au Prétendant l'oblige seule de se lier
» avec nous. Dans le fond, le parti dominant, et
» même toute l'Angleterre hait la France, et
» nous manquera à la première occasion. Le
» roi Georges ayant d'ailleurs grand intérêt
» d'engager des esprits aussi inquiets que ses su-
» jets dans des guerres étrangères, n'en peut
» trouver de plus assorti au goût de la nation
» qu'une guerre contre la France. Il se rencon-
» trera parfaitement dans ce dessein avec l'Em-
» pereur, qui n'attend peut-être que la première
» occasion d'éclater. Je conclus donc que nous
» devons souhaiter que le projet de l'Espagne,
» s'il regarde le royaume de Naples, réussisse.

» Soit que le roi de Sicile en ait connoissance
» présentement, ou qu'il l'ignore, le moment
» d'après l'événement il se déclarera, et ne peut
» demeurer neutre dans une telle situation. Si,
» comme les apparences le veulent, il prend le
» parti de l'Espagne, ce ne peut être qu'aux con-
» ditions qu'on l'aidera à conquérir le Milanais,
» et qu'il cédera la Sicile au roi d'Espagne. Tou-
» tes les puissances d'Italie entreront publique-
» ment ou secrètement dans cette entreprise, et
» on promettra le Mantouan aux Vénitiens pour
» les y engager. Alors si l'Italie s'ébranle, je
» suis d'avis de nous unir avec elle, mais d'at-
» tendre des mouvemens sans rien déclarer, et
» faire dire cependant avec un profond secret
» au roi d'Espagne qu'on lui souhaite un heu-
» reux succès.

» Les princes d'Italie, séparés, timides et peu
» puissans, nous objecteront que l'Empereur
» rentrera en Italie avec cinquante mille hom-
» mes, et les écrasera. Il faut leur répondre
» qu'on peut en fermer les passages avec bien
» moindre nombre, mais qu'il n'y a pas de temps
» à perdre ; qu'avant que les Alpes soient fer-
» mées par les neiges, il faut que la ligue d'Ita-
» lie soit conclue entre le Pape, le roi d'Espagne,
» le roi de Sicile, Parme, Florence, Gênes, et
» tous les autres États qui pourront s'y joindre ;
» que leurs forces réunies marchent vers les pas-
» sages du Trentin et du Vicentin pour fermer
» l'Italie, sinon elle sera inondée d'Allemands
» et esclave de l'Empereur. Il n'y a point de
» milieu pour eux entre la liberté et l'escla-
» vage.

» Quelques-uns imaginent que l'Empereur renoncera au siége de Belgrade, qu'il paroit avoir en vue, pour aller au secours de ses États d'Italie. Je dis que cela est impossible, surtout s'il est vrai, comme on le débite, qu'il y ait une révolte en Transylvanie. En abandonnant l'entreprise de Belgrade pour sauver l'Italie, il pourroit bien perdre la Transylvanie et la Hongrie. Je juge donc qu'il fera le siége de Belgrade : mais ce siége-là peut finir dans la fin d'août; et Belgrade pris, le trajet n'est pas bien long pour gagner le Frioul. Ainsi il faut que le roi d'Espagne soit maître de Naples dans le mois d'août, et que cette entreprise ne lui coûte pas plus de temps qu'il n'en a fallu, il y a quelques années, au cardinal de Grimani pour faire soulever tout le royaume en faveur de l'Empereur.

» Je répéterai donc [et c'est par où je conclus] que si nous voyons une ligue de l'Italie, nous devons non-seulement y entrer, mais la soutenir fortement. Les partis de ménagemens ne conviennent pas. L'Empereur est notre ennemi secret : ne le ménageons pas dès que nous verrons une puissante occasion de lui nuire. Une conduite molle et douteuse ne nous garantira qu'autant qu'il sera obligé d'attendre le moment favorable pour nous attaquer ; et bien que l'état présent du royaume exige que l'on préfère la paix et la tranquillité à toute autre vue, c'est l'assurer cette tranquillité que d'entrer dans des guerres étrangères, et faire une puissante diversion contre notre plus capital ennemi. »

A ce mémoire, qui prouvoit l'intérêt qu'avoit le royaume de ne pas contrarier l'entreprise de l'Espagne, j'ajoutai de vive voix des raisons pour prouver au Régent que personnellement il n'en avoit pas de moindres d'entrer dans les vues de Philippe V. « Nous sommes très-persuadés, lui dis-je, que vous désirez la vie du Roi, comme nous la désirons tous tant que nous sommes ; mais il n'y a personne qui puisse s'étonner que vous portiez vos vues plus loin. Comment les mesures qu'il est libre à tout particulier de prendre dans sa famille, pour ne pas laisser échapper une succession qui le regarde, seroient-elles blâmées dans un prince auquel la succession du royaume de France peut légitimement tomber ? Vous ne pouvez y avoir de concurrent que le roi d'Espagne, par la proximité du sang. Ce prince veut s'agrandir en Italie : aidez-le. Plus vous contribuerez à son agrandissement, moins il sera tenté de vous troubler dans vos prétentions à la couronne ; et s'il avoit cette tentation, il verroit toute l'Europe s'élever contre un prince que vous auriez rendu trop formidable en étendant sa puissance. Vous pourriez faire durer la guerre des Turcs, et pendant ce temps il seroit aisé aux rois d'Espagne et de Sicile réunis de chasser l'Empereur d'Italie, et de disposer les choses de manière qu'il ne pût jamais y entrer. Vous avez des puissances dans le Nord toutes prêtes à vous seconder, la Suède, le roi de Prusse ; le Czar même, qui va arriver dans votre cour, paroît déterminé à faire la paix avec la Suède, et à rechercher votre alliance ; l'Angleterre, au moins en partie, est disposée à recevoir son roi légitime. Suivons ces vues que la gloire de la nation et la proximité du sang vous inspirent, plutôt que celles qui à la fin vous mèneront à faire la guerre au roi d'Espagne. » Le Régent me regarda fixement, et me dit : « Vous allez au grand. — Mes premières vues, lui répondis-je, iront toujours au grand ; et je ne reviens au médiocre que lorsque je suis convaincu que le grand est impossible, ou d'une exécution trop difficile. »

Le penchant en faveur de l'Angleterre étoit trop fort pour permettre les liaisons que je proposois. Au lieu de ces alliances regardées avant la mort du Roi, et avec raison, comme les plus utiles à la gloire de la nation, à l'augmentation de la puissance de la France et à celle de ses princes, on en prit qui alloient à diviser le royaume, et que l'on devoit prévoir capables de nous mener à faire la guerre à notre propre sang. Pendant qu'on nous laissoit parler dans le conseil, l'abbé Dubois faisoit un traité qui garantissoit à l'Empereur quelques Etats d'Italie que l'Espagne prétendoit : on le nomma *le traité de la quadruple alliance*, parce qu'il étoit conclu entre la France, l'Angleterre, la Hollande et l'Espagne, qu'on comptoit y faire accéder de gré ou de force.

Les ambassadeurs anglais [milords Stairs et Stanhope] jouissoient pour lors à la cour de la plus grande distinction. Venant un jour au Palais-Royal, je trouvai que le Régent avoit été enfermé trois heures avec eux. Quand ils sortirent de la longue audience qu'il leur avoit donnée, je dis au prince : « Monseigneur, j'ai été employé en diverses cours, et j'ai vu la conduite des souverains : je prendrai la liberté de vous dire que vous êtes l'unique qui veuille s'exposer à traiter seul avec deux ministres du même maître. » Il me répondit : « Ce sont mes amis particuliers. — Ils sont encore, selon les apparences, plus amis de leur maître, répliquai-je ; et, en vérité, deux hommes bien préparés à vous parler d'affaires peuvent

» vous mener plus loin que vous ne voulez. »
Dans le fond cela eût été difficile, puisque le Régent de lui-même alloit au devant de leurs désirs.

Quand il fut question de signer le traité, le maréchal d'Uxelles, président du conseil des affaires étrangères, déclara qu'il ne le signeroit jamais, et sa déclaration fut publique. Pour lors le Régent dit que le sieur de Chiverny, un des conseillers de ce conseil, le signeroit à la place du président. On négocia ensuite avec le maréchal d'Uxelles; on lui fit entrevoir qu'on pourroit l'éloigner, et il se rendit : de sorte que quand ce traité fut apporté au conseil de régence, le maréchal d'Uxelles, après la lecture, fut d'avis de le signer. Le marquis d'Effiat, qui auroit dû opiner le premier, ne s'y trouva pas; les opinans qui suivoient furent de l'avis du maréchal d'Uxelles; mais le tour de M. Le Pelletier étant venu, il dit que la matière étoit trop importante pour ne pas exiger de plus longues délibérations, et qu'il étoit d'avis de suspendre. Ceux qui parlèrent entre lui et moi furent du sentiment de s'en rapporter à M. le Régent. J'adhérai, moi, à celui de M. Le Pelletier; M. de Villeroy aussi, mais il ne le soutint pas bien vivement.

M. le duc du Maine s'opposa fort au traité, et appuya ce que j'avois représenté dans mon mémoire, qu'au commencement de la régence on avoit été maître de faire des alliances très-différentes; que le Czar, les rois de Suède et de Prusse, ne demandoient pas mieux que de s'unir à la France, et que l'on auroit trouvé d'autres alliés encore qui nous auroient aidé à soutenir l'ancien système. Il finit donc par s'opposer formellement au traité. M. le duc, qui étoit le dernier, opina à prendre du temps; mais la pluralité des voix fut entièrement pour le sentiment du Régent. Ainsi le traité fut signé; et milord Stanhope, qui en avoit poursuivi vivement la consommation, alla à Madrid pour forcer le roi d'Espagne d'y accéder. Alberoni trouva moyen de l'amuser pendant qu'il continuoit ses immenses préparatifs : il fit ensuite l'entreprise de Sardaigne, qui auroit eu les plus grandes suites si nous étions seulement restés neutres.

J'eus dans cette année des désagrémens dans le conseil de guerre, dont j'étois président. Tout le monde vouloit y entrer, et chacun vouloit y donner du sien. Le marquis de Broglie et Puységur, fort avant dans les bonnes grâces du Régent, se concertèrent avec M. Le Blanc, à mon insu, pour changer l'état militaire sur deux points capitaux. Ils ne se proposoient pas moins que de supprimer les étapes, et d'augmenter la paie : mais je fus instruit du dessein formé d'établir ces nouveautés. Le jour qu'elles devoient être mises sur le tapis, le Régent entra au conseil, accompagné de M. le duc, du duc de Chartres, de M. le prince de Conti et du duc du Maine, qui s'y étoient successivement introduits. Puységur, par son ordre, ouvrit la séance, et parla sur les étapes : il cita, pour en prouver l'inutilité, qu'il n'y en avoit point dans l'Empire. « Aussi,
» lui répondis-je, ai-je entendu souvent le prince
» Eugène se plaindre des torts que faisoit à l'Em-
» pereur l'impossibilité d'en établir : *Il a, à la
» vérité,* me disoit-il, *ce qu'on appelle* transi-
» tum innoxium *dans tous les Etats; mais
» comme il n'est pas le maître du pays, il faut
» demander le passage. Alors on nomme des
» commissaires dans chaque Etat pour prépa-
» rer les routes et les vivres, et par cette raison
» les mouvemens des troupes de l'Empereur
» sont connus plus de deux mois avant qu'elles
» arrivent à leur destination, au lieu que les
» vôtres arrivent souvent de Flandre en Alle-
» magne avant que nous en soyons avertis. Je
» regarderai donc toujours,* continuoit le prince
» Eugène, *comme un vrai malheur l'impossi-
» bilité d'établir des étapes en Allemagne.* »

Pour exemple qu'on pouvoit s'en passer, Puységur cita encore la retraite des armées du Roi après la prise de Fribourg. Je répondis à son objection : « Dans cette occasion l'armée n'auroit
» jamais pu se passer d'étapes, si on n'avoit
» chargé les soldats de pain pour cinq jours, et
» si les différens corps n'eussent été suivis des
» chariots des paysans que je renvoyois dans la
» Lorraine, le Comté, les Trois-Evêchés et la
» Bourgogne, et que l'on remplit de vivres. Or,
» disois-je, aurez-vous toujours cet attirail de
» chariots à employer et vous faire suivre, pour
» suppléer aux étapes? » J'appuyai ces raisons d'un mémoire que j'avois préparé sur les deux points débattus, et je le lus en ces termes :

» Quoiqu'une sorte de sagesse puisse nous
» porter à ne pas combattre des opinions qui
» paroissent du goût du maître, une sorte de
» sagesse plus convenable à des serviteurs doit
» engager à lui dire son sentiment en homme
» de bien. Votre Altesse Royale semble déter-
» minée aux nouveaux projets, qui font beaucoup
» de bruit, et que plusieurs personnes instruites
» regardent comme des desseins difficiles, et de
» dangereuse exécution. Examinons donc la
» chose par les principes.

» En 1629, Louis XIII fit une ordonnance
» pour mieux régler les étapes déjà établies
» depuis long-temps dans le royaume. Ce règle-
» ment fut révoqué en 1633, et les étapes ôtées;
» ensuite rétablies en 1636, après avoir reconnu

» qu'il étoit impossible de se passer d'étapes.
» On espère aujourd'hui qu'en ôtant les étapes,
» on gagnera des fonds assez grands pour augmenter considérablement la paie des officiers
» et des soldats.

» Je réponds que c'est déjà une grande question de savoir si, supposé ce profit certain, il
» conviendroit de faire cette augmentation de
» solde; mais si ce profit n'étoit pas certain, et
» qu'une expérience pareille à celle du siècle
» passé obligeât de rétablir les étapes après les
» avoir détruites, ne seroit-il pas dangereux de
» détruire une paie réglée? Et ne conviendroit-il
» pas davantage d'attendre à former cette plus
» haute paie, fondée sur des épargnes, que l'on
» eût connu parfaitement quelles seront les épargnes, et si elles seront possibles?

» La droite raison voudroit, ce semble, que
» l'on essayât pendant un an de l'utilité et de la
» difficulté d'ôter les étapes. Rien ne presse
» d'augmenter actuellement la paie : personne
» ne se plaint. Lorsque Votre Altesse Royale
» voulut bien, il y a un an, augmenter la paie
» des capitaines d'infanterie d'environ deux cent
» soixante-dix livres par an, cette matière agitée au conseil de régence, il fut décidé que
» cette augmentation ne seroit donnée que par
» gratification et pour un an, afin de ne pas
» faire légèrement un changement de solde : à
» plus forte raison ne doit-on pas actuellement
» faire une augmentation fondée sur une économie qui ne se trouvera peut-être pas. » Malgré mes efforts, la destruction des étapes et l'augmentation de paie furent résolues. Apparemment pour me consoler, dans ce même conseil le Régent accorda un régiment de cavalerie au marquis de Villars, mon fils.

Ces contradictions, appuyées par le Régent, me firent croire que ma présence au conseil de guerre ne lui étoit pas agréable, et je lui offris de me retirer; mais il ne voulut pas y consentir, et me donna au contraire l'entrée dans tous les conseils de régence, me disant : « Jamais votre
» présence au conseil de guerre ne m'a été si nécessaire, parce que M. le duc veut s'en rendre
» le maître. » Je lui répondis : « Si les obstacles
» ne viennent pas de votre part, inutilement en
» mettrai-je de la mienne; il n'en seroit autre
» chose, sinon que je m'attirerois l'inimitié de
» M. le duc. » Il me dit : « Vous avez un bon second en moi. »

Cependant, peu de jours après, ce bon second me manqua. M. le duc avoit persécuté le Régent pour assister à ce qu'on appelle la liasse, terme établi par les ministres du temps du feu Roi. Chacun à son heure marquée lui apportoit la liasse, c'est-à-dire tous les papiers et toutes les affaires dont ils lui rendoient compte en particulier; et alors se faisoit quelquefois la décision des plus importantes, dont il n'étoit souvent délibéré qu'après qu'elles étoient conclues par le ministre tête à tête avec le Roi.

Tous les mardis, à trois heures, j'avois rendez-vous chez le Régent pour la lecture de la liasse. Je sus un jour que M. le duc devoit s'y trouver : j'en avertis le Régent, et lui fis dire que j'étois bien résolu à n'avoir pas deux maîtres. Le Régent me manda que je ferois bien de ne pas venir. M. le duc s'étant rendu à l'heure ordinaire, le Régent le laissa pendant plus d'une heure attendre très-inutilement, sachant bien que je ne devois pas venir. Mais il ne voulut pas laisser penser à M. le duc que mon absence étoit concertée; et afin qu'il ne fût plus tenté de s'exposer à pareil désagrément, le Régent me dit de lui rendre compte des affaires, tantôt à une heure, tantôt à une autre.

Cependant ces nouveaux embarras, joints aux précédens, me déterminèrent à prendre le parti de me démettre de la présidence de la guerre. Je le déclarai au duc d'Orléans, qui me conjura de n'en rien faire. Pour m'obliger même à demeurer, et pour régler une fois pour toutes l'état du conseil de guerre, il tint un conseil avec le garde des sceaux d'Argenson, le marquis d'Effiat et moi, dont le résultat fut de détruire le conseil de guerre, et de me créer ministre, avec Le Blanc sous moi.

Je répondis à cette résolution du duc d'Orléans que je voulois lui faire voir que j'étois plus occupé de chercher le goût de Son Altesse Royale, et de la mettre à son aise, que de mon intérêt particulier; et que quoique j'en eusse un grand à être seul ministre de la guerre, pour lui montrer mon désintéressement en tout, je le suppliois d'examiner si quelque autre ne lui conviendroit pas mieux; que Son Altesse Royale étoit accoutumée au maréchal de Bezons; qu'à la vérité il ne seroit pas bien de m'ôter le ministère de la guerre pour le donner au maréchal de Bezons; mais qu'en le remettant moi-même je levois tout obstacle, et qu'il ne restoit plus d'inconvénient à disposer d'un emploi dont un autre se démettoit. Le Régent refusa mon offre avec de grands témoignages d'amitié, et m'assura que le jour d'après il donneroit au ministère de guerre la forme résolue dans ce petit conseil, composé, comme je l'ai déjà dit, du Régent, du garde des sceaux, et de moi. Mais cette résolution ne fut pas mieux suivie que beaucoup d'autres.

Cependant je ne cessois de donner une application entière au service de l'État et du Régent. Connoissant même l'esprit naturellement défiant de ce prince, j'avois imaginé un moyen sûr de persuader que toutes les grâces accordées aux gens de guerre venoient principalement de lui; et pour cela je lui avois conseillé premièrement de ne donner jamais aucun emploi sans délibération, et ensuite, quand la grâce seroit résolue, que, sans en rien faire connoître à celui à qui elle étoit destinée, je le présenterois au Régent, qui, sur le récit que je lui ferois de quelque action où cet officier se seroit trouvé, déclareroit en même temps qu'il s'en souvenoit, et qu'il l'honoroit d'un tel bienfait. Le Régent parut goûter fort un si bon conseil, et me marqua par ses remercîmens combien il en étoit touché.

Dès qu'il manquoit des emplois dans mon gouvernement, j'en prenois occasion de dire au Régent que, comme je n'y voulois d'autorité que pour le service du Roi et de Son Altesse Royale, je la priois de choisir les officiers; et comme elle désiroit que je proposasse, je cherchois dans les régimens de Son Altesse Royale des officiers pour les remplir. Toutefois ces égards ne me garantirent pas de la disgrâce que j'avois voulu prévenir.

[1718] Il y avoit alors grande fermentation à la cour. Le Régent, persuadé que le duc du Maine et sa femme étoient ses ennemis, prit la résolution de les perdre. Il n'avoit pourtant encore aucune certitude des menées de la duchesse du Maine, et ce secret n'éclata que quelques mois après le lit de justice qui fut tenu au palais des Tuileries, dans l'antichambre du Roi.

Les conseillers de régence furent avertis à six heures du matin, le 26 août 1718, qu'il y avoit un conseil de régence extraordinaire, et à sept heures on les avertit qu'il seroit suivi d'un lit de justice; en sorte que quelques-uns furent obligés de retourner prendre des habits décens pour assister à cette cérémonie.

En entrant dans le cabinet du Roi avant huit heures du matin, je trouvai la plupart des conseillers arrivés, et le Régent qui se promenoit avec un air assez agité.

Le duc du Maine vint à moi, et me dit : « Il » va se passer quelque chose de violent contre » mon frère et moi. — J'ai peine à le croire, lui » répondis-je. » Il me répliqua seulement : « Je » le sais. »

J'allai joindre le marquis d'Effiat; nous nous assîmes : je lui racontai ce que le duc du Maine venoit de me dire. « Je crois ce qu'il vous a » dit, me répondit-il; mais je ne sais rien du » fond. »

Pendant ce temps-là le comte de Toulouse arriva : le Régent le mena à une fenêtre, et lui dit peu de paroles, après lesquelles le comte de Toulouse alla trouver le duc du Maine, et ils sortirent tous deux. Je dis là-dessus au marquis d'Effiat : « Ils s'en vont; qui quitte la partie la » perd. » Le moment d'après, le conseil s'assit, et le Régent dit d'abord qu'il étoit question d'édits et d'arrêts qui regardoient les princes légitimés, et que par rapport au duc du Maine, il aimoit mieux un ennemi déclaré que couvert.

On commença par la lecture d'un édit qui, à la sollicitation des pairs, ôtoit au duc du Maine son rang, et qui le remettoit dans le parlement et ailleurs, dans celui de l'érection de sa pairie, et par conséquent après tous les pairs de France, excepté ceux que le Roi avoit faits dans les dernières années de sa vie. Par là le duc du Maine se trouvoit partout après le maréchal de Villeroy, et l'on prétendit pour cela qu'il ne pouvoit plus avoir la surintendance de l'éducation du Roi.

M. le duc lut un mémoire par lequel il la demandoit; et il fut lu un autre édit qui lui accordoit cet honneur, dont le duc du Maine fut dépouillé. Le maréchal de Villeroy dit simplement qu'il voyoit avec douleur détruire les dispositions du feu Roi.

Les princes légitimés sortis, et ayant abandonné leurs prétentions, personne ne pouvoit prendre la parole pour soutenir leur rang, surtout parce qu'on appuyoit ce qui s'exécutoit contre eux sur une requête des pairs au commencement de la régence, laquelle on faisoit revivre, quoique plusieurs l'eussent ignorée dans le temps. On lut encore un autre édit par lequel on redonnoit au comte de Toulouse les honneurs de prince du sang, à la requête encore des pairs, requête beaucoup moins connue que la première. Ensuite on fit lecture de plusieurs édits contre le parlement : d'un entre autres par lequel il étoit déclaré que dès qu'un édit avoit été présenté à la cour pour être enregistré, l'enregistrement étoit censé fait huit jours après. Ces lectures finies, le Roi alla à la Sainte-Chapelle. Le lit de justice se forma, les princes du sang et les pairs prirent place : le parlement, suivant l'usage, députa pour aller chercher le Roi; et tout le monde assis, le garde des sceaux d'Argenson fit un discours très-court, et dit au greffier de lire les édits.

Après la lecture du premier, le premier président demanda permission de délibérer. Le garde des sceaux, après s'être approché de la personne du Roi comme pour recevoir son ordre, répliqua seulement : « Le Roi veut être obéi, et sur-le-» champ. »

Quelques pairs furent surpris de ce qu'ils étoient nommés et dans l'édit qui remettoit le duc du Maine à son rang de pair, et dans celui qui distinguoit le comte de Toulouse de ce traitement. Il paroissoit que l'un et l'autre édit étoit à la réquisition des pairs ; ce que la plupart ignoroient. Mais comme plusieurs étoient peinés de voir un des fils du feu Roi dégradé, tous consentirent volontiers au traitement différent que recevoit son frère.

Ils s'étoient retirés tous deux dans l'appartement du duc du Maine. Mais s'ils avoient eu la fermeté de demeurer pendant le lit de justice, et de représenter avec force le tort qui leur étoit fait, surtout au duc du Maine, en lui ôtant la surintendance de l'éducation du Roi et le soin de veiller à sa conservation, lequel lui étoit plus justement confié qu'aux héritiers présomptifs de la couronne, il n'étoit pas possible qu'ils n'eussent mis des obstacles aux projets formés contre eux. La crainte d'être arrêtés fit impression sur des cœurs remplis de bonnes qualités, mais dans lesquels on n'étoit pas persuadé que la fermeté fût la vertu dominante.

Avant que le parlement arrivât, on crut que peut-être il n'obéiroit pas; et le garde des sceaux proposa des partis assez violens. Je pris la parole en ces termes : « Dans les occasions importan-
» tes, on doit regarder comme un grand bonheur
» que le temps employé à délibérer ne fasse pas
» perdre des momens précieux. Je me suis
» trouvé plusieurs fois en ma vie dans ces mo-
» mens critiques ; et toutes les fois qu'il n'y avoit
» aucun péril dans le retardement, je me suis
» cru heureux de pouvoir examiner pendant
» quelques heures quel étoit le parti le meilleur.
» Dans la circonstance présente, tout oblige à
» délibérer, et rien à presser des résolutions
» dont on auroit peut-être sujet de se repen-
» tir. »

J'allai l'après-midi chez le duc d'Orléans, qui s'ouvrit à moi sur les divers sujets qu'il avoit de se plaindre du duc et de la duchesse du Maine : « Je sais, me dit-il, que ce duc est ré-
» solu de mener le Roi au parlement, de le faire
» déclarer majeur, et par là d'anéantir la ré-
» gence. — Je ne crois pas, lui répondis-je, le
» duc du Maine assez déterminé pour prendre
» une pareille résolution : pour moi, il me suffit
» que vous ayez déclaré en plein conseil que le
» duc du Maine est votre ennemi, pour avoir
» désormais peu de commerce avec lui. Jusques
» à présent je ne l'ai pas vu ; mais son malheur
» est assez grand pour que l'on aille lui en faire
» un compliment. » Le Régent me dit que je pouvois y aller ; que le maréchal de Villeroy et le marquis d'Effiat y devoient aller aussi.

Je m'y rendis en quittant Son Altesse Royale, et trouvai le mari et la femme aussi consternés qu'ils avoient sujet de l'être. Le comte de Toulouse arriva le moment d'après. Je les laissai tous trois, après leur avoir témoigné la part sincère que je prenois à leur malheur. Certainement le duc du Maine ne se l'étoit pas attiré : son humeur tranquille, sa piété, et son éloignement naturel de toute entreprise, devoient le mettre à couvert des soupçons. Il n'étoit occupé que du soin de bien remplir les devoirs de ses charges de colonel général des Suisses, de grand-maître de l'artillerie, de Languedoc, et de colonel du corps des carabiniers.

Peu de jours avant le lit de justice dont j'ai parlé, il étoit le matin chez moi, et m'apprit qu'avant que d'aller dîner chez le prince de Léon aux Bruyères, petite maison à une lieue de Paris, on lui avoit donné avis, et à la duchesse du Maine, qu'ils seroient arrêtés ce jour-là même en sortant de la ville. Ils firent cependant ce petit voyage, et au retour, le duc du Maine alla rendre compte au duc d'Orléans de l'avis qu'il avoit reçu, et qu'il avoit méprisé. Le duc d'Orléans l'en remercia avec de grandes marques d'amitié.

Le duc du Maine me dit qu'il étoit si ennuyé de toutes les petites tribulations qu'il avoit à essuyer, que, malgré l'honneur et les soins de la surintendance de l'éducation du Roi, il donneroit de bon cœur dix mille écus à celui qui lui apporteroit une lettre de cachet pour aller passer cinq ans dans ses terres ; et au fond il ne déguisoit pas ses sentimens. Après sa prison, qui arriva peu de mois ensuite, je rendis compte de ce discours au Régent. Le mari et la femme couchèrent cette même nuit chez le comte de Toulouse, et allèrent habiter Sceaux, où tout le monde alla les voir.

Cependant le Régent, qui avoit pour principe d'employer beaucoup d'espions, étoit informé de quelques pratiques de la duchesse du Maine. On étoit alors brouillé avec l'Espagne, où Stanhope avoit été très-mal reçu. La Sicile attaquée préparoit une guerre dans laquelle la France étoit obligée d'entrer. Toutes les démarches de l'ambassadeur d'Espagne étoient épiées : l'on sut qu'il avoit vu une fois, la nuit, la duchesse du Maine, et l'on apprit depuis qu'il y avoit été dans un carrosse du marquis de Pompadour, mené par le comte de Laval. Ce ministre, voyant la guerre certaine, n'oublioit rien pour former un parti en France, où il commençoit à se trouver bien des mécontens.

La Bretagne en étoit remplie, excitée par les

mauvais traitemens que lui avoit attirés le maréchal de Montesquiou, qui y commandoit; et enfin, peu de semaines après on fut informé de toutes les menées de l'ambassadeur d'Espagne par sa propre indiscrétion. Cet ambassadeur m'avoit toujours marqué de grands égards; il étoit venu me voir à Villars, et s'y étoit trouvé dans le temps que Law y étoit.

Le duc d'Orléans, qui vouloit changer dans la forme du gouvernement tout ce qui ne rendoit pas son autorité assez despotique, ôta tous les conseils, à la réserve de celui des finances et de celui de marine. Ainsi le duc de Noailles, le maréchal d'Uxelles, le duc d'Antin et moi fûmes remerciés.

Les affaires étrangères furent données à l'abbé Dubois, et le marchal d'Uxelles eut lieu de se repentir de n'avoir pas suivi l'engagement qu'il s'étoit imposé lui-même de ne pas signer le traité de la quadruple alliance. Il n'en perdit pas moins son état, et il en seroit sorti avec plus d'honneur.

Il y avoit plus de six semaines que j'avois la fièvre à diverses reprises, et une très-mauvaise santé, lorsque le duc d'Orléans ôta les conseils. Je rapporte cette circonstance, afin que l'on ne croie pas que ma maladie fut causée par la privation d'un emploi que j'avois voulu remettre plusieurs fois.

L'ambassadeur d'Espagne vint me voir un matin. Pendant toute sa visite, je fis demeurer la maréchale, qui étoit au chevet de mon lit, ne voulant pas de conversation tête à tête avec un homme suspect, qui cependant voyoit toute la cour. « Votre maladie, me dit-il, a donné de
» grandes inquiétudes, et même dans des pays
» bien éloignés. — Je ne croyois pas, lui répon-
» dis-je, qu'une nouvelle si peu importante eût
» été plus loin que le Pont-Royal, et qu'à peine
» elle dût avoir passé la rivière. — Elle a été
» jusqu'au Roi mon maître, reprit l'ambassa-
» deur; et M. le cardinal Alberoni m'ordonne de
» sa part de vous témoigner le grand intérêt qu'il
» prend à votre santé. » Mes réponses furent dans la modestie convenable. « Le Roi mon maî-
» tre, continua l'ambassadeur, n'oubliera ja-
» mais les grandes obligations qu'il vous a. Il
» se souvient bien des propositions que M. de
» Torcy apporta de La Haye, et auxquelles vous
» vous opposâtes avec tant de fermeté; il se sou-
» vient bien aussi de celles de Gertruydemberg,
» où la ligue ne demandoit pas moins que de
» faire passer ses armées au travers de la France,
» pour forcer le Roi mon maître à sortir d'Es-
» pagne; et il sait de plus qu'il doit à vos vic-
» toires d'être sur le trône d'Espagne, par la » paix glorieuse que vous avez signée. Enfin,
» après tant d'obligations, comme vous pouvez
» compter sur son amitié, il compte sur la vôtre. »
Je répondis avec les respects que méritoient de tels sentimens de la part d'un grand roi. Mais comme ma maladie ne m'empêchoit pas de sortir, j'allai dès le lendemain rendre compte au Régent de cette conversation; et sur les obligations que le ministre du roi d'Espagne disoit que son maitre m'avoit : « Il ne se trompe pas, me
» dit le Régent; il vous a celle d'être sur le
» trône d'Espagne. — Votre Altesse Royale
» pense donc ce que dit l'ambassadeur? répli-
» quai-je. — Je le pense comme toute l'Europe,
» reprit le Régent. — Hé bien! monseigneur,
» ajoutai-je, si le roi d'Espagne m'a l'obligation
» d'être à Madrid, vous m'avez celle de ne le
» pas voir à Paris, où il ne seroit pas bien pour
» vous. — Je le compte bien ainsi, dit le Régent.
» — Vous ne me traitez pas, lui répliquai-je sui-
» vant le mérite dont vous convenez; mais je
» dois au moins m'attendre que vous aurez tou-
» jours quelque bonté pour moi. » Le Régent m'en assura; mais j'eus lieu, peu de jours après, de me savoir bon gré de mon exactitude à lui rendre compte de la visite dont j'ai parlé.

L'ambassadeur, dont toutes les démarches étoient épiées, chargea l'abbé de Porto-Carrero de dépêches toutes écrites de sa main : leur importance, présumée par quelqu'un de ses domestiques, et rapportée au Régent, fit dépêcher un courrier après cet abbé, qui fut arrêté à Poitiers. Un de ses gens revint dans le moment en avertir l'ambassadeur; celui-ci eut le temps d'en avertir l'abbé Bigorre, son principal correspondant; il auroit pu même envoyer un assez grand nombre de ses domestiques pour reprendre de force des paquets si importans au courrier qui les rapportoit, mais il ne s'en avisa pas. Cette seconde faute avoit été précédée d'une autre dans laquelle on ne comprendroit pas qu'un ambassadeur eût pu tomber. Il avoit tout écrit de sa main, sans rien chiffrer, et nommoit avec une imprudence surprenante, et au-delà de toutes celles que peut commettre un ministre, les princes légitimés, la duchesse du Maine, et plusieurs personnes de condition, faisant clairement entendre qu'un nombre très-considérable avoit part à l'intrigue.

Dès que les lettres de l'ambassadeur eurent été rapportées, l'abbé Dubois, ministre des affaires étrangères, et Le Blanc, ministre de la guerre, allèrent l'arrêter dans son palais, saisirent tous ses papiers, et vinrent en rendre compte au duc d'Orléans, qui étoit pour lors couché; car ce prince, abusant de ses forces, passoit toujours les nuits entières dans les plaisirs. L'ambassadeur fut gardé dans sa maison, et ensuite conduit à Blois. Il avoit donné de l'argent et un bon cheval à l'abbé Bigorre, pour se sauver; mais celui-ci fut pris à Nemours, et le marquis de Pompadour fut arrêté la même nuit dans sa maison à Paris.

Le jour d'après, le Régent rendit compte au conseil de régence de ce qui étoit arrivé. On lut la plupart des lettres surprises; mais on remarqua que l'on passoit sur quelques endroits, et ceux du conseil virent bien qu'on le cachoit à dessein. Je ne pus assister à ce conseil, ayant pris médecine ce jour-là. Il y avoit des mémoires très-offensans pour le Régent, des modèles de lettres que le roi d'Espagne devoit écrire au parlement de Paris et à tous les parlemens du royaume. On y détailloit aussi les mesures qu'Alberoni pouvoit imaginer pour soulever l'État. Toutes ces choses, comme on l'a déjà dit, étoient écrites par l'ambassadeur d'Espagne sans le moindre chiffre : imprudence si monstrueuse, qu'on n'en voit pas d'exemple. On donnoit du soupçon de tant de personnes, que le Régent pouvoit étendre les siens avec raison sur la duchesse du Maine, surtout l'ambassadeur ayant écrit que les princes légitimés feroient tout ce que désireroit le roi d'Espagne.

Le duc et la duchesse du Maine furent donc arrêtés le 27 décembre. Le marquis d'Ancenis, capitaine des gardes du corps, fut chargé d'arrêter la duchesse du Maine. Elle fut menée au château de Dijon par le chevalier de La Billarderie, aide-major des gardes du corps, et partit de Paris dans un carrosse de louage, avec le marquis d'Ancenis et deux officiers des gardes. La Billarderie, son frère aîné, lieutenant des gardes du corps, alla arrêter le duc du Maine à Sceaux, et le mena dans le château de Dourlens avec des détachemens de gardes du corps et de mousquetaires. On arrêta en même temps les Malézieux père et fils. Le premier voulut déchirer un papier dans le temps qu'on le saisit : l'imprudence de ne l'avoir pas brûlé n'étoit pas pardonnable, surtout à des gens qui s'attendoient tous les jours à être arrêtés, et d'autant plus que ce papier fut la première et presque la seule conviction par écrit qu'il y eût contre la duchesse du Maine. Elle avoit eu divers avis qu'elle seroit arrêtée; et ayant passé une partie de la nuit à jouer au biribi, elle dit à l'abbé de Vaubrun, lorsqu'il se retiroit : « On doit m'arrêter demain. »

Le cardinal de Polignac fut exilé, et mené en Flandre dans son abbaye d'Anchin, avec un gentilhomme ordinaire du Roi pour se tenir auprès de lui. On arrêta, dans la maison de madame la duchesse du Maine, mademoiselle de Montauban, depuis long-temps fort mon amie. C'étoit une très-aimable personne, de beaucoup d'esprit et de mérite, et à laquelle dans ce moment on fit l'injustice de l'accuser d'un commerce de galanterie avec le cardinal de Polignac; mais la suite l'a justifiée pleinement.

Les deux compagnies des mousquetaires du Roi eurent ordre, pendant huit jours de suite, de se tenir bottés, et prêts à monter à cheval. Le bruit se répandit que l'on devoit arrêter trois ou quatre des principaux de la cour, et l'on désignoit les maréchaux de Villeroy, d'Uxelles, de Tallard, et moi. Le premier le crut; et j'eus tant d'avis de m'y attendre, qu'ils me firent impression, malgré la certitude où j'étois de n'y avoir pas donné le moindre lieu. Les cassettes de mademoiselle de Montauban furent prises; mais je ne fus pas en peine des lettres que l'on pouvoit y trouver de moi.

Le duc de Richelieu, qui avoit fait deux campagnes avec moi en qualité de mon aide de camp, apprit par une de ses maîtresses, avec laquelle le duc d'Orléans prenoit beaucoup de libertés, et qui pouvoit bien être informée, qu'on devoit m'arrêter la veille du jour de l'an. Pinsonneau, homme de mérite et de beaucoup d'esprit, qui avoit été pendant trente ans à la tête de la secrétairerie des ministres de la guerre, et qui avoit servi dans cette qualité trois ans sous moi, vint me trouver le matin, et me dit qu'un des premiers confidens du Régent venoit de l'assurer que je serois arrêté dans la journée. J'allai trouver le garde des sceaux d'Argenson, de qui j'avois reçu divers témoignages d'attachement, et qui même m'avoit quelque obligation. Ce ministre, quoiqu'il fût dans la plus étroite confidence du Régent, ne me dit rien qui pût me tranquilliser.

Le comte de Broglie, mon ami particulier, et l'un des lieutenans généraux des armées du Roi le plus distingué, me dit qu'on demandoit un jour à M. de Turenne quel parti il prendroit s'il croyoit être arrêté, et que ce sage général répondit que, quelque assuré qu'il pût être de ne l'avoir jamais mérité, il n'hésiteroit pas d'éviter la prison.

Tout cela cependant ne me fit aucune impression. J'étois affligé de penser qu'une vie comme la mienne pût être troublée, et rendue malheureuse; mais n'ayant rien sur ma conscience qui pût me faire craindre une aventure aussi fâcheuse, je me déterminai à l'attendre avec une apparente tranquillité, mais avec une peine intérieurement assez sensible.

Depuis plus de trois mois ma santé étoit mauvaise : j'avois eu divers accès de fièvre, j'avois pris du quinquina long-temps ; mon estomac étoit dérangé ; et certainement cette inquiétude, renfermée, et jointe à la mauvaise disposition dans laquelle j'étois depuis plusieurs mois, augmenta mon mal de manière que ma santé devint très-chancelante. On voulut durant huit jours laisser dans l'agitation tous ceux que le public disoit devoir être arrêtés. Le premier président du parlement, fort attaché à la duchesse du Maine, s'attendoit à cette destinée. Enfin pourtant les deux compagnies de mousquetaires eurent ordre de se débotter, et le calme revint dans les esprits. Le garde des sceaux et M. Le Blanc, secrétaire d'État de la guerre, eurent la commission d'aller interroger les prisonniers, dont les châteaux de la Bastille et de Vincennes furent remplis.

[1719] On apprit dans le mois de janvier la mort de *l'homme* le plus intrépide dans tous les périls de la guerre : on ne dit pas *le prince*, pour ne pas donner trop peu d'étendue à la valeur et à la fermeté du roi de Suède, tué d'un coup de canon au siège de Friedrichshaal en Norwége. Il est certain en effet que la témérité du grenadier le plus déterminé n'approchoit pas de celle de ce grand prince, dont la réputation sur le courage a peu d'exemples dans nos temps, et même dans toute l'antiquité. Peut-être que la forte opinion qu'il avoit de la prédestination, jointe à un grand mépris de la mort, lui faisoit négliger la conservation de sa vie en toute occasion, mais il lui manquoit d'avoir fait réflexion que, pour la gloire même d'un grand homme, il doit savoir se ménager, et ne s'abandonner aux grands périls que lorsqu'il les estime nécessaires pour animer une armée, ou pour rétablir un désordre dans un combat ; qu'enfin il doit peser combien sa conservation est nécessaire pour faire réussir de grands desseins.

Par exemple, la mort du roi de Suède dans une occasion peu importante a peut-être changé la face entière de l'Europe. Il étoit sur le point de faire sa paix avec le Czar et avec le roi de Prusse, et de rentrer dans tous ses États en Allemagne ; il pouvoit rétablir le roi Charles en Angleterre ; il se lioit avec le roi d'Espagne, et tous les divers États de l'Empire et de l'Italie pouvoient changer de face.

Je rendois de temps en temps à madame de Maintenon des respects dont tout le monde, excepté le maréchal de Villeroy, s'étoit dispensé. J'allai la voir sur la fin de l'année 1718. Elle me parut fort touchée des malheurs du duc du Maine, qu'elle avoit toujours fort aimé : son grand âge ne put soutenir cette douleur, et elle mourut peu de mois après, avec un mépris qu'elle avoit de la vie depuis plusieurs années, et avec une très-ferme dévotion.

La figure qu'elle a faite dans le monde pendant près de quarante ans la fera connoître par des portraits bien différens. Ce que j'ai trouvé en elle, c'est un grand fonds d'esprit, de piété, beaucoup d'attachement pour le Roi et pour l'État, avec un désintéressement parfait. Elle se sacrifioit tout entière au goût du Roi, et renonçoit pleinement au sien, qui auroit été de vivre dans une petite compagnie choisie, avec plus de liberté et de douceur dans le commerce que son rang ne lui en permettoit.

N'ayant plus le ministère de la guerre, j'allois aux conseils de régence, qui, de trois fois par semaine, furent réduits à deux, et ensuite à un seul, qu'on ne tenoit encore que pour la forme, parce qu'il faut pendant une minorité qu'il y ait un conseil de régence, et que ceux qui le composent soient nommés dans les édits et déclarations ; car pour les arrêts, il ne fut plus question d'y nommer le maréchal de Villeroy, chef du conseil des finances, ni même souvent le garde des sceaux.

Law étoit le maître absolu des finances. La compagnie nommée d'abord *du Mississipi*, ensuite *d'Occident*, et finalement *des Indes*, fut chargée de tous les revenus du Roi. On fit des actions, que l'on achetoit en billets de l'État. On établit une banque royale au lieu de la première : elle fut autorisée de l'auguste nom du Roi ; et le public, par la crainte des pertes que l'on faisoit journellement sur les espèces, y porta, pour en retirer du papier, une grande partie de l'argent qu'il avoit. Il faut, après tout, convenir que cet établissement, s'il eût été conservé avec l'ordre et l'équité indispensablement nécessaires, pouvoit être d'une grande utilité au Roi.

Trouvant un jour Law chez la duchesse d'Estrées, douairière, je lui dis : « Monsieur, vous » êtes venu me voir à Villars, vous y avez passé » plusieurs jours ; vous êtes venu souvent manger chez moi à Paris : je n'ai jamais mis le » pied chez vous, parce qu'on a toujours voulu » dire que ce que vous proposiez étoit contraire » au bien de l'État. Il y a présentement deux » grandes opérations qui roulent sur vous : l'une, » que l'on appelle *le Mississipi* ; l'on y fait, dit-» on, des fortunes surprenantes. Il est bien difficile que certaines gens gagnent si prodigieusement sans que d'autres perdent : j'avoue que » je n'y comprends rien, et je ne sais pas d'ailleurs admirer ce qui est au-dessus de mes con-

» noissances; mais enfin sur cette opération de laquelle je ne veux tirer aucune fortune, je consens à m'en taire. L'autre est la banque royale : elle peut être d'un grand avantage pour le Roi, parce que ce moyen lui donne tout l'argent de ses sujets sans en payer le moindre intérêt; de leur côté, les sujets peuvent y trouver aussi quelque utilité, puisque le Roi, ayant toujours des fonds prêts, sera obligé à moins d'impositions. Mais comme cet avantage roule uniquement sur la confiance, il faut que l'ordre soit si régulièrement observé, que celui qui vous donne son argent sans intérêt puisse le retrouver toutes les fois qu'il le demande. Enfin, monsieur, je vous dirai que pour tout ce que je trouve de bon pour le Roi et pour l'État dans l'établissement de la banque, je suis plus solidement dans vos intérêts que ceux à qui vous avez fait gagner tant de millions, dont je ne veux point du tout. »

M. Law me fit de grands remerciemens, et me dit qu'il trouvoit dans ma conduite cette sincérité si rare et si respectable : enfin il me pria de vouloir bien lui faire l'honneur que je lui avois fait espérer depuis long-temps, qui étoit de pouvoir me donner à dîner, et de vouloir bien y amener ma compagnie. J'y menai messieurs Contades, d'Angervilliers, de Fontenelle, avec plusieurs autres ; et dès ce moment je me liai avec lui. Mais cela ne dura que trois semaines, pendant lesquelles on commença à voir paroître quelques arrêts si extraordinaires et si contraires au bien public, que je me refroidis bien vite avec celui qui en étoit l'auteur.

Law ne se contenta pas de faire venir à la banque royale tout l'or et tout l'argent que les Français y portèrent de bonne foi : la violence fut employée, et l'on défendit de garder chez soi plus de cinq cents livres en espèces, le surplus exposant ceux chez lesquels on le trouveroit non-seulement à le perdre, mais encore tout ce qu'il y avoit de meubles dans leurs maisons. On alla même jusqu'à promettre les plus grandes récompenses aux délateurs. Le papier n'étoit pas rare en France. Law en fit pour huit cent millions, et l'on remboursa par ce moyen non-seulement toutes les rentes sur la ville, mais aussi toutes les rentes dues par les pays d'État et par le clergé. Ce fut par la ruine de tous les rentiers que commença l'exécution de cet énorme dessein; et ce nombre prodigieux de remboursemens, qui étoient forcés, fit prendre des actions sur la compagnie des Indes, effet qui monta si haut, que dix mille écus rendoient un million en papier : en sorte que par des *filles* et *petites-filles*, et *souscriptions*, les espérances folles des dividendes et de tout ce que l'on put inventer de plus monstrueux pour ruiner le public, on causa des fortunes plus inconcevables encore que la misère de tant de familles.

Mon commerce avec Law fut très-court, et dès ce moment je discontinuai non-seulement de le voir, mais je parlai fortement au Régent sur tous les divers malheurs de l'État. Je lui représentai plus d'une fois combien il étoit impossible de se flatter qu'il pût jamais résulter un bien de la ruine de tant de gens qui ne l'avoient pas méritée, et sans qu'il revînt rien au Roi de tout le bien qu'on leur faisoit perdre; je lui mis sous les yeux la fortune prodigieuse et contre toute croyance humaine d'une foule de banqueroutiers, et d'autres également indignes de ces immenses faveurs; l'or et l'argent proscrits dans le royaume, la cherté affreuse des vivres, la diminution des revenus du Roi, tout crédit perdu, le dérangement du change avec l'étranger; que tous ces malheurs avoient plus de *filles* et de *petites-filles* que les actions; qu'ils avoient multiplié les vols, les assassinats, et fait monter le luxe à tel point, que tandis qu'on voyoit la misère au plus haut degré, et la France ruinée, il y avoit des gens qui faisoient abattre comme insuffisans des palais où le plus magnifique des rois s'étoit trouvé parfaitement bien logé avec toute sa cour, pour en faire de plus beaux.

Le Régent écoutoit toutes mes représentations avec bonté : elle lui étoit naturelle, et l'on pouvoit croire qu'il étoit séduit par les apparences d'une utilité prochaine, qui l'empêchoit de bien connoître l'excès des malheurs présens.

Je n'entrerai pas ici dans le détail de tous les divers arrêts, dont souvent l'un détruisoit l'autre. Toute l'année 1719 se passa en inventions toujours surprenantes, mais violentes, pour ruiner le royaume, et faire des fortunes ridicules par leur énormité à plusieurs particuliers, où le plus ruiné, le plus insensé, le plus fripon gagnoit cinquante, soixante millions, et plus encore. On ajoute *et plus encore*, puisqu'on vit des procès de quatre-vingt-quatre millions entre Fargès, entrepreneur des vivres, qui avoit assez bien servi dans cet emploi, et la veuve Chaumont, marchande à Liége.

Cette année fut aussi employée à faire à l'Espagne une guerre également ruineuse et dure pour les Français, qui n'attaquoient pas sans répugnance les troupes et les places de l'oncle du Roi. Le cardinal Alberoni répandit divers mémoires pour exciter à la révolte, et il fut écouté par quelques Bretons qui avoient été maltraités. L'Espagne, abandonnée à ses seules forces, perdit bientôt une partie de la Sicile. Les troupes du

Roi prirent Fontarabie et Saint-Sébastien par la foiblesse du gouverneur, cette dernière place étant presque imprenable par sa situation. Le maréchal de Berwick, après divers attaques au château, avoit envoyé le marquis de Belle-Ile représenter à la cour que la prise en étoit impossible. Cependant elle se rendit, et l'Espagne, n'ayant plus de ressources, envoya au Régent pour se soumettre aux conditions qu'elle avoit refusées; et, pour faire voir la sincérité de ses intentions, le cardinal Alberoni fut ôté du ministère, et chassé. Il demanda à se retirer à Gênes par la France : on lui envoya Martieux, colonel du régiment des Vaisseaux, qui le prit à la frontière d'Espagne, et le conduisit à Nice, d'où il passa à Gênes. Le Pape, fort irrité contre ce cardinal, entreprit de lui faire son procès.

Les Génois, à la sollicitation du Souverain Pontife, ne voulurent pas lui permettre de se retirer dans leur ville. Le duc de Parme paroissoit disposé à le faire arrêter. Les Génois lui donnèrent une garde d'abord pour s'assurer de sa personne, et puis lui laissèrent la liberté de se choisir une retraite que l'on ignora longtemps, et qui fut soupçonnée d'être dans les États de l'Empereur, avec une protection secrète de ce prince. Ce cardinal, dont le génie et les talens pour le gouvernement se trouvèrent fort au-dessus de ce qu'on pouvoit attendre d'un petit ecclésiastique sans naissance, et qui n'avoit eu d'autre occupation, avant que de s'attacher à M. de Vendôme, que celle d'être aumônier d'un évêque, rendit de très-importans services au roi d'Espagne par adresse et par fermeté. Il avoit empêché le roi d'Espagne de s'exposer presque seul dans l'armée de France envoyée contre lui. Ce prince vouloit y aller, dans la persuasion que sitôt qu'il y paroîtroit cette armée recevroit ses ordres. Voici comme cela se passa. Le cardinal Alberoni, voyant le soir que le roi d'Espagne étoit prêt à marcher avec le peu de troupes qu'il avoit, donna des ordres pendant la nuit pour écarter ce peu de troupes de la route qu'elles devoient tenir. Il en fut fort grondé le matin; il supposa un malentendu, et par là sauva le Roi, qui par trop de confiance se seroit livré à l'armée de France.

Il étoit très-mauvais courtisan, disputant contre son maître et la reine d'Espagne en beaucoup d'occasions, surtout sur les constructions de Saint-Ildefonse, disant à la reine d'Espagne, qui lui demandoit avec vivacité des fonds pour la construction de ce bâtiment, qu'elle avoit grande envie de n'être que comtesse de Saint-Ildefonse, prévoyant le dessein que le roi d'Espagne prendroit d'abdiquer; ce qui en effet arriva peu de temps après.

L'année 1719 ne me laissa d'attention que pour le rétablissement d'une santé très-altérée : mon estomac étoit totalement dérangé, et mon sang tellement détruit, que s'étant formé une tumeur que l'on fut obligé d'ouvrir, cette plaie après avoir suppuré deux mois, il se trouva, lorsqu'on la croyoit guérie, qu'elle avoit attaqué l'os, et qu'il étoit entièrement carié. Maréchal, premier chirurgien, et Le Dran, très-habile, qui tous deux avoient pris soin de ma dernière blessure, étoient tous deux d'avis différens. Le Dran vouloit agir suivant les règles de la chirurgie, qui étoient de découvrir l'os et de brûler la carie. Maréchal crut qu'encore très-foible, je n'étois pas en état de soutenir une si violente opération, et décida qu'il falloit attendre que ma santé, qui commençoit à se rétablir, permît, si la nature ne prenoit pas le dessus, d'agir suivant les règles de l'art. On me fit prendre des eaux de forge, qui ne réussirent point; et je me déterminai au remède de Garus, qui fut spécifique pour moi, au point que non-seulement il me rétablit l'estomac, mais encore le sang, et qu'au bout de quatre ou cinq mois ma plaie fut entièrement guérie.

Entre les personnes qui furent arrêtées pour les affaires courantes, je remarquerai le duc de ***. Ce jeune homme, de beaucoup d'esprit et de la figure la plus aimable, avoit servi d'aide de camp sous moi les deux dernières campagnes. Madame de Maintenon me l'avoit fort recommandé, et je lui donnai en conséquence la commission d'apporter au Roi la nouvelle de la reddition des châteaux de Fribourg. Ce jeune seigneur avoit continué à me marquer beaucoup d'amitié : je fus très-affligé de son aventure. Personne en effet n'étoit entré dans le monde avec plus d'éclat, et n'avoit fait si jeune plus de bruit parmi les dames. Son père le fit mettre à la Bastille assez mal à propos : il en sortit pour faire la campagne de Denain avec moi; il se montra beaucoup d'ardeur et de courage, et se distingua dans la dernière guerre, dont les principales actions furent les sièges de Landau et de Fribourg. Peu de temps après la mort du Roi, il prit querelle à un bal avec le marquis de Gassé; ils se battirent : il fut interrogé, jugé et absous en peu de temps. Il avoit enfin toutes les qualités les plus propres à plaire aux dames, fort coquet, peu fidèle, et l'on n'a point vu de jeune homme faire plus de conquêtes, et plus distinguées. Outre cela il jouoit très-gros jeu; et il est difficile de comprendre comment, avec tant d'occupations, il eut le temps et le goût d'entrer dans des intelligences avec les émissaires espagnols. Cependant elles furent découvertes. Le cardinal Alberoni lui envoya imprudemment un officier, avec une lettre de créance à son adresse. L'officier fut arrêté, et la lettre envoyée à la cour lui fut rendue par un homme aposté, auquel il en dit assez pour être très-justement arrêté.

[1719-20] Je fus véritablement affligé de cette aventure. J'en parlai au Régent, qui me dit : « On en apprend plus qu'on n'en veut savoir. » Le duc de *** fut mis d'abord dans une manière de cachot. Le garde des sceaux, qui s'étoit chargé assez mal à propos des informations de tous les prisonniers, lui en fit de très-embarrassantes, auxquelles on prétendit dans ce temps-là qu'il avoit répondu avec beaucoup d'esprit. Enfin après quelques mois les dames le tirèrent de cette fâcheuse affaire, surtout une princesse, qui refusa de se marier si la liberté du duc ne précédoit; et il sorti de prison. On le mena d'abord à Conflans chez le cardinal de Noailles, ensuite à Saint-Germain, suivi par un officier qui avoit ordre de ne le point quitter; et peu après on lui donna une entière liberté.

Mademoiselle de Montauban sortit aussi de la Bastille. Comme son prétendu commerce avec le cardinal de Polignac et ses lettres avoient fait beaucoup de bruit, elle ne voulut pas les reprendre, et déclara qu'elle ne vouloit ni les recevoir ni les ouvrir qu'en présence de témoins qui pussent justifier s'il y avoit quelque fondement à tout ce que la malignité du monde avoit publié contre elle.

La duchesse du Maine avoit déjà obtenu de sortir du château de Dijon, où elle étoit certainement fort mal. On l'avoit menée dans la citadelle de Châlons, d'où il lui fut permis quelques jours après d'aller dans une maison de campagne près de là, et enfin de venir dans le château de Chamlay. Le duc du Maine eut aussi la liberté de sortir du château de Dourlens pour chasser, et avant la fin de l'année l'un et l'autre furent mis en liberté, le duc du Maine pour demeurer dans le château de Clagny près Versailles, et la duchesse à Sceaux. Le chevalier de La Billarderie, qui avoit été chargé de la garder, apporta au Régent une lettre très-longue de cette princesse, dans laquelle elle rendit un compte très-fidèle de toute sa conduite, et même de ses sentimens. Cette lettre devoit être secrète : cependant elle fut lue tout entière au conseil de régence.

Le duc d'Orléans avoit grand intérêt de faire voir les raisons qu'il avoit eues de la faire arrêter; quant au duc du Maine, il fut reconnu très-manifestement qu'il n'avoit eu de part à rien. Comme les conditions de la duchesse du Maine, en faisant son aveu, avoient été d'obtenir son entière liberté, et celle de tous ceux auxquels elle l'avoit fait perdre, Malezieux le père sortit de la Bastille. Le fils avoit déjà été mis en liberté, aussi bien que Gavandun et l'avocat général du parlement de Toulouse, et tous les domestiques.

Mademoiselle de Launay fut retenue à la Bastille, et montra beaucoup de fermeté; car, bien qu'on l'assurât que la duchesse du Maine avoit tout déclaré, on ne put tirer d'elle aucune sorte d'aveu. Le comte de Laval demeura aussi à la Bastille. Son commerce avec la duchesse du Maine avoit été déclaré par elle, et on le retint pour en tirer davantage. C'étoit un homme d'une grande condition et et d'un grand courage; il avoit servi sous moi avec distinction, surtout au siége de Fribourg : il avoit lieu d'être content du Régent, dont il avoit obtenu une pension de six mille livres; mais son esprit inquiet le fit entrer dans ces intrigues, et il fut retenu à la Bastille long-temps après que les autres eurent été mis en liberté.

[1720] Pendant ce temps-là on suivit les affaires de Bretagne, où l'on avoit envoyé une chambre de justice, à la tête de laquelle étoit M. de Châteauneuf, qui avoit été d'abord ambassadeur à Constantinople, ensuite à La Haye, et puis conseiller d'État. C'étoit un homme d'esprit, et qui avoit très-bien servi dans ces divers emplois. Les Bretons se trouvèrent convaincus d'avoir reçu de l'argent d'Espagne, en sorte que quatre gentilshommes furent condamnés et exécutés dans le château de Nantes; et seize, qui s'étoient sauvés en Espagne, furent condamnés par contumace. Cette exécution faite, la chambre de justice eut ordre de revenir à Paris, sans être séparée : mais comme depuis on ne trouva matière à aucune autre poursuite, il n'en fut plus question.

Cependant les projets de Law menaçoient le royaume d'une ruine prochaine : les rentiers étoient perdus; l'argent étoit sorti de France, où il ne restoit que du papier, et on comptoit qu'en billets de banque ou en actions il y en avoit pour près de huit milliards.

Law crut remédier à ce désordre par un arrêt du 21 mai, qui faisoit tout d'un coup perdre la moitié aux billets de banque. Le parlement s'assembla, et résolut d'aller en corps à pied demander justice au Roi. Il envoya une députation au Régent; et plusieurs affidés de ce prince, aussi bien que diverses lettres anonymes, lui firent connoître qu'on ne pouvoit soutenir ce terrible arrêt, qui effectivement fut révoqué.

M. le duc revint de Chantilly, et se fit honneur de ce changement, qui étoit l'ouvrage de l'abbé

Dubois. J'étois dans mon château lorsque le premier président me rendit compte, par une lettre très-honnête, de toute la conduite du parlement, et de la sienne en particulier. L'abbé Dubois ayant déterminé le Régent à faire arrêter Law, cela fut exécuté, c'est-à-dire qu'on lui donna un major des gardes suisses, avec un détachement dans sa maison. Le garde des sceaux d'Argenson, qui le haïssoit, le crut perdu, et a prétendu qu'il l'étoit en effet, si l'on eût profité des premiers momens de l'étonnement du Régent : mais beaucoup d'argent répandu à propos sauva Law, qui se démit seulement de la charge de contrôleur général. M. d'Argenson fut chargé, comme il l'avoit été précédemment, de l'administration des finances : il en distribua les détails à MM. Desforts, de La Houssaye, Fagon et d'Ormesson. Cette régie ne fut pas longue, et le Régent prit la résolution de rappeler le chancelier d'Aguesseau. On crut que Law, regardant le garde des sceaux comme son ennemi, contribua à faire rappeler le chancelier, qu'il avoit fait ôter de place en même temps que le duc de Noailles.

Le Régent envoya dire par l'abbé Dubois au garde des sceaux qu'il rappeloit le chancelier, mais qu'il vouloit absolument qu'il gardât les sceaux. D'Argenson, malgré cette instance, les rapporta le jour même, et ne put jamais être ébranlé de la ferme résolution qu'il avoit prise de se retirer. Il alla s'enfermer dans le couvent de la Madeleine. Il avoit une amitié des plus fortes pour madame de Vilmont, qui en étoit prieure; et quoiqu'il fût un peu contre la bienséance qu'un garde des sceaux allât s'enfermer deux jours de la semaine dans un couvent de filles, sa passion l'avoit emporté sur toutes les considérations. Peut-être qu'il n'y avoit aucun commerce de galanterie; mais enfin la prieure avoit été très-belle, elle l'étoit encore, et avoit beaucoup d'esprit. Quoi qu'il en soit, ils s'étoient mis tous deux au-dessus des raisonnemens du public, assurés l'un et l'autre que, quelque chose qu'on en pût penser, ils n'en seroient pas plus mal avec le Régent.

Law alla à Fresnes avec une lettre du Régent pour le chancelier. Les amis de celui-ci ont toujours cru qu'il ne prit dans ce voyage aucune liaison avec Law : la suite même l'a fait voir, et l'on doit cette justice à un homme qui a une bonne réputation de ne le pas soupçonner légèrement. Il répondit à la première lettre, et attendit un second ordre, après lequel il se rendit auprès du Régent, qui lui remit les sceaux que d'Argenson lui avoit rapportés.

Le public impatient vouloit qu'à son arrivée il fît éloigner Law; mais je l'excusois sur cette lenteur apparente, en disant qu'on devoit laisser au chancelier le temps de connoître par lui-même la ruine affreuse où cet homme avoit plongé le royaume. On vouloit encore que, dans ces premiers momens, il chassât ce camp d'agioteurs établi dans la place Vendôme, et assemblé sous ses fenêtres. Je l'excusai encore sur cela, persuadé qu'un ministre qui revient en grâce doit commencer par examiner la mesure de crédit qu'il pourra avoir, et l'utilité qu'il peut procurer; qu'il doit être attentif à ne montrer aucune chaleur, et qu'ainsi le chancelier n'avoit rien à faire qu'à temporiser, et attendre le moment de faire sentir au Régent combien il importoit de retirer sa confiance de cet homme, qui en étoit indigne, et cependant qui paroissoit l'avoir entière. Malgré ces raisons, le public se déchaîna contre le chancelier, sur ce qu'il n'agissoit pas vivement contre Law; et le Français abattu se consoloit par des pasquinades et des chansons.

On envoyoit au parlement divers édits, qu'il refusoit toujours d'enregistrer avec une fermeté respectable. On s'étoit contenté depuis deux ans de l'édit qui déclaroit registré tout ce qui seroit envoyé au parlement huit jours après l'avoir remis aux gens du Roi. Mais cela ne suffisoit pas à Law ni à sa cabale : elle vouloit la perte du parlement; et le 21 juillet, après avoir envoyé dès cinq heures du matin des lettres de cachet à tous les membres du parlement qui le transféroient à Pontoise, le Régent en fit lire la déclaration au conseil de régence. On prit quelques précautions contre les mouvemens que pouvoit exciter une telle résolution, comme de doubler les gardes du corps, de faire prendre les armes au régiment des gardes, et de faire assembler toutes les compagnies dans le logis de leurs capitaines, prêtes à marcher où l'on jugeroit à propos. La déclaration fut lue après l'ordre exécuté, et après toutes les lettres de cachet portées par les mousquetaires du Roi, auxquels on donnoit par là d'assez honteuses commissions.

Comme il n'étoit pas question de délibérer sur une résolution prise et exécutée, le chancelier parut fort abattu, et refusa de sceller la déclaration. Il rapporta les sceaux au Régent, qui la fit sceller devant lui : mais parce qu'il reprit les sceaux l'instant d'après, le public commença à rabattre de son estime pour lui.

Sans avoir de liaison particulière avec lui, je le soutenois cependant, parce que je pensois qu'un homme vertueux doit demeurer en place tant qu'il peut espérer d'empêcher une partie du mal, et de procurer quelque bien. Cependant le parlement ne voulut savoir aucun gré au chancelier de ces sceaux rapportés et repris, et il appeloit ouvertement cette conduite une comédie; mais la suite fit voir le contraire.

Law étoit fort attaqué : cependant son parti, à la tête duquel se montroient M. le duc, madame la duchesse, et de puissans mississipiens, étoit soutenu avec ardeur, et le Régent se laissoit entraîner à leur vivacité. M. le chancelier, M. Desforts, qui avoit l'emploi de premier commissaire des finances [car l'on changeoit souvent et l'administration des finances et le nom des emplois]; le chancelier, dis-je, Desforts et Le Blanc s'unirent contre Law : leurs efforts furent vains, et peu s'en fallut qu'ils ne perdissent eux-mêmes leurs places.

Tous les jours on voyoit paroître des arrêts qui se contredisoient : on défendit les pierreries; et Law étant au conseil dit tout haut qu'en moins de trois mois il feroit rentrer par cette défense plus de soixante millions dans le royaume. Je pris la parole, et, m'adressant au Régent, je lui dis : « Sur la fin du dernier règne, dans le » temps où l'on craignoit des diminutions de » monnoies, quantité de gens ont acheté des » pierreries : c'est aussi la même crainte de la » destinée du papier qui oblige tous les nou- » veaux riches à réaliser. Par exemple, un nommé » Saint-Germain, mauvais peintre d'Aix, qui a » gagné près de quarante millions, a fait voir » hier dix-neuf diamans de plus de cent mille » francs chacun à des présidens du parlement » d'Aix qui ont mangé chez moi, et qui m'ont » rapporté ce fait. Croyez-vous, dis-je en m'a- » dressant à Law, que Saint-Germain vous rende » ses pierreries? » En effet, trois mois après en avoir défendu l'usage, il fut permis d'en porter comme auparavant.

L'embarras pour Law étoit le paiement des troupes, dont on pouvoit craindre les murmures, et quelque chose de plus. Il s'engagea donc à fournir dix millions par mois, et peu de jours après on lui donna toute liberté d'augmenter les monnoies; ce qui lui fit promettre cinq millions de plus pour les quatre premiers mois.

Il n'y avoit alors sortes d'exactions que ne fissent les usuriers; et le discrédit du papier étoit tel, que les billets de cent francs n'en valoient que quinze en espèces, lesquelles même étoient de deux tiers au-dessus de leur valeur intrinsèque, en sorte que le billet de cent francs n'en valoit que cinq de bonne monnoie. On peut juger par là des profits immenses que faisoient la compagnie des Indes et les commis, tous agioteurs. On crut satisfaire le public en défendant les boutiques de l'hôtel de Soissons, où le papier se négocioit, et l'on nomma soixante agens de change; mais ce commerce infâme et pernicieux n'en continua pas moins. Les cabales pour soutenir Law étoient vives : ceux dont il avoit procuré les fortunes immenses n'espérant les soutenir que par lui, mettoient tout en usage pour le conserver en place; et comme les fripons sont autant actifs et insolens que les gens de bien sont modestes, ils avoient toujours le dessus.

Les finances, depuis la mort du Roi, étoient au sixième administrateur. M. Desmarets fut ôté dans le commencement de la régence, et l'on perdit en lui la meilleure tête, et la plus capable de les gouverner. Elles furent données ensuite au duc de Noailles : après lui, M. d'Argenson en fut chargé sans titre. Law eut celui de contrôleur général, après avoir été à Melun faire abjuration de l'apparence d'une religion qu'il ne professoit guère ; mais on savoit seulement qu'il n'étoit pas catholique. Après l'arrêt du 21 mai, qui pensa causer une révolte dans Paris, on lui ôta cette charge : M. d'Argenson en reprit les fonctions sans titre comme la première fois, et Law conservant toujours la première confiance dans l'esprit du Régent. Les finances furent données à M. Desforts, prenant le titre de premier commissaire, et à deux autres commissaires qui lui furent joints, savoir messieurs d'Ormesson et de Caumont, tous deux maîtres des requêtes.

Les quatre frères Paris avoient été éloignés. C'étoient des gens très-versés dans l'administration des finances : chargés de la régie des recettes générales et des fermes, ils avoient offert de donner quinze millions par mois. Quelle ressource et quelle puissance dans ce royaume que l'on disoit épuisé! Après la mort du feu Roi, il étoit assurément très-facile d'y établir l'ordre et l'abondance, si l'on avoit bien voulu ne pas suivre l'abominable administration de Law, qui, abusant de la bonté du Régent pour le tromper, trouva le pernicieux moyen de ruiner tout à la fois et le Roi et l'État.

Cependant la misère augmentoit, et le paiement des troupes devenoit incertain. Le Blanc, secrétaire d'État de la guerre, le chancelier et Desforts s'unirent pour faire connoître au Régent la ruine infaillible de l'État. On crut qu'à ce coup Law seroit perdu; mais M. le duc et madame la duchesse le soutinrent. Il assura, comme nous l'avons dit, qu'il donneroit dix millions par mois; et peu de jours après il en promit cinq d'augmentation durant les quatre premiers mois. On lui laissa tous les profits des monnoies, et ces profits étoient immenses par les refontes continuelles, et par le prix excessif auquel on fit monter les espèces. Les louis d'or furent mis à cinquante-quatre livres, et devoient être réduits à trente-six livres le premier de l'année 1721, les diminutions étant toujours annoncées, pour ôter aux particuliers l'envie de conserver l'argent. Mais toutes les friponneries précédentes avoient épuisé la confiance, et réveillé l'attention de chacun sur ses véritables intérêts. Ceux qui avoient réalisé leurs billets en or le cachoient ou l'envoyoient dans les pays étrangers, et l'espèce devenoit tous les jours plus rare.

Cependant l'affaire de la constitution occupoit le Régent, pressé surtout par les vives sollicitations de l'abbé Dubois, fait archevêque de Cambray. Comme il désiroit passionnément de devenir cardinal, il n'oublioit rien pour contenter le Pape.

Les patentes pour la déclaration qui donnoit à la bulle force de loi dans le royaume, enregistrées au grand conseil, ne déterminèrent pas le cardinal de Noailles à publier son mandement d'acceptation : il avoit stipulé qu'il ne le donneroit que lorsque le parlement auroit enregistré, et non le grand conseil. Cet enregistrement n'avoit point été refusé entièrement, et messieurs du parlement prétendirent que si le marquis de La Vaillière se fût moins pressé lorsqu'il porta à Pontoise l'ordre d'enregistrer, l'enregistrement auroit été fait, et seulement avec quelque modification. Mais enfin les difficultés mutuelles du parlement et du cardinal de Noailles donnèrent lieu aux ennemis de l'un et de l'autre de faire entendre au Régent qu'il y avoit une secrète intelligence entre eux. Toute la cabale de Law, ennemie déclarée du parlement, s'unit, et la perte de la compagnie fut résolue.

Entrant au conseil le 21 octobre, je fus averti par le maréchal de Villeroy que l'on devoit prendre une résolution violente contre le parlement. Pendant le conseil, on apporta une lettre du premier président, qui avoit été chargé par le Régent d'engager le cardinal de Noailles à donner son mandement. Elle annonçoit le refus de ce prélat. Lorsque le conseil se leva, je demandai au chancelier s'il y avoit quelque chose sur le parlement, et il me répondit : « Je le » crois. » Nous suivîmes tous deux le Régent, qui parla en sortant au secrétaire du premier président, qui avoit apporté la lettre, et qui, après avoir paru vouloir sortir, rentra dans la chambre du conseil, et dit un mot à l'abbé Dubois, devenu archevêque de Cambray, et au chancelier. Celui-ci demanda au Régent permission de le suivre au Palais-Royal ; mais ce prince lui ordonna seulement de revenir le lendemain à neuf heures du matin. En même temps il chargea le marquis de La Vrillière d'exécuter ce qui lui avoit été ordonné. C'étoit d'envoyer des lettres de cachet à tous les membres du parlement pour le transférer à Blois, sans en dire un mot au chancelier, qui cependant alla chez le Régent à neuf heures du matin, ainsi qu'il lui avoit été dit la veille. Avant que d'y arriver, il apprit par le public ce qui regardoit le parlement. Il entra dans la chambre du Régent, et trouva sur sa table une déclaration pour la translation du parlement, qui devoit être signée et scellée par lui. Il refusa de le faire, et demanda à se retirer. Le Régent se contenta de lui répondre qu'il y songeât encore une fois. De tout ce qu'on ne savoit que confusément le soir du 25 octobre, j'en fus informé clairement dès le matin du 26. J'envoyai sur-le-champ un gentilhomme au premier président lui demander une heure pour l'entretenir dans la journée ; et le rendez-vous fut à six heures du soir.

Je regardai le malheur de n'avoir plus de parlement comme le plus grand qui pouvoit arriver au royaume ; car son éloignement à Blois étoit le second degré de sa perte, comme le premier avoit été de l'envoyer à Pontoise. Ses ennemis n'en vouloient pas demeurer là, et le chancelier me dit le matin que la perte entière du parlement étoit prochaine ; ce qui le déterminoit à persister dans la résolution de se retirer.

Enfin l'état violent où l'on étoit, et les malheurs que l'on en pouvoit craindre, me portèrent à ne laisser rien d'intenté pour mettre quelque obstacle aux desseins de ceux qui travailloient si vivement à la perte du royaume. Je trouvai le premier président avec M. de Blancménil, avocat général ; tous deux me pressèrent d'aller sur-le-champ chez le cardinal de Noailles. J'y allai, et lui parlai fortement sur tous les malheurs qui menaçoient le parlement, et qui retomberoient sur le cardinal lui-même, le Régent ayant déclaré tout haut que l'exil à Blois devoit lui être attribué, puisque son obstination à refuser son mandement en étoit l'unique cause. Le cardinal me parut disposé à se prêter tant qu'il pourroit pour faire changer les résolutions prises, et m'en donna parole. Je retournai sur-le-champ apprendre au premier président ce que le cardinal m'avoit dit : le premier président en fut très-satisfait. Je voulus encore rendre compte dès le soir au Régent de ces dispositions favorables ; mais il étoit retiré. Le jour d'après, je me rendis fort matin au Palais-Royal, pour lui parler. Je le trouvai dans son carrosse dans la rue Saint-Honoré, allant passer la journée à la campagne. Je ne balançai pas à arrêter son carrosse, parce qu'il ne falloit pas perdre une journée si importante, et qu'une fois sorti, ce prince n'étoit plus visible le reste du jour. Je montai donc dans son carrosse, et commençai par lui demander pardon de la liberté que j'avois prise; puis j'ajoutai : « Je crois faire plaisir à Votre Altesse » Royale en lui apprenant que le cardinal de » Noailles est dans de très-bonnes dispositions; » que je me flatte de rendre à Votre Altesse » Royale un grand service en lui donnant quel- » que moyen de ne pas exécuter une aussi vio- » lente résolution que celle qu'elle avoit déclarée » contre le parlement : je suis persuadé que vos » véritables serviteurs ne pourront jamais vous » marquer leur zèle dans une occasion plus im- » portante, qu'en vous évitant des sévérités » dangereuses. C'en est une bien dure de chas- » ser d'abord de Paris le parlement, de le forcer » d'aller ensuite en demandant l'aumône de » Pontoise à Blois. » Le Régent me répondit : « Je leur ferai donner de l'argent. — Quels se- » cours, répliquai-je, pouvez-vous donner à tant » de familles considérables qui ont perdu pres- » que tout leur bien, dans les temps où les plus » riches ne peuvent pas trouver une pistole à » emprunter? M. de Vendôme même, qui a tant » gagné dans ce Mississipi, a été obligé de payer » en billets sa dépense dans des cabarets, en re- » venant d'Orléans. Enfin je puis assurer Votre » Altesse Royale que le cardinal de Noailles fera » ce que vous désirez, et que vous ne serez plus » obligé de suivre une résolution qu'il doit être » heureux pour vous de pouvoir rompre. Le » chancelier est près de se retirer; et, dans l'ar- » deur de vous tirer d'embarras, j'ai cru les mo- » mens si précieux, que je n'ai pas balancé à » saisir un temps qui d'ailleurs est peu propre à » avoir l'honneur de vous entretenir. » Le Régent me remercia, et parut bien disposé.

J'allai chez le chancelier, qui me pria instamment d'assister à une conférence qui devoit se tenir le soir avec le cardinal de Noailles et l'abbé Minguy, chanoine. Le premier président avoit la goutte. Le chancelier lui fit savoir ce que l'on pensoit sur l'importance dont il étoit que je me trouvasse à cette conférence. Il m'envoya prier d'en être, et je m'y rendis sur les six heures du soir, après avoir été chez l'archevêque de Cambray, que je n'avois pas encore vu, et chez lequel je n'avois jamais mis le pied. Mon dessein étoit de le presser de faire de son côté tout ce qui seroit possible pour obliger le Régent à révoquer les lettres de cachet, déjà données et reçues par tous les membres du parlement. L'archevêque se contenta de me répondre que c'étoit au parlement et au cardinal de Noailles à céder. De chez l'archevêque de Cambray, je me rendis chez le premier président, où je trouvai le cardinal de Noailles déjà arrivé avec l'abbé Minguy. Ce dernier parla avec beaucoup de raison et d'esprit. Comme j'avois fait voir la veille au cardinal combien il lui importoit de n'avoir rien à se reprocher sur la perte du parlement, ce prélat, entraîné par de si fortes raisons, acheva de se rendre, et la résolution fut prise qu'il iroit le jour d'après déclarer au Régent qu'il donneroit son mandement.

Le cardinal avoit désiré que le premier président lui répondît des voix pour l'enregistrement, et l'on avoit employé à se les assurer une grande partie de la nuit et de la matinée. Le secret fut résolu entre nous quatre sur ce que le cardinal devoit dire au Régent. De chez le premier président, j'allai chez le chancelier, dont le départ étoit arrêté au lendemain, le Régent lui ayant donné deux fois vingt-quatre heures, et lui ayant dit que si après cela il persistoit, il faudroit bien consentir à sa retraite.

Comme je m'étois engagé avec le cardinal de Noailles au secret, je ne le révélai pas au chancelier, et lui dis seulement que le cardinal devoit aller le jour d'après chez le Régent à dix heures du matin. Le chancelier devoit s'y rendre à neuf, pour prendre congé. Je lui demandai de n'entrer chez le Régent qu'après que le cardinal en seroit sorti, sachant bien que ce que le cardinal devoit dire au Régent le disposeroit à retenir le chancelier; ce qui arriva en effet. J'allai au Palais-Royal comme le chancelier en sortoit : celui-ci, avec un air riant, me serra la main, de manière que je compris que tout alloit bien. J'entrai dans le cabinet du Régent, et lui demandai s'il étoit content du cardinal. « Il m'a » tout promis, et m'a demandé deux jours, ré- » pondit le Régent; mais ce n'est pas la première » fois qu'il m'a manqué. — Oh! répliquai-je, » vous réponds, moi, qu'il tiendra sa parole, » et que Votre Altesse Royale sera très-satis- » faite. »

Les deux jours convenus écoulés, le cardinal de Noailles, suivant son engagement, remit son mandement imprimé au Régent, et alla ensuite le porter au Roi. Le moment d'après, je vis le Régent qui me dit : « Vous êtes un bon négocia- » teur; ce n'est pas d'aujourd'hui que je le sais. » Je vous suis très-obligé de la manière dont » vous avez conduit toute cette affaire. » Le même jour, on expédia des lettres de cachet pour révoquer l'éloignement du parlement à Blois, et pour le laisser à Pontoise.

Cette affaire me fit beaucoup d'honneur; car l'intérêt de l'État étoit tellement attaché à la conservation du parlement, que le public connut aisément que lorsqu'il étoit question de son bien on pouvoit compter sur mon zèle et ma fermeté. J'en reçus aussi des lettres de félicitation de presque toutes les provinces, et il n'y eut guère de ministres étrangers qui ne vinssent m'en faire compliment.

Le parlement demeura établi à Pontoise, mais les dispositions étoient favorables pour le faire revenir à Paris. Il s'agissoit de faire enregistrer les déclarations du Roi sur la constitution; et le parti janséniste, outré de l'accommodement du cardinal de Noailles, n'oublioit rien pour empêcher cet enregistrement. On répandit des imprimés pour soulever les esprits, et ils occasionnèrent une lettre de ma part au premier président.

Comme les meilleures têtes et même tout le parlement étoient déterminés à l'enregistrement, il se fit tout d'une voix. L'abbé Pucelle, homme d'esprit et de mérite, mais regardé comme l'ennemi le plus ardent de la constitution, parla avec beaucoup de sagesse. Le Régent fut content, et je le pressai d'abord sur le retour du parlement à Paris. Le Régent m'assura que ses intentions étoient bonnes; sur quoi je lui répliquai : *Qui citò dat bis dat.*

Il étoit question d'une autre affaire importante : c'étoit de faire arrêter Law, soutenu avec la plus grande vivacité par M. le duc, madame la duchesse, et par tous ceux dont il avoit causé les fortunes également immenses et honteuses par leur excès. Le Régent voyoit que tout alloit se perdre, et promettoit tous les jours d'ôter Law de place : il s'en étoit expliqué au maréchal de Villeroy, au chancelier, à moi, et à plusieurs autres portés par l'amour du bien public à ne rien oublier pour déplacer un homme qui avoit détruit le royaume.

Je fus appelé alors à un conseil composé de peu de personnes, où il fut principalement question des désordres de la peste, et des moyens de l'empêcher de s'étendre. On y parla aussi de Law, et le Régent promit son éloignement. Effectivement, le 27 décembre j'eus ordre de me rendre au Palais-Royal à trois heures après midi, avec messieurs de La Houssaye et Crozat. On y résolut que M. de La Houssaye seroit déclaré contrôleur général, et que Crozat examineroit les comptes de la banque. Cette résolution fut publique dès le soir : il le fut aussi que M. le duc, en consentant à l'éloignement de Law, avoit exigé que l'on ôteroit à M. Desforts les fonctions de contrôleur général. M. de La Houssaye en avoit déjà refusé l'emploi, parce qu'on le vouloit en quelque manière dépendant de Law; mais cette place lui fut donnée pour lors avec autorité entière. C'étoit un homme d'assez bon esprit, ferme, qui avoit les qualités d'un bon citoyen et d'un homme d'honneur, mais d'ailleurs peu capable de gouverner les finances : il avoit servi plusieurs campagnes en qualité d'intendant dans les armées que je commandois. Je demandai au Roi la permission de le mener aux conférences de Radstadt; je lui fis le même compliment sur son nouvel emploi que celui que j'avois fait au chancelier d'Aguesseau à son retour de Fresnes, et lui dis : « Les qualités les » plus nécessaires à un homme actuellement en » place sont l'honneur et la fermeté, puisque » les fripons sont présentement un des plus » grands malheurs de l'État. » Il commença son administration en honnête homme. Le bruit étoit fort répandu que la disgrâce de Law n'étoit pas sincère, et bien des gens la comparoient à l'éloignement du cardinal Mazarin dans le pays de Cologne, d'où il gouvernoit la Reine-mère, et par conséquent la cour et le royaume. Le nouveau contrôleur général connut la nécessité de détruire cette opinion : il envoya chercher les directeurs de la compagnie des Indes, et leur dit : « Je sais que plusieurs de vous autres veu- » lent toujours compter sur le crédit de M. Law. » Je vous défends donc d'avoir aucun commerce » avec lui directement ou indirectement; et si » quelqu'un manque à ce que je lui ordonne, je « lui ferai sentir mon autorité. »

A peine se fut-il expliqué ainsi, que, dans les examens qui se firent de toutes les caisses, il se trouva qu'on avoit trompé le Régent en tout, et avec la dernière impudence. Law lui avoit toujours dit que sa grande peine étoit la perte considérable que le Roi feroit par la diminution des espèces indiquée au premier janvier 1721, le Roi ayant, disoit-il, plus de trente millions en espèces dans les caisses de la banque : cependant il ne s'y trouva pas un écu. Sur cela, M. de La Houssaye alla trouver M. le duc pour l'informer des crimes de Law. « Je vois bien, lui répon- » dit ce prince, qu'on voudroit le mettre à la » Bastille. M. le duc d'Orléans m'a donné pa- » role qu'il ne seroit point arrêté : voulez-vous » conseiller à M. le Régent de me manquer de » parole ? — Non, lui répondit le contrôleur » général; mais je prendrai la liberté de vous » conseiller de remettre cette parole. La justice » veut qu'on fasse renfermer un homme qui a » commis des crimes connus, et, suivant les ap- » parences, qu'on ne connoît pas encore, et que » vous ignoriez sans doute lorsque vous lui avez » promis votre protection. »

Le Régent consentit que Law sortît du royaume. Cette permission fit murmurer tous les gens de bien. J'allai trouver le Régent, et je lui dis : « Si la conduite que Votre Altesse Royale

» m'a vu tenir depuis le commencement de la
» régence méritoit son attention, elle y trouve-
» roit des marques continuelles de mon atta-
» chement au bien de l'État et à vos intérêts.
» J'oserai donc vous dire que si vous avez quel-
» que serviteur fidèle, il doit vous représenter
» que rien ne peut vous faire personnellement
» un plus grand tort que de laisser sortir du
» royaume un homme qui a trouvé le moyen de
» le ruiner en deux ans, et qu'enfin c'est vou-
» loir prendre sur vous une partie de la juste
» horreur que l'on a pour lui, si vous ne l'aban-
» donnez pas à la justice. » Le Régent répondit à cette instance comme un homme déterminé à la résolution prise de le laisser sortir, en m'assurant qu'on ne pouvoit le tromper en rien. Law partit donc d'une de ses terres le 29 décembre : il passa par Paris, où il resta quatre heures de la nuit, qu'il employa à prendre des papiers ; après quoi il gagna très-diligemment la frontière, laissant les finances dans le plus grand désordre où elles eussent jamais été. Presque tous les rentiers étoient ruinés, et l'argent si rare, que les seigneurs les plus puissans, mal payés de leurs appointemens et de leurs fermiers, ne trouvoient à emprunter ni sur les terres, ni même sur des pierreries. On fit arrêter et conduire à la Bastille Bourgeois, caissier de la compagnie et de la banque, Fromaget et Durevest. Messieurs de Trudaine, Ferrand et Machault, conseillers d'État, furent nommés pour les interroger. Il étoit encore de la dernière importance de faire arrêter un très-grand nombre de gens qui avoient des biens immenses dans les pays étrangers, aussi bien que dans le royaume ; mais cela fut différé par des raisons peu solides.

On apprit cependant que Law étoit arrivé à Bruxelles avec deux chaises de poste aux armes de M. le duc d'Orléans et de M. le duc, et qu'il avoit été fort bien reçu par le marquis de Priez, administrateur général des Pays-Bas.

Milord Londonderry partit de Londres sur les bruits de la disgrâce de Law, et vint se présenter au Régent pour une dette de quatre millions six cent mille livres, monnoie de France. Il lui fut répondu que la voie de la justice étoit ouverte. Sur cette réponse, le milord envoya des courriers pour tâcher de faire arrêter Law en quelque endroit qu'il pût être.

L'envoyé de l'Empereur, le nonce Macei et l'abbé Marelly, qui alloit internonce à Bruxelles, dirent, en dînant chez moi, qu'on leur mandoit de Bruxelles que Law avoit dit publiquement qu'il avait laissé cent cinquante millions à Paris, et qu'il en avoit encore autant dans les banques étrangères. Sur ces divers bruits, on trouvoit qu'on avoit fait une faute capitale en ne le faisant pas arrêter.

On tint le 29 décembre une assemblée générale de la compagnie des Indes, où le Régent, M. le duc, et tous les seigneurs qui étoient de cette compagnie, assistèrent. Il y fut résolu que les recettes générales, les monnoies, et tous les autres revenus du Roi, seroient désunis de la compagnie des Indes, à laquelle on laissa seulement la ferme du tabac. Cette compagnie nomma huit directeurs généraux, qui furent les ducs de Gramont et d'Antin, de Chaulnes, de Vendôme, M. *** (1), de Mézières, de Chate, et Landivisio. Outre ces huit principaux directeurs, on en nomma d'autres d'un ordre fort inférieur ; sur quoi il s'éleva une voix qui dit : « Songeons seulement à prendre des gens de » bien. » Cette décision faite, le Régent sortit : et comme l'union des revenus publics à la compagnie avoit fait du trouble dans l'État, ainsi que je l'avois soutenu hautement dans le conseil de régence, la séparation de ces mêmes revenus remit quelque calme dans les esprits.

Effectivement, lorsque l'administration de tous les revenus de l'État fut donnée à la compagnie, ceux du conseil de régence qui avoient intérêt aux actions remercièrent le Régent, et lui dirent que cette résolution tranquilliseroit le public. J'avois pris la parole, et dit au contraire : « Il y a un autre public plus nombreux, et sans » comparaison beaucoup plus considérable de » toute manière, qui demeure dans une cruelle » agitation : il ne faut pas souffrir que les ac- » tionnaires se comptent pour le public. »

Le marquis de Canillac répliqua que de ces premiers, qui sont le vrai public, il y en avoit dix contre un : « Dites vingt contre un, » ajouta l'évêque de Troyes. Sur quoi, adressant la parole au Régent, je lui dis : « Vous voyez, mon- » seigneur, que ces messieurs, qui veulent être » le public, ne peuvent s'en flatter, qu'aveuglés » qu'ils sont par leurs intérêts. » Mais la question étoit déjà décidée dans l'esprit du Régent. La cabale des actionnaires, soutenue fortement par M. le duc, étoit puissante, et l'union avoit été conclue.

[1721] Quand la désunion de la compagnie des Indes d'avec les revenus du Roi eut été prononcée au conseil, les directeurs s'assemblèrent chez M. le prince plusieurs fois, et n'oublièrent rien pour en tirer tous les avantages possibles. L'arrêt de désunion parut le 8 janvier 1721, et dès-lors les Paris et Bernard travaillèrent à faire

---

(1) Ce nom est en blanc dans le manuscrit. (A).

des fonds pour le paiement des troupes et des rentes de la ville.

Les directeurs de la compagnie et les actionnaires employèrent tout de leur côté pour soutenir leurs fortunes immenses, au hasard d'achever l'entière destruction de l'État, pendant que ceux qui vouloient l'empêcher étoient bien éloignés de montrer la fermeté nécessaire pour cela. On voyoit au contraire, et avec douleur, que l'avarice et le vice unissent bien plus étroitement les fripons entre eux que la vertu n'unit les gens de bien, ceux-ci se reposant presque toujours sur les bonnes intentions, et les autres n'oubliant rien pour faire réussir leurs pernicieux desseins.

Il y avoit une chose qui me faisoit toujours peine : c'étoit la désunion que le point d'honneur du bonnet entretenoit toujours dans le parlement. Je me flattai que le service que j'avois rendu en empêchant sa translation à Blois, et empêchant par conséquent la ruine de ce corps, que désiroient ses ennemis, me donneroit quelque crédit pour terminer le différend qui étoit entre nous. Les plus honnêtes gens du parlement, persuadés que cette réunion étoit nécessaire pour le bien de l'État, me parurent résolus à n'être pas difficiles; et de leur part les pairs étoient disposés à se contenter de quelques avances d'honnêtetés du premier président. Elles furent convenues entre lui et moi.

Il avoit été très-brouillé avec le duc de Saint-Simon, qui avoit parlé de lui dans les termes les plus injurieux, et s'étoit même fortement opposé au mariage du duc de Lorges avec sa fille; mais, le mariage consommé, leur réunion se fit par le moyen de la duchesse de Lauzun. Pour prix de cette réunion, le duc de Saint-Simon s'étoit mis en tête d'obtenir la décision de toutes les contestations qui étoient entre les pairs et le parlement; et, à la prière du duc, le Régent donna au premier président un mémoire des prétentions des pairs, et le même qui avoit été dressé dès le temps du feu Roi. Par ce mémoire, les pairs vouloient absolument le bonnet; qu'on ôtât le conseiller qui coupoit les pairs, par l'interposition de ce conseiller au bout de chaque banc; et ils demandoient encore le rétablissement de l'ancien usage de style : *La cour suffisamment garnie de pairs.* Le premier président assembla les présidens à mortier, et leur demanda leur avis. Ils balancèrent s'ils opineroient par les anciens ou par les derniers, et il fut résolu de commencer par la tête. Le président de Novion parla sans décider, le président d'Aligre obscurément; le président de Lamoignon dit qu'il étoit de l'intérêt de l'État, de celui du parlement et des pairs, que la division cessât; que, selon les apparences, les pairs obtiendroient à la majorité ce qu'ils désiroient, et qu'il valoit mieux se relâcher de bonne grâce sur la plupart de leurs prétentions. Les autres présidens furent partagés, mais tous convinrent qu'il falloit se réunir.

J'ignorois cette négociation lorsque je travaillai avec le premier président pour faire cesser la division : je me bornai, ainsi que les ducs de Sully, de La Rochefoucauld, de Luxembourg, de La Feuillade, et plusieurs autres, à ce qu'on se contentât des plus légères marques d'honnêteté que donneroit le parlement, d'autant plus que ce corps ayant éprouvé depuis peu de terribles mortifications, il ne paroissoit pas convenir aux pairs de prendre ce temps-là pour être difficiles. Mais je fus averti par un président à mortier de la délibération qui avoit eu lieu chez le premier président à l'occasion du duc de Saint-Simon, à qui on accorda beaucoup plus qu'il ne demandoit : c'est pourquoi je ne fus pas surpris de trouver le premier président facile à me promettre qu'à la première réception il demeureroit découvert, sans bonnet, aussi bien pour les conseillers que pour les pairs, qui, ayant résolu d'être faciles, ne pouvoient guère se réduire à de plus modestes prétentions.

J'allai passer quatre jours à la campagne, et à mon retour j'appris que plusieurs pairs avoient résolu de ne pas aller à la réception du duc de Nevers, qui devoit se faire le mardi suivant. La veille, les ducs de La Rochefoucauld et de La Feuillade vinrent dès le matin chez moi, et me demandèrent si j'étois dans le dessein d'aller ou non au parlement. « Le duc d'Antin, me dit le » duc de La Rochefoucauld, a même demandé » à me parler ce matin : je l'ai remis à l'après-» midi, pour savoir auparavant ce que vous » pensiez. — Puisque le bien de l'État nous a » tous portés à croire la réunion nécessaire, je » suis d'avis, lui dis-je, de faire quelque sacri-» fice, et d'aller au parlement. » Et en effet ces messieurs y étoient déjà bien résolus, quand même les choses auroient dû se passer à l'ordinaire. Cependant je leur dis que je verrois le premier président le soir. Celui-ci m'assura qu'il ôteroit son bonnet; mais en même temps il me pria de n'en rien dire.

Le lundi matin, les ducs de La Feuillade et de La Rochefoucauld vinrent chez moi me demander ce que le premier président m'avoit dit; mais comme je lui avois promis le secret, je ne fis que leur serrer la main, ce qui leur suffisoit pour leur faire juger que les pairs recevroient la petite honnêteté dont ils vouloient bien se contenter. Ces deux messieurs allèrent de chez moi au Palais-Royal, et trouvèrent le premier président qui sortoit du cabinet du Régent, lui parlèrent, revinrent chez moi, et me dirent : « Le » premier président a été moins discret que vous, » et nous a positivement assuré que nous se- » rions contens. — Le premier président est mai- » tre de son secret, leur répondis-je ; mais pour » moi, je n'avois pu que vous serrer la main. » Le premier président alla du Palais-Royal chez M. le prince de Conti, qui avoit fortement travaillé à la réunion, persuadé qu'elle étoit nécessaire au bien de l'État ; et ce magistrat ne fit cette démarche que pour assurer que messieurs les pairs seroient contens. Le prince de Conti vint le même jour dîner chez moi, et me redit les paroles du premier président, et qu'il n'y avoit pas lieu de douter que les contestations ne finissent le jour d'après, puisque les pairs vouloient bien se contenter de l'honnêteté qu'on étoit disposé à leur faire. Mais le jeune Gilbert, greffier en chef du parlement, vint l'après-midi chez moi ; et ne m'ayant pas trouvé, il y revint à dix heures du soir, lorsqu'on étoit à table, et me dit de la part du premier président qu'il ne pouvoit rien faire. « S'il n'étoit question que de » ce qui s'est passé entre le premier président et » moi, répondis-je, j'en serois quitte pour ne » pas aller au parlement ; mais M. le prince de » Conti, messieurs de La Rochefoucauld et de » La Feuillade me sont venus dire le jour même » que le premier président feroit ce qu'il avoit » promis, et qu'ainsi ils ne pouvoient douter » qu'il ne tînt parole. » Gilbert fut étonné que le premier président, si engagé, voulût se dédire ; et je lui dis que je ne le croirois jamais, et que j'irois au parlement.

Cependant une espèce de vertige qui régnoit alors sur toute la nation empêcha encore une fois que mes intentions, dans cette conjoncture, n'eussent un plein effet ; et le premier président, convaincu par une infinité de raisons que rien n'étoit plus nécessaire pour le bien de l'État, pour l'avantage des pairs et du parlement, que d'être bien ensemble, perdit cependant l'occasion de calmer toutes les petites agitations qui nous divisoient. Cette affaire ne paroîtra pas trop minutieuse à ceux qui savent que les plus petits germes de division dans les corps ne sont pas à négliger. Au reste, je n'y donnai que les momens qui n'étoient pas nécessaires à l'affaire de tout le royaume, celle des finances.

M. de La Houssaye montra assez de fermeté dans les commencemens : il étoit bien aise de s'appuyer sur mes avis, non pour la direction des finances, que je déclarai ne pas entendre, mais pour se bien conduire dans une situation où la fermeté principalement étoit nécessaire ; car la compagnie des Indes prétendoit prouver que le Roi lui étoit redevable de plus de neuf cents millions. Il est vrai qu'on assuroit au contraire qu'elle en redevoit plus de douze cents. Une si énorme différence dans les affaires du Roi pouvoit ou les ruiner entièrement, ou donner quelque espérance de les relever.

On tint un conseil de régence, où tous les secrétaires d'État furent appelés. Je fus averti de la matière qui devoit y être traitée. A peine eut-on pris place, que M. le duc se leva, et, adressant la parole au Roi, dit : « Sire, on va traiter » une matière dans laquelle j'ai intérêt, puis- » qu'elle regarde la compagnie des Indes. Mais, » afin d'être plus libre à parler pour cette com- » pagnie, je vais en séparer mes intérêts ; et pour » cela je déclare que je remets à Votre Majesté » quinze cents actions, que je désire être brû- » lées. » M. le comte de Toulouse dit : « J'en » ai quatre cents qui viennent de mes rentes sur » la ville, et je veux bien les remettre aussi. — » Celles qui viennent de votre bien, lui répondit le » duc d'Orléans, vous devez les garder. » M. le duc d'Antin dit qu'il en avoit deux cent soixante-deux qui venoient de Dieu grâce, et qu'il les remettoit.

Le contrôleur général lut alors un mémoire sur la question de savoir si la banque et la compagnie des Indes étoient unies ; que si elles l'étoient, la compagnie ne devoit point de compte en particulier de son administration. Pour décider cela, on lut les articles qui établissoient l'union ; on alla ensuite aux opinions. M. Le Blanc parla le premier, et on vit qu'il vouloit favoriser la compagnie ; mais on le releva, et il conclut par dire qu'elle étoit tenue de rendre compte. M. d'Armenonville, garde des sceaux, gagné, à ce qu'on disoit, par la compagnie, dit qu'on ne pouvoit la condamner sans l'entendre, et qu'il falloit lui donner du temps pour expliquer ses raisons. Cependant, par les mémoires qu'elle avoit déjà présentés, et par une seconde lecture que l'on fit des raisons qu'elle avoit alléguées pour se défendre de l'union, il fut forcé de convenir qu'elle étoit constante. « Je suis » d'autant plus surpris qu'elle est constante, dis- » je en me levant, que j'ai voulu dans le temps » m'y opposer, et que j'ai soutenu fortement, » dans le conseil où elle fut conclue, qu'elle étoit » contraire au bien public. Au reste, ajoutai-je, » il seroit surprenant que cette compagnie n'eût » voulu l'union que pour charger le Roi des det- » tes immenses, folles et exorbitantes qu'elle a » faites, et qu'ensuite elle désirât la désunion

» pour mettre les dettes sur le compte du Roi. »
Tout le reste du conseil fut d'avis que l'union étoit certaine, et par conséquent la compagnie fut déclarée comptable au Roi.

L'arrêt en fut expédié, malgré de fortes oppositions des principaux actionnaires qui étoient en grand crédit. On en expédia un aussi pour liquider les dettes, et pour tâcher de démêler ceux des actionnaires qui avoient été obligés de mettre en actions le fonds de leurs biens, d'avec ceux qui de rien avoient fait des fortunes immenses aux dépens des biens légitimes des Français, et de tous les rentiers du royaume.

Le jour d'après, les actionnaires furent rassemblés chez M. le duc, où ils prirent la résolution de demander que M. d'Armenonville, sur lequel ils comptoient, fût chargé de présenter leur requête, et de rapporter au conseil tout ce qui regardoit leurs intérêts. Il se répandit un bruit que le Régent l'avoit accordé, et que M. de La Houssaye seroit ôté de place. Les Paris furent menacés, et on n'oublia rien pour les intimider. Cette incertitude dans les affaires, mais surtout dans celles des finances, dérangea toutes les opérations.

J'étois fort inquiet des traverses qui ébranloient le contrôleur général; et comme il étoit fort à craindre que si on l'ôtoit de sa place elle ne fût donnée à quelque malhonnête homme, je n'oubliai rien pour l'encourager à la fermeté nécessaire en pareille conjoncture. Je comptois donc que le contrôleur général seroit ferme, mais je doutois du garde des sceaux. Les actionnaires répandoient qu'il leur étoit favorable. Cependant il étoit d'une nécessité indispensable que ces deux hommes pensassent et agissent de concert. On passa trois semaines dans ces agitations, et l'on résolut encore un troisième arrêt pour confirmer les deux premiers.

Pendant ce temps-là il arriva une affaire qui occupa le public, et qui augmenta sa haine pour le duc de La Force, fondée sur ses trop grandes liaisons avec Law : on disoit qu'il étoit le premier et le plus ardent à soutenir toutes les propositions abominables de ce destructeur de la nation; qu'il avoit fait ainsi une fortune considérable. Or il étoit établi dans le public que tous les moyens avoient été employés par lui pour l'augmenter. Depuis plusieurs mois on disoit qu'il avoit acheté toute la bougie et tous les suifs de Paris et de plusieurs provinces. Ces bruits vagues se réalisèrent, et les marchands de Paris découvrirent qu'il avoit un magasin dans les salles et dans l'ancienne bibliothèque des Vieux-Augustins. Ils en portèrent leurs plaintes au lieutenant général de police. Le duc de La Force alla au Palais-Royal, pleura, cria à l'injustice, s'adressa au Régent, et laissa entendre au public que s'il avoit acheté des marchandises, c'étoit par les ordres de ce prince. Le Régent, piqué de ce discours, donna liberté de porter l'affaire au parlement, déjà animé contre le duc par une opinion apparemment assez fondée qu'il avoit été un des plus ardens à poursuivre sa perte. On fit mettre en prison un nommé L'Orient, qui fut déclaré facteur du duc de La Force; et enfin le samedi 15 février tous les pairs furent convoqués, et toutes les chambres assemblées. Messieurs les princes du sang et dix-huit pairs se trouvèrent au parlement. Les gens du Roi ouvrirent la séance. Les deux rapporteurs parlèrent; car, en matière d'affaires concernant les pairs du royaume, il y a toujours deux rapporteurs : c'étoient en cette occasion messieurs Ferrand et Paris. Les avis étoient en quelque manière partagés. Les conclusions des gens du Roi allèrent à faire arrêter Duparc et Bernard, domestiques ou affidés du duc de La Force; le sieur Le Feron, un des plus anciens conseillers, fut d'avis, outre cela, d'assigner le duc de La Force pour être ouï, et de publier des monitoires. Il y eut sur cela plusieurs discours très-beaux. Les premiers pairs qui opinèrent furent de l'avis de M. Le Feron; j'exposai le mien aussi. « Je vois
» avec une véritable douleur, mêlée de quelque
» honte, qu'un pair de France, dont les ancê-
» tres se sont distingués par leur valeur et par
» leur zèle pour le service de nos rois, puisse
» être soupçonné d'un commerce indigne de sa
» naissance. Je veux présumer qu'il se lavera de
» ces indignes soupçons, et j'espère qu'il ne sera
» pas dit que de nos jours il y ait eu des person-
» nes d'une condition distinguée convaincues de
» crimes que l'on ne pardonneroit pas à de mi-
» sérables banqueroutiers. Je le souhaite pour
» la gloire de la nation, et je crois que c'est ser-
» vir M. le duc de La Force que d'être de l'opi-
» nion la plus sévère pour sa justification. Il
» doit désirer que l'on mette en prison tous ceux
» qui pourront éclaircir une affaire aussi fâ-
» cheuse, et être entendu lui-même. Enfin je
» suis de l'avis de M. Le Feron. »

Cet avis passa de cent trois voix contre cinquante-deux. M. de La Force, pour éviter la signification, déclara qu'il iroit répondre aux deux commissaires. Il s'y rendit à l'heure marquée, et refusa d'ôter son épée : sur quoi l'interrogatoire fut suspendu. Il alla à M. le duc d'Orléans, et lui dit qu'il avoit plusieurs exemples qui l'autorisoient à ne point ôter son épée. M. le Régent lui répondit que si cela étoit, il avoit bien fait de la vouloir garder. Le premier président, de son côté, alla au Régent lui expliquer les raisons que l'on avoit de la faire ôter au duc de La Force, et lui cita des exemples pour appuyer cette opinion. Il envoya ensuite M. Gilbert, greffier en chef du parlement, chez moi, pour me faire voir des extraits des registres du parlement, par lesquels il paroissoit que le duc d'Épernon, pair et colonel général de l'infanterie de France, avoit ôté son épée pour prêter serment en qualité d'amiral; que M. le comte de Toulouse avoit de même ôté la sienne en pareille circonstance. Sur ces divers exemples, pour éviter entre les pairs une nouvelle division, qui pourtant arriva quatre jours après, j'étois d'avis que M. de La Force ôtât son épée pour prêter le serment, et la remît pour l'interrogatoire. Le parlement crut que cela étoit absolument impossible.

Le duc de Saint-Simon m'envoya le soir deux mémoires qui attaquoient toute la conduite du parlement à l'égard du duc de La Force, et où l'on prétendoit entre autres choses que le parlement ne devoit inviter les pairs que sur des lettres patentes. Il est certain qu'en quelques occasions précédentes le parlement ayant invité les pairs, sa conduite avoit été blâmée à la cour, et que cette invitation avoit été ôtée des registres; mais il est certain aussi que cette invitation avoit été faite pour délibérer sur des affaires d'État. Mais, dans la circonstance dont il s'agit ici, le parlement, pour éviter l'invitation, et en même temps pour observer à l'égard des pairs une conduite honnête, les envoya avertir simplement par le sieur Isabeau Du Tillet, greffier du parlement, qu'un tel jour et à telle heure toutes les chambres devoient être assemblées, et qu'il devoit s'y traiter une matière qui intéressoit messieurs les pairs. Messieurs les princes du sang s'y trouvèrent, et un fort grand nombre de pairs, le reste ne voulant plus aller au parlement pour les raisons de dispute ci-devant expliquées.

Il arriva une nouvelle affaire qui obligea d'assembler encore une fois toutes les chambres du parlement. Le duc de La Force ayant été informé que, par un ordre du lieutenant de police, on visitoit une maison qui lui appartenoit, mais dans laquelle on ne trouva personne de sa livrée, s'y rendit avec un grand nombre de domestiques, demanda au commissaire à voir son ordre, et alla le porter au Régent; ce qui causa une nouvelle plainte contre ce duc. Le parlement s'assembla le 19 février. Le duc de La Force s'y trouva, et prit sa place, tenant à la main un très-long mémoire. Il fit la faute de commencer à parler dans le temps que les gens du Roi parloient: le premier président lui dit qu'il ne devoit pas interrompre les gens du Roi, ni même se trouver au parlement ni en place, lorsqu'il s'agissoit d'un procès commencé contre lui. Il insista pour parler, et le premier président pour le faire sortir; ce qu'il fit, en protestant contre l'obstacle qu'on mettoit à entendre ce qu'il avoit à dire pour sa justification.

Comme j'étois incommodé, je ne pus aller à cette séance du parlement, et je me serois certainement opposé à ce qu'on refusoit au duc de La Force la liberté de parler, et à la violence de l'obliger de sortir, violence qui étoit véritablement contraire à la dignité d'un pair de France. Le soir, tous les pairs furent invités à se trouver le 20 chez le cardinal de Mailly, premier pair de France. Le cardinal de Rohan étant venu me voir le même jour, me dit qu'il y avoit une assemblée générale des pairs résolue; mais j'envoyai m'excuser d'assister à cette assemblée par la même raison de maladie qui m'avoit empêché d'aller à la dernière séance du parlement, et il s'y trouva très-peu de pairs.

Le jour suivant, le cardinal de Polignac, les ducs de Sully et de Mazarin, de Richelieu, et plusieurs autres, dinèrent chez moi. Comme on sortoit de table, le prince de Conti arriva, et me dit: « Le duc de Saint-Agnan sort de chez
» moi, où il a été envoyé par les pairs qui se
» sont trouvés chez le cardinal de Mailly; il m'a
» apporté un mémoire ou requête au Roi, dont
» le commencement est intitulé *les pairs de*
» *France*. Cette requête n'est signée que par le
» seul cardinal de Mailly: elle contient plusieurs points contre le parlement. Messieurs
» de Mailly et d'Uzès sont allés la porter à Son
» Altesse Royale. M. le duc de Chaulnes a été
» envoyé chez M. le duc, et le duc de Saint-
» Agnan l'a apportée chez moi. — Je suis étonné,
» lui ai-je répondu, qu'on présente au nom de
» tous les pairs une requête qui n'a été méditée
» que par un très-petit nombre d'entre eux. Il
» y a apparence qu'elle a été résolue et écrite,
» avant que d'être examinée, par l'assemblée de
» ce matin, qui a été si peu nombreuse qu'elle
» n'étoit pas composée du tiers des pairs. On
» n'auroit pas dû mettre leur nom en général à
» la tête d'une requête qui ne se trouve signée
» que d'un seul. »

Le duc de La Feuillade et le duc de Melun, et plusieurs autres, arrivèrent dans ce moment chez moi, et l'on convint de s'assembler le jour d'après chez le duc de Luxembourg, qui étoit malade. Il fut résolu de s'opposer aux fins de cette requête, qui ôtoit aux pairs de France la liberté d'être jugés, conformément à leurs prérogatives, par les pairs, et par toutes les chambres assemblées.

Sur cette division des pairs, le Régent, auquel on avoit voulu persuader que l'union des pairs et du parlement étoit contraire à ses intérêts, envoya défendre au parlement de continuer le procès du duc de La Force. L'ordre fut porté par un huissier de la chaîne; et, sur cet ordre, toutes les chambres du parlement assemblées, messieurs les princes du sang et les pairs opinèrent à faire des remontrances, et messieurs les princes du sang avec quatre pairs assistèrent à la composition de ces remontrances. Il fut dit que toutes les chambres s'assembleroient le lundi pour les examiner. Elles furent approuvées, et présentées par le premier président et environ trente conseillers de toutes les chambres.

Deux jours après, le chancelier écrivit au parlement, qui s'assembla le 3 mars. Les trois princes du sang s'y trouvèrent, et grand nombre de pairs. Je n'arrivai qu'après que la longue lettre du chancelier au parlement eut été lue, et l'on avoit même commencé à opiner sur cette lettre; mais le premier président, contre les règles et l'usage, eut pour moi l'honnêteté de faire cesser les opinions, et de relire la lettre du chancelier tout entière. Cette lettre étoit une manière d'excuse au parlement : elle portoit en substance que le Roi n'avoit pas résolu de révoquer, mais seulement de suspendre, le procès du duc de La Force, jusqu'à ce que Sa Majesté eût pu connoître des divisions qui étoient entre les pairs. On convint de se rassembler à huitaine, pendant lequel temps il fut enjoint aux gens du Roi de solliciter une réponse décisive.

Le 4, les pairs, au nombre de vingt-deux, s'assemblèrent chez le duc de Luxembourg. L'intention du petit nombre des pairs qui s'étoient assemblés chez le cardinal de Mailly étoit de former un procès, prétendant que les pairs ne pouvant être convoqués que par lettres patentes, l'invitation du parlement n'avoit pas été régulière, ce qui entraînoit l'évocation de l'affaire du duc de La Force. En opinant, je dis : « Messieurs, l'honneur de penser comme messieurs » les princes du sang me donnera toujours une » parfaite tranquillité sur mes sentimens, et je » ne croirai jamais possible d'en avoir de plus » nobles ni de plus élevés sur ma propre gloire, » sur ma dignité, sur le service du Roi et sur le » bien de l'État, qu'en me conformant aux leurs. » Il est malheureux et plus surprenant encore » que quelques-uns de messieurs les pairs veuil- » lent soupçonner le plus grand nombre de n'ê- » tre pas assez attentifs à soutenir les prérogatives de la pairie, sur lesquelles nous ne » devons pas être plus difficiles que messieurs » les princes du sang, ni désirer plus que ce » qu'ils prétendent. Nos droits sont en bonnes » mains, et nous devons tenir à gloire et à hon- » neur qu'ils regardent nos intérêts comme les » leurs. »

Les pairs s'assemblèrent le jour d'après, et vingt-deux signèrent leur résolution, qui fut de députer chez le Régent quatre pairs, dont M. l'évêque et duc de Laon, comme l'ancien, porta la parole, et dit que les pairs n'avoient point de procès qui pussent les obliger à produire; que leurs droits étoient certains et incontestables; qu'ils attendoient de la bonté et de la justice de Sa Majesté qu'elle voudroit bien n'apporter aucun changement à un établissement aussi ancien que la pairie, qui étoit que les pairs ne pouvoient être jugés que par les pairs, et par toutes les chambres du parlement assemblées, sans qu'aucunes lettres patentes fussent nécessaires; que si Sa Majesté avoit quelque doute sur cela, elle avoit gens auprès d'elle qui pouvoient l'informer du droit des pairs, et que l'on trouveroit tous les éclaircissemens nécessaires dans les registres du parlement. « On m'a donné divers avis, dit » le Régent, d'une cabale contre mes intérêts » entre les pairs et le parlement. — Ceux qui » répandent de pareilles calomnies, lui répon- » dit-on, méritent d'être nommés et punis, puis- » qu'ils peuvent éloigner de vos bonnes grâces » les plus honnêtes gens du royaume et les plus » attachés au bien de l'État, et par conséquent » aux véritables intérêts de Votre Altesse » Royale. »

Les ducs se retirèrent; et le 9 mars, jour du conseil de régence, je fus averti avec les autres pairs qui en étoient, par un valet de chambre du Régent, de ne pas me trouver au conseil, parce que l'affaire qui nous concernoit devoit y être traitée.

Le prince de Conti vint au sortir du conseil chez moi, et m'apprit que le Régent avoit dit aux princes du sang, avant que de tenir conseil, que s'ils ne vouloient pas que leur nom fût dans la déclaration qui devoit être envoyée au parlement, ils ne devoient pas assister à la délibération. Les trois princes répondirent en même temps que s'ils sortoient il falloit que M. le duc de Chartres sortît aussi. Le Régent, piqué de la proposition, dit qu'il falloit respecter l'autorité du Roi. Le comte de Charolois répondit : « Nous » respectons l'autorité du Roi, et aucune autre. » Enfin ils demeurèrent au conseil, et ne furent pas d'avis de la déclaration; ils demandèrent à n'être pas nommés comme y ayant eu part. Le comte de Toulouse demanda la même chose, et le duc d'Orléans ne voulut pas que le duc de Chartres fût nommé non plus.

Les pairs s'assemblèrent le 10, et toutes les chambres pareillement. La déclaration fut enregistrée avec toutes les modifications suivantes, et dans ces termes : « Registré, et ce requérant » le procureur du Roi, sans que directement ni » indirectement, ni en aucune manière que ce » soit, ladite déclaration puisse faire aucun pré- » judice aux droits et prérogatives des princes » du sang et des pairs de France, qui sont d'être » jugés au parlement dans la cour, suffisamment » garnie de pairs, aussi bien que tout autre ayant » séance en ladite cour, et sans qu'il soit besoin » d'aucunes lettres patentes ; et que le procès du » duc de La Force sera continué selon ses erre- » mens. » Ces modifications, comme on le voit, annuloient en quelque manière la déclaration. Les monitoires au sujet du duc de La Force furent ordonnés ; ce qui allongea la procédure par l'obligation de trois semaines nécessaires pour la publication de ces monitoires.

M. le duc voyoit avec peine que les plus honnêtes gens du royaume, attachés uniquement au bien de l'État, s'étoient éloignés de lui par la protection qu'il avoit donnée à Law, cet homme abominable qui avoit fait un si grand tort au Roi et au royaume. Ce prince voulut se rapprocher des gens de mérite que le prince de Conti recherchoit avec soin, marquant un grand désir d'avoir leur amitié, et de concourir avec eux au bien public. Il me parla donc un jour à un bal, et me dit qu'il n'osoit plus aller chez moi, parce que je ne le voyois plus moi-même ; que cependant il souhaitoit avec ardeur d'avoir part à mon amitié. Un autre jour, au sortir du conseil, il s'expliqua encore plus fortement, et se plaignit de ce qu'on ne rendoit pas justice à ses bonnes intentions. Je lui répondis : « On respecte dans » vous un esprit de suite et de fermeté, mais je » ne peux m'empêcher de vous dire que ces qua- » lités, excellentes en elles-mêmes, sont plus » dangereuses qu'utiles quand on suit un mau- » vais parti. Deux qualités sont principalement » nécessaires aux grands princes, aux rois » même, et à ceux enfin qui ont la principale » part dans l'administration des états : la pre- » mière est de préférer le discernement à l'in- » vention ; car si c'est un grand bonheur d'ima- » giner les plus grands et les plus heureux » projets, il est encore plus solide de savoir bien » choisir parmi ceux que les autres proposent. » L'autre qualité, également nécessaire, est de » savoir avouer que l'on s'est trompé. » M. le duc reconnut que cette dernière lui étoit nécessaire, mais qu'il pouvoit assurer qu'elle ne lui manquoit pas ; qu'il convenoit d'avoir été surpris et trompé ; que peut-être beaucoup de gens avoient eu le même malheur, et que pour lui il n'avoit jamais voulu soutenir que les actionnaires de bonne foi. Il me parla ensuite de la nécessité d'établir un conseil bien moins nombreux que celui de la régence, et qui pût limiter l'autorité du Régent. Cela me parut un projet hasardé, auquel je ne répondis point.

Le contrôleur général travailloit vivement à rétablir les finances, mais avançoit peu, toujours traversé par les intérêts de la compagnie des Indes. Il prit enfin la résolution de demander à Son Altesse Royale qu'elle nommât sept conseillers d'État, c'est-à-dire d'ajouter les sieurs Fagon, Trudaine et Machault aux quatre premiers, à la tête desquels étoit le sieur d'Armenonville, afin de décider une fois pour toutes les prétentions de la compagnie. Ce conseil s'assembla plusieurs fois, et la compagnie présenta une requête, dans laquelle il y avoit plusieurs faits qui devoient faire désirer au Régent qu'elle ne fût pas imprimée. Cependant, le 3 avril 1721, les syndics de la compagnie en portèrent des exemplaires à tous les conseillers de la régence, et en distribuèrent un très-grand nombre dans le public.

Il y eut le matin, chez le Régent, un conseil de régence, auquel M. le duc et M. le prince de Conti avoient accoutumé d'assister : on résolut d'assembler le même jour, sur les cinq heures du soir, les sept conseillers d'État, le chancelier et le contrôleur général. M. le prince de Conti demanda au Régent si M. le duc s'y trouveroit : il lui dit que non. Il demanda la même chose au chancelier et au contrôleur général, qui lui répondirent tous deux que M. le duc n'y seroit pas. Il vint en sortant dîner chez moi, sans avoir aucun dessein d'aller au conseil. Le hasard fit qu'entrant dans le Palais-Royal pour aller voir la maréchale de Rochefort, il vit le carrosse de M. le duc dans la cour ; ce qui l'obligea à monter chez le Régent. Il lui fit dire par un premier valet de chambre qu'il lui vouloit dire un mot. Le Régent renvoya le valet de chambre, sans vouloir parler au prince de Conti. Ce prince s'étant plaint quelque temps auparavant de ce qu'il n'étoit pas appelé à des conseils où M. le duc assistoit, le Régent l'avoit assuré que cela n'arriveroit plus, et que si par hasard il n'étoit pas averti toutes les fois que M. le duc seroit appelé à quelque conseil, il pouvoit y venir. Le prince de Conti regarda donc comme un affront ce qui venoit de lui arriver, d'autant plus que le matin même, pendant le conseil où assistoit ce prince, le premier président étant venu pour parler au

Régent, il s'étoit levé, et avoit quitté le conseil pour aller l'entretenir.

Le prince de Conti vint deux fois le jour même me chercher; et, ne m'ayant pas trouvé, il envoya le duc de Richelieu pour me prier qu'il pût me dire un mot. Il vint en effet, et parut très-irrité de ce qui lui étoit arrivé la veille.

Je crus qu'il ne convenoit pas que le prince de Conti allât faire lui-même sa plainte, et je m'en chargeai; mais je ne pus voir le Régent ce jour-là, parce qu'il étoit allé passer la journée entière à Asnières, et je ne lui parlai que le lendemain. D'abord je le trouvai très-vif, et dès les premières paroles il me dit : « Il est sur-
» prenant que messieurs les princes du sang
» croient devoir être dans les conseils que je
» tiens malgré moi. S'ils sont bien soutenus, je
» le serai encore plus qu'eux. » A ces mots, me trouvant un peu piqué, je dis : « Votre Altesse
» Royale me pardonnera de parler un peu lente-
» ment sur ce qu'elle vient de me dire : ce n'est
» pas que je puisse être inquiet sur ma vivacité
» ni sur la sienne, parce que mes expressions
» seront toujours conformes à ce que je lui dois.
» Je commencerai par dire à Votre Altesse que
» je me sais bon gré de m'être chargé, sans que
» M. le prince de Conti le désirât, de vous faire
» des plaintes très-justes sur un mauvais traite-
» ment dont il est sensiblement touché, et avec
» raison. Votre Atesse Royale lui a fait dire il y
» a plus de trois mois, par la princesse de Rohan,
» qu'elle vouloit absolument compter sur son
» amitié; qu'il n'avoit qu'à faire connoître tout
» ce qu'il pouvoit désirer; qu'il trouveroit des
» facilités sur tout, soit qu'il s'agit d'argent, de
» charges, ou d'autres avantages. M. le prince
» de Conti a remercié et prié la princesse de
» Rohan de vous assurer que Votre Altesse
» Royale pouvoit compter sur son attachement
» très-sincère; que le premier devoir regardoit
» le bien de l'État, et que le second étoit d'être
» son serviteur tant qu'elle procureroit le service
» du Roi et le bien de l'État, comme il étoit per-
» suadé qu'elle n'avoit point d'autres vues.

» Peu de jours après ces marques d'amitié,
» Votre Altesse Royale assemble un conseil de
» peu de personnes, où M. le duc est appelé, et
» non M. le prince de Conti. Il fait ses plaintes
» à Votre Altesse Royale : elle assure que cela
» n'arrivera plus, et qu'il peut entrer dans tous
» les conseils où M. le duc assistera. Avant-hier,
» au conseil des finances, Votre Altesse Royale
» indique un conseil pour l'après-midi : M. le
» prince de Conti lui demande si M. le duc y
» sera, elle l'assure que non. M. le chancelier et
» M. de La Houssaye lui disent la même chose.
» Le hasard fait que M. le prince de Conti, al-
» lant chez la maréchale de Rochefort, entre
» dans la cour du Palais-Royal dans le temps
» que le conseil est assemblé. Il voit le carrosse
» de M. le duc; il se souvient que Votre Altesse
» Royale lui a dit que toutes les fois qu'il y au-
» roit un conseil, et que M. le duc y seroit, il
» pouvoit y entrer. Il monte, et fait demander
» à Votre Altesse Royale qu'il puisse lui dire un
» mot. On lui ferme la porte en présence de cent
» personnes. Il croyoit cependant faire plaisir à
» Votre Altesse Royale en se trouvant à cette
» assemblée : vous n'ignorez pas qu'il a des sen-
» timens conformes aux vôtres. Il a fait réflexion
» que le même jour le premier président ayant
» demandé à Votre Altesse Royale la permission
» de l'entretenir, elle a quitté le conseil pour
» lui parler; et il est étonné qu'elle n'ait pas pour
» lui les mêmes égards qu'elle a eus pour le pre-
» mier président. M. le prince de Conti ne peut
» sans doute regarder que comme un affront un
» aussi mauvais traitement que l'est celui de lui
» fermer la porte sans lui dire un mot. Voilà,
» monseigneur ce que j'ai à dire pour ce qui
» concerne M. le prince de Conti. Je reviens à
» ce que Votre Altesse Royale m'a dit que les
» princes étoient fort soutenus, mais qu'elle le
» seroit plus qu'eux. A cela je réponds que
» Votre Altesse Royale ne peut pas se plaindre
» que son autorité n'ait pas été bien entière de-
» puis la régence : jamais il n'y en a eu d'aussi
» despotique. Quant à M. le prince de Conti,
» j'ai déjà eu l'honneur de dire il y a quelques
» mois, à Votre Altesse Royale, que j'étois très-
» sensible à l'amitié que M. le prince de Conti
» m'a toujours fait l'honneur de me marquer
» depuis les premiers momens qu'il a servi dans
» les armées que je commandois, mais que je ne
» veux gouverner aucun prince : premièrement,
» parce que je n'en ai que faire, et que le crédit
» que l'on veut quelquefois prendre sur l'esprit
» des princes ne convient qu'à des gens sans for-
» tune, et qui veulent s'en faire une aux dépens
» des princes qu'ils veulent gouverner; en se-
» cond lieu, parce que je sais bien que si le
» prince se conduit au gré du maître, il aime
» mieux lui en avoir obligation qu'au gouver-
» neur; et que si le contraire arrive, c'est tou-
» jours à ce prétendu gouverneur que l'on s'en
» prend. Je supplie d'ailleurs Votre Altesse
» Royale d'être persuadée que je suis unique-
» ment occupé du bien de l'État. »

Comme ces paroles étoient animées, et qu'elles avoient paru vives au chancelier, au contrôleur général, et à M. Le Blanc, ils s'étoient approchés du petit cabinet où j'étois avec le Régent. Je les aperçus dans le temps que je disois que j'étois uniquement occupé du bien de l'État, et je continuai en disant : « J'en prends à témoin M. le » chancelier, que voilà : il peut dire que le jour » que la régence fut donnée à Votre Altesse » Royale, j'entrai deux fois dans le parquet des » gens du Roi en sortant de l'assemblée du ma- » tin, et avant que l'on rentrât à celle qui avoit » été indiquée à trois heures après midi ; que je » m'adressai à lui alors procureur général , et » que je lui dis que mon zèle pour le bien de » l'Etat me portoit à lui marquer mon étonne- » ment de ce que, dans le premier jour d'un » nouveau règne, on bouleversoit tout l'ancien » gouvernement; qu'il pouvoit y avoir des chan- » gemens à faire, mais qu'il falloit aller par de- » grés ; que quand je parlois ainsi, c'étoit contre » mon propre intérêt , Son Altesse Royale » m'ayant assuré la présidence du conseil de » guerre, le plus beau poste que je pusse dési- » rer, et que je pouvois alors regarder comme » plus noble et plus solide que je ne l'ai trouvé » depuis.

» Vous, monsieur Le Blanc, vous savez que » quelques années après Son Altesse Royale, fati- » guée de tous les incidens arrivés dans le con- » seil de guerre, voulut me déclarer seul minis- » tre de la guerre, avec vous uniquement sous » moi. Je répondis sur-le-champ que j'étois pé- » nétré de ses bontés ; mais que j'étois plus oc- » cupé de chercher son goût, et de mettre Son » Altesse Royale à son aise, que de mon intérêt, » quoiqu'il se trouvât certainement à être seul » ministre de la guerre : que je la suppliois d'exa- » miner si personne ne lui convenoit mieux que » moi ; qu'elle étoit accoutumée à M. le maré- » chal de Bezons; qu'il ne seroit pas raisonnable » de m'ôter cet emploi, pour y mettre quelque » homme du royaume que ce pût être; mais que » je m'en démettrois, et qu'alors Son Altesse » Royale pouvoit y placer qui elle jugeroit à » propos. Elle voulut avoir la bonté de me dire » que personne ne pouvoit jamais lui mieux » convenir que moi. Cependant deux mois après » elle me l'ôta, laissant le conseil de guerre en- » tier, et n'en retranchant que M. de Saint-Hi- » laire : moyennant quoi elle me croyoit fort pi- » qué. Mais j'ai deux principes également établis » dans mon cœur : le premier , une entière sou- » mission aux ordres du Roi , et par conséquent » à ceux de Son Altesse Royale, puisqu'elle est » dépositaire de l'autorité de Sa Majesté; le se- » cond, de dire librement ce que je pense pour » le bien de l'Etat. J'ai étudié dans le *Testament* » *politique* du cardinal de Richelieu les qualités » nécessaires à un conseiller d'Etat : entre au-

» tres choses, ce ministre lui désire un caractère » ferme, porté même jusqu'à l'opiniâtreté quand » il s'agit de dire son sentiment, sans jamais al- » térer ni déguiser la vérité pour plaire au prince. » Voilà, monseigneur, comment je pense, con- » tinuai-je. Il y a deux qualités bien nécessaires » aux rois et aux princes qui administrent les » royaumes : l'une seroit d'imaginer de trouver » par leurs propres lumières ce qui est le plus » utile à la monarchie qu'ils gouvernent ; l'autre, » non moins nécessaire et aussi glorieuse que la » première, est d'avouer leurs fautes quand ils » en ont fait, et de convenir qu'ils se sont » trompés. Cette dernière, monseigneur, vous » est nécessaire présentement, parce que certai- » nement on vous a induit en erreur. Enfin, » monseigneur, je finis par dire à Votre Altesse » Royale que je suis très-convaincu qu'elle ne » séparera jamais son intérêt de celui de l'État : » elle ne le peut, et je suis persuadé qu'elle le » veut encore moins. Tant que cela sera ainsi, » aucun de tous ceux que vous regardez comme » vos meilleurs amis et serviteurs ne le sera tant » que moi. Si, contre ma pensée, cela pouvoit » être autrement, envoyez-moi dans mon châ- » teau : c'est où je pourrai être le mieux et pour » vous et pour moi. »

Pendant ce discours, le Régent m'assura souvent de son estime et de son amitié ; ce qui ne m'empêcha point de m'expliquer avec vivacité sur les sentimens dont j'étois rempli. Son Altesse Royale me dit, au sujet de M. le prince de Conti: « Je n'ai jamais eu dessein de lui faire » de la peine : j'ai renvoyé trois jours aupa- » ravant M. le duc. Je vous prie d'assurer » M. le prince de Conti que je suis très-éloigné » de lui vouloir faire le moindre déplaisir. — Je » ne veux me charger de rien, répondis-je ; » Votre Altesse Royale peut lui envoyer quel- » qu'un de ces messieurs qui sont présens. » Le Régent donna ordre au contrôleur général d'aller de sa part faire des excuses au prince de Conti.

En sortant, je trouvai le comte d'Evreux qui étoit à l'entrée de la petite galerie, et qui ayant entendu quelques discours, me dit : « J'ai en- » tendu des propos bien respectables, et je vous » en fais mon compliment. »

Cependant le duc de La Force fut interrogé ; et l'assemblée des chambre indiquée, messieurs les princes du sang s'y trouvèrent. Les gens du duc de La Force avoient présenté des requêtes pour être élargis. M. Ferrand, premier rapporteur, lut les interrogatoires des accusés, les dépositions des témoins. Il s'en trouva deux qui soutinrent que les marchandises déposées aux Augustins appartenoient au duc de La Force.

Celui-ci s'inscrivit en faux contre leur témoignage, et prétendit qu'ils avoient fait une fausse déclaration. Sur tout ce qui fut lu, agité et délibéré, les gens du Roi entendus, il fut ordonné que les prisonniers ne seroient point élargis, et que les rapporteurs et commissaires à ce nommés feroient l'inventaire de toutes les marchandises, et confronteroient les témoins; de manière que ce procès parut devoir tirer en longueur.

Dans ce même temps, M. le Régent déclara M. le duc de Chartres, son fils, colonel général de l'infanterie française et étrangère, à l'exception des gardes françaises et suisses, et du corps des Suisses. Les colonels généraux d'infanterie avoient eu auparavant quelques prérogatives qui n'étoient pas données à M. le duc de Chartres; ainsi ses provisions portoient le titre de colonel général de l'infanterie française et étrangère, ce que n'avoient pas les précédens colonels généraux. La vérité est que dans ce temps l'infanterie française n'étoit composée que de Français et Suisses. Le Régent, avant que de déclarer cet établissement, en avoit parlé à M. le duc, qui ne s'y opposa pas; M. le comte de Charolois et M. le prince de Conti ne crurent point devoir souscrire à cette innovation. On répandit dans le public les deux derniers édits de suppression de cette charge, dans lesquels il étoit enjoint au parlement de ne jamais consentir ni souffrir le rétablissement.

M. le duc, qu'une froideur formée au sujet du conseil de guerre avoit éloigné de moi, et qui peu auparavant m'avoit marqué le désir qu'il avoit de renouer, voulut se raccommoder entièrement. Il m'écrivit un billet par lequel il me prioit de l'attendre chez moi sur les sept heures du soir, s'il étoit possible qu'il n'y eût personne, et qu'il voulût m'entretenir. M. le duc savoit que j'étois convaincu que Law perdoit le royaume: il m'en avoit voulu de ce que je m'étois déclaré contre cet homme, pendant qu'il n'avoit rien oublié lui-même pour le soutenir. Il m'avoua dans ce moment qu'il s'étoit trompé, mais qu'il vouloit réellement le bien de l'État; et que comme il savoit que j'y étois uniquement attaché, il me prioit que désormais notre intelligence fût parfaite, m'assurant que je serois content et de ses sentimens et de sa conduite, qu'il régleroit sur la mienne. Je connoissois au prince une conduite ferme et suivie, et j'étois persuadé que notre union étoit nécessaire: elle fut entière, et nous convînmes de la tenir secrète; ce que nous exécutâmes l'un et l'autre jusqu'à la mort du Régent.

Pendant ce temps-là le contrôleur général, qui avoit eu d'abord une grande confiance aux Paris et à Bernard, dont les premiers paroissoient très-versés dans les finances, et celui-ci dans tout ce qui concernoit le change chez les nations étrangères, ne suivoit plus régulièrement leurs conseils; et certaine complaisance pour ceux dont on tient son élévation ne lui permit pas la fermeté nécessaire pour empêcher que les fonds, dont le Régent avoit voulu toujours demeurer le maître, ne se dissipassent. Il parut plusieurs arrêts du conseil, sur lesquels les personnes qu'on vient de nommer n'étoient plus consultées. On accorda douze millions par an à la marine, dépense exorbitante, vu le peu de vaisseaux que nous avions en mer; et il falloit absolument prendre les douze millions sur des destinations et plus importantes et plus pressées.

Rien alors ne le pouvoit être davantage que de secourir la Provence, dont les principales villes étoient attaquées vivement de la peste. Marseille et son territoire avoient déjà perdu plus de quarante mille personnes; Aix, Toulon, Arles, Martigues, et une infinité d'autres lieux moins considérables, souffroient les plus grandes extrémités. Je sollicitois depuis long-temps des secours extraordinaires pour cette province: je suppliai le Régent de me permettre d'en exposer la nécessité au conseil, et j'y représentai fortement la cruelle situation d'un pays presque dénué d'espèces, soit par les billets qui y étoient répandus, et qui montoient à plus de cinquante millions, soit par l'entière cessation de la vente des huiles, des fruits secs, du savon, des vins et des autres espèces de commerce, qui faisoient entrer tous les ans plus de douze millions dans cette province; et je conclus par faire voir que la ruine en étoit inévitable, sans secours d'argent très-prompts.

Le conseil, ébranlé par de si vives et de si sérieuses représentations, ordonna pour la Provence trois millions par an, qui devoient être avancés par les receveurs généraux des finances, qui offroient de le faire sans intérêts. De plus, le Régent fut supplié d'écrire à tous les archevêques et évêques du royaume, pour les engager à tirer de leurs diocèses des secours pour le soulagement des lieux que ravageoit la peste.

Dans les premières nouvelles de ce malheur, je pressai instamment le Régent de me permettre de me rendre dans mon gouvernement. La première réponse du prince fut qu'il n'auroit osé me le proposer; mais puisque je voulois bien, dans une conjoncture si importante, y aller donner des ordres, rien n'étoit plus propre à sauver la province. Comme je me préparois à partir, les défiances naturelles du Régent ne lui permirent pas de me laisser éloigner.

On proposa dans un conseil de régence un arrêt pour presser le public de porter les déclarations de ses effets, et il fut résolu de donner le mois de juin entier pour les faire viser; lequel temps passé, ce qui n'auroit pas été porté au *visa*, quelque bon qu'il pût être, perdroit un tiers jusqu'au 10 juillet suivant; que les déclarations qui ne seroient pas visées avant le 20 juillet perdroient les deux tiers; et qu'enfin au premier août il seroit inutile de les présenter, parce que tout ce qui n'auroit pas été visé alors seroit totalement annulé. Il falloit accélérer ainsi un ouvrage auquel on s'étoit porté d'abord assez mollement, soit par des irrésolutions fréquentes, soit même par des changemens entiers de tout ce qui avoit été résolu. Le Régent donna congé au conseil de régence jusqu'après la petite Fête-Dieu, et je le demandai pour tout le mois de juin, voulant donner ce temps inutile à des terres que j'avois achetées en Bourgogne et dans le Nivernais avec le produit des remboursemens que j'avois été forcé de recevoir. J'allai passer quinze jours dans mon château de Villars, où je fus visité d'un grand nombre de personnes de la cour et du parlement, et de plusieurs ministres étrangers.

M. le prince de Conti vint aussi me voir, et m'apprit que le duc de la Force avoit présenté une requête au Roi, tendante à faire casser tout ce qui avait été fait au parlement contre lui; et que le Régent avoit nommé pour examiner cette requête les sieurs d'Armenonville, Fagon, Bignon et Châteauneuf, conseillers d'État. On fut étonné de voir que des arrêts donnés en matière de pairie par toutes les chambres assemblées, par trois princes du sang, et par le plus grand nombre des pairs, pussent être sujets à l'examen des conseillers d'État. C'étoit toujours tomber dans le cas de donner aux pairs d'autres juges que les pairs et le parlement, quoique nous eussions toujours soutenu ne pouvoir être jugés que par les pairs. M. le prince de Conti en parla fortement au Régent, qui répondit que le duc de La Force, accusé, tâchoit de se sauver par où il pouvoit.

Je fis dans mes terres de Bourgogne et de Nivernais le voyage que j'avois résolu, n'étant pas fâché de m'éloigner de la cour pour quelque temps. Comme je voulois arriver chez le marquis de Ximénès, qui m'attendoit sur la route, et que pour cela je marchois de nuit, je fus versé très-dangereusement, de manière que ma chaise de poste se trouva dans un fossé sur l'impériale, et moi par conséquent sur la tête : mais je me tirai de cette aventure aussi heureusement que je l'avois fait d'une infinité d'autres. J'employai trois semaines à mon voyage : je visitai le marquisat de La Nocle et le comté de Roche-Millay, deux très-belles terres qui ont près de quarante lieues de tour, de grandes mouvances, mais fort ruinées, et abîmées par les tailles; en sorte que les villes de Ternaut et de Beuvray, autrefois assez considérables, n'étoient plus habitées.

Je trouvai sur mon chemin plusieurs bataillons occupés à un canal de Montargis à Nemours, auquel le Régent faisoit travailler, et dont il devoit retirer une grande utilité. Les officiers et les soldats, qui depuis long-temps ne m'avoient vu, me montrèrent beaucoup d'amitié.

A mon retour, je trouvai l'affaire du duc de La Force prête à être jugée. J'allai au parlement à la première audience : les princes du sang assistèrent à toutes avec un grand nombre de pairs. Le jugement fut enfin rendu et prononcé, après que le duc de La Force eut été interrogé; et, dans l'arrêt qui ordonnoit la confiscation des magasins, il fut dit qu'il seroit tenu de se conduire avec plus de circonspection, et d'avoir à l'avenir une conduite irréprochable, telle qu'elle convenoit à sa naissance, et à sa dignité de pair de France.

A mon arrivée, le prince de Conti vint me voir, et m'apprit qu'en mon absence il avoit obtenu du Régent que M. le duc du Maine rentreroit dans l'exercice de toutes ses charges. Il revint en effet habiter Sceaux avec tous ses enfans, et toute sa famille fut réunie : aussi avois-je toujours conseillé au duc du Maine de tâcher de rentrer dans l'exercice de ses charges, sans s'opiniâtrer à recouvrer le rang qu'il avoit perdu, en lui représentant qu'il étoit bon de reprendre toujours quelque considération.

Le mois de juin avoit presque entièrement fini le *visa*, et l'ont tint divers conseils de finances, pour prendre une dernière résolution sur l'état incertain où étoient presque toutes les familles du royaume par les huit milliards de papier que l'exécrable Law avoit répandus dans le public. Ces conseils se tenoient au Palais-Royal, et ils étoient composés des princes du sang, à la réserve de M. le comte de Charolois, du chancelier, du maréchal de Villeroy, de quatorze conseillers d'État ou maîtres des requêtes. A celui du 15 juillet, il fut résolu seulement que l'on donneroit son avis par écrit dans le conseil suivant, qui se passa en des espèces de dissertations. Plusieurs conseillers d'État s'étendirent en longs raisonnemens : les avis par écrit ne furent point donnés, et il fut dit que l'on tiendroit deux ou trois conseils par semaine chez le chancelier pour approfondir les diverses propositions, et pour prendre une dernière résolution.

Pendant ce temps-là je mariai mon fils unique à la seconde fille du duc de Noailles. L'aînée avoit épousé, trois ans auparavant, le prince Charles de Lorraine, grand écuyer de France, et gouverneur de Picardie. Quelques mois auparavant le mariage de mon fils, le prince Charles avoit, sans aucune raison, renvoyé la comtesse d'Armagnac, sa femme, à sa famille. Cette jeune dame n'avoit pas dix-sept ans, et on ne pouvoit rien trouver à blâmer dans sa conduite. Elle se retira dans un couvent ; et la maison de Noailles, très-irritée, fit déclarer en justice une séparation de corps et de biens. Ainsi la cadette, qui épousa mon fils, se trouvoit proprement l'aînée. On lui donna quatre cent mille francs en mariage, sans renoncer ; et outre cela un legs que la duchesse d'Elbœuf lui fit d'une portion des vastes prétentions qu'elle avoit sur la succession du dernier duc de Mantoue, n'ayant rien retiré de la dot de sa fille, duchesse de Mantoue, ni de toutes les conventions matrimoniales. Ces prétentions entre deux particuliers pouvoient, en toute justice, être portées à plus de trois millions ; mais comme l'Empereur s'étoit emparé de tous les biens et de tous les États du duc de Mantoue, elles diminuoient de mérite. Mademoiselle de Noailles, très-bien faite, très-jolie, et parfaitement bien élevée, me parut le meilleur choix que j'aie pu faire pour mon fils.

La joie que me causoit ce mariage fut troublée par une maladie que le Roi eut dans le même temps. Comme elle parut les premiers jours pouvoir être dangereuse, elle jeta l'alarme dans tous les cœurs, et remplit tout le monde de consternation. Le parlement, le peuple, tout étoit dans la désolation. Les médecins voyant que la tête du Roi s'embarrassoit, et que la fièvre étoit très-violente, après une saignée au bras se déterminèrent à une au pied, et peu d'heures après lui donnèrent l'émétique. La saignée du pied dégagea la tête, et l'effet de l'émétique fut tel, qu'en peu d'heures le Roi se trouva entièrement soulagé, et hors de danger. La joie universelle parut encore plus grande que la terreur.

L'archevêque ordonna un *Te Deum*, comme il avoit, dans les premiers momens du péril, ordonné des prières publiques. Le *Te Deum* fut chanté à Notre-Dame. Le duc d'Orléans, voulant y assister, avoit d'abord résolu de se mettre dans le milieu du chœur avec un prie-dieu. M. le duc et M. le prince de Conti lui représentèrent qu'ils ne l'accompagneroient pas s'il prenoit une place si distinguée : il se plaça donc après le cardinal de Noailles, dans les formes des chanoines. Le parlement, de son côté, fit quelques difficultés : il prétendoit que, représentant la personne du Roi, il ne pouvoit être précédé d'aucun prince, et alléguoit sur cela plusieurs exemples. Il prétendoit aussi devoir prendre le pas en sortant : mais le Régent fit tenir ses gardes à la porte du chœur, et passa le premier ; après quoi les cours se retirèrent. Les pairs se placèrent, comme il leur étoit arrivé plusieurs fois, dans le haut du chœur, vis-à-vis des archevêques et évêques, qui s'y trouvèrent en grand nombre ; à cette différence près qu'il y avoit des carreaux devant les pairs, et qu'il n'y en avoit point devant les prélats. Les réjouissances dans Paris furent si grandes, que l'on n'avoit jamais entendu parler de rien de pareil. Je donnai une grande fête, avec une illumination des plus belles dans ma maison. Le maréchal de Villeroy fit la même chose dans la sienne.

Trois jours après que la santé du Roi fut assurée, le Régent prit la résolution de coucher aux Tuileries. On lui avoit donné quelques soupçon d'un dessein secret d'éloigner la personne du Roi, et de la tirer de son pouvoir, pour la faire déclarer majeure avant l'âge. Et, dans la vérité, si le maréchal de Villeroy avoit eu la fermeté de mettre à profit les conseils qui lui furent donnés lorsqu'on distribua les ordres pour transférer le parlement de Paris à Pontoise, on auroit encore trouvé le moyen de sauver l'État. Quoi qu'il en soit, la crainte qu'on ne s'emparât de la personne du Roi fut l'unique motif qui détermina le Régent à vouloir coucher aux Tuileries toutes les fois qu'il le jugeroit à propos. Le Roi n'assista pas au conseil de régence du 2 septembre, où il fut proposé un arrêt pour déclarer nuls et d'aucune valeur tous les effets qui n'avoient pas été portés au *visa* (1).

Cependant ces mêmes billets se négocioient dans le public, parce que les gens en crédit comptoient de les faire passer, et que ces mêmes gens en vendoient tous les jours. Enfin les intrigans avoient l'espérance établie depuis la régence de voler le Roi et le public.

L'incertitude où tout le bien en papier mettoit les trois quarts du royaume devenoit insupportable, et le murmure étoit au plus haut point.

(1) On imagina, après l'agio, de tâcher de découvrir quelle avoit été avant le commerce du papier la fortune des plus riches agioteurs, afin de les réduire à cette première fortune ou à peu près, et rendre le surplus aux familles qui avoient été ruinées par le système. L'opération par laquelle on vouloit parvenir à ce but, opération très-difficile, et qui n'eut presque aucun succès, fut appelée le *visa*, parce que, sous les yeux des commissaires nommés, on devoit viser les effets qui resteroient en valeur. (A.)

On faisoit espérer une prompte décision. Le Régent travailla plusieurs fois avec les Paris, plus habiles certainement que tout ce qui se mêloit alors de finances. Le contrôleur général ne soutenoit pas l'opinion que l'on avoit de sa capacité dans le commencement : sa conduite étoit d'un homme qui ne veut se charger d'aucun événement, et par conséquent ne rien décider par lui-même. Les commissaires chargés d'examiner tout ce qui étoit porté au *visa* étoient partagés dans leurs sentimens : celui des Paris auroit été que, dans le même temps que l'on portoit tous les effets au *visa*, on travaillât pour compulser les actes des notaires, afin de prendre une connoissance exacte et fidèle des biens de ceux qui avoient fait commerce du nouveau papier. C'étoit en effet l'unique voie de démêler les fortunes immenses qui avoient été faites, et que ces nouveaux riches cachoient avec un soin extrême.

Le Régent, ne pouvant se dispenser de porter cette matière au conseil de régence, me dit qu'il vouloit, avant que de prendre aucune résolution, me consulter sur cette matière. Le 24 août, il me fit appeler dans son cabinet, et m'exposa la peine qu'il ressentoit de l'opération présente, et plus encore de la plupart de celles qui avoient précédé ; qu'enfin il sentoit combien il étoit utile d'abord de connoître la vérité ; en second lieu, de s'ôter la liberté de faire des grâces, et qu'il n'en avoit que trop fait. Je lui répondis : « S'il » y a une matière sur laquelle je sois moins en » état de parler que sur toute autre, c'est la » finance ; mais je n'hésiterai pas à dire mon » sentiment sur les deux points que Votre Al-» tesse Royale vient de m'exposer, qui sont » de connoître la vérité, et de s'ôter la liberté » de faire des grâces. Il n'y a pas à délibérer » sur cela, et tout le monde y applaudira. » Son Altesse Royale ajouta : « Je ne souffrirai pas que » tous ces mississipiens, qui ont des fortunes » immenses, les conservent, tandis que tant de » gens sont ruinés. »

Je l'exhortai à persister dans ce sentiment, qui étoit le mien ; mais je lui conseillai en même temps de faire instruire plus particulièrement ceux qui composoient le conseil de régence, avant que de leur demander une décision sur une matière si importante, et que de mon côté je désirois aussi une connoissance plus entière. Son Altesse Royale me dit qu'il m'enverroit les avis de tous les commissaires ; que le chancelier étoit opposé à rendre publics les actes des notaires ; que le contrôleur général y avoit été contraire aussi pendant quelque temps, mais qu'enfin il s'étoit rendu ; qu'il falloit prendre une dernière résolution, et que ce seroit le 15 septembre. Je partis pour aller passer dans ma terre les jours qui restoient jusqu'au temps des conseils.

Cependant il arriva des nouvelles fâcheuses sur la peste. Le duc de Roquelaure avoit fait investir un gros bourg du Gévaudan, nommé La Canourgue, où cette cruelle maladie s'étoit fait sentir dès le commencement de l'année. Mais les habitans, ou pour se flatter, ou pour éviter le malheur d'être renfermés dans leur bourg et séparés du reste de la province, avoient caché le mal. Enfin on avoit pris la résolution de l'investir, et il le fut par Rott, irlandais, lieutenant général. Cependant, malgré toutes les précautions, le mal gagna Merrège, petite ville où se fabriquoient presque toutes les étoffes de cadis. Ce lieu étant entièrement infecté, le duc de Roquelaure fut obligé d'en retirer les troupes, et d'abandonner le Gévaudan. On délibéra sur les mesures qu'il y avoit à prendre, et l'on envoya Versailles, maréchal des logis des armées, pour voir s'il seroit possible d'établir une ligne ; mais une ligne au milieu d'un pays de montagnes, depuis le Rhône jusqu'à la mer, n'étoit pas possible à concevoir. On se retrancha donc à d'autres précautions, mais avec une indolence très-propre à faire craindre de grands malheurs.

Ceux de l'état des finances intéressoient tout le monde : on résolut de les porter au conseil de régence du 14 septembre, et d'y traiter une question dont la décision étoit très-importante, puisqu'il s'agissoit de constater l'état d'une infinité de familles.

Celui du 7 fut employé à examiner une ordonnance que le chancelier avoit dictée pour confirmer, sur les substitutions de Franche-Comté, l'édit de 1707, qui prescrivoit la nécessité de faire enregistrer toutes les substitutions, lesquelles étoient perpétuelles comme dans l'Empire. Mais comme plusieurs de ceux qui jouissoient de ces substitutions préféroient le présent et leurs intérêts particuliers à ceux de leurs héritiers, ils ne faisoient pas enregistrer ces substitutions, afin de faire croire que leurs biens étoient libres lorsqu'ils vouloient emprunter ; ce qui privoit de leurs biens les héritiers légitimes. On représenta que l'édit n'étoit pas juste, et qu'il falloit donner six mois ou un an aux collatéraux et aux enfans, pour forcer à enregistrer ceux qui auparavant avoient négligé de le faire, ou qui voudroient encore le négliger. Ainsi il fut dit qu'on examineroit encore la même affaire, et elle fut rapportée au conseil tenu le 14. Le chancelier fut pour la publication de l'édit, sans donner de temps. Je m'y opposai avec quelques autres ;

mais le conseil ayant été très-long sur les finances, on opina très-légèrement sur cette dernière matière, et la pluralité des voix fut pour l'avis du chancelier.

Ce conseil du 14 fut très-important, et commença par une matière à laquelle personne ne s'attendoit. Nous avions dîné ensemble le maréchal de Villeroy et moi; nous raisonnions seuls sur ce qui regardoit les finances, lorsqu'un homme, de la part du Régent, vint dire au maréchal de Villeroy qu'il le demandoit dans son cabinet, où il étoit avec M. le duc et l'abbé Dubois. Le maréchal de Villeroy me dit qu'il pourroit bien y avoir quelque changement sur les finances. C'étoit néanmoins tout autre chose. Avant le conseil, le Régent entra dans le cabinet du Roi avec M. le duc, le maréchal de Villeroy et l'abbé Dubois. Le Roi entra au conseil, et prit place; puis le Régent, commençant à parler, dit : « Je » croyois qu'il ne seroit question que de finances; » une très-importante nouvelle vient d'arriver » au Roi, par laquelle je commencerai.

» Il y a quelque temps que nous étions dans » une inquiétude assez vive sur les traités et les » alliances que l'on prétendoit, non sans fondement, se former entrer le roi d'Espagne et » l'Empereur, et sur le mariage du prince des » Asturies avec l'archiduchesse. La lettre du roi » d'Espagne fait tomber tous ces soupçons, par » la demande que l'on verra. » Après ces mots, la lettre du roi d'Espagne fut lue par le Régent : elle contentoit l'offre que lui et la Reine régnante faisoient de l'Infante pour épouse du Roi. Il est vrai que cette princesse n'ayant que trois ans et quelques mois, ne pouvoit faire espérer des enfans que douze ans après; ce qui étoit bien reculer les désirs de la France, dont la postérité du Roi pouvoit seule assurer le bonheur.

Cependant tout le conseil applaudit, et trouva que rien ne pouvoit être plus heureux pour le Roi et pour l'État. Il n'y avoit personne qui ne vit l'inconvénient qu'on vient de remarquer; mais comme la représentation eût été fort inutile, on ne s'avisa pas de la faire.

Après cela on commença ce qui regardoit les finances, et le contrôleur général lut un très-grand mémoire par lequel il expliquoit que, malgré divers inconvéniens, on ne trouveroit aucun expédient plus propre à faire rendre justice aux sujets du Roi ruinés par le système, que de connoître toutes les acquisitions et constitutions faites depuis deux ans; ce qui ne se pourroit faire qu'en compulsant tous les actes des notaires dans tout le royaume. Tout ce qui assistoit au conseil de régence parla, et s'étendit sur la nécessité et les difficultés de ce moyen, applaudissant toutefois à ce que le contrôleur général proposoit. Je fis le discours suivant : « Sire, la matière sur » laquelle Votre Majesté ordonne de délibérer » aujourd'hui est sans doute la plus importante » qui puisse être agitée dans son conseil. Je n'en » ai d'autre connoissance que celle qu'il a plu à » Son Altesse Royale de me donner il y a quelques » jours. Elle me fit l'honneur de m'expliquer » ses sentimens, et de me demander les miens » sur deux points : l'un est la nécessité, qu'elle » estime indispensable, de connoître les fortunes » immenses et plus qu'indécentes qui se sont faites depuis deux ans; l'autre est la liberté » qu'elle veut bien s'ôter de faire grâces ni torts » dans la conjoncture présente.

» A l'égard du premier article, puisque depuis plus de neuf mois on ne trouve aucun expédient pour rétablir l'ordre dans les finances, » ni aucun moyen solide de réparer la ruine de » tant de sujets du Roi, et que l'unique proposition qui paroît convenable est de compulser » les actes des notaires, je ne vois pas que l'on » puisse s'y opposer.

» Premièrement, un homme de bien, de quelque état, de quelque naissance et de quelque » dignité qu'il soit, ne doit pas craindre de faire » connoître son bien. Je commencerai par les » négocians. Ceux qui dans le dernier regne ont » fait des fortunes considérables par leur habileté et leur industrie dans le commerce, dans » ou hors le royaume, ont été anoblis par le feu » Roi : et plût à Dieu, Sire, que vous eussiez un » grand nombre de pareils sujets ! Il faut soutenir ceux qui s'enrichissent non-seulement dans » ces états, mais dans les paysans, même tout » ce qui s'élève par une honnête industrie, ou » qui s'applique à l'agriculture; et rien n'est plus » pernicieux pour les États que ce qui abat le » courage des gens de campagne, comme, par » exemple, la taille solidaire. Il est vrai que pendant quelques années le Roi est mieux payé; » mais ce paysan, ce riche fermier qui voit que » son travail lui est inutile, qu'un autre profite » de son labeur, s'en dégoûte; et les plus aisés » d'un village étant ruinés, le village même » tombe bientôt tout entier, et par conséquent le » royaume peu à peu se dépeuple. Je me suis » trop étendu sur cet article, qui prouve que les » gens d'un bas étage ne doivent jamais craindre » de faire connoître leurs biens, encore moins » ceux qui sont élevés en naissance et en dignité; et j'ai toujours été surpris que les principaux ministres des rois, ceux auxquels ils » confient les plus importans emplois, ne fassent » pas connoître l'état de leur fortune dans les » premiers momens qu'ils sont honorés de leurs

18.

» dignités, afin que le public soit toujours in-
» formé que les augmentations qu'elle peut re-
» cevoir viennent ou des grâces auxquelles ils
» peuvent s'attendre, ou de ce que peut produire
» une sage économie.

» Après avoir fait connoître que tout homme
» de bien de tout état, loin de craindre, doit au
» contraire désirer que l'on connoisse son bien,
» je dirai que comme ce que l'on propose est
» nouveau, il est juste que l'édit ou déclaration
» du Roi sur cela soit revêtue et accompagnée
» de toutes les formalités de la justice.

» Quant au second point, qui regarde la li-
» berté que Son Altesse Royale veut bien s'ôter
» de faire ni tort ni grâce dans la conjoncture
» présente, je dirai qu'elle doit principalement
» être en garde contre sa bonté naturelle, et se
» souvenir que cette bonté l'a quelquefois em-
» porté sur la pénétration de son esprit, et que le
» désir ardent de faire du bien l'a empêché de
» bien examiner si elle pouvoit donner ou laisser
» donner quelquefois des millions, sans que ces
» profits immenses tournassent à la perte du pu-
» blic. Cette même bonté, encore plus connue à
» ceux qui ont l'honneur de l'approcher de plus
» près, nous doit porter à nous faire de secrets
» reproches, nous qui composons le premier con-
» seil du royaume, de ne lui avoir pas repré-
» senté avec assez de force les inconvéniens que
» plusieurs de nous trouvoient dans le malheu-
» reux système et dans les principes de cet abomi-
» nable étranger. Il est vrai que nous ne pensions
» pas tous de la même manière. A Dieu ne plaise
» que je pense que les gens d'une certaine di-
» gnité qui ont prodigieusement gagné aient été
» aveuglés par ce profit! je veux croire qu'ils
» ont été trompés. Mais comment pouvoit-on
» l'être sur ces profits exorbitans et si prompts?
» Nous avons su qu'il y avoit eu un procès de
» quatre-vingt-quatre millions entre Fargès et
» la veuve Chaumont. Étoit-il arrivé des lingots
» d'or, des perles et des diamans du Mississipi,
» et ne pouvoit-on pas voir bien clairement que
» ces fortunes folles, et contre toute humaine
» croyance, ne venoient que d'un rembourse-
» ment général en papier, dont les porteurs, ne
» pouvant faire aucun usage, achetoient à tout
» prix des actions dont la première source venoit
» d'un fonds bien frivole? Mais je sors encore de
» ma thèse: cependant ce ne sera pas sans quel-
» que utilité; et j'ai bien clairement expliqué
» qu'un homme de bien ne doit pas craindre de
» faire connoître l'état de sa fortune; que Son
» Altesse Royale doit se précautionner contre sa
» bonté, et que les deux propositions auxquelles
» je conclus peuvent être fort utiles au public, si

» les desseins de Son Altesse Royale sont bien
» exécutés. »

Tout ce qui avoit opiné précédemment pensoit à peu près de même. Le duc de Noailles fut le premier à combattre cet avis, et fut appuyé du maréchal de Villeroy, et très-éloquemment par le chancelier, qui fit un très-long discours et très-beau, pour prouver que rien n'étoit plus contre les lois que de compulser les actes des notaires. M. le prince de Conti lut un très-long mémoire qui ne concluoit à rien, mais qui expliquoit très-amplement qu'il falloit au moins que les formes fussent observées, et que la résolution prise fût déclarée par un édit enregistré au parlement. M. le duc soutint fortement l'opinion du chancelier. M. le duc d'Orléans voulut reprendre le discours du chancelier, et le combattit; il finit par approuver l'avis du contrôleur général, qui l'emporta de dix-sept voix. Ainsi il passa sans difficulté.

Le jour d'après, ayant, suivant l'usage ordinaire, travaillé avec le Régent à l'examen des placets, je lui parlai sur le conseil de la journée précédente, et lui représentai la nécessité qu'il y avoit de ne point négliger les formes les plus propres à tranquilliser le public, et sur le compulsoir des actes des notaires, et sur la liberté qu'il vouloit bien s'ôter tout entière de faire ni grâces ni torts. Je lui répétai que pour cela il falloit faire choix de gens d'une probité reconnue, et dans le parlement, et dans toutes les cours souveraines. « Le parlement ne voudra pas y entrer,
» me répondit le Régent; mais pour l'examen,
» preuve de l'intention que j'ai de tranquilliser
» le public par le choix de ceux qui doivent dé-
» cider de son sort, c'est que je compte vous
» mettre à la tête du conseil qui sera formé pour
» cela. — Votre Altesse Royale me fait trop
» d'honneur, répondis-je; et s'il dépendoit de
» moi, je n'aurois pas celui qu'elle veut me des-
» tiner: cependant je ne refuserai jamais ce qui
» pourra être du bien public, quoique je sois bien
» assuré que tout ce qui m'en reviendra sera de
» me faire beaucoup d'ennemis, et m'attirer très-
» peu de reconnoissance. La justice est une vertu
» sèche et stérile: celui que vous condamnez ne
» le pardonne jamais, et celui que vous soutenez,
» comptant de ne rien devoir qu'à son bon droit,
» ne vous en a aucune obligation. Mais enfin,
» monseigneur, quoique je connoisse la pesan-
» teur d'un pareil fardeau, je ne refuserai pour-
» tant pas de m'en charger quand vous l'aurez
» résolu. »

Je partis ensuite pour Villars, où j'avois bonne et grande compagnie. Peu de jours après, l'arrêt pour la compulsion des actes des notaires parut on ne leur donnoit qu'un mois, à compter du jour de la publication, pour fournir tous les actes qu'on leur prescriroit de remettre. Il parut quelque difficulté de la part des notaires; mais tout se soumit, et l'ouvrage commença. Je fis un tour à Paris, pour quelques affaires qui concernoient mon gouvernement de Provence.

Le 30 septembre, je vis chez le Roi le Régent, qui vint à moi, et me dit : « Monsieur le maréchal, » vous ne venez ici que pour apprendre de gran» des nouvelles. — Quelle grande nouvelle Votre » Altesse Royale me fera-t-elle l'honneur de » m'apprendre? répliquai-je. — Le roi d'Espa» gne, répondit le Régent, me fait l'honneur de » me demander ma fille pour le prince des As» turies. » Je lui dis : « C'est véritablement une » grande nouvelle : j'ai l'honneur d'en faire mon » très-respectueux compliment à Votre Altesse » Royale. » Un moment après, je le tirai par la manche, et je lui dis : « Monseigneur, permettez» moi de vous faire un autre compliment : c'est » que je vous trouve le plus habile prince de la » terre ; jamais les cardinaux de Richelieu et » Mazarin, ces deux illustres politiques, n'ont » rien imaginé de plus grand. Le prince des As» turies ayant quatorze ans faits, et mademoi» selle de Montpensier devant en avoir douze le » 10 décembre 1721, promettent lignée beau» coup plus que nous n'en espérons de l'Infante. » Il sourit, et ne répondit pas.

La mort du cardinal de Mailly laissa vacant l'archevêché de Reims. Le Régent le destina à l'évêque de Fréjus, précepteur du Roi, et Sa Majesté pressa fort l'évêque de l'accepter. J'allai le voir le même jour. Il y avoit une très-ancienne amitié entre nous deux. Sur ce que je le voyois incertain, je lui dis : « Je sais que vous avez » quitté votre évêché, que l'on dira que vous ne » l'avez fait que dans l'espérance de mieux ; » mais laissez dire. Cette place est la première » de l'Église et du parlement : comme homme » de bien et d'honneur, dans des temps surtout » où le Roi, l'Église et l'État ont le plus besoin » d'un homme ferme, rempli de bonnes inten» tions, et né avec des talens propres à bien ser» vir, vous devez accepter une place où vous » pouvez être très-utile. » Il me parut très-incertain. Je lui écrivis très-fortement de la campagne pour le déterminer : j'appris avec douleur, peu de jours après, qu'il avoit pleinement refusé. Sans doute il avoit des vues plus élevées, et il craignoit peut-être d'y mettre des obstacles en s'éloignant quelquefois de la personne du Roi, sur l'esprit duquel il prenoit un pouvoir très-absolu.

Je fus alors obligé de revenir à Paris, à la sollicitation de la duchesse du Maine, qui m'envoya Gavaudun, un des premiers de la maison de M. le duc du Maine, pour me prier de revenir, afin d'empêcher un éclat que l'on craignoit entre le prince et la princesse de Conti. La duchesse du Maine me renvoya encore un courrier après le départ de Gavaudun, pour me presser. J'allai donc descendre à l'hôtel de Conti le 12 octobre, et parlai au prince de Conti sur tous les inconvéniens d'une rupture qu'il n'avoit pourtant point résolue. Il est vrai que, piqué de la conduite du comte de Clermont, son premier gentilhomme de la chambre, qu'on disoit depuis plusieurs années amoureux de la princesse de Conti, il y avoit eu des paroles très-vives entre lui et sa femme, qu'il avoit envoyée à Issy chez la princesse de Conti sa mère. Tout cela avoit fait un grand bruit; mais je calmai cet orage. Mon avis avoit été que Clermont ne quittât pas sur-le-champ le service de M. le prince de Conti; mais la princesse sa mère avoit déjà écrit : de manière que le parti étoit pris, et à la vérité il ne convenoit pas qu'il demeurât plus long-temps dans une maison où il apportoit un grand désordre.

J'appris en arrivant que l'abbé Dubois, devenu archevêque de Cambray, avoit voulu la charge de surintendant des postes, que possédoit le marquis de Torcy. Ces deux hommes étoient fort brouillés, et leur querelle en présence du duc d'Orléans avoit été quelque temps auparavant si vive, que les injures les plus atroces y furent proférées. La négociation des mariages avec l'Espagne fournit à l'archevêque de Cambray bien des moyens de persuader au Régent que la surintendance des postes étoit inséparable du ministère des affaires étrangères.

Le 13 octobre, il arriva un courrier de Madrid, qui rapporta des lettres du Roi d'Espagne à madame de Ventadour; mais elles ne décidoient rien sur le départ des princesses, qui étoit bien ardemment désiré par le Régent. Quelques jours après, on apprit que le roi et la reine d'Espagne ne le souhaitoient pas moins vivement ; et enfin les départs furent résolus pour le 15 novembre. Le duc de Saint-Simon partit : il en coûta au Roi huit cent quarante mille livres pour son ambassade, et le duc d'Olonne arriva le 29 octobre. Le roi d'Espagne désira que le duc de Saint-Simon n'entrât en Espagne qu'avec très-peu de gens, et que l'on ouvrît ses ballots, par précaution contre la peste.

Cependant on travailloit toujours avec vivacité pour les arrangemens commencés sur les finances. On résolut de faire connoître au premier conseil de régence l'état du *visa*, et ensuite de nommer des commissaires pour décider du sort d'un grand nombre de familles.

J'ai dit que le départ de mademoiselle de Montpensier fut fixé au 17 novembre. Le 16, il y eut un grand bal indiqué au Palais Royal, où le Roi devoit danser; et ce même jour les articles du mariage du prince des Asturies et de mademoiselle de Montpensier furent signés aux Tuileries. M. le duc de Chartres donna un grand souper à l'ambassadeur d'Espagne, où il invita le duc d'Antin, le maréchal d'Estrées, le prince de Rohan, moi, et plusieurs autres. Mademoiselle de Montpensier partit le 18 avec un prodigieux équipage, où il y avoit dix-sept carrosses. Madame de Modène en avoit un aussi considérable, tant l'économie étoit médiocrement observée.

Le 23 novembre, le contrôleur général apporta au conseil de régence ce qui regardoit le *visa*. Il lut de très-longs mémoires, tant sur les dettes dont le Roi étoit chargé, que sur les actions de la compagnie des Indes, qui furent réduites à cinquante mille, dont les dividendes furent établis sur les revenus et profits du commerce de la compagnie, qui furent estimés pouvoir monter à quatre ou cinq millions par an; ce qui faisoit environ cent livres de revenu pour chaque action, suivant l'évaluation qui en seroit faite. Les états et les calculs sur cette matière étoient expliqués dans une grande table, et le furent encore plus clairement dans les deux arrêts du conseil.

Il fut résolu que l'on nommeroit des commissaires, tous tirés du conseil d'État. J'avois été d'avis, au conseil de régence tenu le 10 septembre précédent, que l'on choisît dans le parlement et dans les autres cours souveraines de Paris les gens de la capacité et de la probité la plus établie, pour décider du sort de tant de personnes presque ruinées par le système. Mais les cours souveraines n'ayant rien enregistré de tout ce qui y avoit rapport, ne voulurent point qu'aucun de leurs membres fût du nombre des commissaires. Quant au conseil qui devoit s'assembler chez le chancelier, et à la tête duquel le Régent avoit déclaré vouloir mettre les maréchaux d'Uxelles, de Bezons, le marquis de Canillac et moi, le Régent se contenta de dire que ceux du conseil de régence qui voudroient se trouver chez le chancelier en seroient les maîtres.

Je dis au chancelier : « Je ne connois aucun » honnête homme qui veuille aller à ce conseil » sans un ordre bien solide et bien exprès : » quant à moi ; je désire très-fort ne pas le re- » cevoir. Cette déclaration vague de la liberté » d'aller décider du sort de tant de familles n'est » guère propre à tranquilliser le public. » Elle fut cependant donnée dans les mêmes termes que le Régent l'avoit déclarée, et cet arrêt inspira quelque crainte de voir les fortunes de quelques favoris conservées, et par conséquent les malheureux peu soulagés.

Je dirai quelque chose ici de la manière dont le Roi étoit élevé. Il montroit beaucoup d'esprit, de pénétration et de vivacité, mais il avoit de l'humeur ; et, très-attentif sur tout ce qui pouvoit donner à ce jeune prince des sentimens dignes de lui, je voyois avec peine qu'on ne le corrigeoit pas assez sérieusement de plusieurs défauts. L'évêque de Fréjus, homme d'esprit, n'oublioit rien de ses devoirs : je pensois que le maréchal de Villeroy devoit être plus ferme. Ce jeune prince, avec les bonnes qualités que nous avons expliquées, ne pouvoit se résoudre à dire une seule parole à ceux qui n'étoient pas dans sa familiarité. Jamais de réponses aux ambassadeurs, et même aux députations des provinces, que dictées mot à mot par le maréchal de Villeroy. Pour inspirer au Roi quelque honte de ce silence, je lui dis à son coucher comment j'avois vu élever l'empereur Joseph, appelé d'abord roi de Hongrie; que je l'avois entendu souvent réciter des harangues en italien, en latin, en français, et parler en public; ce qui étoit indispensable à un roi.

[1722] L'année 1722 commença par de nouvelles précautions pour donner plus d'ordre aux règlemens que l'on faisoit pour les finances; mais il arrivoit souvent que l'on manquoit à suivre les projets. On résolut une commission pour rechercher les comptables; on nomma même ceux qui devoient la composer, et puis on en demeura là. Cependant la misère et le désespoir augmentoient chaque jour dans une infinité de familles ruinées.

On apprit alors une très-fâcheuse nouvelle pour la compagnie des Indes. On avoit fait partir une escadre considérable, chargée de quantité de marchandises, pour la mer du Sud. La dépense de cette escadre et des marchandises alloit à plusieurs millions, et l'on comptoit qu'il pourroit en revenir plus de quarante de profit à la compagnie. Le premier vaisseau qui entra dans le port de la Conception fut arrêté par le gouverneur espagnol; tout ce qui y étoit fut mis aux fers, et trois Français furent pendus. Le viceroi de Lima envoya des ordres partout pour faire armer toutes les côtes, et arrêter tous les bâtimens de cette escadre. Il n'en fallut pas davantage pour ôter toutes ces espérances de ces dividendes, que l'on croyoit devoir être considérables, et auxquels presque tout le monde étoit intéressé; car on avoit flatté de cette ressource le malheureux Français qui comptoient y réaliser leurs actions.

On fut informé de l'échange des princesses par un nommé Conches, envoyé par le prince de Rohan, qui apprit que le marquis de Sainte-Croix, grand d'Espagne, envoyé pour cet échange par le Roi son maître, comme le prince de Rohan par le Roi, étoit arrivé avec un seul carrosse attelé de six mules avec des traits de corde, pendant que le prince de Rohan avoit étalé une suite et un équipage magnifique. La reine d'Espagne, qui demeuroit à Bayonne, fit de beaux présens à mademoiselle de Montpensier, à l'Infante, et aux dames qui suivoient ces princesses. Le roi d'Espagne en fit aussi de considérables à madame de Ventadour, à madame de Soubise, et au prince de Rohan.

On tenoit des conseils de finances chez l'archevêque de Cambray, composés seulement du contrôleur général, de Fagon, et d'un des Paris. Celui qu'on appelle Duverney y alloit lorsque l'aîné étoit arrêté par ses incommodités. Ces conseils se tenoient aussi quelquefois chez le Régent. Alors M. le duc y assistoit, le Régent et l'archevêque de Cambray le ménageant beaucoup. On donna à Fagon une commission de conseiller au conseil royal des finances. Pendant le règne du feu Roi, il y en avoit eu deux, pris ordinairement parmi cinq ou six conseillers d'État des plus anciens; mais l'ancienneté seule ne donne pas cette place, M. de Marillac, doyen des conseillers d'État, ne l'ayant jamais eue. On ne prenoit pas non plus des moins anciens, tel que l'étoit Fagon. M. Amelot, homme de mérite, et qui avoit passé sa vie entière dans les ambassades, avoit parole du feu Roi pour la première de ces places qui vaqueroit; mais les engagemens du feu Roi furent peu considérés. Fagon étoit homme d'esprit, et La Houssaye, contrôleur général, pouvoit le regarder comme son successeur apparent; ce qui doit être toujours estimé comme très-dangereux pour tout ministre en place. Aussi La Houssaye n'étoit-il pas favorable à Fagon : depuis long-temps le premier ne paroissoit occupé que de conserver sa place, et n'avoit pas soutenu l'idée que l'on avoit conçue de ses talens, et surtout de sa fermeté.

Le cardinal de Rohan arriva de Rome, malade de la goutte, le 28 janvier. Le Régent alla le voir le jour d'après. Le cardinal Dubois y étoit allé à son arrivée, et avoit envoyé le marquis de Belle-Ile au devant de lui à Fontainebleau. On n'oublioit rien de la part du Régent, et de son ministre le cardinal Dubois, pour marquer au cardinal de Rohan la reconnoissance que l'on avoit des services rendus à son confrère à Rome pour lui faire donner le chapeau, et l'on étoit persuadé que l'abbé Dubois l'avoit assuré de le faire premier ministre. C'eût été lui donner la place qu'il occupoit lui-même réellement, sans en avoir le titre. Ce qui se répandoit le plus, c'est que le cardinal de Rohan auroit ce qu'on appelle la feuille des bénéfices.

J'avois toujours été fort ami du cardinal de Rohan. Je le priai de venir souper avec moi le 2 février, et nous eûmes ensemble une très-longue conversation. Le cardinal ne s'ouvrit pas sur ce qui se passoit intérieurement entre lui et le cardinal Dubois, mais il convint de la parfaite union qui étoit entre eux; et il paroissoit tellement approuver toute la conduite et les vues de celui-ci, qu'il étoit aisé de juger qu'il se lioit d'intérêts avec lui, et qu'il entreroit dans toutes les mesures pour fortifier l'autorité du Régent pendant et après la minorité.

La première marque de reconnoissance que lui donna le cardinal Dubois, et qui étoit un peu intéressée, fut de le faire entrer au conseil de régence; ce qui arriva le dimanche 8 février, et ce qui devenoit une planche pour le cardinal Dubois.

Peu de jours auparavant, j'avois fait une chute sur le genou que j'avois eu cassé, et qui ne plioit pas; ce qui rendoit toute espèce de chute très-dangereuse pour moi. Je gardai le lit et la chambre pendant trois semaines, et long-temps depuis je ne pus marcher qu'appuyé sur deux personnes.

Étant un peu remis, j'allai voir le Régent, auprès duquel je trouvai le cardinal Dubois, qui parut ignorer ma chute. Il me dit : « Monsieur le » maréchal, conservez bien ce genou, auquel il ne » peut arriver d'accident que ce ne soit un mal- » heur pour l'État. » Je lui répondis : « Ce com- » pliment de la part de celui qui gouverne l'État » est bien flatteur pour celui qui n'y fait pas » plus de figure que moi. » Le cardinal répliqua que j'en ferois toujours une aussi considérable que je le voudrois. J'ai déjà observé que je n'allois pas chez le cardinal Dubois. Après ce court entretien, je me retirai, et allai prendre ma place au conseil avant que le Roi entrât, n'y pouvant aller qu'appuyé.

J'avois vu entrer chez le Roi le cardinal de Rohan, qui ne pouvoit marcher que sur une petite chaise qu'il faisoit rouler; d'un autre côté, on y portoit sur une chaise le maréchal de Villeroy, attaqué de goutte; et moi qui n'étois pas mieux sur mes jambes, je dis au Régent, en entrant dans le petit cabinet du Roi : « Voilà trois boi- » teux dans le conseil. »

Après avoir pris ma place, je vis entrer le cardinal de Rohan. D'abord je crus que c'étoit seulement pour traverser le cabinet du conseil; mais dans le moment le Roi étant en sa place, le Régent marqua au cardinal celle qu'il devoit prendre.

Le duc de Noailles et le duc de Saint-Agnan, plus anciens pairs que moi, ne parlant point, je me levai; et adressant la parole au Roi, je dis : « Sire, il me semble que M. le cardinal de » Rohan prend place dans votre conseil. Je » prendrai la liberté de représenter que mes- » sieurs les princes du sang y peuvent seuls pré- » céder les pairs de France. » Le Régent prit la parole, et me répondant, dit : « M. le chance- » lier, qui précède les pairs, ne s'y opposera » pas. — Cela ne conclut point, répliquai-je, » puisque nous avons bien des exemples où les » pairs ont précédé le chancelier. M. le cardinal » de Rohan sait que je suis fort son serviteur, » et depuis long-temps; mais je dois soutenir » les prérogatives de ma dignité. » M. le chancelier arriva dans ce temps-là, et dit qu'il n'avoit appris que par l'huissier, en entrant, que M. le cardinal de Rohan prenoit place au conseil. « Cette fois sera sans conséquence, dit le Régent. » Vous pouvez, messieurs, chercher dans vos » mémoires ce qui peut vous être favorable. » Le Régent avoit compté que personne ne s'opposeroit; et cela seroit arrivé, si je n'avois pas pris la parole.

Le conseil levé, le Régent s'approcha du chancelier, du duc de Saint-Agnan, de moi, et dit : « Cherchez, messieurs, ce qui peut favoriser » vos prétentions. — Votre Altesse Royale, ré- » pondis-je, sait ce que le feu maréchal de Vil- » leroy dit sur les cardinaux au feu Roi, qui » lui demandoit quel rang ils prétendoient, *Sire*, » dit ce maréchal, *je n'en ai jamais vu que deux* » *qui étoient nos maîtres.* Vous voulez donc, » monseigneur, continuai-je, que nous regar- » dions ceux-ci comme nos maîtres ? »

Le Régent se retira, et l'on convint de se trouver chez le chancelier le mercredi 11 février, pour délibérer sur cette matière. Les ducs de Gramont, de Saint-Agnan, d'Antin et moi, nous eûmes une assez longue conférence avec le chancelier. On examina les registres, le cérémonial, divers mémoires du cardinal de Richelieu, du garde des sceaux de Marillac, les registres des lits de justice, du sacre des rois, et autres pièces qui pouvoient donner la plus exacte connoissance de tout ce qui s'étoit passé à l'égard des cardinaux. Ces dignités que les rois procurent à leurs favoris ont de grandes prérogatives tant que ceux qui les possèdent sont en faveur; mais ils ne sont pas si considérés quand les faveurs finissent. Le feu roi Louis XIV ne voulut jamais admettre aucun cardinal dans ses conseils, et le Régent avoit déclaré, au commencement de la minorité, qu'il n'en souffriroit point. Le cardinal de Noailles, président de celui de conscience, et pouvant par cette raison prendre place au conseil de régence, n'y songea point; et cependant le Régent, sans avoir donné connoissance de son dessein, y fit prendre place au cardinal de Rohan. Il n'étoit plus question de le déplacer. Il falloit chercher un moyen de sauver l'honneur dû aux pairs de France; et l'on n'en trouva pas de plus convenable que de suivre ce qui avoit été pratiqué par Louis XIII, en plaçant le cardinal de La Rochefoucauld au conseil au-dessus du duc de Lesdiguières, connétable de France, auquel il fut donné un écrit signé par deux secrétaires d'État, portant que le Roi avoit accordé aux très-pressantes instances de la Reine sa mère que le cardinal de La Rochefoucauld précéderoit le connétable de Lesdiguières au conseil, et que cet exemple ne seroit pas suivi.

Le chancelier et les cinq pairs que nous avons nommés ci-dessus allèrent chez le Régent, et lui proposèrent cet expédient, en ajoutant que comme l'on prévoyoit que le cardinal de Rohan ne seroit pas le seul, on n'exigeoit pas la clause mise dans le brevet du connétable. Le Régent trouva notre demande juste, et promit le même brevet. Les cardinaux n'approuvèrent pas ce moyen de conciliation, parce qu'ils trouvèrent dans des mémoires de M. de Brienne, secrétaire d'État, que ce brevet n'avoit pas eu lieu. Le Régent eut diverses conversations sur cela avec le chancelier, tantôt résolu de tenir parole aux pairs, et quelquefois retenu par les difficultés du cardinal Dubois. Enfin on convint de se trouver, le 21 février, chez le Régent, c'est-à-dire le chancelier et les cinq mêmes pairs qui y avoient été quelques jours auparavant, le maréchal de Villeroy n'ayant pu s'y trouver, retenu par la goutte. Le cardinal de Rohan étoit chez le Régent, et le cardinal Dubois y entra; le Régent déjà averti que le chancelier et les pairs demandoient à lui parler. Le cardinal Dubois demeura cependant chez Son Altesse Royale plus d'une heure après le cardinal de Rohan. Celui-ci, en sortant, fit un compliment aux pairs sur la dispute. Enfin le cardinal Dubois sortit, après avoir bien déterminé le Régent à ne pas répondre favorablement.

Le chancelier porta la parole, et supplia le Régent de vouloir bien accorder le brevet qu'il avoit promis. Il expliqua toutes les fortes raisons que l'on avoit de le prétendre, et combattit les

raisons qu'apportoient les cardinaux pour la faire refuser. Le Régent se défendant de ces instances, nous dit : « Apportez le brevet en origi-» nal. » Je répondis que Son Altesse Royale pouvoit savoir que le testament de Louis XIII en original avoit été trouvé chez les épiciers, et le traité d'Osnabruck chez les beurrières ; et que par conséquent un brevet moins important se trouveroit difficilement : mais qu'il étoit plus naturel que messieurs les cardinaux rapportassent en original les ordres qui, selon eux, avoient détruit le brevet en question. Le Régent dit : « Il s'agissoit d'ailleurs d'un conné-» table pair de France. » Sur cela je pris la parole, et je dis : « Puisque Votre Altesse Royale
» paroit persuadée que la dignité de connétable
» a été considérée dans ce que Louis XIII fit
» pour le connétable de Lesdiguières, j'aurai
» l'honneur de lui dire que j'ai pris la liberté de
» faire connoître au feu Roi qu'aucun connéta-
» ble de France, aucun général d'armée, à
» chercher même dans les siècles les plus reculés,
» n'avoit commandé des armées si nombreuses
» que moi, durant tant d'années, dans des con-
» jonctures plus difficiles ; et que j'ai eu le bon-
» heur de finir la guerre la plus dangereuse
» qu'ait eue la France en faisant et signant deux
» traités de paix qui établissent le roi d'Espagne
» sur son trône, et qui vous donnent assurément
» à vous, monseigneur, l'heureuse présomption
» de la couronne de France. De tels services
» sont sûrement au-dessus de la dignité de con-
» nétable. D'ailleurs, monseigneur, je supplie
» Votre Altesse Royale de vouloir bien songer
» que, dans l'exemple dont il s'agit, c'est un
» roi qui déclare dans son brevet que c'est aux
» pressantes instances de la Reine sa mère qu'il
» accorde l'entrée et la préséance au conseil au
» cardinal de La Rochefoucauld seul. Nous
» croyons bien que Votre Altesse Royale ne s'en
» tiendra pas à M. le cardinal de Rohan, et aussi
» l'on n'en exige point cette clause. Ce n'est pas
» une reine qui vous prie de mettre ces messieurs
» dans le conseil, après avoir été soixante-deux
» ans sans y en admettre. Les pairs de France
» vous demandent le plus léger dédommagement
» que l'on puisse imaginer : les refuser, c'est les
» traiter bien durement, après les preuves de
» zèle et de soumission qu'ils vous ont données. »
Toutes ces représentations furent inutiles ; et le Régent, persistant à ne rien accorder, dit qu'il verroit encore ce qu'il pourroit faire.

Le soir, en soupant, je reçus une lettre du chancelier, qui me prioit de me trouver chez lui le jour d'après, à dix heures du matin. Je m'y rendis, et y trouvai les mêmes pairs. Le chancelier désiroit assez que nous retournassions tous ensemble chez le Régent. Plusieurs s'opposèrent à cet avis, et le duc de Saint-Agnan s'offrit d'y retourner seul avec le chancelier. Le Régent leur montra un ordre du Roi qui enjoignoit aux pairs de France du conseil de régence de s'y trouver, et d'y prendre place après les cardinaux, disant que c'étoit tout ce qu'il pouvoit faire ; et que si les pairs ne s'en accommodoient pas, ils n'avoient qu'à le jeter au feu. On le pria de le brûler lui-même, et tous les pairs de France prirent la résolution de ne pas aller au conseil. Les maréchaux Tallard et d'Estrées en usèrent de même, aussi bien que les maréchaux d'Uxelles, de Bezons et de Montesquiou, qui n'étoient pas ducs. Le Régent fut très-piqué de cette résolution, et ce fut la première fois, depuis la régence, que l'on montra quelque union et un peu de fermeté. Le maréchal de Villeroy, attendu qu'il ne devoit pas s'éloigner de la personne du Roi, demanda au Régent à être derrière la chaise du Roi, et hors de place ; ce qui lui fut accordé. Cependant le Régent, auquel le chancelier n'étoit pas agréable, lui ôta les sceaux ; il les donna à M. d'Armenonville, et le chancelier eut ordre de partir sur-le-champ pour Fresnes, sa maison de campagne. C'étoit un homme respectable, de beaucoup d'esprit, d'une probité reconnue, et des plus dignes de sa place. Le nouveau garde des sceaux n'avoit pas tout-à-fait la même réputation.

Il se répandit alors dans le public que je serois éloigné, avec plusieurs autres pairs, par des lettres de cachet. Je ne le crus pas, et n'imaginai point que, n'ayant fait aucune faute, on pût me traiter d'une manière si peu convenable aux services que j'avois rendus à l'Etat.

Le 2 mars, l'Infante fit son entrée ; la veille, le Régent alla la voir à Chartres, et le jour de son entrée le Roi l'alla voir au Bourg-la-Reine, dans la maison d'un marchand. C'étoit un dégoût pour le duc et la duchesse du Maine, seigneurs de ce village, qui ne pas les recevoir dans leur château de Sceaux. Mais on ne leur épargnoit pas les dégoûts ; et celui-là étoit un des moindres de ceux qu'ils avoient reçus depuis plusieurs années. Le Roi revint attendre l'Infante dans l'appartement qu'on lui avoit préparé au Louvre, et l'alla recevoir à la descente du carrosse.

Je montai à cheval ; et comme il s'étoit répandu dans le public quelque bruit de lettre de cachet pour m'exiler, je reçus, en traversant les rues, beaucoup de marques d'amitié et du peuple, et des troupes qui étoient en haie depuis l'extrémité du faubourg jusqu'au Louvre. Les jours qui suivirent l'entrée furent des fêtes solennelles : il y eut, dans la salle des machines des Tuileries, un bal magnifique par la richesse des habits, et par la beauté du spectacle. Quelques jours après, il y eut un feu d'artifice et une illumination d'une grande magnificence dans le parterre des Tuileries.

Le 10 mars, on fut à l'hôtel-de-ville, où il y eut encore un très-beau feu d'artifice, et qui fut rempli d'incidens. Il donna matière à querelle entre mesdames de S*** et de P***, aussi distinguées l'une et l'autre par leur naissance et celle de leurs maris, que par leur beauté, par leurs galanteries, et par leur intrépidité en toute aventure. Les duchesses de Brissac et d'Olonne, dont la naissance ne répondoit pas à celle de leurs maris, se mirent au-dessus des deux premières, sans leur faire aucun compliment ; et ces deux dames ne s'abstinrent que des coups de main en présence du Roi. Elles apostrophèrent les deux duchesses, leurs maris, et le maréchal de Villeroy, parent de la première. Celui-ci fit retirer le Roi de si bonne heure, que le prévôt des marchands, les échevins et la ville perdirent une partie de leur étalage.

Il y eut un bal au Palais-Royal, et le 14 un feu d'artifice magnifique dans la place de ce palais. Le duc d'Ossonne, ambassadeur d'Espagne, termina toutes ces fêtes par un grand repas, un feu d'artifice sur la rivière, et une illumination la plus magnifique que l'on eût encore vue.

Le duc d'Orléans, après un souper chez le marquis de Broglie, l'un de ses favoris, où étoient aussi madame de S***, et Emilie, fille d'Opéra, fut attaqué d'un rhume très-violent, que l'on crut même dangereux pendant quelques jours. J'allai le voir, et le trouvai mieux qu'on ne disoit : je pris congé de lui, pour aller passer trois semaines dans mon château.

L'abbé Fleury, confesseur du Roi, s'étoit démis de cette place à cause de ses infirmités et de son grand âge. Le Régent y destina un jésuite. On le proposa au cardinal de Noailles, qui déclara qu'il ne lui donneroit point ses pouvoirs, et conseilla de ne prendre aucun religieux. L'évêque de Fréjus fut d'avis d'éviter surtout les communautés ennemies, qui sont les jésuites et les pères de l'Oratoire, et proposa M. Paulet, curé de Paris, et en réputation de grande probité. Mais le cardinal Dubois étoit, à ce qu'on prétendit, engagé au père Daubenton, confesseur du roi d'Espagne ; et le dernier mars, le père Gaillard, jésuite, amena le père de Linières, nommé confesseur, au cardinal de Noailles, incommodé à Conflans, pour lui demander les pouvoirs. Le cardinal les refusa. Ainsi il fut résolu que l'un des aumôniers du Roi ou l'un de ses chapelains le confesseroit pour les premières Pâques, et qu'on chercheroit le moyen d'établir le nouveau confesseur, soit par l'autorité du Pape, soit en faisant sortir le Roi pour quelques jours du diocèse de Paris.

J'allai coucher le premier avril chez le premier président, et le jour d'après à Villars, où beaucoup de gens vinrent me voir. J'appris, par tout ce qui arrivoit de Paris, que le 7 avril le Régent avoit déclaré que le 20 mai le Roi iroit habiter Versailles, et qu'il changeroit généralement toutes les dispositions des logemens faites par le feu Roi. Ce prince, un an avant sa mort, m'avoit donné le logement entier de M. le duc de Berri, grâce très-distinguée, et honneur que le Roi n'avoit encore fait à personne. J'écrivis donc au Régent, pour le supplier, mais avec la modestie convenable, qu'il lui plût me conserver une grâce si distinguée.

L'affliction fut grande dans tout Paris sur l'éloignement du Roi. Premièrement, l'intérêt de tout ce qui habite cette grande ville étoit fort opposé au départ de la cour. Le principal bien du parlement, de tous les gens de robe, et en général des familles les plus aisées, consistoit en maisons ; tout ce qui avoit reçu des remboursemens en avoit mis une grande partie à bâtir : par l'absence du Roi, ce reste de bien tomboit de plus de la moitié. En second lieu, les revenus mêmes du Roi diminuoient, pour les entrées, de plus de deux millions ; et tout ce qu'il y avoit de bons Français voyoit avec peine ce changement d'habitation, tant par amour pour leur roi que par leur intérêt particulier. Effectivement ceux qui devoient suivre le Roi étoient obligés à des dépenses considérables : il n'y avoit plus de maisons dans la ville de Versailles, ni d'appartemens dans le château, où il y eût aucune sorte de meubles. Tout le monde étoit établi à Paris, et croyoit l'être pour long-temps : le Régent lui-même, par son goût pour Paris, sembloit ne devoir pas songer à le quitter. Tout le portoit à y rester, son amour pour ses tableaux, qui lui faisoient une occupation assez vive pour lui ; sa loge à l'Opéra, où il ne manquoit pas un seul jour de se trouver ; ses commodités pour tous les plaisirs, qui ne pouvoient être les mêmes hors du Palais-Royal. Mais on crut que le cardinal Dubois l'avoit déterminé par des raisons de politique à quitter Paris. Il fut résolu que le Roi en partiroit le 22 mai, pour aller habiter Versailles, dont les appartemens, même ceux du Roi, étoient en quelque désordre, par l'éloignement où la cour en étoit depuis sept ans.

Le régent fut long-temps à se déterminer sur les logemens ; enfin il les déclara, les porta au

Roi, et désira que Sa Majesté en signât l'état. Par ce nouvel ordre, mon logement m'étoit ôté, ainsi qu'à tous les autres maréchaux de France, excepté au maréchal de Tallard, qui, par son alliance avec la maison de Rohan, eut le crédit de conserver le sien.

Le public fut étonné, et murmura de me voir privé d'un logement que le feu Roi m'avoit donné par distinction, et obligé d'aller loger au cabaret. Je ne m'en plaignis pas cependant, et ne voulus point en parler au Régent, puisque je n'avois rien fait qui pût lui déplaire; et le Roi m'ayant ordonné de le venir voir souvent, je me contentai de lui répondre que rien ne m'empêcheroit d'avoir l'honneur de lui faire ma cour.

Tous les logemens furent donnés aux dames de madame la duchesse d'Orléans, aux officiers du service du Roi, à ceux du duc régent; et les secrétaires d'État rentrèrent dans ceux qui avoient été occupés par leurs prédécesseurs. Le cardinal Dubois prit ceux qu'avoient eus les ministres de la guerre, et tout ce qui tenoit aux Rohan fut bien traité, surtout leur famille.

Depuis long-temps M. de La Houssaye, contrôleur général des finances, étoit resserré dans ses fonctions. Le Couturier, commis du Régent, faisoit la plus importante, qui étoit la distribution générale de tous les fonds, que ce prince s'étoit attribuée dans les premiers jours de la régence. Les Paris, par le *visa* et par l'examen de la recette de tous les revenus du Roi, décidoient de plusieurs questions, Fagon, homme d'esprit, avoit grande part aux résolutions. La Houssaye s'étoit contenté, depuis plusieurs mois, de toucher trente mille écus par an des appointemens de son emploi, sans se mêler beaucoup de sa charge, et ne l'avoit pas soutenue avec la même dignité que dans les premières semaines. Enfin quelques indispositions, plusieurs dégoûts, et une espèce d'attaque d'apoplexie, le déterminèrent à demander la permission de se retirer. Fagon, auquel son emploi fut offert, le refusa, et il fut donné à Dodun, président aux requêtes du Palais, ensuite intendant des finances; charges ôtées et rétablies deux ou trois fois depuis la régence. Fagon voulut bien en accepter une sous Dodun: il étoit estimé homme très-capable, et le refus du contrôle général, emploi autrefois si considérable, lui fit honneur. Il déclara qu'il serviroit de tout son cœur, pourvu qu'il ne fût pas chargé de l'administration.

La cour avoit rétabli, par un arrêt du conseil, une infinité de nouveaux droits très-onéreux. Les anciennes ordonnances et les lois du royaume défendoient qu'aucune imposition fût faite sur les peuples autrement que par les édits enregistrés au parlement. Ainsi les droits et impositions qu'établissoit cet arrêt du conseil sur une infinité de choses étoient fort à charge, et plusieurs parlemens s'y opposoient. Celui de Bretagne défendit d'en faire la levée par un arrêt qu'il rendit, et qui fut cassé par un ordre de la cour. Le parlement de Paris assembla les chambres, pour délibérer sur une matière si importante. La première résolution fut de nommer des commissaires afin de l'examiner, et le 7 mai les chambres furent assemblées. Après d'assez longs débats, elles opinèrent à des remontrances au Roi. Les présidens de Novion, d'Aligre, de Lamoignon et Portail n'étoient pas pour les remontrances; mais les jeues présidens, comme Amelot, Pelletier, de Maisons et Maupeou, relevèrent et soutinrent cette opinion. Le président Chauvelin fut de l'avis des premiers. Les sieurs abbés Mengui et Pucelle, tous deux gens de beaucoup d'esprit, firent les plus longs discours: le premier contre les remontrances le second pour. Les sentimens et le discours de celui-ci lui firent honneur: aussi l'emporta-t-il de près de trente voix; et le parlement, dans cette occasion, prit le parti le plus honnête, qui étoit celui des remontrances.

Le Régent, informé des sentimens du parlement, se concerta avec le cardinal Dubois, le garde des sceaux, les secrétaires d'État, le contrôleur général; et il fut résolu d'envoyer une lettre de cachet au parlement, pour lui défendre de délibérer sur cette matière, et de faire des remontrances. Le marquis de La Vrillière porta la lettre de cachet, et la rendit au premier président dans le temps que l'on travailloit aux remontrances. Ceux qui étoient assemblés pour cela se séparèrent, et l'on fut huit jours sans entendre parler de rien.

Pendant cet intervalle, le Régent déclara ceux qui devoient représenter au sacre. Le maréchal de Villeroy, comme doyen des maréchaux de France, devoit tenir la place du connétable, moi celle de grand maître, parce que M. le duc, revêtu de cette charge, devoit représenter le duc d'Aquitaine, et le duc de Bouillon le grand chambellan, dont il avoit la charge. Les honneurs furent donnés au maréchal d'Estrées pour la couronne, au maréchal d'Uxelles pour le sceptre, au maréchal de Tessé pour la main de justice. Quatre cordons bleus furent nommés pour les offrandes, et ce furent les maréchaux de Tallard, de Bezons, Matignon, et Medavy. Les quatre barons pour la sainte ampoule furent les marquis d'Alègre, d'Estaing, de Beauveau et de Prie.

Le 16 mai, au lieu de s'en tenir à l'arrêt du conseil qui avoit fait les impositions, le Régent jugea à propos de suivre la règle ordinaire: il envoya une déclaration au parlement, sur laquelle toutes les chambres assemblées opinèrent aux remontrances d'une voix presque unanime, à la réserve de quatorze ; et le jour leur fut donné au 28 mai.

Le frère du cardinal Dubois vint de la part du Régent dire au maréchal de Villeroy que l'on vouloit que personne ne fût présent lorsque les remontrances se feroient ; ce qui étoit très-opposé à l'usage, qui est de les recevoir publiquement. Sitôt que le premier président eut commencé à les lire, le Régent dit deux fois au Roi à l'oreille : « Dites : *C'est assez.* » Le Roi ou n'entendit pas, ou ne voulut pas faire taire le premier président ; et sur cela le Régent, prenant la parole, dit au premier président : « Vous » avez de la peine à lire ; donnez les remon- » trances. » Le garde des sceaux les prit, et l'on donna jour au parlement pour en venir recevoir la réponse, qui fut : *Le Roi veut être obéi.* Et peu de jours après la déclaration fut enregistrée en ces termes. *Que le Roi seroit en tout temps et en toute occasion supplié de faire cesser lesdites impositions, et qu'il n'en seroit mis aucune qui pût altérer les priviléges des bourgeois de Paris.*

Peu de jours après, le Régent m'apprit des nouvelles qu'il avoit reçues de Marseille, où il avoit reparu quelques étincelles de la contagion ; ce qui obligea une seconde fois à resserrer cette malheureuse ville et son territoire. On y renvoya le bailli de Langeron pour y commander, et on lui donna une patente de lieutenant général.

Je me rendis dans mon château de Villars, où j'eus toujours très-grande compagnie. Je comptois y faire un plus long séjour, lorsque j'appris, par un courrier de la marquise de Château-Regnault, que le duc de Noailles son frère étoit exilé dans ses terres, à plus de cent cinquante lieues de Paris. Cette nouvelle me fit partir de Villars pour venir offrir mes services à ce duc, et voir ce que l'on pourroit faire pour obtenir un exil moins dur que celui qui lui étoit prescrit. L'ordre lui avoit été porté par un gentilhomme ordinaire du Roi, qui ne lui laissa pas vingt-quatre heures pour se préparer à partir, et qui l'accompagna jusqu'à dix lieues de Paris. Le marquis de Canillac eut ordre en même temps de s'éloigner à cinquante lieues de Paris.

Ces deux hommes avoient toujours été les favoris du Régent. M. de Canillac avoit travaillé avec le feu président de Maisons à ménager pour ce prince l'esprit du parlement ; et M. de Noailles, de concert avec le chancelier d'Aguesseau, avoit réglé, après la mort du président de Maisons, arrivée huit jours avant celle du Roi, tout ce qui regardoit les changemens et la nouvelle disposition des conseils ; et personne assurément, excepté le duc de Saint-Simon, n'étoit entré plus intimement dans la confidence du duc d'Orléans, long-temps même avant la régence.

Lorsque ce prince vint rendre compte au Roi de l'exil du duc de Noailles, il lui dit que ce duc entroit dans des cabales contraires à son autorité, et qu'il fortifioit le cardinal de Noailles, son oncle, dans le refus qu'il faisoit des pouvoirs nécessaires au confesseur que Sa Majesté s'étoit choisi. En effet, on fut obligé, pour lui en obtenir, d'avoir recours à l'évêque de Chartres. Comme il étoit très-dévoué aux jésuites, il ne se fit pas solliciter pour accorder ce qu'on lui demandoit pour le père de Linières ; et, en conséquence, le Roi se confessa et communia à Saint-Cyr, qui est de l'évêché de Chartres.

A cette occasion, les molinistes et les jansénistes, dont l'aversion mutuelle étoit au plus haut point depuis long-temps, et divisoit l'Eglise de France, prirent parti. Les derniers soutenoient la confession nulle, et par conséquent sacrilége, aussi bien que la communion, si le confesseur n'avoit pas les pouvoirs de l'évêque diocésain ; et les molinistes étoient formellement opposés à cette opinion.

J'arrivai à Paris, et je trouvai que toute la famille du duc de Noailles, la plus nombreuse du royaume, puisque, par le mariage de ses sœurs, il étoit beau-frère des ducs de Gramont, du maréchal d'Estrées, du duc d'Antin, des marquis de la Vallière et de Château-Regnault, cousin germain du duc de Chaulnes et de Beringhen ; je trouvai, dis-je, que le cardinal de Noailles et tous ceux de cette maison étoient convenus de ne point agir. Je les pressai de le faire ; je m'offris même à porter la parole pour demander un séjour moins affreux que le château de Penières, que le duc de Noailles avoit trouvé tombé, et dans lequel il ne pouvoit avoir pain, vin, ni viande, qu'en les faisant apporter d'Aurillac, petite ville à cinq grandes lieues de ce château ruiné. Mais la fausse prudence, sagesse ou timidité, portées au plus haut point dans ces derniers temps, déterminèrent au parti du silence.

Dans ce temps-là il arriva une chose au parlement qui fit beaucoup d'honneur au premier président, que l'on croyoit abattu plus par les infirmités que par l'âge. Un nommé Rancereau, conseiller au parlement de Bretagne, fut obligé de quitter Rennes pour avoir été convaincu d'avoir révélé les délibérations de la compagnie, et d'en avoir mandé les détails au garde des sceaux d'Argenson : mais au même temps on le récompensa d'une charge de maître des requêtes. Il voulut être reçu au parlement ; et, après avoir été refusé, il obtint enfin du Régent un ordre précis, sur lequel le premier président le reçut, en lui expliquant à lui-même très-naturellement et fort haut les raisons que la cour avoit eues de le refuser.

Je parus à Versailles. Le Roi me reçut avec beaucoup de marques d'amitié. Toute la maison du Roi, les gardes du corps, les huissiers, et tous les domestiques du Roi, me donnèrent toutes sortes de démonstrations de la joie qu'ils avoient de me voir. Je n'y couchai qu'une nuit, et je résolus un voyage en Normandie, bien déterminé à ne pas donner la plus légère jalousie à ceux qui ne me vouloient pas à la cour.

J'en partis le 10 juillet, après avoir joué le matin au quadrille avec le Roi, et allai visiter en Normandie une de mes terres que l'on appelle Galleville. Je vis en passant la maison de l'abbé Bignon à Meulan, Rosny et Gaillon. Le duc de Luxembourg, gouverneur de Normandie, m'attendoit à Rouen. Pendant les quatre jours que j'y restai, je reçus de tout ce qu'il y a de gens plus considérables dans le parlement, et en général de tout le peuple, les marques les plus vives de considération qu'ils purent imaginer, et par des harangues, et par des fêtes continuelles. Je revins de ma terre par La Meilleraye, belle maison du duc d'Harcourt ; et je vis à mon retour le chancelier de Pontchartrain dans son château, où je le trouvai dans une santé parfaite, quoiqu'il eût plus de quatre-vingts ans. Arrivé à Versailles le 27 juillet, le Roi me marqua plus de bonté encore : il dit tout haut à son souper qu'il avoit compté le jour de mon départ, et marqua en effet le jour et le quantième du mois que j'étois parti. A son petit coucher, on parla de l'arrivée de la flotte turque devant Malte ; et le Roi parla avec une connoissance très-exacte des dernières guerres des Turcs en Hongrie, du siège de Corfou, de celui de Belgrade, et de toutes les fautes qu'ils avoient faites dans ces dernières campagnes.

Je jouai avec le Roi les deux jours que je passai à Versailles, et, quelques bons traitemens que je reçusse de Sa Majesté, je continuai dans la résolution où j'étois de n'aller lui faire ma cour que tous les quinze jours.

Il arriva alors une aventure très-fâcheuse dans la famille du maréchal de Villeroy. Il se crut obligé d'éloigner la duchesse de Retz, sa petite-fille, pour une conduite trop libre, et le marquis d'Alincourt, son petit-fils, pour des aventures de jeunesse qui avoient fait beaucoup de bruit. On envoya le marquis de Rambures, colonel de Navarre, à la Bastille, et le marquis d'Alincourt à Joigny.

Le maréchal de Villeroy eut dans cette occasion un malheur très-ordinaire à la cour, qui veut toujours désapprouver : c'est d'être accusé d'avoir voulu empêcher une juste punition, parce qu'elle regardoit son petit-fils, et blâmé ensuite de ne s'être pas opposé à l'éclat. Mais son plus grand malheur fut une conversation trop vive qu'il eut avec le cardinal Dubois, et que la disgrâce suivit bientôt. Ils étoient convenus d'une conférence ensemble en présence du cardinal de Bissy, pour se réunir, et pour faire cesser l'éloignement qui paroissoit entre eux. Cet entretien eut un succès tout contraire, et ils se séparèrent plus mal que jamais. Le maréchal de Villeroy m'en parla très-succinctement à mon retour de Normandie, pendant que nous suivions le Roi à sa promenade dans une roulette poussée par les porteurs du Roi, dans laquelle nous étions seuls.

Ceux qui vouloient me nuire publièrent que j'avois animé le maréchal de Villeroy ; en quoi ils connoissoient bien mal ma façon de penser, qui avoit toujours été de ne rien oublier pour engager le maréchal de Villeroy à éviter le malheur d'être éloigné de la personne du Roi. Cette disgrâce lui arriva le lundi 10 août. On commanda dès la veille quarante mousquetaires : Artagnan, leur capitaine lieutenant, eut ordre de se trouver chez le Régent après le lever du Roi. Le Régent dit à Sa Majesté qu'il la vouloit entretenir, et passa dans son cabinet. Le maréchal de Villeroy suivit : il prétendoit que sa charge de gouverneur du Roi l'obligeoit à ne le laisser jamais seul avec personne. Cette scène fut contée diversement.

Le Régent dit qu'il avoit prié le maréchal de s'éloigner ; et que l'ayant refusé, il avoit dit que le respect l'empêchoit de s'expliquer sur cela en présence du Roi. Le maréchal de Villeroy dit que le Régent avoit parlé au Roi sur l'état des finances, et qu'il l'avoit assuré qu'à sa majorité elles seroient rétablies ; que lui maréchal étoit entré dans la conversation, en louant le Régent de son travail et de ses soins.

Quoi qu'il en soit, le maréchal s'étant rendu chez le Régent sur les trois heures après midi, sans s'apercevoir de douze bas-officiers des mousquetaires qui étoient dans la salle des gardes du corps du Roi, et qui le suivirent dans le temps qu'il descendoit, il entra dans l'appartement du Régent. Les portes furent fermées dans l'instant ; et La Fare, capitaine des gardes du Régent, l'arrêta. Le maréchal demanda à parler au Régent : ce qui lui fut refusé. Sur cela il dit tout haut que le Roi ne savoit rien de ce qui se passoit, et demanda s'il ne lui seroit pas permis de le voir. On le fit entrer dans la chaise de M. Le Blanc, ministre de la guerre, sortir par le jardin, et descendre par le degré de l'Orangerie. Artagnan et deux officiers des mousquetaires se mirent dans un carrosse du Régent avec le maréchal, et trouvèrent au haut de l'avenue de Versailles les quarante mousquetaires qui le conduisirent à Villeroy, où beaucoup de gens allèrent le voir.

J'allai à Versailles le jour d'après que le maréchal de Villeroy eut été arrêté ; et, prenant congé du Roi pour aller passer six semaines dans mon château, le Roi, qui me marquoit beaucoup d'amitié, me dit de demeurer à Versailles. Mais il ne convenoit pas que je fisse ma cour régulièrement ; et, au hasard de déplaire à Sa Majesté, je la suppliai de trouver bon que je m'en allasse à Paris.

Quatre jours après, l'évêque de Fréjus quitta la cour à trois heures après minuit : il ne prit congé du Roi ni du Régent, en cachant avec le plus grand soin son départ et sa retraite. Le Régent désapprouva fort cette conduite, et en parut agité. On envoya Le Pelletier-Desforts chez M. de Basville, où l'on crut que l'évêque de Fréjus s'étoit retiré ; et l'on fit partir plusieurs personnes pour le chercher, et le faire revenir. Desforts le trouva à Courson : il vint aussitôt en avertir le Régent. Le Roi écrivit de sa main à l'évêque, pour l'obliger à retourner auprès de sa personne ; et il y revint le troisième jour. Son départ et son retour furent blâmés par tous ceux qui ne savoient pas qu'il avoit déclaré que, quoiqu'il ne fût pas bien avec le maréchal de Villeroy, il prendroit cependant le parti de se retirer si on éloignoit du Roi ce maréchal. Dès que l'événement fut arrivé, il se crut obligé de tenir son engagement, à faire voir par sa retraite qu'il n'avoit aucune part aux résolutions prises contre le maréchal, et qu'il n'en avoit pas même eu de connoissance. Le courtisan, qui veut toujours donner de sinistres interprétations, n'en demeura pas persuadé ; mais l'évêque, rappelé par le Roi et par le Régent, ne pouvoit se dispenser de suivre son premier devoir, qui l'attachoit à la personne du Roi.

Le 22 août, le cardinal Dubois fut déclaré premier ministre : il en prêta le serment au Roi le même jour. Le maréchal de Villeroy ne m'avoit parlé que confusément de la conversation qu'il avoit eue avec le cardinal Dubois, en présence du cardinal de Bissy ; mais étant allé à Villeroy, le maréchal s'en ouvrit davantage à moi, sans néanmoins m'en rendre un compte exact. J'eus lieu de croire que le dessein qu'avoit formé le cardinal Dubois de devenir premier ministre avoit été le sujet de la conversation. Le maréchal me dit même : « On vouloit » m'obliger de proposer au Roi et le nouveau » ministre, et l'ordre du conseil : je répondis que » je consentirois à être de ce conseil avec un » brevet de non préjudice ; mais que pour un » premier ministre, je ne le croyois pas conve- » nable, et que je ne le proposerois pas. » Il étoit donc certain que l'emploi de premier ministre avoit été proposé. Mes amis me mandèrent à ma campagne qu'il étoit surprenant que je ne vinsse pas faire mon compliment au premier ministre ; on avoit même répandu que je ne le verrois ni ne lui écrirois : mais je n'aurois pas été raisonnable, n'ayant aucun sujet particulier de me plaindre du cardinal Dubois, de ne pas aller lui rendre, en qualité de premier ministre déclaré, ce que tout le monde lui devoit, surtout les princes du sang ayant été les premiers à lui rendre ce devoir.

J'allais donc à Versailles, et commençai par la visite du cardinal, qui avoit un rhumatisme très-violent. On le frottoit dans le temps que j'arrivai ; ce qui l'empêcha de me recevoir sur-le-champ. J'allai chez l'évêque de Fréjus, où l'on vint m'avertir que le cardinal Dubois m'attendoit. J'en reçus toutes les honnêtetés possibles, et le nouveau ministre me dit qu'il auroit l'honneur de m'aller remercier. Je lui répondis que, de toutes les prérogatives de sa place, celle qu'il ignoroit peut-être le plus étoit de ne rendre aucune visite, et qu'ainsi j'espérois bien qu'il ne songeroit pas à me faire cet honneur. Le cardinal me dit que quand il n'en devroit pas à d'autres, ce ne seroit pas une raison pour l'en dispenser à mon égard.

La visite se passa avec une grande politesse de part et d'autre. Le cardinal me dit que le Régent le pressoit depuis plus d'un an de consentir qu'il fût déclaré premier ministre, mais qu'il s'en étoit toujours défendu. Il m'exhorta de demeurer à Versailles : je m'en excusai, et retournai dans mon château. Le Roi me fit jouer à l'hombre avec lui toutes les fois qu'il y eut jeu, et m'ordonna de venir voir le siége d'un petit fort que l'on avoit élevé au haut de l'avenue qui va à Meudon. Je ne me pressai pas de revenir ; mais le Roi ordonna plusieurs fois au marquis de Villars, mon fils, de m'y engager. Enfin je me rendis à Versailles le 27 septembre. Le Roi me parla souvent de son fort, et me mena à toutes les attaques ; et comme Sa Majesté jouoit deux reprises de brelan par jour, elle m'en mettoit toujours.

Le cardinal premier ministre me pria à dîner, et me combla de tant d'honnêtetés, que le bruit se répandit parmi les courtisans qu'on vouloit me donner une part considérable dans le gouvernement. Mais comme j'étois bien résolu de n'y pas entrer quand même on m'en presseroit, je retournai à Paris, pour ne me rendre à la cour qu'après le sacre, et seulement pour m'y montrer une fois tous les quinze jours. Ma seule inquiétude étoit que le jeune Roi, qui me marquoit de grandes bontés, ne prît mal mon éloignement de la cour; mais c'est sur quoi je ne pouvois lui expliquer mes raisons. Ainsi il n'y avoit d'autre parti à prendre pour moi que de m'exposer à l'impression que cela pouvoit faire dans l'esprit d'un jeune prince, qui seroit peut-être piqué de voir négliger en apparence les bontés qu'il vouloit bien faire paroître.

Pendant les premiers jours d'octobre on publia plusieurs arrêts de finance, tous fort à la charge du peuple. On fit enregistrer par la chambre des vacations une déclaration qui fixoit les impositions du contrôle des actes des notaires, et il se présenta des partisans qui en offrirent jusqu'à onze millions par an: augmentation de revenus pour le Roi bien surprenante, outre tout ce qu'on tiroit d'ailleurs du royaume. Il y eut encore dans le même temps deux arrêts pour examiner les taxes de la chambre de justice, et pour les domaines.

Le cardinal de Bissy, qui étoit fort avant dans la confiance du cardinal Dubois, vint me voir le 10 octobre. Il m'assura fort de l'estime du premier ministre, et du désir très-sincère qu'il avoit de me donner une part considérable dans l'administration des affaires: il ajouta que le cardinal Dubois vouloit le bien de l'État, et que la plus grande marque qu'il en pouvoit donner, et la plus glorieuse pour lui, étoit de partager le maniement des affaires avec moi. Je répondis, avec les sentimens convenables à ceux que me déclaroit le premier ministre: « S'il veut » employer à faire le bien le pouvoir qu'il en a, » il aura pour lui tous les honnêtes gens du » royaume: il ne faut que la volonté et le pou- » voir. Je crois l'une dans le cœur de M. le car- » dinal; mais cette première qualité, toute » grande qu'elle, devient inutile si la seconde » lui manque. Je vois le peuple, ajoutai-je, » chargé depuis deux mois de nouveaux impôts, » et très-onéreux: tels sont le rétablissement » des charges, et le tarif des actes de notaires. » Je me serois opposé à toutes les impositions si » j'eusse été dans le conseil: il est inutile de » m'y mettre, puisque je ne consentirai jamais » d'y entrer aux dépens de ma gloire, qui ne » me permettra jamais de consentir aux vexa- » tions et aux dissipations. Je vous prie donc de » bien remercier M. le cardinal Dubois, et de » le prier d'attendre, pour me donner ces » grandes marques de confiance, que je sois as- » suré d'être en état de joindre le pouvoir à la » bonne volonté. »

Quelques jours après, étant au Palais-Royal, le cardinal Dubois me tint des discours à peu près pareils à ceux que m'avoit tenus le cardinal de Bissy. Il me dit même qu'il y avoit eu des gens très-malintentionnés contre moi, et qui vouloient le faire parler; mais qu'on lui auroit plutôt coupé la langue que de lui faire proférer une parole opposée à la haute estime qu'il avoit pour mon mérite, et à la confiance que l'on devoit prendre en ma probité.

Le Roi partit de Versailles le 16 octobre. Je le trouvai comme il entroit aux Tuileries, entouré d'une grande foule. Il me dit: « Monsieur le » maréchal, j'ai un présent pour vous dans » ma poche, qui est mon portrait. » Et dès qu'il fut entré dans son cabinet, il me donna une de ces petites pierres de composition qu'il faisoit, et où étoit son portrait.

Je partis le 17 de Paris, et dînai le 18 à Villers-Cotterets avec le cardinal Dubois, qui me renouvela plusieurs assurances d'estime et d'amitié; me priant de venir voir la fête que Son Altesse Royale préparoit pour le Roi, et qu'il me donneroit plutôt son appartement, si je n'étois pas bien logé. Je répondis à toutes ces honnêtetés comme on le doit à un premier ministre, dont la sagesse veut qu'on recherche les bonnes grâces, sans d'ailleurs entrer dans aucun engagement.

Tout étoit préparé pour le sacre à Reims avec la plus grande magnificence, et le cardinal premier ministre n'avoit rien oublié pour la solennité de cette cérémonie, la plus auguste de l'univers. Elle se fit le 25 octobre. J'y représentai le connétable, dont les fonctions sont les plus belles et les plus nobles; et j'eus la satisfaction d'entendre qu'une grande partie de la cour, toutes les troupes et le peuple, me souhaitoient la réalité de la place que je remplissois ce jour-là.

De son côté, le jeune Roi me marquoit toujours beaucoup de bonté; et comme, le jour du sacre, il étoit question à son petit coucher des cérémonies de la journée, je lui dis en peu de paroles ce que j'avois fait connoître au feu Roi sur les justes raisons que j'avois eues de prétendre à l'épée de connétable. Il m'écouta avec beaucoup d'attention; et quand il fut dans son lit, il me dit: « Bon soir, monsieur le connétable. »

Le cardinal Dubois me pria deux fois à manger chez lui, et me raconta qu'il avoit dit au Roi que l'épée de connétable ne pouvoit être en de meilleures mains que les miennes. Je le remerciai de sa politesse, ne me flattant pas qu'elle pût, dans le moment présent, avoir d'autres suites.

La duchesse de Lorraine s'étoit rendue à Reims avec trois princes et deux princesses très-bien faites, et de figure aimable. Le prince de Portugal y étoit, de même que plusieurs princes et seigneurs de l'Empire, qui vinrent dîner chez moi.

Le 26, le Roi alla à cheval à Saint-Remy: les maréchaux de France, aussi à cheval, marchoient immédiatement devant le Roi. Le 27, il fit chevaliers de l'Ordre M. le duc de Chartres et M. le comte de Charolois. Les chevaliers se trouvèrent à cette cérémonie en habits de l'Ordre; mais le nombre en étoit médiocre: on n'en compta que dix. Le Roi alla voir les troupes le 28, et le 29 il toucha près de deux mille cinq cents malades des écrouelles. Le 30, il alla coucher à Fismes, et le 31 à Soissons: il y resta le jour de la Toussaint, et se rendit le 2 novembre à Villers-Cotterets.

Son Altesse Royale m'ayant prié de voir les fêtes qui étoient préparées, je m'y rendis le même jour que le Roi, et trouvai qu'on m'avoit destiné un logement de trois chambres pour moi seul sous l'appartement du Roi, pendant que les principaux étoient logés deux à deux. Le cardinal premier ministre me renouvela dans cette occasion beaucoup de marques d'estime et de confiance. La fête fut d'une magnificence sans égale; mais en la louant je ne pus m'empêcher de dire à Son Altesse Royale et au premier ministre que c'étoit dépenser prodigieusement pour donner une très-mauvaise leçon au jeune Roi, auquel on devoit craindre d'inspirer le goût du luxe en l'excitant par des exemples.

J'avois déjà prié M. le duc de m'excuser si je n'allois pas à Chantilly; mais ce prince m'en pressa si fortement, que je ne pus le refuser. Il changea même les logemens, pour m'en donner un des plus beaux et des plus près de l'appartement du Roi. Les magnificences à Chantilly furent excessives: je me dispenserai d'en faire ici le détail, parce qu'on les trouvera bien décrites ailleurs; je me contenterai de dire qu'il n'y en a jamais eu de si somptueuses. La veille du départ de Chantilly, pendant que je jouois dans la chambre de la duchesse avec le duc d'Antin, Imbert, premier valet de chambre de Son Altesse Royale, vint me demander, de la part du cardinal Dubois, où il pourroit m'entretenir. Nous eûmes une assez longue conversation ensemble, dans laquelle le ministre me donna de nouvelles assurances de l'envie qu'il avoit d'établir une solide intelligence avec moi.

Le Roi partit de Chantilly le 9, et séjourna le 10 à Paris; le soir, il joua un piquet avec moi jusqu'à son coucher. La même chose arriva le jour d'après, et en jouant le Roi me pressa d'aller à Versailles; mais je suppliai Sa Majesté de vouloir bien m'en dispenser. Le jour suivant, le Roi reçut des harangues de toutes les cours souveraines, de l'Université, et de l'Académie française, dont je me trouvai être le chancelier ce mois-là. Cette circonstance me donna occasion de dire au Roi: « Me voilà donc, en quinze jours,
» connétable de France, et chancelier de l'Académie. Il est fâcheux que la dernière charge
» soit la plus solide. »

Le Roi partit le 10 pour Versailles, où je n'allois que tous les quinze jours, n'y ayant point de logement. Le cardinal Dubois voulut m'entretenir, tant sur des matières qui regardoient la guerre que sur quelques négociations, me marquant toujours un grand désir d'être en parfaite intelligence avec moi. Le premier ministre ordonna à tous les secrétaires d'État de venir lui rendre compte de leurs départemens, et leur marqua les jours et les heures auxquels il leur donneroit audience, aussi bien qu'au contrôleur général. Il fut reçu à l'Académie, et harangué par le sieur de Fontenelle.

Madame, mère du Régent, mourut le 8 décembre avec beaucoup de fermeté. Cette princesse avoit de très-bonnes et de très-grandes qualités: elle étoit attentive à marquer une flatteuse distinction aux personnes qu'elle estimoit en mériter par leur naissance, par les dignités, ou par le mérite personnel; et cette distinction, toujours respectable, l'étoit encore plus dans des temps où tout étoit confondu.

En qualité de doyen du tribunal des maréchaux de France, j'employai la plus grande sévérité à punir les querelles. Je fis condamner à quinze ans de prison un gentilhomme de Montreuil qui avoit donné des coups de bâton à un autre; et parce que les jeux de Paris donnoient occasion à une infinité de querelles, je demandai et j'obtins du Régent qu'ils seroient défendus même dans les maisons royales à Paris, où il y en avoit trois qui rendoient plus de cinquante mille écus par an. Un pareil règlement m'attira l'indignation de ceux qui avoient ces jeux; mais le bien public étoit avant tout dans mon cœur. Les défenses furent faites le 30 décembre.

[1723] Il arriva alors entre mademoiselle de Charolois et la duchesse d'Humières une très-vive dispute à l'enterrement de Madame à Saint-Denis. Cette princesse, pour se venger, s'attaqua au corps des ducs : elle réveilla la vivacité de madame la duchesse sa mère et celle de M. le duc son frère, qui mena M. le duc de Chartres et M. le prince de Conti chez M. le Régent, pour parler tous ensemble contre les ducs, et pour engager le Roi à quelque résolution fâcheuse. La noblesse d'ailleurs, irritée sans aucune raison et contre ses propres intérêts, vouloit profiter de cette occasion pour faire perdre aux ducs quelques-unes de leurs prérogatives. Accompagné de M. le maréchal de Berwick, je parlai à M. le duc d'Orléans, et lui dis que tous les ducs étoient bien résolus à marquer toujours un très-grand respect à messieurs les princes du sang ; mais que s'ils attaquoient quelques-unes de leurs prérogatives, dont Son Altesse Royale étoit mieux informée que personne, c'étoit aller contre son intérêt à elle-même ; que par exemple les ducs n'avoient qu'un tabouret chez elle, et que si les princes du sang ne donnoient plus le fauteuil, ils s'égaloient par là aux fils de France.

Son Altesse Royale entendit fort bien ces raisons ; et comme elle étoit d'ailleurs informée des usages, elle dit qu'elle n'y changeroit rien ; mais que si la duchesse d'Humières avoit manqué à mademoiselle de Charolois, il étoit très-juste qu'elle lui en fît des excuses. Je répondis que j'y consentois, rien n'étant plus raisonnable. Ainsi les excuses furent faites, et l'on n'innova rien contre les pairs.

Le cardinal Dubois, au retour du sacre, avoit pris l'habitude d'entrer avec le Régent à la fin de l'étude que le Roi faisoit le matin ; et, en présence de M. le duc, du duc de Charost et de l'évêque de Fréjus, il apportoit un mémoire, dont la lecture n'étoit que d'un peu plus d'un quart d'heure. Ces mémoires contenoient de courtes instructions pour commencer à informer le Roi de plusieurs détails sur la guerre, sur les négociations et sur les finances. Dès le commencement de l'année, le Régent, après l'étude du soir, entroit seul. Tout se retiroit, et il rendoit un autre compte au Roi sans témoins.

Comme le temps de la majorité approchoit, les intrigues furent vives. Retenu par un rhume, j'évitai d'aller à la cour, ne voulant pas qu'on pût me croire aucune intention sur les changemens qui pouvoient arriver à la majorité. Cependant le plaisir que je pouvois faire aux Provençaux qui s'étoient distingués en servant utilement leur pays pendant la peste me porta à me rendre à Versailles pour une conférence qui devoit se tenir au sujet des grâces que le Roi vouloit leur faire. J'y allai donc le 30 janvier, et j'eus le même jour une très-longue conversation avec le premier ministre, qui me confioit plusieurs résolutions prises tant pour les affaires étrangères que pour celles qui regardoient l'intérieur du royaume. Il fut question dans cette conversation des grâces qu'on pouvoit faire aux Provençaux, de celles que demandoient les courtisans, et du choix tant des maréchaux de France que des chevaliers de l'Ordre et des ducs que l'on devoit faire.

Je dis ma pensée au ministre sur toutes ces diverses prétentions, et le cardinal me répondit : « Je me trouve très-heureux de penser » comme vous ; et si cela étoit autrement, la » première chose que je ferois seroit d'aller » m'enfermer une heure pour examiner le tort » que je pourrois avoir de me trouver des senti- » mens opposés aux vôtres. » Enfin, dans cette conversation comme dans plusieurs autres, le premier ministre n'oublia rien pour me donner les témoignages d'une grande confiance, et de la plus singulière considération.

La continuation de mon rhume et le temps fâcheux m'obligèrent à ne coucher qu'une nuit à Versailles ; je ne me trouvai point à la procession des chevaliers de l'Ordre, qui se fait le jour de la Chandeleur. Le Roi me parla avec beaucoup de bonté, et me dit que j'avois été bien long-temps sans venir à Versailles.

Le 7 février, ce prince eut une grande foiblesse à la fin de la messe, et même il perdit connoissance pendant une minute. L'évêque de Fréjus lui ayant donné de l'eau des Carmes, il revint de sa foiblesse, dont la cause étoit d'avoir trop mangé. Toutes les raisons vouloient qu'on lui donnât un lavement : il ne le voulut pas prendre. Sa santé parut bonne ; et quoiqu'il fît un froid très-violent, il voulut s'aller promener sur les toits du château. La nuit du lundi, il eut la fièvre, qui se fortifia le soir, de manière que l'on envoya plusieurs courriers à M. le duc d'Orléans, qui étoit venu passer les jours gras à Paris. Il étoit au bal quand les courriers arrivèrent : M. Le Blanc l'en fit sortir sur les six heures du matin, et deux heures après Son Altesse Royale partit pour Versailles.

Le Roi eut la fièvre tout le mardi. On le saigna ; un lavement qu'il prit fit un grand effet. La nuit du mardi au mercredi se passa très-bien, et une légère purgation qu'il prit acheva de le guérir ; en sorte que je le trouvai le mercredi des Cendres en très-parfaite santé, et très-gai dans son lit. La nuit du mercredi au jeudi fut encore meilleure, et le matin le Roi s'amusoit dans son lit à vendre une petite boutique de bijoux, et me fit acheter assez cher quelques bagatelles. Il me donna sur le marché un petit berceau pour ma belle-fille, qui étoit prête à accoucher.

Cette petite indisposition du Roi, qui arriva après un assez long évanouissement, donna de très-vives inquiétudes : elle venoit d'indigestion. Cependant le voyage que le Roi devoit faire à Paris fut différé du lundi au samedi 20. Le Roi joua au piquet avec moi le jeudi, et me donna rendez-vous le samedi à cinq heures du soir, à son arrivée à Paris, pour continuer sa partie ; et tout le temps que la cour fut à Paris, le Roi joua deux ou trois fois par jour au piquet ou au trictrac avec moi.

Le lundi 22, le Roi alla tenir son lit de justice au parlement, les séances à l'ordinaire. Les cardinaux ne s'y trouvèrent pas. Les trois nouveaux ducs, qui étoient messieurs les ducs de Biron, Lévis et La Vallière, prêtèrent leur serment en présence du Roi. Sa Majesté fit un discours de très-peu de paroles, pour marquer que, suivant la loi de l'État, elle venoit déclarer qu'elle vouloit désormais en prendre le gouvernement. M. le duc d'Orléans fit au Roi un discours très-beau, à la fin duquel il lui baisa la main avec une très-profonde révérence. Messieurs les princes du sang et les pairs saluèrent de leur place. Après cela, le Roi lut un petit discours par lequel il déclaroit M. le duc d'Orléans président de ses conseils, et confirmoit le cardinal Dubois en sa place de premier ministre.

Le garde des sceaux fit un très-long discours et assez mauvais, voulant imputer au caractère des Français le peu de succès du système de Law. Le premier président en lut un, dans lequel on trouva de la dignité ; l'avocat général Blancménil parla aussi assez long-temps. Ce jour même, le premier président donna un grand repas, où je fus invité avec la maréchale mon épouse.

Cependant on donna une forme au gouvernement. Le conseil d'État fut établi sous le Roi, composé de messieurs le duc d'Orléans, le duc de Chartres, le cardinal Dubois, premier ministre ; de l'évêque de Fréjus, précepteur du Roi. Les conseils de finance furent réglés, et le sieur Desfort eut une place de conseiller au conseil royal, pareille à celle de M. Fagon. Les conseils des dépêches furent composés de secrétaires d'État : le prince de Conti fut admis à ce conseil, et à celui des finances. Il fut établi que le Roi signeroit toutes les ordonnances de finance ; mais M. le duc d'Orléans portoit ces ordonnances à signer lorsqu'il étoit seul avec Sa Majesté ; et à certaines heures le duc d'Orléans et le cardinal premier ministre rendoient compte au Roi seul de ce qu'ils vouloient ; en sorte qu'ils demeuroient seuls les maîtres des plus essentielles décisions.

Il s'éleva alors une affaire très-importante. Depuis quelques mois le désordre dans les finances de la guerre avoit obligé le Régent et le cardinal Dubois à ordonner aux frères Paris de travailler à éclaircir des comptes sur cette matière qui étoient très-embarrassés. Les trésoriers généraux de l'extraordinaire des guerres, nommés Sauroy et de La Jonchère, eurent ordre de leur remettre leurs registres paraphés. On donna ordre aux trésoriers particuliers des provinces d'envoyer leurs registres paraphés de même ; et ces premières connoissances donnèrent lieu de croire un très-grand désordre dans cette administration, l'une des plus importantes dans les affaires d'État.

M. Le Blanc, ministre et secrétaire d'État, forma une demande de quarante-trois millions d'une part, et de trois millions de l'autre, pour payer les dettes de la guerre. Ces sommes parurent si exorbitantes, outre les fonds prodigieux que la guerre avoit touchés tous les ans, que M. le duc d'Orléans et le cardinal premier ministre furent obligés de donner une première attention à des abus si prodigieux. Cependant M. le duc d'Orléans avoit peine à faire pousser une affaire qui pouvoit devenir dangereuse au ministre de la guerre, qu'il vouloit conserver : il résolut donc de la faire traiter devant lui, et pour cela il fit trouver dans son cabinet les deux trésoriers généraux, le sieur Couturier, le ministre de la guerre, le maréchal de Berwick, entièrement dévoué à celui-ci, et Paris-Duverney seul, qui, quoique étonné de trouver pour ainsi dire une armée en bataille devant lui, répondit avec fermeté : mais ses adversaires se trouvant plus forts par le nombre, et prenant la parole à tout moment, Duverney vit bien que la partie n'étoit pas bonne pour lui. Le duc d'Orléans, inclinant pour le parti le plus nombreux, se déclara en faveur du ministre et de ses adhérens ; il dit tout haut, le jour d'après, qu'il avoit voulu examiner l'affaire par lui-même, et qu'elle étoit peu importante. Le ministre de la guerre et les trésoriers chantèrent victoire, et les Paris furent traités de calomniateurs. Cette injure, insupportable à des gens de bien, les porta à présenter une requête pour demander des commissaires. Le duc d'Orléans mieux informé, et le cardinal Dubois instruit à fond, crurent devoir écouter encore les Paris. Il fut délibéré au conseil du Roi si on leur donneroit des commissaires. Il n'étoit pas possible d'en refuser à des gens qui avoient examiné les comptes par ordre du ministre, et qui prétendoient faire voir clairement que le Roi étoit trompé de plus de vingt millions dans l'administration des deniers de la guerre. Il fut donc décidé que l'on composeroit une commission de gens de guerre et de robe, à la tête de laquelle on voulut me mettre. Je m'en défendis opiniâtrement, et j'envoyai deux courriers au cardinal premier ministre, pour me dispenser d'accepter cette place. Les ordres du Roi furent absolus; et le sieur de Basville, conseiller d'État, homme d'un mérite distingué, vint chez moi me représenter qu'une personne de mon caractère ne pouvoit s'en dispenser. D'un autre côté, le cardinal me représenta vivement que quand il étoit question d'une des plus importantes commissions de l'État, à la tête de laquelle on vouloit un homme dont la probité connue et respectée pût imposer au public, je ne devois pas m'y refuser; en sorte que, pressé par ces raisons, je consentis à ce qu'on me demandoit.

Il y eut après cela de grandes contestations entre les lieutenans généraux et les conseillers d'État. Les trésoriers généraux, et le ministre de la guerre à leur tête, récusèrent M. de Ravignant, lieutenant général, et messieurs *** (1) et d'Aube. Le dernier refusa d'être de la commission, puisqu'il étoit récusé. Les conseillers d'État, qui étoient messieurs Desforts et Machault, refusèrent de marcher après les lieutenans généraux, et ne voulurent pas même entrer dans l'expédient trouvé par Son Altesse Royale pour confondre les rangs : ainsi ils se retirèrent.

Dans ce même temps, la princesse de Condé mourut subitement, et laissa plus de douze millions. Le comte de Charolois avoit fort espéré d'avoir la meilleure part à cette succession, et n'oublia rien pour engager sa grand'mère à faire quelque disposition. Mais sa foiblesse naturelle, augmentée par sa maladie, la rendit insensible à tout. On apprit le 20 mars la naissance d'un petit-fils du roi de Sardaigne, et peu de jours après la mort de la princesse de Piémont; ce qui causa dans le même temps une grande joie et une grande douleur à la cour de Savoie.

Sur la fin du même mois, j'assemblai chez moi les commissaires qui devoient décider l'affaire des trésoriers généraux, et le sieur d'Ombreval, procureur général de la commission, leur fit signer l'arrêt par un greffier.

Les conseillers d'État s'étant retirés, comme je l'ai dit, pour n'être pas précédés par les lieutenans généraux, il restoit très-peu de juges. Je mandai au cardinal Dubois qu'il ne convenoit

(1) Ce nom est en blanc dans le manuscrit. (A.)

pas que le public pût penser qu'une affaire de l'importance dont il s'agissoit fût décidée par deux ou trois hommes de guerre ignorans en calculs de finance, à la tête desquels on me mettroit avec justice, et par deux ou trois maîtres des requêtes que ce même public voudroit croire inclinés au parti victorieux. Je demandai donc que le nombre des commissaires fût augmenté de cinq ou six juges des plus éclairés, pris parmi les gens de guerre et dans le conseil d'État; ce qui fut accordé. On nomma le comte de Bussy et le marquis de Beauveau, lieutenans généraux et directeurs généraux, avec trois autres maîtres des requêtes. Ainsi il y eut douze juges, outre le sieur d'Ombreval, procureur général de la commission, et maître des requêtes.

La première séance fut tenue le 6 avril. Je dis aux trésoriers, en pleine assemblée, qu'ils avoient un intérêt essentiel qu'il n'y eût aucun retardement de leur part sur la décision d'une affaire où leur réputation étoit commise : premièrement, parce qu'un comptable doit toujours être prêt à rendre compte; en second lieu, parce qu'il y avoit près d'un an qu'ils étoient avertis, et enfin parce qu'ils avoient tellement publié que leur conduite étoit exempte de tout reproche, qu'il devoit leur être bien facile de le faire connoître à leurs juges et au public.

Cependant ils commencèrent par prendre des avocats du conseil les plus habiles en procédures, et les plus propres à former les obstacles qui pouvoient faire tirer les affaires en longueur. Pour aller en avant, on demanda un nouvel arrêt, qui donnoit aux juges le moyen d'accélérer en leur donnant tout pouvoir. La seconde séance se tint le 20 avril, et la troisième fut indiquée au 10 mai.

Dans cet intervalle, l'affaire des princes légitimés fut décidée; et, par une déclaration du Roi enregistrée au parlement, il fut dit que les princes légitimés ne traverseroient plus le parquet au parlement; qu'à la cour ils auroient les honneurs des princes du sang pour le service, et les gardes du corps prenant les armes; que les ambassadeurs ne les visiteroient plus, que les enfans de M. du Maine auroient le rang que le feu Roi avoit donné à M. de Vendôme; que ses petits-fils seroient à leur rang de pair, conformément à l'érection de leur pairie. La duchesse d'Orléans fut très-affligée de voir ainsi déchoir ses frères et ses neveux; mais il faut avouer que la tendresse du feu Roi pour ses enfans l'avoit porté à leur accorder des grâces si excessives, qu'il étoit difficile qu'elles pussent se soutenir.

Après la mort du feu Roi, il y avoit eu un arrêt du conseil de régence pour régler les diverses prétentions du grand écuyer de France et du premier écuyer, auquel on conserva l'indépendance : mais à la mort du marquis de Beringhen, qui arriva alors, le comte d'Armagnac, grand écuyer, se servit du crédit du duc de Noailles, après le mariage du prince Charles avec la fille aînée de ce duc, pour obtenir un arrêt qui rétablît les anciens droits du grand écuyer de France, dont l'autorité étoit égale sur les deux premiers écuyers de la grande et de la petite écurie; mais il fut convenu que ce dernier arrêt ne seroit pas connu. Le prince Charles en obtint la confirmation en 1721, aux conditions pareillement de ne le faire connoître qu'après la mort du marquis de Beringhen, premier écuyer. Elle arriva le premier mai, et tout aussitôt le prince Charles donna les ordres à la petite écurie. Les officiers refusèrent de les recevoir, et furent maltraités par le prince Charles. La famille de Beringhen, peu considérable par elle-même, mais soutenue par beaucoup d'alliances, résista à cet arrêt, et demanda des commissaires au Régent; usage que ce prince établit depuis la majorité, pour être moins chargé de décisions.

Il s'éleva dans le même temps une accusation contre les principaux commis qui avoient travaillé aux liquidations, et l'on découvrit qu'il avoit été volé près de trois mille actions. Le dessein de perdre les Paris donna grande force à cette accusation, quoiqu'ils eussent averti de ce désordre plus de deux mois auparavant; mais comme les commissaires pouvoient avoir quelque part aux malversations, après avoir satisfait à leur devoir, ils se tenoient en repos. Le cardinal Dubois, averti des friponneries, gronda les Paris, qui répondirent qu'ils pousseroient l'affaire quand ils en auroient l'ordre; et le dernier avril on mit à la Bastille six des principaux commis. Les commissaires qui étoient soupçonnés étoient cinq maîtres des requêtes, dont deux étoient l'abbé Clément et Thalouet. Les trois autres, ou moins coupables, ou protégés, ne furent ni convaincus ni punis.

La source de la friponnerie vint de ce que plusieurs particuliers, se plaignant avec raison de ce qu'on leur faisoit perdre aux liquidations, demandèrent justice au Régent. Ce prince accorda des supplémens, que les commissaires ordonnoient sur les ordres de la cour, et que l'on tenoit secrets ; et l'on prétendit que ces commissaires, après avoir rempli ces ordres du Régent, en passèrent pour eux-mêmes, et que les commis qui exécutoient leurs ordres sur les grâces accordées par le Régent, voyant que les commissaires se traitoient favorablement, crurent se devoir à eux-mêmes une pareille indulgence.

Le cardinal Dubois m'en parla; je le louai sur sa régularité, et je lui dis : « Lorsque les maîtres » veulent rendre justice, il faut qu'elle éclate. » Si, au lieu de donner ces supplémens, on avoit » fait une liste des gens trop durement traités ; » si cette liste eût été arrêtée au conseil, et ren- » due publique, on n'auroit pas songé aux mal- » versations : mais ces grâces secrètes sont » devenues la source et l'occasion des friponne- » ries. »

Le 10 mai, M. d'Argenson, lieutenant général de police, arrêta à deux heures après minuit Thalouet, maître des requêtes, et le fit mener à la Bastille. C'étoit un homme fort à la mode, jouant gros jeu et très-heureusement, faisant la plus grande chère et la plus délicate, lié de commerce, même intime, avec des gens de la première considération. Il étoit chez moi quatre heures avant que d'être arrêté. Je lui parlai sur les mauvais bruits qui le regardoient : il me répondit avec la plus grande tranquillité. Ce qui détermina son emprisonnement, c'est qu'il dit publiquement qu'il n'avoit rien fait que par ordre. Comme il étoit fort ami du contrôleur général, celui-ci se trouvant soupçonné dit au Régent que les ordres dont Thalouet parloit ne pouvoient partir que de Son Altesse Royale, du cardinal Dubois, ou de lui ; que Son Altesse Royale et le cardinal disoient n'en avoir donné aucun; par conséquent que c'étoit lui seul, contrôleur général, sur qui pouvoient rouler les soupçons, et qu'il demandoit que Thalouet fût arrêté sur-le-champ. Il est certain que si Thalouet s'étoit sauvé, le contrôleur général auroit été soupçonné. Celui-ci me rendit compte de toute sa conduite : je ne pus que l'approuver, quoique je m'intéressasse à Thalouet, que j'avois cru jusqu'alors incapable de bassesse.

On nomma quinze commissaires, savoir, quatre conseillers d'État et onze maîtres des requêtes. Il y eut, de la part des maîtres des requêtes arrêtés, quelques représentations assez foibles sur leur privilége de n'être jugés que les chambres assemblées.

Le 17 mai, le Roi me donna le logement que quittoit M. de Charolois, et le même que le feu Roi m'avoit donné, qui avoit été occupé par monseigneur le Dauphin. Cette grâce eut l'air de faveur de la part du Régent, qui depuis quelques mois me marquoit des sentimens de grande confiance, et quelque regret de n'avoir pas suivi les bons conseils que je lui avois donnés dans tous les temps.

Le 27 mai, à une heure après minuit, le sieur de La Jonchère fut arrêté par lettre de cachet, et mené à la Bastille. Le sieur de Vattau, maître des requêtes, et rapporteur de la commission à la tête de laquelle j'étois, fit mettre le scellé dans le moment sur les papiers du sieur de La Jonchère; et Duplessis, frère du sieur de Montargis, fut chargé de l'extraordinaire des guerres.

Le 28, Son Altesse Royale me dit qu'il n'avoit eu aucune part à l'emprisonnement de La Jonchère, mais que de très-justes craintes qu'il ne sortît du royaume avoient porté le ministre à le faire arrêter; et il est certain que l'on voyoit déjà assez de désordres dans sa régie pour donner lieu à cette précaution. Le cardinal en signa les ordres avec un si grand secret, que M. Le Blanc, ministre de la guerre, n'en fut pas averti; ce qui lui fut une extrême mortification.

Les premiers jours de juin, M. d'Argenson interrogea La Jonchère à la Bastille, et les interrogatoires furent l'un de douze, et l'autre de quatorze heures de suite. La Jonchère se troubla, se coupa, et nomma enfin les plus coupables de ceux qui avoient part à ses malversations; mais il déclara que s'ils étoient nommés dans son interrogatoire, il ne le signeroit pas.

Le Régent informé des nouvelles découvertes, et le premier ministre trouvant de nouvelles preuves, ils crurent devoir donner un nouvel arrêt pour autoriser la commission, et lui ordonner de juger en dernier ressort.

On a déjà remarqué qu'elle m'avoit fait tant de peine, que, pour me défendre de l'accepter, j'avois fait trois représentations différentes : mais comme je la voyois devenir encore plus fâcheuse, j'écrivis d'abord au premier ministre, pour le prier d'en changer l'ordre. Le Régent persistant à désirer que j'en fusse le chef, j'allai trouver le cardinal Dubois à Meudon; je lui dis : « Puisque, » par les divers interrogatoires de M. d'Argen- » son à La Jonchère, il est convenu de ce qu'il » y a de plus important, le délit étant connu, il » n'est plus question pour moi que d'autoriser de » mon nom une procédure criminelle; ce qui ne » convient pas à ma dignité. Je sais bien que » tout homme d'honneur et tout bon citoyen » doit regarder comme un premier devoir de » faire découvrir, arrêter et punir des désordres » qui vont à la ruine de l'État; mais ces éclair- » cissemens une fois assurés, je croirois aussi » que le courtisan passeroit bientôt de la satis- » faction de voir le délit éclairci à celle d'im- » prouver, s'il étoit possible, la conduite de » l'homme de bien, dont la réputation, quoique » bien établie, ne doit jamais s'exposer à la ma- » lignité du public; et qu'enfin tout homme » d'honneur doit être attentif à éviter non-seu- » lement ce qui est mal, mais encore tout ce qui » peut être estimé tel, même sans aucun fonde- » ment. » Après avoir exposé toutes ces raisons, je me retirai de la commission, malgré de très-fortes représentations du ministre, qui craignoit qu'une affaire si importante, et qui intéressoit des personnes puissantes à la cour, ne fût pas aussi fidèlement conduite dans un autre tribunal. Les trois lieutenans généraux se retirèrent aussi, et l'on mit à leur place trois conseillers d'État, qui étoient Châteauneuf, de Harlay et d'Herbigny.

On apprit le 7 mai la mort de l'aîné des enfans du duc de Lorraine; qui étoit grand et fort bien fait. Il partoit pour la cour de l'Empereur, dont on croyoit qu'il épouseroit la fille aînée, et par conséquent la présomptive héritière de tous les biens de la maison d'Autriche.

La Jonchère, pressé, et désespérant de sa grâce s'il n'avouoit tout, découvrit encore plusieurs mystères d'iniquité; et ses diverses malversations furent éclaircies au point que le duc d'Orléans, malgré un assez grand attachement pour Le Blanc, secrétaire d'État et ministre de la guerre, lui fit donner ordre, le premier juin, de s'éloigner de Paris. Il alla à Don, terre du marquis de Tresnel, son gendre. Breteuil, maître des requêtes, et intendant du Limosin, eut le même jour la place de secrétaire d'État par commission, comme Le Blanc l'avoit exercée.

J'avois proposé pour la place de secrétaire d'État de la guerre d'Angervilliers, conseiller d'État, et intendant d'Alsace. Il avoit servi d'intendant dans les armées que j'avois commandées, et il étoit estimé le plus propre à cet emploi. Le premier ministre donna pour raison de son exclusion ses trop étroites liaisons avec le maréchal de Villeroy, le duc de Noailles et le maréchal d'Uxelles, suite des mauvais offices qu'on lui avoit rendus sans fondement.

Le cardinal Dubois m'expliqua toute sa conduite avec Le Blanc depuis plusieurs années, et se plaignit de n'avoir pas trouvé en lui la reconnoissance et l'ouverture de cœur à laquelle il étoit obligé dans les derniers temps. Il ajouta qu'il l'avoit averti, il y avoit plus de quinze mois, des désordres de l'extraordinaire des guerres.

Le duc de Chartres refusa pour lors de travailler sur l'infanterie avec le nouveau secrétaire d'État, et Son Altesse Royale l'ayant approuvé, le duc de Chartres dit à plusieurs colonels d'infanterie de n'adresser plus aucun mémoire au secrétaire d'État, et manda aux commis de la guerre de venir recevoir ses ordres. M. le duc et le cardinal Dubois représentèrent à M. le duc d'Orléans que c'étoit dégrader le secrétaire d'État qui avoit le département de la guerre, et il fut décidé que le duc de Chartres travailleroit avec lui.

Le 10 juillet, l'ambassadeur d'Espagne vint me trouver, et m'apporta une lettre très-agréable du roi d'Espagne, par laquelle Sa Majesté Catholique me mandoit que, n'ayant jamais perdu le souvenir des services signalés et distingués que j'avois rendus aux deux couronnes, il me faisoit grand d'Espagne de la première classe, pour moi et pour toute ma maison. J'allai le jour d'après à Meudon, pour avoir l'honneur de rendre compte au Roi et à Son Altesse Royale d'une grâce qui m'étoit d'autant plus sensible qu'elle me donnoit lieu de faire deux branches dans ma maison avec des dignités.

Le 15 juillet, les commissaires s'assemblèrent le matin à huit heures, pour l'affaire de Thalouet et des commis du *visa*. L'abbé Clément, conseiller au grand conseil, fut mis à la Bastille par ordre du Roi, et décrété le même jour de prise de corps par les commissaires, pour le même sujet qui faisoit le procès de Thalouet et des commis de la banque. Les commissaires s'assemblèrent le même jour depuis midi jusqu'à cinq heures et demie du soir, pour l'affaire de La Jonchère. Le marquis de Belle-Ile et le chevalier son frère furent décrétés d'ajournement personnel, et d'abord il y eut sept voix qui allèrent à décréter aussi M. Le Blanc : on prétendit même que, sans l'adresse de Châteauneuf, conseiller d'État et chef de la commission, il auroit été décrété d'ajournement personnel.

Le marquis de Belle-Ile fut interrogé trois fois, et Son Altesse Royale fit des réprimandes à messieurs de Châteauneuf et d'Herbigny sur la partialité qu'ils avoient fait paroître dans la première assemblée en faveur de M. Le Blanc et de M. de Belle-Ile. On proposa en même temps d'augmenter de cinq le nombre des commissaires, parce que deux s'étoient retirés ; mais l'indisposition du cardinal premier ministre mit quelque lenteur dans la commission et les sollicitations pour Belle-Ile étoient très-pressantes.

Le mal du cardinal augmenta, et l'on fut obligé de le faire porter à Versailles le 9 août. L'opération à laquelle il avoit résisté très-longtemps, et que les médecins et les chirurgiens ne crurent pas pouvoir être différée sans un péril manifeste, fut faite le même jour par La Peronnie. Une demi-heure après, il y eut un tonnerre violent ; ce qui rend toute plaie très-dangereuse. L'abattement dans lequel étoit le cardinal n'avoit pas besoin de cet accident. Il s'étoit confessé en arrivant de Meudon, et le 10 il mourut sur les cinq heures du soir, sans avoir fait aucune disposition des biens qu'il pouvoit laisser, ni pour sa famille ni pour ses domestiques.

Étant allé au petit coucher du Roi à Meudon, le duc d'Orléans vint le soir chez le Roi, contre son ordinaire. Il me tira à part, et m'apprit la résolution où il étoit de se faire premier ministre, avec une patente du Roi ; et que M. de Morville étoit destiné aux affaires étrangères. Il entra dans le détail de certaines négociations dont il savoit que le cardinal Dubois avoit conféré avec moi. Le 11, le duc d'Orléans prêta le serment de principal ministre, M. de Morville pour les affaires étrangères, et M. de Maurepas pour la marine, jeune homme de vingt ans, mais de beaucoup d'esprit.

Le cardinal Dubois avoit fait une fortune surprenante en très-peu de temps, et conservoit un grand ascendant sur l'esprit de son maître, dont il avoit été sous-précepteur. On lui trouvoit beaucoup d'esprit, mais il avoit mauvaise réputation pour les mœurs. Son maître avoit été le premier à en parler assez mal ; mais sitôt que ce cardinal n'eut plus d'autre intérêt que celui de l'État, il y parut entièrement dévoué, cherchant l'amitié et l'approbation des honnêtes gens, et voulant, disoit-il punir les fripons. Enfin sa mort fut regardée comme une perte dans la conjoncture présente.

Le cardinal m'avoit fait beaucoup d'avances, et recevoit avec grande confiance les conseils que je lui donnois, tant sur les affaires étrangères que pour l'état de la guerre, qui étoit dans la plus grande confusion. Il s'étoit donné un brevet de retenue de cinq cent mille francs sur la charge de secrétaire d'État, qui n'étoit que commission ; et une de trois cent mille livres sur celle de surintendant des postes. Breteuil paya le brevet de cinq cent mille livres pour la charge de secrétaire d'État, et Son Altesse Royale conserva les postes. Ces deux sommes firent un capital à M. Dubois, frère du cardinal, honnête homme, et qui, ayant fait autrefois la profession de médecin, étoit toujours demeuré dans un état de modestie conforme à sa naissance.

Le Roi revint le 13 à Versailles, et je m'établis dans l'appartement du duc de Berri, que le Roi n'avoit rendu.

Le duc d'Orléans parut bientôt consolé de la mort du cardinal. Il fit revenir Nocé, que le cardinal avoit fait exiler, et employa les premiers jours à voir tous les papiers que les commis du cardinal lui apportèrent. La lecture de plusieurs put ne lui être pas agréable. La plupart furent brûlés, et il conserva presque tous ses commis.

Ce prince eut dans le même temps une assez longue conversation sur les affaires étrangères avec moi, et me pria de lui donner mes conseils sur les matières importantes. J'usai modestement de la liberté qu'il me donnoit, et je résolus d'attendre qu'il me consultât.

Le 24 août, M. de Mesmes, premier président du parlement de Paris, mourut d'une attaque d'apoplexie : il en avoit eu une quelques années auparavant, de laquelle il se sentoit toujours, et qui lui avoit fait perdre une liberté d'esprit qui lui étoit naturelle. Cependant il fut regretté, par la crainte du successeur, sur lequel M. le duc d'Orléans parut incertain quelques jours. Il devoit l'être en effet par la difficulté de faire un bon choix, puisqu'il falloit un homme qui fût en même temps dépendant de la cour et qui pût aussi être le maître de sa compagnie; ce qui exigeoit des qualités fort opposées.

Le 28 août, Thalouet, maître des requêtes, et Clément, conseiller au grand conseil, furent condamnés à avoir la tête tranchée, et les commis à être pendus, pour avoir volé au Roi et au public près de neuf mille actions dans leurs fonctions de commissaires, pour liquider plusieurs effets en papier : prévarication qui les rendoit d'autant plus coupables, qu'ils avoient employé à voler le Roi et le public l'autorité et la confiance que Sa Majesté leur avoit données.

Thalouet et Clément eurent grâce de la vie, et leur peine fut commuée en une prison perpétuelle, avec confiscation de tous leurs biens. Les commis eurent pareillement grâce de la vie, et furent condamnés à un bannissement perpétuel.

Fagon, conseiller d'Etat, homme d'esprit, et *** (1), qui étoit à la tête de la compagnie des Indes, voulurent absolument s'en retirer, aussi bien que deux capitaines de vaisseaux, nommés Duguay-Trouin et Faget, tous deux très-habiles gens de mer, et fort estimés. Ils quittèrent, parce qu'on répandoit que cette compagnie étoit contraire au bien de l'État, et qu'elle détruisoit tout autre commerce.

Le 20 septembre, ma famille fit une perte qui me fut très-sensible : ce fut celle de ma sœur, abbesse de Chelles. Elle avoit cédé son abbaye à madame d'Orléans, fille de M. le duc d'Orléans, et s'étoit retirée dans un couvent à Paris, principalement pour être à portée de me voir, l'amitié ayant toujours été très-vive entre nous deux. Elle étoit d'un mérite distingué ; et, extrêmement touché de sa mort, je m'éloignai de la cour pour trois semaines.

(1) La suite est en blanc dans le manuscrit. (A.)

Le jour de mon départ, M. le duc et l'évêque de Fréjus me confièrent le dessein qu'ils avoient de porter le Roi à passer quatre ou cinq mois de l'année à Paris, et me dirent que M. le duc d'Orléans le souhaitoit aussi. Je les fortifiai autant qu'il me fut possible dans la résolution de faire connoître au Roi qu'il ne devoit pas être le seul monarque de l'univers qui n'habitât jamais une capitale qui lui avoit donné de si grandes marques d'attachement et de passion. M. le duc d'Orléans n'avoit pas proposé le retour à Paris de manière à ôter l'incertitude, et de son côté le Roi ne paroissoit pas le désirer : ainsi il se répandit que le Roi demeureroit à Versailles. Le cardinal de Noailles, qui vint alors passer quelques jours dans mon château, m'exhorta fort à faire reprendre le dessein de revenir à Paris, et même à en parler au Roi.

On apprit le 6 octobre une nouvelle bien cruelle pour la maison de Bouillon. Elle avoit conclu avec la princesse Sobieski un mariage aussi glorieux qu'avantageux par les alliances avec l'Empereur, le roi d'Espagne, le roi Jacques d'Angleterre, les ducs de Modène et de Parme. Le mariage se consomma à Strasbourg. Le lendemain, le prince de Turenne tomba malade, et mourut de la petite vérole en trois jours : jeune homme rempli de bonnes qualités.

Le même jour, le comte Maffey, ambassadeur extraordinaire de Sardaigne, vint me voir, et m'apprit une aventure terrible arrivée près de Madrid. La princesse de La Mirandole étant à un quart de lieue de la ville, dans une maison où elle avoit invité une nombreuse compagnie, composée des principaux ministres étrangers et des plus considérables de la cour, sur les neuf heures un orage survint avec une pluie violente, qui dans un moment tomba avec une si furieuse abondance, que lorsqu'on y pensoit le moins la muraille de la cour fut emportée par un torrent, la cour inondée, les fenêtres enfoncées par la violence de l'eau, et la princesse de La Mirandole, sa belle-fille, le prince Pio, et Fabricio Colona, noyés dans l'appartement bas, où ils étoient. Le prince de Cellamare passa dans la cour, et se tint à l'impériale d'un carrosse, et l'ambassadeur de Venise se sauva de la même manière. On dit que, soixante ans auparavant, la même maison avoit été renversée par un orage pareil.

Je revins le 13 octobre à Paris. Je trouvai que le marquis de Canillac, exilé d'abord à Blois, ensuite dans le voisinage de Paris, avoit eu permission d'y revenir. Sa santé étoit très-affoiblie, et son retour avoit été accordé sur ce que peu de jours auparavant il s'étoit trouvé très-mal. Il vit Son Altesse Royale par une porte de derrière, demeura deux heures en conversation avec elle, et fut rétabli dans ses bonnes grâces.

Le 16, elle déclara la distribution des bénéfices, la plus grande qui eût jamais été, puisque le Roi donnoit douze archevêchés ou évêchés, et un nombre prodigieux d'abbayes, dont les plus fortes furent chargées de pensions pour des gens de cour ou de guerre. Le 18, Son Altesse Royale se rendit aux sollicitations du cardinal de Noailles, du duc de Gramont et de moi, et le Roi rappela de son exil le duc de Noailles, qui avoit été dix-huit mois éloigné de la cour.

Le 24, le baron de Penterrieder, un des ambassadeurs de l'Empereur au congrès de Cambray, revint à Paris. A son arrivée, on publia qu'il apportoit les investitures de quelques États d'Italie que demandoit l'Espagne, et dont le refus étoit la cause apparente de la longueur de ce congrès; mais l'on jugea qu'elles n'étoient pas entièrement conformes aux engagemens, puisqu'elles étoient suivies d'un ministre habile qui, selon les apparences, avoit des ordres de ne rien accorder, et de ne pas rompre.

La petite vérole, qui durant tout cet été avoit fait beaucoup de ravages, emporta en huit jours la duchesse d'Aumont et le duc d'Aumont son fils, qui peu de mois auparavant avoit perdu sa femme et son père. Il laissoit de grands établissemens. La charge de premier gentilhomme de la chambre fut donnée à l'aîné de ses deux fils, et le gouvernement du Boulonnais, très-considérable, au duc d'Humières : grâce qui surprit d'autant plus la cour, que jamais il n'avoit rendu aucun service.

Le 11 novembre, le duc de Noailles arriva à Paris, et vit Son Altesse Royale. Il en fut reçu avec les manières gracieuses naturelles à ce prince, et fut présenté au Roi le 14, sans qu'il fût parlé des raisons qui l'avoient éloigné. Le duc de Noailles avoit espéré qu'il feroit la révérence au Roi en particulier, et que M. d'Orléans voudroit bien dire qu'il n'y avoit eu dans cette affaire que des soupçons du cardinal Dubois, mal fondés. Son Altesse Royale avoit comme promis au duc de Noailles qu'il porteroit cette parole ; mais tout cela fut oublié.

Le 16, les comédies commencèrent à la cour. Le Roi n'en vouloit pas ; mais pour procurer ce divertissement à la cour j'avois proposé un moyen qui étoit de pratiquer une grande loge pour le Roi, dans laquelle il pourroit entrer et sortir sans déranger le spectacle, s'il en étoit ennuyé. Cela fut exécuté ; et, par le secours de cette invention, un divertissement très-nécessaire à la cour y fut rétabli.

Le même jour, le baron de Penterrieder, ambassadeur de l'Empereur, prit congé, après être convenu de tout pour les investitures des États d'Italie destinés à l'infant don Carlos, fils de la reine d'Espagne régnante. Les difficultés de ces investitures avoient suspendu toute négociation à Cambray ; mais il fut convenu que les conférences s'ouvriroient incessamment, et qu'on feroit l'ouverture du congrès, où presque tous les ambassadeurs de l'Europe étoient inutilement depuis trois ans.

Peu de jours après, on apprit la mort du grand duc, arrivée le 2 novembre. Le prince Gaston, son fils unique, lui succéda sans aucune difficulté. L'électeur de Cologne mourut à peu près dans ce même temps. Son neveu, fils de l'électeur de Bavière, déjà évêque de Munster, lui succéda à l'électorat de Cologne, dont il étoit élu coadjuteur ; mais il fut question d'une élection à l'évêché de Liége. Les grands bénéfices d'Allemagne commençoient à tomber à des princes : l'Empereur, par la protection qu'il leur accordoit, les fit entrer dans presque tous les chapitres qui s'en étoient défendus jusque-là, même dans les évêchés de Wisbourg et de Bamberg, qui sont d'un revenu très-considérable. On fouettoit l'élu dans le chapitre ; mais cette petite indignité, qui naturellement devoit éloigner les princes, ne les rebuta pas ; et l'on vit, sur la fin du dernier siècle, les électorats de Mayence, de Trèves, et presque tous les autres grands bénéfices de l'Empire, qui jusqu'alors étoient possédés par des comtes ou barons de l'Empire, tombés à des princes.

Les cabales pour la compagnie des Indes en France étoient vives, et soutenues par madame la duchesse, princesse hardie, et de beaucoup d'esprit. On avoit déjà obtenu la ferme du tabac pour cette compagnie, et on lui accorda le privilége exclusif du café ; ce qui ruinoit non-seulement la ville de Marseille, mais ce qui donnoit lieu de craindre encore que la franchise du port ôtée ne ramenât la peste, comme elle l'avoit causée quatre ans auparavant. J'en représentai les périls avec tant de force, que j'arrêtai la résolution prise d'ôter à la ville de Marseille la liberté de vendre du café. Cette compagnie, soutenue, dis-je, par une forte cabale, vouloit rétablir le papier dans le royaume, et faire déplacer le contrôleur général, qui s'opposoit à ce pernicieux dessein. Informé de toutes ces pratiques secrètes, j'en parlai à Son Altesse Royale : je fis agir l'évêque de Fréjus, et soutins le contrôleur général. M. le duc, en cela opposé aux desseins de sa mère, se conduisit comme il convenoit au bien de l'État. Cependant le dessein où l'on étoit de rétablir le papier suspendit la diminution des espèces, diminution si nécessaire, que la cherté de tout étoit excessive, et que les troupes mêmes ne pouvoient plus subsister avec leur solde, quoique augmentée; en sorte que depuis deux ans le soldat ne mangeoit pas de viande, et ne pouvoit s'acheter de chaussures, ni être habillé qu'au bout de quatre ans; ce qui causoit une grande désertion.

Comme j'avois toujours représenté au Régent ce que je croyois être du bien de l'État, je lui parlai sur le papier, et sur l'absolue nécessité de diminuer incessamment les espèces.

Le bruit se répandit alors que le duc d'Orléans vouloit faire des ducs, et donner cet honneur au marquis de La Vrillière, afin que son fils épousât une fille bâtarde du roi d'Angleterre. Sur cela je dis au duc d'Orléans : « Vos bons » serviteurs ne peuvent s'empêcher de vous re- » présenter que votre gloire est intéressée à ne » pas laisser dire que le roi d'Angleterre, n'o- » sant pas donner sa bâtarde à un milord, dont » il y en a plus de deux cents, vous oblige, » pour la marier, à faire un duc en France. » Le Régent m'avoua qu'on lui en avoit parlé, et que je lui faisois un plaisir très-sensible de lui faire voir et sentir les conséquences qu'auroit cette démarche.

Le 2 décembre, étant à souper chez la princesse de Conti à Paris, je reçus un courrier de Versailles, par lequel j'appris que le duc d'Orléans étoit tombé en apoplexie, et mort une demi-heure après. Ce prince étoit avec madame de Falaris, une de ses maîtresses : il lui dit qu'il se trouvoit fort assoupi, mais qu'il ne vouloit pas s'endormir, parce qu'il devoit monter chez le Roi. Un quart d'heure après, cette dame le voyant fort assoupi, lui demanda s'il dormoit. Il s'assied dans un fauteuil : dans l'instant même sa tête tomba sur son estomac, et lui à terre. On se hâta de chercher un chirurgien; mais à peine avoit-il quelques restes de vie, et en effet il mourut peu d'heures après.

M. le duc, averti du premier moment où il se trouva mal, monta chez le Roi et le supplia de l'honorer de la place de premier ministre : ce qui lui fut accordé sur-le-champ. Aussitôt M. le duc envoya chercher le marquis de la Vrillière, secrétaire d'État, et lui fit recevoir l'ordre du Roi d'en expédier les patentes dans le moment. M. de La Vrillière demanda le retardement de l'expédition jusqu'au lever du Roi; mais M. le duc ayant désiré qu'elle se fît promptement, une heure après elle fut faite, et le serment prêté; en sorte que l'on apprit presque en même temps M. d'Orléans mort, et M. le duc premier ministre.

Après avoir reçu la nouvelle de l'accident arrivé à M. le duc d'Orléans, je partis pour Versailles, où j'arrivai une heure après minuit. J'allai d'abord chez M. le duc, qui m'apprit de quelle manière il s'étoit fait déclarer premier ministre; il me dit ensuite : « Je ne mériterois » pas votre estime si, vous ayant assuré depuis » trois ans que je vous désirois dans le conseil » du Roi, vous n'y entriez pas dans le moment » que je le puis proposer à Sa Majesté. Ce sera dès » demain. Je crois par là faire un grand plaisir à » M. de Fréjus. Demandez-lui à quelle heure il » veut que tous trois nous conférions sur cela. » J'en parlai le matin à l'évêque, qui parut approuver le projet, et me dit qu'il verroit M. le duc chez le Roi. Dès que M. le duc aperçut l'évêque, il le tira dans une fenêtre, et lui apprit son dessein sur moi. Mais ce prince fut très-étonné lorsque l'évêque lui dit qu'il ne me céderoit pas le pas; que, comme évêque, il le prétendoit sur les pairs de France. Cette prétention, déjà folle en elle-même, surprit d'autant plus M. le duc, qu'il croyoit que l'amitié qui régnoit depuis cinquante ans entre M. de Fréjus et moi devoit le guérir d'une prétention si mal fondée, puisque d'ailleurs les archevêques n'ont pas de place au conseil d'État que du jour de leur réception, et qu'ils passent après tous les gens de robe, dans le temps que non-seulement les pairs, mais même les ducs à brevet et les maréchaux de France, précèdent tous les conseillers d'État de robe à leur première entrée dans le conseil.

La conversation de M. le duc et de l'évêque de Fréjus étant finie, je demandai à l'évêque s'il étoit convenu avec M. le duc de l'heure à laquelle on feroit la proposition au Roi. « Il y a » une difficulté, me répondit l'évêque : c'est que » je ne vous céderai pas le pas, et que je prétends pas- » ser devant vous. » Je me contins sur une proposition si extraordinaire, et le plus grand empire sur moi-même me fut nécessaire pour ne pas éclater. Je lui dis seulement : « Le public » sera surpris que vous vouliez empêcher le ma- » réchal de Villars, votre plus ancien ami, » d'entrer au conseil, fondé sur une prétention » aussi frivole que la vôtre. Vous y songerez, » ajoutai-je, et j'irai toujours dîner avec vous. » Je vis M. le duc le moment d'après, auquel je dis : « Il faut être sage, et ne pas se brouiller » avec l'évêque. Je vais dîner avec lui. » L'évêque de Fréjus fit ses réflexions, et connut le très-grand tort qu'il alloit se faire si la résistance éclatoit; et dès le soir il dit à M. le duc qu'il sacrifieroit sa prétention au bien de l'État et à l'amitié, sentiments généreux en apparence, mais dont le peu de solidité ne sera que trop connue dans la suite.

Sur les neuf heures du soir, M. le duc envoya un gentilhomme me dire qu'il me prioit de venir chez le Roi dans le moment. Dès que le Roi m'aperçut, il vint à moi d'un air riant, et l'évêque de Fréjus voulut réparer ce qui s'étoit passé le matin par un éloge qu'il fit de moi au Roi sur mes services dans la guerre et dans la paix. M. le duc me dit que Sa Majesté me mettoit dans ses conseils. Celui d'État demeura composé uniquement du Roi, de M. le duc, de moi, et de M. l'évêque de Fréjus. Quant aux autres conseils, il n'y fut fait aucun changement. Mais madame d'Orléans, déjà animée par l'éloignement de ses frères, qui étoient ennemis de M. le duc, le prince de Conti et plusieurs des principaux de la cour, piqués de n'avoir aucune part au gouvernement, tinrent plusieurs assemblées secrètes.

M. de Chartres, devenu duc d'Orléans, colonel général de l'infanterie, renouvela sa prétention de rendre compte au Roi directement du détail de l'infanterie. M. le duc demeura ferme à n'y pas consentir, et offrit comme tempérament que M. le duc d'Orléans, pour ne pas venir chez lui, envoyât ses mémoires; qu'il les examineroit, et ensuite les porteroit au Roi. Cet expédient ne contenta M. le duc d'Orléans. Il se défendit jusqu'au 10 décembre, qu'il déclara qu'il ne se mêleroit plus des détails de l'infanterie; enfin il fut réduit à faire sa charge, comme le comte d'Évreux faisoit celle de colonel de la cavalerie. On me pressa fort de porter M. le duc à céder, représentant que M. le duc d'Orléans étoit héritier présomptif de la couronne, et qu'il méritoit par là des ménagemens. Je parlai donc, et dis à M. le duc : « Dans presque toutes les matières
» importantes, il y a deux partis à suivre : dans
» celle dont il s'agit, plusieurs penseroient que
» les premiers jours d'une nouvelle administra-
» tion demandent beaucoup de sagesse et de mo-
» dération ; l'autorité s'établit peu à peu, il faut
» couler, ménager les esprits, et surtout quand
» il est question de l'héritier présomptif de la
» couronne, et de tous les princes attachés à ses
» intérêts. On juge de celui qui prend le timon
» de l'État par les premiers pas : si l'on y re-
» marque de la foiblesse, le courtisan et l'étran-
» ger en augurent mal; s'il est trop ferme, on se
» prévient contre son administration : en pareil
» cas, c'est au ministre à se consulter lui-même,
» et à suivre son génie. » M. le duc n'hésita pas, et prit le parti de la fermeté.

Le 8, il avoit paru trois arrêts très-favorables au public. Le premier éloignoit, ou pour mieux dire supprimoit, l'édit du joyeux avénement: cet édit avoit alarmé tous les divers ordres du royaume, parce qu'en l'exécutant il n'y avoit personne à qui l'on ne pût demander une partie considérable de son bien, ou du moins le revenu d'une année.

Le second arrêt réduisoit ou modéroit considérablement le tarif des actes de notaires.

Le troisième diminuoit les droits sur les entrées du foin, de l'avoine et des grains, dont la cherté étoit excessive. Ces trois arrêts furent très-agréables au public, et marquèrent dans le premier ministre une vive attention à soulager et à calmer toutes les craintes qui l'agitoient si justement depuis plusieurs années.

Le même jour, le Roi nomma le président de Novion premier président, et sa charge de président à mortier fut remise comme en dépôt à M. de Blancménil, avocat général; et la charge d'avocat général de celui-ci donnée au sieur Talon, petit-fils de Talon, qui avoit exercé la même charge avec grande réputation.

Il y eut, le jour d'après, un nouveau cérémonial réglé entre les princes du sang et les ducs pour les obsèques de M. le duc d'Orléans. Suivant l'usage, messieurs les princes du sang étoient chacun accompagnés d'un duc, qui marchoit à côté d'eux : il avoit un carreau égal au leur, et sur la même ligne, quand on se mettoit à genou. Le Roi ordonna que le duc ne marcheroit pas directement à côté du prince du sang; que le carreau du prince du sang seroit de velours; que celui du duc seroit de drap ; et qu'enfin il y auroit une différence marquée, à laquelle les ducs ne purent s'opposer, attendant des temps plus favorables pour soutenir la possession établie.

Cependant je fus prié par mes confrères de porter leurs justes plaintes sur une innovation qui regardoit ceux des maisons de Rohan et de Bouillon. Quand on alla donner de l'eau bénite au Dauphin, à la Dauphine, à leur malheureux fils aîné, le feu Roi ordonna que les ducs iroient en corps; que si les princes de la maison de Lorraine s'y trouvoient, les uns et les autres se retireroient; que si ceux des maisons de Rohan et de Bouillon, auxquels le Roi a accordé les honneurs de princes, s'y trouvoient, ils ne pourroient aller avec les ducs que suivant l'ordre de leur duché. Tout cela étoit écrit sur les registres du sieur Le D***, grand-maître des cérémonies, qui étoit fort contraire aux ducs, et qui vouloit leur nuire autant qu'il lui étoit possible. Il montra son registre, rayé, à ce qu'il disoit, par ordre du feu Roi ; ce qui paroissoit une fausseté et une tromperie manifeste. Premièrement on ne vit ce registre rayé que neuf ans après la mort du feu Roi : il avoit ordonné lui-même ce qui s'étoit passé aux obsèques du Dauphin et de la Dauphine, et certainement il ne s'en étoit pas repenti, puisqu'à la promotion de l'ordre, en 1687, ceux de la maison de Rohan et de Bouillon n'avoient pas été admis à l'ordre du Saint-Esprit. Le sieur Le D***, très-embarrassé des bruits qui se répandoient dans le public, voulut engager le prince de Rohan à le soutenir; ce qui ne le justifia pas.

Le 24, l'évêque de Fréjus alla déclarer à madame d'Orléans la résolution que le Roi avoit prise sur la maison de ce prince. On la fit plus considérable de beaucoup que n'avoit été sous Henri IV celle du prince de Condé, qui se trouvoit pour lors héritier présomptif de la couronne. Il fut donc réglé que le duc d'Orléans auroit un premier gentilhomme de la chambre, un premier écuyer, et un premier maître d'hôtel. Ces places furent remplies par le chevalier de Conflans pour la première, par Clermont pour premier écuyer; et d'Épinay fut fait capitaine des gardes du prince, considéré seulement en qualité de gouverneur de province : on lui laissa un régiment d'infanterie, un de cavalerie, et un de dragons. Les compagnies de gendarmerie demeurèrent au Roi.

Dans les derniers jours de l'année, Sa Majesté m'ordonna d'entrer dans tous les conseils, aussi bien que dans celui d'État. Je pris séance au conseil des finances et à celui des dépêches. Je suppliai Sa Majesté de me dispenser d'assister à celui de conscience, parce que je ne me croyois pas assez versé dans les matières qu'on y traitoit, surtout dans celle qui étoit le plus souvent agitée, et qui regardoit la constitution. Cette querelle avoit causé une grande division dans l'Église, les molinistes et les jansénistes portant souvent les choses à l'extrémité. Le feu Roi, dont les intentions étoient entièrement conformes à ce qu'exige la religion, sans abandonner les libertés de l'Église gallicane, vouloit que l'on fût soumis au Pape. Après sa mort, le duc d'Orléans releva le parti janséniste, presque abattu, en mettant le cardinal de Noailles à la tête du conseil de conscience.

L'abbé Dubois, qui vouloit être cardinal, prit le parti de la constitution, et fut soutenu par l'évêque de Fréjus, qui eut aussi la nomination du Roi au chapeau; en sorte que ce conseil de conscience sous le cardinal de Noailles, composé d'ennemis de la constitution, fut entièrement changé, et composé des cardinaux de Rohan, de Bissy, de Gêvres et Dubois, des évêques de Fréjus et de Nantes; celui-ci nommé peu après à l'archevêché de Rouen.

JOURNAL DE VILLARS.

[1724] Le premier jour de l'an 1724, M. le duc a fait agréer au Roi le changement de divers logemens dans le château de Versailles. Le Régent les avoit fait occuper par ses affidés. Ils ont été rendus à plusieurs seigneurs, comme les ducs de Sully, de La Feuillade, de La Rocheguyon, de La Vallière, et ôtés à La Fare, Simiane, Clermont, d'Étampes, Chirac, Belle-Ile, qui naturellement ne devoient pas être préférés à ceux qui les avoient occupés auparavant.

M. le duc d'Orléans n'a pas répondu à l'honnêteté que M. le duc a eue pour lui. Il lui avoit envoyé Blouin, pour savoir ce qu'il désiroit sur les logemens. Sa réponse fut qu'il y feroit réflexion; puis, sans rien dire, il a été demander directement au Roi ceux qui lui convenoient. Le Roi en a parlé à M. le duc, qui, sans marquer de ressentiment, a ordonné les appartemens comme le duc d'Orléans les désiroit. Lui-même a pris celui du Régent, et a donné le sien au prince de Dombes et comte d'Eu.

L'Infante a été attaquée de la rougeole dans les premiers jours du mois. La cour s'est transportée à Trianon, d'où on a pris la résolution d'aller habiter Marly; mais la quantité de réparations nécessaires dans un lieu où on n'a pas été depuis dix ans a forcé, trois semaines après, de retourner à Versailles.

L'échange de Belle-Ile (1) a été rapporté au conseil [11 janvier (2)], et fort nettement exposé par le contrôleur général. Cet échange avoit d'abord révolté la chambre des comptes, par l'énorme lésion que le Roi y souffroit. Elle avoit donné deux arrêts contre, qui furent cassés par deux arrêts du conseil. Le puissant crédit du marquis de Belle-Ile le portoit à tout entreprendre, et lui faisoit trouver tout facile. Nous ferons le portrait de ce jeune homme dans la suite (3); mais, pour suivre ce qui regarde la terre de Belle-Ile, le président de Nicolaï, homme d'une vertu sévère qui étoit à la tête de la chambre des comptes, fît représenter par le procureur général l'impossibilité qu'il y avoit pour la chambre de consentir à l'échange sans manquer à son devoir, et elle avoit décidé qu'il falloit résilier le contrat. Tout ceci rapporté au conseil, on a statué que la chambre seroit autorisée à vérifier de nouveau les évaluations de la terre de Belle-Ile et des domaines que le Roi cédoit, aussi bien que les améliorations et détériorations faites par le marquis de Belle-Ile pendant le temps qu'il a joui des terres du Roi. Il a été aussi réglé qu'en attendant ledit sieur de Belle-Ile aura trente-quatre mille livres de rente, prix du dernier bail de la terre de Belle-Ile, si mieux il n'aime jouir de la terre par provision, en cas qu'il croie que ces trente-quatre mille livres sont au-dessous du revenu, qu'il fait effectivement monter à quinze mille francs de plus. En disant mon avis au conseil, j'ai supplié le Roi d'ordonner une économie universelle absolument nécessaire, et lui ai représenté que, nonobstant ses revenus immenses, les peuples étoient trop chargés. « Et » dans quel temps? lui ai-je dit; lorsque l'on » jouit d'une paix qui dure depuis dix ans, et » qui auroit dû procurer du soulagement. »

Un courrier envoyé par Coulanges, chargé des affaires du Roi en Espagne, a apporté une lettre de Philippe V au Roi [20 janvier], qui lui apprend la résolution de ce monarque de remettre sa couronne au prince des Asturies, résolution prise, disoit-il, de concert avec sa femme. J'ai été très-fâché de cette nouvelle; car, bien que depuis l'éloignement du cardinal Alberoni la monarchie d'Espagne soit très-mal gouvernée, il est bien différent de la voir entre les mains d'un roi âgé, dont l'autorité est tout établie, ou entre celles d'un enfant abandonné à la

---

(1) M. le maréchal de Belle-Ile a laissé au Roi, en mourant, le comté de Gisors, et son superbe hôtel de Paris; de sorte que s'il a été favorisé dans l'échange, il a amplement dédommagé la couronne. D'ailleurs il faut remarquer que Belle-Ile étoit une souveraineté; ce qui met un grand poids dans la balance en faveur du marquis de Belle-Ile : à quoi sans doute on a eu égard dans les évaluations, qui dans ce cas n'ont pas dû être faites précisément de revenu à revenu, comme il semble que le prétendoit le maréchal de Villars. (A.)

(2) Les dates ainsi placées entre crochets indiquent ordinairement la date du conseil que celle des évenemens.

(3) Ce portrait annoncé ne se trouve ni dans le Journal ni dans les Mémoires. (A.)

conduite des grands, c'est-à-dire à un désordre pareil à celui qui régnoit sous le dernier roi d'Espagne.

On savoit les investitures arrivées à Cambray mais qu'elles n'étoient pas encore remises aux ambassadeurs d'Espagne. On a dépêché un courrier à ceux du Roi, avec ordre de ne rien oublier pour tirer les investitures des mains des Impériaux avant que la nouvelle de l'abdication leur soit parvenue ; ce qui a été exécuté heureusement.

Deux jours après, on a été informé du détail de cette abdication : que le roi d'Espagne a formé une junte pour gouverner sous l'autorité du jeune Roi, composée des présidens de Castille, archevêque de Tolède, grand inquisiteur, marquis de Valero, comte de Saint-Estivan, marquis de Leyde, et Guerreyra, ci-devant chancelier de Milan ; que Philippe V se réserve deux cent mille pistoles par an pour lui et pour la Reine, et trois cent mille une fois payées pour achever les bâtimens de Saint-Ildefonse, qui est le lieu de sa retraite. On savoit déjà que le marquis de Grimaldo devoit demeurer auprès de lui; on savoit aussi les motifs de son abdication, qui étoit le désir de ne plus songer qu'à son salut.

La charge de lieutenant général de police a été donnée à M. d'Ombreval [27 janvier]. M. d'Argenson, qui l'exerçoit, tenoit par deux charges à M. le duc d'Orléans, et il convient que le lieutenant de police soit absolument au premier ministre. M. le duc lui ayant envoyé demander sa démission, au lieu de la remettre il a été la porter à M. le duc d'Orléans. M. le duc, qui étoit bien disposé pour M. d'Argenson, a été piqué de ce procédé. On a cru quelque temps qu'il n'auroit pas l'expectative de conseiller d'État, que M. le duc d'Orléans demandoit pour lui. Ces sortes de grâces avoient été prodiguées pendant la régence, et M. le duc avoit déclaré qu'il ne suivroit pas cet exemple. Cependant, quoique peu satisfait de la conduite de M. d'Argenson, il a sacrifié son ressentiment au désir de bien vivre avec M. le duc d'Orléans ; et M. le duc d'Orléans, touché de ces égards, s'est raccommodé avec lui.

La réconciliation a été scellée par de nouveaux égards de M. le duc, qui a nommé chevaliers de l'Ordre presque tous ceux que M. le duc d'Orléans a demandés. La promotion a été de cinquante-huit. Comme j'entrois chez le Roi, après trois semaines d'absence occasionnée par un gros rhume qui m'a fait manquer plusieurs conseils, M. le duc m'a tiré dans l'embrasure d'une fenêtre et m'a dit : « Je vous donne bien des con-
» frères. — Je le sais, ai-je répondu : peut-être » en faites-vous trop. On retient plus les hom-
» mes par l'espérance que par la reconnoissance.
» Ce sont d'autres confrères, m'a-t-il dit, des
» maréchaux de France. » Le duc de Noailles étoit assez près ; j'ai dit à M. le duc : « Celui-là
» en est-il ? » Il a répondu : « Non. — Il en se-
» roit, ai-je ajouté, si vous m'aviez fait l'hon-
» neur de m'en parler. » Cette promotion est de sept : le comte de Broglie, qui depuis plus de quarante ans est hors de service ; le comte Du Bourg, le marquis de Medavy, le duc de Rauquelaure, le marquis d'Alègre, le duc de La Feuillade, et le duc de Gramont. Elle n'a pas été généralement applaudie. Ceux qui la vouloient avoient apparemment exigé que M. le duc ne s'en ouvriroit pas à moi.

On a lu dans le conseil [6 février] la lettre que Philippe V a écrite à son fils en abdiquant la couronne. Elle est remplie de piété, et de réflexions sur le mépris des grandeurs et la nécessité de songer à son salut, avec des instructions sur les soins qui doivent principalement occuper un saint roi : le père y prescrit pour modèle à son fils ses aïeux saint Louis et saint Ferdinand, et ne dit que peu de choses sur la politique. Il paroît que ce roi, uniquement occupé de son salut, et las des fatigues du gouvernement, l'a abandonné de bonne foi ; mais je crois que la Reine sa femme y renonce avec plus de peine, ainsi que Grimaldo, qui depuis quelques années étoit sous-ministre auprès de son maître.

Le maréchal de Tessé, en partant, a reçu ordre d'aller droit à Saint-Ildefonse, et y a été très-bien reçu [18 mars]. Il a, selon ses instructions, fort exhorté le Roi à conserver un grand empire sur son fils ; ce que la Reine a bien appuyé. Grimaldo a dit au maréchal de Tessé : « Le roi Philippe n'est pas mort, ni nous non » plus. » La femme de Grimaldo est encore plus vivante, et a la réputation d'aimer les présens.

Cependant il est aisé de conjecturer que l'autorité de la vieille cour ne sera pas longue ; et l'on a reçu dès le 18 mars des lettres qui marquent déjà un grand changement. Le roi Philippe, ou plutôt Grimaldo, avoit nommé quatre secrétaires d'État, qui devoient expédier sous le jeune Roi, et vraisemblablement rendre compte au Roi son père, et en recevoir les ordres sur les matières importantes. Les sept ministres qui composent la junte ont changé cette disposition, et statué que chacun d'eux aura un département, dont il référera à l'assemblée. Le maréchal de Tessé est tombé dans celui du président de Castille. Sur cette nouvelle, j'ai dit au conseil : « Adieu la cour de Saint-Ildefonse ; elle sera

» bien heureuse si son dîner et son souper sont
» bien assurés. »

La suite de l'affaire du marquis de Belle-Ile, dont j'ai parlé, devint plus sérieuse qu'on n'avoit cru. Le chevalier de Belle-Ile, son frère, a voulu faire tenir un billet à La Jonchère, prisonnier à la Bastille. On s'est servi pour cela de Pompadour, lequel y ayant été renfermé pendant quinze mois, y a fait des connoissances. Il a voulu tenter le lieutenant de roi, qui a averti le gouverneur, et celui-ci M. le duc. Aussitôt le prince a donné ordre au marquis de Pompadour de venir lui parler. Pompadour est convenu de tout, et a dit qu'il l'a fait à la sollicitation de M. d'Herbigny. Celui-ci, interrogé par le lieutenant de police, a nié; mais le chevalier de Belle-Ile en a assez avoué pour être envoyé à la Bastille avec son frère, qui y avoit été renfermé dès le premier mars. Le sieur Le Blanc, qui n'étoit qu'exilé, y fut aussi conduit avec les sieurs de Conches et Séchelles. M. le duc a pris ces résolutions sans m'en parler; et je me confirme dans ce que j'ai déjà remarqué que quand certaines gens veulent lui inspirer certaines résolutions, il exige qu'on me les tienne secrètes.

Trois jours auparavant, cinq ou six hommes guettant autour de la maison de Duverney, qui avoit donné l'éveil sur le mauvais état de la caisse de la guerre, crurent d'abord l'avoir vu rentrer dans son carrosse, et crurent ensuite le voir ressortir à pied sur les neuf heures du soir, selon la coutume qu'il avoit d'aller tous les jours à cette heure dans une maison à quatre portes de la sienne. Ils se jetèrent sur un grand homme de la taille de Duverney, qui s'est trouvé un capitaine de cavalerie de ses parens, le percèrent de huit coups de poignard, et le laissèrent pour mort. Cet attentat a réveillé l'attention sur plusieurs autres qui avoient été négligés, et on a arrêté le nommé Montauban et plusieurs autres connus pour des espions, dont M. Le Blanc avoit répandu un grand nombre à la ville et à la cour. Ces emprisonnemens font un grand bruit, mais on ignore encore quel tribunal sera chargé d'en prendre connoissance.

M. Bignon, intendant de Paris, étant mort, j'ai demandé cette place pour M. d'Angervillers, intendant d'Alsace, et j'ai proposé pour cette dernière intendance, une des plus importantes du royaume, M. de Harlay. Tout a été gracieusement accordé par M. le duc; et M. d'Angervilliers, appelé à la cour, est venu tout droit descendre chez moi.

Le mariage de M. le duc d'Orléans avec la fille du prince Louis de Bade a été déclaré. Le Roi et M. le duc n'ont eu aucune connoissance des mesures prises pour traiter ce mariage qu'au moment où tout a été à peu près convenu. On avoit même parlé d'un autre avec une des sœurs de M. le duc; mais les conditions que demandoit la maison d'Orléans étoient telles, qu'on n'auroit pu en admettre la dixième partie.

Les soupçons augmentent tous les jours au sujet de M. Le Blanc : on a fait arrêter [20 mars] Le Vasseur, qui a été un de ses premiers commis; Du Chevron, capitaine des gardes de la connétablie, et un de ses lieutenans, nommé La Barre. Un secrétaire du maréchal de Bezons a été renfermé aussi au Châtelet, sur la dénonciation d'un prisonnier que ce secrétaire avoit voulu lui faire écrire une lettre au maréchal de Bezons, par laquelle ce prisonnier l'avertissoit qu'on l'engageoit à déposer contre M. Le Blanc.

Duverney ayant été nommé syndic de la compagnie des Indes assez contre sa volonté, mais tout-à-fait contre celle de ses frères, ils ont déclaré qu'ils ne vouloient plus travailler, et se sont séparés de lui. Cette division des quatre frères, qui ont divers talens, les deux aînés surtout très-capables de finance, m'a fait beaucoup de peine. J'ai envoyé chercher l'aîné Paris et Duverney, et j'ai eu avec eux dans mon cabinet une conférence de trois heures, en présence de messieurs de La Feuillade et Contades. J'ai mené ensuite Paris l'aîné chez M. le duc, et exhorté de nouveau les trois frères à reprendre le travail. Ils y ont enfin consenti, mais toujours fort irrités contre Duverney, qui cependant n'avoit pu résister aux ordres réitérées de M. le duc, motivés par des raisons très-honorables pour lui. « Car, disoit le prince, puisqu'on dit qu'il
» faut soutenir la compagnie des Indes pour le
» bien de l'État, soutenons-la ; mais je veux que
» ce soit avec l'ordre convenable, et empêcher
» les déprédations. Or il faut pour cela que j'aie
» à la tête un homme de confiance et de probité
» qui me rende compte. »

Les commissaires ont enfin jugé à la chambre de l'Arsenal le procès de La Jonchère [10 avril]. Il a été blâmé, punition qui rend un homme incapable d'exercer jamais aucune charge, et condamné à une restitution. Le marquis de Belle-Ile a été déclaré caution de La Jonchère pour six cent mille livres, et à payer cette somme au Roi, si les biens de La Jonchère ne sont pas suffisans pour payer ce qu'il doit au trésor royal ; et on dit qu'il s'en faut plusieurs millions qu'ils ne le soient. Ce qui a paru de plus clair contre La Jonchère, c'est qu'il a introduit dans sa caisse de l'extraordinaire des guerres des billets de banque à la place des comptans qu'il recevoit; qu'il a rendu ce même service à M. de B***, qu'il a déchargé de ses billets, dont il a rejeté les non-valeurs sur le Roi.

Un nommé Mengne, chef des espions de M. Le Blanc, a été arrêté à Marseille sur le point de s'embarquer. M. Le Blanc n'est pas excusable sur le commerce qu'il a eu avec ces misérables, capables de tous crimes. Ce Mengne, lorsque j'étois président de guerre, et M. Le Blanc membre de ce conseil, fut condamné à être dégradé des armes par la main du bourreau, pour s'être dit faussement chevalier de Saint-Louis, et en avoir porté la croix ; homme d'ailleurs reconnu pour fripon, et à demi convaincu d'assassinats. L'arrêt du conseil de guerre ayant été exécuté à Calais à la tête du régiment Royal, M. Le Blanc, devenu ministre de la guerre, le reçoit néanmoins chez lui, lui donne une croix de Saint-Louis, le fait lieutenant colonel, et voulut même le renvoyer au régiment ; mais tous les officiers ont déclaré qu'ils le mettroient en pièces. Encore un coup, M. Le Blanc n'est pas excusable de recevoir de pareils gens. Ce Mengne même a quatre mille livres de pension. Ainsi, non-seulement les soupçons augmentent, mais encore il se forme plusieurs corps de délit sur des crimes qu'on avoit négligés.

J'ai été d'avis dans le conseil de remettre l'examen de cette affaire et le jugement au parlement : il est de la gloire du gouvernement, et surtout de celui qui tient le timon, de renvoyer les accusés à leurs juges naturels. Les opinions ont été partagées. M. le duc ne tenoit à cet égard qu'à une espèce de point d'honneur assez raisonnable. « Je sais, me dit-il, qu'il est de ma » gloire de ne pas choisir moi-même les juges de » ceux qu'on croit que je n'aime pas ; mais ma » gloire est aussi intéressée à faire connoître que » j'ai eu raison quand je les ai fait arrêter, et » pour cela il faut que les informations soient » continuées par le sieur Arnaud de Bouesse, » qui les a commencées. »

Il a été question de faire agréer ce plan de procédures au parlement. J'en ai parlé au président Portail et au procureur général. Leurs raisons pour laisser commencer et continuer l'affaire par le parlement sont si bonnes, que M. le duc s'y est rendu d'autant plus volontiers, qu'on lui a fait sentir que les apparences de crime sont si fortes, qu'on ne pourra jamais le blâmer d'avoir agi dès le commencement avec vigueur pour éclaircir cette grande affaire. Il a donc été donné le 4 avril des lettres patentes, qui ont été portées au parlement, et enregistrées le même jour.

Le Roi se fortifioit beaucoup par un grand exercice, et il est certain que d'une santé qui paroissoit fort délicate d'abord, il s'en étoit fait une des plus robustes. Mais ses chasses et le chemin qu'il falloit faire pour les chercher fort loin, devenant une fatigue excessive pour lui et pour sa suite [ce qui d'ailleurs entraîne une grande dépense], j'ai donc pris la liberté de lui proposer de partager ses amusemens. « Je souhaite, » lui ai-je dit, de voir Votre Majesté goûter dans » l'hiver ceux de Paris, mais surtout de vous » voir habiter au milieu des peuples qui vous » ont donné tant de marques d'amour. » Je lui ai parlé aussi des malheurs ordinaires aux rois d'être toujours environnés de flatteurs et d'adorateurs qui tous cachent les vérités importantes, pour peu qu'elles ne soient pas agréables à entendre. J'ai ajouté : « Le seul moyen, sire, de » reconnoître les amitiés véritables, c'est de voir » si, au péril de vous déplaire, on vous dit des » vérités utiles, quoique moins flatteuses. » Le Roi m'a écouté avec un air de satisfaction ; mais les occasions de lui parler sont rares.

Les articles du contrat de mariage du duc d'Orléans avec une princesse de Bade sont arrivés [12 mai], après plusieurs difficultés de la princesse de Bade mère, qui obligeoit sa fille à renoncer à tous les biens allodiaux qu'elle-même a apportés dans la maison de Bade. M. le duc d'Orléans a voulu faire mettre dans le contrat que sa femme auroit trente mille francs par an pour ses habits et menus plaisirs, condition inusitée dans ces sortes d'alliance.

Le maréchal de Villeroy, qui étoit retenu à Lyon par une lettre de cachet, a eu permission de revenir [6 juin]. Je lui avois toujours conseillé de ne pas faire de condition, parce qu'il me paroissoit que le principal étoit de faire cesser son exil, et de revoir le Roi, bien persuadé que si on avoit quelque chose de plus à lui accorder, ce seroit plutôt en présence.

La cérémonie de la réception des chevaliers de l'Ordre s'est faite la veille de la Pentecôte, et fut très-magnifique. Les ambassadeurs ne s'y sont pas trouvés, parce qu'ils ont prétendu être salués ; ce qui n'est pas de l'ancien usage.

Le cardinal de Rohan a écrit [7 juin] que le 29 mai le cardinal des Ursins a été élu par la cabale des Zelanti. C'est un homme d'une piété et d'une sainteté reconnue, élevé dans l'ordre des dominicains, dont il a toujours suivi la règle, et dans laquelle il veut persister. Il est âgé de soixante-seize ans. Les cabales ont été très-vives dans les premiers jours. Les Albani, auxquels le long règne de leur oncle avoit donné un très-grand nombre de créatures, espéroient de faire Olivieri pape ; mais la médiocrité du sujet révolta même le peuple romain, et le scandale fut grand. Vers le milieu du conclave, le cardinal de Cienknegos s'étant réuni avec le cardinal de Rohan, on avoit compté l'exaltation du cardinal Piossa certaine : le cardinal de Rohan l'annonça même au Roi. Mais les Albani, qui n'avoient pas eu assez de force pour élever Olivieri, s'en trouvèrent assez pour empêcher Piossa d'être élu. Ils se joignirent aux Zelanti, et en un moment Ursini fut proclamé : il résista, il pleura; mais enfin il fut mis sur l'autel, alla à pied à Saint-Pierre, et donna des marques de piété fort convenables, et souvent suivies de peu d'effet.

Il a déclaré ses ministres [16 juin] : Paulucci est secrétaire d'État, Corradini dataire, et Olivieri demeure secrétaire des brefs.

Le congrès de Cambray n'avance point. Les ministres impériaux se conduisent en tout avec une hauteur insupportable : Penterrieder, dans un repas, a parlé avec insolence au comte de Saint-Severin, envoyé du duc de Parme, sur l'espérance qu'il a de la protection des couronnes et des médiateurs; en sorte qu'il a été résolu au conseil du Roi d'en porter des plaintes à l'Empereur.

Le voyage de Chantilly, dont on inspiroit depuis long-temps l'envie au Roi, a été déclaré pour le 30 juin. Comme on ne trouve plus que très-peu de cerfs aux environs de Versailles, et que les forêts de Chantilly en sont remplies, il a été arrêté qu'on y restera un mois; que ce qui ne sera pas nommé du voyage n'aura pas la liberté d'y venir, comme au voyage de Marly du temps du feu Roi. Il y a en tout dix-sept dames, et près de quarante hommes. Le garde des sceaux n'en est point, et on a déclaré qu'il n'y aura de conseil que celui de l'État. Je pars demain, premier juillet, pour m'y rendre.

Chantilly est le plus beau lieu du monde. M. le duc y a fait une dépense prodigieuse, ayant toujours cinq ou six tables de dix-huit couverts, et toutes très-délicates. Les gardes du corps, les pages, tous les officiers du Roi, les gardes françaises et suisses, les principaux domestiques de ceux qui étoient du voyage, ont été nourris aux dépens de M. le duc.

Le jeune duc de La Trémouille n'en a pas été. Il étoit premier gentilhomme de la chambre, jeune homme fort poli, de beaucoup d'esprit, d'une figure très-agréable, et ayant deux ans plus que le Roi. Comme il y avoit apparence de quelques familiarités que sa charge favorisoit, le prince de Talmont, son grand oncle et son tuteur, avoit demandé à M. le duc permission de le retirer. Cela pouvoit être raisonnable; mais il falloit prendre pour prétexte son mariage avec mademoiselle de Bouillon, qui fut déclaré trois jours après qu'on lui eut fait quitter la cour, sans en donner d'autre raison que de le remettre à l'Académie : mauvais prétexte, qui confirmoit les soupçons.

Le Roi chasse tous les jours à Chantilly. Son cheval est tombé [6 juillet], sans qu'il se soit fait aucun mal : c'est un avertissement pour prévenir des chutes plus dangereuses. Il n'est question que de chasse, de jeu et de bonne chère; peu ou point de galanterie, le Roi ne tournant point encore ses beaux et jeunes regards sur aucun objet. Les dames sont toujours prêtes, et l'on ne peut pas dire : *Le Roi ne l'est pas*, puisqu'il est plus fort et plus avancé à quatorze ans et demi que tout autre jeune homme à dix-huit.

Le courrier Bannières, arrivé de Madrid en cinq jours et demi [12 juillet], a rapporté que le roi Louis, mal satisfait de la conduite de la Reine sa femme, l'a renvoyée du palais de Retiro, où il habite, dans celui de Madrid, avec défense de voir personne. On sait depuis plusieurs mois qu'il n'a pas consommé son mariage. Cette nouvelle m'a donné occasion de parler très-fortement à Sa Majesté, pendant le conseil, sur l'extrême importance aux rois de s'assurer une postérité dont dépendent souvent la tranquillité de leurs États, la conservation de leur royaume et de leur propre personne. « Cette » dernière raison, ai-je ajouté, a obligé le roi » d'Angleterre à Rome de se marier, pour arrê- » ter les conspirations sur sa vie; et vous devez, » Sire, d'autant plus y songer, que Dieu donne » à vos peuples la consolation de vous voir si » fort à quatorze ans et demi, qu'il ne tient qu'à » vous de nous donner bientôt un Dauphin. »

Le voyage de Chantilly a fini par la perte cruelle du duc de Melun, tué par un cerf à une chasse du Roi : homme de trente ans, rempli de bonnes qualités. Ce malheur a tellement agité la cour, qu'on a fait prendre au Roi la résolution de partir dans l'instant. Pour cela il falloit donner des chevaux de poste aux gardes du corps, et tout étoit dans un très-grand désordre. J'ai représenté à M. le duc que les mouvemens des grandes cours ne devoient pas avoir cet air de précipitation; que le feu Roi n'avoit pas quitté Marly pour la mort du Dauphin ni pour celle du duc de Berri, et qu'il étoit plus convenable de ne rien changer dans l'ordre du séjour et du départ du Roi; ce qui a été exécuté.

Il y a eu un conseil de finances à Chantilly, dans lequel on a décidé des choses très-importantes, entre autres qu'on ne souffriroit plus de pauvres mendians et vagabonds dans le royaume : ils ont été distingués en valides et invalides. On a pris des mesures pour trouver des fonds extraordinaires destinés à nourrir ceux qui ne peuvent pas travailler, et pour forcer les autres à n'être pas inutiles à l'État.

On a supprimé les charges de gouverneurs et les états-majors des petites villes, et les charges municipales, et on a fixé au denier cinquante le revenu de la finance en rentes perpétuelles. On a aussi réformé cent charges de secrétaires du Roi, et celles des petites chancelleries dans le royaume. Le motif de la suppression est que ces charges anoblissant, rejettent le fardeau des impositions sur le peuple, qui en est déjà trop chargé.

Il a été dit enfin qu'en attendant que l'affaire de Belle-Ile soit décidée [ce qui ne se pourra pas légitimement pendant sa prison], on lui laissera trente-trois mille livres de rente en domaines, somme bien au-dessus de la valeur de sa terre ; et l'on a fait voir que par l'échange il lui a été donné dans les plus nobles terres de la couronne quatre-vingt-quatre mille livres de rente.

Telles ont été les principales matières décidées dans le conseil de finances, pour lequel le garde des sceaux, messieurs Desforts et Fagon ont eu ordre de se rendre à Chantilly. M. le prince de Conti y est venu de sa terre de l'Ile-Adam.

Pendant le séjour de Chantilly, plusieurs personnes que l'on ne croyoit pas devoir être admises à la table du Roi ont eu l'honneur d'y manger avec lui. Le contrôleur général, qui s'en trouvoit exclu, est venu me trouver, et m'a dit que s'il étoit seul du voyage privé de cet honneur, il étoit déterminé à se retirer. On avoit donné à M. le duc beaucoup de raisons contre lui, entre autres que, pour le fait en question, il y avoit des exemples favorables aux secrétaires d'État, et aucuns pour le contrôleur général, dont l'emploi n'étoit qu'une commission, et point une charge. J'ai dit à M. le duc : « Le » contrôleur général vous convient-il dans son » emploi? et certainement il le fait bien. Il faut » donc le conserver, et vous n'avez que trop de » raisons pour lui procurer l'honneur qu'il dé- » sire. » Je lui ai cité que madame de Colbert avoit été dans le carrosse de la Reine, honneur plus distingué que celui de manger avec le Roi; que madame Desmarets avoit été dans le carrosse de la Dauphine. Enfin j'ai ajouté que la fonction de contrôleur général, qu'on vouloit rabaisser en ne la traitant que de commission, est cependant la plus belle et la plus importante que le Roi puisse donner. M. le duc s'est rendu, et M. Dodun a mangé avec le Roi le dernier jour.

En arrivant à Versailles, on a appris que la jeune reine d'Espagne s'est réconciliée avec son mari ; ce qui a fait trouver encore plus hors de propos l'éclat précédent.

Un courrier dépêché de Constantinople par M. de Bonnac, notre ambassadeur, nous a appris qu'il a fait signer et ratifier la paix entre la Porte, le Czar et le Sophi ; que toutes ces puissances ont demandé la médiation du Roi, et veulent encore qu'un commissaire de sa part règle les limites des trois empires. Le sieur Dorion, qui a été employé pour ce traité auprès du Czar, a été nommé par Sa Majesté pour cet emploi. Rien ne peut être plus glorieux pour notre jeune Roi, ni plus honorable pour son conseil.

On a dépêché un courrier au cardinal de Polignac [27 juillet], pour le charger des affaires du Roi à Rome. Le nouveau Pape lui ayant marqué de l'amitié, et l'étant même allé voir dans une légère indisposition, cette bonne volonté du Souverain Pontife a déterminé à lui rendre la confiance de la cour, dont il avoit été privé par les affaires où il étoit entré au sujet du duc et de la duchesse du Maine.

On a su le 5 septembre que le roi d'Espagne avoit la petite vérole. Les premières inquiétudes ont été médiocres ; mais le 7 un courrier parti le 30 août a appris que ce prince étoit à la dernière extrémité, et l'on a dépêché au maréchal de Tessé, pour engager Philippe V à reprendre la couronne avec un peu plus de fermeté qu'il n'en avoit montré, et surtout à ne se point rendre esclave d'un confesseur que l'on croyoit vouloir absolument détruire l'autorité royale, en rendant les grands aussi indépendans qu'ils l'avoient été sous Charles II.

Le 10 septembre s'est passé sans aucune nouvelle de la mort ou de la vie. Il y a apparence que l'on a arrêté les courriers. On sait seulement que le maréchal de Tessé n'a pas perdu un moment pour se rendre à Saint-Ildefonse auprès de Philippe V, et on espère beaucoup de ses efforts.

Au reste, les affaires de Cambray n'avancent pas : tout au contraire, on a lieu de croire la dissolution du congrès très-prochaine. Les ambassadeurs de l'Empereur parlent de leur départ, et continuent dans les termes de hauteur fort ordinaires à la cour de Vienne. Les médiateurs ont répondu avec la dignité convenable ; mais tout tend à la division.

Enfin on a su le 14, par un courrier du maréchal de Tessé, que le roi Philippe est revenu à Madrid, sur la mort du roi Louis. D'abord il a paru résolu à reprendre la couronne ; mais il a déclaré qu'il vouloit en être sollicité par les désirs de ses principaux sujets. On lui faisoit espérer une demande du conseil de Castille; mais son confesseur, nommé Bermudès, jésuite gagné par le président de la Castille à la tête de la junte, lui a dit que, pour le repos de sa conscience, il falloit assembler des docteurs. Si le conseil de Castille avoit été bien intentionné, il pouvoit en deux heures donner au Roi la supplique par laquelle il l'auroit prié de reprendre la couronne; mais la junte, qui vouloit demeurer à la tête du gouvernement sous un roi mineur, délibéra quatre jours sur cette supplique, et ne la donna que conformément à la décision des docteurs, qu'on avoit assemblés dans la maison des jésuites. Elle portoit qu'en conscience le roi Philippe ne pouvoit reprendre la couronne. La décision de ces malheureux docteurs a eu un tel pouvoir sur le Roi, qu'il a déclaré au maréchal de Tessé qu'il retournoit à Saint-Ildefonse. Vainement on lui a représenté l'intérêt de ses enfans : il s'est contenté de répondre que Dieu en prendroit soin.

La Reine, désespérée d'une pareille résolution, ne s'est pourtant pas rendue; elle a mis tout en œuvre pour la faire changer : elle a dit à Bermudès, en présence du Roi, qu'il étoit un traître, un Judas; que si elle étoit en péril de mort, elle aimeroit mieux mourir sans sacremens, que de les recevoir par le ministère d'un aussi méchant homme.

Le Roi étoit seul avec la reine et la senora Louisia, sa nourrice. Cette femme hardie a dit au Roi qu'il étoit honteux de se laisser gouverner par un fripon, et d'abandonner son fils à une minorité dont la junte profiteroit pour anéantir totalement l'autorité royale. Cette nourrice parloit avec tant de violence, que la Reine, s'apercevant que le Roi pâlissoit, lui dit : « Nourrice, taisez-vous; vous ferez mourir le Roi de chagrin. » La courageuse nourrice a répondu : « Qu'il meure! ce n'est qu'un homme de perdu; au lieu que s'il abandonne le gouvernement, ses peuples, ses enfans, son royaume sont perdus. »

Le Roi, si combattu dans sa famille, a été encore attaqué, et à plusieurs reprises, par le maréchal de Tessé. Mais le nonce du Pape, nommé Aldobrandin, homme de beaucoup de mérite, l'a enfin converti sur les frivoles scrupules que lui inspiroit son confesseur; et il a déclaré le 5 septembre qu'il reprenoit la couronne en propriété, et qu'il passeroit l'hiver à Madrid. Il a voulu conserver Gri***, quoique convaincu, par l'aveu même qu'il en a fait au Roi, qu'il a reçu de l'argent de l'Angleterre. La foiblesse du bon roi est très-dangereuse, mais l'administration de la junte pendant une minorité auroit perdu la monarchie. Ainsi l'on a appris avec joie à la cour de France qu'on a empêché ce malheur.

Dans l'opinion que le Roi ne vouloit pas reprendre la couronne, je lui avois écrit une lettre, et une autre à la reine d'Espagne, très-forte. M. le duc a trouvé convenable qu'elles soient envoyées, quoiqu'on ait appris auparavant la résolution du Roi, conforme à mes conseils; mais on a jugé convenable de faire connoître à Leurs Majestés Catholiques ce que pensoit un bon Français dans une pareille conjoncture. La jeune Reine a eu la petite vérole; et cette maladie, qu'elle a prise auprès de son mari, a fait tomber tout-à-fait les mauvais discours qu'on tenoit auparavant.

On a reçu des nouvelles des plénipotentiaires de Cambray [8 octobre], qui se préparent à se séparer sans avoir rien terminé. Le bruit se répand en même temps que l'Empereur augmente considérablement ses troupes. On a ordonné aux plénipotentiaires de France de se conduire de manière que la faute de la repture ne puisse être attribuée qu'à l'Empereur.

Le président de Novion ayant exercé à peine pendant huit jours la grande et importante charge de premier président, le fardeau lui en a pesé trop fort, et il s'est démis. Il a été question de lui choisir un successeur. Cette place pouvoit naturellement regarder Lamoignon, qui étoit le premier après Novion, d'une condition distinguée, petit-fils de premier président, et d'ailleurs fort capable. Si donc sa famille s'étoit réunie pour lui, il auroit certainement obtenu cet emploi distingué; mais elle s'est divisée. Basville, conseiller d'État, homme de mérite, ami intime de l'évêque de Fréjus, ainsi que son fils Courson, aussi conseiller d'État, et Desforts son gendre, ont entrepris d'élever Blancménil, cadet de Lamoignon, et qui venoit d'obtenir la charge de président à mortier du premier président de Novion. Il ne se pouvoit guère faire de brigue pour le cadet, dernier des présidens à mortier, sans nuire à l'aîné, le plus ancien des présidens à mortier.

Le président Portail, homme qui avoit bien servi dans la place d'avocat général, voyant cette conduite maladroite des Lamoignon, étoit venu me trouver lorsque la cour partoit pour Fontainebleau. Il m'a représenté que les Lamoignon s'excluant en quelque manière eux-mêmes par leurs cabales, il se présentoit. M. le duc s'est déterminé pour lui, et il a été déclaré premier président dans les premiers jours d'octobre.

Une affaire très-importante se traitoit depuis plusieurs mois entre M. le duc, moi et Paris-Duverney, homme de beaucoup d'esprit, en qui il avoit une grande confiance. Il étoit question du mariage du Roi avec toute autre que l'Infante, qui étoit trop jeune. Nous nous en ouvrîmes à l'évêque de Fréjus, qui a paru ne vouloir pas s'en mêler. Nous avons traité à fond cette affaire entre nous le 22 octobre, et nous sommes convenus de tenir un dernier conseil pour prendre une résolution décisive. Il a eu lieu en novembre : et M. le duc y a appelé l'évêque de Fréjus, M. de Morville et le comte de La Marck, parce qu'il a été chargé de prendre des connoissances sur les princesses étrangères que ce choix peut regarder.

J'ai oublié de parler d'un procès entre les gardes du corps, gendarmes de la garde, chevau-légers, et les deux compagnies des mousquetaires, jugé au conseil du Roi dans le mois de juillet. Les capitaines des gardes du corps ne vouloient pas que les quatre compagnies fussent de la garde du Roi dans les voyages, ni les lieutenans; que, dans les voyages, les capitaines lieutenans de ces compagnies pussent occuper la portière du Roi lorsque leurs compagnies étoient devant le carrosse du corps de Sa Majesté. L'aigreur étoit au plus haut point entre les chefs, et les mémoires de part et d'autre infinis. L'affaire a été décidée avec une parfaite équité : on a réglé que les lieutenans des gardes du corps seroient à la hauteur des roues de derrière du carrosse, et les officiers des compagnies rouges à la hauteur de celles de devant. Il n'y avoit de dispute que pour les voyages, car en toute autre occasion les gardes du corps étoient presque seuls chargés de la garde du Roi. Les parties ont été contentes, excepté le duc de Noailles, qui avoit composé tous les mémoires contre les compagnies rouges, et qui vouloit absolument qu'elles ne fussent pas de la garde du Roi. Comme je n'étois pas de son avis, il y eut à cette occasion quelque froid entre nous, mais qui ne dura pas.

Nous avons appris au conseil [19 novembre] de grands changemens arrivés dans le ministère de Madrid. Le roi d'Espagne a éloigné le président de Castille, et mis à sa place l'évêque de Siguença. Celle de président des finances a été ôtée à Montenegro, qui a été mis en prison pour rendre compte de sa mauvaise administration, sa charge donnée au marquis del Campo-Florido; et Orondain, chargé des états des finances, conserve sa place de secrétaire d'État.

Le roi d'Espagne a dit au père Bermudès, son confesseur, qu'il le trompoit; et le père prenant le crucifix pour jurer : « Je respecte » trop l'image de Jésus-Christ, lui a dit le Roi, » pour vous permettre de jurer. » Le maréchal de Tessé mande que le père Roncas, jésuite, a volé plus de neuf cent mille livres; et dans toutes ses lettres il attaque sans ménagement le confesseur du Roi et les jésuites. Il pensoit que le roi d'Espagne, après avoir ainsi maltraité son confesseur, en prendroit un autre; la Reine même y travailloit de tout son pouvoir : mais le foible du prince l'a emporté sur sa raison, et le père Bermudès demeure en place. Il ne paroit pas cependant qu'il y conserve un grand crédit; mais on a tout à craindre de la foiblesse du roi d'Espagne, qui garde toujours G***, après qu'il a été avéré que ce même G*** a tiré de l'argent des Anglais, auxquels il est tout dévoué.

[1725] L'année 1725 a commencé par le procès de M. Le Blanc. Les conclusions du procureur général, dans les dernières séances du parlement, avoient été à le décréter de prise de corps. Cette affaire languit par l'indisposition du premier président de Novion, qui, voulant se démettre de sa charge, n'assembla point les chambres : elle fut remise aux premiers jours de janvier.

Les chambres ont été assemblées le 8. M. le duc d'Orléans, qui favorisoit l'accusé, a voulu assister à tout le procès, et être des juges. Messieurs les ducs de La Feuillade, de Richelieu et de Brancas, attachés à M. le duc, ont cru lui faire plaisir d'assister au procès, et sont allés aux premières séances; mais le public ayant paru improuver leur conduite, ils ont cessé de s'y trouver. Après neuf séances, dont une entière a été employée à aller aux opinions, l'arrêt a déclaré M. Le Blanc déchargé de l'accusation criminelle. L'abbé Mengui a parlé long-temps, et fait son éloge. Les deux rapporteurs, Palu et Delpech, lui ont été entièrement favorables : le second s'est fort récrié contre le grand nombre de lettres de cachet. M. Cochin de Saint-Vallier s'est étendu en louanges : enfin le parlement entier a traité de bagatelles les accusations de lèse-majesté au second chef intentées contre lui.

Il a oublié que Le Blanc avoit été le plus intime confident du feu duc d'Orléans qui avoit assez maltraité cette compagnie; que c'étoit même lui qui avoit fait toutes les lettres de cachet pour l'envoyer à Blois, quoique ce fût à M. de Maurepas, secrétaire d'État, ayant la ville de Paris dans son département, à les expédier; que c'étoit M. Le Blanc qui entretenoit ce grand nombre d'espions contre lesquels on avoit paru si animé. Enfin dans cette occasion le parlement a montré combien il pense différemment sur un ministre en place et sur un ministre disgracié, et le peu de penchant qu'il a pour tout ce qui s'appelle premier ministre.

Le maréchal de Bezons a écrit à M. le duc, pour lui demander la liberté de M. Le Blanc. Sa réponse a été qu'il n'est plus retenu pour les affaires traitées au parlement, mais pour d'autres raisons dont le maréchal de Bezons sera informé dans six semaines. Ces raisons sont l'extrême déprédation des finances de la guerre; arrivée peut-être plus par la négligence de ce ministre que pour en avoir profité. Il importe beaucoup à M. le duc de faire voir au public et à la cour qu'il ne l'a pas fait arrêter légèrement : c'est pourquoi il a été résolu de porter l'affaire à un conseil extraordinairement assemblé devant le Roi ; et pour préparer les matières on a nommé un bureau, à la tête duquel a été mis M. d'Angervilliers, conseiller d'État.

Comme M. le duc d'Orléans avoit été au parlement pour favoriser M. Le Blanc, ce fut une espèce de triomphe pour lui que l'arrêt qui déchargeoit celui-ci de crime. Le maréchal de La Feuillade, au contraire, a été très-mortifié des sentiments du public et même du parlement sur ce que lui et les ducs de Richelieu et de Brancas s'étoient trouvés aux séances. Des chansons très-offensantes qui ont paru l'ont fort piqué : il m'en a parlé. « Si vous m'aviez consulté, lui ai-je dit, » vous ne vous seriez pas mis en ce cas. » Il a pris la chose à cœur. Le chagrin, joint à une autre indisposition, lui a causé une fièvre violente qui l'a emporté en trois jours. Je l'ai vu pendant sa maladie, et le regrette sincèrement. Sa mort est une perte ; car c'étoit un homme d'honneur, d'une valeur distinguée, beaucoup d'esprit, mais plus orné et brillant que solide.

Le 18 février, le Roi s'est éveillé avec la fièvre, et a entendu la messe dans son lit. On l'a saigné sur les quatre heures du soir. L'assoupissement est resté très-grand, malgré les remèdes, et peu diminué par une saignée du pied sur les onze heures du soir. Quoique le mal n'ait pas été violent, une santé aussi précieuse attaquée a donné une attention bien vive à toute la cour. Les gens attachés à M. le duc d'Orléans se sont assemblés la nuit chez madame sa mère. M. le duc m'a envoyé chercher à minuit, ainsi que M. de Morville, secrétaire d'État, et nous sommes demeurés une heure ensemble à faire des conjectures, que la meilleure santé du Roi a rendues inutiles. C'étoit une indigestion, dont les deux saignées et les remèdes l'ont dégagé ; de sorte qu'on a été sûr, vers les neuf heures du matin, que cette petite maladie n'auroit pas de suites fâcheuses.

Elle a réveillé les craintes du public, et fait envisager avec de plus sérieuses attentions la crainte de voir périr le Roi sans postérité, si on lui fait attendre que l'Infante soit nubile. Les résolutions étoient déjà prises pour le marier à une autre, et on a vu qu'il avoit été tenu une conférence à Fontainebleau pour déterminer cette résolution, et la proposer au Roi. Il y consentit ; mais il ne se détermina sur la princesse qu'après son retour à Versailles. On vouloit encore des délais, que j'ai combattus fermement ; et il a été arrêté le 24 février qu'on dépêcheroit des courriers aux cours intéressées à cette résolution et à ses suites. Ils sont partis le premier mars pour Rome, Madrid, Londres et Turin, et on a observé un très-grand secret.

Le duc de Bouillon a déclaré son mariage au Roi avec la fille aînée de M. de La Guiche. Ce sera sa quatrième femme, sans compter un mariage réglé avec la princesse Sobieski, qui mourut partant pour Paris. Le 10 mars, les ambassadeurs d'Espagne, qui avoient quelques soupçons, et qui en conséquence sollicitoient M. le duc de fixer le jour des fiançailles de l'Infante, se sont mis à le presser davantage. On leur a répondu, sans trop s'expliquer, que le Roi avoit écrit au roi d'Espagne. Cette réponse a augmenté leurs défiances : ils en ont parlé à madame de Ventadour, dont les larmes ont marqué la frayeur qu'elle a de voir renvoyer l'Infante. Ils m'ont parlé aussi, et je leur ai répondu que c'est s'alarmer trop tôt, puisque le Roi ni M. le duc ne se sont pas encore expliqués : « A moins, leur » ai-je dit, que vos craintes ne viennent des » clameurs de tout un royaume, qui, ne pou- » vant espérer de tranquillité que par la posté- » rité du Roi, voit avec horreur ses espérances » reculées de huit ans par la jeunesse de l'In- » fante, pendant que le Roi, par la force de son » tempérament, pourroit avoir des enfans de- » puis plus d'un an. » M. le duc leur a tenu les mêmes propos, et presque dans les mêmes termes. Comme c'est une chose résolue, on n'a pas cru convenable que le Roi se trouve à Versailles quand cette princesse partira ; et il s'est rendu à Marly le 15.

Les courriers dépêchés à Rome et à Madrid sont revenus. Celui de Rome a apporté une lettre du Pape, qui approuve entièrement le parti que le Roi prend. Celui de Madrid a appris la colère excessive du roi d'Espagne, et plus encore de la Reine, qui a porté le Roi son mari à rendre, sans les ouvrir, les lettres du Roi et de M. le duc. J'avois représenté très-fortement qu'il falloit charger M. de Tessé d'apprendre cette nouvelle au roi d'Espagne, et de le toucher par la conscience, et la crainte de voir le Roi son neveu, fort et vigoureux, se jeter dans la débauche; mais on n'a pas voulu donner à l'ambassadeur cette désagréable commission. On l'a donnée à l'abbé de Livry, qui n'étoit pas connu du roi ni de la reine d'Espagne, et qui leur a annoncé cette nouvelle en pleurant.

M. le duc m'a envoyé chercher le 18 au matin, et a fait lire devant moi et M. de Fréjus, par de Morville, les dépêches de Rome, de Madrid et d'Angleterre. M. de Fréjus étoit d'avis que l'on écrivit au roi d'Espagne pour l'adoucir, et comme si l'on vouloit encore attendre de ses nouvelles avant que de faire partir l'Infante. Je m'y suis opposé et j'ai dit : « Si le roi d'Espagne peut es-
» pérer que la colère qu'il fait voir sera capable
» de suspendre notre résolution, on doit s'at-
» tendre que sa première lettre sera une décla-
» ration de guerre si on renvoie l'Infante. Ainsi il
» faut marquer par une seconde lettre une très-
» vive douleur des sentimens du roi d'Espagne,
» mais une résolution déterminée à marier le
» Roi à une autre incessamment. »

Un des ambassadeurs d'Espagne est venu à Marly, et a parlé seulement au comte de Morville. Le lendemain, le même est venu me voir, et est resté deux heures enfermé avec moi. La conversation a été vive ; mais j'avois de si bonnes raisons à lui donner sur la nécessité indispensable de marier le Roi, qu'elles pouvoient être difficilement combattues. L'ambassadeur m'a dit qu'il avoit ordre de se retirer ; qu'il alloit demander à prendre congé du Roi, et qu'il reviendroit dîner avec moi : ce qu'il a fait, et il a pris congé du Roi le soir même.

Sur un courrier reçu de leur cour le 26, les ambassadeurs ont demandé que l'Infante leur soit remise. On a répondu qu'elle seroit remenée en Espagne avec tous les honneurs qui lui étoient dus, et qu'ils étoient les maîtres de l'accompagner. Ils sont venus le même jour me trouver, et ont eu avec moi une longue conférence sur les peines mutuelles de la division entre les deux couronnes. « Comptez, leur ai-je dit, que l'Empereur
» n'oubliera rien pour gagner le roi d'Espagne
» par toute sorte d'espérance ; mais soyez sûrs
» en même temps qu'il ne fera rien qui puisse
» contribuer à la grandeur réelle d'un roi d'Es-
» pagne du sang de France, par la raison qu'il
» ne se flattera jamais de désunir pour toujours
» les deux branches de la maison de France.
» Ainsi il ne contera que sur une division pas-
» sagère, et son amitié sera mesurée là-dessus :
» ainsi voyez le fond que vous devez faire sur
» ses promesses. »

Le 28, on a appris que l'abbé de Livry avoit reçu ordre de sortir de Madrid en vingt-quatre heures, et des royaumes d'Espagne en quinze jours ; et que pareil ordre avoit été donné aux consuls de France dans tous les ports d'Espagne.

Montéléon, le principal des ambassadeurs, est venu me voir à Paris [30 mars], et nous avons eu une longue conférence sur les mesures à prendre pour empêcher la division. Il a promis de n'y rien négliger. « Mais, disoit-il, on auroit
» pu négocier avec l'Espagne avant que de
» prendre une résolution si dure. » Je lui ai répondu : « Si vous voulez raisonner sur des prin-
» cipes certains, je vous ferai voir qu'on ne pou-
» voit tenir une autre conduite que celle qu'on a
» suivie. Établissez [ce qui est une vérité con-
» stante] que M. le duc et ceux qui ont l'honneur
» d'être du conseil de Sa Majesté étoient déter-
» minés à marier le Roi, et examinez les senti-
» mens de colère outrée du roi et de la reine
» d'Espagne. Vous conviendrez que si on leur
» avoit parlé du renvoi de l'Infante comme d'un
» projet, leur première repartie, voyant le ren-
» voi incertain, eût été qu'ils regardoient ce
» renvoi comme un affront mortel ; que si l'on
» persistoit, il n'y a sorte d'extrémité où ils ne
» se portassent, et certainement ils auroient
» déclaré la guerre. Donc, concluois-je, il étoit
» plus convenable de faire connoître notre ré-
» solution avant une déclaration de guerre cer-
» taine, que quelque temps après : par là nous
» évitions au moins un engagement, dans le-
» quel le roi d'Espagne se seroit jeté s'il en avoit
» pu espérer la rupture, ou le retardement du
» renvoi, puisque ce renvoi étant certain, il
» s'en faut peu qu'il ne se porte aux dernières
» extrémités. » Montéléon ne put répondre à mon raisonnement, et nous nous sommes séparés bons amis.

Enfin le 31 mars les ordres ont été donnés pour faire partir l'infante le 15 avril. On n'a rien oublié pour la magnificence des présens et la pompe de la marche. La duchesse de Tallard a été nommée pour la reconduire, et l'on est assez heureux de persuader à cette jeune princesse que son voyage n'est que pour aller voir le Roi et la Reine ses père et mère, qui voyagent sur les frontières de leurs États. On a appris que les Espagnols renvoient mademoiselle de Beaujolais, sœur de la jeune reine douairière d'Espagne, qui avoit été promise à l'infant don Carlos ; et que ces deux princesses reviennent ensemble. M. d'Orléans a envoyé des dames en poste pour les recevoir à Bayonne : à leur tête est la princesse de Bergues, fille du duc de Rohan. Le prince de Robecq a été nommé majordome, M. de Cressy premier écuyer. Le duc de Nevers, grand écuyer, n'a pu faire le voyage, à cause de sa goutte.

Le 2 avril, le Roi a résolu d'épouser la princesse Marie, fille du roi Stanislas de Pologne; et M. le duc a écrit à son père, qui ne pouvoit recevoir une nouvelle plus agréable et plus surprenante. Le courrier qui apportoit le consentement est revenu le 6. Le Roi est retourné à Versailles le lendemain, et on a résolu de ne déclarer le mariage que quand l'Infante sera près d'arriver sur les frontières d'Espagne.

Presque dans le même temps on a appris que le prince de Conti et la princesse sa femme, qui étoit dans un couvent depuis trois ans, se sont raccommodés sans l'entremise de personne, après avoir refusé l'un et l'autre tous les expédiens que leur famille et leurs amis avoient imaginés pour les réconcilier. Le public pensoit qu'une inclination de cette princesse avoit occasionné sa retraite, et qu'une autre inclination causoit son retour.

Madame la duchesse et M. le duc en ont été également surpris. On a su que la princesse de Conti s'étoit déterminée à sortir du couvent par l'espérance d'être surintendante de la maison de la Reine [16 avril]; mais M. le duc a proposé mademoiselle de Clermont sa sœur. Ce choix a déplu beaucoup à madame la duchesse, qui vouloit cette place pour elle-même, avec la survivance pour madame la princesse de Conti, sous prétexte de la mettre par là à couvert des mauvais traitemens de son mari. La cour d'Espagne étoit entrée dans les arrangemens de ces princesses, et avoit envoyé ordre à son ambassadeur d'en solliciter l'exécution auprès du Roi et de M. le duc. Celui-ci ne voulut pas procurer de l'autorité à sa mère, qui se plaignoit déjà de ce qu'il ne lui donnoit aucune connoissance des affaires. Par là il se mit à dos, ainsi que mademoiselle de Charolais, fort piquée de voir sa cadette destinée à une place si importante à son préjudice. Ainsi la division s'augmenta dans la maison de Condé, où elle étoit déjà, parce que M. le duc avoit noblement refusé de proposer une de ses sœurs au Roi, comme sa mère le désiroit.

On a fait partir le même jour le comte de La Bastie, pour aller résider à Florence. La santé du grand duc, attaqué d'hydropisie, baissoit tous les jours. On a déclaré aussi le comte de Boissieux, mon neveu, ambassadeur extraordinaire en Danemarck; et le comte de Cerest, frère du comte de Brancas, en Suède.

M. le duc avoit agité plusieurs fois avec moi le choix très-difficile d'une dame d'honneur pour la Reine. Nous la désirions surtout d'une conduite non-seulement sans reproches, mais qui eût toujours été respectable : nous balancions entre la maréchale de Gramont et la maréchale de Boufflers. La première s'excusa, à cause de la santé languissante de son mari; et la seconde fut déclarée le 19.

Le lendemain on fit partir Vanchon, lieutenant colonel du régiment Royal qui étoit fort connu du roi Stanislas, pour lui porter des mémoires, qui furent les premières instructions à la princesse sa fille. Cependant on demeuroit toujours dans le silence sur la reine future, jusqu'à ce que l'Infante fût près de la frontière d'Espagne.

Le 30, on a déclaré les douze dames du palais destinées à la Reine, savoir, la maréchale de Villars, les duchesses de Béthune, de Tallard, d'Épernon, la comtesse d'Égmont et la princesse de Chalais, mesdames de Nesle, de Prie, de Gontaut, de Matignon, de Rupelmonde, et de Merode.

M. de Breteuil, secrétaire d'État, a été fait son chancelier; Samuel Bernard, surintendant; Paris-Duverney, secrétaire des commandemens. Villacerf, qui avoit été premier maître d'hôtel de madame la Dauphine, a donné deux cent mille francs pour la même charge. Nangis étoit déjà chevalier d'honneur, et le comte de Tessé premier écuyer. L'évêque de Châlons a été nommé premier aumônier. L'évêque de Fréjus a demandé du temps pour se déterminer à accepter la place du grand aumônier, et il l'a acceptée enfin.

Je m'étois fort opposé à ce qu'on formât une maison à la Reine, au moins jusqu'à ce que les finances épuisées fussent un peu rétablies. Je représentai au conseil que, du temps du feu Roi, j'avois empêché pendant deux ans qu'on ne fît la maison de M. et madame de Berri, remontrant que l'Impératrice n'avoit d'autres pages, écuyers, carrosses, valets de pied, officiers et cuisine, que celle de l'Empereur. Mes représentations furent inutiles, et l'avidité de la cour pour profiter de toutes les charges entraîna M. le duc malgré mes raisons, dont il reconnoissoit la solidité.

Le 7 mai, on a fait sortir des prisons de Vincennes M. Le Blanc. Il a été envoyé à Lizieux : MM. de Belle-Ile les deux frères, à Carcassonne. Des raisons d'État, et l'esprit remuant que l'on connoissoit à ces trois personnes, avoient déterminé à les retenir prisonniers. On savoit que, du temps de M. le duc d'Orléans et du cardinal Dubois, ils avoient proposé de faire arrêter

M. le duc, et même que l'aîné Belle-Ile, lorsque le cardinal de Rohan arriva de Rome après l'élection du pape Conti, étoit allé au devant de lui à Fontainebleau, pour lui proposer d'entrer dans ce parti, qui se formoit contre M. le duc.

Le 10 mai, étant allé le soir, avant le conseil, chez M. le duc, ce prince m'apprit qu'on avoit été informé le matin, par un courrier de Dubourg, chargé des affaires du Roi à Vienne, d'un traité signé le 30 avril entre l'Empereur et le roi d'Espagne. Fonseca, ministre de l'Empereur auprès du Roi, a reçu ordre de le déclarer, et l'a fait le jour même. Il y avoit quatre mois qu'on savoit qu'un nommé Riperda traitoit avec l'Empereur de la part du roi d'Espagne. Cette cour d'Espagne avoit caché soigneusement ses desseins au roi de France et au roi d'Angleterre, pendant que ces deux puissances médiatrices n'oublioient rien pour lui faire obtenir de l'Empereur toutes les satisfactions possibles au sujet des investitures de quelques États d'Italie. D'ailleurs il paroissoit toujours beaucoup d'aigreur dans la reine d'Espagne, qui gouvernoit absolument le Roi son mari.

On eut aussi divers avis que l'on faisoit un double mariage de l'infante d'Espagne avec le prince du Brésil, fils aîné du roi de Portugal; et de la fille aînée de celui-ci avec le prince des Asturies. On parloit aussi du mariage de don Carlos, second fils du roi d'Espagne, avec la seconde fille de l'Empereur. Enfin tout marquoit une réunion entière de la maison d'Autriche avec le roi d'Espagne, ce petit-fils de Louis XIV que nous avions mis sur le trône en sacrifiant les biens et le sang des François. Ce même roi de Portugal, auquel Louis XIV avoit aussi conservé son royaume malgré les efforts de la maison d'Autriche, qui n'avoit rien oublié pour les perdre l'un et l'autre, s'unissoit aussi avec cette maison contre la France; tant il est vrai que les alliances, les obligations et la reconnoissance sont de foibles liens entre les têtes couronnées.

Sur la fin du mois de mai, le Roi déclara son mariage avec la princesse de Pologne fille unique du roi Stanislas, qui avoit régné bien peu d'années. Il auroit été déclaré plus tôt, sans quelques mauvais bruits mal fondés que le duc régent ne crut pas devoir négliger. Madame l'abbesse de Remiremont avoit écrit à Paris, à un homme attaché au prince de Vaudemont, que cette jeune princesse tomboit du haut-mal Ce bruit devint public dans Paris. J'en avertis M. le duc, qui envoya Mogne, un des plus habiles médecins du royaume, au roi Stanislas; et il se trouva que la calomnie n'avoit pas la moindre apparence de vérité : de sorte qu'il n'y eut plus de difficultés.

Sa Majesté fit part de son mariage au roi d'Espagne; et ce fut Aldobrandin, nonce du Pape à Madrid, qu'on chargea de remettre la lettre.

L'on avoit appris quelques jours auparavant que l'Infante avoit été remise au marquis de Sainte-Croix et à la duchesse de Los-Rieros, qui étoient envoyés au devant d'elle. Ils reçurent les présens de pierreries faits à l'Infante, et emportèrent, sans se faire prier, la quantité prodigieuse d'habits, de linge, de toutes sortes de provisions, que le Roi avoit fait acheter avec profusion pour cette princesse.

Celle de Pologne avoit près de vingt-deux ans, bien faite et aimable, ayant d'ailleurs la vertu, l'esprit et toute la raison qu'on pouvoit désirer dans la femme d'un roi qui avoit quinze ans et demi. Le duc d'Antin fut nommé pour aller faire la demande. Je l'avois proposé à M. le duc dès Marly. Le marquis de Beauveau fut chargé de se rendre auprès du roi Stanislas pour concerter tout, et prendre ensuite la qualité d'ambassadeur lorsqu'il seroit question de faire la demande; et il fut décidé que huit des dames du palais iroient avec la dame d'honneur jusqu'à Strasbourg, où se feroit la cérémonie du mariage. On fit un grand changement dans les logemens de Versailles, pour en donner à ces dames.

M. le duc m'annonça un grand conseil de finances pour délibérer sur des impositions à mettre. Comme la matière étoit difficile et importante, je lui avois conseillé de ne s'en pas charger seul. Ce conseil fut composé de M. le duc, du garde des sceaux, de l'évêque de Fréjus, du duc d'Antin, de Noailles et moi, du contrôleur général; et pour conseillers d'État Desforts, Fagon, Gaumont, d'Ormesson et d'Angervilliers. Il s'est tenu chez M. le duc le 5 juin. L'évêque de Fréjus y a prétendu la préséance sur les conseillers d'État, sans raison, puisque ceux-ci n'ont dans le conseil sur les archevêques. Pour obvier aux contestations, on a pris place selon que l'on entroit, et on a opiné comme on étoit assis.

Le contrôleur général a fait voir qu'il étoit dû cinquante-sept millions d'arrérages des rentes des trois années dernières : il a dit que le moyen de se libérer à cet égard étoit de tourner quinze millions de ces arrérages en capitaux dont on feroit la rente, et de payer le reste avec l'augmentation de plusieurs charges de finance, qu'on supprimeroit et rétabliroit tout de suite à un plus haut taux. Cet agiotage a été approuvé.

Mais il étoit de plus question, a-t-il ajouté, de trouver de nouveaux fonds, tant pour se mettre au courant des paiemens, qu'afin de pouvoir augmenter les troupes [ce qui étoit indispensable], et renouveler les magasins des frontières, qui étoient totalement épuisés ; et enfin de se mettre en état de soutenir la guerre, si on y étoit forcé. Pour tout cela il a proposé d'imposer un cinquantième sur tous les fruits de la terre et de l'industrie, blés, vins, grains, bois, foins, forges, etc., dont on comptoit tirer vingt-cinq millions par an, qui serviroient, s'il n'y avoit pas de guerre, à payer les anciennes dettes, et à commencer de libérer le royaume.

Cette imposition a été trouvée remplie d'une infinité de difficultés : cependant il n'y a eu que le duc de Noailles, d'Angervilliers qui a opiné le premier, et moi, qui nous y sommes opposés. Nous avons proposé de doubler plutôt la capitation, ou de faire des impositions de fourrages et ustensiles, comme pendant la guerre. Il me vint encore en tête un autre expédient : « La ferme » de tabac, dis-je au conseil, va de neuf à dix » millions ; quand elle a été cédée à la compa- » gnie des Indes, elle n'alloit qu'à trois. Il n'y » a qu'à la reprendre pour le Roi, et donner des- » sus à cette compagnie une retenue de trois » millions, qui est tout ce qu'on lui doit. » J'ai bien vu à la manière dont ma proposition a été reçue, qu'elle ne plaisoit pas, et j'en ai senti la raison : c'est que la plupart de ceux devant qui je parlois avoient de gros intérêts dans cette compagnie. Je me suis donc rejeté sur un autre objet, que j'ai cru devoir faire précéder par ce petit préambule à M. le duc :

« Après l'intérêt du Roi et de l'État, le vôtre, » monsieur, est celui qui m'est le plus cher ; et » il n'y a rien que je ne fusse prêt à vous sacri- » fier pour vous éviter la cruelle douleur de for- » mer une imposition qui vous sera éternellement » reprochée : car, quoique vous ne paroissiez » que vous rendre au sentiment du plus grand » nombre, c'est sur vous que le public en jettera » tout l'odieux. J'ai peut-être le malheur de » vous déplaire en vous disant cette vérité ; mais » permettez-moi de vous adresser ce que j'écri- » vis une fois au feu Roi en circonstance sem- » blable : *que je voyois bien qu'il étoit plus* » *avantageux de suivre la maxime des habiles* » *courtisans, qui est de préférer le bonheur de* » *plaire à son maître à celui de le bien servir.* » J'ajoutois : *Peut-on plaire sans servir ? Sans* » *doute : on n'en voit que trop d'exemples.* » *Peut-on servir sans plaire ? Hélas ! oui.* C'est » peut-être ce qui m'arrive à présent ; mais je » n'en dirai pas moins mon avis : c'est que, puis- » qu'on est obligé de mettre des impositions, il » faudroit les faire précéder de diminutions con- » sidérables dans les dépenses de la maison du » Roi. — Il y en a une, a repris le duc d'Antin, » qui vous a bien déplu : c'est ce mail de Ver- » sailles. — Il est vrai, ai-je répondu : quarante » mille écus pour faire jouer le Roi au mail un » seul jour de l'année m'a fait beaucoup de peine. » — Mais, a répliqué M. le duc un peu piqué, » si le Roi m'avoit ordonné de prendre deux » années du gouvernement de Provence pour » faire ce mail ? — Je n'en aurois pas murmuré, » ai-je répondu, quoique ce gouvernement de » Provence ait été bien gagné. » J'en ai été pour mes vérités : le cinquantième a passé à la pluralité. L'évêque de Fréjus est sorti avant la conclusion pour suivre le Roi au salut, et a dit qu'il seroit de l'opinion du plus grand nombre ; mais le duc de Noailles, d'Angervilliers et moi nous avons persisté dans notre opinion.

Le soir du même jour 5 juin, M. le duc m'a envoyé prier de passer chez lui fort tard, et m'a dit que l'on croyoit nécessaire de faire un édit pour ôter à tous les conseillers des parlemens qui n'auroient pas dix ans de service la liberté de siéger lorsqu'il seroit question de délibérer sur les édits et ordonnances du Roi. « Je ne suis pas » informé des usages du parlement, lui ai-je dit, » pour décider sur une pareille matière. Je pré- » vois que l'exécution de ce dessein sera difficile » et très-odieuse, si vous n'avez pas quelque » exemple qui vous y autorise ; et je vous exhorte » à ne pas prendre cette affaire sur vous, et d'en » parler auparavant au conseil. » Il m'a dit que c'étoit une chose résolue ; qu'au reste il n'y avoit que quatre personnes qui le sussent, et qu'il me prioit de n'en pas parler. Mais arrivant à Paris le 6, j'ai trouvé cette résolution publique, et j'ai dépêché sur-le-champ un courrier à M. le duc, pour l'avertir que son secret n'avoit pas été bien gardé. Comme on prévoit ne pas pouvoir faire passer ce règlement ni le cinquantième de bon gré, on a annoncé un lit de justice.

Le 8 juin, le Roi est arrivé au parlement sur les dix heures ; et tout le monde étant assis, il a dit d'une voix ferme et haute : « Messieurs, je » vous ai fait assembler pour vous apprendre » mes volontés sur divers règlemens qui regar- » dent le bien de l'État. Mon garde des sceaux » vous les expliquera. » Ce qu'il a fait par un discours assez long, dans lequel il a tâché de justifier l'impôt du cinquantième, et la nouvelle discipline qu'on vouloit introduire. Le premier président a répondu fort bien, assurant le Roi de la disposition de son parlement à la plus respectueuse soumission ; mais il a fait observer que Louis XIII avoit promis autrefois d'envoyer trois ou quatre jours auparavant les matières qui devoient être délibérées, afin qu'on ne fût pas surpris, et qu'on ne se déterminât qu'après les avoir bien examinées.

L'avocat général Gilbert a dit qu'il voyoit bien que le Roi vouloit être obéi, et qu'il n'empêchoit; mais que son devoir l'obligeoit de représenter les difficultés : ce qu'il a fait très au long, montrant le chagrin du peuple en voyant mettre de nouveaux impôts dans un temps de paix, et ajoutant que le règlement de discipline, qui alloit priver de voix dans des matières très-importantes des sujets fort capables, mettoit le comble à sa douleur. Le duc d'Orléans n'a point parlé. Le prince de Conti s'est opposé à différentes fois à ce qu'on proposoit. Les présidens et conseillers ont dit qu'ils ne pouvoient opiner : tout le reste a gardé un profond silence. Le Roi a levé la séance d'un air morne sur les deux heures et demie. Le parlement est resté assemblé, et le murmure est très-grand à Paris, aussi bien que la consternation.

Je n'avois pas écrit au roi Stanislas ni à la princesse sa fille : il me prévint par une lettre fort obligeante, et très-bien écrite. J'eus l'honneur de le remercier, et d'écrire à la princesse.

On ne sait pourquoi un scélérat s'avisa d'attenter aux jours de ce prince et de vouloir l'empoisonner. M. de Harlay, intendant d'Alsace, en fut averti, et que ce malheureux se retiroit dans le château de Salkenbourg du comte de Linange, terres de l'Empire. Il prit trente hommes, et entra la nuit dans le château, d'où cet homme venoit de se sauver; mais on trouva sa cassette remplie de poisons. Comme il ne convient pas d'entrer à main armée sur le territoire d'autrui, on désavoua M. de Harlay, et on fit rendre le bailli du château, qui avoit été amené à Landau comme fauteur du scélérat. M. le comte de Linange fut prié d'ordonner à sa justice d'approfondir cette affaire : mais elle n'eut pas de suite.

Cependant les affaires de finances établies par le lit de justice n'avançoient pas. Le cinquantième trouva des difficultés sans nombre; le clergé commença par s'y opposer formellement pour ce qui le concernoit. Je trouvai le contrôleur, dans une visite qu'il me fit, bien embarrassé de ces obstacles, et je l'exhortai à chercher d'autres ressources.

Dans ce temps, une affaire où madame de Prie étoit mêlée fit beaucoup de peine à M. le duc. On publia qu'il y avoit une obligation signée par elle et par le marquis d'E*** de faire réussir une affaire, moyennant quatorze cent mille francs qui lui reviendroient. De pareils gains, dans un temps où le public étoit opprimé, aigrissoient les esprits, déjà irrités contre M. le duc. La marquise de Prie dit que d'E*** étoit un imposteur, qui avoit supposé son nom pour donner plus de relief à son engagement, et en tirer davantage. On fit semblant de le poursuivre, et il se sauva à Bruxelles. Sa réputation, à la vérité, n'étoit pas bonne, et on pouvoit jeter la faute sur lui; mais le public ne vouloit pas justifier madame de Prie, ni penser que d'E*** eût espéré de faire seul une affaire si considérable. Il fut assez prouvé que la marquise de Prie n'avoit pas signé cette obligation; mais le public ne voulut jamais consentir à la disculper.

Le duc d'Orléans fut nommé pour épouser la princesse de Pologne au nom du Roi [2 juillet], et on lui donna cent mille écus sur ce qu'il prétendoit lui être nécessaire pour la dépense du voyage. Il fut décidé que le duc d'Antin partiroit le 15 juillet, et les dames le 20. La reine d'Espagne et mademoiselle de Beaujolais sont arrivées le 2 de ce mois à Vincennes.

Le 7 juillet, le marquis de Breteuil est venu me voir de la part de M. le duc; et le même jour est aussi venue madame la marquise de Prie, pour me presser de retourner le plus tôt que je pourrois à Chantilly, où il y avoit une grosse cour. J'en étois parti pour un rhume; mais mon opposition bien connue aux derniers édits avoit fait croire que je m'en étois retiré par mécontentement, et il se répandoit dans le public des discours qui faisoient de la peine à M. le duc, et que ma présence seule, à ce qu'il me mandoit, pouvoit dissiper. J'ai résolu de lui donner cette satisfaction quand ma santé seroit rétablie. Il m'a appris que, dans les changemens d'appartemens à Versailles, il m'avoit fait donner le plus grand et le plus commode du château.

Le pain étoit très-cher, ce qui occasionna des émeutes en plusieurs villes du royaume. Il y en eut une dans le faubourg Saint-Antoine, causée par un boulanger qui voulut vendre l'après-midi son pain plus cher que le matin. Le peuple s'assembla, pilla sa boutique et toutes celles du faubourg. Il vouloit entrer dans la ville : on ferma la porte Saint-Antoine. Les archers du guet à pied et à cheval s'étant rassemblés tirèrent, et eurent le malheur de tuer un homme de condition qui passoit son chemin. L'émeute ne fut dissipée que dans la nuit. A Caen, l'intendant d'Aube fut obligé de se sauver, et plusieurs maisons furent pillées, ainsi qu'à Lisieux. Le désordre fut encore plus grand à Rouen : la populace arrêta le carrosse du duc de Luxembourg, gouverneur de la province. Plusieurs de ses gens, qui voulurent le défendre, furent blessés, et il eut peine à se sauver dans le Vieux-Château. La rareté du blé, très-grande dans plusieurs provinces, occasionnoit ces tumultes, et le murmure étoit très-vif contre le gouvernement. Les parlemens de Bordeaux, Bretagne et Bourgogne refusoient d'enregistrer l'édit du cinquantième, et le clergé persistoit dans son opposition.

On fit le 5 juillet la procession de la châsse de sainte Geneviève, dévotion très-grande dans le peuple, et qui se fait avec beaucoup d'appareil dans les calamités. La disette du pain étoit affreuse, et la saison si pluvieuse depuis deux mois, qu'il y avoit tout à craindre pour la récolte. La procession réussit, et le succès confirma le peuple dans sa dévotion à la patrone de Paris.

Je suis retourné le 13 juillet à Chantilly, et ai parlé avec ma sincérité ordinaire sur l'édit du cinquantième. J'ai conseillé à M. le duc de le changer au trentième en argent; j'en ai pressé aussi le contrôleur général; mais ni l'un ni l'autre n'a été ébranlé.

Le comte de Tarlo, parent du roi Stanislas, et envoyé par ce prince, eut audience du Roi le 15; et le même jour le comte de Morville vint me dire que le Roi m'avoit nommé pour signer les articles du mariage avec le garde des sceaux.

L'ambassadeur d'Angleterre à Madrid mande qu'il voyoit le roi d'Espagne disposé à recevoir des satisfactions sur l'offense prétendue du renvoi de l'Infante. On a répondu que le Roi ne demandoit pas mieux que de faire sur cela tout ce que le Roi son oncle pouvoit désirer. L'Espagne fait entendre qu'elle voudroit qu'un prince du sang allât faire cette satisfaction. Il n'y a dans ce moment que le comte de Charolais qui soit libre de tout emploi; mais son caractère prompt et violent ne le fait pas paroître autrement propre à pareille commission; et comme les cardinaux sont fort respectés en Espagne, on se propose d'en envoyer un.

Pendant ce temps-là le Danemarck a pris de grandes inquiétudes de l'armée maritime des Moscovites; et le roi d'Angleterre, qui est dans ses États d'Hanovre, presse le Roi d'envoyer à ce prince des secours en argent. On l'a proposé au conseil. Je m'y suis opposé, et ai dit qu'il falloit au moins voir plus clair dans les desseins de la Czarine; et peu de jours après notre envoyé à Pétersbourg a écrit que la Czarine promettoit de ne pas attaquer le Danemark.

J'ai été le 19 signer le contrat de mariage du Roi chez le garde des sceaux. Le douaire n'est que de vingt mille écus d'or, évalués à huit francs. La médiocrité m'a surpris. On m'a expliqué que c'est le douaire ordinaire des reines; mais il y a cent mille écus de pierreries qui lui demeureront propres.

Le clergé a déclaré au contrôleur général qu'il ne consentira jamais au cinquantième, et on a appris que les parlemens continuent à refuser d'enregistrer. Le mécontentement de la conduite de M. le duc paroit général, dont je suis fort affligé; et, au hasard de faire quelque peine à ce prince, je ne lui cacherai pas la vérité.

Le 22 juillet, mademoiselle de Clermont est partie de Chantilly, pour se rendre avec la maison de la Reine à Strasbourg. La dame d'honneur et les duchesses ont pris les premières places. M. le duc avoit fait dire par M. de Maurepas, aux dames qui n'étoient pas titrées, qu'elles ne fissent pas de mauvaises difficultés, parce qu'elles ne seroient pas soutenues dans leurs prétentions.

M. de Breteuil, secrétaire d'État ayant le département de la guerre, est venu dans mon appartement à Chantilly [29 juillet] m'apporter de la part de M. le duc les états sur lesquels on pouvoit retrancher des dépenses inutiles, et l'on est convenu de quelques retranchemens sur les officiers réformés, dont l'entretien a augmenté de trois quarts depuis que j'ai quitté l'administration de la guerre.

On a lu au conseil des dépêches envoyées par le duc de Richelieu, qui préparoient à quelque incident de la part de Riperda, déclaré ambassadeur d'Espagne à la cour de l'Empereur. Ce ministre, qui a fait le dernier traité sur les investitures accordées à l'Espagne, n'oublie rien pour mettre la division entre la France et l'Espagne. Il a déclaré qu'il prétendoit passer devant l'ambassadeur de France, prétention d'autant plus mal fondée pour un roi d'Espagne, cadet de la maison de France, que les rois de la maison d'Autriche y ont renoncé par une déclaration authentique il y a plus de cinquante ans.

On a appris aussi par des lettres de Stockholm, que l'alarme y est assez grande de l'armement de mer de la Czarine, qui demande un port à la Suède pour retraite à sa flotte. Le parti du duc de Holstein, gendre de la Czarine, est très-fort en Suède, partagée par diverses factions. Le parti du roi régnant paroit le plus foible : celui de quelques seigneurs du royaume voudroit tenir la balance entre le Roi et le duc de Holstein. On nous demande de l'argent pour ce roi; l'Angleterre presse, et offre d'en envoyer aussi.

Je ne suis pas pour des dépenses qui vont rompre toute négociation avec la Czarine. On traite depuis long-temps avec cette princesse; elle nous fait même de grandes avances, jusqu'à offrir à M. le duc une de ses filles en mariage : mais ce conseil de France se laisse subjuguer par l'Angleterre, qui cherche à troubler, et à laquelle on ne croit pas pouvoir rien refuser.

J'ai reçu le premier août une lettre du marquis de Grimaldo, principal ministre d'Espagne, auquel j'avois adressé une lettre que j'écrivois au roi d'Espagne, et dont je lui avois envoyé la copie incluse. Ma lettre au Roi m'a été renvoyée cachetée ; mais le ministre m'a répondu, sur la copie qu'il a gardée, qu'on vouloit des satisfactions proportionnées à l'outrage du renvoi de l'Infante ; et ces satisfactions, expliquées par le nonce et l'ambassadeur d'Angleterre à Madrid, sont que M. le duc premier ministre aille lui-même faire des excuses au roi d'Espagne ; ce qui est demander l'impossible. Riperda, pendant ce temps, continue à déclarer ses prétentions : il a même eu la malhonnêteté de ne pas répondre au duc de Richelieu, qui lui a fait part de son arrivée à Vienne.

Le 9 août, le Roi a signé le contrat de son mariage à Versailles, en présence des princes et princesses du sang, qui ont signé aussi, de même que le comte de Tarlo. Il est parti sur-le-champ pour en aller porter la nouvelle à la future Reine à Strasbourg.

Le conseil d'État a été occupé le 12 de plusieurs matières très-importantes qui regardent l'Angleterre, l'Espagne, le roi de Prusse et l'Empereur. Comme elles exigent de plus grandes délibérations, M. le duc m'a dit, et à l'évêque de Fréjus, de me trouver le soir chez lui. Il a dit aussi à M. de Morville, secrétaire d'État, d'y apporter plusieurs traités faits en divers temps avec les couronnes ci-devant nommées. Le résultat de nos délibérations a été d'envoyer au comte de Broglie, ambassadeur auprès du roi d'Angleterre, à Hanovre, ordre de renouveler les traités faits avec le roi d'Angleterre et le roi de Prusse, qui est allé voir le roi d'Angleterre à Hanovre.

On a fait appeler à ce conseil le comte de Gambis, ambassadeur auprès du roi de Sardaigne, qui est venu faire un petit voyage à Paris par permission ; et on a pris de lui des éclaircissemens sur les prétentions du roi de Sardaigne pour le droit appelé *dace*, ou *droit de ville franche*. L'établissement en étoit du temps de François premier, et avoit pour fondement les dépenses auxquelles le duc de Savoie se trouvoit obligé dans la guerre contre le Turc. Il paroissoit que ce droit avoit été payé, puis refusé, pendant le règne presque entier du feu Roi, ensuite rétabli par un article du traité de 1713. Tout pesé, on a autorisé M. de Gambis à faire un abonnement pour les vaisseaux français.

Le 18 août, arriva le chevalier de Conflans, dépêché par le duc d'Orléans pour rendre compte au Roi de la cérémonie du mariage faite à Strasbourg. Il nous rassura sur la personne de la Reine, qu'il nous dit très-aimable, point belle, mais très-éloignée de la laideur qu'on lui prêtoit assez généralement.

On a appris le dimanche, au conseil d'État, par les dépêches du cardinal de Polignac, que plusieurs évêques de France avoient écrit au Pape sur le cinquantième qu'on vouloit faire porter au clergé comme au reste du royaume. Cette conduite des évêques a paru imprudente, et elle a été désapprouvée. On a ordonné au cardinal de Polignac de savoir qui étoient ces évêques.

M. le duc a parlé de l'inquiétude où il étoit pour le pain de Paris [18 août]. Le dernier marché avoit été très-court, et plusieurs s'en étoient retournés sans en avoir. On craignoit d'en manquer dans les premiers marchés, et l'on a donné tous les ordres possibles pour prévenir ce malheur. La cour les attribuoit en grande partie à la négligence du lieutenant de police et du prevôt des marchands. On a changé l'un et l'autre, et mis à la place du premier Hérault, intendant de Tours ; et le président Lambert est entré en exercice de celle de prevôt des marchands un an plus tôt qu'il n'étoit résolu. On a fait prendre des blés emmagasinés dans plusieurs monastères de Paris, et on a ordonné de moudre le nouveau. Par là on a évité le manquement réel ; mais il est d'une cherté excessive, ce qui excite des murmures très-violens.

On a appris le 25, au conseil d'État, par les dépêches du duc de Richelieu, que le roi d'Espagne a fait toucher six millions à l'Empereur, et que ce prince lève vingt mille hommes. Il étoit surprenant que Philippe V, de la maison de Bourbon, donnât beaucoup plus d'argent à l'Empereur pour faire la guerre à la France, que les derniers rois de la maison d'Autriche n'en avoient jamais donné pour se garantir de la France. Il n'avoit été guère moins surprenant que la France en 1719 eût donné de l'argent à l'Angleterre pour chasser de Sicile le roi d'Espagne, qui avoit attaqué dans cette île le roi de Sardaigne son beau-père. Cette conduite, très-blâmable de toutes parts, étoit également contre les véritables intérêts de la France, de l'Espagne et du roi de Sardaigne.

Cela venoit de ce que pendant la régence il n'avoit été question que de l'intérêt mal entendu du duc d'Orléans régent, qui, craignant les menées de l'Espagne, avoit cru devoir s'allier avec l'Angleterre, l'Empereur et la Hollande. C'est cette fausse politique, jointe au système abominable de Law, qui a été la source des malheurs dont la France est accablée, et dont elle souffrira encore long-temps. Je ne peux songer sans une très-vive douleur que la guerre est prête à s'allumer entre la France et l'Espagne, et que tous les efforts qu'a faits le feu Roi pour mettre une couronne sur la tête de son petit-fils, et pour la soutenir au risque même d'ébranler la sienne, vont avoir une fin si terrible. Ces réflexions me remplissent d'amertume toutes les fois qu'il s'agit au conseil de nos différends avec l'Espagne, qui paroissent nourris par la Reine, cousine germaine de l'Empereur, femme entière et implacable, qui a pris un empire absolu sur son mari.

La Reine est arrivée le 4 septembre à Moret. Le Roi est allé la recevoir une lieue au-delà. J'ai trouvé sa personne fort aimable. Le Roi l'attendoit avec impatience, et en a paru très-content. Il lui a présenté les principaux de ceux qui étoient auprès de lui; et quand il s'est un peu éloigné, elle m'a adressé la parole entre les autres, et m'a dit que le Roi son père s'étoit fort entretenu avec elle des obligations qu'elle m'avoit. Elle est arrivé le 5 à Fontainebleau; il y a eu comédie et feu d'artifice. Le Roi, après s'être mis un moment dans son lit, est allé dans celui de la Reine, suivi de M. le duc, du premier gentilhomme de la chambre, du grand-maître de la garde-robe, et de moi. Nous sommes entrés le lendemain dans la chambre, pendant que la Reine étoit au lit. Les complimens ont été modestes: ils montroient l'un et l'autre une vraie satisfaction de nouveaux mariés.

Le jour d'après, la Reine s'est promenée à pied dans le jardin de Diane. J'avois donné à dîner ce jour-là aux quatre princes de Bavière, dont l'un étoit l'électeur de Cologne, à M. le comte de Clermont, au cardinal, au prince de Rohan, et à plusieurs autres. Le repas a été gai. Je suis descendu ensuite dans le jardin de Diane, où j'ai entretenu la Reine très-long-temps. Comme elle me marquoit de la bonté, je lui ai dit: « Madame, la satisfaction est générale du
» mariage et des commencemens, et tout ce qui
» connoit les grandes qualités qui sont en vous
» désire que vous preniez empire sur l'esprit du
» Roi. Vous augmenterez l'admiration et l'atta-
» chement du peuple, si vous voulez bien laisser
» entendre que la générosité et la libéralité que
» vous exercez avec joie n'est troublée que quand
» vous songez que tout ce que vous donnez aux
» Français vient des Français, et que vous tirez
» les biens que vous répandez d'une nation que
» vous voudriez bien qui fût plus opulente. »

Le 13 septembre, le secrétaire de l'ambassade du comte de Broglie a apporté le traité signé entre la France, le roi d'Angleterre et le roi de Prusse. Cette alliance avec les deux puissans princes de l'Empire est à la vérité un frein à l'Empereur, s'il vouloit remuer; mais aussi c'est lui donner lieu de se plaindre de ce qu'en pleine paix on suscite les princes de l'Empire contre lui: aussi n'approuvai-je que médiocrement ce traité, parce que, bon dans le fond, il me paroit fait à contre-temps. On en a envoyé la ratification le 17.

Quelques jours auparavant, on avoit appris, par des lettres de Firmacon, commandant en Roussillon, que quatorze bataillons des troupes d'Espagne s'approchoient de Puycerda, et qu'elles faisoient conduire douze pièces de canon de vingt-quatre à Urgel, petite place assez voisine de Mont-Louis. Sur ces nouvelles, on fit partir le comte de Coigny, lieutenant général, destiné à commander sur ces frontières, et pour maréchaux de camp Barville, Barat et Gassion. On ordonna aussi des dispositions pour que la frontière ne fût pas dégarnie de troupes, si le roi d'Espagne vouloit l'attaquer.

Comme j'étois dans le cabinet de la Reine le 18 septembre, on lui a apporté une lettre du Roi son père. Après avoir commencé à la lire, elle m'a appelé, et m'a dit: « Voici qui vous re-
» garde, » et m'a lu une page entière qui contenoit les sentimens d'estime dont le Roi m'honoroit, mandant à sa fille qu'elle ne pouvoit pas mieux placer sa confiance. Prête à refermer la lettre, elle m'a rappelé une seconde fois, pour me faire voir que dans la fin le Roi son père confirmoit les mêmes sentimens.

Pendant qu'elle se promenoit le soir à pied dans les jardins, je me suis approché d'elle, et lui ai dit: « Madame, les bontés du Roi votre
» père me donnent un courage que je n'ai pas
» naturellement, car Votre Majesté trouvera
» pour l'ordinaire que je suis mauvais courtisan,
» et fort timide; mais ce qu'elle m'a fait l'hon-
» neur de me lire de sa lettre me fait prendre la
» liberté de lui donner une marque de mon at-
» tachement, que je me flatte qu'elle daignera
» approuver. J'ose donc lui répéter ce que je lui
» ai dit il y a quelques jours sur le mérite de l'es-
» prit d'économie, si nécessaire dans nos maî-
» tres. Votre Majesté rendra cette qualité bien
» respectable, si elle veut bien faire entendre
» qu'elle en est sérieusement occupée, par la
» nécessité indispensable de soulager l'État. »

On décida le 22, au conseil des dépêches, un procès qui duroit depuis un temps infini entre le chapitre des comtes de Saint-Jean de Lyon et les échevins de la même ville. Les comtes gagnèrent leur procès très-justement, et la ville de Lyon fut condamnée à de gros dommages et intérêts, appelés *amendes*. Les secrétaires d'État, en opinant, dirent que dans les autres tribunaux les échevins auroient été condamnés aux dépens; mais qu'on ne les prononçoit jamais dans le conseil du Roi. « Pourquoi, » répliquai-je, le conseil du Roi, qui est le plus » respectable du royaume, seroit-il retenu par » un mauvais usage? Et puisque l'on trouve de » la vexation de la part d'une ville puissamment » riche contre un chapitre des plus illustres, » mais pauvre, je pense qu'il faut punir la vexa- » tion par la condamnation aux dépens. » Et mon avis fut suivi.

J'ai été passer les cinq ou six premiers jours d'octobre dans mon château de Villars; j'en suis revenu le 13, et j'ai été chez la Reine, que j'ai trouvée seule dans son cabinet. J'ai eu l'honneur de l'entretenir assez long-temps, et cette princesse me montroit des sentimens très-respectables sur ses devoirs. Elle étoit dans l'impatience de voir le Roi son père, qui devoit arriver le 15. M. le duc a été le 14 au devant de lui jusqu'à Villeneuve-la-Guerre.

Il est arrivé le 15 au château de Bouron, sur les quatre heures après-midi. Je l'ai salué comme il descendoit de cheval, et j'en ai été embrassé avec une tendresse très-vive. Ses premières paroles ont été des remerciemens de toutes les obligations qu'il comptoit m'avoir. La Reine est arrivée une demi-heure après. Le Roi son père a été la recevoir comme elle descendoit de carrosse. La Reine ne pouvoit se détacher de lui, et son cœur attendrit tout ce qui les voyoit. La Reine sa mère est arrivée quelques momens après, et les embrassemens ont recommencé. Elle a présenté à sa mère les dames et toute la cour, et en me montrant elle lui a dit : « Voilà » un de nos meilleurs amis. » La reine de Pologne m'a marqué les mêmes sentimens que le Roi son mari. Ce prince m'a fait prier de revenir le jour d'après, ne pouvant dans ces premiers momens m'entretenir comme il le désiroit.

Le Roi alla, le 16, voir le roi et la reine de Pologne. L'entrevue se passa avec beaucoup de témoignages d'amitié de la part du gendre : sa conversation fut même libre et aisée ; il parla beaucoup plus que d'ordinaire, sa timidité naturelle le rendant taciturne lorsqu'il se trouve avec des personnes qu'il n'a pas coutume de voir. La Reine dîna entre le Roi et la Reine sa mère, et son père à côté du Roi ; moi je dînai avec les dames.

Comme je sortois de table, le comte de Tarlo m'a dit que le roi de Pologne m'attendoit dans sa chambre : nous y sommes restés une heure et demie seuls. Il a commencé par me dire qu'avant toutes les obligations qu'il savoit m'avoir sur le mariage de sa fille, il me connoissoit par mes grandes actions, et par l'estime du roi de Suède. « Je n'ai vu, me dit-il obligeamment, » que ce malheureux roi et vous que je puisse » compter comme les deux héros de l'Europe. » Je me souviens, avec des regrets qui me sont » toujours sensibles, de l'année 1707, lorsque » vous le pressiez de marcher à Nuremberg avec » son armée qui étoit en Saxe, dans le temps » que celle de France n'étoit qu'à vingt lieues de » cette ville. Que ne suivit-il vos conseils ! cette » marche auroit décidé de l'Empire, et de plu- » sieurs couronnes. » Nous avons parlé ensuite des affaires du gouvernement, dont il étoit fort instruit ; et il m'a prié qu'il puisse m'entretenir tous les jours pendant qu'il demeurera dans le voisinage de Fontainebleau.

Le 17, le roi Stanislas arriva sur les huit heures du soir à Fontainebleau. Il entra chez le Roi pendant le conseil, qui se leva. Les rois s'embrassèrent : la conversation s'établit entre eux et ce qui étoit au conseil, et fut très-libre. La Reine arriva à huit heures et demie, et entra dans le cabinet du Roi, d'où elle mena son père dans son appartement, par la porte de la ruelle de la chambre du Roi.

Le conseil recommença. On y lut la ratification du traité d'Hanovre, et l'on eut la confirmation de la prise de Tauris par le bacha Abdalha, et quelques avis que le même bacha avoit marché à Ispahan avec l'armée ottomane ; ce qui devoit procurer la conquête entière de l'empire persan par les Turcs. Ainsi ces mêmes Turcs qui, après le siége de Vienne, avoient été battus en toutes occasions par les Chrétiens, ayant trouvé une nation encore plus ignorante qu'eux dans la guerre, et avilie par près de cent ans de paix, s'en rendirent maîtres en deux campagnes; tant il est vrai que les longues paix sont presque aussi dangereuses que les longues guerres.

Il y eut le 20, chez le Roi, conseil des dépêches, où furent appelés les quatre conseillers d'État qui avoient examiné le procès entre le prince Frédéric d'Auvergne et l'archevêque de Cambray pour le prieuré de Saint-Martin-des-Champs, qui valoit près de cinquante mille livres de rente. L'affaire fut décidée tout d'une voix en faveur de l'archevêque de Cambray, fils naturel du duc d'Orléans, lequel jouissoit déjà de plus de deux cent cinquante mille livres de rente. On auroit voulu que le prince Frédéric eût pu gagner ; mais la conduite de son frère l'archevêque de Vienne ne lui avoit laissé aucun droit, ayant donné ce prieuré, avec toutes les formalités nécessaires, à l'archevêque de Cambray, et si solidement que la seconde nomination qu'il avoit faite en faveur de son frère étoit nulle de tout point.

Le même jour, l'assemblée du clergé a pris congé du Roi, l'évêque de Langres portant la parole. Son discours a été trouvé très-beau, et bien prononcé. Cette assemblée persistant à refuser son consentement à la levée du cinquantième, il lui avoit été envoyé une lettre de cachet pour se séparer, et même défense de s'assembler chez le président, qui étoit l'archevêque de Toulouse. Tous les membres parurent fort irrités, et résolurent tout d'une voix d'écrire au Roi une lettre qui ne fût pas approuvée par cinq ou six évêques et archevêques. Tout le reste la signa, et refusa dans la première chaleur le don gratuit, qu'elle accorda ensuite.

M. de Maurepas, secrétaire d'État, fut envoyé à Paris le 8 novembre, pour faire ôter des registres de l'assemblée cette lettre qu'elle avoit écrite au Roi; et on n'oublia rien pour donner au clergé toutes les marques de la mauvaise satisfaction que l'on avoit de sa conduite.

L'affaire du prevôt de Paris contre les lieutenans civil, criminel et de police fut rapportée au conseil des dépêches [10 novembre]. Cette charge, très-belle dans son origine, et très-ancienne, puisqu'elle fut établie par Hugues Capet, avoit été peu à peu détruite : il n'en restoit plus que le nom, les appointemens, qui sont de huit mille livres, dont quatre mille payées sur les épices du Châtelet, le droit de présider le jour de son installation seulement, l'usage d'intituler les jugemens de son nom; mais il avoit perdu la voix délibérative, et tout le reste des attributs de premier juge.

Le comte d'Esclimont, pourvu de cette charge par la démission de son père, employa deux années à s'instruire, et à rechercher les titres. Ayant obtenu d'être jugé au conseil des dépêches devant le Roi, il prouva très-clairement que tous les édits et déclarations des rois, qui avoient ôté la voix délibérative aux grands baillis et sénéchaux du royaume, n'avoient pas nommé le prevôt de Paris. Ainsi la voix délibérative lui fut rendue. Il fut aussi réglé que le lieutenant civil prononceroit ses jugemens au nom du prevôt; que, dans les cérémonies du Châtelet, le prevôt de Paris marcheroit à la droite, ses gardes et hoquetons devant lui; que d'ailleurs l'administration de la justice resteroit comme ci devant aux trois lieutenans, civil, criminel et de police.

Ils perdirent par cette décision ce qu'ils ne pouvoient gagner que par la suppression totale de la charge de prevôt de Paris. Cependant le lieteunant civil se crut dégradé, et présenta plusieurs requêtes en révision. Le garde des sceaux le protégeoit fort, et il obtint que l'on parleroit encore de son affaire au premier conseil. Le jugement y fut confirmé, et l'arrêt publié comme il avoit été rendu d'abord.

Peu de jours après le retour du Roi à Versailles, il fut publié une diminution d'espèces. Les louis d'or valant seize livres devoient être réduits à quatorze au premier de l'année 1726, et à douze livres au premier février suivant. On espéra par là remettre quelque circulation dans le royaume. Tout ce qui avoit de l'argent le tenoit caché, par les craintes mal fondées de voir rétablir le papier.

Je fus absent de la cour un mois, retenu à Paris par un rhume. Pendant ce temps il ne se passa rien de bien important au conseil sur les affaires étrangères. On comptoit faire accéder la Hollande au traité d'Hanovre. Les intérêts de cette république pouvoient très-aisément ramener une guerre, par la résolution où elle étoit de s'opposer à la compagnie d'Ostende, et au contraire la ferme résolution de l'Empereur de la soutenir. Le comte de Kœnigseck, ministre de Vienne à La Haye, donna des mémoires remplis de menaces, si les Hollandais accédoient au traité.

D'un autre côté, le roi de Prusse déclara au roi d'Angleterre, par une lettre qui marquoit une grande foiblesse, que si la Hollande accédoit, il n'entreroit dans aucun engagement avec elle au sujet de la compagnie d'Ostende. Par cette lettre, où il faisoit voir une grande crainte des forces de l'Empereur, crainte fondée sur la situation trop étendue de ses États, il confirmoit une opinion que j'avois toujours eue : c'est que s'il y avoit guerre avec l'Empereur, le roi de Prusse n'exécuteroit en façon du monde les traités; que tout au plus il seroit neutre la première campagne, et la seconde feroit ce que l'Empereur voudroit; et que l'on pouvoit craindre quelque chose de pareil des princes de l'Empire, qui paroissoient présentement attachés à la France; qu'ils ne seroient jamais fermes tant qu'ils auroient à craindre les armes de l'Empereur, qui pouvoit tout d'un coup occuper leur pays.

« Rappelez-vous, Sire, dis-je au Roi, les dis-
» cours que le roi de Prusse a tenus il y a quelque
» temps sur ses nombreuses forces : *Il n'est pas*
» *question*, disoit-il, *des cinq mille hommes que*
» *je m'engage par le traité à donner; mais je*
» *marcherai avec quarante mille hommes.* Sur
» quoi j'eus l'honneur de faire remarquer à Votre Majesté que c'étoit le parti le plus sage, et

» même le seul bon qu'elle pût prendre; que
» pour lors il faudroit lui envoyer trente mille
» Français, et tout ce que l'Angleterre pourroit
» donner, et avec une armée considérable mar-
» cher droit en Bohême; que c'étoit le seul
» moyen de contenir les princes de l'Empire, et
» que par tout autre, à coup sûr, on les perdroit,
» et le roi de Prusse aussi. »

En effet, dans le conseil du 30 décembre, on a lu dix-huit articles écrits par le roi de Prusse, ou conditions nouvelles, par lesquels on peut juger que son accession au traité d'Hanovre n'est pas bien solide. Sur cela j'ai représenté, peut-être pour la sixième fois, qu'il falloit conclure avec le roi de Sardaigne, liaison, sans comparaison, la plus nécessaire.

Pendant le mois de décembre, il y a eu une intrigue de cour des plus importantes. Depuis que M. le duc étoit premier ministre, l'évêque de Fréjus avoit inspiré au Roi qu'il ne devoit jamais travailler seul avec lui, et il étoit établi que l'évêque de Fréjus entroit toujours dans le cabinet du Roi une demi-heure avant M. le duc, assistant à ce qu'on appeloit *travail*, qui étoit un suprême conseil pour la distribution de toutes les grâces, grands et petits bénéfices, gouvernemens, charges de guerre et de cour : en un mot, M. de Fréjus avoit la complaisance de laisser à M. le duc le gros des affaires; mais lorsqu'il étoit question de grâces, il se trouvoit que quand M. le duc vouloit en parler au Roi, elles étoient déjà données aux amis de M. de Fréjus, malgré les promesses du premier ministre à d'autres.

Il tenta de sortir de cette sujétion par le moyen de la Reine; et, le mardi 18 décembre, le Roi ayant entretenu M. de Fréjus sur les six heures du soir, la Reine envoya le marquis de Nangis le prier de passer chez elle, où se trouvoit M. le duc. Ils gardèrent le Roi deux heures; de sorte que M. de Fréjus, à qui le Roi avoit promis de revenir sur-le-champ, s'impatienta, et s'en alla chez lui.

Ce même soir, M. le duc m'écrivit de sa main un billet de six lignes, pour me prier de me rendre incessamment à Versailles. Il avoit apparemment dessein de me faire part de ce qu'il regardoit comme son triomphe; et certainement si je l'avois vu avant ce qui s'étoit passé chez la Reine, j'aurois pu lui être utile, en empêchant une entreprise si mal concertée : mais il ne m'en parla pas; et quand il me manda, je ne pus me rendre auprès de lui, parce que je venois de prendre médecine.

M. de Fréjus ne douta pas, par la longue conversation du Roi avec la Reine et M. le duc, que la résolution avoit été prise de donner à celui-ci des audiences particulières, ce qui au fond étoit assez à sa place à l'égard d'un premier ministre; mais apparemment le prélat n'en jugea pas ainsi, et le mercredi 19 il partit le matin de la cour, après avoir écrit au Roi et à M. le duc. Le Roi ne reçut sa lettre qu'au retour de la chasse, et parut très-fâché : il se retira dans sa garde-robe pour être seul, et parut absorbé dans ses réflexions. Le duc de M*** y pénétra. C'étoit un homme plein d'honneur, mais de ces gens qui s'exagèrent souvent les choses. Il lui étoit plusieurs fois arrivé de parler au Roi de madame de Prie et de Paris-Duverney, dont il disoit des horreurs; ce n'étoit pas sans retomber sur M. le duc. Dans cette occasion, il prit fortement auprès du Roi le parti de M. de Fréjus, et se fit donner par écrit un ordre qu'il porta lui-même à M. le duc, d'envoyer sur-le-champ à M. de Fréjus, à Issy, ordre de revenir auprès du Roi ; ce qui fut exécuté le jeudi 20, à dix heures du matin.

Dans la première entrevue, M. le duc me fit de grandes plaintes de la conduite de M. de M***, et surtout de l'insolence avec laquelle il prétendoit qu'il lui avoit parlé. « Voilà ce que
» c'est, lui dis-je, de ne pas conférer dans vos
» affaires avec ceux en qui vous devriez prendre
» confiance. Vous avez donné quarante mille
» écus à M. de M***, sans lesquels, disoit-il, il
» ne pouvoit servir son année de premier gen-
» tilhomme de la chambre. Si vous m'aviez con-
» sulté, je vous aurois conseillé de placer plus
» utilement cette somme. » M. le duc en revint à me dire qu'il ne pouvoit plus long-temps souffrir de ne pouvoir avoir une audience particulière du Roi, et qu'il ne resteroit pas dans une situation véritablement honteuse pour un premier ministre. « J'avoue, lui répondis-je, qu'elle
» est telle; mais puisque vous avez souffert
» deux ans, il faut patienter encore, jusqu'à ce
» que vous ayez trouvé un moyen solide d'en
» sortir. Quinze jours, un mois de plus, ne doi-
» vent pas être comptés, à moins qu'il n'y ait
» ce qu'on appelle *periculum in morâ* : pour
» lors il faudroit brusquer. C'est à vous de voir
» ce qui convient. Au reste, ajoutai-je, faites
» attention que tout ce qui environne le Roi sui-
» vra le crédit; et si celui de M. de Fréjus est
» le plus fort, les mêmes qui vous paroissent les
» plus affidés changeront assurément. Ainsi
» prenez bien garde désormais à qui vous vous
» confierez. »

La Reine me parla de ses peines sur celles de M. le duc, et de l'envie qu'elle avoit de les faire cesser. Je lui remontrai que cette affaire étoit très-délicate; qu'avant de montrer quelques idées qui n'étoient pas tout-à-fait celles du Roi, il falloit bien le persuader qu'elle n'avoit d'autre désir que de lui plaire, et n'insister que quand elle le verroit disposé à prendre tout ce qu'elle lui diroit comme venant de ces sentimens-là. Elle eut aussi avec l'évêque de Fréjus une assez longue conversation, dont elle me rendit compte. Quelque effort qu'elle fît, elle ne put l'engager à procurer des audiences particulières à M. le duc; et le premier ministre, qui avoit l'administration de tout le royaume, n'avoit pas la liberté d'en rendre compte un moment seul au Roi.

[1726] Dans les conseils d'État du 10 et du 13 janvier, on a lu des dépêches qui donnent de grandes inquiétudes sur la fidélité du roi de Prusse dans ses engagemens. Le comte de Broglie, ambassadeur en Angleterre, nous a dit qu'il étoit persuadé de l'influence du ministère britannique sur le roi de Prusse, et qu'il étoit assuré que ce prince feroit tout ce que l'Angleterre voudroit: mais cette persuasion ne me fait pas changer de sentimens sur la Prusse.

On s'apercevoit que les affaires commençoient à se brouiller de tous côtés. Le duc de Richelieu marquoit de Vienne qu'il croyoit la guerre certaine; et Fénelon, ambassadeur en Hollande, marquoit par ses dépêches, lues le 20, plus de difficultés qu'il n'en avoit prévu pour l'accession de la République au traité d'Hanovre.

Le même jour M. le duc me dit qu'il vouloit m'entretenir sur une longue conversation qu'il avoit eue avec M. de Fréjus. Elle avoit roulé principalement sur madame de Prie et Paris-Duverney, dont M. de Fréjus conseilloit, ou plutôt ordonnoit, pour ainsi dire, l'éloignement, tant d'auprès de M. le duc que d'auprès de la Reine. Il me dit qu'il vouloit avoir mon avis là-dessus. Je lui répondis : « N'avez-vous pas deux » ou trois personnes en qui vous croyez du bon » sens, et de l'attachement pour vous? Rassem- » blez-les, et prenez votre parti; car pour moi, » je vous déclare que seul je ne vous dirai jamais » mon dernier mot. »

La Reine me mena le même jour dans son cabinet, et me parla avec une vive douleur des changemens qu'elle voyoit dans l'amitié du Roi. Ses larmes couloient abondamment. Je lui répondis : « Je crois, madame, le cœur du Roi » bien éloigné de ce qu'on appelle amour : vous » n'êtes pas de même à son égard ; mais, croyez- » moi, ne laissez pas trop éclater votre passion : » qu'on ne s'aperçoive pas que vous craignez de » la diminution dans ses sentimens, de peur que » tant de beaux yeux qui le lorgnent continuel- » lement ne mettent tout en jeu pour profiter de » son changement. Au reste, il est plus heureux » pour vous que le cœur du Roi ne soit pas fort » porté à la tendresse, parce qu'en cas de pas- » sion la froideur naturelle est moins cruelle que » l'infidélité. » Je lui tins encore d'autres discours que je crus capables de la calmer, et je la consolai un peu. Elle attribuoit ce changement à M. de Fréjus, et à la vérité elle n'avoit eu lieu de s'en apercevoir que depuis la petite retraite de l'évêque, et son prompt retour à la cour.

Le 27 javier, la Reine eut avec l'évêque de Fréjus une longue conversation, qu'elle me rapporta l'après-midi. Il y avoit été beaucoup question du renvoi de madame de Prie et de Paris-Duverney. « Mais quelle haine, lui avoit dit la » Reine, avez-vous donc contre eux pour insi- » ster si fort sur leur éloignement? — Je ne leur » en veux point, répondit-il ; et si je presse M. le » duc, ce n'est qu'à cause du tort qu'ils lui font. » — Mais moi, répliqua-t-elle, comment me ré- » soudre à éloigner des personnes dont l'un, se- » crétaire de mes commandemens, demande des » juges sur ce qu'on lui reproche, et l'autre que » l'on approfondisse les torts qu'on lui donne? » J'avoue que la disgrâce de ces gens-là, dont » je suis très-contente, me fera de la peine. » A cela l'évêque ne dit mot. Elle lui parla aussi du changement qu'elle trouvoit dans l'amitié du Roi. Il répondit assez séchement : « Ce n'est pas » ma faute. » Elle lui reparla encore des peines de M. le duc sur le refus des audiences particulières; mais elle n'y gagna rien. Je lui dis qu'elle avoit peut-être un peu trop poussé l'évêque ; qu'il falloit le ménager, lui marquer de la confiance, et surtout paroître toujours contente de sa conduite. Enfin je fis ce qui dépendoit de moi pour tranquilliser la Reine et M. le duc; que tout n'étoit pas perdu; qu'il falloit un peu compter sur le chapitre des accidens, dont parle le cardinal de Retz dans ses Mémoires; et que la chance ne seroit peut-être pas toujours pour l'évêque.

Les conseils d'État, dans les derniers jours de Marly, ont roulé sur les mesures à prendre avec le roi de Sardaigne. On attendoit à cet égard des nouvelles du roi d'Angleterre, qui, étant parti d'Hanovre, essuya une rude tempête pour se rendre dans son royaume.

On reçut dans les premiers jours de février un courrier de Campredon, ministre de France à Pétersbourg, qui apprenoit des résolutions de la Czarine de porter la guerre en Danemarck pour les intérêts du duc de Holstein. Il assuroit le traité conclu avec l'Empereur. Le duc de R***, au contraire, disoit que le traité n'étoit pas encore commencé; et il se prétendoit sûr de ce qu'il avançoit, parce qu'il avoit gagné un des commis qui chiffroit les dépêches du comte de Sinzendorff. Mais je fis observer que les doubles espions sont plus communs qu'on ne pense, et que ce commis, qui vendoit le chiffre de l'Empereur, pouvoit fort bien le faire du consentement de son maître pour tromper par de fausses confidences. Et en effet, la lettre qui fut lue au conseil du Roi paroissoit l'ouvrage d'un double fripon.

M. le duc m'a encore parlé [3 février] des instances que M. de Fréjus lui a faites de nouveau pour renvoyer madame de Prie et Duverney, mais qu'il lui a faites plus foiblement; et il paroît se flatter de les retenir. « Cela est assez in- » différent à l'évêque, lui ai-je dit, s'il ne parloit » qu'à vous du désir qu'il a de voir partir des » personnes que le public voit de mauvais œil. » Je pourrois croire, comme il vous le dit, que » c'est pour votre intérêt qu'il vous presse; mais » c'est pour le sien qu'il veut que le public soit » informé qu'il ne tient pas à lui qu'on ne ren- » voie de la cour des personnes qui déplaisent » à ce public : et voilà tout ce qu'il désire, n'é- » tant peut-être pas fâché dans le fond que vous » les reteniez, afin que l'aversion augmente » contre vous. Remarquez qu'il ne vous parle » jamais de tant de choses dont je vous presse » souvent inutilement, comme d'augmenter la » ferme des postes, de retirer celle du tabac à la » compagnie des Indes, d'ôter le cinquantième, » de faire cesser les jeux que vous permettez » dans Paris, d'ôter les expectatives de tant de » gouvernemens donnés à des enfans, de faire » résider les gouverneurs dans les places fron- » tières pendant plusieurs mois, et tant d'autres » choses que je vous représente parce que j'aime » l'État, et que je voudrois voir votre gouverne- » ment applaudi; ce qui ne touche point l'évêque. » Et moi, qui n'ai que ce but dans tout ce que » je dis, je vois quelquefois que je vous déplais » par mes libertés. »

Le comte de Rothenbourg, ambassadeur à Berlin, a mandé [19 février] que le roi de Prusse étoit dans des agitations terribles sur les suites que pouvoit avoir pour lui le traité d'Hanovre; que les émissaires de l'Empereur l'intimidoient, et gagnoient toujours du terrain sur lui; qu'il faudroit, pour soutenir ce prince, qu'il fût permis à l'ambassadeur de lui faire espérer trente bataillons et vingt-cinq escadrons français, prêts à voler à son secours. D'un autre côté, le duc de R***, revenu de ses espérances de paix, mande que l'Empereur est disposé à la guerre; et il la regarde comme si certaine, qu'il prend la liberté de presser le Roi d'attaquer les princes du Rhin, pour les empêcher de s'unir à l'Empereur.

J'ai dit au conseil : « Nous voici au 19 février, » et je ne vois encore rien d'avancé du côté du » roi de Sardaigne, qui nous est cependant si » nécessaire pour arrêter les efforts que l'Empe- » reur fera en Italie. Il faut aussi faire repartir » au plus tôt le comte de Broglie, et qu'il presse » le roi d'Angleterre de s'assurer invariablement » du roi de Prusse : ce prince est forcé, par la » situation de ses États, à une guerre offensive, » ou à la neutralité. Et que n'auroit pas à crain- » dre le roi d'Angleterre d'une neutralité qui lais- » seroit ses États d'Hanovre à la discrétion de » l'Empereur, lequel pourroit même entraîner » dans son parti les Suédois, en leur offrant » Brême et quelques autres places? C'est pour- » quoi, quelque assuré qu'il se croie du roi de » Prusse, il faut faire entendre au roi d'Angle- » terre qu'il ne doit rien négliger pour affermir » ce caractère vacillant. »

Il l'est au point que l'on a su, par les dépêches lues au conseil le 2 mars, qu'il a défendu à ses envoyés en Suède et en Hollande de faire aucun pas pour procurer l'accession de ces puissances au traité d'Hanovre, et qu'il a même menacé le général Bulon, son envoyé en Suède, de le faire mettre aux fers, parce qu'il avoit pressé la Suède d'accéder.

« Si ces nouvelles sont vraies, ai-je dit au con- » seil, il faut s'attendre à la guerre; et l'Empe- » reur ne peut avoir de bon ministre qui ne la » lui conseille. En voici les raisons : il vient de » déclarer un ordre de succession qui éloigne ses » sœurs et ses nièces de toute espérance; par là » il s'est aliéné la maison de Bavière, et par con- » séquent l'électeur de Cologne : d'un autre côté, » par le traité d'Hanovre nous détachons de lui » les princes protestans les plus puissans après » ses parens; et nous lui ôtons toute considéra- » tion dans l'Empire. Il n'y a donc rien qu'il ne » doive faire pour regagner le roi de Prusse; et » sitôt qu'il l'aura regagné, il n'a pas de momens » à perdre pour prévenir ses ennemis, parens et » autres. Il pourra seulement être un peu re- » tardé par l'Espagne, qui ne déclarera sûrement » pas la guerre que la flotte et la flottille ne soient » rentrées. » Nous sûmes qu'en attendant il s'assuroit de la Czarine, et que le comte de Rabutin étoit parti de Vienne le premier février, pour aller achever à Pétersbourg un traité commencé.

Le jeu étoit très-gros à Marly, et le Roi et la Reine perdoient deux cent mille francs en deux mois. J'ai dit à la Reine que rien ne lui feroit tant d'honneur que de renoncer à un pareil jeu ; et j'ai représenté aussi au Roi, avec lequel j'avois l'honneur de jouer quelquefois au piquet, qu'il s'amusoit de même de notre petit jeu, et qu'un gros jeu ne convenoit guère à un roi.

On a appris le 6 mars, par un courrier, la mort de l'électeur de Bavière, d'un polype dans l'estomac. Il étoit âgé de soixante-deux ans. C'étoit un prince rempli de toutes les bonnes qualités désirables pour le commerce de la vie. Il avoit de la valeur, un grand désir de gloire ; mais si peu d'application à ses affaires, que ses ministres, abusant de sa facilité, l'avoient jeté dans de grands désordres. Ils le voloient impunément, lui gagnoient des sommes considérables à toutes sortes de jeux, qu'il jouoit toujours avec grands désavantages. Il laisse quatre princes, qui ont été deux mois à la cour de France pendant le mariage du Roi.

Le duc de Richelieu, et Saint-Saphorin, ambassadeur d'Angleterre à la cour de l'Empereur, étoient chargés d'un traité que le dernier avoit entamé avec l'électeur, en passant à Munich dans l'année 1725. La mort de l'électeur suspend ces mesures, qu'il est question de reprendre avec son fils.

Dans le conseil du 12 mars, on a proposé d'augmenter de cent livres à cent dix livres les places de la diligence de Paris à Lyon, qui n'étoient dans le principe que de soixante-deux livres, et les entrepreneurs s'engageoient à garantir les voyageurs du vol. J'ai trouvé qu'il étoit contre la dignité du gouvernement qu'il parût que les chemins ne pussent être libres en France que par des assurances. J'ai représenté que les maréchaussées, qui coûtent dix-neuf cent mille livres par an, devroient pourvoir à la sûreté publique, et mon avis a été suivi.

Le comte de Rothenbourg ramène un peu le roi de Prusse, qui cependant n'est pas encore fort assuré, puisqu'il a empêché son ministre à Stockholm de consommer l'accession de la Suède au traité d'Hanovre, et que cet obstacle a dérangé toutes les mesures prises par les ministres de France et d'Angleterre : néanmoins cette accession avance fort dans les sept Provinces-Unies, et on a appris dans les derniers jours de mars que quatre y consentent.

Le premier avril, la reine d'Espagne, demeurant à Vincennes, vint voir le Roi et la Reine avec sa cour. Le Roi la reçut sur le haut du degré : elle fut un quart-d'heure chez lui. Il la mena ensuite chez la Reine, où la visite ne fut pas plus longue : elle la reçut dans son antichambre, et la reconduisit de même. L'Espagnole s'assit dans un fauteuil entre celui du Roi et celui de la Reine, et la visite fut courte.

La Reine lui rendit sa visite peu de jours après. Madame d'Orléans, sa mère, me fit dire que sa fille nous inviteroit, avec les autres grands d'Espagne, et même les chevaliers de la Toison d'or, à se trouver à Vincennes pour y recevoir la Reine. M. le duc ne croyoit pas cela convenable ; mais je lui dis que c'étoit un devoir indispensable à remplir auprès de la reine d'Espagne, et un respect pour la Reine ; et nous nous y trouvâmes tous.

On a lu, dans le conseil du 10 avril, des dépêches de Madrid qui commencent à faire entrevoir que les cours de Madrid et de Vienne pourroient ne pas soutenir leurs engagemens sur la compagnie d'Ostende. L'Angleterre et la Hollande refusent d'entrer dans aucune sorte de négociation à ce sujet ; et il est aisé de juger que si l'Empereur n'attire pas à lui le roi de Prusse, il n'a d'autre parti à prendre que de céder, pour gagner du temps.

On ne sait trop ce qui arrivera, tant ce roi paroît incertain lui-même. Sa coutume est de répondre de sa main aux mémoires de ses principaux ministres. Ilgern et Knipausen sont à présent ceux qui ont la principale part à sa confiance. Comme ils lui faisoient dernièrement des représentations pour l'obliger à tenir ses engagemens, il a écrit sur le mémoire d'Ilgern : *Vous avez touché bien des guinées* ; et sur celui de Knipausen : *Vous avez touché bien des louis d'or.*

Il s'est expliqué néanmoins assez clairement au comte de Rothenbeurg [14 avril], chez lequel il est venu dîner de Potsdam à Berlin : « Je puis, » dit-il, mettre soixante mille hommes en cam» pagne, mes places gardées ; cependant si la » Czarine et la Pologne m'attaquoient, je ne » pourrois défendre mes États. » « Voyons donc, » ai-je dit dans le conseil du 14, où on nous a » appris cette réflexion du roi de Prusse, voyons » s'il faut donner le temps et les moyens à l'Em» pereur de le regagner, de concert avec la Cza» rine. » C'étoit dire : Voyons lequel est le plus utile ou le plus dangereux de commencer la guerre, ou de l'attendre.

Dans ce temps, un nommé La Fresnaye, conseiller au grand conseil, se tua chez une madame Tencin, sœur de l'archevêque d'Embrun. C'étoit une assez jolie personne, de l'esprit, très-intrigante, accoutumée à faire tous les usages possibles de sa beauté et de son esprit pour parvenir à ses fins. Elle avoit été en grand commerce avec le cardinal Dubois, et s'étoit mêlée de beaucoup d'affaires du temps de Law, ainsi que ses frères. L'archevêque d'Embrun étoit homme d'esprit, et qui, chargé des affaires de France à Rome, y avoit fort bien servi.

Ce La Fresnaye, perdu de dettes, d'amour, de jalousie, et de toute la fureur que les plus grands désordres peuvent mettre dans l'esprit, se tua chez elle. On peut juger de l'éclat que fit une pareille action. Il avoit laissé en dépôt un écrit de sa main, contenant toutes les horreurs qu'il s'étoit imaginé pouvoir causer la perte de madame Tencin. Elle fut en effet arrêtée. Il y eut procès entre le grand conseil et le Châtelet à qui jugeroit le mort, et le grand conseil l'emporta.

Au conseil des dépêches du 13, on a décidé le procès entre le cardinal Bissy et le comte d'Évreux sur la capitainerie de Monceaux. Elle a été déclarée capitainerie de maison royale. J'ai pris la liberté de dire au Roi : « Cette capitai- » nerie est inutile à vos plaisirs, puisque vous n'y » allez jamais ; il vous en coûte plus de trente » mille francs en gages d'officiers : c'est une dé- » pense que vous faite pour qu'un homme soit » en droit de tyranniser soixante-trois seigneurs ; » car, par les mémoires que nous avons vus, il » y a ce nombre dans l'étendue que M. le comte » d'Évreux demande. Il est de la bonté, et j'ose » dire de la justice de Votre Majesté, de détruire » ces capitaineries, inutiles à vos plaisirs. » Mais ce qui a été vraiment inutile, ce sont mes représentations.

Dans le même temps, Voltaire fut mis à la Bastille, séjour qui ne lui étoit pas inconnu. C'étoit un jeune homme qui dès l'âge de dix-huit ans se trouva le plus grand poëte de son temps, distingué par son poëme de Henri IV, qu'il avoit composé dans ses premiers voyages à la Bastille, et par plusieurs pièces de théâtre fort applaudies. Comme ce grand feu d'esprit n'est pas toujours, dans la jeunesse, accompagné de prudence, celui-ci étoit un grand poëte, et fort étourdi.

Il s'étoit pris de querelle chez la Lecouvreur, très-bonne comédienne, avec le chevalier de Rohan. Sur des propos très-offensans, celui-ci lui montra sa canne. Voltaire voulut mettre l'épée à la main. Le chevalier étoit fort incommodé d'une chute qui ne lui permettoit pas d'être spadassin. Il prit le parti de faire donner en plein jour des coups de bâton à Voltaire, lequel, au lieu de prendre la voie de la justice, estima la vengeance plus noble par les armes. On prétend qu'il la chercha avec soin, trop indiscrètement. Le cardinal de Rohan demanda à M. le duc de le faire mettre à la Bastille. L'ordre en fut donné, exécuté ; et le malheureux poëte, après avoir été battu, fut encore emprisonné. Le public, disposé à tout blâmer, trouva pour cette fois, avec raison, que tout le monde avoit tort : Voltaire d'avoir offensé le chevalier de Rohan ; celui-ci, d'avoir osé commettre un crime digne de mort en faisant battre un citoyen ; le gouvernement, de n'avoir pas puni la notoriété d'une mauvaise action, et d'avoir fait mettre le battu à la Bastille pour tranquilliser le batteur.

Tout cela arriva pendant un voyage de cinq ou six jours que je fis dans mon château, avec une assez grande compagnie. J'y appris aussi que madame Tencin avoit eu la liberté de venir trois heures chez elle ; après quoi elle fut remise, pour la forme, à la justice du Châtelet. Le public blâma encore cette indulgence pour une personne qui n'avoit pas son approbation.

Les conseils d'État des 28 avril et premier mai ont été occupés de matières très-importantes, et qui exigeoient de sérieuses réflexions. Trois armées navales sortirent en même temps des ports d'Angleterre pour la Méditerranée, la Baltique et l'Océan vers l'Amérique, avec des ordres à leurs amiraux, dont nous ne fûmes informés qu'après leur départ. Le secret sur cette matière étoit si important, que l'on ne hasarde pas encore de le mettre sur le papier. Tout ce que je puis dire, c'est que les Anglais jugèrent apparemment que nous ne serions pas fâchés d'être étonnés, et que si l'Espagne nous faisoit des reproches, nous ferions valoir notre ignorance.

Un courrier du duc de Richelieu apporta des dispositions peu favorables du nouvel électeur de Bavière pour accéder au traité d'Hanovre ; et les lettres du comte de Rothenbourg fortifioient les soupçons de voir le roi de Prusse se détacher de ce traité, et de grandes apparences de liaisons avec l'Empereur. On eut aussi soupçon qu'il s'étoit signé à Vienne, entre l'Empereur, la Czarine et la Suède, un traité de garantie qui annonçoit une plus grande union prochaine entre ces puissances. Enfin on a su positivement, par les dépêches lues le 5 mai, que ce traité avoit été signé le 17 avril à Vienne ; et le comte de Rothenbourg nous préparoit à voir incessamment le roi de Prusse se séparer de l'alliance de la France et de l'Angleterre.

On avoit soupçonné la grossesse de la Reine dès le 10 mars : elle m'a fait connoître sa joie dans ces jours-ci, et son extrême désir est bien légitime que ses espérances puissent se fortifier.

Une matière bien importante, et qui faisoit du bruit dans le monde, a occupé le conseil du 11 mai. Par un arrêt du conseil du 13 mars 1724, il avoit été donné à l'intendant de Dauphiné pouvoir de juger au criminel le marquis de Montauban-Soyans, en se faisant assister des juges qu'il voudroit choisir. Le garde des sceaux et le contrôleur général avoient tous deux signé

21.

l'arrêt, et tous deux sans l'avoir examiné. Il paroit qu'ils avoient été surpris par Pelouse, premier secrétaire du garde des sceaux, homme mal famé, et ennemi déclaré du marquis de Montauban.

Le contrôleur général a évité de se trouver au conseil, et on a remarqué de la part de Breteuil, secrétaire d'État, rapporteur, des ménagemens pour engager le conseil à ne pas faire un examen trop sévère. Pour moi, quand mon tour est venu d'opiner, j'ai dit : « Dieu m'a fait la » grâce de ne m'écarter jamais de l'exacte jus- » tice et vérité, autant que je l'ai pu connoître : » je déclare donc que je crois de la justice du » Roi d'éclaircir une affaire aussi importante que » de voir émaner de son conseil un arrêt qui a » pu faire porter la tête sur un échafaud à un » homme de la première qualité du royaume. » Quelqu'un a dit que les ministres ne doivent compte qu'au Roi de leur conduite : « Ils en doi- » vent un encore plus sévère à Dieu, ai-je ré- » pondu, et à leur propre gloire; et jamais le » Roi n'est mieux servi que lorsque ses minis- » tres sont fidèles à de tels principes. » On a rendu justice au marquis de Montauban, mais avec trop de douceur pour les coupables.

On a su dans le conseil du 12 mai, par les lettres du comte de Cerest-Brancas, que le comte de Horn, regardé comme la meilleure tête de la Suède et le plus estimé dans le sénat, n'étoit pas pour l'accession de ce royaume au traité d'Hanovre. Le sieur Walpole, revenu de Londres le 14, s'est rendu le 15 à Versailles; il n'oublie rien pour excuser le gouvernement d'Angleterre d'avoir donné à ses amiraux, à l'insu de la France, des ordres qui étoient de vraies déclarations de guerre. Comme on n'a pas résolu de se fâcher bien fort, ses excuses ont été reçues. Cet ambassadeur est venu deux jours de suite me voir, et me prier de faire un projet de guerre, supposée d'après la défection du roi de Prusse, que les apparences font craindre. Il m'a appris aussi que le Prétendant est parti de Rome le premier mai, et qu'on ignore la route qu'il a prise.

J'ai parlé dans ce temps très-sérieusement à M. le duc, et lui ai représenté l'opinion que j'avois toujours eue que c'étoit par les réformes, l'économie, l'usage que l'on devoit faire de la ferme des postes, de celle du tabac abandonnée à la compagnie, de celle des salpêtres ; enfin que l'on pouvoit trouver des ressources, et non pas mettre sur un royaume épuisé, et qui payoit près de cent quatre-vingt millions par an à son maître, cinq différentes impositions tout d'un coup, qui étoient le cinquantième, le joyeux avénement, la levée et l'habillement de la milice, la suppression et le rétablissement de plusieurs charges, et l'augmentation des monnoies. J'ai rappelé que, dans le conseil du 5 juin de l'année dernière, j'avois soutenu fortement ce senti- ment : « Et s'il avoit été suivi, ai-je ajouté, on » auroit évité les horreurs de la situation pré- » sente; et combien n'augmenteront-elles pas » si on a la guerre? »

On a tenu diverses conférences chez M. le duc et chez le contrôleur général avec messieurs Fagon et Desforts, pour rétablir la circulation; car l'espèce disparoit, et devient si rare que les recouvremens sont de la dernière difficulté. On ne s'est occupé, dans le conseil des dépêches du 25, que d'arrêts de surséance, que les quatre secrétaires d'État étoient sollicités de tous les endroits du royaume de demander. Ceux que l'on accordoit pour empêcher des banqueroutes en produisoient d'autres. On n'avoit que le choix des embarras, et tous les remèdes étoient également dangereux. Dans cette crise, on a pris le plus facile, qui est l'augmentation des espèces ; et le 26 mai il a paru un arrêt du conseil qui met les louis de vingt à vingt-quatre livres, les écus de cinq à six livres, et le reste à proportion.

Cependant les nouvelles étrangères menaçoient d'une guerre assez prochaine. Il paroissoit que la Czarine faisoit marcher près de soixante mille hommes en Courlande, et qu'elle-même devoit aller à Riga; que l'Empereur vouloit envoyer quarante mille hommes en Silésie; qu'il avoit traité avec les électeurs de Bavière et de Cologne, qui lui fournissoient vingt-quatre mille hommes; que le roi de Pologne, comme électeur de Saxe, en donnoit autant, et que le roi de Prusse chanceloit toujours dans son attachement au traité d'Hanovre.

Les Hollandais, d'un autre côté, alongeoient la négociation sur leur accession. Ils demandoient des conditions injustes, qui pouvoient nous brouiller avec tous les corsaires d'Afrique. Sur quoi j'ai dit au Roi, dans le conseil du 30 mai : « Lorsque la puissance maritime du » feu Roi votre bisaïeul l'emportoit sur les ar- » mées navales de l'Angleterre et de la Hollande » jointes ensemble, il a été obligé aux plus grands » efforts pour amener les Algériens à la paix. » Présentement les corsaires d'Alger, de Tunis » et de Tripoli sont en paix avec l'Empereur, et » ont même des envoyés à Vienne. Par cette paix, » les côtes de Naples et de Sicile sont à couvert » de leurs pirateries, et leurs bâtimens ne peu- » vent plus avoir d'autre objet que celles de » France. S'ils rompent avec nous par les con- » ditions que demandent les Hollandais, sans » doute soufflés par les Anglais, la paix se réta-

» blira difficilement, vu la foiblesse de notre
» marine, qui ne leur en imposera pas. Les An-
» glais leur donneront retraite dans tous leurs
» ports, et seront la seule puissance maritime
» respectée, par conséquent maîtresse de tout
» le commerce, ce qu'elle cherche avec ardeur;
» et le peu qui reste à la France sera détruit par
» ses corsaires, aiguillonnés et soutenus sous
» main. Il est, Sire, de mon devoir et de ma fi-
» délité de supplier Votre Majesté de faire de
» sérieuses réflexions sur ce que je prends la li-
» berté de lui représenter. »

On a lu, au conseil du 10 juin, une lettre de Walpole, ambassadeur de Londres à Paris, qui rendoit compte de ce qui venoit de se passer à Madrid au sujet de Riperda, principal ministre d'Espagne. Il s'étoit retiré, dans un carrosse de l'ambassadeur de Hollande, chez Stanhope, ambassadeur d'Angleterre. Le roi d'Espagne avoit fait investir la maison de l'ambassadeur, et réclamé son ministre. Stanhope demanda une audience au Roi, pour savoir si on accusoit Riperda de quelque crime; et comme on ne l'accusoit point, il refusa de le rendre. Après avoir tenu un conseil d'État et de conscience, le Roi envoya un alcade, un de ses maréchaux de camp, et trente de ses gardes, disant qu'il useroit de force, et que si on ne lui rendoit pas son premier ministre, il pouvoit le faire reprendre malgré l'ambassadeur, sans violer le droit des gens. Stanhope protesta; et comme on enleva le ministre malgré ses protestations, il déclara qu'il n'auroit plus l'honneur de voir le roi d'Espagne, qu'il n'en eût reçu ordre de son maître. C'étoit ce même Riperda qui affectoit tant de hauteur à Vienne, et qui vouloit se brouiller avec nous pendant que nous étions si liés avec les Anglais. Je faisois en moi-même ces rapprochemens, qui me donnoient assez à penser sur la politique britannique.

Il nous a été envoyé de Vienne copie des lettres de Saint-Saphorien, ministre d'Angleterre, au comte de Sinzendorff, chancelier de l'Empereur; et d'une réponse du chancelier, où étoit employé le terme de *rupture*. On a cru là-dessus devoir prendre des mesures pour retenir ou intimider le roi de Prusse, et on a fait le projet d'assembler une armée de cinquante mille hommes dans la Basse-Allemagne, composée des troupes d'Hanovre, de Danemarck et de Hesse, payées des subsides de France et d'Angleterre. J'ai dit au conseil que j'approuvois fort le projet d'assemblée, mais non celui des opérations de guerre proposées par les Anglais, lesquelles étoient très-éloignées de tout bon esprit de guerre, et beaucoup plus à leur avantage qu'au nôtre. Il falloit bien peser les mesures qu'on prendroit, parce qu'il étoit clair, par les demandes impossibles du roi de Prusse, qu'il se préparoit à une séparation, et que l'accession de la Hollande languissoit, aussi bien que celle de Suède.

Le 11 juin a donné à la cour une grande scène que j'avois prévue; car étant le 19 avec Dodun, contrôleur général, je lui dis : « Je vois former » contre M. le duc un orage que je crois prêt à » éclater. » Il me répondit : « Je ne crois pas » qu'il soit en place dans trois mois. — Et moi » dans huit jours, lui dis-je. » Le Roi cependant lui faisoit toujours fort bonne mine; mais un parti considérable prenoit tous les jours de nouvelle forces.

Le 16, le maréchal d'Uxelles, qui étoit à la cour depuis quelques jours, donna à dîner à l'évêque de Fréjus et au maréchal de Berwick. Ils passèrent la journée ensemble : on remarqua dans les ducs de Charost et de Mortemart, ennemis de M. le duc, une vivacité qui me fit dire en sortant du conseil du 11, au même Dodun, que je voyois l'événement très-prochain.

Au sortir de ce même conseil, le Roi mit en badinant la main dans ma poche, prit mes gants, et auroit aussi bien pu prendre une lettre anonyme qui m'avoit été donnée en entrant au conseil, et dont je n'avois eu le temps que de parcourir quelques lignes. C'étoient des horreurs contre M. le duc. J'aurois été bien fâché que le Roi l'eût lue. Tout occupé de ce que je prévoyois, je dis à M. le duc que je voudrois bien lui dire un mot; mais comme il étoit deux heures et demie, que les ambassadeurs attendoient, que celui de Sardaigne et le nonce du Pape dînoient chez moi, je n'eus pas le temps de lui parler.

Le Roi partit à trois heures pour Rambouillet, et dit, en parlant à M. le duc : « Ne me fai-
» tes pas attendre pour souper. » Le nonce et l'ambassadeur me tinrent jusqu'à sept heures; ainsi je ne comptois plus pouvoir parler à M. le duc. A cette même heure le duc de Charost, dont les ordres étoient signés dès la veille, demanda à parler à M. le duc, et après un mauvais compliment lui donna la lettre du Roi, qui étoit des plus dures, et conçue en ces termes : « Je » vous ordonne, sous peine de désobéissance, » de vous rendre à Chantilly, et d'y demeurer » jusqu'à nouvel ordre. » Il répondit au duc de Charost qu'accoutumé à faire obéir le Roi, il en donneroit toujours l'exemple; qu'il avoit attendu de l'amitié du Roi, et du désir qu'il marquoit depuis long-temps de se retirer, que sa retraite ne seroit pas accompagnée de cette dureté. Il par-

tit dans le moment, et fut suivi par Saint-Paul, lieutenant des gardes du corps.

Je ne fus instruit de cet événement que par la Reine. J'allai la voir comme elle sortoit de table. Elle me dit de passer dans son cabinet, et m'apprit avec beaucoup de larmes le départ de M. le duc, touchée de sa disgrâce, mais plus vivement encore d'une lettre que M. de Fréjus lui remit. Elle me la montra. Les propres termes étoient : « Je vous prie, madame, et s'il le faut, je vous » l'ordonne, de faire tout ce que l'évêque de » Fréjus vous dira de ma part, comme si c'étoit » moi-même. *Signé* Louis. » Elle me lut ces lignes avec des sanglots qui marquoient bien sa passion pour le Roi.

M. de Fréjus remit à messieurs de Morville et de Maurepas de pareils ordres, de la main du Roi, d'exécuter tout ce qui leur seroit dit par lui; et le premier usage de la puissance de l'évêque a été l'exil des Paris : Duverney à cinquante lieues de Paris, l'aîné à Périgueux, La Montagne en Dauphiné, et Montmartel à Saumur. M. Desforts a la place de contrôleur général, sur la démission de M. Dodun, qui a demandé à se retirer, ainsi que M. de Breteuil, qui a été remplacé par M. Le Blanc, qu'on rappela de son exil. Dans le premier conseil qui a suivi cette catastrophe, j'ai pris la place de M. le duc.

J'ai été le voir le 17. Il m'a paru très-content d'être à Chantilly, mais très-piqué de la manière dont on l'a fait sortir de la cour, d'autant plus qu'il dit avoir déclaré à l'évêque de Fréjus, huit jours auparavant, qu'il vouloit se retirer; qu'il avoit même nommé à l'évêque un ministre étranger, par lequel il avoit été averti de la résolution prise de le remercier; et que le lundi même au soir, veille de son départ, il avoit parlé au Roi, en présence de M. de Fréjus, de manière à marquer son dessein de se retirer; et qu'il eût été plus naturel et plus honnête d'accepter ses offres sur-le-champ.

Je lui ai tenu les discours les plus propres à le fortifier dans la situation tranquille où il se trouve, et lui ai conseillé de ne pas demander de quelques mois la liberté, qu'il désiroit très-ardemment, de voir madame de Prie.

Il se disoit cause de ses malheurs, et assuroit qu'elle ne les méritoit pas; que jamais elle n'avoit été intéressée, et que le temps le feroit voir par le mauvais état de ses affaires. Je ne croyois pas beaucoup ce mauvais état, mais je savois aussi qu'on lui donnoit des trésors qu'elle n'avoit pas.

J'ai trouvé le nouveau contrôleur en place. Il a travaillé avec le Roi le 21. Le duc du Maine y a travaillé aussi le même jour pour les Suisses devant l'évêque de Fréjus, qui jouit seul de la confiance du Roi. Nous nous étions connus de jeunesse; je puis même dire qu'il m'avoit quelque obligation : mais voyant que les maréchaux d'Uxelles et de Berwick, les sieurs Desforts et Le Blanc l'investissent, je me retire doucement, et m'éloigne des affaires, autant que l'honneur que j'ai d'être de tous les conseils du Roi le peut permettre. Cependant le Roi continue à me montrer de l'amitié, et il me fait jouer souvent avec lui au piquet jusqu'à deux et trois heures après minuit; ce qui m'est assez à charge à mon âge.

On donna un arrêt pour changer l'imposition du cinquantième [11 juillet]. Il fut enregistré au parlement sans aucune difficulté. On augmenta le prix des vieilles espèces, et on fit divers changemens qui paroissoient assez contraires au précédent gouvernement. Il fut permis à tous les mestres de camp, qui avoient ordre de rester trois mois à leurs régimens, de revenir sur-le-champ. On vit, dans les gazettes de Hollande, que le lieutenant de police avoit été obligé de donner des ordres pour empêcher le peuple de Paris de faire des feux de joie le jour que M. le duc fut envoyé à Chantilly. Enfin on n'oublia rien de tout ce qui pouvoit le mortifier, tant en éloignant ses amis qu'en rappelant les personnes qui lui avoient déplu, comme messieurs de Belle-Ile, qui revinrent à la cour.

L'arrêt pour changer le cinquantième fut donné en conséquence d'une résolution prise dans le conseil des finances du 11, dans lequel le nouveau contrôleur général exposa très-pathétiquement au Roi l'impossibilité de la levée, telle qu'elle avoit été réglée au lit de justice. Il oublia pour lors qu'il avoit parlé plus qu'aucun autre en faveur de cette imposition, dans le conseil des douze qui fut tenu chez M. le duc le 5 juin 1725. Pour moi, je répétai simplement ce que j'avois représenté dans le conseil, et je pris la liberté d'exhorter le Roi à une économie universelle, et pour la troisième fois au moins je lui remis sous les yeux les changemens avantageux et prompts que l'économie inspirée par Alberoni avoit produits en Espagne, ce royaume si épuisé.

M. Desforts finit par rendre compte du bail qu'il avoit fait pour six ans des fermes, auxquelles on ajoutoit le contrôle des actes et le rétablissement des nouveaux droits moyennant quatre-vingts millions, et des recettes générales à soixante millions. Ainsi en deux fermes on voyoit cent quarante millions assurés, sans aucun frais de régie. Il est vrai que cette même régie, dont l'établissement étoit dû aux Paris, avoit fait connoître le véritable produit des fermes, lesquelles, seules et séparées des deux articles ci-devant marqués, avoient monté une année à quatre-vingt-huit millions, la seconde à quatre-vingt-deux, et la troisième à soixante-dix-neuf. Cependant le bail actuel étoit bon, et indispensablement nécessaire pour rétablir la circulation totalement cessée. Le discrédit étoit venu du soulèvement général contre M. le duc; et il faut avouer qu'il y avoit bien contribué, par ne vouloir prendre conseil de personne, ni délibérer sur rien avec ses plus fidèles serviteurs.

Les affaires étrangères paroissoient dans une situation tranquille. La Hollande se disposoit à l'accession au traité d'Hanovre, la Suède de même. La flotte d'Angleterre dans la Baltique imposoit à la Czarine. En revanche, le roi de Prusse n'étoit pas disposé à soutenir l'engagement d'Hanovre : on ne pouvoit douter qu'il ne traitât avec l'Empereur. L'Espagne envoyoit des remises considérables à Vienne, et la dernière étoit de près de quatre millions. Elle ne pouvoit avoir d'autre objet dans ces subsides que de mettre l'Empereur en état de faire la guerre; mais elle ne pouvoit commencer que lorsque la flotte anglaise auroit quitté la Baltique, et laissé à la Czarine la liberté de faire passer des forces en Allemagne.

Le 10 juillet, on régla ce qui regardoit la convention résolue entre le Roi, le roi d'Angleterre et le roi de Danemarck; et l'on nomma le chevalier de Camilly pour envoyé plénipotentiaire à la cour de Danemarck.

M. Desforts rapporta le 23 juillet l'affaire du comte de Belle-Ile, pour son échange de Belle-Ile. Cet échange avoit été fait avec des conditions si onéreuses pour le Roi, qu'il fut statué, comme je l'ai dit, par un édit donné en janvier 1724, que l'on laisseroit au comte de Belle-Ile des domaines pour trente-quatre mille livres de rente, en attendant que la chambre des comptes eût réglé la juste valeur de ce que le Roi donnoit et recevoit.

Dans le rapport que fit M. Desforts, assez dans les intérêts de M. de Belle-Ile, il fut d'avis que l'on lui donnât, au lieu de trente-quatre mille livres, quarante-neuf, qui étoient l'évaluation de la chambre des comptes. M. Fagon opina à rétablir le marquis de Belle-Ile dans tout ce que le Roi lui avoit donné, qu'on avoit prétendu aller à cent mille livres; enfin un apanage d'un Enfant de France. J'opinai [et mon avis fut suivi] à s'en tenir à l'évaluation de la chambre des comptes, avec ordre à ladite chambre de revoir ce qui avoit été évalué, et de décider entièrement sur le fond.

Ce jour-là même le Roi se trouva mal à la messe, et eut une petite foiblesse : il y eut cependant conseil, qui fut assez long, et le Roi n'y manqua pas. Je le pressai de remettre son voyage de Rambouillet, lui représentant qu'aussi bien il ne chasseroit pas ce jour-là : néanmoins il partit à quatre heures, et eut un peu de fièvre la nuit; on le saigna le matin, et il revint l'après-midi. La fièvre se trouva assez forte pour obliger les médecins de le faire saigner du pied à neuf heures du soir; et, moyennant quelques remèdes, la fièvre diminua la nuit du 24 au 25 : cependant elle continua toujours, et on le saigna du pied une seconde fois. Le 27, on crut voir quelques boutons; et les médecins, surtout Chirac, étoient portés à croire que c'étoit la petite vérole, ce qui alarma, mais sans fondement, parce qu'on reconnut que c'étoient des piqûres de cousins.

La Reine m'apprit ce qui s'étoit passé devant elle au sujet de M. le duc. Madame la duchesse sa mère lui dit : « Je vais demander au Roi que » M. le duc puisse venir un jour seulement sa- » voir de ses nouvelles. » Elle en pressa le Roi dans les termes les plus vifs : il répondit fort sèchement : « Point. » Elle répliqua : « Mais, » Sire, vous m'accablez de la plus mortelle dou- » leur; voulez-vous mettre mon fils et moi au » désespoir? Qu'il ait la consolation de vous voir » seulement un moment. » Il dit : « Non, » et se retourna, pour finir la conversation.

La maladie du Roi causa celle de la Reine, dont la passion étoit des plus vives. Elle eut une fièvre très-violente et des redoublemens, et pendant trois jours il y eut plus à craindre qu'à espérer. Après les quatre premiers jours passés dans la crainte de la petite vérole, le Roi y alla tous les jours; mais ses visites n'étoient que de quelques minutes, et la tendresse ne paroissoit pas grande de sa part. Quand elle fut rétablie, le Roi lui rendit une visite de trois quarts d'heure, où il n'y eut que l'évêque de Fréjus; et cette marque d'amitié répara la peine des froideurs, qui au fond étoient moins éloignement pour la Reine que timidité de la part du Roi.

Le chevalier de Fénelon, frère de l'ambassadeur, apporta la signature de l'accession au traité d'Hanovre par la république de Hollande. On apprit aussi le traité signé entre l'Empereur et la Moscovie, le 7 août, à Vienne.

Le Roi partit le 27 pour Fontainebleau; et le 28, Paris-Duverney, qui étoit à Langres, fut amené à la Bastille. Il avoit été le plus intime confident de M. le duc, qui fut très-vivement touché de son malheur. L'on fit enregistrer au parlement une déclaration du Roi, pour remettre à la chambre des vacations le jugement de l'affaire de Barême et Bouret, dans laquelle on prétendoit que Duverney avoit part.

On avoit appris le 15 août, par un courrier du duc de Richelieu, que l'Empereur consentoit à la promotion de l'évêque de Fréjus, et on avoit dépêché en Espagne pour en obtenir un pareil consentement. Le 19 septembre, l'ambassadeur de Venise vint me dire, de la part du nonce, qu'il avoit reçu le courrier du Pape pour la promotion anticipée de l'évêque de Fréjus. Le même jour, un courrier de M. de Morville m'a apporté une de ses lettres, qui me confirme cette nouvelle; et le 20, le Roi lui a donné la calotte (1).

Le Roi, le 27, septembre, a fait entrer dans ses conseils les maréchaux de Tallard et d'Uxelles. Ainsi le conseil d'État se trouve composé de M. d'Orléans, du cardinal de Fleury, de moi, du maréchal d'Uxelles, du maréchal de Tallard, et de M. de Morville.

Le 28, le sieur de Bercy fit un voyage à Fontainebleau, qui fut remarqué. On dit que c'étoit par ordre; et il y avoit apparence, car M. de Bercy par lui-même ne devoit pas exciter une si grande attention. Un parti formé peu de jours avant la mort de M. le duc d'Orléans l'avoit voulu mettre à la tête des finances. Il étoit gendre de M. Desmarets, et homme d'esprit; et comme on ne voyoit pas que M. Desforts réussit à faire circuler l'argent, on répandit que sa place seroit donnée à M. de Bercy. Ces bruits étoient fort dangereux, parce que les gens d'affaires attachés à M. Desforts, le voyant peu solide, reprirent leurs fonds. J'allai passer quelques jours à Villars, d'où je revenois pour les conseils, le Roi me témoignant toujours beaucoup d'amitié.

Ordinairement en retournant je remenois bonne compagnie. J'y eus, le 6 octobre, mesdemoiselles de Clermont, avec plusieurs dames, et la plus brillante jeunesse de la cour. Elles y passèrent trois ou quatre jours. On y joua des comédies, où la duchesse de Gontaut, les ducs de la Trémouille, de Retz, d'Olonne, les marquis de Nesle, Guébriant, Villars, étoient les principaux acteurs.

Il fut question le 8, au conseil des finances, de plusieurs diminutions sur les tailles. Les communautés étoient fort arriérées, et le contrôleur général dit qu'il étoit dû près de cent millions des années précédentes.

Le cardinal de Fleury a envoyé prier le conseil de se trouver chez lui le 9. On y a lu une longue lettre du nonce du Pape en Espagne, qui mandoit que dans une audience de Leurs Majestés Catholiques, elles lui avoient dit que, par un avis du 8 août, arrivé de Porto-Bello, où les galions étoient arrêtés, on leur mandoit que l'amiral Ozier étoit devant avec la flotte anglaise, empêchant que personne n'en pût sortir ni entrer; que plusieurs petits bâtiments étant sortis du port, il les avoit fait suivre par les siens, et forcés d'y rentrer; qu'une balandre s'étant hasardée à vouloir passer, il l'avoit prise, et ouvert ses paquets. « Cette conduite, disoit-il, est une » guerre commencée, dont Leurs Majestés de- » mandent réparation. » Et il ajoutoit que la ligue avec l'Angleterre et la Prusse n'ayant été jusqu'alors que défensive, elles étoient bien aises de savoir si le Roi leur neveu vouloit qu'elle devînt offensive.

Le cardinal a envoyé prier Walpole, ambassadeur d'Angleterre, de venir chez lui. On lui a lu et expliqué la lettre entière du nonce, et le cardinal l'a prié, et tous ceux de l'assemblée, de faire ses réflexions sur la matière très-importante qu'elle contenoit. Le jour d'après, il nous a convoqués de nouveau, et on a lu des projets de lettres pour être envoyées à Rome et à Madrid. Trois jours ensuite, le sieur Walpole ayant été rappelé chez le cardinal, les lettres mêmes ont été lues devant lui; et la douceur qu'on avoit mise, de notre avis à tous, dans les projets fut changée en hauteur dans ces lettres, par les avis de Walpole. Cependant on a sursis à l'envoi de ces lettres.

Le 16, il y a eu conseil chez le Roi. Le comte de Rothenbourg, ministre de France à Berlin, ne donnoit pas de grandes espérances de la solidité du roi de Prusse; qu'au contraire il se lioit avec l'Empereur, et que le général Sekendorf faisoit un traité entre les deux puissances. Le roi de Prusse ayant d'abord ratifié celui qui se négocioit depuis plusieurs mois entre la Czarine et lui, les apparences d'une guerre prochaine se fortifioient tous les jours.

On eut avis, le 20, que le traité entre l'Empereur et le roi de Prusse avoit été signé. Rothenbourg eut ordre d'en demander la connoissance, le traité d'Hanovre obligeant les puissances contractantes à ne faire aucun traité sans se le communiquer.

Le 27, on a appris que le roi d'Espagne a fait sortir de Cadix l'escadre hollandaise, sans vouloir lui donner plus de vingt-quatre heures pour

---

(1) Dans ce mois, le maréchal de Villars a obtenu des lettres patentes pour l'établissement d'une académie à Marseille. Il en a été nommé protecteur, l'a fait affilier à l'Académie française, et y a fondé un prix à distribuer tous les ans le 1ᵉʳ janvier. (Journal de Verdun, année 1726, page 586.)

appareiller. On a reçu aussi la ratification de l'accession des États de Hollande au traité d'Hanovre, et on les a pressés de travailler à une augmentation de troupes méditée depuis long-temps, et très-mal à propos différée, lorsque les avis de l'Empire parloient d'un armement presque général.

Les électeurs de Bavière et de Cologne faisoient des levées très-considérables. Chavigny, envoyé du Roi à la diète, et qui avoit eu ordre de traiter avec le duc de Wurtemberg, manda que ce duc désiroit de s'attacher au Roi; mais préalablement il vouloit qu'on lui cédât toutes les terres du feu prince de Montbelliard en Franche-Comté, de gros subsides, et la garantie de tous ses États. J'ai représenté que l'expérience du passé nous apprenoit que presque toutes les troupes que nous avions fait lever par les princes de l'Empire un an après s'étoient données à l'Empereur, et que l'on ne pouvoit faire aucun traité solide avec un prince dont les États étoient environnés de ceux de nos ennemis.

Il y eut, le 4 novembre, un conseil très-long chez le cardinal, composé de tous les ministres, à l'exception du duc d'Orléans. On y agita tout ce qui avoit rapport aux apparences de guerre.

Le 5, le cardinal a reçu la barrette des mains du Roi, apportée par le neveu du cardinal Gualteri.

Il arriva le 7, à l'ambassadeur d'Angleterre, des courriers de Vienne et de Londres : le premier, chargé d'une lettre du duc de Richelieu, par laquelle il paroissoit que la cour de Vienne étoit bien éloignée de toute pensée de guerre. Celui de Londres apportoit les réponses d'Angleterre aux lettres d'Espagne, qui demandoient réparation sur la conduite de l'amiral Ozier devant Porto-Bello.

Le cardinal nous a rassemblés encore chez lui le 10, pour conclure enfin la réponse qui sera envoyée au nonce à Madrid. Walpole la demandoit toujours haute et fière, même sur la conduite de l'amiral Ozier; le maréchal d'Uxelles la vouloit douce; le cardinal adhéroit un peu au sentiment de Walpole; moi j'ai dit que je la désirois conforme à nos véritables intentions. « Puisque nous avons celles de soutenir nos alliés, ne nous démentons pas, mais traitons avec douceur et politesse, et évitons de parler de la conduite d'Ozier, nous sommes autorisés à ce silence, puisqu'on ne nous a pas communiqué ce qu'il devoit faire. » Il a donc été décidé que Morville porteroit à Walpole les réponses méditées; mais dans le conseil du 11 on a adopté enfin celles d'Angleterre, qui étoient dures.

Le Roi se trouva un peu mal la nuit du 16 novembre. Ces rechutes assez fréquentes ne faisoient pas bien augurer au public de sa santé; mais au fond elle étoit excellente, et ses indispositions ne venoient que de ses fatigues, qui étoient très-violentes, et journalières.

On lut, au conseil du 17, les dépêches du marquis de Brancas à Stockholm, par lesquelles on apprit que le comte de Welling, un des principaux sénateurs, à la tête du parti de Holstein, avoit été arrêté; ce qui ne permettoit pas de douter que le parti du comte de Horn ne fût le plus fort.

Il y a eu le 19 un conseil des finances. Le contrôleur général étoit venu la veille me communiquer ce qu'il devoit y rapporter. Il étoit question de retranchement sur les rentes perpétuelles et viagères mises sur les tailles. Il est certain que la dépense excède de beaucoup les revenus, et qu'il est indispensable de la diminuer : c'est une fâcheuse nécessité, qu'on pourroit rendre moins amère au peuple par des retranchemens sur soi-même. J'en ai parlé au Roi en plein conseil; et quand mon tour d'opiner est arrivé, je lui ai dit : « Je supplie Votre Majesté de vouloir
» bien se souvenir que depuis que j'ai l'honneur
» d'être admis à ses conseils je n'ai cessé de re-
» présenter qu'une économie générale est indis-
» pensablement nécessaire, puisque ce seroit
» tomber dans l'abime que d'augmenter les
» dettes au point d'être forcé à une banqueroute
» générale. C'est la commencer, sire, que de
» retrancher plusieurs rentes très-légitimes. Il
» est vrai qu'il y en a d'acquises à si bas prix,
» que le retranchement en seroit juste; mais
» comment les distinguer des autres? Ce qui se-
» roit infiniment juste et aisé seroit de diminuer
» la dépense de la maison de Votre Majesté.
» Avant que l'on fit la maison de la Reine, j'en
» ai représenté l'inutilité, alléguant au conseil
» que l'impératrice n'avoit à elle qu'un seul
» domestique, qui est son grand-maître, dont
» les appointemens ne sont que de mille flo-
» rins; que c'étoient les pages de l'Empereur
» qui portoient la robe de l'Impératrice et des
» archiduchesses, et que l'Empereur n'en avoit
» que quinze en tout; que moi-même j'avois vu
» l'entrée de la reine des Romains, et que son
» carrosse de parade étoit fait il y avoit qua-
» rante ans. C'est par de telles économies que
» l'Empereur, qui n'a pas le quart des revenus
» de Votre Majesté, lève des troupes aussi
» considérables; et cette économie universelle,
» si elle étoit pratiquée, rendroit à votre cou-
» ronne, sire, cet ancien éclat, cette gloire,
» cette autorité qui la faisoit respecter de toute

» la terre, et engageoit les princes les plus éloi-
» gnés à venir demander l'amitié de la France.
» Enfin, par cet ordre si nécessaire, les royaumes
» et les républiques craindroient d'être ennemis,
» et les alliés et amis seroient plus traitables et
» moins chers. »

Les retranchemens sur les rentes, proposés par le contrôleur général, furent approuvés, et alloient à près de quatorze millions de diminution de dépense pour l'avenir, et vingt-sept millions sur les années 1725 et 1726. L'édit fut envoyé au parlement le 24. Il arrêta des remontrances, et nomma des commissaires. Le premier président supplia le Roi de vouloir bien faire attention au grand nombre de gens qui avoient été forcés de mettre presque tout leur bien en rentes viagères, et qui alloient être réduits à la mendicité. Néanmoins l'édit fut enregistré et publié les premiers jours de décembre.

Le 5, j'ai été voir M. le duc à Chantilly. Je l'ai trouvé en très-bonne santé : il jouissoit des plaisirs de la chasse, qui ont toujours été ses favoris, dans le plus beau séjour du monde; mais gêné par une peine naturelle à tous les hommes, qui est celle de ne pouvoir en sortir, ou du moins s'en éloigner. Madame la duchesse sa mère lui rendoit de fréquentes visites, très-affligeantes pour lui, par les reproches continuels de n'avoir pas donné sa sœur au Roi, ne voulant rien croire de tout ce qui s'étoit passé sur cela. Il m'a fait ses plaintes de ces redites inutiles. Je l'ai exhorté à la patience sur ces malheurs domestiques, qui sont toujours les plus sensibles.

Dans les conseils du 10 et du 11, on remarqua qu'il y avoit toujours beaucoup de variétés dans la conduite du roi de Prusse. Ce prince étoit agité par les sentimens très-opposés de ses ministres : Ilgern et Knipausen étoient pour la France, Kumko et Bourck pour l'Empereur. Le comte de Rothenbourg le tourmentoit d'un côté, et le général Sekendorff de l'autre, au point que sa tête en étoit souvent ébranlée. Il est certain qu'en beaucoup de choses ce prince montroit une cervelle dérangée; mais il avoit soixante-et-dix mille hommes sur pied, plus de cinquante millions d'argent comptant, la plus grande économie. Il se trouvoit ainsi plus puissant que tous les autres électeurs ensemble, et par cette raison pouvoit emporter la balance pour la paix ou pour la guerre.

On apprit, dans le conseil du 15, les premières propositions du roi de Sardaigne pour se lier avec nous : elles paroissoient vagues et obscures, et telles enfin qu'on fut obligé de le prier de les éclaircir avant que d'y pouvoir répondre. On entrevoyoit qu'il formoit quelque dessein contre les Génois, aussi bien que contre le Milanois.

Le prince Eugène, qui avoit montré jusque-là assez de modération, commença, à ce qu'on a appris dans le conseil du 18, à agir avec grande hauteur. Il vouloit porter à la guerre, puisque toutes les avances que faisoit l'Empereur pour l'éviter paroissoient inutiles. Il proposoit un congrès. J'ai été de sentiment que si l'on pouvoit éloigner la guerre de quelques années, ne fût-ce que de deux, ce seroit un grand avantage, parce que cela nous donneroit le temps de mettre de l'ordre dans nos finances. Mais il étoit difficile d'accorder ces retardemens avec l'entreprise de l'amiral Ozier, qui retenoit toujours les galions.

Le Roi résolut la levée de six compagnies de cadets, pour tirer des provinces un nombre de gentilshommes auxquels la misère de leurs parens ne permettoit pas de donner aucune sorte d'éducation.

On a parlé, dans le conseil de finances du 17, de quelques défrichemens. J'ai dit qu'on ne pouvoit trop les favoriser; mais je me suis opposé aux privilèges exclusifs qu'on demandoit pour cela, aussi bien qu'à ceux qu'on sollicitoit pour établir des voitures dans le royaume. J'ai remontré que ces sortes de grâces étoient toutes à la charge des peuples, qu'il auroit fallu au contraire chercher à soulager par tous les moyens possibles.

Les dépêches de Stanhope, ambassadeur d'Angleterre à Madrid, lues dans le conseil du 21, marquent une guerre certaine de la part de l'Espagne, et le dessein formé d'attaquer Gibraltar. Le Roi a ordonné la *quintana*, qui est la levée du cinquième jeune homme par paroisse, et des levées de deniers extraordinaires par tout le royaume.

On a su aussi que, dans un conseil d'État tenu devant l'Empereur le 27 novembre, la guerre avoit été résolue, et en même temps une levée de cinq mille chevaux et quinze mille hommes de pied. Le traité avec le Danemarck n'avançoit pas, ni l'accession de la Suède au traité d'Hanovre.

L'on a mandé au comte de Broglie de presser la cour d'Angleterre de faire marcher des troupes nationales, et de ne pas compter uniquement sur celles qu'elle paie en Allemagne. Les Hollandais marquoient une inquiétude assez vive sur cette inaction de la cour d'Angleterre ; mais elle ne pouvoit rien faire sans le parlement, dont les plus promptes décisions ne devoient avoir lieu que dans le mois de février.

[1727] Le premier de l'année, on a lu au conseil une dépêche du duc de Richelieu, qui apprenoit que le nonce du Pape à Vienne l'ayant fort pressé d'entrer dans quelqu'un des expédiens que proposoient les ministres de l'Empereur, il avoit consenti à une conversation, mais en présence de l'envoyé de Hollande, afin d'éviter les soupçons que pourroient prendre les États-Généraux et l'Angleterre que la France voulût s'accommoder sans eux. Après quelques réflexions sur la complaisance de l'Empereur, qui, malgré l'inutilité de ses premières avances, consentoit, pour n'avoir rien à se reprocher, à en faire de nouvelles, le nonce dit que puisque le commerce d'Ostende étoit la cause de la guerre, l'Empereur consentoit de le suspendre *ad tempus*. C'étoit, comme l'on dit, mettre l'Angleterre et la Hollande au pied du mur. J'ai dit que cette proposition méritoit d'être accueillie : cependant il a été résolu d'attendre, avant que de l'accepter, ce que les Hollandois répondront, tant on craint de marquer d'autres désirs que ceux de l'Angleterre, lesquels tendent fort à la guerre.

On a lu aussi une déclaration des sentimens du roi d'Espagne sur l'infraction des Anglais, donnée par le marquis de La Paz à Stanhope; déclaration belle, sage, haute, et fondée sur de bonnes raisons. C'étoit une manière de manifeste.

Outre les recrues que l'Empereur avoit ordonnées à ses troupes, il faisoit une levée de trente-cinq mille hommes; ce qui montoit son état de guerre à cent soixante mille hommes. Ainsi tout se préparoit à la guerre, et on ne pouvoit se flatter que les démarches pacifiques de la cour de Vienne l'empêcheroient, parce que les Anglais l'avoient résolue.

Les nouvelles d'Espagne parloient toujours du siége de Gibraltar. Quelques-uns pensoient que leur appareil de guerre pourroit regarder plutôt le Port-Mahon, entreprise plus utile et moins difficile, pourvu que les Espagnols eussent les bâtimens de charge suffisans pour porter tout d'un coup dans l'île de Minorque les troupes, l'artillerie et les munitions nécessaires au siége.

Celles de Pétersbourg parloient d'un voyage de la Czarine à Riga, et du duc de Holstein, déclaré généralissime de ses troupes, pour rentrer dans ses États, usurpés par le Danemarck. On apprit aussi que notre traité avec le royaume de Suède étoit prêt à se conclure. Enfin les matériaux pour une grande guerre s'assembloient dans toute l'Europe par des levées de troupes, et les différentes unions des princes et des États, qui s'engageoient dans les divers partis.

Il arriva une lettre très-longue de Fénelon, ambassadeur en Hollande [12 janvier], qui marquoit que Streinssant, un des plus considérables dans les États de Hollande, avoit donné un projet de guerre, par lequel les Hollandais vouloient porter la France à attaquer l'Espagne par terre et par mer avec ses plus grandes forces. Cet homme étoit extrêmement dévoué à l'Angleterre : ainsi on ne pouvoit douter qu'elle n'eût part à cette proposition. Il étoit très-aisé de la combattre par l'intérêt même des Hollandais, puisque la France ne pouvoit tourner ses principales forces contre l'Espagne sans se mettre hors d'état de soutenir les Hollandais, si l'Empereur attaquoit le côté du Bas-Rhin. On manda à Fénelon de leur faire connoître la fausse idée de Streinssant, et l'on attendit les réponses d'Angleterre sur la proposition de l'Empereur de suspendre le commerce d'Ostende, qui étoit jusque-là le seul prétexte de la guerre, qu'on pouvoit dire commencée, puisque les Anglais continuoient de bloquer Porto-Bello, et que les Espagnols resserroient Gibraltar.

Il paroissoit que les Hollandais étoient peinés de ce que le duc de Richelieu avoit écouté les propositions du nonce : cependant comme ce n'avoit été qu'en présence de leur ministre à Vienne, ils ne pouvoient douter de nos bonnes intentions. Mais ces propositions aux deux ministres, arrivées en Angleterre, déplurent fort; et le comte de Broglie envoya une lettre du duc de Newcastle, qui fut lue au conseil du 26, par laquelle il paroissoit que le ministre d'Angleterre étoit très-fâché que le duc de Richelieu eût écouté aucune proposition sans la communiquer au comte de Saint-Saphorin, ministre d'Angleterre auprès de l'Empereur; et ils demandèrent que si les Espagnols attaquoient Gibraltar, la France attaquât l'Espagne avec ses principales forces. Cette idée, la même que celle des Hollandais, marque bien le dessein d'engager la France contre l'Espagne, sans songer que la France a des ennemis plus dangereux du côté du Rhin et de la Meuse.

Dans le conseil des finances du 28, on a proposé de nommer un commissaire pour déterminer les réductions des rentes viagères, et on a choisi le sieur Machault, conseiller d'État, auquel on a donné un seul commis, nommé Olivier. Il est aisé de voir qu'en chargeant un homme seul de l'examen de cent cinquante mille requêtes, on n'a pas envie que la discussion soit prompte. En attendant, il a été ordonné d'exécuter préalablement la réduction portée par l'édit. On s'aperçoit que le cardinal et le contrôleur général ne pensent pas pas tout-à-fait de même, et le bruit se répand que l'union n'est pas si grande entre eux.

Il y a eu le 2 février un très-long conseil d'État, où les adresses du roi d'Angleterre et des deux chambres du parlement ont été lues. On voyoit par les unes et par les autres que tout se disposoit à la guerre, le parlement offrant au Roi tous les secours qu'il pouvoit désirer.

Par les lettres du duc de Richelieu, on apprenoit que le comte de Sinzendorff s'étoit plaint à lui des démarches de notre ambassadeur à la Porte, pour porter les Turcs à la guerre contre l'Empereur. Cette plainte étoit sans fondement, et uniquement pour animer l'Empire contre la France.

L'abbé de Montgon arriva d'Espagne, et le cardinal dit au conseil qu'il ne lui avoit parlé qu'en termes généraux, de la part du roi d'Espagne, de son amitié pour le Roi et les Français; mais rien de particulier qui pût faire espérer une réconciliation : « Le cardinal ne nous dit pas » tout; et s'il n'a pas quelque secrète espérance, » il faut avouer que sa tranquillité est grande. »

On ne pouvoit douter que les Anglais ne fussent déterminés à la guerre, suivant un principe trop pratiqué par eux, qui étoit de profiter de la division de la France et de l'Espagne pour se rendre maîtres du commerce général du monde, faisant céder à ce premier et principal objet tout autre intérêt, même ceux des États de leur roi en Allemagne.

On a lu, dans le conseil du 9, des dépêches très-longues de Fénelon, ambassadeur en Hollande. Les commissaires des États qui traitoient avec lui vouloient toujours que nous fissions un plan de guerre, et nous répondions que la guerre se faisant pour leur seul intérêt, c'étoit à eux à s'expliquer sur la manière dont ils vouloient qu'elle se fît.

Chavigny, ministre du Roi à la diète de l'Empire, vouloit faire un traité avec le duc de Nuremberg, et commencer par des subsides pour ce prince; mais notre expérience d'avoir souvent payé la levée des troupes de l'Empire, qui avoient ensuite servi contre nous, fit rejeter la proposition.

Le cardinal nous a rassemblés le 12 chez M. Le Blanc, les maréchaux d'Uxelles, de Tallard, de Berwick, et moi. Nous y avons dîné, et après on a agité les divers plans qui pouvoient être suivis pour la guerre : mais comme on étoit incertain de ceux que l'Angleterre pouvoit former, que la Suède n'étoit pas encore décidée, que l'alliance avec la Sardaigne languissoit, et qu'on n'étoit pas sûr du roi de Prusse, il étoit impossible de former un plan fixe. On a décidé seulement de presser nos préparatifs, levée de cavalerie, assemblée et marche des milices, magasins de vivres et de munitions, surtout vers le Rhin, d'autant plus qu'on voyoit plus d'incertitude que jamais dans les résolutions de la Suède, et que les Moscovites commençoient à se mettre en mouvement.

Le 15, il a été question dans le conseil des dépêches d'un arrêt du parlement donné contre le sieur de Massol, gentilhomme de Bourgogne, en faveur d'un nommé Saint-Germain, fameux agioteur, qui avoit gagné plus de vingt millions au Mississipi. Les plus honnêtes gens de la troisième chambre du parlement, qui l'avoient donné, le désapprouvoient eux-mêmes hautement; mais ils n'avoient pu faire autrement, parce que la forme étoit contre le sieur de Massol. M. de Maurepas, rapporteur, a été, par le même principe, contre la cassation, ainsi que messieurs de Morville, Desforts, et les maréchaux de Tallard et d'Uxelles. Pour moi, j'ai dit que je ne m'étonnois pas que les tribunaux inférieurs fussent retenus par la forme : « Mais, » ai-je ajouté, devant la personne sacrée du Roi » toute injustice évidemment reconnue doit » être réparée; et il n'est pas du respect dû à » celui qui fait les lois que devant lui celles qu'il » a imposées pour la justice confirment une in- » justice manifeste. » Le garde des sceaux, M. le prince de Conti, M. le duc d'Orléans, ont été de mon avis, et les maréchaux d'Uxelles et de Tallard se sont revenus.

Dans le conseil d'État du 15, on a lu des lettres du duc de Richelieu, qui rendoit compte des propositions de l'Empereur pour empêcher la guerre. Il offroit de suspendre pour deux ans le commerce d'Ostende, et de nommer une ville pour un congrès, Bâle, Nancy ou Aix-la-Chapelle au choix du Roi, pour terminer ce qui concernoit la compagnie d'Ostende; et que le Roi et l'Empereur fussent les arbitres des différends entre l'Angleterre, l'Espagne et la Hollande. Il y avoit des lettres du nonce de Vienne à celui de France, qui portoient que le cardinal de Fleury avoit demandé trois ans de suspension. Le cardinal assura qu'il n'en avoit jamais parlé. « Si l'Empereur accorde cinq ans de suspension, » ai-je dit au conseil, je suis d'avis de l'accepter, » puisque rien n'est si important, vu l'état des » finances du royaume, que d'éloigner la guerre » pendant cinq ans; mais je prévois que les An- » glais n'y consentiront pas. »

En effet, on sut par les lettres de Fénelon [18 février] que Fagel et la plupart de ceux qui avoient part en Hollande au gouvernement, dévoués aux Anglais, vouloient la suspension de vingt ans; et le baron de Fonseca, chargé des affaires de l'Empereur, déclara au cardinal

Fleury que son maître ne l'accorderoit tout au plus que de six à sept ans : ainsi c'étoit une rupture. Walpole manda qu'il seroit en France le 10 mars, et l'on compta qu'il apporteroit les dernières résolutions d'Angleterre.

Des lettres de Gambis, ambassadeur à Turin [23 février] nous font appréhender que le roi de Sardaigne ne prenne le parti de l'Empereur. Ce prince avoit fait attendre près de deux mois sa réponse aux propositions très-avantageuses de la France, de l'Angleterre et de la Hollande, qui offroient en cas de guerre de l'aider de subsides considérables, et de garantir ses conquêtes en lui fournissant troupes et artillerie, telles qu'il pouvoit désirer; et après ce long délai il présentoit pour réponse un mémoire par lequel, après avoir exposé les périls de la guerre pour lui, il prétendoit, en attendant la jouissance paisible des conquêtes qu'il feroit, que le Roi le mît en possession de la vallée de Barcelonnette, et de quelques autres dans la Bresse, Bugey et Valromey. De telles propositions ont paru si odieuses au conseil, qu'il a été résolu de n'y pas répondre. « Apparemment, ai-je dit ironique» ment, l'Empereur offre actuellement au roi » de Sardaigne le Vigevano, en attendant qu'ils » puissent ensemble conquérir le Dauphiné et la » Provence. »

Je me suis ensuite étendu sur la nécessité d'éviter la guerre : « L'orgueil des Anglais, ai-je » ajouté, leur cache les périls que courent les » alliés d'Hanovre par la guerre du Nord, que » l'on doit regarder comme la plus importante et » la plus dangereuse pour le roi d'Angleterre, » si l'Empereur peut faire usage des troupes » moscovites jointes à celles de Prusse, aidées » de celles qu'il a déjà achetées du roi de Polo» gne, électeur de Saxe, de celles de Wolfen» buttel, et des siennes propres, sous les ordres » du prince Eugène. »

Nous reçûmes des nouvelles [2 et 4 mars] qui auroient donné une tournure avantageuse aux affaires du pays d'Hanovre, si elles se fussent réalisées. Sekendorff, ministre de l'Empereur auprès du roi de Prusse, avoit travaillé pendant quatre heures avec ce prince, qui avoit envoyé le 9 février un de ses officiers en poste en Angleterre, avec des ordres si secrets, que Rothenbourg, si bien informé d'ordinaire, n'avoit pu les pénétrer.

Le roi d'Angleterre nous informa le 4 de ce que le roi de Prusse avoit caché avec tant de soin à Rothenbourg : c'est qu'en cas de guerre il proposoit une neutralité pour les États de l'Empereur et pour ceux du roi d'Angleterre dans l'Empire, quand même la guerre seroit allumée ailleurs entre l'Empereur et l'Angleterre. Ainsi l'Empereur auroit pu envoyer contre nous, sur le Rhin, toutes les troupes qu'il comptoit opposer aux confédérés d'Hanovre, et jeter sur nous l'odieux de la guerre si on la faisoit dans l'Empire, et si nous ne voulions pas accepter la neutralité.

Sur ces nouvelles, le cardinal nous a rassemblés chez lui le 5 mars les maréchaux d'Uxelles, de Tallard, Morville et moi; et on a agité pendant un très-long conseil les mesures que l'on pouvoit prendre relativement à la proposition de la neutralité, et de la suspension de la compagnie d'Ostende. On a fait le projet de se rapprocher le plus qu'il seroit possible sur les points qui pouvoient éloigner la guerre, et notamment de borner la suspension du commerce d'Ostende à cinq ans : « Car, ai-je dit au conseil, si l'Em» pereur n'a pas d'autres raisons d'entrer en » guerre que le commerce d'Ostende, puisqu'il » a proposé la suspension pour deux ans, trois » de plus ne doivent pas l'arrêter, ni l'engager » à mettre pour si peu l'Europe entière en feu. » On a appris, non sans inquiétude, que le roi de Prusse traitoit très-vivement avec les Moscovites, et qu'il venoit d'envoyer un courrier au prince Eugène; qu'en sus la flottille arrivoit en Espagne, ce qui pouvoit rendre Sa Majesté espagnole et l'Empereur plus difficiles.

Horace Walpole arriva le 10 mars selon sa promesse. Il parut, par ses premiers discours, que la proposition du roi de Prusse d'une neutralité dans l'Empire étoit du goût du gouvernement d'Angleterre; mais il ne pouvoit être du nôtre ni de celui de la Hollande, parce que cette neutralité nous exposoit à voir refluer sur nous, par le Bas-Rhin et la Flandre, toutes les troupes, qui sans cela auroient été occupées par les confédérés d'Hanovre. Il ne nous convenoit pas plus d'attaquer l'Espagne par terre, parce que, pendant que nous aurions attiré sur nous toutes ses forces, les Anglais se seroient promenés à leur aise sur la mer, et se seroient emparés sans risques de tous les points d'appui utiles à leur commerce. C'est ce que Fénelon eut ordre de remontrer avec force aux États-Généraux, aussi intéressés que nous à ne pas laisser trop étendre le commerce des Anglais.

Le nonce Maffey reçut un courrier du nonce à Madrid, avec les réponses du roi d'Espagne sur les propositions de l'Empereur d'une suspension de deux ans du commerce d'Ostende. Le roi d'Espagne y acquiesçoit; mais en même temps il demandoit Gibraltar, soutenant que la restitution lui en avoit été promise par le roi d'Angleterre. Il dit qu'il en avoit ordonné l'attaque, et que la tranchée seroit ouverte le 22 février. On dépêcha un courrier en Hollande pour presser la résolution des États, et on déclara au nonce qu'on vouloit la suspension pour sept ans.

Les nouvelles de Suède faisoient espérer l'accession au traité d'Hanovre, mais tellement modifiée, que c'étoit proprement une neutralité. Le traité avec le Danemarck n'avançoit pas : les Danois, suivant leur génie en négociation, faisoient tous les jours de nouvelles difficultés.

On parla de la grossesse de l'Impératrice, qui ranimoit l'espérance presque perdue de voir la maison d'Autriche renaître, en même temps que la grossesse de la Reine assuroit des rejetons à la branche aînée de Bourbon.

Dans le conseil d'État du 12, on a donné des ordres au comte de Broglie à Londres, et au marquis de Fénelon à La Haye, de concerter leurs mesures pour porter ces deux gouvernemens à se contenter d'une suspension du commerce d'Ostende, au plus de sept ans, terme auquel on croyoit bien que la cour de Vienne ne consentiroit pas; mais on espéroit la ramener à cinq.

On apprit, par diverses nouvelles de l'Empire, que l'Empereur faisoit marcher trente mille hommes de ses troupes sur le Rhin, dont partie passoit par l'évêché de Hambourg et la Franconie, et partie par la Souabe; mais cette nouvelle ne se confirma pas.

L'amiral Vasquès, arrivé avec la flotte dans la baie de Gibraltar [16 mars], fit entrer neuf cents hommes dans cette place. On sut que la tranchée avoit été ouverte la nuit du 22 au 23 février, et que le général de Las-Torrès promettoit de prendre la place dans le courant du mois de mars. Le Roi m'en montra un plan, et je lui dis : « Si ce plan est exact, je tiens la prise de » cette place presque impossible par la force de sa » situation, ses fortifications, et la facilité qu'ont » les Anglais d'y jeter des secours continuels. » Ainsi une véritable guerre étoit commencée entre l'Angleterre et l'Espagne, et il fut ordonné de presser la réponse de la Hollande, qui devoit être envoyée à l'Empereur, et décider de la paix ou de la guerre avec nous.

Le roi d'Angleterre manda au roi de Prusse, sur la neutralité, qu'il ne pouvoit rien faire sans le consentement de ses alliés. Les lettres de Turin ne faisoient plus espérer de traité avec le roi de Sardaigne. Enfin le comte de Rothembourg mandoit que l'on parloit à Pétersbourg de la marche prochaine des Moscovites en Silésie, et qu'ils offroient jusqu'à quarante mille hommes à l'Empereur. Tout dépendoit des véritables desseins de ce prince, s'il souhaitoit aussi sincèrement la paix que son ministre Fonseca et le duc de Richelieu l'assuroient.

Un courrier d'Angleterre nous a appris [19 mars] que le sieur de Palma, résident de l'Empereur à Londres, avoit présenté de la part de son maître un mémoire sur les harangues du roi d'Angleterre à son parlement, mémoire très-violent, par lequel l'Empereur démentoit les causes de division énoncées dans ses harangues, et avouoit les services glorieux qu'il avoit reçus des Anglais, rejetant sur les ministres toute l'animosité mal fondée qui alloit allumer la guerre. Palma ayant remis ce mémoire au Roi, en répandit la nuit des copies, aussi bien que d'une lettre du comte de Sinzendorff, et en envoya à tous les membres du parlement. Le Roi ordonna au résident de l'Empereur de partir dans le moment de Londres, et de sortir de l'Angleterre. Une conduite si violente ne répondoit pas aux désirs de paix que montroit l'Empereur.

On apprenoit en même temps qu'il y avoit eu des ordres en Moscovie d'arrêter toutes les nouvelles; ce qui paroissoit marquer le dessein de cacher le plus long-temps qu'il seroit possible le mouvement de leurs troupes, dont on savoit que le comte de Rabutin, ministre de l'Empereur, pressoit la marche.

Le comte de Rothembourg mandoit aussi que le roi de Prusse attendoit le 20 mars comme un jour très-important, et l'on jugeoit que c'étoit le jour du retour du courrier qui étoit allé proposer en Angleterre la neutralité de l'Empire. Un courrier du duc de Richelieu nous apporta de vives plaintes de sa part contre Saint-Saphorin, ministre d'Angleterre, dont la conduite violente aigrissoit les affaires à Vienne. Les nouvelles de Suède faisoient espérer son accession, mais moyennant des subsides qui alloient à plus d'un million pour la France.

Dans le conseil d'État du 23 mars, on a appris l'arrivée de la flottille dans divers ports d'Espagne, sans aucun vaisseau perdu. La nouvelle n'étoit pas trop agréable aux Anglais, dont l'ambassadeur nous presse vivement de déclarer la guerre à l'Espagne. On a répondu qu'il falloit attendre l'effet d'un mémoire qu'on étoit près d'envoyer à l'Empereur; qu'on lui feroit savoir que la Hollande agréoit une suspension de sept ans du commerce d'Ostende; qu'on n'étoit pas sûr que l'Empereur l'acceptât si longue; mais qu'on ne désespéroit cependant pas de l'amener à ce délai, ou à un approchant, à moins que l'arrivée de la flottille, riche de dix-huit millions de piastres, ne le rendît plus difficile. Les lettres de Madrid marquoient une grande satisfaction de l'arrivée de la flottille, mais en même temps qu'on ne s'attendoit pas à de grands progrès au siége de Gibraltar.

La Czarine avoit nommé Leslée, Écossais, pour commander les trente mille Moscovites qu'elle envoyoit en Allemagne. L'accession n'étoit pas encore faite à Stockholm, ni le traité conclu à Copenhague : et, par les dépêches de Gambis, toute négociation étoit suspendue à Turin, pour ne pas dire rompue.

Après le conseil de finances du 25, m'étant trouvé seul avec le Roi [ce qui étoit très-difficile], je lui ai fait mes plaintes très-respectueuses de ce que je croyois m'apercevoir depuis long-temps que je n'avois plus l'honneur de ses bonnes grâces. En effet, depuis près d'un an ce prince, qui avoit coutume de badiner avec moi, et de m'engager souvent à jouer avec lui, ne me parloit presque plus. J'en augurois qu'on m'avoit rendu de très-mauvais offices auprès de lui ; et j'en craignois d'autant plus les effets, que sa dissimulation étoit au plus haut point. Il m'a répondu en deux mots, comme s'il avoit craint d'être aperçu, qu'il m'aimoit toujours, et il n'a pas étendu davantage la conversation.

On a lu, dans le conseil d'État du 26, les articles convenus avec l'Angleterre et la Hollande pour prévenir la guerre. Comme elle paroissoit se former par les difficultés du commerce d'Ostende, on demandoit pour premier article à l'Empereur qu'il fût suspendu pour dix ans, mais liberté au duc de Richelieu de réduire ce terme à sept pour l'*ultimatum*. Les autres regardoient Gibraltar et le commerce des Anglais aux Indes, qu'ils avoient très-étendu au préjudice de l'Espagne, et dont ils prétendoient ne rien retrancher.

Le prince de Furstemberg, premier commissaire de l'Empereur à la diète de Ratisbonne, publia, par ordre de son maître, un mémoire en réponse à celui que Chavigny, ministre de France, avoit présenté pour faire voir que le Roi vouloit la tranquillité de l'Empire. La réponse établissoit le contraire, et accusoit la France et l'Angleterre d'avoir fait leurs efforts pour renouveler la guerre des Turcs contre l'Empire.

On eut divers avis que le traité de l'Empereur avec le roi de Prusse et l'électeur palatin étoit conclu [30 mars], et on disoit même, que pour terminer les différends entre ces deux princes, l'Empereur donnoit le marquisat de Burgaw. « Si l'Empereur, dis-je, donne un de ses Etats » pour réunir le roi de Prusse et l'électeur pala- » tin, comptez sur la guerre ; mais j'ai de la » peine à ajouter foi à cette nouvelle. » Ce n'est pas que je crusse beaucoup non plus aux dispositions pacifiques que l'Empereur nous faisoit annoncer par Fonseca : « Lorsqu'on veut trom- » per les cours, observai-je, on commence par » tromper son propre ambassadeur. Cette maxime » n'est pas nouvelle, et la suite nous fera voir si » l'Empereur la met en pratique. » Toujours est-il certain que Sekendorff ne cessoit d'assurer le duc de Richelieu que son maître vouloit la paix. La dictature de Ratisbonne refusa un mémoire présenté par le ministre d'Angleterre. Le roi de Prusse étoit toujours irrésolu ; la Suède et le Danemarck marquoient une prochaine disposition d'accéder au traité d'Hanovre, et le siége de Gibraltar n'avançoit pas.

Walpole, ambassadeur d'Angleterre, m'a amené, le 4 avril, le sieur de Stanhope, qui revient de l'ambassade d'Espagne, et qui a quitté Madrid au sujet du siége de Gibraltar. Ils m'ont dit que si les premières lettres du duc de Richelieu n'apportoient pas la paix, il falloit attaquer l'Espagne vigoureusement. Je leur ai répondu : « C'est sur terre que la guerre se doit faire, » puisque nous devons l'avoir, et surtout » avec l'Empereur. Il faut donc nous envoyer » vingt mille Anglais, premièrement parce que » j'aime mieux vingt mille Anglais que trente » mille Allemands ; secondement, parce que » l'Empereur et la plus grande partie de l'Em- » pire étant contre nous, avec tout l'argent » d'Angleterre on n'aura que peu d'Allemands ; » et le prince de Hesse lui-même, sur lequel vous » comptez, nous manquera, si l'Angleterre et la » France ne font passer conjointement une ar- » mée considérable dans l'Empire. Observez que, » supposé que l'Empereur veuille attaquer le » pays d'Hanovre, il faudra faire en sorte qu'il » passe pour l'agresseur, afin de ne pas réunir » l'Empire entier contre nous. »

On a su enfin le 6 avril que la Suède avoit accédé au traité d'Hanovre, aux conditions de cinquante mille livres sterlings de subsides, et de donner dix mille hommes qui seroient payés par la France et l'Angleterre. On ne parloit plus du mouvement de ces trente mille Moscovites ; mais les lettres de Rothenbourg à Berlin, lues le 9 avril, préparoient à l'attaque des Etats d'Hanovre. Les ordres du roi de Prusse à ses troupes, à son ministre à Pétersbourg, à ses généraux et secrétaires d'État, de cacher tous les mouvemens ; les courriers qu'il envoyoit journellement à Vienne, qu'il en recevoit, et dont il se réservoit le secret, ne permettoient pas de douter de son union avec l'Empereur. Sur quoi on a mandé à Rothenbourg de porter ses plaintes, et de menacer de se retirer.

Stanhope étant sur son départ pour l'Angleterre, est venu avec Walpole dîner chez moi. Je lui ai dit : « Vous allez à Londres : souvenez-vous de dire au Roi que si nous avons la guerre, malgré les apparences de la paix, nous la ferons sur terre, et non sur mer. Ainsi je vous répète qu'il faut plus de troupes et moins de vaisseaux. » C'étoit tout le contraire de ce que désiroient les Anglais, qui auroient mieux aimé une espèce de défensive sur terre, assez animée cependant pour occuper les forces d'Espagne pendant qu'ils auroient maîtrisé la mer, où il y avoit beaucoup plus à gagner pour eux.

Le courrier Bannières, arrivé en cinq jours et quatre heures de Madrid, a apporté des réponses qui préparent à d'autres favorables sur les préliminaires : elles sont arrivées de Vienne le 20. Les préliminaires que nous avions envoyés contenoient six articles : l'Empereur a fait un contre-projet, composé de douze. Il convient de tout ce qu'on a proposé pour la suspension de la compagnie d'Ostende pendant sept ans, et même pendant dix si on veut, employant même le terme d'*abolition*, qu'on ne lui demandoit pas; mais il y a d'autres articles sur le commerce et sur Gibraltar qui pourront paroître durs aux Anglais. La cour de Vienne propose de s'en tenir sur le commerce aux traités faits en Hollande avant 1725, lesquels ont été fort changés à l'avantage des Anglais depuis ce temps-là. J'ai fait remarquer que le terme d'*abolition* étoit malicieusement inséré, afin que l'Empereur pût dire qu'il sacrifioit ses intérêts personnels.

On apprit, par les lettres de Pétersbourg, que la Czarine, qui, portée par la faction de Holstein, paroissoit vouloir perdre le prince Menzikoff, et le tenoit même aux arrêts chez lui, avoit changé de dessein après une conversation secrète avec ce prince. Sur les premières craintes de ce changement, la princesse de Holstein et sa seconde fille s'étoient jetées à ses pieds, pour le conjurer de rester ferme dans la résolution de disgracier Menzikoff; mais une seconde conversation avec lui la détermina de nouveau en sa faveur, et elle déclara le czarowitz son successeur, lui destinant en mariage la fille de Menzikoff. On prétendoit que le ministre de l'Empereur avoit conduit cette négociation; ce qui devoit le rendre tout puissant dans cette cour.

Un courrier de Champigny nous a appris [23 avril] que le ministre du roi d'Angleterre à Ratisbonne avoit eu ordre de sortir de la ville en vingt-quatre heures, et des Etats de l'Empire en quinze jours. Ces procédés ne paraissoient pas propres à avancer la réconciliation à laquelle on travailloit, non plus que le contre-projet de l'Empereur, sur lequel on attendoit l'avis de l'Angleterre et de la Hollande. Walpole étoit persuadé qu'il produiroit la guerre, parce qu'au lieu de convenir des préliminaires on faisoit de nouvelles propositions, qui tendoient principalement au retour des galions. Il vouloit absolument que l'on déclarât sur-le-champ la guerre à l'Espagne.

La nouvelle que l'on reçut le 27 de la signature du traité avec le Danemarck parut d'autant plus surprenante, que Chamilly avoit eu défense de rien signer sans nouveaux ordres. On jugea qu'il s'étoit mal conduit en nous engageant à près de deux millions de subsides, outre la paie de douze mille hommes, et sous des conditions embarrassantes, comme de payer d'avance. On résolut de réformer cet article et plusieurs autres avant que de ratifier.

On se décida aussi à envoyer de nouveaux articles à l'Empereur, en fixant un temps pour les signer. On n'y parloit ni de Gibraltar ni du commerce. Ils furent envoyés au duc de Richelieu le 2 mai, et le même jour à l'Espagne par le nonce Maffey, ainsi qu'à notre ambassadeur à La Haye, pour être communiqués aux États-Généraux.

Le prince de Conti, attaqué d'une fièvre violente, est mort le 4 mai. La division étoit terrible entre lui et sa femme. Ce pauvre prince avoit le malheur de l'aimer presque autant qu'il en étoit haï. Quelques petites tracasseries, occasionnées par une diversité de sentiments, les avoit séparés, et elle s'étoit mise dans un couvent. Le désir d'en sortir, ou par l'ennui ou par d'autres raisons, l'engagea à prier son mari de venir lui parler. La fin de cette conversation fut qu'il la ramena dans son carrosse chez lui.

Ils furent bien ensemble cinq ou six jours; mais l'amour, la haine et la jalousie renouvelèrent les premiers troubles dans la maison. Il voulut la mener dans son château de l'Ile-Adam malgré elle; et cette princesse, dont la haine étoit soutenue de l'esprit, et de toutes les qualités les plus propres à faire tourner la tête à son mari, n'oublia rien pour cela pendant son séjour à l'Ile-Adam, d'où il revint à Paris avec la fièvre. Dans ses derniers momens, il parla à sa femme de son inclination violente pour elle, la pria de régler son testament elle-même, chassa ceux de ses gens qu'il avoit chargés de l'avertir de la conduite de sa femme, et qui l'avoient trop fidèlement servi, entre autres la comtesse de La Roche. Enfin ce pauvre prince est mort victime de deux cruelles passions entre mari et femme, l'amour et la jalousie.

Le même jour, est morte madame de Maisons, ma sœur, d'un coup de sang. C'étoit une femme de beaucoup d'esprit, et qui avoit une grande considération dans le parlement : mon affliction est très-vive, parce que je l'aimois passionnément.

Dans le conseil d'État du 7 mai, on a encore examiné le traité signé par Camilly entre le Danemarck et nous, et on a fait diverses observations qui tendent à savoir si on ratifiera. Cependant, comme on est dans une crainte violente sur la paix ou sur la guerre, on a cru qu'il ne falloit pas rompre. L'ambassadeur Camilly a fait la faute de ne donner que six semaines pour la ratification, et l'on ne peut avant ce terme avoir les réponses du dernier courrier dépêché à Vienne.

On apprit, par les lettres de Rothenbourg, que le roi de Prusse, très-violent, a battu son fils pour un sujet surprenant. Il mettoit tout son argent en troupes, et avoit ordonné la dépense la plus frugale pour la Reine sa femme et son fils. Il ne leur donnoit que trois plats pour le dîner, et en cela il étoit obéi; mais il se trouva que le prince son fils aîné se servoit d'une fourchette d'argent au lieu d'une de fer qu'il avoit prescrite, et d'argent à trois fourchons au lieu de deux qu'il avoit ordonnés, selon l'ancienne mode. Il s'en fâcha au point qu'il battit son fils. Il ne se nourrissoit pas plus somptueusement, et sa dépense n'alloit pas à trois livres par jour. Par cette économie excessive, il avoit près de quatre-vingt mille hommes sur pied, et soixante millions actuels dans ses coffres, puissance fort au-dessus de ses forces. La relation de Rothenbourg le traitoit d'extravagant : « Mais, disois-je, ces extravagans ne sont quelquefois pas les ennemis les moins à craindre. »

Le roi d'Angleterre écrivit au cardinal une lettre très-polie et très-flatteuse, par laquelle il le remercioit de sa fermeté dans ses engagemens, et opinoit sur la promesse de déclarer la guerre à l'Espagne, si, dans le terme d'un mois donné à l'Empereur, les derniers articles n'étoient pas signés.

Dans les conseils d'État des 7 et 11 mai, on a examiné encore si on ratifieroit en entier le traité avec le Danemarck. Enfin, après avoir délibéré sur les changemens très-justes que l'on pouvoit demander, on s'est rendu aux sollicitations de Walpole, qui disoit que les ministres de l'Empereur à Copenhague profiteroient de la première occasion que l'on donneroit au roi de Danemarck de rompre le traité. On a donc ordonné à Camilly de ratifier simplement, s'il y étoit obligé; mais de représenter que payer d'avance étoit un peu dur.

Le colonel Amestron est arrivé d'Angleterre. Il fait la charge de maréchal général des logis de l'armée, laquelle le général Cadogan a long-temps exercée sous Marlborough. Il vient pour concerter les plans de guerre. Les Hollandais doivent envoyer Petter, qui a fait la charge d'intendant de leur armée, et le général Grovestein, le même qui m'a rendu Bouchain à discrétion. Fénelon a écrit que quelques-uns des principaux du conseil d'État de Hollande proposent d'attaquer en même temps Luxembourg, Mons, et une armée d'observation sur la Meuse. « Si messieurs les Hollandais, ai-je répondu, ne font » pas des projets plus sages, nous pouvons en » imaginer d'autres. »

Le Roi continuoit des voyages très-fréquens à Rambouillet deux fois par semaine, et faisoit des chasses qu'il poussoit jusqu'à onze heures du soir. J'ai pris la liberté de lui dire que, par de pareils exercices de chasse, Louis XIII étoit mort de vieillesse à quarante-deux ans.

On apprit, dans le conseil d'État du 15, que le roi de Prusse avoit refusé audience au comte de Rothenbourg, notre ambassadeur, qu'il avoit jusqu'alors traité comme son favori. On ne pouvoit donc plus douter de la mauvaise volonté de ce prince.

Fonseca, ministre de l'Empereur en France, informé des huit articles envoyés en dernier lieu à son maître, disoit hautement que certainement ils ne seroient pas écoutés ; et les bruits de guerre se renouvelèrent plus que jamais.

Je représentai qu'il falloit donner des ordres très-précis à nos ambassadeurs de s'informer exactement du nombre et de l'état des troupes qui pouvoient être employées contre nous, n'étant pas possible de faire des projets solides pour l'offensive ou la défensive, sans une connoissance certaine de tout ce que l'on pouvoit entreprendre ou craindre.

Dans le conseil des finances du 20 mai, M. Desforts, contrôleur général, a rapporté une affaire assez importante du duc de Bouillon, qu'il avoit perdue deux ans auparavant, au rapport de Dodun. Il s'agissoit de quarante-huit mille livres qui avoient été réduites, comme les biens de tout le royaume, au denier cinquante. M. de Bouillon se contentoit de les avoir au denier vingt-cinq, et on les a rétablies avec les intérêts au denier vingt. Au fond, le Roi n'avoit pas tort : cependant il a perdu son procès.

On a lu, dans le conseil du 21, plusieurs dépêches de Pétersbourg, de Hollande et d'Angleterre. Les premières disoient la santé de la Czarine très-mauvaise, l'augmentation du crédit de Menzikoff, la diminution de celui du duc de

Holstein, et les dispositions les plus favorables pour le czarowitz. Fénelon mandoit de La Haye ce qu'il avoit pénétré des instructions données à Petter et à Grovestein, arrivés à Paris le 20, pour concerter avec nous les projets de guerre.

Il est venu plusieurs ambassadeurs dîner chez moi le même jour. Fonseca m'a dit : « Vous êtes » donc déterminés à la guerre, puisque l'Em- » pereur ne passera pas les huit articles de » l'*ultimatum*? » Je lui ai répondu : « C'est » l'Empereur qui la voudra, puisque les huit » articles sont raisonnables. » Le cardinal m'a dit que l'on auroit incessamment une conférence avec les Anglais et Hollandais nouvellement arrivés.

Walpole m'amena le sieur Hoop, son beau-frère, ministre d'Angleterre à Ratisbonne, lequel en avoit été chassé par ordre de l'Empereur. Le 22, le général Grovestein et Petter vinrent me voir, et Walpole me pressa fort d'aller dîner chez lui avec ces messieurs : ce que j'évitai, ne voulant pas être le premier à conférer avec eux sur les projets de guerre; ni affecter non plus un silence qui pourroit leur faire quelque peine.

On sut le 25, au conseil, qu'un courrier arrivé la veille avoit apporté à Fonseca le consentement de l'Empereur aux huit articles. Il paroissoit qu'il avoit voulu faire connoître ses intentions pour la paix le plus promptement qu'il avoit été possible. Il réservoit seulement le consentement de l'Espagne, que l'on supposoit ne pas tarder, puisque l'on savoit qu'il avoit été dépêché un courrier de Vienne à Madrid dès le 3 mai. Ainsi on pouvoit croire du côté de l'Empereur tout terminé.

Cependant le cardinal nous a invités à dîner le 26, les maréchaux d'Uxelles, de Berwick et moi, Walpole, Amestron, le général Grovestein, Petter, messieurs de Morville et Le Blanc, pour concerter les projets de guerre. La conférence a commencé à onze heures du matin, et fini à six heures du soir, un dîner assez court entre deux. Le cardinal a ouvert la conférence par un discours de peu de paroles, montrant la nécessité de prendre des mesures pour la guerre, si l'Espagne refusoit. Walpole a parlé ensuite assez longuement sur le péril des États d'Hanovre et du landgrave de Hesse, proposant d'attaquer Rhinfeld sur le Rhin au-dessous de Mayence. Les Hollandais désiroient une armée pour couvrir la Meuse, et une autre pour attaquer Ostende. Le cardinal a proposé le siége de Wesel, pour avoir une place sur le Bas-Rhin et une entrée dans l'Empire, et soutenir les États d'Hanovre et de Hesse. On a disputé long-temps sur ces divers projets. A la fin j'ai pris la parole, et dit : « Je vous crois bien persuadés, messieurs, » que la matière sur laquelle on délibère aujour- » d'hui est la plus importante qui puisse être » agitée, puisque de nos projets et de leur exé- » cution dépend la destinée de plusieurs États. » L'Europe est armée au point que l'on peut » compter presque autant de bataillons et d'esca- » drons entre les puissances attachées aux traités » d'Hanovre et de Vienne, et celles qui ne sont pas » encore déclarées, qu'il y en avoit dans la der- » nière guerre qui a ébranlé toutes les monar- » chies de l'Europe. J'ai su par le prince Eugène » lui-même que l'Empereur étoit déterminé à » quitter sa capitale, et que le prince avoit de- » mandé à l'Empereur qu'il attendît seulement » quinze jours, convenant que si l'armée de » France que je commandois, maîtresse du cours » du Danube, descendoit à Vienne, Sa Majesté » Impériale courroit des risques, et qu'il seroit » prudent de se retirer; mais que s'il le faisoit » trop tôt, sa sortie détermineroit un dessein qui » n'étoit peut-être pas encore formé. Dans la » même guerre, le roi d'Espagne a été forcé » deux fois d'abandonner Madrid, occupé par » ses ennemis; et le roi de Sardaigne, les élec- » teurs de Cologne et de Bavière, ont perdu et » recouvré leurs États. Je suis obligé de rappe- » ler ces grands événemens, pour vous faire voir » que quand les premiers coups sont tirés on ne sait » quelle sera la fin d'une guerre : il faut donc y » bien penser avant que de la commencer. Après » cette première et si importante réflexion, je » dirai seulement que si l'on se détermine à la » guerre, les plus grands projets et les plus har- » dis sont souvent les plus sages, et même les » plus heureux. Si on veut faire la guerre, il faut » la bien faire, ne pas tâtonner. Je le répète : les » plus grands et les plus hardis projets sont sou- » vent les plus sages. »

On n'a rien décidé avant dîner. La matière a été reprise en sortant de table. J'ai proposé de passer la Rhin avec l'armée du Roi, fortifiée de vingt mille Anglais; que les Hollandais fassent la même chose; que les troupes d'Hanovre, de Danemarck et de Hesse marchent dans l'Empire, et que toutes ces différentes forces se placent entre l'Elbe et la tête du Mein. J'ai ajouté : « Mais il nous faut une place sur le Rhin, et que » le concert soit juste et fidèle avec nos alliés. Il » ne seroit pas raisonnable que, faisant la guerre » pour eux, ils ne missent pas au jeu autant que » nous. Si, comme je l'espère, la guerre est » heureuse, je veux qu'il nous en revienne quel- » que chose. Messieurs les Hollandais, vous gar- » derez de la Flandre ce qu'il vous plaira, et » vous nous en laisserez quelque part. Vous,

» messieurs les Anglais, vous assurerez votre
» commerce, sans cependant ruiner l'Espagne;
» ce qui ne nous conviendroit pas. Enfin le pro-
» jet est grand; mais surtout un concert exact
» et fidèle. »

Le Roi vit les gardes du corps le 27 mai. Dès que je parus, tout mit l'épée à la main. Le duc de Noailles, à la tête, me salua de l'épée, et on baissa les étendards. On leur donna les ordres pour marcher le 30 mai vers la Meuse.

Le jeune duc de Crussol, très foible et très-bossu, eut une querelle à l'Opéra avec le comte de Ranssan, très-grand et très-fort [29 mai]. Le duc ne se crut pas offensé. L'Allemand tint quelques discours; le public, souvent méchant, les releva. La duchesse d'Uzès sa mère, femme de courage, et le duc de La Rochefoucauld, très-honnête homme, firent avertir leur fils. Il appela le comte; ils se battirent derrière les Chartreux, se blessèrent d'abord tous deux, et d'un second coup d'épée Crussol tua roide son adversaire.

Le courrier Bannière, dépêché au duc de Richelieu avec les huit articles formant l'*ultimatum*, en a apporté douze, dressés par les ministres de l'Empereur de concert avec le duc de Bournonville, ambassadeur d'Espagne : ainsi on ne pouvoit douter que cette dernière puissance ne la ratifiât. Je me suis rendu le 30 à Versailles, sachant que le cardinal m'avoit envoyé chercher. Je l'ai vu au lever du Roi, et il m'a dit : « Je » vous enverrai Du Parc [qui étoit son premier » commis] avec les douze articles, et vous me » direz ce que vous en pensez. » Je les ai trouvés tels, qu'il n'y avoit qu'à les approuver et signer.

On a passé presque toute la nuit du 31 mai au premier juin à lire les dépêches du duc de Richelieu du 23 mai, qui rendoit compte des diverses conférences qu'il avoit eues avec le prince de Savoie, le comte de Sinzendorff et le comte de Staremberg, tous trois principaux ministres de l'Empereur, auxquelles avoit assisté le comte de Bournonville, ambassadeur d'Espagne à Vienne. Il paroît, par tous ces détails, que l'Empereur a voulu de bonne foi faire cesser les divisions qui étoient prêtes à rallumer la guerre.

Fonseca avoit ses pleins pouvoirs, Walpole ceux du roi d'Angleterre, l'ambassadeur de Hollande ceux de la République : on les a donnés à M. de Morville, et tous quatre ont signé les préliminaires, et sont convenus d'un congrès, dans lequel tous les droits respectifs seroient réglés. J'ai fait compliment au Roi, dans le conseil du premier juin, sur la gloire de se trouver l'arbitre de l'Europe. On a appris le 8, par les lettres de Londres, que tout le monde, à commencer par le Roi, les ministres et le peuple, étoient fort contens de la signature des préliminaires; et on sait que pareille satisfaction se montre en Hollande.

Il ne pouvoit y avoir de mécontens de la paix que le roi de Prusse et le roi de Sardaigne, qui avoient fait de gros frais pour se mettre en état de faire la guerre; mais on pouvoit leur répondre que c'étoit leur incertitude, leur peu de consistance dans les résolutions prises, et la crainte de se voir abandonnés lorsqu'on seroit aux mains, qui avoient engagé les puissances à faire la paix. L'Empereur avoit une raison de plus dans les troubles qui agitoient la cour de Pétersbourg, et qui lui faisoient justement appréhender de n'en pas pouvoir tirer les secours promis.

On a appris par les lettres de Pétersbourg que la Czarine est à l'extrémité, et que les principaux de sa cour ont fait et signé une convention de reconnoître le czarowitz pour empereur, et à son défaut la cadette des princesses, au préjudice de l'aînée, fiancée au prince de Holstein.

Je crois devoir mettre ici ce que j'ai appris dans les conseils par les lettres des ambassadeurs, et de la manière la plus authentique, de la vie et fortune surprenante de la Czarine. Elle se nommoit Mathurine, étoit fille d'un maître d'école de Livonie, et fut mariée à l'âge de quinze ans à un caporal suédois, lequel fut pris avec sa femme par les Moscovites. Un des officiers généraux du Czar la trouva jolie, et la prit. Le prince Menzikoff, la voyant dans les équipages de ce général, la demanda. Elle lui parut assez aimable pour vouloir la garder, et il la mit auprès de la princesse Menzikoff sa femme, chez laquelle le Czar soupoit souvent. Ce prince, frappé de sa beauté, en devint éperdument amoureux : elle lui plut au point qu'il s'en fit suivre dans toutes ses guerres; et dans la malheureuse campagne de Pruth, où ce prince se trouva enfermé avec ses troupes, battues par l'armée ottomane, elle eut beaucoup de part à tous les manéges qu'il y eut pour corrompre le séraskier : elle rassembla, avec ses pierreries, tout l'or qui put se trouver dans l'armée, et le séraskier, traître au Sultan, laissa échapper le Czar.

La vive inclination de ce prince le porta à donner à sa maîtresse tout le mérite de sa délivrance : il répudia sa femme, la fit enfermer dans un couvent, épousa Mathurine; et l'ascendant qu'elle prit sur lui augmenta tous les jours, au point que pour tous les États assemblés il la fit déclarer maîtresse de l'Empire après lui, et la fit couronner magnifiquement. Le cœur du Czar ne suffit pas à ses désirs. Ce prince, trois mois avant sa mort, soupçonna un intendant de sa femme de trop de liberté avec elle, et lui fit trancher la tête; mais son foible pour elle ne diminua pas, et en mourant il lui laissa une liberté si entière, que, sans songer au czarowitz son petit-fils, il lui donna par son testament l'autorité entière, et pouvoir de disposer de l'Empire, qu'elle gouverna avec beaucoup de fermeté et d'habileté, sans oublier ses plaisirs.

Elle avoit plusieurs amans; et, après avoir donné les premières heures de la journée à l'administration, le reste de la journée se passoit à table, et tantôt un amant, tantôt un autre, sans qu'aucun prit autorité sur elle. Une telle vie ruine la santé : on la disoit attaquée de maladies, suites de tant d'amours. Elle dépérit pendant trois ans, sans se relâcher sur ses plaisirs; et elle fut emportée le 17 mai par une fièvre continue, à laquelle se joignit une fluxion de poitrine.

La Czarine fit un testament très-sage, dont le prince Kourakin m'a apporté la copie le 13 juin. Elle y ordonne que le czarowitz sera reconnu empereur, que la princesse de Holstein aura la première place dans le conseil, ensuite la princesse Élisabeth sa sœur, le duc de Holstein le troisième, le prince Menzikoff, le comte Goloskin, l'amiral Apraxin, le prince Gallitzin et le baron Osdermann.

On apprit par les lettres de Rothenbourg que le roi de Prusse avoit été très-affligé des dispositions à la paix. Ses discours, la veille du jour qu'il en apprit la nouvelle, marquoient un dessein formé d'attaquer les États d'Hanovre. Ils étoient fort indiscrets, et très-propres à le faire repentir de les avoir tenus.

Le courrier Bannières arriva le 21, et apporta les articles signés à Vienne par le duc de Bournonville, ambassadeur d'Espagne. Le milord Walgraf, arrivé de Londres pour passer à Vienne, fut retenu à Paris pour signer avec toutes les parties contractantes. On désiroit aussi voir arriver un ministre d'Espagne, quoiqu'après la signature du duc de Bournonville une autre ne fût pas fort nécessaire; mais la chose auroit été plus régulière, et il étoit de la gloire du Roi que la tranquillité de l'Europe s'affermit sous ses yeux.

On reçut divers avis d'Espagne que la santé du Roi étoit fort attaquée. Ce prince avoit eu des défaillances, et se trouvoit si fort affoibli, que l'on jugeoit qu'il y avoit péril à l'amener en chaise à porteurs d'Aranjuez à Madrid. Il fit son testament, signé de sept ou huit des principaux de sa cour, à la tête desquels étoit le cardinal de Borgia; et il ordonna que pendant sa maladie la Reine donneroit ses ordres, et feroit venir les secrétaires d'État travailler chez elle. Le siége de Gibraltar étoit discontinué par la foiblesse des assiégeans, qui attendoient avec impatience les ordres pour la levée.

Entre les conseils d'Etat du 22 et 29 juin, arriva la nouvelle de la mort du roi d'Angleterre, d'une attaque d'apoplexie arrivée près d'Hanovre, où on le porta mort. Le Roi étoit à Rambouillet. On envoya un courrier au cardinal, qui revint le 26 à Versailles. Walpole alla l'y trouver, et partit la même nuit pour Londres.

On ne croit pas que cette mort puisse apporter aucun changement dans les affaires générales, parce que les préliminaires sont signés; mais elle doit en apporter dans le ministère, parce que le nouveau Roi et le défunt pensoient bien différemment l'un de l'autre. Il y avoit entre le père et le fils une haine si excessive, me disoit le comte de Broglie, que depuis plus de dix ans ils ne s'étoient parlé ni même salué. Graveston, avocat de la chambre basse, avoit toute la confiance du nouveau Roi, et l'on ne doutoit pas qu'il ne devînt son principal ministre.

Le comte de Broglie eut ordre de revenir à Versailles où il arriva le premier juillet, salua le Roi, et on lui dit de s'en retourner le lendemain. On étoit très-content de sa conduite. Il me dit que le roi Georges désiroit très-ardemment la guerre; qu'il projetoit, si les préliminaires n'étoient pas suivis d'une paix bien établie, de se mettre à la tête de son armée, qu'il comptoit, avec les secours de ses alliés, porter à près de cent mille hommes; qu'il s'attendoit bien en trouver une pareille devant lui sous les ordres du prince Eugène, mais qu'il me demanderoit pour commander sous lui.

Malgré l'opinion qu'on avoit de changemens dans le ministère britannique, le nouveau Roi conserva les anciens ministres dans leurs emplois. Il donna seulement la charge de grand écuyer, qui étoit vacante, à milord Sarbroug, qui étoit le sien. En Angleterre, toutes charges cessent par la mort du Roi, et tous les ministres étrangers ont besoin de nouvelles commissions. Ce roi écrivit le 5 au Roi, à la Reine, et au cardinal Fleury, pour leur apprendre la mort de son père, et sa proclamation; mais on attendit, pour fixer le jour du deuil, qu'il en fît part par son ambassadeur, ou par un envoyé exprès.

Le Roi passoit presque tout son temps à Rambouillet, et le cardinal dans sa petite maison d'Issy, où l'on traitoit des affaires ecclésiastiques, et surtout de celles de la constitution, dont l'accommodement n'avançoit pas. Le Pape avoit voulu donner une bulle en faveur des dominicains, qui augmentoit la division.

Immédiatement après les obsèques de la Czarine, le prince Menzikoff fit célébrer les fiançailles du jeune empereur avec l'aînée de ses filles. Le prince de Holstein, évêque de Lubeck, qui devoit épouser la seconde fille de la Czarine, mourut de la petite vérole, et le prince Menzikoff mena le jeune empereur à sa maison de campagne, sous prétexte d'éviter l'air de la petite vérole qui étoit à Pétersbourg; mais, selon les apparences, pour être plus maître de la cour.

Les lettres de Stockholm marquoient un grand désir des Suédois d'attaquer la Moscovie; à quoi notre ministre eut ordre de s'opposer, afin que la tranquillité fût générale dans l'Europe.

Les apparences de guerre s'éloignant, il étoit juste de donner quelque soulagement aux peuples. Le contrôleur général le proposa [7 juillet]. Je l'appuyai très-fortement, et il fut résolu : 1° que l'imposition du cinquantième seroit entièrement supprimée, et par un édit, puisqu'elle avoit été établie par un édit [le Roi se souvint que je m'étois toujours opposé à cette imposition : elle pouvoit s'évaluer à trois millions]; 2° que l'on diminueroit trois millions sur la taille; 3° deux millions cinq cent mille livres sur l'imposition des fourrages; 4° un million cinq cent mille livres pour soulager les généralités qui avoient le plus souffert. C'étoit une diminution sur les charges du peuple de dix millions pour l'année 1728, ce qui causa une grande joie dans le royaume.

Dans le conseil d'État du 13, on apprit, par les lettres du duc de Richelieu, que l'Empereur vouloit s'en rapporter entièrement à ce que le Roi désireroit pour former le congrès d'Aix-la-Chapelle, tant sur le choix des médiateurs que sur celui des ambassadeurs plénipotentiaires.

On apprit aussi que le roi d'Espagne, sans attendre le retour des galions, faisoit remettre à toutes les nations ce qu'elles avoient sur la flottille, et qu'il ne prétendoit même que huit pour cent pour l'indult, au lieu de douze qu'il avoit pris précédemment.

Mais on nous a donné des soupçons, dans le conseil d'État du 16 juillet, sur la sincérité des bonnes dispositions de l'Empereur, par des avis qu'il n'avoit apporté tant de facilité à signer les préliminaires de la paix que pour différer la guerre d'un an. Le comte de Walbrond, son ministre, s'en est expliqué ainsi au roi de Prusse; le comte de Westerloo mandoit la même chose de Luxembourg. Mais quand l'Empereur nous auroit trompés, il ne nous faisoit toujours aucun tort par ce délai : c'étoit au contraire un avantage, parce que nous avions le plus grand intérêt d'éloigner une guerre qui trouvât encore nos finances dérangées. Le retard ne préjudicioit qu'aux Anglais, qui ne pouvoient rien perdre à la guerre, et qui espéroient profiter de la division entre la France et l'Espagne pour s'agrandir dans les Indes, et se rendre maîtres du commerce de l'Europe.

L'Espagne ne paroissoit pas bien alarmée de ce danger, puisqu'elle ne se pressoit pas de prévenir la guerre. On apprit au conseil du 20 qu'elle faisoit des difficultés sur la signature des préliminaires. Elle n'avoit pas ordonné la levée du siége de Gibraltar; les batteries et les tranchées existoient toujours. C'étoit une continuation d'entêtement de la part du roi d'Espagne, fondée sur la folie de son général, qui vouloit persuader que, par l'effet d'une mine très-follement entreprise sous un rocher, il feroit sauter la place.

Il y avoit une difficulté plus importante et mieux fondée. Les Espagnols, depuis la guerre commencée, avoient pris *le Frédéric*, vaisseau anglais, qui portoit quatre millions de piastres, et ils le prétendoient de bonne prise. Tout cela retardoit la ratification des préliminaires.

Les Anglois marquoient beaucoup de zèle à leur nouveau Roi, dont ils avoient augmenté la liste civile : ainsi il n'y avoit rien à espérer pour le roi Jacques, qui venoit de se raccommoder avec sa femme, dont il s'étoit séparé, parce qu'elle demandoit qu'il éloignât un de ses favoris. Ce favori fut sacrifié, et le prince partit de Boulogne pour se rendre dans les Pays-Bas autrichiens, sur les premières nouvelles de la mort du roi Georges.

Le cardinal me donna à examiner un mémoire fait pour envoyer à Madrid, et m'en demanda mon sentiment [26 juillet]. Ce fut la levée entière du siége de Gibraltar, et que le roi d'Espagne avoit grand intérêt que les tranchées et batteries fussent incessamment rasées, et qu'il ne restât aucun vestige d'une entreprise aussi folle : mais j'étois persuadé en même temps qu'il étoit plus difficile de faire entendre au conseil de Madrid les raisons de rendre, avant l'ouverture du congrès, les douze millions du vaisseau *le Frédéric*. Le mémoire fut envoyé au nonce, le seul canal qu'il y eût pour le commerce entre les cours de Versailles et de Madrid.

On fut confirmé dans les nouvelles que l'on avoit depuis long-temps que la santé du roi d'Espagne étoit toujours très-mauvaise; que ce prince n'entendoit parler d'aucune affaire; que le comte de Kœnigseck travailloit souvent seul avec la Reine, et que cet ambassadeur apportoit toutes les difficultés qu'il pouvoit à la réunion de l'Espagne avec la France.

On fut informé en même temps que l'Empereur conservoit tous les chevaux de son artillerie, continuoit ses recrues, augmentoit ses magasins, et faisoit couler beaucoup de troupes vers le Rhin. Rothembourg mandoit de Berlin que les ministres de l'Empereur, qui alloient chez divers princes de l'Empire, faisoient entendre que l'Empereur n'avoit voulu que gagner du temps en signant les préliminaires. Enfin les apparences de la paix n'étoient rien moins que solides. On fut aussi informé, par les nouvelles de Rome, que les affaires qu'elle avoit avec le roi de Sardaigne étoient terminées. Il s'agissoit de quelques points de juridiction contestés.

Le 3 août, on reçut une lettre du nonce à Madrid, qui envoyoit en original celle que le le roi d'Espagne lui écrivoit pour donner part au nôtre de la naissance d'un troisième infant, qui fut appelé Louis. Cette lettre du roi d'Espagne étoit tendre, et disoit que la réconciliation n'étant pas encore faite, il n'étoit empêché que par là de marquer le désir sincère qu'il avoit de voir renaître la bonne intelligence. Le Roi écrivit de sa main au roi d'Espagne; et l'on n'attendoit plus que sa réponse pour compter sur la réunion, et la rendre publique en envoyant un ambassadeur.

Par toutes les lettres de Vienne, on apprenoit une aventure du duc de Richelieu qui faisoit de la peine à ses amis. Il s'agissoit d'un commerce avec un moine qui faisoit des sortiléges par des impiétés horribles. L'archevêque de Vienne fit arrêter ce scélérat. Le duc de Richelieu mandoit à M. de Morville qu'il s'étoit cru obligé de le réclamer, parce qu'il étoit agent de Bonneval, son parent; mais qu'il l'avoit abandonné dès qu'il avoit été informé de la vie qu'il menoit. Bien qu'on eût lieu de croire que ce jeune duc pouvoit être mêlé par quelque esprit de curiosité dans cette affaire, on ne le soupçonna pas d'avoir eu part aux impiétés qu'on attribuoit à ce méchant moine.

On fit camper presque toutes les troupes de France sur la Meuse, la Moselle et la Sarre. Ces divers camps furent commandés par le duc de Sully, le prince de Tingry, et le plus considérable par le marquis de Belle-Ile. Je pensois que les camps étoient nécessaires, mais qu'il falloit en même temps défendre à ceux qui les commandoient toute sorte de luxe dans les tables et les équipages : c'est ce qui ne fut pas exécuté. Il falloit apprendre aux nouveaux colonels tout ce qui regarde les mouvemens des troupes et la discipline de la guerre, mais en même temps les empêcher de se ruiner.

Dans le conseil d'État du 6 août, on a appris que le prince Menzikoff, qui gouvernoit absolument la Moscovie, étoit très-dangereusement malade d'un crachement de sang; que l'on le disoit aussi très-vivement touché de ce que la princesse Natalie, sœur du Czar, qu'il destinoit à son fils, avoit rejeté cette alliance avec une hauteur digne de sa naissance. On comptoit que les princes Gallitzin, dont l'un commandoit les troupes sous le prince Menzikoff, et l'autre gouvernoit les finances, prendroient la plus grande autorité. Le duc de Holstein devoit sortir de Moscovie, et on continuoit à tirer par les tourmens toutes les connoissances possibles d'une conspiration qui avoit été découverte quelques jours avant la mort de la Czarine.

Le Roi partit le 8 pour Rambouillet, et n'en devoit revenir que le 13. Je profitai de cette absence pour passer quelques jours à Villars. J'y reçus le 14 un courrier qui m'apprit que la Reine sentoit des douleurs. Je revins sur-le-champ, et la trouvai heureusement accouchée de deux filles.

Pendant le peu de jours que je fus dans mon château, l'abbé de Montgon, qui partoit en poste pour Madrid, vint me voir, et me montra des mémoires très-importans. Je n'en parle ici que pour me les rappeler dans le temps.

En arrivant à Versailles le 15 à dix heures du soir, j'ai trouvé à ma porte le maréchal de Tallard, qui m'a appris le retour du chancelier d'Aguesseau à la cour. Il avait fait la révérence au Roi le jour même. Je savois qu'il en étoit question, et j'ai appris en même temps que le garde des sceaux d'Armenonville les avoit fait remettre au Roi par M. de Morville son fils.

Je suis entré chez le Roi comme il sortoit de table. Il étoit seul dans son cabinet avec le duc de Gêvres. Je lui ai fait mon compliment sur la naissance de ces deux filles, et j'ai plaisanté avec lui sur le mérite du mari quand la femme accouche de deux enfans. Il m'a dit : « Avez-vous fait » compliment au garde des sceaux ? » J'ai été embarrassé, ne sachant s'il ne les avoit pas donnés dans le moment. Il m'a dit : « Le voilà, » en me montrant Bachelier, son premier valet de chambre. « Où est sa robe ? ai-je répondu. » Bachelier a répliqué : « Je la ferai faire de pin- » china, afin que quand je n'en aurai plus be- » soin [ce qui ne tardera pas], je puisse en faire » faire une redingote pour la chasse. »

Le Roi, ce soir, contre sa coutume, a demeuré plus d'une heure en conversation sérieuse avec le duc de Gêvres et moi, parlant de plusieurs aventures du temps de la régence. Il a parlé ensuite de l'aventure de la princesse de Bergues et du prince de Robecq, auxquels le roi d'Espagne avoit envoyé l'ordre de continuer la charge de majordome auprès de la reine d'Espagne sa bru, y joignant celle de grand écuyer, et à la princesse de Bergues celle de grande-maîtresse, et ordre en même temps de renvoyer la duchesse de La Force et le duc de Nevers : sur lesquels ordres la reine d'Espagne, ou, pour mieux dire, madame d'Orléans sa mère, avoit défendu la porte du Luxembourg à madame de Bergues et au prince de Robecq.

Il me parut que le Roi comptoit disposer dans le moment de la charge de garde des sceaux ; et, au contraire, le 16, on eut lieu de croire qu'il les garderoit plus long-temps, et on citoit des exemples que Louis XIII les avoit gardés plus d'un an, et le feu Roi deux mois. Il étoit aisé de voir que le cardinal avoit résolu de les ôter à M. d'Armenonville sans les rendre au chancelier d'Aguesseau ; ce qui étoit embarrassant, car le chancelier les trouvant entre les mains d'Armenonville, n'avoit pas lieu de se plaindre de ce qu'on ne les ôtoit pas à celui qui les avoit pour les lui donner ; mais il devoit lui être dur que, les ôtant à l'autre, on ne les lui donnât pas en le rappelant.

Le 17, le cardinal me dit que les sceaux étoient destinés à Chauvelin, et qu'il me prioit de n'en pas parler. « Je sais bien, m'ajouta-t-il, qu'on » parle mal de Chauvelin ; mais on ne cite pas » des faits. — A votre place, répondis-je au car- » dinal, j'aurois deux amis, gens de bon sens, » dont je prendrois les avis dans des occasions » comme celle-ci. Défiez-vous des cabales. Pour » moi, j'ai une maxime dans les matières impor- » tantes : c'est de différer s'il n'y a pas de péril » dans le retard, et de me donner le temps de » prendre mon parti. Celui-ci me paroit de na- » ture à être différé, par la cruelle douleur que » vous donnerez au chancelier, homme de mé- » rite, rappelé d'un exil très-injuste. » La résolution étoit déjà prise. Mon sentiment ne prévalut pas, et le nouveau garde des sceaux fut présenté au Roi le 17 au soir : choix très-peu approuvé par le parlement et le public.

On apprit, dans le conseil d'État de ce jour, que le congrès serait à Cambrai, au lieu d'Aix-la-Chapelle ; ce que le cardinal avoit désiré, pour aller lui-même signer la paix. L'Empereur avoit nommé les deux seconds ambassadeurs plénipotentiaires, qui étoient Vindergrato et Penterrieder, et il étoit incertain si le prince de Savoie ou le comte de Sinzendorff seroit le premier, destiné seulement à se rendre au moment de la signature.

J'ai été, le matin du 19, parler au cardinal, et lui ai dit : « Je dois, monsieur, compte au » Roi, à moi-même et à mes confrères, des di- » gnités dont je suis honoré : ainsi j'espère que » vous ne trouverez pas mauvais que je vous » fasse quelques observations sur la place qu'on » semble vouloir donner au garde des sceaux » dans le conseil. Avant Charles IX, les pairs y » avoient toujours précédé le chancelier : sous » son règne, il fut réglé que le chancelier ne » précéderoit que les pairs qui seroient créés » dans la suite. Quant au garde des sceaux, une » longue expérience apprend qu'il a tenu la place » du chancelier en son absence ; mais le chan- » celier assistant au conseil ne peut être repré- » senté par le garde des sceaux : il y a seule- » ment un exemple qu'en 1664 le garde des » sceaux a pris place joignant le chancelier. » Le cardinal m'a répondu qu'il falloit examiner, et que le Roi ne feroit tort à personne ; qu'il falloit cependant observer que le garde des sceaux avoit la survivance de la charge de chancelier : sur quoi nous sommes entrés au conseil, et je ne me suis pas opposé que le garde des sceaux prît la place suivant le chancelier, selon le désir du cardinal, et sans conséquence.

Le conseil se levant, j'ai supplié le Roi de vouloir bien m'écouter un moment sur les prérogatives des pairs. J'ai retenu le cardinal, le maréchal de Tallard, le chancelier et le garde des sceaux ; et, après avoir présenté l'état de la question, j'ai ajouté : « M. le cardinal m'allè- » gue, en faveur du garde des sceaux, qu'il a » la survivance de la charge de chancelier : j'ai » représenté à Votre Majesté que cette qualité » de survivancier ne donne rien de réel ; elle as- » sure seulement : par exemple, M. le duc de » Retz, en présence de M. le duc de Villeroy, » ne fait aucune fonction de capitaine des gar- » des du corps. » Le cardinal embarrassé a répondu : « Il n'y a qu'à donner des mémoires. »

Entre le 19 et le 24, le maréchal de Tallard et moi nous avons été à Paris conférer, sans tenir d'assemblée, avec les ducs de Sully, de La Rochefoucauld, de Villeroy. Nous avions déjà entretenu à Versailles ceux qui y étoient : nous n'avons rien trouvé qui marque de la préférence en faveur des pairs ; on nous a montré même que pareille difficulté étoit arrivée dans les premières années du règne de Louis XIII, que les ducs de Montmorency, d'Épernon, de Montbazon et de Retz s'étant trouvés dans le conseil avec le garde des sceaux, avoient cédé : la dispute en est imprimée dans Duchêne. Sur cela nous avons dit au cardinal que nous prendrions la séance comme il désiroit, le *sans conséquence* subsistant.

Dans ce conseil d'État du 24, le nouveau garde

des sceaux a fait la fonction de secrétaire d'État et de ministre des affaires étrangères à la place de M. de Morville, qui a pris la résolution de se retirer en même temps que M. le garde des sceaux d'Armenonville, son père. J'en suis fâché, parce que j'étois fort de leurs amis. Ainsi en quatre jours Chauvelin a été revêtu des deux plus importans emplois de la cour à l'âge de quarante ans, et sans avoir rendu aucune sorte de services. C'est un homme d'une application vive et continuelle à s'attacher à tout ce qu'il pense pouvoir procurer du crédit, intrigant, et faisant les affaires de tout le monde. Cette fortune, surprenante à quarante ans, confirme les courtisans dans la persuasion que les services avancent moins dans les cours que les intrigues. Il est venu me rendre visite au sortir du conseil, malgré un usage assez suivi par les chancelier et garde des sceaux de n'en faire aucune.

Le sieur d'Angervilliers a rapporté dans le conseil du 19 un procès qu'avoit le prince de Rohan, ou, pour mieux dire, le Roi, avec les princes d'OEtingen, pour la mouvance de la plus grande partie des fiefs de la maison de Fleckeinstein, donnée par le feu Roi au prince de Rohan. Cette affaire, d'une très-longue discussion, a été rapportée très-nettement : M. d'Angervilliers a opiné en faveur du Roi ; les sieurs de Gaumont et de Courson pour le prince d'OEtingen ; et le reste, à l'avis du rapporteur. J'en ai été aussi, et j'ai donné raison de mon opinion en ces termes : « Par la loi des fiefs, nul ne peut
» servir deux maîtres ; loi qui doit être respec-
» tée, sans même qu'il soit question de fiefs. Un
» de messieurs les préopinans a dit que puisque
» presque tous les faits sont clairs et très-peu
» obscurs, il est raisonnable de dissiper l'obscu-
» rité par la clarté : en ce cas, il reste pour
» certain que la mouvance entière appartient à
» Votre Majesté. Il n'y a d'ailleurs aucune cause
» où elle doive être moins peinée d'être favora-
» ble à sa propre cause, puisque, dans le traité
» de Munster et ceux qui l'ont suivi, l'Empe-
» reur, l'Empire et la maison d'Autriche vous
» ont cédé le landgraviat de la Basse-Alsace, et
» qu'ainsi la lésion, si tant est qu'il y en ait,
» doit être réparée en faveur des princes d'OE-
» tingen par l'Empereur et par l'Empire. »

On apprit que le nouveau Czar marquoit peu d'inclination pour la fille du prince de Menzikoff, dont la santé s'affaiblissoit ; et que le duc de Holstein partoit de Moscovie pour Hambourg.

Il a été résolu, dans le conseil d'État du 27, d'écrire au duc de Richelieu de parler aux ministres de l'Empereur, sans qu'il paroisse d'inquiétude des avis continuels que l'on reçoit de l'augmentation de ses troupes, de quelques ouvrages que l'électeur palatin fait faire en deçà du Rhin vis-à-vis de Manheim, et d'un pont de bateaux que le même électeur fait construire. On a appris aussi que les Anglais fortifioient l'escadre de l'amiral Ozier, dans les Indes, de trois gros vaisseaux de guerre.

On a été informé de la route que le roi d'Angleterre, nommé le Prétendant, a suivie depuis son départ de Boulogne. Il a traversé le Tyrol, passé à Augsbourg, à Strasbourg, de là en Lorraine, où il s'est arrêté huit ou dix jours ; il a passé à Lyon le 18 août, et s'est rendu à Avignon, où il prétend faire son principal séjour : c'est ce que notre union avec l'Angleterre ne permettra pas.

En sortant du conseil du 30, le cardinal de Fleury m'a dit que le Roi s'étoit déterminé sur les plénipotentiaires pour le congrès de Cambray, qui étoient : lui cardinal pour le premier, les sieurs de Fénelon et de Brancas pour les deux ambassadeurs.

Des lettres particulières de Madrid, lues au conseil du 31, apprirent que le roi d'Espagne avoit déclaré sa réconciliation faite avec le Roi, avec les plus grandes démonstrations de joie ; que les Infans étoient venus en baiser les mains au Roi leur père, et tous les grands d'Espagne ; et que cette joie avoit donné à ce prince la meilleure nuit qu'il eût passée depuis trois mois. Cette particularité faisoit connoître que sa santé étoit plus altérée que l'on ne le publioit. Ces nouvelles faisoient attendre un courrier qui apportât de Madrid la réponse à la lettre que le Roi avoit écrite au Roi son oncle, et quelques résolutions sur la levée entière du siége de Gibraltar, et la restitution du vaisseau le *Prince Frédéric*. Les Anglais n'admettoient aucun adoucissement sur ces deux articles, qu'ils prétendoient être très-clairement expliqués dans les préliminaires.

J'ai assisté le premier septembre à l'anniversaire du feu Roi à Saint-Denis, où la compagnie devient tous les ans moins nombreuse. On a appris la mort de la mère du roi Stanislas, qu'on a cachée à la Reine jusqu'à ce que sa santé fût entièrement rétablie.

Dans le conseil d'État du 3, on a su que le pensionnaire de Hollande avoit fait des plaintes à Fénelon sur le changement du lieu du congrès d'Aix-la-Chapelle à Cambray. Le cardinal a fait remarquer que c'étoit par la faute de Morville de ne l'avoir pas expliqué, quoiqu'il lui eût été recommandé. Il paroit que depuis longtemps il n'étoit pas content de sa conduite : cependant il ne l'avoit en rien laissé apercevoir.

Il n'arrivoit pas de courrier de Madrid, ce qui étoit attribué à la mauvaise santé du roi d'Espagne : mais ces retardemens étoient plutôt causés par l'attente de ce que la cour de Vienne penseroit sur la retenue du vaisseau *le Frédéric*. Enfin le courrier arriva le 8, et apporta des lettres fort tendres du roi d'Espagne sur la joie de la réconciliation, et sur le désir qu'il avoit de voir arriver un ambassadeur. On lui envoya une liste de cinq ou six, le priant de faire connoître celui qui lui seroit le plus agréable.

Ce même soir, le Roi a soupé avec la Reine. Il y avoit très-peu de personnes; et comme il devoit partir le lendemain pour Fontainebleau, on s'est dit à l'oreille qu'il étoit bien raisonnable de les laisser seuls, et tout le monde est sorti; mais un instant après le Roi a ouvert la porte.

Dans les lettres et mémoires très-longs du marquis de La Paz au nonce, il y avoit une explication en termes très-ambigus sur les deux articles des préliminaires qui regardoient la levée entière du siége de Gibraltar, et la restitution du vaisseau *le Prince Frédéric*. Les raisons étoient très-obscures, mais la résolution très-claire de s'en remettre entièrement à la décision du Roi pour la levée du siége, persuadé cependant que les préliminaires ne l'exigeoient pas. Quant à la restitution du vaisseau, le refus étoit très-net, et on lisoit en deux endroits du mémoire que l'Empereur ne trouvoit pas que l'Angleterre fût fondée à demander la restitution avant l'examen du congrès, qui pouvoit bien être différé par ce refus.

Les nouvelles de Constantinople, lues au conseil [17 septembre], étoient que les Turcs avoient de très-mauvais succès contre les Perses; que le bacha de Babylone n'obéiroit pas aux ordres de la Porte, et avec grande raison, puisqu'il croyoit que l'on demandoit sa tête, présent que tout homme sage doit refuser. On avoit apporté à Constantinople celle du bacha de Bender.

On apprit de Pétersbourg que la santé du prince Menzikoff étoit rétablie; qu'il avoit résolu de ne plus songer au mariage de son fils avec la sœur du Czar, et qu'il le destinoit à la fille du prince de Gallitzin : en quoi la sagesse de sa conduite paroissoit, abandonnant une alliance à laquelle la sœur du Czar répugnoit, et en faisant une qui le lioit avec les plus puissans seigneurs de Moscovie. On sut quelques jours après que ce mariage s'étoit effectué, et que les courriers étoient très-fréquens de Vienne à Pétersbourg.

L'ambassadeur Walpode m'a dit qu'il étoit d'autant plus surpris du refus de la cour de Madrid sur le vaisseau *le Frédéric*, que les ministres de Hollande à Vienne mandoient que l'Empereur ne s'opposoit pas à cette restitution. On a résolu d'envoyer le comte de Rothenbourg à Madrid pour agir vivement sur cette restitution, à laquelle l'Angleterre s'opiniâtroit, au point de faire craindre que les mesures prises pour empêcher la guerre ne devinssent inutiles. Le comte a été chargé de porter l'ordre du Saint-Esprit au dernier Infant, et on a lu ses instructions au conseil d'État du 21.

On a appris, par les nouvelles de Pologne, que le comte Maurice de Saxe avoit été obligé, par les troupes moscovites, de sortir d'une île près de Mittau, où il s'étoit fortifié avec un petit nombre de troupes ; que les Moscovites avoient déclaré qu'ils ne souffriroient ni l'élection du comte de Saxe, ni que la Courlande fût réduite en palatinat de Pologne. La commission de la république de Pologne est entrée dans Mittau avec mille hommes de troupes, cavalerie et infanterie. Cette commission devoit casser l'élection du comte Maurice, en quoi les Polonais et les Moscovites étoient d'accord. La reine de Pologne mourut, laquelle depuis long-temps ne vivoit plus avec le Roi son mari.

J'eus grand monde à Villars à la fin de ce mois, l'ambassadeur d'Angleterre Walpole, milord Walgraf, Petter, ministre de Hollande, beaucoup d'autres étrangers, le chancelier d'Aguesseau avec toute sa famille.

Le comte de Broglie manda, et on lut ses lettres au conseil du 28, que le roi d'Angleterre lui avoit parlé très-vivement sur la restitution du vaisseau *le Frédéric*, refusée par l'Espagne. Il montra à notre ambassadeur un grand désir de commencer la guerre, disant : « La France » seule a fait la guerre à toute l'Europe; et à pré- » sent qu'elle est jointe à l'Angleterre, la Hol- » lande, la Suède, le Danemark, et des princes » puissans dans l'Empire, doit-elle souffrir que » l'Espagne nous donne la loi? » Ce prince marquoit beaucoup d'envie d'aller commander l'armée dans l'Empire, et il laissoit aussi apercevoir quelque sorte d'inquiétude sur la réconciliation de la France avec l'Espagne. Tout ce que le Roi avoit de ministres dans les cours étrangères mandoit que les craintes sur cette réconciliation étoient très-répandues, et demandoient des ordres bien clairs et bien décidés pour détruire ces impressions. Le roi d'Angleterre envoya ordre à la flotte qu'il avoit sur les côtes d'Espagne d'empêcher la sortie des escadres espagnoles du port de Cadix. Ce fut pour la seconde fois que les Anglais donnèrent de pareils ordres sans les concerter avec nous.

On lut, dans le conseil d'État du premier octobre, les instructions de Bonnac, nommé à l'ambassade de Suisse : elles portoient en substance de ne faire paroître aucun désir du renouvellement de l'alliance générale avec le corps helvétique, toute impatience de notre part étant plus propre à l'éloigner. Les difficultés venoient de ce ce que le comte du Luc, notre ambassadeur en 1715, avoit très-mal à propos engagé la France à faire restituer par les cantons protestans les pays qu'ils avoient conquis sur les catholiques dans la petite guerre de Raynembourg. Il mit cette restitution pour base du renouvellement de l'alliance générale qui devoit succéder à celle conclue en 1663 avec le feu Roi pour le temps de sa vie, celle du Dauphin, et dix ans après. La mort du Dauphin, arrivée en 1710, rendoit ce terme plus qu'expiré.

On reçut de Rome une réponse à ce qui avoit été publié par le parti du cardinal de Noailles pour prouver que ce que le cardinal de Polignac avoit promis de la part du Pape n'avoit pas été tenu. On sut ainsi que le Pape refusoit de faire sortir d'Avignon le roi d'Angleterre, comme nous l'en pressions, disant que ce n'étoit pas au père de l'Église à chasser de ses États un roi qui sacrifioit sa couronne à sa religion. Cependant nous nous étions réduits à ne pouvoir refuser à l'Angleterre ce qu'elle nous demandoit sur cela.

On apprit le 3 octobre, par les lettres du duc de Richelieu, que la cour de Vienne paroissoit vouloir chercher des expédiens pour éviter toute division, et faire en sorte que le congrès s'ouvrit le plus tôt qu'il seroit possible. Le duc de Bournonville proposa même que le vaisseau *le Prince Frédéric*, qui étoit la cause des retards, fût amené des Indes dans les ports de France, en attendant ce qui en seroit décidé à Cambray; et on avoit lieu d'espérer que les courriers dépêchés à Vienne et à Madrid rapporteroient des réponses favorables.

Le roi Stanislas étoit venu voir la Reine à Versailles, et avoit demandé un rendez-vous au cardinal. Le cardinal me pria de mander au sieur de Squiddy, capitaine de mes gardes et seigneur de Chailly, de tenir un appartement prêt dans son château pour la conférence. J'y fus invité avec le duc de Charost. Le Roi, qui chassoit, avoit fait espérer d'y venir voir son beau-père. Notre conversation, après avoir duré trois heures, commençoit à languir, lorsque le Roi arriva en chaise de poste; ce qui consola fort le roi Stanislas, qui craignoit que sa visite ne manquât.

Peira, qui avoit accouché la reine, soutint qu'elle ne devoit pas voir le Roi qu'après un certain temps, sous peine de n'avoir plus d'enfans. Cette contrainte, dont le terme n'étoit pas déterminé, attristoit la Reine et les honnêtes gens de la cour, qui craignoient que le Roi, se trouvant sans femme, ne cherchât ailleurs quelque amusement, chose fort naturelle à un homme de dix-huit ans. Ceux qui connoissoient le Roi n'y voyoient pas d'apparence. Le duc de Béthune, qui étoit fort dévot, m'a rapporté qu'étant avec le Roi et Pezé, tous trois seuls, celui-ci parlant des plaisirs, lui avoit dit : « Si vous vous trouviez avec » madame de Gontaut, et qu'elle vous permît » tout, ne seriez-vous pas tenté? » Que lui Béthune avoit répondu : « Je m'enfuirois; » et que le Roi avoit paru, par principe de conscience, approuver ce sentiment, quoiqu'il ne fût pas si dévot que le roi d'Espagne son oncle, lequel est fort pour les femmes, et néanmoins s'est exposé, il y a quelques années, à être très-mal à Naples par continence, maladie à laquelle les princes sont peu sujets. Le cardinal a été d'avis que la Reine vienne à Fontainebleau. Elle est partie le 13 octobre, pour arriver le 14. J'ai eu pendant tout l'automne grand monde à Villars, entre autres madame la duchesse, et beaucoup de dames.

On a lu dans le conseil du 12 plusieurs dépêches qui marquent des inquiétudes de la Hollande et de l'Angleterre sur la réconciliation avec l'Espagne, et un désir de ces deux puissances d'entrer en guerre contre l'Empereur et l'Espagne. On a écrit à nos ambassadeurs à Londres et à La Haye de parler ferme; de dire que le Roi avoit marqué assez de constance dans ses résolutions; que si ses alliés vouloient la guerre, ils n'avoient qu'à commencer, qu'on les suivroit aussitôt; et que ces défiances perpétuelles offensoient.

Les liaisons avec le Czar et le roi de Prusse se fortifient. Le comte de Flemming fait à Berlin, de concert avec le roi de Pologne, de fréquens voyages que l'on peut regarder comme autant de projets de guerre, le comte de Flemming étant très-puissant auprès du roi de Pologne, et fort ambitieux. En un mot, l'ouverture du congrès paroît s'éloigner.

Dans le conseil d'État du 16, on a appris la disgrâce du prince Menzikoff, qui étoit le maître en Moscovie. Elle a été précédée de la mort du comte de Rabutin, ambassadeur de l'Empereur auprès du Czar, et fort en crédit dans cette cour. On mandoit de Pétersbourg que certaine ville ayant envoyé, suivant l'usage, pour première marque de soumission, du sel, un pain lardé de ducats d'or, le Czar les avoit donnés sur-le-champ à sa sœur; ce que le prince Menzikoff désapprouva, et les avoit fait reprendre. Peu de jours après, une autre ville ayant envoyé pareillement au Czar des étoffes d'or, il les voulut donner pareillement à sa sœur. Une comtesse Forbonna, parente du prince Menzikoff, les reprit aussi à la princesse par son ordre. On avoit remarqué que le Czar étoit sorti en serrant les deux poings et grinçant les dents; que deux jours après il avoit été à une maison de campagne du chancelier, et lui avoit marqué son mécontentement contre Menzikoff. Le chancelier, disoit-on, fortifia son aigreur, et lui dit : « Si, en suivant le » testament de la Czarine, votre minorité dure » encore quatre ans, le prince Menzikoff aura le » temps et le moyen de se rendre maître de tout. » Deux jours après, le prince voulant donner, dans une de ses maisons de plaisance, une fête au Czar, il a refusé d'y aller. Enfin on comptoit six jours entre la première colère du Czar et ce qui éclata après, qui fut une déclaration [que le Czar lui envoya faire] qu'il vouloit être le maître, et donner les ordres; et peu d'heures après deux capitaines ont été relever la garde qui étoit chez ce prince, et s'assurer de sa personne. Ce changement étoit fort contraire aux intérêts de l'Empereur, auquel le prince Menzikoff étoit dévoué.

On ne recevoit rien de Vienne sur les difficultés qui arrêtoient la ratification des préliminaires; rien non plus de Madrid qui fît espérer la prochaine ouverture du congrès. Cependant la reine d'Espagne ayant été nommée *governadona* pendant la maladie du Roi, on disoit que, depuis qu'elle étoit revêtue de cette autorité, il s'expédioit plus d'affaires en un mois que précédemment en un an.

Le 19, dans le conseil d'Etat, on a appris que le prince Menzikoff est parti de Pétersbourg; qu'un capitaine, avec cent vingt hommes, le conduisoit dans un de ses châteaux cent lieues au-delà de Moscou; que près de cent charrettes de ses équipages ont été arrêtées en sortant de Pétersbourg : ce qui peut faire croire qu'il lui arrivera encore quelque autre peine. Ostermann, un des principaux ministres, mis autrefois auprès du Czar comme son gouverneur par le prince Menzikoff lui-même, a envoyé chercher le secrétaire du comte de Rabutin, ambassadeur de l'Empereur, pour le charger d'assurer son maître que les changemens apportés à la cour n'en apporteroient aucun dans les traités conclus. Les lettres n'apprennent rien de plus sur le ministère du Czar; mais il est aisé de prévoir que s'il ne fait pas choix d'un premier ministre puissant et habile, le pouvoir despotique qu'a établi son grand-père ne se soutiendra pas.

Dans le conseil des dépêches du 18, le Roi a permis au cardinal de Rohan une levée de deux cent mille francs sur ses sujets d'Alsace, pour rétablir le palais épiscopal de Strasbourg.

J'ai passé le reste de la belle saison à Villars,

où M. le duc, madame la duchesse d'Orléans, et tout ce qu'il y a de plus considérable, est venu me voir.

On a lu, dans le conseil d'Etat du 22, les dépêches du marquis de Fénelon, qui rend compte de la conférence qu'il a demandée aux Etats de Hollande, pour leur faire connoître que leurs inquiétudes sur la réconciliation avec l'Espagne offensent le Roi. On a lu que la République auroit voulu qu'on fît des menaces à l'Espagne : Fénelon a répondu que le Roi étoit persuadé qu'il ne falloit jamais menacer que le coup ne fût prêt à partir, la menace seule n'ayant pas grand effet. Le Pensionnaire s'est excusé des termes qui avoient pu marquer de l'inquiétude, et a assuré que la République avoit une entière confiance en l'amitié dont le Roi l'honoroit.

Le 25, arrivèrent les courriers que l'on attendoit de Madrid et de Vienne. Par les dépêches du duc de Richelieu, il paroissoit que l'Empereur n'approuvoit pas la retenue du vaisseau *le Prince Frédéric*, et que le comte de Kaminiek, son ambassadeur à Madrid, avoit ordre d'en presser la restitution. Rothenbourg rendoit compte de la première audience du roi et de la reine d'Espagne, dans laquelle il s'étoit principalement étendu sur la satisfaction du Roi et de toute la France de la réconciliation. Il parla des difficultés qui retardoient les préliminaires. Le Roi, et surtout la Reine, se plaignirent de la dureté des Anglais; et lorsque Rothenbourg ouvrit la bouche sur la restitution du vaisseau et sur les effets de la flottille, on lui répondit par demander la restitution de Gibraltar. Cependant on eut lieu d'espérer par cette première audience, mais surtout par les sentimens de la cour de Vienne, qui ne vouloit pas la guerre, que la ratification des préliminaires ne tarderoit pas, et par conséquent l'ouverture du congrès.

Par les lettres de Pétersbourg, on voyoit les mauvais traitemens augmenter tous les jours contre le prince Menzikoff, dégradé de toutes ses dignités. Il y avoit grande apparence qu'on lui feroit son procès. On s'étoit saisi de tous ses papiers, et on avoit pris tout ce qu'il avoit de pierreries et de bijoux les plus précieux.

On a lu, le 2 novembre, des dépêches de Rothenbourg, qui rendent compte de deux audiences depuis la première, dans lesquelles la reine d'Espagne a renouvelé ses plaintes de la dureté des Anglais; et parlant sur Gibraltar, elle a demandé au Roi la clef d'une cassette, d'où elle a tiré une lettre en original du roi d'Angleterre, qui promettoit la restitution de Gibraltar; et comme Rothenbourg, suivant ses ordres, demandoit toujours la restitution du vaisseau, la

Reine a dit : « Hé bien! nous le remettrons entre les mains du Roi jusqu'à la décision du congrès. » L'affaire en étoit là. Cependant, comme l'Empereur conseille la restitution entière, on a lieu d'espérer de l'obtenir.

Le Roi, en dormant, s'est jeté hors de son lit, et blessé assez fort au genou; de manière que l'on a cru devoir l'empêcher de marcher pendant plusieurs jours, et lui faire garder le lit. Ayant les grandes entrées, j'ai demeuré assez souvent des heures entières au chevet de son lit, et lui ai tenu des discours convenables sur les bons principes. Il les écoutoit avec plaisir, et s'informoit des désordres arrivés dans le gouvernement pendant sa minorité. Je lui ai coulé un jour un projet que j'avois formé, sans le communiquer à personne, pour le mener à Pontoise, et le faire déclarer majeur; il m'a dit « Vous auriez empêché les grands malheurs du papier. »

J'ai reçu une lettre de Madrid de l'abbé de Montgon, qui me marquoit, de la part du roi et de la reine d'Espagne, que l'un et l'autre comptoient fort sur mon amitié.

Le Roi, pour la première fois, a dit son avis au conseil des dépêches du 8. Les voix étoient partagées sur une affaire peu importante, et la décision étoit nécessaire. Il a été de l'avis dont étoient le duc d'Orléans, le chancelier, le garde des sceaux, le maréchal d'Uxelles, et moi.

On ne vit pas, par les dépêches lues au conseil d'Etat du 9, de Vienne et de Madrid, qu'on dût espérer une prompte réponse sur le vaisseau *le Prince Frédéric*. Cependant les Anglais armoient fortement, et on pouvoit leur compter plus de cinquante vaisseaux de ligne en mer, sans les escadres qui environnoient les côtes d'Espagne en Europe et dans les Indes.

M. le contrôleur général rapporta, dans le conseil des finances du 11, une requête de messieurs les cardinaux de Noailles et de Bissy, comme archevêque de Paris et abbé de Saint-Germain, sur les indemnités prétendues contre le Roi pour les terres occupées par les bâtimens du Luxembourg et du Palais-Royal. Ces indemnitées avoient été réglées par un édit de 1667, confirmé par une déclaration de 1722, qui les régloient sur un pied très-juste; et messieurs les ecclésiastiques furent déboutés de leur demande.

Les dépêches de Pétersbourg, lues le 12, marquoient trois partis qui se disputoient la confiance du jeune Czar : le premier, à la tête duquel paroissoit Osterman; le deuxième, des princes Gallitzin; et le troisième, des princes Dolgorousky, lequel paroissoit se joindre au premier pour détruire le second.

Les lettres particulières d'Angleterre [16 novembre] marquoient un désir entier de la nation de voir commencer la guerre avec l'Espagne, et préparoient à un coup d'éclat de la part des forces qu'elle avoit actuellement en mer, surtout dans l'Amérique.

Le général Flemming étoit toujours auprès du roi de Prusse; et j'ai dit au conseil que, vu le caractère ambitieux d'un homme qui faisoit une figure considérable en Pologne et gouvernoit le roi Auguste, j'étois persuadé qu'il suggéreroit quelques projets de guerre contre les Etats d'Hanovre.

La très-légère indisposition du Roi, causée par sa chute, ne pouvoit l'empêcher de rompre son célibat, qui duroit depuis plus de trois mois, longue abstinence pour un homme de dix-huit ans. Il recommença le 17 à vivre maritalement avec la Reine; et ce fut une nouvelle pour la cour, qui n'en fournissoit aucune, puisque jamais on n'avoit vu moins de galanterie. Comme le dégoût du Roi pour tout autre plaisir que la chasse, et le deuil de la Reine, avoient empêché les divertissemens à Fontainebleau, le voyage fut très-ennuyeux.

Les dépêches de Rothenbourg, lues le 19, donnèrent plus d'espérance de la restitution du vaisseau, parce qu'il étoit arrivé un courrier de l'Empereur au comte de Kaminick, qui avouoit que l'Empereur conseilloit cette restitution. L'Angleterre offroit de retirer ses armées navales d'Amérique et des côtes d'Espagne aux conditions de cette restitution, et de la parole de rendre les effets anglais chargés sur la flottille. On pouvoit donc compter sur l'ouverture du congrès de Cambray, à moins que l'Empereur, avec toutes ses démonstrations de paix, ne voulût la guerre, et n'y portât secrètement la reine d'Espagne. Rothenbourg mandoit qu'on ne lui rendoit pas ses dépêches exactement, et il ne pouvoit douter qu'elles ne fussent retenues pour les déchiffrer. Il avertissoit aussi qu'il arrivoit des lettres de France qui pouvoient traverser sa négociation, en assurant la cour d'Espagne que la France abandonneroit l'Angleterre si l'on tenoit bon en Espagne, et que jamais les François ne se détermineroient à faire la guerre à l'Espagne. Cependant l'expérience de ce qui s'étoit passé en 1719 devoit ôter cette espérance au roi d'Espagne.

On apprenoit, par les nouvelles de Pétersbourg, que le conseil du Czar n'étoit pas changé, que l'on ne rappeloit pas les exilés, et que c'étoit le comte d'Ostermann qui avoit le principal crédit.

Le maréchal de Villeroy a été très-mal. Il avoit

la haine la plus violente contre le cardinal, dont il a été autrefois grand ami. Le cardinal a été le voir; et comme il comptoit mourir, la réconciliation s'est faite.

On a lu, dans le conseil du 30, des lettres du marquis de Rothenbourg, datées des 14 et 15, et un mémoire du marquis de La Paz sur les matières qui empêchoient la ratification des préliminaires. Il contenoit en substance que l'amour du roi d'Espagne pour le Roi son neveu, son affection pour les Français, les très-vives instances de l'Empereur, l'obligeoient, quoique sa gloire y fût intéressée, à rendre le vaisseau *le Frédéric*, malgré toutes les infractions de l'Angleterre, desquelles un mémoire de Patigno, secrétaire d'Etat, faisoit une longue énumération; mais cette restitution ne devoit se faire que dans six mois, et on vouloit une garantie du Roi et de l'Empereur que l'on examineroit dans le congrès non-seulement si cette restitution étoit juste, mais tout ce qui regarderoit celle de Gibraltar, et que le roi d'Angleterre et la nation exécuteroient fidèlement ce qui seroit décidé au congrès, et par des arbitres impartiaux. On répétoit plusieurs fois que c'étoit sur les instances de l'Empereur que le roi d'Espagne s'étoit rendu; et il m'a paru que ce mémoire étoit une espèce de manifeste, pour faire voir à l'Empire que l'Empereur n'oublioit rien afin d'empêcher la guerre.

On n'a pas décidé dans ce conseil la réponse que l'on devoit faire, parce qu'on vouloit la concerter avec l'Angleterre; mais Walpole m'a dit qu'il falloit agir, et demandoit que l'on envoyât ordre au comte de Rothenbourg, sur la restitution, d'exiger un oui ou un non, et qu'il partît de Madrid sur le refus. On a pris un parti plus modéré, et dans le conseil d'Etat du 3 décembre on a lu les dépêches faites pour le comte de Rothenbourg: elles lui prescrivoient de faire connoître au roi et à la reine d'Espagne, à laquelle on adresse presque toujours la parole, que les conditions sous lesquelles on offroit de rendre le vaisseau étoient injurieuses aux alliés, et tendoient à mettre de la division entre eux; à quoi on ne parviendroit pas. Enfin on demandoit une réponse plus satisfaisante, et on ordonnoit au comte de déclarer que s'il ne la recevoit pas dans quelques jours, il se retireroit. Comme l'Espagne paroissoit résolue à faire cesser les subsides quand le congrès seroit ouvert, on étoit incertain si le seul désir de pousser les subsides le plus loin qu'il se pourroit rendroit la cour de Vienne difficile, malgré les promesses faites au duc de Richelieu, et réitérées par Fonseca, qu'elle vouloit terminer tous les différends; ou si cette même cour de Vienne ne vouloit que gagner du temps, pour porter les choses à la guerre lorsqu'elle seroit plus en état de la faire avec avantage.

Les autres dépêches de toutes les cours n'étoient pas bien importantes: celles de Danemarck ne traitoient pas fort honorablement Camilly, notre ambassadeur, qui ne se conduisoit pas fort bien dans le cérémonial, ainsi que dans les affaires plus importantes. Cette opinion se confirma dans le conseil du 17.

Dans les dépêches du comte de Rothenbourg, qui furent lues aux conseils d'Etat du 7 et du 10, on ne trouva rien qui fît espérer de grands changemens au mémoire du marquis de La Paz. Dans une très-longue conversation que le comte avoit eue avec le roi et la reine d'Espagne, où même on l'avoit fait asseoir pour l'entretenir plus librement, usage peu commun entre des rois et un ambassadeur, la reine d'Espagne avoit dit: « Nous nous sommes réduits » plus que l'on ne pouvoit le demander: si on » n'est pas content, patience. »

Du côté du Nord, rien ne paroissoit important. Les lettres de Constantinople marquoient un grand désir de la Porte de faire la paix avec les Persans. Les Barbaresques de Tunis et d'Alger faisoient de petits désordres sur nos côtes de Provence; et on fit arrêter l'ambassade de Tunis, jusqu'à ce que la Régence eût déclaré qu'elle feroit les satisfactions qu'on prétendoit.

On a lu enfin, dans le conseil d'Etat du 14, des lettres de Rothenbourg, qui apprennent qu'à la considération du comte de Kœnigseck, le roi et la reine d'Espagne ont déclaré que l'on rendra le vaisseau, et la plupart des autres difficultés levées; en sorte que l'on a résolu de ne pas s'arrêter aux difficultés que faisoit encore Walpole. J'ai donc dit au Roi: « Il faut s'expliquer nette- » ment avec l'Angleterre, et déclarer que l'on » est satisfait des offres de l'Espagne; et que » ne s'en pas contenter, c'est déclarer à l'Europe » que l'on veut absolument la guerre. » Tout le conseil a pensé de même; mais Walpole, qui prend un grand empire sur le cardinal de Fleury, et qui a été trois heures avec lui, a fait suspendre la résolution, et l'on attend à décider à un autre conseil.

Dans celui du 21, on a agité encore les réponses à faire. Walpole fait toujours de grandes difficultés, et il ne faut pas s'étonner que le ministère d'Anglerre soit porté à la guerre. Il a obligé le Roi et la nation à des dépenses immenses depuis deux ans; les flottes qu'ils tenoient dans la Baltique, dans la Méditerranée, et surtout dans les Indes espagnoles, y ont pour ainsi dire péri deux fois, les hommes de maladie, et les vaisseaux par des vers qui les rongeoient. Leur amiral Ozier y est mort, et beaucoup de leurs meilleurs officiers. Irrités de toutes ces pertes, et de l'inutilité de leurs dépenses, les Anglais veulent la guerre, craignant que dans un congrès l'empire qu'ils prennent dans le commerce ne soit considérablement diminué. Walpole a reçu un courrier d'Angleterre le 22. Sur les ordres qu'il a apportés, lui et Petter sont venus parler très-vivement au cardinal : ils ont été près de quatre heures chez le garde des sceaux, et ont eu avec moi une conversation qui a été fort animée. On avoit fait des reproches à Rothenbourg de ce qu'il s'étoit si avancé; il donnoit dans ses lettres, lues le 28, de bonnes raisons de sa conduite : que l'avantage de voir rendre sur-le-champ le vaisseau *le Frédéric*, de retrouver les effets de la flottille, et par là d'empêcher la guerre, lui avoient paru des biens si considérables, qu'il n'avoit pas jugé à propos de se laisser amuser par les petits intérêts qu'objectoient les Anglais. Les lettres de Fénelon, de La Haye, marquoient une vivacité égale en Hollande contre la paix : cependant, par les expédiens que nous donnions à Rothenbourg, nous nous flattions toujours qu'il n'y auroit pas de rupture.

Les lettres du duc de Richelieu, du 15, apprirent que l'on comptoit à Vienne sur la paix entre la Porte et la Perse, et les nouvelles de Constantinople confirmèrent que cette paix avoit été traitée et signée par le bacha de Babylone avec de très-grands avantages pour les Turcs, qui demeuroient maîtres de toutes leurs conquêtes. Sur cette nouvelle, quelques-uns du conseil dirent : « Cette paix donnera de l'inquiétude à la » cour de Vienne, et la déterminera à finir avec » nous. » Je répondis que le désir d'assurer de si grandes conquêtes ne permettroit pas aux Turcs d'attaquer l'Empereur ni le Czar; que par conséquent cette paix n'influeroit en rien sur les délibérations de la cour de Vienne à notre égard.

On apprit le 31, dans le conseil d'État, par les lettres de Madrid, que le roi et la reine d'Espagne étoient fort irrités que les Anglais ne fussent pas contens de ce que Rothenbourg avoit consenti aux conditions de l'Espagne, et signé en conséquence. Le conseil de Madrid étoit divisé de sentimens : Patigno fort opposé aux sommes qu'on donnoit à l'Empereur, et le marquis de La Paz, qu'on venoit de faire conseiller d'État, très-dévoué à l'Empereur.

Les délibérations du conseil d'État de Hollande alloient à donner un terme trop court à l'Espagne pour prendre sa résolution. Les Hollandais vouloient que si l'Espagne n'accordoit pas sur-le-champ ce qu'on lui demandoit, on rappelât aussitôt les ministres de France et de Hollande, et Kert, qui avoit été admis pour l'Angleterre.

[1728] Il est arrivé le premier janvier un courrier du duc de Richelieu, qui assure que la cour de Vienne est toujours opposée à la guerre, et que le conseil de l'Empereur, prévoyant que l'on ne finiroit pas à Madrid, envoyoit Penterrieder en toute diligence pour empêcher la rupture.

Le Roi a déclaré le premier jour de l'an, dans un chapitre de l'ordre qui a été tenu avant la messe, huit chevaliers du Saint-Esprit, savoir, le duc de Richelieu avec dispense, le duc de Saint-Simon, le prince, de Dombes, et le comte d'Eu, les maréchaux de Roquelaure et d'Aligre, le comte de Gramont, et le comte de Cellamare, désiré par le roi d'Espagne. Cette promotion affligeoit fort le duc de Gramont, colonel des gardes, qui voyoit son cadet passer devant lui; elle a fait peine aussi à plusieurs grands officiers de la maison du Roi, et au marquis d'Avaray, qui avoit un brevet d'assurance pour la première promotion.

On a lu le 3 des lettres de Rothenbourg, qui annoncent des nouvelles très-cruelles pour le commerce : c'est que le roi d'Espagne met un nouvel indult de vingt-trois et trois quarts pour cent sur les marchandises de la flottille. Les négocians français de Cadix marquoient que plusieurs d'entre eux retiroient à plus de douze pour cent de leurs capitaux; ce qui étoit une ruine entière pour nos commerçans. Ces nouveaux sujets que nous avons de nous plaindre de la cour d'Espagne, joints aux plaintes qu'elle fait elle-même de ce que nous ne voulons pas nous en tenir à tout ce qu'a signé Rothenbourg, met une aigreur très-vive dans les esprits. Cependant on a écrit à Rothenbourg, par un courrier dépêché le 7, de manière à espérer qu'on ne rompra pas : c'est, à la place du terme d'*idemnité* que la cour d'Espagne a mis dans ce que Rothenbourg a signé, de substituer celui de *prétentions* du roi d'Espagne sur les dommages causés par les armées navales d'Angleterre.

On a appris que l'Angleterre avoit fait un traité avec le duc de Wolfenbuttel moyennant vingt-cinq mille livres sterlings par an, par lequel il s'engageoit à ne pas donner entrée dans la ville de Brunswick aux ennemis du traité d'Hanovre, et d'adhérer au traité en divers cas.

« Si quelques raisons, ai-je représenté, peuvent » déterminer l'Empereur à la guerre, ce sera de » voir que pendant qu'on travaille à la paix on

» lui suscite des ennemis dans l'Empire, à com-
» mencer par le landgrave de Hesse, qui a levé
» douze mille hommes pour le service d'Angle-
» terre : il semble que les Anglais ne cherchent
» qu'à soulever l'Empire contre l'Empereur ; ce
» qui ne marque pas de bonnes dispositions de
» leur part. »

L'Espagne ne paroissoit pas mieux intentionnée. Les lettres de Rothenbourg, lues au conseil le 11, marquoient qu'il n'avançoit pas dans sa négociation. La Reine persistoit à vouloir que le mot d'*indemnité* subsistât; et elle avoit déclaré que, pour l'*indult*, le Roi étoit le maître de le mettre au taux qu'il vouloit dans ses Etats, et qu'aucune puissance étrangère n'avoit droit de s'en mêler.

D'un autre côté, le ministère anglais étoit fort inquiet de voir approcher l'ouverture du parlement, sans pouvoir montrer à la nation qu'elle eût retiré aucune utilité des dépenses très-grandes qu'elle faisoit depuis deux ans ; et on apprit que l'assemblée du parlement étoit prorogée jusqu'au 2 février.

On a parlé, dans le conseil des finances du 13, d'un incident sur l'échange de Belle-Ile ; ce qui m'a donné occasion d'exposer mes sentimens sur le fond de cette affaire. J'ai donc dit : « Je suis
» très-convaincu, Sire, que les préopinans n'ont
» pas moins de zèle que moi pour les intérêts et
» le service de Votre Majesté ; mais je ne puis
» m'empêcher de vous représenter que cet
» échange vous est très-désavantageux. Votre
» Majesté n'a plus de domaines ; et si Dieu nous
» accorde la grâce que nous lui demandons, qui
» est de vous donner plusieurs princes, vous
» n'aurez plus d'apanage à leur donner. Ce
» qu'on accorde au marquis de Belle-Ile est la
« plus grande partie de l'apanage de feu M. le
» duc de Berri. Je suis informé, par plusieurs
» conseillers d'État et plusieurs des principaux
» de la chambre des comptes, que vous perdez
» plus de soixante mille livres de rente à cet
» échange. Pour moi, par ces considérations, je
» n'ai jamais voulu le comté de Melun, qui m'a
» été offert par M. d'Argenson, garde des
» sceaux. » M. le maréchal d'Uxelles et quelques autres préopinans sont revenus à mon avis de revoir l'affaire au fond, mais M. le duc d'Orléans, fort ami de M. de Belle-Ile, a dit que c'étoit une affaire consommée, et mes représentations ont été inutiles. Le Roi m'a écouté avec beaucoup d'attention ; et, le conseil levé, étant demeuré seul avec moi, il m'a dit : « Vous sou-
» tenez bien mes intérêts, » et il m'a tendu la main ; ce qui est beaucoup pour le Roi, qui ne s'ouvre en rien au monde.

On a ordonné, dans les conseils d'Etat des 14 et 18, au marquis de Fénelon de faire bien observer au gouvernement de Hollande que le Roi n'ordonnant à Rothenbourg de partir de Madrid que pour faire voir à ses alliés la conduite la plus scrupuleuse à leur égard, ne veut plus, si l'Espagne n'accorde pas ce qu'on lui demande, avoir de ministre à Madrid, même pendant que ceux d'Angleterre et de Hollande y resteront. Les lettres de Rothenbourg, lues le 21, préparent à le voir partir de Madrid après la réception des derniers ordres qu'il doit avoir reçus par le dernier courrier. Le conseil de Madrid confirme l'indult de vingt-six pour cent sur les effets de la flottille ; ce qui est la ruine des négocians.

Il y a grande rumeur à la cour, à l'occasion de lettres anonymes répandues dans Versailles, qui attaquent mademoiselle de Charolois et plusieurs autres dames.

Le cardinal a reçu des lettres du roi d'Angleterre, qui le remercie de sa fermeté à soutenir ses engagemens. On a lu une lettre du garde des sceaux au duc de Newcastle, par laquelle il explique la conduite de la France à l'égard de l'Angleterre. Cette lettre est pour être lue à l'ouverture du parlement, que le ministère anglais diffère autant qu'il peut, dans l'espérance de voir l'Espagne soumise, et afin que les ennemis du gouvernement n'aient pas à lui reprocher l'inutilité des dépenses prodigieuses que l'Angleterre fait depuis deux ans.

L'abbé de Polignac a mandé qu'un jeune abbé polonais, nommé Opolinsky, parent de notre Reine, a essuyé la dernière insulte de la part de trois infâmes abominables protégés par le cardinal Coscia, favori du Pape, et qui se sont réfugiés dans des églises. Ainsi dans la cité sainte, et sous l'autorité d'un pape très-saint, les plus grandes abominations restent impunies.

On a lu un mémoire envoyé par l'Angleterre pour surmonter les difficultés de l'Espagne [23 janvier]. On sait aussi, par les lettres du duc de Richelieu, que Penterrieder, l'homme de confiance de l'Empereur, est parti de Vienne ; enfin de part et d'autre on se rapproche, au point qu'il n'est pas possible de rompre, si des intérêts cachés de l'Empereur ne portent à la guerre.

Dans le conseil de finance du 27, on a lu le projet d'un édit qui annonce au public le rétablissement de dix-huit cent mille livres de rentes viagères ; en sorte que la réduction desdites rentes au profit du Roi, annoncées par un édit du mois de novembre 1727, qui devoit être de sept millions deux cent mille livres, n'est plus que de cinq millions cinq cent mille livres. On avoit ordonné au sieur de Machault, conseiller d'Etat, d'examiner lesdites réductions, et de ne point toucher aux rentes qui se trouveroient au-dessous de trois cents livres, ni, autant qu'il se pourroit, à celle des gens qui, ayant été forcés de mettre en rentes viagères le peu de bien que leur laissoit le système de Law, étoient réduits à la mendicité.

Par les dépêches de Madrid, lues le 28, on voit que les difficultés sont presque terminées; mais on est convenu de n'en pas répandre le bruit, pour que nos alliés ne puissent pas dire qu'avant qu'ils aient connoissance des conditions, le conseil du Roi est d'accord. On a fait repartir le courrier sur-le-champ, pour conclure à Madrid sur le pied des dernières conventions.

On attribue les facilités de la reine d'Espagne à l'état où est le Roi son mari, dont la fin paroit prochaine. A une sombre mélancolie succèdent des emportemens très-violens, qui l'ont porté à frapper son médecin; on dit même son confesseur. Il ne se nourrit que de confitures et d'huile, ne dort plus, et est d'une maigreur extrême. On l'a mené au Pardo, petite maison de campagne à trois lieues de Madrid, apparemment afin qu'on ait moins d'occasions de le voir. La maigreur, l'insomnie, et ne se plus nourrir que d'huile et de confitures, ne permettent pas d'espérer qu'il puisse durer long-temps. Il ne laisse pas d'aller encore à la chasse.

Les nouvelles du Nord apprennent que le roi de Prusse est allé voir le roi de Pologne à Dresde, où on lui a préparé de grands divertissemens. Toutes les apparences sont que les fréquens voyages du général Flemming à Berlin ont préparé une ligue entre l'Empereur, le Czar, les rois de Pologne et de Prusse : c'est mon opinion. On verra, par les suites du congrès de Cambray, si elle est fondée.

Les lettres de Rothenbourg des 15, 17 et 19 janvier, lues au conseil le premier février, font toujours espérer un heureux succès de la négociation, et craindre la fin prochaine du roi d'Espagne. Son insomnie continue, avec du dégoût et une petite fièvre : on lui a donné l'émétique, qui n'a pas eu un grand effet. La reine d'Espagne paroit incertaine du parti qu'elle prendra.

Penterrieder est arrivé le dernier de janvier, et a eu une conférence de cinq heures avec le cardinal de Fleury, auquel il a remis une lettre très-flatteuse de l'Empereur. Son autorité absolue et entière, que rien ne balance, lui donne une grande considération. Les Français et les étrangers le regardent comme le maître du royaume.

Il y a eu, le jour de la Chandeleur [2 février], une promotion de huit chevaliers : le prince de Lixheim, lorrain, les ducs de Gramont, Gèvres, Béthune, Harcourt, La Rocheguyon, le comte de Tessé, et le marquis de Nangis, premier écuyer et chevalier d'honneur de la Reine.

Le comte de Broglie a mandé de Londres, et on a su dans le conseil d'État du 4, que le roi d'Angleterre et son conseil approuvent ce qui s'est conclu à Madrid, et promettent des pleins pouvoirs pour signer. On a dépêché en Hollande pour en avoir de la République, et rien ne retarde plus l'ouverture du congrès. On a dépêché à Madrid pour convenir du temps de l'assemblée.

Les nouvelles du Nord ne parlent que des divertissemens que le roi de Pologne donne au roi de Prusse, qui a envoyé ordre au prince royal son fils de venir le trouver à Dresde. Enfin les plaisirs et le calme s'établissent dans toute l'Europe, en attendant le congrès de Cambray, où, selon les apparences, les puissances ne donneront à leurs ministres que des ordres pacifiques.

Les lettres de Madrid, lues le 8 au conseil, apprennent que la maladie du roi d'Espagne augmente : la fièvre continue, avec des redoublemens. L'inquiétude de la Reine est très-grande : elle a trouvé à propos d'admettre le princes des Asturies dans le conseil, incertaine si elle persévèrera dans ses engagemens avec l'Empereur, ou si elle se donnera à la France. Son agitation est vive.

Le carnaval s'est passé tristement à notre cour, le Roi n'aimant aucun des divertissemens qui règnent partout dans ce temps.

Entre autres incommodités du roi d'Espagne, les lettres du 2, lues le 15, apprennent qu'une rétention d'urine de trente heures a obligé de se servir de la sonde, et tout fait craindre la fin prochaine de ce prince. Le Czar est parti pour Moscou.

Le 17, presque tous les ambassadeurs sont venus dîner chez moi; et ceux qui sont destinés pour le congrès de Cambray m'ont parlé du désir qu'ils ont que le congrès soit à Paris. A la vérité ils y trouveroient leurs commodités; mais c'est déjà assez que l'Empereur ait consenti qu'au lieu de le tenir à Aix-la-Chapelle, ville impériale, il soit indiqué à Cambray. Cependant je pense qu'il accordera volontiers qu'il soit à Paris, auquel cas on peut s'attendre qu'il fera payer cette complaisance.

Rien au conseil d'Etat du...

Les lettres de Rothenbourg du 6 et du 9, lues le 22, font craindre de plus en plus une fin prochaîne du roi d'Espagne. La fièvre ne l'a pas quitté, et il est tellement abattu, qu'à peine peut-il être une heure hors de son lit dans un fauteuil. Enfin, quoique l'air du Prado lui soit contraire, sa foiblesse est si grande qu'on n'ose le transporter à Madrid.

On a reçu [25 février] les consentemens de l'Angleterre avec le seul mot de *réciprocité*, que le Roi veut être employé dans les articles. Il est parti un courrier qui porte au comte de Rothenbourg les pleins pouvoirs pour signer à Madrid. A la rétention d'urine du roi d'Espagne, a succédé un flux dangereux. Les craintes de le perdre augmentent.

On a appris, dans le conseil d'État du 29, que le comte de Kœnigseck dépêchoit souvent des courriers de Madrid à Vienne. La maladie du roi d'Espagne augmente : on a pressé Rothenbourg de faire signer. Il a mandé qu'il lui revient que l'on négocie sur la Sicile, au lieu des États de Florence, pour l'infant don Carlos ; et l'on vient d'examiner, dans le conseil du 3 mars, quel parti il y auroit à prendre sur cela.

Le Roi a fait dire aux princesses du sang que son intention est que, dans les musiques et aux audiences des ambassadeurs, elles occupent les places ainsi que du temps du feu Roi. L'usage étoit que la Reine avoit son fauteuil au milieu, et les princesses du sang touchant le tabouret des dames. Elles avoient usurpé de mettre leurs tabourets à côté de celui de la Reine, ce qui n'est permis qu'aux Enfans de France. Le Roi a donné à M. le duc d'Orléans l'appartement qu'avoit M. le duc : il le fait préparer pour y loger la femme qu'il épousera, et celui qu'il quitte est destiné à l'enfant dont la Reine est grosse.

Les lettres d'Espagne, lues le 7, apprennent que la fièvre continue au roi d'Espagne ; et Rothenbourg presse pour recevoir les pleins pouvoirs, craignant que si la mort du roi d'Espagne survient, les signatures ne soient beaucoup retardées. La reine d'Espagne de Bayonne, qui a été à l'extrémité, est hors de péril.

Penterrieder a dit, par ordre de l'Empereur, au cardinal, que Sa Majesté Impériale s'engageroit à tous les lieux que l'on voudroit pour le congrès : Saint-Germain même, si le Roi le veut. On s'est déterminé à Soissons, qui n'est qu'à six lieues de Compiègne ; mais il a été décidé de ne déclarer cette résolution qu'après en avoir parlé aux ambassadeurs d'Angleterre et de Hollande. J'ai dit là-dessus : « Certes la po-
» litesse de l'Empereur est grande, et rien n'est
» plus glorieux pour le Roi ; mais il faut prendre
» garde au congrès que l'Empereur ne veuille
» faire payer sa politesse, et les Anglais leur con-
» descendance ; et surtout ne pas négliger les
» périls de notre commerce, que l'Angleterre
» détruit. »

On a su le 14 que Rothenbourg a reçu les pouvoirs, et qu'après quelques légères difficultés la reine d'Espagne a déclaré qu'elle ordonnoit la signature, laquelle Rothenbourg compte envoyer par son premier courrier. La santé du roi d'Espagne étoit un peu rétablie, toujours de la fièvre, mais l'appétit meilleur, et ses forces plus grandes : cependant il ne veut pas quitter le Pardo, quoique l'air ne lui soit pas bon.

Le roi de Prusse est de retour à Berlin, et prépare de grandes magnificences pour recevoir le roi de Pologne.

On a appris le 21, de Rothenbourg, que tout a été signé, et les ratifications ont été apportées. Ainsi rien ne retarde plus l'ouverture du congrès que les réponses des cours de Vienne et de Londres pour en fixer le jour. Rothenbourg mande que le roi d'Espagne est sans fièvre, mais que ses vapeurs noires continuent. Ce n'est pas un péril imminent, mais peu d'espérance pour une longue vie.

Un procès-verbal, envoyé par le commandant d'un vaisseau de notre compagnie des Indes, nous a appris qu'il a été attaqué par trois vaisseaux anglais, qui l'ont traité indignement, ne pouvant cependant douter qu'il ne fût français. On a ordonné d'en demander des réparations convenables.

Les nouvelles de la santé du roi d'Espagne sont les mêmes [24 mars] : ses vapeurs continuent ; elles le portent à ne vouloir pas se faire couper la barbe ni même les ongles, et à ne vouloir pas retourner à Madrid. Il y a des difficultés peu importantes sur les affaires générales, mais qui marquent combien la reine d'Espagne et son conseil ont d'éloignement pour les Anglais ; des plaintes sur Gibraltar, et sur la retraite trop lente des vaisseaux anglais des mers des Indes. Le comte de Rothenbourg partoit de Madrid au moment qu'il écrivoit. On a ordonné au marquis de Brancas de s'y rendre incessamment. Ils doivent se rencontrer en route, afin que le comte de Rothenbourg l'informe de l'état actuel des affaires ; mais une fièvre survenue à Brancas l'oblige de différer son départ.

Le Roi a nommé le sieur de Villeneuve, lieutenant général du présidial de Marseille, à l'ambassade de Constantinople.

Les ordres donnés aux princesses du sang par le duc de La Trémouille ont fait naître des querelles très-vives : on n'a rien oublié pour les animer contre les ducs, qui n'ont pourtant aucune part au règlement de leurs séances aux musiques et spectacles. Il court des mémoires attribués aux ducs de La Trémouille et de Saint-Simon, et désavoués par eux. Ces mémoires mettent tout en combustion.

Il y a eu un chapitre de chevaliers de l'Ordre [4 avril] pour lire les pouvoirs du duc de Richelieu, et lui envoyer la permission de porter l'ordre avant que d'être reçu. Il lui sera porté par le milord Walgraf, qui va d'Angleterre à Vienne.

Rothenbourg se préparoit à partir le premier avril : on lui faisoit espérer de voir le Roi, mais il s'en flattoit peu. L'ouverture du congrès a été fixée au 20 mai ; et le cardinal de Fleury et le comte de Sinzendorff, qui doivent s'y trouver comme premiers plénipotentiaires, ont pris leurs mesures pour s'y rendre le premier juin.

On a su, au conseil d'État du 11, que Rothenbourg a vu le roi d'Espagne, auquel on avoit coupé la barbe et les ongles ; ce qui ne lui étoit pas arrivé depuis sa dernière maladie. Il l'a trouvé en très-bonne santé, et même engraissé ; le teint fort bon. Enfin on peut compter que la tête de ce prince est seule attaqué. Il pourra vivre long-temps, et par cette raison l'autorité entière conservée à sa femme.

Les nouvelles du Nord portent que le maréchal Flemming continue ses négociations, inconnues à nos ministres. Cette union entre l'Empereur, le Czar, les rois de Prusse et de Pologne, pourroit enfin attirer une guerre embarrassante pour l'électorat d'Hanovre.

Rothenbourg avoit pris congé, le 6, du roi et de la reine d'Espagne, il a laissé le premier en bonne santé, et a fini avant son départ le peu de difficultés qui restoient à terminer avant que d'envoyer aux flottes d'Angleterre dans les Indes et sur les côtes d'Espagne ordre de rentrer dans leurs ports, et pour remettre le vaisseau *le Frédéric*.

Nous avons appris le départ du maréchal Flemming pour la cour de Vienne, celui du comte de Wratislau de Dresde pour Moscou ; et on voit tous les jours toutes mesures prises pour établir la plus forte union entre l'Empereur, le roi d'Espagne, le Czar, les rois de Prusse et de Pologne. Je suis toujours persuadé que ces mesures peuvent troubler le Nord.

Camilly, notre ambassadeur, a pris congé du roi de Danemarck. Ce prince, outre le présent ordinaire, a fait porter chez lui quarante mille livres, outre le présent pour la signature du traité ; ce qui a fait une ambassade très-utile à un homme qui n'en a pas trop bien rempli les devoirs.

Les quatre électeurs de Bavière, Cologne, Trèves, et palatin, doivent se joindre à Manheim [21 avril], apparemment pour prendre des mesures sur les desseins des autres princes de l'Empire. L'Angleterre a déjà engagé le landgrave de Hesse et le duc de Brunswick-Wolfenbuttel. Les mesures que l'on prend pour former un parti contre l'Empereur peuvent fort bien lui donner les moyens d'en former un considérable, composé des puissances du Nord dont j'ai parlé, et de ces quatre électeurs.

Le général Flemming est arrivé à Vienne [25 avril]. Le duc de Richelieu mande qu'il ne peut rien pénétrer de ses négociations. L'abbé de Livry, notre ambassadeur en Pologne, n'en a rien démêlé non plus, et veut penser qu'elles ont pour premier objet de faire en sorte qu'une ambassade du Roi son maître, dont il seroit le chef, soit reçue au congrès de Soissons. Vu le caractère de M. de Flemming, déjà très-grand seigneur, très-ambitieux, et homme de guerre, je ne crois pas que tous ces mouvemens et ces soins le portent à cet unique objet, et je pense plutôt qu'il est toujours question d'une guerre dans le Nord.

Le duc de Richelieu mande aussi que l'Empereur a dit au comte de Windisch-Gratz, destiné à être second ambassadeur au congrès, qu'il n'ira pas à Soissons. Le comte de Sinzendorff doit être le premier, mais pour n'y passer que huit ou dix jours, c'est-à-dire que le même temps que le cardinal de Fleury. Ce changement est pour y laisser le baron de Penterrieder seul.

On a appris que le roi d'Espagne est retourné à Madrid en bonne santé : cependant sa tête n'est pas entièrement raffermie. Il sort tous les jours pour aller à des dévotions, et se montre beaucoup.

Le cardinal de Polignac, par ses dépêches lues le 2 mai, marque que le Pape est dans une grande fureur, aussi bien que le sacré collége, sur la lettre au Roi de douze archevêques et évêques, et même contre le concile d'Embrun ; que le Pape comptoit fulminer des excommunications, mais qu'il l'a engagé à différer.

Les lettres de Lisbonne marquent d'un autre côté que la fureur du roi de Portugal est violente contre le Pape ; qu'il a fait sortir de force son nonce, lequel a excommunié le secrétaire d'État qui a envoyé l'ordre de le faire sortir.

Le comte de Rothenbourg est venu me voir en arrivant de Madrid. Il m'a dit que la santé du roi d'Espagne est parfaite, celle du prince des Asturies très-foible.

Comme les affaires ne seront pas vives jusqu'à l'ouverture du congrès, et que les fréquens voyages du Roi à Rambouillet rendent les conseils plus rares, je lui ai demandé permission d'aller passer dix jours à Villars [3 mai].

Il y a eu de grandes vivacités de la part des princes du sang sur les mémoires que l'on attribue aux ducs de La Trémouille et de Saint-Simon, désavoués par eux. Les princes ont obtenu que celui que l'on attribue au duc de La Trémouille seroit brûlé par la main du bourreau; ce qui a été exécuté le dernier avril, à la réquisition du procureur général.

On ne voit que mémoires et imprimés sur les divisions de l'Église. Les cardinaux de Rohan et de Bissy ont travaillé à un mémoire qui a été présenté au Roi le 7 mai, et qui doit être rendu public. Il attaque la consultation signée par les cinquante avocats et neuf évêques, des douze qui ont écrit au Roi. Ceux-ci ont fait d'avance une protestation contre tout ce que les cardinaux de Rohan et de Bissy, et presque tous les évêques qui se trouvent à Paris, peuvent composer contre eux.

Les dépêches du duc de Richelieu, lues le 17, contenoient la ratification de l'Empereur de ce qui a été signé à Madrid par les préliminaires, et l'ouverture du congrès. Le comte de Sinzendorff, retenu par une légère indisposition, ne doit plus s'y rendre le 4 juin, comme cela a été résolu; ce qui différera le départ du cardinal, qui devoit s'y rendre le même jour que le comte.

Le duc de Richelieu mande aussi la mort du général Flemming à Vienne, où il travailloit, selon les apparences, à une grande union entre l'Empereur, le Roi son maître, le roi de Prusse et le Czar, qui doit partir dans peu pour Moscou. Les affaires du côté de Perse ne donnent pas grande inquiétude aux Moscovites, par les embarras que trouve Escherif dans ses nouvelles dominations. On dit même qu'un fils du dernier Sophi a épousé une fille de l'empereur de la Chine, qui lui promet des forces pour rentrer dans son royaume, et on attend à Moscou un envoyé de ce fils du Sophi.

M. Le Blanc, secrétaire d'État de la guerre, est mort le 19, et sa charge a été donnée à M. d'Angervilliers. Étant président de la guerre, je l'avois proposé pour l'intendance d'Alsace, une des meilleures du royaume; j'ai ensuite demandé pour lui à M. le duc celle de Paris, et c'est avec grand plaisir que je le vois placé dans une charge aussi importante.

On a appris, dans le conseil d'État du 23, la petite vérole du prince des Asturies, maladie dangereuse pour ce jeune prince. On apprend le 33 qu'il est hors de danger; que la reine d'Espagne de Bayonne est pareillement guérie.

Le marquis de Brancas a eu audience d'elle à son passage.

Le comte de Sinzendorff est parti de Vienne le 15. Le départ du Roi pour Compiègne est toujours fixé au 4 juin. Tous les ambassadeurs qui doivent aller au congrès de Soissons se rendent à Paris.

Les lettres de Bonnac, ambassadeur en Suisse, nous font voir qu'il songe à traiter avec les Suisses sur les dettes contractées les dernières années du règne de Louis XIII, lorsqu'il sera question du renouvellement de l'alliance générale avec le corps helvétique. J'ai demandé : « A-t-il » été question de ces vieilles dettes lorsque le » feu Roi a renouvelé l'alliance en 1663 ? » Le garde des sceaux a répondu : « Non. — Mon » sentiment est donc, ai-je dit, que l'on défende » à Bonnac de rien écouter sur pareille matière, » lorsque l'on traitera du renouvellement de » l'alliance; car il n'est pas juste de l'acheter » par des sommes qui n'ont pas été demandées » lorsque cette alliance a été renouvelée il y a » près de soixante-dix ans. »

On a agité au conseil des finances du premier juin, devant le Roi, une affaire très-importante sur les domaines de Franche-Comté, savoir s'ils seroient déclarés inaliénables avant la conquête faite par le feu Roi en 1674, ou s'ils ne le seroient que depuis ladite conquête. Il a été jugé à propos de ne pas a'armer toute la noblesse de cette province, en montrant un désir de la part du Roi de rentrer dans ces domaines; et l'affaire a été remise après l'examen des commissaires.

Le même jour, le comte de Sinzendorff a fait la révérence au Roi avant le conseil : il étoit venu auparavant me voir. Le cardinal a invité le maréchal d'Uxelles et moi à dîner avec lui. Il est venu dîner le 4 chez moi avec son fils, le baron de Penterrieder, et Fonseca, ministre de l'Empereur. Je les ai menés à l'Opéra. Le Roi est parti pour Compiègne ce même jour, et Sinzendorff le 5 pour Bruxelles, d'où il doit revenir le 11 à Compiègne. Il m'a entretenu sur quelques matières, de manière à me faire connoître qu'il ne sera pas facile au congrès. Il paroit même que son retour est incertain par l'Allemagne ou par l'Italie, sous prétexte que l'Empereur doit aller en Styrie, et qu'il y prendra ses derniers ordres. La Reine a eu quelques accès de fièvre; ce qui n'a pas empêché le départ du Roi.

Les ministres du Roi en Allemagne nous ont appris, par leurs dépêches lues au conseil du 9, qu'il y a plusieurs semences de division. L'électeur palatin ne veut pas se soumettre aux ordonnances de l'Empereur pour l'affaire de Stuigemberg, ni le duc Meckelbourg pour ses différends avec la noblesse de ses États. Les hostilités sont commencées entre le prince de Olfen et ses sujets. L'Empire soutient le prince, et les Hollandais la ville d'Embden, dans laquelle ils ont droit de garnison. Ainsi, outre les grands démêlés entre les grandes puissances de l'Europe, celles du second ordre paraissent très-divisées.

On apprend de Madrid [13 juin] qu'on y prépare des matières difficiles pour le congrès. Elles sont connues, et on espéroit les adoucir ; mais il paroît que la Reine en est bien éloignée. Le Roi, disoit-on, devoit assembler un grand conseil. Il paroît que sa santé est bien rétablie ; mais son humeur noire subsiste. Les Espagnols font de grands magasins dans leurs frontières de Catalogne et de Biscaye, et l'Empereur augmente toujours ceux de Luxembourg.

Les fêtes que le roi de Prusse donne au roi de Pologne sont aussi magnifiques que celles que le roi de Pologne lui a données, et nul ministre dans le Nord n'a encore pénétré les traités qui sont entre l'Empereur et ces deux rois.

Le cardinal de Fleury est parti le 13, pour ouvrir le congrès le 14. Le comte de Sinzendorff, comme ministre de l'Empereur, a parlé le premier, le cardinal ensuite. Tous les ministres ont dîné ce même jour chez lui. Le jour d'après, ce doit être chez le comte de Sinzendorff, et le troisième chez le duc de Bournonville, plénipotentiaire d'Espagne.

On a lu le 16, dans le conseil, des dépêches du cardinal : la première de lui seul, par laquelle il rend compte au Roi de ce qui s'est passé le premier jour, des visites que lui ont rendues tous les plénipotentiaires. Le comte de Sinzendorff ne veut pas que le cardinal lui donne la main chez lui, quoique celui-ci ait déclaré qu'on dût le regarder non comme cardinal, mais comme plénipotentiaire.

Le cardinal mandoit au Roi dans la seconde, qui lui étoit commune avec les deux autres plénipotentiaires, que la troisième journée avoit été employée à examiner et à échanger les pouvoirs des ministres ; que dans la quatrième ils ont fait leurs demandes respectives, dont on ne peut répondre qu'après les avoir communiquées à leurs maîtres, et reçu leurs ordres.

Les nouvelles du Nord n'apprennent rien d'important. Les ministres que nous avons dans diverses cours n'ont pu pénétrer les négociations que le comte Flemming a commencées à Berlin, Dresde, et finalement à Vienne, où le comte de Walker est envoyé de la part du roi de Pologne pour les continuer.

Dans le conseil d'État du 20, on a lu une dépêche de nos plénipotentiaires, signée du cardinal, qui est revenu de Soissons la veille. Elle portoit que le duc de Bournonville, dans la première demande, n'a parlé que de la restitution de Gibraltar. On l'a obligé de joindre d'autres demandes sur le commerce, afin qu'il ne soit pas dit que la première et seule demande soit refusée par les Anglais sans négociation.

Il y a eu quelques difficultés sur les pleins pouvoirs des Hollandais, qui sont en latin : on leur a demandé de les mettre en français. Le comte de Sinzendorff s'est employé à terminer cette première difficulté. Le cardinal doit retourner à Soissons pour trois ou quatre jours, après quoi les apparences sont que la plupart des plénipotentiaires viendront à Paris et à Versailles.

Le comte de Sinzendorff, le duc de Bournonville, Walpole, Hoop, Berwick, ministre du duc de Holstein, et qui a eu un grand crédit auprès du feu Czar, sont venus à Compiègne : le cardinal et le garde des sceaux les ont priés à dîner, avec le maréchal d'Uxelles et moi. Les conférences de tous ces ministres ont été fréquentes avec le cardinal.

On a lu, dans le conseil d'État du 27, des lettres du marquis de Brancas du 16, qui éclaircissent une nouvelle dont la cour de Madrid a été fort agitée. Le roi d'Espagne avoit écrit au président de Castille un billet de sa main, lequel lui a été porté par La Roche, valet de chambre français, qui a sa première confiance, avec défense d'en parler à la Reine. Par ce billet il ordonnoit au président de Castille d'assembler les ministres, et de leur déclarer qu'il abdiquoit la couronne, et la remettoit au prince des Asturies. La Reine en a été informée le jour d'après, et est entrée dans la plus violente colère : on croit que c'est le président de Castille qui l'a avertie. Elle a pleuré auprès du Roi, et l'a fait changer de résolution. Le billet a été rendu par le président, et brûlé. On croit que la Reine écrira au Pape, pour en faire venir une défense d'abdiquer ; et on ne doute pas, si elle arrive, sous peine d'excommunication, qu'elle ne retienne le Roi. La Reine a résolu de le garder à Madrid, et d'éviter le voyage de Saint-Ildefonse.

On a appris par les lettres de Rome que le Pape est toujours très-irrité sur les affaires de la constitution, et contre ceux qui attaquent le concile d'Embrun. Il a fait afficher une bulle qui déclare tous ces ennemis du concile d'Embrun schismatiques, et en quelque manière hérétiques; il excommunie *ipso facto* tous ceux qui liront la consultation des cinquante avocats.

Les nouvelles de Londres marquent une grande inquiétude des négocians anglais sur le retour des galions, et l'usage que l'Espagne en fera; et celles de Vienne, que l'envoyé de Hollande est fort en peine des sentimens de l'Empereur sur les affaires de Frise.

On a appris, dans le conseil d'État du 4, que l'on ne parle plus en Espagne de l'abdication; et un bruit répandu du voyage du cardinal Alberoni à Madrid ne soutient pas.

Le cardinal est parti après le conseil pour Soissons, et le maréchal d'Uxelles et moi pour Paris. On dit que les principaux ambassadeurs du congrès vont venir à Paris et à Versailles, et même que le comte de Sinzendorff a loué une maison entre Paris et Versailles.

Le maréchal de Richelieu est revenu de son ambassade, et a fait sa révérence au Roi le 3. On l'a trouvé fort changé.

Les lettres de nos plénipotentiaires de Soissons, lues au conseil d'État le 7, contiennent les demandes de la Hollande, et les réponses de l'Angleterre et de l'Espagne. La première demande l'abolition entière de la compagnie d'Ostende, le rétablissement du commerce permis à chaque particulier, et la réparation de plusieurs infractions de la part de l'Espagne contre les vaisseaux hollandais, contraires aux traités de Munster, d'Utrecht et de Londres, sur lesquels ils fondent leurs griefs. En interprétant les articles de ces traités, les Impériaux et les Espagnols soutiennent qu'ils n'y ont manqué en rien, que les plaintes sont injustes; mais les mémoires des uns et des autres finissent par des assurances de chercher tous les moyens possibles d'établir la tranquillité de l'Europe, et que tels sont les ordres de leurs maîtres.

Les lettres de Vienne apprenoient le départ de la cour de l'Empereur pour Neudstadt, et de là pour Gratz. Les divisions en West-Frise augmentent, et même les voies de fait ont commencé.

Un vaisseau richement chargé est arrivé à Cadix, et le roi d'Espagne y prend les mêmes droits qu'il a fait sur la flottille. Notre ambassadeur a eu ordre de faire à cet égard les plus vives représentations.

On a écrit au duc de Bournonville, ambassadeur d'Espagne au congrès, qu'on a obligé le roi d'Espagne à s'engager par serment qu'il n'abdiquera plus; et le marquis de Brancas a mandé par ses lettres, lues au conseil le 14, qu'il a vu plusieurs fois le roi d'Espagne dans son lit, dont il ne veut plus sortir, quoique sa santé soit très-bonne pour le corps; mais pour l'esprit, on y voit du dérangement, pour peu qu'on veuille étendre la conversation. Le duc de Bournonville m'a dit qu'il attend d'un jour à l'autre un courrier de Madrid; qu'après son arrivée il donnera son mémoire, pour travailler à terminer les différends entre l'Espagne, l'Angleterre et la Hollande.

J'ai proposé au conseil que le Roi défende aux ministres étrangers de laisser porter des cannes à leurs laquais; ce qui est indécent, aucun Français ne prenant cette liberté. Le cardinal a dit que le Roi y mettra ordre.

Les lettres de Brancas, lues au conseil du 18, marquent que le roi d'Espagne est toujours dans le même état, plus malade d'esprit que de corps. On a donné à l'Empereur les trois millions suivant son traité, et son crédit paroît toujours très-grand à Madrid. Il y a apparence que l'on songe à marier l'infant don Carlos en Italie, dit Brancas; car on fait de grands préparatifs dans le palais de Milan, et on construit un vaisseau bien doré, qu'on croit destiné au transport du prince.

Les lettres de Ratisbonne marquent que l'Empereur est le maître de la diète. Rien n'avance au congrès, et on attend toujours les réponses de Madrid sur les premières demandes des Hollandais et des Anglais.

Il paroît par les dépêches de Brancas, écrites le 18 et lues le 25, qu'il a toujours permission de voir le roi d'Espagne, mais en présence de la Reine, qui ne laisse aucune liberté au Roi son mari. On lui a même ôté encre et papier : du moins le cardinal l'a dit dans le conseil. Son petit billet au président de Castille aura fait prendre cette précaution.

Le cardinal a de grandes conférences avec le comte de Sinzendorff. Le duc de Bournonville diffère toujours ses réponses sur celles qu'il attend de Madrid, d'où il reçoit cependant de fréquens courriers. Il m'a montré le traité de 1721 entre la France et l'Espagne, dont un article oblige la France à poursuivre la restitution de Gibraltar jusqu'à entière exécution. Les traités d'Hanovre, au contraire, lient la France à soutenir les puissances dans leurs possessions détaillées. Ces deux traités sont opposés, puisque par l'un la France doit faire restituer Gibraltar, et par l'autre le conserver aux Anglais. Le cardinal a dit qu'il n'avoit aucune connoissance du traité de 1721, ni moi aucune.

Le baron de Penterrieder est mort à Soissons. Il m'avoit toujours marqué un grand attachement depuis qu'il avoit été secrétaire d'ambassade du prince Eugène, aux traités de Radstadt et de Bade. On le croyoit fort dévoué au comte de Sinzendorff, qui a paru peu touché de sa mort. Il avoit conçu de grandes jalousies de Penterrieder, par l'amitié que l'Empereur lui marquoit. Elle avoit fait penser, lorsque le comte fut en danger à Vienne, que Penterrieder auroit sa place, et on n'aime pas à voir son successeur.

La maréchale de Gramont s'est absolument rendue maîtresse de l'esprit du cardinal de Noailles, pour le porter à se séparer des évêques opposés à la constitution. Le cardinal de Fleury a été dîner chez lui, et a obtenu une soumission entière de ce bon cardinal, qui est un saint, à ce que la cour de Rome en exige. On a lu dans le conseil [28 juillet] une lettre que le Roi écrit au Pape, pour lui apprendre ce qu'on a gagné sur le cardinal de Noailles; et on envoie son mandement à Rome, avant que de le faire publier à Paris. Cela doit être secret jusqu'à ce qu'on ait réponse du Pape.

Ce même jour, la Reine est accouchée d'une fille. L'espérance d'un dauphin avoit flatté, et on avoit préparé de grandes magnificences. L'accouchement a été heureux. J'avois joué avec Sa Majesté jusqu'à deux heures après minuit. Elle a quitté deux fois le jeu, et dit qu'elle comptoit d'accoucher dans peu d'heures. Le comte de Sinzendorff devoit donner un grand repas, qui a été contremandé par la fatigue des dames, qui désirent en être, et qui ont été éveillées à cinq heures du matin.

J'ai passé chez le comte de Sinzendorff à Boulogne. Notre conversation a été assez longue : j'ai jugé par ses discours que les affaires du congrès ne se termineront pas bien promptement, et même qu'il y aura des difficultés auxquelles le cardinal de Fleury ne s'attend pas. J'ai vu aussi le duc de Bournonville à Paris, qui a été indisposé quelques jours. Il prépare un mémoire, qu'il doit donner au cardinal le 3 août. Il m'a encore montré l'article du traité de 1721, qui promet de faire rendre Gibraltar.

Le marquis de Brancas a envoyé un mémoire de Patigno, qui a été lu le premier août, au sujet de l'indult pris sur un vaisseau arrivé depuis peu en Espagne. Le mémoire est très-fort ; on y fait dire au roi d'Espagne qu'il est surpris qu'on s'ingère de trouver à redire aux impositions qu'il lui plaît de faire; qu'il est le maître, et que lorsqu'on a changé les monnoies en France, il n'y a pas trouvé à redire. Le marquis de Brancas a été introduit auprès du roi d'Espagne; et après avoir entretenu la Reine, lorsqu'il a commencé à parler au Roi, qui est toujours dans son lit, elle s'est éloignée, quoique Brancas l'ait priée de rester, comme pour laisser au Roi la liberté de parler seul. A toutes les raisons de notre ambassadeur, il a répondu sèchement : « Je suis le maître chez moi. »

Le duc de Bournonville a donné son mémoire [3 août], qui a paru dur aux Anglais. Comme on écarte, autant qu'il est possible, tout ce qui peut troubler la tranquillité, le cardinal souhaite qu'il ne soit pas publié; et le duc de Bournonville m'a dit qu'il a ordre de le faire publier, mais qu'il attendra.

Il n'a été question, dans les conseils du 4 et du 8, que des nouvelles reçues de Madrid. La Reine paroît toujours très-dévouée à l'Empereur. Patigno, qui a le département de la marine aussi bien que des finances, augmente les forces de mer; en sorte que l'Espagne a vingt-quatre vaisseaux de guerre dans les Indes.

Les ordres que la France a envoyés vers les côtes d'Afrique ont obligé la régence de Tunis aux justes satisfactions qu'elle doit sur toutes les infractions de ses corsaires, et à faire un traité de paix pour cent ans. Les Salétins ont rompu avec les Anglais, qui arment pour les réduire. Ils ont déclaré la guerre à l'Empereur, par la raison que ne pouvant vivre que de rapines, dès qu'ils n'en font plus sur la France, il faut qu'ils en fassent sur les côtes de Naples et de Sicile.

Le comte de Sinzendorff est venu me voir pendant une petite indisposition qui m'a empêché de suivre le Roi à Fontainebleau. Il m'a dit que le courrier qu'il a dépêché à Vienne sur la mort de Penterrieder est revenu, et que Fonseca est nommé à sa place. Il diffère son retour à Vienne, et Bournonville le sien à Madrid, jusqu'à la fin de septembre.

Je me suis rendu à Fontainebleau le 30 août, et ai assisté au conseil d'État du premier septembre. On attend avec empressement le retour des courriers dépêchés à Vienne et à Madrid pour terminer, avant le départ des ambassadeurs, tout ce qui pourra empêcher la guerre. Les Anglais et les Hollandais ont paru la vouloir; Walpole et Goslinga s'en sont expliqués ainsi au congrès; mais ils ont un peu rabattu de leur fierté.

On a appris, par un courrier du roi de Sardaigne, la mort de la Reine sa femme, d'une attaque d'apoplexie; ce qui cause un grand deuil à la cour. C'étoit une princesse très-sage et très-vertueuse, avec laquelle le Roi son mari a toujours très-bien vécu, et même dans le temps de ses plus vives amours avec madame de Verue.

Sur le compte qu'ont rendu les intendans de

toutes les généralités du royaume de l'impossibilité où elles se trouvent de payer les impositions des tailles et capitations, le Roi, dans le conseil des finances du 7, les a diminuées de près de trois millions. J'ai été fortement de l'avis de soulager les peuples; j'ai représenté que plusieurs villages sont abandonnés, ce qui est le plus grand des malheurs. Je me suis ensuite étendu sur la nécessité d'être plus difficile sur le choix des intendans : « Leurs emplois, ai-je » dit, sont les plus importans du royaume, puis- » qu'ils sont les maîtres des provinces; et il se- » roit peut-être à propos de ne les pas prendre » uniquement parmi les maîtres des requêtes. » Le contrôleur général a été de mon avis, et a ajouté que ceux qui rapportoient le mieux, et qui se faisoient par là le plus de réputation dans le conseil, n'étoient pas toujours les plus propres à être intendans. « Je ne m'en étonne pas, » ai-je répliqué ; il faut pour ces fonctions des » qualités bien différentes. La première, pour un » intendant, est d'être juste, désintéressé, appli- » qué à connoître son département. J'ai lu, ai-je » ajouté, dans le Testament du cardinal de Ri- » chelieu, les diverses qualités qu'il désiroit » dans tous les emplois, et j'y ai remarqué qu'il » dit que les plus dévots ne sont pas toujours les » meilleurs évêques. » Cette remarque a fait rire le Roi.

Les lettres de Madrid, lues dans le conseil d'État du 8, sont importantes sur la proposition d'une suspension. Le roi d'Espagne est toujours le même, sa tête toujours plus attaquée; ne voulant pas sortir de son lit; la Reine absolument maîtresse, et plus dévouée à l'Empereur que jamais. Le marquis de Brancas s'est plaint d'une violence outrée envers un de nos vaisseaux, et la réponse a été plus violente encore que l'injure. On a refusé au ministre d'Angleterre à Madrid la permission d'envoyer un bâtiment porter les agrès nécessaires au vaisseau *le Prince Frédéric*. Enfin la conduite du conseil de Madrid nous prépare de grandes difficultés sur la proposition d'une suspension.

Tous les ambassadeurs du congrès sont à Fontainebleau : le cardinal leur a donné à dîner, et m'y a invité. Le 13, le duc de Bournonville, le comte de Sinzendorff, les sieurs de Goslinga, Barrenechea, Van-Hoë, ambassadeurs d'Espagne et de Hollande, sont venus à Villars.

On a appris, dans le conseil d'État du 12, qu'il y a eu quelques difficultés à Soissons, l'ambassadeur du Czar ayant voulu surprendre les nôtres en donnant à son maître le titre d'*empereur* dans ses pleins pouvoirs; ce qui a été refusé.

Les lettres du cardinal de Polignac nous apprennent des difficultés de Rome sur la soumission du cardinal de Noailles, auxquelles on ne devroit pas s'attendre; tant il est vrai que l'humeur et le faux zèle ont peut-être autant contribué à établir les hérésies que l'obstination et l'ignorance des hérésiarques.

Le roi de Danemarck ayant envoyé des chevaux de selle au Roi, un entre autres des plus beaux, qu'il montoit souvent, le Roi m'en a fait présent.

En comptant, dans le conseil du 15, le temps écoulé entre les dépêches du marquis de Brancas, on a trouvé que le courrier avoit déjà été gardé dix jours sans le renvoyer, terme bien long pour se déterminer sur la proposition de la suspension. On a donc ordonné à Brancas de bien examiner la conduite de l'ambassadeur de l'Empereur, et de démêler s'il agit aussi vivement pour porter la reine d'Espagne à la paix que le comte de Sinzendorff nous paroit le désirer. Je crains toujours que l'on ne veuille nous amuser jusqu'à ce que les galions soient arrivés, et les mesures de ceux qui peuvent se déclarer nos ennemis bien prises.

Ces courriers si attendus sont arrivés le 17. Par celui de Madrid, on ne voit pas un refus entier de la suspension, mais on ne la fait espérer que dans la fin de mars. Le marquis de Brancas écrit que le comte de Kœnigseck a pressé la reine d'Espagne au point qu'elle s'en est plaint, et qu'elle a dit qu'il étoit devenu Anglais. J'ai dit : « L'expression est un peu forte. » On s'est imaginé, d'après cela, que le duc de Bournonville partira incessamment.

Brancas a aussi mandé que Riperda s'est sauvé du château de Ségovie le 2 septembre; et on ne l'a su à Madrid, qui n'est qu'à sept lieues, que le 9. Donc Riperda étoit mal gardé, et on ne s'est pas soucié de le reprendre. Cependant le roi d'Espagne demande, à toutes les puissances chez lesquelles il pourroit se retirer, qu'il lui soit remis comme criminel de lèse-majesté, crime qui n'a pas été prouvé depuis qu'il est en prison.

On a un peu avancé dans la négociation, et il est résolu que Sinzendorff ne partira pas, et que le duc de Bournonville se rendra incessamment à Madrid, d'où il fait espérer de revenir dans fin de novembre. Il faut avouer que Sinzendorff montre un grand désir d'empêcher la guerre.

Il paroit par les lettres de Brancas, lues le 26, qu'on est très-inquiet à Madrid des bruits qui s'y répandent des armemens des Anglais, et d'un dessein formé d'arrêter les galions, avec les escadres d'Angleterre et de Hollande qui sont à la hauteur de Cadix et de la Méditerranée, auxquelles se joindroient quelques vaisseaux envoyés par nous contre Tunis et Alger. Le marquis de La Paz a mandé à Brancas que si le roi d'Espagne pouvoit craindre quelque chose de pareil, il prendroit plutôt le parti de brûler les galions.

Soit inquiétude sur les forces de mer des alliés d'Hanovre, ou par quelque autre motif, l'Espagne arme puissamment; et on compte que dans le mois d'avril elle aura quatre-vingts vaisseaux de ligne, puissance bien surprenante pour l'Espagne, et que l'on n'a pas vue depuis l'armée navale de Philippe II, qui a péri sur les côtes d'Angleterre.

Nous avons toujours un courrier à Rome, pour attendre la décision du Pape sur la soumission du cardinal de Noailles. Il paroît une lettre de l'évêque de Montpellier, horriblement contre les jésuites.

Le courrier est enfin arrivé le 6, et le cardinal de Fleury a pris la résolution d'aller voir le cardinal de Noailles, pour le porter à terminer une nouvelle difficulté que fait encore la cour de Rome sur son instruction pastorale.

Les lettres de Brancas, lues au conseil du 10, portent que la reine d'Espagne veut attendre le retour du duc de Bournonville avant que de s'expliquer sur la proposition d'une trêve de quatorze ans.

Bournonville est malade à Paris: cependant il est attendu le 10 à Fontainebleau, où est le comte de Sinzendorff. Le garde des sceaux dit que ces deux hommes se haïssent au dernier point; mais j'ai lieu de penser que leur haine n'est pas si violente; car le cardinal devant aller à Paris, a envoyé un courrier à Bournonville pour lui dire de ne se pas donner la peine de venir à Fontainebleau, et qu'ils conféreroient à Paris; et Bournonville est néanmoins venu à Fontainebleau le jour même que le cardinal en est parti, et s'est abouché avec Sinzendorff: d'où je conclus que l'ambassadeur d'Espagne vouloit se concerter avec celui de l'Empereur avant que de conférer avec le cardinal, et qu'ils s'entendent bien, malgré cette prétendue haine. D'un autre côté, le comte de Kœnigseck à Madrid a dit que puisqu'on ne peut rien gagner sur la reine d'Espagne, il va passer quelque temps à la campagne. Enfin, pendant que le comte de Sinzendorff assure le cardinal de Fleury d'une complaisance entière de l'Empereur sur les affaires que nous avons à terminer en Suisse, nous apprenons de la cour même de l'Empereur tout le contraire. Le temps nous fera voir si je me trompe quand je pense qu'il n'est pas impossible que l'Empereur ne veuille que gagner du temps, pour rompre quand toutes ses mesures seront bien prises. C'est aussi l'opinion du maréchal d'Uxelles; et il désire, ainsi que moi, que l'on agisse pour établir une paix et non une suspension, et qu'on rompe plutôt que de ne pas finir promptement.

La Reine est venue à Villars le 14, avec quatre princesses du sang et dix-huit dames. Comme on n'a été averti que peu d'heures avant son arrivée, je n'ai pu lui préparer que deux tables de vingt couverts chacune, et plusieurs autres pour les officiers, les gardes du corps, et toute la suite.

Le marquis de Brancas, dans ses dépêches lues le 18, paroît toujours content des démarches du comte de Kœnigseck pour porter l'Espagne à la suspension proposée, sur laquelle on a fait divers changemens à Madrid. Le garde des sceaux et les ambassadeurs intéressés ont travaillé chez le cardinal, pour trouver quelque expédient qui rapproche les parties. Il a été convenu de l'envoyer à Brancas, et on donne trois mois pour nommer des commissaires de Madrid, qui puissent régler toutes choses de manière qu'il n'y ait plus qu'à signer à Soissons.

On apprend que l'Empereur est de retour à Gratz. Son impatience d'arriver un jour plus tôt auprès de l'Impératrice lui a fait éviter une couchée dans le château de Membourg, et l'appartement où il devoit coucher s'est enfoncé pendant la nuit.

Les affaires n'avancent point en Espagne, comme il paroît par les lettres de Brancas, lues au conseil le 20; la reine d'Espagne veut toujours attendre l'arrivée du duc de Bournonville.

La paix de l'Église, que l'on croyoit pouvoir être déclarée par la publication du mandement du cardinal de Noailles le 17 octobre, a été différée. Vingt-deux curés ont fait une protestation même assez insolente. Le cardinal a demandé à assembler son chapitre avant que de publier et afficher, et le même jour il a paru une déclaration signée de lui, par laquelle il persistoit dans ses premiers sentimens, soutenant la lettre qu'il avoit écrite au Roi, avec les autres évêques, contre le concile d'Embrun. Il protestoit contre tout ce qui seroit signé de lui, jusqu'à l'article de la mort, qui ne seroit pas conforme à ses premiers sentimens sur la constitution. Ainsi la paix de l'Église, que l'on attendoit de ce mandement, est plus reculée que jamais par cette déclaration. Le duc de Noailles est allé trouver son oncle à Paris, et en a rapporté des lettres pour le Roi et le cardinal, qui détruisent cette dernière déclaration : mais le public trouve que la famille de ce saint cardinal pouvoit bien se passer de le jeter dans ces contradictions, et que l'on devroit respecter sa vieillesse.

Brancas a mandé par ses lettres, lues le 24, qu'on attend les galions dans le mois de novembre; et le marquis Mary est parti avec quatorze vaisseaux de guerre espagnols, pour assurer leur retour.

Le Roi nous montra le 24, au conseil un bubon assez gros au front, qu'il disoit être un clou. Le samedi, il s'étoit trouvé mal à la chasse; il y est allé encore le mardi : il s'est trouvé mal à la messe, et s'est mis à table à neuf heures et demie, sans manger, voulant aller à la chasse; mais la quantité de bubons qui lui paroissoient, et les instances qu'on lui a faites pour ne pas sortir, l'ont laissé dans l'incertitude, et il est demeuré. On l'a déterminé avec peine à prendre un remède, et à se mettre au lit sur les sept heures du soir. Le mercredi matin 27, la petite vérole a été déclarée : elle est sortie les jours suivans sans fièvre, sans aucun mal, et plus heureusement qu'on n'auroit jamais pu l'espérer. Enfin la maladie qui paroissoit la plus à craindre pour le Roi, dont la vie est si importante à son royaume et à toute l'Europe, est arrivée, et finira, à ce qu'on espère, sans qu'il y ait lieu d'avoir la moindre inquiétude.

Tous les ministres se sont rendus à la cour. J'en suis parti le 2 novembre, pour aller tenir à Paris une assemblée de maréchaux de France. A mon retour à Fontainebleau, j'ai trouvé le comte de Sinzendorff prêt à partir, après avoir reçu son courrier, qui ne lui permettoit pas de finir.

Les conseils suspendus par la maladie du Roi ont recommencé le 14. Dans celui d'État, on a fait lecture des lettres de Brancas qui marquent la santé du Roi toujours la même, ne voulant ni se lever ni se faire faire la barbe, mangeant bien souvent trop et rien qui fasse entrevoir un dépérissement. Ce qui parut extraordinaire, c'est qu'il n'a pas voulu faire ses dévotions comme de coutume à la Toussaint, se confesser, ni communier; ce qui surprend dans un prince aussi dévot : cependant il entend volontiers parler d'affaires. La Reine gouverne absolument, et remet toujours les réponses sur les diverses propositions d'accommodement après l'arrivée du duc de Bournonville.

Du côté du Nord, on voit le roi de Prusse augmenter prodigieusement ses troupes, jusqu'au nombre de cent mille hommes; ce qui n'est nullement proportionné à la force de ses États. L'Angleterre arme aussi considérablement, mais sans faire sortir aucun bâtiment.

Le Roi est parti de Fontainebleau le 18, a couché à Petitbourg, y a séjourné le 19, et a joué un très-gros jeu de lansquenet, où il a gagné six cents louis.

Il y a eu, dans le conseil des finances du 23, deux affaires assez considérables par les conséquences pour l'avenir.

La première regardoit des domaines donnés par le Roi, par échange de terres dans le parc de Versailles. J'y ai parlé fortement contre les mauvais marchés que l'on fait faire au Roi; et cet échange de treize paroisses dans l'Angoumois, au profit de MM. de Beaucaire, pour quelques arpens de terre dans le parc, a été cassé.

La seconde étoit aussi une acquisition de terres que des gens protégés avoient achetées des propriétaires, pour les revendre au Roi. Malgré le crédit des gens de cour, qui s'intéressoient à l'affaire, le contrôleur général s'est déclaré contre le marché, il a été d'avis que les terres soient restituées aux propriétaires légitimes, mais qu'ils dédommagent les acquéreurs des frais qu'ils ont faits pour parvenir à la vente au Roi, qui n'a pas eu lieu. M. Fagon et le maréchal d'Uxelles ont été de l'avis du contrôleur général : je m'y suis fortement opposé pour le dédommagement. « Ces biens, ai-je dit, ont été acquis sur une » fausse exposition, soutenue par le crédit de » gens de cour. On a persuadé aux propriétaires » que le Roi vouloit qu'ils fussent vendus à ceux » qui devoient les lui revendre. Ainsi il est in- » juste que les propriétaires perdent la moindre » chose en rentrant dans leurs biens; c'est aux » acquéreurs à perdre. Il seroit même juste de » les punir par une amende, sauf leur recours » sur les gens de cour qui les ont protégés. » Le garde des sceaux, le chancelier et M. le duc d'Orléans ont été de mon avis, qui a passé; mais point d'amende.

Les lettres du marquis de Brancas, écrites le 14 et lues le 24, marquoient que le duc de Bournonville étoit arrivé à Madrid le 5; qu'il n'avoit pas encore parlé d'affaires, ce qui est surprenant après dix jours de séjour à Madrid; qu'au reste la joie du roi d'Espagne sur la convalescence du Roi avoit été très-grande; qu'à la nouvelle de sa maladie, il s'étoit fait raser sa barbe de huit mois, étoit sorti dans la ville pour faire ses dévotions, et le jour d'après à la chasse.

On n'a point parlé des affaires d'Espagne dans le conseil du 28. Le comte de Sinzendorff a reçu un courrier de Madrid, a conféré avec le cardinal le 27, et a déclaré son départ pour le 29, sans qu'il paroisse rien d'avancé sur les propositions dont il est question depuis plusieurs mois, et que les Hollandais ont même rendues publiques dans leurs gazettes.

Le comte de Broglie mande de Londres qu'on y murmure fort contre le gouvernement, sur l'incertitude de la paix ou de la guerre; que les fonds publics baissent considérablement, et que l'opinion générale est que le comte de Sinzendorff n'est venu que pour amuser, et gagner le temps de faire arriver les galions en sûreté à Cadix, et préparer à la guerre la ligue qui se forme entre l'Empereur, le Czar, les rois de Prusse et de Pologne.

Le cardinal de Fleury ne dit rien à moi ni au maréchal d'Uxelles de ce qu'il traite avec le comte de Sinzendorff. Nous craignons que les soupçons des Anglais n'aient quelque fondement, et nous sommes surpris que dans des circonstances si importantes on ne nous consulte pas.

On a lu le 3, au conseil, des lettres de Brancas, qui marquent son étonnement de ne recevoir aucune réponse du roi d'Espagne sur la proposition de suspension que l'on promettoit immédiatement après l'arrivée du duc de Bournonville. Ce duc disoit seulement au marquis de Brancas que l'on seroit content; mais il a déclaré en même temps que cela iroit jusqu'à la fin du mois de mars. Les ambassadeurs d'Angleterre pressent vivement le cardinal.

J'ai jugé à propos de me servir du prétexte d'une légère indisposition pour passer le mois de décembre à Paris. Le cardinal ne consulte ni le maréchal d'Uxelles ni moi, et je ne suis pas fâché de m'absenter des conseils. Le public murmure de ce que nous ne sommes pas consultés.

Cependant le gouvernement d'Angleterre est attaqué par ses ennemis, et il a cru nécessaire de faire venir promptement à Londres le prince Frédéric, fils aîné du roi d'Angleterre, nommé le prince de Galles, qui demeuroit à Hanovre. L'assemblée du parlement approche : l'incertitude de la paix et de la guerre jette les ministres dans un grand embarras, obligés à demander des fonds d'augmentation après des dépenses considérables depuis trois ans, et inutiles, puisque la flottille est arrivée, et qu'on attend incessamment les galions. Stanhope et Walpole sont partis le 25 pour Londres : ils sont tous deux membres du parlement.

Le cardinal de Fleury et le gardes des sceaux commencent à craindre que Sinzendorff ne les ait amusés, et ne soit venu en France que dans cette unique vue, savoir si ces deux hommes ne montrent pas en public ce soupçon, pour mieux cacher leur intelligence secrète avec l'Espagne. On a toujours ordonné au marquis de Brancas de ne rien oublier pour pénétrer si le concert continue d'être le même entre les cours de Vienne et de Madrid.

On a appris dans les derniers jours de l'année, par un courrier de Brancas, que toute la cour de Madrid, c'est-à-dire le Roi, la Reine, le prince des Asturies, la princesse du Brésil, les deux Infans aînés, doivent partir le 7 janvier, pour aller célébrer les doubles mariages sur la frontière de Portugal, où toute la cour de Portugal va se rendre pareillement. Cette résolution subite, après avoir long-temps laissé languir la consommation des mariages, marque certainement un dessein de s'assurer toutes les forces du Portugal, et de les unir à la ligue contre l'Empereur et les autres puissances du Nord.

[1729] Les lettres d'Angleterre, lues au conseil d'État du 12, marquent qu'il se prépare de grands débats dans le prochain parlement entre les cabales de la cour et celles qui lui sont opposées, fortifiées par l'incertitude de la paix ou de la guerre, et par toutes les dépenses inutiles qu'a faites l'Angleterre depuis quatre ans pour empêcher le retour de la flottille et des galions, auxquels elle n'apporte plus nul obstacle, sans être plus assurée de la paix qu'elle ne l'étoit lorsqu'elle a envoyé trois armées navales en Amérique, dans les mers du Nord et de la Méditerranée. C'est un beau champ aux ennemis du gouvernement.

L'affaire d'Ostende n'étoit pas non plus terminée, et c'étoit une semence de guerre pour la Hollande. Cependant l'arrivée du comte de Sinzendorff à Vienne confirme les grandes espérances de paix que ce ministre a toujours données.

Une légère indisposition du Roi, causée par des courses de traîneaux, et des repas extraordinaires à la Ménagerie, a suspendu les conseils; et les premiers de finances ont été le 22, et d'État le 23. Ces courses de traîneaux ont fait espérer aux dames un peu plus de vivacité au Roi pour elles. On a dansé après souper; et si cela recommence souvent, il n'est pas impossible que quelque belle courageuse ne mette la main sur le Roi.

On a lu le 23, dans le conseil, des dépêches de Vienne qui expliquent très-nettement la situation du ministère, et l'espérance trompée des ennemis de Sinzendorff sur son absence. L'Empereur l'a très-bien reçu, et lui a dit : « J'ai bien » voyagé, et vous aussi; j'ai dépensé beaucoup » d'argent, et vous aussi; je n'ai rien fait, ni » vous non plus. » Ces mêmes lettres disent que l'Empereur n'a jamais approuvé la suspension sur quoi a roulé toute la négociation de Sinzendorff. Les lettres de Madrid disent aussi que jamais la cour d'Espagne ne l'a approuvée, et qu'elle étoit sur cela de concert avec l'Empereur. On peut juger de là que l'unique objet du comte de Sinzendorff a été de gagner du temps. Il paroît que ce n'avoit pas été l'opinion du cardinal ; mais on doit le regarder comme certain, puisque les mêmes lettres de Vienne marquent qu'il est établi dans le conseil de l'Empereur que le comte de Sinzendorff a proposé la suspension de lui-même et sans le consentement de l'Empereur, et que cependant l'Empereur l'a très-bien accueillie.

Les dépêches du Nord, lues le 26, parloient toujours de négociations assez vives dans ces cours. L'Empereur et le roi de Prusse menés par le même Sekendorff. Le roi de Portugal augmentoit considérablement ses troupes. On parloit du retour du Czar à Pétersbourg : il a donné part de la mort de la princesse Natalie sa sœur, et on en prendra le deuil pour dix jours.

Les dépêches de Londres marquent aussi une grande vivacité. Les écrits volent contre le ministère, et ses ennemis se préparèrent à l'attaquer fortement.

On a résolu, dans les conseils du 7 et du 10, un traité avec l'électeur palatin, par lequel ce prince s'engagera à ne pas s'opposer aux mesures que prendront les cours de France et d'Angleterre pour la tranquillité du Haut-Rhin.

Le marquis de Brancas a écrit de Badajoz des lettres lues le 13, qui apprennent l'échange des princesses des Asturies et du Brésil, et la consommation du mariage de la première à Badajoz. Les deux rois ont eu deux conférences dans la maison de bois bâtie sur la rivière qui sépare les royaumes, et les deux cours ont paru dans la plus grande magnificence : celle de Portugal plus brillante par les habits et les carrosses dorés ; ce que la pragmatique, qui défend les dorures, ne permet pas à celle d'Espagne.

Au reste, Brancas ne croyoit pas que Leurs Majestés Catholiques eussent encore examiné le mémoire que le duc de Bournonville leur a remis à son retour de France, sur le traité de suspension. Une affaire aussi importante ne peut être retardée que par la résolution prise d'attendre le retour des galions, avant que de prendre aucun parti.

Le garde des sceaux m'a avoué qu'il s'est mêlé de celui que prendront les cours de Vienne et de Madrid. Je lui ai répondu : « Si celle de
» Vienne ne veut pas la guerre, celle de Madrid
» ne l'entreprendra pas ; mais vous devez savoir
» sur quoi compter de la part de Sinzendorff,
» avec qui vous avez tant conféré, et savoir s'il
» n'a voulu que vous amuser. — Il pourra bien
» arriver, m'a-t-il dit, que la guerre sera décla-
» rée sans qu'on s'y attende. — En ce cas, ai je
» répliqué, songez que celui qui se lèvera le plus
» matin pourra avoir beau jeu. »

On a appris, par des vaisseaux anglais arrivés des Indes, le départ des galions, et qu'ils pourront être en Europe dans le mois de février. Le roi d'Espagne doit se rendre pour leur arrivée à Séville, où les seuls nonces, les ambassadeurs de France et de l'Empereur ont permission de suivre. On ne manque cependant pas de logement pour les autres, qui se plaignent.

Brancas marque par ses lettres, lues le 2, qu'on ne sait pas précisément le temps que la cour restera à Séville, où elle est arrivée. Il a ordre de presser le roi d'Espagne de s'expliquer sur les propositions négociées depuis neuf mois avec Sinzendorff. Il est bien étonnant que tant d'instances réitérées n'aient encore attiré aucune réponse, et très-apparent que si l'Empereur eût voulu, on les auroit rendues plus tôt.

Après de longs débats au parlement d'Angleterre, dans lesquels le parti de la cour a toujours été le plus fort de deux tiers, les deux partis se sont réunis sur ce point de presser vivement la cour d'Espagne de s'expliquer, l'incertitude paroissant plus fâcheuse à l'Angleterre que la guerre.

Dans ces débats, milord Pultenay, le plus opposé au parti de la cour, a reproché à Robert Walpole les biens immenses accumulés aux dépens des fonds que l'on tire de la nation. Cependant on a accordé au Roi les mêmes secours que l'année précédente, et on a résolu d'envoyer une escadre considérable dans la mer Baltique.

La mort de l'électeur de Mayence [27 février], dont l'électeur de Trèves est coadjuteur, a donné lieu à diverses brigues par le prince Théodore de Bavière, évêque de Ratisbonne. On prétend que l'électeur de Trèves, frère de l'électeur palatin, sollicite à Rome la dispense de se marier ; ce que l'Empereur appuie, pour faire tomber l'électorat de Mayence à Schomborn. On a envoyé ordre au cardinal de Polignac de traverser secrètement cette dispense, parce qu'il convient mieux à la France de voir plusieurs électorats dans la maison de Bavière, que de voir une créature de l'Empereur électeur de Mayence.

Quelques avis venus à Nantes par un vaisseau marchand ont annoncé le 2 mars l'arrivée des galions ; et les lettres de Brancas, lues au conseil le 6, disent que l'on voyoit près de Cadix des vaisseaux que l'on jugeoit être la tête des galions. Il n'avoit encore aucune réponse du roi ni de la reine d'Espagne sur les matières qui regardoient la suspension ; le duc de Bournonville ne s'expliquoit pas clairement. Le marquis de Brancas avoit ordre de presser vivement sur trois points. Le plus important est une décision sur tout ce qui peut faire subsister la paix, ou ramener la guerre. On craint que le roi d'Espagne n'établisse un trop haut indult sur les espèces, et Brancas demande qu'on envoie un ambassadeur en France : il n'a pas encore pu avoir, malgré ses instances, de réponse sur ces trois points. Du côté de l'Empereur, on voit les ordres donnés pour les recrues des troupes, des difficultés nouvelles sur l'affaire de Meckelbourg, et rien de fini sur celle de Frise, toutes semences de guerre.

On a su le 9, par les lettres du cardinal de Polignac, que Rome s'impatiente sur l'instruction pastorale du cardinal de Noailles, dont la composition trouvoit des difficultés continuelles. Il venoit de rendre aux jésuites les pouvoirs de prêcher et de confesser dans son diocèse ; ce qui leur étoit interdit depuis très-long-temps, l'ayant même refusé au confesseur du Roi : de sorte que le Roi fut obligé dans le temps de faire sa première communion à Saint-Cyr, du diocèse de Chartres.

Dans le conseil d'État du 13, on a appris par les lettres de Brancas l'arrivée des galions à Cadix les 20 et 21 février, apportant trente-cinq à trente-six millions de piastres ; ce qui faisoit plus de cent cinquante millions, monnoie de France. Le roi et la reine d'Espagne étoient partis de Séville avec des relais, pour arriver en un jour à l'île Saint-Léon près de Cadix, d'où ils voyoient entrer les galions dans le port. Sur les vives instances que le marquis de Brancas fait pour les intérêts des négocians françois, anglois et hollandais, qui ont les plus gros fonds sur la flotte, Patigno, ministre des finances, répond qu'il fait examiner les mémoires des dépenses immenses et des préjudices que le blocus de Porto-Bello, par l'armée navale d'Angleterre, a causés au Roi son maître.

Tous les partis de Londres, marque le comte de Broglie, se réunissent à demander une prompte décision de l'Espagne et de l'Empereur sur la paix ou la guerre, et à nous presser d'attaquer l'Espagne. Sur quoi j'ai dit au conseil : « L'Es-
» pagne, n'étant plus occupée de la ridicule en-
» treprise de Gibraltar, peut faire marcher sur
» les frontières de Languedoc et de Guyenne
» plus de quarante bataillons et soixante-dix
» escadrons. Avec de telles forces, l'Espagne
» n'est pas bien facile à attaquer. »

Tout ce qu'on savoit des galions s'est confirmé par les lettres de Brancas, lues le 16. Patigno, fort occupé, ne donne aucune réponse ; à peine même peut-il lui parler. Tout ce qu'il en a tiré, c'est que l'on travaille au mémoire des dépenses immenses que la guerre des Anglais leur a causées ; car ils appellent toujours infractions leurs ports bloqués en Amérique par les armées navales d'Angleterre. Les nouvelles de l'Empire sont que le roi Auguste de Pologne fait de grandes levées.

On a appris le 20, par Brancas, que le roi d'Espagne va passer quinze jours dans un château du duc de Medina-Sidonia, où Brancas lui-même n'a pas permission de suivre, et qu'on remet toutes les réponses après le retour de ce voyage. Il est aisé de voir par là que la cour d'Espagne veut attendre des nouvelles de Vienne.

Des lettres de Charomel rendent compte d'une conversation avec le comte de Toutzen, pour faire voir très-clairement que l'Angleterre ne peut plus demeurer dans l'incertitude sur la paix et sur la guerre, et qu'elle demande une décision avant le départ du Roi pour l'Allemagne, qui est fixé au premier mai. « Suivant ce que
» vous mande Brancas, ai-je dit au cardinal,
» vous ne pouvez avoir de réponse d'Espagne
» pour ce temps-là ; mais vous pouvez avoir celle
» de l'Empereur ; et s'il ne veut pas faire la
» guerre, l'Espagne ne la peut pas faire. —
» Cela est vrai, a-t-il répondu, » et n'a rien dit de plus dans le conseil. Il compte beaucoup sur l'Empereur : l'événement fera voir s'il se trompe.

Le cardinal de Polignac mande [23 mars] que l'impatience est grande à Rome sur l'arrivée de l'instruction pastorale du cardinal de Noailles. On a ordonné d'écrire au cardinal de Polignac qu'on n'a pu tirer du cardinal de Noailles l'instruction pastorale telle qu'on la désiroit, et qu'on a eu la même difficulté à l'obliger de faire, pour la publication du jubilé, un mandement qui pût être agréable à Rome ; qu'il faut qu'on se contente de ce qu'on a obtenu, et ne rien outrer.

Tout est en suspens, en attendant les nouvelles de Vienne et de Madrid. Celles de Brancas, lues le 27, laissent toujours dans l'incertitude. De concert avec les ministres d'Angleterre et de Hollande, il a demandé une audience, que le marquis de La Paz ne lui fait pas espérer si prompte. Patigno paroît le maître, et Brancas le désigne premier ministre, sans en avoir le titre. On voit clairement qu'ils attendent des nouvelles de Vienne pour se déterminer.

On n'a rien appris, dans le conseil du 30, qui puisse tirer de l'incertitude où on est du côté de

Vienne et de l'Espagne. Du côté de Vienne, on voit toujours des difficultés sur ce qui regarde l'affaire d'Anden en Frise, et sur le Meckelbourg. Il y en a aussi dans le parlement d'Angleterre qui retardent le départ de Walpole et de Stanhope.

Le Roi a été à l'Opéra, et j'y ai beaucoup contribué : il n'avoit pas voulu entrer dans Paris depuis le dernier lit de justice. J'ai été dans sa loge, je lui ai parlé du plaisir qu'on avoit de le voir ; et le lendemain je lui ai encore reparlé si fortement des marques d'amour qu'il a reçues des Parisiens, que j'espère le porter à revenir plus souvent.

Brancas marque de Cadix qu'il a enfin obtenu audience du roi d'Espagne, ainsi que les ministres d'Angleterre et de Hollande ; que tous, se conformant aux ordres de leurs maîtres, ont pressé Sa Majesté Catholique sur la justice qu'il doit aux négocians, et plus encore sur le consentement à la suspension qui doit assurer la tranquillité de l'Europe. Il a répondu qu'il la souhaitoit plus que personne ; qu'il rendra justice et la demande pour lui-même. C'est toujours la même réponse ; et le marquis de Brancas ne paroît pas content du duc de Bournonville. D'autres lettres, lues dans ce même conseil du 3 avril, faisoient connoître que les cours de Vienne et de Madrid concertoient les mesures qu'elles avoient à prendre. On apprenoit que l'Empereur faisoit des magasins de blé à Cologne.

Le cardinal de Fleury garde toujours le même silence avec le maréchal d'Uxelles et moi sur ce qui peut regarder la guerre, et il ne s'ouvre pas davantage avec messieurs d'Angervilliers et Desforts, ministre de la guerre et des finances ; ce qui est fort surprenant.

Il est arrivé un bref du Pape pour défendre le jubilé à tous les appelans. On a résolu de tenir ce bref secret, et le Roi a écrit au Pape et au cardinal de Polignac qu'il a empêché le nonce de le publier, parce que sa publication auroit causé un schisme dans le diocèse de Paris.

On apprend le 6 qu'il y a beaucoup de mouvemens dans les chambres du parlement. Le comte de Toutzen a déclaré au comte de Broglie qu'il n'est pas possible de contenir ceux qui veulent un *ultimatum* de la part de l'Espagne ; qu'il faut se décider sur la paix ou sur la guerre.

Les recrues de l'Empereur pour ses troupes de Bohême et de Silésie sont faites. Le Czar compte de venir à Pétersbourg, et de pouvoir mettre deux cent vingt mille hommes en campagne.

Le roi et la reine d'Espagne, mande Brancas dans ses lettres lues au conseil du 10, ont appris avec beaucoup de peine, par le dernier courrier arrivé de Vienne, que l'Empereur ne fait plus espérer le mariage de l'aînée des archiduchesses avec l'infant don Carlos, et que la reine d'Espagne paroît disposée à une rupture avec l'Empereur ; il y a même dans ces dépêches quelques propositions dont le cardinal n'a pas parlé au conseil. Tout paroît dans une situation violente : cependant la cour d'Espagne, malgré son irritation contre l'Empereur, ne faisoit rien de ce qui regarde la distribution des galions. Le roi d'Espagne la diffère sous divers prétextes, et Batigno travaille toujours à son mémoire des frais causés par l'infraction des armées navales d'Angleterre.

Il est aisé de voir que c'est un prétexte. La reine d'Espagne, tout irritée qu'elle est de voir ses espérances trompées sur le mariage de l'infant don Carlos, ne veut pas cependant se fermer le chemin aux États de Parme et de Plaisance, qui dépend en grande partie de l'Empereur : par conséquent la rupture avec lui n'est pas encore déterminée.

Les lettres de Broglie du 7, lues au conseil le 13, marquoient les plus vives inquiétudes des ministres anglais sur notre prétendue inaction. Le parti de Walpole et Toutzen se disoient perdus, si la France ne déterminoit pas l'Espagne à une prompte satisfaction. « Pour moi, disoit » Horace Walpole, je ne repasse pas en Angle- » terre si la France n'agit pas. Il faut déclarer » la guerre. — Si l'Angleterre veut absolument » la guerre, ai-je dit au conseil, qu'elle se mette » en état de la faire, et qu'elle fasse passer in- » cessamment vingt mille Anglais naturels en » Hollande. — C'est ce que je leur ai déjà » mandé, a répondu le cardinal. »

On a donné ordre à Brancas de presser avec la plus grande vivacité la distribution des galions.

Il avoit paru quelque diversité d'opinions dans le parlement d'Angleterre sur Gibraltar ; mais on apprit que le 5 mars il a été résolu tout d'une voix que Gibraltar sera déclaré port franc, et qu'on y établira une cour de justice : ce qui marque la résolution déterminée de l'Angleterre de ne jamais rendre cette place, quoiqu'on ait lu en plein parlement la lettre du roi d'Angleterre, qui promettoit au roi d'Espagne cette restitution.

Le Czar a ordonné de grandes levées, et qu'on travaille à des tentes pour faire marcher toutes les troupes russiennes qui sont en Livonie. L'Empereur presse ses recrues, et tout paroît disposé à la guerre dans le Nord.

Le 21 avril, les trois ambassadeurs d'Angleterre ont demandé audience au cardinal, et l'ont tenue tout le matin; les ambassadeurs d'Espagne l'ont eue à leur tour l'après-midi.

Quelques jours auparavant, il étoit arrivé un courrier aux ambassadeurs d'Espagne, chargé d'une lettre du marquis de La Paz au cardinal, du contenu de laquelle les ambassadeurs n'avoient aucune connoissance, non plus que le marquis de Brancas, notre ambassadeur en Espagne. On nous a dit seulement que le roi alloit passer huit jours à Corte-de-Arena pour chasser; que de là il reviendroit à Séville passer la semaine sainte; qu'ensuite il iroit à Grenade, où l'on faisoit venir les Infans, qui étoient restés à Madrid. La reine d'Espagne paroissoit toujours indignée de ce que le mariage de l'infant don Carlos avec l'aînée des archiduchesses étoit refusé.

Le Roi devoit aller à Compiègne le 22 avril. Le garde des sceaux a demandé que l'on remette le premier conseil après l'arrivée. Je ne suis parti qu'après le Roi, et j'ai donné un grand repas à l'évêque de Lubeck, prince de Holstein, aux ministres du Nord, aux ambassadeurs d'Espagne, au cardinal de Rohan, à beaucoup de dames, et à madame la duchesse.

On nous a lu, dans le conseil du 27 avril, une lettre assez étonnante du marquis de La Paz au cardinal de Fleury, laquelle contient une proposition du roi d'Espagne de mettre des garnisons dans les États de Parme et de Florence, pour assurer ces États à don Carlos; moyennant quoi on rendroit justice aux négocians, ne prétendant que quatorze pour cent des galions, tant pour l'indult que pour les frais que l'infraction des Anglais avoit causés au roi d'Espagne, et seulement cinq pour cent de ce qui arrivoit des Açores pour le compte des négocians. Ils craignoient un traitement bien différent, et c'étoit une grande joie d'un traitement qu'on ne pouvoit espérer, à beaucoup près, si favorable; mais la condition de mettre des garnisons dans les places de Parme et de Florence étoit *conditio sine quâ non*.

Cette lettre, sans nulle explication sur les moyens d'établir des garnisons en Italie dans des fiefs de l'Empire, sans faire mention de l'Empereur, ni du traité de Vienne entre ce prince et l'Espagne, nous a paru folle. Le maréchal d'Uxelles s'en est expliqué ainsi. Pour moi, je me doute que la réponse est déjà faite, et qu'en ne voulant pas nous laisser ignorer une chose si importante, on ne demande pas notre délibération.

Les trois ambassadeurs d'Angleterre au congrès se sont rendus à Compiègne le 28 avril. Leurs audiences sont longues, fréquentes et vives, mais le cardinal n'en rend aucun compte au conseil. On trouve qu'il hasarde d'être toujours seul avec ces trois ministres habiles, et de se charger seul de les écouter et de leur répondre.

Toutes les lettres du comte de Broglie et de Chamorel, lues le premier mai, disent que milord Toutzen assure nettement que si la France n'agit pas avec vigueur contre l'Espagne, l'Angleterre se réunira avec l'Empereur. L'inaction et l'état actuel ne pouvoient durer plus longtemps, et le comte de Broglie étoit d'opinion qu'il falloit compter sur le changement de l'Angleterre. « Mais ceci, ai-je dit au conseil, me » paroît fort sérieux, aussi bien que la proposi- » tion du marquis de La Paz, laquelle nous fait » entrevoir une rupture de l'Espagne avec l'Em- » pereur, et les discours de Toutzen une rup- » ture de l'Angleterre avec nous. » Le cardinal a dit : « Non, non, » d'un air de mécontentement. J'ai répondu : « Je ne sais que ce que » j'entends; c'est ce qui me fait trouver la ma- » tière importante. » On s'est tu, et on a passé à d'autres nouvelles.

Celles de Moscou parlent d'un voyage du Czar de quelques semaines dans les terres des princes Dolgorousky ses favoris, et de l'exil en Sibérie, avec une sûre garde, du prince Walkin, parent du Czar. Celles de Londres et de La Haye parlent d'armemens de mer très-considérables. Il en paroît aussi un de dix vaisseaux de guerre à Cadix. Le roi d'Espagne a résolu d'être longtemps dans les royaumes de Grenade et de Valence avec ses enfans, qu'on fait venir de Madrid.

L'Empereur ayant fait à l'Angleterre la proposition de renouer les anciens engagemens avec elle, les ministres nous en ont donné avis sur-le-champ, et promettent d'être fermes dans leurs engagemens. On a décidé au conseil du 4 que nous leur donnerons les mêmes assurances.

Ce même jour, on a appris la mort du cardinal de Noailles, dont la piété exemplaire pendant tout le cours de sa vie étoit au plus haut point respectable. Il avoit été le plus redoutable ennemi de la constitution *Unigenitus*. Sur la fin de sa vie, la maréchale de Gramont, sa nièce, l'avoit obsédé, et obligé de se soumettre. La duchesse de La Vallière, sa nièce aussi, combattoit sa sœur, laquelle, appuyée de la cour, demeura maîtresse. Il est certain que l'esprit n'étoit plus le même. Les ennemis de la constitution tirèrent un écrit de sa main, par lequel il désavouoit tout ce que la maréchale de Gramont l'avoit obligé de faire.

Combattu et persécuté par les deux partis

qui profitoient de sa foiblesse, il changeoit souvent. Il est à présumer qu'on lui avoit fait espérer les explications si souvent demandées au Pape. Ce qu'il y a de certain, c'est qu'on n'a jamais pu tirer de lui une instruction pastorale telle qu'on la vouloit, et que Rome, malgré son acceptation, n'étoit pas contente de lui; et qu'enfin ses parens et son conseil, partagés, ont abusé de sa foiblesse en le persécutant, sans grande utilité pour le parti de la constitution. L'archevêque d'Aix a été nommé son successeur le 5. Je l'ai proposé au cardinal, qui m'a répondu seulement : « Il nous faut un homme bien sage. »

Le 6, les ambassadeurs d'Angleterre sont arrivés à Compiègne. Ils sont venus me voir le même jour, ainsi que ceux d'Espagne, et m'ont dit qu'ils espèrent un bon succès. On a tout lieu de s'y attendre, si cela dépend de leur bonne volonté.

Enfin, dans le conseil d'Etat du 8, le garde des sceaux a rendu comte des importantes matières qui jusque-là n'avoient été connues que du cardinal et de lui. Il parut donc qu'il n'y avoit eu avec le comte de Sinzendorff qu'un traité provisionnel, et beaucoup d'assurances que l'Empereur ne vouloit pas la guerre, mais nuls engagemens. Du côté d'Espagne, la proposition de mettre des garnisons dans les places de Toscane et de Parme, afin d'assurer ces deux États à don Carlos, tendoit à déposséder en quelque manière ces souverains de leur vivant : opération que le traité de partage de la monarchie espagnole, fait par l'Angleterre et la Hollande, avoit commencée; opération injuste, et contre tout droit divin et humain. Le garde des sceaux nous a donc appris que l'Angleterre entrera dans les mesures que propose l'Espagne pour mettre ces garnisons, offrant, si les possesseurs ne veulent pas qu'elles soient d'Espagnols naturels, de les mettre de Suisses, mais à condition que le traité provisionnel sera signé auparavant. Tout cela s'arrangeoit sans savoir si l'Empereur y consentiroit, sans nulles mesures prises avec le roi de Sardaigne. Ces nouveaux projets font voir que la paix n'est pas si assurée qu'on veut l'espérer. On a décidé de dépêcher un courrier à Madrid, portant notre résolution, qui est de ne point mettre de garnison dans les États de Florence et de Parme sans le consentement de tous les alliés d'Hanovre; ce qui équivaut à un refus.

Le courrier qui avoit été dépêché à Rome, sur le bref du Pape pour exclure les appelans du jubilé, duquel on avoit empêché la publication, est revenu, et a apporté des assurances de la part du Pape qu'il n'a eu aucune connoissance de l'expédition ni de l'envoi dudit bref; que c'est le cardinal Corradini, homme violent, qui l'a fait expédier sans la connoissance du Souverain Pontife : ce qui paroît bien hardi, pour ne pas dire très-insolent, contre l'autorité du Pape.

Comme le cardinal avoit fait d'avance à la reine d'Espagne la réponse arrêtée dans le conseil du 8, on a su le 15, par un courrier du marquis de Brancas, et de Wandermer, ambassadeur de Hollande, que la Reine regarde en effet la résolution sur les places de Toscane comme un refus, et qu'elle en est outrée contre le cardinal. Wandermer mande que la passion agit bien plus que la raison sur l'esprit de la Reine; qu'il pourroit bien arriver qu'elle se détermineroit subitement à la guerre; que Patigno et le marquis de La Paz paroissent fort agités; qu'on ne parle pas de délivrer l'argent des galions, et que l'on dépêche des courriers à Vienne. On a envoyé une nouvelle instruction pour le marquis de Brancas, dont il ne doit faire usage que trois semaines après l'avoir reçue, afin de donner à la reine d'Espagne le temps de faire ses réflexions. Par cette dernière instruction, on approche un peu plus de ses intentions, sans cependant vouloir suivre ses premières vues.

Le cardinal de Polignac mande qu'on voit bien que le cardinal Corradini est un peu honteux de ce bref, envoyé sans la connoissance du Pape.

On voit toujours, par les lettres du Nord, un mouvement considérable par terre et par mer de la part des Russes. L'abbé Langlois mande le départ du roi de Pologne pour Varsovie ; et dans ses lettres, lues au conseil le 18, il assure que Sekendorff, ministre de l'Empereur, n'a rien obtenu; que Mansfeld, ministre du roi de Pologne, dévoué à l'Empereur, n'a aucun crédit; et que le comte d'Em, qui paroît le plus en faveur, est dévoué à la France.

Les lettres du Nord annoncent le départ du Czar pour Pétersbourg dans le mois de mai. Celles d'Audiffret, ministre du Roi en Lorraine, font voir un grand désordre dans les finances du nouveau duc : elle ne promettent son voyage en France que dans le mois de septembre.

On attend avec beaucoup d'impatience un courrier d'Espagne, sans cependant espérer qu'il apporte aucune résolution. Le marquis de Brancas, dans ses lettres de Séville du 5, lues au conseil le 20, marque qu'il n'a rien fait auprès de la Reine; qu'on ne délivre toujours pas les effets des galions, et qu'on ne peut douter que cette princesse n'attende des nouvelles de Vienne pour se déterminer.

Bussy, chargé des affaires du Roi à Vienne, ne marque rien qui soit important; que le secrétaire d'Espagne à Vienne lui a fait de grandes confidences sur la réunion de sa cour avec la nôtre, et qu'il les soupçonne de n'être pas fidèles. En effet, nous apprenons en même temps que le secrétaire d'Espagne à La Haye en fait autant avec notre envoyé. Bussy mande que les armemens des Turcs sur les frontières de Valachie sont pour remettre le kan des Tartares dans son devoir, duquel il s'est écarté depuis quelque temps.

Les lettres de Florence apprennent les débauches du grand-duc, très-propres à avancer la fin de ses jours. Le courrier que l'on attendoit d'Espagne, envoyé par les ministres d'Angleterre, est arrivé le 23. On a lu ses dépêches dans le conseil du 25 : elles répètent une très-vive colère de la reine d'Espagne sur le refus de mettre des garnisons espagnoles dans les places de Toscane et de Parme. La Reine a dit au marquis de Brancas que le cardinal de Fleury est livré aux Anglais : « Et si l'on trouve de si mauvais » parens, a-t-elle ajouté, il faut espérer que » l'on trouvera de bons amis. » Elle a fini par dire sur les galions : « Le Roi veut rendre jus-» tice à tout le monde; mais il n'est pas juste » aussi qu'il donne de l'argent pour lui faire la » guerre. » Brancas dit que le peu que le roi d'Espagne a parlé dans cette conversation a été pour approuver la Reine.

Nos ministres d'Allemagne nous mandent qu'il est facile de réunir les quatre électeurs palatins à l'électeur d'Hanovre, roi d'Angleterre; que le landgrave de Hesse, déjà dévoué à l'Angleterre, seroit soutenu des ducs de Wurtemberg et de Brunswick. Sur cela j'ai dit au conseil : « Si » l'Empereur peut craindre une telle ligue dans » l'Empire, en sa place je commencerois la » guerre plus tôt que plus tard, et avant de la » laisser former. »

Tous les ministres étrangers du congrès se sont rendus à Compiègne, où il ne peut être pris aucune résolution, puisqu'il faut attendre le retour du dernier courrier envoyé en Espagne, qui ne peut arriver que dans le 10 juin. Fonseca, ambassadeur de l'Empereur, m'assure que l'Empereur ne veut pas la guerre. Il est certain qu'aucune puissance ne la veut réellement, pas même actuellement les Anglais, qui ont paru les plus animés.

Les lettres de Brancas du 12, lues dans le conseil du 29, parlent toujours de la colère de la reine d'Espagne, et qu'il seroit possible qu'elle portât l'Empereur à la guerre; que d'ailleurs on ne parloit pas de délivrer l'argent des galions.

On a lu une réponse du cardinal au marquis de Brancas, sur les travers de la reine d'Espagne contre lui : « Il ne convient pas, disoit le cardi-» nal, de mettre des garnisons dans les places » de Florence et de Parme, parce que c'est s'em-» parer des États de princes vivans; et quand » l'Empereur promettroit d'en investir don Car-» los après leur mort, c'est toujours une démar-» che injuste et odieuse pour le présent; et si » cela ne se fait pas du consentement de l'Em-» pereur, c'est une guerre que l'on entreprend. » Or, avant que d'entreprendre une guerre » juste ou injuste, il faut du moins convenir » comment cette guerre se fera, avec combien » et quelles forces. » Enfin cette lettre, si la reine d'Espagne vouloit y faire attention, la convainquoit absolument du peu de fondement de sa colère.

En attendant que cette lettre fasse son effet, on en a lu, au conseil du 2 juin, une de Brancas, qui marque qu'elle est toujours dans les mêmes emportemens; qu'elle veut des garnisons espagnoles dans les États de Parme, qu'elle attend des nouvelles de Vienne, et que tout est toujours dans la même incertitude sur la paix ou sur la guerre. Quant au roi d'Espagne, il passe la journée à pêcher à la ligne, et le soir à dessiner; comme, dans sa campagne d'Italie, il passoit la journée à tirer des pigeons dans le château de Milan. C'est toujours le même homme.

Bussy, chargé des affaires du Roi à Vienne, marque que certainement depuis long-temps l'Empereur ne cherche qu'à gagner du temps. Je l'avois toujours bien pensé, et j'avois averti le cardinal et le garde des sceaux que Sinzendorff les amusoit.

Le roi d'Angleterre est arrivé à Utrecht le 4 juin, pour se rendre dans ses États d'Hanovre.

Le Czar fait avancer des troupes vers la Pologne, dont le Roi a indiqué la diète à Grodno pour le 4 août. Majan mande de Moscou que le Czar a appris, par un courrier du général qui commande ses troupes en Perse, que celles du sophi Ezrek ont été battus par les Moscovites, et que la paix est faite avec ce sophi, qui cède au Czar toutes les provinces qu'il a conquises.

Majan envoie une relation très-curieuse de ce qui s'est passé dans les derniers jours de la vie du feu Czar, et dans la courte durée du règne de la Czarine : ses débauches avec un nommé Moron, auquel le Czar avoit fait couper la tête, sont bien décrites. On y voit les intrigues du jeune comte Sapia, du comte Transhoé, pour faire déclarer une des princesses impératrice, et perdre le jeune Czar à présent régant; la disgrâce de Transhoé et son fils, ensuite celle de Menzikoff, qui avoit perdu Transhoé, et qu'on vient de mener en Sibérie avec son fils. Tout cela est bien décrit par le ministre de Danemarck à la cour du Czar, et ce ministre a lui-même eu beaucoup de part à ces intrigues.

On apprend de Rome que Corradini et plusieurs autres cardinaux sont toujours très-animés sur les affaires de la constitution, et peu contens de l'acceptation qu'en a fait le cardinal de Noailles.

Les lettres de Vienne du 15 juin marquent qu'on a dépêché plusieurs courriers, et qu'à l'arrivée d'un d'eux à Bruxelles on a fait partir le chef des ingénieurs pour Luxembourg. Les Anglais ont aussi une armée navale prête à mettre à la voile de Portsmouth; et les avis de La Haye disent que l'escadre de Hollande, de douze vaisseaux, doit aller joindre celle d'Angleterre à Portsmouth. Il paroit que l'on retient le courrier Bannières à Séville, jusqu'à ce que la reine d'Espagne ait reçu des nouvelles de Vienne.

Le roi de Suède paroit résolu à son voyage auprès du landgrave son père.

Brancas marque par ses lettres, lues le 19, qu'il ne peut avoir la réponse si désirée de la cour d'Espagne de plus de huit jours, par le voyage qu'elle fait à Port-Marie; qu'on ne parle point de délivrer les effets des galions, et que ces retardemens excitent de grandes plaintes de tous les négocians.

Les lettres de Moscou font mention des forces du Czar, qui consistent en deux cent mille hommes de pied et quatre-vingt mille chevaux, outre cela un grand nombre de cosaques et Tartares, qu'il peut faire monter à cheval au premier ordre. Celles de Vienne parlent d'un corps d'armée de l'Empereur prêt à marcher en Silésie; et celles de Hollande, que l'escadre aux ordres du contre-amiral Sommerdick est partie du Texel pour aller joindre l'armée navale d'Angleterre à Portsmouth.

On a lu, dans le conseil d'État du 22, une instruction pour le marquis de Brancas, par laquelle on accorde à la reine d'Espagne tout ce qu'elle nous a demandé pour se séparer des intérêts de l'Empereur et s'unir avec la France, c'est-à-dire de mettre des garnisons espagnoles dans les places de Toscane et les États de Parme. Voici la raison de cette brusque résolution: peut-être la reine d'Espagne, fort piquée du refus de l'Empereur de l'archiduchesse aînée pour don Carlos, ne nous a-t-elle fait des propositions d'accommodement que pour faire peur à l'Empereur. Ces propositions, refusées par nous, l'ont fort irritée; et comme elle attend des nouvelles de Vienne, il pouvoit se faire que l'Empereur, pour empêcher cette reine de se réunir à la France, lui accordât ou parût lui accorder tout qu'elle a demandé à ce prince. Nous avons donc jugé à propos de le prévenir, d'autant plus que les Anglais veulent une décision prompte, et que leur armée navale, fortifiée de douze vaisseaux hollandais, n'attend que le dernier mot pour mettre à la voile.

Cependant on voit la négociation commencée depuis long-temps entre l'Empereur et le roi de Prusse dans une grande vivacité. Sinzendorff a reçu deux courriers de Vienne en vingt-quatre heures, et il a ordre de s'y rendre en toute diligence. Nous craignons beaucoup que le prince Eugène ne veuille la guerre. L'Empereur retient près de lui le nouveau duc de Lorraine, et ne veut pas consentir qu'il retourne dans ses États.

Le roi de Suède désiroit fort d'aller voir le landgrave de Hesse, son père [26 juin]. On lui a fait connoître que cet éloignement de son royaume ne convient pas dans la conjoncture présente. Les États lui ont accordé une somme pour la dépense de son voyage; mais il le remet à un autre temps.

Le Pape est revenu à Rome de son voyage de Bénévent. Le cardinal Corradini, le plus violent sur les affaires de la constitution, voudroit que l'on procédât vivement contre les appelans, et anime le sacré collége sur l'écrit du cardinal de Noailles, signé le 26 février dernier, qui rétractoit tout qu'il avoit fait en acceptant la constitution, disant qu'on lui avoit promis les douze articles.

Les lettres de Brancas, lues le 3 juillet, marquent que le voyage de la cour de Séville, à San-Lucar et Port-Marie, a encore suspendu les réponses de la reine d'Espagne, laquelle paroit toujours irritée contre le cardinal; que Patigno a commencé à se servir de l'argent des galions, déclarant cependant que ce n'est que de celui qui doit revenir au roi d'Espagne.

On a lu, dans le conseil du 6, des instructions dressées pour Chavigny, ministre du Roi à Ratisbonne, qui est envoyé à Hanovre: 1° pour prendre des mesures avec le roi d'Angleterre sur les affaires de Meckelbourg; 2° pour le préparer à celles qu'il doit prendre, si l'Empereur venoit à attaquer ses Etats d'Allemagne. On doit lui faire entendre qu'en ce cas le Roi pouvoit difficilement lui envoyer un corps de troupes de France. J'ai cru devoir faire une petite représentation au conseil: « Cet avertissement, ai-je dit, est bien
» tardif; il semble que tout devoit avoir été concerté il y a long-temps. — Il y a long-temps
» aussi, a répondu le cardinal, que j'ai prévenu

» Walpole. — En ce cas, ai-je répliqué, nous
» avons tous raison: Votre Eminence d'avoir
» averti, et moi d'être justement surpris si on ne
» l'avoit pas fait. »

Dans le conseil d'État du 10, ont été lues les dépêches du marquis de Brancas du 25 juin, qui marque l'arrivée le 25 du courrier qui portait la dépêche du 14, par laquelle on accordoit à l'Espagne tout ce qu'elle avoit demandé. Nous avons été bien surpris au conseil, et avec raison, de n'avoir pas appris sept jours plus tôt, par un courrier, la reconnoissance de la reine d'Espagne. « Nous ne voyons, ai-je dit, que des » marques de sa colère, lorsque nous lui don- » nons les raisons de la nécessité de prendre des » mesures pour exécuter ce qu'elle désire; et » lorsqu'ensuite nous accordons tout, le remer- » cîment est bien lent. » Le maréchal d'Uxelles a ajouté : « Si la reine d'Espagne n'est pas con- » tente, le marquis de Brancas a dû lui dire : » *Je prends congé.* Il est bien surprenant qu'il » nous accuse simplement la réception de la plus » importante nouvelle, et que le 10 juillet on » n'ait encore aucun détail de sa part. »

On a reçu divers avis que les Anglais s'accommodent avec l'Empereur et avec l'Espagne; mais les ambassadeurs d'Angleterre pressent si vivement la déclaration de l'Espagne, qu'il n'y a pas d'apparence que leur ministère ait rien conclu à cet égard.

On a appris, par la voie des négocians, que Patigno a si bien fait par le moyen des marchands de Cadix, que les négocians français embarqueront leurs marchandises pour les Indes avant que d'avoir reçu l'argent des galions, malgré les résolutions contraires qu'ils avoient prises.

Le 17, ont été lues les dépêches du marquis de Brancas du 30 juin, qui disoient encore seulement que la reine d'Espagne avoit paru contente du consentement que la France et l'Angleterre donnoient à tout ce qu'elle avoit demandé, sans expliquer rien de plus. Notre étonnement a redoublé de voir qu'après sept jours qu'avoit eus le conseil d'Espagne pour connoître tout le prix de ce qui devoit lui être si agréable, la réponse fût si froide; et on est très-mécontent du marquis de Brancas de ce qu'ayant reçu le 24 juin une nouvelle si importante, il n'a pas déclaré à la Reine que puisqu'elle obtenoit tout ce qu'elle avoit demandé, il falloit donc commencer par rendre justice aux nations dont elle retient plus de cinquante millions. « Il est donc, » ai-je dit, demeuré tranquille depuis le 24 juin » jusqu'au 30, sans presser la reine d'Espagne » pour une réponse claire sur ses résolutions? Il » ne faut que dix jours au plus pour avoir un » courrier; nous sommes au 17 juillet: donc on » peut compter que le 7 juillet il n'y avoit encore rien de décidé pour délivrer les effets des » galions. L'indolence du marquis de Brancas » est surprenante, et la conduite de la reine d'Espagne ne permet pas de douter qu'elle n'attende une dernière réponse de l'Empereur, » puisqu'elle emploie douze jours à délibérer sur » une matière qui ne permet pas d'irrésolution. »

L'impatience très-juste des Anglais est au plus haut point. Le Roi va à Rambouillet. Le cardinal ira passer ce temps à Issy, et m'a promis de me dépêcher à Villars un courrier, dès que l'on apprendra quelques nouvelles d'Espagne. Toutes celles d'ailleurs n'attirent aucune attention. Les affaires de Frise ne sont pas terminées, celles de Meckelbourg encore moins. Il y a eu quelques violences entre les troupes du roi d'Angleterre et de Prusse sur les frontières des États d'Hanovre ; mais il faudroit de plus grandes raisons pour porter à la guerre. Cependant il y a eu le 2 juillet une conférence chez l'Empereur, où l'on a appelé le général Weddel, qui doit aller en Pologne, et le général Sekendorff, qui ira à Berlin.

Le 25 juillet, point de nouvelles. Le marquis de Brancas ne marque, par le retour du courrier Bannières, que beaucoup de satisfaction de la reine d'Espagne, mais rien de décisif. Le garde des sceaux me mande que je puis manquer le premier conseil.

Enfin le 31 on a lu une dépêche de Brancas, qui fait voir qu'on commençoit à se remuer en Espagne : il parloit de conférences qui devoient se tenir entre les sieurs de Patigno et le marquis de La Paz, avec les ministres de France et d'Angleterre, sur les moyens de convenir de ce traité provisionnel dont on parloit depuis si long-temps; mais on ne voyoit pas encore d'ordres pour délivrer les effets des galions. Brancas marquoit en même temps que Kœnigseck avoit des entretiens plus fréquens avec la reine d'Espagne seule, et qu'on peut croire qu'elle ne veut que gagner du temps.

On a lu, dans le conseil d'État du 7 août, des lettres du marquis de Brancas, qui marquoient que rien n'avançoit; que la reine d'Espagne étoit toujours très-réservée. Il disoit, à la fin de sa lettre au garde des sceaux : « Vous serez » étonné de la sécheresse de cette dépêche. Un » rhume très-violent dont je suis incommodé y » a quelque part. » J'ai répondu : « J'aurois at- » tribué la sécheresse de sa dépêche à celle des » réponses de la reine d'Espagne; mais puisque » c'est un rhume, il faut espérer que quelques

» verres de sirop de capillaire mettront plus
» d'onction dans la première. » Le Roi et le conseil ont trouvé ma réponse bonne.

En effet, il nous est venu le 12 août des offres obligeantes du conseil d'Espagne de transporter, si nous voulions, à Paris la négociation pour le traité provisionnel; ce qui étoit proposer encore des longueurs. « Comment appelez-vous
» une pareille conduite? disait Stanhope dans
» une assemblée chez le cardinal. Certainement
» ils ne cherchent qu'à gagner du temps. Que
» n'avons-nous agi dès l'année 1727, et mis le
» maréchal de Villars à la tête de nos armées!
» — Il n'est pas question de moi, ai-je répondu,
» mais d'examiner quelles raisons a l'Espagne
» de vouloir gagner du temps. — C'est qu'apparemment l'Empereur en a besoin, a dit Stan-
» hope, et qu'ils s'entendent: c'est ce qu'il faut
» démêler. »

Les dépêches du marquis de Brancas, lues au conseil du 14, contiennent un projet de plusieurs articles pour établir les garnisons espagnoles dans les places de Florence et de Parme, faire une ligne offensive et défensive entre la France, l'Espagne et l'Angleterre, et ainsi rallumer une guerre universelle. En même temps que la reine d'Espagne délivroit ce projet, elle a déclaré qu'elle envoie un ordre à Cadix de donner l'argent des galions; mais les articles sont si obscurs et si remplis de contradictions, que le cardinal de Fleury a dit qu'il ne croyoit pas l'ordre de délivrer l'argent des galions bien sincère, d'autant plus qu'on savoit que la reine d'Espagne avoit dit : « Quand la France et l'Angleterre
» auront notre argent, ils se moqueront de
» nous. »

On apprend, par des lettres de Vienne, que les conseils chez l'Empereur sont très-fréquens; que le prince Eugène, soutenu de Staremberg, est pour agir, Sinzendorff pour temporiser; que les courriers sont fréquens, et que l'on en dépêche souvent à Moscou. Enfin la disposition générale des affaires prépare à la guerre.

A la place de ce projet obscur et entortillé, on en a promis, dans le conseil du 17, un autre à Brancas, sitôt qu'on sera convenu avec les ambassadeurs d'Angleterre; qu'il peut assurer d'avance la reine d'Espagne qu'elle sera contente, puisqu'il ne sera question que d'examiner les moyens d'exécuter sûrement ce qu'elle demande. On lui a recommandé de ne rien omettre pour découvrir ce qui peut se traiter secrètement avec l'Empereur.

Des dépêches du 4 et du 6 août, lues le 21, parlent bien de la délivrance de l'argent des galions, mais aucun ne l'assure : on dit seulement que la flottille est repartie richement chargée. Brancas assure qu'il ne croit aucune intelligence entre l'Empereur et la reine d'Espagne; qu'on a proposé de menacer le grand-duc s'il s'oppose aux garnisons espagnoles, et que lui Brancas l'a approuvé ; ce qui a été fort blâmé dans notre conseil. On y a murmuré quelque chose d'un secret confié par les ambassadeurs au cardinal, et qu'il n'a communiqué ni au conseil, ni au marquis de Brancas.

Les Moscovites rassemblent trente mille hommes sur les frontières de Courlande, apparemment pour satisfaire aux engagemens du Czar avec l'Empereur. Chavigny, arrivé auprès du roi d'Angleterre à Hanovre, dit dans sa dépêche, lue le 24, qu'il a proposé à ce prince une ligue avec les quatre électeurs de la maison de Bavière; qu'il est question de subsides, lesquels Toutzen, principal ministre du d'Angleterre, veut être payé par la France. Ce même ministre dit ne pouvoir se fier aux Danois, auxquels la France donne plus de deux millions par an. J'ai dit sur cela : « On se méfie du Danemarck, que nous
» payons fort cher; on veut encore nous faire
» payer ces électeurs : et je soutiens toujours
» que nous ne pouvons compter sur ces princes
» de l'Empire que quand nos armées pourront
» assurer leurs Etats. S'il y a de la guerre, faites
» passer le Rhin à quarante mille Français; que
» l'Angleterre envoie quinze mille nationaux,
» la Hollande tout ce qu'elle voudra : alors ne
» donnez de l'argent à personne, et faites la guerre
» aux dépens des ennemis. Comme j'ai eu l'honneur de mener trois fois les armées du Roi au-
» delà du Danube, je puis parler avec plus de
» connoissance des moyens de les faire subsister. »

Bussy écrit de Vienne qu'on a fait partir un courrier en grand secret pour l'Espagne, sans le communiquer au secrétaire d'Espagne. On auroit dû apprendre au moins, par les lettres de l'ordinaire d'Espagne, arrivées le 27, la délivrance de l'argent des galions; et on sait que, malgré la promesse de la reine d'Espagne de le donner le 8 août, il n'y avoit encore rien de délivré le 11 ; ce qui a commencé à causer des banqueroutes à Paris. Les lettres de Brancas, lues au conseil d'État du 28, promettent cette délivrance le 12, et que Patigno devoit aller à Cadix pour cela : il assure toujours qu'il n'y a aucune intelligence entre l'Empereur et l'Espagne.

On a appris, par les nouvelles d'Angleterre, que son armée navale à Portsmouth prend des vivres pour huit mois; ce qui marque un voyage de long cours. L'Angleterre a promis qu'elle n'attaquera pas les Indes espagnoles, à quoi la France ne peut jamais donner les mains.

24.

Des lettres de Chavigny, apportées par un courrier du comte de Toutzen aux ambassadeurs d'Angleterre, et lues au conseil d'État du 31, apprennent des apparences de rupture entre les rois d'Angleterre et de Prusse. Solterne, chargé des affaires du Roi à Berlin, avoit averti d'un conseil tenu chez le roi de Prusse, auquel Sekendorff, ministre de l'Empereur, avoit assisté, après lequel on avoit fait partir les officiers généraux et particuliers, pour assembler une armée près de Magdebourg. Il y avoit entre ces deux cours des différends trop légers pour être les véritables causes d'une guerre, mais ils pouvoient servir de prétextes.

On travaille assidument au contre-projet qui doit être envoyé en Espagne; mais comme il doit être concerté avec le roi d'Angleterre à Hanovre, et avec son conseil en Angleterre, les réponses sont lentes à venir. Tout cela fait désirer au cardinal, qui montre trop ne vouloir pas la guerre, que l'on convienne promptement avec l'Espagne.

Le 4 septembre, à quatre heures du matin, la Reine est accouchée d'un Dauphin; ce qui a causé la joie la plus sensible au Roi. Cette naissance est bien importante à la France, puisque la postérité de Louis XV ôte toutes les causes de divisions que les renonciations n'empêcheroient peut-être pas.

On apprend par les lettres de Brancas, lues le 5, qu'on doit commencer à délivrer à Cadix l'argent des galions, mais en retenant près de vingt-cinq pour cent, malgré les promesses que ce ne seroit que douze. Les négocians, qui craignoient de tout perdre, se trouvent encore fort heureux.

Les dépêches du cardinal de Polignac marquent une grande colère du Pape sur ce qu'on a défendu dans le royaume l'office de Grégoire VII, qui est plus connu sous le nom du cardinal Hildebrand, lequel a plus qu'aucun autre attaqué les empereurs et les rois, en les déposant de leurs trônes.

On apprend de Berlin, du 27 août, que la colère du roi de Prusse se calme, et que son conseil, où Sekendorff, ministre de l'Empereur, est toujours entré, malgré la présence de ce ministre et ses instances, ne le porte pas à la guerre.

Le Roi a été faire chanter le *Te Deum* à Notre-Dame. J'ai représenté au cardinal, avec le maréchal d'Estrées, qu'au *Te Deum* de la paix générale, le feu Roi m'avoit ordonné d'y assister; que les ducs de La Trémouille et de Lauzun y étoient allés; que, comme ducs, ils avoient été placés du côté gauche de l'autel, vis-à-vis du clergé, avec des carreaux de velours bleu devant eux; que les archevêques et évêques n'avoient pas eu de carreaux, dont ils s'étoient plaints. Le cardinal nous a répondu que le duc d'Orléans régent avoit fait donner une déclaration qui n'admettoit plus ce qui avoit été pratiqué en faveur de ces trois ducs. Nous avons dit qu'il n'y avoit donc qu'à prendre patience; que, du temps de M. le duc, on avoit pareillement détruit les honneurs que les ducs avoient aux obsèques des princes, qu'apparemment on nous rendroit justice dans d'autres temps, comme de celui de Louis XIV, lequel mérite d'être respecté. J'ai été avec le duc d'Antin faire ma cour au Roi pendant son souper: il a mangé avec tous ceux qui l'ont suivi dans ses carrosses.

On a lu, dans le conseil du 11, le projet qui doit être envoyé au marquis de Brancas pour conclure enfin un traité avec l'Espagne. Ce projet a été concerté avec le roi d'Angleterre à Hanovre, et le conseil d'Angleterre; c'est-à-dire proprement avec le comte de Toutzen, qui a suivi le roi d'Angleterre, et Robert Walpole, qui est auprès de la reine d'Espagne. On convient d'introduire dans Livourne et Plaisance six mille hommes des troupes que fourniront la France et l'Angleterre. Tout roule sur cette matière.

Les lettres de Brancas, lues le 14, apprennent que véritablement on délivre l'argent des galions, mais bien lentement, ce qui lui donne des soupçons; et que, malgré les promesses du roi et de la reine d'Espagne que l'on ne prendroit que quatorze sur cent de l'argent des galions, cela va à près de vingt-cinq. On lui a donné ordre d'en faire des plaintes très-fortes.

Les rois de Prusse et d'Angleterre s'arrangent: le premier a nommé le duc de Saxe-Gotha pour son arbitre; et le second, le duc de Wolfenbuttel. Il paroit que le général Sekendorff, ministre de l'Empereur, entre dans les conseils du roi de Prusse; qu'il a envoyé son aide-de-camp porter des dépêches importantes, et qu'à son arrivée l'Empereur a tenu un conseil. Les nouvelles de la diète de Grodno ne sont pas fort importantes, et le roi de Pologne paroît fort pressé de retourner promptement en Saxe.

Comme ma coutume est d'écrire, au sortir du conseil, ce qui mérite le plus d'attention, en relisant ce qui s'est passé depuis quelque temps sur l'établissement de l'infant don Carlos dans les États de Florence et de Parme, je ne crois pas possible que l'Empereur consente jamais à voir un prince d'Espagne maître des États qui séparent le Milanais des royaumes de Naples et de Sicile, à moins que don Carlos ne soit son gendre. Le maréchal d'Uxelles pense de même.

La ville a donné un grand repas [12 septembre] aux ministres du Roi, le cardinal de Fleury à la tête; aux principaux seigneurs, aux ministres étrangers, et aux présidens des cours supérieures qui se trouvent à Paris.

Le comte de Kinski, ambassadeur de l'Empereur au congrès, a reçu un courrier de Vienne pour faire des propositions. On les a lues dans le conseil du 18 : c'est de suivre exactement le traité de la quadruple alliance, qui ne parle pas des garnisons espagnoles dans les places de Florence et de Parme; et l'Empereur demande aussi que l'on garantisse sa succession : à quoi on a répondu qu'on ne traitera que de concert avec nos alliés.

Le marquis de Brancas mande qu'il y a quelques avis que l'Empereur offre sa seconde fille pour l'infant don Carlos, avec les royaumes de Naples et de Sicile, en laissant à lui l'Empereur les États de Florence et de Parme.

On mande de Berlin que le roi de Prusse fait la paix avec celui d'Angleterre, quoique l'Empereur lui offre trente mille hommes, avec le prince Eugène pour le soutenir; et cette disposition de l'Empereur a été assurée par des lettres lues le 21, qui disent que Sekendorff a déclaré qu'il a des ordres directs de l'Empereur. Kinski et Sinzendorff, envoyés en Hollande et auprès du roi d'Angleterre, disent et soutiennent le contraire. Stanhope, ambassadeur d'Angleterre au congrès de Soissons, a reçu ordre de se rendre auprès du roi d'Espagne, et est parti le 18, et le Roi le 19 d'Hanovre, pour retourner en Angleterre.

En revenant, la nuit du 22 septembre, d'une fête chez le maréchal d'Estrées, j'ai versé dans mon carrosse. On a été obligé de m'ouvrir la jambe où j'ai reçu autrefois des blessures; ce qui m'a éloigné de la cour pour plus de six semaines. Il n'y a rien eu de considérable dans les conseils. On a appris que Stanhope est arrivé à Séville, et on compte recevoir incessamment un courrier, qui apportera quelque décision sur ce qui se traite depuis si long-temps avec l'Espagne.

Blouin, gouverneur de Versailles et de Marly, est mort; et le second fils du duc de Noailles, qui avoit la survivance, a été mis en possession. Le duc son père se charge de tous les détails, desquels Blouin rendoit compte directement au Roi. Dans le même temps, ce fils, qui s'appelle le marquis de Mouchy, a hérité de la principauté de Poix, que lui laisse la duchesse de Richelieu. Elle le fait son légataire universel.

Par les lettres du marquis de Brancas du 3 novembre, lues au conseil d'État le 20, on a appris que le traité signé arriveroit incessamment. Il rendoit compte de six ou sept changemens ou additions, mais si peu importantes, que lui et les ambassadeurs d'Angleterre n'avoient pas jugé à propos d'attendre de nouveaux ordres pour signer le traité. La reine d'Espagne étoit prête à accoucher quand le courrier est parti, et on compte que le premier courrier qui apportera le traité apportera aussi la nouvelle de l'accouchement.

Il paroît, par les lettres de La Haye, que le Pensionnaire est disposé à garantir la succession de l'Empereur. Les liaisons des rois de Prusse et de Pologne se fortifient. L'Empereur fait passer des troupes en Italie. Les nouvelles de Moscou sont que le Sophi a défait Ezrek, et que l'usurpateur est ruiné : mais l'attention de l'Europe est sur le traité entre l'Espagne et les alliés d'Hanovre, principalement la France et l'Angleterre, et les suites que pourra avoir l'exécution du traité.

Le courrier si attendu est arrivé le 25, et dans le conseil d'État du 27 on a lu les articles. Ils sont, à peu de chose près, les mêmes qu'on a proposés il y a si long-temps. La France et l'Angleterre s'engagent à faire introduire six mille Espagnols dans les places de Toscane et de Parme, pour assurer ces États à l'infant don Carlos, ou autres de ses frères, après la mort du prince possesseur. On donne quatre mois du jour de la signature du traité pour y disposer l'Empereur et les princes, et le roi d'Espagne veut que dans six mois les garnisons soient établies. La France donne, pour l'exécution de ces articles, six vaisseaux et six galères, avec trois mille hommes qu'on assemble à Toulon; les Anglais six vaisseaux et deux bataillons, et les Hollandais presque autant. Les Anglais conservent les avantages du commerce, que les Espagnols leur avoient précédemment accordés; et la France ne trouve d'autre avantage dans ce traité que de se réunir avec l'Espagne, et ôter cet allié à l'Empereur.

L'Empereur a déclaré qu'il s'en tenoit aux engagemens de la quadruple alliance, dont il ne peut se départir sans le consentement de l'Empire; et les lettres de Séville, lues le 31, apprennent que son ambassadeur a donné un mémoire au roi d'Espagne, qui confirme qu'il ne s'éloignera en rien de la quadruple alliance. Il représente les périls auxquels l'Espagne s'exposera en s'éloignant de lui et de l'Empire.

Dans ce même conseil, on a lu une longue lettre de Chavigny, qui travaille pour réunir les électeurs de la maison de Bavière à la France et à l'Angleterre.

Le duc de Lorraine est parti de Vienne, après

avoir reçu de grands présens de l'Empereur en argent et en pierreries; et l'archiduchesse aînée lui a donné son portrait enrichi de diamans, ce qui paroît un présent de noces.

On a agité, dans le conseil des dépêches du 3 décembre, si, en faveur de la naissance du Dauphin, on donnera une amnistie aux déserteurs. J'ai parlé pour l'amnistie, et par occasion contre la peine de mort des déserteurs. M. le duc d'Orléans a été seul contre, et le cardinal a été pour différer l'amnistie, de peur que la publication ne persuade que l'on compte sur la guerre.

On a lu, dans le conseil d'État du 4, le traité commencé par Chavigny, et rédigé à Londres, par lequel les quatre électeurs de la maison palatine s'unissent à la France et à l'Angleterre, moyennant des subsides de deux cent mille écus par an à chacun des électeurs de Bavière, Mayence et Cologne. Celui de Mayence n'a voulu s'engager que pour deux ans, les autres, compris le palatin, pour quatorze. Le roi d'Angleterre, qui y a le principal intérêt pour conserver ses États d'Hanovre, ne veut payer qu'une moitié aux électeurs de Cologne et de Mayence, et que la France se charge du reste. On a dépêché un courrier à Londres pour terminer ces difficultés de subsides, que le roi d'Angleterre sera obligé de payer sur la liste civile, n'osant pas les proposer au parlement. Ce traité lui est plus nécessaire qu'à la France, vu le péril auquel seroient exposés ses États d'Hanovre si la guerre commençoit.

On a tiré un feu d'artifice [5 décembre] dans la première cour du château, où l'illumination a été très-belle. Tout cela, d'une grande dépense, ordonnée par le duc de Mortemart, premier gentilhomme de la chambre, a été peu approuvé.

Des dépêches d'Italie, lues le 6 au conseil, portent qu'il est entré six mille hommes de troupes de l'Empereur dans les États de Florence. Il est certain que la résolution la plus honnête est celle de l'Empereur de s'opposer à voir dépouiller des princes vivans de leurs souverainetés; car, bien que l'on déclare que l'on ne touchera pas à leurs revenus ni à leurs droits, et que les garnisons espagnoles seront payées par l'Espagne, il est bien certain qu'un prince n'est pas maître de son pays quand les places sont gardées par une puissance étrangère.

Le marquis de Bonnac a donné, à l'occasion de la naissance du Dauphin, une fête, à laquelle il a invité les députés des Treize-Cantons. Il leur a proposé le renouvellement de l'alliance, mais sans instances, la résolution du conseil étant de ne plus faire aux Suisses des invitations inutiles, et contre la dignité du Roi. Ils ont été bien traités, ont reçu de bon cœur, et à la suisse, les présens qu'on a bien voulu leur faire, et ont renvoyé les propositions de l'ambassadeur *ad referendum*. Ainsi la poudre a été tirée aux moineaux.

Le Roi a été passer douze jours à Marly, où tout a été enrhumé, aussi bien qu'à Paris. Cette maladie a été plus dangereuse à Londres, où il mouroit par semaine sept ou huit cents personnes.

On a su, dans le conseil d'État du 25, l'arrivée à Cadix d'un vaisseau qui apportoit le reste de l'argent des galions. On a pressé en vain le roi d'Espagne de faire plus de justice aux négocians: il a tout remis au retour des galions qu'on se prépare à faire partir.

Cependant l'Angleterre commence à jouir de la paix signée avec l'Espagne, et réforme huit mille hommes du peu de troupes qu'elle avoit sur pied. L'Empereur, au contraire, travaille diligemment à rendre toutes les siennes complètes, et à remplir les magasins de ses places frontières. On a aussi quelques avis d'un traité entre le roi de Prusse et le roi de Danemarck. Celui-ci a déjà tiré plus de douze millions de la France, par le traité qu'a signé le chevalier de Camilly.

Le cardinal de Polignac a fait savoir au conseil du 28, qu'il fait inutilement des instances pour porter le Pape à approuver le dernier mandement de l'archevêque de Paris. On l'avoit cependant cru très-propre à ramener les curés, mais les ennemis de la *constitution* prennent de nouvelles forces de tout ce qu'on fait pour les calmer.

Ce jour-là même, le maréchal d'Uxelles s'est retiré du conseil, alléguant sa mauvaise santé, mais en effet peiné de son peu de crédit. Son caractère est d'un courtisan adroit, disant toujours qu'il ne veut que du repos, mais fort occupé de la cour, à laquelle il a toujours tenu par des cabales secrètes. Il a voulu me persuader de me retirer aussi; mais comme je vois encore quelque bien à faire, et que je suis fort peu touché de l'autorité, je reste content de la vie douce que je mène, mêlant les plaisirs au peu d'affaires qu'a un ministre qui n'est pas chargé des expéditions.

[1730]. Il y a eu, le premier de l'an, un conseil d'État, auquel ont été admis messieurs Desforts, contrôleur général des finances, et d'Angervilliers, secrétaire d'État de la guerre. Le chancelier a droit d'être très-piqué de n'y être pas appelé, puisqu'il en a toujours été sous le Régent, et que le cardinal de Fleury a de grandes obligations au père du chancelier, qui l'a tiré du Languedoc; mais le caractère du cardinal n'est pas reconnoissant.

On a appris par Brancas que les Espagnols se préparent sérieusement à l'entreprise d'Italie. Ils destinent à cela cinquante-cinq bataillons, cinq mille cinq cents chevaux, et un équipage d'artillerie, outre les secours de la France, de l'Angleterre et de la Hollande.

Le cardinal s'est expliqué un peu plus qu'il n'avoit fait encore sur la conduite du comte de Sinzendorff, et on a lieu de penser que ce ministre a laissé entendre que son maître paieroit bien la garantie de sa succession. J'avois toujours été étonné que Sinzendorff n'eût pas offert Luxembourg ou d'autres places pour cela. Le garde des sceaux a toujours dit que l'on n'offroit rien; et, par les discours du cardinal de ce jour, on est autorisé à croire que Sinzendorff a fait entendre que l'Empereur donneroit.

Le cardinal a avoué que l'Empereur le laissoit le maître de tout ce qui pouvoit réunir les maisons de France et d'Autriche. On m'avoit fait mystère de ces dispositions, ainsi qu'au maréchal d'Uxelles, apparemment de peur que nous ne parlassions fortement de l'union avec l'Empereur et l'Espagne, et que nous ne fissions des efforts pour qu'on abandonnât les liaisons avec l'Angleterre, qui sont contre les vrais intérêts de la France.

Les curés de Paris ont écrit une seconde lettre contre leur archevêque, plus insolente que la première. Il est venu dîner chez moi, et m'a dit qu'il falloit le soutenir plus fortement, ou qu'il laisseroit tout.

Les lettres de Vienne nous ont appris, dans le conseil d'État du 4, que le comte de Sinzendorff, parlant du prince Eugène à Bussy, chargé des affaires du Roi, faisoit voir que la division étoit grande entre eux et le cardinal de Fleury: on nous a dit que le prince Eugène parloit très mal de Sinzendorff. On avoit communiqué au comte de Kinski, ambassadeur de l'Empereur en France, le traité de Séville, à la réserve des articles secrets; et il a dépêché un courrier à sa cour. On a mandé au marquis de Brancas de se conduire de manière à empêcher la guerre, sans néanmoins donner lieu de craindre que le Roi ne tienne pas ses engagemens.

On a appris de Moscou que le Czar a déclaré son mariage avec la princesse Dolgorousky, sœur de son favori, qui a quatre ans plus que lui.

Les lettres de Vienne, lues au conseil d'État du 8, marquent que l'Empereur se prépare sérieusement à la guerre; qu'il envoie trente mille hommes en Italie, outre les troupes qu'il a déjà dans le Milanais, Naples et Sicile; que les rois de Prusse et de Pologne se préparent à faire camper leurs troupes sur l'Elbe et sur l'Oder; que l'on voit quelque apparence à un traité de ces puissances avec le Danemarck. Celui que Chavigny a commencé avec les électeurs de la maison de Bavière n'avance pas, par la faute de l'Angleterre.

Le Roi a donné la charge du trésor royal, que le contrôleur général avoit conservée, à M. de Courson son beau-frère; et les charges de conseillers d'État à M. de L'Escalopier et à M. Le Bret, avec celle de premier président d'Aix, et un brevet de comptabilité.

Le milord Stanhope, partant pour l'Angleterre, est venu me voir, et m'a dit que le roi d'Espagne désiroit fort la guerre. Brancas l'avoit mandé de même, et que rien ne le tiroit des tristesses dans lesquelles il tomboit quelquefois, que de lui parler de l'espérance de voir la guerre.

On a dit, dans le conseil d'État du 11, que Bourck et Kumko, les deux ministres auxquels le roi de Prusse avoit le plus de confiance, lui conseilloient d'offrir à l'Empereur cinquante mille hommes pour la guerre. On a aussi su que l'Empereur avoit voulu traiter avec l'Espagne, pour établir don Carlos dans les places de Florence et de Parme; mais que, ne voulant pas faire le mariage de don Carlos avec sa fille aînée, la reine d'Espagne avoit rompu avec lui.

Dans le conseil d'État du 15, on a appris, par les lettres de La Bastie, envoyé du Roi à Florence, que les ministres du grand-duc ont paru fort étonnés de la communication du traité de Séville, et ont répondu seulement que la matière étoit trop importante pour n'exiger pas un temps considérable pour la délibération, puisque, de quelque manière que ce pût être, ils voyoient la guerre dans la Toscane. Les ministres de France et d'Angleterre, qui ont fait la déclaration, ont répondu que si leur délibération n'étoit pas bien longue, on attendroit; mais que si c'étoit pour gagner du temps, ils croyoient que les puissances contractantes ne laisseroient pas d'agir.

On a lu le 18, au conseil, les dépêches de Bussy, qui rend un compte très-exact des déclarations que milord Walgraf, le secrétaire d'Espagne, et lui, ont faites aux trois ministres de la conférence, qui sont le prince de Savoie, Sinzendorff et Staremberg, dont les réponses sont à peu près pareilles. Ils se plaignent que la France et l'Angleterre manquent au traité de la quadruple alliance, et l'Espagne à tous ses engagemens. Sinzendorff a été plus embarrassé, car il y a lieu de penser qu'il a consenti aux garnisons espagnoles ; ce qu'il nie hautement, mais que ses confrères ne laissent pas de lui reprocher. On le dit mal avec le prince Eugène. Plusieurs régimens impériaux ont reçu leurs ordres pour marcher incessamment en Italie.

Le marquis de La Bastie, dont les lettres ont été lues au conseil d'État le 22, marque que les ministres de Florence ont dit que, quoiqu'il fût très-dur pour leur maître de voir des étrangers dans ses places, cependant il consentiroit qu'il y eût des Espagnols, pourvu que ses troupes y fussent aussi. Enfin les dispositions paroissent favorables, et le cardinal de Fleury et le garde des sceaux en sont contens.

Le père Ascanio, ministre d'Espagne, n'est pas de même : il a déclaré aux ministres du grand-duc qu'il prenoit pour une négative leurs tempéramens. Pour moi, je pense que les premières réponses de Florence doivent être de gens qui donnent des espérances, quelles que puissent être leurs intentions. Ils veulent jusqu'au dernier moment persuader l'Espagne qu'ils n'ont point de répugnance pour don Carlos ; et, à la vérité, il est désiré par une grande partie des Florentins.

J'ai eu avis que le roi de Sardaigne presse le Pape de mettre de ses propres troupes dans les places de Florence et de Parme. J'en ai parlé au cardinal, qui n'y ajoute pas foi.

Le 24 janvier, les ambassadeurs d'Espagne ont donné leur fête, qui étoit un feu d'artifice magnifique sur la rivière, une pastorale, et un concert. Il devoit y avoir un bal réglé, qui convenoit à la grande magnificence des habits des personnes distinguées invitées à cette fête ; mais les mesures n'ayant pas été bien prises, les masques ont commencé le bal. Le froid pendant le souper, dans une salle de bois, au milieu du jardin, a fait que l'on n'a pu attendre la fin ; et les maîtres d'hôtel ont volé indignement les ambassadeurs.

Il y a eu dans le même temps un dîner du Roi seul avec le duc d'Épernon, qui a fait grand bruit, et qui a causé, quelques mois après, la disgrâce des ducs de Gèvres et d'Épernon. Le Roi soupoit ordinairement en particulier avec la Reine, et paroissoit sombre, et aimer la retraite. M'étant trouvé un jour à un de ces soupers, on y parla des guerres passées, et des divertissemens. « Pour moi, lui ai-je dit, j'ai toujours » essayé de mêler les affaires et les plaisirs. Les » momens les plus glorieux et les plus agréables » de ma vie sont certainement, Sire, ceux où » j'ai l'honneur d'approcher de la personne de » Votre Majesté, et d'entrer dans ses conseils ; » mais après cela je ne manque guère la comédie » à Versailles, je vais chercher l'opéra à Paris ; » je crois même convenable au service de mêler » les plaisirs aux affaires : souvent je suis parti » d'un bal pour de grandes expéditions. Enfin je » crois qu'il faut se réjouir, et faire réjouir ceux » qu'on a sous ses ordres. — Cependant m'a dit » le Roi en me regardant d'un air équivoque, » il y a des gens qu'au lieu de divertir, vous » avez quelquefois bien ennuyés. » J'ai été embarrassé et le duc de Rohan l'a été aussi pour moi : cependant je me suis remis, et ai dit « En » vérité, Sire, s'il m'est arrivé d'ennuyer, c'est » bien contre mon intention. » Le Roi a repris d'un air plus ouvert : « Oui, cela vous est arrivé, » et très-souvent. Ce sont mes ennemis quand » vous les avez battus, et personne ne les a plus » souvent ennuyés que vous. » Ces paroles, très-flatteuses, ont fait plaisir aux gens de guerre auxquels elles sont revenues.

Les dernières lettres de Vienne disent que le prince de Savoie et l'évêque de Wurzbourg veulent la guerre, et que les courriers sont fréquens à Moscou et à Berlin. Il en est arrivé un de Florence à Paris, par lequel on apprend que le grand-duc veut négocier, et recevoir partie des garnisons espagnoles mêlées avec les siennes. Sur cela j'ai dit au conseil : « Que le grand duc livre seu- » lement une porte de Livourne ; accommodez » cette porte de manière que l'on en soit les maî- » tres par dedans et par dehors ; après cela, » mettez-y seulement quatre cents Espagnols, » au lieu de trois mille : les Florentins n'ouvri- » ront pas une porte aux Impériaux, en laissant » la liberté aux Espagnols d'entrer par celle » dont ils seroient les maîtres, pour donner un » combat dans les rues de Livourne. »

Le duc de Lorraine est arrivé le 30 janvier, et a fait son hommage le premier février. Ce jeune prince est d'une figure agréable, et marque beaucoup d'esprit. Le cardinal de Fleury lui a donné à dîner : j'y ai été invité avec quatre ou cinq autres personnes. Les ambassadeurs de l'Empereur, d'Espagne et de Hollande, et plusieurs autres, avoient dîné la veille chez lui.

Ce même jour, dans le conseil d'État, on a lu les dépêches de Hollande, qui marquent une grande inquiétude de la guerre. Les Hollandais disent hautement que le traité de Séville n'est fait que pour les Anglais, qui demeurent par là maîtres du commerce ; que la guerre est inévitable ; et on peut même juger, par quelques discours des plus considérables de la République, que si la guerre commence, et qu'elle s'allume dans l'Empire, ils pourront prendre le parti de la neutralité.

Les lettres de Berlin marquent un désir extrême de la guerre, et une aversion violente du roi de Prusse contre le roi d'Angleterre. On a appris aussi l'ouverture du parlement à Londres le 23 janvier, et les adresses ordinaires. Le parti de la cour dominoit toujours, le Roi faisant espérer des diminutions de dépenses. Celles de l'Espagne étoient prodigieuses, et on préparoit un embarquement de quarante-deux mille hommes, cavalerie et infanterie. Cependant Brancas avoit ordre de porter le roi d'Espagne aux expédiens qui pouvoient empêcher la guerre : mais ses lettres, lues le 5 février, marquoient que ce prince ne respiroit que la guerre, et craignoit même que l'Empereur ne voulût l'éviter. Celles de Vienne, du 20 janvier, disoient que le prince Eugène avoit déclaré hautement que l'Empereur ne souffriroit pas les garnisons espagnoles, et que lui prince Eugène iroit commander les armées d'Italie. On voyoit déjà la liste des régimens impériaux qui devoient y passer, faisant trente mille hommes; ce qui n'étonnoit pas le roi d'Espagne, toujours déterminé à la guerre.

L'amnistie aux déserteurs a été résolue et publiée. On change la forme des escadrons ; on met à quarante les compagnies de cavalerie et de dragons, qui étoient à quarante-cinq ; on fait les escadrons de quatre compagnies, et on fait des compagnies nouvelles de cinquante maîtres, que l'on tire des anciennes. On a aussi résolu de faire camper la cavalerie.

Le ministère d'Angleterre, comme on l'apprend par les lettres du comte de Broglie, lues au conseil du 8, fait toujours des difficultés pour payer sa portion des subsides nécessaires à la conclusion des traités avec les électeurs de la maison palatine; mais il offre vingt mille nationaux pour composer une armée sur le Rhin. « Il faut, ai-je dit, ne leur plus demander ces » subsides, qu'ils ont tant de peine à donner : » qu'ils fassent marcher leurs vingt mille hom» mes; mais qu'on se souvienne bien de ce que » j'ai toujours dit sur cette guerre, que celui » qui se lèvera le plus matin aura bon jeu. » On disoit que la tête des troupes destinées par les Impériaux sur l'Italie avoit dû commencer à marcher le premier février.

Dans le conseil d'État du 2, on a appris, par des lettres de Brancas, que le roi et la reine d'Espagne sont très-mécontens de la manière dont les ministres de France et d'Angleterre ont déclaré à ceux de l'Empereur le traité de Séville. Le père Ascanio l'a annoncé à Florence avec insolence, par une lettre qu'il a répandue partout, et dans laquelle il dit que les États de Florence et de Parme appartiennent par toutes les lois à l'infant don Carlos, puisque les plus grandes puissances de l'Europe l'ont ainsi réglé.

On a appris encore que les rois de Prusse et de Pologne doivent se voir, et que le général Sekendorff sera présent à leur entrevue. J'ai dit au conseil : « Cela mérite attention. » Le cardinal de Fleury et le garde des sceaux ont dit *Non;* et j'en ai conclu avec les autres ministres qu'ils sont assurés qu'il n'y aura pas de guerre.

Enfin le régiment de Philippi, des troupes de l'Empereur, marche en Italie, et les autres régimens suivront celui-là, qui a dû partir le 10. C'est un courrier envoyé exprès de Vienne qui nous a appris la marche de ces troupes. On en a encore parlé dans le conseil du 15 ; mais le garde des sceaux tâche de pallier tout cela : il appréhende de rien dire qui donne idée de guerre, de crainte de faire de la peine au cardinal.

Les lettres de Londres ne font mention que des démêlés ordinaires dans le parlement, où le parti de la cour est toujours le plus fort d'un tiers.

Le duc de Lorraine est parti le 15. Il m'a fait beaucoup d'honnêtetés, et devoit dîner chez moi à Marly ; ce que le garde des sceaux a empêché, et l'a obligé malgré lui d'aller dîner chez le cardinal. Celui-ci l'a aussi empêché de faire aucune visite, même à la reine d'Espagne sa cousine germaine, qui l'a trouvé très-mauvais.

Le cardinal est venu dîner chez moi à Marly, et à propos de rien il a dit que sa charge étoit à vendre, entendant celle d'administrateur du royaume. Madame la maréchale a répondu qu'il ne se trouveroit pas d'acheteurs. « Pourquoi ? » ai-je répliqué ; l'empire romain a bien été mis » à prix, et vendu. » Ce discours a surpris la compagnie, dont étoit le duc de Noailles. Mais depuis quelque temps il en échappoit de cette espèce au cardinal, qui marquoient de la foiblesse.

Une dépêche de Bussy, lue dans le conseil du 19, nous a enfin appris ce qui s'est passé entre les ministres de Florence à Vienne, et les ministres de l'Empereur : on devine entre ces princes une intelligence secrète, mais entière. L'Empereur a déclaré qu'il ne souffrira jamais de garnisons espagnoles. Les ordres sont donnés et exécutés pour la marche des troupes impériales par la Bavière et le Tyrol en Italie, et toutes les mesures prises pour la guerre conjointement avec le Czar, les rois de Prusse et de Pologne ; et le comte Lowenstein a été envoyé par l'Empereur aux électeurs et princes de l'Empire, pour les déterminer à la guerre. Enfin les nouvelles de La Haye ne donnent pas grande espérance que les Hollandais veuillent sérieusement y entrer.

Villeneuve, ambassadeur à Constantinople, confirme dans ses dépêches les avantages de Chah-Thamas, fils du Sophi. Ezrek demande du secours à la Porte; mais elle ne veut pas lui en donner. Le pacha d'Égypte, révolté, a été battu par Coprogli; mais il est encore maître de la ville du Caire. L'état actuel de l'empire ottoman ne lui permet pas de rompre avec la chrétienté.

On a appris, dans le conseil du 22, par un courrier dépêché de Berlin, la mort du Czar, de la petite vérole. Il devoit se marier le 22. Au retour de la chasse par un froid excessif qui lui a donné un grand rhume, la petite vérole qui est survenue l'a emporté en peu de jours. Il étoit parfaitement beau et bien fait, d'une taille très-haute. A quatorze ans et quatre mois il étoit plus grand que les gens de dix-huit, et promettoit beaucoup par l'esprit et les sentimens. Le conseil s'est déterminé dans le moment à donner l'empire à la princesse de Courlande, fille du czar Jean, aîné du czar Pierre, grand-père du dernier mort, dont les filles paroîtroient devoir hériter. L'aînée a un fils du duc de Holstein, et la cadette de la duchesse de Holstein est vivante.

Apparemment le conseil a craint une minorité, ou le sang de la dernière Czarine. Le prince Dolgorousky est parti sur-le-champ pour aller chercher la princesse de Courlande à Mittau, et on croit que cette famille très-puissante tâchera de faire épouser cette princesse au prince Dolgorousky, favori du dernier empereur. Le Czar, quatre jours avant sa mort, devoit se marier à la sœur de Dolgorousky. Quelle destinée pour cette princesse, qui devoit épouser un empereur plus beau que l'Amour, et qu'elle aimoit éperdument!

Les lettres de Londres apprennent qu'Amestron et Grovestein vont arriver ici pour régler les mesures de guerre; et les mêmes, lues au conseil du 26, disent que les débats ont été très-violens dans le parlement, et avec une insolence outrée contre le Roi, en présence même du prince de Galles: cependant le parti de la cour est toujours supérieur. Celles d'Espagne parlent des préparatifs de guerre. Le Roi destine cinquante bataillons de sept cent cinquante hommes chacun, et cinq mille chevaux, pour l'expédition d'Italie; et même deux mille chevaux de plus si on les estime nécessaires, avec un équipage d'artillerie.

Il a été donné un chapeau à Salviaty, avec cette particularité que le roi d'Angleterre a voulu lui donner sa nomination; mais le Pape a déclaré qu'il étoit cardinal sans cette nomination, laquelle le Saint-Père veut réserver pour l'archevêque d'Embrun.

Un courrier arrivé aux ambassadeurs d'Espagne a apporté un projet de guerre, qu'ils doivent examiner avec nous. Le cardinal, dans le conseil du premier mars, a paru trouver mauvais que Brancas, informé de ce projet, n'en ait rien mandé. Il répétoit dans ses dépêches qu'il falloit avoir de grandes complaisances pour la reine d'Espagne; qu'elle s'irritoit quand on vouloit combattre ses sentimens, et, à la vérité, il avoit été si complaisant pour elle, qu'elle l'avoit fait grand d'Espagne. On avoit bien fait remarquer au cardinal de Fleury qu'il étoit dangereux d'envoyer dans une cour un ambassadeur obligé, par son propre intérêt, à être plus dépendant de cette cour que des intérêts de son maître (1).

Par les lettres de Vienne, on voit la continuation de la marche des troupes impériales en Italie, et on ne peut douter qu'elles ne soient reçues dans places de Florence et de Parme avant que celles d'Espagne puissent forcer les princes possesseurs à recevoir des garnisons espagnoles malgré eux. Le cardinal a lâché un mot très-important : c'est la crainte que, d'un moment à l'autre la reine d'Espagne ne retourne à l'Empereur, si l'on trouve impossible de lui donner les places de Livourne et de Plaisance. Il a aussi insinué que, sans la crainte de l'Empereur, le grand-duc livreroit ses places. J'ai répondu : « On veut croire qu'il n'y a que cette crainte » qui détermine le grand-duc à s'attacher à » l'Empereur; et moi je trouve que lorsqu'on » veut ôter à un homme la clef de sa chambre, » il est très-naturel qu'il soit pour celui qui s'op- » pose à cette violence. »

On a appris, le 2 mars au matin, la mort du pape Benoît XIII, de la maison des Ursins. C'étoit un très-saint homme, nourri moine, et qui en avoit gardé l'esprit, la piété et l'austérité. Il se laissoit intimement gouverner par le cardinal Coscia, homme de basse naissance, qu'il avoit revêtu de la pourpre immédiatement après son exaltation.

---

(1) On voit par le Journal même combien le rôle d'un ambassadeur étoit difficile dans ces temps critiques. Il falloit savoir céder à propos, sans occasionner une rupture que la France craignoit, et que l'Espagne sembloit désirer. Le duc de Brancas y réussit, et en fut récompensé. Il y a de l'injustice à faire entendre qu'il eut de la complaisance pour obtenir la grandesse : il l'obtint de la cour d'Espagne avec l'agrément de la cour de France, parce qu'il avoit rendu à l'une et à l'autre des services dont toutes deux sentirent l'importance et la difficulté. (A.)

On a ordonné aux cardinaux français de se rendre incessamment à Rome. Le cardinal de Rohan, mon ami, dont la santé est fort délicate, m'avoit confié d'avance les mesures qu'il prenoit pour se dispenser du voyage; mais il s'est rendu aux instances du cardinal de Fleury, qui a porté le Roi à vouloir qu'il parte. On a lu, dans le conseil d'État du 5, les instructions que l'on envoie au cardinal de Polignac, moins ancien que le cardinal de Rohan, mais qui sera chargé du secret à la sollicitation de celui-ci.

Les lettres de Moscou nous apprennent ce qui s'est passé les derniers jours de la vie du Czar. Les Dolgorousky avoient voulu faire coucher la princesse leur sœur, fiancée avec le Czar, pour qu'il y eût une célébration de mariage, et pouvoir la déclarer czarine; mais cela n'a pas été possible, par la nature de la maladie. Les sept ministres se sont assemblés. Ostermann a dit : « Comme étranger, je ne dois pas assister à la » délibération que l'on va tenir pour un succes- » seur, mais je serai de l'avis commun. » Les six sont demeurés, et convenus de la princesse de Courlande. Ostermann est rentré après la résolution prise, et tous sept l'ont fait approuver aux divers tribunaux.

On apprend, par les lettres de Vienne, la continuation de la marche des troupes impériales en Italie. On ne parle pas du projet de guerre qui est arrêté de Séville, et on sait que le nombre des troupes impériales qui marchent en Italie est encore augmenté de seize bataillons et dix-neuf escadrons.

Les lettres de Vienne, lues dans le conseil du 8, marquent que le prince Eugène a parlé avec beaucoup de hauteur à l'envoyé de Hollande, et déclaré que l'Empereur feroit connoitre son indignation sur le mépris que le traité de Séville faisoit paroitre pour lui.

Plelo, ambassadeur en Danemarck, mande qu'il se faisoit un traité entre le Czar et le Danemarck, qui pourroit bien être dérangé par la mort du Czar. Plelo ayant pressé les ministres danois de faire marcher leurs troupes pour conserver les États d'Hanovre, ils ont répondu qu'il leur falloit de l'argent. Sur quoi j'ai dit : « J'ai quasi toujours vu que c'est de l'argent as- » sez mal employé que celui que l'on donne à » ces puissances-là. »

Les ambassadeurs d'Espagne ont communiqué les projets de guerre qu'ils ont reçus de Séville. Ils demandent que la France fasse avancer vingt-cinq mille hommes sur les côtes de Provence, pour les faire passer en Italie; qu'elle fasse marcher une armée de vingt-cinq mille hommes sur le Rhin, pour entrer dans l'Empire, avec un corps de troupes anglaises et hollandaises. On attend l'arrivée de Grovestein et d'Amestron pour délibérer sur ces projets.

Dans les instructions envoyées au cardinal de Polignac, on paroit désirer que l'élection regarde le cardinal Petra ou le cardinal Imperiali, auquel la France avoit donné autrefois l'exclusion.

Il y a eu du désordre dans la compagnie des Indes. Le dépôt ayant été violé, les actions sont tombées considérablement, et il s'est répandu dans la cour que le contrôleur général étoit ébranlé. Il est certain que le cardinal écoute ses ennemis. Le contrôleur général est très-mécontent; M. d'Angervilliers ne l'est pas moins. Le cardinal avoit approuvé un changement très-sage, proposé par d'Angervilliers, pour mettre les escadrons à cent soixante maîtres; puis il a pris l'avis du maréchal de Berwick, des ducs de Noailles et de Lévis, qui n'ont pas approuvé le projet. Il m'a consulté ensuite, et je lui ai dit que celui de d'Angervilliers étoit le seul bon, et il a été suivi; mais ces incertitudes sur le contrôleur général et le ministre de la guerre les mécontentent l'un et l'autre.

J'ai aussi parlé au cardinal sur la destruction des chevaux en France. Je lui ai dit : « Dans les der- » nières guerres, on tiroit plus de vingt-cinq mille » chevaux tous les ans de Bretagne et du Comté, » et à présent il n'en sort plus la quatrième par- » tie. Depuis la mort du feu Roi, il vous en » coûte plus de cent mille écus par an pour éta- » blir des haras, et c'est précisément depuis ce » temps-là que tous ceux que vous aviez en » France sont détruits. Commencez par épar- » gner vos cent mille écus; rendez aux peuples » la liberté qu'on leur a ôtée d'avoir des jumens » et des étalons, et vous verrez que les choses » reprendront leur ancien cours; au lieu que par » vos précautions la quantité des chevaux dimi- » nue tous les jours. »

Dans le conseil d'État du 12, il a été question des conférences tenues entre le cardinal et les ambassadeurs d'Espagne. Il a dit qu'il étoit convenu d'attendre l'arrivée de Grovestein et de Stanhope, que nous nommerons désormais milard Arington. Ils sont arrivés à Paris ce même jour.

Les lettres de Brancas montrent que le roi et la reine d'Espagne veulent absolument la guerre, persuadés que les peuples de Naples, et de Sicile se révolteront contre les Allemands dès qu'ils verront approcher la flotte d'Espagne. Mais nous pressons l'Espagne de commencer par fortifier la garnison de Porto-Ercole, parce que ce n'est pas attaquer que de garnir ses places.

Il y a eu le 13 un grand conseil chez le Roi, auquel ont été appelés les conseillers d'État qui ont examiné le procès entre messieurs de Béthune et d'Orval sur le duché de Sully. Il a été décidé que le titre de duc appartiendra à messieurs de Béthune, et la terre de Sully au comte d'Orval, avec faculté au premier de la retirer, sur le pied du denier vingt-cinq, dans le terme de six mois, suivant l'édit de 1711.

Les dépêches d'Allemagne et de Séville, lues dans le conseil du 16, ne contiennent rien d'important. Les premières parlent seulement d'une visite que le roi de Prusse a rendue au roi de Pologne. Il est arrivé dans le temps que l'on étoit à table, à un grand festin que donnoit le roi de Pologne pour le mariage d'une de ses filles naturelles. Le roi de Prusse et ceux qui le suivoient sont entrés masqués dans la salle. Il s'est mis derrière la chaise du roi de Pologne, qui, averti de la qualité de la compagnie, a dit : « Buvons à la santé des masques qui viennent » d'entrer! peut-être y en a-t-il que nous ai- » mons fort. » Sur ce propos, le roi de Prusse a ôté son masque, et les deux rois se sont embrassés très-tendrement. Ce petit voyage n'a été que de quatre jours. Les ministres de France qui sont dans ces deux cours et dans celle de Vienne mandent que toutes ces liaisons n'aboutiront à rien : ils suivent l'usage trop commun aux ministres de dire et d'écrire ce qu'on appelle *placentia*, plutôt que des vérités chagrinantes. Aussi les ministres de l'Empereur disoient que le roi de Prusse lui offroit cinquante mille hommes, le roi de Pologne tout ce qu'il avoit, et que les trente mille promis par le Czar alloient marcher ; et les ministres de France dans ces cours écrivoient tout le contraire.

Bonnac s'est conduit très-mal dans une affaire arrivée dans le canton de Zurich. Piqué de ce que ce canton ne lui avoit pas marqué assez de considération, il vouloit que l'on soutînt les autres contre lui au lieu de les pacifier. « Quand » un ambassadeur, ai-je dit, fait de pareilles » fautes, il faut lui écrire durement ; louer quand » on le mérite, et blâmer de même. Une pareille » conduite auroit été nécessaire pendant le traité » de Séville. »

Cette disposition ne me rend pas favorable au marquis de Brancas, qui, dans ses lettres lues le 19 au conseil, demande encore des secours. Le garde des sceaux a représenté qu'en dix-huit mois il a touché deux cent cinquante mille livres. Cela et la grandesse paient assez cher le traité de Séville, qui nous engage à une guerre très-infructueuse pour nous.

Depuis quelques jours il s'est répandu que le contrôleur général est mal avec le cardinal. Je lui ai dit : « A quoi en êtes-vous? » Il m'a répondu : « A demander dès aujourd'hui à me re- » tirer, et je le ferai en sortant du conseil. » Je lui ai dit : « Ne vous pressez pas tant. » Le Roi, auquel les États d'Artois faisoient une harangue, est arrivé, et a fini la conversation. En entrant dans la salle des gardes, j'ai mis le pied dans un marbre rompu, et fait une chute très-rude. Cependant, quoique je souffrisse beaucoup, j'ai été au conseil. En rentrant chez moi, il s'est trouvé deux contusions très-violentes, et quelcrainte que la cheville du pied ne fût cassée. Maréchal, premier chirurgien du Roi, est venu me visiter, et a trouvé qu'il n'y a rien de rompu.

M. Desforts m'a fait dire qu'il a écrit au cardinal, et remis son emploi ; et le 20 au matin il est venu me le dire lui-même. Deux heures après, M. Orry, qui étoit intendant de Perpignan, est venu me dire qu'il est contrôleur général. C'est un jeune homme de trente-huit ans, que j'ai vu capitaine à la fin de la dernière guerre. Je lui ai dit : « Monsieur le capitaine, si » vous aviez suivi le service, vous seriez peut- » être major présentement. Vous n'avez pas si » mal choisi, puisque vous voilà revêtu de l'em- » ploi le plus important du royaume. » Ce choix a surpris la cour et la ville. Il paroit que le cardinal a donné trop promptement cette importante charge : peut-être eût-il été plus sage de laisser Desforts dans son emploi, ne fût-ce que pour ne pas répandre chez les étrangers le désordre de nos finances, surtout une nouvelle guerre étant prête à s'allumer.

M. Desforts s'étoit laissé embarquer dans les intérêts de la compagnie des Indes : on avoit violé le dépôt, et vendu des actions pour faire acheter et hausser le prix. M. Desforts n'avoit rien fait sans ordre du Roi, et sans le communiquer au cardinal ; mais plusieurs fripons s'étant mêlés de ce trafic, M. Desforts, homme d'honneur, y fut trompé, et se retira bien plus mal dans ses affaires que lorsqu'il avoit été remis dans la place de contrôleur général.

Il l'avoit déjà exercée pendant la régence. Le cardinal l'avoit forcé de la reprendre ; et j'étois présent lorsque M. Desforts lui a dit que c'étoit par pure déférence à son désir qu'il l'acceptoit de nouveau. Cependant il se retire comme disgracié, et peu d'apparence qu'il conserve sa place au conseil. M. Orry y est déjà entré, et a travaillé avec le Roi.

J'ai manqué les conseils jusqu'à celui du 29 ; il a même fallu me porter jusqu'à ma place. Le Roi m'a marqué des bontés très-vives : il a été lui-même chercher mes gens, m'a fait monter dans ma chaise devant lui, et n'a pas voulu se retirer qu'il ne m'ait vu descendre le degré.

On a lu dans ce conseil des dépêches de Vienne, qui annoncent la guerre de plus en plus. L'Empereur se prépare à faire marcher une armée de quarante mille hommes sur le Rhin, et compte en avoir soixante-et-dix mille en Italie. Le rois de Prusse et de Pologne paroissent plus unis que jamais : ils ont ordonné des revues de leurs troupes pour le mois de juin. Le roi et la reine d'Espagne ne respirent que la guerre. La cour, à ce qu'on apprend par les nouvelles de Séville, part pour Grenade, et l'on croit qu'après cela elle reprendra la route de Madrid.

Le parlement d'Angleterre est toujours fort animé : le parti opposé à la cour fait, sur le port de Dunkerque, des difficultés qui n'ont pas grand fondement. Cependant, pour donner au parti de la cour une supériorité décidée, on a satisfait sur Dunkerque le parti de l'opposition, et certainement avec trop de complaisance.

Il est arrivé des courriers de Séville avec les projets de guerre dont on a parlé. Comme j'ai manqué deux conseils, le garde des sceaux m'a dit qu'il me les enverroit; et, dans le conseil du 5 avril, le cardinal de Fleury m'a dit à ce sujet : « Si vous avez lu les Amadis, comptez que » leurs faits de guerre étoient moins surprenans » que ceux que nous demandent le roi et la reine » d'Espagne. » J'ai répondu : « Je ne fais pas » grande attention à ce qui se passera en Italie, » pour deux raisons : la première, c'est que » nous n'y gagnons rien; la seconde, c'est que » nous ne sommes pas du tout garans du succès, » puisque nous n'avons part ni au dessein ni à » la conduite, et qu'en donnant tout ce que » nous avons promis dans le traité de Séville, » nous en sommes quittes. Mais dès que l'Empe- » reur sera attaqué en Italie, qui nous répondra » qu'il ne commencera pas la guerre dans la » Basse-Allemagne? Et si les rois de Prusse et » de Pologne s'emparent des Etats d'Hanovre, » qui nous répondra de la fidélité du Danemarck, » et que la guerre ne se portera pas en Frise? Il » y a bien long-temps que j'avertis que c'est le » côté le plus dangereux pour nous. » Le cardinal a répondu que les Danois seroient fidèles. « Je le souhaite, ai-je repris. Vous avez pour- » tant vu que le conseil du roi d'Angleterre s'en » méfie. »

On a appris par un courrier du duc de Leria, de Moscou, que le 8 mai la nouvelle Impératrice ayant convoqué le sénat, encouragée, dit-on, par un lieutenant colonel des gardes, a déchiré le billet qu'elle avoit signé, contenant les articles qu'on lui avoit proposés pour changer la forme du gouvernement, et déclaré qu'elle conserve la *despoticité* tout entière. On voit que tout cela a été conduit par Ostermann, qui a fait le malade depuis la mort du Czar, pour n'avoir aucune part aux conseils qui se tenoient. Elle a mis en liberté Jagolinsky, qui avoit été arrêté par ceux qui vouloient changer le gouvernement; elle a en même temps fait assurer l'Empereur que les trente mille hommes promis sont prêts à marcher.

Le 10, le marquis de Spinola, capitaine général d'Espagne, et destiné à commander les armées d'Espagne qui doivent attaquer l'Italie, est arrivé à Versailles, envoyé pour concerter avec les ministres du Roi, ceux d'Angleterre et de Hollande, les moyens d'exécuter le traité de Séville. J'ai été à Versailles le 12, et le cardinal m'a dit en arrivant que le Roi avoit intention que le marquis de Spinola, avec les ambassadeurs d'Espagne, ceux d'Angleterre et de Hollande, se rendissent chez moi, pour y délibérer et concerter les projets de guerre. J'ai dit au cardinal qu'il convenoit que cette assemblée se tînt chez lui : il m'a répondu que comme c'étoit matière de guerre, il falloit que ce fût chez le général le plus capable de décider.

Nous avons eu chez le cardinal une conférence préparatoire, composée du garde des sceaux, du maréchal de Berwick, et de M. d'Angervilliers, ministre de la guerre. Je désirois que le maréchal de Berwick se trouvât à la mienne; mais on ne l'a pas voulu. D'Angervilliers même m'a confié que le cardinal ne se fie pas à lui : ce n'est pas qu'il ne le comble de biens, dans le temps qu'il en use tout différemment pour moi.

A neuf heures du matin du 13, se sont rendus chez moi le marquis de Spinola, le marquis de Sainte-Croix, le sieur de Barrenechea, ambassadeurs d'Espagne, le milord Arington, M. de Goslinga, et Hoop, ambassadeurs de Hollande; le général Gasvestein et M. d'Angervilliers.

J'ai ouvert la conférence par assurer les ministres d'Espagne que Leurs Majestés Catholiques pouvoient compter sur tout le zèle et toute l'ardeur, pour leur gloire et leur service, qu'ils avoient droit d'attendre de leurs plus fidèles sujets, et qu'après ce que je dois au Roi mon maître, je serai tout dévoué à ce qui sera estimé convenable à leurs intérêts. Le marquis de Spinola, homme d'esprit, et destiné à commander l'armée qui doit faire une descente en Italie, a commencé par demander vingt-cinq mille Français ; savoir, vingt mille hommes de pied et cinq mille chevaux. Dans notre conseil préparatoire du 12, le cardinal nous avoit prévenus, M. d'Angervilliers et moi, que si les ministres d'Espagne parloient de ces vingt-cinq mille hommes, on pouvoit soutenir qu'ils n'avoient jamais été promis. Ainsi, sur la première réquisition, nous répondons suivant nos instructions. Les ministres d'Espagne se soulèvent, montrent l'écrit qu'ils soutiennent avoir été approuvé par le cardinal, somment les autres ambassadeurs de dire ce qu'ils ont vu et entendu. Tous confirment ce que disent les ministres d'Espagne. Ce premier point très-important a été suspendu, et il a été dit que l'on se rassemblera le soir, après la revue que faisoit le Roi du régiment des gardes, où tous devoient aller. Cependant, dans le reste de la conférence, qui a duré jusqu'à deux heures après midi, on a agité le projet de guerre.

« Après avoir menacé les côtes de Toscane et
» tâché d'ébranler le grand-duc, a dit le marquis
» de Spinola, il faudra faire la descente vers
» Baïa, près de Naples. » J'ai répondu simplement qu'il étoit d'une extrême conséquence de bien débuter dans un commencement de guerre, et que je voyois de très-grands obstacles dans le projet proposé. Partir d'Espagne pour aller conquêter l'Italie sans y avoir aucune place ni intelligence, défendue par soixante-quinze mille Impériaux, comme l'avançoient les ministres d'Espagne, c'étoit une très-rude entreprise. Aucun des autres ministres n'a voulu combattre le projet, persuadé, comme il étoit aisé de le juger, que le cardinal de Fleury ne vouloit pas de guerre, et qu'il falloit lui laisser le soin de s'y opposer.

Ceux d'Espagne ont parlé des diversions qu'ils demandoient : c'étoit d'attaquer la Flandre impériale, ou l'Empire. « Entrer dans l'Empire, a
» dit quelqu'un, c'est réunir tous les États à
» l'Empereur. » Amestron, général anglais, a répondu que le seul moyen de ne pas craindre les princes de l'Empire est de leur faire peur. Ces différentes matières se traitoient sans décision. Pendant ce temps, M. d'Angervilliers avoit envoyé un courrier au cardinal, pour lui dire que tous les ambassadeurs, conjointement avec les Espagnols, soutenoient qu'il avoit promis les vingt-cinq mille hommes. Par le retour du courrier, M. le cardinal nous a mandé qu'on pouvoit soutenir hautement que ces vingt-cinq mille hommes n'ont jamais été promis.

On s'est rassemblé sur les sept heures du soir, et il a fallu ouvrir la séance par cette déclaration, contre laquelle les ambassadeurs d'Espagne se sont récriés qu'ils feront un manifeste; qu'ils ont des témoins; qu'on ne dément pas des gens comme eux. Le marquis de Sainte-Croix est sorti, disant qu'il ne falloit pas traiter avec qui les démentoit. Le marquis de Spinola, plus maître de lui-même, est resté, et a dit que pour les vingt-cinq mille hommes, il les demandoit, sans quoi il dépêcheroit un courrier pour désabuser son maître; mais qu'il offroit qu'on n'armât plus les six vaisseaux de guerre, et qu'on donnât moins de cavalerie et plus d'infanterie.

J'ai dit à ces messieurs que nous ne pouvions qu'offrir de donner notre contingent suivant le traité, auquel nous ne manquerions jamais; mais que le projet proposé me paroissoit très-difficile. J'ai pressé les ministres de Hollande et d'Angleterre d'en dire leur avis, mais aucun d'eux n'a voulu le contredire : en quoi paroît leur partialité pour l'Espagne et leur mauvaise volonté pour la France, qu'ils veulent laisser seule chargée du mécontentement de l'Espagne. On s'est donc séparé sans rien conclure.

Sur ces difficultés, le cardinal a jugé à propos d'indiquer un conseil extraordinaire, qui a été assemblé le 16. Le cardinal l'a ouvert, en disant que le Roi désiroit être informé de ce qui s'étoit passé dans la conférence tenue chez moi. J'en ai fait le récit, après lequel le Roi m'a demandé mon avis, que j'ai donné en ces termes : « Par ce qu'on apprend des nouvelles d'Espa-
» gne, il paroît, Sire, que le désordre est assez
» grand dans les finances de ce royaume : ce-
» pendant il paroît déterminé à la guerre. Celles
» de Votre Majesté ne sont pas encore réta-
» blies : néanmoins je serai toujours pour suivre
» le parti de la gloire. Cette gloire, le premier et
» le plus cher des intérêts de Votre Majesté,
» vous engage à tenir votre parole. Vous avez
» signé un traité de guerre offensive : l'Espa-
» gne la veut; l'Angleterre et la Hollande se
» sont engagées, ainsi que Votre Majesté, à
» suivre les intérêts de l'Espagne. Votre Majesté
» doit donc dire qu'elle tiendra ses engagemens;
» et puisque l'on veut faire la guerre, il faut de
» bons et solides projets, et faire un plan de
» guerre général.

» Celui des Espagnols pour la conquête de
» l'Italie est rempli d'obstacles presque insur-
» montables. Suivant ma pensée, le plan de
» guerre le plus solide que l'on puisse faire,
» c'est que les préparatifs d'Espagne qui mena-
» cent l'Italie y ayant déjà attiré soixante-
» quinze mille Impériaux, il faut que la ligue
» entière paroisse vouloir suivre principalement
» ce dessein; faire croire que l'on pourra en
» même temps faire le siége de Luxembourg,
» et se préparer sérieusement à entrer dans
» l'Empire; que la fausse attaque soit vers l'Ita-
» lie; que l'Espagne, avec le moins de dépenses
» qu'il sera possible, tente des descentes vers les

» royaumes de Naples et de Sicile ; que partie de » ses forces suive les côtes de Provence, comme » pour s'embarquer à Marseille et à Toulon; » que, dès qu'elles seront vers Tarascon sur le » Rhône, elles prennent la route du Dauphiné, » pour donner quelque inquiétude au roi de Sar- » daigne, et ne pas laisser votre frontière dé- » garnie, qui le seroit, par l'obligation où nous » serons de faire marcher nos forces vers l'Em- » pire.

» Avant que l'Empereur puisse démêler que » la fausse attaque est l'Italie, que vingt mille » Anglais nationaux aillent se joindre vers Ni- » mègue à quinze mille Hollandais; que trente- » cinq mille Français se joignent à ces trente- » cinq mille Anglais et Hollandais avec les douze » mille Hessois, et marchent tous ensemble dans » les États du roi de Prusse. Ce prince, se » voyant exposés, aura peine à se déclarer con- » tre la ligue. On fera contribuer la Westphalie, » le pays de Munster, et autres. L'unique moyen » de ne pas craindre les princes de l'Empire est » d'entrer dans leurs États. Je puis citer les » exemples de guerre que j'ai vus sous M. de » Turenne, et celles que j'ai faites à la tête des » armée de Votre Majesté. Cette guerre ne sera » pas si chère que l'on s'imagine, puisqu'éta- » blissant une bonne discipline, l'Allemagne » paiera une partie des frais. Par cette conduite, » vous soutenez les quarante mille hommes que » la France et l'Angleterre paient en Dane- » marck. Voilà l'unique moyen de donner la loi » à l'Empereur : par un parti différent vous le » laissez le maître de l'Empire, les pays d'Ha- » novre à la discrétion des rois de Prusse et de » Pologne, la Frise exposée, et par conséquent » les Hollandais. »

M. le duc d'Orléans a déclaré que, suivant son avis, c'étoit le seul bon projet ; M. le cardinal de Fleury de même, et par conséquent le garde des sceaux. Pour M. d'Angervilliers, je savois bien que c'étoit son sentiment. Voyant que c'étoit celui de tout le conseil, j'ai repris la parole, et dit : « Mais, messieurs, pour réussir » dans de grands projets, un profond secret et » la diligence sont les premiers moyens. Je de- » mande dans l'un et l'autre tout ce qui peut les » assurer. » Le Roi m'a écouté très-attentivement, et a paru fort occupé de ce conseil, qui en effet est très-important. Sachant que le garde des sceaux doit entretenir les ambassadeurs que le traité regarde, je ne m'en suis pas tenu à ce que j'avois dit dans le conseil, et je lui ai écrit pour lui recommander encore le secret ; qu'il convient que les seuls Spinola, Arington, et tout au plus Goslinga, en aient connoissance.

On a donc indiqué une conférence, qui a été tenue le 20 chez le marquis Spinola, retenu au lit par une violente attaque de goutte. J'y ai mené le garde des sceaux dans mon carrosse, et j'ai connu, dans la conversation que nous avons eue en chemin, que l'unique dessein du cardinal est de gagner du temps, sans pourtant rompre le projet approuvé au conseil. Dans ce dessein, le garde des sceaux s'est appliqué, comme à la chose essentielle, à combattre le projet d'Italie par un autre qu'il étoit sûr que Spinola rejetteroit, comme cela est arrivé. Il a amené, pour s'appuyer, le maréchal de Berwick. Les Anglais et les Hollandais sont demeurés dans le même silence qu'ils avoient gardé chez moi, voulant laisser à la France seule le démérite auprès du roi d'Espagne de s'opposer à son dessein. Le garde des sceaux a parlé long-temps, et n'a fait que battre la campagne, ou, comme m'a dit M. d'Angervilliers, persifler la compagnie : aussi M. de Sainte-Croix a-t-il dit tout haut : « Vous ne voulez que nous amuser, et faire per- » dre la campagne. » Et en retournant je n'ai pas pu m'empêcher de dire au garde des sceaux : « Ne craignez-vous pas de révolter la reine » d'Espagne ? » Il ne m'a rien répondu.

Dans le conseil des dépêches du 29, on a agité ce qui regarde le parlement, dont la conduite a été peu respectueuse au lit de justice ; et l'opiniâtreté continuoit pour ne pas enregistrer la déclaration de la constitution. Il a été résolu que le premier président aura ordre de se rendre le premier mai à Fontainebleau, avec quatre présidens à mortier, et le premier président de chacune des autres chambres du parlement. Le chancelier a lu un mémoire de correction, qu'il doit prononcer à ces messieurs de la part du Roi, après que Sa Majesté leur aura dit en peu de mots qu'elle est très-mécontente de leur conduite. J'ai fait remarquer au chancelier que s'ils sont coupables de témérité contre l'autorité du Roi, comme on les accuse, il faudroit donc plus de sévérité.

On a appris dans le conseil d'État du 30, par les lettres du cardinal de Polignac, que la division est grande dans le conclave. Pour lui, il étoit ouvertement brouillé avec le cardinal Bentivoglio, chargé des affaires d'Espagne, qui avoit donné l'exclusion au cardinal Imperiali, que nous espérions pouvoir être pape.

On a travaillé à un mémoire pour être remis au marquis de Spinola et aux ambassadeurs d'Espagne, par lequel on manque réellement au traité de Séville. Après avoir examiné ce mémoire, j'ai dit : « Je ne serai jamais d'avis de » manquer à nos engagemens ; mais puisque

« tous les contractans du traité de Séville parlent
» de même, signent le mémoire, enfin parois-
» sent unanimes à ce que désire M. le cardinal
» de Fleury, qui est d'éloigner la guerre, ne
» fût-ce que de quelques mois, il faut bien
» suivre l'ordre du Roi. Cependant il seroit en-
» core à propos, avant que de faire ce dernier
» pas, d'examiner si la gloire du Roi et de la
» nation, qui doit toujours être le premier objet,
» nous permet de manquer à l'Espagne; ce que
» l'on doit craindre de la reine d'Espagne en lui
» manquant. C'est là l'objet de l'inquiétude de
» milord Toutzen, la meilleure tête de l'Angle-
» terre pour la politique. »

Deux ou trois jours ont été employés en conférences chez le cardinal de Fleury pour examiner ce mémoire. Tous les ministres de France, d'Angleterre et de Hollande y ont été appelés, l'ont lu, relu, commenté, et enfin signé, quelque défectueux qu'il soit. Le maréchal de Berwick, qui a été appelé à ces conférences, l'a signé comme moi, quoiqu'il ne l'approuve pas davantage.

Il y a eu le 2 mai un conseil de finances, dans lequel le contrôleur général a proposé une nouvelle loterie pour rétablir les actions, et tâcher d'en retirer vingt-cinq mille en huit ans. Pour cela, le Roi fournira cent mille écus par mois, et on y ajoutera cent mille livres des cinq cents que le Roi donne pour la loterie des rentes de la ville. « J'avoue, ai-je dit, ma parfaite ignorance
» sur cette matière : tout ce que je sais, c'est
» que voilà pour la troisième fois que le Roi paie
» des actions qui ont ruiné le royaume. Mais je
» conçois une bonne opinion du bon état des
» finances, puisque, pour soutenir les actions,
» le Roi donne neuf millions par an de sa ferme
» du tabac, le million destiné aux rentes de la
» ville, et quatre autres millions encore : le tout
» pour ces maudites actions. Au reste, pour ces
» matières de finances, je ne peux que m'en
» rapporter à ceux qui doivent les connoître. »
Le chancelier a parlé à peu près de même, mais la loterie n'en a pas moins été résolue.

Il y a eu le 4 conseil d'État, dans lequel on a disputé assez vivement sur les affaires présentes. Le cardinal a dit que les Anglais et les Hollandais ne vouloient pas que le Roi fît la moindre conquête en Flandre, pas même Luxembourg. « Nous avons, ai-je répliqué, de cruels alliés.
» Nous sommes dans un traité qui nous oblige
» à une guerre dont nous ferons la plus grande
» dépense; la reine d'Espagne veut y gagner
» l'Italie, les Anglais veulent être les maîtres
» du commerce, les Hollandais détruire la com-
» pagnie d'Ostende, et nous n'avons pas le moin-
» dre avantage à espérer : mieux vaudroit nous
» accommoder avec l'Empereur, pour peu qu'il
» veuille acheter notre amitié. D'ailleurs vous
» manquez à la reine d'Espagne : M. le cardi-
» nal croit même qu'elle pourroit s'accommoder
» avec l'Empereur. Ce seroit un grand malheur,
» parce que s'ils étoient de concert, ils pour-
» roient faire un mal très-considérable à la
» France : la reine d'Espagne, du côté du Lan-
» guedoc; l'Empereur, joint au roi de Sardai-
» gne, du côté du Dauphiné. » Le cardinal m'a paru assez tranquille sur ces périls. J'ai ajouté : « Il me suffit de les avoir représentés d'avance,
» et qu'on auroit pu les éviter en s'accommo-
» dant avec l'Empereur. » Le cardinal m'a soutenu que le comte de Sinzendorff n'avoit jamais rien offert de la part de l'Empereur, et le duc de Richelieu m'assure encore le même jour que l'Empereur auroit donné Luxembourg et d'autres places pour s'unir avec nous, si nous avions voulu garantir sa succession. C'est ce que Fonseca m'a aussi confirmé.

On a appris par les lettres de Brancas, lues le 7, que le roi et la reine d'Espagne commencent à se plaindre vivement des lenteurs de la France, et se préparent à la guerre. Il se plaignent fort aussi de la conduite du cardinal de Polignac à Rome, et approuvent celle de Bentivoglio sur l'exclusion d'Imperiali : ils ne ménagent même point les termes sur la conduite de Polignac. Celui-ci a envoyé au Roi la harangue de Collalto, ambassadeur de l'Empereur au conclave, qui donne à l'Empereur, entre les autres titres, celui de fils aîné de l'Église, qui n'a jusqu'à présent appartenu qu'aux seuls rois de France. Il donne aussi à son maître celui de président au conclave.

« Ils sont bien hauts, a dit le cardinal de
» Fleury. » J'ai répondu : « Ils font fort bien;
» et ils le seront encore davantage lorsque nous
» cesserons de l'être. » On a encore parlé des mesures à prendre avec les alliés, et j'ai repris, avec la vivacité qu'on me connoît : « Je ne puis
» seuffrir leur injustice pour la France dans
» cette guerre : il semble qu'il n'y a qu'eux qui
» doivent gagner, et nous faire tous les frais.
» En vérité je ne puis retenir ma colère : j'en
» jurerois, Sire, et je crois que Votre Majesté
» me le pardonneroit. — Il ne faut pas jurer
» devant le Roi, a repris le cardinal. » Et tout de suite le garde des sceaux a parlé du mémoire que le marquis de Spinola a donné en réponse de celui qu'on lui a fait passer, et m'a prié de l'examiner. Je l'ai trouvé très-bien raisonné pour faire voir la possibilité de réussir dans l'entreprise de la Sicile.

Il a été question, dans le conseil d'État du 10, que les cercles de l'Empire prennent des mesures pour s'unir à l'Empereur. L'électeur de Mayence n'a pas fait de difficulté de déclarer au résident de France qui est auprès de lui que si l'Empire est menacé, il le défendra. Le traité que l'on avoit compté faire avec les électeurs de la maison de Bavière n'a pas réussi, et l'on a appris que le roi de Prusse tournoit absolument vers l'Empereur; mais Broglie mandoit de Londres que l'Angleterre promet six bataillons à l'Espagne.

Les ambassadeurs d'Angleterre, de Hollande, les généraux Grovestein et Amestron, le maréchal de Berwick, d'Angervilliers et moi, nous nous sommes trouvés le 11 à une conférence indiquée chez le cardinal, où étoit aussi le garde des sceaux. On a d'abord lu cette réponse de Spinola au mémoire par lequel on lui avoit représenté l'entreprise de Naples trop difficile. Il y répondoit article par article, et la soutenoit facile; ensuite il demandoit à se retirer, puisque son voyage à la cour de France étoit si peu utile à son maître. Les réflexions sur cette réponse ont amené le cardinal à parler des mesures qu'il convenoit de prendre de concert avec les alliés, tant pour faire voir que l'on veut observer le traité de Séville, que pour fixer les grands projets de la reine d'Espagne.

Le milord Arington a peu parlé, selon sa coutume, et a dit seulement que puisque l'on avoit promis à l'Espagne d'attaquer la Sicile s'il n'étoit pas possible d'aller à Naples, il falloit lui tenir parole. Quand mon tour de parler est venu, j'ai commencé par représenter qu'il n'y avoit pas de secret dans nos délibérations; que nos desseins sur Naples étoient publics dans Paris, et qu'il étoit cependant de la plus grande importance de ne pas les faire connoître. « Mais, » avant que de dire ce que je pense sur la situa- » tion présente des affaires, je prie messieurs » les ambassadeurs de Hollande et d'Angleterre » de me dire s'ils croient que la guerre que l'on » va commencer peut devenir générale. » Le milord Arington, à qui j'adressai la parole, a été quelque temps à répondre; enfin il m'a avoué, avec les autres ambassadeurs, qu'il croyoit que la guerre deviendroit générale.

« Vous convenez, ai-je repris, que la guerre » deviendra générale: pourquoi donc, puisque » vous la commencez, et que vous êtes les maîtres » d'attaquer par où vous voudrez, pourquoi dé- » buter par l'entreprise la moins sage, puisque » c'est la plus coûteuse et la plus difficile? Je » reprends ce que j'ai proposé il y a trois semai- » nes. Les bruits d'attaquer le royaume de Na- » ples et d'y porter le fort de la guerre ont déjà » produit un effet duquel il faut profiter; mes- » sieurs les ambassadeurs d'Espagne nous assu- » rent que l'Empereur y a fait marcher soixante- » et-dix mille Allemands. Continuons tout ce » qui peut fortifier l'Empereur dans l'opinion » de ces desseins, et pénétrons dans l'Empire » avec vingt mille Anglais nationaux, quinze » mille Hollandais offerts par la République, » quarante mille Français, les douze mille Hes- » sois payés par l'Angleterre; songeons à faire » agir l'armée que nous payons si cher en Da- » nemarck, et méprisons les États de l'Empire, » qui ne rechercheront notre amitié que lors- » qu'ils nous craindront; établissons une sévère » discipline dans nos armées, réglons nos con- » tributions, et nous donnerons bientôt des lois » à ceux qui espèrent nous en imposer. » Mon discours a été approuvé, et n'a rien produit. La Hollande ne vouloit pas attaquer; les Anglais avouoient que c'étoit leur intérêt, par le péril des États d'Hanovre; mais ils ne concluoient rien. Il a été seulement résolu, après une conférence de trois heures et demie, qu'on conviendra d'un traité pour soutenir une guerre générale, et borner les désirs ambitieux de la reine d'Espagne; au point que si par quelque succès on oblige l'Empereur à consentir les garnisons espagnoles dans les places de Florence et de Parme, le traité de Séville sera estimé rempli. Il est aisé de juger que l'Espagne ne sera pas contente: aussi ses ambassadeurs se plaignent-ils hautement à Paris, et on voit une grande attention dans ceux d'Angleterre à charger la France de la haine de la reine d'Espagne.

Le cardinal de Polignac, dans ses lettres lues le 14, apprend que les difficultés augmentent tous les jours pour l'élection du Pape. Le Saint-Esprit peut y agir, mais par des voies peu saintes assurément; et il paroît que le conclave ne finira pas sitôt.

Il est arrivé un courrier au marquis de Spinola, envoyé sur la conférence qui a été tenue chez moi. Le roi d'Espagne mande qu'au cas que l'on ne veuille pas aller à Naples, il aime encore mieux que l'on attaque la Sicile que de ne rien faire.

Dans une audience que le marquis de Spinola m'a demandée le 15, il m'a dit, de la part du roi d'Espagne, qu'il compte fort sur mon amitié; ensuite il s'est étendu sur les peines qu'il souffre de trouver tant de froideur dans le cardinal de Fleury; mais il n'a pas balancé à se plaindre des Anglais, lesquels, après s'être assuré les plus grands avantages dans le traité de Séville, n'aspirent qu'à voir l'Espagne se ruiner, et que c'est pour cela qu'ils conseillent l'entreprise de Sicile, dans laquelle lui Spinola ne voit que ruine certaine, et point de succès à espérer.

Le cardinal a convoqué chez lui, le 15, une assemblée des ambassadeurs d'Angleterre et de Hollande, de leurs deux généraux Grovestein et Amestron, de moi, et de M. d'Angervilliers. Il y a été résolu que l'on prendra des mesures pour l'entreprise de Sicile et pour un traité général, même pour attaquer l'Empire; mais que ce ne pourra être que pour l'année prochaine, parce que l'on n'est pas préparé pour cela : et il a été dit que les ambassadeurs d'Angleterre et de Hollande se rendront demain chez moi, avec le marquis de Spinola et les généraux d'Angleterre et de Hollande, pour convenir de tout ce qui pourra regarder l'entreprise de Sicile.

On a résolu dans cette assemblée que l'on y emploiera quarante mille hommes, que l'on y portera soixante pièces de vingt-quatre, vingt de dix-huit ou seize, outre tous les équipages d'artillerie, trente milliers de poudre, dix-huit mortiers, vingt mille boulets; et que le partage des troupes et des dépenses se réglera chez le cardinal.

La conférence finie, le marquis de Spinola est demeuré avec M. d'Angervilliers et moi. Il nous a confirmé ce qu'il m'avoit déjà dit sur les malignes intentions des Anglais; que pour lui, il croyoit encore plus avantageux au Roi son maître de ne rien faire de la campagne que de se réduire à une entreprise comme celle de la Sicile, par toutes les raisons susdites.

Nous avons parlé immédiatement après d'Angervilliers et moi au cardinal, et nous lui avons dit que nous pensions, pour l'intérêt du Roi, ce que Spinola pensoit pour celui de son maître, et qu'il valoit mieux ne rien faire. « Vous verrez, » ai-je ajouté, ce que le sort de cette dépense, » qui tombera sur la France, nous coûtera. Je » vous répondrois qu'il vous en coûteroit moins » de mettre quarante mille hommes en campa» gne; et la guerre générale que j'ai proposée » en attaquant l'Empire auroit été, sans compa» raison, plus utile et moins onéreuse. » Le cardinal a répondu : « Il ne faut rien faire, ni en » Sicile ni ailleurs, qu'il n'y ait un traité général » sur une guerre générale, convenu et signé par » tous les alliés. — Cela étant, ai-je répliqué, » il est de votre gloire, de celle du Roi et de la » nation, de spécifier dans le traité les avanta» ges qui reviendroient à la France, comme » l'Espagne, la Hollande et l'Angleterre ont si » bien stipulé et réglé les leurs. » Ainsi s'est passée la journée du 16 mai.

Dans le conseil d'État tenu le 17 au soir, on n'a rien appris d'important du conclave, du Nord, ni de la cour d'Espagne. Il paroit que le cardinal de Fleury se plaint de Spinola, qui n'est pas plus content de lui. Il ne l'a pas prié à dîner; et le garde des sceaux ne l'a pas prié non plus, et a même dit à M. d'Angervilliers qu'il n'auroit pas dû l'inviter chez lui avec les autres ambassadeurs. Cependant le cardinal a été obligé de le voir chez le prince de Léon, qui lui a donné à dîner ainsi qu'à moi, et aux ambassadeurs de Hollande et d'Angleterre.

Spinola m'a dit que le Roi son maître verroit avec peine que le maréchal de Berwick fût appelé aux conférences qui regardoient ses intérêts, ayant lieu de le tenir pour son ennemi; qu'il ne pouvoit oublier qu'outre les États qu'il lui avoit donnés en Espagne, la grandesse et l'ordre de la Toison d'or, et en lui donnant une épée magnifique qu'il tenoit du feu Roi son grand-père, ce maréchal lui avoit juré une perpétuelle fidélité et attachement, et qu'il n'avoit pas balancé à prendre le commandement d'une armée qui l'attaquoit en personne. « Au reste, ajoutoit » Spinola, le Roi mon maître ne doit pas s'at» tendre à plus de reconnoissance que le maré» chal de Berwick n'en a marqué au roi d'Angle» terre son frère, qu'il a refusé d'aller servir » en Écosse (1). »

Par les lettres du cardinal de Polignac, lues au conseil du 21, on a appris la continuation de sa haine avec le cardinal Bentivoglio, et des divisions du conclave; que le cardinal Clenfuegos sert le cardinal Colonna, parce qu'il est fort attaché à sa famille; tant il est vrai que les routes que fait tenir l'esprit de parti sont diverses. Il ne paroît plus possible de faire un digne choix pour le chef de l'Église; et, quelque intérêt qu'ait Rome à voir le Saint-Siége bien rempli, on compte que ce sera le plus vieux, ou le plus en faveur.

Le roi de Prusse a déclaré que, malgré ses apparences de réunion avec le roi d'Angleterre, si les alliés de Séville attaquent l'Empereur, il le soutiendra de toutes ses forces. Les États de l'Empire paroissent se réunir. Le roi de Pologne nous propose de lui donner des subsides, pour former un parti de neutralité; mais il est arrivé si souvent à la France de voir les troupes qu'elle

---

(1) La relation de l'entreprise du Prétendant en 1715, telle qu'elle se lit dans les Mémoires de Berwick, suffit pour justifier le maréchal de l'imputation de l'ambassadeur d'Espagne. On y voit que cette entreprise étoit très-mal concertée, qu'il y avoit une grande mésintelligence entre les chefs, et qu'il y auroit eu beaucoup d'imprudence à s'en mêler. (A.)

avoit payées servir ses ennemis, qu'on a refusé cette proposition. Le maréchal Sumyunghen, commandant les troupes en Flandre, a été à Luxembourg, et a pris toutes les mesures pour garnir cette place, comme si elle alloit être attaquée dans le moment.

M. le duc, mademoiselle de Clermont, et très-nombreuse compagnie, sont venus passer quelques jours à Villars. Je me suis rendu au conseil d'État du 24, où nous avons appris, par les lettres du cardinal de Polignac, que les esprits sont toujours très-divisés dans le conclave. Le cardinal de Rohan m'a mandé que les Impériaux, pour fortifier leur parti, répandent qu'ils ne sont pas si brouillés avec l'Espagne, qu'il ne soit en leur pouvoir de ramener cette puissance en donnant la seconde archiduchesse à don Carlos ; ce qui peut arriver incessamment. Pour moi, je crains toujours que la reine d'Espagne, indignée de ce qu'on rompt ses projets sur Naples, ne prenne le parti de se réunir avec l'Empereur.

Par les nouvelles de l'Empire, on apprend que le duc de Wurtemberg est déclaré maréchal général de l'Empire, et commandant ses armées s'il y a guerre.

Ce même jour, le cardinal de Fleury, le garde des sceaux, sa femme, le contrôleur général et M. d'Angervilliers sont venus passer deux jours à Villars. Le nonce, le comte de Kinski, ambassadeur de l'Empereur, et Goslinga, ambassadeur de Hollande, y ont passé deux jours aussi. Kinski m'a fort pressé sur les moyens de faire cesser les divisions qui sont entre l'Empereur et le Roi. Je lui ai répondu seulement : « Le » comte de Sinzendorff, un des principaux mi- » nistres de l'Empereur, ayant passé neuf mois » en France, n'a-t-il apporté ni moyen ni pou- » voir de réunir nos maîtres ? Car enfin si vous » voulez notre amitié aux conditions de garantir » votre succession, et au hasard de nous trou- » bler avec tous les prétendans, encore faut-il » que vous payiez notre amitié. » Le comte de Kinski a répondu : « Mais si vous n'avez pas » voulu l'écouter ? » En effet, le duc de Richelieu m'avoit toujours assuré que l'Empereur donneroit au moins Luxembourg et plus, si on vouloit se réunir à lui.

Je n'ai pas voulu entrer plus avant en matière avec le comte de Kinski. Retenu par un peu de goutte, j'ai manqué la cérémonie de l'Ordre, qui s'est faite à Fontainebleau ; et le conseil d'État qui devoit être le 28, à cause de mon incommodité a été remis au 29.

On y a appris, par les lettres de Brancas du 16, que la reine d'Espagne est très-irritée des difficultés que ses ambassadeurs et le général Spinola ont mandé qu'on faisoit pour entrer en guerre. Cependant on continue toujours les préparatifs en Espagne pour l'embarquement, et l'on doit s'attendre à une violente colère du Roi et de la Reine quand ils apprendront qu'avant de commencer aucune hostilité on veut concerter un projet de guerre générale avec tous les alliés de Séville. J'avois cependant fait connoître au conseil, dès le mois d'avril, combien il étoit dangereux de révolter l'esprit de la reine d'Espagne, surtout si son indignation pouvoit la porter tout d'un coup à se raccommoder avec l'Empereur.

Les princes électeurs de l'Empire lèvent des troupes. Celui de Cologne veut avoir douze mille hommes sur pied, et les cercles assemblent leurs députés pour convenir de s'armer.

Les lettres de Moscou apprennent que la nouvelle Czarine exile toute la famille des Dolgorouski, favoris du dernier Czar, et la princesse leur sœur qui lui avoit été fiancée, et qu'elle se prépare à revenir à Pétersbourg, continuant ses liaisons avec l'Empereur.

On a aussi lu une lettre de Chavigny, et un mémoire qu'il a communiqué et donné contre l'Empereur, lequel a soulevé tous ses ministres à Ratisbonne, au point qu'invités à dîner chez lui, ils ont tous refusé d'y aller. On a encore lu une seconde lettre de lui, qui marque une conduite fort indiscrète.

Le marquis de Spinola en a écrit une très-forte au garde des sceaux ; pour se plaindre de nos retardemens ; et comme on a confirmé, dans le conseil du 31, que la reine d'Espagne étoit très-mécontente, j'ai répété pour la troisième fois mes inquiétudes sur la réunion qui pouvoit se faire entre l'Empereur et l'Espagne. M. le duc d'Orléans a dit que cela n'étoit pas à craindre ; le cardinal a confirmé cette opinion. J'ai répliqué : « Vous me redonnez une tranquillité » qui étoit altérée par tous les malheurs que » pouvoit causer cette réunion, d'autant plus re- » doutable que le secret et la diligence pour nous » porter des coups très-dangereux seroient très- » faciles ; car les projets pourroient n'être con- » nus que de l'Empereur seul, du prince Eugène, » du roi d'Espagne, et d'un secrétaire. Vous au- » riez donc de grands sujets de craindre, si ces » projets pouvoient avoir lieu ; mais puisque » M. le duc d'Orléans et M. le cardinal de Fleu- » ry ne le trouvent pas, cela me remet du » baume dans le sang. »

On voit, par les lettres du cardinal de Polignac, que le cardinal Colonna pourra être élevé au pontificat. On a ordonné au cardinal de Polignac, en ce cas, de lui donner l'exclusion.

J'avois eu à Villars le comte de Kœnigseck et sa femme [31 mai]. Le garde des sceaux y est venu avec toute sa famille au retour de Fontainebleau, et très-nombreuse compagnie. Le Roi m'a dit : « Vous avez plus de gens qu'il n'en reste » à Fontainebleau. » Mais le Roi étoit assez content de n'y avoir pas une grosse cour.

Le garde des sceaux m'a dit que l'on a résolu d'établir un conseil de commerce qui s'assemblera devant le Roi, et composé de M. le duc d'Orléans, du cardinal de Fleury, du chancelier, garde des sceaux, contrôleur général, d'Angervilliers, Fagon et moi, et qu'il sera tenu alternativement avec le conseil de finances les mardis.

Je suis parti le 4 juin pour retourner à Paris. Le Roi doit retourner le 7 de Fontainebleau à Versailles. Les nouvelles publiques confirment ce que nous savions au conseil, que le duc de Wurtemberg a été déclaré maréchal général de l'Empire, et destiné à commander ses armées sur le Rhin s'il y a guerre; que, par l'association des cinq cercles, tenue à Francfort, il a été résolu de faire des levées. Enfin l'Empereur a bien du temps que l'on lui a donné pour réunir l'Empire, dont les princes et États ne sont à craindre que lorsqu'on ne leur impose pas en passant le Rhin.

On a appris, dans le conseil d'État du 11, que le roi et la reine d'Espagne sont très-irrités ; que la reine d'Espagne a dit au marquis de Brancas : « Je ne veux point parler, crainte de n'être pas » maîtresse de mes paroles. Parlez au marquis » de La Paz, » lequel a dit que Leurs Majestés Catholiques ne s'étoient pas attendues au manquement de parole par lequel on avoit rompu les premiers desseins sur Naples. Le roi d'Espagne a dit à Brancas : « On retarde l'exécution » du traité de Séville, et je m'attends bien que » lorsqu'on paroîtra à la fin y consentir, on trou- » vera moyen de retarder encore; de manière » que l'on fera perdre la campagne. » Il a ajouté qu'il leur revenoit que l'on traitoit avec l'Empereur. Il est fort à craindre que lorsqu'ils apprendront que leurs soupçons sont fondés, la dernière colère ne s'empare de leurs esprits; et, ce qui pourroit être encore plus à craindre, c'est qu'en se brouillant avec l'Espagne on ne convienne pas avec l'Empereur. L'événement seul peut justifier notre conduite, qui n'a d'autre but que d'éloigner la guerre. Brancas mande que les dépenses que l'on fait en Espagne sont si grandes, qu'il est impossible de les renouveler si cette campagne est perdue; et cela peut préparer à des partis violens de la part de Leurs Majestés Catholiques.

Le garde des sceaux a écrit au comte de Kinski sur le mémoire que Chavigny a publié à Ratisbonne, et que le Roi n'approuve pas.

Rien n'avance dans le conclave. Les meilleurs sujets sont exclus par l'Espagne, l'Empereur, et un peu la France. Le cardinal Pico, qui en dernier lieu a eu le plus de voix, voyant que l'Empereur ne l'approuvoit pas, s'est donné l'exclusion lui-même. Il y a grande apparence que l'Empereur sera le maître : les amis du roi de Sardaigne se réunissent à lui.

L'assemblée du clergé a été ouverte le 10 juin. Les cent docteurs, chassés de la Sorbonne, ont appelé au parlement, et le Roi a trouvé mauvais que le parlement ait reçu leur appel.

Bussy mande de Vienne que l'on prépare sourdement les équipages du prince Eugène.

Dans le conseil d'État du 14, on a lu diverses lettres du marquis de Brancas, la dernière par un courrier arrivé au marquis de Spinola. Il y en a neuf chez les ambassadeurs d'Espagne ; ce qui marque la vivacité de cette cour sur la conjoncture présente. Cette vivacité ne doit pas surprendre. Brancas mande que les dépenses que fait l'Espagne sont excessives : elle trouve dans la France et ses alliés des difficultés à agir, qui rendent ses inquiétudes sur ses dépenses naturelles. Le dernier courrier est dépêché, sur la résolution des alliés de faire un traité général pour la conduite de la guerre et les diverses dépenses avant que de la commencer.

Vu le peu que l'Angleterre et la Hollande mettent au jeu, les grandes dépenses tomberont sur la France. Nos raisons pour nous défendre de les faire sont bonnes; mais il eût fallu les prévoir, et ne pas dire dans le traité que l'on donneroit trois mois pour engager les princes possesseurs à recevoir les garnisons espagnoles, et que deux mois après on agiroit avec toutes les forces pour faire recevoir les garnisons. La France a fait quelques dépenses, l'Angleterre et la Hollande aucune; mais elles promettent tout, et n'oublient rien pour rejeter sur la France l'inaction.

Le marquis de Brancas a été informé que, sur le refus d'agir, le roi et la reine d'Espagne ont été en fureur; mais il leur a trouvé ensuite une si grande modération, qu'il ne peut douter d'une profonde dissimulation. Les plaintes ont été modestes, disant qu'ils espèrent qu'en moins de deux mois on sera convenu de ce traité ; qu'ils espèrent qu'on agira après, et qu'ils continuent toujours leurs dépenses et leurs armemens. Le marquis de Brancas craint cette dissimulation; et moi j'ai exposé, pour la quatrième fois, que je la crains aussi. M. le duc d'Orléans et M. le cardinal ont dit qu'il n'y avoit rien à

craindre : « J'en voudrois, ai-je répondu, cau-
» tion bourgeoise ; mais je ne vois pas quel
» bourgeois pourroit nous la donner. »

Par les lettres du conclave, l'Empereur paroît le maître, et l'on croit Colonna, qui, craignant l'exclusion de la France, fait agir tout ce
qu'il y a ici de mazarins, qui n'y sont pas en
grande considération. Nos cardinaux ont ordre
de lui donner l'exclusion ; mais comme l'Empereur peut s'y attendre, peut-être il tâchera de
la prévenir.

Bussy mande de Vienne que le prince Eugène
et le vice-chancelier de l'Empire ont ont été d'a-
vis, dans le conseil de l'Empereur, de faire
chasser Chavigny de Ratisbonne ; mais que les
deux autres ministres ont été d'un sentiment
plus modéré. Ainsi les mesures que l'on a prises
avec le comte de Kinski à Paris doivent adoucir
cette petite cause de division.

Le marquis de Spinola et son fils aîné m'ont
demandé une audience le 16 ; et, bien loin de
paroître irrités des retardemens qu'on apporte
aux desseins du roi d'Espagne, par la nécessité
d'établir entre les alliés de Séville un traité de
guerre générale avant que de commencer aucune opération particulière, il n'y a eu aucune apparence de plaintes. Leurs discours sont si différens de ceux qu'ils ont tenus pendant le séjour
de Fontainebleau, que l'on peut soupçonner
quelque ordre de dissimuler, comme on a lieu
de le croire de la Reine. Il n'a été question, dans
leur conversation, que des mesures à prendre
pour la guerre générale, pour laquelle ils avoient
les pleins pouvoirs. « A la vérité, disoient-ils,
» l'Espagne a fait déjà de grandes dépenses pour
» attaquer Naples et Sicile ; mais comme on a
» pensé que nous ne serons pas prêts, le Roi
» mon maître les continue, pour faire voir que
» rien ne manquera de son côté pour agir in-
» cessamment. Nous demandons simplement
» que ce traité sur la guerre générale soit signé
» dans deux mois. » Ils m'ont fait entendre qu'ils
soupçonnoient les Anglais de ne pas aller bien
droit, et qu'il falloit les engager, et leur dire
même que les neuf mille hommes qu'ils devoient
employer à la guerre d'Italie leur causant trop
de dépense, on les en dispenseroit, pourvu
qu'ils en employassent un plus grand nombre
pour la guerre générale. Enfin il n'y a que de la
sincérité à désirer dans leurs discours, et je ne
crois pas possible qu'elle y soit.

Il n'y a rien eu d'important de Vienne ni de
Grenade dans le conseil du 18. Le sieur Walpole
est arrivé pour prendre congé, devant être relevé dans son ambassade par milord Walgraf,
qui étoit auparavant auprès de l'Empereur. Milord Arington part pour aller prendre possession
de la charge de secrétaire d'Etat en Angleterre.

J'ai eu le 19 une conférence avec le cardinal
et M. d'Angervilliers, sur celle que j'avois eue
avec Spinola et Sainte-Croix. Je l'ai pressé sur
la conduite que l'on devoit avoir avec les Anglais, qui étoit de les déterminer à une guerre
sérieuse contre l'Empire, attendu que de la faire
uniquement en Italie, l'Empereur y étant préparé, c'étoit une entreprise ruineuse, et sans
espérance de succès, M. d'Angervilliers a été
de mon sentiment.

M. le cardinal n'a pas dissimulé qu'il s'apercevoit bien que les Anglais ne vouloient qu'engager la guerre, sans s'embarrasser qu'elle fût
ruineuse pour l'Espagne et pour la France ; et il
a avoué qu'il croyoit qu'on auroit bien de la
peine à porter les Anglais à attaquer l'Empire.
J'ai répété ce que j'avois dit chez Spinola, que
si on vouloit agir avec vigueur, la France, l'Angleterre, l'Espagne et la Hollande, réunies avec
le Danemarck, la Suède et le landgrave, donneroient la loi en une seule campagne, au lieu
qu'on la recevroit à la longue si on se contentoit
d'agir mollement ; qu'il falloit donc presser les
Anglais. Mais le désir de la paix, ou du moins
d'éloigner la guerre, faisoit préférer dans notre
conseil tous le partis foibles.

Dans celui du 21, on a appris, par les lettres
de Berlin, que le roi de Prusse se lie de plus en
plus avec l'Empereur ; que Knipausen, le seul
de ses ministres qui soit dans les intérêts de la
France, se retire, pour n'être pas chassé ; et que
le roi de Prusse n'a pas fait difficulté de déclarer
à l'Angleterre ses liaisons avec l'Empereur.

Les nouvelles du camp de Pologne apprennent que le roi de Prusse y est arrivé ; que l'armée du roi de Pologne est de dix-huit mille
hommes de pied et neuf mille chevaux, des plus
belles et magnifiques troupes que l'on ait jamais
vues : mais les dépenses de cette apparence de
guerre sont si excessives, que je ne crois pas,
comme je l'ai dit au conseil, qu'elles préparent
à une guerre sérieuse, pour laquelle il faut
moins de parure et plus d'économie.

Il y a eu, le matin du 24, un conseil des dépêches qui a recommencé le soir. Il y a été question de plusieurs arrêts de surséance, plus nécessaires que jamais pour empêcher la chute de
plusieurs maisons illustres, ruinées par les dettes
et les poursuites des créanciers.

Par les lettres de Rome, lues le 25, on a appris que le cardinal Doria a eu vingt-six voix,
et que c'est celui qui jusqu'à présent a été le
plus près ; mais, suivant l'usage du conclave,
il suffit d'avoir approché pour n'y plus revenir

Celles de Brancas marquent toujours de très-vives inquiétudes sur la dissimulation de la Reine; qu'on agit toujours avec la même ardeur pour attaquer l'Italie. Et moi, pour la cinquième fois depuis trois mois, j'ai réitéré la crainte que j'ai d'un accommodement secret de l'Espagne avec l'Empereur; j'en ai fait voir les très-dangereuses conséquences, et les facilités qu'ils trouveroient à cacher leurs desseins jusqu'au moment de l'exécution. Le cardinal en a paru plus frappé qu'à l'ordinaire.

Il a été question, dans le conseil des finances, de résilier un contrat d'échange fait du temps de la régence avec le marquis de Grancey, auquel, pour une maison ruinée dans l'enceinte du Louvre, estimée au plus quinze mille livres, on avoit donné des bois et des terres qui valoient sept ou huit fois plus. Les bois seuls avoient été vendus cinquante mille livres, les terres affermées plus de trois mille livres. A mon avis de résilier le contrat d'échange, j'ai ajouté celui de punir les infidèles estimateurs, pour intimider ceux qui trompent si souvent le Roi dans l'évaluation de ses domaines.

Après le conseil, j'ai suivi le Roi dans son cabinet, et lui ai demandé : « Puis-je me flatter que » Votre Majesté fasse quelque attention à ma vi-» vacité sur ses intérêts? Je me fais des enne-» mis sans que vous m'en sachiez peut-être gré. » Le Roi m'a répondu : « Je le remarque très-bien, » soyez-en assuré. » Il est vrai que dès qu'on a parlé d'un contrat d'échange le Roi a jeté les yeux sur moi, s'attendant bien que je parlerois sur cela.

Les lettres de Vienne [28 juin] portent qu'on a fait partir les généraux de l'Empereur destinés à commander les armées d'Italie. Milord Walgraf, arrivé de Vienne, dit que la santé du prince Eugène s'affoiblit; ce qui seroit un grand malheur pour l'Empereur.

Le cardinal de Fleury nous a avertis qu'avant une conférence à laquelle on devoit appeler tous les ambassadeurs, il falloit en tenir une particulière entre lui, le garde des sceaux, M. d'Angervilliers et moi. La grande a été fixée au premier juillet, chez le cardinal. On y a appelé les ambassadeurs d'Espagne, avec le marquis de Spinola, Walpole, et deux autres ambassadeurs d'Angleterre, et Amestron, trois de Hollande, et nous tous de la première conférence. Il étoit question de décider si on régleroit ce qui regarde une guerre générale, avant que de commencer les opérations qui regardoient l'Italie. On étoit déjà convenu de la guerre générale; mais Walpole avoit reçu un ordre du roi d'Angleterre de porter à commencer la guerre en Italie. Le cardinal de Fleury et les ambassadeurs d'Espagne m'ont prié d'ouvrir la conférence : je m'en suis défendu; mais voyant que presque tous le désiroient, j'ai parlé ainsi : « Dans la dernière con-» férence tenue à Fontainebleau chez M. le car-» dinal de Fleury, j'ai prié milord Amestron, et » messieurs les ambassadeurs de Hollande ici » présens, de vouloir bien, avant que de dire mon » sentiment, me faire connoître s'ils croyoient » que la guerre, une fois commencée en Italie, » pût devenir générale; et m'ayant été répondu » qu'ils en étoient persuadés, je dis : *Ce prin-» cipe établi, je ne suis pas en peine de rame-» ner M. de Spinola au projet que je vais ex-» pliquer.*

» Je commencerai par dire que je peux me » donner un mérite qui n'est guère envié, et que » l'on n'avoue même qu'avec peine, parce qu'on » le doit au nombre d'années : c'est celui de l'ex-» périence. Il y a cinquante-sept ans que j'étois » avec l'armée du Roi, commandée par M. de » Turenne, au milieu de l'Empire. Quoique » très-jeune, j'avois une vive attention à étudier » ce général respectable. Il nous disoit que, » pour ne pas craindre les princes de l'Empire, » il falloit qu'ils pussent craindre. L'armée étoit » au milieu de la Franconie; le duc de Neubourg » étoit dans nos intérêts, sans subsides ; l'élec-» teur de Cologne en avoit de médiocres. Il nous » avoit donné Bonn; l'électeur de Mayence, » Aschaffenbourg sur le Mein. L'électeur pala-» tin étoit pour nous; l'électeur de Bavière avoit » des subsides. L'amitié de tous les autres princes » ne nous coûtoit rien. L'armée du Roi passa le » Rhin; et tous ces princes, excepté les électeurs » de Cologne et de Bavière, furent contre nous.

» J'ai vu bien des ligues se former, mais au-» cune si puissante et si formidable que celle qui » lie aujourd'hui les alliés de Séville. Elle est » composée de presque toutes les puissances qui » nous ont donné de si vives inquiétudes, aux-» quelles sont jointes la France, qui a deux cent » soixante mille hommes sur pied, et l'Espagne, » qui en a quatre-vingt mille, et une marine » très-considérable. J'avoue qu'avec de telles » forces il seroit bien fatal que l'on voulût com-» mencer la guerre contre toutes les règles de la » guerre, enfin par une pointe, et dans les seuls » pays où l'Empereur, qui est jusqu'à présent le » seul ennemi déclaré que nous connoissions, » s'est préparé à rendre vains tous nos efforts.

» Raisonnons suivant les principes de la » guerre. Lorsque l'on attaque une place, on » embrasse les ouvrages; si on donne bataille, » on tâche de déborder une aile; si on entre-» prend une guerre, le premier soin doit aussi

» être d'embrasser, s'il est possible, les Etats
» que l'on veut attaquer; si l'on veut secourir
» une place assiégée, l'on menace plusieurs en-
» droits, pour tomber sur le quartier le plus foi-
» ble. Ici, en commençant une guerre que l'on
» convient devoir être générale, on veut atta-
» quer l'Italie, où l'Empereur a déjà porté près
» de quatre-vingt mille hommes. Nous n'y avons
» aucunes places, ni alliés qui nous reçoivent.
» Je le répète, il y a une fatalité à ce début de
» guerre, dont j'ose me flatter que ce que j'ai
» dit désabusera ceux qui veulent nous y dé-
» terminer. »

Les Espagnols ont été les premiers à m'applaudir avec de grandes louanges. Les Anglais et les Hollandais n'ont pas fait de même : Walpole a répété jusqu'à six ou sept fois que le Roi son maître étoit entièrement décidé à commencer la guerre; qu'il falloit toujours la porter en Sicile, et que si la saison étoit trop avancée pour agir ailleurs, le pis étoit de ne rien faire. Comme le cardinal et les Espagnols me laissoient à répondre, j'ai repris : « Le pis n'est pas
» de ne rien faire, mais le pis est de faire mal.
» J'ajouterai que je ne dis pas que l'on ne puisse
» rien faire ailleurs. Que l'Angleterre fasse pas-
» ser vingt mille nationaux en Hollande; qu'ils
» se joignent à quinze mille Hollandais que ces
» messieurs ont offert de faire trouver à Nimè-
» gue. Le Roi donnera quarante mille Français.
» Joignez les douze mille Hessois, assurez-moi
» seulement pour un mois de farine quand je
» passerai le Rhin; et je vous réponds de faire
» la guerre aux dépens de l'Empire, et qu'ils
» nous donneront du pain et de l'argent. » Les Anglais ont dit qu'ils ne pouvoient donner que huit mille hommes, et les Hollandais rien. Sur cela je me suis tu, et j'ai fait signe au cardinal de Fleury que c'étoit à lui à prendre la parole. Il s'est contenté de dire que le Roi donneroit cinquante mille hommes, et qu'il étoit juste que la proportion fût observée par les autres alliés. On s'est long-temps disputé, et on n'a rien conclu. Il a été seulement résolu que l'on se rassemblera le 6 juillet chez le garde des sceaux.

Le marquis de Spinola et les ambassadeurs d'Espagne sont venus dîner chez moi; et le marquis m'a dit qu'il avoit été tenté de se jeter à mes pieds pour les baiser, et me marquer le gré que le Roi son maître devoit m'avoir d'avoir parlé avec tant de force et de vérité pour ses intérêts, et le bien de la ligue.

On a appris, dans le conseil d'État du 2, que l'Empereur paroit toujours déterminé à la guerre, et qu'il n'a pas approuvé les propositions qui lui ont été faites. Brancas marque que la cour d'Espagne va à Cazalla, petit village à douze lieues de Séville; qu'elle attend avec impatience les nouvelles de France, et que les armemens se continuent. Les lettres de Rome portent que l'on n'avance pas l'élection d'un pape.

La cour est partie de Marly le 2, et le Roi a résolu son départ pour Compiègne au sixième juillet. Il a passé en revue, le dernier juin, les gardes du corps : je les ai vus aussi, et ils m'ont toujours témoigné la même amitié.

Le 6, le Roi est parti pour Compiègne, et le même jour il y a eu chez le garde des sceaux une conférence des mêmes personnes qui avoient été assemblées chez le cardinal de Fleury à Marly, à la réserve du cardinal, et du marquis de Spinola, qui étoit parti le 3 pour l'Espagne. Le garde des sceaux a ouvert la séance par assurer tous ceux qui la composoient que le Roi est véritablement déterminé à la guerre, et à la faire avec toutes ses forces; que l'on répandoit malignement que le Roi ne vouloit pas de guerre; que cette imputation étoit fausse, et qu'il y étoit très-résolu; mais qu'il ne la feroit pas seul; d'autant plus qu'il ne la faisoit que pour soutenir ses engagemens, et sans en prétendre aucune utilité. Le cardinal avoit déjà tenu le même discours chez lui, et je m'y étois opposé : je me suis encore opposé à celui du garde des sceaux, et j'ai soutenu qu'il n'étoit pas juste que le Roi, dépensant plus qu'aucun de ses alliés pour cette guerre, n'en pût espérer aucune utilité.

Le garde des sceaux a prié ensuite les ambassadeurs de parler. Walpole a pris la parole, et a insisté sur l'opinion du roi d'Angleterre qu'il valoit mieux faire la guerre en Sicile que de ne rien faire du tout. Il a été ensuite question des forces que les alliés emploieroient pour la guerre générale. L'Anglais s'en tient à huit mille hommes; les Hollandois rien, par la nécessité de couvrir leur pays. Je n'ai pu y tenir, et je les ai interrompus en disant : « Mais si l'on porte la
» guerre au-delà du Rhin, votre pays n'est-il pas
» parfaitement couvert? » On m'a demandé ensuite, sans doute parce qu'on étoit embarrassé à me répondre, ce que je croyois qu'il falloit pour porter la guerre dans l'Empire. J'ai répondu :
« J'ai fait voir, à la dernière conférence, que la
» plus puissante ligue qui ait été formée depuis
» plusieurs siècles est celle du traité de Séville;
» mais que cette ligue ne pourra être redoutable
» qu'autant qu'elle fera l'usage possible de ses
» forces. Je n'ai rien à ajouter à ce que j'ai dit
» dans cette conférence, sinon qu'il faut com-
» mencer par réunir les intentions de la ligue;
» ce qui ne me paroît pas bien aisé. » Quelqu'un a dit : « Mais si, comme quelques-uns le pensent,

» la saison est trop avancée pour porter la guerre » dans l'Empire, l'Espagne doit-elle attaquer » l'Italie sans que l'on agisse ailleurs? » On a parlé à ce sujet de s'emparer de la Flandre. Les Hollandais s'y sont opposés formellement, bien que l'on eût déclaré que le Roi ne vouloit conserver aucune de ses conquêtes.

Le résultat de cette conférence de quatre heures, c'est qu'il n'a paru de véritable dessein de faire sérieusement la guerre que dans la France et l'Espagne. Il n'a rien été décidé sur les opérations, ni sur les forces que chacun donnera : ce qui a laissé M. d'Angervilliers et moi persuadés que la ligue ne fera rien de bon si elle ne change d'esprit et de conduite.

Je me suis rendu le 15 à Compiègne, et en arrivant le cardinal m'a paru fort piqué contre la reine d'Espagne, et encore plus contre l'Angleterre. Il m'en a dit ses raisons, qui sont telles : le cardinal a écrit au marquis de La Paz que l'on étoit convenu avec tous les alliés de faire un plan de guerre générale, et même de régler ce qu'on a voulu appeler l'équilibre, avant que de commencer aucune opération de guerre. Cette résolution est vraie, et a même été signée. Le marquis de La Paz, par ordre de son maître, a envoyé l'extrait de cette lettre en Angleterre et à La Haye. Le roi d'Angleterre a désavoué net que l'on soit convenu de ne pas agir, que le plan de guerre générale ne soit réglé avec tous les alliés. Une pareille conduite ne peut qu'irriter l'Espagne; et j'ai fort exhorté le cardinal à lui dépêcher sur-le-champ un courrier, pour l'informer de la fausseté des Anglais. On avoit reconnu dès les commencemens que l'Angleterre vouloit rejeter sur la France les retardemens, si la guerre que l'Espagne vouloit commencer, au hasard de la faire mal, étoit différée. Les Anglais désiroient seulement que l'on commençât, sans se soucier du succès; et il leur suffisoit que l'Espagne se ruinât, afin qu'elle fût toujours dans leur dépendance.

On a lu, dans le conseil du 16, ce qu'on écrivoit au marquis de Brancas, en conséquence de ce que j'ai conseillé hier au cardinal. Cela est bien ; mais je n'ai pu m'empêcher de dire : « Si, » au lieu d'agir, on n'est occupé qu'à se dispu- » ter sur les opérations, sur les forces que cha- » cun fournira, et sur l'envie de se disculper aux » dépens de son voisin, la plus puissante ligue » qui ait jamais été formée donnera beau champ » à l'Empereur, dont j'avoue que je préférerois » l'amitié à celle de nos peu fidèles alliés. » Le cardinal, fatigué de tant d'incidens, paroît quelquefois disposé à tout quitter.

Les nouvelles du Nord apprenoient le retour du duc de Meckelbourg dans ses États, et même qu'il a fait attaquer cinquante hommes des troupes de la commission impériale. Tous les ambassadeurs s'étoient rendus à Compiègne dès le 16.

Les dépêches du cardinal de Polignac, lues au conseil du 16, marquent enfin la résolution de l'élection du cardinal Corsini. La lettre est du 11, à deux heures du matin. Il falloit encore le scrutin, qui a dû se faire le même jour. Il est d'une des meilleures maisons de Florence, âgé de soixante-dix-neuf ans, assez infirme : qualités qui déterminent les cardinaux quand ils commencent à se lasser du conclave. On le dit honnête homme, presque aveugle. L'Empereur a déclaré qu'il ne s'y opposeroit pas, et les cardinaux français veulent s'en faire honneur.

Le grand-duc a reçu de l'Empereur l'investiture de Sienne, que ses prédécesseurs avoient coutume de recevoir des rois d'Espagne. La dépendance du grand duc de l'Empereur est bien marquée par cette soumission. Le marquis de La Bastie, envoyé du Roi à Florence, a proposé de se retirer de Florence. J'ai dit que quand la guerre seroit déclarée, ce ne seroit pas une raison pour que le ministre du Roi sortît de Florence; et que le comte de Sinzendorff et moi nous étions restés plusieurs mois à Paris et à Vienne, après la déclaration de la dernière guerre.

Le maréchal de Villeroy est mort le 17, âgé de quatre-vingt-neuf ans, accablé, dans ses dernières années, d'une tristesse mortelle, n'ayant pu résister à la froideur du Roi, à n'être plus de rien, et à sa haine pour M. le cardinal de Fleury, à la vérité bien fondée.

On a appris, dans le conseil du 23, la nomination des deux premiers ministres du Pape, dont le choix, après celui du Pape, fait l'objet de ceux qui sont employés par les couronnes.

On a lu aussi un mémoire composé par le garde des sceaux, et qui m'avoit été communiqué, pour régler avec les alliés de Séville les contingens pour soutenir la guerre : c'est ce qu'on agitoit depuis trois mois, sans qu'on fût convenu de rien. On a aussi proposé de faire les derniers efforts pour engager le roi de Sardaigne. J'ai dit : « C'est vouloir se flatter, que d'espérer de ne » l'engager dans la guerre que lorsqu'il la verra » bien commencée, de manière à lui faire envi- » sager des avantages certains. »

Le même jour, le cardinal de Fleury a fait donner la charge de chef du conseil des finances au duc de Charost. On en a diminué trente mille livres de ce qu'elle me valoit.

Je m'étois rendu à Paris le 24, pour les affaires

du tribunal; et dès le 25 j'ai reçu un courrier de M. d'Angervilliers, qui me pressoit de revenir promptement, sur l'arrivée de deux courriers, l'un de Londres, et l'autre de la cour d'Espagne. Le premier apportoit un ordre aux ambassadeurs anglais de marquer au Roi le mécontentement de leur maître, qu'il partageoit avec l'Espagne, sur la résolution prise, arrêtée et signée par tous les ambassadeurs, de ne commencer aucune opération de guerre que l'on ne fût convenu d'un plan sur la guerre générale; qu'à la vérité rien n'étoit plus contraire au véritable intérêt de la ligue que de commencer la guerre en Italie seulement; que cependant il étoit déterminé à suivre les opérations de l'Espagne dès qu'elle le voudroit; et du reste s'expliquant un peu d'avance sur l'entière destruction du port de Dunkerque.

L'Espagne demandoit que l'on entrât en action en Italie; que la France donnât des troupes; et si l'on y manquoit, quelques menaces sur la flottille, et le retour des galions. Ces nouvelles ont fort déplu au cardinal. Il paroissoit que le roi d'Angleterre avoit assemblé tous ses ministres pour prendre sa dernière résolution.

On n'a point parlé de ces matières assez importantes dans le conseil du 30. Il y a eu des conférences entre les ambassadeurs d'Angleterre et de Hollande chez le cardinal, auxquelles M. d'Angervilliers et moi n'avons pas été appelés. Il est certain que le cardinal et le garde des sceaux n'aiment point les délibérations: cependant elles sont quelquefois nécessaires, surtout quand il faut prendre un parti; témoin le roi d'Angleterre, qui assemble tous ses ministres pour cela.

Les ambassadeurs d'Espagne m'ont prié, comme j'entrois au conseil, de presser pour prendre une résolution sur un plan de guerre. L'ambassadeur du roi de Sardaigne est venu me voir à Paris pendant le peu de séjour que j'y ai fait, et il m'a dit qu'il ignoroit les mesures que l'on prenoit pour engager son maître dans la ligue; mais qu'on devoit assez le connoître pour croire qu'il ne se déclareroit pas ennemi de l'Empereur, pour demeurer, après une légère et courte guerre, exposé à son ressentiment. On ne peut pas dire qu'il ait tort.

Le dernier juillet, les ambassadeurs d'Espagne m'ont envoyé prier qu'ils puissent m'entretenir ce matin. Ils m'ont dit que les ambassadeurs d'Angleterre et de Hollande étoient assemblés chez le cardinal; qu'ils avoient demandé dans la journée une réponse, et qu'ils avoient ordre de l'envoyer dans l'instant, bonne ou mauvaise, ne balançant pas à me déclarer qu'il falloit s'attendre à un parti peut-être violent, si la réponse n'étoit pas favorable.

Il m'ont dit les conditions qu'ils ont déclarées au cardinal, et auxquelles je ne pouvois m'attendre: c'est que quand même l'Empereur consentiroit aux garnisons espagnoles, l'Espagne ne s'en contentera pas, et que les dépenses que les retardemens de l'Empereur lui ont causées l'obligent à vouloir la guerre, à moins que l'équilibre ne soit réglé, lequel équilibre doit faire rendre les royaumes de Naples et de Sicile à l'Espagne; que l'Angleterre et la Hollande consentent à cette résolution. De telles résolutions, je l'avoue, sont nouvelles pour moi, et je n'ai pu m'empêcher d'en marquer ma surprise.

Ils m'ont encore dit que M. le cardinal et le garde des sceaux leur faisoient des mystères de ce qu'ils disent à d'autres; que les Anglais leur rapportoient tout, et rejetoient sur la France toutes les difficultés qui leur étoient faites; qu'ils ne me prioient point de parler au cardinal; mais que, connoissant mes bonnes intentions pour conserver une intelligence avec leurs maîtres, qui pouvoit être rompue si nous n'y prenions garde, ils avoient voulu m'en faire connoître le péril.

Je n'ai pas perdu un moment à dire au cardinal et au garde des sceaux ce que je venois d'apprendre. Ils étoient informés des dispositions des Espagnols, et m'ont dit qu'ils devoient signer le jour même, avec les Anglais et les Hollandais, une convention pour le plan de la guerre générale, et qu'ils étoient d'accord, à une chose près: c'est que les Anglais et Hollandais déclaroient que si l'Espagne vouloit entrer en action dans le moment, ils la suivroient; et la France déclaroit qu'elle ne le feroit pas. J'ai répondu seulement: « Voilà une manière d'être d'accord » assez surprenante. »

On a lu, dans le conseil du 3 août, diverses réponses de la France, de l'Angleterre et de la Hollande, au mémoire de l'Espagne; toutes lesquelles ne décident rien, ni sur le plan de la guerre générale, ni sur le refus de l'Espagne de se contenter de l'introduction des garnisons espagnoles, ni sur l'équilibre. On lit dans ces réponses qu'il faut constater par un manifeste l'opposition de l'Empereur à cette introduction. J'ai répondu. : « N'est-elle pas assez constatée » par quatre-vingt mille Impériaux qui s'y op- » posent? » M. d'Angervilliers juge comme moi depuis long-temps que le cardinal est content, pourvu que la guerre s'éloigne de quelques mois.

Les lettres de Berlin marquent que le Roi fait un voyage chez les princes du Rhin, sans que l'on puisse en démêler les raisons; que son fils le suit dans ce voyage, lequel il maltraite souvent jusqu'à le battre; que l'on soupçonne que s'il peut s'échapper, il n'en perdra pas l'occasion.

Le marquis de Brancas demande son congé [6 août]. On lui envoie un secrétaire, ce ministre n'ayant pas auprès de lui un homme capable des plus simples commissions. Le cardinal m'a dit que c'est par avarice, et que la fête qu'il a donnée pour la naissance du Dauphin a été misérable. Ce sont les propres paroles du cardinal, que je devois croire le meilleur ami de Brancas. Ses lettres parloient plus de sa santé que des affaires. Toujours du mécontentement du roi et de la reine d'Espagne.

Celles d'Italie apprennent que le Saint-Père, deux jours après son exaltation, a dépêché des courriers en Espagne et à Vienne, comme en France pour exhorter les souverains à la paix. C'est un devoir de père commun, dont on n'attend pas grand effet.

Enfin celles de Milan et de Turin portent que les troupes impériales s'étendent le long du Pô; que l'on a fait des marchés pour le pain; et des traités pour traverser les États de Sardaigne, comme si l'Empereur alloit y faire marcher ses troupes [de pareils marchés ne devroient pas être]; que le ministre de l'Empereur a de fréquentes conversations avec le roi de Sardaigne. Pour notre tranquillité, tout dépend de savoir si la reine d'Espagne seroit capable de se raccommoder avec l'Empereur.

On a parlé au conseil du peu de satisfaction qu'on a des Anglais; et le garde des sceaux m'a dit qu'il m'enverra des mémoires, qu'il a fait chercher, lesquels expliquent tout ce qui s'est passé entre l'Empereur, l'Angleterre et la Hollande, sur les contingens que ces diverses puissances ont fournis dans la dernière guerre. Sur cela M. d'Angervilliers a dit: « M. le maréchal » de Villars les a pressés plus d'une fois sur le » peu qu'ils veulent donner pour celle-ci, en » comparaison des efforts immenses qu'ils ont » faits lorsqu'ils vouloient détruire la France. » Il est certain que l'Angleterre, indépendamment de sa marine, fournissoit près de cent mille hommes, et les Hollandais autant; et pour la guerre présente à peine veulent-ils donner douze mille hommes, et les Hollandais trois mille, désirant que, dans une guerre dont eux seuls profiteront, la France fasse les plus grandes dépenses. Le garde des sceaux a dit qu'il falloit avoir une conférence avec ces messieurs.

Le cardinal de Polignac, par ses lettres lues dans le conseil du 9, nous a appris que la cour de Rome se préparoit à de nouvelles démarches sur la constitution, et qu'elle n'étoit pas satisfaite de tout ce que l'on faisoit en France pour la soutenir, n'approuvant pas même cette déclaration du Roi au parlement, laquelle a excité de si grands mouvemens, et qu'on a eu tant de peine à faire enregistrer.

Les ambassadeurs de l'Empereur ont dépêché un courrier à Vienne, apparemment sur quelque nouvelle proposition de la part du cardinal de Fleury pour empêcher la guerre. Les premières ont été refusées avec assez de hauteur. Le cardinal ne les a communiquées ni à M. d'Angervilliers ni à moi, voulant, à quelque prix que ce soit, éviter la guerre. Cependant il a été démontré que si on l'avoit faite avant que la cour de Vienne eût pris ses mesures, et lorsqu'elle avoit tant de raisons de la craindre, elle n'eût pas duré six mois, et auroit été terminée avec gloire et avantage pour la France; et on pouvoit craindre qu'elle n'y trouvât plus ces avantages pour la suite.

Il n'y a rien eu de bien important dans les dépêches du Nord. On a appris que les troupes anglaises qui ont été promises pour le contingent ont mis à la voile [13 août]; et Walpole, dans une conversation avec moi, a soutenu encore qu'il valoit mieux agir en Italie que de ne rien faire, et est convenu que l'Angleterre contribuera à la guerre générale avec les efforts que l'on peut raisonnablement lui demander. Mais ce plan de guerre générale, auquel on pense depuis trois mois, n'est pas encore commencé.

Le garde des sceaux a dit, dans le conseil du 15, qu'il ne doutoit pas que le dernier courrier dépêché à Vienne par les ambassadeurs de l'Empereur ne rapportât l'ordre au comte de Kœnigseck de partir. Les lettres envoyées au marquis de Brancas sont les plus propres à détruire dans l'esprit du roi et de la reine d'Espagne l'opinion qu'ils ont que l'on traite avec l'Empereur. On n'a rien avancé avec les ambassadeurs d'Angleterre et de Hollande sur le plan de guerre générale. On mande des bords du Rhin que le roi de Prusse a passé à Manheim, où il a trouvé l'intendant d'Alsace et quelques officiers français auxquels il a tenu des propos qui tendent à la guerre.

Le général Mercy prépare en Italie des camps pour les troupes impériales. Le comte de Kœnigseck m'a dit, le 2 août, que le sophi de Perse a demandé au Grand Seigneur la restitution totale des provinces prises sur la Perse; qu'on en a offert une partie, et que, sur le refus du total, la guerre se prépare; que le Grand Seigneur doit aller à Scutari sur la mer Noire, et le grand visir à Alep, et que toutes les forces de l'empire ottoman se mettent en mouvement.

Il est arrivé aux ambassadeurs d'Espagne un courrier parti de Cazalla le 14. Ils disent que leurs lettres n'étant pas déchiffrées, ils ne savent ce qu'elles contiennent; mais celles de Brancas portent que le marquis de La Paz lui a dit que le roi et la reine d'Espagne se croient dégagés du traité de Séville, par l'inexécution de leurs alliés.

Et il a mandé de plus par ses lettres, lues le 17, que le roi d'Espagne lui a parlé avec beaucoup de hauteur, et lui a dit que si ses alliés ne tenoient pas leur parole, il ne manqueroit pas d'amis; que la Reine, pendant cette conversation, s'est absentée quelques minutes, et que, revenant pendant que le Roi parloit encore avec colère, elle a dit : « On veut toujours » que ce soit moi qui gronde le plus; vous le » voyez. » On a informé Brancas que le roi d'Espagne envoie en France le marquis de Castelar, frère de Patigno, et secrétaire d'État de la guerre, apparemment pour tirer un *ultimatum* de tous les alliés de Séville, et voir si le roi d'Espagne peut compter sur une véritable guerre.

Les lettres de Rome n'apprennent rien d'important. Le cardinal de Polignac demande son congé.

Comme la cour d'Espagne paroit dans une vive agitation, et que les lettres du marquis de Brancas n'expliquent point à quoi on peut s'attendre, j'ai été d'avis de lui dépêcher un courrier. L'incertitude paroît pénible dans une circonstance aussi vive.

Il a été résolu, dans le conseil du 20, que l'on permettra au marquis de Brancas de revenir, ce qu'il demande très-instamment; mais on est fort embarrassé pour lui trouver un successeur.

Le garde des sceaux m'a donné un mémoire contenant trente-cinq articles sur tout ce qui peut se traiter avec les ambassadeurs de la ligue. J'y ai fait mes observations.

L'Espagne, qui d'abord avoit pensé que, pour engager le roi de Sardaigne, il suffiroit de lui offrir le Vigevano et quelques autres parties du Milanais, consent à présent à faire les offres les plus propres à engager ce prince; mais je ne cesse de représenter qu'il faut du secret.

On a appris, dans le conseil du 3 septembre, l'arrivée des galions, et que le roi d'Espagne a avancé son départ de Cazalla, pour les voir entrer dans le port de Cadix.

Le marquis de Brancas paroit inquiet, et craindre quelque résolution violente de la part de la reine d'Espagne, et un accommodement avec l'Empereur, lequel pourroit attirer de grands malheurs à la France, et dont j'ai dit, même avant le voyage de Fontainebleau, qu'il falloit se défier. Cependant l'envoi du marquis de Castelar, frère du premier ministre, marque au moins que la cour d'Espagne veut savoir précisément à quoi s'en tenir avant que de rompre.

Il paroît, par toutes les lettres de l'Empire, que l'on continue à s'armer; et jamais l'on n'a vu tant de dispositions à une guerre générale.

Les ambassadeurs d'Espagne, par une lettre lue au conseil, demandoient une prompte réponse. On a lu celle qui leur est préparée, dans laquelle ils ne trouveront pas des résolutions bien vigoureuses pour la guerre de la part de leurs alliés. Les Hollandais surtout font voir une grande foiblesse. On a des avis contraires sur l'embarquement des Espagnols : les uns les font mettre à la voile, les autres marquent un retardement.

Les lettres de Londres, du comte de Broglie, lues le 6, apprennent que les ministres d'Angleterre veulent insinuer que le prince royal de Prusse a eu intention de se retirer en France, pour irriter le Roi son père (1) contre la France plutôt que contre l'Angleterre, où il est certain qu'il a voulu se retirer, un officier nommé Spar ayant fait préparer un bâtiment en Hollande. Le roi de Prusse a envoyé divers officiers à La Haye, pour se saisir de ce Spar. Le Pensionnaire a été obligé de déclarer au sieur Menesargue, envoyé ordinaire du roi de Prusse, que si ces officiers usent de quelque violence, on les fera pendre. Cet envoyé, saisi de crainte que le Roi son maître ne le soupçonne d'avoir voulu contribuer à l'évasion du prince, est mort, dit-on, de douleur.

On est toujours dans l'incertitude de l'embarquement des Espagnols : plusieurs lettres des côtes de Provence l'assurent.

Walpole, ambassadeur d'Angleterre, a donné part de la mort de la duchesse de Brunswick. On a examiné si on en prendra le deuil, vu qu'il n'y a aucune parenté, et on s'est décidé à le prendre pour huit jours.

On a appris, par les lettres lues le 8, que le roi de Sardaigne a abdiqué, et remis la couronne à son fils, âgé de vingt-neuf ans. Nous pouvons observer que c'est très-peu de jours après avoir reçu un courrier par lequel on lui offre le Milanais, pour entrer dans la ligue. L'abdication d'un roi tel que le roi de Sardaigne,

(1) Frédéric-Guillaume, deuxième roi de Prusse.

dont la valeur et plusieurs autres grandes qualités sont connues, dans le temps que toute l'Italie est en armes, et lorsque les alliés de Séville lui en offrent la plus considérable partie pour joindre à ses États, cette abdication est surprenante. On a lieu de croire qu'il la méditoit depuis quelque temps; mais on ne peut douter qu'elle n'ait été précipitée par la nécessité de prendre un parti.

Il a fait un très-long discours à ses États assemblés, s'est réservé seulement cinquante mille écus de revenus, disant que c'est assez pour un gentilhomme retiré. Il est parti de Turin dans un carrosse à six chevaux, un valet de chambre, deux cuisiniers, quatre valets de pied, sans aucun grand officier, ni personne de considération. Il a déclaré son mariage avec madame de Saint-Sébastien, depuis appelée comtesse de Spire, dame d'atours de la princesse de Piémont, femme de cinquante-deux ans.

On a lu, dans le conseil du 10, la lettre de notre résident à Turin, lequel mande au Roi, par ordre du roi de Sardaigne, que les premières instructions qu'il donne à son fils en lui remettant la couronne sont de conserver un attachement éternel pour la France. Il lui a formé un conseil des meilleurs sujets, et toutes ses dispositions sont très-sages. Il a auparavant payé toutes les dettes de l'État.

Le secrétaire du marquis de Brancas mande que son maître, en dictant sa dépêche au Roi, a eu une foiblesse qui ne lui a pas permis de l'achever. La flottille est arrivée très-richement chargée, et on ne voit rien qui confirme l'embarquement des troupes d'Espagne, qu'on croyoit certain depuis plusieurs mois.

On a été informé, dans le conseil du 13, plus au juste de ce qui s'est passé sur le mariage déclaré du roi de Sardaigne avec madame de Saint-Sébastien. Cette nouvelle n'a pas moins surpris que son abdication. Il lui a acheté cent mille écus la terre de Sommariva, dont elle portera le nom, et lui a fait donner vingt mille francs pour la suivre. Il compte aller s'établir dans le château de Chambéry.

Les nouvelles de Berlin sont que le roi de Prusse a fait enfermer son fils dans le château du Custrin: il lui a ôté son conseil Knipausen, ministre qui étoit tout dévoué à la France.

On a commencé le premier conseil de commerce le 12. Le contrôleur général a lu un long mémoire sur l'importance du commerce, vérité très-connue. Le résultat des premiers ordres a été de nommer deux inspecteurs généraux, pour aller examiner la conduite de tous ceux qui sont dispersés dans les provinces; de renouveler la défense des toiles peintes, et de diminuer encore les deuils, en attendant que l'on puisse prendre des mesures plus importantes pour rétablir le commerce.

On a lu, dans le conseil du 17, plusieurs dépêches du marquis de Brancas très-peu satisfaisantes, et qui marquent l'abattement de sa maladie. Il parle de l'arrivée du marquis de Spinola, qui a eu de grandes conférences avec le roi et la reine d'Espagne, desquelles lui marquis de Brancas n'avoit pu rien pénétrer. Il manda ensuite avoir entretenu lui-même Spinola, et ne dit rien de sa conversation, sinon qu'elle a été longue.

Il parle aussi de la colère du roi et de la reine d'Espagne sur l'inaction de la France; que la flottille est arrivée, riche de près de cinquante millions, presque tout pour les Français; mais que l'on ne délivrera rien de plus de quatre mois; qu'il a insinué que cette résolution fera beaucoup de peine au Roi. Enfin dans sa conduite, très-uniforme, on voit celle d'un homme qui a voulu être grand d'Espagne, et qui, très-content de l'être, craint de rien faire qui puisse déplaire à cette cour. J'ai dit au cardinal de Fleury: « Mais pourquoi envoyez-vous des gens qui » veulent être grands d'Espagne? que n'y en- » voyez-vous des évêques? » Le garde des sceaux a répondu: « Trouvez-m'en un capable. — « Quoi! ai-je dit, le premier corps du royaume » seroit tel, que sur cent vingt-cinq on ne pût » en trouver un capable d'être ambassadeur? » M. le duc d'Orléans, tout rempli de piété, a dit: « Mais peut-on en conscience tirer des évê- » ques de leur église? » Le cardinal de Fleury a parlé de plusieurs grands saints, près de l'Église, qui avoient été ambassadeurs; et j'en ai cité un de la maison de Noailles qui a bien été ambassadeur auprès du Sultan.

Les nouvelles de Berlin sont que le roi de Prusse a fait venir le prince son fils à cinq lieues de Berlin, où il le fait interroger par quatre ou cinq de ses ministres; que ce roi est entré dans la chambre de sa fille, et s'est violemment emporté contre elle, en sorte qu'aux cris perçans qu'elle faisoit, on est accouru de tous les endroits du palais; et ces violences, parce qu'elle a eu connoissance du dessein de son frère de s'évader.

Villeneuve, ambassadeur à Constantinople, nous parle de grands préparatifs de guerre contre les Perses; que cependant il y a un traité par lequel les Turcs rendent Tauris, et conservent la province d'Erivan et les autres.

On a appris dans le conseil du 21 la continuation des cruautés du roi de Prusse contre son fils, enfermé dans Custrin. On ne lui a pas laissé un valet pour le servir : il est sans livres, sans papier ni encre. Interrogé par le général Kumko, ministre du roi de Prusse et chef de la commission, il a répondu qu'il n'a jamais rien fait contre le respect et la soumission qu'il doit au Roi son père ; qu'à la vérité, outré des mauvais traitemens qu'il éprouvoit, il avoit voulu n'y être plus exposé. On lui a demandé où il vouloit aller ; il a répondu : « En France, et de là à Alger, » pour ne pas nuire à l'Angleterre, où il avoit résolu de se retirer. La reine de Prusse se meurt de tristesse du malheur de son fils et de sa fille.

Les nouvelles d'Espagne confirment que les ordres sont donnés à Castelar de se rendre incessamment en France. J'ai pris congé du Roi, pour aller passer quinze jours à Villars. Le garde des sceaux m'a prié de travailler à un projet de guerre, afin que tout soit prêt à l'arrivée de Castelar. Walpole a pris congé du Roi.

Le dernier septembre, le Roi a exilé les ducs d'Épernon et de Gévres. Il y avoit long-temps qu'il se répandoit des bruits que le premier donnoit au Roi des mémoires contre le cardinal de Fleury. Bachelier, premier valet de chambre, a été chargé, sous le nom d'inspecteur, des détails des châteaux de Versailles, Marly, Trianon, la Ménagerie, qu'avoit le duc de Noailles.

Par les nouvelles de Séville, lues le premier octobre, on apprend que le marquis de Brancas a pris congé. La lettre ne parle que du mauvais état de sa santé. Celles du chargé d'affaires, au départ de Brancas, contiennent des plaintes très-vives du roi et de la reine d'Espagne sur l'inaction de ses alliés. Ils répétoient que puisqu'on leur manquoit, ils se tenoient dégagés du traité de Séville ; mais que l'argent de la flottille dû aux Français ne seroit remis que suivant que la France se comporteroit. Le marquis de Castelar, selon ces lettres, partoit pour se rendre en France en toute diligence ; et on étoit incertain si l'armée navale d'Espagne avoit mis à la voile, et quelle route elle tenoit.

M. le duc d'Orléans a proposé au conseil d'accepter la pragmatique de l'Empereur, pour éviter la guerre. Le cardinal de Fleury a dit que quand même on auroit perdu trois batailles, on n'y consentiroit pas. J'ai repris : « Si on con-
» sent à un tel dessein de l'Empereur en aban-
» donnant tous les électeurs et princes de l'Em-
» pire, il faut au moins que l'Empereur achète
» notre amitié par nous donner Luxembourg, la
» citadelle d'Anvers et Rupelmonde, pour pou-
» voir retirer par ces dernières places Namur,
» Tournay et Ypres des Hollandois. » M. le duc d'Orléans a répliqué : « Le Roi a trop de places.
» — Avec le respect que je dois à M. le duc
» d'Orléans, ai-je observé, il oublie qu'il n'y en
» a aucune sur la Basse-Meuse. »

On a eu avis par le chevalier de Boissieux, envoyé auprès de l'électeur de Cologne, que ce prince manque en plusieurs occasions au respect dû au Roi dans la personne de ses envoyés. Le chevalier a ordre de revenir en France comme pour ses affaires, et on examinera si on l'y renverra, ou quelqu'autre.

Dans le conseil d'État du 11, on a lu les lettres du marquis de Brancas, qui, après avoir pris congé du roi et de la reine d'Espagne, mandoit qu'il falloit leur parler avec fermeté, et même hauteur. Il oublioit qu'il avoit mandé auparavant que la reine d'Espagne devoit être ménagée, et qu'il falloit surtout éviter de l'aigrir. Il est certain que sa conduite ambiguë n'est point du tout d'un homme d'esprit.

M. d'Angervilliers m'a envoyé par un courrier un projet de guerre générale pour attaquer en même temps l'Italie par le roi de Sardaigne et par l'armée navale d'Espagne, et l'Empire par deux armées, l'une de soixante mille Français par le Haut-Rhin, et l'autre de cent mille hommes, composés de troupes naturelles anglaises et à la solde d'Angleterre dans l'Empire, et de Danois à la solde de France, qui attaqueront par le Bas-Rhin, et se joindront vers le Weser. J'ai répondu en peu de mots : « Vous ne tenez
» pas encore le roi de Sardaigne : pour le reste,
» concert parfait avec nos alliés, profond secret,
» s'il est possible. Levez-vous matin, et je vous
» réponds de tout. »

On a appris que Castelar doit arriver incessamment ; que jusqu'à ce qu'il soit convenu de projets de guerre dont la reine d'Espagne soit contente, on ne délivrera pas l'argent des galions ; que le marquis de Brancas craint toujours un mauvais dessein, si on ne la contente : ce mauvais dessein ne peut être qu'une réunion avec l'Empereur.

En entrant au conseil, on a déclaré Rothenbourg pour l'ambassade d'Espagne.

Dans celui du 22, on a lu une lettre de Hullin, chargé des affaires de France en Espagne, qui rend compte des conversations qu'il a eues avec Patigno et le marquis de La Paz. Tous les deux se sont expliqués très-vivement sur le mécontentement du roi et de la reine d'Espagne de la conduite de la France, nous imputant l'inaction de cette campagne, après les dépenses que l'Espagne a faites pour agir avant que l'Empereur ait rempli l'Italie de ses troupes, n'épargnant pas le cardinal de Fleury. Ces deux ministres confirmoient que l'on ne délivreroit pas l'argent des galions que l'on ne vît clair sur la conduite de la France et les opérations de guerre.

Hullin mandoit que l'on avoit appris au roi d'Espagne l'abdication du roi de Sardaigne, mais, comme je l'avois prévu, en parlant d'abord de son mariage comme peu convenable, et l'abdication comme la suite de cette fausse démarche, et la résolution d'une tête affoiblie. Il mandoit aussi qu'il ne falloit pas s'attendre que le roi d'Espagne voulût abdiquer; qu'il avoit fort aimé le roi don Louis, et qu'il haïssoit le prince des Asturies; que la Reine ne s'éloignoit pas de retourner à Madrid et à Saint-Ildefonse; et que la cour iroit vers le printemps à Barcelone, pour voir partir les troupes et l'armée navale.

Les nouvelles de Prusse continuent à parler de la haine du Roi contre son fils, qu'il n'appelle plus que *le prisonnier*. Plusieurs puissances lui ont écrit en sa faveur : il les a fait prier de ne se point mêler de ses affaires domestiques.

On mande de Lisbonne que le roi de Portugal n'est occupé que des grosses cloches qu'il fait venir de toutes parts, et qu'il fait baptiser avec une dépense prodigieuse.

Les sieurs Goslinga et Hoop, ambassadeurs de Hollande, ont pris, le 22, congé du Roi. Le cardinal de Fleury est demeuré pour attendre l'arrivée de Castelar, qui a été le 27. Il m'a fait sur-le-champ assurer qu'il a ordre du roi et de la reine d'Espagne de suivre mes conseils, et il a répété ce que le marquis de Brancas a mandé plusieurs fois, que l'un et l'autre ne prendroient confiance qu'aux projets de guerre qui partiroient de moi. Il m'a renouvelé ces assurances la première fois qu'il m'a vu le 29 en sortant du conseil, où les dépêches de Séville nous ont donné quelque espérance de la délivrance des galions.

Le duc de Saint-Agnan a été déclaré ambassadeur à Rome.

Il a été assemblé le 30 un conseil des dépêches, au sujet d'une consultation signée par quarante des plus célèbre avocats de Paris, laquelle a été estimée très-séditieuse, et manquant de respect à la majesté royale. On a résolu de donner un arrêt par lequel ceux de ces avocats qui ne rétracteroient pas leur consultation seront au moins suspendus du parlement. Le préambule de l'arrêt expliquoit leur hardiesse en termes qui marquoient un esprit de révolte. J'ai dit sur cela : « Je suis peiné de voir rendre publics » des sentiments de révolte, dont je ne voudrois » pas laisser penser qu'aucun des sujets du Roi » fût capable ; lesquels, connus, exigent des » punitions plus sévères que celles dont l'arrêt » fait mention. » Il a été ordonné au sieur Hérault, lieutenant de police, de faire arrêter l'imprimeur ; ce qui a été exécuté le jour d'après. Il a remis à M. Hérault l'exemplaire sur lequel il a imprimé, signé de treize avocats ; les vingt-sept autres ont signé depuis. On a désapprouvé l'emprisonnement de l'imprimeur, qui, quand il est autorisé par la signature de l'avocat, n'est responsable de rien.

On a lu, au conseil d'État du premier novembre, un projet de plaintes vives, pour être remis au roi d'Espagne, sur les retardemens de la délivrance de l'argent des galions. Le garde des sceaux a dit que le marquis de Castelar lui avoit remis ce jour-là même un mémoire très-vif, dont il paroît très-mécontent. J'ai fait quelques questions sur ce mémoire, auxquelles il ne m'a pas répondu, et je n'en sais pas davantage.

Les lettres de Berlin parlent des cruautés que le roi de Prusse continue d'exercer contre le prince son fils. Il y a à craindre qu'on ne le fasse périr dans la prison.

Le Roi est parti le 2, pour un voyage de huit jours à Rambouillet.

Le marquis de Castelar, le nonce, et presque tous les autres ambassadeurs qui sont à Paris, ont dîné chez moi le 5 novembre. Le marquis de Castelar a déclaré publiquement qu'il a dit au cardinal et au garde des sceaux, de la part du roi et de la reine d'Espagne, qu'ils ne pouvoient prendre confiance qu'aux projets de guerre qui partiroient de moi ; que Leurs Majestés Catholiques avoient dit la même chose au marquis de Brancas, et que pour une aussi grande guerre les alliés voulant agir de bonne foi, avoient plus de confiance pour mes projets que pour tout autre.

La Reine s'est rendue à Notre-Dame le 6. J'ai été le seul qui lui ai fait ma cour : elle a été étonnée qu'aucune personne de dignité ni autre ne s'y soit trouvée. Le cardinal de Fleury m'a dit que la Reine lui a mandé ma conduite, dont elle se louoit beaucoup, et dont il m'a fait compliment.

J'ai été informé que, plus d'un an avant le traité de Séville, et dans le temps où le roi d'Espagne s'étoit trouvé assez mal, la reine d'Espagne avoit écrit au cardinal de Fleury, pour qu'on lui assurât une retraite bonne et solide en France ; à quoi il n'avoit pas été favorablement répondu.

J'ai aussi appris que le cardinal de Fleury a proposé de marier l'infant don Carlos, pour n'avoir pas toujours à craindre un raccommodement de la reine d'Espagne avec l'Empereur par son mariage avec l'archiduchesse, et que Castelar n'a rien répondu. Il est étonnant que l'on ne désire pas ardemment le mariage de don Carlos avec l'archiduchesse, qui seroit la gloire et l'honneur de la France.

Dans le conseil d'État du 12, on n'a rien appris d'important de Séville ; point de délivrance des galions ; que Patigno en a pris sept à huit millions, appartenant en partie aux négocians.

Hullin mande des particularitées de la vie du roi d'Espagne aussi surprenantes que celles qu'on a sues les années précédentes. Il ne soupe qu'à trois heures après minuit, se couche à six du matin, entend la messe à trois heures après midi, ne peut plus souffrir le carrosse, et ne va plus à la chasse.

Par les lettres de Berlin, on a assemblé le conseil de guerre pour juger le prince royal, composé de plus de trente personnes. Son père paroit toujours plus cruel, et l'on a condamné à la mort le lieutenant des gendarmes Kar.

Il est arrivé le 13, au milord Walgraf, un courrier de Constantinople, qui a appris une terrible révolution. Un fanatique s'est mis à crier dans les rues de Constantinople que les malheurs arrivés dans la guerre de Perse viennent de ce qu'on attaquoit leurs frères en Mahomet, au lieu d'attaquer les chrétiens. Deux mille hommes à peu près se sont attachés à ce fanatique, et le nombre n'en a pas grossi pendant huit jours. Le Grand Seigneur est revenu avec une partie de son armée ; et, au lieu d'envoyer trois ou quatre mille hommes à punir et dissiper ces misérables, il est resté tranquille. Son incertitude en a fait grossir le nombre. Les janissaires se sont unis à eux. On lui a demandé la tête du grand visir, et de trois ou quatre des principaux ministres ; il les a envoyées. Sa foiblesse reconnue a donné aux mutins la hardiesse de l'enfermer, et mettre sur le trône le fils de son frère, que l'on gardoit en prison depuis que son père avoit été déposé.

On a appris en même temps que Bonneval s'est fait turc, et a été déclaré bacha à deux queues.

Le cardinal de Fleury a enfin avoué pour la première fois, dans le conseil du 19, ce qu'il m'avoit toujours nié opiniâtrément, aussi bien que le garde des sceaux, que le comte de Sinzendorff avoit proposé en arrivant d'acheter l'amitié du Roi, pourvu que l'on voulût garantir la succession.

J'avois toujours demandé si le comte de Sinzendorff parloit d'or ; en un mot, s'il n'offroit pas Luxembourg et quelques autres places de Flandre, pour faire une alliance solide. Le garde des sceaux me l'avoit toujours nié, même dans le précédent conseil. « J'en suis surpris, disois-je, ayant lieu de compter que c'est l'intention aussi bien que l'intérêt de l'Empereur de s'unir pour toujours avec le Roi. » Plus d'une fois j'avois dit : « Mais le duc de Richelieu me l'a soutenu. » On répondoit en se moquant du duc de Richelieu. Enfin le cardinal a déclaré, au grand étonnement de M. d'Angervilliers et au mien, que Sinzendorff avoit fait des offres ; mais qu'il avoit été désavoué, et que lui cardinal lui avoit gardé le secret, et n'en avoit rien fait connoître à l'Empereur.

Il étoit très-évident que le comte de Sinzendorff n'étoit venu en France que pour faire un traité solide avec la France, ou pour gagner un temps bien précieux pour l'Empereur, surtout s'il avoit été informé des mesures prises en 1727, puisqu'il auroit été en péril si elles avoient été suivies. Il étoit donc évident que le comte de Sinzendorff, ne trouvant pas le cardinal disposé à la guerre, ni à faire un traité solide avec son maître, lui avoit mandé : « Désavouez-moi sur mes offres. » Le cardinal Fleury a dit aussi que le prince Eugène avoit voulu venir à Soissons. Il est vrai que Penterrieder m'avoit dit que si j'étois nommé pour chef de l'ambassade du congrès, comme on le croyoit à Vienne, il y seroit venu.

Les lettres de Hullin, de Séville, sont très-importantes. Il mande que l'on ne peut douter qu'il n'y ait un parti pris en Espagne, et que ce parti ne soit de se lier avec l'Empereur ; que ce sont des plaintes continuelles du roi et de la reine d'Espagne contre la France, et qu'ils ne veulent rien attribuer aux Anglais sur l'inaction de la campagne.

Voyant, dans ce conseil du 19, que le cardinal et le garde des sceaux convenoient qu'il étoit à craindre que ce parti ne se prît, j'ai dit : « Mais lorsque je l'ai pensé il y a huit mois, et fait voir le péril auquel nous serions exposés, on m'a dit que cela étoit impossible. » Hullin mandoit encore que l'ambassadeur de Hollande l'avoit averti que l'on ne délivreroit pas l'argent des galions ; qu'il le tenoit de Patigno. Il y en avoit pour près de cinquante millions appartenant aux Français.

Le cardinal a dit qu'un homme bien informé assuroit que le traité de la Czarine étoit de donner cinquante mille hommes à l'Empereur. On mandoit aussi de Vienne qu'il y avoit apparence que l'Empereur et le roi de Pologne s'unissoient. Tout cela m'a frappé vivement : j'en ai conféré très-sérieusement avec M. d'Angervilliers. Mais que faire, puisque le cardinal et le garde des sceaux nous cachent les choses les plus importantes, comme ils les ont cachées au maréchal d'Uxelles?

Les lettres de Berlin marquent la cruauté du roi de Prusse d'avoir ordonné que l'on coupât la tête au lieutenant des gendarmes, nommé Kar, devant la fenêtre de son fils. Un lieutenant a déclaré au prince qu'on avoit ordre de le mener par force à la fenêtre, s'il n'y alloit de lui-même. Il s'en est approché, et a demandé pardon au malheureux de la mort qu'il lui causoit, lequel lui a répondu qu'il étoit bien aise de le voir avant que de mourir. On lui a coupé la tête et le prince est tombé évanoui.

Le marquis de Castellar a été près de trois heures avec moi, et m'a dit que quand le traité de Séville a été conclu, l'intention du roi d'Espagne étoit qu'on ne le signât pas que l'on ne fût convenu des opérations de guerre; qu'on s'étoit défendu cinq jours de la signature, et que Brancas l'avoit obtenue de force, par complaisance pour les Anglais, qui n'avoient d'autre objet que d'obtenir leurs cédules pour que leurs vaisseaux allassent aux Indes. « On est étonné » en Espagne, a-t-il ajouté, que la France n'a» gisse que pour les intérêts de l'Angleterre, » sans jamais songer aux siens. Pour moi, di» soit-il, je ne suis pas venu pour négocier, » mais pour avoir un *oui* ou un *non* sur l'exécu» tion du traité de Séville. J'ai ordre du roi » d'Espagne de déclarer au cardinal de Fleury » qu'il ne peut avoir confiance aux projets de » guerre qu'autant qu'ils seront formés par » vous. Le marquis de Brancas a reçu la même » déclaration du roi d'Espagne, et a ordre de le » mander au cardinal. » Il ne l'avoit pas fait; mais il l'avoit écrit au comte de Cerest son frère, qui me l'a dit dans le temps.

On a lu, dans le conseil d'État du 26, un projet reçu de Dresde, et donné par le comte d'Em pour faire un traité. Le roi de Pologne demandoit toujours des subsides, qu'on lui refusoit depuis long-temps. Le roi d'Espagne refuse la délivrance de l'argent des galions, et se réglera sur l'exécution du traité de Séville. Enfin il paroît quelque adoucissement du roi de Prusse pour le prince son fils.

Il y a eu le 28 un conseil du commerce, où le contrôleur a demandé, de la part de la compagnie des Indes, la rétrocession du Mississipi au Roi, parce que ce pays-là lui étoit à charge. J'ai été d'avis que si la compagnie rendoit les portions qui n'étoient pas utiles, elle rendît aussi celles qui lui valoient des sommes immenses; en un mot, qu'elle dédommageât le Roi des dépenses qu'il faudroit faire pour soutenir le Mississipi, puisque sa conservation étoit estimée nécessaire pour le commerce.

Le courrier dépêché en Angleterre est revenu. Nous avons su par lui, au conseil d'État du 29, que l'Angleterre désire que l'on attaque l'Italie, et qu'elle offre de payer deux millions de subsides au roi de Sardaigne, désirant que l'on ne porte pas la guerre ailleurs.

Un rhume m'a retenu quinze jours à Paris. Pendant ce temps, le marquis de Castelar est venu me voir plusieurs fois, et m'a montré son impatience de voir prendre des mesures solides pour la guerre. Je lui ai prouvé qu'il ne tenoit pas à la France.

Il s'est répandu un bruit d'une cabale très-vive pour faire rentrer M. le duc dans le conseil, et on a prétendu qu'elle étoit menée par le garde des sceaux.

Les évêques étoient très-animés sur deux arrêts du conseil d'État: le premier ordonnoit un désaveu de leur part, et le second approuvoit les sentimens que les avocats avoient publiés. Les évêques se sont assemblés plusieurs fois, et les cardinaux de Rohan, de Bissy et de Fleury ont été supplier le Roi de prononcer contre les avocats. On est surpris que le cardinal de Fleury, ayant approuvé la conduite des avocats, se joigne aux deux autres cardinaux pour se plaindre d'eux.

Il a paru plusieurs mandemens; mais celui de l'archevêque d'Embrun est d'une extrême violence, et tel que celui de l'archevêque de Paris, qui est fort modéré, demeurera secret. L'archevêque de Paris est honteux qu'un archevêque prenant son parti parle avec tant de force contre les avocats qui attaquent la justice des évêques sur un fait qui regarde Paris, pendant que lui, archevêque de Paris, se défend si mollement. L'archevêque d'Embrun a cherché principalement à embarrasser le cardinal, et, plus hardi qu'un autre, il y a réussi.

Dans les conversations que j'ai eues avec le marquis de Castelar dans les visites qu'il m'a faites, il m'a dit qu'on savoit que la France vouloit vingt mille Anglais nationaux, sans quoi elle ne vouloit pas agir; mais que le roi d'Angleterre ne pouvoit les donner sans le parlement, qui iroit jusqu'en février; et que d'ici à ce temps l'Espagne auroit pris un parti. Je me suis cru obligé d'écrire au cardinal de Fleury sur une matière si importante. Le garde des sceaux est venu me voir de sa part. Nous avons eu une longue conversation, sur laquelle j'ai cru nécessaire de lui envoyer un mémoire dans lequel j'ai expliqué le péril, en manquant au traité de

Séville, de forcer l'Espagne à se réunir avec l'Empereur.

[1731] Je me suis rendu à Marly le 13 janvier, et il y a eu un conseil d'Etat le 14, dans lequel le garde des sceaux a rendu compte des conférences qui ont été tenues chez lui, entre le marquis de Castelar et les ambassadeurs d'Angleterre et de Hollande, sur les projets de guerre et les contingens. Le garde des sceaux a prétendu avoir confondu le milord Walgraf, et que les ambassadeurs de Hollande ont certifié qu'il n'y a jamais eu aucune difficulté de la part de la France; et qu'enfin Castelar a été convaincu que l'Espagne ne pouvoit se plaindre de la France, et que ce ne pouvoit être que des Anglais.

On a lu les dépêches de Séville, de Hullin, lequel se plaint beaucoup de la dureté de Patigno sur la délivrance des galions, et Patigno de la France. Il disoit savoir, il y avoit plus de six mois, que nous avions traité avec l'Empereur, et qu'il y avoit eu des conditions signées. Le cardinal a dit que cette accusation étoit entièrement fausse; et le garde des sceaux, que ce qui pouvoit avoir donné lieu à cette plainte, c'est que véritablement on avoit parlé à Kœnigseck d'une espèce de convention entre la France, l'Angleterre et la Hollande. Il n'a pas expliqué ce que c'étoit que cette convention; et tout ce que j'en ai conjecturé, c'est que la cour de Vienne a fait usage de ce prétexte pour animer la cour d'Espagne contre nous.

Le garde des sceaux, en lisant la suite de la dépêche de Séville, a accusé hautement la conduite du marquis de Brancas, lui a reproché d'avoir dit au roi et à la reine d'Espagne qu'il étoit disgracié dans sa cour; mais que sa consolation étoit que c'étoit pour le service de Leurs Majestés Catholiques. Le garde des sceaux s'est étendu sur plusieurs autres faits, et a demandé permission au Roi d'interroger le marquis de Brancas sur sa conduite, et le convaincre par un écrit du marquis de Castelar, qui a été lu au conseil.

Le cardinal de Fleury a dit qu'il y avoit apparence que l'Angleterre traitoit avec l'Empereur, et a allégué plusieurs raisons qu'il avoit de n'en pas douter: il a proposé de tâcher de traiter aussi. On a répondu que l'Empereur ne feroit pas grand cas de notre bonne volonté, surtout lorsqu'il voyoit si peu de raisons de craindre une ligue divisée; mais comme on n'a pas eu le temps de délibérer sur une proposition si importante, et sujette à tant d'inconvéniens, j'ai remis à faire connoître mes raisons dans le premier conseil.

Le soir même, j'ai été voir le cardinal de Fleury, et l'ai trouvé abattu, et las du fardeau, non au point de vouloir s'en soulager, mais il reconnoissoit qu'il étoit trop fort pour lui.

On a été sûr, par les lettres lues au conseil d'Etat du 17, que les Anglais traitent avec l'Empereur; et sur cela le garde des sceaux a lu une lettre qu'il écrivoit à Bussy à Vienne, par laquelle il lui disoit de voir secrètement le prince Eugène, et de lui faire des propositions. J'ai dit que je craignois qu'on ne s'y prît un peu trop tard, puisque les Anglais très-infidèlement traitoient sans notre participation, et nous avoient prévenus. On a rapporté des discours tenus par Walpole à Chamorel, qui marquoient l'infidélité; et le cardinal a à se reprocher d'en avoir été dupe. J'ai dit: « Il falloit faire la guerre premièrement après le traité d'Hanovre, ou bien
» deux ans après, en 1727. Stanhope m'a dit que
» le feu roi d'Angleterre avoit été bien fâché
» que l'on ne fût pas entré dans l'Empire, et
» qu'il auroit demandé que je commandasse les
» armées. » Le cardinal et le garde des sceaux m'ont prié de parler au marquis de Castelar, pour lui prouver qu'il n'y a de bon parti que la guerre générale. Belle proposition, lorsque l'Angleterre traite avec l'Empereur, et que la France veut faire de même!

On a répandu des remontrances faites par le parlement sur un écrit composé par le chancelier.

Les lettres du cardinal de Polignac parlent de l'irritation du Pape sur les mémoires des avocats, et sur les deux arrêts donnés en conséquence. Le Pape demande que le Roi les traite sévèrement, et trouve bon qu'au bout de six semaines on agisse à Rome, si on n'agit pas en France.

On a lu, au conseil du 21, une lettre de Bussy, apportée de Vienne par le courrier que le secrétaire d'Espagne envoie à sa cour, pour lui apprendre que, selon les apparences, l'Angleterre traite avec l'Empereur. Bussy n'en doute pas. J'ai dit sur cela au conseil: « L'ambassadeur
» Castelar m'a dit qu'il est très-content de la
» conduite de la France; qu'elle suit exactement
» ses engagemens sur le traité de Séville, auquel
» l'Angleterre fait une infraction manifeste en
» traitant avec l'Empereur. Or remarquez ceci:
» si l'Espagne, qui est très-satisfaite de nous, et
» très-irritée contre l'Angleterre, nous retient
» encore, contre toute sorte d'équité, les qua-
» rante-cinq millions qui sont à Cadix pour les
» Français seuls, comptez que l'Espagne traite
» aussi avec l'Empereur, et prenons garde à
» nous. » Le cardinal et le garde des sceaux n'ont rien répondu.

Dans le conseil d'État du 24, on a appris par les lettres de Hullin, de Séville, que Patigno résistoit toujours à délivrer les quarante-cinq millions, disant que cette délivrance étoit liée à d'autres conditions. Sur cela Hullin lui a fait voir, par tous les exemples passés, que, dans la guerre même avec l'Espagne, elle n'avoit jamais retenu l'argent des Français. Enfin Hullin disant à Patigno : « Mais la France fait tout ce » que vous pouvez désirer sur l'exécution du » traité de Séville, » Patigno a répondu : « Un » seul mot du cardinal de Fleury feroit mieux. » — Et quel mot ? a répliqué Hullin. » Après s'être long-temps comme retenu, Patigno l'a franchi, et a dit : « Menacez les Anglais. — Je » voudrois bien, me suis-je écrié, que l'on eût » fait plus encore, et il y a long-temps. »

Cependant le bruit du traité de l'Angleterre se répand, et le cardinal m'a dit qu'il a reçu une lettre de Walpole, de quinze pages, par laquelle il cherche querelle ; et l'on ne peut douter de leur trahison.

Des nouvelles d'Angleterre, lues au conseil d'État du 28, disoient que le parti opposé aux ministres avoit répandu ce qu'on appelle *crafman*, qui leur reprochoit leur mauvaise conduite, de s'engager dans une guerre, ou de manquer aux traités, pour en faire un avec l'Empereur. Les ministres ont répondu à ce reproche par un autre écrit, qui contenoit que si l'Angleterre faisoit un traité avec l'Empereur, c'est parce que les Français avoient fait la première infraction en voulant absolument porter la guerre dans l'Empire ; ce que l'Angleterre n'avoit jamais voulu.

Cette trahison des ministres étoit horrible, puisqu'on avoit leur signature, non-seulement d'avoir consenti à la guerre dans l'Empire, mais d'avoir pressé et invité pour que les armées jointes de la France, de l'Angleterre et de la Hollande marchassent en Silésie ou en Bohême ; et que Stanhope m'avoit même assuré que le feu roi d'Angleterre avoit été très-affligé que l'on n'eût pas suivi les projets de 1727, et qu'il devoit demander que je commandasse cette armée, qui devoit être de cent mille hommes.

Le garde des sceaux a lu un mémoire qui explique et prouve, par la signature même des ministres anglais, qu'ils avoient non-seulement consenti, mais fortement pressé, pour attaquer les États héréditaires de l'Empereur.

J'ai persisté dans le conseil pour que ce mémoire soit rendu public sur-le-champ, pour faire voir à toute l'Europe, mais surtout aux ennemis des ministres anglais, qu'ils étoient des traîtres et des perfides ; et j'ai ajouté : « Si la France est » abandonnée par ses alliés, il faut se tirer de ce » péril par la fermeté. » Le duc d'Orléans a répondu : « Mais si cette fermeté mène à la guerre » avant deux ans, on se trouvera hors d'état de » la faire, faute d'argent. » Le cardinal a répliqué : « On a des ressources ; » et j'ai continué : « Si la France ne soutient pas sa réputation, » bientôt elle sera accablée ; et il ne faut jamais » compter sur la générosité de ses ennemis. On a » le dixième, et la ferme du tabac ; enfin toutes » les extrémités sont préférables à celle de rece- » voir la loi. »

J'ai été voir le 29, à Paris, le marquis de Castelar, lequel m'a dit avoir envoyé le jour même la déclaration que le Roi son maître se trouvoit dégagé du traité de Séville. Je lui ai dit : « Mais » envoyer cette déclaration dans le même temps » que nous apprenons l'accommodement de l'An- » gleterre avec l'Empereur, j'aurois mieux » aimé quinze jours plus tôt. » Je lui ai ensuite parlé, mais comme très-éloigné de le croire, des bruits qui courent que l'Espagne est aussi en quelque intelligence avec l'Empereur. Il n'en est point du tout convenu, et j'ai cru voir dans ses discours une sincérité qui m'a plu.

Ce même jour, le parlement a donné deux arrêts : l'un pour supprimer le mandement de l'archevêque d'Embrun, le traitant de séditieux ; l'autre pour faire brûler par la main du bourreau une lettre de l'ancien évêque d'Apt, nommé Foresta, gentilhomme de Provence. Le cardinal de Rohan est venu me voir, et m'a paru disposé à faire quelque chose dans l'esprit de l'archevêque d'Embrun.

On a lu au conseil du 30 la déclaration que l'ambassadeur d'Espagne a envoyée, par laquelle le Roi son maître se tenoit dégagé du traité de Séville, sur les difficultés que les alliés avoient apportées à son exécution. Comme la France en avoit observé les conditions, j'aurois voulu qu'il parût quelque distinction. Le cardinal et le garde des sceaux prétendoient en trouver, mais elles sont bien difficiles à démêler : on y parle en général de connoissances presque assurés de l'accommodement de quelques puissances avec l'Empereur.

Les lettres de Rothenbourg, qui a remplacé Brancas en Espagne, disent qu'une de ses audiences avec le roi et la reine d'Espagne a été depuis onze heures du soir jusqu'à trois heures et demie du matin. Depuis long-temps il faisoit de la nuit le jour. Rothenbourg assure la santé du roi d'Espagne parfaite, et qu'il lui croit de bonnes dispositions pour la France : la reine d'Espagne se plaint toujours de l'inaction, et on ne veut pas encore rendre l'argent des galions.

On a appris, par un courrier de Milan, la mort du duc de Parme, et que les généraux de l'Empereur ont envoyé des troupes occuper ses Etats. Le garde des sceaux a demandé le secret pour cette nouvelle, qui étoit publique à Paris dès la veille.

Dans le même conseil, on a lu une lettre du Roi au Pape, pour le calmer sur les rigueurs qu'il vouloit que l'on observât contre les avocats qui avoient attaqué la justice extérieure des évêques.

Dans celui du 4 février, on a appris l'arrivée du duc de Liria auprès de l'Empereur. En supputant le temps où l'Espagne avoit pu se déterminer à se raccommoder avec l'Empereur, j'ai fait cette observation : « Le marquis de Castelar, » frère du premier ministre, est venu auprès du » Roi, pour reconnoître précisément sa volonté. » Il m'a dit avoir mandé, le 12 novembre de » l'année dernière, que l'Espagne ne devoit point » compter sur la France. Les dépêches, arrivées » le 25 à peu près du même mois à Séville, ont » pu en faire porter les autres au duc de Liria, » lequel a eu tout le mois de décembre pour les » recevoir : ainsi l'on peut compter que la reine » d'Espagne, irritée plus de cinq mois auparavant de notre inaction, a décidé à se renouer » avec l'Empereur dans la fin de novembre ou le » commencement de décembre. Nous pouvons » donc craindre que l'Espagne ne soit entrée » dans le traité avec les Anglais. En ce cas-là, » la France seroit plus destituée d'amis et d'alliés qu'elle ne l'a jamais été : c'est le temps où » il faut marquer plus de fermeté. Je suis donc » d'avis de faire commander les soixante mille » hommes de milice, pour que le 10 mars elle » soit prête à marcher vers les frontières. » Le duc d'Orléans s'y est opposé, pour éviter la dépense, et toute démonstration de guerre. « Pour » ne pas avoir la guerre, ai-je répliqué, il faut » paroître en état de ne la pas craindre. » Le cardinal et le garde des sceaux n'ont rien répondu, et il n'a rien été décidé.

On n'a appris aucune nouvelle d'Angleterre. Le maréchal de Berwick est venu le 5 chez moi, et m'a dit que le duc de Liria son fils étoit arrivé le 23 janvier à Vienne, et qu'il l'avoit appris par milord Walgraf.

Dans le conseil du 7, on a su que le marquis de Castelar avoit reçu un courrier de Séville, duquel il n'avoit rien mandé au garde des sceaux. Le cardinal de Fleury se plaignoit fort de Castelar, aussi bien que le garde des sceaux, le traitant de fourbe et de menteur ; le cardinal disant qu'au lieu de paroître irrité de la conduite des Anglais, il étoit disposé à l'approuver. J'ai dit : « Castelar m'a pourtant déclaré qu'il la trou- » voit une infraction formelle au traité de Sé- » ville. » Le cardinal m'a répondu : « Il vous dira » le contraire au premier jour. »

Le marquis de Maurepas est venu dîner chez moi le 8 : il m'a apporté la nouvelle de l'ouverture du parlement d'Angleterre, et la harangue du Roi, laquelle est très-opposée à l'écrit qui a paru il y a quelques jours, et qu'on avoit regardé comme venant du ministère anglais, lequel écrit rejetoit sur la France toutes les fautes alléguées sur l'inexécution du traité de Séville, comme des raisons de traiter avec l'Empereur.

La harangue du roi d'Angleterre à son parlement parloit au contraire de la résolution de continuer le traité de Séville ; et que si l'on ne pouvoit par les voies de douceur obliger l'Empereur à satisfaire l'Espagne, il faudroit employer toutes les autres, et sur cela demander du secours à ses peuples.

La satisfaction de Castelar sur la conduite des Anglais m'a fait penser qu'il étoit informé de leurs desseins avant nous, et que leur commerce étoit plus lié que nous ne voulions le penser. Toutes les incertitudes sur les sentiments de la cour d'Espagne, la certitude que l'Angleterre traite avec l'Empereur, ont porté le conseil du Roi à rappeler les avances que les comtes de Sinzendorff et Kœnigseck en dernier lieu ont faites pour établir une bonne intelligence entre le Roi et l'Empereur. Il importe de cacher cette démarche : pour cela on a chargé le maréchal Du Bourg de faire passer un courrier à Vienne avec le plus grand secret.

Cela a été exécuté ; et Bussy, chargé des affaires du Roi, a eu ordre d'en faire l'ouverture au prince Eugène toujours avec beaucoup de secret, et de le prier que l'Empereur soit seul informé de ce premier pas. On a reçu la réponse de Bussy, et elle a été lue au conseil du 11. Le prince Eugène a répondu qu'il l'apprenoit avec plaisir ; que l'union avec la France seroit préférée à toute autre, et qu'il alloit en rendre compte à l'Empereur. Il a pris des mesures pour que ses conversations avec Bussy soient très-secrètes ; enfin il a répondu à Bussy, de la part de l'Empereur, qu'il souhaite l'union, mais que la garantie de la pragmatique pour la succession sera la première condition. Bussy a répondu qu'elle pouvoit être une suite du traité ; que le Roi ne la désapprouveroit pas, mais que cet avantage pour l'Empereur devoit en attirer à la France.

Dans le conseil d'Etat du 12, la délibération a été longue. J'ai dit : « Je ne suis pas surpris » des sentiments de l'Empereur et du prince Eu-

» gène : ils ont toujours désiré une véritable
» union avec la France, et le prince Eugène me
» l'a proposée à la signature de la paix générale
» à Bade, et m'a même donné un chiffre pour
» la traiter. »

On a disputé sur les premiers avantages que l'on demanderoit à l'Empereur. Le cardinal vouloit que l'on se contentât du pays de Luxembourg et de la place rasée : j'ai insisté pour la demander entière, et le cardinal y a consenti. Kinski, ambassadeur de l'Empereur, consentoit aussi à Luxembourg fortifié ; et l'Empereur, qui avoit autrefois promis à don Carlos la seconde archiduchesse, qui est morte il y a deux ans, n'étoit pas éloigné de lui donner la troisième, devenue la seconde.

On a demandé que l'Espagne soit admise dans le traité, et on a dressé les articles pour assurer les Etats de Parme et de Plaisance à don Carlos. Le prince Eugène a dit que l'Empereur avoit tout sujet de se plaindre de l'Espagne ; que ce seroit à la seule considération de la France qu'il l'admettroit dans le traité.

On a fait repartir le courrier avec le même secret et la même diligence, et tout a paru dans une favorable disposition. Je me suis opposé à ce qu'on vouloit mettre dans le traité par rapport à la destruction de la compagnie d'Ostende ; mais comme elle ne doit exister que quatorze ans, dont il y en a déjà sept de passés, je ne me suis pas obstiné sur cela ; j'ai toujours soutenu qu'il falloit demander Luxembourg entier.

On a lu, dans le conseil d'Etat du 14, une lettre du comte de Rothenbourg, qui, par ordre de Leurs Majestés Catholiques, mandoit au Roi leurs sentimens pour moi, leur inquiétude sur ma santé, et un désir très-fort de me voir chargé de la conduite de la guerre, n'en pouvant espérer un bon succès si tout autre commandoit les armées de la ligue. Leurs Majestés Catholiques rappeloient mes services, les heureux succès de mes armes, et l'obligation que l'Espagne et la France m'avoient. Le cardinal, sur cette lettre, qui marquoit la grande confiance de Leurs Majestés Catholiques, m'a prié de leur écrire, et de leur bien expliquer la vérité, qui étoit que l'inaction venoit certainement de l'opposition que l'Angleterre avoit toujours apportée à la guerre générale. Le Roi a écouté avec attention tout ce que le roi d'Espagne a dit sur moi ; et le soir chez la Reine il est venu au devant de moi, et m'a demandé si je n'avois pas écouté avec plaisir ce que le roi d'Espagne mandoit de l'obligation qu'il m'avoit. Je lui ai répondu : « C'en est
» un bien sensible pour moi que la bonté de Vo-
» tre Majesté de s'en souvenir. »

Le pape a envoyé un courrier pour se plaindre de l'entrée des troupes impériales dans Parme et Plaisance. Il sollicite le Roi d'en écrire à l'Empereur. On s'est servi de l'envoi d'un courrier à la cour impériale, qui porte ordre à Bussy de parler à tous les ministres de l'Empereur sur les affaires de Parme, pour porter au prince de Savoie un projet de traité entre le Roi et l'Empereur. On a aussi écrit en Espagne pour convenir avec Leurs Majestés Catholiques des partis à prendre sur les connoissances que l'on a des commencemens de traité de l'Angleterre avec l'Empereur ; et tout se dispose à une liaison qui ne peut être que très-avantageuse à la France, l'Espagne et l'Empereur.

On a lu, dans le conseil d'État du 18, les réponses au cardinal de Polignac et au comte de Rothenbourg. Les premières étoient pour calmer le Pape au sujet des avocats, querelle qui augmentoit tous les jours. Il avoit paru un mandement de l'archevêque de Paris, qui traitoit d'hérétique leur opinion sur la justice extérieure, que les avocats ôtoient aux évêques. Les avocats, traités d'hérétiques, se sont rassemblés pour appeler comme d'abus, et la querelle est devenue très-vive.

Dans les dépêches au comte de Rothenbourg, on mandoit ce qui pouvoit porter le plus l'Espagne à se renouer avec la France. Les lettres étoient longues, et j'ai dit au garde des sceaux : « Mais il y avoit deux pages entières de la part
» du roi d'Espagne sur le maréchal de Villars
» dans la lettre de Rothenbourg. Il me semble
» qu'un petit mot de réponse du Roi, qui mar-
» queroit quelque bonté pour lui, auroit été
» à sa place dans ces longues dépêches. » Le cardinal est convenu, et le garde des sceaux s'est excusé de son omission par des raisons peu solides.

Par les nouvelles de Londres, on voyoit que le ministère craignoit un mauvais effet de la déclaration que feroit l'Espagne, qu'elle se seroit dégagée du traité de Séville par l'inaction de ses alliés. Stanhope a même prié le comte de Broglie de ne pas rendre publique cette déclaration ; et le cardinal, ci-devant si dévoué aux Anglais, a blâmé le comte d'avoir eu cette complaisance pour eux.

On a appris, par un courrier de Séville, que les Anglais ont porté leur perfidie jusqu'à dire au roi et à la reine d'Espagne qu'ils n'avoient engagé un traité avec l'Empereur que de concert avec la France. Le cardinal de Fleury a montré des lettres de Walpole, qui s'excusoit de n'avoir pas osé lui faire part de ce qui se passoit entre l'Angleterre et l'Empire. On les a fait voir à Castelar, et on a envoyé un courrier à Séville pour désabuser la cour d'Espagne.

Elle marque toujours une extrême prévention contre la France, au point que Rothenbourg m'a mandé qu'il voudroit, aux dépens de son sang, que je pusse être seulement pour huit jours auprès de Leurs Majestés Catholiques, moi seul pouvant les tirer de l'horrible prévention où elles sont contre le cardinal de Fleury. Le cardinal a dit au conseil que Castelar a eu ordre de faire ses efforts pour faire changer le ministère. Cette nouvelle en a été une pour le conseil.

Dans le conseil du 21, on a lu les dépêches au comte de Rothenbourg, envoyées par un courrier exprès, pour désabuser la cour d'Espagne de ce que les Anglais avoient dit que nous étions de concert avec eux pour traiter avec l'Empereur. Rothenbourg se plaignoit toujours de la froideur de Patigno et du marquis de La Paz, et tout étoit à craindre de la prévention de la reine d'Espagne. Rothenbourg avoit encore eu une conversation de trois heures avec le roi et la reine d'Espagne, et toujours ses audiences commençoient après minuit. Le cardinal de Fleury paroissoit fort irrité contre la reine d'Espagne : il dit qu'il lui a écrit avec une extrême hauteur. Tout paroît dans une fâcheuse disposition, et on a lieu de craindre que tout ne se réunisse contre nous.

On a lu dans le conseil du 25 des lettres de Rothenbourg, qui portent toujours à craindre que l'Espagne, au lieu de se réunir avec nous, ne s'engage avec l'Empereur. Elle refuse toujours l'argent des galions.

Le jour du 26 février, le cardinal de Fleury m'a envoyé, sur les six heures du soir, prier de me rendre chez lui, où il avoit mandé M. d'Angervilliers, et où s'est trouvé le garde des sceaux, qui a lu deux lettres qu'il recevoit dans le moment d'Angleterre, une du comte de Broglie, et l'autre de Chamorel. Toutes deux marquoient que l'envoyé du roi de Prusse avoit reçu un courrier de son maître, auquel il en étoit arrivé un de l'Empereur, qui avoit fait une extrême diligence. L'Empereur informoit le roi de Prusse qu'il avoit signé un traité avec l'Angleterre et la Hollande, par lequel il consentoit à l'entrée de six mille Espagnols dans les États de Florence et Parme, pour les assurer à don Carlos, moyennant neuf millions cinq cent mille florins que l'Espagne paieroit de subsides dus à l'Empereur.

Il est à présumer que ce traité est de concert avec l'Espagne ; moyennant quoi la France se trouve abandonnée de tous ses alliés, ne lui en restant aucun des traités d'Hanovre et de Séville ; et tout s'est réuni à l'Empereur, malheur que j'avois toujours appréhendé, et prédit dès le mois d'avril 1730, l'ayant avancé au conseil dans ce temps-là ; et elle se trouve ainsi abandonnée sans avoir manqué à aucun de ses alliés, mais parce que le cardinal a trop marqué qu'il ne vouloit point de guerre : situation terrible pour une couronne aussi puissante, et qui se croyoit, par une fausse politique, arbitre de l'Europe. Elle l'auroit été infailliblement, s'il y avoit eu dans le conseil du Roi autant de fermeté qu'il y avoit de foiblesse.

Sur cela j'ai dit : « Depuis que je vois grande » apparence à la défection de plusieurs de nos » alliés, j'ai toujours pensé qu'il faut se mettre » en état, s'il nous reste quelque ami, de lui » faire voir que nous pouvons le soutenir, et ne » pas craindre nos ennemis ; et pour cela armer » nos soixante mille hommes de milice. » Ce qui a été résolu. La face des affaires auroit bien changé si on l'avoit fait trois mois plus tôt.

Le marquis de Castelar est venu me voir le 27, et m'a parlé très-raisonnablement sur de bonnes intentions. Je l'ai dit au conseil ; mais le cardinal de Fleury et le garde des sceaux m'ont répondu constamment que c'étoit le plus grand fourbe et le plus grand menteur qu'ils eussent jamais connu.

Dans le conseil d'État du 28, le garde des sceaux a rapporté que l'ambassadeur d'Angleterre lui avoit dit que ce qui étoit arrivé d'Angleterre n'étoit pas vrai, et il a nié tout ce que cet envoyé du roi de Prusse a publié à Londres. Il faut donc attendre les premières nouvelles, et ce n'est pas sans impatience, surtout celles qui nous arriveront de Bussy, de Vienne. Castelar nie aussi que l'Espagne soit entrée dans aucun traité avec l'Empereur : cependant les courriers du duc de Liria vont et viennent de Vienne à Séville et passent par Paris.

Aux inquiétudes que donnent les nouvelles étrangères, se joignent celles que causent les affaires de religion. Le mandement de l'archevêque de Paris déclaroit les quarante avocats hérétiques, et ils vouloient porter leur appel au parlement. Cet archevêque, ceux d'Embrun et de Montpellier, et le petit évêque de Laon, n'oublient rien pour brouiller tout ; et la foiblesse du cardinal de Fleury leur en laisse la liberté entière.

Le cardinal de Rohan est venu me voir le premier mars, et m'a dit avoir déclaré au cardinal de Fleury que si on ne prenoit pas une résolution contre ces avocats, il se retireroit de la cour. A quoi le cardinal a répondu : « Si vous » vous retirez, je me retirerai aussi. » Et j'ai dit : « N'en craignez rien ; sûrement il ne quittera pas la cour. »

Dans le conseil d'État du 4 mars, on a lu une très-longue dépêche du comte de Rothenbourg, qui rend compte de toutes ses conférences avec le roi et la reine d'Espagne, dans lesquelles ce ministre n'a rien oublié pour leur faire connoître que, dans la perfidie des Anglais, l'unique bon parti est de resserrer les nœuds de l'union si nécessaire entre les deux couronnes. Ses bonnes raisons n'ont pu être combattues ; mais il croyoit voir le parti contraire pris, et que la reine d'Espagne embarquoit le Roi son mari, malgré lui, à s'unir avec l'Empereur et l'Angleterre, sans rien stipuler pour la France. Elle refuse toujours avec opiniâtreté la restitution de l'argent des galions, et tout fait craindre que la France ne soit abandonnée de tous ses alliés. J'ai été d'avis de nous mettre toujours en état de ne rien craindre ; j'ai dit : « Il est honteux, » avec une puissance pareille à la nôtre, de n'être » plus recherché de personne. » Et, adressant la parole au Roi, j'ai ajouté : « Je crois, sire, que » Votre Majesté est très-sensible à un pareil mal- » heur, que j'ose dire très-mérité par la foi- » blesse de notre conduite depuis plusieurs an- » nées. »

La mort du duc de Parme a redoublé la vivacité de la reine d'Espagne. L'Empereur a fait entrer trois mille hommes de ses troupes dans les villes de Parme et Plaisance, en prenant possession au nom de don Carlos ; mais comme la duchesse de Parme est demeurée grosse, il a été dit que si elle accouche d'un fils on retirera les troupes sans difficulté. Le Pape a envoyé un courrier au Roi, et a fait des protestations, prétendant avec justice que l'État de Parme relève du Saint-Siége. On attend avec impatience des nouvelles de Vienne, et avec quelque inquiétude que ce que l'Empereur avoit paru autrefois désirer fortement ne le soit moins, à présent qu'il se voit recherché de l'Angleterre, et peut-être de l'Espagne.

Pendant que les affaires étrangères nous donnent de justes inquiétudes, celles de la religion demandent toute notre attention. Le mandement de l'archevêque de Paris, qui traitoit d'hérétiques les propositions des avocats, surtout celle qui ôtoit aux évêques la justice extérieure, a obligé le procureur général du Roi à en appeler comme d'abus ; sur quoi le parlement a donné le 5 un arrêt par lequel il défend la publication de ce mandement, ce qui est un affront sanglant à l'archevêque de la capitale du royaume.

Dans le conseil d'État du 7, on a appris par les lettres de Bussy, de Vienne, que le courrier qui portoit les préliminaires d'un traité avec l'Empereur étoit arrivé le 19 février. Il paroît que le conseil de l'Empereur a pris au moins huit jours pour délibérer, puisque la réponse à nos propositions n'est pas encore arrivée.

Le marquis de Castelar a reçu un courrier le 6. Il paroît, par quelques propositions de sa part, que l'Espagne n'a pas encore traité avec l'Empereur. On a lieu de croire aussi que l'Angleterre n'a pas fini son traité non plus ; et jamais conjoncture n'a mérité plus d'attention, ni paru plus propre à produire de grands événemens.

Le courrier que l'on attendoit de Vienne est revenu le 10, en six jours et demi. On a lu les dépêches de Bussy au conseil du 11. Il nous a appris que le prince Eugène attendoit de nos nouvelles avec impatience, et réitère le premier discours, que l'Empereur préféroit l'union avec la France à toute autre. Il a demandé les propositions par écrit à Bussy, qui les lui a données, mais en priant le prince de lui rendre son écrit. Le prince a dit que l'Empereur s'en ouvriroit tout au plus avec un autre ministre ; et on a tout lieu de croire que cet autre ministre est le vice-chancelier de l'Empereur, l'évêque de Wurzbourg.

Les propositions de Castelar nous confirment dans l'opinion que l'Espagne n'a encore traité ni avec l'Empereur ni avec l'Angleterre. J'ai dit là-dessus : « Si nous traitons avec l'Empereur, et » que, suivant nos propositions, l'Espagne y » entre, je suis persuadé que l'Empereur pour- » roit consentir à donner la seconde archidu- » chesse à don Carlos ; mais à condition de lui » donner tous les Pays-Bas, au lieu de la Tos- » cane. » Le cardinal de Fleury a répondu : « Il » ne faut pas consentir aux Pays-Bas, ni à voir » l'Empereur maître de l'Italie. — Et moi, ai-je » répliqué, j'aime mieux voir don Carlos maî- » tre des Pays-Bas que de la Toscane. »

On a appris que la duchesse de Parme n'est plus grosse. Dans le conseil d'État du 14 mars, on a su que Castelar a reçu des ordres d'Espagne de traiter avec la France, mais aux conditions de s'assurer les moment les États de Parme. Le garde des sceaux a proposé plusieurs articles pour ce traité, lesquels finiroient par forcer l'Empereur, par la guerre, à remettre les États de Parme. J'ai dit à ce sujet : « Mais vous » êtes au point de traiter avec l'Empereur ; et ce » que je vois de plus convenable dans la propo- » sition que vous fait l'Espagne de traiter, c'est » qu'elle vous donne le temps de voir à quoi » aboutira le commencement de votre traité

» avec l'Empereur ; mais, quoi qu'il arrive de
» celui que nous pourrions faire avec l'Espagne,
» prenez garde, s'il nous engage à la guerre, de
» vous déterminer à la faire réellement, puis-
» que vous seriez méprisables aux yeux de toute
» l'Europe si vous promettiez un engagement
» dans la résolution de ne le pas tenir. » M. d'Angervilliers a été de mon sentiment.

J'ai manqué le conseil du 18, et reçu le jour d'après une lettre du garde des sceaux, qui me mandoit qu'il avoit été fâché que je n'eusse pas entendu ce qu'il avoit lu au précédent conseil de l'estime et de la confiance du roi et de la reine d'Espagne pour moi, et qu'il me prioit de ne pas manquer le conseil prochain, où ma présence étoit nécessaire dans des circonstances si difficiles.

Le cardinal m'a répété, dans le conseil du 21, ce que m'avoit mandé le garde des sceaux, que Leurs Majestés Catholiques marquoient toujours une grande confiance en moi, et toujours la même répugnance contre la France, refusant constamment de rendre à nos marchands plus de quarante-cinq millions qui leur sont dus du retour de la flottille.

D'un autre côté, on n'a aucune nouvelle de Vienne, et j'ai appris le 23, par le garde des sceaux, qu'il est arrivé un courrier de Bussy, dépêché secrètement, par lequel on a su que le prince Eugène l'a remis encore à deux ou trois jours. Cette froideur, après avoir assuré deux fois que l'amitié du Roi seroit préférée à toutes les autres, ne pronostique rien de bien favorable.

D'un autre côté, les affaires se brouillent entre le parlement et les évêques ; et une fermeté pour imposer silence ne se trouve pas dans le gouvernement.

Dans le conseil du 26, on a appris par les lettres de Bussy, de Vienne, du 17, que le traité entre l'Empereur, l'Angleterre et la Hollande a été signé le 16. Les seules particularités que l'on sache, c'est que les garnisons espagnoles seront introduites dans les places de Parme et Florence, et que l'Espagne paiera ce qui est dû des subsides, que l'on fait monter à plus de vingt millions de notre monnoie. Le prince Eugène a dit à Bussy que l'on traitera avec la France, et que ce sera à Paris ou à Vienne.

On a eu quelque avis que l'Espagne entre dans ce traité, le marquis de Castelar ayant fait mystère des lettres qu'il recevoit de Séville et de Vienne. Toutes les apparences sont donc que la France est abandonnée de tous ses alliés, et par conséquent bien éloignée d'être l'arbitre de l'Europe, avantage qu'elle pouvoit avoir avec une conduite différente.

On a appris le premier avril, par les lettres de Rothenbourg, de Séville, que l'on y avoit eu quelques premiers avis de ce que les Anglais traitoient à Vienne. Le roi et la reine d'Espagne soutiennent que c'étoit entièrement à leur insu. Cependant la Reine avoit une telle envie de se voir en possession des États de Parme, que Rothenbourg ne pouvoit douter que si elle ne pouvoit l'obtenir par l'Empereur, elle n'entraînât le Roi son mari, malgré lui, à se lier avec la cour de Vienne. Mais on disoit qu'ils ne consentiroient ni à payer ces vingt millions, ni à la pragmatique. La possession de Parme, l'Empereur pouvoit la promettre, mais non la donner, la veuve du duc de Parme étant grosse, ou du moins estimée telle, lorsque l'on traitoit.

Il y a eu, le jour de la Cène, chez la Reine, une querelle violente entre les dames, madame de Rupelmonde ayant passé devant les duchesses de Luxembourg, Béthune et Gontaut. Les ducs en ont parlé au cardinal de Fleury, et moi au Roi après le conseil. Je lui ai dit : « Sire, par
» sa justice et sa bonté Votre Majesté a intérêt
» d'animer le courage de ses sujets par l'espé-
» rance de l'élévation. Aucune nation n'a jamais
» marqué plus d'ardeur pour le service et pour
» la gloire de son maître : il est de l'intérêt de
» Votre Majesté de continuer à inspirer ces sen-
» timens, et de votre dignité de soutenir les grâ-
» ces dont elle a honoré ceux qu'elle a cru les
» avoir méritées ; et c'est manquer de respect à
» vous-même que d'oser les attaquer. D'ailleurs
» je demanderois volontiers à ces gens de qua-
» lité qui attaquent les dignités, pourquoi ils
» vont se faire casser les bras et les jambes à la
» guerre ; quel est leur objet quand ils passent
» les journées dans les antichambres des minis-
» tres ; pourquoi ils veulent se ruiner dans les
» ambassades : n'est-ce pas de l'élévation qu'ils
» attendent la récompense des peines qu'ils se
» donnent ? Ainsi quiconque attaque une éléva-
» tion, laquelle doit être son premier objet, se
» déclare indigne d'y parvenir. J'ai été dans
» presque toutes les cours de l'Europe. En Es-
» pagne, les grands, dont le nombre est deux
» fois plus grand que celui des pairs, sont traités
» d'*excellence* par les plus qualifiés, qui ne sont
» pas grands ; et ceux-ci ne traitent les autres
» que de *seigneurie*. En Angleterre, il n'y a pas
» la moindre dispute. Enfin en Allemagne les
» comtes de l'Empire passent, sans difficulté,
» après tous les princes. » Sur nos représentations, le Roi a signé, le premier avril, un ordre par lequel il déclare qu'il est sans exemple que les dames titrées n'aient pas toujours précédé celles qui ne le sont pas, et que l'on suivra exac-

tement ce qui s'est pratiqué du temps du feu Roi.

On a appris, par des lettres de Rothenbourg, dans le conseil d'État du 11, que la vivacité est au plus haut point sur ce qui se traite à Vienne; et l'inquiétude que le roi d'Espagne veut absolument demeurer uni avec la France, et la reine avec l'Empereur, s'il la met en possession des États de Parme.

Patigno, presque seul ministre, voyoit le péril de se séparer de la France. Tous les Espagnols et le Roi pensoient de même; mais la Reine étoit la maîtresse. Rothenbourg mande au Roi que le roi d'Espagne parle toujours de moi, et que sur les guerres d'Allemagne il a dit: « Si » on avoit laissé faire le maréchal de Villars, » nous étions les maîtres de l'Allemagne. »

On a appris, dans le même conseil, que milord Walgraf avoit reçu le traité de Vienne : il devoit le communiquer le même jour au cardinal de Fleury. Il est arrivé divers courriers du duc de Liria pour l'Espagne, et plusieurs d'Espagne, qui passoient par Paris, et alloient à Vienne. L'incertitude de la conduite de l'Espagne est toujours la même.

Le Roi passe la plus grande partie du temps à Rambouillet; ce qui fait manquer plusieurs conseils.

Dans celui d'État du 19 avril, on a lu plusieurs dépêches de Rothenbourg. Le cardinal a dit que milord Walgraf lui avoit communiqué le traité de Vienne. Il étoit persuadé qu'il y avoit des articles secrets. Le roi d'Angleterre s'y engageoit à garantir la pragmatique de la succession de l'Empereur. On a prétendu qu'il est stipulé qu'aucun prince de la maison de Bourbon n'épousera l'archiduchesse; qu'il sera introduit six mille Espagnols dans les places de Parme et de Toscane, et que l'Espagne paiera ce qui a été promis de subsides à l'Empereur : mais tout cela n'est pas bien sûr, et le conseil n'a pas été informé bien exactement du traité signé le 16 mars à Vienne.

Sur cette pragmatique, j'ai dit au conseil : « On ne me fera point reproche de n'avoir pas » pris la liberté de conseiller au Roi de refuser » la garantie. Charles-Quint a fait une substi- » tution perpétuelle des mâles et femelles de la » maison d'Autriche : le Roi est donc appelé à » cette substitution, et ne doit jamais y renon- » cer, en garantissant un autre héritier. » M. le duc d'Orléans a répondu : « Il faut principale- » ment conserver la paix. » J'ai répliqué : « Il » faut principalement conserver la dignité du » Roi et celle de la nation. » Et adressant la parole au cardinal de Fleury, je lui ai rappelé ses paroles aux comtes de Sinzendorff et de Kœnigseck, sur des propositions de garantir la pragmatique, que *si le Roi avoit perdu trois batailles, il ne faudroit pas encore y consentir.* Le cardinal a répété les mêmes paroles au duc d'Orléans, qui s'est toujours tenu dans son principe qu'un des principaux devoirs des rois étoit de soulager leurs peuples, ce qui ne se pouvoit que par la paix. J'ai répondu qu'un des principaux devoirs des rois étoit de conserver leurs États, ce qui ne se pouvoit que par ne pas craindre la guerre.

Le garde des sceaux a lu un écrit par lequel milord Walgraf presse le Roi, de la part de son maître, d'ordonner à son ambassadeur en Espagne de se joindre à celui d'Angleterre, pour soutenir que l'on n'abandonnera pas le traité de Séville. Il a été résolu de lui répondre avec la plus grande hauteur qu'une pareille proposition est ridicule de la part de ceux qui, contre leur parole, ont fait des traités avec l'Empereur, malgré divers articles du traité de Séville même, par lesquels ils s'engageoient de ne faire aucun traité avec l'Empereur que du consentement des parties contractantes du traité de Séville. Il est certain que l'insolence des Anglais est aussi marquée que leur perfidie.

Rothenbourg donnoit quelque espérance, par les lettres du 4 avril, que l'Espagne n'entreroit pas dans ce traité de Vienne.

Les fréquens voyages de Rambouillet ont fait manquer deux conseils d'État. Dans celui du 29, on a appris, par les lettres de Rothenbourg, que le roi d'Espagne n'étoit pas encore informé du traité de Vienne, mais ne doutoit pas qu'il n'y en eût un [il en étoit fort irrité contre les Anglais]; que Patigno vouloit que l'on s'unit à la France; mais que si l'Empereur donnoit les États de Parme, il ne répondoit pas que la reine d'Espagne ne l'emportât.

Le roi d'Espagne marquoit toujours beaucoup d'amitié pour moi, s'informant de ma santé : la Reine même paroissoit s'y intéresser, et on voyoit qu'il étoit souvent question de moi dans les conversations. Le garde des sceaux a lu une dépêche pour fortifier le roi d'Espagne dans sa résolution sur le traité de Vienne. J'avois aussi dressé un écrit sur ce sujet. J'ai demandé au Roi permission de le lui lire, et je l'ai hasardé, sans en avoir auparavant parlé au cardinal. Cependant lui et le garde des sceaux l'ont fort loué. Le Roi a eu la bonté de l'approuver, et de m'en parler avec éloge.

Le comte de Broglie, revenu pour quelques jours à la cour, a confirmé tout ce qu'on savoit déjà de la perfidie des Anglais, et a même dit que, pendant la négociation qui se traitoit en France pour agir contre l'Empereur, ils avertissoient la cour de Vienne de tout.

Il étoit facile de fortifier le parti opposé au roi d'Angleterre; et j'ai rappelé, au conseil du 29 avril, ce que le cardinal de Richelieu avoit fait pour exciter une sédition à Londres (1). « Celui qui la pratiquoit, ne voulant pas être » connu, ne donna d'autres marques, pour qu'on » lui fît toucher une somme très-considérable, si » ce n'est qu'à telle heure un homme avec un » manteau noir seroit près du second pilier de » l'église cathédrale. Il y a des occasions où il » faut hasarder de l'argent, et il seroit impor- » tant de ruiner un ministre qui nous a trahis. »

Dans le conseil d'État du 6, on a appris que le roi d'Espagne a enfin ordonné qu'on délivre l'argent de la flottille aux négocians français. Le retardement avoit causé beaucoup de banqueroutes dans tout le royaume. Rothenbourg m'a écrit qu'il espère que l'Espagne n'entrera pas dans le traité de Vienne, et il a écrit au garde des sceaux que le roi d'Espagne parle toujours de moi avec bonté, et qu'il raconte avec complaisance plusieurs de mes actions militaires, dont il a une parfaite connoissance.

On a ordonné à Plelo, ambassadeur en Danemarck, de faire espérer la continuation des subsides, pour les empêcher de désarmer.

Dans le conseil des dépêches du 12, M. de Maurepas a rapporté un procès de madame de Mézières contre le comte de Joyeuse. Il a paru de la part de ladite dame tant de faussetés, qu'elle a été condamnée tout d'une voix.

On a trouvé, dans le conseil du 14, une infinité de contrariétés dans la conduite de Patigno. Ces effets de la flottille, qui devoient être distribués dès le 22 avril, ne l'étoient pas encore le dernier du même mois. On a distribué seulement les petites monnoies, mais ordonnant qu'elles seront réformées dans les hôtels des monnoies d'Espagne, où il y a un cinquième de perte pour les négocians.

Rothenbourg mandoit que Kent, ambassadeur d'Angleterre, lui avoit parlé comme un homme hors de lui-même, désespéré si on ne faisoit pas quelque chose sur le traité de Vienne qui empêchât la perte du ministère anglais. Le Roi n'a pas intérêt de soutenir un ministère qui a trahi la France, et même de la manière la plus fausse et la plus perfide. J'ai conseillé de renvoyer milord Walgraf, ambassadeur d'Angleterre, et de ne plus renvoyer en Angleterre le comte de Broglie. On n'a fait que le dernier.

On voit que l'Espagne veut encore traiter avec l'Empereur; et la prévention de la reine d'Espagne contre le cardinal de Fleury l'éloigne de toute négociation avec la France, malgré le désir du Roi et de toute l'Espagne.

Dans le conseil du 16, on a lu des lettres de Rothenbourg, qui est outré de la conduite de Patigno, lequel manque à toutes les paroles qu'il a données sur la délivrance des effets de la flottille. Il est certain que ce ministre ment familièrement, et sans scrupule. Les apparences sont que Patigno auroit voulu, comme très-bon et sage, que la France et l'Espagne demeurassent dans une parfaite union, conformément à leurs plus grands intérêts; mais la reine d'Espagne n'est occupée que du seul intérêt d'avoir Parme.

Le 17, le Roi a passé les gardes du corps en revue. Milord Walgraf y étoit, et m'a parlé de la beauté des troupes. Je lui ai répondu : « Il n'a » tenu qu'à vous qu'elles ne soient entrées dans » l'Empire l'année dernière, et suivies de plus » de soixante-dix mille hommes. Nous ne vous » demandions que quinze ou seize mille natio- » naux anglais, par l'estime que nous faisons de » leur valeur; et, avec les Hollandais et les » Hessois, nous aurions donné la loi à l'Empire » en passant le Rhin. » Le général Amestron étoit avec milord Walgraf. Je lui ai dit, en lui prenant la main : « Vous vous souviendrez, » monsieur Amestron, que, dînant chez moi, » sur les objections que l'on fit par rapport aux » princes de l'Empire, vous dites : *Passons le » Rhin, et je me moque des princes de l'Em- » pire.* Et j'ajoutai : *Entrons dans l'Empire, et » nous aurons à choisir de leur argent, ou de » leur amitié. Ils nous donneront leurs troupes, » ou de l'argent.* Milord, ai-je ajouté, cette » guerre étoit plus sage que celle d'Italie et de » Sicile, que M. Horace Walpole vouloit tou- » jours, préférablement à tout. Je ne crois pas » même que, malgré vos semblans, vous eus- » siez voulu sincèrement ces guerres parti- » culières, puisque vous étiez si bons amis de » l'Empereur. Non, vous ne la vouliez pas, » puisque vous traitiez avec lui sans nous en » rien dire, à nous, vos fidèles alliés et con- » fédérés. » Mes deux Anglais n'ont su que répondre.

Il y a eu conseil d'État le 20, et les lettres de Rothenbourg annoncent que l'on ne délivre pas l'argent de la flottille. Il paroît que la reine d'Espagne attend des nouvelles de Vienne; et l'on peut craindre que, malgré le roi d'Espagne,

---

(1) Cette anecdote est tirée des Mémoires du C. D. R. F., ouvrage de des Courtilz, peu croyable. (A.)

elle ne traite avec l'Empereur, pourvu qu'il lui promette l'Etat de Parme, de quoi l'on ne doute pas. L'on ne doute pas non plus qu'il ne lui tiendra pas parole.

Le Roi a donné le gouvernement de Béthune à Rothenbourg, en éteignant le brevet de retenue de cinquante mille livres. Ainsi Rothenbourg donne cinquante mille livres, pour dix mille livres de rente. Je me suis récrié contre la modicité de la grâce, à proportion du mérite et des services de Rothenbourg.

Quant à la distribution de l'argent de la flottille, elle est encore différée, malgré les paroles réitérées de Patigno; et quand Rothenbourg s'en plaint au roi d'Espagne, il répond qu'il n'a pas donné ordre qu'on délivre l'argent.

On a lu, dans le conseil d'Etat du 27, des lettres de Rothenbourg, qui a toujours des assurances de Patigno que l'Espagne ne traitera pas avec l'Empereur. Le cardinal de Fleury m'a dit : « La reine d'Espagne est si folle, qu'il vaudroit
» peut-être mieux qu'elle ne traitât pas avec
» nous. » M. le duc d'Orléans a été du même sentiment. Je l'ai hautement combattu, et j'ai dit : « Le plus grand malheur seroit que l'Es-
» pagne se séparât de la France, laquelle reste-
» roit seule, et pourroit tout craindre; et il
» vaudroit beaucoup mieux faire la guerre, si la
» reine d'Espagne le vouloit : on seroit assuré
» de détruire le commerce des Anglais, et par
» là d'abattre nos plus grands ennemis. Qui
» pourroit répondre, si la France restoit seule,
» que l'Empereur voulût se contenter de nous
» voir garantir sa succession? » A quoi M. le cardinal de Fleury a assuré que le Roi ne consentira jamais, quand même il auroit perdu trois batailles. La foiblesse du conseil du Roi est si connue en Europe, qu'il y a à craindre qu'elle ne rende nos ennemis insolens.

Fénelon mandoit de Hollande que le pensionnaire Stringland étoit bien mal, et qu'il y avoit des soupçons que l'on pourroit faire le prince de Hesse stathouder.

Le roi de Suède se disposoit à venir passer quelques mois dans ses Etats d'Allemagne.

Dans le conseil d'Etat du 30, on a lu une dépêche de Rothenbourg, qui rend compte de l'effet de la mienne du 23 avril; que le roi et la reine d'Espagne ont été touchés des raisons qu'elle explique pour convaincre les Anglais de n'avoir jamais voulu la guerre. Leurs Majestés Catholiques ont dit à Rothenbourg : « Assurez-le
» que nous l'aimons autant que nous l'esti-
» mons. » Le Roi a paru écouter avec plaisir les sentimens dont m'honorent le roi et la reine d'Espagne.

J'ai entretenu le Roi long-temps ce même matin sur la guerre, et je l'ai excité à paroître désirer d'y aller, étant nécessaire de désabuser l'Europe entière de l'opinion où on est qu'il n'y a sorte d'affronts que la France ne souffre, plutôt que d'entrer en guerre.

Rothenbourg mande que les discours de Wandermer, ambassadeur de Hollande, sont assez insolens, et qu'il ne parle pas moins que d'ôter l'Alsace à la France, et de la réduire à ses anciennes limites.

Tout est encore incertain sur le parti que prendra l'Espagne. Patigno assure toujours qu'il est impossible qu'elle ne demeure pas entièrement unie à la France. Cependant j'ai lieu de croire qu'elle accédera au traité de Vienne, si on introduit les garnisons espagnoles dans Plaisance et Livourne, qui sont les principales places des États de Toscane et de Parme.

Les Anglais se conduisent toujours avec la même hauteur, et font équiper une armée navale de vingt-cinq des plus gros vaisseaux, sous les ordres de l'amiral Vager, pour aller vers Cadix forcer les Espagnols à l'accession au traité de Vienne, pendant que la France ne donne aucun signe de vie pour les contenir ou attaquer.

En allant à mon château le 6 juin, j'ai été dîner chez le garde des sceaux, dans sa nouvelle acquisition de Grosbois, qu'il a faite à bon marché, et malgré la famille des Bernard. Je lui ai demandé si on ne prenoit aucun parti sur l'armement des Anglais. « Ils font très-bien, ai-je
» dit, de se rendre redoutables, et la France
» très-mal de se rendre méprisable. Le feu Roi
» ne nous avoit pas accoutumés à tant d'humi-
» lité. » J'ai ajouté qu'il ne falloit plus douter de l'accession de l'Espagne; que Castelar m'avoit dit : « Les Anglais nous promettent l'intro-
» duction des garnisons espagnoles. Dès qu'ils
» exécuteront le traité, pourquoi n'accéderions-
» nous pas, surtout n'ayant rien à espérer d'ail-
» leurs? » Le garde des sceaux m'a dit qu'il n'avoit reçu aucune nouvelle de Rothenbourg; mais il ne disoit pas toujours vrai, et il étoit bien difficile qu'il fût douze jours sans un courrier.

Dans le conseil d'Etat du 10, à Fontainebleau, on a lu une lettre de Chamorel, de Londres, laquelle confirme les vingt-cinq vaisseaux de guerre pour forcer l'Espagne à l'accession du traité de Vienne. J'ai soutenu avec la plus grande fermeté, et dit : « Quelque plainte que
» l'on ait eu lieu de faire de la conduite de la
» reine d'Espagne, désapprouvée du roi d'Espa-
» gne et de tous les Espagnols, il ne faut pas
» qu'ils puissent dire que la France les aban-

» donne. » Le cardinal a résisté à mon opinion, et le garde des sceaux l'a combattue par de foibles raisons. J'ai soutenu de nouveau la mienne avec force. La dispute a été longue, et j'ai dit au Roi : « Sire, je demande pardon à Votre Ma» jesté de mon opiniâtreté ; mais j'ai lu dans les » Mémoires du cardinal de Richelieu que celui» là n'est pas digne d'être conseiller d'État, qui » ne soutient pas avec opiniâtreté ce qu'il croit » utile à l'État. Rien ne l'est tant que de soute» nir votre gloire et celle de la nation, et il est » directement contre cette gloire de ne pas sou» tenir l'Espagne quand nos ennemis veulent » la forcer à nous abandonner. » M. d'Angervilliers a soutenu mon opinion, mais avec la prudence convenable lorsque l'on combat l'opinion d'un cardinal maître de tout, appuyé par le garde des sceaux, uniquement appliqué à lui plaire.

J'ai demandé après le conseil, au Roi, s'il désapprouvoit mon opiniâtreté. Il m'a répondu : « Non ; vous m'avez fait plaisir. »

On a appris par les lettres de Perseville, chargé des affaires du Roi auprès du roi de Pologne, que le marquis de Fleury, son principal ministre, lui avoit montré une lettre du duc de Liria, laquelle disoit qu'il avoit si bien fait à la cour d'Espagne, qu'il avoit rompu les mesures du comte de Rothenbourg, pour empêcher l'Espagne d'accéder au traité de Vienne. Sur cela je me suis écrié : « Est-ce que le maréchal de Ber» wick son père ne le punit pas ? » Le cardinal de Fleury et le garde des sceaux se sont mis à rire en regardant le Roi, et j'ai paru ignorer ce que je savois déjà, que le maréchal de Berwick étoit un peu trop porté pour l'Angleterre.

Dans le conseil d'État du 13, on a encore parlé de l'armement des Anglais, et le garde des sceaux m'a dit : « Vous verrez que j'écris à M. de Ro» thenbourg conformément à vos sentimens. » Il est vrai qu'il mandoit que le Roi pouvoit mettre en mer quarante vaisseaux de ligne, lesquels, joints à ceux d'Espagne, pouvoient tenir tête aux Anglais. Je lui ai dit : « Mais n'envoyez» vous pas cette lettre par un courrier ? » Il m'a répondu : « Non. » J'ai repris : « Dans une oc» casion aussi importante, je voudrois marquer » plus de vivacité. » Mais la vivacité n'étoit pas du côté du cardinal, et le garde des sceaux étudioit surtout ses sentimens. J'ai repris encore : « Je regarde comme un très-grand mal» heur de perdre l'Espagne. » Le garde des sceaux a objecté : « Mais si la reine d'Espagne, » pour se joindre à vous, vous propose de faire » la guerre ? — Il faut la faire, ai-je répondu, » et nous en aurons de bien dangereuses à soutenir si l'Espagne nous abandonne : vous trou» verez le conseil de l'Empereur bien insolent, » et qui vous demandera peut-être l'Alsace. Vous » voyez que les puissances qui nous abandonnent » pour tenir à l'Empereur commencent à tenir » de très-mauvais discours : la crainte d'une » guerre prochaine, que nous aurions pu faire » avec avantage, vous en attirera une dangereuse » dans peu de temps. »

On a lu, dans le conseil d'État du 17, une lettre de Rothenbourg du 4, qui donnoit encore quelque apparence de ne voir pas l'Espagne accéder au traité de Vienne. Il est certain que la Reine seule, dans toute la cour de Séville, nous est contraire. On voit que le prince des Asturies et tous les Espagnols croient leur perte certaine dans la désunion.

Rothenbourg mande que le roi d'Espagne se porte très-bien, quoiqu'il ne soit que cinq quarts d'heure au lit. Ce qui est inconcevable, c'est que sa santé puisse se soutenir ; et il n'est pas moins surprenant que, demeurant si peu au lit, ses heures d'audience aux ministres étrangers soient depuis minuit jusqu'à six heures du matin.

Le roi de Danemarck, en lui faisant payer deux quartiers de ses subsides, a accordé de différer de six mois la réforme de ses troupes.

L'envoyé de Parme est venu faire part au Roi de l'état de la duchesse de Parme, laquelle a été trouvée véritablement grosse, et pourra accoucher dans deux mois.

Le 16, la marquise de la Vrillière a épousé le duc de Mazarin, qui paroît mourant ; et elle a pris le tabouret le 18.

Il est arrivé le 19 deux courriers de Séville : le premier, dépêché par Kent à milord Walgraf, pour le faire passer à Londres ; le second, par Rothenbourg, arrivé en neuf jours. Ce dernier nous a apporté des nouvelles fort importantes, et plus favorables que nous ne les pouvions espérer. Le roi d'Espagne avoit signé une déclaration par laquelle il consentoit à ce qui avoit été signé à Vienne, conformément à l'article 5 du traité de Séville, qui regardoit l'introduction des cinq mille Espagnols dans les places de Toscane et de Parme, et la prise de possession de l'infant don Carlos, pour laquelle on donnoit cinq mois. Moyennant l'accomplissement de cet article, le roi d'Espagne confirmoit tout ce qui regardoit les Anglais dans le traité de Séville ; mais il n'accordoit aucune garantie de la pragmatique de l'Empereur, ni le paiement d'aucun subside.

Le roi et la reine d'Espagne, persuadés que l'Empereur ne consentiroit jamais à voir l'Espagne mettre un pied dans l'Italie sans accorder la garantie de la succession, pressoient pour faire un traité secret avec la France. J'ai parlé, au conseil du 20, à peu près en ces termes : « Je ne » m'attendois pas à une résolution de la reine » d'Espagne aussi avantageuse. Il faut absolu- » ment faire un traité ; et en nous unissant avec » l'Espagne il est démontré que nous ruinons le » commerce des Anglais en moins de deux ans, » et le nôtre plus florissant que jamais. L'Empire » et le roi de Sardaigne, étonnés du traité de » Vienne, sont ébranlés, et ne cherchent qu'un » point d'appui pour se séparer de l'Empereur. » Ce point d'appui ne peut être que la France ; » mais il faut donc que la France marque quel- » que fermeté : et si on est persuadé dans toute » l'Europe que la France, malgré ses véritables » intérêts, ne veut aucune sorte de guerre, elle » sera abandonnée de tout le monde. » Ce raisonnement étoit certain. Le cardinal ne l'a pas combattu, mais ne l'a pas approuvé. C'en étoit assez pour que le garde des sceaux, en approuvant le parti que prenoit l'Espagne, écrivit mollement sur la résolution de la France de soutenir l'Espagne.

Non-seulement j'ai soutenu mon opinion au conseil, mais j'ai été ensuite chez le garde des sceaux, et je lui ai dit, sans trop ménager les termes : « Votre foiblesse paroit en tout. Lors- » que l'Angleterre envoie une armée navale con- » tre l'Espagne, on se contente d'écrire par la » poste ordinaire que le Roi a quarante vaisseaux » de ligne. La droite raison eût été de commen- » cer à les faire armer, et le mander par un » courrier à Séville. Il ne paroit nulle force de » notre part ; et lorsque l'Espagne s'unit à nous, » marquant les intentions les plus favorables, » nous ne faisons rien qui paroisse vouloir l'ai- » der. J'ai fait inutilement ce que j'ai pu pour » faire assembler nos milices. En un mot, la » puissance de l'Europe la plus redoutable sans » contredit ne voulant le paroître en rien, de- » viendra la plus méprisable. »

Par le même courrier, on a su que le marquis de La Paz avoit fait part d'une déclaration très-offensante pour l'Empereur : l'Espagne accuse la duchesse de Parme du crime de supposition de part, et on dit nettement que l'Empereur la soutient dans cette imposture.

On a aussi reçu des nouvelles très-fraîches de Constantinople, arrivés par mer en trente-neuf jours de Constantinople à Fontainebleau. Elles marquoient que Rustan-Bacha, commandant à Tauris, assiégé par l'armée des Perses, avoit reçu un ordre par un capigi-bachi d'envoyer sa tête à Constantinople ; qu'il avoit enfermé le ca-pigi-bachi, fait une sortie avec toutes ses troupes, et défait l'armée qui l'assiégeoit ; qu'ensuite il avoit mandé au Grand Seigneur qu'avant de lui envoyer sa tête il avoit voulu rendre un grand service à l'empire ottoman ; et qu'ensuite si on vouloit encore sa tête, il obéiroit.

Des lettres de Constantinople encore plus fraîches, lues dans le conseil du 24, confirment les premières ; mais l'ambassadeur Villeneuve mande que ce n'étoit pas Tauris qui étoit assiégé, mais Erivan ; que Rustan-Bacha n'étoit pas dans la ville ; qu'il commandoit au dehors un camp de cinq ou six mille Turcs, et que sur la nouvelle de la défaite des Persans par la garnison d'Érivan, il a poursuivi les Persans dans leur fuite ; que le sophi Thamas avoit été blessé, et qu'on le suivoit dans l'espérance de le prendre.

On attend un courrier de Séville, qui doit apporter un projet de traité avec la France, le roi d'Espagne étant persuadé que l'Empereur n'acceptera pas les conditions que l'Espagne a stipulées pour accéder au traité de Vienne.

Le marquis de Castelar, ambassadeur d'Espagne, est venu passer deux jours à Villars, et m'a donné des mémoires qui lui étoient envoyés de Londres et de La Haye, par lesquels il paroit que les Anglais n'épargnent pas les ridicules au premier ministre de France. Ils avouoient qu'ils l'ont trompé en tout, et disoient qu'il avoit fallu toute l'habileté possible à leurs agens pour empêcher premièrement l'union de l'Empereur avec la France, ensuite celle de la France avec l'Espagne ; et qu'ils n'avoient fait le traité de Séville que pour se réunir ensuite avec l'Empereur : liés à la Hollande, qu'il faudroit bien que l'Espagne accédât, y trouvant tous ses avantages ; et qu'il ne leur importoit guère que la France, demeurant seule, fût amie ou ennemie.

J'ai fait remarquer, dans le conseil d'État du 27, leur insolence, et qu'il falloit, à quelque prix que ce fût, conserver l'Espagne.

Il paroissoit que les électeurs de Bavière et de Saxe traitoient ensemble pour se réunir à la France. Sur quoi j'ai dit : « J'ai déjà fait voir » plus d'une fois que la pragmatique de l'Em- » pereur soulève l'Empire et le roi de Sardaigne ; » que ces puissances ne peuvent être soutenues » que par la France, qui est le seul point d'ap- » pui que l'on puisse imaginer dans l'Europe ; » mais que, pour être censé point d'appui, il » ne faut pas que l'Europe entière croie que la » France ne veut aucune sorte de guerre. »

Dans le conseil d'État du premier juillet, on a appris qu'il étoit arrivé au marquis de Castelar un courrier qui lui apportoit un projet de traité avec le Roi. Il y avoit aussi une réponse de la main du roi d'Espagne [laquelle s'est fait attendre plus de trois mois] aux assurances d'amitié que le Roi lui avoit données.

Au lieu de lire le projet, qui doit être important, le garde des sceaux n'a parlé que des menteries continuelles de Patigno et de son frère Castelar; qu'il avoit voulu parler au Roi, et ensuite lui donner un mémoire rempli d'impostures. Et en un mot, au lieu de parler d'un projet si important, il a paru que le garde des sceaux n'étoit occupé que de dire tous les maux du monde de ces deux ministres d'Espagne : le cardinal a même dit que l'on ne fera rien avec l'Espagne tant que la reine d'Espagne vivra. J'ai répondu : « Mais elle est très-jeune; et je serois bien fâché » de voir l'Espagne unie à l'Empereur, et des- » unie de la France, jusqu'à sa mort. » La vérité est qu'il y a une haine très-grande de la reine d'Espagne contre le cardinal et le garde des sceaux, et que celui-ci, uniquement occupé à plaire au cardinal, ne songe qu'à piquer le Roi contre l'Espagne. Je m'en suis entretenu avec M. d'Angervilliers, et nous avons jugé que tout ira très-mal.

Madame la duchesse et plusieurs dames sont venues passer deux jours à Villars, avec grande compagnie.

Le garde des sceaux a apporté, dans le conseil du 4, les articles du traité à faire avec l'Espagne, et les notes qu'il avoit mises à côté de chaque article. J'ai dit qu'il faudroit avoir ces articles, pour les examiner avec une grande attention; mais on ne me les a pas donnés. Le garde des sceaux a dit que l'Espagne traitoit avec l'Empereur, persuadée que la France ne concluroit rien avec elle. Cependant j'ai reçu une lettre du comte de Rothenbourg, remplie, comme les précédentes, d'assurances de l'amitié du roi et de la reine d'Espagne.

Le garde des sceaux a dit que le marquis de Castelar étoit un homme de plaisir, et ne travailloit pas. Sur quoi M. le duc d'Orléans a prétendu que tout homme qui aime les plaisirs n'est pas capable de travailler. Je lui ai répondu : « Je » vous demande pardon, j'aime les plaisirs, et » je soutiens cependant que je suis très-capable » de travailler. » Le Roi a approuvé ma réponse.

Dans le conseil d'État du 8, on a lu le projet d'articles donnés par le marquis de Castelar, et notés par le garde des sceaux. Il étoit question d'établir la possession de don Carlos dans les places de Parme et de Florence, sans attendre l'accouchement de la duchesse; et quand même elle accoucheroit d'un fils, la France devoit entrer dans toutes les mesures qui seroient prises pour l'introduction des garnisons espagnoles : et ces articles établissoient l'union avec la France. Mais il étoit aisé de présumer que l'Empereur ne consentiroit pas à cette union, et on avoit lieu de penser que l'Espagne traitoit secrètement avec lui. La Hollande n'accède pas encore; mais il est vraisemblable qu'elle y consentira, et que la France demeurera seule.

On a lu, dans le conseil d'État du 11, une lettre de Rothenbourg, qui faisoit encore mention des sentimens du roi d'Espagne pour moi. Il souhaitoit que je me portasse assez bien pour commander les armées *de ambas coronas* : c'étoit le terme dont il se servoit.

Les articles ont été envoyés à Séville par un courrier du marquis de Castelar, et un pouvoir au comte de Rothenbourg pour les signer. On a appris, par les nouvelles de l'Empire, que l'Empereur augmente ses troupes, et il ne paroit aucune marque de vigueur du côté de la France.

Le Roi a eu une légère indisposition qui ne l'a pas forcé de garder le lit; mais il paroissoit d'une foiblesse et d'un ennui qui m'a obligé de lui parler avec force. « Sire, lui ai-je dit, voir » un roi de France de vingt-deux ans triste et » s'ennuyer est inconcevable; vous avez tant de » moyens de vous divertir! On ne vous désirera » jamais d'autres plaisirs que ceux que permet » la sagesse; mais la comédie, la musique.... » Le Roi m'a interrompu, et m'a dit : « Il ne faut » pas disputer des goûts. — Non, ai-je répondu, » mais je vous en souhaite plusieurs. Joignez » quelque divertissement à celui de la chasse. » D'ailleurs vos affaires sont en si bon état, que » ce ne sera jamais un ennui pour Votre Majesté » d'y travailler; et si au divertissement il se » joint quelque désir de gloire, quels moyens » n'avez-vous pas de le satisfaire? » Ce discours n'a pas paru faire une grande impression; mais j'en ai été loué par ceux qui m'ont entendu. J'ai été cinq jours de suite à Fontainebleau, et je suis revenu le 11 à Villars, où il venoit toujours beaucoup de monde.

On a lu, dans le conseil d'État du 15, plusieurs lettres de Rothenbourg, sur lesquelles le cardinal et le garde des sceaux ont dit que l'on pouvoit compter que l'Espagne accéderoit au traité de Vienne, et ne signeroit pas le traité avec la France, pour ne pas déplaire à l'Empereur. Sur cela j'ai dit au cardinal : « Vous » comptez donc l'Espagne réunie avec l'Empe- » reur? » Il m'a répondu qu'il s'y attendoit. J'ai ajouté : « Mais les nouvelles publiques et » particulières veulent que l'Empereur augmente » ses troupes. » Le cardinal et le garde des sceaux en sont convenus. Sur cela j'ai repris : « Je supplie le Roi de m'honorer d'un peu d'attention ; ce que je vais prendre la liberté de dire me paroit en mériter.

» Le conseil n'aura pas oublié qu'il y a plus de dix-huit mois que je lui ai représenté tous les périls de la réunion de l'Espagne avec l'Empereur. Nous avons un ennemi de plus, qui est l'Angleterre, par la grande raison de Machiavel. Nous avons fait depuis plusieurs années tout ce qui doit porter l'Empereur à nous regarder comme son principal et plus dangereux ennemi ; nous n'avons pas un petit ministre dans l'Empire ni ailleurs, à commencer par Chavigny à Ratisbonne, et tous nos ambassadeurs, qui, par leurs écrits et leur conduite, n'aient mis tout en usage pour ôter un ami à l'Empereur, et lui faire partout des ennemis. Il est donc démontré que quand ce prince pourra nuire à la puissance qui lui est la plus contraire, il n'en perdra pas l'occasion.

» Examinons présentement les moyens qu'il peut avoir de nous faire beaucoup de mal. Le cardinal de Richelieu disoit qu'un ministre devoit faire le tour de l'Europe deux fois par jour. Je suis bien persuadé que M. le cardinal de Fleury en use ainsi : pour moi, je m'y suis promené réellement depuis plusieurs années, et je m'y promène encore quelquefois ; mais j'avoue que j'aime mieux les promenades de mon jardin, car je trouve dans celles-là que l'Empereur, qui a plus de cent cinquante mille hommes sur pied, augmente encore ses troupes ; l'évêque de Wurzbourg, et Bansberg, vice-chancelier de l'Empire et ministre de l'Empereur, a par lui-même douze mille hommes de ses propres troupes ; et, comme directeur du cercle de Franconie, il dispose de celles du cercle, qui sont environ six mille hommes. On assure que le roi de Suède, comme landgrave de Hesse, fournit douze mille Hessois, et que, pour conserver les subsides d'Angleterre, il se contente de la moitié de ce qu'elle donnoit. L'Angleterre refusera-t-elle à l'Empereur ses dix-huit mille hommes ?

» Actuellement si l'Empereur, qui a quatre-vingt mille hommes en Italie, et qui, réuni avec l'Espagne, n'a pas besoin d'y en avoir à beaucoup près un si grand nombre, en veut retirer environ trente mille hommes, nous en trouvons près de quatre-vingt mille à ses ordres dans l'Empire. On me dira : *Mais voilà tous les États de l'Empire et l'Empereur bien embarrassés de leurs subsistances?* Je vais démontrer que l'Empereur peut donner des quartiers d'hiver à plus de cent mille hommes en deçà du Rhin.

» Il met la gauche à Philisbourg et Spire, occupe les pays qui sont entre le Rhin et la montagne, et par Kaiserlubler s'étend dans le duché des Deux-Ponts et tout le Homberg, les bords de la Sarre, Trèves, et tout le pays de Luxembourg. Cette grosse place fait le centre de ses quartiers, tout le pays de Liège, ceux de Stanloo, Montmédy, et jusqu'à Bonn et derrière Namur, et étend ses quartiers jusqu'à la mer.

» La France attendra-t-elle que dans une telle situation il vienne border la Meuse, se mettre dans Stenay, Mouzon, ou faire le siège de Longwy, comme disent les gens de guerre, en pantoufles? Que l'on me prouve que ces projets que je donne à l'Empereur soient impossibles, et je consens à l'inaction. Je ne parle pas de tous les autres moyens qu'il peut avoir de nuire à la France par le roi de Sardaigne, peut-être par l'Espagne. Ne soyons occupés que de cette première disposition ; et, encore une fois, que l'on m'en prouve géométriquement l'impossibilité.

» Nous avons ouï dire à M. le cardinal de Fleury qu'il avoit assuré Sinzendorff et Kœnigseck qu'il faudroit que le Roi eût perdu trois batailles, avant que de garantir la pragmatique de la succession de l'Empereur ; mais, en vérité, je ne crois pas qu'il en soit fort en peine. »

Le garde des sceaux, qui écoutoit avec impatience mon discours, m'a interrompu et m'a dit : « Mais, avant d'entrer dans l'examen des périls que vous nous faites entrevoir, avons-nous pu éviter cette réunion de l'Espagne ? Quels remèdes à ces malheurs que vous annoncez. » J'ai répondu : « Voilà deux questions. Sur la première, j'avoue que vous avez fait tout ce qui étoit raisonnable pour conserver l'Espagne : vous lui avez offert la guerre la plus raisonnable, la plus utile, la plus propre à lui assurer les avantages promis par le traité de Séville. Les Anglais s'y sont toujours opposés en voulant la guerre de Sicile, que le général Spinola, envoyé pour concerter les opérations avec nous, faisoit voir impossible. Ainsi donc vous n'avez aucun tort avec l'Espagne, qui agit contre ses plus puissans intérêts quand elle vous abandonne pour s'unir avec l'Empereur.

» Nous n'avons donc aucun tort ; mais cela ne suffit pas, il faut aussi éviter d'avoir du mal. Je demande seulement si on croit impossible l'exposition que j'ai ci-devant faite de ce que

» nous avons à craindre de l'Empereur? » Le cardinal laissoit au garde des sceaux le soin de répondre, ce qu'il faisoit faiblement. J'ai donc poursuivi : « Aux grands maux les grands re-» mèdes. Nous voyons l'Empire étonné de la » pragmatique de l'Empereur ; le roi de Polo-» gne et l'électeur de Bavière trouvent fort mau-» vais que leurs femmes, qu'ils peuvent croire » les véritables héritières, n'aient rien, et qu'un » des plus petits ducs de l'Europe vienne leur » enlever les vastes Etats de la maison d'Autri-» che et l'Empire : mais ces princes, ni aucun » autre, n'oseront lever la tête contre cette puis-» sance de l'Empereur. Ne savons-nous pas que » l'on ne peut compter sur aucune puissance de » l'Empire que lorsque les armées de France » sont au-delà du Rhin? » Le garde des sceaux a dit : « J'en conviens ; mais voulez-vous atta-» quer l'Empire? — Non, ai-je répondu ; je » veux le défendre contre la puissance énorme » de l'Empereur. Je ne veux que vingt mille » hommes d'abord, et m'assurer une tête au-» delà du Rhin. Dans le même temps, tous nos » ordres sont donnés pour faire suivre les trou-» pes plus éloignées, assembler les soixante mille » hommes de milice, pour remplacer successive-» ment les troupes qui marchent vers le Rhin, » surtout la cavalerie, qui vous coûtera si cher » cet hiver. Pour le projet, je vous donne l'exem-» ple de la guerre de 1688, où, sans l'avoir an-» noncé à l'Empereur, ni à aucun prince de » l'Empire, les armées de France allèrent aux » portes de Nuremberg. » Le cardinal a répondu : « C'étoit pour rompre la ligue d'Augsbourg. » — En avez-vous, ai-je répliqué, une moindre » à craindre présentement? — Mais vous vous » déclarez les agresseurs, a dit le garde des » sceaux. — Trouvez-moi, ai-je dit, d'autres » moyens. »

Pendant cette dispute, le Roi a quitté de petits ouvrages qui l'occupent quelquefois, et il écoutoit très-attentivement. Je m'attendois bien qu'on ne concluroit pas à la guerre ; mais je ne voulois pas avoir à me reprocher de laisser former un très-grand orage, sans avoir présenté les moyens de le dissiper.

Cependant, pour calmer le cardinal, qui pouvoit trouver mauvais que j'eusse entamé au conseil une matière si sérieuse sans l'avoir méditée avec lui, j'ai dit que ce qui m'avoit porté à ne pas différer de parler de guerre étoit l'absence de M. le duc d'Orléans, qui s'y opposoit toujours. Le cardinal a riposté : « Il auroit cepen-» dant peine à garantir la succession de l'Empe-» reur. » J'ai ajouté : « Il est certain qu'il est un » peu trop établi que la France ne veut aucune » sorte de guerre, et je vois cela depuis que je » suis dans le conseil.

» Le roi de Prusse, dont les égaremens sont » fréquens, n'en a pas du tout marqué dans le » traité d'Hanovre. Immédiatement après, il dit » à Rothenbourg : *Par mon traité, je dois don-» ner sept mille hommes. Si on veut faire la » guerre tout de suite, j'en offre cinquante ; je » fais toutes mes dispositions, et j'entre dans » l'Empire.* L'offre du roi de Prusse refusée, il » écrit de sa main dix-huit articles pour être » ajoutés au traité d'Hanovre. Ces articles di-» soient en substance : *Vous ne voulez pas de » guerre offensive? Hé bien ! pour la défensive » il faut me garantir mes États.* Cette proposi-» tion raisonnable de sa part refusée, il se lie, » par la négociation de Sekendorff, à l'Empe-» reur.

» En 1727, on fait un projet de guerre avec » le feu roi d'Angleterre, lequel alloit à la ruine » de l'Empereur : ce projet demeure sans exé-» cution. Il alarma l'Empereur, au point qu'il » envoya le comte de Sinzendorff en France » pour dissiper l'orage. Le traité de Séville se » conclut en 1729 : c'est un traité de guerre » dont les Anglais nous ont attribué l'inexécu-» tion, et cela contre la vérité ; mais aussi ne » peut-on pas dire que nous n'ayons pas un peu » donné lieu à cette opinion si établie que la » France ne veut par de guerre? Soyez donc » certains qu'aucun prince ne s'unira avec nous » que cette opinion ne soit détruite ; et pour la » détruire il n'y a d'autre moyen que celui que » je propose : démonstration, préparatifs de » guerre, et fermeté. » Nous en sommes restés là sans décision.

Dans le conseil d'État du 18, on a appris, par les lettres de Chavigny et plusieurs autres de l'Empire, que l'Empereur alloit toujours en avant pour faire garantir sa succession par tout l'Empire, et pour s'assurer tous les princes ; qu'il le faisoit avec succès, et que l'on pouvoit s'attendre à l'orage que je prévoyois. J'ai eu une conversation avec le cardinal et Kinski, et j'ai soutenu que si l'Empereur vouloit de nous une aussi grande marque d'amitié que celle de garantir sa succession, il falloit aussi une marque de la sienne, et nous donner Luxembourg et quelques autres places. Je lui ai fait voir que la seule alliance solide étoit avec la France, puisque ses principaux intérêts y étoient assurés, aussi bien que celui de la religion. Le cardinal a approuvé ce que j'ai dit ; mais il auroit tenu Kinski quitte à moins.

On a envoyé de Parme une disposition de toutes les mesures que l'on prend pour rendre authentique l'accouchement de la duchesse de Parme.

On a lu, dans le conseil d'État du 22, une lettre de Rothenbourg, qui marque la plus grande violence de la reine d'Espagne de ce que la France n'a pas offert ses forces pour l'introduction de la garnison espagnole. J'avois été de sentiment que l'on offrît tout à la Reine. Le garde des sceaux s'y étoit opposé, en disant : « Elle vous forcera à la guerre. » J'ai répondu : « A la bonne heure. » Le refus des forces, qui a été mandé huit jours après, a cabré la Reine au point qu'il s'en est peu fallu qu'elle n'ait chassé Rothenbourg honteusement. Elle a dit fort en colère : « Je suis femme d'un roi d'Espagne de » la maison de France, mais abandonnée par la » France. Il faut donc s'attacher à ses amis, » plutôt qu'à ses parens. » Le cardinal a dit : « Il faut compter qu'elle est unie avec l'Empe- » reur, et elle lui donnera notre argent. » Je lui ai répondu : « Vous me faites peur. Songez à ce » que je vous ai dit il y a huit jours ; et Dieu » nous garde de tout le mal qu'elle pourroit » nous faire ! »

On a lu, dans le conseil d'État du 25, des lettres de l'Empire, par lesquelles il paroît que l'électeur de Bavière principalement s'oppose au plein pouvoir que l'Empereur demande à l'Empire, pour terminer tout ce qui est compris dans le dernier traité de Vienne. Le roi de Pologne, électeur de Saxe, a suivi l'avis de l'électeur de Bavière, aussi bien que l'électeur palatin et celui de Cologne. On croit que le roi d'Angleterre, comme électeur d'Hanovre, fera de même, bien qu'il soit vraisemblable qu'il restera pour l'Empereur. Le collége des princes, par la pluralité de peu de voix, a été pour l'Empereur. Celui des villes n'avoit pas encore voté.

Le garde des sceaux a dit : « Nous pouvons » espérer que le collége des électeurs sera con- » tre le plein pouvoir. » J'ai répondu : « Il s'agit » pour le présent de la garantie de la succession : » ou le Roi la donnera, ou il la refusera ; s'il la » donne, il abandonne l'Empire à l'Empereur ; » s'il la refuse, il faut soutenir l'Empire contre » l'Empereur : et comment y aura-t-il quelque » puissance dans l'Empire qui ose lever la tête, » si les armées de France ne passent pas le Rhin ? » Je reviens donc à ma proposition du dernier » conseil, et à dire que quand l'Europe entière » verra que la France ne veut pas de guerre, la » France sera abandonnée de toute l'Europe. »

Les lettres de Rothenbourg, lues le 29, portoient que la reine d'Espagne avoit voulu réparer par des discours obligeans la dureté de ceux qu'elle lui avoit tenus la dernière fois ; que cependant il ne s'y fioit pas, et qu'il comptoit qu'elle traitoit avec l'Empereur. J'ai fait là-dessus cette observation : « Rothenbourg, sachant » que l'on négocioit avec le marquis de Caste- » lar, ne devoit jamais dire à la reine d'Espagne » que le Roi refusoit des forces : il eût été plus » sage de dire que, puisque l'on traitoit avec » Castelar, il falloit espérer que Leurs Majestés » Catholiques seroient contentes. » Il est bien fâcheux de se voir au hasard d'une rupture avec l'Espagne.

On a appris, par les nouvelles de Londres, que, sur le peu de troupes que l'on a envoyées à Dunkerque, l'Angleterre a pris l'alarme, et fait marcher toutes ses troupes sur les côtes qui regardent la France, et ordonné aux généraux de se rendre sur les côtes. J'ai dit : « Il est aisé de » voir, par la peur des Anglais, qu'on peut leur » faire du mal ; et si j'en étois sûr, ils n'en se- » roient pas quittes pour la peur. Pourquoi ne » pas laisser revenir le roi d'Angleterre à Avi- » gnon ? »

Le cardinal m'a dit : « Le Roi veut vous aller » voir demain ; mais c'est un grand secret et ne » faites rien qui puisse faire croire que vous en » avez la moindre connoissance. » J'ai donc paru ne rien savoir, que comme le Roi étoit à cent pas du château : il avoit recommandé le même secret aux ducs de La Rochefoucauld, de Luxembourg, de Villeroy et de Retz, qui l'accompagnoient. Il a visité tous les appartemens, et s'est fort arrêté à voir les divers tableaux des batailles et actions qui se sont passées sous mes ordres. Comme on ne l'attendoit pas, l'artillerie n'a pas d'abord été bien servie. J'avois affaire à des maladroits qui m'impatientoient beaucoup ; j'y ai mis moi-même les mains. Tous mes mouvemens et ma colère ont fort réjoui le Roi. Il s'est promené partout. On a joué à l'oie ; et le sort m'ayant mis au cabaret, j'ai demandé du vin, et bu à la santé du Roi. Pendant ce temps, les décharges d'artillerie ont recommencé, un peu mieux conduites. Sa Majesté a paru très-contente de ma réception et de son séjour, et je l'ai été aussi de sa gaité, et de ses manières gracieuses.

(1) On a appris [août] que le comte d'Harrach, vice-roi de Naples, vient de faire entrer dans Capoue quinze cents hommes d'infanterie alle-

(1) Ici se trouve une lacune, depuis le 29 juillet 1731 jusqu'au 7 juin 1732, occasionnée par la perte des feuilles du Journal. On a pris dans le Journal de Verdun, mois par mois, ce qu'on a trouvé propre à donner une suite aux faits. La différence qu'il y a entre ce remplissage et les Mémoires fera connoître combien ces sortes d'ouvrages périodiques, quoique curieux et utiles dans le moment des événemens, sont insuffisans pour l'intégrité de l'histoire, et fera regretter ce qui est perdu. (A.)

mande, et des munitions de guerre en aussi grande quantité que si la ville alloit être assiégée.

Quelques Italiens, qui ont vu les fortifications que font les Espagnols pour ôter toute communication de Gibraltar à l'Andalousie, en donnent cette idée : On a tiré d'une mer à l'autre une ligne qui est défendue par trois forts, dont l'un domine la baie des Algériens du côté du ponent, et la ville; la seconde est au centre, et peut battre la ville et le port; et la troisième au levant. Selon le plan publié à Londres, ces ouvrages ne sont que défensifs, et éloignés environ d'une lieue de la place, et de deux ou trois lieues des endroits où les vaisseaux mouillent ordinairement; d'ailleurs ils sont bien moins élevés que le rocher, et par conséquent faciles à ruiner.

Il se répand, au commencement de ce mois, que le 22 juillet les ministres de l'Empereur et d'Angleterre ont signé un traité auquel ceux d'Espagne ont été appelés, et nous point. Il s'agit de l'exécution des engagemens pris dans le traité de Séville et le premier de Vienne, au sujet des droits de l'infant don Carlos aux États de Toscane et Florence.

Il y a eu un traité signé entre le grand-duc et la cour d'Espagne. Les principales dispositions sont que le grand-duc recevra don Carlos à Florence en qualité de prince héréditaire de Toscane, et qu'il héritera de tous les biens allodiaux appartenant au grand-duc. En conséquence, l'Espagne envoie en Italie des troupes sur une escadre, qui sera accompagnée d'une escadre anglaise commandée par l'amiral Vager.

Le 5 de septembre, a été lu dans le conseil un arrêt qui ordonne que la constitution *Unigenitus* sera observée, qui impose silence à ce sujet, et qui réserve au conseil la connoissance de toutes les contestations qui pourroient s'élever sur cette matière.

Le 13, la duchesse douairière de Parme a déclaré, en présence de tous les ministres étrangers et des ministres de la régence, que les symptômes qui lui avoient fait croire qu'elle étoit grosse s'étoient évanouis. Cet aveu a été publié du haut du balcon de la maison du gouverneur; et en même temps le général Stampa, commissaire et ministre de l'Empereur, a pris possession des duchés de Parme et de Plaisance au nom de l'infant don Carlos.

Ce prince, qu'on nomme présentement l'Infant duc, est parti de Séville le 20 octobre, prenant sa route par le Roussillon, le Languedoc et la Provence, pour aller s'embarquer à Antibes, et prendre possession des États de Parme. Il est précédé par les troupes espagnoles, distribuées sur une escadre de vingt-trois vaisseaux, accompagnée elle-même de l'escadre anglaise. Elles sont arrivées le 26 et le 27 à Livourne; et, par un traité signé le 30, le grand-duc s'est déclaré tuteur de l'Infant duc.

Il a traversé pendant ce mois [novembre], avec beaucoup de pompe, les provinces de France, où on s'est empressé de lui faire de grands honneurs, et de lui procurer beaucoup de plaisirs.

Les avocats ayant présenté au conseil un mémoire dans lequel ils se plaignent d'une ordonnance de l'archevêque de Paris, il y a eu arrêt du premier décembre, qui déclare qu'il est inutile d'écrire désormais sur cette matière, et qui ordonne le silence.

L'Infant duc est arrivé le 27 à Livourne. On lui a fait la réception qui convient à un souverain.

[Janvier 1732] On a appris que la Czarine a fait des changemens dans son conseil, où le comte d'Ostermann a cependant toujours la principale autorité, quoiqu'il ne soit que vice-chancelier. Elle fait aussi des promotions dans ses troupes de terre et dans sa marine, qu'elle augmente.

Le roi et la reine d'Espagne, qui sont toujours à Séville [février], ont ordonné la distribution des effets des galions rentrés dans le port de Cadix, sans attendre les autres; mais on prend dessus un induit extraordinaire.

Les électeurs de Bavière, de Saxe, et palatin, après avoir protesté contre la pragmatique de l'Empereur, du 29 avril 1723, qui règle sa succession, sont sortis de Ratisbonne [4 février]. La diète, à la pluralité des voix, a ratifié cette pragmatique.

Il y a des négociations bien actives [mars], dans le nord de l'Allemagne, entre la Suède, la Prusse, le Danemark et la Russie. Cette dernière puissance paroît y avoit la prépondérance.

Les États-Généraux ont accédé le 20 février au traité conclu à Vienne le 16 mars 1731; et milord Chesterfield, qui a provoqué cette accession, en a été remercié le 25, par le don d'une chaine et d'une médaille d'or.

Le lord Arington a délivré au comte de Kinski, ambassadeur de l'Empereur en Angleterre, les passe-ports que le Roi son maître et les États généraux doivent donner à la compagnie d'Ostende, pour les deux vaisseaux qu'elle enverra aux Indes orientales retirer ses effets.

La Czarine arme une flotte considérable [avril] : on dit que c'est uniquement pour se procurer le spectacle d'un combat naval. Ce prétexte n'empêche pas que les rois de Suède et de Danemarck n'équipent aussi des escadres, qui se joindront, en cas que la flotte moscovite sorte de ses ports.

Le roi de Prusse prépare des camps, et l'électeur de Saxe, roi de Pologne, grossit ses troupes.

Le conseil a donné, le 3 mai, un arrêt qui défend d'écrire sur les guérisons qu'on prétend être miraculeusement arrivées par l'intercession du sieur de Pâris, et évoque toutes les affaires qui regardent la constitution *Unigenitus*.

Il paroît que le roi de Suède n'accédera pas au traité de Vienne. La Czarine n'a pas voulu l'accepter sans restriction, et en a fait un autre.

Le parlement ayant cessé ses fonctions à l'occasion des troubles de l'Église, le Roi, par des lettres patentes enregistrées le 27, lui a ordonné de les reprendre.

On a parlé, dans le conseil du 7 juin, des mesures que l'Empereur continue de prendre pour soutenir sa pragmatique, même par les armes, contre les électeurs qui sont lésés et mécontens. J'ai dit : « Il faut nous joindre aux plus puissans
» qui offriront de commencer la guerre. On étoit
» convenu, ai-je ajouté, de leur offrir toutes les
» troupes de Sa Majesté pour aller les joindre
» dans le milieu de l'Empire. Trop de sagesse
» dans les conseils paroît timidité, et nous au-
» rons à la fin une guerre honteuse pour la
» France, et très-dangereuse à soutenir. » Le cardinal a dit : « Mais il faut avoir des raisons
» pour faire la guerre. » J'ai répondu : « En vou-
» lez-vous de plus forte que celle de soutenir nos
» alliés ? » Le Roi écoutoit, et ne répondoit rien ; et ce conseil a fini comme les autres, sans prendre aucune résolution.

Je n'ai pas eu de peine à découvrir que l'on avoit parlé au Roi sur ce que j'avois dit dans le conseil, car il a été deux jours sans me regarder. Je lui ai dit : « Sire, je crois m'apercevoir que
» ma liberté vous a déplu : je vous supplie de
» vous souvenir que j'ai eu l'honneur de vous
» dire autrefois que vous ne reconnoîtrez ceux
» qui vous aiment qu'à la liberté qu'ils prendront
» de vous dire des choses utiles, au hasard de
» vous déplaire. »

On a appris le 14 juin que le parlement s'étoit rassemblé. Il avoit été question de la réponse du Roi aux gens du Roi ; sur quoi ayant délibéré, il y avoit eu quatre-vingt-cinq voix contre cinquante-quatre pour traiter l'affaire des curés, et ordonner aux gens du Roi de donner leurs conclusions. Ils ont répondu très-sagement que l'ordre vouloit que les curés appelassent de l'officialité à la grand'chambre, et non aux chambres assemblées, et ils ont refusé leurs conclusions. Sur cela le parlement a nommé le sieur Delpêche pour faire les fonctions de procureur général, et a donné un arrêt pour recevoir les curés appelant comme d'abus sur le mandement de l'archevêque de Paris, et préalablement défense de publier ledit mandement ; et tout cela contre les règles et malgré les ordres du Roi.

Sur quoi le 16 juin il y a eu un conseil des dépêches le matin, dans lequel le chancelier, que l'on avoit fait venir de Paris, a rapporté ce qui s'étoit passé au parlement. Ensuite il attendoit que le Roi prît les avis, comptant que ce seroit par les derniers, suivant l'usage. Le cardinal de Fleury lui a dit que le rapporteur devoit dire son avis le premier. Il a donc opiné à punir de prison le président Ogier, les conseillers Robert, Vervins et La Fautrière. Le contrôleur général a parlé long-temps, et a fini par dire que si le parlement continuoit dans sa désobéissance, il falloit le détruire ; d'Angervilliers, à en punir jusqu'à six, et supprimer leurs charges ; Saint-Florentin, de l'avis du chancelier ; Maurepas a parlé long-temps, et conclu comme le contrôleur général. J'ai dit : « Pour détruire
» le parlement, ce ne sera jamais mon avis, par
» la crainte d'un bouleversement général ; mais il
» faut que le Roi soit obéi, et punir ce qui aura
» l'audace de s'opposer à son autorité. Je crois
» donc qu'il faut y soumettre le parlement, par
» punir jusqu'à douze de ses membres. » Le garde des sceaux a été de l'avis du chancelier d'en punir quatre, et le reste du conseil de même. On a donc donné ordre à d'Artagnan de faire mener à la Bastille les quatre nommés ci-dessus, lesquels on enverroit ensuite dans les prisons du royaume les plus éloignées.

Le soir du même jour, il y a eu conseil d'État, dans lequel on a appris, par l'ambassadeur du Roi en Danemarck, que ce roi a conclu un traité avec l'Empereur et la Czarine, dans lequel il y a un article sur le duché de Holstein. On a aussi appris le départ de l'Empereur pour Prague. Les lettres qu'on a lues de Varsovie marquent toujours une résolution du roi de Pologne de faire la guerre. Le prince de Grinbergen, ministre de l'électeur de Bavière, m'a assuré le même jour que l'électeur de Bavière est dans la même résolution, et il répond de l'électeur palatin.

Les lettres de l'ambassadeur du Roi à Turin ne marquoient aucune impatience du marquis d'Ormea d'apprendre ce que le Roi pensoit sur l'offre qu'il nous avoit faite de nous donner la Savoie, pour assurer à son maître la conquête de Milan. Le roi et la reine d'Espagne n'avoient rien répondu à Rothembourg sur le propos de traiter avec ce roi.

Celles du duc de Saint-Agnan, de Rome, marquoient une opposition du cardinal Cienfuegos aux deux loges que le duc de Saint-

Agnan avoit prises dans les salles d'Opéra, pour en avoir deux, comme l'ambassadeur de l'Empereur; des menaces vives de Cienfuegos : sur quoi les opéra avoient cessé. J'ai dit : « Puisque le duc de Saint-Agnan a pris les deux » loges, il faut les soutenir; et il vaut mieux » que les opéra cessent, que de céder. » J'ai écrit le même jour une lettre au garde des sceaux sur cela, pour empêcher le duc de Saint-Agnan d'admettre aucune sorte de proposition qui fasse céder une des loges.

Le parlement a eu ordre de se rendre le 17 à Compiègne. La députation étoit de près de quarante : elle a été admise à l'audience du Roi à onze heures du matin. Le Roi a ordonné la lecture de l'arrêt du conseil, qui casse celui du parlement, et même avec des expressions dures. Après la lecture, le Roi a dit : « Je suspends » mon indignation, comptant que votre conduite » sera meilleure par la suite. » On a appris que dès le 16 tous les avocats ont abandonné les tribunaux, que le murmure est grand dans Paris, et que l'on a vu des affiches contre le gouvernement, très-insolentes.

Dans le conseil d'État du 18, on a lu des lettres du marquis de Monty, avec un projet de traité avec le roi de Pologne; mais des conditions si surprenantes, qu'elles marquoient le mépris, plutôt qu'aucune pensée de s'unir avec la France. Il disoit que, pour se mettre en état de faire la guerre, il falloit lui donner le moyen d'avoir une armée de cinquante mille hommes pour se soutenir, pendant que la France attaqueroit. Mayence; et même il se réservoit la liberté d'agir ou non.

J'ai dit au garde des sceaux tout bas : « Je » partage avec vous la juste douleur que vous » devez sentir du mépris que l'opinion de votre » éloignement pour la guerre vous attire de » toutes parts. Il auroit été plus honnête au roi » de Pologne de vous dire : *Je ne veux pas* » *m'exposer à la haine de l'Empereur*, que de » croire votre ministère assez peu éclairé pour » vous demander près de cinq millions par an » seulement pour faire peur à l'Empereur, et » demeurer dans l'état d'un prince puissant qui » peut nuire, mais qui ne veut s'exposer à rien. »

Dans le conseil des dépêches du 21, le chancelier a apporté sept papiers, qui étoient des démissions de charges des deux chambres des requêtes et des cinq chambres des enquêtes, signées de tous les présidens et conseillers desdites sept chambres, au nombre de cent quatrevingts, disant que puisqu'on avoit à craindre de se perdre en parlant, ou de se déshonorer par le silence, ils remettoient leurs charges au Roi.

Sur la première nouvelle de ces démissions, on avoit tenu une assemblée chez le cardinal, et pris la résolution d'envoyer ordre à la grand'chambre de se rendre le 21 à Compiègne. L'intention étoit de marquer à la grand'chambre la satisfaction de sa conduite, n'ayant en rien imité celle des autres, et l'empêcher d'être corrompue par les sollicitations des autres. Il a été proposé de donner trois jours aux sept chambres pour se repentir, et que ces trois jours seroient demandés par la grand'chambre. Cette résolution avoit été prise la veille, et le matin dans le conseil j'ai dit : « Cette matière ayant » déjà été examinée en divers conseils chez » M. le cardinal, la sagesse prescrit de suivre » ce qui semble y avoir été déjà résolu : cependant j'observerai que, dans l'avis de donner » trois jours de réflexion aux sept chambres, » qui, selon moi, ont fait une faute capitale; » on reconnoît la bonté du Roi; mais trois jours » sont un temps trop court pour des têtes aussi » échauffées. Il faut, Sire, rendre cette bonté » utile à votre service : en empêchant une punition qui devroit tomber sur cent quatrevingts conseillers et présidens, il est question » de deux choses : la première, indispensable, » qui est de voir le Roi totalement obéi; la seconde, puisque, de quelque espèce que soient » ces punitions, c'est toujours un mal pour l'État, c'est de faire bien connoître aux coupables tous leurs torts, tous les périls auxquels » ils s'exposent. Je punirois donc dans le moment les sept présidens qui ont apporté les démissions de leurs chambres, et au lieu de trois » jours je donnerois jusqu'à huit, pour que la » chaleur du premier mouvement puisse tomber. » Le garde des sceaux a suivi en partie mon avis, et a été pour les huit jours; mais il s'est opposé à la punition actuelle des sept présidens. J'ai répliqué : « Je ne l'ai proposée que » pour n'être pas obligé à celle des cent quatrevingts. »

Le Roi a admis messieurs de la grand'chambre le 22, et leur a marqué être content de leur conduite. Le premier président a parlé de sa douleur de voir une partie considérable du parlement éloignée des bonnes grâces de Sa Majesté. Lui et la plupart de ce qui étoit avec lui ont marqué un grand désir de pouvoir faire rentrer dans leur soumission les sept chambres qui avoient envoyé leurs démissions, et sur cela le Roi a dit qu'il leur accordoit huit jours : mais comme ces messieurs n'avoient pas bien entendu, M. le cardinal est venu demander au Roi un billet de sa main. Il l'a donné au premier président. Le cardinal a désiré qu'on en donnât des copies, et l'écrit est devenu public.

Le même jour 22, il y a eu le soir conseil d'État. Le duc d'Orléans a dit qu'il n'y viendroit pas, voulant se coucher de bonne heure. Je lui ai dit qu'il faisoit très-mal, et que la piété même devoit l'obliger à remplir ce devoir. Il a répondu : « Si je ne me crois pas capable de bien » remplir cette place ? » J'ai attaqué encore sa modestie, et il m'a dit : « Je suis rentré au con- » seil pour obéir, mais je suis toujours dans le » dessein de m'en retirer. » La conversation n'a pas été plus loin.

Le garde des sceaux a lu au conseil la réponse au projet du roi de Pologne, envoyé par le marquis de Monty. On a déjà dit que les propositions étoient méprisantes, et par conséquent méprisables. On a répondu à tous les points par en rejeter la plus grande partie.

On a lu aussi la réponse de l'ambassadeur du Roi à Turin : c'étoit celle qu'il avoit enfin reçue du marquis d'Ormea. L'ambassadeur s'étoit plaint de son peu d'empressement de savoir les prétentions du Roi, et de nous apprendre celles du Roi son maître sur des propositions si importantes. Le marquis d'Ormea s'excusoit avec respect et soumission, et disoit que la situation actuelle des affaires de l'Europe ne permettoit pas que l'on prit aucune sorte d'engagement; mais que le roi de Sardaigne seroit toujours plus disposé à prendre des liaisons avec le Roi et le roi d'Espagne, ses neveu et cousin germain, qu'avec toute autre puissance. Ainsi il est clair que ce premier discours d'Ormea, de nous offrir la Savoie pour faire conquérir le Milanais, n'étoit que pour voir, comme on dit, ce que nous avions dans le ventre; et l'on trouvoit de tous côtés que nous n'y avions pas grand'chose.

L'ambassadeur d'Espagne m'a donné copie d'une lettre du Roi au duc de Lorraine, que l'on rendoit publique. Cette lettre marque de bonnes intentions pour le duc de Lorraine, bien opposées à la déclaration que nous avions faite dans toute l'Europe du dessein de nous opposer à son élection pour roi des Romains. Le garde des sceaux a assuré que cette lettre du roi d'Espagne étoit fausse.

Comme il m'a dit qu'il n'y auroit rien d'important au conseil du 25, j'ai demandé au Roi permission de revenir à Paris.

On a appris qu'il est arrivé à l'Empereur le malheur de tuer à la chasse un des plus grands seigneur de l'Empire, qui avoit sept ou huit cent mille livres de rente. Sa douleur a été conforme au malheur. Il auroit bien dû le dégoûter de la chasse ; mais c'est la passion dominante des souverains du siècle.

Le Roi est arrivé de Rambouillet le premier juillet. On a tenu le 2 un conseil sur les affaires du parlement. Le premier président a demandé encore deux jours, pour ramener les chambres qui avoient envoyé leurs démissions; et on a résolu, si elles ne rentrent pas dans leur devoir, d'exiler trois de chaque chambre, jusqu'au nombre de vingt. Il n'y a pas eu de nouvelles étrangères dignes d'attention.

Le premier président et le président Le Pelletier arrivés à la cour le 4., on a tenu conseil, où ils ont dit au Roi que tous ceux qui s'étoient éloignés de leur devoir désiroient d'y rentrer; mais qu'ils supplioient le Roi de donner encore un jour ou deux, et que Sa Majesté seroit pleinement satisfaite.

Le premier président a été admis au conseil le 7. On a délibéré, et j'ai dit : « Le parti le » plus sage est de faire cesser promptement tout » ce qui paroit être une espèce de dérangement » dans le gouvernement, lorsque ceux qui ont » manqué rentrent dans leur devoir, et plutôt » par la douceur que par de grandes punitions, » auxquelles la bonté du Roi répugne. La clé- » mence est un acte d'autorité aussi bien que la » rigueur, et les grandes punitions ont souvent » des suites fâcheuses. » Il a donc été résolu que le premier président se rendra à Versailles le 8 au matin, avec la plus grande partie de la grand'-chambre, pour recevoir les ordres du Roi.

On a appris le départ de la flotte d'Espagne le 16 juin, chargée de trente-deux bataillons bien complets, vingt-quatre escadrons, tous complets aussi. Le comte de Rothenbourg m'a mandé que le roi et la reine d'Espagne s'informoient souvent de ma santé, et continuoient à marquer une extrême amitié pour moi.

La députation du parlement s'est rendue à Versailles le 8, et a été admise devant le Roi. Le chancelier s'est beaucoup étendu sur la conduite irrégulière des sept chambres du parlement. Le premier président a parlé de sa vive douleur d'avoir déplu, et le Roi a dit : « J'aime » mieux pardonner que punir; mais que l'on » n'abuse plus de mon indulgence. » Le chancelier a fait rendre toutes les démissions. On devoit s'attendre à une soumission entière, et avec joie : cependant toute la journée du 9 s'est passée en assemblées chez les présidens de chaque chambre; et ce n'a été que le 9 au soir que l'on a appris à Versailles que toutes les chambres avoient repris leurs démissions, mais qu'elles avoient résolu des remontrances.

Il y a eu, ce même jour 8, un conseil d'État

peu important. Les voyages de Rambouillet rendoient les conseils moins réguliers. Il y en a eu le 17 un très-long, dans lequel le garde des sceaux a lu une lettre de Rothenbourg, qui rendoit compte de deux conversations avec le roi et la reine d'Espagne, lesquelles tendoient à une réunion entière, et à faire sérieusement la guerre à l'Empereur; mais que la France avoit marqué une si grande répugnance pour la guerre, que Leurs Majestés Catholiques n'en pouvoient rien attendre de grand et d'utile. Elles renouveloient leurs plaintes sur l'inexécution du traité de Séville, et sur le refus des mariages qu'elles prétendoient que l'Empereur avoit offerts; ce que nous avons vu que le cardinal de Fleury m'avoit avoué, mais que le garde des sceaux a toujours dit n'avoir jamais été. Le garde des sceaux, en parlant de cette matière, disoit bien que Bournonville l'avoit offert : Bournonville, à la vérité, ce n'étoit rien; mais le cardinal m'a dit, et à d'autres, que le comte de Sinzendorf l'avoit offert. J'ai dit : « Il est certain que le roi et la » reine d'Espagne sont convaincus que Sinzen- » dorff l'a offert. » J'ai répété cela deux fois, et le cardinal ne l'a pas nié.

Enfin on a lu la réponse que le garde des sceaux faisoit à la lettre de Rothenbourg. Il offroit positivement de faire la guerre, et de soutenir les droits et les possessions de don Carlos en Italie avec toutes les forces de la France; mais très-raisonnablement nous voulions avec l'Espagne un plan de guerre solide, dans laquelle il nous étoit très-aisé d'engager les trois électeurs. Tout bien examiné et bien délibéré dans le conseil, j'ai demandé que l'on envoyât un courrier, et j'ai fait une dépêche pour Rothenbourg, que j'ai communiquée au garde des sceaux, pour éloigner Leurs Majestés Catholiques de la persuasion où elles étoient que le mariage avoit été offert par Sinzendorff.

On a lu, dans le conseil d'État du 27, les réponses que l'on faisoit aux dernières dépêches de Rothenbourg. Il étoit arrivé un courrier de Séville avec une lettre du roi d'Espagne, qui apprenoit au Roi la prise d'Oran et de tous les forts qui environnent cette place, abandonnés par le bey. Rien ne marquoit plus de terreur et d'ignorance dans la guerre que la conduite du gouverneur, lequel n'avoit été occupé que de sauver sur deux cent cinquante chevaux son argent et ses meubles. C'étoit un vieillard de quatre-vingts ans. La place de Mazalquivir étoit située sur un rocher, dont la face n'étoit que deux bastions et une courtine; mais ce qui rendoit cette conquête plus importante, c'est qu'elle étoit à la tête de cinq places que l'Espagne possède sur la côte d'Afrique, depuis la place de Ceuta. La reine d'Espagne a dit à Rothenbourg : « Que dira le maréchal de Villars? car il n'étoit » pas pour cette entreprise. »

Le roi et la reine d'Espagne proposoient encore la guerre, et disoient que leur flotte et leur armée pouvoient encore faire quelque expédition dans l'année. L'on avoit trouvé, dans la ville de Mazalquivir et les forts autour d'Oran, près de deux cents pièces de canon, dont cent trente de bronze. Il paroissoit que tous les équipages de guerre, et même une artillerie de campagne, avoient été préparés en Angleterre; ce qui mettoit le roi et la reine d'Espagne dans une grande colère contre l'Angleterre. Il a été résolu que l'on assureroit l'Espagne qu'on étoit porté à entrer en guerre. Je voulois que l'on dépêchât des courriers : le garde des sceaux s'y est opposé, disant que l'Espagne ne le vouloit pas, pour que l'Empereur ne pût rien soupçonner.

Les voyages du Roi à Rambouillet rendoient les conseils moins fréquens. Il y en a eu un des dépêches le 2 août, et dans celui d'État du 3 on a lu les dépêches du comte de Rothenbourg, qui disoient que le roi et la reine d'Espagne pressoient toujours pour entrer en guerre. La Reine disoit : « Ne nous trompez pas. Si véritable- » ment vous ne voulez pas la guerre, ne nous » engagez pas à une conduite qui nous brouille » avec l'Empereur. » J'ai dit : « Examinez si » vous regardez comme dangereux pour la » France le mariage du duc de Lorraine avec » l'aînée des archiduchesses, et son élection » pour roi des Romains. » Le cardinal et le garde des sceaux ont répondu : « Très-dangereux.—Empêchez-le donc, ai-je repris; et vous » ne le pouvez que par la guerre. L'Espagne » vous en presse : faisons-la donc. Vous croyez » bien que les électeurs de Saxe, de Bavière et » palatin, qui veulent se lier avec nous, ne fe- » ront aucune démarche que lorsqu'ils verront les » troupes du Roi au-delà du Rhin : ils seroient » dépourvus de tout bon sens s'ils donnoient » lieu à l'Empereur de se saisir de leurs États » avant que nous pussions les secourir. Le Roi » le peut avec les seuls douze bataillons du camp » du maréchal Du Bourg à Strasbourg. Je m'of- » fre de m'établir au-delà du Rhin, et de faire » relever le fort de Selinguen. Les camps de » MM. de Lévis et de Belle-Ile sont unis. J'ai » déjà expliqué au conseil les sentimens de M. de » Bavière, et une longue expérience m'en a fait » voir la solidité; j'ai dit aussi que M. de Lou- » vois commença la guerre en 1688, ayant l'Eu- » rope entière contre la France. Présentement

» vous avez l'Espagne et une partie de l'Empire :
» agissons donc. » Le cardinal a dit : « Mais lors-
» que M. de Louvois fit la guerre, il avoit la
» ligue d'Ausbourg contre lui. — Hé bien ! ai-je
» répondu, est-ce que le duc de Lorraine, roi
» des Romains, ne vous prépare pas pis que la
» ligue d'Ausbourg ? » Le cardinal a dit : « Cela
» est vrai ; » mais on pouvoit croire qu'il ne
vouloit pas de guerre.

On a lu une lettre de Pétersbourg, qui dit que le maréchal Munich et le grand chambellan Biron offrent un traité de la Czarine avec le Roi. On a envoyé un projet de traité. Il paroît que le grand chambellan Biron, qui a tout pouvoir sur la Czarine, songe à faire son fils duc de Courlande ; et il y a quelques anecdoctes qui font ce fils de Biron fils aussi de la Czarine.

J'ai été retenu quinze jours à Paris par un rhume très-léger ; mais je n'étois pas fâché de marquer peu d'assiduité aux conseils. Comme le garde des sceaux m'avoit dit que le duc de Richelieu, pendant son ambassade à Vienne, n'avoit jamais rien mandé qui marquât un dessein de l'Empereur de marier l'aînée des archiduchesses à don Carlos, j'en ai parlé au duc de Richelieu, qui m'a apporté cinq de ses dépêches de l'année 1725, qui toutes marquoient le désir de l'Empereur de faire ce mariage ; et jamais on n'avoit fait une plus grande faute, plus honteuse et plus dangereuse pour les suites, que de ne pas mettre l'Empire et tous les biens de la maison d'Autriche dans la troisième branche de la maison de Bourbon.

Le parlement a arrêté des remontrances, principalement pour demander la liberté des présidens et conseillers arrêtés ; et le 19 août, le Roi a mandé à Marly une députation composée de trente de ses membres : il leur a dit que l'on remettroit aux gens du Roi une déclaration, laquelle Sa Majesté désiroit être enregistrée sur-le-champ.

Le 20, les chambres ont été assemblées ; et les gens du Roi ayant remis une déclaration, elle a été lue par le sieur de Vienne, lequel a dit qu'il falloit nommer des commissaires pour examiner ladite déclaration, dont plusieurs articles n'étoient pas clairs. Cinq ou six de ceux qui ont opiné ensuite ont parlé de même. On a néanmoins conclu à relire encore une fois la déclaration, parce qu'elle n'avoit pas été bien entendue ; après quoi un des présidens des enquêtes opinant a dit que la déclaration n'étoit point du tout obscure, qu'elle alloit à détruire les chambres des enquêtes, et que son avis étoit de supplier le Roi de retirer sa déclaration. Tout le reste a été unanime ; et les présidens à mortier, qui opinent les derniers, ont tous été du même avis. Ainsi la grand'chambre, qui s'étoit séparée des autres chambres, est entièrement réunie ; et de cent vingt-deux opinans, tous ont été pour supplier le Roi de retirer ladite déclaration, et qu'en attendant toutes les chambres demeureront assemblées ; ce qui suspend toute autre affaire. Vingt seulement ont été pour que le parlement ne soit pas suspendu, attendu la prochaine séparation, et la nécessité de finir tant de procès, dont les parties se ruinent à poursuivre.

Le 22, les gens du Roi ont présenté à Marly la résolution du parlement de supplier le Roi de retirer sa dernière déclaration ; laquelle remontrance est en termes très-forts.

Le 24, il y a eu conseil d'État ; et les lettres de Rothenbourg, du 7, portoient une résolution déterminée de Leurs Majestés Catholiques de s'unir avec le Roi, et de faire un traité solide pour entrer en guerre, de la manière qui seroit trouvée convenable aux parties contractantes ; et il paroissoit que le traité pouvoit être bientôt conclu.

Par les lettres de Varsovie, on ne voyoit pas une grande vivacité du roi de Pologne ; mais on pouvoit compter qu'il se joindroit aux deux couronnes.

Par les lettres de Prague, on apprenoit l'entrevue de Leurs Majestés Impériales et du roi de Prusse ; que l'Empereur avoit été quatre ou cinq jours à Prague, où on lui avoit donné des fêtes continuelles.

On a appris, par des lettres de négocians, qu'on a arrêté à la Havane un bâtiment anglais pris en contrebande, et que les Anglais ont arrêté, en représailles, un vaisseau appartenant au roi d'Espagne. Au conseil d'État du 31, le garde des sceaux a dit qu'il apporteroit au premier conseil le projet de traité avec l'Espagne.

Le soir du 31, il y a eu conseil de dépêches, principalement pour les affaires du parlement, lequel continue dans la résolution de ne pas rendre la justice. J'avois offert d'aller au parlement. Le cardinal de Fleury m'a dit qu'il valoit mieux que je parlasse à quelqu'un des principaux ; et que j'ai fait dans les derniers jours du mois. Mais, quelques bonnes raisons que j'eusse à leur dire, les esprits étoient si échauffés, que l'on ne put rien gagner sur le corps entier, quoique les plus raisonnables convinssent que rien n'étoit plus odieux que de manquer à ce que l'on doit à Dieu, au Roi, à ses sermens, à sa patrie et à soi-même, en s'abstenant de son plus essentiel devoir, qui étoit pour eux de rendre la justice.

Dans le conseil du 31, il a été résolu que le

Roi tiendra son lit de justice à Versailles ; et il a été ordonné pour le 3 septembre.

Le parlement s'y est rendu, très-nombreux. Le Roi y a fait lire et enregistrer la déclaration. On y a aussi lu un édit pour renouveler pour six ans l'imposition des quatre sous pour livre, qui vont à près de vingt millions. Le chancelier a parlé assez long-temps pour expliquer les justes plaintes que le Roi faisoit de la conduite du parlement. Le président Le Pelletier, se trouvant le premier, a très-bien parlé pour tâcher de l'excuser ; Gilbert, avocat général, a aussi parlé ; et tout s'est passé tranquillement, et très-différemment du dernier lit de justice, où l'on avoit souvent manqué de respect. Le chancelier a pris les opinions de tout ce qui composoit le parlement et de tout ce qui faisoit la suite du Roi, qui étoient ses principaux officiers, les gouverneurs et lieutenans généraux des provinces, et les chevaliers de l'Ordre.

Le jour d'après, le parlement s'étant assemblé à Paris, a fait un arrêté dans lequel tous d'une voix attaquent ce qui a été enregistré au lit de justice touchant la déclaration du 18 août, et l'édit des quatre sous pour livre. Quant à l'ordre que le Roi m'avoit expliqué très-clairement, parlant lui-même, et sous peine de désobéissance, pour que le parlement continuât les séances pour rendre la justice, il a passé de sept voix que l'on ne la rendra pas.

Le Roi, très-justement irrité d'une conduite si opiniâtre, a tenu un conseil de dépêches, où M. le duc d'Orléans et le cardinal de Fleury se sont trouvés ; et, sur le compte que le chancelier a rendu de la mauvaise conduite du parlement, il a été résolu d'exiler tout ce qui compose les chambres des requêtes et des enquêtes. Quant à la grand'chambre, les avis ont été partagés. J'ai dit : « Il est de l'intérêt du Roi qu'il ne soit » pas dit qu'il dissipe tout le parlement ; d'ail- » leurs toute cette chambre, à la réserve d'un » seul conseiller, nommé Delpêche, a été d'avis » de rendre la justice. » Les avis partagés, il a été résolu que si le 7 septembre, qui est la séparation du parlement, la grand'chambre enregistre la patente pour la chambre des vacations, on la laissera à Paris, sinon qu'elle sera envoyée à Pontoise ; et on a prescrit le plus profond secret sur cette résolution.

On a appris le 6, au soir, que la grand'chambre n'avoit pas enregistré la patente. Dans un conseil qu'on a tenu, la contestation a été vive sur le sort de la grand'chambre ; car pour toutes les autres l'on a envoyé la nuit, par les mousquetaires du Roi, des lettres de cachet à cent quarante-deux présidens ou conseillers des requêtes et enquêtes, qui les exiloient en divers lieux du royaume. L'ordre étoit de partir dans la journée du 7, et de ne pas sortir des villes où chacun d'eux étoit exilé.

Quant à la grand'chambre, le contrôleur général a été d'avis de l'envoyer à Pontoise ; d'Angervilliers, pour qu'on lui donne encore deux jours, pour se conduire de manière à adoucir le Roi ; Saint-Florentin de même ; Maurepas, de l'avis du contrôleur général. Je m'y suis opposé très-fortement, et j'ai dit : « L'autorité du Roi » est suffisamment marquée par l'exil de cent » quarante-deux membres du parlement. On doit » considérer que cette grand'chambre s'est conduite bien différemment des autres ; que c'est » un tribunal respecté dans tout le royaume. » D'ailleurs il faut éviter, autant qu'il sera pos- » sible, de détruire le parlement : une telle ri- » gueur pourroit être dangereuse, et feroit un » mauvais effet dans les pays étrangers. » Le duc de Charost n'étoit pas de mon avis, et il y a eu quelques vivacités entre nous ; et j'ai ajouté : « Je prends la liberté de rappeler le souvenir du » zèle et des grands services du parlement : c'est » lui qui s'est opposé à la légende de Grégoire VII, » qui a fait tant de bruit, et qui, du temps de » la Ligue, a conservé la couronne dans l'auguste » maison de Bourbon. » Le chancelier et le garde des sceaux ont été de mon avis, et il a passé que l'on donnera encore deux jours à la grand'chambre.

Le conseil d'État du 7 a été très-long. On a commencé par les lettres de Rothenbourg, dans lesquelles il est fait mention de la confiance dont m'honorent toujours le roi et la reine d'Espagne. Le garde des sceaux a lu tous les articles du traité qui doit se faire entre la France et l'Espagne pour la guerre ; ce qui lui laisse le pouvoir de renouveler les doubles mariages, que l'on avoit refusés à Sinzendorff. Il est toujours bon, puisque l'on a fait une pareille faute, de montrer qu'on n'y persiste pas. Le garde des sceaux m'a dit que l'on me demandera de faire un projet de guerre, le Roi croyant n'en pouvoir approuver de meilleurs que ceux que j'aurois dirigés.

Je suis revenu le soir à Paris ; et à onze heures du soir M. Pelletier, qui représentoit le premier président, M. Portail étant absent et incommodé, m'a envoyé prier qu'il pût me parler. J'ai été dans mon carrosse l'attendre dans sa rue. La conversation a été longue ; et enfin en la finissant je me suis trouvé en état de mander au garde des sceaux qu'il y avoit lieu de compter que si le Roi envoyoit à la grand'chambre l'ordre pour enregistrer la chambre des vacations, il seroit obéi. Le Roi a donc envoyé l'ordre, auquel la grand'chambre s'est soumise; et par cette conduite elle a évité la destinée des autres chambres du parlement, et par conséquent peut-être la destruction de ce grand corps, laquelle j'avois toujours regardée comme un très-grand malheur pour le royaume.

Le garde des sceaux m'avoit averti qu'il y auroit conseil le 11; mais comme je savois que l'on envoyoit ce jour-là au parlement l'ordre pour l'enregistrement, je me suis cru moins nécessaire au conseil qu'à fortifier les principaux membres du parlement dans le dessein d'obéir au Roi, et par là éviter l'exil de la grand'chambre.

Le garde des sceaux m'a dit qu'il dépêchoit un courrier en Espagne, et qu'il me prioit, de la part du cardinal de Fleury, d'écrire au roi d'Espagne sur le projet de traité que l'on envoyoit par ce courrier; ce que j'ai fait.

Je me suis rendu le 16 à Fontainebleau, et ai été descendre chez le cardinal de Fleury, avec qui j'ai eu une longue conversation. Il a commencé par me remercier de ce que, dans ma lettre au roi d'Espagne, j'avois expliqué les raisons que lui cardinal avoit eues de craindre la guerre dans les premières années de son administration, par le désordre des finances. Il a beaucoup parlé des préventions de la reine d'Espagne contre lui. Je lui ai répondu : « Je dois
» l'excuser, si le duc de Bournonville et Sinzen-
» dorff lui ont persuadé que nous avons refusé
» le mariage de don Carlos avec l'aînée des ar-
» chiduchesses. »

Dans le conseil d'Etat du 17, on a lu les dépêches du comte de Rothenbourg, qui marquent un grand désir du roi d'Espagne de voir conclure le traité, parce que les bruits s'en répandent. On a lu ce traité, qui avoit été envoyé par l'ordinaire jusqu'à Bayonne, et de là par un courrier à Séville. Le cardinal a dit qu'il y avoit quelques avis qui parloient d'un traité entre l'Empereur et l'Espagne, d'une guerre offensive et défensive. J'ai dit : « Castelar me le fait crain-
» dre, si le vôtre ne se conclut pas. »

Les lettres de Bussy parlent d'une grande division entre le prince Eugène et Sinzendorff; que même dans une assemblée le prince Eugène n'avoit pas voulu regarder Sinzendorff ni sa femme, ni son fils le cardinal. J'ai dit : « Ne se-
» roit-ce pas le temps de me laisser écrire au
» prince Eugène, en lui rappelant toutes les of-
» fres qu'il m'a faites, de la part de l'Empereur,
» de s'unir avec le Roi? »

Bussy expliquoit dans ses lettres, lues au conseil d'Etat du 21, les raisons de la division du prince Eugène avec Sinzendorff. C'étoit à l'occasion des quatre chefs des Corses, auxquels on avoit promis la liberté, sûreté entière, et conservation de leurs biens de la part de l'Empereur, en se soumettant avec quatre mille hommes bien armés. Pendant une petite absence du prince Eugène, on prétendoit que le comte de Sinzendorff, gagné par un présent considérable de la république de Gênes, avoit obtenu une lettre de l'Empereur de remettre ces quatre chefs aux Génois, qui les avoient fait mettre en prison. Le prince Eugène, de retour, a dit à l'Empereur que si le duc de Wurtemberg, commandant, avoit remis ces quatre hommes à la République sans ordres, il méritoit une punition des plus sévères, et d'être chassé du service de l'Empereur; et que s'il a eu des ordres, ceux qui donnoient à Sa Majesté ces conseils de manquer à sa parole étoient des gens vendus et méprisables.

J'ai repris la proposition que j'avois faite d'écrire au prince Eugène, et j'ai expliqué ainsi mes raisons dans le conseil : « Si le mariage de
» l'aînée des archiduchesses se fait avec le duc
» de Lorraine, et ensuite l'élection du roi des
» Romains, il faut compter le prince Eugène
» déterminé à quitter le service de l'Empereur,
» parce que Sinzendorff pourroit dire au duc de
» Lorraine que si le prince Eugène avoit été cru,
» l'aînée des archiduchesses étoit pour don Car-
» los; qu'ainsi c'étoit Sinzendorff qui donnoit
» l'Empire et la succession de la maison d'Au-
» triche au duc de Lorraine, laquelle le prince
» Eugène vouloit donner à un autre; et que par
» ces raisons on pouvoit compter le prince Eu-
» gène perdu. »

J'ai repris la même conversation avec le cardinal après avoir dîné avec lui, et lui ai dit : « Je
» suis assuré que le prince Eugène me renverra
» ma lettre. — Je n'en doute pas, a répondu le
» cardinal, car l'Empereur m'a renvoyé la
» mienne. — Étoit-ce sur les mariages? ai-je ré-
» pliqué. — Oui; dit-il; mais je voulois qu'il ter-
» minât l'affaire de Frise et celle de Meckel-
» bourg. — Est-il possible, ai-je repris, que de
» si petits intérêts vous aient empêché de con-
» clure la plus importante affaire qui ait jamais
» regardé les deux couronnes? Cela s'appelle
» manquer un marché qui vaut un million pour
» conserver un écu. » J'ai pressé de nouveau pour profiter de cette division entre les deux principaux ministres de l'Empereur.

Les lettres de Rothenbourg marquent toujours un désir sincère du roi et de la reine d'Espagne de conclure le traité. Le roi d'Espagne gardoit toujours le lit, mais sans maladie.

Dans le conseil d'Etat du 24, on a appris, par les lettres de Berlin, que les ordres étoient envoyés à la plus grande partie des troupes de Prusse pour aller joindre des quartiers entre l'Elbe et l'Oder. On marquoit trente-huit mille hommes de pied, et dix-sept mille de cavalerie. Cette nouvelle disposition paroissoit l'effet de l'entrevue de l'Empereur et du roi de Prusse, et ce grand mouvement menaçoit également les électeurs de Saxe et de Bavière; et l'on pouvoit présumer que c'étoit pour faire le mariage et peut-être l'élection d'un roi des Romains.

Il paroît, par les lettres de Rothenbourg, que le roi et la reine d'Espagne désirent sincèrement la parfaite réunion et le traité; et nous attendons avec impatience ses résolutions sur le projet.

On a appris que l'archevêque d'Arles, malgré la défense du Roi, a demandé un jubilé au Pape, l'a obtenu, et fait publier dans son diocèse par un mandement extravagant. Il a été résolu de le punir, en l'exilant dans une abbaye très-éloignée de son diocèse.

Les ambassadeurs d'Espagne, Castelar, et le comte de Montio, qui va en Angleterre, sont venus passer un jour à Villars.

Dans le conseil d'État du 28, on a lu, dans les lettres de Rothenbourg, la confirmation que le roi et la reine d'Espagne sont toujours dans la même disposition sur le traité, désiré avec la plus vive ardeur par l'Espagne tout entière. Ces sentimens sont dans la noblesse et le peuple.

On a eu quelques avis, mais encore douteux, que les troupes du Sophi marchoient à Babylone. Il avoit défait quatre mille janissaires que l'on y envoyoit.

Une légère indisposition m'a retenu à Villars, et fait manquer deux conseils. Le cardinal de Fleury y est venu passer deux jours avec messieurs de Maurepas et d'Angervilliers. Ce dernier m'a appris que l'on avoit nouvelle que l'Empereur fortifioit ses troupes, et les apparences de guerre commençoient à étonner le cardinal. Comme le traité auquel on travailloit avec l'Espagne tendoit à la guerre, je craignois la foiblesse du cardinal, et d'Angervilliers pensoit de même; mais j'étois bien déterminé à m'opposer à tout parti de foiblesse.

J'ai appris à M. d'Angervilliers ce que Monty me mandoit de Pologne, que le roi Auguste lui avoit dit : « Quand je serai de retour en Saxe, » je manderai au cardinal : *Ne me trompez pas,* » *et je vous demande qu'en homme d'honneur* » *vous ne m'engagiez pas à la guerre, si vous ne* » *voulez pas la faire sérieusement, parce qu'en* » *ce cas-là je réformerois la moitié de mes* » *troupes, et je ne songerois qu'à vivre en re-* » *pos.* »

Le Roi a marqué quelque envie de venir à Villars; mais il en a été détourné par ceux qui veulent l'éloigner d'un commerce trop étroit avec moi.

Je suis venu m'établir à Fontainebleau le 18 octobre. Ce même jour, il y a eu conseil des dépêches, dans lequel celles du maréchal d'Estrées, apportées par un courrier, apprenoient qu'il y avoit eu un grand mouvement dans les premières séances des États de Bretagne; que l'on avoit pris la résolution d'envoyer à la cour les présidens des trois ordres, pour demander au Roi des changemens. Le plus important étoit la liberté que les États demandoient de faire eux-mêmes l'imposition pour la dépense des troupes que le Roi envoyoit dans cette province, et que ce ne fût plus par l'intendant que cette dépense fût réglée. Le conseil a trouvé raisonnable d'accorder cet article : les autres n'étoient pas considérables.

On a lu, dans le conseil d'État du 19, les dépêches du comte de Rothenbourg sur le projet du traité que Leurs Majestés Catholiques ont demandé. Patigno l'a trouvé tel que l'Espagne pouvoit le désirer; mais une légère indisposition du roi d'Espagne n'a pas permis une réponse précise. Ce prince depuis quelque temps ne peut se résoudre à quitter le lit : il est fort échauffé, et le séjour dans son lit n'est pas propre à faire cesser cette indisposition.

Il y a lieu de croire que la reine d'Espagne a quelque inquiétude, puisque le comte de Rothenbourg a été informé qu'elle a obtenu un ordre du Roi [qui n'a point paru] pour former un conseil, composé du prince des Asturies, de Patigno, de Castelar, gouverneur du prince de Cellamare, de celui qui a pris Oran; et Rothenbourg est persuadé qu'en cas de malheur il y a deux partis formés, celui du prince devenu roi, et celui de la Reine, soutenue de l'espérance de ses trois princes, le prince des Asturies, d'une santé délicate, n'ayant point d'enfans.

On a appris, par les nouvelles de Florence, que don Carlos partoit pour les États de Parme, sans que l'Empereur ait encore rien réglé sur sa majorité. J'ai dit au conseil : « Ce voyage de » Parme me déplaît fort, dans le temps que l'on » agite un traité de guerre avec le roi d'Espagne » pour les intérêts de don Carlos, dont la per- » sonne va se trouver au pouvoir de l'Empereur. » S'il mésarrive au roi d'Espagne, je conseille » que le prince des Asturies parte secrètement » et diligemment de Séville, pour se rendre à » Madrid; qu'il mène avec lui Patigno, et les » autres conseils de sa belle-mère : par ce moyen » elle se trouvera sans support, et ne pourra

» former aucun parti capable d'affoiblir celui du
» prince. » Mon avis a été approuvé du garde
des sceaux, qui a dit qu'on le feroit parvenir
au prince.

Il est arrivé le 22 au marquis de Castelar un
courrier de Vienne, pour faire passer à Séville.
Nous avons appris par là que l'Empereur a déclaré nul l'hommage rendu à Florence, et que,
jusqu'à qu'il en soit rendu un autre, don Carlos
ne sera pas déclaré majeur pour gouverner les
Etats de Parme.

Le Roi a été incommodé pendant huit jours
des oreillons. Il a été saigné du pied, et purgé
deux fois. On a tenu conseil de finances le 28,
et le 29 conseil d'Etat, dans lequel on a lu les
dépêches de Rothenbourg, qui mande que le roi
d'Espagne garde toujours le lit, avec une mélancolie à laquelle il est sujet. Nulle réponse précise sur le projet de traité envoyé par le Roi.

On a appris par des dépêches de Bussy, de
Vienne, que l'Empereur a cassé, par un rescrit
du conseil aulique, l'hommage rendu à Florence,
et déclaré que don Carlos ne seroit pas investi
qu'il n'eût préalablement payé les sommes réglées
pour les investitures, lesquelles ne vont qu'à
deux cent mille florins. On a envoyé un courrier
à Séville offrir de demander que le rescript du
conseil aulique soit révoqué, en ce qu'il est contraire à un des articles de la quadruple alliance,
et d'agir sur cela avec toute la hauteur qui conviendra à l'Espagne.

Dans le conseil d'État du 2 novembre, on a
lu des dépêches de Rothenbourg, qui préparent
à quelque événement en Espagne. Le Roi ne
sortoit pas du lit. Le prince des Asturies avoit
obtenu, par ses larmes, qu'il voulût bien se faire
raser. Il y avoit eu une très-longue conversation
entre le Roi, la Reine, et le prince des Asturies;
et la Reine en étoit sortie tout en larmes. Le
prince des Asturies étoit demeuré ensuite seul
avec le Roi; et étant sorti, il étoit demeuré assez long-temps avec la Reine, laquelle avoit fait
savoir à Rothenbourg qu'elle vouloit lui parler
avant qu'il vit le Roi, et lui avoit dit que ce n'étoit pas sa faute si le traité ne se concluoit pas
plus tôt; qu'elle craignoit que le Roi n'eût la
fièvre; qu'étant entré avec elle chez le Roi, à
ce qu'il lui avoit dit sur le traité, sur l'amitié
du Roi son cher neveu, il n'avoit répondu que
par des signes de tête. Tout préparoit à une abdication du roi d'Espagne.

Les Maures, avec plus de quarante mille
hommes, attaquoient Oran, il y avoit des actions
très-vives pour soutenir un fort dont la prise pouvoit entraîner celle d'Oran.

Le Roi s'est trouvé encore indisposé, et a
gardé le lit.

On a appris le 6, par un courrier de l'ambassadeur du Roi à Turin, la mort du roi Victor. Le
Roi m'a conté la fin de ce grand prince, qui est
mort avec la plus grande fermeté. Il a demandé
très-instamment à voir le Roi son fils, disant
qu'il ne lui feroit point de reproches; qu'il vouloit seulement l'embrasser, lui donner sa bénédiction, et lui découvrir un secret important. Il
est vraisemblable que les ministres, craignant
cette entrevue, ont empêché que le Roi son fils
ne sût rien des désirs du roi Victor, lequel est
mort le treizième mois de sa captivité.

Il y a eu le 9 conseil d'État. Rothenbourg
marquoit du 17 octobre, qu'il n'avoit pas vu le
roi d'Espagne; que personne n'entroit dans sa
chambre, ni même dans les antichambres, que
Patigno ne l'avoit pas vu depuis long-temps;
que l'on avoit entendu, de la salle des gardes,
des cris du Roi. Ces cris étoient si surprenans
d'un prince qui parle si peu et si lentement, que
l'on ne pouvoit penser sinon qu'ils étoient occasionnés par quelque délire. On ne voyoit rien
sur le traité; et il étoit apparent que la Reine
et le prince des Asturies s'attendoient à un parti
nécessaire à prendre, si la tête du roi d'Espagne
étoit dérangée; mais comme il avoit déjà eu des
accidens pareils, dont il étoit revenu, il n'étoit
pas surprenant que des personnes si intéressées
fussent très-embarrassées du parti à prendre.

On a appris par le même ordinaire que le gouverneur de Ceuta, averti par des déserteurs du
camp des Maures qu'il leur arrivoit un renfort,
a pris la résolution de les attaquer; qu'il est
sorti avec toute sa garnison, qui est très-forte,
a défait toutes leurs troupes, pris le sérail du
bacha, qui s'est sauvé en chemise, dans lequel
on a trouvé des lettres de l'amiral anglais qui
promettoit tout secours aux Maures, et d'autres
lettres qui marquoient qu'on leur envoyoit de
Gibraltar toutes les provisions de guerre nécessaires.

Il y a eu le 10 un grand conseil chez le Roi,
sur ce que le premier président et la grand'chambre demandoient au Roi, et avec les termes
les plus soumis, la fin de l'exil des autres chambres. La délibération a été longue. J'ai dit :
« Rien n'est plus nécessaire que de faire cesser
» ce qui est une espèce de dérangement dans
» l'Etat. L'autorité du Roi est établie à tel point,
» que ce qu'il accordera on l'attribuera toujours
» plutôt à bonté qu'à foiblesse. Quant à la hauteur, il la faut garder tout entière avec les
» étrangers, et paroître autant mépriser la malignité et la perfidie de quelques-uns, que dé-

» sirer l'amitié des autres en leur promettant une
» haute protection. »

Le départ de Fontainebleau et le séjour à Petitbour ont fait qu'il n'y a eu de conseil que le 23 novembre.

Les lettres d'Espagne apprennent qu'après vingt-sept jours d'interruption, le Roi a recommencé à travailler avec ses ministres; que tout est convenu pour le traité, mais qu'on ne finit pas encore. Cette indolence est d'un préjudice extrême dans la conjoncture la plus vive et la plus importante : ce qui m'a obligé de faire savoir à Leurs Majestés Catholiques que tout ce qui s'intéresse à leur gloire, aux intérêts de leur monarchie, et à ceux de leurs enfans, est pénétré de douleur de voir perdre des momens aussi précieux ; qu'il faut finir avec le roi de Sardaigne puisqu'avec son alliance tout est facile, et sans elle toute entreprise hasardée et périlleuse, et qu'il faut tirer de l'incertitude trois électeurs qui veulent savoir à quoi s'en tenir.

Vaugrenant mandoit de Turin qu'il étoit persuadé, par les discours du marquis d'Ormea, qu'en donnant le Milanais au roi de Sardaigne il céderoit la Savoie au Roi. On a lu, dans le conseil d'État du 26, la réponse à Vaugrenant, par laquelle on lui mandoit d'entrer en traité avec le marquis d'Ormea ; d'aller par degrés, en lui offrant d'abord une partie du Milanais, et ensuite le total, en donnant au Roi la Sardaigne, et d'autres places cédées par la dernière paix.

On a lu une très-longue lettre de Chavigny, qui rend compte de diverses conversations avec les Walpole, qui veulent se raccommoder avec la France, en expliquant que la pragmatique de l'Empereur n'est pas si contraire à la France. J'ai interrompu cette longue lettre, en disant :
» Les Walpole vont répandre que l'on veut se
» raccommoder avec l'Angleterre, et il est peu
» glorieux pour nous que de tels bruits puissent
» nous faire soupçonner d'une foiblesse dont
» nous avons déjà été trop accusés. » On a parlé ensuite des longueurs de l'Espagne à terminer le traité, et qu'il y avoit grande apparence que l'on nous demanderoit de nous engager à attaquer l'Empereur lorsque l'Espagne s'engageroit à envoyer une armée considérable en Italie par Livourne.

Il paroissoit que le garde des sceaux, qui suivoit les inclinations du cardinal, ne seroit pas pour entrer dans un pareil engagement. J'ai pris la parole et dit : « Si l'Espagne veut le traité à
» des conditions un peu injustes, il faut l'accep-
» ter, plutôt que de se jeter entre les bras de l'Em-
» pereur et de l'Angleterre. Souvenez-vous de
» la guerre de 1688, où nous attaquâmes seuls
» toute l'Europe, pour empêcher la ligue d'Aus-
» bourg. Présentement l'Espagne est avec nous ;
» nous espérons le roi de Sardaigne ; nous avons
» trois électeurs sur lesquels on peut compter ;
» et nous hasarderions de voir tout réuni contre
» nous ? Je ferai un mémoire sur cela, et n'au-
» rai rien à me reprocher pour qu'on évite la
» honte d'une conduite foible, et la guerre très-
» dangereuse que vous auriez dans deux ou trois
» ans. »

Il y a eu le 30 un très-long conseil d'État, dans lequel on a lu plusieurs lettres de Rothenbourg ; la dernière, du 17, apportée par un courrier.

Nous commencerons par ce qui regarde la santé du roi d'Espagne. Il est bien difficile de ne pas croire sa tête attaquée, en demeurant au lit sans maladie, sans se faire la barbe, ne voyant personne, ayant de très-longues conversations avec un valet de très-bas étage, auquel il dit des choses importantes, que ce valet fait passer à Rothenbourg. Ses conversations très-rares avec les seuls ministres Patigno et le marquis de La Paz ; la Reine seule maîtresse de la chambre ; le prince des Asturies ayant aussi des conversations.

Enfin les observations de Patigno ont été apportées par ce courrier ; mais deux articles qui ne pouvoient se passer, et nul pouvoir à Castelar pour signer.

Patigno vouloit que tous traités précédens fussent annulés, entre autres ceux du commerce avec la France. Il étoit surprenant que, faisant un traité qui réunissoit plus que jamais les deux couronnes, on voulût annuler les traités précédens de commerce. J'ai eu à ce sujet une longue conversation avec le marquis de Castelar, et il est convenu que ces deux articles ne pouvoient être ratifiés. J'ai aussi écrit une longue lettre au garde des sceaux, qui m'a répondu qu'il l'avoit lue au conseil.

Dans celui du 14 décembre, on a lu des dépêches de Rothenbourg, qui ne marquoient aucune apparence de finir le traité ; au contraire, il paroissoit que Patignon tâchoit de l'éloigner, ne voulant plus de guerre, parce que, disoit-il, le désordre dans les finances empêchoit d'en soutenir aucune. La Reine au contraire vouloit la guerre, et Rothenbourg ne pouvoit parler au roi ni à la reine d'Espagne.

J'ai dit au conseil : « Dans une si cruelle si-
» tuation, il ne faut plus ménager Patigno ; et
» si on ne peut parler, écrire au Roi et à la

» Reine que la Reine voulant la guerre, et Pa-
» tigno ne la voulant pas, ce ministre portera
» ses maîtres, malgré tous les principaux inté-
» rêts, à se réunir avec l'Angleterre. Cela arri-
» vera infailliblement. Il faut donc dévoiler ce
» ministre au roi d'Espagne. » Mais le cardinal
de Fleury n'a pas plus d'envie de la guerre que
Patigno : ainsi on n'a pris aucun parti.

Il est arrivé un courrier au marquis de Castelar, qui a apporté d'assez fâcheuses nouvelles d'Oran. Le marquis de Santa-Cruz ayant reçu un secours, et toutes ses troupes montant à seize mille hommes, a attaqué le 21 novembre l'armée des Maures, l'a fait reculer, et a pris quelques pièces de canon. Mais s'étant trop éloigné de la place, il s'est trouvé dans une petite plaine environnée de collines bordées de bois, sur lesquelles toutes les troupes des Maures s'étoient retirées. Elles ont fait un grand feu, dont les Espagnols se sont lassés, et ont commencé à perdre du terrain. Les Maures sont descendus, et ont mis quelque désordre dans la retraite. Le marquis a chargé l'épée à la main pour rétablir l'ordre, et y est parvenu; et les Maures, voyant arriver de nouvelles troupes d'Oran, se sont retirés. Cette action s'est passée le 21. Le 23, les Espagnols ont remarché au lieu du combat. Les Maures se sont retirés, et on leur a pris quelques ouvrages; mais la première affaire a coûté aux Espagnols plus de deux mille hommes tués ou blessés.

J'avois dit un mois auparavant, au marquis de Castelar, qu'il seroit à souhaiter que, parmi plusieurs bons généraux qu'ils avoient à Oran, quelqu'un eût vu les guerres de Hongrie, et qu'il sût que les Turcs, après avoir fui, reviennent souvent, et qu'ils sont très à craindre si on les poursuit sans précaution.

Dans le conseil d'État du 17, on a lu des lettres apportées par un courrier de Rothenbourg, parti le 6 de Séville. Il marquoit que la Reine d'Espagne consentoit que l'on offrît le Milanais entier au roi de Sardaigne, pour l'engager; et l'ambassadeur de France à Turin avançoit les affaires.

Bussy mandoit de Vienne que le comte de Sinzendorff parloit toujours avec une grande hauteur; qu'il disoit que si l'électeur de Bavière vouloit faire le méchant, il n'y avoit qu'à faire entrer quelques bataillons de l'Empereur dans ses États, et désarmer ses troupes.

Le marquis de Monty mandoit que le roi de Pologne augmentoit toujours ses troupes, et marquoit beaucoup de fierté. Il est certain que l'on pouvoit former un parti dangereux contre l'Empereur; mais il falloit une hauteur soutenue de la part de la France, et le cardinal n'y étoit pas disposé.

On a lu, dans le conseil d'État du 21, des lettres du 6, de Rothenbourg, qui donnent des détails de l'affaire d'Oran, très-fâcheuse pour les Espagnols. Il est vrai qu'ils ont rasé les retranchemens des Maures; mais ils ont perdu quatre pièces de canon, et on leur a tué trois mille hommes. Cependant on avoit chanté le *Te Deum* à Séville et par toute l'Espagne, pour que le Roi entendît le bruit des cloches de Séville, et celui du canon; car il ne sortoit pas, et personne ne le voyoit que la Reine et le prince des Asturies, lequel le servoit à dîner comme un domestique, quittant même son épée.

Les nouvelles de Turin apprenoient que Vaugrenant avançoit toujours sur le traité; que le roi de Sardaigne l'avoit assuré de ses bonnes intentions; que le marquis d'Ormea avoit demandé que la reine d'Espagne entrât dans les mêmes engagemens, et que ce fût une triple alliance.

Dans le conseil d'État du 24, on a appris que l'électeur de Bavière étoit venu voir l'électeur palatin à Manheim, et l'électeur son frère à Bonn, pour le ramener à sa résolution sur la pragmatique de l'Empereur, et confirmer l'électeur palatin dans ses sentimens. L'électeur de Saxe, roi de Pologne, avoit plus de trente mille hommes sur pied, et rien n'étoit plus aisé que de former un parti très-considérable contre l'Empereur; mais il falloit persuader que la France, avec près de trois cent mille hommes sur pied, voudroit bien la guerre.

Rothenbourg marquoit dans ses lettres, lues le 28 au conseil, qu'il avoit enfin vu le roi d'Espagne en robe de chambre, la barbe très-longue; qu'il n'avoit répondu que par un signe de tête aux assurances de l'amitié du Roi son neveu, sans dire un mot sur le traité commencé depuis trois mois. Il ne disoit pas un mot en public, pendant qu'il avoit de longues conversations sur des matières importantes avec un simple valet français, et de si bas étage, que pour gagner le valet il n'avoit fallu qu'une pension de six cents livres pour son frère, qui étoit curé.

Cependant on ne pouvoit pas douter que le traité ne se conclût. La reine d'Espagne a dit en confidence à Rothenbourg : « Pour vous faire
» voir qu'il sera bientôt conclu, je vous apprends
» que le duc de Liria a ordre de partir de Vienne
» incessamment. »

Vaugrenant rendoit compte d'une très-longue conférence qu'il avoit eue avec le roi de Sardaigne, tête à tête, sur le traité commencé. Ce jeune roi lui parloit très-sérieusement; et j'ai pris cette occasion pour faire entrer le Roi dans des réflexions très-convenables sur un jeune prince qui traite ses affaires lui-même avec un ambassadeur, et exciter le Roi à parler. Mais c'est la chose impossible, et il est surprenant que le cardinal ne fasse point le moindre effort sur cela.

On a été informé dans ce même temps que la Nord-Hollande est menacée d'un très-grand péril, par des vers apportés par les vaisseaux qui reviennent d'Amérique. Comme cette partie de la Hollande n'est garantie que par des digues formées de pieux, derrière lesquels on fait la digue en terre, quand ces pieux seront rongés par les vers, qui les ont attaqués fortement, il est à craindre que la mer haute et un peu agitée n'emporte la digue : la dépense pour soutenir les digues excède déjà de beaucoup la valeur des terres. J'ai appris ces détails par des avis bien circonstanciés, et même que plusieurs familles quittent le pays, et se retirent dans la Flandre autrichienne. J'ai envoyé mes lettres au cardinal de Fleury.

On a appris dans le conseil d'État du 31, par les lettres de Vienne, que le duc de Liria se préparoit à en partir. L'Angleterre y négocioit pour que l'Empereur accordât à don Carlos les investitures de Parme et de Plaisance, voulant se faire un mérite auprès de l'Espagne et terminer ces difficultés.

On négocioit auprès du roi de Prusse pour qu'il fût favorable au dessein de faire le duc de Biron duc de Courlande, la Czarine étant déterminée à procurer à son favori cette grande fortune. Les deux dernières Impératrices de Russie avoient marqué beaucoup d'amour à leurs serviteurs. On croyoit le fils du comte de Biron fils de la Czarine et du comte de Biron, la femme du comte ayant aidé à tromper le public. On négocioit aussi le mariage du prince de Bevern avec la princesse Meckelbourg, nièce de la Czarine, et de la maison des derniers czars par les femmes.

[1733] Dans le conseil d'État du 4 janvier, on a lu des lettres du 19 décembre, de Séville, qui marquoient la reine d'Espagne bien déterminée à conclure le traité qu'elle fait avec la France ; et Rothenbourg m'écrivoit qu'il n'en doutoit plus. On attendoit seulement une réponse à quelques éclaircissemens demandés par un mémoire de Patigno.

L'Empereur continue à donner diverses sortes de plaintes à don Carlos, les troupes du Milanais ayant occupé une île sur le Pò. l'Espagne demande que la France parle hautement à l'Empereur sur toutes ces matières; et l'on a résolu au conseil de le faire, bien que l'on puisse croire que l'Angleterre négocie sur cela. Mais comme l'Espagne a déclaré que c'est sans aucune mission de sa part, et qu'on a l'espérance presque certaine de voir le traité incessamment signé, on n'a pas hésité de faire ces offices auprès de l'Empereur.

Le garde des sceaux a fait un long discours pour en prouver la nécessité, et je l'ai appuyé par trois raisons : la première, que l'Espagne déclare qu'elle n'a rien demandé à l'Angleterre ; la seconde, que le traité étant prêt à signer ; il faut complaire à la Reine ; la troisième que Rothenbourg l'a promis.

Le marquis de Castelar, ayant dîné chez moi le 6 janvier, m'a dit que Patigno lui mandoit, par une lettre du 24 décembre, apportée par un courrier anglais, qu'il venoit de lire au roi d'Espagne une lettre que j'avois écrite à ce prince le 14 septembre. Il étoit bien surprenant qu'une lettre du 14 septembre ne fût lue que le 24 décembre.

Cette lettre m'avoit été demandée par le garde des sceaux, et étoit remplie des raisons les plus fortes pour engager le roi d'Espagne à conclure le traité. Il faut que Patigno ne l'ait pas lue dans le temps, par la mauvaise santé du roi d'Espagne, ou pour quelque autre raison. Il est certain que c'est une marque du désir de Patigno de faire conclure le traité.

On a lu une lettre de Rothenbourg dans le conseil d'État du 8, par laquelle il marque avoir reçu la réponse aux éclaircissemens, et que l'on peut s'attendre à la conclusion du traité.

Les lettres de Vienne marquoient des augmentations de troupes de la part de l'Empereur, et une grande nouvelle de Perse : que Zuli-Kan, général de l'armée des Perses, ayant reçu ordre du Sophi de cesser les hostilités contre les Turcs, et de ramener l'armée, avoit paru obéir, étoit revenu à Ispahan, avoit fait crever les yeux à Chah-Thamas, sophi, et mettre sur le trône un de ses fils, âgé de quarante jours, et s'étoit emparé du gouvernement. Ce Zuli-Kan étant très-hardi avoit relevé les affaires des Perses ; et le Roi m'a dit un jour que c'étoit un autre Tamerlan. J'ai répondu : « Il n'est pas mauvais de » trouver de temps en temps des Tamerlans, » pourvu qu'ils soient soumis et fidèles à leurs » rois. Ce Zuli-Kan n'avoit pas cette qualité : il connoissoit le désir des Perses de continuer la guerre contre les Turcs ; ce qui lui donna moyen de soutenir ceux qui vouloient la guerre. Il fit mourir ceux qui n'étoient pas de sa cabale, et, comme on vient de dire, détrôna Chah-Thamas.

Les lettres de Rothenbourg, lues dans le conseil d'État du 11, apprennent qu'il a vu le roi d'Espagne la barbe faite, levé, et un habit neuf, le meilleur visage, les jambes point enflées, et une santé plus parfaite qu'il ne l'avoit eue depuis dix ans; que l'on a ordonné trois jours de fête, et que les Infans prennent l'habit de saint François pour trois mois, par un vœu pour le rétablissement de la santé du Roi.

Rothenbourg lui a fait compliment sur le retour de sa santé, lui a parlé de la joie très-sensible qu'en auroient le Roi, son neveu, et tous les Français. A ces mots, le roi d'Espagne s'est attendri, et les larmes lui sont venues aux yeux. Cette audience s'est passée sans qu'il y ait été question d'un mot du traité, commencé depuis le premier septembre de l'année dernière. Tant de tendresse et ces larmes du roi d'Espagne m'ont fait impression, et je suis porté à penser qu'elles viennent peut-être de ce qu'on veut le forcer à des mesures contre ces mêmes Français.

Dans le conseil d'État du 14, on a appris par les lettres de Bussy, de Vienne, que l'Empereur fait marcher un corps de troupes en Silésie pour imposer au roi de Pologne, et que l'on pense aussi à envoyer de nouvelles troupes en Italie.

Le marquis de Monty propose, de la part du roi Auguste, d'attendre, pour agir, la mort de l'Empereur, et en attendant de lui donner des subsides.

Enfin le marquis d'Ormea forme de nouvelles prétentions pour le roi de Sardaigne; et rien n'avance à Séville pour un traité commencé depuis les premiers jours de septembre : ce qui donne très-mauvaise opinion de celle que toute l'Europe conçoit de notre gouvernement.

On a appris par des lettres de Rothenbourg, lues le 18, que Patigno a été assez mal d'un gros rhume; qu'il a été saigné deux fois; mais nulle conclusion encore du traité. J'ai lu au Roi, dans ce conseil, une lettre que j'ai écrite au roi d'Espagne sur toutes les raisons qui doivent le porter à une réunion parfaite avec la France. Elle étoit très-forte, clairement expliquée, et je n'avois rien oublié de tout ce qui pouvoit accélérer une affaire si importante. On a voit lieu de croire que la reine d'Espagne, se méfiant que la France ne voulût pas de guerre, aimoit mieux finir par l'Angleterre.

Les lettres de Vienne apprennent que l'Empereur fait marcher près de trente mille hommes en Silésie, pour forcer le roi de Pologne à s'expliquer; et la cour de Vienne appuyant avec fermeté ses projets, et la France et l'Espagne agissant foiblement, il est infaillible que l'Empereur fera décider le roi de Sardaigne, et que les trois électeurs qui résistent à la pragmatique seront obligés de s'y soumettre.

On mande de Hollande que les troupes de Prusse, jointes à plusieurs autres de l'Empire, formeront un camp près de Wesel. Quelques avis de Berlin disent aussi que l'Empereur fait marcher en Italie vingt mille Prussiens, et cinq mille hommes de troupes de Saxe-Gotha. Ces derniers avis ne sont pas propres à avancer notre traité avec le roi de Sardaigne, et il paroit que l'opinion répandue de notre inaction déterminée rend la France méprisable, quoiqu'elle ait plus de deux cent soixante mille hommes sur pied.

Dans le conseil d'État du 25, on a appris, par lettres de Vaugrenant, que le marquis d'Ormea demande encore une fois que l'Espagne entre dans le traité, et que l'on veuille expliquer les moyens que le Roi emploiera pour le mettre en possession du Milanais, qu'on lui promet. J'ai dit : « Le roi de Sardaigne a grande raison sur » ces deux points. » On m'a objecté : « Mais » comment répondre de l'Espagne, si vous ne » l'avez pas encore? » J'ai répondu : « Il faut » dire [ce qui est vrai] que l'on compte positive- » ment sur l'Espagne; et on doit le dire, premiè- » rement parce qu'on peut raisonnablement s'en » flatter; secondement, c'est que si vous parois- » sez incertain, l'Espagne vous échappera. » J'ai ajouté : « Voulez-vous être réduits à implo- » rer l'auguste protection de l'Angleterre, que » j'ai déjà démontré plusieurs fois avoir pour » premier intérêt notre destruction? Quand » nous avons commencé la guerre de 88, la » France attaquoit l'Europe entière; et présen- » tement si vous montrez quelque force, l'Es- » pagne vous est assurée, le roi de Sardaigne, et » trois électeurs. » Le cardinal a dit : « L'Empire » n'a pas intérêt que l'Empereur soit si puis- » sant. » J'ai répliqué : « Quand l'Empereur » sera puissant, l'Empire sera ce que voudra » l'Empereur. » Et voyant que mes raisons étoient inutiles, j'ai fini par dire : « Dieu soit » béni ! »

Dans le conseil d'État du 28, il n'y a rien eu d'important. On a lu les réponses à Vaugrenant, qui ne sont pas bien propres à déterminer le roi de Sardaigne.

Le marquis de Castelar m'a dit qu'il a reçu des lettres de son frère, apportées par un courrier qui est arrivé en moins de dix jours de Séville [premier février]. Le roi d'Espagne avoit été assez mal, et même dans une grande foiblesse qui avoit alarmé toute la cour; qu'il se portoit mieux. Mais Patigno annonçoit à son frère un courrier incessamment, qui lui porteroit la réponse aux articles du traité, et la permission et les pouvoirs de les signer, pourvu qu'il n'y eût rien d'essentiel changé à la substance du traité, que le Roi s'étoit déterminé à conclure, sur la parole que lui Patigno donnoit qu'on trouveroit dans la France la fermeté nécessaire, et sur la parole que j'en avois aussi donnée.

Les dépêches de Rothenbourg du 17, lues le 4 février, informoient de l'état du roi d'Espagne, qui avoit été saigné une fois du pied; que les médecins avoient proposé de le saigner à la tempe : enfin d'assez grands sujets de crainte pour sa vie : que le prince des Asturies désiroit que l'on ne se pressât pas de conclure, assurant de son entier attachement à la France dès qu'il seroit le maître.

Ce valet de chambre confident a rapporté à Rothenbourg que le roi d'Espagne lui a dit qu'il ne pouvoit pas souffrir les quatre évangélistes de la Reine sa femme, dont le premier étoit Patigno, sa nourrice, son confesseur, et un autre.

Patigno, par son courrier parti du 19 janvier, n'a pas envoyé de lettres de Rothenbourg; et il est surprenant que, l'intelligence devant être parfaite entre eux deux, l'un fasse partir un courrier sans avertir l'autre. J'ai dit au conseil : « On ne peut douter de la bonne foi de Patigno; » et par conséquent de la Reine. Patigno promet » un courrier qui apportera les pleins pouvoirs; » sans doute il n'enverra pas ce courrier sans » qu'il rapporte des dépêches de Rothenbourg. » Si cela n'étoit pas, on auroit à se plaindre de » Patigno, et il seroit dans l'ordre de dire : *Nous » ne savons rien de notre ambassadeur; nous » attendons de ses nouvelles.* Mais s'il apporte » des nouvelles de Rothenbourg, Castelar ayant » le pouvoir de signer les articles qui vous con- » viennent, quel risque courez-vous? Le prince » des Asturies approuvera, puisqu'il n'y aura » rien qui ne lui soit agréable. »

On a lu, dans le conseil du 8, une lettre de Rothenbourg du 23 janvier, qui disoit avoir vu le roi d'Espagne avec un assez bon visage, mais foible, et les mains tremblantes. Nul courrier, et rien sur le traité; ce qui ne permet pas de douter que la reine d'Espagne cherche à traiter par d'autres voies.

Rien de Turin qui puisse porter à penser que le roi de Sardaigne soit pressé de traiter avec nous. Il est certain que la foiblesse du gouvernement nous rend méprisables.

J'ai reçu une lettre du prince Eugène du 24 janvier, toute remplie d'assurances d'une amitié très-vive de sa part. Il me disoit, sur les affaires générales, qu'il leur revenoit de tous côtés que nous faisions des menées pour leur susciter des ennemis; que si on leur en vouloit, ils tâcheroient de se bien défendre.

J'ai lu cette lettre au cardinal, et lui ai parlé encore de la faute que l'on avoit faite de ne pas accepter l'aînée des archiduchesses pour l'infant don Carlos. Le cardinal a répondu qu'il avoit demandé cinq mois au comte de Sinzendorff pour se déterminer. « Oui, ai-je dit, pour les in- » térêts de Meckelbourg. Je vous ai déjà dit que » c'étoit l'intérêt d'une pistole contre un mil- » lion. » Le cardinal a repris : « C'étoit aussi un » peu pour les Anglais, qui n'en ont pas été fort » reconnoissans. — Et que faisiez-vous contre » les Anglais, ai-je répliqué, lorsque vous accep- » tiez l'offre de mettre dans la troisième branche » de la maison de Bourbon l'Empire et la suc- » cession entière de la maison d'Autriche? Cette » augmentation de puissance pouvoit leur dé- » plaire, mais ce n'étoit pas leur faire la guerre. » La misère du gouvernement est au plus haut point, et telle, que l'on peut dans la suite envisager des malheurs.

On a lu, dans le conseil d'État du 11, des lettres de Rothenbourg du 27 janvier. Patigno lui avoit enfin remis ces éclaircissemens sur le traité, et on n'y voyoit rien qui marquât un véritable désir de finir. J'en ai parlé au marquis de Castelar avec la vivacité que doivent inspirer les intérêts de la cour d'Espagne à terminer une affaire plus intéressante pour elle que pour la France. Les lenteurs sont causées par la défiance que nous ne voulions pas entrer en guerre pour l'infant don Carlos, si l'Empereur l'attaque en Italie.

On a appris, par un courrier du marquis de Monty, la mort du roi Auguste de Pologne, d'une enflure à la cuisse, causée par un sang corrompu qui a produit la gangrène, et l'a emporté en trois jours.

On a délibéré sur le parti à prendre pour notre roi de Pologne, beau-père du Roi. J'ai été d'avis qu'il partît sur-le-champ pour s'approcher de son royaume, non qu'il soit assuré d'être reconnu roi en arrivant, mais au moins est-il dans l'ordre qu'il en marque quelque espérance en s'approchant de la Pologne. Le cardinal a été d'avis contraire, et a soutenu qu'il avoit abdiqué. Je savois le contraire, et j'ai soutenu qu'il n'avoit jamais abdiqué. Le cardinal s'est opiniâtré quelque temps, et M. d'Angervilliers m'a soutenu et a dit qu'il tenoit, de personnes qui pouvoient le savoir, qu'il n'avoit jamais abdiqué.

Les nouvelles de Turin ne disent rien du traité proposé, et tout cela par le mépris du gouvernement.

On a lu, dans le conseil du 18, de très-longs mémoires sur les explications envoyées par Patigno pour terminer le traité entre la France et l'Espagne. Ces explications, telles que les a lues le garde des sceaux, étoient encore assez obscures. On voyoit que l'Espagne admettoit la quadruple alliance, en ce qu'elle donnoit la succession du grand-duc à don Carlos, mais ne vouloit pas renoncer à tous les États qu'elle avoit possédés, comme Milan, Naples, Sicile, et autres.

Le cardinal, qui craint surtout ce qui peut donner la guerre, ne vouloit pas que l'on annulât la quadruple alliance, disant cependant que si l'on ne fait pas le traité avec l'Espagne, elle se jettera entre les bras de l'Angleterre. J'ai répondu vivement : « Mais c'est ce qu'il faut em» pêcher par tous moyens. »

Ayant trouvé Castelar le jour même, je lui ai parlé très-fortement. Il m'a répondu : « Je ne » veux plus parler au garde des sceaux qu'avec » un tiers, car il ne veut pas m'entendre, bien » que je prétende m'expliquer clairement. Je » dis donc qu'il faut sur la quadruple alliance » un article secret et séparé, par lequel l'Espa» gne, ne renonçant pas à ses anciennes posses» sions, puisse, quand les occasions se trouveront » favorables, de concert et convenablement avec » la France, faire valoir ses droits. Quant à l'an» nulation d'autres traités, sur celui du com» merce j'ai toujours dit que ceux que nous » avons avec la France demeureroient en leur » entier, la France toujours traitée comme la » nation la plus favorisée, jusqu'à ce que, si l'on » le trouve à propos, on en fasse un nouveau, » dans lequel la France aura toujours les mêmes » avantages. » Tout cela est bien différent de ce que fait entendre le garde des sceaux.

Le cardinal m'a dit qu'il savoit que le roi de Sardaigne traitoit avec l'Empereur. J'ai répondu : « Je regarde cette nouvelle comme très» mauvaise. » Le garde des sceaux a répliqué : « Quand nous voudrons promettre au roi de » Sardaigne d'agir, il reviendra à nous. » J'ai dit : « Il vaut mieux empêcher son traité avec » l'Empereur, que de se flatter de le faire rom» pre. »

Il a été dit que le roi Stanislas ne partira pas; ce qui est contre l'opinion générale. J'ai dit : « Ne regardez le roi Stanislas que comme Lec» zinski, grand seigneur de Pologne, et par con» séquent candidat. Lorsque le trône est vacant, » il doit retourner dans sa patrie. Il y a encore » d'autres petites raisons pour l'y obliger. Il » s'appelle roi de Pologne, l'a été deux ans pai» siblement; le roi Auguste l'a reconnu, il n'a » jamais abdiqué : pourquoi ne pas montrer qu'il » a quelque sorte de droit à la couronne ? Il me » semble donc qu'il conviendroit qu'il se rendît » à Dantzick ; écrire au primat qu'il ne doute pas » de la continuation des marques d'estime et » d'affection que la Pologne lui a déjà données, » et faire entendre outre cela, à gens qui l'ont » connu, et qui aiment un peu l'argent, que les » confirmations seront payées. D'ailleurs l'hon» neur d'être beau-père du plus grand roi du » monde ne peut lui nuire. » Mes raisons ont été en pure perte : l'opinion du cardinal a prévalu, et le roi Stanislas demeurera à Chambord.

Les dépêches du 6, de Rothenbourg, lues le 22, marquoient que le roi d'Espagne se portoit bien, dormant et mangeant bien; mais que personne ne le voyoit. Le garde des sceaux a lu tout ce qui regarde le traité commencé avec l'Espagne, et toujours arrêté par les manéges de la reine d'Espagne avec l'Angleterre. J'ai écrit à Rothenbourg de manière à terminer, si le roi d'Espagne le veut. Il est certain que les difficultés de la part de l'Espagne viennent de l'opinion établie que le cardinal de Fleury ne veut de guerre en aucune façon.

Le garde des sceaux a écrit à Vaugrenant de manière à persuader au roi de Sardaigne que l'on entrera en guerre dès que lui-même trouvera l'occasion propre à lui donner le Milanais.

On a lu, dans le conseil d'État du 25, les lettres écrites de Séville, Turin et Hollande. Celles du marquis de Fénelon parloient de la juste colère du roi de Prusse sur trois de ses officiers, exécutés à Maëstricht pour y avoir enrôlé des sujets de la République ; et cette exécution faite sans avoir demandé justice au roi de Prusse. Il a fait enlever des officiers hollandais dans le voisinage de Wesel, pour agir apparemment à titre de représailles ; mais on est persuadé que cette querelle ne produira pas la guerre entre ces deux puissances.

On a appris par les lettres de Vienne, dans le conseil d'État du premier mars, que l'Empereur, sur la nouvelle de la mort du roi Auguste, prenoit toutes les mesures possibles pour empêcher la confirmation de l'élection du roi Stanislas, et pour engager la Czarine à s'entendre avec lui pour l'élection d'un roi qui leur convint ; et qu'il faisoit marcher beaucoup de troupes en Silésie.

Vaugrenant mandoit que le marquis d'Ormea avoit traité très-sérieusement avec lui pour conclure le traité, voulant que l'Espagne y entrât, et un plan d'opérations. J'ai dit : « Il est bien

» certain que la France et l'Espagne ne pour-
» ront rien faire de solide en Italie que par l'u-
» nion du roi de Sardaigne. L'Espagne est déjà
» convenue qu'on lui donnera le Milanais. On
» ne doit pas hésiter sur tous les moyens qu'il
» vous demandera pour s'en rendre maître, et
» s'assurer une possession tranquille et paisible. »

Par les lettres de Séville du 13 février, le comte de Rothenbourg mandoit avoir lu à la reine d'Espagne et à Patigno mes trois dernières lettres sur les lenteurs surprenantes à conclure un traité qui ne devroit être arrêté par aucunes considérations.

Par celles du 15, Rothenbourg mandoit que le roi d'Espagne se portoit très-bien, mais qu'il ne travailloit pas encore. Rothenbourg étoit persuadé que c'étoit par répugnance pour Patigno; mais il est plus vraisemblable que la tête de ce prince étoit affoiblie. Ce malheur lui est déjà arrivé; et comme il en est déjà revenu, la crainte d'un pareil retour, que la reine d'Espagne imprime, ou la crainte de déplaire à la Reine, tient toute la petite cour de Séville dans la soumission.

On a écrit en Pologne de la manière la plus propre à faire confirmer la couronne au roi Stanislas, tant par argent, voie la plus sûre avec les Polonais, ayant envoyé d'abord au marquis de Monty un million six cent mille livres, lui en faisant encore espérer, que par mander dans toutes les cours que le Roi soutiendra le Roi son beau-père de toutes ses forces. L'Empereur s'explique de même pour s'opposer à son élection, et fait marcher des troupes en Silésie, en déclarant son intention à Rome et dans toutes les cours.

Ayant été retenu à Paris par un rhume, j'ai manqué les conseils des 8, 11 et 15 mars.

Le marquis de Castelar m'a apporté les articles séparés du traité de Copenhague entre l'Empereur, la Czarine, le Danemarek et le roi de Prusse, par lesquels on convient de s'opposer à l'élection que la Pologne pourroit faire d'un roi qui seroit fils ou beau-père du roi.

Ne pouvant aller au conseil, j'ai écrit au garde des sceaux que je croyois devoir lui expliquer mes sentimens sur les articles séparés, et sur la déclaration de l'Empereur de s'opposer hautement à la confirmation du roi Stanislas, disant qu'il falloit enchérir sur la hauteur de l'Empereur, connoissant mieux qu'un autre les manières de la cour de Vienne. Le garde des sceaux m'a mandé que mon sentiment seroit entièrement suivi; et il m'a appris le 21 mars qu'il avoit lu ma lettre au Roi, et que l'on avoit fait les déclarations les plus fières contre celles de l'Empereur, pour soutenir la liberté de la république de Pologne.

On a appris dans le conseil d'État du 22, par Rothenbourg, que la santé du roi d'Espagne est parfaite; qu'il s'habille tous les jours, mais se met au lit pour dîner, et ne parle point, ne voulant voir aucun ministre. On attend ses dernières réponses pour conclure le traité commencé depuis six mois.

Il paroît, par les lettres de Turin, que l'on pourra compter d'en faire bientôt un avec le roi de Sardaigne.

Celles de Pologne apprennent que le prince Lubormiski s'est emparé de la ville et du château de Cracovie, et que le primat a déposé l'évêque de Kiev, pour le faire rentrer dans le devoir d'un fidèle Polonais, sujet aux lois du royaume.

Dans le conseil d'État du 25, on a su qu'un courrier d'Espagne a apporté une réponse aux dernières propositions de notre part pour conclure enfin le traité, telles que Castelar m'avoit dit qu'il les auroit signées sans difficulté s'il en avoit le pouvoir, n'y trouvant rien que de juste: cependant Patigno faisoit encore des difficultés. On a mandé à Rothenbourg de ne plus presser.

Les affaires avançoient à Turin, et l'on peut espérer de conclure un traité. Il étoit encore incertain si l'on commenceroit à entrer en guerre par donner le Milanais au roi de Sardaigne dès cette année, ou si l'on attendroit à l'année prochaine. J'ai été d'avis de ne pas différer, et j'en ai donné les raisons suivantes : « Nous appre-
» nons, par les nouvelles de la Pologne, que le
» prince Lubormiski s'est rendu maître de la
» ville et du château de Cracovie, et M. le car-
» dinal est persuadé que c'est en faveur de l'é-
» lecteur de Saxe. Si dans le courant de cette
» année l'Empereur, dont les troupes ont mar-
» ché en Silésie, lui procure la couronne de Po-
» logne, cet électeur pourroit bien se soumettre
» à la pragmatique. S'il s'y soumet, l'Empereur
» méprisera l'électeur de Bavière : il fera mar-
» cher ses troupes sur le Rhin. J'ai déjà fait
» voir que l'évêque de Wurzbourg, directeur et
» maître du cercle de Franconie, peut donner
» vingt mille hommes à l'Empereur. Le cercle
» de Souabe est à sa discrétion, et il pourroit
» fort bien dire à la reine d'Espagne : *Je tiens*
» *tout l'Empire ; je puis porter mes plus gran-*
» *des forces en Italie ; soumettez-vous à ma*
» *pragmatique, ou je vous chasse de Parme,*
» *Plaisance et Livourne.* On ne peut disconve-
» nir que tout cela ne soit possible; et si tout
» cela arrive, pensez-vous que le roi de Sardai-
» gne soit bien pressé de traiter avec vous?

» Gagnez-le donc invariablement, en lui procu-
» rant d'abord ce qu'il demande. Quelles raisons
» auriez-vous de différer d'entrer en action?
» Aurez-vous l'année prochaine plus de troupes
» que celle-ci? Vous risquez beaucoup par vos
» délais; et lorsque M. de Louvois fit attaquer
» l'Empire en 88, la France étoit seule: il avoit
» moins de moyens qu'à présent, que nous pou-
» vons avoir le roi de Sardaigne, et nous assu-
» rer de l'Espagne et des électeurs en commen-
» çant la guerre avec audace. »

Le premier avril, la même matière a encore été traitée dans le conseil. J'avois écrit un mémoire, que j'ai prié le Roi de me laisser lire: j'y concluois à entrer en action. Le garde des sceaux a opposé les difficultés que l'Espagne faisoit pour la conclusion du traité. J'ai répondu qu'elles étoient principalement causées par l'opinion que déterminément nous ne voulions pas de guerre, que si cette opinion subsistoit en Europe, nous ne pourrions compter sur aucun allié; et adressant la parole au cardinal, je lui ai dit: « Vous
» avez dit à Sinzendorff qu'il faudroit que la
» France eût perdu trois batailles pour admettre
» les propositions qu'il vous faisoit. Si vous ne
» montrez pas de fermeté, elles seront plus du-
» res encore. Mettez-vous à portée de faire les
» conditions, et vous aurez des amis. » En sortant du conseil, j'ai dit au Roi: « Sire, Votre
» Majesté me voit souvent combattre les senti-
» mens de ceux que vous croyez uniquement.
» Si vous n'avez pas la bonté de me dire que
» vous approuvez ma conduite, je ne parlerai
» plus. Dites-moi donc que vous l'approuvez. »
Il m'a dit: « Oui. » C'est tout ce que j'en ai pu tirer.

Dans le conseil du 5, le garde des sceaux a lu les conventions qu'il avoit réglées avec Castelar. Il m'avoit fait mander par M. d'Angervilliers qu'ils étoient d'accord, et de ne pas manquer de me trouver au conseil du jour de Pâques. Je lui ai fait compliment sur la conclusion certaine d'un traité qui duroit depuis six mois. Il m'a dit: « Mais je ne réponds pas que Patigno approuve. » Je lui ai répliqué: « Pouvez-vous penser que
» Castelar, frère de Patigno, s'est désavoué, ou,
» pour mieux dire qu'il fût convenu sans un or-
» dre secret? »

On a lu ensuite une lettre de notre ambassadeur à Turin, qui mandoit que le roi de Sardaigne et le marquis d'Ormea, son premier ministre, avoient approuvé le projet envoyé par le garde des sceaux; et il est vraisemblable que ces deux traités si importans seront bientôt terminés et signés.

Dans le conseil d'État du 8, le garde des sceaux a lu une longue instruction pour Bonnac, sur le peu d'intérêt de renouveler l'alliance perpétuelle avec les Suisses: « D'autant plus, ai-je
» dit, qu'elle ne les a jamais empêchés d'agir
» contre la France, et de donner passage aux
» armées de l'Empereur. »

Ce même jour, est mort le duc d'Anjou. M. d'Angervilliers m'a envoyé un courrier pour me rendre à Versailles. J'ai trouvé le Roi l'après-midi dans son cabinet, qui m'a raconté de quelle manière la Reine avoit appris cette cruelle nouvelle. Étant couchée avec le Roi, son impatience l'a fait sortir de son lit pour faire ouvrir une fenêtre qui donnoit sur celles de la chambre de M. le duc d'Anjou, à la porte duquel étoit un crocheteur. Elle lui a crié: « Comment se porte
» le duc d'Anjou? » Le crocheteur a répondu: « Il est mort. » La Reine a fait un grand cri: heureusement une femme de chambre l'a soutenue, et le Roi est sorti du lit pour venir la consoler.

On appris dans le conseil du 12, par les lettres de Rothenbourg, que le roi d'Espagne se porte très-bien, mais toujours la même obstination à se taire, et à se tenir dans son lit; enfin cette même humeur noire qui l'avoit accablé six ans auparavant. Les Infans avoient été indisposés. La Reine a chargé Rothenbourg de me mander que si les autres ministres pensoient comme moi, la véritable union entre les deux couronnes seroit bientôt rétablie. Cependant on a lieu d'espérer que le traité sera bientôt conclu.

Vaugrenant mandoit de Turin que le Roi et le marquis d'Ormea lui avoient dit qu'incessamment on lui donneroit réponse sur le projet de traité.

Le marquis de Monty a envoyé un courrier, pour assurer que le parti du roi Stanislas est très-considérable; mais qu'il s'en forme un pour l'électeur de Saxe, lequel, appuyé par l'Empereur, la Czarine, et le roi de Prusse, pourroit avec beaucoup de force, et qu'il n'étoit pas impossible qu'il y eût scission. « Je voudrois bien
» savoir, ai-je dit, ce que c'est que scission. » Le garde des sceaux m'a répondu: « C'est partage
» ou division. — En ce cas, ai-je repris, l'élec-
» teur de Saxe protégé par le camp de l'Empe-
» reur en Silésie, celui de la Czarine en Cour-
» lande, des troupes du roi de Prusse dans la
» Prusse, le roi Stanislas n'aura pas beau jeu. »

Monty demandoit beaucoup d'argent. On lui a envoyé plus de trois millions, et carte blanche pour le reste. J'ai dit: « L'expérience des au-
» tres élections devroit nous apprendre qu'il
» faut assurer l'argent à ceux qui tiendront

» leur parole; mais celui qui touche d'avance
» trouve très-bon de recevoir des deux côtés. »
Le garde des sceaux a dit que l'on ne pouvoit se dispenser de donner beaucoup d'avance.

Monty mandoit qu'il étoit assuré du primat du royaume, de Poniatowsky, et de la maison de Sarbourky.

Depuis long-temps les convulsions nées au tombeau du sieur Pâris faisoient beaucoup de bruit à Paris : le nombre de ceux qui croyoient à ses miracles augmentoit tous les jours. Une partie du parlement en pensoit favorablement. Plusieurs dames des principales de la cour et de la ville alloient voir les convulsions à Saint-Médard, et on avoit très-mal parlé des plus galantes sur ces voyages nocturnes. Les persécutions du cardinal de Fleury augmentoient plutôt le parti du jansénisme que de le diminuer. J'ai cru devoir lui dire que le parti le plus sage étoit le silence, et même la douceur; que c'étoit par la douceur que j'avois détruit le fanatisme du Languedoc, et qu'il falloit surtout défendre aux évêques des deux partis de continuer cette quantité prodigieuse de mandemens et d'instructions pastorales, qui mettoient plus de trouble que de lumières. Le chancelier a parlé de même, mais inutilement.

Ayant été invité par le premier président d'aller entendre les mercuriales, je m'y suis rendu le 15; et quand on a eu pris place, un conseiller, nommé Montagny, a dit au premier président qu'il étoit chargé d'une requête contre le curé de Saint-Médard, lequel avoit refusé les sacremens à une femme marchande, sur ce qu'elle lui avoit déclaré qu'elle ne regardoit pas la constitution comme règle de foi. Il demandoit s'il présenteroit sa requête devant ou après les mercuriales. Le premier président a répondu :
« Vous m'auriez fait plaisir de m'en parler avant
» l'audience. »

Après les mercuriales, le conseiller a repris son instance pour rapporter sa requête. Le premier président a répondu que celle qui la présentoit n'étoit pas compétente pour que la cause fût rapportée aux chambres assemblées. M. le président Le Pelletier a soutenu cette opinion. En même temps le sieur Titon a dit qu'il avoit à dénoncer des matières à peu près pareilles : c'étoient des livres imprimés par un abbé Pelletier, chanoine de Reims, très-reprochables, cependant imprimés avec privilège. On a été aux opinions. Le sieur Delpêche a soutenu, sur le refus des sacremens par le curé de Saint-Médard, que cette affaire étoit si importante, que bien que celle qui présentoit la requête ne fût pas compétente des chambres assemblées, la matière elle-même étoit plus que compétente. L'abbé Pucelle a parlé hautement dans le même sens; que les mêmes refus de sacremens avoient été faits à Orléans, en Provence, et qu'enfin la tranquillité générale et le bien de l'État exigeoient que l'on remédiât à de pareils désordres.

Il n'y avoit que très-peu de personnes entre l'abbé Pucelle et moi, et je n'ai eu que très-peu de temps à prendre mon parti. Étant question du bien public et de la tranquillité générale, j'ai jugé qu'un pair de France, ministre d'État, ne pouvoit demeurer dans le silence; et, adressant la parole au premier président, j'ai dit : « Mon-
» sieur, l'unique désir d'admirer les très-beaux
» et très-éloquens discours que je viens d'en-
» tendre m'a amené ici. Je ne m'attendois pas
» aux matières qui sont proposées; mais lors-
» que j'entends M. l'abbé Pucelle, magistrat
» respectable, annoncer qu'elles regardent la
» tranquillité générale, le bien de l'État, qu'il
» faut prévenir un mal qui s'établit dans le
» royaume, je ne crois pas pouvoir demeurer
» dans le silence.

» Je connois l'attention très-vive du Roi et de
» ceux qui ont l'honneur d'entrer dans son con-
» seil pour le bien public, et je veux me flatter
» que cette cour respectable connoît mon zèle
» pour ses intérêts; elle me permettra même
» d'en rappeler un témoignage : c'est que mon-
» sieur votre prédécesseur me fit l'honneur de
» m'inviter à une conférence chez lui avec M. le
» cardinal de Noailles, messieurs les gens du
» Roi, et M. l'abbé Menguy; et je fus assez
» heureux pour porter ce sage archevêque, et
» dont la mémoire est si respectable, à se ren-
» dre sur des difficultés lesquelles, soutenues,
» causoient les plus violens orages à cette cour.
» Je sais que son autorité, sous celle du Roi,
» peut réprimer et punir les désordres; que c'est
» un de ses premiers devoirs : mais lorsque ces
» désordres troublent la tranquillité générale,
» regardent la religion, et s'étendent même dans
» le royaume, elle me permettra de dire que les
» plus prompts remèdes seroient de charger
» M. le premier président et quelques-uns de ces
» messieurs de les demander au Roi, et qu'ils
» seront aussitôt apportés que demandés. »

Prévoyant que l'on seroit encore plusieurs heures à opiner [et en effet cela a duré jusqu'à deux heures après midi], j'ai demandé au premier président, qui me touchoit, si je ne pouvois pas me retirer. Il me l'a conseillé, ainsi que messieurs les autres présidens. Il m'a paru que le parlement avoit approuvé ma conduite; et le jour d'après, en entrant au conseil, M. le cardinal de Fleury a dit au Roi que j'avois parlé au parlement en digne pair de France, en digne ministre, et même en conseiller au parlement.

On a appris dans le conseil d'État du 17, par les lettres de Rothenbourg, que la reine d'Espagne a déclaré que le traité seroit signé incessamment. Les seules raisons du retardement venoient de l'incertitude si la France voudroit soutenir don Carlos par la guerre, ou par se soumettre à toutes les conditions que l'Empereur voudroit imposer. Le garde des sceaux a dit que la Reine voudroit que l'on fît un projet de guerre. J'ai répondu : « Cela est indubitable, et » avec raison, puisque don Carlos, maître de la » Toscane et du Parmesan, est au milieu des » États de l'Empereur en Italie. »

On a lu, dans le conseil d'État du 22, la réponse du roi de Sardaigne, qui prétendoit le Milanais, en quoi on étoit d'accord : mais il ne parloit plus de la Savoie, que M. d'Ormea avoit offerte, et vouloit aussi que l'on traitât avec les électeurs de l'Empire, demandant que le Roi donnât une armée de quarante mille hommes, et il en promettoit trente. Il ne fixoit pas encore les subsides. J'ai dit : « Il faut que l'armée du » Roi soit de cinquante mille hommes, et assu- » rer ce prince que, le vingtième jour après que » l'armée du Roi sera arrivée à Turin, le Roi » donnera le Milanais au roi de Sardaigne ; mais » ce projet ne peut jamais réussir qu'en préve- » nant l'Empereur, et, comme je l'ai déjà dit » plus d'une fois, en commençant la guerre dans » le mois de juillet de cette année, puisqu'il est » certain que si l'Empereur réussit, comme les » apparences le veulent, à faire élire l'électeur » de Saxe roi de Pologne, dans le même temps » les troupes de l'Empereur marcheront en » Italie. »

On a aussi parlé des subsides qu'il faudroit donner à l'électeur de Bavière. J'ai dit : « La » première attention de l'électeur de Bavière » doit être de ne donner aucun soupçon à l'Em- » pereur ; car sur les premiers l'Empereur lui » demandera de se déclarer, ou prendra son » parti en faisant marcher des troupes de Fran- » conie, de Souabe et de Wurtemberg, l'électeur » n'ayant pour toute place que Braunau sur la » rivière d'Inn, et Ingolstadt sur le Danube ; et » il faudroit que cet électeur fût dépourvu de » sens pour se déclarer avant que de voir les » armées du Roi approcher du Danube. »

Du côté d'Espagne, on attendoit la signature d'un moment à l'autre ; mais elle n'arrivoit pas. Dans le conseil du 26, on n'a rien appris de Séville, de Vienne, de Turin, ni de Varsovie, qui méritât grande attention : il paroissoit que les fortifications d'Oran étoient en très-bon état, et que cette place ni celle de Ceuta n'étoient pas pressées par les armées des Maures.

Dans le conseil des dépêches tenu le matin, il a été uniquement question de casser l'arrêt du parlement donné contre le curé de Saint-Médard, pour avoir refusé les sacremens à une femme de sa paroisse, et contre des livres imprimés par un abbé Pelletier, qui déclaroit la constitution règle de foi. Cet arrêt avoit été donné sur des prétextes peu fondés, le curé n'ayant pas refusé les sacremens ; et les livres avoient déjà été condamnés par ordre du Roi.

On a proposé de punir les conseillers Montagny et Titon. J'ai dit sur les punitions : « En » matière de religion, on ramène plus de gens » par la douceur que par la rigueur. Les puni- » tions de l'année dernière n'ont pas eu un heu- » reux succès, et je puis citer la conduite que » j'ai tenue en Languedoc, où, faisant cesser » l'horreur des supplices, j'ai terminé une très- » dangereuse révolte sans effusion de sang et » sans dépense, par la douceur. Ce qui mérite » punition, c'est le mandement de l'évêque de » Montpellier, qui ose parler de trois ordres de » miracles : ceux de Moïse, Jésus-Christ, et du » sieur Pâris. On ne peut lire sans indignation » ce qui va au mépris de la religion. » On a donné un arrêt contre le mandement, et celui du parlement a été cassé.

Il n'est encore rien arrivé de Séville, et jamais traité d'une nécessité indispensable pour la gloire et les intérêts des deux couronnes n'a été si long-temps à se conclure.

On a appris des nouvelles très-importantes de Londres : c'est que le maire, suivi des shérifs en habits de cérémonie, et suivis de plus de trois cents carrosses, ont été au parlement se plaindre hautement d'un droit que les Walpole vouloient établir ; que Robert Walpole, en sortant du parlement, a été attaqué par gens qui lui ont arraché des papiers qu'il tenoit à la main, et que le ministère est violemment attaqué. J'ai dit : « J'apprends cette nouvelle avec beaucoup de » plaisir ; et M. le cardinal doit être ravi de voir » brouiller des gens qu'il a sauvés une fois, et » qui l'ont indignement trompé. »

Vaugrenant mandoit de Turin que le marquis d'Ormea attendoit nos réponses, et il croit toujours les dispositions très-bonnes.

Dans le conseil d'État du 6 mai, on a lu des lettres peu importantes de Séville : mais l'ambassadeur d'Espagne m'a dit la veille que Patigno lui mandoit que l'on signeroit, mais comme des gens que l'on mène à la potence, par la défiance entière de notre foiblesse, et comptant que nous les abandonnerons à la première occasion.

Vaugrenant ne mandoit rien d'avancé, et j'ai dit : « J'ai déjà représenté plusieurs fois que l'on
» doit s'expliquer clairement avec le roi de Sar-
» daigne, et lui dire : *Vous ne pourrez avoir le*
» *Milanais, que nous vous promettons, qu'en*
» *agissant avec le plus profond secret et la plus*
» *grande célérité.* » J'ai ajouté : « Si l'Empereur
» a la moindre inquiétude de notre projet, il faut
» que lui et son conseil soient aveugles s'ils ne
» font passer en Italie tout ce qu'ils ont de trou-
» pes en Hongrie, où assurément ils ne crai-
» gnent rien du côté du Turc. Si l'Empereur suit
» les principes de la sagesse, il s'assurera du roi
» de Sardaigne, ou par un traité avec lui, ou par
» faire marcher en Piémont toutes les troupes
» qu'il a en Italie. Nous avons donc grand inté-
» rêt de déterminer pour nous promptement le
» roi de Sardaigne. »
Les lettres de Londres confirment les désordres. J'ai dit : « Voilà une belle occasion de se
» venger de nos bons amis les Walpole. » Le cardinal a dit : « Si l'Espagne, au lieu d'aller à Oran,
» avoit voulu mener ses forces et sa flotte en
» Angleterre en partant de la Corogne, elle en
» auroit été maîtresse. » J'ai répondu : « Mais
» elle ne le pouvoit que de concert avec nous.
» L'occasion n'est-elle pas telle qu'aujourd'hui?
» Elle n'avoit pas les mêmes raisons de se plain-
» dre des Anglais que vous, monsieur le cardinal;
» et il y a encore plus près de Boulogne, de Calais
» et de Dunkerque en Angleterre, que des côtes
» d'Espagne. » Alors adressant la parole au Roi,
je lui ai dit : « Sire, combien le Roi votre bis-
» aïeul auroit acheté une pareil occasion ! Cette
» gloire étoit réservée à notre jeune et grand
» roi, et j'espère que vous en profiterez. » Le Roi s'est levé, et est sorti. J'ai remarqué qu'en sortant il m'a jeté un regard riant : c'est tout ce que j'en ai pu tirer.

Cependant le cardinal de Bissy, et plusieurs archevêques et évêques qui étoient à Paris, s'assembloient chez le cardinal de Rohan; et le bruit s'est répandu qu'ils vouloient demander au Roi un concile national. J'ai dit au cardinal Fleury : « Si vous y consentez, prenez garde aux suites.
» Il vous mènera plus loin que vous ne voudrez,
» et vous verrez le parlement de Paris appeler
» au concile général; après quoi attendez-vous
» à de grands désordres, dont vos ennemis pro-
» fiteront. »

Dans le conseil d'État du 10, on a appris, par les lettres de Rothenbourg, que le roi d'Espagne et la Reine sont dans une parfaite santé. Ils ont encore refusé de signer le traité proposé depuis huit mois. Rothenbourg me mandoit qu'il avoit toujours trouvé la plus grande répugnance au roi d'Espagne à confirmer le traité de la quadruple alliance, lequel confirme celui des renonciations, compris sous le terme général de traités antérieurs. J'avois toujours dit que je savois bien que le roi d'Espagne avoit en horreur cette renonciation à la couronne de France. Enfin le garde des sceaux s'est rendu, et a mandé à Rothenbourg qu'il pouvoit retrancher cet article. Il soutenoit toujours que l'Espagne ne vouloit pas de guerre. Je lui ai répondu : « Au nom de
» Dieu, tâchez de désabuser l'univers que c'est
» nous qui n'en voulons en aucune manière. »

On a trouvé dans les lettres de Rothenbourg, lues au conseil d'État du 13, de nouvelles difficultés de la part de la reine d'Espagne; et le marquis de Castelar m'a dit qu'il pensoit que l'on craignoit notre inaction, si l'Empereur vouloit chasser don Carlos d'Italie. « Que pouvons-
» nous faire de plus, ai-je répondu, que de nous
» engager à le soutenir? Mais on ne nous croit
» pas »

Sur le traité avec le roi de Sardaigne, Vaugrenant n'avançoit pas; et j'ai dit au garde des sceaux : « Offrez-lui tout, même les portions que
» nous voulons pour don Carlos. »

J'ai dit sur la Pologne : « Ce royaume est in-
» vesti par une armée de l'Empereur campée en
» Silésie, par les troupes du roi de Prusse, par
» celle de l'électeur de Saxe, par celles de la
» Czarine en Courlande, et par un corps de
» troupes de l'Empereur en Hongrie. Tant de
» troupes affoiblissent bien le parti du roi Sta-
» nislas; et je vous dis tout haut (m'adressant
» au cardinal) que j'ai bien peur que l'argent
» que vous donnez en Pologne ne soit perdu. »

Le premier président a porté les remontrances du parlement au Roi le 15; et le jour même le Roi m'a fait envoyer un courrier à Paris, pour que j'eusse à me rendre le 16 au matin à Versailles, où on devoit tenir un conseil sur les remontrances. Elles ont été lues, et étoient fondées en bonnes raisons par rapport à la constitution, laquelle le parlement soutenoit ne devoir pas être regardée comme règle de foi.

J'ai dit, sur l'arrêt du parlement cassé : « C'est justement, puisque si les sieurs Monta-
» gny et Titon, qui l'avoient procuré, avoient
» tenu une conduite plus régulière, s'ils n'avoient
» désiré de faire du bruit plutôt que de procurer
» le bien, ils auroient suivi les voies naturelles,
» qui étoient d'avertir le premier président.

» Quant à ce qui regarde la constitution, j'a-
» voue mon ignorance sur une matière peut-être
» peu entendue par ceux qui en parlent le plus

» mais je demande si nous n'étions pas tous ca-
» tholiques avant qu'il fût question de cette con-
» stitution, qui fait tant de bruit, et peut causer
» de grands désordres? J'ai donc pensé, en re-
» lisant les déclarations de Votre Majesté de
» 1717, 1719 et 1720, qui toutes tendent à im-
» poser silence, que le silence seroit préférable.
» Je vois même que les diocèses dont les évê-
» ques sont sages sont tranquilles. M. l'arche-
» vêque d'Alby m'a dit qu'il tenoit tous ses cu-
» rés dans une parfaite union ; l'archevêque de
» Vienne de même. Les désordres sont plus
» grands à Paris, et dans les diocèses de Reims,
» de Laon, que partout ailleurs. Il faut faire taire
» ces pères de l'Église, surtout M. de Montpel-
» lier, et un autre père de l'Église, nommé l'é-
» vêque de Laon. Voilà tout ce qu'un ignorant
» comme moi peut dire dans cette occasion. »

Dans le conseil d'État du 17, le garde des sceaux a dit que l'Empereur, la Czarine et le roi de Prusse avoient déclaré que si les Polonais vouloient élire le roi Stanislas, ils s'y oppose-roient. On a parlé de la déclaration de l'Empereur, relative à celle que le Roi avoit faite sur la liberté que l'on devoit laisser aux Polonais pour l'élection d'un roi. La déclaration de l'Empereur étoit très-haute. J'avois parlé au duc d'Orléans sur l'opinion trop établie de la foiblesse de notre gouvernement; et dans ce conseil il a dit qu'il falloit faire la guerre. Je me suis joint à lui, et j'ai représenté qu'on n'agissoit pas assez vivement pour conclure avec le roi de Sardaigne. Enfin il a été résolu qu'on se préparera à la guerre. D'Angervilliers a été chargé de faire des mémoires sur les vivres, et les dépôts d'artillerie.

Le garde des sceaux a lu, dans le conseil du 20, une lettre à Vaugrenant, pour presser le roi de Sardaigne d'agir incessamment. Les momens étoient précieux, la guerre étant résolue malgré le cardinal de Fleury : mais il lui reste bien des moyens de l'empêcher; on verra s'il les mettra en usage.

Il a été résolu, dans le conseil d'État du 24, d'écrire fortement à Vaugrenant, pour représenter au roi de Sardaigne la nécessité indispensable d'agir promptement, s'il vouloit s'assurer de l'État de Milan ; que la France et l'Espagne consentoient à l'en mettre en possession; mais que pour cela il falloit prévenir l'Empereur. « Mais, ajoutai-je, cela deviendra
» impossible si l'on ne profite du temps que
» l'Empereur, occupé à procurer la couronne de
» Pologne à l'électeur de Saxe, suivant le traité
» qui vient d'être signé à Vienne, est obligé de
» tenir toutes ses troupes en Silésie ou en Hon-
» grie, sur les frontières de Pologne. » On m'a chargé, comme ayant quelque crédit auprès du roi et de la reine d'Espagne, de leur écrire encore, pour les presser de finir le traité proposé depuis plusieurs mois. L'ambassadeur d'Espagne est venu me dire qu'il a reçu un courrier, par lequel il apprend que les affaires sont très-avancées, et qu'il compte, avant qu'il soit quatre jours, en recevoir un pour signer. Je n'en ai pas moins écrit fortement à la reine d'Espagne.

Dans le conseil d'État du 27, on a confirmé à Vaugrenant tous les ordres pour conclure promptement avec le roi de Sardaigne. On lui promet le Milanais, sans prétendre la Savoie pour la France; et on lui laisse entendre qu'on ne prétendra la Savoie que quand on pourra lui procurer, en sus du Milanais, le duché de Mantoue.

On n'a reçu, dans le conseil du 31, aucun courrier d'Espagne, à cause du débordement des rivières. J'ai pressé pour qu'on y envoyât un courrier, ainsi qu'à Turin ; et ne trouvant pas assez de vivacité, j'en ai écrit au garde des sceaux, et je le conjure de tirer de ces deux endroits une décision sur-le-champ.

On a appris, par les nouvelles du Nord, que l'Empereur achète douze mille Hessois, et quelques troupes de Saxe-Gotha ; et, par un courrier de Monty, on sait qu'il a été élu un grand maréchal de la diète de convocation, que les ministres de l'Empereur, de la Czarine, et de Prusse, agissent vivement à Varsovie, et que le primat a été intimidé par leurs discours.

De nouvelles lettres de Monty [5 juin] apprennent que la diète de convocation a fini par un serment général d'élire pour roi de Pologne un Polonais, fils de père et mère polonais, qui n'aura ni États hors de Pologne, ni troupes à son service : serment entièrement favorable au roi Stanislas, et contraire à l'électeur de Saxe, dont les partisans ont fait tout ce qu'ils ont pu pour faire une scission.

Le duc d'Orléans a dit que, dans la circonstance, on ne pouvoit se dispenser d'attaquer l'Empire pour faire une diversion, et que ce seroit se déshonorer que d'en user autrement. En disant cela il m'a regardé, parce que c'étoit moi qui lui avois inspiré ces sentimens, qu'il a soutenus vivement.

Rothenbourg mandoit le départ de Séville du roi et de la reine d'Espagne pour le 16 du mois; que le Roi ne vouloit passer par aucune ville; que l'on faisoit faire des ponts sur les petites rivières, sans quoi il auroit bien fallu de toute nécessité passer par les villes ; et qu'il se faisoit escorter par six compagnies de dragons. On étoit étonné de ces divers ordres. J'ai dit :

« Éviter les villes, faire des ponts, une escorte
» si inutile, tout cela marque le même esprit,
» un esprit affoibli. Mais songeons à contenter
» la Reine, et à l'empêcher de se réunir à l'Em-
» pereur; ce que je regarderai toujours comme
» le plus grand malheur pour la France. »

On a appris le 7, par les lettres du 21, de Rothenbourg, que le roi et la reine d'Espagne
étoient partis de Séville le 16; qu'on avoit
averti les ambassadeurs que le départ ne seroit
qu'à trois heures après midi, et que le Roi avoit
voulu partir à une heure; que leurs journées
étoient de six à sept heures; que le prince de
Cellamare étoit parti en s'habillant, et le marquis
de La Paz aussi.

Il paroît, par les lettres de Constantinople,
que Babylone n'est plus en danger, et que les
Turcs ont quelques petits avantages sur les Persans; que la Porte d'ailleurs est prête à faire tout
ce que la France voudra, soit pour favoriser le
roi Stanislas, soit pour menacer la Hongrie.

M. le duc d'Orléans et moi pressant pour les
préparatif de guerre, le garde des sceaux nous
a dit que M. d'Angervilliers avoit ordre de faire
moudre, pour avoir des farines prêtes. D'Angervilliers a dit qu'il avoit donné plusieurs mémoires, et qu'il n'avoit reçu aucuns ordres. Le
garde des sceaux a soutenu que le cardinal les
avoit donnés : le cardinal n'a dit ni oui ni non.
« La matière est trop sérieuse, a dit d'Angervil-
» liers, pour que je convienne du fait. » Pour
» terminer cette dispute, qui embarrassoit le
cardinal, j'ai dit : « Quand il n'y auroit pas
» beaucoup de farines prêtes, l'inconvénient est
» médiocre : elles ne sont nécessaires que pour
» arriver à Turin, où nous devons en trouver. »
Le cardinal a objecté : « Mais il faut attaquer
» Novare. » J'ai répondu : « Non, il faut que
» l'armée du Roi arrive à Turin, marche droit à
» Milan : le pays est neuf, et rempli de vivres.
» De là il faut, avec la même diligence, mar-
» cher au pied des Alpes, et empêcher l'entrée
» des troupes de l'Empereur en Italie. Vous
» avez derrière vous l'État de Parme, Plaisance,
» place sur le Pô, et vous faites le siége du châ-
» teau de Milan en pantoufles. »

Le marquis de Castelar a reçu des nouvelles
de Patigno, qui paroissent favorables; et il n'attribue qu'à la maladie de Rothenbourg, qui n'a
pas suivi la cour d'Espagne, le retardement de
l'ordre de signer le traité.

Mais on a reçu, les 8 et 9, des dépêches de
Vaugrenaut, qui dérangent bien les mesures
qu'on vouloit prendre pour l'Italie. Il mande
qu'il a été très-étonné que, sur ses dernières
offres, le marquis d'Ormea lui ait répondu que
les lettres qu'il recevoit du secrétaire de Sardaigne à Séville lui déclaroient, de la part de Patigno, que ses maîtres n'avoient aucune intention de se brouiller avec l'Empereur; que le peu
de différend qu'il y avoit au sujet de don Carlos
seroit incessamment terminé. Sur cela le marquis d'Ormea dit qu'il n'y avoit pas d'apparence
de traiter avec la France sans l'Espagne.

J'ai dit au conseil du 11 : « J'ai toujours compté
» que le roi de Sardaigne ne traiteroit jamais
» que de concert avec l'Espagne; mais ce qui
» me surprend, c'est que le marquis d'Ormèa,
» qui devroit être très-fâché de voir rompre un
» traité qui donne le Milanais entier à son maî-
» tre sans qu'il lui en coûte rien, rompe si froi-
» dement avec la France, sans chercher à ap-
» profondir les discours de Patigno à un simple
» secrétaire, auquel il est naturel de ne pas dire
» ce que l'on pense. » J'ai ajouté : « Si vous n'a-
» vez pas la Sardaigne, ne comptez plus sur
» l'Espagne; et, par une conséquence néces-
» saire, vous êtes sans allié. »

La veille, dînant chez le cardinal, où étoient
tous les ambassadeurs, j'ai dit : « Messieurs,
» toute l'Europe peut croire que M. le cardinal,
» par sa piété, et par un désir tout naturel de
» préférer les douceurs de la paix aux malheurs
» de la guerre, en éloigne le Roi. Rien ne va
» assurément dans son cœur avant la piété; mais
» après cela la gloire du Roi, celle des Fran-
» çais, le porteront toujours à faire désirer l'a-
» mitié du Roi à toute l'Europe, et à faire trem-
» bler ses ennemis. J'ai vu le feu Roi entretenir
» cinq cent mille hommes, sans compter la ma-
» rine. Le Roi a deux cent trente millions de re-
» venus. J'ai, Dieu merci, mené trois fois les
» étendards français au-delà du Danube; et ces
» mêmes étendards, ou sous moi ou sous d'au-
» tres, y retourneront encore toutes les fois que
» nos amis le demanderont, ou que l'on préfé-
» rera notre haine à notre amitié. Messieurs les
» ambassadeurs, mandez ce que je vous dis à vos
» maîtres : M. le cardinal ne me dédira pas. »

J'ai reçu des lettres de Rothenbourg [14 juin],
par lesquelles il apprend que le roi d'Espagne a
écrit au Roi, pour l'assurer de son dessein de
s'unir pour toujours. Le jour d'après, le marquis
de Castelar m'a dit qu'il devoit rendre la lettre;
mais qu'il attendoit, d'un moment à l'autre,
un courrier qui lui apporteroit ce qu'il devoit
demander au Roi : premièrement, que le Roi et
la Reine ne prétendoient pas que les États de don
Carlos en Italie fussent exposés, et qu'il falloit
résoudre comment la France les soutiendroit, si
l'Empereur, en haine de notre alliance, vouloit
les attaquer; que l'Espagne avoit cinquante ba-

taillons tout prêts à être transportés en Italie, et qu'il falloit avoir le roi de Sardaigne. J'ai répondu : « Il seroit déjà à nous sans toutes vos » longueurs. » Le marquis de Castelar n'a pas fait difficulté de me dire : « Nous ne voulons » pas que don Carlos soit exposé ; et nous le » soutiendrons, ou par notre union avec vous, » que nous désirons préférablement à tout, ou » par nous unir à l'Empereur, si vous ne voulez » pas faire la guerre : mais je vous prie de ne » pas le dire, qu'après que je l'aurai déclaré » moi-même. » Cependant il n'a pas rendu la lettre dont il étoit chargé, et le garde des sceaux m'a mandé de Compiègne qu'on en étoit fort étonné.

J'en ai reçu une de Rothenbourg du 9 juin, qui me rend compte du voyage de la cour d'Espagne, qui est très-lent, et de fréquens séjours. Patigno lui a dit qu'il ne falloit donner la lettre que j'avois écrite à la reine d'Espagne que quand elle seroit seule ; qu'elle ne quittoit pas le Roi un moment ; ce qui marquoit son inquiétude que le Roi ne voulût encore abdiquer, attendu que l'on parloit fort d'un prochain voyage à Saint-Ildefonse. Voyant qu'on ne pouvoit se décider sur rien qu'après les nouvelles d'Espagne, je suis demeuré à Paris.

Le marquis de Castelar est venu me voir le 23, et m'a dit qu'il alloit rendre la lettre qu'il avoit pour le Roi ; que le roi d'Espagne avoit fait une pierre ; que l'on ne lui avoit pas cru cette maladie ; que, du reste, il ne craignoit pas l'abdication, quand même l'on feroit de fréquens séjours à Saint-Ildefonse.

J'ai reçu le 26, de M. d'Angervilliers, une lettre de la part de M. le cardinal, qui me presse d'aller à Compiègne, ou que M. d'Angervilliers ira me trouver. Je m'y suis rendu le 27, et ai été descendre chez le cardinal, qui m'a dit que l'Empereur avoit menacé d'entrer en Pologne, et que, par ces raisons et celles de l'Espagne, il falloit se déterminer à la guerre ; qu'on ne s'assembleroit pas chez lui, mais chez le garde des sceaux, pour éviter l'éclat. M. le duc d'Orléans, que j'avois animé, a parlé haut sur la honte d'abandonner le roi de Pologne après nos déclarations en sa faveur, et a conclu que ce seroit se déshonorer que de l'abandonner.

On a lu, au conseil d'État du 28, cette lettre annoncée du roi d'Espagne, qui déclare enfin l'alliance conclue avec la France. Sur ce fondement, on a travaillé à des projets de guerre. Le plus important est d'y engager le roi de Sardaigne. On a lu une lettre de Vaugrenant, qui donne plus d'espérance que les précédentes. J'ai dit : « Avec le roi de Sardaigne, tout est d'or, et » sans lui tout est de fer ; mais encore faudroit-il » battre ce fer. »

J'ai examiné les divers projets de guerre qu'on peut former indépendamment du roi de Sardaigne. On a proposé Luxembourg ; d'Angervilliers et Vallière en ont apporté le plan. L'Empereur n'y a rien oublié pour en rendre les fortifications parfaites, et depuis six mois on y met toutes les munitions de guerre, et plus de troupes qu'il n'en faut pour en rendre la prise très-longue et très-difficile.

Il a été question de Brisach, Mons ou Philisbourg. Le cardinal et le garde des sceaux se sont opposés à Philisbourg, par la crainte d'exciter l'Empire ; et j'ai dit : « Le meilleur moyen » de contenir l'Empire est de l'intimider : j'en » ai souvent expliqué toutes les raisons, qu'il est » inutile de rappeler. » Enfin le résultat des premières conférences a été qu'il ne faut pas songer à Luxembourg, et qu'on verra entre Brisach, Mons ou Philisbourg. On a donné les ordres pour les milices et les approvisionnemens de vivres.

Le marquis de Castelar a dit que si le roi de Sardaigne vouloit toujours douter des intentions du roi d'Espagne, il falloit lui envoyer la lettre du roi d'Espagne au roi de France. Et dans le conseil d'État du premier juillet on a lu les lettres de Turin, par lesquelles le roi de Sardaigne faisoit de nouvelles propositions pour finir, mais qui montroient toujours quelque doute sur notre union avec l'Espagne.

J'ai lu un mémoire fort court, par lequel je faisois voir bien clairement qu'il n'y avoit point d'autre parti à prendre que d'envoyer un courrier à Vaugrenant, pour déclarer au roi de Sardaigne qu'il étoit en son pouvoir d'entrer en possession des avantages magnifiques et inespérés que la France et l'Espagne s'engageoient de lui procurer ; que tout étoit possible, s'il vouloit profiter du temps que les troupes de l'Empereur étoient sur les frontières de Pologne ; que si, sur l'offre de faire arriver sous Turin, dans le premier septembre, quarante mille François et vingt mille Espagnols, le roi de Sardaigne ne signoit pas le traité, on pourroit le regarder lié avec l'Empereur. Ces raisons n'ont pu engager le cardinal et le garde des sceaux à prendre un parti décisif : cependant on a donné ordre à M. d'Angervilliers d'aller à Paris prendre des mesures pour la guerre, et on ne vouloit pas prendre celles qui seules mettoient en état d'en faire une utile et glorieuse.

Le marquis de Castelar m'ayant dit que, sur les bruits de guerre qui commençoient à se répandre, il seroit très-possible que l'Empereur mit la main sur don Carlos, je lui ai conseillé d'envoyer un courrier en Espagne, pour que l'on mande à ce prince de se rendre incessamment à Florence; et j'ai pressé encore le cardinal et le garde des sceaux d'envoyer un courrier à Vaugrenant, mais inutilement.

On a lu, dans le conseil du 5, des dépêches pour Turin qui expliquoient bien tous les avantages que l'on faisoit au roi de Sardaigne, et la nécessité d'agir puissamment. On laissoit même le pouvoir à Vaugrenant de céder le Lodésan et le Crémonais.

On a dépêché enfin un courrier à la cour d'Espagne, pour l'informer que l'on est déterminé à la guerre, et afin qu'elle prenne les mesures convenables, dans la conjoncture présente, pour mettre don Carlos en sûreté, et pouvoir agir de concert avec les armées de France.

Je suis parti de Compiègne le même jour; et le 6 j'ai écrit au garde des sceaux qu'il falloit se mettre à la place du roi de Sardaigne, auquel on promettoit plus qu'il n'avoit osé espérer, mais aussi qui pourroit tout perdre; qu'ainsi on ne devoit pas compter de l'engager qu'en lui faisant voir l'Espagne totalement de concert avec la France, pour le mettre dans une possession nette de ce qui lui étoit offert; qu'il falloit donc lui envoyer copie de la lettre du roi d'Espagne.

J'étois venu passer six jours à Paris. M. d'Angervilliers m'y a mandé que les camps étoient rompus, et que l'on ordonnoit à tous les colonels d'être à leurs emplois à la fin du mois d'août. J'aurois désiré moins de démonstrations de guerre, pour pouvoir surprendre lorsqu'elle seroit bien déterminée.

J'ai trouvé, en arrivant à Compiègne le 11, le maréchal de Berwick et M. d'Angervilliers, qui m'attendoient chez moi. Le premier m'a dit que le cardinal lui avoit proposé le bombardement de Luxembourg, pour se venger des menaces de l'Empereur contre le roi Stanislas. La Reine m'avoit confié, mais dans le plus grand secret, que le primat, dès le moment de la mort du roi Auguste, avoit conseillé au roi Stanislas de se rendre diligemment à Dantzick, persuadé qu'il seroit aussitôt reconnu roi de Pologne. Ce qui s'est passé à la diète de convocation a bien fait voir que le primat raisonnoit juste, puisque, pour éviter les oppositions de l'Empereur et de la Czarine, qui n'ont paru que depuis, il est indubitable que les Polonois se seroient hâtés de reconnoître Stanislas, et qu'il seroit remonté sur le trône dans le moment, et par acclamations; mais il n'étoit pas d'usage de délibérer dans le conseil du Roi.

On a agité dans le conseil du 12 les opérations de guerre, et il fut proposé de bombarder Luxembourg, parce que le cardinal disoit que bombarder n'étoit pas attaquer; que c'étoit seulement faire une espèce d'affront, pour se venger des menaces de l'Empereur contre le roi Stanislas. J'ai dit qu'il falloit agir sérieusement, ou rien; et j'ai donné un mémoire circonstancié sur les raisons d'attaquer. Le garde des sceaux a paru déterminé à l'attaque de Kelh, et puis il s'est rendu au sentiment du cardinal, qui alloit à ne rien faire.

Le marquis de Castelar a été à l'extrémité, d'une colique, et n'a été hors de danger que le 14 juillet.

J'ai encore pressé, dans le conseil du 15, de dépêcher un courrier à Turin, et faire voir clairement que, promettant au roi de Sardaigne, de concert avec l'Espagne, tout l'état de Milan, avec le Crémonais et le Lodésan, avantages si grands qu'il n'auroit jamais pu les espérer, il falloit en même temps lui en faire voir la solidité, et les moyens assurés de le mettre en possession; ce qui ne se pouvoit qu'en faisant arriver sous Turin, au plus tard dans le premier septembre, une armée de quarante mille hommes, laquelle auroit ordre de traverser le Milanais, sans faire d'autre siége que celui du château de Milan; et en même temps marcher au pied des Alpes, pour empêcher les Impériaux d'entrer en Italie. Cette proposition n'a point passé au conseil : néanmoins je l'ai trouvée si importante, qu'étant obligé de faire un voyage à Paris, j'ai envoyé un courrier au garde des sceaux pour le prier d'y faire réflexion, et de ne plus perdre de temps pour la mettre à exécution.

On a dépêché des courriers en Espagne, pour avertir que l'on est prêt à entrer en guerre, et pour que le roi d'Espagne donne des ordres nécessaires pour mettre en sûreté la personne de don Carlos, dont l'Empereur pourroit très-facilement s'emparer.

Mais à peine les courriers ont été dépêchés, que le cardinal a marqué son irrésolution plus forte. Il étoit très-disposé à donner des sommes considérables au roi de Sardaigne, à l'électeur de Bavière, et à tous les princes étrangers qui en demanderoient. J'ai représenté qu'il en arriveroit de ces sommes prodigieuses distribuées hors du royaume comme de plusieurs autres, qui avoient fait lever dans l'Empire des troupes pour servir contre nous.

Il n'y a eu d'autre conseil d'État que le 23. Le cardinal l'a ouvert par la lecture d'un assez long mémoire sur la guerre : il représentoit la nécessité de soutenir la gloire du Roi sur les déclarations de l'Empereur concernant les affaires de Pologne. Il a proposé une espèce de nécessité d'attaquer, et s'est néanmoins réduit ou au siége de Brisach, ou au bombardement de Luxembourg, par l'impossibilité d'en faire le siége, ou à l'attaque de Philisbourg ou au fort de Kelh, observant sur les deux derniers qu'ils engageoient l'Empire à la guerre. M. d'Angervilliers a parlé le premier, et a incliné non au bombardement, mais au siége de Luxembourg. J'ai cru Philisbourg ou Kelh plus important, persuadé que l'Empire s'armera également pour Brisach et pour Luxembourg. Le garde des sceaux a été contre toute guerre, vu que nous n'avons pas d'alliés; M. d'Orléans, pour attendre des nouvelles d'Espagne, de Turin et de Bavière.

La lecture des nouvelles d'Espagne ne s'est faite qu'après la délibération. Rothembourg ne nous faisoit espérer aucune conclusion d'un traité proposé dès le mois de septembre précédent, promis par une lettre du roi d'Espagne; et même il y a tout lieu de craindre que la reine d'Espagne ne se lie avec l'Empereur, ce qui m'afflige mortellement.

Le cardinal a chargé d'Angervilliers de travailler avec moi pour les dispositions de guerre: mais quelles dispositions faire lorsqu'il est plus apparent que l'on aura les rois d'Espagne et de Sardaigne contre que pour?

Dans le conseil d'Etat du 29, on n'a rien appris d'Espagne ni de Turin; ce qui fait espérer une prompte conclusion des traités auxquels on travaille dans les deux cours.

Il est arrivé le 31 un courrier de Turin, par lequel on apprend que le roi de Sardaigne consent à entrer en guerre dès cette année.

On a délibéré, dans le conseil d'Etat du 2 août, sur des propositions, qui sont: une armée de quarante mille hommes, quatre millions d'emprunt, cinq cent mille livres par mois de subsides, et un million tout à l'heure. La réponse a été à peu près telle qu'il la désiroit: seulement du temps pour les avances, des diminutions de subsides, et même qu'il jouiroit sur-le-champ de ses conquêtes. On a envoyé des courriers en Espagne et à Turin.

Le comte de Saxe est venu me trouver le 3: il m'a appris le traité signé de l'Empereur avec l'électeur son frère, aux conditions de soutenir la pragmatique de l'Empereur, et que l'Empereur lui procurera la couronne de Pologne. Il m'a dit aussi que les troupes de l'Empereur étoient déjà entrées en Pologne. Dès-lors tout paroit disposé à la guerre; il faut la décision de l'Espagne: elle n'est pas douteuse du moment que le roi de Sardaigne traite avec nous, et que nous lui accordons tout ce qu'il demande.

J'ai travaillé le 2 août avec M. d'Angervilliers, pour former l'armée qui doit entrer en Piémont, composée de quarante-cinq bataillons et soixante escadrons, faisant quarante mille hommes sur le pied complet; et le 3, partant pour Paris, j'ai écrit au garde des sceaux, pour lui faire voir l'extrême conséquence de pouvoir s'opposer aux secours que l'Empereur enverra infailliblement en Italie, parce que s'ils sont tels qu'ils puissent disputer la conquête du Milanais, il faut toujours craindre quelques changemens dans le roi de Sardaigne, auquel l'Empereur offrira tout ce qui pourra le ramener à lui, rien n'étant si dangereux que d'être réduits à dépendre d'un prince qui peut vous ôter toute votre subsistance, parce qu'il est maitre des places, de vos communications, et des vivres; et cette dépendance n'existera plus quand l'armée du Roi sera au-delà du Mincio. J'ai quitté Compiègne, rien d'important ne pouvant être agité avant le retour des courriers dépêchés à Madrid et à Turin.

J'ai reçu des lettres de Rothembourg, qui me mande que la défiance de la reine d'Espagne de notre inaction empêche encore la signature du traité. Cependant on a déclaré le commandement de l'armée d'Allemagne pour le maréchal de Berwick, et l'on a appris le 12 que les officiers qui doivent servir sous lui seront déclarés incessamment.

J'ai été voir la Reine, dont j'ai reçu des marques de bonté très-vives. Elle a voulu absolument que je m'assisse pour l'entretenir, et m'a paru très-inquiète sur les intérêts du Roi son père.

Il est certain que s'il s'étoit rendu à Dantzick dans le moment que l'on a appris la mort du roi Auguste, il auroit été déclaré roi, le primat l'ayant demandé, ce qui n'a jamais été connu du conseil.

On a appris que le Roi devoit aller à Chantilly, ce qui se disoit depuis long-temps; et le garde des sceaux m'a mandé qu'il n'étoit pas nécessaire que je revinsse à Compiègne, n'y ayant rien d'important.

La destination du maréchal de Berwick a été très-mal prise du public. Étant aux Tuileries, tous les gens de guerre m'ont marqué leur amitié, et leur douleur de ne me pas voir chargé du commandement des armées. Le garde des sceaux étant à Paris, et voyant ce murmure général, a déclaré que j'avois refusé le commandement, et l'a dit à tout ce qui étoit chez lui. Étant allé le voir, il m'a dit qu'il l'avoit aussi déclaré. Je lui ai répondu: « Je dois dire que je n'ai pas » refusé, et vous pouvez dire que j'ai refusé, » et nous dirons vrai tous deux. Il est vrai que

» M. le cardinal m'a dit, il y a trois semaines, » à Compiègne : *Voudrez vous vous charger de* » *quelque chose de médiocre? Et* je lui ai répondu : *Vous avez lu mes projets. Si vous ne* » *voulez pas les suivre, vous ne ferez, à la* » *vérité, rien que de médiocre, et je ne me sou-* » *cie pas de m'en charger.* » Mais le murmure a continué au point que le cardinal, à son retour à Versailles, en a été étonné, et m'a prié à dîner le jour même de son arrivée.

Le Roi a été deux jours à Chantilly : il n'est revenu à Versailles que le 19 août, et dès le 20 il a été coucher à la Muette. La Reine en a été assez piquée, et m'a fait part de son chagrin.

Le roi Stanislas et la Reine sa femme m'ont comblé d'assurances de leur amitié. Je n'ai pas voulu les voir avant le retour du Roi, parce que je savois que le cardinal ne leur disoit pas exactement les nouvelles de Pologne, dont j'avois connoissance. Monty avoit mandé que le roi Stanislas se rendît diligemment à Dantzick, et qu'il seroit élu; et que s'il différoit, il couroit risque de ne l'être pas. Ce prince dit à la Reine sa fille qu'elle auroit dû me dire que le primat avoit mandé qu'il se rendît incessamment à Dantzick, parce que j'aurois appuyé dans le conseil les bonnes raisons du primat.

On a lu, dans le conseil du 23, des lettres de Vaugrenant, qui fait espérer la conclusion du traité; et même le marquis d'Ormea avoit fait partir un homme secrètement de Turin, pour attendre à Chambéry le traité rédigé qu'on lui porteroit incessamment, et qu'il feroit passer en France.

Les lettres d'Espagne marquent toujours l'incrédulité de la reine d'Espagne, qui n'est pas assez combattue par Rothenbourg. J'ai été chargé de lui écrire, et de l'assurer positivement que l'on est prêt à entrer en action.

On a lu, dans le conseil du 26, les réponses à nos ambassadeurs. Celle à Rothenbourg est un ordre bien positif d'assurer le roi et la reine d'Espagne que l'on est prêt à entrer en guerre, et à suivre tous les projets que l'Espagne nous propose; et que, bien que le traité ne soit pas signé, on regarde la lettre du roi d'Espagne comme un engagement aussi réel que le traité même. Il y a quelque apparence que les lettres de Pologne ne sont pas favorables au roi Stanislas. Celles de Vienne ne marquent rien de précis sur les ordres donnés aux troupes de l'Empereur et de l'Empire.

On a lu, dans le conseil du 30, les propositions du traité de Turin, par lesquelles il paroît que le roi de Sardaigne veut être maître de tout.

M. d'Angervilliers m'avoit apporté à neuf heures du matin les articles de ce traité : j'y ai trouvé tant de choses pénibles, que j'ai fait sur-le-champ un petit mémoire que j'ai lu avant le conseil au cardinal et au garde des sceaux. Il a été résolu que l'on s'assembleroit l'après-midi chez moi : j'ai insisté sur les inconvéniens; mais le temps étoit trop court pour les examiner bien attentivement. Je ne me suis pas opposé au pouvoir que l'on donnoit à Vaugrenant de conclure; mais tout ce que demande le roi de Sardaigne est si dangereux, que j'ai fait un mémoire pour expliquer au long les périls du traité. Je n'ai pu le lire au conseil; mais j'en ai remis une copie au cardinal, et une autre au garde des sceaux, toutes deux signées de moi.

Dans le conseil du 2 septembre, on a lu des lettres de Rothenbourg, par lesquelles le roi et la reine d'Espagne demandoient toujours la guerre, et que la France attaquât l'Allemagne, ou que l'on transportât des troupes en Italie par mer, si l'on ne pouvoit avoir le roi de Sardaigne; et jusque-là point de traité signé, et nuls pouvoirs envoyés. La reine d'Espagne disoit à Rothenbourg : « Le Roi ni moi ne sommes pas en- » fans de la peur, et les grandes entreprises ne » nous embarrasseront pas. »

La Hollande paroît disposée à la neutralité. On a des nouvelles du roi Stanislas, lequel traverse l'Allemagne déguisé, et dont le voyage a été tenu fort secret.

Dans le conseil d'État du 20, on a lu des lettres de Vaugrenant, qui apprennent que le traité n'est pas encore signé; que le roi de Sardaigne demande que l'on n'attaque aucune place de l'Empire. Cela a fait différer l'ordre prêt à partir pour faire le siége de Kelh. Le maréchal de Berwick avoit déjà fait sortir toute l'artillerie, mettre les ponts de bateaux sur les haquets, enfin publié le dessein de passer le Rhin. On a dépêché un courrier à Turin pour faire cesser les difficultés, et on a fait marcher toutes les troupes vers les frontières de Savoie et de Piémont.

A onze heures du soir du 20, on a reçu un courrier de Monty, qui nous apprend l'élection faite le 12 du roi Stanislas; que tous les palatinats ont passé la Vistule, et paroissent disposés à s'opposer aux Moscovites.

Le cardinal m'ayant prié à dîner, m'a parlé du désir qu'a le Roi, et lui aussi, que je veuille bien me charger du commandement de l'armée d'Italie; mais que ce ne sera cependant qu'avec peine qu'il verroit ma santé exposée à une guerre d'hiver. J'ai répondu : « Lorsqu'on vou- » dra me confier des affaires aussi importantes,

» je compterai toujours ma vie pour peu, et je
» ne craindrai ni les incommodités pour ma
» santé, ni les périls de la guerre. J'attendrai
» donc avec soumission ce que le Roi me fera
» l'honneur de me dire. » Le 27 septembre,
après le conseil, le Roi m'a parlé lui-même du
désir qu'il avoit de me voir commander son armée d'Italie. J'ai répondu comme je devois à
cette marque de confiance, faisant néanmoins
connoître que je ne m'aveuglois pas sur les difficultés qui venoient de la chose même, et aussi
de mon âge. Il a été résolu que ma destination
demeureroit secrète.

Dans le conseil d'État du 4 octobre, il a été
résolu de faire passer le Rhin, et d'attaquer le
fort de Kelh ; mais d'en différer les ordres jusqu'à
ce qu'on ait appris les dernières intentions du
roi de Sardaigne, qui s'est opposé à cette résolution.

On a lu, dans le conseil d'État du 7, un manifeste pour déclarer la guerre à l'Empereur,
qu'on chargeoit d'être agresseur, par les secours
donnés à l'électeur de Saxe. Il est cependant
réel que les troupes de l'Empereur ne sont pas
entrées en Pologne, et que ce sont celles de la
Czarine.

Dans ce même conseil, on a lu une lettre de
Monty, qui apprenoit de grands changemens.
Tous les Polonois s'étoient retirés après l'élection. J'ai dit : « Je suis surpris que les palatins,
» qui ont élu unanimement, voyant les Mosco-
» vites marcher pour s'opposer à l'élection, n'aient
» pas marché pour les combattre, ainsi que les
» Polonois, qui se sont joints à ces étrangers. »
Les gazettes de Hollande disent que le roi Stanislas a préféré les voies de la douceur pour ramener ceux-ci. Elles ont été inutiles, et on a
appris dans le conseil suivant que tous ont abandonné le roi de Pologne, qui se retire à Dantzick,
incertain même s'il y sera reçu.

Les nouvelles suivantes ont été plus favorables au roi Stanislas. On sait que son parti se
soutient à Varsovie. La maison des ambassadeurs de Saxe a été attaquée ; enfin ses serviteurs se mettent en état de soutenir son parti.

On me presse de partir ; et j'ai donné au garde
des sceaux un mémoire par lequel je demande,
avant que de partir, des grâces distinguées,
qu'il est aisé de deviner : et le 19, M. d'Angervilliers, ministre de la guerre, m'a été envoyé
par le Roi, pour me dire que, ne pouvant faire
de connétable, il me donne la charge de maréchal général de France, qui me donne le commandement sur tous les maréchaux de France
quand il y en auroit de plus anciens que moi,
avec plusieurs autres prérogatives, et dix mille
écus d'appointemens. Je me suis rendu, d'autant plus que le commandement qu'on m'offre
est si important, que je ne crois pas pouvoir refuser à mon roi et au roi d'Espagne, tant qu'il
me reste une goutte de sang dans les veines, les
services qu'ils me demandent.

Le maréchal de Villars étoit sur son déclin,
mais ce déclin étoit celui d'un grand homme :
c'est pourquoi le peu qui nous reste à dire de lui
pourra encore intéresser (1). Il quitta Fontainebleau le 26 octobre. Le cardinal ministre et
toute la cour, présens à son départ, s'empressèrent de lui donner des espérances dont il accepta avec confiance l'heureux augure (2). Les
acclamations des peuples l'accompagnèrent dans
toutes les villes par lesquelles il passa pour aller
en Italie ; et les trois reines qu'il alloit servir
firent, comme de concert, à ce vieux guerrier
un présent qui lui rappeloit les beaux jours de
sa jeunesse (3).

Arrivé à Turin le 6 de novembre, il ne s'y
arrêta que pour saluer la Reine, et joignit le 11
le roi de Sardaigne, qui avoit déjà commencé
la campagne avantageusement. Les troupes françaises et sardes firent des conquêtes rapides
sous leurs deux chefs. Le Milanais, le Lodésan,
et une partie du Mantouan, furent soumis avant
la fin de l'année avec la plus grande facilité,
comme l'avoit promis le maréchal dans le conseil du 7 juin, dont nous avons parlé. Il ne s'agissoit plus que de remplir la seconde partie de
son projet, qui étoit de marcher avec diligence
au pied des Alpes, et d'empêcher l'entrée des
troupes de l'Empereur en Italie ; mais le roi de
Sardaigne, satisfait de la conquête du Milanais,

---

(1) Comme le maréchal, âgé et infirme, ne pouvoit diriger que de loin les opérations militaires, nous n'entrerons pas dans ce détail, et nous nous bornerons à ce qui lui est personnel. Nous le tirons tant du Journal de Verdun que des Mémoires imprimés, dont le rédacteur a pu savoir des témoins mêmes ce qu'il raconte. (A.)

(2) Il dîna chez le cardinal ministre ; et en montant dans sa chaise de poste il lui dit, devant toute la cour, « Dites au Roi qu'il n'a qu'à disposer de l'Italie ; je m'en « vais la lui conquérir. » Mémoires, tome III, page 239. Nous nous abstenons de prononcer sur cette jactance, que nous sommes portés à ne pas croire. (A.)

(3) Mémoires, tome III, page 259 et 40. La reine de France lui mit une cocarde à son chapeau, celle d'Espagne lui en envoya une à Lyon, et celle de Sardaigne lui en attacha une elle-même à Turin. Il dit à cette dernière : « Voilà mon chapeau orné d'un vol de reines, qui me « rendra heureux dans mes entreprises pour les trois « couronnes. » (A.)

dont on lui avoit promis la jouissance, crut qu'il suffisoit de s'y fortifier pour s'en assurer la possession. Il distribua les troupes françaises et les siennes dans les villes et les différens postes le long des rivières, du côté où se rassembloient les troupes impériales.

[1734] Le projet du maréchal étoit d'avancer toujours au-delà de ce qu'on vouloit conserver, persuadé qu'il n'y a pas de meilleure manière de couvrir un pays conquis que de conquérir encore plus loin. Il alla à Turin remontrer au Roi combien l'inaction où on restoit devenoit dangereuse (1). En effet, les ennemis n'étant pas molestés, se fortifièrent à leur aise derrière les places qu'on leur avoit laissées, et se présentèrent au nombre de quarante mille hommes, vers la fin d'avril, sur les frontières du Milanais; et, malgré les soins et la vigilance du maréchal, à qui l'âge ne permettoit pas une surveillance personnelle, ils dérobèrent le 2 mai un passage sur le Pô. Cette surprise occasionna une escarmouche, dans laquelle le maréchal fit, pour ainsi dire, ses dernières armes.

Dans le dessein d'examiner de près si on ne pourroit pas profiter d'un mouvement des ennemis pour les attaquer, il s'étoit avancé hors de la vue de l'armée avec le roi de Sardaigne, escorté seulement de quatre-vingts grenadiers, et de ses gardes. Tout à coup ils se trouvèrent en tête quatre cents hommes, qui firent feu sur eux. Le Roi craignit d'abord que ce ne fût une embuscade, et parloit sans doute de se retirer, puisque le maréchal lui dit : « Il ne faut songer » qu'à sortir de ce pas. La vraie valeur ne trouve » rien d'impossible : il faut, par notre exemple, » donner du courage à ceux qui en pourroient » manquer (2). » Aussitôt il charge avec tant d'ardeur, qu'il ébranle les ennemis. Se voyant si vivement attaqués, ils fuient, et laissent sur le champ de bataille cinquante morts et trente prisonniers. « Monsieur le maréchal, lui dit le Roi » après l'action, je n'ai pas été surpris de votre » valeur, mais de votre vigueur et de votre » activité. — Sire, répondit-il, ce sont les der- » nières étincelles de ma vie ; car je crois que » c'est ici la dernière opération de guerre où je » me trouverai ; et

« C'est ainsi qu'en partant je lui fais mes adieux. »

En effet, soit besoin de repos, soit chagrin de voir mener les affaires autrement qu'on en étoit convenu, soit l'un et l'autre, il avoit demandé permission de retourner en France, et l'avoit obtenue. Sans doute le roi de Sardaigne ne fut pas fâché d'être débarrassé de ses remontrances, et il le lui fit trop sentir ; car lorsque le maréchal, en prenant congé, lui marqua son regret de n'avoir pas conservé ses bonnes grâces, au lieu de répondre quelques mots obligeans au compliment d'un vieillard si digne d'égards, le Roi se contenta de lui dire : « Monsieur le maréchal, je vous » souhaite un bon voyage. »

Il partit du camp de Bozzolo le 27 mai, le cœur blessé, et déjà frappé de la maladie qui l'arrêta à Turin. Ce fut le terme de ses courses et de ses travaux : son mal, qui étoit une défaillance générale, empira et ne laissa bientôt plus d'espérance. Il fut des premiers à s'apercevoir de son état, et dès-lors toutes ses pensées se tournèrent vers la mort. Villars, qui l'avoit bravée si souvent dans les combats, la vit approcher à pas lents sans s'effrayer. Cependant, s'il en avoit eu le choix, vraisemblablement il lui auroit désiré une marche plus prompte. On peut le conjecturer par l'exclamation si connue qui lui échappa lorsqu'on lui apprit que le maréchal de Berwick venoit d'être tué, devant Philisbourg, d'un boulet de canon : « Cet homme, s'écria-t-il, a tou- » jours été heureux. » Il avoit montré cette manière de penser quelques mois auparavant au siège de Pizzighitone. Un officier lui représentoit qu'il s'exposoit trop : « Vous auriez raison, » lui répondit-il, si j'étois à votre âge ; mais à » l'âge où je suis j'ai si peu de jours à vivre, que » je ne dois pas les ménager, ni négliger les oc- » casions qui pourroient me procurer une mort » glorieuse, que doit ambitionner un vieux gé- » néral d'armée (3). » Si la sienne ne fut pas glorieuse dans son opinion, elle fut du moins tranquille et chrétienne. Il mourut le 17 juin à Turin, dans la même chambre, dit-on, où il étoit né quatre-vingt-quatre ans auparavant, lorsque son père y étoit ambassadeur.

Le maréchal de Villars étoit homme de grand sens, droit et vrai, excellent citoyen, sujet fidèle, général aussi vaillant qu'habile. Ces qualités principales, et les autres qui constituent l'homme digne de l'estime de la postérité, se remarquent dans tout le cours de sa vie, dont je vais mettre un abrégé sous les yeux (4). Ses actions le loueront mieux que ne feroient mes paroles.

Louis-Hector, duc de Villars, pair de France, grand d'Espagne de la première classe, minis-

---

(1) Le 24 février, le maréchal ouvrit le bal avec la reine de Sardaigne à Turin. (Journal de Verdun, vol. de 1754, page 286. (A.)

(2) Tome III des Mémoires, page 262. (A.)

(3) Mémoires, tome III, page 257. (A.)

(4) Cet abrégé est tiré tout entier du Journal de Verdun, au mois d'août 1754, page 157. (A.)

tre d'État ; maréchal général des camps et armées de Sa Majesté, doyen des maréchaux de France, chevalier des ordres du Roi et de celui de la Toison d'or, gouverneur et lieutenant général de Provence, gouverneur des ville, citadelle et forts de Marseille, et l'un des quarante de l'Académie française, est mort à Turin le 17 juin 1734, dans la quatre-vingt-quatrième année de son âge, étant né au mois de mai 1651. Sa vie a été remplie d'événemens illustres, que j'indiquerai dans l'ordre des temps, avec les charges et les dignités dont ses services ont été successivement récompensés.

Il commença à servir en 1671, fut l'année suivante aide de camp du maréchal de Bellefond son cousin, et obtint en 1673 la cornette des chevau-légers de Bourgogne. Il quitta cette compagnie au mois d'août 1674, lorsqu'elle fut mise sous le titre de gendarmes bourguignons, et le Roi lui donna un des trois régimens dont les colonels avoient été tués à la bataille de Senef. Il avoit été blessé, mais légèrement, à cette bataille. Il se trouva, les années suivantes, à plusieurs siéges ; en 1677, il attaqua, sous les ordres du maréchal de Créquy, et battit l'arrière-garde de l'Empereur dans la vallée de Quekembach, au passage de la Kinche.

La paix fut conclue l'année suivante à Nimègue. Au commencement de l'année 1687, le marquis de Villars fut envoyé à Vienne, pour complimenter l'Empereur sur la mort de l'impératrice Éléonore, sa belle-mère. Il se rendit ensuite en Hongrie, et se trouva auprès de l'électeur de Bavière à la bataille de Dersan. De retour en France, il obtint, au mois de septembre 1688, la charge de commissaire général de la cavalerie.

La guerre, qui recommença alors, lui procura de nouvelles occasions de se signaler. Le Roi lui donna le commandement d'un corps d'armée pour garder les lignes du côté de Tournay. Il se trouva en 1691 au combat de Leuze ; et ayant été envoyé en 1692 en Allemagne, pour servir sous les ordres du maréchal de Lorges, il défit les troupes du comte de La Lippe, et celles du prince administrateur de Wurtemberg qui se rendit à lui.

L'année suivante, il servit en qualité de maréchal de camp sous le maréchal de Boufflers; et ayant été fait lieutenant général au mois de mai 1693, il retourna en Allemagne, et défit l'arrière-garde de l'armée impériale, soutenue par le prince de Bade. Le Roi lui donna le gouvernement de Fribourg. Il se trouva ensuite à plusieurs siéges de places, jusqu'à la paix de Riswick.

Pierre, marquis de Villars, son père, mourut le 30 mars 1698. Il étoit chevalier des ordres du Roi, et lieutenant général de ses armées. L'année suivante, Louis-Hector étant à Vienne, en qualité d'envoyé extraordinaire auprès de l'Empereur, y soutint avec beaucoup de fermeté la dignité de son caractère.

La guerre s'étant renouvelée, le Roi lui donna en 1702 le commandement d'un corps d'armée en Allemagne. Il ne tarda pas à justifier la confiance dont le Roi l'honoroit : il passa le Rhin sur un pont qu'il fit construire près d'Huningue, malgré les retranchemens des ennemis; remporta sur eux le 14 octobre une victoire complète à Friedlingen, et les contraignit de repasser le Rhin, en deçà duquel ils s'étoient flattés de pouvoir prendre des quartiers d'hiver ; ce qui lui valut la dignité de maréchal de France, dont les lettres furent expédiées le 20 du même mois d'octobre.

Il repassa le Rhin au mois de février de l'année suivante, dissipa les troupes que le prince de Bade avoit assemblées pour s'opposer à son passage, le contraignit d'abandonner plusieurs forts, avec l'artillerie qu'il y avoit fait placer, prit le fort de Kelh le 9 mars, joignit l'électeur de Bavière à Dutlingen, et gagna avec lui le, 20 septembre, la bataille d'Hochstedt sur le comte de Styrum. En 1704, il apaisa en très-peu de temps les troubles des Cévennes, et rétablit la tranquillité en Languedoc.

Le 21 janvier 1705, le Roi l'honora de la dignité de duc, à mettre sur une terre à acquérir, et du collier de ses ordres le 2 février suivant. Il eut le commandement de l'armée sur la Moselle : c'étoit l'endroit le plus exposé aux entreprises des ennemis, fiers de la victoire remportée par eux à Hochstedt le 13 juillet 1704, et de la prise de Landau. Le prince de Bade et le duc de Marlborough commandoient leur armée, qui étoit très-nombreuse : mais le maréchal de Villars, par des mouvemens savans, déconcerta leurs projets. Au mois de septembre, furent expédiées des lettres par lesquelles le Roi met le titre de duc, qu'il lui avoit accordé, sur la terre de Vaux-le-Vicomte, qu'on a appelé depuis Vaux-le-Villars.

Il eut encore en 1706 le commandement de l'armée d'Allemagne, et contraignit les Impériaux, sur qui il eut divers avantages, de repasser le Rhin. En 1707, il força les lignes de Stolhofen, obligea les Allemands de fuir partout devant lui, mit à contribution le Palatinat et la plus grande partie de la Souabe et de la Franconie, et répandit de tous côtés la terreur et l'effroi.

Il commanda en 1708 l'armée du Dauphiné, où il empêcha le duc de Savoie de pénétrer.

Le Roi lui donna en 1709 le commandement de l'armée de Flandre; et cette campagne est célèbre par la bataille de Blangy ou de Malplaquet, qui se donna le 11 septembre. Une blessure qu'il y reçut l'obligea de se retirer avant la fin de l'action. Le même mois de septembre, le Roi le créa pair de France. Il fut reçu au parlement le 10 avril 1710; et au commencement de juillet de la même année, il obtint le gouvernement et la lieutenance générale des villes, pays et évêchés de Metz et Verdun, avec le gouvernement particulier de la citadelle de Metz.

Il commanda encore en Flandre en 1710 et 1711. Nous nous tenions alors sur la défensive. Le 24 juillet 1712, il força le camp des ennemis près de Denain, et par là il les obligea de lever le siége de Landrecies; puis il prit Marchiennes le 28 juillet, le fort de Scarpe le 27 août, la ville de Douay le 8 septembre, le Quesnoy le 4 octobre, et Bouchain le 17. Les garnisons de toutes ces places furent faites prisonnières de guerre. Au même mois d'octobre, au lieu du gouvernement de Metz et Verdun, le Roi lui donna celui de Provence, avec le gouvernement particulier de Marseille, vacant par la mort du duc de Vendôme.

L'année suivante, il commanda en Allemagne, prit Landau le 20 août, et fit la garnison prisonnière de guerre; força le 20 septembre le général Vaubonne, et le défit dans son camp retranché à Etlingen; prit la ville de Fribourg le premier novembre, le fort et les châteaux le 16, y fut blessé d'une pierre à la hanche, et en fut nommé gouverneur. Ayant été nommé ensuite ambassadeur plénipotentiaire pour la paix avec l'Empereur et l'Empire, il se rendit à Radstadt; et, après plusieurs conférences avec le prince Eugène, il signa le traité le 6 mars 1714. Le 20 du même mois, il reçut, par les mains de M. le duc de Berri, le collier de l'ordre de la Toison d'or, que le roi d'Espagne lui avoit envoyé dès l'année précédente. Il obtint en même temps pour son fils la survivance du gouvernement de Provence, fut reçu membre de l'Académie française le 23 juin; et étant allé quelque temps après à Bade, il y signa le 7 septembre le traité de la paix générale.

Au mois de septembre 1715, il fut nommé conseiller du conseil de régence, et président du conseil royal de la guerre. Il représenta le connétable, en 1722, à la cérémonie du sacre; et l'année suivante il fut fait grand d'Espagne de la première classe. Dans la suite, le Roi le nomma ministre d'État. Le 18 octobre 1733, le Roi lui conféra le titre de maréchal général de ses camps et armées, et le nomma son ambassadeur extraordinaire auprès du roi de Sardaigne.

Il partit de Fontainebleau le 25 du même mois, pour aller prendre le commandement des troupes du Roi en Italie. La célérité avec laquelle le roi de Sardaigne et lui firent la conquête du Milanais est connue de tout le monde. Les fatigues de cette campagne, continuée jusqu'au milieu de l'hiver [1734] ayant infiniment altéré sa santé, il partit de l'armée le 27 de mai avec la permission du Roi, et arriva le 3 juin à Turin, où il mourut le 17, après avoir reçu ses sacremens, et montré dans ses derniers momens une fermeté digne des sentimens qu'on lui avoit toujours connus.

Il seroit difficile de trouver une vie plus remplie.

FIN DES MÉMOIRES DU MARÉCHAL DE VILLARS.

MÉMOIRES

DU

COMTE DE FORBIN,

CHEF D'ESCADRE,

CHEVALIER DE L'ORDRE ROYAL ET MILITAIRE DE SAINT-LOUIS.

SUR LES MÉMOIRES DE FORBIN.

A peine les troubles de la Fronde étaient-ils apaisés, que la France brilla de tous les genres de gloire; son tour était venu de montrer au monde tout ce qu'il y a de sublime dans le courage, dans la science, dans le génie. Alors purent se réaliser et s'agrandir les projets du cardinal de Richelieu pour la formation d'une marine militaire. Avant lui, en effet, les rois de France n'avaient pas, à proprement parler, de vaisseaux. Henri IV, pour transporter à Marseille sa nouvelle épouse, Marie de Médicis, fut obligé d'emprunter des galères au pape et au grand-duc de Florence. Quand l'état avait à faire une expédition, il louait ou achetait aux armateurs, principalement à l'étranger, un nombre prodigieux de navires marchands qu'on équipait en guerre comme on pouvait. Philippe-Auguste arma une flotte de dix-sept cents voiles; Charles VI en rassembla une autre presque aussi considérable. *La mer*, dit Froissard, *paroissoit estre une grande forêt.* Cette flotte devait porter cent mille hommes et vingt mille chevaux. De pareils armements étaient plus formidables en apparence qu'en réalité, parce qu'ils manquaient de ce qui seul en aurait pu constituer la force, c'est-à-dire l'art et la science. Richelieu trouva dans son activité et dans sa puissance de quoi fournir à des expéditions maritimes; mais le temps et la paix lui manquèrent pour créer des ressources durables. Cependant si l'on consulte l'*Essai sur la Marine*, par Deslandes, on voit que les autres nations n'avaient point à se glorifier d'une grande supériorité, et que la France a été la première à fonder des établissements fixes. Ce fut sous Louis XIV que se formèrent ces arsenaux, ces écoles, qui ont servi de modèle à tous les peuples. Bientôt des marins aussi habiles qu'intrépides soutinrent dignement sur les mers l'honneur du pavillon français. Aux glorieux noms de Duquesne, de Tourville, on peut en ajouter plusieurs, entre autres ceux de Forbin et de du Guay-Trouin. Ces deux hommes de mer n'ont point commandé de grandes flottes; mais la périlleuse carrière qu'ils ont parcourue a été si brillante, qu'ils tiennent dans nos annales une place honorable. Les Mémoires où ils rapportent leurs exploits doivent nécessairement entrer dans cette Collection.

Le chevalier de Forbin montra dès son enfance une rare intrépidité et s'embarqua fort jeune. Qu'il ait composé ses Mémoires après avoir quitté le service, en 1710, ou qu'il les ait fait rédiger d'après un journal qu'il avait tenu pendant le cours de ses expéditions, c'est un point qu'il importe peu de discuter, puisqu'ils ont été revus sous ses yeux par Reboulet, auteur d'une Histoire de Louis XIV, et, si l'on en croit Deslandes, par un jésuite nommé Lecomte. Il en parut deux éditions de son vivant, l'une en 1729, l'autre en 1730, toutes deux remplies de fautes; la troisième et la meilleure est de 1748.

Les aventures de Forbin, à Siam, sont un peu romanesques, mais intéressantes; en général, une narration vive, animée, du trait, de l'originalité, rendent la lecture de son ouvrage agréable et très-attachante. L'auteur avait donné tant de preuves d'une éclatante bravoure, sa réputation était si bien établie, qu'il n'avait à craindre aucune comparaison; cependant, il n'a pas eu le bon esprit de rehausser sa propre gloire en faisant briller celle de ses rivaux et de ses braves compagnons d'armes. Il ne se contenta pas de les laisser dans l'ombre, il chercha quelquefois à se faire valoir à leurs dépens. Du Guay-Trouin en fut choqué avec raison, mais son neveu a poussé trop loin le ressentiment; l'injustice faite à son oncle ne l'autorisait pas à prétendre que les Mémoires de Forbin *sont de ces espèces de romans sérieux où l'on fait parler directement des gens d'un nom connu, et dans lesquels quelques faits recueillis de conversations particulières, que l'on a eues avec eux, sont paraphrasés, amplifiés et exagérés au gré des auteurs, et toujours à la plus grande gloire de celui dont le livre porte le nom, lequel a perpétuellement primé partout où il s'est trouvé.*

A cette imputation, nous opposerons une anecdote qui donnerait à penser qu'au fond les récits de Forbin méritent quelque confiance, et que ce brave marin veillait à ce que le rédacteur ne manquât point à la vérité. Cette anecdote se trouve dans les *Nouveaux Mémoires* de l'abbé d'Artigny.

« Dans le temps que M. Reboulet donnoit la forme
» aux Mémoires de M. de Forbin, il eut une contes-
» tation avec ce comte au sujet d'une anecdote qui
» concernoit le roi Jacques II. Chacun sait que ce
» prince partit de Dunkerque au mois de mars 1708
» pour se rendre en Écosse, et que le projet de des-
» cente échoua. M. de Forbin, qui a si bien détaillé
» cette expédition, y ajoutoit dans son manuscrit une
» circonstance très-curieuse, mais en même temps
» trop hardie pour que l'éditeur osât la publier:

» ... *aliquid brevibus gyaris et carcere dignum.*

» Il avoit beau représenter à M. de Forbin le dan-
» ger auquel ils s'exposeroient tous deux en révélant

» un secret de cette importance, le comte, incapable
» de rien ménager, persuadé d'ailleurs que ses
» longs services l'autorisoient à dire tout ce qu'il
» savoit, menaçoit de brûler son manuscrit si on
» retranchoit cette anecdote. Il soutenoit que c'étoit
» l'endroit le plus curieux de ses Mémoires; que ces
» sortes d'ouvrages n'étant estimables qu'autant que
» la vérité y est respectée, la postérité lui sauroit
» gré d'avoir dévoilé un mystère dont on n'auroit
» jamais eu connoissance sans lui; qu'enfin il vouloit
» avoir la consolation, sur ses vieux jours, d'en-
» tendre dire dans le monde que le comte de Forbin
» écrivoit avec le même courage et la même intré-
» pidité dont il avoit toujours combattu. Tout cela
» se disoit d'un air de vivacité extraordinaire. M. Re-
» boulet tâcha de l'adoucir en lui rappelant les traits
» hardis dont il avoit parsemé ses Mémoires; il en
» fit un parallèle avec ceux qu'on a publiés sous le
» règne de Louis-le-Grand, et lui persuada que les
» siens étoient fort au-dessus, tant par la singula-
» rité des faits que par la noble liberté avec laquelle
» il s'étoit exprimé. Le comte de Forbin parut sen-
» sible à ces éloges. On acheva de l'ébranler en le
» priant de charger quelque autre du soin de rédi-
» ger les Mémoires. Il étoit trop content (avec rai-
» son) du travail de l'éditeur pour accepter sa pro-
» position. Il consentit donc à la suppression de
» l'anecdote, mais ce ne fut pas sans se plaindre
» amèrement du sacrifice qu'on exigeoit de lui. »

Nous ne donnons aucune particularité sur la vie de Forbin, parce qu'on les trouve toutes dans ses Mémoires. Nous ajouterons seulement qu'il se trompe en disant qu'il se retira *à l'âge d'environ cinquante-six ans, après quarante-quatre ans de service*. Forbin, né le 6 août 1656, n'avait en 1710, époque de sa retraite, que cinquante-quatre ans; il ne comptait point quarante-quatre années de service, puisqu'il avait plus de dix ans lorsqu'il quitta la maison paternelle. Nous sommes moins étonnés de cette erreur que de lui voir déposer les armes au moment de la guerre. Ses blessures lui servirent de prétexte; le motif fut que la cour, fatiguée de ses prétentions, le prit au mot, lorsque, piqué d'un refus, il demanda son congé. Il vécut encore vingt-quatre ans dans un repos obscur, et mourut en 1734 dans une maison de campagne près de Marseille.

A. B.

MÉMOIRES
DU
COMTE DE FORBIN.

PREMIÈRE PARTIE.

Comme la plupart de ceux qui donnent leurs Mémoires au public ne se proposent guerre que leur propre gloire, il n'est pas surprenant que la vérité ait ordinairement fort peu de part dans leurs ouvrages. L'envie de parler d'eux-mêmes d'une manière avantageuse, et le désir qu'ils ont de plaire et d'attacher par des narrations surprenantes, leur font souvent avoir recours à des aventures purement imaginées, ou tout au moins accompagnées de tant de fausses circonstances, que le vrai, mêlé et confondu avec le faux, n'y est presque plus reconnoissable.

Il en est d'autres qui ne donnent pas tout-à-fait dans cet excès, mais qui, véritables partout ailleurs, ne sauroient se résoudre à raconter sans déguisement ce qu'il peut y avoir eu de défectueux dans leur conduite : de là il arrive que les uns et les autres s'écartent presque également du but qu'un écrivain judicieux doit se proposer, et qu'au lieu de donner des ouvrages qui puissent être de quelque utilité, ils abusent de la crédulité du lecteur, qui souvent, peu instruit d'ailleurs, reçoit des fables pour des vérités, ou se forme de fausses idées sur quantité d'événemens qui mériteroient d'être sus tels qu'ils se sont passés; en sorte qu'au lieu d'avoir employé son temps à une lecture qui pût l'instruire solidement, il ne rapporte de son travail que le misérable avantage que peut produire la lecture d'un frivole roman.

Comme il n'est rien de plus indigne d'un honnête homme que de tromper ainsi le public, je me suis surtout proposé dans ces Mémoires de ne rien écrire que de très-conforme à la plus exacte vérité, soit en ne parlant que des événemens auxquels j'ai eu part, et qui se sont passés sous mes yeux, soit en ne m'épargnant pas moi-même dans mes propres fautes, comme le lecteur aura occasion de le reconnaître en plus d'un endroit. J'espère qu'il me saura gré de cette fidélité, et que, trouvant à s'instruire dans ce que je puis avoir fait de bien et de mal, il pardonnera, en faveur de ma sincérité, ce qu'il peut y avoir de vicieux dans la narration d'un homme de guerre peu accoutumé à écrire, et qui, sans trop s'embarrasser des ornemens du discours, ne doit guère chercher qu'à se faire entendre.

Je naquis en l'année 1656, le 6 du mois d'août, dans un village de Provence appelé Gardanne. Je ne m'arrêterai point ici à parler de ma famille : le nom de Forbin est assez connu par le mérite de plusieurs de ceux qui l'ont porté, et qui depuis long-temps se sont distingués dans l'Église, dans l'épée et dans la robe.

Si les actions de la première jeunesse sont, comme on dit, des présages de ce qu'on doit être un jour, il est certain qu'on dut me regarder dès lors comme étant destiné à recevoir et à donner bien des coups. Mon naturel étant vif, bouillant et impétueux, je ne m'occupois qu'à faire mille petites malices : je voulois dominer sur mes compagnons, et, pour peu qu'on me résistât, il falloit se prendre aux cheveux, et batailler. Quand les coups de poings et les coups de pieds ne suffisoient pas, j'avois recours aux pierres; et il ne se passoit guère de jours où les parens de ceux qui avoient reçu quelques coups ne vinssent porter des plaintes contre moi. On avoit beau me châtier, j'étois intraitable dès qu'on vouloit employer la rigueur pour me corriger.

Un jour, mon père m'ayant enfermé dans une chambre pour je ne sais quelle faute, après m'être lassé à crier, et à frapper inutilement contre la porte, j'entrai dans une telle rage, que j'arrachai une bonne partie de mes cheveux, me battant la tête contre la muraille; de sorte que quand on me vint ouvrir, on me trouva tout en sang, la tête presque sans cheveux, et chargée de contusions en plusieurs endroits.

Je perdis mon père dans ces premières années, c'est-à-dire avant que d'avoir pu le connoître : ainsi, me trouvant le cadet d'une assez nombreuse famille, ce fut à moi, dès que j'eus assez de raison pour m'en servir, à chercher les moyens de joindre aux avantages de ma naissance ceux que la fortune m'avoit refusés.

Je ne trouvai en moi d'autre ressource, pour parvenir à ce point, qu'un fonds de courage et d'intrépidité dont j'ai eu besoin dans la suite en plus d'une occasion, et qui dès l'âge de dix ans me garantit d'une mort également cruelle et funeste. Un chien enragé, qui effrayoit tout le voisinage, vint un jour sur moi la gueule écumante : je l'attendis de pied ferme; et lui présentant d'abord mon chapeau, que je lui abandonnai un moment après, je le saisis par une jambe de derrière, et je l'éventrai d'un coup de couteau, en présence d'une foule de gens qui étoient venus pour me secourir.

Les éloges qu'on me donna après un coup si hardi me flattèrent beaucoup; et, m'élevant le courage au-delà de ce que mon âge permettoit, je me trouvai le cœur plein de sentimens que je n'avois point encore éprouvés. Dans cette première ardeur, j'eus l'audace de représenter à ma mère que, ne me sentant d'inclination que pour les armes, et souhaitant de suivre mon penchant, j'espérois qu'elle ne s'y opposeroit pas; qu'il n'y avoit pour cela qu'à me compter ma légitime, moyennant quoi je serois en état d'aller à l'armée. Cette proposition fut mal reçue : aussi n'en rapportai-je d'abord qu'un refus; et sur ce que je voulus insister, le refus fut bientôt suivi d'un châtiment proportionné à ma faute. Ce procédé me piqua vivement : dans mon chagrin, je résolus de quitter la maison, et d'aller me plaindre à mon frère, qui demeuroit dans une terre appelée Saint-Marce, à quatre lieues de Gardanne. Il fit de mes plaintes le cas qu'elles méritoient, c'est-à-dire qu'il n'en fit point du tout. Ayant compris qu'il songeoit à me renvoyer, je résolus de le prévenir : pour cela j'enlevai quelques pièces de vaisselle, et je me sauvai à Marseille, dans la pensée de m'engager pour soldat, et d'y faire argent de ma capture. Mais un orfèvre huguenot, nommé Romieu, à qui je m'adressai pour réaliser ma prise, ayant reconnu les armes de Forbin, en donna avis; ainsi je fus arrêté et ramené chez ma mère, qui me mit en pension chez un prêtre du voisinage.

Avec les idées de guerre dont j'étois rempli, il est aisé de comprendre que je ne m'accommodai pas long-temps du genre de vie auquel on vouloit me forcer. Un jour, que le prêtre chez qui je logeois vouloit me punir pour quelque faute assez légère, je lui jetai mon écritoire par la tête : comme je le vis venir à moi, craignant les suites de son ressentiment, je m'élançai du haut en bas d'une terrasse qui avoit plus de dix pieds de hauteur, préférant ainsi me casser un bras ou une jambe, au chagrin de subir un châtiment que je ne croyois pas mériter. Un tas de fumier qui étoit sous la terrasse me garantit des dangers d'un saut si hardi; et, profitant de ma bonne fortune, je courus à perte d'haleine à Marseille, chez le commandeur de Forbin-Gardanne, qui commandoit une galère. Il me reçut avec plaisir; et m'ayant fait habiller en cadet, il me prit sur son bord, où je commençai à paroître sous le nom du *chevalier de Forbin*.

Quand on entre au service avec autant de jeunesse et de vivacité que j'en avois, il est dangereux de se laisser surprendre à une fausse délicatesse sur le point d'honneur. Je ne me garantis point de cet écueil funeste à tous les jeunes gens; et, dès la première campagne, les galères s'étant arrêtées à La Ciotat, je mis l'épée à la main, presque sans sujet, contre un cadet nommé Coulon. Ce combat fut tout à mon avantage : je désarmai mon homme, et, fier de ce premier succès, je crus que mes camarades seroient désormais fort circonspects à mon égard, et craindroient d'avoir affaire à moi.

Ce coup d'essai fit grand plaisir à mon oncle; et le maréchal de Vivonne, qui commandoit, non-seulement ne m'en fit pas une affaire, mais, pardonnant à la vivacité d'un jeune homme plein de feu, qui ne sauroit se modérer dès qu'il se croit offensé, me fit garde de l'étendard, en récompense du courage que j'avois témoigné. Je continuai à servir sur les galères pendant quelques campagnes dont je ne parlerai pas, de peur de fatiguer le lecteur, en le retenant trop long-temps sur les premières années de ma vie.

[1675] En l'année 1675, M. le maréchal de Vivonne ayant ordre de commander l'armée navale qui devoit aller au secours de Messine, mena la compagnie des gardes à Toulon. Elle y séjourna pendant quelque temps, pour attendre que tout fût prêt pour le départ. Dans cet intervalle, j'eus un démêlé avec un de mes camarades, nommé Villecrose : nous mîmes l'épée à la main, et je remportai encore tout l'avantage de ce second combat, qui n'eut aucune suite fâcheuse. Quelques jours après, jouant au mail, j'eus une nouvelle affaire avec un certain Bido, autre garde de la marine. Il étoit déjà homme fait. Après quelques paroles assez vives de part et d'autre, me regardant avec un air dédaigneux, il me prit par le menton, affectant par là de me traiter en enfant : outré de cet affront [car je ne pouvois souffrir qu'on méprisât ma jeunesse], je lui déchargeai sur la tête un coup de mail si terrible, qu'il tomba mourant à mes pieds; et, sans un de mes camarades, qui m'arracha le mail de force, je n'en aurois pas fait à deux fois : je le tuois sur-le-champ.

Il est bon de remarquer ici, en passant, que ces deux affaires furent l'effet de l'oisiveté où nous vivions à Toulon : d'où il paroit que ceux qui sont chargés de la conduite des jeunes officiers ne sauroient trop leur donner d'occupation; car quoique la sagesse et la libéralité du Roi semblassent y avoir suffisamment pourvu en établissant des académies dans toutes les places, cependant, malgré tous les différens exercices auxquels on nous appliquoit, ceux qui n'étudioient que par contrainte et sans goût, c'est-à-dire le plus grand nombre, avoient encore bien des heures vides et du temps à perdre, comme on le verra par ce que je vais dire.

Nos exercices d'académie étant finis, le jeu étoit pour la plupart la ressource la plus ordinaire contre l'ennui : de là il en naissoit tous les jours mille querelles parmi les gardes. Saint-Pol, un de mes camarades, avoit joué au piquet contre le chevalier de Gourdon, et il lui avoit gagné vingt écus. La difficulté étoit de payer : celui-ci n'avoit pas le sou, et Saint-Pol vouloit être satisfait à toute force. Peu s'en fallut qu'ils n'eussent une affaire ensemble. Pour l'empêcher, je mis la main à la poche, et je payai les vingt écus pour le chevalier de Gourdon, qui promit de me les rendre incessamment. Mais il ne tint pas parole : soit faute d'argent, soit mauvaise volonté de sa part [je ne sais lequel des deux], il demeura un temps considérable sans parler de rien. Ennuyé de ce silence, qui me paroissoit avoir quelque chose d'offensant, je lui demandai mon argent plus d'une fois : je n'en reçus jamais que de mauvaises excuses, et des promesses toujours sans effet. Enfin, après bien des délais, et pressé par le besoin [car, grâce à la destinée des cadets, ma finance étoit souvent épuisée], je résolus de voir le bout de cette affaire. Pour cet effet, je mis à mon côté une épée dont la garde n'étoit que de fer : dans cet état, j'allai trouver le chevalier; et lui ayant demandé s'il ne songeoit pas à me payer, comme il ne me donnoit que ses réponses ordinaires, je lui ôtai son épée d'argent ; et lui donnant à la place celle que j'avois : « Je vous rendrai, lui dis-je, » votre épée quand vous m'aurez payé. »

Je dois rendre ce témoignage à la vérité : le chevalier de Gourdon étoit fort jeune quand cette aventure lui arriva. Cependant elle fit grand bruit : son oncle, M. le comte de Beuil, capitaine de galère, porta ses plaintes au commandeur de Gardanne, qui me gronda fort, et m'obligea à rendre l'épée ; mais, par une faute dans laquelle des officiers aussi intelligens que ceux-ci n'auroient pas dû tomber, ils ne pensèrent pas à faire rembourser les vingt écus, et moins encore à nous réconcilier ; ce qui eut des suites très-fâcheuses, comme on le verra dans peu.

Tout étant prêt pour le départ de l'armée, nous fîmes route pour Messine. Cette place, que les Espagnols assiégeoient par mer et par terre, étoit réduite à la dernière extrémité. La famine y étoit telle, qu'après avoir consumé tout le peu de blé qu'il y restoit, plusieurs étoient réduits à manger le cuir de leurs souliers, ou à prendre d'autres alimens dont la nature a encore plus d'horreur. Enfin, ne pouvant plus tenir, ils alloient se rendre dans peu, lorsque nous parûmes avec un grand nombre de bâtimens chargés de blé, et escortés par neuf vaisseaux de guerre. A notre arrivée, les ennemis sortirent du phare, et vinrent nous attaquer : le combat fut sanglant. Tandis que nous en étions aux mains, le chevalier de Valbelle, qui commandoit six vaisseaux du Roi, et qui depuis le commencement du siége avoit été enfermé dans le port par les ennemis, mit à la voile, et vint nous joindre.

Dès que les Espagnols l'aperçurent, ils prirent la fuite : si M. de Vivonne les avoit poursuivis, ils étoient perdus sans ressource ; mais ce maréchal, considérant que le secours de la ville pressoit, les laissa sauver, après leur avoir enlevé seulement un de leurs vaisseaux de guerre. Il fut reçu dans la ville comme en triomphe, parmi les acclamations de tout un grand peuple qui l'appeloit à haute voix son libérateur, et qui, en reconnoissance d'un si grand bienfait, lui déféra le titre et les honneurs de vice-roi pendant tout le séjour qu'il y fit. Messine étant ainsi délivrée de l'armée navale, il fut question de chasser les troupes de terre, et de faire lever le blocus : pour cet effet, M. le maréchal obligea les gardes de l'étendard d'acheter des chevaux, pour être en état de le suivre; après quoi ayant choisi ce qu'il y avoit de meilleur dans la bourgeoisie, il fit faire une vigoureuse sortie, chassa les ennemis de tous les postes qu'ils occupoient, et Messine fut entièrement délivrée. Peu de jours après, M. Duquesne, lieutenant général, fut détaché avec quelques vaisseaux et quelques galères pour aller attaquer Agosto. Il fit d'abord canonner la ville pendant quelques jours; ensuite les troupes étant descendues, nous donnâmes l'assaut, et nous nous rendîmes maîtres de la place. Trois jours après, les forts se rendirent presque sans défense. Ainsi finit cette campagne, au retour de laquelle les gardes de l'étendard furent réformés.

Ne pouvant rester dans l'oisiveté où le défaut d'emploi alloit me plonger, j'écrivis au bailli de Forbin, qui commandoit les mousquetaires, de vouloir bien me recevoir dans sa compagnie. Il y consentit volontiers. Comme je n'avois jamais servi que sur mer, je n'étois rien moins que bon cavalier, et je ne me connoissois nullement en chevaux : il n'en falloit pas davantage pour me faire regarder dans la compagnie en jeune homme qui avoit besoin d'être redressé. Par malheur, le cheval qu'on m'avoit donné avoit la gourme : un jour, qu'il étoit attaché avec le reste de la brigade, un mousquetaire nommé Pruly, fameux bretteur, le détacha, et, soit par malice ou autrement, le laissa aller par l'écurie. A mon retour, trouvant mon cheval hors de rang, je lâchai quelques paroles un peu vives contre celui qui m'avoit joué ce tour. Soit que Pruly méprisât ma jeunesse, ou qu'il voulût me tâter, il porta la main sur mon chapeau. A l'instant, sans faire réflexion que c'étoit un crime de se battre dans le lieu où j'étois, je mis l'épée à la main : nous nous portâmes quelques coups; mais nous fûmes bientôt séparés par un nombre de mousquetaires qui se trouvoient à portée. Pruly sut par un d'entre eux que j'étois parent du bailli; ce qui l'obligea d'aller lui faire des excuses sur ce qui étoit arrivé.

[1676] L'année d'après, c'est-à-dire en 1676, les troupes eurent ordre de se rendre en Flandre. Le Roi, qui les commandoit en personne, voulut ouvrir la campagne par le siége de Condé. Ce fut pendant le temps de ce siége que nous commençâmes à nous connoître le comte Du Luc et moi; nous servions tous deux dans la même compagnie : l'amitié que nous y prîmes l'un pour l'autre fut dès-lors si solide, qu'elle n'a jamais été interrompue depuis; et, selon toutes les apparences, elle ne finira qu'avec la vie.

Cependant le siége ayant été poussé avec vigueur, après huit jours de tranchée ouverte, le Roi fit donner l'assaut : les mousquetaires montèrent les premiers, et la place fut emportée. De Condé, nous fûmes à Bouchain, qui fut pris de même; et la campagne finit par le siége de la ville d'Aire. Sur la fin de la campagne, le Roi retourna à Paris, où les mousquetaires eurent ordre de le suivre. Le reste de cette année se passa tranquillement, à cela près que je fus souvent en prison à cause de mes vivacités, sur lesquelles le bailli ne me faisoit point de quartier.

[1677] L'année suivante ma destination changea, on me remit dans la marine, je fus fait enseigne de vaisseau, et nommé au département de Brest. Avant que de m'y rendre, je souhaitois fort d'aller faire un tour en Provence; et, s'il faut dire la vérité, j'en avois grand besoin, tout mon petit équipage étoit entièrement délabré. J'étois hors d'état d'entreprendre ce voyage, si M. l'abbé Du Luc, aujourd'hui archevêque d'Aix, ne m'eût tiré d'intrigue, en me donnant généreusement tout ce qu'il me falloit. Sur le point de partir, un de mes parens qui étoit sur le pavé, faute d'argent pour se retirer chez lui, vint à moi, et me fit part de la triste situation où il étoit. Touché de sa misère : « Mon cousin, » lui dis-je, voilà le fond de ma bourse. Je suis » fâché qu'il n'y ait pas de quoi aller en voiture » vous et moi : mais que faire? Pour ne vous » pas abandonner, je ferai avec vous le voyage » à pied : la somme que j'ai suffira à tous deux. » Sur cela nous mîmes deux chemises dans nos poches, un long bâton à la main qui avoit assez l'air d'un bourdon, et nous prîmes la route de Provence. Nous continuâmes jusqu'à Aix, où je pris la poste pour Marseille; car j'aurois eu honte d'y arriver à pied. Mes anciens camarades me demandèrent en m'embrassant comment j'étois revenu de Paris : « En poste, » leur répondis-je sans hésiter.

Après m'être un peu refait, je voulus, avant que de partir pour Brest, aller à Toulon prendre congé d'un de mes frères, et d'un oncle que j'y avois. Le lendemain de mon arrivée, je rencontrai le chevalier de Gourdon, qui étoit enseigne de marine. Le temps avoit mûri son courage; en sorte qu'ayant gardé le ressentiment de l'affront que je lui avois fait en lui ôtant son épée, il voulut en avoir satisfaction. Nous nous battîmes devant l'évêché; je lui donnai un coup d'épée dans le ventre, et un autre dans la gorge, où, par un coup de parade, mon épée resta. Me trouvant sans armes, je reçus une blessure dans le côté; ce qui me fit reculer quelques pas : dans ce moment, mon épée, qui étoit engagée dans la gorge du chevalier, tomba à terre; il la ramassa. Je voulus alors me jeter sur lui; mais, en me présentant la pointe des deux épées : « N'avancez » pas, me dit-il, vous êtes désarmé. Tenez, » voilà votre épée : vous m'avez crevé, mais je » suis honnête homme. » En achevant ces paroles, il tomba roide mort. Dans l'instant je ne pensai qu'à me sauver, en me faisant jour au travers de la populace qui étoit accourue.

Quelque ému que je fusse alors, je ne pus m'empêcher d'admirer la générosité du chevalier, qui pouvoit si facilement me percer s'il avoit voulu, et qui sut par honneur se modérer dans ce dernier moment. Actuellement que j'écris de sang froid, je trouve cette action si belle, que je sens redoubler dans moi le regret que j'ai toujours eu depuis d'avoir ôté la vie, quoiqu'à mon corps défendant, à un ennemi si généreux.

Ce combat avoit été trop public pour se flatter que la justice n'en prendroit aucune connoissance : cependant, comme on vouloit me favoriser, les informations se firent à ma décharge; on ne parla pas de moi, et l'on accusa un inconnu d'avoir fait le coup. Le père du chevalier de Gourdon, qui étoit extrêmement affligé de cette mort, envoya un gentilhomme sur le lieu pour s'informer de la vérité du fait; et, reconnoissant qu'il ne s'étoit rien passé entre nous qui ne fût dans les règles, il ne fit aucune poursuite. Si ceux qui me firent rendre l'épée du chevalier avoient pris les sages précautions dont j'ai parlé tantôt, ce malheur ne seroit jamais arrivé.

Quand je fus guéri de ma blessure, je me rendis à Brest, comptant cette malheureuse affaire assoupie : mais comme il est difficile qu'on n'ait toujours quelque ennemi caché, un nommé Burgues, à qui je n'avois jamais fait ni bien ni mal, écrivit à M. Colbert que je m'étois battu en duel avec le chevalier de Gourdon, et que ce dernier avoit été tué. Le ministre, qui vouloit faire plaisir au bailli de Forbin, l'avertit du mauvais service qu'on m'avoit rendu, et lui dit qu'il ne pouvoit éviter de donner des ordres pour me faire arrêter : tout ce que le bailli put en obtenir fut de l'engager à renvoyer les ordres à l'ordinaire d'après, afin de pouvoir au moins me faire avertir. Il m'écrivit, et je reçus par le même ordinaire vingt lettres sur le même sujet, d'autant de personnes différentes; elles étoient toute de même style, et conçues en ces termes : « La présente reçue, sortez de Brest, et changez » de nom; il y a des ordres donnés pour vous » faire arrêter. » Je profitai de l'avis, et je pris la poste pour me rendre à Paris.

Comme le Roi ne faisoit point de grâce aux duellistes, j'écrivis en Provence à mon frère de faire dresser de nouvelles informations, et de faire en sorte qu'on fît mon procès. On n'eut pas de peine à obtenir ce que je souhaitois : le parlement d'Aix me condamna à avoir la tête tranchée; par où apparoissant que je ne m'étois pas battu en duel, j'obtins facilement des lettres de grâce. Je partis aussitôt pour me rendre à Aix, où, après quelques heures de prison, elles furent entérinées, et mon affaire fut finie. Dès que je fus en liberté, ma famille, qui avoit ses raisons pour ne vouloir pas de moi dans le pays, me pourvut d'un petit mulet, avec quoi il fallut songer à repartir au plus tôt, pour aller me faire rétablir dans mon emploi.

Étant à Lyon, je m'accompagnai du messager qui alloit à Paris : comme il faisoit souvent cette route, les voyageurs se joignoient volontiers à lui. Un chanoine de Chartres, qui étoit de Marseille, le suivoit aussi, et il lui avoit remis sa malle. Le chanoine montoit une fort belle jument noire. Je m'approchai de lui; et ayant su d'où il étoit, nous eûmes bientôt fait connoissance.

Nous marchâmes deux jours tous trois ensemble, et logeant au même cabaret; mais comme nous y étions toujours très-mal couchés, et qu'on nous rançonnoit, nous prîmes le parti, le chanoine et moi, de prendre notre logement à part, nous contentant de suivre le messager pendant le jour. Nous y gagnâmes; car nous y étions mieux, et à moins de frais.

Étant arrivés à Cosne, nous trouvâmes, en entrant dans le cabaret, deux messieurs avec des habits uniformes, comme des officiers. Nous dînâmes ensemble. Ils nous demandèrent la route que nous faisions; ayant appris que l'abbé avoit laissé sa malle au messager, ils lui offrirent fort poliment de s'en charger, lui disant qu'un d'eux la mettroit derrière son cheval; qu'ils savoient la route de Paris; qu'ils étoient très-bien montés; et que si nous voulions les suivre, nous gagnerions du chemin. Le chanoine les remercia de leurs offres : et comme nous persistâmes à vouloir continuer notre route comme nous avions commencé, ils se joignirent à nous, et nous fûmes tous ensemble coucher à Briare. Le lendemain, nous dînâmes à Nogent. La couchée étoit à Montargis : le messager ne faisant que peu de chemin, à cause des bêtes de charge qu'il conduisoit, nous gagnâmes tous quatre les devans. Nous n'étions plus guère qu'à une lieue de Montargis, lorsque ces deux messieurs nous proposèrent de prendre un petit sentier qui entroit dans le bois, nous assurant que ce chemin étoit le plus court. Nous nous laissâmes conduire sans nous défier de rien : à peine fûmes-nous un peu avancés, que l'un d'eux joignit l'abbé, et l'autre, faisant bride en main, s'arrêta quelques pas derrière nous. En tournant la tête à un détour, je vis à travers le bois qu'il regardoit si l'amorce de son pistolet étoit en bon état.

Je commençai pour lors à entrer en défiance sur son sujet; et le voyant s'approcher de moi, je me détournai moi-même quelque peu de chemin, et je pris mon pistolet, que je fis semblant de visiter à mon tour. Il me demanda ce que je faisois : je lui répondis que quand on étoit dans un bois, il falloit être sur ses gardes. Nous marchâmes quelque temps à côté l'un de l'autre : mais comme je vis qu'il vouloit gagner les devans, je poussai mon mulet; et ayant appelé le chanoine : « Monsieur l'abbé, lui dis-je assez
» bas, nous sommes en mauvaise compagnie : ces
» deux hommes avec qui nous nous sommes as-
» sociés ont assurément de mauvaises inten-
» tions. Cela vous regarde plus que moi, qui
» n'ai pas grand'chose à perdre : mais, à tout
» hasard, visitez vos pistolets; les miens sont
» en bon état. Ayez bon courage, et songeons
» à nous défendre, s'il en est besoin. » Le chanoine, peu guerrier de son naturel, et tout effrayé de ce que je venois de lui dire, prit ses pistolets en tremblant, et les visita, sans savoir presque ce qu'il faisoit. Dans une circonstance moins fâcheuse, j'aurois ri bien volontiers de sa mine pâle et égarée : je fis de mon mieux pour le rassurer. « Tenons, lui dis-je,
» ces deux hommes devant nous : s'ils nous at-
» taquent, nous nous défendrons. » Comme ils s'aperçurent de la méfiance où nous étions sur leur compte, ils se prirent à en faire mille plaisanteries. Cependant nous sortîmes du bois; et ayant gagné le grand chemin, nous arrivâmes à Montargis encore d'assez bonne heure.

Il sembloit que cette aventure dût finir là : il n'en fut pourtant rien. Malgré nos défiances, nos inconnus ne se rebutèrent pas, et voulurent loger avec nous. Pendant le souper, les plaisanteries sur notre terreur panique recommencèrent, ils proposèrent de nouveau à l'abbé de se charger de sa malle; il s'en falloit de beaucoup qu'il eût envie d'accepter leur offre. Enfin il fut question de se coucher. On nous mit tous quatre dans une chambre à trois lits : je m'endormis profondément; mais le chanoine, que la peur tenoit éveillé, ne put jamais fermer l'œil un seul instant.

Deux heures après que nous fûmes au lit, c'est-à-dire lorsqu'il y avoit lieu de croire que nous étions tous deux endormis, un de nos voleurs [car ils étoient tels en effet] battit du feu : le chanoine, pour leur faire comprendre qu'il étoit éveillé, fit quelque bruit en crachant. Ces deux hommes lui demandèrent s'il ne dormoit pas : « Et le moyen de dormir! leur répondit-il.
» Vous faites un bruit enragé toute la nuit. » Ce bon abbé, transi de peur, m'appela plusieurs fois pour m'éveiller; mais ne pouvant en venir à bout, il se leva; et m'ayant enfin éveillé : « Retirons-nous, me dit-il; allons joindre le
» messager : ces deux hommes ne nous mar-
» quent rien de bon. » Comme ils se virent entièrement découverts, ils ne poussèrent pas leur pointe plus loin. Nous partîmes dès le grand matin, et quatre jours après nous arrivâmes à Paris. Nous nous embrassâmes le chanoine et moi; et ayant pris congé l'un de l'autre, chacun pensa à ses affaires.

Le Roi étoit pour lors à l'armée : les ministres l'avoient suivi; et [ce qui étoit pire] je n'avois pas assez d'argent pour séjourner autant qu'il le falloit pour attendre le retour du ministre de la marine. Bontemps, premier valet de chambre du Roi, et mon ami particulier, se chargea de me faire rétablir dans mon emploi, et de me faire nommer au département de Toulon, m'assurant que je pouvois m'en retourner en Provence, et qu'il se chargeoit de ce soin. Sur sa parole, je fis argent de mon mulet, et je me disposai à partir. Comme je passois par la Grève la veille de mon départ, je vis qu'on alloit rompre trois voleurs de grand chemin. Je m'arrêtai pour voir cette exécution : je reconnus aussitôt, parmi ces malheureux, un des deux aventuriers avec qui nous nous étions associés le chanoine et moi. Ce misérable étoit aisé à remarquer, car il avoit toute la mâchoire fracassée : il nous avoit dit, pendant le voyage, que c'étoient les restes d'un coup de mousquet qu'il avoit reçu à un siége. Je compris pour lors ce que c'étoit que le danger que nous avions couru; car j'appris que ces deux voleurs étoient associés avec une bande de trente-six autres de même espèce. Je cherchai l'abbé pour lui faire part de ma découverte, comptant qu'il seroit bien aise d'en être sorti à si bon marché. Mais je ne pus le trouver, et je ne l'ai plus revu depuis.

Comme je comptois de revenir à Toulon, ainsi que nous en étions convenus avec Bontemps, ma famille, qui vouloit faire plaisir au père du chevalier de Gourdon, et lui donner quelque sorte de satisfaction, en reconnoissance de ce qu'il en avoit si bien usé à mon égard, jugea à propos de me faire passer à Brest, à la place d'un de mes frères qui étoit enseigne de marine. Ses fréquentes incommodités l'avoient mis hors d'état de servir. Nous étions à peu près tous deux du même âge, et de même taille : on ne prit pas garde au troc, et je fus reçu à sa place sans difficulté. Dès que je fus arrivé, on m'employa à dresser les troupes de la marine : quelque pénible que soit cet emploi, je m'en acquittai avec tant de soin, que nos commandans s'en aperçurent bientôt, et en témoignèrent publiquement leur satisfaction.

[1680] Après avoir resté environ un peu plus de deux ans à Brest, je fus envoyé au département de Rochefort, où je m'embarquai sur l'escadre que commandoit M. le comte d'Estrées, vice-amiral. La campagne se fit aux îles de l'Amérique : nous visitâmes les côtes de la Nouvelle-Espagne, nous nous présentâmes devant Coriaco, Sainte-Marthe, et la ville de Carthagène. Nous étions en paix avec les Espagnols. Le marquis d'Estrées, fils du vice-amiral, voulut descendre pour voir la ville, et rendre visite au gouverneur : je fus nommé parmi ceux ceux qui dévoient accompagner le marquis. Le gouverneur nous donna un très-magnifique, mais très-mauvais repas en maigre : il auroit été difficile d'ajouter quelque chose à la profusion avec laquelle nous fûmes servis ; mais tout étant accommodé à l'espagnole, tout étoit de très-mauvais goût.

Nous fûmes tous étonnés de la forme des cuillers et des fourchettes qu'on nous présenta : une même pièce servoit pour les deux, donnant une cuiller par un bout, et une fourchette de l'autre ; en sorte que nous étions obligés de les tourner du haut en bas, suivant le besoin. Ce qui nous parut encore plus singulier, ce fut de nous voir servir dans de la vaisselle si massive, qu'une seule assiette en auroit pu faire aisément quatre des plus fortes à la manière de France. Je fus curieux de savoir d'un Espagnol la raison pourquoi leur vaisselle étoit si pesante : il me répondit qu'il étoit défendu au vice-roi et aux gouverneurs des Indes de retourner en Espagne avec de l'argent monnoyé, mais que, pouvant emporter de la vaisselle d'argent autant qu'ils vouloient, ils n'oublioient jamais de la faire à profit.

Pendant le séjour que nous fîmes sur ces côtes, nous remarquâmes qu'autour de l'horizon il se formoit journellement, sur les quatre heures du soir, des orages mêlés d'éclairs, et qui suivis de tonnerres épouvantables, faisoient toujours quelques ravages dans la ville où ils venoient se décharger. Le comte d'Estrées, à qui ces côtes n'étoient pas inconnues, et qui, dans ses différens voyages d'Amérique, avoit été exposé plus d'une fois ces sortes d'ouragans, avoit trouvé le secret de les dissiper en tirant des coups de canon. Il se servit de son remède ordinaire contre ceux-ci : de quoi les Espagnols s'étant aperçus, et ayant remarqué que dès la seconde ou troisième décharge l'orage étoit entièrement dissipé, frappés de ce prodige, et ne sachant à quoi l'attribuer, ils en témoignèrent une surprise mêlée de frayeur ; en sorte que nous eûmes assez de peine à leur faire comprendre qu'il n'y avoit rien en tout cela que de très-naturel.

De Carthagène, nous fîmes voile pour le Petit-Goave, habitation que les Français, ou les flibustiers, ont dans l'île de Saint-Domingue. En arrivant dans cette rade, nous trouvâmes vingt-cinq navires marchands français qui étoient à sec, à cinquante pas du rivage : un ouragan les y avoit jetés. Il avoit été si violent, qu'il n'y eut de toute cette flotte qu'une seule frégate du Roi, commandée par M. de Quoins, qui, ayant bons câbles et bonnes ancres, ne fut pas emportée comme les autres sur le rivage ; mais qui, après avoir été violemment battue de l'orage, fut coulée à fond. Généralement parlant, les ouragans sont si violents dans toutes ces côtes, que nous remarquâmes que la plupart des arbres en avoient été ébranchés, et les toits de plusieurs maisons bâties de pierres totalement emportés.

Nous trouvâmes dans cette île une troupe de flibustiers qui venoient de piller la ville de Marecaille, située dans les terres de la Nouvelle-Espagne : ils en avoient rapporté un butin immense, surtout en piastres, dont ils étoient tout chargés. La meilleure partie de notre temps se passoit à nous réjouir avec eux : un jour le nommé Gramont, qui les commandoit, jouant au passe-dix avec le marquis d'Estrées, lui massa dix mille piastres, lui fit quitter les dés ; ce marquis, quoique gros seigneur, ne trouvant pas à propos de faire tête à un aventurier qui avoit peut-être deux cent mille piastres dans ses coffres.

Comme nous étions dans cette rade, nous vîmes passer à fleur d'eau un cayman, qui est une espèce de crocodile : l'envie de le poursuivre me fit jeter dans un canot. L'aumônier du vaisseau, qui étoit un récollet, voulut venir avec moi : il eut bientôt sujet de s'en repentir ; car le cayman étant entré dans un bois de palétuviers, arbres qui croissent dans la mer, comme nous voulûmes y entrer aussi, nous fûmes assiégés de cousins, dont les morsures sont très-venimeuses dans ces quartiers. Le bon père, qui n'avoit qu'une simple robe sans caleçons, fut livré dans un moment à des milliers de ces insectes, qui, le piquant par tout le corps à qui mieux mieux, le firent enfler, et le mirent en très-peu de temps dans un état à faire pitié. Je le ramenai, souffrant des douleurs intolérables. On le saigna, on le frotta avec de l'eau-de-vie ; et ce ne fut pas sans peine qu'on le remit sur pied, après avoir gardé le lit pendant quinze jours. Je crois qu'il dut se souvenir toute sa vie de la chasse au cayman : pour moi, j'en fus quitte pour quelques piqûres au visage et aux mains.

M. le comte ayant fait mettre à la voile, nous retournâmes du Petit-Goave sur les côtes de la Nouvelle-Espagne. Nous fûmes surpris, en y arrivant, de trouver que les vents, qui règnent ordinairement du côté de l'est, changèrent tout à coup, et sautèrent au sud-ouest : le courant portoit à l'est. Profitant de ce vent favorable, nous suivîmes la côte, et nous allâmes mouiller dans la pointe del Drague, qui est une belle et grande baie. Les Espagnols, qui sont maîtres du pays, quoique nous fussions en paix, ne voulant ni nous recevoir, ni nous fournir les rafraîchissemens dont nous manquions, les chaloupes et les canots furent dans une île voisine pour y chasser, et pour y faire du bois. Plus de trente officiers que nous étions ayant mis pied à terre, nous tirâmes quelques coups de fusil sur des oiseaux. Au bruit de ces coups tirés, un bruit effroyable s'éleva dans la forêt, comme d'une armée qui marchoit à nous : nous nous assemblâmes, ne pouvant nous imaginer ce que c'étoit. Cependant, comme le bruit alloit toujours en augmentant, et paroissoit s'approcher de nous, après avoir délibéré un moment sur le parti qu'il y avoit à prendre, nous résolûmes de nous retirer. Déjà nous commencions à nous rembarquer, et même avec assez de précipitation, lorsqu'un officier américain qui étoit aux environs, sans que nous l'eussions aperçu, voyant notre fuite, éleva la voix, et commença à plaisanter sur la terreur qui nous avoit pris, après en avoir ri un moment. « Suivez-moi, messieurs, nous dit-il; » ce bruit que vous entendez, et qui vous a tant » effrayés, n'est produit que par une troupe de » singes. » Il disoit vrai.

Rassurés par son discours, nous avançâmes dans la forêt; et n'ayant trouvé en effet qu'une troupe de plus de mille singes, nous fîmes main basse dessus; nous en tuâmes une centaine : tout le reste s'enfuit, ou se cacha dans l'épaisseur du bois. Je n'ai guère vu de singes plus gros : ils avoient le poil rouge, une grosse face, et une longue barbe; ils pesoient chacun près de soixante livres. Les matelots les mangèrent, et les trouvèrent bons. Tandis que nous étions à terre, une couleuvre de dix pieds de long et de six pouces d'épaisseur monta, par le gouvernail, dans le canot du chevalier de Flacourt Le Bret : quoiqu'elle sifflât aux oreilles du patron, il l'entendit assez long-temps sans y prendre garde, ni sans se mettre en peine d'où ce bruit venoit; mais nous étant rembarqués; et le chevalier l'ayant aperçue, il se sauva en faisant un grand cri. Tous ceux qui étoient avec lui dans le canot, saisis de frayeur, se sauvèrent aussi; le seul patron, nommé Croy, demeura ferme, et, d'un coup de gaffe qu'il avoit d'abord saisie, tua ce monstrueux animal.

La saison étant avancée, et la mer allant bientôt n'être plus tenable, l'escadre regagna la Martinique, d'où ayant fait voile en France, nous revînmes à Rochefort pour désarmer. Peu après j'obtins mon congé, et j'allai solliciter mon avancement. Je passai le reste de cette année, et toute l'année suivante, sans emploi, partie à la cour, partie à Rochefort.

[1682] L'année d'après, j'eus ordre de repasser à Toulon, où je trouvai mon bon ami l'abbé Du Luc, neveu de l'évêque, et son grand-vicaire. J'en fus reçu avec toute la cordialité possible : il voulut absolument que je logeasse chez lui, et il me traita toujours comme si j'avois été son frère.

Cette même année, je m'embarquai avec le marquis de La Porte sur la flotte qui devoit aller bombarder Alger : elle étoit commandée par M. Duquesne. Nous ne fûmes pas plus tôt arrivés devant la place, que nous commençâmes à faire sentir nos bombes aux Algériens : le feu continuel que nous faisions sur la ville y jeta une telle consternation, que le Roi, appréhendant de ne pouvoir pas contenir ses peuples, se hâta de demander la paix. Ses propositions ne furent écoutées, et les hostilités suspendues, qu'après que les Algériens eurent rendu quatre cents esclaves français qu'ils avoient pris en différentes occasions. Tous les autres articles étant réglés de part et d'autre, un Turc nommé Mezamorte, qui avoit une cabane dans Alger, s'opposa lui seul à la paix. Il commença par engager d'abord dans son parti le *taïf*, ou soldatesque; après quoi, ayant soulevé la populace, il s'empara des principaux postes de la ville : s'en voyant le maître, il fit couper le cou au roi Baba-Hassan, et se fit roi à sa place. Cette révolution, qui s'acheva dans un jour, ayant rompu la trêve, la guerre recommença plus que jamais. Les nouvelles bombes, qu'on jetoit sans interruption, irritèrent tellement ces barbares, que pour se venger, ils se saisirent du consul français, le mirent dans un de leurs mortiers, et le tirèrent au lieu de boulet. Leur cruauté n'en demeura pas là : ils traitèrent de même plusieurs esclaves français qu'ils attachoient à la bouche de leurs canons; en sorte que les membres de ces pauvres chrétiens étoient portés tous les jours jusque sur nos bords, présentant ainsi à nos yeux un spectacle d'inhumanité dont la barbarie africaine est seule capable.

La saison, qui étoit fort avancée, ne nous permit pas de continuer plus long-temps ce siége : la flotte revint à Toulon, où, tandis qu'on travailloit à un second armement pour Alger, j'eus ordre de dresser les troupes de la marine, et les grenadiers. La cour voulant, à quelque prix que ce fût, avoir satisfaction des Algériens, M. le marquis de Seignelay, ministre de la marine, vint en personne à Toulon pour donner ses ordres par lui-même; en sorte que rien ne manqua à ce nouvel armement. Le séjour que ce ministre fit dans la place donna occasion au commandant du port de lui faire voir la manière dont on dressoit les soldats à l'exercice de la grenade. Pour cet effet, ayant fait construire comme une espèce de puits formé avec des planches disposées en *dos d'âne*, il fit dresser un épaulement assez élevé, d'où ce ministre pouvoit voir facilement sans être exposé. Le major Raymondis et moi étions à découvert autour du puits, d'où nous commandions les soldats qui étoient dans un fossé. Un grenadier maladroit jeta une grenade auprès de Raymondis, qui, pour se couvrir, tourna de l'autre côté. Un moment après, un autre grenadier ayant encore manqué le puits, jeta une seconde grenade à mes pieds : je la relevai avec la main, et l'ayant voulu jeter, elle creva en l'air : peu s'en fallut que je n'eusse la tête cassée par un des éclats, dont l'aile de mon chapeau fut percée. Un troisième grenadier, qui n'étoit pas plus adroit que les deux autres, manqua encore le but : la grenade tomba assez loin de Raymondis, qui, piqué d'avoir esquivé la première, et de m'avoir vu relever celle qui étoit tombée auprès de moi, courut prendre cette dernière, et la jeta dans le puits. Le ministre fut satisfait de cette émulation; mais il ordonna qu'on fit cesser, en disant que, pour peu que ce jeu durât, ces deux jeunes gentilshommes ne manqueroient pas de se faire tuer.

[1683] Avant le départ pour Alger, plusieurs officiers présentèrent des projets pour la campagne. Celui de M. le chevalier de Lévis, chef d'escadre, fut d'abord assez goûté. On fit faire deux bombes monstrueuses, qui contenoient quatre-vingts quintaux de poudre, et qui devoient être embarquées sur deux tartanes : on comptait que le fracas qu'elles feroient en tombant seroit capable de faire ébouler le môle; ce qui rendant la descente plus facile, il seroit aisé de brûler tous les vaisseaux qui se trouveroient dans le port, et de se rendre maître de la ville. Mais M. Duquesne, qui commandoit l'armée, trouva tant de difficultés dans ce projet, qu'il échoua.

Les troupes s'embarquèrent à Toulon : les soldats du port, les grenadiers, les officiers surnuméraires, eurent ordre de suivre. Je m'embarquai sur le vaisseau de M. Duquesne, fils du général. Les galères du Roi, commandées par M. le bailli de Noailles, où se trouvoit le comte Du Luc, capitaine d'une galère, eurent ordre aussi de partir, et se rendirent devant Alger. Comme le projet de descente dont je viens de parler avoit échoué, les officiers surnuméraires se trouvoient assez oisifs. Pour ne pas rester dans l'inaction [car j'aurois eu honte d'être tranquille et en sûreté, tandis que plusieurs de mes camarades étoient en mouvement et en danger], je priai le major Raymondis, qui alloit nuit et jour à l'occasion, de me permettre de l'accompagner. Outre le dessein de m'occuper, ma vue principale étoit d'apprendre la guerre, et de m'accoutumer au danger. Raymondis, qui étoit mon ami particulier, m'accorda tout ce que je voulus : tellement que je ne le quittois plus.

Le comte Du Luc, charmé de la bonne volonté que je témoignois, et n'ignorant pas que je ne pouvois qu'être mal nourri dans le vaisseau, prit soin de m'envoyer chercher tous les matins avec sa felouque, pour me faire faire bonne chère. Pour l'amuser pendant le repas, et pour reconnoitre en quelque sorte ses bontés à mon égard, ayant remarqué qu'il prenoit plaisir à être instruit de ce qui se passoit, je lui faisois le récit des occasions où j'avois été le jour d'auparavant, lui en rapportant le détail circonstancié, jusqu'à lui marquer exactement le nombre des morts et des blessés. Deux officiers de galère qui étoient présens à ces récits, soit qu'ils doutassent de la vérité de ce que je disois, ou qu'ils voulussent en tâter, me prièrent de les mener avec moi : « Je le veux bien, leur dis-je ; tenez» vous prêts pour demain. »

Cependant nos bombes alloient grand train. M. Duquesne, qui n'étoit là que pour obliger les Algériens à demander la paix, faisoit bombarder leur ville en plein jour, et avoit, pour cet effet, posté les galiotes à bombes à la distance hors de la portée du but en blanc du canon. Dès le soir, j'envoyai dire aux deux officiers qui m'avoient prié de les mener avec moi qu'ils se souvinssent de la parole qu'ils m'avoient donnée; qu'ils pouvoient me venir trouver le lendemain dans un canot, et qu'ils auroient lieu d'être contens. Ils vinrent en effet; et, pour ne pas les marchander, je les menai d'abord dans la galiote qui étoit la plus exposée au feu des ennemis : nous entrâmes dans ce bâtiment, où nous trouvâmes les officiers de la bombarde, qui, sans se trop embarrasser du bruit du canon, et des boulets qui leur siffloient aux oreilles, déjeunoient assez tranquillement avec du jambon. Je m'assis, et je déjeunai avec eux. Cependant le feu redoubloit : nos officiers de galère ne furent pas long-temps à se repentir de leur curiosité. Je m'en aperçus bientôt ; mais voulant qu'ils parlassent les premiers, je fis semblant de n'y rien comprendre ; enfin, lassés de tout ce badinage, et effrayés plus que médiocrement : « En » voilà assez, me dirent-ils ; retirons-nous, no» tre curiosité est satisfaite. Cet endroit-ci est » trop périlleux pour gens qui n'y ont rien à faire. »

Quoique les bombes qui se tiroient nuit et jour fissent un horrible fracas dans la ville, les Algériens ne laissoient pas de faire bonne contenance. M. Duquesne, pour les pousser à bout, fit armer quatre chaloupes, qui formoient comme une demi-lune flottante : on les couvrit de matelas, pour mettre à couvert les bombardiers et les matelots. Ces chaloupes étoient soutenues par dix autres bien armées, et par quatre galères.

Les chaloupes qui étoient en guise de demi-lune avoient chacune un mortier chargé d'une carcasse, c'est-à-dire d'une espèce de bombe percée à jour en plusieurs endroits, et remplie de matière combustible. Elles avoient ordre de s'approcher du môle jusqu'à la portée du fusil : on comptoit que les carcasses, tombant sur les vaisseaux ennemis, y mettroient infailliblement le feu. Le major Raymondis fut commandé pour disposer cette attaque : je ne manquai pas, à mon ordinaire, de m'embarquer avec lui dans son canot. Aux premières carcasses que nos chaloupes tirèrent, les ennemis, qui étoient postés sur le môle, firent un si grand feu de mousqueterie et de canons à mitraille, que nous eûmes dans notre canot, qui étoit sans parapet et à découvert, cinq hommes tués ou blessés : nos matelots en furent si effrayés, qu'ils se couchèrent tous à fond du canot, sans qu'il fût possible de les faire relever, quoi que nous pussions leur dire.

Pour les tirer de cette situation, il nous fallut mettre l'épée à la main, et menacer de tuer ceux qui refuseroient d'obéir. La crainte d'une mort présente les ayant rendus plus dociles, je pris le gouvernail, car le patron avoit été tué ; et tout notre monde s'employant de son mieux, nous manœuvrâmes si à propos, que nous fûmes bientôt hors de danger. Raymondis m'a toujours témoigné depuis qu'il me savoit gré de la résolution que je marquai dans cette occasion. L'effet de nos chaloupes carcassières fut si peu considérable, et elles furent d'ailleurs si maltraitées par le feu des ennemis, que M. Duquesne ne jugea plus à propos d'y renvoyer.

Tout le reste de cette campagne se passa à foudroyer la ville par la multitude des bombes qu'on y jeta, et à voir périr un nombre infini de pauvres chrétiens, que ces barbares ne se lassoient point de tirer à la bouche du canon. Cette inhumanité donna lieu à une action de générosité que je ne crois pas devoir omettre. Le capitaine d'un corsaire algérien que M. le chevalier de Lévis avoit pris autrefois dans ses courses, et à qui il avoit fait beaucoup de caresses, aussi bien que tous ses officiers, se trouvoit à Alger, et étoit témoin de la barbarie dont on usoit envers les chrétiens.

Un des officiers du chevalier de Lévis, nommé Choiseul, ayant été malheureusement pris, fut condamné de subir le sort qui en avoit déjà fait périr tant d'autres. Comme l'exécution alloit se faire, le capitaine turc le reconnut : touché du malheur d'une personne qui lui avoit fait plaisir autrefois, il mit d'abord tout en usage pour l'en garantir ; mais n'ayant pu obtenir sa grâce, et voyant qu'on l'attachoit au canon, quoi qu'il eût pu faire ou dire en sa faveur, il courut à lui en désespéré, l'embrassa étroitement, et s'adressant au canonnier : « Mettez feu, lui dit-il ; puis» que je ne puis sauver mon bienfaiteur, je veux » mourir avec lui. » Le Roi, qui fut témoin de ce spectacle, en fut attendri, et fit grâce à l'officier : tant il est vrai qu'il n'est point de climat où la vertu, surtout quand elle est poussée au plus haut point, ne se fasse respecter, et ne triomphe même avec éclat des cœurs les plus insensibles. Choiseul étant depuis revenu en France, y a servi long-temps en qualité de subalterne ; et c'est sur son récit que je rapporte ce trait, dont les nations les plus civilisées se feroient certainement grand honneur.

La saison ne permettant plus de tenir la mer, l'armée mit à la voile, laissant la ville pleine de meurtres, de ruines, et de toutes les horreurs qu'une expédition longue et sanglante entraîne nécessairement après soi. Aussi, quelque résolution que les Algériens eussent fait paroître pendant le bombardement, ils en furent dans le fond si consternés, qu'appréhendant une troisième attaque, ils se mirent en état de la prévenir en implorant la clémence du Roi, à qui ils demandèrent humblement la paix, par une ambassade solennelle dont je ne parlerai pas, ce point n'étant pas de mon sujet.

La flotte étant arrivée à Toulon, et le désarmement étant fait, les officiers ne songèrent plus qu'à se dédommager par les plaisirs de l'hiver des fatigues de la campagne. Pour moi, j'avois grande envie d'aller à la cour, pour y travailler à ma petite fortune ; mais le défaut d'argent, obstacle éternel à tous mes projets, alloit m'empêcher d'exécuter celui-ci, si le comte Du Luc ne fût venu au secours. Informé de mon état : « Mon cousin, me dit-il en m'embrassant, ne » t'embarrasse pas des frais du voyage : je les » paierai pour toi. » Nous nous mîmes en chemin ; et, peu après être arrivé à la cour, je fus fait lieutenant de vaisseau.

Je reçus ordre en même temps de me rendre à Rochefort pour y armer au plus vite un vaisseau qui devoit passer en Portugal le marquis de Torcy, que le Roi envoyoit complimenter le nouveau roi don Pedro, sur son avénement à la couronne.

Je pris la poste par un froid extraordinaire. A six lieues de Blois, je trouvai les chemins si gâtés par les glaces et les ornières, que mon cheval s'abattit à plusieurs reprises, sans pourtant se faire aucun mal ; mais enfin étant tombé une dernière fois ; et ayant donné du museau à terre, la têtière se rompit. Comme je ne voulois pas descendre, je dis au postillon de mettre pied à terre, et de venir la raccommoder : ce brutal me répondit que je n'avois qu'à la raccommoder moi-même, puisque je tombois si souvent. Je sentis toute l'insolence de cette réponse : je dissimulai pourtant, parce que j'avois besoin de lui. « Mon ami, lui dis-je, faites-moi l'amitié de des- » cendre, et de raccommoder la têtière de mon » cheval : si j'avois une attache, je vous en épar- » gnerois la peine. » La manière honnête dont je lui parlai le fit consentir à faire ce que je souhaitois ; mais dès qu'il m'eut rendu ce service, je mis l'épée à la main, et je le châtiai comme son insolence le méritoit. Etant remonté à cheval, il me dit quelques injures, et me menaça que je la lui paierois quand nous serions à Blois. Je remis aussitôt l'épée à la main : « Il n'est pas néces- » saire, lui dis-je, d'aller si loin ; j'aime à payer » mes dettes sur-le-champ. » Sur quoi j'ajoutai une seconde dose au châtiment qu'il avoit reçu. Comme il fit mine de vouloir se défendre avec son fouet, je revins à la charge ; et ayant bien remarqué auparavant l'endroit où je voulois le percer, je lui donnai un léger coup d'épée dans le côté ; après quoi il demeura tout aussi sage que je le pouvois souhaiter.

Il n'y avoit qu'à le voir pour reconnoitre qu'il avoit été bien battu. Il étoit sans chapeau, et avoit le visage tout ensanglanté. Dans cet état, nous fûmes descendre à la poste. Le maître, en nous voyant arriver, ne fut nullement surpris de ce désordre ; et, s'adressant à moi : « Appa- » remment, monsieur, me dit-il, vous avez eu » quelque discussion avec ce maraud. — Cela est » vrai, lui dis-je ; mais il n'a pas à se plaindre , » il a été payé comptant. Du reste, il m'a fort » menacé à s'en venger quand nous serions à » Blois. — Eh ! monsieur, reprit le maître, c'est » le plus grand coquin qu'il y ait sur la route : » il est incorrigible. Il n'y a pas encore deux ans » qu'un courrier qu'il avoit poussé à bout fut ré- » duit à lui casser l'épaule d'un coup de pisto- » let. » Pendant ce petit éclaircissement, je me disposois à remonter à cheval, et ne pensois plus au postillon, que je croyois loin de moi, lorsque je le vis revenir tout à coup, armé d'une fourche dont il vouloit me percer. Je n'eus que le temps de prendre mon pistolet ; et j'étois sur le point de tirer, quand le maître, qui l'avoit aperçu, accourut avec un bâton, et le mena si rudement après l'avoir désarmé, qu'il n'eut pas envie d'en demander davantage. Cette expédition finie, je montai à cheval. Je sortois de l'écurie, lorsque je le vis s'approcher de moi, me demandant pour boire, comme s'il n'avoit été question de rien. Je ne pus assez admirer l'insensibilité de ce maraud ; et lui ayant donné quelques pièces de monnoie : « Tiens, lui dis-je, » bois à ma santé ; tu l'as bien gagné. »

De Blois, je continuai mon voyage fort tranquillement jusqu'à Poitiers ; mais il étoit déterminé que pendant toute cette route je serois malheureux en postillon. Comme je sortois de l'écurie, le maître étant présent, je dis au postillon : « Courage, mon ami, pousse ! » Sa réponse fut : « Pousse toi-même, si tu es si pressé. » — Ecoute, maraud, lui répliquai-je, le regar- » dant avec des yeux pleins de colère et d'indi- » gnation : je suis bien aise de te dire ici devant » ton maître, qui vaut sans doute bien moins que » toi, puisqu'il garde chez lui un insolent de ta » sorte, que si tu me dis la moindre sottise, je » te casserai la tête d'un coup de pistolet. » Cette menace le rendit souple, et pendant tout le chemin il n'eut plus que des contes plaisans à me faire. A Mousse, où je devois encore changer de chevaux, je vis arriver un troisième postillon à grosses moustaches retroussées, ayant un sabre à son côté, et deux pistolets aux arçons de sa selle. A cet équipage, je jugeai que nous ne nous séparerions pas sans querelle, et qu'il faudroit batailler encore avec celui-ci : sur cela, je pris un de mes pistolets ; et adressant la parole à mon homme, je lui dis que, prévoyant qu'il faudroit nous battre en route, il valoit mieux commencer la guerre avant le départ. Le maître, qui survint dans ce moment, apaisa la noise : il désarma son postillon, et nous partîmes.

J'avois couru environ deux postes, lorsque la nuit nous surprit par un brouillard très-froid, et si épais qu'on n'y voyoit rien du tout. Nous manquâmes le chemin ; et après avoir marché quelque temps sans savoir où, et en danger de nous perdre, nous fûmes réduits à mettre pied à terre. Je ne me souviens pas de m'être jamais trouvé dans une situation plus désagréable : de rage et de colère, je voulois tuer le postillon qui m'avoit ainsi égaré. Ce pauvre malheureux me répondoit, toutes fois que je le menaçois : « Hélas! » monsieur, quand vous m'aurez tué, vous n'en » serez pas plus avancé. » Il avoit raison : cependant, pour nous tirer de l'embarras où nous étions, je m'avisai de lui dire de faire claquer son fouet, dans l'espérance que quelqu'un pourroit peut-être nous entendre, et nous remettre dans le chemin.

Je ne me trompois pas dans ma conjecture : au bruit qu'il fit, un chien se mit à aboyer. Je compris que, par un temps si froid, cet animal n'étoit pas là sans quelque retraite : j'ordonnai à mon homme de continuer à faire du bruit, tandis que nous irions à la voix. Après avoir marché ainsi quelques pas, nous fûmes arrêtés par un grand fossé plein d'eau à demi glacée ; nous le suivîmes plus d'un quart d'heure, sans pouvoir trouver de passage : enfin, après bien des peines, nous arrivâmes devant la maison d'un paysan qui, surpris et tout effrayé de nous voir chez lui si tard, et par un si mauvais temps, nous ferma la porte au nez.

J'eus beau le prier de nous ouvrir, il ne pouvoit s'y résoudre : il fallut, pour lui faire entendre raison, le menacer de mettre la porte à bas. Il ouvrit enfin en tremblant, car il nous prenoit pour des voleurs. J'étois perdu de froid : je lui demandai en entrant s'il ne pouvoit point nous faire du feu, et nous retirer chez lui pour ce soir. « Hélas! monsieur, vous le voyez vous- » même, me répondit-il ; je n'ai en tout que ce » méchant lit, qui sert pour moi, ma femme et » mes enfans. Mais si vous voulez me suivre, » continua-t-il, je vous conduirai chez un hon- » nête gentilhomme huguenot qui loge à deux » cents pas d'ici, et qui vous recevra agréable- » ment. »

J'acceptai cette offre ; et l'ayant suivi, nous arrivâmes sur les onze heures du soir chez ce gentilhomme, qui en effet me reçut fort gracieusement : il s'appeloit M. de La Rivière. Il fit d'abord allumer un grand feu, dont je profitai, car j'en avois grand besoin ; et quelque temps après, m'ayant fait servir un gigot accompagné de deux bécassines, du vin petit, mais fort bon à boire, et du pain frais, je fis un repas d'autant plus délicieux, que je n'avois mangé de tout le jour. De là, on me conduisit dans un bon lit où je dormis fort à mon aise, et où je me dédommageai amplement de ce que j'avois eu à souffrir pendant toute la journée. Le lendemain, avant mon départ, on me servit à déjeuner. Je remerciai mon hôte de toutes ses politesses, je lui dis mon nom ; et après lui avoir offert tout ce qui dépendoit de moi, je partis, et j'arrivai à Rochefort, où je trouvai mon oncle, qui commandoit la marine. Je le réjouis beaucoup en lui racontant les aventures de mon voyage, parmi lesquelles les honnêtetés de M. de La Rivière ne furent pas oubliées.

Peu de jours après, le vaisseau qui devoit aller en Portugal fut en état de partir. M. de Villette, qui devoit le commander, et M. le marquis de Torcy (1) étant arrivés, nous mîmes à la voile ; et après une heureuse navigation nous arrivâmes à Lisbonne. M. de Torcy fit son entrée avec une magnificence digne du monarque qu'il représentoit. Pendant l'audience, le Roi demeura assis, tandis que l'ambassadeur le haranguoit debout : tous les grands et les seigneurs de la cour étoient aussi debout, sans chapeau, et les plus qualifiés d'entre eux étoient appuyés contre la muraille, qui étoit sans tapisserie, et sans nul autre ornement. Le marquis de Villette ayant voulu s'appuyer aussi contre la muraille, un maître des cérémonies vint à lui fort gravement, et l'avertit qu'il n'étoit permis qu'aux grands de Portugal du premier ordre de s'appuyer en présence du Roi. Le marquis changea aussitôt de situation : comme il étoit naturellement un peu glorieux, cette espèce d'affront, qu'il reçut devant toute la nation, le mortifia beaucoup.

Pendant le séjour que nous fîmes à Lisbonne, nous visitâmes la fameuse abbaye de Belem, qui n'en est éloignée que de quatre lieues : nous y admirâmes la magnificence des tombeaux des rois de Portugal, plusieurs ouvrages en marbre de très-grand prix, les vastes bâtiments qui forment le monastère, et les jardins, qui sont des plus beaux du royaume. Le prieur nous fit mille caresses. Après lui avoir vanté la beauté de ce séjour, nous lui parlâmes des religieux qui l'habitoient. « Hélas! messieurs, nous dit-il en sou- » pirant, ce monastère est bien déchu de son » ancienne splendeur, et il s'en faut bien qu'il » soit ce que je l'ai vu moi-même autrefois. » Lorsque j'y étois jeune religieux, il étoit éta- » bli, sans qu'on y manquât jamais, qu'une » trentaine d'entre nous sortoient tous les soirs » armés d'une dague et d'une épée, pour aller » chercher des aventures : maintenant cette fer- » veur guerrière s'est si fort ralentie, qu'on en » trouve à peine dix ou douze qui n'aient pas

(1) Auteur des Mémoires qui font partie de cette Collection.

» dégénéré, et qui marchent sur les traces de » leurs anciens. » A ce discours, nous nous entreregardâmes tous, ne sachant que répondre, et ne comprenant pas s'il parloit sérieusement, ou s'il vouloit rire. On nous conduisit dans une magnifique salle, où nous trouvâmes une table très-bien servie : nous nous y assîmes avec ces bons pères, qui furent régalés à leur tour d'une excellente symphonie que nous avions amenée avec nous, et qui ne cessa de jouer pendant tout le repas.

J'ai déjà dit plus d'une fois que ma bourse étoit, pour l'ordinaire, assez dégarnie : cette disette, qui me réduisoit tous les jours aux expédiens, me rendait attentif à ne laisser pas échapper l'occasion de gagner quand elle se présentoit. Elle me fut offerte, avant mon départ de France, par les fermiers du tabac, qui me dirent que si je voulois leur apporter du tabac du Brésil, ils me l'achèteroient sur le pied de vingt sous la livre. Il y avoit à gagner gros sur ce marché; mais comment le conclure sans argent? Dans cet embarras, je m'adressai à mon oncle, à qui je fis part de la proposition qui m'avoit été faite. Je le pris dans un moment si favorable, je le tournai en tant de manières, et je lui dis tant de choses pour lui faire connoître et mes besoins, et le profit que cette affaire devoit me rapporter, que, quoique naturellement fort dur quand il s'agissoit de desserrer, il me prêta assez généreusement [sous la promesse toutefois de le lui rendre à mon retour] de quoi avoir un quintal de safran que j'achetai dans la pensée de le revendre avec profit, et d'en employer le produit selon que je m'étois proposé.

Quelques jours après mon arrivée à Lisbonne, je me mis en devoir de faire aller mon petit négoce : je vendis mon safran au double de ce qu'il m'avoit coûté, et j'employai tout cet argent en tabac. Huit à dix jours avant le départ, je voulus l'embarquer sur le bâtiment qui nous avoit portés ; mais M. de Villette se faisant une délicatesse de recevoir des marchandises sur le vaisseau du Roi, je fus obligé de le mettre sur le traversier, sorte de petit bâtiment qui ressemble assez à une tartane, et que le commandant avoit amené pour les besoins de l'équipage.

Tout étant disposé pour le départ, nous n'attendions plus pour mettre à la voile que l'audience de congé [ce qui ne pouvoit aller qu'à quelques jours], lorsque le marchand à qui j'avois vendu mon safran vint me trouver, pour me dire que, si je voulois prendre avec la chaloupe du Roi une famille juive qui se trouveroit sur les dix heures du soir à l'endroit qui me seroit indiqué, on me feroit présent de deux cents pistoles, à condition toutefois qu'elle seroit reçue au moins pour deux jours sur le vaisseau du Roi, au bout desquels elle devoit être embarquée sur un petit vaisseau marchand qui faisoit route pour Bordeaux. J'écoutai cette proposition avec grand plaisir, et je promis de répondre dans deux heures : je fus sur-le-champ la communiquer à M. de Villette, qui, ravi de me procurer ce profit, répondit que j'étois le maître, et qu'il n'avoit rien à me refuser. En conséquence de cette réponse, le rendez-vous fut arrêté, et je me rendis avec la chaloupe au lieu dont nous étions convenus.

Comme personne ne paroissoit, l'heure commençant à passer, je me lassai d'attendre; et sautant à terre avec le capitaine des matelots, nous fûmes quelques pas à la découverte. Je m'avançai au clair de la lune vers une rue qui étoit à deux cents pas du rivage, et je dis au capitaine d'aller jusques au bout, pour voir si personne ne venoit. A peine s'étoit-il éloigné de moi, que je vis paroître à quelques pas comme une espèce de fantôme : c'étoit un homme en caleçon, qui avoit un bonnet blanc sur la tête, les jambes nues, de simples souliers aux pieds ; son bras gauche étoit couvert d'une targue, et il portoit à la main une longue épée nue : il venoit à moi tout essoufflé. Ne devinant pas ce que ce pouvoit être, dès qu'il fut à six pas moi, je lui présentai mon pistolet, en lui disant : « Arrête! » A ce mot, le spadassin sauta fort légèrement de l'autre côté de la rue, et continua son chemin sans rien répondre.

Comme je craignois que le capitaine, qui étoit à l'autre bout, ne fût effrayé à la vue de ce spectre, je le suivis d'assez près. Je prévis fort à propos ce qui seroit arrivé, si je ne me fusse avancé. Le capitaine eut peur en effet, et se mit à crier de toute sa force. Je lui répondis de tenir ferme, le pistolet à la main, et que j'étois venu pour le soutenir. A ce mot, l'aventurier, qui étoit apparemment un fou, passa son chemin fort paisiblement, et se retira sans me dire.

La famille juive arriva un moment après : elle étoit composée du père, de la mère, d'un petit garçon, et d'une jeune fille assez bien faite. Nous les embarquâmes. Je leur demandai les raisons qu'ils avoient de se sauver : ils me répondirent qu'ils étoient poursuivis par l'inquisition, et que s'ils étoient pris, ils couroient risque d'être brûlés vifs. Le père me compta les deux cents pistoles dont nous étions convenus, et je conduisis mes gens dans le vaisseau, où après le terme arrêté, ils s'embarquèrent pour Bordeaux.

Je n'eus pas plus tôt touché ce nouvel argent,

que je me hâtai de l'employer en tabac, que je mis encore sur le traversier. Je comptois souvent en moi-même tout le profit qui devoit me revenir de mon commerce, et je trouvois, après avoir bien calculé, que j'allois avoir dans peu plus d'argent que je n'en avois eu de ma vie. Enfin M. de Torcy eut son audience de congé : nous fîmes voile pour la France. La route fut d'abord assez heureuse ; mais un grand coup de vent nous ayant séparés du traversier, nous le perdîmes de vue. Ce contre-temps m'affligea beaucoup, car ce bâtiment emportoit avec lui tout mon trésor ; mais j'avoue que mon affliction redoubla jusqu'à l'excès quand j'appris, peu de jours après, qu'il avoit été pris à l'atterrage par un corsaire biscaïen. Mon oncle, à qui j'annonçai cette fâcheuse nouvelle, n'en parut touché que par le mal qui m'en revenoit : sa générosité, à laquelle je ne m'attendois pas, me consola quelque peu, quoique, s'il faut dire la vérité, j'eusse toujours, dans le fond, beaucoup de regret à la perte que je venois de faire.

Ce fut à peu près dans le temps de mon retour de Portugal que le Roi, qui étoit déterminé à ne souffrir plus de religionnaires en France, renouvela contre eux les édits qui avoient été rendus en plusieurs occasions. Les intendans eurent ordre de les faire exécuter à la rigueur, et sans exception : l'exactitude avec laquelle on obéit laissa peu d'huguenots à couvert de la sévérité des ordonnances. M. de La Rivière, chez qui j'avois été si bien reçu, comme j'ai dit tantôt, tenant dans la province un des premiers rangs parmi ceux de sa secte, à laquelle il avoit paru jusques alors extrêmement attaché, avoit été inquiété des premiers : on avoit envoyé chez lui des dragons qui le désoloient. Ne sachant quel parti prendre, il vint à Rochefort pour voir M. Arnoux, intendant de la province, et pour tâcher de le fléchir.

Dès que je sus son arrivée, j'allai le voir. Je ne voulus jamais permettre qu'il logeât ailleurs que chez moi, c'est-à-dire chez mon oncle, qui le reçut très-agréablement, en reconnoissance du plaisir qu'il m'avoit fait : il s'intéressa même vivement pour lui. Mais les ordres de la cour étoient si précis, que, quelque instance qu'il fit, il ne put jamais rien obtenir, quoique ami très-particulier de l'intendant. M. de La Rivière voyant qu'il n'y avoit plus de parti à prendre et qu'il falloit nécessairement ou changer de religion, ou être ruiné dans peu ; pressé d'ailleurs par mille raisons que je lui fis valoir à propos, se détermina enfin à faire son abjuration : j'ai même su depuis qu'il avoit continué de vivre en fort bon catholique, et que nous avions si bien fait, les dragons et moi, qu'il ne s'étoit jamais repenti de sa conversion.

[1684] Comme le service du Roi ne demandoit pas ma présence à Rochefort [car la saison étoit déjà fort avancée], mon oncle me conseilla d'aller en Provence, pour régler quelques affaires que j'y avois : il m'ordonna en même temps de passer par Lyon, et de parler à un homme qui lui devoit quelque argent. La route que j'avois à faire étoit par le Périgord, le Limosin et l'Auvergne.

La quantité de neige dont le pays étoit couvert le rendoit impraticable à un homme qui n'en avoit d'ailleurs aucune connoissance. Pour obvier à cet inconvénient, je me joignis aux muletiers qui partent deux fois la semaine de Limoges pour Clermont : leur marche étoit si lente et si ennuyeuse, que je me trouvois bien malheureux d'être obligé de m'y conformer. Après les avoir ainsi suivis pendant quatre jours, nous arrivâmes à un cabaret en rase campagne. J'étois auprès du feu à causer avec l'hôtesse, lorsque je vis entrer six hommes qui ressembloient bien mieux à des bandits qu'à toute autre chose. Je demandai quels hommes c'étoient : « Ce sont, me répondit la maîtresse du logis, des marchands de Saint-Étienne-en-Forez, qui reviennent de la foire de Bordeaux : nous les voyons repasser ici toutes les années. »

Ravi de cette nouvelle, je leur fis civilité : nous soupâmes ensemble, et je m'associai avec eux pour tout le reste du voyage. Il tomba dans la nuit une si grande quantité de neige, que les chemins en furent entièrement couverts : mais ces marchands les avoient si fort pratiqués, que, se conduisant d'un arbre à l'autre, ils ne s'égarèrent jamais. Comme nous marchions, un geai vint se percher devant nous à la portée du fusil. Un de mes compagnons de voyage, qui avoit un bâton à la main, ou quelque chose qui paroissoit tel, fit arrêter la troupe ; et ayant ajouté à ce prétendu bâton quelques ressorts qu'il renfermoit sans qu'il y parût, il en fit un fusil complet, tira sur l'oiseau, et le tua. Nous devions nous séparer à Thiers, où je comptois de prendre la route de Lyon, tandis qu'ils prendroient celle de Saint-Étienne ; mais je n'en fus pas le maître : ces messieurs m'invitèrent si honnêtement à passer chez eux, et me firent si bien entendre que les chemins de Thiers à Lyon étoient impraticables à cause des neiges, surtout lorsqu'on n'avoit pas un guide expérimenté, que je me rendis à leurs raisons et à leurs honnêtetés, qu'ils redoublèrent pendant cinq ou six jours que le mauvais temps m'obligea de passer chez eux.

De Saint-Étienne, j'allai à Lyon, d'où, après avoir fait la commission dont mon oncle m'avoit chargé, je partis pour continuer ma route de Provence, après m'être associé encore avec deux marchands que j'avois trouvés dans l'auberge. Trois jours après, nous arrivâmes à Lauriol : pendant qu'on préparoit le souper, nous vîmes arriver un carrosse à quatre chevaux. Il y avoit dedans un homme malade, une grande femme entre deux âges, mais laide, qui menoit avec elle une espèce de petite fille de chambre fort jolie, âgée d'environ dix-huit ans. La curiosité me fit avancer pour voir de plus près ce que c'étoit. Comme j'approchois, la dame, ouvrant elle-même la portière, descendit assez à la hâte; et, sans prendre garde à moi, qui me préparois à lui donner le bras, elle débuta par donner un soufflet à sa fille de chambre, qui se mit à pleurer.

J'étois jeune pour lors ; et n'ayant pas le courage de me mettre au-dessus de certaines impressions, ma pitié pour cette pauvre fille m'attendrit, et me mit un peu trop dans ses intérêts. Je m'approchai d'elle, je lui témoignai la peine que j'avois eue à la voir ainsi maltraiter, et je lui dis qu'elle méritoit bien plutôt d'être servie elle-même, que de servir les autres avec tant de désagrément.

Cette fille, qui ne cessoit de pleurer, ne me répondit pas un seul mot : j'allois continuer à lui parler, quand la maîtresse, qui d'abord étoit entrée dans le cabaret, reparut sur la porte; et, soit qu'elle fût indignée de ce que sa servante ne l'avoit pas suivie, ou qu'elle m'eût aperçu lorsque je lui parlois, elle revint à la charge comme une furie, chargea de coups cette pauvre malheureuse, la décoiffa, et la traîna aux cheveux dans la basse-cour. Je souffrois de la voir ainsi maltraiter, et peut-être à mon occasion. Je me consolois pourtant, dans la pensée qu'un traitement si rigoureux pourroit avancer mes affaires.

Je trouvai bientôt le moyen de la raccrocher. Je lui demandai d'où elle étoit : elle me répondit : « De Paris. » Je lui remontrai qu'il ne lui convenoit pas de demeurer plus long-temps au service de cette vieille sorcière, et après lui avoir offert de la ramener chez ses parens, j'ajoutai que, si elle vouloit se fier à moi, j'aurois soin d'elle comme de moi-même. Elle ne répondit rien ; mais, par un sourire qu'elle fit, elle me donna à entendre qu'elle ne rejetoit pas mes offres.

Il n'en fallut pas davantage : j'allai sur-le-champ trouver l'hôte, je lui ordonnai de conduire cette fille dans une chambre en particulier,
et de lui donner à manger, lui déclarant que je me chargerois de la dépense. Peu après, on servit le soupé. J'eus bientôt fini : impatient de savoir à quoi mon aventure aboutiroit, je me tirai de table longtemps avant la fin du repas. J'entrois à peine dans la chambre où cette fille avoit été conduite, lorsque sa vigilante maîtresse, qui, se doutant de quelque chose, m'avoit suivi sans que je m'en aperçusse, tira la porte à elle, la ferma à deux tours, et emporta la clef. Au bruit qu'elle fit, je demeurai un peu interdit; mais, un instant après, ayant fermé le verrou qui étoit en dedans : « Puisqu'on nous ferme par dehors, » lui dis-je, fermons aussi de notre côté. »

Cependant Dieu sait la rumeur qu'il y eut dans l'hôtellerie : la dame faisoit les hauts cris, et, mêlant dans ses sermons tous les saints du paradis, juroit qu'elle auroit satisfaction de l'affront que je lui faisois. Tout ce beau vacarme, dont le bruit venoit jusqu'à nous, ne fit pas d'abord beaucoup d'impression sur moi ; mais cette fille m'ayant appris que son maître étoit homme de robe, je craignis que, me trouvant ainsi enfermé avec elle, il ne pût y avoir lieu de me poursuivre en crime de rapt.

Je songeai donc à me sauver de ma prison ; et jugeant, par la hauteur de la fenêtre, que les deux draps du lit attachés ensemble suffiroient pour cela, je me mis en devoir de sortir, recommandant à la fille de ne faire semblant de rien, et de se mettre au lit, après avoir tiré le verrou qui fermoit la porte en dedans, l'assurant du reste qu'elle auroit bientôt de mes nouvelles. A peine fus-je en liberté, que j'allai dans la chambre où les deux marchands étoient couchés. La servante du cabaret, qui me vit entrer, se mit à sourire ; car elle me croyoit ailleurs, aussi bien que le reste de la maison.

Le lendemain dès le point du jour, le juge et le greffier arrivèrent en grand cortège. La dame qui les avoit envoyés chercher, soutenant ce caractère d'aigreur et d'emportement qu'elle avoit marqué, se répandit en plaintes contre moi, et, jetant dans ses discours toute l'amertume qu'elle avoit dans l'âme, ne demandoit rien moins qu'un châtiment exemplaire, dont elle me déclaroit digne, et au-delà. Le maître, plus lent, ne parloit que par sentences : il cita force lois et beaucoup de latin, et, après bien de mauvais raisonnemens, conclut à ce que je fusse arrêté, pour y être pourvu comme de droit. La plainte étant dressée, la maîtresse donna au juge la clef de la chambre, en lui disant : « Te- » nez, monsieur, ouvrez cette porte, et vous » trouverez cet honnête monsieur couché avec » ma coquine de servante : j'espère que vous

30.

» m'en ferez raison. » Sur cela, le juge ouvrit ; et n'ayant trouvé dans la chambre qu'une fille couchée tranquillement dans son lit, il lui demanda où étoit donc ce monsieur qui avoit passé la nuit avec elle.

La soubrette, qui ne manquoit pas d'esprit, répondit, d'un air assez naturel, qu'elle n'entendoit rien à cette question ; qu'elle avoit passé la nuit toute seule ; et que si on ne vouloit pas la croire sur sa parole, il n'y avoit qu'à visiter dans la chambre, dont les recoins seroient bientôt parcourus.

Le juge ayant fait lui-même la recherche, et n'ayant rien trouvé en effet, sortit, et dit à la dame qu'on l'avoit fait venir assez inutilement ; qu'il n'avoit trouvé, dans la chambre où on l'avoit fait entrer, qu'une jeune fille dans son lit. « Comment, monsieur, vous n'avez rien trou-
» vé ? » répondit cette femme transportée de rage, qui n'avoit pas abandonné la porte, sans doute de peur que je ne me sauvasse. « Je le
» trouverai bien, moi, continua-t-elle, fût-il
» sorcier. Venez ; je l'ai vu moi-même entrer
» dans la chambre, et je l'ai fermée sur-le-champ,
» sans m'être depuis désemparée de la clef un
» seul moment. »

A ces mots, elle entra comme une enragée, tenant le juge par la main, et chargeant la servante de mille injures, et d'autant d'imprécations. Il n'y avoit pas apparence que la kyrielle finît encore si tôt ; mais la soubrette, qui étoit à demi habillée, prenant la parole : « Hé quoi, madame,
» lui dit-elle, n'êtes-vous pas contente de m'avoir
» battue tant qu'il vous a plu ? de quel droit vou-
» lez-vous encore me déshonorer ? » Et s'adressant ensuite au juge : « Monsieur, continua-t-elle,
» je vous demande justice. Je vous prie d'ordon-
» ner à cette méchante femme de me payer le
» reste de mes gages ; car qu'elle ne compte plus
» sur mes services : j'aimerois mieux crever que
» de vivre plus long-temps avec ce démon. »

Je parus dans ce moment ; et prenant la parole : « C'est moi, monsieur, dis-je au juge, qui
» suis la cause innocente de ce carillon ; touché
» de voir maltraiter sans raison cette pauvre
» fille, j'ai voulu savoir qui elle étoit. J'ai re-
» connu sa famille : sur cela, j'ai dit à l'hôte de
» prendre soin de cette enfant, me chargeant de
» payer la dépense qu'elle feroit ; et c'est sur ce
» beau sujet que monsieur et madame vous ont
» donné la peine de venir assez mal à propos,
» comme vous voyez. » Le maître et la maîtresse vouloient répliquer ; mais je leur parlai si vivement et avec tant de hauteur, qu'ils ne jugèrent pas à propos de poursuivre : les marchands qui étoient présens se mirent de la partie, et appuyèrent ce que je disois. Enfin toutes ces discussions n'aboutissant à rien, le juge et tout son monde se retira à petit bruit, le monsieur et la dame se mirent dans leur carrosse, et continuèrent leur chemin ; et les marchands, la soubrette et moi nous prîmes la route de Provence. Nous allâmes ensemble jusqu'à Orange, où les marchands ayant affaire pour quelques jours, nous nous séparâmes après mille civilités de part et d'autre.

Comme je voulois dérober mon aventure au public [car, malgré la passion que je commençois à avoir pour cette fille, j'aurois eu honte de paroître avec elle en Provence], je l'habillai en cadet ; et, la mettant en croupe, je la conduisis à Aix, où j'allai descendre au logis de Martègues. Le lendemain de mon arrivée, je la promenai par la ville, sans que personne se doutât du déguisement.

Le jour d'après, je lui donnai tout l'argent qu'il lui falloit pour sa dépense jusqu'à mon retour, et je lui recommandai, sur toutes choses, de tenir son déguisement secret. Elle me le promit : et m'embrassant les larmes aux yeux, elle me parut si affligée de mon départ, que je fus moi-même tout attendri de la voir dans cet état. Je m'arrachai pourtant à elle ; et après l'avoir recommandée à l'hôtesse, que je connoissois particulièrement, et qui ne se doutoit de rien, je partis pour Toulon et pour Saint-Marcel.

L'envie de rejoindre mon cadet fit que je me pressai d'expédier mes affaires le plus tôt qu'il me fut possible. Elles furent terminées dans moins de trois semaines, après lesquelles je pris la poste pour Aix, où je comptois n'arriver jamais assez tôt. J'y trouvai tout mon mystère de galanterie divulgué : mon prétendu cadet, dont les larmes m'avoient si fort attendri, ne m'avoit été rien moins que fidèle ; sa mauvaise conduite avoit fait bruit. Certaine nation dévote, que je n'aimois pas beaucoup en ce temps-là, ayant eu connoissance du fait, lui avoit fait reprendre son habit de fille. J'en fus irrité au dernier point ; et, honteux de voir tout mon petit manège découvert, j'éclatai contre ceux que je savois les auteurs du chagrin que je recevois.

Dans ces premiers mouvemens de ma colère, je voulus faire retomber sur la fille une partie de mon ressentiment : mais un moment après, attribuant son infidélité à la légèreté de son sexe, je pris le parti de la mépriser. Je ne voulus pourtant pas l'abandonner entièrement ; et quoique je la jugeasse très-indigne de mon attention, je ne laissai pas de la remettre à une personne de confiance, à qui je donnai tout ce qui étoit nécessaire pour la conduire chez ses parens.

Au reste, je prie les jeunes officiers, et tous ceux qui se donneront la peine de lire ces Mémoires, de ne pas s'imaginer que ce soit ici une des plus belles actions de ma vie. Quand on écrit avec réflexion, et à l'âge où je suis, on pense tout autrement qu'on ne fait dans la jeunesse au sujet de ces sortes d'aventures. Je ne rapporte celle-ci qu'avec peine; mais j'ai promis que je dirois de moi le bien et le mal, et je dois tenir parole.

N'ayant plus d'affaires en Provence, je repris la route Paris. A mon arrivée, je trouvai à la cour deux mandarins siamois, accompagnés de M. Le Vacher, prêtre des missions établies à Siam. Ces mandarins avoient exposé en arrivant qu'ils étoient envoyés par les ministres de Sa Majesté Siamoise pour apprendre des nouvelles d'une ambassade que le Roi leur maître avoit envoyée à la cour de France; et qu'ayant appris près de nos côtes que le vaisseau qui portoit l'ambassadeur et les présens du roi de Siam avoit malheureusement fait naufrage, ils avoient poussé leur route jusqu'en France, selon les ordres qu'ils en avoient.

Dans les différentes conférences qu'ils eurent avec les ministres, ils firent entendre, conformément à leurs instructions, que le Roi leur maître protégeoit depuis long-temps les chrétiens; qu'il entendoit parler volontiers de leur religion; qu'il n'étoit pas éloigné lui-même de l'embrasser; qu'il avoit donné ordre à ses ambassadeurs d'en parler à Sa Majesté: et ils ajoutèrent enfin que leur maître, dans les dispositions où il étoit, se feroit infailliblement chrétien, si le Roi le lui proposoit par une ambassade.

Sur ces raisons, qu'on exagéra bien au-delà de la vérité, et qui furent appuyées par M. Le Vacher, Sa Majesté, touchée d'une part des avances du roi de Siam, et de son empressement à le rechercher, et de l'autre faisant attention qu'il n'étoit pas impossible que ce prince embrassât le christianisme, si on l'y invitoit une ambassade d'éclat; comprenant d'ailleurs tout l'avantage que la religion retireroit d'une conversion qui pouvoit être suivie de tant d'autres, consentit à ce qu'on lui demandoit, et nomma, pour son ambassadeur à Siam, M. le chevalier de Chaumont, capitaine de ses vaisseaux. Il auroit été difficile de choisir un sujet plus digne d'une commission qui paroissoit si importante; car, outre les avantages qu'il tiroit de sa naissance, et de mille autres qualités personnelles qui le distinguoient très-avantageusement, il étoit d'une piété si reconnue, qu'une ambassade dont le but alloit principalement à convertir un roi idolâtre, et peut-être tout son royaume, ne pouvoit être confiée à un sujet qui, par ses vertus, pût donner une plus haute idée de la religion qu'il devoit persuader.

Cependant comme il pouvoit arriver que l'ambassadeur mourût dans le cours d'un si pénible voyage, et qu'il y avoit à craindre en ce cas que l'ambassade ne tombât sur quelqu'un qui fût incapable de la remplir, M. l'abbé de Choisy (1) fut nommé en second, avec la qualité d'ambassadeur ordinaire, supposé qu'il fallût faire un long séjour à Siam, et que le Roi souhaitât de se faire instruire.

Les choses étant ainsi réglées, M. de Chaumont, qui, pour relever la majesté de l'ambassade, songeoit à se faire un cortège qui pût lui faire honneur, et qui avoit jeté les yeux sur un certain nombre de jeunes gentilshommes qui devoient l'accompagner, me proposa ce voyage. Je ne rejetai pas les offres qu'il me faisoit, mais je lui répondis que, s'agissant d'aller presque au bout du monde, je ne pouvois m'engager à lui qu'après avoir consulté ma famille et ceux qui s'intéressoient pour moi; que j'allois de ce pas en conférer avec mes amis, et que s'ils le trouvoient à propos, je me feroits un honneur et un plaisir de le suivre.

Dès le même jour, je fis part à M. le cardinal de Janson et à Bontemps de la proposition qu'on m'avoit faite: ils furent d'avis l'un et l'autre que je devois l'accepter; que, bien loin de nuire par là à ma fortune, je ne pouvois pas faire ma cour plus sûrement, le Roi ayant cette ambassade fort à cœur; que pour moi, je ne risquois rien à m'éloigner du royaume dans un temps de paix, l'inaction où je serois obligé d'y vivre ne me laissant que très-peu d'espoir de m'avancer. Sur ce conseil, je fus trouver M. de Chaumont; et lui ayant témoigné la satisfaction que j'aurois à l'accompagner, je lui en donnai parole. Il fut charmé des engagemens que je prenois avec lui; et sur ce que je lui fis connoître que, pour avoir occasion de contenter ma curiosité, je souhaitois d'être major de l'ambassade, et d'en faire toutes les fonctions, il y consentit très-volontiers.

M. le comte Du Luc, que j'avois aussi consulté, et qui avoit approuvé mon voyage, en parla à madame Rouillet. Cette dame avoit deux caisses de très-beau corail, qu'elle avoit apporté de Provence: elle souhaitoit de s'en défaire. Messieurs de la compagnie des Indes, à qui elle

---

(1) Auteur des Mémoires qui font partie de cette collection.

avoit voulu les vendre, avoient peine de s'en accommoder, et ne lui en avoient offert que cinq cents livres, ce qui étoit fort au-dessous de leur valeur : elle pria le comte de faire en sorte que je voulusse m'en charger, me donnant pouvoir d'employer l'argent que j'en retirerois en étoffes de damas, cabinets de la Chine, ouvrages du Japon, et autres raretés du pays. Je me chargeai volontiers de cette commission ; après quoi ayant réglé le peu d'affaires que j'avois à Paris, je partis au commencement de l'année 1685 pour me rendre à Brest, où j'avois ordre de faire armer deux vaisseaux que le Roi avoit destinés pour l'ambassade.

Sur la fin du mois de février, tout étant prêt pour le départ, M. de Chaumont et M. l'abbé de Choisy se rendirent à Brest : ils s'embarquèrent sur le vaisseau nommé *l'Oiseau*, commandé par M. de Vaudricourt, et avec eux les ambassadeurs du roi de Siam ; six pères jésuites, savoir, les pères de Fontenay, Tachard, Gerbillon, Lecomte, Bouvet et Visdelou, que le Roi envoyoit à la Chine en qualité de mathématiciens ; quatre missionnaires, parmi lesquels étoient messieurs Le Vacher et Du Chailas, et une suite nombreuse de jeunes gentilshommes qui firent volontiers le voyage, ou par curiosité, ou, comme nous avons dit, dans la vue de faire plaisir à M. l'ambassadeur.

Tout le reste de l'équipage qui ne pouvoit pas avoir place sur *l'Oiseau* fut reçu dans une frégate nommée *la Maligne* : elle étoit de trente-trois pièces de canon, et commandée par M. Joyeux, lieutenant du port de Brest, qui avoit fait plusieurs voyages aux Indes. Tout étant embarqué, nous levâmes l'ancre pendant la nuit ; et le lendemain matin, qui étoit un samedi, troisième de mars, après que les équipages des deux vaisseaux eurent crié à plusieurs reprises : *Vive le Roi!* nous mimes à la voile, et nous fîmes route pour le cap de Bonne-Espérance.

La navigation fut fort heureuse : nous passâmes la ligne sans être trop incommodés des chaleurs ; peu après, nous commençâmes à apercevoir des étoiles que nous n'avions jamais vues. Celles qu'on appelle *la Croisade*, et qui sont au nombre de quatre, furent les premières que nous remarquâmes : nous vimes ensuite *le Nuage blanc*, qui est placé auprès du pôle antarctique. A l'aide des excellentes lunettes dont nos mathématiciens se servoient, nous découvrimes que la blancheur de ce nuage n'est autre chose qu'une multitude de petites étoiles dont il est semé. Enfin, après une navigation de trois mois, nous arrivâmes au cap de Bonne-Espérance, si juste par rapport à l'estime que nos pilotes en avoient faite, qu'il n'y eut que quinze lieues d'erreur ; ce qui n'est de nulle conséquence dans un voyage d'un si long cours.

Le cap de Bonne-Espérance, qui n'est qu'une longue chaîne de montagnes, s'étend du septentrion au midi, et finit en pointe assez avant dans la mer. A côté de ces montagnes, s'ouvre une grande et vaste baie qui s'avance fort avant dans les terres, et dont la côte le long des montagnes est très-saine, mais fort périlleuse partout ailleurs. Nous n'osâmes pas avancer pendant la nuit ; mais le lendemain, quoique le vent fût assez contraire, nous crûmes qu'il n'y avoit pas de risque à entrer.

A peine fûmes-nous dans le milieu de la rade, que le vent cessa tout à coup. Tandis que nous étions emportés par les courans contre des rochers dont nous n'étions plus qu'à une portée de mousquet, le vent revint par bonheur, et nous tira de ce danger. Nous n'avions point eu de journée si périlleuse : enfin, après bien du travail, nous mouillâmes à cent cinquante pas du fort que les Hollandais y ont bâti, et où ils entretiennent une forte garnison. Deux chaloupes vinrent aussitôt nous reconnoître. Le lendemain, je fus mis à terre, pour aller complimenter le gouverneur, et pour traiter avec lui du salut, et des rafraîchissemens, dont l'équipage avoit grand besoin. Je trouvai cet officier dans le fort dont j'ai parlé : c'est un pentagone régulier, et très-bien fortifié. Je fus reçu avec beaucoup de civilité. On m'accorda tout ce que je demandois. Il fut convenu que le salut seroit coup pour coup, et qu'on fourniroit, en payant, toutes sortes de rafraîchissemens.

Je vins rendre compte de ma négociation à M. l'ambassadeur, qui, charmé des bonnes manières des Hollandais, fit mettre les chaloupes en mer ; et chacun ne pensa plus qu'à aller à terre se délasser des fatigues d'une si longue navigation.

Les pères jésuites furent d'abord faire la révérence au gouverneur, qui les combla d'honnêtetés. Ces pères lui témoignèrent qu'étant à terre, ils seroient bien aises d'employer leur temps à des observations qui pourroient être de quelque utilité au public, et auxquelles ils ne pourroient pas vaquer ailleurs si commodément. Il leur permit fort agréablement ce travail, et, pour le leur faciliter, il les logea dans un magnifique pavillon bâti dans le jardin de la compagnie des Indes. Ils y firent en effet différentes observations fort utiles, et réglèrent la longitude du cap, qui n'avoit été déterminée jusqu'alors que suivant l'estime des pilotes, manière de compter très-douteuse, et sujette à bien des erreurs.

Tandis que les mathématiciens faisoient leurs observations, je fus bien aise de faire aussi les miennes, et de m'informer exactement de l'état du pays. Voici tout ce que j'en pus découvrir pendant le peu de séjour que nous y fîmes.

Les Hollandais en sont les maîtres : ils l'achetèrent des principaux chefs des peuples qui l'habitoient, et qui, pour une assez médiocre quantité de tabac et d'eau-de-vie, consentirent de se retirer plus avant dans les terres. On y trouve une fort belle aiguade. Le pays est de lui-même sec et aride : malgré cela, les Hollandais y cultivent un jardin qui est sans contredit l'un des plus grands et des plus beaux qu'il y ait au monde. Il est entouré de murailles : outre une grande quantité d'herbes de toute espèce, on y trouve abondamment les plus beaux fruits de l'Europe et des Indes.

Comme ce cap est une espèce d'entrepôt où tous les vaisseaux qui font le commerce d'Europe aux Indes, et des Indes en Europe, viennent se radouber, et prendre les rafraîchissemens dont ils ont besoin, il est pourvu abondamment de tout ce qu'on peut souhaiter. Les Hollandais ont établi, à douze lieues du cap, une colonie de religionnaires français, à qui ils ont donné des terres à cultiver. Ceux-ci ont planté des vignes : ils y sèment du blé, et y recueillent en abondance toutes les denrées nécessaires à la vie.

Le climat y est fort tempéré : sa latitude est au trente-cinquième degré. Les naturels du pays sont Caffres, un peu moins noirs que ceux de Guinée, bien faits de corps, très-dispos, mais d'ailleurs le peuple le plus grossier et le plus abruti qu'il y ait dans le monde. Ils parlent sans articuler; ce qui fait que personne n'a jamais pu apprendre leur langue. Ils ne seroient pourtant pas incapables d'éducation : les Hollandais en prennent plusieurs dans l'enfance; ils s'en servent d'abord pour interprètes, et en font ensuite des hommes raisonnables.

Ces peuples vivent sans religion : ils se nourrissent indifféremment de toutes sortes d'insectes qu'ils trouvent dans les campagnes; ils vont nus, hommes et femmes, à la réserve d'une peau de mouton qu'ils portent sur les épaules, et dans laquelle il s'engendre de la vermine, qu'ils n'ont pas horreur de manger.

Les femmes portent, pour tout ornement, des boyaux de moutons fraîchement tués, dont elles entourent leurs bras et leurs jambes. Ils sont très-légers à la course; ils se frottent le corps avec de la graisse, ce qui les rend dégoûtans, mais très-souples, et propres à toutes sortes de sauts : enfin ils couchent tous ensemble, pêle-mêle, sans distinction de sexe, dans de misérables cabanes, et s'accouplent indifféremment comme les bêtes, sans aucun égard à la parenté.

Huit jours après notre arrivée au cap de Bonne-Espérance, étant suffisamment refaits, nous fîmes route pour le détroit de la Sonde, formé par les îles de Java et de Sumatra. Les vents contraires nous firent courre du côté du sud, et nous séparèrent de la frégate, que nous perdîmes de vue. Nous reconnûmes les terres australes, côtes inconnues à nos pilotes. Cette terre nous parut rougeâtre : nous ne voulûmes pas en approcher; et le vent étant devenu plus favorable, nous changeâmes de route, et nous reconnûmes l'île de Java.

Nous manquions de pilotes à qui le détroit de la Sonde fût suffisamment connu : pour suppléer à ce défaut, nous prîmes le parti de naviguer sur de bonnes cartes dont M. de Louvois nous avoit pourvus, et ayant suivi quelque temps l'île de Java sous petites voiles, nous découvrîmes le détroit où nous entrâmes assez heureusement.

Pendant ce trajet, tout l'équipage, qui étoit sur le pont, fut témoin d'un phénomène que nous n'avions jamais vu, et qui fournit matière, pendant quelques heures, aux raisonnemens de nos physiciens. Le ciel étant fort serein, nous entendîmes un grand coup de tonnerre, semblable au bruit d'un canon tiré à boulet : la foudre, qui siffloit horriblement, tomba dans la mer à deux cents pas du navire, et continua à siffler dans l'eau, qu'elle fit bouillonner pendant un fort long espace de temps.

Après une navigation d'environ deux mois, nous arrivâmes le quinzième d'août à la vue de Bantam, où, quelque envie que nous eussions de passer outre, nos malades, l'épuisement de tout le reste de l'équipage, et, plus que tout cela, le défaut de pilote qui connût la route de Siam, nous obligèrent de relâcher. Nous passâmes la nuit à l'ancre : le lendemain, j'eus ordre d'aller à terre pour complimenter le Roi de la part de M. l'ambassadeur, et pour le prier de nous permettre de faire les rafraîchissemens dont nous manquions.

Le lieutenant du fort, chez qui je fus introduit, me refusa tout ce que je lui demandois. Quelque instance que je pusse faire, il n'y eut jamais moyen d'avoir audience du Roi. Je représentai que j'avois à parler au gouverneur hollandais; on me répondit qu'il étoit malade, et qu'il ne voyoit personne depuis long-temps : enfin, après avoir éludé par de mauvaises défaites toutes mes demandes, on me dit clairement, et sans détour, que je ne devois pas m'attendre à faire aucune sorte de rafraîchissemens, le Roi ne voulant pas absolument que les étrangers missent le pied dans le pays.

Comme j'insistois sur la dureté de ce refus, et que j'en chargeois ouvertement les Hollandais, l'officier me fit entendre que la situation de l'État ne permettoit nullement au Roi d'y laisser entrer des étrangers; que ses peuples, à demi révoltés, n'attendoient, pour se déclarer ouvertement, que le secours qu'on leur faisoit espérer de la France et de l'Angleterre; et que, malgré tout ce que je pourrois dire de l'ambassade de Siam, j'aurois peine à persuader que notre vaisseau, qui avoit mouillé si près de Bantam, ne fût pas venu dans le dessein de rassurer les Javans, et de leur faire comprendre que le reste de l'escadre ne tarderoit pas long-temps d'arriver. Que pour ce qui regardoit les Hollandais, j'avois tort de leur imputer le refus qu'on nous faisoit; que, ne servant le Roi qu'en qualité de troupes auxiliaires, ils ne pouvoient pas faire moins que de lui obéir : que du reste, si nous allions à Siam, comme je l'en assurois, nous n'avions qu'à continuer notre route jusqu'à Batavia, éloignée seulement de douze lieues; et que les honnêtetés que nous y recevrions de la part du général de la compagnie des Indes nous donneroient lieu de connoître que ce n'étoit que par nécessité qu'on usoit de tant de rigueur à notre égard.

Tout ce qu'il disoit du mécontentement de ces peuples, et de la nécessité de fermer leur port aux étrangers, étoit vrai : mais il n'ajoutoit pas que ce mécontentement venoit de la tyrannie des Hollandais, aussi bien que la dureté dont je me plaignois. Voici, en peu de mots, ce qui avoit donné lieu à l'un et à l'autre.

Il y avoit déjà cinq ou six ans que le sultan Agun, lassé des embarras de la royauté, s'étoit démis de la couronne en faveur du sultan Agui, son fils.

Quelques années après, soit qu'il eût regret à sa première démarche, soit que son fils abusât en effet de l'autorité souveraine, il songea aux moyens de remonter sur le trône. Il en conféra secrètement avec les Pangrans, qui sont les grands seigneurs du royaume; et, après avoir bien pris avec eux toutes ses mesures, tout paroissant favorable à son dessein, il se déclara ouvertement, et reprit les ornemens de la royauté.

Ses peuples, qui avoient été heureux sous sa domination, retournèrent à lui avec joie. Il se vit bientôt à la tête d'une armée de trente mille hommes; et alors, se trouvant assez fort pour achever ce qu'il avoit commencé, il vint assiéger son fils dans la forteresse de Bantam. Le jeune Roi, abandonné de tout le monde, eut recours aux Hollandais : ils furent quelque temps à hésiter s'ils prendroient parti dans cette affaire; mais enfin, persuadés qu'ils ne pourroient qu'y gagner, ils embrassèrent la défense de ce prince, et entrèrent dans le pays. Les Javans, aidés de quelques Macassars, voulurent empêcher la descente : l'action fut rigoureuse de part et d'autre; mais les Javans furent défaits, et les Hollandais demeurèrent victorieux.

Se voyant les maîtres, ils s'emparèrent de la citadelle, et s'assurèrent du jeune Roi. Peu de temps après, ils attaquèrent le père, le surprirent dans une embuscade, et le firent prisonnier. Comme ce prince étoit fort aimé de ses sujets, les Hollandais le renfermèrent très-étroitement. Le fils, moins aimé, et par conséquent moins dangereux, fut un peu moins resserré : ils lui laissèrent les dehors de la royauté, tandis qu'ils faisoient sous son nom gémir les peuples qu'ils opprimoient.

Leur domination étoit trop odieuse pour n'être pas détestée : ainsi, craignant toujours quelque révolte, ils éloignoient avec grand soin de leur port, en prétextant toujours les ordres du Roi, tous les étrangers dont l'abord auroit pu favoriser les remuemens. Ce fut en conséquence de cette politique qu'ils nous refusèrent, comme ils avoient refusé à tant d'autres, les rafraîchissemens que nous demandions. Je n'eus donc d'autre parti à prendre que d'entrer dans ma chaloupe, pour revenir à bord rendre compte du peu de succès de ma négociation.

A peine étois-je en mer, que j'aperçus un bâtiment qui de loin me parut assez peu considérable : je voulus le reconnoître, et je trouvai que c'étoit notre frégate, qui, ayant eu dans sa route des vents plus favorables que nous, étoit à l'ancre depuis quatre jours, à côté d'une petite île derrière laquelle nous avions d'abord mouillé. Après nous être témoigné la joie qu'il y a à se retrouver, j'appris de M. Joyeux, et de tout le reste de l'équipage, que les Hollandais en avoient usé à leur égard à peu près comme avec nous; que, sur le refus qu'ils leur avoient fait, ils auroient fait voile pour Batavia depuis trois jours; mais qu'ils avoient voulu attendre, dans la pensée qu'ils pourroient avoir de nos nouvelles.

Nous regagnâmes ensemble le vaisseau, où nous nous consolâmes de la dureté des Hollandais par le plaisir de nous revoir. Le lendemain, le vent nous ayant paru favorable, et toutes les voies nous étant interdites du côté de Bantam, nous levâmes l'ancre, et nous fîmes route pour Batavia. Quoique cette ville ne soit éloignée de

Bantam que de douze lieues, ainsi que j'ai déjà dit, faute de pilote entendu, nous n'allions qu'en tâtonnant, et nous fûmes deux jours et demi à faire ce trajet. Nous entrâmes enfin dans la rade, ou, à cause des bancs de sable et des rochers dont toute la côte est croisée en mille endroits, nous risquâmes cent fois de nous perdre.

Batavia est la capitale des Hollandais dans les Indes : leur puissance y est formidable; ils y entretiennent ordinairement cinq ou six mille hommes de troupes réglées, composées de différentes nations. La citadelle, qui est placée vers le milieu de la rade, est bâtie sur des pilotis : elle est de quatre bastions, entourés d'un fossé plein d'eau vive. La ville est bien bâtie ; toutes les maisons en sont blanches, à la manière des Hollandais : elle est remplie d'un peuple infini, parmi lequel on voit un très-grand nombre de Français religionnaires et catholiques que le commerce y a attirés.

Le général de la compagnie des Indes y fait sa résidence : il commande dans toutes les Indes hollandaises, et sa cour n'est ni moins nombreuse ni moins brillante que celle des rois. Il règle avec un conseil toutes les affaires de la nation ; il n'est pourtant pas obligé de déférer aux délibérations du conseil, et il peut agir par lui-même, au préjudice de ce qui auroit été arrêté : mais, en ce cas, il demeure chargé de l'événement, et il en répond. C'est à lui que s'adressent les ambassades de tous les princes des Indes, auxquels il envoie lui-même des ambassadeurs au nom de la nation : il fait la paix et la guerre comme il lui plaît, sans qu'aucune puissance ait droit de s'y opposer. Son généralat n'est que pour trois ans ; mais il est ordinairement continué pour toute la vie ; de sorte qu'il est très-rare, pour ne pas dire sans exemple, qu'un général de la compagnie des Indes ait été destitué.

Dès que nous eûmes mouillé, je fus mis à terre pour lui aller faire compliment: en débarquant, je fus reçu par un officier du port, qui me conduisit au palais. A mon arrivée, la garde ordinaire, qui est très-nombreuse, se mit sous les armes, et se rangea sur deux files, à travers desquelles je fus introduit dans une galerie ornée des plus belles porcelaines du Japon.

J'y trouvai Son Excellence [c'est le titre qu'on donne au général de la compagnie des Indes] : il m'écouta pendant tout le temps debout, et chapeau bas. L'accueil qu'il me fit répara amplement tout ce que j'avois eu à essuyer à Bantam. Il me parla toujours français. Nous ne pûmes pas convenir du salut coup pour coup, comme je le voulois. Je ne sais où le père Tachard a pris tout ce qu'il dit dans sa relation sur cet article ; il va jusqu'à compter les coups de canon qui furent tirés : ce qu'il y a de bien certain, c'est qu'il fut arrêté qu'on ne salueroit de part ni d'autre. Pour tout le reste, je n'eus qu'à demander, le général m'ayant assuré d'abord, en termes exprès, qu'il n'y avoit rien qu'il ne fût en état de faire pour témoigner à M. l'ambassadeur la considération qu'il avoit pour son caractère, et le cas particulier qu'il faisoit de sa personne.

Je revins aussitôt à bord, comblé de joie, et j'y rendis compte de tout ce qui venoit de se passer. Peu après mon retour, le général envoya visiter M. de Chaumont, à qui on offrit de sa part douze mannequins pleins d'herbes et de toutes sortes de fruits ; un moment après, de nouveaux envoyés lui présentèrent deux bœufs et plusieurs moutons. Ce général continua ainsi de le faire saluer de temps en temps par les principaux de la ville, et de lui envoyer tous les jours toutes sortes de rafraîchissemens pour sa table, et pour l'équipage des deux vaisseaux.

Nous passâmes huit jours entiers à Batavia, où nous reçûmes toutes les civilités imaginables de la part des officiers. Ce fut pendant ce séjour que je vendis les deux caisses de corail dont j'avois été chargé à Paris. Un marchand chinois s'en accommoda, en me prenant mon corail au poids, et me rendant en argent huit fois autant pesant ; ce qui revint à la somme de six mille livres, qui me fut comptée en coupons d'or : c'est une monnoie du Japon. Si je ne m'étois pas tant pressé, j'en aurois tiré un meilleur parti, car il valoit plus que cela : mais je crus avoir fait un grand coup de retirer six mille livres d'une marchandise que l'on pouvoit avoir en France pour cinq cents francs.

Tous nos rafraîchissemens étant faits, et nous étant munis d'un bon pilote, nous fîmes route pour Siam. Comme le vent étoit favorable, nous mîmes à la voile dès le grand matin. Sur les onze heures du soir, la nuit étant assez obscure, nous aperçûmes près de nous un gros navire qui venoit à toutes voiles. A sa manœuvre, nous ne doutâmes pas qu'il ne voulût aborder. Tout le monde prit les armes ; nous tirâmes sur lui un coup de canon : cela ne le fit pas changer de route. Pour éviter l'abordage, nous fîmes vent arrière ; mais, malgré tous nos efforts, le vaisseau aborda par la poupe, et brisa une partie de notre couronnement. J'étois posté sur la dunette, d'où je fis tirer quelques coups de fusil ; personne ne parut : alors ayant poussé à force, je fis déborder. Plusieurs étoient d'avis de poursuivre ce bâtiment ; mais M. l'ambassadeur ne voulant pas le permettre, nous continuâmes notre route, et, dans l'obscurité de la nuit, nous le perdîmes bientôt de vue.

L'équipage fit bien des raisonnemens sur cette aventure : les uns vouloient que ce fût un brûlot que les Hollandais avoient posté derrière quelque île pour faire périr les vaisseaux du Roi, et empêcher l'ambassade de Siam, qui ne leur faisoit pas plaisir ; d'autres imaginoient quelque autre chose. Pour moi, je crus [et la vérification que nous en fîmes à Siam justifia ma pensée], je crus, dis-je, que c'étoit un navire dont tout l'équipage s'étoit enivré, et dont le reste, effrayé du coup de canon que nous avions tiré, s'étoit sauvé sous le pont, personne n'ayant osé donner signe de vie.

A cette aventure près, dont nous n'eûmes que l'alarme, nous continuâmes fort paisiblement notre route jusques à la barre de Siam, où nous mouillâmes le vingt-troisième septembre, environ six mois après être partis du port de Brest.

La barre de Siam n'est autre chose qu'un grand banc de vase formé par le dégorgement de la rivière, à deux lieues de son embouchure. Les eaux sont si basses dans cet endroit ; que, dans les plus hautes marées, elles ne s'élèvent jamais au-delà de douze à treize pieds ; ce qui est cause que les gros vaisseaux ne sauroient aller plus avant.

Dès que nous eûmes mouillé, je partis avec M. Le Vacher pour aller annoncer l'arrivée de M. l'ambassadeur dans les États du roi de Siam. La nuit nous prit à l'entrée de la rivière : ce fleuve est un des plus considérables des Indes ; il s'appelle Menan, c'est-à-dire, *mère des eaux*. La marée, qui est fort haute dans ce pays, devenant contraire, nous fûmes obligés de relâcher. Nous vîmes, en abordant, trois ou quatre petites maisons de cannes, couvertes de feuilles de palmier. M. le Vacher me dit que c'étoit là où demeuroit le gouverneur de la barre. Nous descendîmes de notre canot, et nous trouvâmes dans l'une de ces maisons trois ou quatre hommes assis à terre sur leur cul, ruminant comme des bœufs, sans souliers, sans bas, sans chapeau, et n'ayant sur tout le corps qu'une simple toile, dont ils couvroient leur nudité. Le reste de la maison étoit aussi pauvre qu'eux : je n'y vis ni chaises, ni aucun meuble. Je demandai, en entrant, où étoit le gouverneur : un de la troupe répondit : « C'est moi. »

Cette première vue rabattit beaucoup des idées que je m'étois formées de Siam. Cependant j'avois grand appétit : je demandai à manger. Ce bon gouverneur me présenta du riz. Je lui demandai s'il n'avoit pas autre chose à me donner ; il me répondit : « *Amay*, » qui veut dire *non*.

C'est ainsi que nous fûmes régalés en abordant. Sur quoi je dirai franchement que j'ai été surpris plus d'une fois que l'abbé de Choisy et le père Tachard, qui ont fait le même voyage, et qui ont vu les mêmes choses que moi, semblent s'être accordés pour donner au public, sur le royaume de Siam, des idées si brillantes, et si peu conformes à la vérité. Il est vrai que n'y ayant demeuré que peu de mois, et M. Constance, premier ministre, ayant intérêt de les éblouir, par les raisons que je dirai en son lieu, ils ne virent dans ce royaume que ce qu'il y avoit de plus propre à imposer : mais, au bout du compte, il faut qu'ils aient été étrangement prévenus pour n'y avoir pas aperçu la misère qui se manifeste partout, à tel point qu'elle saute aux yeux, et qu'il est impossible de ne la voir pas. Cela soit dit en passant : revenons à notre voyage.

La marée étoit devenue favorable, nous nous rembarquâmes, et nous poursuivîmes notre route en remontant la rivière : nous fîmes, pour le moins, douze lieues sans voir ni château ni village, à la réserve de quelques malheureuses cabanes, comme celles de la barre. Pour nous achever, la pluie survint. Nous allâmes pourtant toujours, et nous arrivâmes à Bancok sur les dix heures du soir.

Le gouverneur de cette place, turc de nation, et un peu mieux accommodé que celui de la barre, nous donna un assez mauvais souper à la turque. On nous servit du sorbet pour toute boisson. Je m'accommodai assez mal de la nourriture et du breuvage ; mais il fallut prendre patience. Le lendemain matin, M. Le Vacher prit un balon [ce sont les bateaux du pays], et s'en alla à Siam annoncer l'arrivée de l'ambassadeur de France à la barre ; et moi je rentrai dans le canot, pour regagner notre vaisseau.

Avant de partir, je demandai au gouverneur si, pour de l'argent, on ne pourroit point avoir des herbes, du fruit, et quelques autres rafraîchissemens, pour porter à bord : il me répondit : « *Amay*. » Comme nos gens attendoient de mes nouvelles avec impatience, du plus loin qu'on me vit venir, on me demanda en criant si j'apportois avec moi de quoi rafraîchir l'équipage. Je répondis : « *Amay*. Je ne rapporte, ajoutai-je, » que des morsures de cousins, qui nous ont per» sécutés pendant toute notre course. »

Nous fûmes cinq à six jours à l'ancre, sans que personne parût : au bout de ce temps, nous vîmes arriver à bord deux envoyés du roi de Siam, avec M. de Lano, vicaire apostolique, et évêque de Métellopolis, et M. l'abbé de Lyonne. Les envoyés firent compliment à M. l'ambassadeur de la part du Roi, et de la part de M. Constance. Peu après, les rafraîchissemens commencèrent à venir, d'abord en petite quantité, mais ensuite fort abondamment; en sorte que les équipages ne manquèrent plus de poules, de canards, de vedels, et de toutes sortes de fruits des Indes : mais nous ne reçûmes que très-peu d'herbes.

La cour fut quinze jours pour préparer l'entrée de M. l'ambassadeur. Elle fut ordonnée de la manière suivante : on fit bâtir sur le bord de la rivière, de distance en distance, quelques maisons de cannes, doublées de grosses toiles peintes. Comme les vaisseaux du Roi ne pouvoient remonter la rivière, la barre ne donnant pas assez d'eau pour passer, on prépara des bâtimens propres au transport.

La première entrée dans la rivière fut sans cérémonie, à la réserve de quelques mandarins qui étoient venus recevoir Son Excellence, et qui avoient ordre de l'accompagner. Nous fûmes bien quinze jours pour arriver de la barre à la ville de Joudia, ou Odia, capitale du royaume.

Je ne saurois m'empêcher de relever encore ici une bévue de nos faiseurs de relations. Ils parlent à tout bout de champ d'une prétendue ville de Siam qu'ils appellent la capitale du royaume, qu'ils ne disent guère moins grande que Paris, et qu'ils embellissent comme il leur plait. Ce qu'il y a de bien certain, c'est que cette ville n'a jamais subsisté que dans leur imagination; que le royaume de Siam n'a d'autre capitale qu'Odia ou Joudia, et que celle-ci est à peine comparable, pour la grandeur, à ce que nous avons en France de villes du quatrième et du cinquième ordre.

Les maisons de cannes qu'on avoit bâties sur la route étoient mouvantes : dès que l'ambassadeur et sa suite en étoient sortis, on les démontoit. Celles de la dînée servoient pour la dînée du lendemain, et celles de la couchée pour la couchée du jour d'après. Dans ce mouvement continuel, nous arrivâmes près de la capitale, où nous trouvâmes une grande maison de cannes qui ne fut plus mouvante, et où M. l'ambassadeur fut logé jusqu'au jour de l'audience. En attendant, il fut visité de tous les grands mandarins du royaume. M. Constance y vint, mais *incognito*, par rapport à sa dignité, et au rang qu'il tenoit dans le royaume; car il en étoit le maître absolu.

On traita d'abord du cérémonial, et il y eut de grandes contestations sur la manière dont on remettroit la lettre du Roi au roi de Siam. M. l'ambassadeur vouloit la donner de la main à la main : cette prétention choquoit ouvertement les usages des rois de Siam; car comme ils font consister leur principale grandeur et la marque de leur souveraine puissance à être toujours montés bien au-dessus de ceux qui paroissent devant eux, et que c'est pour cette raison qu'ils ne donnent jamais audience aux ambassadeurs que par une fenêtre fort élevée qui donne dans la salle où ils les reçoivent, il auroit fallu, pour parvenir à la main du Roi, élever une estrade à plusieurs marches; ce qu'on ne voulut jamais accorder. Cette difficulté nous arrêta plusieurs jours. Enfin, après bien des allées et des venues, où je fus souvent employé en qualité de major, il fut conclu que, le jour de l'audience, la lettre du Roi seroit mise dans une coupe d'or qui seroit portée par un manche de même métal d'environ trois pieds et demi, posé par dessous, et à l'aide duquel l'ambassadeur pourroit l'élever jusqu'à la fenêtre du Roi.

Le jour de l'audience, tous les grands mandarins dans leurs balons, précédés par ceux du Roi et de l'Etat, se rendirent à la maison de M. l'ambassadeur. Les balons, ainsi que j'ai déjà dit, sont de petits bâtimens dont on se sert communément dans le royaume : il y en a une quantité prodigieuse, sans quoi l'on ne sauroit aller, tout le pays étant inondé six mois de l'année, tant à cause de la situation des terres, qui sont extrêmement basses, qu'à cause des pluies, presque continuelles dans certaine saison.

Ces balons sont formés d'un seul tronc d'arbre creusé : il y en a de si petits, qu'à peine celui qui les conduit peut y entrer. Les plus grands n'ont pas plus de quatre ou cinq pieds dans leur plus grande largeur; mais ils sont fort longs, en sorte qu'il n'est pas extraordinaire d'en trouver qui ont au-delà de quatre-vingts rameurs; il y en a même qui en ont jusqu'à cent vingt. Les rames dont on se sert sont comme une espèce de pelle de la largeur de six pouces par le bas, qui va en s'arrondissant, et longue d'un peu plus de trois pieds. Les rameurs sont dressés à suivre la voix d'un guide qui les conduit, et à qui ils obéissent avec une adresse merveilleuse. Parmi ces balons, on en voit de superbes : ils représentent pour la plupart des figures de dragons, ou de quelque monstre marin, et ceux du Roi sont entièrement dorés.

Dans la multitude de ceux qui s'étoient rendus près du logis de M. l'ambassadeur, il y en avoit peu qui ne fussent magnifiques. Les mandarins ayant mis pied à terre, et ayant salué Son Excellence, nous nous embarquâmes dans l'ordre suivant. La lettre du Roi fut posée dans un balon, sur un trône fort élevé ; M. l'ambassadeur, M. l'abbé de Choisy et leur suite se placèrent, ou dans les balons du Roi, ou dans les balons de l'État ; les mandarins rentrèrent dans les leurs : et en cet ordre nous partîmes au bruit des trompettes et des tambours, les deux côtés de la rivière, jusqu'au lieu où nous devions débarquer, étant bordés d'un peuple infini que la nouveauté du spectacle avoit attiré, et qui se prosternoit à terre, à mesure qu'il voyoit paroitre le balon qui portoit la lettre du Roi.

Cette marche fut continuée jusqu'à une certaine distance du palais, où étant descendus, M. l'ambassadeur trouva une manière d'estrade portative parée d'un velours cramoisi, sur laquelle s'élevoit un fauteuil doré : il y avoit encore deux autres estrades moins ornées, une pour M. l'abbé de Choisy, et la dernière pour le vicaire apostolique. Ils furent tous trois portés dans cet état jusqu'au palais, où tout le cortége à cheval les accompagnoit.

Nous entrâmes d'abord dans une cour fort spacieuse, dans laquelle étoit un grand nombre d'éléphans rangés sur deux lignes, que nous traversâmes. On y voyoit l'éléphant blanc, si respecté chez les Siamois, séparé des autres par distinction. De cette cour, nous entrâmes dans une seconde, où étoient cinq à six cents hommes assis à terre, comme ceux que nous vîmes à la barre, ayant les bras peints de bandes bleues : ce sont les bourreaux, et en même temps la garde des rois de Siam. Après avoir passé plusieurs autres cours, nous parvînmes jusqu'à la salle de l'audience : c'est un carré long, où l'on monte par sept à huit degrés.

M. l'ambassadeur fut placé sur un fauteuil, tenant par la queue la coupe où étoit la lettre du Roi ; M. l'abbé de Choisy étoit à son côté droit, mais plus bas sur un tabouret ; et le vicaire apostolique de l'autre côté à terre, sur un tapis de pied mis exprès, et plus propre que le grand tapis dont tout le parquet étoit couvert. Toute la suite de l'ambassadeur étoit de même assise à terre, ayant les jambes croisées. On nous avoit recommandé sur toutes choses de prendre garde que nos pieds ne parussent, n'y ayant pas à Siam un manque de respect plus considérable que de les montrer. M. l'ambassadeur, l'abbé de Choisy et M. de Métellopolis faisoient face au trône, placés sur une même ligne ; nous étions tous rangés derrière eux sur la même file. Sur la gauche étoient les grands mandarins, ayant à leur côté les plus qualifiés, et ainsi successivement de dignités en dignités jusqu'à la porte de la salle.

Lorsque tout fut prêt, un gros tambour battit un coup : à ce signal, les mandarins, qui n'avoient pour tout habillement qu'un linge qui les couvroit depuis la ceinture jusqu'à demi-cuisse, une espèce de chemisette de mousseline, et un panier sur la tête d'un pied de long, terminé en pyramide, et couvert d'une mousseline, se couchèrent tous, et demeurèrent à terre, appuyés sur les genoux et sur les coudes. La posture de ces mandarins, avec leurs paniers dans le cul l'un de l'autre, fit rire tous les Français. Le tambour que nous avions ouï d'abord battit encore plusieurs coups, en laissant un certain intervalle d'un coup à l'autre ; et au sixième coup le Roi ouvrit, et parut à la fenêtre.

Il portoit sur sa tête un chapeau pointu, tel qu'on les portoit autrefois en France, mais dont le bord n'avoit guère plus d'un pouce de large : ce chapeau étoit attaché sous le menton avec un cordon de soie. Son habit étoit à la parisienne, d'une étoffe couleur de feu et or. Il étoit ceint d'une riche écharpe dans laquelle étoit passé un poignard, et il avoit un grand nombre de bagues de prix dans plusieurs de ses doigts. Ce prince étoit âgé d'environ cinquante ans, fort maigre, petite taille, sans barbe, ayant sur le côté gauche du menton une grosse verrue, d'où sortoient deux longs poils qui ressembloient à du crin. M. de Chaumont, après l'avoir salué par une profonde inclination, prononça sa harangue assis, et la tête couverte : M. Constance servit d'interprète. Après quoi M. l'ambassadeur s'étant approché de la fenêtre, présenta la lettre à ce bon Roi, qui, pour la prendre, fut obligé de s'incliner beaucoup, et de sortir de sa fenêtre à demi corps, soit que M. l'ambassadeur le fît exprès, soit que la queue de la soucoupe ne se fût pas trouvée assez longue.

Sa Majesté Siamoise fit quelques questions à M. l'ambassadeur : il l'interrogea sur la santé du Roi et de la famille royale, s'enquit de quelques autres particularités touchant le royaume de France. Ensuite le gros tambour battit, le Roi ferma sa fenêtre, et les mandarins se redressèrent.

L'audience finie, on reprit la marche, et M. l'ambassadeur fut conduit dans la maison qui lui étoit préparée. Elle étoit de brique, assez petite, mal bâtie, la plus belle pourtant qu'il y eût dans la ville ; car on ne doit pas compter de trouver dans le royaume de Siam des palais qui répondent à la magnificence des nôtres. Celui du Roi est fort vaste, mais mal bâti, sans proportion et sans goût ; tout le reste de la ville, qui est très-malpropre, n'a que des maisons ou de bois ou de cannes, excepté une seule rue d'environ deux cents maisons assez petites, bâties de brique, et à un seul étage : ce sont les Maures et les Chinois qui les habitent. Pour les pagodes, ou temples des idoles, elles sont bâties de brique, et ressemblent assez à nos églises. Les maisons des talapoins, qui sont les moines du pays, ne sont que de bois, non plus que les autres.

Outre l'audience publique, M. l'ambassadeur eut encore plusieurs entretiens avec le Roi. C'est une chose fatigante que le cérémonial de ce pays : jamais d'entrevue particulière avant laquelle il n'y eût mille choses à régler sur ce sujet. En qualité de major, j'étois chargé d'aller, de venir, et de porter toutes les paroles. Dans tout ce manége que je fus obligé de faire, et dont le Roi fut témoin plus d'une fois, j'eus, je ne sais si je dois dire le bonheur ou le malheur de lui plaire. Quoi qu'il en soit, ce prince souhaita de me retenir auprès de lui : il en parla à M. Constance.

Ce ministre, qui avoit ses vues, et qui, par des raisons que je dirai en son lieu, ne désiroit pas de me voir retourner en France, au moins si tôt, fut ravi des dispositions du Roi, et profita de l'occasion, qui s'offroit comme d'elle-même. Il fit entendre à Sa Majesté qu'outre les services que je pourrois lui rendre dans ses États, il étoit convenable que, voulant envoyer des ambassadeurs en France [car ils étoient déjà nommés, et tout étoit prêt pour le départ], quelqu'un de la suite de M. l'ambassadeur restât dans le royaume comme en ôtage, pour lui répondre de la conduite que la cour de France tiendroit avec les ambassadeurs de Siam.

Sur ces raisons, bonnes ou mauvaises, le Roi se détermina à ne pas me laisser partir; et M. Constance eut ordre d'expliquer à M. de Chaumont les intentions de Sa Majesté. M. de Chaumont répondit au ministre qu'il n'étoit pas le maître de ma destination, et qu'il ne lui appartenoit pas de disposer d'un officier du Roi, surtout lorsqu'il étoit d'une naissance et d'un rang aussi distingué que l'étoit celui du chevalier de Forbin. Ces difficultés ne rebutèrent pas M. Constance : il revint à la charge, et, après bien des raisons dites et rebattues de part et d'autre, il déclara à M. l'ambassadeur que le Roi vouloit absolument me retenir en ôtage auprès de lui.

Ce discours étonna M. de Chaumont, qui, ne voyant plus de jour à mon départ, concerta avec M. Constance et M. l'abbé de Choisy, qui entroit dans tous leurs entretiens particuliers, les moyens de me faire consentir aux intentions du Roi. L'abbé de Choisy fut chargé de m'en faire la proposition : je n'étois nullement disposé à la recevoir. Je lui répondis que mettant à part le désagrément que j'aurois de rester dans un pays si éloigné, et dont les manières étoient si opposées au génie de ma nation, il n'y avoit pas d'apparence que je sacrifiasse les petits commencemens de fortune que j'avois en France, et l'espérance de m'élever à quelque chose de plus, pour rester à Siam, où les plus grands établissemens ne valoient pas le peu que j'avois déjà.

L'abbé de Choisy n'eut pas grande peine à entrer dans mes raisons; et, reconnoissant l'injustice qu'il y auroit à me violenter sur ce point, il proposa mes difficultés à M. Constance, qui, prenant la parole, lui dit : « Monsieur, que M. le
» chevalier de Forbin ne s'embarrasse pas de
» sa fortune, je m'en charge. Il ne connoît pas
» encore ce pays, et tout ce qu'il vaut : on le
» fera grand amiral, général des armées du Roi,
» et gouverneur de Bancok, où l'on va incessam-
» ment faire bâtir une citadelle pour y recevoir
» les troupes que le roi de France doit envoyer. »

Toutes ces belles promesses, qui me furent rapportées par M. l'abbé de Choisy, ne me tentèrent pas : je connoissois toute la misère de ce royaume, et je persistai toujours à vouloir retourner en France. M. de Chaumont, qui étoit pressé par le Roi, et encore plus par son ministre, ne pouvant lui refuser ce qu'il lui demandoit si instamment, vint me trouver lui-même. « Je ne puis
» refuser, me dit-il, à Sa Majesté Siamoise la de-
» mande qu'elle me fait de votre personne : je
» vous conseille, comme à mon ami particulier,
» d'accepter les offres qu'on vous fait, puisque,
» d'une manière ou d'autre, dès-lors que le Roi
» le veut absolument, vous serez obligé de
» rester. »

Piqué de me voir si vivement pressé, je lui répondis qu'il avoit beau faire, que je ne voulois pas rester à Siam, et que je n'y consentirois jamais, à moins qu'il ne me l'ordonnât de la part du Roi. « Hé bien, je vous l'ordonne, me dit-il. » N'ayant pas d'autre parti à prendre, j'acquiesçai; mais j'eus la précaution de lui demander un ordre par écrit, ce qu'il m'accorda fort gracieusement. Quatre jours après, je fus installé amiral et général des armées du roi de Siam, et je reçus, en présence de M. l'ambassadeur et de toute sa suite, qui m'en firent leur compliment, le sabre et la veste, marques de ma nouvelle dignité.

Tandis que M. Constance faisoit jouer tous ces ressorts pour me retenir à Siam, comme il alloit toujours à ses fins, il n'oublioit rien de tout ce qui pouvoit donner aux Français une grande idée du royaume. C'étoit des fêtes continuelles, et toujours ordonnées avec tout l'appareil qui pouvoit les relever. Il eut soin d'étaler à M. l'ambassadeur et à nos Français toutes les richesses du trésor royal, qui sont en effet dignes d'un grand roi, et capables d'imposer; mais il n'eut garde de leur dire que cet amas d'or, d'argent, et de pierres de grand prix, étoit l'ouvrage d'une longue suite de rois qui avoient concouru à l'augmenter, l'usage étant établi à Siam que les rois ne s'illustrent qu'autant qu'ils augmentent considérablement ce trésor, sans qu'il leur soit jamais permis d'y toucher, quelque besoin qu'ils en puissent avoir d'ailleurs.

Il lui fit visiter ensuite toutes les plus belles pagodes de la ville et de la campagne. On appelle pagode, à Siam, les temples des idoles et les idoles elles-mêmes : ces temples sont remplis de statues de plâtres, dorées avec tant d'art qu'on les prendroit aisément pour de l'or. M. Constance ne manqua pas de faire entendre qu'elles en étoient en effet; ce qui fut cru d'autant plus facilement, qu'on ne pouvoit les toucher, la plupart étant posées dans des endroits fort élevés, et les autres étant fermées par des grilles de fer qu'on n'ouvre jamais, et dont il n'est permis d'approcher qu'à une certaine distance.

La magnificence des présens destinés au Roi et à la cour pouvant contribuer au dessein que le ministre se proposoit, il épuisa le royaume pour les rendre en effet très-magnifiques. Il n'y a qu'à voir ce qu'en ont écrit le père Tachard et l'abbé de Choisy. On peut dire, dans la vérité, qu'il porta les choses jusqu'à l'excès, et que, non content d'avoir ramassé tout ce qu'il put trouver à Siam, ayant, outre cela, envoyé à la Chine et au Japon, pour en rapporter ce qu'il y avoit de plus rare et de plus curieux, il ne discontinua à faire porter sur les vaisseaux du Roi que lorsqu'ils n'en purent plus contenir.

Enfin, pour ne laisser rien en arrière, chacun eut son présent en particulier, et il n'y eut pas jusqu'aux matelots qui ne se sentissent de ses libéralités. Voilà comment et par quelles voies M. l'ambassadeur et tous nos Français furent trompés par cet habile ministre, qui, ne perdant pas de vue son projet, n'oublioit rien de tout ce qui pouvoit concourir à le faire réussir.

Tout se préparoit pour le départ. M. de Chaumont eut son audience de congé. Comme je ne devois pas le suivre, et que je ne trouvois pas à employer à Siam les six mille livres que m'avoit produites le corail de madame Rouillet, je remis cette somme entre les mains du facteur des Indes, de qui je retirai une lettre de change que j'envoyai à cette dame, m'excusant de n'avoir pas fait ses commissions sur ce que je n'avois pas trouvé de quoi employer son argent d'une manière convenable. Enfin le jour du départ étant arrivé, nous partimes, M. Constance, et moi pour accompagner M. l'ambassadeur jusqu'à son bord, d'où, après bien des témoignages d'amitié de part et d'autre, nous retournâmes à Louvo.

Il est temps maintenant d'expliquer les vues de politique de M. Constance : nous dirons après les raisons pour lesquelles il souhaitoit si ardemment de me retenir à Siam. Ce ministre grec de nation, et qui, de fils d'un cabaretier d'un petit village appelé La Custode, dans l'île de Céphalonie, étoit parvenu à gouverner despotiquement le royaume de Siam, n'avoit pu s'élever à ce poste, et s'y maintenir, sans exciter contre lui la jalousie et la haine de tous les mandarins, et du peuple même.

Il s'attacha d'abord au service du barcalon, c'est-à-dire au premier ministre. Il en fut très-goûté : ses manières douces et engageantes, et, plus que tout cela, un esprit propre pour les affaires, et que rien n'embarrassoit, lui attirèrent bientôt toute la confiance de son maître, qui le combla de biens, et qui le présenta au Roi comme un sujet propre à le servir fidèlement.

Ce prince ne le connut pas long-temps sans prendre confiance en lui; mais, par une ingratitude qu'on ne sauroit assez détester, le nouveau favori ne voulant plus de concurrent dans les bonnes grâces du prince, et abusant du pouvoir qu'il avoit déjà auprès de lui, fit tant qu'il rendit le barcalon suspect, et qu'il engagea peu après le Roi à se défaire d'un sujet fidèle, et qui l'avoit toujours bien servi. C'est par là que M. Constance, faisant de son bienfaiteur la première victime qu'il immola à son ambition, commença à se rendre odieux à tout le royaume.

Les mandarins et tous les grands, irrités d'un procédé qui leur donnoit lieu de craindre à tout moment pour eux-mêmes, conspirèrent en secret contre le nouveau ministre, et se proposèrent de le perdre auprès du Roi; mais il n'étoit plus temps : il disposoit si fort de l'esprit du prince, qu'il en coûta la vie à plus de trois cents d'entre eux, qui avoient voulu croiser sa faveur. Il sut ensuite si bien profiter de sa fortune et des foiblesses de son maître, qu'il ramassa des richesses immenses, soit par des concussions et par ses violences, soit par le commerce dont il s'étoit emparé, et qu'il faisoit seul dans tout le royaume.

Tant d'excès, qu'il avoit pourtant toujours colorés sous le prétexte du bien public, avoient soulevé tout le royaume contre lui; mais tout se passoit dans le secret, et personne n'osoit se déclarer : ils attendoient une révolution, que la vieillesse du Roi et sa santé chancelante leur faisoient regarder comme prochaine.

Constance n'ignoroit pas leur mauvaise disposition à son égard : il avoit trop d'esprit, il connoissoit trop les maux qu'il leur avoit faits, pour croire qu'ils les eussent si tôt oubliés eux-mêmes. Il savoit d'ailleurs mieux que personne combien peu il y avoit à compter sur la santé du Roi, toujours foible et languissant; il connoissoit aussi tout ce qu'il y avoit à craindre d'une révolution, et il comprenoit fort bien qu'il ne s'en tireroit jamais, s'il n'étoit appuyé d'une puissance étrangère qui le protégeât, en s'établissant dans le royaume.

C'étoit là en effet tout ce qu'il avoit à faire, et l'unique but qu'il se proposoit. Pour y parvenir, il falloit d'abord persuader au Roi de recevoir dans ses États des étrangers, et leur confier une partie de ses places. Ce premier pas ne coûta pas beaucoup à M. Constance : le Roi déféroit tellement à tout ce que son ministre lui proposoit, et celui-ci lui fit valoir si habilement tous les avantages d'une alliance avec des étrangers, que ce prince donna aveuglément dans tout ce qu'on voulut. La grande difficulté fut de se déterminer dans le choix du prince à qui on s'adresseroit.

Constance, qui n'agissoit que pour lui, n'avoit garde de songer à aucun prince voisin : le manque de fidélité est ordinaire chez eux, et il y avoit trop à craindre qu'après s'être engraissés de ses dépouilles ils ne le livrassent aux poursuites des mandarins, ou ne fissent quelque traité dont sa tête eût été le prix.

Les Anglais et les Hollandais ne pouvoient être attirés à Siam par l'espérance du gain, le pays ne pouvant fournir à un commerce considérable; les mêmes raisons ne lui permettoient pas de s'adresser ni aux Espagnols ni aux Portugais ; enfin ne voyant pas d'autre ressource, il crut que les Français seroient plus aisés à tromper. Dans cette vue, il engagea son maître à rechercher l'alliance du roi de France par l'ambassade dont nous avons parlé d'abord ; et ayant chargé en particulier les ambassadeurs d'insinuer que leur maître songeoit à se faire chrétien [chose à quoi il n'avoit jamais pensé], le Roi crut qu'il étoit de sa piété de concourir à cette bonne œuvre, en envoyant à son tour des ambassadeurs au roi de Siam.

Constance, voyant qu'une partie de son projet avoit si bien réussi, songea à tirer parti du reste. Il commença par s'ouvrir d'abord à M. de Chaumont, à qui il fit entendre que les Hollandais, dans le dessein d'agrandir leur commerce, avoient souhaité depuis long-temps un établissement à Siam ; que le Roi n'en avoit jamais voulu entendre parler, craignant l'humeur impérieuse de cette nation, et appréhendant qu'ils ne se rendissent maîtres de ses États ; mais que si le Roi de France, sur la bonne foi de qui il avoit plus à compter, vouloit entrer en traité avec Sa Majesté Siamoise, il se faisoit fort de lui faire remettre la forteresse de Bancok, place importante dans le royaume, et qui en est comme la clef, à condition toutefois qu'on y enverroit des troupes, des ingénieurs, et tout l'argent qui seroit nécessaire pour commencer l'établissement.

M. de Chaumont et M. l'abbé de Choisy, à qui cette affaire avoit été communiquée, ne la jugeant pas faisable, ne voulurent pas s'en charger. Le père Tachard ne fit pas tant de difficulté : ébloui d'abord par les avantages qu'il crut que le Roi retireroit de cette alliance, avantages que Constance fit sonner bien haut, et fort au-delà de toute apparence de vérité ; trompé d'ailleurs par ce ministre adroit, et même hypocrite quand il en étoit besoin, et qui, cachant toutes ses menées sous une apparence de zèle, lui fit voir tant d'avantages pour la religion, soit de la part du roi de Siam, qui, selon lui, ne pouvoit manquer de se faire chrétien un jour, soit par rapport à la liberté qu'une garnison française à Bancok assureroit aux missionnaires pour l'exercice de leur ministère ; flatté enfin par les promesses de M. Constance, qui s'engagea à faire un établissement considérable aux jésuites, à qui il devoit faire bâtir un collége et un observatoire à Louvo; en un mot, ce père ne voyant rien dans tout ce projet que de très-avantageux pour le Roi, pour la religion et pour sa compagnie, n'hésita pas à se charger de cette négociation : il se flatta même d'en venir à bout, et le promit à M. Constance, supposé que le père de La Chaise voulût s'en mêler, et employer son crédit auprès du Roi.

Dès-lors le père Tachard eut tout le secret de l'ambassade, et il fut déterminé qu'il retourneroit en France avec les ambassadeurs siamois. Tout étant ainsi arrêté, mon retour étoit regardé par Constance comme l'obstacle qui pouvoit le plus nuire à ses desseins. En voici la raison : dans les différentes négociations où mes fonctions de major de l'ambassade m'avoient engagé auprès de lui, il avoit reconnu dans moi une humeur libre, et un caractère de franchise qui, ne m'ayant jamais permis de dissimuler, me faisoit appeler tout par son nom. Dans cette pensée, il appréhenda que, n'ayant pas une fort grande idée de Siam, et du commerce qu'on pourroit y établir [ce que j'avois donné à connoître assez ouvertement, quoique je ne me doutasse en aucune sorte de son dessein], il appréhenda, dis-je, qu'étant en France, je ne fisse de même qu'à Siam, et qu'en divulguant tout ce que je pensois de ce pays, je ne ruinasse d'un seul mot un projet sur la réussite duquel il fondoit toutes ses espérances.

Et s'il faut dire la vérité, il n'avoit pas tort de ne pas se fier à moi sur ce point; car je n'aurois jamais manqué de dire tout ce que j'en savois, ayant assez à cœur l'intérêt du Roi et de la nation pour ne vouloir pas donner lieu par mon silence à une entreprise d'une très-grande dépense, et de nul rapport. Appréhendant donc qu'en disant la vérité je ne gâtasse tout ce qu'il avoit conduit avec tant d'art, il fit tout ce qu'il put pour me retenir, ainsi que j'ai déjà dit.

Voilà au vrai quelles furent ses raisons, dont je ne commençai à être instruit qu'après le départ des ambassadeurs, dans une longue conversation que j'eus avec lui, et dans laquelle il me laissa entrevoir une grande partie de ce que j'ai rapporté; et pour le reste, j'en ai été instruit dans la suite, en partie dans des conversations particulières que j'ai eues avec des personnes qui en étoient informées à fond, et en partie par la suite des événemens, dont il m'a été aisé de démêler le principe à mesure que je les voyois arriver. Je reviens maintenant à mon séjour à Siam.

Après le départ des ambassadeurs, je me rendis à Louvo avec M. Constance. Louvo est une maison de campagne du roi de Siam: ce prince y fait sa résidence ordinaire, et ne vient à Joudia, qui est en éloigné d'environ sept lieues, que fort rarement, et dans certains jours de cérémonie. A mon arrivée, je fus introduit dans le palais pour la première fois. La situation où je trouvai les mandarins me surprit extrêmement; et quoique j'eusse déjà un grand regret d'être demeuré à Siam, il s'accrut au double par ce que je vis.

Tous les mandarins étoient assis en rond sur des nattes faites de petit osier : une seul lampe éclairoit toute cette cour ; et quand un mandarin vouloit lire ou écrire quelque chose, il tiroit de sa poche un bout de bougie de cire jaune, il l'allumoit à cette lampe, et l'appliquoit ensuite sur une pièce de bois, qui, tournant de côté et d'autre sur un pivot, leur servoit de chandelier.

Cette décoration, si différente de celle de la cour de France, me fit demander à M. Constance si toute la grandeur de ces mandarins se manifestoit dans ce que je voyois : il me répondit que oui. A cette réponse me voyant interdit, il me tira à part; et, me parlant plus ouvertement qu'il n'avoit fait jusqu'alors : « Ne soyez pas » surpris, me dit-il, de ce que vous voyez : » ce royaume est pauvre, à la vérité; mais » pourtant votre fortune n'en souffrira pas, j'en » fais mon affaire propre. » Et ensuite achevant de s'ouvrir à moi, nous eûmes une longue conversation, dans laquelle il me fit part de toutes ses vues, qui revenoient à ce que j'ai rapporté il n'y a qu'un moment. Cette conduite de M. Constance ne me surprit pas moins que la misère des mandarins : car quelle apparence qu'un politique si raffiné dût s'ouvrir si facilement à un homme dont il ne venoit d'empêcher le retour en France que pour n'avoir jamais osé se fier à sa discrétion?

Je continuai ainsi pendant deux mois à aller tous les jours au palais, sans qu'il m'eût été possible de voir le Roi qu'une seule fois : dans la suite, je le vis un peu plus souvent. Ce prince me demanda un jour si je n'étois pas bien aise d'être resté à sa cour. Je ne me crus pas obligé de dire la vérité : je lui répondis que je m'estimois fort heureux d'être au service de Sa Majesté. Il n'y avoit pourtant rien au monde de si faux ; car mon regret de n'avoir pu retourner en France augmentoit à tout moment, surtout lorsque je voyois la rigueur dont les moindres petites fautes étoient punies.

C'est le Roi lui-même qui fait exécuter la justice : j'ai déjà dit qu'il y a toujours avec lui quatre cents bourreaux, qui composent sa garde ordinaire. Personne ne peut se soustraire à la sévérité de ses châtimens : les fils et les frères des rois n'en sont pas plus exempts que les autres.

Les châtimens ordinaires sont de fendre la bouche jusqu'aux oreilles à ceux qui ne parlent pas assez, et de la coudre à ceux qui parlent trop. Pour des fautes assez légères, on coupe les cuisses à un homme, on lui brûle les bras avec un fer rouge, on lui donne des coups de sabre sur la tête, on lui arrache les dents. Il faut n'avoir presque rien fait pour n'être condamné qu'à la bastonnade, à porter la cangue au cou, ou à être exposé tête nue à l'ardeur du soleil. Pour ce qui est de se voir enfoncer des bouts de cannes dans les ongles, qu'on pousse jusqu'à la racine, mettre les pieds au cep, et plusieurs autres supplices de cette espèce, il n'y a presque personne à qui cela ne soit arrivé au moins quelquefois dans la vie.

Surpris de voir les plus grands mandarins exposés à la rigueur de ces traitemens, je demandai à M. Constance si j'avois à les craindre pour moi : il me répondit que non, et que cette sévérité n'avoit pas lieu pour les étrangers. Mais il mentoit, car il avoit eu lui-même la bastonnade sous le ministère précédent, comme je l'appris depuis.

Pour achever, le Roi me fit donner une maison fort petite : on y mit trente-six esclaves pour me servir, et deux éléphans. La nourriture de tout mon domestique ne me coûtoit que cinq sous par jour, tant les hommes sont sobres dans ce pays, et les denrées à bon marché : j'avois la table chez M. Constance. Ma maison fut garnie de quelques meubles peu considérables : on y ajouta douze assiettes d'argent, deux grandes coupes de même métal, le tout fort mince; quatre douzaines de serviettes de toile de coton, et deux bougies de cire jaune par jour. Ce fut là tout l'équipage de M. le grand amiral, général des armées du Roi : il fallut pourtant s'en contenter.

Quand le Roi alloit à la campagne, ou à la chasse à l'éléphant, il fournissoit à la nourriture de ceux qui le suivoient : on nous servoit alors du riz, et quelques ragoûts à la siamoise. Les naturels du pays les trouvoient bons; mais un François, peu accoutumé à ces sortes d'apprêts, ne pouvoit guère s'en accommoder. A la vérité M. Constance, qui suivoit presque toujours, avoit soin de faire porter de quoi mieux manger; mais quand les affaires particulières le retenoient chez lui, j'avois grande peine à me contenter de la cuisine du Roi.

Souvent, dans ces sortes de divertissemens, le Roi me faisoit l'honneur de s'entretenir avec moi : je lui répondois par l'interprète que M. Constance m'avoit donné. Comme ce prince me donnoit beaucoup de marques de bienveillance, je me hasardois quelquefois à des libertés qu'il me passoit, mais qui auroient mal réussi à tout autre. Un jour qu'il vouloit faire châtier un de ses domestiques pour avoir oublié un mouchoir, ignorant les coutumes du pays, et étant d'ailleurs bien aise d'user de ma faveur pour rendre service à ce malheureux, je m'avisai de demander grâce pour lui.

Le Roi fut surpris de ma hardiesse, et se mit en colère contre moi : M. Constance, qui en fut témoin, pâlit, et appréhenda de me voir sévèrement punir. Pour moi, je ne me déconcertai point; et ayant pris la parole, je dis à ce prince que le roi de France mon maître étoit charmé qu'en lui demandant grâce pour les coupables, on lui donnât occasion de faire éclater sa modération et sa clémence, et que ses sujets, reconnoissant les grâces qu'il leur faisoit, le servoient avec plus de zèle et d'affection, et étoient toujours prêts à exposer leur vie pour un prince qui se rendoit si aimable par sa bonté. Le Roi, charmé de ma réponse, fit grâce au coupable, en disant qu'il vouloit imiter le roi de France : mais il ajouta que cette conduite, qui étoit bonne pour les François, naturellement généreux, se-

roit dangereuse pour les Siamois, ingrats, et qui ne pouvoient être contenus que par la sévérité des châtimens.

Cette aventure fit bruit dans le royaume, et surprit les mandarins; car ils comptoient que j'aurois la bouche cousue, pour avoir parlé mal à propos. Constance même m'avertit en particulier d'y prendre garde à l'avenir, et blâma fort ma vivacité, qu'il accusa d'imprudence : mais je lui répondis que je ne pouvois m'en repentir, puisqu'elle m'avoit réussi si heureusement.

En effet, bien loin de me nuire, je remarquai que depuis ce jour-là le Roi prenoit plus de plaisir à s'entretenir avec moi. Je l'amusois en lui faisant mille contes que j'accommodois à ma manière, et dont il paroissoit satisfait. Il est vrai qu'il ne me falloit pas pour cela de grands efforts, ce prince étant grossier, et fort ignorant. Un jour qu'étant à la chasse, il donnoit ses ordres pour la prise d'un petit éléphant, il me demanda ce que je pensois de tout cet appareil, qui avoit en effet quelque chose de magnifique. « Sire, lui répondis-je, en voyant Votre Majesté entourée de tout ce cortège, il me semble voir le Roi mon maître, à la tête de ses troupes, donnant ses ordres, et disposant toutes choses dans un jour de combat. » Cette réponse lui fit grand plaisir. Je l'avois prévu, car je savois qu'il n'aimoit rien tant au monde que d'être comparé à Louis-le-Grand.

Et s'il faut dire la vérité, cette comparaison, qui ne rouloit que sur la grandeur et la magnificence extérieure des deux princes, n'étoit pas absolument sans quelque justesse, y ayant peu de spectacle au monde plus superbe que les sorties publiques du roi de Siam; car quoique le royaume soit pauvre, et qu'on n'y voie aucun vestige de magnificence nulle part, cependant lorsque le Roi, qui passe sa vie renfermé dans l'intérieur de son palais, sans que personne y soit jamais admis, pas même ses plus intimes confidens, à qui il ne parle que par une fenêtre; lors, dis-je, que ce prince se montre en public, il y paroît avec toute la pompe convenable à la majesté d'un très-grand roi.

Une des sorties où il se montre avec plus d'éclat, c'est lorsqu'il va toutes les années, sur la rivière, commander aux eaux de se retirer. J'ai déjà dit plus d'une fois que tout le royaume est inondé six mois de l'année. Cette inondation est principalement causée en été par la fonte des neiges des montagnes de Tartarie; mais lorsque l'hiver revient, le dégel cessant, les eaux commencent peu à peu à diminuer, et laissant le pays à sec, les Siamois prennent ce temps pour faire leur récolte de riz, qu'ils ont plus abondamment qu'en aucun autre pays du monde.

C'est dans cette saison, et lorsqu'on commence à s'apercevoir que les eaux sont notablement diminuées, que le Roi sort pour la cérémonie dont nous parlons. Il y paroît sur un grand trône tout éclatant d'or, posé sur le milieu d'un balon superbe : dans cet état, suivi d'une foule de grands et de petits mandarins, assemblés de toutes les provinces, chacun dans des balons magnifiques, et accompagnés eux-mêmes d'une infinité d'autres balons, il va jusque dans un certain endroit de la rivière donner un coup de sabre dans l'eau, en lui commandant de se retirer. Au retour de cette fête, il y a un prix considérable pour le balon qui, remontant la rivière, arrive le premier au palais. Rien n'est si agréable que ce combat, et les différens tours que ces balons, qui remontent avec beaucoup de légèreté, se font entre eux pour se supplanter.

Pour revenir à notre chasse, après que l'éléphant fut pris, le Roi continua à s'entretenir avec moi ; et, pour me faire comprendre combien ces animaux paroissent doués d'intelligence : « Celui que je monte actuellement, me dit ce » prince, peut être cité pour exemple. Il avoit, » il n'y a pas long-temps, un cornac ou palefre- » nier qui le faisoit jeûner, en lui retranchant la » moitié de ce qui étoit destiné pour sa nourri- » ture : cet animal, qui n'avoit point d'autre » manière de se plaindre que ses cris, en fit de » si horribles, qu'on les entendoit de tout le » palais. Ne pouvant deviner pourquoi il crioit si » fort, je me doutai du fait, et je lui fis donner » un nouveau cornac, qui, étant plus fidèle, et » lui ayant donné, sans lui faire tort, toute la » mesure de riz, l'éléphant la partagea en deux » avec sa trompe, et n'en ayant mangé que la » moitié, il se mit à crier tout de nouveau, in- » diquant par là, à tous ceux qui accoururent au » bruit, l'infidélité du premier cornac, qui avoua » son crime, dont je le fis sévèrement châtier. »

Ce prince me raconta encore sur ce sujet plusieurs autres traits qui m'auroient paru incroyables, si tout autre m'en avoit fait le récit. Mais voici des faits que j'ai vus moi-même : quand les éléphans sont en rut, ils deviennent furieux, en sorte qu'on est obligé, pour les adoucir, de tenir une femelle auprès d'eux, surtout lorsqu'on va les abreuver. La femelle marche devant, avec un homme dessus qui donne d'une espèce de cor, pour avertir le monde d'être sur ses gardes, et de se retirer.

Un jour, un éléphant en rut, qu'on menoit ainsi à l'abreuvoir, se sauva, et fut se mettre au milieu de la rivière, hurlant et faisant fuir tout le monde. Je montai à cheval pour le suivre, et pour voir ce qu'il deviendroit : je trouvai la femme du cornac qui étoit accourue sur le bord de l'eau, et qui, faisant des reproches à cet animal, lui parloit à peu près en ces termes : « Tu » veux donc qu'on coupe la cuisse à mon mari ? » car tu sais que c'est le châtiment ordinaire des » cornacs quand ils laissent échapper leurs élé- » phans. Hé bien ! puisque mon mari doit mou- » rir, tiens, voilà encore mon enfant : viens le » tuer aussi. » En achevant ces mots, elle posa l'enfant à terre, et s'en alla. L'enfant se mit à pleurer : alors l'éléphant parut se laisser attendrir ; il sortit de l'eau, prit l'enfant avec sa trompe, et l'apporta dans la maison, où il demeura tranquille.

Un autre jour, je vis un autre éléphant qu'on menoit à l'abreuvoir. Comme il badinoit par les rues avec sa trompe, il la porta auprès d'un tailleur, qui, pour l'obliger à se retirer, le piqua avec son aiguille. Au retour de la rivière, il alla badiner de nouveau auprès du tailleur, qui le piqua encore légèrement : à l'instant même cet animal lui couvrit le corps d'une barique d'eau bourbeuse, qu'il avoit apportée pour se venger. Quand le coup fut fait, l'éléphant voyant son homme ainsi inondé, s'applaudit, et parut rire à sa manière, comme pourroit faire un homme qui auroit fait quelque bon tour.

Les Siamois tirent des services considérables de ces animaux : ils s'en servent presque comme de domestiques, surtout pour avoir soin des petits enfans ; ils les prennent avec leur trompe, les couchent dans de petits branles, les bercent et les endorment ; et quand la mère en a besoin, elle les demande à l'éléphant, qui les va chercher, et les lui apporte.

Le Roi continuoit à me donner tous les jours de nouvelles marques de bonté, en m'admettant de plus en plus dans ses entretiens particuliers. Il arriva un jour qu'en revenant de la chasse il se trouva mal. Le lendemain, sa maladie augmenta ; sur quoi les médecins ayant été appelés, ils opinèrent à la saignée. Il y avoit de la difficulté à ce remède ; car les Siamois regardant leur roi comme une divinité, ils n'oseroient le toucher. L'affaire étant proposée au conseil, un mandarin fut d'avis qu'on perçât un grand rideau, à travers lequel Sa Majesté ayant passé le bras, un chirurgien le saigneroit, sans savoir que ce fût le Roi.

Cet avis ridicule ne me plut pas ; et, me servant de la liberté que j'avois de parler sans qu'on le trouvât mauvais, je dis que les rois sont comme des soleils, dont la clarté, quoique obscurcie par des nuages, paroît toujours ; que, quelque expédient qu'on prît, on ne sauroit venir à bout de cacher la majesté du prince, qui se feroit toujours assez sentir : mais que si la saignée étoit absolument nécessaire, il y avoit à la cour un chirurgien français dont on pouvoit se servir; qu'étant d'un pays où l'on saigne sans difficulté les rois et les princes toutes les fois qu'ils en ont besoin, il n'y avoit qu'à l'employer, et que j'étois assuré que Sa Majesté n'auroit pas regret à la confiance qu'elle auroit prise en lui. Le Roi approuva mon avis : il n'eut pourtant pas lieu de s'en repentir, ce prince ayant recouvré la santé.

A peu près dans ce temps-là, un accident imprévu mit au jour un trait de fourberie que M. Constance avoit fait à M. de Chaumont et à sa suite. J'ai dit qu'en leur étalant les richesses de Siam il avoit eu grand soin de leur montrer les plus belles pagodes du royaume, et qu'il avoit assuré qu'elles étoient toutes d'or massif. Parmi ces statues, il y en avoit une de hauteur colossale : elle étoit de quinze à seize pieds de haut. On l'avoit fait passer pour être du même métal que les autres : le père Tachard et l'abbé de Choisy y avoient été trompés, aussi bien que tous nos Français, et avoient cru ce fait si constant, qu'ils l'ont rapporté dans leur relation. Par malheur, la voûte de la chapelle où la statue étoit renfermée fondit, et mit en pièces la pagode, qui n'étoit que de plâtre doré. L'imposture parut; mais les ambassadeurs étoient loin. Je ne pus pas gagner sur moi de ne pas faire sur ce sujet quelque raillerie à M. Constance, qui me témoigna n'y prendre pas plaisir.

Peu après, nous eûmes ordre, Constance et moi, d'aller à Bancok, pour y faire travailler à un nouveau fort qui devoit être remis aux soldats français que le roi de Siam avoit demandés, et qu'il attendoit au retour des ambassadeurs. Nous y traçâmes un pentagone. Comme Bancok est la clef du royaume, le Roi y entretenoit dans un petit fort carré deux compagnies de quarante hommes chacune, formées de Portugais métis, ou créoles des Indes : on donne ce nom à ceux qui sont nés, dans les Indes, d'un Portugais et d'une Japonaise chrétienne. Ces métis apprenant que j'arrivois en qualité de général, et que je devois les commander, se mutinèrent.

Un prêtre de leur nation fut cause de cette révolte. Après avoir dit la messe, prenant tout-à-coup l'air d'un homme inspiré, il se tourna vers le peuple, en leur adressant la parole. « Mes chers compatriotes, leur dit-il, la nation » portugaise ayant toujours été dominante dans » les Indes, il seroit honteux pour elle qu'un » Français entreprît aujourd'hui de vous com- » mander. Marchez donc courageusement, et » ne souffrez pas un pareil affront : ne craignez » rien, Dieu vous bénira, comme il a toujours » fait jusqu'ici. Cependant recevez sa bénédic- » tion, que je vous donne de sa part. » Il n'en fallut pas davantage pour les mettre en mouvement.

Nous étions occupés, Constance et moi, à l'arrangement des travailleurs pour commencer les fossés du fort, lorsque nous vîmes arriver le colonel portugais, qui dit à M. Constance que ses soldats s'étoient révoltés. Le ministre lui en demanda la raison. « C'est, lui répliqua le colo- » nel, parce qu'ils ne veulent pas obéir à un of- » ficier français. »

A ce discours, m'avançant sur un bastion, je vis venir une troupe de soldats le fusil sur l'épaule, qui marchoient droit vers le fort. J'en avertis M. Constance; et l'ayant tiré à part : « Cet offi- » cier, lui dis-je, est sûrement complice de la » révolte, puisqu'il vient vous avertir quand les » séditieux sont en marche : ils en veulent à » votre personne comme à la mienne. Je vais » commencer par me saisir de celui-ci; je l'obli- » gerai à faire retourner ses soldats, et s'il ré- » siste, je le tuerai. » Alors, mettant l'épée à la main, je sautai sur le Portugais, que je désarmai comme un enfant; et, lui tenant la pointe de l'épée sur la poitrine, je le menaçai de le tuer, s'il ne crioit à ces séditieux de s'en retourner.

Constance paya de sa personne dans cette occasion : il sortit du fort avec beaucoup de fermeté, et sans se troubler; et allant à la rencontre des mutins, qui n'étoient plus qu'à dix pas de la porte, il leur demanda d'un air de hauteur ce qu'ils prétendoient. Ils répondirent tout d'une voix qu'ils ne vouloient point du commandant français qu'on leur avoit destiné. Ce ministre, qui avoit pour le moins autant d'esprit que de courage, les assura que je devois, à la vérité, commander les Siamois, mais nullement les Portugais.

Cette réponse sembloit les calmer, lorsqu'un de la troupe voyant d'une part ses camarades incertains de ce qu'ils avoient à faire, et de l'autre côté entendant le colonel, qui du haut du bastion leur crioit de toute sa force d'obéir à M. Constance, prit la parole; et, mettant la main sur la garde de son épée : « A quoi bon » dit-il, tant de raisonnemens? devons-nous » nous fier à ses promesses? » Constance, qui se vit au moment d'être massacré, sauta sur ce scélérat, lui ôta son épée, et, après avoir adouci ses camarades par de bonnes paroles, les renvoya chez eux.

Comme cet attentat pouvoit avoir de dangereuses conséquences s'il demeuroit impuni, le

31.

colonel fut arrêté; les soldats et les officiers qui étoient entrés dans la sédition le furent aussi, et, par ordre de M. Constance, j'assemblai un conseil de guerre, assez mal ordonné, à la vérité; mais nous étions dans un pays où l'on n'en avoit jamais vu. Nous ne laissâmes pourtant pas de condamner le soldat qui avoit porté la main sur la garde de son épée à avoir le poing coupé: deux autres, qui furent convaincus d'avoir été les chefs de la sédition, furent condamnés à mort. Il y eut quelques officiers exilés, et le reste des soldats fut condamné aux galères: mais avant que de les y envoyer, ils furent enchaînés deux à deux comme nos forçats, et obligés de travailler aux fortifications. Cette exécution faite, et tous les ordres nécessaires étant donnés afin que le travail se continuât, nous repartîmes M. Constance et moi, et nous nous rendîmes à Louvo.

A notre arrivée, M. Constance se trouva embarrassé dans une méchante affaire qui faillit à le perdre, et de laquelle je puis dire avec vérité qu'il ne se seroit jamais tiré sans moi. Son avidité pour le gain la lui avoit attirée: voici à quelle occasion. Avant que de partir pour Bancok, il avoit voulu acheter une cargaison de bois de sandal: pour cela, il s'étoit adressé à un Français huguenot, nommé le sieur de Rouan, qui en avoit fait venir une grande quantité de l'île de Timor. Il avoit fait des profits très-considérables sur une partie qu'il en avoit déjà vendu. Constance vouloit s'accommoder du reste, mais il le vouloit à bas prix: le marchand ne voulut jamais y entendre. Sur quoi n'étant pas d'accord, le ministre lui chercha noise, et, usant de son autorité, le fit arrêter, et mettre aux fers.

Dans ce temps-là nous partîmes pour Bancok: pendant notre absence, le facteur français de la compagnie d'Orient, instruit de la vexation faite au sieur de Rouan, et voulant avoir satisfaction de l'affront qu'il prétendoit avoir été fait à la nation, s'en alla à Louvo planter le pavillon blanc devant le palais. Le Roi, surpris de cette nouveauté, envoya un mandarin pour en apprendre le sujet. Le facteur répondit qu'il venoit demander justice de l'injure que la nation avoit reçue; qu'on avoit mis aux fers un Français, sans qu'il fût coupable d'aucun crime; qu'il demandoit qu'on lui en fit réparation: à défaut de quoi il supplioit Sa Majesté de lui permettre de sortir du royaume, avec tout ce qu'il y avoit de Français.

Le Roi, qui ignoroit la manœuvre de son ministre, envoya dire au facteur qu'il pouvoit retourner chez lui; et que quand nous serions revenus Constance et moi, il s'informeroit de cette affaire, et qu'il rendroit bonne justice. Ce prince surtout depuis l'ambassade, aimoit beaucoup les Français: il les protégeoit volontiers, et ne les voyoit sortir de son royaume qu'avec regret.

A peine fûmes-nous à Louvo, que M. Constance fut averti de la démarche du facteur. Sans perdre un moment de temps, il se rendit au palais, comptant de détruire d'un seul mot tout ce qui avoit été dit contre lui; mais il n'en fut pas ainsi: le Roi, irrité, le maltraita en paroles, et le menaça de le faire châtier, s'il ne se justifioit dans tout le jour.

Constance répondit brièvement que, bien loin d'être capable de maltraiter la nation française, il n'y en avoit point dans le royaume pour qui il eût tant d'égards; qu'il supplioit Sa Majesté de s'en rapporter à mon témoignage; qu'étant, par ma naissance et par mes emplois, mis au-dessus de ce facteur, il y avoit apparence que j'aurois porté mes plaintes à Sa Majesté si on m'en avoit donné occasion; mais qu'il espéroit que je viendrois dans un moment rendre témoignage à son innocence, et certifier à Sa Majesté l'attention qu'il avoit à ne rien faire dont la nation française pût s'offenser.

M. Constance, en sortant du palais, vint me chercher; et m'abordant: « Monsieur, me dit-
» il, il s'agit de me rendre un service essentiel.
» Le facteur de la compagnie de France a porté
» plainte contre moi, au sujet de l'emprisonne-
» ment du sieur de Rouan: vous savez aussi
» bien que moi, que, quoiqu'il soit originaire-
» ment Français, il est huguenot, et que comme
» tel ayant été contraint de sortir de France, il
» est depuis long-temps au service des Anglais,
» et qu'il n'appartient nullement à la compagnie
» française, au service de laquelle il ne fut ja-
» mais. Nonobstant cela, le facteur le protége de
» tout son pouvoir; et quoiqu'il n'ignore pas
» que le sieur de Rouan est devenu Anglais et
» par sa sortie de France, et par la religion qu'il
» professe, il ne laisse pas de se déclarer haute-
» ment pour lui, et veut l'agréger au corps de
» la nation, à laquelle il a si solennellement re-
» noncé. Vous sentez sans doute l'injustice de
» ce procédé: j'espère que vous viendrez me
» justifier auprès du Roi, et que vous me servi-
» rez dans cette occasion comme je vous servi-
» rois si vous étiez en pareil cas. »

M. Constance étoit encore chez moi lorsque le Roi m'envoya chercher. Je me rendis incessamment au palais, où tout le conseil attendoit en silence l'événement de cette affaire. Il n'y avoit aucun des mandarins qui ne souhaitât la perte du ministre: la plupart la regardoient comme inévitable, et ils s'en tenoient d'autant plus assurés, que, s'agissant d'un Français, ils ne doutoient pas que je ne dusse appuyer les plaintes que le facteur avoit faites. Ils furent trompés dans leur attente : je justifiai amplement M. Constance. Après avoir loué son zèle pour le service de Sa Majesté, je représentai que le Français qu'on avoit châtié ne devoit point être regardé comme membre de la nation, puisque le Roi mon maître l'avoit banni de ses États; que le facteur avoit sans doute ignoré ce point, sans quoi il ne se seroit pas intéressé si vivement pour un homme qui appartenoit aux Anglais, et non à la France. Je déclarai que je me chargeois de faire entendre raison au facteur. Je finis en ajoutant que je ne pouvois trop remercier Sa Majesté de la protection qu'elle vouloit bien accorder à la nation, et je suppliai ce prince de la lui continuer, l'assurant que le roi mon maître lui en marqueroit sa reconnoissance.

Mon témoignage justifia Constance si pleinement dans l'esprit du Roi, qu'il fut apaisé sur-le-champ; et, se tournant de mon côté, il me dit gracieusement ces mots : « *Choca di nacna,* » c'est-à-dire : *Je suis content et satisfait.* Je courus sur-le-champ chez le ministre, pour lui apprendre le détail de tout ce qui s'étoit passé. Il me sauta au cou, et m'embrassant mille et mille fois, m'assura qu'il n'oublieroit jamais le service signalé que je venois de lui rendre.

Je lui représentai que, pour finir entièrement cette affaire, il convenoit de faire mettre en liberté le Français qui étoit aux fers, et de lui faire rendre sa cargaison de bois de sandal, le priant, pour l'avenir, de laisser aux Français une entière liberté de commercer dans tout le royaume : qu'à cette condition, j'adoucirois facilement le facteur de la compagnie. Constance promit et exécuta tout ce que je lui demandois, et cette affaire finit sans qu'il lui en arrivât d'autre mal.

Il sembloit qu'après un service si important je devois trouver dans M. Constance un ami à l'épreuve de tout : ce fut pourtant ce même service qui fut une des principales causes de tout le mal qu'il voulut me faire dans la suite.

Constance étoit naturellement fort jaloux, et très-méfiant : il avoit d'abord vu avec quelque peine les bontés du Roi à mon égard, et il auroit bien souhaité que ce prince m'eût donné un peu moins de liberté de parler, et de dire ce que je voulois. Cependant toute cette faveur ne l'avoit encore que peu alarmé : mais lorsqu'il vit que, pour le tirer lui-même d'un très-mauvais pas, je n'avois eu qu'à parler, il commença à me craindre tout de bon ; et, considérant qu'il pourroit bien m'être un jour aussi aisé de le perdre qu'il m'avoit été aisé de le protéger, il songea sérieusement à traverser un commencement de faveur qu'il croyoit déjà trop avancé, mais qu'il résolut d'interrompre à quelque prix que ce fût.

Tandis qu'il délibéroit sur les moyens, il eut lieu de se confirmer dans sa résolution par une nouvelle grâce dont il plut au Roi de m'honorer. Ce prince lui dit de me faire savoir qu'il m'avoit nommé à la dignité d'*opra sac di son craam*, ce qui revient à peu près à la dignité de maréchal de France : ce nom barbare veut dire une divinité qui a toutes les lumières et toute l'expérience pour la guerre. En même temps il lui marqua le jour de ma réception, et lui ordonna de faire en sorte que tout fût prêt. En voici la cérémonie.

Les mandarins étant venus me prendre chez moi, ils me conduisirent jusque dans l'enceinte du palais. Quand nous fûmes à cent pas de la fenêtre où le roi étoit, je me prosternai à terre, et tous les grands mandarins en firent de même. Nous marchâmes, appuyés sur les coudes et sur les genoux, environ une cinquantaine de pas : deux maîtres de cérémonies marchoient devant en même posture. A une certaine distance de l'endroit d'où nous étions partis, nous fîmes tous ensemble une seconde révérence, qui se fait en se relevant sur les genoux, et battant du front à terre, les mains jointes par dessus la tête. Tout ceci se passe dans un grand silence. Enfin nous nous prosternâmes une troisième fois, quand nous fûmes arrivés sous la fenêtre du Roi. Ce prince alors m'envoya le bétel, en prononçant deux mots qui signifient : *Je vous reçois à mon service.*

Le bétel que le Roi donne dans cette occasion est une grâce des plus singulières qu'il puisse faire à un sujet. Ce bétel est une espèce de fruit à peu près semblable au gland : la peau est verte ; elle est remplie de petits nerfs, et d'une eau insipide. On coupe ce gland en quatre parties, et, après l'avoir mêlé avec de la chaux faite de coquillages calcinés, on l'enveloppe d'une feuille qui ressemble à celle du lierre. Les Siamois mâchent le bétel avec plaisir, et trouvent qu'il est utile à la santé.

La cérémonie de ma réception finit à peu près comme elle avoit commencé. Nous retournâmes sur nos pas, en marchant toujours sur nos coudes et sur nos genoux, mais à reculons, et en faisant les trois révérences, le Roi se tenant toujours à sa fenêtre, et nous reconduisant des yeux jusqu'au lieu d'où nous étions partis.

Lorsque nous y fûmes arrivés, un maître de cérémonies me donna la boussette avec son fourreau, et une boîte peinte de rouge pour fermer le tout. Cette boussette est une façon de petit coffre d'or et d'argent fort mince, ciselé fort proprement, et sur lequel sont représentées plusieurs figures de dragons. Il y a dans ce coffre deux petites tasses d'or fort minces aussi, l'une pour le bétel, et l'autre qui sert à mettre les feuilles dont on l'enveloppe. Il y a encore un étui d'or pour fermer la chaux, une espèce de petite cuillère de même métal pour appliquer la chaux sur le bétel, et un petit couteau à manche d'or pour couper le gland.

Quand tout fut fait, les mandarins qui m'accompagnoient me firent un compliment fort court, selon l'usage, et une inclination de tête, tenant les mains jointes devant la poitrine, et me reconduisirent ensuite chez moi. Après la cérémonie, le Roi, voulant ajouter grâce sur grâce, m'envoya deux pièces d'étoffes des Indes à fleurs d'or. J'en eus amplement de quoi faire deux habits magnifiques.

Ces dernières marques de la bonté du Roi à mon égard ayant, comme j'ai dit, excité encore plus violemment la jalousie de M. Constance, il ne balança plus à mettre tout en usage pour se défaire de moi. Comme il ne pouvoit plus entreprendre de me décréditer auprès du Roi, il résolut d'abord de m'empoisonner. J'en fus averti par un de mes amis; ce qui me détermina à manger à mon particulier.

Cette démarche, qui devoit le faire douter que j'avois au moins quelque connoissance de ses desseins, ne lui fit pas changer de résolution. Un jour que j'avois la fièvre, ignorant mon indisposition, il m'envoya du lait caillé, qu'il savoit que j'aimois beaucoup. Quand je me serois bien porté, je n'aurois eu garde d'y toucher : ayant eu l'imprudence de le laisser à mes esclaves, il y en eut quatre qui en mangèrent, et qui moururent presque sur-le-champ. Je parlai de cette aventure à M. l'évêque de Métellopolis, qui me dit qu'il n'y savoit point de remède; mais qu'il falloit mettre ma confiance en Dieu, et cependant être toujours sur mes gardes.

[1686] Cette première tentative ne lui ayant pas réussi, il songea à m'éloigner au moins de la cour. Les circonstances où le royaume se trouva pour lors lui en fournirent bientôt l'occasion; mais comme, outre mon éloignement, il vouloit absolument me perdre, son esprit fécond en expédiens lui fit imaginer tant d'autres moyens de se défaire de moi, qu'il ne douta pas que je ne dusse enfin succomber. Voici l'occasion qui les fit naître, et comment il en tira parti.

Un des princes de Macassars, fuyant l'oppression des Hollandais, et suivi d'environ trois cents des siens, qui l'avoient accompagné dans sa fuite, s'étoit retiré depuis quelque temps en ça, dans le royaume de Siam. A son arrivée, il s'étoit adressé au Roi, qui, touché du malheur où il voyoit ce prince, le reçut avec bonté, et lui assigna un camp, selon l'usage du royaume, c'est-à-dire une certaine portion de terre où il pût se retirer avec les siens.

Ce Macassar, remuant et ambitieux, ne put pas se tenir long-temps en repos : il conjura avec les princes de Camboye, de Malaga, et le prince de Champia. Leur projet étoit de faire mourir le Roi, et de s'emparer du royaume, qu'ils avoient déjà partagé entre eux; et comme ils étoient tous mahométans, ils étoient convenus de faire périr tous les chrétiens portugais et japonais, sans qu'il en échappât un seul. M. Constance, informé de cette conjuration et du jour qu'elle devoit éclater, après en avoir conféré avec le Roi, fit donner tous les ordres nécessaires pour la sûreté du royaume.

Il ne pouvoit guère se présenter d'occasion plus favorable pour m'éloigner de la cour. Bancok, dont j'étois gouverneur, étoit une place trop importante pour la laisser abandonnée dans des conjonctures si périlleuses. J'eus donc ordre de m'y rendre incessamment, d'y faire finir au plus tôt les fortifications, de travailler à de nouvelles levées de soldats siamois jusqu'à la concurrence de deux mille hommes, et de les dresser à la manière de France.

Pour subvenir aux frais que je devais faire en qualité de général, Constance eut ordre de me compter cent catis, qui reviennent à la somme de quinze mille livres de notre monnoie; mais je ne touchai que mille écus, le ministre s'excusant, pour le reste, sur ce qu'il n'y avoit pas pour lors d'argent dans l'épargne. Il se contenta de me faire son billet, et de m'assurer que lorsque certains bâtimens qu'il attendoit tous les jours de la Chine seroient arrivés, je serois payé de douze mille livres qui restoient.

Le Roi, voulant que je fusse obéi et respecté dans mon gouvernement, me donna quatre de ses bourreaux pour faire justice; ce qui n'avoit lieu pourtant que jusqu'à la bastonnade, n'y ayant ordinairement dans le royaume que le Roi seul, ou en certaines occasions son premier ministre, qui puisse condamner à mort.

Je partis sans avoir eu le moindre avis de la conjuration, et sans savoir à quelle occasion on me renvoyoit dans mon gouvernement. Constance, qui savoit à point nommé le jour auquel les rebelles devoient faire leur dernière assemblée, prit si bien ses mesures, et me fit partir si à propos pour me faire tomber entre leurs mains, que je me trouvai sans le savoir au milieu des conjurés, dont l'entrevue se faisoit sur ma route, et qui me laissèrent passer e ne sais pourquoi, leur projet devant éclater le lendemain, ou le jour d'après, pour le plus tard.

En arrivant à Bancok, autre danger où je ne courus pas un moindre risque. Aux premières nouvelles de la conjuration, Constance avoit envoyé, à mon insu, faire mettre en liberté les Portugais que le conseil de guerre avoit condamnés aux galères : il avoit ordonné qu'on en formât des compagnies comme auparavant, et que les officiers fussent exilés rappelés.

M'envoyer ainsi sans m'avoir donné le moindre avis de ce changement, c'étoit me livrer pieds et poings liés à mes ennemis : je le compris parfaitement, lorsqu'à mon arrivée je trouvai sous les armes des gens que j'avois fait enchaîner peu auparavant. Mais la malice de Constance ne me porta aucun préjudice : je me tins dans le commencement sur mes gardes, et je maniai ensuite si adroitement l'esprit des soldats et des officiers, en donnant souvent à manger à ces derniers, et en ne parlant aux premiers qu'obligeamment, que je me rendis maître des uns et des autres, et que, d'ennemis que je les avois laissés en partant, j'en fis des amis qui m'aimèrent dans la suite sincèrement et de bonne foi.

M. Constance, peu satisfait de m'avoir éloigné de la cour, et désespéré de n'avoir encore pu venir à bout de ses desseins, me tendit un nouveau piège qu'il crut infaillible, et qui lui auroit immanquablement réussi, si le Seigneur ne m'avoit visiblement protégé. Mais enfin je m'en tirai encore assez heureusement, au moins par rapport à moi, qui n'en reçus aucun dommage dans ma personne, quoiqu'il me causât d'ailleurs beaucoup de fatigues, et qu'il donnât lieu à répandre bien du sang, comme on verra par ce que je vais dire.

Le capitaine d'une galère de l'île des Macassars, qui étoit venu à Siam pour commercer, avoit eu part, et étoit même entré assez avant, dans la conjuration. La voyant manquée, il s'étoit retiré dans son bord, résolu de retourner chez lui s'il en avoit occasion, ou de vendre chèrement sa vie si l'on entreprenoit de le forcer. M. Constance, qui, pour avoir moins d'ennemis sur les bras, souhaitoit de séparer celui-ci du reste des conjurés, lui fit offrir un passe-port au moyen duquel lui et sa troupe, qui alloit à cinquante-trois hommes d'équipage, pourroit sortir paisiblement du royaume, et se retirer où il trouveroit bon.

Le capitaine, ravi de cette offre, ne balança pas à l'accepter. Alors M. Constance, voyant qu'il pouvoit en même temps et diviser les ennemis et me perdre sans ressource, me dépêcha un courrier, avec ordre de la part du Roi de tendre la chaîne, et d'empêcher la sortie de ce bâtiment. Il me déclaroit que le capitaine et tout l'équipage étoient complices de la conjuration, et m'ordonnoit de n'avoir aucun égard à leur passe-port, qui ne leur avoit été donné que pour les tromper et les affoiblir.

L'ordre portoit encore que la galère étant arrivée à la chaîne, j'eusse à me transporter dans ce bâtiment; que j'y fisse un inventaire exact de tout ce que contenoit sa cargaison. Après quoi il m'étoit ordonné de me saisir et du capitaine et de tout l'équipage, et de le retenir prisonnier jusqu'à nouvel ordre ; et, par un article à part, il m'étoit surtout défendu très-expressément de communiquer à personne les ordres que je recevois, des raisons d'Etat demandant un secret inviolable sur ce point. C'est ainsi qu'il m'envoyoit à la boucherie, me prescrivant pas à pas tout ce que j'avois à faire pour périr infailliblement.

J'attendis fort long-temps l'arrivée de cette galère, qui ne paroissoit point : je m'amusois, en attendant, à dresser les troupes que j'avois eu ordre de lever. Cette commission ne m'avoit pas donné beaucoup de peine : ces sortes de levées se font à Siam en très-peu de temps, et avec beaucoup de facilité. Le Roi étant maître absolu de tous ses sujets, les gouverneurs prennent au nom du prince qui bon leur semble; et le peuple, qui est fort docile, marche et obéit sans murmure.

Je divisai mes nouveaux soldats en compagnies de cinquante hommes; je mis à la tête de chaque compagnie un capitaine, un lieutenant, un enseigne, deux sergens, quatre caporaux; et quatre anspessades. Je m'appliquai avec tant de soin à les dresser, qu'à l'aide de quelques soldats portugais qui entendoient le siamois, et d'un Français que je fis sergent, ils furent en moins de six jours en état de monter et de descendre des gardes, de poser des sentinelles et et de les relever, comme on fait en France.

Je l'ai déjà dit : la docilité de ce peuple est admirable, on leur fait faire tout ce qu'on veut. Ces deux mille hommes firent dans la suite l'exercice, et furent aussi bien disciplinés que les soldats aux gardes pourroient l'être.

J'attendois toujours les Macassars : comme je n'avois point de prison où je pusse les retenir, j'en fis construire une joignant la courtine, sur le devant du nouveau fort. Elle étoit formée avec de gros pieux : je l'avois fortifiée de telle sorte, qu'avec une garde assez peu nombreuse, il auroit été aisé d'y retenir sûrement une cinquantaine de prisonniers.

La galère parut enfin vingt jours après que

j'eus reçu l'ordre de l'arrêter, sans que pendant tout ce temps la chaîne eût cessé d'être tendue nuit et jour, crainte de surprise. Dans le plan que je m'étois formé pour m'acquitter sûrement de ma commission, je m'étois écarté quelque peu des instructions de M. Constance; car comme il ne me paroissoit ni sûr ni convenable à ma dignité d'aller à bord tandis que les Macassars en seroient les maîtres, je résolus de les engager à prendre terre, et de commencer par les arrêter; après quoi j'irois à bord travailler, selon mes ordres, à l'inventaire que le ministre vouloit qu'on dressât. Dans cette vue, du plus loin que je les vis paroitre, je postai en différens endroits quelques soldats, prêts à les investir quand je leur en ferois donner l'ordre.

La galère étant arrivée à la chaîne, et ayant trouvé le passage fermé, le capitaine vint à terre avec sept hommes de sa suite, et demanda à me parler. Il fut conduit dans le vieux fort, où je l'attendois. Je le reçus dans un grand pavillon carré que j'avois fait construire avec des cannes dans un des bastions du fort, et dont le côté, qui faisoit face à la gorge du bastion; n'étoit fermé que par un grand rideau.

A mesure qu'ils entrèrent, je leur fis civilité; et les ayant fait asseoir autour d'une table où je mangeois ordinairement avec les officiers, je demandai au capitaine d'où il venoit, et où il alloit. Il me répondit qu'il venoit de Siam, et qu'il retournoit à l'île des Macassars, en même temps il me présenta son passe-port. Après avoir fait semblant de l'examiner, je lui dis qu'il étoit fort bon; mais j'ajoutai qu'étant étranger, et nouvellement au service du Roi, je devois être plus attentif qu'un autre à ne manquer en rien de ce qui m'étoit ordonné; qu'en conséquence de la révolte dont il avoit sans doute entendu parler, j'avois reçu des ordres très-rigoureux pour empêcher qu'aucun Siamois ne sortit du royaume. Le capitaine me répondit qu'il n'avoit avec lui que des Macassars : je lui répliquai que je n'en doutois nullement de ce qu'il me disoit; mais qu'étant environné de Siamois qui observoient toutes mes actions, je le priois, afin que la cour n'eût rien à me reprocher, de mettre tout son monde à terre; et qu'après qu'ils auroient été reconnus pour Macassars; ils n'auroient qu'à se rembarquer, qu'on détendroit la chaîne, et qu'il leur seroit libre de passer, et de se retirer où ils jugeroient à propos.

Ce capitaine, sans hésiter, répondit : « Je le » veux bien; mais ils descendront armés. » Alors, le regardant en riant : « Est-ce que nous » sommes en guerre ? lui dis-je. — Non, me ré- » pondit-il; mais le cric que j'ai à mon côté, » et qui est l'arme que nous portons, est telle- » ment une marque d'honneur parmi nous, que » nous ne saurions le quitter sans infamie. » Cette raison me paroissant sans réplique, je m'y rendis, ne comptant pas qu'une arme qui me paroissoit si méprisable fût aussi dangereuse que je l'éprouvai bientôt après.

Ce cric est une espèce de poignard d'environ un pied de long, et large d'un pouce et demi par le bas : il est fait en onde, la pointe en langue de serpent, d'un bon acier bien trempé; il coupe comme un rasoir, et des deux côtés; ils le ferment dans une gaine de bois, et ne le quittent jamais.

Le capitaine détacha deux de ses hommes pour aller chercher ce qui restoit de ses gens. Je lui fis servir du thé pour l'amuser, en attendant qu'on vînt m'avertir quand tout le monde seroit à terre, auquel temps je comptois d'envoyer mes ordres pour les arrêter. Comme ils tardoient trop à mon gré, je me levai; et ayant prétexté quelque ordre que j'avois à donner, je priai un mandarin qui étoit présent de tenir ma place, ajoutant que j'allois revenir dans l'instant.

Mes Siamois, attentifs à tout ce qui se passoit, étoient fort en peine de savoir à quoi je destinois les troupes que j'avois postées de côté et d'autre. En sortant du pavillon, je trouvai un vieux officier portugais, brave homme, que j'avois fait major, et qui étoit là en attendant mes ordres. « Monsieur, lui dis-je, allez avertir » tels et tels de se tenir prêts; et dès que les » Macassars auront passé un tel endroit [que je » lui désignai], vous commencerez par les in- » vestir, vous les désarmerez, et ensuite vous » les arrêterez, jusqu'à ce que je vous envoie » dire ce qu'il y aura à faire. »

Le Portugais, effrayé de ce qu'il venoit d'entendre : « Monsieur, me dit-il, je vous demande » pardon, mais ce que vous proposez n'est pas » faisable. Vous ne connoissez pas cette nation » comme moi; je suis enfant des Indes : croyez- » moi, ces sortes d'hommes sont imprenables, » et il faut les tuer pour s'en rendre maître. Je » vous dis bien plus : c'est que si vous faites » mine de vouloir arrêter ce capitaine qui est » dans le pavillon, lui et ce peu d'hommes qui » l'accompagnent nous tueront tous, sans qu'il » en échappe un seul. »

Je ne fis pas tout le cas que je devois de l'avis que ce Portugais me donnoit; et persistant dans mon projet, dont l'exécution me paroissoit assez facile : « Allez, lui repris-je, portez mes ordres » tels que vous les avez reçus. Je suis persuadé » qu'avant que de se faire tuer, ils y penseront

» plus d'une fois. » Le major s'en alla fort triste, et, me continuant ses bons avis, me dit en partant : « Mon Dieu, monsieur, prenez bien garde » à ce que vous faites : ils vous tueront infailli- » blement. Croyez ce que j'ai l'honneur de vous » dire : c'est pour votre bien. »

Le zèle de cet officier me fit entrer en considération. Pour ne rien hasarder, je fis monter vingt soldats siamois dans la gorge du bastion, dix desquels étoient armés de lances, et dix autres de fusils ; je fis tirer le rideau du pavillon, et m'étant avancé vers l'entrée, j'ordonnai à un mandarin d'aller de ma part dire au capitaine que j'étois bien mortifié de l'ordre que j'avois de l'arrêter, mais qu'il recevroit de moi toutes sortes de bons traitemens.

Ce pauvre mandarin, qui me servoit d'interprète, obéit. Au premier mot qu'il prononça, ces six Macassars ayant jeté leur bonnet à terre, mirent le cric à la main, et, s'élançant comme des démons, tuèrent dans un instant l'interprète, et six autres mandarins qui étoient dans le pavillon. Voyant ce carnage, je me retirai vers mes soldats, qui étoient armés ; je sautai sur la lance d'un d'entre eux, et je criai aux autres de tirer.

Un de ces six enragés vint sur moi, le cric à la main : je lui plongeai ma lance dans l'estomac. Le Macassar, comme s'il eût été insensible, venoit toujours en avant à travers le fer que je lui tenois enfoncé dans le corps, et faisoit des efforts incroyables, afin de parvenir jusqu'à moi pour me percer : il l'auroit fait immanquablement, si la garde, qui étoit vers le défaut de la lame, ne lui en eût ôté le moyen. Tout ce que j'eus de mieux à faire fut de reculer, en lui tenant toujours la lance dans l'estomac, sans oser jamais redoubler le coup. Enfin je fus secouru par d'autres lanciers, qui achevèrent de le tuer.

Des six Macassars, il y en eut quatre de tués dans le pavillon ; les deux autres, quoique blessés grièvement, se sauvèrent en sautant du bastion en bas. La hardiesse ou plutôt la rage de ces six hommes m'ayant fait connoître que le Portugais m'avoit dit vrai, et qu'ils étoient en effet imprenables, je commençai à craindre les quarante-sept autres qui étoient en marche. Dans cette fâcheuse situation, je changeai l'ordre que j'avois donné de les arrêter, et, reconnoissant qu'il n'y avoit pas d'autre parti à prendre, je résolus de les faire tous tuer, s'il étoit possible. Dans cette pensée, j'envoyai et j'allai moi-même de tous côtés pour faire assembler les troupes.

Cependant les Macassars descendus à terre marchoient vers le fort. J'envoyai ordre, à un capitaine anglais que M. Constance avoit mis à la tête de quarante Portugais, d'aller leur couper le chemin, de les empêcher d'avancer, et, en cas de refus de leur part, de tirer dessus ; ajoutant que j'allois être à lui dans un moment pour le soutenir, avec tout ce que je pourrois ramasser de troupes. Sur la défense que l'Anglais leur fit de passer outre, ils s'arrêtèrent tout court. Pendant ce temps-là, je faisois avancer mes soldats dans le meilleur ordre que je pouvois : ils étoient armés de fusils et de lances ; mais il y avoit peu à compter sur eux, c'étoient tout de nouvelles troupes, et nullement aguerries.

Nous nous arrêtâmes à cinquante pas des Macassars. Il y eut des pourparlers de part et d'autre. Je leur fis dire que s'ils vouloient, il leur étoit libre de retourner dans leur galère. Je compris que s'ils prenoient le parti de se rembarquer, il me seroit aisé de les faire tous tuer à coups de fusil ; car ils n'en avoient point pour se défendre, et ne portent jamais d'armes à feu. Ils me firent répondre qu'ils vouloient bien retourner à bord ; mais qu'il falloit auparavant qu'on leur rendît leur capitaine, sans lequel ils ne se rembarqueroient jamais.

Le capitaine anglais, ennuyé de toutes ces longueurs, m'envoya dire que, puisqu'ils ne vouloient pas entendre raison, il alloit dans le moment faire attacher tous ces gueux-là, qui faisoient si fort les entendus ; et, sans attendre ma réponse, marcha à eux avec beaucoup d'imprudence.

Il n'eut pas plus tôt remué, que les quarante-sept Macassars, qui jusques alors s'étoient tenus accroupis à leur manière, se levèrent tout à coup ; et ayant entouré leur bras gauche d'une espèce d'écharpe dont ils ont accoutumé de se ceindre, ils en formèrent comme une targue ; ensuite, se couvrant le corps de leur bras ainsi entortillé, ils fondirent sur les Portugais le cric à la main, et donnèrent tête baissée avec tant de vigueur, qu'ils les enfoncèrent et les mirent en pièces presque avant que nous nous fussions aperçus qu'ils les avoient attaqués. De là, sans prendre haleine, ils poussèrent vers les troupes que je commandois. Quoique j'eusse plus de mille soldats armés de lances et de fusils, l'épouvante les prit à tel point que tout se culbuta. Les Macassars leur passèrent sur le ventre ; et tuant à droite et à gauche tout ce qu'ils pouvoient joindre, ce ne fut plus qu'un carnage horrible.

Dans une déroute si générale, ils nous eurent bientôt poussés jusqu'au pied de la muraille du nouveau fort. Six d'entre eux, plus acharnés que les autres, poursuivirent les fuyards, et entrèrent dans la fausse baie qui donne sur la rivière, auprès du mur du petit fort carré. Ils passèrent de l'autre côté du fort, et ils firent dans tous ces endroits un carnage épouvantable, tuant, sans distinction d'âge et de sexe, femmes, enfans, et tout ce qui se présentoit à eux.

Dans cet embarras, ne pouvant plus retenir le gros des troupes, je les laissai fuir; et comme je n'avois qu'une lance pour toute arme, je gagnai le bord du fossé, résolu de sauter dedans si j'étois poursuivi. Ma pensée étoit que ce fossé étant plein de vase, ils ne pourroient pas venir à moi avec leur vitesse ordinaire, et que j'en aurois meilleur parti.

Ils passèrent à dix pas sans m'apercevoir, ils étoient trop occupés à tuer: pas un de ces malheureux Siamois qui songeât à faire face pour se défendre, tant ils étoient effrayés. Enfin, ne voyant aucun moyen de les rallier, je gagnai la porte du nouveau fort, qui n'étoit fermée que d'une barrière, et je montai sur un bastion, d'où je fis tirer quelques coups de fusil sur les ennemis, qui, se trouvant maîtres du champ de bataille, et n'ayant plus personne à tuer, se retirèrent sur le bord de la rivière. Après avoir conféré quelque temps entre eux, n'écoutant plus que leur désespoir, et résolus de se mettre dans la nécessité de combattre, ils regagnèrent leur galère, y mirent le feu, et, après s'être armés de targues et de lances, ils descendirent de nouveau à terre, dans le dessein de faire main basse sur tout ce qui se présenteroit.

Ils commencèrent par brûler toutes les maisons des soldats, qui, selon l'usage du pays, n'étoient que de cannes; et, remontant sur le bord de la rivière, ils attaquèrent et tuèrent indistinctement tout ce qu'ils trouvèrent sur leur passage. Tant de meurtres répandirent tellement l'alarme dans les environs, que la rivière fut bientôt couverte de gens à la nage, hommes et femmes, qui portoient leur enfans sur le dos.

Touché de ce spectacle, et indigné de ne voir plus que des morts dans l'endroit où l'on avoit combattu, je ramassai une vingtaine de soldats armés de fusils, et je m'embarquai avec eux sur un balon, pour suivre ces désespérés. Je les joignis à une lieue du fort; je leur fis tirer dessus, et je les obligeai à s'éloigner du rivage. Ils s'avancèrent dans les terres, d'où ils entrèrent dans des bois qui étoient à côté. N'ayant pas assez de monde pour les poursuivre, et la partie n'étant pas égale, je n'osai pas entreprendre de les forcer: ainsi je pris le parti de m'en retourner au fort.

A peine fus-je arrivé, qu'on vint m'avertir que les six Macassars qui avoient passé de l'autre côté de la fausse baie s'étoient saisis d'un couvent de talapoins; qu'ils en avoient tué tous les moines, et avec eux un mandarin d'importance, dans le corps duquel l'un d'eux avoit laissé son cric, qu'on me présenta. J'y courus avec quatre-vingts de mes soldats armés de lances, car ils ne savoient pas encore manier l'arme à feu: je trouvai en arrivant que les Siamois, ne pouvant plus se défendre, avoient été obligés à mettre le feu au couvent.

On me dit que les Macassars s'étoient jetés à deux pas de là, dans un champ plein de grandes herbes fort épaisses, et presque de la hauteur de trois pieds, dans lesquelles ils se tenoient accroupis. J'y conduisis ma troupe: j'en formai deux rangs bien serrés, menaçant de tuer le premier qui feroit mine de fuir. Mes lanciers ne marchoient d'abord que pas à pas, et à tâtons; mais peu à peu ma présence les rassura.

Le premier Macassar que nous trouvâmes se dressa sur ses pieds comme un furieux, et, élevant son cric, alloit se jeter sur mes gens: je le prévins, et je lui cassai la tête d'un coup de fusil. Quatre autres furent tués successivement par nos Siamais, qui ne s'ébranlèrent point dans cette occasion, se soutenant les uns les autres, et donnant à grands coups de lance sur ces malheureux, qui, combattant toujours à leur ordinaire, aimoient mieux trouver la mort en avançant, que de reculer un seul pas.

Comme je songeois à m'en retourner, je fus averti qu'il restoit encore un sixième Macassar: c'étoit un jeune garçon, celui-là même qui, ayant tué le mandarin, lui avoit laissé son cric dans le corps. Nous retournâmes dans les herbes pour chercher ce dernier. J'ordonnai à mes soldats de ne le point tuer [j'étois bien aise de le prendre vif, puisqu'il étoit désarmé]; mais ils étoient si animés, et ils firent si peu d'attention à ce que je leur dis, qu'ils le percèrent de mille coups.

Étant de retour au fort, j'assemblai tous les mandarins, pour conférer avec eux sur le parti qu'il y avoit à prendre. Il fut résolu qu'on ramasseroit tout ce qui nous restoit de troupes, et que nous poursuivrions les ennemis dès que nous aurions des nouvelles de l'endroit où ils s'étoient retirés. Je voulus ensuite savoir le nombre des morts: je trouvai que j'avois perdu, dans cette malheureuse journée, trois cent soixante-six hommes. Les Macassars n'en perdirent que dix-sept, savoir, six dans le petit fort, six au couvent des Talapoins, et cinq sur le champ de bataille.

Comme je voulus entrer dans le pavillon pour me reposer un moment [car j'en avois grand besoin après les fatigues que j'avois eu à essuyer], je fus frappé d'un spectacle d'autant plus triste, que je m'y attendois moins. Outre les cadavres des Macassars et des Siamois qu'on n'avoit pas eu le temps d'enlever, je trouvai étendu sur le bord de mon lit un jeune officier nommé Beauregard, fils d'un commissaire du Roi à Brest : il étoit demeuré à Siam, et je l'avois fait major de toutes les troupes siamoises. En le voyant dans cette situation je le crus mort, et j'en eus le cœur serré de douleur.

On ne croira peut-être pas ce que je vais dire, car en effet il a bien plus l'air d'une fable que de toute autre chose : je puis pourtant assurer que je n'y ajouterai rien du mien, et que je ne rapporterai que la pure vérité. M'étant approché du lit, et ayant examiné ce jeune homme de plus près, je vis qu'il respiroit encore ; mais il ne parloit plus, et il avoit la bouche toute couverte d'écume. Je lui trouvai le ventre ouvert ; toutes les entrailles et l'estomac même, qui étoient sortis, pendoient en s'abattant sur les cuisses. Ne sachant comment faire pour lui donner quelque secours [car je n'avois ni remède ni chirurgien], je me hasardai de le traiter comme je pourrois.

Pour cet effet ayant accommodé deux aiguilles avec de la soie, je remis les entrailles à leur place, et je cousis la plaie, comme j'avois vu faire dans de semblables occasions. Je fis ensuite deux ligatures, que je joignis ; et après avoir battu du blanc d'œuf que je mêlai avec de l'arack, qui est une espèce d'eau-de-vie, je m'en servis pour panser le malade ; ce que je continuai pendant dix jours. Mon opération réussit parfaitement bien, et Beauregard fut guéri : à la vérité, il n'eut jamais ni la fièvre, ni aucun autre symptôme fâcheux. Je remarquai, en lui remettant les entrailles dans le ventre, qu'elles étoient déjà sèches comme du parchemin, et mêlées avec du sang caillé : mais tout cela n'empêcha pas la parfaite guérison, qui suivit peu de jours après.

Le lendemain matin, je reçus avis qu'un des six Macassars qui avoient combattu dans le pavillon n'étoit pas mort. Quelques soldats siamois l'avoient saisi ; et, de peur qu'il ne leur échappât, ils en avoient fait comme un peloton, à force de le lier. Je fus le voir pour le questionner, et pour en tirer, s'il étoit possible, quelque éclaircissement, soit par rapport à ses camarades, soit par rapport aux mouvemens qui s'étoient faits à Louvo et à Joudia. Ce démon [car la force et la patience humaine ne vont pas si loin] avoit passé avec un sang froid étonnant toute la nuit dans les boues, ayant dix-sept coups de lance dans le corps. Je lui fis quelques questions ; mais il me répondit qu'il ne pouvoit me satisfaire, qu'auparavant que je ne l'eusse fait détacher. Il n'y avoit pas à craindre qu'il échappât : j'ordonnai au sergent français que j'avois mené avec moi de le délier. Celui-ci posa sa hallebarde contre un petit arbre, assez près du blessé ; et le jugeant hors d'état de rien entreprendre, il la laissa, après l'avoir détaché, dans l'endroit où il l'avoit mise d'abord.

A peine le Macassar fut en liberté, qu'il commença à allonger les jambes et à remuer les bras, comme pour les dégourdir. Je m'aperçus qu'en répondant aux questions que je lui faisois, il se tournoit, et, tâchant de gagner terrain, s'approchoit insensiblement de la hallebarde pour s'en saisir. Je connus son dessein ; et m'adressant au sergent : « Tiens-toi près de ta hallebarde, » lui dis-je ; voyons jusqu'où cet enragé pous- » sera l'audace. » Dès qu'il en fut à portée, il ne manqua pas de se jeter dessus pour la saisir en effet ; mais ayant plus de courage que de force, il se laissa tomber presque mort sur le visage. Alors voyant qu'il n'y avoit rien à espérer de lui, je le fis achever sur-le-champ.

J'étois si frappé de tout ce que j'avois vu faire à ces hommes, qui me paroissoient si différens de tous les autres, que je souhaitai d'apprendre d'où pouvoit venir à ces peuples tant de courage, ou pour mieux dire tant de férocité. Des Portugais qui demeuroient dans les Indes depuis l'enfance, et que je questionnai sur ce point, me dirent que ces peuples étoient habitans de l'île de Calebos, ou Macassar ; qu'ils étoient mahométans schismatiques, et très-superstitieux ; que leurs prêtres leur donnoient des lettres écrites en caractères magiques, qu'ils leur attachoient eux-mêmes au bras, en les assurant que tant qu'ils les porteroient sur eux, ils seroient invulnérables ; qu'un point particulier de leur créance ne contribuoit pas peu à les rendre cruels et intrépides : ce point consiste à être fortement persuadés que tous ceux qu'ils pourront tuer sur la terre, hors les mahométans, seront tout autant d'esclaves qui les serviront dans l'autre monde. Enfin ils ajoutèrent qu'on leur imprimoit si fortement dès l'enfance ce qu'on appelle le point d'honneur, qui se réduit parmi eux à ne se rendre jamais, qu'il étoit encore hors d'exemple qu'un seul y eût contrevenu.

Pleins de ces idées, ils ne demandent ni ne donnent jamais de quartier : dix Macassars, le cric à la main, attaqueroient cent mille hommes. Il n'y a pas lieu d'en être surpris : des gens imbus de tels principes ne doivent rien craindre, et ce sont des hommes bien dangereux. Ces insulaires sont d'une taille médiocre, basanés, agiles, et très-vigoureux. Leur habillement consiste en une culotte fort étroite, et comme à l'anglaise, une chemisette de coton blanche ou grise, un bonnet d'étoffe bordé d'une bande de toile large d'environ trois doigts : ils vont les jambes nues, les pieds dans des babouches, et se ceignent les reins d'une écharpe, dans laquelle ils passent leur arme diabolique. Tels étoient ceux à qui j'avois affaire, et qui me tuèrent misérablement tant de monde.

Beauregard, à qui j'avois remis les entrailles, et que je continuai de panser, se trouvant un peu mieux, et commençant à parler, je voulus savoir de lui comment il avoit reçu sa blessure, puisque, tandis que nous étions dans le fort à batailler avec les six premiers Macassars, il étoit dehors.

Il me dit qu'ayant vu tomber du bastion deux hommes la tête la première, et ayant pris l'un d'eux pour le capitaine, il étoit accouru, pour empêcher les Siamois de le tuer; que le Macassar s'en étant aperçu, et contrefaisant le mort, l'avoit laissé approcher, jusqu'à ce qu'étant à portée, il lui avoit allongé un coup de cric qui lui avoit fait la blessure que j'avois vue; que dans cette situation ne sachant où aller, et portant ses entrailles dans les mains, il avoit gagné le pavillon, où, ne trouvant personne pour le secourir, il étoit tombé de foiblesse sur mon lit, à peu près dans la situation où je le trouvai.

Je rendis compte à M. Constance de cette malheureuse aventure. Quoique sa manœuvre ne m'eût que trop manifesté sa mauvaise volonté à mon égard, je crus qu'il ne convenoit pas de lui en témoigner du ressentiment. Je lui écrivis donc comme si je ne m'étois douté de rien ; et, en lui faisant un détail bien circonstancié de tout ce qui m'étoit arrivé, je lui donnai avis de prendre garde au reste des Macassars qui étoient retranchés dans leur camp, et de profiter de mon malheur. Ayant reçu ma relation, il fit entendre au Roi tout ce qu'il voulut; et comme je m'étois sans doute trop bien conduit à son gré, il me répondit par une lettre pleine de reproches, m'accusant d'imprudence, et d'avoir été, par mon peu de conduite, la cause de tout ce massacre. Il finissoit en me donnant ordre non plus d'arrêter les Macassars, comme la première fois, mais d'en faire mourir tout autant que je pourrois.

Je n'avois pas attendu ses instructions sur ce point. Dès le lendemain de notre déroute, ayant encore assemblé tous les mandarins, je leur avois distribué des troupes, avec ordre de se tenir sur les avenues, pour empêcher que les ennemis, qui avoient gagné les bois, ne revinssent sur le bord de la rivière y jeter de nouveau l'épouvante; car c'est ce qu'il y a de plus habité dans le pays et l'endroit où ils pouvoient faire le plus de ravage.

Quinze jours après, j'appris qu'ils avoient paru à deux lieues de Bancok : j'y courus avec quatre-vingts soldats que j'embarquai dans mon balon, le pays étant encore inondé. J'arrivai fort à propos pour rassurer les peuples : j'y trouvai plus de quinze cents personnes, qui fuyoient comme des moutons devant vingt-quatre ou vingt-cinq Macassars qui étoient encore attroupés.

A mon arrivée, ces furieux abandonnèrent quelques balons dont ils s'étoient saisis, et se jetèrent à la nage. Je leur fis tirer dessus; mais ils furent bientôt hors de la portée du fusil, et se retirèrent dans les bois. Je rassemblai tout ce peuple effrayé ; je lui reprochai sa lâcheté, et la honte qu'il y avoit à fuir devant un si petit nombre d'ennemis. Animés par mes discours, ils se rallièrent, et les poursuivirent jusqu'à l'entrée du bois, où, voyant qu'il étoit impossible de les forcer, je retournai à Bancok.

Je trouvai en arrivant deux de ces malheureux, qui, ayant été blessés, n'avoient pu suivre les autres, et avoient été pris par nos Siamois. Un missionnaire que j'avois auprès de moi, appelé M. Manuel, les ayant regardés comme un objet digne de son zèle, fit tant, et leur parla avec tant de force, qu'ils se convertirent, et moururent peu de temps après avoir reçu le baptême.

Quelques jours après, on m'en amena un troisième : le missionnaire le prêcha beaucoup, mais inutilement. Ce misérable demanda si, se faisant chrétien, on lui sauveroit la vie : on lui dit que non. « Puisque je dois mourir, dit-il, qu'importe » de demeurer avec Dieu ou avec le diable? » Là-dessus il eut le cou coupé. Un Siamois, qui vit que je faisois emporter la tête pour l'exposer au bout d'une lance, me pria de n'en rien faire, en m'assurant que quelqu'un ne manqueroit pas de l'enlever dans la nuit pour s'en servir à des sortilèges, auxquels la nation est fort portée. Je me pris à rire de ce qu'il disoit ; et, me moquant de la superstition siamoise, j'ordonnai que la tête seroit mise en un lieu où elle pût être vue, et donner de la terreur aux autres.

Au bout de huit jours, quelques paysans tout effrayés vinrent m'avertir que les ennemis avoient paru sur le rivage ; qu'ils y avoient pillé un jardin, d'où ils avoient enlevé quelques herbes, et une quantité assez considérable de fruits.

J'y allai, avec environ cent soldats armés de lances et de fusils. J'y trouvai plus de deux mille Siamois qui s'étoient rendus sur le lieu : on me fit remarquer l'endroit où les Macassars avoient mangé et couché.

Lassé de me voir mener pendant si long-temps par une poignée d'ennemis, je résolus d'en voir le bout. Je partageai les deux mille hommes que j'avois en deux corps, que je postai à droite et à gauche ; et je me mis avec mes cent hommes aux trousses de ces bêtes féroces. Je suivis dans l'eau la route qu'ils s'étoient ouverte à travers les herbes. Comme ils mouroient presque de faim, ne se nourrissant depuis un mois que d'herbes sauvages, je vis bien qu'il étoit temps de ne les plus marchander, surtout n'ayant avec moi que des hommes frais, et dont je pouvois tirer quelque parti. Dans cette pensée, je leur fis doubler le pas : après avoir marché environ une demi-lieue, nous aperçûmes les ennemis, et nous nous mîmes en devoir de les joindre.

Je les serrois de fort près. Pour m'éviter, ils se jetèrent dans un bois qui étoit sur la gauche, d'où ils tombèrent sur une troupe des miens, qui, du plus loin qu'ils les aperçurent, firent une décharge de mousqueterie hors de la portée, et se sauvèrent à toutes jambes. Cette fuite ne me fit pas prendre le change : je joignis encore les ennemis, et je mis mes soldats en bataille. Comme nous avions de l'eau jusqu'à mi-jambe, les Macassars ne pouvant venir à nous avec leur activité ordinaire, gagnèrent une petite hauteur entourée d'un fossé, où il y avoit de l'eau jusqu'au cou.

Je les investis ; et, m'approchant jusqu'à la distance de dix à douze pas, je leur fis crier par un interprète de se rendre, les assurant que, s'ils se fioient à moi, je m'engageois à leur ménager leur grâce auprès du roi de Siam. Ils se tinrent si offensés de cette proposition, qu'ils nous jetèrent leur lance contre, en témoignage de leur indignation ; et, se jetant un moment après eux-mêmes dans l'eau, le cric aux dents, ils se mirent à la nage pour nous venir attaquer.

Les Siamois, encouragés et par mes discours et par mon exemple, firent si à propos leur décharge sur ces désespérés, qu'il n'en échappa pas un seul. Ils n'étoient plus que dix-sept ; tout le reste étoit mort dans les bois, ou de misère, ou des blessures qu'ils avoient reçues. J'en fis dépouiller quelques-uns : je les trouvai tous secs comme des momies, n'ayant que la peau collée sur les os ; ils avoient tous sur le bras gauche de ces caractères dont nous avons parlé, et avec lesquels ils se regardent comme invincibles, sur la parole de leurs prêtres, qui, pour quelque intérêt de peu de valeur, les séduisent misérablement tous les jours.

Telle fut la fin de cette malheureuse aventure, qui pendant un mois me causa des fatigues incroyables, qui faillit à me coûter la vie, qui me fit périr tant de monde, et qui n'auroit jamais eu lieu, sans la jalousie d'un ministre aussi méfiant que cruel.

Mais, pour faire voir encore mieux combien injustes étoient les reproches qu'il me fit, lorsqu'en répondant à ma lettre il m'avoit taxé d'imprudent, je rapporterai en peu de mots ce qui se passa à Siam au sujet du prince des Macassars, qui, après la conspiration découverte, s'étoit retranché dans son camp. M. Constance, résolu de l'attaquer, avoit ramassé plus de vingt mille hommes, à la tête desquels il avoit mis quarante Européens, Français, Anglais et Hollandais. Avec ces troupes, il entreprit de forcer les retranchemens des ennemis. Ceux-ci firent d'abord semblant de fuir : Constance y fut trompé, et les croyant en déroute, il commanda aux Siamois de les poursuivre. Ses gens les chargèrent d'abord, et les suivirent en assez bon ordre ; mais peu à peu s'étant débandés, les Macassars firent tout à coup volte-face, et les chargèrent à leur tour si vigoureusement, qu'ils tuèrent d'abord dix-sept des Européens, et plus de mille Siamois. M. Constance lui-même faillit à y périr, et ne se sauva qu'en se jetant dans la rivière, où il se seroit noyé sans le secours d'un de ses esclaves.

La quantité de corps morts que la rivière emportoit, et qui passèrent devant Bancok, furent les premiers courriers qui nous annoncèrent cette défaite, après laquelle le ministre ne se trouva pas peu embarrassé. Il fit faire plusieurs propositions au prince des Macassars, qui ne voulut jamais rien entendre. Enfin, n'y ayant plus d'autre parti à prendre, il se résolut à une seconde attaque, à laquelle il se prépara pendant deux mois, et dont il se tira avec plus d'honneur, ayant pris des mesures plus justes que la première fois. L'expérience qu'il avoit faite lui ayant appris qu'il avoit affaire à des gens dont il ne lui seroit pas aisé de tirer parti s'il les attaquoit à force ouverte, il s'avisa d'un stratagème qui lui réussit, et auquel il fut redevable de la victoire.

Comme le pays étoit inondé, en sorte qu'on étoit obligé de marcher dans l'eau jusqu'à mi-jambe, il fit faire des claies de cannes, où l'on avoit posé fort près l'un de l'autre de gros clous à trois pointes qui traversoient la claie, et s'élevoient par dessus à la hauteur d'un demi-pied. Ces machines, qui marchoient devant les troupes, furent plongées dans l'eau, en sorte que ne paroissant plus, et les Macassars à leur ordinaire venant tout à la fois à la charge tête baissée, et sans voir où ils mettoient les pieds, se trouvoient pris pour la plupart; tellement que ne pouvant plus ni avancer ni reculer, on en tua debout, à coups de fusil, un nombre très-considérable.

Ceux qui échappèrent s'étant retranchés dans des maisons de cannes ou de bois auxquelles on mit le feu n'en sortirent qu'à demi brûlés, et se laissèrent assommer, sans qu'aucun demandât quartier : aussi ne sauva-t-on la vie qu'à deux jeunes fils du prince, qui furent amenés à Louvo. On les a vus depuis en France servir dans la marine, ayant été amenés dans le royaume par le père Tachard.

Après cette courte digression sur la manière dont M. Constance se démêla de l'affaire des Macassars, je reviens à mes occupations à Bancok. N'ayant plus d'ennemis à combattre, je m'occupois à faire avancer les fortifications, et à dresser mes soldats. Après avoir donné quelque temps à ces emplois, je fus bien aise de faire le tour de mon gouvernement, soit pour me faire reconnoître, soit pour reconnoître moi-même l'état du pays.

Pour être reçu avec la distinction qui convenoit à ma dignité, je ne manquois pas de me faire annoncer dans tous les endroits par où je devois passer. Aussitôt les mandarins, et les plus distingués du lieu, me préparoient une réception la mieux ordonnée qu'ils pouvoient. Ils venoient ordinairement à ma rencontre; et, après m'avoir logé dans la maison la plus apparente, ils me prêtoient hommage et obéissance, comme à celui que représentoit la personne du Roi.

Il arrivoit quelquefois que plusieurs d'entre eux, pour se faire valoir auprès de moi, et pour me donner à connoître qu'ils étoient dans quelque considération dans le village, se déclaroient alliés du baloan. Les baloans sont les missionnaires catholiques. Ne comprenant rien à l'alliance dont ces bonnes gens me parloient, je voulus les faire expliquer. J'appris par ce qu'ils me dirent, que quelques-uns de nos missionnaires européens, qui se donnoient pour être puissans à la cour, et qui abusoient de la crédulité des Siamois, gens simples, et avides de la faveur, ne faisoient pas difficulté, lorsqu'ils en étoient priés par ceux qui vouloient avoir leur protection, de contracter certains mariages assez usités dans le pays, et qui ont cela de commode, qu'ils ne durent qu'autant qu'ils peuvent faire plaisir.

Cette découverte, à laquelle je ne me serois jamais attendu, me parut avoir quelque chose de si plaisant, que je ne pus m'empêcher d'en rire de fort bon cœur. Lorsque ceux que je savois avoir donné dans ce travers venoient me faire la révérence, je ne manquois pas de m'en réjouir à leurs dépens. La plupart en témoignoient de la honte : il y en eut même un ou deux à qui il n'en fallut pas davantage pour les faire rentrer dans leur devoir. Il n'en fut pas de même d'un Portugais que je savois avoir été marié de cette sorte plus d'une fois. Étant venu me saluer : « Père, lui dis-je, je vous trouve ici avec bien » des alliances. » Ma plaisanterie ne le déconcerta pas; et, traitant le tout de bagatelle, il s'en tira en plaisantant lui-même à son tour.

Je dois dire pourtant, en faveur de la vérité, que le nombre de ceux-ci n'est pas fort considérable, et qu'à la réserve de quelques prêtres, gens sans aveu, tous les autres missionnaires, généralement parlant, soutiennent par de très-grandes vertus la dignité de leur caractère, surtout des jésuites, dont la conduite n'est pas moins irréprochable dans les Indes qu'en Europe : et quant au petit nombre de ceux qui s'écartent de leur devoir, il n'est pas surprenant que, dans des pays si éloignés, livrés à eux-mêmes, et n'étant plus éclairés par des supérieurs qui veillent sur leur conduite, ils perdent peu à peu le goût de la piété, et se laissent aller ensuite à l'occasion qui ne leur manque jamais; puisqu'en Europe nous voyons quelquefois des prêtres et des religieux tomber dans les mêmes dérèglemens, malgré tous les moyens qu'ils ont de s'en garantir.

En continuant ma route, je passai par un village auprès duquel on me dit qu'il y avoit un talapoin que ses vertus rendoient célèbre dans tout le pays. Ses confrères en faisoient un si grand cas, qu'ils l'avoient fait leur supérieur; en sorte qu'il étoit, par rapport à sa dignité, en aussi grande considération parmi les Siamois qu'un évêque pourroit l'être parmi nous. Je me détournai pour aller le visiter : je trouvai en effet un vieillard respectable par son grand âge, et par un air modeste qui se répandoit sur toute sa personne.

Pour me faire honneur, il mit un bétel dans la bouche; et, après l'avoir mâché assez longtemps, il me le présenta, pour le mâcher moi-même à mon tour. Je n'étois pas assez fait à la malpropreté des Siamois pour accepter la grâce qu'il me faisoit. Un des mandarins qui étoit auprès de moi me représenta que je ne devois pas refuser un honneur qui n'étoit dû qu'au Roi et à moi : « Je vous le cède, lui répondis-je; avalez » vous-même la pilule si elle est de votre goût. »

Il ne se le fit pas dire deux fois : il ouvrit la bouche, et reçut avec beaucoup de respect, des mains du talapoin, le bétel dont je n'avois pas voulu.

Je vis dans ce voyage une prodigieuse quantité de singes de différente espèce : le pays en est tout peuplé. Ils se tiennent assez volontiers aux environs de la rivière, et vont ordinairement en troupe ; chaque troupe a son chef, qui est beaucoup plus gros que les autres : quand la marée est basse, ils mangent de petits poissons que l'eau a laissés sur le rivage. Lorsque deux différentes troupes se rencontrent, ils s'approchent les uns des autres jusqu'à une certaine distance, où ils paroissent faire halte ; ensuite les gros macous, ou chefs des deux bandes, s'avancent jusqu'à trois ou quatre pas, se font des mines et des grimaces comme s'ils s'entre-parloient, et ensuite, faisant tout à coup volte-face, ils vont rejoindre chacun la troupe dont il est chef, et prennent des routes différentes. Au retour de la marée, ils se perchent sur des arbres, où ils demeurent jusqu'à ce que le pays soit à sec.

Je prenois souvent plaisir à observer tout leur petit manège : j'en vis un jour une douzaine qui s'épluchoit au soleil. Une femelle qui étoit en rut s'écarta de la troupe, et se fit suivre par un mâle : le gros macou, qui s'en aperçut un moment après, y courut. Il ne put attraper le mâle, qui se sauva à toutes jambes ; mais il ramena la femelle, à qui il donna, en présence des autres, plus de cinquante soufflets, comme pour la châtier de son incontinence.

En passant par un village où je m'étois reposé un moment, un mandarin qui en étoit le chef vint, tout empressé, me présenter un ver d'environ neuf pouces de long, et gros à proportion : il étoit tout blanc, et avoit assez la figure d'un de nos vers à soie, à cela près qu'il étoit beaucoup plus long. Ce bon homme comptoit de me présenter un morceau friand : je ne pus m'empêcher de rire de sa simplicité, et me tournant vers un autre mandarin qui m'accompagnoit, je lui demandai si ce ver étoit bon à manger. « Il est très-excellent, me dit-il. » Je le lui fis donner : le mandarin le mangea tout vif, avec avidité.

Je remarquois qu'il sortoit de la bouche du Siamois comme de la crème ; ce qui me fit croire que cet insecte ne devoit pas être si mauvais. Sans l'horreur que j'avois à le voir, j'en aurois volontiers goûté. Ceux qui n'ayant jamais vu des huîtres, nous les verroient manger toutes crues, en auroient du dégoût : les huîtres sont pourtant fort bonnes. L'usage aplanit bien des choses en cette matière, et on ne doit point disputer des goûts.

La visite de mon gouvernement étant faite, je repris le chemin de Bancok. Je m'y occupai encore pendant quelque temps à dresser mes soldats, et à faire avancer les fortifications, qui alloient avec assez de lenteur. Un accident qui revenoit tous les jours, et auquel on ne pouvoit remédier, en étoit en partie cause. Comme les Siamois vont toujours nu-pieds, il arrivoit très-souvent que mes travailleurs étoient piqués, en remuant les terres, par une sorte de petits serpens de couleur argentée, et de la longueur d'environ un pied.

Leur morsure est si venimeuse, qu'une heure après celui qui en a été piqué tombe dans des convulsions, et mourroit infailliblement dans vingt-quatre heures, s'il n'étoit promptement secouru. Les médecins chinois ont un remède admirable contre ce mal : ils composent une certaine pierre qu'on applique sur la morsure, et qui s'y attache d'abord ; peu après les convulsions cessent, le malade reprend ses sens, et la pierre tombe d'elle-même dès qu'elle a tiré tout le venin. La première pierre sert toujours ; mais, pour lui rendre sa première vertu, il faut la faire tremper pendant vingt-quatre heures dans du lait de femme.

Malgré mes occupations, je commençois à m'ennuyer à Bancok. Les bontés dont le Roi m'avoit honoré à Louvo m'en avoient rendu le séjour assez supportable ; mais depuis que j'en étois parti je me lassois peu à peu de me voir dans un pays où je vivois sans agrément, et où je ne voyois aucun jour à avancer ma fortune. Dans cette situation, je souhaitai de retourner à la cour. J'en écrivis à M. Constance ; mais comme il ne vouloit point de moi auprès du Roi, il ne manqua pas de prétexte pour éluder ma demande.

Ce fut à peu près dans ce temps-là que je reçus à Bancok quatre des jésuites avec qui nous avions fait le voyage de Siam. Le père Tachard, ainsi que nous avons dit, étoit retourné en France avec les ambassadeurs. Constance avoit retenu auprès de lui le père Lecomte : les quatre autres, savoir les pères de Fontenay, Bouvet, Gerbillon et Visdelou, ayant trouvé un embarquement, partoient pour la Chine.

Je leur fis tout l'accueil dont j'étois capable : pendant leur séjour, je les entretins souvent de la dureté de M. Constance à mon égard, et je leur fis le détail de tout ce qu'il avoit fait pour me perdre. Quand je leur parlai de l'affaire des Macassars, je trouvai qu'ils en savoient quelque chose en gros ; mais ils ignoroient, ou du moins n'étoient-ils informés que confusément de l'ordre qui m'avoit été adressé, et de la manière dont le ministre avoit souhaité que je me conduisisse.

Par tout ce qu'ils me dirent, je compris que je parlois à des personnes à qui M. Constance étoit aussi connu qu'à moi-même ; mais quoique, par discrétion, ces pères ne jugeassent pas à propos de s'expliquer ouvertement, après être entrés dans toutes mes peines, m'avoir consolé le mieux qu'il leur fut possible, ils me conseillèrent de repasser en France le plus tôt que je pourrois. Nous passâmes ainsi quelques jours, moi à me plaindre du ministre, et eux à me consoler ; enfin, après bien des témoignages d'amitié très-sincères de part et d'autre, nous nous embrassâmes les larmes aux yeux, comptant de nous séparer pour toute la vie.

Quoique depuis quelque temps je fusse déjà assez disposé à ménager mon retour en France, les derniers entretiens que j'avois eus avec ces quatre jésuites me confirmèrent encore plus fortement dans cette pensée. J'avois continuellement dans l'esprit et la misère d'un pays qui ne me paroissoit d'aucune ressource, et les perfidies d'un ministre à qui j'avois fait tout le bien que j'avois pu, et qui, en récompense de mes bons services, non-seulement m'avoit éloigné de la cour, mais encore avoit voulu m'empoisonner, et avoit attenté sur ma vie en tant de différentes manières.

Tandis que j'étois ainsi tout occupé de la pensée de mon retour, j'eus de quoi m'y confirmer par un nouvel ordre que je reçus de la cour, et qui ne me fit que trop comprendre que la haine de Constance n'étoit pas encore épuisée.

Il étoit arrivé depuis quelque temps à la barre un bâtiment anglais armé de quarante pièces de canon et de quatre-vingt-dix hommes d'équipage, tous Européens. M. Constance prétendoit que le capitaine de ce vaisseau avoit friponné autrefois au roi de Siam une partie considérable de marchandises. Sous ce beau prétexte, il m'envoya ordre de me transporter dans le bâtiment anglais avec deux hommes seulement, et d'enlever ce capitaine, comme coupable de crime de lèse-majesté : ce sont les propres paroles de l'ordre, que j'ai gardé, écrit en français, de la main du père Lecomte.

Je n'eus pas de peine à comprendre, comme j'ai déjà dit, que cette commission, qui ne ressembloit pas mal à celle des Macassars, n'étoit qu'un nouveau piège qui m'étoit tendu par la jalousie de M. Constance. Je résolus pourtant d'exécuter cet ordre à la lettre. Comme je me promenois en rêvant aux moyens d'en venir à bout, M. Manuel, avec qui je vivois assez familièrement, me voyant l'esprit si préoccupé, me demanda à quoi je rêvois si profondément : « Tenez, lui dis-je, lisez cet ordre que je viens » de recevoir. » Ce bon missionnaire ayant vu de quoi il étoit question : « M. Constance, me » dit-il, n'y pense pas : l'exécution de cet ordre » est impossible.

» — C'est pourtant sur les mesures qu'il y a » à prendre pour l'exécuter, lui repartis-je, que » rouloient les méditations dans lesquelles vous » m'avez vu si enfoncé ; car, je vous l'avoue, je » suis piqué au vif, et je veux pousser M. Con- » stance à bout, en lui faisant voir que des pro- » jets qu'il juge impossibles dans le fond, et » dont il ne me charge que parce qu'il compte » que j'y périrai, sont encore au-dessous de » moi. » M. Manuel, surpris de ma résolution, fit tout ce qu'il put pour m'en détourner. « Vous » avez beau faire, lui dis-je ; mon parti est pris, » et je n'en démordrai pas, quand je devrois y » périr. L'exemple que les Macassars nous ont » donné il y a peu de jours est bon à suivre : il » faut toujours avancer, et ne reculer jamais. » Rassurez-vous pourtant : j'userai de précau- » tion, et j'espère de me tirer encore heureuse- » ment de ce mauvais pas. »

A ces mots l'ayant quitté, je me jetai brusquement dans mon balon à quatre-vingts rameurs. Pour me venger de M. Constance, j'embarquai malicieusement avec moi l'oncle de sa femme. Il étoit métis, assez bon homme, mais nullement guerrier. Je fus bien aise, en lui faisant tenir la place d'un des deux hommes qui devoient me seconder, de lui faire courir la moitié du risque, et de le mettre au moins à portée de reconnoître par lui-même de quoi M. Constance étoit capable.

Pendant le trajet qu'il y avoit depuis Bancok jusqu'à l'endroit de la rade où étoit le vaisseau, ce bon Japonais ne cessa de me demander où je prétendois le conduire. Il n'étoit pas encore temps de le lui faire savoir : je ne répondis à ses questions qu'en badinant. Quand je fus à la barre, il fallut quitter le balon, car ces sortes de bâtiments ne peuvent aller que dans la rivière. Je pris un bateau propre pour la mer, dans lequel ayant embarqué huit de mes rameurs, et ayant joint à l'oncle de madame Constance le gouverneur de la barre, nous voguâmes jusque bien avant dans la rade.

Nous n'étions plus qu'à deux lieues du vaisseau anglais, lorsque mon métis me demanda encore où je le menois. Pour toute réponse, je lui présentai l'ordre du Roi, que je lui expliquai en portugais. Il en fut si effrayé, que, n'étant plus maître de lui-même : « Que vous ai-je donc fait, » monsieur, s'écrioit-il, pour me mener ainsi à

» la boucherie? Et quel cas, je vous prie, ce ca-
» pitaine anglais fera-t-il des ordres du roi de
» Siam, qu'il ne craint point, et qui dans toute
» cette affaire ne sera certainement pas le plus
» fort? — Monsieur, lui repartis-je, quand on
» est au service d'un roi, il faut obéir à la lettre,
» sans examiner les périls, qui doivent être
» comptés pour rien : nos biens et nos vies sont
» aux souverains, et ils peuvent en disposer
» comme il leur plaît. »

Toutes ces raisons, bien loin de persuader ce bon homme, ne faisoient qu'augmenter sa peur, qui redoubloit à mesure que nous approchions du navire. Pour rassurer ce poltron : « Voici,
» monsieur, lui dis-je, l'expédient que j'ai trouvé
» pour prendre ce capitaine, sans courir un trop
» grand danger ni vous ni moi. Mon but est de
» l'obliger sous quelque prétexte à sortir de son
» bord, et à passer dans le mien. Pour cela,
» j'entrerai dans son vaisseau; vous me suivrez :
» il ne manquera pas de me faire beaucoup de
» civilités, j'y répondrai, et, de la manière
» dont j'ai imaginé mon dessein, je compte que
» j'en viendrai à bout. Tenez cependant, voilà
» l'ordre du Roi : mettez-le dans votre poche,
» et gardez-le, jusques à ce que nous en ayons
» besoin. Mais armez-vous de courage, et pre-
» nez un air assuré; sans quoi tout notre projet
» échoueroit infailliblement.

» Mais si tout ce que vous imaginez ne réussit
» pas, me répliqua cet homme plus prudent que
» de raison, que ferez-vous? — Alors, répon-
» dis-je, je me conduirai à la macassarde : je
» mettrai l'épée à la main, je dirai au capitaine
» que j'ai ordre de l'arrêter, et que, s'il fait la
» moindre résistance, je le tuerai. A ces mots,
» vous sortirez l'ordre du Roi, et vous crierez à
» tout l'équipage que s'ils résistent, Sa Majesté
» Siamoise les fera tous pendre. — Eh! monsieur,
» me répondit-il, nous allons mourir. — C'est
» notre sort, lui dis-je : mourir aujourd'hui ou
» demain, qu'importe, pourvu que ce soit glo-
» rieusement? »

Cependant nous abordâmes le navire : j'y montai, suivi du Japonais, qui étoit plus mort que vif. Le capitaine, qui s'aperçut de cet abattement, me demanda ce qu'avoit monsieur : « Ce
» n'est rien, lui dis-je ; il craint la mer. » A ce mot, nous entrâmes dans la chambre de poupe : on y apporta du vin, et je fus salué d'un grand nombre de coups de canon, après bien des excuses que le capitaine me fit sur l'état dans lequel il me recevoit; car je le trouvai en robe de chambre et en bonnet. Il me demanda quelles affaires m'amenoient dans son bord.

« Ce sont, lui répondis-je, des affaires très-
» importantes. Sa Majesté Siamoise ayant eu
» avis que les Hollandais ont fait à Batavia un
» armement très-considérable, dans le dessein
» de venir brûler tous les vaisseaux qui sont dans
» la rade, et ayant de plus été informée que leur
» flotte est déjà en mer, j'ai ordre d'assembler
» les capitaines des vaisseaux et des autres bâti-
» mens, pour conférer tous ensemble, et pour
» aviser aux moyens qu'il y aura à prendre pour
» n'être pas pris au dépourvu. Comme M. Con-
» stance vous sait ici, il m'ordonne de m'adresser
» principalement à vous, et de déférer à vos
» avis, persuadé qu'il est de votre valeur et de
» votre expérience. »

Ce capitaine croyant bonnement tout ce que je lui disois : « Je vais, me répondit-il, faire
» mettre la chaloupe en mer : j'enverrai avertir
» tout ce qu'il y a d'officiers aux environs, afin
» qu'ils se rendent ici, où nous pourrons consul-
» ter ensemble sur un point si important. — C'est
» fort bien avisé, lui dis-je » Ensuite, feignant de réfléchir un petit moment en moi-même :
« Mais, monsieur, continuai-je, votre navire
» étant le plus éloigné de tous, ne seroit-il pas
» mieux de vous mettre vous-même dans votre
» chaloupe? Nous irions, vous d'un côté, moi
» d'un autre, rassembler tout ce qu'il y a de
» capitaines dans la rade : nous les mènerions
» dans le navire qui est le plus près de la barre ;
» et le conseil étant fini, chacun regagneroit son
» bord, sans avoir à faire tant de chemin. »

L'Anglais, qui ne se défioit en aucune sorte de ce que je lui disois, acquiesça volontiers à cette proposition. Je craignois toujours qu'il ne se ravisât. « Profitons du temps, lui dis-je ; je m'a-
» perçois que la marée commence à passer. » A ces mots, je me levai, et je descendis dans mon bateau, où je m'assis : alors, affectant d'avoir oublié quelque chose d'essentiel, je criai au capitaine, qui, voulant me faire honneur, se tenoit sur le bord de son bâtiment pour me voir partir :
« Monsieur, si vous vouliez vous donner la peine
» de descendre, j'aurois encore un mot important
» à vous communiquer. » Je commandai en même temps à un de mes rameurs de tenir l'amarre à la main, et de lâcher quand je lui ordonnerois. L'Anglais descendit bonnement, et s'étant assis auprès de moi : « Largue l'amarre,
» dis-je à mon matelot, à qui je parlai tout bas,
» et en siamois, pour n'être point entendu. » Ensuite passant la main sur l'épaule du capitaine, comme pour lui parler à l'oreille plus commodément, et sans qu'on pût nous entendre : « Mon-
» sieur, lui dis-je, puisque j'ai ordre du roi de
» Siam de suivre votre avis préférablement à
» tout autre, il conviendroit que vous fussiez ici

» avec moi, et que nous consultassions encore
» quelque temps ensemble, afin de nous trou-
» ver de même avis quand nous serons assem-
» blés. »

Comme la marée étoit forte, l'Anglais s'aperçut bientôt qu'on l'éloignoit de son bord. « Où me menez-vous donc ainsi tout nu? me dit-il. » Et en même temps, sans attendre ma réponse, il se mit à crier à son équipage. J'ordonnai alors à mes gens de faire force de rames pour gagner pays; et déclarant au capitaine l'ordre que j'avois, je lui témoignai combien j'étois fâché d'avoir eu besoin de recourir à toutes ces ruses pour exécuter ma commission. Je le priai au reste de ne s'inquiéter de rien, l'assurant qu'il ne manqueroit ni d'habit, ni de tout ce qui lui seroit nécessaire pour son entretien.

Cependant la chaloupe anglaise, qui fut armée en très-peu de temps, commençoit à me donner la chasse. Voyant que je ne pouvois éviter d'être pris, j'allai à bord d'un petit bâtiment portugais; et prenant mon pistolet à la main : « Montez » dans ce bâtiment, dis-je à mon prisonnier; si » vous hésitez, c'est fait de vous, je vous tue. » Quand nous fûmes entrés, je demandai main forte à l'officier. Ce bon homme se mit en mouvement; mais il n'avoit que huit ou dix gueux avec lui, foible ressource contre une trentaine d'Européens qui venoient bien armés, et résolus de se bien battre.

Ne voyant pas d'autre expédient pour éviter d'être pris, je dis au capitaine : « Monsieur, » criez à votre chaloupe de s'en retourner » et songez qu'il y va de votre vie à faire en » sorte qu'ils vous obéissent. S'ils approchent, » vous êtes mort; et après vous avoir tué, » peut-être saurai-je encore me défendre con- » tre vos gens. » Je dis ces paroles d'un ton si ferme, que l'Anglais ne voulut pas hasarder le coup, et fit retourner son monde, qui lui obéit sur-le-champ. Quand je les vis loin, je rentrai dans mon bateau; et après avoir remercié le capitaine portugais, je repris la route de Bancok, où je n'oubliai rien de tout ce que je crus pouvoir rendre à mon Anglais sa prison plus supportable.

Je ne tardai pas à donner avis à M. Constance de ma fidélité à exécuter les ordres du Roi; mais en même temps je crus qu'il convenoit de me plaindre de ces mêmes ordres. Je le fis pourtant avec circonspection, car je n'étois pas le plus fort, et j'avois affaire à un ennemi dangereux. Je me contentai de lui représenter que les commissions qu'il m'adressoit n'étoient pas tout à fait dignes de moi, et qu'il ne paroissoit pas convenable d'envoyer à un amiral des ordres qui conviendroient mieux à des officiers d'un rang inférieur.

Je fis partir en même temps mon prisonnier pour Louvo, où il se tira d'affaire moyennant dix mille écus, dont M. Constance jugea à propos de se prévaloir. Quant à moi, le ministre nia de m'avoir envoyé l'ordre sur lequel j'avois agi; et, dans la réponse qu'il me fit, me taxant une seconde fois de témérité et d'imprudence, il me défendit, de la part du Roi, de m'éloigner de Bancok au-delà de deux lieues. Ce fut là toute la récompense que je retirai d'une expédition assez périlleuse, dans laquelle je ne m'étois engagé que pour obéir aux ordres que j'avois reçus.

Je fus si outré de ce procédé, que, ne balançant plus dès-lors sur ce que j'avois à faire, je résolus de passer en France à la première occasion. Comme je n'y voyois point encore de jour, au moins pour quelque temps, je pris le parti de dissimuler mon chagrin, et d'attendre en patience le moment de me retirer. Pour tromper mon ennui dans cette espèce d'exil [car, depuis la dernière lettre du ministre, je me regardois comme exilé], je m'amusois de temps en temps à prendre des crocodiles.

On en voit bon nombre aux environs de Bancok. Les Siamois les prennent de deux manières : ils se servent pour la première d'un canard en vie, sous le ventre duquel ils attachent une pièce de bois de la longueur d'environ dix pouces, grosse à proportion, et pointue par les deux bouts. A cette pièce de bois ils lient une corde fine, mais très-forte, à laquelle sont attachés des morceaux de bambou, espèce de bois fort léger, dont ils se servent en guise de liège. Ils mettent ensuite au milieu de la rivière le canard, qui, fatigué par la pièce de bois, crie et se débat pour se dégager. Le crocodile, qui l'aperçoit, se plonge dans l'eau, vient le prendre par dessous, et se prend lui-même au morceau de bois, qui s'arrête en travers dans son gosier. Dès qu'on s'aperçoit qu'il est pris [ce qu'on reconnoît au tiraillement de la corde et à l'agitation du bambou], on fait le signal, et l'on amène l'animal à fleur d'eau, malgré les efforts qu'il fait pour se débarrasser. Quand il paroît, les pêcheurs lui lancent des harpons : ce sont des espèces de dards dont le fer ressemble au bout d'une flèche; ils sont emmanchés d'un bâton long d'environ cinq pieds. A ce fer, qui est percé dans l'emboîture, est attachée une corde très-forte, entortillée autour du bâton qui se détache du fer, et qui, en flottant sur l'eau, indique l'endroit où est l'animal. Quand il a sur le corps une assez grande quantité de harpons, on le tire à terre, où l'on achève de le tuer à coups de hache.

Il y a une seconde manière de les prendre. Ces animaux viennent quelquefois jusques assez près des maisons : comme ils sont fort peureux, on tâche de les épouvanter, en faisant du bruit ou avec la voix, ou en tirant des coups de fusil. Le crocodile effrayé s'enfuit, et se sauve au fond de l'eau. D'abord la rivière est couverte de balons qui attendent de le voir paroître pour respirer, car il ne sauroit rester plus d'une demi-heure sans prendre haleine. A mesure qu'il sort, il paroît, ouvrant une grande gueule. Alors on lui lance de toutes parts des harpons : s'il en reçoit quelqu'un dans la gueule [à quoi les Siamois sont fort adroits], il est pris.

Le manche du harpon, qui flotte attaché à une corde, sert de signal. Celui qui tient la corde connoît quand l'animal quitte le fond : il en avertit les pêcheurs, qui ne manquent pas, dès qu'il reparoît, de lancer encore de nouveaux harpons; et lorsqu'il en a reçu suffisamment pour être amené à terre, on le tire, et on le met en pièces. Cette seconde façon de pêcher est plus amusante que la première.

La chair du crocodile est blanchâtre, et ressemble assez à celle du chien marin. J'en ai goûté : elle n'est pas mauvaise. Le crocodile est affreux à voir : il s'en trouve dans la rivière qui ont depuis douze jusqu'à vingt pieds de longueur. Ses mâchoires sont fort plates : il a de chaque côté deux grosses dents, une en haut et une en bas, qui sortent comme les défenses d'un sanglier; ce qui fait que quand il a mordu quelque chose, il n'est plus possible de la lui arracher.

Un jour que je revenois de la pêche au crocodile, je fus tout surpris, en entrant chez moi, d'y revoir les quatre jésuites qui étoient partis peu auparavant pour la Chine. Ces pères étoient dans un état à faire pitié : ils avoient fait naufrage sur les côtes de Camboye et de Siam, et avoient souffert au-delà de tout ce qu'on peut dire, s'étant trouvés dans la nécessité de passer par des pays presque inaccessibles, qu'ils avoient traversés à pied. Je les embrassai avec bien de la joie, et je n'oubliai rien de tout ce qui dépendoit de moi pour les dédommager des contre-temps qu'ils avoient eu à essuyer.

Comme j'avois sur le cœur tous les mauvais procédés de M. Constance, je leur montrai l'ordre que j'avois reçu au sujet du capitaine anglais, et la réponse du ministre à la lettre que je lui avois écrite après cette expédition. Quelque discrets qu'ils fussent, ils ne purent retenir leur indignation; et, me parlant plus ouvertement que la première fois, ils me conseillèrent sans détour de me retirer le plus tôt que je pourrois.

Ils me représentèrent que le ministre, qui avoit pris ombrage de ma faveur, et qui ne souhaitoit rien tant que ma perte, reviendroit si souvent à la charge, et prendroit à la fin ses mesures si à propos, que je ne lui échapperois plus; que puisque le Seigneur m'avoit conservé jusqu'alors, c'étoit à moi à ne heurter pas sa providence, mais au contraire à céder, en m'éloignant d'un pays où ma vie étoit dans des périls continuels. Ces pères me dirent sur ce sujet tout ce qu'on peut imaginer de plus obligeant. Je les retins aussi long-temps que je pus; mais après deux jours ils voulurent retourner à Joudia, pour y attendre une nouvelle occasion de se rembarquer pour la Chine.

Quant à moi, ne voulant pas renvoyer mon départ plus loin, je résolus de profiter du retour d'un vaisseau de la compagnie d'Orient, qui étoit venu mouiller à la barre quelques jours auparavant. Ce bâtiment venoit de Pondichéry apporter des marchandises, et en prendre : c'est le commerce ordinaire que cette compagnie fait tous les ans d'Indes en Indes.

Après les emplois que j'avois remplis à Siam, et la manière obligeante dont le Roi m'avoit traité, il ne me convenoit pas de partir en déserteur. J'écrivois donc à M. Constance pour le prier de me ménager mon congé auprès du Roi : j'apportai pour raison que ma santé, qui s'affoiblissoit tous les jours, ne me permettoit pas de demeurer plus long-temps dans le royaume; et je m'offris d'aller moi-même à la cour demander la permission de me retirer, s'il jugeoit que cette démarche pût me la faire obtenir. Il n'eut garde d'y consentir; et comme il ne craignoit pas tant mon retour en France, il me répondit que l'intention du Roi n'étant pas de me forcer, il m'étoit libre de me retirer où il me plairoit.

Avant que de quitter Bancok, j'écrivis à un jeune mandarin de mes amis, nommé Prepi. Il m'aimoit beaucoup, en reconnoissance du service que je lui avois rendu en lui sauvant la bastonnade : car quoiqu'il fût favori du Roi, et que ce prince l'aimât plus qu'aucun autre homme de la cour, il n'auroit pas évité ce châtiment, si je ne m'en étois mêlé. Je lui mandois qu'en prenant congé de lui sur le point de retourner en France, je le priois de me conserver toujours quelque part dans son amitié, de continuer à aimer les Français, les missionnaires, les pères jésuites, et à protéger, comme il avoit toujours fait, les uns et les autres.

[1687] Prepi, touché de mon départ, en parla au Roi, qui, ignorant tout ce qui se passoit, pa-

32.

rut surpris de cette nouvelle. Il demanda à son ministre les raisons qui m'obligeoient à me retirer, et lui ordonna de me faire venir à la cour, pour apprendre par lui-même quels sujets de mécontentement je pouvois avoir. Je fus informé de tout ce détail par la réponse de Prepi. Sur cet ordre, Constance se trouva fort embarrassé; il ne vouloit pas absolument que je parusse à la cour: cependant l'ordre étoit précis. Pour se retirer d'intrigue, il ordonna à un officier portugais, qui étoit tout à sa dévotion, de venir, sous prétexte de me faire honneur, à bord du vaisseau français, et de me mener ainsi à la cour, de la part du Roi.

Le piége étoit trop grossier pour m'y laisser prendre: je n'ignorois pas que le roi de Siam ne se sert jamais, pour porter ses ordres, que des soldats de sa garde. M. de Métellopolis, M. Manuel, et le facteur de la compagnie, qui étoient présens lorsque le Portugais me parla, n'hésitèrent pas à me dire de m'en défier.

M. l'évêque surtout, me tirant à part: « Gar-
» dez-vous bien, me dit-il, de vous mettre entre
» les mains de ces Portugais. Je connois
» M. Constance: n'en doutez pas, ces gens-ci
» ont ordre de vous assassiner en chemin; après
» quoi le ministre en sera quitte pour les faire
» pendre, afin qu'ils ne puissent pas l'accuser.
» Il dira ensuite au Roi qu'il les a fait mourir
» pour venger la mort du chevalier de Forbin;
» et ce prince, qui ne voit que par les yeux de
» son ministre, prendra tout cela pour argent
» comptant. Croyez-moi, tirez-vous des mains
» d'un ennemi si artificieux et si méchant, puis-
» que vous êtes assez heureux pour en avoir le
» moyen. »

Je le remerciai comme je devois de ses bons avis; et m'adressant à l'officier, je lui dis que je ne reconnoissois nullement l'ordre qu'il étoit venu me signifier; que Sa Majesté m'ayant permis de me retirer, il n'y avoit aucune apparence qu'elle eût si tôt changé de résolution, ni qu'elle voulût me retenir plus long-temps dans ses Etats, malgré les bonnes raisons que j'avois eu l'honneur de lui alléguer; qu'il pouvoit partir quand il le jugeroit à propos, et porter ma réponse à M. Constance.

Je ne parlai si haut que parce que, n'ayant pas à demeurer long-temps à Siam, je n'avois plus rien à craindre de la haine du ministre. En effet, dès le lendemain nous mîmes à la voile. Je m'estimai si heureux de quitter ce maudit pays, que j'oubliai dans ce moment tout ce que j'avois eu à souffrir. En passant par le détroit de Malaga, les vents contraires nous obligèrent d'y mouiller. Nous descendîmes à terre, où nous trouvâmes des huîtres excellentes, que nous étions obligés de manger sur le rocher même, où elles sont attachées si fortement qu'il n'est pas possible de les en tirer.

Dans le séjour que nous fîmes sur ces côtes, j'entrai assez avant dans le pays, où, ayant trouvé des repaires de bêtes fauves, j'avançai encore quelques pas, pour voir s'il n'y avoit pas moyen de tirer à quelques pièces de gibier. Dans le temps que je regardois de côté et d'autre, je vis un singe monstrueux qui venoit à moi: il s'avançoit les yeux étincelans, et avec un air d'assurance à me faire craindre, si je n'avois pas été armé. J'allai à lui; et quand nous fûmes à dix pas l'un de l'autre, je lui tirai un coup de fusil qui l'étendit roide mort.

Cet animal étoit affreux: sa queue étoit longue comme celle d'un lion; il avoit plus de deux pieds et demi de hauteur, huit pieds du bout de la queue à la tête, et sa face longue et grosse étoit semée de bourgeons, comme celle d'un ivrogne. Ceux du pays m'assurèrent que j'avois été bien heureux de le tuer, cet animal étant capable de m'étrangler si j'eusse manqué mon coup. J'allai chercher nos matelots pour l'emporter: ils avouèrent qu'ils n'avoient jamais vu de singe si gros dans toutes les Indes.

Du détroit de Malaga, nous passâmes par les îles de Nicobar, qui sont habitées par des peuples tout-à-fait sauvages: ils vont entièrement nus, hommes et femmes, et ne vivent que de poissons, et de quelques fruits qu'ils trouvent dans les bois; car leurs îles ne produisent ni riz, ni légumes, ni d'autre sorte de grain dont ils puissent se nourrir. A trente lieues de ces îles, est celle d'Andaman, que nous aperçûmes de loin: ceux qui l'habitent sont anthropophages, et les plus cruels qu'il y ait dans toutes les Indes.

Nous arrivâmes enfin à Pondichéry. C'est un des plus célèbres comptoirs de la compagnie d'Orient: il y a un directeur général et plusieurs commis; c'est un entrepôt où l'on transporte, des Indes, des toiles de coton, des mousselines et des indiennes de toutes les espèces. Les vaisseaux de cette compagnie viennent de France toutes les années pour acheter ces toiles, et les portent au Port-Louis.

M. Martin, pour lors directeur de ce comptoir, m'accueillit le plus gracieusement du monde, et ne cessa de me combler de politesse pendant tout le temps que je séjournai dans le pays. Il ne fut pas en mon pouvoir d'en partir aussitôt que je souhaitois; il me fallut attendre assez long-temps les vaisseaux d'Europe; qui, cette année, arrivèrent un peu plus tard que de coutume. Mon occupation ordinaire pendant ce séjour étoit la chasse. Il y a dans ce pays des espèces de renards qu'on nomme chiens marrons : j'en prenois presque tous les jours avec des lévriers que j'avois dressés, et qui furent d'abord faits à cette manière de chasser, qui est très-amusante.

Il m'arriva une aventure où je faillis de périr. Le commis d'un vaisseau de la compagnie de France, arrivé depuis peu, me pria de le mener avec moi : après avoir chassé quelques heures, mes lévriers me firent lever un de ces renards, qui, se voyant pressé, se sauva dans un terrier. Pour l'obliger à en sortir, je me mis en devoir de l'enfumer : je ramassai de la paille de riz, j'en remplis le trou, et j'y mis le feu. Comme j'étois baissé pour souffler, il en sortit tout à coup un animal qui, s'élançant sur moi, me renversa en me couvrant de paille, de feu et de fumée, me passa sur le visage, et fut se jeter dans une rivière qui n'étoit qu'à deux pas. Tout cela se fit si vite, que l'animal s'étoit plongé dans l'eau avant que je fusse en état de me relever. Le commis me dit qu'il ne doutoit point que ce fût un crocodile ou un cayman. Quoi qu'il en soit, j'eus grand' peur, et je m'estimai bien heureux d'en être quitte à si bon marché.

Les habitans de Pondichéry sont fort noirs, sans être Caffres ; ils ont les traits du visage bien faits, le regard doux, les yeux vifs et fort beaux. Ils laissent croître leurs cheveux, qui s'abattent jusqu'à la ceinture. Leur nation est divisée par castes, ou races. Les bramins, qui sont les prêtres du pays, sont en plus grande vénération que tous les autres ; ensuite viennent les bergers. Ces peuples observent sur toute chose de ne s'allier qu'avec leurs égaux, en sorte qu'un berger ne sauroit prétendre à l'alliance d'un bramin : que s'il arrive que quelqu'un d'une caste distinguée épouse une femme qui soit d'un rang inférieur, il déchoit, et n'a d'autre rang que celui de la famille à qui il s'est allié. Il n'en est pas de même des femmes, qui en se mésalliant ne perdent rien de leur condition. Parmi ces castes, la plus méprisable est celle des cordonniers, excepté celle qu'on appelle des paria, qu'on regarde avec horeur, parce qu'ils ne font pas difficulté de se nourrir de la chair de toute sorte d'animaux.

Ces peuples, qui sont idolâtres, ont, à une lieue de Pondichéry, un fameux temple où ils se rendent toutes les années à un certain jour marqué, pour y célébrer une fête à l'honneur de leurs principales divinités. On y accourt en foule de tous les environs : j'y allai par curiosité. Après mille cérémonies dont on me fit le récit [car je ne pus pas entrer dans le temple], ils sortirent le dieu et la déesse à l'honneur desquels ils étoient assemblés. Ces idoles sont de figure gigantesque, et fort bien dorées. Ils les mirent sur un char à quatre roues, et les placèrent en face l'une de l'autre. La déesse, sur le devant du char, paroissoit dans une posture lascive, et l'attitude du Dieu n'étoit guère plus honnête.

Ce char étoit tiré avec des cordes par deux ou trois cents hommes. Tout le reste du peuple, qui étoit innombrable, se jetoit ventre à terre, et poussoit des cris de joie dont toute la campagne retentissoit. Il y en avoit d'assez simples pour se jeter sous les roues du char, s'estimant heureux d'être écrasés, en témoignage du respect qu'ils avoient pour leur dieu.

Cette cérémonie étant faite, je vis des hommes et des femmes qui se rouloient à terre, et continuoient cet exercice en tournant tout autour du temple. Je demandai pour quel sujet ils se meurtrissoient ainsi tout le corps ; car ils étoient nus, à la réserve d'un linge dont ils étoient couverts depuis la ceinture jusqu'à demi cuisse : on me répondit que, n'ayant point d'enfans, ils espéroient par cette sorte de pénitence de fléchir leurs dieux, qui ne manqueroient pas de leur en donner. C'est là tout ce que je rapporterai de cette fête, n'ayant pu entrer, comme j'ai dit, dans le temple, où les seuls idolâtres sont admis.

J'y retournai pourtant deux jours après, car j'étois curieux de le voir. Je me présentai à la porte avec sept autres Français, qui souhaitoient aussi d'y entrer. Le chef des bramins nous en refusa l'entrée, sous prétexte qu'il ne lui étoit pas permis de le profaner en y introduisant des chrétiens. Sur ce refus, sans me mettre en peine de lui répondre, je m'approchai de lui, je lui arrachai un poignard qu'il avoit à la ceinture, et je lui en présentai la pointe, en le menaçant de le tuer. Il ne lui fallut pas dire de fuir. Alors nous entrâmes. Nous nous trouvâmes dans cet édifice, qui étoit fort vaste, qu'un grand nombre d'idoles de différentes grandeurs, et toutes en posture déshonnête.

Tandis que nous nous amusions à les regarder, le bramin, offensé de l'affront qu'il avoit reçu, alla crier l'alarme aux environs, et vint à nous à la tête de plus de trois cents hommes : mais ce peuple, qui est absolument sans courage, fut si effrayé en nous voyant avec des armes à feu, qu'il n'y en eut pas un seul qui eut la hardiesse d'approcher.

A peu près dans dans ce temps-là, un vaisseau de la compagnie des Indes étant prêt à faire voile pour Masulipatan, ville fameuse par son commerce, et les vaisseaux de France ne devant point encore arriver, je résolus de m'embarquer, dans le dessein de passer de cette ville jusqu'à celle de Golconde, qui n'en est éloignée que de trente lieues. Le Grand Mogol assiégeoit pour lors cette place: j'étois bien aise de voir comment ces peuples font la guerre, et la manière dont ils s'y prennent pour former des siéges et des attaques; mais il ne fut pas à mon pouvoir d'exécuter ce projet, comme on verra par ce que je vais dire.

Lorsque nous partîmes, nous étions dans la saison du vent d'ouest, c'est-à-dire dans la saison la plus favorable de l'année. La route se fit fort heureusement et en peu de jours. Nous n'étions plus qu'à huit lieues de Masulipatan, lorsque nous vîmes venir du côté de terre un nuage noir et épais, que nous crûmes tous être un orage. Nous serrâmes d'abord toutes les voiles, crainte d'accident. Le nuage arriva enfin à bord avec très-peu de vent, mais suivi d'une prodigieuse quantité de grosses mouches semblables à celles qu'on voit en France, qui mettent des vers à la viande: elles avoient toutes le cul violet. L'équipage fut si incommodé de ces insectes, qu'il n'y eut personne qui ne fût obligé de se cacher pour quelques momens. La mer en étoit toute couverte; et nous en eûmes une si grande quantité dans le vaisseau, que, pour le nettoyer, il fallut jeter plus de cinq cents boyaux d'eau.

Environ à quatre lieues de la ville, nous aperçûmes comme un brouillard qui la couvroit tout entière. A mesure que nous avancions, ce brouillard s'étendoit, et peu après nous ne vîmes plus que la pointe des montagnes qui servoient à guider les pilotes. En approchant de terre, nous vîmes que ce nuage n'étoit autre chose qu'une multitude innombrable de mouches toutes différentes des premières. Celles-ci avoient quatre ailes, et ressembloient à celles qu'on voit le long des eaux, et qui ont la queue barrée de jaune et de noir.

Plus nous avancions, et plus ces insectes se multiplioient: il y en avoit une si grande quantité, que, nous empêchant de voir la terre, nous fûmes obligés d'en approcher en sondant. Quand nous fûmes avancés à un certain nombre de brasses, le pilote fit démouiller l'ancre. Un commis de la compagnie, nommé le sieur Delande, qui avoit ordre de visiter le comptoir, s'embarqua dans la chaloupe: nous le suivîmes le capitaine et moi. La quantité de ces mouches étoit si grande que nous fûmes obligés d'embarquer une boussole pour ne pas manquer la terre, qu'elles nous cachoient entièrement. Nous abordâmes enfin.

Ne trouvant personne dans le port, ceux du vaisseau qui connoissoient la ville nous servirent de guides, et nous menèrent à la douane. Personne ne parut dans le bureau, qui étoit tout ouvert: nous entrâmes pourtant, et nous en parcourûmes toutes les pièces, sans trouver qui que ce soit. Surpris de cette nouveauté, nous marchâmes du côté où étoit le comptoir de la compagnie d'Orient; nous traversâmes plusieurs rues sans voir personne. Cette solitude qui régnoit par toute la ville, jointe à une puanteur insupportable, nous fit bientôt comprendre de quoi il étoit question.

Après avoir beaucoup marché, nous arrivâmes devant la maison de la compagnie. Les portes en étoient ouvertes: nous y trouvâmes le directeur, mort apparemment depuis peu, car il étoit encore tout entier. La maison avoit été pillée, et tout y paroissoit en désordre. Frappé d'un spectacle si affreux, je revins dans la rue; et m'adressant au sieur Delande: « Retournons » à bord, lui dis-je; il n'y a rien de bon à gagner » ici. » Il me répondit que sa commission l'obligeoit d'aller plus avant; qu'ayant à rendre compte de son voyage, il ne pouvoit retourner à bord sans avoir au moins parlé à quelqu'un qui pût l'instruire plus précisément des causes de tout ce désordre.

Nous continuâmes donc à marcher, et nous nous rendîmes au comptoir des Anglais. Nous le trouvâmes fermé: nous eûmes beau frapper, personne ne répondit. De là, nous passâmes à celui des Hollandais: de quatre-vingts personnes qui le composoient, il n'en restoit plus que quatorze; c'étoient plutôt des spectres que des hommes. Ils nous dirent que la peste avoit mis la ville dans l'état où nous l'avions trouvée; que la plupart des habitans étoient morts, et que le reste s'étoit retiré dans les campagnes; qu'ils ne pouvoient nous donner aucun éclaircissement sur la maison des François, dont ils n'avoient appris aucune nouvelle; que les Anglais avoient abandonné la leur, après avoir perdu la meilleure partie de leurs gens; et que pour eux, ayant des trésors immenses dans leur maison, il leur étoit défendu, sous peine de la vie, d'en sortir; sans quoi ils ne seroient pas restés.

Dans la situation où étoit cette malheureuse ville, il n'y avoit pas apparence d'y trouver un bâtiment pour me conduire à Golconde. Il fallut se passer d'en voir le siége: nous retournâmes à bord annoncer ce que nous avions vu, et ce qu'on nous avoit dit. Sur-le-champ nous remîmes à la voile; et, sans faire un plus long séjour, nous fîmes route pour le port de Merguy, qui appartient au roi de Siam. Ce ne fut qu'avec peine que je me résolus de retourner dans un pays d'où il ne m'avoit pas été facile de me tirer; mais comme ce port est éloigné de la cour de plus de cent lieues, et que d'ailleurs j'étois dans un vaisseau français, je crus que j'y serois en sûreté contre la mauvaise volonté de M. Constance.

Le troisième jour du départ de Masulipatan, quelques matelots de la chaloupe qui étoient descendus à terre tombèrent malades. La cause de leur maladie ne pouvoit être incertaine. Le chirurgien leur trouvant la fièvre les saigna. Le lendemain, je fus moi-même attaqué de la fièvre: je refusai de me laisser saigner. Tous les autres matelots qui étoient venus dans la chaloupe tombèrent aussi malades: ils furent saignés comme les premiers, et les uns et les autres moururent peu de jours après.

Cependant ma fièvre continuoit: elle étoit accompagnée d'une sueur si abondante, et qui dans peu me mit si bas, que je pouvois à peine parler. La violence du mal m'avoit affoibli la vue, au point de ne pouvoir plus distinguer les objets qu'imparfaitement. Pour comble de malheur, les provisions commençoient à manquer, et il n'y avoit plus dans le vaisseau de quoi faire du bouillon; car nous n'avions pu prendre que très-peu de vivres à Pondichéry, où la disette, qui étoit fort grande, réduisoit la ville à une espèce de famine.

Je ne me trouvai jamais dans une plus fâcheuse conjoncture. Ne sachant à quoi me déterminer, je m'avisai de dire, à un petit esclave siamois qui n'avoit jamais voulu me quitter, de m'apporter un peu de vin de Perse, dont j'avois bonne provision: j'en bus environ un demi-verre, et je m'endormis profondément. Quelques heures après, je m'éveillai tout en sueur: il me parut que ma vue s'étoit un peu fortifiée. Je revins à mon remède, dont je doublai la dose: je me rendormis une seconde fois, et je me réveillai encore trempé de sueur, mais beaucoup plus fortifié. Comme le remède opéroit, j'en pris pour la troisième fois, y ajoutant un morceau de biscuit, que je mangeai après l'avoir trempé dans le vin. Je continuai de même pendant quelques jours, après lesquels ma fièvre continue se changea en tierce.

M. Delande et le capitaine, qui furent attaqués du même mal, profitant de mon exemple, refusèrent la saignée, et ne voulurent d'autre remède que le mien: leur mal diminua peu à peu et ils échappèrent comme moi. Enfin nous arrivâmes à Merguy, où, à l'aide des rafraîchissemens, dont nous ne manquâmes plus, nous fûmes sur pied en peu de jours. De dix-sept que nous étions embarqués dans la chaloupe, et qui descendîmes à terre, quatorze qui avoient été saignés moururent, sans qu'il en échappât un seul. Selon toutes les apparences, M. Delande, le capitaine et moi nous ne nous en tirâmes que pour n'avoir pas voulu de la saignée: tant il est vrai qu'elle est mortelle dans ces sortes de fièvres pestilentielles.

Peu de jours après notre arrivée à Merguy, M. Ceberet y arriva, suivi d'un grand cortége de mandarins: il revenoit de Louvo. La Loubère et lui y avoient été envoyés de France pour traiter du commerce, et pour régler toutes choses avec Constance; car la négociation dont le père Tachard s'étoit chargé avoit réussi. Ce père, trompé par Constance, comme nous avons déjà dit, et comptant de bonne foi de servir et la religion et l'État, n'avoit rien oublié pour porter la cour à entrer dans les vues et à profiter de la bonne volonté du ministre de Siam; et, sur la parole de ce jésuite, la cour avoit donné dans ce projet d'alliance, et avoit envoyé des troupes commandées par le chevalier Desfarges, à qui on avoit remis la forteresse de Bancok, suivant ce qui avoit été convenu.

Le mandarin qui avoit été envoyé ambassadeur en France étoit du nombre de ceux qui accompagnoient M. Ceberet. Dès qu'il m'aperçut, il courut à moi, tout plein de la magnificence du royaume: il me dit que j'avois grand sujet de vouloir retourner dans mon pays; qu'il y avoit vu toute ma famille, et un grand nombre de mes amis, avec qui il avoit souvent parlé de moi: et ensuite, me faisant de grands éloges de la cour, et de tout ce qui l'avoit le plus frappé, il ajouta, en mauvais français: « La France grand bon, » Siam petit bon. »

M. Ceberet, qui s'étoit rendu par terre de Louvo à Merguy, renvoya tous les mandarins, après avoir fait à chacun des présens considérables. Il s'embarqua ensuite avec nous sur le vaisseau de la compagnie, et nous fîmes route pour Pondichéry. Sur ce que nous lui demandâmes des nouvelles de sa négociation avec M. Constance, il déclara publiquement qu'il n'étoit point satisfait de lui, et que ce ministre avoit trompé la cour, à qui il avoit promis des choses frivoles, et qui n'avoient pas la moindre apparence de réalité.

Nous fûmes pendant toute la route, M. Ceberet et moi, dans une grande liaison: nos entretiens ordinaires rouloient sur le royaume de Siam, et sur les manières de ces peuples. Il étoit si frappé de les avoir vus si pauvres, et de la misère du royaume, qu'il ne comprenoit pas comment on avoit eu la hardiesse d'en faire des relations si magnifiques.

« Ce que vous en avez vu, lui dis-je un jour, est pourtant ce qu'il y a de plus beau. Tout ce royaume, qui est fort grand, n'est guère qu'un vaste désert : à mesure qu'on avance dans les terres, on n'y trouve plus que des forêts et des bêtes sauvages. Tout le peuple habite sur le bord de la rivière : il s'y tient préférablement à tout autre endroit, parce que les terres, qui y sont inondées six mois de l'an, y produisent presque sans culture une grande quantité de riz, qui ne peut venir et multiplier que dans l'eau. Ce riz fait toute la richesse du pays. Ainsi, en remontant depuis la barre jusqu'à Louvo, vous avez vu, et par rapport aux peuples, et par rapport à leurs villes, et par rapport aux denrées qu'ils recueillent, tout ce qui peut mériter quelque attention dans ce royaume. »

Une autre fois, comme nous parlions encore de ce pays, il témoigna souhaiter quelques éclaircissemens sur la manière dont le Roi se gouverne dans son palais. « Pour cet article, lui répondis-je, il n'est pas aisé de vous satisfaire. Ceux du dehors, quelque distingués qu'ils puissent être, n'entrent jamais dans cette partie du palais que le Roi habite, et ceux qui y sont une fois entrés n'en sortent plus. Tout ce qu'on en sait de plus particulier, c'est que tout s'y traite dans un grand secret : non-seulement chacun y a son emploi marqué, mais encore chacun a son quartier séparé, hors duquel il ne lui est jamais permis de sortir. Ceux qui servent dans les chambres qui sont les plus près de la porte ne savent et ne connoissent du palais que ce qui se passe dans cet endroit. Les chambres attenantes ont de nouveaux officiers qui ne sont pas plus instruits que les premiers, et ainsi successivement jusqu'à l'appartement du Roi, qui passe presque toute sa vie renfermé, faisant consister une partie principale de sa grandeur à ne se montrer que très-rarement. Quand il a à parler à ses ministres, à ceux même qui sont le plus en faveur, il se montre par une fenêtre élevée de terre à peu près de la hauteur d'une toise, d'où il les entend, et disparoît après leur avoir brièvement expliqué ses volontés. »

M. Ceberet m'ayant encore questionné au sujet de M. Constance, je lui dis tout ce que j'en savois; et quoiqu'il fût entré de lui-même assez avant dans les vues de ce ministre, dont il commençoit à démêler la politique, je lui fis apercevoir bien des choses qui lui étoient échappées, et de la vérité desquelles il ne douta plus dès qu'il fut en état de joindre ce que je lui disois avec ce qu'il avoit déjà reconnu.

Cependant nous approchions de la ville de Madraspatan, célèbre par son commerce. Il n'y avoit pas apparence de revenir des Indes en Europe sans en rapporter quelques étoffes, et autres raretés du pays. Dans la résolution où j'étois d'y employer quelque argent, je priai le capitaine du vaisseau de me mettre à terre. Les Anglais sont les maîtres de cette place : le directeur général de leur compagnie, ennemi juré de Constance, m'ayant su logé chez les capucins français, voulut à toute force m'emmener chez lui : il emmena aussi le supérieur de ces bons religieux, à qui il fit honnêteté à mon occasion. Ces pères sont établis dans le faubourg, et administrent les sacremens à des Portugais ou métis, qui sont catholiques romains.

Il me donna un fort grand dîner, pendant lequel on tira bon nombre de coups de canon : nous bûmes les santés des rois d'Angleterre, de France, et des deux familles royales, les canons tirant à boulets. Constance ne fut pas épargné pendant le repas. Le directeur disoit tout haut qu'il le feroit pendre, s'il pouvoit jamais l'attraper. Cependant nous buvions toujours; et nous continuâmes de telle sorte, que nous nous enivrâmes tous, le capucin comme les autres, quoiqu'il y eût moins de sa faute, ayant été engagé à boire presque malgré qu'il en eût.

Quand j'eus fait mes emplettes, le directeur me donna un petit bâtiment pour me conduire à Pondichéry, qui n'est éloigné de Madraspatan que de vingt lieues. En arrivant, j'y trouvai un vaisseau de roi qui venoit prendre M. Ceberet. Ce bâtiment étoit commandé par M. Duquesne-Guitton, qui me remit un magnifique fusil, et une paire de pistolets d'un ouvrage merveilleux. C'étoit un présent que Bontemps m'envoyoit comme une marque de son amitié; et pour me remercier de quelques pièces assez curieuses que je lui avois envoyées par le retour des ambassadeurs.

Après que M. Ceberet eut fini toutes ses affaires à Pondichéry, nous nous embarquâmes, et nous fîmes route pour la France. Pendant le voyage, la conversation roula encore souvent entre lui et moi sur le royaume de Siam; il me parla de la jalousie de M. Constance, et des dangers auxquels il m'avoit souvent exposé; et quoique nos Français, qu'il avoit vus à Joudia et à Louvo, l'eussent instruit et de mon aventure des Macassars, et de celle du capitaine anglais, il souhaita encore que je lui en fisse le récit.

[1688] Après une navigation fort heureuse, nous mouillâmes au cap de Bonne-Espérance, où nous fîmes quelques rafraîchissemens. Nous mouillâmes encore à l'île Sainte-Hélène, qui appartient aux Anglais; et peu après à l'île de l'Ascension, où nous pêchâmes quantité de tortues, et autres poissons. Enfin nous arrivâmes heureusement au port de Brest, où nous débarquâmes sur la fin de juillet de l'année 1688, environ trois ans et demi après en être partis avec M. de Chaumont.

Ayant débarqué tout ce que j'avois acheté de marchandises à Madraspatan, j'en fis porter les ballots chez le messager qui part toutes les semaines pour Paris. Avant que de me dessaisir de tous ces effets, j'eus la précaution de lui déclarer, et de faire spécifier sur son livre, la quantité et la qualité des marchandises, qui consistoient en des paravens, cabinets de la Chine, thé, porcelaines, plusieurs pièces d'indienne de toutes sortes, et une quantité assez considérable d'étoffes d'or et d'argent. Je le chargeai de tout; après quoi je pris la poste pour Paris, où je fus me présenter à M. de Seignelay, ministre de la marine. Il me reçut fort bien, et me présenta lui-même au Roi, qui donna ordre de me compter tous mes appointemens depuis mon départ jusqu'à ce jour-là.

Ce fut à l'amitié de Bontemps que je dus une réception si favorable; car M. de Seignelay ayant trouvé fort mauvais que j'eusse déféré aux ordres de M. de Chaumont, et que je ne fusse pas revenu en France, m'avoit fait effacer de dessus l'état. Bontemps, qui en fut informé, en parla de lui-même au Roi, qui ordonna au ministre de ne rien innover sur mon sujet, et de m'avancer même, dans l'occasion, préférablement à plusieurs autres.

Charmé de la manière dont j'avois été accueilli, je fus me présenter au dîner du Roi. Sa Majesté me fit l'honneur de me questionner beaucoup sur le royaume de Siam; elle me demanda d'abord si le pays étoit riche. « Sire, lui répon-
» dis-je, le royaume de Siam, ne produit rien,
» et ne consume rien. — C'est beaucoup dire en
» peu de mots, répliqua le Roi. » Et, continuant à m'interroger, il me demanda quel en étoit le gouvernement, comment le peuple vivoit, et d'où le Roi tiroit tous les présens qu'il lui avoit envoyés. Je lui répondis que le peuple étoit fort pauvre; qu'il n'y avoit parmi eux ni noblesse ni condition, naissant tous esclaves du Roi, pour lequel ils sont obligés de travailler une partie de l'année, à moins qu'il ne lui plaise de les en dispenser en les élevant à la dignité de mandarin; que cette dignité, qui les tire de la poussière, ne les met pas à couvert de la disgrâce du prince, dans laquelle ils tombent fort facilement, et qui est toujours suivie de châtimens rigoureux; que le barcalon lui-même, qui est le premier ministre, et qui remplit la première dignité de l'État, y est aussi exposé que les autres; qu'il ne se soutient dans un poste si périlleux qu'en rampant devant son maître, comme le dernier du peuple; que s'il lui arrive de tomber en disgrâce, le traitement le plus doux qu'il puisse attendre c'est d'être renvoyé à la charrue après avoir été très-sévèrement châtié; que le peuple ne se nourrit que de quelques fruit et de riz, qui est très-abondant chez eux; que, croyant tous à la métempsychose, personne n'oseroit manger rien de ce qui a eu vie de crainte de manger son père, ou quelqu'un de ses parens; que pour ce qui regardoit les présens que le roi de Siam avoit envoyés à Sa Majesté, M. Constance avoit épuisé l'épargne, et avoit fait des dépenses qu'il ne lui seroit pas aisé de réparer; que le royaume de Siam, qui forme presque une péninsule, pouvoit être un entrepôt fort commode pour faciliter le commerce des Indes, étant frontière de deux mers, l'une du côté de l'est, qui regarde la Chine, le Japon, le Tonquin, la Cochinchine, le pays de Lahore et Camboye; et l'autre du côté de l'ouest, faisant face au royaume d'Aracan, au Gange, aux côtes de Coromandel, de Malabar, et à la ville de Surate; que les marchandises de ces différentes nations étoient transportées toutes les années à Siam, qui est le rendez-vous et comme une espèce de foire où les Siamois font quelque profit en débitant leurs denrées; que le principal revenu du Roi consistoit dans le commerce qu'il fait presque tout entier dans ce royaume, où l'on ne trouve que du riz, de l'arec dont on compose le bétel, un peu d'étain, quelques éléphans qu'on vend, et quelques peaux de bêtes fauves dont le pays est rempli; que les Siamois allant presque tout nus, à la réserve d'une toile de coton qu'ils portent depuis la ceinture jusques à demi cuisse, ils n'ont chez eux aucune sorte de manufacture, si ce n'est de quelques mousselines, dont les mandarins seulement ont droit de se faire comme une espèce de chemisette, qu'ils mettent dans les jours de cérémonies; que lorsqu'un mandarin a eu l'adresse de ramasser quelque petite somme d'argent, il n'a rien de mieux à faire que de la tenir cachée, sans quoi le prince la lui feroit enlever; que personne ne possède dans tout le royaume aucuns biens-fonds, qui de droit appartiennent tous au Roi [ce qui fait que la plus grande partie du pays demeure en friche, personne ne voulant se donner la peine de cultiver des terres qu'on leur enleveroit dès qu'elles seroient en bon état]; qu'enfin le peuple y est si sobre, qu'un particulier qui peut gagner quinze ou vingt francs par an

a au-delà de tout ce qui lui est nécessaire pour son entretien.

Le Roi me demanda encore quelle sorte de monnoie avoit cours dans le pays. « Leur mon-
» noie, lui répondis-je, est un morceau d'argent
» rond comme une balle de fusil, marqué de
» deux lettres siamoises, qui sont le coin du
» prince : cette balle, qui s'appelle tical, vaut
» quarante sous de France. Outre le tical, il y a
» encore le demi-tical, et une autre sorte de
» monnoie d'argent qu'on appelle faon, de la
» valeur de cinq sous. Pour la petite monnoie,
» ils se servent de coquilles de mer qui viennent
» des îles Maldives, et dont les six-vingts font
» cinq sous.

» Parlons un peu de la religion, me dit le
» Roi. Y a-t-il beaucoup de chrétiens dans le
» royaume de Siam, et le Roi songe-t-il vérita-
» blement à se faire chrétien lui-même? — Sire,
» lui répondis-je, ce prince n'y a jamais pensé,
» et nul mortel ne seroit assez hardi pour lui en
» faire la proposition. Il est vrai que, dans la
» harangue que M. de Chaumont lui fit le jour de
» sa première audience, il fit mention de reli-
» gion; mais M. Constance, qui faisoit l'office
» d'interprète, omit habilement cet article. Le
» vicaire apostolique qui étoit présent, et qui
» entend parfaitement le siamois, le remarqua
» fort bien, mais il n'osa jamais en rien dire,
» crainte de s'attirer sur les bras M. Constance,
» qui ne lui auroit pas pardonné s'il en avoit ou-
» vert la bouche. »

Le Roi, surpris de ce discours, m'écoutoit fort attentivement. J'ajoutai que dans les audiences particulières que M. de Chaumont eut dans le cours de son ambassade, il s'épuisoit toujours à parler de la religion chrétienne; et que Constance, qui étoit toujours l'interprète, jouoit en homme d'esprit deux personnages, en disant au roi de Siam ce qui le flattoit, et en répondant à M. de Chaumont ce qui étoit convenable, sans que, de la part du Roi et de celle de M. l'ambassadeur, il y eût rien de conclu que ce qu'il plaisoit à Constance de faire entendre à l'un et à l'autre; que je tenois encore ce fait de M. le vicaire apostolique lui-même, qui avoit été présent à tous leurs entretiens particuliers, et qui s'en étoit ouvert à moi dans un grand secret. Sur cela le Roi, se prenant à sourire, dit que les princes étoient bien malheureureux d'être obligés de s'en rapporter à des interprètes, qui souvent ne sont pas fidèles.

Enfin le Roi me demanda si les missionnaires faisoient beaucoup de fruit à Siam, et en particulier s'ils avoient déjà converti beaucoup de Siamois. « Pas un seul, sire, lui répondis-je ; mais
» comme la plus grande partie des peuples qui
» habitent ce royaume n'est qu'un amas de dif-
» férentes nations, et qu'il y a parmi les Sia-
» mois un grand nombre de Portugais, de Co-
» chinchinois, de Japonais, qui sont chrétiens,
» ces bons missionnaires en prennent soin, et
» leur administrent les sacremens. Ils vont d'un
» village à l'autre, et s'introduisent dans les mai-
» sons, sous prétexte de la médecine qu'ils exer-
» cent, et des petits remèdes qu'ils distribuent ;
» mais avec tout cela leur industrie n'a encore
» rien produit en faveur de la religion. Le plus
» grand bien qu'ils fassent est de baptiser les
» enfans des Siamois qu'ils trouvent exposés
» dans les campagnes; car ces peuples, qui sont
» fort pauvres, n'élèvent que peu de leurs en-
» fans, et exposent tout le reste ; ce qui n'est
» pas un crime chez eux. C'est au baptême de
» ces enfans que se réduit tout le fruit que les
» missions produisent dans ce pays. »

Au sortir du dîner du Roi, M. de Seignelay me fit passer dans son cabinet, où il m'interrogea fort au long sur tout ce qui pouvoit regarder l'intérêt du Roi ; et en particulier il s'informa si l'on pouvoit établir un gros commerce à Siam ; quelles vues pouvoit avoir M. Constance en témoignant tant d'empressement pour y appeler les Français. Je le satisfis sur ce dernier article, en lui apprenant dans un long détail tout ce que je savois des vues et des desseins du ministre de Siam.

Pour l'article du commerce, je lui répondis, comme j'avois fait au Roi, que le royaume ne produisant rien, il ne pouvoit être regardé que comme un entrepôt à faciliter le commerce de la Chine, du Japon, et des autres royaumes des Indes ; que cela supposé, l'établissement qu'on avoit commencé et y envoyant des troupes étoit absolument inutile, celui que la compagnie y avoit déjà étant plus que suffisant pour cet effet. Qu'à l'égard de la forteresse de Bancok, elle demeureroit entre les mains des Français, tandis que le roi de Siam et M. Constance vivroient ; mais que l'un des deux venant à manquer, les Siamois, sollicités et par leur propre intérêt et par les ennemis de la France, ne manqueroient pas de chasser nos troupes d'une place qui les rendoit maîtres du royaume.

Deux jours après, le cardinal de Janson me dit d'aller trouver le père de La Chaise, qui souhaitoit de m'entretenir sur le nouvel établissement des Français dans le royaume de Siam. « Mon cousin, me dit le cardinal, prenez bien
» garde à ce que vous direz ; car vous allez par-
» ler à l'homme le plus fin du royaume. — Je ne
» m'en embarrasse pas, lui répondis-je ; je n'ai

» que des vérités à dire. » Dès le jour même, je fus introduit par un escalier dérobé, et présenté à Sa Révérence par le frère Vatblé.

Ce révérend père ne me parla presque que de religion, et du dessein que le roi de Siam avoit de retenir des jésuites dans ses États, en leur bâtissant à Louvo un collége et un observatoire. Je lui dis que M. Constance, qui vouloit avoir à toute force la protection du Roi, promettoit au-delà de ce qu'il pouvoit tenir; que l'observatoire et le collége se bâtiroient peut-être pendant la vie du roi de Siam; que les jésuites y seroient nourris et entretenus; mais que ce prince venant à mourir, on pouvoit se préparer en France à chercher des fonds pour l'entretien des missionnaires, y ayant peu d'apparence qu'un nouveau roi voulût y contribuer.

Quand le père de La Chaise m'eut entendu parler ainsi : « Vous n'êtes pas d'accord avec le » père Tachard, » me dit-il. Je lui dis que je ne disois que la pure vérité, que j'ignorois ce que le père Tachard avoit dit, et les motifs qui l'avoient fait parler; mais que son amitié pour M. Constance, qui, pour arriver à ses fins, n'avoit rien oublié pour le séduire, pouvoit bien l'avoir aveuglé, et ensuite le rendre suspect; que, pendant le peu de temps qu'il avoit resté à Siam avec M. de Chaumont, il avoit su s'attirer toute la confiance du ministre, à qui il avoit même servi de secrétaire français dans certaines occasions ; et que j'avois vu moi-même des brevets écrits de la main de ce père, et signés par monseigneur; et plus bas, *Tachard*. A ce mot, ce révérend père sourit; et reprenant dans un moment son maintien grave et modeste, qu'il ne quittoit que bien rarement, il s'informa si les missionnaires faisoient beaucoup de fruit dans ce royaume.

Je lui répondis ce que j'en avois dit au Roi, ajoutant que ce qui retardoit le plus le progrès de l'Évangile étoit le genre de vie dur et austère des talapoins. « Ces prêtres ou moines du pays,
» lui dis-je, vivent dans une abstinence conti-
» nuelle : ils ne se nourrissent que des charités
» journalières qu'on leur fait; ils distribuent
» aux pauvres ce qu'ils ont au-delà de leur né-
» cessaire, et ne réservent rien pour le lende-
» main; ils ne sortent jamais de leur monastère
» que pour demander l'aumône, encore la de-
» mandent-ils sans parler : ils se contentent de
» présenter leur panier, qui, à la vérité, est bien-
» tôt rempli, car les Siamois sont fort charita-
» bles.

» Lorsque les talapoins vont par la ville, ils por-
» tent à la main un éventail qu'ils tiennent de-
» vant le visage pour s'empêcher de voir les
» femmes. Ils vivent dans une continence très-
» exacte, et ils ne s'en dispensent que quand ils
» veulent quitter la règle pour se marier. Les
» Siamois n'ont ni prières publiques, ni sacrifi-
» ces. Les talapoins les assemblent quelquefois
» dans les pagodes, où ils leurs prêchent : la
» matière ordinaire de leur sermon est la cha-
» rité; cette vertu est en très-grande recomman-
» dation dans tout le royaume, où l'on ne voit
» presque point de pauvres réduits à mendier
» leur pain.

» Les femmes y sont naturellement fort chas-
» tes; les Siamois ne sont point méchans, et les
» enfans y sont si soumis à leurs pères, qu'ils se
» laissent vendre sans murmurer, lorsque leurs
» parens y sont forcés pour se secourir dans
» leurs besoins. Cela étant il ne faut pas espérer
» de convertir aucun Siamois à la religion chré-
» tienne; car, outre qu'ils sont trop grossiers
» pour qu'on puisse leur donner facilement l'in-
» telligence de nos mystères, et qu'ils trouvent
» leur morale plus parfaite que la nôtre, ils
» n'estiment pas assez nos missionnaires, qui
» vivent d'une manière moins austère que les
» talapoins.

» Quand nos prêtres veulent prêcher à Siam
» les vérités chrétiennes, ces peuples, qui sont
» simples et dociles, les écoutent comme si on
» leur racontoit des fables, ou des contes d'en-
» fant. Leur complaisance fait qu'ils approuvent
» toutes sortes de religions. Selon eux, le para-
» dis est un grand palais où le maître souverain
» habite; ce palais a plusieurs portes, par où
» toutes sortes de gens peuvent entrer pour ser-
» vir le maître, selon l'usage qu'il veut en faire.
» C'est à peu près, disent-ils, comme le palais
» du Roi, qui a plusieurs entrées, et où chaque
» mandarin a ses fonctions particulières. Il en
» est de même du ciel, qui est le palais du Tout-
» Puissant : toutes les religions sont autant de
» portes qui y conduisent, puisque toutes les
» croyances des hommes, telles qu'elles soient,
» tendent toutes à honorer le premier Être, et
» se rapportent à lui, quoique d'une manière
» plus ou moins directe.

» Les talapoins ne disputent jamais de reli-
» gion avec personne. Quand on leur parle de la
» religion chrétienne, ou de quelque autre, ils
» approuvent tout ce que l'on en dit; mais quand
» on veut condamner la leur, ils répondent froi-
» dement : *Puisque j'ai eu la complaisance*
» *d'approuver votre religion, pourquoi ne*
» *ne voulez-vous pas approuver la mienne?*
» Quant aux pénitences extérieures et à la mor-
» tification des passions, il ne seroit pas conve-
» nable de leur en parler, puisqu'ils nous en
» donnent l'exemple, et qu'ils surpassent de

» beaucoup, au moins extérieurement, nos re-
» ligieux les plus réformés.

» Au reste, mon père, continuai-je, les jésui-
» tes ne manquent pas d'ennemis dans ces mis-
» sions : vos missionnaires, qui ont des talens
» supérieurs aux autres, viennent facilement à
» bout de s'attirer la faveur des princes, dont
» ils se servent pour soutenir la religion ; de là,
» il est difficile que la jalousie n'excite bien des
» cabales contre eux, non-seulement en Europe,
» mais encore dans les Indes.

» Pendant mon séjour à Siam, plusieurs
» Chinois qui ont de l'esprit et du savoir m'ont
» avoué qu'ils ne comprenoient pas comment des
» gens d'une même croyance, qui avoient quitté
» leur patrie, et traversé des mers immenses,
» prétendoient attirer des gentils à eux, tandis-
» qu'eux-mêmes n'étoient pas d'accord dans leur
» conduite, les uns vivant avec beaucoup de mo-
» destie et de charité, et les autres se livrant à
» la haine et aux dissensions, pour ne rien dire
» de plus. C'est là le langage que m'ont tenu
» tous les Chinois à qui j'ai parlé. Cette vérité
» est si constante et si publique dans les Indes,
» que non-seulement je crois devoir vous en in-
» former, mais encore la publier toutes les fois
» que j'en aurai occasion. »

J'étois à Paris depuis quelques jours, lorsque, ne voyant point arriver le messager de Brest, je commençai d'être inquiet sur les ballots que je lui avois confiés. Pour m'en éclaircir, j'allai au bureau : j'y appris justement ce que j'avois appréhendé. Les commis de la douane de Pontorson y avoient arrêté tous mes effets ; et, non contens de la confiscation, qu'ils prétendoient avoir lieu parce que j'avois dans mes ballots des indiennes dont l'entrée étoit pour lors défendue dans le royaume, ils m'avoient condamné à une amende de cinq cents livres, comme ayant contrevenu aux ordonnances du Roi.

Je crus, dans cet embarras, n'avoir rien de mieux à faire que de recourir à M. Ceberet, que je savois être fort connu des fermiers généraux. Après l'avoir instruit du contre-temps qui m'arrivoit, je lui représentai qu'ayant ignoré les défenses du Roi, je ne devois pas être puni pour les avoir violées ; que la bonne foi qui paroissoit dans toute ma conduite me justifioit assez, puisque j'avois déclaré moi-même au messager la qualité des marchandises, en faisant une expresse mention des indiennes ; ce que je n'aurois pas fait si je les avois crues défendues. Ceberet me rassura le plus qu'il lui fut possible : il me dit qu'il connoissoit les fermiers ; qu'ils étoient fort honnêtes gens ; que je pourrois les aller trouver moi-même quand ils seroient assemblés dans leur grand bureau, et qu'il étoit persuadé qu'ils me donneroient satisfaction.

Je profitai de l'avis qu'il me donnoit, et je fus me présenter à ces messieurs. Je me plaignis du jugement qui avoit été rendu contre moi ; je leur fis valoir toutes les raisons que j'avois déduites à M. Ceberet ; j'insistai principalement sur ma bonne foi, et je demandai qu'en conséquence ils ordonnassent que mes ballots me fussent rendus. Sur cet exposé, ils condamnèrent unanimement ce que les commis avoient fait par rapport aux marchandises dont l'entrée n'étoit pas défendue. Quant aux indiennes, il fut dit qu'on ne pouvoit pas les relâcher, attendu l'ordonnance qui défendoit de les laisser entrer ; mais que je pouvois m'adresser au Roi, et que Sa Majesté, à ma sollicitation et à celle de mes amis, pourroit ordonner qu'elles me seroient rendues.

Ensuite de cette délibération, je priai ces messieurs d'envoyer leurs ordres à Pontorson, pour qu'on fît venir dans le bureau de Paris tous les ballots qui étoient à moi ; et je déclarai que j'étois prêt d'en acquitter non-seulement tous les droits, mais encore de payer tous les frais qu'il faudroit pour le transport. Sur-le-champ M. de Lulie, président de l'assemblée, ordonna qu'on écrivît aux commis ; et la lettre fut faite et signée devant moi.

Au sortir du bureau, je me rendis incessamment à Versailles, où je fus trouver Bontemps ; et lui ayant raconté ce qui m'arrivoit, je le priai d'en parler à M. Le Pelletier, contrôleur général des finances. Bontemps s'employa pour moi avec son zèle ordinaire. Le ministre, qui l'aimoit, lui répondit qu'il n'avoit rien à lui refuser ; qu'il jugeoit pourtant convenable d'en parler au Roi, avant que de rien ordonner. Sa Majesté accorda tout ce qu'on lui demandoit ; sur quoi le ministre, qui vouloit faire plaisir à Bontemps, me fit expédier un ordre de la part du Roi à messieurs les fermiers généraux, par lequel il leur étoit enjoint de faire rendre incessamment, et sans payer aucuns droits, toutes les marchandises qui appartenoient au chevalier de Forbin.

Je ne parlai à personne de ce que la cour venoit de faire en ma faveur ; mais lorsque je sus que mes ballots étoient arrivés à Paris, je fus signifier moi-même à M. de Lulie l'ordre que j'avois obtenu. Charmé de la satisfaction qu'on me donnoit, il fut au bureau, et me fit rendre tout ce qui étoit à moi : cette affaire se termina ainsi à mon avantage. Je fus redevable de ce bon succès à l'amitié de Bontemps : je lui dois ce témoignage qu'il n'a jamais manqué de s'employer avec ardeur dans toutes les affaires où je me suis adressé à lui, comme on a déjà pu voir, et comme on verra encore plus d'une fois dans la suite de ces Mémoires.

Sur quoi je dirai en passant, au sujet de cet ami, qu'il n'y avoit guère à la cour de protection si utile et si recherchée que la sienne, puisqu'il y avoit peu de seigneurs qui eussent autant de crédit que lui. Je pourrois dire ici bien des choses à son avantage : je ne les passe sous silence que parce qu'elles me mèneroient trop loin. Mais ce que je ne passerai pas, et ce qui le met bien au-dessus de tant d'autres qui l'emportoient sur lui par la naissance, c'est que son zèle et son attachement sincère pour la personne du Roi lui avoient tellement gagné la confiance de son maître [confiance qu'il posséda jusques à la mort], qu'il obtenoit tout ce qu'il demandoit; et [ce qu'on ne trouve presque nulle part] il usa toujours si bien de la faveur, que jamais personne ne la lui envia : aussi observa-t-il toujours d'employer ce qu'il avoit de crédit pour rendre service, et jamais pour nuire à personne.

Je passai le reste de cette année à Paris, où, quelques mois après mon arrivée, nous apprîmes en France l'entreprise du mandarin Pitracha sur le royaume de Siam. Quoique je n'en aie pas été témoin, tout ce qui se passa dans cette occasion a tant de rapport à ce qui a été dit ci-devant, et justifie si bien par l'événement tout ce que j'avois prédit de l'alliance des deux couronnes, et de l'établissement des Français à Bancok, que je me persuade que le lecteur sera bien aise de trouver ici en peu de mots quel fut le succès de cette entreprise, et comment nos Français furent obligés d'abandonner la place qu'on leur avoit confiée dans ce royaume.

Ce fut vers le milieu du mois de mai de l'an 1688 que le royaume de Siam, qui étoit violemment agité depuis quelque temps par des mouvemens d'autant plus dangereux qu'ils étoient cachés, devint tout à coup le théâtre d'une révolution qui changea la face de tout ce pays, et qui, en éteignant toute la famille royale, coûta beaucoup de sang à tous ceux qui jusques alors avoient eu part aux affaires, et détruisit dans un moment tout ce qui avoit été fait au sujet de l'alliance avec les Français.

J'ai déjà remarqué que quoique tout parût tranquille à Siam, il y avoit dans le fond peu de mandarins qui, dans l'ame, ne soupirassent après le changement. Pendant mon séjour dans ce royaume, j'avois reconnu cette disposition dans les esprits, et j'eus encore plus de lieu de m'en convaincre dans l'affaire du sieur de Rouan, où, comme nous avons vu, l'attente des mandarins fut trompée, par le soin que je pris de

disculper M. Constance. Parmi ceux qui pouvoient le plus remuer, un mandarin nommé Pitracha, homme de résolution, estimé courageux parmi les siens, et respecté pour l'austérité de ses mœurs, osa former le projet de secouer le joug, et de monter lui-même sur le trône.

Cet homme, que j'ai connu fort particulièrement, conservoit encore dans un âge assez avancé toute la vigueur de sa première jeunesse. Il se comporta avec tant de prudence, et mania les esprits si à propos, qu'après avoir engagé les talapoins dans son parti, il y fit entrer non-seulement les mandarins, dont il flatta l'ambition en leur promettant de partager le gouvernement avec eux, mais encore tout le peuple, qui, toujours amateur de la nouveauté, espéroit sous un autre maître un gouvernement moins rigoureux.

Toutes ces menées ne furent pourtant pas si secrètes que Constance n'en eût avis. Il ne tint qu'à lui de prévenir la conjuration; mais, soit qu'il se fit une délicatesse mal entendue d'accuser et de faire arrêter Pitracha sans avoir en main de quoi le convaincre pleinement de son attentat, soit qu'il se crût toujours assez en état de réprimer les factieux, il laissa engager l'affaire trop avant. Il s'en aperçut un peu tard; et, pour réparer sa faute autant qu'il étoit possible, il eut recours aux Français qui étoient à Bancok. Mais ceux-ci, sur de fausses relations qui leur furent faites des troubles et des mouvemens de la cour, appréhendant de s'engager mal à propos dans une affaire qui pouvoit avoir de fâcheuses suites pour la nation, se tinrent tranquilles dans leurs forteresses, malgré les lettres et les courriers envoyés coup sur coup par M. Constance, qui les conjuroit de venir à son secours.

Quand j'appris ce détail, je fus si indigné de la conduite de nos Français, que je ne pus m'empêcher de dire à M. de Seignelay, qui m'en parla, que si je m'étois trouvé pour lors à Bancok, je n'aurois pas balancé à voler au secours de M. Constance, quelque sujet que j'eusse d'ailleurs de me plaindre de ses mauvais procédés à mon égard. Et s'il faut dire la vérité, connoissant le peu de valeur des Siamois, je suis persuadé que si je m'étois rendu à Louvo avec cinquante hommes de ma garnison, je n'aurois eu qu'à me montrer pour dissiper toute cette populace, qui m'auroit abandonné son chef sans oser entreprendre la moindre chose, trop heureuse d'apaiser ainsi la cour par une prompte soumission.

Le secours qu'on avoit sujet d'attendre de la garnison française ayant manqué, et tout concourant à assurer l'entreprise de Pitracha, il se déclara, se mit à la tête du peuple, et s'assura de la personne du Roi, après s'être rendu maître du palais. Au premier bruit de cette démarche, Constance courut auprès du Roi, résolu de mourir en le défendant. Mais il n'étoit plus temps : il fut arrêté lui-même, et mis aux fers.

Pitracha, qui vouloit rendre son usurpation moins odieuse, jugeant que le Roi, dont la maladie augmentoit chaque jour, ne pouvoit vivre que fort peu de temps, non-seulement n'entreprit pas sur la personne de son prince après l'avoir fait prisonnier, mais, ne prenant pour lui que la qualité de grand madarin, il affecta de ne donner aucun ordre que sous le nom du Roi, à qui il laissa sans peine tout l'extérieur de la souveraineté.

Jusque-là tout avoit réussi au gré de l'usurpateur : les suites ne lui furent pas moins favorables. Les différens ordres de l'État s'étant soumis à sa domination, il ne lui manquoit plus, pour jouir paisiblement de ses crimes, que de chasser les Français du royaume. Il ne craignoit qu'eux; et, en effet, ils étoient les seuls qui eussent pu traverser son bonheur. Il s'aperçut bientôt qu'il avoit eu tort de les redouter. Ayant reconnu leur foiblessse, et en particulier le peu de part qu'ils prenoient au sort de M. Constance, à qui il n'avoit conservé la vie jusqu'alors que parce qu'il ignoroit les dispositions des Français sur ce sujet, il n'hésita plus à se défaire d'un ennemi qui lui avoit été si odieux, et qu'il avoit déjà dépouillé de tous ses trésors.

On a ignoré le genre de mort qu'il lui fit souffrir. Ceux qui étoient à Siam pendant la révolution assurent qu'il supporta tous ces revers avec des sentimens très-chrétiens, et un courage véritablement héroïque. Malgré tout le mal qu'il m'a fait, j'avouerai de bonne foi que je n'ai pas de peine à croire ce qu'on en a dit. M. Constance avoit l'âme grande, noble, élevée ; il avoit un génie supérieur, et capable des plus grands projets, qu'il savoit conduire à leur fin avec beaucoup de prudence et de sagacité. Heureux si toutes ces grandes qualités n'avoient pas été obscurcies par de grands défauts, surtout par une ambition démesurée, par une avarice insatiable, souvent même sordide, et par une jalousie qui, prenant ombrage des moindres choses, le rendoit dur, cruel, impitoyable, de mauvaise foi, et capable de tout ce qu'il y a de plus odieux.

[1789] Le Roi ne survécut pas long-temps à son ministre : il mourut peu de jours après, et Pitracha fut reconnu tout d'une voix roi de Siam. Enfin, pour que rien ne manquât à son bonheur, nos Français, après un siége de quelques mois où ils eurent tout à souffrir, furent obligés d'abandonner Bancok et de repasser en France, où nous vimes arriver leurs tristes débris. Tel fut, par rapport à la nation, le succès de cette entreprise mal concertée, qui coûta beaucoup, qui ne pouvoit être d'aucune utilité au royaume; et dans laquelle la cour ne donna que parce qu'on l'éblouit par des promesses belles en apparence, mais qui n'avoient rien de solide.

Peu après la révolution dont nous venons de parler, une autre révolution qui arriva en Angleterre changea en Europe toute la face des affaires. Personne n'ignore ce qui se passa dans ce grand événement : aussi n'en dirai-je que deux mots, et seulement autant qu'il en faut pour l'intelligence de ce que j'ai à dire dans la suite.

Il y avoit long-temps que les protestans d'Angleterre avoient pris de violens ombrages au sujet de la protection que le roi Jacques II accordoit aux catholiques : ils craignoient que ce prince, après avoir aboli peu à peu les différens édits rendus en divers temps contre la communion romaine, ne la rendît enfin dominante dans ses États. Résolus de tout tenter pour parer ce coup, ils envoyèrent secrètement leurs députés en Hollande pour traiter avec le prince d'Orange, et lui offrir le royaume de la Grande-Bretagne, s'il vouloit les protéger.

Cette démarche ne put être si secrète que la France n'en eût avis. Le Roi en fit ses plaintes aux États-Généraux, qui; dissimulant pour gagner du temps, ne répondirent que des choses vagues, et qui ne signifioient rien. Le prince d'Orange, qui avoit lui-même formé de longue main le projet de se faire roi d'Angleterre, et qui se voyoit au moment de tout perdre [car la Reine étoit enceinte], écouta les propositions des députés, et fit sous main tous les préparatifs nécessaires pour son entreprise.

Il avoit besoin pour se soutenir du secours des sept Provinces-Unies, et de plusieurs princes d'Allemagne. Il les engagea si bien dans son parti, qu'ils l'aidèrent de toutes leurs forces, et n'appréhendèrent pas d'exposer même leurs propres États, qu'ils dégarnirent de troupes pour le secourir. Tout étant prêt, le prince se mit en mer avec une flotte nombreuse, et arbora le pavillon d'Angleterre, avec cette inscription : *Pour la religion et pour la liberté.*

Après quelques contre-temps qui ne lui firent d'autre mal que de retarder sa navigation de quelques jours, il débarqua heureusement dans les ports de Darmouth et de Torbay, où il fut reçu des peuples comme un libérateur que le Ciel leur envoyoit. Londres, les provinces, les armées de terre et de mer, tout se déclara pour lui. Alors le Roi, ne voyant plus de sûreté pour sa personne, céda à l'orage, et passa en France, attendant un temps plus favorable pour repasser en Angleterre, et y faire valoir ses droits l'épée à la main. Ainsi s'acheva cette grande révolution, qui donna lieu à la guerre que le Roi déclara d'abord à l'Empereur et aux Hollandais.

A l'occasion de cette nouvelle guerre, il y eut peu d'officiers sans emploi. Je fus me présenter à M. de Seignelay, qui me fit passer à Dunkerque, où l'on me donna le commandement d'une frégate de seize pièces de canon, avec ordre de croiser dans la Manche. J'étois en mer depuis quelques jours, lorsque le gouverneur de Calais me fit savoir que les Espagnols nous ayant déclaré la guerre, je pouvois arrêter tout ce que je trouverois de vaisseaux de leur nation. Dès le lendemain, je rencontrai, à la suite d'une flotte marchande qui appartenoit aux Anglais, quatre petits bâtimens ostendois. Je les arrêtai sans peine; et comme ils ignoroient que nous eussions guerre avec l'Espagne, ils se laissèrent conduire à Dunkerque, où ils furent confisqués au profit du Roi.

Je repartis peu de jours après avec le sieur Jean Bart, capitaine d'une frégate : il montoit un petit vaisseau de vingt-quatre pièces de canon. Nous avions ordre de convoyer au port de Brest quelques bâtimens chargés pour le compte du Roi. Outre mon équipage, qui étoit de cent vingt hommes, j'avois embarqué à Dunkerque cent soldats, qui devoient aussi être transportés à Brest.

Pendant ce trajet, un corsaire hollandais de quatorze pièces de canon vint nous reconnoître : je lui donnai la chasse, et je le joignis. Son imprudence fut cause de la perte de plus de la moitié de son équipage; car comme il vit que j'allois aborder, il s'avisa de faire clouer ses écoutilles, afin que ses gens, n'ayant plus où se sauver, fussent obligés de se défendre jusqu'à la dernière extrémité.

L'abordage se fit. Je n'en ai guère vu de plus sanglant : ces malheureux se battoient en désespérés, en sorte que dans un instant leur pont fut couvert de morts. A cette vue, je sautai dans le vaisseau pour faire finir la tuerie; sans cela il n'en échappoit pas un seul, tant mes gens étoient irrités de la résistance qu'on leur avoit faite.

Ayant conduit à Brest les bâtimens que nous devions escorter, nous en partîmes pour nous rendre au Havre-de-Grâce, où nous apprîmes que nous étions en guerre avec les Anglais. Les ordres de prendre sur eux, que nous reçûmes à cette occasion, donnèrent lieu peu de jours après à une action assez hardie, mais qui nous réussit mal, comme on verra par ce qui suit.

Nous trouvâmes, en arrivant dans le port, vingt vaisseaux marchands prêts à partir. Ils nous demandèrent escorte; ce que nous leur accordâmes volontiers. Quand nous fûmes par le travers de l'île de Wight, nous fûmes chassés par deux vaisseaux anglais de cinquante pièces de canon. Le temps étoit beau, et la mer fort calme, avec un petit vent. En voyant ces deux navires qui venoient donner dans la flotte, nous délibérâmes Bart et moi sur le parti qu'il y avoit à prendre. Le plus sûr étoit d'abandonner la flotte; et s'il faut dire la vérité, il n'étoit guère possible de sauver nos deux vaisseaux par une autre voie : cependant, malgré le danger qu'il y avoit à aller à l'ennemi, je crus qu'il ne convenoit nullement de fuir. Je représentai à Bart qu'à la vérité nos vaisseaux étant légers et bons voiliers, il nous seroit aisé de nous sauver si nous voulions; mais que cette manœuvre, qui nous mettroit en sûreté, nous déshonoreroit dans le monde; que nous pouvions être assurés que ces deux vaisseaux enleveroient plus de la moitié de nos bâtimens; qu'on ne manqueroit pas de nous rendre responsables d'un événement si fâcheux, et de publier qu'il n'avoit tenu qu'à nous de prévenir cette perte en nous défendant.

J'ajoutai que, s'il vouloit suivre mon conseil, nous nous hasarderions à faire une action d'éclat qui nous donneroit de la réputation, et qui contribueroit infailliblement à avancer nos affaires à la cour; qu'il n'y avoit qu'à armer deux des plus gros marchands de la flotte, dont nous fortifierions les équipages, en prenant des matelots sur les autres navires; qu'avec ce renfort nous irions attaquer ces deux Anglais s'ils continuoient à nous donner la chasse; que nous aborderions lui et moi le commandant, tandis que les deux marchands occuperoient l'autre, en lui tirant des coups de canon : enfin que si nous étions assez heureux pour enlever celui que nous aurions abordé, nous nous en servirions pour aller attaquer le second, qui auroit peine à nous échapper.

Il goûta mes raisons : l'attaque se fit, le vaisseau anglais fut abordé; mais, par malheur, Bart fit un faux abordage. Je m'en aperçus, et je vis bien que nous allions être pris. J'aimai mieux pourtant me mettre au hasard de périr, que d'abandonner la partie. Les soldats et les matelots de nos frégates, qui ne pouvoient entrer dans le vaisseau ennemi, combattoient de la proue à coups de fusil et à coups de grenade.

Il pouvoit arriver que la mer ou le vent rendroient l'abordage parfait; je m'en flattai même pendant quelque temps : mais cette ressource nous manqua bientôt par la lâcheté des deux marchands, qui nous abandonnèrent, au lieu de combattre comme ils nous avoient promis. Leur fuite donna lieu à l'autre vaisseau de venir au secours de son camarade : dès-lors nos forces ne furent plus égales, à beaucoup près ; mais quoique nous vissions fort bien qu'il nous étoit impossible d'échapper, nous continuâmes de combattre, soit pour donner plus de temps à la flotte de fuir, soit encore afin qu'ils n'en eussent pas eux-mêmes tout-à-fait si bon marché.

Ce combat fut long et sanglant : il dura deux grandes heures, c'est-à-dire bien au-delà de ce qu'il en faut pour un abordage. Les deux tiers de mon équipage avoient été tués ; j'avois reçu moi-même six blessures, plus incommodes que dangereuses : cependant nous combattions toujours. Je descendis pour me faire panser, car je perdois beaucoup de sang. Mon valet de chambre, qui me croyoit dangereusement blessé, me suivoit en pleurant : je le menaçai de lui casser la tête s'il ne remontoit sur le pont pour aller continuer le combat, où j'allois le suivre dès qu'on m'auroit étanché le sang.

L'équipage, qui étoit demeuré sans commandant, voyant tout le pont couvert de morts, ne songea qu'à se sauver. Mon valet, qui étoit remonté, les trouvant dans cette disposition, et apercevant six matelots qui se jetoient dans la chaloupe, les suivit, et, sans s'embarrasser de l'état où il me laissoit, alla avec eux à bord d'un marchand de la flotte, qui les reçut.

Tandis que j'étois ainsi malmené, Bart, de son côté, n'étoit pas dans une meilleure situation : la plus grande partie de son monde avoit été tuée ou blessée ; il avoit lui-même reçu une blessure à la tête. Enfin nous voyant entièrement hors de défense, nous rendîmes nos deux frégates, et nous passâmes dans le vaisseau ennemi. Le capitaine avoit été tué : l'écrivain eut soin de me faire panser. Je portois un habit fort propre : l'équipage ne fut pas long-temps à s'en accommoder, aussi bien que du reste de mes hardes. Ils me dépouillèrent nu comme la main. On me donna, en place, une camisole qui me tenoit lieu de chemise, une grosse culotte avec un trou sur la fesse gauche. Un matelot se déchaussa pour me donner ses souliers, et un quatrième me fit présent d'un mauvais bonnet.

Bart fut plus heureux que moi : on lui laissa ses habits parce qu'il parloit un peu l'anglais. Dans le bel état où j'étois, nous fûmes menés à Plymouth, où le gouverneur nous donna un fort grand repas. Comme on savoit mon nom, malgré mon ridicule ajustement je fus mis dans un fauteuil, à la place la plus honorable. Je ne me rappelle jamais l'opposition qu'il y avoit entre la manière dont j'étois équipé et la place que je tenois dans cette occasion, qu'il ne me prenne envie de rire. Je ne riois pourtant pas alors : je sentois vivement tout ce qu'il y avoit d'indigne dans le procédé du gouverneur, dont toutes les politesses aboutirent à ce seul repas.

Quoiqu'il me vît manquant de tout, il n'eut jamais l'honnêteté de me présenter une chemise. Les officiers qui mangèrent avec nous, parmi lesquels il y avoit plusieurs Français, à qui je veux bien épargner la honte de les nommer, ne furent pas plus généreux que lui. Je fus si outré du traitement que je recevois des uns et des autres, qu'après avoir mangé quelque peu, donnant à entendre que j'avois plus besoin de repos que d'autre chose, je priai le gouverneur de me faire mettre en quelque endroit où je pusse être tranquille. Il eut pitié de moi, et me fit conduire avec Bart dans un cabaret, où il nous retint sous bonne garde.

A peine fus-je arrivé, que je me couchai, rêvant à ma malheureuse aventure. Je ne faisois que de me mettre au lit, lorsqu'on vint me dire qu'un homme demandoit à me parler. Je me levai pour voir de quoi il étoit question : comme je m'avançois dans la chambre, je fus tout étonné de voir l'orfévre Romieu, celui-là même à qui j'avois autrefois présenté à Marseille les fourchettes d'argent que j'avois volées à mon frère.

Les édits du Roi contre les huguenots avoient obligé ce bon vieillard de passer en Angleterre. Je fus rempli de joie en le voyant : je l'appelai par son nom. Il me reconnut ; et, répandant des larmes : « Dès que j'ai su votre arrivée, me dit-
» il, j'ai tout quitté pour venir vous embrasser.
» Ce qui me fait le plus de peine, c'est de n'ê-
» tre pas en état de vous secourir dans la triste
» situation où je vous vois. J'ai été contraint de
» quitter Marseille, à cause de ma religion ; j'ai
» perdu tous mes biens, et je suis réduit, pour
» gagner ma vie, à servir de garçon de bouti-
» que.

» Ne vous affligez point, lui dis-je. Je con-
» nois votre bon cœur, et tout ce que vous vou-
» driez faire pour moi : je vous en remercie.
» Mais puisque le dérangement de vos affaires
» ne vous permet pas de me fournir certains se-
» cours, ne connoîtriez-vous point ici quelque
» marchand qui voulût, sur votre parole, me
» donner l'argent dont je puis avoir besoin ? Il
» n'y perdra rien certainement, et je le ferai
» payer en France, dans quelle province du
» royaume il voudra. » Après avoir rêvé un moment, il me répondit qu'il avoit un ami à qui il

pouvoit s'adresser, et qu'il alloit travailler pour moi.

En effet, deux heures après il m'amena un marchand nommé Ouvarin, qui s'offrit à me donner tout ce que je lui demanderois, moyennant une lettre de change de semblable somme, payable à M. Le Gendre, à Rouen. Je ne demandois pas autre chose. Je fis sur-le-champ une lettre de cinq cents écus, que je tirai sur M. de Louvigny, intendant au Havre-de-Grâce, sur laquelle lettre ayant reçu seulement une vingtaine d'écus pour les menus frais du cabaret, et ayant prié le sieur Ouvarin de me faire faire des chemises et un habit, je retirai un billet du restant.

Dès le lendemain de mon arrivée à Plymouth, j'écrivis de ma prison à M. de Seignelay. Je lui fis un long détail de tout ce qui venoit de se passer; et, ne sachant de quelle manière la cour jugeroit de notre aventure, je n'oubliai rien de tout ce que je crus propre à nous disculper.

Dans le grand loisir dont je jouissois, la meilleure partie du jour et quelquefois de la nuit se passoit à rêver sur les moyens de sortir de l'état où je me trouvois. Je crus que la protection du maréchal de Schomberg, qui étoit passé en Angleterre à cause de la religion, pourroit m'être de quelque utilité. Je lui écrivis, et je le priai de me faire conduire à Londres, où je serois plus à portée de ménager mon échange.

Il me répondit qu'il étoit ravi d'avoir occasion de me faire plaisir, et qu'il en parleroit au Roi. Je ne sais s'il me tint parole : peut-être m'eût-il rendu le service dont je l'avois prié; mais je ne lui en donnai pas le temps. L'envie que j'avois de sortir de ma prison, et la crainte des langueurs qu'il faut essuyer dans un échange qui ne se fait point toujours à point nommé quand on le souhaite, joint aux duretés que nous avions à essuyer de la part du gouverneur de Plymouth, qui refusa toujours de nous laisser prisonniers sur notre parole, nous firent prendre le parti, Bart et moi, de songer sérieusement à notre évasion.

L'occasion ne tarda pas à se présenter. Un matelot ostendois, parent de Bart, conduisant un petit bâtiment, avoit été obligé de relâcher à Plymouth. Il vint nous voir : nous lui communiquâmes notre projet, et je lui offris pour ma part quatre cents écus, s'il vouloit nous favoriser. Cette somme lui fit ouvrir les yeux, et le mit parfaitement dans nos intérêts. Pour commencer à nous servir utilement, il nous apporta une lime, avec laquelle il fallut scier peu à peu les barreaux de fer dont notre fenêtre étoit grillée. J'en limai un si proprement, qu'il ne tenoit presque plus à rien. Pour n'être pas découvert, je cachai tout mon petit travail en le couvrant de pain mâché, que je mêlai avec de la suie.

Cependant mes blessures guérissoient. Le gouverneur m'avoit donné son chirurgien, qui étoit flamand : celui-ci souhaitoit de passer en France, mais il ne le pouvoit pas, faute d'argent : nous le fîmes entrer dans notre complot. Enfin nous engageâmes encore dans notre parti deux mousses qu'on nous avoit donnés pour nous servir, et qui ne pouvoient que nous être d'un grand secours, à cause de la liberté qu'ils avoient de sortir toutes les fois qu'ils jugeoient à propos.

Il ne nous manquoit plus qu'un bâtiment. L'Ostendois nous auroit donné le sien bien volontiers; mais outre qu'il n'en étoit pas tout-à-fait le maître [ce qui n'auroit pourtant pas été le plus grand obstacle], il auroit fallu faire entrer trop de monde dans notre confidence.

Tandis que nous étions à délibérer, les mousses, que l'espérance de quelque gratification rendoit attentifs à nous servir, vinrent, sur le soir du onzième jour de notre prison, nous dire tout empressés qu'il ne tenoit qu'à nous de nous sauver, et qu'ils avoient tout ce qu'il falloit pour cela; qu'ils venoient de trouver le batelier d'un petit canot, ou iol de Norwége, ivre, étendu dans son bateau; qu'ils l'en avoient tiré, et que l'ayant transporté dans un autre petit bâtiment qui étoit auprès, ils avoient détourné le canot dans un coin du port, où nous pourrions nous embarquer dans la nuit, sans être aperçus.

Il me parut en effet que nous ne pouvions trouver une occasion plus favorable : Bart en convint lui-même. Alors, sans perdre de temps, je dis au chirurgien qui venoit de me panser d'aller trouver le pilote ostendois, et de lui dire de ma part de mettre, dans le bateau que les mousses lui montreroient, du pain, de la bière, un fromage, une boussole, un compas, et une carte marine; de préparer le tout sans bruit, et de venir ensuite nous avertir à peu près vers le minuit. Pour signal, il devoit jeter une pierre contre notre fenêtre. Le tout fut exécuté ponctuellement. Dès qu'ils se furent fait entendre, j'achevai de rompre la barre au limé; et ayant attaché nos deux draps du lit l'un à l'autre, nous nous mîmes en état de descendre.

Avant que de partir, j'écrivis deux lettres, que je laissai sur ma table : une pour le gouverneur, que je remerciois de toutes ses honnêtetés, lui promettant de lui rendre la pareille dans l'occasion; et l'autre pour le sieur Ouvarin, dans laquelle, après lui avoir témoigné ma reconnoissance des bons offices qu'il m'avoit rendus, je le priois de payer à l'hôte la dépense que j'avois faite dans son cabaret, de dresser un état de tout ce qu'il auroit fourni pour moi, et de l'envoyer à M. Le Gendre, afin que tout fût acquitté sans délai.

Tout étant prêt pour notre évasion, je pris congé de mon lieutenant, qui étoit en prison avec nous, et qui auroit bien souhaité de nous suivre; mais n'ayant qu'un bras, et étant d'ailleurs gros garçon, il n'auroit jamais pu tenter ce coup sans nous découvrir. Pour le consoler, je l'assurai que si nous étions assez heureux pour gagner la France, je travaillerois de tout mon pouvoir à le faire mettre en liberté. Comme il vit sa fuite impossible, il consentit sans peine à rester : il nous favorisa même autant qu'il put, soit en amusant nos gardes tandis que nous nous sauvions, soit en parlant tout seul à voix haute long-temps après notre départ, comme s'il se fût encore entretenu avec nous. Étant descendus, nous fûmes nous embarquer dans l'iol, savoir Bart et moi, le chirurgien, et les deux mousses.

Quand on sort de prison on est si aise, qu'on ne compte pour rien le danger, quelque grand qu'il soit. Nous entrâmes dans ce petit canot avec autant d'assurance que si ç'avoit été un amiral. Nous n'y trouvâmes que deux avirons, un long et un petit. Comme mes blessures saignoient encore, je n'étois pas en état de ramer : je pris le gouvernail, Bart prit le grand aviron, et un des deux mousses le petit. Nous traversâmes ainsi la rade, au milieu de vingt bâtiments qui croient de tous côtés : « Où va la chaloupe? » Bart répondit en anglais : « *Fiserman!* » c'est-à-dire *pêcheurs*.

Le péril nous donnoit des forces : nous naviguâmes deux jours et demi dans la Manche par un fort beau temps, et couverts d'un brouillard qui favorisoit notre fuite. Pendant cette longue traite, Bart rama toujours avec une vigueur infatigable, sans se reposer, que pour manger un morceau à la hâte; enfin nous arrivâmes sur les côtes de Bretagne, après avoir fait soixante-quatre lieues dans moins de quarante-huit heures.

Dès le grand matin, nous prîmes terre à six lieues de Saint-Malo, près d'un village qui s'appelle Harqui. En descendant, nous fûmes reconnus par une brigade de six hommes qui étoient commandés pour aller le long de la côte, et pour arrêter les religionnaires qui passoient en Angleterre. Un de ces soldats, qui avoit servi de sergent dans la marine, et qui me connoissoit, vint à moi; et m'ayant salué : « Ah! mon- » sieur, que je suis aise de vous revoir! me » dit-il; vous avez passé pour mort. » Il est vrai qu'on l'avoit cru. Ce qui avoit donné lieu à ce bruit, c'étoit l'évasion de mon valet, qui par ses discours avoit donné à entendre que j'étois mort de mes blessures; car mon frère aîné, capitaine de vaisseau, qui avoit été envoyé à la découverte, ayant rencontré le vaisseau marchand qui avoit reçu mes matelots, ne douta plus, sur le rapport qui lui fut fait de l'état où l'on m'avoit laissé, que je ne fusse mort en effet. Le maréchal d'Estrées, qui étoit à Brest, où il commandoit, voulut faire punir mon valet pour m'avoir ainsi abandonné; mais, après son interrogatoire, les circonstances de sa fuite parurent si favorables, qu'il fut renvoyé absous.

Je trouvai, en arrivant à Saint-Malo, plusieurs marchands qui, informés de la situation où j'étois, vinrent me présenter leur bourse, et m'offrirent tout ce qui dépendoit d'eux. Je les remerciai de leur générosité; et m'étant contenté de prendre vingt louis chez M. Dugué, commissaire des classes dans ce département, je pris la poste pour la cour. Bart ne voulut pas me suivre : sa timidité lui faisant appréhender qu'on ne fût pas satisfait de notre manœuvre, il fut bien aise de me laisser sonder le gué.

Je pris ma route pour Dunkerque, d'où m'étant rendu au Havre-de-Grâce, je vis M. de Louvigny, intendant. Je lui parlai de la lettre de change de cinq cents écus que j'avois tirée sur lui : il me promit de l'acquitter dès qu'on la lui présenteroit. Sur cette parole, je passai par Rouen pour y voir M. Le Gendre, à qui je remis le billet que j'avois du sieur Ouvarin, le priant de régler toute chose à la satisfaction de ce négociant, qui m'avoit rendu service de si bonne grâce. Je lui dis qu'il n'avoit pour cela qu'à s'adresser à M. de Louvigny, qui lui compteroit tout l'argent qu'il faudroit, ainsi que nous en étions convenus.

De Rouen, je me rendis à Paris. Mon premier soin fut d'aller incessamment à l'hôtel du cardinal de Janson, pour savoir de lui de quel œil la cour avoit regardé notre aventure, et la perte des deux vaisseaux du Roi. Ce bon cardinal, qui ne faisoit que d'arriver de Versailles, jeta un grand cri en me voyant, courut à moi pour m'embrasser, et me témoigna beaucoup de joie de me voir ressuscité, et hors des prisons d'Angleterre.

Je reconnus, à l'accueil qu'il me fit, qu'on n'étoit pas mécontent de nous à la cour. Je lui en demandai pourtant des nouvelles. « Mon cou- » sin, me répondit-il, vous pouvez aller sans » rien craindre. M. de Seignelay, après avoir » reçu votre lettre ce matin même, est allé en

» faire la lecture au Roi. On est content de vous
» et de M. Bart : le sacrifice que vous avez fait
» de vos personnes, et le danger où vous vous
» êtes exposés pour la conservation de la flotte,
» a charmé le Roi et toute la cour. Vous n'avez
» nul besoin de moi : allez en toute assurance
» vous présenter au ministre de la marine, et
» soyez sûr d'être bien reçu. »

Ravi de cette nouvelle, je fus chez M. de Seignelay. A peine fus-je entré dans la salle, que le valet de chambre, qui se tenoit à la porte du cabinet pour annoncer ceux qui arrivoient, entra avec assez de précipitation pour dire à son maître que j'étois là. « Avez-vous perdu » l'esprit? lui dit le ministre. Le chevalier de » Forbin est dans les prisons d'Angleterre, et » non pas dans mon antichambre. » Le valet insista; et, déclarant à son maître qu'il me connoissoit fort bien, il persista à dire que c'étoit moi.

Le ministre, voulant s'éclaircir par lui-même de ce qu'on lui disoit, sortit de son cabinet; et, me voyant en effet devant lui : « D'où venez- » vous donc? me dit-il. » Je lui répondis que je venois d'Angleterre. « Mais par où diable » avez-vous passé? me répliqua le ministre. — » Par la fenêtre, monseigneur, » lui repartis-je. A ce mot, il se prit à rire.

Il voulut ensuite savoir les circonstances de notre fuite. Je lui en fis le détail; et m'apercevant que ce récit lui avoit plu, et qu'il me témoignoit être content de moi, je le priai de me donner de quoi avoir ma revanche. A ce mot, il me regarda encore en riant; et s'étant levé sans me répondre, il me conduisit chez le Roi, qui voulut être instruit de notre aventure.

J'avois à peine cessé de parler, que le ministre s'adressant à Sa Majesté : « Sire, lui dit-il, les « premières paroles du chevalier ont été de me » demander de quoi avoir sa revanche. — Com- » ment, revanche? dit le Roi en s'adressant à » moi. — Sire, lui répondis-je, c'est que les » vaisseaux de Votre Majesté étant meilleurs et » beaucoup mieux construits que les vaisseaux » des ennemis, si j'avois eu l'avantage de com- » mander un bâtiment de cinquante pièces de » canon, j'aurois pris infailliblement les deux » vaisseaux anglais qui nous on faits prison- » niers. » Cette parole fit grand plaisir à M. de Seignelay, et je ne pouvois guère lui faire ma cour d'une manière qui lui fût plus agréable.

Le lendemain, je me trouvai sur son passage lorsqu'il venoit de chez le Roi : il étoit dans sa chaise. Il fit arrêter ses porteurs, et me dit: « Monsieur le chevalier, le Roi vous a fait capi- » taine de vaisseau, et vous donne quatre cents » écus de gratification, pour vous indemniser de » la perte que vous avez faite. » Charmé de cette bonne nouvelle, je le remerciai de sa protection, à laquelle j'attribuai la grâce que je recevois. Je lui représentai ensuite, ne me disant rien au sujet du sieur Jean Bart, il sembloit que la cour l'avoit oublié; que cependant il méritoit qu'on se souvint de lui; qu'il étoit mon commandant, et que, dans la dernière occasion, il n'avoit pas moins mérité que moi. M. de Seignelay m'écouta attentivement, et après avoir fermé ses vitres, passa outre sans me répondre.

Je ne voulus pas renvoyer plus loin les remercîmens que je devois à Sa Majesté, ensuite de la grâce qu'elle venoit de m'accorder. Pour être introduit, je fus me présenter à M. de Luxembourg, capitaine des gardes, pour lors de quartier. Quand je lui eus exposé le sujet pour lequel je souhaitois de parler à Sa Majesté, il s'offrit fort obligeamment de m'accompagner. Je lui représentai, en chemin faisant, qu'on avoit oublié de gratifier M. Bart, homme de fortune à la vérité, mais d'une valeur distinguée, et qui ne devoit pas demeurer sans récompense : j'ajoutai que s'il vouloit l'honorer de sa protection, et appuyer l'ouverture que je ferois sur ce sujet, je prendrois la liberté d'en parler au Roi. Le maréchal, charmé de ma générosité, m'embrassa, et me regarda avec complaisance : « Tu n'as, » me dit-il, qu'à dire un mot en faveur de Bart, » je ferai le reste; ne t'embarrasse pas. »

Dans ce moment, le Roi sortoit pour aller à la messe. Je fis mon remercîment, auquel le Roi répondit ces propres mots : « Vous n'avez qu'à » continuer à me bien servir, j'aurai soin de » vous. » Je répondis par une profonde révérence; après quoi, prenant la parole : « Sire, » lui dis-je, je prends la liberté de représenter » à Votre Majesté qu'elle semble avoir oublié le » sieur Bart, homme de mérite, digne d'être » récompensé, et qui, dans cette dernière ac- » tion, n'a pas servi Votre Majesté avec moins » de valeur et moins de zèle que moi. — Sire, » ajouta M. de Luxembourg, ce que dit le che- » valier est vrai : Bart a par devers lui une belle » et bonne réputation. » Le Roi s'arrêta; et s'étant tourné vers M. de Louvois, qui étoit à son côté : « Le chevalier de Forbin, lui dit-il, vient » de faire une action bien généreuse, et qui n'a » guère d'exemple dans ma cour. »

Le lendemain, j'allai chez M. de Seignelay. Dès qu'il me vit, il courut m'embrasser, en me disant : « Hé bien, monsieur, vous êtes satisfait; » le Roi m'a ordonné de traiter M. Bart tout » comme vous. L'action que vous fîtes hier » m'a fait un sensible plaisir : elle est plus belle

33.

» et plus généreuse que celle que vous avez faite » en exposant votre vie pour le salut de la flotte. » Alors profitant de l'occasion, et des bonnes dispositions où je le trouvois, je le priai de se ressouvenir de mon lieutenant, que j'avois laissé dans les prisons de Plymouth : j'ajoutai qu'il étoit brave homme, qu'il servoit bien Sa Majesté, et qu'il ne méritoit pas d'être oublié. « Vous êtes » bien généreux, me répondit le ministre ; vous » n'oubliez personne. »

Tandis que je m'intéressois ainsi pour mes amis, je trouvois moi-même des amis généreux qui s'intéressoient pour moi, et qui ne me crurent pas indigne de leur attention. Madame Rouillet, celle dont j'avois vendu les deux caisses de corail à Batavia, avoit appris mon aventure. Dès qu'elle me sut à Paris, elle me vint voir, et elle voulut à toute force me faire présent de deux cents pistoles, qu'elle m'offrit. « Je sais que » vous venez des prisons, me dit-elle ; on vous » a tout enlevé, jusques à vos habits : recevez » cette somme, je vous en prie. Vous m'avez » gagné sur mon corail deux mille écus, sur les- » quels je ne comptois pas : ce n'est pas trop que » ce que je vous en présente, en reconnoissance » du service que vous m'avez rendu. » La générosité de cette dame me charma ; et, sans vouloir toucher à son argent, dont je n'avois pas besoin, je la remerciai de tout mon cœur, et la suppliai de me conserver son estime, l'assurant que je me souviendrois éternellement des bontés qu'elle me faisoit l'honneur de me témoigner.

Toutes mes affaires étant terminées à Paris aussi avantageusement que je pouvois souhaiter, je me rendis à Brest pour y servir sous mon frère, en qualité de capitaine en second. M. de Seignelay y vint peu après, pour commander l'armée : j'eus la satisfaction de voir qu'il me proposa aux officiers pour exemple, louant publiquement ce qu'il y avoit de généreux dans l'action que j'avois faite en m'intéressant en faveur de Bart, que la cour avoit oublié. Il invita tout le monde à imiter ma conduite dans l'occasion, et exhorta les officiers à se défaire de cette basse jalousie qui régnoit si fort dans la marine, et qui les portoit à se desservir continuellement les uns et les autres.

Peu de jours après l'arrivée de M. de Seignelay, l'armée navale des Anglais et des Hollandais parut devant Brest. Ils ne s'y tinrent pas longtemps : l'arrivée de l'escadre que M. de Tourville menoit de Provence les fit bientôt retirer. Avec ce renfort, l'armée du Roi se mit en mer, et alla mouiller devant Belle-Ile, où elle attendit quelque temps les ennemis ; mais ceux-ci n'ayant plus paru, il fut arrêté qu'on désarmeroit. Une partie des vaisseaux se retira à Brest, et le reste à Port-Louis et à Rochefort.

Je trouvai, en arrivant à Brest, mon lieutenant que j'avois laissé à Plymouth. M. de Seignelay, sur la prière que je lui en avois faite, s'étoit hâté de l'en retirer. Cette attention du ministre m'obligea sensiblement. Comme je souhaitois de savoir ce qui s'étoit passé après mon départ, je fus trouver mon nouveau venu, à qui j'en demandai des nouvelles.

Il me raconta qu'après avoir retiré de la fenêtre les draps par lesquels nous étions descendus, il s'étoit mis dans son lit, où il avoit resté fort paisiblement jusqu'au lendemain ; que le caporal l'étant venu éveiller, et lui ayant demandé de nos nouvelles, il lui avoit répondu froidement que nous étions dans l'autre chambre ; que sur cela l'Anglais étant entré, et n'y ayant vu personne : « Ils n'y sont pas, s'écria- » t-il ; il faut qu'ils se soient sauvés.

» Alors, poursuivit l'officier, je fis le surpris, » et je me plaignis hautement de votre mauvais » procédé à mon égard, ajoutant qu'il y avoit eu » de la cruauté à ne pas m'associer à votre bonne » fortune. On ne cessoit de me faire de nouvelles » questions sur votre sujet, entre autres si je n'a- » vois pas connoissance de la route que vous aviez » prise. Ces traîtres, leur dis-je, ne m'ont rien dit » de leur dessein : tout ce que je sais, c'est que » Bart ayant fait faire des souliers neufs il y a » deux jours, dit en les regardant, après les » avoir mis aux pieds, qu'ils étoient propres à » bien marcher. » L'officier m'ajouta qu'à cette parole, le gouverneur, piqué de la lettre que je lui avois écrite, avoit fait partir sur-le-champ des gens à cheval pour nous aller chercher.

« Lorsque j'appris, continua-t-il, cette circon- » stance, je ne pus m'empêcher de rire sous cape » de la crédulité de ces bonnes gens, qui, sur » un avis qui auroit paru suspect à tout autre, » se mettoient si fort en frais pour vous aller » chercher sur terre, tandis que vous étiez en » mer. » Après ce récit, je l'embrassai de nouveau ; et pour lui, il ne pouvoit se lasser de me témoigner sa reconnoissance de l'attention que j'avois eue à lui procurer si tôt son retour.

Dès que j'eus désarmé à Brest, ainsi que je viens de dire, ne pouvant demeurer oisif, je m'avisai de faire un armement en course. Je montai une flûte nommée *la Marseillaise*, très-bonne voilière ; je pris pour mes officiers les sieurs de Beaucaire et de Belle-Ile, et j'allai croiser à l'entrée de la Manche.

Je n'avois mis à la voile que depuis deux jours, lorsque je rencontrai un vaisseau marchand anglais, dont je me résolus de me rendre maître. La mer étoit grosse, la nuit approchoit, et le temps étoit fort mauvais. Nonobstant cela, j'abordai; mais les vagues étoient si hautes, qu'il ne fut pas possible de rester accrochés. Nous bataillâmes assez long-temps; l'ennemi fut fort maltraité, et perdit son grand mât de hune.

La nuit devint si sombre, qu'on ne se voyoit presque plus. Je ne voulois pourtant pas lâcher prise : je résolus de serrer de près ce vaisseau, et de le garder à vue jusqu'au jour, espérant que le temps devenant plus calme, il me seroit aisé d'aborder. Nous en étions là depuis quelques heures, lorsque je reçus dans le visage un coup de fusil chargé à grenaille : dans le moment, je fus tout couvert de sang; alors m'adressant à Belle-Ile, qui étoit de quart : « Gar- » dez bien ce bâtiment, lui lui dis-je, comme » j'ai fait jusqu'à cette heure. Je vais me faire » panser, et je reviendrai, après avoir pris quel- » ques momens de repos. »

Je ne sais comment cet officier manœuvra, mais le bâtiment disparut, soit qu'il fût coulé à fond [ce qui n'étoit pas hors de vraisemblance, parce qu'il avoit été fort endommagé], soit qu'on l'eût laissé sauver [ce qui est encore plus probable]. Quoi qu'il en soit, je grondai fort mon lieutenant, qui s'excusa le mieux qu'il put, en m'assurant qu'il ne savoit pas comment le tout s'étoit passé.

Deux jours après, je pris un bâtiment chargé de sucre qui venoit de Boston, port de mer que les Anglais ont en Canada. La tourmente et le mauvais temps continuel m'obligèrent de relâcher dans un port d'Irlande nommé Waterford. Je m'y radoubai, et j'y fis quelques rafraîchissemens. Dès que le temps fut un peu plus calme, je revins sur ma croisière, d'où je renvoyai ma prise à Brest. Les temps orageux auxquels je continuai à être exposé pendant trois semaines m'obligèrent d'être toujours à la cape. La dérive me jeta dans la Manche de Bristol, où étant affalé, je me trouvai souvent à n'avoir que douze heures pour m'empêcher d'échouer sur les côtes d'Angleterre, et six heures sur les côtes d'Irlande. La mer étoit si épouvantable, que je passai ces trois semaines sans faire bouillir la chaudière. Mon équipage étoit sur les dents; plus de la moitié de mon monde étoit malade, et le reste ne se portoit pas trop bien.

Pendant que la mer étoit ainsi agitée, on vint me dire un matin, sur les dix heures, qu'on voyoit la terre marcher. Je montai sur le pont, pour voir de quoi il s'agissoit : je remarquai que cette prétendue terre n'étoit autre chose qu'une infinité de tourbillons assemblés qui élevoient l'eau en l'air. Dans ce moment, je reçus un coup de mer si violent, qu'il enfonça ma grande voile, brisa la chaloupe qui étoit sur le pont, remplit le navire d'eau, renversa le fond de cale, et mit le vaisseau sur le côté, comme quand on le carène.

Les malades qui étoient entre les ponts furent noyés. L'équipage effrayé se lamentoit, et faisoit des vœux à tous les saints du paradis. Voyant ce désordre : « Courage, enfans ! leur » criai-je; tous ces vœux sont bons. Mais sainte » pompe, sainte pompe, c'est à elle qu'il faut » s'adresser : n'en doutez pas, elle vous sau- » vera. »

Sans perdre temps, j'ordonnai au sieur de Beaucaire de passer sur le devant, s'il le pouvoit; car le vaisseau étant sur le côté, ce trajet n'étoit pas facile. Je lui dis de faire en sorte qu'on fît voile de la misène, pour voir si le navire arriveroit. Cet officier, plein de valeur, alla de l'avant; quelques matelots le suivirent: on fit voile de la misène, et le navire arriva comme je l'avois souhaité. Alors je fis crever le pont avec des pinces : une partie de l'eau s'écoula, le reste alla dans le fond de cale; et le navire, qui fut un peu redressé, commença à gouverner.

Je n'avois presque plus de vivres, car l'eau de la mer avoit tout gâté. Nous fîmes vent en arrière : je fis jeter dans la mer les corps de ceux qui avoient été noyés entre les ponts; le reste de l'équipage n'en pouvant plus, je pris le parti, pendant qu'il étoit encore jour, d'aller échouer sur les côtes d'Irlande, afin qu'en tout cas l'équipage ne fût point fait prisonnier; car nous n'étions point en guerre avec l'Irlande, et la déclaration du Roi n'avoit lieu que pour l'Angleterre et l'Écosse.

Un petit éclairci par un rayon de soleil me fit découvrir les montagnes de Dungarvan, par où je compris que nous n'étions plus qu'à quatre lieues du port de Ducanon: nous suivîmes la côte; et après avoir trouvé l'entrée du port, nous y échouâmes un peu avant la nuit. Deux frégates du Roi qui étoient dans la rivière de Waterford, l'une commandée par M. Du Guestre-Munier et l'autre par M. Duyn, nous ayant reconnus, envoyèrent leur chaloupe pour nous débarquer, et avec ce secours je mis le vaisseau en sûreté.

Dès que je fus à terre, mon premier soin fut de faire des hôpitaux pour mes malades. De deux cent trente homme que j'avois en sortant de Brest, il ne m'en restoit plus que soixante-quinze : tout le reste étoit mort de travail, de peur, ou de maladie. Avec ce peu de monde n'étant plus en état de continuer ma course, je m'intriguai auprès des marchands du pays, qui chargèrent mon vaisseau de cuirs de bœuf, de suif et de laine. Cette cargaison me produisit douze mille livres.

En revenant à Brest, je fis sur les Flessinguois une autre prise, que j'amenai avec moi.

Quand on me vit arriver, on me regarda comme un homme ressuscité ; car comme le temps de ma course étoit au-delà de mes vivres, et que la tempête avoit submergé une infinité de bâtimens, j'avois été mis au nombre de ceux qui avoient péri.

SECONDE PARTIE.

[1690] L'année d'après, c'est-à-dire en 1690, je fus nommé pour aller à Rochefort commander un vaisseau du Roi, qu'on nommoit *le Fidèle*. Je menai mon navire à Brest, où étoit le rendez-vous de l'armée, qui devoit être commandée par M. le maréchal de Tourville. La flotte étoit entrée dans la Manche depuis quelques jours, lorsque nous rencontrâmes l'armée des ennemis à la hauteur de l'île de Wight. Notre armée étoit de beaucoup supérieure à la leur : les deux flottes des Anglais et des Hollandais, jointes ensemble, ne faisoient que cinquante-huit vaisseaux de ligne, tandis que nous en avions quatre-vingts.

M. de Tourville fit le signal pour mettre l'armée en bataille. Les ennemis vinrent nous attaquer : le combat fut opiniâtre, il y périt bien du monde ; et quoique les Anglais semblassent prendre moins de part à cette action que les Hollandais, on peut dire que, pendant plus de trois heures qu'elle dura, les deux armées témoignèrent beaucoup de valeur, et se signalèrent de part et d'autre par des exploits qui méritoient d'avoir place dans l'histoire. Je les rapporterois volontiers ; mais je dois me souvenir que ce sont simplement mes Mémoires que j'écris, et nullement tout ce qui s'est passé de mémorable dans les différentes actions où j'ai pu me trouver.

Cependant, pour dire en peu de mots quelque chose de celle-ci, les ennemis eurent du pire, et leur flotte fut incomparablement plus endommagée que la nôtre. Il y eut peu de leurs vaisseaux qui ne fussent mis en très-mauvais état ; un très-grand nombre n'avoit presque plus ni voiles ni mâts : enfin c'en étoit fait de leur armée, si leur habileté, qui leur fit prendre à propos l'unique parti qui leur restoit, ne les eût tirés d'embarras.

Comme ils se voyoient perdus, ils mouillèrent à quelque distance de nous, sans voiles, et rangés en bataille. La connoissance que j'avois de la Manche me fit comprendre qu'ils étoient à l'ancre : je vis bientôt ce qui les faisoit manœuvrer de cette sorte. Je le dis à mes officiers ; et comme on m'avoit fait répétiteur des signaux, je voulus faire le signal pour faire mouiller l'armée : car nous ne pouvions rendre inutile leur manœuvre qu'en mouillant nous-mêmes à notre tour, pour empêcher que le jusant, ou retour de la marée, ne fît dériver la flotte, et, en nous éloignant des ennemis, ne nous empêchât de profiter de l'avantage que nous avions sur eux.

Les sieurs de Moisé et Choiseul [celui-là même qui avoit été esclave à Alger, et dont j'ai raconté l'aventure en parlant du second bombardement de cette ville], tous deux mes lieutenans, me firent changer de résolution, et me représentèrent qu'il ne me convenoit pas de redresser le général : nous ne mouillâmes donc pas. Notre flotte fut emportée par la marée, comme les ennemis l'avoient prévu ; et, profitant de l'éloignement où nous étions, ils se sauvèrent pendant la nuit, sans autre perte que celle d'un seul vaisseau, qui, se trouvant sans ancre, dériva sur nous, et fut pris. Nous poursuivîmes leur flotte pendant quelque temps, mais avec peu de succès : ils étoient trop éloignés, et la plupart eurent gagné les ports d'Angleterre et de Hollande avant que nous fussions à portée de les joindre. Deux de leurs vaisseaux anglais allèrent échouer sur leurs côtes : nous les obligeâmes de se brûler eux-mêmes. Tout le reste gagna les dunes, et se sauva.

Pour ma part, je poursuivis un vice-amiral hollandais à trois ponts : il étoit démâté de son grand mât. Je le laissai échouer devant un petit port de la Manche, et je me hâtai d'en venir donner avis à M. de Tourville. Il m'ordonna d'aller trouver le marquis de Villette, lieutenant général, et d'amener avec moi un brûlot de la division de l'arrière-garde du corps de bataille, pour aller brûler ce vaisseau. M. de Villette donna ordre à M. de Riberet de me suivre. Nous fûmes ensemble en vue du bâtiment échoué. Je ne sais quels ordres particuliers Riberet pouvoit avoir ; mais il s'en retourna, et ramena le brûlot avec lui. Je ne laissai pas de poursuivre ma pointe : je fis signal au brûlot de venir me joindre ; mais comme je n'étois pas l'ancien, il ne voulut pas obéir.

Le chevalier de Saint-Olerf, lieutenant de

vaisseau, qui commandoit la chaloupe que M. de Villette m'avoit donnée pour cette exécution, alloit devant moi en sondant, pour savoir au juste la quantité d'eau dont j'avois besoin pour approcher. Le vaisseau échoué tira plusieurs coups de canon et de fusil : je fis signal à la chaloupe de revenir, afin qu'elle ne demeurât pas plus long-temps en danger. Ne pouvant rien exécuter sans brûlot, je revins joindre l'armée, qui alla mouiller à la rade de Chef-de-Bris, devant le Havre-de-Grâce. Peu de jours après, M. de Relingue fut détaché pour aller croiser dans le Nord. Je fus de cette escadre; mais les mauvais temps continuels nous obligèrent bientôt de retourner à Dunkerque, où l'escadre désarma.

Nous reçûmes à peu près dans ce temps-là la triste nouvelle de la mort de M. le marquis de Seignelay. Ce fut une perte considérable pour la marine, qu'il avoit portée bien haut, et qu'il auroit sans doute perfectionnée davantage, s'il n'avoit été enlevé au milieu de sa course. En mon particulier, je perdis considérablement à sa mort : ce ministre m'avoit toujours honoré de sa protection; et j'ai autant à me louer de lui, que j'ai à me plaindre de son successeur. Cependant, pour ne parler que de M. de Seignelay, on peut dire qu'ayant été formé par un père infatigable, et d'une capacité consommée, la France a eu peu de ministres si actifs, si laborieux et si vigilans que lui; que s'il donna une partie de son temps à ses plaisirs, ce fut sans préjudice de ses devoirs, qu'il avoit toujours présens, et qu'il ne laissa jamais en arrière.

Outre mille excellentes qualités qui dans le commerce particulier le faisoient estimer de tous ceux qui l'approchoient comme ministre, il fut plein de zèle pour le service de son maître, jaloux de l'honneur de la nation, dont la gloire lui étoit extrêmement à cœur, et sincère ami du mérite, qu'il ne laissa jamais languir dans l'obscurité quand il le connut. Je me persuade que le lecteur me passera cette petite digression, et qu'il ne trouvera pas mauvais que, pour satisfaire à ma reconnoissance, je me sois pour un moment écarté de ma narration.

M. de Pontchartrain, contrôleur général des finances, fut mis à la place de M. de Seignelay. Ce nouveau ministre ne fit aucun changement dans la marine. Peu après, la cour ordonna la construction de trois nouveaux vaisseaux : je fus chargé de la direction d'un des trois, qu'on nomma *la Perle*.

La saison des armemens étant venue, il y avoit ordre d'armer à Dunkerque huit gros vaisseaux : je fus nommé pour monter *la Perle*. L'armement se fit, et l'escadre étoit prête à mettre à la voile; mais elle ne put jamais sortir du port. Les ennemis, avertis de cet armement, et de celui de plusieurs corsaires particuliers, parurent avec quarante navires, et fermèrent le passage de la rade.

Le peu d'apparence qu'il y avoit de nous mettre en mer de toute la campagne me donna lieu de dresser un nouveau projet d'armement pour le compte du Roi. Je communiquai mes vues à Bart : après les avoir mûrement examinées entre nous, il convint qu'elles ne pouvoient être que très-profitables, et il consentit volontiers que le tout fût envoyé à la cour sous son nom.

[1691] J'écrivis donc au ministre : je lui mandai que l'armement destiné pour la campagne étant devenu inutile par le séjour de la flotte ennemie à l'entrée de la rade, puisqu'il étoit impossible que de gros vaisseaux comme les nôtres, qui ne pourroient sortir qu'en plein jour et passer par des défilés, se hasardassent à quitter le port sans se mettre évidemment dans le danger d'être pris; je lui mandai, dis-je, que les choses étant dans cette situation, il sembloit convenable que, pour ne laisser pas les ennemis entièrement maîtres de la mer, la cour consentît à armer une escadre de petits bâtimens, qui seroient montés par des capitaines que je nommai, et du nombre desquels je me mis; qu'au premier vent favorable nous sortirions sans difficulté, et sans courir aucun risque, en passant par les intervalles des ennemis, d'où ayant gagné la pleine mer, nous irions dans le Nord interrompre leur commerce, qu'ils faisoient avec trop de tranquillité.

Le ministre goûta d'abord ce projet, et l'on commença à travailler à l'armement. Il étoit déjà assez avancé, lorsque Bart reçut de la cour une lettre très-désobligeante, par laquelle M. de Pontchartrain lui reprochoit qu'il avoit engagé très-mal à propos le Roi dans une dépense qui n'aboutiroit à rien; que le projet qu'il avoit envoyé étoit impossible dans l'exécution, et qu'il avoit surpris la cour, sans quoi elle n'auroit jamais consenti à une entreprise chimérique, et si mal digérée. Il poursuivoit en ajoutant mille choses désagréables, et finissoit enfin en lui défendant de continuer.

La jalousie de quelques officiers malintentionnés avoit procuré à Bart ce chagrin. Piqués de la permission qu'il avoit obtenue, et des avantages qui lui en reviendroient si elle avoit lieu, ils avoient écrit à la cour tout ce qu'ils avoient voulu; et le ministre, qui n'avoit pas encore une connoissance parfaite de la marine, ayant ajouté foi à leurs impostures, avoit écrit cette lettre dans les premiers mouvemens où son indignation l'avoit jeté.

Bart, tout intrépide qu'il étoit, en fut si intimidé, qu'il vint me trouver, et m'abordant avec un air consterné, me dit, avec son mauvais françois : « Vous être cause de ça.—Monsieur Bart, » lui répondis-je, vous ne connoissez pas encore » votre bonne fortune : ne savez-vous pas aussi » bien que moi que notre projet est faisable, et » que nous l'exécuterons en dépit des envieux, » si la cour veut y donner les mains? Je m'en » vais, si vous voulez, répondre pour vous au » ministre : je lui manderai que quand vous » avez proposé cet armement vous en avez cru » l'exécution non-seulement possible, mais très- » facile; que vous l'avez regardé comme profi- » table au Roi, et nuisible à ses ennemis; que » ceux qui ont voulu dire ou écrire que vous » proposiez une chimère sont ou ignorans, ou » malintentionnés. J'ajouterai que vous deman- » dez en grâce qu'on prenne quelque confiance » en vous, et que vous vous chargez de tous les » événemens qui regardent la sortie de la rade. » Je suis persuadé que, sur cette lettre, le mi- » nistre changera d'avis, et que nous aurons » ordre de continuer. » L'événement répondit à ce que j'avois prévu : M. de Pontchartrain fut détrompé, et écrivit à Bart d'une manière très-obligeante, en lui ordonnant de poursuivre.

L'armement étoit presque fini, lorsqu'un malheur qui me survint retarda notre départ de quelques jours. J'avois fait assigner devant le bailli de Dunkerque un bourgeois qui me devoit cinq cents livres : après bien des longueurs qu'il m'avoit fallu essuyer, il avoit été enfin condamné à me payer dans huit jours.

Dans cet intervalle, l'ayant rencontré dans les rues, il eut la hardiesse de m'attaquer de paroles, et de me chanter mille injures. Je ne fus jamais trop endurant de mon naturel : choqué de tous ses mauvais discours, j'allai à lui, et je lui donnai quelques coups de canne. Ce traitement ne fit que le rendre plus furieux; et élevant la voix en présence de tous les passans, il n'y eut sorte d'insolence qu'il ne vomit contre moi. Quelques officiers de la garnison qui se trouvèrent présens en furent si indignés, que, ne pouvant se retenir, ils lui tombèrent sur le corps, et l'étrillèrent si bien qu'il fut dans un moment tout couvert de sang. J'appréhendai qu'ils ne l'assommassent; ce qui m'obligea à me mettre entre deux, et à les prier de cesser.

Cependant mon homme porta plainte : il trouva moyen de faire écrire cette aventure à M. de Louvois, qui en informa Sa Majesté, à qui on fit entendre bien des faussetés. Il y eut ordre de m'arrêter, et de me conduire dans la citadelle de Calais, où je demeurai trois semaines,

pendant lesquelles je reçus toutes sortes de bons traitemens de M. de Laubanie, qui y commandoit.

A peine fus-je dans ma prison, que je me mis en devoir de me justifier à la cour. J'écrivis au ministre et à Bontemps : ce dernier s'employa pour moi avec tant de vivacité, qu'il obtint mon élargissement, à condition toutefois qu'étant conduit par le commandant de la marine, j'irois chez le bourgeois de Dunkerque, à qui je demanderois pardon.

Il fallut en passer par là. Cet ordre fut exécuté à la lettre. Le bourgeois me reçut avec une arrogance insupportable, et en me donnant à entendre bien clairement que je n'aurois jamais un sou de mes cinq cents livres. C'est ainsi que quelques coups de canne que je lui avois donnés furent causes de ma prison, de la soumission qu'il fallut lui faire, et de la perte de mon argent, que ce fripon retint, et que je ne voulus jamais lui redemander, de peur qu'un emportement semblable au premier ne me fît tomber dans un plus grand embarras.

Cette malheureuse affaire étant terminée, et l'armement achevé, nous mîmes à la voile pendant la nuit. Nous passâmes sans obstacle par les intervalles des ennemis, et nous allâmes si bien, qu'au point du jour nous fûmes hors de leur vue. Nous aperçûmes, sur le soir, quatre voiles qui faisoient la même route que nous. Bart prétendit d'abord que c'étoit quatre vaisseaux ennemis qui avoient été détachés du blocus, pour nous poursuivre.

Pour moi, je jugeai tout autrement : je lui fis remarquer qu'ayant fait force de voiles pendant toute la nuit avec des vaisseaux légers, et espalmés de frais, et qu'ayant été dès le point du jour hors de la vue des ennemis sans avoir rien vu qui nous poursuivit, il n'étoit pas possible qu'après avoir fait route pendant tout le jour avec autant de vitesse que la nuit précédente, nous fussions joints sur le soir par des vaisseaux qui étoient beaucoup moins légers que les nôtres. Il reconnut que j'avois raison, et convint que ces vaisseaux ne pouvoient être que des marchands.

Le bâtiment que je montois étoit le meilleur voilier de l'escadre : il fut arrêté que j'irois à eux. Je les joignis dans la nuit; je mis un fanal pour signal, et je tirai un coup de canon. Je m'approchai jusqu'à la portée de la voix de celui qui me parut être le commandant; nous nous parlâmes : il se trouva que c'étoit un vaisseau de guerre anglais qui escortoit les trois autres, qui étoient marchands. Je me donnai à eux pour Anglais. Le capitaine me fit dire qu'ils venoient d'Ouwatal, et qu'ils alloient en Moscovie : pour moi, je lui fis crier que je venois de Flessingue. Il me crut sur ma parole. Je le tins de près toute la nuit : au point du jour, ayant mis pavillon blanc, je l'abordai, et je l'enlevai après un léger combat. Ce navire étoit de quarante-quatre pièces de canon : le mien n'en avoit que trente-deux. Je ne perdis que six hommes dans cette action : l'Anglais en perdit quarante. Pour les autres trois bâtimens, ils furent enlevés sans difficulté, et presque sans coup férir.

Les instructions que Bart avoit reçues de la cour lui ordonnoient de brûler toutes les prises qu'il feroit ; mais l'intendant de Dunkerque, qui avoit en vue ses intérêts, lui avoit modifié ses ordres, en lui faisant entendre que quoique, conformément aux intentions de la cour, il fallût brûler toutes les prises, cela pourtant ne devoit pas avoir lieu dans les prises considérables, qu'il falloit conserver.

En conséquence de cette explication, il lui avoit donné un commissaire, avec ordre de lui remettre les prises d'une certaine valeur, et de l'en charger. Comme les quatre vaisseaux que nous venions d'emporter valoient plus de trois millions, après les avoir amarinés, nous les fîmes escorter par une frégate de l'escadre, qui devoit les conduire au port de Bergen en Norwège, dans le royaume de Danemarck, avec qui nous étions en paix.

Deux jours après, nous rencontrâmes la flotte des pêcheurs de harengs, escortés d'un vaisseau de guerre hollandais. Nous ne balançâmes pas à les attaquer : j'enlevai le vaisseau de guerre, et tout le reste fut pris. Après avoir reçu les équipages dans nos bords, nous brûlâmes tous ces bâtimens, qui étoient de peu de valeur, et nous débarquâmes peu après les prisonniers sur les côtes d'Angleterre.

A quelques jours de là, comme nous étions sur les côtes d'Écosse, je proposai à Bart de faire une descente, et de brûler quelques villages qui étoient à vue, parmi lesquels il y avoit un très-beau château. Cette expédition me parut d'autant plus convenable, que vraisemblablement elle devoit faire du bruit dans le pays, et donneroit de la réputation à l'escadre. Bart approuva ma proposition, et me laissa toute la conduite de cette affaire.

Après avoir mis pied à terre, je fis retrancher vingt-cinq hommes dans un endroit propre à couvrir les chaloupes et les canots, et à favoriser la retraite, en cas que je fusse repoussé par les ennemis. Je m'avançai ensuite dans les terres à la tête de tout mon monde, et je commençai mon attaque. Les villages furent brûlés et pillés, aussi bien que le château, auquel j'eus grand regret ; car je connus, par les ornemens qui avoient été enlevés à la chapelle, que la maison appartenoit à un catholique romain.

Au bruit de cette expédition, les Écossais, qui s'étoient assemblés des environs, formèrent à la hâte un petit corps de cavalerie, et un autre corps d'infanterie, le tout assez mal ordonné. Informé de cette démarche des ennemis, je me retirai en bon ordre. La cavalerie ennemie voulut nous poursuivre, et s'approcher de la marine; mais l'officier retranché ayant fait une décharge sur eux, les obligea de se retirer. Je ne perdis qu'un seul homme dans cette expédition : encore ne périt-il que par son trop d'avarice, car s'étant chargé de butin au-delà de ce qu'il pouvoit en porter, il resta derrière, et fut tué par la cavalerie, qui l'atteignit.

Avant que de quitter ces côtes, nous fîmes encore plusieurs autres prises de pêcheurs, que nous brûlâmes. Un matin, ayant découvert un vaisseau hollandais, je me détachai pour aller lui donner la chasse. Le mauvais temps me prit, et me sépara tellement de l'escadre, qu'il ne fût plus en mon pouvoir de la rejoindre. Je fis route pour le rendez-vous : en chemin faisant, je brûlai quatre bâtimens anglais, et j'arrivai comme j'étois à la fin de mes vivres.

L'escadre m'avoit devancé de quelques jours. Je trouvai les choses, en débarquant, dans le plus pauvre état du monde : M. Bart, sans s'embarrasser de rien, faisoit bombance dans un cabaret d'où il ne bougeoit presque plus. Le gouverneur, qui ne le prenoit que pour un corsaire particulier, en faisoit si peu de cas, qu'il lui avoit enlevé les prises que nous avions faites au commencement de la campagne; en sorte qu'elles avoient été remises entre les mains des Danois, sans que Bart se fût mis en peine de faire la moindre opposition.

Outré de l'indolence qu'il y témoignoit, je lui représentai vivement l'indignité qu'il y avoit à souffrir un traitement si honteux ; et étant allé de ce pas chez le gouverneur, qui entendoit le français, et qui le parloit fort bien : « Monsieur, » lui dis-je d'un air assez vif, de quel droit et par » quelle autorité vous êtes-vous emparé des prises que les vaisseaux du Roi ont faites ? » Le gouverneur s'excusa, en disant qu'il avoit ignoré que ces vaisseaux appartinssent au roi de France, et qu'il ne les avoit pris que pour des corsaires particuliers; que, du reste, ce n'étoit pas lui qui en étoit saisi, et que c'étoit à l'intendant à qui il falloit s'adresser.

Sur cette réponse, je me rendis chez l'intendant, qui, après m'avoir écouté, me renvoya froidement au gouverneur. Je vis bien où tout leur manége tendoit; et m'adressant à Bart : « Puisqu'on se moque de nous, lui dis-je, c'est à nous à nous faire justice. » Sur-le-champ nous armâmes les chaloupes et les canots, et étant venus à bord des prises, nous en chassâmes les Danois qui les gardoient.

Ce coup étoit un peu hardi : j'en écrivis incessamment à M. de Pruneviaux, ambassadeur du Roi auprès de Sa Majesté danoise. Je fus bien aise de prévenir ce ministre, afin qu'au cas qu'on lui fît des plaintes, il pût répondre que nous n'avions fait cette violence aux Danois que parce qu'ils avoient refusé eux-mêmes de nous faire justice, après la leur avoir demandée.

Dès que nous fûmes maîtres de nos bâtimens, nous en fîmes la visite. Je vis bientôt qu'on les avoit fort allégés, par le pillage qui en avoit été fait. Sur quoi je dis à Bart qu'avant que d'ôter les scellés, j'étois d'avis qu'on fît venir tous les écrivains et le commissaire, pour faire en leur présence un verbal sur l'état des prises, et un inventaire de tout ce qu'elles contenoient.

Ce conseil fut suivi. Nous trouvâmes que tout avoit été pillé à moitié; peu ou presque point de ballots qui n'eussent été ouverts. Dans la recherche qui fut faite, le commisssaire ayant été reconnu coupable fut arrêté, et mis aux fers; et le capitaine de la frégate qui avoit escorté les bâtimens fut mis aux arrêts; car il n'étoit pas non plus hors de tout soupçon.

Cependant nous n'avions presque plus de vivres : nous en attendions tous les jours de France, lorsque nous eûmes avis qu'un bâtiment parti de Brest pour nous en apporter avoit été pris par les Flessinguois. Dans cette fâcheuse situation, n'ayant pas à beaucoup près tout l'argent qu'il auroit fallu pour pourvoir l'escadre, Bart voulut écrire en France, et demander qu'on fît partir un second bâtiment.

« Ce que vous projetez, lui dis-je, ne sauroit avoir lieu : songez que la saison est déjà fort avancée, et qu'avant que les vivres soient en état de venir, les gelées empêcheront la sortie du port. L'unique parti qu'il y ait à prendre, c'est de nous évertuer, et de chercher à faire ici toutes les provisions qui nous manquent. » Bart reconnut que j'avois raison. Nous vendîmes une des prises que nous avions faites ; et en ayant retiré de l'argent comptant, tous les fours furent employés à faire du biscuit, les brasseurs à faire de la bière; et les uns et les autres, qui se prévaloient de notre besoin, nous firent payer tout au double.

M. de Pruneviaux, qui avoit reçu mes lettres, n'attendit pas qu'on fît des plaintes sur notre sujet : il prévint la cour, et se plaignit lui-même à Sa Majesté danoise du traitement que nous avions reçu dans ses ports. Ce prince fit écrire des lettres fulminantes au gouverneur, qui, ne pouvant dissimuler son déplaisir, vint chez moi, les larmes aux yeux, me prier de le disculper auprès de son maître; « sans quoi, ajouta-t-il, » je suis perdu sans ressource. — Monsieur, lui » répondis-je, il n'est pas en mon pouvoir de me » dédire de ce que j'ai écrit contre vous, d'au- » tant mieux que vous savez bien que je n'ai » écrit que la vérité. Tout ce que je puis faire » pour votre service, c'est d'écrire en votre fa- » veur, supposé que vous en usiez mieux à l'a- » venir. »

La manière haute dont j'avois parlé à l'intendant et au gouverneur; les réprimandes que celui-ci avoit reçues de la cour à mon occasion ; un équipage assez brillant, et sur toute chose, un habit bleu que je portois brodé en or, de fort bon goût, et fort riche; tout cela ensemble mit dans la tête des habitans de Bergen qu'il falloit que je fusse fils naturel du roi de France. Ces bonnes gens, assez grossiers, et peu accoutumés à voir des officiers qui fissent de la dépense, se prévinrent si fort sur ce sujet, qu'il auroit été difficile de les détromper.

Je les laissai dans leur erreur, puisque je n'avois rien fait pour la faire naître, et qu'elle servoit à me donner de la réputation et du crédit. Bart, tout occupé à se divertir, ne m'envioit ni l'un ni l'autre. C'étoit sur moi que rouloient tous les détails, et j'étois chargé de toutes les affaires de l'escadre, sans qu'il voulût se donner le moindre soin.

Tandis que les vivres se faisoient, deux de nos officiers étant un soir au cabaret, y firent mille désordres. La garde bourgeoise accourut au bruit, les saisit, et les conduisit au corps-de-garde. Un de ces messieurs, pour se moquer d'eux, détacha sa culotte, et leur montra le derrière. Les bourgeois, piqués d'une raillerie si insultante, se jetèrent sur lui, lui lièrent les bras derrière le dos, et, après lui avoir ôté son épée, l'assommèrent presque à coups de bâtons.

Je fus informé de cette aventure un moment après qu'elle fut arrivée. Je dis à Bart que c'étoit à lui à réclamer ces officiers, et à les demander au bourgmestre, car le gouverneur n'avoit nulle inspection sur cette garde. Bart n'en voulut rien faire: sur son refus, je me mis en devoir d'y aller moi-même. Je mis mon habit bleu, sous lequel ils me considéroient davantage ; et je me rendis au corps-de-garde, suivi de deux grands laquais.

Quand je parus, tous les bourgeois se mirent

en haie sous les armes. Je leur parlai avec hauteur, et les menaçai de les faire tous pendre, pour avoir osé mettre la main sur un officier du Roi. Ils s'excusèrent le mieux qu'il leur fut possible. Je fis rendre les épées; et ayant fait détacher l'officier, qui fut fort honteux de l'état où je le trouvai [car sa culotte étoit encore à bas], je l'emmenai avec moi chez le bourgmestre, à qui je demandai justice de tout ce qui venoit de se passer.

Ce magistrat, qui étoit fort sage, me répondit qu'il étoit bien fâché de n'avoir pas assez d'autorité sur les bourgeois pour me donner la satisfaction que je souhaitois, mais qu'il me prioit de faire attention que les officiers étoient en faute pour être sortis dans la nuit, contre l'usage du pays; que la garde, qui n'étoit établie que pour maintenir le bon ordre, n'avoit pu, sans manquer à son devoir, s'empêcher de les arrêter, les ayant surpris à faire du bruit dans un cabaret; et que s'ils avoient été maltraités, ce n'étoit qu'après avoir insulté la garde d'une manière fort outrageante. Il ajouta qu'en son particulier il étoit tout à fait mortifié de ce qui étoit arrivé; mais que le mal étant sans remède, il me prioit de tout excuser.

Je me rendis à ses raisons, qui me parurent bonnes; et dans le fond je ne fus pas trop fâché que ces deux étourdis demeurassent sans satisfaction, puisqu'ils avoient assez bien mérité le traitement qu'ils avoient reçu.

Ayant achevé de faire nos vivres, l'équipage se rembarqua, et nous mîmes à la voile avec nos prises. A quelques jours de la partance, je voulus donner la chasse à un corsaire flessinguois: je fus pris d'un brouillard, et peu après d'un mauvais temps qui me sépara de l'escadre. Les vents contraires, qui me retinrent en mer plus qu'il ne falloit, me réduisirent bientôt à la famine: je me trouvois dans la nécessité ou de mourir de faim, ou d'aller me vendre aux ennemis. Pendant huit jours, mon équipage fut réduit à deux onces de pain. Enfin, après avoir bien souffert, j'arrivai à Dunkerque, où, pour m'achever, je trouvai un ordre du Roi par lequel il m'étoit enjoint d'aller à la cour rendre compte de ma conduite.

Bart, qui étoit arrivé quelques jours auparavant, avoit reçu le même ordre, et m'attendoit pour délibérer sur la manière dont nous nous conduirions. Ce mécontentement que la cour sembloit témoigner venoit des mauvais offices que l'intendant Patoulet nous avoit rendus. Nous découvrîmes que le commissaire, qui ne nous avoit été donné que pour moyenner à l'intendant l'occasion de s'approprier une partie des prises, lui avoit écrit contre nous, et s'étoit plaint de ce que Bart, qui ne se conduisoit que par mon conseil, l'avoit fait mettre aux fers, de peur qu'il ne fût témoin de toutes nos voleries. Sur ces relations, l'intendant s'étoit plaint lui-même au ministre, et avoit enchéri sur tout ce que le commissaire lui avoit écrit.

Nous arrêtâmes que, sans témoigner le moindre mécontentement, je prendrois la poste pour la cour; que Bart me suivroit à petites journées, et qu'étant arrivé à Paris, il ne verroit personne avant que de m'avoir parlé. Cette détermination prise, je partis le lendemain de mon arrivée à Dunkerque, et je fus me présenter à M. de Pontchartrain, à qui je justifiai si pleinement la conduite que nous avions tenue, que le ministre, qui avoit été prévenu contre nous se rendit à la vérité, et déclara qu'il étoit content de tout ce que nous avions fait. J'allai ensuite saluer le Roi, qui me reçut parfaitement bien.

Bart arriva peu de jours après: il fut reçu beaucoup mieux qu'il ne méritoit, car il n'avoit presque point de part à tout ce qui avoit été fait. Cependant, en récompense de la campagne, on lui donna mille écus de gratification, le tout parce qu'il portoit le titre de commandant; et moi, qui avois été chargé de tout l'embarras, je n'eus rien; ce qui me mortifia très-fort.

Comme Bart avoit beaucoup de réputation, toute la cour souhaitoit de le voir. Je l'introduisois partout; sur quoi les plaisans disoient en badinant: « Allons voir le chevalier de Forbin, » qui mène l'ours; » et, à dire le vrai, ils n'avoient pas tout à fait tort. Bart avoit fort peu de génie: il ne savoit ni lire ni écrire, quoiqu'il eût appris à mettre son nom. Il étoit de Dunkerque: de simple pêcheur, s'étant fait connoître par ses actions, sans protecteur, et sans autre appui que lui-même, il s'éleva, en passant par tous les degrés de la marine, jusqu'à devenir chef d'escadre. Il étoit de haute taille, robuste, bien fait de corps, quoique d'un air grossier; il parloit peu, et mal: du reste très-propre pour une action hardie, mais absolument incapable d'un projet un peu étendu.

Comme j'avois sur le cœur de n'avoir point eu de récompense ensuite d'une campagne pendant laquelle j'avois certainement bien servi, je souhaitois fort que M. de Pontchartrain fût instruit de la part que j'y avois, soit par rapport au projet, soit par rapport à l'exécution. Je priai Bart de l'en informer. Je comptois qu'il me rendroit ce service, d'autant plus volontiers que je lui en avois rendu un semblable après notre prison de Plymouth; mais, soit bêtise, soit timidité, il ne dit jamais un seul mot en ma faveur.

Ce procédé, qui me choqua plus que tout le reste, me fit songer à prendre des mesures pour ne retourner plus à Dunkerque; car je ne voulois plus avoir à servir sous un homme avec qui il falloit faire toutes les fonctions, les écritures, les signaux et les projets, tandis qu'il en retiroit seul tout l'honneur et tout le profit. Je déclarai sur cela mes sentimens à mes amis du bureau de la marine, et je les priai de faire en sorte qu'on me mît au département de Brest; ce qui me fut accordé.

Pendant tout le temps que je passai à la cour, je me rendois régulièrement tous les jours chez Monseigneur, qui tenoit un fort grand jeu dans les appartemens que le Roi avoit établis à Versailles. Je fus mis de cette partie: j'y passois les après-dînées à jouer, et j'y gagnai plus de deux mille louis, ce qui me fit d'abord grand plaisir: mais j'eus bientôt lieu d'y avoir regret; car le Roi, qui étoit informé fort exactement de tout ce qui se passoit dans cette partie, demanda à Bontemps pourquoi il souffroit que je jouasse si gros jeu.

Il n'en fallut pas davantage pour m'attirer une forte réprimande. L'amitié que Bontemps avoit pour moi, et les services qu'il m'avoit rendus, le mettoient en droit de me dire tout ce qu'il vouloit. Il me parla si vivement, en présence de M. de Fourville et du chevalier de Betomas, tous deux mes amis particuliers, que je lui promis de ne jouer plus à l'avenir si gros jeu. Je lui tins parole; et, pour n'être pas tenté de lui en manquer, je fus à Paris, où je jouai quelquefois; mais je n'y fus pas si heureux qu'à Versailles.

[1692] Je me rendis à Brest un peu avant la fin de l'hiver. On m'y donna, pour la seconde fois, le commandement du vaisseau nommé la Perle. Quelque temps avant le départ de l'armée, nous fûmes détachés, le sieur d'Ivry, capitaine de vaisseau, et moi, pour aller à Saint-Malo escorter plusieurs vaisseaux marchands que le Roi avoit destinés à aller embarquer des troupes à La Hogue, pour le service du roi Jacques, qui devoit passer en Angleterre.

Ce point étoit pourtant encore secret, et tous les raisonnemens qu'on en faisoit ne portoient que sur des conjectures qui pouvoient être fausses, et sur lesquelles la cour ne s'étoit pas encore expliquée. Nous avions mené notre convoi jusqu'à l'endroit qui nous avoit été marqué, et nous retournions sur nos pas, lorsque nous fûmes obligés de mouiller devant le Havre-de-Grâce, pour couvrir la sortie d'un vaisseau de guerre qu'on y avoit construit.

Ce port a cela d'incommode, que, manquant de fond, on n'y sauroit mettre les gros navires en mer qu'après les avoir déchargés de tous leurs canons. Nous étions donc devant le Havre, lorsque je reçus dès le point du jour un billet de M. de Louvigny, dont voici les propres paroles: *Quarante-cinq navires ennemis sont mouillés le long de la côte, à cinq lieues de vous: sauve qui peut!* Sur ce billet, dont je donnai avis à ma conserve (1), je mis à la voile sur-le-champ, et je me sauvai. Les ennemis me virent, mais ils me laissèrent aller paisiblement, et sans me chasser.

En continuant ma route pour Brest, je rencontrai un petit bâtiment français qui m'assura être sorti du port avec l'armée du Roi, commandée par le maréchal de Tourville. Instruit par le pilote de ce bâtiment de la route que l'armée avoit prise, je fis voile de ce côté, et je la joignis en effet dès le soir même. Je me hâtai d'aller rendre compte au général de l'avis que j'avois reçu de l'intendant du Havre, et restai joint au corps de l'armée, où je trouvai mon poste marqué.

Les vues de la cour, et le projet d'une descente en Angleterre, n'étoient plus ignorés de personne: le roi Jacques s'étoit même déjà rendu à La Hogue, où il attendoit, pour s'embarquer à la tête d'une armée de plus de vingt mille hommes, le succès d'une bataille contre les Anglais, que M. de Tourville avoit ordre de donner, et de hasarder même s'il le falloit. Il étoit nécessaire de risquer ce coup pour assurer la descente, qui ne pouvoit avoir d'autre obstacle que l'armée des ennemis.

Il est hors de doute que s'ils avoient eu du pire [ce qui vraisemblablement seroit arrivé si l'on avoit empêché la jonction des flottes ennemies], ce projet de descente, qui échoua par l'échec que notre armée reçut, auroit pu donner bien de l'inquiétude et de l'exercice aux Anglais: mais les vents contraires qui régnèrent pendant trois semaines, et qui nous empêchèrent d'avancer, donnèrent le temps aux ennemis de se réunir; en sorte qu'au lieu de quarante-cinq vaisseaux qu'on leur comptoit, il se trouva qu'après leur jonction ils montoient au nombre de quatre-vingt-seize.

Les vents étant devenus plus favorables, l'armée du Roi rentra dans la Manche. Je fus détaché pour la découverte. Je rencontrai la flotte des ennemis par le travers du Havre-de-Grâce: ils me donnèrent tout le loisir de les bien examiner. Je tirai mon canon, et je fis, selon mes or-

---

(1) On donne ce nom à un vaisseau qui fait route avec un autre, afin de se secourir mutuellement.

dres les signaux pour marquer le nombre de leurs vaisseaux. Nonobstant leur supériorité, le maréchal, qui, comme j'ai déjà dit, avoit ordre d'attaquer, fort ou foible, mit le signal du combat. Je pris mon poste, qui étoit le troisième navire du corps de bataille près l'amiral.

Les ennemis nous attendoient en bon ordre, et nous laissèrent approcher tant que nous voulûmes. On combattit d'abord avec beaucoup de vigueur, et même avec quelque avantage de notre part; mais le vent, qui dès le commencement de l'action étoit favorable aux vaisseaux du Roi, changea tout à coup, et devint favorable aux ennemis. Pour profiter de cet avantage, leur avant-garde doubla notre armée, et la mit ainsi entre deux feux. Comme ils étoient de beaucoup supérieurs en nombre [car nous n'avions en tout que quarante-quatre vaisseaux], il est hors de doute que toute l'armée étoit perdue dès-lors, s'ils avoient manœuvré à propos; mais leur lenteur à attaquer leur fit manquer l'occasion.

La marée, la nuit, et un brouillard qui survint, obligèrent M. de Tourville à jeter l'ancre. Ceux des ennemis qui avoient doublé notre armée ne mouillèrent point, mais se laissèrent dériver par les courans, et à la faveur du brouillard passèrent par nos intervalles, d'où ils furent rejoindre le corps de l'armée; ce qui donna lieu à un nouveau combat plus sanglant que le premier. Mon vaisseau fut criblé de coups de canon; je fus abordé par un brûlot, dont je me délivrai enfin, mais non pas sans beaucoup de peine. J'y perdis bien du monde, et j'y fus moi-même blessé grièvement au genou.

Cet orage de canonnades, dont j'avois été si incommodé, ne finit que sur les onze heures du soir. Malgré ma blessure, qui étoit fort douloureuse, je me radoubai pendant la nuit, pour être en état de combattre le lendemain; car il étoit évident qu'il faudroit encore en venir aux mains. Quoiqu'il me manquât plus d'un tiers de mon équipage, qui étoit des meilleurs de l'armée, je me trouvai encore en état de défense. Dès le point du jour, M. de Tourville fit les signaux pour appareiller: je le suivis. Toute la flotte étoit tellement dispersée, que le général ne trouva que six vaisseaux auprès de lui: tout le reste ne pouvoit être aperçu, à cause de l'épaisseur du brouillard.

Dans cet intervalle, le major général Raymondis, qui étoit dans l'amiral, où il avoit été dangereusement blessé au genou, souhaita de me parler, et demanda si le chevalier de Forbin n'étoit point à vue. J'allai à bord du général, où je trouvai mon ami dans un état à faire pitié: il me communiqua quelques affaires domestiques [car il y avoit à craindre pour sa vie], et me pria d'aller à bord de M. d'Amfreville, prendre un chirurgien en qui il avoit confiance. Tandis que je m'acquittois de cette commission, le brouillard se dissipoit: toute l'armée se rassembla, les ennemis nous suivirent, et se rangèrent devant nous en bataille.

La marée contraire qui survint obligea l'armée du Roi à jeter l'ancre: les ennemis furent contraints de faire la même manœuvre. Comme les allées et les venues que j'avois été obligé de faire pour obliger Raymondis m'avoient tenu quelque temps, mon vaisseau, qui ne put regagner son poste, se trouva le plus près des ennemis. J'avois derrière moi un vice-amiral hollandais, mouillé à la portée du canon. Nous restâmes ainsi tout le jour dans l'inaction.

Sur le soir, il parut une flotte d'une quarantaine de vaisseaux: c'étoient des marchands qu'un vaisseau du Roi escortoit, et menoit au Havre-de-Grâce. Les Anglais, qui les virent aussi bien que nous, crurent que c'étoit la flotte de M. le comte d'Estrées, qui venoit de Provence pour joindre notre armée; ce qui fut cause qu'ils se mirent en bataille, comptant qu'on iroit les attaquer de nouveau. Ils passèrent dans cette attente jusqu'assez avant dans la nuit; mais le jour étant venu, nous vîmes qu'ils s'étoient éloignés d'environ sept lieues.

Si nous avions profité, à notre tour, de l'occasion qui s'offroit comme d'elle-même, cette fausse démarche des ennemis auroit donné à l'armée du Roi tout le temps nécessaire pour se sauver: mais nous ne tirâmes aucun avantage de leur faute, et je n'ai jamais pu comprendre sur quelle raison le général prit le parti d'aller mouiller à l'entrée du ras Blanchard, au lieu de se retirer tout-à-fait, puisqu'il se trouvoit entièrement hors d'état de rien entreprendre.

Enfin un incident auquel l'on ne s'attendoit pas perdit tout: les ancres de l'amiral et de plusieurs autres vaisseaux chassèrent, en sorte que la marée les jeta sur les ennemis. M. de Tourville, qui se vit perdu, ne voulant pas commettre toute l'armée, qui se disposoit à suivre, et qui auroit été infailliblement ou enlevée, ou coulée à fond, ôta son pavillon de général. M. de Panetier, chef d'escadre, arbora le pavillon de ralliement; ce qui sauva le reste de la flotte.

Ceux qui suivirent le sort du général allèrent échouer à La Hogue, où quatorze de nos plus beaux vaisseaux de guerre furent malheureusement brûlés. Je sauvai le mien, quoique percé de tous côtés; et, suivant le reste de l'armée, qui n'étoit pas en meilleur état, nous entrâmes dans la rade de Saint-Malo, où, après m'être radoubé, et avoir formé un nouvel équipage, je sortis avec quatre autres navires, deux desquels firent route pour la Méditerranée. Pour moi, j'eus ordre, avec les sieurs Desoges et d'Ivry, de croiser à l'entrée de la Manche.

Nous étions déjà en mer depuis quelques jours, lorsque nous aperçûmes une flotte hollandaise qui venoit de Portugal : elle étoit escortée de deux vaisseaux de cinquante-deux pièces de canon. Nous l'attaquâmes. J'abordai le commandant, et je le pris : Desoges et d'Ivry prirent l'autre. Outre le commandant, j'enlevai encore trois flûtes chargées de sel. Je mis tous les matelots que j'avois pris dans un de ces trois bâtimens, que je renvoyai ; et je menai à Brest les deux vaisseaux de guerre et les deux flûtes qui me restoient.

Sur les avis qu'on avoit reçus dans ce port qu'il y avoit des corsaires flessinguois qui tenoient la mer, le maréchal d'Estrées, qui commandoit dans la place, m'ordonna de sortir encore, et d'aller croiser sur les parages de Belle-Ile. J'y fus ; mais ne voyant personne, après y avoir resté quelque temps, je retournai à Brest, où je trouvai prisonnier l'Ostendois, parent de Bart, qui avoit facilité notre évasion de Plymouth.

M. de Franc, capitaine de vaisseau, l'avoit pris comme il conduisoit une barque pour le compte de quelques marchands. J'appris qu'à ma considération on lui avoit fait d'abord toutes sortes de bons traitemens ; mais l'intendant à qui il avoit été remis n'avoit pas eu les mêmes égards, et l'avoit envoyé dans les prisons. Ce pauvre patron m'avoit trop bien servi à Plymouth pour ne pas m'intéresser pour lui de tout mon pouvoir. J'allai chez M. d'Estrées, et je le priai de me confier ce prisonnier, dont je lui répondois. M. le maréchal, qui vouloit me faire plaisir, le fit tirer des prisons, et me le remit.

Dès que ce bon homme m'aperçut, il se jeta à mon cou, m'embrassa, et pleura de joie. Je l'amenai dans mon bord, où je lui fis bonne chère. J'écrivis ce même jour à M. de Pontchartrain pour lui demander la liberté d'un homme à qui j'étois redevable de la mienne. Ce ministre eut la bonté de m'accorder au-delà de ce que je lui demandois ; car outre la liberté qu'il accordoit à mon pilote, il lui permettoit de racheter son bâtiment à très-bas prix : mais le patron n'usa pas de cette dernière grâce, disant que le bâtiment ni la cargaison n'étoient point à lui, et qu'il ne savoit pas si ceux à qui ils appartenoient étoient dans la volonté de les racheter. Dès qu'il se vit libre, il se mit en état de se retirer. Comme il alloit partir, je lui fis présent de dix louis d'or ; outre les quatre cents écus que j'avois eu soin de faire compter à sa femme, après ma sortie de Plymouth.

[1693] La blessure que j'avois reçue au genou dans le dernier combat ne guérissoit point : la mer l'empêchoit de se fermer ; et la campagne étant d'ailleurs finie, je demandai qu'il me fût permis de désarmer, et de me retirer pour quelque temps. Sur la permission que j'en obtins, je pris la route de Provence, où je retournai avec plaisir, tant pour y revoir ma famille, que je n'avois pas vue depuis long-temps, que pour y régler quelques petites affaires domestiques qui avoient besoin de ma présence.

A l'ouverture de la campagne, je retournai à Brest, pour y monter encore *la Perle*. L'armée du Roi, composée de soixante-et-quinze vaisseaux de guerre, commandée par M. le maréchal de Tourville, fit route pour le détroit de Gibraltar, où M. le comte d'Estrées, qui venoit de Provence avec vingt autres vaisseaux, devoit se joindre à nous. Nous mouillâmes à la rade de Lagos, sur les côtes de Portugal. Je fus commandé pour la découverte, avec ordre de bien examiner ce qui se présenteroit ; en sorte que si j'apercevois un grand nombre de vaisseaux, je tâchasse de reconnoître si ce seroit une flotte marchande, où l'armée des ennemis.

Trois autres capitaines furent détachés avec moi pour le même sujet. Nous partimes tous quatre. Nous reconnûmes, quelques jours après, la flotte marchande des ennemis : elle étoit composée de plus de cent cinquante voiles. Après nous être bien assurés que nous ne nous trompions pas, nous nous hâtâmes de rejoindre l'armée, pour rapporter à l'amiral ce que nous avions découvert, l'assurant que ce n'étoit qu'une flotte marchande, et nullement l'armée ennemie. Sur cette nouvelle, il fit appareiller ; et ayant fait faire vent arrière je ne sais pourquoi, il s'éloigna de plus de dix lieues.

Le lendemain, toute l'armée reconnut la flotte. Le général fit donner la chasse : mais les ennemis profitèrent de l'avantage du vent, que notre manœuvre de la veille nous avoit fait perdre, et s'enfuirent ; en sorte que nous ne leur fimes que très-peu de mal. On leur prit pourtant deux vaisseaux de guerre de soixante pièces de canon ; et une trentaine de leur vaisseaux marchands qui s'étoient échoués sur les côtes de Portugal y furent brûlés. J'en brûlai trois pour ma part, et j'en pris un quatrième : il ne leur en coûta pas davantage. Ils furent certainement bien heureux d'en sortir à si bon marché, puisque, sans la fausse démarche dont j'ai parlé il n'y a qu'un moment, toute leur flotte auroit été enlevée.

Après cette expédition, l'armée passa le détroit, et entra dans la Méditerranée, où nous joignîmes M. le comte d'Estrées. Peu après, nous nous séparâmes. M. d'Estrées, avec la moitié de l'armée, passa le détroit, et vint désarmer à Brest; M. de Tourville fit route pour Toulon, et y désarma aussi. J'avois suivi M. de Tourville. Comme la blessure que j'avois au genou ne guérissoit pas, les médecins me conseillèrent d'aller prendre les bains de Digne. Ils me furent si salutaires, que j'en revins parfaitement guéri, ou peu s'en fallut.

Je passai le reste de cette année à Toulon, où je reçus ordre, sur la fin de l'hiver [1694] d'aller à Bayonne, pour y commander la marine.

M. le duc de Gramont, gouverneur de cette place, me combla de civilités : il voulut que je logeasse dans la ville; et après m'avoir dit fort obligeamment qu'il ne vouloit pas que je mangeasse ailleurs que chez lui, il marqua ma place à sa table, qui fut déterminée à son côté gauche.

En recevant ordre d'aller à Bayonne, j'en avois reçu un particulier par lequel il m'étoit défendu [je ne sais pourquoi] d'obéir au duc. Je tins ce dernier ordre fort secret; mais quelque temps après mon arrivée, sur un bruit qui se répandit que les ennemis devoient faire une descente à Saint-Jean-de-Luz, comme je vis que vingt-cinq ou trente officiers que j'avois sous mes ordres pour assembler et commander les matelots sur les côtes ne pourroient jamais remplir leur fonction si la mésintelligence régnoit entre le gouverneur et moi, j'allai le trouver dans son cabinet; et lui ayant montré l'ordre de la cour, qui, dans les circonstances présentes, étoit tout-à-fait opposé au service de Sa Majesté, nous arrêtâmes que nous nous conduirions pour le présent de la manière que la cour l'auroit ordonné, si elle avoit prévu la situation où nous nous trouvions.

Cette délibération prise, je me mis sous les ordres du duc, aussi bien que tous mes officiers de marine. M. de Gramont, plein de zèle pour son maître, m'embrassa tendrement, et me fit son lieutenant général sur les côtes, où nous eûmes bientôt assemblé bon nombre de matelots de milice, et dressé quantité de batteries, qui devoient être commandées par les officiers que j'avois sous moi. Mais tous ces apprêts furent inutiles : nous attendîmes long-temps les ennemis; personne ne parut; et tous les bruits de descente s'étant dissipés, nous congédiâmes tout ce monde, dont nous n'avions plus affaire.

Cependant je jugeai à propos d'informer la cour de la démarche que j'avois faite en communiquant au duc les ordres que j'avois reçus. J'appréhendois fort que ma conduite ne fût pas approuvée, car les ministres veulent être obéis à la lettre. J'exagérai donc autant qu'il me fut possible tout ce qu'il y avoit de fâcheux dans la situation où nous nous étions trouvés, et combien il importoit au service de Sa Majesté que je m'écartasse de mes instructions. La cour approuva ma conduite; mais on me manda que ce que j'avois fait n'étoit bon que pour cette fois seulement.

[1695] La campagne d'après, c'est-à-dire en 1695, je retournai à Toulon, où l'on me donna le commandement d'une batterie de vingt-cinq pièces de canon. Il fallut se contenter de cet emploi, n'y en ayant pas dans le port de plus considérable pour les officiers; car l'armée ennemie, qui étoit passée dans la Méditerranée, étant en état d'empêcher la sortie des vaisseaux, le Roi n'en avoit armé aucun.

Peu de temps après mon arrivée, je perdis mon frère aîné, capitaine de vaisseau. Sa mort m'affligea sensiblement : nous nous étions toujours tendrement aimés. Il fallut pourtant dans la suite se consoler de cette perte, comme on se console tous les jours de tant d'autres fâcheux accidens dont toute la vie est semée.

Sur les avis certains que l'armée des ennemis s'étoit retirée, on me donna le commandement d'un vaisseau nommé *le Marquis*; on me joignit à M. Pallas, capitaine de vaisseau, et nous fûmes destinés à favoriser le commerce, et à donner la chasse aux Flessingois, qui le désoloient depuis quelque temps. Nous eûmes d'abord ordre de mener une flotte marchande en Levant. En partant, je reçus dans mon bord le bailli de Saint-Vian, accompagné de douze chevaliers qui souhaitoient de passer à Malte. Pallas, à qui il s'étoit d'abord adressé, avoit refusé, par un pur caprice, de les recevoir. Lorsque nous fûmes à Malte, je les débarquai, et je fis tirer quelques coups de canon pour leur faire honneur. Pallas, piqué de ce que j'avois reçu ces messieurs après qu'il les avoit refusés, m'en fit quelques plaintes, qui cessèrent bientôt quand il vit que je me mettois en état de lui faire part des rafraîchissemens que le bailli m'envoyoit, en reconnoissance du service que je lui avois rendu.

De Malte, nous conduisîmes nos marchands jusqu'à l'entrée de l'Archipel. Étant auprès de Cérigo, nous vîmes paroître une voile qui faisoit route sur nous : comme elle étoit fort au vent, nous convînmes, Pallas et moi, que nous ferions d'abord semblant de fuir; que la nuit étant venue, nous relèverions ce bâtiment, et que le premier qui le découvriroit tireroit un coup de canon, et mettroit un feu pour signal.

Je fus plus heureux que mon camarade : je trouvai le vaisseau, et je fis le signal dont nous étions convenus. Comme je voulus approcher de ce navire pour lui parler, il tira sur moi. Pallas, qui étoit venu au signal que j'avois fait, voulut aussi s'approcher pour parler; mais pour toute réponse il reçut une bordée de coups de canon, et une décharge de mousqueterie : il riposta. Dans cet intervalle, ayant encore voulu m'approcher d'un peu plus près, je reçus même traitement que Pallas, auquel je répondis comme il avoit fait.

Nous bataillâmes ainsi pendant deux heures, sans savoir contre qui : ce vaisseau, qui étoit fort gros, tiroit quantité de coups de canon, et faisoit un fort grand feu de mousqueterie. Sur tout cela, nous jugeâmes que ce pouvoit bien être un vaisseau de guerre. Nous nous parlâmes avec Pallas; mais ne sachant, au bout du compte, à qui nous avions affaire, nous résolûmes de le garder à vue toute la nuit. Ce navire marchoit mal. Comme je voulus le serrer de près [car la nuit étoit fort obscure, et j'appréhendois toujours qu'il n'échappât), il tira sur moi : je lui répondis de toute ma bordée, ce qui le rendit sage jusqu'au matin.

Tout ce temps, qui se passa en paix, fut employé de part et d'autre à nous radouber. Dès que le jour parut, nous vîmes que nous nous étions battus contre un gros navire à trois ponts, qui arbora un pavillon hollandais. M'étant approché de Pallas : « Monsieur, lui dis-je, je connois les Hollandais : si nous nous amusons à
» canonner, nous nous battrons jusques à demain, sans que nous soyons plus avancés qu'au commencement : l'unique parti que nous ayons à prendre, c'est d'aborder. En qualité de commandant, vous avez droit de commencer; mais, à votre défaut, je le ferai. » Pallas me répondit que la mer étoit trop grosse, et rendroit l'abordage trop périlleux; mais que nous n'avions qu'à continuer nos canonnades, et que le vaisseau, qui étoit déjà fort endommagé, ne se défendroit pas encore long-temps. Je déférai à cet avis, quoique je ne le crusse pas le meilleur. Le combat recommença tout de nouveau, et dura plus de deux grandes heures, sans qu'il y eût encore rien de décidé.

Tandis que nous perdions ainsi le temps à nous cribler de part et d'autre, la sentinelle découvrit quatre vaisseaux sous le vent qui venoient à nous, et deux autres vaisseaux au-dessus du vent, qui venoient aussi au bruit du canon. A cette vue, Pallas quitta le combat, et fit le signal pour me parler.

J'avois été trop maltraité pour lâcher prise si facilement. Outre près de quatre-vingts hommes d'équipage que j'avois perdus, j'avois moi-même failli être emporté par trois boulets de canon, dont le premier avoit enlevé la poche de ma culotte jusqu'à la doublure; le second, qui avoit passé entre mes jambes, avoit effleuré mon bras; et le troisième avoit emporté le nœud de ma perruque. Piqué d'avoir couru inutilement tous ces risques, sans trop m'embarrasser du signal, je dis à mes officiers de se préparer pour l'abordage, et que j'irois parler à Pallas quand le vaisseau seroit pris.

Je fis aussitôt porter sur l'ennemi. L'abordage se fit : il y eut encore des morts, car le vaisseau se défendit vigoureusement pendant quelque temps; mais enfin n'en pouvant plus, il se rendit. Pallas, me voyant le maître, vint à moi; et sur ce que les quatre vaisseaux qui étoient sous le vent venoient toujours à nous à toutes voiles, et paroissoient être des vaisseaux de guerre, il concluoit qu'il falloit brûler cette prise, puisque nous n'avions point d'autre moyen pour nous empêcher nous-mêmes d'être pris.

Le vaisseau dont je venois de me rendre maître étoit déjà amariné, et je savois, par le rapport que le capitaine m'en avoit fait, que la cargaison valoit plus de deux millions. Je répondis à Pallas que je n'étois pas tout-à-fait de son sentiment; qu'avant que d'en venir à une extrémité si fâcheuse, il falloit au moins attendre d'être attaqués; que je me chargeois de l'événement, et que, s'il en étoit besoin, nous serions toujours assez à temps à brûler. Je lui représentai ensuite que les vaisseaux du Roi ne risquoient rien; qu'ils étoient très-bons voiliers, et qu'il nous seroit toujours fort aisé de nous sauver, si le cas le demandoit.

Pallas, peu satisfait de ma réponse, se retira, et m'envoya un moment après un de ses officiers, avec ordre de brûler incessamment ce vaisseau. Je renvoyai l'officier, que je ne voulois presque pas écouter : « Allez, monsieur, lui » dis-je; dites à M. Pallas que je lui désobéis » dans cette occasion, persuadé que je suis que » le service du Roi le demande ainsi. » Pendant cette contestation, les vaisseaux qui avoient été découverts avançoient toujours vers nous; les deux bâtimens qui étoient venus au bruit du canon s'approchèrent à demi-lieue au vent, mirent pavillon blanc, et tirèrent un coup de canon. Pallas répondit en tirant aussi un coup de canon, et arbora le pavillon de France. A cette vue, les deux navires s'enfuirent. Je reconnus à leur manœuvre que c'étoient deux petits corsaires turcs ou flessinguois. Les quatre autres navires qui étoient sur le vent en voyant le pavillon du Roi commencèrent à parler entre eux, et peu après continuèrent leur route.

Pallas, qui persistoit toujours à vouloir que ce fussent des Anglais [car, il faut dire la vérité, ils paroissoient tels à leur fabrique], m'envoya un dernier ordre de brûler la prise. Pour le coup, je m'en moquai ouvertement; et m'adressant à celui qui le portoit : « M. Pallas, lui dis-je, se » moque de vous et de moi. Mais retournez à » bord, et dites-lui que les vaisseaux de guerre » ne s'amusent point à parlementer quand il s'a-» git de combattre. Je reconnois que ces navires » paroissent, par leur fabrique, des vaisseaux » de guerre anglais; mais, par leur manœuvre, » je suis persuadé que ce ne sont que des mar-» chands qui ne songent qu'à faire leur route, » et qui, loin de venir à nous, s'estiment heu-» reux que nous n'allions pas les attaquer nous-» mêmes. Du reste, dites à M. Pallas que notre » prise étant toute délabrée et sans gouvernail, » il vienne, et qu'il amène ses charpentiers, » afin de la mettre en état d'être sauvée. »

Pallas se rendit enfin à mes raisons. Il vint à moi : nous radoubâmes ce vaisseau tellement quellement, et nous lui donnâmes la remorque jusqu'à l'île de Céphalonie, où nous le laissâmes, car il n'étoit pas possible de le mener en France dans l'état où il étoit, c'est-à-dire sans mât et sans gouvernail. J'y laissai un officier, avec trente hommes pour le garder.

Ce vaisseau, quoiqu'à trois ponts, n'étoit qu'un marchand : il portoit soixante-huit pièces de canon, et deux cent soixante hommes d'équipage, tant soldats que matelots. Il venoit de Smyrne : sa cargaison avoit coûté cinq cent soixante mille piastres, sans compter les marchandises de contrebande qu'il avoit embarquées. Il devoit passer à Livourne, et de là à Amsterdam.

Parmi les prisonniers que nous fîmes, il se trouva une jeune femme d'environ dix-huit ans : c'étoit une des plus belles personnes que j'aie vues de ma vie : elle étoit de Genève. La peur l'avoit tellement saisie, que, n'en pouvant plus, elle s'étoit cachée; en sorte qu'on fut quelque temps à la trouver. Quand je la vis paroître tout en larmes, sa beauté, et l'état pitoyable où elle étoit, me touchèrent. Je la rassurai le mieux qu'il me fut possible; je lui promis qu'il ne lui arriveroit aucun mal. Je fis chercher son mari, et je leur fis donner une chambre en particulier.

Un moment après, quelques matelots vinrent m'avertir que cette femme avoit dans sa coiffure des perles et des pierreries de grand prix, qui lui avoient été confiées par des juifs qui étoient embarqués avec elle. Ils ajoutèrent que je ne devois pas négliger cet avis; qu'il y avoit à faire une capture considérable; et qu'ils s'étonnoient que je n'eusse pas déjà donné des ordres convenables sur ce sujet. A ces mots, les regardant avec quelque sorte d'indignation : « Si elle a des pierreries considérables dans sa » coiffure, leur dis-je, c'est sa bonne fortune, » ou la bonne fortune de ceux qui les lui ont » confiées. Quant à moi, apprenez, marauds, » qu'un homme de ma sorte est incapable des » bassesses que vous avez la hardiesse de me » proposer. » Quand nous fûmes arrivés à Céphalonie, nous renvoyâmes nos prisonniers, et la huguenote avec.

Le pays où nous étions me rappela l'idée de M. Constance. J'avois oublié depuis long-temps tout ce qu'il m'avoit donné à souffrir à Siam; et ses malheurs lui avoient tellement rendu mon amitié [car je ne l'avois pas toujours haï], qu'après sa mort, dont je fus véritablement touché, je ne souhaitai rien tant que de faire plaisir à sa famille.

J'en demandai des nouvelles : on me dit qu'il lui restoit un frère au village de La Custode. Je fus le chercher dès le lendemain de notre arrivée ; et après lui avoir fait civilité, je lui appris qu'il y avoit à Paris des sommes très-considérables que M. Constance y avoit envoyées par le père Tachard, dans le voyage qu'il y fit au retour de M. de Chaumont.

J'étois très-bien informé de cet article, car M. Constance lui-même m'en avoit fait confidence pendant le temps de notre amitié; ce qui prouve parfaitement ce que j'ai déjà dit ailleurs, que ce ministre, dans l'établissement qu'il fit des Français à Bancok, n'avoit autre vue que de s'attirer la protection de la France, où il comptoit même de se retirer, supposé que la situation de ses affaires l'y obligeât.

Son frère, persuadé par ce que je lui avois dit, se détermina à passer en France. Je le reçus dans mon bord, où je lui fis toutes les amitiés imaginables. Il fut à Paris, il y retira de très-grosses sommes : mais, comme s'il eût été arrêté que je ne recevrois jamais que des ingratitudes de la part de cette famille, il partit, et retourna dans son pays, non-seulement sans me remercier, mais même sans me faire l'honneur de me venir voir.

En partant de Céphalonie, nous fîmes route pour Malte, où nous devions prendre une vingtaine de vaisseaux marchands, qui nous attendoient pour les escorter. J'y reçus dans mon bord le bailly de La Vieuville, et avec lui vingt-six chevaliers qui me demandèrent passage. A quinze lieues de Malte, deux corsaires flessinguois s'approchèrent de la flotte : nous leur donnâmes la chasse, et j'en pris un. Les équipages dépouillèrent tous les prisonniers, selon la coutume. Alors le bailli, homme d'une piété bien au-dessus du commun, voulant donner un exemple de charité à tous ces jeunes chevaliers qu'il menoit, fit une quête où il mit beaucoup du sien, et de l'argent qu'il ramassa habilla tous ces pauvres gens.

En continuant notre route, comme nous passions sur les travers du cap de Poule, je chassai pendant assez long-temps un bâtiment que je crus d'abord corsaire. L'ayant serré d'un peu plus près, il se trouva que c'étoit un vénitien que j'avois vu à Céphalonie. Je me doutai qu'il étoit chargé pour le compte des Anglais. Dans cette pensée je résolus de l'obliger à recevoir dans son bord les prisonniers flessinguois dont je m'étois chargé dans le dernier abordage, et dont j'étois fort incommodé, car ils alloient au nombre de cent vingt; et quoique je ne fusse pas assuré si la cargaison du vénitien appartenoit véritablement aux Anglais, je crus que mon doute suffisoit sinon pour l'attaquer et pour le prendre, au moins pour en exiger le service que je m'étois proposé.

Je lui déclarai donc que s'il ne se mettoit pas en état de recevoir dans son bord un certain nombre de prisonniers flessinguois que j'avois, il pouvoit se préparer à en venir aux mains. La peur qu'il eut d'être pris et mené en France le fit consentir à tout ce que je voulus.

Outre les cent vingt Flessinguois dont je souhaitois de me débarrasser, j'avois encore trente matelots hollandais de la grande prise, que je m'étois réservés pour fortifier mon équipage; car, comme j'ai dit, j'avois perdu quatre-vingts hommes dans le combat, et j'en avois laissé trente à Céphalonie, pour y garder le vaisseau que j'avois pris. Je n'avois plus besoin de ces trente matelots hollandais : je voulus aussi me défaire d'eux, et les faire passer sur le vaisseau vénitien.

Lorsqu'ils surent la résolution où j'étois, ils se jetèrent tous à mes pieds; et, me priant de les garder avec moi, et de les distinguer des Flessinguois, qu'ils appeloient des voleurs et des écumeurs de mer, ils me témoignèrent si vivement le regret qu'ils avoient d'être confondus avec des gens de cette sorte, que, charmé de leur probité, je les retins, et je les menai à Toulon.

En rejoignant Pallas, je me gardai bien de lui dire que je m'étois défait de mes Flessinguois ; car il n'auroit pas manqué de m'embarrasser encore de la moitié des siens. Nous continuâmes ainsi notre route, sans que je lui parlasse de rien.

Quand nous fûmes à Toulon, il débarqua ses prisonniers, et me demanda pourquoi je ne débarquois pas les miens. Je lui déclarai alors la manière dont je m'en étois débarrassé; ce qui le fit sourire, reconnoissant que je n'avois pas eu tort de la lui cacher.

En arrivant à Toulon, Pallas eut ordre d'armer deux flûtes, et de retourner à Céphalonie, pour y prendre la cargaison de la prise que nous y avions laissée. Pour moi, ma mission fut d'aller incessamment devant Alger, pour obliger ces corsaires à garder la paix ; car, ensuite des engagemens qu'ils avoient pris avec l'amiral Russel, ils avoient commencé à donner quelques sujets de plainte contre eux.

J'étois en état de mettre à la voile après m'être radoubé, lorsque j'eus ordre de remettre mon vaisseau au chevalier Du Palé, et de passer à Constantinople M. de Ferriol, ambassadeur du Roi à la Porte. Cet ordre me mortifia extrêmement; car m'enlever ainsi mon vaisseau pour me donner une commission qui n'aboutissoit à rien, c'étoit, à proprement parler, me mettre sur le pavé. Piqué de la conduite qu'on tenoit avec moi, surtout après une campagne qui me faisoit quelque honneur, et qui étoit avantageuse au Roi, je me plaignis au ministre, à qui je représentai que j'avois assez bien servi pour n'avoir pas dû m'attendre à un pareil traitement.

Outre cette lettre, j'écrivis encore à Bontemps : je lui exposai combien j'étois sensible à l'affront que je recevois, l'injustice dont on usoit à mon égard, et la honte qui m'en reviendroit, étant inouï dans la marine qu'on démontât un capitaine, à moins qu'il n'eût manqué à son devoir. Bontemps, toujours plus vif quand il s'agissoit de me faire plaisir, informa Sa Majesté du tort qu'on me faisoit. Le Roi en fut surpris, et voulut savoir du ministre les raisons pour lesquelles il en usoit ainsi à mon égard.

La vérité est que le ministre ignoroit ce changement, qui s'étoit fait dans le bureau, parce que tel avoit été le bon plaisir des commis. Cependant, pour ne pas donner à entendre qu'il négligeoit des détails desquels il devoit entrer, il répondit, sans paroître embarrassé, que, n'ayant aucun sujet de plainte contre moi, on ne m'avoit pas ôté mon vaisseau pour me mortifier, et que, bien loin de vouloir me faire de la peine, il m'avoit destiné le commandement de deux navires, afin que quelque chose commençât à rouler sur moi.

S'étant ainsi tiré d'embarras, il ne fut plus question du voyage de Constantinople. J'eus ordre d'armer deux vaisseaux, de croiser dans la Méditerranée, de couvrir le commerce, et de donner la chasse aux corsaires ennemis. L'armement se fit avec beaucoup de peine, car on avoit déjà pris tous les matelots pour l'armement général. Cependant je vins à bout du mien; et, malgré mille petits incidens qui me retardèrent quelque peu, je fus pourtant encore assez tôt en état de me mettre en mer. Mes deux vaisseaux étoient de cinquante pièces de canon : le second étoit monté par le comte de Hautefort. L'instruction particulière que j'avois reçue du ministre portoit de mouiller devant Alger, pour engager ces barbares à conserver la paix. D'Alger, j'avois ordre de me rendre à Céphalonie, pour escorter la prise, et les deux flûtes qui l'accompagnoient.

[1696] Je fis dans ma course, à peu près sur la hauteur de Majorque, une prise anglaise assez considérable, que j'envoyai à Toulon : et, continuant ma mission, je fus me présenter devant Alger, où plusieurs pauvres esclaves chrétiens vinrent pendant la nuit se réfugier dans mon bord. Ils y arrivèrent plus morts que vifs; car comme j'étois peu avancé dans la rade, il leur avoit fallu nager bien long-temps.

Parmi un plus grand nombre de leurs camarades qui avoient voulu les suivre, les uns s'étoient noyés, et les autres crioient de toutes leurs forces, en demandant du secours d'une manière à faire pitié.

Je ne savois comment faire pour les sauver : mon embarras venoit de ce qu'il est défendu, par différens traités de paix avec les Algériens, d'envoyer des chaloupes pour favoriser la fuite de leurs esclaves.

Je ne voulois pourtant pas laisser périr ceux-ci. Afin donc de leur donner du secours sans paroître contrevenir aux traités, je fis embarquer dans mon canot quatre cents brasses de cordes : j'ordonnai au patron de filer sur ce cordage aux endroits où il entendroit crier; et, au cas qu'il fût découvert par des chaloupes turques [ce qui pouvoit bien arriver, ces barbares, toujours attentifs à empêcher la fuite de leurs esclaves, voltigeant continuellement dans la rade], je lui ordonnai de mettre les avirons dans le canot, et de se hâler sur l'amarre qu'il avoit, tandis que je ferois tirer de même du bord.

Ce que j'avois prévu arriva. Les chaloupes turques aperçurent le canot, et lui donnèrent la chasse. Le patron, qui avoit déjà reçu dans son bord plusieurs de ces malheureux, se voyant découvert, fit, suivant ses instructions, la manœuvre que je lui avois ordonnée, et se hâla au bord du vaisseau, d'où l'on tiroit à grand'force.

Le canot voloit. Les Turcs, quoiqu'ils ramassent à toute outrance, ne purent jamais le joindre : ils le suivirent pourtant jusques à bord, ne pouvant comprendre comment il pouvoit se faire qu'un bâtiment qui ne nageoit point allât plus vite qu'eux.

Ils se plaignirent à moi de ce que, contre les traités, ma chaloupe avoit enlevé plusieurs de leurs esclaves. Je leur répondis qu'ils se trompoient; que ma chaloupe étoit à bord sans avoir été en mer, comme il étoit bien aisé de le vérifier. Ils ne prirent pas le change, et ils persistèrent toujours à dire qu'ils l'avoient vue : « A » telles enseignes, ajoutoient-ils, qu'elle alloit » comme le vent, quoiqu'elle ne nageât point. » Alors, tournant la chose en plaisanterie : « Il » faut, leur dis-je, que ce soit quelque gros » poisson que vous ayez vu; car vous savez » aussi bien que moi qu'une chaloupe ne sauroit » aller sans aviron. » La discussion n'alla pas pour lors plus avant, et les chaloupes s'en retournèrent.

Au point du jour, la garde découvrit un esclave nageant à nous, environ à une lieue du vaisseau. Je fis sur-le-champ armer la chaloupe, et j'ordonnai au patron de tirer vers ce malheureux. Il le trouva n'en pouvant plus : il avoit nagé pendant plus de dix lieues, tant l'amour de la liberté a de force sur les hommes, et tant elle est capable de leur faire entreprendre des choses extraordinaires. Il est hors de doute que ce pauvre chrétien auroit succombé sous l'effort, sans une cuirasse de liège qu'il avoit sur l'estomac, et des calebasses sous les aisselles.

Cependant il y avoit de grandes plaintes à Alger contre moi : plusieurs des principaux s'étoient tumultueusement assemblés chez le consul français, qui, pour leur donner quelque sorte de satisfaction, m'envoya le drogman ou interprète, suivi de quelques-uns d'entre eux, qui vinrent à bord pour réclamer leurs esclaves.

Sur la proposition qu'ils me firent de les leur rendre, je leur répondis que je n'en avois aucun; mais que quand même quelques-uns d'entre eux seroient en effet venus se retirer dans mon bord, ils ne devoient pas attendre que je les leur relâchasse; qu'ils n'ignoroient pas que les vaisseaux du roi étoient partout des asyles si sacrés, que ceux même d'entre les Turcs qui étoient esclaves parmi les chrétiens recouvroient leur liberté lorsqu'ils étoient assez heureux pour les aborder; que, de ma part, ils savoient bien que, pour ne faire de la peine à personne, je n'avois pas été à terre, et que j'avois même affecté de ne m'avancer pas dans la rade; que du reste, puisqu'ils étoient si sensibles à la perte qu'ils avoient faite, c'étoit à eux à la prévenir en y prenant garde, puisqu'ils savoient fort bien que rien au monde n'est plus naturel à l'homme que l'amour de la liberté, et qu'il est toujours en état de tout entreprendre pour la recouvrer. Quoiqu'ils eussent beaucoup de peine de se payer de mes raisons, il fallut pourtant en passer par là.

Un des Turcs qui étoient venus à bord, m'adressant la parole, me demanda si un de ses esclaves qui lui manquoit ne seroit point parmi ceux qui s'étoient réfugiés chez moi. Je lui répondis que je ne pouvois lui donner aucun éclaircissement sur ce point, et que je ne savois rien de ce qu'il me demandoit.

Il me répliqua en son patois : « Tu me réponds » comme une faucille. Parle-moi droit, et me dis » si mon esclave est dans ton bord. S'il s'est » retiré dans ton vaisseau, je n'en suis pas fâché, » c'est sa bonne fortune : mais dis-le-moi si tu le » sais, je ne le chercherai plus. » Je lui protestai que je n'en savois rien ; qu'à la vérité j'avois entendu crier autour du vaisseau des hommes qui demandoient du secours ; mais que n'ayant pas osé envoyer ma chaloupe, pour ne pas contrevenir aux défenses, ils pouvoient bien s'être noyés, ou être retournés à terre. Ce Turc parut se contenter de ma réponse, et s'en alla.

Le lendemain, je mis à la voile, et je fis route pour Céphalonie. Nous étions vers le milieu du canal des îles de Majorque et de Sardaigne, lorsque nous découvrîmes une petite voile latine qui n'étoit pas fort éloignée. Après lui avoir donné la chasse pendant quelque temps, nous la joignîmes. C'étoit un petit corsaire d'Alger avec treize hommes d'équipage, que le mauvais temps avoit débusqué des côtes de Catalogne.

Je reçus le corsaire à bord; je visitai sa patente, et je lui demandai où il alloit. Il me répondit : « Je n'en sais rien. — Quoi ! lui répli- » quai-je, tu vas à la mer, et tu ne sais pas » naviguer ? » Le corsaire me répondit qu'il savoit que la partie du midi étoit la côte de Barbarie, et le nord la terre des chrétiens ; et qu'il ne lui en falloit pas davantage.

Je donnai la remorque à ce petit bâtiment, et je promis au corsaire de le mener jusques aux terres de Barbarie. « Je le veux bien, me dit-il ; » mais auparavant j'ai une grâce à te demander. » — De quoi s'agit-il ? lui répliquai-je. — Tu » peux m'accorder facilement ce que je souhaite, » repartit-il : aide-moi, pour l'amour de Dieu, » à prendre des chrétiens. » Je ris de sa simplicité, et je lui répondis que sa demande n'étoit pas juste, puisqu'il ne m'aideroit pas lui-même à prendre des Turcs, si je l'en priois.

Ce pauvre misérable avoit plus de dix ulcères sur le corps. Il fut assez simple pour s'imaginer que mon chirurgien pourroit le guérir sur-le-champ : dans cette belle persuasion, il me pria encore, pour l'amour de Dieu, de le faire guérir. Sa grossièreté me fit pitié. Quand il eut bien mangé, lui et tous ses matelots, ils furent quelque temps à parler entre eux, et à délibérer sur ce qu'ils avoient à faire ; après quoi, se défiant sans doute de moi, ils me demandèrent la permission de s'en aller. Je la leur accordai avec plaisir.

Comme ils furent embarqués dans leur petit bâtiment, ils crièrent qu'on larguât l'amarre (1); leur dessein étoit d'enlever le grelin. On leur cria de larguer eux-mêmes. Le cordage n'étant pas à eux, ils le lâchèrent; mais ce ne fut qu'avec peine, tant les Algériens ont d'inclination à voler. Le vent étoit assez fort, et la mer grosse : ils se repentirent bientôt d'avoir négligé le secours que je leur avois offert, et ils demandèrent de retourner à bord ; mais je ne voulus plus d'eux, et ayant fait force de voiles, nous les perdîmes bientôt de vue.

Pendant la nuit il se forma tout à coup un temps très-noir, accompagné d'éclairs et de tonnerres épouvantables. Dans la crainte d'une grande tourmente dont nous étions menacés, je fis serrer toutes les voiles. Nous vîmes sur le vaisseau plus de trente feux Saint-Elme : il y en avoit un entre autres, sur le haut de la girouette du grand mât, qui avoit plus d'un pied et demi de hauteur. J'envoyai un matelot pour le descendre : quand cet homme fut en haut, il cria que ce feu faisoit un bruit semblable à celui de la poudre qu'on allume après l'avoir mouillée. Je lui ordonnai d'enlever la girouette, et de venir ; mais à peine l'eut-il ôtée de place, que le feu la quitta, et alla se poser sur le bout du mât, sans qu'il fût possible de l'en retirer. Il y resta assez long-temps, jusqu'à ce qu'il se consuma peu à peu. La menace de la tourmente n'eut d'autre suite qu'une grosse pluie qui dura quelques heures, après laquelle le beau temps revint.

En passant devant Malte, je demandai des nouvelles de M. Pallas : il n'y avoit point paru. Je continuai ma route, et j'arrivai à Céphalonie trois jours après qu'il en fut parti. Me voyant hors d'espoir de le joindre, je fis route pour aller croiser devant le phare de Messine. Je choisis ces parages préférablement à tout autre, parce que les vaisseaux marchands ennemis qui font le

(1) C'est-à-dire, qu'on lâchât le grelin, nom d'un petit câble, qu'ils se proposoient de voler.

commerce du Levant à Livourne prenoient leur route par cet endroit.

Comme j'étois sur les côtes de la Calabre, je rencontrai deux corsaires majorquins, l'un de vingt-quatre pièces de canon, et l'autre de huit. Je mis pavillon anglais, et je leur donnai la chasse pendant quelque temps. Ils virent bientôt qu'ils ne pouvoient s'empêcher d'être pris : pour se tirer de ce mauvais pas, ils allèrent mouiller sous la ville de Roccella, dans le royaume de Naples. Je m'approchai d'eux autant que le fond me le permit ; j'arborai le pavillon de France, et je me mis à les canonner. La ville, de son côté, se mit en devoir de les défendre avec quelques mauvais canons; mais je fis sur les corsaires un si grand feu, que, ne pouvant plus le soutenir, ils furent obligés d'abandonner leurs bâtimens, après les avoir échoués. Tout l'équipage se sauva.

A peine furent-ils loin, que huit Turcs de Tripoli, que les corsaires avoient pris sur une barque française, et qui étoient demeurés à bord, arborèrent le pavillon blanc. La chaloupe et le canot furent à eux, et se rendirent maîtres des deux navires, où ils ne trouvèrent, outre les Turcs, que des morts, quelques blessés, et un moine vêtu de blanc.

Tandis que tout ceci se passoit, le peuple, qui avoit pris parti pour les Majorquins, s'étoit assemblé dans le port, où il paroissoit sous les armes. Leur vue me fit quelque peine. Je voulois, à la vérité, conserver mes prises, à quelque prix que ce fût ; mais j'aurois été bien aise de n'avoir plus à combattre après m'en être rendu maître. Dans cette situation, il me parut que je ne pouvois rien faire de mieux que d'envoyer à terre faire des propositions de paix.

Je choisis le moine pour cette ambassade. Il eut ordre d'aller dire de ma part aux habitans que ce n'étoit pas à eux qu'on en vouloit ; que je ne prétendois autre chose que de retenir les deux vaisseaux dont je m'étois déjà rendu maître ; qu'il étoit étrange qu'ils prissent les armes pour défendre des corsaires qui, bien loin de mériter leur protection, ne devoient être regardés que comme des voleurs publics; que, du reste, s'ils persistoient à les protéger, n'étant pas moi-même, à beaucoup près, résolu de céder, je serois réduit à bombarder et à canonner leur ville. Le moine s'acquitta à merveille de sa commission. Il se fit une espèce de trève, pendant laquelle nous travaillâmes toute la nuit à alléger ces deux bâtimens, afin de les déchouer.

Le lendemain, sur les dix heures du matin, il parut une barque qui venoit du côté de Messine, faisant route sur la ville. L'envie de m'em-

parer de ce bâtiment, sans être obligé de lui donner la chasse, me fit mettre pavillon anglais. Cette barque donna à plein dans le panneau : elle mit de son côté la bannière espagnole, et approcha sans se défier le moins du monde. A la vérité, tout concourut à la tromper : car quelle apparence qu'elle pût me regarder comme Français, en voyant deux navires mouillés sous la ville avec tant de tranquillité?

Elle envoya pourtant à bord sa chaloupe, armée de vingt-cinq hommes, pour me reconnoître. La voyant approcher, je préparai une bonne mousqueterie, et je mis un bonnet à l'anglaise. Du plus loin que la chaloupe put se faire entendre, elle se mit à crier : « Quelle nouvelle ? — Bonne, lui répondis-je ; à bord! » La chaloupe, qui ne se défioit de rien, approcha, et fut enlevée sans difficulté.

La barque, qui étoit à bonne vue, reconnoissant le piége, revira de bord pour se sauver. Comme je m'attendois à cette manœuvre, je fis tirer dessus : le second coup de canon donna par malheur dans la sainte-barbe, mit le feu aux poudres, et fit sauter le bâtiment. Ce fut un spectacle bien pitoyable que de voir tous ces hommes en l'air, qui un moment après retombant à demi brûlés, avec des éclats du bâtiment mis en pièces, couvrirent la mer de débris et de morts.

Je n'avois par malheur à bord ni ma chaloupe ni mon canot, qui étoient occupés à la garde des deux corsaires échoués. A leur place, j'armai au plus tôt la chaloupe que je venois de prendre ; je l'envoyai dans l'endroit où la barque avoit sauté, et je fus assez heureux pour sauver encore sept hommes à demi brûlés, parmi lesquels il se trouva un Français.

Ce bâtiment venoit de Naples : il avoit armé en course, et portoit cent trente hommes d'équipage. Quand mes deux corsaires furent déchoués, je fis brûler une barque marchande que j'avois prise dans cette rade ; je mis ensuite à la voile, et je retournai à Malte, où j'appris que Pallas avoit passé avec son convoi.

Je n'avois pas été en mer assez long-temps pour consumer tous mes vivres. La saison d'ailleurs n'étant pas encore fort avancée, je résolus d'aller croiser sur le Cap-Corse, comptant qu'il y auroit quelque coup à faire, ou tout au moins que j'en chasserois les corsaires ennemis. Après y avoir resté quelque temps sans apercevoir une seule barque, comme je poussois vers les côtes de Barbarie, j'aperçus, par le travers du cap Bon, trois vaisseaux, à qui je donnai la chasse.

Je reconnus bientôt à leurs voilures qu'ils étoient français. Alors, pour empêcher que la peur ne les obligeât à s'échouer [car ils ne pouvoient pas se tirer d'affaire autrement], je quittai la chasse, et j'envoyai mon canot pour les rassurer. Ils vinrent, se joignirent à moi avec joie, et me dirent qu'il y avoit derrière eux neuf autres vaisseaux français richement chargés.

Ces parages sont très-dangereux pour les marchands : je voulus mettre ceux-ci à couvert d'insulte autant qu'il me seroit possible. Pour cet effet, je détachai le comte de Hautefort avec les deux corsaires que j'avois pris : il fut à leur rencontre. Peu après, cette flotte me joignit. Je la mis sous mon escorte, et nous allâmes mouiller devant Biserte, où je leur donnai à tous des signaux.

Avant que de mettre à la voile, j'appelai les Turcs que j'avois trouvés sur les corsaires majorquins, et je leur dis que quoiqu'ils eussent été pris sur un bâtiment ennemi, comme nous étions en paix avec le royaume de Tripoli, et qu'ils m'assuroient avoir été pris eux-mêmes par les Majorquins sur un bâtiment français, j'allois, s'ils le vouloient, les faire mettre à terre dans un pays où ils retrouveroient et leur liberté, et l'exercice de leur religion. Mon but étoit de leur faire connoître par là que les Français étoient de bonne foi, qu'ils observoient exactement les traités, et qu'ils étoient gens à reconnoître leurs amis partout où ils les trouvoient.

Ces huit Turcs, touchés de la grâce que je leur faisois, se jetèrent à mes pieds, qu'ils baisèrent plusieurs fois, en me souhaitant, dans leur baragouin, toutes sortes de bénédictions. Je les menai moi-même à l'aga, je leur donnai une piastre à chacun ; après quoi je les rendis à cet officier en présence de tous ses soldats, qui, charmés de la générosité française, témoignèrent beaucoup de satisfaction de leur exactitude à observer les traités.

Ces pauvres Turcs, qui étoient à demi nus, furent habillés dès le lendemain par la charité de leurs compatriotes. Quant à moi, je fus ravi, comme j'ai dit, de pouvoir en même temps donner à ces barbares une bonne idée de la nation, et d'épargner à la cour la dépense qu'il auroit fallu faire pour renvoyer ces prisonniers dans leur pays ; ce qui étoit inévitable, n'ayant été pris sur les corsaires majorquins que parce qu'ils avoient été pris auparavant sur une barque française. Ma conduite fit beaucoup de plaisir au ministre, qui me témoigna m'en savoir bon gré.

De Biserte, je menai mon convoi à Marseille, où nous débarquâmes heureusement. L'arrivée de la flotte, qui portoit plus de dix millions, fit si grand plaisir aux négocians, qu'en reconnoissance du service que je leur avois rendu, la chambre du commerce délibéra de me faire présent de deux mille livres, que je n'acceptai que par honneur, et après en avoir obtenu la permission du ministre.

Quoique les eaux de Digne, ainsi que j'ai déjà dit, m'eussent guéri de la blessure que j'avois reçue au combat de La Hogue, il m'en étoit pourtant resté une douleur dans la cuisse, dont j'étois de temps en temps fort incommodé. Je demandai à la cour la permission de rester quelque temps à terre pour me faire guérir. M. de Pontchartrain me répondit d'une manière fort obligeante, en m'accordant ce que je souhaitois, à condition toutefois que, dès que je serois en état de servir, je lui en donnerois avis.

Voici une lettre que je reçus de M. Phelipeaux sur ce même sujet, peu après la réponse de M. de Pontchartrain :

« Mon père a dû vous marquer, monsieur,
» combien le Roi est content de votre conduite,
» et du zèle que vous avez fait paroître pour son
» service. Je suis très-fâché de votre indisposi-
» tion ; je souhaite qu'elle ne vous empêche pas
» de retourner à la mer. Cependant il ne faut pas
» que vous preniez trop sur vous.

« *Signé* PHELIPEAUX. »

[1697] Quand je fus guéri de mon indisposition, j'en donnai avis au ministre, qui me donna le commandement d'un vaisseau nommé *l'Heureux Retour*. Peu après, je reçus ordre de suivre M. le comte d'Estrées, qui devoit commander l'armée navale destinée pour le siége de Barcelone, dont M. le duc de Vendôme étoit chargé. Ce siége, également mémorable et par la vigueur de nos attaques, et par la vigueur des sorties que les ennemis firent sur nous, fut très-long ; ce qui obligea d'abord M. de Vendôme de faire descendre des canonniers de notre marine, avec des officiers pour les commander. Peu après, il en tira tous les soldats, dont il forma un bataillon qui montoit à son tour la tranchée, comme les troupes de terre.

Je m'étois d'abord rendu auprès du comte Du Luc, qui commandoit un des bataillons des galères. Un matin, M. le bailli de Noailles, qui devoit commander la tranchée en qualité de lieutenant général, avoit fait préparer un grand déjeuner pour les officiers. Nous étions déjà à table, à l'abri du couvent des Capucins, lorsqu'une bombe tirée de la ville vint tomber à quinze pas de l'endroit où nous mangions. Dans l'instant, tous ces messieurs se couchèrent ventre à terre, en attendant que la bombe eût crevé.

J'allois me coucher comme les autres, lorsque

je remarquai qu'elle étoit tombée dans une terre molle, où elle s'étoit fort enfoncée. Voyant qu'il n'y avoit rien à risquer, je me remis tranquillement à table sans qu'ils s'en aperçussent, et je continuai à manger comme s'il n'eût été question de rien. Tous ces messieurs furent assez surpris, en se relevant, de voir que je n'avois pas changé de situation. Je commençai à badiner sur leur précaution inutile, et tout le reste du repas se passa en plaisanteries sur ce sujet.

Cependant la ville, qui étoit fort pressée, se rendit enfin sous une capitulation fort honorable, dont je ne rapporterai pas le détail, parce qu'il n'est pas de mon sujet. Les troupes de marine se rembarquèrent peu après, et je fus commandé pour la découverte.

Je rencontrai, assez près des côtes de Catalogne, un bâtiment espagnol chargé de minimes. Ces bons pères, qui venoient d'élire leur général dans une ville d'Espagne, étoient au nombre de près de trois cents. Quoiqu'ils eussent des passe-ports, je les menai à M. d'Estrées, qui, me regardant : « Que diable veux-tu donc que je fasse » de tous ces minimes? me dit-il en riant. Nous » n'aurions pas assez d'huile dans l'armée pour » les nourrir pendant deux jours. » Sur cela, il m'ordonna de les renvoyer au plus vite, en disant que c'auroit été une belle prise pour les Algériens.

Peu après, la flotte étant venue désarmer à Toulon, M. le maréchal d'Estrées me fit monter un vaisseau nommé *le Trident*, avec ordre d'aller à Gênes et à Livourne prendre sous mon escorte les bâtimens marchands que j'y trouverois, et de les mener en France. Mon voyage ne fut que de huit jours. Pour ne pas perdre de temps, je restai sous voile devant Gênes, où j'envoyai mon canot avec une lettre pour le consul français, par laquelle je lui demandois s'il n'y avoit rien à faire pour le service du Roi : il me répondit qu'il n'y avoit rien à faire pour le présent.

De Gênes, je continuai ma route, et je me rendis à Toulon, où je reçus un ordre du Roi pour monter un autre vaisseau nommé *le Sérieux* : c'étoit le plus fin voilier de la marine. M. d'Estrées, qui me donna cet ordre, avoit reçu en même temps un autre ordre de faire armer *le Vigilant*, et de le faire monter par le sieur Bidau, capitaine de vaisseau.

Comme Bidau étoit mon ancien, et que son vaisseau étoit moins considérable que celui qu'on m'avoit donné, il n'oublia rien pour faire changer cette destination. Il en parut si jaloux, que, désespérant de venir à bout de son dessein par lui-même, il travailla sourdement, et fit agir des femmes, qui manœuvrèrent si à propos, qu'elles lui rendirent le comte d'Estrées favorable.

Ce seigneur voulut m'obliger plusieurs fois à consentir de moi-même à un échange : enfin, après plusieurs discussions qui ne nous mirent pas d'accord, la cour, qui voulut donner quelque satisfaction à M. d'Estrées, fit elle-même le changement auquel je n'avois jamais voulu consentir, et me donna encore *le Trident* à monter, avec ordre d'aller escorter quelques marchands jusque sur le cap Bon, et d'aller ensuite devant Barcelone recevoir des ordres de M. de Vendôme.

Je partis pour ma mission : à mon arrivée devant Barcelone, je trouvai les ordres de la cour, par lesquels, en conséquence de la paix générale, défenses m'étoient faites d'arrêter aucuns bâtimens étrangers. Il m'étoit encore ordonné de passer en Sardaigne, d'y annoncer la paix au vice-roi, et de me tenir sur ces parages pour en faire retirer les corsaires ennemis. En exécution de cet ordre, je me rendis à Cagliari, où deux corsaires majorquins désarmèrent, ensuite de la nouvelle que je leur donnai de la paix.

Non loin de là, comme j'étois à peu près par le travers de l'île de Saint-Pierre, le tonnerre donna dans mon vaisseau environ sur les quatre heures du matin. Le coup fut si terrible, qu'il fit crier les poules et les moutons. Quand le jour fut venu, nous trouvâmes sur l'avant un matelot qui s'appeloit Marin, assis roide mort, ayant les yeux ouverts, et tout le corps dans une attitude si naturelle, qu'il paroissoit être en vie. Après l'avoir fait visiter sans qu'on lui trouvât la moindre contusion sur le corps, je le fis ouvrir. Ses entrailles ne parurent aucunement altérées : sans doute que le feu du tonnerre l'avoit étouffé sur-le-champ.

Étant encore dans cette mer, je tuai d'un coup de fusil un gros poisson que les pêcheurs appellent monge. Il pesoit plus de quatre-vingts quintaux : mes domestiques en firent fondre la graisse, de laquelle ils tirèrent deux barils d'huile, qu'ils vendirent à Toulon cinquante francs.

Quelques jours après, étant mouillé, avec quelques autres bâtimens français, dans le golfe de Palmos, toujours sur les côtes de Sardaigne, l'un des capitaines, appelé Richard, fut, avec son canot à la voile, pour lever des filets qu'il avoit tendus. Le canot renversa : sur-le-champ je fis mettre le mien en mer, pour aller incessamment leur donner secours. Personne ne se noya; mais le capitaine fut si effrayé, qu'il eut bien de la peine à en revenir. Je restai sur ces parages jusqu'à ce que M. de Franc, capitaine de vaisseau, m'apporta l'ordre de venir désarmer à Toulon, où étant arrivé peu de jours après, je me retirai chez moi pour y prendre quelque repos.

[1698] Tandis que je recommençois à me refaire de tant de fatigues, je reçus de la cour une lettre d'autant plus désagréable, que j'avois moins de sujet de l'attendre. Ce n'étoit que reproches, auxquels je fus fort sensible, parce que je savois bien que je ne les méritois pas. Le ministre se plaignoit de ce que le consul de Gênes ayant voulu acheter quatre Turcs d'Alger, je l'en avois empêché. Il ajoutoit, d'une manière fort aigre, que ce n'étoit point à moi de me mêler de ce trafic; que c'étoit là l'affaire de l'intendant des galères, et non la mienne; et qu'il trouvoit fort mauvais la liberté que je m'étois donnée en cette occasion.

Il se plaignoit encore de ce qu'ayant eu ordre d'aller à Alger prendre M. Dussaut, envoyé du Roi, je n'avois point obéi, et j'étois venu au contraire désarmer mon vaisseau, comme s'il n'avoit été question de rien; que la diligence avec laquelle j'avois désarmé donnoit assez à entendre que j'avois été bien aise de m'épargner cette course; que Sa Majesté étoit si offensée de la conduite que j'avois tenue à ce sujet, que, voulant punir mon peu d'exactitude à exécuter les ordres que j'avois reçus, elle m'ordonnoit d'armer incessamment le même vaisseau avec le même équipage, ajoutant que si j'apportois tant soit peu de retardement, ou si je faisois naître la moindre difficulté à remonter *le Trident*, il en donnoit le commandement à M. le baron des Adrets.

Toutes ces plaintes n'avoient pas le moindre fondement. Je répondis au ministre que je trouvois le consul de Gênes bien hardi d'avoir osé avancer une telle imposture; que non-seulement je ne l'avois pas traversé dans ses marchés, mais que j'avois toujours ignoré qu'il eût eu la pensée d'acheter des Turcs; qu'en un mot, je n'avois jamais eu, ni de près ni de loin, aucun commerce ni aucune relation avec lui. Et, pour ne laisser à la cour aucune difficulté sur ce point, après avoir raconté dans ma lettre la manière dont je m'étois comporté devant Gênes, lorsque j'y avois passé par ordre de M. d'Estrées, j'envoyai en original la lettre que j'avois reçue du consul, par où il étoit aisé de voir de quoi il avoit été question entre nous. Je finissois cet article en suppliant le ministre de punir l'imposteur qui avoit osé lui écrire tant de faussetés.

Quant au second chef, je vis bien que les tracasseries de Bidau pouvoient avoir donné lieu, au moins en partie, aux conjectures du ministre : cependant rien au monde n'étoit plus faux que sa pensée; car quoique j'eusse défendu mes droits au sujet du *Sérieux*, que j'avois ordre de monter, il m'étoit assez indifférent, dans le fond, de monter quelque vaisseau qu'on me donnât.

Sur cet article, je répondis qu'à l'égard de l'ordre auquel il me reprochoit de n'avoir pas obéi, j'osois l'assurer que je n'en avois jamais eu de connoissance; et, pour me mieux justifier, je lui mandai les extraits de tous les ordres que j'avois reçus de la cour et de M. d'Estrées, dans lesquels il n'étoit fait mention en aucune sorte d'aller à Alger.

Enfin, sur ma diligence à désarmer, je lui écrivis que je n'en avois usé ainsi que pour épargner de la dépense au Roi ; et que tous les désarmemens que j'avois faits dans ma vie n'avoient jamais duré plus de trois jours, comme M. de Vauvray, intendant, et Le Vasseur, ordonnateur, pourroient lui témoigner.

Quoique ma lettre ne produisit pas tout l'effet que j'en attendois, elle me disculpa en partie des accusations qui avoient été formées contre moi. J'en reçus une réponse du ministre, par laquelle il me disoit qu'ayant découvert mon innocence au sujet du consul de Gênes, il lui avoit fait une forte réprimande, et lui avoit reproché vivement son imposture.

Mais, après avoir loué mon zèle pour le service du Roi, et ma diligence dans les désarmemens, il ajoutoit qu'il me trouvoit trop hardi d'oser nier l'ordre que j'avois reçu d'aller à Alger pour y prendre M. Dussaut, qui m'y attendoit depuis long-temps. Et, pour me mettre hors de réplique sur ce point, il joignoit à la lettre qu'il m'envoyoit un extrait de l'ordre qui avoit été expédié dans le bureau de la marine.

Fâché de ce que le ministre paroissoit encore douter de ma sincérité, je lui récrivis qu'il n'étoit sorte de punition dont je ne fusse digne, si, après avoir reçu l'ordre dont il s'agissoit, et après avoir refusé de l'exécuter, j'avois encore l'effronterie d'assurer que je ne l'avois point reçu : mais que je le priois de remarquer que cet ordre avoit été expédié pendant le siége de Barcelone; que ce siége ayant tiré en longueur, et que celui à qui les expéditions de la cour étoient adressées ayant besoin de tout son monde, il pouvoit fort bien être arrivé que, par oubli ou autrement, il ne m'eût parlé de rien; que quant à moi, je le priois d'être persuadé que je n'avois jamais eu la moindre connoissance de ses intentions sur ce sujet.

En réponse de ma lettre, je reçus du ministre la lettre suivante :

« J'ai ôté de mon esprit, monsieur, toutes les
» inexécutions dont je vous avois cru coupable.
» Le Roi est fort content de vos services : partez
» pour Alger, allez prendre le sieur Dussaut,
» qui vous y attend. Vous ferez, de la part du
» Roi, au nouveau roi d'Alger un compliment
» sur son élection, tel que M. Dussaut vous le
» dictera. »

Peu après avoir reçu cette lettre, je fis voile pour Alger, où je fus reçu en qualité d'ambassadeur extraordinaire. Je complimentai le Roi. Ce prince, qui, sans talens, de simple maréchal ferrant qu'il étoit, avoit été élevé, par le pur caprice d'une populace grossière et ignorante, à la dignité de souverain, étoit lui-même le plus grossier de tous les hommes. Toute la réponse qu'il me fit se réduisit à ce peu de mots : « Soyez » le bienvenu, et le très-bienvenu. »

De l'audience du Roi, je fus conduit au divan, où je trouvai l'aga des janissaires et les autres bachas assemblés. Ce ministre, plus puissant que le roi, qu'il détrône et à qui il fait couper la tête quand il lui plait, répondit fort bien en langue turque au compliment que je lui avois fait : c'étoit un renégat français. Pendant la conversation, où nous parlâmes toujours bon français, on me présenta du café; on en servit à l'aga, et au reste de l'assemblée : en un mot, j'y reçus toutes les civilités possibles du ministre, qui me parut autant délié que le Roi m'avoit paru stupide et grossier. Au sortir du divan, j'allai dîner chez M. Dussaut, où je reçus les présens du roi d'Alger, qui consistoient en douze poules et deux agneaux. Après le repas, je me rembarquai; et deux jours après, M. Dussaut s'étant rendu à bord, nous fîmes route pour Toulon, d'où, après avoir désarmé, je me retirai chez moi pour y jouir de la paix, comme tout le reste du royaume.

[1699] Après un séjour de quelques mois, le défaut d'emploi me laissa le maître de mes actions. Je pris la poste pour Paris, où je souhaitois d'aller faire ma cour. En arrivant à Versailles, comme j'étois extrêmement fatigué, je voulus boire de l'eau tiède pour me désaltérer. Le chevalier de La Rongère, qui étoit avec moi, en but aussi par compagnie. Je ne sais si cette eau étoit gâtée : il falloit bien que la chose fût ainsi, puisque trois heures après nous fûmes pris, le chevalier et moi, d'une fièvre très-violente, accompagnée de symptômes fort fâcheux.

Le cardinal de Janson me voyant dans cet état, fit atteler son carrosse, et me conduisit lui-même à Paris. Le premier ordre qu'il donna en arrivant fut d'appeler son médecin, qui, selon la coutume et le style ordinaire de la Faculté, débuta par m'ordonner la saignée. Je n'étois pas autrement disposé à lui obéir. Le cardinal s'approcha de mon lit, et voulut me faire entendre raison; mais je suppliai cette Éminence de me laisser en liberté, l'assurant que, sans avoir recours à ce remède, auquel je n'avois nulle confiance, je serois guéri dès le lendemain.

Le cardinal, qui me trouva inflexible sur cet article, sortit, et emmena le médecin, qui dit en se retirant que les gens de mer étoient un peu extraordinaires, et qu'ils avoient des volontés; mais qu'on seroit bientôt obligé d'envoyer chez lui une seconde fois; que, bien loin de guérir, je tomberois en frénésie, ma fièvre étant trop violente pour n'entraîner pas quelque chose de plus fâcheux.

Quand je fus seul dans ma chambre, j'envoyai chercher de l'eau de la Seine au-dessus et au-dessous de Paris. Celle du dessus de Paris devoit me servir pour boire, et celle du dessous pour prendre des lavemens. J'avalai quantité de cette eau, qu'on avoit eu soin de faire tiédir, et je me fis donner lavement sur lavement; si bien qu'en moins de dix heures la fièvre cessa entièrement.

Le lendemain, je fus chez le cardinal, où je trouvai le médecin qui m'avoit visité la veille. Surpris de me trouver debout et sans fièvre, il me demanda quel remède j'avois fait pour guérir si tôt : « Il ne m'a fallu que de l'eau, lui ré- » pondis-je. » Je lui expliquai ensuite la manière dont je m'en étois servi. Il avoua ingénument que ce remède devoit être bon, puisque les suites en étoient si heureuses; et ensuite, badinant en homme d'esprit, il me pria de ne donner ma recette à personne, pour ne pas réduire la Faculté à mourir de faim.

Le chevalier de La Rongère, à qui l'eau avoit donné la fièvre tout comme à moi, voulut prendre une route différente de la mienne, et se mit bonnement entre les mains des médecins, qui, après avoir bien raisonné sur son mal, le saignèrent, le purgèrent, et le tuèrent.

Quelque temps après cette maladie, le Roi fit dans la marine une promotion de chevaliers de Saint-Louis. Je fus du nombre de ceux qui eurent part aux grâces. Sa Majesté voulut me distinguer honorablement, et me tirer de la foule, en me recevant tout seul dans sa chambre, avec les cérémonies accoutumées.

[1700] Sur ces entrefaites, le Pape vint à mourir, et les cardinaux se préparèrent pour aller à Rome. Le cardinal de Janson avoit le secret de la cour. Le Roi, qui vouloit donner à cette Éminence tous les agrémens possibles, avoit ordonné au ministre de la marine de ne donner le commandement des galères qui devoient porter les cardinaux qu'aux parens du cardinal de Janson. Le ministre m'envoya appeler pour avoir leur nom, et m'ordonna de me rendre incessamment à Toulon pour armer deux bâtimens de charge, qui devoient transporter à Civita-Vecchia les équipages de Leurs Éminences.

Je ne pus partir de Paris que quelques jours après le départ des cardinaux de Janson et de Coaslin. En arrivant à Lyon, j'y trouvai bon nombre d'abbés de la cour, entre autres l'abbé de Lamoignon, fils du président, et l'abbé Mansard. Tous ces messieurs alloient à Rome à la suite des cardinaux, et devoient s'embarquer sur les galères.

Nous partimes de Lyon tous ensemble sur deux bateaux, l'un desquels étoit destiné pour les domestiques et pour les hardes; l'autre étoit pour les maîtres. Pour moi, je voulus embarquer ma malle avec moi, et je ne voulus pas non plus que mon valet me quittât. En entrant dans la barque, je me chargeai de faire la fonction de pilote. Quand nous fûmes à Avignon, deux gardes de la douane vinrent visiter les hardes. Nos messieurs, choqués du compliment, et le prenant sur un ton d'autorité qui ne convenoit pas, maltraitèrent les gardes en paroles, et les menacèrent de les faire jeter dans l'eau : ceux-ci, sans s'embarrasser de tous ces discours, commandèrent au patron de passer de l'autre côté de la rivière, où étoit le bureau, et où le tout pouvoit être visité à loisir.

Comme je vis que le meilleur parti étoit de faire honnêteté à ces messieurs, je leur présentai mes clefs, les priant de m'expédier le plus tôt qu'il se pourroit, et de me permettre de continuer ma route. Cette civilité leur fit plaisir; et, sans vouloir regarder rien de ce qui m'appartenoit, ils me dirent qu'ils n'en demandoient pas davantage, et que j'étois le maître de faire emporter mes malles quand je le jugerois à propos.

Sur cela, je mis pied à terre, où ayant trouvé une voiture prête, je continuai ma route pour Marseille, non sans m'être quelque peu moqué auparavant de mes compagnons de voyage, à qui leur fierté hors de propos avoit si mal réussi; car étant à Marseille, j'appris qu'ils avoient eu beaucoup de peine à ravoir leur hardes, et qu'elles auroient été plus d'un mois dans le bureau, sans les mouvemens que le marquis de Velleron, neveu du cardinal de Janson, se donna pour les faire relâcher.

Le jour que j'arrivai à Marseille, M. Arnoux, intendant des galères, donnoit un magnifique repas aux cardinaux de Janson et de Coaslin : ma sœur et quelques autres dames y étoient invitées. Un religieux espagnol nommé à l'archevêché de Cagliari, fort connu du cardinal de Janson, qu'il avoit vu autrefois à Rome, et à qui il étoit allé rendre visite dès le matin, devoit être aussi de ce repas. Le cardinal, qui l'y avoit invité, avoit prié ma sœur de se mettre à côté de ce prélat, et d'en prendre soin. Elle y travailla si bien, que l'ayant placé entre elle et une autre dame, à force de lui porter des santés et de lui donner des goguettes, ce bon archevêque, peu accoutumé aux manières et au vin de France, s'enivra.

Le cardinal, qui s'aperçut de l'état où elles avoient mis ce bon homme, suoit à grosses gouttes, lorsque j'entrai heureusement dans la salle pour le tirer d'embarras. « Mon cher cousin, me » dit-il tout bas, ces coquines de femmes sont » cause de ce que vous voyez : mais, je vous » en prie, ayez soin de ce pauvre archevêque, » et ne l'abandonnez point. »

Le repas étoit fort avancé. L'archevêque se retira de table : je le conduisis hors de la salle, où l'ayant fait mettre dans une chaise à porteurs, je ne le quittai point que je ne l'eusse ramené dans son auberge. Ce pauvre homme, qui étoit encore en état de connoître les petits services que je lui rendois, m'en témoigna toute la reconnoissance possible.

Le lendemain, en prenant congé de lui : « Mon-» seigneur, lui dis-je, je suis homme de mer, à » qui les voyages coûtent peu : vous pouvez » compter que j'aurai un jour l'honneur de vous » aller faire la révérence dans votre palais. » Il me protesta que je ne saurois lui faire plus de plaisir, et que si ce bonheur lui arrivoit, j'aurois lieu d'être content des amitiés que je recevrois de lui. Après avoir pris congé des cardinaux, je me rendis à Toulon, où je fis armer les deux bâtimens destinés à porter les équipages. Ils mirent peu de jours après à la voile, et firent route selon leur destination.

A peu près dans ce temps-là, le Roi fit armer à Toulon trois vaisseaux, pour aller à Cadix joindre le marquis de Relingue, qui avoit armé à Brest six navires. Cette escadre, composée de neuf vaisseaux de guerre, avoit ordre de soutenir le commerce contre les corsaires algériens. Je fus nommé pour monter *le Téméraire*. Le marquis de Villars, frère du maréchal de Villars, commandoit l'escadre. Nous fîmes route pour Cadix.

En chemin faisant, je chassai, par le travers de Malaga, cinq corsaires algériens, que je fis venir à l'obéissance recevoir les ordres. On leur demanda de quel droit ils portoient le pavillon blanc, attendu que, par les traités, il leur est spécialement défendu de s'en servir : ils s'excusèrent, en disant que leur pavillon blanc étoit le pavillon de Portugal, et non celui de France. Sur cette excuse, qui n'étoit qu'un pur mensonge, mais dont on voulut bien se payer, il leur fut permis de se retirer.

Ils étoient environ à une lieue de nous, lorsqu'un de leurs esclaves, qui étoit chrétien, se jeta en mer, et se mit à nager vers mon bord. La mer étoit fort calme : il nagea quelque temps sans qu'on songeât à lui; mais le corsaire, qui l'aperçut peu après, mit sa chaloupe en mer pour le venir prendre. Tout cela ne fut pourtant pas si tôt fait. Comme l'esclave comprit qu'on avoit pris garde à sa fuite, il se mit à crier de toute sa force, en me demandant du secours. Je lui envoyai mon canot, qui, arrivant avant la chaloupe, prit l'esclave, et le conduisit à bord.

La chaloupe vint aussitôt le réclamer. J'eus beau lui dire mille bonnes raisons pour lui faire comprendre que je ne devois pas rendre cet homme, il ne me fut jamais possible de les lui faire goûter : elle persistoit toujours à redemander son esclave. Lassé de tant d'importunités, je lui fis crier de se retirer, sans quoi j'allois lui faire tirer dessus. Cette menace l'effraya, et, sans se le faire dire davantage, elle regagna son bord.

A peine fut-elle arrivée, que le corsaire alluma un feu à fleur d'eau. Je demandai à l'esclave ce que ce pouvoit être : il m'assura que c'étoit le signal dont ils étoient convenus entre eux, et qu'ils avoient coutume de faire quand ils avoient quelque chose d'importance à se communiquer. Cet avis me fit tenir sur mes gardes; une partie de l'équipage passa la nuit sous les armes : mais personne ne parut. Peu après, nous arrivâmes à Cadix, où nous joignîmes M. de Relingue, qui m'ordonna d'aller, du côté de Gibraltar et de Malaga, croiser sur les corsaires salins, mahométans du royaume de Maroc.

Mes instructions portoient de ne prendre que sur eux, et il m'étoit particulièrement ordonné de faire toutes les civilités imaginables aux Espagnols. Ma mission ne produisit autre fruit que d'empêcher les ennemis de paroître. Je n'aperçus pas un seul de leurs bâtimens pendant tout le temps que je fus sur ma croisière.

Tout ce qui me restoit à faire pour remplir mes instructions, c'étoit de faire civilité aux Espagnols. Je n'y manquai pas : je donnai à manger tous les jours dans mon bord à tous ceux qui me paroissoient être de quelque distinction. Il ne m'en coûtoit pas beaucoup, quoique je les traitasse avec splendeur en gras et en maigre. Mes chasseurs me tuoient du gibier plus que je n'en pouvois consumer; et pour le poisson, il y est si abondant qu'on l'a presque pour rien.

Tandis que j'étois sur les côtes de Malaga, le gouverneur d'un fort nommé Matassar, que les Espagnols ont en Afrique, me fit prier de le recevoir dans mon bord, et de le passer dans son gouvernement, lui et sa famille. Je lui accordai fort volontiers ce qu'il demandoit. C'étoit un homme avancé en âge : il s'embarqua avec sa femme, et huit autres femmes ou de sa suite, ou femmes de quelques officiers subalternes qui alloient joindre leurs maris. Je leur fis, selon les ordres que j'en avois, toutes les civilités possibles, et en particulier à la femme du gouverneur, à qui je cédai ma chambre.

Cette bonne dame me sut si bon gré de ma politesse, qu'en reconnoissance elle me fit offrir plus qu'elle ne me devoit; mais, outre qu'elle étoit fort laide et fort maigre, lui sachant à la jambe certaine incommodité assez commune à ceux de sa nation, je la remerciai en colorant mon refus sous le prétexte spécieux de ne vouloir pas violer l'hospitalité, ni faire tort à mon hôte, qui paroissoit honnête homme.

Il étoit tel en effet. Avant que d'aller à terre, il voulut faire des gratifications considérables à mes domestiques; ce que je ne voulus jamais permettre. La générosité de ce refus, qui n'est pas fort en usage en Espagne, le charma : il me fit mille remercimens accompagnés de grandes démonstrations d'amitié, qui me parurent assez sincères. Je suis persuadé qu'il m'auroit su encore bien plus de gré, s'il avoit été informé de la manière dont je m'étois comporté avec sa femme.

En revenant sur ma croisière, j'eus ordre de retourner à Cadix pour y joindre M. de Relingue, qui vouloit fortifier son escadre, et se mettre en état de se défendre, s'il en étoit besoin, contre l'amiral d'Espagne, qui devoit arriver de Biscaye.

Il y avoit à craindre que ce vaisseau, qui ne salue jamais personne en entrant dans ce port, ne voulût exiger de nous le salut, comme il a coutume de l'exiger des autres nations. M. de Relingue, qui étoit résolu de ne se relâcher en rien sur cet article, et de ne point saluer si on ne lui promettoit auparavant de lui rendre le salut, fut bien aise de m'avoir auprès de lui, supposé qu'il fallût combattre; mais il n'en fut pas question. L'amiral entra dans le pontal, et il fut salué à l'ordinaire de toutes les autres nations : pour nous, nous ne saluâmes pas, et l'on ne fit aucune difficulté sur ce point.

Les choses s'étant passées ainsi à l'amiable, je revins sur ma croisière. Ce ne fut pas pour long-temps. La saison étoit déjà fort avancée : ainsi je rejoignis l'escadre, et nous fîmes route pour Toulon, où l'on désarma. En arrivant, nous apprîmes tout à la fois et l'avénement du duc d'Anjou à la couronne d'Espagne, et la guerre avec l'Empereur, à l'occasion de laquelle les vaisseaux du Roi commençoient à embarquer des troupes, qui devoient être transportées dans le Milanais.

Tandis que ce transport se continuoit, je demeurai à Toulon sans emploi. Cette inaction fut la source de la malheureuse affaire dont je vais parler : comme elle n'a été pour moi qu'une longue suite de déplaisirs, j'aurois souhaité de tout mon cœur de n'en rien dire, pour m'épargner le chagrin de repasser sur des choses que je ne saurois trop oublier.

Mais le moyen de taire une aventure qui a fait tant de bruit dans la province ? et comment s'y prendre pour faire agréer au public ce silence, dans un ouvrage surtout où je lui rends compte de mes moindres actions ? Ne pouvant donc éviter de faire entrer dans ces Mémoires une aventure si connue, j'en parlerai le plus brièvement que je pourrai ; et si j'ai le désagrément de rappeler une histoire qui ne m'a donné que du chagrin, je me dédommagerai en quelque sorte de ce que ce souvenir peut avoir de fâcheux, en apprenant au public et l'injustice de ceux qui me poursuivoient, et la protection constante que je trouvai auprès de mes juges.

L'oisiveté où je vivois à Toulon, ainsi que je viens de dire, m'avoit donné occasion de voir quelquefois une demoiselle connue par bien des galanteries qui, à la vérité, ne la déshonoroient pas encore à un certain point, mais qui, sans lui faire tort, suffisoient pour la faire regarder comme n'étant pas incapable d'une foiblesse. Je ne fus pas long-temps sans m'apercevoir qu'elle étoit en effet très-foible. Je ne veux point chercher ici à excuser ma conduite, ni dissimuler le tort que je puis avoir : je reconnois de bonne foi que c'étoit à moi à être plus sage qu'elle, surtout après avoir vérifié bien clairement que je n'étois pas le seul qu'elle honoroit de ses bonnes grâces.

Toutefois je ne pris pas ce parti ; et comme je n'avois que peu ou point de passion, ne me piquant pas de délicatesse sur ce dernier point, notre commerce continua encore pendant quelques mois, sans qu'il m'en coûtât autre chose que mon argent. Ce n'étoit pourtant pas là, à beaucoup près, tout ce que la demoiselle se proposoit : j'appris qu'elle portoit ses vues plus loin, et que, mettant à plus haut prix les faveurs que j'en recevois, elle étoit résolue de m'accuser en crime de rapt.

Cette nouvelle me déconcerta ; et quoique tout notre petit commerce fût assez secret, et

qu'on n'eût à produire contre moi ni lettres ni promesse [car je n'en avois jamais fait, ni par écrit ni autrement], je ne laissai pourtant pas de craindre un éclat dont les suites ne pouvoient m'être que très-fâcheuses.

Pour les prévenir, je n'oubliai rien de tout ce que je crus capable de détourner un dessein dont la seule menace m'inquiétoit déjà si fort. Je parlai à la mère et à la fille ; je représentai à celle-ci le tort qu'elle se feroit dans le monde, le décri où elle alloit tomber, la honte et tous les chagrins qu'elle en recevroit, et le tout à pure perte, puisque j'étois bien résolu de ne l'épouser jamais, quoi qu'il pût en arriver.

Toutes mes raisons ne firent aucune impression sur son esprit. Pour ne laisser rien en arrière, voyant que mes premières démarches avoient été sans effet, je résolus de m'ouvrir à M. l'évêque de ***. Je comptois que sa médiation pourroit m'être utile, et je me flattois que ce prélat s'intéresseroit pour moi, d'autant plus volontiers que j'avois toujours reçu de lui toutes sortes de civilités, et qu'il avoit paru même quelquefois prendre assez de part à ce qui me regardoit.

Je le trouvai en effet très-disposé à me faire plaisir. « Je n'ai, me dit-il, aucune attenance » ni avec la mère ni avec la fille ; mais faites en » sorte qu'elles se rendent chez moi, et je vous » promets de faire tout ce qui sera en mon pou» voir pour leur faire changer de résolution. » Au sortir de l'évêché, je me rendis chez madame Pallas, femme du capitaine dont j'ai si souvent parlé : je lui confiai tout mon secret, et la priai d'aller chez mademoiselle de ***, et de tâcher d'amener adroitement à l'évêché la mère et la fille.

Comme madame Pallas avoit quelque relation dans cette famille, il lui fut aisé de les persuader. Elles se rendirent donc toutes trois chez l'évêque ; mais ne pouvant convenir de plusieurs faits, on fut obligé de m'envoyer chercher. Il se passa dans cette occasion une scène des plus fâcheuses pour la demoiselle : je ne pus me dispenser de divulguer bien des choses capables de la faire rougir, et qui la réduisirent vingt fois au point de ne savoir que répondre.

L'évêque, qui vit la mère et la fille dans l'embarras, les prit en particulier, et les fit passer dans une chambre voisine. Ils y eurent ensemble une longue conversation dont j'ai toujours ignoré le détail, et après laquelle il vint me dire qu'il voyoit fort bien que ces femmes avoient pris leur dernière résolution ; qu'il n'y avoit pas d'apparence de les faire changer ; qu'il y avoit fait de son mieux, sans pouvoir rien obtenir; et que pour moi, il ne croyoit pas que j'eusse d'autre parti à prendre que d'aller incessamment à Aix pour y conférer avec mes amis, tandis qu'il tâcheroit de trouver quelque prétexte de suspendre toutes choses au moins encore pour quelques jours, afin de me donner le temps de prévenir le coup, supposé qu'il fût encore possible de l'éviter.

Je me rendis donc à Aix; j'y vis tous ceux que je crus pouvoir m'être de quelque utilité, et j'en rapportai des lettres de recommandation pour le juge de Toulon. A mon retour, j'allai tout empressé chez l'évêque, pour l'informer du succès de mon voyage. Je trouvai les choses dans une situation bien différente de celle où je les avois laissées. Ce prélat étoit tout-à-fait changé à mon égard : il me reçut avec un froid à glacer. Je ne sais ce qui s'étoit passé pendant mon absence ; mais il me devint dans la suite aussi contraire qu'il avoit paru m'être favorable dans les commencemens.

Enfin la demoiselle porta sa plainte. Par malheur pour elle, elle ne parla pas avec assez de circonspection; et son trop de vivacité lui fit dire bien des choses qu'elle auroit dû taire, si elle avoit connu ses véritables intérêts. Cependant, comme il ne lui suffisoit pas d'avoir donné plainte contre moi, et qu'il lui falloit encore justifier ce qu'elle avoit exposé, elle ne se trouva pas peu embarrassée, car elle n'avoit des preuves d'aucune espèce.

J'ai déjà remarqué que notre commerce avoit été assez secret, et que je n'avois jamais fait de promesses, ni verbalement, ni par écrit. La demoiselle s'étoit, à la vérité, déclarée enceinte ; mais ce fait étoit encore fort incertain, et les chirurgiens n'en convenoient pas. Dans cette situation, ne sachant de quel côté se tourner, elle s'avisa d'un moyen qui m'intrigua d'abord assez, mais dont je tirai parti dans la suite en le faisant tourner à mon avantage. Pour entendre ce point, il faut rappeler un fait dont j'ai oublié de parler d'abord.

Dès que j'avois su le projet d'accusation formé contre moi, je m'étois adressé au moine qui avoit été autrefois confesseur de la demoiselle. Je m'étois imaginé d'abord mal à propos que ce bon père pourroit avoir retenu quelque reste d'autorité auprès d'elle, et qu'elle déféreroit à ses avis; mais il y avoit déjà long-temps qu'il n'étoit plus question de confesseur. Il eut beau parler, tous ses discours ne purent rien ; et tout ce que je gagnai à cette fausse démarche, ce fut de donner à ma partie des armes contre moi : car, dans la nécessité où elle étoit de fournir des preuves, faisant attention que ce moine et madame Pallas, tous deux informés de l'affaire, pouvoient lui donner tout ce qu'elle souhaitoit, elle entreprit de les engager à déposer en sa faveur.

Comme ils étoient tous deux liés par un inviolable secret qu'ils m'avoient promis [car je ne leur avois parlé qu'avec précaution], ils rejetèrent bien loin les premières propositions qu'on leur fit. Alors ma partie, sans s'écarter de son but, voyant qu'elle ne viendroit jamais à bout de son dessein si elle n'employoit la force ouverte, fit tant auprès de l'évêque, qui la favorisoit en tout, qu'elle obligea ce prélat à publier un monitoire dans toutes les formes, pour contraindre tous ceux qui auroient quelque connoissance de cette affaire à venir déclarer ce qu'ils en savoient.

Sur cet incident, madame Pallas, après avoir pris son conseil, crut ne devoir pas s'embarrasser de ces censures, dont elle ne se croyoit point liée. Il n'en fut pas ainsi du religieux, qu'il ne fut jamais possible de retenir, et qui, déférant aveuglément aux volontés du prélat, n'eut pas honte de rendre public ce qui ne lui avoit été confié que sous le secret de la confession.

Cette conduite donna lieu à bien des discours qui furent tenus sur son compte, et que je ne veux point appuyer ici, persuadé que je suis qu'il n'y avoit que de la calomnie dans tout ce qu'on publia sur ce sujet. Mais, sans vouloir flétrir la mémoire de ce bon père, que je n'attaque point, je dirai que ses confrères, indignés de sa démarche, lui en firent une affaire si sérieuse, qu'il en tomba malade de déplaisir, et mourut trois jours après m'avoir été confronté.

Pour tirer quelque parti du monitoire qui avoit été publié, je m'adressai à un bon nombre de mes amis que je savois être instruits de bien des choses qui ne faisoient pas trop d'honneur à la demoiselle, et je les priai d'aller dire ce qu'ils en savoient. Je les trouvai très-disposés à faire ce que je souhaitois. Ils furent se présenter au grand vicaire; mais il refusa opiniâtrement de les entendre, sous prétexte que le monitoire, qui n'avoit été publié que contre moi, ne devoit point tourner à mon avantage.

Outré d'une partialité si marquée, et qui m'étoit si nuisible, je fus le trouver avec des témoins ; et lui ayant déclaré que, s'il persistoit dans ses refus, je le prenois lui-même à partie, il fut si intimidé de mes menaces, qu'il reçut toutes les dépositions qu'on voulut lui faire.

Nous en étions là, et je continuois à me défendre, lorsqu'une nouvelle affaire plus fâcheuse que la première, surtout par le mauvais tour qu'on lui donna, vint me mettre dans l'état le plus terrible où je me sois trouvé de ma vie. Voici, dans la vérité, comment le tout se passa.

Un soir, à l'entrée de la nuit, comme je sortois de chez moi pour aller chez un procureur à qui j'avois à parler de mon affaire, le chevalier de Ginest, capitaine de frégate, mon ancien ami, vint me trouver, pour me représenter le tort que j'avois de m'exposer avec quelque sorte de témérité, en sortant comme je faisois seul, dans la nuit, et presque sans armes, dans un temps où j'avois une affaire fâcheuse sur les bras. Il me dit que cette conduite que je tenois, et dont il s'étoit aperçu dès le commencement de mon affaire, lui avoit toujours fait de la peine, et l'engageoit à m'apporter une paire de pistolets, qu'il tira en effet de sa poche, et qu'il me présenta, en me priant de les porter.

Il poursuivit, en disant que je devois faire attention à la personne dont il s'agissoit avoir trois frères dans Toulon, l'un desquels étoit officier, et les deux autres gardes-marines; qu'ils avoient tous trois des camarades; que, dans le désespoir où ma résistance les réduisoit, on devoit se défier de tout; que quoiqu'ils eussent été jusques alors braves gens, il étoit à craindre que le désir d'avoir satisfaction ne les obligeât à m'attaquer avec avantage. Enfin, comme s'il eût été prophète : « Croyez-moi, me dit-il, ne » faites pas de difficulté de prendre ces armes. » Que sait-on? peut-être en aurez-vous affaire » plus tôt que vous ne croyez. »

Je n'avois jamais porté de pistolets : cependant le chevalier me pressa si fort, que je me laissai persuader. Je fus bien heureux d'avoir déféré à ses avis, non qu'il y eût à craindre du côté des parens de la demoiselle, qui étoient pleins d'honneur, et incapables d'une mauvaise action [car quoique le chevalier de Ginest eût paru s'expliquer à moi d'une manière moins avantageuse à leur égard, on ne doit regarder tout ce qu'il me dit que comme l'effet d'une bonne amitié qui s'alarme facilement, et qui, dans de certaines circonstances, se fait quelquefois des peines qui n'ont pas le moindre fondement]; mais mon bonheur fut en ce qu'un des pistolets qu'il me donna, et que je mis dans ma poche, me servit, comme on va voir, à me tirer un moment après d'un de ces dangers où l'on se trouve quelquefois engagé, sans qu'il soit possible à la prudence humaine de les prévenir.

Après que le chevalier m'eut quitté, je sortis pour me rendre où j'avois dessein d'aller. Je trouvai que mon procureur étoit lui-même sorti pour aller à la promenade : nous étions en été, et il faisoit grand chaud. Sur ce que ses gens me dirent qu'il seroit bientôt de retour, je m'assis, en l'attendant, dans la rue, sur un banc de pierre qui étoit à côté de la porte.

Un moment après, deux ânes qu'un petit garçon conduisoit à l'abreuvoir vinrent se vautrer devant moi. Comme ils me jetoient de la poussière dans les yeux, je poussai le petit garçon avec le bout de ma canne, en lui disant : « Chasse » tes ânes. » Cet enfant continua son chemin, et s'en alla sans se plaindre le moins du monde. Un demi-quart d'heure après, je vis venir un gros et grand homme en caleçon, menant un petit garçon par la main, qui lui dit, en me désignant avec le doigt : « C'est celui-là qui m'a battu. » Sur cela, l'homme m'adressant la parole : « Nourris-tu cet enfant, me dit-il, pour avoir » droit de le battre ? »

Quoique l'insolence avec laquelle ce maraud me parloit méritât d'être réprimée, je gagnai pourtant sur moi de lui parler avec modération. Je me contentai de lui répondre que je ne savois ce qu'il vouloit dire; que j'avois assez d'autres affaires en tête sans songer à battre personne, et que je le priois de me laisser en paix. Cet homme, que mon honnêteté devoit satisfaire, n'en devint que plus insolent, et, me disant que cette affaire ne passeroit pas ainsi, me déchargea sur la tête un grand coup de poing qui fit tomber à terre mon chapeau et ma perruque.

Dans le premier mouvement de colère où cet emportement me jeta, je voulus tirer mon épée pour la mettre dans le corps de ce brutal : il ne m'en donna pas le temps. Comme il étoit plus fort et plus vigoureux que moi, il me ceignit, me jeta par terre, me mit un genou sur le ventre, et d'une main m'étouffoit en me tenant par la gorge, tandis qu'il me déchargeoit de l'autre de grands coups de poing sur le nez. Dans cette situation, je me ressouvins que j'avois un pistolet dans ma poche : je le sortis, et je le tirai dans le ventre de ce misérable, qui m'écrasoit. Dès qu'il eut reçu le coup, il me laissa, en criant : « Je suis mort. »

Je ne fus pas plus tôt libre, que je ramassai ma perruque et mon chapeau, et je me sauvai le plus vite que je pus, comptant de n'avoir été reconnu de personne, car il étoit nuit; et quoique la rue fût pleine de gens qui prenoient le frais, et qu'il se fût ramassé un grand monde autour de nous, personne n'ayant apporté de la lumière, il étoit difficile que, dans le trouble, on m'eût suffisamment démêlé pour pouvoir assurer que c'étoit moi.

Je pensois vrai, et je n'avois en effet été reconnu de personne. Pour me débarrasser de la populace qui me suivoit, je me jetai dans la maison de l'intendant, qui étoit ouverte : je ne fis que la traverser, et j'en sortis sur-le-champ par une autre porte qui répondoit dans une autre rue. Par malheur pour moi, une malheureuse servante qui étoit dans la maison me reconnut, à la lueur d'un fanal dont l'entrée étoit éclairée. Il n'en fallut pas davantage : toute la ville sut dans l'instant que je venois de tuer le nommé Vidal, boulanger.

Le commandant de Toulon, mon ami particulier, fit tout ce qu'il put pour faire cesser ce bruit; mais il n'en fut pas le maître : le public s'obstina à m'accuser, tellement que le juge ne put pas se dispenser d'informer contre les meurtriers. Sur la déposition de la servante, je fus décrété de prise de corps. Ainsi il me fallut songer à sortir incessamment de la ville, où je n'étois plus en sûreté.

Mes amis, et principalement M. de Vauvray et le commandant, s'intéressèrent pour accommoder cette affaire. Ils tirèrent du boulanger, qui étoit mourant, une déclaration authentique par laquelle, me rendant justice, il reconnoissoit qu'il avoit été l'agresseur, et que je n'avois fait que me défendre. Il déclara qu'il me pardonnoit sa mort, comme il me prioit de lui pardonner l'insulte qu'il m'avoit faite; qu'il m'avoit battu sans me connoître, et qu'enfin sa brutalité toute seule étoit la cause du malheur qui lui étoit arrivé.

Il mourut deux jours après avoir fait cette déclaration. Sa veuve et ses enfans déclarèrent, de leur côté, qu'ils ne vouloient faire aucune poursuite contre moi; et j'en fus quitte à leur égard pour quatre mille livres de dédommagement, que je leur donnai. Avec ces pièces, je comptois d'obtenir fort facilement des lettres de grâce. J'envoyai le tout à M. l'archevêque d'Aix, qui étoit pour lors à Paris : il se joignit au marquis de Janson, et ils furent tous deux chez M. le chancelier, où ils trouvèrent les esprits dans une étrange situation sur mon sujet.

Un ami d'importance, qui servoit la demoiselle en question, et qui l'appuyoit de tout son crédit, avoit gagné les devans. Il avoit écrit au ministre de la marine que le boulanger que j'avois tué étoit un témoin qui devoit déposer contre moi dans une affaire que j'avois en crime de rapt; qu'appréhendant les suites de cette déposition, sur laquelle je ne pouvois éviter d'être condamné, j'étois entré en plein jour dans la boutique de ce misérable, où je l'avois indignement assassiné d'un coup de pistolet; que j'avois acheté à prix d'argent la déclaration qu'il avoit faite en ma faveur; et que tout le reste de la procédure, qui tendoit à me disculper, n'étoit tel que par la connivence d'un juge gagné, et qui avoit voulu me favoriser.

Cette calomnie étoit grossière, et sautoit aux yeux; car, au bout du compte, si le boulanger avoit dû déposer contre moi dans un temps où je ne lui avois fait ni bien ni mal, quelle apparence qu'il m'eût épargné, et qu'il eût fait des déclarations en ma faveur, après que j'avois été l'assassiner chez lui? Cependant, quelque visible que fût l'imposture, M. de Pontchartrain y ajouta foi; et, croyant bonnement tout ce qu'on lui avoit écrit, il étoit allé trouver M. le chancelier, lui avoit exagéré toute la noirceur de ce crime, et combien il importoit à la sûreté publique qu'il ne demeurât pas impuni.

Telles étoient les dispositions de la cour sur mon sujet, lorsque l'archevêque d'Aix et le marquis de Janson se présentèrent, comme j'ai dit, pour demander des lettres de grâce. M. le chancelier, prévenu par tout ce que son fils lui avoit dit, les refusa, en disant qu'il n'étoit pas en son pouvoir de les accorder; qu'il en étoit bien fâché, mais qu'il n'y avoit en France que le Roi seul à qui il appartînt d'accorder de semblables grâces; qu'on pouvoit s'adresser à Sa Majesté; que pour lui, il n'y mettroit point d'obstacle, et qu'il exécuteroit tout ce qu'il plairoit au Roi d'ordonner; mais qu'il ne pouvoit rien de lui-même, et sans un ordre exprès de Sa Majesté.

Ces messieurs n'ayant pas jugé à propos d'aller en droiture au Roi, je reçus pour réponse que je n'avois rien à attendre de la cour, et que je devois penser sérieusement à mes affaires.

Il ne m'est pas possible d'exprimer ici l'état affreux où ces nouvelles me jetèrent. J'en fus d'abord accablé au point d'en paroître assez peu touché, mais peu après, envisageant d'un coup d'œil tout ce qu'elles avoient d'affreux, la perte de tous mes services, la nécessité de sortir du royaume, la honte que la calomnie répandoit sur moi, le triomphe de mes ennemis, et cent autres choses toutes plus affligeantes les unes que les autres, j'en fus si frappé, que je ne comprends pas comment je ne succombai point à la douleur.

Toutefois, comme si ce n'eût point été encore assez, j'apprenois tous les jours à la campagne, où je m'étois retiré, que la demoiselle qui m'avoit accusé, se prévalant de la nécessité où j'étois de me cacher, redoubloit ses poursuites pour me faire condamner par défaut.

Je compris pour lors, mieux que je n'avois fait encore, ce que c'est que la perte d'un bon ami. Si M. Bontemps avoit été en vie, tous ces embarras m'auroient infiniment moins inquiété; mais il étoit mort, et j'avois perdu dans sa personne l'ami sur lequel je pouvois le plus compter, et qui auroit pu me rendre le plus de services.

Il ne me restoit d'autre parti à prendre, dans la triste situation où j'étois, que de sortir incessamment du royaume. Je songeai donc à régler mes affaires, et à me retirer au plus vite : cependant, pour ne paroître pas avouer par mon silence les calomnies dont on m'avoit chargé, je crus qu'il convenoit d'écrire en cour. Voici la lettre que j'envoyai au ministre :

« Monseigneur, si ma mauvaise conduite m'a» voit attiré votre disgrâce et les malheurs où je
» suis tombé, j'en serois inconsolable. Jugez de
» la situation où je dois être lorsque j'envisage
» que, sans y avoir contribué en rien, je ne dois
» toute cette foule de maux qu'à la malice de
» mes ennemis. Dans l'état terrible où elle me
» réduit, peu s'en faut que je ne me laisse aller
» au désespoir : je n'en ferai pourtant rien, et
» je soutiendrai mon infortune en homme de
» cœur. Toutefois, avant que de me retirer,
» puisqu'il ne me reste rien de mieux à faire,
» j'aurai l'honneur de prendre congé de vous.
» Je suis, etc. »

Cette lettre produisit au-delà de ce que j'en attendois. M. de Pontchartrain l'ayant communiquée à son père : « Mon fils, lui dit M. le chan» celier, par cette lettre, le chevalier de Forbin
» vous déclare qu'il se dispose à se retirer hors
» du royaume : et qui sait s'il ne passera pas
» chez les ennemis ? Ce congé qu'il veut pren» dre de vous avant son départ, ce sera quelque
» action d'éclat qu'il ne manquera pas de faire.
» Nous le connoissons tous : il est brave homme,
» bon officier et d'une famille considérable. Si
» le Roi venoit à savoir que le chevalier eût
» passé chez les ennemis, il pourroit en deman» der la raison : on ne manqueroit pas de ré» pondre que c'est moi qui en suis la cause,
» pour lui avoir refusé des lettres de grâce qu'on
» accorderoit à un laquais, vu les informations :
» car, au bout du compte, de quoi s'agit-il ?
» Vous n'avez que des lettres d'avis qui ne
» prouvent rien, tandis qu'il a en sa faveur une
» procédure qui le justifie pleinement.

« Croyez-moi, ne nous chargeons pas des
» suites de cette affaires : nous n'avons que trop
» d'envieux et trop d'ennemis, sans en cher» cher de nouveaux. Tâchons de faire bonne
» justice, et laissons courir le reste.

» Pour n'avoir point à répondre de cet évène» ment, envoyons les informations, les lettres
» particulières, et les grâces en blanc, à M. Le
» Bret, premier président et intendant en Pro» vence. Il est sage, habile et équitable : il faut
» lui mander qu'il examine à fond cette affaire,
» et qu'il accorde la grâce, s'il le juge à propos.
» De cette sorte, quoi qu'il arrive, nous serons
» entièrement disculpés. »

Le sieur de La Touche, premier commis de M. de Pontchartrain, et mon ami particulier, informé de tout ce qui s'étoit passé entre le ministre et le chancelier, m'écrivit de me garder bien de me retirer; que mes lettres de grâce avoient été envoyées à M. Le Bret; que véritablement il lui étoit défendu de me les donner, sans avoir auparavant examiné si j'étois dans un cas assez favorable pour les obtenir; mais que, n'étant pas possible que j'eusse commis une action aussi noire que celle qu'on m'imputoit, il y auroit lieu de croire que j'aurois de lui toute sorte de satisfaction.

Il continuoit, en me disant que je ne devois rien oublier pour lui faire connoître mon innocence, et la malice de mes ennemis ; et, après m'avoir redit plusieurs fois que je ne pouvois trop me procurer de protection auprès de ce magistrat, désormais maître de ma destinée, il finissoit en m'apprenant tout le détail que j'ai rapporté ci-dessus.

Cet avis me fit changer toutes mes résolutions. Je ne songeai plus à me retirer, et je ne m'occupai que des moyens de me rendre M. Le Bret favorable. J'engageai M. de Fourville, gouverneur de Marseille, et M. de Villeneuve, mon allié, à s'intéresser pour moi. Ils étoient tous deux amis intimes de l'intendant, et ils agirent avec vigueur auprès de lui, quoique ce dernier eût paru d'abord faire quelque difficulté, attendu que, dans le meurtre dont il s'agissoit, je m'étois servi d'un pistolet, arme dont l'usage est défendu dans le royaume. Mais je lui fis entendre que puisqu'on ne faisoit pas de difficulté de porter des pistolets dans les voyages, et de s'en servir quand il en étoit besoin, on ne devoit pas trouver étrange que j'en eusse porté pour me défendre, ayant sur les bras une malheureuse affaire, à l'occasion de laquelle il pouvoit y avoir à craindre que mes ennemis ne me jouassent quelque mauvais tour. Je lui représentai enfin qu'il devoit faire attention que je ne m'en étois servi que dans la dernière extrémité ; et que si je n'en avois pas eu dans la triste conjoncture où je m'étois trouvé ; j'aurois été infailliblement assommé par un malotru.

Quelle que fût la vivacité avec laquelle ces messieurs s'intéressèrent pour moi, M. le premier président, qui vouloit savoir par lui-même de quoi il étoit question, sans s'en rapporter ni à l'un ni à l'autre, envoya secrètement sur les lieux pour être informé de la vérité du fait, qui s'étant trouvée conforme aux informations qui avoient été envoyées à la cour, ce magistrat me remit mes lettres de grâce, accompagnant cet acte de justice de mille témoignages de bonté et de bienveillance, qui ne se sont jamais démenties dans la suite.

Monsieur son fils, qui lui a succédé dans ses emplois, et qui le remplace aujourd'hui si dignement, a toujours continué d'avoir pour moi les mêmes égards; en sorte que je croirois manquer de reconnoissance, si je laissois échapper l'occasion de publier ici les services importans que j'ai reçus de sa famille. Je n'en dirai pas davantage pour le présent : j'aurai à revenir sur ce point, comme on verra par ce qui me reste à dire.

Je ne fus pas plus tôt débarrassé de cette malheureuse affaire, que je revins à Toulon, où mon absence laissoit à mes ennemis le champ libre depuis trop longtemps. Je ne rapporterai point ici toutes les chicanes et tous les mauvais procédés qu'il me fallut essuyer, outre que le détail en seroit long et ennuyeux. Je me démêlai assez facilement de tout ce qu'on entreprit contre moi.

Le seul point qui me fit de la peine fut l'invincible opiniâtreté de la demoiselle en question, qui persistoit toujours à dire qu'elle étoit grosse. Il n'en étoit rien, et je le savois sûrement. Cependant elle assuroit si fort le contraire, marquant même à peu près le temps où elle devoit accoucher, que je ne savois plus qu'en croire, lorsqu'une servante qu'elle avoit, et que j'avois su mettre dans mes intérêts en la pensionnant exactement, vint me dire que sa maîtresse avoit gagné, moyennant quelque peu d'argent, une femme enceinte qui devoit lui envoyer son enfant d'abord qu'elle auroit accouché, et que c'étoit cet enfant qu'on devoit produire comme le mien.

L'avis étoit trop important pour le négliger. La femme qui devoit remettre l'enfant, effrayée par la menace que je lui fis de la faire pendre si elle ne me disoit la vérité, avoua tout, en me demandant pardon. Je lui promis qu'il ne lui arriveroit aucun mal, pourvu qu'elle vînt sur-le-champ déclarer devant le juge ce qu'elle venoit de m'avouer. Elle n'en fit pas difficulté. Sur quoi, pour n'être plus exposé à pareils inconvéniens, je présentai une requête, ensuite de laquelle il fut ordonné que la demoiselle étant en travail seroit obligée d'appeler le médecin et le chirurgien qui lui furent nommés, pour être témoins de son accouchement. Cette précaution la déconcerta entièrement, et dès-lors il ne fut plus parlé de grossesse.

J'étois ainsi occupé à éluder tous les mauvais tours qu'on me faisoit, et à poursuivre le jugement de mon procès, lorsque nous reçûmes ordre, le sieur Clairon et moi, de monter, moi une frégate de seize canons, et lui une de huit, et de partir incessamment de Toulon pour aller croiser dans le golfe Adriatique.

L'avénement de Philippe V à la couronne d'Espagne ayant donné lieu, ainsi que nous avons dit, à la guerre entre la France et l'Empire, le prince Eugène, à la tête des Impériaux, avoit fait passer une grande armée en Italie, pour s'opposer aux troupes que nous avions dans le Milanais. Comme il manquoit de tout, le pays ne lui donnant pas de quoi faire subsister son armée, il n'auroit pas pu y tenir long-temps, sans les secours qu'il recevoit journellement, et qui lui venoient principalement de la Croatie, appartenant à l'Empereur; et en particulier des villes de Fiume, Trieste, Bucari et Seigna, situées sur le bord de la mer Adriatique. C'étoit pour empêcher ces secours qu'on m'envoyoit croiser dans le golfe.

Cette commission étoit dangereuse, et très-difficile à exécuter; car quoique, d'une part, la cour voulût absolument empêcher une communication qui étoit si profitable aux ennemis, elle vouloit néanmoins ménager la délicatesse des Vénitiens, qui jusques alors n'avoient point pris de part à la guerre, et qui s'étoient toujours déclarés pour la neutralité, quelque instance que les Impériaux leur eussent faite pour les engager à prendre parti avec eux.

Cependant, d'un autre côté, il étoit hors de doute que les Vénitiens, qui se prétendent souverains de la mer Adriatique, ne verroient qu'avec peine, dans l'étendue de leur domination, les vaisseaux du Roi entreprendre contre une puissance avec qui la République étoit en paix, et qu'elle favorisoit secrètement.

Dans cette difficulté de servir le Roi sans blesser la délicatesse des Vénitiens, le ministre m'avoit envoyé des instructions si restreintes, que, pour peu que je m'en écartasse, j'avois tout à craindre, ou de la cour, ou des Vénitiens eux-mêmes, si je tombois entre leurs mains. Mon frère, à qui je communiquai l'ordre que j'avois reçu, me conseilla de ne point accepter cette commission, et de me tirer d'intrigue en prétextant quelque maladie.

Pour moi, j'en jugeai tout autrement; et je me chargeai de la commission avec d'autant plus de plaisir, que je crus qu'elle pouvoit me faire honneur; qu'elle contribueroit à ma fortune, ou tout au moins qu'en me donnant le moyen de reprendre mes premières occupations, elle suspendroit pour quelque temps les chagrins où le malheur de mes affaires me plongeoit depuis près d'un an.

[1701] Je partis donc avec ma conserve, pour aller, selon mes instructions, mouiller à Brindes, dans le royaume de Naples, à l'entrée de la mer Adriatique, où je devois prendre le pavillon espagnol ; car il m'étoit défendu de paroître dans le golfe autrement que sous le pavillon d'Espagne.

Le mauvais temps, qui depuis mon départ ne me quitta plus, me sépara assez tôt du sieur Clairon. Les vents étoient si contraires, que je fus trois semaines depuis Toulon jusqu'à la hauteur de Sardaigne. Enfin, ne pouvant résister à la mer, qui étoit fort grosse, je fus contraint de relâcher à Cagliari.

J'envoyai à terre mon lieutenant faire compliment au vice-roi et à l'archevêque, à qui j'envoyai dire que le chevalier de Forbin venoit tenir la parole qu'il lui avoit donnée à Marseille. Ce bon prélat eut une joie extrême de me savoir à la rade, et m'envoya faire compliment, aussi bien que le vice-roi.

Le lendemain, je fus à terre. J'allai visiter le vice-roi et l'archevêque. Ce dernier, après m'avoir donné sept à huit bénédictions, m'embrassa tendrement, et m'arrêta à dîner. Le repas étoit magnifique, et auroit été sans doute excellent pour un Espagnol ; mais il étoit difficile qu'un Français le trouvât bon. Je mangeai pourtant, car il falloit dîner.

L'archevêque me dit que, sous peine d'excommunication, il vouloit que je mangeasse chez lui pendant tout le temps que je serois sous la ville. « Je le veux bien, monseigneur, lui répondis-je ; mais à condition que je serai moi-même votre cuisinier. » Il y consentit. Je dirigeai en effet sa cuisine, et nous fîmes très-bonne chère pendant six jours que je demeurai dans le port. Le prélat trouvoit le cuisinier français beaucoup meilleur que l'espagnol. En partant, il m'envoya à bord toutes sortes de rafraîchissemens, et m'accabla encore de bénédictions, dont, à dire vrai, en ce temps-là je ne faisois pas tant de cas que des provisions.

De Cagliari, je continuai ma route. Le vent contraire m'ayant repris vers le cap Passaro, sur les côtes de Sicile, je fus obligé de chercher un asile, et d'y mouiller. On vint m'avertir pendant la nuit qu'il paroissoit un nouveau soleil dans le ciel. Je montai sur le pont, et je vis effectivement un grand feu qui brûloit en l'air, et qui éclairoit assez pour pouvoir lire une lettre. Quoique le vent fût très-violent, ce météore ne branloit point : il brûla environ pendant deux heures, et disparut, en s'éteignant peu à peu.

Les pilotes, les matelots et tout l'équipage, effrayés, le regardèrent comme la marque infaillible d'une tempête dont nous étions menacés. Il ne fut jamais possible de les tirer de là : j'eus beau leur dire que ce feu ne pouvoit être formé que par des exhalaisons du mont Gibel, dont nous étions fort près, il n'y eut jamais moyen de les persuader, et ils ne revinrent de leur terreur que lorsque nous fûmes devant Brindes, où nous arrivâmes sans que notre navigation eût été troublée autrement que par le vent contraire, contre lequel nous eûmes toujours à lutter.

En arrivant, j'arborai le pavillon de France, et je tirai un coup de canon. À ce signal, le gouverneur de la citadelle, don Louis de Ferreira, qui m'attendoit depuis quelques jours, vint à bord, et m'apporta deux pavillons espagnols, qu'on lui avoit envoyés de Naples pour me remettre. J'écrivis le lendemain au marquis de Bidache, gouverneur de la province, pour lui faire savoir mon arrivée. Nous avions à conférer ensemble. Il m'assigna le rendez-vous à quatre lieues de Brindes. Je lui fis part de mes instructions : il me donna plusieurs avis qui me furent utiles dans la suite. Enfin, après avoir bien examiné toutes choses, nous convînmes du service que j'avois à rendre, et des secours que je pouvois tirer de lui.

Tout étant ainsi réglé, je vins coucher dans mon bord ; car nous étions dans la saison où l'on ne peut découcher en Italie sans danger. J'amenai avec moi un pilote pratique du golfe ; et je me disposois à aller remplir ma mission, lorsque je vis arriver deux frégates du Roi que M. le comte d'Estrées avoit fait partir de Naples, avec ordre de venir me joindre, et de m'obéir. Une de ces frégates, commandée par M. de Beaucaire, étoit de dix pièces de canon, et l'autre, commandée par M. de Fougis, en avoit douze. L'une et l'autre ayant besoin de vivres et de radoub, je les laissai à Brindes, et je fis voile pour Durazzo, port de mer appartenant au Grand Seigneur. J'y trouvai le sieur Clairon, qui commandoit ma conserve.

Lorsque je partis de Toulon, la cour m'avoit assuré que, par le moyen du consul français, je tirerois de Durazzo tous les vivres nécessaires à l'escadre : mais le pays étoit si ruiné, qu'à peine pouvoit-on me fournir du pain pour le journalier ; ce qui m'obligea à faire voile, et à commencer à croiser.

J'étois à peine entré dans le golfe, que le mauvais temps me contraignit à aller mouiller à Courchoula, place dépendante de la république de Raguse. Pendant le séjour que j'y fis, le frère

quêteur d'un couvent d'observantins vint à bord me demander la charité : il étoit Provençal, et s'appeloit Sabattier. Je lui donnai l'aumône très-abondamment ; ensuite, m'entrenant avec lui, je m'informai s'il y avoit beaucoup de gibier du côté de son couvent : « Beaucoup, me dit-il.
» Hé bien ! mon frère, lui répliquai-je, puisque
» le vent contraire continue, et que je ne saurois
» partir, je vais envoyer des gens à terre pour
» chasser. Je ferai pêcher ici, et j'irai demain
» dîner chez vous. »

En effet, le lendemain je fis partir mon cuisinier et mon maître d'hôtel, pour aller préparer le dîner. Les chasseurs ne tuèrent pas beaucoup de gibier, mais la pêche nous donna quantité d'excellents poissons.

En arrivant au couvent, je trouvai tous les moines à la porte qui m'attendoient, le supérieur à la tête. Ils me conduisirent d'abord à l'église, où l'on dit une messe pendant laquelle le quêteur qui étoit venu à bord posa un bassin auprès de moi. Je vis bien quelle étoit sa pensée : la première aumône que je lui avois faite la veille l'avoit mis en goût, et il ne doutoit pas que je ne versasse dans le bassin aussi abondamment que dans sa besace ; mais il se trompoit, et je fus bien aise de tromper moi-même son avidité.

La messe étant achevée, comme je ne mettois rien dans le bassin, le frère s'approcha de moi, et avec un air fort dévot me dit : « Monsieur, nous
» avons ici une madone de grands miracles, surtout pour ceux qui voyagent sur mer : ne se-
» riez-vous pas bien aise d'y faire votre prière ? »
Il comptoit ce second moyen lui réussiroit mieux que le premier : mais j'en savois plus que lui. « Hé bien, mon frère, lui réponds-je, je se-
» rai ravi de la voir. »

Sur cela, il ouvrit une espèce de niche à deux battans d'environ un pied et demi, où il y avoit en effet une statue de la Vierge tenant l'enfant Jésus entre ses bras. Je mis un genou à terre, et après avoir prié un moment je me relevai. « Voilà qui suffit, lui dis-je, mon frère, d'un
» air assez froid et moqueur : vous pouvez re-
» fermer votre armoire quand vous jugerez à
» propos. » Le pauvre frère, tout honteux, baissa la tête, et ferma sa niche sans mot dire.

De l'église, nous allâmes tous ensemble au réfectoire, où nous trouvâmes un fort grand repas. On y mangea bien, on y but encore mieux ; car les moines ne s'en font pas faute, surtout quand il ne leur en coûte rien.

Le beau temps étant venu, je mis à la voile. Quelques jours après, je pris un barque appartenant aux sujets de l'Empereur, et je la brûlai.

J'avois déjà reconnu assez clairement ce que c'étoit que le service où l'on m'avoit envoyé. Le marquis de Bidache m'en avoit dit quelque chose ; mais je vis bientôt par moi-même, dès mon entrée dans le golfe, que nous serions la dupe des Vénitiens, et que je ne ferois pas de grands progrès si je me bornois, selon mes instructions, à ne prendre que sur les Impériaux. Cependant je dissimulai, et je me conformai quelque temps encore, sans mot dire, aux ordres que j'avois reçus.

J'appris, à mesure que j'avançois dans le golfe, qu'il y avoit, à quelques lieues de l'endroit où j'étois, un fameux château à quatre tours, nommé Potrée, appartenant à l'Empereur. Ce château, à ce qu'on me fit entendre, servoit de magasin ou d'entrepôt aux ennemis, et étoit plein de toutes sortes de munitions de bouche et de guerre destinées pour le prince Eugène. A l'armée encore plus que partout ailleurs, surtout lorsqu'on est en pays suspect, on ne doit pas croire trop légèrement tout ce qu'on nous dit. L'avis qu'on m'avoit donné étoit faux : cependant, comme j'avois été bien assuré du fait, je résolus d'aller brûler cette place, comptant de ne pouvoir rien faire de mieux pour le service du Roi.

Pour conduire mon entreprise avec moins de bruit, je laissai dans un port appartenant aux Vénitiens la frégate du sieur Clairon, avec dix hommes seulement pour la garder ; et l'ayant reçu dans mon bord, lui et tout le reste de son équipage, je partis pour mon expédition. Je fus fort surpris, en arrivant, de ne trouver dans le château ni les vivres ni les munitions dont on m'avoit parlé. C'étoit une mauvaise place abandonnée, que je parcourus d'un bout à l'autre, et dans laquelle je ne trouvai personne.

Comme je vis que j'avois reçu un faux avis, je me doutai de quelque chose, et je commençai à craindre pour la frégate, que j'avois laissée avec si peu de monde. Je renvoyai donc incessamment le sieur Clairon, qui s'embarqua dans son canot avec tout son équipage.

Ma peur n'avoit été que trop bien fondée. Clairon ne retrouva plus sa frégate dans l'endroit où il l'avoit laissée : elle avoit été obligée de se sauver, pour ne pas tomber entre les mains des Impériaux, qui avoient voulu s'en saisir. Comme il vouloit la rejoindre incessamment, ayant appris la route qu'elle avoit tenue, il la suivit, et aborda une petite île qui appartenoit aux Vénitiens. Ceci se passoit un dimanche matin : il crut ne rien hasarder en abandonnant son canot pour aller, lui et tout son monde, entendre la messe ; mais il lui en coûta cher.

Quelques heures avant qu'il abordât, les Impériaux qui avoient suivi la frégate avoient abordé de l'autre côté de l'île. Peu après l'arrivée de Clairon, ils furent avertis par les Vénitiens que les Français étant à la messe sans armes, et ne se défiant de rien, ils les mettroient facilement en pièces, s'ils venoient les attaquer. Les Impériaux profitèrent de l'avis, attaquèrent nos gens, tuèrent Clairon, et la plus grande partie de son équipage fut massacrée ; il n'en échappa que bien peu. Une bonne femme en sauva six, qu'elle cacha dans un four, presque tout le reste périt ; et les ennemis se saisirent du canot, qu'ils emmenèrent avec quatre prisonniers blessés, qu'ils firent esclaves. Pour la frégate, elle s'étoit sauvée à Ancône, où elle étoit en sûreté, ce port appartenant au Pape.

Ces nouvelles, que j'appris peu après, m'affligèrent sensiblement. Je me rendis à l'île de Querché, où j'allai demander satisfaction au gouverneur. Je me plaignis à lui avec d'autant plus de hauteur, que je n'étois que trop bien fondé à demander raison d'un assassinat commis dans les terres de la République, au milieu d'un village bien peuplé, sans que personne ne fût mis en état de donner le moindre secours aux Français.

Comme on ne me répondit pas de la manière que je souhaitois, je résolus d'aller à Venise porter mes plaintes à l'ambassadeur de France, que j'étois d'ailleurs bien aise de voir, et à qui j'avois beaucoup d'autres choses à communiquer. Pour ce sujet, je me fis donner une patente de santé ; et ayant tiré du côté de Venise, j'entrai dans le port de Kiosa, où, après avoir changé d'habit, je m'embarquai dans un petit bateau ; et je me rendis à la ville, qui n'est éloignée de ce port que de douze lieues.

En arrivant, je fus conduit au bureau de santé : on m'y retint plus de trois heures, en me faisant débarquer et rembarquer plus de dix fois. Je croyois qu'ils ne finiroient jamais : ils m'accablèrent de questions, auxquelles je répondois toujours que j'étois officier du Roi, et que j'avois à parler à l'ambassadeur de France. Après bien des longueurs, on me permit enfin d'entrer. Je me rendis chez l'ambassadeur : c'étoit le comte de Charmont. Je le trouvai jouant à l'hombre avec le nonce du Pape et l'ambassadeur de Malte.

Quand le jeu fut fini [ce qui ne fut pas si tôt fait], j'annonçai à cette Excellence l'aventure des Français, et la mort du sieur Clairon. Je trouvai qu'il en étoit déjà informé. Je lui parlai ensuite de ma mission, sur laquelle je lui représentai qu'elle seroit fort infructueuse, s'il falloit que je continuasse à me régler sur des instructions aussi restreintes que celles qu'on m'avoit envoyées de la cour ; que le mal auquel on vouloit remédier étoit beaucoup moins causé par les sujets de l'Empereur que par les Vénitiens eux-mêmes, qui servoient l'Empereur sous leur propre pavillon ; que, sans leur secours, les Impériaux n'auroient ni assez de bâtimens ni assez de matelots pour porter au prince Eugène tous les convois qu'il recevoit tous les jours ; et qu'ainsi il falloit ou qu'on me donnât des instructions moins limitées, en me permettant de prendre sur les Vénitiens lorsqu'ils seroient surpris favorisant les ennemis, ou que je demeurasse inutile dans le golfe, et sans y rendre le moindre service.

L'ambassadeur, après m'avoir bien écouté, me répondit qu'il n'étoit pas en son pouvoir de toucher aux ordres que la cour avoit donnés. Cependant, comme il reconnoissoit que j'avois raison, il me dit qu'il falloit en conférer avec l'ambassadeur d'Espagne et le cardinal d'Estrées. Cette Éminence, au sortir du conclave après la création de Clément XI, avoit eu ordre de se rendre à Venise, et d'y rester, principalement pour faire observer la neutralité aux Vénitiens.

Le lendemain, les deux ambassadeurs se rendirent chez le cardinal. Je leur exposai encore ce que j'avois dit le jour d'auparavant à l'ambassadeur de France ; je leur montrai mes instructions, et je leur fis voir clairement que, tant que je serois obligé de m'y conformer, il me seroit impossible d'exécuter ce que la cour attendoit de moi.

Le cardinal, offensé de ce que je ne m'étois pas d'abord adressé à lui, trompé d'ailleurs par les belles paroles des Vénitiens [car ils l'amusoient depuis long-temps, et sous les plus beaux dehors du monde lui faisoient entendre tout ce qu'ils vouloient], me dit, avec un air de hauteur, que je me mêlois de trop de choses ; que c'étoit à moi à agir conformément à mes instructions, sans en demander davantage ; que la cour avoit des vues dans lesquelles il ne m'étoit pas permis d'entrer ; et que, n'ayant pas d'autre avis à leur donner, j'avois fait, en me rendant à Venise, un voyage assez inutile. Du reste, que je devois savoir que c'étoit à lui qu'il falloit s'adresser à l'avenir quand il y auroit quelque chose de nouveau, puisque c'étoit sur lui que rouloient toutes les négociations.

Ainsi se termina cette conférence, au sortir de laquelle ayant témoigné à l'ambassadeur de France combien j'avois peu de lieu d'être satisfait du cardinal, l'ambassadeur leva les épaules en me répondant : « Je sais que vous avez raison ; mais le mal est sans remède. »

Pour n'avoir rien à me reprocher, je donnai incessamment avis à la cour et de la conduite des Vénitiens, et de tout ce qui venoit de se passer entre le cardinal et moi. Je sortis ensuite de Venise, et je retournai dans mon bord. A peine fus-je arrivé à Querché, où j'avois laissé ma frégate, que les Vénitiens, qui ne me voyoient pas avec plaisir dans le golfe, m'obligèrent de sortir du port. Dès-lors l'ordre fut donné de me refuser l'entrée dans tous les ports de la République. Ce procédé m'irrita, et je résolus de m'en venger, si j'en avois jamais occasion.

A peu près dans ce temps-là, messieurs de Beaucaire et de Fougis se rendirent auprès de moi. Je leur donnai des instructions, je leur assignai des croisières, et nous fûmes nous poster sur les parages par où les Impériaux devoient passer.

Quelques jours après, le sieur de Fougis prit un bâtiment, qu'il brûla. Ce fut le seul qui eût paru depuis que nous avions pris nos postes ; et, dans le fond, il n'étoit pas nécessaire que les Impériaux en fissent partir davantage, les Vénitiens étant plus que suffisans pour porter tous les secours qu'on vouloit faire passer.

Tandis que nous nous consumions ainsi inutilement, et à ne rien faire, je me trouvai un peu embarrassé par rapport aux vivres, qui commençoient à nous manquer. J'ai déjà dit qu'il n'en falloit point espérer ni de Brindes ni de Duras : j'écrivis à Rome au cardinal de Janson, pour le prier de me faire faire à Ancône mille quintaux de biscuit. Ce secours, qui me fut envoyé à propos, l'argent que je recevois de temps en temps de M. l'ambassadeur, et mon industrie, firent que je ne manquai jamais de rien.

Il ne me restoit plus qu'à fortifier mon équipage, qui avoit toujours été un peu foible. Les autres frégates manquoient aussi de monde. M. l'ambassadeur y pourvut encore en m'envoyant soixante déserteurs français, bons soldats qui s'étoient retirés aux environs de Venise, et que je distribuai dans les vaisseaux d'escadre, après en avoir retenu pour moi ce qu'il me falloit.

Comme tous les ports de la République nous étoient fermés, l'escadre étoit obligée de mouiller tous les soirs, pour se garantir des coups de vent qui règnent ordinairement sur la mer Adriatique. Outre que cette manœuvre nous fatiguoit, nous étions encore harcelés toutes les nuits par plusieurs bâtimens à rames que les ennemis avoient armés de Ouscos ou Saignans, peuples belliqueux, et qui nous suivoient partout ; ce qui étoit cause que nous passions presque toutes les nuits sous les armes.

Un jour, ayant à faire du bois, je mis à terre cinquante hommes dans une île appartenant aux Vénitiens. Je donnai à l'officier des instructions convenables ; mais il ne les suivit pas, et alla donner en désordre dans une embuscade de ces Saignans. Ils lui blessèrent ou tuèrent vingt-deux hommes, firent treize prisonniers ; et, sans le canon que je fis tirer, ils auroient pris la chaloupe. Ce malheureux échec me mortifia beaucoup et fut cause que je chassai l'officier, que je ne voulus plus voir, et que je n'employai désormais que pour aller à Ancône prendre des vivres pour les besoins de l'escadre.

Jusques ici mon séjour dans le golfe n'avoit été d'aucune utilité au Roi. Tous nos exploits se terminoient à la prise du bâtiment impérial dont j'ai parlé ci-dessus, et à celle de deux barques siciliennes chargées de sel, qui alloient aux ennemis. Elles avoient été enlevées par le sieur de Beaucaire, qui, s'en étant rendu maître, avoit mouillé à l'ordinaire à l'entrée de la nuit, lorsqu'il fut si vigoureusement attaqué par les Saignans, qui vouloient ravoir leurs barques, qu'il fut obligé de couper ses câbles.

Il se défendit pourtant, et manœuvra si à propos, qu'à l'aide d'un peu de vent il sauva les prises. J'arrivai quatre heures après, au bruit du canon. Je donnai la chasse aux ennemis, qui s'enfuirent à force de rames ; et j'envoyai les deux barques à Ancône, où le sel fut vendu au profit du Roi.

Voilà à quoi se réduisoit tout ce que nous avions fait jusqu'alors. J'en étois d'autant plus indigné, qu'il se présentoit tous les jours plus d'occasions de faire de la peine aux ennemis, et que je ne voyois point de moyens de faire entendre à la cour combien il étoit nécessaire de réformer les instructions qu'on m'avoit données.

Ce n'est pas que, sans m'écarter de ces mêmes instructions, il n'y eût d'autres services à rendre dans le golfe. Je m'étois déjà aperçu que les ports de l'Empereur étant dégarnis de troupes, et mal fortifiés, il n'étoit pas bien difficile de les incommoder beaucoup, et à peu de frais : j'avois même déjà pris des mesures pour entreprendre quelque chose de ce côté, supposé que je n'eusse rien de mieux à faire à l'avenir ; et en conséquence j'avois demandé un renfort de troupes au vice-roi de Naples. Mais, outre que ce projet ne pouvoit pas avoir lieu pour le présent, parce que je ne me croyois pas assez fort, ce n'étoit pas là principalement le sujet pour lequel j'étois envoyé; et il me sembloit qu'il seroit plus profitable au Roi de continuer ma mission sur mes croisières, pouvu qu'on me donnât des instructions moins resserrées.

J'écrivis donc sur ce sujet au cardinal d'Estrées et à l'ambassadeur; et après leur avoir exposé tout de nouveau la mauvaise foi des Vénitiens, qui, sous prétexte de neutralité, servoient les ennemis de tout leur pouvoir, et à découvert, je le priois de me permettre de prendre sur les Vénitiens mêmes que je trouverois en faute : et comme je prévoyois fort bien qu'on ne m'accorderoit pas ce point, j'insistai pour qu'ils fissent du moins en sorte que la République donnât à l'avenir des patentes pour la navigation du golfe, afin que je pusse distinguer les ennemis de ceux qui ne l'étoient pas.

Pour entendre ce point, il faut savoir que les Vénitiens, qui se prétendent, ainsi que nous avons dit, souverains de la mer Adriatique, ne donnent jamais de patentes à ceux de leurs bâtimens dont la navigation ne s'étend pas au-delà du golfe.

Quelque juste que fût ma demande par rapport aux circonstances où nous nous trouvions, la République, qui d'un côté vouloit favoriser l'Empereur, mais qui ne vouloit pas paroître contrevenir à la neutralité, ne voulut jamais entendre à ce que je demandois; car elle prévit fort bien que, si elle faisoit tant que de donner des patentes, il faudroit qu'elle empêchât de tout son pouvoir ceux de ses sujets qui en auroient pris de continuer les transports dont nous nous plaignions, sans quoi son intelligence avec les Impériaux paroîtroit à découvert, et que pour les autres qui auroient été trouvés sans passeport, ils seroient exposés à être enlevés toutes les fois qu'ils voudroient se mettre en mer.

Elle refusa donc absolument tout ce qu'on lui demandoit, et se défendit sur ce qu'il n'étoit pas convenable qu'elle dérogeât elle-même à ses propres droits. Ainsi mes lettres furent sans effet, et l'on me répondit que je n'avois qu'à continuer ma mission, sans me mêler d'aucune autre affaire. Indigné de cette réponse, et lassé du misérable service auquel elle me condamnoit, je résolus, quoi qu'il pût en arriver, de hasarder quelque chose, dans la pensée que la cour ne trouveroit peut-être pas mauvais que je me renfermasse un peu moins dans mes instructions.

Quelque lieu que j'eusse de me plaindre des Vénitiens, j'avois observé jusqu'alors de les ménager autant qu'il m'avoit été possible. Il est vrai que, comme ils n'avoient jamais de patentes, j'arrêtois tout ce que je trouvois de leurs bâtimens; mais les patrons ne manquant pas de me déclarer qu'ils étoient chargés pour le compte de la République, et qu'ils alloient dans quelqu'une de leurs villes, je n'avois fait d'abord aucune difficulté de les relâcher.

Il est vrai encore qu'ayant reconnu dans la suite qu'ils me trompoient, je m'étois rendu un peu plus difficile, et que, ne voulant plus m'en fier tout-à-fait à leur parole, j'avois pris le parti de les conduire moi-même à la ville où ils m'avoient dit aller, pour savoir du podestat s'ils avoient accusé juste : mais quoique j'eusse vérifié bien clairement que les podestats eux-mêmes, de concert avec les patrons, s'accordoient à me tromper, j'avois pourtant, sur leur parole, fait semblant de croire ce qu'ils me disoient, et j'avois toujours laissé en paix les bâtimens arrêtés.

Enfin, lassé de tant de mauvaise foi, je ne voulois plus être leur dupe, et je me hasardai, comme j'ai dit, à faire jeter dans la mer quelques provisions de bouche et de guerre que je trouvai sur certains bâtimens qui, par leur réponse, me parurent plus suspects que les autres. Je ne touchai pourtant ni aux hommes ni aux barques, que je renvoyai sans leur faire le moindre mal.

Ces ménagemens n'empêchèrent pas ceux à qui les bâtimens appartenoient de faire de grandes plaintes contre moi. Fâchés de voir interrompre un commerce qui leur étoit d'un si grand profit, ils s'en allèrent criant hautement dans Venise, et se plaignant de la violence que je leur avois faite dans leurs propres mers. Le sénat, offensé de ma conduite, prit l'affaire en main, et fit ses plaintes à l'ambassadeur, qui, intimidé par les menaces qui lui furent faites, écrivit fortement à la cour, à qui il donna à entendre que si je continuois, il y avoit à craindre que mon imprudence ne causât une rupture entre les deux puissances.

La cour vouloit, dans le fond, ménager la République : mais informée, et par tout ce que j'avois écrit, et par tout ce qu'elle en avoit appris d'ailleurs, de la manœuvre des Vénitiens, et convaincue que si on leur laissoit faire, la neutralité telle qu'ils l'observoient ne porteroit guère moins de préjudice qu'une guerre ouverte, elle prit, comme je me l'étois imaginé, le parti de me laisser agir de moi-même : en sorte qu'elle répondit à l'ambassadeur en désapprouvant hautement ce que j'avois fait, mais sans me faire le moindre reproche, ni m'envoyer ordre de discontinuer.

Cette conduite, qui, en me laissant le maître de mes actions, approuvoit tacitement tout ce qui s'étoit passé, m'encouragea non-seulement à continuer, mais encore à aller plus loin. Dès-lors ce fut peu pour moi de jeter en mer tout ce qui me sembloit suspect : je me saisis des bâtimens mêmes, et je commençai par en brûler neuf à dix.

Les clameurs redoublèrent bientôt à Venise : je ne m'en embarrassois pas beaucoup. Je vengeois le Roi de la mauvaise foi des Vénitiens, je vengeois le massacre de Clairon, et de tout son équipage misérablement égorgé, et je me vengeois moi-même de toutes les duretés que j'avois eu à essuyer : il n'en falloit pas tant pour m'animer. Aussi allois-je grand train : il n'étoit pas jusqu'à la plus petite barque qui ne fût arrêtée.

Dans un seul coup, j'arrêtai près de quatre-vingts bâtimens qui alloient à Trieste, et que je savois être destinés pour le transport d'un gros convoi qui devoit partir incessamment. Je voulus d'abord les brûler : néanmoins, après y avoir mieux réfléchi, je ne trouvai pas à propos de me charger tout-à-fait d'un coup si hardi, et qui ne pouvoit que faire un très-grand éclat ; ce qui fit qu'en donnant avis au cardinal d'Estrées de ce que je venois de faire, je lui demandai ses ordres pour aller plus avant.

Cette Éminence me répondit, à l'ordinaire, que je me mêlois de trop de choses, et que j'eusse à relâcher mes prises. Il fallut obéir : je le fis avec regret, et n'y pouvant rien de plus, après avoir informé la cour de ce qui se passoit. Sur l'avis certain que je reçus que ces bâtimens que je venois de relâcher étoient entrés dans le port de Trieste, d'où ils devoient bientôt sortir chargés de munitions de bouche et de guerre, et d'un nombre considérable de soldats qu'on vouloit transporter dans l'armée du prince Eugène, j'allai, accompagné de mes deux frégates, croiser devant la place, que je bloquai de telle sorte que rien n'en pouvoit sortir sans être arrêté.

Pendant le séjour que j'y fis, je reçus de nouvelles réponses de la cour : quoiqu'on m'y parlât de bien des choses, on ne me disoit pas un seul mot du procédé que j'avois tenu avec les Vénitiens. Ce silence me fit grand plaisir ; et si ces lettres me fussent venues un peu plus tôt, je n'aurois pas consulté le cardinal sur ce que j'avois à faire des bâtimens arrêtés.

Ayant donc tout lieu de comprendre de plus en plus qu'on ne désapprouvoit pas ce que j'avois fait jusqu'alors, j'en tirai des conséquences pour l'avenir, et je me mis à brûler tous les bâtimens vénitiens suspects que je pouvois attraper sans abandonner mon blocus. Cette conduite donna lieu à de nouvelles plaintes contre moi : je m'y étois bien attendu. L'ambassadeur écrivit de nouveau à la cour : on lui fit la même réponse que la première fois, et toujours sans que je reçusse le moindre reproche sur ce qui s'étoit passé.

Cependant l'armée du prince Eugène avoit grand besoin de secours. Depuis que je m'étois mis à brûler, elle n'en recevoit que bien peu ; et le blocus de Trieste, qui tenoit renfermé le convoi, ôtoit tout espoir d'en attendre au moins de quelque temps, lorsque l'ambassadeur de l'Empereur à Venise, qui vouloit dégager tous ces bâtimens à quelque prix que ce fût, s'avisa de faire travailler en secret à l'armement d'un vaisseau anglais de cinquante pièces de canon, qui se trouvoit par hasard dans le port.

Ce bâtiment devoit venir m'attaquer à mesure que le secours sortiroit de Trieste, sous l'escorte d'une frégate de vingt-six canons qui devoit se joindre à lui, si le besoin le requéroit.

Ayant eu avis de ce projet [car j'avois des espions à Venise qui m'avertissoient à point nommé de tout ce qui se passoit], j'écrivis encore au cardinal d'Estrées, à qui je représentai tout le tort que cet armement alloit faire au service de Sa Majesté ; que je n'avois que seize canons dans mon bord, et deux petites frégates de dix et de douze ; que les deux bâtimens étant de beaucoup supérieurs aux miens, ils me chasseroient du golfe tant qu'ils voudroient, après quoi il leur seroit libre de porter au prince Eugène tous les secours qu'ils jugeroient à propos : mais que, si son Éminence vouloit me le permettre, je m'engageois à les prévenir, et à aller brûler ce vaisseau dans le port, quand même il seroit sous Saint-Marc. Le cardinal méprisa l'avis que je lui donnois, et, m'écrivant toujours sur le même ton, m'ordonna de faire ma mission, sans m'embarrasser de ce qui se faisoit dans Venise.

Peu après cette réponse, l'ambassadeur, qui avoit eu avis aussi bien que moi de l'armement qu'on continuoit, en parla au cardinal. Cette Éminence commença à ouvrir les yeux, et, de concert avec l'ambassadeur, porta ses plaintes au sénat, qui répondit : « Faites retirer le che-
» valier de Forbin de nos mers, et nous nous
» chargeons d'empêcher les Impériaux de por-
» ter des secours au prince Eugène. » Sur ces offres, qu'on accepta sans doute trop légèrement, le cardinal dépêcha un courrier à la cour, et demanda des ordres sur mon sujet.

Tandis que tout ceci se passoit, j'eus avis que le Roi, qui étoit content de mes services, et qui craignoit que les ennemis ne vinssent s'opposer à moi avec des forces supérieures, avoit fait faire un gros armement à Toulon, commandé par M. le comte de Toulouse, avec ordre de n'aller d'abord que jusqu'à Messine, mais d'entrer dans le golfe, supposé que je ne fusse pas assez fort.

Je répondis à ces nouvelles, dont je fus informé et par la cour et par M. l'amiral, qu'à moins que les ennemis n'empruntassent des forces étrangères, je serois assez fort moi-même pour tout ce qu'il y avoit à faire, pourvu que l'on m'envoyât une frégate de cinquante ou soixante pièces de canon. Je n'avois, en effet, besoin de rien autre; car j'avois déjà demandé au vice-roi de Naples, avec qui j'avois toujours entretenu correspondance, des galiotes à rames, pour les opposer à celles des ennemis.

Sur ces entrefaites, le cardinal d'Estrées reçut, par le retour de son courrier, un ordre pour me faire retirer du golfe. La cour, sur ce que cette Éminence et l'ambassadeur avoient écrit, croyant que les Vénitiens seroient à l'avenir de meilleure foi que par le passé, avoit voulu donner cette satisfaction à la République. J'eus donc ordre de me rendre à Brindes avec mon escadre, et d'y attendre en patience des nouvelles du cardinal, à qui il m'étoit ordonné d'obéir aveuglément.

En faisant route pour Brindes, je passai par Ancône, où j'arrêtai les comptes des vivres qui m'avoient été fournis. Je n'y étois que depuis deux jours, lorsque je reçus un courrier du cardinal, qui me rappeloit dans le golfe.

Les Vénitiens, d'accord avec les ministres de l'Empereur, n'avoient souhaité mon éloignement, comme j'ai remarqué en son lieu, que pour dégager le convois que je tenois renfermé dans Trieste : de manière que, trois jours après mon départ, les Impériaux ayant fait entrer dans le port plusieurs bateaux chargés de soldats et de matelots, en avoient formé l'équipage du vaisseau anglais, qui ayant arboré sur-le-champ le pavillon et la flamme de l'Empereur, avoit salué l'amiral de Venise, qui lui avoit rendu le salut; après quoi l'Anglais étoit sorti du port, et avoit fait route du côté de Trieste.

Ce procédé avoit enfin ouvert les yeux au cardinal, qui, indigné de se voir jouer, se transporta au sénat, où il se plaignit amèrement de la République, et de son manque de parole. Mais il en eut peu de satisfaction : toute la réponse qu'on lui fit fut de dire que l'ambassadeur de Sa Majesté Impériale avoit fait cet armement dans leur port, et qu'on n'avoit pu l'empêcher.

Ce fut sur cette réponse que le cardinal, outré de voir la France si indignement méprisée, et de se voir lui-même trompé avec si peu de ménagement, m'avoit dépêché ce courrier, avec ordre de retourner sur-le-champ dans le golfe, et d'aller prendre ou brûler le vaisseau anglais que l'Empereur avoit fait armer.

Ce projet ne pouvoit plus être exécuté. Je répondis au cardinal que je le priois de faire attention que je n'avois plus avec moi les deux frégates qui étoient déjà à Brindes, et que mon vaisseau ne portoit que seize canons; qu'avec si peu de forces on ne pouvoit enlever un vaisseau de cinquante canons, et de plus de trois cents hommes d'équipage; que s'il vouloit cependant que je hasardasse ce coup, je ne balancerois pas à obéir, selon les ordres que j'en avois : mais que je le suppliois d'avoir la bonté de m'en envoyer l'ordre par écrit; que pour lors je tâcherois de l'exécuter de mon mieux, et que le Seigneur feroit le reste. Le cardinal, qui sentit la difficulté aussi bien que moi, me répondit qu'il n'étoit ni homme de guerre ni homme de mer, et qu'il me laissoit la liberté de faire tout ce que je jugerois convenable au service du Roi.

Mes comptes étant finis à Ancône, je fis route pour Brindes, où je reçus le lendemain de mon arrivée un second courrier du cardinal, qui m'ordonnoit de rentrer dans le golfe au plus vite, et de brûler tous les bâtimens vénitiens que je trouverois sans patentes. Si cet ordre fût venu dans les commencemens, l'armée du prince Eugène n'y auroit pas trouvé son compte : cependant, quoique tardif, il ne laissa pas de l'incommoder.

Je me disposois à obéir, quand je vis arriver la frégate que j'avois demandée. Ce bâtiment étoit commandé par M. de Resson-Deschiens, et portoit bonne provision de bombes et bombardiers. Je renvoyai aussitôt en France la frégate de M. de Beaucaire, et celle du pauvre Clairon, qui avoient besoin l'une et l'autre d'un gros radoub; et ayant remis à M. Deschiens celle que je montois, je travaillai avec toute la diligence possible pour me disposer à rentrer incessamment dans le golfe.

Pendant le séjour que je fis à Brindes, l'évêque vint me faire visite : je fus le visiter à mon tour dès le lendemain. Ce prélat n'exerçoit point encore ses fonctions, parce qu'il n'avoit pas reçu ses bulles, qu'on ne devoit lui expédier qu'après que le roi d'Espagne auroit reconnu, en qualité de roi de Naples, la redevance du Pape.

Pendant la conversation, un frère lai vint se présenter à l'évêque, et lui porta plainte de la part de l'abbesse d'un couvent de religieuses de la ville. Elle demandoit justice d'un procédé assez violent du grand vicaire, qui avoit fait défenses, sous peine d'excommunication à tout particulier, de quelque état et condition qu'ils fussent, d'entrer dans les parloirs du monastère. L'évêque répondit qu'il n'avoit aucune part à cette ordonnance, qui lui paroissoit excéder; mais que n'ayant point encore de bulles, et par conséquent point de juridiction dans le diocèse, il ne pouvoit rien contre le grand vicaire.

Je fus curieux de savoir quels pouvoient être les motifs d'une conduite qui sembloit en effet trop rigoureuse; et m'adressant à l'évêque : « Allons voir, monseigneur, lui dis-je, de quoi » il s'agit. Cette excommunication ne vous re- » garde pas sans doute; et quant à moi, qui ne » suis point du diocèse, je ne dois pas la crain- » dre. » A ce mot, le prélat sourit; et ayant fait atteler son carrosse, nous nous rendîmes au monastère. L'abbesse et toute la communauté firent leur plainte. Jamais tel vacarme; elles vouloient parler toutes à la fois : le pauvre évêque n'avoit pas peu à faire à les entendre.

Tandis qu'il tâchoit de les radoucir, en leur promettant de leur donner satisfaction lorsqu'il en auroit le pouvoir, je parlois en particulier à une des religieuses, qui, me parlant ingénument, m'avoua sans façon que le grand vicaire, amoureux d'une de leurs dames qui ne vouloit point de lui, n'avoit fait cette défense pour que pour éloigner un jeune cavalier qu'on lui préféroit, et dont il étoit extrêmement jaloux.

Je ris de bon cœur de la bizarrerie de ce procédé, qui alloit jusqu'à employer les censures de l'Église pour se débarrasser d'un rival; et m'étant approché de l'abbesse : « Madame, lui dis- » je en badinant, si ce grand vicaire continue à » vous maltraiter, faites-le moi savoir : je lan- » cerai une bombe dans sa maison, et je le cou- » lerai à fond. »

Là dessus, je pris le papier où étoit écrite la défense; et l'ayant mis en pièces, la conversation se tourna en plaisanteries contre le grand vicaire, qui à l'âge de soixante ans s'avisoit d'être amoureux, et de défendre, sous peine d'excommunication, de lui préférer un jeune homme de condition, plein d'esprit, et bien fait. Après avoir continué quelque temps sur ce ton, je m'en retournai avec l'évêque, ne comptant pas que cette aventure pût jamais me donner le moindre chagrin : mais il en arriva autrement, comme on le verra dans la suite.

La veille de mon départ de Brindes, un pilote français vint me demander à acheter les deux barques que le sieur de Beaucaire avoit prises, et qui étoient à Ancône, où je les avois envoyées. J'avois besoin d'argent, et je fus ravi de cette occasion, qui se présentoit d'elle-même. Nous arrêtâmes notre marché à six mille livres, qui me furent comptées le lendemain. Après ce marché fait, le pilote me demanda un passeport pour pouvoir les sortir du golfe : je crus ne pas devoir le lui refuser, ce qui me fit une nouvelle affaire auprès de M. l'amiral; mais je m'en tirai heureusement.

En conséquence des ordres que j'avois reçus, je remis à la voile avec mon vaisseau de cinquante canons, suivi de la frégate que je montois auparavant, et dont j'avois remis le commandement à M. Deschiens. Les raisons qui m'avoient empêché d'aller brûler le vaisseau anglais, selon l'ordre que le cardinal d'Estrées m'en avoit donné, ne subsistoient plus depuis l'arrivée du sieur Deschiens. Je résolus donc de donner à Son Éminence la satisfaction qu'il sembloit avoir si fort à cœur. Ainsi ma principale vue, en rentrant dans le golfe, fut de chercher ce bâtiment, de l'attaquer et de le brûler, quelque part que je le trouvasse; bien résolu pourtant, en chemin faisant, de ne point faire de grâce à tout ce que je trouverois de Vénitiens sans patentes.

Je ne manquai pas d'occasions de les inquiéter bientôt. Il n'y avoit pas plus de deux jours que j'étois en mer, lorsque je surpris un convoi conduit par les Impériaux et les Vénitiens, qui ne me croyoient pas si près d'eux. Je les attaquai, et je leur enlevai huit bâtimens chargés de vingt-cinq à trente mille charges de blé, que j'envoyai à Brindes, pour en faire la débite au profit du Roi.

Comme mes ordres pour brûler tous les Vénitiens que je trouverois sans patentes étoient précis, je commençai à faire grand feu : il ne se passoit pas un seul jour qu'il n'y eût quelque nouvelle expédition. Sans parler des barques moins considérables, je leurs brûlai d'abord en différentes occasions plus de vingt-cinq bâtimens, dont je fis dépouiller les équipages par mes matelots, qui, charmés de ces captures, venoient me demander de temps en temps si nous ne brûlerions plus.

Outre ces vingt-cinq bâtimens, je rencontrai un vaisseau vénitien de cinquante pièces de canon, qui alloit à Bucari, ville de la domination de l'Empereur. Ce bâtiment avoit une belle et bonne patente de la République : ainsi je ne pouvois rien entreprendre contre lui sans excéder mes ordres, et sans commettre une hostilité qui, dans d'autres circonstances, auroit pu avoir des suites fâcheuses.

Cependant, comme je savois très-certainement que ce vaisseau n'alloit à Bucari que pour y fortifier son équipage d'une centaine de soldats qui lui manquoient, et qu'après cela il devoit venir se joindre au vaisseau anglais pour me faire quitter le golfe, je crus qu'il étoit du service du Roi de commencer par brûler celui-ci, sans m'embarrasser de ce qui pouvoit en arriver.

Je m'en rendis donc le maître; et après avoir fait dépouiller tout l'équipage, que je renvoyai dans sa propre chaloupe, sans en retenir qu'un seul matelot, que je fis prisonnier dans le dessein de m'en servir en temps et lieu, je fis mettre le feu au vaisseau, me chargeant ainsi de l'événement dans un point où je crus qu'il étoit essentiel de me mettre au-dessus de mes règles.

L'incendie que je faisois avoit tellement alarmé les Vénitiens, qu'ils n'osoient plus se mettre en mer : le vaisseau anglais lui-même, informé de ma dernière expédition, étoit rentré dans le port, de peur d'être pris, ou d'être obligé de combattre. J'étois pourtant résolu de ne lui faire point de quartier, et de tout tenter pour venir à bout de le brûler. Dans ce dessein, je m'informois, de tous les bâtimens que j'arrêtois, du lieu où je pourrois le trouver. J'appris de plusieurs endroits qu'il étoit dans le port de Malamocco, où les Vénitiens l'avoient remorqué depuis deux jours avec six piottes, sortes de bâtimens à rames.

Comme je vis qu'il m'étoit désormais impossible de le rencontrer, je résolus d'aller l'attaquer dans le port même, et de le brûler à la barbe des Vénitiens. L'entreprise étoit hardie; mais, outre que le cardinal d'Estrées m'avoit témoigné souhaiter que ce bâtiment pérît, j'étois moi-même bien aise de rabattre un peu l'orgueil du capitaine, qui en partant pour Trieste avoit déclaré hautement qu'il alloit rendre libre la navigation du golfe, et qu'il se chargeoit de rapporter au sénat les oreilles du chevalier de Forbin.

Le beau temps favorisoit mon entreprise. J'avois pris mes mesures pour n'arriver devant Venise qu'à l'entrée de la nuit, car il m'importoit de n'être pas reconnu. Quand nous fûmes à l'endroit où j'avois résolu de m'arrêter pour disposer tout ce qu'il me falloit pour mon attaque, je fis venir à bord le sieur Deschiens, à qui je communiquai mon dessein.

Il lui parut d'abord si hasardeux, qu'il ne balança pas à le condamner : il me proposa même tant de difficultés, que j'aurois pu en être ébranlé, si je ne les avois pas prévues; mais j'avois eu le temps de songer à tout « Monsieur, lui » dis-je, je hasarde en ceci beaucoup moins que » vous ne croyez. Je vais attaquer, à la vérité, » au milieu d'un port un vaisseau entouré d'une » infinité de bâtimens qui concourroient tous » volontiers à ma perte : mais aussi faites atten- » tion que je m'adresse à des gens qui ne songent » pas à moi, et qui me croient fort éloigné de » Venise.

» Je trouverai en arrivant la plupart de ces » bâtimens, et le vaisseau même à qui j'en veux, » vides de soldats et de matelots. Les équipages, » qui ne se défient de rien, ou dormiront, ou » seront à terre à se réjouir dans les cabarets. » Le vaisseau que je veux brûler est dans le port, » amarré à quatre amarres, et par conséquent » hors d'état de manœuvrer pour se mettre à » couvert d'une surprise. D'ailleurs, quand il ne » seroit pas tout à fait hors de défense, nous de- » vons faire peu de cas de son équipage, qui » dans le fond, et à le bien prendre, ne doit être » regardé que comme une troupe de gens peu » aguerris, et ramassés à la hâte.

» Il n'y a donc pas lieu de douter que je ne » puisse fort bien venir à bout de mon entre- » prise, surtout personne ne nous ayant recon- » nus; car il ne faut pas croire qu'on ait pris » garde à nous dans un pays où il est ordinaire » de voir arriver tous les jours des vaisseaux » aussi considérables que les nôtres.

» Bien plus, quand nous aurions été reconnus, » ayant affaire à des peuples fainéans, timides, » et incapables d'une entreprise tant soit peu » hardie, nous ne risquerions pas trop à les al- » ler attaquer, puisqu'il ne leur tomberoit jamais » dans l'esprit que nous puissions avoir la har- » diesse ou la témérité [comme il leur plaira] » d'entrer dans leur port, et d'aller brûler un » vaisseau à la vue de cette prodigieuse quantité » de galéaces, de galères, de galiotes et de bri- » gantins, sur lesquels ils se reposent. Si je suis » assez heureux pour que le beau temps conti- » nue, je suis presque sûr de mon entreprise. » D'ailleurs, poursuivis-je, ce vaisseau a trop » bien servi nos ennemis : il faut qu'il périsse » pour l'honneur de la nation. »

Le sieur Deschiens, homme de résolution, et véritablement courageux, goûta toutes ces raisons, et se réduisit à me dire que, puisque j'étois résolu à ne démordre pas de cette entreprise, il me prioit au moins de lui en donner le commandement; qu'une pareille commission ne pouvoit tomber que sur lui, puisque je n'ignorois pas que le commandant ne doit jamais s'exposer sans un extrême besoin. « Je n'ai jamais douté, » lui dis-je, de votre valeur; mais j'ai trop à » cœur la réussite du projet dont je viens de » m'ouvrir à vous, pour m'en reposer sur per- » sonne.

» D'ailleurs, si je vous donne le commande- » ment que vous souhaitez, et que vous reveniez » sans rien faire, je croirai avoir lieu de me » plaindre; et s'il vous arrivoit malencontre [ce

» qui est très-possible], je serois blâmé de vous
» avoir exposé, tandis que je serois en sûreté. Il
» vaut donc mieux que j'y aille moi-même, et
» que je me charge de l'événement.

» Pour prendre toutes les précautions qui con-
» viennent en pareil cas, et pour ne pas risquer
» le service de Sa Majesté, comme je pourrois
» être tué, voici les instructions que j'ai reçues
» de la cour, auxquelles vous n'aurez qu'à vous
» conformer. » Je lui marquai pour lors la manière dont il devoit se conduire.

« J'ai demandé, poursuivis-je, au vice-roi de
» Naples, et je lui ai fait demander par le car-
» dinal de Janson, douze cents soldats et quatre
» galères : tout cela se prépare à venir. Ma vue,
» en me procurant ce secours étoit d'attaquer les
» ports de l'Empereur, et de les détruire; car
» j'ai remarqué il y a long-temps qu'ils sont mal
» fortifiés, et hors de défense. Quand vous aurez
» reçu ce renfort, vous serez le maître de vous
» en servir pour continuer à agir sur ce plan, si
» vous le trouvez convenable : sinon, vous vous
» servirez de ces troupes selon qu'il vous paroî-
» tra que les intérêts du Roi le demanderont.
» En attendant, tenez-vous dans mon bord, et
» attendez-y de mes nouvelles. »

Lui ayant ainsi parlé, je fis mettre en mer mes deux chaloupes et un canot. Je choisis tout ce qu'il y avoit de meilleurs hommes dans mon équipage; je leur fis mettre à tous des cocardes blanches au chapeau, afin de pouvoir nous re-connoître quand nous serions à bord de l'ennemi. Je fis ensuite l'établissement de mon attaque, marquant à chacun en particulier ce qu'il avoit à faire, et le poste qu'il devoit occuper quand nous aurions abordé. Tout étant ainsi disposé, je m'embarquai, et nous partîmes, n'ayant en tout dans mes trois petits bâtimens que cin-quante hommes, mais valeureux, et capables d'un coup hardi.

La mer étoit calme, l'air pur, et la lune dans son plein : il étoit à peu près minuit quand nous entrâmes dans le port. Le premier objet qui s'of-frit d'abord à nous fut un petit bateau, avec deux hommes qui pêchoient. Pour n'être pas re-connu, je fis semblant d'être de l'escorte du vaisseau anglais, dont je leur fis demander des nouvelles en italien, ajoutant, pour les tromper, que nous avions été pris et dépouillés par les Français. A ce mot de Français, ils s'écrièrent tous deux : « Ah! le chien de chevalier de For-
» bin ! » Après cette exclamation, ils nous ré-pondirent que le navire étoit plus loin, et que nous n'avions qu'à avancer.

En chemin faisant, je vis venir plus de cent cinquante petites voiles, qui sortoient par un pe-tit vent de terre. Si je n'avois pas connu Ve-nise, cette multitude de bâtimens m'auroit ef-frayé, et je serois revenu sans rien entreprendre; mais je savois fort bien que je n'avois rien à ap-préhender de ce côté-là. En effet, ils continuè-rent leur route, et passèrent tous sans mot dire.

Quelque temps après, je rencontrai un autre petit pêcheur, à qui je demandai des nouvelles du vaisseau anglais. Le pêcheur me montra un gros navire, en me disant : « Le voilà. »

Le matelot impérial que j'avois trouvé dans le vaisseau vénitien, et que je n'avois retenu que parce que je comptois de m'en servir dans cette occasion, m'avoit assuré qu'il connoissoit ce na-vire, pour y être entré plus d'une fois. J'avois embarqué cet homme avec moi; et, pour en tirer le service que je souhaitois, je lui avois pro-mis la liberté, s'il m'indiquoit le vaisseau : mais aussi je l'avois assuré que je le ferois pendre sur-le-champ, s'il me trompoit. Il me confirma tout ce qu'on venoit de me dire, m'assurant lui-même qu'il étoit sûr de ne point se méprendre, et qu'il reconnoissoit fort bien ce vaisseau à un grand lion doré qu'il apercevoit sur le derrière de la poupe.

Le navire étant ainsi reconnu, quoique d'un peu loin, je marchai en bon ordre, afin de pou-voir commencer l'attaque tous en même temps, et d'un même côté. Nous avancions, lorsque mon maître nocher aperçut, à la faveur du clair de la lune, le petit pêcheur que nous avions rencontré d'abord. Il m'en avertit, et me fit prendre garde que ce bâtiment voguoit vers le navire anglais. J'eus peur qu'il ne nous eût re-connus, et qu'il n'allât donner avis de notre ve-nue. Pour parer ce contre-temps, je fis faire force de rames à mes gens; mais, quelque dili-gence que je fisse, il me fut impossible de l'em-pêcher de parler.

Comme j'avois pris les devans [car j'étois éloigné d'une portée de fusil des deux autres bâtimens qui me suivoient], je ne voulus pas perdre de temps à les attendre; et m'adressant à l'équipage : « Allons, camarades, leur dis-je,
» abordons toujours ! Tandis que nous occupe-
» rons l'ennemi, nos gens, qui ne sont pas loin,
» viendront à notre secours. »

Nous n'étions plus qu'à deux pas du vaisseau, lorsque la sentinelle cria : « Où va la chaloupe? » Je ne répondis rien, et j'abordai. Je vis, en joi-gnant le navire, que deux sabords de la sainte-barbe étoient ouverts : j'y fis entrer mon maî-tre nocher et deux de ses camarades, qui, s'étant glissés par là, donnèrent l'alarme les premiers. Ils tuèrent d'abord cinq à six hommes, qui se présentèrent à moitié endormis.

Dans le même moment, je montai à bord la baïonnette au bout du fusil, en criant : « Tue, tue ! » Tous mes soldats furent se poster à l'endroit que je leur avois désigné. Quand je les vis ainsi dans leur poste, je courus, suivis de quelques-uns des miens, sous le gaillard du derrière, pour aller m'emparer de la grande chambre, où sont ordinairement les armes des vaisseaux de guerre. Quelques malheureux, accourus au bruit sans armes et en chemise, furent massacrés.

Comme nous poursuivions les restes de ces misérables, qui crioient en demandant quartier, je tombai dans l'écoutille (1) qui étoit à l'arrière du grand mât. Mon fusil et l'échelle me retinrent ; mais mon chapeau, ma perruque et mon pistolet allèrent en bas. Dans cet état, je craignois que mes soldats ne me prissent pour un ennemi. Je levai la voix ; et, leur adressant la parole : « Ce n'est rien, leur dis-je ; avancez, en» fans, je suis à vous. »

Ces hommes pleins de valeur, et qui avoient une présence d'esprit merveilleuse, s'avancèrent vers la grande chambre, où je les suivis un moment après. Ils en étoient déjà maitres lorsque j'arrivai, et avoient tué sept à huit hommes qui avoient voulu leur faire tête. Alors n'y ayant plus personne qui résistât, je mis des sentinelles aux écoutilles, pour empêcher que ceux qui étoient en bas ne montassent sur le pont.

L'officier qui étoit destiné pour attaquer le château du devant s'en étoit aussi emparé. Il ne restoit plus que le capitaine du vaisseau, son gendre, et deux de ses fils, qui s'étoient enfermés dans la chambre du conseil, qu'ils avoient barricadée, et où ils se défendoient. Il étoit important de les y forcer au plus tôt, et avant qu'aucun de tous ces bâtimens dont le port étoit rempli pût venir donner du secours. Je courus donc incessamment de ce côté, suivi de quelques soldats ; et ayant envoyé sur-le-champ dans mon canot pour y prendre une hache, des grenades, et une mèche allumée, que j'avois eu la précaution d'embarquer, j'eus bientôt fait une ouverture dans la cloison. Aux premières grenades que je jetai, le capitaine se rendit, en demandant quartier. Ce fut pour lors que mes deux autres bâtimens abordèrent ; en sorte que sans leur secours, et avec vingt hommes seulement, je m'étois déjà rendu maitre du vaisseau.

L'officier de l'un des deux bâtimens me dit qu'un coup de mousqueton à trompette que le capitaine avoit tiré de la chambre du conseil lui

(1) Ouverture ou trappe par laquelle on descend entre les ponts et la cale.

avoit tué deux hommes, et que trois autres avoient été blessés du même coup. Ce fut là tout ce que je perdis. La plupart des matelots ennemis qui étoient entre les ponts se jetèrent par les sabords dans la mer, et se sauvèrent à la nage : ainsi, dans moins d'une demi-heure je me vis entièrement le maître.

Il ne me restoit plus, pour avoir une satisfaction entière, qu'à mettre le feu. Je fis rompre des planches de coffres ; et, avec des chemises soufrées que j'avois apportées exprès, je fis préparer trois feux, que je disposai en différens endroits ; après quoi ayant fait chercher mon chapeau, mon pistolet et ma perruque, je fis crier dans le bas du navire qu'il y avoit bon quartier. Il en monta vingt-sept hommes, que je distribuai dans mes deux chaloupes avec le capitaine, ses fils et son gendre. Personne ne paroissant plus, j'allumai moi-même les feux ; et quand je vis qu'ils commençoient à gagner le corps du vaisseau, je me rembarquai.

Dans un moment, le navire fut tout embrasé : j'avois le plaisir de le voir brûler en me retirant. Ce spectacle mit l'alarme dans le port, on voyoit de la lumière partout : ce n'étoient que cris dans tous les vaisseaux et dans les maisons. Peu après, le trouble augmenta ; car le feu ayant gagné le dedans, les canons chargés à boulets commencèrent à tirer à droite et à gauche avec un fracas horrible. Enfin le feu prenant aux poudres, et mettant en pièces cette masse énorme, fit jouer au milieu du port la plus épouvantable mine qu'il soit possible d'imaginer.

Je retournai dans mon bord sans avoir été poursuivi de personne. Je fus reçu aux cris de *vive le Roi !* Tout l'équipage témoigna d'autant plus de joie de mon retour, que le fracas qu'ils avoient entendu dans le port leur avoit donné plus d'inquiétude sur mon sujet.

Les prisonniers ayant été mis dans mon vaisseau, j'affectai de faire toutes les honnêtetés possibles au capitaine ; et après m'être plaint à lui avec douceur des discours qu'il avoit tenus sur mon compte : « Monsieur, lui dis-je, quoiqu'on » ait voulu m'assurer que vous avez eu dessein » de me maltraiter, non-seulement vous ne re» cevrez aucun mauvais traitement de ma part, » mais je veux, sur votre seule parole, vous » renvoyer à Venise : vous y traiterez avec l'am» bassadeur de l'Empereur de l'échange des pri» sonniers ; et en cas que vous ne puissiez rien » conclure, vous reviendrez me joindre ici au » bout de deux mois. »

Dès qu'il fut jour, j'ordonnai qu'on le mit à terre. Il ne profita pas longtemps de l'honnêteté dont j'avois usé à son égard : il mourut peu de jours après, soit de chagrin, soit que les Vénitiens l'eussent fait empoisonner, comme on en fit courir le bruit je ne sais pourquoi.

Cependant l'alarme étoit dans Venise : les magistrats, en robe de chambre et en pantoufles, s'assemblèrent au Pregadi. L'ambassadeur de France eut peur, et, tout effrayé du tumulte qu'il entendoit, se cantonna dans son palais. Le cardinal d'Estrées, au contraire, triomphoit; car il regardoit ce qui venoit de se passer comme une expédition entreprise pour lui faire plaisir, et qui servoit à le venger amplement de la mauvaise foi et du manque de parole des Vénitiens.

Dans les premiers mouvemens de sa joie, il m'écrivit la lettre du monde la plus gracieuse. L'ambassadeur s'expliquoit sur un ton bien différent; et, après m'avoir accablé de reproches, il ne faisoit pas difficulté de me dire que, pour ma propre gloire, je l'avois exposé, et avec lui tous les Français qui étoient dans Venise, à être assommés par le peuple.

Cette lettre me fit de la peine : je répondis à l'ambassadeur qu'il faisoit beau temps dans son cabinet, où il étoit tranquille et en sûreté, tandis que j'exposois tous les jours ma vie pour la gloire des armes du Roi; que, bien loin de m'attendre aux reproches que je venois de recevoir, j'avois espéré qu'il me sauroit gré d'avoir mortifié une république qui observoit si mal ce qu'elle avoit si souvent et si solennellement promis; que j'étois au désespoir qu'il n'approuvât pas ma dernière action, mais que je la jugeois si utile au service du Roi et à l'honneur de la nation, que si ce vaisseau anglais étoit encore sur pied, je me croirois obligé de tout entreprendre pour le faire périr.

Le lendemain, l'ambassadeur, qui commençoit à n'être plus si effrayé, me récrivit une lettre bien différente de la première : il me fit mille excuses, donna de grandes louanges à tout ce que j'avois fait, et finissoit en me priant d'oublier sa précédente.

Avant que de mettre à terre le capitaine anglais, je lui demandai à combien montoit l'équipage de son vaisseau : il me dit qu'il étoit de trois cent trente hommes, et que si j'avois été l'attaquer le jour précédent, je n'y en aurois peut-être pas trouvé vingt; que je n'y en avois trouvé un si grand nombre que parce que, voulant congédier tout ce monde, il les avoit fait avertir de se rendre à bord, où il y avoit plus de cent hommes lorsque j'étois venu l'attaquer, et que le peu de résistance qu'on m'avoit fait ne venoit que de ce qu'ils n'auroient jamais cru que j'oserois les attaquer dans un port comme celui de Venise, où ils se croyoient à l'abri de toute insulte : leçon importante pour tous les gens de guerre, qui doivent toujours être sur leurs gardes, et craindre, quelque part qu'ils se trouvent, les surprises des ennemis, qui peuvent les attaquer à tout moment, et qui ne demanderoient pas mieux que de les prendre au dépourvu.

Les Vénitiens, irrités de ce qui venoit de se passer, portèrent leurs plaintes au cardinal d'Estrées. Ils lui déclarèrent qu'ils regardoient cette action comme une hostilité intolérable, dont il falloit que la République tirât raison, qu'ils voyoient fort bien qu'on vouloit les pousser à bout; mais qu'ils ne souffriroient jamais, sans témoigner leur ressentiment, que les Français eussent porté la hardiesse, jusqu'à venir, sous les yeux du sénat et dans leur port, brûler les vaisseaux de leurs amis et de leurs alliés.

Le cardinal, ravi de pouvoir leur faire une réponse semblable à celle qu'il en avoit reçue, répondit qu'il n'étoit point homme de guerre, qu'il ignoroit les raisons qui avoient donné lieu à l'expédition dont ils se plaignoient : mais que j'étois à leur vue, et qu'ils pouvoient envoyer à bord tant qu'ils voudroient pour s'éclaircir avec moi; que quant à lui, il n'avoit aucune autre satisfaction à leur donner.

Le sénat, peu content de cette réponse, me députa un noble vénitien, qui se rendit à bord, accompagné du consul français. Je fis au député tout l'accueil possible. Je ne craignois pas d'en faire trop, après ce qui venoit de se passer : outre que je prévoyois fort bien que j'aurois mon tour avant que la conversation finît.

Après les premières civilités, il m'exposa, dans une assez longue plainte, les principaux griefs que le sénat avoit contre moi; me déclara qu'il étoit principalement envoyé pour savoir les raisons sur lesquelles je m'obstinois depuis si long-temps à outrager la République, dont je n'avois pas à me plaindre; qu'il avoit ordre de s'informer des motifs qui m'avoient engagé à inquiéter tout ce que j'avois trouvé de leurs bâtimens dans la mer Adriatique, à en brûler un si grand nombre; et en particulier de s'éclaircir avec moi sur le sujet pour lequel j'étois allé jusque dans leur port brûler, à la vue de Saint-Marc, un vaisseau qui appartenoit à leurs alliés, et qui étoit sous la protection de la République.

Ce discours m'ouvroit un champ trop vaste pour rester court. Après avoir écouté tout ce que le député avoit à me dire : « Monsieur, lui repartis-je, le Roi mon maître m'a envoyé dans
» le golfe pour le bien de son service; mais en
» même temps il a eu si fort à cœur les intérêts
» de votre république; et il a tellement prétendu
» la ménager, qu'il m'a défendu de paroître au-

» trement que sous le pavillon du roi d'Espagne,
» à qui les côtes du royaume de Naples, qui
» font une partie du golfe, appartiennent incon-
» testablement.

« Mes instructions, qui sont très-sages, ne me
» permettent que d'attaquer les ennemis du Roi :
» aussi ne suis-je venu que comme dans un pays
» ami, croyant n'avoir affaire tout au plus
» qu'aux Impériaux, s'ils entreprenoient quel-
» que chose de contraire au service de Sa Ma-
» jesté.

» Cependant à peine suis-je entré dans le
» golfe, qu'un de mes capitaines et trente hom-
» mes de sa suite sont assassinés, au sortir de la
» messe, dans vos propres terres, au milieu d'un
» village appartenant à la Seigneurie. Je m'en
» suis plaint à vos magistrats : bien loin de me
» donner sur ce point la satisfaction que je de-
» mandois, et que j'avois lieu d'attendre, on me
» ferme l'entrée de tous vos ports, et on m'y
» refuse même de l'eau, tandis que nos ennemis
» en reçoivent toutes sortes de secours.

» Quand après cela j'aurois usé de représailles,
» on n'auroit pas lieu de s'en plaindre. Je ne l'ai
» pourtant pas fait : au contraire, nonobstant
» l'irrégularité de ce procédé, n'en voulant
» qu'aux seuls Impériaux, j'ai fait prier le sé-
» nat de donner des passe-ports à ses sujets,
» dans la crainte où j'étois de les confondre avec
» les ennemis.

» Il étoit d'autant plus raisonnable de me
» donner satisfaction sur ce point, qu'ayant à
» empêcher les secours que l'Empereur envoyoit
» journellement au prince Eugène, et que, ne
» m'étant pas possible de distinguer les Véni-
» tiens des Impériaux autrement que par leur
» passe-port, on ne pouvoit refuser de leur en
» donner sans m'exposer tous les jours à des
» mécomptes également désagréables au Roi
» mon maître, et à la République.

» Il est notoire que le sénat n'a jamais voulu
» entendre raison sur ce point, et que toutes mes
» remontrances ont été inutiles. Il sembloit,
» après cela, que j'étois en droit de prendre in-
» distinctement sur les ennemis et sur les Véni-
» tiens : cependant, pour ne pas choquer votre
» délicatesse, je n'ai pas voulu user d'un droit
» que votre conduite me donnoit ; et, voulant
» pousser les ménagemens jusqu'à l'excès, je
» me suis donné la peine pendant long-temps de
» conduire ceux de vos bâtimens que je trouvois
» chargés de vivres et de munitions de guerre
» dans les villes de votre dépendance où ils me
» disoient aller ; et je les ai toujours relâchés
» sans difficulté, lorsque vos podestats m'ont

» assuré que la cargaison appartenoit aux Véni-
» tiens.

» La République m'a d'autant plus d'obliga-
» tion en ce point, que je savois fort bien que le
» magistrat me trompoit, puisque je ne man-
» quois jamais d'apprendre le lendemain, ou le
» jour d'après, que les bâtimens relâchés étoient
» allés chez les ennemis. J'en ai surpris quel-
» ques-uns qui étoient dans ce cas. Après avoir
» vérifié leur mensonge, et la connivence du
» magistrat, il auroit été, ce semble, dans l'or-
» dre de les brûler : je me suis pourtant con-
» tenté de jeter les munitions en mer, et j'ai ren-
» voyé et les bâtimens et l'équipage, sans leur
» faire le moindre mal.

» Dans une seule fois, j'ai rencontré quatre-
» vingt-deux bâtimens qui alloient à Trieste. Je
» les ai laissés passer, quoiqu'il me fût aisé de
» les arrêter, et quoique je susse fort bien qu'ils
» n'alloient que pour se charger du convoi des-
» tiné au prince Eugène ; car j'avois été averti
» qu'on ne les envoyoit que pour ce sujet.

» Mais voici qui est plus fort que tout le reste.
» Tandis que je tenois Trieste bloquée, l'am-
» bassadeur de l'Empereur arme dans votre port,
» et sous les yeux du sénat ; le vaisseau anglais
» dont la perte fait aujourd'hui le sujet princi-
» pal de votre députation. Vous n'ignorez pas
» que les ministres du Roi ont représenté à vos
» magistrats qu'ils eussent à empêcher cet ar-
» mement : sur les remontrances qui leur furent
» faites, le sénat donna sa parole que l'Anglais
» n'armeroit point, et promit au Roi et à ses
» ministres que, pourvu qu'on me fit sortir du
» golfe, il se chargeoit d'empêcher qu'à l'avenir
» les Impériaux donnassent du secours au prince
» Eugène.

» Sur ces belles promesses, le Roi et ses mi-
» nistres m'ordonnent de me retirer : j'obéis.
» Qu'en est-il arrivé ? A peine fus-je parti, que
» le vaisseau anglais arbore le pavillon de l'Em-
» pereur, et, après avoir salué votre amiral, qui
» lui rend le salut, sort du port, fait voile pour
» Trieste, met sous son escorte plus de cent bâ-
» timens, les mêmes que j'avois laissé passer,
» et les conduit jusqu'à l'embouchure du Pô,
» chargés du secours dont j'avois empêché la
» sortie pendant si long-temps.

» Les ministres du Roi portent de nouveau
» leurs plaintes au sénat sur ce manque de pa-
» role. Toute la satisfaction qu'on en obtient se
» réduit à s'entendre répondre froidement qu'on
» est bien fâché de ce qui est arrivé ; mais qu'on
» n'a pu empêcher l'ambassadeur de l'Empereur
» de faire cet armement.

» Depuis ce temps-là j'ai brûlé, dites-vous,

» un très-grand nombre de bâtimens vénitiens.
» Cela pourroit être, et je n'oserois assurer le
» contraire; mais ce qu'il y a de bien certain,
» c'est que s'ils avoient eu des patentes, comme
» le sénat a été requis plus d'une fois de leur en
» donner, je les aurois laissés passer, de même
» que plusieurs autres bâtimens qui venoient du
» Levant richement chargés, et que j'ai recon-
» nus, à leurs patentes, appartenir à la Répu-
» blique.

» Du reste, quand j'aurois brûlé en effet quel-
» ques Vénitiens que j'aurois surpris donnant du
» secours aux ennemis, malgré les intentions du
» sénat, y auroit-il lieu d'être si fort irrité con-
» tre moi, qui en tout cela n'aurois fait autre
» chose dans le fond que de punir des contreban-
» diers, de faux frères et de mauvais sujets? Et
» pour ce qui est du vaisseau anglais que je viens
» de brûler dans votre port, qu'il me soit per-
» mis de vous le dire, c'est à la République à
» me faire des remercîmens, et non des repro-
» ches, puisque je lui ai rendu service en châ-
» tiant un insolent qui faisoit le maître chez
» vous, sans que vous puissiez l'en empêcher. »
Ma réponse déconcerta le Vénitien, qui, n'en
demandant pas davantage, prit congé, et s'a-
dressant au consul français : « Monsieur le consul,
» lui dit-il, il m'a fait la réponse d'un Forbin. » Je
ne sais par cette manière de parler, en faisant
allusion à mon nom, il vouloit dire quelque autre
chose que ce qui se présente naturellement.

Dès ce jour même j'écrivis à la cour, pour
donner avis au ministre de ma dernière expédition. Voici la réponse que j'en reçus : « Sa Ma-
» jesté m'a paru satisfaite, monsieur, du succès
» qu'a eu votre projet, par la prise de plusieurs
» bâtimens. L'action que vous avez faite, en
» brûlant dans le port de Malamocon le vaisseau
» anglais destiné pour le service de l'Empereur,
» lui a aussi été très-agréable : elle en a bien
» connu toute la hardiesse, et tout le danger
» auquel vous vous êtes exposé. Elle m'ordonne
» de vous assurer qu'elle s'en souviendra par
» rapport aux officiers et autres que vous re-
» commanderez, et dont vous avez été content;
» et que vous le serez de l'attention qu'elle y
» fera. »

J'avois écrit à Rome au cardinal de Janson
sur le même sujet. Il me témoigna que mon attention à lui faire part de mes succès lui avoit
fait beaucoup de plaisir; et ensuite, donnant un
champ libre à l'amitié qu'il avoit pour moi, il
m'écrivit mille choses si obligeantes, qu'il ne me
conviendroit pas de les répéter.

L'expédition dont je viens de parler me rendit
entièrement maître du golfe. Je remis à la voile
et je continuai à croiser. Peu de jours après, il
m'arriva une aventure que je ne dois pas taire,
et qui me fit d'autant plus de plaisir, qu'en me
donnant lieu de faire respecter les armes du Roi,
j'en tirois une ample satisfaction de toutes les
avanies que j'avois eues à essuyer de la part des
Vénitiens.

Un petit bâtiment que j'envoyois devant moi
à la découverte, avec ordre à l'officier de faire
venir à bord tout ce qu'il rencontreroit [car je
m'étois mis sur le pied de ne laisser passer aucun bâtiment sans le visiter], trouva une piotte
où étoit le provéditeur général du golfe. Ce
magistrat, un des plus considérables de la République, qui étoit sorti pour exercer quelque
fonction de sa charge, étoit pour lors revêtu de
toutes les marques de sa dignité.

L'officier français l'ayant abordé, lui commanda de se rendre à bord du chevalier de Forbin. Le général, surpris et tout scandalisé de se
voir donner un tel ordre, à lui qui devoit en
donner aux autres, répondit à l'officier qu'il eût
à se retirer, et lui fit dire que cette piotte portoit
Son Excellence monseigneur le provéditeur général du golfe.

Le Français, sans démordre de ses prétentions, et peu touché de la magnificence de ce titre, répliqua brusquement qu'il ne reconnoissoit d'autre général que le chevalier de Forbin;
qu'il n'y avoit qu'à obéir, sans quoi il alloit faire
tirer sur le bâtiment. Le Vénitien étoit trop sage
pour risquer ce coup, obéit, et s'en vint à bord.

L'officier, qui avoit gagné les devans, m'a-
vertit de ce qui se passoit. Ravi de pouvoir mortifier la République dans la personne d'un de
ses principaux magistrats, je donnai les ordres
convenables, et je me retirai dans ma chambre,
pour donner lieu à la comédie que je méditois.

A peine le provéditeur fut à bord, que l'officier de garde lui ordonna de monter. Le Vénitien fit quelques difficultés de le faire, sous prétexte de sa dignité, et demanda à me parler.
L'officier lui répondit, selon l'instruction que je
lui avois donnée, que Son Excellence monseigneur le chevalier ne faisoit que de passer dans
sa chambre, où il étoit allé pour reposer un moment; et qu'il n'y avoit personne d'assez hardi
pour oser l'éveiller, au moins si tôt. Il ajouta
qu'il en étoit bien mortifié; mais que, selon ses
ordres, devant, sans en excepter aucun, visiter
tous les bâtimens qui viendroient à bord, après
en avoir fait monter tous les équipages, il supplioit Son Excellence d'avoir pour agréable qu'il
s'acquittât de sa commission.

Le général, homme d'esprit, comme le sont
presque tous les Vénitiens, comprit fort bien de

quoi il étoit question; et voyant la nécessité où il étoit de monter, ne se le fit pas dire davantage. Dès qu'il fut entré, l'officier qui le précédoit, marchant à petit bruit et sur la pointe des pieds, vint gratter à la porte de ma chambre, qu'il entr'ouvrit; et me parlant à demi voix, et comme craignant de me faire de la peine : « Monseigneur, me dit-il, je demande bien pardon à Votre Excellence d'oser prendre la liberté de l'éveiller; mais Son Excellence monseigneur le provéditeur général du golfe... »

A ce mot de provéditeur général, je me levai avec précipitation; et me présentant sur la porte de ma chambre, j'y reçus le Vénitien, que je saluai profondément, et à qui je témoignai combien j'étois mortifié que mes officiers l'eussent obligé de venir à bord, et de monter. Je le suppliai de croire que, quelque général que fût l'ordre que j'avois donné, je n'avois pas prétendu qu'il s'étendit jusques à Son Excellence ; que mes officiers avoient excédé : mais que je le conjurois de leur pardonner, de n'imputer leur méprise qu'au malheur des temps, qui les obligeoit, et qui me contraignoit moi-même, à faire tous les jours bien des choses que je n'exécutois qu'avec regret.

Le Vénitien répondit, d'un air gracieux, qu'il étoit charmé de l'aventure, puisqu'elle lui procuroit le plaisir de me connoître. Un moment après, on apporta du café, du chocolat, des confitures, et de différentes sortes de vins. Le général goûta de tout.

Nous parlâmes assez long-temps de la situation des affaires. Je me plaignis de la partialité de la République, des mauvais traitemens que j'en recevois tous les jours, et de ce que par ses ordres on me refusoit entrée et rafraîchissemens, jusques à de l'eau, dans tous ses ports; tandis qu'on accordoit tout aux ennemis.

Le Vénitien, aussi habile que poli, me répondit en excusant toujours le sénat, sans pourtant me condamner. Lorsqu'il prit congé, tous mes soldats parurent sous les armes : je fis battre aux champs; et l'équipage ayant crié plusieurs fois *vive le Roi!* je saluai Son Excellence de neuf coups de canon. Je fis part de cette aventure au cardinal d'Estrées et à l'ambassadeur. Ce dernier me répondit que le général se louoit extrêmement de moi, et que je lui avois fort bien doré la pilule.

Ce fut à peu près dans ce temps-là que je reçus des plaintes de M. le comte de Toulouse au sujets des passe-ports que j'avois donnés au pilote français, à qui j'avois vendu à Brindes les deux barques qui étoient à Ancône. Ces deux bâtimens, qui venoient en France, entrèrent dans Messine : le pilote présenta son passe-port. On ne manqua pas de le porter à M. l'amiral, et de lui représenter que je m'arrogeois une autorité qui n'étoit due qu'à lui : mais ce prince, dont j'avois l'honneur d'être connu, démêla bientôt la vérité, et comprit que tout ce que j'en avois fait n'étoit que pour faciliter la vente des bâtimens. Cependant il m'écrivit, et m'ordonna de me justifier.

Il ne me fut pas malaisé de le faire ; et mes raisons se trouvant les mêmes que celles qui s'étoient d'abord présentées à son esprit, il y eut égard. Cette affaire n'eut point d'autre suite: j'ai cru pourtant devoir la rapporter, quand ce ne seroit que pour faire voir aux officiers avec combien de circonspection ils doivent se conduire ; car à l'armée on ne pardonne rien, surtout en certaine matière, et il ne manque jamais de gens qui, ou par envie ou pour faire leur cour, se font un mérite de vous accuser.

Comme je continuois à brûler tous les bâtimens que je trouvois sans passe-port, les cris et les plaintes ne cessoient pas. Enfin les Vénitiens fatigués de se voir si malmenés, s'adressèrent encore au cardinal : ils lui firent tant et de si belles promesses, que cette Éminence, continuant à être leur dupe, se laissa encore persuader. Il m'envoya donc ordre de ne plus toucher aux Vénitiens, et de laisser les choses dans l'état où elles étoient lorsque j'étois entré dans le golfe. Sur ce pied, n'ayant plus rien à faire sur mes croisières, je repris le projet dont j'ai parlé ci-devant, et dont je n'avois différé l'exécution que parce que j'avois eu occasion de faire quelque chose de mieux.

J'ai déjà dit plus d'une fois que, dès mon entrée dans le golfe, j'avois reconnu que la plupart des ports de l'Empereur étoient dégarnis de troupes, et très-mal fortifiés. Mon dessein étoit de les détruire, et de bombarder les places qui bordoient la côte. Pour ce sujet, j'avois demandé au vice-roi de Naples douze cents soldats et quatre galères. Ce secours n'étoit point venu ; et quoiqu'il me fût impossible, avec le peu de monde que j'avois, d'exécuter tout le plan que je m'étois formé, je compris pourtant que je pourrois faire quelque chose en attendant ce renfort.

Je résolus de commencer mes expéditions par le bombardement de Trieste. J'accommodai donc incessamment en galiotes à bombes deux bâtimens que j'avois pris sur les ennemis, et j'allai mouiller devant cette place, à la portée du canon. A peine fus-je arrivé, que, pour ne perdre point de temps, j'allai, en compagnie du sieur Deschiens, sonder jusque sous les murailles de la ville, pour reconnoître les lieux, et pour voir comment je disposerois mon attaque.

Quoiqu'on fit pleuvoir sur nous une grêle de coups de canon et de mousqueterie [car il parut sur les remparts plus de six mille hommes bien armés], je n'eus ni morts ni blessés. L'endroit où je devois poster mes bombardes étant reconnu, je les fis avancer à l'entrée de la nuit, et je débutai par faire tirer dans la ville six volées de canon de dix-huit livres de balles. Cette décharge fut si heureuse, qu'elle endommagea plusieurs maisons, et qu'un des boulets emporta l'un des chandeliers qui éclairoient le souper du gouverneur.

Mes bombardes commencèrent un moment après : elles tiroient quatre bombes à la fois, et faisoient un fracas épouvantable. Comme j'avois eu la précaution de mettre dans les bombes des matières combustibles, le feu prit bientôt dans plusieurs quartiers de la ville : elle paroissoit tout embrasée. L'alarme qui se répandit dans un instant y jeta une telle consternation, et la frayeur fut si grande, que tous les habitants s'enfuirent à la campagne avec tant de précipitation, qu'ils ne se donnèrent pas même le loisir d'emporter ce qu'ils avoient de plus précieux.

Il y avoit sur le môle, qui forme comme une espèce de petit pont, une batterie à barbette de quatorze pièces de canon. Ce poste étoit le seul qui pouvoit m'incommoder notablement. Pour prévenir les ennemis [car je ne doutois pas qu'ils ne vinssent m'attaquer par cet endroit], je fis faire de mon canot et de ma chaloupe deux demi-lunes flottantes ; je les couvris de matelas ; je remplis de fusiliers ces deux petits bâtimens, et m'étant embarqué dans l'un des deux, je gagnai de ce côté-là.

A mesure que j'en approchois, je reconnus que le poste étoit abandonné, aussi bien que tout le reste de la ville. Pour profiter de la terreur où étoient les ennemis, je voulois descendre avec une quarantaine de soldats, et tâcher d'entrer dans la place pour achever de la brûler. J'en allai conférer avec le sieur Deschiens, qui étoit occupé à bombarder.

Il me détourna de mon dessein, en me représentant que nous n'avions point de pétard pour faire sauter la porte qui donnoit sur le môle. « D'ailleurs, me dit-il, vous avez vu tantôt le
» nombre des ennemis qui ont paru sur les rem-
» parts. Vous n'avez que quarante soldats à leur
» opposer : si par malheur les troupes, remises
» de leur première frayeur, venoient à vous,
» vous seriez accablé sous le nombre, et vous ne
» manqueriez pas d'y succomber. Croyez-moi,
» soyez content. Nous bombardons ici tout à notre
» aise, sans que personne nous dise mot ; le feu
» est par toute la ville : que pouvez-vous souhai-
» ter davantage ? »

Je me laissai persuader à ces raisons, et je ne fis rien qui vaille. Si j'avois suivi mon sentiment, je ruinois la ville de fond en comble ; car j'appris le lendemain, par les Vénitiens, que tous les habitants étoient sortis, et que la milice qu'ils avoient assemblée à la hâte pour les défendre, ayant profité de l'épouvante des bourgeois, s'étoit sauvée, après avoir pillé tout ce qu'elle avoit pu enlever.

Après cette expédition, je détachai ma chaloupe, que j'envoyai à Venise porter mes lettres. Elle étoit armée de quatre pierriers, deux devant et deux derrière, et n'avoit pour tout équipage que quinze soldats, commandés par le sieur Peinier, enseigne de marine.

Depuis que j'avois brûlé le vaisseau anglais, les Vénitiens avoient fermé l'entrée de leur port avec des vaisseaux de guerre et des galères. Dès que ma chaloupe parut à l'entrée du Lido, les galères l'arrêtèrent, et demandèrent à l'officier où il alloit. Il répondit qu'il portoit à l'ambassadeur de France des lettres du chevalier de Forbin.

Je ne sais comment le tout se passa : mais, soit que l'officier s'expliquât mal, ou que mon nom leur eût fait peur, ils dépêchèrent un iol pour avertir le sénat de mon arrivée à la chaîne dans une frégate de quatorze canons, et de deux cents hommes d'équipage. L'alarme les avoit tellement saisis, qu'ils faisoient monter des hommes sur le pont de leurs antennes pour compter ceux qui étoient dans la chaloupe, qu'ils prenoient pour un amiral.

Le sénat, effrayé de la nouvelle qu'il venoit de recevoir, députa sur-le-champ un noble pour aller porter des plaintes à M. le cardinal d'Estrées, à qui il représenta qu'il voyoit bien qu'on ne prétendoit plus les ménager, et que le chevalier de Forbin n'étoit pas venu sans quelque dessein important, et concerté avec les ministres du Roi.

Le cardinal, pour donner satisfaction au sénat, engagea l'ambassadeur à venir lui-même à bord voir de quoi il s'agissoit, et me faire retirer sur-le-champ. Il vint en effet, et fut fort surpris de ne trouver en arrivant qu'une chaloupe avec trente hommes seulement, tant soldats que matelots ; et ayant pris ses lettres, celles qui étoient pour la cour, et celles qui s'adressoient au cardinal, il s'en retourna, en riant bien fort de la terreur panique que ma seule chaloupe avoit répandue dans Venise. Il est vrai qu'on me craignoit si fort dans ce pays, que j'y étois passé en proverbe, et que le souhait ordinaire que les patrons allant en mer s'entre-faisoient les uns les autres étoit de dire, après s'être recommandés à saint Marc : *Iddio ci guardi della bollina* (1), *e del cavalier di Forbino!*

Quatre jours après mon expédition de Trieste, je fus joint par deux galiotes à rames que j'avois demandées à la cour, et par deux brigantins que le vice-roi de Naples m'envoyoit. Ce fut par l'arrivée de ces deux derniers bâtimens que je reçus une lettre du cardinal de Janson, par laquelle il m'apprenoit que le grand vicaire de Brindes avoit fait de grandes plaintes au Pape sur les violences que j'avois faites dans la ville ; qu'il se plaignoit en particulier de ce que j'étois allé à main armé enlever une religieuse dans son couvent; que je l'avois retenue plusieurs jours, et que je ne l'avois renvoyée qu'après en avoir indignement abusé.

Dans cette même lettre, il me mandoit qu'il avoit tâché de me disculper autant qu'il lui avoit été possible; qu'il avoit prié Sa Sainteté de suspendre son jugement jusqu'à ce qu'il eût pu m'écrire, et savoir de moi-même de quoi il étoit question; qu'il ne m'avoit jamais connu capable de ces sortes d'excès, et qu'il étoit assuré que je me justifierois facilement du crime dont on m'avoit chargé.

Je répondis à cette Éminence en lui écrivant naïvement ce qui avoit donné lieu à la plainte que l'on avoit faite contre moi, et en le priant de supplier Sa Sainteté de s'en rapporter au témoignage de l'évêque de Brindes, qui certainement me disculperoit des calomnies du grand vicaire. Le Pape, jugeant ce moyen propre à découvrir la vérité, fit écrire à l'évêque, qui dans sa réponse me justifia pleinement : il me fit même beaucoup plus d'honneur que je ne méritois, puisqu'il ne tint pas, à l'information qu'il envoya, qu'on ne me regardât comme un saint.

En réponse des lettres que j'avois écrites à la cour, j'en reçus du ministre de fort obligeantes sur les services que j'avois rendus. « Sa Majesté, » m'écrivoit-il, m'a témoigné être satisfaite de » votre conduite, et de l'application avec laquelle » vous mettez en œuvre les moyens que vous » avez de causer du dommage aux ennemis. » Il ajoutoit que les Vénitiens continuoient à se plaindre de moi, mais qu'on ne faisoit pas grand cas de tout ce qu'ils pouvoient dire; et il finissoit en m'invitant d'aller brûler un château appelé *la Mezzola*, situé sur le Pô, qui servoit de magasin pour les secours de l'armée impériale en Italie.

Par la manière dont il me pressoit sur ce dernier article, il me faisoit assez entendre qu'il avoit cette expédition fort à cœur. Il ne m'en falloit pas tant pour me la faire entreprendre : ravi d'avoir occasion de faire plaisir au ministre, je suspendis mes bombardemens, et j'allai mouiller à l'embouchure du fleuve, d'où, ayant découvert le château à qui il en vouloit, je détachai le sieur Deschiens pour aller le reconnoître, et pour voir si le projet de la cour pouvoit avoir lieu.

On ne pouvoit parvenir jusqu'à la place qu'en passant sur les terres du Pape. Le sieur Deschiens trouva en entrant dans le fleuve un corps-de-garde des troupes de Sa Sainteté. A la première vue des galiotes, les soldats de ce poste prirent la peur, et s'enfuirent. M. Deschiens, qui crut bonnement que le corps-de-garde appartenoit aux ennemis, le fit piller, brûla quelques bateaux qu'il trouva abandonnés, et s'avança pour reconnoître le château.

Cette place étoit flanquée de quatre tours, entourée d'un fossé plein d'eau vive avec un pont-levis, et défendue par une garnison capable de soutenir un siège dans toutes les formes. Il revint m'informer de ce qu'il avoit fait et vu. Sur son rapport, jugeant qu'il n'étoit pas possible d'exécuter ce que le ministre souhaitoit, je fus forcé de tourner mes vues ailleurs ; ce qui me mortifia beaucoup, car je compris fort bien que la cour trouveroit mauvais qu'un projet qu'elle avoit paru souhaiter demeurât sans exécution.

Je revins donc à continuer mes bombardemens. Tandis que je me disposois à aller attaquer Fiume, que je voulois traiter de la même manière que Trieste, j'appris que le corps-de-garde que mes gens avoient pillé appartenoit au Pape, aussi bien que des barques qui avoient été brûlées. Cette nouvelle me fit craindre, et avec raison, que le cardinal légat de Ferrare, attaché à l'Empereur, ne prît de là occasion de me faire une affaire auprès de Sa Sainteté.

Pour prévenir ce coup, j'écrivis au cardinal de Janson, et au commandant d'un petit fort qui étoit aux environs, appartenant au Saint-Père. Dans ces deux lettres, je m'excusois sur la méprise de mon officier, causée par la faute du corps-de-garde même. Mes lettres arrivèrent tout à propos : le cardinal de Ferrare avoit pris les devants, et avoit déjà fait des plaintes très-fortes contre moi et contre la nation. Mais le cardinal de Janson pacifia toutes choses, et j'en fus quitte en payant aux soldats quelques pail-

---

(1) Espèce de météore qui, suivant les matelots, annonce une tempête.

lasses, et quelques couvertures qui avoient été brûlées.

Après cette affaire, qui n'eut pas de suites plus fâcheuses, je remis à la voile, et je tirai du côté de Fiume, où je me rendis vers l'entrée de la nuit. Cette place est située sur le milieu d'une baie fort spacieuse. Avant que de former mon attaque, je résolus, pour plusieurs bonnes raisons qu'il seroit trop long de rapporter, de me rendre maître d'un petit bourg appelé Lourano, entouré de murailles, et distant de deux lieues de la ville.

Je comptois qu'il me seroit d'autant plus aisé de le surprendre, que, selon toutes les apparences, les ennemis ne devoient pas me croire si près d'eux. La nuit, qui commençoit à tomber, étoit propre à favoriser mon entreprise. Je pris mes quatre bâtiments à rames, les canots et une bombarde, et je tirai du côté de Lourano.

Les Vénitiens, toujours alertes, et qui ne me perdoient pas de vue, m'ayant reconnu je ne sais comment, annoncèrent aussitôt ma venue aux Impériaux, en allumant plusieurs feux de distance à autre. A ce signal ceux-ci prirent les armes, fermèrent celles de leurs portes qui donnoient dans la campagne, et parurent sur leurs remparts, en état de se bien défendre si je venois les attaquer.

Voyant ainsi mon projet découvert, je ne voulus pas m'engager pendant la nuit dans un combat, sans savoir au juste à qui j'avois affaire. En attendant qu'il fût jour, je fis jeter quelques bombes. C'en fut assez pour donner l'alarme : elle fut générale ; on voyoit de tous côtés des lumières qui couroient par la campagne : c'étoient les femmes et les enfans qu'on avoit laissés sortir, et qui fuyoient.

Quand il fut jour, j'aperçus un nombre considérable de gens armés, qui s'étoient postés sur le rivage pour empêcher la descente. Avant que de rien entreprendre, je fus bien aise de savoir ce que c'étoit que ces troupes, et si j'avois à me défendre contre des bourgeois, ou contre des gens de guerre. Pour ce sujet, je m'embarquai dans une piotte, et j'allai droit à eux. Quand je fus à bonne portée, je suivis quelque temps le rivage, pour reconnoître un endroit où je pusse aborder facilement.

Cette troupe me suivit pêle-mêle et sans ordre, tirant sur moi une infinité de coups de fusils : à ces marques, je reconnus bientôt qui ils étoient. Ces bourgeois, qui ne tiroient qu'en tremblant, et qui étoient d'ailleurs maladroits, ne blessèrent personne. Ce qui me surprit dans cette occasion, ce fut la fermeté de mes matelots, qui sans branler, et demeurant toujours debout, essuyèrent toute cette grêle de mousqueterie sans sourciller, et avec un sang-froid qui feroit honneur aux plus intrépides.

Dès que j'eus reconnu un endroit propre pour la descente, je retournai vers mes bâtiments, que je rangeai en bataille ; et je m'avançai pour attaquer cette bourgeoisie, qui faisoit un corps de plus de quatre cents hommes. A mesure que j'avançois, ils tiroient sur ma petite flotte, mais sans me causer beaucoup de dommage. Quand je fus à la demi-portée du fusil, je fis faire sur cette populace une décharge de canon, de pierriers et de mousqueterie. Une trentaine furent tués : tout le reste prit l'épouvante, et ne songea qu'à fuir.

Personne ne s'opposant plus à la descente, je mis quatre-vingt soldats à terre, et j'ordonnai à l'officier qui les commandoit d'aller attaquer une porte du côté de la campagne, tandis qu'avec mes brigantins et mes galiotes j'attaquerois la porte de la marine. Nous entrâmes lui et moi presque en même temps par la porte que chacun de nous avoit attaquée, et nous nous rendîmes maîtres du bourg.

Mon premier soin fut de poser des corps-de-garde dans tous les endroits où je les jugeois nécessaires pour prevenir les surprises ; après quoi je fis menacer de mettre le feu, si l'on ne se hâtoit de donner une grosse contribution. Tandis que la bourgeoisie délibéroit sur les moyens de se racheter de l'incendie, les matelots qui étoient entrés commencèrent le pillage : les soldats, aussi avides que les matelots, quittèrent leurs postes, et se mirent aussi à piller. Dans un moment le désordre fut général ; et ni mes officiers ni moi-même ne fûmes plus en état d'y apporter du remède.

Dans cette confusion, je craignis que les ennemis, qui ne s'étoient retirés qu'à un demi-quart de lieue, ne vinssent m'attaquer, soutenus par des secours que la ville de Fiume auroit pu leur envoyer. Je ne songeai donc plus qu'à me retirer avec honneur, et à achever mon entreprise, qui jusque-là avoit si bien réussi. Pour finir [car il ne falloit plus songer à attendre de contribution], je fis mettre le feu dans presque tous les quartiers. A l'aide d'un petit vent qu'il faisoit, les maisons, qui étoient presque toutes de bois, furent bientôt embrasées : la flamme suivant de l'une à l'autre, l'incendie fut général.

Le feu prit à l'église, qui avoit été pillée comme le reste du bourg, au tabernacle près, auquel personne n'avoit touché. J'y courus pour faire enlever le saint-sacrement avant que le feu prît à l'autel. En entrant, je vis un matelot qui ouvroit le tabernacle, et qui ayant vu la sainte hostie dans le soleil, et le ciboire, où reposoient plusieurs autres petites hosties consacrées, saisi d'horreur, se prosterna sur l'autel à deux genoux, et cria à haute voix, en joignant les mains : « Mon Dieu, je vous demande pardon! » je ne croyois pas que vous fussiez là. » A ces mots s'étant retourné, il me vit derrière lui; et, appréhendant sans doute que je ne le fisse punir, il se sauva à toutes jambes.

Je dis alors à un officier qui m'avoit suivi de prendre une nappe qui étoit restée sur l'autel, d'en envelopper le plus respectueusement qu'il pourroit le soleil et le ciboire, et d'emporter le tout au plus vite dans mon canot; car le temps pressoit, et l'église commençoit à être enflammée de tous côtés. Le village étoit à demi consumé, lorsque je fis battre la retraite. Tout le monde se retira, à la réserve d'un seul matelot que je perdis je ne sais comment, et dont nous n'eûmes plus de nouvelles.

En arrivant à bord, l'aumônier, en surplis et en étole, vint prendre le saint-sacrement, le posa sur un petit autel qui avoit été dressé exprès, et sur lequel il y eut des bougies qui brûlèrent toute la nuit.

Pour achever de réparer autant qu'il étoit possible la profanation qui avoit été commise dans l'église, d'où je savois qu'on avoit enlevé plusieurs ornemens, et un nombre considérable de vases sacrés, je fis publier un ban, une heure après que nous fûmes à bord, par lequel il étoit enjoint, sous peine de la vie, de rendre avant la nuit à l'aumônier tout ce qui avoit été pillé, soit en ornemens, vases sacrés, et autres effets consacrés au service divin. Dès le soir même, on lui rapporta six calices, six patènes, et vingt ornemens complets, parmi lesquels il y en avoit de très-riches; en sorte que tout fut rendu, à la réserve de quelques aubes, que les soldats retinrent pour se faire des chemises.

Je me preparois à aller bombarder Fiume, lorsque le consul français de Raguse arriva à bord. Je l'avois vu dans le voyage que j'avois fait à Courchoula. Ce consul étoit allé à Fiume pour quelques affaires particulières. Les magistrats, effrayés de mon expédition de Trieste et de Lourano, et appréhendant d'être traités de la même sorte, l'engagèrent à venir me supplier de ne leur point faire de mal. Cette démarche me fit grand plaisir, parce que je vis bien que l'ambassade aboutiroit à une grosse contribution; ce qui, au bout du compte, étoit bien plus avantageux au Roi que d'abattre quelques maisons en bombardant.

Pour mieux cacher ma pensée, je répondis au député qu'il étoit bien difficile de lui accorder ce qu'il souhaitoit; que j'avois des ordres précis de bombarder, et en particulier la ville de Fiume, qu'on vouloit moins ménager que toutes les autres; que j'en étois bien mortifié, surtout depuis que je savois qu'il s'intéressoit pour cette place; mais qu'il y auroit tout à craindre pour moi, si je m'avisois de faire grâce : que toutefois à sa considération, et pour lui marquer le cas que les officiers du Roi faisoient de la recommandation d'un consul français, je me hasarderois à prendre sur moi de ne point bombarder, pourvu que la ville, en payant une grosse contribution, me donnât moyen de me justifier à la cour.

Pour n'oublier rien de ce qui pouvoit intimider le consul, je fis allumer devant lui quelques artifices qui brûloient dans l'eau; je lui fis accroire que les bombes seroient pleines de ces sortes de matières, et que j'allois réduire la ville en cendres, si je commençois une fois, comme je l'avois résolu; que cependant, puisque je leur avois ouvert une voie pour sauver la ville, je ne rétractois pas ma parole; mais qu'on songeât aussi à me faire tenir la contribution dans tout le jour, sans quoi je ne pouvois éviter de passer outre.

Le consul me demanda à quoi je faisois monter la somme que je souhaitois qu'on me donnât : je lui répondis qu'il ne me falloit pas moins de cent mille écus, pour indemniser le Roi d'une partie des frais qu'il avoit été obligé de faire pour l'armement. Ce consul, tout consterné, me répliqua qu'il ne seroit jamais possible que Fiume contribuât une somme si considérable : il me représenta que le pays étoit pauvre, de peu de ressources; et que si je ne modifiois pas ma demande, les habitans seroient réduits à subir tel sort qu'il me plairoit, faute d'avoir assez d'argent pour se rédimer. Le Ragusois me parla d'une manière si persuasive, que je promis de faire grâce moyennant une contribution de quarante mille écus, et mille sequins de présent qu'on devoit me faire.

Quand cet article eut été ainsi réglé, je dis au consul que mes soldats ayant pillé, la veille, l'église de Lourano, je souhaitois de faire rapporter à Fiume le saint-sacrement, les vases sacrés, et plusieurs autres ornemens qui avoient été enlevés; et que je le priois de faire en sorte que le clergé se rendît en procession le lendemain sur le rivage, pour y recevoir le tout avec la décence qui convenoit. Il se chargea volontiers de cette commission, et me promit de s'en acquitter.

Sur sa parole, dès le lendemain à la pointe du jour, je fis parer mon canot avec un tendelet fort propre : on y dressa un autel, sur lequel on exposa le saint-sacrement. Les aumôniers en surplis s'embarquèrent, et firent route vers la ville, en récitant debout des psaumes, et d'autres prières de l'Église.

De peur de quelque surprise de la part des ennemis, je fis escorter le canot de quelques galiotes, ou brigantines à rames. Le sieur Deschiens, que j'avois chargé de la conduite de ces bâtimens, étoit dans le canot avec un tambour. Cette petite flotte alloit ainsi par un temps fort calme, qui, laissant brûler les bougies qu'on avoit posées sur l'autel, donnoit lieu à un spectacle également touchant et nouveau.

Quand elle fut à une certaine distance de la ville, le commandant fit arrêter son escorte, et s'avança seul avec le canot assez près des murailles. Surpris de ne voir personne, il fit battre un appel. Aussitôt on lui répondit par une décharge de mousqueterie, et par une vingtaine de coups de canon à mitraille et à boulets, qui par bonheur ne touchèrent personne. Les aumôniers, qui ne s'attendoient à rien moins, se jetèrent au fond du canot, si épouvantés de l'aubade, qu'il ne fut pas aisé de les faire relever si tôt. Ensuite de cette réception, il n'y avoit pas apparence d'aller plus avant : il fallut retourner sur ses pas; et l'escadre revint à mon bord, où l'un des aumôniers dit la messe, et consuma les hosties.

Surpris d'un changement si peu attendu, et ne pouvant comprendre sur quel sujet la ville paroissoit dans une situation si différente de la veille, j'en demandai des nouvelles à quelques Vénitiens voisins de l'endroit où j'étois. Ils me dirent que, tandis que le consul traitoit avec moi de la contribution, il étoit arrivé un officier général de l'Empereur, avec ordre d'assembler des corps de milice pour s'opposer aux progrès que je faisois; que ce général n'avoit jamais voulu entendre parler de contribution; qu'il avoit encouragé le peuple, et qu'on avoit travaillé toute la nuit à faire dresser des batteries, et à mettre la ville en défense.

Pour m'assurer par moi-même de la vérité de cet avis, je fus bien aise d'approcher de la place, et de reconnoître si, nonobstant l'arrivée de cet officier, il n'y avoit pas moyen de bombarder. Je sondai aux approches des murailles, et je trouvai quatre-vingts brasses de fond : mais, à la quantité de coups de canon que j'essuyai, je vis qu'il n'étoit pas possible de rien entreprendre. Toutefois avant de me retirer je fis tirer moi-même quelques volées de canon sur la ville; mais elles ne firent pas grand effet. Ainsi, n'ayant rien de mieux à faire, je résolus de recommencer mes courses comme auparavant.

Avant que de remettre à la voile, j'écrivis au cardinal de Janson au sujet du pillage de l'église de Lourano ; et je l'informai de la manière dont ceux de Fiume m'avoient reçu, lorsque je m'étois mis en état de leur faire rendre ce qui avoit été enlevé. Je priai cette Éminence d'en parler au Pape, et de lui demander ses ordres pour cette restitution. Sa Sainteté me sut bon gré du zèle que j'avois témoigné pour la religion : elle eut la bonté de me faire écrire sur cela une lettre fort obligeante, et m'ordonna de faire porter tous ces ornemens à Ancône, pour être remis entre les mains des pères de la Mission, qui auroient soin de les restituer à l'église qui avoit été pillée.

Peu après mon départ de Fiume, il m'arriva de Toulon une frégate commandée par M. de Ligondes. Elle étoit chargée de vivres et de munitions. Par rapport à la saison où nous entrions, ce bâtiment étoit plus propre pour la guerre que celui que je montois ; car nous approchions de l'hiver, auquel temps les gros vaisseaux ne sauroient tenir, surtout dans la mer Adriatique. D'ailleurs, le mien avoit besoin d'être caréné. Je pris donc le parti de m'accommoder de celui-ci, et de renvoyer l'autre en France.

Quelques jours après, je fus à Ancône, pour y arrêter mes comptes avec le consul français, qui avoit fait des avances considérables pour l'escadre ; et je n'oubliai pas de faire porter aux pères de la Mission, conformément aux ordres du Pape, les ornemens et les vases sacrés de l'église de Lourano, dont ces pères eurent la bonté de se charger.

Ancône n'est qu'à quatre lieues de Notre-Dame-de-Lorette. La dévotion que les fidèles ont de tout temps témoignée pour cette sainte chapelle, et tout ce que j'avois ouï dire des richesses qu'on y conserve, me donnèrent envie d'y aller. Des gentilshommes de mes amis me fournirent les voitures et les relais nécessaires pour revenir à bord le même jour. J'arrivai à Lorette de bon matin. Tandis que je me reposois un moment au cabaret, je fus surpris d'y voir venir le gouverneur, que l'officier qui gardoit la porte avoit envoyé avertir de mon arrivée.

Il me dit en m'abordant que, m'ayant su dans la ville, il s'étoit hâté de me venir rendre ses devoirs; qu'il me prioit de vouloir bien aller chez lui, et qu'il ne souffriroit jamais qu'un homme de ma distinction demeurât au cabaret. Je le remerciai comme je devois des bontés qu'il me témoignoit, mais je le priai instamment de me laisser en liberté, n'ayant que fort peu de temps à demeurer; et sur ce que je lui témoignai que je n'étois venu que dans un esprit de dévotion, et pour voir tout ce qu'on m'avoit dit des magnificences de l'église de Lorette, il m'envoya un moment après être sorti, deux pères jésuites, un français et un flamand qui eurent la bonté de m'accompagner partout.

Après avoir entendu la messe, et prié quelque temps devant l'autel de la Vierge, on me fit voir des richesses immenses : un nombre presque infini de pierreries de toutes espèces et de toute valeur, une multitude prodigieuse de statues d'argent, de croix, de calices et ciboires, d'or pour la plupart, enrichis de pierres précieuses; quantité d'ornemens en broderie de perles. En un mot, j'en vis tant et de tant de sortes, que leur nombre et leur magnificence surpassoient de beaucoup l'idée que je m'étois formée.

Tout ce que je trouvai à dire, ce fut une espèce de tribut qu'il falloit payer, à mesure que nous passions d'un endroit à l'autre. J'en dis deux mots au jésuite français. Ce père me répondit qu'il ne falloit pas regarder cela d'un certain œil; que le tribut dont je me plaignois avoit donné lieu plus d'une fois aux mauvaises plaisanteries des libertins, mais que les gens raisonnables ne trouvoient rien dans tout cela qui fût capable de les scandaliser. Et dans le fond il n'avoit pas tout le tort, puisqu'il est juste que ceux qui sont préposés pour montrer ces trésors aux étrangers soient payés de la peine qu'ils prennent, et gagnent au moins de quoi s'entrenir.

[1702] A mon retour à Ancône, je voulus aller visiter le cardinal qui en étoit évêque. J'en parlai au marquis de Benin-Casa, consul français. Il me répondit que cette visite étoit fort à propos; mais qu'il falloit auparavant traiter du cérémonial.

Comme j'étois peu fait aux usages d'Italie, je lui demandai de quel cérémonial il me parloit. « Je veux, lui dis-je, rendre tout simplement mes » devoirs à M. le cardinal : il n'y a qu'à savoir de » cette Éminence si ma visite lui sera agréable. » Le marquis me regardant avec un sourire : « Monsieur le chevalier, me dit-il, je vois bien » que vous ne connoissez pas nos manières. Ce » n'est pas ici comme en France, où l'on vit » sans façon : en Italie, tous les pas sont comp- » tés, et tirent à conséquence. Mais ne vous » embarrassez de rien : cette affaire me regarde, » et de ce pas je vais voir le maître des cérémo- » nies du cardinal, avec qui nous déterminerons » la manière dont un homme de votre condition » doit être reçu. »

Voici comme le tout fut réglé. Il fut arrêté que j'irois en carrosse, accompagné de tous mes domestiques, descendre à la porte du cardinal; que tous les domestiques de cette Éminence viendroient me recevoir hors la porte de son palais; que j'entrerois le premier avec ma suite; que les officiers du cardinal suivroient, et que nous marcherions dans cet ordre jusques à *mezza sala*, c'est-à-dire jusqu'au milieu de la salle, où tout ce cortège s'arrêteroit; que le grand maître des cérémonies me conduiroit dans une autre salle préparée exprès, où il y auroit sous un dais un fauteuil pour le cardinal, et une chaise pour moi; que le maître des cérémonies me quitteroit, après m'avoir conduit dans cette salle, dans laquelle Son Éminence entreroit par une autre porte, et que là je pourrois lui faire tel compliment que je trouverois à propos.

Le consul m'avertit encore que ce cardinal parloit parfaitement bien français; mais que, par rapport à sa dignité, il ne me parleroit qu'italien. Tout ce cérémonial, jusqu'à l'arrivée du cardinal dans la salle, s'exécuta de point en point, et à la lettre : mais Son Éminence étant entrée, au lieu d'aller s'asseoir sous le dais, vint à moi, et après m'avoir embrassé me dit, en me parlant français : « Monsieur le chevalier, c'est à la fran- » çaise que je veux vous recevoir, et non pas à » l'italienne. Je suis serviteur et ami particulier » de M. le cardinal de Janson. J'ai une estime » et une considération particulière pour votre » nom, et surtout pour vous, monsieur, qui » venez de servir si utilement le Roi votre maî- » tre, et qui avez fait de si belles actions dans le » golfe. Je suis entièrement dévoué à la France, » et toujours prêt à soutenir ses intérêts dans » toutes les occasions. »

Je le remerciai de ses bontés, et de l'honneur singulier qu'il me faisoit. La conversation fut plus longue que de coutume : nous fîmes mille plaisanteries sur le cérémonial italien, et sur tout ce qu'il a de fatigant. Comme je prenois congé, le cardinal m'embrassa; et, continuant à badiner sur le même sujet : « Nonobstant tout ce que » notre cérémonial a d'incommode, me dit-il, il » faudra pourtant s'y conformer, au moins en » partie. Je vais prendre un air grave, avec le- » quel je vous accompagnerai jusqu'à *mezza* » *sala*, où je vous laisserai, en faisant une incli- » nation de tête sans mot dire; après quoi mes » officiers vous remèneront à votre carrosse, en » marchant toujours devant vous. » Sur cela nous sortimes, et tout fut exécuté comme le cardinal m'avoit dit.

Quelques jours après, il me fit dire qu'il vouloit me rendre visite. Je le reçus dans la maison du consul français. Le cérémonial fut encore réglé; mais comme cette entrevue ne se passa pas de lui à moi, elle fut fort courte. Le cardinal fut se placer dans son fauteuil, et ne me parla jamais qu'italien.

Peu de jours avant mon départ, je donnai à manger à une grande partie de la noblesse d'Ancône : les grands titres y coûtent peu, tout y est comte ou marquis. Les dames furent de la partie. C'étoit un jour maigre : j'avois quantité d'excellent poisson. Mon cuisinier, voulant se faire honneur, s'avisa de préparer tous les ragoûts au sain-doux.

Les Italiens, accoutumés à ne manger guère que de mauvaise huile, se récrièrent beaucoup, et principalement les dames, sur la bonté de l'huile de France : mais un des messieurs de la troupe, qui étoit un vieux routier [il s'appeloit le comte Marc-Antonio], s'adressant à moi : « Monsieur de Forbin, me dit-il, *questo mi pare* » *oglio di porco.* »

Je m'étois déjà aperçu du tour de mon cuisinier. Je ne répondis rien ; et quoique le comte eût parlé assez haut pour être entendu de tout le monde, personne, non plus que moi, ne voulut y prendre garde, et le repas continua comme s'il n'avoit été question de rien.

Je me disposois à partir pour Brindes, lorsque le consul vint me prier de recevoir dans mon bord un homme qui avoit une affaire fâcheuse, pour laquelle il étoit poursuivi par la justice. Comptant de rendre service à un malheureux, j'accordai facilement ce qu'on souhaitoit de moi : un moment après, je le vis arriver. Je m'avisai de lui demander, par pure curiosité, ce que c'étoit que son affaire. Il répondit froidement : « *O* » *ammazzato il mio fratello!* J'ai tué mon frère, » pour quelques démêlés que nous avions. Je » lui ai tiré un coup de fusil ; et comme je vis » qu'il n'étoit pas mort, je l'achevai avec mon » poignard. » Je fus si frappé de la noirceur du crime, et du sang-froid avec lequel ce scélérat m'en parloit, que, le regardant avec horreur : « Puisque tu as tué ton frère, lui dis-je, tu ne » m'épargnerois pas moi-même. A Dieu ne plaise » que je garde dans mon vaisseau un pareil » monstre ! » Sur cela, je le fis mettre à terre, et je partis.

Cet assassinat commis de sang froid me rappelle une histoire que le cardinal de Janson me raconta un jour que nous allions ensemble de Paris à Beauvais : la voici, comme je la tiens de lui.

Un seigneur romain, qui avoit un fort beau parc où il entretenoit plusieurs cerfs, avoit défendu à ses domestiques d'en tuer. Un d'eux eut le malheur de contrevenir à cet ordre, et, tirant à quelque autre pièce de gibier qu'il manqua, tua par mégarde un de ces cerfs, qui étoit caché dans des broussailles. Ce pauvre garçon appréhenda la colère de son maître, et s'enfuit à Gênes, où s'étant embarqué, il fut pris par les Algériens.

Le seigneur italien ayant appris quelque temps après que son domestique étoit esclave à Alger, fut trouver le cardinal de Janson, et le pria instamment d'écrire au consul français de racheter ce malheureux, quoi que dût coûter la rançon. Le cardinal, touché de cette générosité, ne put s'empêcher de la louer. Il écrivit au consul, qui racheta en effet l'esclave, et le renvoya à Rome. Le gentilhomme vint remercier Son Éminence, remboursa l'argent de la rançon, et quelque jours après fit assassiner ce pauvre valet, qu'il n'avoit voulu ravoir que pour se venger de sa désobéissance, quelque involontaire qu'elle fût.

Je fus fort surpris, en arrivant à Brindes, d'apprendre que les soldats que j'avois demandés depuis plusieurs mois au vice-roi de Naples étoient arrivés, et repartis depuis quelques jours, aussi bien que les galères commandées par don Manuel de Silva, qui, faute de vivres, étoit retourné à Gallipoli.

Si ce secours me fût arrivé à propos et dans son temps, j'aurois été en état d'entreprendre bien des choses, et il y auroit eu peu de ports de l'Empereur qui n'en eussent été bien incommodés ; mais les Espagnols sont si lents, qu'ils ne font jamais les choses qu'à contre-temps. La saison étoit déjà si avancée, que quand j'aurois trouvé à Brindes les soldats et les galères, il m'étoit impossible de rien entreprendre.

Peu de jours après mon arrivée, ce même don Manuel de Silva, commandant des galères, revint par terre à Brindes, pour me prier d'écrire à l'ambassadeur de France auprès de Sa Majesté Catholique, et pour faire en sorte que ce ministre le disculpât sur ce qu'il n'étoit pas venu me joindre au temps marqué. Il en rejetoit la faute sur le vice-roi de Sicile, qui avoit négligé de fournir des vivres. Je m'informai de la vérité de cet exposé ; et ayant reconnu que le commandant m'avoit dit vrai, j'écrivis de la manière qu'il le souhaitoit.

Quelque temps après, je tombai malade d'une pleurésie, dont j'eus beaucoup de peine à me tirer. Enfin la saison ne me permettant plus de faire aucune entreprise, et voulant d'ailleurs sauver le vaisseau du Roi, qui faisoit eau de toutes parts, je résolus de revenir en France pour me radouber. Je partis avec le sieur de Fougis, dont la frégate avoit besoin aussi d'un gros radoub ; et je laissai à ma place le sieur Deschiens, à qui je donnai des instructions sur la manière dont il devoit se gouverner.

Pendant la route je fus tellement assailli du mauvais temps, que je me vis vingt fois au moment ou de me noyer, ou tout au moins d'échouer, pour sauver mon équipage. Ce ne fut qu'à force de travail que j'abordai les côtes de Provence. J'étois par le travers d'Antibes, lorsque je vis passer douze galères de France que je savois porter le roi d'Espagne, qui venoit d'Italie, d'où il retournoit dans son royaume. Comme je voulus saluer ce prince à la royale, un de mes canons creva, et tua ou estropia dix de mes hommes.

Un gros éclat, qui pesoit plus de cent livres, me passa sous le menton. J'en fus quitte pour quelques petites blessures en plusieurs endroits. Je fus fort heureux dans mon malheur : un demi-pouce plus haut ou plus en dedans, je perdois la mâchoire, ou j'étois tué. J'arrivai enfin à la vue de Toulon, coulant presque à fond, et tout mon équipage étant sur les dents. J'envoyai demander du secours, qui arriva fort à propos, et sans lequel je n'aurois peut-être pas pu entrer dans le port.

Le roi d'Espagne, qui étoit fatigué de la mer, débarqua à Antibes, et continua sa route par terre. Il passa par Toulon : je fus lui faire la révérence, avec un grand emplâtre sous le menton. Ce monarque me fit l'honneur de me remercier des services que je venois de rendre dans le golfe sous le pavillon espagnol, et me fit présent d'une épée d'or enrichie de diamans, qu'il me présenta lui-même, avec beaucoup de marques de bienveillance.

Je trouvai dans la rade, en arrivant à Toulon, un vaisseau de cinquante pièces de canon prêt à mettre à la voile : il étoit destiné pour aller me joindre dans le golfe, et remplacer celui que M. Deschiens m'avoit amené. Mon arrivée fit changer toutes ces destinations ; et, soit qu'on voulût donner quelque satisfaction aux Vénitiens, soit pour quelques autres raisons dont je n'eus point de connoissance, M. Duquesne-Monier fut nommé pour aller à ma place continuer ma mission.

Je ne fus pas fâché de ce changement. Je donnai à mon successeur toutes les instructions convenables. Il me dit qu'il prévoyoit qu'il alloit être la victime du commandement qu'on lui donnoit, et que, puisque j'avois quitté la partie, il y avoit apparence qu'il n'y avoit plus rien de bon à faire.

Il ne se trompoit pas : avec un très-petit armement, j'avois eu de grands succès ; mais il faut dire aussi que j'avois trouvé un pays dépourvu de troupes, et mal aguerri ; au lieu que quand j'en étois parti, tout étoit en armes. L'Empereur y avoit envoyé de bons officiers, qui avoient fait des levées considérables, dont on avoit formé des corps de troupes prêts à marcher où il seroit nécessaire, et capables de résister au moins quelque temps. Après m'être reposé quelques jours à Toulon, je pris le chemin de la cour, où j'arrivai au commencement de l'année 1703.

J'avois entrepris ce voyage avec d'autant plus de plaisir, que je comptois d'aller recevoir la récompense de mes services ; car je connoissois fort bien ce que méritoient les deux campagnes que je venois de faire : et quand le ministre lui-même ne m'en auroit pas parlé si avantageusement dans ses lettres, je n'ignorois pas que j'avois assez bien servi le Roi pour avoir lieu d'espérer que la cour y auroit quelque égard.

Cependant je fus trompé dans mes espérances ; et, bien loin qu'on me jugeât digne d'être récompensé, je fus réduit à me défendre et contre la calomnie, et contre la prévention. La première chose que j'appris en arrivant fut que la promotion de la marine s'étoit faite sans qu'il eût été question de moi. J'en fus mortifié au-delà de tout ce que je pourrois dire ; et, ne sachant à quoi attribuer ce qui m'arrivoit, j'allai me présenter au ministre, à qui je me plaignis d'avoir été oublié dans un temps où je croyois pouvoir me flatter que mes services ne demeureroient pas sans récompense.

Le ministre me reçut très-froidement. Je le priai de me présenter au Roi : il refusa de m'accorder cette grâce, en me disant que j'étois assez connu de Sa Majesté, et que je pouvois me présenter moi-même.

Surpris de cet accueil, auquel je ne m'attendois certainement pas, je répondis d'une manière assez vive ; et sortant brusquement, j'allai en effet me présenter au Roi. Sa Majesté eut la bonté de me dire que j'avois bien fait parler de moi pendant la campagne. « Sire, lui répondis-je, » je n'ai rien oublié pour faire à vos ennemis » tout le mal dont j'étois capable : heureux si » mes services ont eu le bonheur de plaire à » Votre Majesté ! »

Cependant j'avois fort sur le cœur la manière dont le ministre m'avoit reçu. J'ignorois le sujet de ses mécontentemens, et je voulois absolument en être éclairci. Pour cet effet, je lui avois souvent demandé audience, sans qu'il m'eût été possible de l'obtenir.

Outré de ce refus, et voulant à toute force avoir au moins la satisfaction de me plaindre et d'être entendu, je fus m'emparer de la porte un jour qu'il alloit entrer chez lui ; et, lui adressant la parole : « Monsieur, lui dis-je, un gentilhomme » qui sert bien son maître, et qui n'a rien à se » reprocher, mérite bien au moins que vous

» l'entendiez. Je vous prie de me donner au-
» dience. » Sur cela j'entrai; et, continuant
comme j'avois commencé : « Monsieur, ajoutai-
» je, je ne sortirai point d'ici que vous ne m'ayez
» écouté. » Le ministre, qui vit ma résolution,
et qui jugea qu'il ne se débarrasseroit de moi
qu'après m'avoir donné satisfaction, me répondit que je pouvois parler, et qu'il étoit prêt à
m'entendre.

Alors, usant de la liberté qu'il venoit de me
donner : « Qu'ai-je donc fait, monsieur, lui dis-
» je, qui ait dû m'attirer le traitement que je re-
» çois de votre part? Vous venez de distribuer
» plusieurs grâces dans la marine : pour quel
» crime ai-je mérité qu'on m'oubliât? Je viens
» de bien servir le Roi; j'ai exposé mille fois ma
» vie pour la gloire des armes de Sa Majesté :
» après cela n'étois-je pas en droit d'attendre
» qu'on songeroit à moi, et que je retirerois
» quelque fruit de tant de fatigues, et de tous
» les dangers que j'ai courus? »

» De quoi vous plaignez-vous? me répondit
» le ministre. Ne vous êtes-vous pas payé de vos
» propres mains, et vos deux campagnes ne
» vous ont-elles pas rapporté cent mille écus? »
Étonné de ce que je m'entendois dire : « Si j'ai
» gagné cent mille écus, repartis-je, vous devez
» en être bien aise : cette somme me donnera
» moyen de servir le Roi avec plus d'aisance.
» Mais, monsieur, qui est l'imposteur qui a eu
» l'audace d'avancer cette fausseté? Faites-moi
» la grâce, s'il vous plaît, de me dire sur qui j'ai
» gagné tout cet argent. C'est une grosse somme
» que cent mille écus. Je n'ai pas pillé les de-
» niers du Roi; les prises que j'ai faites sur les
» ennemis, je les ai mises entre les mains de vos
» agens, qui doivent vous en rendre compte :
» cela supposé, les cent mille écus dont vous me
» parlez doivent manquer à quelque autre. Ayez
» la bonté de m'informer qui sont ceux qui se
» plaignent de les avoir perdus.

» J'ai un journal fort exact de tout ce que j'ai
» enlevé aux ennemis, et des dépenses que j'ai
» été obligé de faire pour le compte du Roi.
» M. de Vauvray, intendant de Toulon, a vérifié
» le tout : prenez la peine de vous informer de
» lui; il peut vous donner sur ce point plus d'é-
» claircissemens qu'aucun autre. Que si vous
» voulez ne vous en rapporter qu'à vous-même,
» les officiers, les écrivains et les pilotes ont fait
» des journaux aussi bien que moi : il vous est
» aisé de les avoir. Je vous remettrai demain
» tous mes Mémoires, dans lesquels j'ai écrit
» jour par jour tout ce que j'ai opéré dans mes
» deux campagnes : vous pourrez voir à loisir
» les uns et les autres : je serai ravi que vous
» examiniez ma conduite. Si j'ai pillé, il est juste
» que je sois puni, et j'y consens : mais si j'ai
» bien et fidèlement servi mon maître, j'ai droit
» de demander la récompense que mes services
» ont méritée. »

Le ministre, pressé par mes raisons, qui ne
souffroient point de réplique, et ne sachant que
me dire, me reprocha de n'avoir pas pris le château de La Mezzola, quoiqu'il m'eût témoigné le
souhaiter avec passion. Je lui répondis que je
m'étois porté sur les lieux; que la chose étoit
impossible, et que je ne me trouvois pas fort
coupable pour n'avoir pas su faire des miracles;
que ceux qui lui avoient fait entendre que cette
expédition pouvoit avoir lieu étoient ou des présomptueux, ou des ignorans; que cette place ne
pouvoit être emportée que par un siége réglé;
qu'il savoit parfaitement bien que je n'avois ni
assez de soldats, ni tout l'attirail nécessaire pour
l'entreprendre, et que quand j'aurois eu tout
ce qu'il falloit, l'armée du prince Eugène, qui
étoit à portée de s'opposer à ce dessein, auroit
pu m'empêcher d'y penser.

« Ce que vous n'avez pas voulu faire, répli-
» qua le ministre, M. Duquesne le fera à votre
» place. — M. Duquesne est trop sage pour l'en-
» treprendre, lui répondis-je; et je donne ma
» tête à couper, s'il en vient à bout. Mais, mon-
» sieur, considérez que j'ai entrepris et exécuté
» dans la mer Adriatique bien des choses très-
» périlleuses, et tout cela sans ordre, de mon
» propre mouvement, et uniquement pour mettre
» à profit les moyens que j'avois de servir le
» Roi. Cela supposé, quelle apparence qu'après
» avoir reconnu vos intentions, et l'envie que
» vous aviez de voir détruire cette place, j'eusse
» refusé d'entrer dans vos vues, surtout si la
» chose avoit été aussi facile que vous suppo-
» sez? » Notre conversation n'alla pas plus loin,
et je me retirai, le cœur serré de douleur de me
voir ainsi la victime de la calomnie.

Toutefois, pour n'avoir rien à me reprocher,
je demeurai trois semaines entières à faire ma
cour fort exactement, sans que pendant tout ce
temps-là le ministre me dît jamais un seul mot.
J'enrageois de ce silence, et cent fois je fus sur
le point d'éclater.

Tandis que j'étois dans cette inquiétude, la
cour, qui avoit donné des ordres pour équiper
une flotte considérable que M. le comte de Toulouse devoit commander, me nomma pour monter un des vaisseaux qui la composoient.

Cette conduite, qui me donnoit à entendre
qu'on n'étoit pas tout à fait mécontent de moi,
puisqu'on vouloit encore de mes services, ne me
satisfaisoit pourtant pas entièrement : je voulois

quelque chose de plus. Ce silence du ministre me poussa à bout : je fus chez lui, et je lui portai mon journal, afin qu'il vît par lui-même tout ce que j'avois fait dans mes deux campagnes.

« Monsieur, lui dis-je, si j'ai été si long-temps » sans vous présenter ces Mémoires, ce n'a été » qu'afin de vous donner le loisir de prendre pour » et contre moi toutes les informations convena- » bles. Aujourd'hui oserai-je vous demander si » je suis justifié dans votre esprit, et si vous avez » été éclairci sur les cent mille écus qu'on vous » a dit que j'avois gagnés? »

Il m'avoua qu'il avoit écrit de tous côtés; mais que l'on ne lui avoit dit que du bien de moi, et qu'il falloit que j'eusse corrompu tous ceux qui m'approchoient. Ce discours m'irrita plus que tout le reste; et, ne pouvant plus retenir ma colère : « Monsieur, lui repartis-je, si le Roi n'est » pas content de moi après tout ce que j'ai fait » pour son service, il faut que ce soit vous-même » qui m'ayez desservi auprès de Sa Majesté; car » puisque, de votre propre aveu, malgré toutes » les diligences que vous avez faites, vous n'a- » vez pu trouver d'accusateurs contre moi, il ne » me reste que vous sur qui je puisse faire tom- » ber mes soupçons. Il m'est certainement bien » douloureux de n'avoir à me plaindre de per- » sonne autre. Qu'il me soit permis de vous le » dire : si j'avois été coupable d'une faute, vous » auriez dû être le premier à m'excuser, puis- » qu'au bout du compte, comme ministre de la » marine, je vous ai fait quelque honneur, en » travaillant avec assez de succès sur les instruc- » tions que j'avois reçues de vous. Mais, sur le » pied où sont les choses, je vois bien qu'il ne » me reste plus qu'à me retirer; car quelle ap- » parence de continuer à servir, ayant le ministre » contre moi dans un temps où il auroit dû m'ê- » tre le plus favorable? » Nous n'en dîmes pas davantage, et je sortis, la colère et l'indignation dans le cœur.

Quoique j'eusse parlé d'une manière assez vive, il n'y avoit pas grand mal jusque-là. Il est des circonstances où il faut se plaindre à la cour, et même un peu haut; sans quoi on ne fait pas son chemin. Mais la faute que je fis fut de porter mes plaintes au-delà du cabinet du ministre, et de faire savoir publiquement les sujets de mécontentement qu'il m'avoit donnés.

Au sortir de chez M. de Pontchartrain, je fus trouver M. l'amiral. Je l'informai de tout qui s'étoit passé : je me plaignis de la manière dont on m'avoit reçu, de tout le procédé qu'on continuoit d'avoir avec moi, et de la nécessité où l'on me mettoit de sortir de la marine, où je n'avois plus rien à faire, tandis que je serois en butte à la persécution de ceux qui auroient dû me protéger.

M. l'amiral, sous les yeux de qui j'avois manœuvré dans le golfe [car il étoit à Messine pour me soutenir s'il en avoit été besoin, ainsi que j'ai remarqué dans son lieu], eut la bonté de me dire qu'il ne vouloit pas que je songeasse à me retirer; que mon service étoit nécessaire; qu'il parleroit au ministre, et au Roi même s'il le falloit.

Deux jours après, je me trouvai dans les appartemens comme le Roi alloit à la messe. M. l'amiral m'ayant aperçu, me fit signe : je fus à lui. « Je viens, me dit-il, de parler au Roi sur » votre sujet : il m'a dit qu'il étoit content de vos » services, et que son ministre ne sait ce qu'il » dit. »

Touché des bontés dont ce prince m'honoroit, je tâchai de lui marquer à quel point j'y étois sensible, en lui témoignant le regret que j'avois de ne pouvoir pas les reconnoître. « N'en soyez » point en peine, me dit-il ; tout se trouvera. »

Le ministre, informé des plaintes que je faisois de lui publiquement, s'en offensa, et pour me punir m'ôta le vaisseau qu'il m'avoit destiné, et en donna le commandement à un autre. Depuis ce jour-là, je ne parus plus au bureau de la marine.

Il y avoit déjà un mois que je n'y avois pas mis le pied, lorsque le marquis de Janson alla chez M. de Pontchartrain, à qui il avoit à parler pour le chevalier de Pennes, que le roi d'Espagne avoit envoyé à la cour. Le ministre, qui avoit sur le cœur tout ce que j'avois dit sur son sujet, répondit qu'il étoit content du chevalier de Pennes; qu'il ne l'étoit guère du chevalier de Forbin.

Le marquis, qui n'ignoroit pas que mes plaintes, tout indiscrètes qu'elles étoient, n'étoient pourtant pas sans fondement : « Monsieur, lui » dit-il, le chevalier de Forbin est de mes pa- » rens ; je l'aime et l'estime beaucoup : mais, » nonobstant tout cela, s'il manquoit à votre » égard, je serois le premier à lui tomber sur le » corps, et je n'oublierois rien pour le faire » rentrer dans son devoir. Du reste, je crois de- » voir vous représenter que, brave comme il » est, ayant bien servi son maître, pour qui il » est plein de zèle, et toute l'Europe lui rendant » justice et reconnoissant qu'il vaut, il étoit » difficile qu'il ne s'échappât quelque peu, en » voyant ses services sans récompense; que » s'il se retire de la marine, ce n'est que parce » qu'il vous regarde comme lui étant contraire; » et dans cette pensée il n'a pas tort de quitter » prise, puisqu'il ne gagneroit rien à servir, dès

» que le ministre prendroit intérêt à le traverser.
« Moi prendre intérêt à le traverser ! répliqua
» M. de Pontchartrain. Il se trompe, s'il a cette
» pensée. Mais il est trop vif, et il a éclaté sans
» me donner assez de temps pour pouvoir le jus-
» tifier. On l'avoit fort desservi auprès de moi ;
» les personnes qui m'avoient donné ces mau-
» vaises impressions étoient d'un rang à être
» crues: aujourd'hui tous mes soupçons sont dis-
» sipés. Qu'il ne se rebute pas, et qu'il compte
» sur moi : je le servirai avec plaisir quand l'oc-
» casion s'en présentera. » Le marquis répondit
en le remerciant de ses bontés : il ajouta qu'il alloit m'en donner la nouvelle, et que je me trouverois le lendemain à sa porte, pour lui en faire
moi-même mes remercîmens.

Je me rendis en effet chez le ministre, qui
me combla de civilités. Il me fit donner cinq
cents écus de gratification, avec le commandement du vaisseau *le Téméraire*, et me fit passer
à Toulon, m'ordonnant de couvrir le commerce
du Levant, et de donner la chasse aux corsaires
flessinguois. C'est ainsi qu'après avoir laissé mes
services sans récompense, comme il prétendoit
[car je l'ai toujours soupçonné de ne m'avoir
cherché noise que pour avoir lieu de ne rien
faire pour mon avancement], il compta que je
m'estimerois encore trop heureux d'être rentré
en grâce, et de reprendre des emplois que je
commençois à regarder comme au-dessous de
moi.

Le mécontentement que je venois de recevoir,
et mes plaintes contre le ministre, avoient été
trop publics pour ne pas se répandre jusqu'en
Provence. Le bruit courut à Toulon que j'étois
disgracié, et que la cour, qui ne vouloit plus de
mes services, avoit cru faire beaucoup pour moi
en me permettant de me retirer où il me plairoit.

Sur cette nouvelle, la demoiselle qui m'avoit
attaqué en crime de rapt, et qui avoit été plus
de deux ans sans mot dire, recommença ses
poursuites. L'avis m'en fut donné à Paris ; sur
quoi je pris la poste pour Toulon, où, après bien
des chicanes que j'eus à essuyer, je la fis enfin
condamner comme non recevable. Elle n'eut
garde d'acquiescer à ce jugement : elle en appela
au parlement, mais elle n'y trouva pas mieux
son compte, comme je le dirai bientôt.

M. l'amiral arriva dans ce temps-là à Toulon,
où l'on avoit fait un armement considérable.
L'armée s'embarqua ; mais, sur les avis que les
ennemis, supérieurs en nombre, étoient entrés
dans nos mers, elle ne sortit pas de la rade. Je
fus détaché pour aller à la découverte, et pour
observer les mouvemens des ennemis.

J'appris que leur flotte marchande étoit passée en Levant, sous l'escorte de six vaisseaux
de guerre. Je reconnus leur armée qui sortoit de
Livourne, et je la suivis jusque par delà les îles
d'Iviça, sur les côtes d'Espagne, d'où voyant
qu'elle faisoit route pour le détroit de Gibraltar,
je retournai à Toulon rendre compte de ma découverte. Sur la relation que je fis n'y ayant
pas apparence de se mettre en mer, M. l'amiral
ordonna le désarmement. Pour moi, j'eus ordre
de couvrir le commerce de Marseille en Levant,
et j'allai deux ou trois fois à Malte débarquer,
et recevoir des chevaliers qui passoient en
France. Le grand-maître Périllos me combla
d'honneurs, de caresses et de présens, et m'accorda plusieurs grâces que je lui demandai.

Sur la fin de l'année, c'est-à-dire la seconde
fête de Noël, je partis de Toulon pour escorter
une flotte marchande qui devoit passer en Levant. Nous mîmes à la voile par un fort beau
temps; mais à peine fûmes-nous à quatre lieues
de terre, qu'il s'éleva un orage du côté du nord-
est, accompagné de pluie, et suivi de la plus affreuse tempête où je me sois trouvé de ma vie. La
grosseur de la mer et l'impossibilité où nous étions
de manœuvrer nous réduisirent cent fois au
moment d'être engloutis. Toute la flotte fut dispersée ; plusieurs se sauvèrent aux îles de Majorque et d'Iviça, et d'autres à Barcelone et à
Roses.

Je me retirai dans ce dernier port, coulant à
fond, et dans le plus pitoyable état du monde.
Tout mon équipage étoit accablé, et n'en pouvoit plus. Je ne trouvai à Roses qu'un seul des
vaisseaux que j'escortois. Après m'être radoubé,
je le ramenai à Toulon, où ayant appris que les
deux bâtimens les plus richement chargés s'é-
toient retirés à Barcelone, je partis pour aller
les joindre, et les conduire en Levant. Quand je
fus descendu à terre, le consul français vint
m'informer d'une affaire qui regardoit la nation,
et pour laquelle il me prioit de m'intéresser auprès du vice-roi.

Une barque française richement chargée avoit
été prise, depuis environ trois semaines, par un
corsaire flessinguois. Les mauvais temps l'ayant
obligé de relâcher à Barcelone, avant que d'entrer dans le port, le capitaine, maître de la
prise, avoit déclaré au patron français qu'il lui
rendroit sa barque, pourvu qu'en entrant il mît
pavillon blanc, et l'empêchât ainsi, lui et tout
son équipage, d'être faits prisonniers de guerre.

Le patron avoit accepté le parti ; et se portant
pour maître du bâtiment, comme il l'étoit en
effet, ensuite de cette convention, avoit arboré
le pavillon de France : mais le vice-roi de Catalogne, don Francisco Velasco, sans avoir égard

à ce qui avoit été accordé, et jugeant le tout de bonne prise, avoit confisqué la barque, et avoit fait mettre tous les Flessinguois en prison, se contentant de ne point toucher aux Français qu'il avoit laissés en liberté.

C'étoit pour réclamer cette barque, et la faire rendre à qui elle appartenoit, que le consul s'étoit adressé à moi. Cependant, pour ne me pas commettre, il me déclara que le chevalier de Broglie, capitaine de vaisseau, parti seulement depuis deux jours, l'avoit réclamée sans avoir pu l'obtenir. Ce dernier avis me fit quelque peine : toutefois je crus qu'il convenoit de hasarder quelque chose, soit pour l'honneur du pavillon, soit pour ne refuser pas mes services à un malheureux à qui on avoit fait tort.

Dans cette pensée, je fus chez le vice-roi : on me répondit qu'il n'étoit pas visible. Je demandai à quelle heure on pourroit lui parler : on me dit de revenir à onze heures. Je m'y rendis au temps précis. Après avoir attendu une demi-heure, je demandai s'il n'y auroit pas moyen d'avoir audience; et comme on me disoit toujours d'attendre, je dis tout haut que je n'étois pas fait pour me morfondre dans une antichambre ; que je n'étois ni sujet ni domestique du vice-roi, et que des officiers, quand ils avoient à parler à des gouverneurs, devoient pour le moins être entendus. Sur cela je sortis d'un air fâché ; et je retournai à bord.

Le vice-roi voulut savoir qui étoit ce capitaine si fier. On lui dit que c'étoit le chevalier de Forbin. Il demanda si c'étoit celui qui avoit servi dans le golfe Adriatique : on l'assura que c'étoit lui-même. Sur cela, il m'envoya à bord un de ses gentilshommes avec le consul français, pour me faire des excuses, en m'assurant qu'on ne m'avoit fait attendre si long-temps que faute de m'avoir connu. Le consul me pria instamment de retourner : il m'assura que j'aurois lieu d'être content de la réception que le vice-roi me feroit; que je pouvois me fier à ce qu'il avoit l'honneur de me dire; et qu'il ne me parleroit pas si affirmativement, s'il n'avoit lui-même des assurances bien positives de ce qu'il me disoit.

Le lendemain, je fus à terre. Dès que je parus, toutes les portes s'ouvrirent. Le vice-roi me fit asseoir dans le même rang que lui, une table entre deux, et tellement disposée qu'il n'y avoit ni droite ni gauche. Après les premiers complimens, j'exposai le sujet pour lequel j'avois demandé audience.

Je représentai combien il étoit injuste de prendre sur le patron français une barque qui lui appartenoit, et qui étoit entrée dans le port sous le pavillon du Roi ; que quoique les Flessinguois eussent été maîtres de ce bâtiment, ils l'avoient rendu de bonne foi à celui sur qui ils l'avoient pris ; et qu'il y auroit trop de dureté à vouloir que ce pauvre patron, qui par un bonheur inespéré avoit retrouvé son bien, le perdît, pour être entré dans un port où il croyoit n'avoir affaire qu'à des amis.

Je continuai, en disant que quand même le droit du patron ne seroit pas tout-à-fait si clair, il me paroissoit qu'il conviendroit, dans les circonstances présentes, de se relâcher en quelque chose des usages ordinaires ; et que je priois Son Excellence de faire attention que puisque le Roi et tous ses sujets se ruinoient pour soutenir le roi d'Espagne, il y auroit lieu d'être surpris que les Français ne trouvassent point d'asile dans les ports de Sa Majesté Catholique.

« Monsieur le chevalier, répondit le vice-roi, » votre raisonnement est bel et bon, et j'en di- » rois autant à votre place : mais si vous-même, » qui êtes Français, aviez trouvé en mer cette » barque, qui étoit depuis plus de trois semaines » entre les mains des ennemis, ne la croiriez- » vous pas de bonne prise ? et penseriez-vous » devoir la relâcher, si l'on venoit la réclamer ? » Cela étant, je vous demande si je n'ai pas le » même droit, et si j'ai fait le moindre tort au » patron en la confisquant.

» Cependant, puisque vous vous intéressez » pour cette affaire, je veux bien me départir » de mes droits. Cette prise m'appartient : vous » me la demandez, je vous en fais présent ; mais » à vous, et non au propriétaire, ni à la nation. » Vous avez assez bien servi mon maître dans » le golfe, pour mériter qu'on ait pour vous des » égards qu'on n'auroit pour personne autre. » C'est ainsi que la reconnoissance d'un étranger me dédommageoit en quelque sorte des mécontentemens que j'avois reçus de la cour.

Je remerciai le vice-roi de sa générosité. Comme j'allois sortir de la chambre, j'aperçus le patron, qui m'avoit suivi pour savoir la réussite de ma médiation. Je lui fis signe d'avancer ; et, lui adressant la parole, je lui dis, en présence du vice-roi, du consul, et de plusieurs autres Français : « Patron Jacques, Son Excellence vient » de me donner votre barque, et toute sa cargai- » son. Quand je l'ai demandée, je n'ai pas pré- » tendu me l'approprier : je vous la rends avec » la même générosité qu'on me l'a donnée, et » je ne me réserve de votre part que la recon- » noissance que vous me devez du bon service » que je vous ai rendu. »

Le vice-roi, étonné de ce qu'il venoit d'entendre, me dit qu'il falloit que je fusse bien riche pour faire si aisément un présent de plus de trente mille piastres. « Monsieur, lui répon» dis-je, l'exemple que Votre Excellence vient » de me donner est trop beau pour n'être pas » suivi. » Sur cela, ayant fait une profonde révérence, je me retirai. J'informai M. l'abbé d'Estrées, ambassadeur du Roi à Madrid, la cour et les échevins de la ville de Marseille, de la générosité du vice-roi. Je crus toutefois qu'il convenoit de taire les dernières paroles qu'il m'avoit dites, en me remettant ses droits sur le bâtiment arrêté; ce qui lui procura peu après des remercîmens des uns et des autres, sur la manière obligeante dont il en avoit usé à ma sollicitation.

[1704] Peu de jours après, je mis à la voile avec mes deux marchands. Nous arrivâmes à Malte, après avoir essuyé bien des mauvais temps et bien des tourmentes. Comme je vis que mon navire faisoit eau de tous côtés, je n'osai pas pousser ma course jusqu'en Levant. M. Trulet, capitaine de vaisseau, qui se trouvoit pour lors à Malte, se chargea de convoyer mes marchands; et je me chargeai de mener en Provence ceux qui étoient à Malte, et qu'il devoit escorter.

Après m'être radoubé le mieux qu'il fut possible, je mis à la voile. A quarante lieues de terre, le mauvais temps me reprit si fort, qu'il fallut revenir sur mes pas. Je fus obligé de faire caréner mon vaisseau, qui étoit tout ouvert, tant il avoit été fatigué de la tourmente. Le grand-maître me fournit abondamment tout ce dont j'avois besoin. Je remis encore à la voile quelque temps après; et les vents contraires nous ayant toujours poursuivis, nous ne nous rendîmes qu'avec bien de la peine à Toulon.

Ce fut pendant ce trajet qu'un jour, comme j'allois partir de Livourne pour repasser en France, je vis venir à bord un moine qui portoit une boucle d'oreille à laquelle pendoit une grosse perle. A peine eut-il mis le pied dans le vaisseau, que s'adressant à ceux des matelots qu'il rencontra les premiers, il leur demanda, avec des airs arrogans et pleins de hauteur, où étoit le capitaine. Je n'étois qu'à deux pas : je m'approchai; et m'étant présenté à lui : « Est-ce vous, » me dit-il, qui êtes le capitaine? — Oui, lui » répondis-je, c'est moi-même. — Comment » vous appelez-vous? me répliqua-t-il. — Que » vous importe? lui repartis-je; mon nom ne fait » rien à l'affaire : de quoi s'agit-il? — C'est, » continua le moine, que j'ai à vous présenter » un passe-port du cardinal de Janson, afin que » vous me receviez dans votre bord. » A ce mot, je pris le passe-port; et l'ayant lu : « Voilà » qui est fort bon, poursuivis-je; je n'y trouve » qu'un défaut, c'est qu'il n'est pas dit que le » religieux qui doit me le présenter aura une » perle à l'oreille, et qu'il se donnera des airs » de petit maître. Ainsi décampez au plus vite; » sans quoi je vais vous faire jeter dans la mer. » Je dis ces dernières paroles d'un ton si déterminé, que le moine, appréhendant que des menaces je ne passasse aux effets, se retira sans mot dire, fort honteux du compliment.

Quoique ce trait paroisse peu important, j'ai été bien aise de le rapporter, quand ce ne seroit que pour faire voir à ceux que la Providence a destinés à édifier les autres qu'ils ne sauroient s'écarter de la modestie de leur état, sans se rendre méprisables et ridicules auprès des personnes de bon sens.

Je reviens à mon arrivée à Toulon. A peine fus-je débarqué, qu'il fallut songer à aller à Aix, où j'avois encore à me défendre au sujet de ce malheureux procès, qui me donnoit de l'exercice depuis si long-temps. La demoiselle qui avoit été condamnée à Toulon s'étoit pourvue en parlement, et avoit déjà commencé ses instances contre moi : mais celles-ci ne lui furent pas plus favorables que les premières. Nous avions affaire à des juges qu'il n'étoit pas aisé de surprendre, et qui étoient aussi intègres qu'éclairés.

Tandis que je faisois de mon mieux pour leur faire connoître le tort de ceux qui me poursuivoient, M. le comte de Toulouse, qui étoit à Toulon, partit pour la cour, passa par Aix. M. Le Bret, premier président, fut lui faire la révérence. J'avois eu l'honneur de saluer ce prince auparavant, et je l'avois prié d'avoir la bonté de recommander mon affaire à M. le premier président. Il m'accorda cette grâce avec bonté; et s'intéressant pour moi auprès de lui au-delà de tout ce que je pouvois espérer, après lui avoir dit mille choses obligeantes sur mon compte, il continua en lui déclarant qu'il regardoit mon affaire comme la sienne propre, et finit sa recommandation par ces mots : « Au moins, » monsieur l'intendant; je vous recommande, sur » toutes choses, point d'épousailles. »

Ce prince n'en demeura pas là : il eut encore la bonté de me procurer de la cour deux ordres adressés au parlement. Le premier lui enjoignoit de faire briève justice, et le second lui défendoit de me juger par défaut, supposé que je fusse absent pour le service du Roi. J'avois souhaité ce second ordre avec d'autant plus d'empressement que, pouvant se faire qu'il me fallût aller en mer lorsque je serois au milieu de mes défenses, je craignois que ma partie ne se prévalût de mon absence, et ne se procurât un jugement avant que j'eusse pu être entendu.

Il sembloit qu'avec tout bon mon droit, et une protection si puissante, mon affaire alloit bientôt être finie : cependant les chicaneries recommencèrent si fort, que, quelque envie que mes juges eussent de finir, j'en eus encore pour plus de trois mois. Enfin lassés, et coupant court sur tous les nouveaux incidens qui revenoient tous les jours, ils confirmèrent la sentence de Toulon, et déclarèrent ma partie non recevable, au grand regret de tous mes ennemis, et principalement de M. ***, qui avoit eu l'imprudence d'écrire contre moi à M. le premier président.

La lettre fut rendue à ce magistrat par un conseiller de la grand'chambre, demi-heure avant que la cour prononçât. M. le président, qui, par rapport à l'expédition, avoit fait pour moi au-delà de ce que je pouvois souhaiter, reçut la lettre ; et, se doutant de ce qu'elle contenoit, la mit sans l'ouvrir sur le bras de son fauteuil, en disant : « On verra après le jugement » de quoi il est question. »

Quand tout fut fait, un des présidens me la présenta tout ouverte. Celui qui l'avoit écrite y parloit en homme si passionné, qu'il étoit difficile de la lire sans indignation. Je n'en ressentis pourtant aucune. J'étois si aise du jugement qui venoit d'être rendu, que je n'étois capable d'aucune autre impression ; et quoique dans le fond on ne m'eût rendu que la justice qui m'étoit due, le plaisir de me voir débarrassé d'une affaire qui m'avoit fatigué si long-temps, et la manière obligeante dont la cour venoit d'en user à mon égard, ne me laissoient de liberté, comme j'ai dit, que pour me livrer d'une part à la joie de voir mon affaire finie, et de l'autre à la reconnoissance que je devois à mes juges, et en particulier à M. le premier président.

Dans l'impossibilité où je suis de m'acquitter de ce que je lui dois, j'embrasse avec joie l'occasion de le publier, afin que tout le monde sache au moins que si ce magistrat m'a toujours fait tous les plaisirs possibles dans toutes les occasions qui se sont présentées, j'en conserve et j'en conserverai jusqu'à la mort le souvenir, qui ne me sera pas moins précieux que les bienfaits mêmes.

[1705] Après le jugement de cette affaire, je revins à Toulon, où je reçus ordre de monter le vaisseau *le Trident*, de continuer de donner la chasse aux corsaires ennemis, et de couvrir le commerce. Dès que mon vaisseau fut en état de mettre à la voile, je fis route pour le Levant, où j'avois une flotte à escorter. Comme j'étois à l'entrée de l'Archipel, j'aperçus, par les travers de Cérigo, île appartenante aux Vénitiens, un gros navire à qui je donnai la chasse, et qui se fit poursuivre pendant quelque temps. Quand je fus à portée de la voix [car je le serrois de fort près], je demandai d'où étoit le navire. On me répondit : « De Saint-Marc. » Il s'étoit détaché, je ne sais pourquoi, d'une escadre que le provéditeur général de la mer commandoit, à quarante lieues de l'endroit où nous étions. Je fis crier au capitaine de saluer le pavillon du Roi. Le Vénitien répondit qu'il étoit dans ses mers, et qu'il ne saluoit personne.

Sur cette réponse, je me mis en état de le combattre. Il s'en aperçut, et comme il ne vouloit pas en tâter, il demanda qui étoit le commandant du vaisseau françois : on lui répondit que c'étoit le chevalier de Forbin. Alors il répliqua : « Ne tirez pas ! je vais saluer le chevalier » de Forbin. » Je lui fis répondre qu'il prît garde à la manière dont il parloit, et qu'il eût à saluer le pavillon du Roi ; sans quoi j'allois lui lâcher toute ma bordée. Cette réponse lui ayant fait connoître que je n'étois pas trop disposé à le ménager, il ne répliqua pas, et le salua à l'ordinaire.

La manière dont ce capitaine venoit de parler m'avoit mis de mauvaise humeur ; et, pour faire voir que je n'avois pas pris goût à sa mauvaise plaisanterie, j'envoyai mon canot pour faire la visite de son vaisseau, et pour savoir s'il n'avoit point de François avec lui ; car, selon les différens traités passés entre la France et les Vénitiens, il est défendu à la République de prendre des François à son service. On trouva qu'il y en avoit quatre-vingt-dix. Je lui envoyai dire qu'il eût à me rendre incessamment ces soldats : il refusa de le faire. Je renvoyai mon canot, avec ordre de lui dire que, s'il persistoit, j'allois l'aborder, et que je le prendrois lui-même. Il eut peur une seconde fois : il m'envoya sa chaloupe avec un de ses officiers, pour traiter d'un accommodement, et faire en sorte que je me contentasse d'un certain nombre qu'il consentoit de me rendre. Je n'en voulus pas relâcher un seul.

Je souhaitois pourtant de les avoir sans être obligé de combattre : ainsi, pour ne pas m'exposer à commettre un acte d'hostilité sur lequel on auroit peut-être pu me chagriner, voyant que j'avois affaire à un poltron, je fis voir à son officier l'ordre et l'état de mon vaisseau, prêt à attaquer. Il en fut si effrayé, que, suivant le génie de sa nation, souple quand on la mène avec vigueur, il me fit mille soumissions, me baisa les mains, me priant de ne point tirer, et m'assurant qu'on m'accorderoit tout ce que je souhaiterois. Il ne m'en falloit point davantage : je fis partir sur-le-champ ma chaloupe et le canot, qui, dans deux ou trois voyages me rapportèrent mes quatre-vingt-dix Français. Ce vénitien étoit de soixante-dix pièces de canon, et de trois cents hommes d'équipage.

Trois jours après, je rencontrai un vaisseau de même force, à qui j'ôtai encore quarante soldats français qu'il avoit. Ces deux expéditions finies firent crier de nouveau les Vénitiens; mais je ne m'en mis pas plus en peine que par le passé. Le général du golfe, ayant appris la manière haute dont je venois d'en user avec deux vaisseaux de son escadre, fit de grandes menaces de venir s'en venger. Je le laissai crier tant qu'il voulut, et je continuai ma mission, sans qu'il parût sur ces parages pendant tout le temps que j'y restai.

Enfin je continuai ma route, et je fus mouiller devant Smyrne. J'étois à quinze lieues de la ville, lorsque tout à coup pendant la nuit mon navire fut violemment secoué. Quoique le temps fût fort calme, la secousse fut si forte, que mes vitres firent grand bruit, et m'éveillèrent. Je demandai ce que c'étoit : on me répondit que c'étoit un tremblement de terre. Je me levai, ne pouvant pas comprendre comment un vaisseau qui étoit si éloigné de terre, et mouillé à plus de trente brasses de profondeur, pouvoit ressentir des impressions si violentes. Rien n'étoit pourtant plus vrai. J'appris le lendemain, par un bâtiment qui venoit de Smyrne, que le tremblement y avoit été si violent, que tout le monde avoit été obligé de sortir à la campagne, pour se mettre en sûreté.

A quelques jours de là, je donnai la chasse à un vaisseau hollandais richement chargé. Il étoit de soixante pièces de canon : comme il se voyoit fort pressé, il alla se réfugier sous une forteresse appartenant au Grand Seigneur.

Je fis offrir au gouverneur de la place quarante bourses de cinq cents écus chacune, s'il vouloit se tenir neutre, et ne prendre point de part au combat que je méditois, et qui devoit se passer de chrétien à chrétien. Il n'en voulut rien faire; ce qui me surprit d'autant plus, que les Turcs aiment l'argent pour le moins autant qu'aucune autre nation du monde : mais qui sait si le Hollandais ne lui avoit pas promis une somme encore plus considérable? Quoi qu'il en soit, cette expédition ne pouvant pas avoir lieu, je retournai sur mes croisières, et j'allai mouiller à l'île de Candie, dans la rade de la Suda.

Les Vénitiens en sont les maîtres. C'est tout ce qu'ils ont conservé de cette île, dont ils ont été les maîtres si long-temps. Ils y ont une forteresse au milieu de la baie, qui est isolée. Les Turcs sont maîtres de tout le reste. Le lendemain de mon arrivée, j'allai visiter le noble Vénitien qui commandoit dans cette place : il s'appeloit signor Marcello; il étoit homme d'esprit, et parloit fort bien français. J'en fus reçu très-civilement. La conversation roula principalement sur ce que j'avois opéré dans le golfe. Il me dit que les Vénitiens avoient tort de se plaindre de moi; qu'à la vérité j'avois fait bien des choses qui ne pouvoient pas être agréables à la République, mais que ce n'étoit pas à moi qu'il falloit s'en prendre; que je n'avois fait que servir mon maître, et exécuter les ordres que je recevois.

Nous parlâmes ensuite des deux gros vaisseaux qui s'étoient laissé dépouiller de leur équipage. « Quant à ceux-ci, me dit-il, les commandans » sont des poltrons et des ignorans : des igno- » rans, puisqu'ils ne savent pas que les vais- » seaux de la République doivent le salut aux » vaisseaux du roi de France, et qu'il est ac- » cordé, par nos traités avec cette couronne, » que nous ne pouvons pas garder des Français » à notre service, quoique nous en ayons beau- » coup dans nos garnisons; des poltrons, puis- » qu'ils se sont laissé enlever leur équipage sans » se défendre.

» Dès qu'ils aperçurent le pavillon de France, » ils devoient saluer sans se le faire demander; » ils devoient aussi faire cacher tous les Fran- » çais, et ne jamais avouer qu'ils en eussent » dans leur bord. Par là, ils auroient évité la » honte d'être forcés à saluer, après l'avoir re- » fusé; et, ce qui est encore plus, ils se seroient » épargné l'infamie de se voir enlever leur mon- » de, sans avoir le courage de résister.

» Quant à moi, dit-il en continuant, je sais » bien que je me serois battu jusqu'à l'extrémité, » plutôt que d'endurer un tel affront : car, afin » que vous le sachiez, monsieur, les poltrons de » notre république vous craignent; mais pour » les braves gens, ils vous estiment, et ne vous » craignent pas du tout. » Ce discours étoit très-sensé; mais j'aurois voulu voir le même homme dans l'occasion.

De la Suda, je fis route pour la France, où je vins espalmer mon vaisseau, qui en avoit grand besoin. En passant par Malte, je trouvai une flotte marchande, que je mis sous mon escorte. Le vent contraire, qui ne nous avoit point encore quittés, m'obligea de mouiller devant Cagliari. J'y revis l'archevêque mon bon ami, qui m'embrassa tendrement, et qui me fit présent d'un attelage de six beaux chevaux gris pommelés, que je ne pus pas embarquer pour lors, mais que je repris dans un autre voyage que je fis quelque temps après.

Pendant le séjour que je fis dans la rade de

Cagliari, le consul français vint se plaindre à moi de ce que, nonobstant les ordres du roi d'Espagne, le vice-roi continuoit à inquiéter nos vaisseaux, sous prétexte de la visite.

Ce prétendu droit de visite, qui dans le fond n'avoit été établi que pour mettre à contribution tous les vaisseaux qui alloient charger ou décharger des marchandises dans le port, avoit été poussé si avant par l'avarice des Espagnols, qu'il étoit devenu intolérable. Le prétexte dont on s'étoit servi pour l'introduire étoit de remédier à certains abus, et de prendre les précautions convenables pour la conservation des marchandises dans les bâtimens; mais dans la suite il avoit été étendu si loin, et les divers règlemens avoient été si multipliés, que, quelque attention qu'on eût, il étoit impossible de ne pas manquer à quelque chose, et pour lors on vous mettoit irrémissiblement à l'amende.

Enfin les choses avoient été poussées si avant, que le vice-roi n'avoit pas eu honte de faire, en dernier lieu, une ordonnance par laquelle, entre autres articles, il étoit enjoint d'avoir des chats dans tous les vaisseaux, sous prétexte que les rats qui s'y engendrent pouvoient gâter les marchandises.

Outre la honte qu'il y avoit à subir ces visites, elles étoient, comme j'ai dit, très-ruineuses pour le commerce. Les Français s'en étoient plaints, et Sa Majesté Catholique avoit ordonné qu'elles seroient entièrement supprimées. Le vice-roi, qui perdoit à cette suppression, différoit de publier les ordres, et de le mettre en exécution. C'étoit sur ce retardement que rouloient les plaintes du consul.

Je fus trouver le vice-roi; je le priai de ne renvoyer pas plus loin la publication des ordres qu'il avoit reçus, et de faire cesser enfin une maltôte dont on se plaignoit depuis si long-temps. Il me répondit, à la manière des Espagnols, par un *Veremos*.

Cette réponse ne me satisfaisoit pas: je répliquai que je supplioit Son Excellence de faire attention que j'étois obligé, par mon emploi, de rendre compte à la cour de tout ce que je remarquois de contraire aux intérêts du Roi et de la nation; que je me flattois qu'il auroit égard à ma sollicitation, et que j'espérois qu'il règleroit tellement les choses avant mon départ, que je n'aurois pas lieu de faire des relations qui ne fussent pas favorables à Son Excellence. Il comprit, par la manière dont je lui parlois, que je n'avois pas beaucoup d'envie de le ménager: ainsi, sans aller plus loin, dès le jour même il fit publier les ordres du Roi, et les visites furent abolies.

De Cagliari, je retournai à Toulon, où je fis caréner mon vaisseau. Je remis à la voile, et je pris sous mon escorte une flotte qui partoit pour le Levant: nous mouillâmes devant Malte, où nous demeurâmes à l'ancre pendant deux jours.

Dans cet intervalle, j'eus occasion de connoître ce que c'est que l'antipathie que la nature a mise entre certains animaux. J'avois dans mon bord, depuis environ dix-huit mois, six paires de pigeons de fort bonne race, et très-féconde: ils étoient tellement accoutumés, que ni le carnage, ni les coups de canon, ni l'approche de plusieurs autres bâtimens, ne les avoient jamais dérangés. Pendant mon séjour à Toulon, on m'avoit donné un petit corbeau, que j'embarquai: dès qu'il commença à voler, il s'en alla rôdant autour des nids des pigeons. Il n'en fallut pas davantage. Une après-midi, mes douze pigeons, comme s'ils s'étoient donné rendez-vous, furent se percher sur la vergue d'artimon, et se sauvèrent tous ensemble, quoiqu'ils eussent tous ou des œufs ou des petits, et que nous fussions à plus de quarante lieues de terre.

Ayant achevé ma mission, je revins à Toulon, d'où je demandai à la cour un congé pour trois mois; ce qui me fut accordé.

A peine je commençois à me refaire de toutes les fatigues de la campagne, que le ministre me fit savoir, par une lettre particulière, que le Roi m'avoit donné le commandement de l'escadre de Dunkerque. Cette nouvelle, qui me faisoit grand plaisir, en ce qu'elle me donnoit lieu de connoître que la cour entroit enfin à mon égard dans des dispositions plus favorables que par le passé, me fit quelque peine, par rapport à la manière dont elle me fut annoncée.

M. de Pontchartrain avoit cela de mal, qu'il ne savoit faire les choses qu'à demi, et diminuoit par là de la moitié le prix des grâces qu'il accordoit. Dans cette occasion, par exemple, il me donnoit une commission considérable, qui m'obligeoit d'aller à la cour; et, pour s'épargner les frais du voyage, il se contentoit d'une simple lettre, au lieu d'un ordre qu'il auroit fallu m'envoyer.

Ce procédé m'indisposa contre lui; et s'il faut dire la vérité, il ne m'en falloit pas beaucoup depuis ce qui s'étoit passé après mes deux campagnes du golfe; car, malgré notre accommodement, je ne lui avois pas encore bien pardonné la mauvaise réception qu'il m'avoit faite.

Je fus quelques jours à attendre si je ne recevrois point d'ordre; et comme je n'en vis paroître aucun, je désarmai mon vaisseau, et, sur la simple lettre que j'avois reçue, je partis pour la cour, où je me rendis au commencement de l'année 1706.

Le ministre, en me voyant paroître, me dit que j'avois bien tardé à venir. « Pas trop, lui » répondis-je : vous m'avez envoyé un congé » pour trois mois, et il n'y a que six semaines » qu'il est expédié. — Cela est vrai, répliqua le » ministre; mais je vous avois écrit depuis de » venir. — Je le sais fort bien, repartis-je, et si je » ne suis pas venu plus tôt, n'en accusez que vo- » tre avarice. Quand on appelle les gens, on leur » envoie des ordres, et non pas des lettres : mais » l'ordre donne le paiement du voyage, et vous » avez voulu l'épargner. »

A ces mots, le ministre sourit; et quoique ma réponse eût quelque chose d'un peu sec, il ne laissa pas de me gracieuser. Je le remerciai beaucoup de l'honneur qu'il m'avoit fait; et après lui avoir témoigné que je n'oublierois rien pour remplir les espérances qu'il avoit conçues sur mon sujet, je le priai de me communiquer ses intentions.

Il me dit que le Roi, en me choisissant, m'a- voit préféré à bien d'autres qui étoient mes an- ciens, et qui avoient brigué cet emploi; qu'avant que d'y parvenir moi-même, il y auroit eu bien de petites grâces à obtenir, telles que sont la haute-paie et les pensions : mais qu'il avoit été bien aise de m'abréger tout ce chemin.

Ce mot de petites grâces me fit de la peine. Je répondis qu'il y avoit long-temps que les petites grâces dont il me parloit étoient au-dessous de moi; que mon ambition dans le service ne se bornoit pas à gagner de l'argent; que c'étoit principalement à l'honneur que j'en voulois. Et continuant sur ce ton, je le priai de me donner des espérances dignes d'un gentilhomme qui avoit du courage, et qui avoit toujours bien servi son maître.

Le ministre me répondit qu'il étoit ravi des sentiments où il me voyoit, et qu'il ne souhaitoit rien tant que d'avoir occasion de me rendre tous les services qui dépendroient de lui; que l'esca- dre que j'allois commander étoit la seule qui fût sur pied, et qu'en me la confiant il me confioit son armement favori.

Je lui répondis qu'ayant à remplir la place de deux hommes qui avoient fait mille belles cho- ses [c'étoient messieurs Bart et Saint-Paul], je n'avois pas peu à faire à les égaler, surtout dans la mission à laquelle j'étois destiné; que je sou- haitois avec passion de pouvoir me distinguer par quelque action un peu éclatante ; mais que pour cela il seroit convenable que la cour me laissât le maître de ma destinée. Et, achevant de m'expliquer, je lui représentai que, quelque ha- bileté que les ministres puissent avoir, et quel- que sages que soient les instructions qu'ils don- nent aux officiers, il est bien difficile de faire quelque chose de bon en s'y conformant.

« Vous le savez vous-même, monsieur, con- » tinuai-je : rien au monde n'est si casuel que » la mer. Les instructions que vous me donnerez » seront fixes sur des caps ou sur des parages, » ainsi que vous l'aurez déterminé dans les bu- » reaux. S'il faut que je suive ce qui m'aura été » prescrit, et qu'il ne me soit pas libre d'agir selon » l'occurrence, il arrivera que je manquerai » l'occasion; en sorte que, pour avoir obéi exac- » tement, la course deviendra infructueuse. Pour » moi, il me paroît qu'il seroit plus convenable » de me laisser agir de moi-même ; car alors, » pouvant me régler sur les avis que je recevrai, » plein de bonne volonté comme je suis, il sera » difficile que je n'entreprenne et que je n'exé- » cute bien des choses qui pourront faire quel- » que honneur à la marine. »

Le ministre me répondit que j'étois bien hardi de vouloir me charger ainsi des événemens. « Monsieur, lui répliquai-je, je sais ce que je » vais faire; et je vois fort bien que je ne ris- » que pas beaucoup en tout ceci. Le port de » Dunkerque est au milieu des ennemis : les oc- » casions ne me manqueront pas. Si je suis le » maître de faire ce qu'il me plaira, je prendrai » mon temps si à propos, que les ennemis du Roi » n'y trouveront peut-être par leur comte. En » tout cas; si je ne fais rien de bon, vous serez » en droit de me chasser honteusement comme » un fanfaron, et de ne prendre jamais plus de » confiance en moi. » Le ministre me répondit qu'il ne pouvoit rien déterminer de lui-même sur ce point, et qu'il falloit en parler au Roi.

Sa Majesté, ayant été informée de tout ce que j'avois dit au ministre, répondit : « Le chevalier » de Forbin a raison : il faut se fier à lui, et le » laisser faire. »

Quelques jours après, comme j'étois en con- versation avec M. de Pontchartrain, je m'aper- çus qu'il cherchoit à me faire entendre que, puisque j'allois être à la tête d'une escadre, je de- vois songer à régler ma dépense, de telle sorte que je fisse honneur au poste que j'allois occu- per. « Je ne demande pas mieux, monsieur, lui » dis-je, pourvu que vous me donniez de quoi. » Le ministre me repartit qu'il savoit fort bien que je ne manquois pas de moyens; que mes affaires étoient en bon état; que je pouvois dépenser sans m'incommoder, aussi bien et beaucoup mieux que bien d'autres; et que quand il m'en coûte- roit quelque chose, je ne pouvois pas employer mon argent plus à propos.

« Monsieur, lui répliquai-je, l'ouvrier doit vi- » vre de son travail. Si j'ai ramassé quelque

» bien, ce n'est pas sans peine : aussi le conser-
» verai-je avec soin, pour être assuré d'une res-
» source dans mes vieux jours, et pour avoir de
» quoi vivre, supposé que je vinsse à être es-
» tropié, et hors d'état de pouvoir servir.
» Mais dans ce cas, me répondit le ministre,
» Sa Majesté ne vous abandonnera pas. — J'en
» suis persuadé, lui dis-je. Mais, tout bien con-
» sidéré, je trouve qu'il vaut encore mieux avoir
» quelque chose à soi : on en attend plus tran-
» quillement les grâces de la cour; et quand
» par malheur elles n'arriveroient pas, on s'en
» console avec moins de peine. »

A l'issue de cette conversation, nous fûmes dîner chez M. le chancelier. Je fus bien aise, pendant le repas, de ramener le sujet de l'entretien que je venois d'avoir avec le ministre; et m'adressant à M. le chancelier : « Monsieur, » lui dis-je, monsieur votre fils m'ordonne d'al- » ler à Dunkerque, et me conseille d'y faire de » la dépense, et de manger mon argent, pour » faire honneur à la marine : êtes-vous de cet » avis? — Gardez-vous en bien! me répondit le » chancelier; vous ne sauriez plus mal faire, et » le conseil de mon fils ne vaut rien. » A ce mot, je regardai le ministre, qui se prit à rire, et moi aussi.

Je restai encore quelques jours à Paris, après lesquels j'allai me présenter au Roi pour prendre congé. Je pris la liberté, en me retirant, de dire à Sa Majesté que l'armement de Dunkerque ne lui coûteroit rien, qu'elle n'y seroit que pour ses avances; et que j'osois l'assurer qu'elle en seroit amplement remboursée par ses ennemis. De chez le Roi, je passai dans le cabinet du ministre, qui me dit, en me congédiant : « Monsieur de Forbin, vous êtes bien heureux : » il n'y a eu en France que M. de Turenne et » vous qui ayez eu carte blanche. »

Je trouvai, en arrivant à Dunkerque, les magasins du Roi dans un désordre inconcevable : ils manquoient généralement de tout ce qui étoit nécessaire pour un armement. Il n'y avoit que de mauvaises voiles; toutes les armes étoient mêlées; la plupart des sabres manquoient de fourreaux, et ne coupoient pas; et les poudres ne valoient pas mieux que tout le reste.

Cependant l'escadre devoit être de huit vaisseaux, et l'armement pressoit. Je ne savois comment faire. J'eus à essuyer mille discussions avec l'intendant, le contrôleur et le garde-magasin; et ce ne fut pas sans peine que je vins à bout de mettre mon escadre en mer. Je commençai par faire séparer les armes; je fis calibrer les fusils d'une manière uniforme; ceux des sabres qui pouvoient servir furent mis à part; j'en fis acheter de neufs pour suppléer à ceux qui manquoient, et je fis aussi acheter de la bonne poudre. Pour les voiles, je priai le chevalier de Langeron, commandant des galères, de faire travailler tous les forçats, ce qu'il m'accorda de fort bonne grâce; en sorte que j'eus dans peu tout ce qu'il falloit en ce point.

Au lieu de la bière qu'on donnoit ordinairement aux équipages, je leur fis donner du vin. L'intendant et le contrôleur s'en plaignirent au ministre, auprès de qui je me justifiai, et à qui je fis connoître bien des voleries de la part des entrepreneurs : enfin je mis à la voile.

Je sortis du port, l'esprit et le cœur pleins des engagemens que j'avois pris avec la cour, et bien résolu de tenir parole, quoi qu'il pût en arriver. Je ne fus pas long-temps en mer sans avoir occasion de commencer. Je rencontrai à la hauteur d'Ostende, deux jours après ma sortie du port, une flotte anglaise composée de plus de quarante bâtimens : elle venoit des ports de Hollande, escortée d'un gros vaisseau de guerre, et de deux frégates.

A cette vue, je disposai toutes choses pour aller les attaquer. Les ennemis, qui connurent à ma manœuvre que j'allois à eux, firent force de voiles. Nonobstant cela, je les joignis, et j'enlevai dix de leurs vaisseaux richement chargés : tout le reste de leur flotte, les deux frégates et le vaisseau de guerre, se sauvèrent. J'envoyai dès le lendemain toutes ces prises à Dunkerque sous bonne escorte, et je continuai ma course.

Huit jours après, étant par le travers du Texel, je me préparois à attaquer une flotte hollandaise escortée par quatre vaisseaux de guerre, lorsque j'en fus empêché par une escadre de quinze vaisseaux hollandais, parmi lesquels il y avoit un vice-amiral et un contre-amiral, qui nous donnèrent la chasse. Il n'y avoit pas apparence de les attendre : il fallut fuir. Je fis force de voiles, et je me sauvai. En chemin faisant, je brûlai quelques bâtimens marchands que je rencontrai sur ma route.

Du Texel, je chassai sur les côtes d'Angleterre, j'obligeai la flotte qui alloit partir pour la Moscovie à rentrer dans le port, où je la retins pendant quelque temps; en sorte qu'elle n'en put sortir de toute l'année, la saison étant déjà trop avancée pour cette course. Pendant que je demeurai sur ces parages, je brûlai une cinquantaine de barques hollandaises de pêcheurs de harengs, et je tirai ensuite du côté de la Norwège, où j'entrai dans un port de Danemarck pour y faire de l'eau, et espalmer mon escadre. Le lendemain de mon arrivée, le gouverneur

37.

de la province m'envoya faire un compliment dont je fus fort mal satisfait. Il portoit que si l'escadre étoit destinée à escorter des marchands, je pouvois rester tant qu'il me plairoit ; mais que si c'étoient des corsaires ou des vaisseaux de guerre, j'eusse à me retirer incessamment.

Je fus d'autant plus surpris de cette espèce d'ordre, que celui qui me le faisoit signifier n'avoit dans le port ni assez de troupes ni assez de vaisseaux pour me forcer à obéir ; supposé que je refusasse de le faire. Toutes ses forces se réduisoient à quelques bâtimens peu considérables et en petit nombre, et à quelques mauvaises maisons bâties sur le bord de la mer, auprès desquelles étoient deux ou trois petits mauvais cabarets.

Je voulois d'abord répondre avec la hauteur qui me paroissoit convenir : cependant, pour ne pas aigrir les choses, et pour ne pas donner lieu à la cour de me faire des reproches, je me contentai de dire à l'officier qui étoit chargé de me notifier les intentions du gouverneur, que l'escadre appartenoit au Roi ; que nous n'étions entrés dans le port que dans le dessein d'y faire quelques rafraîchissemens ; que, sans nous écarter du respect qui étoit dû à Sa Majesté Danoise, nous ferions de l'eau et du bois ; et que cela fait, nous mettrions à la voile quand nous jugerions à propos.

Après cette réponse, je fis présenter des rafraîchissemens à l'officier, que je fis tellement boire qu'il s'enivra. Je le retins auprès de moi pendant huit jours que je restai dans le port, sans que pendant tout ce temps il cessât d'être ivre un seul instant, tant je fus exact à tenir auprès de lui des gens qui avoient soin de le faire boire. Enfin le jour du départ étant venu, je fis mettre à terre cet ivrogne, qui ne se ressouvint jamais du temps qu'il avoit resté à bord, où il ne fit que boire et dormir.

Pendant les huit jours que je restai dans ce port, j'appris qu'une escadre ennemie de quinze vaisseaux de guerre me cherchoit partout. J'étois trop foible pour l'attendre : il fallut songer à l'éviter. Je pris le parti de faire le tour de l'Écosse et de l'Irlande.

Je trouvai sur ma route un vaisseau de la compagnie hollandaise : ce navire alloit en Orient. Je l'enlevai presque sans combattre. Il portoit pour soixante mille écus d'argent monnoyé, et la cargaison en valoit pour le moins autant. A quelques jours de là, comme j'approchois les côtes de France, je fis encore deux prises considérables. Je les amenai à Brest, où elles furent vendues au profit du Roi, aussi bien que la cargaison du navire hollandais.

Après avoir caréné mon escadre, je rentrai dans la Manche, où je rencontrai une flotte anglaise de douze vaisseaux de guerre. Ce fut encore à moi à fuir, car la partie n'étoit pas égale. Je fis force de voiles, et je tirai du côté du Nord.

Quand je fus à la hauteur de Hambourg, je rencontrai une autre flotte hollandaise d'environ cent voiles : elle venoit de Norwége, sous l'escorte de six vaisseaux de guerre armés chacun d'environ cinquante pièces de canon. Dès qu'ils aperçurent mon escadre, ils se rangèrent en bataille. L'occasion d'entreprendre quelque chose de considérable étoit trop belle pour la laisser échapper. Quand je les vis ainsi disposés, je me mis moi-même en état de les attaquer.

De huit vaisseaux que j'avois en partant, il ne m'en restoit plus que sept ; le huitième, qui avoit besoin d'un gros radoub, étoit retourné à Dunkerque. Les sieurs de Hannequin et Bart, fils du capitaine de ce nom, tous deux capitaines de mon escadre, et qui commandoient chacun une frégate, Hannequin de trente canons, et Bart de seize, eurent ordre d'aborder le vaisseau de l'arrière-garde des ennemis. Mes quatre autres vaisseaux devoient attaquer chacun le leur ; et pour moi, je me réservai le commandant. Le commissaire de marine qui étoit dans mon bord pour veiller aux intérêts du Roi n'étoit pas d'avis d'en venir aux mains, mais je passai outre malgré son opposition, et l'escadre eut ordre d'attaquer, et de me suivre.

J'avois fait mettre à mon côté un jeune garde-marine nommé d'Escalis, qui m'avoit été fort recommandé, et pour lequel je m'intéressois beaucoup moi-même. Je lui dis de se tenir auprès de moi jusqu'à l'abordage ; mais qu'il ne manquât pas, dès qu'il m'entendroit crier *à bord !* de sauter le premier dans le vaisseau ennemi ; que c'étoit là l'unique moyen d'être bientôt fait officier.

J'arrivai en même temps sur l'ennemi, qui faisoit sur moi un horrible feu de canons et de mousqueterie : je l'eus bientôt joint ; et l'ayant abordé, je commençai à faire feu à mon tour. Je fis pleuvoir dans son bord une grêle de mousqueterie et de grenades, dont il fut si incommodé qu'il fut forcé d'abandonner les gaillards de devant et derrière.

Dès que je m'aperçus de son désordre, je criai à mes gens : « Allons, enfans, courage ! » A bord, à bord ! » Et, pour leur donner l'exemple, je m'avançai de l'avant. D'Escalis, qui attendoit avec impatience le signal, sauta le premier l'épée à la main, et fut bientôt suivi d'un grand nombre d'officiers, de gardes-marines, et de soldats.

Il se fit dans ce moment un carnage horrible

de part et d'autre. J'y perdis beaucoup de monde ; mais, par bonheur, la tuerie ne dura pas long-temps. Peu après, d'Escalis me cria de l'arrière du vaisseau ennemi, en m'appelant par mon nom : « Nous sommes les maîtres ! j'ai tué » le capitaine. » Dès-lors l'équipage ne s'amusa plus qu'à piller.

Je commençois à faire passer les prisonniers dans mon bord, lorsque le sieur de Tourouvre, un de mes capitaines, qui avoit manqué à l'abordage dont il étoit chargé, vint se traverser sur l'avant de mon vaisseau, et sur celui que je venois de prendre. Nous nous trouvâmes pour lors tous trois dans un péril d'autant plus grand, que le vent, qui venoit de l'arrière, nous poussoit sur le vaisseau de Tourouvre, et nous empêchoit de déborder : tellement que nos navires ne pouvoient pas même gouverner.

Pour comble d'embarras, le feu prit tout à coup, je ne sais comment, au vaisseau auquel j'étois accroché. Comme le vent étoit fort, le navire fut embrasé dans un instant. Je redoublois mes efforts pour déborder, lorsqu'un vaisseau ennemi fit mine de vouloir m'aborder moi-même.

Pour lui faire face, je fis passer sur-le-champ de l'autre côté du vaisseau tout ce qui restoit de mon équipage sur mon bord ; car la meilleure partie étoit déjà sur le vaisseau qui brûloit, où ils pilloient de toutes mains, sans s'embarrasser ni du danger où ils étoient, ni de celui où j'étois moi-même. L'ennemi, qui sembloit vouloir m'aborder, après avoir tiré sur moi toute son artillerie, qui me tua quelques hommes, passa outre, sans entreprendre autre chose.

Ce danger évité, je ne fus pas hors d'intrigue. Le feu augmentoit d'un moment à autre ; tellement que je risquois ou d'être brûlé, ou tout au moins d'être accablé sous les débris, lorsque le vaisseau viendroit à sauter. Il ne me restoit guère, dans cet embarras, d'autre ressource que de couper mes mâts. J'avois grande peine à m'y résoudre. Avant que de tenter ce moyen, je voulus essayer de me dégager, en faisant force de voiles sur le vaisseau de Tourouvre.

Cette manœuvre me réussit ; mais ce ne fut pas sans me jeter dans un nouveau danger, car le froissement entre nos deux navires fut si fort, que j'en perdis mon taille-mer (1), et six mantelets de sabord (2) que la poupe de Tourouvre me fit sauter en passant.

Comme la mer étoit agitée, six de mes sabords étant ouverts, l'eau entroit avec violence dans mon bord. Pour m'empêcher de couler à fond, je me disposois à faire pencher mon vaisseau, en le chargeant du côté qui n'étoit point endommagé, lorsqu'un navire ennemi qui venoit au secours de son commandant, s'approchant pour m'attaquer, interrompit cette manœuvre. Je me trouvai pour lors dans la nécessité ou de vaincre, ou de me noyer. Mon parti fut bientôt pris. J'allai à l'ennemi pour l'aborder ; et m'adressant à ce qui restoit de mon équipage : « Enfans, » leur dis-je, bon courage ! nous sommes encore » assez forts. Ne craignez rien, nous le pren- » drons sûrement. »

Il n'est pas concevable à quel point ce peu de mots leur releva le courage. Je mis aussitôt mon navire en travers, et je présentai au vent le côté malade. Dès que je fus à portée, l'ennemi tira sur moi toute son artillerie, qui ne m'endommagea nullement. Je lui répondis par toute ma bordée de canon et de mousqueterie. Cette décharge fut faite si à propos, qu'il en fut criblé ; ce qui le mit tellement en désordre, qu'à mesure que l'équipage alloit passer dans son bord, il se rendit, en abattant son pavillon.

Dès que je fus maître de ce vaisseau, je travaillai avec toute la diligence possible à réparer le mien. Je fis boucher avec des planches et des toiles goudronnées mes sabords, qui étoient encore ouverts ; et, après avoir fait mettre pavillon de ralliement, j'ordonnai à un capitaine de mon escadre, qui ne m'avoit pas secondé à beaucoup près, d'aller amariner le vaisseau que je venois de prendre : mais avant qu'on pût le joindre il coula à fond, tant il avoit été maltraité. De tout son équipage, il ne se sauva qu'un seul homme, que je reçus dans mon bord.

Au milieu de tout ce trouble, je ne laissai pas d'être fort en peine de mes officiers, et de la meilleure partie de mes gens, qui étoient dans le vaisseau qui brûloit. Tourouvre, qui sentit ce danger aussi bien que moi, et qui vit que le vaisseau alloit sauter, fit effort pour se dégager. Il en vint à bout, et reçut dans son bord tous les miens, qui, s'étant enfin aperçus du danger, où ils étoient, avoient quitté le pillage, et demandoient du secours avec des cris pitoyables.

A peine étoient-ils à une distance un peu éloignée, que le feu ayant pris aux poudres, le vaisseau sauta en l'air, et tout l'équipage avec, sans qu'il s'en sauvât un seul homme, excepté un petit nombre que Tourouvre avoit reçu dans son bord, pêle-mêle avec mes gens.

Dans ce temps-là, on me fit apercevoir que

---

(1) Pièce de l'éperon qui la première fend l'eau.
(2) Les mantelets servent à fermer les sabords. Les sabords sont des embrasures pratiquées sur les deux flancs d'un vaisseau pour pointer les canons.

Hannequin demandoit du secours, et qu'il avoit mis le signal pour faire connoître que sa frégate étoit en danger de couler à fond. Il avoit manœuvré en brave homme, et, conjointement avec Bart, il avoit pris un vaisseau de cinquante pièces de canon. Pour le tirer du danger où il étoit, je détachai le marquis de Languetoc, capitaine de vaisseau, à qui j'ordonnai de suivre Hannequin, et de sauver son navire, ou tout au moins son équipage. Ainsi fut terminée cette action, dans laquelle je perdis le sieur de Breme, mon capitaine en second, et une trentaine de soldats ou de matelots. Le fils de M. Pallas, enseigne, eut le bras cassé; et j'eus plusieurs autres de mes soldats blessés.

Si tout le monde eût fait son devoir, nous eussions pris les six vaisseaux de guerre, et bon nombre de vaisseaux marchands : mais à la guerre, tout comme ailleurs, tous les hommes ne sont pas égaux. Pendant la bataille, les vaisseaux marchands firent force de voiles, et, profitant de la mer et du vent, se sauvèrent, et furent suivis des trois autres vaisseaux de guerre.

Peu après, Hannequin s'étant radoubé, vint avec Bart joindre l'escadre. Ils amenèrent leur prise, qui, des trois vaisseaux dont nous nous étions rendus maîtres, fut l'unique que je pus amener à Dunkerque, où je fis route, après avoir fait de mon mieux pour me radouber. J'arrivai avec toute mon escadre dix jours après la bataille; et ayant désarmé, je me rendis à la cour, suivant l'ordre que j'en avois.

Le ministre me reçut fort gracieusement, et me présenta au Roi, qui me témoigna être content de mes services. Je répondis à Sa Majesté que j'étois heureux qu'elle se contentât du peu que j'avois fait ; mais que j'avois pris langue, et qu'étant instruit du commerce des ennemis, je comptois de faire, la campagne prochaine, bien des choses dont Sa Majesté auroit encore plus lieu d'être satisfaite. Le Roi, en souriant, me donna lieu de connoître que ma réponse lui avoit fait plaisir.

En arrivant à Versailles, j'y trouvai le cardinal de Janson, qui avoit été honoré peu auparavent de la dignité de grand aumônier de France. Ce prélat avoit loué à Paris un grand palais, où il logeoit tout ce qu'il avoit de parens à la cour. Il me donna en m'embrassant toutes les marques possibles d'une sincère amitié, et ne voulut pas que j'eusse d'appartement ailleurs que chez lui.

Je n'ai passé jamais de quartier d'hiver plus gracieux. Le cardinal me faisoit grande chère ; j'étois avec mon bon et ancien ami l'archevêque d'Aix, pour lors évêque de Marseille. J'allois souvent chez le comte Du Luc. Enfin je jouois gros jeu, et je gagnai beaucoup d'argent chez la duchesse de Mantoue.

Il est aisé de comprendre qu'avec tous ces agrémens je ne pouvois que me réjouir, autant et plus que je n'avois fait de ma vie. Je n'étois pourtant pas si occupé de mes plaisirs, que je ne songeasse souvent à la campagne prochaine. Je formai divers projets, que je retournai en différentes manières. Enfin je m'arrêtai à celui-ci, comme plus profitable au Roi, et comme pouvant me faire plus d'honneur. Je résolus de prendre des mesures pour enlever les flottes anglaise, hollandaise et hambourgeoise, qui partent toutes les années pour la ville d'Archangel, sur la mer Blanche, en Moscovie.

Je communiquai mes vues à M. de Pontchartrain, qui en parla à M. l'amiral. Ils les approuvèrent tous les deux ; et le Roi, à qui elles furent communiquées peu de jours après, les approuva aussi. Ces mers étant peu connues à nos Français, je priai le ministre de faire venir des pilotes de Hollande et de Hambourg ; ce qu'il me promit.

Tout étant ainsi disposé pour la campagne, je crus qu'il étoit convenable de ne pas m'oublier moi-même. J'étois capitaine de vaisseau depuis bien long-temps, et je souhaitois d'être quelque chose de plus. Il me sembloit que mes longs services, tout ce que j'avois fait dans le golfe, et ma dernière campagne, me donnoient lieu d'espérer que la cour feroit quelque chose pour moi. On ne me disoit pourtant rien ; et je vis bien que si je ne parlois le premier, je serois encore long-temps à attendre. Je me hasardai donc à demander une audience au Roi. Sa Majesté m'écouta avec bonté, et me promit qu'elle auroit soin de ma fortune.

Quelques jours après, le hasard me fournit l'occasion de parler au ministre en ma faveur : je ne la laissai point échapper. Je lui représentai combien il étoit convenable qu'on me fît officier général ; que le commandement que la cour me faisoit l'honneur de me confier le demandoit, aussi bien que le service du Roi.

« Vous le savez, monsieur, ajoutai-je : quand
» un capitaine commande quelque chose à son
» camarade, celui-ci a toujours quelque raison-
» nement à faire, et ne se croit pas obligé d'obéir
» sans réplique à un homme qui, dans le fond,
» n'a d'autre supériorité que celle que l'ancien-
» neté lui donne. Si les officiers qui lui sont sou-
» mis manquent à faire leur devoir, il n'oseroit
» les reprendre ; ou s'il le fait, ce n'est qu'avec
» crainte, parce que, tout bien considéré, ayant
» affaire à ses égaux, il n'est jamais à couvert

» de la riposte. Cependant les affaires en souf-
» frent, et le Roi n'est jamais si bien servi. Que
» si Sa Majesté ne trouve pas que je sois encore
» digne d'être officier général, je vous supplie
» de faire en sorte qu'elle ait la bonté d'en nom-
» mer un autre, à qui j'obéirai avec plaisir. »

Le ministre, qui dans le fond n'avoit jamais eu de bonnes intentions pour moi, et qui ne songeoit qu'à éluder mes prétentions d'une manière pourtant honnête, me protesta qu'il avoit fait tout ce qu'il avoit pu pour prévenir mes demandes. « Vous avez mérité, me dit-il, il y a long-
» temps la grâce que vous demandez, j'en con-
» viens mais je n'en ai pas été le maître; et l'on
» a fait au Roi des représentations si fortes,
» qu'elles l'ont emporté sur tout ce que j'ai pu
» dire et faire en votre faveur. »

Je ne fus pas la dupe de cette réponse. « Si
» ce que vous me faites la grâce de me dire est
» vrai, comme je n'en doute pas, lui repartis-je,
» j'avoue, monsieur, que j'ai été jusqu'ici le plus
» ingrat de tous les hommes, puisque j'ai tou-
» jours été si fortement persuadé que vous êtes
» entièrement, le maître des grâces, que je n'ai
» pas balancé à croire que si je n'en recevois
» point, c'étoit uniquement parce que vous n'a-
» viez jamais voulu m'en faire.

» Je vois tous les jours, et je connois des gens,
» qui ont fait en très-peu de temps bien du che-
» min dans la marine : vous les connoissez aussi
» bien que moi, et vous n'ignorez pas que si
» justice leur avoit été faite, ils ne seroient pas
» encore enseignes. Si je ne suis pas aussi avancé
» qu'eux, à quoi puis-je attribuer ce peu de pro-
» grès? et le moyen de ne pas le regarder comme
» un effet du malheur que j'ai toujours eu de
» vous déplaire? »

Le ministre me répondit fort obligeamment qu'il me prioit de penser et de croire le contraire de ce que je venois de lui dire; que je ne devois pas me rebuter; que je continuasse à bien servir; et qu'il alloit s'employer tout de nouveau, et de son mieux, à procurer mon avancement.

La promotion de mon escadre devoit se faire quelques jours après. Je retournai chez le ministre, pour le prier de faire enseigne le jeune d'Escalis. Il étoit fils d'un de mes anciens amis. A la recommandation de son père, je lui avois fait avoir des lettres de garde-marine au commencement de la campagne dernière, et je souhaitois de le voir officier, parce qu'il l'avoit mérité, et qu'il promettoit beaucoup.

Lorsque j'en parlai au ministre, il me répondit que les choses ne pouvoient pas aller si vite. « Vous l'avez fait garde-marine il n'y a que six
» mois, me dit-il; et vous savez bien que les
» princes mêmes, lorsqu'ils entrent dans ce
» corps, ne sont avancés qu'après un an. » Je lui répondis que l'action que d'Escalis venoit de faire, en sautant le premier dans le vaisseau ennemi, valoit pour le moins six ans d'ancienneté. Le ministre répliqua qu'il en parleroit.

Je le priai encore de changer trois des capitaines de mon escadre, qui n'avoient pas fait leur devoir dans la dernière bataille. Il me dit que cela ne pouvoit se faire sans donner occasion à bien des plaintes, et que ce changement feroit trop de bruit; que ceux dont je me plaignois étoient fort recommandés à la cour; qu'il ne vouloit pas leur donner ce chagrin : mais qu'il me promettoit de leur parler, et de faire en sorte qu'ils fissent mieux à l'avenir.

Le jour de la promotion, j'allai prier M. l'amiral en faveur de d'Escalis. Ce prince me promit de s'y employer de tout son pouvoir, et me tint sa parole; car le Roi ne voulant d'abord rien faire au préjudice des règles établies dans la marine, M. l'amiral fit valoir mes raisons si à propos, en représentant qu'il étoit dans l'ordre de m'accorder ce que je ne demandois que comme une grâce, que Sa Majesté se rendit, en disant qu'en effet ce n'étoit pas trop pour le chevalier de Forbin, qui avoit assez bien servi pour n'être pas refusé.

En sortant du conseil, M. l'amiral me dit : « On vient de faire enseigne votre garde : il y
» a eu quelques difficultés, mais on les a sur-
» montées. » Je remerciai ce prince, et je fus me disposer pour partir le plus tôt qu'il se pourroit.

Deux jours avant mon départ, je demandai au ministre s'il trouveroit à propos que je fisse des prises dans les ports de Danemarck, supposé qu'il s'en présentât quelque occasion considérable. Il me répondit de n'y pas manquer, et que la cour le trouveroit à propos. La mésintelligence secrète qu'il y avoit entre la France et le Danemarck me donna lieu de prendre cet éclaircissement. Je ne demandai point d'ordre par écrit, comptant que la parole du ministre me suffiroit. Il faillit pourtant à m'en coûter bon pour m'en être contenté et pour avoir agi en conséquence, sans avoir en main de quoi justifier ma conduite.

Comme je prenois congé du cardinal de Janson : « Mon cousin, me dit cette Éminence,
» puisque le Roi m'a permis d'aller visiter mon
» diocèse, je devancerai mon voyage de huit
» jours. Je veux vous mener à Beauvais, qui est
» sur votre route ; et je me charge de faire trou-
» ver bon au ministre que vous passiez quelques
» jours avec moi. » Il obtint en effet cette per-

mission. Nous nous mîmes dès le lendemain en carrosse, et nous arrivâmes deux jours après à Beauvais.

Nos premiers entretiens pendant la route ne roulèrent que sur des bagatelles propres à nous réjouir ; mais peu après le discours étant devenu plus sérieux, la conversation tomba insensiblement sur le peu de fond qu'il y a à faire sur les gens de cour. Le cardinal ne tarissoit pas sur cette matière : sa longue expérience lui en avoit beaucoup appris.

Je lui laissai dire tout ce qu'il voulut ; après quoi, prenant la parole à mon tour : « Monseigneur, lui dis-je, je trouve que vous avez raison : pour moi, quoique marin, et par conséquent peu fait au manège des courtisans, je n'ai pas laissé d'avoir toujours pour maxime de ne me fier jamais à l'extérieur et aux paroles de ces messieurs. Mais qu'il me soit permis de vous le dire : quand j'aurois été porté à les croire, ce que je vous vis faire il n'y a pas encore deux jours auroit été plus que suffisant pour me détromper. — Comment ! répliqua le cardinal tout étonné ; et qu'avez-vous donc vu ? — Le voici, lui repartis-je.

» Je vous trouvai avant-hier dans votre cabinet, quand on vint vous annoncer un homme que je ne connois point. A peine eut-on prononcé son nom devant vous, que vous fîtes une mine à m'effrayer. Je voulus sortir : vous m'ordonnâtes de demeurer. Cet homme entra : vous reprîtes sur-le-champ votre air serein, vous courûtes embrasser ce survenant, comme s'il eût été le meilleur de vos amis ; et, après mille offres de services, et autant de protestations d'amitié, vous l'accompagnâtes jusqu'à *mezza sala*, en le comblant de civilités et de politesses. »

Le cardinal, qui se rappela ce trait, et qui reconnut qu'il y avoit eu en effet dans sa conduite quelque chose de ce qu'il blâmoit si fort dans les courtisans, rioit jusqu'aux larmes. « Que voulez-vous qu'on fasse ? me dit-il. Cet homme est un importun qui me fatigue journellement : il falloit bien lui faire toutes ces civilités, pour me débarrasser de lui. »

[1707] Je restai huit jours à Beauvais, après lesquels je partis pour Dunkerque, où je fis mon armement, composé de huit frégates, et de quatre barques longues. Je fus quelque temps à attendre les pilotes qu'on m'avoit promis ; mais je n'en fus pas plus avancé. Le ministre m'écrivit qu'il n'avoit pu en avoir, et que je n'avois qu'à faire comme je jugerois à propos : il fallut donc s'en passer. Je mis à la voile, comptant que mes cartes me suffiroient, en attendant que les premières prises que je ferois me donnassent des pilotes pratiques des mers où je voulois aller.

A peine fus-je hors de la rade, que j'eus avis, par deux corsaires français, qu'une flotte marchande anglaise venoit de sortir des dunes, escortée par trois vaisseaux de guerre, et qu'elle faisoit route du côté de l'ouest. Je ne balançai point à tirer de ce côté, et à la suivre. Six petits corsaires français qui se joignirent à moi voulurent être de la partie. Nous fîmes force de voiles, et nous joignîmes les ennemis dès le lendemain à la pointe du jour.

Leur flotte qui étoit de plus de quatre-vingts voiles, étoit en effet escortée de trois vaisseaux de guerre de soixante-dix-huit pièces de canon. J'avois souhaité avec trop d'ardeur de les joindre pour les laisser échapper. Voici comme je disposai mon attaque.

Le sieur de Roquefeuille et le chevalier de Nangis, qui commandoient chacun une frégate, eurent ordre d'aborder le vaisseau de l'arrière-garde de l'ennemi ; les sieurs de Hannequin et Vesin devoient, chacun avec leur frégate, faire la même manœuvre sur celui de l'avant-garde ; et moi, suivi du comte d'Ilié, je me réservai d'avoir affaire au commandant.

Je laissai, pour nous secourir en cas de besoin, les sieurs de Tourouvre, Bart, et les quatre barques longues. Pour les corsaires, ils avoient ordre d'attaquer les marchands d'abord qu'ils s'apercevroient que nous aurions l'avantage sur les ennemis.

Le signal donné, Roquefeuille, qui devoit commencer, fut un peu lent à attaquer. Tourouvre, qui s'en aperçut, commença l'attaque, et fit grand feu ; mais en venant à l'abordage il s'accrocha mal, et ne fit que passer, après avoir essuyé toute la bordée de l'ennemi, qui lui tua quantité de braves gens.

Roquefeuille, voulant réparer sa faute, et profiter du désordre où étoit l'Anglais, s'approcha, suivi du chevalier de Nangis. Ils tirèrent l'un et l'autre toute leur artillerie si à propos, qu'il n'y eut presque pas un coup qui ne portât. Un moment après, ils joignirent le vaisseau, l'abordèrent, et massacrèrent d'abord tout ce qui s'opposoit à eux. Enfin, après un combat fort opiniâtre, et où il y eut du monde tué de part et d'autre, ils se rendirent maître du bâtiment.

Tandis qu'on se battoit ainsi à l'arrière-garde, j'étois aux prises avec le commandant, qui m'avoit attendu sans branler, et que j'avois abordé. Le feu de la mousqueterie et des grenades, qui étoit affreux de part et d'autre, nous incommodoit également. Dans ce moment, je m'aperçus que j'étois posté presque à la bouche d'un canon qui avoit déjà tiré. Je tuai par l'ouverture du sabord, en trois coups différens, trois canonniers qui se hâtoient de le recharger.

Je vis aussi par le même sabord un homme vêtu de gris de fer, qui, l'épée à la main, donnoit des ordres de côté et d'autre. Je ne doutai pas que ce ne fût le capitaine. Je lui tirai sur-le-champ un coup de fusil : je le vis tomber. C'étoit en effet le commandant du vaisseau, comme je l'appris peu après.

Les Anglais, qui ne pouvoient plus résister au feu des grenades, commençoient à abandonner leur poste. Dès que je m'en aperçus, je criai à mes gens de sauter à bord. D'Alonne, un de mes lieutenans, suivi de deux gardes-marines et de quelques soldats, étoit déjà sur la préceinte (1) de l'ennemi, lorsque j'aperçus un Anglais qui alloit le percer d'un coup d'esponton. Je pris le fusil d'un de mes soldats, et je tirai à l'Anglais, que j'étendis roide mort. Je sauvai ainsi la vie à un de mes officiers. Il n'en fut pas de même du jeune d'Escalis : j'eus la douleur de le voir tuer d'un coup de fusil, lorsqu'il sautoit dans le bord ennemi, avec une foule d'autres soldats.

Plus de la moitié de mon équipage étoit déjà sur le vaisseau anglais, où il faisoit un grand carnage, lorsque mes grapins furent emportés par un coup de canon; de sorte que mon vaisseau déborda. Les Anglais, qui reprirent cœur à cet accident, donnèrent sur les miens, qui se défendoient en désespérés, mais qui étoient accablés par le nombre.

J'étois au désespoir moi-même de l'état où je les voyois, sans pouvoir les secourir; car j'étois emporté sous le vent par un courant de marée. Pour comble de malheur, j'avois été abandonné par celui qui devoit me seconder. Dans cet état, il me parut qu'il n'y avoit point d'autre parti à prendre que de faire porter toutes mes voiles, et de revirer de bord, pour pouvoir regagner le vent, et revenir à un second abordage.

Comme je me disposois à cette manœuvre, le grand mât des ennemis, que mon canon avoit endommagé, vint à tomber. Un moment après, Hannequin et Tourouvre étant arrivés pour me secourir, l'Anglais abattit son pavillon, et se rendit. Ceux-ci envoyèrent leur chaloupe à bord, pour se saisir du bâtiment. Le premier homme qui se présenta à eux fut d'Alonne, tout couvert de sang des coups de sabre qu'il avoit reçus et

(1) Ceinture d'un vaisseau, bande très-large et très-épaisse qui en lie toutes les parties.

donnés. Il s'étoit défendu en si brave homme, et les ennemis en avoient conçu une idée si avantageuse, qu'avant de se rendre, tous les officiers lui avoient confié leur argent et leurs bijoux. De tous ceux qui étoient passés avec lui, il resta seul avec un garde-marine : tout le reste périt.

Le sieur Vesain, qui devoit attaquer le vaisseau de l'avant-garde, fut tué à la première décharge. Le baron d'Acy, son capitaine en second, ne laissa pas de venir à l'abordage : mais il eut beau faire, il ne put jamais s'accrocher, et reçut une blessure qui le mit hors de combat. L'anglais, qui se vit dégagé, fit force de voiles, et alla s'échouer sur ses côtes, devant un petit port où il trouva sa sûreté. Tandis que nous étions aux mains, nos corsaires enlevèrent à la flotte vingt-deux marchands : tout le reste se sauva.

Le lendemain, qui étoit le troisième jour de mon départ, je retournai à Dunkerque, où je rentrai sur le soir avec toutes nos prises. Cette action avoit été fort sanglante : j'y avois perdu plus de la moitié de mon équipage. Mon capitaine en second, nommé Vilieblin, et le pauvre d'Escalis avoient été tués: d'Alonne et Detapes, majors, blessés. J'avois été moi-même blessé à la main assez légèrement; mais j'avois reçu plus de dix balles dans mes habits. A l'armée, il faut être heureux. Tourouvre et le chevalier de Nangis perdirent six officiers. Vesin, capitaine, fut tué ; le baron d'Acy, capitaine en second, blessé; beaucoup de gardes-marines, et un grand nombre de soldats et de matelots, tués ou blessés.

L'aumônier de mon vaisseau, qui étoit Parisien, et qui jusqu'alors n'avoit jamais perdu de vue les tours de Notre-Dame, fut si effrayé de ce combat, qu'il ne fut plus possible de le rassurer. Le bruit du canon, et tout ce spectacle de morts et de blessés, l'avoient tellement frappé, qu'en me demandant son congé, comme nous arrivions à Dunkerque, il me déclara qu'il ne retourneroit pas à la mer, quand le Roi le feroit amiral.

J'envoyai à la cour une relation de tout ce qui s'étoit passé. Le chevalier de Nangis fut chargé d'en porter la nouvelle au Roi, à qui elle fit tant de plaisir, qu'il me fit sur-le-champ chef d'escadre. Voici la lettre que le ministre écrivit sur ce sujet à M. Du Luc, pour lors évêque de Marseille, maintenant archevêque d'Aix :

« Vous aurez sans doute appris, monsieur, la
» belle et éclatante action du chevalier de For-
» bin : mais je veux que vous appreniez par
» moi que le Roi vient de l'en récompenser sur-
» le-champ, en le faisant chef d'escadre. Je suis
» bien aise que vous soyez le premier à en ré-

» pandre la nouvelle dans la bonne ville de Mar-
» seille, et dans toute la Provence : je sais la
» part que vous y prenez, et c'est aussi ce qui
» m'a donné occasion de vous l'écrire. »

Un courrier du cabinet m'apporta la lettre du ministre, par laquelle il me faisoit savoir que le Roi m'avoit fait chef d'escadre, et que Sa Majesté vouloit que je quittasse le nom de chevalier, que j'avois porté jusqu'alors, pour ne paroître plus dans le monde que sous le nom de comte de Forbin. Ces nouvelles me faisoient trop de plaisir pour ne pas gratifier le courrier qui me les avoit apportées. Je lui fis présent d'un diamant de cinquante louis que j'avois au doigt, et je me mis en état de répondre incessamment aux lettres que je venois de recevoir.

En écrivant ma relation à la cour, j'avois mandé au ministre que la saison n'étoit pas encore trop avancée; et que mon projet pouvant encore avoir lieu, je serois en état de poursuivre, si la cour se hâtoit de remplacer par une prompte promotion les officiers qui manquoient à mon escadre. Le ministre me répondit que le Roi vouloit que je fisse moi-même la promotion. Cette commission m'embarrassoit fort, car plusieurs méritoient d'être récompensés, et je n'avois pas assez de grâces à distribuer pour contenter tout le monde.

Je récrivis donc au ministre, pour lui représenter qu'il étoit plus convenable que ce remplacement se fît à la cour; que je ne pourrois jamais le faire moi-même sans donner lieu à bien des plaintes contre moi; qu'il étoit de l'intérêt du Roi que je menasse ma troupe contente; et que quand la course seroit expliquée, personne n'ayant à se plaindre de moi, je pourrois répondre aux mécontens que le Roi l'avoit ainsi voulu.

Parmi les officiers qui avoient été blessés, Sainte-Honorine, lieutenant de vaisseau, avoit perdu les deux bras et les deux jambes : je crus devoir informer la cour de la triste situation où il se trouvoit. Je demandai donc pour lui une commission de capitaine de vaisseau, une croix de Saint-Louis, et la première pension qui vaqueroit; ajoutant qu'on ne risqueroit rien à accorder toutes ces grâces, puisque certainement il n'en jouiroit pas long-temps, n'y ayant nulle apparence qu'il pût échapper.

Le ministre me répondit que quant au remplacement, le Roi vouloit absolument que je nommasse les officiers; et pour ce qui regardoit les récompenses que j'avois demandées en faveur de Sainte-Honorine, je reçus, avec la commission de capitaine de vaisseau, la croix de Saint-Louis, et toutes les assurances que je pouvois souhaiter pour la première pension vacante.

Je courus en porter la nouvelle à ce pauvre garçon, qui, malgré les douleurs intolérables qu'il souffroit avec une patience héroïque, ne laissa pas de me témoigner quelque joie de la distinction que la cour faisoit de lui, et beaucoup de reconnoissance de mon empressement à le servir sans qu'il m'en eût prié. Il ne jouit pas long-temps des récompenses dont on l'avoit jugé digne: il mourut le lendemain, regretté de tous ceux qui l'avoient connu.

Le ministre persistant à ne vouloir pas faire la promotion, et à m'en laisser tout l'embarras, je me tirai d'intrigue en désarmant les quatre barques longues, dont je pris les équipages et les officiers, qui, joints à cent matelots que M. le chevalier de Langeron me remit, quoique destinés pour l'armement des galères, remplacèrent sur tous les vaisseaux de mon escadre les morts et les blessés qui me manquoient. Il est vrai que de cette sorte je m'affoiblissois considérablement; mais j'aimois mieux avoir moins de monde, et ne donner lieu à personne de se plaindre.

Je fis savoir au ministre le parti que je venois de prendre; et afin que ceux qui avoient mérité d'être avancés ne fussent pas sans récompense, je lui en envoyai la liste, sur laquelle il pouvoit se régler pour la distribution de ses grâces. Ayant ainsi terminé cette affaire, comme j'avois carte blanche, et que le temps commençoit à passer, je remis à la voile sans attendre la réponse de la cour, et je fis route pour la mer Blanche, ainsi qu'il avoit été arrêté.

Je pris, dans les premiers jours de ma course, sept à huit bâtimens ennemis, que je brûlai. Leur peu de valeur ne méritoit pas de se donner la peine de les amariner. Dans ces premiers jours que je fus en mer, le mauvais temps incommoda l'escadre plus d'une fois. Hennequin perdit son mât de misène par un coup de vent, et Roquefeuille vint se plaindre à moi de ce que son vaisseau faisoit eau de toutes parts.

Comme je vis qu'ils n'étoient pas en état de continuer la course, je me fis rendre les instructions cachetées que je leur avois remises en sortant du port de Dunkerque, et je leur ordonnai d'aller se rendre au port de Gottenbourg, appartenant au roi de Suède, où ils pourroient se radouber, et de là aller croiser où ils trouveroient le plus à propos pour le service du Roi.

Leur départ affoiblissoit encore mon escadre de deux de mes plus gros vaisseaux : malgré cela, je ne laissai pas de suivre mon projet. Je pris sur les côtes de Moscovie une barque longue de Hambourg : j'armai ce bâtiment, sur lequel j'avois trouvé un pilote qui me fut d'une grande utilité.

Quand je fus au travers de l'île de Kilduin, je rencontrai une vingtaine de bâtimens anglais qui alloient en Moscovie : je les attaquai, et je les pris tous. J'en brûlai quinze : les cinq autres, que j'avois réservés, parce qu'ils étoient les meilleurs et les mieux chargés, furent amarinés.

Trois jours après, je trouvai la grande flotte, escortée par trois vaisseaux de guerre. J'allois l'attaquer, et j'en aurois tiré bon parti, lorsque j'en fus empêché par un brouillard fort épais qui s'éleva en très-peu de temps, et qui nous la fit perdre de vue : il dura trois jours entiers. Ceux à qui ces mers sont connues savent que ces sortes de brouillards y sont très-fréquens. De cette multitude de bâtimens que nous avions aperçus, nous n'en pûmes prendre que quatre.

Fâché d'avoir manqué mon coup, j'envoyai à la découverte. J'appris, par le retour de ma longue barque, qu'une bonne partie de la flotte s'étoit retirée dans le port de l'île de Kilduin : c'étoit justement le rendez-vous de mon escadre. J'y entrai, avec deux frégates seulement que j'avois amenées avec moi : le reste croisoit aux environs. Je n'y trouvai que quatre vaisseaux marchands anglais, dont je me rendis maître. Le lendemain, tous mes bâtimens m'étant venus joindre, j'appris qu'ils avoient brûlé pour leur part dix-huit vaisseaux marchands.

J'avois amené, en partant de Dunkerque, un bâtiment chargé de vivres pour l'escadre : je le fis décharger ; et les vivres ayant été distribués sur tous les vaisseaux, je le fis charger de ce qui s'étoit trouvé de meilleur et de plus précieux dans toutes les prises que nous avions faites jusqu'alors.

L'étain, comme étant plus pesant, fut mis au fond, et servit de lest. Le reste de la cargaison étoit des draps de toutes couleurs, des serges, quantité d'indigo, des toiles, et autres effets de grand prix ; de manière que cette cargaison valoit plus de douze cent mille livres.

J'étois encore dans ce port, d'où je ne pouvois partir de quelque temps, lorsque ma longue barque m'amena à bord un petit pêcheur armé de Moscovites. Nous ne nous entendions point les uns les autres, et nous manquions d'interprètes. Deux matelots ragusois, qui se trouvèrent par hasard avec nous, entendirent leur langage. Ces bons Moscovites, grossiers et simples, voyant qu'on les traitoit bien et qu'on les entendoit, furent si aises, qu'ils se mirent à danser. Je fus surpris de voir que les Ragusois qui sont sur la côte d'Albanie parloient à peu près le même langage que les Moscovites, qui sont par les 72 degrés de latitude du nord ; d'où je compris que la langue russienne, ou esclavone, devoit être bien étendue.

Les Anglais, dont je venois de prendre les vaisseaux, et qui, de peur d'être surpris eux-mêmes, les avoient abandonnés à mon approche, avoient fait entendre à d'autres Moscovites qui étoient dans le port, où ils pêchoient, que les Français étoient des barbares, qui ne se nourrissoient que de chair humaine. Ces bonnes gens, prévenus des ridicules impressions qu'on leur avoit données sur notre sujet, avoient été si épouvantés en nous voyant, qu'ils avoient laissé leur pêche et leurs poissons, et s'étoient sauvés. On les voit revenir tous les ans, de plus de cent lieues qu'ils font sur terre, pour pêcher dans la belle saison. Ils s'en retournent à l'entrée de l'hiver dans leur pays ; car ils ne sauroient demeurer dans cette île, où le froid est intolérable.

Je descendis à terre, ne sachant rien de ce que les Anglais leur avoient dit. Je vis, à quelques pas du rivage, une trentaine de petites cases de bois : elles étoient pleines d'une grande quantité de poissons secs, qu'on nomme dans le pays *stolfiches*. Pour empêcher qu'on ne fit du mal à ces pauvres gens, j'y établis un corps-de-garde et des sentinelles.

Il y avoit, aux environs de ces cabanes, plusieurs croix gravées sur des fosses, avec des inscriptions en caractères grecs ; ce qui me donna à entendre qui c'étoient des chrétiens qu'on y avoit enterrés.

Les corps-de-garde étoient posés depuis deux jours, lorsque les pêcheurs, qui avoient fui, détachèrent un vieillard de leur troupe, pour venir observer ce qui se passoit. Ce bon homme n'avoit accepté la commission qu'avec peine ; mais ses compatriotes l'avoient enfin persuadé, en lui faisant entendre que, vieux comme il étoit, il ne seroit pas bon à manger, et que les Français n'en voudroient point.

Ce bon Moscovite n'approchoit des cabanes qu'en tremblant. La sentinelle l'arrêta, et on me le mena à bord. Ravi d'y trouver plusieurs des siens qui n'avoient reçu que de bons traitemens, et charmé d'avoir vu que non-seulement on n'avoit touché ni à leurs cabanes ni à leurs poissons, mais qu'au contraire on y avoit mis des gardes pour les conserver, il se mit à faire plusieurs signes de croix, par lesquels il témoignoit son étonnement.

Un moment après, il demanda d'être mis à terre, pour aller porter cette bonne nouvelle à ceux qui l'avoient envoyé. Sur la relation de celui-ci, ils revinrent tous sans difficulté, et continuèrent leur pêche à leur ordinaire. Ils nous firent manger quantité d'excellens saumons, que j'eus soin de leur faire toujours bien payer.

Sur le bruit que l'escadre avoit fait en arrivant, le gouverneur de la ville de Cloa, éloignée de vingt lieues de l'endroit où nous étions, envoya dans un canot un officier pour nous reconnoître. Je le reçus fort civilement, je lui fis grande chère; et lui ayant fait quelques présens, il fut charmé de la civilité des Français. On nous dit la messe : cet officier l'entendit debout, à la manière des Grecs. Il étoit habillé à la turque, et portoit une longue barbe.

Enfin, après avoir été bien régalé, il me dit, en prenant congé, que les Anglais les avoient trompés, en voulant faire passer les Français pour des barbares; qu'il avoit vu par lui-même le contraire de ce qu'on leur avoit dit, et qu'il s'en retournoit dans des sentimens bien différens de ceux qu'on avoit tâché de lui inspirer.

On trouve dans cette île deux sortes de perdrix, des blanches et de faisandées : celles-ci sont d'un goût exquis, et très-aisées à tuer. Il y a encore quantité de jeunes bécassines, et de pluviers dorés. Le pays appartient à des moines grecs, qui y nourrissent une grande quantité d'animaux qu'ils appellent caribous.

Ces caribous sont gros comme une petite vache : ils ont les pieds fourchus, et portent sur la tête des cornes d'environ trois pieds de long, qui se recourbent en rond, en sorte que les deux bouts viennent presque se toucher. Ces cornes ont cela de particulier, qu'elles sont charnues, couvertes d'un poil ras, et coupées par des andouillers, comme le bois d'un cerf. La chair de cet animal est peu délicate, mais d'ailleurs d'assez bon goût.

Je brûlai, avant que de partir, tous les vaisseaux que j'avois pris, et qui dans ma course ne me pouvoient être d'aucune utilité. Les pêcheurs s'y enrichirent : ils firent une provision de cordages au-delà de tout ce qu'il leur en falloit pour toute leur vie, sans compter les débris des marchandises qui avoient été gâtées, et une grande quantité de fer, dont ils manquent dans leur pays.

De l'île de Kilduin, je fis route en tirant vers l'île de Wardhus, qui appartient au roi de Danemarck. En commençant à croiser par le travers de cette île, j'aperçus la flotte hollandaise, escortée de trois vaisseaux de guerre. Ces trois bâtimens, qui me virent seul [car toute mon escadre étoit dispersée, et occupée à croiser], firent mine de venir m'attaquer.

Je fis signal à deux de mes vaisseaux pour venir me joindre. Les ennemis s'en étant aperçus, se mirent à fuir, sans s'embarrasser de la flotte dont ils étoient chargés. Je leur fis un pont d'or, ne me souciant plus de prendre des bâtimens et des hommes dont je n'avois que faire. Je n'en voulois qu'aux marchands, que je poursuivis, et dont plusieurs se sauvèrent dans le mouillage de l'île de Wardhus : j'entrai dans la rade, où je pris tout ce qui s'y étoit retiré. Il y en avoit dix-sept, que je trouvai entièrement abandonnés.

Tous les équipages s'étoient sauvés, et avoient emporté à la hâte ce qu'il y avoit de plus précieux dans leur cargaison. Vers le milieu de ce mouillage, il y a un hameau d'environ une vingtaine de maisons, au milieu desquelles est une église servie par un prêtre luthérien.

Les principaux habitans vinrent à bord, pour me dire que si je voulois descendre à terre avec une partie de mes soldats, il me seroit aisé de recouvrer tous les effets que les Hollandais avoient enlevés de leurs vaisseaux; et qu'ils s'offroient à m'indiquer l'endroit où ils les avoient cachés, pourvu qu'en récompense je leur en donnasse une partie. Quoique je fusse de beaucoup supérieur aux ennemis, et que je pusse faire une descente sans rien craindre, je crus qu'il étoit convenable de ne pousser pas les choses plus loin. Je fis sagement en prenant ce parti, comme la suite le fera voir.

Le lendemain de mon entrée dans la rade de Wardhus, mes vaisseaux, qui croisoient aux environs, m'amenèrent huit flûtes qui étoient aussi de la flotte hollandaise; en sorte que le nombre des vaisseaux pris revenoit à vingt-cinq. Je choisis les quatre meilleurs, dans lesquels je fis transporter tout ce qu'il y avoit de plus beau et de meilleur, et je fis brûler tout le reste.

On peut dire que, dans ce transport d'un navire à l'autre, il se fit un pillage immense : officiers, écrivains, matelots, soldats, tous s'enrichirent. Il n'y eut que moi qui n'y gagnai rien; car, outre que mon caractère ne me permettoit pas certaines manœuvres, et que j'en ai toujours été naturellement fort éloigné, je n'ignorois pas que j'avois auprès de moi un commissaire de marine, que le ministre m'avoit donné pour éclairer ma conduite.

En parcourant l'état qui avoit été dressé de tous ces effets, je fus fort surpris de voir qu'il se fût trouvé si peu de richesses sur tant de prises; et quoique le tout joint ensemble montât à des sommes très-considérables, je trouvai pourtant que c'étoit bien peu, par rapport au nombre des bâtimens qui avoient été pris. Il n'y en avoit aucun qui eût une cargaison à fond; peu d'argent monnoyé, quoique communément les Hollandais passent pour en porter beaucoup.

Ce qu'il y avoit de plus considérable se réduisoit à l'indigo et aux toiles de Hollande, mais en petite quantité : tout le reste n'étoit que de l'étain, des draps, et autres étoffes de laine ; de l'eau-de-vie, du vin, et du marc de vin en quantité ; des métiers de tisserands, et jusqu'à de la brique. Il y avoit aussi quelques fils d'or pour faire de la broderie, des rubans, des quincailles, quelque peu d'étoffes d'or ; et puis voilà tout.

J'avois déjà éprouvé quelque chose de semblable à l'occasion de quelques vaisseaux anglais, sur lesquels je n'avois trouvé que de gros tonneaux pleins de lisière de draps et de rognures de tailleur. Je fus curieux de savoir, de quelques-uns des ennemis que j'avois retenus, les raisons qu'ils avoient de charger si peu leurs vaisseaux.

Ils me dirent qu'au retour de leur voyage, ils n'apportoient ordinairement que des marchandises grossières, et de peu de valeur, que le produit de celles qu'ils avoient portées en allant se payoit en lettres de change ; et que pour l'argent monnoyé ; ils avoient soin de le cacher si bien dans le vaisseau, qu'il n'y avoit jamais que le capitaine et l'écrivain qui fussent informés du lieu où il avoit été mis, et que ceux-ci étoient si exacts à ne le découvrir jamais, que lorsqu'ils venoient à être pris, ils aimoient mieux le laisser perdre dans la mer en voyant brûler leur vaisseau, que de découvrir l'endroit où il avoit été mis.

Cela est si vrai, qu'une des prises que je venois de faire ayant été menée à Brest, avoit dans une cache plus de quinze mille livres argent comptant, et deux caisses pleines de fil d'or, qui ne furent trouvées que par hasard.

Enfin, outre toute cette multitude de bâtimens que j'avois pris, j'avois encore mis à rançon quatre flûtes que j'avois arrêtées. Après leur avoir enlevé tout ce qu'elles avoient de plus précieux dans leur cargaison, j'avois retiré six mille livres de chacune, sans compter cinq cents livres pour le droit de chapeau, droit qui appartient sans difficulté au commandant, mais que le ministre eut la dureté de m'ôter.

Ma course avoit été assez heureuse pour me donner lieu d'être content : il ne manquoit plus, pour achever, que de ramener mon escadre saine et sauve. Ce point n'étoit pas sans difficulté : j'avois assez incommodé le commerce des ennemis, pour avoir lieu de croire qu'ils ne me laisseroient pas en paix. Je craignis qu'ils n'allassent m'attendre aux environs de Dunkerque, et que, m'attaquant avec des forces supérieures, ils ne me rendissent une partie du mal que je leur avois fait : ce qui leur auroit été d'autant plus facile, qu'étant vieux caréné, il ne m'étoit pas aisé de fuir.

Pour éviter ce danger, je crus que je n'avois rien de mieux à faire que de leur dérober ma marche, et d'aller descendre au port de Brest, en publiant que je faisois route pour Dunkerque. Je m'arrêtai à ce dernier parti : je fis annoncer, sur tous les vaisseaux de l'escadre, que nous ferions voile au premier jour pour Dunkerque ; que ceux qui voudroient écrire en France n'avoient qu'à envoyer leurs lettres à bord du commandant ; que j'allois dépêcher la barque longue, pour l'envoyer à Gottembourg avertir messieurs de Roquefeuille et Hannequin de venir me joindre à l'endroit que je leur désignois ; et que de Gottembourg cette même barque feroit route pour Dunkerque, où elle avoit ordre de nous devancer, et de porter les lettres que j'envoyois à la cour.

Ces lettres portoient qu'après avoir attaqué les flottes anglaises et hollandaises, et après leur avoir enlevé une assez considérable quantité de bâtimens, j'allois remettre à la voile, pour retourner incessamment à Dunkerque avec toutes mes prises.

Ma vue, en trompant ainsi la cour, et ceux de mes officiers à qui j'envoyois ce bâtiment, étoit que, supposé qu'il fût pris, les ennemis, qui ne manqueroient pas d'ouvrir mon paquet, trompés par le faux avis que je donnois, allassent m'attendre sur la route de Dunkerque ; et, supposé qu'il arrivât à bon port, mes officiers eux-mêmes, à qui j'écrivois la même chose qu'à la cour, répandissent cette fausse nouvelle ; en sorte qu'elle pût passer de Gottembourg en Hollande, et confirmer les ennemis dans la pensée qu'ils devoient avoir vraisemblablement.

La chose réussit comme je pouvois le souhaiter. La navigation de la barque longue fut heureuse ; à son arrivée à Gottembourg, le bruit de la route que j'allois tenir fut d'abord répandu partout, et la barque continua sa route pour Dunkerque, où elle arriva bientôt, et d'où mes lettres furent portées à la cour.

Le ministre, trompé par le faux avis qu'il venoit de recevoir, et sachant d'ailleurs que les ennemis avoient fait un gros armement, et qu'ils m'attendoient sur le passage de Dunkerque, fut fort en peine sur mon sujet : il me dépêcha successivement trois longues barques pour venir à ma rencontre, m'instruire de ce qui se passoit, et me faire prendre ma route du côté de Brest.

Comme, de l'île de Wardhus à Brest, l'escadre pouvoit être séparée par le mauvais temps, et que dans ce cas mes officiers, persuadés que nous allions à Dunkerque, n'auroient pas manqué de faire route pour ce port, et de s'exposer ainsi à être enlevés; j'envoyai à tous les capitaines des ordres cachetés, avec défense de les ouvrir, hors le cas de séparation; le tout, sous peine d'être interdit. Ces ordres leur faisoient savoir mon véritable dessein, et leur enjoignoient de faire route pour Brest.

Ayant ainsi pris toutes mes mesures, je mis à la voile; et, au lieu de tirer vers Dunkerque, je gagnai vers les îles de Feroë. Un bâtiment danois que je rencontrai me dit, pour nouvelle, que les ennemis s'étoient retirés de devant Toulon. Je ne pouvois comprendre de quels ennemis il me paroît : j'eus beau le questionner, il ne me fut possible d'en tirer aucun autre éclaircissement.

Comme je continuois ma route, en passant par le nord d'Irlande, je rencontrai un bâtiment hollandais avec passe-port : il venoit de Bordeaux, chargé de vin. Je lui demandai quelles nouvelles il y avoit de Toulon. Il m'apprit que le duc de Savoie, avec une armée de terre et de mer, avoit fait le siège de cette place; mais qu'elle avoit été secourue, et les ennemis obligés de se retirer. Ce second avis me calma, et dissipa toute l'inquiétude que le premier m'avoit donnée; car, quoiqu'il m'eût annoncé le départ des ennemis, comme il n'avoit pas su s'expliquer plus clairement, je ne laissois pas d'être en peine par rapport à ma famille.

Enfin j'arrivai heureusement à Brest avec toute mon escadre. Je dépêchai sur-le-champ un courrier, pour informer la cour de mon arrivée. Le ministre, qui étoit fort en peine de moi, fut surpris agréablement, et me loua fort d'avoir su donner le change aux ennemis. Le courrier lui dit : « Il nous a tous trompés : vous, en vous
» donnant un faux avis, et pour nous, après
» nous avoir fait entendre qu'il alloit à Dun-
» kerque, et avoir remis à tous les capitaines
» des ordres cachetés, avec défense de les ou-
» vrir, hors le cas de séparation, il nous a con-
» duits par les îles de Feroë, personne ne com-
» prenant rien à sa manœuvre, ni à la route
» qu'il faisoit. De cette manière, il vous a donné
» de l'inquiétude à la vérité, et à nous aussi ;
» mais il a trompé les ennemis, qu'il a fait mor-
» fondre à nous attendre inutilement. »

Le ministre, en répondant à mes lettres, me marquoit que Sa Majesté étoit très-satisfaite de ma conduite, et approuvoit tout ce que j'avois fait dans ma course; qu'en son particulier il le louoit aussi; et qu'il n'auroit aucun reproche à me faire, si j'avois témoigné moins d'indolence à empêcher le pillage que les équipages avoient fait : pillage que je n'avois pas ignoré, puisqu'il s'étoit fait sous mes yeux, sans que j'y eusse mis le moindre obstacle. Il finissoit en m'ordonnant de lui faire savoir les raisons de cette conduite.

Ravi de la plainte qu'il me faisoit, je lui répondis que je n'avois été chargé en partant que de l'honneur et de la gloire des armes du Roi ; que j'avois fait tous mes efforts pour soutenir l'un et l'autre; que je le priois de se ressouvenir qu'il avoit embarqué dans mon vaisseau un commissaire pour avoir soin des intérêts de Sa Majesté; que j'avois cru ne devoir plus m'en mêler, puisqu'il y avoit un officier préposé pour cela, et sur l'emploi duquel il ne me convenoit pas d'empiéter; qu'il n'ignoroit pas que les gens de plume sont extrêmement jaloux de tout ce qu'on peut entreprendre au préjudice de leur autorité : mais que je le priois de faire rendre compte de ce pillage au commissaire lui-même, qui l'avoit encore moins ignoré que moi; que le transport des marchandises, qui étoit inévitable, n'avoit été fait que de la participation et du conseil des écrivains, et du commissaire même; que le dernier ne désavoueroit pas que je lui avois remis toute mon autorité, et que j'avois ordonné à tous mes officiers de lui obéir sur ce point, sous peine d'interdiction.

Je lui représentai ensuite qu'ayant retiré des ennemis pour vingt-quatre mille livres de rançon, il paroissoit convenable que cette somme fût employée à gratifier les capitaines qui avoient bien servi, et qui avoient fait beaucoup de dépense pour l'entretien de leur table, le nombre des officiers étant fort au-dessus de ce qu'on a coutume d'en mettre dans les armemens ordinaires. Le ministre m'accorda la grâce que je lui demandois, et me chargea de faire moi-même la répartition, suivant que je jugerois à propos.

J'appris à Brest, avec beaucoup de plaisir, que les Anglais et les Hollandais faisoient de grandes plaintes sur l'interruption de leur commerce, et sur la perte de tant de vaisseaux que je leur avois brûlés. Véritablement ils n'avoient pas tort d'en témoigner au moins de l'étonnement, puisqu'il étoit sans exemple que les Français eussent poussé leur course si avant dans le Nord.

Si, après avoir combattu les Anglais dès le second jour de ma sortie, la cour se fût hâtée de remplacer par une prompte promotion les officiers qui me manquoient, j'étois résolu d'aller me poster sur un petit passage de la mer Blanche, où, avec les forces que j'avois, j'aurois infailliblement pris tous les bâtimens qu'ils avoient fait partir pour ces mers : mais ce combat, qui affoiblit mon escadre de deux gros vaisseaux et de quatre barques longues, c'est-à-dire qui m'ôta la moitié de mes forces, retarda ma course d'un mois ; ce qui fut cause que je n'arrivai sur les côtes de Moscovie qu'avec les Anglais, et huit jours après que les flottes de Hambourg et de Brême eurent passé.

Le marquis de Coëtlogon, lieutenant général, que je trouvai à Brest, me dit, quelques jours après mon arrivée, en me parlant de la campagne que je venois de faire, qu'il ne pouvoit s'empêcher de m'accuser d'imprudence ; qu'à la vérité l'événement me justifioit ; mais qu'il n'étoit pas sage à moi de m'être allé engager dans des pays et dans des mers inconnues, sans avoir embarqué au moins des pilotes sur l'expérience desquels je pusse faire fond.

Après lui avoir laissé dire tout ce qu'il voulut : « Monsieur, lui répliquai-je, vous m'avez
» condamné sans m'entendre : peut-être, après
» m'avoir ouï, changerez-vous de sentiment.
» Vous avez raison de dire que les gens de mer
» doivent être prudens, et qu'il n'est pas dans
» l'ordre de naviguer sans pilote, aussi en avois-
» je demandé à la cour. On m'en avoit promis;
» mais lorsque je n'attendois plus qu'eux pour
» mettre à la voile, on m'envoya dire qu'on n'a-
» voit pu en avoir, et qu'il falloit s'en passer.
» Cependant la dépense de l'armement étoit
» faite, et la saison pressoit : que faire ?
» Je fis réflexion que, dans le temps que je
» prenois pour aller croiser sur ces côtes, il y
» fait continuellement jour ; j'avois d'ailleurs de
» bonnes cartes ; je savois que ces mers et les
» côtes où j'allois aborder sont fort saines, et
» qu'on n'y trouve ni écueils, ni bancs de sable.
» De plus, je compris fort bien qu'avant que
» d'arriver où j'avois dessein d'aller, je pren-
» drois immanquablement quelques vaisseaux
» ennemis, dont les pilotes me serviroient. Sur
» ces réflexions, j'entrepris mon voyage. Tout
» a réussi comme je l'avois pensé : qu'avez-vous
» à me reprocher maintenant ? » Coëtlogon me rendit justice, et avoua de bonne foi qu'il m'avoit fait tort en me condamnant.

Quoique la saison commençât à être un peu avancée, je crus qu'il n'étoit pourtant pas encore temps de songer à désarmer. Je remis donc à la voile, et je sortis de la rade avec les sieurs Ducas et Duguay-Trouin. Le premier fit sa route pour l'Amérique, où il étoit destiné ; le second avoit un armement en course de quatre vaisseaux de guerre et de deux frégates.

Le vent contraire nous retint six jours dans l'entrée de la Manche, d'où nous découvrimes une flotte anglaise escortée de cinq vaisseaux de guerre, deux desquels étoient à trois ponts, et portoient quatre-vingt-dix canons ; le troisième en avoit soixante-et-seize, et les deux autres cinquante.

Je me joignis au sieur Duguay. Il est hors de doute que nous aurions enlevé toute cette flotte, si nous avions agi de concert. Avant que de commencer l'attaque, je voulus lui parler, pour convenir avec lui d'un arrangement de combat : mais, vif comme il étoit, et beaucoup plus qu'il n'auroit fallu, quoique d'ailleurs plein de courage et de valeur, il ne voulut jamais m'attendre. Ses vaisseaux étant espalmés de nouveau, il prit les devans ; et, sans être convenu de rien, comme j'ai dit, suivi d'une des frégates de son escadre pour le soutenir, il alla aborder le commandant. L'anglais fut démâté de tous mâts, et se rendit. Le sieur Beauharnois, capitaine de l'escadre de Duguay, aborda le vaisseau de soixante-et-seize, qu'il ne prit point. Le sieur Courserat, autre capitaine de Duguay, en aborda un de cinquante, qu'il prit.

J'arrivai dans ce temps-là, et j'abordai l'autre vaisseau de cinquante pièces de canon, qui se rendit après un combat assez opiniâtre, dans lequel je perdis d'Alonne, mon capitaine en second, et trente soldats ou matelots.

Des cinq vaisseaux de guerre qui escortoient la flotte anglaise, il n'en restoit plus qu'un qui n'eût pas été attaqué : c'étoit le plus gros de tous. Il prit la fuite ; Tourouvre le suivit. Je laissai au sieur de La Moinerie, capitaine de l'escadre de Dugnay, le soin d'amariner le vaisseau que je venois de prendre ; et, marchant sur la trace de Tourouvre, je donnai la chasse au gros navire, qui fuyoit à toutes voiles. Le chevalier de Nangis et Bart venoient après moi.

L'anglais se battoit en retraite, et faisait grand feu. Son canon et sa mousqueterie incommodèrent notablement le vaisseau de Tourouvre, qui resta derrière. Bart, qui avoit gagné les devans sur moi, fut aussi fort maltraité, et n'avança pas. J'étois prêt à aborder, lorsque le feu prit tout à coup dans le vaisseau ennemi, mais avec une telle violence, que je faillis être brûlé moi-même. Je fis tout mon possible pour m'écarter.

Ce vaisseau, qui se battoit vaillamment, fut dans un moment tout enflammé devant, derrière, et entre les ponts. Le vent, qui étoit frais et arrière, rendit cet embrasement si subit et si universel, qu'il n'est guère possible d'imaginer de spectacle plus terrible. La plus grande partie de l'équipage, qui étoit fort nombreux, se jeta dans la mer, et alla chercher dans l'eau la mort qu'il croyoit fuir en s'arrachant du milieu de l'incendie.

Tous ces pauvres malheureux périrent, sans que personne leur donnât du secours. Comme on attendoit à tout moment de voir sauter le navire, et qu'il y avoit à craindre que quelque canon ou quelque pièce de bois ne retombât dans le vaisseau qui se seroit avancé, personne ne se remua, quoique tout cet équipage qui se lamentoit poussât des cris effroyables, en demandent du secours. Cependant le vaisseau ne sauta point, faute de voiles pour le soutenir; mais ayant ses sabords ouverts, et la mer le faisant rouler, il se remplit d'eau peu à peu, et coula à fond.

La situation où je fus dans cette occasion est l'une des plus embarrassantes où je me sois jamais trouvé. La vivacité du sieur Duguay, qui ne lui permit pas de m'attendre pour convenir ensemble de quelque chose, et le regret que j'aurois eu de l'abandonner sans le soutenir, furent cause du danger que je courus, et m'engagèrent de combattre, par une mer si élevée, des navires si supérieurs aux miens.

Si les Anglais avoient été habiles gens, ils auroient mis en déroute toute mon escadre. Duguay n'avoit pas à courir le même risque, ses vaisseaux n'étant pas à beaucoup près si inférieurs à ceux qu'il alloit attaquer; au lieu que je n'avois que des frégates de cinquante canons.

Quant au gros navire qui brûla, s'il avoit bien connu sa force, il n'auroit jamais pris la fuite devant nous, puisque le capitaine, en manœuvrant comme un habile homme de mer auroit dû faire, n'avoit aucun abordage à appréhender, un seul coup de gouvernail suffisant pour couler à fond ou pour démâter les frégates qui auroient osé aller à lui. De plus, il avoit toutes ses batteries ouvertes, et en état de servir; au lieu que mes frégates ne pouvoient faire usage que des batteries d'en haut, à cause de l'élévation de la mer.

Quoi qu'il en soit, je fus heureux d'avoir affaire à des ignorans, et à des gens qui ne connoissoient pas leur force. Je pris garde, comme j'allois aborder ce gros vaisseau, que mon grand mât de hune n'étoit pas si élevé que la grande hune de l'ennemi. Je vis encore sur ce bâtiment un homme qui portoit un cordon bleu: je n'ai jamais pu savoir qui il étoit.

Quelques heures après cette action, j'enlevai un navire hollandais, chargé de diverses munitions de guerre. Il s'étoit joint à la flotte anglaise, et avoit pris la fuite dès le commencement du combat. Peu après avoir fait cette prise, je renvoyai le sieur de Tourouvre, qui ne pouvoit plus tenir la mer sans danger, et je détachai un vaisseau de l'escadre, pour le secourir en cas de besoin.

Pour moi, suivi du chevalier de Nangis, je naviguai si juste pendant la nuit, que le lendemain matin je trouvai le navire à trois ponts que Duguay avoit pris la veille. Ce vaisseau, après s'être rendu, avoit disparu je ne sais comment. Je trouvai encore une frégate de l'escadre de Duguay, qui étoit démâtée de son mât de misène. Je fis agréer le vaisseau avec de petits mâts de hune, et je lui donnai la remorque. Le chevalier de Nangis la donna à la frégate, et nous revîmes heureusement à Brest.

La flotte que nous venions d'attaquer étoit de quatre-vingts bâtimens de charge: elle alloit en Portugal, où elle portoit des munitions de guerre, des habits et des chevaux, pour servir aux troupes que les Anglais avoient dans ce royaume. De cinq vaisseaux qui l'escortoient, il y en eut trois de pris, un de brûlé; le cinquième se sauva avec toute la flotte, que nous aurions infailliblement enlevée, je le répète, si M. Duguay avoit agi avec un peu plus de circonspection.

Dès que je fus arrivé à Brest, j'envoyai le sieur de Tourouvre porter à la cour la nouvelle de ce qui venoit de se passser. Le ministre en fut si content, qu'il fit à Tourouvre toutes les gracieusetés possibles, et fut le présenter au Roi, qui témoigna être d'autant plus satisfait de cette dernière action, que la cour ne comptoit pas que je dusse remettre à la voile après la course que j'avois faite. Enfin, la saison pressant pour la retraite, je travaillai à me radouber; et, sans attendre la réponse du ministre, le vent étant favorable, je mis à la voile, et j'arrivai dans trois jours à Dunkerque, où je désarmai. Peu après je reçus mon congé, et je partis pour la cour.

En chemin faisant, je passai par Beauvais, où je trouvai le cardinal de Janson, avec bon nombre de ses neveux. J'y reçus de tous ces Forbin, mais principalement du cardinal, toutes les civilités imaginables. Ce prélat m'aimoit véritablement, et je me rendrois coupable d'ingratitude si je ne reconnoissois, au moins une fois publiquement, tous les témoignages qu'il m'a donnés de son amitié toutes les fois qu'il en a eu occasion. Je l'ai toujours vu prendre toute la part possible à ce qui me regardoit: il se réjouissoit de mes succès; mes peines l'affligeoient véritablement; et il ne paroissoit jamais plus content que lorsqu'il apprenoit quelque bonne nouvelle sur mon sujet.

Il me dit tout ce qu'on peut dire d'obligeant sur la campagne que je venois de faire. Véritablement elle me faisoit quelque honneur: j'avois désolé le commerce des ennemis, j'avois attaqué quatre de leurs flottes, et je leur avois enlevé plus de soixante-et-dix vaisseaux marchands, sans compter les vaisseaux de guerre que j'avois pris à l'abordage.

Le ministre ne me reçut pas d'une manière moins gracieuse que le cardinal : il m'accabla de civilités, au moins extérieurement, et quitta tout pour venir me présenter au Roi. Comme je paroissois, Sa Majesté, en s'adressant à moi, eut la bonté de me dire : « Monsieur de Forbin, vous » avez bien tenu votre parole, et vous avez fait » au-delà de ce que vous m'aviez promis. Je suis » content de vous et de vos services. » Ce qui contribuoit davantage à les faire valoir, c'est que, dans ces deux dernières années [1706 et 1707], la marine avoit été entièrement dans l'inaction, n'y ayant eu que ma seule escadre sur pied : et pour nos troupes de terre, elles avoient été battues partout, à Ramillies, à Turin et Barcelone ; en sorte que j'étois le seul qui eût remporté quelque avantage sur les ennemis.

Dans ces premiers jours de mon arrivée, je ne manquai pas de faire ma cour, et de me trouver exactement au dîner du Roi. Sa Majesté me faisoit souvent l'honneur de m'interroger. Un jour, elle souhaita de savoir la manière dont je me conduisois dans les abordages, et comment je disposois mes attaques.

Je lui répondis que je commençois par distribuer des soldats ou des matelots à chaque canon, autant qu'il en falloit pour le servir ; que le reste de l'équipage, armé de fusils et de grenades, les officiers en tête, étoit posté partie sur le gaillard de derrière, et partie sur la dunette ; que je faisois ensuite mettre des grapins au bout des vergues, et que dans cet état j'avançois sur l'ennemi.

« Au moment que les vaisseaux se joignent, » continuai-je, on lâche les grapins, attachés à » une grosse chaîne amarrée ; de telle sorte que » les bâtimens ne sauroient se séparer sans un » accident imprévu. Alors mes soldats font feu » sur l'avant et sur l'arrière de l'ennemi, dans » lequel ils font pleuvoir un orage de grenades » jetées sans interruption, et en si grande quan- » tité qu'il ne sauroit les soutenir long-temps.

» Dès que je m'aperçois qu'il commence à s'é- » brauler, je m'avance le premier, en criant à » l'équipage : *Allons, enfans, à bord!* A ce mot, » les soldats et les matelots, pêle-mêle, sautent » dans le vaisseau abordé, et le carnage com- » mence. Pour lors je reviens sur mes pas pour » obliger tout le monde à suivre, et à soutenir » les premiers ; et tous combattent jusqu'à ce » qu'ils se soient enfin rendus maîtres du vais-

» seau. Ce qui rend ces combats si sanglans et » si meurtriers, c'est que personne ne pouvant » fuir, il faut nécessairement ou vaincre, ou » mourir. »

Sa Majesté parut contente de ce récit. Quelques jours après, m'ayant parlé de quelqu'une des expéditions de mes campagnes précédentes, elle souhaita d'en entendre encore le détail. Après l'avoir satisfaite : « Avouez, me dit le » Roi, que mes ennemis doivent vous craindre » beaucoup. — Sire, lui répliquai-je, ils crai- » gnent les armes de Votre Majesté. » Une autre fois, me trouvant à l'antichambre tandis que le Roi étoit à son petit lever, plusieurs seigneurs attendoient, et entre autres M. le prince de Vaudemont : un huissier vint m'appeler, et me fit entrer. Le Roi, à qui l'on donnoit la chemise, dit en me voyant, au cardinal de Janson : « Voilà un homme que les Vénitiens n'aiment » guère, et que mes ennemis craignent beau- » coup. »

Toutes ces bontés que le Roi me faisoit l'honneur de me témoigner flattoient extrêmement mon ambition, et sembloient me donner d'autant plus de lieu à concevoir de très-grandes espérances, qu'il me paroissoit que la cour devoit quelque chose à mes longs services. J'étois plein de ces pensées, lorsque le marquis de Villette, lieutenant général, commandeur de l'ordre de Saint-Louis, mourut à Paris, sur les dix heures du soir.

Le comte Du Luc, que je ne faisois que de quitter, et qui avoit mes intérêts aussi à cœur que les siens propres, m'écrivit sur-le-champ un billet, pour me faire part de cette nouvelle. *Cette place*, me disoit-il, *vous conviendroit fort : vos bons services parlent pour vous, et le Roi paroît bien intentionné. Je vous donne l'avis, profitez-en. Les occasions sont rares : ne laissez pas échapper celle-ci.*

Je souhaitois trop mon avancement pour m'endormir sur cette nouvelle. Je dépêchai sur-le-champ un courrier au cardinal de Janson, qui étoit pour lors à Versailles, et comme il avoit les premières entrées, je le priai de demander au Roi qu'il eût la bonté de m'accorder quelque chose de cette dépouille. J'avois appris, le jour d'auparavant, que le ministre de la marine étoit à Paris : je me rendis chez lui de très-grand matin. Je ne comptois pas à la vérité qu'il dût faire grand'chose en ma faveur ; mais je souhaitois qu'il ne me fût pas contraire, et je ne voulois rien avoir à me reprocher.

Je trouvai qu'il étoit déjà informé de ce qui se passoit. Je le priai de me continuer sa protection ; je lui dis que je ne voulois rien avoir que par son canal; mais que je le suppliois de se souvenir qu'il m'avoit promis plusieurs fois de s'intéresser pour moi dans l'occasion. Comme il avoit déjà jeté ses vues ailleurs, il me répondit en battant la campagne, et ne me dit que des choses vagues, qui ne signifioient rien.

De chez le ministre, je partis pour Versailles, fort impatient d'apprendre ce que le cardinal de Janson avoit opéré. Je me rendis chez le Roi. Comme Sa Majesté entroit dans son cabinet, je vis que Son Éminence lui parloit, et que Sa Majesté lui appuyoit les deux mains sur les deux épaules. Cette manière pleine de bonté me donna lieu d'augurer assez favorablement.

Enfin le Roi alla à la messe : je me trouvai sur son passage. Le cardinal suivit. Au retour, Son Éminence se rendit à son hôtel : je m'y rendis un moment après. « Mon cousin, me dit le cardinal, j'ai parlé au Roi en votre faveur; je lui
» ai fait valoir vos longs services, et le zèle que
» vous avez toujours témoigné pour ses intérêts.
» Je lui ai représenté que la mort de M. de Villette laissoit vacante une place à laquelle vous
» aviez quelque droit d'aspirer; que, plein de
» courage et d'ambition comme vous êtes, s'il
» plaisoit à Sa Majesté de vous gratifier, cette
» récompense ne feroit qu'augmenter, s'il étoit
» possible, l'ardeur que aviez toujours marquée
» pour son service.

» A tout cela, le Roi m'a répondu en propres
» termes : *Oui, monsieur le cardinal, votre parent m'a toujours bien servi, et je suis content
» de lui; mais je ferois crier trop de gens, si je lui
» accordois ce qu'il demande. Ce n'est pas qu'il
» ne mérite d'être récompensé, et mieux qu'eux
» tous : mais qu'il me laisse faire, qu'il continue à me bien servir, comme il a fait par le
» passé, j'aurai soin de lui, et je me charge de
» sa fortune.*

» Hé quoi! monseigneur, répondis-je au cardinal, de l'aveu même du Roi, je mérite d'être
» récompensé mieux que les autres; il le connoît,
» il l'avoue, il est le maître, et il ne fait pourtant rien pour moi! Selon ce qui en paroît,
» mes espérances sont renvoyées bien loin ; car
» enfin j'aurois beau faire : quand je ferois des
» miracles, il y aura toujours des plaignans; et
» mes anciens, accoutumés à ne rien faire et à
» ne rien mériter, n'ayant par devers eux que
» leurs plaintes et leur ancienneté, ne laisseront
» pas de s'avancer, et d'aller leur train. »

Le cardinal, s'apercevant de l'indignation où j'étois : « Mon cousin, me dit-il, je vois que j'ai
» fait une sottise en vous donnant tant de lumières, et que je ne devois pas m'expliquer si
» ouvertement sur ce que le Roi m'a dit en votre
» faveur. Mais vous ne connoissez pas encore
» bien ce pays : il faut y avoir patience, demander dans l'occasion, et ne pas se rebuter, quoiqu'on n'obtienne pas d'abord tout ce qu'on
» demande. Continuez à faire votre devoir,
» comme vous avez fait jusqu'à présent, et soyez
» sûr que vous obtiendrez dans la suite tout ce
» que vous pouvez souhaiter.

» Monseigneur, lui répliquai-je, le métier que
» je fais est trop dur et trop hasardeux : si je ne
» dois rien attendre que dans mon rang, je serai
» crevé avant que les récompenses arrivent. Il
» faut tous les jours se canonner, s'exposer aux
» coups de fusil et aux grenades, aborder, prendre les gens à la gorge, risquer de se noyer
» ou de se brûler, essuyer mille dangers contre
» lesquels la valeur ne fait rien, et d'où l'on ne
» se tire que par miracle. Si l'espérance d'être
» avancé, malgré les fainéans, dont on craint les
» plaintes et les clameurs, ne vous soutient, il
» n'y a pas moyen de continuer.

» Pour moi, je vais prendre le parti de mes
» anciens, et me tranquilliser comme eux. Et
» puisque tous leurs exploits se réduisent à gratter leurs tisons et à boire du vin de Champagne, je suis résolu d'en faire autant, assuré,
» en me plaignant, de m'avancer quand mon
» tour viendra. »

Le ministre, qui avoit refusé de me servir, portoit M. Ducas, et vouloit le faire lieutenant général; mais le marquis d'O, qui étoit l'ancien, auroit crié, et avec raison. D'ailleurs il étoit auprès de M. le comte de Toulouse, qui le protégeoit. Le ministre, jugeant qu'il ne pourroit pas avoir satisfaction sans donner lieu à de grandes plaintes, à la place d'un lieutenant général qu'il y avoit à faire, en fit nommer deux, qui furent MM. d'O et Ducas. La commanderie de Saint-Louis fut donnée au marquis de Langeron, lieutenant général de la marine; et pour moi, je n'eus rien que des paroles, ainsi que j'ai déjà dit.

Je fus vengé de cette promotion par quelques couplets qui coururent à Paris : foible ressource qui satisfait un moment, mais qui, au bout du compte, n'avançoit pas mes affaires.

Un mois après la promotion faite, le ministre m'envoya chercher, et me dit : « J'ai trouvé enfin le secret de vous faire lieutenant général,
» puisque vous souhaitez si fort de le devenir.
» Je ne pouvois rien pour vous à la mort de M. de
» Villette; mais vous voyez que je ne vous oublie pas, et que je saisis la première occasion
» qui se présente.

» Le Roi donne six mille hommes au roi d'An-

» gleterre (1) pour l'accompagner en Écosse, où
» un parti très-considérable de ses sujets bien in-
» tentionnés n'attend qu'une descente pour se
» déclarer. Sa Majesté vous a choisi pour con-
» duire ce prince avec les troupes qu'on lui
» donne : il faut que vous partiez incessamment
» pour Dunkerque, afin d'aller préparer tous
» les bâtimens nécessaires pour le transport.

» Au reste, c'est ici un secret important que
» je confie à votre prudence : et comme un ar-
» mement de tant de vaisseaux, fait dans ce
» port, pourroit donner quelque soupçon aux
» ennemis, il faut que vous supposiez des arme-
» mens particuliers, tels que vous le trouverez
» bon. »

Cette proposition m'étonna beaucoup : je connoissois la situation de l'Écosse, et je savois fort bien que tout y étoit impossible. Il est vrai que la reine Anne, qui venoit d'achever enfin l'union entre l'Angleterre et l'Écosse sous un même parlement, avoit donné lieu, par cette nouveauté, à bien des mécontentemens ; ce qui pouvoit faire croire que ceux à qui ce changement faisoit de la peine ne manqueroient pas de prendre parti en faveur de Jacques III. Mais, tout bien considéré, il y avoit encore bien peu d'apparence à une révolution. D'ailleurs le ministre, dans l'exposition de son projet, ne m'ayant parlé d'aucun port qui fût en état de nous recevoir, je ne pus m'empêcher de lui répondre sur-le-champ que s'il ne me fournissoit pas d'autres moyens pour devenir lieutenant général, je ne le serois jamais ; que le projet de descente n'avoit absolument rien de solide ; que tout étoit tranquille en Écosse ; que personne n'y avoit pris les armes ; qu'aucune ville ne s'étoit révoltée ; que nous n'y avions aucun port pour mettre l'armement à couvert ; qu'on ne voyoit aucun endroit où le roi d'Angleterre et ses troupes pussent débarquer sûrement ; et qu'enfin de jeter six mille hommes sur le sable, sans asyle et sans retraite, c'étoit les perdre, et les envoyer se faire couper les oreilles, pour ne rien dire de plus.

M. de Pontchartrain, prenant la parole :
« Vous philosophez trop, me répliqua-t-il ; il
» doit vous suffire que le Roi le veut ainsi. Ses
» ministres ont sans doute des vues que vous
» ignorez. D'ailleurs ne vous ai-je pas déjà dit
» que les mécontens n'attendent que l'arrivée de
» la flotte pour se déclarer ? Ne vous embarras-
» sez donc pas de tant de choses, et ne songez
» qu'à remplir la bonne opinion qu'on a de vous.

» — Monsieur, lui répliquai-je, je suis plein de
» zèle pour le service de mon maître, et je ne puis

(1) Jacques III.

» voir, sans dire mon sentiment, qu'on perde
» six mille hommes qui seroient si nécessaires
» ailleurs ; car si je les débarque en Écosse, vous
» pouvez par avance les regarder comme perdus.

» Mais faisons mieux : puisque la cour con-
» sent à la perte de ces troupes, donnez-les-moi.
» Je prendrai mon temps ; et quand les armées
» seront occupées en Flandre, j'embarquerai
» ces six mille hommes dans de petits bâtimens,
» auxquels je joindrai les galères. Je vous ré-
» ponds de sortir de la rade à la barbe des enne-
» mis, sans qu'ils puissent m'en empêcher. J'irai
» attaquer Amsterdam, que je trouverai dégarni
» de soldats, et qui ne sera défendu que par de
» mauvaises milices : je me rendrai maître de la
» ville. Je commencerai par brûler plus de mille
» navires qui sont dans le port ; et comme je ne
» prétendrai pas prendre cette place pour la gar-
» der, je la réduirai en cendres, et vous aurez
» la paix dans quatre jours. Car, vous le savez
» mieux que moi, monsieur, toute la richesse et
» toute la force de la Hollande consistent dans
» cette ville ; et vous comprenez fort bien qu'a-
» près l'expédition que je vous propose, et la
» perte qui en reviendra aux ennemis, les Hol-
» landais n'auront pas envie de continuer la
» guerre, et s'estimeront heureux qu'on veuille
» leur donner la paix.

» Mais les six mille hommes, les galères et
» les vaisseaux, que deviendront-ils ? répliqua le
» ministre. — Ce qu'ils pourront, lui répondis-
» je. N'êtes-vous pas résolu de les perdre ? Quand
» j'aurai brûlé Amsterdam, ce sera *sauve qui*
» *peut !* car je sais fort bien que les ennemis ne
» me laisseront pas en paix, et qu'ils ne man-
» queront pas de venir à moi par le Texel, pour
» me fermer la sortie : mais, en ce cas, ce sera
» à chacun de pourvoir à sa sûreté. Pour moi,
» je prendrai si bien mes mesures, que je me
» sauverai.

» Laissons là ce projet, me répondit M. de
» Pontchartrain. Le Roi a promis au roi et à la
» reine d'Angleterre de leur donner ce secours :
» nous devons croire que Leurs Majestés Britan-
» niques, qui l'ont demandé avec tant d'in-
» stance, savent fort bien quelle issue elles
» doivent se promettre de la descente qu'elles
» méditent : elles ne l'entreprendroient pas, s'il
» n'y avoit pas lieu d'en attendre un bon succès.
» Ainsi disposez-vous à exécuter les ordres qu'on
» vous donne, sans vous embarrasser de la réus-
» site.

» Puisque cela est ainsi, répondis-je, je n'ai
» plus rien à répliquer, et il ne reste qu'à dispo-
» ser toutes choses. Sur quoi je vous prie de faire
» d'abord attention qu'il sera difficile de passer

» outre, sans faire part du secret à l'intendant » de Dunkerque, qui sans cela, ombrageux » comme il est, et ne comprenant rien à nos » vues, feroit naître mille difficultés qui ren-» droient l'armement impossible. » Le ministre consentit à ce point, et me dit qu'il prendroit des mesures pour lever tous les obstacles qui pourroient nous faire de la peine.

Tandis qu'on me chargeoit ainsi d'une commission dont je n'étois pas trop satisfait, je me trouvai sur les bras une affaire à laquelle je ne m'attendois pas, et qui m'auroit intrigué sans doute, et peut-être perdu sans ressource, si la cour s'étoit trouvée dans des dispositions qui m'eussent été moins favorables.

Les Hollandais, fâchés de ma dernière campagne, et du dérangement qu'elle apportoit à leur commerce, avoient fait de grandes plaintes au roi de Danemarck, et lui avoient représenté que Sa Majesté ne devoit jamais souffrir qu'en pleine paix les vaisseaux de ses amis ou de ses alliés ne fussent pas en sûreté dans ses ports; que le comte de Forbin avoit eu la hardiesse de venir prendre ou brûler, dans la rade et autour de l'île de Wardhus, sur les côtes du nord de Norwège, vingt-cinq bâtimens hollandais richement chargés; qu'ils demandoient justice de cette violence, et qu'ils supplioient Sa Majesté d'interposer son autorité pour leur faire obtenir une réparation convenable.

Le roi de Danemarck étoit entré dans toutes leurs plaintes; et, voulant à toutes forces tirer raison de ce qui s'étoit passé, en avoit fait écrire très-vivement à son ambassadeur. Celui-ci, en exécution des ordres qu'il avoit reçus, avoit fait de terribles plaintes contre moi. Il m'accusoit ouvertement d'avoir violé le droit des gens, et d'avoir, par des hostilités inexcusables, donné atteinte aux traités de paix conclus entre la France et le Danemarck; et il insistoit fortement sur ce que je fusse puni, selon que la grièveté du fait le méritoit.

Quelques brouilleries qu'il y eût entre les deux couronnes, on ne pouvoit guère se dispenser d'écouter les plaintes de Sa Majesté Danoise, et de lui donner au moins quelque apparence de satisfaction. M. de Pontchartrain m'envoya chercher; et, après m'avoir expliqué de quoi il étoit question, sans me faire part des dispositions secrètes où étoit la cour au sujet de cette affaire : « Allez, me dit-il, chez M. de Torcy, » auquel s'adressent les cours étrangères; et » donnez des raisons qui vous justifient de l'ac-» cusation que l'ambassadeur de Danemarck » forme contre vous. »

Surpris de ce que je m'entendois dire : « Vous » savez bien, monsieur, lui répliquai-je, ce que » vous m'avez ordonné vous-même de vive voix; » et vous n'avez pas oublié sans doute que, vous » ayant demandé si vous trouveriez bon que » j'attaquasse les ennemis dans les ports de Da-» nemarck, vous me répondîtes, en propres » termes, de n'y pas manquer, et que je vous » ferois plaisir d'en agir ainsi. J'ai obéi : que » peut-on souhaiter de moi davantage? Il me » paroît que c'est à vous à me justifier. — Allez » toujours, répliqua le ministre; faites ce que » je vous dis, et ne vous embarrassez pas du » reste. »

Sur cette parole, je me rendis chez M. de Torcy. Je ne savois pas trop comment m'y prendre pour me tirer d'intrigue; car, au bout du compte, je ne pouvois me justifier solidement qu'en appuyant ma défense sur l'ordre qui m'avoit été donné; et c'étoit là justement ce que je voulois éviter, pour deux raisons : la première, parce que le ministre ne m'ayant rien ordonné que de vive voix, j'aurois été embarrassé pour la preuve, supposé qu'il se fût avisé de nier ce que j'aurois avancé; et la seconde, c'est que je ne pouvois faire mention de l'ordre que j'avois reçu sans commettre la cour, et sans m'exposer à l'indignation de M. de Pontchartrain, qui ne me l'auroit jamais pardonné. Je songeai donc à colorer cette affaire le mieux qu'il me fut possible.

Je déclarai qu'ayant trouvé par le travers de Nord-Cap une flotte hollandaise, à qui j'avois donné la chasse, je lui avois d'abord enlevé en pleine mer huit vaisseaux; qu'à la vérité, poursuivant le reste de cette flotte, qui étoit entrée dans la rade foraine de l'île de Wardhus, j'en avois encore enlevé dix-sept bâtimens : mais qu'outre que ce qui s'étoit passé dans le port ne devoit être regardé que comme la continuation d'un combat qui avoit été commencé dans des mers où il m'étoit permis d'attaquer les ennemis du Roi, je n'avois trouvé sur ces vaisseaux ni soldats ni équipages, et que les ennemis paroissant les avoir abandonnés, après en avoir enlevé ce qu'il y avoit de plus précieux, j'avois cru qu'il m'étoit permis de m'en rendre maître, puisque personne n'en vouloit plus.

Je suppliai les ministres de Sa Majesté Danoise de faire attention que les équipages de ces bâtimens s'étant réfugiés dans un petit village au milieu du port, où il m'auroit été très-aisé de les forcer, et les Danois étant venus à bord m'avertir que, si je voulois leur promettre quelque récompense, ils m'enseigneroient le lieu où les Hollandais avoient caché tout ce qu'ils avoient pu emporter, j'avois toujours répondu à ces donneurs d'avis que les terres du roi de Danemarck m'étoient sacrées; qu'il ne m'appartenoit pas de rien entreprendre dans ses États, et que c'étoit le bonheur des Hollandais de s'y être retirés.

J'ajoutai encore à cela quelques autres petites raisons qui ne signifioient pas grand' chose; et je finissois en protestant que je n'avois jamais prétendu manquer au respect que je devois à Sa Majesté Danoise; et que je n'aurois jamais été assez hardi pour aller de but en blanc dans ses ports entreprendre sur les ennemis du Roi, si je n'y avois été entraîné comme malgré moi, et par une continuité d'action commencée ailleurs.

Cette déclaration fut envoyée au roi de Danemarck, qui n'en fut pas satisfait : il n'avoit pas tort. L'ambassadeur revint à la charge, et recommença ses instances avec plus de vivacité qu'auparavant.

Il fallut que je me présentasse une seconde fois devant M. de Torcy. Je fis la même déclaration, à laquelle j'ajoutai quelques raisons assez minces, et qui dans le fond ne valoient rien. Mais comme on n'étoit pas trop content du roi de Danemarck, ainsi que j'ai dit, et qu'on ne se mettoit pas trop en peine de lui donner satisfaction, cette affaire n'alla pas plus loin, et il ne fut plus parlé de ces plaintes.

L'intendant de Dunkerque, ensuite des ordres qu'il avoit reçus du ministre, étoit depuis quelques jours à la cour. A son arrivée, les bureaux s'étoient assemblés, et, après avoir conféré entre eux, avoient dressé, sans m'en rien dire, un projet d'armement pour le transport des soldats qu'on vouloit envoyer en Écosse. Ils avoient compté par leurs doigts, et avoient trouvé qu'il falloit armer quinze flûtes, qui porteroient chacune trois cents hommes; qu'on joindroit à ces quinze bâtimens cinq vaisseaux de guerre, qui porteroient encore chacun trois cents hommes. « De cette manière, disoient-ils, nous » avons juste ce qu'il nous faut pour nos six » mille hommes, et les vingt bâtimens nous suf» fisent. »

Ce beau projet ainsi arrêté, La Touche, premier commis, à qui le secret de cette expédition avoit été confié, représenta au ministre que puisque je devois être chargé de l'entreprise, il étoit nécessaire qu'on me communiquât ce qui avoit été déterminé, afin de prévenir les difficultés qui pourroient naître dans l'exécution.

Sur cet avis, le ministre me fit appeler, et me fit part de la délibération des bureaux. Je fus si indigné de tout ce qu'elle contenoit d'incongru, que, ne songeant plus à qui je parlois, et me laissant aller à toute la vivacité d'un Provençal : « Quel est donc l'ignorant qui a formé ce » projet? » lui demandai-je. Le ministre, un peu surpris, me demanda à son tour ce que j'y trouvois de si mauvais. « Tout, lui répliquai-je ; car » premièrement on a dû faire attention que Dun» kerque étant situé entre la Hollande et l'An» gleterre, les ennemis seront à tout moment à » portée d'être sur nous ; et, en second lieu, que » les flûtes, qui sont très-pesantes et mal con» struites, sont, par une suite nécessaire, peu » propres pour une expédition qui doit se faire » vite, et sans donner aux ennemis le temps de » se reconnoître.

« Vous voyez bien, monsieur, continuai-je, » que ces deux réflexions toutes seules auroient » dû être plus que suffisantes pour empêcher » qu'on eût jamais la pensée de se servir de ces » sortes de bâtimens. Ajoutez que si en sortant » du port nous trouvons le vent contraire, nous » perdrons infailliblement le chemin que nous » pourrions déjà avoir fait; qu'il faudra beau» coup de temps pour aller et pour venir; et que » si les ennemis nous poursuivent, tout sera » pris.

» Mais comment mieux faire? me demanda le » ministre. — Le voici, lui dis-je : il faut pren» dre tous les meilleurs corsaires qu'on trouvera » à Dunkerque, et les armer. Il est bien vrai » qu'ils ne porteront pas autant de soldats que » des flûtes; mais le nombre y suppléera. Avec » de pareils bâtimens, nous irons beaucoup plus » vite. Si nous trouvons les vents contraires, » nous nous soutiendrons sans dériver; et si les » ennemis, supérieurs en nombre, viennent à » nous, nous serons en état de nous sauver. » Le ministre entra dans ces raisons, et me dit d'aller régler toutes choses avec La Touche.

Cependant je ne laissois pas d'être fort inquiet sur la commission dont on me chargeoit. Pendant tout le temps que je restai encore à la cour, je revins plusieurs fois à la charge, pour faire abandonner une entreprise dont je croyois voir toute l'inutilité.

Je ne pouvois me lasser de représenter les inconvéniens de la démarche où l'on alloit s'engager. Je dis au ministre mille et mille fois que ce qui pouvoit arriver de plus avantageux étoit de faire une course qui ne fût qu'infructueuse, et peu honorable ; que j'étois bien mortifié que Sa Majesté m'eût choisi pour une expédition qui évidemment ne pouvoit avoir qu'un mauvais succès ; que si la descente se faisoit, les six mille hommes étoient sûrement perdus, et les forces du royaume diminuées d'autant, sans compter la honte qu'il y avoit à avoir donné dans une entreprise chimérique, et qui ne devoit être regardée que comme une pure vision. A tout cela on ne répondit que comme on avoit déjà fait : qu'on ne se soucioit pas de perdre ces six mille hommes, pourvu qu'on donnât satisfaction au roi d'Angleterre. Je n'en pus jamais tirer autre chose.

Toutes ces raisons ne me satisfaisoient pas : je voulus, avant que de partir, faire une nouvelle tentative. Je m'adressai pour cela au cardinal de Janson. « J'ai un secret important, lui
» dis-je, à communiquer à Votre Éminence;
» mais je ne puis vous le déclarer que sous le
» sceau de la confession. » A ce mot, le cardinal me regarda attentivement entre les deux yeux; et m'ayant donné sa bénédiction : « Par
» lez, » me dit-il.

Je lui découvris alors de quoi il étoit question, et tout ce qui s'étoit passé entre M. de Pontchartrain et moi.

« Soyez persuadé, monseigneur, lui dis-je,
» que les troupes de l'armement et toute la dé-
» pense sont autant de perdu pour le royaume.
» Je me suis lassé à représenter tout cela au mi-
» nistre : on ne veut rien entendre. A mon par-
» ticulier, il me fâche d'être chargé d'une entre-
» prise dont je ne tirerai certainement qu'un
» mauvais parti. Je sais que Sa Majesté défère
» beaucoup à vos sentimens : ayez, s'il vous
» plaît, la bonté d'en parler au Roi, et de détour-
» ner, s'il se peut, un projet dont la dépense
» pourroit être plus utilement employée ailleurs.

» Mon cousin, me répondit le cardinal, je vous
» suis bien obligé de votre secret : je l'ai déjà ou-
» blié. On ne me parle de rien ; je n'ai garde de
» vouloir faire l'important, et d'entrer dans le
» secret de la cour, qu'on veut que j'ignore. Mais
» vous-même parlez au Roi, et prenez votre
» temps pour cela : Sa Majesté vous écoutera.
» Quand vous lui aurez dit votre sentiment, ce
» sera à elle à faire ce qu'elle jugera à propos,
» et à vous à obéir sans réplique. »

La veille de mon départ pour Dunkerque, je fus me présenter au Roi pour prendre congé. Mon-« sieur le comte, me dit Sa Majesté, vous sentez
» l'importance de votre commission : j'espère
» que vous vous en acquitterez d'une manière
» digne de vous. — Sire, lui répondis-je, Votre
» Majesté me fait beaucoup d'honneur : mais si
» elle vouloit me donner un moment d'audience,
» j'aurois bien des choses lui représenter sur
» cette même commission ont on me charge. »
Le Roi, qui avoit été info mé par son ministre de toutes les difficultés que avois faites jusqu'alors, me dit : « Monsieur de Forbin, je vous
» souhaite un bon voyage J'ai des affaires, et
» je ne saurois vous entendre pour le présent. »

Le lendemain, je partis; et m'étant rendu à Dunkerque, je travaillai avec toute la diligence possible à l'armement de trente vaisseaux corsaires, et de cinq vaisseaux de guerre. J'eus bien des difficultés à surmonter ; mais enfin j'en vins à bout. Pour arrêter les raisonnemens du public, qu'un armement si considérable commençoit à faire parler [car on en pénétroit déjà le secret], je publiai que les sieurs de Tourouvre, de Nangis et Girardin armoient chacun en particulier.

[1708] Tout étoit prêt, au moins pour ce qui me concernoit, et il ne manquoit plus pour le départ que les matelots, et les soldats qu'on vouloit embarquer. Ceux-ci arrivèrent les premiers ; j'eus avis qu'ils étoient à Saint-Omer, à une journée de Dunkerque. Nous n'avions point encore nos matelots : j'appréhendai que l'arrivée des six mille hommes, jointe à un armement si considérable qui se faisoit sous les yeux des ennemis, ne donnât lieu à de nouvelles conjectures, d'autant mieux que le projet s'ébruitoit toujours davantage, par le mouvement qu'on faisoit par toute la France, en faisant passer à Dunkerque tout ce qu'il y avoit d'Anglais et d'Irlandais dans le royaume.

Pour parer ce coup, je pris avec moi le sieur Duguay, intendant du port, et le sieur Beauharnois, intendant de l'armement naval ; et j'allai représenter à M. le comte de Gacé, qui devoit commander les troupes, et qui étoit arrivé depuis deux jours, l'inconvénient qu'il y auroit à faire venir les six mille hommes avant que tout fût prêt pour le départ.

Le comte reconnut que j'avois raison ; que les troupes ne devoient arriver en effet que lorsqu'il seroit question de les embarquer. Il donna donc ordre qu'elles restassent à Saint-Omer. Quelques jours après, les matelots arrivèrent : on mit les vaisseaux en rade, on fit venir les soldats, et tout fut embarqué.

Le roi d'Angleterre arriva deux jours après. Soit fatigue, soit qu'il y fût disposé d'ailleurs, ce prince tomba malade de la rougeole, et il eut la fièvre pendant deux jours. Le retardement que cette maladie apporta au départ de la flotte donna le temps aux ennemis de se reconnoître. Trente-huit vaisseaux de guerre anglais vinrent mouiller à Gravelines, à deux lieues de Dunkerque. Je fus les reconnoître moi-même ; et, après avoir bien vérifié que c'étoient des vaisseaux de guerre, j'écrivis à la cour, et je marquai que les forces des ennemis étoient trop supérieures aux nôtres pour entreprendre de sortir à leur vue ; qu'il n'étoit plus possible de mettre à la voile sans vouloir tout perdre; que l'armée des ennemis, qui étoit à portée de nous suivre, ne manqueroit pas de se servir de l'occasion; et que, n'ayant point de port en Écosse pour nous retirer, il étoit évident qu'ils n'auroient qu'à nous attaquer, pour tirer de nous quel parti il leur plairoit; que mon sentiment étoit de désarmer, et de renvoyer le projet de descente à un temps plus favorable.

Tout le monde ne pensoit pas comme moi à Dunkerque: plusieurs mauvais raisonneurs, ignorans, ou peut-être malintentionnés, disoient hautement que les vaisseaux qui étoient à vue n'étoient que des marchands qui avoient été ramassés à la hâte, et envoyés à tout hasard, dans l'espérance qu'ils empêcheroient peut-être ou retarderoient tout au moins la sortie de la flotte. Ils blâmoient les difficultés que je faisois, et tenoient mille discours, auxquels il étoit aisé de reconnoître les motifs particuliers qui les faisoient parler.

Sur les lettres que j'avois écrites à la cour, il vint ordre de désarmer. Les mauvais raisonnemens recommencèrent plus fort que jamais, surtout après que les ennemis, qui sur ces entrefaites étoient allés mouiller aux Duncs, à douze lieues de Dunkerque, eurent donné lieu, par leur retraite, à de nouveaux discours encore plus désagréables que les premiers.

Plusieurs de ceux qui avoient intérêt à la sortie de la flotte écrivirent à la cour et à la reine d'Angleterre, et firent entendre bien des mensonges à l'une et à l'autre. Ces nouvelles lettres changèrent la disposition des esprits. La Reine fut à Versailles, où elle fit de nouvelles instances au Roi, qui lui accorda tout ce qu'elle souhaitoit; et je reçus des ordres précis de me conformer aux volontés du roi d'Angleterre, et de lui obéir en tout sans réplique.

Les troupes étoient déjà embarquées, et la santé du Roi rétablie. Il ne nous manquoit plus, pour mettre à la voile, qu'un vent favorable. Nous l'attendions d'un moment à autre, lorsque le comte de Gacé, à qui on avoit promis un bâton de maréchal de France dès que le roi d'Angleterre seroit en mer, inquiet de tant de retardemens, et craignant de voir ses espérances ou perdues ou renvoyées plus loin, supposé que le départ n'eût pas lieu, cabala secrètement pour porter le Roi à s'embarquer, afin, disoit-il, que Sa Majesté fût à portée de partir au premier bon vent.

Ce prince, persuadé par ce qu'on lui avoit dit, me fit appeler, et me délara qu'il vouloit aller coucher à bord. Je lui représentai que le vent et la marée ne permettant pas de partir, il ne paroissoit pas convenable que Sa Majesté se hâtât de s'embarquer encore si tôt; mais que je le priois de se reposer sur moi, et que dès que le temps le permettroit, de nuit ou de jour, je prendrois mes mesures si à propos, que rien ne retarderoit le départ.

Le lendemain, le Roi, qu'on étoit allé harceler, revint à la charge, et me dit qu'il vouloit absolument s'embarquer, et aller coucher à bord. Cette seconde attaque m'embarrassa: je répondis qu'il n'étoit point encore temps; que pourtant il étoit le maître de faire ce qu'il jugeroit à propos, et que s'il le vouloit absolument, j'obéirois, mais que je ne répondois de rien.

A la manière dont manœuvroient ceux qui pressoient si fort cet embarquement, je compris qu'outre leur intérêt particulier, qu'ils avoient toujours en vue, ils vouloient encore charger la marine de l'événement de cette entreprise.

Je n'ignorois pas les brouilleries qu'il y avoit entre les deux ministres, celui de la guerre et celui de la marine. Les émissaires du premier ne hâtoient si fort l'embarquement qu'afin que si l'entreprise venoit à échouer, le Roi et les généraux ayant été embarqués, le ministre de la guerre pût rejeter tous ces mauvais succès sur les retardemens de la marine, en disant au Roi: « Sire, j'ai fait ce qui dépendoit de moi: les » troupes avec les généraux ont été embarquées, » et j'ai ponctuellement exécuté les ordres de » Votre Majesté. Si le projet n'a pas réussi, on » n'en doit attribuer la faute qu'au retardement » des matelots. »

Pour épargner ce reproche à M. de Pontchartrain, dont j'avois encore les intérêts à cœur, quoique j'eusse à me plaindre de lui, j'allai chez le comte de Gacé, à qui je remontrai combien il étoit peu convenable de faire embarquer le Roi, le vent et la marée étant contraires. Il ne fit pas grand cas de mes remontrances: j'eus beau lui alléguer tous les risques où cette fausse démarche alloit exposer toute l'armée, il ne rabattit mes raisons que par des discours vagues, et qui n'avoient rien de solide.

Alors, indigné de ne recevoir que des réponses qui ne signifioient rien, je m'impatientai tout de bon; et haussant le ton: « Monsieur, lui dis- » je, vous voulez faire embarquer le roi d'An- » gleterre avant le temps: prenez bien garde à » ce que vous faites; mais soyez bien persuadé » que vous ne duperez ni la marine ni moi. Le » Roi ne doit s'embarquer que quand le vent et » la marée seront favorables : si vous persistez, » il me faudra obéir; mais faites-y bien atten- » tion : je vous ferai tous noyer. Quant à moi, » je ne risque rien, je sais nager, et je me tire- » rai bien d'affaire. »

Je hasardai cette menace, dans la pensée qu'elle pourroit intimider le comte; mais l'envie de faire sa cour au ministre, et, plus que tout cela, la dignité de maréchal de France, dont il ne croyoit jamais être revêtu assez tôt, rendirent tous mes efforts inutiles. Le roi d'Angleterre et tous les officiers généraux s'embarquèrent, et il fallut mettre à la voile.

Je risquai tout, puisqu'on vouloit tout risquer : je fus forcé de mouiller au milieu des écueils. Dès la nuit même, un coup de vent mit toute l'armée en danger. Le Roi, tout jeune qu'il étoit, vit ce péril avec une fermeté et un sang froid bien au-dessus de son âge; mais sa suite eut belle peur.

Le comte de Gacé, qui la veille avoit été proclamé dans mon bord maréchal de France, sous le nom de maréchal de Matignon, n'étoit pas moins effrayé que les Anglais. Ils étoient tous malades; tous vomissoient jusqu'aux larmes, et ils me pressoient avec instance de rentrer dans la rade.

J'avois trop de plaisir à les voir souffrir pour leur accorder ce qu'ils demandoient. « Je n'en » ferai rien, leur disois-je : le vin est tiré, il » faut le boire. Pâtissez, souffrez tant qu'il vous » plaira : j'en suis bien aise, et je ne me laisse- » rai point attendrir. Vous l'avez voulu : de quoi » vous plaignez-vous? »

Trois de nos meilleurs vaisseaux furent sur le point de périr : ils rompirent leurs câbles, et ne se sauvèrent que par miracle. Deux jours après, le vent devint favorable : nous remîmes à la voile, et le troisième jour nous arrivâmes sur les côtes d'Écosse, à la vue de terre. Nos pilotes avoient fait erreur de six lieues : ils se redressèrent; et le vent et la marée étant devenus contraires, nous mouillâmes à l'entrée de la nuit devant la rivière d'Édimbourg, environ à trois lieues de terre.

Nous eûmes beau faire des signaux, allumer des feux, tirer des coups de canon, personne ne parut. Sur le minuit, on vint m'avertir qu'on avoit tiré cinq coups de canon du côté du sud. J'avois toujours couché habillé depuis le départ : je me levai à la hâte, et je compris que ces cinq coups de canon ne pouvoient être qu'un signal des ennemis, qui avoient suivi la flotte.

Je ne me trompai point dans ma conjecture. Dès le point du jour, nous découvrimes la flotte anglaise, mouillée à quatre lieues de nous. Cette vue ne me fit pas plaisir. Nous étions enfoncés dans une espèce de golfe, en sorte que j'avois un cap à doubler pour gagner le large.

Je vis bien que je ne me tirerois jamais de ce mauvais pas, si je n'usois d'adresse. Je fis sur-le-champ mettre à la voile, et j'arrivai sur les ennemis comme si j'avois voulu les attaquer. Ils étoient sous voiles : en me voyant manœuvrer, ils se mirent en bataille, comptant que j'allois à eux; ce qui leur fit perdre beaucoup de chemin. Je profitai de leur peu de vigilance; et ayant mis le signal afin que l'armée fît force de voiles pour me suivre, je changeai de route, et je ne songeai plus qu'à me sauver.

Tandis que je travaillois ainsi à dégager la flotte, les Anglais qui étoient dans mon bord commencèrent à murmurer : ils me reprochèrent ouvertement que je fuyois mal à propos, et que les vaisseaux que nous avions vus n'étoient qu'une flotte danoise qui venoit toutes les années à Édimbourg, pour y charger du charbon de pierre.

Il fallut faire cesser ces raisonnemens, et renvoyer à la découverte. Je détachai donc une frégate bonne voilière, qui étoit auprès de moi; j'ordonnai à l'officier d'approcher la flotte le plus près qu'il pourroit, de tirer deux coups de canon, de mettre en panne si c'étoit une flotte marchande, et de tirer cinq coups de canon, en faisant force de voiles pour me rejoindre, supposé que ce fût la flotte ennemie.

Cependant, pour ne point perdre de temps, j'allois toujours à toutes voiles pour achever de doubler le cap, et gagner le large. Les ennemis me donnèrent la chasse. Si je n'avois eu que des flûtes, selon le beau projet qui avoit été formé, tout étoit perdu sans ressource. Je ne sauvai l'armée que parce que, n'ayant que des corsaires qui alloient bien, et qui étoient espalmés de frais, nous eûmes bientôt gagné beaucoup de chemin.

Un seul vaisseau des ennemis nous joignit. Il étoit venu sur nous à toutes voiles pourtant; en sorte que, pour l'éviter, j'avois été obligé de faire vent arrière. Ce bâtiment, qui sembloit n'en vouloir qu'au mien [apparemment pour avoir l'honneur de combattre le roi d'Angleterre], commença à canonner avec le sieur de Tourouvre, qui étoit derrière. On ne sauroit croire combien la vue de ce vaisseau, quoiqu'il fût seul, et détaché du reste de l'armée ennemie, qui étoit à plus de quatre lieues de nous, alarma tout ce que j'avois d'Anglais dans mon bord. Ils se regardoient déjà comme perdus : leur terreur panique me réjouissoit beaucoup.

Tandis qu'ils étoient dans cette inquiétude, la frégate que j'avois envoyée à la découverte arriva. Elle rapporta qu'elle avoit compté trente-huit vaisseaux de guerre, parmi lesquels il y en avoit plus de dix à trois ponts. Alors prenant la parole, et m'adressant à l'officier : « Bon! vous » vous moquez, lui dis-je d'un ton railleur; vous

» n'avez vu que des marchands qui viennent
» toutes les années à Édimbourg, pour y charger
» du charbon de pierre. »

Les Anglais, effrayés de plus en plus, s'adressèrent au Roi, et lui proposèrent de s'embarquer sur la frégate qui venoit de la découverte, et d'aller descendre à un château situé sur le bord de la mer, appartenant à un seigneur dont Sa Majesté connoissoit les bonnes intentions.

Ce prince me parla de la proposition qu'on lui avoit faite. « Sire, lui répondis-je, vous êtes en » sûreté, et les ennemis ne peuvent plus rien » contre nous. Ce vaisseau qui nous poursuit, et » qui alarme tous ces messieurs, n'est pas fort à » craindre ; et il seroit bientôt enlevé, si Votre » Majesté n'étoit pas à bord. Mais je pourvoirai » à tout, et bientôt nous ne serons plus poursui- » vis de personne. »

Le Roi, satisfait de cette réponse, témoigna n'en souhaiter pas davantage ; mais les Anglais, dont la frayeur augmentoit à mesure qu'ils voyoient approcher l'ennemi, firent de nouvelles instances : ils exagérèrent à ce prince le péril où je le laissois ; tellement que le Roi m'ayant demandé la chaloupe pour passer sur un autre bâtiment, comme on le lui avoit proposé, sur ce que je lui représentai qu'il n'y avoit rien à risquer pour sa personne, me répondit qu'il ne vouloit point tant de raisonnemens, et qu'il vouloit être obéi.

« Sire, lui répliquai-je, Votre Majesté va avoir » ce qu'elle souhaite. » J'ordonnai alors à mon maître nocher de mettre la chaloupe en mer, mais en même temps je lui fis signe de la main de n'en rien faire ; et m'adressant au Roi : « Sire, » lui dis-je, je prie Votre Majesté d'avoir la » bonté de passer dans sa chambre : j'ai quelque » chose d'important à lui communiquer.

» De quoi s'agit-il ? me dit le Roi quand nous » fûmes entrés. — Sire, lui dis-je, Votre Majesté » ne doit pas douter qu'ayant des ordres très- » précis pour la conservation de votre personne, » je ne fusse le premier à vous prier de passer » dans un autre bâtiment, si je n'étois persuadé » que vous ne risquez rien dans celui-ci. Mais » je vous supplie de prendre quelque confiance » en moi, et de rejeter tous les mauvais con- » seils qu'on vous donne de tous côtés. J'aurai » l'œil à tout ; et s'il faut que Votre Majesté passe » dans un autre bâtiment, je me charge de ve- » nir vous le proposer quand il en sera temps. »

Le Roi, qui ne cédoit qu'avec peine à l'importunité de ses Anglais, demeura tranquille ; mais les boulets de canon, qu'on commençoit à entendre siffler, augmentèrent si fort la timidité de tous ces poltrons, qu'ils revinrent à la charge, représentant à ce prince le danger évident où ma témérité l'exposoit, et combien il y avoit à craindre qu'il ne pût pas s'en tirer, pour peu qu'il tardât davantage. Ils lui proposèrent encore d'aller descendre dans le château dont on lui avoit d'abord parlé, et lui firent si bien entendre qu'il ne lui restoit plus d'autre parti, que le Roi me dit qu'il vouloit la chaloupe dans le moment, et sans réplique.

Vif et impatient comme je suis : « Sire, lui » répondis-je, j'ai déjà eu l'honneur de repré- » senter à Votre Majesté que vous êtes ici en sû- » reté : j'ai ordre du Roi mon maître d'avoir soin » de votre personne comme de la sienne pro- » pre ; et je ne consentirai jamais que Votre Ma- » jesté sorte d'ici pour être exposée dans un châ- » teau, à la campagne, sans secours, et où elle » pourroit être livrée le lendemain à ses en- » nemis.

» Je suis chargé de vous conserver, et ma » tête répond de votre personne : je vous prie de » vous reposer entièrement sur moi, et de n'é- » couter personne autre. Tous ceux qui osent » vous donner d'autres conseils que les miens » sont des traîtres ou des poltrons. » Un seigneur anglais qui étoit auprès du Roi prit la parole, et dit : « Sire, le comte entend la mer mieux que » nous : il répond sur sa tête de votre personne, » il faut le croire. »

Ma fermeté à ne vouloir pas débarquer le Roi fit taire tous ces donneurs d'avis. Comme je vis que le vaisseau ennemi approchoit toujours avec l'avantage des voiles, je m'adressai au Roi : « Sire, lui dis-je, il est évident maintenant que » ce vaisseau n'en veut qu'à nous, puisqu'il » laisse derrière lui plusieurs autres bâtimens » qu'il pourroit attaquer : je vais examiner s'il » peut y avoir du risque pour Votre Majesté. » Jusqu'ici ce bâtiment est venu avec l'avantage » des voiles ; mais puisque le voilà maintenant » orienté comme nous, une petite demi-heure en » décidera. Si nous allons mieux que lui, il n'y » a rien à craindre, et nous n'avons qu'à conti- » nuer notre route ; mais s'il est meilleur voi- » lier, Votre Majesté passera dans cette frégate » qui nous touche ; et alors, n'ayant plus rien à » craindre pour votre personne, j'irai aborder » cet importun, dont je vous rendrai certaine- » ment bon compte après une petite heure de » combat. Je vais cependant faire mettre la cha- » loupe en mer : ayez la bonté de nommer par » précaution ceux qui doivent s'embarquer avec » vous, afin qu'ils se tiennent prêts s'il en est » besoin. »

Le Roi nomma son confesseur, milord Perth, le maréchal de Matignon, et milord Middleton.

Je priai tous ces messieurs de s'asseoir encore un moment, en leur assurant que si Sa Majesté étoit obligée de sortir du bord, ce navire anglais ne leur donneroit pas d'inquiétude encore longtemps.

A peine l'eus-je observé quelques momens, que je m'aperçus qu'il alloit très-mal, et que j'avois déjà gagné sur lui un espace considérable. J'en donnai la nouvelle au Roi : « Sire, lui dis-je, dans un moment ce navire nous quittera, et Votre Majesté ne sera pas obligée de débarquer. »

L'événement justifia bientôt ce que j'avois dit de l'ennemi. Désespérant de nous joindre, il reprit ses amarres, alla couper le chevalier de Nangis, qui venoit après, et l'attaqua. Quand je me vis dégagé, j'envoyai quatre frégates des meilleures voilières, et je leur ordonnai d'aller dire à tous les vaisseaux de la flotte qu'à l'entrée de la nuit ils fissent force de voiles, et qu'ils suivissent la route de l'est-nord-est. J'entendis pendant la nuit tirer deux coups de canon je ne sais contre qui, et le lendemain je me trouvai hors de la vue des ennemis, avec vingt vaisseaux de la flotte qui m'avoient suivi.

Le Roi assembla dès le matin un grand conseil de guerre, dans lequel, après avoir bien tout examiné, il fut résolu qu'ayant été découverts par les ennemis, ils ne manqueroient pas de suivre la flotte partout; et que, n'ayant aucun port en Écosse pour y être reçus, nous regagnerions la France, puisqu'il ne nous restoit plus d'autre ressource. Nous fîmes donc route pour Dunkerque, où, malgré les vents contraires, nous arrivâmes trois semaines après en être partis.

J'appris en débarquant que le chevalier de Nangis avoit été pris. Cette nouvelle m'étonna, car il avoit le meilleur vaisseau de l'armée. Comme il étoit jeune, il manquoit d'expérience : il ne prit pas toutes les précautions nécessaires pour se sauver, et se prépara à combattre, au lieu de faire force de voiles. Je suis persuadé que ce petit contre-temps ne lui a pas été inutile dans la suite, et que, brave comme il étoit, et de bonne race, il a su mettre à profit un malheur qu'on ne doit pas tout-à-fait nommer tel, quand il ne sert, à ceux à qui il arrive, qu'à les rendre plus circonspects.

Pendant la route, milords Perth et Middleton m'apprirent que j'avois des parens en Écosse, qu'on appeloit milords Forbeck, fort riches, de très-bonne condition, et très-bien intentionnés pour le roi Jacques. Ils me dirent encore qu'ils leur avoient ouï dire plusieurs fois qu'ils avoient des parens en France.

J'appris encore, en arrivant, qu'un vaisseau de ma flotte s'étant trouvé la nuit au milieu des ennemis, le capitaine avoit si bien manœuvré qu'il avoit passé par derrière eux, et qu'il étoit arrivé à Dunkerque trois jours après; que ce capitaine avoit donné avis à la cour de la manière dont il s'étoit sauvé; et que les ennemis, avec quarante vaisseaux, suivoient le reste de la flotte. Je sus, dans la suite, que le ministre, rendant compte au Roi de cette nouvelle, lui avoit dit : « Sire, le comte de Forbin se sauvera avec toute la flotte, car il n'a avec lui que des vaisseaux corsaires, et bons voiliers. »

Après avoir désarmé tous mes bâtimens, le projet de descente ayant échoué, je songeois à un nouvel armement pour aller continuer mes courses comme les campagnes précédentes, lorsque j'en fus empêché par un incident que j'avois prévu, mais qu'il ne fut pas tout-à-fait en mon pouvoir de détourner, et dont je fus enfin la victime.

J'ai déjà dit que les ministres de la guerre et de la marine étoient fort brouillés. Ils eurent de grandes discussions devant le Roi au sujet de l'expédition d'Écosse, dont ils attribuoient le peu de succès, l'un à la négligence de la marine, et l'autre au retardement des soldats qui devoient être embarqués.

Sur quoi, s'il faut dire mon sentiment, il me semble qu'ils avoient tort tous deux de s'entre-accuser comme ils faisoient, et qu'ils ne devoient être blâmés ni l'un ni l'autre, puisque quand les matelots, qui retardèrent de deux jours l'embarquement, seroient arrivés à point nommé, la maladie du roi d'Angleterre, et les vents contraires, qui firent différer le départ, ne nous auroient pas moins retenus. Mais, je le répète : ces messieurs étoient brouillés, et ils vouloient se nuire.

M. de Chamillard faisoit valoir son exactitude à faire partir les troupes, et se défendoit sur ce que le comte de Forbin et les deux intendans de marine, l'un du port et l'autre de l'embarquement, avoient été trouver le maréchal de Matignon pour le prier de faire arrêter les troupes à Saint-Omer, en lui représentant que si les soldats venoient à Dunkerque avant que l'on fût en état de les embarquer, les ennemis, déjà inquiets sur l'armement de trente vaisseaux, ne manqueroient pas de prendre des mesures pour faire échouer l'entreprise de la cour.

Le ministre de la marine répliquoit en niant tous ces faits, et prétendoit que le retardement n'avoit eu lieu que parce que les troupes étoient restées mal à propos à Saint-Omer.

Pour éclaircir ce point, sur lequel rouloit

toute la difficulté, le ministre de la guerre écrivit au maréchal de Matignon d'exiger du comte de Forbin et des intendans un certificat par lequel il constât qu'ils étoient venus le prier de faire arrêter les troupes à Saint-Omer, jusqu'à ce que les matelots qu'on attendoit fussent arrivés.

M. de Pontchartrain, informé de cette démarche de M. de Chamillard, m'écrivit, et écrivit aux intendans, de nous garder bien de donner le certificat qu'on devoit nous demander. Je ne faisois que de recevoir les lettres du ministre, lorsque M. de Matignon m'envoya chercher, et, me déclarant les intentions de M. de Chamillard, voulut m'obliger sur l'heure à lui accorder ce qu'il souhaiteroit.

« Monsieur, lui dis-je, il est vrai que j'ai été
» vous prier de retarder l'arrivée des troupes ;
» mais je n'étois pas seul : les deux intendans
» étoient avec moi. Je vais les trouver, et nous
» concerterons ensemble les moyens de vous
» donner satisfaction. » J'allai les trouver en effet, et je leur fis savoir les prétentions du maréchal. Nous reconnûmes qu'il étoit fondé à demander le certificat ; mais le ministre nous ayant défendu de le donner, nous nous trouvâmes d'abord assez embarrassés sur le parti que nous avions à prendre.

Toutefois les intendans furent bientôt déterminés ; et ayant pesé les conséquences de ce qu'on exigeoit d'eux, ils me déclarèrent nettement qu'il en arriveroit ce qu'il pourroit ; mais que de leur part ils obéiroient au ministre de la marine, et qu'ils n'accorderoient rien au préjudice de ses ordres ; qu'il étoit leur maître, et qu'ils ne vouloient pas perdre leur fortune en lui désobéissant : que pour moi, je pouvois prendre telles mesures que je jugerois à propos ; qu'étant par mon emploi dans une situation bien différente de la leur, je trouverois facilement les moyens de me tirer d'embarras.

Le maréchal, impatient de ne recevoir aucune réponse, m'envoya prendre de nouveau ; et, quoique naturellement fort doux : « Où est donc,
» me dit-il tout en colère, à mesure qu'il me vit
» paroître, le certificat que je vous ai demandé ?
» —Monsieur, lui dis-je, les deux intendans ne
» veulent absolument pas le signer : j'ai fait tout
» ce que j'ai pu pour les résoudre à vous donner
» cette satisfaction, mais il n'y a pas eu moyen
» de leur faire entendre raison.

» Je saurai bien les faire obéir, me répliqua-
» t-il, quoique, dans le fond, je m'embarrasse
» assez peu d'un certificat de leur part. C'est
» le vôtre que je demande principalement. —
» Monsieur, lui repartis-je, que pouvez-vous donc
» faire du mien ? et quel cas en fera la cour quand
» il y paroîtra seul ? On n'y aura que bien peu
» d'égards.

» Vous vous trompez, repartit le maréchal ;
» et la cour s'en rapportera bien plutôt au té-
» moignage d'un homme de votre sorte, qu'à
» tout ce que les intendans pourroient attester.
» On sait assez que ces sortes de gens, qui n'ont
» ni courage ni honneur, et qui ne servent le
» Roi que dans la vue de s'enrichir, ne méritent
» pas trop qu'on fasse attention à ce qui vient de
» leur part. Encore un coup, c'est votre témoi-
» gnage que je souhaite : il me suffit, et je ne
» fais nul cas des autres. »

Je sentois trop les conséquences de la démarche où l'on vouloit m'engager, pour ne reculer pas autant qu'il me seroit possible. « Monsieur,
» lui répondis-je, je vous prie de me presser
» un peu moins, et de faire attention à ce que
» je vais avoir l'honneur de vous dire. Vous
» êtes au comble de l'élévation ; et la dignité
» dont le Roi vous a honoré depuis peu ne vous
» laisse plus rien ni à désirer ni à craindre. Il
» n'en est pas de même de moi : je ne suis qu'un
» gentilhomme qui sers depuis très-long-temps,
» et qui ai toujours travaillé pour mon avance-
» ment. Vous comprenez sans doute assez ce
» que je veux dire. J'ai des raisons très-fortes
» pour refuser le certificat que vous souhaitez :
» je vous demande en grâce de ne l'exiger pas
» de moi.

» Je ne veux rien entendre, répliqua le ma-
» réchal : je veux le certificat ; et si vous ne me
» le donnez tout-à-l'heure, je vais vous faire
» arrêter. »

Cette menace me fit faire dans l'instant bien des réflexions inquiétantes : car, outre qu'il me parut que le maréchal le prenoit sur un ton bien haut, et qu'il auroit dû ménager un peu plus un vieil officier pour qui il me sembloit qu'il n'avoit pas tout-à-fait assez d'égards, je compris tout l'éclat que mon emprisonnement alloit produire dans le monde, supposé que le maréchal voulût en effet me pousser à bout.

Je vis encore que je ne pouvois être conduit à la cour sans que le ministre en reçût bien du désagrément, et que le Roi, qui n'auroit pas manqué de pénétrer les motifs de mon refus, et à qui j'aurois même été forcé de les avouer s'il m'avoit interrogé sur ce sujet, auroit certainement trouvé mauvais les défenses du ministre, et lui en auroit fait des reproches. Pour lui épargner ce chagrin, je répondis au maréchal que je le priois de me donner du temps pour faire mes réflexions, et que je viendrois lui répondre dans deux heures.

Je fus sur-le-champ conférer encore avec les deux intendans. Nous examinâmes de nouveau, autant qu'il nous fut possible, tous les inconvéniens qu'il pouvoit y avoir à accorder ou à refuser ce qu'on souhaitoit de moi ; et, après avoir bien tout pesé, il nous parut que ce qu'il y avoit de mieux à faire étoit de donner satisfaction au maréchal.

Nous arrêtâmes encore que j'écrirois au ministre ; que je lui marquerois en détail les violences qui m'avoient été faites, les dernières menaces du maréchal de Matignon, et les raisons sur lesquelles j'avois cru, nonobstant ses ordres, devoir donner ce malheureux certificat. Là-dessus, je signai.

Le ministre, irrité de ce que je venois de faire, me répondit sèchement que j'étois inexcusable d'avoir passé outre ; que j'aurois dû me conformer à ses intentions ; mais que puisque j'avois été bien aise de me conduire selon mes vues particulières, au préjudice des ordres que j'avois reçus, je pouvois être assuré qu'il s'en souviendroit, et que mes affaires n'en seroient pas plus avancées à l'avenir.

Je compris, en lisant cette lettre, toute la faute que j'avois faite : car, après tout, le ministre avoit raison, et c'étoit à moi à obéir, sans m'embarrasser des suites. Je remarquerai encore ici, en passant, que je ne fis rien qui vaille, lorsqu'avec les deux intendans j'allai prier le comte de Gacé de retenir les troupes à Saint-Omer jusqu'à l'arrivée des matelots. A la vérité, mes intentions étoient bonnes, puisque je n'avois d'autres vues que d'assurer la réussite du projet de la cour ; mais je devois faire attention aux conséquences fâcheuses que cette démarche pouvoit avoir.

Que ceux donc qui voudront, à l'avenir, faire leur chemin dans le service s'attachent invariablement à ces deux maximes : premièrement, de ne se mêler jamais que de ce qui est de leur emploi, et en second lieu d'obéir aveuglément aux ordres qu'ils ont reçus, quelque opposés qu'ils paroissent à leur sens particulier, puisqu'on doit toujours supposer que les ministres ont des vues supérieures, qu'il n'est jamais permis d'approfondir.

L'expérience que j'ai faite sur ce sujet doit servir de preuve de ce que j'avance à quiconque lira ces Mémoires. Depuis qu'avec les meilleures intentions du monde, je m'avisai de contrevenir aux ordres qu'on m'avoit donnés, le ministre ne me le pardonna plus : je le trouvai toujours opposé à mes intérêts, et il affecta de me mortifier toutes les fois qu'il en eut occasion.

Cette conduite fut cause que j'abandonnai le service d'abord après que la paix fut conclue. J'avoue que j'ai bien plus à me louer en ce point de la Providence qu'à m'en plaindre, puisque ma retraite en me rendant le repos, m'a guéri de toutes mes blessures, et m'a donné le moyen de rétablir ma santé, que mes longs services, joints à des fatigues incroyables, avoient ruinée. Mais si j'avois été bien aise de continuer à servir, il auroit fallu me résoudre à avaler bien des couleuvres ; et tout cela pour n'avoir pas obéi à la lettre. Après cette courte réflexion, que j'ai jugée nécessaire, je reviens à ma narration.

Pour m'indemniser de la dépense que j'avois été obligé de faire à l'occasion du passage du roi d'Angleterre, le Roi me fit donner mille livres de gratification, et une pension de mille écus sur le trésor royal. Je ne prétends point ici exagérer : mais je puis dire, avec vérité, que cette commission me coûta plus de quarante mille livres. Il n'y aura pas de quoi en être surpris, lorsqu'on fera attention qu'il me falloit donner à manger à un roi, à un maréchal de France, à des milords, à une suite nombreuse de seigneurs du premier ordre, et à des officiers généraux ; qu'il m'avoit fallu embarquer plus de quatre-vingts domestiques de tout état ; que j'avois tous les jours dans mon vaisseau la table du Roi, de douze couverts, magnifiquement servie ; trois autres tables de quinze couverts chacune, et la mienne de dix ; le tout servi d'une manière assez propre, et convenable aux personnes pour qui elles étoient préparées.

Cependant comme il pourroit paroître difficile à croire qu'on pût dans un vaisseau, où il n'y a que deux cuisines, une pour le capitaine, et une autre pour l'équipage, fournir à tant de tables, voici l'ordre qu'on tenoit :

On mettoit dans une grande chaudière du bœuf, du mouton et de la volaille, d'où l'on tiroit suffisamment du bouillon pour les soupes. J'avois embarqué un grand nombre de petits foyers et de potagers, où l'on dressoit les ragoûts. L'équipage dînoit à dix heures, et l'on servoit en même temps une table de quinze couverts ; à onze heures, on servoit les deux autres, qui étoient encore de quinze couverts ; et les viandes se rôtissoient dans les deux cuisines. A midi, étoit servie la table du Roi ; et un moment après la mienne, qui n'étoit pas la plus mauvaise de toutes.

J'avois embarqué quatre cuisiniers, bon nombre d'aides de cuisine, et des officiers pour dresser les fruits. Tous ces gens travailloient presque sans interruption, et étoient aidés eux-mêmes dans leur emploi par les matelots, qui y travailloient une bonne partie du temps.

Le voyage ne fut que de trois semaines. La table du Roi fut toujours servie avec des perdrix et des faisans. J'avois eu soin d'en embarquer une bonne quantité, aussi bien que de tout ce qui pouvoit contribuer à la bonne chère, et à la délicatesse des repas.

Quand les ennemis nous chassèrent, on me pressa fort de jeter en mer bœufs, moutons, veaux, et tout ce qui embarrassoit le plus. Je ne fus nullement de cet avis; et je répondois, à tous ceux qui me donnoient ces conseils, que nous aurions toujours du temps de reste pour nous défaire de nos provisions, et qu'on n'en venoit là qu'à la dernière extrémité. Je n'eus pas tort de ne pas déférer à ce beau conseil : elles nous servirent à faire bonne chère, et sans leur secours nous aurions été réduits à manger du lard.

La flotte étant débarquée, je comptois de me remettre en mer avec mon escadre. Les cinq vaisseaux de guerre qui m'avoient servi pour la descente d'Écosse étoient en état de mettre à la voile, mais ils ne suffisoient pas; et l'intendant ayant négligé de faire caréner les bâtimens qui me manquoient, il fallut perdre bien du temps pour les mettre en état de servir.

Dans cet intervalle, les ennemis, avec quarante vaisseaux de guerre, vinrent bloquer Dunkerque. Mes vaisseaux étoient trop gros pour passer sur les bancs de sable qui forment la rade : cependant, en ne prenant pas ce parti, il falloit ou demeurer dans le port, ou sortir en plein par les passes, à la vue des ennemis, qui m'auroient accablé par le nombre.

Il n'y avoit pas d'apparence de risquer ce coup : ainsi je me vis forcé de consumer mes vivres dans la rade, ce qui me fit beaucoup de peine. J'écrivis plusieurs fois au ministre, pour en recevoir un ordre de hasarder la sortie : mais il ne voulut jamais y consentir, me déclarant qu'il remettoit à ma prudence d'en user de la manière qu'il conviendroit. Pour moi, le danger me parut trop évident, et je ne voulus jamais me charger d'un événement de cette importance.

Comme la saison étoit déjà fort avancée, voyant qu'il ne pouvoit plus y avoir lieu à exécuter rien de tant soit peu considérable, je désarmai, et les ennemis se retirèrent. M. de Pontchartrain, informé du désarmement, voulut qu'on armât de nouveau les cinq gros vaisseaux que j'avois, et qu'ils allassent croiser pendant l'hiver : il m'écrivit qu'il m'en donnoit le commandement, avec pouvoir de le céder, supposé que je n'en voulusse point, à tel autre capitaine de mon escadre que j'en jugerois le plus capable.

J'écrivis au ministre que je le priois de faire attention que ces sortes de courses en hiver ne pouvoient qu'être très-périlleuses, et de nul profit ; que les nuits étant fort longues, la saison dure, et les mers sujettes à bien des tourmentes, il n'y avoit aucun moyen de rien faire; qu'il étoit impossible que les cinq vaisseaux demeurassent long-temps unis; que, pour se rejoindre, il faudroit donner des rendez-vous ; que la meilleure partie du temps se passeroit en jonction; qu'en un mot des courses, dans cette saison, ne pouvoient être propres que pour un vaisseau ou deux tout au plus, qui, en se tenant sur des parages, pouvoient faire quelques prises par hasard.

Le ministre ne goûta pas mes raisons, et persista à vouloir que l'armement se fît. Je m'excusai d'en prendre le commandement, que je fis donner à M. de Tourouvre. Tout ce que j'avois prévu arriva : l'escadre sortit : elle eut tout à souffrir des mauvais temps; et, après avoir été plusieurs fois séparée et réunie, elle retourna à Dunkerque sans avoir fait la moindre prise, et après avoir dépensé au Roi de grosses sommes.

Pour moi, je vivois dans l'inaction, et je passai quelque temps dans cet état, lorsque, revenant sur la situation des affaires de l'Europe, et sur les moyens de rendre service au Roi, j'imaginai un projet qui auroit pu donner bien de l'embarras aux Anglais, si des raisons particulières n'en eussent empêché l'exécution. Les alliés faisoient pour lors le siège de Lille, et avoient réuni toutes leurs forces contre cette place : c'est ce qui avoit donné lieu à ce que j'avois projeté. Voici comme j'en écrivis au ministre :

Après lui avoir dit que les gens oisifs étoient sujets à songer creux, et que ce que je lui envoyois n'étoit peut-être que l'effet d'une imagination qui prend plaisir à s'égarer : « Toutes les forces
» des ennemis, poursuivois-je, sont employées
» au siège de Lille, sans qu'il soit resté aucun
» soldat en Angleterre, que quelques mal-
» heureuses milices sur lesquelles on ne sauroit
» faire fond.

» L'armée du Roi est à portée de la marine,
» et en état d'être embarquée dans très-peu de
» temps. Si la cour vouloit faire passer trente
» mille hommes en Angleterre, je m'engagerois
» à faciliter ce passage dans six, douze et dix
» heures.

» Vous n'ignorez pas que ce royaume est
» plein de divisions, et qu'une bonne partie des
» peuples se déclareroit pour les Français. Nos
» trente mille hommes marchant droit à Lon-
» dres, le prendront infailliblement. Il est aisé
» de comprendre que la prise de cette capitale

» causeroit une étrange révolution dans le
» royaume; que, pour peu que les ennemis
» tardassent à y envoyer du secours, nos troupes
» seroient en état d'y faire bien du progrès; que,
» quelque diligence qu'on apportât pour faire
» avancer les secours, les ennemis ayant à faire
» bien du chemin par mer et par terre, il seroit
» difficile que nous ne leur eussions pas déjà
» fait beaucoup de mal avant leur arrivée; mais
» que tout au moins, quand nous n'y gagne-
» rions rien autre, les Anglais seroient obligés,
» pour secourir leur propre pays, d'abandonner
» le siége de Lille. »

Le ministre me répondit que la cour approuvoit fort mon projet; qu'à la vérité la situation présente des affaires ne permettoit pas de l'exécuter; mais que je lui avois fait plaisir de lui faire part de mes vues, et qu'il me prioit de continuer à les lui communiquer.

Ce fut à peu près dans ce temps-là que je reçus un ordre de monseigneur le duc de Bourgogne pour faire marcher les troupes de la marine, dont on vouloit se servir à l'attaque de l'Effingue, poste important sur le canal de Bruges à Nieuport, et qui sert à couvrir Ostende. Je n'avois qu'un seul bataillon de marine : je priai le chevalier de Langeron de vouloir joindre son bataillon au mien; il y consentit. Je le fis recevoir colonel; et nous marchâmes à Nieuport, où, en qualité d'officier général, j'allai avec les troupes faire des coupures pour inonder le pays, et je postai des gardes à la vue des ennemis.

J'avois fait sans aucune difficulté, pendant quelques jours, toutes les fonctions de mon emploi, lorsqu'un officier de terre, qui n'étoit que simple brigadier, s'avisa de me disputer le commandement. M. le duc de Vendôme, qui étoit de l'autre côté de l'Effingue, informé de ce démêlé, qui auroit peut-être eu des suites, me fit l'honneur de m'écrire.

Il me marquoit qu'à la vérité j'étois officier général de marine, mais que, n'ayant point de lettre de service pour commander sur terre, je serois tous les jours exposé à ces sortes de discussions; qu'il étoit charmé de la bonne volonté que je témoignois pour le service du Roi; qu'il en informeroit Sa Majesté en temps et lieu; mais qu'afin que rien n'arrêtât le siége, il me prioit de remettre le commandement des troupes au chevalier de Langeron.

J'obéis sans peine à un ordre si respectable. Le chevalier, à la tête de la marine, rendit des services très-importans, et se distingua beaucoup. Les troupes de mer firent des merveilles sous ses ordres : elles montèrent les premières à l'assaut, et ne contribuèrent pas peu à la prise de la place. Lorsqu'elle fut emportée, nous ramenâmes les troupes à Dunkerque, d'où je partis pour me rendre à la cour.

Je fus me présenter au Roi, et de là au ministre, qui me reçut assez froidement; et je ne m'attendois pas à un accueil plus favorable. Quelques jours après, il me fit appeler. Il n'y avoit plus de fonds dans la marine pour aucun armement; la dépense qu'on venoit de faire pour le passage du roi d'Angleterre, et pour l'armement de l'escadre pendant l'hiver, avoit consumé tout le produit des prises que j'avois faites la campagne précédente.

C'étoit pour me parler de cet épuisement des finances que le ministre avoit souhaité de me voir. Il me proposa de chercher moi-même des particuliers pour faire des fonds, qu'on emploieroit à armer l'escadre de Dunkerque. Je lui promis de faire mon possible pour y réussir.

Il ne m'auroit pas été bien difficile d'en venir à bout; mais je n'avois garde de m'en mêler. Il m'auroit fait trop de peine d'engager bien d'honnêtes gens, qui avoient une pleine confiance en moi, à de grands frais dont il étoit à craindre qu'ils ne perdissent les avances; car il est certain que le ministre n'auroit employé l'escadre que pour le service du Roi, et nullement au profit de ceux qui auroient prêté leur argent.

Quelques jours après, il me demanda si j'avois trouvé de quoi faire l'armement dont il m'avoit parlé. Je répondis que je n'avois trouvé personne qui fût assez riche, ou qui eût assez de bonne volonté. J'ajoutai en même temps que c'étoit à lui, qui avoit un crédit infini, à trouver des armateurs; qu'il le pouvoit plus facilement que tout autre; qu'il n'avoit qu'à s'adresser aux gens d'affaires et aux partisans, qui avoient tout l'argent du royaume et qui avoient assez gagné avec le Roi pour ne devoir pas se faire une peine d'une avance qui n'étoit pas grand'chose pour eux.

Notre conversation n'alla pas plus loin ce jour-là; mais le lendemain, la cour étant à Marly, il m'envoya chercher de nouveau. Je trouvai chez lui le bailli de Langeron : nous dînâmes tous trois ensemble. Après le repas, il nous parla long-temps sur l'armement de Dunkerque, et il affecta de nous redire plusieurs fois que nous devions nous employer à chercher des armateurs, pour mettre l'escadre de Dunkerque en mer.

Comme j'insistois sur l'impossibilité où nous étions de trouver ce qu'il souhaitoit, soit par rapport à la rareté de l'argent, soit par rapport au peu de confiance qu'on prenoit en nous : « Je
» sais bien, me dit-il, que vous trouvez des dif-
» ficultés partout; et ce n'est pas d'aujourd'hui

» que vous avez refusé d'entrer dans mes vues.
» Je vous les ai communiquées autrefois dans
» une affaire d'une asssez grande conséquence;
» mais, quoique je vous eusse parlé assez clai-
» rement, vous n'y voulûtes jamais rien enten-
» dre, et vous ne laissâtes pas d'agir comme si
» je ne vous avois rien dit. »

Je vis fort bien où ce reproche tendoit : je fis semblant de n'y rien comprendre, et je m'excusai, en disant que je m'étois toujours conformé à mes instructions. Le ministre me répliqua : « Vos instructions ont toujours été conçues
» comme il convenoit; mais je vous avois fait
» assez entendre, dans nos conversations parti-
» culières, ce que je souhaitois de vous.

» Il est vrai, monsieur, lui repartis-je, et je
» vous avois parfaitement entendu, puisqu'il
» faut l'avouer; mais je n'avois garde de me
» charger de pareilles commissions. Ce n'est pas
» d'aujourd'hui que je sais que quand on veut
» qu'un sujet zélé pour le service de son maître
» exécute quelque chose d'important, il faut lui
» en donner l'ordre par écrit, et lui mettre entre
» les mains de quoi justifier sa conduite quand
» il aura obéi.

» La dernière aventure qui m'est arrivée au
» sujet du roi de Danemarck m'a appris quel au-
» roit été le succès de celle dont vous me parlez.
» Vous m'aviez dit de vive voix, au sujet de
» cette première, que si je trouvois quelque bon
» coup à faire dans les ports de Danemarck con-
» tre les ennemis du Roi, je ne devois pas le
» manquer. En conséquence de cette parole,
» qui valoit un ordre, je brûlai vingt-cinq bâti-
» mens hollandais, que j'avois trouvés aux ap-
» proches et dans la baie de l'île de Wardhus.
» Le roi de Danemarck fait des plaintes contre
» moi, son ambassadeur requiert que je sois
» puni comme infracteur de la paix, et il ne de-
» mande rien moins que ma tête : et quand je
» vous représente que je n'ai rien fait que suivant
» vos intentions, et que c'est à vous à me justi-
» fier, vous me renvoyez froidement chez M. de
» Torcy, pour y répondre comme un criminel.
» Heureux d'avoir pu trouver de moi-même
» quelque ombre de raison pour colorer telle-
» ment quellement la conduite que j'avois tenue!

» De quoi vous plaignez-vous? interrompit le ministre. Malgré les instances de l'ambassa-
» deur, il ne vous est rien arrivé. — J'en con-
» viens, lui répliquai-je; mais reconnoissez aussi
» que je ne me suis tiré d'affaire que parce que,
» ensuite des brouilleries secrètes et de la més-
» intelligence qu'il y avoit entre les deux cou-
» ronnes, on ne s'est pas trop embarrassé de don-
» ner satisfaction à ce prince.

» Il n'en auroit pas été de même, si j'avois exé-
» cuté ce que j'avois parfaitement bien compris
» dans l'affaire dont vous me parlez. Il étoit im-
» manquable qu'on auroit fait des plaintes con-
» tre moi : je n'aurois pas eu affaire à des puis-
» sances que vous eussiez cru ne devoir pas
» ménager, l'on m'auroit fait mon procès; et,
» n'ayant à alléguer pour ma défense que des pa-
» roles, qu'on oublie dans l'occasion, il m'en
» auroit coûté la tête. Ainsi, quoique très-inno-
» cent, j'aurois été la victime sur laquelle l'on
» auroit tout fait retomber, et qu'on n'auroit pas
» manqué d'immoler aux plaintes de ceux à qui
» ma conduite auroit été désagréable. »

A ce mot, le ministre se prit à rire, et plaisanta assez long-temps sur ma prévoyance, qui lui paroissoit, disoit-il, hors de saison.

[1709] Au commencement de l'année 1709, je fus envoyé à Dunkerque pour y commander. Sur le bruit qui couroit que les ennemis devoient venir bombarder la ville et brûler les jetées, j'avois ordre de préparer des chaloupes et de petits canots, pour traverser leur projet. Mais ce bruit fut faux, et personne ne parut.

Je retournai à la cour, où je séjournai quelque temps. Il me faisoit beaucoup de peine de retourner à Dunkerque : ma santé étoit fort altérée, et je souffrois extrêmement, tant de mes anciennes blessures que de bien d'autres infirmités que j'avois contractées dans mes longs voyages, et dans tous les dangers que j'avois courus.

Je m'adressai au ministre, à qui je représentai que, n'y ayant plus d'armement dans ce port, il étoit inutile que j'y demeurasse plus long-temps; qu'un enseigne suffisoit pour le service qu'il y avoit à faire; et qu'ainsi je le priois de me mettre dans le département de Toulon. Pour l'engager encore mieux à m'accorder ce que je souhaitois, je lui fis valoir mes maladies, qui demandoient que je m'approchasse de mon air natal, où je serois à portée de faire des remèdes pour le rétablissement de ma santé, et pour me mettre en état d'aller encore au bout du monde, si le service du Roi le demandoit.

J'eus beau insister, presser, prier, le ministre fut inflexible : il me refusa crûment; et je n'en tirai d'autre réponse, sinon que ma présence étoit nécessaire à Dunkerque. Tout ce que je pus obtenir se réduisit à un congé pour trois mois, pendant lesquels je pourrois aller régler quelques affaires que j'avois en Provence.

[1710] L'année d'après, il me fallut retourner encore à Dunkerque, pour y remplir les fonctions de commandant dans le port. Le déclin de l'âge ne vient pas sans infirmités : les miennes augmentèrent extrêmement, et plusieurs de mes plaies s'étoient rouvertes. Je fus obligé d'aller en Provence, où je me mis entre les mains des chirurgiens. J'écrivis de là au ministre que je n'étois point en état de retourner à mon poste. Il le trouva mauvais : il voulut m'obliger de m'y rendre, et me menaça de me faire rayer des états de la marine, si je n'obéissois promptement.

Je lui répondis qu'il étoit le maître de faire ce qu'il jugeroit à propos; mais que, dans l'état où j'étois, il étoit absolument impossible que je me misse en route. Je lui envoyai, sur l'état et sur la qualité de mes blessures, des attestations des médecins et des chirurgiens, signées par M. Arnoux, intendant des galères. Il n'en tint nul compte, et persista à vouloir être obéi.

Enfin j'écrivis au cardinal de Janson, à qui je fis part de la situation où je me trouvois. Cette Éminence parla au ministre, et obtint qu'on me mettroit du département de Toulon. Je me rendis dans la ville; mais je n'y fus pas plus tôt, que mes infirmités augmentèrent considérablement. Je récrivis au ministre, le priant de me permettre d'aller passer au moins quelque temps chez moi, pour tâcher de me rétablir parfaitement, et de me mettre en état d'employer le reste de mes jours au service de Sa Majesté. On n'eut aucun égard à mes prières, et je reçus un ordre précis de résider à Toulon.

Cette dureté, qui me perça le cœur, me fit prendre la résolution de me retirer entièrement, d'autant mieux que je vis fort bien que la paix qui alloit être conclue avec l'Angleterre, supposé qu'elle ne le fût pas déjà, ne laisseroit désormais que bien peu de chose à faire dans la marine.

J'écrivis donc pour la dernière fois, à M. de Pontchartrain, que mes maux augmentant de plus en plus, et que n'y voyant point d'autre remède que de me retirer entièrement, je le priois de me faire obtenir de Sa Majesté un congé absolu. Ce ministre, qui ne m'aimoit pas à beaucoup près, surtout depuis l'affaire du certificat, ne me marchanda pas : il m'envoya tout ce que je souhaitois, et il fit joindre, au congé que je lui avois demandé, une pension de quatre mille livres, outre celle de trois mille livres dont je jouissois depuis deux ans.

Je ne pousserai pas plus loin ces Mémoires. En conséquence du congé que je venois de recevoir, je me retirai à l'âge d'environ cinquante-six ans, après quarante-quatre ans de service, dans une maison de campagne que j'ai dans le voisinage de Marseille, où j'ai toujours demeuré depuis.

J'y respire un fort bon air, j'y passe dans une honnête abondance une vie douce et tranquille, uniquement occupé à servir Dieu, et à cultiver des amis, dont je préfère le commerce à tout ce que la fortune auroit pu me présenter de plus brillant; j'emploie une partie de mon revenu au soulagement des pauvres, et je tâche de remettre la paix dans les familles, soit en faisant cesser les anciennes inimitiés, soit en terminant les procès de ceux qui veulent s'en rapporter à mon jugement.

Ce genre de vie paisible m'a rendu ma première vigueur : toutes mes incommodités se sont entièrement dissipées; et, quoique dans un âge avancé, je jouis d'une santé presque aussi forte et aussi robuste que dans ma première jeunesse. Aussi, bien loin de me plaindre des dégoûts que j'ai reçus de la cour, je reconnois de bonne foi qu'ils m'ont été bien plus profitables que nuisibles, puisque je leur dois un bonheur que je ne connoissois pas auparavant, et que je n'aurois peut-être goûté de ma vie.

M. de Forbin est mort dans sa retraite en 1734.

FIN DES MÉMOIRES DU COMTE DE FORBIN.

MÉMOIRES

DE

DUGUAY-TROUIN,

LIEUTENANT-GÉNÉRAL DES ARMÉES NAVALES DE FRANCE, ET COMMANDEUR
DE L'ORDRE ROYAL ET MILITAIRE DE SAINT-LOUIS.

> Paulùm sepultæ distat inertiæ
> Celata virtus
> HOR., ode IX, l. IV.

SUR LES MÉMOIRES DE DUGUAY-TROUIN.

Duguay-Trouin, ainsi que Forbin, a fait lui-même l'histoire de sa vie. De simple armateur il devint chef d'escadre, chevalier, puis commandeur de Saint-Louis et lieutenant-général. Après la paix, il consacra ses loisirs à rédiger ses Mémoires. « Je » crois, disoit-il, que les Mémoires d'un homme qui » n'a percé que par une suite assez longue d'entre- » prises hasardeuses pourront être quelque jour une » puissante exhortation à bien servir le roi et l'état. » La jeunesse destinée à suivre le parti des armes » apprendra de bonne heure, en les lisant, qu'une » véritable ardeur à s'acquitter de ses devoirs mène » souvent plus loin qu'on n'auroit osé le prétendre; » que l'honneur redouble le courage dans les dan- » gers pressans; qu'il inspire l'adresse et la force » de les surmonter; que le plus sûr moyen de con- » server la vie et l'honneur est de compter pour rien » la vie quand l'honneur parle; et qu'enfin la cour, » plus attentive que bien des gens ne le croient à » démêler la conduite des particuliers, sait les ré- » compenser quand leur zèle est aussi grand qu'il » doit être fidèle et désintéressé. »

Le duc d'Orléans, régent du royaume, après avoir lu l'ouvrage de Duguay-Trouin, en fit l'éloge au cardinal Dubois; ce ministre voulut aussi en avoir communication. A sa mort, l'auteur eut beaucoup de peine à obtenir la restitution de son manuscrit. Avant de le lui rendre, on en prit à la hâte une copie fautive et remplie de lacunes dont on se servit pour l'édition publiée en Hollande dans le courant de 1730. L'éditeur, nommé Villepontoux, la dédia, chose étrange! à Duguay-Trouin lui-même. Dans son épître, il le prie d'excuser sa conduite, lui demande une copie plus exacte et une carte de Rio-Janeiro, afin qu'il puisse en faire une seconde et meilleure édition.

Les Mémoires de Forbin, qui parurent quelque temps auparavant, réveillèrent le souvenir des différends qu'avaient eus ces deux marins. En 1707, leurs escadres réunies attaquèrent un convoi de 120 voiles escorté par cinq vaisseaux de guerre; Duguay-Trouin engagea franchement l'action. Comme Forbin s'attribuait une prise qu'il n'avait pas faite, ce combat donna lieu à de vives discussions entre les deux commandants chez Pontchartrain, ministre de la marine. Louis XIV voulut en entendre le récit de la bouche de l'un et de l'autre. Duguay-Trouin avait dans son escadre un bâtiment nommé la Gloire; en expliquant au roi les dispositions qu'il avait prises: « J'ordonnai, dit-il, à la Gloire de me suivre. — Elle vous fut fidèle, reprit le monarque. » Quoique ce marin ait soutenu ses droits avec beaucoup de chaleur et d'énergie, le différend ne fut point jugé, mais les marques de satisfaction qu'il reçut de Louis XIV, la teneur des lettres de noblesse qui lui furent accordées, font suffisamment connaître à qui principalement est dû l'honneur de la victoire. Ce ne fut donc pas sans motif que le vainqueur montra du mécontentement lorsqu'il lut dans les Mémoires de Forbin divers détails tendant à lui ravir une partie de ses exploits, et à déverser sur lui quelque blâme. Il se proposa d'abord de les réfuter; dans cette intention, il se procura les interrogatoires qu'avaient subis devant l'amirauté les capitaines des trois vaisseaux capturés. Ces interrogatoires constatent que l'escadre anglaise était forte de cinq vaisseaux; que Duguay-Trouin, avec un bâtiment de 74, prit à l'abordage le Cumberland, armé de 80 canons(1); que le Chester et le Ruby furent enlevés par deux capitaines sous ses ordres; qu'un quatrième vaisseau fut brûlé et coulé bas, et que le cinquième parvint à s'échapper. L'authenticité d'une pièce aussi positive était la meilleure des réfutations; Duguay-Trouin le comprit et recommanda de l'imprimer à la suite de ses Mémoires. Par une attention qui l'honore, il voulut qu'on y joignît la liste des officiers qui avaient partagé sa gloire et ses périls.

Pendant que Duguay-Trouin mettait la dernière main à son ouvrage, il reçut du cardinal de Fleury une lettre aussi flatteuse que sensée. « J'ai lu, mon- » sieur, lui écrivit ce ministre, avec plaisir la rela- » tion de vos aventures, et il y a certainement des » actions d'une valeur bien distinguée : j'ai été ravi » d'y voir toutes les circonstances de votre entre- » prise sur la ville de Rio-Janeiro : on ne peut rien » ajouter à la conduite et au courage avec lesquels » vous vintes à bout d'y réussir ; on ne lit rien dans » l'histoire qui marque plus de fermeté et de cœur : » je voudrois seulement passer plus légèrement que » vous ne faites sur quelques petits dérèglemens de » votre jeunesse, qui ne peuvent être jamais d'au- » cune instruction ni utilité. Il est fâcheux de lais- » ser inutiles des talens aussi distingués que les » vôtres. Personne ne vous rend plus de justice, ni » n'est plus parfaitement que moi, etc. » Cet avis bienveillant détermina l'auteur à retrancher certains détails sans intérêt qu'on peut lire dans l'édition de

(1) Les Mémoires ainsi que les lettres de noblesse portent quatre-vingt-deux.

1730, faite à son insu, lesquels ne se retrouvent pas dans celle de 1740. Cette dernière, remarquable pour sa beauté et pour sa correction, fut publiée d'après le manuscrit revu par Duguay-Trouin, aux frais de La Garde, officier de marine, qui, dans une expédition à Mocka, se conduisit en digne neveu de cet illustre capitaine.

Comme les Mémoires de Forbin et ceux-ci ont paru presque à la même époque, on les a souvent comparés, et le temps a confirmé le jugement des contemporains. Voici ce qu'on lit dans un journal alors très-estimé : « Les Mémoires de Duguay-Trouin » sont écrits avec un air de sincérité et de modestie » qui plaît infiniment : il ne s'y agit presque tou» jours que de combats et d'abordages, mais le dé» tail de tout cela est curieux et bien exposé. Le » courage et la probité éclatent également dans les » actions de l'auteur, qui rend justice à tous les of» ficiers distingués qui ont secondé sa valeur. Il » faut avouer néanmoins que les Mémoires de For» bin sont plus amusans, quoique peut-être moins » sincères. »

On a fait entre ces deux marins plusieurs parallèles ; le plus remarquable est celui qu'on trouve dans l'*Éloge de Duguay-Trouin*, par Thomas ; il s'exprime ainsi : « Forbin, né d'un sang illustre, » avoit soutenu la gloire de sa naissance : Duguay» Trouin avoit fait disparoître l'obscurité de la » sienne. Le premier avoit donné un nouvel éclat à » ses aïeux ; le second avoit créé un nom pour ses » descendans. L'un avoit mis à profit tous les avan» tages ; l'autre avoit vaincu tous les obstacles ; » tous deux intrépides, éclairés, avides de périls, » bravant la mort, prompts à se décider, féconds » en ressources. Mais Forbin, né pour être un géné» ral de mer, ne fit le plus souvent que des exploits » d'armateur ; Duguay-Trouin, né pour être un » simple armateur, fit presque toujours des actions » d'un grand capitaine. Le premier, en servant » l'état, pensoit à la récompense ; le second pen» soit à la gloire. Forbin vendoit ses services ; Du» guay-Trouin auroit acheté l'honneur d'être utile. »

Cet honneur auquel il aspirait, il en a joui. Forbin, qui avait sans cesse importuné la cour de sollicitations, quitta le service au plus fort de la guerre ; Duguay-Trouin, qui avait modestement attendu les récompenses, alla étonner le Nouveau-Monde par la grandeur de ses exploits.

A. B.

MÉMOIRES

DE

DUGUAY-TROUIN.

Je suis né à Saint-Malo le 10 juin 1673, d'une famille de négocians. Mon père y commandoit des vaisseaux armés tantôt en guerre, tantôt pour le commerce, suivant les différentes conjonctures. Il s'étoit acquis la réputation d'un très-brave homme, et d'un habile marin.

[1689] Au commencement de l'année 1689, la guerre étant déclarée avec l'Angleterre et la Hollande, je demandai et j'obtins de ma famille la permission de m'embarquer, en qualité de volontaire, sur une frégate nommée *la Trinité*, de dix-huit canons, qu'elle armoit pour aller en course contre les ennemis de l'État. Je fis sur cette frégate une campagne si rude et si orageuse, que je fus continuellement incommodé du mal de mer. Nous nous étions emparés d'un vaisseau anglais chargé de sucre et d'indigo; et, voulant le conduire à Saint-Malo, nous fûmes surpris en chemin d'un coup de vent de nord très-violent, qui nous jeta sur les côtes de Bretagne pendant une nuit fort obscure. Notre prise échoua par un heureux hasard sur des vases, après avoir passé sur un grand nombre d'écueils, au milieu desquels nous fûmes obligés de mouiller toutes nos ancres, et d'amener nos basses vergues (1) ainsi que nos mâts de hune (2); et, pour dernière ressource, de mettre notre chaloupe à la mer. Tout ce que nous pûmes faire n'empêcha pas que cet orage, dont l'impétuosité augmentoit à chaque instant, ne nous jetât si près des rochers, que notre chaloupe fut engloutie dans leurs brisans (3). Mais au moment même que nous étions sur le point d'avoir une pareille destinée, et que tout l'équipage gémissoit aux approches d'une mort qui paroissoit inévitable, le vent sauta tout d'un coup du nord au sud; et, faisant pirouetter la frégate, la poussa aussi loin des écueils que la longueur de ses câbles pouvoit le permettre. Ce changement de vent inespéré apaisa subitement la tempête et l'agitation des vagues, à un point que nous relevâmes sans beaucoup de peine notre prise de dessus les vases, et que nous nous trouvâmes en état de la conduire à Saint-Malo.

Notre frégate y ayant été carénée (4) de frais, nous ne tardâmes pas à retourner en croisière; et ayant trouvé un corsaire de Flessingue aussi fort que nous, nous lui livrâmes combat, et l'abordâmes de long en long. Je ne fus pas des derniers à me présenter pour m'élancer à son bord. Notre maître d'équipage, à côté duquel j'étois, voulut y sauter le premier : il tomba par malheur entre les deux vaisseaux, qui, venant à se joindre dans le même instant, écrasèrent à mes yeux tous ses membres, et firent rejaillir une partie de sa cervelle jusque sur mes habits. Cet objet m'arrêta, d'autant plus que je réfléchissois que, n'ayant pas comme lui le pied marin, il étoit moralement impossible que j'évitasse un genre de mort si affreux. Sur ces entrefaites, le feu prit à la poupe (5) du corsaire, qui fut enlevé l'épée à la main, après avoir soutenu trois abordages consécutifs; et l'on trouva que, pour un novice, j'avois témoigné assez de fermeté.

[1690] Cette campagne, qui m'avoit fait envisager toutes les horreurs du naufrage, et celles d'un abordage sanglant, ne me rebuta pas. Je demandai à me rembarquer sur une autre fré-

---

(1) Pièces de bois longues, arrondies, et qui sont une fois plus grosses par le milieu que par les bouts; elles servent à porter les voiles. *Amener*, en termes de marine signifie *abaisser*.

(2) Chaque mât est divisé en deux ou trois parties ou brisures qui portent aussi le nom de *mât*. *Le grand mât de hune* et *le petit mât de hune* sont les secondes parties du grand mât et du mât de misaine.

(3) Pointes de rochers qui s'élèvent jusqu'à la surface de l'eau, et quelquefois au-dessus.

(4) Caréner un vaisseau, c'est réparer entièrement la partie submergée qu'on appelle *carène*.

(5) L'arrière du vaisseau.

gate de vingt-huit canons, nommée *le Grénedan*, que ma famille faisoit armer, et je n'y sollicitai point encore d'autre place que celle de volontaire. Je fus assez heureux pour me faire distinguer dans la rencontre que nous eûmes de quinze vaisseaux anglais venant de long cours : ils avoient beaucoup d'apparence, et la plupart de nos officiers les jugeoient vaisseaux de guerre; en sorte que notre capitaine balançoit sur le parti qu'il avoit à prendre. Malgré ma qualité de simple volontaire, il étoit obligé de garder quelques ménagemens avec moi, par rapport à ma famille, à qui la frégate appartenoit : il savoit d'ailleurs que, quoique fort jeune, j'avois le coup d'œil assez juste pour distinguer les vaisseaux. Je lui dis que j'avois observé ceux-ci avec mes lunettes d'approche; qu'ils n'étoient sûrement que marchands; et qu'ainsi il y alloit de son honneur de ne pas perdre une si belle occasion. Il défera à mes instances réitérées, et nous attaquâmes hardiment cette flotte. Le vaisseau commandant, percé à quarante canons, et monté de vingt-huit, fut d'abord enlevé. Je fus le premier à sauter dans son bord; j'essuyai un coup de pistolet du capitaine anglais; et, l'ayant blessé d'un coup de sabre, je me rendis maître de lui et de son vaisseau. Dès qu'il fut soumis, mon capitaine, m'appelant à haute voix, m'ordonna de repasser dans le nôtre, avec ce que je pourrois rassembler des vaillans hommes qui m'avoient suivis : j'obéis, et un instant après nous abordâmes un second vaisseau de vingt-quatre canons. Je m'avançai sur notre bossoir (1), pour sauter le premier à bord; mais la secousse de l'abordage et celle de notre beaupré (2), qui brisa le couronnement de la poupe de l'ennemi, fut si grande, qu'elle me fit tomber à la mer, avec un autre volontaire qui étoit à côté de moi. Comme il ne savoit pas nager, c'étoit fait de lui, s'il n'eût trouvé sous sa main quelques débris de la poupe de l'anglais : il s'y accrocha, et fut sauvé par le premier vaisseau enlevé, qui nous suivoit de près, et qui, le voyant sur ces débris, mit son canot à la mer pour l'aller prendre. Pour moi, qui tenois, lorsque je tombai, une manœuvre (3) à la main, je ne la quittai point; et je fus repêché par quelques matelots de notre équipage, qui me retirèrent par les pieds. Quoique étourdi de cette chute, et mouillé par dessus la tête, je me trouvai encore assez de force et d'ardeur pour sauter dans ce second vaisseau, et pour contribuer à sa prise. Cette action fut suivie de l'enlèvement d'un troisième; et si la nuit qui survint ne nous eût empêchés de poursuivre notre petite victoire, elle auroit été bien plus complète.

[1691] Cette aventure me fit tant d'honneur, par le récit qu'en firent le capitaine et tous ceux qui composoient l'équipage, que ma famille crut pouvoir risquer de me confier un petit commandement. On me donna donc une frégate de quatorze canons. A peine fus-je rendu sur la croisière, qu'une tempête me jeta dans la rivière de Limerick. J'y descendis, et m'emparai d'un château qui appartenoit au comte de Clare : je brûlai deux vaisseaux qui étoient échoués sur les vases. Cela fut exécuté malgré l'opposition d'un détachement de la garnison de Limerick, qu'il fallut combattre. Je me retirai en bon ordre, et repris la mer dès que l'orage eut cessé. La frégate que je montois n'allant pas bien, et m'ayant fait manquer plusieurs prises par ce défaut, on me donna le commandement d'une meilleure quand je fus de retour à Saint-Malo. Elle étoit montée de dix-huit canons, et se nommoit *le Coetquen*.

[1692] Je mis en mer, accompagné d'une autre frégate de même force. Nous découvrîmes, le long de la côte d'Angleterre, trente vaisseaux marchands anglais, escortés par deux frégates de guerre de seize canons chacune : je les combattis seul, et me rendis maître de l'une et de l'autre après une heure de combat assez vif. Mon camarade s'attacha, pendant ce temps-là, à s'emparer des vaisseaux marchands : il en prit douze, que nous nous mîmes en devoir d'escorter dans le premier port de Bretagne; mais nous trouvâmes en chemin cinq vaisseaux de guerre anglais qui m'en reprirent deux, et qui me firent essuyer bien des coups de canon pour pouvoir sauver le reste, que je fis entrer en dedans de l'île de Bréhat. Cette île est environnée d'un grand nombre d'écueils, qui les mirent à couvert. Pour moi, je me réfugiai dans la rade d'Argui, située à neuf lieues de Saint-Malo, et toute hérissée de rochers que cette escadre anglaise ne connoissoit pas. Ceux qui se trouvèrent les plus près de moi, et les plus opiniâtres à me poursuivre, se mirent dans un danger évident de se briser sur ces rochers, et furent contraints de m'abandonner. Peu de jours après, je sortis de cette rade sans aucun pilote : les miens avoient

---

(1) Pièces de bois mises en saillies sur l'avant du vaisseau, à droite et à gauche; elles servent à écarter les ancres du bâtiment, et à empêcher qu'elles ne s'endommagent, lorsqu'on les jette ou qu'on les relève.

(2) Mât couché sur l'éperon à la proue d'un vaisseau, il fait une grande saillie.

(3) On appelle ainsi les cordages qui servent à gouverner et faire agir les vergues, les voiles, etc.

tous été tués ou blessés, et ceux de mes officiers qui auroient pu y suppléer avoient été obligés de descendre à terre, pour se faire panser de leurs blessures. Ainsi je me vis dans la nécessité de régler moi-même la route du vaisseau pendant tout le reste de la campagne, non sans un grand travail d'esprit et de corps. Une tempête me jeta jusque dans le fond de la manche de Bristol, et si près de terre, que je fus forcé de mouiller sous une île nommée Londei, située à l'entrée de la rivière de Bristol. Ce péril fut suivi d'un autre qui n'étoit pas moins embarrassant : il parut, dès que l'orage eut un peu diminué, un vaisseau de guerre anglais de soixante canons, qui faisoit route pour venir mouiller où j'étois. Le danger étoit pressant : pour l'éviter, je fis mettre toutes mes voiles sous des fils de carret (1), prêtes à se déployer, et tout d'un coup je coupai mes câbles, et mis à la voile par un autre côté de l'île, tandis que ce vaisseau entroit par l'autre. Il me chassa jusqu'à la nuit, sans laquelle j'étois pris. Cela n'empêcha pas que je ne fisse huit jours après deux prises anglaises chargées de sucre, et venant des Barbades, avec lesquelles j'allai désarmer dans le port de Saint-Malo.

[1693] Mon frère obtint pour moi, quelque temps après, la flûte du Roi *le Profond*, de trente-deux canons; et je me rendis à Brest pour en prendre le commandement. La campagne ne fut pas heureuse. Je croisai trois mois sans faire la moindre prise; et j'essuyai un assez fâcheux combat de nuit avec un vaisseau de guerre suédois de quarante canons, lequel, me prenant pour un algérien, m'attaqua le premier, et s'opiniâtra à me combattre jusqu'au jour. Pour surcroît d'infortune, la fièvre chaude fit périr quatre-vingts hommes de mon équipage, et m'obligea de relâcher à Lisbonne pour rétablir mon vaisseau, et le faire caréner; après quoi je sortis, et pris un vaisseau espagnol chargé de sucre. Ce fut le seul que je pus joindre de plusieurs autres que je rencontrai, parce que *le Profond* alloit fort mal. Ainsi je revins le désarmer à Brest, et de là je me rendis à Saint-Malo.

A la fin de cette année, j'obtins le commandement de la frégate du Roi *l'Hercule*, de vingt-huit canons; et m'étant mis en croisière à l'entrée de la Manche, je pris cinq ou six vaisseaux tant anglais qu'hollandais, et deux entre autres qui venoient de la Jamaïque, et qui étoient con-sidérables par leur force et par leurs richesses. Les circonstances de cette action sont trop singulières pour ne pas les détailler.

J'avois croisé plus de deux mois, et je n'avois plus que pour quinze jours de vivres; j'étois d'ailleurs embarrassé d'un grand nombre de prisonniers, et de plus de soixante malades. Mes officiers et tout mon équipage, voyant que je ne parlois point encore de relâcher, me représentèrent qu'il étoit temps d'y penser, et que l'ordonnance du Roi étoit positive là-dessus. Je ne l'ignorois pas ; mais j'étois saisi d'un *espoir secret* de quelque heureuse aventure, qui me faisoit reculer de jour en jour. Quand je me vis pressé, j'assemblai tous mes gens ; et les ayant harangués de mon mieux, je les engageai, moitié par douceur, moitié par autorité, à me donner encore huit jours, et à consentir qu'on diminuât le tiers de leur ration ordinaire, en les assurant que si nous faisions capture, je leur en accorderois le pillage, et les récompenserois amplement. Je ne disconviendrai pas à présent que ce parti n'étoit rien moins que raisonnable, et que la grande jeunesse où j'étois alors pourroit seule le faire excuser, s'il pouvoit l'être. Ce qu'il y eut de plus singulier, c'est que mon imagination s'échauffa si bien pendant ces huit jours, que je crus voir en songe, étant le dernier jour dans mon lit, deux gros vaisseaux venant à toutes voiles sur nous. Agité de cette vision, je me réveillai en sursaut. L'aube du jour commençoit à paroître : je me levai sur-le-champ, et sortis sur mon gaillard (1). Le hasard fit qu'en portant ma vue autour de l'horizon, je découvris effectivement deux vaisseaux, que la prévention de mon songe me montra dans la même situation et avec les mêmes voiles que ceux que je m'étois imaginé apercevoir en dormant. Je connus d'abord que c'étoit des vaisseaux de guerre, parce qu'ils venoient nous reconnoître à toutes voiles ; et d'ailleurs ils en avoient toute l'apparence : ainsi, avant que de m'exposer, je jugeai qu'il convenoit de prendre chasse, et de m'essayer un peu avec eux. Je vis bientôt que j'allois beaucoup mieux ; sur quoi ayant viré de bord, je leur livrai combat, et me rendis maître de tous les deux, après une résistance fort vive. Ces vaisseaux étoient percés à quarante-huit canons, et en avoient chacun vingt-huit de montés : ils se trouvèrent chargés de sucre, d'indigo, et de

---

(1) Ce sont de gros fils de chanvre. Pour comprendre ce passage, il faut savoir qu'un bâtiment au repos a ses voiles pliées et assujetties contre les vergues par de fortes tresses ; quand on veut déployer les voiles, il faut dénouer ces tresses, opération assez longue. Dugay-Trouin, en les faisant remplacer par des fils qu'il pouvait faire rompre en un instant, se trouvoit prêt à partir aussitôt qu'il le jugeroit convenable.

(2) Étage du vaisseau, qui n'occupe qu'une partie du pont.

beaucoup d'or et d'argent. Le pillage, qui fut très-grand, et sur lequel je voulus bien me relâcher, à cause de la parole que j'avois donnée, n'empêcha pas que le Roi et mes armateurs n'y gagnassent considérablement. Je conduisis ces deux prises dans la rivière de Nantes, où je fis caréner mon vaisseau ; et étant retourné en croisière à l'entrée de la Manche, je pris encore deux autres vaisseaux, l'un anglais, et l'autre hollandais, avec lesquels je retournai désarmer à Brest.

[1694] Je quittai aussitôt le commandement de *l'Hercule*, pour prendre celui de *la Diligente*, frégate du Roi, de quarante canons. J'allai d'abord croiser à l'entrée du détroit, où je fis trois prises ; et je relâchai à Lisbonne, pour y faire caréner mon vaisseau. M. le vidame d'Esneval, qui étoit pour lors ambassadeur du Roi en Portugal, me chargea de passer en France M. le comte de Prado, et M. le marquis d'Atalaya son cousin germain, qui étoient tous deux dans la disgrâce du roi de Portugal, et vivement poursuivis par son ordre, pour avoir tué le corrégidor de Lisbonne. Je les reçus sur mon vaisseau, avec d'autant plus de plaisir que M. le comte de Prado avoit épousé une fille de M. le maréchal de Villeroy, l'un de nos plus respectables seigneurs. Je découvris sur la route quatre vaisseaux flessinguois, de vingt à trente canons chacun : je les joignis, leur livrai combat, et me rendis maître d'un des plus forts. La bonne manœuvre et la résistance qu'il fit sauvèrent ses trois camarades, qui s'échappèrent à la faveur d'un brouillard, et de la nuit qui survint. Ils venoient tous quatre de Curaçao, et étoient chargés de cacao et de quelques piastres. Les deux grands de Portugal voulurent absolument être spectateurs du combat, et ne se rendirent point aux instances que je leur faisois de descendre à fond de cale, en leur représentant que le Portugal n'étant point en guerre avec la Hollande, ils s'exposoient sans nécessité à être estropiés, et peut-être tués : ils demeurèrent, malgré mes raisons et mes prières, jusqu'à la fin du combat. L'affaire terminée, je conduisis cette prise à Saint-Malo, où je débarquai ces deux seigneurs portugais, qui me parurent contens des attentions que j'avois eues pour eux.

Je remis, sans perdre de temps, à la voile. En courant vers les côtes d'Angleterre, je découvris une flotte de trente voiles, escortée par un vaisseau de guerre anglais de cinquante-six canons,
nommé, à ce que j'appris depuis, *le Prince d'Orange*. J'arrivai sur lui dans le dessein de le combattre, et même de l'aborder : mais ayant parlé dans ma route à un vaisseau de sa flotte, et su de lui qu'elle n'étoit chargée que de charbon de terre, je ne crus pas devoir hasarder un combat douteux pour un si vil objet. Prêt à le prolonger (1), je repris tout d'un coup mes amures en l'autre bord (2,) sous pavillon anglais, pour aller chercher meilleure aventure. Le capitaine de ce vaisseau, qui m'avoit d'abord cru de sa nation, voyant par ma manœuvre qu'il s'étoit trompé, se mit en devoir de me donner la chasse. Je fus bien aise alors de lui faire connoître que ce n'étoit pas la crainte qui m'avoit fait éviter le combat ; je fis carguer (3) mes basses voiles pour l'attendre. Cette manœuvre lui fit aussi carguer les siennes. Je crus que c'en étoit assez, et fis remettre le vent dans les miennes : mais s'étant mis une seconde fois en devoir de me suivre, je remis encore en panne ; et faisant amener le pavillon anglais, que j'avois toujours conservé à la poupe, je le fis rehisser en berne (4), pour lui marquer mon mépris. Irrité de cette bravade, il me tira trois coups de canon à balle, auxquels je répondis d'un même nombre, sans daigner arborer mon pavillon blanc. Cependant, voyant que cette fanfaronnade n'aboutissoit à rien, je le laissai avec sa flotte. Mais la suite fera voir dans quel embarras une aussi mauvaise gasconnade pensa me jeter.

Quinze jours après, je tombai, par un temps embrumé, dans une escadre de six vaisseaux de guerre anglais, de cinquante à soixante-dix canons ; et, me trouvant par malheur entre la côte d'Angleterre et eux, je fus forcé d'en venir au combat. Un de ces vaisseaux, nommé *l'Aventure*, me joignit le premier, et nous combattîmes, toutes nos voiles dehors, pendant près de quatre heures, avant qu'aucun autre des vaisseaux de cette escadre pût me joindre : je commençois même à espérer qu'étant près de doubler les Sorlingues, qui me gênoient dans ma course, la bonté de mon vaisseau pourroit me tirer d'affaire. Cet espoir dura peu : le vaisseau ennemi me coupa mes deux mâts de hune, dans une de ses dernières bordées. Ce cruel accident m'arrêta, et fit qu'il me joignit à l'instant, à portée du pistolet : il cargua ses basses voiles, et vint me ranger de si près, que l'idée me vint tout d'un coup de l'aborder, et de sauter moi-même dans son bord avec tout mon équipage. J'ordon-

---

(1) A l'approcher flanc à flanc, vergue à vergue.
(2) C'est-à-dire, changer la route, et présenter l'autre bord du vaisseau au vent.

(3) Retrousser.
(4) Mettre ou hisser un pavillon en berne, c'est le pendre plié sur lui-même.

nai sans tarder, aux officiers qui se trouvèrent sous ma main, de faire monter sur-le-champ tous mes gens sur le pont : je fis en même temps préparer nos grappins, et pousser le gouvernail à bord. Je croyois toucher au moment où j'allois l'accrocher, quand par malheur un de mes lieutenans, qui n'étoit pas encore instruit de mon projet, aperçut par un des sabords (1) le vaisseau ennemi si près du mien, qu'il crut que le timonier s'étoit mépris, ne pouvant imaginer que je pusse tenter un abordage dans la situation où nous nous trouvions. Prévenu de cette opinion, il fit changer de son chef la barre de mon gouvernail. J'ignorois ce fatal changement; et, attendant avec impatience l'instant de la jonction des deux vaisseaux, j'étois dans la place et dans l'attitude propre à me lancer le premier dans celui de l'ennemi. Voyant que le mien n'obéissoit pas comme il auroit dû faire à son gouvernail, je courus à l'habitacle (2), où je trouvai la barre changée sans mon ordre. Je la fis aussitôt remettre; mais je m'aperçus, avec le désespoir le plus vif, que le capitaine de *l'Aventure*, qui avoit connu sans beaucoup de peine, à ma contenance, et à celle de tout mon équipage, quel étoit mon dessein, avoit fait rappareiller ses deux basses voiles, et pousser son gouvernail à m'éviter. Nous nous étions trouvés si près l'un de l'autre, que mon beaupré avoit atteint et brisé le couronnement de sa poupe : cependant ce malentendu de mon lieutenant me fit perdre l'occasion de tenter l'une des plus surprenantes aventures dont on eût jamais ouï parler. Dans la résolution où j'étois de périr, ou d'enlever ce vaisseau, qui alloit mieux qu'aucun autre de l'escadre, il est plus que vraisemblable que j'aurois réussi, et qu'ainsi je menois en France un vaisseau beaucoup plus fort que celui que j'abandonnois. Outre l'éclat qui auroit suivi l'exécution d'un pareil projet, dont j'avouerai que je ne me sentois pas médiocrement flatté, il est bien certain que, me trouvant démâté, il ne me restoit absolument aucune autre ressource pour échapper à des forces si supérieures.

Ce coup manqué, le vaisseau *le Monck*, de soixante-six canons, vint me combattre à portée de pistolet, tandis que trois autres vaisseaux, *le Cantorbéry*, *le Dragon* et *le Ruby*, me canonnoient de leur avant. Le commandant de cette escadre fut le seul qui ne daigna pas m'honorer d'un coup de canon. J'en fus piqué; et, pour l'y obliger, je mis en travers, et lui en tirai plusieurs, mais inutilement : il persévéra à ne me point répondre. Cependant l'extrémité où nous nous trouvions tourna la tête à tous mes gens, qui m'abandonnèrent pour se jeter à fond de cale, malgré tout ce que je pouvois dire et faire pour les en empêcher. J'étois occupé à les arrêter, et j'en avois même blessé deux de mon épée et d'un pistolet, quand, pour comble d'infortune, le feu prit à ma sainte-barbe (3). La crainte de sauter en l'air m'y fit descendre; et l'ayant bientôt fait éteindre, je me fis apporter des barils pleins de grenades sur les écoutilles (4). J'en jetai un si grand nombre dans le fond de cale, que je contraignis plusieurs de mes fuyards à remonter sur le pont. Je rétablis ainsi quelques postes, et fis tirer quelques volées de canon de la première batterie, avant que de remonter sur mon gaillard. Je fus fort étonné et encore plus touché, en y arrivant, de trouver mon pavillon bas, soit que la drisse (5) eût été coupée par une balle, ou que, dans ce moment d'absence, quelque malheureux poltron l'eût amené. J'ordonnai à l'instant de le remettre; mais tous les officiers du vaisseau me vinrent représenter que c'étoit livrer inutilement le reste de mon équipage à la boucherie de Anglais, qui ne nous feroient aucun quartier, si après avoir vu le pavillon baissé pendant un assez long temps, ils s'apercevoient qu'on le remit, et que l'on voulût s'opiniâtrer sans aucun espoir, puisque mon vaisseau étoit démâté de tous ses mâts. Il n'étoit pas possible de se refuser à une telle vérité; et comme j'étois encore incertain et désespéré, je fus renversé sur le pont du coup d'un boulet sur ses fins, qui, après avoir coupé plusieurs de nos baux (6), vint expirer sur ma hanche, et me fit perdre connoissance pendant plus d'un quart d'heure. On me porta dans ma chambre, et cet accident termina mon irrésolution. Le capitaine du *Monck* envoya le premier son canot pour me chercher : je fus conduit à son bord, avec une partie de mes officiers; et sa générosité fut telle, qu'il voulut absolument me céder sa chambre et son lit, donnant ordre de me faire panser, et traiter avec autant de soin que si j'avois été son propre fils.

Toute cette escadre, après avoir croisé pendant vingt jours, se rendit à Plymouth; et, pendant le séjour qu'elle y fit, je reçus toutes sortes de politesses des capitaines, et de tous les autres officiers. A leur départ, on me donna

(1) Embrasure des canons.
(2) Espèce d'armoire placée vers le mât d'artimon, devant la porte du timonier, où l'on met les compas ou boussoles, les horloges et la lumière qui sert à éclairer le timonier.
(3) Lieu où l'on garde les poudres.

(4) Ouvertures ou trappes par lesquelles on descend depuis les ponts jusqu'à fond de cale.
(5) Cordage qui sert à hisser ou à amener une vergue, etc.
(6) Solives qui traversent l'intérieur d'un vaisseau, et sur lesquelles portent les ponts.

la ville pour prison ; ce qui me facilita les moyens de faire plusieurs connoissances, et entre autres celle d'une fort jolie marchande, dont je me servis dans la suite pour me procurer la liberté. Les circonstances de cette évasion sont assez singulières pour me laisser croire qu'on ne sera pas fâché d'en voir ici le récit. Il faut auparavant se rappeler ce qui m'étoit arrivé avec ce vaisseau de guerre anglais de cinquante-six canons, qui escortoit une flotte chargée de charbon de terre, lorsque j'eus l'imprudence de lui riposter trois coups avant que d'arborer pavillon blanc : cette équipée de jeune homme m'attira une affaire des plus intéressantes.

Le capitaine de ce vaisseau, après avoir escorté sa flotte dans les lieux de sa destination, relâcha par hasard dans la rade de Plymouth, peu de jours après qu'on m'y eut conduit : il reconnut le vaisseau que je commandois lors de notre rencontre. Le ressentiment de la bravade que je lui avois faite le porta à présenter une requête à l'amirauté, par laquelle il concluoit à ce que l'on me fît mon procès, pour lui avoir tiré à boulet sous pavillon ennemi, contre les lois de la guerre ; et à demander que je fusse mis par provision en prison, jusqu'au retour d'un courrier qu'il alloit dépêcher à Londres. L'amirauté sur cela me fit arrêter, et conduire dans une chambre grillée, avec une sentinelle à ma porte : la seule distinction qu'on m'accorda sur tous les autres prisonniers fut de me laisser la liberté de me faire apprêter à manger dans ma chambre, et de permettre aux officiers de venir m'y tenir compagnie. Les capitaines mêmes des compagnies anglaises, qui gardoient les prisonniers tour à tour, y dînoient assez volontiers, et ma jolie marchande venoit aussi fort souvent me rendre visite. Il arriva qu'un Français réfugié, qui avoit une de ces compagnies, devint éperdument amoureux de cette aimable personne ; et, dans l'envie qu'il avoit de l'épouser, il crut que je pourrois lui rendre service, à cause de la confiance qu'elle paroissoit avoir en moi. Il m'en parla confidemment, et j'eus l'esprit assez présent pour entrevoir que je pourrois en tirer parti. Je lui répondis que je le servirois de tout mon cœur : mais que j'étois trop obsédé dans ma chambre, et que je ne voyois aucune apparence de réussir, s'il ne me procuroit l'occasion d'entretenir sa maitresse dans un lieu qui fût plus libre ; que l'auberge voisine de la prison me paroissoit très à portée, et fort convenable pour cela ; qu'elle pouvoit s'y rendre sans faire naître aucun soupçon, et qu'alors je lui promettois d'employer toute mon éloquence à la disposer en sa faveur. J'ajoutai que j'aurois soin de le faire avertir quand il seroit temps, afin qu'il vînt passer avec elle le reste de la soirée. Sa passion lui fit trouver cet expédient bien imaginé ; et nous choisîmes pour l'entrevue le jour qu'il devoit être de garde à la prison. J'en prévins ma gentille marchande par un billet, où je lui représentois, de la façon que je crus la plus capable de la toucher, que je succomberois au chagrin de me voir si long-temps captif, si elle n'avoit la bonté de contribuer à ma liberté ; ce que j'avois d'autant plus lieu d'espérer, qu'elle le pouvoit faire sans courir aucun risque d'intéresser sa réputation. Je fus assez heureux pour la persuader, et pour en tirer parole qu'elle feroit toutes les démarches que je croirois nécessaires pour le succès de mon projet. Cette précaution prise, j'écrivis à un capitaine suédois dont le vaisseau étoit relâché dans la rivière de Plymouth, pour le prier de me vendre une chaloupe équipée d'une voile, de six avirons, six fusils et autant de sabres, avec du biscuit, de la bière, un compas de route, et quelques autres provisions. Je lui demandois en même temps de vouloir bien envoyer à la prison quelques-uns de ses matelots, sous prétexte de visiter les prisonniers français, et de leur faire porter secrètement un habit à la suédoise, pour le remettre à mon maître d'équipage, lequel parlant bien suédois, et étant comme eux de haute stature, pourroit se sauver mêlé avec eux à l'entrée de la nuit, quand ils partiroient de la prison.

Tout cela fut exécuté, et mon maître d'équipage s'échappa sous ce déguisement avec les matelots suédois. Il convint avec leur capitaine du prix de sa chaloupe pour trente-cinq livres sterlings, à condition qu'elle seroit prête à un jour marqué ; et que six de ses gens m'attendroient à un rendez-vous hors de la ville, pour m'escorter jusqu'à la chaloupe.

L'auberge où je devois me trouver avec la marchande étoit adossée à une montagne ; du second étage de la maison, on entroit dans un jardin disposé en terrasse, dont le derrière répondoit à une petite rue très-écartée ; et c'étoit en escaladant le mur qui séparoit la rue d'avec le jardin, que j'avois projeté de me sauver, lorsque mon capitaine amoureux me croiroit le plus occupé à disposer sa maîtresse en sa faveur. J'avois ordonné pour cet effet, à mon valet de chambre, qui avoit la liberté de sortir pour acheter des provisions, et à mon chirurgien, qui alloit panser nos blessés à l'hôpital, de ne pas manquer de se trouver sur les quatre heures du soir derrière le mur en question, et de m'y attendre, pour me conduire à l'endroit où je devois trouver mes bons amis les Suédois.

Ce jour tant désiré arriva enfin. Le capitaine, ayant vu entrer l'objet de ses vœux dans l'auberge, ne fit aucune difficulté de me laisser sortir de ma chambre avec un de mes officiers, qui, de son consentement, étoit entré dans la confidence : il nous pria seulement de ne pas le laisser languir, et de le faire avertir le plus tôt qu'il nous seroit possible. Mais à peine avois-je marqué ma reconnoissance à cette amie salutaire, que, plein d'impatience, je sautai par dessus le mur du jardin avec mon camarade. Mon chirurgien et mon valet nous attendoient derrière ; ils nous conduisirent au rendez-vous marqué, où nous trouvâmes six braves Suédois bien armés, qui nous firent faire deux bonnes lieues à pied, et nous accompagnèrent jusqu'à la chaloupe.

Nous nous embarquâmes vers les six heures du soir dans cette chaloupe, cinq Français que nous étions, savoir : l'officier compagnon de ma fuite, mon maître d'équipage, mon chirurgien, moi et mon valet. Aussitôt nous fîmes route, et trouvâmes, en passant dans la rade, deux vaisseaux de guerre anglais qui y étoient mouillés, et qui nous interrogèrent : nous leur répondîmes comme auroit fait un bateau de pêcheur anglais ; et, continuant notre chemin, nous étions à la pointe du jour au dehors de la grande rade. Nous nous trouvâmes alors assez près d'une frégate anglaise qui couroit sa bordée pour entrer à Plymouth. Je ne sais par quel caprice elle s'opiniâtra à vouloir nous parler ; mais il est certain que nous allions être repris, si le vent, qui cessa tout d'un coup, ne nous eût mis en état de nous éloigner d'elle à force de rames.

Nous la perdîmes enfin de vue, et nous nous trouvâmes en pleine mer, outrés de lassitude d'avoir ramé si long-temps, et avec autant d'action. La nuit vint, pendant laquelle nous nous relevions, mon maître d'équipage et moi, pour gouverner, sur un compas de route éclairé d'un petit fanal. Il me trouva, tenant le gouvernail, si excédé de fatigue, que le sommeil me surprit ; mais je fus bien promptement et bien cruellement réveillé par un coup de vent qui, donnant subitement et avec impétuosité dans la voile, coucha la chaloupe, et la remplit d'eau dans un instant. Aussitôt je larguai l'écoute (1) ; et, poussant en même temps le gouvernail à arriver vent arrière, j'évitai par cette prompte manœuvre un naufrage d'autant plus indispensable, que nous étions éloignés de plus de quinze lieues de toute terre. Mes compagnons, qui dormoient, furent aussi bientôt réveillés, ayant de l'eau par dessus la tête. Notre biscuit et notre baril de bière, dans lequel la mer entra, furent entièrement gâtés, et nous fûmes très-long-temps à vider l'eau avec nos chapeaux. A la fin la chaloupe étant soulagée, je remis à route pendant le reste de la nuit ; et le jour suivant, vers les huit heures du soir, nous abordâmes à la côte de Bretagne, à deux lieues de Tréguier. Charmé de me voir échappé de tant de périls, je sautai légèrement sur le rivage, pour embrasser ma terre natale, et pour rendre grâces à Dieu, qui m'avoit conservé. Nous gagnâmes ensuite le village le plus prochain, où l'on nous donna du lait et du pain bis, que l'appétit nous fit trouver délicieux ; après quoi nous nous endormîmes sur de la paille fraîche.

Le jour ayant paru, nous nous rendîmes à Tréguier, et de là à Saint-Malo. J'appris, en y arrivant, que mon frère aîné étoit parti pour Rochefort, où il armoit pour moi le vaisseau du Roi *le Français*, de quarante-huit canons, comptant m'en réserver le commandement jusqu'à mon retour d'Angleterre. Je pris la poste pour l'aller joindre, et je trouvai ce vaisseau mouillé aux rades de La Rochelle : il ne lui manquoit rien pour partir.

Je montai dessus le lendemain ; et, cinglant en haute mer, j'établis ma croisière sur les côtes d'Angleterre et d'Irlande. J'y pris d'abord cinq vaisseau chargés de tabac et de sucre, et un sixième chargé de mâts et de pelleteries, venant de la Nouvelle-Angleterre : ce dernier s'étoit séparé depuis deux jours d'une flotte de soixante voiles, escortée par deux vaisseaux de guerre anglais, l'un nommé *le Sans-Pareil*, de cinquante canons ; l'autre, *le Boston*, de trente-huit, mais percé à soixante-douze. Les habitans de Boston l'avoient fait construire, et l'avoient chargé des plus beaux mâts et des pelleteries les plus recherchées, pour en faire présent au prince d'Orange, qui avoit pris alors le titre de roi d'Angleterre. Je m'informai avec grand soin, du capitaine de ce dernier vaisseau marchand que j'avois pris, de l'air de vent où cette flotte pouvoit être : je courus à toutes voiles de ce côté-là, et j'en eus connoissance vers le midi.

L'impatience que j'avois de prendre ma revanche me fit, sans hésiter, attaquer les deux vaisseaux de guerre qui lui servoient d'escorte. J'eus le bonheur, dès mes premières bordées, de démâter *le Boston* de son grand mât de hune, et de lui couper sa grande vergue. Cet accident

---

(1) *Les écoutes* sont des cordages qui font deux branches, amarrés aux coins des voiles par en bas, pour les tenir dans une situation qui leur fasse recevoir le vent. *Larguer* veut dire lâcher ; en larguant l'écoute, le vent a moins de prise sur la voile.

le mit hors d'état de traverser le dessein que j'avois d'aborder *le Sans-Pareil* : j'en profitai, et mes grappins furent jetés au milieu du feu mutuel de notre canon et de notre mousqueterie. J'avois fait disposer un si grand nombre de grenades de l'avant à l'arrière de mon vaisseau, que ses ponts et ses gaillards furent nettoyés en fort peu de temps. Je fis battre la charge ; et mes gens commençoient à pénétrer sur son bord, lorsque le feu prit à sa poupe avec tant de violence, que je fus contraint de faire pousser promptement au large, pour ne pas brûler avec lui. Cet embrasement ne fut pas plus tôt éteint, que je le raccrochai une seconde fois : alors le feu prit aussi dans ma hune (1) et dans ma voile de misaine ; ce qui m'obligea encore de déborder. La nuit vint sur ces entrefaites, et toute la flotte se dispersa : les deux vaisseaux de guerre furent les seuls qui se conservèrent (2), et que je conservai de même très-soigneusement : cependant je fus obligé de faire changer toutes mes voiles, qui étoient criblées ou brûlées. Les ennemis, de leur côté, me paroissoient aussi occupés que moi pour tâcher de se réparer.

Aussitôt que le jour parut, je recommençai le combat avec la même ardeur, et je me présentai une troisième fois à l'abordage du *Sans-Pareil*. Au milieu de nos bordées de canon et de mousqueterie, ses deux grands mâts tombèrent dans mes porte-haubans (3) ; cet accident, qui le mettoit hors d'état de combattre, et dans l'impossibilité de s'échapper, m'empêcha de permettre à mes gens de sauter à bord : au contraire, je fis pousser précipitamment au large, et courus avec la même activité sur *le Boston*, qui mit alors toutes ses voiles au vent pour s'enfuir, mais inutilement. Je le joignis ; et, m'en étant rendu maître en peu de temps, je revins sur son camarade, qui, se trouvant ras comme un ponton, fut aussi obligé de céder.

Je me souviens d'une scène assez plaisante qui se passa lorsque j'eus soumis ces deux vaisseaux. Un Hollandais, capitaine d'une prise que j'avois faite peu de jours auparavant, monta sur le gaillard pour m'en faire compliment : il me dit, d'un air vif et content, qu'il venoit aussi de remporter sa petite victoire sur le capitaine de la prise anglaise ; qu'il m'avoit donné le premier avis de cette flotte ; qu'étant descendus tous deux à fond de cale, un moment avant que notre combat commençât, l'Anglais lui avoit dit : « Camarade, réjouissez-vous, vous serez bientôt » en liberté. Le vaisseau *le Sans-Pareil* est » monté par un des plus braves capitaines de » toute l'Angleterre : il a pris à l'abordage, avec » ce même vaisseau, le fameux Jean Bart et le » chevalier de Forbin. Le capitaine du *Boston* » n'est pas moins brave, et est tout au moins » aussi bien armé : ils ont fortifié leurs équipages » de celui d'un vaisseau anglais qui s'est perdu » depuis peu sur la côte de Boston. Ainsi vous » jugez bien que ce Français ne pourra pas leur » résister long-temps. » Le Hollandais m'ajouta qu'il lui avoit répondu qu'il me croyoit plus brave qu'eux, et qu'il parieroit sa tête que je serois victorieux ; que, de discours en discours, ils en étoient venus aux mains, et que l'Anglais avoit été bien battu ; qu'il venoit m'en faire part, me demandant pour toute grâce de faire monter son adversaire sur le pont, afin qu'il vît de ses yeux ces deux vaisseaux soumis, et qu'il en crevât de dépit. Effectivement je l'envoyai chercher. Il perdit toute contenance quand il aperçut son *Sans-Pareil* et son *Boston* dans le pitoyable état où je les avois mis ; et il se retira promptement, s'arrachant les cheveux, et jurant à faire trembler. On m'apporta un moment après les brevets de messieurs Bart et de Forbin, tous deux depuis chefs d'escadre, qui avoient été enlevés par *le Sans-Pareil*, comme le capitaine hollandais venoit de me le dire.

J'eus une peine infinie à amariner (4) ces deux vaisseaux. Ma chaloupe et mon canot étoient hachés, et pour surcroît il survint une tempête qui me mit dans un très-grand péril, par le désordre où j'étois après un combat si long et si opiniâtre : tous les officiers du *Sans-Pareil* avoient été tués ou blessés, et de mon côté j'avois perdu près de la moitié de mon équipage. Cette tempête nous sépara tous. M. Boscher, qui étoit mon capitaine en second, et qui s'étoit fort distingué dans le combat, se trouvant commander sur *le Sans-Pareil*, fut obligé de faire jeter à la mer tous les canons de dessus son pont et de ses gaillards ; et quoiqu'il fût sans mâts, sans canons et voiles, il eut l'habileté de sauver ce vaisseau, et de le mener dans le Port-Louis. *Le Boston* trouva, après la tempête, quatre corsaires de Flessingue qui le reprirent à la vue de l'île d'Ouessant ; et ce fut avec bien de la peine que je gagnai le port de Brest avec mon vaisseau, démâté de ses mâts de hune et de son artimon (5), et tout délabré.

Le feu Roi, attentif à récompenser le zèle et la

---

(1) Petite plate-forme de bois établie vers le haut des mâts.
(2) Qui se suivirent sans se perdre de vue.
(3) Longues pièces de bois en saillie sur les côtés du vaisseau.
(4) C'est-à-dire à envoyer à bord des vaisseaux des hommes pour en prendre possession.
(5) Mât d'arrière.

bonne volonté, me fit la grâce, après cette action, de m'envoyer une épée : je la reçus, accompagnée d'une lettre très-obligeante de M. de Pontchartrain, alors secrétaire d'État de la marine, et depuis chancelier de France, qui m'exhortoit à mettre mon vaisseau en état d'aller joindre M. le marquis de Nesmond aux rades de La Rochelle. Je ne perdis point de temps à me rendre à cette destination.

Nous nous trouvâmes cinq vaisseaux de guerre sous son commandement : *l'Excellent*, de soixante-deux canons, monté par ce général ; *le Pélican*, de cinquante, commandé par M. le chevalier des Augers ; *le Fortuné*, de cinquante-six, par M. de Beaubriant, *le Saint-Antoine*, de Saint-Malo, aussi de cinquante canons, par M. de La Villestreux ; et *le Français*, de quarante-six canons, que je montois. Cette escadre croisa à l'entrée de la Manche. Nous y trouvâmes trois vaisseaux de guerre anglais ; et leur ayant donné chasse, je me trouvai un peu de l'avant du reste de l'escadre, et précisément dans les eaux du plus gros vaisseau ennemi, monté de soixante-seize canons, et nommé *l'Espérance*. Je le joignis à une bonne portée de fusil, et je me préparai à l'aborder, dans la résolution de ne pas tirer un coup qu'après avoir jeté mes grappins à son bord. Sur ces entrefaites, M. le marquis de Nesmond, qui avoit, aussi bien que tous les vaisseaux de son escadre, pavillon et flamme anglaise, tira un coup de canon à balle sous le vent, sans changer de pavillon ; sur quoi tous les officiers qui étoient sur mon bord me représentèrent que le commandant n'ayant point arboré son pavillon blanc, ce coup de canon ne pouvoit être qu'un commandement pour moi de l'attendre ; et que si je n'y déférois pas, je tomberois dans le cas de désobéissance, le dessein du commandant ne pouvant jamais être de me faire combattre sous pavillon ennemi. J'eus une peine infinie à céder à cette remontrance, et à consentir qu'on carguât ma grande voile, ne pouvant me consoler de laisser échapper une si belle occasion de me distinguer : mais je fus bien plus désolé quand je vis, un quart d'heure après, M. le marquis de Nesmond mettre enfin son pavillon blanc, et tirer un autre coup de canon pour commencer le combat. Je fis à l'instant remettre ma grande voile, et tirer toute ma bordée au vaisseau *l'Espérance* ; M. de La Villestreux, capitaine du *Saint-Antoine*, attaqua en même temps *l'Anglesey*, de cinquante-huit canons : mais à peine eûmes-nous tiré trois ou quatre bordées, que M. le marquis de Nesmond joignit *l'Espérance*, et le combattit à portée du pistolet si vivement, qu'il le démâta de son grand mât, et s'en rendit maitre après une assez belle résistance. M. de La Villestreux avoit été blessé mortellement en abordant *l'Anglesey;* d'ailleurs son vaisseau fut tellement désemparé de ses voiles et de ses manœuvres, que l'ennemi s'échappa avec son camarade, à la faveur de la nuit.

Je fis mes justes plaintes à M. le marquis de Nesmond de ce qu'il m'avoit obligé de carguer ma grande voile par ce coup de canon à balle qu'il avoit tiré sous pavillon anglais, m'ayant privé par là de l'honneur que j'allois acquérir sous ses yeux, en abordant le vaisseau *l'Espérance*. Je pris la liberté de lui dire que mes officiers et tout mon équipage étoient témoins que j'y étois préparé et bien déterminé, et qu'il étoit fort triste pour moi qu'il se fût servi de son autorité pour profiter de cette occasion à mon préjudice. Il me répondit qu'il en étoit bien fâché par rapport à moi ; mais que c'étoit une méprise de son capitaine de pavillon, qui n'avoit pas fait attention au pavillon anglais ; et que toute la faute, s'il y en avoit une, rouloit sur cet officier, et non sur moi, qui avois bien rempli mon devoir. Cependant les équipages des autres vaisseaux, qui m'avoient vu le plus près des ennemis, et n'avoient pas fait attention au coup de canon que le commandant avoit tiré sous pavillon anglais, avoient été surpris de me voir carguer ma grande voile : ils eurent même l'injustice d'interpréter à mon désavantage la manœuvre que j'avois faite ; et, sans approfondir les raisons de subordination qui m'y avoient obligé, ils me taxèrent de peu de zèle dans leurs chansons matelotes ; mais ils en ont fait depuis ce temps-là un si grand nombre d'autres à mon honneur, qu'ils ont réparé et au-delà cette légère injustice. M. le marquis de Nesmond rendit en cette occasion des témoignages si publics et si authentiques de ma conduite, que j'eus tout lieu d'en être satisfait.

[1695] Le Roi m'ayant continué le commandement de son vaisseau *le Français*, et à M. de Beaubriant celui du vaisseau *le Fortuné*, pour les employer à détruire les baleiniers hollandais sur les côtes de Spitzberg, nous sortîmes tous deux du Port-Louis, où nous avions fait caréner nos vaisseaux, et fîmes route pour nous rendre sur ces parages ; mais les vents contraires nous traversèrent avec tant d'opiniâtreté, qu'après avoir vainement lutté contre, et consommé toute notre eau, nous fûmes contraints d'aller la renouveler aux îles de Feroë, après quoi la saison étant trop avancée pour aller jusqu'à Spitzberg, nous demeurâmes à croiser sur les Orcades : enfin, rebutés de n'y rencontrer aucun vaisseau ennemi, nous fîmes route pour aller consommer le reste de nos vivres sur les côtes d'Irlande.

Le malheur que nous avions eu de ne rien trouver pendant trois mois de croisière avoit consterné les officiers et les équipages de nos deux vaisseaux ; j'étois seul à les encourager, par un pressentiment secret qui ne me quitta jamais, et qui me donnoit un air content au milieu d'une tristesse générale. La joie et la confiance que je tâchois de leur inspirer, et l'assurance que je leur donnois hardiment de quelque bonne aventure fut justifiée heureusement par la rencontre que nous fîmes, sur les blasques, de trois vaisseaux anglais venant des Indes orientales, très-considérables par leur force, et plus encore par leur richesse. Le commandant, nommé *la Défense*, étoit percé à soixante-douze canons, et monté à cinquante-huit ; le second, nommé *la Résolution*, étoit percé de soixante canons, et monté de cinquante-six ; le troisième, dont je ne puis retrouver le nom, avoit quarante canons montés : ils nous attendoient en ligne. M. de Beaubriant donna en passant sa bordée au commandant anglais ; et, poussant sa pointe, il s'attacha à combattre et à réduire le second. Je le suivis, le beaupré sur la poupe ; et, aussitôt qu'il eut dépassé le commandant, je le combattis si vivement, que je m'en rendis maître. Dès qu'il fut soumis, je courus, sans perdre de temps, sur le troisième vaisseau, qui fuyoit à toutes voiles : il se défendit avec beaucoup d'opiniâtreté. Il est vrai que je le ménageois un peu, dans la crainte de le démâter ; et d'ailleurs je ne jugeois pas à propos de l'aborder, par rapport au pillage, qui auroit été en ce cas presque inévitable. Il se rendit à la fin, et *nous les amarinâmes tous trois*, de façon à se défendre s'il en étoit besoin. Nous les escortâmes dans le Port-Louis ; et les richesses dont ils étoient chargés donnèrent plus de vingt pour un de profit, malgré tout le pillage qu'il n'avoit pas été possible d'empêcher.

Après cette heureuse campagne, le désir me prit de faire un voyage à Paris, pour me faire connoître à M. le comte de Toulouse et à M. de Pontchartrain; mais encore plus pour me donner la satisfaction de voir à mon aise la personne du feu Roi, pour lequel, dès ma tendre jeunesse, je m'étois senti un grand fonds d'amour et de vénération. M. de Pontchartrain voulut bien me présenter à Sa Majesté, et mon admiration redoubla à la vue de ce grand monarque. Il daigna paroître content de mes foibles services, et je sortis de son cabinet le cœur pénétré de la douceur et de la noblesse qui régnoient dans ses paroles et dans ses moindres actions : le désir que j'avois de me rendre digne de son estime en devint plus ardent. Après quelque séjour à Paris, je pris tout d'un coup la résolution de me rendre au Port-Louis, dans le dessein d'y armer *le Sans-Pareil*, que j'avois pris sur les Anglais ; mais, au lieu de cinquante canons qu'il avoit auparavant, je n'en fis mettre que quarante-deux afin de le rendre plus léger.

[1696] Ce vaisseau étant caréné, je mis à la voile ; et m'étant rendu sur les côtes d'Espagne, j'appris, par quelques vaisseaux neutres que je rencontrai, qu'il y avoit dans le port de Vigo trois vaisseaux hollandais qui attendoient l'arrivée d'un vaisseau de guerre anglais, lequel devoit incessamment sortir de la Corogne pour les prendre en passant, et les escorter jusqu'à Lisbonne. Je réfléchis sur cet avis, et je formai le dessein de faire usage de mon *Sans-Pareil* pour tromper les Hollandais. En effet, je me présentai un beau matin à l'entrée de Vigo avec pavillon et flamme anglaise, mes basses voiles carguées, mes perroquets en bannière (1), et un iac (2) anglais au bout de ma vergue d'artimon : manœuvre que j'avois vu faire aux Anglais en cas à peu près semblable. La fabrique anglaise du *Sans-Pareil* aida si bien à ce stratagème, que deux de ces vaisseaux, abusés par ces apparences, mirent à la voile, et vinrent bonnement se ranger sous mon escorte : le troisième en auroit sûrement fait autant, s'il avoit été en état de lever l'ancre. Je trouvai ces vaisseaux chargés de gros mâts, et d'autres bonnes marchandises.

M'étant mis en route pour les conduire dans le premier port de France, je me trouvai à la pointe du jour à trois lieues sous le vent de l'armée navale des ennemis. Sur cet incident, très-embarrassant, je pris mon parti sans balancer. J'ordonnai, à ceux qui commandoient mes deux prises, d'arborer pavillon hollandais, et d'arriver vent arrière, après m'avoir salué de sept coups de canon chacun ; ensuite, me confiant dans la bonté et dans la fabrique du *Sans-Pareil*, je fis voile vers l'armée ennemie, avec autant d'assurance et de tranquillité que j'aurois pu faire si j'avois été réellement un des leurs, qui, après avoir parlé à des vaisseaux hollandais, eût voulu se rallier à son corps.

Il s'étoit d'abord détaché de cette armée deux gros vaisseaux et une frégate de trente-six canons, pour venir me reconnoître : les deux vaisseaux, trompés par ma manœuvre, cessèrent bientôt leur chasse, et retournèrent à leur poste ;

---

(1) C'est-à-dire les voiles des mâts de perroquet abandonnées au vent comme une bannière.

(2) Pavillon.

la seule frégate, poussée par son mauvais destin, s'opiniâtra à vouloir parler à mes deux prises, et je vis qu'elle les joignoit à vue d'œil. Je naviguois alors avec toute l'armée, et paroissois fort tranquille, quoique je fusse intérieurement désespéré de ce que ces prises alloient infailliblement tomber au pouvoir de cette frégate. Comme je m'aperçus cependant que mon vaisseau alloit beaucoup mieux que ceux des ennemis qui étoient les plus près de moi, je fis courir insensiblement le mien un peu largue (1), pour me mettre de l'avant d'eux; et tout d'un coup je forçai de voiles, pour aller me placer entre mes prises et la frégate. Je m'y rendis assez à temps pour lui barrer le chemin, et pour la combattre, comme je fis, à la vue de toute l'armée. Je l'aurois même enlevée, s'il m'avoit été possible de l'aborder; mais le capitaine qui la montoit conserva assez de défiance et d'habileté pour se tenir une portée de fusil au vent, et il jugea à propos d'envoyer son canot à mon bord. Les gens de ce canot étant à moitié chemin me reconnurent pour Français, et se mirent en devoir de retourner à leur frégate. Alors, me voyant démasqué, je fis arborer mon pavillon blanc à la place de l'anglais que j'avois à poupe, et je commençai au même instant le combat. Cette frégate me répondit de toute sa bordée; mais, ne pouvant soutenir le feu de mon canon et de ma mousqueterie, elle trouva moyen de revirer de bord à la rencontre de plusieurs gros vaisseaux, qui se détachèrent pour venir promptement à son secours. Leur approche m'obligea de la quitter dans un temps où elle se trouvoit si maltraitée, qu'elle mit à la bande (2), avec un pavillon rouge sous ses barres de hune (3), en tirant des coups de canon de distance en distance. Ce signal pressant d'incommodité fit que les vaisseaux les plus près d'elle s'arrêtèrent pour la secourir: ils recueillirent en même temps son canot, qui n'avoit pu regagner son bord, et avoit fait route du côté de l'armée pendant notre combat. Toutes ces circonstances, favorables pour moi, me donnèrent le temps de rejoindre mes prises à l'entrée de la nuit, et je les conduisis au Port-Louis.

Aussitôt que je les eus mises en sûreté, j'allai croiser à l'entrée de la Manche, où je rencontrai un flessinguois revenant de Curaçao. Je m'en rendis maître, et le conduisis dans le port de Brest, où je fis caréner mon vaisseau.

Je fis en même temps équiper une frégate de seize canons, dont je donnai le commandement à un de mes jeunes frères, qui m'avoit donné en plus d'une occasion des marques d'une capacité au-dessus de son âge. Nous mîmes ensemble à la voile, et fûmes croiser sur les côtes d'Espagne. Nous y consommâmes la plus grande partie de nos vivres sans rien trouver; et comme nous commencions à manquer d'eau, je jugeai à propos d'en aller chercher auprès de Vigo, dans l'espérance d'y faire en même temps quelque capture. Sur cette idée, je fus mouiller entre ce port et les îles de Bayonne, et n'y ayant rien rencontré, je m'attachai à découvrir un endroit qui fût propre à faire de l'eau. Pour cet effet, nous nous embarquâmes mon frère et moi dans mon canot, avec quelques volontaires; et ayant remarqué une anse à main droite, d'où paroissoit couler un ruisseau, nous avançâmes pour la reconnoître de plus près : mais en l'approchant nous fûmes salués de plusieurs coups de fusil, qu'on nous tira des retranchemens qui bordoient le rivage. Ma première pensée [et plût à Dieu que je l'eusse suivie!] fut de retourner à bord de nos vaisseaux, et de mépriser de pareilles canailles; mais mon frère, jeune et ardent aux occasions d'honneur, me représenta qu'il seroit honteux de se retirer pour de misérables paysans qui n'étoient pas capables de tenir devant nous; qu'il falloit les aller attaquer, et faire en même temps signal à nos vaisseaux de nous envoyer le secours que j'avois ordonné que l'on y tînt prêt en cas de besoin. J'avouerai qu'une mauvaise honte et un ridicule point d'honneur l'emportèrent sur la répugnance que j'avois à suivre ce conseil. Je mis donc pied à terre, suivi d'une vingtaine de jeunes gens qui étoient dans mon canot: nous forçâmes, l'épée à la main, les retranchemens d'où l'on avoit tiré, et nous nous y établîmes, après en avoir chassé ceux qui les gardoient. Il arriva bientôt après de nos vaisseaux cent cinquante hommes bien armés: j'en laissai vingt à la garde des retranchemens, sur lesquels je fis mettre les pierriers de nos chaloupes, pour assurer notre retraite. J'en donnai cinquante autres à commander à mon frère, avec ordre d'aller prendre à revers un gros bourg, où j'avois remarqué que les milices espagnoles s'étoient assemblées, tandis que je l'attaquerois de front avec cent hommes qui me restoient. Dans cette résolution, je m'avançai, tambour battant, vers l'endroit où je croyois trouver le plus de résistance. Mon frère, se laissant emporter à l'ardeur de son courage, pressa sa marche plus que moi, et attaqua le premier, à ma vue, les retranchemens de ce bourg, qu'il

---

(1) C'est-à-dire par une aire de vent comprise entre le vent arrière et le vent de bouline ou de côté.

(1) Qu'elle se coucha sur le côté pour mettre hors de l'eau les endroits endommagés.

(2) Petite hune faite avec deux barres et deux traverses; elle est placée vers le haut des mâts de hune.

enleva dans un moment. Sa valeur lui devint funeste : il reçut, en les franchissant le premier, un coup de mousquet qui lui traversoit l'estomac. Je combattois en même temps de mon côté; et, ayant aussi forcé ces retranchemens, j'étois occupé à faire donner quartier à quatre-vingts Espagnols qui avoient mis les armes bas, quand je reçus cette triste nouvelle. Il est difficile d'exprimer à quel point j'en fus pénétré : cet infortuné frère m'étoit encore plus cher par son intrépidité, et par son caractère aimable, que par les liens du sang. Je restai d'abord immobile; après quoi, devenant tout à coup furieux, je courus comme un désespéré vers ceux des ennemis qui résistoient, et j'en sacrifiai plusieurs à ma douleur. Pendant que tous mes gens s'abandonnoient au pillage, il parut une troupe de cavalerie sur la hauteur. Je repris alors mes sens, et, rassemblant la plus grande partie de mes soldats avec assez de promptitude, je courus chercher mon frère. Je le trouvai couché sur la terre, et baigné dans son sang, qu'on s'efforçoit en vain d'arrêter. Un objet si touchant m'arracha des larmes : je l'embrassai, sans avoir la force de lui parler; et je le fis emporter sur-le-champ à bord de mon vaisseau, où je l'accompagnai, ne pouvant me résoudre à le quitter dans l'état déplorable où je le voyois. Je laissai aux officiers le soin de faire rembarquer tous nos gens, et j'ordonnai au premier lieutenant de mon vaisseau de les couvrir, et d'assurer notre retraite, qui se fit sans confusion, et avec fort peu de perte.

Mon frère ne vécut que deux jours, et rendit son dernier soupir entre mes bras, avec de grands sentimens de religion, et une fermeté héroïque. La tendresse et la douleur me rendirent éloquent à l'exhorter dans ces momens, et je demeurai dans un accablement extrême. J'ordonnai qu'on levât l'ancre, et qu'on mît à la voile pour porter son corps à Viana, ville portugaise sur la frontière d'Espagne, où je lui fis rendre les derniers devoirs avec tous les honneurs dus à sa valeur et à son mérite, qui certainement n'étoit pas commun. Toute la noblesse des environs assista à ses funérailles, et parut sensible à la perte d'un jeune homme qui emportoit les louanges et les regrets de tous nos équipages.

M'étant acquitté de ce triste devoir, je repris la mer, pour consommer le reste de mes vivres; et ayant rencontré un vaisseau hollandais venant de Curaçao, je m'en rendis maître, et le conduisis à Brest. J'y désarmai mes deux vaisseaux. J'avois l'esprit continuellement agité de l'idée de mon frère expirant entre mes bras : cette cruelle image me réveilloit en sursaut toutes les nuits, et pendant fort long-temps elle ne me laissa pas un moment de repos.

Six mois après, M. Descluseaux, intendant de la marine à Brest, qui m'estimoit plus que je ne méritois, m'engagea, par ses sollicitations, à prendre le commandement de trois vaisseaux qu'il vouloit envoyer au-devant de la flotte de Bilbao. Ces vaisseaux étoient *le Saint-Jacques-des-Victoires*, de quarante-huit canons; *le Sans-Pareil*, de quarante-deux ; et la frégate *la Léonore*, de seize canons. Je montai le premier vaisseau, et je confiai le commandement du second à mon parent M. Boscher, qui m'avoit servi jusque-là de capitaine en second, et dont j'avois éprouvé la valeur et la capacité.

Huit jours après notre départ de Brest, j'eus connoissance de cette flotte, qui étoit escortée par trois vaisseaux de guerre hollandais, commandés par M. le baron de Wassenaër, vice-amiral de Hollande. Ces vaisseaux étoient *le Delft* et *le Houslaërdick*, tous deux de cinquante-quatre canons; et un troisième, dont j'ai oublié le nom, de trente-huit. Le grand vent et l'agitation des vagues m'obligèrent de les conserver pendant deux jours, au bout desquels j'étois sur le point de hasarder un combat assez inégal, quand par bonheur je découvris deux frégates de Saint-Malo, l'une de trente canons, nommée *l'Aigle noir*, montée par M. de Belille-Pepin; et l'autre, de trente-huit canons, nommée *la Faluère*, par M. Dessandrais-Dufrène. Nous tînmes conseil ensemble, et disposâmes notre attaque de la manière suivante.

Les trois vaisseaux de guerre ennemis étoient en panne au vent de leur flotte : *le Delft*, commandant, au milieu; *le Houslaërdick* à son arrière; et le troisième de l'avant. Je devois les attaquer le premier, et, après avoir donné en passant ma bordée au *Houslaërdick*, pousser ma pointe pour aller aborder le commandant. *Le Sans-Pareil* étoit destiné à me suivre, le beaupré sur ma poupe, et à accrocher *le Houslaërdick* aussitôt que je l'aurois dépassé. Les frégates *l'Aigle noir* et *la Faluère* devoient s'attacher à réduire le troisième vaisseau de guerre, et donner ensuite dans le corps de la flotte. A l'égard de *la Léonore*, elle étoit uniquement destinée à prendre des vaisseaux marchands.

[1697] Dans cette disposition, nous arrivâmes sur les ennemis; et comme j'allois ranger sous le vent *le Houslaërdick*, il mit le vent dans ses voiles d'avant, et appareilla sa misaine (1). Ce changement imprévu de manœuvre en apporta nécessairement à notre disposition, en ce qu'é-

---

(1) Déploya la voile du mât de misaine, mât d'avant.

tant venu à l'abri des voiles de ce vaisseau, il me fut impossible de le dépasser pour aller aborder le commandant. Celui-ci arriva en même temps sur moi, à dessein de me mettre entre deux feux ; et je n'eus d'autre parti à prendre que celui d'aborder le *Houslaërdick*. Alors le capitaine du *Sans-Pareil*, qui me suivoit de près, se détermina sans hésiter à couper chemin au commandant, et ensuite à l'aborder de long en long avec une audace et une conduite admirable. Les deux frégates de Saint-Malo attaquèrent en même temps le troisième vaisseau ; et *la Léonore* donna, comme je l'avois ordonné, dans le milieu de la flotte.

Les deux abordages des vaisseaux *le Houslaërdick* et *le Delft* furent exécutés avec une égale fierté, mais avec un succès bien différent. Je fis sauter à bord du premier la moitié de mes officiers, avec cent vingt de mes meilleurs hommes, qui l'enlevèrent d'emblée. Je poussai en même temps au large, et courus avec empressement secourir *le Sans-Pareil*, qui, toujours accroché au commandant, en essuyoit un feu terrible. J'arrivai près d'eux comme la poupe de mon camarade sautoit en l'air, par le feu qu'un boulet avoit mis à des caisses remplies de gargousses. Plus de quatre-vingts hommes en furent écrasés, ou jetés à la mer ; et le feu étant prêt de se communiquer à la soute aux poudres, j'attendois avec frayeur le moment de le voir périr. Dans ce danger pressant, M. Boscher, qui commandoit ce vaisseau, conserva assez de fermeté et de sang-froid pour faire couper ses grappins, et pousser au large. Désespéré de ce fâcheux contre-temps, et de la perte de ce brave parent, qui me paroissoit inévitable, je m'avançai pour prendre sa place, et pour le venger. Ce nouvel abordage fut très-sanglant, par la vivacité de notre feu mutuel de canon, de mousqueterie et de grenades, et par le grand courage de M. le baron de Wassenaër, qui me reçut avec une fierté étonnante. Les plus braves de mes officiers et de mes soldats furent repoussés jusqu'à quatre fois : il en périt un si grand nombre, que, malgré mon dépit et tous mes efforts, je fus contraint de faire pousser mon vaisseau au large, afin de redonner un peu d'haleine à mes gens, que je voyois presque rebutés, et de pouvoir travailler à réparer mon désordre, qui n'étoit pas médiocre.

Dans cet intervalle, *l'Aigle noir* et *la Faluère* s'étoient rendus maîtres du troisième vaisseau de guerre ; et cette dernière frégate se trouvant à portée de ma voix, j'ordonnai à M. Dessandrais-Dufrêne, qui la montoit, de s'avancer sur le vaisseau *le Delft*, afin d'entretenir le combat, et de donner le temps de revenir à la charge. Il s'y présenta de la meilleure grâce du monde, mais malheureusement il fut tué des premiers coups. Ce nouveau contre-temps mit le désordre dans cette frégate, qui vint en travers, et m'attendit. J'appris avec une extrême douleur la mort d'un homme si courageux, et je dis à M. de Langavan, son capitaine en second, de me suivre pour le venger. En effet, je retournai tête baissée aborder ce redoutable baron, résolu de vaincre ou de périr. Cette dernière scène fut si vive et si sanglante, que tous les officiers de son vaisseau furent tués ou blessés ; il reçut lui-même quatre blessures très-dangereuses, et tomba sur son gaillard de derrière, où il fut pris les armes à la main. Le frégate *la Faluère* eut part à ce dernier avantage, en venant m'aborder, et en jetant dans mon bord quarante hommes de renfort.

Plus de la moitié de mon équipage périt dans cette action. J'y perdis un de mes cousins-germains, premier lieutenant sur mon vaisseau, et deux autres parens sur *le Sans-Pareil* ; plusieurs autres officiers furent tués ou blessés. Ce combat fut suivi d'une tempête et d'une nuit affreuse, qui nous sépara les uns des autres. Mon vaisseau, percé de coups de canon à l'eau, et entr'ouvert par les abordages réitérés, couloit bas ; il ne me restoit qu'un seul officier, et cent cinquante-cinq hommes des moindres de mon équipage, qui fussent en état de servir ; et j'avois plus de cinq cents prisonniers hollandais à garder. Je les employai à pomper et à puiser l'eau de l'avant à l'arrière de mon vaisseau ; et nous étions forcés, cet officier et moi, d'être continuellement sur pied, l'épée et le pistolet à la main, pour les contenir. Cependant toutes nos pompes et nos puits ne suffisant pas pour nous empêcher de couler bas, je fis jeter à la mer tous les canons du second pont et des gaillards, mâts et vergues de rechange, boulets et pinces de fer, et jusqu'aux cages à poules : enfin l'extrémité devint si pressante, que l'eau se déchargeoit aux roulis (1) du fond de cale, dans l'entre-pont. Mais, dans ce péril menaçant, rien ne me toucha plus sensiblement que l'horreur de voir cent malheureux blessés, fuyant l'eau qui les gagnoit, se traîner sur les mains avec des gémissemens affreux, sans qu'il me fût possible de les secourir. La mort nous environnant ainsi de toutes parts, je me déterminai à faire gouverner sur la côte de Bretagne, qui ne pouvoit être loin, afin de périr au moins plus près de terre, avec le foible

(1) Balancement du vaisseau dans le sens de sa largeur.

et unique espoir que quelqu'un pourroit s'y sauver, par hasard, sur les débris du vaisseau. Cette résolution fut cause de notre salut, car en faisant cette route nous fûmes obligés de présenter le côté de babord (1) au vent; et comme c'étoit le plus endommagé de l'abordage, et des coups de canon à fleur d'eau, il arriva que ce côté se trouvant en partie au dessus de la mer, elle n'y entra plus avec la même rapidité; en sorte que, redoublant nos efforts, nous soulageâmes le vaisseau de deux bons pieds d'eau. Sur ces entrefaites, les matelots placés en garde sur le mât de beaupré s'écrièrent qu'ils voyoient les brisans des rochers, et que nous allions périr dessus, si on ne revenoit pas dans le moment du côté de tribord. Il est naturel de fuir le danger le plus pressant, pour prolonger sa vie : ainsi nous ne balançâmes point à changer de route; mais en moins d'une demi-heure le vaisseau se remplit d'eau, comme auparavant. Trois fois nous fîmes cette manœuvre, et trois fois nous la changeâmes pendant la nuit. Aussitôt que le jour parut, nous connûmes que nous étions entre l'île de Grois et la côte de Bretagne. Je fis mettre un pavillon rouge sous les barres de hune, et tirer des coups de canon de distance en distance, pour attirer un prompt secours. Heureusement le vent avoit beaucoup diminué; de sorte qu'un grand nombre de bateaux se rendirent à mon bord, qui soulagèrent nos gens épuisés, et firent entrer le vaisseau dans le Port-Louis.

Un hasard singulier fit que les trois vaisseaux de guerre hollandais, avec douze autres vaisseaux marchands de leur flotte, arrivèrent le même jour, ainsi que *l'Aigle noir*, *la Faluère* et *la Léonore*; *le Sans-Pareil* s'y rendit aussi le lendemain, après avoir été vingt fois sur le point de périr par le feu et par la tempête.

Un de mes premiers soins, en arrivant, fut de m'informer de l'état où se trouvoit M. le baron de Wassenaër, que je savois très-grièvement blessé; et j'allai sur-le-champ lui offrir avec empressement ma bourse, et tous les secours qui étoient en mon pouvoir. Ce généreux guerrier, dont la valeur m'avoit inspiré de l'amour et de l'émulation, ne voulut pas me faire l'honneur d'accepter mes offres : il se contenta de m'en témoigner beaucoup de reconnoissance, et de me dire qu'il se seroit plus aisément consolé de son malheur, s'il avoit pu se faire porter à bord de mon vaisseau, où il étoit persuadé qu'il auroit reçu tous les secours et toutes les honnêtetés qui auroient dépendu de moi. Je compris, à ce discours, qu'il n'avoit pas lieu de se louer de ceux qui s'étoient rendus maîtres de son vaisseau : j'en restai confus, et je conçus l'indignation la plus grande contre l'officier qui y commandoit; je lui en fis tous les reproches qu'il méritoit, et j'ajoutai à ces reproches des mortifications très-sensibles. Il m'a été depuis impossible de le regarder de bon œil, quoiqu'il fût mon proche parent. Effectivement, quiconque n'est pas capable d'aimer et de respecter la valeur dans son ennemi ne peut pas avoir le cœur bien fait : un des plus sensibles chagrins que j'aie eus de ma vie a été de n'avoir pu témoigner, comme je l'avois désiré, à ce valeureux baron de Wassenaër toute l'estime et toute la vénération que j'ai pour sa vertu.

Sur le compte que M. le comte de Pontchartrain, qui exerçoit, en survivance de monsieur son père, la charge de secrétaire d'État de la marine, rendit de cette action au feu Roi, il eut la bonté de me prendre à son service, en qualité de capitaine de frégate légère. Sensible à cette grâce autant que le peut être un sujet plein de zèle et d'admiration pour son prince, je n'attendis pas le désarmement de mes vaisseaux délabrés pour aller en remercier Sa Majesté : je lui fus présenté dans son cabinet par M. le comte de Pontchartrain, et j'y reçus des marques de sa bonté et de sa satisfaction, qui touchèrent mon cœur d'autant plus vivement qu'une forte inclination m'attachoit à ce grand roi. M. de Wassenaër eut aussi l'honneur de lui faire la révérence quand il fut guéri de ses blessures; et sa valeur lui fit recevoir de Sa Majesté des témoignages d'estime et de bienveillance tout-à-fait distingués. Il est vrai que personne ne connoissoit si bien quel est le prix de la vertu, et ne savoit mieux aussi la récompenser. L'aversion que j'ai toujours eue pour le personnage de courtisan ne m'empêchoit pas de lui faire assidûment ma cour, et de lui marquer mon attachement fidèle et désintéressé, dont la connoissance n'échappa pas à sa pénétration. Cependant, comme ce n'étoit pas par cet endroit que je désirois le plus de me rendre digne de ses bontés, je sollicitai et j'obtins de Sa Majesté ses vaisseaux *le Solide* et *l'Oiseau*, pour aller faire la guerre à ses ennemis.

Avant que de me rendre à Brest pour les armer, je passai à Saint-Malo, et j'engageai deux de mes amis à me venir joindre, avec deux autres vaisseaux de trente-six canons chacun. Ils les conduisirent à Brest; et nous étions sur le point d'en sortir pour aller ensemble croiser, quand le Roi jugea à propos de donner la paix à l'Europe.

---

(1) Côté gauche du vaisseau, c'est-à-dire le côté qui est à la gauche de celui qui, étant à la poupe, regarde la proue.

La publication qui en fut faite m'obligea de faire rentrer mes vaisseaux dans le port, et d'y désarmer.

Pendant les quatre années que dura cette paix, je passois les hivers à Brest, qui étoit mon département; et les étés à Saint-Malo, où, depuis le bombardement de cette ville par les Anglais, le Roi envoyoit tous les ans au printemps un corps d'officiers et de soldats de la marine. Je m'occupois pendant ce temps-là à me perfectionner dans les sciences, et dans les exercices qui avoient rapport à mon état.

[1702] Sur la fin de ces quatre années de paix, je fus nommé capitaine en second sur le vaisseau du Roi *la Dauphine*, commandé par M. le comte de Hautefort, aujourd'hui lieutenant général des armées navales de Sa Majesté. Mais la guerre s'étant déclarée, on me fit débarquer pour armer en course les frégates du Roi *la Bellone*, de trente-huit canons, et *la Railleuse*, de vingt-quatre. Comme il n'y avoit point d'autres vaisseaux à Brest propres à croiser, je fus obligé de me borner à ces deux-là; et j'en engageai deux autres de quarante canons à venir me joindre de Saint-Malo à Brest.

L'un d'eux, commandé par M. Porée, qui s'étoit acquis la réputation d'un très-brave homme et très-entendu par plusieurs actions distinguées, se rendit le premier à Brest; et l'autre tardant trop à arriver, nous mîmes ensemble à la voile, et fûmes croiser sur les Orcades. Nous y prîmes trois vaisseaux hollandais venant de Spitzberg; mais une tempête qui nous sépara fit périr deux de ces prises sur les côtes d'Écosse. L'orage ayant cessé, et cherchant à rejoindre mes camarades, je découvris, au lieu d'eux, un vaisseau de guerre hollandais de trente-huit canons, qui croisoit pour couvrir les pêcheurs de harengs. J'arrivai sur lui; et ayant arboré mon pavillon, je fis prolonger ma civadière (1), afin de l'aborder plus aisément. Ce vaisseau se sentant aussi fort que moi, bien loin de plier, cargua ses deux basses voiles, et mit en panne, avec son grand hunier sur le mât (2), et le vent dans son petit. J'étois prêt de le ranger sous le vent, et déjà mon beaupré étoit par le travers de sa poupe, quand il mit tout d'un coup son grand hunier en ralingue (3), appareilla sa misaine, et, traversant ses voiles d'avant, il arriva si promptement, que je ne pus l'empêcher de mettre mon beaupré dans ses grands haubans (4). Cette situation désavantageuse me fit essuyer le feu de toute son artillerie, sans pouvoir lui riposter que de deux canons de l'avant. J'étois perdu, si je n'avois à l'instant même pris le parti de faire sauter tout mon équipage à son bord. Le plus jeune de mes frères, qui étoit mon premier lieutenant, s'y lança le premier, tua un des officiers à ma vue, et se distingua par des actions au-dessus de son âge. Cet exemple d'intrépidité anima si puissamment le reste de mes gens, qu'il ne resta dans mon vaisseau qu'un seul pilote avec quelques timonniers, et les mousses. Le capitaine hollandais fut tué avec tous ses officiers, et son vaisseau fut enlevé en moins d'une demi-heure. J'avois déjà reçu deux coups de canon à eau qui pénétroient dans ma fosse aux lions (5), quatre autres dans mes mâts de beaupré et de misaine, et trois dans mon grand mât; de manière que toute son artillerie m'enfilant de l'avant à l'arrière, c'étoit une nécessité de vaincre brusquement, ou de périr sans ressource.

Nos deux vaisseaux se trouvèrent si maltraités de cet abordage, que je fus obligé, pour les rétablir, d'aller dans un port de l'île d'Island. Nous y essuyâmes un coup de vent très-violent, qui, m'ayant mis dans un danger évident de périr à l'ancre, me força de remettre à la voile, et d'y laisser ma prise: elle en sortit peu de temps après, et fit naufrage sur les côtes d'Écosse. Je pris encore un autre vaisseau hollandais qui coula bas, et dont je ne pus sauver qu'une partie de l'équipage, avec bien de la peine et du péril.

Rebuté de ces tempêtes continuelles, et ne trouvant point mes camarades, je fis route pour aller terminer ma croisière à l'entrée de la Manche. La tempête opiniâtre m'y accompagna, et me démâta pendant la nuit de mon beaupré, de mon mât de misaine, et de mon grand mât de hune. Cet accident me fit encore envisager la mort d'assez près: la Providence seule me conserva, et me donna la force d'arriver dans le port de Brest, où je désarmai.

Mes deux camarades ne furent pas plus heureux. M. Porée ayant de son côté rencontré un

---

(1) Voile du mât de beaupré, qui, étant la plus basse du bâtiment, prend le vent à fleur d'eau. C'est aussi le nom d'une vergue qui dans sa situation ordinaire croise le mât de beaupré, mât très-incliné et très-saillant. *Prolonger* signifie *ranger*, *présenter le flanc le long soit du flanc*, *soit d'une autre partie d'un vaisseau*.

(2) C'est-à-dire, disposa ses voiles de manière à ce que le vent portât en sens contraire sur les voiles nommées grand hunier et petit hunier. L'action du vent se trouve ainsi neutralisée, et le vaisseau s'arrête.

(3) Disposa cette voile de manière à ce que le vent ne donnât ni dedans ni dessus, mais seulement sur le bord que l'on nomme *ralingue*.

(4) Les haubans sont de gros cordages pour maintenir les mâts.

(5) Magasin des cordages, des poulies, etc.

40.

vaisseau de guerre hollandais, il l'attaqua avec sa bravoure ordinaire; et, s'étant mis en devoir de l'aborder, il eut le bras emporté d'un boulet de canon, et reçut un moment après une autre blessure très-dangereuse au bas-ventre, dont il n'échappa que par une espèce de miracle.

La Railleuse, qui étoit montée par un de mes parens, fut contrainte de faire vent arrière, au gré de l'orage, qui la poussa vers Lisbonne : elle y relâcha, et de là se rendit à Brest, sans avoir pu faire aucune prise.

[1703] L'année suivante, le Roi m'accorda ses vaisseaux *l'Éclatant*, de soixante-six canons; *le Furieux*, de soixante-deux, et *le Bien-Venu*, de trente. Je montai le premier, sur lequel je ne mis que cinquante-huit canons, et sur *le Furieux* que cinquante-six, afin de les rendre plus légers. M. Desmarets-Herpin, lieutenant de port, monta ce dernier vaisseau; et *le Bien-Venu* fut commandé par M. Desmarques, lieutenant de vaisseaux du Roi. Je fis joindre à ces trois vaisseau deux frégates de Saint-Malo de trente canons chacune, dans le dessein d'aller tous cinq détruire la pêche des Hollandais sur les côtes de Spitzberg.

Ces deux frégates m'ayant joint à Brest, je mis à la voile, et fus d'abord croiser sur les Orcades, sur l'avis que l'on m'avoit donné que quinze vaisseaux hollandais, revenant des Indes orientales, devoient y passer. Y étant arrivé, je découvris effectivement quinze vaisseaux, que je ne pus bien distinguer à cause de la brume, qui étoit assez épaisse. L'attente où j'étois de pareil nombre de vaisseaux des grandes Indes me fit croire que c'étoient eux : dans cet espoir, je m'avançai pour les reconnoître de plus près; mais le brouillard se dissipant, nous connûmes que c'étoit une escadre de gros vaisseaux de guerre hollandais, qui croisoient au devant de ceux que nous cherchions. Nous ne balançâmes point à mettre toutes nos voiles au vent, afin de les éviter. Cependant il se trouva parmi eux cinq à six vaisseaux nouvellement carénés, qui alloient si bien, contre l'ordinaire des hollandais, qu'ils joignoient à vue d'œil *le Furieux* et *le Bien-Venu*. Ce dernier vaisseau surtout étoit prêt de tomber entre leurs mains : je ne pus me résoudre à les voir prendre sans coup férir; et comme *l'Éclatant*, que je montois, étoit le meilleur de ma petite escadre, je fis carguer mes basses voiles, et demeurai de l'arrière d'eux, afin de les couvrir, faisant en cette occasion l'office du bon pasteur, qui s'expose à périr pour sauver son troupeau. Dieu bénit mes soins, et permit que le vaisseau de soixante canons, qui vint me combattre à portée du pistolet, fut, en trois ou quatre bordées de canon et de mousqueterie données à bout touchant, démâté de tous ses mâts, et resta ras comme un ponton. Les quatre vaisseaux les plus près de lui, qui poursuivoient *le Furieux* et *le Bien-venu*, se lancèrent aussitôt sur moi, pour secourir leur camarade : je les attendis sans me presser, les saluant l'un après l'autre de quelques volées de canon, dans le dessein de les attirer davantage. En effet, ils s'amusèrent alternativement à me canonner assez long-temps pour donner lieu aux vaisseaux de mon escadre de les éloigner, et même de les perdre de vue, à la faveur d'un brouillard qui s'éleva. Les ennemis s'opiniâtrèrent à me suivre et à me combattre tant que je fus sous leur canon; mais je n'eus pas plus tôt vu mes vaisseaux hors de péril, que je fis de la voile, et me mis hors de leur portée en assez peu de temps. Je revins ensuite du côté où j'avois remarqué que mes camarades avoient fait route, et je fus assez heureux pour les rejoindre avant la nuit.

M. le chevalier de Courserac, lieutenant de vaisseau, qui étoit mon capitaine en second, me seconda de la tête et de la main dans cette occasion délicate, avec beaucoup de valeur et de sang-froid. Nous n'eûmes qu'environ trente hommes hors de combat : c'est cependant, de toutes les affaires où je me suis trouvé, celle dont je suis resté intérieurement le plus flatté, parce qu'elle m'a paru la plus propre à m'attirer l'estime des cœurs vraiment généreux.

La rencontre de cette escadre ennemie m'empêcha de croiser plus long-temps sur ces parages, et me fit aller droit aux côtes de Spitzberg. Nous y prîmes, rançonnâmes ou brûlâmes plus de quarante vaisseaux baleiniers. La brume nous en fit manquer un très-grand nombre d'autres. J'eus avis qu'il y en avoit deux cents dans le port de Groënhave : je m'y présentai; et déjà j'étois engagé entre les pointes qui forment cette baie, quand il s'éleva un brouillard si épais et un calme si grand, que nos vaisseaux, ne gouvernant plus, furent jetés par les courans jusque dans le nord de l'île de Worland, par les quatre-vingt-un degrés de latitude nord, et près d'un banc de glace qui s'étendoit à perte de vue, que nous eûmes bien de la peine à empêcher nos vaisseaux de donner dedans. A la fin, il vint un peu de vent qui nous mit au large, et en état de retourner au port de Groënhave. Nous n'y trouvâmes plus les deux cents vaisseaux hollandais; et nous apprîmes que pendant ce calme, qui nous avoit poussés vers le nord, ils s'étoient fait remorquer par un grand nombre de bateaux dont ils sont pourvus pour la pêche de la baleine, et qu'ils avoient fait route sous l'escorte de deux vaisseaux de guerre.

Les brumes sont si fréquentes dans ces parages, qu'elles nous firent tomber dans une erreur fort singulière, et qui m'a paru mériter d'être rapportée. On se sert, dans les vaisseaux, d'horloges de sable qui durent une demi-heure; et les timoniers ont soin de les retourner huit fois pour marquer le quart, qui est de quatre heures; au bout duquel la moitié de l'équipage relève celle qui est sur le pont. Or il est assez ordinaire que les timoniers, voulant chacun abréger leur quart, surtout dans une contrée où le froid est si rigoureux, tournent cette horloge avant qu'elle soit entièrement écoulée. Ils appellent cela manger du sable. L'erreur qui résulte de ce petit tour d'adresse ne se peut corriger qu'en prenant la hauteur au soleil; et comme la brume nous le fit perdre de vue pendant neuf jours entiers, et que d'ailleurs, dans la saison et par la latitude où nous étions, il ne fait que tourner autour de l'horizon, de manière que les jours et les nuits sont également éclairés, il arriva que les timoniers, à force de manger du sable, étoient parvenus, au bout de ces neuf jours, à faire du jour la nuit, et de la nuit le jour; de sorte que tous les vaisseaux de l'escadre, sans exception, trouvèrent au moins onze heures d'erreur quand le soleil vint à reparoître. Cela avoit tellement dérangé les heures du repas et celles du sommeil, qu'en général nous avions envie de dormir quand il étoit question de manger, et de manger quand il falloit dormir. Nous n'y fîmes attention, et nous ne fûmes désabusés, que par le retour du soleil.

Au bout de deux mois de croisière sur ces parages, la saison nous obligea de faire route avec nos prises, pour retourner en France. Nous essuyâmes, dans cette longue traversée, des coups de vent fort vifs et fort fréquens, qui séparèrent une partie de nos prises : quelques-unes firent naufrage, quelques autres furent reprises par les ennemis; et nous n'en conduisîmes que quinze dans la rivière de Nantes, avec un vaisseau anglais chargé de sucre, que nous avions pris chemin faisant; après quoi nous retournâmes à Brest, pour y désarmer.

[1704] A mon retour dans ce port, j'obtins du Roi la permission d'y faire construire deux vaisseaux de cinquante-quatre canons chacun, dont l'un fut nommé *le Jason*, et l'autre *l'Auguste*, et une corvette de huit canons, appelée *la Mouche*, pour servir de découverte. Je montai *le Jason*; M. Desmarques, *l'Auguste*; et M. Du Bourgueuf-Gravé, *la Mouche*.

Ces vaisseaux étant prêts, je mis à la voile, et j'établis ma croisière sur les Sorlingues, îles fort fréquentées par des vaisseaux de guerre, parce qu'elles servent d'attérage aux vaisseaux marchands et aux flottes. J'y trouvai d'abord un garde-côte anglais de soixante-douze canons, nommé *la Revanche*, qui vint me reconnoître à portée du canon. J'étois éloigné de trois lieues de mes camarades; mais cela ne m'empêcha pas de m'avancer avec ma civadière prolongée, dans l'intention de l'aborder. Surpris de cette manœuvre, il prit chasse vers les Sorlingues, et je ne pus le joindre plus près que la portée du fusil. Nous étions même si égaux en voiles, que, sans perdre ni gagner un pouce de terrain, nous combattîmes pendant trois heures, et perdîmes de vue *l'Auguste* et *la Mouche*. Cependant je m'opiniâtrai à le poursuivre; et je combattis si vivement, que, pour éviter l'abordage où je m'efforçois de l'engager, il se réfugia dans le port des Sorlingues; ce qui m'obligea de revirer de bord, pour rejoindre mes camarades.

Peu de jours après, *la Mouche* s'étant séparée de nous pendant la nuit, fut rencontrée par ce même vaisseau *la Revanche*, qui la joignit, et s'en empara : il s'étoit fortifié de la compagnie du *Falmouth*, vaisseau de guerre anglais de cinquante-quatre canons, à dessein de nous chercher, mon camarade et moi, et de nous combattre : du moins s'en venta-t-il au capitaine de *la Mouche*, lorsqu'il s'en fut rendu maître.

Sur ces entrefaites, nous découvrîmes pendant la nuit une flotte de trente voiles qui sortoit de la Manche : nous la conservâmes jusqu'au jour, qui nous fit voir qu'elle étoit escortée par un vaisseau de guerre anglais de cinquante-quatre canons, qui s'appeloit *le Coventry*. Je fis signal à *l'Auguste* de donner au milieu de la flotte, et je m'avançai vers *le Coventry* pour l'aborder. Un peu trop d'ardeur me fit le dépasser de la portée du pistolet, et manquer ce premier abordage : je revins aussitôt sur lui et m'en rendis maître en moins de trois quarts-d'heure. Douze autres vaisseaux anglais de cette flotte furent pris; le reste se sauva à la faveur de la nuit, qui les déroba à notre poursuite.

En conduisant toutes mes prises à Brest, nous vîmes deux gros vaisseaux avec une corvette, qui arrivoient vent arrière, et qui mirent en travers une lieue au vent de nous. Je reconnus aisément *la Revanche* et *le Falmouth*, avec ma pauvre *Mouche*. Cet objet mit tout mon sang en mouvement; et, quoique affaibli d'équipage et embarrassé de toutes ces prises, je mis sans balancer toutes mes voiles au vent pour les joindre, et leur livrer combat. Alors, bien loin de soutenir la gageure, ils prirent honteusement la fuite. Nous les poursuivîmes jusqu'à la nuit, qui m'obligea de rejoindre mes prises, pour les mettre en sûreté dans le port de Brest.

Pendant cette relâche, j'obtins du Roi la permission de faire construire une frégate de vingt-six canons, qui fut nommée *la Valeur*. J'en confiai le commandement à mon jeune frère, dont l'application et la bravoure donnoient de grandes espérances; et, en attendant qu'elle fût achevée, je remis en mer avec mes deux vaisseaux, et deux frégates de vingt à vingt-six canons, qui se joignirent à moi. Je fis, en leur compagnie, trois prises anglaises à la vue du cap Lézard. J'avois fait mettre ma chaloupe à la mer avec deux officiers et soixante de mes meilleurs matelots, afin de les amariner, quand tout d'un coup il parut, à la pointe du jour, deux gros vaisseaux de guerre qui arrivèrent sur nous avec tant de vitesse, que je n'eus pas le loisir de reprendre une partie de mes gens, ni celui de me préparer au combat, comme je l'aurois voulu. J'en fis cependant le signal à mes camarades; et, courant à la rencontre du plus gros vaisseau ennemi, nommé *le Rochester*, de soixante-six canons, je me présentai pour l'aborder. Aussitôt qu'il me vit à portée du pistolet, prêt à le prolonger, il me lâcha sa bordée de canons chargés à mitraille, qui me hacha toutes mes voiles d'avant, lesquelles, se trouvant dénuées de bras de bouline (1) et d'écoutes (2), se coiffèrent sur les mâts (3), et firent prendre à mon vaisseau vent d'avant, malgré son gouvernail. Dans cette situation, l'ennemi eut le temps de me tirer une seconde bordée, qui m'enfiloit de l'arrière à l'avant, et qui me mit beaucoup de gens hors de combat. Tous mes mâts en furent endommagés; et ma vergue de grand hunier ayant été coupée en deux, tomba par malheur sur ma grande voile, qu'elle perça à droite et à gauche, et qu'elle embarrassa tellement, que je ne pouvois absolument plus manœuvrer.

Dès qu'il me fut possible de mettre le vent dans les voiles de mon vaisseau, tout ce que je pus faire fut de donner ma bordée à l'ennemi, et de gouverner ensuite vent arrière, pour travailler à me remettre un peu en état. J'étois obligé, en faisant cette manœuvre, d'aller ranger de fort près le second vaisseau ennemi nommé *le Modéré*, de cinquante-six canons, contre lequel mon camarade canonnoit de loin. Nous nous tirâmes en passant nos deux bordées de canon et de mousqueterie, et je continuai de gouverner vent arrière, afin de me rejoindre à *l'Auguste*, et de revenir ensemble à la charge, aussitôt que j'aurois pu remettre mes manœuvres un peu en ordre. Je voudrois pouvoir dissimuler ici que mon camarade, bien loin de courir à mon secours, ou du moins de m'attendre, mît des voiles pour s'éloigner de moi, pendant que les deux vaisseaux ennemis, s'étant mis à droite et à gauche du mien, me combattoient avec une extrême vivacité. Je faisois aussi feu sur eux des deux bords; et je ne voulus pas permettre qu'on mît davantage de voiles, ni même que l'on coupât le câblot de la chaloupe que j'avois à la remorque. Malgré cet exemple, *l'Auguste* fit encore appareiller son foc d'avant (4), qui étoit la seule voile qui lui restoit à mettre; et les deux frégates, de leur côté, ne firent pas le moindre mouvement pour venir me seconder. Je ne sais pas, en vérité, si le dessein des uns et des autres n'étoit point de me sacrifier : toutes les apparences y étoient; mais il arriva que mon vaisseau, sans avoir de grand hunier, sans aucunes menues voiles, et traînant une chaloupe, alloit encore plus vite que *l'Auguste* avec toutes ses voiles. Lassé cependant et outré de cette indigne manœuvre, après lui avoir fait inutilement signal de venir me parler, je lui fis tirer un coup de canon à balle; et ma résolution étoit prise de faire cesser mon feu sur les Anglais, et de pointer tous mes canons sur lui, s'il avoit tardé plus long-temps à obéir à mon signal. Il cargua enfin ses voiles; et les ennemis nous voyant joints, arrivèrent vent arrière, et cessèrent le combat, après avoir tiré chacun leur bordée à mon camarade. Cette distinction marquoit assez l'estime qu'ils le faisoient de sa façon d'agir. Je passe aussi légèrement qu'il m'est possible sur l'ingratitude de cet officier, que j'avois préservé l'année précédente d'une escadre hollandaise, en m'exposant seul, comme je l'ai raconté, pour empêcher que le vaisseau du Roi *le Bien-Venu*, qu'il montoit alors, ne tombât au pouvoir des ennemis. J'éviterois même d'en parler, si je n'avois à me justifier de n'avoir pas pris ces deux vaisseaux anglais, lesquels ne m'auroient certainement pas échappé, si j'avois été passablement secondé. La manœuvre de ces deux frégates ne fut pas plus estimable que celle de *l'Auguste* : bien loin de se tenir à portée de nous jeter du renfort si nous avions abordé les vaisseaux ennemis, comme c'étoit mon intention, elles s'éloignèrent avec nos prises, pour juger des coups en toute sûreté.

Après cette aventure, je me hâtai de retour-

---

(1) et (2) Cordages qui servent à la manœuvre des voiles.

(3) C'est-à-dire que le vent jeta les voiles sur les mâts.
(4) Voiles triangulaires.

ner à Brest avec mes trois prises, impatient de faire tomber le commandement de *l'Auguste* à quelque autre officier de meilleure volonté ; mais celui-ci trouva tant de protection auprès du commandant du port, que je fus contraint de souffrir qu'il continuât de le monter pendant le reste de la campagne. Cette dure nécessité me piqua si vivement, que j'aurois abandonné le commandement de ces vaisseaux, et même entièrement quitté le service, si l'amour et le respect que j'avois pour la personne du Roi, joints au désir ardent de mériter son estime, n'eussent été plus puissans que mon ressentiment. Ce chagrin fit que je me joignis au vaisseau du Roi *le Prothée*, qui étoit prêt de mettre à la voile sous le commandement de M. de Roquefeuille, aimant mieux servir sous les ordres d'un si brave homme, que de commander à gens sur lesquels je ne pouvois plus compter. Nous achevâmes la campagne à l'entrée de la Manche, sans faire aucune rencontre digne d'attention ; et je revins désarmer à Brest.

[1705] Les vaisseaux du Roi *le Jason* et *l'Auguste* y furent carénés de frais. Ce dernier fut monté par M. le chevalier de Nesmond ; et la frégate *la Valeur* étant achevée, mon jeune frère en prit le commandement. Nous établîmes notre croisière à l'entrée de la Manche, et sur les côtes d'Angleterre : nous y trouvâmes deux vaisseaux de guerre anglais, *l'Élisabeth*, de soixante-douze canons, et *le Chatam*, de cinquante-quatre. Ils arrivèrent vent arrière sur nous, et nous leur épargnâmes la moitié du chemin. Je m'avançai sur *l'Élisabeth*, et me présentai pour l'aborder du côté de bâbord. Nos bordées de canons et de mousqueterie furent tirées à bout touchant ; et, au milieu de la fumée, son petit mât de hune tomba. Le grand feu qui sortoit des deux vaisseaux m'empêcha de le remarquer, et fit que je ne pus modérer ma course assez à temps pour jeter mes grappins à son bord : ainsi je le dépassai malgré moi de la portée du pistolet. Il profita de cette occasion, arriva par ma poupe, et m'envoya sa bordée de tribord, qu'il n'avoit point encore tirée. J'arrivai comme lui ; et, lui ripostant de la mienne, je le tins sous le feu continuel de ma mousqueterie, faisant gouverner mon vaisseau de façon à ne plus manquer un second abordage. Le capitaine de *l'Élisabeth* fit tous ses efforts pour l'éviter ; mais je le serrai de si près, que, s'apercevant qu'il ne pouvoit plus se dispenser d'être accroché, et que son équipage, saisi d'épouvante de voir tous mes officiers et tous mes soldats, le sabre à la main, rangés sur le platbord (1), prêt à se lancer dans son vaisseau, commençoit à abandonner ses postes, il fit baisser son pavillon, et se rendit après une heure et demie de résistance.

Dès le commencement de l'action, M. le chevalier de Nesmond et mon frère s'étoient présentés avec la même audace, et ils avoient tiré leurs bordées aux deux vaisseaux ennemis. Comme ils me virent attaché opiniâtrement à *l'Élisabeth*, ils tournèrent du côté du *Chatam*, pour l'aborder : leurs efforts furent vains, par l'habileté du capitaine de ce vaisseau, qui avoit eu la précaution de se tenir assez au vent de son camarade pour éviter l'abordage ; d'ailleurs son vaisseau allant mieux que ceux des autres, il étoit par conséquent le maître de combattre à telle distance qu'il vouloit. Quand il vit *l'Élisabeth* rendu, il mit toutes ses voiles au vent pour s'échapper. Attentif à sa manœuvre, je m'aperçus, étant encore bord à bord de *l'Élisabeth*, de ce qu'il vouloit faire ; et comme mon vaisseau alloit infiniment mieux que *l'Auguste* et *la Valeur*, je ne balançai point à les charger du soin d'achever d'amariner le vaisseau pris. Je fis pousser en même temps au large, et toutes mes voiles furent mises au vent pour atteindre ce *Chatam*, que je connoissois pour un excellent vaisseau. Je ne pus jamais l'approcher plus près que la portée du fusil : il fut même assez heureux pour n'être ni démâté ni désemparé, de toutes les bordées que je lui tirai. Je le poursuivis à coups de canon jusqu'à la vue des côtes d'Angleterre, et la nuit seule me fit cesser la chasse, pour rejoindre *l'Élisabeth* et mes deux camarades.

Le lendemain, il s'éleva une tempête qui nous sépara tous, et qui mit *l'Élisabeth* en grand danger de périr sur les côtes de Bretagne. Cet orage apaisé, je joignis *l'Auguste* et *l'Élisabeth*, et nous fîmes route ensemble pour nous rendre dans le port de Brest. Chemin faisant, nous découvrîmes sous le vent deux corsaires flessinguois, l'un de quarante canons, et l'autre de trente-six, qui nous attendirent assez témérairement. Je courus sur eux ; et ayant devancé mes camarades, je joignis ces deux vaisseaux, qui étoient demeurés en panne à une portée de fusil l'un de l'autre. Je donnai en passant toute ma bordée de canon et de mousqueterie au plus fort des deux, qui s'appeloit *l'Amazone*. Je comptois qu'il en seroit démâté ou désemparé, et que le laissant à *l'Auguste*, qui s'avançoit à toutes voiles, je pourrois rejoindre et réduire aisément son camarade : mais le premier

(1) Espèce de parapet en planches autour du pont supérieur.

n'ayant pas été fort incommodé de ma bordée, ces deux vaisseaux prirent aussitôt chasse, l'un d'un côté et l'autre de l'autre, et je me trouvai dans le cas d'opter. Je revins sur le plus fort, commandé par un déterminé corsaire, qui se défendit comme un lion pendant près de deux heures : il est vrai que, dans le peu de temps que j'avois couru sur son camarade, il avoit eu l'habileté de gagner une portée de fusil au vent, et par cette raison je ne me trouvois plus en situation de l'aborder. Un peu trop de confiance m'avoit même empêché de prendre les précautions nécessaires pour tenter ou soutenir l'abordage. J'eus bientôt lieu de m'en repentir, puisqu'il eut l'audace d'arriver sur moi au milieu du combat, et de prolonger sa civadière, dans l'intention de m'aborder moi-même, ou de m'obliger à plier. A l'instant je fis cesser le feu de mon canon et de ma mousqueterie, détachant au plus vite deux de mes sergens pour aller chercher des haches d'armes, des sabres, des pistolets et des grenades ; et tout d'un coup, faisant border mon artimon (1), je poussai mon gouvernail à venir au vent, afin de seconder le dessein que l'ennemi paroissoit avoir de me joindre. Ce mouvement ralentit son ardeur, et le porta à retenir aussitôt le vent ; en sorte qu'il ne fit que toucher mon bossoir en passant, et poussa en même temps au large. Dans cette situation, je lui lâchai toute ma bordée de mousqueterie et de canon, que j'avois fait charger à double charge : cette bordée fut suivie de trois autres coup sur coup, qui, données à bout touchant, le démâtèrent de tous ses mâts, et le rasèrent comme un ponton. Ce brave capitaine ne se rendit qu'à la dernière extrémité. Je le remarquai dans le combat, se portant, le sabre à la main, la tête levée, de l'arrière à l'avant de son vaisseau, et essuyant une grêle de coups de fusil, dont ses habits et son chapeau furent percés en plusieurs endroits : aussi me fis-je un vrai plaisir de le traiter avec toute la distinction que méritoit sa valeur. Je suis même fâché d'avoir oublié le nom d'un homme si intrépide : je n'aurois pas manqué de le mettre ici.

M. le chevalier de Nesmond, après avoir poursuivi pendant un assez long temps l'autre corsaire flessinguois sans le pouvoir joindre, revint avec l'Élisabeth se rallier à moi ; et nous arrivâmes tous deux peu de jours après dans la rade de Brest avec nos deux prises, l'Élisabeth et l'Amazone.

Mon frère s'étant trouvé séparé de nous par la tempête, le lendemain de la prise de l'Élisabeth, rencontra un corsaire de Flessingue, aussi fort d'équipage et de canons que la Valeur. Mon frère lui livra combat ; et, l'ayant démâté d'un mât de hune, il l'aborda et s'en rendit maître, après une défense opiniâtre. Il étoit occupé à faire raccommoder sa prise démâtée, et à se rétablir du désordre où cet abordage l'avoit mis, quand deux autres corsaires ennemis, de trente-six canons chacun, attirés par le bruit du canon, fondirent tout à coup sur lui, le forcèrent d'abandonner sa prise, et le chassèrent jusqu'à Saint-Jean-de-Luz, où il se réfugia. Il en sortit peu de temps après, et prit un bon vaisseau anglais, chargé de sucre et d'indigo. Il se mettoit en devoir de le conduire dans le port de Brest, où il comptoit me rejoindre, lorsqu'il eut le malheur de trouver en son chemin un autre corsaire ennemi de quarante-quatre canons, qui l'attaqua, et qui voulut lui faire abandonner sa prise. Quoique l'équipage de la Valeur fût considérablement diminué par les différens combats que cette frégate avoit rendus, mon frère soutint l'attaque, essuya deux abordages consécutifs sans plier, et se comporta avec tant de fermeté et de conduite, qu'au rapport de tout son équipage, il auroit enlevé le corsaire, si dans le dernier choc il n'eût pas été mortellement blessé d'une balle, qui lui fracassa toute la hanche. Il reçut ce malheureux coup dans le temps même que le pont et le gaillard de l'ennemi étoient abandonnés, et qu'une partie des plus déterminés soldats de la Valeur pénétroient à son bord. Ce funeste accident les obligea de se rembarquer précipitamment, et de pousser la frégate du Roi au large du vaisseau ennemi, qui n'eut jamais le courage de profiter de la consternation que ce malheur avoit causée : en sorte que mon pauvre frère, après avoir mis sa prise en sûreté, arriva mourant à Brest. Je courus à son vaisseau avec autant d'inquiétude que d'empressement : je le fis mettre sur des matelas dans ma chaloupe, et je le transportai moi-même à terre, où je lui procurai tous les secours possibles. Mes soins et ma tendresse ne purent le sauver : il expira peu de jours après, avec une fermeté et une résignation exemplaire.

C'est ainsi que la mort m'enleva en peu de temps deux frères, l'un après l'autre. Le caractère que je leur avois connu dans un âge si tendre promettoit infiniment, et leur valeur m'auroit été d'une grande ressource dans toutes mes expéditions. Je les aimois tendrement ; et je demeurai d'autant plus accablé de la mort de ce dernier, qu'elle réveilla dans mon cœur l'idée touchante du premier, qui avoit fini entre mes

---

(1) Tendre les bords de la voile du mât d'artimon, mât d'arrière.

bras. Ce triste souvenir, malgré le temps et la raison, me pénètre encore d'une douleur très-amère et très-vive.

Dans ce même temps, il y avoit dix-sept vaisseaux de guerre dans la rade de Brest, sous le commandement de M. le marquis de Goëtlogon, lieutenant général des armées navales; et, sur l'avis que l'on avoit eu que les Anglais avoient formé, de tous leurs gardes-côtes rassemblés, une escadre de vingt-un vaisseaux de guerre qui barroient l'entrée de la Manche, ce général, plein de valeur et de zèle pour le service du Roi et pour la gloire de la nation, brûloit d'envie de mettre à la voile, et de les aller combattre. Cette occasion d'honneur suspendit mon affliction, et me fit presser la carène de mes deux vaisseaux. L'activité avec laquelle j'y fis travailler me mit bientôt en état d'aller offrir mes services à M. de Coëtlogon : je lui dis que je me faisois un devoir et un plaisir bien sensible de pouvoir servir sous ses ordres dans une occasion où j'espérois me rendre digne de son estime, et que je l'attendrois aussi long-temps qu'il le jugeroit à propos. Ces offres furent reçues avec de grandes marques de reconnoissance; mais cette bonne volonté demeura sans effet, par un conseil de guerre que tint là-dessus M. le comte de Château-Regnault, qui commandoit à Brest, dans lequel il fut jugé que les ennemis étoient trop supérieurs : de manière qu'on arrêta que la plus grande partie des vaisseaux qui composoient cette escadre rentreroient dans le port. Cette résolution me fut annoncée par M. le marquis de Coëtlogon, qui m'en parut mortifié; et je le fus aussi extrêmement, par l'intérêt que je prenois à la gloire des armes du Roi, qui auroient certainement triomphé. J'en puis parler savamment, puisque je tombai peu de jours après, comme je le dirai bientôt, au milieu de ces vingt-un vaisseaux anglais. Ils étoient, il est vrai, supérieurs en nombre à ceux que commandoit M. de Coëtlogon; mais ils étoient moins forts. J'ai remarqué que le sort de presque tous les conseils qui ont été tenus dans la marine a été de choisir le parti le moins honorable et le moins avantageux : ainsi je mourrai persuadé que, dans les occasions où le péril est grand et le succès incertain, c'est au commandant à décider sans assembler de conseil, et à prendre sur lui le risque des bons ou des mauvais événemens; autrement la nature, qui abhorre sa destruction, suggère imperceptiblement à la plupart des conseillers tant de raisons plausibles sur les inconvéniens à craindre, que le résultat est toujours de ne point combattre, parce que la pluralité des voix l'emporte.

Quoi qu'il en soit, M. le marquis de Coëtlogon, n'étant pas le maître de suivre les mouvemens de son courage, me pria de ne plus différer mon départ : ainsi je mis à la voile avec nos deux seuls vaisseaux. Deux jours après, étant à l'entrée de la Manche, pendant la nuit un vaisseau vint à passer entre nous deux : nous revirâmes sur lui, et le conservâmes (1). A la pointe du jour, je me trouvai à portée du fusil, un peu au vent, et de l'arrière de lui : mon camarade se trouva sous le vent, à peu près à même distance. Je ne tardai pas long-temps à reconnoitre *le Chatam*, ce vaisseau qui m'avoit échappé lorsque *l'Élisabeth* fut pris. Le capitaine du *Chatam* reconnut aussi mon vaisseau, et cette connoissance le détermina à revirer tout d'un coup vent arrière. Nous en fîmes autant; et le tenant entre nous deux, cette situation pressante l'obligea de commencer le combat avec *l'Auguste*, qui, de son côté, se mit à le canonner vivement. La crainte que j'avois que ce vaisseau ne m'échappât une seconde fois me rendit très-attentif sur tout ce qui pouvoit assurer le succès de mon abordage. J'avois ordonné à tous mes gens de se coucher sur le pont sans branler, mon dessein étant de l'aborder sans tirer un seul coup; et j'étois sur le point de le prolonger, quand la sentinelle cria, du haut des mâts, qu'elle découvroit plusieurs vaisseaux venant à toutes voiles sur nous. Je me fis apporter mes lunettes d'approche; et, reconnoissant que c'étoit l'escadre anglaise en question, je revirai de bord sans balancer, et fis signal à mon camarade d'en faire autant. Il tarda un peu, à cause de la fumée qui l'empêchoit de distinguer mon signal : aussitôt qu'il s'en aperçut, il revira de bord, et laissa *le Chatam*, incommodé au point d'être obligé de mettre à la bande dès qu'il nous vit éloignés de la portée du canon. Nous prîmes chasse (1), et mîmes toutes nos voiles au vent; mais cette escadre, composée des meilleurs vaisseaux d'Angleterre, frais carénés, joignoit à vue d'œil *l'Auguste*, que je ne voulois pas abandonner. L'affaire me paroissant des plus sérieuses, je conseillai à M. le chevalier de Nesmond de jeter à la mer ses ancres, sa chaloupe, ses mâts, et ses vergues de rechange; en un mot, de ne rien ménager pour sauver le vaisseau du Roi de ce danger pressant.

Ces précautions furent vaines : les ennemis, qui portoient le premier vent avec eux, nous joignirent vers les cinq heures du soir, à portée

---

(1) Ne le perdîmes pas de vue.

(1) Nous fîmes retraite.

du canon. Je réfléchis, mais un peu tard, que mon secours étoit fort inutile contre un si grand nombre de vaisseaux de guerre, qui tous alloient mieux que *l'Auguste*; et qu'il y avoit de la témérité à hasarder de perdre deux vaisseaux, au lieu d'un. Dans cette vue, je fis signal à M. le chevalier de Nesmond de tenir un peu plus le vent, ayant remarqué que c'étoit la situation où il alloit le moins mal : de mon côté, je pris le parti d'arriver un peu davantage (1). Mon idée, en cela, étoit que l'escadre ennemie ne voudroit pas se séparer, par la crainte qu'elle auroit de celle de M. le marquis de Coëtlogon, qui, la trouvant dispersée, auroit pu lui faire un mauvais parti. Toutes ces réflexions me faisoient espérer qu'un de nous deux au moins se sauveroit : je me flattois même que s'ils s'attachoient au *Jason* seul, qui étoit un excellent vaisseau, nous pourrions fort bien leur échapper tous deux. Ce raisonnement fut déconcerté par leur manœuvre : six d'entre eux se détachèrent sur *l'Auguste*, et les quinze autres me poursuivirent. L'un d'eux, nommé *le Honster*, de soixante-quatre canons, me joignit avec une vitesse extrême. A peine eus-je le temps de me disposer au combat, et de ranger chacun à son poste, que ce vaisseau fut à portée du pistolet sur moi. La précipitation avec laquelle mes gens se préparèrent fit que les canonniers de la première batterie jetèrent à la mer une partie des avirons de mon vaisseau, n'ayant pas le temps de les rattacher aux bancs du second pont. J'eus la curiosité, avant que de commencer le combat, de savoir le nom d'un vaisseau si surprenant par sa légèreté; et je lui fis demander par un interprète. Cette interrogation déplut au capitaine, qui, pour réponse, m'envoya toute sa bordée de canon et de mousqueterie, tirée à bout touchant. Tous ces coups donnèrent dans le corps de mon vaisseau; et la mer étant fort unie, j'aurois eu beaucoup de monde hors de combat, sans cette précaution que j'avois eue d'ordonner à tous mes gens, et même aux officiers, de se coucher le ventre sur le pont, et de ne se relever qu'au signal que je leur en ferois moi-même, avec ordre de pousser, en se relevant, un cri de *vive le Roi!* et de pointer tous les canons les uns après les autres, sans se presser. Cet ordre fut exécuté très-régulièrement, et réussit à souhait. Je n'eus que deux hommes tués, et trois de blessés; et, de ma seule décharge de canon et de mousqueterie, je mis près de cent hommes sur le carreau dans *le Honster*. Le désordre y fut si grand, que je n'aurois pas manqué de l'enlever d'emblée, s'il n'avoit pas arrivé tout à coup vent arrière, et s'il n'eût pas été soutenu de près par plusieurs gros vaisseaux, lesquels me seroient tombés sur le corps avant que j'eusse pu débarrasser le mien d'un pareil abordage. Cependant il fut près de trois quarts-d'heure sans revenir à la charge ; et alors il se mit à me canonner dans la hanche, sans oser m'approcher de plus près que la portée du fusil. Sur ces entrefaites, le vent cessa; et les ennemis, après m'avoir harcelé jusqu'à minuit, m'entourèrent de toutes parts, et me laissèrent en repos. Ils étoient bien persuadés que je ne leur échapperois pas, et qu'à la pointe du jour ils se rendroient maîtres de mon vaisseau avec moins de risque et beaucoup plus de facilité. J'en étois moi-même si bien convaincu, que j'assemblai tous mes officiers, pour leur déclarer que, ne voyant aucune apparence de sauver le vaisseau du Roi, il falloit au moins soutenir la gloire de ses armes jusqu'à la dernière extrémité; et que la meilleure forme, à mon sens, d'y procéder étoit d'essuyer, sans tirer, le feu des vaisseaux qui nous environnoient, et d'aller tête baissée aborder, debout au corps, le commandant ; que, pour plus grande sûreté, je me tiendrois moi-même au gouvernail du vaisseau jusqu'à ce qu'il fût accroché au bord de l'ennemi, lequel ne s'attendant point à un pareil abordage, et n'ayant pas par conséquent le temps de faire les dispositions nécessaires pour le soutenir, nous donneroit peut-être occasion de faire une action brillante avant que de succomber sous le nombre; qu'à toute aventure, et de quelque manière que la chose tournât, il étoit au moins bien certain que le pavillon du Roi ne seroit jamais baissé, tant que je vivrois, par d'autres mains que par celles de ses ennemis.

M. de la Jaille, et M. de Bourgneuf-Gravé, mes deux principaux officiers, parurent charmés de ma résolution, et tous unanimement assurèrent qu'ils périroient eux-mêmes, plutôt que de m'abandonner. Quand j'eus donné mes ordres pour rendre cette scène plus vive et plus éclatante, je me sentis plus tranquille, et voulus prendre sur mon lit une heure de repos : mais il me fut impossible de fermer l'œil, et je revins sur mon gaillard, où j'étois tristement occupé à regarder les uns après les autres tous les vaisseaux dont j'étois entouré, entre autres celui du commandant, qui étoit remarquable par ses trois feux à poupe, et par un quatrième dans sa grande hune. Au milieu de cette morne occupation, je crus m'apercevoir, demi-heure avant le jour, qu'il se formoit une noirceur à l'horizon par le travers de notre bossoir, et que cette noirceur augmentoit peu à peu. Je jugeai que le

---

(1) D'obéir au vent.

vent alloit venir de ce côté-là ; et comme j'avois mes basses voiles carguées et mes deux huniers tout bas, à cause du calme, je les fis rappareiller sans bruit, et orienter en même temps toutes les autres, pour recevoir la fraîcheur qui s'avançoit : j'employai aussi ce qui me restoit d'avirons à gouverner mon vaisseau, afin qu'il prêtât le côté au vent lorsqu'il viendroit. Il vint en effet ; et trouvant mes voiles bien brasseyées, et disposées à le recevoir, il le fit tout d'un coup aller de l'avant. Les ennemis, qui dormoient en toute confiance, n'avoient point songé à se mettre dans le même état. Dans leur surprise, ils prirent tous vent d'avant, et perdirent un temps considérable à mettre toutes leurs voiles, et à revirer vent arrière pour me rejoindre. Toute cette manœuvre me fit gagner sur eux une bonne portée de canon d'avance ; et alors le vent augmentant insensiblement, mon vaisseau, qui alloit très-bien quand il ventoit un peu frais, avança de manière que l'escadre ennemie n'eut plus, à beaucoup près, sur moi le même avantage qu'elle avoit eu. Le seul *Honster* me joignit encore à portée du fusil, et se remit à me canonner dans la hanche ; mais je lui ripostois si vivement, que chaque bordée l'obligeoit à culer (1), et le rebutoit. Cette chasse dura jusqu'à midi ; et comme le vent augmentoit toujours, je m'éloignai de plus en plus de tous les vaisseaux de cette escadre : *le Honster* même commença à rester aussi de l'arrière de nous. Ce fut pour lors que je me regardai comme un homme vraiment ressuscité, ayant cru fermement que j'allois m'ensevelir sous les ruines du pauvre *Jason*. Je me prosternai pour en rendre grâces à Dieu, et je continuai ma route pour aller relâcher au plus tôt dans le premier port de France ; car j'avois été obligé, pour sauver le vaisseau du Roi, de jeter à la mer non-seulement toutes mes ancres, à l'exception d'une, mais aussi tous les mâts, et toutes les vergues de rechange.

Je trouvai le lendemain, à la pointe du jour, un corsaire de Flessingue de vingt canons, nommé *le Paon*. L'état où j'étois ne m'empêcha pas de le poursuivre jusqu'à la vue de Belle-Ile ; et m'en étant rendu maître, je le conduisis au Port-Louis. J'y trouvai trois vaisseaux du Roi, mouillés sous l'île de Grois : c'étoit *l'Élisabeth*, que j'avois pris sur les Anglais la campagne précédente, avec *l'Achille* et *le Fidèle*, tous trois sous le commandement de M. de Riberet, qui n'attendoit qu'un vent favorable pour retourner à Brest. Je pris au Port-Louis une seconde ancre, et un mât de hune de rechange ; et comme j'avois donné un rendez-vous à M. le chevalier de Nesmond, en cas que nous pussions échapper de l'escadre ennemie, je crus devoir m'y rendre, et ne pas laisser un vaisseau du Roi plus long-temps exposé au pouvoir des Anglais ; d'autant plus que je savois qu'il n'alloit pas bien, et d'ailleurs que leurs vaisseaux gardes-côtes s'étoient mis sur le pied de croiser au moins deux ou trois ensemble. Quelques envieux voulurent donner à cette résolution un air de témérité, et me blâmèrent hautement d'avoir remis en mer avec un vaisseau aussi délabré que l'étoit *le Jason*. Il est vrai qu'il étoit fort maltraité dans ses œuvres mortes (2), et que sa poupe étoit criblée ; mais d'ailleurs il ne faisoit point d'eau, et ses mâts étoient en assez bon état : ainsi ce délabrement de poupe ne pouvoit que me causer personnellement un peu d'incommodité, chose que je sacrifiois volontiers à mon devoir.

Je mis donc à la voile avec les trois vaisseaux du Roi, qui s'en alloient à Brest ; et les ayant quittés sur Penmarck, je fus droit à mon rendez-vous, et j'y croisai pendant quinze jours, sans découvrir *l'Auguste*. J'en tirai un sinistre augure. A son défaut, je trouvai le flessinguois *l'Amazone*, que j'avois pris la campagne précédente, et qu'un de mes amis avoit armé pour me venir joindre. Nous prîmes ensemble deux assez bons vaisseaux hollandais, venant de Curaçao, chargés de cacao et de quelque argent : il en conduisit un à Saint-Malo, et je me rendis avec l'autre dans le port de Brest. J'appris, en y arrivant, la prise de *l'Auguste*, dont voici les principales circonstances.

Ce vaisseau, après avoir exécuté le signal que je lui avois fait de tenir plus de vent, avoit été poursuivi par six vaisseaux détachés de l'escadre anglaise. L'un d'eux le joignit, et lui livra combat à peu près dans le temps que je fus attaqué par *le Honster*. M. le chevalier de Nesmond se défendit fort vigoureuoement ; et le vent ayant cessé, il se servit de ses avirons, qu'il avoit conservés (car nous en avions chacun trente), pour s'éloigner des ennemis. Il fut en cela favorisé du calme, qui dura toute la nuit ; et, à la pointe du jour, il se trouvoit déjà éloigné de cinq lieues des vaisseaux qui le poursuivoient. Mais le vent s'étant levé, ils le rejoignirent vers les cinq heures du soir, le combattirent l'un après l'autre, le démâtèrent, et enfin s'en rendirent maîtres le second jour.

---

(1) A reculer.
(2) On appelle ainsi les parties du vaisseau qui sont au-dessus de la ligne de flottaison ; celles qui sont dessous se nomment *œuvres vives*, ou *carène*.

La frégate *la Valeur*, sur laquelle mon frère avoit été tué, eut la même destinée. Elle étoit sortie de Brest peu de jours après nous, sous le commandement de M. de Saint-Auban, auquel j'avois donné ordre de me venir joindre sur les parages que je lui avois marqués; mais il eut le malheur de trouver en son chemin *le Honster*, qui l'atteignit, le désempara, et l'obligea de céder à la force supérieure.

Par la prise de ces deux vaisseaux, il ne me restoit que *le Jason*: tous les autres du port de Brest étoient employés pour le service du Roi. Ainsi je remis en mer avec ce seul vaisseau, et fus croiser sur les côtes d'Espagne, dans le dessein de joindre l'armée navale du Roi, commandée par M. le comte de Toulouse, amiral de France. Je n'eus pas le bonheur de la découvrir. Je pris en chemin un vaisseau anglais, à l'entrée de la rivière de Lisbonne; de là, m'étant posté à l'ouverture du détroit de Gibraltar, j'y trouvai deux frégates anglaises venant du Levant, l'une de trente canons, en guerre, et l'autre de vingt-six, en marchandises. Elles résistèrent trois quarts d'heure, et ne baissèrent leur pavillon que lorsqu'elles me virent sur le point de les aborder. J'interrogeai les officiers et les équipages de ces deux prises; et, sur l'assurance qu'ils me donnèrent tous qu'ils n'avoient eu aucune connoissance de l'armée navale de France, je jugeai à propos d'aller escorter mes prises jusqu'à Brest. En faisant cette route, je pris, à la hauteur de Lisbonne, un autre vaisseau anglais de cinq cents tonneaux, chargé de poudre pour l'armée ennemie. Je fis encore une cinquième prise de la même nation, que je trouvai vers le cap de Finistère; et je conduisis le tout à Brest.

[1706] L'année suivante, j'armai *le Jason* et *le Paon*, ce flessinguois de vingt canons que j'avois pris l'année précédente. J'en donnai le commandement à M. de La Jaille, qui avoit servi avec moi de lieutenant et de capitaine en second, toujours avec un zèle très-distingué. *L'Hercule*, vaisseau du Roi de cinquante-quatre canons, commandé par M. de Druys, lieutenant de vaisseau, eut ordre de venir du Port-Louis se joindre à nous dans la rade de Brest; et j'y reçus une lettre de Sá Majesté, qui m'ordonnoit d'aller me jeter dans Cadix, qui étoit menacée d'un siége, et d'y servir avec ces trois vaisseaux et leurs équipages, sous les ordres de M. le marquis de Valdecanas, capitaine général, et gouverneur de la place. Le Roi avoit la bonté de me faire capitaine de vaisseau à la dernière promotion; et c'étoit pour moi un motif de redoubler de zèle pour son service.

L'Hercule tardant trop à se rendre à Brest, je mis à la voile avec *le Paon*, pour l'aller chercher au Port-Louis. Chemin faisant, je rencontrai un vaisseau flessinguois de trente-six canons, nommé *le Marlboough*, dont je m'emparai. Je trouvai ensuite *l'Hercule* mouillé sous l'île de Grois; et, après avoir fait entrer ma prise dans le Port-Louis, nous mîmes tous trois à la voile, pour aller à notre destination.

Étant à la hauteur de Lisbonne, environ quinze lieues au large, nous découvrîmes une flotte de deux cents voiles venant du Brésil, escortée par six vaisseaux de guerre portugais, depuis cinquante jusqu'à quatre-vingts canons. Cette flotte occupoit un très-grand espace; et ayant remarqué un peloton de vingt navires marchands, avec un des vaisseaux de guerre, qui étoient trois lieues au vent; et séparés du corps de la flotte, je compris que nous pourrions accoster assez aisément ce peloton sous pavillon anglais; et qu'en amusant le vaisseau de guerre par cette enseigne trompeuse, j'aurois le temps de l'aborder, et de prendre ensuite quelques-uns des vaisseaux marchands, avant qu'ils pussent être secourus du reste de la flotte.

La frégate *le Paon* étoit alors quatre lieues derrière nous; mais le temps étoit trop précieux pour l'attendre, et il ne convenoit pas de donner de la défiance aux ennemis en temporisant davantage. Je dis donc à M. de Druys qu'il falloit qu'il coupât ce peloton séparé; et que j'allois aborder le vaisseau de guerre, tandis qu'il se rendroit maître des navires marchands qu'il pourroit joindre. Aussitôt nous abordâmes pavillon anglais, et je m'avançai vers le vaisseau de guerre portugais, comme si j'avois eu intention de lui parler en passant et de lui demander des nouvelles. Il mit en panne pour m'attendre; mais comme il étoit à l'encontre de nous, et qu'il n'étoit pas possible d'exécuter avec succès mon abordage dans une situation semblable, je jugeai à propos de carguer mes basses voiles, et de le ranger sous le vent, afin de l'empêcher d'arriver sur la flotte. Dans cette idée, je ne fis mettre mon pavillon blanc que lorsque je fus à portée du pistolet, et aussitôt je lui fis tirer toute ma bordée de canon et de mousqueterie. Ce vaisseau, surpris, ne me répondit que de cinq ou six coups de canon; et le feu continuel de ma mousqueterie l'empêchant de pouvoir manœuvrer ses voiles d'avant, j'eus le temps de revirer de bord sur mes deux huniers, et de le prolonger, pour exécuter mon abordage. Déjà mes grappins étoient prêts à l'accrocher, quand *l'Hercule* vint passer à toutes voiles sous notre beaupré; et tirant sa bordée, peu nécessaire, il s'approcha si près de nous deux, que, pour éviter d'être brisés tous les trois dans ce triple abordage, je fus contraint de mettre promptement mes voiles sur le mât, et ensuite d'arriver. Cet accident, ou plutôt cette manœuvre inconsidérée, m'ayant fait manquer mon abordage, et le vaisseau portugais ne paroissant plus faire aucune résistance, je crus qu'il n'y avoit plus d'inconvénient à laisser le soin de l'amariner à mon camarade, d'autant plus que mon vaisseau allant bien mieux que le sien, je pouvois joindre plus vite quelques-uns de ces vaisseaux marchands, avant qu'ils fussent secourus. Cependant comme, dès les premiers coups que j'avois tirés, ils avoient tous arrivé vent arrière sur la flotte, et que, d'un autre côté, les vaisseaux de guerre venoient à toutes voiles à eux, je me trouvai à portée du canon de ces vaisseaux de guerre avant que d'avoir pu atteindre un seul vaisseau marchand. Pour comble d'infortune, M. de Druys, auquel j'avois laissé le soin d'amariner ce premier vaisseau de guerre, au lieu de l'aborder, et de jeter à son bord quelques-uns de ses gens pour s'en emparer promptement, prit le parti d'y envoyer sa chaloupe : mais les Portugais, un peu revenus de leur premier trouble, n'eurent pas plus tôt tiré quelques coups de fusil pour l'empêcher d'aborder, que M. de Druys la fit revenir, et se mit à canonner ce vaisseau si vivement, qu'il hacha sa mâture en pièces; de façon qu'après l'avoir soumis, le mât de misaine tomboit lorsqu'il y renvoya sa chaloupe.

Pendant que cela se passoit, j'étois occupé à combattre de loin les autres vaisseaux de guerre, pour les retarder, en les obligeant à me canonner de même; et pour donner, par cette diversion, tout loisir à M. de Druys de bien amariner le vaisseau pris. A la fin, jugeant qu'il avoit eu pour cela un temps plus que suffisant, je revirai de bord sur lui; et voyant ce vaisseau démâté, je fis préparer un cablot, pour le prendre sur-le-champ à la remorque. Ma surprise fut extrême quand j'appris de M. de Druys qu'il avoit été contraint de l'abandonner, parce qu'il alloit incessamment couler bas, et qu'il avoit eu beaucoup de peine à en retirer nos gens. Lorsqu'il me tint ce discours, le jour alloit finir; et les autres vaisseaux de guerre portugais n'étant plus qu'à portée du fusil de nous, le mal me parut sans remède, et je fus obligé de m'en rapporter, bien malgré moi, à ce qu'il me disoit.

Cependant je conservai toute la nuit cette flotte : à la pointe du jour, j'aperçus ce vaisseau pris la veille, qui, bien loin d'avoir coulé bas, s'étoit remâté avec des mâts de hune, et avoit bravement pris sa place en ligne avec les autres. Cette apparition, à laquelle je ne devois pas m'attendre, m'engagea à faire venir M. de Druys et deux de ses principaux officiers à bord de mon vaisseau, pour savoir les raisons qui les avoient portés à me dire si affirmativement que ce vaisseau alloit incessamment disparoître, et en même temps pour m'informer s'il ne s'étoit pas assuré, en retirant ses gens, du capitaine, ou de quelque autre officier portugais. Tout ce que je pus tirer de M. de Druys fut qu'il avoit été si pressé de sauver son équipage, à cause de l'approche des autres vaisseaux de guerre portugais, et dans l'impatience où il étoit de venir me seconder, qu'il n'avoit pas pensé à retirer aucun prisonnier, d'autant plus qu'on lui disoit à chaque instant que le vaisseau alloit couler bas.

Je compris à ce discours que la cause de ce malentendu venoit du pillage que ses matelots avoient fait dans ce riche vaisseau, que ces coquins, voyant d'un côté qu'il étoit démâté, et s'apercevant de l'autre que ses camarades accouroient à son secours, avoient eu peur de tomber au pouvoir des ennemis avec leur butin, et que, pour l'éviter, ils n'avoient point trouvé de meilleur expédient que celui de crier que le vaisseau alloit couler bas, et qu'il n'y avoit pas un moment à perdre pour se sauver. Alors, persuadé qu'il y avoit dans la conduite de M. de Druys plus de malheur que de mauvaise volonté, et qu'ainsi il étoit inutile de lui faire des reproches, je crus qu'il convenoit au contraire de lui fournir l'occasion de réparer son tort par une action éclatante, en le mettant pour cet effet dans la nécessité d'aller aborder le commandant portugais, et en me chargeant de le couvrir du feu de tous les autres vaisseaux pendant qu'il exécuteroit son abordage. Je l'avertis que, pour y bien réussir, il falloit ne pas tirer un coup que ses grappins ne fussent jetés de l'avant et de l'arrière, et nommer, pour sauter à bord, la moitié de ses officiers, le tiers de ses soldats et de ses manœuvriers, avec deux hommes de chaque canon, afin que les postes restassent passablement garnis. Je lui dis encore que je donnerois ordre à M. de la Jaille, capitaine du *Paon*, de venir aborder *l'Hercule* aussitôt qu'il le verroit accroché au commandant portugais, et de lui jeter tout son équipage, pour remplacer ceux qui auroient sauté de son bord, et le mettre, par ce renfort, en état de combattre comme auparavant : qu'au moyen de ces précautions, j'étois sûr qu'il enlèveroit ce gros vaisseau, dont l'entre-pont étoit fort embarrassé de marchandises, et dont l'équipage, composé de différentes nations, devoit être très-peu aguerri. Je fis en même temps sentir à M. de Druys que si je ne me chargeois pas de cet abordage, c'étoit parce que la manœuvre que j'aurois à faire pour le bien couvrir étoit la plus délicate et la plus dangereuse ; mais que je comptois bien que quand il auroit enlevé ce gros vaisseau, il viendroit me rendre le même service que je lui aurois rendu, en me couvrant à son tour quand j'irois aborder le vice-amiral portugais.

Ces précautions prises et les ordres donnés, nous arrivâmes sur les vaisseaux de guerre ennemis, qui nous attendoient en ligne au vent de leur flotte. Nous essuyâmes, sans tirer, leurs premières bordées, et M. de Druys aborda le commandant, monté de quatre-vingts canons, avec toute l'audace et la valeur possible : il jeta ses grappins à son bord, et lui donna dans le ventre toute sa bordée de canon, chargé à double charge. La mousqueterie et les grenades, jointes à cela, jetèrent la mort et la terreur dans ce grand vaisseau ; et je ne doute nullement qu'il n'eût été facilement enlevé d'emblé, si M. de Druys avoit eu autant d'attention à sa manœuvre qu'il avoit marqué d'intrépidité : mais le commandant ennemi, un instant avant que d'être accroché, avoit appareillé sa misaine et sa civadière, et poussé son gouvernail à arriver (1). Ainsi ces deux vaisseaux, liés ensemble, prirent lof pour lof en l'autre bord (2) ; de manière que le vent prit sur toutes les voiles du Portugais, et se conserva dans celles de *l'Hercule*. Il arriva de là que les voiles de l'un étant orientées à courir de l'avant, et celles de l'autre à culer, les grappins rompirent, et que les deux vaisseaux se séparèrent, avant que les gens de *l'Hercule* eussent pu sauter dans le vaisseau ennemi. J'étois alors à portée du pistolet sous le vent, et je leur criois de toutes mes forces de brasseyer leurs voiles (3) ; mais, dans le bruit et la confusion d'un abordage, je n'étois pas entendu ; et d'ailleurs j'étois moi-même occupé à combattre, et à soutenir le feu des deux matelots du commandant, qui me chamailloient rudement. Cependant voyant ce gros vaisseau, quoique manqué à l'abordage, si maltraité qu'il ne pouvoit presque plus tirer, je voulus tenter de l'accrocher à mon tour ; mais je ne pus jamais y parvenir, parce que j'étois un peu trop sous le vent. D'un autre côté, M. de La Jaille, qui s'étoit avancé à portée de jeter tout son équipage à bord de *l'Hercule*, ainsi que je l'avois ordonné, le voyant désaccroché, prit le parti de retenir le vent, et se démêla comme il put du milieu de tous ces vaisseaux, au moindre desquels le sien n'étoit pas capable de prêter le côté.

L'Hercule se trouvant désemparé après son abordage, voulut s'écarter, pour se raccommoder plus aisément ; et, faisant de la voile, il passa par le travers de deux vaisseaux de guerre portugais, qui le maltraitèrent encore davanage.

Au moyen de tout cela, je me trouvai seul au milieu des ennemis. Toutes mes voiles et mes manœuvres étoient hachées ; et le vent ayant cessé, mon vaisseau avoit bien de la peine à gouverner. Heureusement les Portugais avoient encore moins de facilité à se remuer, à cause de leur pesanteur. L'un d'eux n'avoit pu revirer comme les autres sur le commandant, et étoit resté en panne assez loin de ses camarades : je trouvai le moyen de revirer de bord sur lui, à l'aide de mes avirons, et je fis tous mes efforts pour le doubler au vent, dans la résolution de l'aborder. Mais toutes mes manœuvres d'avant étant coupées, il me fut impossible de le ranger plus près que la demi-portée de fusil sous le vent ; et comme j'avois d'ailleurs beaucoup de mes gens hors de combat, et que le corps de mon vaisseau étoit fort mal traité, je me contentai de lui donner en passant toute ma bordée, et je continuai ma route pour me tirer hors de portée des autres vaisseaux, qui ne cessoient de me canonner.

Dès que je fus débarrassé, je fis signal à *l'Hercule* et au *Paon* de me venir joindre : ils obéirent ; et M. de Druys me représenta les raisons qui l'avoient obligé de s'écarter de moi, et qu'il n'étoit pas en état de recommencer, ayant un aussi grand nombre de ses gens tués ou blessés. Je lui répondis qu'il falloit donner encore un coup de collier, et que les ennemis étant à proportion plus incommodés que nous, j'étois résolu de les poursuivre jusqu'à l'extrémité. En effet, je ne tardai pas à arriver sur eux ; et mes deux camarades me suivirent sans balancer.

Nous commencions à découvrir les côtes de Portugal ; et le vent ayant augmenté, la flotte ennemie s'efforçoit d'un profiter, pour entrer avant la nuit dans le port de Lisbonne. La vitesse de mon vaisseau me fit gagner deux lieues sur *l'Hercule* et sur *le Paon* ; en sorte que je joignis vers la fin du jour les vaisseaux de guerre portugais, qui étoient restés un peu de l'arrière pour couvrir leur flotte. Ils étoient si incommodés, et si rebutés de la besogne, qu'ils m'abandonnèrent ce vaisseau de guerre qui avoit été démâté, et pris le jour précédent par M. de Druys. Je me pressois de le joindre, pour m'en emparer avant que la nuit qui s'avançoit fût fermée ; et, pour plus grande précaution, j'avois

---

(1) Obéir au vent.
(2) Virer de bord.
(3) Ou brasser, c'est-à-dire faire la manœuvre des

bras, espèce de cordages attachés à l'extrémité des vergues, à l'aide desquels on peut changer la direction des voiles.

mis ma chaloupe à la mer, prête à l'amariner, en cas que mon abordage eût manqué par quelque événement imprévu, quand je découvris les brisans des écueils nommés Arcathophes, à portée de fusil sous le vent. Ce vaisseau, dont j'étois sur le point de me rendre le maître, toucha dessus, et alla échouer entre le fort de Cascais et celui de Saint-Julien. Il s'en fallut très-peu que je ne fisse aussi naufrage sur ces brisans, n'ayant eu précisément que le temps de revirer tout d'un coup en l'autre bord.

C'est ainsi que, par une infinité de circonstances des plus malheureuses et des moins attendues, je perdis une des plus belles occasions de ma vie. La fortune refusa de m'enrichir par la prise de ce vaisseau, qui tout seul étoit d'une valeur immense. Au milieu du combat, trois boulets consécutifs passèrent entre mes jambes; mon habit et mon chapeau furent percés de plusieurs coups de fusil; et je fus blessé, mais légèrement, de quelques éclats. Il sembloit que les boulets et les balles vinssent me chercher partout où je portois mes pas.

Après cette aventure malheureuse, je rejoignis mes deux camarades, et nous fîmes route pour nous rendre à Cadix, suivant les ordres du Roi. M. le marquis de Valdecanas parut fort aise de notre arrivée: il me chargea du soin de garder les Puntalès. Je fis entrer nos trois vaisseaux en dedans; je disposai les canonniers et les matelots qui me parurent nécessaires pour servir l'artillerie des deux forts de l'entrée, et je fis travailler le reste de nos équipages à perfectionner la batterie de Saint-Louis, qui n'étoit pas achevée. J'ajoutai à ces précautions celle d'avoir des chaloupes armées de soldats, toutes prêtes à servir en cas de besoin; je fis aussi armer, sur mon crédit [le gouverneur ne voulant donner aucuns fonds], un vaisseau que je fis équiper en brûlot par mes canonniers, pour le placer avec un va-et-vient (1) dans la passe du Puntalès, la plus aisée à forcer. En un mot, je ne négligeai rien de tout ce qui pouvoit contribuer à la sûreté des postes qui m'étoient confiés, sans que pour cela j'assistasse moins régulièrement à tous les conseils que tenoit M. de Valdecanas.

J'appris qu'il n'y avoit pas pour quinze jours de vivres dans Cadix, quoique le gouverneur eût, sous ce prétexte, exigé de grosses contributions de tous les négocians. Je crus de mon devoir de lui représenter fortement qu'il étoit absolument nécessaire d'y pourvoir incessamment, s'il ne vouloit se trouver exposé, par ce défaut, à rendre la place à l'armée navale ennemie, que l'on savoit être arrivée sur les côtes de Portugal. Mes représentations réitérées lui déplurent: aussi profita-t-il du premier prétexte qu'il put trouver de me mortifier; et il l'entreprit, contre la règle et le respect qu'il devoit au Roi, qui m'avoit honoré de ses ordres. Il sera aisé d'en juger par le récit que j'en ferai incessamment.

On reçut dans ce temps-là, à Cadix, des nouvelles de Lisbonne, au sujet de mon dernier combat avec la flotte portugaise. Elles portoient que le marquis de Santa-Cruz, amiral de cette flotte, avoit été tué, et beaucoup d'autres officiers; que cinq de ces vaisseaux de guerre étoient entrés à Lisbonne fort délabrés; et que le sixième, ayant été démâté et poursuivi de près, s'étoit échoué entre les forts de Cascais et de Saint-Julien; mais qu'on avoit sauvé une partie de ses effets. On ajoutoit que ce dernier vaisseau, qui revenoit de Goa, avoit relâché au Brésil, où il s'étoit joint à la flotte; qu'il étoit riche de plus de deux millions de piastres, et que le pillage fait dessus par les gens de *l'Hercule* étoit estimé à deux cent mille écus; qu'il étoit même resté dans le vaisseau portugais quatorze matelots français que le trop de précipitation avoit empêché d'en retirer, lesquels avoient été mis au cachot en arrivant à Lisbonne. On apprit aussi, par la même voie, que l'armée navale des ennemis avoit quitté les côtes d'Espagne, et qu'il n'y avoit aucune apparence qu'elle pût désormais entreprendre le siége de Cadix.

Sur ces nouvelles, je pris l'agrément de M. de Valdecanas pour faire sortir nos vaisseaux des Puntalès; et ayant su qu'il y avoit dans le port de Gibraltar soixante navires chargés de vivres et de munitions pour l'armée ennemie, je formai le dessein d'y aller avec le brûlot que j'avois fait équiper à mes dépens, et de les brûler. Je l'aurois exécuté d'autant plus facilement, qu'ils n'étoient soutenus d'aucun vaisseau de guerre: mais j'eus beau répondre du succès à M. de Valdecanas, et lui faire là-dessus toutes les instances imaginables, il ne voulut jamais y consentir; et comme j'avois ordre exprès de lui obéir, il ne me resta que le regret de voir échapper une occasion qui auroit été si avantageuse au service des deux couronnes.

Lorsque nos vaisseaux mouillèrent dans la rade de Cadix, j'avois ordonné que nos chaloupes allant à terre ne fussent point armées, et qu'il y eût seulement un officier pour en contenir l'équipage, afin d'éviter toute discussion avec les Espagnols. Il arriva que les barques de la douane, abusant de ma discrétion, insultèrent nos cha-

---

(1) Cordage disposé de façon à faire aller et venir une embarcation.

loupes à diverses reprises, et même les visitèrent, contre le droit de la nation française. J'en fis mes plaintes par le canal de M. le chevalier Renaud, français, et lieutenant général au service d'Espagne, qui résidoit à Cadix. Je le priai d'en parler au gouverneur, afin que l'on punît les coupables d'une pareille violence, et qu'on y remédiât à l'avenir, puisque je ne pouvois ni ne devois souffrir qu'on donnât atteinte aux priviléges de la nation, et qu'on insultât des vaisseaux du Roi. J'ajoutai que le tort des Espagnols étoit d'autant plus grand, que nous n'étions là que pour les secourir et les protéger. M. de Valdecanas ne fit aucune attention à tout ce que lui représenta M. Renaud, et négligea entièrement de pourvoir aux inconvéniens qui pourroient arriver; de sorte que deux jours après une barque de la douane insulta une seconde fois la chaloupe de *l'Hercule*, et en maltraita l'officier qui vouloit s'opposer à la visite. M. de Druys, capitaine de ce vaisseau, vint à huit heures du soir m'en porter ses plaintes, et me représenter qu'ayant l'honneur de commander dans la rade de Cadix pour le service des deux couronnes, il étoit de mon devoir d'envoyer sur-le-champ arrêter cette barque, et d'en demander hautement justice, si je ne voulois m'exposer au reproche d'avoir le premier souffert des nouveautés injurieuses à la nation, et contraires au respect qu'on devoit au Roi. J'eus la précaution de me faire rendre compte, par l'officier et par l'équipage de la chaloupe, des circonstances de cette insulte; et les ayant trouvées très-graves, je détachai deux chaloupes sous le commandement de M. de La Jaille, pour aller arrêter cette barque, avec ordre exprès de ne point tirer, et de n'user d'aucune violence qu'à la dernière extrémité. La barque en question s'étoit mêlée parmi plusieurs autres, et il eut quelque peine à la trouver: à la fin l'ayant démêlée, il s'avança sur elle. Aussitôt elle prit chasse, et tira la première des coups de pierriers et de fusil sur nos chaloupes. Deux de nos soldats en furent blessés, et deux autres tués; et M. de La Jaille eut le devant de son habit emporté d'un coup de pierrier. Alors, se conformant à mes ordres, il aborda cette barque, s'en rendit maître, et la conduisit à bord de mon vaisseau. Cet abordage ne se put faire sans effusion de sang: les Espagnols tirant à toute outrance sur nos gens, ceux-ci ne purent être retenus, et leur tuèrent trois hommes; ils en blessèrent trois autres, que j'eus soin de faire panser par nos chirurgiens.

Le lendemain matin, je crus devoir descendre à terre avec messieurs de Druys et de La Jaille, pour informer le gouverneur du fait, et pour lui en demander raison: mais, bien loin de vouloir m'écouter, il me fit arrêter dans son antichambre par le major de la place, et je fus conduit en prison à la tour de Sainte-Catherine. M. Renaud, averti d'un procédé si surprenant, courut lui en représenter toutes les conséquences; et, le trouvant mal disposé, il dépêcha un exprès au marquis de Villadarias, gouverneur d'Andalousie, et beau-frère de M. de Valdecanas, le conjurant de venir interposer son autorité pour arrêter les suites périlleuses d'une pareille conduite. M. de Villadarias se rendit le jour suivant à Cadix; et, dans un conseil qu'il assembla à ce sujet, il fut simplement décidé que l'armée navale des ennemis s'étant retirée, et le secours des vaisseaux français ne paroissant plus nécessaire à la conservation de la place, on me feroit sortir de prison, et que je pourrois mettre à la voile quand bon me sembleroit. Cela fut exécuté, et je fus conduit à bord de mon vaisseau. J'y arrivai, outré de l'indigne procédé du marquis de Valdecanas, pour récompense des soins et des mouvemens que je m'étois donnés avec autant de zèle que si j'avois été personnellement chargé de conserver Cadix. Toute ma consolation étoit l'espérance que le Roi, bien informé du fait, en tireroit une satisfaction authentique. En effet, Sa Majesté s'en étant fait rendre compte, exigea du roi d'Espagne que le gouvernement de Cadix seroit ôté à M. de Valdecanas, et celui de l'Andalousie à M. de Villadarias; qui s'étoit donné la licence d'écrire là-dessus en termes très-peu convenables au profond respect qu'un particulier comme lui devoit à un si grand monarque, aïeul de son maître.

Impatient de quitter cette terre, je mis à la voile dès le lendemain, et je fis route pour me rendre à Brest. J'eus en chemin connoissance d'une flotte de quinze vaisseaux anglais, escortée par *le Gaspard*, frégate de trente-six canons. Je fis signal à mes camarades de donner dans la flotte, et j'allai aborder *le Gaspard*. Celui qui le commandoit se défendit très-valeureusement, et soutint mon abordage tout autant qu'il lui fut possible. M. de Fossières, officier plein d'ardeur, qui étoit mon capitaine en second, y fut tué: j'eus encore un autre officier blessé, et nous prîmes douze vaisseaux de cette flotte, que nous conduisîmes à Brest.

J'avois marqué pendant la route toutes sortes de prévenances à l'Anglais, capitaine de ce *Gaspard*; et je m'étois empressé à lui faire connoître tout le cas que je faisois de sa valeur et de sa fermeté. Il fut assez injuste pour attribuer mes politesses à la crainte de tomber à mon tour entre les mains des Anglais; et il poussa l'indiscrétion jusqu'à m'en faire confidence en mangeant à ma table, entre le dessert et la fin du repas. Cette insolence me mit dans la nécessité d'en user, contre mon inclination, avec autant de dureté que je lui avois auparavant témoigné d'estime et d'amitié, afin de lui faire bien comprendre que si je considérois la valeur dans les ennemis du Roi lorsqu'ils étoient vaincus, je savois aussi dompter leur orgueil, et braver toutes sortes d'événemens, quand il étoit question de combattre pour ma patrie.

[1707] Le Roi m'ayant fait l'honneur de me nommer chevalier de l'ordre de Saint-Louis, je me fis un devoir d'aller recevoir l'accolade de la main même de ce grand prince. Je me rendis à Versailles, où Sa Majesté voulut bien me faire connoître qu'elle étoit satisfaite de mon zèle et de mes services. Elle m'en donna des preuves en m'accordant ses vaisseaux *le Lis*, de soixante-quatorze canons; *l'Achille*, de soixante-six; *le Jason*, de cinquante-quatre; *la Gloire*, de quarante; *l'Amazone*, de trente-six; et *l'Astrée*, de vingt-deux. Je partis promptement pour Brest, et je choisis, pour commander ces vaisseaux, messieurs de Beauharnois, de Courserac, de La Jaille, de Nesmond et de Kerguelin; et ayant mis à la voile, je fus me placer à la hauteur de Lisbonne, espérant d'y rencontrer la flotte du Brésil, qu'on attendoit incessamment. Je ne pus parvenir à en avoir de nouvelles. Je m'emparai cependant de deux vaisseaux anglais assez riches, qui sortoient du détroit de Gibraltar. De là m'étant porté à l'entrée de la Manche, je fis quatre autres prises de la même nation, chargées de tabac; et je ramenai le tout à Brest, où je fis caréner les vaisseaux de mon escadre.

Je trouvai dans ce port M. le comte de Forbin, chef d'escadre, avec six vaisseaux de guerre qu'il commandoit. Nous y reçûmes en même temps l'un et l'autre une lettre de M. le comte de Pontchartrain, qui nous avertissoit qu'il y avoit aux dunes d'Angleterre une flotte considérable, chargée de troupes et de munitions de guerre, prête à faire voile pour le Portugal et pour la Catalogne. Ce ministre nous marquoit qu'il étoit d'une extrême conséquence que nous allassions sans différer croiser ensemble quelque temps au devant de cette flotte; et que nous rendrions un service des plus importans à l'État, si nous pouvions la joindre et la détruire.

J'avois sous mes ordres le même nombre de vaisseaux que M. le comte de Forbin, parce que *le Maure*, vaisseau de cinquante canons, commandé par M. de La Moinerie-Minac, de Saint-Malo, s'étoit venu joindre à moi, à la place de *l'Astrée*, qui restoit dans le port. Nous partîmes donc tous ensemble de Brest, et nous allâmes nous poster à l'ouverture de la Manche. Après avoir resté trois jours sans rien rencontrer, il me parut que M. de Forbin faisoit route du côté de Dunkerque, lieu de son désarmement. Il étoit déjà éloigné de moi environ de quatre lieues, lorsque je remarquai qu'il changeoit sa manœuvre et sa route. Je jugeai qu'il avoit fait quelque découverte; et, courant de ce côté, j'aperçus effectivement une flotte qui me parut être de deux cents voiles, et vraisemblablement celle dont M. le comte de Pontchartrain nous avoit avertis. Le jour commençoit alors à paroître. Je crus devoir m'approcher de M. de Forbin, pour concerter ensemble la manière d'attaquer cette flotte; et je me pressois de le joindre : mais ayant vu, chemin faisant, qu'il avoit arboré pavillon de chasse, je mis aussitôt toutes mes voiles au vent, et chassai sur la flotte. La légèreté de mon escadre, carénée de frais, me fit devancer M. de Forbin d'environ une lieue; et je n'étois plus qu'à une bonne portée de canon de cette flotte, quand il s'avisa, au grand étonnement de tous, de venir en travers, et de prendre un ris (1) dans ses huniers, par un temps où nous aurions pu porter perroquets sur perroquets (2). L'esprit de subordination, dont j'ai toujours été plus jaloux que qui que ce soit, me fit, contre mon gré, imiter cette manœuvre, qui seule nous fit manquer l'entière destruction de cette importante flotte. Elle étoit rassemblée sous le vent de cinq gros vaisseaux anglais, qui nous attendoient rangés sur une ligne. Le vaisseau *le Cumberland*, de quatre-vingt-deux canons, qui étoit le commandant, s'étoit placé au milieu; *le Devonshire*, de quatre-vingt-douze canons, à la tête; et *le Royal-Oak*, de soixante-seize, à la queue; *le Chester* et *le Ruby*, de cinquante-six à cinquante-quatre canons chacun, étoient matelots de l'avant et de l'arrière (3) du *Cumberland*. Ils nous prirent d'abord, à ce qu'ils nous ont dit depuis, pour une troupe de corsaires rassemblés, dont ils ne faisoient pas grand cas. Mais nous n'eûmes pas plus tôt mis en travers, qu'ils connurent qui nous étions à

(1) Serrer ou plier une partie de la voile, ce qui diminue l'action du vent.
(2) C'est-à-dire qu'on auroit pu mettre d'autres voiles au-dessus des voiles les plus élevées, qu'on nomme *perroquets*; ce qui se fait pour augmenter l'action du vent.

lorsqu'il est foible. Par ces expressions, Duguay-Trouin donne à entendre que Forbin a ralenti sa marche au lieu de l'accélérer.
(3) On appelle ainsi des vaisseaux qui ont leur poste sur l'avant et sur l'arrière du commandant pour le couvrir.

la séparation des mâts de nos vaisseaux, et à la hauteur de leurs œuvres mortes. L'affaire leur parut sérieuse, et le commandant fit signal dans l'instant aux bâtimens de transport de se sauver comme ils pourroient par différentes routes : d'où il est aisé de conclure que si nous les eussions attaqués, sans nous amuser inutilement à prendre des ris, ils étoient tous indubitablement perdus, et que par conséquent les projets formés par les puissances alliées contre la maison de France, pour achever de conquérir l'Espagne, se seroient trouvés dès-lors entièrement renversés ; d'autant plus que l'archiduc et le roi de Portugal attendoient avec la plus grande impatience ce convoi que la reine d'Angleterre leur envoyoit, pour les soulager un peu dans l'extrême détresse où ils étoient ; et surtout le premier, depuis la bataille d'Almanza, qu'il avoit perdue quelques mois auparavant.

Impatient de voir que M. de Forbin ne se pressoit pas d'arriver, et réfléchissant que la journée s'avançoit beaucoup, puisqu'il étoit près de midi, et que nous étions à la fin du mois d'octobre, je fis signal à tous les vaisseaux de mon escadre de venir me parler les uns après les autres. J'ordonnai à M. le chevalier de Beauharnois d'aborder *le Royal-Oak*, à M. le chevalier de Courserac d'aborder *le Chester*, à M. de La Moinerie-Miniac d'aborder *le Ruby* ; et comme je me réservois le commandant, je donnai ordre à M. de La Jaille de me suivre avec *la Gloire*, et de venir me jeter une partie de son équipage aussitôt qu'il m'y verroit accroché, afin de me trouver par ce renfort plus en état de secourir les vaisseaux de mon escadre que je verrois pressés, ou même ceux de l'escadre de M. de Forbin qui pourroient être assez hardis pour oser se mesurer avec *le Devonshire*. Mais aussi comme il y avoit de l'équité à songer un peu aux intérêts de mes armateurs, et prévoyant que nous trouverions assez de difficultés à soumettre les vaisseaux de guerre, pour n'être pas en état de prendre et d'amariner les vaisseaux de transport, je chargeai M. le chevalier de Nesmond, qui commandoit la frégate *l'Amazone*, la meilleure de mon escadre, de donner au milieu de la flotte, pourvu cependant qu'aucun des vaisseaux du Roi ne se trouvât dans le cas d'avoir un besoin pressant de son secours.

Ces ordres donnés, j'arrivai sur les ennemis ; et, faisant coucher tout mon équipage sur le pont, je donnai mon attention à bien manœuvrer. J'essuyai d'abord sans tirer la bordée du *Chester*, matelot de l'arrière du *Cumberland* ; ensuite celle du *Cumberland* même, qui fut des plus vives. Je feignis dans cet instant de vouloir plier : il donna dans le piège ; et ayant voulu arriver pour me tenir sous son feu, je revins tout à coup au vent, et par ce mouvement son beaupré se trouva engagé dans mes grands haubans, avant que de lui avoir riposté d'un seul coup de canon ; en sorte que toute mon artillerie chargée à double charge, et ma mousqueterie l'enfilant de l'avant à l'arrière, ses ponts et ses gaillards furent dans un instant jonchés de morts. Aussitôt M. de La Jaille, mon fidèle compagnon d'armes, s'avança avec *la Gloire* pour exécuter ce que je lui avois ordonné ; mais ne pouvant m'aborder que très-difficilement, par rapport à la position où il me trouva, il eut l'audace d'aborder *le Cumberland* même de long en long. Il est vrai qu'il rompit son beaupré sur la poupe de mon vaisseau, dans le même moment que l'ennemi achevoit de rompre le sien dans mes grands haubans. Alors ceux de mes gens que j'avois nommés pour sauter à l'abordage du *Cumberland* s'efforcèrent de pénétrer à son bord ; mais très-peu y réussirent, à cause de son beaupré rompu, qui rendoit l'approche de ce vaisseau aussi difficile que dangereuse. Messieurs de La Calandre, de Blois, et Dumenaye, officiers sur *la Gloire*, furent les premiers qui s'élancèrent dedans, à la tête de quelques vaillans hommes. Ils tuèrent et mirent en fuite ce qui restoit d'Anglais sur le pont et sur les gaillards, et se rendirent les maîtres du vaisseau. Alors, voyant qu'ils me faisoient signe avec leurs mouchoirs, et que l'on baissoit le pavillon anglais, je fis cesser le feu, et j'empêchai qu'il ne sautât un plus grand nombre de mes gens à bord. Au même instant je fis pousser au large, pour me porter dans les lieux où je pourrois être de quelque utilité.

M. le chevalier de Beauharnois, qui montoit *l'Achille*, avoit abordé de son côté, avec toute l'audace possible, *le Royal-Oak* ; et ses gens s'étant présentés pour sauter à l'abordage, il étoit prêt de s'en rendre maître, lorsque le feu prit dans son vaisseau à des gargousses pleines de poudre. Ses ponts et ses gaillards en furent enfoncés, et plus de cent hommes y perdirent la vie. Il fit pousser au large, et fut assez heureux pour éteindre cet embrasement après bien du travail ; mais pendant ce temps-là *le Royal-Oak*, dont le beaupré se trouvoit rompu, avoit profité de l'occasion, et s'étoit servi de toutes ses voiles pour se sauver.

M. le chevalier de Courserac, qui commandoit *le Jason*, aborda aussi *le Chester* ; et ses grappins s'étant rompus, les deux vaisseaux se séparèrent. M. le chevalier de Nesmond, qui le suivoit sur *l'Amazone*, voulut en profiter, et aborder à son tour ce vaisseau anglais ; mais n'ayant pas modéré sa course assez à temps, il le dépassa malgré lui : alors M. de Courserac revint dessus, et l'enleva à ce dernier abordage ; ce qui fit prendre à M. de Nesmond le parti d'exécuter l'ordre que je lui avois donné de fondre au milieu de la flotte, et il s'empara d'un assez grand nombre de ces bâtimens de transport.

Le Maure, commandé par M. de La Moinerie-Miniac, avoit, suivant sa destination, abordé le Ruby ; et, dans le temps même qu'il y étoit accroché, M. le comte de Forbin vint à toutes voiles donner de son beaupré sur la poupe de cet anglais, qui se rendoit. M. de Forbin prétendit que c'étoit à lui qu'il s'étoit rendu, quoiqu'il n'eût pas jeté un seul homme à son bord. Cette prétention lui fit d'autant moins d'honneur, que le témoignage des Anglais ne lui étoit pas favorable, et que ce brave général auroit pu trouver, s'il l'avoit voulu, des occasions plus glorieuses d'exercer son courage.

Aussitôt que j'eus fait pousser mon vaisseau au large du Cumberland, j'examinai avec attention la face du combat, et ma première pensée fut de courir sur le Royal-Oak, que je voyois fuir en très-mauvais état, et que j'aurois certainement enlevé d'emblée, sans beaucoup de danger, et sans effusion de sang. Cette action m'auroit peut-être fait plus d'honneur que le combat sanglant que je rendis contre le Devonshire.

Je crois pouvoir avancer hardiment que, dans cette occasion, l'intérêt de ma gloire particulière céda à un motif plus généreux. Je vis que M. le chevalier de Tournouvre, qui commandoit le Blak-Owal, vaisseau de cinquante-quatre canons, de l'escadre de M. de Forbin, osoit attaquer ce Devonshire, qui en portoit quatre-vingt-douze, et que, suivi du Salisbury, monté par M. Bart, il s'avançoit pour l'aborder avec une intrépidité héroïque. Je remarquai même qu'il avoit déja brisé son beaupré sur la poupe de ce gros vaisseau, dont le feu, infiniment supérieur, et l'artillerie formidable, hachoient en pièces ces deux pauvres vaisseaux. Touché de cet exemple de valeur, je volai au secours de ce brave chevalier, et je pris la résolution d'aborder de long en long le Devonshire. J'avois déja prolongé ma civadière, et j'étois sur le point de l'accrocher, quand je vis sortir de sa poupe une fumée si épaisse, que la crainte de brûler avec lui me fit le battre à portée du pistolet, jusqu'à ce que j'eusse vu ce commencement d'incendie éteint. Il me seroit difficile de tracer une peinture sensible du feu terrible de canon et de mousqueterie que j'en essuyai pendant trois quarts-d'heure, attendant toujours que la fumée de sa poupe fût un peu ralentie pour l'aborder. Il me mit dans cette attente plus de trois cents hommes hors de combat. Enfin, désespéré de voir périr tous mes gens l'un après l'autre, je me résolus à tout événement de l'accrocher, et fis pousser mon gouvernail à bord. Déjà nos vergues commençoient à se croiser lorsque M. de Brugnon, l'un de mes lieutenans, qui commandoit la mousqueterie et la manœuvre, vint précipitamment me faire remarquer que le feu qui s'étoit fomenté dans la poupe du Devonshire se communiquoit à ses haubans, et à ses voiles de l'arrière. Frappé d'un danger si pressant, je fis à l'instant changer la barre de mon gouvernail, appareiller tout ce qui me restoit de voiles, détachant des officiers pour aller sur le bout des vergues couper avec des haches mes manœuvres, qui étoient embarrassées avec celles de l'ennemi. A peine m'en étois-je éloigné de la portée du pistolet, que le feu se communiqua de l'arrière à l'avant de ce gros vaisseau avec tant de violence, qu'il fut consumé en moins d'un quart-d'heure. Tout son équipage périt au milieu des flammes et des eaux, à l'exception de trois de ses matelots, qui se trouvèrent après l'affaire à bord de mon vaisseau, où ils étoient passés de vergues en vergues, lorsqu'ils s'aperçurent du motif qui me faisoit abandonner mon abordage avec tant de précipitation. Ils m'assurèrent qu'il y avoit plus de mille hommes dans ce vaisseau, lequel portoit, outre son équipage, plus de trois cents officiers ou soldats passagers. Je n'eus pas de peine à le croire, vu la vivacité avec laquelle son canon et sa mousqueterie étoient servis.

Après ce sanglant combat, mon vaisseau resta tellement délabré, que je fus deux jours entiers sans pouvoir remuer. Le corps du vaisseau, les mâts, les voiles, les manœuvres, tout étoit haché : le gouvernail étoit de même, par deux balles barrées de trente-six livres. Je demeurai dans cette perplexité, ne sachant ce que les autres vaisseaux étoient devenus. Chacun d'eux avoit pris le parti de se rallier, ou de poursuivre les débris de cette flotte : je savois seulement que le Royal-Oak s'étoit sauvé, ayant bien remarqué que M. de Forbin n'avoit pas jugé cette conquête digne de son attention. J'avoue que si j'eusse été capable de me repentir d'une bonne action, et si je n'avois pas eu présente l'utilité qui devoit en revenir au roi d'Espagne, j'aurois eu quelque regret d'avoir laissé échapper un si beau vaisseau, qui étoit pour ainsi dire en mes mains, et d'avoir été me faire hacher en pièces,

41.

pour avoir la douleur de voir périr mille infortunés d'un genre de mort si affreux. Le souvenir de ce spectacle effroyable me fait encore frémir d'horreur.

Avant que de finir le récit de ce combat, je ne puis m'empêcher de parler de l'action d'un de mes contre-maîtres, qui sauta le premier à bord du *Cumberland* par dessus son beaupré rompu, et qui pénétra à son pavillon de poupe pour le baisser. Il étoit occupé à en couper la drisse, quand il vit quatre soldats anglais, qui s'étoient tenus ventre à terre, s'avancer sur lui le sabre haut. Dans ce péril imprévu, il conserva assez de jugement pour jeter à la mer le pavillon anglais, et pour s'y lancer ensuite lui-même : il eut aussi la présence d'esprit de ramasser le pavillon dans l'eau, et de gagner à la nage une chaloupe que *le Cumberland* avoit à la remorque. Il en coupa le cablot; et, se servant d'une voile qu'il trouva dedans, il arriva vent arrière, et se rendit dans cet équipage à bord de *l'Achille*, qui étoit resté en travers sous le vent, pour se rétablir du désordre où son abordage l'avoit mis. Le pavillon dont je parle ici fut porté dans l'église de Notre-Dame à Paris, avec ceux des autres vaisseaux de guerre anglais; et, sur le compte que je rendis de cette action à M. le comte de Pontchartrain, le Roi, sur son rapport, voulut la récompenser d'une médaille d'or, et faire maître d'équipage ce vaillant homme. Il s'appeloit Honorat Toscan, et naviguoit en 1712, en sa qualité de maître, avec M. le chevalier de Fougeray, lorsqu'il fut pris par *le South-Seas-Chastel*. Les matelots ou soldats anglais ayant su que c'étoit lui qui avoit fait la belle action dont je viens de parler, lui firent essuyer mille indignités. Je n'ai pas voulu passer sous silence ni cette action, ni la récompense que ce brave soldat en reçut du Roi. Ce grand prince n'apprenoit jamais une action de valeur du moindre de ses sujets, qu'il ne lui en fît connoître sa satisfaction par quelque grâce.

Tous les vaisseaux de mon escadre et de celle de M. de Forbin arrivèrent deux jours avant moi dans la rade de Brest, avec *le Cumberland*, *le Chester* et *le Ruby*. Le *Cumberland* étoit mené à la remorque en triomphe par le vaisseau de ce général, de la même manière que s'il en avoit été personnellement le vainqueur.

Outre les vaisseaux de transport dont j'ai dit que *l'Amazone* s'étoit emparée, et qu'elle conduisit à Brest, il y en eut plusieurs autres qui furent pris par différens corsaires qui se trouvèrent à portée de profiter de la déroute, et qui les firent entrer dans d'autres ports de France.

M. le comte de Forbin dépêcha, à son arrivée, M. le chevalier de Tourouvre, pour porter au Roi la nouvelle de ce combat. J'appris dans la suite que ce dernier m'avoit rendu, auprès de Sa Majesté, toute la justice que je pouvois attendre d'un caractère aussi généreux que le sien : je la lui rendis aussi tout entière quand j'eus l'honneur d'entretenir à mon tour le Roi sur les circonstances de cette action.

Je reçus alors une lettre très-obligeante de M. le comte de Pontchartrain, qui me témoignoit la satisfaction que Sa Majesté avoit de mes services, en considération desquels elle vouloit bien m'accorder une pension de mille livres sur son trésor royal. J'eus l'honneur de l'en remercier très-humblement; mais je lui demandai en grâce de faire tomber cette pension à M. de Saint-Auban, mon capitaine en second, qui avoit eu une cuisse emportée à l'abordage du *Cumberland*, et qui avoit plus besoin de pension que moi. J'ajoutai que je me trouvois trop récompensé, si je pouvois, par mes très-humbles supplications, obtenir l'avancement des officiers qui m'avoient si valeureusement secondé; mais que si le Roi me jugeoit digne de quelque grâce particulière, j'espérois de sa bonté qu'il voudroit bien m'accorder des lettres de noblesse pour mon frère aîné et pour moi, puisque je devois à son secours et à ses soins tout ce que j'avois fait d'estimable, et l'honneur que j'avois d'être connu de Sa Majesté, par les occasions qu'il m'avoit procurées de servir sans discontinuation. M. le comte de Pontchartrain trouva quelque difficulté à m'obtenir cette grâce, ou plutôt il jugea à propos de me la réserver pour récompense de quelque nouvelle action, croyant sans doute que cet objet me rendroit encore plus ardent : mais il est certain que je n'avois pas besoin d'être aiguillonné, et que le désir que j'avois de mériter les bontés du Roi, et d'être utile à l'Etat, étoit seul plus capable de m'animer que toutes les récompenses. Aussi ne m'étois-je porté à lui demander cette grâce que par rapport aux grandes obligations que j'avois à mon frère, dont le zèle pour le service du Roi étoit égal au mien. Malgré tous ces motifs, je n'insistai pas, et crus devoir me rendre auprès de Sa Majesté, pour lui représenter de vive voix les services des officiers qui s'étoient distingués sous mes ordres. Elle eut la bonté d'en avancer plusieurs, entre autres M. le chevalier de Beauharnois, M. le chevalier de Courserac, M. de La Jaille, M. de Saint-Auban, et quelques autres.

Ce fut alors qu'ayant le bonheur d'entretenir le Roi du détail de mon dernier combat, je profitai avec empressement de l'occasion pour lui faire connoître toute la valeur de M. le chevalier de Tourouvre. Je lui fis une peinture si vive de l'intrépidité de cette officier, que Sa Majesté se tournant vers M. de Busca, lieutenant des gardes du corps, qui avoit l'honneur de servir auprès d'elle, lui demanda si feu Ruyter son bon ami en auroit fait autant. Il répondit qu'on ne pouvoit rien ajouter au portrait que je venois de faire du mérite et de la bravoure de M. de Tourouvre; et qu'il n'en étoit pas surpris, ayant connu deux de ses frères dans les troupes de terre de Sa Majesté, qui n'étoient pas moins valeureux que celui-ci. M. le maréchal de Villars, qui étoit aussi présent, prit la parole, et ajouta des particularités de leurs services très-avantageuses, et qui faisoient connoître que la valeur et la probité étoient héréditaires dans la maison de Tourouvre. Il pouvoit encore y joindre la modestie; car je n'ai, de mes jours, vu de guerrier qui joignit à un si haut point cette dernière vertu à tant d'intrépidité. J'ai été bien aise de faire connoître, en rapportant tous ces détails, que l'émulation, entre gens d'honneur, ne les empêche point de se rendre réciproquement justice, avec une satisfaction intérieure que les faux braves ne connoissent pas.

[1708] J'étois si pénétré des bontés et des distinctions dont le Roi avoit daigné m'honorer, et j'avois un désir si pressant de m'en rendre digne de plus en plus, que je quittai bientôt le séjour de Versailles, pour aller chercher à combattre ses ennemis. J'avois demandé et j'obtins de Sa Majesté un plus grand nombre de ses vaisseaux, que je destinois à une expédition dont je ne fis confidence à personne, parce que le succès dépendoit d'un profond secret. Il s'agissoit d'aller attendre la nombreuse flotte du Brésil. J'avois reçu avis que les ennemis avoient envoyé sept vaisseaux de guerre au devant d'elle, et qu'ils croisoient sur les îles des Açores, où elle devoit passer nécessairement pour s'y rafraîchir, et y prendre escorte. Ainsi mon entreprise paroissoit immanquable à cet atterage, si je pouvois armer assez à temps pour me rendre sur ces côtes avant qu'elle y fût arrivée.

Je ne tardai donc pas à prendre congé du Roi; et je me rendis en poste à Brest, où je fis diligemment équiper les vaisseaux *le Lis* et *le Saint-Michel*, de soixante-quatorze canons chacun; *l'Achille*, de soixante-six; *la Dauphine*, de cinquante-six; *le Jason*, de cinquante-quatre; *la Gloire*, de quarante; *l'Amazone*, de trente-six; et *l'Astrée*, de vingt-deux. Ces vaisseaux furent montés par M. de Géraldin, M. le chevalier de Courserac, M. le chevalier de Nesmond, M. le chevalier de Goyon, M. de Miniac, M. de Courserac l'aîné, M. de La Jaille, et M. de Kerguelin. Presque tous avoient déjà servi sous mes ordres avec distinction. Je joignis à cette escadre une corvette de structure anglaise de huit canons, pour servir de découverte. Je la confiai à un jeune homme de mes parens; et j'engageai une autre frégate de Saint-Malo de trente canons, nommé *le Desmarets*, à venir me joindre dans la rade.

Nous mîmes à la voile, et nous fûmes nous placer à la hauteur de Lisbonne. Le capitaine d'un vaisseau suédois qui en sortoit me confirma ce que j'avois appris de la flotte du Brésil, et me dit que les sept vaisseaux de guerre que le roi de Portugal envoyoit au-devant d'elle étoient partis depuis deux mois pour l'attendre sur les îles des Açores. Nous cinglâmes de ce côté; et, passant hors de la vue de ces îles, nous fûmes nous placer à l'ouest à quinze lieues d'elles, vers l'endroit où devoit passer la flotte, pour éviter que ces sept vaisseaux portugais, ou les habitans des îles, n'eussent connoissance de notre escadre, et n'envoyassent quelque vaisseau d'avis au devant de cette flotte, pour lui faire prendre une autre route. Je détachai en même temps ma corvette anglaise pour aller faire le tour des îles, et reconnoître les sept vaisseaux en question, avec ordre de les bien examiner, et de venir me rendre compte de leurs forces, et des parages où ils croiseroient. Elle les trouva à l'ouest du port de la Tercère, qui couroient bord à terre, et bord à la mer (1). Le capitaine me rapporta que cette escadre étoit composée de trois vaisseaux portugais, trois anglais, et un hollandais; qu'un des portugais étoit à trois ponts, et tous les autres depuis cinquante jusqu'à soixante-dix canons.

Nous demeurâmes constamment près de trois mois sur ces parages, fort étonnés de ne pas voir paroître la flotte, et renvoyant tous les quinze jours la corvette faire le tour des îles : elle me rapportoit toujours la même chose des sept vaisseaux de guerre. Enfin nous découvrîmes un vaisseau venant de l'ouest, qui faisoit route pour se rendre aux îles : nous le poursuivîmes, et ne pûmes le joindre, à cause d'un brouillard, et de la nuit qui survint. Je ne doutai pas qu'il n'informât les vaisseaux ennemis de notre croisière, et que ceux-ci ne se déterminassent à dépêcher un vaisseau d'avis au devant de la flotte, pour la détourner de sa route; et que par conséquent elle ne s'éloignât des îles, pour éviter d'être exposée à notre insulte. Cependant nos provisions d'eau commençoient à manquer; en sorte que nous ne pouvions demeurer plus de quinze jours à croiser sur ces parages. Cette con-

(1) C'est-à-dire qui louvoyoient.

sidération me porta à assembler un conseil composé de tous les capitaines de l'escadre, auxquels je tâchai de faire connoître la nécessité où nous étions d'aller attaquer sans différer les sept vaisseaux de guerre ennemis, dans lesquels nous devions vraisemblablement trouver de l'eau, et assez de vivres pour prolonger notre croisière jusqu'à l'arrivée de la flotte. J'ajoutois que ces vaisseaux, même seuls, suffisoient pour payer l'armement, les Portugais étant dans l'usage d'avoir beaucoup de canons de fonte; et j'insistois sur ce qu'il étoit presque impossible qu'ils n'eussent été informés de notre croisière par ce dernier vaisseau, que la nuit nous avoit fait manquer : de manière que si nous tardions davantage à les aller chercher, il étoit indubitable que nous ne les trouverions plus, et que nous tomberions dans le cas de nous voir forcés, par la disette d'eau, à retourner en France sans avoir rien fait, et ainsi à perdre notre armement en entier.

Ce raisonnement étoit naturel; mais quelque démon, envieux de mon bonheur, empêcha tous les capitaines de l'escadre, sans exception, de le goûter. Ils se laissèrent aller à l'avis de M. de Géraldin, qui étoit d'attendre constamment la flotte sur cette croisière. Ils disoient, pour leurs raisons, que cette flotte ne pouvoit manquer d'arriver incessamment, le vent étant bon pour l'amener; qu'en attaquant les sept vaisseaux, il n'étoit point douteux qu'ils ne nous attendissent de pied ferme, étant pour le moins aussi forts que nous; que le sort des armes étoit incertain; que, supposant même que nous les réduisissions, cela ne pourroit se faire sans que plusieurs de nos vaisseaux ne se trouvassent désemparés, et peut-être hors d'état de tenir la mer; enfin qu'au pis aller, nous serions toujours à portée de les attaquer. Ils ajoutoient que mes armateurs auroient lieu de me reprocher d'avoir préféré, dans cette occasion, ma gloire particulière à leurs intérêts. Enfin ils m'ébranlèrent de façon que, pour ne pas paroître entier dans mes sentimens, je crus devoir leur accorder quelques jours. Mais cette condescendance ne m'empêchoit pas de sentir que je m'exposois, par leur conseil, à un malheur sans remède. C'est le seul conseil que j'aie tenu de ma vie pour savoir s'il étoit à propos de combattre; et si j'en suis le maître, ce sera le dernier.

Cependant je leur laissai un ordre de combat dans lequel étoient marqués les vaisseaux que chaque capitaine devoit aborder, leur recommandant à tous de se tenir préparés, et de me suivre au premier signal que je ferois. Chaque jour que je différois d'aller aux ennemis me paroissoit une année, et j'avois toujours dans l'esprit les suites malheureuses de mon retardement, que je regardois comme inévitables. Enfin, au bout de quatre jours, n'y pouvant plus tenir, je mis le signal de combat, et fit route pour les îles. Aussitôt M. de Géraldin me dépêcha un officier, pour me demander encore trois jours en grâce; et les officiers de mon vaisseau, qui m'étoient les plus affidés, séduits par l'attente de la riche flotte du Brésil, et par l'espoir d'un butin immense, y joignirent des prières si pressantes, que j'eus encore la foiblesse d'y consentir.

Ces trois jours expirés, je fis route pour aller chercher les ennemis, et ne les trouvai plus, ainsi que je l'avois prévu. Mon embarras devint extrême : je ne savois si la flotte n'avoit point passé à la faveur de la nuit, et, après avoir joint les vaisseaux de guerre, elle n'avoit point continué sa route pour Lisbonne, sans s'arrêter aux îles. Pour m'en éclaircir, je résolus d'y faire une descente; et pour cet effet ayant passé entre les îles de Fayal, de Pico et de Saint-Georges, je remarquai, en rangeant cette dernière, un port au fond duquel étoit une assez jolie ville, et quelques forts qui dominoient sur la marine. Cet endroit me parut très-propre à mon dessein; et j'ordonnai un détachement de toutes mes chaloupes, chargées de sept cents soldats sous le commandement de M. le comte d'Arquien, mon capitaine en second, avec ordre de descendre à terre, et de se rendre maître de la ville. Avant que de faire partir ces chaloupes, j'avois envoyé tous nos canots faire une fausse attaque de l'autre côté, pour y attirer une partie de ces insulaires. La véritable descente se fit; et ceux des ennemis qui voulurent s'y opposer furent mis en fuite, et poursuivis si chaudement, que nos troupes entrèrent presque aussitôt qu'eux dans la ville, qui étoit la capitale de l'île de Saint-Georges. La plupart des habitans l'avoient déjà abandonnée, et les religieuses même s'étoient sauvées, et avoient gagné les montagnes. Alors je fis porter à terre un grand nombre de futailles, pour les remplir d'eau; et je fis en même temps enlever tout ce qui m'étoit nécessaire en grains et en vins, dont les magasins de cette ville regorgeoient.

Les prisonniers portugais que l'on fit me dirent que les sept vaisseaux de guerre ayant eu avis, par ce vaisseau que nous avions manqué, et de notre croisière et de nos forces, avoient quitté ces parages depuis trois jours, et étoient retournés à Lisbonne; mais que la flotte du Brésil n'étoit pas encore passée, et qu'on ne savoit ce qui pouvoit la retarder si long-temps. Ce rapport me donna une lueur d'espérance qui s'évanouit bientôt. Nos vaisseaux furent pris tout à coup d'une tempête qui en mit plusieurs en danger de périr contre ces îles, et tous dans la nécessité de gagner le large. Cette tempête continua si long-temps, que j'eus beaucoup de peine à retirer les troupes de cette ville, dont nous nous étions emparés, et que je me vis forcé d'abandonner nos futailles, pour faire promptement route vers les côtes d'Espagne. Mon unique espoir étoit de gagner le port de Vigo assez à temps pour y faire de l'eau, et pour revenir attendre la flotte du Brésil à la hauteur de Lisbonne. J'y donnai rendez-vous à tous les vaisseaux de l'escadre, en cas de séparation ; mais nous fûmes si contrariés par les vents et si pressés par la soif, que chaque vaisseau chercha à gagner le port qui lui parut le plus à sa portée. *La Dauphine*, *le Desmarets* et la corvette se séparèrent les premiers de l'escadre, et retournèrent en France ; *le Saint-Michel*, *le Jason*, *la Gloire* et *l'Amazone* furent à Cadix, et pour moi, j'arrivai à Vigo avec mon seul vaisseau et *l'Achille*.

Cette flotte du Brésil avoit attéré aux îles des Açores huit jours après que j'en étois parti ; et c'est une chose bien surprenante que mon escadre, composée d'excellens vaisseaux, ayant ces huit jours d'avance sur une flotte qui n'alloit pas bien, n'ait pu, malgré tous mes efforts, arriver devant elle sur les côtes de Portugal ; car la plus grande partie de la flotte étoit entrée dans Lisbonne ou dans les ports voisins à peu près dans le même temps que j'entrai dans celui de Vigo. J'étois occupé à y faire de l'eau, lorsqu'un vaisseau de cette flotte, poussé par la tempête, vint échouer à quatre lieues de nous dans le port de Pontenedro, et fut pris par les Espagnols. Je sortis de Vigo le plus promptement qu'il me fut possible, et je fis deux petites prises de cette même flotte : tout le reste étoit déjà rentré dans ses ports, comme je viens de le dire. Ainsi mon armement fut entièrement perdu ; et mes vivres étant consommés, je revins désarmer à Brest avec *le Lis* et *l'Achille*.

M. de Géraldin, qui, par notre séparation, se trouva commandant des vaisseaux *le Saint-Michel*, *le Jason*, *la Gloire* et *l'Amazone*, étant arrivé dans Cadix, et s'y étant muni d'eau et de vivres, fit, en retournant à Brest, trois autres petites prises anglaises, qui ne payèrent pas la dépense de sa relâche.

La perte entière de cet armement, dans lequel nous avions risqué mon frère et moi une bonne partie de notre petite fortune, nous mit hors d'état de continuer des armemens aussi considérables.

[1709] Cependant je remis en mer avec le vaisseau *l'Achille*, et les frégates *l'Amazone*, *la Gloire* et *l'Astrée*, montées par M. le chevalier de Courserac, M. de La Jaille, et M. de Kerguelin. J'étois informé qu'une flotte de soixante voiles devoit bientôt sortir de Kinsale, sous l'escorte de trois vaisseaux de guerre anglais de soixante-dix, soixante et cinquante-quatre canons, pour se rendre en différens ports d'Angleterre. J'allai croiser sur son passage, et je la découvris à la vue du cap Lézard. La mer étoit trop agitée et le vent trop fort, pour hasarder de les aborder ; d'un autre côté, les ennemis étoient si supérieurs en artillerie, qu'il y auroit eu de la témérité à prétendre de les réduire par le canon. Cependant je considérai que, pareilles occasions ne se rencontrant pas fréquemment, il falloit les saisir quand elles se présentoient ; que la fortune aidoit souvent la valeur un peu téméraire ; et qu'enfin le vent pourroit s'apaiser pendant l'action.

Ces réflexions faites, je fis signal à *l'Astrée* de donner dans la flotte ; et je m'avançai avec *l'Achille*, *l'Amazone* et *la Gloire*, pour livrer le combat aux trois vaisseaux qui m'attendoient en ligne au vent de leur flotte. Je donnai, en passant, ma bordée de canon et de mousqueterie au vaisseau de l'arrière du commandant ; et, poussant ma pointe, j'abordai ce dernier de long en long. L'agitation des vagues ne me permit pas de jeter un seul homme à son bord ; et même les deux vaisseaux abordés se séparèrent, malgré mes précautions. Je revins jusqu'à trois fois tenter cet abordage, sans pouvoir y tenir, ni faire sauter personne de mon équipage dans ce vaisseau ; mais le feu de mon canon et de ma mousqueterie, et d'un très-grand nombre de grenades, fut exécuté si vivement, que ses ponts et gaillards furent couverts de morts, et même abandonnés, ses vergues de misaine et de petit hunier coupées ; en un mot, je le mis hors d'état de manœuvrer et de se défendre.

Dans cet intervalle, *l'Amazone* et *la Gloire* combattoient de leur côté les deux autres vaisseaux anglais : elles étoient trop foibles de bois, pour les aborder par un si mauvais temps sans courir un risque évident de périr. Le combat d'ailleurs étoit trop désavantageux pour elles au canon : aussi furent-elles fort maltraitées ; et elles l'auroient été bien davantage, si je ne les avois secourues par intervalles, en partageant mon feu sur les vaisseaux qui les combattoient. Cette attention ne put empêcher que *la Gloire* ne demeurât tout-à-fait désemparée, avec perte d'un grand nombre d'hommes. M. de La Jaille, qui la commandoit, vint me passer à poupe, et me pria de le couvrir, afin qu'il pût travailler à se rétablir.

Je n'étois guère moins maltraité, ayant reçu entre autres un boulet qui traversoit ma soute (1) aux poudres, lesquelles commençoient à se mouiller. L'inquiétude que j'en devois avoir ne m'empêcha pas de répondre à mon camarade qu'il eût à se placer à une portée de fusil sous le vent de mon vaisseau, et qu'il pouvoit travailler en sûreté à se bien rétablir. En effet, les trois vaisseaux ennemis étoient battus et délabrés de façon à n'en devoir rien craindre. Comme *l'Amazone* me parut encore en assez bon état, je fis signal à M. le chevalier de Courserac, qui la montoit, de donner dans la flotte. Il le fit, et amarina cinq bons vaisseaux chargés de tabac, sans que les vaisseaux de guerre ennemis osassent faire aucun mouvement pour l'en empêcher. J'étois à demi-portée de canon d'eux, avec la frégate *la Gloire*, prêt à donner dessus s'ils avoient branlé : j'eus même l'audace de faire baisser les voiles à quatorze navires marchands de leur flotte, que je plaçai entre *la Gloire* et moi, à dessein de les amariner aussitôt que nos chaloupes, criblées de coups de canon, pourroient se trouver un peu rajustées. Mais il survint tout à coup un si violent orage, que *la Gloire* en fut démâtée, et mon vaisseau couché, le plat-bord à l'eau, en danger évident d'être abîmé, si les écoutes de mes huniers ne s'étoient pas rompues. Au moyen de cet incident, les quatorze vaisseaux que j'avois à ma disposition ne balancèrent pas à arriver vent arrière sur la côte d'Angleterre, et passèrent sous mon beaupré, sans que je pusse les en empêcher. Les trois vaisseaux de guerre les imitèrent; et ce qu'il y eut de plus fâcheux, c'est que *l'Astrée*, qui dès le commencement avoit donné dans la flotte, avoit brisé sa chaloupe en la mettant à la mer, et n'avoit pu, à cause de la grosse vague, aborder une seule de plusieurs prises qu'elle avoit arrêtées : ainsi ces prises n'étant point amarinées profitèrent de l'orage, et se sauvèrent avec les autres. Après ce combat, la tempête devint encore plus affreuse, et nous sépara tous. Deux de nos prises arrivèrent à Saint-Malo avec *l'Amazone* et *l'Astrée*; une autre se sauva dans Calais, et deux firent naufrage sur la côte d'Angleterre. Je fus aussi sur le point de périr, et j'eus toutes les peines du monde à gagner le port de Brest avec la frégate *la Gloire*, tous deux en fort mauvais état.

Après les y avoir fait raccommoder, nous retournâmes en croisière à l'entrée de la Manche, et nous y vîmes, comme la nuit se formoit, un gros vaisseau qui couroit vent arrière vers les côtes d'Espagne. J'observai sa manœuvre; et, réglant les miennes dessus, je le joignis à onze heures du soir. Je le conservai toute la nuit, et mis un feu à poupe, afin que *la Gloire*, qui n'alloit pas si bien que mon vaisseau, ne me perdît pas de vue. Dès que le jour parut, je m'avançai sur ce vaisseau étranger : il arbora pavillon anglais; et ayant établi une batterie de six canons à l'arrière de sa poupe, j'en essuyai plusieurs décharges qui tuèrent quantité de mes gens, et incommodèrent fort mes mâts et mes voiles, parce que, fuyant toujours, et allant aussi bien que moi, je fus assez long-temps sans pouvoir le joindre à portée du pistolet. Quand il me vit prêt à l'aborder, il brasseya tout d'un coup ses voiles de l'arrière; et, bordant son artimon, poussa son gouvernail à venir au vent, dans la vue de mettre mon beaupré dans ses grands haubans. Attentif à sa manœuvre et à son gouvernail, je fis orienter mes voiles avec la même promptitude, et, venant aussi tout d'un coup au vent, j'évitai cet abordage dangereux, et je l'abordai lui-même de long en long. Mes grappins furent accrochés au milieu de nos bordées de canon, de mousqueterie et de grenades, et ce vaisseau fut enlevé en moins de trois quarts-d'heure; mais, par le mouvement qu'il avoit fait de mettre mon beaupré dans ses haubans, et par celui que j'avois fait moi-même pour l'éviter, il étoit arrivé que les deux vaisseaux, en présentant le côté au vent, avoient plié davantage, de manière que tous mes canons se trouvèrent pointés à couler bas; et mes canonniers n'ayant pas le temps d'en laisser tomber la culasse, tous leurs coups donnèrent dans la carène du vaisseau ennemi. Quand son pavillon fut baissé, je fis pousser au large; et un instant après il vint passer à ma poupe, pour m'avertir qu'il alloit couler bas, si je ne lui envoyois un prompt secours. Je fis mettre sur-le-champ la chaloupe à la mer avec deux bons officiers, et un nombre suffisant de calfas et de charpentiers pour sauver ce vaisseau, qui étoit de soixante canons, et tout neuf : il s'appeloit *le Bristol*.

Dans ce même instant *la Gloire* me joignit, et se mit en devoir d'envoyer aussi sa chaloupe; mais au milieu de cette occupation, il parut tout d'un coup une escadre de quatorze vaisseaux de guerre anglais à trois lieues sur nous, avec tant de vitesse que je n'eus pas même le temps de retirer mes gens du *Bristol* : il fut dans un moment entouré d'ennemis, et coula bas au milieu d'eux. La moitié des Français et des Anglais qui

---

(1) Retranchement qui sert de magasin pour les munitions de guerre et de bouche.

étoient dedans fut noyée; le reste fut sauvé par les chaloupes des Anglais. M. de Sabrevois, premier lieutenant de mon vaisseau, officier plein de mérite, fut du nombre des malheureux ; et messieurs de Cussy et de Noilles, enseignes, se sauvèrent à la nage. Outre cette perte, j'eus dans cette action quatre-vingts hommes hors de combat ; M. de La Harteloire, fils du lieutenant général de ce nom, jeune homme plein de valeur, fut tué en se présentant des premiers à l'abordage ; et il y eut encore deux autres officiers blessés.

Du moment que j'eus connoissance de cette escadre, j'arrivai vent arrière avec *la Gloire* : mes mâts et mes voiles étoient fort maltraités, mes deux vergues de civadière brisées, mon grand mât de hune percé de deux boulets, et mes deux basses voiles si hachées, que je fus obligé de les changer en présence des ennemis. Ils nous joignirent bientôt à portée du canon. M. de La Jaille, qui connoissoit la situation où sa frégate alloit le mieux, jugea à propos de prendre chasse entre les deux écoutes (1). La connoissance que j'avois aussi de mon vaisseau m'engagea à tenir un peu plus de vent (2). Notre sort fut bien différent : tout délabré que j'étois, j'eus le bonheur d'échapper aux ennemis ; mais trois ou quatre de leurs vaisseaux les plus vites joignirent *la Gloire*. M. de La Jaille résista jusqu'à l'extrémité, et remplit tous ses devoirs avec sa valeur ordinaire : il fut enfin contraint de céder à des forces si supérieures. Le lendemain de ce combat et de cette chasse, je trouvai une frégate anglaise qui sortoit de la Manche : je m'en rendis maître, et la conduisis dans le port de Brest, où je désarmai.

A peu près dans ce temps-là, le feu Roi, satisfait de la continuation de mon zèle, se porta de lui-même à nous accorder, à mon frère et à moi, des lettres de noblesse les plus distinguées (3) ; et cette grâce nous fit d'autant plus de plaisir, que nous n'osions presque plus nous y attendre. Nous avions même pris des mesures pour recouvrer des titres et des papiers que mon frère avoit été obligé de laisser, en s'enfuyant avec précipitation de Malaga en Espagne, où il étoit consul de France, lors de la déclaration de la guerre en 1689. Ce consulat avoit été possédé de père en fils par ma famille pendant plus de deux cents ans ; et nous nous flattions de trouver dans ces papiers de quoi prouver et faire renaître la noblesse de notre extraction, dont j'avois souvent entendu parler dans mon enfance. Quoi qu'il en soit, la bonté du Roi nous épargna des soins peut-être inutiles ; et nous nous tenons plus glorieux, mon frère et moi, d'avoir pu mériter notre noblesse de la bonté d'un si grand monarque, que si nous la devions à nos ancêtres; d'autant plus que Sa Majesté voulut qu'on insérât dans ces lettres les services de mon frère, et la plupart des miens. Je ne tardai pas à me rendre auprès d'elle pour lui en rendre mes très-humbles actions de grâces et pour avoir l'honneur de lui faire en même temps ma cour : mais cela ne m'empêcha pas de faire armer *le Jason*, *l'Amazone* et *l'Astrée*, sous le commandement de M. de Courserac, qui s'en acquitta fort dignement, fit plusieurs prises, et revint désarmer à Brest.

[1710] Mon séjour à Versailles ne fut pas long. J'étois persuadé qu'en cherchant les ennemis du Roi, je lui faisois infiniment mieux ma cour qu'en faisant le personnage de courtisan, auquel je n'étois pas propre. Ainsi je pris congé de Sa Majesté, et je retournai à Brest, où je fis armer *le Lis*, *l'Achille*, *la Dauphine*, *le Jason* et *l'Amazone*. Je montai *le Lis* ; et les quatre autres furent montés par M. le comte d'Arquien, M. le chevalier de Courserac, M. de Courserac l'aîné, et M. de Kerguelin.

J'avois reçu avis que cinq vaisseaux anglais, venant des Indes orientales, devoient aborder à la côte d'Irlande, sous l'escorte de deux vaisseaux de guerre de soixante-dix canons. La richesse immense de ces cinq vaisseaux avoit porté l'amirauté d'Angleterre à en faire partir deux autres de soixante-six canons chacun, pour aller au devant d'eux. Je mis à la voile avec ces instructions, et j'établis ma croisière un peu au large de la côte d'Irlande. Je ne tardai pas à y rencontrer un des vaisseaux dépêchés par l'amiral d'Angleterre : je le joignis avant qu'aucun de mes camarades pût arriver à sa portée, et je m'en rendis maître en moins d'une heure de combat. Ce vaisseau, nommé *le Glocester*, que je trouvai effectivement monté de soixante-six canons, comme on me l'avoit marqué, étoit tout neuf ; et comme il alloit fort bien, il me parut propre à croiser avec nous. Je choisis, pour le commander, M. de Nogent, capitaine en second sur mon vaisseau, officier de mérite et de valeur, s'il en fut jamais ; et je le fis armer d'un bon nombre d'officiers, de soldats et de matelots, afin qu'il fût en état de combattre avec nous dans l'occasion. J'avois trouvé dans ce vaisseau les instructions de l'amiral d'Angleterre touchant sa destination.

Peu de jours après je vis son camarade, que

---

(1) De fuir vent arrière.
(2) D'obéir un peu moins au vent.
(3) Nous les donnons à la suite des Mémoires.

je poursuivis, et qui se sauva à la faveur de la nuit. Ce début me fit espérer que ces riches vaisseaux des Indes ne m'échapperoient pas; mais j'eus le malheur de tomber malade d'une dyssenterie qui me mit à l'extrémité. Pour comble d'infortune, nous essuyâmes pendant quinze jours un brouillard si épais, que tous les vaisseaux de l'escadre, ne se voyant plus, étoient obligés de se conserver par des signaux continuels de canons, de fusils, de cloches et de tambours. Les vaisseaux des Indes furent assez heureux pour passer justement dans ce temps-là; de sorte que nous n'en eûmes aucune connoissance. Le pressentiment que j'en avois me tourmentoit encore plus que mon mal. Dès que ce malheureux brouillard fut dissipé, je courus à toutes voiles sur la côte d'Irlande, et j'arrivai précisément à la vue du cap de Clare le même jour que les vaisseaux des Indes attéroient à cette côte. Nous les vîmes, du haut de nos mâts, qui entroient dans les ports de Corck et de Kinsale. Il étoit même resté de l'arrière d'eux un vaisseau de guerre de trente-six canons, que *le Jason* approcha à la portée du canon. Il lui tira plusieurs bordées, sans pouvoir l'empêcher de se réfugier parmi des écueils qui nous étoient inconnus, et de pénétrer dans le fond d'un port dont l'entrée paroissoit très-dangereuse. Tant de contre-temps nous ayant fait manquer une si belle occasion, le reste de la campagne se passa à peu près de même : je fis seulement une prise chargée de tabac; et mes vivres étant finis, j'allai désarmer à Brest. On m'y débarqua mourant, et je fus très-long-temps sans pouvoir me rétablir. Enfin la nature surmonta le mal, et me remit en état d'aller à Versailles pour y faire ma cour au Roi.

[1711] Ce fut dans ce voyage que je commençai à former une entreprise sur la colonie de Rio-Janeiro, l'une des plus riches et des plus puissantes du Brésil. M. Du Clerc, capitaine de vaisseau, avoit déjà tenté cette expédition avec cinq vaisseaux du Roi, et environ mille soldats des troupes de la marine; mais ces forces n'étant pas, à beaucoup près, suffisantes pour exécuter un tel projet, il y étoit demeuré prisonnier avec six ou sept cents hommes : le surplus avoit été tué à l'assaut qu'il avoit donné à la ville et aux forteresses de Rio-Janeiro.

Depuis ce temps-là, le roi de Portugal en avoit fait augmenter les fortifications, et y avoit envoyé en dernier lieu quatre vaisseaux de guerre de cinquante-six à soixante-quatorze canons, et trois frégates de trente-six à quarante canons, chargés d'artillerie, de munitions de guerre, et de cinq régimens composés de soldats choisis, sous le commandement de don Gaspard d'Acosta, afin de mettre cet important pays absolument hors d'insulte.

Les nouvelles par lesquelles on avoit appris la défaite de M. Du Clerc et de ses troupes disoient que les Portugais, insolens vainqueurs, exerçoient envers ces prisonniers toutes sortes de cruautés; qu'ils les faisoient mourir de faim et de misère dans des cachots; et même que M. Du Clerc avoit été assassiné, quoiqu'il se fût rendu à composition. Toutes ces circonstances, jointes à l'espoir d'un butin immense, et surtout à l'honneur qu'on pouvoit acquérir dans une entreprise si difficile, firent naître dans mon cœur le désir d'aller porter la gloire des armes du Roi jusque dans ces climats éloignés, et d'y punir l'inhumanité des Portugais par la destruction de cette florissante colonie. Je m'adressai pour cela à trois de mes meilleurs amis, qui de tout temps m'avoient aidé de leurs bourses et de leur crédit dans les différentes expéditions que j'avois formées. C'étoit M. de Coulanges, aujourd'hui maître d'hôtel ordinaire du Roi, et contrôleur général de la maison de Sa Majesté; messieurs de Beauvais et de La Sandre-le-Fer, de Saint-Malo, tous trois fort estimés et très-accrédités. Je leur confiai mon entreprise, et les engageai à être directeurs de cet armement. Mais l'importance et l'étendue de l'expédition exigeant des fonds très-considérables, nous fûmes obligés de nous confier à trois autres riches négocians de Saint-Malo, qui étoient messieurs de Belille-Pepin, de L'Espine-Danican, et de Chapdelaine; ce qui faisoit, y compris mon frère, sept directeurs. Je leur fis voir un état des vaisseaux, des officiers, des troupes, des équipages, des vivres, et de toutes les munitions nécessaires, suivant lequel la mise hors de cet armement, non compris les salaires payables au retour, devoit monter à douze cent mille livres.

M. de Coulanges vint me joindre à Versailles, afin d'arrêter un traité en forme, et d'obtenir du ministre les conditions essentiellement nécessaires au succès de mon projet. Il eut besoin d'une patience à l'épreuve, et d'une grande dextérité, pour lever toutes les difficultés qui s'y opposoient. A la fin il y réussit, et M. le comte de Toulouse, amiral de France, ne dédaigna pas d'y prendre un assez gros intérêt; en sorte que, sur le compte que ce prince et M. de Pontchartrain en rendirent au Roi, Sa Majesté l'approuva, et voulut bien me confier ses vaisseaux et ses troupes pour aller porter le nom françois dans un nouveau monde.

Aussitôt que cette résolution eut été prise, nous nous rendîmes à Brest mon frère et moi, et nous y fîmes diligemment équiper les vaisseaux *le Lis* et *le Magnanime*, de soixante-quatorze canons chacun ; *le Brillant*, *l'Achille* et *le Glorieux*, tous trois de soixante-six canons ; la frégate *l'Argonaute*, de quarante-six canons ; *l'Amazone* et *la Bellone*, autres frégates de trente-six canons chacune. *La Bellone* étoit équipée en galiote, avec deux gros mortiers ; *l'Astrée*, de vingt-deux canons, et *la Concorde*, de vingt. Cette dernière étoit de quatre cents tonneaux, et devoit servir de vivandier à la suite de l'escadre : elle étoit principalement chargée de futailles pleines d'eau.

Je choisis, pour monter les vaisseaux, M. le chevalier de Goyon, M. le chevalier de Coursérac, M. le chevalier de Beauve, M. de La Jaille, et M. le chevalier de Bois de La Mothe. M. de Kerguelin monta la frégate *l'Argonaute*; et les trois autres furent confiés à messieurs de Chenais-le-Fer, de Rogon, et de Pradel-Daniel, tous trois de Saint-Malo, et parens des principaux directeurs de l'armement.

Je fis en même temps armer à Rochefort *le Fidèle*, de soixante canons, sous le commandement de M. de La Moinerie-Miniac, sous prétexte d'aller en course, comme il lui étoit ordinaire. *L'Aigle*, frégate de quarante canons, y fut aussi équipée et montée par M. de La Mare-Decan, comme pour aller aux îles de l'Amérique; et je fis préparer sous main deux traversiers de La Rochelle, équipés en galiotes, avec chacun deux mortiers.

Le vaisseau *le Mars*, de cinquante-six canons, fut pareillement armé à Dunkerque, et monté par M. de La Cité-Danican, sous prétexte d'aller en course dans les mers du Nord, comme il faisoit ordinairement, me servant pour tous ces armemens de personnes que je faisois agir indirectement.

Je donnai toute mon attention à faire préparer de bonne heure, avec tout le secret possible, les vivres, munitions, tentes, outils, enfin tout l'attirail nécessaire pour camper, et pour former un siége. J'eus soin aussi de m'assurer d'un bon nombre d'officiers choisis, pour mettre à la tête des troupes, et pour bien armer tous ces vaisseaux. M. de Saint-Germain, major de la marine à Toulon, fut nommé par la cour pour servir de major sur l'escadre ; et son activité, jointe à son intelligence, me fut d'un secours infini pendant le cours de cette expédition.

Indépendamment de ces préparatifs, et de tous les vaisseaux que nous faisions armer mon frère et moi, nous en engageâmes deux autres de Saint-Malo, qui étoient relâchés aux rades de La Rochelle, *le Chancelier*, de quarante canons, monté par M. Danican-du-Rocher ; et *la Glorieuse*, de trente, par M. de La Perche. Les soins que nous prîmes pour accélérer toutes choses furent si vifs et si bien ménagés, que, malgré la disette où étoient les magasins du Roi, tous les vaisseaux de Brest et de Dunkerque se trouvèrent prêts à mettre à la voile dans deux mois, à compter du jour de mon arrivée à Brest.

J'avois eu avis qu'on travailloit en Angleterre à mettre en mer une forte escadre ; et, ne doutant pas que ce ne fût pour venir me bloquer dans la rade de Brest, je changeai le dessein où j'étois d'y attendre le reste de mon escadre en celui de l'aller joindre aux rades de La Rochelle, ne voulant pas même donner à mes vaisseaux le temps d'être entièrement prêts. En effet, je mis à la voile le 3 du mois de juin ; et, deux jours après, il parut à l'entrée du port de Brest une escadre de vingt vaisseaux de guerre anglais, dont quelques-uns s'avancèrent jusque sous les batteries, et prirent deux bateaux de pêcheurs, qui les informèrent de ma sortie : d'où il est aisé de juger que, sans l'extrême diligence qui fut apportée à cet armement, et le parti que je pris de mettre tout d'un coup à la voile, l'entreprise étoit échouée.

J'arrivai le sixième aux rades de La Rochelle : j'y trouvai *le Fidèle*, les deux traversiers à bombes, et les deux frégates de Saint-Malo prêtes à me suivre.

Le neuvième du mois, je remis à la voile avec tous les vaisseaux rassemblés, à l'exception de la frégate *l'Aigle*, qui avoit besoin d'un soufflage (1) pour être en état de tenir la mer. Je lui donnai rendez-vous à l'une des îles du Cap-Vert, où je devois, suivant les mémoires que l'on m'avoit donnés, faire aisément de l'eau, et trouver des rafraîchissemens.

Le 21, je fis une petite prise anglaise sortant de Lisbonne, que je jugeai propre à servir à la suite de l'escadre.

Le 2 juillet, je mouillai à l'île Saint-Vincent, l'une de celles du Cap-Vert, où la frégate *l'Aigle* vint me joindre. J'y trouvai beaucoup de difficulté à faire de l'eau, et très-peu d'apparence d'y avoir des rafraîchissemens. Ainsi je remis à la voile le sixième, avec le seul avantage d'avoir mis toutes les troupes à terre, et de leur avoir fait connoître l'ordre et le rang qu'elles devoient observer à la descente.

Je passai la ligne le 11 du mois d'août après

---

(1) Opération qui consiste à renfler le ventre d'un vaisseau vers la ligne de flottaison, pour qu'il porte mieux les voiles.

avoir essuyé pendant plus d'un mois des vents si contraires et si frais, que tous les vaisseaux de l'escadre, les uns après les autres, démâtèrent de leur mât de hune.

Le 19, j'eus connoissance de l'île de l'Ascension; et le 27, me trouvant à la hauteur de la baie de tous les Saints, j'assemblai un conseil, dans lequel je proposai d'y aller prendre ou brûler, chemin faisant, ce qui s'y trouveroit de vaisseaux ennemis. Pour cet effet, je me fis rendre compte de la quantité d'eau qui restoit dans tous les vaisseaux de l'escadre; mais il s'en trouva si peu, qu'à peine sufûsoit-elle pour nous rendre à Rio-Janeiro. Ainsi il fut décidé que nous continuerions notre route, pour aller en droiture à notre destination.

Le 11 septembre, on trouva fond, sans avoir cependant connoissance de terre. Je fis mes remarques là-dessus, et sur la hauteur que l'on avoit observée; après quoi, profitant d'un vent frais qui s'éleva à l'entrée de la nuit, je fis forcer de voiles à tous les vaisseaux de l'escadre, malgré la brume et le mauvais temps, afin d'arriver, comme je fis, à la pointe du jour précisément à l'entrée de la baie de Rio-Janeiro. Il étoit évident que le succès de cette expédition dépendoit de la promptitude, et qu'il ne falloit pas donner aux ennemis le temps de se reconnoître. Sur ce principe, je ne voulus pas m'arrêter à envoyer à bord de tous les vaisseaux les ordres que chacun devoit observer en entrant : les momens étoient trop précieux. J'ordonnai donc à M. le chevalier de Courserac, qui connoissoit un peu l'entrée de ce port, de se mettre à la tête de l'escadre; et à messieurs de Goyon et de Beauve, de le suivre. Je me mis après eux, me trouvant, de cette façon, dans la situation la plus convenable pour observer ce qui se passoit à la tête et à la queue, et pour y donner ordre. Je fis en même temps signal à messieurs de La Jaille et de La Moinerie-Miniac, et ensuite à tous les capitaines de l'escadre, suivant le rang et la force de leurs vaisseaux, de s'avancer les uns après les autres. Ils exécutèrent cet ordre avec tant de régularité, que je ne puis assez élever leur valeur et leur bonne conduite : je n'en excepte pas même les maîtres des deux traversiers et de la prise anglaise, qui, sans changer de route, essuyèrent le feu continuel de toutes les batteries, tant est grande la force du bon exemple. M. le chevalier de Courserac surtout se couvrit, dans cette journée, d'une gloire éclatante par sa bonne manœuvre, et par la fierté avec laquelle il nous fraya le chemin, en essuyant le premier feu de toutes les batteries.

Nous forçâmes donc de cette manière l'entrée de ce port, qui étoit défendue par une quantité prodigieuse d'artillerie, et par les quatre vaisseaux et les trois frégates de guerre que j'ai marqué ci-dessus avoir été envoyés par le roi de Portugal pour la défense de la place. Ils s'étoient tous traversés à l'entrée du port; mais voyant que le feu de leur artillerie, soutenu de celui de tous les forts, n'avoient pas été capable de nous arrêter, et que nous allions bientôt être à portée de les aborder, et de nous emparer d'eux, ils prirent le parti de couper leurs câbles et de s'échouer sous les batteries de la ville. Nous eûmes, dans cette action, environ trois cents hommes hors de combat; et afin qu'on puisse juger sainement du mérite de cette entrée, j'exposerai ici quelle est la situation de ce port, et j'y joindrai celle de la ville et de ses forteresses.

La baie de Rio-Janeiro est fermée par un goulet, d'un quart plus étroit que celui de Brest: au milieu de ce détroit, est un gros rocher qui met les vaisseaux dans la nécessité de passer à portée du fusil des forts qui en défendent l'entrée des deux côtés.

A droite est le fort de Sainte-Croix, garni de quarante-huit gros canons, depuis dix-huit jusqu'à quarante-huit livres de balles; et une autre batterie de huit pièces, qui est un peu en dehors de ce fort.

A gauche est le fort de Saint-Jean, et deux autres batteries de quarante-huit pièces de gros canons, qui font face au fort de Sainte-Croix.

Au dedans, à l'entrée à droite, est le fort de Notre-Dame-de-Bon-Voyage, situé sur une presqu'île, et muni de seize pièces de canon de dix-huit à vingt-quatre livres de balles.

Vis-à-vis est le fort de Villegagnon, où il y a vingt pièces du même calibre.

En avant de ce dernier fort, est celui de Sainte-Théodore, de seize canons qui battent la plage. Les Portugais y ont fait une demi-lune.

Après tous ces forts, on voit l'île des Chèvres, à portée du fusil de la ville, sur laquelle est un fort à quatre bastions, garni de dix pièces de canon; et sur un plateau au bas de l'île, une autre batterie de quatre pièces.

Vis-à-vis de cette île, à une des extrémités de la ville, est le fort de la Miséricorde, muni de dix-huit pièces de canon, qui s'avance dans la mer. Il y a encore d'autres batteries de l'autre côté de la rade, dont je n'ai pas retenu le nom. Enfin les Portugais, avertis, avoient placé du canon et élevé des retranchemens partout où ils avoient cru qu'on pouvoit tenter une descente.

La ville de Rio-Janeiro est bâtie sur le bord de la mer, au milieu de trois montagnes qui la commandent, et qui sont couronnées de forts et de batteries. La plus proche, en entrant, est occupée par les jésuites, celle qui est à l'opposite, par les bénédictins; et la troisième, par l'évêque du lieu.

Sur celle des jésuites est le fort de Saint-Sébastien, garni de quatorze pièces de canon et de plusieurs pierriers; un autre fort nommé de Saint-Jacques, garni de douze pièces de canon; et un troisième nommé de Sainte-Aloysie, garni de huit; et, outre cela, une batterie de douze autres pièces de canon.

La montagne occupée par les bénédictins est aussi fortifiée de bons retranchemens et de plusieurs batteries, qui voient de tous côtés.

Celle de l'évêque, nommée la Conception, est retranchée par une haie vive, et munie de distance en distance de canons qui en occupent le pont.

La ville est fortifiée par des redans et par des batteries dont les feux se croisent; du côté de la plaine, elle est défendue par un camp retranché, et par un bon fossé plein d'eau. Au dedans de ces retranchemens, il y a deux places d'armes qui peuvent contenir quinze cents hommes en bataille. C'étoit en cet endroit que les ennemis tenoient le fort de leurs troupes, qui consistoient en douze ou treize mille hommes au moins, en y comprenant cinq régimens de troupes réglées nouvellement amenées d'Europe par don Gaspard d'Acosta, sans compter un nombre prodigieux de Noirs disciplinés.

Surpris de trouver cette place dans un état si différent de celui dont on m'avoit flatté, je cherchai à m'instruire de ce qui pouvoit y avoir donné lieu; et j'appris que la reine Anne d'Angleterre avoit fait partir un paquebot pour donner avis de mon armement au roi de Portugal, lequel, n'ayant aucun vaisseau prêt pour en aller porter la nouvelle au Brésil, avoit dépêché le même paquebot pour Rio-Janeiro; et que le hasard l'avoit si bien favorisé, qu'il y étoit arrivé quinze jours avant moi. C'est sur cet avertissement que le gouverneur avoit fait de si grands préparatifs.

Toute la journée s'étant passée à forcer l'entrée du port, je fis avancer pendant la nuit la galiote et les deux traversiers à bombes pour commencer à bombarder; et à la pointe du jour je détachai M. le chevalier de Goyon avec cinq cents hommes d'élite, pour aller s'emparer de l'île des Chèvres. Il l'exécuta dans le moment, et en chassa les Portugais si brusquement, qu'à peine eurent-ils le temps d'enclouer quelques pièces de leur canon. Ils coulèrent à fond, en se retirant, deux gros navires marchands entre la montagne des Bénédictins et l'île des Chèvres, et firent sauter en l'air deux de leurs vaisseaux de guerre, qui étoient échoués sous le fort de la Miséricorde. Ils voulurent en faire autant d'un troisième, échoué sous la pointe de l'île des Chèvres; mais M. le chevalier de Goyon y envoya deux chaloupes commandées par messieurs de Vauréal et de Saint-Osman, lesquels, malgré tout le feu des batteries de la place et des forts, s'en rendirent maîtres, et y arborèrent le pavillon du Roi. Ils ne purent cependant mettre ce vaisseau à flot, parce qu'il s'étoit rempli d'eau par les ouvertures que le canon y avoit faites.

M. le chevalier de Goyon m'ayant rendu compte de la situation avantageuse de l'île des Chèvres, j'allai visiter ce poste; et, le trouvant tel qu'il me l'avoit dit, j'ordonnai à messieurs de La Ruffinière, de Kerguelin et Elian, officiers d'artillerie, d'y établir des batteries de canons et de mortiers. M. le marquis de Saint-Simon, lieutenant de vaisseau, fut chargé du soin de soutenir les travailleurs, avec un corps de troupes que je lui laissai. Les uns et les autres y servirent avec tout le zèle et toute la fermeté que je pouvois souhaiter, quoiqu'ils fussent exposés à un feu continuel et très-vif de canon et de mousqueterie.

Cependant nos vaisseaux manquant d'eau, il n'y avoit pas un moment à perdre pour descendre à terre, et pour s'assurer d'une aiguade (1). J'ordonnai pour cet effet à M. le chevalier de Beauve de faire embarquer la plus grande partie des troupes dans les frégates *l'Amazone*, *l'Aigle*, *l'Astrée* et *la Concorde*; et je le chargeai de s'emparer de quatre vaisseaux marchands portugais, mouillés près de l'endroit où je comptois faire ma descente. Cet ordre fut exécuté pendant la nuit si ponctuellement, que le lendemain matin notre débarquement se fit sans confusion et sans danger. Il est vrai que j'avois tâché d'en ôter la connoissance aux ennemis par d'autres mouvemens, et par de fausses attaques qui attirèrent toute leur attention.

Le 14 septembre, toutes nos troupes, au nombre de deux mille deux cents soldats et sept à huit cents matelots armés et exercés, se trouvèrent débarquées; ce qui forma, y compris les officiers, les gardes de la marine et les volontaires, un corps d'environ trois mille trois cents hommes. Nous avions, outre cela, près de cinq cents hommes attaqués du scorbut, qui débarquèrent en même temps : ils furent, au bout de

---

(1) Source d'eau douce.

quatre ou cinq jours, en état d'être incorporés avec le reste des troupes.

De tout cela joint ensemble, je composai trois brigades de trois bataillons chacune. Celle qui servoit d'avant-garde étoit commandée par M. le chevalier de Goyon; celle de l'arrière-garde, par M. le chevalier de Courserac; et je me plaçai au centre avec la troisième, dont je donnai le détail à M. le chevalier de Beauve. Je formai en même temps une compagnie de soixante caporaux choisis dans toutes les troupes, avec un certain nombre d'aides de camp, de gardes de la marine et de volontaires, pour me suivre dans l'action, et se porter avec moi dans tous les lieux où ma présence pourroit être nécessaire.

Je fis aussi débarquer quatre petits mortiers portatifs, et vingt gros pierriers de fonte, afin d'en former une espèce d'artillerie de campagne. M. le chevalier de Beauve inventa à ce sujet des chandeliers de bois à six pates ferrées, qui se fichoient en terre, et sur lesquels les pierriers se plaçoient assez solidement. Cette artillerie marchoit dans le centre au milieu du plus gros bataillon; et quand on jugeoit à propos de s'en servir, le bataillon s'ouvroit.

Toutes nos troupes et toutes nos munitions étant débarquées, je fis avancer M. le chevalier de Goyon et M. le chevalier de Courserac, tous deux à la tête de leurs brigades, pour s'emparer de deux hauteurs d'où l'on découvroit toute la campagne, et une partie des mouvemens qui se faisoient dans la ville. M. d'Auberville, capitaine des grenadiers de la brigade de Goyon, chassa quelques partis des ennemis d'un bois où ils étoient embusqués pour nous observer; après quoi nos troupes campèrent dans cet ordre. La brigade de Goyon occupa la hauteur qui regardoit la ville; celle de Courserac s'établit sur la montagne à l'opposite, et je me plaçai au milieu, avec la brigade du centre. Par cette situation, nous étions à portée de nous soutenir les uns et les autres, et nous demeurions les maîtres du bord de la mer, où les chaloupes faisoient de l'eau, et apportoient continuellement de nos vaisseaux les munitions de guerre et de bouche dont nous avions besoin. M. de Ricouart, intendant de l'escadre, avoit soin de ne nous en point laisser manquer, et de faire fournir tous les matériaux nécessaires à l'établissement de nos batteries.

Le 15 septembre, voulant examiner si je ne pourrois pas couper la retraite aux ennemis, et leur faire voir que nous étions maîtres de la campagne, j'ordonnai que toutes les troupes se missent sous les armes, et je les fis avancer dans la plaine, détachant jusqu'à la portée du fusil de la ville des partis qui tuèrent des bestiaux et pillèrent des maisons, sans trouver d'opposition, et même sans que les ennemis fissent aucun mouvement. Leur dessein étoit de nous attirer dans leurs retranchemens, qui étoient les mêmes où ils avoient engagé et défait M. Du Clerc. Je pénétrai sans peine ce dessein; et voyant qu'ils continuoient à être immobiles, je fis retirer les troupes en bon ordre. Cependant je donnai toute mon attention à bien reconnoître le terrain : je le trouvai si impraticable, que quand j'aurois eu quinze mille hommes, il m'auroit été impossible d'empêcher ces gens-là de sauver leurs richesses dans les bois et dans les montagnes. J'en fus encore mieux convaincu lorsqu'ayant remarqué un parti ennemi au pied d'une montagne, et ayant fait couler des troupes à droite et à gauche pour le couper, elles trouvèrent un marais et des broussailles qui les arrêtèrent tout court, et les forcèrent de revenir sur leurs pas.

Le 16, un de nos détachemens s'étant avancé, les ennemis firent jouer un fourneau avec tant de précipitation, qu'il ne nous fit aucun mal. Le même jour, je chargeai messieurs de Beauve et de Blois d'établir une batterie de dix canons sur une presqu'île qui prenoit à revers les batteries et une partie des retranchemens de la hauteur des Bénédictins.

Le 17, les ennemis brûlèrent quelques magasins qu'ils avoient au bord de la mer, et qui étoient remplis de caisses de sucre, d'agrès et de munitions. Ils firent aussi sauter en l'air le troisième vaisseau de guerre qui étoit demeuré échoué sous les retranchemens des Bénédictins; ils brûlèrent aussi les deux frégates du roi de Portugal.

Dans l'intervalle de tous ces mouvemens, quelques partis ennemis, connoissant les routes du pays, se coulèrent le long des défilés et des bois qui bordoient notre camp; et, après avoir tenté quelques attaques de jour, ils surprirent pendant la nuit trois de nos sentinelles, qu'ils enlevèrent sans bruit. Il y eut aussi quelques-uns de nos maraudeurs qui tombèrent entre leurs mains : cela leur fit naître l'idée d'un stratagème assez singulier.

Un Normand, nommé Du Bocage, qui, dans les précédentes guerres, avoit commandé un ou deux bâtimens français armés en course, avoit depuis passé au service du Portugal : il s'y étoit fait naturaliser, et il étoit parvenu à monter de leurs vaisseaux de guerre. Il commandoit à Rio-Janeiro le second de ceux que nous y avions trouvés; et, après l'avoir faire sauter, il s'étoit chargé de la garde des retranchemens des Bénédictins. Il s'en acquitta si bien, et fit servir ses canons si à propos, que nos traversiers à bombes en furent très-incommodés, et plusieurs de nos chaloupes furent très-maltraitées ; une entre autres, chargée de quatre gros canons de fonte, fut percée de deux boulets ; et elle alloit couler bas, si je ne m'en fusse aperçu par hasard en revenant de l'île des Chèvres, et si je ne l'avois pas prise à la remorque avec mon canot. Ce Du Bocage voulant faire parler de lui, et gagner la confiance des Portugais, auxquels, comme Français, il étoit toujours un peu suspect, imagina de se déguiser en matelot, avec un bonnet, un pourpoint, et des culottes goudronnées. Dans cet équipage, il se fit conduire par quatre soldats portugais à la prison où nos maraudeurs et nos sentinelles enlevées étoient enfermés. On le mit aux fers avec eux, et il se donna pour un matelot de l'équipage d'une des frégates de Saint-Malo, qui, s'étant écarté de notre camp, avoit été pris par un parti portugais. Il fit si bien son personnage, qu'il tira de nos pauvres Français, trompés par son déguisement, toutes les lumières qui pouvoient lui faire connoître le fort et le foible de nos troupes ; sur quoi les ennemis prirent la résolution d'attaquer notre camp.

Ils firent pour cet effet sortir de leurs retranchemens, avant que le jour parût, quinze cents hommes de troupes réglées, qui s'avancèrent, sans être découverts, jusqu'au pied de la montagne occupée par la brigade de Goyon. Ces troupes furent suivies par un corps de milices qui se posta à moitié chemin de notre camp, à couvert d'un bois, et à portée de soutenir ceux qui nous devoient attaquer.

Le poste avancé qu'ils avoient dessein d'emporter étoit situé sur une éminence à mi-côte, où il y avoit une maison crénelée qui nous servoit de corps-de-garde ; et quarante pas au-dessus régnoit une haie vive, fermée par une barrière. Les ennemis firent passer, lorsque le jour commença à paroître, plusieurs bestiaux devant cette barrière. Un de nos sergens et quatre soldats avides les ayant aperçus ouvrirent, pour s'en saisir, la barrière, sans en avertir l'officier ; mais à peine eurent-ils fait quelques pas, que les Portugais embusqués firent feu sur eux, tuèrent le sergent et deux des soldats : ils entrèrent ensuite, et montèrent vers le corps-de-garde. M. de Liesta, qui gardoit ce poste avec cinquante hommes, quoique surpris et attaqué vivement, tint ferme, et donna le temps à M. le chevalier de Goyon d'y envoyer M. de Boutteville, aide-major, avec les compagnies de M. de Droualin et d'Auberville. Il me dépêcha en même temps un aide-de-camp, pour m'informer de ce qui se passoit ; et, en attendant mes ordres, il fit mettre toute sa brigade sous les armes, et prête à charger. A l'instant je fis partir deux cents grenadiers par un chemin creux, avec ordre de prendre les ennemis en flanc aussitôt qu'ils verroient l'action engagée ; et je fis mettre toutes les autres troupes en mouvement. Je courus ensuite vers le lieu du combat avec ma compagnie de caporaux : j'y arrivai assez à temps pour être témoin de la valeur et de la fermeté avec laquelle messieurs de Liesta, de Droualin et d'Auberville soutenoient, sans s'ébranler, tous les efforts des ennemis. A l'approche des troupes qui me suivoient, ils se retirèrent précipitamment, en laissant sur le champ de bataille plusieurs de leurs soldats tués, et quantité de blessés. J'interrogeai ces derniers ; et, apprenant d'eux les circonstances que je viens de rapporter, je ne jugeai pas à propos de m'engager dans ce bois et dans ces défilés. Ainsi je fis faire halte aux grenadiers et à toutes les autres troupes qui étoient en marche. En prenant un autre parti, je donnois au milieu de l'embuscade, où le corps des milices étoit posté.

M. de Pontlo-de-Coëtlogon, aide-de-camp de M. le chevalier de Goyon, fut blessé en cette occasion, et nous eûmes trente soldats tués ou blessés. Ce même jour, la batterie dont j'avois laissé le soin à messieurs de Beauve et de Blois commença à tirer sur les retranchemens des Bénédictins.

Le 19, M. de La Ruffinière, commandant de l'artillerie, me manda qu'il avoit sur l'île des Chèvres cinq mortiers et dix-huit pièces de canon de vingt-quatre livres de balles, prêtes à battre en brèche, et qu'il attendoit mes ordres pour démasquer les batteries. Je crus qu'il étoit temps de sommer le gouverneur, et j'envoyai un tambour lui porter cette lettre :

« Le Roi mon maître voulant, monsieur, ti-
» rer raison de la cruauté exercée envers les of-
» ficiers et les troupes que vous fîtes prisonniers
» l'année dernière ; et Sa Majesté étant bien in-
» formée qu'après avoir fait massacrer les chi-
» rurgiens, à qui vous aviez permis de descendre
» de ses vaisseaux pour panser les blessés, vous
» avez encore laissé périr de faim et de misère
» une partie de ce qui restoit de ces troupes, les
» retenant toutes en captivité, contre la teneur
» du cartel d'échange arrêté entre les couronnes
» de France et de Portugal, elle m'a ordonné
» d'employer ses vaisseaux et ses troupes à vous
» forcer de vous mettre à sa discrétion, et de
» me rendre tous les prisonniers français ;
» comme aussi de faire payer aux habitans de
» cette colonie des contributions suffisantes pour

» les punir de leurs cruautés, et qui puissent dé-
» dommager amplement Sa Majesté de la dé-
» pense qu'elle a faite pour un armement aussi
» considérable. Je n'ai point voulu vous sommer
» de vous rendre que je ne me sois vu en état
» de vous y contraindre, et de réduire votre
» pays et votre ville en cendres, si vous ne vous
» rendez à la discrétion du Roi mon maître, qui
» m'a commandé de ne point détruire ceux qui
» se soumettront de bonne grâce, et qui se repen-
» tiront de l'avoir offensé dans la personne de
» ses officiers et de ses troupes. J'apprends
» aussi, monsieur, que l'on a fait assassiner
» M. Du Clerc, qui les commandoit : je n'ai
» point voulu user de représailles sur les Portu-
» gais qui sont tombés en mon pouvoir, l'inten-
» tion de Sa Majesté n'étant point de faire la
» guerre d'une façon indigne d'un roi très-chré-
» tien; et je veux croire que vous avez trop
» d'honneur pour avoir eu part à ce honteux
» massacre. Mais ce n'est pas assez : Sa Ma-
» jesté veut que vous m'en nommiez les auteurs,
» pour en faire une justice exemplaire. Si vous
» différez d'obéir à sa volonté, tous vos canons,
» toutes vos barricades ni toutes vos troupes
» ne m'empêcheront pas d'exécuter ses ordres,
» et de porter le fer et le feu dans toute l'éten-
» due de ce pays. J'attends, monsieur, votre ré-
» ponse; faites-la prompte et décisive : autre-
» ment vous connoîtrez que si jusqu'à présent je
» vous ai épargné, ce n'a été que pour m'épar-
» gner à moi-même l'horreur d'envelopper les
» innocens avec les coupables.

» Je suis, monsieur, très-parfaitement, etc. »

Le gouverneur renvoya mon tambour avec cette réponse :

« J'ai vu, monsieur, les motifs qui vous ont
» engagé à venir de France en ce pays. Quant au
» traitement des prisonniers français, il a été sui-
» vant l'usage de la guerre : il ne leur a manqué
» ni pain de munition, ni aucun des autres se-
» cours, quoiqu'ils ne le méritassent pas, par la
» manière dont ils ont attaqué ce pays du Roi
» mon maître, sans en avoir de commission du
» roi Très-Chrétien, mais faisant seulement la
» course. Cependant je leur ai accordé la vie au
» nombre de six cents hommes, comme ces mê-
» mes prisonniers le pourront certifier; je les ai ga-
» rantis de la fureur des Noirs, qui les vouloient
» tous passer au fil de l'épée; enfin je n'ai man-
» qué en rien de tout ce qui les regarde, les ayant
» traités suivant les intentions du Roi mon maî-
» tre. A l'égard de la mort de M. Du Clerc, je
» l'ai mis, à sa sollicitation, dans la meilleure
» maison de ce pays, où il a été tué. Qui l'a tué?
» C'est ce que l'on n'a pu vérifier, quelques di-
» ligences que l'on ait faites, tant de mon côté
» que de celui de la justice. Je vous assure que
» si l'assassin se trouve, il sera châtié comme il
» le mérite. En tout ceci, il ne s'est rien passé
» qui ne soit de la pure vérité, telle que je vous
» l'expose. Pour ce qui est de vous remettre ma
» place, quelques menaces que vous me fassiez,
» le Roi mon maître me l'ayant confiée, je n'ai
» point d'autre réponse à vous faire, sinon que
» je suis prêt à la défendre jusqu'à la dernière
» goutte de mon sang. J'espère que le Dieu des
» armées ne m'abandonnera pas dans une cause
» aussi juste que celle de la défense de cette
» place, dont vous voulez vous emparer sur des
» prétextes frivoles, et hors de saison. Dieu con-
» serve Votre Seigneurie !

» Je suis, monsieur, etc.

» *Signé* Don Francisco de Castro-Morès. »

Sur cette réponse, je résolus d'attaquer vivement la place; et j'allai avec M. le chevalier de Beauve tout le long de la côte, pour reconnoître les endroits par où nous pourrions le plus aisément forcer les ennemis. Nous remarquâmes cinq vaisseaux portugais mouillés près des Bénédictins, qui me parurent propres à servir d'entrepôt aux troupes que je pourrois destiner à l'attaque de ce poste. Je fis avancer, par précaution, le vaisseau *le Mars* entre nos deux batteries et ces cinq vaisseaux, afin qu'il se trouvât tout porté pour les soutenir quand il en seroit question.

Le 20, je donnai ordre au *Brillant* de venir mouiller près du *Mars*. Ces deux vaisseaux et nos batteries firent un feu continuel, qui rasa une partie des retranchemens; et je disposai toutes choses pour livrer l'assaut le lendemain à la pointe du jour.

Pour cet effet, aussitôt que la nuit fut fermée, je fis embarquer dans des chaloupes les troupes destinées à l'attaque des retranchemens des Bénédictins, avec ordre d'aller loger, avec le moins de bruit qu'il seroit possible, dans les cinq vaisseaux que nous avions remarqués. Elles se mirent en devoir de le faire; mais un orage qui survint les ayant fait apercevoir à la lueur des éclairs, les ennemis firent sur ces chaloupes un très-grand feu de mousqueterie. Les dispositions que j'avois vues dans l'air m'avoient fait prévoir cet inconvénient, et pour y remédier, j'avois envoyé ordre avant la nuit, au *Brillant* et au *Mars*, et dans toutes nos batteries, de pointer de jour tous leurs canons sur les retranchemens, et de se tenir prêts à tirer dans le moment qu'ils verroient partir le coup d'une pièce de la batterie où je m'étois posté. Ainsi, dès que les ennemis eurent commencé à tirer sur nos chaloupes, je mis moi-même le feu au canon qui devoit servir de signal, lequel fut suivi dans l'instant d'un feu général et continuel des batteries et des vaisseaux, qui, joint aux éclats redoublés d'un tonnerre affreux, et aux éclairs qui se succédoient les uns aux autres sans laisser presque aucun intervalle, rendoit cette nuit affreuse. La consternation fut d'autant plus grande parmi les habitans, qu'ils crurent que j'allois leur donner assaut au milieu de la nuit.

Le 21, à la petite pointe du jour, je m'avançai à la tête des troupes pour commencer l'attaque du côté de la Conception; et j'ordonnai à M. le chevalier de Goyon de filer le long de la côte avec sa brigade, et d'attaquer les ennemis par un autre endroit. J'envoyai en même temps ordre aux troupes postées dans les cinq vaisseaux de donner l'assaut aux retranchemens des Bénédictins.

Dans le moment que tout alloit s'ébranler, M. de La Salle, qui avoit servi à M. Du Clerc d'aide de camp, et qui étoit resté prisonnier dans Rio-Janeiro, parut, et vint me dire que la populace et les milices, effrayées de notre grand feu dès qu'il avoit commencé, et ne doutant point qu'il ne fût question d'un assaut général, avoient été frappés d'une terreur si grande, que dès ce temps-là même elles avoient abandonné la ville avec une confusion que la nuit et l'orage avoient rendue extrême, et que cette terreur s'étant communiquée aux troupes réglées, elles avoient été entraînées par le torrent; mais qu'en se retirant elles avoient mis le feu aux magasins les plus riches, et laissé des mines sous les forts des Bénédictins et des Jésuites, pour y faire périr du moins une partie de nos troupes; qu'ayant vu de quelle importance il étoit de m'en avertir à temps, il n'avoit rien négligé pour cela, et qu'il avoit profité du désordre pour s'échapper.

Toutes ces circonstances, qui me parurent d'abord incroyables, et qui pourtant se trouvèrent bien vraies, me firent presser ma marche. Je me rendis maître sans résistance, mais avec précaution, des retranchemens de la Conception, et de ceux des Bénédictins; ensuite, m'étant mis à la tête des grenadiers, j'entrai dans la place, et je m'emparai de tous les forts, et des autres postes qui méritoient attention. Je donnai en même temps ordre d'éventer les mines: après quoi j'établis la brigade de Courserac sur la montagne des Jésuites, pour en garder tous les forts.

En entrant dans cette ville abandonnée, je fus surpris de trouver d'abord sur ma route les prisonniers qui étoient restés de la défaite de M. Du Clerc. Ils avoient, dans la confusion, brisé les portes de leurs prisons, et s'étoient répandus de tous côtés dans la ville, pour piller les endroits les plus riches. Cet objet excita l'avidité de nos soldats, et en porta quelques-uns à se débander: j'en fis faire, sur-le-champ même, un châtiment sévère qui les arrêta, et j'ordonnai que tous ces prisonniers fussent conduits et consignés dans le fort des Bénédictins.

J'allai après cela rejoindre messieurs de Goyon et de Beauve, auxquels j'avois laissé le commandement du reste des troupes, étant bien aise de conférer avec eux sur les mesures que nous avions à prendre afin d'empêcher, ou tout au moins afin de diminuer le pillage dans une ville ouverte, pour ainsi dire, de toutes parts. Je fis ensuite poser des sentinelles et établir des corps-de-garde dans tous les endroits nécessaires, et j'ordonnai que l'on fît jour et nuit des patrouilles, avec défense, sous peine de la vie, aux soldats et aux matelots d'entrer dans la ville. En un mot, je ne négligeai aucunes de toutes les précautions praticables; mais la fureur du pillage l'emporta sur la crainte du châtiment. Ceux qui composoient les corps-de-garde et les patrouilles furent les premiers à augmenter le désordre pendant la nuit; en sorte que, le lendemain matin, les trois quarts des magasins et des maisons se trouvèrent enfoncés, les vins répandus, les vivres, les marchandises et les meubles épars au milieu des rues et de la fange; tout enfin dans un désordre et dans une confusion inexprimable. Je fis, sans rémission, casser la tête à plusieurs qui se trouvèrent dans le cas du ban publié. Mais tous les châtimens réitérés n'étant pas capables d'arrêter cette fureur, je pris le parti, pour sauver quelque chose, de faire travailler les troupes, depuis le matin jusqu'au soir, à porter dans des magasins tous les effets que l'on put ramasser; et M. de Ricouart y plaça des écrivains (1), et des gens de confiance.

Le 23, j'envoyai sommer le fort de Sainte-Croix, qui se rendit. M. de Beauville, aide-major général, en prit possession, ainsi que des forts de Saint-Jean et de Villegagnon, et des autres de l'entrée. Il fit, par mon ordre, enclouer tous les canons des batteries qui n'étoient pas fermées.

Sur ces entrefaites, j'appris, par différens Noirs transfuges, que le gouverneur de la ville, et don Gaspard d'Acosta, commandant de la flotte, avoient rassemblé leurs troupes dispersées, et qu'ils s'étoient retranchés à une lieue

---

(1) Employés qui faisoient les fonctions d'économe.

de nous, où ils attendoient un puissant secours des mines, sous la conduite de don Antoine d'Albuquerque, général d'un grand renom chez les Portugais. Ainsi je trouvai à propos de me précautionner contre eux. J'établis, pour cet effet, la brigade de Goyon à la garde des retranchemens qui regardoient la plaine; et je me plaçai avec la brigade du centre sur les hauteurs de la Conception et des Bénédictins, me mettant par là à portée de donner du secours à ceux qui en auroient besoin. La brigade de Courserac étoit déjà postée, comme je l'ai dit, sur la montagne des Jésuites.

Ayant l'esprit tranquille de ce coté-là, je donnai mon attention aux intérêts du Roi et à ceux des armateurs. Les Portugais avoient sauvé leur or dans les bois, brûlé ou coulé à fond leurs meilleurs vaisseaux, et mis le feu à leurs magasins les plus riches: tout le reste étoit en proie à l'avidité des soldats, que rien ne pouvoit arrêter. D'ailleurs il étoit impossible de garder cette place, à cause du peu de vivres que j'avois trouvés, et de la difficulté de pénétrer dans les terres pour en recouvrer. Tout cela bien considéré, je fis dire au gouverneur, que s'il tardoit à racheter sa ville par une contribution, j'allois la mettre en cendres, et en saper jusqu'aux fondemens. Afin de lui rendre même cet avertissement plus sensible, je détachai deux compagnies de grenadiers, pour aller brûler toutes les maisons de campagne à demi-lieue à la ronde. Ils exécutèrent cet ordre; mais étant tombés dans un corps de Portugais fort supérieur, ils auroient été taillés en pièces, si je n'eusse eu la précaution de les faire suivre par deux autres compagnies commandées par messieurs de Brugnon et de Cheridan, lesquelles, soutenues de ma compagnie de caporaux, enfoncèrent les ennemis, en tuèrent plusieurs, et mirent le reste en fuite. Leur commandant, nommé Amara, homme en réputation parmi eux, demeura sur la place. M. de Brugnon me présenta ses armes, et son cheval, l'un des plus beaux que j'aie vus. Cet officier s'étoit fort distingué dans cette action: ils avoient, lui et M. de Cheridan, percé les premiers, la baïonnette au bout du fusil. Cependant comme je vis que l'affaire pouvoit devenir sérieuse, par rapport au voisinage du camp des ennemis, je fis avancer deux bataillons sous le commandement de M. le chevalier de Beauve. Il pénétra plus avant, brûla la maison qui servoit de demeure à ce commandant, et se retira.

Après cet échec, le gouverneur m'envoya le président de la chambre de justice avec un de ses mestres de camp, pour traiter du rachat de la ville. Ils commencèrent par me dire que le peuple les ayant abandonnés pour transporter ses richesses bien avant dans les bois et dans les montagnes, il leur étoit impossible de trouver plus de six cent mille cruzades: encore demandoient-ils un assez long terme pour faire revenir l'or appartenant au roi de Portugal, qu'ils disoient aussi avoir été porté très-loin dans les terres. Je rejetai la proposition, et congédiai ces députés, après leur avoir fait voir que je faisois ruiner tous les lieux que le feu ne pourroit pas entièrement détruire.

Ces gens partis, je n'entendis plus parler du gouverneur; j'appris au contraire par des Nègres déserteurs, que cet Antoine d'Albuquerque s'approchoit, et devoit le joindre incessamment avec un puissant secours; et qu'il lui avoit dépêché un exprès pour l'en avertir. Inquiet de cette nouvelle, je compris la nécessité où j'étois de faire un effort avant leur jonction, si je voulois tirer parti d'eux. Ainsi j'ordonnai que toutes mes troupes, que j'avois recrutées d'environ cinq cents hommes restés de la défaite de M. Du Clerc, décampassent, et se missent en marche sans tambour et à la sourdine, quand la nuit seroit un peu avancée. Cet ordre fut exécuté, malgré l'obscurité et la difficulté des chemins, avec tant d'ardeur et de régularité, que je me trouvai à la pointe du jour en présence des ennemis. L'avant-garde, commandée par M. le chevalier de Goyon, ne fit halte qu'à demi-portée de fusil de la hauteur qu'ils occupoient, et sur laquelle leurs troupes parurent en bataille: elles avoient été renforcées de douze cents hommes arrivés depuis peu du quartier de l'Ile-Grande. Je fis ranger tous nos bataillons en front de bandière, autant que le terrain put le permettre, prêt à leur livrer combat; et j'eus soin de faire occuper les hauteurs et les défilés, détachant en même temps divers petits corps pour aller faire un assez grand tour, avec ordre de tomber sur le flanc des ennemis aussitôt qu'ils auroient connoissance que l'action seroit engagée.

Le gouverneur surpris envoya un jésuite, homme d'esprit, avec deux de ses principaux officiers, pour me représenter qu'il avoit offert pour racheter sa ville tout l'or dont il pouvoit disposer, et que, dans l'impossibilité où il étoit d'en trouver davantage, tout ce qu'il pouvoit faire étoit d'y joindre dix mille cruzades de sa propre bourse, cinq cents caisses de sucre, et tous les bestiaux dont je pourrois avoir besoin pour la subsistance de nos troupes; que si je refusois d'accepter ces offres, j'étois le maître de les combattre, de détruire la ville et la colonie, et de prendre tel autre parti que je jugerois à propos.

J'assemblai le conseil là-dessus, lequel conclut unanimement que si nous passions sur le ventre de ces gens-là, bien loin d'en tirer avantage, nous perdrions l'unique espoir qui nous restoit de les faire contribuer; et qu'il ne falloit pas balancer d'accepter cette proposition. J'en compris aussi la nécessité. Je me fis donner en conséquence sur-le-champ douze des principaux officiers pour otages; et je pris une soumission de payer les six cent mille cruzades dans quinze jours, et de me fournir tous les bestiaux dont j'aurois besoin. On arrêta en même temps qu'il seroit permis à tous les marchands portugais de venir à bord de nos vaisseaux et dans la ville, pour y racheter les effets qui leur conviendroient, en payant comptant.

Le lendemain 11 octobre, don Antoine d'Albuquerque arriva au camp des ennemis avec trois mille hommes de troupes réglées, moitié cavalerie et moitié infanterie. Pour s'y rendre plus promptement, il avoit fait mettre l'infanterie en croupe, et il s'étoit fait suivre par plus de six mille Noirs bien armés, qui arrivèrent le jour suivant. Ce secours, quoique venant un peu tard, étoit trop considérable pour que je ne redoublasse pas mes attentions : je me tins donc continuellement sur mes gardes, d'autant plus que les Noirs qui se rendoient à nous assuroient que, malgré les otages livrés, les Portugais vouloient nous surprendre et nous attaquer pendant la nuit; mais cela ne m'empêcha pas de faire travailler à porter dans nos vaisseaux toutes les caisses de sucre, et à remplir nos magasins de ce que l'on put rassembler d'autres effets. La plus grande partie, n'étant propre que pour la mer du Sud, auroit tombé en pure perte, si on les avoit apportés en France. La difficulté étoit d'avoir des bâtimens capables d'entreprendre un tel voyage : il ne s'en trouva qu'un seul de six cents tonneaux en état d'y aller, encore ne pouvoit-il contenir qu'une partie des marchandises; de manière que, pour sauver le reste, nous jugeâmes à propos, M. de Ricouart et moi, d'y joindre *la Concorde*.

J'ordonnai en conséquence qu'on travaillât jour et nuit à charger ces deux vaisseaux; et comme il restoit encore cinq caisses de sucre, je les fis mettre dans la moins mauvaise de nos prises, que chaque vaisseau contribua à équiper, et dont M. de La Ruffinière prit le commandement. Les autres vaisseaux pris furent vendus aux Portugais, ainsi que les marchandises gâtées, dont on tira le meilleur parti que l'on put.

Le 4 novembre, les ennemis ayant achevé leur dernier paiement, je leur remis la ville, et je fis embarquer les troupes, gardant seulement le fort de l'île des Chèvres et celui de Villegagnon, ainsi que ceux de l'entrée, afin d'assurer notre départ.

Je fis ensuite mettre le feu au vaisseau de guerre portugais que l'on n'avoit pu relever, et à un autre vaisseau marchand que l'on n'avoit pas trouvé à vendre.

Dès le premier jour que j'étois entré dans la ville, j'avois eu un très-grand soin de faire rassembler tous les vases sacrés, l'argenterie et les ornemens des églises; et je les avois fait mettre, par nos aumôniers, dans de grands coffres, après avoir fait punir de mort tous les soldats ou matelots qui avoient eu l'impiété de les profaner, et qui s'en étoient trouvés saisis. Lorsque je fus sur le point de partir, je confiai ce dépôt aux jésuites, comme aux seuls ecclésiastiques de ce pays-là qui m'avoient paru dignes de ma confiance; et je les chargeai de les remettre à l'évêque du lieu. Je dois rendre à ces pères la justice de dire qu'ils contribuèrent beaucoup à sauver cette florissante colonie, en portant le gouverneur à racheter sa ville; sans quoi je l'aurois rasée de fond en comble, malgré l'arrivée d'Antoine Albuquerque et de tous ses Noirs. Cette perte, qui auroit été irréparable pour le roi de Portugal, n'auroit été d'aucune utilité à mon armement.

Avant que de parler de mon retour en France, il est bien juste de témoigner ici que le succès de cette expédition est dû à la valeur de la plupart des officiers en général, et à celle des capitaines en particulier; mais surtout à la fermeté et à la bonne conduite de messieurs de Goyon, de Courserac, de Beauve, et de Saint-Germain. Ces quatre officiers me furent d'une ressource infinie dans tout le cours de cette entreprise; et j'avoue avec plaisir que c'est par leur activité, par leur courage et par leurs conseils que je suis parvenu à surmonter un grand nombre d'obstacles, qui me paroissoient au-dessus de nos forces.

Le 13, toute l'escadre mit à la voile; et le même jour les bâtimens destinés pour la mer du Sud partirent aussi, bien équipés de tout ce qui leur étoit nécessaire. J'embarquai sur nos vaisseaux un officier, quatre gardes de la marine, et près de cinq cents soldats restant de l'aventure de M. Du Clerc : tous les autres officiers avoient été envoyés à la baie de tous les Saints. J'avois formé la résolution de les y aller délivrer; et il est certain que je l'aurois exécutée, et même que j'aurois tiré de cette colonie une autre contribution, si je n'avois eu le malheur d'être cruellement traversé par les vents contraires pendant plus de quarante jours : de sorte qu'il nous restoit à peine des vivres suffisamment pour nous conduire en France. Dans cette situation, il y auroit eu de la témérité et même de la folie à s'exposer aux plus grandes extrémités.

Ce défaut de vivres nous fit délibérer si nous irions relâcher aux îles de l'Amérique : la seule incertitude de pouvoir y en trouver assez pour un si grand nombre de vaisseaux m'empêcha de prendre ce parti. Nous fûmes même dans l'obligation de laisser la prise chargée de sucre, parce qu'elle nous faisoit perdre trop de chemin, et que, dans l'état où nous étions, le moindre retardement nous exposoit à de fâcheux événemens. La frégate *l'Aigle* eut ordre de conserver cette prise, et de l'escorter jusque dans le premier port de France.

Le 20 décembre, après avoir essuyé bien des vents contraires, nous passâmes la ligne équinoxiale; et, le 29 janvier 1712, nous nous trouvâmes à la hauteur des Açores. Jusque là toute l'escadre s'étoit conservée; mais nous fûmes pris sur ces parages de trois coups de vent consécutifs, et si violens qu'ils nous séparèrent tous les uns des autres. Les gros vaisseaux furent dans un danger évident de périr : *le Lis*, que je montois, quoique l'un des meilleurs de l'escadre, ne pouvoit gouverner, par l'impétuosité du vent; et je fus obligé de me tenir en personne au gouvernail pendant plus de six heures, et d'être continuellement attentif à prévenir toutes les vagues qui pourroient faire venir le vaisseau en travers. Mon attention n'empêcha pas que toutes mes voiles ne fussent emportées, que toutes mes chaînes de haubans ne fussent rompues les unes après les autres, et que mon grand mât ne rompît entre les deux ponts : nous faisions d'ailleurs de l'eau à trois pompes; et ma situation devint si pressante au milieu de la nuit, que je me trouvai dans le cas d'avoir recours aux signaux d'incommodité, en tirant des coups de canon, et mettant des feux à mes haubans. Mais tous les vaisseaux de mon escadre, étant pour le moins aussi maltraités que le mien, ne purent me conserver; et je me trouvai avec la seule frégate *l'Argonaute*, montée par M. le chevalier Du Bois de La Mothe, qui dans cette occasion voulut bien s'exposer à périr, pour se tenir à portée de me donner du secours.

Cette tempête continua pendant deux jours avec la même violence; et mon vaisseau fut sur le point d'en être abymé, en faisant un effort pour joindre trois de mes camarades, que je découvrois sous le vent. En effet, ayant voulu faire vent arrière sur eux avec les fonds de ma misaine (1)

seulement, une grosse vague vint de l'arrière, qui éleva ma poupe en l'air; et dans le même instant il en vint une autre encore plus grosse de l'avant, qui, passant par dessus mon beaupré et ma hune de misaine, engloutit tout le devant de mon vaisseau jusqu'à son grand mât. L'effort qu'il fit pour déplacer cette épouvantable colonne d'eau dont il étoit affaissé nous fit dresser les cheveux, et envisager pendant quelques instans une mort inévitable au milieu des abymes de la mer. La secousse des mâts et de toutes les parties du vaisseau fut si grande, que c'est une espèce de miracle que nous n'y ayons pas péri; et je ne le comprends pas encore. Cet orage apaisé, je rejoignis *le Brillant*, *l'Argonaute*, *la Bellone*, *l'Amazone* et *l'Astrée*. Nous mîmes plusieurs fois en travers, pour attendre le reste de l'escadre; et n'en ayant pas eu connoissance, nous entrâmes dans la rade de Brest le 6 février 1712. *L'Achille* et *le Glorieux* s'y rendirent deux jours après nous. *Le Mars* ayant été démâté de tous ses mâts, se trouva dans un danger évident, faute de vivres; et, après avoir infiniment souffert, il arriva dans le port de la Corogne, d'où il se rendit au Port-Louis.

L'Aigle relâcha à l'île de Cayenne avec la prise qu'il escortoit : il y périt à l'ancre, et son équipage s'embarqua dans cette prise, pour repasser en France.

A l'égard du *Magnanime* et du *Fidèle*, je me flattai long-temps de jour en jour de les voir arriver : mais on n'en a eu depuis aucunes nouvelles; et on ne peut douter à présent que, dans cette horrible tempête, il ne leur soit arrivé quelque aventure à peu près pareille à celle du *Lis*, dont ils ont eu le malheur de ne se pas tirer comme moi.

Ces deux vaisseaux avoient près de douze cents hommes d'équipage, et quantité d'officiers et de gardes de la marine, gens de mérite et de naissance, que je regretterai toujours infiniment; mais entre autres M. le chevalier de Courserac, mon fidèle compagnon d'armes, qui, dans plusieurs de mes expéditions, m'avoit secondé avec une valeur peu commune, et qui rapportoit en France la gloire distinguée de nous avoir frayé l'entrée du port de Rio-Janeiro, comme je l'ai dit. La tendre estime qui nous unissoit depuis très-long-temps, et qui n'avoit jamais été traversée par un moment de froideur, m'a fait ressentir sa perte aussi vivement que celle de mes frères. Ma confiance en lui étoit si grande, que j'avois fait charger sur *le Magnanime*, qu'il montoit, plus de six cent mille livres en or et en argent. Ce vaisseau étoit, outre cela, rempli d'une grande quantité de marchandises. Il est vrai que c'étoit

---

(1) C'est-à-dire le milieu de cette voile, la partie supérieure et la partie inférieure étant serrées.

le plus grand de l'escadre, et le plus capable, en apparence, de résister aux efforts de la tempête et à ceux des ennemis. Presque toutes nos richesses étoient embarquées sur ce vaisseau, et sur celui que je montois.

Les retours du chargement des deux vaisseaux que j'avois envoyés à la mer du Sud, joints à l'or et aux autres effets apportés de Rio-Janeiro, payèrent la dépense de mon armement, et donnèrent quatre vingt-douze pour cent de profit à ceux qui s'y étoient intéressés. Il est encore resté à la mer du Sud plus de cent mille piastres de mauvais crédits, par la friponnerie de ceux auxquels on s'est confié. Cette perte, jointe à celle des vaisseaux *le Magnanime*, *le Fidèle* et *l'Aigle*, fit manquer encore cent pour cent de bénéfice : ce sont de ces malheurs que toute la prudence humaine ne peut empêcher.

Les avantages que l'on a retirés de cette expédition sont petits, en comparaison du dommage que les Portugais en ont souffert, tant par la contribution à laquelle je les forçai, que par la perte de quatre vaisseaux et de deux frégates de guerre, et de plus de soixante vaisseaux marchands ; outre une prodigieuse quantité de marchandises brûlées, pillées, ou embarquées sur nos vaisseaux. Le seul bruit de cet armement causa une grande diversion et beaucoup de dépense aux Hollandais et aux Anglais. Ces derniers mirent d'abord en mer une escadre de vingt vaisseaux de guerre, dans le dessein de me bloquer dans la rade de Brest ; et, appréhendant que mon armement ne fût destiné à porter le Prétendant en Angleterre, ils rappelèrent de Flandre six mille hommes de leurs troupes, et se donnèrent de grands mouvemens pour se mettre en état de s'opposer à une descente sur leurs côtes. Ils envoyèrent en même temps des vaisseaux d'avis et des navires de guerre dans leurs principales colonies, avec une inquiétude d'autant plus grande qu'ils ignoroient absolument la destination de mon armement.

Deux mois après mon arrivée à Brest, je me rendis à Versailles pour faire ma cour au Roi : il eut la bonté de me témoigner beaucoup de satisfaction de ma conduite, et une grande disposition à m'en accorder la récompense. M. le comte de Pontchartrain me protégea ouvertement dans cette occasion, et me rendit auprès de Sa Majesté de si bons offices, que, malgré les brigues et la malignité des jaloux et des envieux, elle fut sur le point de me nommer dès-lors chef d'escadre, par une promotion particulière. Mais comme il y avoit nombre d'anciens capitaines de vaisseaux distingués par leurs services et par leur naissance, Sa Majesté jugea à propos de différer jusqu'à une promotion générale ; et, en attendant, elle eut la bonté de me gratifier d'une pension de deux mille livres sur l'ordre de Saint-Louis.

[1715] J'étois à Versailles lorsque le Roi voulut bien m'honorer de la cornette (1) : c'étoit au commencement du mois d'août 1715. Un jour que j'étois dans la foule des courtisans sur son passage lorsqu'il alloit à la messe, il s'arrêta en m'apercevant, fit un pas comme pour s'approcher de moi, et daigna m'annoncer lui-même cette nouvelle, dans des termes si pleins de bonté, et de cette douceur majestueuse qui accompagnoit jusqu'aux moindres de ses actions, que j'en fus pénétré : mais je remarquai, avec une douleur qui égaloit ma reconnoissance, à sa voix affoiblie et à tout son maintien, que le mal qui le minoit depuis quelque temps avoit fait de grands progrès ; et je ne distinguai que trop les efforts que son grand courage lui faisoit faire pour le surmonter. Peu de jours après, il fut contraint de céder. Je ne quittai point les avenues de sa chambre, jusqu'au moment où la mort enleva à la France un si bon maître, et à l'univers son plus grand ornement. On peut juger de la profonde affliction où je me trouvai. Dès ma tendre jeunesse, j'avois eu pour sa personne et pour ses vertus des sentimens d'amour et d'admiration ; et j'aurois sacrifié mille fois ma vie pour conserver ses jours. Je ne pus soutenir un spectacle si touchant : je partis brusquement en poste, et je vins me confiner dans un coin de ma province, pour y donner un libre cours à mes pleurs et à mes regrets.

MAXIMES

EXTRAITES DE L'ÉDITION DE 1730.

En terminant ces Mémoires, j'ai cru devoir ajouter ici certaines maximes qui n'ont pas peu contribué au succès de mes différens combats et de mes expéditions, afin que les bons sujets du Roi qui les liront puissent en tirer quelques lumières, et quelque avantage pour son service.

Je commencerai par assurer que mon désintéressement a beaucoup servi à me gagner les cœurs des officiers et des soldats. Il est vrai que, bien loin de m'attacher, sur l'exemple de plusieurs autres, à piller les prises que je faisois, et m'enrichir de ce qui ne m'étoit pas dû, j'ai

---

(1) Pavillon carré qui marque la qualité de chef d'escadre.

souvent employé ce qui m'appartenoit légitimement à gratifier, au sortir d'une action, les officiers, soldats ou matelots, quand ils s'y étoient distingués, ne leur promettant jamais récompense ou punition que cela n'ait été suivi d'un prompt effet.

J'ai toujours été fort attentif à faire observer une exacte discipline, ne souffrant jamais qu'on se relâchât sur ses devoirs ou sur la régularité du service, et que l'on éludât, sous quelque prétexte que ce fût, les ordres que j'avois une fois donnés.

D'ailleurs, par l'arrangement, le bon ordre et la disposition que j'établissois avant le combat, j'ai toujours mis mes équipages dans le cas d'être braves par nécessité, et dans une espèce d'impossibilité d'abandonner leurs postes ; prévoyant en même temps tous les accidens qui pouvoient arriver dans une action, et mettant toujours les choses au pis, afin de n'en être pas troublé, et de prendre des mesures d'avance, pour y apporter remède autant qu'il étoit possible.

Je joignis encore à ces précautions une grande attention à conserver mes équipages, et à ne les jamais exposer mal à propos : aussi en étoient-ils si bien persuadés, qu'ils ne manquoient presque jamais d'exécuter avec activité, soit à la mer, soit à terre, les ordres et les mouvemens que je leur avois marqués. Étoit-il question de joindre ou d'éviter avec plus de vitesse les vaisseaux ennemis? je ne craignois pas de faire mettre tous mes gens à fond de cale, parce que j'étois assuré qu'à mon premier signal ils se mettroient à leurs postes sans y manquer. Souvent même je les ai fait coucher tout d'un coup, le ventre sur le pont, dans la vue de les épargner; et j'ai toujours remarqué qu'ils en combattoient après cela avec plus d'ardeur et de confiance.

Quoique ces différentes maximes soient d'elles-mêmes assez estimables, j'avouerai, à ma honte, que je les ai quelquefois un peu ternies par une vivacité trop outrée, dans les occasions où j'ai cru qu'on n'avoit pas bien rempli son devoir. Ce premier mouvement m'a souvent emporté à des procédés trop vifs, et des termes peu convenables à la dignité d'un commandant, qui doit se posséder, et n'employer jamais son autorité qu'avec modération et de sang-froid : mais comme ce défaut est dans le sang, tous mes efforts, joints à une longue expérience, n'ont pu que le modérer, et non le détruire entièrement.

Ceux qui liront ces Mémoires, et qui réfléchiront sur la multitude de combats, d'abordages et de dangers de toute espèce que j'ai essuyés, me regarderont peut-être comme un homme en qui la nature souffre moins à l'approche du péril que dans la plupart des autres. Je conviens que mon inclination est portée à la guerre; que le bruit des fifres, des tambours, celui du canon et du fusil, tout enfin ce qui en retrace l'image, m'inspire une joie martiale : mais je suis obligé d'avouer en même temps que, dans beaucoup d'occasions, la vue d'un danger pressant m'a souvent causé des révolutions étranges, quelquefois même des tremblemens involontaires dans toutes les parties de mon corps. Cependant le dépit et l'honneur surmontant ces indignes mouvemens, m'ont bientôt fait recouvrer une nouvelle force, et dans ma plus grande foiblesse : et c'est alors que, voulant me punir moi-même de m'être laissé surprendre à une frayeur si honteuse, j'ai bravé avec témérité les plus grands dangers. C'est après ce combat de l'honneur et de la nature que mes actions les plus vives ont été poussées au-delà de mes espérances. Je n'en parle ici que dans la vue de porter ceux auxquels pareil accident peut arriver à faire de généreux efforts sur eux-mêmes, et à les redoubler à proportion de leurs foiblesses.

C'est ici que finissent les Mémoires de M. Duguay. Quoique le reste de sa vie ait été rempli d'époques honorables, qui ont toujours fait voir le cas que le ministère faisoit de lui, il n'en avoit point écrit l'histoire, et on ne l'a tirée que de quelques pièces qu'on a trouvées parmi ses papiers après sa mort. On a cru que le public auroit pris assez d'intérêt dans la personne de M. Duguay, par toutes les actions qu'on vient de lire, pour être curieux de l'histoire de son repos, et des dernières années de sa vie.

La paix que Louis XIV laissa en mourant ôta bien à M. Duguay les moyens qu'on regarde comme les plus éclatans de faire valoir son zèle pour le bien de l'État; mais ce zèle ne demeura pas inutile. Il ne seroit en effet guère possible qu'un homme qui possède tous les talens d'un art aussi difficile que celui de la guerre n'en eût pas plusieurs de ceux qui servent pendant la paix. Les soins et l'intelligence pour perfectionner la construction des vaisseaux, la vigilance et l'ordre pour entretenir la discipline dans les ports où M. Duguay commandoit, sont des choses moins brillantes que des combats, mais dont il s'acquittoit avec la même ardeur, parce qu'il savoit qu'elles ne sont pas moins importantes.

La confiance qu'avoit en lui le grand prince qui gouverna la France pendant la minorité parut dans une occasion qui avoit un rapport très-immédiat au bien de l'État. M. le Régent jugea qu'un homme tel que M. Duguay seroit fort utile dans le conseil des Indes ; et il le nomma à la tête de quelques officiers de marine qui devoient former une partie de ce conseil. Sa santé ne lui permettoit guère alors ni d'assister aux assemblées, ni de s'appliquer à des matières qui pourroient demander une forte attention. D'un autre côté, il ne pouvoit se résoudre à refuser ses soins dans une occasion où on les croyoit utiles. On verra quelles étoient ses dispositions sur cela par la lettre qu'il écrivit à M. le cardinal Dubois ; et on connoîtra, par la réponse que lui fit ce ministre, combien il jugeoit nécessaires les conseils et les lumières de M. Duguay, puisque, malgré tout l'intérêt qu'il prenoit à son rétablissement, il l'engageoit à employer les heures que ses indispositions pourroient lui donner à faire des Mémoires, et suspendoit le règlement et l'arrangement du conseil des Indes jusqu'à ce qu'il eût eu son avis.

« A Paris, le ... 1723.

« Monseigneur, je dois à Votre Éminence mille
» remercîmens très-humbles des marques d'es-
» time dont elle m'honore, en me faisant choisir
» pour membre du conseil des Indes. J'ai tant
» de fois sacrifié ma santé et je me suis livré à
» tant de périls pour le service du Roi, que je
» ne balancerai jamais sur l'obéissance que je
» dois à ses ordres : ainsi, monseigneur, vous
» êtes le maître de disposer de moi en tout ce
» qui regarde son service et le bien de l'État.
» Cependant je me trouve dans la dure nécessité
» de représenter à Votre Éminence que depuis
» long-temps je suis attaqué d'une maladie très-
» grave, laquelle m'a fait venir à Paris, où je
» suis dans les traitemens, sans savoir quand je
» pourrai en sortir : sitôt qu'ils seront terminés,
» je serai obligé, pour raffermir ma santé, de
» prendre le lait d'ânesse à la campagne, et en-
» suite les eaux minérales. D'ailleurs tous mes
» meubles et mes domestiques sont à Brest, et
» si, dans l'état fâcheux où se trouve ma santé,
» il faut encore les transporter, ce sera pour moi
» un surcroît d'embarras et de chagrin très-sen-
» sible. Après cela, monseigneur, disposez de
» mon sort, si vous m'estimez assez pour croire
» que le sacrifice de ma santé et du repos, dont
» j'ai grand besoin, soit nécessaire au bien de
» l'État : ordonnez, et vous serez obéi avec toute
» l'ardeur et le zèle dont je suis capable. Un ac-
» cident qui m'est arrivé ce matin m'empêche,
» monseigneur, d'aller prendre vos ordres : aus-
» sitôt qu'il sera calmé, j'aurai cet honneur.

» Je suis, etc. »

Réponse.

« A Versailles, le ... 1723.

« Votre zèle, monsieur, pour le service du
» Roi, votre politesse et votre complaisance pour
» tout ce qu'on peut désirer de vous sont autant
» connus que vos talens et vos actions. Je suis
» sensiblement touché de la manière dont vous
» m'écrivez : elle m'engage à vous répondre sur-
» le-champ qu'il faut préférer votre santé à tout.
» Je vous estime trop pour ne pas penser que
» votre guérison est un soin qui intéresse l'État.
» Ne pensez donc qu'au rétablissement de votre
» santé, auquel je voudrois pouvoir contribuer ;
» et pour cet effet si les secours des habiles gens
» que nous avons ici vous sont utiles, ils vous
» aideront de leurs conseils et de leurs soins.
» S'il vous convenoit même de vous transporter
» à Versailles, ils seroient auprès de vous, et
» vous auriez tous les jours leurs secours, l'air
» de la campagne, et le lait. Il suffira, jusqu'à
» ce que votre santé soit bien affermie et vos
» affaires arrangées, que vous aidiez la compa-
» gnie des Indes de vos conseils, ou ici ou à
» Paris. Je n'ai pas voulu non-seulement don-
» ner au public, mais même j'ai arrêté les règle-
» mens qui doivent fixer l'arrangement du con-
» seil des Indes, et ce qu'il convient mieux que
» chacun y fasse, jusqu'au temps où vous serez
» en état de me donner votre avis. Ainsi je vous
» prie, aux heures que vos indispositions vous
» pourront donner, de me faire un petit mé-
» moire de ce que vous croyez qu'on peut faire
» de mieux pour faire prospérer le commerce de
» la compagnie, qui est le principal du royaume.
» Faites-moi part de vos réflexions sur ce sujet
» tout à votre aise ; car, encore une fois, je pré-
» fère votre santé à tout le reste, et je souhaite
» de faire connoître, par les attentions que j'au-
» rai pour vous, monsieur, le cas que je veux faire
» du mérite dans tout mon ministère.

» *Signé* le cardinal Dubois. »

M. Duguay vit, par cette réponse, que M. le cardinal Dubois, malgré toutes les attentions qu'il avoit pour sa santé, souhaitoit qu'il acceptât la proposition qu'il lui avoit faite, et qu'il le croyoit nécessaire au conseil des Indes. Aussitôt il oublia toutes ses incommodités, et ne pensa plus qu'à répondre à la confiance qu'avoit en lui le ministre. Il alloit assidûment toutes les semaines lui porter les réflexions qu'il faisoit tant sur l'administration générale de la compagnie, que sur tous les détails.

La première chose que M. Duguay proposa à M. le cardinal Dubois, qui venoit de lui donner une place si honorable dans le conseil des Indes, fut de supprimer ce conseil, du moins d'en changer la forme, qu'il trouva trop fastueuse pour une assemblée de commerce. Il croyoit la simplicité et la confiance que demande le commerce peu compatibles avec un si grand appareil, et pensoit qu'une compagnie de négocians habiles et d'une probité reconnue, qui travailleroient sous les yeux du ministère, seroit plus propre à entretenir cette confiance que toute autre administration. M. Duguay fit sur cela un mémoire dans lequel il proposoit un plan qu'on peut croire d'autant meilleur, qu'il ressembloit davantage à celui qu'on voit aujourd'hui établi dans la compagnie des Indes, et qui est si bien justifié par le succès.

Cependant M. le cardinal Dubois, quoiqu'il approuvât ce plan, ne jugea pas à propos de changer si promptement la forme de la compagnie, après tant de changemens qu'elle avoit déjà éprouvés; et il arriva ici ce qui arrive quelquefois, qu'on remit à un autre temps une chose qui étoit bonne dès-lors. En effet, tout changement a toujours quelques désavantages; et quoique l'état nouveau qu'on envisage soit préférable, il n'est pas toujours facile de peser juste le dommage et l'avantage qu'apportera le changement.

M. Duguay tourna alors toutes ses vues vers le commerce de la compagnie des Indes, c'est-à-dire vers le nombre de vaisseaux qu'elle devoit envoyer, et la quantité des marchandises qu'elle devoit rapporter, afin que non-seulement elle fournît le royaume de tout ce qui étoit nécessaire pour sa consommation, mais encore afin que toutes les marchandises des Indes fussent assez communes et à un assez bas prix pour faire cesser tout le profit que pourroient faire les étrangers en introduisant en France ces marchandises.

M. le cardinal Dubois témoigna jusqu'à la fin les mêmes sentimens pour M. Duguay. Les bontés de ce ministre étoient telles, qu'il l'appeloit souvent son ami, même en plein conseil; et sa confiance étoit si grande, qu'il ne bornoit pas les conversations qu'il avoit avec lui à ce qui regardoit la marine: il vouloit souvent savoir ce qu'il pensoit sur d'autres matières qui n'y avoient point de rapport. M. Duguay lui disoit presque toujours que ces matières étoient au-dessus de sa portée; mais le ministre en jugeoit autrement. La mort enleva M. le cardinal Dubois dans le temps où M. Duguay pouvoit beaucoup attendre de l'estime et de l'amitié qu'il avoit pour lui.

Son Altesse Royale s'étant chargée de la place de premier ministre, ce grand prince, protecteur déclaré de tous les talens, connoissoit trop ceux de M. Duguay pour n'en pas faire tout le cas qu'ils méritoient. La première grâce que M. Duguay lui demanda fut de le dispenser d'assister au conseil des Indes. Son Altesse Royale la lui accorda, mais à condition qu'il viendroit une fois par semaine lui dire librement ce qu'il pensoit sur le commerce : entretiens que M. le duc d'Orléans jugeoit apparemment encore plus utiles que la présence de M. Duguay dans le conseil des Indes. M. Duguay, flatté d'être consulté par un prince si éclairé, tâcha de mériter cet honneur par son assiduité à ces entretiens, et par toutes les réflexions qu'il y apportoit. Il ne cessoit surtout de représenter l'utilité dont il étoit pour la France d'entretenir une marine toujours prête et capable d'inspirer aux nations voisines la même idée de grandeur que la puissance de la France leur inspire. Mais la mort de Son Altesse Royale fit bientôt perdre à M. Duguay le plus grand protecteur qu'il pût avoir; et il ressentit la confiance dont ce prince l'avoit honoré avec tant de reconnoissance qu'il auroit pu avoir pour tous les autres bienfaits, qu'on regarde d'ordinaire comme ayant plus de réalité.

Cependant on ne l'oublioit pas à la cour : le Roi le fit commandeur de l'ordre de Saint-Louis le premier mars 1728, et lieutenant général dans la promotion du 27 du même mois.

M. le comte de Maurepas, qui a toujours honoré M. Duguay d'une estime particulière, lui procura en 1731 le commandement d'une escadre que le Roi envoya dans le Levant, qui étoit composée des vaisseaux *l'Espérance*, de soixante-douze canons, monté par M. Duguay; *le Léopard*, de soixante, par M. de Camilly; *le Toulouse*, de soixante, par M. de Voisins; et *l'Alcyon*, de cinquante-quatre, par M. de La Valette-Thomas. Cette escadre, destinée à soutenir l'éclat de la nation française dans toute la Méditerranée, partit le 3 juin : elle arriva bientôt à Alger, où M. Duguay fit rendre par le Dey plusieurs esclaves italiens pris sur nos côtes. De là, elle alla à Tunis, où M. Duguay ayant marqué au Dey que la cour n'étoit pas contente de ses corsaires, l'affaire fut aussitôt terminée, à l'honneur de la nation et à l'avantage du commerce. Passant ensuite à Tripoli de Barbarie, M. Duguay affermit la bonne intelligence qui est entre notre nation et son Dey, dont il reçut les plus grands honneurs.

M. Duguay jugea à propos, pour abréger la campagne, de détacher *le Léopard* et *l'Alcyon*, qui furent visiter Alexandrie, Saint-Jean-d'Acre et Saïde, tandis qu'il alloit, avec *l'Espérance et le Toulouse*, à Alexandrette, et à Tripoli de Syrie. L'escadre se rejoignit à l'île de Chypre; et, après avoir mouillé dans différentes îles de l'Archipel, vint à Smyrne. M. Duguay y parut avec beaucoup de dignité, et y régla toutes les affaires avec autant de succès. De là il fit voile vers Toulon, où il arriva le premier novembre. Le principal mérite d'une expédition de cette espèce, qui ne présentoit pas à M. Duguay d'occasions d'exercer sa valeur, étoit d'inspirer du respect pour la nation, de régler les affaires d'une manière avantageuse pour le commerce, et d'y parvenir de la manière la plus prompte, et qui coûtât le moins de dépense au Roi. Toutes ces choses furent remplies.

Après cette campagne, M. Duguay demeura dans l'inaction; mais la guerre avec l'Empereur s'étant allumée en 1733, et les armemens considérables que les Anglais faisoient étant suspects, la cour donna à M. Duguay le commandement d'une escadre qu'elle fit armer à Brest.

Après tant d'années de paix, l'espoir prochain de signaler son zèle pour le service de l'État lui fit oublier tous les accidens qui menaçoient sa santé depuis long-temps. Jamais officier, dans la fleur de son âge, dans la soif la plus forte de réputation, n'a montré plus d'ardeur ni plus d'activité que M. Duguay en montroit, allant continuellement visiter les vaisseaux, faisant faire à ses troupes tous les jours de nouveaux exercices, et tous les mouvemens auxquels il les destinoit, surtout les exerçant pour les descentes, qu'il regardoit comme celles de toutes les opérations maritimes qui demandent le plus d'ordre et de précaution.

Cependant tous ces préparatifs furent inutiles. Les vaisseaux, sans être sortis de la rade, rentrèrent dans le port; et la paix, qui se fit bientôt après avec l'Empereur, fit perdre à M. Duguay toutes les espérances qu'il avoit conçues. Il ressentit alors ses incommodités, qu'il n'y avoit que ses projets qui fussent capables de suspendre. Il fut bientôt dans un état si triste, que, s'étant fait transporter avec grande peine à Paris, les médecins jugèrent que tout leur art lui seroit inutile. Sentant lui-même approcher sa fin, il écrivit à M. le cardinal de Fleury une lettre à laquelle Son Éminence, qui connoissoit tout son mérite, voulut bien faire la réponse suivante, qu'on nous permettra de rapporter comme un monument précieux pour sa mémoire.

« A Versailles, le ... septembre 1736.

« Si j'ai différé, monsieur, de répondre à
» votre lettre du 17, ce n'a été que pour la pou-
» voir lire au Roi, qui en a été attendri; et je
» n'ai pu moi-même m'empêcher de répandre
» des larmes. Vous pouvez être assuré que Sa
» Majesté sera disposée, en cas que Dieu vous
» appelle à lui, à donner des marques de sa bonté
» à votre famille; et je n'aurai pas de peine à
» faire valoir auprès d'elle votre zèle et vos ser-
» vices. Dans le triste état où vous êtes, je n'ose
» vous écrire une plus longue lettre, et je vous
» prie d'être persuadé que je connois toute l'é-
» tendue de la perte que nous ferons, et que
» personne au monde n'a pour vous des senti-
» mens plus remplis d'estime et de considéra-
» tion que ceux avec lesquels je fais profession,
» monsieur, de vous honorer.

» *Signé* le cardinal DE FLEURY. »

Après avoir reçu ce dernier témoignage des bontés du Roi et de l'estime de M. le cardinal de Fleury, il ne pensa plus qu'à la mort; et cette mort méprisée dans les combats, mais qui a effrayé quelquefois les plus grands capitaines qui l'attendoient dans leur lit, ne parut pas à M. Duguay différente de ce qu'il l'avoit vue si souvent, et ne lui causa pas plus d'alarmes. Il l'attendit avec toute la fermeté qu'un grand courage peut donner; et, après avoir rempli tous les devoirs de la religion, il mourut le 27 septembre 1736.

M. Duguay-Trouin avoit une de ces physionomies qui annoncent ce que sont les hommes, et la sienne n'avoit rien que de grand à annoncer. Il étoit d'une taille avantageuse et bien proportionnée, et il avoit pour tous les exercices du corps un goût et une adresse qui l'avoient servi dans plusieurs occasions. Son tempérament le portoit à la tristesse, ou du moins à une espèce de mélancolie qui ne lui permettoit pas de se prêter à toutes les conversations; et l'habitude qu'il avoit de s'occuper de grands projets l'entretenoit dans cette indifférence pour les choses dont la plupart des gens s'occupent. Souvent, après lui avoir parlé long-temps, on s'apercevoit qu'il n'avoit ni écouté ni entendu. Son esprit étoit cependant vif et juste; personne ne sentoit mieux que lui tout ce qui étoit nécessaire pour faire réussir une entreprise, ou ce qui pouvoit la faire manquer; aucune des circonstances ne lui échappoit. Lorsqu'il projetoit, il sembloit qu'il ne comptât pour rien sa valeur, et qu'il ne dût réussir qu'à force de prudence; lorsqu'il exécutoit, il paroissoit pousser la confiance jusqu'à la témérité.

M. Duguay avoit, comme on a pu voir dans ses Mémoires, certaines opinions singulières sur la prédestination et les pressentimens. S'il est vrai que ces opinions peuvent contribuer à la sécurité dans les périls, il est vrai aussi qu'il n'y a que les âmes très-courageuses chez qui elles puissent s'établir assez pour les faire agir conséquemment.

Le caractère de M. Duguay étoit tel qu'on auroit pu le désirer dans un homme dont il auroit fait tout le mérite : jamais homme n'a porté les sentimens d'honneur à un plus haut point ; et jamais homme n'a été d'un commerce plus sûr et plus doux. Jamais ni ses actions ni leurs succès n'ont changé ses mœurs. Dans sa plus grande élévation, il vivoit avec ses anciens amis comme il eût fait s'il n'eût eu que le même mérite et la même fortune qu'eux : il seroit cependant subitement passé de cette simplicité à la plus grande hauteur, avec ceux qui auroient voulu prendre sur lui quelque air de supériorité qu'ils n'auroient pas méritée. Il étoit prêt alors à regarder sa gloire comme une partie du bien de l'État, et à la soutenir de la manière la plus vive. C'est par ces qualités qu'il s'est toujours fait aimer et considérer dans le corps de la marine, où il y a un si grand nombre d'officiers distingués par leur valeur et par leur naissance.

On a reproché à M. Duguay un peu de dureté dans la discipline militaire. Connoissant combien cette discipline est importante, et craignant trop de ne pas parvenir à son but, peut-être avoit-il tiré un peu au-dessus pour l'atteindre.

M. Duguay possédoit une vertu que nous devons d'autant moins passer sous silence, qu'on ne la croit peut-être pas assez liée aux autres vertus des héros. Il étoit d'un tel désintéressement, qu'après tant de vaisseaux pris, et une ville du Brésil réduite sous sa puissance, il n'a laissé qu'un bien médiocre, quoique sa dépense ait toujours été bien réglée.

Il n'a jamais aimé ni le vin ni la table ; il eût été à souhaiter qu'il eût eu la même retenue sur un des autres plaisirs de la vie ; mais ne pouvant résister à son penchant pour les femmes, il ne s'étoit attaché qu'à éviter les passions fortes et longues, capables de trop occuper le cœur.

LETTRES DE NOBLESSE

DE L. TROUIN DE LA BARBINAIS, ET R. TROUIN-DUGUAY.

Louis, par la grâce de Dieu, roi de France et de Navarre, à tous présens et avenir, salut. Aucune récompense ne touchant plus ceux de nos sujets qui se distinguent par leur mérite que celles qui sont honorables, et passent à leur postérité, nous avons bien voulu accorder nos lettres d'anoblissement à nos chers et bien amés Luc Trouin de La Barbinais et René Trouin-Duguay, capitaine de vaisseau. Ces deux frères, animés par l'exemple de leur aïeul et de leur père, qui ont utilement servi pendant longues années dans la place de consul de la nation française à Malgue, n'ont rien oublié pour mériter la grâce que nous voulons aujourd'hui leur départir. Le sieur Luc Trouin de La Barbinais, après nous avoir aussi servi dans la même place de consul à Malgue, et y avoir soutenu nos intérêts et ceux de la nation avec tout le zèle et la fidélité qu'on pouvoit désirer, s'adonna particulièrement, en notre ville et port de Saint-Malo, à armer des vaisseaux, tant pour l'avantage du commerce de nos sujets que pour troubler celui de nos ennemis ; et ces armemens ont été portés jusqu'à un tel point, qu'étant commandés par ses frères, ils ont eu tous les succès qu'on devoit attendre de braves officiers, deux de sesdits frères ayant été tués en combattant glorieusement pour l'honneur de la nation, ce que ledit sieur de La Barbinais a soutenu avec une grande dépense, préférant toujours le bien de notre service à ses intérêts : en sorte que jusqu'à présent il a, par ses soins, par son propre bien et son crédit, tenu en mer des escadres considérables de vaisseaux, tant pour le commerce que pour faire la guerre aux ennemis. C'est dans le commandement de ces vaisseaux et de ces escadres entières que ledit René Trouin-Duguay son frère a montré qu'il est digne des grâces les plus honorables ; car en 1689, n'ayant encore que quinze ans, il commença à servir volontaire sur un vaisseau corsaire de dix-huit canons. Il donna les premières preuves de sa valeur à la prise d'un vaisseau flessinguois de même force, dont ledit corsaire se rendit maître après deux heures de combat. Il se distingua de même en servant, sur un autre corsaire de vingt-six canons, à l'attaque d'une flotte de quatorze navires anglais de différentes forces, que le commandant dudit vaisseau se résolut d'attaquer, sur les vives instances dudit sieur Duguay. Aussi, étant rempli d'ardeur et de bonne volonté, il sauta le premier à bord du commandant ennemi, qui fut enlevé ; et son activité en cette occasion fut telle, qu'après la prise de celui-là il se trouva encore le premier à l'abordage d'un des plus gros navires de la même flotte. Ses campagnes de 1691, 1693 et 1694 furent marquées par une descente qu'il fit dans la rivière de Limerick, où il prit un brûlot, trois bâtimens, et enleva deux vaisseaux anglais qui escortoient une flotte, et prit aussi un vaisseau de quatre hollandais, qu'il attaqua avec une de nos frégates, dont nous lui avions confié le commandement. Il acquit même beaucoup de gloire dans le commandement de cette même frégate, quoiqu'il se vît réduit à céder et se rendre à quatre vaisseaux anglais, contre lesquels il combattit pendant quatre heures, et y fut dangereusement blessé : et s'étant évadé des prisons d'Angleterre par une entreprise hardie, cette même année 1694 ne se passa pas sans qu'il donnât de nouvelles marques de sa valeur, ayant, avec un de nos vaisseaux de quarante-huit canons, attaqué et pris deux vaisseaux anglais de trente-six et quarante-six canons, après un combat de deux jours ; et peu de temps après il prit trois vaisseaux venant des Indes, richement chargés. En 1695, se servant d'un vaisseau qu'il avoit pris la campagne précédente, et d'une autre frégate commandée par un de ses frères, il fit une descente près du port de Vigo, brûla un gros bourg, enleva deux prises considérables qu'il amena en France, après avoir perdu son frère en cette occasion, et avoir défendu ces deux prises contre l'avant-garde des ennemis. Le baron de Wassenaër, à présent vice-amiral d'Hollande, qui commandoit en 1696 trois vaisseaux hollandais, escortant une flotte de vaisseaux marchands de la même nation, éprouva la valeur dudit sieur Trouin-Duguay, qui le combattit à forces inégales, et cependant se rendit maître du vaisseau que ledit sieur de Wassenaër commandoit, et d'une partie de la flotte qui étoit sous son escorte. La guerre présente ayant commencé, il eut le commandement d'une de nos frégates de trente-six canons, et prit un vaisseau hollandais de pareille force. L'année 1704 fut encore marquée par la prise qu'il fit d'un vaisseau anglais de soixante-douze canons, n'ayant qu'un vaisseau de cinquante-quatre qu'il montoit, et prit encore un autre vaisseau de cinquante-quatre canons. En 1705, il se rendit maître d'un vaisseau flessinguois de trente-huit canons, après un rude combat ; et un de ses frères étant à la poursuite de ceux qui lui avoient échappé, il reçut une blessure dont il mourut quatre jours après. Pour l'attacher encore plus particulièrement à notre service, nous l'honorâmes d'une commission de capitaine de vaisseau ; et peu de temps après il attaqua une flotte de treize navires, escortée par une frégate de trente-quatre canons, se rendit maître de la frégate, et de presque tous les vaisseaux de la flotte ; et ayant en 1707 joint une escadre de nos vaisseaux armée à Dunkerque, il sut y servir si utilement avec quatre vaisseaux qu'il avoit sous son commandement, que notre escadre ayant attaqué une flotte escortée par cinq gros vaisseaux de guerre anglais, ledit sieur Duguay-Trouin eut le bonheur d'attaquer et prendre à l'abordage le commandant, de quatre-vingt-deux canons, et de contribuer beaucoup aux autres avantages que l'escadre de nos vaisseaux remporta, tant sur les vaisseaux de guerre anglais que sur la flotte. Enfin, en la présente année 1709, ayant le commandement de quatre vaisseaux de soixante, de quarante et de vingt canons, il attaqua une autre flotte escortée par trois vaisseaux anglais, de cinquante, soixante et soixante-dix canons, en prit plusieurs, et peu de temps après prit encore à l'abordage un autre vaisseau anglais de soixante canons, qu'il n'abandonna que quand il s'y vit contraint à la vue de dix-sept vaisseaux de guerre ennemis : en sorte que ledit sieur Duguay-Trouin peut compter qu'il a pris, depuis qu'il s'est adonné à la marine, plus de trois cents navires marchands, et vingt vaisseaux de guerre ou corsaires ennemis. Toutes ces actions considérables, et le zèle dudit sieur de La Barbinais son frère, dont nous sommes pleinement satisfait, nous ont excité à leur en donner des marques. A ces causes, et autres considérations à ce nous mouvant, de notre propre mouvement, grâce spéciale, pleine puissance et autorité royale, nous avons lesdits Luc Trouin de La Barbinais et René Trouin-Duguay, leurs enfans et postérité nés et à naître en légitime mariage, anoblis et anoblissons par ces présentes, signées de notre main; et du titre et qualité de nobles et d'écuyers les avons décorés et décorons. Voulons et nous plaît qu'en tous lieux et endroits, tant en jugement que dehors, ils soient tenus, censés, réputés nobles et gentilshommes; et comme tels, qu'ils puissent prendre la qualité de nobles et d'écuyers, et parvenir à tous degrés de chevalerie, et autres dignités, titres et qualités réservées à la noblesse; jouir et user de tous les honneurs, privilèges, prérogatives, prééminences, franchises, libertés et exemptions dont jouissent les autres nobles de notre royaume, tout ainsi que s'ils étoient issus de noble et ancienne race : tenir et posséder tous fiefs, terres et seigneuries nobles, de quelque titre et qualité qu'elles soient : leur permettons en outre de porter armoiries timbrées, telles qu'elles seront réglées et blasonnées par le sieur d'Hozier, juge d'armes de France, et ainsi qu'elles seront peintes et figurées dans ces présentes, auxquelles son acte de règlement sera attaché, sous le contre-scel de notre chancellerie; icelles faire mettre et peindre, graver et insculper en leurs maisons et seigneuries, ainsi que font et peuvent faire les autres nobles de notre royaume. Et pour leur donner un témoignage honorable de la considération que nous faisons de leurs services, nous leur permettons d'ajouter à leurs armes deux fleurs de lis d'or, et d'y mettre, au cimier, pour devise : *Dedit hæc insignia virtus*. Sans que, pour raison des présentes, lesdits sieurs Trouin et leurs descendans soient tenus de nous payer, ni à nos successeurs rois, aucune finance ni indemnité, dont nous leur avons fait et faisons don par cesdites présentes, à la charge de vivre noblement, et de ne faire aucun acte dérogeant à noblesse (1).

Si donnons en mandement, à nos amés et féaux conseillers les gens tenant nos cours de parlement et chambre des comptes de Bretagne, que ces présentes ils aient à faire registrer; et du contenu en icelles faire jouir et user lesdits sieurs Trouin, leurs enfans et postérité nés et à naître en loyal mariage, pleinement, paisiblement et perpétuellement, cessant et faisant cesser tous troubles et empêchemens, nonobstant toutes ordonnances, arrêts et règlemens à ce contraires, auxquels, et aux dérogatoires y contenus, nous avons dérogé et dérogeons par cesdites présentes; car tel est notre plaisir. Et afin que ce soit chose ferme et stable à toujours, nous avons fait mettre notre scel à cesdites présentes.

Donné à Versailles au mois de juin l'an de grâce mil sept cent neuf, et de notre règne le soixante-septième.

Signé Louis.

Et plus bas :

Par le Roi, *Phelipeaux*.

(1) Les armoiries sont un écu d'argent à une ancre de sable, et un chef d'azur chargé de deux fleurs de lis d'or; cet écu timbré d'un casque de profil, orné de ses lambrequins d'or, d'azur, d'argent et de sable; et au-dessus, en cimier, pour devise : *Dedit hæc insignia virtus*.

FIN DES MÉMOIRES DE DUGUAY-TROUIN.

www.ingramcontent.com/pod-product-compliance
Lightning Source LLC
Chambersburg PA
CBHW050102230426
43664CB00010B/1416